I0821085

КНИГА УРАНТИИ

Фонд УРАНТИЯ
533 West Diversey Parkway
Chicago, Illinois 60614 U.S.A.

КНИГА УРАНТИИ

Пятое издание

2024

TIN (идентификационный номер текста): **UF-RUS-001-2024-1**

URANTIA FOUNDATION
533 West Diversey Parkway
Chicago, Illinois 60614, U.S.A.
Тел.: +1 (773) 525-3319
Факс: + 1 (773) 525-7739
Интернет: urantia.org/ru
Эл. почта: urantia@urantia.org

***Книга Урантии* существует на следующих языках:**

The Urantia Book • английский язык
ايشناروي باتِك • арабский язык
Книгата Урантия • болгарский язык
Az Urantia könyv • венгерский язык
Το Βιβλίο της Ουράντια • греческий язык
Urantia Bogen • датский язык
היטנרוא לש רפסה • иврит
Buku Urantia • индонезийский язык
l libro de Urantia • испанский язык
Il Libro di Urantia • итальянский язык
유란시아 서 • корейский язык
Urantijos Knyga • литовский язык
Het Urantia Boek • нидерландский язык
Księga Urantii • польский язык
O Livro de Urântia • португальский язык
Cartea Urantia • румынский язык
Книга Урантии • русский язык
Türkçe • турецкий язык
ایشنروی باتک • фарси
Urantia-kirja • финский язык
Le Livre d'Urantia • французский язык
Kniha Urantia • чешский язык
Urantiaboken • шведский язык
Urantia raamat • эстонский язык

Книга Урантии является переводом четырехчастного труда *The Urantia Book*, опубликованного Фондом УРАНТИЯ на английском языке в 1955 году. Настоящее, пятое издание представляет собой исправленный текст четвертого издания 2009-го года. В своей основе, русский перевод точно воспроизводит содержание английского оригинала. Однако как и любой перевод, он не совершенен, поэтому при любых сомнениях следует сверяться с английским текстом. Фондом УРАНТИЯ оставляет за собой право совершенствовать перевод при подготовке последующих изданий.

Части книги

Часть I

ЦЕНТРАЛЬНАЯ ВСЕЛЕННАЯ И СВЕРХВСЕЛЕННЫЕ

Подготовлено Уверсским Корпусом личностей сверхвселенной, уполномоченных Древними Дней Орвонтона.

Часть II

ЛОКАЛЬНАЯ ВСЕЛЕННАЯ

Подготовлено Небадонским Корпусом личностей локальной вселенной, уполномоченных Гавриилом Салвингтонским.

Часть III

ИСТОРИЯ УРАНТИИ

Настоящие документы были подготовлены Корпусом личностей локальной вселенной, уполномоченных Гавриилом Салвингтонским.

Часть IV

ЖИЗНЬ И УЧЕНИЯ ИИСУСА

Данный раздел был подготовлен комиссией из двенадцати промежуточных созданий Урантии, трудившихся под наблюдением Мелхиседека, руководителя комиссии откровения. В основу повествования положена информация, предоставленная вторичным промежуточным созданием, некогда исполнявшим обязанности сверхчеловеческого хранителя апостола Андрея.

Настоящее, 5-е издание *Книги Урантии* на русском языке стало результатом многолетних усилий по дальнейшему совершенствованию перевода. За пятнадцать лет, прошедших со времени выхода в свет 4-го издания, было внесено много изменений терминологического, стилистического и пунктуационного характера. Фонд УРАНТИЯ надеется, что эти изменения позволили приблизиться к заветной цели: сделать перевод максимально верным английскому оригиналу Откровения.

Большую помощь в работе над улучшением перевода оказали члены международной читательской группы, которые больше года посвятили углубленному изучению текста. Эта работа помогла разобраться в сложных концепциях и, как следствие, позволила откорректировать перевод целого ряда понятий.

Цифры в верхней части страниц указывают местоположение абзаца. Например, 2:5.7 означает Документ 2, Глава 5, параграф 7. Ссылка дается на первый полный абзац соответствующей страницы.

Названия документов

Документ — Автор

ЧАСТЬ II. ЛОКАЛЬНАЯ ВСЕЛЕННАЯ

ЧАСТЬ III. ИСТОРИЯ УРАНТИИ

ЧАСТЬ IV. ЖИЗНЬ И УЧЕНИЯ ИИСУСА

Содержание книги

ЧАСТЬ II. ЛОКАЛЬНАЯ ВСЕЛЕННАЯ

ЧАСТЬ III. ИСТОРИЯ УРАНТИИ

ЧАСТЬ IV. ЖИЗНЬ И УЧЕНИЯ ИИСУСА

ПРЕДИСЛОВИЕ

В умах смертных Урантии – а именно так называется ваш мир – существует огромная путаница в отношении смысла таких понятий, как Бог, божественность и божество. Еще больше запутывают людей и сбивают их с толку взаимосвязи между божественными личностями, обозначаемыми этими многочисленными названиями. Ввиду скудности понятийных средств и связанного с этим повсеместного смешения представлений, мне было поручено составить настоящее предисловие для пояснения смысла, который следует придавать определенным словесным символам, используемым в документах, переведенных на английский язык Урантии полномочным Орвонтонским корпусом провозвестников истины.

Чрезвычайно трудно знакомить с расширенными понятиями и новыми истинами, если – в стремлении развить космическое сознание и усовершенствовать духовное восприятие – мы связаны использованием ограниченного языка соответствующего мира. Однако наш мандат обязывает нас сделать всё возможное для передачи смысла, используя словесные символы английского языка. Нам предписано вводить новые термины только в случае отсутствия английского эквивалента, способного выразить понятие частично или даже с некоторым искажением смысла.

В надежде помочь каждому смертному, внимательно читающему эти документы, понять их и избежать путаницы, мы считаем необходимым включить в данное предисловие краткое пояснение смысла, придаваемого многочисленным английским словам для обозначения Божества и некоторых связанных с этим понятием вещей, значений и ценностей всеобщей реальности.

Однако для того, чтобы составить это Предисловие, определяющее и ограничивающее терминологию, необходимо оговорить использование этих терминов в дальнейших повествованиях. Предисловие, таким образом, не является законченным целым; это всего лишь определенное руководство, призванное помочь тем, кто приступит к чтению последующих документов, рассказывающих о Божестве и вселенной вселенных и составленных орвонтонской комиссией, присланной для этой цели на Урантию.

Ваш мир, Урантия, является одной из многих схожих обитаемых планет, входящих в локальную вселенную *Небадон*. Эта вселенная, вместе с подобными творениями, образует сверхвселенную *Орвонтон*, из столицы которой, Уверсы, прибыла наша комиссия. Орвонтон является одной из семи эволюционных сверхвселенных времени и пространства, вращающихся вокруг не имеющего начала и конца творения божественного совершенства, – центральной вселенной *Хавоны*. В центре этой вечной центральной вселенной находится неподвижный Остров Рай – географический центр бесконечности и местопребывание вечного Бога.

Семь эволюционирующих сверхвселенных, в совокупности с центральной божественной вселенной, мы обычно называем *большой вселенной*; это те творения, которые уже сейчас являются организованными и обитаемыми. Все они – часть *совокупной вселенной*, которая также включает необитаемые, но формирующиеся вселенные внешнего пространства.

I. БОЖЕСТВО И БОЖЕСТВЕННОСТЬ

Во вселенной вселенных представлены феномены деятельности божества на разнообразных уровнях космических реальностей, значений разума и ценностей духа, однако все эти служения – личностные или иные – божественно координированы.

БОЖЕСТВО может персонализироваться в Боге; его доличностные и сверхличностные аспекты не вполне понятны человеку. Божество отличается свойством единства – действительного или возможного – на всех сверхматериальных уровнях реальности; это объединяющее свойство лучше всего понимается созданиями как божественность.

Божество функционирует на личностном, доличностном и сверхличностном уровнях. Всеобъемлющее Божество функционирует на следующих семи уровнях:

1. *Статическом* – самосодержащее и самосущее Божество.

2. *Потенциальном* – самопроизвольное и самонамеренное Божество.

3. *Ассоциативном* – самоперсонализированное и божественно братское Божество.

4. *Созидательном* – самораспространяющееся и божественно раскрываемое Божество.

5. *Эволюционном* – саморасширяющееся и отождествляемое с созданиями Божество.

6. *Верховном* – самоэмпирическое, объединяющее создания и Создателя Божество. Божество, действующее на первом уровне отождествления с созданиями в качестве пространственно-временны́х сверхвластителей большой вселенной, что иногда обозначается как Верховность Божества.

7. *Предельном* – самопроецируемое, выходящее за пределы времени и пространства Божество. Божество всемогущее, всезнающее и вездесущее. Божество, функционирующее на втором уровне проявления объединяющей божественности в качестве эффективных сверхвластителей и абсонитных вседержителей совокупной вселенной. По сравнению со служением Божеств в большой вселенной, эта абсонитная функция в совокупной вселенной равносильна всеобщему сверхуправлению и сверхподдержке, что иногда называется Предельностью Божества.

Конечный уровень реальности характеризуется жизнью созданий и пространственно-временны́ми ограничениями. Конечные реальности могут не иметь конца, но у них всегда есть начало – они сотворены. Верховность – это уровень Божества, который можно осмыслить как функцию по отношению к конечным существованиям.

Абсонитный уровень реальности характеризуется вещами и существами, не имеющими начала и конца, а также преодоленностью времени и пространства. Абсонитные существа не создаются; они возникают – они просто существуют. Предельность – это уровень Божества, означающий функцию по отношению к абсонитным реальностям. В какой бы части совокупной вселенной ни происходил выход за пределы времени и пространства, всякий раз такой абсонитный феномен является актом Предельности Божества.

Абсолютный уровень является безначальным, бесконечным, вневременным и внепространственным. Так, в Раю пространство и время не существуют; пространственно-временной статус Рая абсолютен. Экзистенциально этот уровень

достигается Божествами Рая в Троице, однако эмпирически этот третий уровень выражения объединяющего Божества не является вполне единым. Где бы, когда бы и как бы ни функционировал абсолютный уровень Божества, проявляются присущие Раю абсолютные ценности и значения.

Божество может быть экзистенциальным, как в Вечном Сыне; эмпирическим, как в Верховном Существе; ассоциативным, как в Боге-Семичастном; неделимым, как в Райской Троице.

Божество является источником всего божественного. Божество отличительно и неизменно божественно, однако всё то, что божественно, не обязательно является Божеством, хотя оно будет согласовано с Божеством и будет стремиться к некоторой разновидности единения с Божеством – единения духовного, разумного или личностного.

БОЖЕСТВЕННОСТЬ есть характерное, объединяющее и координирующее свойство Божества. Божественность постигается созданиями как истина, красота и благость; коррелируется в личности как любовь, милосердие и служение; раскрывается на безличностных уровнях как правосудие, могущество и всевластие.

Божественность может быть совершенной – всецелой – как на являющих Райское совершенство экзистенциальном уровне и уровне создателей; она может быть несовершенной, как на характеризуемых пространственно-временно́й эволюцией эмпирическом уровне и уровне созданий; или же она может быть относительной, не являясь ни совершенной, ни несовершенной, как на некоторых уровнях экзистенциально-эмпирических взаимоотношений Хавоны.

Пытаясь постигнуть совершенство во всех аспектах и формах относительности, мы встречаемся с семью возможными типами:

1. Абсолютное совершенство во всех аспектах.

2. Абсолютное совершенство в некоторых аспектах и относительное во всех остальных.

3. Абсолютные, относительные и несовершенные аспекты в различных сочетаниях.

4. Абсолютное совершенство в некоторых отношениях, несовершенство во всех остальных.

5. Отсутствие абсолютного совершенства в какой-либо области, относительное совершенство во всех проявлениях.

6. Отсутствие абсолютного совершенства в каком-либо аспекте, относительное совершенство в некоторых аспектах, несовершенство в остальных.

7. Отсутствие абсолютного совершенства в каком-либо атрибуте, несовершенство во всех.

II. БОГ

Эволюционирующие смертные испытывают неодолимую потребность в символизации своего конечного представления о Боге. Осознание человеком нравственного долга и его духовный идеализм отображают уровень ценностей – эмпирическую реальность, – который плохо поддается символизации.

Космическое сознание подразумевает признание Первопричины, единственной недетерминированной реальности. Бог – Всеобщий Отец – действует на трех уровнях личностного Божества, которые характеризуются суббесконечной ценностью и относительным выражением божественности:

1. *Доличностном* – например, в служении частиц Отца, таких как Настройщики Мышления.

2. *Личностном* – например, в эволюционном опыте созданных и порожденных существ.

3. *Сверхличностном* – например, в возникших существованиях некоторых абсонитных и ассоциированных существ.

БОГ есть словесный знак, обозначающий все персонализации Божества. Этот термин нуждается в новом определении на каждом личностном уровне функционирования Божества и требует дальнейшего уточнения в пределах каждого из этих уровней, ибо данный термин может использоваться для обозначения разнообразных равных и подчиненных персонализаций Божества, например: Райские Сыны-Создатели – отцы локальных вселенных.

Термин «Бог» – так, как его используем мы – может пониматься:

по определению – как Бог-Отец;

по контексту – например, при рассмотрении какого-либо одного уровня или объединения божеств. Если вы затрудняетесь правильно интерпретировать слово «Бог», рекомендуется относить его к лицу Всеобщего Отца.

Термин «Бог» всегда обозначает *личность*. «Божество» может относиться – или не относиться – к божественной личности.

В настоящих документах слово БОГ используется в следующих значениях:

1. *Бог-Отец* – Создатель, Властитель и Вседержитель. Всеобщий Отец, Первое Лицо Божества.

2. *Бог-Сын* – Равный Создатель, Дух-Властитель и Духовный Управляющий. Вечный Сын, Второе Лицо Божества.

3. *Бог-Дух* – Совместный Вершитель, Всеобщий Объединитель и Посвятитель Разума. Бесконечный Дух, Третье Лицо Божества.

4. *Бог-Верховный* – актуализирующийся, или формирующийся, Бог времени и пространства. Личностное Божество, ассоциативно реализующее пространственно-временно́е эмпирическое достижение идентичности создания-Создателя. Верховное Существо лично познаёт единство Божества в качестве формирующегося эмпирического Бога эволюционных созданий времени и пространства.

5. *Бог-Семичастный* – личностное Божество, непосредственно действующее где-либо во времени и пространстве. Личностные Божества Рая и их созидательные партнеры, функционирующие в центральной вселенной и за ее пределами и, через энерго-личностный синтез, воплощающиеся в качестве Верховного Существа на первом уровне раскрытия объединяющего Божества во времени и пространстве – уровне созданий. Этот уровень, большая вселенная, является сферой пространственно-временно́го нисхождения личностей Рая во взаимосвязи со встречным пространственно-временны́м восхождением эволюционных созданий.

6. *Бог-Предельный* – возникающий Бог сверхвремени и преодоленного пространства. Второй эмпирический уровень проявления объединяющего Божества. Бог-Предельный подразумевает достигнутую реализацию синтезированных абсонитно-сверхличностных, трансцендентных по отношению ко времени и пространству, эвентуально-эмпирических ценностей, координированных на завершающих созидательных уровнях реальности Божества.

7. *Бог-Абсолютный* – эмпирически формирующийся Бог преодоленных сверхличностных ценностей и значений божественности, существующий в настоящее время как экзистенциальное *Божество-Абсолют*. Это третий уровень проявления и распространения объединяющего Божества. На этом сверхсозидательном уровне Божество исчерпывает персонализируемый потенциал, сталкивается с завершением божественности и истощает свои возможности самораскрытия на последующих, возрастающих уровнях иноперсонализаций. Божество сталкивается, взаимодействует и отождествляется с *Безусловным Абсолютом*.

III. ПЕРВЫЙ ИСТОЧНИК И ЦЕНТР

Всеобъемлющая, бесконечная реальность экзистенциальна в семи фазах в качестве семи равных Абсолютов:

1. Первый Источник и Центр.
2. Второй Источник и Центр.
3. Третий Источник и Центр.
4. Остров Рай.
5. Божество-Абсолют.
6. Всеобщий Абсолют.
7. Безусловный Абсолют.

Как Первый Источник и Центр, Бог безусловно первичен по отношению ко всеобъемлющей реальности. Первый Источник и Центр бесконечен, равно как и вечен, и поэтому ограничен или обусловлен только волеизъявлением.

Бог – Всеобщий Отец – есть личность Первого Источника и Центра, и в этом качестве он поддерживает личные отношения бесконечного управления всеми равными и подчиненными источниками и центрами. Такое управление является личным и бесконечным *потенциально*, хотя в действительности оно может никогда не применяться благодаря совершенству деятельности этих равных и подчиненных источников, центров и личностей.

Первый Источник и Центр является, таким образом, первичным во всех сферах: обожествленных и необожествленных, личных и безличных, актуальных и потенциальных, конечных и бесконечных. Любая вещь или существо, относительность или завершенность находятся в непосредственной или опосредованной связи и зависимости от первичности Первого Источника и Центра.

Первый Источник и Центр связан со вселенной следующим образом:

1. Гравитационные силы материальных вселенных сходятся в гравитационном центре нижнего Рая. Именно поэтому географическое местоположение его лица навечно закреплено в абсолютной связи с энергосиловым центром нижнего, или материального, уровня Рая. Однако абсолютная личность Божества существует на верхнем, или духовном, уровне Рая.

2. Силы разума сходятся в Бесконечном Духе; дифференциальный и дивергентный космический разум – в Семи Главных Духах; фактуализирующийся разум Верховного как пространственно-временно́й опыт – в Мажестоне.

3. Духовные силы вселенной сходятся в Вечном Сыне.

4. Неограниченная способность к действию божества заключена в Божестве-Абсолюте.

5. Неограниченная способность к ответному действию в бесконечности заключена в Безусловном Абсолюте.

6. Два Абсолюта – Условный и Безусловный – соотносятся и объединяются во Всеобщем Абсолюте и через его посредство.

7. Потенциальная личность эволюционного нравственного существа или любого другого нравственного существа сосредоточена в личности Всеобщего Отца.

РЕАЛЬНОСТЬ – в понимании конечных существ – частична, относительна и призрачна. Максимальная реальность Божества, целиком доступная пониманию эволюционных конечных созданий, заключена в Верховном Существе. Тем не менее, существуют априорные и вечные реальности, сверхконечные реальности, исходные по отношению к этому Верховному Божеству эволюционных пространственно-временны́х созданий. Пытаясь описать происхождение и природу всеобщей реальности, мы вынуждены прибегать к пространственно-временно́й логике, чтобы установить контакт с уровнем конечного разума. Поэтому многие одновременные события, происходящие в вечности, должны излагаться как последовательные процессы.

С точки зрения пространственно-временно́го создания на происхождение и дифференциацию Реальности, вечное и бесконечное Я ЕСТЬ обрело освобождение Божества от уз безусловной бесконечности благодаря своей неотъемлемой и вечной свободной воле, и это отделение от безусловной бесконечности породило первое *абсолютное напряжение божественности*. Этот перепад напряжения бесконечности разрешается Всеобщим Абсолютом, объединяющим и согласовывающим динамическую бесконечность Всеобъемлющего Божества и статическую бесконечность Безусловного Абсолюта.

В этом первоначальном акте теоретическое Я ЕСТЬ достигло реализации личности, став одновременно Вечным Отцом Изначального Сына и Вечным Источником Острова Рай. Параллельно с отделением Сына от Отца, и в присутствии Рая, возникло лицо Бесконечного Духа и центральная вселенная Хавона. С появлением сосуществующего личностного Божества – Вечного Сына и Бесконечного Духа – Отец, как личность, избежал растворения в потенциале Всеобъемлющего Божества, что в противном случае стало бы неизбежным. С тех пор только в Троичном объединении с двумя равными ему Божествами Отец охватывает весь потенциал Божества, в то время как непрестанно расширяющее эмпирический опыт Божество актуализируется на уровнях божественности Верховности, Предельности и Абсолютности.

Понятие Я ЕСТЬ является нашей философской уступкой ограниченному временем и связанному пространством конечному разуму человека, неспособности создания осмыслить вечные существования – не имеющие начала и конца реальности и взаимосвязи. Для пространственно-временно́го создания всё должно иметь начало, кроме ЕДИНСТВЕННОГО БЕСПРИЧИННОГО – изначальной причины причин. Поэтому мы представляем данный философский уровень ценностей как Я ЕСТЬ и в то же время объясняем всем созданиям, что Вечный Сын и Бесконечный Дух сосуществуют в вечности с Я ЕСТЬ; иными словами, не было такого времени, когда Я ЕСТЬ не являлось *Отцом* Сына и, вместе с ним, Духа.

Бесконечный служит для обозначения полноты – завершенности, которая подразумевается первичностью Первого Источника и Центра. *Теоретическое* Я ЕСТЬ – это экстенсионал «бесконечности воли» в философии созданий, однако

Бесконечный является *действительным* ценностным уровнем, выражающим вечностный интенсионал истинной бесконечности абсолютной и ничем не скованной свободной воли Всеобщего Отца. Эта концепция иногда обозначается как Отец-Бесконечный.

Значительная доля путаницы, с которой сопряжены попытки обнаружить Отца-Бесконечного у существ всех категорий, высоких и низких, связана с ограниченностью их понимания. Абсолютная первичность Всеобщего Отца не очевидна на суббесконечных уровнях; поэтому вероятно, что только Вечный Сын и Бесконечный Дух действительно знают Отца как некую бесконечность; от всех остальных личностей такое понятие требует веры.

IV. ВСЕЛЕНСКАЯ РЕАЛЬНОСТЬ

Реальность по-разному актуализируется на разнотипных вселенских уровнях. Берущая свое начало в бесконечном волеизъявлении Всеобщего Отца и посредством этого волеизъявления, реальность реализуема в трех основных фазах на многих различных уровнях актуализации во вселенной:

1. *Необожествленная реальность* простирается от энергетических областей неличностного до сфер реальности неперсонализируемых ценностей всеобщего существования, вплоть до присутствия Безусловного Абсолюта.

2. *Обожествленная реальность* охватывает все бесконечные потенциалы Божества, простираясь по восходящей через все сферы личности, от низшей конечной до высшей бесконечной, объединяя, таким образом, область всего персонализируемого, и более того – вплоть до присутствия Божества-Абсолюта.

3. *Взаимосвязанная реальность*. Вселенская реальность является, предположительно, либо обожествленной, либо необожествленной, однако для субобожествленных существ существует обширная область взаимосвязанной реальности, потенциальной и актуализирующейся, которая плохо поддается идентификации. Значительная часть этой координированной реальности заключена в сферах Всеобщего Абсолюта.

Первоначальное представление об исходной реальности сводится к следующему: Отец инициирует и поддерживает Реальность. Первоначальными *разновидностями* реальности являются реальность обожествленная и необожествленная – Божество-Абсолют и Безусловный Абсолют. Первоначальное *отношение* заключается в существующем между ними напряжении. Это инициированное Отцом напряжение божественности в совершенстве разрешается Всеобщим Абсолютом и увековечивается в нём.

В аспекте времени и пространства можно выделить следующие категории реальности:

1. *Актуальная и потенциальная*. Реальности, существующие в полноте выражения, в противоположность тем, которые заключают в себе нераскрытые возможности роста. Вечный Сын – это абсолютная духовная актуальность; смертный человек – в значительной мере нереализованная духовная потенциальность.

2. *Абсолютная и субабсолютная*. Абсолютные реальности существуют в вечности. Субабсолютные реальности проецируются на двух уровнях: абсонитных реальностей, относительных в аспекте как времени, так и вечности, и конечных реальностей, проецированных в пространство и реализующихся во времени.

3. *Экзистенциальная и эмпирическая*. Райское Божество экзистенциально, однако возникающие Верховный и Предельный являются эмпирическими.

4. *Личностная и безличностная*. Распространение Божества, выражение личности и эволюция вселенной навечно обусловлены добровольным действием Отца, навсегда отделившим разумно-духовно-личностные значения и ценности актуальности и потенциальности, сосредоточенные в Вечном Сыне, от тех вещей, которые присущи вечному Острову Рай и сосредоточены в нём.

РАЙ – термин, включающий личностные и неличностные фокальные Абсолюты всех фаз вселенской реальности. В определенном смысле, Рай может обозначать любую и все формы реальности, Божества, божественности, личности и энергии – духовные, разумные или материальные. Рай является общим для них местом возникновения, функционирования и предназначения в том, что касается ценностей, значений и фактического существования.

Остров Рай – Рай, не определенный иным образом, – это Абсолют управления материальной гравитацией Первого Источника и Центра. Рай находится в состоянии покоя, являясь единственным стационарным объектом во вселенной вселенных. У Острова Рай есть место во вселенной, но нет положения в пространстве. Этот вечный Остров является непосредственным источником физических вселенных – прошлых, настоящих и будущих. Центральный Остров Света есть производное Божества, однако он едва ли является Божеством; так и материальные творения – это не часть Божества, а одно из следствий.

Рай не является создателем; это уникальный регулятор многих вселенских процессов, для которого регулирование намного свойственнее реагирования. Во всех материальных вселенных Рай влияет на реакции и действия любого существа, имеющего отношение к силе, энергии и мощи, однако сам Рай уникален, исключителен и обособлен во вселенных. Рай не соответствует ничему, как ничто не соответствует Раю. Это ни сила, ни присутствие; это просто *Рай*.

V. ЛИЧНОСТНЫЕ РЕАЛЬНОСТИ

Личность есть уровень обожествленной реальности, простирающийся от уровня смертных и промежуточных созданий, с их высшей активацией разума в поклонении и мудрости, и поднимающийся через моронтийный и духовный уровни к обретению завершенности личностного статуса. Таково эволюционное восхождение личности смертных и родственных им созданий, но кроме них во вселенной есть множество других категорий личностей.

Реальность подвержена всеобщему распространению, личность – бесконечному разнообразию, причем обе они способны практически к неограниченной координации в Божестве и вечной стабилизации. В то время как видоизменяемость неличностной реальности явно ограничена, мы не знаем о каких-либо пределах для постепенной эволюции личностных реальностей.

На достигнутых эмпирических уровнях все личностные категории или ценности совместимы и даже совместно-созидательны. Даже Бог и человек могут сосуществовать в объединенной личности, что с таким совершенством демонстрируется в нынешнем статусе Христа Михаила – Сына Человеческого и Сына Божьего.

Все суббесконечные категории и фазы личности достигаются во взаимодействии и характеризуются потенциальным сотворчеством. Доличностное, личностное и сверхличностное связаны взаимным потенциалом согласованного достижения, постепенного обретения и способностью к сотворчеству. Однако безличностное никогда не преобразуется непосредственно в личностное. Личность никогда не возникает сама по себе; она является даром Райского Отца. Личность накладывается на энергию и совмещается только с живыми энергетическими системами; индивидуальность может ассоциироваться с конфигурациями неживой энергии.

Всеобщий Отец – это тайна реальности личности, наделения личностью и предназначения личности. Вечный Сын – это абсолютная личность, тайна духовной энергии, моронтийных духов и совершенных духов. Совместный Вершитель – это личностный дух-разум, источник интеллекта, здравомыслия и всеобщего разума. Однако Остров Рай является неличностным и внедуховным, представляя собой сущность вселенского тела, источник и центр физического вещества и абсолютную эталонную модель всеобщей материальной реальности.

Эти качества всеобщей реальности проявляются в урантийском человеческом опыте на следующих уровнях:

1. *Тело*. Материальный, или физический, организм человека. Живой электрохимический механизм животной природы и происхождения.

2. *Разум*. Мыслящий, осознающий и чувствующий механизм человеческого организма. Совокупный сознательный и бессознательный опыт. Интеллект, связанный с эмоциональной жизнью и тянущийся вверх – через поклонение и мудрость – к уровню духа.

3. *Дух*. Божественный дух, поселяющийся в разуме человека, – Настройщик Мышления. Этот бессмертный дух является доличностным – это не личность, хотя ему предстоит стать частью личности сохранившегося смертного создания.

4. *Душа*. Душа человека есть его эмпирическое приобретение. Когда смертное создание решает «исполнить волю небесного Отца», пребывающий в его сознании дух становится отцом новой реальности человеческого опыта. Смертный материальный разум является матерью той же выявляющейся реальности. Субстанция этой новой реальности ни материальна, ни духовна – она моронтийна. Это – зарождающаяся бессмертная душа, которой предстоит пережить физическую смерть и начать восхождение к Раю.

Личность. Личность смертного человека не является ни телом, ни разумом, ни духом; не является она и душой. Личность есть единственная неизменная реальность в опыте создания, во всём остальном подверженном постоянному изменению; она объединяет все остальные совокупные факторы индивидуальности. Личность – это уникальный дар Всеобщего Отца, посвящаемый живым и совокупным энергиям материи, разума и духа и сохраняющийся вместе с сохранившейся моронтийной душой.

Моронтия – термин, который обозначает обширный уровень, лежащий между сферами материального и духовного. Он может обозначать личностные или безличностные реальности, живые или неживые энергии. Основа моронтийной ткани духовна, ее уток – материален.

VI. ЭНЕРГИЯ И ЭТАЛОН

Всё, что реагирует на личностный контур Отца, мы называем личностным. Всё, что реагирует на воздействие духовного контура Сына, мы называем духовным. Всё, что реагирует на контур разума Совместного Вершителя, мы называем разумом – разумом как атрибутом Бесконечного Духа, разумом во всех его аспектах. Всё, что реагирует на воздействие материально-гравитационного контура с центром в нижнем Раю, мы называем веществом – энергией-веществом во всех его метаморфических состояниях.

ENERGY [энергия] используется нами как всеобъемлющий термин применительно к сферам духовного, интеллектуального и материального. Столь же широко употребляется *force* [сила, мощь]. Слово *power* [мощность, сила, энергия, мощь] обычно ограничено обозначением электронного уровня материального, или реагирующего на линейную гравитацию, вещества в большой вселенной. Power [могущество, власть] также используется для обозначения полновластия. Мы не можем придерживаться ваших общепринятых определений force, energy и power. Столь явная бедность языка заставляет нас использовать эти термины в различных значениях.

Физическая энергия является термином, обозначающим все фазы и формы феноменального движения, действия и потенциала.

При обсуждении проявлений физической энергии мы обычно пользуемся терминами космическая сила, возникающая энергия и энергия вселенной, которые часто используются следующим образом:

1. *Космическая сила* охватывает все виды энергии, исходящие от Безусловного Абсолюта и пока еще не реагирующие на гравитацию Рая.

2. *Возникающая энергия* охватывает все виды энергии, которые реагируют на гравитацию Рая, но пока еще не реагируют на локальную, или линейную, гравитацию. Это доэлектронный уровень энергии-вещества.

3. *Энергия вселенной* включает все формы энергии, которые, всё еще реагируя на гравитацию Рая, непосредственно подчиняются линейной гравитации. Это электронный уровень энергии-вещества и всех последующих его эволюций.

Разум есть феномен, который, помимо различных энергетических систем, означает присутствие и активность *живой опеки*; и это справедливо для всех уровней интеллекта. В личности разум является вечным посредником между духом и материей; именно поэтому вселенная освещается тремя видами света: материальным светом, интеллектуальным озарением и духовным свечением.

Свет – светимость духа – есть словесный знак, образное выражение, обозначающее личностное проявление, характерное для разнообразных категорий духовных существ. Это светозарное излучение ни в коей мере не связано ни с интеллектуальным озарением, ни с проявлениями физического света.

ЭТАЛОН может проецироваться в виде материальной, духовной или умственной энергии, а также любой их комбинации. Он может охватывать личности, идентичности, сущности или неживую материю. Однако эталон есть эталон и таковым остается; только *копии* умножаются.

Эталон может конфигурировать энергию, но неспособен ею управлять. Гравитация – это единственный регулятор энергии-вещества. Ни пространство, ни эталон не реагируют на гравитацию, однако между пространством и эталоном нет никакой взаимосвязи: пространство не является ни эталоном, ни потенциальным эталоном. Эталон есть такая конфигурация реальности, которая уже выплатила весь гравитационный долг; *реальность* любого эталона заключается в его энергиях, его разуме, духе или материальных компонентах.

По контрасту с аспектом *всеобъемлющего*, эталон раскрывает *индивидуальный* аспект энергии и личности. Формы личности или идентичности суть эталоны, которые являются следствием энергии (физической, духовной или разумной), но не присущи ей. То свойство энергии или личности, благодаря которому появляется эталон, может объясняться Богом – Божеством – наделением Райской силой, сосуществованием личности и энергии.

Эталон – это образец, в соответствии с которым выполняются копии. Вечный Рай есть абсолют эталонов; Вечный Сын есть эталон личности; Всеобщий Отец есть непосредственный прародитель-источник обоих. Но Рай не посвящает эталоны, а Сын не может посвятить личность.

VII. ВЕРХОВНОЕ СУЩЕСТВО

Что касается соотношений в вечности, в совокупной вселенной действует двуединый механизм Божества. Бог-Отец, Бог-Сын и Бог-Дух – вечные, экзистенциальные существа, в то время как Бог-Верховный, Бог-Предельный и Бог-Абсолютный суть актуализирующиеся личности Божества постхавонских эпох в пространственно-временных и в преодолевших время и пространство сферах эволюционного распространения совокупной вселенной. Эти актуализирующиеся личности Божества становятся вечными с того времени и по мере того как они претерпевают энерголичностный синтез в растущих вселенных посредством метода эмпирической актуализации ассоциативно-созидательных потенциалов вечных Райских Божеств.

Присутствие Божества является, следовательно, двуединым:

1. *Экзистенциальным* – существа, обладающие вечным существованием в прошлом, настоящем и будущем.

2. *Эмпирическим* – существа, актуализирующиеся в нынешней постхавонской эпохе, но обладающие бесконечностью существования в вечности будущего.

Отец, Сын и Дух экзистенциальны – они экзистенциальны в актуальности (хотя все потенциалы являются, предположительно, эмпирическими). Верховный и Предельный являются целиком эмпирическими. Божество-Абсолют эмпирично в актуализации, но экзистенциально в своей потенциальности. Сущность Божества вечна, однако только три изначальных лица Божества безусловно вечны. У всех остальных личностей Божества есть происхождение, но в своем предназначении они вечны.

Выразив себя как экзистенциальное Божество в Сыне и Духе, Отец в настоящее время обретает эмпирическое выражение на прежде безличностных и нераскрытых уровнях божества в качестве Бога-Верховного, Бога-Предельного и Бога-Абсолютного. Однако данные эмпирические Божества сформировались еще не полностью; они находятся в процессе актуализации.

Бог-Верховный в Хавоне является личностным духовным отражением триединого Райского Божества. В настоящее время это ассоциативное выражение Божества созидательно расширяется вовне в Боге-Семичастном и синтезируется в эмпирической энергии Всемогущего-Верховного в большой вселенной. Таким образом, Райское Божество, экзистенциальное в качестве трех лиц, эмпирически эволюционирует в двух фазах Верховности, в то время как эти двуединые фазы, посредством энерголичностного синтеза, объединяются в качестве единого Господа – Верховного Существа.

Всеобщий Отец обретает свободно-волевое освобождение от уз бесконечности и оков вечности путем тринитизации – триединой персонализации Божества.

Верховное Существо продолжает выявляться как субвечное личностное объединение семичастного проявления Божества в пространственно-временных сегментах большой вселенной.

Верховное Существо не относится к непосредственным творцам, за исключением того, что оно является отцом Мажестона, однако оно представляет собой комплексного координатора всех взаимоотношений создания и Создателя во вселенной. Верховное Существо, реализующееся в настоящее время в эволюционных вселенных, есть Божество, коррелирующее и синтезирующее пространственно-временную божественность – триединое Божество Рая в эмпирической взаимосвязи с Верховными Создателями времени и пространства. После окончательной актуализации это эволюционное Божество будет представлять собой вечное слияние конечного и бесконечного – нерасторжимый и вечный союз эмпирической энергии и духовной личности.

Под направляющим воздействием эволюционирующего Верховного Существа, во взаимосвязи с разнообразными аспектами реальности Рая, вся конечная пространственно-временная реальность вовлечена во всё возрастающую мобилизацию и всё более совершенное объединение (энерго-личностный синтез) всех аспектов и ценностей конечной реальности с целью и намерением предпринять попытку последующего выхода на абсонитные уровни достижений, присущих сверхсозданиям.

VIII. БОГ-СЕМИЧАСТНЫЙ

Для того, чтобы возместить конечность статуса и компенсировать понятийную ограниченность создания, Всеобщий Отец учредил семичастное приближение эволюционного создания к Божеству:

1. Райские Сыны-Создатели.
2. Древние Дней.
3. Семь Главных Духов.
4. Верховное Существо.
5. Бог-Дух.
6. Бог-Сын.
7. Бог-Отец.

Эта семичастная персонализация Божества во времени и пространстве и в отношении семи сверхвселенных позволяет смертному человеку достигнуть присутствия Бога, который есть дух. Это семичастное Божество, которое – по отношению к конечным пространственно-временным созданиям – когда-нибудь, в результате энерго-личностного синтеза, превратится в Верховное Существо, является функциональным Божеством смертных эволюционных созданий, восходящих к Раю. Такой путь эмпирических открытий, ведущий к осознанию Бога, начинается с признания божественности Сына-Создателя локальной вселенной и, через Древних Дней сверхвселенной и одного из Семи Главных Духов, приводит к открытию и признанию божественной личности Всеобщего Отца в Раю.

Большая вселенная – это сфера триединого Божества: Троицы Верховности, Бога-Семичастного и Верховного Существа. Бог-Верховный потенциально присутствует в Райской Троице, откуда он черпает свои личностные и духовные атрибуты; однако в настоящее время он актуализируется в Сынах-Создателях, Древних Дней и в Главных Духах, от которых он получает свою силу как Всемогущий относительно пространственно-временны́х сверхвселенных. Это силовое проявление непосредственного Бога эволюционных созданий актуально развивается во времени и пространстве вместе с развитием самих созданий. Всемогущий-Верховный, возникающий на ценностном уровне неличностной деятельности, и духовное лицо Бога-Верховного являются *единой реальностью* – Верховным Существом.

Объединенные в Божестве Бога-Семичастного, Сыны-Создатели обеспечивают механизм, благодаря которому смертное становится бессмертным и конечное достигает объятий бесконечности. Верховное Существо обеспечивает метод энерго-личностной мобилизации – божественный синтез – *всех* этих разнообразных процессов, что позволяет конечному подняться на абсонитный уровень и, через другие возможные в будущем актуализации, попытаться достигнуть Предельного. Сыны-Создатели и связанные с ними Божественные Попечительницы являются участниками этого великого движения, однако Древние Дней и Семь Главных Духов, вероятно, навечно закреплены в качестве бессменных управляющих большой вселенной.

Функционирование Бога-Семичастного ведет свое начало от организации семи сверхвселенных, и, вероятно, оно будет расширяться по мере будущей эволюции творений внешнего пространства. Несомненно, что организация этих грядущих вселенных на первичном, вторичном, третичном и четвертичном пространственных уровнях постепенной эволюции ознаменует собой эпоху трансцендентного и абсонитного приближения к Божеству.

IX. БОГ-ПРЕДЕЛЬНЫЙ

Подобно тому как Верховное Существо постепенно развивается из предшествующего дара божественности, заключенного в совокупном потенциале энергии и личности большой вселенной, Бог-Предельный возникает из потенциалов божественности, трансцендентных по отношению к пространственно-временны́м сферам совокупной вселенной. Актуализация Предельного Божества знаменует собой абсонитное объединение первой эмпирической Троицы и означает объединяющее распространение Божества на втором уровне творческой самореализации. Это представляет собой энерго-личностный эквивалент вселенской актуализации абсонитных реальностей Рая в эмпирическом Божестве на возникающих уровнях преодоленных пространственно-временны́х ценностей. Завершение такого эмпирического развития призвано предоставить возможность предельного предназначения – служения – всем пространственно-временны́м созданиям, достигшим абсонитных уровней через завершенную реализацию Верховного Существа и благодаря служению Бога-Семичастного.

Бог-Предельный обозначает личностное Божество, действующее на абсонитных уровнях божественности и во вселенских сферах сверхвремени и преодоленного пространства. Предельный есть сверхверховное возникновение Божества. Верховный – это объединение в Троице в понимании конечных существ; Предельный – объединение Райской Троицы в понимании абсонитных существ.

Посредством механизма эволюционного Божества Всеобщий Отец действительно вовлечен в колоссальный и поразительный *акт* сосредоточения личности и мобилизации энергии – на соответствующих уровнях их значений во вселенной –

в отношении ценностей божественной реальности конечного, абсонитного и даже абсолютного уровней.

Три первых Божества Рая, существовавшие в вечном прошлом, – Всеобщий Отец, Вечный Сын и Бесконечный Дух, – в вечном будущем должны быть личностно дополнены эмпирической актуализацией ассоциированных эволюционных Божеств – Богом-Верховным, Богом-Предельным и, возможно, Богом-Абсолютным.

Бог-Верховный и Бог-Предельный, которые в настоящее время эволюционируют в эмпирических вселенных, не являются экзистенциальными – они вечны не в прошлом, а только в будущем; эти вечные сущности ограничены временем и пространством и трансцендентально обусловлены. Они являются Божествами верховных, предельных и, возможно, верховно-предельных способностей, однако они обладают опытом изначального происхождения во вселенной. У них никогда не будет конца, но у них, как личностей, есть начало. Они действительно представляют собой актуализацию вечных и бесконечных потенциалов Божества, но сами по себе они не являются ни безусловно вечными, ни бесконечными.

X. БОГ-АБСОЛЮТНЫЙ

Существует целый ряд свойств вечной реальности *Божества-Абсолюта*, которые невозможно в полной мере объяснить конечному пространственно-временному разуму, однако актуализация *Бога-Абсолютного* стала бы следствием объединения второй эмпирической Троицы – Абсолютной Троицы. Это ознаменовало бы собой эмпирическую реализацию абсолютной божественности, объединение абсолютных значений на абсолютных уровнях; однако у нас нет полной уверенности относительно охвата всех абсолютных ценностей, ибо нам никогда не сообщали о том, что Условный Абсолют эквивалентен Бесконечному. Сверхпредельные предназначения связаны с абсолютными значениями и бесконечной духовностью, а без этих двух недостигнутых реальностей мы не можем обосновать абсолютные ценности.

Бог-Абсолютный является реализационно-достижимой целью всех сверхабсонитных существ, однако энерго-личностный потенциал Божества-Абсолюта выходит за пределы нашего представления, и мы не решаемся обсуждать те реальности, которые столь далеки от эмпирической актуализации.

XI. ТРИ АБСОЛЮТА

Когда объединенная мысль Всеобщего Отца и Вечного Сына, функционирующая в Боге Действия, воплотилась в создании центральной божественной вселенной, Отец, вслед за выражением своей мысли в слове Сына и акте их Совместного Исполнителя, отделил свое присутствие в Хавоне от потенциалов бесконечности. И эти нераскрытые потенциалы бесконечности остаются пространственно скрытыми в Безусловном Абсолюте и божественно окутанными Божеством-Абсолютом, в то время как оба они сливаются воедино при функционировании Всеобщего Абсолюта – нераскрытого единства Райского Отца в бесконечности.

Как потенция космической силы, так и потенция силы духовной находятся в процессе постепенного раскрытия и реализации, по мере того как обогащение всей реальности осуществляется в процессе эмпирического роста и посредством корреляции эмпирической и экзистенциальной реальности Всеобщим Абсолютом. Благодаря уравновешивающему присутствию Всеобщего Абсолюта, Первый

Источник и Центр расширяет сферу эмпирического могущества, отождествляется со своими эволюционными созданиями и достигает распространения эмпирического Божества на уровнях Верховности, Предельности и Абсолютности.

Когда невозможно полностью отличить Божество-Абсолют от Безусловного Абсолюта, их предположительно совместная деятельность или согласованное присутствие определяется как действие Всеобщего Абсолюта.

1. Представляется, что функция *Божества-Абсолюта* – активация, а Безусловного Абсолюта – механизация в высшей степени объединенной и предельно координированной вселенной вселенных и даже великого множества вселенных – созданных, создаваемых и еще не созданных.

Божество-Абсолют не может реагировать – во всяком случае, не реагирует – на какую-либо вселенскую ситуацию субабсолютным образом. Представляется, что каждая ответная реакция этого Абсолюта на любую данную ситуацию идет во благо всего творения вещей и существ – не только в их настоящей стадии существования, но и в перспективе бесконечных возможностей, заключенных во всей вечности будущего.

Божество-Абсолют есть тот потенциал, который был выделен из всеобъемлющей, бесконечной реальности добровольным решением Всеобщего Отца и в пределах которого происходит вся божественная деятельность – как экзистенциальная, так и эмпирическая. Это Условный Абсолют, противоположный Безусловному Абсолюту; однако охватывающий весь абсолютный потенциал Всеобщий Абсолют является сверхаддитивным к обоим Абсолютам.

2. *Безусловный Абсолют* является неличностным, внебожественным и необожествленным. Таким образом, Безусловный Абсолют лишен всех атрибутов личности и божественности и всех прерогатив создателя. Будь то факт или истина, опыт или откровение, философия или абсонития, – ничто не способно проникнуть в природу и характер этого лишенного вселенской обусловленности Абсолюта.

Следует ясно понимать, что Безусловный Абсолют есть *позитивная реальность*, наполняющая большую вселенную и, очевидно, простирающаяся с таким же пространственным присутствием далее, в область силовых проявлений и доматериальных эволюций за пределами семи сверхвселенных, в регионы пространства, потрясающие воображение своей протяженностью. Безусловный Абсолют – это не просто пример негативизма философского понятия, которое строится на допущениях метафизической софистики в отношении всеобщности, доминирования и примата того, что является необусловленным и безусловным. Безусловный Абсолют представляет собой действительное вселенское сверхуправление в бесконечности; это сверхуправление не ограничено в пространственно-силовом аспекте, хотя оно явно обусловлено присутствием жизни, разума, духа и личности, а также волевыми реакциями и целенаправленными мандатами Райской Троицы.

Мы убеждены, что Безусловный Абсолют не является недифференцированным и вездесущим влиянием, сравнимым с пантеистическими понятиями метафизики или с бытовавшей когда-то в науке гипотезой эфира. Безусловный Абсолют не ограничен в аспекте силы и обусловлен Божеством, однако мы не вполне понимаем связь этого Абсолюта с духовными реальностями вселенных.

3. Мы логически заключаем, что неизбежность *Всеобщего Абсолюта* объясняется действием абсолютной свободной воли Всеобщего Отца – дифференциацией вселенских реальностей на обожествленные и необожествленные –

персонализуемые и неперсонализуемые – ценности. Всеобщий Абсолют представляет собой тот феномен Божества, который свидетельствует о разрешении напряжения, образовавшегося в результате добровольного акта дифференциации вселенской реальности, и который действует как ассоциирующий координатор этих совокупных экзистенциальных потенциальных возможностей.

Напряжение-присутствие Всеобщего Абсолюта означает выравнивание перепада, существующего между реальностью божества и необожествленной реальностью и присущего разделению динамики свободно-волевой божественности и статики безусловной бесконечности.

Всегда помните: потенциальная бесконечность абсолютна и неотделима от вечности. Актуальная бесконечность во времени может быть только частичной и, следовательно, должна быть неабсолютной; так же и бесконечность актуальной личности не может, за исключением безусловного Божества, быть абсолютной. И именно разница потенциала бесконечности в Безусловном Абсолюте и Божестве-Абсолюте увековечивает Всеобщий Абсолют, делая тем самым космически возможным существование материальных вселенных в пространстве и духовно возможным – существование конечных личностей во времени.

Конечное может сосуществовать в космосе с Бесконечным только благодаря ассоциативному присутствию Всеобщего Абсолюта, с таким совершенством компенсирующего напряжение между временем и вечностью, конечностью и бесконечностью, потенциалом реальности и актуальностью реальности, Раем и пространством, человеком и Богом. Ассоциативно Всеобщий Абсолют представляет собой идентификацию области прогрессирующей эволюционной реальности, существующей в пространственно-временных и трансцендентных по отношению к пространству-времени вселенных суббесконечного проявления Божества.

Всеобщий Абсолют есть потенциал статично-динамичного Божества, функционально реализуемый на уровнях времени-вечности в качестве конечно-абсолютных ценностей и как возможность эмпирико-экзистенциального сближения. Этот непостижимый аспект Божества может быть статическим, потенциальным и ассоциативным, однако он не является эмпирически созидательным или эволюционным в отношении разумных личностей, действующих в настоящее время в совокупной вселенной.

Абсолют. Несмотря на столь разительные, с точки зрения разумных созданий, различия в функциях, два Абсолюта – условный и безусловный – божественно и в совершенстве объединены во Всеобщем Абсолюте и Всеобщим Абсолютом. В конечном счете и в окончательном постижении, все три являются одним Абсолютом. На суббесконечных уровнях функциональные различия между ними сохраняются, однако в бесконечности они ЕДИНЫ.

Мы никогда не пользуемся термином «Абсолют» как отрицанием или отвержением чего-либо. Чуждо нам и понимание Всеобщего Абсолюта как самоопределяющегося начала, некоего пантеистического и обезличенного Божества. Во всем, что относится к вселенской личности, Абсолют строго ограничен Троицей и подчинен Божеству.

XII. ТРОИЦЫ

Изначальная и вечная Райская Троица экзистенциальна и была неизбежной. Не имеющая начала Троица неразрывно связана с фактом дифференциации личностного и неличностного свободным волеизъявлением Отца и фактуализировалась, когда его личная воля согласовала эти двуединые реальности посредством разума. Троицы постхавонского периода являются эмпирическими – они органически связаны с созданием двух субабсолютных и эволюционных уровней энерго-личностных проявлений в совокупной вселенной.

Райская Троица – вечный союз Божеств Всеобщего Отца, Вечного Сына и Бесконечного Духа – экзистенциальна в актуальности, однако все потенциалы являются эмпирическими. Вот почему эта Троица представляет собой единственную реальность Божества, охватывающую бесконечность, и по той же причине происходят вселенские феномены актуализации Бога-Верховного, Бога-Предельного и Бога-Абсолютного.

Первая и вторая эмпирические Троицы – Троицы постхавонского периода – не могут быть бесконечными, ибо включают в себя *производные Божества*, то есть Божества, эволюционировавшие путем эмпирической актуализации реальностей, созданных или возникших благодаря экзистенциальной Райской Троице. Бесконечность божественности постоянно обогащается, если не расширяется, конечностью и абсонитностью опыта создания и Создателя.

Троицы суть истины взаимосвязи и факты проявления равных Божеств. Функции Троицы охватывают реальности Божества, а реальности Божества всегда стремятся реализовать и проявить себя в персонализации. Поэтому Бог-Верховный, Бог-Предельный и даже Бог-Абсолютный являются божественно неизбежными. Эти три эмпирических Божества были потенциальными в экзистенциальной Троице – Райской Троице, однако их появление во вселенной в качестве могущественных личностей зависит отчасти от их собственной эмпирической деятельности в энерголичностных вселенных и отчасти – от эмпирических достижений Создателей и Троиц постхавонского периода.

Две эмпирические Троицы постхавонского периода – Предельная и Абсолютная – проявляются еще не полностью; они находятся в процессе реализации во вселенной. Эти объединения Божеств можно описать следующим образом:

1. *Предельная Троица*, эволюционирующая в настоящее время, в итоге будет представлена Верховным Существом, Верховными Создателями и абсонитными Творцами Совокупной Вселенной – этими уникальными проектировщиками вселенной, которые не являются ни создателями, ни созданиями. В конечном счете, Бог-Предельный неизбежно обретет могущество и личность в качестве Божества, возникающего в результате объединения этой эмпирической Предельной Троицы на расширяющейся арене почти безграничной совокупной вселенной.

2. *Абсолютная Троица* – вторая эмпирическая Троица – находится в процессе актуализации и будет представлена Богом-Верховным, Богом-Предельным и пока еще нераскрытым Свершителем Вселенской Судьбы. Эта Троица действует как на личностном, так и на сверхличностном уровнях, вплоть до границ неличностного, и ее объединение во всеобщности привело бы к эмпиризации Абсолютного Божества.

В своей завершенности Предельная Троица достигает эмпирического объединения, однако мы глубоко сомневаемся в возможности столь полного объединения Абсолютной Троицы. Тем не менее, наше представление о вечной Райской Троице служит неизменным напоминанием: тринитизация Божества способна достичь того, что иным путем недостижимо; отсюда и наш постулат о грядущем появлении

Верховного-Предельного и возможной фактуализации Бога-Абсолютного через его тринитизацию.

Философы вселенных постулируют *Троицу Троиц* – экзистенциально-эмпирическую Троицу-Бесконечную, однако они неспособны представить себе ее персонализацию; возможно, она была бы эквивалентна лицу Всеобщего Отца на концептуальном уровне Я ЕСТЬ. Однако, вне зависимости от всего этого, изначальная Райская Троица потенциально бесконечна, ибо Всеобщий Отец действительно бесконечен.

ПРИМЕЧАНИЕ

Формулируя последующие представления, относящиеся к изображению характера Всеобщего Отца и природы его Райских партнеров, а также предпринимая попытку описания совершенной центральной вселенной и окружающих ее семи сверхвселенных, мы должны руководствоваться мандатом правителей сверхвселенной, обязывающим нас, делая всё возможное для раскрытия истины и согласования важнейших знаний, отдавать предпочтение наиболее возвышенным человеческим представлениям об излагаемых предметах. К собственно откровению мы можем прибегать только при отсутствии адекватного выражения представляемой концепции человеческим разумом.

Последовательные планетарные откровения, раскрывающие божественную истину, неизменно охватывают высшие представления о духовных ценностях, что становится частью нового и усовершенствованного согласования планетарных знаний. Поэтому, составляя настоящие повествования о Боге и его вселенских партнерах, в основу данных документов мы положили более тысячи отобранных нами человеческих понятий, представляющих наивысшие и наиболее прогрессивные планетарные познания в области духовных ценностей и вселенских значений. В тех случаях, когда эти человеческие представления, собранные среди богопознавших смертных прошлого и настоящего, оказываются неадекватными для поставленной перед нами задачи раскрытия истины так, как это нам предписано сделать, мы, не колеблясь, будем дополнять их, используя для этой цели свое превосходящее знание реальности и божественности Райских Божеств и трансцендентальной вселенной их обитания.

Мы полностью сознаём сложность своей задачи; мы понимаем невозможность в полной мере преобразовать язык, выражающий концепции божественности и вечности, в символы языка, выражающего конечные концепции смертного разума. Но мы знаем, что в человеческом разуме живет частица Бога, а в человеческой душе пребывает Дух Истины; более того: мы знаем, что эти духовные силы пытаются сообща помочь материальному человеку постичь реальность духовных ценностей и осмыслить философию вселенских значений. Но еще больше мы уверены в том, что эти духи Божественного Присутствия способны помочь человеку в духовном усвоении всей истины, содействующей расширению вечно прогрессирующей реальности личного религиозного опыта – богосознания.

[Продиктовано Божественным Советником Орвонтона – главой Корпуса личностей сверхвселенной, направленных на Урантию для раскрытия истины о Райских Божествах и вселенной вселенных.]

ЧАСТЬ I

ЦЕНТРАЛЬНАЯ ВСЕЛЕННАЯ И СВЕРХВСЕЛЕННЫЕ

Подготовлено Уверсским Корпусом личностей сверхвселенной, уполномоченных Древними Дней Орвонтона.

ЧАСТЬ I

Центральная вселенная и сверхвселенные

ДОКУМЕНТ 1

ВСЕОБЩИЙ ОТЕЦ

Всеобщий Отец является Богом всего творения, Первым Источником и Центром всех вещей и существ. Думайте о Боге прежде всего как о создателе, затем – как о властителе и наконец – как о бесконечном вседержителе. Истина о Всеобщем Отце стала открываться человечеству со словами пророка: «Един ты, Боже, и нет иного. Тобою сотворены небеса и небеса небес и всё их воинство; ты хранишь их и властвуешь над ними. Сынами Божьими были созданы вселенные. Творец одевается светом, словно ризой, простирает небеса, словно завесу». Только представление о Всеобщем Отце – едином Боге вместо многих – позволило смертному человеку осмыслить Отца как божественного создателя и бесконечного властителя.

Мириады планетарных систем сотворены для того, чтобы со временем здесь могли поселиться различные типы разумных созданий – существ, которые способны познать Бога, принять божественную любовь и полюбить его в ответ. Вселенная вселенных является Божьим творением и местом обитания его разнообразных созданий. «Бог сотворил небеса и образовал землю; не напрасно он утвердил вселенную и создал этот мир; он образовал его для жительства».

Все просвещенные миры признают Всеобщего Отца и поклоняются ему – вечному творцу и бесконечному вседержителю всего творения. Волевые создания великого множества вселенных вступили на долгий, долгий путь к Раю – увлекательное преодоление трудностей, сопровождающее вечное дерзновение, достижение Бога-Отца. Трансцендентная цель детей времени – найти вечного Бога, осмыслить его божественную природу, узнать Всеобщего Отца. Богопознавшие создания охвачены только одним высочайшим стремлением, только одной всепоглощающей страстью: стать, в своих сферах, подобными ему, его Райскому совершенству личности во всеобщей сфере праведного господства. Высочайший наказ обитающего в вечности Всеобщего Отца гласит: «Будьте совершенны, как совершенен я». С любовью и милосердием пронесли посланники Рая этот божественный призыв сквозь века и вселенные, донеся его и до таких скромных созданий животного происхождения, как человеческие расы Урантии.

Это величественное и всеобщее предписание – стремиться к обретению совершенства божественности – является первостепенным долгом и должно быть высочайшей целью для всех борющихся созданий, сотворенных Богом совершенства.

Эта возможность обретения божественного совершенства есть окончательное и несомненное предназначение всего духовного прогресса человека в вечности.

Смертные Урантии вряд ли могут надеяться на бесконечное совершенство, однако, начав свой путь на этой планете, человек безусловно способен достичь небесной и божественной цели, поставленной бесконечным Богом перед смертным человеком; и когда люди достигнут этого предназначения, во всех аспектах самореализации и обретения разума они станут такими же совершенными в своей сфере божественного совершенства, каким является сам Бог в своей сфере бесконечности и вечности. Совершенство это может не быть всеобщим в материальном смысле, неограниченным в интеллектуальном постижении или окончательным в духовном опыте, но оно является окончательным и исчерпывающим во всех конечных аспектах божественности воли, совершенства мотивации личности и богосознания.

Именно в этом заключен истинный смысл божественного повеления – «будьте совершенны, как совершенен я», которое извечно побуждает смертного человека идти вперед и притягивает его к центру на всём протяжении долгой и увлекательной борьбы за достижение всё более высоких уровней духовных ценностей и истинных вселенских значений. Возвышенный поиск Бога вселенных является величайшим дерзновением для обитателей всех миров пространства и времени.

1. ИМЯ ОТЦА

Из всех имен, под которыми Бог-Отец известен во вселенных, наиболее часто встречаются такие, которые определяют его как Первый Источник и Вселенский Центр. Первый Отец известен под разнообразными именами в различных вселенных и различных секторах одной и той же вселенной. Имена, которыми создание называет Создателя, во многом зависят от его представления о Создателе. Первый Источник и Вселенский Центр никогда не раскрывал себя через свое имя – только через свою природу. Если мы верим в то, что являемся детьми этого Создателя, то вполне естественно, что в итоге мы начинаем называть его Отцом. Но выбираем мы это имя сами, и произрастает оно из признания нашей личной связи с Первым Источником и Центром.

Всеобщий Отец никогда не требует от разумных волевых созданий вселенных какого-либо случайного признания, формального поклонения или рабского услужения. Эволюционные обитатели пространственно-временны́х миров должны сами, в своих собственных сердцах, признать, полюбить и добровольно поклониться ему. Создатель отказывается подчинять, принуждать к покорности свободную духовную волю своих материальных созданий. Движимое любовью посвящение воли человека выполнению воли Отца – наилучший дар человека Богу; фактически, подобное посвящение воли создания является единственно возможным истинно ценным даром человека Райскому Отцу. В Боге человек живет, движется и существует; нет ничего, что человек мог бы дать Богу, кроме решения выполнять волю Отца, и подобные решения, принятые разумными волевыми созданиями вселенных, представляют собой реальность того истинного поклонения, которое приносит такое удовлетворение любвеобильному Отцу-Создателю.

Когда однажды вы поистине осознаете Бога, когда действительно откроете для себя величественного Создателя и начнете на собственном опыте осознавать внутреннее присутствие божественного властителя, – тогда, в зависимости от вашей просвещенности и в соответствии с методом и характером раскрытия Бога божественными Сынами, вы найдете имя для Всеобщего Отца, адекватно выражающее ваше представление о Первом Великом Источнике и Центре. Таким образом, в различных мирах и в разных вселенных Создатель становится известным под многочисленными названиями, причем если по духу родства каждое имя означает одно и то же, то по своей словесной и знаковой форме оно выражает степень и глубину воцарения Отца в сердцах созданий любого данного мира.

Вблизи центра вселенной вселенных Всеобщий Отец обычно известен под именами, которые можно истолковать как Первый Источник. С удалением во вселенные пространства чаще встречаются такие названия Всеобщего Отца, которые означают Всеобщий Центр. В еще более далеких пространствах звездного творения – например, в столице вашей локальной вселенной – он известен как Первый Созидательный Источник и Божественный Центр. В одном из соседних созвездий Бог называется Отцом Вселенных, в другом – Бесконечным Вседержителем, а далее на восток – Божественным Властителем. Его называют также Отцом Небесных Светил, Даром Жизни и Всемогущим.

В тех мирах, где один из Райских Сынов прожил жизнь в посвящении, Бог обычно известен под именем, выражающим личное отношение, нежное чувство и отеческую преданность. В столице вашего созвездия Бога называют Всеобщим Отцом, а на различных планетах вашей локальной системы обитаемых миров он известен под разными именами – Отец Отцов, Райский Отец, Хавонский Отец и Духовный Отец. Те, кто познал Отца из богооткровенных посвящений Райских Сынов, со временем уступают обаянию трогательных взаимоотношений создания и Создателя и называют Бога «наш Отец».

На планете с разнополыми созданиями, в мире, где родительские порывы присущи сердцам разумных существ, слово «Отец» становится особенно выразительным и подобающим именем для вечного Бога. На вашей планете, Урантии, он наиболее известен и широко признан как *Бог*. Но данное ему имя не представляет большого значения; важно, чтобы вы познали Бога и стремились стать такими, как он. Ваши пророки древности по праву называли его «предвечным Богом» и говорили о нём как о «живущем в вечности».

2. РЕАЛЬНОСТЬ БОГА

Бог есть основная реальность в мире духа; Бог является источником истины в сферах разума; Бог превосходит всё, что есть в материальных мирах. Для всех разумных созданий Бог представляет собой личность, а для вселенной вселенных он есть Первый Источник и Центр вечной реальности. Бог не похож ни на человека, ни на машину. Первый Отец – это всеобщий дух, вечная истина, бесконечная реальность и отеческая личность.

Вечный Бог – это бесконечно больше, чем идеализированная реальность или персонализированная вселенная. Это не просто высшая мечта человека, объективация смертного поиска. Не является Бог также одним только понятием, силовым потенциалом праведности. Всеобщий Отец не есть ни синоним природы, ни персонификация естественного закона. Бог – это трансцендентная реальность, а не только традиционное представление человека о величайших ценностях. Бог не есть психологическая концентрация духовных значений, как не является он и «благороднейшим творением человека». В сознании человека Бог может быть любым или всеми из этих представлений, но он больше. Это спаситель и любящий

Отец всех тех, кто обрел духовный покой на земле и жаждет испытать сохранение личности в смерти.

В человеческом опыте действительность существования Бога демонстрируется внутренним божественным присутствием – духовным Наставником, посылаемым из Рая для того, чтобы жить в смертном разуме человека и помогать ему в развитии бессмертной души, обретающей вечную жизнь. Три эмпирических феномена раскрывают присутствие этого божественного Настройщика в человеческом разуме:

1. Интеллектуальная способность познания Бога – богосознание.

2. Духовное побуждение найти Бога – богоискательство.

3. Личностное стремление быть таким, как Бог – искреннее желание выполнять волю Отца.

Существование Бога не может быть доказано научным экспериментом или чисто логическим умозаключением. Бог может быть осознан только в сфере человеческого опыта; тем не менее, истинное представление о реальности Бога приемлемо в логике, вероятно в философии, существенно для религии и неотделимо от любой надежды на сохранение личности.

Те, кто познал Бога, испытали на собственном опыте факт его присутствия; такие богопознавшие смертные хранят в своем личном опыте единственное несомненное доказательство существования живого Бога, которое один человек может предложить другому. Не существует никакой другой возможности продемонстрировать существование Бога, кроме как в соприкосновении богосознания человеческого разума и богоприсутствия Настройщика Мышления, который пребывает в смертном интеллекте и посвящается человеку как безвозмездный дар Всеобщего Отца.

В теории, вы можете представлять Бога как Создателя – он и является Создателем, лично сотворившим Рай и совершенную центральную вселенную, однако все вселенные времени и пространства созданы и организованы Райским корпусом Сынов-Создателей. Всеобщий Отец не является личным создателем локальной вселенной Небадон; вселенная, в которой вы живете, представляет собой творение его Сына Михаила. Хотя Отец не принимает личного участия в создании эволюционных вселенных, он управляет многими вселенскими отношениями и некоторыми проявлениями их физической, умственной и духовной энергий. Бог-Отец является личным создателем Райской вселенной и, совместно с Вечным Сыном, создателем всех остальных личных Творцов вселенных.

Как физический управляющий в материальной вселенной вселенных, Первый Источник и Центр действует в эталонах вечного Острова Рай. С помощью этого абсолютного гравитационного центра вечный Бог осуществляет космическое сверхуправление физическим уровнем как в центральной вселенной, так и во всём пространстве вселенной вселенных. Как разум, Бог существует в Божестве Бесконечного Духа; как дух, Бог проявляет себя в лице Вечного Сына и в лицах божественных детей Вечного Сына. Эта взаимосвязь Первого Источника и Центра с равными Лицами и Абсолютами Рая ни в коей мере не исключает *непосредственного* личного воздействия Всеобщего Отца – где бы и на каком бы уровне это ни происходило. Через частицы своего духа Отец-Создатель поддерживает прямую связь со своими детьми-созданиями и созданными вселенными.

3. БОГ ЕСТЬ ВСЕОБЩИЙ ДУХ

«Бог есть дух». Он есть всеобщее духовное присутствие. Всеобщий Отец есть бесконечная духовная реальность; он является «всевластным, вечным, нетленным, незримым и единственно истинным Богом». Хотя вы и есть «род Божий», вы не должны думать, что Отец похож на вас по своему физическому облику только потому, что о вас говорят как о созданных «по его образу» – одаренных Таинственными Наставниками, посланными из центральной обители его вечного присутствия. Духовные существа реальны, несмотря на то что они невидимы для человеческого глаза и не существуют во плоти и крови.

Сказал древний пророк: «Вот, Он пройдет рядом, а я и не увижу; поступи Его я не услышу». Мы можем постоянно наблюдать деяния Божьи, мы можем полностью осознавать материальные доказательства его величественного управления, но редко удается нам лицезреть видимое проявление его божественности, как не замечаем мы и присутствия его духа, посланного им для пребывания в людях.

Всеобщий Отец невидим не потому, что он скрывается от низших существ с их изъянами материального существования и ограниченными духовными способностями. Дело скорее в следующем: «Тебе нельзя видеть моего лица, ибо ни один смертный не может увидеть Меня и остаться в живых». Никакой материальный человек не может узреть духовного Бога и сохранить свое смертное существование. Великолепие и духовный блеск присутствия божественной личности недоступны для низших групп духовных существ или какой-либо категории материальных личностей. Духовное свечение, возникающее при непосредственном присутствии Отца, есть «свет, к которому не может приблизиться ни один смертный, которого не видело и не может увидеть ни одно материальное создание». Однако необязательно лицезреть Бога глазами плоти, чтобы увидеть его зрением веры, присущей одухотворенному разуму.

Духовная природа Всеобщего Отца в полной мере разделяется его сосуществующим «я», Вечным Сыном Рая. Как Отец, так и Сын, в одинаковой мере, полностью и неограниченно разделяют всеобщий и вечный дух с совместной и равной личностью, Бесконечным Духом. Божий дух, в себе и сам по себе, абсолютен; в Сыне он безусловен, в Духе он универсален, а во всех них и через всех них – бесконечен.

Бог есть всеобщий дух; Бог есть единственная всеобщая личность. Высшая личностная реальность конечного творения есть дух; предельная реальность личностного космоса есть абсонитный дух. Только уровни бесконечности абсолютны, и только на таких уровнях существует завершенность единства материи, разума и духа.

Во вселенных Бог-Отец является – потенциально – сверхвластителем материи, разума и духа. Только благодаря своему обширному личностному контуру Бог может непосредственно общаться с личностями своего обширного творения – волевыми созданиями, но за пределами Рая он доступен только через присутствие своих частиц – воли Бога во вселенных. Этот Райский дух, поселяющийся в разуме смертных времени и благоприятствующий эволюции бессмертной души спасающегося создания, несет в себе природу и божественность Всеобщего Отца. Однако разум подобных эволюционных созданий берет свое начало в локальной вселенной и должен приобрести божественное совершенство достижением тех эмпирических трансформаций, которые ведут к духовным свершениям и являются неизбежным следствием решения выполнять волю небесного Отца.

Во внутреннем опыте человека разум соединен с материей. Такой связанный с материей разум не может пережить физическую смерть. Метод продолжения жизни заключен в таких изменениях человеческой воли и таких превращениях смертного разума, когда дух постепенно становится учителем такого богопознавшего интеллекта и, в итоге, его водителем. В результате эволюции человеческого разума – от связи с материей к союзу с духом – потенциально духовные аспекты смертного разума превращаются в моронтийные реальности бессмертной души. Подчинившемуся материи смертному разуму суждено становиться всё более материальным и в конце концов обречь себя на неизбежную утрату личности; разуму, уступившему духу, суждено становиться всё более духовным и в итоге слиться с переживающим смерть и ведущим его божественным духом и тем самым достичь посмертной жизни и вечного существования личности.

Я пришел от Вечного, и я неоднократно возвращался в присутствие Всеобщего Отца. Я знаю действительность и личность Первого Источника и Центра, Вечного и Всеобщего Отца. Я знаю, что, являясь абсолютным, вечным и бесконечным, великий Бог также благ, божественен и милосерден. Я знаю истинность великих возвещений: «Бог есть дух» и «Бог есть любовь», и два этих атрибута наиболее полно раскрыты вселенной в Вечном Сыне.

4. ТАЙНА БОГА

Бесконечность совершенства Бога такова, что делает его вечной тайной. И величайшая из всех непостижимых тайн заключается в божественном проникновении в смертный разум. То, каким образом Всеобщий Отец сосуществует с созданиями времени, является глубочайшей из всех загадок вселенной; божественное присутствие в разуме человека представляет собой тайну тайн.

Физические тела смертных суть «храмы Бога». Несмотря на то что Полновластные Сыны-Создатели являются к созданиям в их обитаемых мирах и «привлекают всех людей к себе»; хотя они «стоят у двери» сознания «и стучат» и любят приходить ко всем, кто «отворяет дверь своего сердца»; хотя и существует эта сокровенная личная связь между Сынами-Создателями и их смертными созданиями, – несмотря на всё это, у смертных людей есть нечто от самого Бога, что действительно пребывает в них и чему тело служит храмом.

Когда вы завершите здесь свой путь, когда окончится ваше земное существование во временно́м обличье, когда закончится ваше испытание во плоти, когда прах, наполнявший смертный сосуд, «возвратится в землю, откуда он и пришел», – тогда откроется, что присутствующий в человеке «Дух возвратится к Богу, который дал его». В каждом нравственном существе на этой планете живет частица Бога, неотъемлемая часть божественности. Она еще не является вашей по праву, но ей предопределено слиться с вами, если вы переживете смертное существование.

Мы постоянно сталкиваемся с этой тайной Бога; нас ошеломляет возрастающее раскрытие нескончаемой панорамы, являющей истину его бесконечной благости, беспредельного милосердия, несравненной мудрости и величественного характера.

Божественная тайна заключается в неустранимом различии между конечным и бесконечным, временны́м и вечным, пространственно-временны́м созданием и Всеобщим Создателем, материальным и духовным, несовершенством человека и совершенством Райского Божества. Бог всеобщей любви неизменно раскрывает себя каждому из своих созданий, максимально используя способность создания к духовному постижению свойств божественной истины, красоты и благости.

Каждому духовному существу и каждому смертному созданию, на каждой сфере и в каждом мире вселенной вселенных, Всеобщий Отец раскрывает всю свою благодатную и божественную сущность, которые могут быть постигнуты или осознаны такими духовными существами и такими смертными созданиями. Бог нелицеприятен как в отношении духовных, так и материальных существ. Божественное присутствие, которое имеет любое дитя вселенной в любой данный момент, ограничено только способностью создания воспринимать и понимать духовную действительность сверхматериального мира.

Как реальность духовного опыта человека, Бог не является тайной. Но когда предпринимается попытка объяснить реальности духовного мира физическому разуму материального типа, возникает тайна, и эти тайны столь неуловимы и глубоки, что только проникновение веры богопознавшего смертного способно на философское чудо осознания Бесконечного конечным, постижения вечного Бога эволюционирующими смертными материальных миров времени и пространства.

5. ЛИЧНОСТЬ ВСЕОБЩЕГО ОТЦА

Не позволяйте величию Бога, его бесконечности затмевать или заслонять его личность. «Разве не услышит тот, кто дал ухо? Разве не увидит тот, кто образовал глаза?» Всеобщий Отец есть вершина божественной личности; он – источник и цель всех личностных созданий. Бог представляет собой как бесконечность, так и личность; он есть бесконечная личность. Отец являет собой истинную личность, несмотря на то что бесконечность его личности навеки делает невозможным исчерпывающее понимание Отца материальными и конечными существами.

Бог – это намного больше, чем личность в человеческом понимании; он выходит далеко за пределы даже возможного представления о сверхличности. Однако совершенно бесполезно обсуждать такие непостижимые понятия божественной личности с материальными созданиями, чей предел представления о реальности существа заключается в идее и идеале личности. Высшая возможная концепция Всеобщего Создателя у материального создания выражается в духовных идеалах, присущих возвышенному представлению о божественной личности. Поэтому хотя вы, быть может, знаете, что Бог должен быть больше, чем человеческое представление о личности, вы столь же хорошо знаете, что Всеобщий Отец никак не может быть меньше, чем вечная, бесконечная, истинная, благая и прекрасная личность.

Бог не скрывается ни от кого из своих созданий. Он недостижим для столь многих категорий существ только потому, что он «живет в свете, к которому ни одно материальное создание не может приблизиться». Безмерность и величие божественной личности выходят за пределы понимания несовершенного разума эволюционных смертных. Он «измеряет воды горстью своей, пядью измеряет вселенную. Он есть тот, кто восседает над кругом земли, кто простирает небеса, словно ткань, и раскидывает их, словно вселенский шатер для жилья». «Поднимите глаза на небо и посмотрите, кто сотворил всё это, кто исчисляет их миры и называет их всех по имени»; и потому истинно, что «незримые вещи Божьи отчасти понимаются через вещи созданные». Сегодня – такие, какими вы являетесь, – вы должны понять невидимого Творца через его многоликое и разнообразное творение, равно как через откровение и служение его Сынов и их многочисленных подчиненных.

Хотя материальные смертные и не могут увидеть лик Божий, им следует возрадоваться в уверенности, что он представляет собой личность; своей верой принять истину о любви Всеобщего Отца к миру – любви столь великой, что она обеспечила низшим обитателям этого мира вечный духовный прогресс; уверовать, что Бог «души не чает в своих детях». У Бога нет недостатка ни в одном из тех сверхчеловеческих и божественных атрибутов, которые образуют совершенную, вечную, любящую и бесконечную личность Создателя.

За исключением персонала сверхвселенных, в локальных творениях у Бога нет иного личного или местного проявления, кроме Райских Сынов-Создателей, которые являются отцами населенных миров и полновластными правителями локальных вселенных. Если бы создание обладало совершенной верой, оно знало бы наверняка, что увидев Сына-Создателя, оно увидело Всеобщего Отца; в поисках Отца оно не просило бы и не ожидало бы увидеть никого, кроме Сына. Смертный человек просто неспособен увидеть Бога, пока он не завершит трансформацию духа и действительно не достигнет Рая.

Природа Райских Сынов-Создателей не включает всех безусловных потенциалов, относящихся к универсальной абсолютности, присущей бесконечной природе Первого Великого Источника и Центра, однако в любом возможном отношении Всеобщий Отец *божественно* присутствует в Сынах-Создателях. Отец и его Сыны едины. Эти Райские Сыны категории Михаила являются не только совершенными личностями, но и эталоном для всего личностного в локальной вселенной – от Светлой Утренней Звезды вплоть до низшего человеческого создания, представителя прогрессирующей эволюции животных.

Без Бога, без его великого и центрального лица, во всей необъятной вселенной вселенных не было бы личности. *Бог есть личность*.

Несмотря на то что Бог представляет собой вечное могущество, величественное присутствие, трансцендентный идеал и восхитительный дух, хотя он есть всё это и бесконечно больше, тем не менее, он является, воистину и во веки веков, совершенной личностью – Создателем, который может «познать и быть познанным», который может «любить и быть любимым» и который может стать нам другом; со своей стороны, подобно другим людям, вы можете стать известны как друг Бога. Он – реальный дух и духовная реальность.

Наблюдая, как Всеобщий Отец раскрывает себя в своей вселенной, видя, как он проникает в мириады своих созданий, узнавая Отца в его Полновластных Сынах, продолжая повсеместно ощущать его божественное присутствие, – не усомнимся же в примате его личности. Несмотря на всё свое необъятное распространение, он остается истинным лицом и непрестанно поддерживает личную связь с бесчисленными сонмами своих созданий по всей вселенной вселенных.

Идея личности Всеобщего Отца представляет собой расширенное и более истинное представление о Боге, возникшее у человечества в основном благодаря откровениям. Разум, мудрость и религиозный опыт – все они предполагают и подразумевают личность Бога, но не всецело ее обосновывают. Даже внутренний Настройщик Мышления является доличностным. Истинность и зрелость любой религии прямо пропорциональна ее представлению о бесконечной личности Бога и постижению абсолютного единства Божества. Таким образом, идея личностного Божества становится мерой религиозной зрелости, после того как в религии возникает представление о единстве Бога.

Примитивная религия признавала многих личностных богов, созданных по образу человека. Откровение подтверждает верность понятия о личности Бога, которое не более чем возможно в научном постулате Первопричины и лишь условно допускается в философской идее Всеобщего Единства. Только через личность можно приступить к постижению единства Бога. Отрицание личности Первого Источника и Центра означает выбор одного из двух решений этой философской дилеммы: материализм или пантеизм.

При созерцании Божества понятие личности необходимо освободить от идеи телесности. Материальное тело не является обязательным для личности – будь то личность человека или Бога. Ошибка, связанная с толкованием роли телесного, проявляется в обеих крайностях человеческой философии. Для материализма смерть, лишающая человека его тела, ведет к прекращению существования личности; для пантеизма не имеющий тела Бог не является, следовательно, личностью. Сверхчеловеческий тип прогрессирующей личности действует в союзе разума и духа.

Личность – это не просто атрибут Бога; это скорее всеобщность согласованной бесконечной природы и объединенной божественной воли, что демонстрируется в вечности и универсальности совершенного выражения, продемонстрированной в вечности и всеобщности. Личность – в высшем смысле – есть откровение Бога во вселенной вселенных.

Будучи вечным, всеобщим, абсолютным и бесконечным, Бог не расширяет своего знания и не углубляет свою мудрость. Бог не приобретает опыта так, как это мог бы предположить или понять конечный человек, однако, в пределах своей собственной вечной личности, он получает истинное удовлетворение от постоянно расширяющейся самореализации, что, в определенном смысле, сравнимо с приобретением нового опыта конечными существами эволюционных миров и аналогично такому опыту.

Абсолютное совершенство бесконечного Бога обрекло бы его на крайние ограничения, присущие безусловной завершенности совершенства, если бы не тот факт, что Всеобщий Отец непосредственно участвует в личностных усилиях каждой несовершенной души огромной вселенной, стремящейся, с божественной помощью, взойти к духовно совершенным небесным мирам. По всей вселенной вселенных этот возрастающий опыт каждого духовного существа и каждого смертного создания является составной частью вечно расширяющегося сознания Отца как Божества в бесконечном божественном круге непрестанной самореализации.

Буквальна истина: «Во всякой скорби вашей он скорбит с вами». «Во всех торжествах ваших он торжествует с вами». Его доличностный божественный дух действительно является вашей частью. Остров Рай реагирует на все физические превращения во вселенной вселенных; Вечный Сын заключает в себе каждый духовный импульс всего творения; Совместный Вершитель охватывает все проявления разума расширяющегося космоса. Всеобщий Отец воплощает во всей полноте божественного сознания весь индивидуальный опыт прогрессивных усилий развивающегося разума и возрастающей духовности каждой сущности, существа и личности всего эволюционного творения времени и пространства. И всё это в буквальном смысле истинно, ибо «в Нём мы живем, двигаемся и существуем».

6. ЛИЧНОСТЬ ВО ВСЕЛЕННОЙ

Человеческая личность есть пространственно-временно́й образ, тень, отбрасываемая божественной личностью Создателя. Никакую действительность невозможно адекватно постичь изучением ее тени. Тени следует интерпретировать в терминах истинной субстанции.

Для науки Бог есть причина, для философии – идея, для религии – личность, в том числе исполненный любви небесный Отец. Для ученого Бог есть исходная сила, для философа – гипотеза единства, для религиозного человека – живой духовный опыт. Неадекватность человеческого представления о личности Всеобщего Отца можно исправить только духовным прогрессом человека во вселенной; полная же адекватность наступит только тогда, когда паломники времени и пространства достигнут, наконец, божественных объятий живого Бога в Раю.

Никогда не упускайте из виду противоположных точек зрения на личность в понимании Бога и человека. Человек рассматривает и понимает личность с точки зрения конечного о бесконечном, Бог – с точки зрения бесконечного о конечном. Человек обладает низшим типом личности, Бог – высшим, а именно верховным, предельным и абсолютным. Поэтому для улучшения представлений о божественной личности пришлось терпеливо дожидаться появления улучшенных идей о личности человеческой и, в особенности, усовершенствованного раскрытия как человеческой, так и божественной личности в посвященческой жизни, прожитой на Урантии Сыном-Создателем Михаилом.

Доличностный божественный дух, пребывающий в смертном разуме, самим своим присутствием является убедительным доказательством реальности своего существования, однако понятие божественной личности можно постигнуть только духовным прозрением, присущим истинному религиозному опыту личности. Любую личность – человеческую или божественную – можно познать и понять совершенно независимо от внешних реакций или материального присутствия такой личности.

Для дружбы двух личностей необходима определенная степень нравственного родства и духовной гармонии; любящая личность вряд ли откроет себя нелюбящей. Уже для одного только приближения к познанию божественной личности необходимо посвятить этому весь талант человеческой личности; нерешительные, половинчатые действия будут тщетны.

Чем полнее человек понимает себя и ценит личностные качества других людей, тем сильнее он будет стремиться к познанию Изначальной Личности и тем искреннее будет такой познавший Бога человек стремиться стать подобным Изначальной Личности. Можно расходиться во мнениях о Боге, однако полученный в нём и вместе с ним опыт полностью выходит за пределы любых человеческих споров и чисто интеллектуальных умозаключений. Богопознавший человек описывает свой духовный опыт не для того, чтобы убедить неверующих, но для наставления и взаимного удовлетворения верующих.

Допустить, что вселенная может быть познана, что она доступна для понимания, – значит допустить, что она создана разумом и управляется личностью. Человеческий разум способен понять только явления другого разума – будь то разум человека или сверхчеловека. Если человеческая личность способна познать вселенную через опыт, это значит, что где-то в этой вселенной сокрыт божественный разум и подлинная личность.

Бог есть дух – духовная личность; человек также является духом – потенциальной духовной личностью. Иисус Назарянин достиг полной реализации этого потенциала духовной личности в человеческом опыте; поэтому его жизнь, посвященная исполнению воли Отца, становится для человека самым реальным и идеальным раскрытием личности Бога. Хотя постигнуть личность Всеобщего Отца можно только в непосредственном религиозном опыте, земная жизнь Иисуса воодушевляет нас совершенством демонстрации такой реализации и раскрытия личности Бога в истинно человеческом опыте.

7. ДУХОВНАЯ ЦЕННОСТЬ ПОНЯТИЯ ЛИЧНОСТИ

Когда Иисус говорил о «живом Боге», он имел в виду личностное Божество – Отца на небесах. Представление о личности Божества способствует товариществу, оно благоприятствует разумному поклонению, оно способствует живительной доверительности. Между неличностными вещами возможно взаимодействие, но не товарищество. Товарищеские отношения между отцом и сыном – как и между Богом и человеком – возможны только потому, что оба они являются личностями. Только личности способны общаться друг с другом, хотя это личностное общение и может существенно облегчаться присутствием именно такой безличностной сущности, как Настройщик Мышления.

Человек не соединяется с Богом, как капля воды с океаном. Человек обретает божественное единство благодаря углубляющемуся взаимному духовному общению, благодаря связи личности с личностным Богом, благодаря всё большему обретению божественной природы в искреннем и разумном подчинении божественной воле. Столь возвышенные отношения возможны только между личностями.

Понятие истины может рассматриваться в отрыве от личности, понятие красоты может существовать без личности, однако представление о божественной благости постижимо только в отношении к личности. Только *личность* может любить и быть любимой. Таким же образом, надежда на продолжение жизни была бы лишена красоты и истины, если бы они не были атрибутами личностного Бога – любящего Отца.

Мы неспособны до конца понять, каким образом Бог может быть первичным, неизменным, всесильным и совершенным – и одновременно окруженным эволюционирующей вселенной относительных несовершенностей, вселенной непрестанно изменяющейся и, по всей видимости, ограниченной законами. Но мы способны *познать* эту истину в нашем личном опыте, ибо все мы сохраняем идентичность личности и единство воли, несмотря на постоянное изменение как нас самих, так и нашего окружения.

Предельную вселенскую реальность невозможно постичь математикой, логикой или философией – это достижимо только путем личного опыта в условиях возрастающего подчинения божественной воле личностного Бога. Ни наука, ни философия, ни теология не способны подтвердить существование личности Бога. Подлинное духовное осознание личности Бога осуществимо только в личном опыте вероисповедных сынов небесного Отца.

Высшие представления о вселенской личности включают идентичность, самосознание, личную волю и возможность самораскрытия. Кроме того, все эти качества предполагают товарищество с другими и равными личностями, наподобие того, которое существует в объединениях личностей Райских Божеств. И абсолютное единство этих объединений настолько совершенно, что божественность становится известной как неразделимость, единство. «Господь Бог *един*». Неразделимость личности не мешает Богу посвящать свой дух, поселяющийся в сердцах смертных людей. Неразделимость личности человеческого отца не препятствует воспроизводству смертных сынов и дочерей.

Понятие неразделимости в совокупности с понятием единства подразумевает выход Предельности Божества за границы как времени, так и пространства; поэтому ни время, ни пространство не могут быть ни абсолютными, ни бесконечными. Первый Источник и Центр – это та бесконечность, которая безусловно превосходит границы разума, материи и духа.

Факт существования Райской Троицы никоим образом не противоречит истине о божественном единстве. Во всех реакциях на космическую реальность и во всех отношениях с созданиями три личности Райского Божества действуют как единая личность. Не противоречит существование этих трех вечных личностей и истине о неразделимости Божества. Я полностью сознаю тот факт, что в моем распоряжении нет адекватных языковых средств для объяснения смертному разуму нашего понимания этих космических проблем. Но вам не следует приходить в уныние: не все эти вопросы до конца понятны даже высоким личностям, принадлежащим к моей группе Райских существ. Всегда помните о том, что эти трудные для понимания истины, относящиеся к Божеству, станут проясняться по мере того, как ваш разум будет наполняться всё большей духовностью в последующие эпохи на протяжении долгого восхождения смертных к Раю.

[Представлено Божественным Советником, членом группы небесных личностей, получившим задание Древних Дней Уверсы, столицы седьмой сверхвселенной, возглавить подготовку тех частей последующего откровения, которые относятся к вопросам, выходящим за рамки локальной вселенной Небадон. В мои полномочия входит подготовка документов, описывающих природу и атрибуты Бога, ибо я представляю высший источник соответствующей информации, доступной где-либо в обитаемых мирах. Я служил в статусе Божественного Советника во всех семи сверхвселенных и в течение долгого времени находился в Райском центре всего творения. Не раз я испытывал высшее наслаждение от непосредственного личного присутствия Всеобщего Отца. Я описываю реальность и истину природы и атрибутов Отца с неоспоримыми полномочиями; я знаю, о чём говорю.]

ДОКУМЕНТ 2

ПРИРОДА БОГА

Поскольку высшее из возможных представлений человека о Боге заключается в человеческой идее и в идеале первичной и бесконечной личности, позволительно – и может оказаться полезным – изучить некоторые особенности божественной природы, представленные в характере Божества. Наилучшим образом природу Бога можно понять через раскрытие Отца, предпринятое Михаилом Небадонским в своих разносторонних учениях и возвышенной жизни, прожитой во плоти. Глубже понять божественную природу может также человек, который считает себя Божьим дитя и взирает на Райского Создателя как на истинного духовного Отца.

Природа Бога может изучаться через раскрытие высших идей, божественный характер можно представить как отображение небесных идеалов, однако из всех раскрытий божественной природы наиболее просвещающим и духовно поучительным является осмысление религиозной жизни Иисуса Назарянина – как до, так и после полного осознания им своей божественности. Если рассматривать жизнь Михаила во плоти как фон, на котором Бог раскрывает себя человеку, то мы можем попытаться выразить в человеческих словесных символах некоторые идеи и идеалы, касающиеся божественной природы, которые, возможно, будут способствовать дальнейшему прояснению и консолидации человеческого представления о природе Всеобщего Отца и характере его личности.

Огромным препятствием для всех наших попыток расширить и одухотворить человеческое представление о Боге являются ограниченные возможности смертного разума. Серьезной помехой при выполнении нашего задания становятся также ограничения языка и скудность материала, который можно использовать в качестве иллюстраций или сравнений в нашем стремлении описать божественные ценности и изложить духовные значения конечному, смертному разуму человека. Все наши усилия расширить человеческое представление о Боге были бы едва ли ни тщетными, если бы не тот факт, что смертный разум является обителью Настройщика, посвященного Всеобщим Отцом, и что он наполнен Духом Истины Сына-Создателя. Поэтому, полагаясь на присутствие в человеческом сердце этих божественных духов, помогающих расширить представление о Боге, я с радостью приступаю к исполнению своего задания в попытке предложить разуму человека нижеследующее описание природы Бога.

1. БЕСКОНЕЧНОСТЬ БОГА

«Прикасаясь к Бесконечному, мы не постигаем его. Неведома божественная поступь». «Его понимание бесконечно, и величие его неисповедимо». Ослепляющий свет присутствия Отца таков, что для его низших созданий он, видимо, «обитает в кромешной тьме». Не только мысли и планы его неисповедимы, но «нет конца его великим и чудесным делам». «Бог велик; он непознаваем, как неисследимо число его лет». «Поистине, Богу ли жить на земле? Вот, небо (вселенная) и небо небес (вселенная вселенных) не вмещают его». «Как непостижимы суждения его и неисповедимы пути его!»

«Нет иного Бога, кроме единого, бесконечного Отца, который является также преданным Создателем». «Божественный Создатель есть также Всеобщий Распорядитель, источник и цель всякой души. Он есть Величайшая Душа, Изначальный Разум и Неограниченный Дух всего творения». «Великий Властитель не ошибается. Он великолепен в величии и блаженстве». «Богу-Создателю неведомы страх и враждебность. Он бессмертен, вечен, самосущ, божественен и щедр». «Сколь чист и прекрасен, сколь глубок и неизмерим небесный Прародитель всех вещей!» «Особенно великолепен Бесконечный тем, что он наделяет собою людей. Он есть начало и конец, Отец всякого благого и совершенного замысла». «Всё возможно для Бога; вечный Создатель есть причина причин».

Несмотря на бесконечность грандиозных проявлений вечной и всеобщей личности Отца, он обнаруживает беспредельное самосознание как своей бесконечности, так и своей вечности; таким же образом он полностью сознаёт свое совершенство и могущество. За исключением равнобожественных ему существ, он является единственным существом во вселенной, дающим совершенную, правильную и исчерпывающую самооценку.

Отец непрестанно и неизменно удовлетворяет различную потребность в себе, по мере того как она периодически изменяется в разных частях его совокупной вселенной. Великий Бог знает и понимает себя; бесконечно его самосознание всех своих изначальных атрибутов совершенства. Бог не есть космическая случайность, как не является он и вселенским экспериментатором. Полновластные Правители Вселенных способны дерзать, Отцы Созвездий могут экспериментировать, главы систем могут практиковаться – но не Всеобщий Отец, который видит от начала до конца, а его божественный замысел и вечная цель действительно охватывают и содержат в себе все эксперименты и дерзания всех его подчиненных в каждом мире, системе и созвездии, в каждой вселенной его необъятных владений.

Ничто не ново для Бога, и никакое космическое событие никогда не становится для него неожиданностью; он обитает в круге вечности. Дни его не знают начала или конца. Для Бога нет прошлого, настоящего или будущего; всё время в любой данный момент является настоящим. Он – это великое и единственное Я ЕСТЬ.

Всеобщий Отец абсолютно и безусловно бесконечен во всех своих атрибутах; и этот факт, сам по себе, автоматически исключает его из любых непосредственных личных контактов с конечными материальными существами и другими низшими типами созданных разумных существ.

И всё это требует такого устройства связи и общения с его разнородными созданиями, которое было предопределено, во-первых, в личностях Райских Божьих Сынов, являющихся к вам, несмотря на совершенство своей божественности, во плоти и крови, становясь одними из вас и объединяясь с вами; таким образом Бог как бы становится человеком, что произошло в посвящении Михаила, которого на равных основаниях называли Сыном Божьим и Сыном Человеческим. Во-вторых, личности Бесконечного Духа – различные чины серафического воинства и другие категории небесных разумных существ – сближаются с материальными созданиями низшего происхождения, всячески помогая и служа им. И, в-третьих, существуют безличностные Таинственные Наставники – Настройщики Мышления, действительный дар самого великого Бога, которые, без предупреждения и объяснения, посылаются для того, чтобы пребывать в созданиях, подобных людям

Урантии. Нескончаемым потоком спускаются они с высот славы и благодати и вселяются в скромные умы тех смертных, которые обладают явной или потенциальной способностью к богосознанию.

Этими и многими другими путями – путями, не известными вам и совершенно недоступными конечному пониманию, – Райский Отец с любовью и готовностью уменьшает, всячески видоизменяет, ослабляет и смягчает свою бесконечность, что позволяет ему приблизиться к конечному разуму своих детей-созданий. Так, через последовательное распределение личности с сопровождающим убыванием абсолютности, бесконечный Отец способен вступать в тесный контакт с разнообразными разумными созданиями многочисленных миров своей обширной вселенной.

Всё это он совершил, совершает и будет вечно совершать, ни в малейшей степени не умаляя факта и реальности своей бесконечности, вечности и первичности. Все эти вещи остаются абсолютно истинными, несмотря на трудность их понимания, тайну, окутывающую их, или невозможность их полного постижения такими созданиями, как обитатели Урантии.

Ввиду того что Первый Отец бесконечен в своих замыслах и вечен в своих целях, никакое конечное существо, в силу самой своей природы, неспособно охватить или постичь эти божественные замыслы и намерения во всей их полноте. Лишь изредка, лишь на мгновение открываются смертному человеку замыслы Отца, раскрываемые в связи с претворением планов восхождения созданий на новые уровни прогресса во вселенной. Хотя человек неспособен постигнуть значения бесконечности, бесконечный Отец, несомненно, полностью понимает и с любовью заключает в себе всю конечность всех своих детей во всех вселенных.

Отец разделяет божественность и вечность с многочисленными высшими Райскими существами, однако мы сомневаемся, чтобы бесконечность и вытекающее из нее всеобщее первенство полностью разделялись кем-либо, кроме равных ему партнеров по Райской Троице. Бесконечность личности должна по необходимости охватывать всё то, что в ней конечно; отсюда истинность – буквальная истинность – учения, гласящего, что «в Нём мы живем, движемся и существуем». Частица чистого Божества Всеобщего Отца, пребывающая в смертном человеке, и *есть* часть бесконечности Первого Великого Источника и Центра, Отца Отцов.

2. ВЕЧНОЕ СОВЕРШЕНСТВО ОТЦА

Даже ваши древние пророки понимали вечную, не имеющую начала и конца, круговую природу Всеобщего Отца. Бог буквально и вечно пребывает в своей вселенной вселенных. Он – в каждом моменте, со всем своим абсолютным величием и вечным превосходством. «Отец имеет жизнь в самом себе, и эта жизнь есть жизнь вечная». Испокон веков именно Отец «дарует всем жизнь». Божественной целостности присуще бесконечное совершенство. «Я – Господь; Я не изменяюсь». Наше знание вселенной вселенных говорит о нём не только как об Отце небесных светил, но и о том, что в его ведении межпланетных дел «нет изменения и ни тени перемены». Он «возвещает от начала, что будет в конце». Он говорит: «Мое решение состоится, и всё, что мне угодно, я сделаю» «по вечному плану, задуманному в моем Сыне». Поэтому все замыслы и намерения Первого Источника и Центра подобны ему: вечны, совершенны и навечно неизменны.

В наказах Отца – исчерпывающая окончательность и предельное совершенство. «Всё, что совершает Бог, пребывает вовеки; к тому нечего прибавить и от того нечего убавить». Всеобщий Отец не сожалеет о своих изначальных замыслах, проникнутых мудростью и совершенством. Его планы неизменны, его решения непреложны, а его деяния божественны и непогрешимы. «Тысяча лет для него – словно вчерашний день и как стража в ночи». Ограниченный разум смертного человека никогда не постигнет всего совершенства божественности и величия вечности.

Может показаться, что реакции неизменного Бога, исполняющего свой вечный замысел, зависят от изменяющегося отношения и переменчивых настроений созданных им разумных существ; то есть они могут казаться изменчивыми, но за всеми внешними проявлениями скрыта неизменная цель – непреходящий замысел вечного Бога.

Во вселенных понятие совершенства не может не быть относительным, однако в центральной вселенной – и особенно в Раю – совершенство является полным; в некоторых аспектах оно даже абсолютно. Проявления Троицы могут различаться в демонстрации божественного совершенства, но не ослабляют его.

Изначальное совершенство Бога заключается не в предполагаемой праведности, а в совершенстве благости, присущей его божественной природе. Он является окончательным, исчерпывающим и совершенным. Нет изъяна в красоте и совершенстве его праведного характера. И в центре всего плана, объединяющего живые существа пространственных миров, находится божественный замысел: возвысить все волевые создания до высокого предназначения – в собственном опыте разделить Райское совершенство Отца. Бог не является ни эгоцентричным, ни замкнутым; он непрестанно посвящает себя всем самосознающим созданиям необъятной вселенной вселенных.

Бог вечно и бесконечно совершенен, и в личном опыте несовершенство ему неведомо; но он осознаёт весь опыт несовершенства всех созданий, преодолевающих трудности во всех эволюционных вселенных всех Райских Сынов-Создателей. Личное, освобождающее прикосновение Бога совершенства защищает сердца и охватывает природу всех смертных созданий, поднявшихся на вселенский уровень нравственного понимания. Таким путем, а также через прямые контакты божественного присутствия, Всеобщий Отец в действительности принимает участие в опыте *совместно* с незрелостью и несовершенством эволюционного пути каждого нравственного существа во всей вселенной.

В божественной природе нет места человеческим ограничениям, потенциальному злу, однако смертный опыт, *включающий* зло и все связанные с ним человеческие отношения, наверняка является частью непрестанно расширяющейся самореализации Бога в детях времени – наделенных нравственной ответственностью существах, создаваемых или развиваемых каждым покидающим Рай Сыном-Создателем.

3. ПРАВОСУДИЕ И ПРАВЕДНОСТЬ

Бог праведен, поэтому он справедлив. «Праведен Господь во всех путях своих». «Я не напрасно сделал всё то, что сделал, – говорит Господь». «Суждения Господни – истина, все праведны». Создания Всеобщего Отца не могут повлиять на его правосудие своими действиями или поступками, «ибо нет у Господа, Бога нашего, ни беззакония, ни лицеприятия, ни мздоимства».

Сколь тщетно обращаться к такому Богу с незрелыми призывами изменить его неизменные повеления, дабы избежать справедливых последствий действия его мудрых естественных законов и праведных духовных наказов! «Не обманывайтесь; Бога не обмануть, ибо что посеет человек, то и пожнет». Истинно, что даже в заслуженной жатве прегрешений божественное правосудие всегда смягчено милосердием. Бесконечная мудрость – это вечный арбитр, определяющий меру правосудия и милосердия для каждого конкретного случая. Величайшим наказанием (в действительности, неизбежным следствием) за прегрешения и преднамеренное восстание против власти Бога является прекращение существования в качестве отдельного субъекта этой власти. Окончательный исход откровенной порочности – полное уничтожение. В конечном счете, объединяющиеся с грехом субъекты уничтожают себя сами, ибо, отдавшись беззаконию, становятся совершенно нереальными. Тем не менее, фактическое исчезновение такого создания всегда откладывается вплоть до полного соблюдения порядка вершения правосудия, установленного в соответствующей вселенной.

Обычно распоряжение о прекращении существования отдается при вынесении диспенсационного, или эпохального, приговора миру или мирам. В мире, подобном Урантии, это происходит на заключительной стадии планетарного судного периода. В такие периоды решение о прекращении существования может приниматься координированным действием всех полномочных трибуналов, начиная с планетарного совета и судов Сына-Создателя и до трибуналов Древних Дней. Приказ о ликвидации издается высшими судами сверхвселенной и сопровождается подтверждением обвинительного акта, составленного в сфере обитания грешника; после подтверждения решения о ликвидации высочайшими инстанциями оно приводится в исполнение непосредственным актом тех судей, которые находятся в столице сверхвселенной и ведут оттуда свою деятельность.

После окончательного подтверждения приговора слившееся с грехом существо мгновенно прекращает свое существование, как если бы его никогда и не было. Возрождение невозможно; такая участь неизменна и вечна. С помощью трансформации времени и видоизменения пространства, создававшие идентичность элементы живой энергии распадаются на составные части, превращаясь в те космические потенциалы, из которых они когда-то возникли. Что касается личности преступника, то она лишается продолжения жизни вследствие неспособности создания сделать такой выбор и принять такие решения, которые обеспечили бы ему вечную жизнь. Когда связь разума с грехом доходит до полного отождествления с беззаконием, то – после прекращения жизни и растворения в космосе – изолированная личность поглощается сверхдушой творения, становясь частью эволюционного опыта Верховного Существа. Никогда более не станет она личностью; ее идентичность пропадает, как если бы ее никогда не было. Если же личность была обителью Настройщика, то эмпирические духовные ценности сохраняются в реальности продолжающего существовать Настройщика.

В любом вселенском состязании между актуальными уровнями реальности личность более высокого уровня в конечном счете одерживает победу над личностью более низкого уровня. Этот неизбежный результат вселенского спора объясняется тем, что божественность качества соответствует уровню реальности, или действительности, любого волевого создания. Неограниченное зло, крайнее заблуждение, преднамеренный грех и явное беззаконие внутренне и автоматически самоубийственны. Такие проявления космической нереальности возможны во вселенной только благодаря временному милосердию и терпимости в ожидании, пока приводятся в действие механизмы определения правосудия и идет поиск справедливого решения в праведных вселенских судах.

Правление Сынов-Создателей в локальных вселенных характеризуется созиданием и одухотворением. Эти Сыны посвящают себя эффективному претворению Райского плана последовательного восхождения смертных, перевоспитанию мятежников и заблудших; однако если все эти исполненные любви усилия окончательно и навсегда отвергаются, силы, действующие под началом Древних Дней, приводят в исполнение окончательное распоряжение о ликвидации.

4. БОЖЕСТВЕННОЕ МИЛОСЕРДИЕ

Милосердие – это то же правосудие, но смягченное той мудростью, которая произрастает из совершенства знания и полного понимания естественных слабостей и недостатков среды обитания конечных созданий. «Наш Бог исполнен сострадания, благодати, долготерпения и милосердия». Поэтому «всякий, взывающий к имени Господа, спасен будет». «Милость Господа от века и до века»; воистину, «вечна милость его». «Я – Господь, творящий милость, суд и праведность на земле, ибо это угодно мне». «Не по велению сердца своего я огорчаю и печалю сынов человеческих», ибо я – «Отец милосердия и Бог всяческого утешения».

Богу присуща доброта, для него естественно сострадание, он извечно милосерден. И никогда не требуется какого-либо воздействия на Отца, чтобы вызвать его добросердечие. Потребность созданного существа совершенно достаточна, чтобы обеспечить изобильный поток ласкового сострадания и спасительной благодати Отца. Так как Бог знает всё о своих детях, ему легко их прощать. Чем лучше человек понимает своего соседа, тем легче ему будет прощать его – и даже любить.

Только присущая бесконечной мудрости проницательность позволяет праведному Богу вершить правосудие и быть милосердным одновременно и в любой ситуации во вселенной. Небесный Отец никогда не терзается противоречивостью отношений к своим вселенским детям; Бог никогда не становится жертвой антагонизма отношений. Всезнание Бога направляет его свободную волю и позволяет безошибочно выбирать такое вселенское действие, которое совершенно, одновременно и равноценно удовлетворяет всем его божественным атрибутам и бесконечным качествам его вечной природы.

Милосердие есть естественный и непременный плод благости и любви. Благой характер любящего Отца просто неспособен лишить хотя бы одного из своих вселенских детей той мудрой опеки, которой является милосердие. Вечное правосудие и божественное милосердие в совокупности образуют то, что в человеческом опыте называется *справедливостью*.

Божественное милосердие – это основанный на справедливости метод согласования вселенских уровней совершенства и несовершенства. Милосердие есть правосудие Верховности применительно к положению эволюционирующего конечного существа, праведность вечности, видоизмененная так, чтобы удовлетворять высшим интересам и вселенскому благополучию детей времени. Милосердие – это не нарушение правосудия, а чуткая интерпретация требований высшего правосудия в его справедливом применении к подчиненным духовным существам и материальным созданиям эволюционирующих вселенных. Милосердие есть правосудие Райской Троицы, с мудростью и любовью нисходящее на разнообразные разумные создания в творениях пространства и времени, формулируемое божественной мудростью и определяемое всезнающим разумом и суверенной свободной волей Всеобщего Отца и всех его партнеров-Создателей.

5. ЛЮБОВЬ БОГА

«Бог есть любовь», поэтому его единственным личным отношением к происходящему во вселенных является неизменное проявление божественной любви. Отец любит нас настолько, что дарит нам свою жизнь. «Он повелевает своему солнцу восходить над злыми и добрыми и посылает дождь на праведных и неправедных».

Неверно полагать, что любви Бога к его детям приходится добиваться жертвами, приносимыми его Сынами, или ходатайствами подчиненных ему созданий, «ибо Отец сам любит вас». Именно под влиянием этого родительского чувства Бог посылает чудесных Настройщиков, поселяющихся в разуме людей. Божья любовь всеобъемлюща; «жаждущий пусть приходит». Он желает, «чтобы все люди спаслись, познав истину». Он «не желает, чтобы кто-нибудь погиб».

Создатели первыми пытаются спасти человека от катастрофических последствий неразумного нарушения им божественных законов. По своей природе, Божья любовь есть отеческое чувство; поэтому иногда он «наказывает нас для нашей же пользы, чтобы мы приобщились его святости». Даже в самых суровых испытаниях помните, что «во всякой скорби нашей он скорбит с нами».

Бог проявляет божественную доброту к грешникам. Когда мятежники обращаются к праведности, они принимаются с милосердием, «ибо Господь наш многомилостив». «Я тот, кто изглаживает твои проступки ради себя самого, и грехов твоих помнить не буду». «Вот какой любовью одарил нас Отец, чтобы назывались мы сынами Божьими».

В конце концов, величайшим доказательством Божьей благости и высшим основанием любви к нему является живущий в вас дар Отца – Настройщик, терпеливо ожидающий того часа, когда вы оба сольетесь в вечном единстве. Хотя исследованием Бога не найти, если вы подчинитесь пребывающему в вас духу, он безошибочно поведет вас, шаг за шагом, жизнь за жизнью, вселенная за вселенной, эпоха за эпохой, пока, наконец, вы не окажетесь в присутствии Райской личности Всеобщего Отца.

Сколь неразумно не поклоняться Богу только потому, что ограничения вашей человеческой природы и материальные препятствия не позволяют вам увидеть его. Между вами и Богом – колоссальное расстояние (физическое пространство), которое вам предстоит пройти. Существует также огромная пропасть духовного различия, которую необходимо преодолеть. Однако, несмотря на всё то физическое и духовное, что отделяет вас от личного присутствия Бога в Раю, остановитесь и задумайтесь о той святой истине, что Бог живет в вас; со своей стороны, он уже перекинул мост через пропасть. Он послал частицу себя, своего духа, чтобы жить внутри вас и трудиться с вами как сейчас, так и на протяжении вашего вечного вселенского пути.

Мне легко и приятно поклоняться тому, кто столь велик и одновременно с такой любовью посвящает себя служению, возвышающему его низших созданий. Для меня естественно любить того, кто столь могуч в творении и управлении сотворенным и, тем не менее, столь совершенен в своей благости и столь верен в своем милосердии, постоянно защищающем нас. Я думаю, что я любил бы Бога так же сильно, будь он не столь великим и могучим, но столь же благим и милосердным. Все мы больше любим Отца из-за его природы, чем из-за признания его поразительных атрибутов.

Когда я вижу, с какой доблестью Сыны-Создатели и подчиненные им управляющие борются с различными временны́ми трудностями, присущими эволюции вселенных пространства, я обнаруживаю в себе огромное и глубокое чувство к этим меньшим правителям вселенных. В конце концов, я думаю, что все мы, включая смертных, любим Всеобщего Отца и всех остальных существ – божественных или человеческих, – ибо понимаем, что эти личности действительно любят нас. Пробуждение любви во многом является прямым ответом на любовь пробуждающую. Зная, что Бог любит меня, я продолжал бы беззаветно любить его, будь он даже лишен всех своих атрибутов верховности, предельности и абсолютности.

Любовь Отца остается с нами на всём протяжении бесконечного круга вечности. Когда вы задумываетесь над любвеобильной природой Бога, возможна только одна разумная и естественная личностная реакция: вы будете всё больше любить своего Создателя; ваше чувство к Богу будет сравнимо с тем, которое испытывает ребенок к земному родителю; ибо как отец, настоящий отец, истинный отец, любит своих детей, так и Всеобщий Отец любит своих созданных сынов и дочерей и неустанно печется об их благополучии.

Но любовь Бога – это разумное и прозорливое родительское чувство. Божественная любовь проявляется в единстве и взаимодействии с божественной мудростью и всеми остальными бесконечными свойствами совершенной природы Всеобщего Отца. Бог есть любовь, но любовь не есть Бог. Величайшее проявление божественной любви к смертным существам – наделение их Настройщиками Мышления, однако величайшее раскрытие любви Отца на Урантии заключается в посвященческой жизни его Сына Михаила, в прожитой им на земле идеальной духовной жизни. Именно внутренний Настройщик превращает Божью любовь в индивидуальное чувство для каждой человеческой души.

Иногда мне до боли обидно, что я вынужден описывать божественное чувство небесного Отца к его вселенским детям с помощью человеческого словесного знака *любовь*. Этот термин – несмотря на то что он действительно выражает самое высокое представление человека о смертных отношениях уважения и преданности – так часто используется для обозначения столь многих человеческих отношений, что является слишком низким и крайне непригодным, чтобы стать тем словом, которое выражало бы также несравненное чувство живого Бога к его вселенским созданиям! Сколь печально, что я не могу использовать какое-нибудь возвышенное и исключительное слово, способное передать человеческому разуму истинный характер и изысканно прекрасный смысл божественного чувства Райского Отца.

Когда человек теряет из вида любовь личностного Бога, царство Божее превращается всего лишь в царство гожее. Несмотря на бесконечное единство божественной природы, любовь является доминирующим свойством всех личностных отношений Бога со своими созданиями.

6. БЛАГОСТЬ БОГА

В физической вселенной можно наблюдать божественную красоту, в мире разума – постигать вечную истину, но благость Бога открывается только в духовном мире личного религиозного опыта. В своей истинной сущности религия есть доверие к благости Бога через веру в него. В философии Бог может быть великим и абсолютным, даже разумным и личностным, но в религии Бог должен быть также нравственным; он должен быть благим. Человек может бояться великого Бога, но доверие и любовь он испытывает только к Богу благому. Эта благость Бога является частью личности Бога и может быть полностью раскрыта только в личном религиозном опыте верующих сынов Божьих.

Религия подразумевает, что сверхмир духа знает об основных запросах мира человеческого и откликается на них. Эволюционная религия может стать этичной, однако только через откровение религия становится истинно и духовно нравственной. Древнее представление о Боге как Божестве с царской моралью было поднято Иисусом на тот проникновенно-трогательный уровень глубокой семейной нравственности, присущей отношениям родителя и ребенка, нежнее и прекраснее которой нет во всём опыте смертных.

«Изобилие Божьей благости ведет заблудшего к покаянию». «Всякий благой дар и всякий совершенный дар нисходит от Отца светил». «Благ Господь; он есть вечное убежище душ человеческих». «Господь Бог милосерден и благодатен. Он долготерпелив и изобилует благостью и истиной». «Вкусите, и увидите, что Господь благ! Блажен человек, который уповает на него». «Щедр и милостив Господь. Он есть Бог спасения». «Он исцеляет сокрушенных сердцем и врачует душевные скорби. Он есть всесильный благодетель человека».

Хотя представление о Боге как о царе-судье способствовало появлению высоких нравственных критериев и создало, в целом, законопослушный народ, оно оставило индивидуального верующего в прискорбном положении неуверенности в отношении своего статуса во времени и вечности. Поздние иудейские пророки провозгласили Бога Отцом Израиля; Иисус раскрыл Бога как Отца каждого человека. Всё представление смертных о Боге трансцендентно освещается жизнью Иисуса. Родительской любви присуще бескорыстие. Бог любит не *как* отец, а *являясь* отцом. Он является Райским Отцом каждой вселенской личности.

Праведность подразумевает, что Бог есть источник нравственного закона вселенной. Истина раскрывает в Боге просветителя, учителя. Любовь же дает чувство и жаждет чувства, ищет взаимопонимания, подобного тому, которое объединяет родителя и ребенка. Праведность может быть божественной мыслью, но любовь есть отеческое отношение. Ошибочное предположение о несовместимости праведности Бога и бескорыстной любви небесного Отца допускало отсутствие единства в природе Божества и привело к созданию доктрины искупления – философского оскорбления как единства Бога, так и его свободной воли.

Исполненный любви небесный Отец, чей дух пребывает в его земных детях, не есть раздвоенная личность – отчасти беспристрастная и отчасти милосердная; нет необходимости и в посреднике, добивающемся благоволения Отца или его прощения. Божественная праведность не находится во власти сурового карающего правосудия; Бог-отец шире Бога-судьи.

Бог никогда не бывает гневным, мстительным или сердитым. Верно, что мудрость нередко сдерживает его любовь, а правосудие обуславливает отказ в милосердии. Его любовь к праведности не может не выражаться в таком же отвращении к греху. Отец не является противоречивой личностью; божественное единство совершенно. Райской Троице присуще абсолютное единство, несмотря на вечные идентичности равных Богу существ.

Бог любит грешника и *ненавидит* грех: такое утверждение философски истинно, однако Бог является трансцендентной личностью, а личности способны любить и ненавидеть только другие личности. Грех не есть личность. Бог любит грешника как личностную (потенциально вечную) реальность, в то время как по отношению к греху Бог не испытывает личностного отношения, ибо грех духовной реальностью не является; он не является личностным; поэтому только правосудие Бога принимает во внимание существование греха. Любовь Бога спасает грешника; закон Бога уничтожает грех. Отношение божественной природы, очевидно, изменяется, если грешник полностью отождествляет себя с грехом, – так же как смертный разум может полностью отождествиться с пребывающим в нём духовным Настройщиком. Такой объединившийся с грехом смертный становится в своей сущности совершенно недуховным (и, следовательно, лично нереальным) и в итоге прекращает свое существование. Нереальность, а именно незавершенность природы создания, не может существовать вечно во всё более реальной и духовной вселенной.

В мире личности Бог раскрывается как любящая личность; в мире духовном он есть личностная любовь; в религиозном опыте он является и тем, и другим. Любовь отождествляется с волеизъявлением Бога. Благость Бога лежит в основе божественной свободной воли – всеобщего стремления любить, являть милосердие, проявлять терпение и вершить всепрощение.

7. БОЖЕСТВЕННАЯ ИСТИНА И КРАСОТА

Любое конечное знание и понимание создания *относительны*. Информация и сведения, добытые даже из высших источников, обладают только относительной полнотой, локальной точностью и индивидуальной истинностью.

Физические факты достаточно однородны, однако истина – это живой и пластичный фактор философии вселенной. В своем общении друг с другом эволюционирующие личности обнаруживают только частичную мудрость и относительную истинность. Они могут быть уверены только в пределах своего личного опыта. То, что в одном месте представляется абсолютно истинным, может быть относительно истинным в другой части творения.

Божественная истина – истина окончательная – однородна и универсальна, но история вещей духовных в рассказах многочисленных индивидуумов с различных сфер может иногда отличаться в деталях, что объясняется именно относительностью полноты знания и различиями личного опыта, а также его продолжительностью и объемом. В то время как законы и повеления, мысли и отношения Первого Великого Источника и Центра вечно, бесконечно и универсально истинны, их применение и приспособление к условиям каждой вселенной, системы, мира и созданных разумных существ определяются планами и методом Сынов-Создателей, действующих в соответствующих вселенных, а также согласованностью с локальными планами и методами Бесконечного Духа и всех остальных взаимодействующих небесных личностей.

Ложное материалистическое учение готово приговорить человека к участи изгоя во вселенной. В таком частичном знании таится потенциальное зло: это знание включает как добро, так и зло. Истина прекрасна, ибо она одновременно полна и симметрична. Когда человек ищет истину, он стремится к тому, что является божественно реальным.

Философы совершают грубейшую ошибку, когда, впадая в абстрактные софизмы, фокусируют свое внимание на каком-то одном аспекте реальности и провозглашают этот изолированный аспект всей истиной. Мудрый философ всегда будет искать скрывающийся за всяким космическим феноменом и предшествующий ему творческий замысел. Мысль создателя всегда предшествует созидательному действию.

Разумное самосознание способно обнаружить красоту истины, ее духовное качество, не только по философской состоятельности ее представлений; с еще большей уверенностью и успехом этого можно добиться, неукоснительно следуя неизменному Духу Истины. Счастье проистекает из признания истины, ибо истину можно *претворить в жизнь*; ее можно прожить. Удел заблуждения – разочарование и печаль, ибо, не будучи реальностью, заблуждение невозможно реализовать в опыте. Божественная истина отличается прежде всего своим *духовным ароматом*.

Предмет вечного поиска – объединение, божественная согласованность. Обширная физическая вселенная связывается Островом Рай; вселенная разума связывается Богом разума, Совместным Вершителем; вселенная духа связывается личностью Вечного Сына. Но отдельное смертное создание времени и пространства объединяется с Богом-Отцом через прямую связь между Настройщиком Мышления и Всеобщим Отцом. Настройщик человека есть частица Бога, и он неустанно стремится к божественному единению; Райское Божество Первого Источника и Центра есть Божество, в котором и с которым объединяется Настройщик.

Осознание высшей красоты есть открытие и интеграция реальности: осознание божественной благости в вечной истине – предельной красоте. Даже очарование человеческого искусства заключается в гармонии его единства.

Огромной ошибкой еврейской религии была её неспособность связать благость Бога с опытными научными истинами и волнующей красотой искусства. По мере развития цивилизации, по мере того, как религия неблагоразумно продолжала придавать чрезмерное значение благости Бога при относительном исключении истины и пренебрежении красотой, люди определенного склада стали всё чаще отворачиваться от абстрактного и оторванного представления об изолированной благости. Обособленная, нарочитая мораль современной религии, неспособная сохранить приверженность и преданность многих людей двадцатого века, могла бы возродиться, если бы в дополнение к своим моральным наставлениям она уделяла должное внимание истинам науки, философии и духовного опыта, а также красоте физического творения, обаянию разумного искусства и величию обретения настоящего характера.

Религиозный вызов этой эпохи брошен тем дальновидным и прогрессивным мужчинам и женщинам, которые, – обладая духовной проницательностью и опираясь на расширенные и безупречно интегрированные современные представления о космической истине, вселенской красоте и божественной благости, – решились бы создать новую и привлекающую людей философию жизни. Такое новое и праведное видение нравственности привлечет всё хорошее, что есть в умах людей и заставит их проявить всё лучшее, что есть в их душах. Истина, красота и благость суть божественные реальности, и по мере восхождения человека по лестнице духовной жизни эти высшие качества Вечного всё больше согласуются и объединяются в Боге, который есть любовь.

Всякая истина – материальная, философская или духовная – является столь же прекрасной, сколь и благой. Любая настоящая красота – материальное искусство или духовная симметрия – столь же истинна, сколь и блага. Любая подлинная благость – личная нравственность, социальная справедливость или божественная опека – одинаково истинна и прекрасна. Здоровье, здравый ум и счастье суть объединения истины, красоты и благости в их слиянии в человеческом опыте. Такие уровни эффективного образа жизни появляются через объединение энергетических, идейных и духовных систем.

Истина объединяет, красота привлекает, благость укрепляет. И когда эти реальные ценности согласуются в личностном опыте, то результатом является переход на новый уровень любви, обусловленный мудростью и определяемый преданностью. Подлинная цель всякого вселенского образования заключается в том, чтобы способствовать лучшему согласованию изолированного дитя миров с расширенными реальностями его растущего опыта. На человеческом уровне реальность конечна, на высших и божественных уровнях она бесконечна и вечна.

[Представлено Божественным Советником, уполномоченным Древними Дней Уверсы.]

ДОКУМЕНТ 3

АТРИБУТЫ БОГА

Бог вездесущ; Всеобщий Отец правит кругом вечности. Однако в локальных вселенных он повелевает в лице своих Райских Сынов-Создателей, так же как и одаривает через этих Сынов жизнью. «Бог даровал нам жизнь вечную, и эта жизнь заключена в его Сынах». Божьи Сыны-Создатели – это самовыражение Бога в секторах времени; оно обращено к детям планет, которые кружатся в развивающихся вселенных пространства.

Эти высоколичностные Божьи Сыны четко различимы для разумных созданий более низкого уровня, что компенсирует невидимость бесконечного и, следовательно, менее различимого Отца. Райские Сыны-Создатели Всеобщего Отца представляют собой раскрытие невидимого существа – невидимого в силу абсолютности и бесконечности, присущих кругу вечности и личностям Райских Божеств.

Созидательность вряд ли является одним из атрибутов Бога; это скорее совокупное проявление его сущности. И проявление этой всеобщей функции созидательности вечно обуславливается и управляется всеми согласованными атрибутами бесконечной и божественной реальности Первого Источника и Центра. Мы искренне сомневаемся в том, чтобы какое-либо одно качество божественной сущности могло предшествовать остальным, однако, если бы это было так, то созидательная природа Божества предшествовала бы всем остальным свойствам, видам деятельности и атрибутам. И венцом созидательности Божества является всеобщая истина Отцовства Бога.

1. ВЕЗДЕСУЩНОСТЬ БОГА

Способность Всеобщего Отца присутствовать везде – и одновременно – составляет его вездесущность. Только Бог может в одно и то же время быть в двух или бесчисленном множестве мест. Бог одновременно присутствует «на небе вверху и на земле внизу»; как воскликнул Псалмопевец: «Куда пойду от духа твоего? Куда от твоего присутствия укроюсь?»

«Я Бог, который рядом и который далеко, – говорит Господь. – Не наполняю ли я небо и землю?» Всеобщий Отец непрестанно присутствует во всех местах, в каждом сердце в своем обширном творении. Он есть «полнота того, кто наполняет собой всё и вся» и «кто производит всё и вся» и «кто производит всё во всём»; и более того, понятие о его личности таково, что «небо (вселенная) и небо небес (вселенная вселенных) не могут вместить его». Буквальна истина о том, что Бог есть всё и во всём. Но даже это не есть *весь* Бог. Бесконечный может быть окончательно раскрыт только в бесконечности; причину никогда до конца не понять анализом следствий; живой Бог неизмеримо больше совокупности того, что было создано в результате созидательных актов его ничем не скованной, свободной воли. Бог раскрывается через космос, но космос никогда не сможет вместить или охватить всю полноту бесконечности Бога.

Присутствие Отца осуществляет неустанный надзор за совокупной вселенной. «Он встает на одном краю неба, по кругу идет на другой; и ничто не укрыто от света его».

Не только создание существует в Боге, но и Бог живет в создании. «Мы узнаём, что пребываем в нём, поскольку он живет в нас; он дал нам свой дух. Этот дар Райского Отца – неизменный спутник человека». «Он есть вездесущий и всепроникающий Бог». «Дух предвечного Отца таится в сознании всякого смертного дитя». «Человек отправляется на поиски друга, в то время как этот самый друг живет в его собственном сердце». «Истинный Бог не вдали от нас; он часть наша; его дух говорит в нас». «Отец живет в дитя. Бог всегда с нами. Он есть дух, ведущий нас по вечному пути».

Истинно было сказано о человеческом роде: «Вы от Бога», ибо «пребывающий в любви пребывает в Боге, и Бог в нём». Даже в прегрешении вы терзаете живущий в вас Божий дар, ибо Настройщик Мышления по необходимости переживает последствия злых помыслов вместе с человеческим разумом, в котором он заключен.

В действительности, вездесущность Бога есть часть его бесконечной природы; пространство не представляет собой преграды для Божества. Совершенным и неограниченным различимое присутствие Бога является только в Раю и в центральной вселенной. Его присутствие не поддается наблюдению в окружающих Хавону творениях, ибо Бог ограничил свое непосредственное и явное присутствие в знак признания полновластия и божественных прерогатив равных создателей и правителей пространственно-временны́х вселенных. Поэтому понятие божественного присутствия включает широкий круг как способов, так и средств его проявления, куда входят контуры присутствия Вечного Сына, Бесконечного Духа и Острова Рай. Не всегда также удается отличить присутствие Всеобщего Отца от действий его вечных, равных ему существ и исполнителей, столь совершенно претворяют они все бесконечные требования его неизменного замысла. Однако это не относится к личностному контуру и Настройщикам: здесь Бог действует уникально, непосредственно и исключительно.

Всеобщий Властитель потенциально присутствует в гравитационных контурах Острова Рай во всех частях вселенной, в любое время и в одинаковой степени – в соответствии с массой, в зависимости от физической потребности в его присутствии и ввиду присущего всему творению свойства тянуться к Богу и заключаться в нем. Таким же образом Первый Источник и Центр потенциально присутствует в Безусловном Абсолюте – вместилище несозданных вселенных вечного будущего. Так Бог потенциально наполняет собой физические вселенные прошлого, настоящего и будущего. Он является исконным фундаментом объединения так называемого материального творения. Этот недуховный потенциал Божества периодически реализуется на уровнях физического существования благодаря необъяснимому вторжению одного из его особых исполнителей на сцену вселенского действа.

Присутствие Бога в разуме соотносится с абсолютным разумом Совместного Вершителя – Бесконечного Духа, но в конечных творениях это присутствие более заметно в повсеместном действии космического разума Главных Духов Рая. Потенциально присутствуя в контурах разума Совместного Вершителя, Первый Источник и Центр характеризуется таким же потенциальным присутствием в напряжениях Всеобщего Абсолюта. Однако разум человеческого типа есть дар Дочерей Совместного Вершителя – Божественных Попечительниц эволюционирующих вселенных.

Вездесущий дух Всеобщего Отца координирован со всеобщим духовным присутствием Вечного Сына и постоянным божественным потенциалом Божества-

Абсолюта. Однако создается впечатление, что ни духовная активность Вечного Сына и его Райских Сынов, ни наделение разумом, совершаемое Бесконечным Духом, не исключают непосредственного действия Настройщиков Мышления – частиц Бога, пребывающих в сердцах его детей-созданий.

Что касается присутствия Бога на планете, в системе, в созвездии или во вселенной, то степень такого присутствия в любой единице творения зависит от степени эволюционирующего присутствия Верховного Существа; она определяется совокупным признанием Бога и верностью ему в обширной организации вселенной, охватывающей все низлежащие уровни, вплоть до самих систем и планет. Поэтому иногда, для сохранения и защиты этих драгоценных аспектов Божьего присутствия, те планеты (или даже системы), которые глубоко погрузились в духовный мрак, подвергаются определенному карантину, то есть частично изолируются от более крупных единиц творения. В применении к Урантии, всё это является защитной духовной реакцией большинства миров, стремлением обезопасить себя, насколько это возможно, от той изоляции, к которой приводят действия своевольного, порочного и взбунтовавшегося меньшинства.

Хотя Отец по-родительски объединяет всех своих сынов – все личности, – его влияние в них ограничено степенью удаленности их происхождения от Второго и Третьего Лиц Божества и возрастает по мере достижения соответствующих уровней. *Факт* присутствия Бога в разуме создания определяется пребыванием или отсутствием в нём частицы Отца, такой как Таинственный Наставник, но *эффективность* его присутствия зависит от степени сотрудничества разума с этим внутренним Настройщиком.

Различная степень присутствия Отца – не следствие переменчивости Бога. Отец не удаляется потому, что им пренебрегли; прегрешения созданий не охлаждают любовь Отца; скорее, его дети, наделенные способностью выбора (в отношении Отца) и делающие этот выбор, сами определяют степень и ограничения божественного влияния Отца в своих собственных сердцах и душах. Отец щедро посвятил себя всем нам без ограничения или предпочтения. Он нелицеприятен – будь то личности, планеты, системы или вселенные. В секторах времени он оказывает особую честь только Райским личностям Бога-Семичастного – равным создателям конечных вселенных.

2. БЕСКОНЕЧНОЕ МОГУЩЕСТВО БОГА

Все вселенные знают, что «царствует Господь Бог всемогущий». То, что происходит в этом и других мирах, находится под божественным наблюдением. «По воле своей он действует и в небесном воинстве, и среди обитателей земли». Извечна истина: «Всякое могущество исходит от Бога».

В пределах того, что совместимо с божественной природой, буквально справедливым является утверждение о том, что «для Бога нет ничего невозможного». Продолжительные эволюционные процессы народов, планет и вселенных в совершенстве управляются создателями и руководителями вселенных и развиваются в соответствии с вечным замыслом Всеобщего Отца, протекая в гармонии и порядке и следуя премудрому плану Бога. Есть только один законодатель. Он поддерживает пространственные миры и обращает вселенные по бесконечному кругу вечности.

Из всех божественных атрибутов лучше всего понимается всемогущество Бога, в особенности всемогущество в материальной вселенной. Как недуховное явление, Бог есть энергия. Это провозглашение физического факта основывается на непостижимой истине: Первый Источник и Центр является первопричиной вселенских физических явлений всего пространства. От этой божественной деятельности происходит вся физическая энергия и другие материальные проявления. Свет – то есть свет без тепла – представляет собой еще одно недуховное проявление Божеств. Есть и еще один вид недуховной энергии, практически неизвестный и пока еще непризнанный на Урантии.

Бог управляет всей энергией; он определил «путь для молнии»; он предопределил все энергетические контуры. Им предписано время и способ проявления всех видов энергии-вещества. И всё это непрестанно удерживается его вечной властью – гравитационным управлением с центром в нижнем Раю. Так свет и энергия вечного Бога продолжают нескончаемое обращение по его величественному контуру – бесконечная, но упорядоченная процессия звездных миров, образующих вселенную вселенных. Всё творение вечно обращается вокруг Райской Личности – центра всех вещей и существ.

Всемогущество Отца относится к повсеместному преобладанию абсолютного уровня, на котором три вида энергии – физическая, умственная и духовная – неразличимы в непосредственной близости к нему, Источнику всех вещей. Разум создания, не являясь Райской монотой или Райским духом, неспособен непосредственно реагировать на воздействия Всеобщего Отца. Бог *адаптируется* к несовершенному разуму – у смертных Урантии это происходит через Настройщиков Мышления.

Всеобщий Отец не есть преходящая сила, непостоянное могущество или переменчивая энергия. Могущества и мудрости Отца совершенно достаточно, чтобы справиться с любыми и всеми потребностями вселенной. Им предусмотрены все чрезвычайные ситуации, возникающие в человеческом опыте, и потому его реакции на события вселенной никогда не бывают отвлеченными, а соответствуют велениям вечной мудрости и согласуются с требованиями бесконечного суждения. Как бы внешне это ни выглядело, могущество Бога не действует во вселенных как слепая сила.

Возникают ситуации, когда кажется, что приняты чрезвычайные меры, приостановлены естественные законы, осознаны злоупотребления и предпринимаются усилия для исправления создавшегося положения, однако это не так. Такие представления о Боге объясняются узостью вашего взгляда, конечностью вашего понимания и ограниченностью вашего кругозора. Такое неправильное понимание Бога – следствие вашего глубокого невежества в отношении существования высших законов данного мира, величия характера Отца, бесконечности его атрибутов и факта его свободной воли.

Разбросанные по всем вселенным пространства, планетарные создания, в которых пребывает Божий дух, столь бесконечно многочисленны и разнообразны, столь различны по своему интеллекту, обладают столь ограниченным и порой столь примитивным разумом, столь близоруки и провинциальны, что практически невозможно сформулировать общие положения закона, адекватно выражающего бесконечные атрибуты Отца и в то же время сколько-нибудь доступного пониманию этих созданных разумных существ. Поэтому многие из деяний всесильного Создателя кажутся вам, созданиям, произвольными, отвлеченными и нередко бессердечными и жестокими. И вновь я заверяю вас, что это не так. Во всём, что делает Бог, присутствует замысел, интеллект, мудрость, доброта и вечное стремление к наибольшей пользе – не всегда отдельного существа, отдельной расы, отдельной планеты и даже отдельной вселенной; дела Божьи направлены на благополучие и достижение наибольшей пользы для всех – от низших до высших. В эпохах времени благополучие части может иногда казаться отличным от благополучия целого; в кругу вечности таких кажущихся различий нет.

Мы все – часть Божьей семьи, и порой нам приходится подчиняться семейной дисциплине. Многие из деяний Бога, которые так беспокоят и смущают нас, являются результатом премудрых решений и окончательных постановлений премудрого, уполномочивающих Совместного Вершителя исполнить выбор, сделанный безупречной волей бесконечного разума, претворить решения совершенной личности, чей надзор, ви́дение и забота заключают в себе высшее и вечное благополучие всего его грандиозного, широко раскинувшегося творения.

Таким образом, именно ваш отвлеченный, частный, конечный, примитивный и сугубо материалистический взгляд, равно как и ограничения, свойственные природе вашего существования, являются тем препятствием, из-за которого вы неспособны увидеть, понять или познать мудрость и доброту многих божественных деяний, которые кажутся вам исполненными столь сокрушительной жестокости и которым, на ваш взгляд, присуще столь явное безразличие к комфорту и благоденствию, к планетарному счастью и процветанию таких же, как вы, созданий. Из-за ограниченности вашего зрения, из-за ущербности вашего сознания и конечности разума вы неправильно понимаете мотивы и искажаете намерения Бога. Однако в эволюционных мирах происходит и многое такое, что не связано с личными деяниями Всеобщего Отца.

Божественное всемогущество в совершенстве согласовано с остальными атрибутами личности Бога. В своем духовном проявлении во вселенной могущество Бога обычно ограничено только тремя условиями или ситуациями:

1. Природой Бога, в особенности его бесконечной любовью, а также истиной, красотой и благостью.

2. Волей Бога, его милосердной опекой и отеческим отношением к личностям вселенной.

3. Законом Бога, справедливостью и правосудием вечной Райской Троицы.

Могущество Бога беспредельно, его природа божественна, воля окончательна, атрибуты бесконечны, мудрость вечна и реальность абсолютна. Но все эти черты Всеобщего Отца объединены в Божестве и нашли всеобщее выражение в Райской Троице и божественных Сынах Троицы. В остальном, за пределами Рая и центральной вселенной Хавоны, всё относящееся к Богу ограничено эволюционным присутствием Верховного, обусловлено возникающим присутствием Предельного и координировано тремя экзистенциальными Абсолютами: Божеством, Всеобщим и Безусловным. Таким образом, присутствие Бога ограничено, ибо такова воля Бога.

3. ВСЕВЕДЕНИЕ БОГА

«Бог знает все». Божественный разум осознаёт мышление всего творения и хорошо знаком с ним. Его знание событий универсально и совершенно. Исходящие из него божественные сущности являются его частью; тот, кто «удерживает облака», является также «совершенным в познаниях». «На всяком месте очи Господни». Ваш великий учитель сказал о незначительных воробьях: «Ни один из них не упадет на землю без ведома моего Отца», а также: «Даже волосы на голове вашей сосчитаны». «Он исчисляет количество звезд; он называет их всех по имени».

Всеобщий Отец является единственной личностью во всей вселенной, кто действительно знает число находящихся в пространстве звезд и планет. Все миры во всех вселенных непрестанно охвачены сознанием Бога. Ему принадлежат и такие слова: «Я увидел страдание моего народа, я услышал его стон, и я знаю его скорби». Ибо «с небес взирает Господь; он видит всех сынов человеческих; с места своего пребывания он взирает на всех, живущих на земле». Каждое дитя-создание может воистину сказать: «Он знает путь, по которому я иду, и в горниле его испытаний я очищусь, как золото». «Бог знает, когда мы садимся и когда встаем; он понимает наши мысли издалека, и все пути наши известны ему». «Всё обнажено и открыто перед взором того, кому дадим отчет». Настоящим утешением для каждого человека должно стать понимание того, что «он знает состав ваш; он помнит, что вы – прах». Говоря о живом Боге, Иисус сказал: «Отец ваш знает, в чём вы нуждаетесь, прежде чем вы попросили его об этом».

Бог обладает неограниченной способностью всеведения; его сознание универсально. Его личностный контур объединяет все личности, а его знание даже низших созданий дополняется опосредованно через нисходящие категории божественных Сынов и непосредственно – через внутренних Настройщиков Мышления. Кроме того, повсеместным и непрестанным является присутствие Бесконечного Духа.

Мы не вполне уверены, предпочитает ли Бог знать заранее о греховных поступках. Но даже если Бог и знает наперед о добровольных действиях своих детей, такое предвидение ничуть не лишает их свободы. Несомненно одно: ничто не бывает для Бога неожиданностью.

Всемогущество не подразумевает способности совершать несовершаемое, неподобаемое Богу действие. Так же и всеведение не подразумевает знания того, что невозможно знать. Однако подобные положения вряд ли можно объяснить конечному разуму. Создание едва ли способно понять пределы и ограничения воли Создателя.

4. БЕСПРЕДЕЛЬНОСТЬ БОГА

Последовательное посвящение себя вселенным по мере их возникновения ни в коей мере не уменьшает потенциала могущества или кладезей мудрости, которые продолжают пребывать и покоиться в центральной личности Божества. Безграничное посвящение себя Райским Сынам, своим подчиненным творениям и их разнообразным созданиям не ослабило ни одного из потенциалов силы, мудрости и любви Отца, не лишило его восхитительную личность ни единого атрибута.

Сотворение каждой новой вселенной требует очередной корректировки гравитации; но даже если бы процесс творения продолжался безгранично, вечно, до бесконечности, так что в конце концов материальное творение стало бы неограниченным, то и тогда потенциал управления и координации, заключенный в Острове Рай, оказался бы достаточным и адекватным для господства, управления и координации в такой бесконечной вселенной. И после того как бесконечная сила и мощь были бы отданы безбрежной вселенной, Бесконечный по-прежнему заключал бы в себе столько же силы и энергии, Безусловный Абсолют оставался бы неисчерпаемым, Бог обладал бы всё тем же бесконечным потенциалом – как если бы сила, энергия и мощь никогда и не изливались для наделения всё новых и новых вселенных.

Так же и с мудростью: факт свободного распределения разума для нужд миров ни на йоту не обедняет центральный источник божественной мудрости. Если по мере умножения вселенных и невообразимого увеличения числа обитающих в мирах существ разум будет бесконечно посвящаться всё новым созданиям высокого и низкого статуса, то и тогда центральная личность Божества будет заключать всё тот же вечный, бесконечный и преисполненный мудрости разум.

Тот факт, что Отец отправляет своих духовных посланников для пребывания в мужчинах и женщинах вашего и других миров, ни в коей мере не ослабляет его способности действовать в качестве божественной и всемогущей духовной личности; и нет абсолютно никакого предела мере или числу духовных Наставников, которых способен послать Отец. Отдавая часть себя своим созданиям, он обеспечивает обладающих божественным даром смертных безграничными, почти невообразимыми возможностями грядущего прогресса на последующих этапах существования. И такое щедрое посвящение себя в виде этих духовных пастырей ни в коей мере не уменьшает мудрости и совершенства истины и знания, заключенных в премудром, всезнающем и всемогущем Отце.

Для смертных времени есть будущее, но Бог обитает в вечности. Несмотря на то что сам я родом из места, находящегося вблизи самой обители Божества, я не могу считать, что высказываюсь о бесконечности многих божественных атрибутов с совершенством понимания. Только бесконечность разума способна постичь всю бесконечность существования и вечность действия.

Смертному человеку недоступно познание бесконечности небесного Отца. Конечный разум неспособен до конца понять столь абсолютную истину или факт. Однако всё тот же конечный человек может действительно *почувствовать* – буквально пережить – всю полноту и силу воздействия столь бесконечной ЛЮБВИ Отца. Такую любовь поистине можно прочувствовать, и хотя качественно ощущение беспредельно, количественно оно строго ограничено духовной восприимчивостью человека и связанной с этим способностью любить Отца в ответ.

Конечное понимание бесконечных качеств значительно превосходит логически ограниченные возможности создания ввиду того факта, что смертный человек сотворен по образу Бога: в нём живет частица бесконечности. Поэтому самый близкий и желанный для человека путь к Богу есть путь в любви и через любовь, ибо Бог есть любовь. И каждое из таких уникальных отношений есть действительный опыт космической социологии, отношений Создателя и создания – чувства Отца и дитя.

5. ВЕРХОВНОЕ ВЛАДЫЧЕСТВО ОТЦА

В своих контактах с творениями постхавонского периода Всеобщий Отец использует свое бесконечное могущество и высшие полномочия не лично, а через Сынов и подчиненных им личностей. И всё это Бог совершает по собственной воле. При возникновении определенной ситуации и в случае принятия божественным разумом соответствующего решения, любые и все переданные полномочия могут осуществляться непосредственно, но, как правило, подобное действие предпринимается только в результате неспособности уполномоченной личности исполнить божественное поручение. В таких случаях и перед лицом подобного проступка Отец – в пределах необходимого божественного могущества и потенциала – совершает независимое действие в соответствии с принятыми им самим решениями; и такие решения всегда отличаются неизменным совершенством и бесконечной мудростью.

Отец правит через своих Сынов; в организации вселенной существует единая система правителей, которая заканчивается Планетарными Князьями, – вершителями судеб эволюционных сфер, принадлежащих к обширным владениям Отца. И следующие выражения – не просто красивые слова: «Земля и всё, что есть на ней, принадлежит Господу». «Он смещает царей и ставит царей». «Всевышние правят в царствах людей».

Не всё, что происходит в человеческих сердцах, находится в согласии с волей Всеобщего Отца, но руководство планетой и ее судьба подчинены божественному плану; побеждает вечный замысел мудрости и любви.

Иисус сказал: «Отец мой, который дал мне их, больше всех; и никто не может похитить их из руки Отца моего». Возможно, наблюдая всё многообразие и потрясающую грандиозность по сути безграничного Божьего творения, вы испытываете сомнения в первичности Бога, но вы не должны сомневаться в том, что он непоколебимо и вечно правит в Райском центре всего творения и является благодетельным Отцом всех разумных существ. Есть только «один Бог и Отец всех, Он над всем и во всём», «и он – предсущий, и всё заключено в нём».

Жизненные сомнения и превратности бытия никоим образом не противоречат концепции всеобщего всевластия Бога. Вся жизнь эволюционных созданий сопряжена с определенными *неизбежностями*. Задумайтесь над следующим:

1. Желательно ли *мужество* – сила характера? Если да, то человек должен воспитываться в таком окружении, которое заставляет бороться с трудностями и реагировать на разочарования.

2. Желателен ли *альтруизм* – служение себе подобным? Если да, то жизненный опыт должен знакомить с социальным неравенством.

3. Желательна ли *надежда* – величие доверия? Если да, то человек должен постоянно сталкиваться с собственной незащищенностью и терзаться периодическими сомнениями.

4. Желательна ли *вера* – высшее утверждение человеческой мысли? Если да, то человеческий разум должен оказываться в том мучительном положении, в котором он всегда знает меньше того, во что может верить.

5. Желательна ли *любовь к истине* и готовность пойти за ней, куда бы она ни привела? Если да, то человек должен вырастать в мире, где присутствует заблуждение и всегда возможна ложь.

6. Желателен ли *идеализм* – понятие, граничащее с божественным? Если да, то человек должен вести свою борьбу в среде относительной благости и красоты, в окружении, пробуждающем неукротимое стремление к лучшему.

7. Желательна ли *верность* – преданность высшему долгу? Если да, то человек должен жить в условиях вероятности предательства и невыполнения долга. Доблесть преданности долгу заключается в предполагаемой опасности проступка.

8. Желательно ли *бескорыстие* – дух самоотверженности? Если да, то смертный человек должен жить лицом к лицу со своим неизбежным «я» и его нескончаемыми требованиями признания и почестей. Человек не мог бы активно избрать божественную жизнь, не жертвуя жизнью эгоистичной. Человек никогда не мог бы ухватиться за спасительную праведность, если бы не существовало потенциального зла, на фоне которого возвышается и оттеняется добро.

9. Желательно ли *удовольствие* – удовлетворение счастья? Если да, то человек должен жить в мире, где возможность боли и вероятность страдания являются постоянными эмпирическими возможностями.

По всей вселенной, каждая ее единица считается частью целого. Сохранение части зависит от сотрудничества с планом и назначением целого, от чистосердечного стремления и полной готовности исполнить божественную волю Отца. Единственный эволюционный мир без заблуждения (без возможности неразумного суждения) был бы миром без *свободного* интеллекта. Вселенная Хавона объединяет миллиард совершенных миров с населяющими их совершенными созданиями, но развивающемуся человеку должно быть свойственно ошибаться, иначе он не будет свободным. Свободный и неопытный интеллект никак не может быть поначалу всецело мудрым. Возможность ошибочного суждения (зло) становится грехом лишь тогда, когда человеческая воля сознательно принимает заведомо безнравственное суждение и преднамеренно подчиняется ему.

Совершенству божественной вселенной присуще полное понимание истины, красоты и благости. Обитателям миров Хавоны не нужна возможность существования относительных уровней ценностей в качестве стимула для выбора; такие совершенные создания способны видеть добро и выбирать его в условиях полного отсутствия контрастных или стимулирующих работу мысли нравственных ситуаций. Однако по своей нравственной природе и духовному статусу все эти совершенные существа являются таковыми в силу факта своего существования. Они добились эмпирического развития только в пределах присущего им статуса. Смертный человек должен заслужить даже свой статус кандидата на восхождение через собственную веру и надежду. Всё божественное, что воспринимает человеческий разум и что обретает человеческая душа, является эмпирическим достижением; оно представляет собой *реальность* личного опыта, а следовательно – уникальное обладание, в противоположность врожденной благости и праведности безгрешных личностей Хавоны.

Создания Хавоны от природы смелы, но они не отважны в человеческом смысле. Они от рождения добры и участливы, но вряд ли являются альтруистами в понимании человека. Они ожидают приятного будущего, но они не питают той страстной надежды, которая свойственна доверию смертного создания изменчивых эволюционных сфер. Они верят в стабильность вселенной, но им совершенно незнакома та спасительная вера, благодаря которой смертный человек поднимается от положения животного к вратам Рая. Они любят истину, но они ничего не знают о ее душеспасительных свойствах. Они являются идеалистами, но такими они и родились; им совершенно неизвестен восторг создания, ставшего идеалистом в результате пьянящего выбора. Они верны, но никогда не испытывают упоения от чистосердечной и сознательной приверженности долгу вопреки соблазну проступка. Они бескорыстны, но они никогда не достигают таких уровней опыта величественной победой над воинствующим «я». Они умеют наслаждаться, но не понимают прелести наслаждения в спасении от возможности боли.

6. ПРИМАТ ОТЦА

С божественным бескорыстием и совершенным великодушием Всеобщий Отец уступает полномочия и передает власть, однако его примат непоколебим; его рука покоится на могущественной рукояти, управляющей состоянием вселенских сфер; он сохранил за собой право последнего слова и непогрешимо держит в руках всемогущий скипетр вето – скипетр его вечного замысла и неоспоримой власти над судьбой и благополучием обширного, вращающегося и описывающего вечный круг совокупной вселенной.

Всевластие Бога неограниченно; это является основополагающим фактом всего творения. Появление вселенной не было неизбежным. Вселенная не является случайностью, как не является она и самосущной. Вселенная – продукт созидания, и вследствие этого она полностью подчиняется воле Творца. Воля Божья есть божественная истина, живая любовь; поэтому совершенствующиеся творения эволюционных вселенных отличаются благостью – близостью к божественности, и потенциальным злом – отдаленностью от божественности.

Рано или поздно любая религиозная философия приходит к понятию объединенного вселенского правления, единого Бога. Вселенские причины не могут быть ниже вселенских следствий. Источник потоков вселенской жизни и космического разума должен быть выше уровней их проявления. Человеческий разум невозможно последовательно объяснить с помощью понятий, присущих более низким категориям бытия. Разум человека истинно постижим только через признание реальности более высоких уровней мышления и целенаправленной воли. Как нравственное существо, человек необъясним без признания реальности Всеобщего Отца.

Философ механистического толка заявляет о своем отрицании идеи всеобщей и суверенной воли – той самой суверенной воли, чью деятельность он так глубоко чтит, исследуя законы вселенной. Какое невольное почтение оказывает такой философ Творцу законов, когда полагает, что эти законы являются автоматическими и не требующими разъяснений!

Очеловечивать Бога, за исключением представления о пребывающем в человеке Настройщике Мышления, – значит совершать огромную ошибку, но еще большей глупостью является полная *механизация* идеи Первого Великого Источника и Центра.

Страдает ли Райский Отец? Я не знаю. Для Сынов-Создателей переживания возможны, и порой они страдают, как смертные. Вечный Сын и Бесконечный Дух страдают в ином смысле. Я думаю, что Всеобщий Отец страдает, но я не могу понять *каким образом*; возможно, через личностный контур или индивидуальность Настройщиков Мышления и иные посвящения своей вечной природы. О смертных расах он сказал: «Во всякой скорби вашей я скорблю с вами». Ему безусловно присуще отеческое сочувствие; возможно, он действительно страдает, но характера этого страдания я не понимаю.

Бесконечный и вечный Правитель вселенной вселенных – это могущество, форма, энергия, процесс, эталон, принцип, присутствие и идеализированная реальность. Но он больше; он – личность; он проявляет суверенную волю, переживает самосознание божественности, следует велениям созидательного разума, стремится к удовлетворению от реализации вечного замысла и проявляет отеческую любовь и привязанность к своим вселенским детям. И все эти более личностные черты Отца могут быть лучше поняты сквозь призму посвящения вашего Сына-Создателя Михаила в его жизни во плоти на Урантии.

Бог-Отец любит людей; Бог-Сын служит людям; Бог-Дух вдохновляет детей вселенной на всё более высокое дерзновение в стремлении обрести Бога-Отца путем, предопределенным Богами-Сынами, через благодатное служение Бога-Духа.

[Являясь Божественным Советником, получившим задание подготовить документы, раскрывающие Всеобщего Отца, я продолжил свой труд данным изложением атрибутов Божества.]

ДОКУМЕНТ 4

СВЯЗЬ БОГА С ВСЕЛЕННОЙ

Всеобщий Отец обладает вечным замыслом, который касается материальных, интеллектуальных и духовных явлений вселенной вселенных и претворяется им в жизнь во все времена. Бог создал вселенные по своей собственной, свободной и суверенной воле в соответствии со своим премудрым и вечным замыслом. Сомнительно, чтобы кто-либо, за исключением Божеств Рая и их высочайших партнеров, действительно хорошо знал вечный замысел Бога. Даже возвышенные обитатели Рая придерживаются самых различных мнений о характере вечного замысла Божеств.

Нетрудно прийти к заключению, что единственной целью создания совершенной центральной вселенной Хавоны было удовлетворение божественной природы. Хавона может служить образцом для создания других вселенных и школой, в которой завершают свое образование паломники времени на своем пути к Раю; тем не менее, такое небесное творение должно существовать в первую очередь для наслаждения и удовлетворения совершенных и бесконечных Создателей.

Поразительный план совершенствования эволюционных смертных, предусматривающий, после достижения ими Рая и Корпуса Завершения, дальнейшую подготовку к выполнению еще не раскрытого будущего труда, представляется в настоящее время одной из основных задач семи сверхвселенных и их многочисленных подразделений; однако данная программа восхождения, предназначенная для одухотворения и обучения пространственно-временны́х смертных, – далеко не единственное занятие разумных личностей вселенных. И действительно, существует множество других увлекательных дел, которым небесное воинство уделяет свое время и энергию.

1. ОТНОШЕНИЕ ОТЦА К ВСЕЛЕННОЙ

Веками обитатели Урантии неправильно понимали Божий промысл. Божественное провидение претворяется в вашем мире, но оно не является той незрелой, произвольной и материальной опекой, какой оно виделось многим смертным. Божий промысл заключается во взаимодействии небесных существ и божественных духов, которые, в соответствии с космическим законом, неустанно трудятся во славу Бога и для духовного прогресса его вселенских детей.

Неужели в своем представлении об отношениях Бога и человека вы неспособны подняться до осознания того, что девизом вселенной является *прогресс*? Сквозь долгие века человеческий род с трудом продвигался к своему современному состоянию. В течение всех этих тысячелетий Провидение разрабатывало план прогрессивной эволюции. Две эти мысли противоречат друг другу не в действительности, а только в ошибочных представлениях человека. Божественное провидение никогда не встает в оппозицию к истинному прогрессу человека, материальному или духовному. Божий промысл всегда сообразен неизменной и совершенной природе верховного Творца законов.

«Верен Бог» и «все его заповеди справедливы». «Верность его простирается до небес». «Навеки, о Господи, слово твое утверждено на небе. Верность твоя – всем поколениям; ты создал землю, и она существует». «Он есть верный Создатель».

Нет предела силам и личностям, которыми может воспользоваться Отец, чтобы утвердить свой замысел и поддержать своих созданий. «Вечный Бог – наше прибежище, руки Вечного – наша опора». «Живущий в тайной обители Всевышнего пребудет под сенью Всемогущего». «Вот, хранящий нас не будет дремать или спать». «Мы знаем, что всё происходит во благо для тех, кто любит Бога», «ибо взор Господа на тех, кто праведен, и слух его открыт их молитвам».

Бог поддерживает «всё словом силы своей». И когда рождаются новые миры, он «посылает Сынов своих – и созданы они». Бог не только творит, он также «сохраняет их всех». Бог постоянно поддерживает все материальные творения и всех духовных существ. Непоколебимость вселенных вечна. Посреди кажущейся неустойчивости существует стабильность. Порядок и безопасность обнаруживаются посреди энергетических возмущений и физических катаклизмов звездных миров.

Всеобщий Отец не отстраняется от руководства вселенными; он не является пассивным Божеством. Если бы Бог перестал быть вседержителем всего творения, то немедленно произошел бы всеобщий коллапс. Если бы не Бог, никакой *реальности* не существовало бы. В данный момент, как и в далеком прошлом и в вечном будущем, Бог остается всеобщей опорой. Божественные объятия заключают в себя весь круг вечности. Вселенная – не часы, заведенные на определенное время, после чего они остановятся; всё постоянно обновляется. Отец непрестанно излучает энергию, свет и жизнь. Дела Бога осязаемы, равно как и духовны. «Он север простирает над пустотой и ни на чем подвешивает землю».

Существо моей категории способно обнаружить предельную гармонию, увидеть широкую и глубокую согласованность в повседневном управлении вселенной. Многое из того, что смертному разуму кажется разрозненным и случайным, видится мне упорядоченным и конструктивным. Однако очень многое во вселенных понятно мне не полностью. Я уже давно изучаю общеизвестные виды сил, энергий, разума, моронтий, духов и личностей локальной и сверхвселенных и являюсь более или менее сведущим в этих вопросах. У меня есть общее представление о том, как действуют эти силы и личности, и я хорошо знаком с действиями полномочных духовных разумных созданий большой вселенной. Несмотря на мое понимание вселенских явлений, я постоянно сталкиваюсь с космическими реакциями, постигнуть которые до конца не могу. Вновь и вновь мне встречается слаженное взаимодействие сил, энергий, интеллектов и духов, что кажется мне случайным и чему я не могу дать удовлетворительного объяснения.

Моей компетентности вполне достаточно для того, чтобы отмечать и анализировать все феномены, являющиеся прямым результатом действий Всеобщего Отца, Вечного Сына, Бесконечного Духа и, в значительной мере, Острова Рай. Но я оказываюсь в затруднительном положении, когда сталкиваюсь с тем, что представляется действием трех таинственных, неподчиненных им Абсолютов потенциальности. Создается впечатление, что эти Абсолюты вытесняют материю, выходят за пределы разума и перерастают дух. Меня постоянно смущает и часто ставит в тупик моя неспособность постигнуть эти сложные взаимодействия, которые я отношу к присутствию и деятельности Безусловного Абсолюта, Божества-Абсолюта и Всеобщего Абсолюта.

Должно быть, во вселенной эти Абсолюты являются неполностью выявленными присутствиями, которые – в том, что касается явлений потенции пространства и действия остальных сверхпредельностей, – не позволяют физикам, философам и даже религиозным деятелям с определенностью предсказать, ка́к именно первоосновы силы, идеи или духа будут реагировать на потребности, возникшие в условиях сложной реальности, включающей верховные согласования и предельные ценности.

В пространственно-временны́х вселенных есть также органическое единство, являющееся, по-видимому, подоплекой всей ткани космических событий. Это живое присутствие эволюционирующего Верховного Существа – эта Имманентность Проецированной Незавершенности – время от времени необъяснимо проявляется в виде того, что представляется поразительным, случайным согласованием внешне не связанных вселенских событий. Должно быть, это деятельность Провидения – область Верховного Существа и Совместного Вершителя.

Я склоняюсь к тому, что именно данное всеобъемлющее и, в целом, подспудное управление координацией и взаимосвязями всех аспектов и форм космической активности позволяет столь пестрой и внешне столь безнадежно запутанной смеси физических, умственных, нравственных и духовных явлений так безошибочно действовать во славу Бога, на пользу людям и ангелам.

Однако, в более широком смысле, кажущиеся «случайности» космоса несомненно являются частью конечной драмы пространственно-временно́го опыта Бесконечного в его вечном оперировании Абсолютами.

2. БОГ И ПРИРОДА

В ограниченном смысле, природа – это физическое одеяние Бога. Поведение, или действие, Бога определяется и условно видоизменяется эмпирическими планами и эволюционными особенностями локальной вселенной, созвездия, системы или планеты. Во всей обширной совокупной вселенной Бог действует в соответствии с четко определенным, неизменным, непоколебимым законом; однако он видоизменяет характер своих действий так, чтобы способствовать согласованному и сбалансированному функционированию каждой вселенной, каждого созвездия, каждой системы, каждой планеты и личности в соответствии с локальными целями, задачами и планами конечных проектов эволюционного развития.

Поэтому природа, в понимании смертного человека, является фундаментом и основным фоном для неизменного Божества и его непреложных законов, которые видоизменяются, варьируются и испытывают пертурбации посредством, по причине и в контексте действия локальных планов, назначений, моделей и условий, созданных и претворяемых локальной вселенной, созвездием, системой, а также планетарными силами и личностями. Например: Божьи законы – такие, какими они предопределены для Небадона, – видоизменяются планами, разработанными Сыном-Создателем и Созидательным Духом данной локальной вселенной; в дополнение ко всему этому, на действие этих законов оказывают дальнейшее влияние заблуждения, проступки и восстания некоторых существ, обитающих на вашей планете и принадлежащих к вашей непосредственной планетарной системе Сатании.

Природа есть пространственно-временно́й результат двух космических факторов: во-первых, непреложности, совершенства и нравственной чистоты Райских

Божеств и, во-вторых, экспериментальных планов, просчетов исполнения, греховных восстаний, незавершенности развития и несовершенной мудрости внерайских созданий – от высших до низших. Следовательно, природа несет в себе непрерывную, неизменную, величественную и изумительную нить совершенства, которая протянулась из круга вечности; но в каждой вселенной, на каждой планете, в каждой отдельной жизни эта природа видоизменяется, определяется и, возможно, искажается деяниями, ошибками и нелояльностью созданий эволюционных систем и вселенных; поэтому, оставаясь устойчивой в своей основе, природа всегда будет переменчивой, капризной и видоизменяемой в соответствии с действующими нормами локальной вселенной.

Природа есть совершенство Рая, поделенное на несовершенство, зло и грех незавершенных вселенных. Таким образом, это отношение выражает как совершенное, так и частичное, как вечное, так и преходящее. Продолжающаяся эволюция видоизменяет природу, увеличивая долю совершенства Рая и уменьшая долю зла, заблуждения и дисгармонии, присущих относительной реальности.

Бог не присутствует лично в природе или каких-либо природных силах, ибо феномен природы есть наложение изъянов эволюционного развития, а иногда и последствий мятежного восстания, на Райскую основу всеобщего Божьего закона. В своем проявлении в таком мире, как Урантия, природа никогда не может быть адекватным выражением, истинной передачей, точным изображением премудрого и бесконечного Бога.

В вашем мире природа является модификацией законов совершенства эволюционными планами локальной вселенной. Что за насмешка – поклоняться природе из-за того, что она в узком, ограниченном смысле наполнена Богом, из-за того, что она является одним из аспектов всеобщего и, вследствие этого, божественного могущества! Природа есть также проявление незаконченного, неполного, несовершенного развития, роста и прогресса, относящихся к эксперименту в космической эволюции одной из вселенных.

Очевидные недостатки мира природы не свидетельствуют о каких-то схожих недостатках в характере Бога. Такие видимые изъяны – это скорее лишь неизбежные остановки при демонстрации вечно бегущей ленты, экранизации бесконечности. Именно эти изъяны, прерывающие непрерывность совершенства, позволяют конечному разуму материального человека увидеть мимолетный проблеск божественной реальности во времени и пространстве. Материальные проявления божественности кажутся эволюционному разуму человека ущербными только потому, что смертный человек упорно продолжает рассматривать природные явления своими природными глазами, используя человеческое зрение, лишенное помощи морontийной моты или откровения, компенсирующего её в мирах времени.

И природа искажается, ее прекрасный лик покрывается шрамами, черты ее блекнут от мятежей, дурного поведения и дурных мыслей мириад созданий, являющихся частью природы, но внесших свою лепту в ее постепенное обезображивание. Нет, природа не есть Бог. Природа не есть объект поклонения.

3. НЕИЗМЕННЫЙ ХАРАКТЕР БОГА

Слишком долго человек думал о Боге, как о себе подобном. Бог не ревнует, не ревновал и никогда не будет ревновать человека или любое другое существо вселенной вселенных. Зная, что, по замыслу Сына-Создателя, человек должен был стать шедевром планетарного творения, властелином всей земли, вид человека, находящегося во власти своих собственных низменных страстей, зрелище того, как он склоняется перед идолами из дерева, камня, золота и тщеславия, – эти отталкивающие сцены побуждают Бога и его Сынов ревновать не человека, а *о* человеке.

Вечный Бог не способен на гнев и ярость в человеческом смысле и понимании этих эмоций. Эти чувства жалки и презренны; они вряд ли заслуживают названия человеческих, уже не говоря о божественном; и такие отношения полностью чужды совершенной природе и милосердному характеру Всеобщего Отца.

Многие, слишком многие трудности, с которыми смертные Урантии сталкиваются в постижении Бога, объясняются далеко идущими последствиями восстания Люцифера и предательства Калигастии. В мирах, не изолированных грехом, эволюционные расы способны составить намного лучшее представление о Всеобщем Отце; они меньше страдают от путаницы, искажений и извращения понятий.

Бог не сожалеет ни о чем, что он когда-либо совершил, совершает или совершит. Он является премудрым, равно как и всемогущим. Мудрость человека произрастает из испытаний и заблуждений, присущих человеческому опыту; мудрость Бога заключается в безусловном совершенстве его бесконечной вселенской проницательности, и это божественное предвидение успешно направляет его созидательную свободную волю.

Всеобщий Отец никогда не совершает чего-либо, что заставляет его позднее печалиться или жалеть о содеянном, однако порой волевые создания, задуманные и сотворенные его личностными Создателями в далеких вселенных, своими злополучными решениями пробуждают божественную печаль в личностях своих родителей – их Создателей. Но хотя Отец никогда не совершает ошибок, не испытывает разочарований или сожалений, он исполнен отеческого чувства, и сердце его несомненно печалится, когда его детям не удается достичь тех духовных уровней, на которые они способны подняться благодаря помощи, столь щедро предоставленной планами духовного развития и целями восхождения смертных созданий вселенных.

Бесконечная благость Отца недоступна конечному временно́му разуму; поэтому для успешной демонстрации всех аспектов относительной благости необходима постоянная возможность сравнения с относительным злом (не грехом). Совершенство божественной благости можно осмыслить с помощью несовершенной проницательности смертных только благодаря тому, что оно находится в контрастирующей взаимосвязи с относительным несовершенством взаимоотношений времени и материи, существующих в движениях пространства.

Характер Бога бесконечно сверхчеловечен; поэтому такая божественность должна персонализироваться – например, в божественных Сынах – прежде чем она может быть постигнута верой конечного человеческого разума.

4. ОСОЗНАНИЕ БОГА

Бог есть единственное неподвижное, автономное и неизменное существо во всей вселенной вселенных, не имеющее ничего ни вне себя, ни сверх себя, ни прошлого, ни будущего. Бог есть целенаправленная энергия (творческий дух) и абсолютная воля, которые самосущны и всеобщи.

Так как Бог самосущен, он совершенно независим. Сама идентичность Бога несовместима с изменением. «Я, Господь, не меняюсь». Бог неизменен; но только достигнув Рая, вы сможете хотя бы начать постигать, каким образом Богу удается переходить от простоты к сложности, от идентичности к многоликости, от покоя к движению, от бесконечности к конечности, от божественного к человеческому и от единства к двуединству и триединству. Так Бог способен видоизменять проявления своей абсолютности, ибо божественная неизменность не подразумевает неподвижности; Бог обладает волей – он *есть* воля.

Бог – это существо, обладающее абсолютным самоопределением; нет предела его вселенским реакциям, кроме тех, которые установлены им самим, и акты его свободной воли обусловлены только теми божественными качествами и совершенными атрибутами, которые неотъемлемы от его вечной природы. Поэтому по отношению к вселенной Бог является существом, олицетворяющим окончательную благость, а также присущую созидательной бесконечности свободную волю.

Отец-Абсолют является создателем совершенной центральной вселенной и Отцом всех остальных Создателей. Бог разделяет с человеком и остальными существами такие свойства, как личность, благость и множество других свойств, но бесконечность воли принадлежит ему одному. В своих творческих актах Бог ограничен только чувствами, присущими его вечной природе, и велениями его бесконечной мудрости. Бог лично выбирает только то, что является бесконечно совершенным, чем и объясняется высшее совершенство центральной вселенной; и хотя Сыны-Создатели полностью разделяют его божественность – и даже некоторые аспекты его абсолютности, – они не столь ограничены той завершенностью мудрости, которая управляет бесконечностью воли Отца. Поэтому в категории Сынов Михаилов созидательная воля становится еще более активной, всецело божественной и практически предельной, если и не абсолютной. Отец бесконечен и вечен, однако отрицание возможности его произвольного самоограничения равноценно отрицанию самого понятия абсолютности его воли.

Абсолютность Бога пронизывает все семь уровней вселенской реальности. И вся его абсолютная природа подчинена взаимоотношениям Создателя с семьей своих вселенских созданий. Тринитарное правосудие во вселенной вселенных может характеризоваться точностью, но во всех своих взаимоотношениях с обширной семьей созданий времени Бог вселенных действует под влиянием *божественного чувства*. В общем и целом – навечно – бесконечный Бог является *Отцом*. Из всех возможных и правомерных названий Бога всего творения я получил задание описать его как Всеобщего Отца.

В Боге-Отце добровольные действия не управляются силой и не определяются одним только интеллектом; божественная личность определяется как заключенная в духе и проявляющая себя вселенным как любовь. Поэтому во всех своих личных взаимоотношениях с личностными созданиями вселенных Первый Источник и Центр всегда и последовательно является любящим Отцом. Бог представляет собой Отца в высшем смысле этого слова. Его вечная мотивация – совершенный идеализм божественной любви, и эта нежная сущность наиболее ярко проявляет себя и получает наивысшее удовлетворение в том, чтобы любить и быть любимой.

В науке Бог есть Первопричина, в религии – всеобщий и любящий Отец, в философии – единственное автономное существо, ни от кого не зависящее, но милосердно дарующее реальность существования всему и всем остальным. Однако необходимо откровение, чтобы можно было показать, что Первопричина науки и самосущное Единство философии суть Бог религии, исполненный милосердия и благости и давший обет обеспечить своим земным детям вечное существование.

Мы стремимся к постижению Бесконечного, но мы чтим эмпирическое представление о Боге, нашу способность всегда и везде осознавать такие факторы личности и божественности, которые раскрывают наше высшее представление о Божестве.

Сознание победоносной человеческой жизни на земле рождается из такой веры, когда создание, раз за разом сталкиваясь с тяжким зрелищем человеческой ограниченности, отваживается неизменно заявлять: даже если я не смогу этого сделать, во мне живет тот, кто сможет и сделает, – частица Отца-Абсолюта вселенной вселенных. А это и есть та «победа, побеждающая мир: ваша вера».

5. ОШИБОЧНЫЕ ПРЕДСТАВЛЕНИЯ О БОГЕ

Религиозная традиция – это плохо сохранившиеся свидетельства опыта богопознавших людей прошлого, но подобные свидетельства не заслуживают доверия как руководство к религиозной жизни или источник достоверной информации о Всеобщем Отце. Такие древние вероучения постоянно изменялись из-за того, что примитивный человек был мифотворцем.

Одна из главных причин путаницы, царящей на Урантии в отношении природы Бога, состоит в неспособности ваших священных книг провести четкое различие между личностями Райской Троицы, а также между Райским Божеством с одной стороны, и создателями и управляющими локальной вселенной – с другой. В течение прошлых судных периодов ваши священники и пророки показали лишь частичное понимание вопроса и не смогли уверенно различить Планетарных Князей, Властелинов Систем, Отцов Созвездий, Сынов-Создателей, Правителей Сверхвселенных, Верховное Существо и Всеобщего Отца. Многие из посланий подчиненных личностей – таких как Носители Жизни и ангелы различного чина – в ваших свидетельствах представлялись исходящими от самого Бога. До сих пор религиозная мысль Урантии путает ассоциированные личности Божества с самим Всеобщим Отцом, объединяя всех под одним наименованием.

Жители Урантии продолжают находиться под влиянием первобытных представлений о Боге. Боги, которые неистовствуют в бурю, сотрясают в гневе землю и поражают в ярости людей, проявляют свое недовольство, навлекая голод и потопы, – это боги первобытной религии; это не те Боги, которые живут и властвуют во вселенных. Такие представления являются пережитком того времени, когда люди верили, что вселенная подчиняется прихотям подобных воображаемых богов. Однако смертный человек начинает понимать, что он живет в мире сравнительной законности и порядка в том, что касается административных методов и руководства Верховных Создателей и Верховных Властителей.

Варварское представление об умиротворении разгневанного Бога, стремление умилостивить оскорбленного Господа, добиться расположения Божества с помощью жертвоприношений, покаяний и кровопролития олицетворяет религию абсолютно незрелую и примитивную, философию, недостойную просвещенной эпохи науки и истины. Для небесных существ и божественных правителей, несущих свою службу и правящих во вселенных, такие верования являются глубоко отталкивающими. Верить, полагать или учить, что невинная кровь должна быть пролита для того, чтобы завоевать всевышнее расположение или отвратить вымышленный божественный гнев, является оскорблением Бога.

Евреи верили, что «прощение греха невозможно без пролития крови». Они не смогли избавиться от древнего языческого представления о том, что умиротворить

Бога можно только видом крови, хотя Моисей и добился явного прогресса, запретив принесение в жертву людей и заменив его в сознании своих по-детски наивных последователей-бедуинов ритуальным жертвоприношением животных.

Посвящение Райского Сына в вашем мире было присуще самой ситуации завершения планетарной эпохи; оно было неизбежным, и оно не было устроено специально с целью завоевания Божьей милости. Это посвящение оказалось также последним личным деянием Сына-Создателя в его долгом испытании – эмпирическом обретении полновластия в своей вселенной. Какой насмешкой над бесконечным характером Бога является учение о бессердечии и безжалостности Отца, столь безучастного к невзгодам и страданиям своих созданий, что его нежное милосердие было проявлено лишь после того, как он увидел своего невинного Сына истекающим кровью и умирающим на кресте Голгофы!

Но обитатели Урантии должны избавиться от этих древних заблуждений и языческих предрассудков, касающихся природы Всеобщего Отца. Грядет откровение истины о Боге, и человеческому роду предстоит познать Всеобщего Отца во всей красоте его характера и привлекательности атрибутов, столь замечательно представленных Сыном-Создателем, который жил на Урантии как Сын Человеческий и Сын Божий.

[Представлено Божественным Советником Уверсы.]

ДОКУМЕНТ 5

СВЯЗЬ БОГА С ИНДИВИДУУМОМ

Конечный разум человека неспособен понять, каким образом столь великий и величественный Бог, как Всеобщий Отец, может в бесконечном совершенстве спускаться из своей вечной обители, чтобы сблизиться с индивидуальным человеческим созданием; поэтому уверенность такого конечного разума в божественном товариществе должна основываться на истинности того факта, что в интеллекте каждого психически нормального и обладающего нравственным сознанием смертного Урантии присутствует действительная частица живого Бога. Внутренние Настройщики Мышления являются частью вечного Божества Райского Отца. Для того, чтобы найти Бога и попытаться вступить с ним в общение, человеку достаточно обратиться к собственному внутреннему опыту души, созерцающей это присутствие духовной реальности.

Бог распределил бесконечность своей вечной природы по всем экзистенциальным реальностям шести абсолютных, равных ему существ, однако с помощью своих доличностных частиц он может в любой момент установить личную связь с любой частью, фазой или видом творения. Вечный Бог также оставил за собой особое право посвящения личности божественным Создателям и живым созданиям вселенной вселенных и, кроме того, сохранил за собой прерогативу поддерживать непосредственную отеческую связь со всеми этими личностными существами через личностный контур.

1. ПРИБЛИЖЕНИЕ К БОГУ

Неспособность конечного создания приблизиться к бесконечному Отцу объясняется не отчужденностью Отца, а конечностью и материальными ограничениями созданных существ. Духовная пропасть, лежащая между высшей личностью вселенского существования и низшими группами созданных разумных существ, непостижима. Если бы низшие категории разумных созданий можно было мгновенно перенести в присутствие самого Отца, они не смогли бы понять, где находятся. Они и в этом случае точно так же не замечали бы присутствия Всеобщего Отца, как не замечают его там, где находятся теперь. Смертному человеку предстоит пройти очень долгий путь, прежде чем он будет вправе, в пределах возможного и с надеждой на успех, попросить проводить его к Райскому присутствию Всеобщего Отца. Человек должен претерпеть многократное духовное преобразование, прежде чем он сможет достигнуть уровня, обеспечивающего такое духовное зрение, которое позволит ему увидеть хотя бы одного из Семи Главных Духов.

Наш Отец не скрывается, это не капризный отшельник. Он мобилизовал ресурсы божественной мудрости в непрестанном стремлении раскрыть себя детям своих вселенских сфер. В величии его любви – бесконечное благородство и несказанное великодушие, заставляющие Отца стремиться к общению с каждым созданным существом, способным понять, полюбить или приблизиться к нему; поэтому именно свойственные вам ограничения, неотделимые от вашей конечной личности и материального существования, определяют время, место и условия, при которых вы сможете достичь цели путешествия восходящих смертных – оказаться в присутствии Отца в центре всех вещей.

Хотя приближение к Райскому присутствию Отца может начаться только с достижением наивысших конечных уровней духовного прогресса, вас должна радовать постоянная возможность непосредственного общения с посвященным вам духом Отца, столь тесно связанным с вашей внутренней душой и вашим одухотворяющимся «я».

Смертные пространственно-временны́х миров могут значительно отличаться по своим врожденным способностям и интеллектуальным дарованиям; их среда может чрезвычайно способствовать социальному развитию и нравственному прогрессу, и наоборот: они могут страдать от отсутствия почти всех видов человеческой помощи развитию культуры и предполагаемому прогрессу цивилизации; однако возможности духовного прогресса при движении по восходящему пути равны для всех; возрастающие уровни духовной интуиции и космических значений достигаются абсолютно независимо от любых подобных социально-нравственных различий, присущих разнообразным материальным условиям среды эволюционных миров.

Как бы ни отличались смертные Урантии по своим интеллектуальным, социальным, экономическим и даже моральным возможностям и дарованиям, не забывайте, что их духовное дарование однородно и уникально. Все они обладают одинаковым божественным присутствием, посвященным Всеобщим Отцом; всем им оказана одинаковая честь – они могут стремиться к сокровенному личному общению с пребывающим в них духом божественного происхождения; все они обладают равной возможностью принять духовное водительство этих Таинственных Наставников.

Если смертный человек ощущает истинное духовное побуждение, безраздельно посвящен исполнению воли Отца, то, в силу столь явной и эффективной духовной одаренности внутренним божественным Настройщиком, в опыте такого индивидуума не может не сформироваться возвышенное сознание того, что он знает Бога, как не может не появиться высшая уверенность в продолжении жизни с целью найти Бога через постепенное эмпирическое обретение всё большей схожести с ним.

В духовном отношении человек наделен переживающим смерть Настройщиком Мышления. Если разум такого человека ощущает чистосердечное духовное побуждение, если его душа жаждет познать Бога и стать похожей на него, искренне желая выполнять волю Отца, то для него не существует ни негативного воздействия жестоких лишений, ни позитивной силы возможного вмешательства, которые могли бы воспрепятствовать уверенному восхождению такой божественно побуждаемой души к вратам Рая.

Отец желает, чтобы все его создания лично общались с ним. В Раю есть место, отведенное Отцом для приема всех тех, чей статус продолжения жизни и духовная природа делают такое свершение возможным. Поэтому вашим философам должно быть ясно раз и навсегда: для каждого из вас и для всех нас Бог доступен, Отец достижим, путь открыт; силы божественной любви, пути и средства божественного руководства – все они объединены для того, чтобы попытаться облегчить восхождение каждого достойного разумного существа каждой вселенной к Райскому присутствию Всеобщего Отца.

Тот факт, что обретение Бога связано с огромным промежутком времени, нисколько не уменьшает реальности присутствия и личности Бесконечного. Ваше восхождение – это часть кругооборота семи сверхвселенных, однако, совершая несметное число обращений, по своему духу и статусу вы можете рассчитывать на всё большее приближение к центру. Вы можете положиться на то, что вас будут переводить с одной сферы на другую, с внешних окружностей на внутренние, и однажды, не сомневайтесь, вы предстанете перед центральным божественным присутствием Отца и встретитесь с ним, образно говоря, лицом к лицу. Суть восхождения состоит в достижении действительных и буквальных духовных уровней; и уровни эти достижимы для любого существа, в котором поселился Таинственный Наставник и которое впоследствии навечно сливается с этим Настройщиком Мышления.

Отец не скрывается в духовном убежище, однако сколь многие из его созданий скрыли себя во мгле своих собственных своенравных решений и на время лишили себя общения с духом Отца и духом его Сына, избрав свой собственный, порочный путь потакания самоуверенной нетерпимости своего разума и недуховности характера.

Смертный человек может приближаться к Богу и раз за разом отрекаться от божественной воли – до тех пор, пока он волен выбирать. Человек окончательно обречен только тогда, когда он теряет способность избирать волю Отца. Сердце Отца всегда открыто для просьб и прошений своих детей. Только тогда его отпрыски навсегда закрывают свои сердца для притягательной силы Отца, когда окончательно и навечно утрачивают желание исполнить его божественную волю: познать его и быть подобными ему. И наоборот – человеческий путь становится вечным, когда слияние с Настройщиком возвещает вселенной, что восходящее создание приняло окончательное и бесповоротное решение жить по воле Отца.

Великий Бог вступает в прямую связь со смертным человеком, отдавая ему часть своей бесконечной, вечной и непостижимой сущности, которая пребывает в нём и живет вместе с ним. Бог отправился в вечное путешествие вместе с человеком. Если вы уступите велениям внутренних и окружающих вас духовных сил, вас непременно ждет высокое предназначение, определенное любящим Богом как вселенская цель его восходящих созданий из эволюционных миров пространства.

2. ПРИСУТСТВИЕ БОГА

Физическое присутствие Бесконечного есть реальность материальной вселенной. Присутствие разума Божества должно определяться глубиной индивидуального интеллектуального опыта и эволюционным уровнем личности. Духовное присутствие Божественности во вселенной не может не быть различным. Оно определяется способностью к духовной восприимчивости и степенью посвящения воли создания божественной воле.

Бог живет в каждом из своих рожденных в духе сынов. Райские Сыны всегда имеют доступ к присутствию Бога, «по правую руку от Отца», и все личностные создания имеют доступ к «недрам Отца». Это относится к личностному контуру – где бы, когда бы и как бы ни устанавливался контакт – и, в общем смысле, предполагает личную, осознанную связь и общение со Всеобщим Отцом, будь то в центральной обители или в каком-либо другом определенном месте, например, на одной из семи священных сфер Рая.

Однако ни в природе, ни даже в жизни богопознавших смертных божественное присутствие не обнаруживается столь полно и столь несомненно, как в попытке общения с пребывающим в вас Таинственным Наставником – Райским Настройщиком Мышления. Какое заблуждение – мечтать о далеком Боге, когда дух Всеобщего Отца живет в вашем собственном разуме!

Именно благодаря пребывающей в вас частице Бога вы можете надеяться на то, что по мере всё большей гармонии с духовным руководством Настройщика вы будете полнее понимать присутствие и преобразующую силу тех прочих духовных влияний, которые окружают вас и сталкиваются с вами, но не являются вашей неотъемлемой частью. То, что вы не осознаёте тесной и сокровенной связи с пребывающим в вас Настройщиком, ни в коей мере не опровергает столь возвышенного опыта. Доказательство общности с божественным Настройщиком состоит исключительно в природе и мере духовных плодов, приносимых на протяжении жизненного опыта верующего. «По плодам их узнаете их».

Скудному духом, материальному разуму смертного человека исключительно трудно ясно сознавать в своем опыте духовную активность таких божественных сущностей, как Райские Настройщики. По мере того как душа – совместное творение разума и Настройщика – становится всё более реальной, возникает и новая стадия сознания души, когда появляется способность ощущать присутствие и признавать духовное руководство, равно как и иную сверхматериальную деятельность Таинственных Наставников.

Весь опыт общения с Настройщиком охватывает нравственный статус, умственную мотивацию и духовный опыт. Самореализация такого достижения в основном, хотя и не исключительно, ограничена сферой сознания души, однако доказательства, демонстрирующие духовные плоды в жизни всякого, кто заключил союз с внутренним духом, изобильны и не заставляют себя долго ждать.

3. ИСТИННОЕ ПОКЛОНЕНИЕ

Хотя, с точки зрения вселенной, Райские Божества представляют собой единое целое, в своих духовных отношениях с существами, подобными тем, которые населяют Урантию, они являются также тремя индивидуальными и раздельными лицами. Ипостаси Божества различаются в смысле личных обращений, общения и других видов сокровенных отношений. В высшем смысле слова мы поклоняемся Всеобщему Отцу и только ему. Конечно, мы можем поклоняться и поклоняемся Отцу в образе его Сынов-Создателей, но именно Отца – прямо или косвенно – мы любим и обожаем.

Всевозможные прошения относятся к сфере Вечного Сына и его духовной организации. Молитвы, любые формальные послания – всё, кроме обожания и поклонения Всеобщему Отцу, – относятся к локальной вселенной и обычно не выходят из сферы полномочий Сына-Создателя. Что же касается поклонения, то оно несомненно охватывается и направляется Создателю через личностный контур Отца. Мы также полагаем, что духовное присутствие Отца помогает отмечать чувство благоговения, испытываемое созданием, в котором пребывает Настройщик. Существует великое множество доказательств, подтверждающих подобное мнение, и я знаю, что все категории частиц Отца способны приемлемым образом отмечать подлинную любовь своих субъектов в присутствии Всеобщего Отца.

Несомненно, что Настройщики используют прямые доличностные каналы связи с Богом, и таким же образом они пользуются контурами духовной гравитации Вечного Сына.

Поклонение существует ради поклонения; молитва включает личный элемент, то есть заинтересованность создания; в этом принципиальное отличие поклонения от молитвы. В истинном поклонении совершенно отсутствует личная просьба или какой-либо иной элемент личной выгоды; мы просто поклоняемся Богу – такому, каким мы его понимаем. Поклонение ни о чём не просит, поклоняющийся ничего не ждет. Мы почитаем Отца не из-за того, что может принести нам такое почитание; естественная и спонтанная преданность и поклонение – следствие признания несравненной личности Отца, его привлекательной природы и достойных обожания атрибутов.

В тот момент, когда в поклонение привносится элемент личной выгоды, религиозное чувство превращается из поклонения в молитву и, строго говоря, должно адресоваться лицу Вечного Сына или Сына-Создателя. Однако в практическом религиозном опыте ничто не мешает направлять молитвы Богу-Отцу как часть истинного поклонения.

В практических вопросах повседневной жизни вы находитесь в распоряжении духовных личностей, берущих свое начало в Третьем Источнике и Центре; вы сотрудничаете с силами Совместного Вершителя. Следовательно, вы поклоняетесь Богу, возносите свои молитвы и общаетесь с Сыном и решаете частные вопросы вашего пребывания на земле совместно с разумными существами Бесконечного Духа, действующими в вашем мире и в вашей вселенной.

Полновластные Сыны, или Сыны-Создатели, вершащие судьбы локальных вселенных, представляют как Всеобщего Отца, так и Вечного Сына Рая. От имени Отца эти Сыны Вселенных принимают любовь, наполняющую поклонение, и выслушивают просьбы ходатайствующих подопечных по своим творениям. Для детей локальной вселенной Сын Михаил по существу является Богом. Он представляет собой персонификацию Всеобщего Отца и Вечного Сына в локальной вселенной. Бесконечный Дух поддерживает личную связь с детьми этих сфер через Духов Вселенных – административных и созидательных помощников Райских Сынов-Создателей.

Искреннее поклонение подразумевает мобилизацию всех сил человеческой личности под началом эволюционирующей души и с подчинением божественному направляющему влиянию взаимодействующего Настройщика Мышления. Разум, связанный материальными ограничениями, никогда до конца не постигнет настоящего значения истинного поклонения. Осознание человеком реальности опыта поклонения в основном определяется уровнем развития его эволюционирующей бессмертной души. Духовный рост души происходит совершенно независимо от интеллектуального самосознания.

Опыт поклонения заключается в возвышенном стремлении посвященного вам Настройщика сообщить божественному Отцу невыразимые желания и стремления человеческой души – совместного творения стремящегося к Богу смертного разума и раскрывающего Бога бессмертного Настройщика. Поэтому поклонение есть акт материального разума, который под водительством связанного с ним духа подчиняется попытке одухотворяющегося «я» вступить в общение с Богом в качестве вероисповедного сына Всеобщего Отца. Смертный разум уступает поклонению; бессмертная душа жаждет и инициирует поклонение; присутствие божественного

Настройщика руководит таким поклонением от имени смертного разума и эволюционирующей бессмертной души. В итоге, истинное поклонение становится опытом, проявляющимся на четырех космических уровнях: интеллектуальном, моронтийном, духовном и личностном – то есть на уровнях рационального сознания разума, души, духа и их объединения в личности.

4. БОГ В РЕЛИГИИ

Мораль эволюционных религий *подталкивает* людей к богоискательству движущей силой страха. Богооткровенная религия *притягивает* людей к поиску Бога любви, ибо они стремятся стать такими, как Бог. Однако религия не есть только пассивное чувство «абсолютной зависимости» и «уверенности в продолжении жизни»; она является живым и динамичным опытом обретения божественности – опытом, основанным на служении человечеству.

Великое и непосредственное назначение истинной религии заключается в прочном объединении человеческого опыта, создании длительного покоя и глубокой уверенности. Даже политеизм примитивного человека является относительным объединением формирующегося представления о Божестве; политеизм есть монотеизм в процессе становления. Рано или поздно, Бог неизбежно понимается как реальность ценностей, субстанция значений и жизнь истины.

Бог не только определяет предназначение – он *является* вечной целью человека. Вся нерелигиозная деятельность человека стремится склонить вселенную к искажающему служению себе; истинно религиозный индивидуум стремится объединить «я» со вселенной, чтобы посвятить деятельность этого объединившегося «я» служению вселенской семье собратьев – человеческих и сверхчеловеческих.

Области философии и искусства лежат между нерелигиозной и религиозной деятельностью человеческого «я». Искусство и философия вовлекают материальный разум человека в созерцание духовных реальностей и вселенских ценностей, обладающих вечными значениями.

Все религии проповедуют поклонение Божеству и предлагают ту или иную доктрину спасения человека. Буддистская религия обещает избавление от страдания, вечный покой; еврейская религия обещает избавление от трудностей, процветание, основанное на праведности; греческая религия обещала избавление от дисгармонии, уродства, через воплощение красоты; христианство обещает избавление от греха, святость; магометанство освобождает от жестких моральных норм иудаизма и христианства. Религия Иисуса *является* спасением от «я» – избавлением от того зла, которое связано с изолированностью создания во времени и вечности.

Евреи основывали свою религию на благости, греки – на прекрасном; обе религии искали истину. Иисус поведал о Боге любви, а любовь охватывает всю истину, красоту и благость.

У зороастрийцев была религия нравственности, у индусов – религия метафизики, у конфуцианцев – религия этики. Иисус прожил религию *служения*. Все эти религии ценны, ибо они являются действенным приближением к религии Иисуса. Религия призвана стать реальностью духовного объединения всего благого, прекрасного и истинного, что есть в человеческом опыте.

Девизом греческой религии было «познай самого себя»; в центре учений иудеев – призыв «познать своего Бога»; христиане проповедуют евангелие, направленное на «познание Господа Иисуса Христа»; Иисус провозгласил благую весть «познания Бога – и себя как сына Божьего». Эти различия представлений о назначении религии обуславливают позицию индивидуума в разнообразных жизненных ситуациях, предопределяют глубину его поклонения и то, ка́к он возносит свои молитвы. Духовный статус любой религии можно определить по характеру ее молитв.

Представление о получеловеческом и ревнивом Боге является неизбежным переходом от политеизма к возвышенному монотеизму. Величественный антропоморфизм есть высшее достижение чисто эволюционной религии. Христианство возвысило идею антропоморфизма от идеала человека до трансцендентного и божественного представления о личности прославленного Христа. Это и есть высший антропоморфизм, на который способен человек.

Христианское представление о Боге является попыткой объединить три самостоятельных учения:

1. *Иудейское представление* – Бог как поборник моральных ценностей, праведный Бог.

2. *Греческое представление* – Бог как объединитель, Бог мудрости.

3. *Представление Иисуса* – Бог как живой друг, любящий Отец, божественное присутствие.

Поэтому должно быть очевидным, что комбинированная христианская теология сталкивается с огромными трудностями в своем стремлении к последовательности. Эти трудности еще более усугубляются тем, что доктрины раннего христианства в целом основывались на личном религиозном опыте трех различных людей: Филона Александрийского, Иисуса Назарянина и Павла Тарсянина.

Изучая религиозную жизнь Иисуса, придерживайтесь позитивного взгляда. Думайте не столько о его безгрешности, сколько о его праведности, его исполненном любви служении. Пассивную любовь, раскрытую в иудейском представлении о небесном Отце, Иисус поднял на уровень *активной* любви Бога к созданию – Бога, который является Отцом каждого индивидуума, в том числе грешника.

5. ОСОЗНАНИЕ БОГА

Мораль зарождается в самосознающем разуме; она является сверхживотным, но всецело эволюционным началом. В своем развитии человеческая эволюция охватывает все дарования, предшествующие посвящению Настройщиков и излиянию Духа Истины. Однако достижение уровней морали не освобождает человека от реальных трудностей смертного существования. Физическая среда обитания человека связана с борьбой за существование; социальное окружение делает необходимыми этическое регулирование; нравственные ситуации побуждают к выбору на основе высших мотивов; духовный опыт (после осознания существования Бога) требует, чтобы человек нашел Отца и искренне стремился стать таким, как он.

Религия не строится на научных фактах, общественных обязательствах, философских допущениях или предполагаемых моральных обязанностях. Религия – это независимая область человеческих реакций на жизненные ситуации, неизменно представленная на всех постморальных стадиях человеческого развития. Религия может распространяться на все четыре уровня реализации ценностей и осуществления вселенского содружества: физический – или материальный – уровень самосохранения, социальный – или эмоциональный – уровень товарищества, нравственный – или основанный на чувстве долга – уровень разума, духовный уровень – уровень осознания вселенского содружества через божественное поклонение.

Ищущий факты ученый представляет Бога в качестве Первопричины, Бога силы. Эмоциональный художник видит Бога как идеал красоты, Бога эстетики. Рациональный философ иногда склоняется к постулату Бога всеобщего единства и даже пантеистического Божества. Искренне религиозный человек верит в Бога, способствующего продолжению жизни, небесного Отца, Бога любви.

Нравственное поведение всегда предшествует появлению религии эволюционного типа и является частью даже богооткровенной религии, однако оно никогда не охватывает всего содержания религиозного опыта. Общественное служение есть результат нравственных помыслов и религиозной жизни. Биологически, нравственное поведение не ведет к более высоким духовным уровням религиозного опыта. Поклонение абстрактной красоте не есть поклонение Богу; не являются поклонением Богу и возвеличивание природы или благоговение перед единством.

Эволюционная религия порождает науку, искусство и философию, поднимая человека на уровень восприимчивости к религии откровения, включая посвящение Настройщиков и прибытие Духа Истины. Эволюционное полотно человеческого существования начинается и кончается религией, хотя и на совершенно различных уровнях: первый представляет собой эволюционный и биологический тип, второй – богооткровенный и периодический тип. Таким образом, хотя религия нормальна и естественна для человека, она не является при этом обязательной. Человек не обязан быть религиозным, если он того не хочет.

Будучи в своей основе духовным, религиозный опыт никогда не будет до конца понятен материальному разуму; этим объясняется функция теологии – психологии религии. Для конечного сознания основная доктрина о человеческом осознании Бога парадоксальна. Человеческая логика и конечный разум почти неспособны гармонично объединить представление о божественной имманентности – Бог как внутренняя часть каждого индивидуума – с идеей трансцендентности Бога, божественного господства во вселенной вселенных. Чтобы обосновать разумное поклонение и подтвердить надежду на сохранение личности, два этих основных представления о Божестве должны объединиться в вероисповедном постижении понятия трансцендентности личностного Бога и в реализации внутреннего присутствия частицы этого Бога. Трудности и парадоксы религии заключаются в полной недоступности ее реальностей смертному интеллекту.

Религиозный опыт дает смертному человеку три великих удовлетворения уже в период его временного пребывания на земле:

1. *Интеллектуально* он получает удовлетворение от большего единения человеческого сознания.

2. *Философски* он получает подтверждение своих идеалов нравственных ценностей.

3. *Духовно* он преуспевает в обретении опыта божественного товарищества, духовного удовлетворения от истинного поклонения.

В опыте, присущем эволюционирующим смертным миров, богосознание должно состоять из трех различных факторов, трех отличающихся уровней постижения реальности. Первым из них является восприятие разумом – осмысление *идеи* Бога. За ним следует восприятие душой – осознание *идеала* Бога. Последним пробуждается восприятие духом – осознание *духовной реальности* Бога. Объединив все три фактора постижения божественного, – даже если это постижение остается неполным, – смертная личность в любое время охватывает все уровни восприятия осознанием *личности* Бога. Тем смертным, которые достигли Корпуса Завершения, всё это позволит со временем осознать *верховность* Бога и может впоследствии привести к постижению *предельности* Бога – определенной стадии овладения абсонитным сверхсознанием Райского Отца.

Из поколения в поколение опыт Богосознания остается неизменным, однако философское представление и теологические определения *должны* изменяться с каждой новой эпохой в развитии человеческих знаний. Богопознание, религиозное сознание, есть вселенская реальность, но сколь бы действительным (реальным) ни был религиозный опыт, он должен быть готов подчинить себя разумной критике и обоснованной философской интерпретации; он не должен стремиться к обособленному положению в совокупном человеческом опыте.

Вечное сохранение личности целиком зависит от выбора, сделанного смертным разумом, чьи решения определяют потенциал сохранения бессмертной души. Когда разум верит Богу, а душа знает его, и когда, с помощью Настройщика, душа и разум *жаждут* Бога, – тогда продолжение жизни обеспечено. Ограниченность интеллекта, недостатки образования, отсутствие доступа к культуре, ухудшение социального статуса и даже ущербность нравственных критериев человека из-за прискорбного отсутствия благоприятных условий в образовательной, культурной и социальной сферах не могут сделать неполноценным присутствие божественного духа в этих несчастных и по-человечески ущербных, но верующих индивидуумах. Пребывание Таинственного Наставника знаменует собой начало – и обеспечивает возможность – потенциального роста и сохранения бессмертной души.

Способность смертных родителей производить потомство не зависит от их образовательного, культурного, социального или экономического статуса. В естественных условиях объединения родительских генов вполне достаточно для зачатия потомства. Человеческий разум, различающий добро и зло, способный поклоняться Богу и заключивший союз с божественным Настройщиком, – вот всё, что требуется для зарождения и развития в таком смертном бессмертной души с необходимыми для продолжения жизни качествами, если только наделенный духом индивидуум ищет Бога и искренне стремится стать таким, как он, приняв чистосердечное решение исполнить волю небесного Отца.

6. БОГ ЛИЧНОСТИ

Всеобщий Отец есть Бог личностей. Он является центром и пределами личностной сферы вселенной – от наделенного личностью низшего смертного создания до высших и божественных творцов. Бог-Отец дарит и сохраняет каждую личность. Одновременно с этим, Райский Отец является предназначением всех тех конечных личностей, которые искренне избрали путь исполнения божественной воли, любят Бога и стремятся быть подобными ему.

Личность – одна из неразгаданных тайн вселенных. Мы способны составить адекватное представление о тех факторах, которые определяют различные категории и уровни личности, но мы не вполне понимаем действительную природу самой личности. Мы хорошо представляем себе многочисленные факторы, которые в совокупности образуют оболочку человеческой личности, но мы не до конца понимаем природу и значение подобной конечной личности.

Личность – это потенциал, заключенный во всех наделенных разумом созданиях: от минимального – осознания себя, до максимального – осознания Бога. Однако один лишь разум не есть личность, как не является ею дух или физическая энергия. Личность – это то качество и та ценность космической реальности, наделить которыми эти живые системы ассоциированных и координированных видов материальной, интеллектуальной и духовной энергии может только Бог-Отец. Не является личность и постепенным обретением. Личность может быть материальной или духовной, но она либо есть, либо ее нет. Внеличностное никогда не достигает уровня личностного, за исключением случаев прямого воздействия Райского Отца.

Одарение личностью есть прерогатива Всеобщего Отца – предоставление живым энергетическим системам личностного статуса и наделение их атрибутами относительного созидательного сознания, подчиненного свободной воле. Нет личности вне Бога-Отца, как не существует личности без Бога-Отца. Основополагающие атрибуты человеческого «я», так же как и ядро человеческой личности – абсолютный Настройщик, – являются дарами Всеобщего Отца, действующего в своей всецело личностной области космической опеки.

Настройщики доличностного статуса пребывают во множестве типов смертных созданий, обеспечивая им возможность пережить телесную смерть и приобрести статус моронтийного создания, обладающего потенциалом предельного духовного достижения. Ибо когда в разуме создания, наделенного личностью, пребывает частица духа вечного Бога – доличностный дар личностного Отца, – тогда эта конечная личность приобретает потенциал божественности и вечности и стремится к цели, близкой к Предельному, устремляясь даже к осознанию Абсолютного.

Способность превращения в божественную личность присуща доличностному Настройщику; способность обретения человеческой личности потенциально заключена в наделенности человека космическим разумом. Однако эмпирическая личность смертного человека становится явной и функционирующей реальностью лишь после того, как материальной оболочки смертного создания касается освобождающая божественность Всеобщего Отца, пускающая ее в плавание по эмпирическим морям в качестве самосознающей, а также (относительно) самодетерминированной и самосозидающей личности. Материальное «я» поистине и *безусловно личностно*.

Материальное «я» обладает личностью и идентичностью – идентичностью временной; доличностный дух-Настройщик также обладает идентичностью – идентичностью вечной. Материальная личность и духовная доличностная сущность способны таким образом объединить свои созидательные свойства, чтобы породить переживающую смерть идентичность бессмертной души.

Создав условия для роста бессмертной души и сняв с внутреннего «я» человека оковы абсолютной зависимости от априорной причинности, Отец отходит в сторону. Теперь, когда человек вызволен из цепей причинности – по крайней мере в том, что относится к его вечному пути, – и созданы условия для развития бессмертного «я», души, человек должен сам либо желать создания своего бессмертного «я», либо препятствовать этому; и он должен сам сделать свой выбор. Никакое другое существо, сила, создатель или фактор во всей обширной вселенной вселенных не способно даже в малейшей степени помешать суверенности свободной воли смертного – принятию волевого решения в том, что касается вечного предназначения личности делающего этот выбор смертного. В отношении сохранения жизни в вечности, Бог провозгласил суверенность материальной и смертной воли, и это решение абсолютно.

Наделение создания личностью является относительным освобождением от рабского реагирования на априорную причинность, и центром личностей всех подобных нравственных существ – эволюционных или иных – является личность Всеобщего Отца. Их извечно влечет к его присутствию в Раю то родство бытия, которое образует обширный и всеобщий семейный круг и братскую сферу вечного Бога. Общее свойство всех личностей – божественная непосредственность.

Центром личностного контура вселенной вселенных является личность Всеобщего Отца, и Райский Отец лично осознаёт и находится в личном контакте со всеми личностями всех уровней самосознания. Это личностное осознание всего творения существует независимо от миссии Настройщиков Мышления.

Подобно тому как центром всеобщего гравитационного контура является Остров Рай, всеобщего контура разума – Совместный Вершитель, а всеобщего контура духа – Вечный Сын, так и центром личностного контура является личное присутствие Всеобщего Отца, и этот контур неизменно передает поклонение всех личностей, посвящаемое Исконной и Вечной Личности.

Что касается личностей, не имеющих Настройщиков, то Всеобщий Отец также наделяет их атрибутом свободного выбора, и такие личности схожим образом объединены в великой сфере божественной любви – личностном контуре Всеобщего Отца. Все истинные личности получают от Бога возможность полноправного выбора. Никакое личностное существо невозможно заставить отправиться в вечное путешествие; врата вечности открываются только в ответ на свободный выбор свободных сынов Бога свободной воли.

Вышесказанное отражает мои усилия показать связь живого Бога с детьми времени. Единственное полезное, что я могу сделать в заключение, – это повторить, что Бог есть ваш вселенский Отец и что все вы – его планетарные дети.

[Это – пятое и последнее повествование Божественного Советника Уверсы о Всеобщем Отце.]

ДОКУМЕНТ 6

ВЕЧНЫЙ СЫН

Вечный Сын есть совершенное и окончательное выражение «первой» личной и абсолютной идеи Всеобщего Отца. Поэтому каким бы образом и когда бы Отец ни выражал себя лично и абсолютно, он делает это через Вечного Сына, который всегда был, есть и будет живым и божественным Словом. И этот Вечный Сын пребывает в центре всех вещей в объединении с личным присутствием Вечного и Всеобщего Отца, непосредственно окружая его собою.

Мы говорим о «первой» мысли Бога и указываем на невозможное временно́е происхождение Вечного Сына для того, чтобы получить доступ к системе мышления человеческого интеллекта. Только идя на компромисс и искажая подобным образом язык, мы способны установить контакт со связанным временны́ми рамками разумом смертных. В смысле последовательности, никакая мысль Всеобщего Отца не могла быть первой, так же как не могло быть начала у Вечного Сына. Однако я получил указание использовать такие умозрительные символы и обозначать отношения вечности с помощью таких временны́х понятий последовательности при описании вечностных реальностей ограниченному временем смертному разуму.

Вечный Сын – это духовная персонализация всеобщего и бесконечного представления Райского Отца о божественной реальности, безусловном духе и абсолютной личности. И тем самым Сын является божественным раскрытием идентичности Всеобщего Отца как создателя. Совершенная личность Сына свидетельствует о том, что Отец действительно является вечным и всеобщим источником всех значений и ценностей духовного, волевого, целевого и личностного характера.

В попытке позволить конечному временно́му разуму составить представление о последовательности взаимоотношений вечных и бесконечных существ Райской Троицы мы прибегаем к концептуальной вольности, позволяющей ссылаться на «первое личностное, всеобщее и бесконечное представление Отца». Я неспособен передать человеческому разуму какое-либо адекватное представление о вечных отношениях Божеств; поэтому я использую такие термины, которые позволят конечному разуму получить хотя бы какое-то представление о взаимоотношениях этих вечных существ в последовательных эпохах. Мы верим в то, что Сын произошел от Отца; нас учат, что оба они безусловно вечны. Поэтому очевидно, что никакое временно́е создание неспособно когда-либо до конца понять эту тайну Сына, который произошел от Отца и, тем не менее, является таким же вечным, как и сам Отец.

1. ИДЕНТИЧНОСТЬ ВЕЧНОГО СЫНА

Вечный Сын есть изначальный и единородный Божий Сын. Он – Бог-Сын, Второе Лицо Божества и ассоциированный создатель всего творения. Как Отец является Первым Великим Источником и Центром, так Вечный Сын есть Второй Великий Источник и Центр.

Вечный Сын – это духовный центр и божественный глава духовной власти во вселенной вселенных. Всеобщий Отец является, во-первых, создателем и, во-вторых, властителем. Вечный Сын – это, во-первых, совместный создатель и, во-вторых, *духовный управляющий*. «Бог есть дух», и Сын является личностным раскрытием этого духа. Первый Источник и Центр есть Абсолют Воли; Второй Источник и Центр – Абсолют Личности.

Всеобщий Отец никогда не действует как творец лично, а только совместно с Сыном или при согласованном действии Сына. Если бы автор Нового Завета имел в виду Вечного Сына, он изрек бы истину, когда написал: «В начале было Слово, и Слово было у Бога, и Слово было Бог. Всё было сотворено им, и ничто не сотворено без него».

Когда один из Сынов Вечного Сына появился на Урантии, те, кто сблизился с этим божественным существом в облике человека, говорили о нём как «о том, кто был от начала, которого мы слышали, кого видели своими глазами, за кем наблюдали и кого осязали руками, о Слове жизни». И этот посвященческий Сын так же истинно произошел от Отца, как и Изначальный Сын, что подразумевается в одной из его земных молитв: «И теперь даруй мне славу пред ликом твоим, Отец, ту славу, что знал я с тобой еще до существования этого мира».

В разных вселенных Вечный Сын известен под различными именами. В центральной вселенной его называют Равным Источником, Совместным Создателем и Ассоциированным Абсолютом. На Уверсе, столичной сфере сверхвселенной, мы называем Сына Равным Духовным Центром и Вечным Духовным Управляющим. На Салвингтоне, столичной сфере вашей локальной вселенной, этот Сын известен как Второй Вечный Источник и Центр. Мелхиседеки говорят о нём как о Сыне Сынов. В вашем мире, но не в вашей системе обитаемых миров, за Изначального Сына ошибочно принимают одного из равных Сынов-Создателей – Михаила Небадонского, посвятившего себя смертным народам Урантии.

Хотя Божьим Сыном можно называть любого из Райских Сынов, обычно мы называем «Вечным Сыном» только Изначального Сына, Второй Источник и Центр, который вместе со Всеобщим Отцом является совместным творцом центральной вселенной могущества и совершенства и совместным создателем всех остальных божественных Сынов, происходящих от бесконечных Божеств.

2. ПРИРОДА ВЕЧНОГО СЫНА

Вечный Сын так же неизменен, так же бесконечно надежен, как и Всеобщий Отец. Кроме того, он равен Отцу в своей духовности, являясь таким же истинно безграничным духом. Вам, с вашим скромным происхождением, Сын показался бы более личностным, поскольку он чуть доступнее для вас, чем Всеобщий Отец.

Вечный Сын есть вечное Божье Слово. Он во всём похож на Отца; более того, Вечный Сын *является* Богом-Отцом в его личностном проявлении во вселенной вселенных. И потому было, есть и будет истиной сказанное о Вечном Сыне и равных Сынах-Создателях: «Тот, кто видел Сына, видел Отца».

По своей природе Сын целиком соответствует духовному Отцу. Поклоняясь Всеобщему Отцу, мы фактически в то же время поклоняемся Богу-Сыну и Богу-Духу. Природа Бога-Сына является столь же божественно реальной и вечной, сколь и природа Бога-Отца.

Сын не только обладает всей бесконечной и трансцендентной праведностью Отца, но он также отражает всю святость его характера. Сын разделяет совершенство Отца и совместно с Отцом несет ответственность за помощь всем несовершенным созданиям в их духовных усилиях, направленных на обретение божественного совершенства.

Вечный Сын обладает всем божественным характером Отца и его атрибутами духовности. Сын *является* всей полнотой абсолютности Бога в личности и духе, и эти качества Сын проявляет в своем личном руководстве духовным управлением вселенной вселенных.

Бог действительно является всеобщим духом; Бог есть дух, и эта духовная природа Отца сосредоточена и персонализована в Божестве Вечного Сына. Очевидно, отделение от всеобщности Первого Источника и Центра усилило все духовные качества Сына. И как Отец разделяет свою духовную природу с Сыном, так оба они столь же полно и безраздельно разделяют божественный дух с Совместным Вершителем – Бесконечным Духом.

В любви к истине и в создании красоты Отец и Сын равны, и только *кажется*, что Сын преимущественно посвящает себя реализации исключительно духовной красоты всеобщих ценностей.

Я не вижу разницы между Отцом и Сыном в отношении божественной благости. Отец любит своих вселенских детей как отец; Вечный Сын относится ко всем созданиям и как отец, и как брат.

3. ПРЕТВОРЕНИЕ ЛЮБВИ ОТЦА

Сын разделяет справедливость и праведность Троицы, однако затмевает эти присущие божественности качества бесконечным воплощением Отеческой любви и милосердия; Сын – это откровение божественной любви во вселенных. Как Бог есть любовь, так Сын – милосердие. Сын не может любить больше, чем Отец, но он способен демонстрировать созданиям свое милосердие еще одним способом, ибо он не только является изначальным творцом, как и Отец, но и Вечным Сыном того же Отца, и потому разделяет опыт сыновства со всеми сынами Всеобщего Отца.

Вечный Сын является великим источником милосердия для всего творения. Милосердие – сущность духовного характера Сына. Распоряжения Вечного Сына, посылаемые по духовным контурам Второго Источника и Центра, звучат в тональности милосердия.

Для того, чтобы понять любовь Вечного Сына, вам необходимо вначале осознать ее божественный источник – Отца, который *представляет собой* любовь, – и после этого увидеть распространение этого бесконечного чувства в необъятном служении Бесконечного Духа и его почти неограниченном воинстве попечительских личностей.

Служение Вечного Сына посвящено раскрытию Бога любви во вселенной вселенных. В задачу этого божественного Сына не входят постыдные попытки уговорить милосердного Отца полюбить своих скромных созданий и проявить милость к грешникам времени. Сколь ошибочно представлять Вечного Сына взывающим к Всеобщему Отцу, дабы тот явил милосердие к своим низшим созданиям материально-пространственных миров! Такие представления о Боге незрелы и нелепы. Вместо этого вам следовало бы понять, что вся милосердная опека Божьего Сына является непосредственным откровением сердца Отца, исполненного всеобщей любви и бесконечного сострадания. Любовь Отца – это действительный и вечный источник милосердия Сына.

Бог есть любовь, Сын – милосердие. Милосердие – это воплощенная любовь, проявление любви Отца в лице его Вечного Сына. Любовь всеобщего Сына также всеобща. В том смысле, в котором любовь понимается на планете разнополых существ, Божья любовь более сравнима с любовью отеческой, в то время как любовь Вечного Сына более напоминает чувство матери. Такие сравнения, конечно, примитивны, однако я прибегаю к ним в надежде показать человеческому разуму различие – не в божественном содержании, но в качестве и способе выражения – между любовью Отца и любовью Сына.

4. АТРИБУТЫ ВЕЧНОГО СЫНА

Вечный Сын есть движущая сила духовного уровня космической реальности; духовное могущество Сына абсолютно по отношению ко всей вселенской действительности. Благодаря абсолютному охвату духовной гравитацией, он в совершенстве управляет взаимосвязью всех недифференцированных видов духовной энергии и всей воплощенной духовной реальностью. Весь чистый нефрагментарный дух, а также все духовные существа и ценности реагируют на бесконечную притягательную силу изначального Сына Рая. И если вечное будущее станет свидетелем появления неограниченной вселенной, духовная гравитация и духовное могущество Изначального Сына будут полностью адекватны требованиям духовного управления и эффективного руководства таким безбрежным творением.

Сын всемогущ только в сфере духовного. В вечной системе вселенского управления расточительное и ненужное повторение функций никогда не встречается; Божества не склонны к бесполезному дублированию вселенской опеки.

Вездесущность Изначального Сына составляет духовное единство вселенной вселенных. Духовная связь всего творения основывается на повсеместном активном присутствии божественного духа Вечного Сына. Постигая духовное присутствие Отца, нам трудно отделить его в своем сознании от духовного присутствия Вечного Сына. Дух Отца вечно пребывает в духе Сына.

Отец должен быть духовно вездесущим, но такая вездесущность оказывается неотделимой от повсеместной духовной активности Вечного Сына. Однако мы верим, что во всех случаях двуединого духовного присутствия Отца-Сына дух Сына согласован с духом Отца.

В своих контактах с личностью Отец действует в пределах личностного контура. В своих личных и регистрируемых контактах с духовным творением он является в частицах, выражающих всеобщность его Божества, и эти частицы Отца выполняют единственную, уникальную и исключительную функцию, где бы и когда бы они ни появлялись во вселенных. Во всех таких случаях дух Сына согласован с духовной функцией фрагментарного присутствия Всеобщего Отца.

Духовно Вечный Сын вездесущ. Дух Вечного Сына несомненно связан с вами и окружает вас, но он не заключен в вас как часть вашего существа, подобно Таинственному Наставнику. Пребывающая в вас частица Отца настраивает человеческий разум на всё более божественное отношение, вследствие чего разум восходящего создания повышает свою восприимчивость к духовной притягательной силе всемогущего контура духовной гравитации Второго Источника и Центра.

Изначальный Сын обладает всеобщим и духовным самосознанием. В своей мудрости Сын полностью равен Отцу. Мы не можем провести различие между Первым и Вторым Источниками в сферах знания и всеведения; как и Отцу, Сыну известно всё; никакое вселенское событие не вызывает у него удивления; уже в начале он понимает, каким будет конец.

Отец и Сын действительно знают число и местонахождение всех духов и одухотворенных существ вселенной вселенных. Сын не только всеведущ благодаря своему собственному вездесущему духу, но также, наравне с Отцом и Совместным Вершителем, полностью знаком с содержанием необъятного потока информации, поступающей через систему отражения к Верховному Существу, чей разум в каждый момент осознаёт всё, что происходит во всех мирах семи сверхвселенных. Существуют и иные проявления всеведения Райского Сына.

Как любящая, милосердная и заботливая духовная личность, Вечный Сын полностью и бесконечно равен Всеобщему Отцу, в то время как во всех своих милосердных, исполненных любви отношениях с восходящими существами низших миров Вечный Сын так же добр и заботлив, так же терпелив и многострадален, как и его Райские Сыны локальных вселенных, столь часто посвящающие себя эволюционным мирам времени.

Нет никакого смысла продолжать обсуждение атрибутов Вечного Сына. С учетом упомянутых выше ограничений, достаточно обратиться к духовным атрибутам Бога-Отца, чтобы понять и правильно оценить атрибуты Бога-Сына.

5. ОГРАНИЧЕНИЯ ВЕЧНОГО СЫНА

Вечный Сын не предпринимает личных действий в сфере физического, как не действует он на уровнях служения разуму созданий, – за исключением того, что выполняется через Совместного Вершителя. Но эти условия ни в коей мере не ограничивают Вечного Сына, во всём остальном следующего полному и свободному претворению божественных атрибутов *духовного* всеведения, вездесущности и всемогущества.

Сам Вечный Сын не наполняет потенциалы духа, заключенные в бесконечности Божества-Абсолюта, однако, по мере реализации этих потенциалов, они охватываются всемогущим контуром духовной гравитации Сына.

Личность есть исключительный дар Всеобщего Отца. Вечный Сын получает ее от Отца, но не посвящает личность без его участия. Сын порождает огромное множество духовных существ, но такие производные создания не являются личностями. Когда Сын создает личность, он делает это вместе с Отцом или Совместным Вершителем, который в подобных взаимоотношениях может выступать от имени Отца. Таким образом, Вечный Сын является совместным создателем личностей, но сам он, в одиночку, никогда не наделяет личностью и не создает существ личностного статуса. Тем не менее, это ограничение действия не лишает Сына способности создавать любые типы неличностной реальности.

Вечный Сын ограничен в передаче прерогатив создателя. Сделав Изначального Сына вечным, Отец наделил его способностью и правом последующих единений с собой в божественных актах создания новых Сынов, обладающих созидательными атрибутами; такие Сыны создавались и продолжают создаваться. Однако очевидно, что после сотворения этих равных Сынов прерогативы создателя далее передаваться не могут. Вечный Сын передает созидательную способность только первому, или прямому, воплощению. Поэтому когда Отец и Сын объединяются для персонализации Сына-Создателя, они достигают своей цели; но появившийся таким образом Сын-Создатель неспособен когда-либо передать или делегировать прерогативы творца различным категориям Сынов, которых он может впоследствии создать, несмотря на то что высшие Сыны локальных вселенных всё-таки обладают некоторым весьма ограниченным проявлением созидательных атрибутов, присущих Сыну-Создателю.

Как бесконечное и исключительно личностное существо, Вечный Сын не может раздробить свою сущность, распределить и посвятить свои индивидуализированные частицы другим сущностям или лицам, как это делают Всеобщий Отец и Бесконечный Дух. Однако Сын способен посвящать и посвящает себя, в качестве беспредельного духа, всему творению, насыщая его собой и неустанно привлекая к себе все духовные личности и духовные реальности.

Всегда помните, что Вечный Сын – это личностное отображение духовного Отца всему творению. Как Божество, Сын является личностным и только таковым; столь божественная и абсолютная личность не может быть разрушена или раздроблена. Бог-Отец и Бог-Дух суть истинные личности, но помимо того, что они представляют собой личностные Божества, они являются также всем остальным.

Хотя Вечный Сын не может лично участвовать в посвящении Настройщиков Мышления, в вечном прошлом, совещаясь со Всеобщим Отцом, он одобрил этот план и дал обет вечного сотрудничества, когда Отец, задумав миссию Настройщиков Мышления, предложил Сыну: «Сотворим смертного человека по нашему образу». И как частица духа Отца пребывает в вас, так присутствие духа Сына окружает вас, и оба они извечно трудятся, как единое целое, над вашим духовным развитием.

6. РАЗУМ ДУХА

Вечный Сын есть дух и обладает разумом, но это не такой дух или разум, которые можно понять смертным разумом. Смертный человек осознаёт разум на конечном, космическом, материальном и личностном уровнях. Человек также наблюдает разумные проявления в живых организмах, функционирующих на субличностном (животном) уровне, но ему трудно постигнуть природу разума, связанного со сверхматериальными существами и являющегося частью исключительно духовных личностей. Тем не менее, разум требует иного определения, когда он относится к духовному уровню бытия и используется для обозначения духовных функций интеллекта. Тот тип разума, который непосредственно связан с духом, нельзя сравнить ни с разумом, координирующим дух и материю, ни с разумом, связанным только с материей.

Дух всегда обладает сознанием, разумом, различными аспектами идентичности; без участия какой-либо формы разума духовное осознание содружества духовных существ было бы невозможно. Эквивалент разума – способность знать и быть познанным – неотъемлем от Божества. Божество может быть личностным, доличностным, сверхличностным или безличностным, но Божество всегда обладает разумом, то есть, как минимум, способностью сообщаться со схожими сущностями, существами или личностями.

Разум Вечного Сына подобен разуму Отца, но не похож на какой-либо другой разум во вселенной; вместе с разумом Отца он является прообразом разнообразных и обширных воплощений разума Совместного Создателя. Возможно, лучшим примером разума Отца и Сына – того интеллекта, который исходен по отношению к абсолютному разуму Третьего Источника и Центра, – является предразум Настройщика Мышления, ибо, хотя данные частицы Отца находятся полностью за пределами контуров разума Совместного Вершителя, они обладают определенным предразумом; они познают и познаваемы; они обладают эквивалентом человеческого мышления.

Вечный Сын полностью духовен; человек почти всецело материален; поэтому постижение многого из того, что относится к духовной личности Вечного Сына, к его семи духовным сферам, окружающим Рай, а также к природе неличностных творений Райского Сына, начнется только тогда, когда вы обретете духовный статус, что произойдет после завершения вами моронтийного восхождения в локальной вселенной Небадон. После этого, по мере вашего продвижения в сверхвселенной на пути к Хавоне, многие из этих скрытых в духе тайн будут раскрываться, ибо вы начнете обретать «разум духа» – духовную проницательность.

7. ЛИЧНОСТЬ ВЕЧНОГО СЫНА

Вечный Сын – это та бесконечная личность, от чьих безусловно-личностных уз Всеобщий Отец освободился посредством тринитизации, благодаря которой он с тех пор продолжает с бесконечной щедростью отдавать себя своей вечно расширяющейся вселенной Создателей и созданий. Сын является *абсолютной личностью*; Бог является *порождающей личностью* – источником личности, посвятителем личности, причиной личности. Каждое личностное существо получает личность от Всеобщего Отца, так же как Райский Отец является вечным источником личности Изначального Сына.

Личность Райского Сына абсолютна и чисто духовна, и эта абсолютная личность является также вечным и божественным эталоном: вначале – для посвящения Отцом личности Совместному Вершителю, а впоследствии – для посвящения личности мириадам своих созданий по всей необъятной вселенной.

Вечный Сын воистину является милосердным попечителем, божественным духом, духовным могуществом и реальной личностью. Сын есть духовная и личностная природа Бога в ее проявлении во вселенных – квинтэссенция Первого Источника и Центра, освобожденная от всего неличностного, внебожественного, недуховного и чисто потенциального. Однако не существует слов, способных передать человеческому разуму всю красоту и величие небесной личности Вечного Сына. Всё, что может затуманить образ Всеобщего Отца, почти так же способно воспрепятствовать осознанию представления о Вечном Сыне. Вам придется дождаться прибытия в Рай, чтобы понять, почему я не смог описать конечному разуму характер этой абсолютной личности.

8. ОСОЗНАНИЕ ВЕЧНОГО СЫНА

Во всём, что относится к идентичности, природе и другим атрибутам личности, Вечный Сын является полным соответствием, совершенным дополнением и вечным эквивалентом Всеобщего Отца. В том же смысле, в каком Бог есть Всеобщий Отец, Сын есть Всеобщая Мать. И все мы, высокие и низкие, являемся членами их всеобщей семьи.

Чтобы оценить характер Сына, вам необходимо изучить описание божественного характера Отца; они извечно и неразделимо едины. Как божественные личности, они практически неразличимы для низших категорий разумных существ. Достаточно легко различают их те, кто появился в результате созидательных актов самих Божеств. Уроженцы центральной вселенной и те, кто пребывает в Раю, воспринимают Отца и Сына не только как управляющее вселенной личностное единство, но и как две отдельные личности, которые действуют в различных областях руководства вселенной.

В личностном отношении вы можете представлять Всеобщего Отца и Вечного Сына как отдельных индивидуумов, ибо таковыми они и являются; однако в руководстве вселенными они столь тесно сплетены и взаимосвязаны, что различить их удается не всегда. Когда в различных вселенских ситуациях взаимосвязи Отца и Сына представляются неясными, не следует пытаться всякий раз разграничивать их действия; просто вспомните, что Бог есть побуждающая мысль, а Сын – выразительное слово. В каждой локальной вселенной эта неразделимость воплощена в божественности Сына-Создателя, который является олицетворением как Отца, так и Сына для созданий десяти миллионов обитаемых миров.

Вечный Сын бесконечен, но он достижим в лице своих Райских Сынов и благодаря терпеливому служению Бесконечного Духа. Если бы не посвященческое служение Райских Сынов и преданная помощь созданий Бесконечного Духа, существа материального происхождения вряд ли могли бы надеяться на обретение Вечного Сына. Столь же истинно и то, что с помощью этих небесных сил и благодаря их водительству осознающие Бога смертные безусловно достигнут Рая и однажды предстанут перед личным присутствием этого величественного Сына Сынов.

Несмотря на то что Вечный Сын является образцом для смертной личности, вам легче понять реальность как Отца, так и Духа, ибо Отец непосредственно посвящает личность, а Бесконечный Дух является абсолютным источником вашего смертного разума. Однако, по мере вашего восхождения по Райскому пути духовного прогресса, личность Вечного Сына будет становиться всё более реальной, и ваш постепенно одухотворяемый разум будет всё лучше различать реальность его бесконечно духовного разума.

Представление о Вечном Сыне никогда не засияет ярким светом в вашем смертном или последующем моронтийном сознании; лишь после того, как вы будете одуховлены и приступите к своему духовному восхождению, осмысление личности Вечного Сына сможет начать приближаться к яркости вашего представления о личности Сына-Создателя Райского происхождения, который когда-то жил на Урантии во плоти как человек среди людей.

На протяжении всего вашего пребывания в локальной вселенной Сыну-Создателю, чья личность доступна человеческому пониманию, приходится восполнять вашу неспособность осмыслить всё значение более уникального в своей духовности, но, тем не менее, личностного Вечного Сына Рая. По мере вашего продвижения через Орвонтон и Хавону, когда позади останутся яркий образ и сокровенные воспоминания о Сыне-Создателе вашей локальной вселенной, отдаление этого материального и моронтийного опыта будет восполняться всё более расширяющимися представлениями и всё более насыщенным постижением Вечного Сына Рая, чья реальность и близость будут возрастать с вашим приближением к Раю.

Вечный Сын – это великая и славная личность. Хотя постижение реальности личности столь бесконечного существа выходит за пределы возможностей смертного и материального разума, не сомневайтесь: он является личностью. Я знаю, о чём говорю. Бессчетное число раз я находился в божественном присутствии Вечного Сына и отправлялся во вселенную для исполнения его благодатных распоряжений.

[Изложено Божественным Советником, получившим задание сформулировать данный документ, описывающий Вечного Сына Рая.]

ДОКУМЕНТ 7

СВЯЗЬ ВЕЧНОГО СЫНА С ВСЕЛЕННОЙ

Изначальный Сын непрестанно претворяет в жизнь духовные аспекты вечного замысла Отца по мере того, как этот замысел постепенно раскрывается в феноменах эволюционирующих вселенных с их разнообразными группами живых существ. Мы не вполне понимаем этот вечный план, но мы не сомневаемся в том, что Райский Сын всецело понимает его.

Сын похож на Отца в своем стремлении посвятить как можно больше собственной сущности своим равным Сынам, а также подчиненным им Сынам. Как и Отцу, Сыну свойственно самораспространение, что проявляется в безграничном посвящении себя Бесконечному Духу, их совместному исполнителю.

Как вседержитель духовных реальностей, Второй Источник и Центр представляет собой вечный противовес Острову Рай – величественной опоре всего материального мира. Так Первый Источник и Центр навечно раскрыт в материальной красоте изысканных форм центрального Острова и в духовных ценностях небесной личности Вечного Сына.

Вечный Сын является действительным вседержителем необъятного творения духовных реальностей и духовных существ. Мир духа – это обыкновение Сына, его личное поведение; безличностные и духовные по своему характеру реальности неизменно восприимчивы к воле и замыслу совершенной личности Абсолютного Сына.

Однако Сын не несет личной ответственности за поведение всех духовных личностей. Воля личностного создания относительно свободна и, следовательно, определяет действия таких волевых существ. Поэтому духовный мир свободной воли не всегда правильно передает характер Вечного Сына, так же как природа Урантии не является истинным раскрытием совершенства и неизменности Рая и Божества. Но чем бы ни отличалось свободное действие человека или ангела, вечное могущество Сына во всеобщем гравитационном управлении всеми духовными реальностями остается абсолютным.

1. КОНТУР ДУХОВНОЙ ГРАВИТАЦИИ

Всё, что говорится об имманентности, вездесущности, всемогуществе и всеведении Бога, одинаково справедливо и в отношении Сына в сферах духа. Наблюдаемая во всём творении чистая и всеобщая духовная гравитация, этот исключительно духовный контур, приводит непосредственно ко Второму Источнику и Центру в Раю. Управление и функционирование этого вездесущего и безошибочного духовного охвата всех истинных ценностей духа происходит под началом Сына. Таким образом, Вечный Сын осуществляет абсолютную духовную власть. Он буквально держит все духовные реальности и все одухотворенные ценности как бы на ладони своей руки. Управление всеобщей духовной гравитацией *и есть* всеобщее духовное владычество.

Гравитационное управление духовными сущностями происходит независимо от времени и пространства; поэтому при передаче духовная энергия не уменьшается. Духовная гравитация не подвержена задержкам во времени или ослаблению в пространстве. Она не уменьшается в соответствии с квадратом расстояния; потоки чистой духовной энергии не замедляются массой материального творения. Трансцендентность чистой духовной энергии по отношению к времени и пространству заключается в абсолютности Сына, а не во вмешательстве антигравитационных сил Третьего Источника и Центра.

Духовные реальности реагируют на силу притяжения центра духовной гравитации в зависимости от их качественной ценности, действительной степени духовности их природы. Духовная субстанция (качество) так же реагирует на духовную гравитацию, как организованная энергия физической субстанции (количество) реагирует на гравитацию физическую. Духовные ценности и духовные силы *реальны*. С точки зрения личности, дух есть душа творения; материя есть призрачное физическое тело.

Реакции и флуктуации духовной гравитации всегда отражают истинное содержание духовных ценностей, качественный духовный статус индивидуума или мира. Данная сила притяжения мгновенно реагирует на междуховные и внутридуховные ценности любой вселенской или планетарной ситуации. Всякий раз, когда духовная реальность актуализируется во вселенных, эта перемена обуславливает непосредственную и мгновенную корректировку духовной гравитации. Такой новый дух является, в действительности, частью Второго Источника и Центра; и как несомненно одуховление смертного человека, так безусловно и обретение им духовного Сына – центра и источника гравитации духа.

Сила духовного влечения Сына присуща, в меньшей степени, многим Райским категориям сыновства, ибо в пределах абсолютного контура духовной гравитации существуют те локальные системы духовного притяжения, которые функционируют в меньших единицах творения. Такие субабсолютные концентрации духовного притяжения являются частью божественности, заключенной в личностях Создателей времени и пространства, и взаимосвязаны с выявляющимся эмпирическим сверхуправлением Верховного Существа.

Действие духовной гравитации и реакция на нее наблюдаются не только в масштабе вселенной в целом, но также между индивидуумами и группами индивидуумов. Духовная связь возникает среди духовных и одухотворенных личностей любого мира, расы, нации или группы верующих индивидуумов. Создания духовного склада, имеющие схожие вкусы и устремления, испытывают непосредственное взаимное духовное влечение. Выражение *родственные души* не является только метафорой.

Как и материальная гравитация Рая, духовная гравитация Вечного Сына абсолютна. Грех или восстание могут помешать функционированию контуров локальных вселенных, но ничто не способно прервать духовную гравитацию Вечного Сына. Восстание Люцифера привело ко многим изменениям в вашей системе обитаемых миров и на Урантии, однако мы не отмечаем какого-либо влияния духовного карантина, введенного на вашей планете вследствие восстания, на присутствие и функции вездесущего духа Вечного Сына или на связанный с ним контур духовной гравитации.

Все реакции контура духовной гравитации большой вселенной предсказуемы. Мы осознаём все действия и реакции вездесущего духа Вечного Сына и констатируем их надежность. В соответствии с хорошо известными законами, мы способны измерять и измеряем духовную гравитацию, так же как человек пытается определить механизм действия конечной физической гравитации. Существует неизменная реакция духа Сына на все духовные феномены, существа и личности, и эта реакция всегда соответствует степени действительности (качественной степени реальности) всех подобных духовных ценностей.

Однако, наряду с этой очень надежной и предсказуемой функцией духовного присутствия Вечного Сына, возникают феномены, не столь предсказуемые в своих реакциях. Вероятно, подобные явления свидетельствуют о координированном действии Божества-Абсолюта в мирах выявляющихся духовных потенциалов. Мы знаем, что духовное присутствие Вечного Сына есть влияние величественной и бесконечной личности, но мы не склонны считать действия, связанные с предполагаемым проявлением Божества-Абсолюта, личностными.

В аспекте личности и с точки зрения личностей, Вечный Сын и Божество-Абсолют, очевидно, взаимосвязаны следующим образом: Вечный Сын преобладает в царстве актуальных духовных ценностей, в то время как Божество-Абсолют, вероятно, охватывает обширную область потенциальных духовных ценностей. Все действительные ценности духовного характера попадают в гравитационное поле Вечного Сына, однако ценности потенциальные относятся, по-видимому, к присутствию Божества-Абсолюта.

Нам представляется, что дух возникает из потенциалов Божества-Абсолюта; корреляция эволюционирующего духа происходит в эмпирических и незавершенных охватах Верховного и Предельного; свое окончательное назначение дух обретает в абсолютном охвате духовной гравитации Вечного Сына. Таким видится цикл эмпирического духа, но экзистенциальный дух является неотъемлемой частью бесконечности Второго Источника и Центра.

2. РУКОВОДСТВО ВЕЧНОГО СЫНА

В духовном смысле присутствие и личная активность Изначального Сына в Раю совершенны и абсолютны. По мере нашего удаления от Рая, через Хавону и далее в миры семи сверхвселенных, мы отмечаем всё большее ослабление личной активности Вечного Сына. В постхавонских вселенных присутствие Вечного Сына персонализовано в Райских Сынах, обусловлено эмпирическими реальностями Верховного и Предельного и координировано с неограниченным духовным потенциалом Божества-Абсолюта.

Личная активность Изначального Сына в центральной вселенной выражается в изысканной духовной гармонии этого вечного творения. Хавона столь изумительно совершенна, что духовный статус и энергетические состояния этой образцовой вселенной находятся в совершенном и неизменном равновесии.

Сын не пребывает и не обитает в сверхвселенных лично; в этих творениях у него есть только сверхличностные представители. Такие духовные проявления Сына не являются личностными; они не входят в личностный контур Всеобщего Отца. Мы не можем подобрать для них лучшего определения, чем *сверхличности*; они являются конечными существами; они ни абсонитны, ни абсолютны.

Специфически духовное и сверхличностное, руководство Вечного Сына в сверхвселенных незаметно для личностных созданий. Тем не менее, всеохватное духовное побуждение личного влияния Сына проявляется в каждом аспекте деятельности во всех секторах, относящихся к владениям Древних Дней. Однако мы видим, что в локальных вселенных Вечный Сын лично присутствует в лице Райских Сынов. Здесь духовная и созидательная активность бесконечного Сына проявляется в личностях величественного корпуса равных Сынов-Создателей.

3. СВЯЗЬ ВЕЧНОГО СЫНА С ИНДИВИДУУМОМ

Для смертных созданий времени, восходящих на всё новые уровни в локальной вселенной, Сын-Создатель является личным представителем Вечного Сына. Однако с началом программы обучения в сверхвселенной паломники времени всё чаще замечают божественное присутствие воодушевляющего духа Вечного Сына и способны пользоваться этой помощью, заряжаясь духовной энергией. В Хавоне восходящие создания начинают еще лучше осознавать исполненные любви объятия вездесущего духа Изначального Сына. Ни на одной из стадий восхождения смертных дух Вечного Сына не вселяется в сознание или душу паломника, но его милосердие всегда рядом с ним и всегда посвящено благополучию и духовной уверенности восходящих детей времени.

Влечение, вызываемое гравитацией духа Вечного Сына, является тайной восхождения к Раю спасенных человеческих душ. Все истинные духовные ценности, все по-настоящему одухотворенные индивидуумы удерживаются в пределах неизменного охвата духовной гравитации Вечного Сына. К примеру, смертный разум начинает свое существование как материальный механизм, а в итоге принимается в Корпус Завершения как практически совершенная духовная сущность; по мере своего развития, он всё менее подвержен действию материальной гравитации и, соответственно, всё более чувствителен к центростремительному духовному влечению, вызываемому гравитацией духа. Контур духовной гравитации в буквальном смысле слова притягивает душу человека к Раю.

Контур духовной гравитации – это основной путь для вознесения искренних молитв, посылаемых сердцем верующего человека, с уровня сознания человека на уровень действительного сознания Божества. То, что представляет в ваших посланиях истинную духовную ценность, воспринимается всеобщим контуром духовной гравитации, по которому немедленно и одновременно передается соответствующим божественным личностям. Каждая из них займется тем, что входит в ее личную компетенцию. Поэтому для вашего практического религиозного опыта несущественно, посылаете ли вы свои молитвы Сыну-Создателю локальной вселенной или Вечному Сыну в центре всех вещей.

Дифференцирующую функцию контура духовной гравитации можно было бы сравнить с функцией нервной системы материального человеческого тела. Ощущения поступают в организм по нервным путям; автоматические спинномозговые центры выделяют некоторые из них и реагируют на них; остальные передаются менее автоматическим центрам нижних отделов мозга, контролирующим выполнение повторяющихся функций, в то время как самые существенные и жизненно важные сигналы минуют эти подчиненные центры и мгновенно регистрируются на высших уровнях человеческого сознания.

Но насколько более совершенны возвышенные средства мира духовного! Если в вашем сознании появляется нечто, исполненное высшей духовной ценности, то достаточно только выразить его – и никакая сила во вселенной не сможет помешать его мгновенной передаче Абсолютной Духовной Личности всего творения.

И наоборот, если ваши прошения исключительно материальны и эгоистичны, такие недостойные молитвы никоим образом не могут достигнуть духовного контура Вечного Сына. Во всеобщий духовный контур не допускается ни одно послание, «не продиктованное духом». Чисто материальные и эгоистичные прошения погибают; они не восходят в контурах истинных духовных ценностей. Такие слова суть «гулкая медь и звенящий кимвал».

Только побуждающая мысль – духовное содержание – делает послание смертного действительным. Слова ничего не стоят.

4. БОЖЕСТВЕННЫЕ ПЛАНЫ СОВЕРШЕНСТВОВАНИЯ

Вечный Сын осуществляет постоянную связь с Отцом для успешного претворения *божественного плана прогресса* – всеобщего плана сотворения, эволюционного развития, восхождения и совершенствования наделенных волей созданий. И в божественной верности Сын извечно равен Отцу.

В разработке и осуществлении этого колоссального эволюционного плана, предусматривающего восхождение материальных существ времени к совершенству вечности, Отец и его Сын действуют как единое целое. Эта программа духовного возвышения восходящих душ пространства является совместным творением Отца и Сына, которые, в сотрудничестве с Бесконечным Духом, занимаются ассоциативным претворением своего божественного замысла.

Божественный план обретения совершенства объединяет три уникальные, но изумительно взаимосвязанные всеобщие и дерзновенные программы:

1. *Программа последовательных достижений.* Созданная Всеобщим Отцом, эта программа, направленная на эволюционное восхождение созданий, была безоговорочно одобрена Вечным Сыном в тот момент, когда он согласился с предложением Отца: «Сотворим смертные создания по нашему образу». Данный план возвышения созданий времени предусматривает посвящение Отцом Настройщиков Мышления и наделение материальных созданий прерогативами личности.

2. *Программа посвящений.* Следующий всеобщий план – это великая программа Вечного Сына и его равных Сынов по раскрытию Отца. Предложенный Вечным Сыном, этот план заключается в посвящении Божьих Сынов эволюционным творениям, где любовь Отца и милосердие Сына к созданиям всех вселенных становятся личностными и фактуализированными, воплощенными и реальными. Неотъемлемой частью плана посвящений и временным свойством этого преданного служения любви является деятельность Сынов Рая, направленная на спасение того, что оказывается в духовной опасности по вине обращенной на ложный путь воли созданий. Где бы и когда бы ни возникала задержка в претворении программы последовательных достижений, где бы и когда бы восстания ни искажали данную программу и ни затрудняли ее выполнение, в действие тотчас приводятся чрезвычайные положения программы посвящений. Давшие обет Райские Сыны готовы в любой момент стать спасателями, отправиться в охваченные восстанием миры и восстановить их духовный статус. Такой подвиг совершил на Урантии один из равных Сынов-Создателей во время своего эмпирического посвящения, необходимого для обретения полновластия.

3. *Программа милосердной опеки.* После определения и провозглашения программы достижений и программы посвящений, Бесконечный Дух, независимо и самостоятельно, предложил грандиозную и всеобщую программу милосердной опеки и приступил к ее осуществлению. Это служение является непременным условием практического и эффективного претворения как программы достижений,

так и программы посвящений, и все духовные личности Третьего Источника и Центра имеют отношение к духу милосердной опеки, столь свойственной природе Третьего Лица Божества. Не только в созидании, но и в руководстве Бесконечный Дух действует истинно и буквально как совместный исполнитель Отца и Сына.

Вечный Сын является доверенным лицом, божественным опекуном всеохватного плана Отца – плана восхождения созданий. Провозгласив всеобщий наказ – «Будьте совершенны, как совершенен я», – Отец поручил выполнение этой грандиозной программы Вечному Сыну; Вечный Сын благоприятствует этому небесному предприятию вместе с Бесконечным Духом, равным ему в своей божественности. Так Божества эффективно сотрудничают в деле сотворения, управления, развития, откровения и служения, а при необходимости – восстановления и возрождения.

5. ДУХ ПОСВЯЩЕНИЯ

Вечный Сын безоговорочно присоединился к Всеобщему Отцу в провозглашении всему творению величественного воззвания: «Будьте совершенны, как совершенен ваш Отец в Хавоне». С тех пор этот призывный наказ служил побуждением для всех планов спасения и посвящений Вечного Сына и его огромной семьи равных и ассоциированных Сынов. Именно в этих посвящениях Божьи Сыны стали «путем, истиной и жизнью» для всех эволюционных созданий.

Вечный Сын не может непосредственно общаться с людьми, как это делает Отец, одаряющий доличностными Настройщиками Мышления; однако Сын сближается с сотворенными личностями благодаря последовательному понижению статуса божественного сыновства, пока он не оказывается в присутствии человека и, иногда, в образе самого человека.

Будучи целиком личностной, природа Вечного Сына не поддается фрагментации. Вечный Сын опекает либо в виде духовного влияния, либо как личность – и никак иначе. Для Сына невозможно стать частью опыта создания в том смысле, в каком в этом опыте участвует Отец-Настройщик, но Вечный Сын компенсирует это ограничение методом посвящений. Инкарнатный опыт Райских Сынов имеет для Вечного Сына такое же значение, какое опыт фрагментации имеет для Всеобщего Отца.

Вечный Сын не является к смертному человеку как божественная воля – Настройщик Мышления, пребывающий в человеческом разуме, но Вечный Сын действительно явился к смертным Урантии, когда божественная *личность* его Сына, Михаила Небадонского, воплотилась в человеческой сущности Иисуса Назарянина. Чтобы разделить опыт созданных личностей, Райские Божьи Сыны должны принять саму природу таких созданий и воплотить свои божественные личности в физических созданиях. Инкарнация – тайна Сонарингтона – представляет собой метод избавления Сына от всеохватных уз абсолютизма личности.

В незапамятные времена Вечный Сын посвятил себя каждому кольцу центрального творения во имя просвещения и прогресса обитателей и паломников Хавоны, включая восходящих паломников времени. Ни в одном из этих семи посвящений он не действовал ни как восходящее создание, ни как обитатель Хавоны. Он был самим собой. Опыт его был уникальным – приобретенным не *вместе* с человеком или *подобно* ему или иному паломнику, а, в определенном отношении, полученный ассоциативно в сверхличностном плане.

Не прошел он и период покоя, отделяющий внутреннее кольцо Хавоны от берегов Рая. Как абсолютное существо, он не мог отказаться от сознания личности, ибо в нём сходятся все линии духовной гравитации. И в течение всех этих посвящений центральное Райское вместилище духовного свечения оставалось таким же ярким, и охват всеобщей духовной гравитации Сына не уменьшался.

Посвящения Вечного Сына в Хавоне выходят за пределы человеческого воображения; они были трансцендентальными. Как тогда, так и впоследствии Сын расширил опыт всей Хавоны, но мы не знаем, увеличил ли он предполагаемую эмпирическую способность своей экзистенциальной сущности; это скрывается тайной посвящений Райских Сынов. Тем не менее, мы полагаем, что Вечный Сын сохранил всё, чем он овладел за время этих посвящений; но мы не знаем, в чём это заключается.

Каким бы трудным ни было для нас осмысление посвящений Второго Лица Божества, мы способны понять хавонское посвящение одного из Сынов Вечного Сына, действительно прошедшего все кольца центральной вселенной, чтобы разделить подлинный опыт, необходимый восходящему созданию для обретения Божества. Это был изначальный Михаил, перворودный Сын-Создатель. От кольца к кольцу проходил он через жизненный опыт восходящих паломников, лично пребывая с ними на каждом кольце. Это было во времена Грандфанды – первого из смертных, достигшего Хавоны.

Всё, что было раскрыто этим изначальным Михаилом, сделало трансцендентное посвящение Изначального Материнского Сына реальным для созданий Хавоны – реальным настолько, что отныне каждый паломник времени, через испытания на кольцах Хавоны, воодушевляется и укрепляется твердым знанием того, что Вечный Божий Сын семикратно отрекался от могущества и славы Рая для участия в опыте пространственно-временны́х паломников на семи кольцах постепенного обретения Хавоны.

Вечный Сын является образцом и вдохновением для всех Божьих Сынов, опекающих своими посвящениями вселенные времени и пространства. Всем равным Сынам-Создателям и ассоциированным Сынам-Арбитрам, равно как и остальным нераскрытым категориям сыновства, свойственна чудесная готовность посвятить себя различным категориям созданий, в том числе и в качестве самих созданий. Поэтому истинно, что в посвящении каждого Божьего Сына пространственным мирам – по духу, а также ввиду родственной природы и происхождения – присутствует и Вечный Сын, который таким образом посвящает себя разумным волевым созданиям вселенных в этих посвящениях, через эти посвящения и с помощью этих посвящений.

По духу и сути, если и не во всех атрибутах, каждый Сын Рая является божественно совершенным отображением Изначального Сына. Буквальна истина: тот, кто видел Райского Сына, видел Вечного Божьего Сына.

6. РАЙСКИЕ БОЖЬИ СЫНЫ

Незнание многочисленных Божьих Сынов служит причиной великой путаницы, царящей на Урантии. Это невежество сохраняется, несмотря на наличие таких свидетельств, как упоминание о конклаве этих божественных личностей: «Радовались Божьи Сыны, и все Утренние Звезды пели вместе». Раз в тысячелетие стандартного секторного времени различные категории божественных Сынов собираются на свой очередной конклав.

Вечный Сын есть личный источник восхитительных качеств милосердия и служения, которые столь исчерпывающе характеризуют все категории нисходящих Божьих Сынов в их деятельности по всему творению. Всю божественную природу, если и не всю бесконечность атрибутов, Вечный Сын неизменно передает Райским Сынам, отправляющимся с вечного Острова, чтобы раскрыть его божественный характер во вселенной вселенных.

Изначальный Вечный Сын – это детище «первой» совершенной и бесконечной мысли Всеобщего Отца. Всякий раз, когда Всеобщий Отец и Вечный Сын совместно создают новый, подлинный, идентичный, уникальный, абсолютный и личностный мысленный образ, в тот самый момент эта созидательная идея претерпевает совершенное и окончательное воплощение в существе и личности нового и самобытного *Сына-Создателя*. По своей духовной природе, божественной мудрости и равновеликому созидательному могуществу эти Сыны-Создатели потенциально равны Богу-Отцу и Богу-Сыну.

Сыны-Создатели отправляются из Рая во вселенные времени, где при участии управляющих и созидательных сил Третьего Источника и Центра завершают создание локальных вселенных эволюционного развития. Этим Сынам не вменяется в обязанность центральное и всеобщее управление материей, разумом и духом, и они не имеют отношения к этому управлению. Поэтому в своих творческих актах они ограничены предсуществованием, первостепенностью и приматом Первого Источника и Центра и равных ему Абсолютов. Эти Сыны способны управлять только тем, что они создают. Абсолютность руководства заключена в первичности существования и неотделима от вечности присутствия. Отец остается первичным во вселенных.

Как Сынов-Создателей наделяют личностью Отец и Сын, так *Сынов-Арбитров* наделяют личностью Сын и Дух. Это такие Сыны, которые через опыт инкарнации в созданиях приобретают право служения в качестве судей, решающих вопросы сохранения жизни в творениях времени и пространства.

Отец, Сын и Дух объединяются и для создания личностей разносторонних *Троичных Сынов-Учителей*, которые странствуют по большой вселенной в качестве небесных учителей всех личностей – человеческих и божественных. Суще ствуют и многочисленные другие категории Райских Сынов, не представленные смертным Урантии.

Между Изначальным Материнским Сыном и сонмом разбросанных по всему творению Райских Сынов существует прямой и особый канал связи – канал, чья функция определяется качеством духовного родства, связывающего их в практически абсолютную духовную ассоциацию. Этот межсыновний контур полностью отличается от всеобщего контура духовной гравитации, хотя он также сосредоточен в лице Второго Источника и Центра. Все Божьи Сыны, происходящие от Райских Божеств, находятся в непосредственной и постоянной связи с Вечным Материнским Сыном. И связь эта мгновенна; она не зависит от времени, хотя иногда обусловлена пространством.

В любое время Вечный Сын не только обладает совершенным знанием статуса, мыслей и разнообразной деятельности всех категорий Райского сыновства, но и знанием обо всех духовных ценностях в сердцах всех созданий первичного центрального и вечного творения и вторичных временны́х творений равных Сынов-Создателей.

7. ВЫСШЕЕ РАСКРЫТИЕ ОТЦА

Вечный Сын есть исчерпывающее, особое, всеобщее и окончательное раскрытие духа и личности Всеобщего Отца. Всё знание и все сведения, касающиеся Отца, должны поступать от Вечного Сына и его Райских Сынов. Вечный Сын принадлежит вечности и образует всецелое, духовно неограниченное единство с Отцом. В отношении божественной личности они равны; в отношении духовной природы они одинаковы; в божественности они идентичны.

Характер Бога невозможно улучшить в лице Сына, ибо божественный Отец бесконечно совершенен, однако посредством освобождения от всего неличностного и недуховного его характер и личность усиливаются для раскрытия созданным существам. Первый Источник и Центр – это много больше, чем личность, но все духовные качества отеческой личности Первого Источника и Центра присутствуют в духе абсолютной личности Вечного Сына.

Изначальный Сын и его Сыны участвуют во всеобщем раскрытии духовной и личностной природы Отца всему творению. Именно один из Райских Сынов раскрывает сущность Всеобщего Отца людям и ангелам, где бы это ни происходило, – в центральной вселенной, в сверхвселенных, в локальных вселенных или на обитаемых планетах. Вечный Сын и его Сыны раскрывают путь приближения создания к Всеобщему Отцу. Даже мы, существа высокого происхождения, намного полнее понимаем Отца тогда, когда изучаем раскрытие его характера и личности в Вечном Сыне и в Сынах Вечного Сына.

Отец нисходит к вам как личность только через божественных Сынов Вечного Сына. И вы достигаете Отца тем же живым путем; вы восходите к Богу благодаря водительству этой группы божественных Сынов. Эта истина неизменна, несмотря на то что ваша собственная личность есть прямое посвящение Всеобщего Отца.

Во всей этой широкомасштабной деятельности, относящейся к необъятному духовному руководству Вечного Сына, не забывайте, что Сын является столь же истинной и подлинной личностью, сколь и Отец. Действительно, тем, кто когда-то принадлежал к категории людей, легче приблизиться к Вечному Сыну, чем к Всеобщему Отцу. Став паломником времени и продвигаясь сквозь кольца Хавоны, вы будете способны обрести Сына задолго до того, как будете готовы распознать Отца.

Вы сможете еще лучше понять милосердную сущность Вечного Сына милосердия, размышляя о раскрытии этих божественных атрибутов в преданном служении вашего собственного Сына-Создателя, который некогда жил на земле как Сын Человеческий, а ныне является величественным властелином вашей локальной вселенной, – Сыном Человеческим и Сыном Божьим.

[Изложено Божественным Советником, получившим задание сформулировать данный документ, описывающий Вечного Сына Рая.]

ДОКУМЕНТ 8

БЕСКОНЕЧНЫЙ ДУХ

У истоков вечности, когда «первая» бесконечная и абсолютная мысль Всеобщего Отца обретает в Вечном Сыне столь совершенное и адекватное слово для своего божественного выражения, Бог-Мысль и Бог-Слово утверждаются в высшем желании найти всеобщего и бесконечного посредника для совместного выражения и объединенного действия.

На заре вечности как Отец, так и Сын обретают бесконечное осознание своей взаимозависимости, свое вечное и абсолютное единство; поэтому они заключают извечное и непреложное соглашение о божественном партнерстве. Цель этого бессрочного договора – претворение их объединенных идей по всему кругу вечности; и с момента этого вечностного события Отец и Сын пребывают в божественном союзе.

Мы вплотную подошли к происхождению в вечности Бесконечного Духа, Третьего Лица Божества. В то мгновение, когда Бог-Отец и Бог-Сын совместно задумывают идентичное и бесконечное действие – претворение абсолютного замысла, – в тот самый момент, во всей своей полноте, возникает Бесконечный Дух.

Рассказывая о порядке происхождения Божеств, я поступаю так только для того, чтобы вы могли представить их взаимосвязь. В действительности, все трое существуют извечно; они экзистенциальны. Дни их не знают начала или конца; они равны, верховны, предельны, абсолютны и бесконечны. Они есть, всегда были и всегда будут – обладающие яркой индивидуальностью, но вечно объединенные лица: Бог-Отец, Бог-Сын и Бог-Дух.

1. БОГ ДЕЙСТВИЯ

В вечности прошлого, с появлением личности Бесконечного Духа, божественный личностный цикл обретает совершенство и полноту. Появляется Бог Действия, и необъятная сцена пространства готова к колоссальной драме творения – всеобщему дерзновению – божественной панораме вечных эпох.

Первый акт Бесконечного Духа – изучение и признание своих божественных родителей: Отца-Отца и Мать-Сына. Он, Дух, безусловно идентифицирует каждого из них. Он полностью осознаёт раздельность их личностей, их бесконечные атрибуты, а также их объединенную природу и единую функцию. После этого, несмотря на свое равноправие с Первым и Вторым Лицами, Третье Лицо Божества добровольно, с трансцендентной готовностью и воодушевляющей естественностью дает обет вечной верности Богу-Отцу и признает извечную зависимость от Бога-Сына.

Образован круг вечности, неотъемлемо связанный с характером данного взаимодействия и взаимным признанием независимости каждой из личностей и исполнительного союза всех трех. Существует Райская Троица. Сцена всеобщего пространства готова к развертыванию разнообразной и нескончаемой панорамы – творческого раскрытия замысла Всеобщего Отца в личности Вечного Сына и посредством Бога Действия, исполнителя представлений реальности, поставленных созидательным партнерством Отца и Сына.

Бог Действия принимается за работу – и мертвые своды пространства приходят в движение. В мгновение ока возникает миллиард совершенных сфер. До этого гипотетического момента в вечности, заключенные в Раю пространственные энергии существуют и потенциально действенны, но не проявляются в реальности; невозможно измерить и физическую гравитацию, кроме как реакцией материальных реальностей на ее постоянное притяжение. Материальная вселенная в этот предполагаемый, вечно удаленный от нас момент не существует, однако одновременно с материализацией миллиарда миров появляется гравитация, достаточная и адекватная для того, чтобы удерживать их в вечном охвате Рая.

Теперь сквозь творение Богов излучается энергия второго типа, и этот истекающий дух мгновенно охватывается духовной гравитацией Вечного Сына. Пересеченная двумя гравитационными полями, вселенная прикасается к энергии бесконечности и погружается в дух божественности. Так почва жизни подготавливается к сознанию разума, ставшего явным в объединенных интеллектуальных контурах Бесконечного Духа.

На эти семена потенциального существования, развеянные по всему центральному творению Богов, воздействует Отец – и появляется личность создания. После этого присутствие Райских Божеств заполняет всё организованное пространство и начинает эффективно притягивать все вещи и существа к Раю.

Бесконечный Дух увековечивается одновременно с рождением миров Хавоны, ибо эта центральная вселенная создана им, с ним и в нём во исполнение объединенных представлений и единой воли Отца и Сына. Третье Лицо становится божеством именно благодаря этому акту совместного творения; так оно навеки становится Совместным Создателем.

Грандиозна и величественна эпоха созидательного распространения Отца и Сына посредством и в действии их партнера и особого исполнителя, Третьего Источника и Центра. Нет никаких свидетельств об этих волнующих временах. Всё, чем мы располагаем для обоснования этих могущественных процессов, – это скупые признания Бесконечного Духа; он всего лишь подтверждает тот факт, что центральная вселенная и всё, что к ней относится, возникли одновременно с обретением им личности и осознанного существования.

Вкратце, Бесконечный Дух подтверждает, что центральная вселенная вечна в силу его собственной вечности. Такова традиционная точка отсчета истории вселенной вселенных. Абсолютно ничего не известно, не существует никаких документов, касающихся какого-либо события или действия, произошедшего до этого колоссального высвобождения созидательной энергии и организующей мудрости, которые воплотились в огромной и совершенной вселенной, существующей и столь совершенно функционирующей во всеобщем центре. За пределами этого события остаются непостижимые процессы вечности и глуби́ны бесконечности – абсолютная тайна.

Подобное описание последовательного происхождения Третьего Источника и Центра представляет собой интерпретационную уступку связанному временем и обусловленному пространством разуму смертных созданий. Для того, чтобы получить представление о вселенской истории, человеческий разум должен иметь точку отсчета, и я получил указание пользоваться данным подходом при толковании исторического аспекта вечности. Логике материального разума нужна Первопричина; ввиду этого мы постулируем Всеобщего Отца как Первый Источник и Абсолютный Центр всего творения, в то же время объясняя всем разумным созданиям, что Сын и Дух сосуществуют с Отцом в вечности на всех стадиях вселенской истории и во всех сферах созидательной активности. И делая это, мы ни в коей мере не пренебрегаем реальностью и вечностью Острова Рай, а также Безусловного Абсолюта, Всеобщего Абсолюта и Божества-Абсолюта.

Материальный разум детей времени способен представить Отца в вечности. Мы знаем, что любое дитя сможет наилучшим образом соотнести себя с реальностью, если сначала усвоит семейные отношения, которые устанавливаются между ним и родителем, а после этого распространит свое представление на семью в целом. Впоследствии, по мере своего развития, разум ребенка сможет адаптироваться к принципам отношений в семье, к взаимоотношениям в группе, расе и мире, а затем и во вселенной, в сверхвселенной и вплоть до вселенной вселенных.

2. ПРИРОДА БЕСКОНЕЧНОГО ДУХА

Совместный Создатель происходит из вечности, образуя полное и безусловное единство со Всеобщим Отцом и Вечным Сыном. Бесконечный Дух в совершенстве отражает природу не только Райского Отца, но и Изначального Сына.

Третий Источник и Центр известен под различными именами: Всеобщий Дух, Верховный Проводник, Совместный Создатель, Божественный Исполнитель, Бесконечный Разум, Дух Духов, Материнский Дух Рая, Совместный Вершитель, Конечный Согласователь, Вездесущий Дух, Абсолютный Интеллект, Божественное Действие; на Урантии его иногда путают с космическим разумом.

Совершенно уместно называть Третье Лицо Божества Бесконечным Духом, ибо Бог есть дух. Однако материальные создания, склонные ошибочно рассматривать материю как основную реальность, а разум и дух – как гипотетические допущения, коренящиеся в материи, смогли бы лучше понять Третий Источник и Центр, если бы он назывался Бесконечной Реальностью, Всеобщим Организатором или Согласователем Личностей.

Как вселенское раскрытие божественности, Бесконечный Дух непостижим и совершенно недоступен человеческому пониманию. Чтобы ощутить абсолютность Духа, вам достаточно обратиться к созерцанию бесконечности Всеобщего Отца и испытать благоговение от сознания вечности Изначального Сына.

В личности Бесконечного Духа скрывается тайна, но не столь глубокая, как в Отце и Сыне. Из всех аспектов природы Отца наиболее поразительно Совместный Создатель раскрывает его бесконечность. Даже если когда-нибудь совокупная вселенная распространится на бесконечность, то и тогда духовное присутствие, управление энергией и потенциалы разума Совместного Вершителя будут достаточны для удовлетворения потребностей такого безграничного творения.

Несмотря на то что Бесконечный Дух всесторонне разделяет совершенство, праведность и любовь Всеобщего Отца, он тяготеет к атрибутам милосердия Вечного Сына, становясь, таким образом, проводником милосердия Райских Божеств в большой вселенной. Везде и всегда – повсюду и вечно – Дух несет милосердие, ибо как божественные Сыны раскрывают любовь Бога, так божественный Дух выражает милосердие Бога.

Дух не может обладать большей благостью, чем Отец, ибо вся благость происходит от Отца, однако именно в деяниях Духа мы способны лучше понять эту благость. Верность Отца и постоянство Сына становятся для духовных существ и материальных созданий сфер столь реальными благодаря преданной помощи и непрестанному служению личностей Бесконечного Духа.

Совместный Вершитель унаследовал от Отца всю красоту его мыслей и истинность характера. И эти возвышенные черты божественности согласованы на предверховных уровнях космического разума и подчиняются бесконечной и вечной мудрости безусловного и безграничного разума Третьего Источника и Центра.

3. СВЯЗЬ ДУХА С ОТЦОМ И СЫНОМ

Как Вечный Сын является словесным выражением «первой» абсолютной и бесконечной мысли Всеобщего Отца, так Совместный Вершитель есть совершенное исполнение «первой» законченной созидательной идеи, или плана, объединенного действия личностного партнерства Отца и Сына в абсолютном единстве мысли и слова. Третий Источник и Центр увековечивается одновременно с центральным, или созданным волей, творением, и только это центральное творение вечно в своем существовании среди вселенных.

После персонализации Третьего Источника, Первый Источник не принимает личного участия в создании вселенной. Всё возможное Всеобщий Отец передает своему Вечному Сыну; таким же образом Вечный Сын передает все возможные полномочия и могущество Совместному Создателю.

Как партнеры и посредством своих координированных личностей, Вечный Сын и Совместный Создатель спланировали и придали определенную форму каждой появившейся вселенной постхавонской эпохи. Во всём последующем творении Дух сохраняет с Сыном такую же личную связь, какая существует между Сыном и Отцом в первом, центральном творении.

Сын-Создатель Вечного Сына и Созидательный Дух Бесконечного Духа создали вас и вашу вселенную; и хотя Отец является верной опорой организованного ими творения, Вселенский Сын и Вселенский Дух обязаны упрочивать и поддерживать результаты своего труда, равно как и опекать сотворенные ими создания.

Бесконечный Дух – это эффективный посредник любвеобильного Отца и исполненного милосердия Сына, призванный воплотить их совместный проект: привлечь к себе любящие истину ду́ши во всех мирах времени и пространства. В тот момент, когда Вечный Сын принял план Отца по преображению созданий вселенных, в тот самый момент, когда проект восхождения стал планом Отца и Сына, в то же мгновение Бесконечный Дух стал совместным управляющим, представляющим Отца и Сына при исполнении их объединенного и вечного замысла. Так Бесконечный Дух дал обет: предоставлять все свои ресурсы божественного присутствия и духовных личностей в распоряжение Отца и Сына. Он посвятил *всё* грандиозному плану возвышения спасенных волевых созданий до божественных высот совершенства Рая.

Бесконечный Дух есть исчерпывающее, особое и универсальное раскрытие Всеобщего Отца и его Вечного Сына. Все знания о сотрудничестве Отца и Сына должны приобретаться через Бесконечного Духа – совместного представителя божественного союза мысли и слова.

Вечный Сын – это единственный путь приближения к Всеобщему Отцу, а Бесконечный Дух – единственное средство достижения Вечного Сына. Только через терпеливое служение Духа восходящие существа времени способны открыть для себя Сына.

В центре всех вещей Бесконечный Дух есть первое Божество Рая, которого должен достичь восходящий паломник. Третье Лицо охватывает собой Второе и

Первое Лица и поэтому всегда должно быть сначала осознано всеми кандидатами на представление Сыну и его Отцу.

Этим далеко не исчерпываются возможности Духа в равной степени представлять Отца и Сына и служить им.

4. ДУХ БОЖЕСТВЕННОГО СЛУЖЕНИЯ

Параллельно физической вселенной, где гравитация Рая связывает все вещи, существует духовная вселенная, где слово Сына истолковывает мысль Бога и, «став плотью», демонстрирует исполненное любви милосердие, присущее совокупной природе объединенных Создателей. Однако через всё это материальное и духовное творение протянулась необъятная сцена, на которой Бесконечный Дух и его духовное потомство демонстрируют слияние милосердия, терпеливости и вечной любви божественных родителей к детям разума, задуманным и созданным в результате их совместных усилий. Извечное служение разуму – основа божественного характера Духа. И всё духовное потомство Совместного Вершителя испытывает это стремление оказывать помощь, это божественное побуждение к служению.

Бог есть любовь, Сын есть милосердие, Дух есть служение – служение божественной любви и бесконечного милосердия, являемое всему разумному творению. Дух – это персонификация любви Отца и милосердия Сына; в нём они находят свое вечное объединение для всеобщего служения. Дух – *это любовь применительно* к миру созданий, объединенная любовь Отца и Сына.

На Урантии Бесконечный Дух известен как вездесущее влияние, всеобщее присутствие, но в Хавоне вы позна́ете его как личностное присутствие в подлинном служении. Здесь служение Райского Духа становится примером и вдохновляющим образцом для каждого из его равных Духов и подчиненных личностей, опекающих создания в мирах времени и пространства. В этой божественной вселенной Бесконечный Дух принял полноценное участие в семи трансцендентных явлениях Вечного Сына; таким же образом, совместно с перворودным Сыном Михаилом, он участвовал в семи посвящениях кольцам Хавоны, тем самым став чутким и отзывчивым духовным опекуном каждого паломника времени, пересекающего эти совершенные небесные кольца.

Когда Божий Сын-Создатель принимает на себя ответственность за будущую локальную вселенную, личности Бесконечного Духа дают обет беззаветного служения Сыну Михаилу, приступающему к своей миссии созидательного дерзновения. Всемерная помощь Бесконечного Духа восхождению материальных созданий на всё новые и новые уровни духовности особенно наглядно проявляется в личностях Созидательных Дочерей – Материнских Духов локальной вселенной. И всё это служение созданиям осуществляется в совершенной гармонии с целями Сынов-Создателей этих локальных вселенных и в тесной связи с их личностями.

Как Сыны Бога участвуют в выполнении грандиозной задачи – раскрытии вселенным любвеобильной личности Отца, – так Бесконечный Дух посвящен нескончаемому служению: раскрытию объединенной любви Отца и Сына разуму каждого дитя во всех вселенных. В этих локальных творениях Дух не спускается к материальным созданиям во плоти, как это делают некоторые Божьи Сыны, но Бесконечный Дух и его равные Духи действительно понижают свой статус, и, с радостью претерпев цепь поразительных превращений, снижающих уровень их божественности, предстают в виде ангелов, чтобы сопровождать и направлять вас по скромному земному пути.

Именно благодаря этой цепи превращений Бесконечный Дух действительно – и как личность – сближается с каждым обитателем сфер, населенных существами животного происхождения. И всё, что совершает Дух, ни в коей мере не препятствует его существованию в качестве Третьего Лица Божества в центре всех вещей.

Совместный Создатель – это великий опекун, всеобщий милосердный пастырь, воистину и во веки веков. Для того, чтобы понять служение Духа, подумайте о той истине, что он есть объединенный образ нескончаемой любви Отца и вечного милосердия Сына. Однако служение Духа не ограничено только тем, что он является представителем Вечного Сына и Всеобщего Отца. Бесконечный Дух способен опекать создания любого мира от своего собственного имени и по своему собственному праву; являясь божественным существом, Третье Лицо одаряет всеобщей милосердной опекой также и по своему собственному решению.

Расширяя свое знакомство с преданным и неустанным служением низших категорий, входящих в семейство созданий Бесконечного Духа, человек будет еще больше восхищаться и преклоняться перед трансцендентной природой и несравненным характером этого объединенного Действия Всеобщего Отца и Вечного Сына. Воистину, Дух есть «Господнее око, всегда следящее за праведными» и «божественный слух, всегда открытый их молитвам».

5. ПРИСУТСТВИЕ БОГА

Выдающимся атрибутом Бесконечного Духа является его вездесущность. Вся вселенная вселенных наполнена этим вездесущим духом, столь схожим с присутствием всеобщего и божественного разума. В каждом мире как Второе, так и Третье Лица Божества представлены своими вездесущими духами.

Отец *бесконечен* и потому ограничен только волей. Наделяя Настройщиками и охватывая личность в свой контур, Отец действует самостоятельно, но в отношениях духовных сил с разумными существами он использует духовные и личностные существа Вечного Сына и Бесконечного Духа. По своему желанию он может присутствовать в духе наравне с Сыном или Совместным Вершителем; он присутствует *вместе* с Сыном и *в* Духе. Отец несомненно присутствует повсеместно, и замечаем мы это в любых и во всех этих разнообразных, но совокупных силах, влияниях и присутствиях – и с их помощью.

Как явствует из ваших священных писаний, под термином *Дух Божий* в них подразумевается попеременно то Бесконечный Дух в Раю, то Созидательный Дух вашей локальной вселенной. Святой Дух есть духовный контур этой Созидательной Дочери Бесконечного Духа Рая. Святой Дух есть контур, присущий каждой локальной вселенной и ограниченный духовными пределами такого творения; что же касается Бесконечного Духа, то он вездесущ.

Существует много духовных влияний, и все они, как *одно*. Даже труд Настройщиков Мышления, независимый от всех остальных воздействий, неизменно совпадает с духовным служением объединенных влияний Бесконечного Духа и Материнского Духа локальной вселенной. В жизни урантийцев проявления этих духовных присутствий неотделимы друг от друга. В вашем разуме и применительно к вашей душе они действуют как единый дух, несмотря на то что обладают различным происхождением. По мере всё большего вовлечения в это единое духовное служение, оно становится для вас влиянием Верховного, «всегда могущего оградить вас от падения и представить непорочным Отцу вашему небесному».

Всегда помните, что Бесконечный Дух есть *Совместный* Вершитель; в нём и через него действуют как Отец, так и Сын; он присутствует не только лично, но и как Отец, и как Сын, а также как Отец-Сын. В знак признания этого факта, а также в силу многих других причин, о духовном присутствии Бесконечного Духа часто говорят как о «духе Бога».

Было бы правомерно называть духом Бога всю совокупность духовного служения, ибо такая совокупность воистину является союзом духов Бога-Отца, Бога-Сына, Бога-Духа, Бога-Семичастного и даже духа Бога-Верховного.

6. ЛИЧНОСТЬ БЕСКОНЕЧНОГО ДУХА

Повсеместное присутствие и обширное распространение Третьего Источника и Центра не должно уводить ваше внимание от факта его личности. Бесконечный Дух есть вселенское присутствие, вечное действие, космическое могущество, божественное влияние и всеобщий разум; он есть всё это и бесконечно больше, но он является также истинной и божественной личностью.

Бесконечный Дух – это полноценная и совершенная личность, божественно равная и равновеликая Всеобщему Отцу и Вечному Сыну. Для высших разумных существ вселенных Совместный Создатель столь же реален и видим, сколь Отец и Сын, – и даже более того, ибо прежде, чем приблизиться к Отцу через Сына, все восходящие создания должны достичь Духа.

Бесконечный Дух – Третье Лицо Божества – обладает всеми атрибутами, которые вы связываете с личностью. Дух наделен абсолютным разумом: «Дух исследует всё, даже скрытые глубины Божьи». Дух обладает не только разумом, но и волей. О посвящении его даров сказано: «Всё это творит один и тот же Дух, наделяя каждого в отдельности по своему желанию».

«Любовь Духа» реальна, как реальны и его скорби; поэтому «не печальте Божьего Духа». Можно рассматривать Бесконечного Духа как Божество Рая или как Созидательного Духа локальной вселенной, но в любом случае мы видим, что Совместный Создатель есть не только Третий Источник и Центр, но и божественная личность, реагирующая на вселенную так, как это свойственно личности. Дух обращается к вам: «Имеющий уши да услышит, что говорит Дух». «Сам Дух ходатайствует за вас». Дух оказывает непосредственное и личное влияние на созданных существ, «ибо все, ведóмые Духом Божьим, суть сыны Божьи».

Хотя мы созерцаем феномен служения Бесконечного Духа отдаленным мирам вселенной вселенных, хотя мы наблюдаем, как одно и то же согласующее Божество действует в несметных легионах разнообразных существ, происходящих от Третьего Источника и Центра, хотя мы признаём вездесущность Духа, – несмотря на всё это, мы утверждаем, что тот же самый Третий Источник и Центр является личностью, Совместным Создателем всех вещей, всех существ и всех вселенных.

Совершенна и вечна взаимосвязь Отца, Сына и Духа в управлении вселенными. Хотя каждый занят личной опекой всего творения, все трое божественно и абсолютно объединены друг с другом в созидании и управлении, что делает их навеки единым целым.

Отец и Сын всегда и в безусловном совершенстве совместно присутствуют в лице Бесконечного Духа, ибо Дух есть подобие Отца и подобие Сына, равно как и подобие совокупности Отца и Сына, ибо Отец и Сын навечно едины.

[Представлено на Урантии Божественным Советником Уверсы, направленным Древними Дней для описания природы и деятельности Бесконечного Духа.]

ДОКУМЕНТ 9

СВЯЗЬ БЕСКОНЕЧНОГО ДУХА С ВСЕЛЕННОЙ

Удивительная вещь произошла, когда, в присутствии Рая, Всеобщий Отец и Вечный Сын объединяются, чтобы персонализовать самих себя. Ничто в этой вечностной ситуации не предвещает того, что Совместный Вершитель воплотится как неограниченная духовность, согласованная с абсолютным разумом и наделенная уникальными прерогативами манипуляции энергией. Его появление завершает освобождение Отца от уз централизованного совершенства и оков абсолютизма личности. И это освобождение раскрывается в поразительной способности Совместного Создателя сотворять существа, приспособленные для служения в качестве попечительских духов даже материальным созданиям последующих эволюционирующих вселенных.

Отец бесконечен в любви и волеизъявлении, в духовной мысли и намерении; он – всеобщий вседержитель. Сын бесконечен в мудрости и истине, в духовном выражении и толковании; он – всеобщий просветитель. Рай бесконечен в потенциале наделения силой и в способности энергетического господства; это всеобщий стабилизатор. Совместный Вершитель обладает уникальными прерогативами синтеза, бесконечной способностью согласования всех существующих вселенских энергий, всех действительных вселенских духов и всех реальных интеллектов во вселенных. Третий Источник и Центр – это всеобщий объединитель многочисленных энергий и разнообразных творений, которые появились как следствие божественного плана и вечного замысла Всеобщего Отца.

Бесконечный Дух – Совместный Создатель – есть всеобщий и божественный попечитель. Дух неустанно являет милосердие Сына и любовь Отца в гармонии с непоколебимым, неизменным и справедливым правосудием Райской Троицы. Его влияние и его личности всегда рядом с вами; они действительно знают и по-настоящему понимают вас.

По всем вселенным посредники Совместного Вершителя непрестанно управляют силами и энергиями всего пространства. Подобно Первому Источнику и Центру, Третий Источник восприимчив как к духовному, так и материальному. Совместный Вершитель – это откровение единства Бога, в котором заключено всё: вещи, значения и ценности; энергии, разумы и духи.

Бесконечный Дух пронизывает всё пространство; он пребывает в кругу вечности. Подобно Отцу и Сыну, Дух совершенен и неизменен – абсолютен.

1. АТРИБУТЫ ТРЕТЬЕГО ИСТОЧНИКА И ЦЕНТРА

Третий Источник и Центр известен под многими именами, каждое из которых указывает на отношение и обозначает функцию. Как Бог-Дух, он равновелик в личности и равен в божественности Богу-Сыну и Богу-Отцу. Как Бесконечный Дух, он является вездесущим духовным влиянием. Как Всеобщий Оператор, он является прародителем созданий, управляющих энергией, активатором космических сил пространства. Как Совместный Вершитель, он является совместным представителем и исполнителем партнерства Отца-Сына. Как Абсолютный Разум, он является источником интеллекта во всех вселенных. Как Бог Действия, он является несомненным прародителем движения, изменения и взаимосвязи.

Некоторые из атрибутов Третьего Источника и Центра приобретены от Отца, другие – от Сына, в то время как третьи не обнаруживают активного и личного присутствия ни в Отце, ни в Сыне; эти качества вряд ли можно объяснить иначе, как предположив, что партнерство Отца-Сына, увековечившее Третий Источник и Центр, признает истину вечной абсолютности Рая и последовательно действует в согласии с этой истиной. Совместный Создатель воплощает всю полноту объединенных и бесконечных представлений о Первом и Втором Лицах Божества.

Представляя Отца как изначального создателя и Сына как духовного управляющего, думайте о Третьем Источнике и Центре как о всеобщем согласователе, попечителе, предлагающем безграничное сотрудничество. Совместный Вершитель осуществляет взаимосвязь всей актуальной реальности; он является Божеством-хранилищем мысли Отца и слова Сына; свои действия он вечно соотносит с материальной абсолютностью центрального Острова. Райская Троица учредила всеобщий порядок *прогресса*, и Божий промысел есть область Совместного Создателя и эволюционирующего Верховного Существа. Никакая существующая или формирующаяся реальность не может обойти неизбежной взаимосвязи с Третьим Источником и Центром.

Всеобщий Отец главенствует в сферах предэнергии, преддуха и личности; Вечный Сын преобладает в сферах духовной деятельности; присутствие Острова Рай объединяет область физической энергии и материализующейся силы; Совместный Вершитель функционирует не только как бесконечный дух, представляющий Сына, но и как всеобщий оператор сил и энергий Рая, благодаря чему появляется всеобщий и абсолютный разум. Совместный Создатель действует по всей большой вселенной как безусловная и самостоятельная личность – особенно в высших сферах духовных ценностей, физико-энергетических взаимоотношений и истинных значений разума. Он выполняет специфическую функцию при объединении и взаимодействии энергии и духа, где бы и когда бы это ни происходило; он властвует над всеми реакциями разума, имеет огромное влияние в мире духовного и оказывает колоссальное воздействие на энергию и вещество. В любой момент Третий Источник выражает природу Первого Источника и Центра.

Третий Источник и Центр в совершенстве и безусловно разделяет вездесущность Первого Источника и Центра и иногда называется Вездесущим Духом. Своеобразным и сугубо личным способом Бог разума разделяет всеведение Всеобщего Отца и его Вечного Сына; знания Духа являются всеобъемлющими и исчерпывающими. Совместный Создатель демонстрирует некоторые аспекты всемогущества Всеобщего Отца, но истинно всемогущим он является только в области разума. Третье Лицо Божества – это интеллектуальный центр и всеобщий управляющий сфер разума; отсюда его абсолютный статус: его полновластие безусловно.

Мотивацией деятельности Совместного Вершителя является, по-видимому, партнерство Отца-Сына, однако все его действия явно совершаются с учетом взаимоотношения Отца и Рая. Временами, а также в некоторых своих функциях, он, видимо, возмещает незавершенность развития эмпирических Божеств – Бога-Верховного и Бога-Предельного.

И здесь мы сталкиваемся с бесконечной тайной, которая заключается в том, что Бесконечный одновременно раскрыл свою бесконечность в Сыне и в качестве

Рая, после чего возникает существо, равное Богу в божественности, отражающее духовную природу Сына и способное активировать эталон Рая, – существо, условно подчиненное в отношении всевластия, но во многих отношениях несомненно наиболее разностороннее в *действии*. И это очевидное превосходство в действии проявляется в одном из атрибутов Третьего Источника и Центра, который превосходит даже физическую гравитацию – всеобщее проявление Острова Рай.

В дополнение к сверхуправлению энергией и миром физических вещей, Бесконечный Дух в совершенстве наделен качествами терпеливости, милосердия и любви, которые столь тонко раскрываются в духовном служении. Совершенна способность Духа нести любовь и оставлять справедливость в тени у милосердия. Бог-Дух обладает всей божественной добротой и милосердным чувством Изначального и Вечного Сына. Ваша локальная вселенная выковывается между наковальней правосудия и молотом страдания, но те, кто держит в руках молот, – это дети милосердия, духовное потомство Бесконечного Духа.

2. ВЕЗДЕСУЩИЙ ДУХ

Бог представляет собой дух в триедином смысле. Он сам является духом; в своем Сыне он проявляется как безусловный дух; в Совместном Вершителе он представляет собой дух в союзе с разумом. И, в дополнение к данным духовным реальностям, мы полагаем, что различаем уровни эмпирических духовных феноменов – духов Верховного Существа, Предельного Божества и Божества-Абсолюта.

Бесконечный Дух является таким же дополнением Вечного Сына, как Сын – дополнением Всеобщего Отца. Вечный Сын есть одухотворенная персонализация Отца; Бесконечный Дух есть персонализированное одухотворение Вечного Сына и Всеобщего Отца.

Есть много открытых каналов духовной силы и источников сверхматериальной энергии, связывающих людей Урантии непосредственно с Божествами Рая. Существует прямая связь Настройщиков Мышления со Всеобщим Отцом, широко распространенное влияние духовно-гравитационного побуждения Вечного Сына, а также духовное присутствие Совместного Создателя. Дух Сына и дух Духа различаются в своих функциях. В своем духовном служении Третье Лицо может действовать как разум и дух или только как дух.

Кроме этих Райских присутствий, урантийцы извлекают пользу из духовных влияний и духовной деятельности локальной вселенной и сверхвселенной с их нескончаемым сонмом исполненных любви личностей, неизменно ведущих к высотам и глубинам идеалов божественности и целей высшего совершенства тех, чьи намерения истинны, а сердца чисты.

Присутствие всеобщего духа Вечного Сына нам *известно* – мы способны безошибочно узнавать его. Присутствие Бесконечного Духа, Третьего Лица Божества, может быть познано даже смертным человеком, ибо смертные материальные создания действительно способны испытывать благодеяния этого божественного влияния, действующего в качестве посвященного человечеству Святого Духа локальной вселенной. В определенной степени, человек также способен осознавать Настройщика – безличностное присутствие Всеобщего Отца. Все эти божественные духи действуют в согласии и совершенной гармонии во благо возвышения и одухотворения человека. Они едины в духовном претворении планов восхождения смертных и достижения совершенства.

3. ВСЕОБЩИЙ ОПЕРАТОР

Остров Рай является источником и субстанцией физической гравитации; и этого должно быть достаточно, чтобы понять, что гравитация – это одно из наиболее *реальных* и, в аспекте вечности, надежных явлений во всей физической вселенной вселенных. Гравитация не может быть модифицирована или аннулирована, кроме как под действием сил и энергий, возникающих при совместном участии Отца и Сына; эти силы и энергии вверены Третьему Источнику и Центру и функционально связаны с ним.

Бесконечный Дух обладает уникальной и поразительной способностью – *антигравитацией*. Эта способность функционально (в зримом виде) отсутствует и в Отце, и в Сыне. Присущее Третьему Источнику умение противостоять действию материальной гравитации проявляется в личных реакциях Совместного Вершителя на определенные аспекты отношений во вселенной. И это уникальное свойство может передаваться некоторым высшим категориям личностей Бесконечного Духа.

Антигравитация может аннулировать гравитацию локально – это достигается созданием равного силового присутствия. Она действует только в пределах материальной гравитации и не является действием разума. Антигравитационный эффект гироскопа является хорошим примером *проявления* антигравитации, но никак не иллюстрирует ее *причину*.

Кроме того, Совместный Вершитель демонстрирует способность преодолевать силу и нейтрализовывать энергию. Это достигается замедлением энергии до состояния материализации, а также использованием других, неизвестных вам методов.

Совместный Создатель не есть ни энергия, ни источник энергии, ни ее назначение; он является *оператором* энергии. Совместный Создатель есть действие – движение, изменение, модификация, согласование, стабилизация и равновесие. Те виды энергии, которые подчиняются прямому или косвенному управлению Рая, по самой своей природе реагируют на воздействие Третьего Источника и Центра и его разнообразных посредников.

Вселенная вселенных наполнена созданиями Третьего Источника и Центра, функция которых состоит в управлении энергией: это физические регуляторы, управляющие энергией, силовые центры и другие представители Бога Действия, занимающиеся регулированием и стабилизацией физической энергии. Все эти уникальные создания, выполняющие физические функции, обладают различными средствами управления энергией – например, антигравитацией, – которые они используют в своих усилиях по созданию физического равновесия вещества и энергии в большой вселенной.

Очевидно, что всю свою материальную деятельность Бог Действия соотносит с Островом Рай. И действительно: все энергетические службы учитывают абсолютность вечного Острова и даже зависят от нее. Однако Совместный Вершитель не представляет Рай и не действует в ответ на его влияние. Он является личным представителем Отца и Сына. Рай не является личностью. Все неличностные, безличностные и иные внеличностные действия Третьего Источника и Центра – это акты волеизъявления самого Совместного Вершителя; они не являются отражениями, производными или следствиями чего-либо или кого-либо.

Рай – это эталон бесконечности, Бог Действия – активатор этого эталона. Рай есть материальная точка опоры бесконечности; силы Третьего Источника и

Центра – рычаги интеллекта, мотивирующие материальный уровень и привносящие спонтанность в механизм физического творения.

4. АБСОЛЮТНЫЙ РАЗУМ

Интеллектуальная природа Третьего Источника и Центра отличается от его физических и духовных атрибутов. Она едва ли позволяет входить с нею в контакт, но она ассоциируема – интеллектуально, хотя и неличностно. Она отличается от физических атрибутов и духовного характера Третьего Лица на функционально-интеллектуальных уровнях, но в доступном личностям виде она никогда не существует в отрыве от физических или духовных проявлений.

Абсолютный разум есть разум Третьего Лица; он неотделим от личности Бога-Духа. В функционирующих существах разум связан с энергией или духом – либо и с тем, и с другим. Разум не заключен в энергии; энергия восприимчива к разуму и поддается его воздействию; возможно наложение разума на энергию, однако сознание не присуще чисто материальному уровню. Нет необходимости добавлять разум к чистому духу, ибо дух внутренне способен к осознанию и идентификации. Дух всегда интеллектуален, в определенном смысле *разумен*. Это может быть разум различного типа, предразум или сверхразум, даже духовный разум, но он всегда будет способен мыслить и знать. Проницательность духа превосходит сознательность разума, перерастает ее и – теоретически – предшествует ей.

Совместный Создатель абсолютен только в области разума, в сферах всеобщего интеллекта. Разум Третьего Источника и Центра бесконечен; он выходит далеко за пределы активных и функционирующих контуров разума вселенной вселенных. Наделение семи сверхвселенных разумом обеспечивается Семью Главными Духами – первичными личностями Совместного Создателя. Эти Главные Духи распределяют разум в большой вселенной в виде космического разума, и ваша локальная вселенная насыщена небадонским вариантом орвонтонского типа космического разума.

Бесконечный разум не замечает времени, предельный разум преодолевает время, космический разум обусловлен временем. Так же и с пространством: Бесконечный Разум независим от пространства, однако по мере нисхождения от бесконечных уровней к уровням вспомогательных духов разума, интеллект должен всё больше учитывать факт пространства и его ограничения.

Космическая сила отвечает на воздействие разума, как космический разум – на воздействие духа. Дух – это божественный замысел, духовный разум – божественный замысел в действии. Энергия – это явление, разум – значение, дух – ценность. Уже во времени и пространстве разум устанавливает эти относительные связи между энергией и духом, предполагающие их взаимное родство в вечности.

Разум преобразует духовные ценности в интеллектуальные значения; сила воли способна оплодотворить значения разума как в материальной, так и духовной областях. Восхождение к Раю включает относительный и дифференцированный рост в духе, разуме и энергии. Личность есть объединяющее начало этих составных частей эмпирической индивидуальности.

5. СЛУЖЕНИЕ РАЗУМА

Третий Источник и Центр бесконечен в разуме. Даже если бы рост вселенной продолжался бесконечно, то и тогда его интеллектуальный потенциал был бы достаточным для наделения неограниченного числа созданий соответствующими типами разума и остальными предпосылками интеллекта.

В области *сотворенного разума* Третье Лицо, со своими равными и подчиненными помощниками, обладает верховной властью. Третий Источник и Центр является единственным источником разума созданий, именно он наделяет разумом. Даже частицы Отца неспособны проникнуть в человеческий разум, пока Бесконечный Дух не проложит для них путь своим интеллектуальным и духовным воздействием.

Уникальность разума состоит в том, что им может наделяться столь широкий спектр живых существ. Через своих созидательных и созданных партнеров Третий Источник и Центр опекает все виды разума во всех сферах. Он помогает человеческому и субчеловеческому интеллекту через вспомогательных духов локальных вселенных и с помощью физических регуляторов содействует даже самым низшим, неспособным обретать опыт сущностям наиболее примитивных типов живых существ. Управление разумом всегда проявляется через служение разумно-духовных или разумно-энергетических личностей.

Так как Третье Лицо Божества является источником разума, вполне естественно, что эволюционным волевым созданиям легче составить доступное для понимания представление о Бесконечном Духе, чем о Вечном Сыне или Всеобщем Отце. Несовершенным раскрытием реальности Совместного Создателя является само существование человеческого разума. Совместный Создатель есть прародитель космического разума, а разум человека – индивидуализированный контур, безличностная часть этого космического разума, посвященного локальной вселенной Созидательной Дочерью Третьего Источника и Центра.

Не считайте все явления разума божественными только потому, что его источник – Третье Лицо. Корни человеческого интеллекта – в материальном происхождении животных рас. Разумность вселенной является не более истинным выражением Бога, который есть разум, чем физическая природа – подлинным раскрытием красоты и гармонии Рая. В природе есть совершенство, но природа не является совершенной. Совместный Создатель есть источник разума, но разум не является Совместным Создателем.

На Урантии разум есть следствие компромисса между высшим совершенством мысли и эволюционирующей мыслительной способностью, присущей незрелой человеческой природе. Цель вашего интеллектуального развития – возвышенное совершенство, однако, существуя в сосуде из плоти, вы еще очень далеки от этой божественной цели. Происхождение разума истинно божественно, как истинно божественно его предназначение, но ваш смертный разум еще не обладает божественным достоинством.

Часто, слишком часто вы вредите своему разуму неискренностью, ожесточаете нечестивостью; вы подчиняете его животному страху и терзаете ненужным беспокойством. Источник разума божественен, но разум, известный в мире вашего восхождения, вряд ли может быть предметом особого восхищения, тем более объектом обожания или поклонения. Созерцание незрелого и пассивного человеческого интеллекта должно вести только к смирению.

6. КОНТУР ГРАВИТАЦИИ РАЗУМА

Третий Источник и Центр – всеобщий интеллект – лично осознаёт каждый *разум*, каждый интеллект во всём творении и поддерживает личную и совершенную связь со всеми физическими, моронтийными и духовными разумными созданиями необъятных вселенных. Вся интеллектуальная активность охвачена абсолютным контуром гравитации разума, средоточием которого является Третий Источник и Центр; этот контур – часть личного сознания Бесконечного Духа.

Так же как Отец притягивает к себе все личности, а Сын – всякую духовную реальность, так и интеллектуальное притяжение Совместного Вершителя влечет к нему каждый разум; он безусловно господствует во всеобщем контуре разума и управляет им. Все истинные, подлинные интеллектуальные ценности, все божественные помыслы и совершенные идеи неизменно вовлекаются в абсолютный контур разума.

Гравитация разума может действовать независимо от гравитации материальной и духовной, но где бы и когда бы ни сталкивались два последних типа, налицо действие гравитации разума. При объединении всех трех, материальное создание – физическое или моронтийное, конечное или абсонитное – может быть охвачено личностной гравитацией. Независимо от этого, наделение разумом даже безличностных существ позволяет им мыслить и осознавать, несмотря на полное отсутствие личности.

Однако индивидуальность, присущая достоинству личности – человеческой или божественной, бессмертной или потенциально бессмертной, – берет свое начало не в духе, разуме или материи: это дар Всеобщего Отца. Взаимодействие духовной, интеллектуальной и материальной гравитации также не является непременным условием для появления личностной гравитации. Контур Отца может охватывать разумное материальное существо, не реагирующее на духовную гравитацию, либо же заключать в себя разумное духовное существо, которое не реагирует на гравитацию материальную. Действие личностной гравитации всегда является волевым актом Всеобщего Отца.

Хотя в чисто материальных существах разум связан с энергией, а в чисто духовных личностях – с духом, бесчисленные категории личностей, включая человеческие, обладают разумом, связанным как с энергией, так и с духом. Духовная сторона разума создания проявляется в его неизменной реакции на влечение духовной гравитации Вечного Сына, материальная сторона – в реакции на гравитацию материальной вселенной.

Космический разум, не ассоциированный с энергией или с духом, неподвластен гравитации материального или духовного контуров. Чистый разум подчиняется только всеобщему гравитационному охвату Совместного Вершителя. Чистый разум – близкий родственник бесконечного разума, а бесконечный разум (теоретически равный абсолютам духа и энергии) подчиняется, очевидно, только самому себе.

Чем больше расхождение духа и энергии, тем заметней функция разума; чем меньше различие между энергией и духом, тем менее заметна деятельность разума. Очевидно, максимальная деятельность космического разума протекает во временны́х вселенных пространства. Здесь разум, по-видимому, функционирует в промежуточной зоне между энергией и духом, но на более высоких уровнях разума положение иное; в Раю энергия и дух составляют, в сущности, единое целое.

Контур гравитации разума надежен. Он порождается Третьим Лицом Божества в Раю, но не все наблюдаемые функции разума предсказуемы. По всему известному творению, параллельно с этим контуром, существует некое малопонятное присутствие, функции которого непредсказуемы. Мы полагаем, что эта непредсказуемость частично объясняется функцией Всеобщего Абсолюта. Мы не знаем, что это за функция; мы можем только догадываться о том, чтó ее активирует; мы способны только строить предположения о ее связи с созданиями.

Определенные аспекты, связанные с непредсказуемостью конечного разума, могут объясняться незавершенностью Верховного Существа, однако существует обширная зона деятельности, в которой Совместный Вершитель и Всеобщий Абсолют, возможно, соприкасаются друг с другом. Мы не знаем многого о разуме, но в одном мы уверены: Бесконечный Дух – это совершенное выражение разума Создателя всем созданиям; Верховное Существо – это эволюционирующее выражение разума всех созданий их Создателю.

7. ВСЕЛЕНСКОЕ ОТРАЖЕНИЕ

Совместный Вершитель способен согласовывать все уровни вселенской реальности так, чтобы обеспечивать одновременное восприятие интеллектуального, материального и духовного. Это явление называется *вселенским отражением* и представляет собой уникальную и необъяснимую способность видеть, слышать, ощущать и знать всё происходящее в сверхвселенной и с помощью отражения сосредоточивать всю эту информацию и знание в любом произвольном месте. Действие отражения в совершенстве демонстрируется в каждом из столичных миров семи сверхвселенных. Это явление также наблюдается во всех секторах сверхвселенных и в пределах локальных вселенных. Окончательное сосредоточение вселенского отражения происходит в Раю.

Явление отражения, раскрываемое в главных мирах сверхвселенных в поразительных действиях находящихся там отражательных личностей, демонстрирует наиболее сложную взаимосвязь всех аспектов бытия во всём творении. Можно проследить, как линии духа ведут к Сыну, физическая энергия – к Раю, а разум – к Третьему Источнику; но в необыкновенном феномене вселенского отражения происходит уникальное и исключительное объединение всех трех, взаимосвязанных таким образом, чтобы позволять правителям вселенной узнавать об отдаленных обстоятельствах мгновенно, одновременно с их возникновением.

Во многом механизм отражения нам понятен, однако существует целый ряд аспектов, которые поистине ставят нас в тупик. Мы знаем, что Совместный Вершитель является центром интеллектуального контура вселенной и прародителем космического разума и что космический разум действует под контролем гравитации абсолютного разума Третьего Источника и Центра. Мы также знаем, что контуры космического разума воздействуют на интеллектуальные уровни всей известной жизни; в них содержатся всеобщие пространственные сообщения, и мы столь же уверены в том, что они фокусируются в Семи Главных Духах и сходятся в Третьем Источнике и Центре.

По-видимому, связь конечного космического разума и божественного абсолютного разума формируется в эмпирическом разуме Верховного. Нас учат, что у истоков времени этот эмпирический интеллект был посвящен Верховному Бесконечным Духом, и мы полагаем, что некоторые свойства феномена отражения можно объяснить только признанием активности Верховного Разума. Если Верховный не имеет отношения к отражению, то мы не можем объяснить сложные процессы и безошибочные действия этого космического сознания.

В пределах эмпирического и конечного, отражение представляется всеведением и может являться свидетельством возникновения присутствия-сознания Верховного Существа. Если это предположение верно, то использование любого аспекта отражения эквивалентно частичной связи с сознанием Верховного.

8. ЛИЧНОСТИ БЕСКОНЕЧНОГО ДУХА

Бесконечный Дух обладает всей полнотой власти для передачи многих своих способностей и прерогатив равным и подчиненным личностям и посредникам.

Воплощением первого акта Бесконечного Духа по созданию Божества – акта, не связанного с Троицей, но находящегося в некоторой нераскрытой связи с Отцом и Сыном, – стало существование Семи Главных Духов Рая, распространяющих Бесконечный Дух во вселенных.

В столицах сверхвселенных нет прямого представителя Третьего Источника и Центра. Каждое из этих семи творений находится в подчинении одного из Главных Духов Рая, который действует с помощью семи Отражательных Духов, находящихся в столице сверхвселенной.

Следующий – и продолжающийся – творческий акт Бесконечного Духа периодически раскрывается в сотворении Созидательных Духов. Всякий раз, когда Всеобщий Отец и Вечный Сын порождают нового Сына-Создателя, Бесконечный Дух порождает Созидательного Духа локальной вселенной, который становится близким партнером Сына-Создателя во всём последующем вселенском опыте.

Как необходимо проводить различие между Вечным Сыном и Сынами-Создателями, так следует отличать и Бесконечного Духа от Созидательных Духов – равных партнеров Сынов-Создателей в локальных вселенных. Для локальной вселенной Созидательный Дух является тем, чем Бесконечный Дух – для всего творения.

В большой вселенной Третий Источник и Центр представлен огромным множеством попечительских духов, посланников, учителей, третейских судей, помощников и советников, а также руководителей некоторых физических, моронтийных и духовных контуров. Не все они являются личностями в строгом значении этого слова. Личность конечных созданий характеризуется следующими факторами:

1. Субъективным самосознанием.
2. Объективной реакцией на личностный контур Отца.

Существуют личности создателей и личности созданий, и кроме этих двух основных типов, существуют *личности Третьего Источника и Центра* – существа, личностные для Бесконечного Духа, но не являющиеся безусловно личностными для созданных существ. Эти личности Третьего Источника не входят в личностный контур Отца. Личности Первого и Третьего Источников способны вступать в контакт друг с другом – это свойственно всем личностям.

Отец наделяет личностью по своей собственной воле. Почему он это делает – мы можем только предполагать; как он это делает – мы не знаем. Точно так же мы не знаем, почему Третий Источник наделяет личностью, источником которой не является Отец, однако Бесконечный Дух совершает это от своего имени, в творческом единении с Вечным Сыном и множеством неизвестных вам способов. Бесконечный Дух может также представлять Отца, наделяя личностью Первого Источника.

Существует множество типов личностей Третьего Источника. Бесконечный Дух посвящает личность Третьего Источника многочисленным группам существ, не включенным в личностный контур Отца, например, некоторым управляющим энергией. Бесконечный Дух относится как к личностям также и ко многим другим категориям существ, среди которых – Созидательные Духи, выделяемые в отдельный класс в своих взаимоотношениях с созданиями, входящими в контур Отца.

Личности как Первого, так и Третьего Источника наделены всем, что человек связывает с понятием личности, а также многим другим; их разум включает память, рассудок, суждения, творческое воображение, ассоциативное мышление, решения, выбор и многочисленные дополнительные интеллектуальные способности, совершенно неизвестные смертным. За некоторыми исключениями, раскрытые вам категории имеют форму и явную индивидуальность; они суть реальные существа. Большинство из них видимы для всех категорий духовного бытия.

Даже вы будете способны видеть ваших духовных партнеров низших категорий, как только освободитесь от ограниченного зрения своих материальных глаз и приобретете морнтийную форму с ее повышенной восприимчивостью к духовной реальности.

Функциональная семья Третьего Источника и Центра – в том виде, в котором она раскрывается в данных материалах, – делится на три большие группы:

I. *Верховные Духи*. Группа смешанного происхождения, включающая, среди прочих, следующие категории:

1. Семь Главных Духов Рая.
2. Отражательные Духи сверхвселенных.
3. Созидательные Духи локальных вселенных.

II. *Управляющие Энергией*. Группа управляющих созданий и сил, действующих по всему организованному пространству.

III. *Личности Бесконечного Духа*. Такое название необязательно означает, что эти существа являются личностями Третьего Источника, хотя некоторые из них уникальны как волевые создания. Обычно они подразделяются на три основных класса:

1. Высшие личности Бесконечного Духа.
2. Воинства посланников пространства.
3. Попечительские духи времени.

Эти группы служат в Раю, в центральной вселенной (вселенной своего обитания), в сверхвселенных и объединяют категории, действующие в локальных вселенных, включая созвездия, системы и планеты.

Духовные личности обширной семьи Божественного и Бесконечного Духа навеки преданы своему служению – посвящению любви Бога и милосердия Сына всем разумным созданиям эволюционных миров времени и пространства. Эти духовные существа представляют собой живую лестницу, по которой смертный человек поднимается от хаоса к блаженству.

[Раскрыто на Урантии Божественным Советником Уверсы, направленным Древними Дней для описания сущности и деятельности Бесконечного Духа.]

ДОКУМЕНТ 10

РАЙСКАЯ ТРОИЦА

Райская Троица вечных Божеств обеспечивает избавление Отца от абсолютизма личности. Троица в совершенстве объединяет безграничное выражение бесконечной личной воли Бога с абсолютностью Божества. Вечный Сын и различные Сыны божественного происхождения, а также Совместный Вершитель и его вселенские дети, эффективно обеспечивают освобождение Отца от ограничений, заключенных в его первичности, совершенстве, неизменности, вечности, всеобщности, абсолютности и бесконечности.

Райская Троица действительно обеспечивает полноту выражения и совершенство раскрытия вечной природы Божества. Таким же образом Неизменные Сыны Троицы являются полным и совершенным раскрытием божественного правосудия. Троица есть единство Божества, и это единство вечно покоится на абсолютном фундаменте божественного единения трех изначальных, равных и сосуществующих личностей: Бога-Отца, Бога-Сына и Бога-Духа.

Глядя в бесконечное прошлое из положения, существующего в круге вечности в настоящее время, мы способны обнаружить только одну абсолютную неминуемость в событиях вселенной, а именно Райскую Троицу. Я полагаю, что Троица была неизбежной. Кроме нее во всей вселенной вселенных, в ее прошлом, настоящем и будущем – какими они видятся мне, – я не вижу ничего неизбежного. Сегодняшняя совокупная вселенная – в ретроспективе или перспективе – немыслима без Троицы. При наличии Райской Троицы мы можем постулировать альтернативные или даже множественные пути свершения чего бы то ни было, но без Троицы Отца, Сына и Духа мы неспособны понять, каким образом Бесконечный мог достичь триединого и равного воплощения при сохранении абсолютного единства Божества. Ни одна другая концепция творения не отвечает критериям Троицы в отношении исчерпывающей абсолютности, присущей единству Божества, в сочетании с изобильностью произвольного высвобождения, присущего тройственной персонализации Божества.

1. САМОРАСПРОСТРАНЕНИЕ ПЕРВОГО ИСТОЧНИКА И ЦЕНТРА

По-видимому, у истоков вечности Отец приступил к всеобъемлющему самораспространению. В бескорыстном, любящем и привлекающем любовь характере Всеобщего Отца есть нечто такое, что побуждает его оставлять за собой только те полномочия и ту власть, которые, очевидно, он считает невозможным делегировать или посвятить другим.

Всеобщий Отец всегда отказывался от всего того, что можно было посвятить какому-либо другому Создателю или созданию. Он делегировал своим божественным Сынам и связанным с ними разумным созданиям всё могущество и всю власть, какие только можно было им делегировать. Он действительно передал своим Полновластным Сынам в их вселенных все полномочия исполнительной власти, какие только можно было им передать. В локальных вселенных он сделал каждого Полновластного Сына-Создателя таким же совершенным, компетентным и полномочным, каким является Вечный Сын в изначальной и центральной вселенной. Наделяя тем благородством и святостью, которые присущи обладанию личностью, он отдал – фактически посвятил – всего себя, со всеми своими атрибутами, всё то, от чего он мог отказаться, всеми возможными путями, во все эпохи, повсеместно, всякой личности и во всех вселенных, кроме вселенной его центрального пребывания.

Божественная личность не эгоцентрична; самораспространение и наделение личностью присущи божественной индивидуальности, обладающей свободной волей. Создания стремятся к объединению с другими личностными созданиями; Создатели испытывают потребность поделиться божественностью со своими вселенскими детьми; личность Бесконечного раскрывается как Всеобщий Отец, разделяющий реальность существования и равноправность с двумя равными личностями – Вечным Сыном и Совместным Вершителем.

В поисках знаний о личности Отца и его божественных атрибутах мы всегда будем зависеть от откровений Вечного Сына, ибо когда состоялся совместный акт творения, когда появилась личность Третьего Лица Божества, претворившего в жизнь объединенные идеи своих божественных родителей, Отец перестал существовать как безусловная личность. С появлением Совместного Вершителя и материализацией центрального ядра творения произошли некоторые изменения вечного характера. Бог отдал себя – как абсолютную личность – своему Вечному Сыну. Так Отец посвящает «личность бесконечности» своему единородному Сыну, в то время как оба они посвящают отражающую их вечный союз «совместную личность» Бесконечному Духу.

Ввиду этих и других причин, непонятных конечному разуму, человеку крайне трудно осмыслить бесконечную отеческую личность Бога, кроме как во всеобщем раскрытии этой личности в Вечном Сыне и, вместе с Сыном, во всеобщем ее проявлении в Бесконечном Духе.

Так как Райские Божьи Сыны посещают эволюционные миры и порой даже пребывают в них в облике смертной плоти, а также ввиду того, что эти посвящения позволяют смертному человеку действительно узнать нечто о природе и характере божественной личности, – ввиду этого создания планетарных сфер должны обращаться к посвящениям этих Райских Сынов в поисках надежных и достоверных сведений об Отце, Сыне и Духе.

2. ПЕРСОНАЛИЗАЦИЯ БОЖЕСТВА

Посредством тринитизации Отец освобождает себя от той безусловной духовной личности, которой является Сын, но тем самым он становится Отцом этого же Сына и потому наделяет себя неограниченной способностью стать божественным Отцом всех впоследствии сотворенных, возникших и других личностных типов разумных волевых созданий. Как *абсолютная и безусловная личность*, Отец может действовать только как Сын и вместе с ним, однако как *личностный Отец* он продолжает посвящать личность сонмам разнообразных разумных волевых созданий различных уровней, неизменно поддерживая проникнутые любовью отношения личной связи с этой необъятной семьей вселенских детей.

Когда Отец посвящает всего себя личности своего Сына и когда этот акт самопосвящения становится завершенным и совершенным, исполненным бесконечного могущества и бесконечной природы союза Отца и Сына, вечные партнеры совместно посвящают те свои качества и атрибуты, которые образуют еще одно, подобное им существо; и эта совместная личность, Бесконечный Дух, завершает экзистенциальную персонализацию Божества.

Сын необходим для отцовства Бога. Дух необходим для братства Второго и Третьего Лиц. Три лица – это минимальная социальная группа, но это самый незначительный из всех многочисленных доводов в пользу веры в неизбежность Совместного Вершителя.

Первый Источник есть бесконечная *отеческая личность*, неисчерпаемый источник личности. Вечный Сын есть безусловный *абсолют личности*, то божественное существо, которое является совершенным выражением личностной природы Бога для всех эпох, всей вечности. Бесконечный Дух есть *совместная личность*, уникальный личностный результат извечного союза Отца и Сына.

Личность Первого Источника и Центра есть личность бесконечности за вычетом абсолютной личности Вечного Сына. Личность Третьего Источника и Центра есть сверхаддитивный результат союза освобожденной личности Отца и абсолютной личности Сына.

Всеобщий Отец, Вечный Сын и Бесконечный Дух являются уникальными лицами. Ни одно из них не является дубликатом; каждое подлинно; все – едины.

Только Вечный Сын испытывает всю полноту божественных личностных связей, осознавая как свое сыновство по отношению к Отцу, так и отцовство по отношению к Духу, а также божественное равенство как с Отцом-прародителем, так и с последующим Духом. В опыте Отца есть равный ему Сын, но Отец не знает ничего предшествующего ему. Вечный Сын обладает опытом сыновства, признает предшествующую ему личность, и одновременно с этим Сын понимает, что является совместным родителем Бесконечного Духа. Бесконечный Дух сознаёт двуединое происхождение своей личности, но он не является источником личности еще одного равного Божества. На Духе замыкается экзистенциальный цикл персонализации Божества; первичные личности Третьего Источника и Центра – а их в общей сложности семь – являются эмпирическими.

Я происхожу от Райской Троицы. Я знаю Троицу как объединенное Божество; я знаю также, что Отец, Сын и Дух существуют и действуют в своих специфически индивидуальных качествах. Я знаю наверняка, что они не только действуют лично и совместно, но также согласовывают свою деятельность в различных сочетаниях, так что в итоге проявляются в семи различных единичных и множественных качествах. И так как семь этих объединений исчерпывают возможные варианты такого объединения божественности, то и вселенские реальности неизбежно проявляются в семи разновидностях ценностей, значений и личности.

3. ТРИ ЛИЦА БОЖЕСТВА

Несмотря на то что есть только одно Божество, существует три действительных и божественных персонализации Божества. О наделении людей божественными Настройщиками Отец сказал: «Сотворим смертного человека по образу нашему». Не раз в урантийских источниках появляется ссылка на деяния множественного Божества, что явно указывает на признание существования и деятельности трех Источников и Центров.

Нас учат, что в Троичном объединении Сын и Дух поддерживают такие же равные отношения с Отцом. Они безусловно являются такими в вечности и как

Божества, однако во времени – и как у личностей – в их отношениях проявляются ярко выраженные различия. Глядя из Рая во вселенные, эти отношения кажутся очень схожими, но стоит посмотреть на них из глубин пространства, как они представляются совершенно различными.

Божественные Сыны действительно являются «Словом Божьим», однако дети Духа воистину представляют собой «Деяние Божье». Бог говорит через Сына и, вместе с ним, действует посредством Бесконечного Духа, в то время как в любой деятельности во вселенной Сын и Дух демонстрируют в высшей степени братские отношения и трудятся как два равных брата, проникнутые восхищением и любовью к уважаемому и божественно чтимому общему Отцу.

Отец, Сын и Дух бесспорно одинаковы в своей природе, равны в бытии, но существуют очевидные различия в их действиях во вселенной, а по отдельности каждое лицо Божества явно ограничено в своей абсолютности.

По-видимому, до того, как Всеобщий Отец самопроизвольно отказался от личности, полномочий и прочих атрибутов, образующих Сына и Духа, он был (в философском аспекте) безусловным, абсолютным и бесконечным Божеством. Однако без Сына такой теоретический Первый Источник и Центр не смог бы – ни в каком смысле слова – считаться *Всеобщим Отцом*; отцовство нереально без сыновства. Более того: чтобы быть абсолютным во всеобъемлющем смысле, Отец, в какой-то отдаленный в вечности момент, должен был существовать в одиночестве. Но у Отца никогда не было одиночного существования; как Сын, так и Дух сосуществуют с Отцом в вечности. Первый Источник и Центр всегда был и всегда будет вечным Отцом Изначального Сына и, вместе с Сыном, вечным прародителем Бесконечного Духа.

По нашему наблюдению, Отец отказался от всех непосредственных проявлений абсолютности, кроме абсолютного отцовства и абсолютной воли. Мы не знаем, является ли воля неотчуждаемым атрибутом Отца; мы можем только констатировать, что он *не* отказался от воли. По-видимому, подобная бесконечность воли была вечно присуща Первому Источнику и Центру.

Посвящая Вечному Сыну абсолютность личности, Всеобщий Отец освобождается от оков абсолютизма личности, но поступая так, он делает шаг, который навсегда лишает его возможности действовать самостоятельно в качестве личности-абсолюта. И с окончательной персонализацией сосуществующего Божества – Совместного Вершителя – возникает критическая тринитарная взаимозависимость трех божественных личностей в отношении всеохватности функции Божества в абсолюте.

Бог есть Отец-Абсолют всех личностей во вселенной вселенных. Отец лично абсолютен в свободе действия, однако в созданных, создаваемых и грядущих вселенных времени и пространства абсолютность Отца как всеобъемлющего Божества очевидна только в Райской Троице.

За пределами Хавоны, в феноменальных вселенных, Первый Источник и Центр действует следующим образом:

1. Как создатель – через Сынов-Создателей, своих внуков.

2. Как управляющий – через гравитационный центр Рая.

3. Как дух – через Вечного Сына.

4. Как разум – через Совместного Создателя.

5. Как Отец, он поддерживает родительскую связь со всеми созданиями через свой личностный контур.

6. Как личность, он действует *непосредственно* по всему творению с помощью своих особых частиц, в смертных людях – через Настройщиков Мышления.

7. Как всеобъемлющее Божество, он действует только в Райской Троице.

Все эти случаи отчуждения прав и делегирования полномочий являются полностью добровольными и возложены на Всеобщего Отца им самим. Всемогущий Отец намеренно принимает эти ограничения вселенской власти.

Вечный Сын, очевидно, действует в единстве с Отцом во всех аспектах духовного, за исключением посвящения частиц Отца и других доличностных функций. Сын также не имеет непосредственного отношения к интеллектуальной деятельности материальных созданий или к энергетической деятельности в материальных вселенных. Как абсолют, Сын действует личностно и только в духовной вселенной.

Во всей своей деятельности Бесконечный Дух демонстрирует поразительную универсальность и невероятную разносторонность. Он действует в сферах разума, материи и духа. Совместный Вершитель представляет объединение Отца-Сына, однако он выступает и от собственного имени. Дух не имеет прямого отношения к физической и духовной гравитации или к личностному контуру, но принимает более или менее активное участие в любой другой деятельности во вселенной. Хотя очевидно, что Бесконечный Дух зависит от трех экзистенциальных и абсолютных управлений гравитацией, по-видимому, он осуществляет три сверхуправления. Именно такая тройственная способность разнообразно используется для преодоления и, по-видимому, нейтрализации даже проявлений изначальных сил и энергий, вплоть до сверхпредельных границ абсолютности. В абсолютном аспекте, в некоторых ситуациях эти сверхуправления выходят за пределы даже первоначальных проявлений космической реальности.

4. ТРОИЧНЫЙ СОЮЗ БОЖЕСТВА

Из всех абсолютных объединений Райская Троица (первое триединство) является уникальным и особым объединением личностного Божества. Бог действует как Бог только относительно Бога и тех, кто способен знать Бога, но как абсолютное Божество – только в Райской Троице и относительно тотальности вселенной.

Вечное Божество отличается совершенным единением; тем не менее, три лица Божества являются абсолютно индивидуальными. Райская Троица позволяет одновременно выразить всё разнообразие черт характера и бесконечного могущества как Первого Источника и Центра и равных ему вечных существ, так и всего божественного единства вселенских функций нераздельного Божества.

Троица есть объединение бесконечных лиц, действующее в неличностном качестве, но не нарушающее статуса личности. Позволим себе такой пример: отец, сын и внук могли бы объединиться в корпорацию, которая, являясь неличностной, подчинялась бы их личной воле.

Райская Троица *реальна*. Она существует как союз Божества Отца, Сына и Духа. Тем не менее, Отец, Сын или Дух – или любые двое из них – могут функционировать по отношению к всё той же Райской Троице. Отец, Сын и Дух могут сотрудничать, не образуя Троицу, но не как три Божества. Как лица, они могут сотрудничать по своему усмотрению, но это уже не будет Троицей.

Всегда помните: то, что совершает Бесконечный Дух, есть функция Совместного Вершителя. Как Отец, так и Сын действуют в нем, через него и в его лице.

Но было бы тщетно пытаться пролить свет на тайну Троицы – трое как один и в одном, один как двое и действующий за двоих.

Связь Троицы со всеми событиями во вселенной такова, что мы должны принимать ее во внимание, пытаясь объяснить совокупность любого изолированного космического события или личностной взаимосвязи. Троица функционирует на всех уровнях космоса, а смертный человек ограничен уровнем конечного; поэтому ему приходится довольствоваться конечным представлением о Троице как Троице.

Как смертное создание во плоти, вы должны рассматривать Троицу в соответствии с личной просвещенностью и в согласии с умственными и душевными реакциями. Вам доступна лишь малая доля знаний об абсолютности Троицы, но на пути к Раю вы не раз будете потрясены новыми откровениями и неожиданными открытиями верховности и предельности Троицы, если не ее абсолютности.

5. ФУНКЦИИ ТРОИЦЫ

Личностные Божества имеют атрибуты, однако едва ли можно говорить об атрибутах Троицы. Более уместно вести речь о *функциях* этого объединения божественных существ – таких как обеспечение правосудия, отношения всеохватности, согласованные действия и космическое сверхуправление. Эти функции являются действительно верховными, предельными и (в рамках Божества) абсолютными во всём, что касается всех живых реальностей, обладающих личностной ценностью.

Функции Райской Троицы не являются простой суммой очевидного дара божественности Отца и тех специфических атрибутов, которые уникальны в личном существовании Сына и Духа. Троичное объединение трех Божеств Рая имеет своим результатом эволюцию, возникновение и наполнение божественным содержанием новых значений, ценностей, сил и способностей, предназначенных для всеобщего раскрытия, действия и руководства. Живые объединения, человеческие семьи, социальные группы или Райская Троица не увеличиваются посредством одного только арифметического сложения. Потенциал группы всегда значительно больше, чем простая сумма атрибутов составляющих ее индивидуумов.

Троица – в качестве Троицы – сохраняет уникальное отношение ко всей вселенной прошлого, настоящего и будущего. И лучше всего функции Троицы видны сквозь призму ее вселенских отношений. Такие отношения одновременны и могут быть множественными относительно любой отдельно взятой ситуации или события:

1. *Отношение к конечному.* Максимальное самоограничение Троицы заключается в ее отношении к конечному. Троица не является лицом, как не является Верховное Существо исключительным олицетворением Троицы, однако Бог-Верховный есть максимальное приближение к такому сосредоточению энергии и личности Троицы, которое доступно пониманию конечных созданий. Поэтому иногда, говоря о Троице в отношении к конечному, ее называют Троицей Верховности.

2. *Отношение к абсонитному.* Райская Троица учитывает те уровни бытия, которые находятся выше конечного, но ниже абсолютного, и такое отношение иногда определяется как Троица Предельности. Ни Предельный, ни Верховный не представляют Райскую Троицу полностью, однако – в условном смысле и по отношению к их соответствующим уровням – каждое, очевидно, представляет Троицу на протяжении доличностных эпох развития эмпирического могущества.

3. *Абсолютное отношение* Райской Троицы есть отношение к абсолютным существованиям и достигает кульминации в действиях всеобъемлющего Божества.

Троица-Бесконечная включает согласованное действие всех триединых взаимоотношений Первого Источника и Центра – как необожествленных, так и обожествленных, – поэтому личностям ее понять нелегко. Созерцая Троицу как бесконечное образование, не забывайте о семи триединствах; таким путем можно несколько облегчить понимание и отчасти разрешить некоторые парадоксы.

Однако в моем распоряжении нет таких языковых средств, которые позволили бы мне передать ограниченному разуму человека всю полноту истины и вечность значения Райской Троицы, равно как и природу извечной взаимосвязи трех бесконечно совершенных существ.

6. НЕИЗМЕННЫЕ СЫНЫ ТРОИЦЫ

Любой закон берет свое начало в Первом Источнике и Центре, *который и есть закон*. Обеспечение духовного правопорядка является неотъемлемой функцией Второго Источника и Центра. Раскрытие закона, обнародование и интерпретация божественных законодательных актов относятся к функции Третьего Источника и Центра. Применение закона – отправление правосудия – находится в компетенции Райской Троицы и осуществляется определенными Сынами Троицы.

Правосудие присуще всеобщему полновластию Райской Троицы, но благость, милосердие и истина представляют собой вселенское служение божественных личностей, чей союз Божеств представляет собой Троицу. Правосудие не есть отношение Отца, Сына или Духа. Правосудие есть Троичное отношение этих личностей, которые являют собой любовь, милосердие и служение. Ни одно из Райских Божеств по отдельности не вершит правосудия. Правосудие никогда не является личным отношением; оно всегда – множественная функция.

Свидетельство – основа справедливости (правосудия в сочетании с милосердием) – предоставляется личностями Третьего Источника и Центра, который совместно представляет Отца и Сына всем мирам и умам разумных существ всего творения.

Приговор – окончательное вершение правосудия в соответствии со свидетельством, представленным личностями Бесконечного Духа, – относится к компетенции Неизменных Сынов Троицы, существ, несущих в себе Троичную природу объединенных Отца, Сына и Духа.

Данная группа Сынов Троицы включает следующие личности:

1. Тринитизованные Тайны Верховности.
2. Вечные Дней.
3. Древние Дней.
4. Совершенства Дней.
5. Недавние Дней.
6. Союзы Дней.
7. Верные Дней.
8. Совершенствователи Мудрости.
9. Божественные Советники.
10. Всеобщие Цензоры.

Мы являемся детьми трех Райских Божеств, функционирующих как Троица, ибо волей судьбы я принадлежу к десятой категории этой группы – Всеобщим Цензорам. Данные категории не передают отношения Троицы во всеобщем смысле; такое коллективное отношение Божества выражается ими только в области исполнительного судопроизводства – правосудия. Задуманные Троицей для выполнения строго определенного, вверенного им вида деятельности, они представляют Троицу только в тех функциях, ради которых они были персонализованы.

Древние Дней и их партнеры троичного происхождения выносят судебные решения, которые отличаются высшей степенью справедливости по отношению к семи сверхвселенным. В центральной вселенной подобные функции существуют только в теории: здесь справедливость самоочевидна в совершенстве, а совершенство Хавоны исключает любую возможность дисгармонии.

Правосудие – это собирательное представление о справедливости, милосердие – его личное выражение. Милосердие – это отношение любви; точность характеризует действие закона; божественный суд есть сама справедливость, находящаяся в неизменном согласии с правосудием Троицы и вечно претворяющая божественную любовь Бога. При глубоком осознании и исчерпывающем понимании справедливого правосудия Троицы, оно совпадает с милосердной любовью Всеобщего Отца. Но человек неспособен до конца понять божественное правосудие. Поэтому, с точки зрения человека, в Троице личности Отца, Сына и Духа приспособлены к согласованию служения любви и закона в эмпирических вселенных времени.

7. СВЕРХУПРАВЛЕНИЕ ВЕРХОВНОСТИ

Первое, Второе и Третье Лица Божества равны друг другу и являются единым целым. «Господь, Бог наш, – Бог единый». Божественная Троица вечных Божеств являет совершенство замысла и единство исполнения. Отец, Сын и Совместный Вершитель действительно и божественно едины. Истинно сказано: «Я первый, и я последний, и нет другого Бога, кроме меня».

В представлении смертных конечного уровня Райская Троица, как и Верховное Существо, имеет отношение только к всеохватности – ко всей планете, всей вселенной, всей сверхвселенной, всей большой вселенной. Это отношение всеохватности объясняется тем, что Троица представляет собой всеобъемлющее Божество, а также многими другими причинами.

Верховное Существо есть нечто меньшее и нечто иное, чем Троица конечных вселенных; однако в определенных пределах и в течение данной эпохи незавершенного энерго-личностного синтеза это эволюционное Божество, вероятно, отражает отношение Троицы Верховности. Отец, Сын и Дух не предпринимают личных действий совместно с Верховным Существом, но в течение нынешней вселенской эры они сотрудничают с ним в качестве Троицы. Мы предполагаем, что подобные взаимоотношения существуют и с Предельным. Мы часто рассуждаем о том, каким будет характер личных взаимоотношений Божеств Рая с Богом-Верховным после окончания его развития, но доподлинно нам это неизвестно.

Мы не считаем, что сверхуправление Верховности полностью предсказуемо. Более того, по всей вероятности, этой непредсказуемости присуща определенная эволюционная незавершенность, что несомненно является отличительным признаком незавершенности Верховного и незавершенности конечной реакции на Райскую Троицу.

Смертный разум может сразу же подумать о множестве вещей – физических катастрофах, кошмарных происшествиях, ужасающих несчастьях, мучительных болезнях и глобальных бедствиях – и задаться вопросом, не связаны ли эти беды с неизвестными перипетиями предполагаемой деятельности Верховного Существа. Откровенно говоря, мы не знаем, у нас нет полной уверенности. Однако мы видим, что со временем все эти сложные и более или менее таинственные обстоятельства *всегда* оборачиваются на пользу процветания и прогресса вселенных. Возможно, условия бытия и необъяснимые превратности жизни переплетены в многозначительном рисунке огромной ценности, и сделано это благодаря действию Верховного и сверхуправлению Троицы.

Как дитя Божье, во всех деяниях Бога-Отца вы способны увидеть личное отношение любви. Но вы не всегда будете понимать, сколь многие вселенские действия Райской Троицы направлены на благополучие индивидуального смертного создания в эволюционных мирах пространства. По мере продвижения в вечности, действия Троицы будут раскрываться как всецело значимые и обдуманные, хотя они не всегда представляются таковыми созданиям времени.

8. ТРОИЦА ЗА ПРЕДЕЛАМИ КОНЕЧНОГО

Даже частичное понимание многих истин и фактов, относящихся к Райской Троице, возможно только в случае осознания какой-либо ее функции, выходящей за пределы конечного.

Было бы нецелесообразно обсуждать функции Троицы Предельности, однако мы вправе раскрыть, что Бог-Предельный есть выражение Троицы в понимании Трансценденталов. Мы склоняемся к мнению, что объединение совокупной вселенной есть акт, приводящий к возникновению Предельного и, возможно, отражающий некоторые, но не все, стадии абсонитного сверхуправления Райской Троицы. Предельный есть условное проявление Троицы в отношении абсонитного только в том смысле, в каком Верховный частично представляет Троицу в отношении конечного.

В определенном смысле, Всеобщий Отец, Вечный Сын и Бесконечный Дух являются составными личностями всеобъемлющего Божества. Их союз в Райской Троице и абсолютная функция Троицы эквивалентны функции всеобъемлющего Божества. И такая завершенность Божества выходит за пределы как конечного, так и абсонитного.

Хотя ни одно из Райских Божеств не заполняет всего потенциала Божества, это достигается в объединении трех Божеств. По-видимому, три бесконечных лица – это минимальное число существ, необходимое для активации доличностного и экзистенциального потенциала всеобъемлющего Божества – Божества-Абсолюта.

Мы знаем Всеобщего Отца, Вечного Сына и Бесконечного Духа как *лица*, но я не знаком лично с Божеством-Абсолютом. Я люблю Бога-Отца и поклоняюсь ему; я уважаю и почитаю Божество-Абсолют.

Однажды я находился во вселенной, где определенная группа существ учила, что в вечности завершителям суждено стать детьми Божества-Абсолюта. Но я не склонен принимать данное объяснение тайны, скрывающей будущее завершителей.

Корпус Завершения объединяет, среди прочих, тех смертных времени и пространства, которые достигли совершенства во всём, что относится к Божьей воле. Как создания – и в пределах способностей созданий – они всецело и истинно знают Бога. Когда-нибудь, найдя Бога как Отца всех созданий, эти завершители должны будут отправиться на поиск сверхконечного Отца. Но этот поиск предполагает проникновение в абсонитную природу предельных атрибутов и характера Райского Отца. Вечность покажет, возможно ли такое достижение, однако мы уверены, что даже если завершители действительно постигнут предельность божественности, они, скорее всего, не смогут подняться до сверхпредельных уровней абсолютного Божества.

Возможно, что завершители отчасти достигнут Божества-Абсолюта, но даже если им удастся добиться этого, в вечности вечностей проблема Всеобщего Абсолюта будет продолжать озадачивать, интриговать, сбивать с толку и бросать вызов восходящим и прогрессирующим завершителям, ибо мы считаем, что масштабы непостижимости космических взаимоотношений Всеобщего Абсолюта будут возрастать по мере расширения материальных вселенных и их духовного руководства.

Только бесконечность может раскрыть Отца-Бесконечного.

[Подготовлено Всеобщим Цензором, уполномоченным Древними Дней Уверсы.]

ДОКУМЕНТ 11

ВЕЧНЫЙ ОСТРОВ РАЙ

Рай является вечным центром вселенной вселенных и местом обитания Всеобщего Отца, Вечного Сына, Бесконечного Духа, а также равных им и связанных с ними божественных существ. Этот центральный Остров представляет собой самое исполинское организованное тело в космической реальности всей совокупной вселенной. Рай является как материальной сферой, так и духовной обителью. Всё разумное творение Всеобщего Отца размещается в материальных обителях; поэтому и абсолютный центр управления должен быть материальным, буквальным. И вновь необходимо повторить, что духовные субстанции и духовные существа *реальны*.

Материальная красота Рая заключается в великолепии его физического совершенства; величие Острова Бога выражается в высоких интеллектуальных достижениях и развитии разума его обитателей; слава центрального Острова возвещается через бесконечный дар божественной духовной личности – свет жизни. Однако глуби́ны духовной красоты и чудеса этого великолепного ансамбля совершенно недоступны конечному разуму материальных созданий. Слава и духовное величие божественной обители недоступны смертному пониманию. Рай принадлежит вечности; не существует ни сведений, ни преданий о происхождении этого центрального Острова Света и Жизни.

1. БОЖЕСТВЕННАЯ ОБИТЕЛЬ

Рай служит многочисленным целям управления вселенскими сферами, но для созданий он существует в первую очередь как обитель Божества. Личное присутствие Всеобщего Отца находится в самом центре верхней поверхности этой почти дискообразной, но не сферической, обители Божеств. Это Райское присутствие Всеобщего Отца непосредственно окружено личным присутствием Вечного Сына, в то время как оба они окутаны несказанным великолепием Бесконечного Духа.

Бог пребывает, пребывал и будет вечно пребывать в этой центральной и вечной обители. Мы всегда находили и всегда будем находить его здесь. Всеобщий Отец космически локализован, духовно персонализирован и географически расположен в этом центре вселенной вселенных.

Всем нам известен прямой путь, ведущий к Всеобщему Отцу. Многие аспекты божественной обители недоступны вашему пониманию из-за ее удаленности и разделяющего вас колоссального пространства, но те, кто способен понять значение этих громадных расстояний, знают местонахождение и место пребывания Бога так же определенно и однозначно, как вы знаете местоположение Нью-Йорка, Лондона, Рима или Сингапура – городов, имеющих точное географическое место на Урантии. Если бы вы были грамотным штурманом и в вашем распоряжении были бы судно, карты и компас, то вы без труда добрались бы до этих городов. Таким же образом, если бы у вас было время и средства передвижения, если бы вы обладали духовной подготовкой и необходимым водительством, вас можно было бы вести от одной вселенной к другой и от одного кольца к другому; вы продвигались бы сквозь звездные миры в неизменном движении к центру, пока, наконец, не предстали бы перед центральным сиянием духовного великолепия Всеобщего Отца. При наличии всего необходимого для подобного путешествия, достигнуть личного присутствия Бога в центре всех вещей так же возможно, как добраться до отдаленных городов на вашей собственной планете. То, что вы там не бывали, нисколько не опровергает их реальности или действительного существования. То, что лишь немногие вселенские создания обрели Бога в Раю, ни в коей мере не опровергает ни реальности его существования, ни действительности его духовного лица в центре всех вещей.

Отца всегда можно найти в этом центральном месте. Если бы он сдвинулся с места, всё пошло бы прахом, ибо в нем, в центре его обитания, сходятся всеобщие линии гравитации, простирающиеся до границ творения. Прослеживаем ли мы распространение личностного контура сквозь вселенные или наблюдаем за восходящими к Отцу, устремленными к центру личностями; прослеживаем ли мы ведущие к нижнему Раю линии материальной гравитации или наблюдаем за циклическими всплесками космической силы; прослеживаем ли мы ведущие к Вечному Сыну линии духовной гравитации или наблюдаем за продвигающейся к центру процессией Райских Божьих Сынов; прослеживаем ли мы контуры разума или наблюдаем за несметным числом порождаемых Бесконечным Духом небесных созданий, – любое из этих наблюдений или все из них возвращают нас к присутствию Отца в его центральной обители. Это – личное, буквальное и действительное присутствие Бога. И от его бесконечного существа изливаются потоки жизни, энергии и личности во все вселенные.

2. ПРИРОДА ВЕЧНОГО ОСТРОВА

Так как у вас начинает складываться некоторое представление о колоссальности материальной вселенной, постижимой даже из вашего астрономического местонахождения – вашего пространственного положения среди звездных систем, – вам должно быть понятно, что столь громадной материальной вселенной необходима адекватная и достойная столица, центр, соразмерный с величием и бесконечностью всеобщего Правителя всего этого огромного и обширного творения материальных миров и живых существ.

По своей форме Рай отличается от обитаемых пространственных тел: он не является сферическим. Он имеет явно выраженную эллиптическую форму, причем диаметр в северно-южном направлении на одну шестую больше диаметра в направлении восток-запад. Центральный Остров является практически плоским, и расстояние от верхней до нижней поверхности составляет одну десятую диаметра в восточно-западном направлении.

Различия в размерах, в сочетании с неподвижностью Острова и бóльшим исходящим давлением силы-энергии в его северной оконечности, позволяют установить абсолютное направление в совокупной вселенной.

Центральный Остров географически разделен на три области деятельности:

1. Верхний Рай.

2. Периферийный Рай.

3. Нижний Рай.

Ту поверхность Рая, которая связана с личностной деятельностью, мы называем верхней, а противоположную поверхность – нижней. Периферия Рая предназначена для деятельности, которая в строгом смысле не является ни личностной, ни неличностной. Троица, по-видимому, доминирует на личностной, или верхней, плоскости, а Безусловный Абсолют – на нижней, или безличностной. Едва ли можно считать Безусловный Абсолют личностью, но мы действительно полагаем, что функциональное пространственное присутствие данного Абсолюта сосредоточено в нижнем Раю.

Вечный Остров представлен единой формой материализации – неподвижными системами реальности. Эта буквальная субстанция Рая представляет собой однородную организацию потенции пространства, не встречаемую более нигде во всей огромной вселенной вселенных. Она получила многочисленные названия в различных вселенных, и Мелхиседеки Небадона издавна именуют ее *абсолютум*. Этот первичный материал Рая не является ни мертвым, ни живым; это – изначальное недуховное выражение Первого Источника и Центра; это – *Рай*, а копий Рая не существует.

Нам представляется, что Первый Источник и Центр сконцентрировал в Раю весь абсолютный потенциал космической реальности как часть своего метода самоосвобождения от ограничений бесконечности, как средство, обеспечивающее возможность суббесконечного и даже пространственно-временнóго творения. Но из этого не следует, что Рай ограничен во времени и пространстве только потому, что эти качества раскрываются во вселенной вселенных. Рай существует вне времени и не имеет положения в пространстве.

В общих чертах, пространство, по-видимому, возникает сразу же под нижним Раем; время – сразу же над верхним Раем. Время – так, как его понимаете вы, – не является характерной чертой существования в Раю, хотя граждане центрального Острова полностью осознают вневременну́ю последовательность событий. Движение не присуще Раю, оно является следствием волеизъявления. Однако понятие расстояния, даже абсолютного расстояния, наполнено большим смыслом, ибо может применяться к относительным местоположениям в Раю. Рай является непространственным, поэтому его области абсолютны и могут использоваться многими способами, непонятными смертному разуму.

3. ВЕРХНИЙ РАЙ

В верхнем Раю расположены три величественные сферы деятельности: *присутствие Божеств*, *Святейшая Сфера* и *Святая Область*. Обширное пространство, непосредственно окружающее присутствие Божеств, выделено в качестве Святейшей Сферы и предназначено для поклонения, тринитизации и высших духовных достижений. В этой зоне нет ни материальных структур, ни чисто интеллектуальных творений; они не могли бы здесь существовать. Мои попытки описать человеческому разуму божественную природу и исполненное красоты величие Святейшей Сферы Рая не имели бы смысла. Эта сфера целиком духовна, а вы почти целиком материальны. Для чисто материального существа чисто духовная реальность, очевидно, не существует.

Хотя в Святейшей Сфере отсутствует физическая материализация, секторы Святой Земли изобилуют воспоминаниями о вашей материальной жизни, еще большее число которых содержится в реминисцентных исторических зонах периферийного Рая.

Святая Область – внешний, или жилой, регион – разделена на семь концентрических зон. Рай иногда называют «Домом Отца», ибо он является его вечной обителью, а семь этих зон часто именуются «Райскими жилищами Отца».

Внутреннюю, или первую, зону занимают Граждане Рая и уроженцы Хавоны, посещающие Рай. Следующая, или вторая, зона является областью обитания уроженцев семи сверхвселенных времени и пространства. Эта вторая зона частично поделена на семь гигантских секторов, в которых проживают духовные существа и восходящие создания, прибывшие из вселенных эволюционного развития. Каждый из этих секторов специально посвящен благополучию и развитию личностей одной из сверхвселенных, но эти возможности почти бесконечно превышают потребности семи сверхвселенных в их современном состоянии.

Каждый из семи секторов Рая разделен на жилые секции, предназначенные в качестве жилых центров для миллиарда индивидуальных прославленных рабочих групп. Тысяча таких секций составляет сектор. Сто тысяч секторов равны одной конгрегации. Десять миллионов конгрегаций образуют ассамблею. Миллиард ассамблей составляют одну большую секцию. Эти образования продолжают возрастать – через вторую большую секцию, третью и так далее, вплоть до седьмой. И далее: семь больших секций составляют главную секцию, семь главных секций – высшую секцию; и так, кратные семи, возникают новые образования высших, сверхвысших, небесных, сверхнебесных и высочайших секций. Однако и этим не исчерпывается всё имеющееся в наличии пространство. Это ошеломляющее число жилых областей Рая – число, выходящее за пределы вашего представления, – занимает значительно меньше одного процента всего отведенного для этих целей пространства Святой Земли. Еще остается предостаточно места для тех, кто находится на пути к центру, и даже для тех, кто начнет свое путешествие к Раю в вечном будущем.

4. ПЕРИФЕРИЙНЫЙ РАЙ

Центральный Остров резко обрывается на периферии, но его размеры столь громадны, что этот конечный угол относительно неразличим в пределах любой ограниченной области. Часть периферийной поверхности Рая занята взлетно-посадочными полями для приема и отправки различных групп духовных личностей. Ввиду того что зоны пенасыщенного пространства почти достигают периферии, здесь принимается транспорт с любой направляющейся в Рай личностью. Ни в верхний, ни в нижний Рай невозможно попасть с помощью транспортных супернафимов или других типов существ, пересекающих пространство.

У каждого из Семи Главных Духов есть собственный центр могущества и власти на одной из семи сфер Духа, обращающихся вокруг Рая в пространстве между сияющими сферами Сына и внутренним кольцом миров Хавоны, однако их центр сосредоточения силы находится на периферии Рая. Здесь медленно вращающиеся присутствия Семи Верховных Управляющих Энергией обозначают расположение семи импульсных станций, посылающих в семь сверхвселенных определенные виды энергии Рая.

Здесь, в периферийном Раю, находятся колоссальные исторические и профетические демонстрационные области, отведенные Сынам-Создателям и посвященные локальным вселенным времени и пространства. Существует ровно семь триллионов таких исторических заповедников, уже созданных или еще не использованных, но всё это в совокупности покрывает лишь около четырех процентов соответствующей части периферийной области. Мы предполагаем, что эти громадные заповедные территории предназначены для творений, которые в должное время появятся за пределами известных сегодня и обитаемых семи сверхвселенных.

Та часть Рая, которая предназначена для существующих вселенных, заполнена всего лишь на один-четыре процента, в то время как отведенная для этого область по меньшей мере в миллион раз превышает действительные потребности. Рай достаточно велик, чтобы обеспечить простор для деятельности практически бесконечного творения.

Однако дальнейшие попытки помочь вам представить себе величие Рая были бы бесплодными. Вы должны терпеливо продолжать свое восхождение, ибо истинно сказано: «Глаз не видел и ухо не слышало, и на ум смертному человеку не приходило то, чтó Всеобщий Отец уготовил для тех, кто переживет жизнь во плоти в мирах времени и пространства».

5. НИЖНИЙ РАЙ

О нижнем Рае мы знаем только то, что раскрыто; личности не обитают здесь. Он не имеет никакого отношения к делам духовных разумных существ, не действует здесь и Божество-Абсолют. Нас учат, что все контуры физической энергии и космической силы берут свое начало в нижнем Раю, имеющем следующее строение:

1. Прямо под месторасположением Троицы, в центральной части нижнего Рая, находится неизвестная и нераскрытая Зона Бесконечности.

2. Непосредственно вокруг этой Зоны расположена безымянная область.

3. Внешние границы нижней поверхности занимает область, контролирующая потенцию пространства и силу-энергию. Действие этого огромного эллиптического силового центра не соответствует ни одной из известных функций какого-либо триединства, однако в этой области, по-видимому, сосредоточен изначальный силовой заряд пространства. Этот центр состоит из трех концентрических эллиптических зон: внутренняя является средоточием силовых и энергетических процессов самого Рая, а внешняя, возможно, связана с функциями Безусловного Абсолюта; в отношении пространственных функций средней зоны мы не можем сказать ничего определенного.

Внутренняя зона этого силового центра действует, очевидно, как гигантское сердце, чьи пульсации посылают потоки энергии к самым отдаленным границам физического пространства. Она направляет и модифицирует силы-энергии, но вряд ли приводит их в движение. Присущее реальности и создаваемое этой изначальной силой напряжение-присутствие значительно явственнее проявляется в северной оконечности Райского центра, чем в южных регионах; этот перепад является постоянным. Материнская сила пространства, очевидно, поступает на юге и истекает на севере благодаря действию неизвестной циркуляционной системы, выполняющей функции распространения этого основного вида силы-энергии. Время от времени возникают заметные колебания напряжения в восточно-западном направлении. Силы, исходящие из этой зоны, не реагируют на воздействие наблюдаемой физической гравитации, но всегда подчиняются гравитации Рая.

Средняя зона силового центра непосредственно окружает внутреннюю зону. Средняя зона, по-видимому, статична, если не считать ее расширений и сокращений в трех циклах активности. Самое слабое из этих пульсаций происходит в восточно-западном направлении, следующее по силе – в северно-южном, в то время как самое мощное – общее расширение и сжатие – происходит по всем направлениям. Функция средней зоны так и не получила определения, но, скорее всего, она имеет отношение к взаимному согласованию внутренней и внешней зон силового центра. Многие считают, что средняя зона является механизмом управления промежуточным пространством, или зонами покоя, которые отделяют следующие друг за другом пространственные уровни совокупной вселенной; но нет ни свидетельства, ни откровения, которое служило бы тому подтверждением. Наше предположение основывается на знании того, что средняя зона имеет некоторое отношение к функционированию механизма ненасыщенного пространства совокупной вселенной.

Внешняя зона является самым большим и наиболее активным из трех концентрических эллиптических поясов неотождествленного космического потенциала. Эта область – арена невообразимой деятельности, центр, где сходятся все излучающие контуры, устремляющиеся в пространство по всем направлениям вплоть до внешних границ семи сверхвселенных и уходящих еще дальше, пересекая колоссальные и непостижимые владения всего внешнего пространства. Данное пространственное присутствие является совершенно безличностным, несмотря на то что каким-то нераскрытым образом оно, по-видимому, опосредованно реагирует на волю и распоряжения бесконечных Божеств, действующих в качестве Троицы. Считается, что здесь находится центральное средоточие, Райский центр пространственного присутствия Безусловного Абсолюта.

Очевидно, все разновидности силы и все фазы энергии замкнуты; они циркулируют во вселенных и возвращаются по определенным маршрутам. Однако оказывается, что излучения активированной зоны Безусловного Абсолюта могут либо направляться в пространство, либо возвращаться назад, но никогда оба действия не происходят одновременно. Эта внешняя зона пульсирует гигантскими циклами протяженностью в целую вечность. В течение немногим более миллиарда урантийских лет происходит истечение пространственной силы данного центра, которое сменяется столь же продолжительным возвратным движением. И проявления пространственной силы этого центра являются всеобщими: они охватывают всё доступное насыщению пространство.

Все виды физической силы, энергии и вещества едины. Изначально вся сила-энергия изошла из нижнего Рая, куда ей предстоит вернуться по завершении своего обращения в пространстве. Но не вся энергия и материальные образования вселенной вселенных в их современных феноменальных состояниях берут свое начало в нижнем Раю; пространство – это колыбель многих типов вещества и предвещества. Хотя внешняя зона силового центра Рая является источником пространственных энергий, само пространство здесь не возникает. Пространство не является силой, энергией или мощью. Равным образом, респирация пространства не объясняется пульсациями этой зоны, однако чередующиеся в этой зоне фазы истечения и поступления энергии синхронизированы с циклами расширения и сжатия пространства продолжительностью в два миллиарда лет.

6. РЕСПИРАЦИЯ ПРОСТРАНСТВА

Мы не знаем истинного механизма респирации пространства; мы только наблюдаем его периодические сжатия и расширения. Эта респирация охватывает как горизонтальное протяжение насыщенного пространства, так и вертикальные протяжения ненасыщенного пространства, существующего в громадных резервуарах над и под Раем. Объемные очертания этих пространственных резервуаров напоминают песочные часы.

Когда вселенные горизонтального протяжения насыщенного пространства расширяются, резервуары вертикального протяжения ненасыщенного пространства сжимаются – и наоборот. Непосредственно под нижним Раем происходит слияние насыщенного и ненасыщенного пространства. Оба типа пространства протекают через преобразующие регуляционные каналы, где производятся изменения, необходимые для превращения насыщаемого пространства в ненасыщаемое и наоборот при периодических сжатиях и расширениях космоса.

Под «ненасыщенным» понимается пространство, не насыщенное теми видами силы, энергии, мощи и присутствия, которые существуют в пространстве насыщенном. Мы не знаем, должно ли вертикальное (резервуарное) пространство вечно служить противовесом горизонтальному (пространству вселенных); мы не знаем, существует ли творческий замысел в отношении ненасыщенного пространства; мы поистине очень мало знаем о резервуарах пространства – только то, что они существуют и, по-видимому, уравновешивают циклические расширения и сжатия вселенной вселенных.

Каждая фаза циклической респирации пространства длится немногим более одного миллиарда урантийских лет. В течение одной фазы вселенные расширяются, в течение другой они сжимаются. В настоящее время насыщенное пространство подходит к середине фазы расширения, в то время как ненасыщенное пространство приближается к середине фазы сжатия, и, по нашим сведениям, границы обоих протяжений пространства находятся, теоретически, на равном расстоянии от Рая. Сегодня резервуары ненасыщенного пространства протянулись в вертикальном направлении над верхним и под нижним Раем на такое же расстояние, на какое протянулось горизонтально от периферийного Рая насыщенное пространство вселенных, достигающее четвертого уровня внешнего пространства и даже выходящее за его пределы.

В течение миллиарда урантийских лет пространственные резервуары сжимаются, в то время как совокупная вселенная и силовая активность всего горизонтального пространства расширяются. Таким образом, требуется немногим более двух миллиардов урантийских лет для завершения полного цикла расширения и сжатия.

7. ПРОСТРАНСТВЕННЫЕ ФУНКЦИИ РАЯ

Пространство не существует ни на одной из поверхностей Рая. Если, находясь на верхней его поверхности, «посмотреть» строго вверх, то невозможно будет «увидеть» ничего, кроме входящего или исходящего ненасыщенного пространства, в настоящее время входящего. Пространство не соприкасается с Раем; только спокойные *зоны промежуточного пространства* входят в контакт с центральным Островом.

Рай является фактически неподвижным ядром, которое окружают расположенные между насыщенным и ненасыщенным пространством зоны относительного покоя. Географически эти зоны представляются относительным продолжением Рая, однако они, возможно, заключают в себе какое-то движение. Нам очень мало известно о них, но мы замечаем, что эти зоны ослабленного пространственного движения разделяют насыщенное и ненасыщенное пространство. Подобные зоны существовали когда-то между уровнями насыщенного пространства, но в настоящее время они уже менее спокойны.

Вертикальное поперечное сечение всего пространства несколько напоминает мальтийский крест, горизонтальные протяжения которого соответствуют насыщенному (вселенскому) пространству, а вертикальные – ненасыщенному (резервуарному) пространству. Четыре конца этого креста несколько разделены, поскольку зоны промежуточного пространства разделяют насыщенное и ненасыщенное пространство. При удалении от Рая эти спокойные зоны промежуточного пространства разрастаются и, в конце концов, охватывают границы всего пространства, полностью включая в себя как пространственные резервуары, так и всё горизонтальное протяжение насыщенного пространства.

Пространство не является ни субабсолютным условием в рамках Безусловного Абсолюта, ни его присутствием, как не является оно и функцией Предельного. Пространство есть дар Рая, и считается, что пространство большой вселенной и всех внешних областей в действительности насыщено первичной пространственной потенцией Безусловного Абсолюта. От примыкающих к периферийному Раю областей это насыщенное пространство протянулось вовне, пересекая четвертый пространственный уровень и выходя за периферию совокупной вселенной, но как далеко, мы не знаем.

Если вы вообразите себе конечную, но непостижимо огромную клиновидную плоскость, расположенную под прямым углом как к верхней, так и к нижней поверхностям Рая, и с вершиной, почти соприкасающейся с периферийным Раем, и если после этого представите эту плоскость в ее эллиптическом обращении вокруг Рая, то вращательное движение этой плоскости приблизительно очертит объем насыщенного пространства.

Для каждой данной точки во вселенных существуют верхний и нижний пределы горизонтального пространства. При достаточном удалении вверх или вниз под прямым углом к плоскости Орвонтона можно рано или поздно достигнуть верхнего или нижнего пределов насыщенного пространства. По мере удаления от Рая, в пределах известного протяжения совокупной вселенной эти границы всё более и более раздвигаются. Пространство уплотняется, причем несколько быстрее, чем плоскость творения – вселенные.

Находящиеся между уровнями пространства зоны относительного покоя – такие как зона, отделяющая семь сверхвселенных от первого уровня внешнего пространства, – представляют собой исполинские эллипсы спокойного пространства. Эти зоны разделяют огромные галактики, которые в организованном порядке стремительно обращаются вокруг Рая. Вы можете представить себе первый уровень внешнего пространства, где в настоящее время формируются бесчисленные вселенные, как гигантскую процессию галактик, вращающихся вокруг Рая и ограниченных сверху и снизу спокойными зонами промежуточного пространства, а с внутренней и внешней границ – относительно спокойными зонами.

Так уровень пространства функционирует как эллиптическая область движения, со всех сторон окруженная относительной неподвижностью. Такие соотношения движения и покоя образуют искривленные пространственные пути пониженного сопротивления движению, за которыми всегда следуют космическая сила и возникающая энергия в их вечном обращении вокруг Острова Рай.

Эти чередующиеся зоны совокупной вселенной, в совокупности с попеременным движением галактик по и против часовой стрелки, являются фактором стабилизации физической гравитации, направленным на предотвращение усиления гравитационного напряжения до разрушительной и рассеивающей величины.

Такой механизм оказывает антигравитационное воздействие и выполняет функции тормоза, гасящего опасные скорости.

8. ГРАВИТАЦИЯ РАЯ

Неотвратимое гравитационное притяжение эффективно охватывает все миры, во всех вселенных, по всему пространству. Гравитация – это всемогущие объятия физического присутствия Рая. Гравитация – это всесильная нить, на которую нанизаны мерцающие звезды, сияющие солнца и вращающиеся сферы, составляющие всеобщее физическое украшение вечного Бога, который есть всё, который всё наполняет и в котором всё заключено.

Центром и средоточием абсолютной материальной гравитации является Остров Рай, дополняемый окружающими Хавону темными гравитационными телами и уравновешиваемый верхним и нижним резервуарами пространства. Все известные эманации нижнего Рая неизменно и безошибочно реагируют на центральную гравитацию, которой охвачены бесконечные контуры эллиптических пространственных уровней совокупной вселенной. Каждый известный тип космической реальности описывает вековую дугу, стремясь к кругообразному движению, к обращению по огромному эллипсу.

Пространство не реагирует на гравитацию, но служит ее противовесом. Без амортизирующей способности пространства, происходящие в нём взрывы сотрясали бы окружающие космические тела. Насыщенное пространство оказывает также антигравитационное воздействие на физическую, или линейную, гравитацию; пространство действительно способно нейтрализовать такое действие гравитации, хотя и неспособно отсрочить его. Абсолютная гравитация есть гравитация Рая. Локальная, или линейная, гравитация относится к электрической стадии энергии или вещества; она действует в пределах центральной, сверх- и внешних вселенных при любой соответствующей материализации.

Многочисленные типы космической силы, физической энергии, энергии вселенной, а также различные материализации раскрывают три общие, хотя и не строго разграниченные, стадии реакций на гравитацию Рая:

1. *Догравитационные стадии (сила)*. Это первый шаг в процессе выделения потенции пространства в доэнергетические виды космической силы. Это состояние соответствует понятию изначального силового заряда пространства, иногда называемого *чистая энергия* или *сегрегата*.

2. *Гравитационные стадии (энергия)*. Эта модификация силового заряда пространства выполняется Райскими организаторами сил. Она свидетельствует о появлении энергетических систем, реагирующих на воздействие гравитации Рая. Эта возникающая энергия первоначально является нейтральной, однако, претерпев ряд трансформаций, она начинает проявлять так называемые отрицательные и положительные свойства. Такие стадии мы называем *ультимата*.

3. *Постгравитационные стадии (энергия вселенной)*. На этой стадии энергия -вещество начинает подчиняться линейной гравитации. В центральной вселенной такие физические системы представляют собой тройственные организации, известные как *триата*, – сверхмощные системы, исходные по отношению к пространственно-временны́м творениям. Физические системы сверхвселенных мобилизуются Управляющими Вселенской Энергией и их партнерами. Эти материальные организации отличаются двойственным строением и известны как

гравита. Окружающие Хавону темные гравитационные тела не являются ни триатой, ни гравитой, а сила их притяжения обнаруживает оба типа физической гравитации – линейную и абсолютную.

Потенция пространства не взаимодействует с каким-либо видом гравитации. Этот изначальный дар Рая не является действительным уровнем реальности; он предшествует всем относительным функциональным недуховным реальностям – всем проявлениям силы-энергии, а также образованию энергии и вещества. Потенция пространства – термин, плохо поддающийся определению. Он не означает чего-либо, предшествующего пространству; его значение должно передавать идею потенциальных возможностей, заключенных в самом пространстве. В общих чертах он может быть осмыслен как включающий все те абсолютные воздействия и потенциалы, которые исходят от Рая и составляют пространственное присутствие Безусловного Абсолюта.

Рай есть абсолютный источник и вечное средоточие всей энергии и всего вещества во вселенной вселенных. Безусловный Абсолют раскрывает, регулирует и объемлет всё то, чему Рай является источником и первопричиной. Всеобщее присутствие Безусловного Абсолюта представляется эквивалентным концепции потенциальной бесконечности распространения гравитации – эластичной упругости присутствия Рая. Это представление помогает осознать тот факт, что всё притягивается к центру, к Раю. Данный пример приблизителен, однако полезен. Он также объясняет, почему гравитация всегда действует преимущественно в плоскости, перпендикулярной массе, – это свидетельствует о различиях в размерах Рая и окружающих его творений.

9. УНИКАЛЬНОСТЬ РАЯ

Рай уникален тем, что является местом изначального происхождения и окончательной целью всех духовных личностей. Хотя истинно то, что не все низшие духовные существа локальных вселенных сразу же отправятся в Рай, он остается желанной целью для всех сверхматериальных личностей.

Рай – это географический центр бесконечности, он не является ни частью вселенского творения, ни даже реальной частью вечной вселенной Хавоны. Обычно мы говорим, что центральный Остров принадлежит к божественной вселенной, но на самом деле это не так. Рай представляет собой вечное и исключительное существование.

В вечности прошлого, когда Всеобщий Отец претворил бесконечное личностное выражение своего духовного «я» в существе Вечного Сына, он одновременно раскрыл потенциал бесконечности, заключенный в его неличностном «я», как Рай. Неличностный и недуховный Рай представляется неизбежным отражением воли Отца и актом, увековечившим Изначального Сына. Так реальность была задумана Отцом в двух актуальных фазах: личностной и неличностной, духовной и недуховной. Существующее между ними напряжение, а также воля Отца и Сына к действию привели к появлению Совместного Вершителя и центральной вселенной материальных миров и духовных существ.

Когда реальность дифференцирована на личностную и неличностную (Вечный Сын и Рай), вряд ли было бы справедливым называть то, что является неличностным, «Божеством» без каких-либо оговорок. Энергетические и материальные последствия действий Божества едва ли могут именоваться Божеством. Божество может служить причиной многого того, что Божеством не является, и Рай не есть

Божество; не обладает Рай также и сознанием – в любом возможном понимании этого слова смертным человеком.

Рай не является исходным по отношению к какому-либо существу или живой сущности; он не является создателем. Личностные и интеллектуально-духовные свойства могут *передаваться*, эталон – нет. Эталоны никогда не являются отражениями; они представляют собой воспроизведения, воссоздания. Рай есть абсолют эталонов; Хавона – выражение этих потенциалов в действительности.

Центральна и вечна, великолепна и идеальна обитель Бога. Его жилище – это прекрасный образец для всех столичных миров вселенных; и центральная вселенная его непосредственного пребывания служит образцом для всех вселенных во всём, что относится к их идеалам, организации и предельному предназначению.

Рай – это всеобщий центр всей личностной деятельности, источник и центр всех пространственно-силовых и энергетических проявлений. Всё, что существует, существовало или будет существовать, произошло, происходит и будет происходить из этой центральной обители вечных Богов. Рай – центр всего творения, источник всей энергии и место изначального происхождения всех личностей.

В конечном счете, из всего, что относится к вечному Раю, наиболее значительным для смертных является тот факт, что эта совершенная обитель Всеобщего Отца есть реальная и далекая цель бессмертных душ смертных и материальных Божьих сынов – восходящих созданий эволюционных миров времени и пространства. Каждый познавший Бога смертный, посвятивший себя выполнению воли Отца, уже вступил на долгий, долгий путь к Раю – путь стремления к божественности и обретения совершенства. И когда такое существо животного происхождения, поднявшееся из низших пространственных сфер, предстает – как предстали уже легионы других – перед Богами в Раю, то подобное достижение выражает реальность духовной трансформации, граничащей с пределами верховности.

[Представлено Совершенствователем Мудрости, назначенным для выполнения данной функции Древними Дней Уверсы.]

ДОКУМЕНТ 12

ВСЕЛЕННАЯ ВСЕЛЕННЫХ

Беспредельность широко раскинувшегося творения Всеобщего Отца не может быть осознана конечным воображением; грандиозность совокупной вселенной ошеломляет, приводит в замешательство даже существа моей категории. Однако смертный разум способен уяснить многие аспекты плана и устройства вселенных; вас можно познакомить с их физической организацией и замечательным управлением; вы можете усвоить многое из того, что касается различных разумных созданий, населяющих семь сверхвселенных времени и центральную вселенную вечности.

В принципе, то есть в потенциале вечности, мы представляем материальное творение как бесконечное, ибо Всеобщий Отец действительно бесконечен; но изучая всеобщее материальное творение и наблюдая за ним, мы понимаем, что в каждый конкретный момент оно ограничено, хотя для вашего конечного разума оно относительно бесконечно, практически безгранично.

Изучая физические законы и наблюдая за звездными мирами, мы убеждаемся в том, что бесконечный Создатель еще не проявил себя во всей полноте космического выражения, что значительная часть космического потенциала Бесконечного всё еще заключена в нём самом и не раскрыта. Для созданных существ совокупная вселенная может казаться практически бесконечной, но она еще далека до завершения; еще существуют физические границы материального творения и продолжается эмпирическое раскрытие вечного замысла.

1. ПРОСТРАНСТВЕННЫЕ УРОВНИ СОВОКУПНОЙ ВСЕЛЕННОЙ

Вселенная вселенных не есть бесконечная плоскость, беспредельный куб или безграничный круг; она, несомненно, обладает размерами. Законы физической организации и управления убедительно доказывают, что всё огромное скопление силы, энергии и вещества в конечном счете функционирует как пространственная единица, как организованное и согласованное целое. Поддающееся наблюдению поведение материального творения свидетельствует о том, что физическая вселенная имеет определенные пределы. Окончательным доказательством как кругообразности, так и предельности вселенной является хорошо известный – известный нам – факт, что все разновидности основной энергии вечно обращаются по изогнутой траектории пространственных уровней совокупной вселенной, подчиняясь непрерывному и абсолютному притяжению Рая.

Последовательные пространственные уровни совокупной вселенной представляют собой основные секторы насыщенного пространства – всеобъемлющего творения, организованного и частично обитаемого или пока еще неорганизованного и необитаемого. Мы полагаем, что если бы совокупная вселенная не являлась последовательностью эллиптических пространственных уровней ослабленного сопротивления движению, чередующихся с зонами относительного покоя, то можно было бы наблюдать, как некоторые из космических энергий выстреливаются по прямой на бесконечное расстояние, бесследно исчезая в пространстве; однако мы никогда не встречались с силой, энергией или веществом, которые обладали бы подобными свойствами; испокон веков они продолжают свое кружение, вечное обращение по орбитам великих колец пространства.

Удаляясь от Рая вдоль горизонтального протяжения насыщенного пространства, совокупная вселенная предстает в виде шести концентрических эллипсов – пространственных уровней, окружающих центральный Остров:

1. Центральная вселенная – Хавона.
2. Семь сверхвселенных.
3. Первый уровень внешнего пространства.
4. Второй уровень внешнего пространства.
5. Третий уровень внешнего пространства.
6. Четвертый уровень, уровень наиболее удаленного внешнего пространства.

Хавона – центральная вселенная – не является временны́м творением: она представляет собой вечную реальность. Эта не имеющая начала и конца вселенная состоит из миллиарда сфер величественного совершенства и окружена громадными темными гравитационными телами. В центре Хавоны находится неподвижный и абсолютно устойчивый Остров Рай в окружении двадцати одного спутника. Благодаря огромной массе окружающих темных гравитационных тел, расположенных у границ центральной вселенной, общая масса этого центрального творения намного превышает известную совокупную массу всех семи секторов большой вселенной.

Система Рай-Хавона – вечная вселенная, окружающая вечный Остров, – представляет собой совершенное и вечное ядро совокупной вселенной; все семь сверхвселенных и все регионы внешнего пространства обращаются по установившимся орбитам вокруг гигантского центрального скопления спутников Рая и сфер Хавоны.

Семь сверхвселенных не являются первичными физическими системами; их границы нигде не разделяют семейство туманностей, как не пересекают они и локальные вселенные – основные созидательные единицы. Каждая сверхвселенная – это просто географическое пространство, объединяющее приблизительно седьмую часть организованного и частично обитаемого творения постхавонского периода; все они примерно равны по числу входящих в них локальных вселенных и объему занимаемого пространства. Ваша локальная вселенная *Небадон* представляет собой одно из поздних творений седьмой сверхвселенной *Орвонтон*.

Большая вселенная – это нынешнее организованное и обитаемое творение. Она состоит из семи сверхвселенных с совокупным эволюционным потенциалом примерно в семь триллионов обитаемых планет, не считая вечных сфер центрального творения. Однако такая ориентировочная оценка не учитывает ни архитектурных административных сфер, ни внешних групп неорганизованных вселенных. Сегодняшние неровные рубежи большой вселенной, ее неравномерная и незавершенная периферия, в сочетании с чрезвычайно неустойчивым состоянием всего астрономического плана, позволяют нашим исследователям звезд сделать вывод о незаконченности даже семи сверхвселенных. Продвигаясь из божественного центра в любом направлении, мы всегда достигаем внешних пределов организованного и обитаемого творения, мы достигаем границ большой вселенной. Именно у такого внешнего рубежа, в далеком уголке этого величественного творения, продолжает свое богатое событиями существование ваша локальная вселенная.

Уровни внешнего пространства. В далеком пространстве, на огромном удалении от семи обитаемых сверхвселенных, происходит образование колоссальных, неправдоподобно величественных колец, объединяющих силу и материализующиеся энергии. Между энергетическими контурами семи сверхвселенных и этим гигантским внешним поясом силовой активности находится пространственная зона относительного спокойствия, глубина которой варьируется, составляя в среднем четыреста тысяч световых лет. Эти пространственные зоны свободны от звездной пыли – космического тумана. Наши исследователи этих явлений затрудняются с точностью определить статус пространственных сил этой зоны относительного спокойствия, окружающей семь сверхвселенных. Однако на расстоянии примерно в полмиллиона световых лет от периферии нынешней большой вселенной мы отмечаем начало зоны неправдоподобной энергетической активности, которая увеличивается в размахе и интенсивности на протяжении более двадцати пяти миллионов световых лет. Эти гигантские диски активирующих сил находятся в первом уровне внешнего пространства – непрерывном поясе космической активности, окружающем всё известное, организованное и обитаемое творение.

Еще значительнее активность, наблюдаемая за пределами этого пространства, ибо уверсские физики получили первые подтверждения силовой активности на расстоянии более пятидесяти миллионов световых лет от самых удаленных явлений первого уровня внешнего пространства. Эта активность наверняка является признаком организации материальных творений во втором внешнем пространственном уровне совокупной вселенной.

Центральная вселенная есть творение вечности; семь сверхвселенных – творения времени; четыре уровня внешнего пространства несомненно предназначены для возникновения и развития предельности творения. Существует мнение, что Бесконечный может обрести полноту выражения только в бесконечности, и те, кто так считает, постулируют дополнительное и нераскрытое творение за пределами четвертого, предельного уровня совокупной вселенной – предполагаемую вечно расширяющуюся, безбрежную вселенную бесконечности. Теоретически мы не представляем себе, каким образом можно ограничить бесконечность Создателя или потенциальную бесконечность творения, но в том виде, в котором совокупная вселенная существует и управляется, она рассматривается нами как имеющая явные пределы и внешние рубежи, ограниченные открытым пространством.

2. ОБЛАСТЬ БЕЗУСЛОВНОГО АБСОЛЮТА

Когда урантийские астрономы, вооружаясь всё более мощными телескопами, всматриваются в таинственные дали внешнего пространства и обнаруживают там поразительную эволюцию практически бесчисленных физических вселенных, им следует понять, что перед их взором предстает могущественное воплощение непостижимых замыслов Творцов Совокупной Вселенной. Действительно, мы располагаем доказательствами, позволяющими предположить, что в обширных энергетических явлениях, характеризующих в настоящее время эти дальние регионы, усматривается периодическое воздействие личностей Рая; однако, в более широкой перспективе, за пределами семи сверхвселенных пространственные регионы обычно рассматриваются как владения Безусловного Абсолюта.

Хотя невооруженному глазу человека видны всего две или три туманности за пределами сверхвселенной Орвонтон, ваши телескопы обнаруживают буквально миллионы и миллионы этих физических вселенных, находящихся в процессе формирования. Большинство звездных миров, доступных наблюдению в ваши современные телескопы, находится в пределах Орвонтона, но с помощью фотографической техники мощные телескопы проникают далеко за пределы большой вселенной в область внешнего пространства, где формируются бессчетные вселенные. И еще многие миллионы вселенных остаются недоступными вашим нынешним приборам.

В недалеком будущем новые телескопы откроют удивленному взору урантийских астрономов не менее 375 миллионов новых галактик в дальних областях внешнего пространства. В то же время эти более мощные телескопы позволят обнаружить, что многие галактики, которые ранее причислялись к внешнему пространству, в действительности являются частью галактической системы Орвонтона. Семь сверхвселенных продолжают расти; периферия каждой из них постепенно расширяется; всё новые туманности становятся устойчивыми и организованными, и некоторые из тех, которых урантийские астрономы считают экстрагалактическими, в действительности находятся на границе Орвонтона и путешествуют вместе с нами.

Уверсские исследователи звезд отмечают, что большая вселенная окружена предшественниками многочисленных звездных и планетарных скоплений в форме концентрических колец, состоящих из великого множества вселенных внешнего пространства и со всех сторон окружающих существующее сегодня обитаемое творение. По оценкам уверсских физиков, энергия и вещество этих внешних и неисследованных областей уже во много раз превышает совокупную массу вещества и энергетический заряд всех семи сверхвселенных. Мы знаем, что превращения космической силы этих уровней внешнего пространства относятся к функциям Райских организаторов сил. Мы также знаем, что эти силы являются исходными по отношению к видам физической энергии, активирующим в настоящее время большую вселенную. Однако управляющие энергией Орвонтона не имеют никакого отношения к этим удаленным мирам, а движения энергии этих сфер не связаны каким-либо заметным образом с энергетическими контурами организованных и обитаемых творений.

Мы очень мало знаем о значении этих потрясающих явлений внешнего пространства. Великое творение будущего находится в процессе становления. Мы способны наблюдать его грандиозность, мы способны видеть его протяженность и осознавать его величественные размеры, но в остальном мы знаем об этих мирах немногим больше астрономов Урантии. Насколько нам известно, никакое подобное человеку материальное существо, никакой ангел или иное духовное создание не обитает в этом внешнем кольце туманностей, солнц и планет. Эти дальние рубежи находятся за пределами полномочий и руководства правительств сверхвселенных.

Согласно распространенному в Орвонтоне мнению, создается новый тип творения – тип вселенных, которым суждено стать местом грядущего действия формирующегося Корпуса Завершения; и если наши предположения справедливы, то бесконечное будущее готовит всем вам такие же захватывающие дух зрелища, которые были уготованы вашим предшественникам и предкам бесконечным прошлым.

3. ВСЕОБЩАЯ ГРАВИТАЦИЯ

Все без исключения виды силы-энергии – материальной, интеллектуальной или духовной – подчиняются тому охвату, тем всеобщим присутствиям, которые мы называем гравитацией. Личность также подчиняется гравитации – особому контуру Отца; однако несмотря на специфическую принадлежность этого контура Отцу, он не исключается из остальных контуров; Всеобщий Отец бесконечен и проявляет себя через *все* четыре контура абсолютной гравитации совокупной вселенной:

1. Гравитация личности Всеобщего Отца.
2. Гравитация духа Вечного Сына.
3. Гравитация разума Совместного Вершителя.
4. Космическая гравитация Острова Рай.

Четыре этих контура не связаны с силовым центром нижнего Рая; они не являются контурами силы, энергии или мощи. Они представляют собой контуры абсолютного *присутствия* и, подобно Богу, независимы от времени и пространства.

В этой связи интересно отметить некоторые наблюдения, сделанные на Уверсе в течение последних тысячелетий корпусом исследователей гравитации. Данная группа экспертов пришла к следующим заключениям относительно различных гравитационных систем совокупной вселенной:

1. *Физическая гравитация*. Оценив общие потенциальные возможности физической гравитации во всей большой вселенной, члены группы тщательно сравнили свои результаты с примерной общей величиной активного присутствия абсолютной гравитации. Данные расчеты показывают, что совокупное гравитационное воздействие в большой вселенной составляет лишь малую часть предполагаемого воздействия гравитации Рая, вычисленного исходя из реакции на гравитацию основных физических единиц вселенского вещества. Эти исследователи делают поразительный вывод о том, что центральная вселенная и окружающие ее семь сверхвселенных используют в настоящее время менее пяти процентов активного действия абсолютного гравитационного охвата Рая. Иными словами, в настоящий момент около девяноста пяти процентов активного воздействия космической гравитации Острова Рай, высчитанного на основе этой теории совокупности, контролирует материальные системы, находящиеся за пределами существующих сегодня организованных вселенных. Все эти расчеты относятся к абсолютной гравитации; линейная гравитация проявляется во взаимодействии, и для ее вычисления необходимо знать фактическую величину гравитации Рая.

2. *Духовная гравитация*. Используя тот же метод сравнительной оценки и расчетов, эти исследователи изучили нынешнюю потенциальную способность воздействия духовной гравитации и с помощью Одиночных Посланников и других духовных личностей получили суммарное выражение активной духовной гравитации Второго Источника и Центра. Небезынтересно отметить, что они пришли примерно к той же величине фактического и функционального присутствия духовной гравитации в большой вселенной, которая постулируется ими в качестве общей величины присутствия активной духовной гравитации. Иными словами, в настоящее время практически вся наблюдаемая духовная гравитация Вечного Сына, вычисленная на основе этой теории совокупности, проявляется в большой вселенной. Если эти открытия достоверны, мы можем сделать вывод о полной недуховности вселенных, формирующихся в настоящее время во внешнем пространстве. И если это так, то мы получаем убедительный ответ на вопрос, почему наделенные духом существа очень мало или совсем ничего не знают об этих обширных энергетических проявлениях, за исключением факта их физического существования.

3. *Гравитация разума.* При помощи тех же принципов сравнительных расчетов, эти эксперты обратились к проблеме присутствия гравитации разума и ответной реакции на нее. Необходимая для расчетов единица разума была получена посредством усреднения трех материальных и трех духовных типов интеллекта, хотя тип разума, обнаруженный у управляющих энергией и их партнеров, оказался дестабилизирующим фактором при определении базисной единицы, необходимой для расчетов гравитации разума. Почти ничто не мешало определить нынешние потенциальные возможности гравитации разума Третьего Источника и Центра в соответствии с этой теорией совокупности. Хотя результаты в данном случае уступают по своей убедительности оценкам физической и духовной гравитации, сравнительно с другими они весьма поучительны и даже загадочны. Исследователи пришли к выводу, что около восьмидесяти пяти процентов ответного действия на притяжение разума Совместного Вершителя возникает в существующей большой вселенной. Это позволяет предположить, что доступные наблюдению физические процессы в мирах внешнего пространства связаны с интеллектуальной активностью. Хотя эта оценка, возможно, весьма приблизительна, она, в принципе, согласуется с нашими представлениями о том, что в настоящее время разумные организаторы сил направляют развитие вселенных в пространственных уровнях за пределами большой вселенной. Какой бы ни была природа этого постулируемого разума, он, очевидно, не реагирует на духовную гравитацию.

Однако все эти расчеты являются, в лучшем случае, лишь оценками, основанными на предполагаемых законах. Мы считаем, что они вполне достоверны. Даже если предположить, что некоторые из духовных существ находятся во внешнем пространстве, их коллективное присутствие не внесет существенных корректив в расчеты, охватывающие столь масштабные измерения.

Гравитацию личности рассчитать невозможно. Мы распознаем этот контур, но не можем измерить количественные или качественные реальности, реагирующие на его воздействие.

4. ПРОСТРАНСТВО И ДВИЖЕНИЕ

Все единицы космической энергии находятся в состоянии первичного вращения и исполняют свое назначение, обращаясь по всеобщей орбите. Все вселенные пространства, все составляющие их системы и миры представляют собой вращающиеся сферы, совершающие бесконечные кругообороты в пространственных уровнях совокупной вселенной. Во всей совокупной вселенной нет ничего абсолютно неподвижного, за исключением сáмого центра Хавоны – вечного Острова Рай, центра гравитации.

Безусловный Абсолют функционально ограничен пространством, но мы не можем сказать ничего определенного о его отношении к движению. Присуще ли ему движение? Мы не знаем. Мы знаем, что движение не присуще пространству; даже движения *самого* пространства не вытекают из его сущности. Но у нас нет определенных взглядов на отношение Безусловного Абсолюта к движению. Кто – или что – является движущей силой гигантских преобразований силы-энергии, происходящих за пределами нынешних семи сверхвселенных? Что касается происхождения движения, то мы придерживаемся следующих взглядов:

1. Мы полагаем, что Совместный Вершитель инициирует движение *в пространстве.*

2. Если Совместный Вершитель порождает движение и *самого пространства*, мы неспособны это доказать.

3. Всеобщий Абсолют не порождает изначальное движение, но он компенсирует и контролирует все напряжения, вызванные движением.

Очевидно, что создание гигантских дисков вселенных внешнего пространства, которые в настоящее время находятся в процессе звездообразования, – функция организаторов сил, но их способность выполнять такие функции была, скорее всего, обеспечена некоторым видоизменением пространственного присутствия Безусловного Абсолюта.

С точки зрения человека, пространство – это ничто, нечто отрицательное; оно существует только по отношению к чему-то положительному и непространственному. Тем не менее, пространство реально. Оно содержит и обуславливает движение. И даже движется само. В целом, движения пространства можно классифицировать следующим образом:

1. Первичное движение: респирация пространства, движение самого пространства.

2. Вторичное движение: противоположно направленные обращения последовательных уровней пространства.

3. Относительные движения: относительные в том смысле, что они не соотносятся с Раем как с опорным пунктом. Первичные и вторичные движения абсолютны – это движения по отношению к неподвижному Раю.

4. Компенсаторное или коррелирующее перемещение: координирует все остальные типы движений.

Хотя нынешние взаимоотношения вашего солнца и связанных с ним планет обнаруживают многие относительные и абсолютные виды движения в пространстве, у астрономов складывается впечатление о вашей относительной неподвижности, а ваши расчеты, охватывающие всё новые глубины пространства, говорят о постоянно ускоряющемся движении вовне окружающих вас вереницы и скоплений звезд. Однако это не так. Вы не принимаете во внимание продолжающегося единообразного расширения физического творения всего насыщенного пространства. Ваше собственное локальное творение (Небадон) принимает участие в этом движении всеобщего расширения. Все семь сверхвселенных участвуют в двухмиллиардном цикле респирации пространства вместе с внешними областями совокупной вселенной.

Когда вселенные расширяются и сокращаются, материальные массы насыщенного пространства совершают попеременные движения – противоположно и однонаправленно гравитационной тяге Рая. Работа по перемещению материально-энергетической массы творения есть работа *пространственная*, а не *энергосиловая*.

Хотя ваши спектроскопические расчеты астрономических скоростей обеспечивают достаточно надежные результаты в отношении звездных миров, принадлежащих к вашей и соседним сверхвселенным, такой подход совершенно недостоверен применительно к мирам внешнего пространства. Приближающаяся звезда приводит к смещению спектральных линий к фиолетовой части спектра; и наоборот, удаляющаяся звезда вызывает смещение линий к красной части спектра. Под влиянием многих привходящих факторов создается видимость того, что скорость удаления внешних вселенных возрастает более чем на сто миль в секунду при каждом новом увеличении расстояния на миллион световых лет. С появлением более мощных телескопов подобный метод рассуждений приведет к выводу, что эти находящиеся на огромном расстоянии системы удаляются от данной точки вселенной с невероятной скоростью, превышающей тридцать тысяч миль в секунду. Но эта кажущаяся скорость удаления не является истинной: это следствие многочисленных погрешностей, включая угол наблюдения и другие пространственно-временные искажения.

Однако самое значительное из всех искажений объясняется тем, что в регионах, примыкающих к семи сверхвселенным, гигантские вселенные внешнего пространства вращаются, по-видимому, противоположно вращению большой вселенной. То есть мириады этих туманностей, вместе с сопровождающими солнцами и сферами, в настоящее время вращаются по часовой стрелке вокруг центрального творения. Семь сверхвселенных вращаются вокруг Рая против часовой стрелки. Очевидно, вторая внешняя вселенная галактик, как и семь сверхвселенных, вращается вокруг Рая против часовой стрелки. И уверсские астрономы полагают, что они обнаружили признаки вращательного движения третьего внешнего пояса далекого пространства, начинающего проявлять тенденцию к движению по часовой стрелке.

Возможно, эти попеременные направления следующих друг за другом процессий вселенных в пространстве имеют какое-то отношение к механизму гравитации Всеобщего Абсолюта, который действует в пределах совокупной вселенной и заключается в согласовании сил и выравнивании пространственных напряжений. Как и пространство, движение дополняет, или уравновешивает, гравитацию.

5. ПРОСТРАНСТВО И ВРЕМЯ

Подобно пространству, время является даром Рая, но не в том же смысле, а лишь опосредованно. Время возникает в силу движения, а также потому, что разуму присуще чувство последовательности. С практической точки зрения, движение неотделимо от времени, однако не существует универсальной единицы времени, основанной на движении; за таковую произвольно принят стандартный день системы Рай-Хавона. Всеобъемлющий характер респирации пространства исключает ее локальное значение как источника времени.

Пространство не бесконечно, хотя оно и берет свое начало в Раю; не абсолютно, ибо оно насыщено Безусловным Абсолютом. Мы не знаем абсолютных пределов пространства, но мы знаем, что абсолютом времени является вечность.

Время и пространство неразделимы только в пространственно-временных творениях – семи сверхвселенных. Невременное пространство (пространство без времени) теоретически существует, но единственным истинно вневременным местом является *область* Рая. Непространственное время (время без пространства) существует в действии разума на уровне Рая.

Относительно неподвижные зоны промежуточного пространства, примыкающие к Раю и отделяющие насыщенное пространство от ненасыщенного, являются зонами перехода от времени к вечности; поэтому те паломники, которым предстоит стать гражданами Рая, при пересечении этого пространства должны погрузиться в бессознательное состояние. Сознающие течение времени *посетители* могут побывать в Раю без погружения в сон, но они остаются созданиями времени.

Временные связи не существуют без движения в пространстве, но осознание времени существует. Последовательность событий позволяет осознать время даже в отсутствие движения. По своей природе, человеческий разум меньше связан с временем, чем с пространством. Даже в течение земной жизни во плоти разум человека жестко связан с пространством, в то время как его творческое воображение относительно свободно от времени. Однако само время не является генетическим свойством разума.

Существует три различных уровня восприятия времени:

1. Время, осознаваемое разумом, – осознание последовательности; осознание движения и чувство продолжительности.

2. Время, осознаваемое духом, – постижение движения к Богу и осознание восходящего движения к уровням возрастающей божественности.

3. Личность *создает* уникальное чувство времени через постижение Реальности, а также осознание присутствия и ощущение продолжительности.

Недуховные животные знают только прошлое и живут в настоящем. Наделенный духом человек обладает способностью предвидения (проницательностью); он способен представить себе будущее. Только обращенные в будущее и прогрессивные взгляды реальны для личности. Застывшая этика и традиционная мораль лишь ненамного превосходят уровень животного. Не является высоким уровнем самореализации и стоицизм. Этика и мораль становятся подлинно человеческими тогда, когда они динамичны и прогрессивны, созвучны вселенской реальности.

Человеческая личность не просто сопутствует пространственно-временным событиям; человеческая личность может также являться космической причиной таких событий.

6. ВСЕОБЩЕЕ СВЕРХУПРАВЛЕНИЕ

Вселенная не является статичной. Стабильность – не результат инертности, а скорее производное сбалансированных энергий, сотрудничающих разумов, согласованных моронтий, сверхуправления духа и объединения личности. Стабильность целиком и всегда пропорциональна божественности.

В осуществлении физического управления совокупной вселенной Всеобщий Отец использует свое первенство и господство посредством Острова Рай; Бог абсолютен в духовном руководстве космосом в лице Вечного Сына. В сфере разума Отец и Сын равноправно присутствуют в Совместном Вершителе.

Третий Источник и Центр помогает поддерживать равновесие и координацию совокупных физических и духовных энергий и организаций посредством абсолютности своего охвата космического разума, а также используя свои неотъемлемые и универсальные дополнительные способности в отношении физической и духовной гравитации. Где бы и когда бы ни происходило взаимодействие материального и духовного, подобный феномен разума есть акт Бесконечного Духа. Только разум способен осуществлять взаимосвязь физических сил и энергий материального уровня с духовной энергией и существами духовного уровня.

При любом созерцании всеобщих явлений вам необходимо принимать во внимание взаимосвязь физических, интеллектуальных и духовных энергий, а также учитывать возможность неожиданных явлений, возникающих при их объединении личностью, равно как и вероятность непредсказуемых феноменов, являющихся следствием действий и реакций эмпирического Божества и Абсолютов.

Вселенная в высшей степени предсказуема только в количественном аспекте – в аспекте измерения гравитации; даже первичные физические силы не подчиняются линейной гравитации, как не поддаются ее воздействию высшие значения разума и истинные духовные ценности предельных вселенских реальностей. В качественном аспекте невозможно с уверенностью предсказать новые взаимосвязи действующих во вселенной сил – физических, интеллектуальных или духовных, – хотя многие из таких комбинаций энергий или сил становятся частично предсказуемыми при критическом наблюдении. Когда материя, разум и дух объединяются личностью создания, мы неспособны исчерпывающе предсказать решения такого существа, наделенного свободной волей.

Складывается впечатление, что все фазы первичной силы, нарождающегося духа и прочих неличностных предельных начал реагируют в соответствии с некоторыми относительно устойчивыми, хотя и неизвестными, законами и характеризуются определенным диапазоном действий и гибкостью реакций, приводящих нередко в замешательство в тех случаях, когда они проявляют себя в ограниченных и изолированных явлениях. Как объяснить эту непредсказуемую свободу ответного действия, проявляющуюся в этих возникающих вселенских реальностях? Эти неизвестные, непостижимые и непредсказуемые явления, – относятся ли они к поведению изначальной единицы силы, реакции неизвестного уровня разума или явлению обширной предвселенной, находящейся в стадии формирования в регионах внешнего пространства, – объясняются, возможно, активностью Предельного, а также присутствием и деятельностью Абсолютов, предшествующих функционированию всех вселенских Создателей.

Хотя доподлинно нам это неизвестно, мы предполагаем, что столь поразительная разносторонность и столь совершенная координация свидетельствуют о присутствии и деятельности Абсолютов и что такое разнообразие реакций при явно одинаковой причинной обусловленности раскрывает реакцию Абсолютов не только на непосредственную ситуативную причинность, но и на все остальные связанные виды причинной обусловленности по всей совокупной вселенной.

У индивидуумов есть хранители судьбы; у планет, систем, созвездий, вселенных и сверхвселенных – соответствующие правители, действующие на благо своих владений. За Хавоной, равно как и большой вселенной, наблюдают те, кому доверена столь огромная ответственность. Но кто печется и заботится о фундаментальных потребностях совокупной вселенной в целом – от Рая до четвертого внешнего уровня пространства? Возможно, что экзистенциально такую сверхопеку можно приписать Райской Троице, однако с эмпирической точки зрения появление постхавонских вселенных обусловлено:

1. Абсолютами в потенциале.
2. Предельным в направлении.
3. Верховным в эволюционном согласовании.
4. Творцами Совокупной Вселенной, осуществляющими руководство до появления специальных правителей.

Безусловный Абсолют насыщает всё пространство. Нам не вполне понятен точный статус Божества-Абсолюта и Всеобщего Абсолюта, но мы знаем, что Всеобщий Абсолют действует всякий раз, когда действуют Божество-Абсолют и Безусловный Абсолют. Возможно всеобщее присутствие Божества-Абсолюта, но вряд ли возможно его пространственное присутствие. Предельный является, или когда-нибудь будет являться, пространственно присутствующим вплоть до крайних пределов четвертого уровня пространства. Мы сомневаемся в возможности пространственного присутствия Предельного вне совокупной вселенной, однако в этих границах он всё больше объединяет созидательную организацию потенциалов трех Абсолютов.

7. ЧАСТЬ И ЦЕЛОЕ

Во всём пространстве и времени в отношении реальности любого типа действует суровый и объективный закон, эквивалентный действию космического провидения. Любвеобильное отношение Бога к индивидууму отличается милосердием; в отношении к целому Богом движет беспристрастность. Божья воля может не преобладать в отдельной части – в сердце любой отдельно взятой личности, – но она действительно правит целым, вселенной вселенных.

Истинно, что законам Бога, во всех его отношениях со всеми своими существами, не свойственна произвольность. Для вас, с вашими ограниченными взглядами и конечными представлениями, деяния Бога нередко должны казаться диктаторскими и произвольными. Божьи законы суть просто его обыкновения, его путь совершения повторяющихся действий; и всё, что он делает, он делает хорошо. Вы видите, что Бог одинаково выполняет одни и те же действия, вновь и вновь, просто потому, что данный способ является наилучшим для каждого действия в конкретных обстоятельствах, а наилучший способ и есть правильный, и потому бесконечная мудрость неизменно распоряжается о совершении точного и безупречного действия. Вам не следует забывать и того, что природа – деяние не одного только Божества; в тех явлениях, которые вы называете природой, присутствуют и другие влияния.

Божественной природе противна любая деградация; она не допускает несовершенного исполнения даже чисто личного действия. Однако необходимо уяснить следующее: *если бы* в божественности любой ситуации, в любых экстремальных обстоятельствах, в любом случае, когда следование высшей мудрости указывало бы на необходимость иного поведения, если бы требованиями совершенства по какой-либо причине был продиктован иной, лучший способ реагирования, то премудрый Бог сразу же поступил бы именно таким лучшим и предпочтительным образом. И это было бы выражением высшего закона, а не отменой низшего.

Бог – это не раб привычки, бесконечных повторений своих собственных волюнтаристских действий. Законы Бесконечного лишены конфликтности; все они суть совершенства его непогрешимой природы, неоспоримые деяния, выражающие безупречность его решений. Закон есть неизменная реакция бесконечного, совершенного и божественного разума. Все деяния Бога являются волевыми, несмотря на их кажущуюся одинаковость. В Боге «нет изменения и ни тени перемены». Но не всё то, что можно воистину сказать о Всеобщем Отце, можно с такой же уверенностью сказать в отношении подчиненных ему разумных существ или его эволюционных созданий.

Так как Бог не изменяется, вы можете рассчитывать на то, что во всех обычных условиях будет сохраняться неизменность его действий, совершаемых одинаковым и обычным образом. Бог – залог стабильности всех созданных вещей и существ. Он Бог, поэтому он неизменен.

И всё это постоянство поведения и единообразие действий являются личностными, осознанными и сугубо волевыми, ибо великий Бог не есть беспомощный раб своего собственного совершенства и бесконечности. Бог – это не самодействующая автоматическая сила, не власть, рабски послушная закону. Бог не является ни математическим уравнением, ни химической формулой. Бог – это волевая и изначальная личность. Это Всеобщий Отец – существо, обладающее всем богатством личности, всеобщий источник личности всех созданий.

Божья воля не всегда торжествует в сердце ищущего Бога материального смертного, но если раздвинуть временны́е рамки данного момента и объять всю первую жизнь, то Божья воля становится всё более заметной в духовных плодах, которые приносит жизнь ведо́мых духом Божьих детей. А если человеческую жизнь расширить еще больше, включив в нее опыт моронтии, то можно заметить, как божественная воля начинает всё ярче сиять в одухотворяющих делах тех созданий времени, которые вкусили божественного наслаждения от ощущения взаимосвязи личности человека и личности Всеобщего Отца.

Отцовство Бога и братство людей представляют собой парадокс части и целого на уровне личности. Бог любит *каждого* индивидуума как отдельное дитя небесной семьи. И одновременно Бог любит *всех*; он нелицеприятен, и всеобщность его любви порождает взаимоотношение целого – всеобщее братство.

Любовь Отца придает каждой личности абсолютный индивидуальный статус неповторимого дитя Всеобщего Отца, дитя, не имеющего двойника в бесконечности, волевого существа, незаменимого во всей вечности. Любовь Отца возносит каждое Божье дитя, озаряя каждого члена небесной семьи и ярко высвечивая уникальную природу всякого личностного существа на фоне безличностных уровней, остающихся за пределами братского контура Всеобщего Отца. Божья любовь является поразительным отображением трансцендентного значения каждого волевого создания; она безошибочно раскрывает огромную ценность для Всеобщего Отца каждого дитя и всех его детей – от высочайшей личности создателя Райского уровня до низшей волевой личности дикаря на заре образования человеческих видов в одном из эволюционных миров времени и пространства.

Именно эта любовь Бога к индивидууму создает божественную семью всех индивидуумов, всеобщее братство наделенных свободной волей детей Райского Отца. И это братство, ввиду своей всеобщности, является свойством целого. Когда братство является всеобщим, оно раскрывает не отношение *каждого*, а отношение *всех*. Братство – это всеобъемлющая реальность, и потому оно раскрывает свойства целого в противоположность свойствам части.

Братство представляет собой факт взаимосвязи, существующей между всеми личностями во вселенных. Никто не в силах избежать благ или наказаний, которые могут быть следствием отношений с другими личностями. Благополучие или страдания части зависят от целого. Благие усилия каждого идут на пользу всем; заблуждение или зло каждого усиливают страдания всех. Часть движется вместе с целым. Вместе с прогрессом целого прогрессирует и часть. Относительные скорости части и целого определяют, замедляется ли часть инертностью целого или увлекается вперед движущей силой космического братства.

Остается тайной, каким образом Бог, будучи чрезвычайно личностным, самосознающим существом, имеющим постоянную резиденцию, при этом лично присутствует в столь обширной вселенной, поддерживая личную связь практически с бесконечным числом существ. То, что данное явление – тайна, выходящая за пределы человеческого понимания, не должно ни в коей мере подрывать вашу веру. Не допускайте того, чтобы величие бесконечности, необъятность вечности, возвышенность и слава несравненного характера Бога держали вас в благоговейном страхе, приводили в замешательство или обескураживали; ибо Отец находится рядом с каждым из вас; он пребывает в вас, и в нём все мы в буквальном смысле слова движемся, действительно живем и истинно существуем.

Хотя Райский Отец действует через своих божественных создателей и детей-созданий, он также поддерживает с вами самую сокровенную связь – связь столь возвышенную, столь чрезвычайно личную, что она выходит за пределы даже моего понимания: таинственное общение частицы Отца с человеческой душой и смертным разумом, ее фактической обителью. Зная об этих Божьих дарах то, что известно вам, вы, следовательно, знаете, что Отец тесно связан не только со своими божественными помощниками, но и с эволюционными смертными детьми времени. Отец действительно пребывает в Раю, но его божественное присутствие обитает также и в разуме человека.

При всём том, что дух Сына был излит на всю плоть, что Сын однажды жил среди вас во плоти, а серафимы лично ведут и охраняют вас, – ни одно из этих божественных существ Второго и Третьего Центров даже не могут надеяться так же сблизиться с вами, так же глубоко понять вас, как Отец, отдавший вам часть самого себя, чтобы стать вашей истинной, божественной и даже вечной сущностью.

8. ВЕЩЕСТВО, РАЗУМ И ДУХ

«Бог есть дух», но Рай таковым не является. Материальная вселенная всегда представляет собой арену всевозможной духовной деятельности; духовные существа и те, кто восходит в духе, живут и трудятся в физических сферах материальной реальности.

Посвящение космической силы – область космической гравитации – является функцией Острова Рай. Вся изначальная сила-энергия проистекает из Рая, и вещество, необходимое для создания бессчетных вселенных, обращается по всей совокупной вселенной в виде сверхгравитационного присутствия, составляющего силовой заряд насыщенного пространства.

Какие бы превращения ни претерпевала сила в далеких вселенных, покинув Рай, она подчиняется нескончаемому, повсеместному, неизменному притяжению вечного Острова, послушно и присущим ей образом продолжая свой путь в вечных просторах вселенных. Физическая энергия – это единственная реальность, остающаяся истинной и неизменной в своем подчинении всеобщему закону. Отклонения от божественных путей и изначальных замыслов происходят только в мирах волеизъявления созданий. Сила и энергия являются всеобщим свидетельством стабильности, постоянства и вечности центрального Острова Рай.

Посвящение духа и одухотворение личности – область духовной гравитации – является сферой Вечного Сына. И эта духовная гравитация Сына, неизменно притягивающая к нему все духовные реальности, является такой же реальной и абсолютной, как и всесильный материальный охват Острова Рай. Естественно, что человек, с его материальным разумом, лучше знаком с материальными проявлениями физической природы, чем со столь же реальными и могущественными проявлениями духовной природы, которые постигаются только духовной проницательностью души.

По мере обретения всё большей духовности – богоподобия, – разум любой вселенской личности становится всё менее чувствительным к материальной гравитации. Реальность, измеряемая ответной реакцией на физическую гравитацию, противоположна реальности, определяемой качеством ее духовного содержания.

Действие физической гравитации есть количественный определитель недуховной энергии; действие духовной гравитации – это качественная мера живой энергии божественности.

Чем Рай является для физического творения и Вечный Сын – для духовной вселенной, тем Совместный Вершитель является для сфер разума – разумной вселенной материальных, моронтийных и духовных существ и личностей.

Совместный Вершитель реагирует как на материальные, так и на духовные реальности, что делает его в самой своей сущности всеобщим попечителем всех разумных существ, способных олицетворять союз как материальных, так и духовных аспектов творения. Наделение интеллектом – помощь материальному и духовному уровням через феномен разума – представляет собой исключительную сферу Совместного Вершителя, который становится, таким образом, партнером духовного разума, основой моронтийного разума и субстанцией для материального разума эволюционных созданий времени.

Разум – это метод, посредством которого духовные реальности становятся эмпирическими для личностей созданий. В конечном счете, объединяющие возможности даже человеческого разума – его способность согласовывать вещи, идеи и ценности – являются сверхматериальными.

Хотя смертный разум вряд ли способен осмыслить семь уровней относительной космической реальности, человеческий интеллект должен уметь осознавать общий смысл трех действующих уровней конечной реальности:

1. *Вещество*. Организованная энергия, подверженная воздействию линейной гравитации, с поправкой на ее видоизменение движением и обусловленность разумом.

2. *Разум*. Организованное сознание, не целиком подверженное действию материальной гравитации и обретающее истинную свободу, когда его видоизменяет дух.

3. *Дух*. Высшая личностная реальность. Истинный дух не подчиняется физической гравитации, но в итоге становится побуждающим воздействием для всех формирующихся энергетических систем, обладающих статусом личности.

Дух является целью существования всех личностей; материальные проявления относительны, и космический разум служит посредником между этими всеобщими противоположностями. Наделение разумом и служение духа являются функцией ассоциированных лиц Божества – Бесконечного Духа и Вечного Сына. Реальность всеобъемлющего Божества есть не разум, а дух-разум – разум-дух, объединенный личностью. Тем не менее, абсолюты как духа, так и субстанции соединяются в лице Всеобщего Отца.

В Раю все три вида энергии – физическая, умственная и духовная – равны. В эволюционном космосе энергия-вещество доминирует во всём, кроме личности, к господству в которой, через посредство разума, стремится дух. Дух является основополагающей реальностью личностного опыта всех созданий, ибо Бог есть дух. Дух не изменяется; поэтому во всех взаимоотношениях личности он превосходит как разум, так и материю – эмпирические переменные в мире постепенных достижений.

В космической эволюции вещество становится философской тенью, отбрасываемой разумом в присутствии духовного свечения, присущего божественной просвещенности, что, однако, никак не сказывается на реальности овеществленной энергии. Разум, материя и дух одинаково реальны, но их ценность для обретения личностью божественности неодинакова. Осознание божественности есть постепенный духовный опыт.

Чем ярче становится свет одухотворенной личности (Отец во вселенной, частица потенциальной духовной личности в индивидуальном создании), тем внушительнее тень, отбрасываемая посредником-разумом на свое материальное облачение. Во времени человеческое тело так же реально, как разум или дух, но с приходом смерти разум (идентичность) и дух, в отличие от тела, продолжают существовать. Космическая реальность может быть несуществующей в опыте личности. И поэтому ваше греческое образное выражение – о материальном как о тени более реальной духовной субстанции – действительно имеет философский смысл.

9. ЛИЧНОСТНЫЕ РЕАЛЬНОСТИ

Дух есть основная личностная реальность вселенных, а личность – это основа для всякого постепенного обретения опыта духовной реальности. Каждая стадия опыта личности на каждом последующем уровне продвижения во вселенных изобилует путеводными нитями, ведущими к открытию пленительных личностных реальностей. Истинное назначение человека – создавать новые духовные цели и после этого отзываться на космический зов этих возвышенных целей нематериальной ценности.

Любовь – это ключ к благотворному общению личностей. Вы не можете по-настоящему узнать человека на основании единичного контакта с ним. Вы не можете по-настоящему оценить музыку с помощью математических выкладок, хотя музыка и представляет собой разновидность математического ритма. Телефонный номер, присвоенный абоненту, никоим образом не идентифицирует личность этого абонента и ничего не говорит о его характере.

Математика, материальная наука, незаменима для разумного обсуждения материальных аспектов вселенной, но такое знание не является непременной частью более высокого осознания истины или личного понимания духовных реальностей. Не только в царстве живого, но и в мире физической энергии сумма двух или нескольких вещей во множестве случаев *превышает* ожидаемый результат их простого сложения или *отличается* от него. Вся математика, вся философия, сложнейшая физика или химия не смогли бы предсказать, что соединение двух атомов газообразного водорода с одним атомом газообразного кислорода даст новую и качественно сверхаддитивную субстанцию – жидкую воду. Истинное понимание одного только данного физико-химического явления должно было бы предотвратить развитие материалистической философии и механистической космологии.

Формальный анализ не раскрывает возможностей человека или вещи. Например, вода с успехом используется для тушения огня. То, что вода гасит огонь, все знают по своему опыту, но данное свойство невозможно обнаружить на основании какого-либо анализа. Анализ определяет, что вода состоит из водорода и кислорода; дальнейшее изучение этих элементов показывает, что кислород активно способствует процессу горения, а водород свободно горит сам.

Ваша религия становится истинной, ибо она освобождается от рабского страха и пут суеверий. Ваша философия упорно стремится избавиться от догм и традиций. Ваша наука вовлечена в вековую борьбу истины и заблуждения, стремясь к освобождению от оков абстракции, рабской приверженности математике и относительной слепоты механистического материализма.

У смертного человека есть духовное ядро. Разум – это индивидуально-энергетическая система, существующая вокруг божественного духовного ядра и функционирующая в материальном окружении. Такое живое взаимодействие личного разума и духа образует вселенский потенциал вечной личности. Настоящая беда, длительное разочарование, серьезное поражение или неотвратимая смерть могут прийти только после того, как эгоистические представления позволяют себе полностью вытеснить контролирующее воздействие центрального духовного ядра и тем самым разрушают космическую структуру идентичности личности.

[Представлено Совершенствователем Мудрости, уполномоченным Древними Дней.]

ДОКУМЕНТ 13

СВЯЩЕННЫЕ СФЕРЫ РАЯ

В пространстве между центральным островом Рай и ближайшим к нему планетарным кольцом Хавоны расположены три меньших кольца особых сфер. Внутреннее кольцо состоит из семи тайных сфер Всеобщего Отца; вторая группа представлена семью светящимися мирами Вечного Сына; во внешнем кольце находятся семь исполинских сфер Бесконечного Духа – административных центров Семи Главных Духов.

Эти три семисферных кольца Отца, Сына и Духа отличаются непревзойденным величием и неописуемым великолепием. Вам неизвестен даже тип их материального, или физического, устройства. Каждое кольцо демонстрирует разнообразие материальных форм, и на каждом кольце каждый мир отличается от других, за исключением семи миров Сына, физическое устройство которых одинаково. Каждый из двадцати одного мира представляет собой исполинские сферы, и каждая группа из семи сфер по-разному увековечена. Насколько нам известно, они существовали всегда; как и Рай, они вечны. Не существует ни сведений, ни преданий об их происхождении.

Семь тайных сфер Всеобщего Отца обращаются вокруг Рая в непосредственной близости от вечного Острова. Ярким светом отражают они духовное свечение, присущее центральному сиянию вечных Божеств, проливая этот свет божественного великолепия на весь Рай и семь колец Хавоны.

Очевидно, безличностные энергии духовного свечения берут свое начало в семи священных мирах Вечного Сына. Никакая личность не может находиться на этих семи светящихся сферах. Эти миры освещают духовным великолепием весь Рай и всю Хавону, направляя чистое духовное свечение в семь сверхвселенных. Яркие сферы второго кольца посылают свой свет (свет без тепла) Раю и миллиарду миров семи колец центральной вселенной.

Семь миров Бесконечного Духа являются обителью Семи Главных Духов, вершащих судьбы семи сверхвселенных и освещающих творения времени и пространства духовным светом Третьего Лица Божества. И вся Хавона – но не Остров Рай – купается в этих одухотворяющих воздействиях.

Хотя миры Отца являются сферами достижения предельного статуса для всех личностей, наделенных частицами Отца, этим их функции не ограничиваются. Здесь пребывают не только личностные, но и многие другие типы существ и сущностей. Каждый из миров, находящихся в кольце Отца и в кольце Духа, имеет свой особый тип постоянных граждан, однако мы полагаем, что миры Сына населены однородными типами существ неличностного происхождения. Среди коренных жителей Дивинингтона – частицы Отца; остальные категории постоянных граждан вам не раскрываются.

Двадцать один спутник Рая служит многим назначениям – как в центральной, так и сверхвселенных, – которые не раскрываются в данном повествовании. Жизнь этих сфер столь малопонятна вам, что вы не можете надеяться на формирование представления, сколько-нибудь сообразного с их природой или функциями;

существующая здесь деятельность протекает в тысячах нераскрытых вам видов. Двадцать одна сфера заключает в себе *потенциалы* функционирования совокупной вселенной. Эти документы позволяют бросить лишь мимолетный взгляд на некоторые ограниченные виды деятельности, относящиеся к нынешнему этапу развития большой вселенной, – точнее, одного из ее семи секторов.

1. СЕМЬ СВЯЩЕННЫХ МИРОВ ОТЦА

Образующие кольцо Отца сферы священной жизни заключают в себе единственные во всей вселенной вселенных специфические тайны личности. Эти спутники Рая, образующие внутреннее кольцо, являются единственными запретными сферами центральной вселенной, которые имеют отношение к личности. Нижний Рай и миры Сына также закрыты для личностей, но ни одна из этих сфер не связана непосредственно с личностью.

Райские миры Отца управляются высочайшей категорией Неизменных Сынов Троицы – Тринитизованными Тайнами Верховности. Об этих мирах я могу рассказать лишь немногое; о происходящей в них разнообразной деятельности я вправе поведать еще меньше. Такая информация касается только тех существ, которые выполняют там свои функции и отправляются в путь с этих сфер. И хотя я отчасти знаком с шестью из этих особых миров, я никогда не посещал Дивинингтон; этот мир является для меня абсолютно запретным.

Одна из причин секретности этих миров заключается в том, что на каждой из этих священных сфер существует особый образ, или проявление, составляющих Райскую Троицу Божеств; это не личность, а уникальное присутствие Божественности, которое может быть оценено и понято только особыми группами разумных существ, постоянно пребывающих на соответствующей сфере или допущенных на нее. Тринитизованные Тайны Верховности являются личными представителями этих особых безличностных присутствий Божественности и представляют собой высоколичностных существ, превосходно одаренных и изумительно приспособленных к исполнению своих возвышенных и трудных обязанностей.

1. ДИВИНИНГТОН. Этот мир является, в уникальном смысле, «недрами Отца», сферой личного общения Всеобщего Отца, где находится особое проявление его божественности. Дивинингтон – это место Райской встречи Настройщиков Мышления, но он является также обителью многих сущностей, личностей и иных существ, берущих свое начало во Всеобщем Отце. Кроме Вечного Сына, многие другие личности появились в результате одиночных актов Всеобщего Отца. В этой обители трудятся и по-братски общаются только частицы Отца, а также иные личности и существа, непосредственным и исключительным источником которых является Всеобщий Отец.

Тайны Дивинингтона включают тайну посвящения и миссию Настройщиков Мышления. Их природа, происхождение и метод установления контакта с низшими созданиями эволюционных миров является тайной данной сферы Рая. Эти поразительные взаимодействия не имеют к остальным из нас непосредственного отношения; поэтому Божества считают разумным не посвящать нас в некоторые особенности великого божественного служения. По мере соприкосновения с данным аспектом божественной деятельности, эти взаимодействия раскрываются нам во всей полноте, за исключением наиболее сокровенных деталей великого посвящения, в отношении которых мы не располагаем всей полнотой информации.

На этой сфере находятся также тайны природы, назначения и деятельности всех других видов частиц Отца, Гравитационных Посланников и множества других нераскрытых вам существ. Весьма вероятно, что если бы истины, относящиеся к Дивинингтону, не были для меня тайной, они только привели бы меня в замешательство и усложнили бы мою нынешнюю деятельность; возможно и то, что эти истины выходят за пределы того, что доступно пониманию существ моей категории.

2. СОНАРИНГТОН. Эта сфера представляет собой «недра Сына», личный приемный мир Вечного Сына. Сонарингтон – это Райская резиденция нисходящих и восходящих Божьих Сынов, получивших полное признание и окончательное утверждение. Этот мир является Райской обителью всех Сынов Вечного Сына, а также его равных и ассоциированных Сынов. Существуют многочисленные категории божественного сыновства, связанные с этой небесной обителью и нераскрытые смертным как не имеющие отношения к планам программы восхождения – духовного продвижения человека через вселенные к Раю.

К *тайнам Сонарингтона* относится тайна инкарнации божественных Сынов. Превращение Сына Бога в Сына Человека, его буквальное рождение от женщины – то, что случилось в вашем мире девятнадцать столетий назад, – является всеобщей тайной. Во вселенных это происходит повсеместно, оставаясь тайной божественного сыновства, – тайной Сонарингтона. Настройщики являются тайной Бога-Отца. Инкарнация божественных Сынов – это тайна Бога-Сына; эта тайна сокрыта в седьмом секторе Сонарингтона, куда допускаются лишь те, кто лично прошел через это уникальное испытание. Вы ознакомлены только с теми аспектами инкарнации, которые имеют отношение к вашему восхождению. Во вселенной служат Райские Сыны нераскрытых типов, и вы не посвящаетесь в многочисленные аспекты тайны их инкарнации. Кроме того, есть и иные тайны Сонарингтона.

3. СПИРИТИНГТОН. Этот мир является «недрами Духа», Райской обителью высоких существ, представляющих исключительно Бесконечного Духа. Здесь собираются Семь Главных Духов и некоторые из их потомков со всех вселенных. В этой небесной обители можно встретить многочисленные нераскрытые категории духовных личностей, существ, которым поручено выполнение разнообразных вселенских функций, не связанных с планами возвышения смертных созданий времени до Райских уровней вечности.

Тайны Спиритингтона включают в себя непостижимые тайны отражения. Мы рассказываем вам об обширном и всеобщем явлении отражения, в частности, о его действии в столичных мирах семи сверхвселенных, однако мы не объясняем этого явления во всей глубине, ибо сами не до конца понимаем его. Мы понимаем многое, очень многое, но многие основные детали всё еще остаются для нас загадкой. Отражательная способность есть тайна Бога-Духа. Вы осведомлены о функциях отражения в связи с программой восхождения сохранивших свою жизнь смертных созданий, и всё сказанное остается справедливым, но отражение является также обязательным атрибутом нормального функционирования многочисленных других аспектов вселенской деятельности. Этот дар Бесконечного Духа используется не только для сбора сведений и распространения информации, но и в иных целях. Существуют и другие тайны Спиритингтона.

4. ВАЙСДЖЕРИНГТОН. Эта планета представляет собой «недра Отца и Сына», тайную сферу некоторых нераскрытых существ, появляющихся в результате актов Отца и Сына. Вайсджерингтон также является Райской обителью многих прославленных существ сложного происхождения – сложного ввиду разнообразия методов, действующих в семи сверхвселенных. В этом мире собираются многие группы существ, чья идентичность не раскрывалась смертным Урантии.

Тайны Вайсджерингтона включают тайны тринитизации, а тринитизация дает таинственное право представлять Троицу, действовать в качестве наместников Богов. Право представления Троицы предоставляется только тем раскрытым или нераскрытым существам, которые тринитизованы, созданы, эвентуированы или увековечены любыми двумя или всеми тремя лицами Райской Троицы, либо возникли благодаря им. Личности, появляющиеся в результате актов тринитизации, выполняемой некоторыми прославленными созданиями, представляют не более чем мобилизуемый при такой тринитизации понятийный потенциал, хотя они и способны взойти к объятиям Божества, пройдя путь, открытый для всех существ их типа.

Нетринитизованные существа не вполне понимают метод тринитизации с участием двух или трех Создателей или некоторых других существ. Вы никогда не сможете понять данное явление, если только – в своем далеком и славном будущем – не предпримете такую же дерзновенную и успешную попытку, ибо, в противном случае, тайны Вайсджерингтона навсегда останутся для вас тайной. Для меня же, высокого существа Троичного происхождения, все секторы Вайсджерингтона открыты. Я в совершенстве понимаю, и столь же надежно и свято храню, тайну моего происхождения и назначения.

Существуют также другие виды и аспекты тринитизации, неизвестные урантийцам, и личные аспекты этого опыта должным образом охраняются в тайном секторе Вайсджерингтона.

5. СОЛИТАРИНГТОН. Этот мир представляет собой «недра Отца и Духа», являясь также местом встречи величественного воинства нераскрытых существ, появившихся в результате совместных актов Всеобщего Отца и Бесконечного Духа; в дополнение к свойствам Духа, эти существа имеют черты Отца.

Эта сфера является также обителью Одиночных Посланников и других личностей сверхангельских категорий. Вы мало о ком знаете из этих существ; существует огромное число нераскрытых на Урантии категорий. Постоянное местожительство в пятом мире необязательно означает, что Отец принимал участие в создании Одиночных Посланников или их сверхангельских партнеров, однако в течение данной вселенской эпохи он действительно имеет отношение к их функциям. На протяжении нынешней эпохи этот мир является также статусной сферой Управляющих Вселенской Энергией.

Существуют многочисленные дополнительные категории духовных личностей – существ, незнакомых смертному человеку, – которые считают Солитарингтон своим Райским домом. Следует помнить, что все секторы и уровни вселенской деятельности так же исчерпывающе обеспечены духовными попечителями, как и тот мир, который помогает смертному человеку взойти к своему божественному Райскому предназначению.

Тайны Солитарингтона. Помимо некоторых тайн тринитизации, в этом мире хранятся тайны личных отношений Бесконечного Духа с некоторыми высшими представителями потомства Третьего Источника и Центра. Здесь хранятся тайны сокровенной связи многочисленных нераскрытых категорий с духами Отца, Сына и Духа, с триединым духом Троицы, а также с духами Верховного, Предельного и Верховного-Предельного.

6. СЕРАФИНГТОН. Эта сфера представляет собой «недра Сына и Духа», обитель необъятного воинства нераскрытых существ, созданных Сыном и Духом. Эта сфера также предназначена для всех попечительских чинов ангелов, включая супернафимов, секонафимов и серафимов. В центральной и внешних вселенных служат также многие категории величественных духовных существ, которых не посылают «служить тем, кто унаследует спасение». Все эти духовные труженики, на всех уровнях и во всех сферах вселенской деятельности, считают Серафингтон своим Райским домом.

Тайны Серафингтона включают тройную тайну, и я могу упомянуть только одну ее часть: тайну серафического транспорта. Способность различных категорий серафимов и родственных им духовных существ заключать в свою духовную форму все категории нематериальных личностей и переносить их на значительные межпланетные расстояния представляет собой тайну, хранимую в священных секторах Серафингтона. Транспортные серафимы понимают эту тайну, но не посвящают в нее остальных из нас, – а возможно, и не могут посвятить. Остальные тайны Серафингтона относятся к личному опыту тех типов духовных попечителей, которые пока еще не раскрыты смертным. И мы воздерживаемся от обсуждения тайн этих родственных вам существ, ибо вы очень близки к пониманию столь близких вам категорий; передача же даже частичных знаний о таких явлениях граничила бы с предательством.

7. АСЕНДИНГТОН. Этот уникальный мир представляет собой «недра Отца, Сына и Духа», место встречи восходящих созданий пространства, сферу приема паломников времени, проходящих через Хавону на пути к Раю. Асендингтон служит действительным Райским домом восходящих душ времени и пространства до обретения ими статуса Рая. Бóльшую часть своих хавонских «каникул» вы, смертные, будете проводить на Асендингтоне. В течение вашей жизни в Хавоне Асендингтон будет для вас тем же, чем были управляющие реверсией во время восхождения в локальной и сверхвселенной. Здесь вас ожидают тысячи занятий, недоступных смертному воображению. Как и на всех предшествующих этапах на пути к Богу, ваша человеческая сущность вступит здесь в новые отношения с вашей божественной сущностью.

Тайны Асендингтона включают тайну постепенного и несомненного становления в материальном смертном разуме духовного и потенциально бессмертного дубликата характера и идентичности. Это явление – эволюция бессмертной души в разуме смертного и материального создания – одна из самых непостижимых тайн во вселенных.

Вы не сможете до конца понять этого таинственного превращения, пока не достигнете Асендингтона. И именно по этой причине вашему изумленному взору будет открыт весь Асендингтон. Седьмая часть Асендингтона для меня закрыта – это сектор, относящийся к той самой тайне, которая есть (или будет) исключительным опытом и достоянием вашего типа существ. Этот опыт является принадлежностью вашей, человеческой категории бытия. Личности моей категории не имеют прямого отношения к этим процессам. Поэтому, запретные для меня, они в перспективе раскрываются вам. Но и после этого они в силу каких-то причин навсегда остаются вашей тайной. Вы не открываете эту тайну ни нам, ни каким-либо другим категориям существ. Мы знаем о вечном слиянии божественного Настройщика с бессмертной душой человеческого происхождения, но для восходящих завершителей именно этот опыт является абсолютной реальностью.

2. ВЗАИМООТНОШЕНИЯ МИРОВ ОТЦА

Эти миры, в которых живут разнообразные категории духовных существ, представляют собой колоссальные и грандиозные сферы; по своей несравненной красоте и возвышенному великолепию они не уступают Раю. Они являются местом встреч, сферами воссоединения, и служат в качестве постоянных космических адресов. Когда вы станете завершителем, местом вашего обитания будет Рай, однако Асендингтон навсегда останется вашим домашним адресом даже после того, как вы продолжите свое служение во внешнем пространстве. В течение всей вечности вы будете считать Асендингтон своим домом, с которым у вас будут связаны дорогие сердцу воспоминания. Когда вы станете духовным существом седьмой ступени, возможно, вы откажетесь от статуса проживания в Раю.

Если внешние вселенные находятся в процессе становления и если их предстоит заселить временны́ми созданиями, способными совершить восхождение, то мы предполагаем, что и таким детям будущего суждено считать Асендингтон своим Райским домом.

Асендингтон – единственная священная сфера, полностью открытая для вас после вашего прибытия в Рай. Вайсджерингтон – единственная священная сфера, открытая для меня полностью и без всяких исключений. Хотя его тайны имеют отношение к моему происхождению, в течение данной вселенской эпохи я не считаю Вайсджерингтон своим домом. Существа Троичного происхождения и тринитизованные существа – не одно и то же.

Существа Троичного происхождения не могут считать миры Отца всецело своими; их собственная обитель находится на Острове Рай, в непосредственной близости от Святейшей Сферы. Они часто появляются на Асендингтоне, «недрах Отца, Сына и Духа», где сближаются со своими братьями из низших миров пространства.

Вы можете предположить, что Сыны-Создатели, берущие свое начало в союзе Отца и Сына, считают Вайсджерингтон своим домом, однако в нынешнюю вселенскую эпоху деятельности Бога-Семичастного это не так. Вас будут приводить в замешательство и многие другие схожие проблемы, ибо вы наверняка столкнетесь со множеством трудностей в понимании этих вещей, столь близких к Раю. Не можете вы и успешно рассуждать на эти темы; вы слишком мало об этом знаете. И если бы вы знали о мирах Отца больше, вы просто сталкивались бы с еще бо́льшим числом трудностей, – пока не узнали бы о них *всё*. В любом из этих священных миров статус приобретается как служением, так и типом происхождения, и сменяющие друг друга вселенские эпохи могут видоизменить – и видоизменяют – некоторые из этих иерархий.

Миры внутреннего кольца действительно являются в большей степени мирами общения, или статусными мирами, чем собственно жилыми сферами. Во всех мирах Отца, кроме одного, смертные приобретут определенный статус. Например, когда вы, смертные, достигаете Хавоны, вы допускаетесь на Асендингтон, где являетесь желанными гостями, но вам не разрешается посещать шесть остальных священных миров. После прохождения режима Рая и включения в Корпус Завершения вам открывается доступ на Сонарингтон, ибо вы являетесь сынами Божьими, равно как и восходящими созданиями, и даже более того. Однако седьмая часть Сонарингтона – сектор, в котором хранятся тайны инкарнации божественных Сынов, – будет всегда закрыта для вас. Эти тайны никогда не будут раскрыты восходящим Божьим сынам.

Со временем вам будет открыт полный доступ на Асендингтон и относительный доступ в остальные сферы Отца, кроме Дивинингтона. Но даже после того, как вы станете завершителем и получите разрешение высаживаться на пяти других тайных сферах, вам не будет позволено посещать все секторы этих миров; вам нельзя будет также высаживаться на Дивинингтоне, «недрах Отца», хотя несомненно, что вы не раз будете стоять «по правую руку Отца». В течение всей вечности ни разу не возникнет какой-либо необходимости в вашем присутствии в мире Настройщиков Мышления.

Эти миры встреч духовной жизни являются столь запретной темой, что нас просили не вести переговоров о допуске в те области этих сфер, которые находятся целиком за пределами нашего опыта. Вы можете стать совершенным созданием, точно так же как Отец является совершенным божеством, однако вам не дано знать всех эмпирических тайн всех остальных категорий вселенских личностей. Когда Создателя и его создание объединяет эмпирическая личностная тайна, Создатель хранит ее вечно.

Все эти тайны предположительно знакомы совокупной группе Тринитизованных Тайн Верховности. Эти существа хорошо знакомы только тем группам, которые обитают в их специальных мирах; они малопонятны другим категориям. Достигнув Рая, вы узнаете и страстно полюбите те десять Тайн Верховности, которые управляют Асендингтоном. За исключением Дивинингтона, вы сможете частично понять Тайны Верховности остальных миров Отца, хотя это понимание будет не столь совершенным, как на Асендингтоне.

Тринитизованные Тайны Верховности, как можно судить по их имени, относятся к Верховному, они также в равной степени связаны с Предельным и с будущим Верховным-Предельным. Эти Тайны Верховности являются тайнами Верховного, равно как и Предельного, и даже тайнами Верховного-Предельного.

3. СВЯЩЕННЫЕ МИРЫ ВЕЧНОГО СЫНА

Семь светящихся сфер Вечного Сына представляют собой миры семи фаз чисто духовного существования. Эти сияющие сферы являются источником тройственного света Рая и Хавоны; их влияние в основном, хотя и не целиком, ограничено центральной вселенной.

На этих спутниках Рая нет личностей, поэтому мало что можно рассказать смертной и материальной личности об этих исключительно духовных обителях. Нас учат, что эти миры изобилуют неличностной жизнью – существами Вечного Сына. Мы предполагаем, что эти сущности собираются здесь для служения в планируемых новых вселенных внешнего пространства. Философы Рая утверждают, что каждый новый Райский цикл, около двух миллиардов лет урантийского времени, знаменуется созданием дополнительных резервов, представленных существами этих категорий в тайных мирах Вечного Сына.

Насколько я знаю, ни одна личность никогда не посещала ни одну из сфер Вечного Сына. В течение всего своего долгого опыта в Раю и за его пределами я никогда не получал задания посетить какой-либо из этих миров. Их не посещают даже личности, созданные при участии Вечного Сына. Мы предполагаем, что все виды безличностных духов, независимо от их происхождения, допускаются в эти духовные обители. Для меня – личностного создания, имеющего духовный облик, – такой мир показался бы необитаемым и пустынным, даже если бы мне позволили там побывать. Высокие духовные личности существуют не для удовлетворения праздного любопытства или совершенно бесцельных приключений. Всегда есть более чем достаточный выбор увлекательных и полезных дерзаний, чтобы можно было позволить себе проявлять интерес к бессмысленным или неосуществимым затеям.

4. МИРЫ БЕСКОНЕЧНОГО ДУХА

Между внутренним кольцом Хавоны и сияющими сферами Вечного Сына вращаются семь сфер Бесконечного Духа – миры, населенные его потомством, тринитизованными сынами прославленных личностных созданий и другими видами нераскрытых существ – умелыми руководителями многочисленных проектов в различных областях вселенской деятельности.

Семь Главных Духов являются верховными и предельными представителями Бесконечного Духа. Их личные центры, средоточия их власти, находятся в периферийной части Рая, но все операции, связанные с их управлением и руководством большой вселенной, осуществляются на этих семи специальных сферах Бесконечного Духа и с этих сфер. Фактически, Семь Главных Духов являются балансиром разума-духа во вселенной вселенных, всеобъемлющей, всеохватной, координирующей центральной властью.

Действуя отсюда, с семи особых сфер, Главные Духи добиваются баланса и стабилизации контуров космического разума большой вселенной. Они также связаны с различным духовным отношением и присутствием Божеств по всей большой вселенной. Физические реакции одинаковы, единообразны, всегда незамедлительны и автоматичны. Однако эмпирическое духовное присутствие соответствует основополагающим условиям или состояниям духовной восприимчивости, присущей индивидуальным разумным существам миров.

Физическая власть, присутствие и функция неизменны во всех вселенных, малых или больших. Отличительным фактором духовного присутствия или реакции на него является различная степень его признания и восприятия волевыми созданиями. В то время как духовное присутствие абсолютного и экзистенциального Божества ни в коей мере не зависит от отношений лояльности или нелояльности созданий, столь же истинно, что на функциональное присутствие субабсолютного и эмпирического Божества явно и непосредственно влияют решения, выбор и собственное отношение подобных конечных созданий – преданность и самоотверженность отдельного существа, планеты, системы, созвездия или вселенной. Однако это духовное присутствие божественности не капризно, не произвольно; его эмпирическая вариативность объясняется тем, что личностные создания обладают даром свободной воли.

Причины различия в духовном присутствии существуют в ваших собственных сердцах и умах и определяются вашим выбором, вашими решениями и вашей целеустремленностью. Это различие присуще реакциям свободной воли разумных личностных существ, для которых возможность свободы выбора была предопределена Всеобщим Отцом. И Божества неизменно верны своим духам, действующим сообразно переменчивым условиям и требованиям, которые складываются в зависимости от различного выбора созданий, – они то уделяют им бóльшую часть своего присутствия в ответ на искреннее к тому стремление, то удаляются со сцены, когда так решают их создания, пользующиеся своим божественным даром – свободой выбора. Так дух божественности послушно подчиняется решениям обитающих в мирах созданий.

Фактически, исполнительные миры Семи Главных Духов – это Райские столицы семи сверхвселенных и связанных с ними сегментов внешнего пространства. Каждый Главный Дух возглавляет одну сверхвселенную, и каждый из семи миров закреплен только за одним из Главных Духов. За пределами Рая нет буквально ни одного аспекта управления семью сверхвселенными, который не был бы предусмотрен в этих административных мирах. Они не столь исключительны, сколь сферы Отца или Сына, и хотя статусом постоянного жительства обладают только исконные обитатели и те, кто здесь трудится, эти семь административных планет всегда открыты для всех существ, которые желали бы их посетить и в распоряжении которых имеются необходимые средства передвижения.

Для меня эти исполнительные миры – наиболее интересные и увлекательные места за пределами Рая. Нигде во всей обширной вселенной вы не увидите столь разнообразной деятельности, вовлекающей столь многочисленные и различные категории живых существ, протекающей на столь различных уровнях и включающей одновременно материальные, интеллектуальные и духовные занятия. Когда мне предоставляется время, свободное от выполнения заданий, и мне доводится бывать в Раю или Хавоне, то обычно я направляюсь в один из этих оживленных миров Семи Главных Духов, чтобы воодушевиться зрелищем предприимчивости, самозабвения, преданности, мудрости и эффективности. Нет другого такого места, где я мог бы наблюдать столь поразительное взаимодействие личностных существ на всех семи уровнях вселенской реальности. И я неизменно получаю новый приток сил благодаря тем, кто хорошо знает свое дело и получает истинное удовольствие от своей деятельности.

[Представлено Совершенствователем Мудрости, направленным для выполнения этой функции Древними Дней Уверсы.]

ДОКУМЕНТ 14

ЦЕНТРАЛЬНАЯ БОЖЕСТВЕННАЯ ВСЕЛЕННАЯ

Совершенная божественная вселенная находится в центре всего творения; она является вечным ядром, вокруг которого обращаются обширные творения времени и пространства. Рай представляет собой исполинский, абсолютно стабильный центральный Остров, который неподвижно покоится в сáмом центре величественной вечной вселенной. Эта центральная планетарная семья называется Хавоной и находится на огромном расстоянии от локальной вселенной Небадон. Она имеет колоссальные размеры и практически непостижимую массу, объединяя миллиард сфер невообразимой красоты и потрясающего величия, однако возможности человеческого разума совершенно недостаточны для постижения истинных масштабов этого огромного творения.

Хавона является единственной неизменной, безупречной и законченной совокупностью миров. Она представляет собой целиком сотворенную и совершенную вселенную; она не является результатом эволюционного развития. Вокруг этого вечного и совершенного ядра кружатся нескончаемые процессии вселенных – потрясающее дерзновение Божьих Сынов-Создателей, стремящихся воссоздать во времени и воспроизвести в пространстве эталонную вселенную, идеал божественной цельности, высшей законченности, предельной реальности и вечного совершенства.

1. СИСТЕМА РАЙ-ХАВОНА

От периферии Рая до внутренних границ семи сверхвселенных существуют семь состояний и движений пространства:

1. Спокойные зоны промежуточного пространства, соприкасающиеся с Раем.

2. Три кольца Рая и семь колец Хавоны, вращающиеся по часовой стрелке.

3. Пространственные зоны относительного покоя, отделяющие кольца Хавоны от темных гравитационных тел центральной вселенной.

4. Внутренний пояс темных гравитационных тел, вращающихся против часовой стрелки.

5. Вторая уникальная пространственная зона, разделяющая две орбиты темных гравитационных тел.

6. Внешний пояс темных гравитационных тел, обращающихся вокруг Рая по часовой стрелке.

7. Третья пространственная зона – зона относительного покоя, отделяющая внешний пояс темных гравитационных тел от внутренних колец семи сверхвселенных.

Миллиард миров Хавоны организован в семь концентрических колец, непосредственно окружающих три кольца спутников Рая. Более тридцати пяти миллионов миров находятся во внутреннем кольце Хавоны и более двухсот сорока пяти миллионов – во внешнем кольце, причем их число пропорционально возрастает от внутреннего кольца к внешнему. Каждое кольцо отличается от других, но всем присуще совершенство пропорций и изысканная организация, причем каждое наполнено особым отображением Бесконечного Духа – одним из Семи Кольцевых Духов. В дополнение к другим функциям, этот безличностный дух координирует ведение небесных дел всего кольца.

Планетарные кольца Хавоны не перекрывают друг друга; их миры располагаются в упорядоченной линейной процессии. Центральная вселенная вращается вокруг неподвижного Острова Рай в единой гигантской плоскости, состоящей из десяти концентрических стабилизированных образований – трех колец, в которые входят сферы Рая, и семи колец, включающих миры Хавоны. В физическом аспекте кольца Рая и Хавоны являются одной и той же системой; разделение существует только в функциональном и административном плане.

Время не исчисляется в Раю; уроженцам центрального Острова присуще представление о последовательности происходящих друг за другом событий. Однако время релевантно для колец Хавоны и пребывающих здесь многочисленных существ как небесного, так и земного происхождения. В каждом мире Хавоны есть свое местное время, определяемое соответствующим кольцом. Так как все миры одного и того же кольца единообразно обращаются вокруг Рая, их год имеет одинаковую продолжительность; по мере продвижения с внешних колец на внутренние планетарный год сокращается.

Кроме кольцевого времени Хавоны, существует стандартный день системы Рай-Хавона, равно как и другие обозначения времени, определяемые на семи Райских спутниках Бесконечного Духа и передаваемые оттуда. Стандартный день системы Рай-Хавона основан на продолжительности времени, которое необходимо для полного обращения вокруг Острова Рай планетарных обителей первого, или внутреннего, кольца Хавоны; и несмотря на огромные скорости, которые объясняются их расположением между темными гравитационными телами и исполинским Раем, на полный оборот этих сфер уходит почти тысяча лет. Вы и не предполагали, что вашим глазам предстала истина, выраженная в словах: «Тысяча лет, как день пред Богом, и как стража в ночи». Один день системы Рай-Хавона всего на семь минут, три и одну восьмую долю секунды короче тысячелетия по современному урантийскому високосному календарю.

День системы Рай-Хавона является эталоном времени для семи сверхвселенных, хотя каждая из них придерживается собственного внутреннего временно́го стандарта.

В дальних пределах обширной центральной вселенной, на огромном удалении от седьмого пояса миров Хавоны, вращается невероятное число гигантских темных гравитационных тел. По многим аспектам эти многочисленные темные массы совершенно непохожи на остальные пространственные тела, отличаясь даже своей формой. Темные гравитационные тела не отражают и не поглощают свет; они не реагируют на свет как физическую энергию, окружая Хавону столь плотным слоем, что делают ее невидимой даже для соседних обитаемых вселенных времени и пространства.

Огромный пояс темных гравитационных тел разделен на два равных эллиптических кольца внедрением особого пространства. Внутренний пояс вращается против, внешний – по часовой стрелке. Противоположно направленное движение, вместе с необычной массой этих темных тел, настолько эффективно компенсирует линии гравитации Хавоны, что обеспечивает центральной вселенной физическую пропорциональность и совершенную устойчивость.

Внутренняя вереница темных гравитационных тел имеет цилиндрическую структуру и состоит из трех кольцеобразных групп. На поперечном сечении этого пояса были бы видны три концентрических кольца примерно одинаковой плотности. Внешний пояс темных гравитационных тел организован перпендикулярно, причем его высота в десять тысяч раз превышает высоту внутреннего пояса. Продольный диаметр внешнего пояса в пятьдесят тысяч раз превышает его поперечный диаметр.

Разделяющее два гравитационных пояса пространство *уникально* в том смысле, что нигде во всей обширной вселенной нет ничего похожего. Эта зона характеризуется исполинскими продольными волнообразными движениями и наполнена колоссальной энергетической активностью неизвестного типа.

По нашему мнению, будущая эволюция уровней внешнего пространства не будет связана с появлением чего-либо подобного темным гравитационным телам центральной вселенной; мы считаем, что противоположные обращения обеспечивающих гравитационный баланс исполинских тел уникальны во всей совокупной вселенной.

2. СТРОЕНИЕ ХАВОНЫ

Духовные существа не обитают в туманном пространстве; они не населяют эфирные миры; их обителью являются настоящие материальные сферы – миры, подобные тем, в которых живут смертные. Миры Хавоны являются действительными и буквальными, разве что их буквальная субстанция отличается от материальной организации планет в семи сверхвселенных.

Физические реальности Хавоны представляют собой тип организации энергии, который коренным образом отличается от любой энергетической организации, распространенной в эволюционных вселенных пространства. Хавонские виды энергии тройственны; сверхвселенские единицы энергии-вещества содержат двойной энергетический заряд, хотя один из видов энергии существует как в отрицательной, так и положительной фазах. Сотворение центральной вселенной триедино (Троица); сотворение (непосредственное) локальной вселенной двуедино: в нём участвуют Сын-Создатель и Созидательный Дух.

Материя Хавоны – это организация ровно тысячи основных химических элементов и гармоничное действие семи видов энергии Хавоны. Каждый из этих основных видов энергии обладает семью фазами возбуждения, так что уроженцы Хавоны реагируют на сорок девять различных раздражителей. Другими словами, с чисто физической точки зрения уроженцы центральной вселенной обладают сорока девятью специфическими видами ощущений. Число моронтийных чувств – семьдесят, а число чувств у высших духовных категорий колеблется между семьюдесятью и двумястами десятью, в зависимости от типа существа.

Ни одно физическое существо центральной вселенной не было бы зримым для урантийцев, как ни один из физических раздражителей этих далеких миров не вызвал бы ответную реакцию ваших грубых органов чувств. Если бы смертного Урантии можно было перенести в Хавону, он оказался бы глух, слеп и начисто лишен всех остальных проявлений чувств; он мог бы функционировать только как сознающее себя ограниченное существо, полностью лишенное раздражителей среды и каких-либо реакций на нее.

В центральном творении происходят многочисленные физические явления и духовные реакции, которые неизвестны в мирах, подобных Урантии.

Принципиальная организация триединого творения совершенно непохожа на двуединое строение созданных пространственно-временны́х вселенных.

Все естественные законы построены на принципах, полностью отличающихся от двуэнергетических систем формирующихся творений. Вся центральная вселенная организована в соответствии с триединой системой безупречного и симметричного управления. По всей системе Рай-Хавона сохраняется совершенное равновесие между всеми космическими реальностями и всеми духовными силами. Рай, с его абсолютным охватом материального творения, в совершенстве регулирует и поддерживает физическую энергию центральной вселенной; Вечный Сын, в рамках всеобъемлющего духовного охвата, в полном совершенстве поддерживает духовный статус всех обитателей Хавоны. В Раю нет ничего экспериментального, и система Рай-Хавона – это единое целое созидательного совершенства.

Всеобщая духовная гравитация Вечного Сына поразительно эффективна по всей центральной вселенной. Все духовные ценности и духовные личности неустанно притягиваются к центру, к обители Богов. Это влечение к Богу интенсивно и неодолимо. Стремление обрести Бога с особой силой проявляется в центральной вселенной – не потому, что духовная гравитация здесь ощущается больше, чем во вселенных, лежащих за ее пределами, а потому что достигшие Хавоны существа более одухотворены и, следовательно, более восприимчивы к вездесущей силе духовной гравитации Вечного Сына.

Таким же образом Бесконечный Дух притягивает к Раю все интеллектуальные ценности. По всей центральной вселенной интеллектуальная гравитация Бесконечного Духа действует совместно с духовной гравитацией Вечного Сына, и вместе они составляют единую движущую силу, побуждающую восходящие души к поискам Бога, обретению Божества, достижению Рая и познанию Отца.

Хавона – это духовно совершенная и физически устойчивая вселенная. Управление и гармоничная устойчивость центральной вселенной представляются безупречными. Всё, что относится к физическому или духовному, в совершенстве предсказуемо, чего нельзя сказать о явлениях разума и волеизъявлении личности. Мы действительно считаем невероятным, чтобы здесь можно было столкнуться с грехом, но это предположение основано на том, что обладающие свободной волей уроженцы Хавоны никогда не были виновны в нарушении воли Божества. Испокон веков эти небесные существа неизменно преданы Вечным Дней, равно как не было греха ни в одном существе, появившемся здесь в качестве паломника. Неизвестен ни один случай дурного поведения какого-либо существа или группы личностей, когда-либо созданных в центральной вселенной Хавоне или допущенных сюда. Столь совершенны и божественны методы и средства отбора во вселенных времени, что история Хавоны не знает ни одного проступка; не было сделано ни одной ошибки; ни одна восходящая душа не была допущена в центральную вселенную преждевременно.

3. МИРЫ ХАВОНЫ

Что касается управления центральной вселенной, то его не существует. Хавона отличается столь изысканным совершенством, что какая-либо система интеллектуального управления становится ненужной. Нет ни периодически назначаемых судов, ни законодательных ассамблей; Хавона нуждается только в административном руководстве. Здесь проявляются высочайшие идеалы истинного *само*управления.

Столь совершенные или близкие к совершенству разумные существа не нуждаются в управлении. Их не нужно контролировать, ведь это существа врожденного совершенства, среди которых есть и эволюционные создания, в далеком прошлом прошедшие тщательную проверку в верховных судах сверхвселенных.

Управление Хавоной не автоматично, однако оно отличается изумительным совершенством и божественной целесообразностью. Административными полномочиями, в основном планетарными, наделен местный Вечный Дней; каждой сферой Хавоны руководит одна из этих личностей Троичного происхождения. Вечные Дней не принадлежат к создателям, но они являются прекрасными управляющими. Эти в высшей степени искусные воспитатели руководят своими планетарными детьми с совершенством мудрости, граничащим с абсолютностью.

Миллиард сфер центральной вселенной – это подготовительные миры высоких личностей, уроженцев Рая и Хавоны; кроме того, здесь проходят окончательное испытание восходящие создания эволюционных миров времени. Исполняя великий план Всеобщего Отца по восхождению созданий, паломники времени высаживаются в приемных мирах внешнего, или седьмого, кольца и, пройдя должную подготовку и приобретя расширенный опыт, приступают к последовательному продвижению к центру, переходя с планеты на планету, с кольца на кольцо, пока не приходят к Божествам и не становятся жителями Рая.

Хотя сферы семи колец сохраняются во всей небесной красоте, в настоящее время только один процент совокупных планетарных возможностей используется для содействия всеобщему плану Отца по восхождению смертных. Около одной десятой процента всего пространства этих исполинских миров посвящено жизни и деятельности Корпуса Завершения – существ, увековеченных в свете и жизни, которые часто обитают в мирах Хавоны и служат здесь. Постоянные личные резиденции этих возвышенных созданий находятся в Раю.

Планетарное строение сфер Хавоны совершенно непохоже на строение эволюционных миров и систем пространства. Нигде в большой вселенной столь огромные сферы не используются в качестве обитаемых миров. Триатное физическое устройство, в совокупности с компенсирующим эффектом колоссальных темных гравитационных тел, позволяет в совершенстве уравнивать физические силы и в точности уравновешивать различные тяготения этого потрясающего творения. В организации материальных функций и духовной деятельности этих огромных миров используется также антигравитация.

Архитектура, освещение и теплоснабжение, равно как биологическое и художественное украшение сфер Хавоны не поддаются даже самому дерзкому человеческому воображению. Вам невозможно рассказать о Хавоне почти ничего; чтобы понять ее красоту и грандиозность, вы должны ее увидеть. Однако в этих совершенных мирах есть настоящие реки и озера.

Эти миры идеальны для духовной жизни; они служат прекрасными обителями для многочисленных категорий различных существ, действующих в центральной вселенной. Разнообразная деятельность протекает в этих восхитительных мирах, которые намного выше человеческого понимания.

4. СОЗДАНИЯ ЦЕНТРАЛЬНОЙ ВСЕЛЕННОЙ

В мирах Хавоны есть семь основных форм живых субстанций и существ, каждая из которых состоит из трех особых фаз. Каждая их этих трех фаз объединяет семьдесят типов, которые подразделяются на тысячу подтипов, куда, в свою очередь, входят новые градации и так далее. Эти основные жизненные группы можно классифицировать следующим образом:

1. Материальные.
2. Моронтийные.
3. Духовные.
4. Абсонитные.
5. Предельные.
6. Коабсолютные.
7. Абсолютные.

Старение и смерть не входят в жизненный цикл миров Хавоны. В центральной вселенной низшие живые существа претерпевают материальное преобразование. Их форма и проявление изменяются, но они не распадаются на составные части через разрушение и клеточную смерть.

Все уроженцы Хавоны происходят от Райской Троицы. Они не имеют родителей-созданий и неспособны к воспроизводству. Мы не можем описать процесс создания этих граждан центральной вселенной – несотворенных существ. Весь рассказ о сотворении Хавоны является попыткой применить пространственно-временны́е категории к факту вечности, не имеющему связи с временем и пространством в том смысле, в каком их понимает смертный человек. Однако мы должны сделать уступку человеческой философии в вопросе происхождения; даже личности, намного превышающие уровень человека, нуждаются в понятии «начала». Тем не менее, система Рай-Хавона вечна.

Уроженцы Хавоны населяют миллиард сфер центральной вселенной в том же смысле, в каком остальные категории жителей постоянно обитают на соответствующих сферах своего рождения. Так же, как материальная категория сыновства занимается материальной, интеллектуальной и духовной организацией в миллиарде локальных систем одной из сверхвселенных, так и уроженцы Хавоны обитают и действуют в миллиарде миров центральной вселенной. Вы можете считать обитателей Хавоны материальными созданиями при условии, что слово «материальный» будет включать физические реальности божественной вселенной.

Существует жизнь, типичная только для Хавоны и обладающая самоценностью. Хавонцы всячески помогают тем, кто восходит к Раю или нисходит в сверхвселенные, но они живут также жизнью, присущей только центральной вселенной и имеющей относительный смысл вне связи с Раем или сверхвселенными.

Так же как поклонение верующих сынов эволюционных миров помогает удовлетворить любовь Всеобщего Отца, так и возвышенное преклонение созданий Хавоны насыщает совершенные идеалы божественной красоты и истины. Как смертный человек стремится к выполнению Божьей воли, так и эти существа центральной вселенной живут для того, чтобы отвечать идеалам Райской Троицы. В самой своей сущности они *являются* Божьей волей. Божья благость вызывает радость у человека, божественная красота вызывает ликование у обитателей Хавоны; как те, так и другие пользуются благотворной свободой, присущей живой истине.

У жителей Хавоны есть как произвольное настоящее, так и нераскрытое будущее назначение. Уроженцы центральной вселенной проходят и собственный, присущий только центральной вселенной, путь развития, не предполагающий ни восхождения к Раю, ни проникновения в сверхвселенные. Это движение к высшему статусу Хавоны можно представить следующим образом:

1. Эмпирическое движение вовне – с первого на седьмое кольцо.

2. Движение к центру – с седьмого кольца на первое.

3. Внутрикольцевое движение – путь, проходящий через миры одного кольца.

Кроме уроженцев Хавоны, среди обитателей центральной вселенной есть многочисленные классы существ, служащих эталоном для различных вселенских групп, – советников, руководителей и учителей, которые подобны им и предназначены для подобных им существ по всему творению. Все существа во всех вселенных создаются по образу одной из категорий эталонного создания, обитающего в одном из миллиарда миров Хавоны. Равным образом, цель и идеалы смертных времени, присущие жизни созданных существ, находятся на внешних кольцах этих эталонных небесных сфер.

Есть здесь и достигшие Всеобщего Отца создания, обладающие правом удаляться и приходить сюда вновь, направляемые в разные концы вселенных для выполнения особых миссий. В каждом мире Хавоны можно также встретить кандидатов на обретение Отца, которые физически достигли центральной вселенной, но еще не обладают духовным развитием, позволяющим претендовать на место в Раю.

Бесконечный Дух представлен в мирах Хавоны сонмом личностей – благодатными и славными существами, – которые вникают в детали сложных интеллектуальных и духовных дел центральной вселенной. Здесь, в мирах божественного совершенства, они выполняют труд, необходимый для нормального функционирования этого обширного творения и, кроме того, занимаются различными делами, связанными с обучением, подготовкой и опекой огромного числа восходящих созданий, взошедших к блаженству из темных миров пространства.

Существуют многочисленные группы уроженцев системы Рай-Хавона, не имеющие какого-либо прямого отношения к программе восхождения и совершенствования созданий; поэтому их нет в классификации личностей, представленной смертным расам. Только основные группы сверхчеловеческих существ, а также те категории, которые непосредственно связаны с вашим опытом продолжения жизни, входят в эту классификацию.

Хавона изобилует жизнью, в которой представлены все фазы разумных созданий, стремящихся перейти с низших на более высокие кольца в попытке подняться на новый уровень реализации божественности и расширенного понимания высших значений, предельных ценностей и абсолютной реальности.

5. ЖИЗНЬ В ХАВОНЕ

На Урантии вы проходите короткое и интенсивное испытание в течение вашей начальной жизни в условиях материального существования. В обительских мирах – и далее, на уровнях системы, созвездия и локальной вселенной – вас ждут моронтийные стадии восхождения. В подготовительных мирах сверхвселенной вы пройдете через истинно духовные стадии развития и будете готовы к последующему переносу в Хавону. На семи кольцах Хавоны вы достигаете нового уровня разума, духа и опыта. И в каждом из миров, на каждом кольце необходимо успешно выполнить определенное задание.

Жизнь божественных миров столь богата и насыщенна, столь изобильна и полна, что полностью выходит за рамки человеческого представления о чём-либо, доступном опыту созданного существа. Социальная и экономическая жизнь этого вечного творения не имеет ничего общего с занятиями материальных созданий, проживающих в эволюционных мирах, подобных Урантии. Даже способ мышления Хавоны отличается от мыслительного процесса на Урантии.

Нормам жизни центральной вселенной присуща надлежащая естественность; правила поведения лишены произвольности. В каждом требовании Хавоны раскрываются принципы праведности и правосудия. На Урантии два этих фактора были бы в совокупности названы *справедливостью*. После прибытия в Хавону вы будете получать естественное удовольствие, поступая именно так, как следует.

Когда разумные существа впервые достигают центральной вселенной, они принимаются и размещаются в направляющем мире седьмого кольца Хавоны. По мере духовного прогресса вновь прибывших, осознания идентичности Главного Духа соответствующей сверхвселенной, они перемещаются на шестое кольцо. (Именно отсюда – по аналогии с порядком, принятым в центральной вселенной, – получили название круги эволюции человеческого разума.) Когда восходящие создания достигают осознания Верховности и, следовательно, готовы отправиться в путешествие к Божествам, они попадают на пятое кольцо; достигнув Бесконечного Духа, они переводятся на четвертое кольцо. После обретения Вечного Сына они переносятся на третье кольцо; после осознания Всеобщего Отца они отправляются на второе кольцо, где более тесно знакомятся с обитателями Рая. Прибытие на первое кольцо Хавоны означает, что создания времени утверждаются в качестве кандидатов на служение в Раю. В течение неопределенного времени, в зависимости от продолжительности и характера восхождения, создания остаются на внутреннем кольце постепенных духовных достижений. С этого внутреннего кольца восходящие паломники отправляются к центру для поселения в Раю и зачисления в Корпус Завершения.

В течение своего пребывания в Хавоне в статусе восходящего паломника вы сможете свободно посещать миры, входящие в кольцо вашего назначения. Вам будет также позволено возвращаться на планеты уже пройденных вами колец. И для тех, кто пребывает на кольцах Хавоны, всё это возможно без необходимости супернафимирования. Паломники времени способны сами подготовить себя для пересечения «пройденного» пространства, но они вынуждены зависеть от предписанных способов переноса для преодоления пространства «непройденного»; без помощи транспортного супернафима паломник не может покинуть Хавону или продвинуться с уровня своего назначения на следующий уровень.

Это обширное центральное творение отличается живительной самобытностью. За исключением физической структуры вещества и общей классификации основных категорий разумных существ и других живых сущностей, миры Хавоны не имеют между собой ничего общего. Любая из этих планет является самобытным, уникальным и особым творением; каждая планета представляет собой несравненное, величественное и совершенное произведение. И такое разнообразие индивидуальности охватывает все черты физического, интеллектуального и духовного аспектов планетарного существования. Развитие и украшение каждой из миллиарда совершенных сфер выполнено в соответствии с планами находящегося на ней Вечного Дней. Именно по этой причине среди них нет двух одинаковых сфер.

Вы насытите свою жажду приключений и удовлетворите свое любопытство только тогда, когда пересечете последнее кольцо Хавоны и побываете в последнем из ее миров. И тогда влечение, поступательный порыв к вечности заменит своего предшественника – свойственную времени тягу к приключениям.

Однообразие является признаком незрелости творческого воображения и отсутствия активного взаимодействия интеллектуального и духовного уровней. Когда восходящий смертный начинает исследовать эти небесные миры, он уже обладает эмоциональной, интеллектуальной и социальной, если не духовной, зрелостью.

Вас ждут невообразимые перемены не только при перемещении на очередные кольца Хавоны: несказанным изумлением будет сопровождаться и переход на новые планеты одного и того же кольца. Каждый из миллиарда этих учебных миров является неисчерпаемым источником неожиданностей. Непрерывное изумление, нескончаемое чудо окружает тех, кто пересекает эти кольца и путешествует по их гигантским сферам. Однообразию нет места на пути, лежащем через Хавону.

Любовь к странствиям, любопытство и страх однообразия – черты, присущие формирующейся человеческой природе, – были заложены не просто для того, чтобы изводить и раздражать вас в течение короткого пребывания на земле, а скорее для внушения мысли о том, что смерть – это только начало бесконечного странствия, нескончаемого предвосхищения, вечного пути открытий.

Любопытство – дух исканий, тяга к открытиям, страсть к исследованиям – всё это часть врожденного и божественного дара эволюционных созданий пространства. Эти естественные импульсы были даны вам не для того, чтобы вызывать лишь чувство безысходности и подавленности. Конечно, за вашу короткую жизнь на земле приходится нередко сдерживать эти страстные влечения, часто испытывая разочарования, однако на протяжении долгих эпох они сбудутся во всей полноте, и вам воздастся во всём их грядущем величии и великолепии.

6. НАЗНАЧЕНИЕ ЦЕНТРАЛЬНОЙ ВСЕЛЕННОЙ

Колоссален размах деятельности семи колец Хавоны. В целом, ее можно разделить на следующие направления:

1. Связанное с Хавоной.
2. Связанное с Раем.
3. Связанное с восхождением конечных существ и эволюцией Верховного-Предельного.

В течение нынешней вселенской эпохи Хавона служит местом многих видов сверхконечной деятельности, включая бесчисленные разновидности абсонитных и других стадий интеллектуальных и духовных функций. Возможно, у центральной вселенной есть многие нераскрытые мне назначения, ибо целый ряд ее функций выходит за пределы понимания сотворенного разума. И всё же я попробую описать, каким образом это совершенное творение удовлетворяет запросы и способствует благополучию семи категорий вселенских разумных существ:

1. *Всеобщий Отец* – Первый Источник и Центр. Бог-Отец получает высшее родительское удовлетворение от совершенства центрального творения, испытывает наслаждение от насыщенности любовью на почти равных ему уровнях. Совершенный Создатель божественно удовлетворен поклонением совершенного создания.

Хавона дает Отцу удовлетворение от высшего достижения. Воплощение совершенства в Хавоне компенсирует пространственно-временную задержку, с которой сталкивается его вечное стремление к бесконечному распространению.

Отец получает удовольствие от того, сколь совершенно Хавона отвечает представлению о божественной красоте. Божественный разум удовлетворен тем, что предоставил совершенный эталон изысканной гармонии для всех развивающихся вселенных.

С совершенным наслаждением созерцает наш Отец центральную вселенную – достойное проявление реальности духа для всех личностей вселенной вселенных.

С благотворным вниманием относится Бог вселенных к Хавоне и Раю – вечному средоточию могущества для всего последующего распространения вселенной во времени и пространстве.

С нескончаемым удовлетворением смотрит вечный Отец на Хавону – творение, являющееся достойной и пленительной целью восходящих кандидатов времени, его смертных внуков в пространстве, достигающих вечного местопребывания своего Создателя-Отца. И Бог наслаждается вселенной Рай-Хавона как вечной обителью Божества и божественной семьи.

2. *Вечный Сын* – Второй Источник и Центр. Для Вечного Сына величественное центральное творение является извечным подтверждением действенности товарищества божественной семьи – Отца, Сына и Духа. Оно служит духовным и материальным основанием для абсолютной уверенности во Всеобщем Отце.

Хавона дает Вечному Сыну практически безграничную основу для всё расширяющейся реализации духовного могущества. Центральная вселенная стала для Вечного Сына той ареной, где можно надежно и уверенно демонстрировать дух и метод посвященческого служения для обучения его ассоциированных Райских Сынов.

Хавона – это фундамент реальности, используемый Вечным Сыном в его управлении духовной гравитацией вселенной вселенных. Эта вселенная позволяет Сыну удовлетворять свою родительскую страсть духовного воспроизводства.

Миры Хавоны и их совершенные обитатели являются первой и – в вечности – окончательной демонстрацией Сына как Слова Отца. Так Сын в совершенстве удовлетворяется сознанием того, что он является бесконечным дополнением Отца.

И эта вселенная позволяет воплотить взаимность равноправного товарищества Всеобщего Отца и Вечного Сына, что служит вечным доказательством бесконечности личности каждого из них.

3. *Бесконечный Дух* – Третий Источник и Центр. Для Бесконечного Духа вселенная Хавона служит подтверждением того, что он является Совместным Вершителем, бесконечным представителем объединенного Отца-Сына. Хавона дает Бесконечному Духу двойное удовлетворение – от функционирования в качестве созидательной действующей силы и от абсолютного сосуществования с этим божественным достижением.

Хавона стала для Бесконечного Духа той ареной, на которой он смог продемонстрировать свои способность и желание проявлять милосердие. В этом совершенном творении Дух подготовил себя к испытанию в качестве попечителя эволюционных вселенных.

Это совершенное творение позволило Бесконечному Духу принять участие в руководстве вселенной вместе с обоими божественными родителями – оно дало ему возможность руководить вселенной в качестве потомка вторичного Создателя и тем самым подготовить себя к совместному руководству локальными вселенными в лице Созидательных Духов, партнеров Сынов-Создателей.

Миры Хавоны – это лаборатория для создателей космического разума и для попечителей разума каждого существующего создания. В каждом из миров Хавоны есть свой тип разума, который служит эталоном интеллекта для всех духовных и материальных созданий.

Эти совершенные миры представляют собой высшие школы разума для всех существ, которым предстоит попасть в Райское сообщество. Они предоставили Духу исчерпывающую возможность испытать метод служения разуму на надежных и заинтересованных личностях.

Хавона – это вознаграждение, которое Бесконечный Дух получает за свою обширную и бескорыстную деятельность во вселенных пространства. Хавона – это совершенная обитель и убежище для неутомимого Попечителя Разума во времени и пространстве.

4. *Верховное Существо* – эволюционное объединение эмпирического Божества. Творение Хавона является вечным и совершенным доказательством духовной реальности Верховного Существа. Это безупречное творение – раскрытие совершенной и симметричной духовной природы Бога-Верховного до начала энерго-личностного синтеза конечных отражений Райских Божеств в эмпирических вселенных времени и пространства.

В Хавоне силовые потенциалы Всемогущего объединены с духовной природой Верховного. Это центральное творение служит наглядным примером единства Верховного Существа в вечности будущего.

Хавона – безупречный эталон потенциальной повсеместности Верховного Существа. Эта вселенная является законченным отображением будущего совершенства Верховного и предвосхищает возможности Предельного.

Хавона демонстрирует завершенность духовных ценностей, существующих в виде живых волевых созданий с высочайшим и совершенным самообладанием; она демонстрирует разум, являющийся предельным эквивалентом духа; она демонстрирует реальность и единство интеллекта, обладающего неограниченными возможностями.

5. *Равные Сыны-Создатели*. Хавона служит тем местом, где Райские Михаилы получают свое образование и проходят подготовку к последующему опыту сотворения вселенной. Это божественное и совершенное творение является эталоном для каждого Сына-Создателя. Он стремится к тому, чтобы его собственная вселенная в итоге достигла этих уровней совершенства Рая-Хавоны.

Сын-Создатель использует создания Хавоны в качестве возможных эталонов для личностей своих собственных смертных детей и духовных существ. Для Сынов Михаилов, как и Сынов других Райских категорий, Рай и Хавона являются божественным предназначением детей времени.

Сыны-Создатели знают, что центральное творение – это реальный источник того обязательного вселенского сверхуправления, которое стабилизирует и объединяет их локальные вселенные. Они знают, что в Хавоне находится личное присутствие вездесущего влияния Верховного и Предельного.

Хавона и Рай – источник творческой силы для любого Сына Михаила. Здесь обитают существа, помогающие ему в создании вселенной. Из Рая приходят Вселенские Материнские Духи – совместные создатели локальных вселенных.

Для Райских Сынов центральная вселенная – это обитель божественных родителей, а значит, их дом. Снова и снова они с радостью возвращаются сюда.

6. *Равные Попечительские Дочери*. Вселенские Материнские Духи – совместные создатели локальных вселенных – проходят свою доличностную подготовку в мирах Хавоны в тесной взаимосвязи с Духами Колец. Здесь Духовные Дочери

локальных вселенных овладели необходимыми методами взаимодействия с Райскими Сынами, оставаясь неизменно послушными воле Отца.

В мирах Хавоны Дух и Дочери Духа находят эталоны разума для всех своих групп духовных и материальных разумных существ, и эта центральная вселенная является будущей целью тех созданий, начало которым совместно положено одним из Материнских Вселенских Духов и взаимодействующим Сыном-Создателем.

Мать-Создательница Вселенной помнит Рай и Хавону как место своего рождения и как место обитания Бесконечного Материнского Духа – обитель, в которой пребывает личность Бесконечного Разума.

Центральная вселенная посвятила Материнскому Духу личные созидательные прерогативы, благодаря которым Божественная Попечительница Вселенной дополняет Сына-Создателя при сотворении живых волевых созданий.

И наконец, ввиду того, что эти Дочерние Духи Бесконечного Материнского Духа вряд ли когда-нибудь вернутся в свой Райский дом, они получают огромное удовлетворение от всеобщего отражения, связанного с Верховным Существом в Хавоне и персонализированного в Райском Мажестоне.

7. *Восходящие эволюционные смертные*. Хавона служит источником эталонной личности каждого смертного типа и обителью всех сверхчеловеческих личностей, которые связаны со смертными, но не являются уроженцами творений времени.

Эти миры придают стимул всем человеческим порывам к обретению истинных духовных ценностей на высочайших возможных уровнях реальности. Хавона – это предшествующая Раю цель, место подготовки всех восходящих смертных. Здесь смертные обретают предрайское Божество – Верховное Существо. Для каждого волевого создания Хавона является преддверием Рая и достижения Бога.

Рай является домом, а Хавона – мастерской и игровой площадкой завершителей. А каждый познавший Бога смертный стремится стать завершителем.

Центральная вселенная – это не только признанное назначение человека, но и то место, откуда в урочный час завершители отправятся в свое нераскрытое вселенское странствие – исследование бесконечности Всеобщего Отца.

Хавона безусловно сохранит абсонитное значение своих функций даже в грядущие вселенские эпохи, когда паломники пространства смогут попытаться обрести Бога на сверхконечных уровнях. Хавона способна стать вселенной подготовки абсонитных существ. Возможно, она станет высшей школой, когда семь сверхвселенных будут служить в качестве средней ступени для выпускников начальных школ внешнего пространства. И мы склоняемся к мнению, что потенциальные возможности вечной Хавоны поистине безграничны, что центральная вселенная обладает вечным потенциалом, необходимым для выполнения функций эмпирической подготовительной вселенной для всех прошлых, настоящих или будущих типов созданных существ.

[Представлено Совершенствователем Мудрости, направленным Древними Дней Уверсы.]

ДОКУМЕНТ 15

СЕМЬ СВЕРХВСЕЛЕННЫХ

Для Всеобщего Отца – как для Отца – вселенные фактически не существуют; он имеет дело с личностями; он является Отцом личностей. Для Вечного Сына и Бесконечного Духа – как для создателей-партнеров – вселенные представляют собой локализованные и индивидуальные творения, находящиеся под объединенным правлением Сынов-Создателей и Созидательных Духов. Для Райской Троицы, за пределами Хавоны существует просто семь вселенных – семь сверхвселенных, в ве́дении которых находится круг первого постхавонского уровня пространства. Семь Главных Духов излучают свое воздействие с центрального Острова, превращая обширное творение в гигантское колесо, ступица которого – вечный Остров Рай, семь спиц – излучения Семи Главных Духов, обод – внешние регионы большой вселенной.

Семичастная система организации и правления сверхвселенных была сформулирована на ранних стадиях материализации всеобщего творения. Первое постхавонское творение было разделено на семь колоссальных сегментов; были спроектированы и сконструированы столичные миры для управления семью сверхвселенными. Нынешняя система управления существует с незапамятных времен, и правители семи сверхвселенных по праву называются Древними Дней.

Я постараюсь поведать вам хотя бы малую часть из обширных знаний о сверхвселенных, но во всех этих мирах действует метод разумного управления как физическими, так и духовными силами, а существующие здесь всеобщие гравитационные присутствия функционируют с величественным могуществом и совершенной гармонией. Важно сначала получить адекватное представление о физическом устройстве и материальной организации сверхвселенных, ибо это поможет вам лучше понять значение изумительной организации, созданной для духовного управления и интеллектуального развития волевых созданий, которые населяют мириады обитаемых планет, рассыпанных по всему пространству семи сверхвселенных.

1. ПРОСТРАНСТВЕННЫЙ УРОВЕНЬ СВЕРХВСЕЛЕННЫХ

Исходя из ограниченных сведений, наблюдений и воспоминаний поколений, охватывающих миллион или миллиард ваших коротких лет, Урантия и та вселенная, к которой она относится, по существу, переживают длительное, неизведанное и стремительное погружение в новое пространство; однако, согласно документам Уверсы, в соответствии с более ранними наблюдениями, в согласии с более широким опытом и расчетами нашей категории существ, а также в результате умозаключений, основанных на этих и других сведениях, мы знаем, что вселенные вовлечены в упорядоченную, хорошо осмысленную и безупречно управляемую процессию, которая в величественном великолепии обращается вокруг Первого Великого Источника и Центра и вселенной его постоянного обитания.

Мы уже давно обнаружили, что семь сверхвселенных обращаются по громадному эллипсу, гигантскому и вытянутому кругу. Ваша солнечная система, как и другие временны́е миры, не подвержены безудержному погружению в неизведанное пространство, без карты и компаса. Локальная вселенная, к которой относится ваша система, следует определенным и хорошо осмысленным курсом, двигаясь против часовой стрелки и описывая огромную траекторию вокруг центральной вселенной. Этот космический путь так же подробно размечен и изучен астрономами сверхвселенной, как орбиты планет вашей солнечной системы известны астрономам Урантии.

Урантия находится в еще не полностью организованных локальной и сверхвселенной, и ваша локальная вселенная расположена неподалеку от множества частично завершенных физических творений. Вы принадлежите к одной из относительно недавно созданных вселенных. Однако в настоящее время вы не пребываете в состоянии бесконтрольного погружения в неведомое пространство или слепого вращения в неизвестных регионах. Вы следуете упорядоченным и предусмотренным путем в пространственном уровне сверхвселенных. В настоящее время вы пересекаете то же пространство, через которое ваша планетарная система, или ее предшественники, проходили в незапамятные времена; и когда-нибудь в отдаленном будущем ваша система, или ее преемники, вновь пересекут то же самое пространство, сквозь которое вы так быстро проноситесь сегодня.

Если придерживаться принятых на Урантии представлений о направлении, то в нынешнюю эпоху первая сверхвселенная движется почти строго на север, находясь к востоку от Райской обители Великих Источников и Центров и центральной вселенной Хавоны, примерно напротив нее. Эта позиция, вместе с противоположной ей на западе, является кратчайшим физическим приближением сфер времени к вечному Острову. Вторая сверхвселенная расположена на севере и готовится к обращению в западном направлении, в то время как третья занимает самый северный сегмент великого пространственного пути и уже вошла в дугу, ведущую к южной части траектории. Четвертая сверхвселенная проходит относительно прямой отрезок в южном направлении, причем ее начальные регионы уже приближаются к позиции противостояния Великим Центрам. Пятая недавно вышла из зоны противостояния, продолжая продвигаться прямо на юг, чтобы затем войти в восточную дугу; шестая занимает большую часть южной дуги – тот сегмент, который почти полностью прошла ваша сверхвселенная.

Ваша локальная вселенная Небадон относится к Орвонтону – седьмой сверхвселенной, обращающейся в пространстве между первой и шестой сверхвселенными и сравнительно недавно (исходя из наших представлений о времени) обогнувшей южную дугу пространственного уровня сверхвселенных. Несколько миллиардов лет тому назад солнечная система, к которой относится Урантия, прошла южный изгиб траектории, так что вы только сейчас начинаете оставлять юго-восточную дугу и стремительно приближаетесь к длинному и относительно прямому северному пути. В течение бесконечно долгого времени Орвонтон будет следовать этому почти прямому северному курсу.

Урантия относится к системе, которая находится почти у границ локальной вселенной, а ваша локальная вселенная в настоящий момент пересекает периферию Орвонтона. За вами есть и другие творения, но вас отделяет огромное расстояние от тех физических систем, которые обращаются по великому кругу в относительной близости от Великого Источника и Центра.

2. ОРГАНИЗАЦИЯ СВЕРХВСЕЛЕННЫХ

Только Всеобщий Отец знает местоположение и действительное число обитаемых миров в пространстве; он называет их всех по имени и номеру. Я могу привести только приблизительное число обитаемых или пригодных для обитания планет, ибо некоторые локальные вселенные насчитывают больше миров, приспособленных для разумной жизни, чем другие. Кроме того, еще не все спроектированные локальные вселенные организованы. Поэтому предлагаемые мной данные предназначены исключительно для того, чтобы дать общее представление о необъятности материального творения.

Большая вселенная включает семь сверхвселенных, которые в целом устроены следующим образом:

1. *Система*. Основная единица сверхправления состоит примерно из тысячи обитаемых или пригодных для обитания миров. В эту группу не входят пылающие солнца, холодные миры, планеты, находящиеся слишком близко от раскаленных солнц, и прочие сферы, непригодные для созданий. Тысяча таких миров, приспособленных для поддержания жизни, называются системой, однако в молодых системах только сравнительно небольшое число миров могут быть обитаемыми. Во главе каждой обитаемой планеты находится Планетарный Князь, и в каждой локальной системе есть архитектурная сфера, которая является столицей системы и управляется Властелином Системы.

2. *Созвездие*. Сто систем (около 100 000 пригодных для обитания планет) образуют созвездие. В каждом созвездии есть столичная архитектурная сфера, а возглавляют созвездие Всевышние – три Сына Ворондадека. Каждое созвездие находится также под наблюдением Верного Дней, посланника Райской Троицы.

3. *Локальная вселенная*. Сто созвездий (около 10 000 000 пригодных для обитания планет) образуют локальную вселенную. Величественный столичный архитектурный мир каждой локальной вселенной управляется одним из равных Михаилов – Божьих Сынов-Создателей. Каждая вселенная благословляется присутствием Союза Дней, представителя Райской Троицы.

4. *Малый сектор*. Сто локальных вселенных (около 1 000 000 000 пригодных для обитания планет) образуют малый сектор правления сверхвселенной; пребывающие в его великолепном столичном мире правители – Недавние Дней – руководят делами малого сектора. В столице каждого малого сектора находятся трое Недавних Дней, Верховных Троичных Личностей.

5. *Большой сектор*. Сто малых секторов (около 100 000 000 000 пригодных для обитания миров) образуют один большой сектор. Каждый из них обладает величественным столичным миром, а во главе большого сектора находятся трое Совершенств Дней, Верховных Троичных Личностей.

6. *Сверхвселенная*. Десять больших секторов (около 1 000 000 000 000 пригодных для обитания планет) образуют сверхвселенную. Каждая сверхвселенная обладает огромным и великолепным столичным миром, а вся сверхвселенная управляется тремя Древними Дней.

7. *Большая вселенная*. Семь сверхвселенных образуют организованную к настоящему времени большую вселенную, состоящую примерно из семи триллионов пригодных для обитания планет; сюда также входят архитектурные сферы и миллиард обитаемых сфер Хавоны. Семь Главных Духов управляют сверхвселенными из Рая опосредованно и с помощью системы отражения. Вечные Дней непосредственно руководят миллиардом миров Хавоны, причем на каждой совершенной сфере находится одна из этих Верховных Троичных Личностей.

За исключением сфер системы Рай-Хавона, план организации вселенных предусматривает следующие единицы:

Сверхвселенные 7
Большие сектора.. 70
Малые сектора 7 000
Локальные вселенные 700 000
Созвездия 70 000 000
Локальные системы 7 000 000 000
Пригодные для обитания планеты 7 000 000 000 000

Состав каждой из семи сверхвселенных выглядит примерно так:

Одна система включает, примерно .... 1 000 миров
Одно созвездие (100 систем).. 100 000 миров
Одна вселенная (100 созвездий) .... 10 000 000 миров
Один малый сектор (100 вселенных) .... 1 000 000 000 миров
Один большой сектор (100 малых секторов) .... 100 000 000 000 миров
Одна сверхвселенная (10 больших секторов) .... 1 000 000 000 000 миров

Все подобные оценки являются, в лучшем случае, приблизительными, ибо постоянно возникают новые системы, в то время как другие структуры временно прекращают материальное существование.

3. СВЕРХВСЕЛЕННАЯ ОРВОНТОН

Практически все звездные миры, видимые невооруженным глазом с Урантии, относятся к седьмой части большой вселенной – сверхвселенной Орвонтон. Обширная звездная система Млечный Путь представляет собой центральное ядро Орвонтона и большей частью находится за пределами вашей локальной вселенной. Эта огромная совокупность солнц, темных островов пространства, двойных звезд, шаровых скоплений, звездных облаков, спиральных и иных туманностей наряду с мириадами отдельных планет образует дискообразный эллиптический ансамбль, объединяющий седьмую часть обитаемых эволюционных вселенных.

Смотря на огромный Млечный Путь через поперечное сечение близлежащих систем с астрономической позиции Урантии, вы видите, как сферы Орвонтона обращаются в обширной вытянутой плоскости, ширина которой намного больше толщины, а длина значительно превышает ширину.

Наблюдения так называемого Млечного Пути обнаруживают относительное увеличение звездной плотности в Орвонтоне при обозрении небосвода в определенном направлении, в то время как с обеих сторон плотность уменьшается; число звезд и иных сфер сокращается по мере удаления от главной плоскости нашей материальной сверхвселенной. Когда вы глядите сквозь основное тело этой области максимальной плотности под соответствующим углом наблюдения, вы смотрите в направлении божественной вселенной и всеобщего центра.

Из десяти больших секторов Орвонтона астрономы Урантии идентифицировали, в общих чертах, восемь. Два других сектора вычленить сложно, ибо вам приходится наблюдать эти явления изнутри. Если бы вы могли взглянуть на сверхвселенную Орвонтон с большого расстояния, вы бы сразу распознали десять больших секторов седьмой галактики.

Центр вращения вашего малого сектора находится на большом расстоянии, в огромном и плотном звездном облаке Стрельца, вокруг которого обращается ваша локальная вселенная и связанные с ней творения; с противоположных сторон обширной субгалактической системы Стрельца вы можете наблюдать две громадные вереницы звездных облаков, образующих колоссальные звездные кольца.

Ядро физической системы, к которой относится ваше солнце и связанные с ним планеты, является центром прежней туманности Андроновер. Эта бывшая спиральная туманность была несколько деформирована вследствие гравитационного распада, связанного с явлениями, которые сопровождали рождение вашей солнечной системы и были вызваны сближением с соседней туманностью. Опасное сближение превратило Андроновер в подобие сферического скопления тел, однако не полностью нарушило двустороннюю вереницу звезд и объединенных с ними физических групп. Ваша солнечная система занимает достаточно центральное положение в одном из рукавов этой деформированной спирали, примерно посередине между центром и краем звездного потока.

Сектор Стрельца и все остальные секторы и сегменты Орвонтона вращаются вокруг Уверсы, и та путаница, которая существует у астрономов Урантии, частично объясняется оптическим обманом и относительными искажениями, причиной которых являются следующие сложные вращательные движения:

1. Вращение Урантии вокруг своего солнца.

2. Обращение вашей солнечной системы вокруг ядра бывшей туманности Андроновер.

3. Вращение звездной семьи Андроновер и связанных с ней скоплений тел вокруг сложного ротационно-гравитационного центра звездного облака Небадон.

4. Обращение локального звездного облака Небадон и связанных с ним творений вокруг Стрельца – центра их малого сектора.

5. Вращение ста малых секторов, включая Стрельца, вокруг их большого сектора.

6. Обращение десяти больших секторов – так называемый звездный дрейф – вокруг столичного мира Орвонтона, Уверсы.

7. Движение Орвонтона и шести связанных сверхвселенных вокруг Рая и Хавоны – совершаемое против часовой стрелки движение на пространственном уровне сверхвселенных.

Эти сложные движения относятся к нескольким типам. Пространственные пути вашей планеты и солнечной системы объясняются их происхождением. Абсолютное движение Орвонтона против часовой стрелки также связано с его происхождением, с планами построения совокупной вселенной. Однако причины промежуточных движений имеют сложный характер и отчасти объясняются структурной сегментацией вещества-энергии в сверхвселенных, а отчасти – разумным и целенаправленным воздействием Райских организаторов сил.

С приближением к Хавоне локальные вселенные располагаются всё ближе друг к другу; колец становится всё больше, и всё большее число уровней накладываются друг на друга. Но с удалением от вечного центра число систем, уровней, колец и вселенных постепенно уменьшается.

4. ТУМАННОСТИ – ПРАРОДИТЕЛИ ВСЕЛЕННЫХ

Хотя сотворение и организация вселенных извечно управляются бесконечными Создателями и их партнерами, весь этот процесс протекает в соответствии с предопределенным механизмом и в согласии с гравитационными законами силы, энергии и вещества. Однако всеобщий силовой заряд пространства остается загадочным явлением; начиная с ультиматонной стадии, мы хорошо понимаем организацию материальных творений, но нам не совсем понятна космическая предыстория ультиматонов. Мы убеждены, что эти древние силы имеют Райское происхождение, ибо они извечно обращаются в насыщенном пространстве, повторяя в гигантском масштабе точные очертания Рая. Хотя этот силовой заряд пространства – предшественник всякой материализации – нечувствителен к гравитации Рая, он неизменно реагирует на присутствие нижнего Рая, исходя, очевидно, из центра нижнего Рая и возвращаясь в него.

Райские организаторы сил преобразуют потенцию пространства в изначальную силу, превращая этот доматериальный потенциал в первичные и вторичные энергетические проявления физической реальности. Когда эта энергия достигает уровней реакции на гравитацию, появляются управляющие энергией и взаимодействующие с ними существа режима сверхвселенной, которые начинают бесконечные манипуляции по созданию разнообразных силовых контуров и энергетических каналов для пространственно-временны́х вселенных. Так в пространстве возникает физическая материя, а вместе с ней и условия, позволяющие приступить к организации вселенной.

Эта сегментация энергии представляет собой феномен, который до сих пор не разгадан физиками Небадона. Их главная трудность заключается в относительной недоступности Райских организаторов сил, а живые управляющие энергией, правомочные обращаться с пространственной энергией, не имеют ни малейшего представления о происхождении тех видов энергии, которыми они столь искусно и разумно манипулируют.

Райские организаторы сил являются зачинателями туманностей; в области своего пространственного присутствия они способны инициировать колоссальные силовые циклоны. Приведенные в движение, такие циклоны невозможно остановить или укротить до тех пор, пока не произойдет мобилизация всепроникающих сил, необходимая для возникновения ультиматонных единиц вселенского вещества. Так появляются спиральные и другие туманности – материнские диски, порождающие солнца прямого происхождения и их разнообразные системы. Во внешнем пространстве можно наблюдать десять различных видов туманностей, представляющих стадии первичной эволюции вселенных, и эти обширные энергетические диски имели такое же происхождение, как и диски в семи сверхвселенных.

Туманности существенно отличаются по размерам, итоговому числу и совокупной массе звездного и планетарного потомства. Звездообразующая туманность к северу от границ Орвонтона, но в пределах пространственного уровня сверхвселенных, уже породила около сорока тысяч звезд, но этот материнский диск всё еще продолжает выбрасывать солнца, большинство из которых во много раз превышают размеры вашего светила. Некоторые из крупных туманностей внешнего пространства порождают до ста миллионов звезд.

Туманности не имеют прямого отношения к каким-либо административным единицам, таким как малые сектора или локальные вселенные, хотя некоторые локальные вселенные и были образованы из одной туманности. Каждая локальная вселенная охватывает ровно одну стотысячную часть всего энергетического заряда сверхвселенной, независимо от связи с туманностями, ибо энергия организуется не туманностями, – она распределяется по всей вселенной.

Не все спиральные туманности участвуют в звездообразовании. Некоторые сохранили контроль над многими звездами из числа своего отделившегося звездного потомства, и их спиралевидная форма объясняется тем, что звезды выходят из рукава туманности тесным строем, но возвращаются разными путями, поэтому их легко наблюдать в первом случае и сложнее тогда, когда они возвращаются в туманность, разбросанные на огромные расстояния от ее рукава. В настоящее время в Орвонтоне мало звездообразующих туманностей, хотя Андромеда, находящаяся за пределами обитаемой части сверхвселенной, очень активна. Эта далекая туманность видна невооруженным глазом, и когда вы смотрите на нее, задумайтесь над тем, что видимый вам свет покинул эти дальние светила почти миллион лет тому назад.

Галактика Млечный Путь состоит из огромного числа бывших спиральных и иных туманностей, многие из которых до сих пор сохраняют свою изначальную конфигурацию. Однако в результате внутренних катастроф и внешнего притяжения многие из них претерпели столь значительную деформацию и переустройство, что эти огромные скопления напоминают гигантские светящиеся массы ярких солнц – таких как Магелланово Облако. Шаровой тип звездных скоплений является доминирующим у внешних границ Орвонтона.

Обширные звездные облака Орвонтона должны рассматриваться как индивидуальные скопления вещества, сравнимые с отдельными туманностями, которые наблюдаются в регионах пространства за пределами Млечного Пути. Но многие из так называемых звездных облаков состоят только из газообразного вещества. Непостижимо огромен энергетический потенциал этих газовых облаков. Часть этого потенциала захватывается соседними солнцами и перераспределяется в пространстве в виде солнечных излучений.

5. ПРОИСХОЖДЕНИЕ НЕБЕСНЫХ ТЕЛ

Основная масса, заключенная в солнцах и планетах сверхвселенной, образуется в небулярных дисках; лишь очень малая часть массы сверхвселенной организуется прямым воздействием управляющих энергией (например, при создании архитектурных сфер), хотя в открытом пространстве и возникает постоянно изменяющееся количество вещества.

Что касается происхождения, то большинство солнц, планет и других сфер могут быть включены в состав одной из следующих десяти групп:

1. *Концентрические контракционные кольца*. Не все туманности являются спиральными. Многие гигантские туманности, вместо деления на системы двойных звезд или превращения в спиральную туманность, претерпевают сжатие с образованием множественных колец. В течение длительного времени такая туманность выглядит как огромное центральное солнце, окруженное многочисленными гигантскими кольцеобразными облаками вещества.

2. *Вихревые звезды* включают солнца, которые выбрасываются из исполинских звездообразующих дисков, состоящих из высокотемпературных газов. Их выделение происходит не в форме колец, а в виде право- и левосторонних growing верениц. Вихревые звезды возникают не только в спиральных, но и в других туманностях.

3. *Гравитационно-взрывные планеты*. Когда солнце рождается в спиральной или пересеченной туманности, оно нередко выбрасывается на значительное расстояние. Такое солнце состоит в основном из газа, и впоследствии, после некоторого снижения температуры и сжатия, оно может оказаться вблизи огромной

массы вещества – гигантского солнца или темного острова пространства. Такое сближение может не привести к столкновению, но быть достаточным для того, чтобы гравитационное притяжение большего тела вызвало приливные сокращения меньшего, приведя к серии одновременных приливных возмущений на противоположных сторонах сотрясаемого конвульсиями солнца. В своем апогее эти взрывные извержения приводят к образованию различных по своим размерам скоплений вещества, которые могут выбрасываться извергающим его солнцем за пределы гравитационного возврата, обретая свои собственные постоянные орбиты вокруг одного из двух тел, участвующих в данном процессе. Позднее более крупные скопления вещества объединяются и постепенно притягивают к себе меньшие тела. Так образовались многие твердые планеты малых систем. Именно такое происхождение имеет ваша солнечная система.

4. *Центробежные планетарные дочерние ядра*. На определенных стадиях своего развития и в случае значительного увеличения скорости вращения, огромные солнца начинают выбрасывать в больших количествах вещество, которое впоследствии может уплотняться с образованием небольших миров, продолжающих обращаться вокруг породившего их солнца.

5. *Сферы недостаточной гравитации*. Существует критический предел размера отдельной звезды. Если, достигнув этого предела, солнце не замедляет своего вращения, оно обречено на деление; происходит расщепление солнца, и появляется новая двойная звезда данной разновидности. Побочным продуктом этой гигантской дезинтеграции могут стать многочисленные малые планеты.

6. *Контрактурные звезды*. В малых системах крупнейшая из внешних планет иногда притягивает к себе соседние, в то время как планеты, расположенные вблизи солнца, начинают свое терминальное падение. В случае вашей солнечной системы такой конец означал бы, что четыре внутренних планеты были бы поглощены солнцем, в то время как крупнейшая планета – Юпитер – существенно увеличилась бы за счет поглощения оставшихся миров. Такой финал солнечной системы выражался бы в появлении двух соседних, но неравных светил, что является одним из типов образования двойной звезды. Подобные катастрофы нечасты, за исключением звездных скоплений, находящихся на периферии сверхвселенной.

7. *Кумулятивные сферы*. Малые планеты могут постепенно образовываться из огромного количества циркулирующего в пространстве вещества. Они увеличиваются за счет метеоритного приращения и незначительных столкновений. Условия, существующие в некоторых секторах пространства, благоприятны для такого типа образования планет. Подобное происхождение имеют многие обитаемые миры.

Некоторые из имеющих большую плотность темных островов являются прямым следствием аккреции преобразующейся в пространстве энергии. Другая группа темных островов возникла вследствие аккумуляции огромного количества холодного вещества – циркулирующих в пространстве осколков и метеоров. Такие скопления вещества никогда не были горячими и, за исключением своей плотности, по составу очень напоминают Урантию.

8. *Потухшие солнца*. Некоторые из темных островов пространства – это потухшие изолированные звезды, которые израсходовали весь запас пространственной энергии. Эти организованные тела приближаются к полному уплотнению, практически законченной консолидации; и потребуются многие эпохи, прежде чем эти огромные высокоплотные массы будут снова заряжены в контурах пространства и

готовы к новым циклам функционирования во вселенной после столкновения или другого реактивирующего космического события.

9. *Коллизионные сферы*. В регионах с более плотными звездными скоплениями столкновения – обычное явление. Подобные астрономические пертурбации сопровождаются колоссальными изменениями энергии и преобразованиями вещества. Столкновения, в которых участвуют потухшие солнца, играют особенно большую роль в появлении широкомасштабных энергетических флуктуаций. Возникающие при этом обломки часто образуют материальные ядра будущих планетарных тел, приспособленных для смертных созданий.

10. *Архитектурные миры*. Это миры, созданные по проектам и спецификациям для конкретных целей, такие как Салвингтон – столичный мир вашей локальной вселенной, или Уверса, где находится правительство нашей сверхвселенной.

Существуют многочисленные другие методы формирования светил и выделения планет, но вышеупомянутые процедуры касаются способов, в соответствии с которыми было создано большинство звездных систем и планетарных семей. Для описания всех разнообразных моделей, имеющих отношение к видоизменению звезд и эволюции планет, потребовалось бы изложение почти ста различных типов звездообразования и возникновения планет. Изучая небосвод, ваши исследователи звезд обнаружат явления, относящиеся ко всем типам звездной эволюции, но они будут редко замечать признаки образования тех небольших, несветящихся скоплений вещества, которые служат в качестве обитаемых планет – важнейших творений безбрежного материального мира.

6. СФЕРЫ ПРОСТРАНСТВА

Независимо от происхождения, различные сферы пространства можно классифицировать по следующим основным типам:

1. Солнца – звезды пространства.
2. Темные острова пространства.
3. Малые тела пространства – кометы, метеоры и планетезимали.
4. Планеты, включая обитаемые миры.
5. Архитектурные сферы – специально созданные миры.

За исключением архитектурных сфер, все пространственные тела имеют эволюционное происхождение – эволюционное в том смысле, что они не появились по велению Божества; эволюционное в том смысле, что созидательные акты Бога были раскрыты посредством пространственно-временно́го метода в действиях многих созданных и возникших разумных существ Божества.

Солнца. Это звезды пространства на всех различных стадиях своего существования. Некоторые солнца являются одиночными формирующимися пространственными системами; другие представляют собой двойные звезды, сокращающиеся или исчезающие планетарные системы. Находящиеся в пространстве звезды существуют не менее чем в тысяче различных состояний и стадий. Вы знакомы с солнцами, которые дают свет, сопровождаемый теплом, однако есть и такие, которые светят, не излучая тепла.

Триллионы и триллионы лет, в течение которых обычное солнце выделяет тепло и свет, дают хорошее представление о колоссальном запасе энергии, содержащемся в каждой единице вещества. Действительное количество энергии, заключенное в невидимых частицах физического вещества, поистине невообразимо.

В условиях чрезвычайно высокого теплового давления и соответствующих энергетических процессов, происходящих внутри пылающего солнца, почти вся эта энергия реализуется в виде света. Некоторые другие условия позволяют этим солнцам трансформировать и посылать значительное количество той пространственной энергии, которая приходится на их долю в существующих контурах пространства. Многие фазы физической энергии и все виды вещества притягиваются и впоследствии перераспределяются солнечными генераторами. Так солнца выполняют роль локальных ускорителей энергообращения, действуя в качестве автоматических станций управления энергией.

Сверхвселенная Орвонтон освещается и обогревается более чем десятью триллионами горящих светил. Эти солнца являются звездами доступной вашему обозрению астрономической системы. Более двух триллионов солнц слишком удалены и малы, чтобы их можно было когда-либо увидеть с Урантии. Однако в совокупной вселенной столько же звезд, сколько стаканов воды в ваших океанах.

Темные острова пространства. Это потухшие солнца, а также другие крупные скопления вещества, лишенные света и тепла. Иногда темные острова обладают огромной массой и играют большую роль в сохранении равновесия и манипуляции энергией во вселенной. Некоторые такие образования имеют поистине неимоверную плотность массы. Эта огромная концентрация массы позволяет темным островам служить могущественными балансирами, которые надежно держат в узде соседние системы. Во многих созвездиях они поддерживают гравитационный баланс сил; многие физические системы, которым грозило бы быстрое падение на ближайшее солнце и уничтожение, надежно удерживаются в гравитационном охвате их хранителей – темных островов. Именно эта функция позволяет нам в точности определять их местоположение. Мы измерили гравитационную тягу светящихся тел, что позволяет нам вычислять точный размер и положение темных островов пространства, которые столь эффективно поддерживают устойчивость траектории данной системы.

Малые тела пространства. Метеоры и другие мелкие частицы вещества, обращающиеся и формирующиеся в пространстве, представляют собой огромную совокупность энергии и материальной субстанции.

Многие кометы относятся к неутвердившемуся и хаотичному потомству солнечных протодисков, которое постепенно оказывается во власти центрального контролирующего солнца. Кометы имеют самое разнообразное происхождение. Хвост кометы направлен в противоположную сторону от притягивающего тела или солнца из-за электрической реакции в его сильно разряженных газах, а также ввиду непосредственного давления света и других видов энергии, излучаемых солнцем. Это явление служит одним из убедительных доказательств реальности света и связанных с ним энергий и служит демонстрацией того, что свет имеет вес. Свет – это реальная субстанция, а не всего лишь волны гипотетического эфира.

Планеты. Это более крупные скопления вещества, которые следуют своим орбитам вокруг солнца или иного пространственного тела; их размеры варьируются от планетезималей до огромных газообразных, жидких или твердых сфер. Когда холодные миры, образованные из плавающего в пространстве материала, оказываются в правильном соотношении с соседним солнцем, то такие планеты являются предпочтительными для заселения разумными обитателями. Потухшие солнца, как правило, непригодны для жизни; обычно они находятся слишком далеко от живых, горячих звезд и, кроме того, являются слишком массивными; сила тяжести на их поверхности колоссальна.

В вашей сверхвселенной на сорок холодных планет приходится менее одной, населенной существами вашей категории; и, конечно, раскаленные солнца и холодные далекие миры непригодны для высокоорганизованной жизни. В вашей солнечной системе только три планеты в настоящее время приспособлены для жизни. По своему размеру, плотности и расположению Урантия во многих отношениях является идеальным местом для человека.

Законы, определяющие свойства физической энергии, в основном универсальны, однако физические условия, господствующие на отдельных планетах и в локальных системах, во многом связаны с местными воздействиями. Бесчисленные миры пространства характеризуются почти бесконечным разнообразием созданий и других проявлений жизни. Тем не менее, есть явное групповое сходство миров, объединенных в одну систему, как есть и вселенский эталон разумной жизни. Существует физическое родство планетарных систем, принадлежащих к одному физическому контуру и следующих близко друг за другом в бесконечном обращении по кругу вселенных.

7. АРХИТЕКТУРНЫЕ СФЕРЫ

Хотя правительство каждой сверхвселенной находится рядом с центром эволюционных вселенных, входящих в соответствующий сегмент пространства, оно занимает специально созданный мир, населенный полномочными личностями. Столичные миры являются архитектурными сферами – пространственными телами, специально сконструированными для особого назначения. Хотя эти сферы и получают свет ближних солнц, они снабжены автономными источниками освещения и обогрева. Каждая из них обладает солнцем, дающим, подобно спутникам Рая, свет без тепла, и обогревается теплом, поступающим при циркуляции определенных потоков энергии у поверхности сферы. Эти столичные миры относятся к крупнейшим системам, расположенным вблизи астрономических центров соответствующих сверхвселенных.

В столичных мирах сверхвселенных существует стандарт времени. Стандартный день сверхвселенной Орвонтон равен почти тридцати урантийским дням, а год Орвонтона соответствует ста стандартным дням. Этот уверсский год является стандартом для седьмой сверхвселенной, будучи на двадцать две минуты короче, чем три тысячи дней на Урантии, – около восьми и одной пятой ваших лет.

По своей природе и величию столичные миры семи сверхвселенных напоминают Рай, их центральный эталон совершенства. В действительности, все столичные миры подобны Раю. Они и в самом деле представляют собой небесные обители, увеличиваясь в физических размерах и возрастая в моронтийной красоте и духовном великолепии от Иерусема к центральному Острову. Все спутники этих столичных миров также являются архитектурными сферами.

В разнообразных столичных мирах представлены все фазы материального и духовного творения. Эти миры – вселенские места встреч – приспособлены для всех видов материальных, моронтийных и духовных существ. По мере восхождения во вселенной и перехода от материальных миров к духовным, смертные всегда с благодарностью вспоминают предыдущие уровни своего существования, никогда не забывают испытанную здесь радость.

Иерусем – столица вашей локальной системы, Сатании, – включает семь миров переходной культуры, каждый из которых окружен семью спутниками; среди этих спутников – семь обительских миров моронтийной адаптации, первое местожительство человека после смерти. В том виде, в котором слово «небо» используется на Урантии, оно иногда означает эти семь обительских миров, первый из которых называется первым небом, и далее, вплоть до седьмого.

Эдемия – столица вашего созвездия Норлатиадек – располагает семьюдесятью спутниками культуры общественной жизни и образования; здесь восходящие создания пребывают в течение некоторого времени по завершении иерусемского режима мобилизации, объединения и реализации личности.

Салвингтон – столица вашей локальной вселенной Небадон – окружен десятью группами университетских сфер, каждая из которых состоит из сорока девяти миров. После социализации человека в созвездии, здесь происходит его одухотворение.

Умайнор-третий – столица вашего малого сектора, Энсы, – окружен семью сферами высшего изучения физических аспектов восхождения.

Умейджор-пятый – столица вашего большого сектора, Спландона, – окружен семьюдесятью сферами возрастающей интеллектуальной подготовки в сверхвселенной.

Уверса – столица Орвонтона, вашей сверхвселенной, – окружена семью высшими университетами углубленной духовной подготовки восходящих волевых созданий. Каждое из семи скоплений этих поразительных сфер состоит из семидесяти специализированных миров, где тысячи и тысячи учреждений и организаций обладают всем необходимым для повышения вселенского образования и развития духовной культуры, и где паломники времени получают новые знания и проходят новые испытания, предваряющие долгий перелет в Хавону. Прибывающие паломники времени всегда принимаются в этих связанных с Уверсой мирах, однако отправляющиеся в свой путь выпускники покидают сверхвселенную непосредственно с Уверсы.

Уверса является духовной и административной столицей примерно одного триллиона обитаемых и пригодных для обитания миров. Блаженство, величие и совершенство столицы Орвонтона превосходят любые чудеса пространственно-временных творений.

Если бы все запланированные локальные вселенные и их составные части уже существовали, то в семи сверхвселенных насчитывалось бы немногим менее пятисот миллиардов архитектурных миров.

8. УПРАВЛЕНИЕ ЭНЕРГИЕЙ И ЕЕ РЕГУЛЯЦИЯ

Устройство столичных сфер сверхвселенных позволяет им выполнять функции эффективных энерго-силовых регуляторов различных секторов сверхвселенных, служить в качестве центров концентрации и перераспределения энергии локальным вселенным. Они оказывают мощное воздействие на баланс и управление физическими энергиями, циркулирующими в организованном пространстве.

Функции регулирования выполняются также силовыми центрами и физическими регуляторами сверхвселенной – живыми и полуживыми разумными сущностями, образованными для этой конкретной цели. Эти силовые центры и физические регуляторы с трудом поддаются пониманию; низшие категории неспособны принимать волевые решения – у них нет воли, они не выбирают; их действия очень разумны, однако, по всей вероятности, автоматичны и объясняются их высокоспециализированным устройством. Силовые центры и физические регуляторы сверхвселенных направляют и частично контролируют действие тридцати энергетических систем, образующих область гравиты. На полный охват сверхвселенной контурами физической энергии, которыми управляют силовые центры Уверсы, требуется немногим более 968 миллионов лет.

Формирующаяся энергия обладает субстанцией; у нее есть вес, хотя вес всегда относителен и зависит от скорости вращения, массы и антигравитации. В веществе масса проявляет тенденцию замедлять скорость энергии, и в любом месте скорость энергии выражает изначальную скорость минус замедление, вызванное массой во время перемещения в пространстве, плюс регуляционная функция живых управляющих энергией сверхвселенной и физическое воздействие находящихся по соседству высокотемпературных или высокозарядных тел.

Для осуществления всеобщего плана по поддержанию равновесия между веществом и энергией необходимо постоянное создание и разрушение мелких материальных единиц. Управляющие Вселенской Энергией обладают способностью уплотнять и удерживать – или расширять и высвобождать – различные количества энергии.

При достаточно длительном замедляющем воздействии гравитации вся энергия могла бы превратиться в вещество, если бы не два обстоятельства. Первое заключается в антигравитационных воздействиях регуляторов энергии; второе – в том, что организованное вещество обнаруживает тенденцию к дезинтеграции при определенных условиях, существующих в чрезвычайно раскаленных звездах, а также в особых условиях пространства вблизи холодных и плотных тел, обладающих огромным запасом энергии.

Когда масса становится слишком объемной, угрожая нарушить баланс энергии, ослабить физические силовые контуры, вмешиваются физические регуляторы – если только собственная последующая тенденция гравитации к чрезмерному овеществлению энергии не ликвидируется столкновением потухших гигантов пространства, что моментально рассеивает кумулятивные гравитационные скопления. При таких столкновениях огромные массы вещества внезапно превращаются в самую разреженную форму энергии, и борьба за всеобщее равновесие начинается заново. В результате крупные физические системы обретают стабильность, физическую устойчивость и вовлекаются в сбалансированные и устойчивые контуры сверхвселенных. После такого события в устойчивой системе не происходит новых столкновений или иных опустошительных катастроф.

В периоды избытка энергии наблюдаются силовые возмущения и тепловые флуктуации, сопровождаемые проявлениями электрической активности. В периоды недостатка энергии возрастают тенденции вещества к накоплению, уплотнению и выходу из-под контроля в контурах с менее устойчивым балансом сил; возникающие вследствие этого приливно-отливные или коллизионные коррекции быстро восстанавливают баланс между циркулирующей энергией и, в буквальном смысле слова, более стабилизированным веществом. Одна из задач небесных астрономов – прогнозирование и понимание возможного аналогичного поведения пылающих светил и темных островов пространства.

Мы способны осознать большинство законов, управляющих вселенским равновесием, и предсказать многое из того, что относится к стабильности вселенных. В практическом аспекте наши прогнозы надежны, однако мы постоянно сталкиваемся с некоторыми силами, которые невозможно объяснить одним только действием известных нам законов управления энергией или поведения вещества. Предсказуемость всех физических явлений уменьшается по мере удаления от Рая и продвижения в глубины вселенных. В пространстве, находящемся за пределами личных полномочий Правителей Рая, мы сталкиваемся со всё большей невозможностью выводить умозаключения, основанные только на выработанных принципах и накопленном опыте наблюдения физических явлений ближайших астрономических систем. Даже в мирах семи сверхвселенных мы живем в окружении сил и энергетических воздействий, пронизывающих все наши сферы и простирающихся в едином равновесии сквозь все регионы внешнего пространства.

Чем дальше мы углубляемся в пространство, тем больше вероятность столкновения с вариационными и непредсказуемыми явлениями, которые являются столь безошибочным свидетельством непостижимого присутствия и действия Абсолютов и эмпирических Божеств. И эти явления должны быть признаком некоего всеобщего сверхуправления всем творением.

Сверхвселенная Орвонтон в настоящее время, очевидно, разряжается; вселенные внешнего пространства, на наш взгляд, заряжаются для беспримерной деятельности, ожидающей их в будущем; центральная вселенная Хавона извечно стабильна. Гравитация и отсутствие теплоты (холод) организуют и удерживают вещество; теплота и антигравитация разрушают вещество и рассеивают энергию. Живые управляющие энергией и организаторы сил являются ключом к пониманию особого управления и разумного руководства бесконечными метаморфозами создания, разрушения и воссоздания вселенных. Туманности могут рассеиваться, солнца гаснуть, системы исчезать, планеты гибнуть, но вселенные остаются.

9. КОНТУРЫ СВЕРХВСЕЛЕННЫХ

Всеобщие контуры Рая действительно пронизывают пределы семи сверхвселенных. К этим контурам присутствия относятся: личностное притяжение Всеобщего Отца, духовное притяжение Вечного Сына, притяжение разума Совместного Вершителя и материальное притяжение вечного Острова.

В дополнение к универсальным контурам Рая и присутственным действиям Абсолютов и эмпирических Божеств, на пространственном уровне сверхвселенных функционируют только два типа энергетических контуров, или разделения сил: контуры сверхвселенных и контуры локальных вселенных.

Контуры сверхвселенных:

1. Объединяющий интеллектуальный контур одного из Семи Главных Духов Рая. Такой контур космического разума ограничен одной сверхвселенной.

2. Отражательный контур семи Отражательных Духов в каждой сверхвселенной.

3. Скрытые контуры Таинственных Наставников, определенным образом взаимосвязанные и проведенные через Дивинингтон к Всеобщему Отцу в Раю.

4. Контур взаимной связи Вечного Сына со своими Райскими Сынами.

5. Мгновенное присутствие Бесконечного Духа.

6. Трансляции из Рая, пространственные сообщения из Хавоны.

7. Энергетические контуры силовых центров и физических регуляторов.

Контуры локальных вселенных:

1. Посвященческий дух Райских Сынов – Утешитель миров посвящения. Дух Истины – дух Михаила на Урантии.

2. Контур Божественных Попечительниц – Материнских Духов локальной вселенной – Святой Дух вашего мира.

3. Контур помощи разуму в локальной вселенной, включающий разнообразно функционирующее присутствие вспомогательных духов разума.

Когда локальная вселенная достигает такой духовной гармонии, что ее индивидуальные и объединенные контуры становятся неотличимы от контуров сверхвселенной, когда начинает преобладать подобная тождественность функций и единство служения, тогда локальная вселенная немедленно переходит в устойчивые контуры света и жизни и сразу же обретает право быть принятой в духовную конфедерацию усовершенствованного союза сверхтворения. Для зачисления в советы Древних Дней – для принятия в конфедерацию сверхвселенной – необходимо выполнить следующие условия:

1. *Физическая стабильность*. Звезды и планеты локальной вселенной должны находиться в устойчивом состоянии; периоды непосредственных звездных метаморфоз должны остаться в прошлом. Вселенная должна продолжать свой путь по ясно очерченному пути, надежно и окончательно утвердившись на своей орбите.

2. *Духовная преданность*. Необходимо всеобщее признание Полновластного Божьего Сына, всеобщая преданность такому Сыну, руководящему делами локальной вселенной. Должно воцариться гармоничное сотрудничество между индивидуальными планетами, системами и созвездиями всей локальной вселенной.

Ваша локальная вселенная не считается даже принадлежащей к устойчивым физическим образованиям сверхвселенной, не говоря уже о членстве в признанной духовной семье сверхуправления. Хотя Небадон еще не имеет своего представительства на Уверсе, время от времени мы, посланники правительства сверхвселенной, отправляемся в его миры со специальными миссиями – именно так, непосредственно с Уверсы, прибыл на Урантию и я. Мы оказываем всевозможную помощь вашим руководителям и правителям в решении их сложных проблем; мы хотели бы видеть вашу вселенную среди полноправных членов объединенных творений семьи сверхвселенной.

10. ПРАВИТЕЛИ СВЕРХВСЕЛЕННЫХ

Столица сверхвселенной является резиденцией высшего духовного правительства пространственно-временны́х сфер. Исполнительная власть сверхправительства, берущая свое начало в Советах Троицы, непосредственно подчинена одному из Семи Главных Духов. Обладающие Райскими полномочиями, эти верховные руководители управляют сверхвселенными с помощью Семи Верховных Администраторов, располагающихся в семи специальных мирах Бесконечного Духа – самых дальних спутниках Рая.

Столичные миры сверхвселенных служат обителью Отражательных Духов и Вспомогательных Образов Отражения. Со своей срединной позиции эти восхитительные существа выполняют потрясающие отражательные действия, служа как вышестоящей центральной вселенной, так и нижестоящим локальным вселенным.

Во главе каждой сверхвселенной находятся трое Древних Дней, объединенных верховных руководителей сверхправительства. Персонал исполнительной власти правительства сверхвселенной представлен семью различными группами:

1. Древние Дней.
2. Совершенствователи Мудрости.
3. Божественные Советники.
4. Всеобщие Цензоры.
5. Могущественные Посланники.
6. Наделенные Высокими Полномочиями.
7. Не Имеющие Имени и Числа.

Трем Древним Дней непосредственно помогает корпус, состоящий из миллиарда Совершенствователей Мудрости, объединенных с тремя миллиардами Божественных Советников. К руководству каждой сверхвселенной прикреплен миллиард Всеобщих Цензоров. В совокупности три эти группы являются Равными Троичными Личностями, берущими непосредственное божественное происхождение в Райской Троице.

Остальные три категории – Могущественные Посланники, Наделенные Высокими Полномочиями и Не Имеющие Имени и Числа – являются прославленными смертными восхождения. К первой из этих категорий относятся те, кто прошел режим восхождения и Хавону во времена Грандфанды. Достигнув Рая, они были допущены в Корпус Завершения, объяты Райской Троицей и направлены для несения небесной службы в помощь Древним Дней. Как класс, эти три категории известны под именем Тринитизованных Сынов Достижения, поскольку они имеют двуединое происхождение, но в настоящее время служат под началом Троицы. Так исполнительная власть правительства сверхвселенной была расширена посредством прославленных и достигших совершенства детей эволюционных миров.

Координационный совет сверхвселенной состоит из указанных выше семи административных групп, а также следующих правителей секторов и других региональных попечителей:

1. Совершенства Дней – правители больших секторов сверхвселенной.
2. Недавние Дней – управляющие малыми секторами сверхвселенной.
3. Союзы Дней – Райские советники правителей локальных вселенных.
4. Верные Дней – Райские советники Всевышних правителей в правительствах созвездий.
5. Троичные Сыны-Учителя – в тех случаях, когда они проходят службу в столице сверхвселенной.
6. Вечные Дней – в тех случаях, когда они пребывают в столице сверхвселенной.
7. Семь Вспомогательных Образов Отражения – представители семи Отражательных Духов и, через них, уполномоченные Семи Главных Духов Рая.

Вспомогательные Образы Отражения исполняют также функции представителей многочисленных групп существ, влияющих на деятельность правительства сверхвселенной, но в настоящее время, в силу различных причин, не полностью проявляющих свои индивидуальные возможности. Сюда входят формирующееся личностное проявление в сверхвселенной Верховного Существа, Безусловные Смотрители Верховного, Условные Наместники Предельного, неназванные связные-отражатели Мажестона и сверхличностные духовные представители Вечного Сына.

В столичных мирах сверхвселенных почти всегда можно найти представителей всех групп созданных существ. Обычная попечительская деятельность сверхвселенной осуществляется могущественными секонафимами и остальными членами обширной семьи Бесконечного Духа. В изумительных центрах управления, контроля, служения и исполнительного правосудия сверхвселенной разумные существа каждой сферы вселенской жизни, в тесном общении друг с другом, вовлечены в эффективное служение, осуществляют мудрое руководство, оказывают преданную помощь и вершат справедливый суд.

Сверхвселенные не располагают взаимными представительствами; они полностью изолированы друг от друга. Они знают о том, что происходит в других сверхвселенных, только благодаря находящемуся в Раю аналитическому центру Семи Главных Духов. Их правители трудятся в советах божественной мудрости на благо своих собственных сверхвселенных, независимо от того, что происходит в остальных регионах всеобщего творения. Эта изоляция сверхвселенных будет сохраняться до тех пор, пока они не достигнут согласованности благодаря более полной фактуализации личностного полновластия эволюционирующего эмпирического Верховного Существа.

11. СОВЕЩАТЕЛЬНАЯ АССАМБЛЕЯ

Именно в таких мирах, как Уверса, происходит знакомство существ, олицетворяющих автократичность совершенства и демократичность эволюции. Исполнительная власть сверхправительства возникает в мирах совершенства; законодательная власть представлена цветом эволюционных вселенных.

Совещательная ассамблея сверхвселенной расположена в пределах столичного мира. Законодательный, или консультативный, совет состоит из семи палат, в каждую из которых все локальные вселенные, допущенные в советы сверхвселенной, выдвигают по одному представителю. Такие представители избираются высшим советом локальной вселенной из числа восходящих паломников – выпускников Орвонтона, пребывающих на Уверсе и допущенных для перемещения в Хавону. Средний срок службы – около ста лет стандартного времени сверхвселенной.

Я никогда не слышал о разногласиях между представителями исполнительной власти Орвонтона и уверсской ассамблеей. За всю историю нашей сверхвселенной никогда совещательный орган не давал рекомендаций, которые вызывали хотя бы малейшие сомнения у исполнительной власти сверхправительства; всегда царила полная гармония и взаимное согласие. Всё это подтверждает тот факт, что эволюционные существа действительно способны достичь высочайшей мудрости, что позволяет им общаться с личностями, совершенными по своему происхождению и божественными по своей природе. Присутствие совещательных ассамблей в столицах сверхвселенных демонстрирует мудрость и предвосхищает окончательное торжество всей необъятной эволюционной идеи Всеобщего Отца и его Вечного Сына.

12. ВЕРХОВНЫЕ СУДЫ

Когда мы говорим об исполнительной и совещательной ветвях власти правительства Уверсы, вы можете, по аналогии с некоторыми формами гражданского правления Урантии, предположить, что у нас есть и третья, судебная власть. Это так, однако у нее нет своего штата. Наши суды устроены следующим образом: в зависимости от характера и тяжести дела, председательствует Древний Дней, Совершенствователь Мудрости или Божественный Советник. Свидетельские показания в пользу или против индивидуума, планеты, системы, созвездия или вселенной даются и истолковываются Цензорами. Адвокатами детей времени и эволюционных планет являются Могущественные Посланники – официальные наблюдатели сверхвселенной в локальных вселенных и системах. Позиция верховного правительства представляется Наделенными Высокими Полномочиями. Приговор же обычно формулируется комиссией, которая может иметь различное число членов, но в которой в равной степени представлены Не Имеющие Имени и Числа и группа чутких и отзывчивых личностей, избираемых из депутатов совещательной ассамблеи.

Суды Древних Дней являются высшими апелляционными судами для вынесения решений по духовным вопросам всех вселенных, образующих сверхвселенную. Полновластные Сыны локальных вселенных являются высшими авторитетами в своих сферах; они подчиняются сверхправительству ровно настолько, насколько сами добровольно передают свои дела Древним Дней для совета или вынесения решений, за исключением случаев, касающихся прекращения существования волевых созданий. Судебные поручения даются в локальных вселенных, но приговоры, касающиеся прекращения существования волевых созданий, всегда выносятся в столице сверхвселенной, откуда поступает и приказ о приведении приговора в исполнение. Сыны локальных вселенных вправе распоряжаться о сохранении смертного человека, но только Древним Дней позволено разбирать дела и выносить решения, когда речь идет о вечной жизни и смерти.

Древние Дней или их коллеги выносят решения по всем вопросам, не требующим судебного разбирательства и представления доказательств, и такие решения всегда единогласны. Эти советы отличаются совершенством; постановления верховных и непревзойденных судов принимаются без разногласий или особых мнений.

За некоторыми редкими исключениями, юрисдикция сверхправительства распространяется на все вещи и создания своих сфер. Обжалования решений и приговоров властей сверхвселенной не существует, ибо такая власть выражает согласованное мнение Древних Дней и того Главного Духа, который руководит судьбой данной сверхвселенной из своей Райской обители.

13. ПРАВИТЕЛЬСТВА СЕКТОРОВ

Большой сектор охватывает примерно десятую часть сверхвселенной и состоит из ста малых секторов, десяти тысяч локальных вселенных, около ста миллиардов пригодных для обитания миров. Большие сектора управляются тремя Совершенствами Дней, Верховными Троичными Личностями.

Суды, возглавляемые Совершенствами Дней, устроены во многом так же, как и суды Древних Дней, за исключением того, что они не вершат духовного суда над мирами. Правительство большого сектора занимается в основном вопросами интеллектуального статуса обширного творения. Большие сектора задерживают, рассматривают, решают и табулируют для передачи в суды Древних Дней все дела уровня сверхвселенной, которые носят повседневный или административный характер и не имеют прямого отношения к духовному руководству мирами или к разработке планов Правителей Рая по восхождению смертных. Штат правительства большого сектора ничем не отличается от штата правительства сверхвселенной.

Так же как великолепные спутники Уверсы посвящены вашей окончательной духовной подготовке к Хавоне, так и семьдесят спутников Умейджор-пятого посвящены вашему интеллектуальному обучению и развитию в сверхвселенной. Со всего Орвонтона здесь собираются мудрые существа, которые не жалеют сил для подготовки смертных времени к дальнейшему прогрессу на пути к вечности. Обучение восходящих смертных происходит в основном в семидесяти учебных мирах.

Правительства *малых секторов* возглавляются тремя Недавними Дней. Администрация малого сектора занимается в основном физическим управлением, объединением, стабилизацией и повседневными вопросами руководства локальными вселенными, входящими в малый сектор. Каждый малый сектор объединяет сто локальных вселенных, десять тысяч созвездий, миллион систем, или около миллиарда пригодных для обитания миров.

Столицы малых секторов – это величественные миры встреч Главных Физических Регуляторов. Столичный мир окружен семью образовательными сферами, которые являются начальными школами сверхвселенной и центрами приобретения знаний о физическом устройстве и администрации вселенной вселенных.

Главы правительств малого сектора непосредственно подчиняются правителям большого сектора. Недавние Дней получают все сообщения о наблюдениях и координируют все рекомендации, передаваемые на уровень сверхвселенной Союзами Дней, которые, в качестве наблюдателей и советников Троицы, находятся в столичных сферах локальных вселенных, а также Верными Дней, которые подобным же образом прикреплены к советам Всевышних в столицах созвездий. Все аналогичные сообщения подаются Совершенствами Дней больших секторов для последующей передачи в суды Древних Дней. Так власть Троицы простирается от созвездий локальных вселенных до столицы сверхвселенной. В столице локальной системы представителей Троицы нет.

14. НАЗНАЧЕНИЯ СЕМИ СВЕРХВСЕЛЕННЫХ

Существует семь основных целей, которые раскрываются в эволюции семи сверхвселенных. Каждая основная цель эволюции сверхвселенных находит наиболее полное выражение только в одной из них, ввиду чего каждая из сверхвселенных обладает особой функцией и уникальной природой.

Седьмая сверхвселенная Орвонтон – та, к которой принадлежит ваша локальная вселенная, – известна в первую очередь благодаря потрясающему и щедрому оказанию милосердной помощи смертным обитателям миров. Она прославилась торжеством правосудия, смягченного милосердием, господством полновластия, обусловленного терпением, а также временем, широко приносимым в жертву стабилизации вечности. Орвонтон – это вселенская демонстрация любви и милосердия.

Однако чрезвычайно трудно описать наше представление об истинной сущности эволюционного назначения, раскрывающегося в Орвонтоне, хотя можно сказать, что здесь, в этом сверхтворении, мы ощущаем, как шесть уникальных целей космической эволюции, проявляющихся в шести ассоциированных сверхтворениях, обретают взаимосвязанное значение целого. Именно поэтому мы иногда предполагаем, что в отдаленном будущем сформировавшееся и законченное воплощение Бога-Верховного будет находиться на Уверсе, откуда всемогущий начнет править семью совершенными сверхвселенными во всём эмпирическом величии своего грядущего полновластия.

Как и Орвонтон, каждая из шести других сверхвселенных обладает уникальной природой и индивидуальным предназначением. Однако многое из того, что происходит в Орвонтоне, не раскрывается вам, и многие нераскрытые стороны жизни Орвонтона находят наиболее полное выражение в одной из других сверхвселенных. Семь целей эволюции сверхвселенных проявляются в каждой из них, но каждое сверхтворение даст наиболее полное выражение только одной из этих целей. Чтобы лучше осмыслить эти цели, необходимо было бы раскрыть многое из того, что остается для вас непонятным, но и тогда вы смогли бы осознать лишь небольшую часть. Всё это повествование – лишь беглый взгляд на колоссальное творение, частью которого является ваш мир и ваша локальная система.

Ваш мир называется Урантия, он существует под номером 606 в планетарной группе, или системе, Сатания. Эта система в настоящее время насчитывает 619 обитаемых миров, и еще более двухсот планет развиваются благоприятным образом, что позволит им в будущем стать обитаемыми мирами.

Столичный мир Сатании называется Иерусем; эта система является двадцать четвертой в созвездии Норлатиадек. Ваше созвездие, Норлатиадек, состоит из ста локальных систем, а его столичный мир называется Эдемия. Норлатиадек – это семидесятое созвездие во вселенной Небадон. Локальная вселенная Небадон состоит из ста созвездий; ее столица известна под именем Салвингтон. Небадон является восемьдесят четвертой вселенной малого сектора, который называется Энса.

Малый сектор Энса состоит из ста локальных вселенных, а его столицей является Умайнор-третий. Это третий сектор большого сектора, который называется Спландон. Спландон состоит из ста малых секторов, а его столичным миром является Умейджор-пятый. Это пятый большой сектор сверхвселенной Орвонтон, седьмого сегмента большой вселенной. Так вы можете определить положение вашей планеты в структуре организации и управления вселенной вселенных.

Номер вашего мира, Урантии, в большой вселенной – 5 342 482 337 666. Это регистрационный номер Урантии на Уверсе и в Раю, ваш номер в каталоге обитаемых миров. Я знаю регистрационный номер физической сферы, но он столь огромен, что не имеет большого практического значения для смертного разума.

Ваша планета является частицей необъятного космоса; вы принадлежите к практически бесконечной семье миров, однако вашей сферой руководят с такой же точностью, ее опекают с такой же любовью, как если бы она была единственным обитаемым миром во всём мироздании.

[Представлено Всеобщим Цензором Уверсы.]

ДОКУМЕНТ 16

СЕМЬ ГЛАВНЫХ ДУХОВ

Семь Главных Духов Рая являются первичными личностями Бесконечного Духа. В этом семичастном созидательном акте самовоспроизведения Бесконечный Дух исчерпал возможности математических комбинаций, которые заключены в фактическом существовании трех лиц Божества. Если можно было бы создать большее число Главных Духов, они были бы созданы, однако в самих Божествах заключены семь, и только семь, возможностей объединения. Именно этим объясняется тот факт, что вселенная управляется в семи больших сегментах, а число семь по своему существу является основополагающим для ее организации и управления.

Таким образом, Семь Главных Духов берут свое начало в следующих семи прообразах, приобретая у них свои индивидуальные черты:

1. Всеобщий Отец.
2. Вечный Сын.
3. Бесконечный Дух.
4. Отец и Сын.
5. Отец и Дух.
6. Сын и Дух.
7. Отец, Сын и Дух.

Мы очень мало знаем о действиях Отца и Сына при создании Главных Духов. Очевидно, они появились в результате личных актов Бесконечного Духа, однако нас со всей ясностью учили, что и Отец, и Сын имеют отношение к их происхождению.

По своей духовной природе и сущности эти Семь Духов Рая едины, но во всех остальных аспектах идентичности они совершенно различны, и результаты их деятельности в сверхвселенных позволяют безошибочно определить существующие между ними индивидуальные различия. Все последующие планы семи сегментов большой вселенной – и даже соответствующих сегментов внешнего пространства – обусловлены внедуховным разнообразием этих Семи Главных Духов, которые осуществляют верховное и предельное руководство.

Главные Духи выполняют многие функции, но в настоящее время их специфической областью является центральное руководство семью сверхвселенными. Каждый Главный Дух располагает специальной резиденцией – огромным миром фокусировки сил, который, медленно обращаясь вокруг периферии Рая, сохраняет постоянное положение напротив соответствующей сверхвселенной и остается в Райском центре специализированного силового управления и посегментного распределения энергии. Радиальные пограничные линии любой сверхвселенной действительно сходятся в Райской резиденции руководящего Главного Духа.

1. СВЯЗЬ С ТРИЕДИНЫМ БОЖЕСТВОМ

Совместный Создатель – Бесконечный Дух – необходим для завершения троичной персонализации нераздельного Божества. По своему существу, эта триединая персонализация Божества является семичастной относительно возможностей индивидуального и совместного выражения; отсюда явствует, что последующие планы создания вселенных, населенных разумными и потенциально духовными созданиями, которые являлись бы должным выражением Отца, Сына и Духа, неизбежно привели к персонализации Семи Главных Духов. Обычно мы говорим о триединой персонализации Божества как об *абсолютной неизбежности*, рассматривая появление Семи Главных Духов как *субабсолютную неизбежность*.

Хотя Семь Главных Духов едва ли выражают *триединое Божество*, они являются вечным отображением *семичастного Божества*, активными и совокупными функциями трех извечных лиц Божества. С помощью, в сущности и посредством этих Семи Духов Всеобщий Отец, Вечный Сын или Бесконечный Дух, или любое двуединое объединение, способны действовать как таковые. Когда Отец, Сын и Дух предпринимают совместное действие, они могут действовать и действуют через Седьмой Главный Дух, но не как Троица. Порознь и совместно, Главные Духи выражают любую и все возможные функции Божества, одну или несколько, но не совокупные – не Троицу. Седьмой Главный Дух не функционирует лично по отношению к Райской Троице; именно поэтому он может *лично* представлять Верховное Существо.

Но когда Семь Главных Духов оставляют свои индивидуальные центры личного могущества и сверхвселенских полномочий и собираются вокруг Совместного Вершителя в троичном присутствии Райского Божества, то они тут же становятся совокупными носителями функционального могущества, мудрости и власти нераздельного Божества – Троицы – в формирующихся вселенных и по отношению к ним. Такой Райский союз изначального семичастного выражения Божества действительно охватывает, буквально заключает в себе, все атрибуты и отношения Верховности и Предельности трех вечных Божеств. Фактически, Семь Главных Духов сразу же охватывают функциональную область Верховного-Предельного в совокупной вселенной и по отношению к ней.

Насколько мы способны понять, Семь Духов связаны с божественной деятельностью трех вечных лиц Божества; мы не обнаруживаем признаков прямой связи с активными присутствиями трех вечных аспектов Абсолюта. Во взаимосвязи Главные Духи представляют Божества Рая в том, что можно приблизительно определить как конечную область действия. Эта область может включать многое из того, что является предельным, но *не* абсолютным.

2. СВЯЗЬ С БЕСКОНЕЧНЫМ ДУХОМ

Как Вечный Изначальный Сын раскрывается через лица всё возрастающего числа божественных Сынов, так и Бесконечный Божественный Дух раскрывается через каналы Семи Главных Духов и связанные с ними духовные группы. В центре центров Бесконечный Дух доступен, но не все, кто достигает Рая, способны сразу же распознать его личность и характерное присутствие; однако все, кто достигает центральной вселенной, способны общаться и непосредственно общаются с тем из Главных Духов, кто возглавляет родную сверхвселенную вновь прибывшего паломника пространства.

Райский Отец общается со вселенной вселенных только через своего Сына, в то время как его совместные действия с Сыном осуществляются только посредством Бесконечного Духа. За пределами Рая и Хавоны Бесконечный Дух *говорит* только устами Семи Главных Духов.

Бесконечный Дух воздействует своим *личным присутствием* в пределах системы Рай-Хавона; за ее пределами его личное духовное присутствие проявляется через одного из Семи Главных Духов. Поэтому сверхвселенское духовное присутствие Третьего Источника и Центра в любом мире или индивидууме обусловлено неповторимой природой Главного Духа, руководящего данным сегментом творения. И наоборот, посредством Семи Главных Духов совокупные линии духовной силы и разума уходят к центру, к Третьему Лицу Божества.

Семь Главных Духов совместно наделены верховными-предельными атрибутами Третьего Источника и Центра. Несмотря на то что каждый получает индивидуальную часть этого дара, только в объединении друг с другом они раскрывают атрибуты всемогущества, всеведения и вездесущности. Ни один из них не способен так действовать в масштабе всего космоса; как индивидуумы, а также в могуществе верховности и предельности, каждый из них лично ограничен сверхвселенной своего непосредственного подчинения.

Всё из того, что говорилось вам о божественности и личности Совместного Вершителя, в равной и полной мере относится к Семи Главным Духам, которые столь эффективно распространяют Бесконечный Дух в семи сегментах большой вселенной в соответствии со своим божественным даром и в согласии со своими различными и индивидуально-уникальными характерами. Поэтому будет правомерно называть объединенную группу семи духов всеми или любыми именами Бесконечного Духа. Вместе они составляют единое целое с Совместным Создателем на всех субабсолютных уровнях.

3. ИДЕНТИЧНОСТЬ И РАЗНООБРАЗИЕ ГЛАВНЫХ ДУХОВ

Семь Главных Духов – это существа, не поддающиеся описанию, однако каждый из них обладает явной и определенной индивидуальностью. У них есть имена, но мы решили представить их по номерам. Как первичные персонализации Бесконечного Духа, они схожи, но как первичные выражения семи возможных объединений триединого Божества они принципиально различны по своей природе, что и определяет различный характер руководства сверхвселенными. Семь Главных Духов можно описать следующим образом.

Первый Главный Дух. Этот Дух является особым и прямым отображением Райского Отца, своеобразным и действенным проявлением могущества, любви и мудрости Всеобщего Отца. Это близкий партнер и небесный советник главы Таинственных Наставников, возглавляющего Коллегию Личностных Настройщиков Дивинингтона. Во всех объединениях Семи Главных Духов Первый Главный Дух неизменно выступает от имени Всеобщего Отца.

Этот Дух возглавляет первую сверхвселенную, неизменно проявляя божественную природу, свойственную исконному олицетворению Бесконечного Духа; однако нам представляется, что он больше всего похож на Всеобщего Отца своим характером. Он постоянно поддерживает личную связь с семью Отражательными Духами в столице первой сверхвселенной.

Второй Главный Дух. Этот дух является адекватным отображением несравненной природы и пленительного характера Вечного Сына, первородного Сына всего творения. Он всегда поддерживает тесную связь со всеми категориями Божьих Сынов, когда бы они ни оказались в родной вселенной, – по отдельности или счастливыми группами. На всех советах Семи Главных Духов он всегда представляет Вечного Сына и выступает от его имени.

Этот дух управляет судьбами второй сверхвселенной и правит этим обширным регионом во многом так же, как если бы на его месте был Вечный Сын. Он поддерживает связь с семью Отражательными Духами, которые находятся в столице второй сверхвселенной.

Третий Главный Дух. Этот Дух особенно напоминает Бесконечного Духа и направляет действия и труд многих высших личностей Бесконечного Духа. Он возглавляет их собрания и тесно связан со всеми личностями, происходящими исключительно от Третьего Источника и Центра. Когда Семь Главных Духов собираются на совет, постоянным представителем Бесконечного Духа является именно Третий Главный Дух.

Этот Дух отвечает за третью сверхвселенную и руководит делами своего сегмента в основном так же, как если бы это был Бесконечный Дух. Он находится в постоянной связи с Отражательными Духами, которые находятся в столице третьей сверхвселенной.

Четвертый Главный Дух. Унаследовав совокупную природу Отца и Сына, этот Главный Дух оказывает решающее влияние при определении стратегии и методов Отца-Сына в советах Семи Главных Духов. Этот Дух является главным руководителем и советником тех восходящих существ, которые достигли Бесконечного Духа и тем самым стали кандидатами на встречу с Сыном и Отцом. Он опекает огромную группу личностей, происходящих от Отца и Сына. Когда возникает необходимость представлять Отца и Сына в собрании Семи Главных Духов, слово берет именно Четвертый Главный Дух.

Этот Дух опекает четвертый сегмент большой вселенной согласно своему особому сочетанию атрибутов Всеобщего Отца и Вечного Сына. Он поддерживает постоянную личную связь с Отражательными Духами столицы четвертой сверхвселенной.

Пятый Главный Дух. Эта божественная личность, в которой в совершенстве слились черты Всеобщего Отца и Бесконечного Духа, является советником огромной группы существ, известных как управляющие энергией, силовые центры и физические регуляторы. Этот Дух также опекает все личности, происходящие от Отца и Совместного Вершителя. В советах Семи Главных Духов, когда дело касается объединенного отношения Отца и Духа, слово неизменно берет Пятый Главный Дух.

Характер управления этого Духа делами пятой сверхвселенной представляет объединенное действие Всеобщего Отца и Бесконечного Духа. Он постоянно поддерживает связь с Отражательными Духами, которые находятся в столице пятой сверхвселенной.

Шестой Главный Дух. Это божественное существо представляется отображением объединенных черт Вечного Сына и Бесконечного Духа. Всякий раз, когда в центральной вселенной собираются создания, сотворенные совместно Сыном и Духом, их советником выступает именно этот Главный Дух; и каждый раз, когда в советах Семи Главных Духов возникает необходимость представить совместное отношение Вечного Сына и Бесконечного Духа, эту функцию выполняет именно Шестой Главный Дух.

Этот Дух управляет делами шестой сверхвселенной в основном так же, как это делали бы Вечный Сын и Бесконечный Дух. Он поддерживает постоянную связь с Отражательными Духами столицы шестой сверхвселенной.

Седьмой Главный Дух. Возглавляющий седьмую сверхвселенную Дух является особым и адекватным отображением Всеобщего Отца, Вечного Сына и Бесконечного Духа. Седьмой Дух – советник, опекающий всех существ триединого происхождения, – является также советником и руководителем всех восходящих паломников Хавоны, тех скромных существ, которые достигли чертогов блаженства благодаря объединенной опеке Отца, Сына и Духа.

Седьмой Дух не является органическим представителем Райской Троицы; однако известно, что его личностная и духовная сущность *есть* равно-пропорциональное отображение Совместным Вершителем трех бесконечных лиц, чей союз Божеств *является* Райской Троицей и чьи функции как таковые *являются* источником личностной и духовной природы Бога-Верховного. Поэтому Седьмой Главный Дух обнаруживает личностную и органическую взаимосвязь с духовным лицом формирующегося Верховного. В силу этого в тех случаях, когда в небесных советах Главных Духов появляется необходимость передать совокупное личное отношение Отца, Сына и Духа или выразить духовное суждение Верховного Существа, это делает именно Седьмой Главный Дух. Так в силу своей сущности он становится главой Райского совета Семи Главных Духов.

Ни один из Семи Духов не является органичным представителем Райской Троицы, но когда они объединяются в семичастное Божество, их союз – в аспекте божества, а не в личностном аспекте – соответствует функциональному уровню, который напоминает функции Троицы. В этом смысле «Семичастный Дух» способен функционально объединяться с Райской Троицей. В этом же смысле Седьмой Главный Дух иногда выступает в подтверждение позиций Троицы или, точнее, действует в качестве такого представителя, который выражает точку зрения союза Семичастного Духа, касающуюся точки зрения союза Триединого Божества – отношения Райской Троицы.

Таким образом, Седьмой Главный Дух обладает широким функциональным диапазоном – от объединенного отображения *индивидуальных характеров* Отца, Сына и Духа и представления *индивидуального отношения* Бога-Верховного до раскрытия *божественного отношения* Райской Троицы. В некоторых отношениях этот руководящий Дух в равной мере выражает *отношения* Предельного и Верховного-Предельного.

Именно Седьмой Главный Дух, с его разносторонностью, лично содействует прогрессу восходящих кандидатов из миров времени, пытающихся постигнуть нераздельное Божество Верховности. Это постижение предполагает осознание экзистенциального полновластия Троицы Верховности в таком согласовании с концепцией возрастающего эмпирического полновластия Верховного Существа, чтобы позволить созданию осмыслить единство Верховности. Осознание созданием трех этих факторов соответствует хавонскому пониманию реальности Троицы и в итоге наделяет паломников времени способностью проникнуть в Троицу, открыть три бесконечных лица Божества.

Неспособность пребывающих в Хавоне паломников до конца открыть Бога-Верховного восполняется Седьмым Главным Духом, чья триединая природа столь характерно раскрывает духовное лицо Верховного. Ввиду невозможности установления связи с личностью Верховного в течение нынешней вселенской эпохи, Седьмой Главный Дух выполняет функции Бога восходящих созданий в вопросах личных взаимоотношений. Он является именно тем высшим духовным существом, которое не могут не узнать и отчасти понять все восходящие создания, достигающие центров блаженства.

Этот Главный Дух находится в постоянной связи с Отражательными Духами Уверсы – столицы седьмой сверхвселенной, нашего собственного сегмента творения. Его руководство Орвонтоном раскрывает удивительную симметрию согласованного сочетания божественных характеров Отца, Сына и Духа.

4. АТРИБУТЫ И ФУНКЦИИ ГЛАВНЫХ ДУХОВ

Семь Главных Духов являются исчерпывающим отображением Бесконечного Духа в эволюционных вселенных. Они представляют Третий Источник и Центр в соотношениях энергии, разума и духа. Хотя они действуют в качестве координирующих руководителей всеобщего административного управления Совместного Вершителя, не забывайте, что они берут свое начало в созидательных актах Райских Божеств. Буквальна истина о том, что эти Семь Духов представляют собой персонализованную физическую энергию, космический разум и духовное присутствие триединого Божества, «Семь Божьих Духов, посланных по всей вселенной».

Главные Духи уникальны тем, что они действуют на всех вселенских уровнях реальности, за исключением абсолютного. Поэтому их целесообразное и безупречное руководство охватывает все аспекты управления на всех уровнях деятельности в сверхвселенной. Смертному разуму трудно понять многое из того, что относится к Главным Духам, ибо их труд является одновременно чрезвычайно специализированным и всеобъемлющим, исключительно материальным и столь изысканно духовным. Эти разносторонние создатели космического разума являются прародителями Управляющих Вселенской Энергией и представляют собой верховных управляющих огромного, широко раскинувшегося творения духовных созданий.

Семь Главных Духов являются создателями Управляющих Вселенской Энергией и их партнеров – сущностей, необходимых для организации, контроля и регуляции различных видов физической энергии большой вселенной. И те же Главные Духи оказывают весьма существенную помощь Сынам-Создателям в формировании и организации локальных вселенных.

Мы неспособны установить какую-либо личностную связь между деятельностью Главных Духов, связанной с космической энергией, и силовыми функциями Безусловного Абсолюта. Все проявления энергии, относящиеся к полномочиям Главных Духов, управляются с периферии Рая; они не обнаруживают какой-либо прямой связи с силовыми явлениями, которые отождествляются с нижней поверхностью Рая.

Несомненно, что, встречаясь с функциональной активностью различных Управляющих Моронтийной Энергией, мы сталкиваемся лицом к лицу с некоторыми нераскрытыми видами деятельности Главных Духов. Кто, если не эти прародители как физических регуляторов, так и духовных попечителей, смог бы подобрать такую комбинацию, так соединить материальные и духовные энергии, чтобы создать не существовавший ранее тип вселенской реальности – моронтийную субстанцию и моронтийный разум?

Значительная часть реальности духовных миров относится к категории моронтии – типу вселенской реальности, совершенно неизвестному на Урантии. Цель существования личности духовна, но путь ее достижения всегда проходит через моронтию – мост, который переброшен через пропасть, разделяющую смертные материальные миры и сверхвселенские сферы возрастающего духовного статуса. Именно в этой области Главные Духи вносят свой великий вклад в осуществление программы восхождения человека к Раю.

У Семи Главных Духов есть личные представители, действующие по всей большой вселенной; но ввиду того что огромное большинство этих подчиненных существ не имеют прямого отношения к программе постепенной эволюции смертных, вставших на путь достижения Райского совершенства, о них ничего или почти ничего не сообщается. Многие, очень многие стороны деятельности Семи Главных Духов остаются скрытыми от человеческого понимания, ибо они не имеют какого-либо прямого отношения к вашей задаче восхождения к Раю.

Хотя мы и не можем представить конкретные доказательства, весьма вероятно, что Главный Дух Орвонтона оказывает определенное влияние в следующих сферах деятельности:

1. Деятельность Носителей Жизни локальной вселенной по зарождению жизни.

2. Активация жизни вспомогательными духами разума, которыми Созидательный Дух локальной вселенной наделяет миры.

3. Флуктуации энергии, которые наблюдаются в единицах организованного вещества, реагирующих на действие линейной гравитации.

4. Поведение возникающей энергии после ее полного освобождения от власти Безусловного Абсолюта, когда она начинает реагировать на прямое воздействие линейной гравитации, а также на манипуляции Управляющих Вселенской Энергией и их партнеров.

5. Посвящение попечительского духа, относящегося к Созидательному Духу локальной вселенной и известного на Урантии как Святой Дух.

6. Последующее наделение духом посвященческих Сынов, называемым на Урантии Утешителем, или Духом Истины.

7. Механизм отражения в локальной вселенной и сверхвселенной. Многие особенности, связанные с этим экстраординарным явлением, едва ли допускают разумное объяснение или рациональное постижение без постулирования активности Главных Духов в совокупности с Совместным Вершителем и Верховным Существом.

Несмотря на то что мы неспособны адекватно осмыслить разнообразные действия Семи Главных Духов, мы уверены в том, что в широком диапазоне различных видов деятельности во вселенной существуют две сферы, к которым они не имеют никакого отношения: посвящение и труд Настройщиков Мышления и непостижимые функции Безусловного Абсолюта.

5. СВЯЗЬ С СОЗДАНИЯМИ

Каждый сегмент большой вселенной, каждая отдельная вселенная и каждый мир пользуются преимуществами объединенного совета и мудрости всех Семи Главных Духов, однако приобретают штрихи и оттенки личности только одного из них. И личная природа каждого Главного Духа всецело определяет и специфически обуславливает существование его сверхвселенной.

Ввиду этого личного влияния Семи Главных Духов, за пределами Рая и Хавоны каждое создание любой категории разумных существ должно нести характерный отпечаток индивидуальности, свидетельство происхождения от одного из Семи Райских Духов. Что касается семи сверхвселенных, все урожденные создания – будь то человек или ангел – навсегда сохранят это родимое пятно.

Семь Главных Духов не осуществляют прямого вторжения в материальный разум отдельных созданий эволюционных миров пространства. Смертные Урантии не ощущают личного воздействия Главного Духа Орвонтона на разум и дух. Если этот Главный Дух и достигает какого-то контакта с отдельным смертным разумом в течение ранних эволюционных эпох обитаемого мира, это происходит через служение Созидательного Духа локальной вселенной – супруги и партнера Божьего Сына-Создателя, вершащего судьбы каждого локального творения. Однако по своей природе и характеру этот Созидательный Материнский Дух является полным подобием Главного Духа Орвонтона.

Физический отпечаток, накладываемый Главным Духом, является частью материального происхождения человека. Весь моронтийный путь проходит под знаком того же самого Главного Духа. Неудивительно, что последующий духовный путь такого восходящего смертного не стирает характерного отпечатка этого руководящего Духа. Печать Главного Духа служит непременным условием самого существования каждой предхавонской стадии восхождения смертных.

Отличительные черты личности, проявляемые в эмпирическом жизненном опыте эволюционных смертных, характерные для каждой сверхвселенной и непосредственно выражающие природу господствующего Главного Духа, никогда не стираются полностью, сохраняясь у восходящих созданий даже после продолжительной подготовки и объединяющего обучения в миллиарде образовательных сфер Хавоны. Даже последующее колоссальное влияние Рая неспособно стереть родимое пятно сверхвселенной. На протяжении всей вечности в чертах характера восходящего смертного будет угадываться Дух, возглавляющий сверхвселенную его происхождения. Поэтому и в Корпусе Завершения – в тех случаях, когда желательно достижение или изображение *исчерпывающего* взаимоотношения Троицы с эволюционным творением, – всегда формируется группа из семи завершителей, по одному от каждой сверхвселенной.

6. КОСМИЧЕСКИЙ РАЗУМ

Главные Духи представляют собой семичастный источник космического разума, интеллектуальный потенциал большой вселенной. Этот космический разум является субабсолютным проявлением разума Третьего Источника и Центра; он обладает некоторой функциональной связью с разумом формирующегося Верховного Существа.

В мире, подобном Урантии, мы не встречаем прямого воздействия Семи Главных Духов на дела людей. Вы живете под непосредственным влиянием Созидательного Духа Небадона. Тем не менее, именно Главные Духи определяют основные реакции разума каждого создания, ибо они являются действительным источником интеллектуальных и духовных потенциалов, которые специализированы в локальных вселенных для функционирования в жизни индивидуумов, населяющих эволюционные миры времени и пространства.

Факт существования космического разума объясняет родство различных типов человеческого и сверхчеловеческого разума. Взаимное влечение испытывают не только те существа, которых объединяет родство духа; родство разума также сближает и способствует сотрудничеству. Порой у разных людей можно наблюдать поразительную схожесть и необъяснимое совпадение мыслей.

Во всех связях космического разума с личностью наблюдается свойство, которое можно определить как «реагирование на реальность». Именно этот всеобщий космический дар волевых созданий не дает им стать беспомощной жертвой априорных допущений науки, философии и религии. Эта присущая космическому разуму чувствительность к реальности позволяет реагировать на некоторые аспекты реальности подобно тому, как энергия и материя реагирует на гравитацию. Точнее, таковы реакции этих сверхматериальных реальностей на разум космоса.

Космический разум неизменно реагирует (осознаёт реакцию) на трех уровнях вселенской реальности. Эти реакции очевидны для ясного и глубокого ума:

1. *Причинность* – область реальности, включающая физические чувства, логически однородные сферы науки, разграничение фактического и нефактического, умозаключения, основанные на космической реакции. Это – математическая форма космического распознания.

2. *Долг* – область реальности, включающая философскую категорию этики; место действия рассудка; понимание относительного добра и зла. Это – юридическая форма космического распознания.

3. *Поклонение* – духовная область, включающая реальность религиозного опыта, личное осознание божественного братства, признание духовных ценностей, уверенность в вечном существовании, восхождение от положения Божьих слуг к радости и свободе Божьих сынов. Это – высшее проникновение космического разума, полная благоговения и поклонения форма космического распознания.

Перечисленные виды научной, нравственной и духовной проницательности – эти космические реакции – присущи космическому разуму, которым наделяются все волевые создания. Жизненный опыт неизменно развивает эти три формы космической интуиции; они являются неотъемлемой частью рефлексии, присущей самосознанию. Однако нам приходится с прискорбием констатировать, что лишь немногие на Урантии находят удовольствие в совершенствовании этих качеств смелого и независимого космического мышления.

В посвящениях разума локальным вселенным три вида присущей космическому разуму интуиции являются теми априорными допущениями, которые позволяют человеку действовать в качестве мыслящей и самосознающей личности в областях науки, философии и религии. Иначе говоря, осознание *реальности* этих трех проявлений Бесконечного происходит благодаря космическому методу самораскрытия. Овеществленная энергия осознаётся математической логикой чувств; мыслящий разум интуитивно осознаёт свой нравственный долг; духовная вера (поклонение) является религией, исходящей из реальности духовного опыта. Три этих основных фактора рефлективного мышления можно объединить и согласовать в процессе развития личности – либо они могут стать несоразмерными и практически не связанными с их соотносительными функциями. Объединяясь, они создают сильный характер, в котором взаимосвязаны фактологическая наука, нравственная философия и истинный религиозный опыт. И именно эти три космические интуиции придают объективную обоснованность и реальность человеческому опыту постижения вещей, значений и ценностей.

Образование призвано развить и усилить врожденные свойства человеческого разума, цивилизация – выразить их, жизненный опыт – реализовать их, религия – облагородить их, личность – объединить их.

7. НРАВСТВЕННОСТЬ, ДОБРОДЕТЕЛЬ И ЛИЧНОСТЬ

Один только ум неспособен объяснить природу нравственности. Личности человека свойственно нравственное поведение, добродетель. Нравственное чутье – осознание долга – является составной частью человеческого интеллекта, связанной с остальными неотъемлемыми качествами человеческой природы: научной любознательностью и духовной проницательностью. По своим умственным способностям человек далеко превосходит животных сородичей, но основное отличие человека от животного мира заключается именно в его нравственной и религиозной природе.

Избирательные реакции животного ограничены двигательным уровнем поведения. Мнимое предвидение у высших животных существует на двигательном уровне и обычно проявляется в результате двигательных проб и ошибок. Человек способен пользоваться научным, нравственным и духовным предвидением, предшествующим какому-либо исследованию или эксперименту.

Только личность способна знать, что она делает, еще до совершения действия; только личность обладает опережающим опыт пониманием. Личность способна подумать прежде, чем сделать; поэтому она может учиться как думая, так и действуя. Неличностное животное учится обычно только на опыте.

Накопленный опыт позволяет животному рассматривать различные пути достижения цели и выбирать способ действия; личность способна рассматривать саму цель и делать выводы о ее достоинстве, ее ценности. Одного интеллекта достаточно, чтобы отобрать лучшие средства при неразборчивости в отношении целей; однако нравственное существо обладает проницательностью, позволяющей ему быть разборчивым как в целях, так и в средствах. Кроме того, выбирая добродетель, нравственное существо остается разумным. Оно знает, что́ оно делает, почему оно это делает, куда оно движется и как туда попадет.

Если человек не становится разборчивым в выборе целей своего смертного пути, он опускается на животный уровень существования. Он не смог воспользоваться высшими преимуществами материальной сообразительности, нравственного чутья и духовной проницательности – неотъемлемой части космического разума, которым он наделен как личностное создание.

Добродетель есть праведность – согласованность с космосом. Назвать добродетель – не значит дать ей определение, но жить в добродетели – значит познать ее. Добродетель – это уже не просто знание, но еще не мудрость; это скорее реальность возрастающего опыта, приобретаемого при переходе на всё новые уровни космических достижений. В своей повседневной жизни смертный человек осознаёт добродетель, последовательно выбирая скорее добро, чем зло, и такая способность делать выбор является признаком нравственного характера.

Выбор, который человек делает между добром и злом, определяется не только глубиной его нравственности, но и такими влияниями, как невежество, незрелость и заблуждение. С проявлением добродетели связано и чувство соразмерности, ибо можно совершить зло, выбирая меньшее вместо большего вследствие искажения или обмана. Искусство относительной оценки или сравнительного измерения является частью проявления добродетели в сфере нравственности.

Без искусства соразмерения, без проницательности, заключенной в способности проникать в суть значений, нравственная природа человека была бы беспомощной. Тщетным был бы нравственный выбор и без той космической интуиции, которая приводит к осознанию духовных ценностей. С точки зрения разума, человек поднимается до уровня нравственного существа благодаря тому, что он наделен личностью.

Нравственность невозможно укрепить с помощью закона или силы. Это дело личности, ее свободного выбора; нравственность должна распространяться через общение высоконравственных личностей с теми, кто менее чуток в нравственном отношении, но проявляет некоторое желание исполнять волю Отца.

Нравственные действия – это такие человеческие поступки, которые характеризуются высшим интеллектом и отличаются разборчивостью, помогающей определять самые высокие цели и выбирать нравственные средства для достижения этих целей. Такое поведение добродетельно. Отсюда высшая добродетель – это чистосердечное решение исполнять волю небесного Отца.

8. УРАНТИЙСКАЯ ЛИЧНОСТЬ

Всеобщий Отец посвящает личность многочисленным категориям существ, функционирующих на различных уровнях вселенской реальности. Люди Урантии наделяются личностью такого типа, которая предназначена для конечных смертных, действующих на уровне восходящих Божьих сынов.

Хотя мы едва ли можем браться за определение личности, мы попытаемся изложить свое понимание известных факторов, образующих совокупность материальных, умственных и духовных энергий; из взаимосвязи этих энергий складывается механизм, в котором и с помощью которого, при воздействии Всеобщего Отца, начинает функционировать посвященная им личность.

Личность есть уникальный и подлинный дар; ее существование не зависит от посвящения Настройщика Мышления и предшествует ему. Тем не менее, присутствие Настройщика повышает качественное проявление личности. Покидая Отца, Настройщики Мышления идентичны по своей природе, в то время как личности разнообразны, подлинны и неповторимы; кроме того, проявление личности обуславливается и определяется природой и свойствами совокупных материальных, умственных и духовных энергий, образующих организм – средство проявления личности.

Личности могут быть схожими, но они никогда не повторяются. Личностные существа определенного рода, типа, категории или строения могут напоминать и действительно напоминают друг друга, но они не бывают идентичными. Личность – это та сторона индивидуума, которая нам *известна* и которая позволит нам опознать такое существо в будущем, каким бы ни был характер и степень изменений его формы, разума или духа. Личность – это та часть любого индивидуума, которая позволяет нам воспринимать и уверенно опознавать его как существо, с которым мы уже были знакомы, независимо от того, насколько оно могло измениться из-за модификации средств выражения и проявления его личности.

Личность создания характеризуется двумя самопроявляющимися и типичными феноменами реактивного поведения смертных: самосознанием и связанной с ним относительно свободной волей.

Самосознание заключается в интеллектуальном осознании факта существования личности и включает способность сознавать реальность других личностей. Оно свидетельствует о возможности приобретения индивидуального опыта космических реальностей, что равносильно обретению идентичности в личностных взаимоотношениях во вселенной. Самосознание означает также восприятие актуальности служения разуму и осознание относительной независимости созидательной и определяющей свободной воли.

Относительная свобода воли, которая присуща самосознанию человеческой личности, предполагает следующее:

1. Нравственный выбор, высшую мудрость.

2. Духовный выбор, постижение истины.

3. Бескорыстную любовь, братскую помощь.

4. Целенаправленное сотрудничество, преданность группе.

5. Космическую проницательность, постижение вселенских значений.

6. Личностную преданность, чистосердечную приверженность исполнению воли Отца.

7. Поклонение, искреннее стремление к божественным ценностям и чистосердечная любовь к божественному Дарителю Ценностей.

Человеческую личность урантийского типа можно рассматривать как функционирующую в физическом механизме, который представляет собой планетарную модификацию организма небадонского вида, относится к электрохимическому типу активации жизни и наделен небадонской разновидностью космического разума орвонтонской серии для разнополых репродуктивных созданий. Посвящение божественного дара личности наделенному сознанием смертному механизму придает смертному существу достоинство космического гражданства, что сразу же создает предпосылки для формирования реакций, обеспечивающих конструктивное восприятие трех основных космических реальностей, относящихся к области разума:

1. Математическое, или логическое, восприятие однородности физической причинности.

2. Разумное восприятие обязательности нравственного поведения.

3. Проникновение веры, обретаемое в сопричастном поклонении Божеству, в совокупности с исполненным любви служением человеку.

Полноценное функционирование такой личности – это начало осознания родства с Божеством. Такая индивидуальность, наделенная доличностной частицей Бога-Отца, в своей сущности является истинным духовным сыном Божьим. Такая личность не только обнаруживает способность принимать дар божественного присутствия, но и реагирует на воздействие контура личностной гравитации Райского Отца всех личностей.

9. РЕАЛЬНОСТЬ ЧЕЛОВЕЧЕСКОГО СОЗНАНИЯ

Наделенное космическим разумом и внутренним Настройщиком, личностное создание обладает врожденной способностью воспринимать и осознавать реальность энергии, разума и духа. Поэтому волевое создание обладает способностью различать факт, закон и любовь Бога. Помимо этих трех неотъемлемых свойств человеческого сознания, весь опыт человека действительно субъективен, за исключением того, что интуитивное осознание достоверности способствует *объединению* этих трех реакций космического восприятия вселенской реальности.

Ощущающий Бога смертный способен почувствовать объединяющую ценность этих трех космических ценностей в высшем человеческом начинании – эволюции сохраняющейся души; смертный разум объединяется в физическом теле человека с внутренним божественным духом для дуализации бессмертной души. С сáмого своего зарождения душа *реальна;* она обладает свойствами космического бессмертия.

Если путь смертного человека прекращается с естественной смертью, реальные духовные ценности его человеческого опыта сохраняются как часть продолжающегося опыта Настройщика. Личностные ценности такого несохранившегося создания продолжают существовать в качестве составного элемента личности формирующегося Верховного Существа. Сохраняющиеся качества личности лишаются идентичности, но не эмпирических ценностей, накопленных в течение смертной жизни во плоти. Сохранение идентичности зависит от сохранения бессмертной души, имеющей моронтийный статус и всё большую божественную ценность. Идентичность личности сохраняется вместе с душой и посредством ее сохранения.

Человеческое самосознание предполагает осознание реальности не только самосознающего, но и других «я», а также взаимность такого осознания; субъект узнаёт других «я», которые узнаю́т его. В чисто человеческом виде это демонстрируется в общественной жизни людей. Однако невозможно быть столь же уверенным в реальности другого человеческого существа, как в реальности живущего в вас Бога. Общественное сознание не является таким же неотъемлемым атрибутом, как богосознание; оно представляет собой продукт культуры и зависит от знания, символов и воздействия конструктивных способностей человека – науки, морали и религии. Получая социальное выражение, эти космические дары образуют цивилизацию.

Цивилизации нестабильны ввиду того, что они не космичны; цивилизованность не есть врожденное качество индивидуумов, из которых слагаются человеческие расы. Цивилизация требует бережного отношения, которое заключается в объединенном вкладе конструктивных человеческих начал – науки, морали и религии. Цивилизации появляются и исчезают, но наука, мораль и религия остаются.

Иисус не только раскрыл человеку Бога, но он также по-новому раскрыл человека самому себе и другим людям. В жизни Иисуса вы видите человека в высшем смысле этого слова. Так человек становится восхитительно реальным, ибо в жизни Иисуса так много было от Бога, а осознание (распознание) Бога является основным и неотъемлемым свойством всех людей.

За исключением родительского инстинкта, бескорыстие – не вполне естественное чувство; любовь к ближнему или дружеское служение ему не являются естественными проявлениями. Для создания бескорыстного и альтруистического общественного порядка необходимы просвещение, мораль и религиозное побуждение, богопознание. Осознание человеком своей собственной личности – самосознание – также непосредственно зависит от того же врожденного осознания других, врожденной способности познавать и проникать в реальность других личностей – от человеческой до божественной.

В своей основе, бескорыстное общественное сознание должно быть сознанием религиозным – при условии, что оно объективно; в противном случае оно является чисто субъективной философской абстракцией и потому лишено любви. Только познавший Бога индивидуум способен любить другого, как самого себя.

В своей сущности, самосознание есть осознание сообщности: Бога и человека, Отца и сына, Создателя и создания. В скрытой форме, самосознанию человека присущи четыре осознания вселенской реальности:

1. Поиск знаний, логика науки.

2. Поиск нравственных ценностей, чувство долга.

3. Поиск духовных ценностей, религиозный опыт.

4. Поиск личностных ценностей, способность воспринимать реальность Бога как личности и, одновременно с этим, осознание наших братских уз с другими личностями.

Вы начинаете воспринимать другое человеческое создание как своего собрата, ибо вы уже осознаёте Бога как своего Отца-Создателя. Отцовство – это то родство, от которого мы приходим к осознанию братства. И Отцовство становится, либо может стать, вселенской реальностью для всех нравственных созданий, ибо Отец сам посвятил личность всем подобным существам и охватил их всеобщим личностным контуром. Мы поклоняемся Богу, ибо, во-первых, *он есть*, во-вторых, *он есть в нас* и, наконец, *мы есть в нем*.

Разве удивительно, что космический разум осознаёт свой собственный источник – бесконечный разум Бесконечного Духа – и в то же время осознаёт физическую реальность необъятных вселенных, духовную реальность Вечного Сына и личностную реальность Всеобщего Отца?

[Подготовлено Всеобщим Цензором Уверсы.]

ДОКУМЕНТ 17

СЕМЬ ГРУПП ВЕРХОВНЫХ ДУХОВ

Семь групп Верховных Духов являются всеобщими руководителями, координирующими управление семью сегментами большой вселенной. Хотя все они причисляются к функциональной семье Бесконечного Духа, три следующие группы обычно классифицируются как дети Райской Троицы:

1. Семь Главных Духов.
2. Семь Верховных Администраторов.
3. Отражательные Духи.

Четыре другие группы являются результатом созидательных актов Бесконечного Духа или его партнеров, обладающих статусом создателей:

4. Вспомогательные Образы Отражения.
5. Семь Кольцевых Духов.
6. Созидательные Духи Локальных Вселенных.
7. Вспомогательные Духи Разума.

Семь этих категорий известны на Уверсе как семь групп Верховных Духов. Область их деятельности простирается от личного присутствия Семи Главных Духов на периферии вечного Острова и охватывает семь Райских спутников Духа, кольца Хавоны и правительства сверхвселенных, а также руководство и управление локальными вселенными – вплоть до скромного служения вспомогательных духов, посвященных эволюционному разуму в мирах времени и пространства.

Семь Главных Духов являются координирующими управляющими этой обширной административной сферы. В некоторых вопросах, относящихся к административному регулированию организованной физической энергии, интеллектуальной энергии и безличностной духовной опеки, они действуют лично и непосредственно, в то время как в других они используют своих разнообразных партнеров. Во всех вопросах исполнительного характера – распоряжениях, предписаниях, поправках и административных решениях – Главные Духи действуют в лице Семи Верховных Администраторов. В центральной вселенной Главные Духи могут функционировать через Семь Кольцевых Духов Хавоны; в столичных мирах семи сверхвселенных они раскрывают себя, используя каналы Отражательных Духов, и действуют через личности Древних Дней, личная связь с которыми осуществляется через Вспомогательные Образы Отражения.

Семь Главных Духов не поддерживают прямой личной связи с администрацией вселенной на уровнях ниже судов Древних Дней. Ваша локальная вселенная управляется как часть нашей сверхвселенной Главным Духом Орвонтона, однако в отношении уроженцев Небадона данная функция непосредственно осуществляется и лично направляется Созидательным Материнским Духом, пребывающим на Салвингтоне – столичной сфере вашей локальной вселенной.

1. СЕМЬ ВЕРХОВНЫХ АДМИНИСТРАТОРОВ

Центральные административные резиденции Главных Духов расположены на семи Райских спутниках Бесконечного Духа, которые обращаются вокруг центрального Острова между светящимися сферами Вечного Сына и внутренним кольцом Хавоны. Эти административные сферы подчиняются группе из семи Верховных Администраторов, тринитизованных Отцом, Сыном и Духом в соответствии с представленным Семью Главными Духами подробным описанием существ, способных функционировать в качестве их всеобщих представителей.

Главные Духи поддерживают связь с различными секторами правительств сверхвселенных через этих Верховных Администраторов. Именно они в значительной мере определяют основополагающие направления развития семи сверхвселенных. Они одинаково и божественно совершенны, но личность каждого из них своеобразна. У них нет руководителя; при каждой встрече один из них избирается главой общего совета. Они периодически посещают Рай, где совещаются с Семью Главными Духами.

Семь Верховных Администраторов действуют в качестве административных координаторов большой вселенной; их можно назвать советом директоров постхавонского творения. Не имея отношения к внутренним делам Рая, они управляют своими, ограниченными сферами деятельности Хавоны через Семь Кольцевых Духов. В остальном масштабы контролируемой ими деятельности почти ничем не ограничены; они руководят делами физического, интеллектуального и духовного характера; они видят, слышат, чувствуют и знают всё, что происходит в семи сверхвселенных и Хавоне.

Эти Верховные Администраторы не определяют стратегию развития вселенных, как не модифицируют они вселенских процессов: они претворяют планы божественности, провозглашенные Семью Главными Духами. Не вмешиваются они и в правление Древних Дней в сверхвселенных или в полновластие Сынов-Создателей в локальных вселенных. Они являются координирующими администраторами, чья функция заключается в претворении объединенных целей всех наделенных должными полномочиями правителей большой вселенной.

Каждый из администраторов, как и средства его сферы, посвящены эффективному руководству одной из сверхвселенных. Первый Верховный Администратор, действующий в первой исполнительной сфере, всецело посвящен делам первой сверхвселенной, – и так вплоть до Седьмого Верховного Администратора, посвящающего свои энергии управлению делами седьмой сверхвселенной и действующего с седьмого Райского спутника Духа. Эта седьмая сфера называется Орвонтон, ибо Райские спутники Духа имеют такие же названия, как и соответствующие сверхвселенные; в действительности, сверхвселенные были названы в честь этих сфер.

Численность штата административной сферы седьмой сверхвселенной, ведущей дела Орвонтона, не укладывается в человеческое сознание и включает практически все категории небесных разумных существ. Любое путешествие к Раю или из Рая, связанное с перемещением личности в сверхвселенной (за исключением Вдохновенных Троичных Духов и Настройщиков Мышления), проходит через один из семи административных миров; здесь же находится центральный реестр всех личностей, созданных Третьим Источником и Центром и действующих в сверхвселенных. Система материальных, моронтийных и духовных записей, существующая в одном из административных миров Духа, поражает даже существо моей категории.

Непосредственными подчиненными Верховных Администраторов являются в основном тринитизованные сыны личностей системы Рай-Хавона, а также тринитизованное потомство прославленных смертных, прошедших многовековую подготовку при восхождении во времени и пространстве. Эти тринитизованные сыны назначаются в распоряжение Верховных Администраторов главой Верховного Совета Райского Корпуса Завершения.

Каждый Верховный Администратор располагает двумя совещательными органами. Находящееся в столичном мире сверхвселенной потомство Бесконечного Духа выбирает из своих рядов представителей для несения тысячелетней службы в составе первичного совещательного кабинета своего Верховного Администратора. В ве́дении вторичного совещательного кабинета находятся все вопросы, относящиеся к восходящим смертным времени; он состоит из достигших Рая смертных и тринитизованных сынов прославленных смертных. Этот орган избирается совершенствующимися и восходящими существами, временно пребывающими в столичных мирах семи сверхвселенных. Руководители всех остальных служб назначаются Верховными Администраторами.

Время от времени на Райских спутниках Духа проходят великие конклавы. Назначенные сюда для служения тринитизованные сыны и достигшие Рая восходящие создания собираются вместе с духовными личностями Третьего Источника и Центра на встречи, посвященные проблемам и триумфам восхождения. Эти братские встречи всегда проходят под началом Верховных Администраторов.

Раз в каждое Райское тысячелетие Семь Верховных Администраторов слагают с себя полномочия и отправляются в Рай; здесь, на своем конклаве, они обращаются со всеобщим приветствием и пожеланием успехов к сонмам разумных существ творения. Это важное событие происходит в присутствии Мажестона – главы всех групп отражательных духов. Так, благодаря уникальному действию всеобщего отражения, они способны поддерживать одновременную связь со всеми своими партнерами в большой вселенной.

2. МАЖЕСТОН – ГЛАВА СИСТЕМЫ ОТРАЖЕНИЯ

Отражательные Духи берут свое начало в божественной Троице. Существует пятьдесят этих уникальных и в некотором роде таинственных существ. Эти необыкновенные личности создавались группами по семь существ, причем каждый созидательный акт заключался в соединении Райской Троицы с одним из Семи Главных Духов.

Происходящее у истоков времени, это эпохальное взаимодействие демонстрирует первую попытку Верховных Создателей, представленных Главными Духами, действовать в качестве совокупных создателей вместе с Райской Троицей. Этот союз созидательного могущества Верховных Создателей с творческими потенциалами Троицы является подлинным источником реальности Верховного Существа. Поэтому, когда завершился цикл создания отражательных существ, когда каждый из Семи Главных Духов обрел совершенную творческую гармонию с Райской Троицей, когда произошла персонализация сорок девятого Отражательного Духа, в Божестве-Абсолюте возникло новое и обширное ответное действие, которое наделило Верховное Существо неизвестными ранее личностными прерогативами и завершилось персонализацией Мажестона – главы системы отражения и Райского центра всей деятельности сорока девяти Отражательных Духов и их партнеров по всей вселенной вселенных.

Мажестон является истинной личностью, личностным и безупречным средоточием явления отражения во всех семи сверхвселенных времени и пространства. Его постоянная Райская резиденция находится вблизи всеобщего центра, в месте встреч Семи Главных Духов. Он занимается исключительно поддержанием и координацией службы отражения в обширном творении; в остальном он не участвует в управлении вселенскими делами.

Мажестон не входит в наш перечень Райских личностей, ибо это единственная существующая божественная личность, созданная Верховным Существом в функциональном взаимодействии с Божеством-Абсолютом. Он является личностью, которая, однако, занимается исключительно – и, очевидно, автоматически – данным аспектом деятельности во вселенной; в настоящее время он не проявляет себя в каком-либо личностном качестве по отношению к остальным (неотражательным) категориям вселенских личностей.

Создание Мажестона ознаменовало собой первый высший созидательный акт Верховного Существа. Это стремление к действию определялось его волей, но грандиозная реакция Божества-Абсолюта была неизвестна заранее. Ни разу с момента возникновения в вечности Хавоны вселенная не становилась свидетелем столь невероятной фактуализации столь грандиозного согласования физической энергии и координации функциональной активности духа, достигших столь гигантских и обширных пропорций. Ответ Божества на созидательную волю Верховного Существа и его партнеров в значительной степени вышел за пределы их изначальных намерений и полностью превзошел их умозрительные прогнозы.

Мы с трепетом думаем о возможности того, что будущие эпохи – когда Верховный и Предельный, возможно, достигнут новых уровней божественности и поднимутся на новые уровни личностных функций, – станут свидетелями обретения божественного содержания новыми, неожиданными и невообразимыми существами, которые будут обладать пока еще неизвестными свойствами улучшенной координации во вселенной. Кажется, не будет предела возможностям реакций Божества-Абсолюта на подобную консолидацию отношений эмпирического Божества с экзистенциальной Райской Троицей.

3. ОТРАЖАТЕЛЬНЫЕ ДУХИ

Сорок девять Отражательных Духов произошли от Троицы, но каждый из семи созидательных актов, сопутствовавших их появлению, заключался в создании типа существа, по природе своей напоминающего свойства того Главного Духа, который являлся одним из его родителей. Поэтому они разнообразно отражают природу и характер семи комбинаций, возможных при объединении характеристик божественности Всеобщего Отца, Вечного Сына и Бесконечного Духа. По этой причине семь Отражательных Духов должны присутствовать в столичном мире каждой сверхвселенной. Для достижения совершенного отражения всех аспектов любого возможного проявления трех Райских Божеств в любой части семи сверхвселенных необходимо наличие по одному от каждого из семи типов Отражательных Духов. Соответственно, по одному представителю от каждого типа было назначено для служения в каждую сверхвселенную. Группы, состоящие из семи несхожих Отражательных Духов, располагают резиденциями в столицах сверхвселенных в отражательном фокусе каждого мира, который не совпадает с точкой духовной полярности.

Отражательные Духи имеют имена, которые, однако, не раскрываются в мирах пространства. Их имена связаны с природой и характером этих существ, являясь частью одной из семи всеобщих тайн загадочных сфер Рая.

Свойство отражения – явление, присущее уровням разума Совместного Вершителя, Верховного Существа и Главных Духов, – может передаваться всем существам, вовлеченным в функционирование этой обширной информационной системы во вселенной. И здесь же скрыта великая загадка: ни Главные Духи, ни Райские Божества – вместе или порознь – не обнаруживают этих возможностей, заключенных в однородной и всеобщей отражательной способности сорока девяти личностных связных Мажестона; тем не менее, именно они являются создателями всех этих наделенных изумительным даром существ. Порой божественная наследственность раскрывает в создании некоторые свойства, которые не проявляются в Создателе.

За исключением Мажестона и Отражательных Духов, персонал службы отражения представлен созданиями Бесконечного Духа, а также его непосредственными партнерами и подчиненными. Отражательные Духи каждой сверхвселенной являются создателями Вспомогательных Образов Отражения – их личных представителей в судах Древних Дней.

Отражательные Духи являются не только средством передачи, но обладают также способностью хранить информацию. Их потомки – секонафимы – также относятся к хранящим, или регистрирующим, личностям. Всё, что имеет истинную духовную ценность, регистрируется в двух экземплярах, причем одна из копий остается принадлежностью одной из многочисленных категорий секонафических личностей, входящих в огромный штат Отражательных Духов.

Формальные сведения о вселенных передаются с помощью и посредством регистрирующих ангелов, однако истинная духовная информация накапливается отражательной системой и сохраняется в разуме соответствующих и достойных личностей из семейства Бесконечного Духа. По сравнению с формальной и *мертвой* информацией о вселенной, это *живая* информация; она в совершенстве сохраняется в живом разуме регистрирующих личностей Бесконечного Духа.

Отражательная система является также механизмом сбора новостей и распространения постановлений во всём творении. Действие ее непрерывно, в противоположность периодичности различных трансляционных служб.

Все важные события столичного мира локальной вселенной автоматически передаются в столицу соответствующей сверхвселенной. И наоборот: всё, что может иметь значение для локальных вселенных, отражается вовне, в их столичные миры из столицы сверхвселенной. Может показаться, что служба отражения – от вселенных времени до сверхвселенных – действует автоматически, сама по себе, но это не так. Вся отражательная система отличается разумным и индивидуальным характером; ее точность объясняется совершенством взаимодействующих личностей и поэтому вряд ли может быть приписана безличностным присутственным действиям Абсолютов.

Хотя Настройщики Мышления не участвуют в функционировании всеобщей отражательной системы, у нас есть все основания полагать, что частицы Отца полностью осознают эти процессы и способны знакомиться с их содержанием.

В течение нынешней вселенской эпохи пространственный охват внерайской службы отражения ограничен, очевидно, периферией семи сверхвселенных. В остальном функция этой службы, по-видимому, не зависит от времени и пространства. По всей вероятности, она не связана с каким-либо известным субабсолютным контуром вселенной.

В столичном мире каждой сверхвселенной отражательная система функционирует как отдельная единица; однако в некоторых особых случаях, под началом Мажестона, все семь способны действовать в унисон, как, например, в связи с торжественным переходом целой локальной вселенной в эпоху света и жизни, а также в связи с приветствиями Семи Верховных Администраторов, с которыми они обращаются раз в тысячелетие.

4. ВСПОМОГАТЕЛЬНЫЕ ОБРАЗЫ ОТРАЖЕНИЯ

Сорок девять Вспомогательных Образов Отражения были созданы Отражательными Духами, и в столице каждой сверхвселенной находятся по семь Вспомогательных Образов. Первый созидательный акт семи Отражательных Духов Уверсы заключался в создании семи Вспомогательных Образов, причем каждый Отражательный Дух создал свой Вспомогательный Образ. В отношении некоторых атрибутов и характеристик Вспомогательные Образы являются точными повторениями своих Отражательных Материнских Духов; практически, это копии, за исключением свойства отражения. Они представляют собой истинные образы и действуют в качестве постоянного канала связи между Отражательными Духами и управляющими сверхвселенной. Вспомогательные Образы – это не только помощники; они являются *образами*, и они соответствуют своему названию.

Сами Отражательные Духи являются истинными личностями, однако они относятся к категории, недоступной пониманию материальных существ. Даже в столичной сфере сверхвселенной им необходима помощь Вспомогательных Образов при любом личном общении с Древними Дней и их партнерами. Для связи с Древними Дней иногда достаточно одного Вспомогательного Образа, в то время как в других случаях – для исчерпывающего и надлежащего представления доверенного им сообщения – необходимо участие двух, трех, четырех или даже всех семи Образов. Соответственно, послания Вспомогательных Образов принимаются, в зависимости от ситуации, одним, двумя или всеми тремя Древними Дней, что определяется содержанием сообщения.

Вспомогательные Образы извечно служат рядом с породившими их Духами, и в их распоряжении находится невероятное число помощников-секонафимов. Вспомогательные Образы не имеют непосредственного отношения к мирам подготовки восходящих смертных. Они тесно связаны с системой сбора информации в рамках всеобщей программы эволюции смертных, но в течение вашего пребывания на Уверсе вы не будете вступать с ними в прямой контакт ввиду того, что эти кажущиеся личностными существа лишены воли; они не обладают свободой выбора. Каждый из них является истинным образом, полностью отражающим личность и разум одного из породивших их Духов. Как класс, восходящие смертные близко не соприкасаются с системой отражения. Одно из отражательных существ всегда будет посредником между вами и фактическим функционированием службы отражения.

5. СЕМЬ КОЛЬЦЕВЫХ ДУХОВ

Семь Кольцевых Духов Хавоны – это совместное безличностное отображение Бесконечного Духа и Семи Главных Духов на семи кольцах центральной вселенной. Они служат Главным Духам, являясь их общим потомством. Главные Духи обеспечивают самобытность и разнообразие индивидуальных черт в руководстве семи сверхвселенных. С помощью единообразных Кольцевых Духов Хавоны они получают возможность обеспечить единое, гармоничное и согласованное духовное руководство центральной вселенной.

Проникновение каждого из Семи Кольцевых Духов ограничено одним кольцом Хавоны. Они не имеют прямого отношения к режимам Вечных Дней – правителей отдельных миров Хавоны. Однако они связаны с Семью Верховными Администраторами и согласованы с присутствием в центральной вселенной Верховного Существа. Их деятельность целиком ограничена Хавоной.

Эти Кольцевые Духи устанавливают связь с пребывающими в Хавоне существами через свое личное потомство – третичных супернафимов. Хотя Кольцевые Духи сосуществуют с Семью Главными Духами, создание третичных супернафимов приобрело большое значение только во времена Грандфанды, когда на внешнее кольцо Хавоны прибыли первые паломники времени.

По мере вашего продвижения от одного кольца Хавоны к другому, вы будете узнавать много нового о Кольцевых Духах, но сами общаться с ними вы не сможете, даже если и будете лично пользоваться их духовным влиянием и осознавать их безличностное присутствие.

Кольцевые Духи соотносятся с исконными обитателями Хавоны так же, как Настройщики Мышления – со смертными созданиями, населяющими миры эволюционных вселенных. Как и Настройщики, Кольцевые Духи не имеют личности и общаются с совершенным разумом существ Хавоны примерно так же, как безличностный дух Всеобщего Отца, проникающий в конечный разум смертного человека. Однако Кольцевые Духи никогда не становятся постоянной частью личностей Хавоны.

6. СОЗИДАТЕЛЬНЫЕ ДУХИ ЛОКАЛЬНЫХ ВСЕЛЕННЫХ

Многое из того, что относится к природе и деятельности Созидательных Духов локальных вселенных, строго говоря, относится к рассказу об их сотрудничестве с Сынами-Создателями в организации и управлении локальными творениями; однако в опыте этих чудесных существ, накопленном до появления локальных вселенных, существует целый ряд особенностей, которые можно изложить в рамках данного обсуждения семи групп Верховных Духов.

Мы знакомы с шестью этапами деятельности Материнского Духа локальной вселенной, и мы часто рассуждаем о возможном седьмом этапе его функционирования. К этим различным этапам существования относятся следующие стадии:

1. *Первоначальная дифференциация в Раю*. Одновременно с воплощением очередного Сына-Создателя, который появляется в результате объединенного действия Всеобщего Отца и Вечного Сына, в личности Бесконечного Духа происходит то, что известно как «высшая реакция дополнения». Мы не понимаем природы данной реакции, но полагаем, что она означает внутреннюю модификацию тех воплотимых в личности возможностей, которые заключены в созидательном потенциале Совместного Вершителя. Рождение одного из равных Сынов-

Создателей знаменуется рождением в Бесконечном Духе потенциальной супруги для Райского Сына в его будущей локальной вселенной. Мы ничего не знаем о доличностном статусе этой новой сущности, но мы знаем, что такой факт упоминается в архивах Рая, относящихся к жизненному пути Сына-Создателя.

2. *Предварительная подготовка к деятельности Создателя*. В течение длительного периода предварительной подготовки Сына Михаила к организации и руководству вселенными его будущая супруга претерпевает дальнейшие преобразования своей сущности и приобретает групповое сознание предназначения. Хотя мы и не знаем этого, мы полагаем, что такая обладающая групповым сознанием сущность начинает осознавать пространство и приступает к предварительной подготовке, необходимой для обретения духовных навыков в будущем сотрудничестве с дополняющим ее Михаилом по созданию и управлению вселенной.

3. *Стадия физического творения*. Когда Вечный Сын передает Михаилу полномочия Создателя, Главный Дух, управляющий той сверхвселенной, куда направляется этот новый Сын-Создатель, в присутствии Бесконечного Духа сотворяет «молитву о наделении индивидуальностью», и сущность будущего Созидательного Духа впервые возникает отдельно от Бесконечного Духа. После того как эта сущность направляется к ходатайствующему Главному Духу, она тут же выходит из области нашего восприятия, становясь, очевидно, частью данного Главного Духа. Получивший индивидуальность Созидательный Дух остается с Главным Духом вплоть до того момента, когда Сын-Создатель отправляется в свое путешествие в пространстве; после этого Главный Дух вверяет Сыну-Создателю опеку нового Духа, его супруги, одновременно давая Духу-супруге наказ вечной верности и преданности. И затем происходит один из самых трогательных эпизодов, которые когда-либо случаются в Раю. Всеобщий Отец провозглашает вечный союз Сына-Создателя и Созидательного Духа и подтверждает, что Главный Дух соответствующей сверхвселенной наделил их некоторыми общими административными полномочиями.

Соединенные Отцом, Сын-Создатель и Созидательный Дух приступают к своему дерзновенному начинанию – созданию вселенной. В этом союзе они продолжают действовать в течение длительного и напряженного периода материальной организации их вселенной.

4. *Эра сотворения жизни*. После заявления Сына-Создателя о намерении создать жизнь, в Раю совершается «церемония персонализации», в которой участвуют Семь Главных Духов и которую лично переживает руководящий Главный Дух, возглавляющий сверхвселенную. Во вселенной этот вклад Райского Божества в индивидуальность Духа-супруги данного Сына-Создателя проявляется в феномене «первичного прорыва» в Бесконечном Духе. Одновременно с этим происходящим в Раю явлением, Дух-супруга, которая до сих пор оставалась неличностной, по существу становится настоящей личностью. Отныне и во веки веков тот же самый Материнский Дух локальной вселенной будет считаться личностью и будет поддерживать личные отношения со всем множеством личностей, участвующих в последующем сотворении жизни.

5. *Постпосвященческие эпохи*. Еще одним великим событием в бесконечной жизни Созидательного Духа становится возвращение Сына-Создателя в столичный мир вселенной по завершении своего седьмого посвящения и приобретения полновластия в своей вселенной. В честь этого события победоносный Сын-Создатель, в присутствии управляющих вселенной, возвышает Вселенский

Материнский Дух до положения совместного полновластного правителя и признает равенство Духа-супруги.

6. *Эпохи света и жизни*. После наступления эры света и жизни совместный полновластный правитель вселенной вступает в шестую стадию жизненного пути Созидательного Духа. Однако мы не вправе описывать характер этого великого опыта. Подобные вещи относятся к будущей стадии эволюции Небадона.

7. *Нераскрытый путь*. Мы знаем о шести данных стадиях деятельности Материнского Духа локальной вселенной и не можем не задаться вопросом: существует ли седьмая? Достигнув того, что представляется их окончательной целью восхождения, завершители, как это известно из документов, вступают на путь духов шестой ступени. Мы предполагаем, что завершителей ожидает еще один, нераскрытый путь, который им предстоит пройти во вселенных. Естественно, мы полагаем, что и Материнских Духов вселенных ожидает некий нераскрытый путь, который станет их седьмой стадией приобретения личного опыта вселенской службы и преданного сотрудничества с Создателями Михаилами.

7. ВСПОМОГАТЕЛЬНЫЕ ДУХИ РАЗУМА

Эти вспомогательные духи представляют собой семичастное посвящение разума Материнским Духом локальной вселенной живым созданиям, сотворенным Сыном-Создателем совместно с Созидательным Духом. Такое посвящение становится возможным при возвышении Духа до статуса, наделяющего прерогативами личности. Будет уместно включить изложение природы и деятельности семи вспомогательных духов разума в повествование о вашей локальной вселенной Небадон.

8. ФУНКЦИИ ВЕРХОВНЫХ ДУХОВ

Семь групп Верховных Духов составляют ядро функциональной семьи Третьего Источника и Центра, выражая его и как Бесконечного Духа, и как Совместного Вершителя. Область действий Верховных Духов простирается от присутствия Троицы в Раю до функционирования разума эволюционно-смертного типа на планетах пространства. Таким образом, они объединяют нисходящие административные уровни и координируют многочисленные функции персонала этих уровней. Деятельность Верховных Духов имеет повсеместный характер и осуществляется в центральной вселенной, сверхвселенных и локальных вселенных – будь то группа Отражательных Духов, связанная с Древними Дней, Созидательный Дух, действующий в гармонии с одним из Сынов Михаилов, или Семь Главных Духов, объединенных вокруг Райской Троицы. Они сотрудничают как с Троичными личностями категории «Дней», так и с Райскими личностями категории «Сынов».

Вместе со своим Бесконечным Материнским Духом, группы Верховных Духов являются непосредственными создателями необъятной семьи созданий Третьего Источника и Центра. Данное объединение является источником всех категорий попечительских духов. Первичные супернафимы берут свое начало в Бесконечном Духе, вторичные существа этой категории создаются Главными Духами, третичные супернафимы – Семью Кольцевыми Духами. В своей совокупности Отражательные Духи являются матерями-создательницами изумительной категории ангельского воинства – могущественных секонафимов, несущих службу в сверхвселенных. Созидательный Дух порождает ангельские категории локального творения; такие серафические помощники самобытны в каждой локальной вселенной, хотя они и создаются в соответствии с эталонами центральной вселенной. Все эти создатели попечительских духов получают только косвенную помощь из центральной обители Бесконечного Духа – изначальной и вечной матери всех ангельских попечителей.

Семь групп Верховных Духов являются координаторами обитаемого творения. Очевидно, объединение их руководителей – Семи Главных Духов – координирует обширную деятельность Бога-Семичастного:

1. В своей совокупности Главные Духи приближаются к уровню божественности Троицы Райских Божеств.

2. По отдельности они исчерпывают возможности первичных взаимообъединений триединого Божества.

3. Как разнообразные представители Совместного Вершителя, они являются хранилищами того владычества Верховного Существа в сфере духа, разума и могущества, которое он пока еще не проявляет лично.

4. С помощью Отражательных Духов они координируют возглавляемые Древними Дней правительства сверхвселенных с Мажестоном – Райским центром всеобщей системы отражения.

5. Принимая участие в индивидуализации Божественных Попечительниц локальных вселенных, Главные Духи вносят вклад в формирование последнего уровня Бога-Семичастного – союза Сынов-Создателей и Созидательных Духов локальных вселенных.

Присущее Совместному Вершителю функциональное единство раскрывается в Семи Главных Духах – его изначальных личностях в формирующихся вселенных. Однако мы не сомневаемся в том, что в совершенных сверхвселенных будущего это единство будет неотделимо от эмпирического полновластия Верховного.

[Представлено Божественным Советником Уверсы.]

ДОКУМЕНТ 18

ВЕРХОВНЫЕ ТРОИЧНЫЕ ЛИЧНОСТИ

Все Верховные Троичные Личности созданы для несения особой службы. Они создаются божественной Троицей для выполнения некоторых специфических функций, демонстрируя совершенство метода и предельную преданность. Существует семь категорий Верховных Троичных Личностей:

1. Тринитизованные Тайны Верховности.
2. Вечные Дней.
3. Древние Дней.
4. Совершенства Дней.
5. Недавние Дней.
6. Союзы Дней.
7. Верные Дней.

Существует определенное и конечное число этих личностей, воплотивших в себе совершенство управления. Создание этих существ относится к прошлому; новых персонализаций не происходит.

По всей большой вселенной Верховные Троичные Личности являются выразителями административной политики Райской Троицы; они представляют правосудие и *являются* судебным решением Райской Троицы. Они образуют взаимосвязанную цепь административного совершенства, простирающуюся от Райских сфер Отца до столичных миров локальных вселенных и столиц созвездий, образующих эти вселенные.

Все существа троичного происхождения созданы с совершенством Рая во всех своих божественных атрибутах. С течением времени их подготовка, необходимая для несения космической службы, расширялась только в сфере опыта. Опасность проступка или риск восстания исключены среди существ троичного происхождения. По своей сущности они божественны, и среди них неизвестны какие-либо отклонения от божественного и совершенного личностного пути.

1. ТРИНИТИЗОВАННЫЕ ТАЙНЫ ВЕРХОВНОСТИ

На внутреннем кольце спутников Рая находятся семь миров, и каждый из этих возвышенных миров возглавляется корпусом из десяти Тринитизованных Тайн Верховности. Не являясь создателями, они представляют собой верховных и предельных управляющих. Управление делами семи братских сфер находится целиком в ве́дении этого корпуса из семидесяти верховных руководителей. Хотя эти ближайшие к Раю священные сферы и возглавляются потомством Троицы, данная группа миров известна в первую очередь как личное кольцо Всеобщего Отца.

Тринитизованные Тайны Верховности функционируют в группах из десяти равных и объединенных управляющих соответствующими сферами, однако помимо этого они действуют и индивидуально, отвечая за конкретные области деятельности. Каждый из этих особых миров посвящен выполнению семи основных функций, а каждая из специализированных областей возглавляется одним из этих равных правителей. Трое остальных действуют в качестве личных представителей триединого Божества по отношению к семи другим, причем один из них представляет Отца, другой – Сына, а третий – Духа.

Хотя Тринитизованные Тайны Верховности обладают общими признаками, выделяющими их в отдельный класс, они также делятся на семь явно выраженных групп. Десять верховных управляющих Дивинингтона отражают личный характер и природу Всеобщего Отца. Это справедливо для любой из семи сфер: каждая группа из десяти Тайн напоминает то Божество или объединение Божеств, которое присуще их сфере. Десять управляющих Асендингтона отражают объединенную природу Отца, Сына и Духа.

Я почти ничего не могу поведать о деятельности этих высших личностей семи священных миров Отца, ибо они представляют собой подлинные *Тайны* Верховности. Не существует никаких произвольных тайн, связанных с приближением к Всеобщему Отцу, Вечному Сыну или Бесконечному Духу. Божества открыты для всех, кто достигает божественного совершенства, но невозможно до конца постичь ни одну Тайну Верховности. Мы никогда не сможем проникнуть в миры, содержащие личностные тайны связи Божества с этой семичастной группой созданных существ.

Ввиду того что деятельность этих верховных управляющих связана с близкими и личными отношениями Божеств с семью основными типами вселенских существ, – когда те поселяются в семи особых мирах или действуют в большой вселенной, – необходимо, чтобы такие сугубо личные отношения и необычные связи оставались глубочайшей тайной. Райские Создатели уважают тайну и неприкосновенность личности даже своих низших созданий. И это справедливо как для индивидуумов, так и для различных обособленных категорий личностей.

Эти тайные миры остаются вечным испытанием на верность даже для существ высокого вселенского статуса. Нам дано всесторонне и лично познать вечных Богов, беспрепятственно познать их божественный и совершенный характер, но нам не дано до конца проникнуть во все личные взаимоотношения Правителей Рая со всеми их созданными существами.

2. ВЕЧНЫЕ ДНЕЙ

Каждый из миллиарда миров Хавоны управляется Верховной Троичной Личностью. Эти правители известны как Вечные Дней; их ровно миллиард, по одному для каждой из сфер Хавоны. Они берут начало в Райской Троице, однако, как и в случае с Тайнами Верховности, не существует никаких сведений об их происхождении. Две эти группы премудрых отцов всегда правили своими совершенными мирами системы Рай-Хавона; они исполняют свои обязанности бессменно и не получают новых назначений.

Вечные Дней видимы всем волевым созданиям, живущим в их мирах. Они возглавляют регулярные планетарные конклавы. Они периодически и поочередно посещают столичные сферы семи сверхвселенных. Это близкие родственники Древних Дней, которые равны им в божественности и вершат судьбы семи сверхправительств. Когда Вечный Дней покидает свою сферу, его мир управляется одним из Троичных Сынов-Учителей.

За исключением учрежденных категорий жизни – таких как коренные жители Хавоны и другие живые создания центральной вселенной, – каждый Вечный Дней развил соответствующую сферу, опираясь только на свои личные идеи и идеалы.

Они посещают друг друга, но ничего не заимствуют и ни в чём не подражают; они всегда и полностью самобытны.

Архитектура, красота природы, моронтийные структуры и духовные творения особенны и уникальны для каждой сферы. Каждый мир – это место неувядающей красоты, совершенно непохожий на любой другой мир центральной вселенной. На своем пути к центру – через Хавону к Раю – все вы проведете различное по продолжительности время на каждой из этих неповторимых и восхитительных сфер. В вашем мире принято говорить, что путь к Раю ведет *наверх*, однако более справедливо считать, что божественная цель восхождения ведет *к центру*.

3. ДРЕВНИЕ ДНЕЙ

Когда смертные времени покидают окружающие столицу локальной вселенной подготовительные миры и прибывают в образовательные сферы своей сверхвселенной, их духовное развитие уже позволяет им осознавать и общаться с высшими духовными правителями и управляющими этих более высоких сфер, включая Древних Дней.

В принципе, все Древние Дней идентичны; они раскрывают объединенный характер и единую природу Троицы. Древние Дней обладают индивидуальностью и самобытной личностью, но они не отличаются друг от друга так, как отличаются Семь Главных Духов. Они обеспечивают единообразность руководства семью различными сверхвселенными, каждая из которых представляет собой индивидуальное, особое и уникальное творение. Семь Главных Духов различаются по своей природе и атрибутам, но все Древние Дней – личные правители сверхвселенных – являются однородным и сверхсовершенным потомством Райской Троицы.

Со своих высот Семь Главных Духов определяют *характер* своих сверхвселенных; Древние Дней распоряжаются *управлением* теми же сверхвселенными. Они совмещают административную однородность с творческим разнообразием и обеспечивают гармонию целого, несмотря на различия, связанные с созданием семи сегментных группировок большой вселенной.

Все Древние Дней были тринитизованы в одно и то же время. С них начинаются данные о личностях вселенной вселенных, откуда и их название – *Древние Дней*. Когда вы достигнете Рая и будете изучать письменные свидетельства о начале вещей, вы обнаружите, что первая запись в разделе личностей – это описание тринитизации двадцати одного Древнего Дней.

Эти высокие существа всегда управляют в группах по трое. Существуют многие виды деятельности, которые выполняются ими индивидуально. Есть и такие функции, которые могут выполняться попарно; однако в высших сферах своего руководства они должны действовать втроем. Они никогда не покидают вверенных им миров, но этого и не требуется, ибо эти миры являются сверхвселенскими средоточиями обширной системы отражения.

Личные обители каждого трио Древних Дней расположены в области духовной полярности столичной сферы. Такая сфера разделена на семьдесят административных секторов с семьюдесятью региональными столицами, в которых время от времени живут Древние Дней.

По своим возможностям, сфере полномочий и масштабам юрисдикции Древние Дней обладают наибольшей властью и могуществом среди любых непосредственных правителей пространственно-временных творений. Во всей необъятной вселенной вселенных только они наделены высшими полномочиями вынесения окончательного и необратимого приговора о ликвидации волевых созданий. И в принятии окончательных решений верховного трибунала сверхвселенной должны участвовать все трое Древних Дней.

Не считая Божеств и их Райских партнеров, Древние Дней представляют собой наиболее совершенных, разносторонних и божественно одаренных правителей во всём пространственно-временно́м творении. Очевидно, что они являются верховными правителями сверхвселенной, но это право получено ими не в силу приобретенного опыта, и потому когда-нибудь им придется уступить свое место Верховному Существу – эмпирическому властелину, чьими наместниками они несомненно станут.

Верховное Существо достигает полновластия в семи сверхвселенных через свое эмпирическое служение – так же, как Сын-Создатель обретает полновластие в локальной вселенной благодаря накопленному опыту. Однако в нынешнюю эпоху – эпоху незаконченной эволюции Верховного – Древние Дней обеспечивают согласованное и совершенное административное сверхуправление формирующимися вселенными времени и пространства. Самобытная мудрость и индивидуальная инициатива присущи всем постановлениям и решениям Древних Дней.

4. СОВЕРШЕНСТВА ДНЕЙ

Существует ровно двести десять Совершенств Дней, возглавляющих правительства десяти больших секторов каждой сверхвселенной. Тринитизованные специально в помощь руководителям сверхвселенной, они правят как непосредственные и личные наместники Древних Дней.

Трое Совершенств Дней назначаются в столицу каждого большого сектора, однако, в противоположность Древним Дней, постоянное присутствие всех троих необязательно. Время от времени один из членов трио может отлучиться для личной консультации с Древними Дней относительно благополучия своих владений.

Эти триединые правители больших секторов с особым совершенством владеют деталями управления, откуда и их название – *Совершенства* Дней. Записывая имена этих существ духовного мира, мы сталкиваемся с проблемой их перевода на ваш язык, и нередко нам чрезвычайно трудно предложить удовлетворительный вариант. Нам не хотелось бы давать произвольные названия, которые были бы бессмысленны для вас; поэтому мы часто затрудняемся в подборе подходящего имени – понятного вам и в то же время как-то представляющего оригинал.

Совершенства Дней имеют в своем распоряжении небольшой корпус, состоящий из Божественных Советников, Совершенствователей Мудрости и Всеобщих Цензоров. Они также пользуются услугами более крупного корпуса Могущественных Посланников, Наделенных Высокими Полномочиями и Не Имеющих Имени и Числа. Однако значительная часть повседневной работы большого сектора выполняется Небесными Хранителями и Помощниками Высоких Сынов. Две эти группы образуются из числа тринитизованных потомков личностей системы Рай-Хавона или завершителей – прославленных смертных. Некоторые существа, относящиеся к этим двум категориям существ, тринитизованных созданиями, повторно тринитизуются Райскими Божествами, вслед за чем они направляются для участия в работе правительств сверхвселенной.

Большинство Небесных Хранителей и Помощников Высоких Сынов служит в больших и малых секторах, однако Тринитизованные Опекуны (объятые Троицей серафимы и промежуточные создания) – это сотрудники судов всех трех уровней, действующие в судах Древних Дней, Совершенств Дней и Недавних Дней. Тринитизованных Послов (объятых Троицей восходящих смертных, слившихся с Сыном или Духом) можно встретить повсюду в сверхвселенной, но большей частью они служат в малых секторах.

До полного раскрытия системы управления семью сверхвселенными, практически все руководители различных структурных единиц этих правительств, за исключением Древних Дней, в течение различного срока обучались в разнообразных мирах совершенной вселенной Хавоны под началом Вечных Дней. Тринитизованные впоследствии существа также прошли период подготовки под началом Вечных Дней, прежде чем были направлены на службу к Древним Дней, Совершенствам Дней и Недавним Дней. Все они – закаленные, верные и опытные управляющие.

Достигнув столичного мира Спландона после пребывания в мирах вашего малого сектора, вы сразу увидите Совершенств Дней, ибо эти возвышенные правители тесно связаны с семьюдесятью мирами больших секторов, где восходящие создания времени проходят подготовку на более высоком уровне. Совершенства Дней лично принимают групповые клятвы у восходящих выпускников школ большого сектора.

Деятельность паломников времени в мирах, окружающих столицу большого сектора, имеет, в основном, интеллектуальный характер, в противоположность более физической и материальной подготовке в семи образовательных сферах малого сектора и духовной подготовке в четырехстах девяноста университетских мирах столицы сверхвселенной.

Хотя вы заноситесь в реестр только Спландона – большого сектора, включающего вашу локальную вселенную, – вам предстоит пройти каждый из десяти больших секторов нашей сверхвселенной. На своем пути к Уверсе вы увидите все тридцать Совершенств Дней Орвонтона.

5. НЕДАВНИЕ ДНЕЙ

Недавние Дней – самые молодые из верховных руководителей сверхвселенных; объединенные в группы по трое, они возглавляют малые сектора. По своей природе они равны Совершенствам Дней, но в отношении административных полномочий они являются подчиненными существами. Существует ровно двадцать одна тысяча этих восхитительных и божественно квалифицированных троичных личностей. Они были созданы одновременно и все вместе прошли подготовку в Хавоне под началом Вечных Дней.

Недавние Дней располагают корпусом партнеров и помощников, схожим с тем, который находится в распоряжении Совершенств Дней. Кроме того, они пользуются услугами огромного количества всевозможных вспомогательных категорий небесных существ. В руководстве малыми секторами они широко используют проживающих там восходящих смертных, персонал разнообразных местных колоний, а также различные группы, происходящие от Бесконечного Духа.

Правительства малых секторов в значительной мере, хотя и не исключительно, занимаются фундаментальными физическими проблемами сверхвселенных. Сферы малого сектора являются столицами Главных Физических Регуляторов. В этих мирах восходящие смертные проводят исследования и эксперименты, относящиеся к изучению деятельности третьей категории Верховных Силовых Центров и всех семи категорий Главных Физических Регуляторов.

Ввиду того, что режим малого сектора столь широко занимается физическими проблемами, редко случается так, что все трое Недавних Дней находятся в столичной сфере. Бóльшую часть времени один из них отсутствует, совещаясь с Совершенствами Дней вышестоящего большого сектора или представляя Древних Дней на Райском конклаве высших существ троичного происхождения. Недавние Дней представляют Древних Дней в верховных советах Рая по очереди с Совершенствами Дней. В то же время, один из них может отсутствовать, инспектируя столичные миры относящихся к его юрисдикции локальных вселенных. Однако как минимум один из этих правителей всегда остается при исполнении своих обязанностей в столичном мире малого сектора.

Когда-нибудь вы все познаете трех Недавних Дней, опекающих ваш малый сектор Энсу, ибо вам предстоит тесно познакомиться с ними на пути к центру, к подготовительным мирам больших секторов. Восходя к Уверсе, вы пройдете через группу подготовительных сфер только одного малого сектора.

6. СОЮЗЫ ДНЕЙ

Троичные личности категории «Дней» не выполняют административных функций ниже уровня правительств сверхвселенной. В формирующихся локальных вселенных они действуют только в роли консультантов и советников. Союзы Дней представляют собой группу связных, уполномоченных Райской Троицей для служения с парными правителями локальных вселенных. В каждой организованной и обитаемой локальной вселенной находится один из этих Райских советников, действующий в локальном творении в качестве представителя Троицы и, в некоторых отношениях, Всеобщего Отца.

Существует семьсот тысяч Союзов Дней, хотя не все они получили назначения. Резервный корпус Союзов Дней действует в Раю в качестве Верховного Согласительного Совета Вселенных.

Эти троичные наблюдатели особым образом объединяют административную деятельность всех отделений вселенского правительства, от уровня локальных вселенных и правительств секторов до правительств сверхвселенных, чем и объясняется их название – *Союзы* Дней. Они отчитываются перед тремя вышестоящими личностями о своей деятельности: Недавним Дней, в свой малый сектор, они сообщают необходимые данные физического и квазидуховного характера; Совершенствам Дней, в свой большой сектор, они сообщают об интеллектуальных и полудуховных событиях; Древним Дней, в столицу своей сверхвселенной, они сообщают о том, что относится к области духовного и полурайского.

Являясь существами троичного происхождения, для установления взаимной связи они могут пользоваться всеми контурами Рая, что позволяет им находиться в постоянном контакте друг с другом и с любыми нужными личностями, вплоть до верховных советов Рая.

Союз Дней не связан тесной связью с правительством локальной вселенной, в которой он несет свою службу. Помимо исполнения обязанностей наблюдателя, он действует только по просьбе местных властей. По своему статусу он является членом всех основных советов и всех важнейших конклавов локального творения, но он не участвует в формальном обсуждении административных вопросов.

Когда локальная вселенная переходит в эру света и жизни, ее прославленные существа способны свободно общаться с Союзом Дней, который расширяет область своей деятельности в таком мире эволюционного совершенства. Однако он по-прежнему остается в первую очередь посланником Троицы и советником Рая.

Локальная вселенная подчиняется непосредственному управлению божественного Сына, берущего свое начало от двух Божеств, но рядом с ним постоянно находится один из его Райских братьев, личность троичного происхождения. В тех случаях, когда Сын-Создатель на время покидает столичный мир своей локальной вселенной, замещающие его правители, принимая важные решения, широко опираются на советы своего Союза Дней.

7. ВЕРНЫЕ ДНЕЙ

Эти высокие личности троичного происхождения являются Райскими советниками правителей ста созвездий каждой локальной вселенной. Существует семьдесят миллионов Верных Дней; как и Союзы Дней, не все из них используются. Их резервный Райский корпус называется Совещательной Комиссией по Межвселенской Этике и Самоуправлению. Верные Дней поочередно несут свою службу в соответствии с решениями верховного совета их резервного корпуса.

Всем тем, чем Союз Дней является для Сына-Создателя локальной вселенной, От Верные Дней являются для Сынов категории Ворондадеков, которые правят созвездиями соответствующего локального творения. Это в высшей степени верные существа, божественно преданные благополучию своего созвездия, откуда и их название – *Верные* Дней. Они действуют только как советники и участвуют в административной деятельности исключительно по приглашению властей созвездия. Они не имеют прямого отношения и к обучению восходящих паломников, которые пребывают на окружающих столицу созвездия подготовительных архитектурных сферах. Любая подобная деятельность находится под наблюдением Сынов-Ворондадеков.

Все Верные Дней, действующие в одном из созвездий локальной вселенной, относятся к юрисдикции Союза Дней и отчитываются непосредственно перед ним. Они не располагают масштабной системой связи, так как обычно сами по себе ограничены взаимосвязью в пределах локальной вселенной. Любой Верный Дней, несущий свою службу в Небадоне, способен связываться и связывается со всеми другими существами своей категории, которые служат в этой локальной вселенной.

Как и пребывающий в столице вселенной Союз Дней, в столицах созвездий Верные Дней располагают личными резиденциями, отличными от резиденций управляющих этими мирами. Их обители действительно скромны по сравнению с жилищами Ворондадеков – правителей созвездий.

Верные Дней представляют собой последнее звено длинной административно-консультативной цепи, протянувшейся от священных сфер Всеобщего Отца, находящихся рядом с центром всех вещей, к первичным сегментам локальных вселенных. Режим троичного происхождения заканчивается на уровне созвездий; ни один Райский советник не пребывает постоянно в составляющих созвездие системах или обитаемых мирах. Такие административные единицы находятся целиком в вéдении коренных обитателей локальной вселенной.

[Представлено Божественным Советником Уверсы.]

ДОКУМЕНТ 19

ОДНОРОДНЫЕ СУЩЕСТВА ТРОИЧНОГО ПРОИСХОЖДЕНИЯ

Данная группа Райских существ, называемых равными существами троичного происхождения, объединяет Троичных Сынов-Учителей, причисляемых также к Райским Божьим Сынам, три группы высоких управляющих сверхвселенными и Вдохновенных Троичных Духов, которые являются в некотором смысле безличностной категорией. Уроженцы Хавоны также могут по праву включаться в эту классификацию троичных личностей вместе с многочисленными группами обитающих в Раю существ. В этом документе будут представлены следующие существа троичного происхождения:

1. Троичные Сыны-Учителя
2. Совершенствователи Мудрости.
3. Божественные Советники.
4. Всеобщие Цензоры.
5. Вдохновенные Троичные Духи.
6. Уроженцы Хавоны.
7. Граждане Рая.

Кроме Троичных Сынов-Учителей и, возможно, Вдохновенных Троичных Духов, в эти группы входит точное число существ; их создание завершено и относится к прошлому.

1. ТРОИЧНЫЕ СЫНЫ-УЧИТЕЛЯ

Из всех раскрытых вам высших категорий небесных личностей только Троичные Сыны-Учителя действуют в двуедином качестве. Берущие свое начало в Троице, они почти исключитльно посвящены службе божественного сыновства. Они представляют собой существа, которые – как мост, переброшенный через вселенскую пропасть, – связывают личности троичного и двуединого происхождения.

В то время как число Неизменных Сынов Троицы конечно, корпус Троичных Сынов-Учителей постоянно растет. Какой будет окончательная численность Сынов-Учителей, я не знаю. Однако я могу отметить, что, согласно архивам Рая, на время последнего периодического отчета, полученного на Уверсе, службу нес 21 001 624 821 Сын.

Эти существа являются единственной раскрытой вам группой Божьих Сынов, происходящих от Райской Троицы. Их деятельность охватывает центральную и сверхвселенные, и огромный корпус Сынов прикреплен к каждой локальной вселенной. Кроме того, подобно другим Райским Божьим Сынам, они служат отдельным планетам. Так как план большой вселенной до конца еще не разработан, множество Сынов-Учителей находятся в Раю в резерве; они добровольно отправляются для выполнения экстренных и необычных заданий на всех уровнях большой вселенной, в отдельные миры пространства, в локальные и сверхвселенные и миры Хавоны. Они действуют также в Раю, но будет более полезно отложить подробный рассказ о них до обсуждения Райских Божьих Сынов.

Тем не менее, в этой связи можно отметить, что Сыны-Учителя являются высшими координирующими личностями троичного происхождения. В столь необъятной вселенной вселенных всегда существует великая опасность поддаться заблуждению из-за ограниченности точки зрения, уступить злу, которым чревато разрозненное представление о реальности и божественности.

Приведем пример. Для человеческого разума было бы свойственно пытаться постигнуть излагаемую в этих откровениях космическую философию, продвигаясь от простого и конечного к сложному и бесконечному, от человеческих истоков к божественному призванию. Однако такой путь не ведет к *духовной мудрости*. Такой метод есть простейший способ приобретения определенного *генетического знания*, которое в лучшем случае способно раскрыть происхождение человека; оно совсем или почти не раскрывает его божественного назначения.

Даже в изучении биологической эволюции человека на Урантии, существуют серьезные возражения против чисто исторического подхода к его нынешнему статусу и текущим проблемам. Истинная перспектива любой проблемы, связанной с реальностью – человеческой или божественной, земной или космической, – открывается только в результате исчерпывающего и непредвзятого исследования и сопоставления трех стадий вселенской реальности: происхождения, истории и предназначения. Правильное понимание этих трех эмпирических реальностей создает основу для разумной оценки текущего статуса.

Когда человеческий разум начинает следовать философскому методу движения от низшего к высшему, будь то биология или теология, его всегда подстерегает опасность совершения четырех логических ошибок.

1. Он может совершенно не понять, в чём заключается конечная и окончательная эволюционная цель личного достижения или космического предназначения.

2. Он может допустить грубейшую философскую ошибку, чрезмерно упрощая космическую эволюционную (эмпирическую) реальность, что приводит к искажению фактов, извращению истины и неправильному представлению о предназначениях.

3. Исследование причинности есть предмет истории. Однако знание того, *как* происходит становление существа, необязательно способствует разумному пониманию текущего статуса и истинного характера такого существа.

4. Одна только история неспособна адекватно раскрыть будущее развитие – предназначение. Конечные источники полезны, но только божественные причины раскрывают окончательные следствия. Цели вечности неразличимы в истоках времени. Настоящее можно истинно интерпретировать только при сопоставлении прошлого с будущим.

Ввиду этих и других причин, мы подступаем к человеку и его планетарным проблемам, используя пространственно-временно́е путешествие из бесконечного, вечного и божественного Райского Источника и Центра всей личностной реальности и всего космического бытия.

2. СОВЕРШЕНСТВОВАТЕЛИ МУДРОСТИ

Совершенствователи Мудрости – это специализированное творение Райской Троицы, предназначенное для персонификации божественной мудрости в сверхвселенных. Существует ровно семь миллиардов этих существ, по одному миллиарду для каждой сверхвселенной.

Как и равные им существа – Божественные Советники и Всеобщие Цензоры, – Совершенствователи Мудрости вобрали в себя мудрость Рая и Хавоны, а также, за исключением Дивинингтона, Райских Сфер Отца. Приобретя данный опыт, Совершенствователи Мудрости получили постоянные назначения в распоряжение Древних Дней. Они не служат в Раю или в мирах, образующих кольца системы Рай-Хавона; они целиком посвящены правительствам сверхвселенных.

Всякий раз, когда действует Совершенствователь Мудрости, действует божественная мудрость. Эти могущественные и величественные личности являются носителями знания и мудрости, присутствие которых реально, а проявление совершенно. Они не *отражают* мудрость Райской Троицы; они *являются* этой мудростью. Они представляют собой источники мудрости для всех учителей, использующих вселенское знание; они являются источниками благоразумия и кладезями проницательности для просветительских организаций во всех вселенных.

Мудрость имеет двоякое происхождение, возникая из безупречной божественной проницательности, присущей совершенным существам, и личного опыта, приобретаемого эволюционными созданиями. Совершенствователи Мудрости *являются* божественной мудростью Райского совершенства, присущего проницательности Божества. Действуя совместно, их административные партнеры Уверсы – Могущественные Посланники, Не Имеющие Имени и Числа и Наделенные Высокими Полномочиями – *являются* вселенской мудростью опыта. Божественное существо может обладать совершенством божественного знания. Эволюционный смертный способен достигать совершенства знания, обретаемого при восхождении, но ни один из них не исчерпывает потенциалов всей возможной мудрости. Соответственно, всякий раз, когда, при руководстве сверхвселенной, желательно достижение максимальной административной мудрости, эти совершенствователи, чьей мудрости присуща божественная проницательность, неизменно объединяются с такими восходящими личностями, которые поднялись до высокой ответственности сверхвселенской власти, пройдя через эмпирические перипетии эволюционного развития.

Для обретения исчерпывающей административной прозорливости Совершенствователи Мудрости всегда будут нуждаться в этом дополнении – эмпирической мудрости. Однако утверждалось, что некоторый высокий и пока еще не достигнутый уровень мудрости будет, возможно, достигнут Райскими Завершителями *после* того, как их переведут на седьмую ступень существования духа. Если это предположение верно, то такие ставшие совершенными существа эволюционного восхождения будут, несомненно, самыми эффективными вселенскими управляющими во всём творении. Я полагаю, что именно таково высокое предназначение завершителей.

Разносторонность Совершенствователей Мудрости позволяет им участвовать практически во всех небесных службах, посвященных восходящим созданиям. Совершенствователи Мудрости и личности моей категории, Божественные Советники и Всеобщие Цензоры, представляют собой высшие категории существ, облеченных полномочиями раскрытия истины индивидуальным планетам и системам любого этапа – от ранних стадий развития до эры света и жизни. Время от времени мы устанавливаем связь со службой восходящих смертных, начиная с уровня планеты исходной жизни вплоть до локальной вселенной и сверхвселенной, в особенности с последней.

3. БОЖЕСТВЕННЫЕ СОВЕТНИКИ

Эти существа троичного происхождения являются советом Божества в мирах семи сверхвселенных. Они не *отражают* божественный совет Троицы; они *являются* этим советом. Эта служба объединяет двадцать один миллиард Советников, по три миллиарда для каждой сверхвселенной.

Божественные Советники являются равноправными партнерами Всеобщих Цензоров и Совершенствователей Мудрости; с каждой из этих личностей объединяются от одного до семи Советников. Все три категории принимают участие в правительствах Древних Дней, включая большие и малые сектора, в деятельности локальных вселенных, созвездий, а также в советах властелинов локальных систем.

Мы действуем индивидуально, как поступаю и я при составлении данного документа, однако всякий раз, когда возникает необходимость, мы объединяемся в трио. Когда мы выполняем административные функции, в единую группу обязательно входят Совершенствователь Мудрости, Всеобщий Цензор и от одного до семи Божественных Советников.

Один Совершенствователь Мудрости, семь Божественных Советников и один Всеобщий Цензор образуют комиссию Троичной божественности – высший мобильный консультативный орган во вселенных времени и пространства. Такая группа из девяти членов известна либо как следственная комиссия, либо как комиссия по раскрытию истины, и когда она изучает какую-то проблему и выносит свое решение, то это равносильно судебному решению Древнего Дней, ибо за всю историю сверхвселенных такой вердикт ни разу не был аннулирован Древними Дней.

Когда действуют трое Древних Дней, действует Райская Троица. Когда, после совместного обсуждения, комиссия из девяти личностей принимает решение, то в своей сущности оно соответствует воле Древних Дней. Именно так Правители Рая устанавливают личный контакт с индивидуальными мирами, системами и вселенными в вопросах администрации и управления.

Божественные Советники воплощают совершенство божественного совета Райской Троицы. Мы представляем совет совершенства и действительно *являемся* им. Усиленные эмпирическим советом наших партнеров – преображенных и объятых Троицей существ эволюционного восхождения, – наши совместные заключения являются не только совершенными, но и исчерпывающими. Весьма вероятно, что после дополнения, рассмотрения, утверждения и провозглашения Всеобщим Цензором наш объединенный совет приближается к уровню всеобщей тотальности. Такие вердикты представляют собой максимально возможное приближение к абсолютному отношению Божества в пространственно-временных пределах конкретной ситуации и конкретной проблемы.

Семь Божественных Советников в союзе с тремя тринитизованными эволюционными существами – Могущественным Посланником, Наделенным Высокими Полномочиями и Не Имеющим Имени и Числа – представляют собой максимально возможное в сверхвселенной приближение к союзу человеческого взгляда и божественного отношения на околорайских уровнях духовных значений и реальностных ценностей. Такую степень приближения к объединенным космическим отношениям создания и Создателя превосходят только посвященческие Райские Сыны, во всех аспектах личностного опыта объединяющие в себе Бога и человека.

4. ВСЕОБЩИЕ ЦЕНЗОРЫ

Существует ровно восемь миллиардов Всеобщих Цензоров. Эти уникальные существа *являются* суждением Божества. Они не просто отражают решения совершенства – они *являются* суждением Райской Троицы. Даже Древние Дней рассматривают дела только совместно со Всеобщими Цензорами.

В каждый из миллиарда миров центральной вселенной направлено по одному Цензору, который закреплен за планетарной администрацией, возглавляемой местным Вечным Дней. Ни Совершенствователи Мудрости, ни Божественные Советники не получают таких постоянных назначений в административные органы Хавоны; кроме того, мы не до конца понимаем, с чем связано пребывание Всеобщих Цензоров в центральной вселенной. Их нынешняя деятельность вряд ли может объяснить назначение в Хавону, вследствие чего мы полагаем, что это вызвано подготовкой к некоторой будущей вселенской эпохе, когда население Хавоны может частично измениться.

За каждой из семи сверхвселенных закреплено по миллиарду Цензоров. Как индивидуально, так и совместно с Совершенствователями Мудрости и Божественными Советниками, они действуют во всех секторах семи сверхвселенных. Таким образом, Цензоры действуют на всех уровнях большой вселенной – от совершенных миров Хавоны до советов Властелинов Систем и являются органической частью всех периодических отправлений правосудия в эволюционных мирах.

Любое присутствие Всеобщего Цензора есть присутствие суждения Божества. А так как Цензоры всегда выносят приговор совместно с Совершенствователями Мудрости и Божественными Советниками, эти решения охватывают объединенную мудрость, совет и суждение Райской Троицы. В таком юридическом трио Совершенствователь Мудрости выражает значение «Я был», Божественный Советник – «Я буду», но Всеобщий Цензор всегда выражает «Я есть».

Цензоры – это личности, подводящие вселенский итог. Когда тысяча или миллион свидетелей дали свои показания, когда прозвучал голос мудрости и утвердил совет божественности, когда прибавлено свидетельство восходящего совершенства, тогда действует Цензор, и сразу же раскрывается безошибочный божественный итог всего происшедшего; и такое раскрытие есть божественное заключение, самая суть окончательного и совершенного решения. Поэтому Цензор говорит последним, ибо он отражает истинный и безошибочный итог всего, что произошло ранее. После его слов обжалование невозможно.

Наиболее полно я понимаю, как действует разум Совершенствователя Мудрости, чего я никак не могу сказать о выносящем приговор разуме Всеобщего Цензора. Я полагаю, что Цензоры формулируют новые значения и порождают новые ценности из совокупности фактов, истин и сведений, которые передаются им в процессе изучения вселенских дел. Представляется вероятным, что Всеобщие Цензоры способны предлагать оригинальные толкования, которые сочетают в себе проницательность совершенного Создателя и опыт усовершенствованного создания. Эта совокупность совершенства Рая и опыта вселенной, несомненно, создает новую ценность в области предельного.

Однако на этом наши трудности в понимании разума Всеобщих Цензоров не заканчиваются. Приняв во внимание всё, что мы знаем или о чём догадываемся в отношении деятельности Цензора в любой конкретной вселенской ситуации, мы обнаруживаем, что мы всё равно неспособны предсказать их решения или предвидеть их вердикты. Мы весьма точно определяем возможный результат совокупности отношения Создателя и опыта создания, но такие выводы не всегда точно предсказывают то, что обнаруживает Цензор. Похоже, что Цензоры каким-то образом связаны с Божеством-Абсолютом; иначе трудно объяснить многие их решения и постановления.

Вместе с семью категориями Верховных Троичных Личностей, Совершенствователи Мудрости, Божественные Советники и Всеобщие Цензоры образуют те десять групп, которые иногда именуются *Неизменными Сынами Троицы*. Все вместе они составляют величественный корпус троичных управляющих, правителей, исполнителей, консультантов, советников и судей. В эту группу входит чуть более тридцати семи миллиардов существ. Два миллиарда семьдесят находятся в центральной вселенной и чуть больше пяти миллиардов – в каждой сверхвселенной.

Очень трудно описать функциональные пределы Неизменных Сынов Троицы. Было бы неверно полагать, что их деятельность ограничена конечным уровнем, ибо архивы сверхвселенной свидетельствуют об ином. Они действуют на любом уровне вселенской администрации или судебных решений, который может потребоваться в той или иной пространственно-временно́й ситуации и имеет отношение к прошлой, настоящей и будущей эволюции совокупной вселенной.

5. ВДОХНОВЕННЫЕ ТРОИЧНЫЕ ДУХИ

Я смогу рассказать вам лишь очень немногое о Вдохновенных Троичных Духах, ибо это одна из наиболее таинственных категорий существ, что, несомненно, объясняется их неспособностью полностью раскрыть себя даже тем из нас, кто по своему происхождению так близок к источнику их сотворения. Они создаются Райской Троицей и могут использоваться любым одним или двумя Божествами, а также всеми тремя. Мы не знаем, является ли численность этих Духов постоянной или постоянно возрастающей, но мы склоняемся к убеждению, что их число не фиксировано.

Мы не понимаем до конца ни характера, ни поведения Вдохновенных Духов. Возможно, они относятся к категории сверхличностных духов. Очевидно, что они используют все известные контуры и в своих действиях совершенно не зависят от времени и пространства. Однако мы мало что знаем о них, за исключением того, о чём можно судить по их действиям, с последствиями которых мы явно сталкиваемся повсюду во вселенных.

При определенных условиях эти Вдохновенные Духи способны проявлять себя в индивидуальной форме, достаточной для того, чтобы их могли воспринимать существа троичного происхождения. Я видел их, но небесное существо более низкой категории никогда не смогло бы заметить их. Кроме того, в управлении формирующимися вселенными периодически складываются определенные ситуации, когда любое существо троичного происхождения может воспользоваться непосредственной помощью этих Духов при выполнении своих назначений. Поэтому мы знаем, что они существуют и что при определенных обстоятельствах мы можем располагать ими и получать от них помощь, а иногда и воспринимать их. Однако они не являются частью той явной, четко выраженной организации, которой доверено управление пространственно-временны́ми вселенными до вступления этих материальных творений в эпоху света и жизни. Они не играют конкретной роли в нынешней структуре и администрации семи эволюционирующих сверхвселенных. Они являются тайной Райской Троицы.

Мелхиседеки Небадона учат, что когда-нибудь, в вечном будущем, Вдохновенным Троичным Духам предстоит заменить Одиночных Посланников, чьи ряды медленно, но верно редеют из-за того, что они получают назначения в качестве помощников некоторых типов тринитизованных сынов.

Вдохновенные Духи являются одиночными Духами вселенной вселенных. Как духи, они очень похожи на Одиночных Посланников, за исключением того, что последние – четко оформленные личности. Многое из того, что нам известно о Вдохновенных Духах, мы узнаём от Одиночных Посланников, которые способны определять их близость благодаря присущей им чувствительности к присутствию Вдохновенных Духов, действующей так же безошибочно, как стрелка компаса, указывающая на магнитный полюс. Когда Одиночный Посланник находится вблизи Вдохновенного Троичного Духа, он осознаёт как качественные признаки такого божественного присутствия, так и очень точные данные, которые позволяют ему опознать классификацию или численное присутствие такого Духа или Духов.

Я могу рассказать и о таком интересном факте. Когда Одиночный Посланник находится на планете, в чьих обитателях пребывают Настройщики Мышления, – например, на Урантии, – он осознаёт качественное возбуждение, которое является проявлением чувствительности, регистрирующей духовное присутствие. Количественного возбуждения в таких случаях не наблюдается. На планете, где Настройщики отсутствуют, контакт с ее обитателями не дает схожей реакции. Это говорит о том, что Настройщики Мышления некоторым образом связаны или соотносятся с Вдохновенными Духами Райской Троицы. Какая-то связь может существовать в определенных аспектах их деятельности, но доподлинно мы этого не знаем. И те, и другие возникают вблизи от всеобщего центра, однако они не являются одной и той же категорией существ. Настройщики Мышления происходят только от Отца; Вдохновенные Духи являются потомством Райской Троицы.

Очевидно, Вдохновенные Духи не являются частью эволюционной программы отдельных планет или вселенных, и тем не менее, создается впечатление, что они встречаются повсюду. Вот и сейчас, когда я излагаю этот документ, личная чувствительность к присутствию Духа этой категории, которой обладает связанный со мной Одиночный Посланник, свидетельствует о том, что здесь, в данный момент, на расстоянии менее двадцати пяти футов от нас, находится Дух категории Вдохновенных, принадлежащий к третьему уровню интенсивности силового присутствия. Третий уровень интенсивности говорит о возможном взаимодействии трех Вдохновенных Духов.

В настоящее время со мной связаны более двенадцати категорий существ, из которых только Одиночный Посланник осознает присутствие этих таинственных сущностей Троицы. Более того, будучи, таким образом, осведомленными о близости этих божественных Духов, все мы в равной степени несведущи в отношении их миссии. Мы действительно не знаем, являются ли они просто заинтересованными сторонними наблюдателями, или же, неведомым образом, реально способствуют успеху нашего предприятия.

Мы знаем, что Троичные Сыны-Учителя посвящены *сознательному* просвещению вселенских созданий. Я пришел к твердому убеждению, что Вдохновенные Троичные Духи, используя *сверхсознательные* методы, также выступают в качестве просветителей миров. Я уверен в том, что существует огромный пласт основополагающего духовного знания, истины, неотъемлемой от высших духовных достижений, которую невозможно усвоить сознательно; самосознание сделало бы восприятие ненадежным. Если наше представление справедливо, а его разделяет вся моя категория существ, то миссия Вдохновенных Духов может заключаться в ликвидации этого разрыва, существующего во всеобщей программе нравственного просвещения и духовного развития. Мы полагаем, что в своей деятельности два этих типа просветителей троичного происхождения объединены какой-то связью, но доподлинно мы этого не знаем.

В подготовительных мирах сверхвселенных, равно как и на вечных кольцах Хавоны, я близко общался с совершенствующимися смертными – одухотворенными и восходящими душами эволюционных миров, – не имеющими, однако, никакого представления о том, что рядом с нами находились Вдохновенные Духи, присутствие которых периодически отмечалось благодаря регистрирующей способности Одиночных Посланников. Я свободно общался со всеми категориями Божьих Сынов, высоких и низких, которые также не осознают наставления Троичных Духов. Они способны вспоминать прошлый опыт, и, глядя в прошлое, они отмечают события, которые трудно объяснить иначе, как принимая во внимание действие таких Духов. Однако, за исключением Одиночных Посланников и, в некоторых случаях, существ троичного происхождения, ни один из членов небесной семьи никогда не осознавал близкого присутствия Вдохновенных Духов.

Я не думаю, что Вдохновенные Троичные Духи играют со мной в прятки. Возможно, они столь же упорно пытаются раскрыть себя мне, как я – общаться с ними; наши трудности и ограничения, должно быть, являются обоюдными и врожденными. Я удовлетворен тем, что во вселенной не существует никаких произвольных тайн; поэтому я буду неизменно стремиться постичь тайну изоляции этих Духов, относящихся к существам моей категории.

Из всего этого вам, смертным, находящимся в самом начале своего вечного путешествия, должно быть понятно, что вам предстоит пройти огромный путь, прежде чем вы начнете добиваться успехов благодаря «визуальной» и «материальной» уверенности. Если вы надеетесь на быстрый и надежный прогресс, то вы еще долго будете пользоваться верой и полагаться на откровение.

6. УРОЖЕНЦЫ ХАВОНЫ

Уроженцы Хавоны являются прямым творением Райской Троицы, а осознание их численности недоступно вашему ограниченному разуму. Непостижимы для урантийцев и врожденные таланты таких божественно совершенных созданий, как происходящие от Троицы расы вечной вселенной. Вы никогда не сможете представить себе этих великолепных созданий; вы должны дождаться прибытия в Хавону, чтобы приветствовать их как своих духовных товарищей.

В течение длительного пребывания в миллиарде миров хавонской культуры вы свяжете себя с этими возвышенными существами узами вечной дружбы. Как глубоки эти дружеские отношения, которые складываются между самыми низкими личностными созданиями из миров пространства и высокими личностными существами – уроженцами совершенных сфер центральной вселенной! Долгая и любвеобильная связь с уроженцами Хавоны в значительной мере компенсирует духовную бедность начальных стадий эволюции смертных. В то же время, благодаря общению с восходящими паломниками, хавонцы приобретают опыт, который имеет большое значение для устранения эмпирической ограниченности, присущей божественно совершенной жизни. Это приносит огромную и взаимную пользу как восходящему смертному, так и хавонцу.

Как и все личности троичного происхождения, уроженцы Хавоны воплощаются в божественном совершенстве; как и другие троичные личности, с течением времени они могут расширить свои эмпирические способности. Однако в противоположность Неизменным Сынам Троицы, хавонцы могут изменять свой статус; в вечности будущего их может ждать нераскрытое предназначение. Это демонстрируется теми хавонцами, которые, посредством служения, обретают способность слияния с частицами Отца (не с Настройщиками) и получают право вступать в Смертный Корпус Завершения. Есть и другие корпусы завершителей, открытые для уроженцев центральной вселенной.

Эволюция статуса уроженцев Хавоны порождает на Уверсе множество догадок. Поскольку они постоянно зачисляются в несколько Райских Корпусов Завершения, а также ввиду того что новые существа не создаются, очевидно, что число остающихся в Хавоне исконных существ неуклонно сокращается. Нам никогда не раскрывались предельные последствия этих процессов, но мы не верим, что Хавона когда-либо полностью лишится своих исконных созданий. Мы придерживаемся теории, согласно которой хавонцы, возможно, прекратят пополнять корпусы завершителей в эпохи последующих творений, относящихся к уровням внешнего пространства. Мы также размышляли о том, что в эти грядущие вселенские эпохи центральная вселенная, возможно, будет иметь смешанное население, лишь отчасти представленное уроженцами Хавоны. Мы не знаем, какой категории или типу создания уготован статус постоянного проживания в Хавоне будущего, но мы рассматриваем следующие варианты:

1. Унивитаты, которые в настоящее время являются постоянными гражданами созвездий локальных вселенных.

2. Будущие типы смертных, которые, возможно, появятся на обитаемых сферах сверхвселенных в расцвете эпох света и жизни.

3. Духовная элита последовательных внешних вселенных.

Мы знаем, что Хавона предыдущей вселенской эпохи несколько отличалась от Хавоны нынешней эпохи. На наш взгляд, будет только логично предположить, что мы являемся свидетелями медленных изменений центральной вселенной, которые предвосхищают грядущие эпохи. Ясно одно: вселенная изменяется; неизменен только Бог.

7. ГРАЖДАНЕ РАЯ

Граждане Рая – это многочисленные группы величественных существ, постоянно проживающих в Раю. Они не имеют непосредственного отношения к программе совершенствования восходящих волевых созданий и потому не раскрываются полностью смертным Урантии. Существует более трех тысяч категорий этих небесных разумных созданий; персонализация последней группы произошла одновременно с появлением распоряжения Троицы, в котором был оглашен план создания семи сверхвселенных времени и пространства.

Иногда Граждан Рая и уроженцев Хавоны собирательно называют *личностями системы Рай-Хавона*.

На этом завершается наш рассказ о существах, созданных Райской Троицей. Ни одно из них никогда не сбивалось с пути. И тем не менее, в высочайшем смысле, все они наделены свободной волей.

Существа троичного происхождения обладают способностью пересекать пространство, что делает их независимыми от транспортных личностей, таких как серафимы. Все мы умеем быстро и свободно перемещаться во вселенной вселенных. За исключением Вдохновенных Троичных Духов, мы неспособны развивать такую же невероятную скорость, как Одиночные Посланники, но мы можем так использовать совокупные транспортные средства пространства, чтобы пересекать расстояние от столицы сверхвселенной до любой ее точки менее, чем за год урантийского времени. На мое путешествие с Уверсы на Урантию ушло 109 дней вашего времени.

Эти же средства используются нами для установления мгновенной взаимной связи. Вся наша категория существ находится в контакте с каждым отдельным существом любого типа детей Райской Троицы, кроме Вдохновенных Духов.

[Представлено Божественным Советником Уверсы.]

ДОКУМЕНТ 20

РАЙСКИЕ БОЖЬИ СЫНЫ

Согласно их функциям в сверхвселенной Орвонтон, Божьи Сыны объединяются в три группы:

1. Нисходящие Божьи Сыны.
2. Восходящие Божьи Сыны.
3. Тринитизованные Божьи Сыны.

Нисходящие категории сыновства включают личности, имеющие непосредственное божественное происхождение. Восходящие сыны, такие как смертные создания, обретают этот статус через эмпирическое участие в созидательном методе, известном как эволюция. Тринитизованные Сыны являются смешанной группой, включающей все объятые Райской Троицей существа, в том числе и не происходящие непосредственно от Троицы.

1. НИСХОДЯЩИЕ БОЖЬИ СЫНЫ

Все нисходящие Божьи Сыны имеют высокое и божественное происхождение. Они посвящены нисходящему служению в мирах и системах времени и пространства, помогая восходить к Раю низшим созданиям эволюционного происхождения – восходящим сынам Бога. Из многочисленных категорий нисходящих Сынов семь будут описаны в этих документах. Те Сыны, которые порождаются Божествами центрального Острова Света и Жизни, именуются *Райскими Божьими Сынами* и охватывают три категории:

1. Сыны-Создатели – Михаилы.
2. Сыны-Арбитры – Авоналы.
3. Троичные Сыны-Учителя – Дайналы.

Четыре остальные категории нисходящего сыновства известны как *Божьи Сыны локальных вселенных*:

4. Сыны-Мелхиседеки.
5. Сыны-Ворондадеки.
6. Сыны-Ланонандеки.
7. Носители Жизни.

Мелхиседеки представляют собой общее потомство Сына-Создателя локальной вселенной, Созидательного Духа и Отца-Мелхиседека. Как Ворондадеки, так и Ланонандеки порождаются Сыном-Создателем и его партнером, Созидательным Духом. Ворондадеки известны в первую очередь как Всевышние – Отцы Созвездий; Ланонандеки – как Властелины Систем и Планетарные Князья. Триединая категория Носителей Жизни сотворяется Сыном-Создателем и Созидательным Духом, объединенным с одним из трех Древних Дней соответствующей сверхвселенной. Однако будет более уместно продолжить описание характера и деятельности этих Божьих Сынов локальной вселенной в документах, относящихся к локальным творениям.

Райские Божьи Сыны имеют триединое происхождение. Первичные Сыны, или Сыны-Создатели, порождаются Всеобщим Отцом и Вечным Сыном; вторичные Сыны, или Сыны-Арбитры, являются детьми Вечного Сына и Бесконечного Духа; Троичные Сыны-Учителя – это потомство Отца, Сына и Духа. В отношении служения, поклонения и прошений Райские Сыны одинаковы; они обладают единым духом, а их деяния идентичны по качеству и завершенности.

Так же как Райские категории «Дней» проявили себя в качестве божественных управляющих, так категории Райских Сынов раскрыли себя как божественные исполнители – создатели, служители, дарители, судьи, учителя и просветители. Они странствуют по всей вселенной вселенных, от вечного Острова до обитаемых миров времени и пространства, включая различные функции в центральной вселенной и сверхвселенных, не раскрываемые в данном повествовании. Они по-разному организованы, что зависит от характера и места их труда, однако в локальной вселенной как Сыны-Арбитры, так и Сыны-Учителя служат под началом Сына-Создателя, правящего этой вселенной.

По-видимому, Сыны-Создатели являются средоточиями духовности, которой они способны управлять и которую они могут посвящать, – как это сделал ваш собственный Сын-Создатель, изливший свой дух на всю смертную плоть Урантии. Каждый Сын-Создатель наделен этой притягательной духовной силой в своих владениях; он лично сознаёт каждое действие и чувство каждого нисходящего Божьего Сына, служащего в его сфере. В этом и есть божественное отражение – повторение в локальной вселенной – той абсолютной духовной притягательной силы Вечного Сына, которая позволяет ему легко устанавливать и поддерживать связь со всеми своими Райскими Сынами вне зависимости от того, где они могут находиться во вселенной вселенных.

Райские Сыны-Создатели служат не только как Сыны, отдающие себя нисходящему служению и посвящениям: пройдя посвященческий путь, каждый из них становится вселенским Отцом своего собственного творения, в то время как остальные Божьи Сыны продолжают свои миссии посвящений и духовного возвышения, постепенно, одну за другой, завоевывая на свою сторону планеты, добровольно признающие исполненное любви владычество Всеобщего Отца. Кульминацией этого процесса становится посвящение созданий воле Райского Отца и планетарная верность вселенскому полновластию его Сына-Создателя.

Создатель и создание навечно слиты чуткой, благожелательной и милосердной связью в прошедшем семь посвящений Сыне-Создателе. Вся категория Михаилов – Сынов-Создателей – столь уникальна, что рассказ об их природе и деятельности будет отложен до следующего документа, в то время как данное повествование будет в основном посвящено двум остальным категориям Райского сыновства: Сынам-Арбитрам и Троичным Сынам-Учителям.

2. СЫНЫ-АРБИТРЫ

Каждый раз, когда сформулированная Вечным Сыном оригинальная и абсолютная концепция существа соединяется с задуманным Бесконечным Духом новым и божественным идеалом преданного служения, появляется новый и оригинальный Божий Сын – Райский Сын-Арбитр. Эти Сыны образуют категорию Авоналов, в отличие от категории Михаилов – Сынов-Создателей. Не являясь создателями в личностном смысле, во всей своей деятельности они тесно связаны с Михаилами. Авоналы являются планетарными попечителями и судьями, мировыми судьями пространственно-временны́х миров – всех рас, для всех миров и во всех вселенных.

У нас есть основания полагать, что общее число Сынов-Арбитров в большой вселенной составляет примерно один миллиард. Эта самоуправляющаяся категория подчиняется находящемуся в Раю верховному совету, в котором представлены опытные Авоналы, привлеченные из всех вселенных; когда же Авоналы получают назначение и прибывают в локальную вселенную, они переходят под начало ее Сына-Создателя.

Авоналы – это Райские Сыны служения и посвящений на планетах локальных вселенных. Неповторимость личности каждого Авонала – отсутствие среди них двух одинаковых Сынов – объясняет индивидуальную уникальность их труда в мирах назначения, где они часто воплощаются в образе смертных, а иногда рождаются от земных матерей в эволюционных мирах.

В дополнение к служению на более высоких административных уровнях, Авоналы выполняют тройственную функцию в обитаемых мирах:

1. *Судебные действия*. Авоналы действуют при завершении судных периодов. С течением времени они могут десятки и сотни раз посещать каждый мир и несметное число раз отправляться в один и тот же или разные миры в качестве завершителей судного периода – освободителей сохранивших жизнь спящих созданий.

2. *Арбитражные миссии*. Посещение планеты с миссией такого типа происходит обычно до прибытия посвященческого Сына. При исполнении подобной миссии Авонал использует метод инкарнации, не предполагающий рождение от смертного человека, являясь в образе зрелого создания данного мира. Вслед за первым и обычным арбитражным посещением Авонал может неоднократно служить на той же планете в качестве арбитра – как до, так и после появления посвященческого Сына. В течение этих дополнительных арбитражных миссий Авонал может являться или не являться в материальном и зримом виде, но ни в одном из таких случаев он не рождается как беспомощный младенец.

3. *Посвященческие миссии*. Все Сыны-Авоналы хотя бы однажды посвящают себя одной из смертных рас какого-нибудь эволюционного мира. Судебные посещения совершаются многократно, арбитражные миссии могут повторяться, но лишь однажды на планету является Сын посвящения. Посвященческие Авоналы рождаются от женщины, как это было при инкарнации Михаила Небадонского на Урантии.

Не существует ограничений для числа арбитражных или посвященческих миссий Авоналов, но обычно, после семикратного их повторения, они уступают свое место тем, кто еще не обладает таким опытом. Сыны, накопившие опыт многократных посвящений, переводятся в высший личный совет Сына-Создателя, принимая, таким образом, участие в управлении вселенскими делами.

Во всей своей работе на благо обитаемых миров Сынам-Арбитрам помогают представители двух категорий созданий локальной вселенной – Мелхиседеки и архангелы, в то время как в посвященческих миссиях их также сопровождают Яркие Вечерние Звезды, которые также берут свое начало в локальных творениях. Любые планетарные миссии вторичных Райских Сынов – Авоналов – поддерживаются всей полнотой власти первичного Райского Сына – Сына-Создателя той локальной вселенной, в которой они служат. По существу, их труд в обитаемых сферах столь же эффективен и приемлем, как и служение самого Сына-Создателя в мирах обитания смертных.

3. СУДЕБНЫЕ ДЕЙСТВИЯ

Авоналы известны как Сыны-Арбитры потому, что они являются высшими арбитрами миров – вершителями правосудия последовательных судных периодов в мирах времени. Они руководят пробуждением сохранивших жизнь спящих созданий, являются судьями при слушании дел данного мира, рассматривают отложенные дела, исполняют поручения, связанные с эпохой испытательного милосердия, дают пространственным созданиям планетарного служения задания, связанные с новыми судными периодами, и после выполнения миссии возвращаются в столицу своей локальной вселенной.

Решая судьбы эпохи, Авоналы определяют участь эволюционных рас, но несмотря на то что они могут выносить вердикты о ликвидации идентичности личностных созданий, Авоналы не приводят такие приговоры в исполнение: это исключительная прерогатива властей сверхвселенной.

Прибытие Райского Авонала в эволюционный мир для завершения судного периода и открытия новой эры планетарного развития необязательно связано с арбитражной или посвященческой миссией. Арбитражные миссии иногда – а посвящения всегда – являются инкарнациями; это значит, что при выполнении таких заданий Авоналы служат на планете в материальном виде, в буквальном смысле слова. Остальные миссии являются «техническими», и для их выполнения не требуется инкарнации. Если Сын-Арбитр прибывает только в качестве судьи-избавителя, он является на планету как духовное существо, невидимое для материальных созданий мира. Такие технические посещения неоднократно выполняются на протяжении длительной истории обитаемого мира.

Авоналы могут действовать в качестве планетарных судей до приобретения как арбитражного, так и посвященческого опыта. Тем не менее, при выполнении миссий и того и другого типа инкарнированный Сын выступает в роли судьи планетарной эпохи; так же поступает и Сын-Создатель, претерпевающий инкарнацию для выполнения миссии посвящения в образе смертной плоти. Когда Райский Сын посещает эволюционный мир и становится одним из обитателей этого мира, его присутствие завершает судный период и знаменует собой суд над данным миром.

4. АРБИТРАЖНЫЕ МИССИИ

До явления на планету посвященческого Сына, в обитаемый мир обычно прибывает Райский Авонал, выполняющий арбитражную миссию. Если данное посещение является первой арбитражной миссией, то Авонал всегда принимает образ материального существа, появляясь на планете своего назначения в облике зрелого создания мужского пола одной из смертных рас – существа, которое полностью видимо для его современников и поддерживает с ними физический контакт. В течение всей арбитражной инкарнации сохраняется полная и непрерывная связь Авонала с локальными и всеобщими духовными силами.

Планета может стать ареной многих арбитражных миссий как до, так и после явления посвященческого Сына. Она может неоднократно посещаться одним и тем же или разными Авоналами, действующими в качестве третейских судей-избавителей, но подобные технические судейские миссии не связаны ни с завершением периода, ни с выполнением арбитражных функций, и в таких случаях Авоналы никогда не проходят через инкарнацию. Даже в тех случаях, когда планета благословляется многократными арбитражными миссиями, Авоналы не всегда прибегают к инкарнации; а если они и служат в образе смертного, то неизменно предстают в виде взрослых существ данного мира; они не рождаются от женщины.

Инкарнируясь для посвященческой или арбитражной миссии, Райские Сыны получают опытных Настройщиков, причем каждая инкарнация связана с новым Настройщиком. Настройщики, присутствующие в разуме инкарнированных Божьих Сынов, навсегда лишаются надежды обрести личность через слияние с теми божественно-человеческими существами, в которых они пребывают, но нередко они получают личностный статус по велению Всеобщего Отца. Такие Настройщики образуют верховный управляющий совет Дивинингтона, занимающийся руководством, идентификацией и отправкой Таинственных Наставников в обитаемые миры. Они также принимают и аттестуют Настройщиков при возвращении в «недра Отца» после посмертного разложения их земных сосудов. Так верные Настройщики планетарных судей становятся возвышенными повелителями себе подобных.

Урантия никогда не принимала Авонала с арбитражной миссией. Если бы Урантия следовала общему плану эволюции обитаемых миров, она была бы благословлена арбитражной миссией в период между Адамом и посвящением Христа Михаила. Однако на вашей планете обычная последовательность посещений Райских Сынов была полностью нарушена явлением вашего Сына-Создателя – его завершающим посвящением, состоявшимся девятнадцать столетий тому назад.

Урантию еще может посетить Авонал, направленный сюда для инкарнации и выполнения арбитражной миссии. Что же касается будущих явлений Райских Сынов, то даже «ангелы небесные не знают ни срока, ни характера таких пришествий», ибо мир посвящения Михаила попадает под личную опеку Сына-Владыки и как таковой полностью подчиняется его собственным планам и решениям. Кроме того, в случае вашего мира дело еще больше осложняется обещанием Михаила вернуться. Какие бы недоразумения ни были связаны с пребыванием на Урантии Михаила Небадонского, его обещание вернуться в ваш мир является непреложным фактом. В свете этой перспективы только время сможет раскрыть будущий порядок посещения Урантии Райскими Божьими Сынами.

5. ПОСВЯЩЕНИЕ РАЙСКИХ БОЖЬИХ СЫНОВ

Вечный Сын есть вечное Слово Божье. Вечный Сын есть совершенное выражение «первой» абсолютной и бесконечной мысли своего вечного Отца. Когда личное воспроизведение или божественное продолжение этого Изначального Сына приступает к посвященческой миссии и является во плоти, тогда буквальной истиной становится утверждение, что «Слово стало плотью» и что Слово пребывает в этом качестве среди низших существ животного происхождения.

На Урантии широко распространена вера в то, что целью посвящения Сына было, в некотором смысле, стремление повлиять на отношение Всеобщего Отца. Однако ваша просвещенность должна подсказывать вам, что это не так. Посвящения Авоналов и Михаилов являются неотъемлемой частью эмпирического процесса, призванного превратить этих Сынов в надежных и благожелательных мировых судей и правителей как людей, так и планет времени и пространства. Путь семикратных посвящений – высшая цель всех Райских Сынов-Создателей. И все Сыны-Арбитры побуждаются тем же самым духом служения, который столь исчерпывающе характеризует первичных Сынов-Создателей и Вечного Сына Рая.

Представитель одной из категорий Райских Сынов должен быть посвящен каждому миру, населенному смертными. Только после этого Настройщики Мышления могут поселяться в разуме всех нормальных человеческих существ данной сферы, ибо Настройщики являются ко *всем* истинным людям только тогда, когда Дух Истины изливается на всю плоть, а ниспослание Духа Истины зависит от возвращения в столицу вселенной Райского Сына, успешно завершившего свое посвящение во плоти в эволюционирующем мире.

На протяжении своей долгой истории обитаемая планета становится свидетелем многих периодических отправлений правосудия и, возможно, более чем одной арбитражной миссии, но обычно только один раз здесь служит посвященческий Сын. Для каждого обитаемого мира достаточно одного Сына, прибывающего с миссией посвящения и проживающего полную жизнь смертного человека, от рождения до смерти. Рано или поздно, независимо от своего духовного статуса, каждому населенному смертными миру суждено принять Сына-Арбитра с миссией посвящения – за исключением одной планеты в каждой локальной вселенной, выбранной Сыном-Создателем в качестве мира своего посвящения в облике смертного.

Узнав больше о посвященческих Сынах, вы поймете, почему в истории Небадона так много внимания уделяется Урантии. Ваша маленькая и незначительная планета интересует локальную вселенную только потому, что является смертным домом Иисуса Назарянина. Она была местом заключительного и триумфального посвящения вашего Сына-Создателя, ареной, на которой Михаил завоевал верховное личное полновластие во вселенной Небадон.

В столице своей локальной вселенной Сын-Создатель, особенно после завершения своего личного посвящения в образе смертного, проводит много времени, обучая и консультируя коллегию ассоциированных Сынов – Сынов-Арбитров и иных. С любовью и преданностью, с чутким милосердием и нежной заботой посвящают себя эти Сыны-Арбитры мирам пространства. И такие планетарные посвящения ни в чём не уступают смертному посвящению Михаилов. Истинно, что местом своего последнего испытания на пути обретения опыта созданий ваш Сын-Создатель избрал мир, на долю которого выпали необычные несчастья. Однако ни одна планета не способна прийти в такое состояние, чтобы для ее духовного спасения потребовалось посвящение Сына-Создателя. Любой Сын посвященческой группы может выполнить такую миссию с равным успехом, ибо весь продолжительный опыт Сынов-Арбитров в мирах локальных вселенных свидетельствует о том, что они столь же божественно действенны и премудры, как и их Райский брат – Сын-Создатель.

Хотя посвященческие инкарнации Райских Сынов всегда сопряжены с возможностью несчастья, я не знаю ни одного сообщения о неудаче или проступке Сына-Арбитра или Сына-Создателя при выполнении посвященческой миссии. По своему происхождению как тот, так и другой слишком близки к абсолютному совершенству, чтобы потерпеть неудачу. Они в самом деле рискуют, они действительно становятся подобны смертным созданиям во плоти и крови и тем самым приобретают уникальный опыт создания, но, насколько мне известно, они всегда добиваются успеха. Они неизменно достигают цели, поставленной перед миссией посвящения. Рассказ об их посвящениях и планетарном служении по всему Небадону является самой прекрасной и захватывающей страницей в истории вашей локальной вселенной.

6. ПОСВЯЩЕНИЯ В ОБЛИКЕ СМЕРТНЫХ

Метод, при помощи которого Райский Сын становится готовым к инкарнации в качестве посвященческого Сына и оказывается в утробе матери на планете своего посвящения, является вселенской тайной; любая попытка раскрыть действие этого метода Сонарингтона обречена на полный провал. Пусть возвышенное знание земной жизни Иисуса Назарянина проникнет в ваши сердца, но оставьте напрасные рассуждения о механизме таинственной инкарнации Михаила Небадонского. Возрадуемся же знанию и уверенности в том, что подобные достижения во власти божественной природы, и не будем тратить понапрасну время на тщетные догадки о методе, при помощи которого божественная мудрость совершает это.

Выполняя миссию посвящения в облике смертного, Райский Сын всегда рождается от женщины и растет как ребенок мужского пола, как это было при явлении Иисуса на Урантию. Каждый Сын высшего служения проходит такое же развитие, как и любой человек, – от младенчества через юность к зрелому возрасту. Во всех отношениях Сын уподобляется смертным того народа, представителем которого он появляется на свет. Он обращается с прошениями к Отцу, как это делают дети миров, где проходит его служение. С материальной точки зрения такой божественно-человеческий Сын живет обыкновенной жизнью – за одним исключением: он не оставляет потомства в мире своего пребывания; это является общим ограничением, налагаемым на все категории посвященческих Райских Сынов.

Как Иисус, трудившийся в вашем мире в качестве сына плотника, так и другие Райские Сыны ведут трудовую жизнь на планетах своих посвящений. Вряд ли найдется род деятельности, которым не занимался бы какой-нибудь из Райских Сынов в своем посвящении на одной из эволюционных планет времени.

Когда посвящающий себя Сын приобретает опыт жизни во плоти, когда он достигает совершенной гармонии с внутренним Настройщиком, он приступает к исполнению той части своей планетарной миссии, которая призвана просветить умы и одухотворить души его собратьев во плоти. Как учители, эти Сыны посвящают себя исключительно духовному просвещению смертных рас в мирах своего временного пребывания.

Во многом похожие, посвящения во плоти Михаилов и Авоналов не во всём идентичны. Сын-Арбитр никогда не провозглашает: «Видевший Сына видел Отца», как это сделал ваш Сын-Создатель, находившийся на Урантии во плоти. Однако посвящающий себя Авонал возвещает: «Видевший меня видел Вечного Божьего Сына». Сыны-Арбитры не являются прямыми потомками Всеобщего Отца и не проходят через инкарнацию по воле Отца. Они всегда посвящают себя как Райские *Сыны*, исполняя волю Вечного Сына Рая.

Когда посвященческие Сыны, Создатели или Арбитры, входят во врата смерти, они восстают на третий день. Но вам не следует полагать, что им всегда уготован столь же трагический конец, который девятнадцать столетий тому назад ожидал Сына-Создателя на вашей планете. Чрезвычайное и крайне жестокое испытание, через которое прошел Иисус Назарянин, стало причиной того, что Урантия стала локально известна как «мир креста». Нет необходимости подвергать Божьих Сынов столь бесчеловечному обращению, и на огромном большинстве планет им был оказан более деликатный прием, позволяющий им завершить свой смертный путь, положить конец эпохе, совершить суд над сохранившими жизнь спящими созданиями и открыть новый судный период без того, чтобы быть преданным насильственной смерти. Посвященческий Сын должен встретиться со смертью, должен пройти сквозь весь действительный опыт смертных данного мира, но божественный план не требует того, чтобы эта смерть была насильственной или необычной.

Если такие Сыны не умерщвляются насильственным путем, они добровольно покидают жизнь и входят во врата смерти; это делается не для того, чтобы подчиниться «суровому правосудию» или умиротворить «божественный гнев», а чтобы «испить чашу» инкарнации и посвящения, приобрести личный опыт во всём, что составляет жизнь создания в том ее виде, в каком она проживается на планете смертных. Посвящение – это планетарная и вселенская неизбежность, и физическая смерть является лишь необходимой частью посвященческой миссии.

Завершив инкарнацию в образе смертного, Авонал отправляется в Рай, принимается Всеобщим Отцом, возвращается в свою локальную вселенную и получает признание Сына-Создателя. Вслед за этим посвященческий Авонал и Сын-Создатель посылают общий Дух Истины, который будет действовать в сердцах смертных народов в мире посвящения. Если Сын-Создатель еще не стал полновластным правителем своей локальной вселенной, то такой Дух – это объединенный дух обоих Сынов, претворенный Созидательным Духом. Он несколько отличается от Духа Истины, который характерен для эпох локальной вселенной после седьмого посвящения Михаила.

После завершения последнего посвящения Сына-Создателя природа Духа Истины, посланного во все миры посвящений Авоналов в локальной вселенной, изменяется: он в более буквальном смысле становится духом полновластного Михаила. Этот феномен происходит одновременно с освобождением Духа Истины для служения на планете смертного посвящения Михаила. После этого прошедший семь посвящений Сын-Создатель, совместно с Сыном-Арбитром, посылает в каждый мир, удостоенный посвящения Сына-Арбитра, такого же духовного Утешителя, которого получил бы этот мир, если бы Полновластный Сын вселенной лично воплотился в качестве его посвященческого Сына.

7. ТРОИЧНЫЕ СЫНЫ-УЧИТЕЛЯ

Эти высоколичностные и высокодуховные Райские Сыны порождаются Райской Троицей. В Хавоне эта категория известна как Дайналы. В Орвонтоне их знают как Троичных Сынов-Учителей, названных так из-за их происхождения. На Салвингтоне их иногда называют Духовными Сынами Рая.

Число Сынов-Учителей постоянно растет. Согласно трансляции данных последней вселенской переписи, число этих Троичных Сынов, действующих в центральной и сверхвселенных, составляет немногим более двадцати одного миллиарда, причем сюда не входит резерв Рая, включающий более трети всех существующих Троичных Сынов-Учителей.

Сыны категории Дайналов не являются органической частью администраций локальных или сверхвселенных. Ее члены не являются создателями или спасателями, судьями или правителями. Они связаны не столько с управлением вселенной, сколько с нравственным просвещением и духовным развитием. Они являются просветителями вселенной, посвященными духовному пробуждению и нравственному водительству всех миров. Их служение неразрывно связано со служением личностей Бесконечного Духа и имеет прямое отношение к восхождению созданий к Раю.

Эти Сыны Троицы заключают в себе объединенную сущность трех Райских Божеств, но создается впечатление, что в Хавоне они в первую очередь выражают характер Всеобщего Отца. В сверхвселенных они, по-видимому, больше отражают природу Вечного Сына, в то время как в локальных вселенных, очевидно, выражают характер Бесконечного Духа. Во всех вселенных они являются воплощением служения и благоразумием мудрости.

В отличие от своих Райских братьев, Михаилов и Авоналов, Троичные Сыны-Учителя не получают предварительной подготовки в центральной вселенной. Они направляются непосредственно в столичные миры сверхвселенных, откуда посылаются для служения в одну из локальных вселенных. Опекая эти эволюционные миры, они используют объединенное духовное влияние Сына-Создателя и связанных с ним Сынов-Арбитров, ибо сами по себе Дайналы не обладают духовным притяжением.

8. СЛУЖЕНИЕ ДАЙНАЛОВ В ЛОКАЛЬНЫХ ВСЕЛЕННЫХ

Духовные Сыны Рая являются уникальными существами Троичного происхождения, единственными Троичными созданиями, столь тесно связанными с руководством вселенными двойственного происхождения. Дайналы преданно служат в качестве учителей смертных созданий и низших категорий духовных существ. Начиная свой труд в локальных системах, они, в зависимости от опыта и успехов, продвигаются к центру и, через служение в созвездиях, восходят к высшему труду в локальном творении. После аттестации Дайнал может стать духовным посланником, представителем той локальной вселенной, где прошла его служба.

Я не знаю точного числа Сынов-Учителей Небадона; они исчисляются многими тысячами. К этой категории относятся многие деканы в школах Мелхиседеков; эти Сыны входят и в более чем стотысячный штат постоянного Салвингтонского Университета. Большое количество Дайналов размещено в различных подготовительных моронтийных мирах, где наряду с духовным и интеллектуальным развитием смертных созданий они занимаются обучением серафических и других существ – уроженцев локальных творений. Многие из их помощников выходят из рядов тринитизованных созданий

Сыны-Учителя представляют собой тех преподавателей, которые проводят все экзамены и тесты для определения квалификации и аттестации всех нижестоящих ступеней вселенской службы – от стражей аванпостов до исследователей звезд. Они осуществляют широкую и многовековую программу обучения, которая начинается планетарными курсами и завершается высшим Институтом Мудрости на Салвингтоне. Признание, соответствующее усилиям и достижениям, обеспечено всем, кто оканчивает эти путешествия в мудрость и истину, – будь то восходящий смертный или честолюбивый херувим.

Во всех вселенных все Божьи Сыны признательны этим неизменно преданным и деятельным Троичным Сынам-Учителям. Они являются возвышенными учителями всех духовных личностей, испытанными и истинными наставниками даже самих Божьих Сынов. Но я едва ли могу рассказать вам о бесчисленных деталях обязанностей и функций Сынов-Учителей. Обширное поле деятельности сыновства Дайналов будет лучше понято на Урантии тогда, когда вы достигнете более высокого интеллектуального развития, а также после завершения духовной изоляции вашей планеты.

9. ПЛАНЕТАРНОЕ СЛУЖЕНИЕ ДАЙНАЛОВ

Когда развитие событий в эволюционном мире указывает на то, что он готов к вступлению в духовную эру, Троичные Сыны-Учителя неизменно предлагают свои услуги. Вы незнакомы с этой категорией сыновства, потому что Урантия никогда не переживала духовной эры – тысячелетия космического просвещения. Но и сейчас Сыны-Учителя посещают ваш мир, чтобы составить планы своего предполагаемого пребывания в вашей сфере. Они появятся на Урантии, после того как ее обитатели обретут сравнительную свободу от цепей животного наследия и оков материализма.

Троичные Сыны-Учителя не имеют никакого отношения к завершению планетарных судных периодов. Они не судят мертвых и не преобразуют живых, однако в каждой планетарной миссии их сопровождает Сын-Арбитр, выполняющий данные функции. Сыны-Учителя целиком посвящены инициированию духовной эпохи, рассвету эры духовных реальностей на эволюционной планете. Они превращают духовные дубликаты материального знания и временно́й мудрости в реальность.

Обычно Сыны-Учителя остаются на планете в течение тысячи лет планетарного времени. Один из них возглавляет тысячелетнее планетарное правление, а его помощниками являются семьдесят партнеров из той же категории. Дайналы не пользуются инкарнацией или иным методом, который делал бы их видимыми для смертных существ; поэтому контакт с миром посещения устанавливается через Ярких Вечерних Звезд – личностей локальной вселенной, связанных с Троичными Сынами-Учителями.

Дайналы могут неоднократно возвращаться в обитаемый мир, и после их завершающего посещения планета обретает постоянный статус сферы света и жизни, что в нынешнюю вселенскую эпоху является эволюционной целью всех миров, населенных смертными. Смертный Корпус Завершения имеет прямое отношение к сферам, вступившим в эпоху света и жизни, и их планетарная деятельность связана со служением Сынов-Учителей. Фактически вся категория Дайналов тесно связана со всеми стадиями деятельности завершителей в эволюционных творениях времени и пространства.

Очевидная связь Троичных Сынов-Учителей с режимом эволюции смертных на ранних стадиях эволюционного восхождения столь прочна, что часто мы невольно задумываемся о перспективах их сотрудничества с завершителями на нераскрытой стезе грядущих вселенных. Мы отмечаем, что управляющие сверхвселенными являются отчасти личностями Троичного происхождения и отчасти – объятыми Троицей восходящими эволюционными созданиями. Мы глубоко убеждены в том, что в настоящее время Сыны-Учителя и завершители накапливают опыт временно́й связи, что может служить предварительной подготовкой для тесного взаимодействия на нераскрытом будущем пути. На Уверсе мы полагаем, что после вхождения сверхвселенных в эпоху света и жизни эти Райские Сыны-Учителя, столь глубоко знающие проблемы эволюционных миров и в течение столь длительного времени связанные с восхождением эволюционных смертных, возможно, перейдут в вечное взаимодействие с Райским Корпусом Завершения.

10. ОБЪЕДИНЕННОЕ СЛУЖЕНИЕ РАЙСКИХ СЫНОВ

Все Райские Божьи Сыны божественны по своему происхождению и природе. Деяния каждого Райского Сына во благо каждого мира свершаются так, как если бы любой из них был единственным Божьим Сыном.

Райские Сыны представляют собой божественную демонстрацию действующей природы трех лиц Божества в сферах времени и пространства. Категории сыновства Создателей, Арбитров и Учителей являются даром вечных Божеств человеческим детям и всем другим вселенским созданиям, обладающим потенциальной способностью восхождения. Эти Божьи Сыны суть божественные попечители, неустанно помогающие созданиям времени в достижении высокой духовной цели вечности.

В Сынах-Создателях любовь Всеобщего Отца сливается с милосердием Вечного Сына и раскрывается в локальных вселенных в созидательном могуществе, преданном служении и мудром полновластии Михаилов. В Сынах-Арбитрах милосердие Вечного Сына, объединенное со служением Бесконечного Духа, раскрывается эволюционным сферам в деяниях Авоналов – их судах, служении и посвящениях. В Троичных Сынах-Учителях любовь, милосердие и служение трех Райских Божеств согласованы на высочайшем пространственно-временном уровне ценностей и проявляются во вселенных как живая истина, божественная благость и истинная духовная красота.

В локальных вселенных Сыны этих категорий сотрудничают друг с другом, помогая раскрытию Божеств Рая созданиям пространства: как Отец локальной вселенной, Сын-Создатель демонстрирует бесконечный характер Всеобщего Отца; как посвященческие Сыны милосердия, Авоналы раскрывают несравненную природу Вечного Сына и его бесконечное сострадание; как истинные учителя восходящих личностей, Троичные Сыны Дайналы раскрывают просветительскую личность Бесконечного Духа. В своем божественно совершенном сотрудничестве Михаилы, Авоналы и Дайналы вносят свою лепту в реализацию и раскрытие личности и полновластия Бога-Верховного в пространственно-временных вселенных. В гармоничности своей триединой деятельности эти Райские Божьи Сыны всегда находятся в авангарде личностей Божества, участвующих в нескончаемом расширении божественности Первого Великого Источника и Центра из вечного Острова Рай в неизведанные глубины пространства.

[Представлено Совершенствователем Мудрости Уверсы.]

ДОКУМЕНТ 21

РАЙСКИЕ СЫНЫ-СОЗДАТЕЛИ

Сыны-Создатели являются создателями и правителями локальных вселенных времени и пространства. Эти создатели и властелины имеют двуединое происхождение, олицетворяя свойства Бога-Отца и Бога-Сына. Однако каждый Сын-Создатель отличается от любого другого; каждый уникален в своей сущности и личности; каждый «единородный Сын» является выражением совершенного божественного идеала своего источника.

Огромные усилия высоких Сынов по созданию, развитию и совершенствованию локальной вселенной пользуются неизменной благотворной поддержкой и одобрением Всеобщего Отца. Трогательны и непревзойденны взаимоотношения Сынов-Создателей со своим Райским Отцом. Несомненно, что глубокое чувство Божеств к своему потомству является источником той прекрасной и почти божественной любви, которую испытывают к своим детям и смертные родители.

Эти первичные Райские Сыны воплощаются в качестве Михаилов. Когда они покидают Рай, чтобы основать свои вселенные, они именуются Михаилами-Создателями. Когда они утверждаются в своей верховной власти, они называются Михаилами-Владыками. Иногда мы говорим о властелине вашей вселенной Небадон как о Христе Михаиле. Всегда и вечно правят они, как подобает «чину Михаила», ибо таково имя первого Сына их категории и природы.

Изначальный – или перворoccupied – Михаил не инкарнировался в образе материального существа, однако он приобрел семикратный опыт духовного восхождения создания по семи кольцам Хавоны, продвигаясь от внешних сфер к внутреннему кольцу центрального творения. Сыны Михаилы познали большую вселенную от края до края; нет такого опыта, имеющего принципиальное значение для детей времени и пространства, который был бы незнаком Михаилам; они действительно заключают в себе не только божественную, но и вашу природу, иными словами – любую природу: от высочайшей до низшей.

Когда во всеобщем центре собираются советы первичных Райских Сынов, их возглавляет изначальный Михаил. Недавно мы записали на Уверсе вселенскую трансляцию внеочередного конклава, который состоялся на Вечном Острове; в нём приняли участие сто пятьдесят тысяч Сынов-Создателей, собравшихся в присутствии родителей, чтобы обсудить процесс единения и стабилизации вселенной вселенных. Это была избранная группа Полновластных Михаилов, прошедших путь семикратных посвящений.

1. ПРОИСХОЖДЕНИЕ И ПРИРОДА СЫНОВ-СОЗДАТЕЛЕЙ

Когда полнота абсолютного духовного представления Вечного Сына встречает во Всеобщем Отце полноту абсолютной концепции личности, когда подобный созидательный союз становится окончательным и исчерпывающим, когда достигается столь абсолютная идентичность духа и столь бесконечная цельность концепции личности, тогда в тот же момент, без каких-либо потерь личности или прерогатив любого из бесконечных Божеств, возникает полноценный, новый и оригинальный Сын-Создатель; этот единородный Сын воплощает в себе совершенный идеал и могущественную идею, чей союз породил новую личность создателя, наделенного могуществом и совершенством.

Каждый Сын-Создатель является единородным и единственно возможным детищем совершенного союза оригинальных концепций двух бесконечных, вечных и совершенных разумов непреходящих Создателей вселенной вселенных. Появление второго такого Сына невозможно, ибо каждый Сын-Создатель есть безусловное, законченное и завершенное выражение и воплощение всех и каждой сторон всякого свойства, присутствующего в любом возможном существовании каждой божественной реальности, которая на протяжении всей вечности могла бы быть когда-либо обнаружена, выражена или сформирована из божественных созидательных потенциалов, объединившихся для порождения Сына Михаила. Каждый Сын-Создатель является абсолютом объединенных концепций божества, образующих его божественный источник.

В принципе, божественные сущности этих Сынов-Создателей образуются в равной степени из атрибутов обоих Райских родителей. Все Сыны несут в себе полноту божественной сущности Всеобщего Отца и созидательные прерогативы Вечного Сына, однако, наблюдая за практическими проявлениями функций Михаилов во вселенных, мы замечаем очевидные различия. Складывается впечатление, что некоторые Сыны-Создатели больше напоминают Бога-Отца, другие – Бога-Сына. Например, тенденция, существующая в управлении вселенной Небадон, дает основание предполагать, что по своей природе и характеру Сын, который является ее Создателем и правителем, больше напоминает Вечного Материнского Сына. Следует также отметить, что некоторые вселенные возглавляются Райскими Михаилами, которые в равной степени напоминают Бога-Отца и Бога-Сына. Все эти наблюдения ни в коей мере не являются критическими замечаниями; это всего лишь констатация факта.

Я не знаю точного числа Сынов-Создателей, но у меня есть все основания полагать, что их более семисот тысяч. С другой стороны, мы знаем, что существует ровно семьсот тысяч Союзов Дней и что новые не создаются. На наш взгляд, предопределенные планы нынешней вселенской эпохи указывают на то, что в каждой локальной вселенной должно быть по одному Союзу Дней в качестве советника и посла Троицы. Кроме того, мы отмечаем, что постоянно растущее число Сынов-Создателей уже превышает неизменное число Союзов Дней. Однако нам ничего не известно о судьбе Михаилов, не входящих в семьсот тысяч.

2. СОЗДАТЕЛИ ЛОКАЛЬНЫХ ВСЕЛЕННЫХ

Райские Сыны первичной категории являются проектировщиками, создателями, строителями и управляющими своих владений – локальных вселенных времени и пространства, основных созидательных единиц семи эволюционных сверхвселенных. Сын-Создатель получает право выбрать место своей будущей деятельности в пространстве, но еще до того, как он может приступить хотя бы к физической организации своей вселенной, ему приходится уделять много времени наблюдениям и изучению усилий своих старших братьев в различных творениях, расположенных в сверхвселенной его будущей деятельности. Однако первое, через что должен пройти Сын Михаил, – это длительный и уникальный опыт наблюдений в Раю и подготовки в Хавоне.

Когда Сын-Создатель покидает Рай и приступает к дерзновенному начинанию – созданию вселенной, дабы стать главой, фактически Богом, организованного им самим локального творения, – тогда он впервые обнаруживает свою тесную связь с Третьим Источником и Центром и, во многих отношениях, свою зависимость от него. Хотя Бесконечный Дух и пребывает вместе с Отцом и Сыном во всеобщем центре, его призвание состоит в том, чтобы стать действительным и эффективным помощником каждого Сына-Создателя. Поэтому каждый Сын-Создатель сопровождается Созидательной Дочерью Бесконечного Духа – существом, которому суждено стать Божественной Попечительницей, Материнским Духом новой локальной вселенной.

Отбытие Сына Михаила при данных обстоятельствах навечно высвобождает его присущие создателю прерогативы из Райских Источников и Центров; в силе остаются только такие ограничения, которые связаны с предсуществованием этих Источников и Центров, а также те, которые определяются некоторыми предшествующими силами и присутствиями. На прерогативы создателя, который во всех остальных аспектах является всемогущим Отцом локальной вселенной, накладываются следующие ограничения:

1. *Энергия-вещество* контролируется Бесконечным Духом. До того как Сын-Создатель сможет приступить к созданию вещей любых форм, больших или малых, до того как он сможет приняться за трансформации энергии-материи, он должен заручиться согласием и поддержкой Бесконечного Духа.

2. *Типы и виды созданий* контролируются Вечным Сыном. До того, как Сын-Создатель сможет приступить к созданию нового типа существа, любого нового вида создания, он должен получить согласие Вечного и Изначального Материнского Сына.

3. *Личность* планируется и посвящается Всеобщим Отцом.

Типы и эталоны *разума* определяются факторами бытия, существующими до появления созданий. После того как из их взаимной связи возникает создание (личностное или иное), разум даруется Третьим Источником и Центром, который представляет собой всеобщий источник служения разуму всех существ ниже уровня Райских Создателей.

Контроль типов и видов *духа* зависит от уровня их проявления. В конечном счете, духовный тип контролируется Троицей или дотроичными духовными дарами личностей Троицы – Отца, Сына и Духа.

Когда совершенный божественный Сын получает в свое распоряжение избранную для своей вселенной область пространства, когда решены начальные проблемы материализации вселенной и поддержания общего равновесия, когда заключен действенный и плодотворный союз с дополняющей его Дочерью Бесконечного Духа, – тогда этот Вселенский Сын и этот Вселенский Дух закладывают основу связи, которой суждено привести к появлению великого множества детей локальной вселенной. В связи с этим событием Созидательный Дух, локальное выражение Райского Бесконечного Духа, изменяет свою природу, приобретая личностные качества Материнского Духа локальной вселенной.

Несмотря на то что все Сыны-Создатели обладают божественным сходством со своими Райскими родителями, ни один из них не является точной копией другого; каждый исключителен, отличен, неповторим и самобытен как по своей *природе*, так и личности. А поскольку они являются творцами своих владений и разрабатывают планы создания в них жизни, то это же самое разнообразие становится гарантией того, что для каждой стадии существования жизни в локальной вселенной будет характерно такое же разнообразие порожденных Михаилом форм, – создаваемых или впоследствии возникающих в его владениях. Этим объясняется разнообразие категорий уроженцев локальных вселенных. Нет двух таких вселенных, которые управлялись бы или были бы населены полностью идентичными исконными существами двуединого происхождения. В каждой сверхвселенной половина присущих ее существам атрибутов вполне одинакова, ибо они наследуются от однородных Созидательных Духов; другая половина отличается, так как наследуется от разнообразных Сынов-Создателей. Но такое многообразие не является характерным ни для созданий, происходящих только от Созидательного Духа, ни для привнесенных существ – уроженцев центральной вселенной или сверхвселенной.

Когда Сын Михаил покидает свою вселенную, во главе ее правительства остается перводное исконное существо – Светлая Утренняя Звезда, глава исполнительной власти локальной вселенной. В такие периоды неоценимо значение совета и помощи Союза Дней. На время своего отсутствия Сын-Создатель способен наделять связанного с ним Материнского Духа функциями сверхуправления своим духовным присутствием в обитаемых мирах и в сердцах смертных детей. И Материнский Дух локальной вселенной неизменно остается в столичном мире, охватывая своей благотворной заботой и духовной опекой самые отдаленные уголки эволюционной сферы.

Личное присутствие Сына-Создателя в своей локальной вселенной не является обязательным для устойчивого существования организованного материального творения. Такие Сыны могут совершать путешествия в Рай, и их вселенные будут продолжать свое движение в пространстве. Они могут слагать с себя бразды правления, чтобы воплотиться в образе детей времени, и их миры будут продолжать кружиться вокруг соответствующих центров. Никакая материальная система не свободна от охвата абсолютной гравитации Рая или космического сверхуправления, заключенного в пространственном присутствии Безусловного Абсолюта.

3. ВЛАДЫЧЕСТВО В ЛОКАЛЬНОЙ ВСЕЛЕННОЙ

Сын-Создатель получает в свое распоряжение участок пространства с согласия Райской Троицы и после утверждения Главного Духа, руководящего соответствующей сверхвселенной. Это дает ему право физического владения – космической аренды. Однако возвышение Сына Михаила от этой начальной и самоограниченной стадии управления до эмпирической верховности владычества, приобретенного собственным трудом, достигается благодаря личному опыту, накопленному при создании вселенной и в инкарнатных посвящениях. Вплоть до обретения заслуженного в посвящениях полновластия он правит в качестве наместника Всеобщего Отца.

В любой момент Сын-Создатель может заявить о полновластии в своем личном творении, но он мудро предпочитает этого не делать. Если бы он, до своих посвящений в облике созданий, заявил о незаслуженном верховном владычестве, находящиеся в его локальной вселенной личности Рая покинули бы его. Однако такого не случалось нигде и никогда в творениях времени и пространства.

Сам статус создателя подразумевает всецелый характер владычества, но Михаилы предпочитают *заслужить* его эмпирически, сохраняя всю полноту сотрудничества со всеми Райскими личностями, принимающими участие в управлении локальной вселенной. Мы не слышали ни об одном Михаиле, который когда-либо поступил бы иначе; тем не менее, все они могли бы так сделать – ведь это Сыны, обладающие истинной свободой воли.

Существует шесть, быть может, семь, стадий эмпирического проявления владычества Сына-Создателя локальной вселенной. Они проявляются в следующем порядке:

1. Первоначальное наместническое владычество – временная единоличная власть Сына-Создателя, сохраняемая Михаилом до тех пор, пока связанный с ним Созидательный Дух не обретает атрибутов личности.

2. Совместное наместническое владычество – объединенное правление Райской пары после обретения Вселенским Материнским Духом статуса личности.

3. Расширенное наместническое владычество – повышение статуса власти Сына-Создателя в течение его семи посвящений в образе созданий.

4. Верховное владычество – постоянная власть, обретаемая после окончания седьмого посвящения. В Небадоне отсчет верховного владычества восходит к завершению посвящения Михаила на Урантии. Эта фаза длится чуть дольше девятнадцати столетий вашего планетарного времени.

5. Расширенное верховное владычество – углубленное взаимоотношение, вырастающее из вступления большинства обитаемых сфер в эру света и жизни. Эта стадия относится к будущему вашей локальной вселенной.

6. Тринитарное владычество – обретается после перехода всей локальной вселенной в эру света и жизни.

7. Нераскрытое владычество – неизвестные взаимоотношения, присущие будущей вселенской эпохе.

Принимая первоначальное наместническое владычество властелина планируемой локальной вселенной, Создатель Михаил дает клятву Троице не осуществлять верховное владычество до завершения семи посвящений в образе созданий и утверждения этих посвящений правителями сверхвселенной. Однако если бы Сын Михаил не мог по своему желанию присвоить себе такие незаслуженные полномочия, его клятва теряла бы всякий смысл.

Даже в допосвященческие эпохи Сын-Создатель практически обладает верховной властью в своей сфере, если ни в одной из ее частей нет раскола. Ограниченность правления вряд ли была бы очевидной, если бы владычество не встречало противодействия. Владычество допосвященческого Сына во вселенной, не знающей восстаний, не является более высоким, чем владычество во вселенной, познавшей восстания; но в первом случае ограниченность полномочий не проявляется, во втором она очевидна.

Сын-Создатель дает вечную клятву поддерживать, защищать, оборонять и, при необходимости, спасать свое личное творение при возникновении угрозы для его личной власти или руководства. Тревожить или беспокоить таких Сынов могут либо сотворенные ими создания, либо избранные ими высокие существа. Можно предположить, что «высокие существа», берущие свое происхождение на уровнях более высоких, чем уровень локальной вселенной, едва ли служат источником беспокойств для Сына-Создателя, и это соответствует действительности. Однако пожелай они того – это было бы в их силах. Личность сама должна выбрать добродетель; праведность не является автоматическим свойством наделенных свободной волей созданий.

Пока не пройден путь посвящений, Сын-Создатель правит с некоторыми введенными им самим ограничениями полномочий, однако после окончания посвященческого служения он начинает править на основании действительного опыта, приобретенного в образе и подобии своих разнообразных созданий. После семикратного пребывания Создателя среди своих созданий, после завершения его посвященческого пути, он утверждается в верховной власти во вселенной; он становится Сыном-Владыкой – полновластным и верховным правителем.

Для обретения верховного владычества в локальной вселенной Сын-Создатель должен пройти семь эмпирических ступеней:

1. Эмпирически преодолеть семь уровней бытия – уровни созданий – через инкарнатное посвящение в облике созданий соответствующего уровня.

2. Эмпирически посвятить себя каждому аспекту семичастной воли Райского Божества, воплощенной в Семи Главных Духах.

3. Пройти каждый из семи этапов обретения опыта на уровнях созданий с одновременным подчинением себя одному из семи типов воли Райского Божества.

4. На каждом уровне созданий эмпирически продемонстрировать Райскому Божеству и всем разумным существам вселенной идеал жизни создания.

5. На каждом уровне созданий эмпирически раскрыть существам данного уровня своего посвящения и всей вселенной один из аспектов семичастной воли Божества.

6. Эмпирически объединить семичастный опыт созданий с семичастным опытом самоотверженного раскрытия природы и воли Райского Божества.

7. Достичь новых и более высоких взаимоотношений с Верховным Существом. Следствием совокупного опыта Создателя и создания является расширение сверхвселенской реальности Бога-Верховного и пространственно-временнóго полновластия Всемогущего-Верховного, а также фактуализация верховного владычества Райского Михаила в локальной вселенной.

Решая проблему владычества в локальной вселенной, Сын-Создатель не только демонстрирует свою собственную компетентность в качестве правителя вселенной, но также раскрывает природу и отображает семичастное отношение Райских Божеств. Когда Сын-Создатель подвергает себя испытанию и нисходит до того, чтобы принять форму и обрести опыт своих созданий, то это связано с пониманием и признанием конечными существами примата Отца. Первичные Райские Сыны поистине раскрывают любвеобильную природу и благотворную власть Отца – того самого Отца, который, в союзе с Сыном и Духом, является всеобщим главой всего могущества, всех личностей и всего управления во всех мирах.

4. ПОСВЯЩЕНИЯ МИХАИЛОВ

Существует семь групп посвященческих Сынов-Создателей. Такая классификация соответствует числу посвящений созданиям своих миров: начальный опыт дополняется пятью сферами расширения посвященческого опыта и завершается седьмым и последним этапом обретения опыта создания-Создателя.

Посвящения Авоналов всегда происходят в образе смертной плоти, однако семь посвящений Сына-Создателя предполагают его явление на семи уровнях бытия, относящихся к созданиям и связанных с раскрытием семи основных проявлений воли и природы Божества. Все без исключения Сыны-Создатели проходят через эту семикратную самоотдачу своим созданным детям, прежде чем обретают незыблемую и верховную юрисдикцию во вселенной своего собственного творения.

Хотя эти семь посвящений по-разному протекают в различных секторах и вселенных, они всегда включают опыт посвящения в облике смертного. Во время своего завершающего посвящения Сын-Создатель является в качестве представителя одной из высокоразвитых смертных рас в одном из обитаемых миров – обычно это та расовая группа, в жилах которой течет больше всего адамической крови, заранее привнесенной для того, чтобы повысить физический статус наций животного происхождения. На протяжении всего своего пути в качестве посвященческого Сына лишь однажды Райский Михаил рождается от женщины, как в вашем упоминании о вифлеемском младенце. Лишь однажды он живет и умирает как представитель низшей категории эволюционных волевых созданий.

После каждого из посвящений Сын-Создатель возносится «по правую руку от Отца» и получает отеческое признание своего посвящения, а также наставления перед следующим этапом своего вселенского служения. После седьмого и заключительного посвящения Сын-Создатель получает от Всеобщего Отца верховную власть и полномочия в своей вселенной.

Как известно, последним из являвшихся на вашу планету божественных Сынов был Райский Сын-Создатель, прошедший шесть этапов своего посвященческого пути; поэтому, когда сознание покидало его тело, в котором он прожил свою инкарнатную жизнь на Урантии, он по праву мог произнести: «Свершилось»; посвящение действительно свершилось. Смерть на Урантии завершила путь его посвящений, став последним этапом исполнения священной клятвы Райского Сына-Создателя. Обогащенный таким опытом, посвященческий Сын становится верховным властелином вселенной: он правит не как наместник Отца, а по собственному праву и от собственного имени, как «Царь Царей и Господь Господствующих». За некоторыми указанными исключениями, эти прошедшие семь посвящений Сыны обладают безусловной верховной властью во вселенных своего пребывания. В отношении локальной вселенной, «вся власть на небе и на земле» передается Сыну-Владыке, триумфально восходящему на престол.

После завершения посвящений Сыны-Создатели выделяются в отдельную категорию – семикратных Сынов-Владык. Как личности, Сыны-Владыки идентичны Сынам-Создателям, но они приобретают столь уникальный опыт посвящений, что повсеместно рассматриваются как особая категория. Когда Создатель решает вступить на путь посвящений, то этим он предопределяет появление в себе действительного и постоянного нового качества. Истинно, что посвященческий Сын продолжает оставаться всё тем же Создателем, но он добавляет к своей природе опыт создания, позволяющий ему навсегда покинуть божественный уровень Сына-Создателя и возвыситься до эмпирического плана Сына-Владыки – Сына, завоевавшего полное право господствовать в своей вселенной и управлять ее мирами. Такие существа являются воплощением всего, что можно унаследовать от божественных родителей, и заключают в себе всё, что можно извлечь из опыта усовершенствованного создания. Стоит ли человеку жаловаться на свое скромное происхождение и необходимость эволюционного развития, если сами Боги должны пройти через такой же опыт, прежде чем они могут считаться достаточно опытными и компетентными для установления окончательного и всеобъемлющего правления в своих вселенных!

5. СВЯЗЬ СЫНА-ВЛАДЫКИ СО ВСЕЛЕННОЙ

Могущество Владыки Михаила неограниченно, ибо оно проистекает из эмпирической взаимосвязи с Райской Троицей; оно несомненно, ибо извлекается из фактического опыта в качестве тех самых созданий, которые подчиняются такой власти. Характер полновластия семичастного Сына-Создателя является верховным в силу следующих причин:

1. Оно включает семичастный подход Райского Божества.

2. Оно воплощает семичастное отношение пространственно-временных созданий.

3. Оно в совершенстве объединяет отношение Рая и точку зрения создания.

Таким образом, это эмпирическое полновластие заключает в себе всю божественность Бога-Семичастного, достигающую апогея в Верховном Существе. Личное полновластие семичастного Сына сравнимо с окончательным установлением в будущем полновластия Верховного Существа, ибо в нём заключается наибольшая полнота могущества и власти Райской Троицы, возможная в данных пространственно-временных пределах.

С обретением верховного полновластия в локальной вселенной Сын Михаил лишается способности и возможности создавать принципиально новые типы существ в течение нынешней вселенской эпохи. Однако утрата Сыном-Владыкой способности порождать качественно новые категории существ ни в коей мере не препятствует развитию уже существующих форм жизни или тех, которые находятся в процессе становления; эта обширная программа эволюции вселенной осуществляется без перерывов или сокращений. Вместе с обретением высшего полновластия появляется ответственность, личная приверженность Сына-Владыки содействию и помощи тому, что уже задумано и сотворено, а также тому, что будет впоследствии создано задуманными и сотворенными таким образом существами. Со временем эволюция разнообразных существ может стать практически бесконечной, однако с момента обретения верховного полновластия Сын-Владыка не порождает ни одного разумного создания принципиально нового образца или типа. Это является первым шагом, началом устойчивого руководства в любой локальной вселенной.

Возвышение семикратного посвященческого Сына до высот неоспоримого полновластия в своей вселенной есть начало конца вековой неопределенности и относительной нестабильности. Отныне то, что в итоге не поддается одухотворению, будет подвергаться дезинтеграции; то, что невозможно когда-либо согласовать с космической реальностью, будет уничтожаться. Когда в стремлении завоевать верность и преданность населяющих миры созданий исчерпываются возможности бесконечного милосердия и несказанного терпения, верх берут правосудие и справедливость. То, что невозможно исправить милосердием, рано или поздно будет уничтожено правосудием.

После утверждения в качестве полновластного правителя Владыка Михаил становится верховным в своей локальной вселенной. Определенные ограничения, которые накладываются на его правление, объясняются космическим предсуществованием некоторых сил и личностей. Во всём остальном такой Сын-Владыка заключает в себе верховную власть, ответственность и административные полномочия в своей вселенной; он является Создателем и Богом, верховным практически во всём. В отношении функционирования данной вселенной, нет мудрости большей, чем мудрость такого Сына.

Возвысившись до уровня неизменного полновластия в локальной вселенной, Райский Михаил обретает полный контроль над всеми Божьими Сынами, действующими в его владениях, и может свободно править в соответствии с собственными представлениями о потребностях своих миров. Сын-Владыка может по своему усмотрению изменять порядок духовного судопроизводства и вносить поправки в ход эволюционных процессов обитаемых планет. И такие Сыны составляют и претворяют свои собственные планы по любым вопросам, касающимся специфических потребностей планет; это особенно справедливо в отношении миров, где они находились в образе созданий, но в еще большей степени – по отношению к миру своего завершающего посвящения, планете, на которой состоялась инкарнация в образе смертного.

Очевидно, что Сыны-Владыки обладают совершенной связью с мирами своего посвящения, – не только теми, в которых они находились лично, но и со всеми мирами, которым посвятили себя Сыны-Арбитры. Эта связь поддерживается благодаря их собственному духовному присутствию – Духу Истины, который они способны «излить на всю плоть». Кроме того, эти Сыны-Владыки поддерживают неразрывную связь с Вечным Материнским Сыном во всеобщем центре. Их благорасположение простирается от Всеобщего Отца на небесах до низших планетарных рас в мирах времени.

6. ПРЕДНАЗНАЧЕНИЕ ВЛАДЫК МИХАИЛОВ

Никто не вправе брать на себя смелость со всей категоричностью обсуждать природу или предназначения семикратных Полновластных Владык локальных вселенных; тем не менее, все мы много рассуждаем на эту тему. Нас учат – и мы верим, – что каждый Райский Михаил является *абсолютом* двуединых концепций божества, ставших его источником; таким образом, он воплощает в себе действительные аспекты бесконечности Всеобщего Отца и Вечного Сына. Михаилы, должно быть, частичны по отношению к всеобъемлющей бесконечности, но они, вероятно, абсолютны относительно той части бесконечности, которая связана с их происхождением. Однако в том виде, в каком их деятельность предстает перед нами в нынешнюю вселенскую эпоху, мы не обнаруживаем ни одного действия, которое выходило бы за рамки конечного; должно быть, любые предполагаемые сверхконечные способности являются изолированными и пока еще нераскрытыми.

Завершение посвящений в образе созданий и обретение верховного полновластия во вселенной должно означать исчерпание способности Михаила к конечным действиям, сопровождаемое появлением способности к служению, выходящему за пределы конечного. Именно в связи с этим мы отмечаем, что такие Сыны-Владыки ограничены в сотворении новых типов созданий, и не сомневаемся в том, что это ограничение становится необходимым из-за высвобождения их сверхконечных потенциалов.

Весьма вероятно, что в течение всей современной эпохи эти нераскрытые способности создателя останутся невостребованными. Но мы верим, что в отдаленном будущем, в формирующихся сегодня вселенных внешнего пространства, связь прошедшего семь посвящений Сына-Владыки с прошедшим семь ступеней Созидательным Духом сможет достичь абсонитных уровней служения, сопровождаясь появлением новых вещей, значений и ценностей на трансцендентальных уровнях предельного вселенского смысла.

Так же как актуализация Божества-Верховного достигается благодаря эмпирическому служению, так и Сыны-Создатели достигают личной реализации потенциалов божественности Рая, скрытых в их непостижимой природе. В бытность на Урантии Христос Михаил однажды сказал: «Я есть путь, истина и жизнь». И мы верим, что в бесконечности Сынам-Михаилам буквально суждено стать «путем, истиной и жизнью», извечно прокладывать путь всем вселенским личностям, ведя их от высшей божественности к предельной абсонитности и далее – к завершенности божества в вечности.

[Представлено Совершенствователем Мудрости Уверсы.]

ДОКУМЕНТ 22

ТРИНИТИЗОВАННЫЕ БОЖЬИ СЫНЫ

Существуют три группы существ, называемых Божьими Сынами. Кроме нисходящих и восходящих категорий сыновства, есть третья группа, известная как Тринитизованные Божьи Сыны. Категория тринитизованных сынов подразделяется на три основные разновидности в соответствии с происхождением объединяемых в ней многочисленных типов личностей – раскрытых и нераскрытых. Существуют три основные разновидности:

1. Сыны, тринитизованные Божеством.
2. Сыны, объятые Троицей.
3. Сыны, тринитизованные созданиями.

Независимо от происхождения, все Тринитизованные Божьи Сыны обладают опытом тринитизации, который либо существует в силу их происхождения, либо появляется при последующем объятии Троицей. Сыны, тринитизованные Божеством, не раскрываются в данных повествованиях; поэтому в настоящем изложении мы ограничимся описанием двух других групп – в первую очередь, Божьих Сынов, объятых Троицей.

1. СЫНЫ, ОБЪЯТЫЕ ТРОИЦЕЙ

Все объятые Троицей Сыны изначально имеют двуединое или одиночное происхождение, однако после объятий Троицы они навсегда посвящают себя служению и заданиям Троицы. Этот корпус – в том виде, в котором он раскрыт, и в той форме, в какой он организован для служения в сверхвселенных, – объединяет семь категорий личностей:

1. Могущественные Посланники.
2. Наделенные Высокими Полномочиями.
3. Не Имеющие Имени и Числа.
4. Тринитизованные Опекуны.
5. Тринитизованные Послы.
6. Небесные Хранители.
7. Помощники Высоких Сынов.

В соответствии с происхождением, природой и функциями, эти семь групп личностей подразделяются на три основные подгруппы: Тринитизованные Сыны Достижения, Тринитизованные Сыны Отбора и Тринитизованные Сыны Совершенства.

Тринитизованные Сыны Достижения – Могущественные Посланники, Наделенные Высокими Полномочиями и Не Имеющие Имени и Числа. Все они представляют собой слившихся с Настройщиками восходящих смертных, достигших Рая и Корпуса Завершения. Однако они не являются завершителями; после того как они проходят объятия Троицы, их имена исключаются из списков завершителей. В течение относительно короткого периода времени новые сыны этой категории проходят под началом Вечных Дней курсы специальной подготовки на центральных планетах в кольцах Хавоны. После этого они направляются в распоряжение Древних Дней для служения в семи сверхвселенных.

Тринитизованные Сыны Отбора включают Тринитизованных Опекунов и Тринитизованных Послов. Они отбираются из числа некоторых эволюционных серафимов и преобразованных промежуточных созданий, прошедших Хавону и достигших Рая, равно как из числа некоторых слившихся с Духом и слившихся с Сыном смертных, которые также достигли центрального Острова Света и Жизни. Пройдя объятия Троицы и получив краткую подготовку в Хавоне, Тринитизованные Сыны Отбора получают назначения в суды Древних Дней.

Тринитизованные Сыны Совершенства. Небесные Хранители и равные им Помощники Высоких Сынов образуют уникальную группу дважды тринитизованных личностей. Сюда входят сыны, тринитизованные личностями системы Рай-Хавона или усовершенствованными восходящими смертными, давно удостоенными пребывания в Корпусе Завершения. Некоторые из этих сынов, тринитизованных созданиями, пройдя службу у Верховных Администраторов Семи Главных Духов и под началом Троичных Сынов-Учителей, проходят повторную тринитизацию – объятия Райской Троицы, – вслед за чем направляются в суды Древних Дней в качестве Небесных Хранителей и Помощников Высоких Сынов. Тринитизованные Сыны Совершенства направляются в сверхвселенные без дальнейшей подготовки.

Число наших партнеров троичного происхождения – Совершенствователей Мудрости, Божественных Советников и Всеобщих Цензоров – неизменно, в то время как число объятых Троицей сынов постоянно увеличивается. Все семь категорий объятых Троицей сынов назначаются в правительство одной из семи сверхвселенных, причем число сынов, служащих в каждой сверхвселенной, является одинаковым; ни один не был потерян. Объятые Троицей существа ни разу не сбивались с пути; они могут временно ошибаться, но ни один из них не обвинялся в неуважении к правительству сверхвселенной. В течение всей своей службы в Орвонтоне Сыны Достижения и Сыны Отбора ни разу не отступились, однако Тринитизованные Сыны Совершенства порой допускали ошибочные суждения, что приводило к временной нестабильности.

Под руководством Древних Дней все семь категорий действуют в значительной мере как самоуправляющиеся группы. Диапазон их службы огромен; Тринитизованные Сыны Совершенства не покидают сверхвселенную своего назначения, но их тринитизованных коллег можно встретить повсюду в большой вселенной – от эволюционных миров времени и пространства до вечного Острова Рай. Они могут действовать в любой из сверхвселенных, но они всегда служат в качестве членов сверхправительства своего первоначального назначения.

Очевидно, объятые Троицей сыны получили постоянное назначение в распоряжение семи сверхвселенных; эта миссия определенно охватит всю нынешнюю вселенскую эпоху, но нам никогда не говорили, что так будет вечно.

2. МОГУЩЕСТВЕННЫЕ ПОСЛАННИКИ

Могущественные Посланники принадлежат к восходящей группе Тринитизованных Сынов. Они образуют класс усовершенствованных смертных, прошедших испытание восстанием или иным образом доказавших свою личную преданность; все они выдержали какое-то конкретное испытание на верность вселенной. На одном из этапов своего восхождения к Раю они проявили твердость и лояльность, несмотря на предательство своих руководителей, а некоторые из них активно и преданно служили вместо своих неверных лидеров.

Обладая такой репутацией надежности и преданности, эти восходящие смертные проходят через Хавону с потоком паломников времени, достигают Рая, получают соответствующую подготовку и переводятся в Корпус Завершения. Вслед за этим они принимаются в тайные объятия Райской Троицы и направляются к Древним Дней для деятельности в составе правительств семи сверхвселенных.

Каждому восходящему смертному, прошедшему через восстание и проявившему преданность в условиях мятежа, предстоит стать Могущественным Посланником сверхвселенской службы. Такая же судьба уготована каждому восходящему созданию, решительно предотвратившему бунт или заблуждение, зло или грех; ибо действие, направленное на недопущение восстания или обеспечение высшей преданности в условиях кризиса во вселенной, считается еще более ценным, чем лояльность во время самого восстания.

Старшие Могущественные Посланники избираются из числа восходящих смертных времени и пространства, прибывших в Рай в числе первых; многие из них пересекли Хавону во времена Грандфанды. Однако первая тринитизация Могущественных Посланников состоялась только после того, как в корпусе кандидатов появились представители каждой из семи сверхвселенных. Последняя подготовленная в Раю группа этой категории включала восходящих паломников из локальной вселенной Небадон.

Могущественные Посланники принимаются в объятия Троицы группами в семьсот тысяч созданий; в каждую сверхвселенную назначаются по сто тысяч Посланников. Почти триллион Могущественных Посланников направлен для служения на Уверсе, и есть все основания полагать, что такое же число служит в каждой из семи сверхвселенных.

Я являюсь Могущественным Посланником, и, быть может, урантийцам будет интересно узнать, что мой партнер и товарищ по смертному опыту также одержал победу в великом испытании и что, несмотря на продолжительные периоды разлуки в течение многовекового восхождения к Хавоне, мы оказались в одной и той же группе из семисот тысяч созданий, и всё время, проведенное нами на Вайсджерингтоне, прошло в тесном и исполненном взаимной любви общении. В итоге мы прошли аттестацию и, вместе с моим товарищем, получили назначение на Уверсу сверхвселенной Орвонтон; нам часто дают совместные поручения, для исполнения которых необходимо участие двух Посланников.

Как и все объятые Троицей сыны, Могущественные Посланники направляются для участия во всех видах деятельности на уровне сверхвселенной. Они поддерживают постоянную связь со своим столичным миром через службу отражения сверхвселенной. Могущественные Посланники служат во всех секторах сверхвселенной и нередко выполняют поручения в локальных вселенных и даже в отдельных мирах, чем в данном случае занимаюсь и я.

В судах сверхвселенных Могущественные Посланники выступают в роли защитников как индивидуумов, так и планет, когда слушаются их дела; они также помогают Совершенствам Дней в управлении делами больших секторов. Их основная функция заключается в исполнении обязанностей сверхвселенских наблюдателей. Они размещаются в различных столичных мирах и на отдельных планетах особого значения в качестве официальных наблюдателей Древних Дней.

При выполнении таких назначений они также исполняют функции советников при администрациях, управляющих сферами их пребывания. Посланники играют активную роль на всех ступенях программы эволюции восходящих смертных. Вместе со своими партнерами смертного происхождения они лично информируют правительства сверхвселенных о статусе и состоянии эволюционных планов нисходящих Божьих Сынов.

Могущественные Посланники полностью осознают всё свое восхождение; именно поэтому они оказываются столь полезными и чуткими попечителями, отзывчивыми посланниками, способными служить в любом мире пространства, помогать любому созданию времени. Как только вы освободитесь от плоти, вы сможете легко и осознанно общаться с нами, ибо мы происходим из всех рас всех эволюционных миров пространства – то есть из таких смертных рас, которые наделяются Настройщиками Мышления и впоследствии сливаются с ними.

3. НАДЕЛЕННЫЕ ВЫСОКИМИ ПОЛНОМОЧИЯМИ

Наделенные Высокими Полномочиями – вторая группа Тринитизованных Сынов Достижения – это слившиеся с Настройщиками существа смертного происхождения. В течение своего длительного восхождения такие усовершенствованные смертные проявили превосходные административные способности и продемонстрировали исключительный организаторский талант. Это – цвет управляющих из числа сохранивших жизнь смертных созданий пространства.

При каждом объединении Троицы тринитизуются семьдесят тысяч Наделенных Высокими Полномочиями. Хотя локальная вселенная Небадон является сравнительно молодым творением, среди недавно тринитизованной группы существ данной категории есть ее представители. В настоящее время в Орвонтоне находятся более десяти миллиардов этих умелых управляющих. Как и все отдельные категории небесных существ, они располагают своей собственной резиденцией на Уверсе; как и у других объятых Троицей сынов, их уверсский резерв является центральным управляющим органом своей категории в Орвонтоне.

Наделенные Высокими Полномочиями представляют собой универсальных администраторов, вездесущих и неизменно эффективных управляющих Древних Дней. Они служат в любой сфере, в любом обитаемом мире, принимая участие в любой деятельности в любой из семи сверхвселенных.

Обладая незаурядной административной мудростью и необыкновенным организационным талантом, эти великолепные существа выступают в интересах сверхвселенских судов, представляя линию правосудия; они помогают вершить правосудие и исправлять ошибки в эволюционных вселенных. Поэтому, если при восхождении через миры и сферы в процессе предопределенной космической эволюции вас когда-нибудь привлекут к ответственности за ошибочные суждения, такое действие будет наверняка справедливым, ибо вашими обвинителями будут те, кто некогда являлся восходящими созданиями и кто лично знаком с каждой ступенью уже пройденного и еще ожидающего вас пути.

4. НЕ ИМЕЮЩИЕ ИМЕНИ И ЧИСЛА

Не Имеющие Имени и Числа – третья и последняя группа Тринитизованных Сынов Достижения; это такие восходящие души, которые выработали способность к поклонению, превышающую способности всех сынов и дочерей эволюционных рас в мирах времени и пространства. Они приобрели духовное представление о вечном замысле Всеобщего Отца, превосходящее понимание эволюционных созданий имени или числа; поэтому они получили название Не Имеющих Имени и Числа. В более точном переводе они назывались бы «Те, кто *выше* Имени и Числа».

Сыны этой категории принимаются в объятия Райской Троицы группами по семь тысяч. На Уверсе зарегистрировано более ста миллионов таких сынов, получивших назначение в Орвонтон.

Поскольку Не Имеющие Имени и Числа обладают высшим духовным разумом среди смертных рас, они особенно подходят для использования в судебных процессах и предлагают свое мнение, когда желательно выслушать духовную точку зрения, а также тогда, когда опыт восхождения имеет принципиальное значение для адекватного понимания вопросов, связанных с рассматриваемой судом проблемой. Они являются верховными присяжными заседателями Орвонтона. В некоторых мирах плохо управляемый суд присяжных может в большей или меньшей степени превращаться в пародию на правосудие, однако в уверсских судах и их филиалах в качестве судей-присяжных мы используем высший тип эволюционного духовного интеллекта. Судебная деятельность является высшей функцией любого правительства, и те, кому доверяется вынесение приговора, должны избираться из числа наивысших и благороднейших типов наиболее опытных и отзывчивых индивидуумов.

Отбор кандидатов для принятия в группы тринитизации Могущественных Посланников, Наделенных Высокими Полномочиями и Не Имеющих Имени и Числа происходит естественным и автоматическим образом. Райская методика отбора ни в коем случае не является произвольной. Избрание в число Тринитизованных Сынов Достижения определяется личным опытом и духовными ценностями. Такие существа обладают равной властью и одинаковым административным статусом, но все они отличаются индивидуальностью и характером; они не обезличены. Все они имеют характерные черты, что определяется особенностями их восхождения.

В дополнение к этим эмпирическим качествам, Тринитизованные Сыны Достижения были тринитизованы в божественных объятиях Райских Божеств. Поэтому они действуют в качестве равных партнеров Неизменных Сынов Троицы, ибо представляется, что объятия Троицы выделяют из течения будущего многие нереализованные потенциалы созданных существ. Но это справедливо только в отношении нынешней вселенской эпохи.

Эта группа сынов в основном, хотя и не исключительно, посвящает себя служению восходящим пространственно-временным смертным. Если точка зрения смертного создания ставится под сомнение, то вопрос разрешается обращением в комиссию восхождения, состоящую из Могущественного Посланника, Наделенного Высокими Полномочиями и Не Имеющего Имени и Числа.

Так же и вы, читающие мое послание смертные, способны совершить восхождение к Раю, достичь объятий Троицы и, став в далеком будущем помощниками Древних Дней в одной из семи сверхвселенных, получить однажды задание расширить раскрытие истины на одной из эволюционных планет, как это делаю сейчас я на Урантии.

5. ТРИНИТИЗОВАННЫЕ ОПЕКУНЫ

Тринитизованные Опекуны входят в категорию Тринитизованных Сынов Отбора. Не только ваши расы и другие смертные, обладающие потенциальной возможностью сохранения жизни, пересекают Хавону, достигают Рая и порой назначаются в сверхвселенные в помощь Неизменными Сынами Троицы, но и преданные вам серафические опекуны и не менее преданные промежуточные создания также могут претендовать на такое же признание Троицей и достижение этой высокой личностной цели.

Тринитизованные Опекуны представляют собой восходящих серафимов и преобразованные промежуточные создания, прошедшие через Хавону и достигшие Рая и Корпуса Завершения. Впоследствии они были приняты в объятия Райской Троицы и направлены под начало Древних Дней.

Кандидаты на принятие Троицей из числа восходящих серафимов удостаиваются такого признания благодаря доблестному сотрудничеству с одним из восходящих смертных, достигших Корпуса Завершения и позднее прошедших тринитизацию. Мой собственный серафический опекун периода смертной жизни прошел вместе со мной восходящий путь, впоследствии был принят Троицей и в настоящее время прикреплен к уверсскому правительству в качестве Тринитизованного Опекуна.

Так же обстоит дело и с промежуточными созданиями: многие преобразуются и достигают Рая, где – вместе с серафимами и по тем же причинам – принимаются в объятия Троицы и направляются в качестве Опекунов в сверхвселенные.

Тринитизованные Опекуны принимаются Райской Троицей группами по семьдесят тысяч, причем седьмая часть каждой группы направляется в каждую из сверхвселенных. В настоящее время на службе в Орвонтоне состоит чуть более десяти миллионов этих надежных высоких опекунов. Они проходят службу на Уверсе, а также в столичных сферах больших и малых секторов. Им помогает корпус из нескольких миллиардов секонафимов и других умелых личностей сверхвселенной.

Тринитизованные Опекуны вступают на свой путь как опекуны и продолжают оставаться ими на уровне сверхвселенной. В известном смысле, они являются служащими сверхвселенских правительств, однако, в отличие от Небесных Хранителей, они не поддерживают связь с индивидуумами. Тринитизованные Опекуны помогают группам и содействуют коллективным проектам. Они опекают архивы, планы и организации; они выполняют функции попечителей в отношении новых начинаний, личностных групп, проектов восхождения, моронтийных планов, проектирования вселенных и бесчисленных прочих дел.

6. ТРИНИТИЗОВАННЫЕ ПОСЛЫ

Тринитизованные Послы являются второй категорией Тринитизованных Сынов Отбора и подобно своим партнерам, Опекунам, набираются из двух типов восходящих созданий. Не все восходящие смертные сливаются с Настройщиками, то есть с Отцом; некоторые сливаются с Духом, другие – с Сыном. Определенное число таких слившихся с Духом и Сыном смертных достигает Хавоны и Рая. Из их рядов отбираются кандидаты на тринитизацию, и они периодически принимаются в объятия Троицы группами по семь тысяч. После этого они направляются в сверхвселенные в качестве Тринитизованных Послов Древних Дней. На Уверсе зарегистрировано почти полмиллиарда таких существ.

Тринитизованные Послы отбираются для принятия Троицей по рекомендациям их хавонских учителей. В своих группах такие создания отличаются выдающимися интеллектуальными способностями и потому становятся прекрасными помощниками правителей сверхвселенных, помогая им понимать и защищать интересы тех миров, из которых прибывают слившиеся с Духом смертные. Послы, слившиеся с Сыном, оказывают огромную помощь при решении проблем личностей, принадлежащих к категории слияния с Сыном.

Тринитизованные Послы являются посланниками Древних Дней; они направляются с любой целью в любой мир или вселенную в пределах сверхвселенной своего назначения. Особенно важна их служба в столичных мирах малых секторов; они также выполняют бесчисленные и разнообразные поручения в сверхвселенных. Они представляют собой чрезвычайный, или резервный, корпус Тринитизованных Сынов правительств сверхвселенных, благодаря чему способны исполнять самые различные задания. Они принимают участие в тысячах и тысячах начинаний в сверхвселенной, которые невозможно описать человеческому интеллекту, ибо на Урантии нет ничего, что хотя бы отдаленно напоминало такую деятельность.

7. МЕТОД ТРИНИТИЗАЦИИ

Я неспособен исчерпывающе раскрыть материальному разуму опыт высшего творческого действия совершенных и усовершенствованных духовных существ – акт тринитизации. Методы тринитизации относятся к тайнам Вайсджерингтона и Солитарингтона; они раскрываются только тем, и могут быть осмыслены только теми, кто прошел через этот уникальный опыт. Поэтому успешное описание человеческому разуму сущности и смысла этого удивительного взаимодействия выходит за пределы возможностей любого существа.

Помимо Божеств, в тринитизации способны участвовать только личности Рая-Хавоны, а также некоторые члены каждого корпуса завершителей. В особых условиях Райского совершенства эти возвышенные существа способны осуществить уникальное и дерзновенное начинание – идентификацию концепции, и не раз им удавалось создать новое существо – сына, тринитизованного созданиями.

Стремящиеся к получению такого опыта прославленные создания могут принять участие только в одном таком эпизоде, в то время как Райские Божества, очевидно, способны на все новые и новые акты тринитизации. Похоже, что Божество ограничено только одним – возможностью существования единственного Изначального и Бесконечного Духа, единственного бесконечного исполнителя объединенной воли Отца и Сына.

Слившиеся с Настройщиками восходящие смертные завершители, достигшие определенных уровней Райской культуры и духовного развития, относятся к тем, кто может попытаться осуществить тринитизацию создания. Раз в тысячелетие хавонского времени находящиеся в Раю группы завершителей отпускаются на каникулы. Существует семь различных способов проведения этого свободного времени, один из которых – предпринимаемая совместно с каким-нибудь другим завершителем или личностью системы Рай-Хавона попытка тринитизации создания.

Если два смертных завершителя, явившись перед Творцами Совокупной Вселенной, доказывают, что, независимо друг от друга, они избрали для тринитизации одну и ту же концепцию, то Творцы, по собственному усмотрению, могут распорядиться, чтобы эти прославленные смертные получили возможность продлить свои каникулы и на определенное время удалиться в отведенный для тринитизации сектор Граждан Рая. Если по окончании своего уединения они сообщают, что вместе и единодушно решили предпринять Райское действо – одухотворить, идеализировать и воплотить избранное ими оригинальное и еще не тринитизованное представление, – то по распоряжению Седьмого Главного Духа им разрешается совершить столь удивительный акт.

Порой эти дерзновенные начинания длятся невероятно долго; кажется, что проходит вечность, прежде чем преданные и целеустремленные создания, бывшие когда-то смертными – а иногда личности системы Рай-Хавона – достигают своей цели, добиваясь подлинного триумфа и воплощая в реальном существе избранное ими представление о всеобщей истине. Но не всегда этим преданным партнерам сопутствует успех; нередко их постигает неудача, хотя в их действиях невозможно обнаружить ошибку. Потерпев неудачу, кандидаты для участия в тринитизации принимаются в специальную группу завершителей, которые определяются как существа, предпринявшие высшую попытку и испытавшие высшую неудачу. Когда Райские Божества объединяются для тринитизации, они всегда добиваются успеха, чего нельзя сказать о двух однородных созданиях – попытке объединения двух членов одной и той же категории существ.

Когда новое и оригинальное существо тринитизуется Богами, то, в отношении заключенного в них потенциала божества, божественные родители остаются неизменными; однако когда такое созидательное действие совершается возвышенными созданиями, то один из заключающих союз и участвующих в этом действии индивидуумов претерпевает уникальное видоизменение личности. В определенном смысле, оба родителя сына, тринитизованного созданиями, образуют единое духовное целое. Мы полагаем, что данный статус двойного объединения некоторых духовных аспектов личности будет, возможно, преобладать, пока Верховное Существо не обретет полного и окончательного выражения личности в большой вселенной.

Одновременно с появлением нового тринитизованного созданиями сына возникает функциональный духовный союз двух родителей; на предельном функциональном уровне оба тринитизующих родителя становятся единым целым. Во всей вселенной нет созданного существа, которое могло бы объяснить это поразительное явление; такой опыт приближается к божественности. Когда Отец и Сын объединились для того, чтобы породить вечного Бесконечного Духа, то вслед за достижением своей цели они сразу же стали – и продолжают быть – как одно целое. И хотя тринитизационный союз двух созданий осуществляется на уровне бесконечных пределов совершенного союза Божеств – Всеобщего Отца и Вечного Сына, – последствия тринитизации, осуществляемой созданиями, не являются по своей природе вечными; они перестанут существовать по завершении фактуализации эмпирических Божеств.

Несмотря на то что при выполнении своих вселенских заданий родители тринитизованных созданиями сынов неразделимы, они продолжают считаться отдельными личностями в составе Корпуса Завершения и в списках Творцов Совокупной Вселенной. В течение нынешней вселенской эпохи все соединенные тринитизацией родители неразлучны в исполнении своих функций и поручений; куда направляется один, туда следует и другой; что делает один, то делает и другой. Если двойное объединение родителей включает смертного (или иного) завершителя и личность системы Рай-Хавона, то такие родительские создания не сотрудничают ни с существами Рая, ни с обитателями Хавоны, ни с завершителями. Такие смешанные союзы выделяются в особые, предназначенные для них корпуса. И во всех тринитизационных союзах, смешанных или иных, родительские существа сознают друг друга и могут общаться друг с другом; они также способны исполнять функции, ранее недоступные ни одному из них.

Семь Главных Духов обладают властью, позволяющей санкционировать тринитизационный союз завершителей и личностей Рая-Хавоны, причем такие смешанные объединения всегда успешны. Появляющиеся в результате сыны, тринитизованные созданиями, олицетворяют концепции, недоступные для понимания как вечных созданий Рая, так и временных созданий пространства; поэтому они становятся подопечными Творцов Совокупной Вселенной. Эти тринитизованные сыны будущего объединяют идеи, идеалы и *опыт*, относящийся, очевидно, к будущей вселенской эпохе и ввиду этого не представляющий непосредственной практической ценности для управления центральной вселенной или сверхвселенными. Эти уникальные сыны детей времени и обитателей вечности находятся в резерве на Вайсджерингтоне, где изучают понятия времени и реальности вечности в специальном секторе сферы, отведенном тайным колледжам корпуса Сынов-Создателей.

Верховное Существо представляет собой объединение трех стадий реальности Божества: Бога-Верховного – духовного объединения некоторых конечных аспектов Райской Троицы, Всемогущего-Верховного – силового объединения Создателей большой вселенной и Верховного Разума – индивидуального вклада Третьего Источника и Центра и равных ему божеств в реальность Верховного Существа. Обретая опыт тринитизации, возвышенные создания центральной вселенной и Рая участвуют в триедином исследовании Божества-Верховного, создавая три категории сынов, тринитизованных созданиями:

1. *Сыны, тринитизованные восходящими созданиями.* В своих созидательных актах завершители стремятся к тринитизации некоторых концептуальных реальностей Всемогущего-Верховного, которые они эмпирически приобрели при восхождении через время и пространство к Раю.

2. *Сыны, тринитизованные существами системы Рай-Хавона.* Созидательные акты Граждан Рая и обитателей Хавоны выражаются в тринитизации некоторых высших духовных аспектов Верховного Существа, эмпирически приобретенных в сверхвысших условиях, граничащих с Предельным и Вечным

3. *Тринитизованные Сыны Судьбы.* Когда в тринитизации нового создания участвуют завершитель и существо системы Рай-Хавона, такое совместное усилие влияет на некоторые аспекты Верховного-Предельного Разума. Появляющиеся в результате сыны, тринитизованные созданиями, сверхсозидательны; они представляют собой действительность Верховного-Предельного Божества, еще не обретенную эмпирически и потому автоматически попадающую в ведение Творцов Совокупной Вселенной – хранителей таких вещей, которые превышают созидательные возможности нынешней вселенской эпохи. Тринитизованные Сыны Судьбы олицетворяют некоторые аспекты нераскрытой функции Верховного-Предельного в совокупной вселенной. Мы мало что знаем об этих совместных детях времени и вечности, но мы знаем намного больше того, что имеем право раскрыть.

8. СЫНЫ, ТРИНИТИЗОВАННЫЕ СОЗДАНИЯМИ

Кроме сынов, тринитизованных созданиями, которые раскрываются в настоящем повествовании, существует множество нераскрытых категорий тринитизованных созданиями существ – разнообразное потомство многочисленных союзов семи корпусов завершителей с личностями системы Рай-Хавона. Однако все эти тринитизованные созданиями существа – раскрытые и нераскрытые – получают личность от Всеобщего Отца.

Молодые и неподготовленные сыны, тринитизованные восходящими созданиями и личностями системы Рай-Хавона, обычно направляются для прохождения длительной службы в семь Райских сфер Бесконечного Духа, где находятся на обучении у Семи Верховных Администраторов. Впоследствии они могут быть приняты Троичными Сынами-Учителями для прохождения дальнейшей подготовки в локальных вселенных.

Эти приемные сыны, происходящие от высоких и прославленных созданий, являются учениками-практикантами Сынов-Учителей; что касается классификации, то нередко они временно причисляются к этим Сынам. Они способны исполнять и исполняют многие благородные задания, самоотверженно опекая избранные для служения миры.

Сыны-Учителя локальных вселенных могут выдвигать своих тринитизованных созданиями подопечных в качестве кандидатов на принятие Райской Троицей. Из объятий Троицы они выходят как Тринитизованные Сыны Совершенства, которые поступают на службу к Древним Дней в семь сверхвселенных. Таково известное сегодня предназначение этой уникальной группы дважды тринитизованных существ.

Не все сыны, тринитизованные созданиями, принимаются в объятия Троицы; многие становятся партнерами и представителями Семи Главных Духов Рая, Отражательных Духов сверхвселенных и Материнских Духов локальных творений. Некоторые выполняют специальные задания на вечном Острове. Есть и такие, которые несут особую службу в тайных сферах Отца и Райских сферах Духа. В итоге многие попадают в объединенный корпус Тринитизованных Сынов, находящийся на внутреннем кольце Хавоны.

Высшим предназначением всех сынов, тринитизованных созданиями, – кроме Тринитизованных Сынов Совершенства и тех, кто находится на Вайсджерингтоне, – является, очевидно, вступление в Корпус Тринитизованных Завершителей, один из семи Райских Корпусов Завершения.

9. НЕБЕСНЫЕ ХРАНИТЕЛИ

Сыны, тринитизованные созданиями, принимаются в объятия Райской Троицы группами по семь тысяч. Эти тринитизованные потомки усовершенствованных людей и личностей системы Рай-Хавона одинаково принимаются Троицей, однако они назначаются в сверхвселенные в соответствии с рекомендациями их бывших наставников, Троичных Сынов-Учителей. Более преуспевшие в своем служении назначаются Помощниками Высоких Сынов; менее отличившиеся становятся Небесными Хранителями.

Когда эти уникальные существа принимаются в объятия Троицы, они становятся ценными помощниками правительств сверхвселенных. Они хорошо знакомы с проблемами восхождения, но не благодаря собственному опыту, а в результате служения вместе с Троичными Сынами-Учителями в мирах пространства.

Почти миллиард Небесных Хранителей получили назначение в Орвонтон. В основном они прикрепляются к администрации Совершенств Дней в столичных мирах больших секторов, получая компетентную помощь от корпуса восходящих смертных, слившихся с Сыном.

Небесные Хранители служат в судах Древних Дней, исполняя обязанности судебных посланников, вызывая в суд и объявляя решения различных судов сверхвселенских правительств. По поручению Древних Дней они покидают Уверсу, чтобы задержать и доставить сюда те существа, которые должны предстать перед судьями сверхвселенной; они исполняют решения о задержании любой личности в сверхвселенной. Они также сопровождают слившихся с Духом смертных локальных вселенных, когда, в силу той или иной причины, возникает необходимость в их присутствии на Уверсе.

Небесные Хранители и их партнеры, Помощники Высоких Сынов, никогда не наделялись Настройщиками. Нет среди них и существ, слившихся с Духом или Сыном. Однако объятия Троицы компенсируют статус неслияния Тринитизованных Сынов Совершенства. Объятия Райской Троицы могут воздействовать только на саму идею, персонифицированную в тринитизованном созданиями сыне, в остальных аспектах оставляя принятого в объятия сына неизменным, но подобное ограничение встречается только тогда, когда оно запланировано.

Дважды тринитизованные сыны – это восхитительные существа, но они не столь разносторонни и надежны, как их восходящие партнеры; им не хватает того огромного и глубокого личного опыта, который приобретен остальными сынами этой группы при восхождении к блаженству из мрачных пределов пространства. Мы, восходящие создания, любим их и делаем всё, что в наших силах, чтобы восполнить их недостатки, однако общение с ними наполняет нас неизменной благодарностью за наше скромное происхождение и способность приобретать опыт. Их готовность признать и осознать свои недостатки в области эмпирических реальностей вселенского восхождения несказанно прекрасна и порой весьма трогательна.

По контрасту с остальными объятыми Троицей сынами, Тринитизованные Сыны Совершенства ограничены тем, что их эмпирический опыт не включает область пространственно-временно́го. Несмотря на длительную подготовку у Верховных Администраторов и Сынов-Учителей, им недостает опыта, и если бы не это, эмпирическая насыщенность не позволила бы им оставаться в резерве в ожидании приобретения опыта в будущей вселенской эпохе. Во всём бытии нет ничего, что могло бы заменить настоящий личный опыт, и такие тринитизованные созданиями сыны находятся в резерве для эмпирической деятельности в одну из будущих вселенских эпох.

В обительских мирах я часто замечал, как даже на вновь прибывших из эволюционных миров пространства эти возвышенные служащие высших судов сверхвселенной смотрят с такой тоской и мольбой, что нельзя не понять: эти познавшие неэмпирическую тринитизацию существа действительно завидуют своим якобы менее удачливым собратьям, которые преодолевают всеобщий путь восхождения по ступеням настоящего опыта и практической жизни. Несмотря на свои недостатки и ограниченность, они необыкновенно полезны и всегда готовы помочь, когда дело касается претворения сложных административных планов правительств сверхвселенных.

10. ПОМОЩНИКИ ВЫСОКИХ СЫНОВ

Помощники Высоких Сынов – это выдающаяся группа прошедших повторную тринитизацию сынов прославленных восходящих существ из Смертного Корпуса Завершения и их вечных партнеров, личностей системы Рай-Хавона. Они получают назначения в сверхвселенные и выполняют функции личных помощников высоких сынов в правительствах Древних Дней. Их можно вполне обоснованно назвать личными секретарями. Время от времени они исполняют функции секретарей специальных комиссий и других групповых объединений высоких сынов. Они служат Совершенствователям Мудрости, Божественным Советникам, Всеобщим Цензорам, Могущественным Посланникам, Наделенным Высокими Полномочиями и Не Имеющим Имени и Числа.

Если при обсуждении Небесных Хранителей я обращал ваше внимание на ограничения и недостатки этих дважды тринитизованных сынов, то позвольте теперь, ради объективности, указать на одно их огромное достоинство – свойство, делающее их практически бесценными для нас. Самим своим происхождением такие существа обязаны тому факту, что они являются персонификацией одного высочайшего представления. Они представляют собой личностное воплощение некоторой божественной идеи, некоего всеобщего идеала в таком виде, который раньше никогда не задумывался, не получал выражения или не проходил тринитизацию. Впоследствии они были приняты в объятия Троицы; поэтому Небесные Хранители являются демонстрацией и настоящим воплощением самой мудрости божественной Троицы в отношении идеи-идеала их личностного существования. В той мере, в какой конкретная идея может быть раскрыта вселенным, эти личности воплощают всё без исключения, что мог задумать, выразить и воплотить разум любого создания или Создателя. *Они являются персонификацией этой идеи.* Неужели вам непонятно, что эти существа, каждое из которых является живым средоточием одного высочайшего представления вселенской реальности, могут оказать неоценимую помощь тем, кому доверено управление сверхвселенными?

Не так давно мне было поручено возглавить комиссию из шести высоких сынов – по одному от каждой категории, – которая была направлена для изучения трех проблем, связанных с группой новых вселенных в южных регионах Орвонтона. Я смог на практике убедиться в необыкновенной ценности Помощников Высоких Сынов, после того как отправил на имя уверсского главы их категории прошение о временном включении этих секретарей в свою комиссию. Первая из наших идей была представлена Помощником Высоких Сынов, который находился на Уверсе и был тотчас прикреплен к нашей группе. Наша вторая идея нашла воплощение в Помощнике Высоких Сынов, направленном в третью сверхвселенную. Этот источник оказал нам большую помощь через находящийся в центральной вселенной информационный центр по координации и распространению фундаментальных знаний, однако это не идет ни в какое сравнение с непосредственным присутствием личности, которая *является* представлением, тринитизованным созданиями в аспекте превосходства и тринитизованным Божествами в аспекте завершенности. Что касается нашей третьей проблемы, то, по имеющимся в Раю сведениям, такая идея еще никогда не была тринитизована созданиями.

Помощники Высоких Сынов – это уникальные и подлинные воплощения необъятных концепций и важнейших идеалов. И как таковые, они способны время от времени вносить в наши дискуссии невыразимую ясность. Подумайте, что значит для меня, отправляющегося для выполнения задания в дальние вселенные пространства, иметь подле себя Помощника Высоких Сынов, выражающего всю полноту божественного представления о само́й сути проблемы, которую мне предстоит обдумать и решить; я неоднократно убеждался в этом. Единственная трудность заключается в том, что ни одна из сверхвселенных не может иметь полного набора тринитизованных идей; мы получаем только седьмую часть этих существ; поэтому лишь примерно в одном случае из семи мы можем пользоваться личной связью с ними – даже если по существующим сведениям конкретная идея и была тринитизована.

Будь у нас на Уверсе намного больше таких существ, они принесли бы нам огромную пользу. Ввиду их важности для администраций сверхвселенных, мы всячески рекомендуем паломникам пространства и обитателям Рая попытаться предпринять тринитизацию после взаимного обогащения теми эмпирическими реальностями, которые необходимы для подобных созидательных дерзаний.

В настоящее время в нашей сверхвселенной насчитывается около одного с четвертью миллиона Помощников Высоких Сынов, служащих в больших и малых секторах, равно как и на Уверсе. Они регулярно сопровождают нас при выполнении заданий в отдаленных вселенных. Помощники Высоких Сынов не получают постоянного прикрепления к какому-либо Сыну или комиссии. Они всё время переходят с места на место, помогая там, где идея или идеал, которыми они *являются*, могут наилучшим образом способствовать вечным целям Райской Троицы, чьими сынами они стали.

Они трогательно нежны, изумительно преданны, восхитительно разумны, исключительно мудры – в том, что касается одной-единственной идеи, – и необыкновенно скромны. В то время как они способны передать вам всё богатство вселенских знаний в отношении одной своей идеи или одного идеала, грустно видеть, как они выспрашивают сведения по множеству других вопросов даже у восходящих смертных.

Этим завершается рассказ о происхождении, природе и функциях некоторых из существ, именуемых Тринитизованными Божьими Сынами, – а именно о тех, кто, пройдя божественные объятия Райской Троицы, был затем направлен для прохождения службы в сверхвселенные для мудрого и разумного сотрудничества с управляющими Древних Дней в их неустанном стремлении помочь продвижению восходящих смертных времени к центру, к их непосредственному месту назначения, Хавоне, и конечной цели – Раю.

[Изложено Могущественным Посланником, членом Просветительского Корпуса Орвонтона.]

ДОКУМЕНТ 23

ОДИНОЧНЫЕ ПОСЛАННИКИ

Одиночные Посланники – это личный и всеобщий корпус Совместного Создателя, первая и старшая категория Высших Личностей Бесконечного Духа. Они являются олицетворением изначального и одиночного созидательного акта Бесконечного Духа, целью которого было сотворение наделенных личностью одиночных духовных существ. Ни Отец, ни Сын не принимали непосредственного участия в этом грандиозном одухотворении.

Эти духовные посланники были наделены личностью в процессе единовременного созидательного акта; их численность неизменна. Хотя одно из этих необыкновенных существ сопровождает меня при выполнении настоящего задания, я не знаю, каково их общее число во вселенной вселенных. Время от времени я лишь узнаю общее количество Посланников, зарегистрированных в конкретный момент в нашей сверхвселенной. Судя по последнему уверсскому отчету, в пределах Орвонтона находятся почти 7690 триллионов Одиночных Посланников. Я полагаю, что это значительно меньше седьмой части от их общего числа.

1. ПРИРОДА И ПРОИСХОЖДЕНИЕ ОДИНОЧНЫХ ПОСЛАННИКОВ

Сразу же за созданием Семи Кольцевых Духов Хавоны Бесконечный Дух сотворил обширный корпус Одиночных Посланников. Кроме Рая и колец Хавоны нет ничего, что предшествовало бы Одиночным Посланникам; их деятельность в большой вселенной восходит к истокам вечности. Они неотделимы от божественного метода самораскрытия Бесконечного Духа необъятному творению времени и пространства и его личной связи с этим творением.

Несмотря на свое почти вечное существование, все посланники помнят момент возникновения своей личности. Они осознают течение времени, являясь первыми творениями Бесконечного Духа, обладающими этим свойством. Это первые создания Бесконечного Духа, персонализированные во времени и одухотворенные в пространстве.

Эти одиночные духи появились на заре времени в виде законченных и совершенных духовных существ. Все они одинаковы и не имеют классов или подгрупп, основанных на индивидуальных отличиях. Их классификации определяются исключительно тем видом деятельности, которую они периодически выполняют.

Смертные начинают свой путь в мирах пространства, представляя собой почти полностью материальные создания, и восходят к Великим Центрам. Эти одиночные духи исходят из всеобщего центра и стремятся получить назначения в дальние творения, вплоть до индивидуальных миров в самых отдаленных локальных вселенных и еще более далеких пределах.

Несмотря на свое название, Одиночные Посланники не страдают от одиночества – они действительно любят работать в одиночку. Это единственные существа во всём творении, которые способны получать – и получают – удовольствие от одиночества, хотя они в равной степени радуются общению с теми немногими категориями разумных существ, с которыми способны сблизиться.

В своем служении Одиночные Посланники не изолированы; они находятся в постоянном контакте со всем богатством интеллектуальной жизни всего творения, поскольку они способны «подключаться» к любой трансляции в мирах своего пребывания. Они также могут общаться с членами своего непосредственного корпуса – существами, выполняющими аналогичную работу в той же сверхвселенной. Они могли бы связываться и с другими членами своей категории, однако совет Семи Главных Духов предписал им не делать этого, а эти лояльные существа неспособны ослушаться или допустить проступок. Неизвестно ни одного случая падения Одиночного Посланника во власть тьмы.

Как и Управляющие Вселенской Энергией, Одиночные Посланники относятся к тем немногим типам действующих в мирах существ, которые не могут быть арестованы или задержаны судами времени и пространства. Они могут быть вызваны только в суд Семи Главных Духов, но на протяжении всей истории совокупной вселенной не было случая, чтобы этот Райский совет собрался для предания суду Одиночного Посланника.

Эти посланники, выполняющие свои назначения в одиночестве, представляют собой класс надежных, самостоятельных, разносторонних, по-настоящему духовных и отзывчивых созданий, вышедших из недр Третьего Источника и Центра; они подчиняются власти Бесконечного Духа, пребывающего на центральном Острове Рай и воплощенного в столичных мирах локальных вселенных. Даже тогда, когда они функционируют в локальных творениях и находятся под прямым воздействием Материнских Духов локальных вселенных, они постоянно связаны с контуром, исходящим из Бесконечного Духа.

Одиночные перемещения и труд Одиночных Посланников объясняются технической необходимостью. Оставаясь на одном месте, они способны на короткое время объединяться в группы, оказываясь, однако, полностью отрезанными от поддержки и управления своего Райского контура; они становятся совершенно изолированными. Если при перемещении или выполнении действий в контурах пространства и потоках времени двое или большее число посланников оказываются в непосредственной близости друг от друга, оба или все они выводятся из связи с высшими контурными силами. Используя ваше выражение, можно сказать, что они «замыкаются накоротко». Поэтому Посланники обладают способностью подачи автоматического сигнала тревоги – предостережения, которое безошибочно предупреждает о возможном столкновении и надежно удерживает их на безопасном расстоянии, необходимом для обеспечения должных и эффективных действий. Они также располагают врожденной и автоматической способностью обнаруживать и обозначать близость как Вдохновенных Троичных Духов, так и божественных Настройщиков Мышления.

Посланники не обладают способностью распространения или воспроизводства личности, но во вселенных практически нет таких дел, которыми они не могли бы заниматься и в которые не могли бы внести свой существенный и ценный вклад. Особенно значительна их способность экономить время тем, кто связан с ведéнием вселенских дел. Они помогают нам всем – от высших до низших.

2. НАЗНАЧЕНИЯ ОДИНОЧНЫХ ПОСЛАННИКОВ

Одиночные Посланники не являются постоянно прикрепленными ни к одной небесной личности или группе личностей. Они действуют только на основании полученных заданий, и, выполняя такие назначения, они трудятся под непосредственным наблюдением тех, кто управляет соответствующими мирами. Они не имеют ни собственной организации, ни руководства; они являются *Одиночными* Посланниками.

Бесконечный Дух назначает Одиночных Посланников для исполнения семи видов служения:

1. Посланники Райской Троицы.
2. Посланники колец Хавоны.
3. Посланники сверхвселенных.
4. Посланники локальных вселенных.
5. Свободные исследователи.
6. Послы и эмиссары по особым поручениям.
7. Просветители.

Являясь полностью взаимозаменяемыми, эти духовные посланники могут переходить из одной службы в другую; такие перемещения происходят постоянно. Не существует отдельных категорий Одиночных Посланников; все они схожи по своему духовному содержанию и во всех смыслах слова одинаковы. Хотя им присвоены номера, Бесконечный Дух знает их по именам. Для остальных из нас они известны по имени или номеру, обозначающему их текущее назначение.

1. *Посланники Райской Троицы*. Я не вправе раскрывать многое из того, что касается труда этой группы посланников, отведенных Троице. Они являются доверенными тайными слугами Божеств, и не было случая, чтобы существо, которому доверено особое послание, касающееся нераскрытых планов и будущего поведения Богов, предало бы его огласке или не оправдало бы доверия, оказанного его категории. Всё это говорится здесь не для выпячивания их совершенства, а чтобы подчеркнуть тот факт, что Божества способны создавать и создают *совершенные существа*.

Путаница и смятение, царящие на Урантии, не означают того, что у Райских Правителей отсутствует интерес или способность вести дела по-иному. Создатели наделены всей властью для того, чтобы превратить Урантию в настоящий рай, однако такой Эдем ничего не дал бы для формирования тех сильных, благородных и опытных характеров, которых Боги столь неуклонно выковывают в вашем мире между наковальней необходимости и молотом страданий. Ваши тревоги и печали, ваши испытания и разочарования – такая же часть божественного плана в вашей сфере, как и изысканное совершенство и бесконечное соответствие всех вещей своему высшему назначению в мирах центральной божественной вселенной.

2. *Посланники колец Хавоны*. В течение своего восхождения – вначале смутно, а затем всё явственнее – вы будете замечать присутствие Одиночных Посланников; но только достигнув Хавоны, вы станете безошибочно узнавать их. Первыми посланниками, с которыми вы столкнетесь лицом к лицу, будут посланники колец Хавоны.

Одиночные Посланники связаны особыми отношениями с уроженцами миров Хавоны. Теряя столь многие свои качества при общении друг с другом, эти посланники способны поддерживать – и поддерживают – весьма тесную связь с уроженцами Хавоны. Однако человеческому разуму совершенно невозможно передать высшее наслаждение, извлекаемое из взаимного общения разума божественно совершенного существа с духом почти трансцендентной личности.

3. *Посланники сверхвселенных*. Древние Дней – личности троичного происхождения, вершащие судьбы семи сверхвселенных; эти трио божественного могущества и административной мудрости щедро снабжаются Одиночными Посланниками. Только через данную категорию посланников триединые правители одной сверхвселенной способны непосредственно и лично общаться с правителями другой. Одиночные Посланники являются единственными духовными разумными существами – за исключением, возможно, только Вдохновенных Троичных Духов, – которых можно отправить из столицы одной сверхвселенной непосредственно в столицу другой. Все остальные личности должны выполнять подобные путешествия через Хавону и административные миры Главных Духов.

Существует информация, которую невозможно получить с помощью Гравитационных Посланников, отражения или трансляций. И тогда для приобретения соответствующих знаний Древним Дней приходится отправлять к источнику информации Одиночного Посланника. Задолго до появления на Урантии жизни, посланник, связанный в настоящее время со мной, получил назначение за пределы Уверсы, в центральную вселенную. В течение почти миллиона лет его не было в списках Орвонтона, однако он вернулся в установленное время с необходимой информацией.

Нет пределов служению Одиночных Посланников в сверхвселенных; они способны приводить в исполнение приговоры высоких судов или собирать информацию во благо сферы. Из всех сверхтворений больше всего они любят служить в Орвонтоне, ибо здесь существует наибольшая потребность в их услугах и широчайшие возможности для героического труда. Все мы получаем удовлетворение от того, что действуем с еще большей самоотдачей в тех мирах, которые более других нуждаются в нашей помощи.

4. *Посланники локальных вселенных*. Ничем не ограничены действия Одиночных Посланников на службе в локальных вселенных. Они преданно раскрывают мотивы и намерения Материнского Духа локальной вселенной, хотя целиком подчиняются юрисдикции правящего Сына-Владыки. Это справедливо в отношении всех посланников, действующих в локальной вселенной, отправляются ли они с поручениями непосредственно из столичного мира вселенной или временно связаны с Отцами Созвездий, Властелинами Систем или Планетарными Князьями. В течение становления Сына-Создателя в качестве полновластного правителя своей вселенной и вплоть до сосредоточения в его руках всей полноты власти эти посланники локальных вселенных действуют под общим управлением Древних Дней и отчитываются непосредственно их местному представителю – Союзу Дней.

5. *Свободные исследователи*. Когда резервный корпус Одиночных Посланников переполняется, один из Семи Верховных Управляющих Энергией объявляет набор исследователей-добровольцев. Таковые всегда объявляются в избытке, ведь посланники с радостью отправляются в качестве свободных и ничем не стесненных исследователей, дабы ощутить восторг открытия зарождающихся центров новых миров и вселенных.

Они отправляются в путь для исследования данных, предоставляемых мировыми созерцателями пространства. Райские Божества несомненно знают о существовании нераскрытых энергетических систем, однако они никогда не разглашают подобную информацию. Если бы не Одиночные Посланники, которые исследуют и картируют эти недавно сформировавшиеся энергетические центры, то такие явления еще долго оставались бы незамеченными даже для разумных существ соседних миров. Как класс, Одиночные Посланники чрезвычайно чувствительны к гравитации; поэтому иногда им удается обнаружить возможное присутствие особо малых темных планет – тех самых миров, которые наилучшим образом приспособлены для экспериментов с жизнью.

Свободные посланники-исследователи – это дозорные совокупной вселенной. Они постоянно совершают исследовательские экспедиции в неизученные регионы внешнего пространства. Из того, что нам известно о процессах, происходящих в мирах внешнего пространства, очень многим мы обязаны изысканиям Одиночных Посланников, ибо они часто сотрудничают с небесными астрономами.

6. *Послы и эмиссары по особым поручениям.* Расположенные в пределах одной и той же сверхвселенной локальные вселенные обычно обмениваются послами из числа местных категорий сыновства. Но чтобы избежать задержек, Одиночные Посланники часто направляются в качестве послов из одного локального творения в другое, выполняя роль представителей и истолкователей миров. Приведем пример. Когда обнаруживается новый обитаемый мир, он может оказаться столь удаленным в пространстве, что пройдет целая вечность, прежде чем серафимированный посол сможет достичь этой отдаленной вселенной. Серафимированное существо способно развивать скорость не более 558 840 урантийских миль за секунду вашего времени. Массивные звезды, встречные потоки, необходимость обходить препятствия, а также отклоняющие объекты замедляют перемещение, так что при продолжительных путешествиях средняя скорость составляет примерно 550 000 миль в секунду.

Когда оказывается, что для достижения отдаленной локальной вселенной местному послу потребуется не одно столетие, нередко туда немедленно направляется Одиночный Посланник для временного исполнения посольских обязанностей. Одиночные Посланники способны чрезвычайно быстро перемещаться в пространстве – не так, как Гравитационные Посланники, независимо от времени и пространства, но схожим образом. Функции эмиссаров по особым поручениям они исполняют и в других случаях.

7. *Просветители.* Раскрытие истины рассматривается Одиночными Посланниками как высочайший долг своей категории. Вновь и вновь действуют они в этом качестве – от сверхвселенных до индивидуальных планет пространства. Нередко они прикрепляются к комиссиям, которые посылаются для расширения представления об истине в мирах и системах.

3. СЛУЖЕНИЕ ОДИНОЧНЫХ ПОСЛАННИКОВ ВО ВРЕМЕНИ И ПРОСТРАНСТВЕ

Одиночные Посланники – это высший тип совершенных и пользующихся доверием личностей, способных на быструю передачу важных и срочных посланий в случаях, когда использование трансляции или отражения нецелесообразно. Они выполняют бесконечные виды поручений, помогая духовным и материальным существам миров, особенно там, где учитывается фактор времени. Из всех категорий, получивших назначения в различные службы в пределах сверхвселенной, они являются высшими и наиболее разносторонними личностными существами, способными вплотную приближаться к преодолению пространства и времени.

Во вселенной достаточно духовных существ, использующих гравитацию для перемещения в пространстве. Такие существа способны появляться в любой момент где угодно – моментально, – однако они не являются личностями. Некоторые из тех, кто пользуется гравитационным переносом, относятся к личностным категориям – например, Гравитационные Посланники и Трансцендентальные Регистраторы, – но их невозможно использовать для нужд управления сверх- или локальными вселенными. Миры изобилуют ангелами, людьми и другими высоколичностными существами, но им мешает время и пространство. Максимальная скорость большинства несерафимированных существ составляет 186 280 ваших миль за секунду вашего времени; промежуточные и некоторые другие создания способны достичь (и часто достигают) двойной скорости – 372 560 миль в секунду, в то время как серафимы и другие пересекают пространство с тройной скоростью – около 558 840 миль в секунду. Кроме Одиночных Посланников не существует транспортных или курьерских личностей, функционирующих в диапазоне скоростей между моментальными скоростями гравитационного переноса и относительно низкими скоростями серафимов.

Ввиду этого Одиночные Посланники широко используются с курьерскими и другими поручениями в таких ситуациях, когда личность имеет принципиальное значение для выполнения задания и когда желательно избежать потерь времени, неизбежных при отправке личностного посланника иного типа. Это единственная категория определенно личностных существ, способных синхронизироваться с совмещенными всеобщими потоками большой вселенной. Они пересекают пространство с различной скоростью, что зависит от привходящих факторов, но известно, что при выполнении данного поручения мой ассоциированный посланник перемещался со скоростью 841 621 642 000 ваших миль за секунду вашего времени.

Я совершенно неспособен объяснить материальному разуму, каким образом дух может быть подлинной личностью и в то же время пересекать пространство с такой колоссальной скоростью. Однако точно такие же Одиночные Посланники действительно прибывают на Урантию и отбывают отсюда с этими непостижимыми скоростями. Более того, вся система вселенского управления была бы в значительной мере лишена своего личностного элемента, если бы это было не так.

Одиночные Посланники способны прокладывать линии экстренной связи в дальних регионах пространства, в мирах, не охваченных установленными контурами большой вселенной. Оказывается, что в таких случаях один посланник может отправить сообщение или пространственный импульс другому, находящемуся от него на расстоянии примерно в сто световых лет, если определять межзвездные расстояния так, как это делают астрономы Урантии.

Из мириад существ, сотрудничающих с нами в управлении делами сверхвселенной, они являются наиболее полезными благодаря своей практической помощи и способности экономить время. Во вселенных пространства мы должны считаться с ограничениями времени. Этим объясняется огромное значение Одиночных Посланников, которые, используя свои коммуникационные прерогативы, становятся в некотором смысле независимыми от пространства и, благодаря своим колоссальным скоростям, обретают почти полную независимость от времени.

Мне трудно объяснить смертным Урантии, каким образом Одиночные Посланники не имеют формы и в то же время обладают подлинными и определенными личностями. Не имея формы, ассоциируемой обычно с личностью, они, тем не менее, обладают духовным присутствием, различимым для всех высших типов духовных существ. Одиночные Посланники – единственный класс существ, которые, по-видимому, обладают практически всеми преимуществами бесформенного духа в сочетании со всеми прерогативами полноценной личности. Они являются истинными личностями – и, несмотря на это, наделены почти всеми атрибутами безличностного духовного проявления.

В семи сверхвселенных наблюдается, хотя и не всегда, следующая закономерность: всё, что в тенденции способствует повышению степени свободы какого-либо создания от ограничений времени и пространства, ведет к пропорциональному уменьшению прерогатив личности. Одиночные Посланники являются исключением из этого общего правила. В своей деятельности они практически неограничены в использовании любого и всех бесконечных путей духовного выражения, божественного служения, личной опеки и космической связи. Если бы вы могли посмотреть на этих необыкновенных существ в свете моего опыта в вопросах управления вселенной, вы поняли бы, сколь сложно было бы координировать дела сверхвселенной без их разностороннего участия.

До каких бы пределов ни увеличилась вселенная, новые Одиночные Посланники, вероятно, создаваться не будут. По мере роста вселенных, возрастающие административные обязанности должны всё больше исполняться другими типами духовных попечителей и теми существами, которые появляются в этих новых творениях, – такими как создания Полновластных Сынов и Материнских Духов локальных вселенных.

4. ОСОБОЕ СЛУЖЕНИЕ ОДИНОЧНЫХ ПОСЛАННИКОВ

Одиночные Посланники, очевидно, являются координаторами личностей всех типов духовных существ. Их служение способствует развитию родственных черт во всех личностях необъятного духовного мира. Они вносят большой вклад в развитие у всех духовных существ сознания групповой идентичности. Каждому типу духовных существ помогают специальные группы Одиночных Посланников, укрепляющих способность таких существ понимать и сближаться со всеми другими категориями, сколь бы различными они ни были.

Одиночные Посланники демонстрируют такую поразительную способность координировать все типы и категории конечных личностей, и даже устанавливать связь с абсонитным режимом высших управляющих совокупной вселенной, что некоторые из нас допускают наличие определенной связи между сотворением Бесконечным Духом этих посланников и посвящением Совместным Действующим Лицом Верховного-Предельного Разума.

Когда завершитель и Гражданин Рая объединяются для тринитизации «дитя времени и вечности» – взаимодействия, затрагивающего нераскрытые потенциалы разума Верховного-Предельного, – и после того как появившаяся неклассифицированная личность отсылается на Вайсджерингтон, Одиночный Посланник (предполагаемое личностное последствие посвящения такого божественного разума) всегда назначается спутником-опекуном сына, тринитизованного созданиями. Посланник сопровождает нового сына судьбы к миру его назначения и уже никогда не покидает Вайсджерингтон. Прикрепленный к дитя времени и вечности, Одиночный Посланник навечно переходит в исключительное подчинение Творцов Совокупной Вселенной. Мы ничего не знаем о будущем этих необычных союзов. Уже целую вечность пары таких уникальных личностей собираются на Вайсджерингтоне, но еще ни одна из них не покинула его пределы.

Число Одиночных Посланников неизменно, однако тринитизация сынов судьбы, по-видимому, не знает ограничений. Ввиду того, что к каждому тринитизованному сыну судьбы прикрепляется Одиночный Посланник, нам представляется, что когда-нибудь, в отдаленном будущем, число посланников будет исчерпано. Кто придет им на смену в большой вселенной? Перейдут ли их обязанности к Вдохновенным Троичным Духам после каких-то изменений в их среде? Настанет ли такое время, когда большая вселенная будет более непосредственно управляться существами троичного происхождения, в то время как создания одиночного и двуединого происхождения переместятся в миры внешнего пространства? Если посланники вернутся к своему прежнему служению, будут ли сыны судьбы сопровождать их? Прекратятся ли совместные тринитизации завершителей и жителей Рая-Хавоны, когда число Одиночных Посланников как спутников-опекунов сынов судьбы будет исчерпано? Будут ли все эти эффективные Одиночные Посланники сосредоточены на Вайсджерингтоне? Будут ли эти необыкновенные духовные личности вечно связаны с тринитизованными сынами нераскрытой судьбы? Какое значение мы должны придавать тому факту, что пары, собирающиеся на Вайсджерингтоне, находятся в исключительном подчинении у могущественных таинственных существ – Творцов Совокупной Вселенной? Мы задаемся этими и многими другими схожими вопросами и обращаемся с ними к многочисленным категориям небесных существ, но мы не знаем ответов.

Как и многие другие процессы в управлении вселенными, эти действия безошибочно свидетельствуют о том, что персонал большой вселенной, включая Хавону и Рай, претерпевает явную и определенную реорганизацию в соответствии и в согласовании с колоссальными энергетическими эволюциями, происходящими сегодня в регионах внешнего пространства.

Мы склонны считать, что вечное будущее станет свидетелем таких явлений вселенской эволюции, которые значительно превзойдут всё то, что было в вечном прошлом. И мы ожидаем эти грандиозные начинания, как должны ожидать и вы, с огромным энтузиазмом и всё большей надеждой.

[Представлено Божественным Советником Уверсы.]

ДОКУМЕНТ 24

ВЫСШИЕ ЛИЧНОСТИ БЕСКОНЕЧНОГО ДУХА

На Уверсе мы разделяем все личности и сущности Совместного Творца на три большие группы: Высшие Личности Бесконечного Духа, посланники пространства и попечительские духи времени – духовные существа, имеющие отношение к просвещению волевых созданий и служению им в рамках программы восхождения и эволюции смертных.

Те из Высших Личностей Бесконечного Духа, которые упоминаются в данных повествованиях, действуют в большой вселенной в семи подгруппах:

1. Одиночные Посланники.
2. Смотрители Вселенских Контуров.
3. Регистраторы Волевых Созданий.
4. Личные Помощники Бесконечного Духа.
5. Ассоциированные Инспекторы.
6. Полномочные Стражи.
7. Проводники Смертных Кандидатов.

Одиночные Посланники, Смотрители Контуров, Регистраторы Волевых Созданий и Личные Помощники отличаются своей колоссальной антигравитационной способностью. Неизвестно, располагают ли Одиночные Посланники постоянной резиденцией; они странствуют из одних вселенных в другие. Центральные резиденции Смотрителей Вселенских Контуров и Регистраторов Волевых Созданий находятся в столицах сверхвселенных. Личные Помощники Бесконечного Духа размещаются на центральном Острове Света. Опорными пунктами Ассоциированных Инспекторов и Полномочных Стражей являются, соответственно, столицы локальных вселенных и столичные миры входящих в них систем. Проводники Смертных Кандидатов обитают в Хавоне и действуют в каждом из миллиарда ее миров. Большинство этих высших личностей обладают опорными пунктами в локальных вселенных, однако они не имеют органической связи с администрациями эволюционных миров.

Из семи классов, составляющих эту группу, только Одиночные Посланники и, возможно, Личные Помощники охватывают своей деятельностью всю вселенную вселенных. Одиночные Посланники встречаются повсюду, начиная с Рая: на кольцах Хавоны, в столицах сверхвселенных, в секторах, локальных вселенных и их составных частях – вплоть до обитаемых миров. Хотя Одиночные Посланники относятся к Высшим Личностям Бесконечного Духа, их происхождение, природа и служение описаны в предыдущем документе.

1. СМОТРИТЕЛИ ВСЕЛЕНСКИХ КОНТУРОВ

Может показаться, что мощные энергетические потоки пространства и контуры духовной энергии функционируют автоматически, беспрепятственно, но это не так. Все эти колоссальные энергетические системы контролируются; они подчиняются разумному управлению. Смотрители Вселенских Контуров не занимаются чисто физической, или материальной, энергией, относящейся к области Управляющих Вселенской Энергией: их деятельность связана с контурами относительной духовной энергии и теми модифицированными контурами, которые имеют принципиальное значение для существования как высокоразвитых духовных существ, так и морontийного – или переходного – типа разумных созданий. Смотрители не порождают контуры энергии и сверхсущность божественности, но в целом они связаны со всеми высшими духовными контурами времени и вечности и всеми соответствующими духовными контурами, имеющими отношение к управлению составными частями большой вселенной. Они управляют и контролируют все подобные контуры духовной энергии за пределами Острова Рай.

Смотрители Вселенских Контуров – исключительное творение Бесконечного Духа. Они функционируют только в качестве посредников Совместного Вершителя и наделены личностью для служения в четырех категориях:

1. Верховные смотрители контуров.
2. Ассоциированные смотрители контуров.
3. Вторичные смотрители контуров.
4. Третичные смотрители контуров.

Численность верховных смотрителей Хавоны и ассоциированных смотрителей семи сверхвселенных постоянна; новые существа этих категорий не создаются. Верховных смотрителей семь, и они расположены в направляющих мирах семи колец Хавоны. Контуры семи сверхвселенных находятся в вéдении изумительной группы из семи ассоциированных смотрителей, чьи резиденции расположены в семи Райских сферах Бесконечного Духа – в мирах Семи Верховных Администраторов. Отсюда они наблюдают за контурами сверхвселенных пространства и управляют ими.

Здесь, в Райских сферах Духа, семь ассоциированных смотрителей контуров, под началом Верховных Администраторов, объединяют свои усилия с первой категорией Верховных Силовых Центров, что выражается в субрайской координации всех материальных и духовных контуров, уходящих к семи сверхвселенным.

Вторичные смотрители, предназначенные для локальных вселенных времени и пространства, находятся в столичных мирах каждой сверхвселенной. Большие и малые секторы являются административными подразделениями правительств сверхвселенной, однако не имеют отношения к контролю духовной энергии. Я не знаю, какова общая численность вторичных смотрителей контуров в большой вселенной, но на Уверсе таких существ насчитывается 84 691. Вторичные смотрители продолжают создаваться; время от времени они появляются в мирах Верховных Администраторов в группах по семьдесят существ. Мы получаем их по заявкам по мере подготовки к учреждению отдельных контуров духовной энергии и связующих силовых контуров для зарождающихся вселенных, которые относятся к нашей юрисдикции.

Третичные смотрители контуров функционируют в столичных мирах каждой локальной вселенной. Как и вторичные смотрители, эта категория продолжает создаваться, пополняясь группами по семьсот существ. Они назначаются в локальные вселенные Древними Дней.

Смотрители контуров созданы для выполнения специфических функций, и они вечно служат в группах своего изначального назначения. Не сменяемые по ротации, они проводят вековые исследования проблем, обнаруженных в мирах назначения. Например, третичный смотритель контуров номер 572 842 функционирует на Салвингтоне со времени появления первой концепции вашей локальной вселенной и относится к личному персоналу Михаила Небадонского.

Как в локальных вселенных, так и во вселенных более высокого уровня смотрители контуров адресуют всех заинтересованных существ к соответствующим контурам для трансляции любых духовных посланий и перемещения любых личностей. В своей деятельности по наблюдению за контурами эти умелые существа пользуются всеми факторами, силами и личностями вселенной вселенных. Они используют нераскрытых «высоких духовных управляющих контуров» и получают квалифицированную помощь от многочисленных групп личностей Бесконечного Духа. Именно они изолируют эволюционный мир, если Планетарный Князь восстает против Всеобщего Отца и его наместника – Сына. Они обладают возможностью исключать любой мир из некоторых вселенских контуров высшего духовного порядка, но они неспособны аннулировать материальные потоки управляющих энергией.

Отношение Смотрителей Вселенских Контуров к духовным контурам напоминает отношение Управляющих Вселенской Энергией к материальным контурам. Обе эти категории дополняют друг друга, в совокупности обеспечивая надзор за всеми духовными и всеми материальными контурами, которые могут управляться созданиями.

В определенной мере, смотрители контуров осуществляют надзор за теми контурами разума, которые связаны с духом, во многом так же, как управляющие энергией оказывают некоторое влияние на те аспекты разума, которые связаны с физической энергией, то есть на механический разум. В целом, функции каждой категории расширяются посредством объединения с противоположной, но контуры чистого разума не относятся к компетенции ни одной из сторон. Нет между этими категориями и равенства: во всей своей разносторонней деятельности Смотрители Вселенских Контуров повинуются Семи Верховным Управляющим Энергией и их подчиненным.

Несмотря на то что в пределах соответствующих категорий смотрители контуров совершенно одинаковы, все они являются различными индивидуумами. Это подлинно личностные существа, но личность они получили не от Отца; этот тип личности никогда не встречался в других типах созданий в течение всего существования совокупной вселенной.

Хотя вы узнáете их и познакомитесь с ними на своем пути к Раю, личных отношений у вас не будет. Смотрители контуров строго и эффективно исполняют свои обязанности. Они поддерживают отношения только с теми личностями и сущностями, которые контролируют деятельность, связанную с вверенными им контурами.

2. РЕГИСТРАТОРЫ ВОЛЕВЫХ СОЗДАНИЙ

Несмотря на то что космический разум Всеобщего Интеллекта знает присутствие и местонахождение всех *мыслящих* созданий, во вселенной вселенных используется независимый метод учета всех *волевых* созданий.

Регистраторы Волевых Созданий являются особым завершенным творением Бесконечного Духа; их общая численность нам неизвестна. Они наделены способностью поддерживать безупречную синхронность с системой отражения сверхвселенных и в то же время обладают личной чувствительностью к разумной *воле* и способностью реагировать на нее. Используя не совсем понятный метод, эти регистраторы немедленно осознают рождение воли в любой точке большой вселенной. Поэтому они всегда могут предоставить нам исчерпывающую информацию о числе, природе и местонахождении всех волевых созданий любого региона центрального творения и семи сверхвселенных. Однако в Раю их нет – здесь нет потребности в их услугах. Знание присуще Раю; Божества знают всё.

Семь Регистраторов Волевых Созданий действуют в Хавоне, по одному в каждом из направляющих миров ее колец. Кроме них и резервных существ данной категории, находящихся в Райских мирах Духа, деятельность всех Регистраторов Волевых Созданий относится к юрисдикции Древних Дней.

Регистратору Волевых Созданий, управляющему своей службой из столичного мира сверхвселенной, подчиняются многие тысячи регистраторов – по одному в столице каждой локальной вселенной. Все личности данной категории одинаковы, исключая тех, которые находятся в направляющих мирах Хавоны, и семерых управляющих соответствующими службами в сверхвселенных.

В седьмой сверхвселенной насчитывается сто тысяч Регистраторов Волевых Созданий. Это только те существа, которые зарезервированы за локальными вселенными; сюда не входит личный штат Усатии – главы всех регистраторов сверхвселенной Орвонтон. Как и другие главы сверхвселенных, Усатия не принимает непосредственного участия в регистрации воли разумных созданий. Он настроен только на прием информации от своих подчиненных во вселенных Орвонтона; таким образом он действует как величественная личность, суммируя отчеты, поступающие из столиц локальных творений.

На основании регистраций, воспринятых личностью Усатии, официальные регистраторы Уверсы включают в свои документы периодическую информацию о статусе сверхвселенной. Такие регистрационные данные относятся только к сверхвселенной; эти отчеты не передаются ни в Хавону, ни в Рай.

Как и другие волевые создания, люди интересуют Регистраторов Волевых Созданий только в смысле регистрации факта появления воли. Они не касаются сведений о вашей жизни и делах; их не следует путать с регистрирующими личностями. Орвонтонский Регистратор Волевых Созданий Небадона номер 81 412, находящийся сейчас на Салвингтоне, в данный момент знает о вашем живом присутствии здесь, на Урантии, и лично осознаёт его; он зафиксирует вашу смерть, как только вы прекратите существование в качестве волевого создания.

Регистраторы Волевых Созданий отмечают появление нового волевого создания после совершения первого волевого акта; они регистрируют смерть волевого создания после последнего проявления воли. Частичное проявление воли, наблюдаемое в реакциях некоторых высших животных, не относится к области Регистраторов. Они ведут учет только полноценных волевых созданий и реагируют только на *проявление воли*. Как именно происходит такая регистрация, мы не знаем.

Эти существа всегда были – и всегда будут – Регистраторами Волевых Созданий. В любой другой сфере деятельности во вселенной они были бы относительно бесполезны. Свои функции они выполняют безупречно; они никогда не допускают проступков и не фальсифицируют фактов. И несмотря на свои замечательные способности и невероятные полномочия, они являются личностями; они обладают распознаваемым духовным присутствием и формой.

3. ЛИЧНЫЕ ПОМОЩНИКИ БЕСКОНЕЧНОГО ДУХА

Мы не располагаем достоверной информацией о времени или характере сотворения Личных Помощников. Вероятно, их должно быть великое множество, но точное их число на Уверсе неизвестно. По скромным оценкам, основанным на том, что́ известно об их труде нам, я готов предположить, что вся их категория исчисляется многими триллионами. Мы придерживаемся мнения, что сотворение Личных Помощников Бесконечным Духом не имеет количественных ограничений.

Личные Помощники Бесконечного Духа существуют исключительно для содействия Райскому присутствию Третьего Лица Божества. Несмотря на то что Помощники прикреплены к Бесконечному Духу и располагаются в Раю, они постоянно совершают молниеносные перемещения в пространстве, достигая самых отдаленных уголков творения. Каждое расширение контуров Совместного Вершителя может сопровождаться появлением Личных Помощников, исполняющих распоряжения Бесконечного Духа. Они пересекают пространство во многом так же, как это делают Одиночные Посланники, но не являются личностями в том же смысле слова.

Все Личные Помощники равны и идентичны; они не обнаруживают различий в индивидуальности. Хотя для Совместного Вершителя они являются подлинными личностями, другим существам трудно считать их таковыми; у них нет духовного присутствия, воспринимаемого остальными духами. Существа Райского происхождения всегда ощущают близость таких Помощников, однако мы не замечаем личностного присутствия. Отсутствие очевидной формы делает их, несомненно, еще более полезными для Третьего Лица Божества.

Личные Помощники – практически единственная из всех раскрытых вам категорий духовных существ, берущих свое начало в Бесконечном Духе, с которой вы не встретитесь при восхождении к Раю.

4. АССОЦИИРОВАННЫЕ ИНСПЕКТОРЫ

Находящиеся в семи Райских сферах Бесконечного Духа Семь Верховных Администраторов совместно исполняют функции административного совета сверхуправляющих семью сверхвселенными. Ассоциированные Инспекторы суть личное воплощение власти Верховных Администраторов в локальных вселенных времени и пространства. Эти высокие наблюдатели локальных творений являются совместным потомством Бесконечного Духа и Семи Главных Духов Рая. Семьсот тысяч Инспекторов были наделены личностью у истоков вечности, и их резервный корпус находится в Раю.

Ассоциированные Инспекторы трудятся под непосредственным началом Семи Верховных Администраторов, являясь их личными и могущественными представителями в локальных вселенных времени и пространства. В столичной сфере каждого локального творения есть свой инспектор, поддерживающий тесную связь с местным Союзом Дней.

Ассоциированные Инспекторы получают отчеты и рекомендации только от своих подчиненных – Полномочных Стражей, расположенных в столицах локальных систем обитаемых миров; в свою очередь, Инспекторы подотчетны только своему непосредственному начальнику – Верховному Администратору соответствующей сверхвселенной.

5. ПОЛНОМОЧНЫЕ СТРАЖИ

Полномочные Стражи являются координирующими личностями и связными Семи Верховных Администраторов. Они были наделены личностью в Раю Бесконечным Духом и созданы для выполнения специальных заданий. Их численность постоянна и составляет ровно семь миллиардов.

Подобно Ассоциированному Инспектору, представляющему Семь Верховных Администраторов во всей локальной вселенной, в каждой из десяти тысяч систем локального творения есть свой Полномочный Страж, непосредственный представитель далекого верховного совета сверхуправления всеми семью сверхвселенными. Стражи, исполняющие свои обязанности в правительствах локальных систем Орвонтона, действуют под непосредственным началом Седьмого Верховного Администратора – координатора седьмой сверхвселенной. Однако по своей административной организации все стражи, направленные в локальную вселенную, подчиняются находящемуся в ее столице Ассоциированному Инспектору.

В пределах локального творения Полномочные Стражи подвержены ротации, сменяясь обычно раз в тысячу лет локального времени и получая назначения в новые системы. Они относятся к числу наиболее высокопоставленных личностей, находящихся в столице системы, но они никогда не принимают участия в обсуждениях проблем данной системы. В локальных системах они служат в должности руководителей советов двадцати четырех управляющих, происходящих из эволюционных миров, но в остальном восходящие смертные почти не общаются с ними. Практически все свои усилия Стражи направляют на то, чтобы Ассоциированные Инспекторы получали исчерпывающую информацию обо всём, что относится к благополучию и состоянию вверенной им системы.

Отправляя сообщения Верховным Администраторам, Полномочные Стражи и Ассоциированные Инспекторы не связываются со столичным миром сверхвселенной. Они подчиняются только Верховному Администратору соответствующей сверхвселенной; они действуют независимо от администрации Древних Дней.

В совокупности с омниафимами и сонмом нераскрытых вам личностей, Верховные Администраторы, Ассоциированные Инспекторы и Полномочные Стражи образуют эффективную, прямую, централизованную и обширную систему совещательно-административной координации всей большой вселенной вещей и существ.

6. ПРОВОДНИКИ СМЕРТНЫХ КАНДИДАТОВ

Как группа, Проводники Смертных Кандидатов являются организаторами и руководителями высшего университета специального образования и духовного воспитания, что столь важно для достижения вековой цели смертных: Бог, покой и затем – вечность, протекающая под знаком усовершенствованного служения. Эти высоколичностные существа получили название по характеру и цели своей деятельности. Они посвящены исключительно задаче проведения паломников, прибывших из сверхвселенных времени, через курс обучения в Хавоне с целью подготовить восходящих паломников к приему в Рай и Корпус Завершения.

Труд этих Проводников Смертных Кандидатов не является для меня запретной темой, однако он столь ультрадуховен, что я прихожу в отчаяние от своей неспособности создать в материальном разуме адекватное представление об их разнообразной деятельности. В обительских мирах, после расширения своего зрения и освобождения от пут материальных сравнений, вы сможете начать постижение тех реальностей, которые «глаз не видит и ухо не слышит и которые не приходят на ум человеку», – того, что «Бог уготовил для любящих эти вечные истины». Вы не всегда будете столь ограниченными в возможностях вашего зрения и духовного постижения.

Проводники Смертных Кандидатов проводят паломников времени сквозь семь колец хавонских миров. Проводник, встречающий вас в приемном мире внешнего кольца, остается с вами на протяжении всего путешествия по небесным кольцам. Хотя в течение пребывания в миллиарде миров вы будете общаться с бесчисленным множеством других личностей, этот Проводник будет сопровождать вас вплоть до завершения вашего продвижения в Хавоне и станет свидетелем вашего последнего погружения в сон времени – сон перехода в вечность, к Райской цели, где, вслед за вашим пробуждением, вас будет приветствовать Райский Спутник, получивший задание встретить вас и, возможно, оставаться с вами вплоть до вашего зачисления в Корпус Смертных Завершителей.

Численность Проводников Смертных Кандидатов не вмещается в человеческое сознание, и новые существа продолжают появляться. Их происхождение загадочно. Они не существовали вечно; они таинственно возникают по мере необходимости. В мирах центральной вселенной ничего не упоминается о Проводниках Смертных Кандидатов вплоть до того далекого дня, когда первый смертный паломник достиг внешнего пояса центрального творения. В тот момент, когда он прибыл в направляющий мир внешнего кольца, с дружеским приветствием к нему обратился Малвориан – первый из Проводников Смертных Кандидатов, который в настоящее время является председателем их верховного совета и главой обширной просветительской организации Проводников.

В Райских архивах Хавоны, в разделе, озаглавленном «Проводники Смертных Кандидатов», есть следующее свидетельство:

«И Малвориан, первый в этом чине, обратился к открывшему Хавону паломнику со словами приветствия и наставления и, начав с внешних колец исходного опыта, шаг за шагом провел его по кольцам, пока тот не предстал пред самим присутствием Источника и Цели всех личностей и не пересек Райский рубеж вечности».

В то далекое время я находился в распоряжении Древних Дней Уверсы, и все мы возрадовались в уверенности, что когда-нибудь и паломники из нашей сверхвселенной достигнут Хавоны. Веками нас учили, что эволюционные создания времени достигнут Рая, и взрыв неописуемого восторга потряс небеса, когда первый паломник действительно прибыл в Хавону.

Имя первого паломника, открывшего Хавону, – *Грандфанда*; он прибыл с 341-ой планеты 84-ой системы 62-го созвездия 1 131-ой локальной вселенной, которая находится в первой сверхвселенной. Его прибытие послужило сигналом для создания трансляционной службы вселенной вселенных. До того времени действовали только системы дальней связи сверхвселенных и локальных вселенных, но появление Грандфанды у врат Хавоны ознаменовало собой учреждение «триумфальных пространственных сообщений», названных так потому, что первым сообщением, переданным по системе дальней связи вселенной, было известие о прибытии в Хавону первого эволюционного существа, достигшего тех врат, которые открывают путь к цели его восхождения.

Проводники никогда не покидают миров Хавоны; они посвящены служению выпускникам времени и пространства. Когда-нибудь вы лично встретитесь с этими благородными существами, если только не откажетесь от надежного и безупречного плана, предназначенного обеспечить продолжение вашей жизни и восхождение.

7. ПРОИСХОЖДЕНИЕ ПРОВОДНИКОВ СМЕРТНЫХ КАНДИДАТОВ

Хотя эволюция не присуща центральной вселенной, мы полагаем, что Проводники являются усовершенствованными и более опытными членами другой категории созданий центральной вселенной – Хавонских Сервиталов. Проводники демонстрируют столь широкое участие и такую способность понимания восходящих созданий, что мы уверены: их культура является следствием действительного служения в мирах сверхвселенных в качестве Хавонских Сервиталов всеобщего служения. Если этот взгляд ошибочен, то как же тогда объяснить постоянное исчезновение старших или более опытных сервиталов?

В течение длительного времени сервитал отсутствует, исполняя последнее из многочисленных заданий в сверхвселенной, после чего возвращается домой, удостаивается «личного контакта» с Центральным Свечением Рая, принимается в объятия Светящихся Личностей, исчезает из поля зрения своих духовных братьев и больше никогда к ним не возвращается.

По окончании службы в сверхвселенной и возвращении в Хавону сервитал может неоднократно приниматься в божественные объятия, превращаясь просто в возвышенного сервитала. Объятия Светящихся Личностей необязательно означают превращение сервитала в Проводника, но около четвертой части тех, кто достигает божественных объятий, никогда не возвращается в миры для новых служений.

В высшем архиве мы находим ряд свидетельств наподобие следующего:

«И сервитал номер 842 842 682 846 782 Хавоны по имени Судна вернулся из служения в сверхвселенной, был принят в Раю, познал Отца, прошел божественные объятия и исчез».

Когда в архиве появляется подобное упоминание, путь сервитала закончен. Однако спустя всего три мгновения (чуть меньше трех дней вашего времени) на внешнем кольце Хавоны «спонтанно» появляется новый Проводник Смертных Кандидатов, а численность Проводников – с незначительными колебаниями, причиной которых наверняка являются существа, находящиеся в процессе превращения, – в точности соответствует числу исчезнувших сервиталов.

Есть еще одна причина, позволяющая предполагать, что Проводники Смертных Кандидатов представляют собой эволюционировавших Хавонских Сервиталов. Эта причина заключается в неизменной взаимной привязанности проводников и связанных с ними сервиталов. Взаимное понимание и расположение этих предположительно различных категорий существ совершенно непостижимы. Их взаимная преданность служит воодушевляющим примером для других.

Семь Главных Духов и связанные с ними Семь Верховных Управляющих Энергией являются, соответственно, личными вместилищами потенциала разума и силового потенциала Верховного Существа, которыми оно – пока еще – не распоряжается лично. И когда эти Райские партнеры сотрудничают друг с другом для создания Хавонских Сервиталов, последним присущи некоторые аспекты

Верховности. Таким образом, Хавонские Сервиталы в действительности являются отражением в совершенной центральной вселенной некоторых эволюционных потенциальных возможностей пространственно-временны́х сфер, причем вся совокупность этих возможностей проявляется тогда, когда сервитал претерпевает трансформацию и воссоздание. Мы полагаем, что эта трансформация происходит в ответ на волю Бесконечного Духа, который, несомненно, действует от имени Верховного. Проводники Смертных Кандидатов не создаются Верховным Существом, но все мы считаем, что эмпирическое Божество каким-то образом связано с процессами, приводящими к появлению этих существ.

Пересекаемая восходящими смертными, сегодня Хавона во многом отличается от центральной вселенной, существовавшей до появления Грандфанды. Прибытие на кольца Хавоны восходящих смертных послужило началом широких перемен в центральном божественном творении, несомненно начатых Верховным Существом – Богом эволюционных созданий – в ответ на появление первого из его эмпирических детей семи сверхвселенных. Создание Проводников Смертных Кандидатов, вместе с сотворением третичных супернафимов, является признаком деятельности Бога-Верховного.

[Представлено Божественным Советником Уверсы.]

ДОКУМЕНТ 25

ПРОСТРАНСТВЕННЫЕ ВОИНСТВА ПОСЛАННИКОВ

Пространственные Воинства Посланников занимают промежуточное положение в семье Бесконечного Духа. Эти разносторонние существа – связующие звенья между высшими личностями и попечительскими духами. Воинства посланников включают следующие категории небесных существ:

1. Хавонские Сервиталы.
2. Всеобщие Примирители.
3. Юридические Советники.
4. Хранители Райских Архивов.
5. Небесные Регистраторы.
6. Моронтийные Спутники.
7. Райские Спутники.

Из семи перечисленных групп только три – сервиталы, примирители и Моронтийные Спутники – созданы как таковые; остальные четыре представляют собой уровни, достигаемые различными ангельскими чинами. Воинства посланников выполняют разнообразную службу во вселенной вселенных в соответствии с присущими им свойствами и обретенным статусом, однако они всегда находятся под началом тех, кто правит мирами их назначения.

1. ХАВОНСКИЕ СЕРВИТАЛЫ

Хотя эти «промежуточные создания» центральной вселенной и называются сервиталами, они не являются прислугой, челядью. В мире духа нет такого понятия, как черная работа; любое служение свято и радостно, и высшие категории существ не смотрят свысока на низшие категории бытия.

Хавонские Сервиталы – совместное творение Семи Главных Духов и их партнеров, Семи Верховных Управляющих Энергией. Этот творческий союз является наибольшим приближением к эталону для целого ряда последовательных воспроизведений двуединого типа в эволюционных вселенных – от создания Светлой Утренней Звезды союзом Сына-Создателя и Созидательного Духа до производства потомства в мирах, подобных Урантии.

Численность сервиталов огромна, причем новые существа создаются постоянно. Они появляются группами по тысяче сервиталов на третье мгновенье после объединения Главных Духов и Верховных Управляющих Энергией в их совместной области в одном из дальних секторов в северной части Рая. Каждый четвертый сервитал относится к более физическому типу, чем остальные; это значит, что семьсот пятьдесят сервиталов из каждой тысячи соответствуют духовному типу, в то время как двести пятьдесят по своей природе являются полуфизическими существами. Эти *четвертые создания* в некотором роде напоминают материальные существа (материальные в хавонском смысле), обнаруживая большее сходство с управляющими физической энергией, чем с Главными Духами.

В личностных взаимоотношениях духовное преобладает над материальным, хотя этого и не наблюдается на сегодняшней Урантии. Закон духовного преобладания проявляется и в создании Хавонских Сервиталов: установившееся соотношение равно трем духовным существам к одному полуфизическому.

Все новые сервиталы, вместе с новыми Проводниками Смертных Кандидатов, проходят подготовительные курсы, постоянно действующие на всех кольцах Хавоны под началом старших проводников. После этого сервиталы получают назначения, наиболее соответствующие их возможностям, а поскольку они бывают двух типов – духовного и полуфизического, – то мало что ограничивает сферу деятельности этих разносторонних существ. Высшие, или духовные, группы избирательно назначаются в службы Отца, Сына и Духа, а также Семи Главных Духов. Время от времени они направляются большими группами в образовательные миры, окружающие столичные сферы семи сверхвселенных, – миры, посвященные завершающей подготовке и духовной культуре восходящих созданий времени, которые готовятся к восхождению на кольца Хавоны. Как духовные сервиталы, так и их более физические собратья назначаются также в качестве помощников и партнеров Проводников Смертных Кандидатов, помогая и наставляя различные категории восходящих созданий, которые достигли Хавоны и стремятся достичь Рая.

Хавонские Сервиталы и Проводники Смертных Кандидатов необыкновенно преданы своему делу и с трогательной нежностью относятся друг к другу; хотя это чувство духовно, вы можете понять его только при сравнении с феноменом человеческой любви. Разлука сервиталов с проводниками – а такое случается нередко, когда сервиталы посылаются для исполнения миссий за пределами центральной вселенной, – исполнена божественного пафоса; однако расстаются они в радости, а не в печали. Приносящая удовлетворение радость от исполнения высокого долга есть высшее чувство духовных существ. Печали нет места при осознании достойно исполненного божественного долга. И когда восходящая душа человека предстает перед Верховным Судьей, обладающее вечной силой решение будет основываться не на материальном успехе или количественных достижениях. Звучащий в высоких судах вердикт гласит: «Браво, добрый и *преданный* слуга; ты проявил преданность в главном; да подчинятся тебе вселенские реальности».

При служении в сверхвселенной Хавонские Сервиталы всегда назначаются в сферу, возглавляемую тем Главным Духом, с которым они имеют наибольшее сходство в общих и специальных духовных прерогативах. Они служат только в образовательных мирах, окружающих столицы семи сверхвселенных, и, в соответствии с последним отчетом Уверсы, почти 138 миллиардов сервиталов оказывали свою помощь на ее 490 спутниках. Они участвуют в бесчисленных видах деятельности, связанных с работой образовательных миров и объединяемых в сверхуниверситеты сверхвселенной Орвонтон. Здесь они являются вашими спутниками; они спустились с высот, которые станут вашим следующим этапом, чтобы познать вас, наполнить чувством реальности и уверенности в вашем грядущем завершении курса подготовки во вселенных времени и перемещении в миры вечности. И в этом общении сервиталы приобретают тот предварительный опыт служения восходящим созданиям времени, который окажется столь полезным в их последующем труде на кольцах Хавоны в функции помощников Проводников Смертных Кандидатов или – в качестве преобразованных сервиталов – в роли самих Проводников.

2. ВСЕОБЩИЕ ПРИМИРИТЕЛИ

Создание каждого Хавонского Сервитала сопровождается появлением семи Всеобщих Примирителей – по одному в каждой сверхвселенной. Этот созидательный акт использует определенный сверхвселенский метод отражательной реакции на процессы, протекающие в Раю.

В столичных мирах семи сверхвселенных действуют семь отражений Семи Главных Духов. Нелегко браться за описание природы этих Отражательных Духов, адресуя это описание материальному разуму. Они являются подлинными личностями; тем не менее, каждый член сверхвселенской группы – совершенное отражение только одного из Семи Главных Духов. Всякий раз, когда Главные Духи объединяются с управляющими энергией для создания группы Хавонских Сервиталов, в каждой из сверхвселенских групп происходит одновременное сосредоточение на одном из Отражательных Духов, и тотчас в столичных мирах сверхтворений появляется равное число полноценных Всеобщих Примирителей. Если при создании сервиталов инициатива принадлежит Седьмому Главному Духу, то примирители появляются в недрах только Отражающего Духа седьмой категории; и параллельно с созданием тысячи сервиталов орвонтонского типа в столице каждой сверхвселенной появляется тысяча примирителей седьмой категории. В результате этих процессов, отражающих семичастную сущность Главных Духов, возникают семь созданных категорий примирителей, служащих в каждой сверхвселенной.

Примирители предрайского статуса не могут служить в любой сверхвселенной; они ограничены сегментом своего появления. Таким образом, всякий сверхвселенский корпус – седьмая часть любой из созданных категорий – проводит весьма продолжительное время под влиянием одного из Главных Духов, при исключении остальных, ибо, хотя все семь *отражены* в столицах сверхвселенных, в каждом сверхтворении только один является *доминирующим*.

Каждое из семи сверхтворений действительно насыщено тем Главным Духом, который вершит его судьбы. Таким образом, каждая сверхвселенная становится подобием гигантского зеркала, отражающего природу и характер возглавляющего ее Главного Духа, что повторяется в каждой дочерней локальной вселенной через присутствие и деятельность Созидательных Материнских Духов. Влияние такой среды на эволюционный рост столь велико, что в своей постсверхвселенской жизни примирители в совокупности выражают сорок девять эмпирических подходов, или постижений, каждое из которых охватывает только один аспект, то есть является неполным, но которые в совокупности взаимно дополняют друг друга и, в тенденции, охватывают круг Верховности.

В каждой сверхвселенной Всеобщие Примирители оказываются необычным и естественным образом разбитыми на группы из четырех существ – объединения, в которых они продолжают нести свою службу. Три члена такой группы относятся к духовным личностям, один – как и четвертый член в группах сервиталов – к полуматериальным. Группа из четырех примирителей представляет собой миротворческую комиссию и состоит из следующих существ:

1. *Судья-арбитр*. Примиритель, единодушно признанный остальными тремя наиболее компетентным и квалифицированным для исполнения обязанностей главного судьи.

2. *Дух-адвокат*. Назначается судьей-арбитром для сбора фактов и защиты прав всех личностей, имеющих какое-либо отношение к судопроизводству примирительных комиссий.

3. *Божественный исполнитель*. Примиритель, в силу своего происхождения способный вступать в контакт с материальными созданиями миров и исполнять принятые комиссией решения. Божественные исполнители – четвертые, квазиматериальные создания – в значительной степени, хотя и не полностью, доступны ограниченному зрению смертных созданий.

4. *Протоколист*. Последний член комиссии автоматически становится протоколистом – секретарем суда. Он отвечает за должную подготовку всех документов для архивов сверхвселенной и локальной вселенной. Если комиссия служит в эволюционном мире, то с помощью исполнителя готовится третий отчет для физических архивов правительства системы, к юрисдикции которой относится данный мир.

В заседаниях комиссии участвуют три ее члена, ибо адвокат не принимает участия в судопроизводстве и возвращается только для составления совместного вердикта при завершении слушания дела. Поэтому эти комиссии иногда называют арбитражными трио.

Примирители вносят огромный вклад в благополучное развитие вселенной вселенных. Пересекая пространство с тройной скоростью серафических существ, они служат в мирах в качестве мобильных судов – комиссий, предназначенных для быстрого решения второстепенных проблем. Если бы не эти мобильные и в высшей степени справедливые комиссии, суды сфер были бы безнадежно перегружены второстепенными конфликтами обитаемых миров.

Эти арбитражные трио не касаются проблем вечности; их акты никогда не подвергают опасности душу, вечное будущее созданий времени. Примирители не имеют отношения к вопросам, выходящим за рамки бренного существования и космического благополучия созданий времени. Однако если комиссия принимает вопрос на рассмотрение, ее решения всегда единогласны и окончательны; решения судьи-арбитра обжалованию не подлежат.

3. ШИРОКОМАСШТАБНОЕ СЛУЖЕНИЕ ПРИМИРИТЕЛЕЙ

Центр примирителей находится в столице соответствующей сверхвселенной, где располагается их главный резервный корпус. Вспомогательные резервы размещаются в столицах локальных вселенных. Молодые и менее опытные примирители начинают служение в мирах, которые, подобно Урантии, находятся на низкой ступени развития, и переходят к рассмотрению более сложных проблем после накопления некоторого опыта.

Примирителям присуща абсолютная надежность; ни один из них не свернул с истинного пути. Не являясь непогрешимыми в мудрости и суждениях, они отличаются безусловной надежностью и неизменной преданностью. Их родиной является столичный мир сверхвселенной, куда они возвращаются, пройдя следующие уровни вселенского служения:

1. *Примирители миров*. Всякий раз, когда руководящие личности индивидуальных миров сталкиваются со значительными трудностями или заходят в тупик ввиду неспособности выбрать нужную процедуру для конкретных условий, и если дело не является достаточно важным для передачи в регулярные суды мира, то при получении петиций от двух личностей – по одной с каждой стороны – примирительная комиссия тотчас приступает к исполнению своих обязанностей.

Когда примирители принимают такие административные и юридические дела для изучения и вынесения решения, к ним переходит вся полнота власти. Однако они не принимают решений, пока не будут представлены все показания, и ничто не ограничивает их возможности привлекать любых свидетелей. Хотя их решения невозможно обжаловать, порой события разворачиваются так, что на определенном этапе комиссия прекращает сбор материала, выносит заключение и передает дело в более высокие судебные инстанции мира.

Решения примирителей заносятся в планетарный архив и, при необходимости, осуществляются божественным исполнителем. Его власть огромна, как велик и круг его деятельности в обитаемом мире. Божественные исполнители умеют мастерски преобразовывать то, что есть, в то, чем оно должно быть. Иногда их деятельность явно направлена на благополучие мира, но порой их поступки в мирах времени и пространства плохо поддаются объяснению. Хотя принимаемые ими решения не противоречат ни законам природы, ни установленным обычаям мира, нередко они совершают непонятные действия и пользуются мандатами примирителей в соответствии с высшими законами управления соответствующей системой.

2. *Примирители системных столиц*. После уровня эволюционных миров, комиссии, состоящие из четырех примирителей, повышаются до служения в столичном мире системы. Здесь их ждет много работы, и они проявляют себя чуткими друзьями людей, а также ангелов и иных духовных существ. Судейские трио занимаются не столько разногласиями между личностями, сколько расхождениями между группами, а также недоразумениями, возникающими между различными категориями созданий. Надо заметить, что столица системы населена как духовными, так и материальными существами, а также существами комбинированного типа – такими как Материальные Сыны.

В тот момент, когда Создатели порождают обладающих свободой выбора эволюционных созданий, происходит отход от безупречности божественного совершенства; а это не может не приводить к недоразумениям и необходимости обеспечить справедливое согласование объективных различий во взглядах. Все мы должны помнить, что премудрые и всемогущие Создатели могли бы превратить локальные вселенные в такое же совершенство, каким является Хавона. В центральной вселенной миротворческие комиссии не нужны. Однако премудрые Создатели избрали иной путь. Хотя они и сотворили вселенные, изобилующие различиями и переполненные проблемами, они обеспечили механизм и средства для согласования любых различий и устранения кажущейся неразберихи.

3. *Примирители созвездий*. После служения в системах примирители переходят к решению проблем на уровне созвездия, принимая на рассмотрение второстепенные конфликты, возникающие во взаимоотношениях ста систем обитаемых миров. В столице созвездия под их юрисдикцию подпадает не так много дел, но скучать им не приходится: посещая различные системы, они собирают свидетельские показания и готовят предварительные заключения. Если разногласия объективны, если трудности объясняются подлинными расхождениями во взглядах и объективными различиями во мнениях, то, вне зависимости от немногочисленности вовлеченных лиц или тривиальности разногласий, примирительная комиссия всегда будет готова вынести свое суждение по соответствующей проблеме.

4. *Примирители локальных вселенных*. В своей более широкой деятельности в локальной вселенной примирители оказывают огромную помощь как Мелхиседекам и Сынам-Арбитрам, так и правителям созвездий и многочисленным личностям, имеющим отношение к координации и управлению ста созвездиями.

Различные категории серафимов и других существ, населяющих расположенные в локальной вселенной столичные сферы, также пользуются помощью и решениями судейских трио.

Практически невозможно объяснить суть тех разногласий, которые могут возникнуть в частных делах системы, созвездия или вселенной. Трудности действительно возникают, однако они совершенно непохожи на мелкие неприятности и невзгоды материального бытия в той жизни, которая существует в эволюционных мирах.

5. *Примирители малых секторов сверхвселенных*. От проблем локальных вселенных примирители переходят к изучению вопросов, возникающих в малых секторах своей сверхвселенной. Чем дальше они восходят к центру, чем больше удаляются от индивидуальных планет, тем меньше материальных обязанностей выпадает на долю божественного исполнителя. Постепенно он начинает выполнять новую роль толкователя милосердия и справедливости и в то же время – будучи квазиматериальным – помогает комиссии как единому целому сохранять благожелательное отношение к материальным аспектам расследований.

6. *Примирители больших секторов сверхвселенных*. С восхождением примирителей на новые уровни продолжает меняться характер их работы. Всё реже им приходится примирять разногласия; всё чаще они занимаются тем, что объясняют и истолковывают таинственные явления. Шаг за шагом судьи превращаются в *толкователей таинственного* – судьи становятся учителями-толкователями. Когда-то они судили тех, кто из-за своего невежества допускал появление трудностей и недоразумений; теперь же они становятся наставниками тех, кто достаточно разумен и терпим, чтобы предотвращать столкновение умов и войну мнений. Чем выше образованность создания, тем больше уважения оно проявляет к знанию, опыту и мнению других.

7. *Примирители сверхвселенной*. Здесь примирители становятся равными – теперь это четверо арбитров-учителей, отличающихся взаимопониманием и совершенным исполнением своих обязанностей. Божественный исполнитель лишается карательных функций и становится физическим голосом духовного трио. Эти примирители и учителя являются теперь экспертами в отношении большинства действительных проблем и трудностей, которые встречаются при управлении сверхвселенной. Поэтому они становятся прекрасными советниками и мудрыми учителями восходящих созданий, которые пребывают в образовательных сферах, окружающих столичные миры сверхвселенных.

Все примирители служат под общим наблюдением Древних Дней и непосредственно подчиняются Вспомогательным Образам вплоть до своего перевода в Рай. В течение пребывания в Раю они подотчетны Главному Духу, возглавляющему их родную сверхвселенную.

Реестры сверхвселенных не приводят перечня тех примирителей, которые находятся за пределами своей сферы, – а такие комиссии разбросаны по всей большой вселенной. Согласно последнему извлечению из уверсского реестра, в Орвонтоне действуют почти восемнадцать триллионов комиссий – более семидесяти триллионов примирителей. Однако это только малая часть всего того множества примирителей, которые были созданы в Орвонтоне. Их численность намного более высокого порядка: она равна общей численности Хавонских Сервиталов с поправкой на превращение в Проводников Смертных Кандидатов.

Время от времени, с ростом числа примирителей в сверхвселенной, они переводятся в Райский совет совершенства, после чего, преобразованные Бесконечным Духом, становятся координационным корпусом вселенной вселенных, – восхитительной группой существ, число и эффективность которых постоянно возрастает. Благодаря эмпирическому восхождению и подготовке в Раю, они обретают уникальное представление о формирующейся реальности Верховного Существа и странствуют по вселенной вселенных, исполняя специальные задания.

Члены примирительной комиссии никогда не разлучаются. Все четверо вечно служат вместе, в первоначальном составе. Даже в своем прославленном служении они остаются четверкой носителей космического опыта и усовершенствованной эмпирической мудрости. Их вечное объединение является воплощением высшего правосудия времени и пространства.

4. ЮРИДИЧЕСКИЕ СОВЕТНИКИ

Эти разумные существа правового и юридического профиля, представляющие мир духа, не создавались как таковые. Миллион существ наиболее строгого ума, отобранных Бесконечным Духом из числа ранних супернафимов и омниафимов, стали ядром этой обширной и разносторонней группы. И с незапамятных времен все, кто стремится стать Юридическим Советником, должны обладать практическим опытом приложения законов совершенства к планам эволюционного творения.

Юридические Советники набираются из числа следующих категорий личностей:

1. Супернафимы.
2. Секонафимы.
3. Тертиафимы.
4. Омниафимы.
5. Серафимы.
6. Некоторые типы восходящих смертных.
7. Некоторые типы восходящих промежуточных созданий.

Не считая смертных и промежуточных созданий, принимаемых лишь на время, численность Юридических Советников, зарегистрированных на Уверсе и функционирующих в Орвонтоне, в настоящее время немногим более шестидесяти одного триллиона.

Юридические Советники часто действуют как индивидуумы, однако в сферах назначения, где находятся их совместные центры, они организованы в группы из семи советников. Как минимум пять членов группы должны обладать постоянным статусом, а два могут быть временными. Восходящие смертные и восходящие промежуточные создания служат в этих консультативных комиссиях в процессе восхождения к Раю, но они не проходят курсов профессиональной подготовки Юридических Советников и никогда не становятся постоянными членами данной категории.

Те смертные и промежуточные создания, которые временно служат вместе с советниками, отбираются для этой деятельности благодаря глубоким знаниям в области всеобщего права и высшего правосудия. В процессе вашего продвижения к Райской цели, постоянного овладения новыми знаниями и новыми навыками, у вас всегда будет возможность передавать приобретенную мудрость и опыт другим; на протяжении всего пути к Хавоне вы будете исполнять роль ученика-учителя. Вы будете прокладывать путь через восходящие уровни обширного эмпирического университета, делясь новым знанием с теми, кто стоит на одну ступеньку ниже вас. Во всеобщей системе правления, знания и истина признаются вашим достоянием только после того, как вы продемонстрировали способность и готовность поделиться этими знаниями и истиной с другими.

После продолжительной подготовки и приобретения практического опыта, любой из попечительских духов статусом выше херувима может получить постоянное назначение в качестве Юридического Советника. Все кандидаты вступают в эту категорию добровольно; однако, приняв на себя такие обязательства, они уже не могут от них отказаться. Только Древние Дней вправе переводить советников в другие службы.

Обучение Юридических Советников, начатое в локальных вселенных в колледжах Мелхиседеков, продолжается в судах Древних Дней. После этой подготовки в сверхвселенной они направляются в «школы семи колец», находящиеся в направляющих мирах колец Хавоны. С направляющих миров они переходят в «колледжи правовой этики и метода Верховности» – Райскую школу по подготовке и усовершенствованию Юридических Советников.

Эти советники являются не просто экспертами в области права; они изучают и обучают *прикладному* праву – законам вселенной в приложении к жизни и судьбам всех обитателей обширных регионов необъятного творения. Со временем они становятся живыми юридическими энциклопедиями времени и пространства; они предупреждают бесконечные неприятности и ненужные задержки, рассказывая созданиям времени о таких формах и видах процедур, которые наиболее приемлемы для правителей вечности. Они могут поделиться с тружениками пространства советами, позволяющими поступать в согласии с требованиями Рая; это учителя, объясняющие всем созданиям методы Создателей.

Эту живую энциклопедию прикладного права невозможно было создать; такие существа должны были сформироваться на основе практического опыта. Бесконечные Божества экзистенциальны, что компенсирует недостаток опыта; они знают всё еще до опыта, однако они не передают это неэмпирическое знание своим подчиненным.

Задача Юридических Советников – предотвращать задержки, способствовать прогрессу и предоставлять консультации. Во всяком деле есть *лучший* и *правильный* путь, совершенный способ достижения любой цели – божественный метод; и эти советники знают, как наставить любого из нас на поиск этого лучшего пути.

Эти необыкновенно мудрые и полезные существа всегда тесно связаны со службой и деятельностью Всеобщих Цензоров; корпус умелых советников находится в распоряжении Мелхиседеков. Правители систем, созвездий, вселенных и секторов сверхвселенных щедро обеспечены этими юридическими, или консультативно-правовыми, разумными созданиями духовного мира. Специальная группа исполняет обязанности правовых советников Носителей Жизни, консультируя их в отношении допустимых пределов отхода от установленного порядка распространения жизни, а также прерогатив и масштабов их деятельности. Они являются советниками всех классов существ в вопросах правильного использования методов и процедур всех процессов духовного мира. Однако они не имеют личных и непосредственных отношений с материальными созданиями миров.

Кроме процедурно-правовых консультаций, Юридические Советники в равной мере посвящены адекватному толкованию всех законов материи, разума и духа, имеющих отношение к созданным существам. Их услугами могут пользоваться Всеобщие Примирители и все те, кто стремится познать истину закона – другими словами, познать, на какую реакцию Верховности Божества можно рассчитывать в данной ситуации, включающей факторы установившегося физического, интеллектуального и духовного порядка. Они пытаются пролить свет даже на методы Предельного.

Юридические Советники являются избранными и испытанными существами; мне никогда не приходилось слышать, чтобы кто-нибудь из них сбился с пути. В архивах Уверсы нет ни одного упоминания о привлечении их к суду за нарушение божественных законов, которые они столь умело интерпретируют и столь убедительно разъясняют. Нет предела области их служения, равно как ничем не ограничена их эволюция. Они остаются советниками вплоть до врат Рая; вся вселенная закона и опыта открыта для них.

5. ХРАНИТЕЛИ РАЙСКИХ АРХИВОВ

Некоторые старшие главные регистраторы из числа третичных супернафимов Хавоны избираются в качестве Хранителей Архивов – заведующих официальными архивами Острова Света; эти архивы разительно отличаются от живых свидетельств, которые содержатся в разуме хранителей знаний, называемых иногда «живой энциклопедией Рая».

Регистрирующие ангелы обитаемых планет являются источником всех индивидуальных данных. Во вселенных действуют и другие регистраторы, записывающие как формальную, так и живую информацию. От Урантии и до Рая встречаются оба типа записей: в локальной вселенной письменная информация преобладает над живой, в Раю больше живых свидетельств, а на Уверсе в равной степени встречается как тот, так и другой тип.

Каждое значительное событие организованного и обитаемого мира подлежит регистрации. В то время как события исключительно локального значения регистрируются только в локальном архиве, более важные события планет, систем и созвездий Небадона, имеющие значение для всей вселенной, передаются на Салвингтон, а из столиц локальных вселенных поступает информация, подлежащая регистрации на более высоком уровне и имеющая отношение к правительствам секторов и сверхвселенной. Соответствующий сводный архив, содержащий информацию о сверхвселенной и Хавоне, есть и в Раю; это совокупное историческое повествование о вселенной вселенных находится в ве́дении этих возвышенных третичных супернафимов.

Хотя некоторые из этих существ были направлены в сверхвселенные в качестве Заведующих Архивами – руководителей Небесных Регистраторов, – ни один из них не был изъят из списков постоянных членов своей категории.

6. НЕБЕСНЫЕ РЕГИСТРАТОРЫ

Данные существа ведут двойную документацию, состоящую из духовного оригинала и полуматериального дубликата, который можно сравнить с выполненным «под копирку» экземпляром. Это становится возможным благодаря их специфической способности одновременно манипулировать как духовной, так и физической энергией. Небесные Регистраторы не создаются как таковые; они являются восходящими серафимами локальных вселенных. Они принимаются, классифицируются и назначаются в свои сферы решениями советов Главных Архивариусов в столичных мирах семи сверхвселенных. Здесь же находятся школы по подготовке Небесных Регистраторов. Уверсская школа возглавляется Совершенствователями Мудрости и Божественными Советниками.

Поднимаясь на новые уровни своего служения во вселенных, Регистраторы сохраняют систему двойной регистрации; поэтому их свидетельства всегда доступны любому классу существ – от материальных категорий до высоких духов света. Обретая опыт перехода и восхождения из материального мира, вы всегда сможете обращаться к архивам, знакомиться с историей и традициями сферы, соответствующей вашему статусу.

Регистраторы – это испытанный и проверенный корпус. Я не знаю ни одного случая нарушения своего долга Небесным Регистратором, и в их свидетельствах никогда не бывало искажений. Они подвергаются двойному инспектированию: их свидетельства тщательно изучаются возвышенными собратьями Уверсы и Могущественными Посланниками, которые подтверждают соответствие квазифизических копий духовным оригиналам.

В то время как эволюционирующие регистраторы вспомогательных сфер Орвонтона исчисляются многими триллионами, лишь около восьми миллионов таких существ достигли Уверсы. Эти старшие, или получившие высшую подготовку, регистраторы являются хранителями и экспедиторами обязательной информации времени и пространства. Их постоянные кольцеобразные обители окружают архивную область Уверсы. Они никогда не доверяют хранение документов другим; некоторые из них могут отсутствовать, но число отсутствующих никогда не бывает значительным.

Как и для супернафимов, ставших Хранителями Архивов, назначение в корпус Небесных Регистраторов является постоянным. Зачисленные в эти службы серафимы и супернафимы останутся, соответственно, Небесными Регистраторами и Хранителями Архивов вплоть до того дня, когда появится новая и видоизмененная администрация в результате полного воплощения Бога-Верховного.

На Уверсе эти старшие Небесные Регистраторы могут предоставить любые материалы, имеющие космическое значение для всего Орвонтона со времени прибытия Древних Дней, в то время как на вечном Острове в ве́дении Хранителей Архивов находятся записи, которые служат свидетельством Райских процессов, начиная с персонификации Бесконечного Духа.

7. МОРОНТИЙНЫЕ СПУТНИКИ

Эти дети Материнских Духов локальных вселенных являются друзьями и партнерами всех тех, кто в своем восхождении проходит стадию моронтии. Они не обязательны для эволюции восходящего создания; точно так же они ни в коей мере не заменяют серафических опекунов, нередко сопровождающих своих смертных товарищей в их путешествии к Раю. Моронтийные Спутники – это просто воинство благожелательных попечителей тех, кто находится в самом начале долгого восхождения к центру. Это также умелые организаторы досуга, получающие квалифицированную помощь от управляющих реверсией.

Хотя в подготовительных моронтийных мирах Небадона вас ожидают серьезные и всё более сложные задания, они будут чередоваться с регулярными периодами отдыха и реверсии. В течение всего путешествия к Раю у вас будет время для отдыха и духовного досуга; и у тех, кто встает на путь света и жизни, всегда есть время для поклонения и новых успехов.

Моронтийные Спутники столь дружелюбны, что когда вы пройдете последний этап моронтийного опыта и будете собираться в неизведанное духовное путешествие в сверхвселенную, вы будете искренне жалеть о том, что эти приветливые создания не смогут сопровождать вас, ибо они служат только в локальных вселенных. На всех этапах восходящего пути все, с кем вы сможете установить контакт, будут отличаться дружелюбием и общительностью, однако только достигнув Райских Спутников, вы встретитесь еще с одной группой существ, столь же преданных дружбе и товариществу.

Деятельность Моронтийных Спутников более подробно описывается в повествованиях, относящихся к вашей локальной вселенной.

8. РАЙСКИЕ СПУТНИКИ

Райские Спутники представляют собой разнородную, или составную, группу, набранную из числа серафимов, секонафимов, супернафимов и омниафимов. Хотя с вашей точки зрения они служат необычайно долго, эти существа не имеют постоянного статуса. По завершении своего служения, они, как правило (но не обязательно), возвращаются к исполнению тех дел, которыми занимались до привлечения в Рай.

Члены ангельского воинства назначаются на эту службу Материнскими Духами локальных вселенных, Отражательными Духами сверхвселенных и Райским Мажестоном. Они собираются на центральном Острове и назначаются в качестве Райских Спутников с санкции одного из Семи Главных Духов. Не считая постоянного статуса в Раю, эта временная принадлежность к службе Райского товарищества является высшей честью, которой могут удостоиться попечительские духи.

Эти избранные ангелы посвящают себя дружескому общению со всеми классами существ, которые могут оказаться в одиночестве в Раю, – в основном с восходящими смертными, но также и всеми остальными, кто оказывается в одиночестве на центральном Острове. Райским Спутникам не приходится оказывать каких-либо специальных услуг тем, с кем они сближаются; они просто являются спутниками. Практически все остальные существа, с которыми вам, смертным, предстоит повстречаться в течение своего пребывания в Раю, – за исключением таких же, как вы, паломников, – должны будут выполнять определенные задания вместе с вами или для вас; эти же спутники назначаются только для того, чтобы быть с вами и общаться с вами в качестве личных друзей. В этом служении им нередко помогают великолепные и милосердные Граждане Рая.

Смертные расы отличаются большой общительностью. Создатели прекрасно знают, что «нехорошо человеку быть одному», и они позаботились о том, чтобы у него были товарищи, в том числе и в Раю.

Если случится так, что вы, восходящий смертный, достигнете Рая в обществе спутника или близкого товарища по земному пути, или же если ваш серафический опекун прибудет вместе с вами либо будет ожидать вашего прибытия, то в таком случае к вам не будет прикреплен постоянный спутник. Однако если у вас не окажется товарища, то после пробуждения от последнего сна времени вас обязательно встретит ваш новый спутник. Даже если будет известно, что вас сопровождает кто-нибудь из тех, с кем вы были связаны в течение своего восхождения, на вечных берегах вас будут приветствовать временные спутники, которые проводят вас туда, где всё будет готово для приема вас и ваших товарищей. Вы можете не сомневаться в том, что вас ожидает теплый прием, когда вы испытаете возрождение в вечности на вечных берегах Рая.

Принимающие спутники назначаются в завершающие дни вашего восходящего пребывания на последнем кольце Хавоны, и они подробно знакомятся с данными о происхождении смертного и его последующем восхождении через миры пространства и кольца Хавоны. Приветствуя смертных времени, они уже хорошо знакомы с жизнью прибывающих паломников и сразу же проявляют себя в качестве отзывчивых и интересных компаньонов.

Если в течение вашего пребывания в Раю, до зачисления в Корпус Завершителей, вы по какой-то причине расстанетесь со своим смертным или серафическим товарищем по восхождению, то вам в помощь будет сразу же назначен Райский спутник, готовый поделиться с вами советом и стать вашим товарищем. Если восходящий смертный пребывает в Раю в одиночестве, спутник остается с ним вплоть до воссоединения с ним его товарищей по восхождению либо до тех пор, пока он не будет должным образом зачислен в Корпус Завершения.

Райские Спутники назначаются в порядке очередности, но при этом восходящее создание никогда не поручается спутнику, который по своей природе отличается от его сверхвселенского типа. Если бы один из смертных Урантии прибыл сегодня в Рай, к нему был бы прикреплен первый свободный спутник орвонтонского происхождения или спутник, похожий на Седьмого Главного Духа. Поэтому омниафимы не служат с восходящими созданиями из семи сверхвселенных.

Райские Спутники оказывают и многие другие виды услуг. Если восходящий смертный достигает центральной вселенной в одиночестве и, пересекая Хавону, терпит неудачу на одном из этапов путешествия к Божествам, то в должное время он отсылается во вселенные времени, а в резервный корпус Райских Спутников сразу же направляется официальный запрос; один из спутников получает задание сопровождать потерпевшего неудачу паломника, чтобы оставаться с ним, утешать и ободрять его вплоть до возвращения паломника в центральную вселенную, откуда он возобновляет свое восхождение к Раю.

Если восходящий паломник потерпел поражение во время своего путешествия к Божествам при пересечении Хавоны в обществе восходящего серафима – ангела-хранителя его смертного пути, – то этот ангел следует за своим смертным товарищем. Такие серафимы неизменно вызываются, и всегда получают разрешение, сопровождать своих давних смертных товарищей назад, во время и пространство.

Совсем другое дело – двое тесно связанных друг с другом восходящих смертных. Когда один из них обретает Бога, а другого постигает неудача, добившийся успеха индивидуум неизменно решает вернуться в эволюционные творения вместе с разочарованной личностью, однако это невозможно. Вместо этого в резервный корпус Райских Спутников посылается запрос, и для сопровождения неудачника отбирается один из добровольцев. После этого один из Граждан Рая становится добровольным спутником добившегося успеха смертного, который остается на центральном острове и, в ожидании возвращения в Хавону своего потерпевшего неудачу товарища, преподает в некоторых Райских школах, рассказывая о своем увлекательном восхождении к Раю.

[Подготовлено Высоким Уполномоченным Уверсы.]

ДОКУМЕНТ 26

ПОПЕЧИТЕЛЬСКИЕ ДУХИ ЦЕНТРАЛЬНОЙ ВСЕЛЕННОЙ

Супернафимы являются попечительскими духами Рая и центральной вселенной, представляя собой высший чин низшей группы детей Бесконечного Духа – ангельское воинство. Такие попечительские духи встречаются на всём протяжении от Рая до миров времени и пространства. Ни один из крупных регионов организованного и обитаемого творения не обходится без их услуг.

1. ПОПЕЧИТЕЛЬСКИЕ ДУХИ

Ангелы – это духовные попечители и товарищи восходящих эволюционных волевых созданий всего пространства; они также являются коллегами и партнерами вышестоящего воинства божественных личностей сфер. Ангелы всех чинов суть ярко выраженные и высокоиндивидуализированные личности. Все они способны по достоинству оценивать ту помощь, которую оказывают управляющие реверсией. Вместе с Пространственными Воинствами Посланников, попечительские духи пользуются периодами отдыха и перемены обстановки. Они отличаются общительным характером и по своей контактности значительно превосходят людей.

Попечительские духи большой вселенной классифицируются следующим образом:

1. Супернафимы.
2. Секонафимы.
3. Тертиафимы.
4. Омниафимы.
5. Серафимы.
6. Херувимы и сановимы.
7. Промежуточные создания.

Личный статус во вселенной отдельных членов ангельских чинов не является абсолютно постоянным. Ангелы некоторых чинов могут временно исполнять обязанности Райских Спутников; другие становятся Небесными Регистраторами; третьи восходят до положения Юридических Советников. Некоторые из херувимов возвышаются до статуса и предназначения серафимов, а эволюционные серафимы способны достигать духовных уровней восходящих Божьих Сынов.

В том виде, в котором они раскрыты, семь чинов попечительских духов представлены в группах в соответствии с наиболее важной функцией для восходящих созданий:

1. *Попечительские духи центральной вселенной*. В системе Рай-Хавона служат три чина *супернафимов*. Первичные, или Райские, супернафимы создаются Бесконечным Духом. Вторичные и третичные категории, служащие в Хавоне, являются, соответственно, потомством Главных Духов и Кольцевых Духов.

2. *Попечительские духи сверхвселенных*: секонафимы, тертиафимы и омниафимы. *Секонафимы* – дети Отражательных Духов – выполняют разнообразную службу в семи сверхвселенных. *Тертиафимы*, берущие свое начало в Бесконечном Духе, в конечном счете являются связными Сынов-Создателей и Древних Дней.

Омниафимы – совместное творение Бесконечного Духа и Семи Верховных Администраторов – действуют в качестве личных слуг последних. Обсуждению этих трех чинов посвящен один из последующих документов этой части.

3. *Попечительские духи локальных вселенных* объединяют *серафимов* и их помощников *херувимов*. Именно с этими потомками Материнского Духа Вселенной устанавливают свой первый контакт восходящие смертные. *Промежуточные создания* – выходцы из обитаемых миров – не относятся к ангельскому чину как таковому, хотя функционально они часто объединяются с попечительскими духами. Рассказ об этих существах, вместе с описанием серафимов и херувимов, предлагается в документах, посвященных вашей локальной вселенной.

Все чины ангельского воинства посвящают себя различным видам вселенского служения, в той или иной форме помогая высшим категориям небесных существ; однако именно многочисленные супернафимы, секонафимы и серафимы заняты претворением последовательной программы восхождения и постепенного совершенствования детей времени. Действуя в центральной, сверх- и локальных вселенных, они образуют нерушимую цепь духовных опекунов, данных Бесконечным Духом в помощь всем тем, кто стремится к обретению Всеобщего Отца через Вечного Сына.

«Духовная полярность» супернафимов ограничена только в одном аспекте – тех действиях, которые выполняются совместно со Всеобщим Отцом. Они могут работать в одиночку, за исключением случаев целенаправленного использования специальных контуров Отца. Служа Отцу и находясь в режиме приема энергии, супернафимы должны добровольно объединяться в пары, чтобы сохранять способность действовать. Столь же ограничены и секонафимы, вынужденные, кроме того, работать в парах для синхронизации с контурами Вечного Сына. Серафимы могут работать в одиночку в качестве обособленных и локализованных личностей, но соединяться они могут только тогда, когда поляризованы в попарных связях. Когда такие духовные существа объединяются в пары, о них говорят как о дополняющих друг друга. Дополняющие взаимоотношения могут быть временными; они не обязательно принимают постоянный характер.

Эти замечательные личности света поддерживают себя прямым поглощением духовной энергии первичных контуров вселенной. Смертные Урантии вынуждены пользоваться энергией света только после того, как она связывается растениями, однако ангельские воинства подключены к контурам – у них «есть пища, о которой вы и не знаете». Кроме того, они пользуются циркулирующими учениями восхитительных Троичных Сынов-Учителей; восприятие ими знаний и усвоение мудрости во многом напоминает их метод ассимиляции жизненных энергий.

2. МОГУЩЕСТВЕННЫЕ СУПЕРНАФИМЫ

Супернафимы являются умелыми помощниками всех типов существ, пребывающих в Раю и центральной вселенной. Эти высокие ангелы создаются в трех основных категориях: первичной, вторичной и третичной.

Первичные супернафимы представляют собой особое потомство Совместного Создателя. Они уделяют примерно равное внимание некоторым группам Граждан Рая и постоянно расширяющемуся корпусу восходящих паломников. Эти ангелы вечного Острова демонстрируют чрезвычайную эффективность, содействуя основной подготовке обеих групп обитателей Рая. Они вносят большой вклад в улучшение взаимопонимания этих двух уникальных категорий вселенских созданий, одна из которых представляет собой высший тип божественных и совершенных волевых существ, а другая – итог эволюции самого низшего типа волевых созданий во всей вселенной вселенных.

Деятельность первичных супернафимов столь уникальна и примечательна, что она будет отдельно рассмотрена в следующем документе.

Вторичные супернафимы управляют делами восходящих существ на семи кольцах Хавоны. Они в равной степени помогают просвещению и подготовке многочисленных категорий Граждан Рая, которые подолгу пребывают в мирах, составляющих кольца центрального творения; но мы не вправе обсуждать данный аспект их служения.

Существует семь типов этих высоких ангелов, каждый из которых происходит от одного из Семи Главных Духов и обладает соответствующими признаками. Семь Главных Духов коллективно создают многие различные группы уникальных существ и сущностей, и индивидуальные члены каждого чина имеют сравнительно одинаковую природу. Однако когда те же Семь Духов являются самостоятельными творцами, то появляющиеся чины всегда семичастны по своей природе; дети каждого из Главных Духов несут на себе печать своего создателя и, соответственно, отличаются от остальных. Таково происхождение вторичных супернафимов, причем ангелы всех семи созданных типов участвуют во всех видах деятельности, открытых для всего своего чина, – главным образом, на семи кольцах центральной божественной вселенной.

Каждое из семи планетарных колец Хавоны находится под началом одного из Семи Кольцевых Духов, являющихся коллективными, а значит, единообразными творениями Семи Главных Духов. Хотя эти семь вспомогательных Духов Хавоны обладают признаками Третьего Источника и Центра, они не были частью изначальной эталонной вселенной. Они начали действовать после появления изначального (вечного) творения, но задолго до Грандфанды. Они, несомненно, стали созидательным ответом Главных Духов на формирующийся замысел Верховного Существа; их деятельность была замечена после создания большой вселенной. По-видимому, Бесконечный Дух и все его творческие партнеры, как всеобщие координаторы, обладают огромными возможностями соответствующего реагирования на одновременные процессы, происходящие в эмпирических Божествах и формирующихся вселенных.

Третичные супернафимы происходят от Семи Кольцевых Духов. Бесконечный Дух наделил каждого из них, на отдельных кольцах Хавоны, способностью создавать достаточное число высоких супернафических попечителей третичной категории для удовлетворения потребностей центральной вселенной. Если до прибытия в Хавону паломников времени Кольцевые Духи создавали сравнительно мало таких ангельских помощников, то Семь Главных Духов вообще не приступали к созданию вторичных супернафимов до появления Грандфанды. Как старейшая из этих двух категорий, третичные супернафимы будут рассмотрены в первую очередь.

3. ТРЕТИЧНЫЕ СУПЕРНАФИМЫ

Эти слуги Семи Главных Духов являются ангелами-специалистами разных колец Хавоны, а их служение охватывает как восходящих паломников времени, так и нисходящих паломников вечности. В миллиарде образовательных миров совершенного центрального творения все категории ваших супернафических спутников будут для вас полностью видимы. Здесь все вы станете в высшем смысле слова братьями, отзывчивыми и взаимно расположенными существами. Вы также будете полностью распознавать и испытать настоящие братские чувства по отношению к нисходящим паломникам – Гражданам Рая; они пересекают эти кольца, продвигаясь из центра вовне, вступая в Хавону через направляющий мир первого кольца и продолжая свое движение к седьмому.

Восходящие паломники из семи сверхвселенных пересекают Хавону в противоположном направлении, начиная с направляющего мира седьмого кольца и продвигаясь к центру. Не существует временнóго предела для перехода восходящих созданий из мира в мир или с кольца на кольцо; точно так же нет какого-либо срока, произвольно установленного для пребывания в мирах моронтии. Однако если отдельные достаточно развитые существа могут освобождаться от пребывания в одном или нескольких подготовительных мирах локальной вселенной, то ни один паломник не может уклониться от прохождения всех семи колец последовательного одухотворения в Хавоне.

Корпус третичных супернафимов, посвященных главным образом служению паломникам времени, классифицируется следующим образом:

1. *Согласователи*. Очевидно, что даже в совершенной Хавоне необходимо некоторое согласующее воздействие, обеспечивающее системность и согласованность на протяжении всей деятельности по подготовке паломников времени к их грядущим достижениям в Раю. В этом заключается сущность миссии согласователей: они следят за тем, чтобы всё происходило благополучно и без задержек. Появляясь на первом кольце, они служат во всей Хавоне, и их присутствие на кольцах является гарантией предотвращения любых ошибочных действий. Огромная способность координировать различные виды деятельности, охватывающие личности разных категорий и даже множественных уровней, позволяет этим супернафимам оказывать помощь всегда и везде, когда бы и где бы она ни потребовалась. Они вносят огромный вклад в развитие взаимопонимания паломников времени и паломников вечности.

2. *Главные регистраторы*. Эти ангелы создаются на втором кольце, но действуют повсюду в центральной вселенной. Они ведут тройную регистрацию, записывая данные для архивов Хавоны, духовных архивов своей категории и официальных архивов Рая. Кроме того, они автоматически передают сообщения, несущие в себе истинные знания, живым энциклопедиям Рая – хранителям знаний, принадлежащим к первичной категории супернафимов.

3. *Операторы трансляций*. Дети третьего Кольцевого Духа действуют по всей Хавоне, хотя их официальный центр находится на планете номер семьдесят во внешнем кольце. Эти мастера своего дела являются операторами трансляций центрального творения и направляют пространственные сообщения о всех Райских феноменах, связанных с Божествами. Они способны действовать через все основные контуры пространства.

4. *Посланники* происходят с четвертого кольца; они передают все сообщения, которые требуют личной доставки, и действуют по всей системе Рай-Хавона. Они обслуживают своих собратьев – небесных личностей, а также Райских паломников и даже восходящие создания времени.

5. *Координаторы сбора информации*. Эти третичные супернафимы – дети пятого Кольцевого Духа – неизменно мудрые и отзывчивые существа, содействующие братскому общению восходящих и нисходящих паломников. Они опекают всех

обитателей Хавоны, в особенности восходящие создания, сообщая им о состоянии дел во вселенной вселенных. Благодаря личному общению с операторами трансляций и отражателями, эти «живые газеты» Хавоны получают мгновенный доступ к любым сведениям, циркулирующим по обширным информационным контурам центральной вселенной. Они собирают данные с помощью хавонского метода записи, позволяющего за один час урантийского времени автоматически усваивать такое количество информации, на запись которой, даже с помощью самой быстродействующей телеграфной связи, ушла бы тысяча ваших лет.

6. *Транспортные личности*. Эти выходцы с шестого кольца Хавоны обычно размещаются на планете номер сорок внешнего кольца. Именно они забирают с собой тех разочарованных кандидатов, чье путешествие к Божествам временно заканчивается неудачей. Они всегда к услугам тех, кто, не являясь путешественником пространства и находясь на службе в Хавоне, должен периодически посещать центральную вселенную.

7. *Резервный корпус*. Ввиду изменений, возникающих при работе с восходящими существами, Райскими паломниками и другими категориями пребывающих в Хавоне существ, необходим резервный корпус супернафимов в направляющем мире седьмого кольца – мире их происхождения. Они создаются без определенного плана и способны выполнять любые менее ответственные функции своих супернафических партнеров третичной категории.

4. ВТОРИЧНЫЕ СУПЕРНАФИМЫ

Вторичные супернафимы являются попечителями семи планетарных колец центральной вселенной. Часть из них посвящена служению паломникам времени, а половина всех существ этой категории участвует в подготовке Райских паломников вечности. В течение паломничества этих Граждан Рая через кольца Хавоны к ним также присоединяются добровольцы из Корпуса Смертных Завершителей; со времени создания первой группы завершителей это стало обычной практикой.

В соответствии с периодическими назначениями в качестве попечителей восходящих паломников, вторичные супернафимы работают в семи группах:

1. Помощники паломников.
2. Проводники к Верховности.
3. Проводники к Троице.
4. Проводники к Сыну.
5. Проводники к Отцу.
6. Советники и консультанты.
7. Спутники покоя.

В состав каждой из этих рабочих групп входят ангелы всех семи созданных типов, и наставником паломника пространства всегда является вторичный супернафим, причем этот ангел происходит от Главного Духа, возглавляющего ту сверхвселенную, в которой появился на свет данный паломник. Когда вы, смертное создание Урантии, достигнете Хавоны, вас обязательно будет вести супернафим, чья созданная сущность – так же, как и ваша раскрывшаяся сущность, – происходит от Главного Духа Орвонтона. А поскольку ваши опекуны происходят от Главного Духа вашей собственной сверхвселенной, то они лучше других способны понять и поддержать вас во всех ваших стремлениях к совершенству Рая.

Минуя темные гравитационные тела, паломники времени доставляются на внешнее планетарное кольцо Хавоны транспортными личностями первичного чина секонафимов, базирующихся в столицах семи сверхвселенных. Большинство – хотя и не все – допущенных к восхождению серафимов планетарной службы и службы в локальных вселенных расстаются со своими смертными спутниками перед долгим перелетом в Хавону и сразу же начинают длительную и интенсивную подготовку к высокому назначению; будучи серафимами, они стремятся достичь совершенства в бытии и превосходства в служении в надежде воссоединиться с паломниками времени и пополнить ряды тех, кто навечно следует путем смертных, достигших Всеобщего Отца и получивших назначение в нераскрытый Корпус Завершения.

Паломник совершает посадку на приемной планете Хавоны – направляющем мире седьмого кольца, – наделенный только одним совершенством: совершенством цели. Всеобщий Отец дал наказ: «Будьте совершенны, как совершенен я». Этот потрясающий приказ-призыв передан конечным детям пространственных миров. Провозглашение этого наказа привело в движение всё творение, где небесные существа объединили свои силы, содействуя исполнению и реализации эпохального приказа Первого Великого Источника и Центра.

Когда благодаря служению всего воинства помощников, участвующих во всеобщей программе продолжения жизни, вас доставят, наконец, в приемный мир Хавоны, вы прибудете туда, обладая только одним видом совершенства – *совершенством цели.* Ваша цель получила исчерпывающее подтверждение; ваша вера прошла испытания. Вас знают как создание, не подверженное разочарованиям. Даже неудача в попытке познать Всеобщего Отца неспособна серьезно подорвать веру или поколебать доверие восходящего смертного, прошедшего через опыт, неизбежный для каждого, кто стремится достичь совершенных сфер Хавоны. Ко времени прибытия в Хавону ваша искренность становится возвышенной. Совершенство цели и божественность желания, в сочетании с твердостью веры, обеспечили вам доступ к неизменным обителям вечности; ваше освобождение от превратностей времени стало полным и исчерпывающим. И теперь настало время лицом к лицу встретиться с проблемами Хавоны и безмерностью Рая – ведь именно для этого вам понадобилась столь длительная подготовка на протяжении эмпирических эпох времени в планетарных школах пространства.

Вера принесла восходящему паломнику совершенство цели, позволяющее дитя времени приблизиться к вратам вечности. Наступает черед помощников, призванных выработать у паломников то совершенство понимания и тот метод постижения, которые столь необходимы для обретения Райского совершенства личности.

Способность постигать – пропуск смертного в Рай. Готовность верить есть ключ к Хавоне. Принятие сыновства, сотрудничество с пребывающим в вас Настройщиком, есть плата за продолжение жизни эволюционного создания.

5. ПОМОЩНИКИ ПАЛОМНИКОВ

Первая из семи групп вторичных супернафимов, с которыми вам предстоит встретиться, – это помощники паломников, отличающиеся необыкновенной отзывчивостью и пониманием. Именно они поздравляют прошедшие большой путь восходящие создания пространства с прибытием в устойчивые миры и неизменную систему центральной вселенной. Одновременно эти высокие попечители начинают работать с Райскими паломниками вечности, первый из которых прибыл в направляющий мир внутреннего кольца Хавоны одновременно с приземлением Грандфанды в направляющем мире внешнего кольца. В те далекие дни паломники Рая и паломники времени впервые встретились в принимающем мире четвертого кольца.

Помощники паломников, действующие на седьмом кольце хавонских миров, работают с восходящими смертными в трех основных направлениях: первое – это высшее понимание Райской Троицы; второе – духовное постижение партнерства Отца и Сына; третье – интеллектуальное осмысление Бесконечного Духа. Каждый из этих аспектов обучения подразделяется на семь отраслей, включающих по двенадцать малых разделов, каждый из которых объединяет семьдесят вспомогательных классов; и каждое из таких семидесяти вспомогательных образований представлено тысячей градаций. Более детальное обучение проводится на следующих кольцах, однако общее представление о каждом из требований Рая излагается помощниками паломников.

Таким образом, это является начальным, или элементарным, курсом, который предстоит освоить испытанным и прошедшим большой путь паломникам пространства. Но уже задолго до прибытия в Хавону восходящие дети времени овладевают умением наслаждаться неопределенностью, обретать силу в превратностях судьбы, воодушевляться при очевидных поражениях, закаляться в борьбе с трудностями, демонстрировать неукротимую отвагу перед лицом беспредельности и проявлять несокрушимую веру при столкновении с необъяснимым. Давным-давно девизом этих паломников стали слова: «В союзе с Богом нет ничего – абсолютно ничего – невозможного».

На каждом кольце Хавоны существуют определенные требования, предъявляемые к паломникам времени. И хотя каждый паломник продолжает подготовку под опекой супернафима, который по своим свойствам приспособлен к оказанию помощи определенному типу восходящих созданий, все паломники, достигающие центральной вселенной, должны освоить примерно одинаковую программу. Этот курс достижений является количественным, качественным и эмпирическим – интеллектуальным, духовным и верховным.

Время не имеет большого значения на кольцах Хавоны. В ограниченном смысле оно связано с возможностями прогресса, но окончательным и верховным критерием является само достижение новых высот. В тот самый момент, когда ваш супернафический спутник решит, что вы готовы к переходу на следующее кольцо, вас доставят к двенадцати помощникам седьмого Кольцевого Духа. Здесь вам предстоит пройти кольцевые испытания, определяемые сверхвселенной и системой вашего происхождения. На этом кольце обретение божественности происходит в направляющем мире и заключается в духовном распознании и осознании Главного Духа той сверхвселенной, из которой прибыл восходящий паломник.

После завершения труда на внешнем кольце Хавоны и освоения соответствующего курса, помощники паломников переносят своих подопечных в направляющий мир следующего кольца и передают их на попечение проводников к верховности. Помощники паломников всегда задерживаются на некоторое время на следующем кольце, что помогает сделать переход как приятным, так и полезным.

6. ПРОВОДНИКИ К ВЕРХОВНОСТИ

После перевода с седьмого кольца на шестое восходящие создания пространства именуются «духовными выпускниками» и поступают под непосредственное начало проводников к верховности. Не следует путать этих проводников с Проводниками Смертных Кандидатов, которые принадлежат к Высшим Личностям Бесконечного Духа и вместе со своими партнерами – сервиталами – опекают как восходящих, так и нисходящих паломников на всех кольцах Хавоны. Проводники к верховности действуют только на шестом кольце центральной вселенной.

Именно на этом кольце восходящие создания достигают нового осознания Верховной Божественности. На протяжении своего долгого пути в эволюционных вселенных паломники времени всё лучше понимали реальность всемогущего сверхуправления пространственно-временны́ми творениями. Здесь, на этом кольце Хавоны, они вплотную подходят к источнику пространственно-временно́го единства центральной вселенной – духовной реальности Бога-Верховного.

Мне трудно объяснить, что́ именно происходит на этом кольце. Восходящие создания неспособны воспринять какое-либо из личностных присутствий Верховности. В определенном смысле, новые взаимоотношения с Седьмым Главным Духом компенсируют эту неспособность установить контакт с Верховным Существом. Мы не можем проникнуть в суть данного метода, однако каждое восходящее создание, очевидно, претерпевает преображающий рост, новую интеграцию сознания, новое одухотворение намерений, новую восприимчивость к божественному, что вряд ли можно удовлетворительно объяснить без признания нераскрытой активности Верховного Существа. Тем из нас, кто наблюдал эти таинственные процессы, представляется, что Бог-Верховный с любовью наделяет своих эмпирических детей максимальным для их эмпирических возможностей усилением интеллектуального понимания, духовной проницательности и личностного устремления, которые так необходимы им для постижения божественности на уровне Троицы Верховности, обретения вечных и экзистенциальных Райских Божеств.

Когда проводники к верховности решают, что их ученики готовы к переходу на новую ступень, они доставляют их в направляющий мир шестого кольца, где заседает смешанная комиссия из семидесяти существ. Выдержав экзамен на понимание Верховного Существа и Троицы Верховности, паломники получают право перехода на пятое кольцо.

7. ПРОВОДНИКИ К ТРОИЦЕ

Проводники к Троице – это неустанные попечители пятого кольца, принимающие участие в хавонской подготовке восходящих паломников времени и пространства. Здесь духовные выпускники именуются «кандидатами на путешествие к Божествам», ибо именно на этом кольце, под руководством проводников к Троице, они пройдут курс углубленного изучения божественной Троицы, готовя себя к тому, чтобы попытаться воспринять личность Бесконечного Духа. Здесь восходящие паломники открывают для себя значение истинной учебы и настоящего умственного труда, когда они начинают постигать характер еще более суровых и значительно более напряженных духовных усилий, необходимых для достижения высокой цели в мирах этого кольца.

Проводники к Троице – это в высшей степени преданные и умелые существа; каждый паломник пользуется предельным вниманием и всецелым расположением вторичного супернафима, принадлежащего к данному чину. Никогда паломник времени не смог бы прийти к первому досягаемому лицу Райской Троицы, если бы не помощь и содействие этих проводников и сонма других духовных существ, участвующих в просвещении восходящих созданий относительно природы и метода предстоящего путешествия к Божествам.

После завершения курса подготовки на этом кольце проводники к Троице доставляют своих учеников в направляющий мир кольца, где они предстают перед одной из многих триединых комиссий, экзаменующих восходящих паломников и утверждающих их в качестве кандидатов на путешествие к Божествам. Эти комиссии состоят из одного завершителя, одного воспитателя категории первичных супернафимов и либо Одиночного Посланника пространства, либо Тринитизованного Сына Рая.

Когда восходящий паломник действительно отправляется в Рай, в пути его сопровождают только трое: супернафический кольцевой спутник, Проводник Смертных Кандидатов и его неразлучный сервитал. Эти экскурсии с колец Хавоны в Рай носят испытательный характер; восходящие создания еще не обладают Райским статусом. Они не получают постоянного Райского статуса до тех пор, пока не проходят через заключительный покой времени, следующий за достижением Всеобщего Отца и завершением подготовки на кольцах Хавоны. Только после божественного покоя они смогут познать «сущность божественности» и «дух верховности» и тем самым действительно войти в круг вечности и присутствие Троицы.

От трех существ, сопровождающих восходящее создание в пути, не требуется помогать паломнику в определении географического местоположения духовного свечения Троицы; скорее, они должны оказывать паломнику всевозможное содействие в выполнении трудной задачи: опознании, понимании и постижении Бесконечного Духа в такой степени, чтобы воспринимать его личность. Любой находящийся в Раю восходящий паломник способен различить географическое положение, или местонахождение, Троицы; огромное большинство способно установить контакт с интеллектуальной реальностью Божеств, в особенности Третьим Лицом; однако не все способны опознать или хотя бы частично понять реальность духовного присутствия Отца и Сына. Еще бо́льшую трудность представляет даже минимальное духовное постижение Всеобщего Отца.

Поиск Бесконечного Духа редко заканчивается неудачей, и после успешного завершения паломниками данного этапа своего путешествия к Божествам проводники к Троице готовятся доставить их на четвертое кольцо Хавоны, чтобы передать на попечение проводников к Сыну.

8. ПРОВОДНИКИ К СЫНУ

Четвертое кольцо Хавоны иногда называется «кольцом Сынов». Из миров этого кольца восходящие паломники отправляются в Рай, чтобы прикоснуться к пониманию Вечного Сына, в то время как в тех же мирах нисходящие паломники добиваются нового постижения природы и назначения Сынов-Создателей времени и пространства. В этом кольце есть семь миров, где находятся специальные попечительские школы резервного корпуса Райских Михаилов, предназначенные для оказания помощи как восходящим, так и нисходящим паломникам. Именно в этих мирах, связанных с Сынами Михаилами, паломники времени и паломники вечности впервые по-настоящему понимают друг друга. Во многих отношениях опыт, приобретаемый на этом кольце, является самым поразительным за всё пребывание в Хавоне.

Проводники к Сыну являются супернафическими попечителями восходящих смертных четвертого кольца. В дополнение к общей программе, направленной на подготовку кандидатов к осознанию троичных взаимоотношений Вечного Сына, эти проводники к Сыну должны так подготовить своих подопечных, чтобы обеспечить им полный успех, во-первых, в адекватном духовном постижении Сына, во-вторых, в достаточном восприятии личности Сына и, в-третьих, в умении правильно отличать Сына от личности Бесконечного Духа.

После достижения Бесконечного Духа экзамены прекращаются. Испытания на внутренних кольцах заключаются в самих действиях кандидатов-паломников, когда они скрываются в объятиях Божеств. Успех определяется только духовностью индивидуума, и никто, кроме Богов, не может взять на себя смелость судить о ценности этого достояния. В случае неудачи, ее причины никогда не выясняются, как никогда не подвергаются упрекам или критике сами кандидаты или их различные наставники и проводники. В Раю неуспех никогда не рассматривают как поражение; отсрочку никогда не считают позором; кажущиеся неудачи времени никогда не принимают за существенные задержки вечности.

Лишь немногие паломники сталкиваются с задержкой, кажущейся неудачей во время путешествия к Божествам. Почти все достигают Бесконечного Духа, хотя иногда первая попытка паломника из первой сверхвселенной заканчивается неудачей. Если паломники достигают Духа, то их редко постигает неудача в достижении Сына; из тех, которым это не удается с первого раза, почти все родом из третьей и пятой сверхвселенных. Абсолютное большинство паломников, не сумевших с первой попытки достичь Отца после обретения Духа и Сына, являются уроженцами шестой сверхвселенной, хотя попадаются неудачники из второй и третьей сверхвселенных. Всё это указывает на то, что существуют веские причины этих кажущихся неудач, которые в действительности являются всего лишь неизбежными задержками.

Потерпевшие неудачу кандидаты на путешествие к Божествам передаются руководителям назначений из группы первичных супернафимов и направляются для служения в сферы пространства не менее чем на одно тысячелетие. Они никогда не возвращаются в свою сверхвселенную, а направляются в то сверхтворение, которое является наиболее подходящим для переподготовки ко второму путешествию к Божествам. Вслед за этим, по своему собственному побуждению, они возвращаются на внешнее кольцо Хавоны и сразу же препровождаются на то кольцо, где было прервано их продвижение и где они начинают без промедления собираться в путешествие к Божествам. Новая попытка вторичного супернафима всегда завершается успешным проведением своих подопечных, и во время второго путешествия таким кандидатам неизменно помогают всё те же супернафические попечители и другие проводники.

9. ПРОВОДНИКИ К ОТЦУ

Когда душа паломника достигает третьего кольца Хавоны, он попадает под опеку проводников к Отцу – чрезвычайно искусных и наиболее опытных из старших супернафических попечителей. В мирах этого кольца находятся возглавляемые проводниками к Отцу школы мудрости и методические колледжи, учителями в которых являются все обитатели центральной вселенной. Учитывается абсолютно всё, что может пойти на пользу созданию времени в его трансцендентном путешествии – достижении вечности.

Обретение Всеобщего Отца – это пропуск в вечность, несмотря на то что паломнику еще предстоит пройти оставшиеся кольца. Поэтому знаменательным событием становится заявление, которое сопровождающее трио делает в направляющем мире третьего кольца, сообщая о том, что близится к завершению последнее начинание времени и что еще одно создание пространства стремится попасть в Рай через врата вечности.

Подходит к концу испытание времени; уже виднеется финишная черта, за которой лежит вечность. Дни неуверенности сочтены; исчезает соблазн сомнения; заповедь быть *совершенным* выполнена. Обладающее материальной личностью создание времени прошло весь путь, поднявшись с самой нижней ступени разумного существования через эволюционные сферы пространства, тем самым подтвердив осуществимость плана восхождения и в то же время навсегда продемонстрировав праведность и справедливость призыва Всеобщего Отца, обращенного к своим низшим созданиям миров: «Будьте совершенны, как совершенен я».

Так, шаг за шагом, от одного уровня жизни к другому, из одного мира в другой, восходящее создание успешно прошло свой путь, достигнув цели – обретения Божеств. Спасение является полным в совершенстве, а совершенство – исчерпывающим в верховности обретенной божественности. Время кануло в вечность; пространство исчезло в исполненном поклонения единении и гармонии со Всеобщим Отцом. Трансляции Хавоны уносят в пространство триумфальные сообщения – благие вести о том, что совершившие эволюционное восхождение разумные создания животной природы и материального происхождения воистину, действительно и навечно стали совершенными сынами Бога.

10. СОВЕТНИКИ И КОНСУЛЬТАНТЫ

Супернафические советники и консультанты второго кольца являются наставниками детей времени в отношении их вечного пути. Достижение Рая влечет за собой обязанности нового и более высокого порядка, и пребывание на втором кольце предоставляет широкие возможности для получения ценных советов у этих преданных супернафимов.

Перед отправкой в сверхвселенные для продолжения служения, те, кому не удалось с первого раза достигнуть Божества, переходят с кольца, где их постигла неудача, прямо на второе кольцо. Поэтому советники и консультанты также служат в качестве советников и утешителей этих разочарованных паломников. Только что их постигла величайшая из неудач, и единственное, чем она отличается от длинного перечня испытаний, по которым, как по лестнице, они поднялись от хаоса к блаженству, – это своим масштабом. Это те, кто испил эмпирическую чашу до дна; и я был свидетелем того, как они на время возвращаются для служения в сверхвселенной – возвращаются, чтобы, в качестве высшего типа исполненных любви попечителей, опекать детей времени, испытавших присущие времени разочарования.

После длительного пребывания на втором кольце неудачники переводятся в направляющий мир кольца, где они предстают перед советами совершенства, которые подтверждают прохождение испытания в Хавоне. За исключением духовного статуса, это обеспечивает им такое же положение во вселенных времени, как если бы их путешествие к Божествам увенчалось успехом. Дух таких кандидатов полностью соответствовал требованиям; причина неудачи могла заключаться в некотором аспекте их метода приближения или некоторой части их эмпирического прошлого.

После этого советники кольца доставляют их к Райским руководителям назначений и отсылают для временнóго служения в мирах пространства; они отправляются в путь с удовлетворением и радостью, возвращаясь к заданиям прежних времен и эпох. Настанет день, когда они вернутся на кольцо своего величайшего разочарования, чтобы вновь попытаться совершить путешествие к Божествам.

Для успешных паломников второго кольца тот стимул, которым являлась эволюционная неопределенность, остается в прошлом, но дерзновение вечного назначения еще не началось. И хотя пребывание на этом кольце доставляет неизменное удовольствие и приносит огромную пользу, энтузиазм предвосхищения, типичный для предыдущих колец, проявляется здесь с меньшей силой. В такое время многие паломники обращают свой взгляд в прошлое, на долгую, долгую борьбу с чувством доброй зависти, действительно желая вернуться в миры времени и начать всё сначала, – так же, как вы, смертные, приближаясь к преклонному возрасту, порой окидываете взглядом перипетии отрочества и молодости и искренне сожалеете о том, что не можете прожить свою жизнь заново.

Теперь паломнику предстоит пересечь внутреннее кольцо, вскоре после чего завершится последний сон перехода и начнется новое путешествие по вечному пути. Советники и консультанты второго кольца начинают подготовку своих подопечных к этому великому и заключительному покою – обязательному сну, который всегда отделяет эпохальные этапы восходящего пути.

Когда достигшие Всеобщего Отца восходящие паломники овладевают опытом второго кольца, неизменные Проводники Смертных Кандидатов издают приказ, обеспечивающий допуск на последнее кольцо. Эти проводники лично сопровождают своих подопечных на внутреннее кольцо, где их принимают спутники покоя – последний из чина вторичных супернафимов, опекающий паломников времени в мирах Хавоны.

11. СПУТНИКИ ПОКОЯ

Значительная часть времени восходящего создания на последнем кольце посвящена дальнейшему изучению грядущих проблем, связанных с пребыванием в Раю. На внутреннем кольце хавонских миров постоянно или временно проживает огромное множество разнообразных и большей частью нераскрытых существ. Такое смешение различных типов обеспечивает супернафических спутников покоя богатым ситуативным окружением, умело используемым ими в целях дальнейшего обучения восходящих паломников, особенно в вопросах приспособления к многочисленным группам существ, с которыми они вскоре встретятся в Раю.

Среди тех, кто пребывает на этом внутреннем кольце, – сыны, тринитизованные созданиями. Первичные и вторичные супернафимы являются общими опекунами совместного корпуса этих сынов, который включает тринитизованное потомство смертных завершителей и аналогичное потомство Граждан Рая. Некоторые из этих сынов прошли объятия Троицы и получили назначения в правительства сверхвселенных, другие исполняют различные задания, но абсолютное большинство собирается в совместном корпусе в совершенных мирах внутреннего кольца Хавоны. Здесь, под началом супернафимов, они готовятся к пока еще неизвестной будущей деятельности в составе специального неназванного корпуса высоких Граждан Рая, которые в эпоху, предшествующую прибытию Грандфанды, являлись первыми административными помощниками Вечных Дней. Существует много оснований для предположения, что две эти уникальные группы тринитизованных существ будут совместно действовать в отдаленном будущем, и не последним среди них является их общее предназначение в качестве резерва Райского Корпуса Тринитизованных Завершителей.

На этом внутреннем кольце как восходящие, так и нисходящие паломники сближаются друг с другом и с сынами, тринитизованными созданиями. Как и их родители, эти сыны получают огромную пользу от такого общения, и специальная миссия супернафимов заключается в том, чтобы способствовать установлению и укреплению взаимных братских отношений тринитизованных сынов смертных завершителей и тринитизованных сынов Граждан Рая. Супернафические спутники покоя занимаются не столько подготовкой, сколько развитием отзывчивости и взаимопонимания между различными группами.

Смертные получили Райский наказ: «Будьте совершенны, как совершенен ваш Райский Отец». Руководящие супернафимы неустанно повторяют тринитизованным сынам совместного корпуса: «Относитесь к вашим восходящим братьям с таким же пониманием, какое присуще знающим и любящим их Райским Сынам-Создателям».

Смертное создание должно обрести Бога. Сын-Создатель не останавливается, пока не обретает низшее волевое создание – человека. Несомненно, что Сыны-Создатели и их смертные дети готовятся к некоторому будущему и неизвестному вселенскому служению. Как те, так и другие проходят всё разнообразие эмпирической вселенной и благодаря этому получают образование и подготовку, необходимые для вечной миссии. По всей вселенной происходит это уникальное слияние божественного и человеческого, соединение создания и Создателя. Неразумные смертные ссылаются на проявление божественного милосердия и доброты, особенно по отношению к слабым и нуждающимся, как на указание антропоморфизма Бога. Какое заблуждение! Скорее, подобные проявления людьми милосердия и снисходительности следовало бы воспринимать как свидетельство того, что смертный человек наделен духом живого Бога, что мотивы создания, в конечном счете, божественны.

Незадолго до завершения своего пребывания на первом кольце восходящие паломники впервые встречаются с успокоителями, которые относятся к первичной категории супернафимов. Эти ангелы Рая прибывают сюда, чтобы приветствовать тех, кто стоит у черты вечности, и завершить их подготовку ко сну перехода, который предшествует последнему воскресению. Только тогда вы станете истинными детьми Рая, когда пересечете внутреннее кольцо и испытаете воскресение в вечности после завершающего сна времени. Ставшие совершенными паломники погружаются в покой – засыпают – на первом кольце Хавоны и пробуждаются на берегах Рая. Из всех восходящих к вечному Острову только те, кто прибывает туда таким образом, являются детьми вечности; остальные отправляются в Рай в качестве посетителей и гостей, не обладающих статусом постоянных жителей.

И теперь, завершая свой хавонский путь и засыпая в направляющем мире внутреннего кольца, вы, смертные, погружаетесь в покой не в одиночестве, как это было в мирах вашего появления на свет, когда вы закрыли глаза и заснули естественным сном физической смерти, и не так, как это было при вхождении в длительный переходный транс, предваряющий путешествие в Хавону. Сейчас, когда вы готовитесь к покою обретения, рядом с вами находится ваш давний спутник по первому кольцу – величественный спутник покоя, который готовится к погружению в покой вместе с вами, как данная Хавоной гарантия того, что ваш переход завершен и что вашему совершенству не хватает лишь последних штрихов.

Ваш первый переход действительно был смертью, второй – идеальным сном; предстоящее третье превращение – это истинный покой, освобождение от векового напряжения.

[Представлено Совершенствователем Мудрости Уверсы.]

ДОКУМЕНТ 27

СЛУЖЕНИЕ ПЕРВИЧНЫХ СУПЕРНАФИМОВ

Первичные супернафимы являются возвышенными слугами Божеств на вечном Острове Рай. Неизвестно, чтобы они когда-либо изменяли путям света и праведности. Их ряды не поредели; за всё время их существования, уходящее в вечность, не был потерян ни один член величественного воинства. Эти высокие супернафимы являются совершенными существами, высшими в совершенстве, но они не абсонитны, как не являются они и абсолютными. Совершенные в самой своей сущности, эти дети Бесконечного Духа, поочередно и по желанию, исполняют все виды своих разнообразных обязанностей. Хотя первичные супернафимы не проявляют особой активности за пределами Рая, раз в тысячелетие они участвуют в различных собраниях и групповых сборах центральной вселенной. Они также выполняют различные специальные поручения Божеств, и многие из них поднимаются до статуса Юридических Советников.

Первичные супернафимы могут также назначаться в качестве глав серафических воинств, которые служат в мирах, изолированных вследствие восстания. После того как один из Райских Сынов посвящает себя такому миру, завершает свою миссию, возносится к Всеобщему Отцу, принимается им и возвращается в качестве правомочного освободителя этого изолированного мира, руководители назначений всегда ставят первичного супернафима главой попечительских духов возвращенной сферы. Супернафимы этой специальной службы периодически сменяются. Нынешний «глава серафимов» Урантии является вторым существом данного чина, исполняющим свои обязанности со времени посвящения Христа Михаила.

Испокон веков первичные супернафимы служили на Острове Света и отправлялись в миры пространства в качестве руководителей, однако их нынешняя классификация существует только со времени прибытия в Рай хавонских паломников времени. В настоящее время эти высокие ангелы объединяются в семь категорий:

1. Воспитатели поклонения.
2. Преподаватели философии.
3. Хранители знаний.
4. Воспитатели.
5. Толкователи этики.
6. Руководители назначений.
7. Успокоители.

Только после того как восходящие паломники действительно достигают Рая, они попадают под непосредственное влияние этих супернафимов, проходя подготовку под руководством этих ангелов в последовательности, обратной порядку их представления. Это значит, что вы вступаете на Райский путь под опекой успокоителей и, проведя определенное время с промежуточными чинами, заканчиваете период подготовки под руководством воспитателей поклонения. После этого перед вами открывается бесконечный путь завершителя.

1. УСПОКОИТЕЛИ

Успокоители – это Райские инспекторы, прибывающие с центрального Острова на внутреннее кольцо Хавоны, чтобы объединить здесь усилия со своими коллегами – спутниками покоя вторичного чина супернафимов. Испытание радости от пребывания в Раю неразрывно связано с покоем, божественным покоем. И эти успокоители – последние наставники, которые готовят паломников времени к вступлению в вечность. Они приступают к своей деятельности на завершающем кольце центральной вселенной и продолжают ее, когда паломник пробуждается от последнего сна перехода – погружения, которое переводит создание пространства в царство вечности.

Отдых имеет семичастную природу. Есть отдых сна и досуга у низших категорий жизни, отдых открытия – у более высоких существ, отдых поклонения – у высшего типа духовных личностей. Существует также естественный отдых для восполнения запаса своей физической или духовной энергии. Есть сон перехода – забытьё серафического переноса при перемещении из одной сферы в другую. Полностью отличается от всех этих форм глубокий сон превращения – отдых при переходе существа из одной стадии в другую, от одной жизни к другой, от одного состояния к другому, сон, который всегда сопутствует переходу к новому вселенскому *статусу*, по сравнению с эволюционированием через различные *ступени* какого-либо одного статуса.

Однако последний покой превращения отличается от предыдущих снов перехода, которые служили вехами успешного обретения нового статуса на восходящем пути: с его помощью создания времени и пространства пересекают внутренние временны́е и пространственные границы, чтобы получить постоянный статус во вневременных и внепространственных обителях Рая. Успокоители и спутники покоя столь же необходимы для этого решающего превращения, сколь серафимы и их спутники – для продолжения жизни создания после смерти.

Вы погружаетесь в покой на последнем кольце Хавоны и возрождаетесь в вечности в Раю. И после восстановления своей духовной личности вы сразу же узнаете в успокоителе, приветствующем вас на вечных берегах, того первичного супернафима, который погрузил вас в завершающий сон на внутреннем кольце Хавоны; и вы вспомните последнее великое проявление веры, когда вы в очередной раз приготовились доверить сохранность своей идентичности Всеобщему Отцу.

Вы испытали последний покой времени; заснули последним сном перехода; и теперь вы пробуждаетесь к вечной жизни на берегах вечной обители. «И вы уже никогда не заснете. Пред вами – присутствие Бога и Сына его, вы же – его вечные слуги; вы увидели его лицо, и имя его – дух ваш. И ночи не будет там, и не будет у них нужды в солнечном свете, ибо Великий Источник и Центр светит им; и будут жить они вечно. И осушит Бог слезы с глаз их; и не будет больше смерти, как не будет ни скорби, ни горя, ни боли; ибо всё прежнее исчезло».

2. НАЗНАЧЕННЫЕ РУКОВОДИТЕЛИ

Время от времени глава супернафимов – «прообраз ангелов» – назначает эту группу для руководства организацией всех трех чинов этих ангелов – первичных, вторичных и третичных. Как группа, супернафимы обладают полным самоуправлением и саморегуляцией, за исключением функций, исполняемых их общим главой – первым ангелом Рая, являющимся постоянным руководителем всех этих духовных личностей.

Ангелы-руководители тесно связаны с прославленными смертными обитателями Рая вплоть до вступления последних в Корпус Завершения. Занятия вновь прибывших не ограничиваются только учебой и воспитанием; служение играет существенную роль в предзавершенческом образовательном опыте Рая. Я также замечал, что в периоды досуга восходящие смертные обнаруживают предрасположенность к дружескому общению с резервным корпусом супернафических руководителей назначений.

Когда вы, восходящие смертные, достигнете Рая, то круг вашего общения, куда входят взаимоотношения с воинством возвышенных и божественных существ, а также со знакомым вам множеством прославленных смертных собратьев, значительно расширится. Вам также предстоит сблизиться более чем с тремя тысячами различных категорий Граждан Рая, с разнообразными группами Трансцендентадов, равно как и с многочисленными типами нераскрытых на Урантии обитателей Рая, постоянных и временных. После продолжительного общения с могучими интеллектами Рая вы сможете отдохнуть в компании существ, обладающих разумом ангельского типа; они напоминают смертным о серафимах, с которыми они были так долго связаны столь живительной связью.

3. ТОЛКОВАТЕЛИ ЭТИКИ

Чем выше вы поднимаетесь по ступеням жизни, тем больше внимания должно уделяться вселенской этике. Этическое сознание является, в принципе, признанием индивидуумом прав, неотъемлемых от существования любого или всех остальных индивидуумов. Однако духовная этика выходит далеко за пределы этических представлений об отношениях индивидуума и группы, присущих смертному и даже моронтийному существованию.

Вопросы этики должным образом освещаются и адекватно усваиваются паломниками времени на протяжении длительного восхождения к красотам Рая. Начиная с пространственных миров, где они появляются на свет, восходящие создания продолжают прибавлять к своему непрестанно расширяющемуся кругу вселенских партнеров всё новые группы существ на всём протяжении ведущего к центру пути. Каждая новая группа коллег добавляет очередной этический уровень, который необходимо осознать и принять; поэтому к тому времени, когда восходящие смертные достигают Рая, они остро нуждаются в ценном дружеском совете относительно толкования этических вопросов. Их не нужно учить этике, однако, столкнувшись с беспрецедентной задачей вхождения в контакт с таким обилием новых для себя вещей, они нуждаются в должном *толковании* того, что они так старательно усвоили.

Толкователи этики оказывают прибывшим в Рай неоценимую помощь, помогая приспособиться к многочисленным группам величественных существ в течение богатого событиями периода, который начинается получением постоянного статуса и оканчивается официальным зачислением в Корпус Смертных Завершителей. Значительная часть многочисленных типов Граждан Рая уже встречалась восходящим паломникам на семи кольцах Хавоны. Прославленные смертные были также тесно связаны с совместным корпусом сынов, тринитизованных созданиями. Этот корпус расположен на внутреннем кольце Хавоны, где эти существа получают значительную часть своего образования. А на других кольцах восходящие паломники встречались с многочисленными нераскрытыми типами постоянных обитателей Рая-Хавоны, получающих там совместную подготовку для нераскрытых назначений будущего.

Каждому небесному товариществу присуща взаимность. Пользу получаете не только вы – восходящий смертный, который общается со всё новыми и новыми типами всё более высоких божественных партнеров; вы также передаете каждому из этих братских существ нечто от своей личности и опыта, оставляя в них неизгладимый след, улучшая и изменяя всякого, кто общался с восходящим смертным эволюционных миров времени и пространства.

4. ВОСПИТАТЕЛИ

Получив исчерпывающие разъяснения по вопросам этики Райских отношений – разъяснения, являющиеся не пустыми формальностями или диктатом надуманных каст, а неотъемлемыми правилами поведения, – восходящим смертным полезно познакомиться с советами супернафических воспитателей, которые объясняют новым членам Райского общества, какими должны быть совершенные действия высоких существ, обитающих на центральном Острове Света и Жизни.

Гармония является основным принципом центральной вселенной, и в Раю царит явный порядок. Правильное поведение неотъемлемо от прогресса, который, через знания и философию, ведет к духовным высотам искреннего поклонения. Приближение к Божественности предполагает применение божественного метода, и овладение этим методом возможно только после прибытия паломника в Рай. Дух этого метода пронизывает кольца Хавоны, однако завершающие штрихи подготовки паломников времени можно наложить только на самом Острове Света.

Этикет Рая отличается полной непринужденностью и является во всех смыслах естественным и свободным. Тем не менее, на вечном Острове существует должный и совершенный образ действий, а воспитатели неизменно сопровождают «пришельцев, живущих в городе», наставляя и направляя их так, чтобы паломники времени чувствовали себя совершенно свободными и в то же время могли избежать беспорядка и неуверенности, которые в противном случае были бы неизбежны. Только это позволяет предотвратить бесконечные неурядицы, а неурядиц не бывает в Раю.

Эти воспитатели фактически служат в качестве прославленных учителей и проводников. Их главная задача состоит в ознакомлении новых смертных обитателей с практически бесконечным разнообразием незнакомых ситуаций и неизвестных обычаев. Несмотря на продолжительную подготовку и долгий путь, Рай остается невыразимо удивительным и неожиданно новым для того, кто наконец получает статус постоянного обитателя.

5. ХРАНИТЕЛИ ЗНАНИЙ

Супернафические хранители знаний – это высшие «живые эпистолы», известные всем и читаемые всеми, кто обитает в Раю. Они являются божественными архивами истины, живыми книгами подлинного знания. Вы слышали о записях в «книге жизни». Хранители знаний – именно такие живые книги, анналы совершенства, запечатленные на вечных скрижалях божественной жизни и высшей уверенности. Это действительно живые, автоматические библиотеки. Вселенские факты являются неотъемлемой частью этих первичных супернафимов и буквально записаны в них; кроме того, сама сущность этих совершенных и исчерпывающих вместилищ вечной истины и временны́х знаний не позволяет неправде поселиться в их сознании.

Эти хранители проводят факультативные образовательные курсы для постоянных обитателей вечного Острова, но в основном они выполняют справочную функцию и подтверждают подлинность информации. Любое проживающее в Раю существо может по своему желанию ознакомиться с живой записью конкретного события или истины. В северной оконечности Острова находятся живые источники знаний, которые определяют руководителя группы, обладающей искомой информацией; и тут же появляются изумительные существа, которые *являются* именно тем, что вы хотите знать. Вам не приходится более пользоваться знанием, облеченным в письменную форму: теперь вы лично общаетесь с живой информацией. Таким образом, вы приобретаете высшее знание от живых существ, являющихся его окончательными хранителями.

Установив, какой именно супернафим является тем, что́ вы хотите выяснить, вы обнаружите, что в вашем распоряжении находятся *все* известные факты всех вселенных, ибо эти хранители знаний являются окончательными и живыми сводами огромной сети регистрирующих ангелов – от серафимов и секонафимов локальных и сверхвселенных до главных регистраторов чина третичных супернафимов Хавоны. И это живое средоточие знаний отличается от официальных архивов Рая – совокупного свода вселенской истории.

Мудрость истины происходит из божественности центральной вселенной, однако знание – эмпирическое знание – в значительной мере возникает в пределах времени и пространства; этим и объясняется необходимость существования обширных сверхвселенских организаций, регистрирующих серафимов и супернафимов, действующих под началом Небесных Регистраторов.

Эти первичные супернафимы, в силу своей природы владеющие сведениями о вселенной, отвечают также за их организацию и систематизацию. Являясь живой справочной библиотекой вселенной вселенных, они классифицируют знания по семи большим разделам, каждый из которых объединяет около миллиона подразделов. Удобство, с которым обитатели Рая могут пользоваться этим огромным вместилищем знаний, объясняется исключительно добровольными и мудрыми действиями хранителей знаний. Хранители являются также возвышенными учителями центральной вселенной, щедро отдающими свои живые сокровища всем существам любого кольца Хавоны; их услугами широко, хотя и опосредованно, пользуются суды Древних Дней. Однако эта живая библиотека, открытая для центральной и сверхвселенных, недоступна для локальных творений. Только косвенно и с помощью отражения благотворные Райские знания приобретаются в локальных вселенных.

6. ПРЕПОДАВАТЕЛИ ФИЛОСОФИИ

Ближе всего к высшему наслаждению от поклонения стоит то живительное чувство, которое порождается философией. Нет таких высот или таких далей, за которыми не оставалось бы множества тайн; пытаясь разгадать эти тайны, мы вынуждены обращаться к философии.

Райские преподаватели философии с наслаждением наставляют умы обитателей Рая – как исконных, так и восходящих – на вдохновляющий путь решения вселенских проблем. Эти супернафические преподаватели философии являются «небесными мудрецами» – мудрыми существами, которые используют заключенную в знании истину и эмпирические факты в стремлении овладеть неизвестным. Они превращают знание в истину, опыт – в мудрость. В Раю восходящие личности пространства достигают высот бытия: они обладают знаниями; они знают истину; они способны философствовать – мыслить категориями истины; они могут даже попытаться прикоснуться к концепции Предельного и осмыслить методы Абсолютов.

В южной оконечности обширных пределов Рая преподаватели философии проводят подробные курсы по семидесяти функциональным разделам мудрости. Здесь они рассуждают о планах и целях Бесконечности, стремясь к координации опыта и согласованию знаний всех, кому доступна их мудрость. Они достигли высокой степени специализации в подходах к различным вселенским проблемам, однако к окончательным выводам они всегда приходят в полном согласии.

Эти Райские философы используют всевозможные методы преподавания, включая высший метод графов Хавоны и некоторые Райские методы передачи информации. Все эти высшие методы сообщения знаний и изложения идей совершенно недоступны пониманию даже наиболее высокоразвитого человеческого ума. Час обучения в Раю соответствует десяти тысячам лет с использованием урантийских методов, основанных на запоминании слов. Вы неспособны понять данные способы коммуникации, а в смертном опыте просто нет ничего, с чем их можно было бы сравнить или сопоставить.

Преподаватели философии получают высшее наслаждение, делясь своим толкованием вселенной вселенных с существами, восшедшими из миров пространства. И хотя философские выводы никогда не обретут такой же окончательный характер, каким обладает фактическое знание и подлинный опыт, тем не менее, прослушав рассуждения этих первичных супернафимов о нерешенных проблемах вечности и действиях Абсолютов, вы надолго сохраните чувство удовлетворенности от изучения этих неразрешенных вопросов.

Интеллектуальные занятия Рая не транслируются; совершенная философия доступна только тем, кто присутствует здесь лично. Окружающие творения знают об этих учениях только от тех, кто прошел через данный опыт и впоследствии донес эту мудрость до вселенных пространства.

7. ВОСПИТАТЕЛИ ПОКЛОНЕНИЯ

Поклонение есть высшая привилегия и первейшая обязанность всех созданных разумных существ. Поклонение является сознательным и радостным актом признания и принятия истины и факта сокровенной и личной связи Создателей со своими созданиями. Качество поклонения определяется глубиной восприятия, на которую способно создание. И по мере расширения знаний о бесконечном характере Богов акт поклонения становится всё более всеохватным, пока, наконец, не достигает блаженства высшего эмпирического восторга и самого утонченного наслаждения, которое только известно созданным существам.

Хотя на Острове Рай существуют определенные места для поклонения, он скорее напоминает одно огромное святилище для божественного служения. Поклонение является первейшей и преобладающей страстью всех тех, кто достигает его благословенных берегов, – это непроизвольное выражение чувств существами, которые знают о Боге достаточно для того, чтобы достигнуть его присутствия. По мере продвижения к центру, с каждым новым кольцом Хавоны поклонение становится постоянно усиливающейся страстью, пока в Раю не появляется потребность управлять им и регулировать его выражение.

Испытываемые в Раю периодические, непроизвольные, групповые и иные особые выражения высшего поклонения и духовного прославления проводятся под руководством специального корпуса первичных супернафимов. Направляемое этими воспитателями, такое поклонение достигает цели создания, принося высшее наслаждение и поднимаясь до высочайшего совершенства возвышенного самовыражения и личного наслаждения. Все первичные супернафимы стремятся стать воспитателями поклонения; и все восходящие существа с радостью предавались бы вечному поклонению, если бы руководители назначений периодически не распускали эти собрания. Однако ни одно восходящее существо не обязано принимать назначения в вечное служение, не достигнув полного удовлетворения в поклонении.

Задача воспитателей поклонения – научить восходящих созданий так выражать свое поклонение, чтобы получать полное удовлетворение от самовыражения и одновременно иметь возможность уделять внимание основным занятиям Райского режима. Без усовершенствования техники поклонения достигшему Рая обычному смертному потребовалась бы не одна сотня лет, чтобы добиться полного и удовлетворяющего выражения своих чувств – разумной признательности и благодарности восходящего создания. Воспитатели поклонения открывают новые и ранее неизвестные пути выражения, чтобы эти чудесные дети, рожденные в муках времени и в чреве пространства, могли намного быстрее получить полное удовлетворение от поклонения.

Все способности всех существ во всей вселенной, которые могут быть направлены на усиление и возвышение возможностей самовыражения и проявления признательности, используются в полном объеме при поклонении Божествам Рая. *Поклонение есть высшая радость Райского существования*; оно является освежающим досугом Рая. То, что досуг делает для вашего изнуренного ума на земле, поклонение сделает для ваших усовершенствованных душ в Раю. Способ поклонения в Раю совершенно недоступен смертному пониманию, но его дух можно вкусить уже на Урантии, ибо духи Богов и сейчас пребывают в вас, окружают вас и воодушевляют вас на истинное поклонение.

В Раю есть специально отведенные места и специальное время для выражения поклонения, но их недостаточно для всё возрастающего потока духовного чувства, проявляющегося по мере увеличения знания и расширения восприятия божественности у великолепных существ эмпирического восхождения к вечному Острову. Со времени Грандфанды супернафимам не удавалось в полной мере охватить своим вниманием дух поклонения в Раю. Он всегда превышает предварительные оценки. Это объясняется тем, что личности, обладающие врожденным совершенством, неспособны в полной мере осознать колоссальные проявления духовного чувства у существ, которые медленно и с трудом взошли к блаженству Рая из глубин духовного мрака, присущего низшим мирам времени и пространства. Когда такие ангелы и смертные времени достигают присутствия Сил Рая, происходит излияние накопившихся веками чувств – зрелище, потрясающее ангелов Рая и вызывающее высшую радость и божественное удовлетворение в Райских Божествах.

Временами весь Рай захлестывает безудержная волна духовных излияний и чувства поклонения. Часто воспитатели поклонения оказываются неспособными контролировать такие явления, и тогда в обители Божеств возникает тройной световой импульс, означающий, что божественное сердце Богов совершенно и полностью удовлетворено искренним поклонением обитателей Рая – прославленных совершенных граждан и восходящих созданий времени. Какое торжество метода! Какое свершение вечного плана и цели Богов – разумная любовь дитя-создания, в полной мере удовлетворяющая бесконечную любовь Отца-Создателя!

Обретя высочайшее удовлетворение от полноты поклонения, вы готовы к зачислению в Корпус Завершения. Восходящий путь подходит к концу, и приближается празднование седьмого торжества. Первым торжеством явился договор, заключенный смертным созданием с Настройщиком Мышления и утвердивший цель – продолжение жизни; вторым стало пробуждение в моронтийной жизни; третьим было слияние с Настройщиком; четвертым явилось пробуждение в Хавоне; пятым ознаменовался приход к Всеобщему Отцу; шестым стало пробуждение от последнего сна перехода. Седьмое торжество знаменует собой принятие в ряды смертных завершителей и начало вечного служения. Обретение завершителем седьмой ступени реализации духа станет, возможно, первым из праздников вечности.

На этом заканчивается рассказ о супернафимах Рая – высшей категории попечительских духов, рассказ о существах, которые, как всеобщий класс, всегда рядом с вами, начиная с вашего родного мира и вплоть до завершающего прощания с воспитателями поклонения, когда, дав Троичную клятву вечности, вы принимаетесь в Корпус Смертных Завершителей.

Вот-вот начнется вечное служение Райской Троице; и теперь завершитель стоит лицом к лицу с испытанием Бога-Предельного.

[Представлено Совершенствователем Мудрости Уверсы.]

ДОКУМЕНТ 28

ПОПЕЧИТЕЛЬСКИЕ ДУХИ СВЕРХВСЕЛЕННЫХ

Как супернафимы являются ангельским воинством центральной вселенной и серафимы – локальных вселенных, так секонафимы представляют собой попечительских духов сверхвселенных. Однако по степени своей божественности и потенциалу верховности эти дети Отражательных Духов намного ближе к супернафимам, чем к серафимам. В своем служении в сверхтворениях они не одиноки, и процессы, происходящие при содействии их нераскрытых партнеров, столь же многочисленны, сколь и загадочны.

В том виде, в каком попечительские духи сверхвселенных описываются в настоящем повествовании, они включают три чина:

1. Секонафимы.
2. Тертиафимы.
3. Омниафимы.

Ввиду того что два последних чина не имеют достаточно прямого отношения к восходящей программе эволюции смертных, они будут вкратце рассмотрены перед тем, как перейти к более подробному рассказу о секонафимах. Формально ни тертиафимы, ни омниафимы не являются попечительскими духами, *принадлежащими* сверхвселенным, хотя как те, так и другие суть духовные попечители, служащие *в пределах* этих владений.

1. ТЕРТИАФИМЫ

Эти высокие ангелы состоят в реестрах столичных миров сверхвселенных, и хотя они несут свою службу в локальных творениях, формально они являются постоянными обитателями столиц сверхвселенных, так как не относятся к исконным существам локальных вселенных. Тертиафимы – это дети Бесконечного Духа, которые персонализируются в Раю группами по тысяче существ. Эти возвышенные существа, которые отличаются божественной самобытностью и почти непревзойденной разносторонностью, являются даром Бесконечного Духа Божьим Сынам-Создателям.

Когда Сын Михаил покидает отеческий режим Рая и готов отправиться в пространство для создания своей вселенной, Бесконечный Дух порождает группу из тысячи спутников-тертиафимов. И эти величественные духи следуют за Сыном-Создателем, когда он отправляется в неизведанное путешествие, приступая к организации вселенной.

На ранних стадиях формирования вселенной эта тысяча тертиафимов представляет собой единственный личный персонал Сына-Создателя. Они обретают огромный опыт в течение деятельных эпох строительства вселенной и прочих астрономических манипуляций, находясь рядом с Сыном-Создателем вплоть до того дня, когда персонализируется Светлая Утренняя Звезда – первородное существо локальной вселенной. Вслед за этим принимаются и удовлетворяются прошения об их отставке. А с появлением первоначальных чинов исконных ангелов тертиафимы отходят от активного служения в локальной вселенной и выполняют функции попечителей, связывающих Сына-Создателя, к которому они были ранее прикреплены, с Древними Дней соответствующей сверхвселенной.

2. ОМНИАФИМЫ

Омниафимы создаются Бесконечным Духом совместно с Семью Верховными Администраторами, и они являются исключительными слугами и посланниками этих Верховных Администраторов. Служение омниафимов охватывает большую вселенную, а орвонтонский центр их корпуса находится в северной части Уверсы, где они располагаются как местная колония с особым статусом. Они не зарегистрированы на Уверсе, как не прикреплены они и к нашей администрации. Не имеют они прямого отношения и к программе эволюционного восхождения смертных.

Омниафимы занимаются исключительно общим наблюдением в сверхвселенных в интересах административной координации, представляя точку зрения Семи Верховных Администраторов. Наша уверсская колония омниафимов получает инструкции только от Верховного Администратора Орвонтона и подотчетна только ему. Верховный Администратор находится на седьмой общей административной сфере во внешнем кольце спутников Рая.

3. СЕКОНАФИМЫ

Создателями секонафического воинства являются семь Отражательных Духов, назначенных в столичные миры каждой сверхвселенной. Создание этих ангелов группами по семь секонафимов связано с определенным методом, основанным на ответной реакции Рая. В каждую семерку неизменно входят один первичный, три вторичных и три третичных секонафима; они всегда персонализируются строго в этой пропорции. После создания семи секонафимов один из них – первичный – прикрепляется к службе Древних Дней. Трое вторичных ангелов объединяются с тремя группами входящих в сверхправительства и имеющих Райское происхождение управляющих: Божественных Советников, Совершенствователей Мудрости и Всеобщих Цензоров. Трое третичных ангелов прикрепляются к восходящим тринитизованным партнерам правителей сверхвселенной: Могущественным Посланникам, Наделенным Высокими Полномочиями и Не Имеющим Имени и Числа.

Эти секонафимы сверхвселенных являются потомками Отражательных Духов, поэтому отражательная способность – их неотъемлемое свойство. Они отражательно реагируют на все стадии существования каждого существа, берущего свое происхождение в Третьем Источнике и Центре и Райских Сынах-Создателях, но они не обладают непосредственной отражательной способностью в отношении существ и сущностей, личностных или иных, происходящих исключительно от Первого Источника и Центра. Мы располагаем многочисленными свидетельствами фактического существования всеобщих контуров разума Бесконечного Духа, однако даже если бы у нас не имелось иных доказательств, то отражательные действия секонафимов были бы достаточной демонстрацией реальности всеобщего присутствия бесконечного разума Совместного Вершителя.

4. ПЕРВИЧНЫЕ СЕКОНАФИМЫ

Прикрепленные к Древним Дней первичные секонафимы являются живыми зеркалами на службе у этих триединых правителей. Подумайте о том, что означает для организации сверхвселенной возможность обратиться к такому живому зеркалу, чтобы с его помощью увидеть и услышать определенные реакции другого существа, находящегося на расстоянии в тысячу и в сотню тысяч световых лет, и проделать всё это мгновенно и безошибочно. Для управления вселенными нужны архивы, полезна система дальней связи, огромную помощь оказывают Одиночные и иные посланники, однако Древние Дней, стоящие на полпути между обитаемыми мирами и Раем – между человеком и Богом, – способны мгновенно видеть обе стороны, слышать обе стороны, *знать* обе стороны.

В сверхвселенных эта способность – некоторым образом всё слышать и видеть – в совершенстве реализуема только Древними Дней и только в их столичных мирах. Но и здесь существуют ограничения: на Уверсе такая связь охватывает только миры и вселенные Орвонтона, и хотя тот же метод отражения не действует между сверхвселенными, он тесно связывает каждую из них с центральной вселенной и Раем. Таким образом, семь сверхправительств, оставаясь изолированными друг от друга, в совершенстве отражают вышестоящую власть и одновременно полностью понимают и знают потребности низлежащих сфер.

Вследствие присущих им свойств, первичные секонафимы обнаруживают склонность к семи видам служения, и естественно, что по своим природным качествам первые серии этой категории способны интерпретировать Древним Дней разум Духа:

1. *Голос Совместного Вершителя*. В каждой сверхвселенной первый из первичных секонафимов и каждое седьмое из появившихся впоследствии существ данной категории обнаруживают высокую способность к адаптации, необходимой для понимания и толкования разума Бесконечного Духа Древним Дней и их партнерам в сверхправительствах. Это имеет огромное значение в столичных мирах сверхвселенных, ибо в отличие от локальных творений, с их Божественными Попечительницами, сверхправительство не имеет специализированной персонализации Бесконечного Духа. Поэтому эти секонафические голоса становятся наибольшим приближением к личному представительству Третьего Источника и Центра в столичной сфере. Конечно, здесь присутствуют Семь Отражательных Духов, однако эти создатели секонафического воинства являются более автоматическим и истинным отражением Семи Главных Духов, чем Совместного Вершителя.

2. *Голос Семи Главных Духов*. Второй первичный секонафим и каждый седьмой из созданных впоследствии наделен свойствами отображения объединенной природы и реакций Семи Главных Духов. Хотя каждый Главный Дух уже представлен в столице сверхвселенной одним из получивших соответствующее назначение Отражательных Духов, это представительство является индивидуальным, а не коллективным. Совместно они присутствуют только в отражательном аспекте; поэтому Главные Духи приветствуют служение этих в высшей степени личностных ангелов – второй серии в категории первичных секонафимов и столь компетентных в роли их представителей в администрации Древних Дней.

3. *Голос Сынов-Создателей*. Должно быть, Бесконечный Дух имел какое-то отношение к созданию или подготовке Райских Сынов Михаилов, ибо третий первичный секонафим и каждый седьмой из созданных впоследствии обладает замечательным даром отражения разума этих Сынов-Создателей. Если бы Древние Дней захотели узнать – действительно узнать – мнение Михаила Небадонского в отношении какого-либо обсуждаемого вопроса, им не пришлось бы связываться с ним по каналам космической связи; им потребовалось бы только призвать Главу Голосов Небадона, который, получив соответствующую просьбу, представил бы регистрирующего секонафима Михаила; и Древние Дней смогли бы тут же воспринять голос Сына-Владыки Небадона.

Ни одна другая категория сынов не может «отражаться» таким же способом, и ни один другой ангельский чин не способен выполнять такую функцию. Мы не вполне понимаем, как именно это достигается, и мне представляется сомнительным, чтобы сами Сыны-Создатели полностью понимали это. Однако мы знаем наверняка, что этот метод действует, и мы также знаем, что он действует безошибочно и успешно, ибо за всю историю Уверсы секонафические голоса никогда не ошибались в своей деятельности.

Здесь вы начинаете видеть, как божественность охватывает пространство времени и управляет временем пространства. Здесь вы приобретаете одно из первых, мимолетных впечатлений о присущем кругу вечности методе, который в настоящее время видоизменен для того, чтобы помочь детям времени преодолеть нелегкие препятствия пространства. Все эти феномены являются дополнительными по отношению к основному вселенскому методу Отражательных Духов.

Хотя Древние Дней и лишены личного присутствия вышестоящих Главных Духов и нижестоящих Сынов-Создателей, в их распоряжении находятся живые существа, которые настроены на космические механизмы, обеспечивающие предельную точность и совершенство отражения; благодаря им Древние Дней могут пользоваться отражательным присутствием всех возвышенных существ, личного присутствия которых они лишены. Благодаря этим, а также другим, неизвестным вам средствам, Бог потенциально присутствует в столичных мирах сверхвселенных.

Приравнивая поступающее свыше голосовое сообщение Духа к поступающим снизу голосовым сообщениям Михаила, Древние Дней в совершенстве определяют волю Отца. Это позволяет им с непогрешимой точностью устанавливать волю Отца в вопросах, касающихся управления локальными вселенными. Однако для того, чтобы определить волю одного из Богов, исходя из знания двух других, трое Древних Дней должны действовать вместе; для получения ответа двоих было бы недостаточно. Уже по этой причине, даже если бы не было других, сверхвселенные всегда возглавляются тремя Древними Дней, а не одним и даже не двумя.

4. *Голос ангельского воинства*. Четвертый первичный секонафим и каждый седьмой, созданный впоследствии, оказываются ангелами, характерным образом реагирующими на настроения всех ангельских чинов, включая вышестоящих супернафимов и нижестоящих серафимов. Так мнение любого контролирующего или руководящего ангела может моментально использоваться на любом совете Древних Дней. В вашем мире предводительница серафимов Урантии ежедневно осознаёт феномен отраженного переноса, – иными словами, то, что ее услуги по какой-то причине нужны на Уверсе; однако если она заранее не предупреждается Одиночным Посланником, то остается в полном неведении относительно цели такого обращения и средств для ее достижения. Эти попечительские духи времени постоянно сообщают бессознательную, а потому наверняка непредвзятую, информацию в отношении бесконечного ряда дел, требующих внимания и обсуждения Древними Дней и их партнерами.

5. *Операторы трансляций*. Существует специальный класс передаваемых с помощью трансляции посланий, которые принимаются только этими первичными секонафимами. Хотя эти существа и не являются постоянными операторами трансляций Уверсы, они работают вместе с ангелами отражательных голосов с целью синхронизации отраженного образа Древних Дней с некоторыми конкретными посланиями, поступающими по основным каналам вселенской связи.

Операторы трансляций – это пятая серия первичных секонафимов: пятый первичный секонафим и каждый седьмой из созданных впоследствии.

6. *Транспортные личности*. Сюда относятся секонафимы, переносящие паломников времени из столичных миров сверхвселенных на внешнее кольцо Хавоны. Это транспортный корпус сверхвселенных, действующий как по направлению к центру, Раю, так и вовне, к находящимся в соответствующих секторах мирам. Этот корпус включает шестого первичного секонафима и каждого седьмого, созданного впоследствии.

7. *Резервный корпус*. Огромная группа, представленная седьмыми первичными секонафимами, находится в резерве для исполнения разнообразных заданий и чрезвычайных поручений в мирах. Не обладая высокой специализацией, они способны достаточно успешно выполнять любую из функций их разнообразных партнеров, однако такая специализированная деятельность совершается только в чрезвычайных случаях. Обычно их обязанности связаны с выполнением сверхвселенских заданий общего типа, не попадающих в поле деятельности специализированных ангелов.

5. ВТОРИЧНЫЕ СЕКОНАФИМЫ

Секонафимы вторичной категории обладают не меньшей отражательной способностью, чем их первичные товарищи. Для секонафимов деление на первичных, вторичных и третичных не означает различия в статусе или функциях. Такое деление обозначает только порядок их деятельности, в которой все три группы проявляют одинаковые свойства.

Семь отражательных типов вторичных секонафимов назначаются в службы равных троичных партнеров Древних Дней в следующем порядке:

к Совершенствователям Мудрости – Голоса Мудрости, Души Философии и Союзы Душ;

к Божественным Советникам – Сердца Совета, Радости Бытия и Радости Служения;

к Всеобщим Цензорам – Определители Духов.

Как и первичная категория, данная группа создается сериями – это означает, что перворордный и каждый седьмой появившийся впоследствии вторичный секонафим относятся к Голосам Мудрости; то же касается и остальных шести типов этих отражательных ангелов.

1. *Голос Мудрости*. Некоторые из этих секонафимов находятся в непрерывной связи с живыми энциклопедиями Рая – хранителями знаний первичной категории супернафимов. Как представители специализированной отражательной службы, Голоса Мудрости являются живыми, современными, исчерпывающими и исключительно надежными концентрациями и средоточиями согласованной мудрости вселенной вселенных. По отношению к практически бесконечному объему информации, обращающейся по главным контурам сверхвселенных, эти возвышенные существа обладают такой огромной отражательной способностью, избирательностью и чувствительностью, что способны отбирать и принимать суть мудрости и безошибочно передавать эти жемчужины мысли вышестоящим существам – Совершенствователям Мудрости. И они действуют так, чтобы Совершенствователи Мудрости могли не только слышать действительные и подлинные выражения мудрости, но и видеть отраженный образ самих существ, высоких или низких, изрекших данную мудрость.

Сказано: «Если у кого-то недостаточно мудрости, пусть спросит». Когда на Уверсе необходимо принять мудрые решения в запутанных ситуациях, связанных со сложными вопросами, которые приходится решать правительству сверхвселенной, и когда требуется решение, отмеченное как мудростью совершенства, так и мудростью целесообразности, то Совершенствователи Мудрости призывают целый отряд Голосов Мудрости и благодаря их совершенному мастерству таким образом настраивают и направляют эти живые приемники на заключенную в разуме и циркулирующую во вселенной вселенных мудрость, что через эти секонафические голоса тотчас изливается поток божественной мудрости центральной вселенной и поток практической мудрости высших умов из вселенных нижестоящих уровней.

Если возникают трудности в гармонизации двух этих разновидностей мудрости, то сразу же направляется прошение к Божественным Советникам, которые тотчас определяют правильный набор методов. Если появляются сомнения в отношении достоверности информации, поступающей из миров, где часто вспыхивают восстания, то направляется прошение Цензорам, которые вместе со своими Определителями Духов способны сразу же понять, существо «какого духа» стало побудителем советчика. Так вековая мудрость и современные знания всегда находятся в распоряжении Древних Дней подобно книге, раскрытой перед их благотворным взором.

Вы способны лишь в малой степени понять, какое значение это имеет для тех, кому доверено управление сверхвселенной. Грандиозность и всеохватность этих процессов полностью выходят за рамки конечного представления. Когда вы окажетесь, как не раз оказывался и я, в специальных приемных залах храма мудрости на Уверсе и увидите всё это в действительности, вы будете охвачены чувством благоговения, потрясены совершенством сложной системы, надежностью действия межпланетных вселенских коммуникаций. Вы воздадите должное божественной мудрости и благости Богов, замыслы и поступки которых отличаются таким превосходством. И всё это действительно происходит именно так, как я обрисовал.

2. *Душа Философии*. Эти восхитительные учителя также прикреплены к Совершенствователям Мудрости и при отсутствии иных указаний поддерживают фокальную синхронность с учителями философии в Раю. Представьте себе, что вы подошли к огромному и как бы живому зеркалу, но вместо отражения своей конечной и смертной оболочки видите отраженную мудрость божественности и философию Рая. И если желательно «инкарнировать» эту философию совершенства, так адаптировать ее, чтобы ее могли использовать на практике и усвоить скромные народы низших миров, то этим живым зеркалам достаточно только направить свои поверхности вниз, чтобы отразить критерии и потребности еще одного мира или вселенной.

Именно с помощью таких методов Совершенствователи Мудрости приспосабливают решения и рекомендации к истинным потребностям и действительному статусу конкретных народов и миров, в неизменном взаимодействии с Божественными Советниками и Всеобщими Цензорами. Однако высокое совершенство этих процессов недоступно даже моему пониманию.

3. *Союз Душ*. Эти ангелы отражают идеалы и статус этических отношений и являются последними членами триединого персонала Совершенствователей Мудрости. Из всех вселенских проблем, требующих проявления высшей эмпирической мудрости и способности к адаптации, наиболее серьезные возникают во взаимоотношениях и объединениях разумных существ. В деловых отношениях и торговле, в дружеских и брачных объединениях людей или же в связях ангельских

воинств всегда проявляются мелкие трения и незначительные разногласия, которые слишком тривиальны, чтобы привлекать внимание примирителей. Но они в достаточной мере отвлекают и беспокоят, чтобы помешать спокойному функционированию вселенной, если позволить им продолжаться и усугубляться. Поэтому Совершенствователи Мудрости предоставляют премудрый опыт своей категории в качестве «елея примирения» для всей сверхвселенной. Во всей этой работе мудрецам сверхвселенных помогают их умелые отражательные партнеры – Союзы Душ, предоставляющие текущую информацию о состоянии вселенной и одновременно описывающие Райский образец лучшего возможного решения этих сложных проблем. В отсутствие иных распоряжений эти секонафимы поддерживают отражательную связь с толкователями этики в Раю.

Эти ангелы развивают и укрепляют совместную деятельность во всём Орвонтоне. Одна из важнейших вещей, которые вам необходимо усвоить в течение вашего смертного пути, – это *взаимодействие*. Сферы совершенства населены теми, кто овладел этим искусством совместной работы с другими существами. Во вселенной мало заданий для одиночек. Чем выше вы будете восходить, тем сильнее будет ваше чувство одиночества при временных разлуках со своими товарищами.

4. *Сердце Совета*. Это первая группа гениев отражения, находящихся под началом Божественных Советников. Секонафимы данного типа имеют доступ к фактам пространства, извлекая информацию о них из контуров времени. В первую очередь они способны отражать супернафических координаторов информации, однако они также избирательно отражают советы всех существ, как высокого, так и скромного уровня. Всякий раз, когда к Божественным Советникам обращаются за важным советом или решением, они немедленно созывают сбор Сердец Совета, и тотчас подается заключение, действительно учитывающее совокупную мудрость и суждения наиболее компетентных умов всей сверхвселенной, каждое из которых было оценено и проверено в свете рекомендаций, данных высокими умами Хавоны и даже Рая.

5. *Радость Бытия*. По своей природе эти существа отражательно настроены на вышестоящих супернафических согласователей и некоторых нижестоящих серафимов, но мне трудно объяснить, чем именно занимаются члены этой примечательной группы. Их основная деятельность связана со стимулированием проявления радости у различных чинов ангельского воинства и волевых созданий более низкого уровня. Божественные Советники, к которым они прикреплены, редко используют их специально для обнаружения источников радости. В более широком аспекте, а также в сотрудничестве с управляющими реверсией, они выполняют функцию аналитических центров радости, стремясь усовершенствовать проявления удовольствия в мирах и одновременно пытаясь улучшить чувство юмора, развить чувство сверхъюмора у смертных и ангелов. Они стремятся показать, что свободному существованию присуща радость, независимая от внешних воздействий. И они правы, хотя они сталкиваются с огромными трудностями, внедряя эту истину в сознание примитивных людей. Более духовные личности и ангелы быстрее поддаются их обучению.

6. *Удовлетворение от Служения*. Эти ангелы с высокой точностью отражают отношение Райских воспитателей. Во многом напоминая Радости Бытия, они стремятся повысить ценность служения и получаемое от него удовлетворение. Они много сделали для того, чтобы пролить свет на будущее вознаграждение, заключенное в бескорыстном служении, – служении во имя расширения царства истины.

Божественные Советники, к которым прикреплена данная категория, используют ее для межпланетного отражения тех благ, которые извлекаются из духовного служения. Используя достижения лучших существ для увлечения и поощрения остальных, секонафимы вносят огромный вклад в повышение качества преданного служения в сверхвселенных. Сообщая в какой-либо мир о том, что делается в других мирах, особенно в лучших, они успешно используют дух братского соревнования. Живительное и здоровое соперничество поощряется даже среди серафического воинства.

7. *Определитель Духов*. Существует особая связь между советниками и помощниками второго кольца Хавоны и этими отражательными ангелами. Они являются единственной категорией секонафимов, прикрепленной к Всеобщим Цензорам, но, возможно, наиболее специализированной из всех. Независимо от источника или канала информации, невзирая на ограниченность имеющегося свидетельства, достаточно только подвергнуть его испытующему отражению, как определители сообщат нам истинный мотив, действительную цель и подлинный характер его источника. Я восхищаюсь совершенными действиями этих ангелов, которые столь безошибочно отражают действительную нравственную и духовную природу любого индивидуума, попавшего в фокус их внимания.

Определители Духов исполняют эти сложные задания благодаря присущей им «духовной проницательности», если мне будет позволено воспользоваться такими словами в попытке передать человеческому разуму мысль о том, что эти отражательные ангелы действуют интуитивно, присущим образом и безошибочно. Созерцая эти представления, Всеобщие Цензоры встречаются лицом к лицу с обнаженной душой отраженного индивидуума. Именно эта достоверность и совершенство описания являются одной из причин того, что Цензоры всегда могут столь безошибочно действовать в качестве справедливых судей. Определители Духов неизменно сопровождают Цензоров за пределы Уверсы, и они так же эффективны во вселенных, как и в своем уверсском центре.

Я заверяю вас, что все эти процессы духовного мира реальны, что они происходят в соответствии с установленными правилами и в согласии с непреложными и всеобщими законами. Сразу же после того, как в них вдыхается жизнь, существа каждой новой созданной категории моментально отражаются на небесах; живое отображение природы и возможностей создания мгновенно передается в столицу сверхвселенной. Таким образом, благодаря Определителям Духов, Цензоры достоверно и в полной мере знают, «какого духа» существо, рожденное в мире пространства.

Так и для смертного человека: Материнский Дух Салвингтона всецело знает вас, ибо Святой Дух вашего мира «исследует всё», и всё, что божественный Дух знает о вас, мгновенно поступает в распоряжение секонафических определителей, как только они, пользуясь отражением, запрашивают у Духа соответствующую информацию. Однако необходимо заметить, что знание и планы частиц Отца не поддаются отражению. Определители способны отразить и отражают присутствие Настройщиков (и Цензоры провозглашают их божественными), но они неспособны разгадать содержание интеллектуального начала Таинственных Наставников.

6. ТРЕТИЧНЫЕ СЕКОНАФИМЫ

Как и их собратья, эти ангелы создаются сериями по семь отражательных видов, но они не получают индивидуальных назначений в различные службы управляющих сверхвселенными. Все третичные секонафимы совместно придаются Тринитизованным Сынам Достижения, и эти восходящие сыны пользуются ими попеременно; это значит, что Могущественные Посланники используют любые из третичных типов, как поступают и другие существа того же статуса – Наделенные Высокими Полномочиями и Не Имеющие Имени и Числа. К этим семи типам третичных секонафимов относятся:

1. *Смысл Происхождения.* На восходящих Тринитизованных Сынов правительства сверхвселенной возлагаются обязанности рассматривать все вопросы, связанные с происхождением любого индивидуума, расы или мира; и значение происхождения является важнейшим вопросом во всех наших планах космического прогресса живых созданий конкретного мира. Все взаимоотношения и этические нормы вытекают из основополагающих фактов происхождения. Происхождение является основой соответственного отношения Богов. Совместный Вершитель всегда «примечает, что за человек появился на свет».

У высших нисходящих существ происхождение просто является фактом, в котором можно удостовериться; однако для восходящих существ, включая низшие чины ангелов, природа и обстоятельства происхождения не всегда столь понятны, хотя имеют не менее решающее значение почти при каждом повороте вселенских дел. Этим и объясняется та ценность, которую представляет для нас группа отражательных секонафимов, способных мгновенно описать всё, что относится к генезису любого существа, как в центральной вселенной, так и в любой точке сверхвселенной.

Смысл Происхождения – это живой, доступный справочник родословных огромного воинства существ, включая людей, ангелов и иных существ, населяющих семь сверхвселенных. Они всегда готовы снабдить свое руководство современной, исчерпывающей и достоверной оценкой факторов происхождения и действительного статуса любого индивидуума в любом мире соответствующей сверхвселенной; и оперирование имеющимися в их распоряжении фактами всегда соответствует положению дел на данный момент.

2. *Память Милосердия.* Это реальные, полные, исчерпывающие и живые свидетельства милосердия, проявленного по отношению к индивидуумам и расам благодаря чуткому служению посредников Бесконечного Духа, стремящихся адаптировать присущую праведности справедливость к статусу миров в соответствии с теми описаниями, которые выполняются Смыслами Происхождения. Память Милосердия раскрывает нравственный долг детей милосердия, их духовный пассив, который необходимо сопоставить с активом – спасительным условием, определенным Божьими Сынами. Раскрывая предсущее милосердие Отца, Божьи Сыны учреждают необходимый кредит, гарантирующий спасение всем. А затем, в соответствии с данными, полученными Смыслами Происхождения, устанавливается кредит милосердия, отпущенный для спасения каждого мыслящего создания, – кредит щедрый и достаточно льготный, чтобы обеспечить спасение каждой душе, действительно стремящейся к божественному гражданству.

Память Милосердия – это живое пробное сальдо, текущая выписка с вашего счета в руках сверхъестественных сил данного мира; это живые свидетельства милосердной помощи, которые зачитываются как часть свидетельских показаний в судах Уверсы при обсуждении права индивидуума на вечную жизнь, когда «поставлены троны и воссели Древние Дней. Пред ними зарождаются и протекают пространственные сообщения Уверсы; многие тысячи служат им, и миллионы стоят перед ними. Суд готов начаться, и книги раскрыты». Книги, раскрытые в столь знаменательный час, являются живыми свидетельствами третичных секонафимов сверхвселенных. При необходимости, существующие официальные данные используются для подтверждения свидетельских показаний Памяти Милосердия.

Память Милосердия должна показать, что спасительный кредит, учрежденный Божьими Сынами, полностью и добросовестно выплачен в преданном служении терпеливых личностей Третьего Источника и Центра. Однако когда милосердие истощается, когда «память» милосердия свидетельствует о его исчерпании, – тогда торжествует правосудие и решает праведность. Ибо милосердие не следует навязывать тем, кто его презирает; милосердие даруется не для того, чтобы его топтали упрямые бунтовщики времени. Тем не менее, хотя милосердие является дорогим и ценным даром, ваш собственный наличный кредит значительно превышает ваши возможности исчерпать этот резерв, если только вы искренни и чистосердечны.

Вместе со своими третичными партнерами отражатели милосердия участвуют во многих видах сверхвселенского служения, включая обучение восходящих созданий. Среди многих других вещей, Смысл Происхождения обучает восходящие существа использованию духовной этики, вслед за чем Память Милосердия учит их истинному милосердию. Хотя духовный метод милосердной опеки недоступен вашему пониманию, вам уже сейчас следовало бы понять, что милосердие есть качество роста. Вам нужно осознать, что огромную награду – личное удовлетворение – получает тот человек, который, во-первых, справедлив, во-вторых, честен, в-третьих, терпелив и, наконец, добр. Если вы примете это своим сердцем, то, оттолкнувшись от этого, вы сможете совершить следующий шаг и действительно проявить милосердие; однако вы неспособны на милосердие как таковое. Через эти стадии необходимо пройти; в противном случае истинное милосердие невозможно. Возможно покровительство, снисходительность или благотворительность, даже жалость, но только не милосердие. Истинное милосердие приходит только как прекрасная кульминация этих предшествующих качеств, дополняющих групповое согласие, взаимную признательность, братское товарищество, духовное общение и божественную гармонию.

3. *Значение Времени.* Время – это единственный универсальный дар всем волевым созданиям, «один талант», доверенный всем разумным существам. У всех вас есть время, в течение которого вы можете обеспечить продолжение жизни; роковым образом время растрачивается только тогда, когда его предают забвению, когда вам не удается употребить его так, чтобы обрести уверенность в спасении своей души. Неспособность использовать время наиболее полным образом не влечет за собой рокового наказания; это просто замедляет продвижение паломника времени по восходящему пути. Если продолжение жизни завоевано, все остальное поправимо.

При оказании доверия огромное значение имеет совет Значений Времени. Время является существенным фактором всего, что находится по эту сторону Хавоны и Рая. На последнем суде Древних Дней время служит составной частью свидетельских показаний. Значения Времени всегда предоставляют доказательства, подтверждающие, что у каждого подзащитного было достаточно времени для принятия решений, совершения выбора.

Эти оценщики времени являются также тайной пророчеств; они описывают элемент времени, который потребуется для завершения любого дела, и являются такими же надежными индикаторами, как франдаланки и хронолдеки, принадлежащие к другим категориям живых существ. Боги видят наперед – поэтому они знают наперед; однако восходящие администраторы вселенных времени должны советоваться со Значениями Времени, чтобы иметь возможность предсказывать события будущего.

Вы впервые встретитесь с этими существами в обительских мирах, где они расскажут вам о полезном использовании того, что вы называете «временем», – как в его положительном применении, труде, так и в отрицательном приложении, отдыхе. Важным является как то, так и другое использование времени.

4. *Важность Доверия*. Доверие – это решающее испытание всех волевых созданий. Надежность является истинным мерилом самообладания, характера. В системе сверхвселенных эти секонафимы выполняют двойную функцию: они описывают всем волевым созданиям чувство долга, святость и важность доверия. Одновременно они посылают управляющим безошибочные отражательные образы, показывающие степень надежности любого кандидата в отношении вверенной ему тайны или оказанного доверия.

На Урантии ваши попытки интерпретировать характер и определить конкретные способности нелепы, однако на Уверсе мы действительно выполняем эти вещи в совершенстве. Эти секонафимы взвешивают надежность на живых весах, безошибочно определяющих характер; и стоит им только посмотреть на вас, а нам на них, как мы сразу же узнаём ограничения вашей способности выполнять обязательства, оправдывать доверие и исполнять поручения. Ваш актив надежности ясно определен наряду с вашим пассивом возможного проступка или предательства.

По замыслу вышестоящих существ, вы должны эволюционировать благодаря всё большему доверию, по мере того как развитие характера позволяет вам справляться с растущей ответственностью; однако возложить на индивидуума слишком тяжелый груз – значит привести к одним только несчастьям и разочарованиям. Избежать преждевременного возложения ответственности на человека или ангела можно с помощью существ, безупречно определяющих способность индивидуумов времени и пространства к восприятию доверия. Эти секонафимы неизменно сопровождают Наделенных Высокими Полномочиями, и данные исполнители никогда не дают заданий, пока их кандидаты не взвешиваются на секонафических весах и не провозглашаются существами «без изъяна».

5. *Святость Служения*. После подтверждения надежности существа, ему сразу же предоставляется привилегия служения. Ваша собственная ненадежность, недостаточное понимание важности доверия – единственная помеха на пути к расширению служения.

Служение – целеустремленное служение, а не рабство – приносит высшее удовлетворение и является выражением самого высокого божественного достоинства. Служение – новое служение, расширенное служение, трудное служение, увлекательное служение и, наконец, божественное и совершенное служение, – вот цель времени и назначение пространства. Но временны́е циклы досуга всегда будут чередоваться с проходящими в служении циклами прогресса. И вслед за служением времени наступает сверхслужение вечности. Предаваясь досугу времени, вам стоит задуматься о труде вечности, так же как в течение служения вечности вы будете вспоминать досуг времени.

Организация вселенной строится на потреблении и отдаче. На всём протяжении вечного пути вы никогда не встретитесь с монотонностью бездействия или стагнацией личности. Прогресс становится возможным благодаря присущему вселенной движению, поступательное движение является следствием божественной способности к действию, а успех – дитя изобретательного дерзания. Однако уважение этических норм, необходимость признания того, что мир и вселенная наполнены множеством различных типов существ, неотъемлемы от способности добиваться успеха. И всё это величественное творение, *включая и вас самих*, не создано только для вас. Вселенная не эгоцентрична. Боги провозгласили: «Блаженнее давать, нежели принимать», а ваш Сын-Владыка сказал: «Тот, кто хочет быть выше всех вас, должен стать вашим слугой».

Истинный характер любого служения, кем бы оно не исполнялось – человеком или ангелом, – полностью раскрывается этими секонафическими индикаторами служения, Святостями Служения. Они предлагают ясный и исчерпывающий анализ истинных и скрытых мотивов. Эти ангелы действительно читают мысли, проникают в сердца и раскрывают души вселенной. Смертные могут прибегать к словам, чтобы скрыть свои мысли, но эти высокие секонафимы обнажают глубинные мотивы человеческого сердца и ангельского ума.

6 и 7. *Тайна Величия и Душа Благости*. Когда восходящие паломники начинают осознавать значение времени, перед ними открывается путь для осознания важности доверия и постижения святости служения. Кроме этих нравственных элементов величия существуют также тайны величия. В духовных испытаниях величия учитываются и нравственные элементы, но то качество альтруизма, которое раскрывается в бескорыстном труде на благо земных собратьев, в особенности достойных, но терпящих бедствия и лишения существ, служит истинным *мерилом* планетарного величия. А *демонстрацией* величия в мире, подобном Урантии, является проявление самообладания. Велик не тот, кто «покоряет города» и «порабощает народы», а тот, кто «укрощает свой собственный язык».

Величие синонимично божественности. Бог в высшей степени велик и благ. *Величие и благость неразделимы*. В Боге они навеки слиты воедино. Буквальная и поразительная иллюстрация этой истины – отражательная взаимозависимость Тайны Величия и Души Благости, неспособных функционировать друг без друга. При отражении иных качеств божественности секонафимы сверхвселенной способны действовать по отдельности, однако отражательные оценки величия и благости, очевидно, неразделимы. Поэтому в любом мире, в любой вселенной эти отражатели величия и благости должны трудиться вместе, неизменно передавая двойное и взаимозависимое сообщение о каждом существе, на котором они сосредоточивают свое внимание. Величие невозможно определить, не зная содержания благости, а благость невозможно описать, не демонстрируя ее внутреннего и божественного величия.

В различных сферах величие оценивается по-разному. Быть великим – значит быть богоподобным. А так как достоинство величия полностью определяется содержанием благости, то отсюда следует, что даже в вашем нынешнем человеческом статусе вы можете стать великими, если благодаря милосердию станете благими. Чем неуклоннее вы придерживаетесь представлений о божественной благости, чем настойчивее следуете им, тем увереннее вы будете расти в величии, – том подлинном величии, которым обладает настоящий, достойный спасения характер.

7. СЛУЖЕНИЕ СЕКОНАФИМОВ

Секонафимы появляются на свет в столицах сверхвселенных, где расположены их центры, однако область их действий, включая их товарищей, выполняющих функции связных, простирается от Рая до эволюционных миров пространства. Их услуги высоко ценятся членами совещательных ассамблей сверхправительств. Огромную помощь они оказывают и местным колониям Уверсы – исследователям звезд, туристам тысячелетия, небесным наблюдателям и многим другим, включая восходящих созданий, ожидающих перемещения в Хавону. Древние Дней с удовольствием назначают некоторых из первичных секонафимов в помощь восходящим созданиям, размещенным в окружающих Уверсу четырехстах девяноста образовательных мирах, где учителями являются также многие представители вторичной и третичной категорий. Эти уверсские спутники представляют собой выпускные школы вселенных времени; они служат подготовительным курсом для университета Хавоны, расположенного на семи ее кольцах.

Из трех категорий секонафимов третичная группа, прикрепленная к управляющим режимом восхождения, наиболее широко опекает восходящих созданий времени. Вы будете периодически встречаться с ними вскоре после отбытия с Урантии, хотя и не сможете свободно пользоваться их услугами, пока не достигнете орвонтонских миров временного пребывания. Вы с удовольствием будете общаться с этими существами, когда по-настоящему познакомитесь с ними в образовательных мирах Уверсы.

Эти третичные секонафимы экономят время и сокращают пространство; они служат детекторами ошибок и преданными учителями; это вечные ориентиры – живые знаки божественной уверенности, установленные милосердием на перекрестках времени и наставляющие обеспокоенных паломников в минуты великих трудностей и духовного смятения. Задолго до того, как вы достигнете врат совершенства, вы начнете получать доступ к орудиям божественности и входить в контакт с методами Божества. Начиная с прибытия в первый обительский мир и вплоть до той минуты, когда вы закроете глаза в Хавоне, готовые погрузиться в сон и перенестись в Рай, вы будете всё шире пользоваться экстренной помощью этих замечательных существ, столь полно и свободно отражающих незыблемые знания и уверенную мудрость тех надежных и верных паломников, которые опередили вас на долгом пути к вратам совершенства.

Мы лишены возможности в полной мере использовать этих отражательных ангелов на Урантии. Они часто посещают ваш мир, сопровождая тех, кто прибывает сюда с заданиями, но они не могут действовать здесь свободно. Эта сфера всё еще находится в частичном духовном карантине, и некоторые из контуров, необходимых для их деятельности, в настоящее время здесь отсутствуют. Когда ваш мир будет снова подключен к необходимым отражательным контурам, значительная часть работы, имеющей отношение к межпланетной и межвселенской связи, будет существенно упрощена и ускорена. Небесные личности, действующие на Урантии, сталкиваются с многочисленными трудностями ввиду этого функционального ограничения их отражательных партнеров. Однако мы продолжаем радостно вести свои дела с помощью тех средств, которые имеются в нашем распоряжении, несмотря на локальное отсутствие многих услуг этих восхитительных существ – живых зеркал пространства и временных проекторов духовного присутствия.

[Подготовлено Могущественным Посланником Уверсы.]

ДОКУМЕНТ 29

УПРАВЛЯЮЩИЕ ВСЕЛЕНСКОЙ ЭНЕРГИЕЙ

Из всех вселенских личностей, имеющих отношение к регулированию межпланетных и межвселенских дел, меньше всего на Урантии были поняты управляющие энергией и их партнеры. В то время как вашим расам уже давно известно о существовании ангелов и схожих категорий небесных существ, вам почти ничего не сообщалось об управляющих и регуляторах физической вселенной. Вот и сейчас мне позволено раскрыть в полном объеме только последнюю из следующих трех групп живых существ, имеющих отношение к управлению силой и регуляции энергии в совокупной вселенной:

1. Первичные Возникшие Главные Организаторы Сил.
2. Ассоциированные Трансцендентальные Главные Организаторы Сил.
3. Управляющие Вселенской Энергией.

Считая невозможным описать индивидуальность различных групп управляющих, центров и регуляторов энергии вселенной, я всё же надеюсь, что смогу несколько прояснить область их деятельности. Они представляют собой уникальную группу живых существ, занимающихся разумной регуляцией энергии по всей большой вселенной. Включая Верховных управляющих, они объединяются в четыре основные подгруппы:

1. Семь Верховных Управляющих Энергией.
2. Верховные Силовые Центры.
3. Главные Физические Регуляторы.
4. Управляющие Моронтийной Энергией.

Верховные Управляющие Энергией и Верховные Силовые Центры появились у истоков вечности, и, насколько мы знаем, новые существа данной категории не создавались. Семь Верховных Управляющих были персонализированы Семью Главными Духами и вместе со своими родителями участвовали в создании более десяти миллиардов партнеров. До появления управляющих энергией, энергетические контуры пространства за пределами центральной вселенной подчинялись разумному управлению Главных Организаторов Сил Рая.

Обладая знаниями о материальных созданиях, вы можете хотя бы по контрасту составить представление о духовных существах; однако смертному разуму очень трудно представить себе управляющих энергией. В процессе постепенного восхождения на более высокие уровни существования вы не будете соприкасаться ни с верховными управляющими, ни с силовыми центрами. В некоторых исключительных случаях вы столкнетесь с физическими регуляторами, а по прибытии в обительские миры начнете активно сотрудничать с управляющими энергией моронтии. Ввиду того что эти существа связаны только с моронтийным режимом локальных творений, нам представляется наиболее уместным поместить рассказ об их деятельности в разделе, посвященном локальной вселенной.

1. СЕМЬ ВЕРХОВНЫХ УПРАВЛЯЮЩИХ ЭНЕРГИЕЙ

Семь Верховных Управляющих Энергией являются регуляторами физической энергии в большой вселенной. Созданные Семью Главными Духами, они стали первым зарегистрированным случаем произведения полуматериального потомства чисто духовными родителями. Когда Семь Главных Духов творят по отдельности, они порождают высокодуховные личности ангельских чинов; когда же они творят вместе, то иногда они создают высшие типы полуматериальных существ. Однако даже эти квазифизические существа были бы недоступны ограниченному зрению урантийских смертных.

Семь Верховных Управляющих Энергией идентичны по внешнему виду и функциям. Их невозможно отличить друг от друга; только тот Главный Дух, с которым непосредственно связан и которому полностью подчиняется соответствующий Управляющий, способен отличать его от других. Таким образом, каждый из Главных Духов находится в вечном союзе с одним из членов их коллективного потомства. Один и тот же управляющий всегда поддерживает связь с одним и тем же Духом, и их рабочее сотрудничество проявляется в уникальном объединении физических и духовных энергий – полуфизического существа и духовной личности.

Семь Верховных Управляющих Энергией размещаются в периферийной части Рая, где их медленно вращающиеся присутствия обозначают местонахождение центров силового средоточия Главных Духов. Регулируя физическую энергию сверхвселенных, управляющие энергией действуют порознь, однако они объединяют свои усилия при управлении центральным творением. Хотя управляющие энергией осуществляют свое управление из Рая, они располагают эффективными силовыми центрами во всех секторах большой вселенной.

Эти могущественные существа являются физическими предшественниками огромного множества силовых центров и – через них – физических регуляторов, разбросанных по всему пространству семи сверхвселенных. Такие вспомогательные организмы физической регуляции в основном однородны и идентичны, не считая различной настройки каждого сверхвселенского корпуса. Для того чтобы перейти на службу в другую сверхвселенную, им достаточно вернуться в Рай для изменения настройки. Управление физическим творением в принципе однородно.

2. ВЕРХОВНЫЕ СИЛОВЫЕ ЦЕНТРЫ

Сами по себе Семь Верховных Управляющих Энергией неспособны воспроизводиться индивидуально, однако совместно – и в объединении с Семью Главными Духами – они создают другие, подобные себе существа. Таково происхождение Верховных Силовых Центров большой вселенной, которые функционируют в семи группах:

1. Верховные Управляющие Центрами.
2. Хавонские Центры.
3. Центры сверхвселенных.
4. Центры локальных вселенных.
5. Центры созвездий.
6. Центры систем.
7. Неклассифицированные Центры.

Как и Верховные Управляющие Энергией, эти силовые центры являются существами, обладающими высокой степенью свободы воли и волевых действий.

Все они наделены личностью Третьего Источника и демонстрируют неоспоримые волевые качества высокого порядка. Эти управляющие центры энергетической системы вселенной наделяются совершенным разумом; это – интеллект энергетической системы большой вселенной и тайна метода разумного контроля всей широкой сети, объединяющей обширные функции Главных Физических Регуляторов и Управляющих Моронтийной Энергией.

1. *Верховные Управляющие Центрами.* Семь этих равных существ – партнеров Верховных Управляющих Энергией – являются регуляторами главных энергетических контуров большой вселенной. Каждый управляющий центрами расположен в одном из особых миров Семи Верховных Администраторов, и они тесно сотрудничают с этими координаторами общей вселенской деятельности.

В отношении всех космических явлений, происходящих ниже уровня «гравитационной энергии», Верховные Управляющие Энергией и Верховные Управляющие Центрами действуют как по отдельности, так и совместно. Действуя сообща, эти четырнадцать существ так же функционально связаны с энергией вселенной, как Семь Высших Администраторов – с общими делами вселенной или Семь Главных Духов – с космическим разумом.

2. *Хавонские Центры.* Когда-то Хавоне не требовались силовые центры, но с того времени, как в далеком прошлом появились вселенные времени и пространства, в центральном творении действует миллион подобных существ, причем каждый из центров контролирует тысячу миров Хавоны. Здесь, в божественной вселенной, существует совершенная регуляция энергии – условие, отсутствующее за ее пределами. Совершенство регуляции энергии – высшая цель всех энергетических центров и физических регуляторов пространства.

3. *Центры сверхвселенных.* Тысяча силовых центров третьей категории занимают колоссальную область в столичной сфере каждой из семи сверхвселенных. Три течения первичной энергии, каждое из которых разделяется на десять потоков, поступают к этим силовым центрам, но из области их совместного действия исходят семь обособленных и точно направленных, хотя и несовершенно контролируемых, энергетических контуров. Такова организация энергии вселенной на электронном уровне.

Вся энергия участвует в Райском цикле, однако Управляющие Вселенской Энергией *управляют* физическими энергиями нижнего Рая, преобразованными в пространственных функциях центральной и сверхвселенных, превращая эти энергии и направляя их по каналам полезного и созидательного использования. Хавонская энергия отличается от энергий сверхвселенных. Силовой заряд сверхвселенной представлен тремя фазами энергии по десять потоков в каждой. Этот тройной энергетический заряд распространяется по всему пространству большой вселенной; подобно гигантскому волнующемуся океану энергии, он целиком омывает каждое из семи сверхтворений.

Электронная организация энергии вселенной действует в семи фазах и обнаруживает различную реакцию на локальную, или линейную, гравитацию. Этот семичастный контур берет свое начало в силовых центрах сверхвселенных и пронизывает каждое из сверхтворений. Такие специализированные токи во вселенных времени и пространства представляют собой определенные и локализованные движения энергии, создаваемые и направляемые для конкретных целей, – их можно сравнить с Гольфстримом, проявляющим себя как обособленное явление посреди Атлантического океана.

4. *Центры локальных вселенных*. В столичных мирах каждой локальной вселенной находятся по сто силовых центров четвертой категории. Их функции заключаются в ослаблении и модифицировании исходящих из столицы сверхвселенной семи силовых контуров, что позволяет использовать их в созвездиях и системах. Локальные астрономические катаклизмы пространства имеют для силовых центров преходящее значение; эти существа занимаются организованной подачей эффективной энергии созвездиям и системам, входящим в локальную вселенную. Они оказывают огромную помощь Сынам-Создателям на более поздних стадиях создания вселенных и мобилизации энергии. Эти центры способны прокладывать усиленные энергетические трассы, используемые для межпланетной связи между важными обитаемыми объектами. Такая силовая *трасса* или *линия*, иногда называемая также энергетическим коридором, представляет собой энергетический контур, напрямую связывающий один силовой центр с другим или одного регулятора с другим. Это – индивидуализированный силовой поток, противоположный свободным перемещениям в пространстве недифференцированной энергии.

5. *Центры созвездий*. Десять таких живых силовых центров, расположенных в каждом созвездии, действуют в качестве энергетических прожекторов ста подчиненных локальных систем. От этих существ отходят силовые линии, предназначенные для коммуникации и транспортировки, а также для питания тех живых созданий, поддержание жизни которых зависит от некоторых видов физической энергии. В остальном же ни силовые центры, ни вспомогательные физические регуляторы не имеют отношения к жизни как функциональной организации.

6. *Центры систем*. За каждой локальной системой закреплен Верховный Силовой Центр. Эти центры систем обеспечивают силовыми контурами обитаемые миры времени и пространства. Они координируют деятельность подчиненных физических регуляторов и исполняют также другие функции, обеспечивающие удовлетворительное распределение энергии в локальных системах. Создание межпланетных энергетических линий зависит от совершенной координации некоторых материальных энергий и эффективной регуляции физической энергии.

7. *Неклассифицированные центры*. Такие центры действуют в некоторых специфических локальных условиях, но не на обитаемых планетах. Индивидуальные миры находятся в ве́дении Главных Физических Регуляторов и получают контурные силовые потоки, направляемые силовым центром данной системы. Только те сферы, которые обладают наиболее необычными энергетическими характеристиками, имеют силовые центры седьмой категории, действующие в качестве вселенских балансиров, или энергетических регуляторов. В каждом аспекте своей деятельности эти силовые центры полностью соответствуют тем, которые существуют на сферах управления более высокого уровня, однако такие системы живой энергии не сыскать даже на одном пространственном теле из миллиона.

3. СФЕРА ДЕЯТЕЛЬНОСТИ СИЛОВЫХ ЦЕНТРОВ

Вместе с их партнерами и подчиненными, во всём пространстве сверхвселенных насчитывается более десяти миллиардов Верховных Силовых Центров. Все они поддерживают совершенную синхронность и полную связь со своими Райскими родителями – Семью Верховными Управляющими Энергией. Таким образом, энергетический контроль и управление большой вселенной доверены Семи Главным Духам – создателям Семи Верховных Управляющих Энергией.

В своей деятельности Верховные Управляющие Энергией и все их партнеры, помощники и подчиненные навсегда освобождены от какого-либо задержания или судебного вмешательства где-либо в пространстве; не подчиняются они и административному руководству сверхвселенского правительства Древних Дней или правительствам Сынов-Создателей локальных вселенных.

Эти силовые центры и управляющие порождаются детьми Бесконечного Духа. Они не связаны с администрацией Божьих Сынов, хотя присоединяются к Сынам-Создателям в течение более поздних эпох материальной организации вселенных. Однако в определенном отношении силовые центры тесно связаны с космическим сверхуправлением Верховного Существа.

Силовые центры и физические регуляторы не проходят никакой подготовки; все они созданы в совершенстве и от природы совершенны в своих действиях. Они никогда не переходят от одной функции к другой, всегда выполняя изначальное назначение. Эти существа не эволюционируют, и это относится ко всем семи подгруппам обеих категорий.

Не обладая опытом восхождения, к которому можно было бы возвращаться в памяти, силовые центры и физические регуляторы не знают развлечений, сохраняя исключительно деловой характер во всех своих действиях. Их деятельность непрерывна; всеобщий план не предусматривает перерывов в функционировании физических линий энергии. Эти существа не могут даже на долю секунды прервать свое непосредственное управление энергетическими контурами времени и пространства.

Во всём творении управляющие, центры и регуляторы энергии имеют отношение только к энергии – материальной или полуфизической; не являясь ее создателями, они, тем не менее, манипулируют ею, видоизменяют и направляют ее. Им никогда не приходится иметь какого-либо отношения к физической гравитации, за исключением противодействия силе притяжения. Их отношение к гравитации является всецело негативным.

Силовые центры используют обширные системы и связи материального типа в совокупности с живыми системами различных изолированных концентраций энергии. Каждый индивидуальный силовой центр состоит ровно из одного миллиона узлов функционального контроля, причем эти узлы видоизменения энергии не неподвижны, как основные органы в физическом теле человека; эти «основные органы» регуляции энергии мобильны и отличаются постоянно изменяющимися возможностями сочетаний.

Я совершенно неспособен объяснить, каким образом эти живые существа осуществляют манипуляцию и регуляцию главных контуров вселенской энергии. Дальнейшие попытки познакомить вас с размерами и функциями этих гигантских и практически совершенных в своей эффективности силовых центров только усилили бы вашу растерянность и ужас. Они являются как живыми, так и «личностными», однако они не укладываются в вашем сознании.

За пределами Хавоны Верховные Силовые Центры функционируют только в специально сконструированных (архитектурных) сферах или же на иных пространственных телах, имеющих подходящее строение. Архитектурные миры сконструированы таким образом, что живые силовые центры могут действовать здесь как селекторные коммутаторы, которые направляют, видоизменяют и концентрируют пространственные энергии, протекающие через данные сферы. Выполнение таких функций на обычном эволюционном солнце или планете было бы невозможно. Некоторые группы занимаются также теплоснабжением и удовлетворением других необходимых материальных потребностей этих специальных административных миров. И хотя это выходит за рамки урантийского знания, я могу констатировать, что данные категории живых энергетических личностей имеют самое непосредственное отношение к распределению света, обладающего яркостью, но не дающего тепла. Они не порождают это явление, но занимаются рассеиванием и направлением такого света.

Силовые центры и подчиненные им регуляторы занимаются эксплуатацией всех видов физической энергии организованного пространства. Они работают с тремя основными потоками, каждый из которых объединяет десять видов энергии. Таков энергетический заряд организованного пространства, которое и является сферой их деятельности. Управляющие Вселенской Энергией не имеют никакого отношения к колоссальным силовым процессам, которые наблюдаются в настоящее время за пределами нынешних границ семи сверхвселенных.

Силовые центры и регуляторы осуществляют совершенное управление только семью из десяти видов энергии, представленных в каждом основном вселенском потоке. Очевидно, те виды, которые частично или полностью исключаются из их контроля, представляют непредсказуемую область энергетических проявлений – область господства Безусловного Абсолюта. Если они и оказывают воздействие на изначальные силы этого Абсолюта, то о таких функциях нам ничего не известно, хотя есть незначительные свидетельства в пользу того мнения, что иногда некоторые физические регуляторы автоматически реагируют на определенные импульсы Всеобщего Абсолюта.

Эти живые силовые устройства не связаны осознанной связью с энергетическим сверхуправлением Безусловного Абсолюта в совокупной вселенной, но мы полагаем, что их всеобъемлющая и почти совершенная система энергетического управления каким-то неведомым образом подчинена этому сверхгравитационному присутствию. В любой локальной энергетической ситуации центры и регуляторы обнаруживают свойства, близкие к верховности, но они всегда сознают сверхэнергетическое присутствие и неразличимое действие Безусловного Абсолюта.

4. ГЛАВНЫЕ ФИЗИЧЕСКИЕ РЕГУЛЯТОРЫ

Эти существа являются мобильными подчиненными Верховных Силовых Центров. Физические регуляторы наделены такими возможностями трансформации своей индивидуальности, которые позволяют им самым различным образом автономно пересекать пространство, развивая скорость, близкую к скорости Одиночных Посланников. Однако, подобно другим пересекающим пространство существам, им требуется помощь как своих коллег, так и некоторых иных типов существ, что необходимо для преодоления гравитации и сопротивления инерции при отправке с материальной сферы.

Главные Физические Регуляторы служат по всей большой вселенной. Семь Верховных Управляющих Энергией руководят ими непосредственно из Рая вплоть до столичных миров сверхвселенных. Отсюда они управляются и распределяются Советом Равновесия – высокими энергетическими уполномоченными из числа Ассоциированных Главных Организаторов Сил, направленных Семью Главными Духами. Эти высокие уполномоченные вправе интерпретировать показания и данные главных франдаланков – живых инструментов, измеряющих силовое напряжение и энергетический заряд всей сверхвселенной.

В то время как присутствие Райских Божеств охватывает всю большую вселенную и простирается по всему кругу вечности, влияние любого из Семи Главных Духов ограничено одной сверхвселенной. Существует явное размежевание энергии и силовых контуров между семью сверхтворениями; именно этим объясняется необходимость индивидуализированных методов управления в каждой из сверхвселенных.

Главные Физические Регуляторы являются прямым потомством Верховных Силовых Центров. Сюда входят следующие категории:

1. Ассоциированные управляющие энергией.
2. Механические регуляторы.
3. Преобразователи энергии.
4. Передатчики энергии.
5. Первичные объединители.
6. Вторичные разъединители.
7. Франдаланки и хронолдеки.

Не все эти категории – личности, если под этим понимать индивидуальную свободу выбора. В особенности четыре последние, по-видимому, полностью автоматически и механически реагируют на импульсы вышестоящих существ и имеющиеся энергетические состояния. Но несмотря на то что эти реакции кажутся всецело механическими, таковыми они не являются; хотя эти существа и кажутся автоматами, все они обнаруживают характерную для разума деятельность.

Личность не является необходимым атрибутом разума. Разум способен мыслить, даже если он полностью лишен способности выбирать, что наблюдается у многих из низших типов животных и у некоторых вспомогательных физических регуляторов. Многие из этих более автоматических регуляторов физической энергии не являются личностями ни в одном из значений данного слова. Они не наделены волей и способностью принимать самостоятельные решения, находясь в полной зависимости от механического совершенства конструкции для исполнения отведенных им заданий. Несмотря на это, все они являются высокоразумными существами.

Физические регуляторы заняты в основном регуляцией элементарных энергий, не открытых на Урантии. Эти неизвестные энергии имеют исключительное значение для системы межпланетного транспорта, а также для некоторых методов связи. Когда мы прокладываем энергетические линии для эквивалентной трансляции звука или передачи изображения, эти неоткрытые виды энергии используются живыми физическими регуляторами и их партнерами. Такой же энергией в некоторых случаях пользуются и промежуточные создания в своей повседневной работе.

1. *Ассоциированные управляющие энергией*. Эти поразительно эффективные существа уполномочены давать назначения и отдавать приказы всем категориям Главных Физических Регуляторов в соответствии с постоянно меняющимися потребностями неустойчивого энергетического статуса миров. Огромные резервы физических регуляторов содержатся в накопителях в столичных мирах малых секторов, откуда они периодически направляются ассоциированными управляющими энергией в столицы вселенных, созвездий, систем и на отдельные планеты. Получив такое задание, физические регуляторы поступают во временное подчинение к божественным исполнителям, входящим в состав миротворческих

комиссий, но в остальном они целиком и полностью подчиняются ассоциированным управляющим и Верховным Силовым Центрам.

Три миллиона ассоциированных управляющих энергией прикреплены к каждому малому сектору Орвонтона; таким образом, сверхвселенская квота этих удивительно разносторонних существ составляет три миллиарда. Их собственные резервы содержатся в тех же мирах малых секторов; здесь они также исполняют обязанности наставников для всех, кто занимается изучением разумного управления и превращения энергии.

Эти управляющие чередуют периоды административной службы в малых секторах с равными по продолжительности периодами инспекционной службы в мирах пространства. Как минимум один действующий инспектор всегда присутствует в каждой локальной системе, а его резиденция находится в столичной сфере. Они поддерживают гармоничную синхронность всей необъятной совокупности живой энергии.

2. *Механические регуляторы*. Это чрезвычайно разносторонние и подвижные помощники ассоциированных управляющих энергией. Триллионы и триллионы этих существ направлены в Энсу – ваш малый сектор. Их называют механическими регуляторами из-за полного повиновения вышестоящим существам, всецелого подчинения воле ассоциированных управляющих энергией. Тем не менее, это исключительно разумные существа, и несмотря на то что их труд является механическим и прозаичным, он отличается искусностью.

Из всех Главных Физических Регуляторов, назначенных в обитаемые миры, механические регуляторы обладают наибольшими возможностями. Обладая живым даром антигравитации, превосходящим аналогичные способности всех остальных существ, каждый регулятор способен на сопротивление гравитации, сравнимое только с сопротивлением колоссальных сфер, вращающихся с гигантскими скоростями. Десять таких регуляторов находятся в настоящее время на Урантии, и одним из важнейших видов их планетарной деятельности является помощь в отправке серафического транспорта. При выполнении данной функции все десять автоматических регуляторов действуют синхронно, в то время как батарея из тысячи передатчиков энергии обеспечивает начальный импульс, необходимый для отправки серафимов.

Механические регуляторы способны направлять поток энергии и помогать концентрировать ее в специализированных токах, или контурах. Эти могущественные существа имеют прямое отношение к разделению, направлению и интенсификации физических энергий, а также нейтрализации напряжений межпланетных контуров. Они являются специалистами в обращении с двадцатью одним из тридцати видов физической энергии пространства, составляющих силовой заряд сверхвселенной. Они также способны добиваться значительных успехов в управлении и регуляции шести из девяти менее различимых видов физической энергии. Располагая эти физические регуляторы в технически правильном соотношении друг к другу и некоторым силовым центрам, ассоциированные управляющие энергией получают возможность производить невероятные изменения в силовой регуляции и управлении энергией.

Нередко действуя батареями по сто, тысяче и даже миллиону существ в каждой, а также варьируя свое местоположение и формацию, Главные Физические Регуляторы способны осуществлять энергетический контроль как совместно, так и по отдельности. В зависимости от необходимости, они могут либо повышать и ускорять уровень энергии и ее движение, либо задерживать, конденсировать и замедлять энергетический ток. Они влияют на трансформацию энергии и силы подобно так называемым каталитическим реагентам, усиливающим химические реакции. Они исполняют свои функции благодаря природным способностям и совместно с Верховными Силовыми Центрами.

3. *Преобразователи энергии*. Численность этих существ в сверхвселенной невероятна. Только в одной Сатании их около миллиона, а обычная квота составляет сто существ для каждого обитаемого мира.

Преобразователи энергии являются совместным творением Семи Верховных Управляющих Энергией и Семи Управляющих Центрами. Они принадлежат к более личностным категориям физических регуляторов, и за исключением тех случаев, когда ассоциированный управляющий энергией присутствует в обитаемом мире, руководство осуществляется преобразователями. Они инспектируют каждый отправляющийся с планеты серафический транспорт. Все классы небесных существ могут пользоваться менее личностными категориями физических регуляторов только в совокупности с более личностными категориями вспомогательных управляющих и преобразователей энергии.

Преобразователи представляют собой могущественные и эффективные живые коммутаторы, способные располагаться по вектору или против вектора действия определенных сил. Кроме того, они искусно изолируют планеты от мощных энергетических потоков, протекающих между соседними планетарными и звездными гигантами. Их способность преобразовывать энергию делает их исключительно важными и полезными для поддержания всеобщего энергетического баланса, или равновесия сил. В определенные периоды они, очевидно, потребляют, или накапливают, энергию, в другие – выделяют, высвобождают ее. Преобразователи способны увеличивать или уменьшать «аккумуляторный» потенциал живых и мертвых энергий в соответствующих областях их приложения. Однако они имеют отношение только к физическим или полуматериальным энергиям и не функционируют непосредственно в сфере жизни, как не занимаются они и видоизменением живых существ.

В некоторых отношениях преобразователи энергии являются самыми удивительными и загадочными из всех полуматериальных живых созданий. Отличаясь физически друг от друга, – хотя неизвестно, как именно, – а также варьируя взаимосвязи, они способны оказывать колоссальное воздействие на энергию, протекающую через их совокупное присутствие. Очевидно, что статус физических миров изменяется вследствие их искусных манипуляций. *Они способны изменять физический тип энергий пространства*. С помощью своих партнеров – регуляторов – они фактически способны изменять форму и потенциал двадцати семи из тридцати разновидностей физической энергии, составляющих силовой заряд сверхвселенной. Три вида энергии находятся за пределами их контроля; это является подтверждением того факта, что преобразователи не являются инструментарием Безусловного Абсолюта.

Четыре оставшиеся группы Главных Физических Регуляторов вряд ли являются личностями в каком-либо из приемлемых значений этого слова. Реакции этих передатчиков, объединителей, разъединителей и франдаланков полностью автоматичны; тем не менее, они разумны в любом смысле слова. Мы очень мало знаем об этих замечательных сущностях, поскольку мы неспособны общаться с ними. По-видимому, они понимают языки миров, но не могут общаться с нами.

Как представляется, они способны получать наши послания, однако лишены какой-либо возможности отвечать на них.

4. *Передатчики энергии.* Эти существа функционируют в основном, хотя и не исключительно, на межпланетном уровне. Они являются замечательными передатчиками энергии – в том виде, в каком она проявляется в отдельных мирах.

Когда необходимо изменить течение энергии и направить ее в новый контур, передатчики выстраиваются в ряд вдоль нужного направления подачи энергии и благодаря своим уникальным свойствам привлечения энергии способны вызвать усиленный энергетический поток в необходимом направлении. Они совершают это так же буквально, как некоторые металлические контуры, направляющие течение определенных видов электроэнергии; они являются живыми сверхпроводниками более чем для половины из тридцати видов физической энергии.

Передатчики формируют искусные объединения, эффективно восстанавливающие слабеющие токи специализированной энергии, передаваемой с планеты на планету и с одной станции на другую в пределах одной и той же планеты. Они способны регистрировать токи, слишком слабые для восприятия каким-либо иным типом живого существа, усиливая их настолько, что передаваемые сообщения становятся совершенно понятными. Их услуги неоценимы для операторов трансляций.

Передатчики энергии способны работать со всеми формами передаваемого восприятия; они позволяют «увидеть» отдаленную сцену, «услышать» отдаленный звук. Они обеспечивают каналы экстренной связи в локальных системах и на отдельных планетах. Их услуги необходимы практически всем созданиям, передающим сообщения за пределами стандартных контуров.

Вместе с преобразователями энергии эти существа незаменимы для поддержания жизни смертных в мирах с ухудшенным составом атмосферы и являются составной частью жизнеобеспечения на планетах, населенных недышащими существами.

5. *Первичные объединители.* Эти замечательные и бесценные сущности являются мастерскими накопителями и хранителями энергии. Подобно тому, как растение накапливает солнечный свет, эти живые организмы накапливают энергию в периоды ее избытка. Масштаб их действий колоссален; они переводят различные виды энергии пространства в физическое состояние, неизвестное на Урантии. Они также способны продолжать трансформацию энергии вплоть до образования некоторых единиц первичного вещества. Эти существа воздействуют самим своим присутствием. Эта функция нисколько не истощает и не исчерпывает их; они функционируют как живые катализаторы.

В периоды отрицательного количества энергии они получают возможность высвобождать накопленный заряд. Однако недостаточные познания в области энергии и вещества не позволяют вам понять методику данного аспекта их деятельности. Они неизменно трудятся в согласии со всеобщим законом, манипулируя атомами, электронами и ультиматонами во многом так же, как вы работаете с настраиваемыми шрифтами, заставляя одни и те же алфавитные знаки рассказывать о самых разных вещах.

Объединители – это первая группа живых существ, которая появляется в формирующейся материальной сфере, и они способны функционировать при физических температурах, которые, на ваш взгляд, совершенно несовместимы с существованием живых существ. Они представляют собой категорию жизни, которая просто не укладывается в сознании людей. Вместе со своими коллегами – разъединителями – они наиболее зависимы из всех разумных созданий.

6. *Вторичные разъединители.* По сравнению с первичными объединителями, эти обладающие колоссальным антигравитационным действием существа обеспечивают противоположный эффект. Опасность истощения специальных или модифицированных видов физической энергии в локальных мирах или локальных системах полностью исключена, поскольку эти живые образования обладают уникальной способностью выделять неограниченные количества энергии. В основном они имеют отношение к почти неизвестному на Урантии виду энергии – эволюционной стадии еще менее известного вида вещества. Они являются настоящими алхимиками пространства и магами времени. Однако во всех своих чудесах они никогда не нарушают мандат Космической Верховности.

7. *Франдаланки.* Эти существа – совместное творение всех трех категорий существ, имеющих отношение к регуляции энергии: первичных и вторичных организаторов сил и управляющих энергией. Франдаланки являются самой многочисленной группой Главных Физических Регуляторов; численность только тех существ, которые действуют в Сатании, выходит за рамки ваших количественных представлений. Они располагаются во всех обитаемых мирах и всегда прикрепляются к физическим регуляторам более высоких категорий. Они попеременно функционируют в центральной и сверхвселенных и в регионах внешнего пространства.

Франдаланки создаются в тридцати подгруппах – по одной для каждого вида элементарной вселенской силы, и функционируют только как живые и автоматические индикаторы присутствия, напряжения и скорости. Эти живые барометры занимаются исключительно автоматической и безошибочной регистрацией статуса всех видов силы-энергии. Они играют такую же роль в физической вселенной, какую обширная система отражения играет во вселенной разума. Те франдаланки, которые помимо количественного и качественного присутствия энергии регистрируют также время, называются *хроналдеками*.

Я признаю франдаланков разумными существами, но не могу назвать их иначе, как живыми механизмами. Пожалуй, единственное, что я могу сделать, чтобы помочь вам понять эти живые механизмы, – это сравнить их с вашими собственными механическими приспособлениями, действующими почти с разумной аккуратностью и точностью. Если вы захотите представить себе этих существ, дайте волю воображению настолько, чтобы допустить, что в большой вселенной у нас действительно есть разумные и *живые* механизмы (сущности), способные решать более сложные задачи, предусматривающие выполнение колоссальных расчетов с еще большей, и даже с предельной, точностью.

5. ГЛАВНЫЕ ОРГАНИЗАТОРЫ СИЛ

Постоянным местом обитания организаторов сил является Рай, однако они действуют по всей совокупной вселенной, особенно в регионах неорганизованного пространства. Не являясь ни создателями, ни созданиями, эти необыкновенные существа представлены двумя основными классами:

1. Первичные Возникшие Главные Организаторы Сил.
2. Ассоциированные Трансцендентальные Главные Организаторы Сил.

Две эти могущественные категории операторов изначальной силы действуют исключительно под наблюдением Творцов Совокупной Вселенной и в настоящее время не ведут активной деятельности в пределах большой вселенной.

Первичные Главные Организаторы Сил – это операторы первичных, или элементарных, пространственных сил Безусловного Абсолюта; они являются создателями туманностей. Эти живые существа возбуждают энергетические циклоны пространства, организуют и направляют эти гигантские феномены на ранних стадиях их проявления. Организаторы сил превращают *изначальную силу* (пред-энергию, не реагирующую на непосредственную гравитацию Рая) в первичную, или *силовую*, *энергию* – энергию, переходящую из исключительного подчинения Безусловному Абсолюту в подчинение гравитации Острова Рай. После этого их сменяют ассоциированные организаторы сил, продолжающие процесс превращения энергии из первичной во вторичную – гравитационную – стадию.

Когда план создания локальной вселенной готов, что знаменуется прибытием Сына-Создателя, Ассоциированные Главные Организаторы Сил уступают место категориям управляющих энергией, действующих в сверхвселенной их астрономического подчинения. Однако в отсутствие таких планов ассоциированные организаторы сил остаются бессрочными попечителями этих материальных творений – именно так они действуют в настоящее время во внешнем пространстве.

Главные Организаторы Сил выдерживают температуры и функционируют при физических условиях, которые были бы непереносимы даже для разносторонних силовых центров и физических регуляторов Орвонтона. Кроме них, из раскрытых категорий существ только Одиночные Посланники и Вдохновенные Троичные Духи способны действовать во владениях внешнего пространства.

[Подготовлено Всеобщим Цензором, уполномоченным Древними Дней Уверсы.]

ДОКУМЕНТ 30

ЛИЧНОСТИ БОЛЬШОЙ ВСЕЛЕННОЙ

Личности и неличностные сущности, функционирующие в настоящее время в Раю и в большой вселенной, образуют почти бесконечное множество живых существ. Даже численность основных категорий и типов могла бы потрясти человеческое воображение, не говоря уже о неисчислимых подтипах и разновидностях. Тем не менее, желательно дать представление о двух основных классификациях живых существ – варианте Райской классификации и сокращенной версии Уверсского Реестра Личностей.

Невозможно составить полную и последовательную классификацию личностей большой вселенной, поскольку не *все* группы раскрыты. Потребовался бы целый ряд дополнительных документов и новое откровение, необходимое для систематической классификации всех групп. Такое концептуальное расширение материала вряд ли было бы желательно, ибо оно еще на тысячу лет лишило бы мыслящих смертных того стимула для творческих размышлений, который дают эти частично раскрытые представления. Не следует раскрывать человеку слишком многое; это подавляет его воображение.

1. РАЙСКАЯ КЛАССИФИКАЦИЯ ЖИВЫХ СУЩЕСТВ

Живые существа классифицируются в Раю в соответствии с исконной и обретенной связью с Райскими Божествами. Во время великих собраний центральной и сверхвселенных присутствующие часто распределяются по группам в соответствии со своим происхождением: существа триединого происхождения, или достигшие Троицы; существа двуединого происхождения; существа одиночного происхождения. Нелегко объяснить Райскую классификацию живых существ смертному разуму, однако мы уполномочены представить следующие категории:

I. *СУЩЕСТВА ТРИЕДИНОГО ПРОИСХОЖДЕНИЯ*. Существа, сотворенные всеми тремя Райскими Божествами – либо как таковыми, либо объединенными в Троицу, – а также Тринитизованный Корпус, под которым подразумеваются все группы тринитизованных существ, раскрытых и нераскрытых.

А. *Верховные духи.*

1. Семь Главных Духов.
2. Семь Верховных Администраторов.
3. Семь категорий Отражательных Духов.

Б. *Неизменные Сыны Троицы*.

1. Тринитизованные Тайны Верховности.
2. Вечные Дней.
3. Древние Дней.
4. Совершенства Дней.
5. Недавние Дней.
6. Союзы Дней.
7. Верные Дней.
8. Совершенствователи Мудрости.

9. Божественные Советники.
10. Всеобщие Цензоры.

В. *Существа троичного происхождения и тринитизованные существа.*

1. Троичные Сыны-Учителя.
2. Священные Троичные Духи.
3. Уроженцы Хавоны.
4. Граждане Рая.
5. Нераскрытые существа троичного происхождения.
6. Нераскрытые существа, тринитизованные Божествами.
7. Тринитизованные Сыны Достижения.
8. Тринитизованные Сыны Отбора.
9. Тринитизованные Сыны Совершенства.
10. Сыны, тринитизованные созданиями.

II. *СУЩЕСТВА ДВУЕДИНОГО ПРОИСХОЖДЕНИЯ.* Существа, происходящие от любых двух Райских Божеств или созданные любыми двумя существами, прямо или опосредованно берущими начало от Райских Божеств.

А. *Нисходящие категории.*

1. Сыны-Создатели.
2. Сыны-Арбитры.
3. Светлые Утренние Звезды.
4. Отцы-Мелхиседеки.
5. Мелхиседеки.
6. Ворондадеки.
7. Ланонандеки.
8. Яркие Вечерние Звезды.
9. Архангелы.
10. Носители Жизни.
11. Нераскрытые Вселенские Помощники.
12. Нераскрытые Божьи Сыны.

Б. *Неизменные категории.*

1. Абандонтеры.
2. Сузаты.
3. Унивитаты.
4. Спиронги.
5. Нераскрытые существа двуединого происхождения.

В. *Восходящие категории.*

1. Смертные, слившиеся с Настройщиком.
2. Смертные, слившиеся с Сыном.
3. Смертные, слившиеся с Духом.
4. Преобразованные промежуточные создания.
5. Нераскрытые восходящие существа.

III. *СУЩЕСТВА ОДИНОЧНОГО ПРОИСХОЖДЕНИЯ.* Существа, происходящие от любого одного Райского Божества, либо созданные любым существом, прямо или косвенно берущим начало от Райских Божеств.

А. *Верховные Духи.*

1. Гравитационные Посланники.
2. Семь Кольцевых Духов Хавоны.
3. Двенадцатичастные Кольцевые Помощники Хавоны.
4. Вспомогательные Образы Отражения.
5. Материнские Духи вселенных.
6. Семичастные вспомогательные духи разума.
7. Нераскрытые существа, происходящие от Божеств.

Б. *Восходящие категории.*

1. Личностные Настройщики.
2. Восходящие Материальные сыны.
3. Эволюционные серафимы.
4. Эволюционные херувимы.
5. Нераскрытые восходящие создания.

В. *Семейство Бесконечного Духа.*

1. Одиночные Посланники.
2. Смотрители Вселенских Контуров.
3. Регистраторы Волевых Созданий.
4. Личные Помощники Бесконечного Духа.
5. Ассоциированные Инспекторы.
6. Полномочные Стражи.
7. Проводники смертных кандидатов.
8. Хавонские сервиталы.
9. Всеобщие примирители.
10. Моронтийные спутники.
11. Супернафимы.
12. Секонафимы.
13. Тертиафимы.
14. Омниафимы.
15. Серафимы.
16. Херувимы и сановимы.
17. Нераскрытые существа семейства Духа.
18. Семь Верховных Управляющих Энергией.
19. Верховные Силовые Центры.
20. Главные Физические Регуляторы.
21. Управляющие Моронтийной Энергией.

IV. *ВОЗНИКШИЕ ТРАНСЦЕНДЕНТАЛЬНЫЕ СУЩЕСТВА*. В Раю находится великое множество трансцендентальных существ, чье происхождение обычно раскрывается вселенным времени и пространства только после того, как эти вселенные утверждаются в свете и жизни. Такие Трансценденталы не являются ни создателями, ни созданиями; они представляют собой *возникших* детей божественности, предельности и вечности. Эти «эвентуальные существа» ни конечны, ни бесконечны: они *абсонитны*, а абсонитность не есть ни бесконечность, ни абсолютность.

Эти несозданные несоздатели вечно преданы Райской Троице и послушны Предельному. Они существуют на четырех предельных уровнях личностной активности и функционируют на семи абсонитных уровнях в двенадцати больших категориях, состоящих из тысячи основных рабочих групп, каждая из которых разделяется на семь классов. Эти возникшие существа включают следующие категории:

1. Творцы Совокупной Вселенной.
2. Трансцендентальные Регистраторы.
3. Прочие трансцендентальные существа.
4. Первичные Возникшие Главные Организаторы Сил.
5. Ассоциированные Трансцендентальные Главные Организаторы Сил.

Как сверхличность, Бог являет; как личность, Бог творит; как предличность, Бог дробится на частицы; и такая частица Бога – Настройщик – создает в материальном и смертном разуме духовную душу в соответствии со свободным выбором личности, посвященной смертному созданию родительским деянием Бога-Отца.

V. *ФРАГМЕНТАРНЫЕ БОЖЕСТВЕННЫЕ СУЩНОСТИ*. Наиболее типичные представители данной категории живых реалий – происходящие от Всеобщего Отца Настройщики Мышления, хотя эти сущности ни в коем случае не являются единственными частицами доличностной реальности Первого Источника и Центра. Функции других частиц разнообразны и малоизвестны. Слияние с Настройщиком или другой подобной частицей превращает создание в *существо, слившееся с Отцом*.

Сюда необходимо включить также фрагментации предра́зумного духа Третьего Источника и Центра, хотя их вряд ли можно сравнить с частицами Отца. Такие сущности разительно отличаются от Настройщиков; как таковые, они не пребывают на Спиритингтоне и не перемещаются вдоль контуров гравитации разума; не вселяются они и в смертных созданий в течение их жизни во плоти. Они не являются доличностными в том же смысле, что и Настройщики; однако такие частицы предра́зумного духа посвящаются некоторым спасшимся смертным, которые, сливаясь с этими частицами, превращаются в *смертных, слившихся с Духом*, – в отличие от смертных, слившихся с Настройщиком.

Еще сложнее описать индивидуализированный дух Сына-Создателя, союз с которым превращает создание в *смертного, слившегося с Сыном*. Существуют и другие фрагментации Божества.

VI. *СВЕРХЛИЧНОСТНЫЕ СУЩЕСТВА*. Существует великое множество существ, не относящихся к личностным категориям; они имеют божественное происхождение и исполняют многочисленные функции во вселенной вселенных. Некоторые из этих существ постоянно обитают в Райских мирах Сына, другие – такие как сверхличностные представители Вечного Сына – встречаются в иных местах. Большей частью они не упоминаются в данных повествованиях, и попытки описать их *личностным* созданиям были бы совершенно безуспешны.

VII. *НЕКЛАССИФИЦИРОВАННЫЕ И НЕРАСКРЫТЫЕ КАТЕГОРИИ*. В течение нынешней вселенской эпохи было бы невозможно включить все существа – личностные и иные – в состав классификаций, относящихся к данной эпохе. Кроме того, не все такие категории раскрыты в настоящих повествованиях. Поэтому в данных списках многочисленные категории опущены. Обратите внимание на следующее:

Свершитель Вселенского Пути.

Условные Наместники Предельного.

Безусловные Смотрители Верховного.

Нераскрытые Созидательные Посредники Древних Дней.

Райский Мажестон.

Неназванные Отражающие Связные Мажестона.

Мидсонитные категории локальных вселенных.

Не следует придавать какое-то особое значение тому, что данные категории перечислены здесь вместе; их объединяет только то, что ни одна из них не входит в приведенную здесь Райскую классификацию. Это лишь единичные примеры не вошедших в классификацию существ; вам же еще предстоит познакомиться со многими нераскрытыми категориями.

Среди духов есть духовные сущности, духовные присутствия, личностные духи, доличностные духи, сверхличностные духи, духовные реалии, духовные личности – однако ни язык, ни разум смертных не адекватны для их восприятия. Тем не менее, мы можем отметить, что не существует личностей «чистого разума»; у любой сущности личность возникает только тогда, когда ею наделяет Бог, который есть дух. Разумная сущность, не связанная ни с духовной, ни с физической энергией, не является личностью. Но в том же смысле, в каком существуют духовные личности, обладающие разумом, существуют разумные личности, обладающие духом. Мажестон и его партнеры являются удачным примером существ, у которых преобладает разум, но есть и лучшие примеры данного типа, неизвестные вам. Существуют даже целые нераскрытые категории подобных *личностей разума*, однако они всегда связаны с духом. Некоторые другие нераскрытые создания причисляются к классу, который можно назвать *разумно-энергетическими и физико-энергетическими личностями*. Существа такого типа не реагируют на духовную гравитацию, однако являются настоящими личностями – они охвачены контуром Отца.

Данные документы даже не пытаются претендовать на исчерпывающее описание живых созданий, создателей, эвентуальных и прочих существ, которые живут, служат и поклоняются в бесчисленных вселенных времени и в центральной вселенной вечности. Вы, смертные, являетесь личностями, поэтому мы можем описать вам существа, которые *наделены личностью*. Но разве можно объяснить вам, что такое существо, *наделенное абсонитностью*?

2. УВЕРССКИЙ РЕЕСТР ЛИЧНОСТЕЙ

Божественная семья живых существ зарегистрирована на Уверсе в семи общих разделах.

1. Райские Божества.
2. Верховные Духи.
3. Существа троичного происхождения.
4. Божьи Сыны.
5. Личности Бесконечного Духа.
6. Управляющие Вселенской Энергией.
7. Корпус Постоянного Гражданства.

Эти группы волевых созданий делятся на многочисленные классы и подклассы. Однако изложение данной классификации личностей большой вселенной предпринимается в основном для того, чтобы показать те категории разумных существ, которые раскрыты в данных повествованиях. Большинство из них будут встречаться смертным времени и станут частью их опыта при восхождении к Раю. Данные списки не включают обширные категории вселенских существ, чья деятельность не связана с программой восхождения смертных.

I. *РАЙСКИЕ БОЖЕСТВА*.

1. Всеобщий Отец.
2. Вечный Сын.
3. Бесконечный Дух.

II. *ВЕРХОВНЫЕ ДУХИ*.

1. Семь Главных Духов.
2. Семь Верховных Администраторов.
3. Семь групп Отражательных Духов.
4. Вспомогательные Образы Отражения.
5. Семь Кольцевых Духов.
6. Созидательные Духи локальных вселенных.
7. Вспомогательные Духи Разума.

III. *СУЩЕСТВА ТРОИЧНОГО ПРОИСХОЖДЕНИЯ*.

1. Тринитизованные Тайны Верховности.
2. Вечные Дней.
3. Древние Дней.
4. Совершенства Дней.
5. Недавние Дней.
6. Союзы Дней.
7. Верные Дней.
8. Троичные Сыны-Учителя.
9. Совершенствователи Мудрости.
10. Божественные Советники.
11. Всеобщие Цензоры.
12. Священные Троичные Духи.
13. Уроженцы Хавоны.
14. Граждане Рая.

IV. *БОЖЬИ СЫНЫ*.

A. *Нисходящие Сыны*.

1. Сыны-Создатели – Михаилы.
2. Сыны-Арбитры – Авоналы.
3. Троичные Сыны-Учителя – Дайналы.
4. Сыны-Мелхиседеки.
5. Сыны-Ворондадеки.
6. Сыны-Ланонандеки.
7. Сыны-Носители Жизни.

Б. *Восходящие Сыны*.

1. Смертные, слившиеся с Отцом.
2. Смертные, слившиеся с Сыном.
3. Смертные, слившиеся с Духом.
4. Эволюционные серафимы.
5. Восходящие Материальные Сыны.
6. Преобразованные промежуточные создания.
7. Личностные Настройщики.

В. *Тринитизованные Сыны*.

1. Могущественные Посланники.
2. Наделенные Высокими Полномочиями.
3. Не Имеющие Имени и Числа.
4. Тринитизованные Опекуны.
5. Тринитизованные Послы.
6. Небесные Хранители.
7. Помощники Высоких Сынов.
8. Сыны, тринитизованные восходящими созданиями.
9. Сыны, тринитизованные в системе Рай-Хавона.
10. Тринитизованные сыны судьбы.

V. *ЛИЧНОСТИ БЕСКОНЕЧНОГО ДУХА*.

А. *Высшие личности Бесконечного Духа*.

1. Одиночные Посланники.
2. Смотрители Вселенских Контуров.
3. Регистраторы Волевых Созданий.
4. Личные Помощники Бесконечного Духа.
5. Ассоциированные Инспекторы.
6. Полномочные Стражи.
7. Проводники Смертных Кандидатов.

Б. *Воинство посланников пространства*.

1. Хавонские сервиталы.
2. Всеобщие примирители.
3. Юридические советники.
4. Хранители Райских архивов.
5. Небесные Регистраторы.
6. Моронтийные спутники.
7. Райские спутники.

В. *Попечительские духи*.

1. Супернафимы.
2. Секонафимы.
3. Тертиафимы.
4. Омниафимы.
5. Серафимы.
6. Херувимы и сановимы.
7. Промежуточные создания.

VI. *УПРАВЛЯЮЩИЕ ВСЕЛЕНСКОЙ ЭНЕРГИЕЙ*.

А. *Семь Верховных Управляющих Энергией*.

Б. *Верховные Силовые Центры*.

1. Верховные Управляющие Центрами.
2. Хавонские Центры.
3. Центры сверхвселенных.
4. Центры локальных вселенных.
5. Центры созвездий.
6. Центры систем.
7. Неклассифицированные центры.

В. *Главные Физические Регуляторы*.

1. Ассоциированные управляющие энергией.
2. Механические регуляторы.
3. Преобразователи энергии.
4. Передатчики энергии.
5. Первичные объединители.
6. Вторичные разъединители.
7. Франдаланки и хронолдеки.

Г. *Управляющие Моронтийной Энергией*.

1. Регуляторы контуров.
2. Координаторы систем.
3. Планетарные опекуны.
4. Универсальные регуляторы.
5. Стабилизаторы связи.
6. Выборочные группирователи.
7. Ассоциированные регистраторы.

VII. *КОРПУС ПОСТОЯННОГО ГРАЖДАНСТВА*.

1. Планетарные промежуточные создания.
2. Адамические Сыны систем.
3. Унивитаты созвездий.
4. Сузаты локальных вселенных.
5. Слившиеся с Духом смертные локальных вселенных.
6. Абандонтеры сверхвселенных.
7. Слившиеся с Сыном смертные сверхвселенных.
8. Уроженцы Хавоны.
9. Уроженцы Райских сфер Духа.
10. Уроженцы Райских сфер Отца.
11. Сотворенные Граждане Рая.
12. Слившиеся с Настройщиком смертные Граждане Рая.

Такова рабочая классификация личностей вселенных в том виде, в каком она известна в столичном мире, Уверсе.

СМЕШАННЫЕ ГРУППЫ ЛИЧНОСТЕЙ. На Уверсе существуют сведения о многочисленных дополнительных группах разумных существ, которые также тесно связаны с организацией и управлением большой вселенной. Среди таких категорий – три смешанные группы личностей:

А. *Райские Корпусы Завершения*.

1. Корпус Смертных Завершителей.
2. Корпус Райских Завершителей.
3. Корпус Тринитизованных Завершителей.
4. Корпус Совместных Тринитизованных Завершителей.
5. Корпус Хавонских Завершителей.
6. Корпус Трансцендентальных Завершителей.
7. Корпус Нераскрытых Сынов Судьбы.

Корпус Смертных Завершителей рассматривается в следующем, последнем документе этой части.

Б. *Вселенские Помощники*.

1. Светлые Утренние Звезды.
2. Яркие Вечерние Звезды.
3. Архангелы.
4. Всевышние Помощники.
5. Высокие Уполномоченные.
6. Небесные Наблюдатели.
7. Учителя Обительских Миров.

Во всех столичных мирах локальных и сверхвселенных обеспечены соответствующие условия для деятельности этих существ, выполняющих специальные миссии по заданиям Сынов-Создателей, – правителей локальных вселенных. Мы принимаем этих *Вселенских Помощников* на Уверсе, однако они не относятся к нашей юрисдикции. Эти посланники выполняют свой труд и проводят наблюдения, находясь в подчинении Сынов-Создателей. Более подробно их деятельность описана в рассказе о вашей локальной вселенной.

В. *Семь местных колоний*.

1. Исследователи звезд.
2. Небесные мастеровые.
3. Управляющие реверсией.
4. Преподаватели подготовительных школ.
5. Различные резервные корпусы.
6. Приезжие исследователи.
7. Восходящие паломники.

Такова организация и управление семи данных групп существ во всех столичных мирах – от локальных систем до сверхвселенных, особенно в последних. Столицы семи сверхвселенных являются местами встречи почти для всех классов и категорий разумных существ. За исключением многочисленных групп обитателей Рая-Хавоны, здесь можно наблюдать и изучать волевые создания каждой ступени существования.

3. МЕСТНЫЕ КОЛОНИИ

Семь местных колоний пребывают на архитектурных сферах в течение более или менее продолжительного периода времени, осуществляя свои миссии и исполняя специальные назначения. Их труд можно описать следующим образом:

1. *Исследователи звезд* – небесные астрономы – предпочитают трудиться на сферах, подобных Уверсе, ибо такие специально сконструированные миры необычайно благоприятны для их наблюдений и расчетов. Положение Уверсы в пространстве удобно для работы этой колонии не только ввиду ее центрального местонахождения, но также потому, что рядом с ней нет гигантских живых или потухших солнц, которые приводили бы к возмущениям энергетических потоков. Эти исследователи не имеют какой-либо непосредственной связи с делами сверхвселенной, являясь просто гостями.

Астрономическая колония Уверсы объединяет существа из многих соседних миров, центральной вселенной и даже из Норлатиадека. Любое существо, из любого мира, системы и вселенной может стать исследователем звезд, может добиваться членства в одном из корпусов небесных астрономов. Единственное требование – продолжение жизни и достаточные познания в области пространственных миров, в особенности их физических законов эволюции и управления. Исследователям звезд не приходится служить в своих корпусах вечно, однако никто из допущенных в эту группу не вправе покинуть ее раньше, чем через одно тысячелетие уверсского времени.

В настоящее время колония звездных наблюдателей Уверсы насчитывает более миллиона существ. Их численность постоянно меняется, хотя некоторые остаются на сравнительно долгое время. В своей работе они используют множество механических инструментов и физических приспособлений; большую помощь им также оказывают Одиночные Посланники и другие духовные путешественники. В своих исследованиях звезд и наблюдениях пространства небесные астрономы постоянно пользуются живыми энергетическими преобразователями и передатчиками, а также отражательными личностями. Они изучают все формы и аспекты материальных и энергетических явлений пространства, интересуясь как действием сил, так и звездными явлениями; во всём пространстве ничто не ускользает от их внимания.

Схожие астрономические колонии можно встретить в столичных мирах секторов сверхвселенной, а также в архитектурных столицах локальных вселенных и их административных секторов. Только в Раю знание является врожденным; понимание физической вселенной в значительной степени зависит от наблюдений и исследований.

2. *Небесные мастеровые* служат по всему пространству семи сверхвселенных. Восходящие смертные впервые встречаются с этими группами на своем моронтийном пути; поэтому эти мастеровые будут более подробно рассмотрены в той части данных повествований, которая относится к локальной вселенной.

3. *Управляющие реверсией* способствуют расслаблению и чувству юмора – обращению к воспоминаниям о прошлом. Они приносят огромную пользу в практическом осуществлении программы эволюции смертных, особенно на более ранних ступенях моронтийного пути и духовного опыта. Рассказ об этих существах включен в повествование о восхождении смертных в локальной вселенной.

4. *Преподаватели подготовительных школ*. В каждом мире обитания восходящих смертных находится многочисленный корпус учителей следующего мира более высокой ступени – нечто вроде подготовительной школы для эволюционирующих обитателей данной сферы, очередной этап программы постепенного восхождения паломников времени. Такие школы, используемые в них методы преподавания и проверки знаний совершенно непохожи на то, чего вы пытаетесь добиться на Урантии.

Вся программа восхождения и эволюции смертных характеризуется практикой передачи другим существам новой истины и опыта сразу же после их приобретения. Прокладывая себе путь к Раю за долгие годы обучения в школе восхождения, вы будете являться учителями для тех учеников, которые по уровню своего развития стоят на одну ступеньку ниже вас на лестнице восхождения.

5. *Различные резервные корпусы*. Множество существ не находится под нашим непосредственным наблюдением; они собраны на Уверсе в виде колонии резервного корпуса. Уверсская колония включает семьдесят основных градаций, и либеральная образовательная программа позволяет провести некоторое время с этими необыкновенными личностями. Аналогичные общие резервы находятся на Салвингтоне и других вселенских столицах; они направляются для активной службы по распоряжению соответствующих групповых управляющих.

6. *Приезжие исследователи*. Через различные столичные миры непрерывным потоком проходят небесные посетители со всей вселенной. Эти разнообразные существа стекаются к нам как поодиночке, так и целыми классами в качестве наблюдателей, студентов по обмену и практикантов. В настоящее время эта местная уверсская колония насчитывает более миллиарда существ. В зависимости от характера своей миссии, некоторые из посетителей проводят здесь день, другие задерживаются на год. Данная колония включает почти все классы вселенских существ, за исключением личностей Создателей и смертных моронтии.

Смертные моронтии стажируются только в пределах своей локальной вселенной. Их диапазон расширяется до масштаба сверхвселенной только после обретения духовного статуса. Более половины посетителей в нашей колонии – это те, кто совершает «остановку в пути», чтобы познакомиться со столицей Орвонтона. Такие личности могут выполнять вселенское задание или проводить досуг – время, свободное от заданий. Право совершать путешествия в пределах своей вселенной и проводить наблюдения является составной частью эволюционного пути всех восходящих существ. Человеческая страсть к путешествиям и знакомству с жизнью новых миров и народов будет полностью удовлетворена в течение долгого и богатого событиями восхождения к Раю через локальную, сверх- и центральную вселенные.

7. *Восходящие паломники*. По мере того как восходящие паломники получают назначения в различные службы в соответствии со своим продвижением к Раю, они расселяются в качестве местных колоний в различных столичных сферах. Обычно таким группам, исполняющим свои обязанности по всей сверхвселенной, свойственно самоуправление. Они представляют собой постоянно изменяющиеся колонии, объединяющие все категории эволюционных смертных и их восходящих партнеров.

4. ВОСХОДЯЩИЕ СМЕРТНЫЕ

Хотя сохранившие жизнь смертные существа времени и пространства именуются *восходящими паломниками*, когда принимаются для постепенного восхождения к Раю, эти эволюционные создания занимают столь важное место в данных повествованиях, что мы решили дать краткий обзор следующих семи стадий восходящего вселенского пути:

1. Планетарные смертные.
2. Сохранившие жизнь спящие создания.

3. Студенты обительских миров.

4. Моронтийные прогрессоры.

5. Подопечные сверхвселенной.

6. Хавонские паломники.

7. Прибывающие в Рай.

Следующий рассказ отражает вселенский путь смертного, наделенного Настройщиком. Смертные, слившиеся с Сыном и Духом, частично проходят такой же путь, однако мы решили рассказать о смертных, слившихся с Настройщиком, ибо таково предназначение всех человеческих рас Урантии.

1. *Планетарные смертные*. Все смертные являются эволюционными существами животного происхождения, обладающими потенциальной возможностью восхождения. По происхождению, сущности и предназначению эти различные группы и типы человеческих существ имеют некоторое сходство с народами Урантии. В каждом мире человеческие расы пользуются таким же служением Божьих Сынов и присутствием попечительских духов времени. После естественной смерти все типы восходящих существ по-братски объединяются в обительских мирах в одну моронтийную семью.

2. *Сохранившие жизнь спящие создания*. В сопровождении личных хранителей судьбы все смертные, обладающие статусом продолжения жизни, проходят через врата естественной смерти и на третий срок восстанавливают личность в обительских мирах. Те допущенные к восхождению существа, которые по какой-то причине не смогли достичь уровня интеллектуального совершенства и духовности, позволяющего иметь личных хранителей, не могут сразу же проследовать в обительские миры. Такие спасшиеся души вынуждены находиться в состоянии бессознательного сна вплоть до судного дня новой эры – нового судного периода, прихода Божьего Сына, который оглашает имена за всю эпоху и судит мир; такова общая практика по всему Небадону. О Христе Михаиле было сказано, что, возносясь на небо по завершении своего труда на земле, «Он увел с собой множество пленников». И эти пленники были сохранившими жизнь спящими созданиями со времен Адама до дня воскресения Владыки на Урантии.

Течение времени не имеет значения для спящих смертных; они совершенно не осознают и не помнят продолжительность своего покоя. Во время восстановления личности в конце эпохи те, кто проспал пять тысяч лет, будут вести себя точно так же, как те, кто находился в состоянии покоя в течение пяти дней. За исключением временно́й задержки, такие сохранившие жизнь смертные проходят режим восхождения точно так же, как те, кто избежал более или менее продолжительного сна смерти.

Такие классы планетарных паломников одного и того же судного периода используются для групповой моронтийной деятельности в локальных вселенных. Мобилизация столь огромных групп имеет свои преимущества: это позволяет смертным оставаться вместе для продолжительного и эффективного служения.

3. *Студенты обительских миров*. Все сохранившие жизнь смертные, пробуждающиеся в обительских мирах, принадлежат к этому классу.

Физическое тело из смертной плоти не воскресает вместе с сохраняющим жизнь спящим смертным; оно вновь становится прахом. С помощью уполномоченного серафима создается новое тело – моронтийная форма, новая жизненная оболочка для бессмертной души и обитель вернувшегося Настройщика. Настройщик является хранителем духовной копии разума спящего смертного. Прикрепленный серафим является хранителем сохраняющейся идентичности – бессмертной души – в той степени, в которой она успела сформироваться. И когда эти двое – Настройщик и серафим – воссоединяют вверенную им личность, появляется новый индивидуум, представляющий собой воскрешение старой личности, сохранение формирующейся моронтийной идентичности души. Такое воссоединение души и Настройщика вполне правомерно называется воскресением, восстановлением факторов личности; однако даже это не является исчерпывающим объяснением возрождения *личности.* Хотя вы, вероятно, так никогда и не поймете этот необъяснимый акт, придет время, когда вы на собственном опыте познаете его истинность, если только не отвергнете план продолжения жизни.

Первоначальное содержание смертных в семи мирах постепенной подготовки является общей практикой почти для всего Орвонтона. В каждой локальной системе, состоящей приблизительно из тысячи обитаемых планет, существует семь обительских миров – обычно это спутники или вторичные спутники столицы данной системы, которые служат приемными мирами для большинства восходящих смертных.

Иногда вселенскими «обителями» называют все миры подготовки смертных, и именно такие сферы имел в виду Иисус, когда сказал: «В доме Отца моего много обителей». Отсюда и далее, в пределах одной группы сфер – таких как обительские миры, – восходящие создания будут продвигаться индивидуально от одной сферы к другой, от одной стадии жизни к другой, но они всегда будут единым классом переходить с одной ступени изучения вселенной на другую.

4. *Моронтийные прогрессоры*. Начиная с обительских миров и далее – через сферы системы, созвездия и вселенной, – смертные входят в класс моронтийных прогрессоров, пересекающих переходные сферы восхождения. Поднимаясь от низших миров моронтии к высшим, восходящие смертные выполняют бесчисленные задания совместно со своими учителями, а также в обществе своих более подготовленных старших братьев.

Восхождение в моронтии связано с дальнейшим совершенствованием интеллектуальной, духовной и личностной формы. Сохранившие жизнь создания остаются существами тройственной природы. В течение всего моронтийного опыта они являются подопечными локальной вселенной. Режим сверхвселенной начинается только с открытием духовного пути.

Смертные обретают подлинную духовную идентичность незадолго до того, как покидают столичные миры локальных вселенных и направляются в приемные миры малых секторов. Переход от заключительной моронтийной стадии к первому, низшему духовному статусу, представляет собой лишь небольшое изменение. Разум, личность и характер не затрагиваются при таком продвижении; видоизменяется только форма. Однако духовная форма столь же реальна, сколь и моронтийное тело, и она столь же различима.

До того, как покинуть свои локальные вселенные и отправиться в приемные миры сверхвселенной, смертные времени получают подтверждение своей духовной сущности от Сына-Создателя и Материнского Духа локальной вселенной. Начиная с этого времени, статус восходящих смертных определен навсегда. Подопечные сверхвселенных никогда не сбивались с пути. Восходящие серафимы также повышают свой статус в ангельской иерархии, когда покидают локальную вселенную.

5. *Подопечные сверхвселенных.* Все восходящие существа, прибывающие в подготовительные миры сверхвселенных, становятся подопечными Древних Дней; они прошли моронтийную жизнь локальной вселенной и являются теперь полномочными духами. Как молодые духи, они приступают к восхождению в системе образования и воспитания сверхвселенной, которое начинается в приемных сферах их малого сектора, продолжается в образовательных мирах десяти больших секторов и завершается в высших сферах культуры в столице сверхвселенной.

Существует три категории обучающихся духовных существ, пребывающих, соответственно, в столичных мирах духовного развития малого сектора, больших секторов и сверхвселенной. Так же как при восхождении в моронтии создания обучались и трудились в мирах локальной вселенной, так и восходя в духе, они продолжают осваивать новые миры, одновременно практикуясь в передаче другим тех знаний, которые они впитали из эмпирических источников мудрости. Однако обучение в качестве духовного существа сверхвселенской стадии развития полностью отличается от всего, на что способно воображение материального человеческого разума.

До того, как отправиться из сверхвселенной в Хавону, эти восходящие духовные существа проходят такой же подробный курс управления сверхвселенной, как и курс управления локальной вселенной, освоенный ими в рамках приобретения моронтийного опыта. Вплоть до достижения Хавоны их основным предметом – но не единственным занятием – является освоение административного управления локальной и сверхвселенной. В настоящее время причина приобретения всего этого опыта не вполне понятна, но нет сомнения в том, что такая подготовка разумна и необходима ввиду возможного будущего членства в Корпусе Завершения.

Режим сверхвселенной не является одинаковым для всех восходящих смертных. Они получают одинаковое общее образование, однако отдельные группы и классы проходят курсы специального обучения и особой подготовки.

6. *Хавонские паломники.* Когда развитие духа закончено, хотя и не исчерпано, сохранивший жизнь смертный начинает готовиться к длительному перелету в Хавону – пристанище эволюционных духов. На земле вы были созданием из плоти и крови; в локальной вселенной вы являлись моронтийным существом; пребывая в сверхвселенной, вы представляли собой формирующийся дух; прибыв в приемный мир Хавоны, вы действительно и всерьез приступаете к духовному образованию; в Раю вам предстоит появиться в качестве ставшего совершенным духа.

Путешествие из столичного мира сверхвселенной в приемные сферы Хавоны всегда происходит в одиночестве. Обучения классами или группами больше не будет. Вы завершили юридическую и административную подготовку в эволюционных мирах времени и пространства. Начинается ваше *личное образование*, ваше индивидуальное духовное воспитание. От начала до конца, по всей Хавоне, обучение носит личный и триединый характер: интеллектуальный, духовный и эмпирический.

Первое, что вам предстоит сделать после прибытия в Хавону, – это выразить вашему транспортному секонафиму признательность и благодарность за длительное и безопасное путешествие. После этого вас представят тем существам, которые станут организаторами ваших первых занятий в Хавоне. Затем вы зарегистрируете свое прибытие и составите благодарственное послание Сыну-Создателю вашей локальной вселенной с выражением своей любви к Отцу вселенной, благодаря которому вы смогли совершить сыновнее восхождение. Этим исчерпываются формальности, связанные с прибытием в Хавону. Вслед за этим вам предоставляется продолжительный период досуга; осмотревшись, вы сможете отправиться на поиски друзей, знакомых и партнеров по долгому восхождению. С помощью системы дальней связи вы сможете также узнать, кто из ваших знакомых направился в Хавону, после того как вы покинули Уверсу.

Сообщение о вашем прибытии в приемные миры Хавоны будет в должное время отправлено в столицу вашей локальной вселенной и лично передано вашему серафическому хранителю, где бы он ни находился.

Восходящие смертные получили глубокие познания в области эволюционных миров пространства, и теперь начинается их длительное и благотворное общение с созданными сферами совершенства. Какую прекрасную подготовку для неизвестной будущей деятельности дает этот разнообразный, неповторимый и необыкновенный опыт! Однако я неспособен рассказать вам о Хавоне. Вы должны увидеть эти миры, чтобы оценить их великолепие и понять их величие.

7. *Прибывающие в Рай.* Достигнув Рая в статусе постоянного обитателя, вы начинаете осваивать последовательный курс божественности и абсонитности. Ваш статус постоянного обитателя Рая означает, что вы нашли Бога и что вам предстоит зачисление в Корпус Смертного Завершения. Из всех созданий большой вселенной в этот Корпус принимаются только те, кто слился с Отцом. Только такие личности дают клятву завершителя. Другие существа Райского совершенства или те, кто достиг Рая, могут временно прикрепляться к корпусу завершения, но они не становятся вечными исполнителями неизвестной и нераскрытой миссии этого растущего воинства приведенных к совершенству эволюционных ветеранов времени и пространства.

Прибывающие в Рай существа освобождаются на определенный срок от обязанностей, после чего начинается их общение с семью группами первичных супернафимов. Пройдя курсы под началом воспитателей поклонения, они получают звание Райских выпускников, вслед за чем – в статусе завершителей – они назначаются в наблюдательные и вспомогательные службы по всему обширному творению. Очевидно, в настоящее время Корпус Смертного Завершения не используется в какой-то специфической или постоянной функции, хотя он и выполняет многочисленные обязанности в сферах, вступивших в эпоху света и жизни.

Даже если у Корпуса Смертных Завершителей не было бы иного, нераскрытого будущего, нынешнее назначение этих восходящих существ было бы совершенно адекватным и достойным. Их сегодняшняя деятельность полностью оправдывает всеобщий план эволюционного восхождения. Однако грядущие эпохи эволюции сфер внешнего пространства несомненно послужат дальнейшим раскрытием и более полным, божественным освещением мудрости и милосердия Богов, претворяющих свой божественный план продолжения жизни и восхождения смертных.

Данное повествование – вместе с тем, что уже было раскрыто вам, и тем, что вы сможете почерпнуть из документов о вашем собственном мире, – представляет собой краткое описание пути восходящего смертного. Подобный путь существенно отличается от программы других сверхвселенных, но этот рассказ позволяет составить примерное представление об общем плане эволюции смертных в том виде, в каком он осуществляется в локальной вселенной Небадон, в седьмом сегменте большой вселенной – сверхвселенной Орвонтон.

[Подготовлено Могущественным Посланником Уверсы.]

ДОКУМЕНТ 31

КОРПУС ЗАВЕРШЕНИЯ

Корпус Смертных Завершителей является известной на сегодняшний день целью слившихся с Настройщиком восходящих смертных времени. Однако в этот корпус входят и другие группы существ. Первичный корпус завершителей состоит из нескольких категорий:

1. Уроженцы Хавоны.
2. Гравитационные Посланники.
3. Прославленные смертные.
4. Допущенные серафимы.
5. Прославленные Материальные Сыны.
6. Прославленные промежуточные создания.

Шесть этих групп прославленных существ образуют уникальный корпус вечной судьбы. Мы полагаем, что знаем о его будущей деятельности, но мы не уверены в этом. Хотя Корпус Смертного Завершения формируется в настоящее время в Раю, хотя он широко опекает вселенные пространства и оказывает помощь мирам, вступившим в эру света и жизни, его будущее назначение должно быть связано с формирующимися вселенными внешнего пространства. Во всяком случае, так считают на Уверсе.

Этот корпус организуется в соответствии с функциональными объединениями пространственных миров и в согласии с совокупным опытом, накопленным в течение длительного и богатого событиями пути восхождения. Все восходящие создания, допущенные в данный корпус, равны, но это возвышенное равенство нисколько не лишает их индивидуальности и не уничтожает личную идентичность. Общаясь с завершителем, мы сразу же видим, является ли он восходящим смертным, уроженцем Хавоны, допущенным серафимом, промежуточным созданием или Материальным Сыном.

В течение нынешней вселенской эпохи завершители возвращаются для служения во вселенные времени. Они назначаются для последовательного служения в различные сверхвселенные, однако в свою сверхвселенную посылаются только после того, как завершают служение в остальных шести сверхтворениях. Так они получают возможность приобрести семичастное представление о Верховном Существе.

Один или несколько отрядов смертных завершителей постоянно служат на Урантии. Нет такой области вселенского служения, куда бы они не получали назначений; они действуют повсеместно, чередуя специальные задания и свободное служение.

У нас нет предположений относительно характера будущей организации этого необычного корпуса, но в настоящее время завершители представляют собой полностью самоуправляющийся орган. Они выбирают своих постоянных и временных лидеров, руководителей заданий и управляющих. Их политика неподвластна каким-либо внешним воздействиям, а клятвой верности они связаны только с Райской Троицей.

Завершители имеют собственные резиденции в Раю, в сверхвселенных, в локальных вселенных и во всех региональных столицах. Они являются отдельной категорией эволюционного творения. Мы не руководим и не управляем ими, и тем не менее, они демонстрируют неизменную лояльность и всегда участвуют в совместном претворении наших планов. Постоянно увеличиваясь в числе, эти испытанные и верные души времени и пространства – эволюционная соль вселенных – неподвластны злу и защищены от греха.

1. УРОЖЕНЦЫ ХАВОНЫ

Многие из уроженцев Хавоны, которые служат в центральной вселенной в качестве учителей в школах подготовки паломников, чрезвычайно привязываются к восходящим смертным и испытывают еще больший интерес к будущей деятельности и предназначению Корпуса Смертных Завершителей. В Раю, в административной резиденции корпуса, под началом партнера Грандфанды ведется регистрация хавонских добровольцев. Сегодня в этом списке кандидатов находятся многие миллионы уроженцев Хавоны. Эти непосредственно и божественно сотворенные, совершенные существа оказывают огромную помощь Корпусу Смертных Завершителей, и они, несомненно, будут приносить еще бóльшую пользу в отдаленном будущем. Они представляют точку зрения существ, рожденных в совершенстве и божественной полноте. Так завершители охватывают обе стадии эмпирического существования – совершенного и ставшего совершенным.

С помощью эволюционных существ уроженцы Хавоны должны пройти определенное эмпирическое развитие для появления способности к восприятию духовных частиц Всеобщего Отца. Постоянными членами Корпуса Смертных Завершителей являются только такие существа, которые слились с духом Первого Источника и Центра или которые, подобно Гравитационным Посланникам, в силу присущих им свойств заключают в себе этот дух Бога-Отца.

Обитатели центральной вселенной принимаются в корпус в пропорции один из тысячи, что соответствует одному отряду завершителей. Корпус временно разбит на отряды по тысяче завершителей, из которых 997 являются восходящими созданиями, один – уроженцем Хавоны и один – Гравитационным Посланником. Так происходит объединение завершителей в отряды, однако торжественная клятва завершения дается индивидуально. Эта клятва имеет глубочайшие последствия и вечное значение. Уроженцы Хавоны дают такую же клятву и навечно становятся членами корпуса.

Принятые в корпус хавонцы повсюду следуют со своим отрядом: куда отряд, туда и они. И если бы вы только видели тот энтузиазм, с которым они принимаются за свой новый труд в качестве завершителей! Вступление в Корпус Завершения – одна из самых желанных вещей в Хавоне; возможность стать завершителем является одним из высших дерзаний для этих совершенных рас.

В той же пропорции уроженцы Хавоны принимаются в Корпус Совместных Тринитизованных Завершителей на Вайсджерингтоне и в Корпус Трансцендентальных Завершителей в Раю. Граждане Хавоны рассматривают три эти назначения, равно как и возможное вступление в Корпус Хавонских Завершителей, как высшую цель своего небесного пути.

2. ГРАВИТАЦИОННЫЕ ПОСЛАННИКИ

Где бы и когда бы ни действовали Гравитационные Посланники, там всегда руководят завершители. Гравитационные Посланники подчиняются исключительно Грандфанде и получают назначения только в первичный Корпус Завершения. Их услуги уже сейчас неоценимы для завершителей, а в будущем их использование станет всеобъемлющим. Ни одна другая группа разумных созданий не располагает подобным корпусом личностных посланников, способных преодолевать время и пространство. Схожие типы посланников-регистраторов, прикрепленных к другим корпусам завершителей, не являются личностными; они абсонитизированы.

Родина Гравитационных Посланников – Дивинингтон, а сами они являются видоизмененными и персонализированными Настройщиками. Однако никто из членов нашей уверсской группы не возьмется объяснить природу кого-либо из этих посланников. Мы знаем, что они представляют собой высоколичностные существа, что они божественны, разумны и трогательно отзывчивы, но мы не понимаем их способа пересечения пространства без затраты времени. По-видимому, они способны использовать все виды энергии, контуры и даже гравитацию. Завершители смертного корпуса не могут пренебрегать временем и пространством, но в их окружении и подчинении находятся практически бесконечные духовные личности, которым подвластно время и пространство. Хотя мы и называем Гравитационных Посланников личностями, в действительности они сверхдуховные существа, неограниченные и беспредельные личности. По сравнению с Одиночными Посланниками, это – совершенно иная категория личности.

Гравитационные Посланники могут придаваться отряду завершителей в неограниченных количествах, но только один посланник – глава своих товарищей – принимается в Корпус Смертного Завершения. Тем не менее, у него в подчинении находятся 999 посланников, и в случае необходимости он может вызвать любой по численности резервный контингент своей категории.

Гравитационные Посланники и прославленные смертные завершители достигают трогательного и глубокого взаимного чувства. Их связывает много общего: первые являются прямой персонализацией частицы Всеобщего Отца, вторые представляют собой личность, заключенную в пережившей смерть и ставшей бессмертной душе созданного существа, которая слилась с духовным Настройщиком – частицей того же Всеобщего Отца.

3. ПРОСЛАВЛЕННЫЕ СМЕРТНЫЕ

Слившиеся с Настройщиком восходящие смертные составляют основную часть первичного Корпуса Завершения. Вместе с допущенными и прославленными серафимами, в каждом отряде завершителей обычно насчитывается 990 таких существ. В любой данной группе соотношение смертных и ангелов различное, хотя смертных значительно больше, чем серафимов. Уроженцы Хавоны, прославленные Материальные Сыны, прославленные промежуточные создания, Гравитационные Посланники и неизвестный отсутствующий член составляют только один процент от состава корпуса; в каждом отряде из тысячи завершителей есть место только для десяти из таких несмертных и несерафических личностей.

Здесь, на Уверсе, мы не знаем, каково «окончательное предназначение» восходящих смертных времени. В настоящее время они обитают в Раю и временно служат в Корпусе Света и Жизни, однако столь колоссальный объем знаний и столь продолжительная практика во вселенных, должно быть, предназначены для того, чтобы подготовить восходящие существа к еще более великим и важным испытаниям доверия, еще более возвышенному и ответственному служению.

Несмотря на то что эти восходящие смертные достигли Рая, были приняты в Корпус Завершения и во множестве своем посланы назад для участия в управлении локальными вселенными и оказания помощи в руководстве сверхвселенными, – несмотря на это *очевидное* предназначение, – остается неопровержимым тот существенный факт, что они зарегистрированы всего лишь как духи шестой ступени. Несомненно, что на пути Корпуса Смертного Завершения остается еще одна ступень. Мы не знаем, в чём она будет заключаться, но мы приняли к сведению три обстоятельства, на которые хотели бы обратить ваше внимание:

1. Нам известно, что смертные становятся духами первого порядка во время пребывания в малых секторах и что они поднимаются до второго порядка при переводе в большие сектора и до третьего – при отправке в центральные подготовительные миры сверхвселенной. Смертные становятся духами четвертого порядка – или кандидатами – после достижения шестого кольца Хавоны и духами пятого порядка, когда находят Всеобщего Отца. Впоследствии они поднимаются на шестую ступень духовного существования, дав клятву, предопределяющую вечное служение в составе Корпуса Смертного Завершения.

На наш взгляд, классификация, или наименование, духов определяется фактическим продвижением из одной области вселенского служения в иную область или из одной вселенной в другую; и мы полагаем, что присвоение седьмого порядка Корпусу Смертного Завершения произойдет одновременно с их переходом к вечному служению в пока еще неизвестных и нераскрытых сферах, что будет сопровождаться их достижением Бога-Верховного. Однако, если не считать этих смелых предположений, то мы знаем обо всём этом не больше вас; наше знание пути смертных существ ограничивается их сегодняшней Райской целью.

2. Смертные завершители в полной мере исполнили повеление веков: «Будьте совершенны»; они взошли по уготованному смертным всеобщему пути достижений; они нашли Бога и в должное время были приняты в Корпус Завершения. Такие существа достигли нынешнего предела духовного развития, но не *завершенности предельного духовного статуса*. Они достигли нынешнего предела совершенства создания, но не *завершенности служения создания*. Они испытали всю полноту поклонения Божеству, но не *завершенности эмпирического достижения Божества*.

3. Прославленные смертные Райского Корпуса Завершения являются восходящими существами, обладающими эмпирическим знанием каждого аспекта реальности и философии наиболее полной разумной жизни, в то время как в течение многовекового восхождения от низших материальных миров к духовным высотам Рая эти сохранившие жизнь создания получили наивысшую возможную подготовку в отношении каждой детали каждого божественного принципа, отвечающего справедливому и эффективному, милосердному и терпеливому руководству всеобщим творением времени и пространства.

Мы полагаем, что люди вправе знать наше мнение и что вы можете свободно строить свои предположения вместе с нами относительно тайны предельного назначения Райского Корпуса Завершения. Нам кажется очевидным, что по своему характеру нынешние задания эволюционных созданий, ставших совершенными существами, напоминают курсы усовершенствования в области понимания вселенной и управления сверхвселенными; и все мы вопрошаем: «Зачем Боги уделяют такое пристальное внимание столь тщательному обучению сохранивших жизнь смертных методу управления вселенной?»

4. ДОПУЩЕННЫЕ СЕРАФИМЫ

Многие верные серафические хранители смертных созданий получают разрешение пройти путь восхождения вместе с их человеческими подопечными, и многие из этих ангелов-хранителей, слившись с Отцом, дают такую же клятву вечности завершителя, как и их подопечные, навсегда разделяя судьбу своих смертных товарищей. Те ангелы, которые приобретают восходящий опыт смертных существ, вправе разделить судьбу человека; они могут на равных с людьми правах навечно приниматься в Корпус Завершения. Огромное число допущенных и прославленных серафимов прикреплено к различным корпусам несмертных завершителей.

5. ПРОСЛАВЛЕННЫЕ МАТЕРИАЛЬНЫЕ СЫНЫ

Во вселенных времени и пространства существует положение, позволяющее адамическим гражданам локальных систем, подолгу ожидающим назначения на планету, подавать прошение об освобождении от статуса постоянного гражданства. Если прошение удовлетворяется, они примыкают к восходящим паломникам в столицах вселенных, вставая на путь, ведущий в Рай и Корпус Завершения.

Когда находящийся на высокой ступени развития мир достигает поздних этапов эры света и жизни, Материальные Сыны – Планетарные Адам и Ева – могут принять решение, позволяющее им обрести человеческую сущность, получить Настройщиков и встать на эволюционный путь вселенского восхождения, ведущий к Корпусу Смертных Завершителей. Некоторые из таких Материальных Сынов потерпели частичную неудачу или совершили формальный проступок, исполняя миссию ускорителей биологического прогресса, – что, в частности, произошло и с Адамом на Урантии; в таких случаях им приходится вставать на естественный для народов данного мира путь, получать Настройщиков, проходить через смерть и, с помощью веры, совершать постепенное восхождение, ведущее к Раю и Корпусу Завершения.

Такие Материальные Сыны встречаются лишь в нескольких отрядах завершителей. Их присутствие существенно повышает готовность группы к высокому служению, и они неизменно избираются ее лидерами. Если оба члена эдемической пары прикрепляются к одной и той же группе, им обычно разрешается действовать сообща, как одной личности. Такие восходящие пары добиваются значительно большего успеха в опыте тринитизации, чем восходящие смертные.

6. ПРОСЛАВЛЕННЫЕ ПРОМЕЖУТОЧНЫЕ СОЗДАНИЯ

На многих планетах промежуточные создания создаются в больших количествах, но они редко задерживаются в своих мирах после перехода сферы в эпоху света и жизни. В такое время, или чуть позже, они освобождаются от статуса постоянного гражданства и начинают свое восхождение к Раю, проходя через миры моронтии, сверхвселенную и Хавону вместе со смертными времени и пространства.

Промежуточные создания различных вселенных существенно отличаются друг от друга по своему происхождению и природе, но все они устремлены к одному из Райских корпусов завершения. Все вторичные промежуточные создания рано или поздно сливаются с Настройщиками и принимаются в Корпус Смертных Завершителей. Многие из отрядов завершителей имеют по одному из этих прославленных существ.

7. АПОСТОЛЫ СВЕТА

В настоящее время каждый отряд завершителей насчитывает 999 постоянных членов – личностей, давших клятву завершителя. Вакантное место занято главой Апостолов Света, прикрепляемых к отряду для выполнения отдельных миссий. Однако эти существа являются лишь временными членами корпуса.

Любая небесная личность, назначенная в любой корпус завершителей, получает наименование Апостола Света. Эти существа не дают клятву завершителя, и хотя они подчиняются организации корпуса, их прикрепление не является постоянным. В эту группу могут входить Одиночные Посланники, супернафимы, секонафимы, Граждане Рая или их тринитизованное потомство – любое существо, необходимое для выполнения кратковременного задания завершителей. Мы не знаем, будут ли эти существа принимать участие в исполнении вечной миссии. После выполнения задания эти Апостолы Света восстанавливают свой прежний статус.

Нынешняя организация Корпуса Смертного Завершения объединяет только шесть классов постоянных членов. Вполне естественно, что завершители часто рассуждают о том, какими будут их грядущие товарищи; однако единого мнения у них нет.

Здесь, на Уверсе, мы также нередко строим гипотезы относительно идентичности седьмой группы завершителей. У нас есть много догадок, в частности – о возможном назначении некоторых растущих корпусов, состоящих из многочисленных тринитизованных групп Рая, Вайсджерингтона и внутреннего кольца Хавоны. Высказывается даже предположение о том, что Корпус Завершения может получить разрешение тринитизовать многих своих помощников по управлению вселенной в случае, если им суждено отправиться для служения в формирующиеся вселенные.

Один из нас полагает, что вакантное место будет занято существом, происходящим из вселенных будущего служения завершителей; другой склоняется к мнению, что это место будет отдано какой-то Райской личности, пока еще не созданной, не возникшей или не тринитизованной. Однако, скорее всего, нам придется дождаться перехода завершителей на седьмую ступень их духовного достижения, чтобы узнать, чтó произойдет на самом деле.

8. ТРАНСЦЕНДЕНТАЛЫ

Часть того опыта, который ставшие совершенными смертные обретают в качестве завершителей, заключается в стремлении понять природу и функции свыше тысячи групп трансцендентальных сверхграждан Рая – возникших существ, обладающих абсонитными атрибутами. В своем общении с этими сверхличностями восходящие завершители получают большую помощь благодаря умелому водительству со стороны многочисленных категорий трансцендентальных помощников, которым поручено представлять эволюционных завершителей их новым Райским братьям. Вся категория Трансценденталов обитает в западной части Рая в огромной области, целиком отведенной этим существам.

Рассказывая о Трансцендентах, мы связаны не только ограничениями человеческого понимания, но и условиями мандата, определяющего раскрытие личностей Рая. Эти существа не имеют никакого отношения к восхождению смертных к Хавоне. Всецело посвященное сверхуправлению делами совокупной вселенной, огромное воинство Райских Трансценденталов никак не связано с Хавоной или семью сверхвселенными.

Как создание, вы способны постигнуть Создателя, однако вы вряд ли можете понять, что существует колоссальное и многоликая группа разумных существ, которые не являются ни Создателями, ни созданиями. Такие Трансценденталы не создают другие существа, как никогда не были созданы они сами. Как мы полагаем, говоря об их происхождении и пытаясь избежать нового термина – случайного и бессмысленного названия, – лучше всего сказать, что Трансценденталы просто *возникают*. Божество-Абсолют вполне могло быть причастно к их происхождению и может иметь отношение к их предназначению, но в настоящее время Божество-Абсолют не властвует над этими уникальными существами. Они подвластны Богу-Предельному, а их нынешнее пребывание в Раю полностью контролируется и управляется Троицей.

Хотя все достигающие Рая смертные часто общаются с Трансценденталами точно так же, как с Гражданами Рая, первая настоящая встреча человека с Трансценденталом приходится на тот знаменательный час, когда, в качестве одного из новичков, восходящий смертный занимает место в кругу завершителей, давая Троичную клятву вечности, которую принимает руководитель Трансценденталов – глава Творцов Совокупной Вселенной.

9. ТВОРЦЫ СОВОКУПНОЙ ВСЕЛЕННОЙ

Творцы Совокупной Вселенной представляют собой правящий корпус Райских Трансценденталов, который объединяет 28 011 личностей, обладающих превосходным разумом, великолепным духом и божественной абсонитностью. Высшее должностное лицо этой величественной группы – старший Творец – является координатором всех разумных существ Рая ниже уровня Божества.

В шестнадцатом предписании мандата, санкционирующего данные повествования, говорится: «Если такое решение представится разумным, можно раскрыть существование Творцов Совокупной Вселенной и их партнеров, однако их происхождение, сущность и предназначение не должны раскрываться полностью». Тем не менее, мы вправе сообщить вам, что Творцы Совокупной Вселенной существуют на семи абсонитных уровнях. Эти семь групп классифицируются следующим образом:

1. *Уровень Рая.* Только старший, или первый, из возникших Творцов действует на этом высшем абсонитном уровне. Эта предельная личность, не являющаяся ни Создателем, ни созданием, возникла на заре вечности и в настоящее время функционирует в качестве совершенного координатора Рая и его двадцати одного мира сопричастной деятельности.

2. *Уровень Хавоны.* Второе возникновение Творцов сопровождалось появлением трех главных проектировщиков и абсонитных управляющих, испокон веков посвященных координации миллиарда совершенных сфер центральной вселенной. Райское предание гласит, что трое этих Творцов, совместно с возникшим ранее старшим Творцом, участвовали в планировании Хавоны, но доподлинно мы этого не знаем.

3. *Уровень сверхвселенной.* Третий абсонитный уровень включает семь Творцов семи сверхвселенных. В настоящее время примерно половину своего времени они, как группа, проводят в Раю в обществе Семи Главных Духов и другую половину – с Семью Верховными Администраторами в семи специальных мирах Бесконечного Духа. Они являются сверхкоординаторами большой вселенной.

4. *Первичный уровень пространства.* В эту группу входят семьдесят Творцов, и мы полагаем, что они связаны с окончательными планами в отношении первой вселенной внешнего пространства, которая в настоящее время находится в процессе становления за пределами нынешних семи сверхвселенных.

5. *Вторичный уровень пространства.* Пятый корпус Творцов насчитывает 490 членов, и опять же мы считаем, что они должны иметь отношение ко второй вселенной внешнего пространства, где наши физики уже обнаружили явную энергетическую активность.

6. *Третичный уровень пространства.* В шестую группу входят 3 430 Творцов, и мы аналогичным образом предполагаем, что они могут быть заняты колоссальными планами в отношении третьей вселенной внешнего пространства.

7. *Четвертичный уровень пространства.* Этот последний и крупнейший корпус состоит из 24 010 Творцов, и если наши предыдущие догадки верны, то он должен иметь отношение к четвертой и последней из непрерывно растущих вселенных внешнего пространства.

Семь групп Творцов Совокупной Вселенной включают в общей сложности 28 011 проектировщиков вселенных. Согласно Райскому преданию, у истоков вечности была предпринята попытка возникновения 28 012-го Творца Совокупной Вселенной, но это существо не смогло стать абсонитным, и его личность была поглощена Всеобщим Абсолютом. Возможно, что восходящие ряды Творцов Совокупной Вселенной достигли предела абсонитности в 28 011-ом Творце и что 28 012-я попытка столкнулась с математическим уровнем присутствия Абсолюта. Другими словами, на 28 012-ом уровне возникновения качество абсонитности стало равнозначным уровню Всеобщего и достигло значения Абсолюта.

По своей функциональной организации, трое руководящих Творцов Хавоны действуют в качестве ассоциированных помощников одиночного Райского Творца; семь Творцов сверхвселенных действуют как существа, равные трем хавонским руководителям; семьдесят проектировщиков вселенных первичного уровня внешнего пространства в настоящее время являются ассоциированными помощниками семи Творцов семи сверхвселенных.

В распоряжении Творцов Совокупной Вселенной находятся многочисленные группы ассистентов и помощников, включая две огромные категории организаторов сил – первичных возникших и ассоциированных трансцендентальных. Не следует путать этих Главных Организаторов Сил с управляющими энергией, которые относятся к большой вселенной.

Все существа, порожденные союзом детей времени и вечности – такие как тринитизованное потомство завершителей и Граждан Рая, – становятся подопечными Творцов Совокупной Вселенной. Однако из всех остальных раскрытых существ или сущностей, функционирующих в созданных к настоящему времени вселенных, только Одиночные Посланники и Вдохновенные Троичные Духи сохраняют органическую связь с Трансценденталами и Творцами Совокупной Вселенной.

Творцы Совокупной Вселенной официально утверждают назначения Сынов-Создателей, отправляющихся к местоположению своих будущих локальных вселенных. Существует тесная связь между Творцами Совокупной Вселенной и Райскими Сынами-Создателями, и хотя эта взаимосвязь не раскрыта, вы уже знаете об объединении Творцов и Верховных Создателей большой вселенной в их связи с первой эмпирической Троицей. Совместно с эволюционирующим эмпирическим Верховным Существом две эти группы образуют Троицу-Предельную трансцендентальных ценностей и присущих совокупной вселенной значений.

10. ПУТЕШЕСТВИЕ К ПРЕДЕЛЬНОМУ

Под наблюдением старшего Творца Совокупной Вселенной находятся семь Корпусов Завершения:

1. Корпус Смертных Завершителей.
2. Корпус Райских Завершителей.
3. Корпус Тринитизованных Завершителей.
4. Корпус Совместных Тринитизованных Завершителей.
5. Корпус Хавонских Завершителей.
6. Корпус Трансцендентальных Завершителей.
7. Корпус Нераскрытых Сынов Судьбы.

У каждого из этих корпусов судьбы есть руководитель, и семь руководителей образуют Высший Райский Совет Судьбы; и в течение нынешней вселенской эпохи Грандфанда является главой этого высшего органа вселенских назначений, уготованных детям предельной судьбы.

В своей совокупности семь корпусов завершителей означают реальную мобилизацию потенциалов, личностей, разумных существ, духовных существ, абсонитных сущностей и эмпирических реальностей, которые, возможно, превосходят даже будущие функции в совокупной вселенной Верховного Существа. Вероятно, семь корпусов завершителей означают нынешнее проявление активности Троицы-Предельной, мобилизующей конечные и абсонитные силы в подготовке к непостижимым событиям во вселенных внешнего пространства. Ничего подобного не происходило со времени, близкого к истокам вечности, когда Райская Троица таким же образом объединила существовавшие тогда в Раю и Хавоне личности и направила их в качестве управляющих и правителей задуманных семи сверхвселенных времени и пространства. Семь корпусов завершителей соответствуют реакции божественности большой вселенной на будущие потребности, заключенные в нераскрытых потенциалах внешних вселенных, которым предстоит проявиться в вечности будущего.

Мы предвидим будущие, еще более великие вселенные внешнего пространства, новые обитаемые миры – сферы, населенные новыми категориями изысканных и уникальных существ; материальную вселенную, величественную в своей предельности, гигантское творение, которому недостает только одной существенной детали: присутствия действительного *конечного опыта* вселенской жизни, протекающей в условиях восходящего существования. Такая вселенная будет отличаться колоссальной эмпирической ущербностью, ибо она будет лишена возможности участвовать в эволюционном становлении Всемогущего-Верховного. Все вселенные внешнего пространства станут объектами несравненной опеки и божественного сверхуправления Верховного Существа, но сам факт его активного присутствия препятствует их участию в актуализации Верховного Божества.

В течение нынешней вселенской эпохи формирующиеся личности большой вселенной сталкиваются со многими трудностями из-за неполной актуализации полновластия Бога-Верховного, однако все мы разделяем уникальный опыт его эволюции. Мы эволюционируем в нём, и он эволюционирует в нас. Когда-нибудь в вечном будущем эволюция Верховного Божества станет свершившимся фактом вселенской истории, и возможность участия в этом чудесном опыте навеки исчезнет со сцены космического действа.

Те же из нас, кто приобрел этот уникальный опыт в период молодости вселенной, будут высоко ценить его на протяжении всей вечности будущего. И многие из нас предполагают, что миссия пополняющихся резервов восходящих и ставших совершенными смертных Корпуса Завершения, вместе с шестью другими, аналогично набираемыми корпусами, заключается в управлении вселенными внешнего пространства в попытке компенсировать их эмпирические недостатки, связанные с тем, что они не участвовали в пространственно-временно́й эволюции Верховного Существа.

Эти недостатки неизбежны на всех уровнях жизни во вселенной. В течение нынешней вселенской эпохи мы, представляющие высшие уровни духовного существования, спускаемся вниз для управления эволюционными вселенными и оказания помощи восходящим смертным, стремясь возместить их неполноценность в области реальностей высшего духовного опыта.

Несмотря на то что мы ничего не знаем о планах Творцов Совокупной Вселенной в отношении этих внешних творений, мы уверены в трех вещах:

1. Действительно существует обширная новая система вселенных, постепенно формирующихся во внешнем пространстве. Новые категории физических творений – громадные, гигантские кольца, состоящие из невероятного скопления вселенных и находящиеся на огромном расстоянии от нынешних пределов обитаемых и организованных творений, – можно наблюдать в ваши телескопы. В настоящее время эти внешние творения являются чисто физическими; они явно необитаемы и не управляются созданиями.

2. В течение многих вселенских эпох продолжается нераскрытая и совершенно загадочная Райская мобилизация достигших совершенства восходящих существ времени и пространства вместе с шестью другими корпусами завершителей.

3. Как следствие этих процессов, Верховное Лицо Божества обретает свое могущество как всесильный владыка сверхтворений.

Когда мы рассматриваем этот триединый процесс, включающий создания, вселенные и Божество, можно ли критиковать нас за предчувствие чего-то нового и нераскрытого, что приближается к своей кульминации в совокупной вселенной? Нужно ли удивляться тому, что мы связываем эту многовековую беспрецедентную концентрацию и организацию физических вселенных, а также становление личности Верховного Существа, с грандиозной программой возвышения смертных времени к божественному совершенству и с их последующей концентрацией в Раю в Корпусе Завершения – с предназначением и судьбой, которые покрыты вселенской тайной? По всей Уверсе всё больше распространяется убеждение, что формирующиеся Корпусы Завершения предназначены для будущего служения во вселенных внешнего пространства, где уже сегодня мы способны обнаружить скопление как минимум семидесяти тысяч агрегаций вещества, каждая из которых больше любой из существующих сегодня сверхвселенных.

Эволюционные смертные рождаются на планетах пространства, проходят через миры моронтии, восходят во вселенных духа, пересекают сферы Хавоны, находят Бога, достигают Рая и принимаются в первичный Корпус Завершения, где пребывают в ожидании следующего назначения для вселенского служения. Набираются и шесть других Корпусов Завершения, однако Райским главой всех категорий завершителей является Грандфанда, первый восходящий смертный. Величественное зрелище открывается нашему взору, и все мы восклицаем: что за славная судьба ждет произошедших от животных детей времени, материальных сынов пространства!

[Совместно подготовлено Божественным Советником и Не Имеющим Имени и Числа, уполномоченными Древними Дней Уверсы.]

* * * * *

В соответствии с мандатом Древних Дней Уверсы, тридцать один документ, описывающий сущность Божества, реальность Рая, организацию и функционирование центральной и сверхвселенных, личности большой вселенной и высокое предназначение эволюционных смертных, был подготовлен, сформулирован и изложен по-английски высокой комиссией в составе двадцати четырех управляющих Орвонтона на Урантии, 606-ом мире Сатании из созвездия Норлатиадек во вселенной Небадон, в 1934 году н. э.

ЧАСТЬ II

ЛОКАЛЬНАЯ ВСЕЛЕННАЯ

Подготовлено Небадонским Корпусом личностей локальной вселенной, уполномоченных Гавриилом Салвингтонским

ЧАСТЬ II

Локальная вселенная

ДОКУМЕНТ 32

ЭВОЛЮЦИЯ ЛОКАЛЬНЫХ ВСЕЛЕННЫХ

Локальная вселенная является творением Сына-Создателя, принадлежащего к Райской категории Михаилов. Она включает сто созвездий, каждое из которых насчитывает сто систем обитаемых миров. Каждая система в итоге будет объединять около тысячи обитаемых сфер.

Все вселенные времени и пространства являются эволюционными. Созидательный план Райских Михаилов всегда предусматривает постепенную эволюцию и последовательное развитие физической, интеллектуальной и духовной природы, а также возможностей разнообразных созданий, населяющих различные типы сфер локальной вселенной.

Урантия относится к локальной вселенной, чей властелин является Богочеловеком, – Иисусом Назарянином и Михаилом Салвингтонским. И все планы Михаила в отношении этой локальной вселенной были полностью одобрены Райской Троицей задолго до того, как он отправился для свершения величайшего подвига в пространстве.

Божьи Сыны вправе выбирать миры для своей созидательной деятельности, однако эти материальные творения изначально были разработаны и спланированы Райскими Творцами Совокупной Вселенной.

1. ФИЗИЧЕСКОЕ ВОЗНИКНОВЕНИЕ ВСЕЛЕННЫХ

На довселенской стадии манипулирование пространственной силой и первичными энергиями осуществляется Райскими Главными Организаторами Сил, но в пределах сверхвселенных, когда выявляющаяся энергия начинает реагировать на локальную, или линейную, гравитацию, они уступают свое место управляющим энергией соответствующей сверхвселенной.

Эти управляющие энергией действуют в одиночку на предматериальных и постсиловых стадиях создания локальной вселенной. Сын-Создатель не может приступить к организации вселенной, пока управляющие энергией не мобилизуют пространственные энергии, достаточные для обеспечения материального фундамента формирующейся вселенной – настоящих солнц и материальных сфер.

Все локальные вселенные обладают примерно одинаковым энергетическим потенциалом, хотя они значительно отличаются по своим физическим размерам, а содержание в них видимого вещества может время от времени меняться. Силовой заряд локальной вселенной и наделение ее потенциальным веществом определяются манипуляциями управляющих энергией и их предшественников, а также действиями Сына-Создателя и врожденным даром физического управления у его созидательного партнера.

Энергетический заряд локальной вселенной составляет примерно одну стотысячную силового потенциала соответствующей сверхвселенной. В вашей локальной вселенной Небадон материализация массы несколько меньше. В физическом аспекте Небадон обладает таким же физическим запасом энергии и вещества, как и любое из локальных творений Орвонтона. Единственное физическое ограничение для эволюционного развития вселенной Небадон заключается в величине заряда пространственной энергии, удерживаемой при помощи гравитационного управления ассоциированных сил и личностей объединенного вселенского механизма.

После того как энергия-вещество достигает определенной ступени материализации массы, на сцене появляется Райский Сын-Создатель в сопровождении Созидательной Дочери Бесконечного Духа. Одновременно с появлением Сына-Создателя начинается работа по обустройству архитектурной сферы, которая станет столичным миром спроектированной локальной вселенной. На становление такой локальной вселенной уходят долгие эпохи, в течение которых обретают устойчивость солнца, образуются и находят свои орбиты планеты и продолжается работа по созданию архитектурных миров, которым предстоит стать столицами созвездий и систем.

2. ОРГАНИЗАЦИЯ ВСЕЛЕННОЙ

В организации вселенных Сынам-Создателям предшествуют управляющие энергией и иные существа, порожденные Третьим Источником и Центром. Из пространственных энергий, организованных предварительно этими существами, ваш Сын-Создатель Михаил учредил обитаемые миры вселенной Небадон и с тех пор посвящен своему кропотливому труду – управлению вселенной. Используя предсущую энергию, эти божественные Сыны материализуют видимое вещество, проектируют живые создания и с помощью вселенского присутствия Бесконечного Духа сотворяют многоликую свиту духовных личностей.

Эти управляющие и регуляторы энергии, которые задолго до появления Сына-Создателя провели подготовительную работу по физической организации вселенной, впоследствии соединяются со Вселенским Сыном величественной связью, навечно оставаясь совместными управляющими теми энергиями, которые они изначально организовали и заключили в контуры. На Салвингтоне в настоящее время действуют всё те же сто силовых центров, которые сотрудничали с вашим Сыном-Создателем при изначальном формировании этой локальной вселенной.

Первый завершенный акт физического творения в Небадоне состоял в организации столичного мира – архитектурной сферы Салвингтон – вместе с его спутниками. Со времени первых действий силовых центров и физических регуляторов и вплоть до прибытия живого персонала завершенных сфер Салвингтона прошло немногим более миллиарда ваших нынешних планетарных лет. Сразу же вслед за Салвингтоном последовало создание ста столичных миров спроектированных созвездий и десяти тысяч столиц планируемых локальных систем планетарного управления и администрации вместе с их архитектурными спутниками. Такие архитектурные миры предназначены как для физических, так и духовных личностей, а также для промежуточных морmontийных, или переходных, ступеней существования.

Салвингтон – столица Небадона – расположен в сáмом центре энергомассы локальной вселенной. Однако ваша локальная вселенная не является единой астрономической системой, хотя в ее физическом центре и находится крупная система.

Салвингтон является личной резиденцией Михаила Небадонского, но он не пребывает здесь постоянно. Бесперебойное функционирование вашей локальной вселенной более не требует неотлучного присутствия в столичной сфере Сына-Создателя, но в ранние эпохи физической организации положение было иным. Сын-Создатель не может покинуть свой столичный мир до тех пор, пока с помощью материализации достаточного количества энергии не достигается гравитационная устойчивость его владений, когда различные контуры и системы уравновешивают друг друга взаимным материальным притяжением.

Но вот физический план создания вселенной выполнен, и Сын-Создатель совместно с Созидательным Духом разрабатывает собственный план сотворения жизни, после чего Созидательный Дух – воплощение Бесконечного Духа – начинает действовать во вселенной как самостоятельная созидательная личность. Вслед за формулированием и исполнением этого первого творческого акта появляется Светлая Утренняя Звезда – персонификация первого творческого представления об идентичности и воплощение идеала божественности. Это главный администратор вселенной, личный партнер Сына-Создателя, такой же, как он, во всех аспектах характера, хотя существенно ограниченный в атрибутах божественности.

И теперь, когда у Сына-Создателя есть правая рука и главный администратор, появляются условия, необходимые для сотворения огромного и великолепного воинства разнообразных созданий. Возникают сыны и дочери локальной вселенной, вслед за чем создается система правления данным творением, начиная от верховных советов вселенной до отцов созвездий и властелинов локальных систем – скоплений тех миров, которые впоследствии должны стать местами обитания разнообразных смертных рас волевых созданий. Со временем во главе каждого из этих миров встает Планетарный Князь.

И затем, после завершения организации вселенной и исчерпывающего укомплектования ее персоналом, Сын-Создатель приступает к плану Отца и создает смертного человека по их божественному образу.

Организация планетарных обителей Небадона продолжается, ибо эта вселенная является, фактически, молодым образованием в звездных и планетарных владениях Орвонтона. Согласно последним данным, в Небадоне находится 3 840 101 обитаемая планета, а Сатания – локальная система, к которой принадлежит и ваш мир, – во многом похожа на другие системы.

Сатания не является однородной физической системой, единой астрономической единицей или организацией. Ее 619 обитаемых миров расположены более чем в пятистах различных физических системах. Только в пяти из них есть более двух обитаемых миров, и из них только в одной насчитывается четыре обитаемых планеты, в то время как сорок шесть физических систем включают по два обитаемых мира.

Система обитаемых миров Сатания находится на большом расстоянии от Уверсы и того огромного скопления звезд, которое служит физическим, или астрономическим, центром седьмой сверхвселенной. Более двухсот тысяч световых лет отделяют Иерусем – столицу Сатании – от физического центра сверхвселенной Орвонтон, находящегося на огромном удалении в плотном диаметре Млечного Пути. Сатания расположена на периферии локальной вселенной, а Небадон в настоящее время значительно сместился к границе Орвонтона. От наиболее удаленной системы обитаемых миров до центра сверхвселенной немногим менее двухсот пятидесяти тысяч световых лет.

Сегодня обращение вселенной Небадон происходит в удаленном регионе в юго-восточной части сверхвселенской орбиты Орвонтона. Ближайшими соседними вселенными являются: Авалон, Генселон, Санселон, Порталон, Волверинг, Фановинг и Алворинг.

Однако эволюция локальной вселенной – это долгая история. Документы, рассказывающие о сверхвселенной, являются введением в данную тему; те, которые относятся к настоящему разделу – локальным творениям – продолжением, а последующие, касающиеся истории Урантии и ее предназначения, – завершением. Но только тогда вы сможете адекватно постичь назначение смертных локального творения, когда внимательно прочтете рассказ о жизни и учениях вашего Сына-Создателя, прожившего в облике смертного человека в вашем собственном эволюционном мире.

3. ИДЕЯ ЭВОЛЮЦИИ

Единственным абсолютно неизменным творением является центральная вселенная Хавона, сотворенная непосредственно мыслью Всеобщего Отца и словом Вечного Сына. Хавона – это экзистенциальная, совершенная и изобильная вселенная, окружающая обитель вечных Божеств, всеобщий центр. Творения семи сверхвселенных отличаются конечным и эволюционным характером и последовательным развитием.

По своему происхождению все физические системы времени и пространства являются эволюционными. Даже физическую стабильность они получают только после того, как обретают постоянные орбиты в своих сверхвселенных. Так и локальная вселенная утверждается в свете и жизни только после того, как исчерпываются физические возможности ее роста и развития и все ее обитаемые миры обретают вечную неизменность и устойчивость духовного статуса.

За исключением центральной вселенной, совершенство обретается постепенно. Центральная вселенная есть данный нам эталон совершенства, но все другие владения должны обрести совершенство с помощью соответствующих методов, предусмотренных для развития конкретных миров и вселенных. Планы Сынов-Создателей по организации, развитию, упорядочению и обустройству своих локальных вселенных отличаются почти бесконечным разнообразием.

За исключением присутствия божества Отца, каждая локальная вселенная в известном смысле является копией административной организации центрального, или эталонного, творения. Хотя Всеобщий Отец лично присутствует во вселенной своего обитания, он не пребывает в разуме существ, происходящих из этой вселенной, подобно тому как он буквально обитает рядом с душами смертных времени и пространства. Очевидно, компенсирующий характер согласования и регулирования духовных дел обширного творения выражает высшую мудрость. В центральной вселенной Отец лично присутствует как таковой, но отсутствует в разуме детей этого совершенного творения. Во вселенных пространства нет личного присутствия Отца: его представляют Полновластные Сыны, а сам он сокровенно пребывает в разуме своих смертных детей через духовное представительство доличностного присутствия Таинственных Наставников, пребывающих в разуме волевых созданий.

В столице локальной вселенной обитают все личности создателей и их партнеров, представляющие независимую власть и административную автономию, за исключением личного присутствия Всеобщего Отца. В локальной вселенной можно обнаружить что-то от каждого существа и представителей почти всех классов разумных существ центральной вселенной, за исключением Всеобщего Отца. Хотя Всеобщий Отец лично не присутствует в локальной вселенной, у него есть личный представитель – Сын-Создатель этой вселенной, который сначала является наместником Бога, а впоследствии – верховным и полновластным владыкой в своем праве.

Чем ниже мы опускаемся по лестнице жизни, тем труднее нам узреть невидимого Отца глазами веры. Низшим созданиям, а порой и высшим личностям, не всегда удается увидеть Всеобщего Отца в его Сынах-Создателях. И вот, в ожидании своего духовного роста, когда совершенство развития позволит им увидеть Бога собственными глазами, они утомляются, поддаются духовным сомнениям, запутываются и тем самым изолируют себя от прогрессивных духовных целей своего времени и вселенной. Так они теряют способность видеть Отца, лицезря Сына-Создателя. Самая надежная защита создания на его долгом пути, – когда, несмотря на всё стремление к Отцу, внутренние причины делают это невозможным, – твердо держаться истины-факта о присутствии Отца в его Сынах. Буквально и фигурально, духовно и личностно, Отец и Сыны едины. Истинно: тот, кто видел Сына-Создателя, видел Отца.

Устойчивость и надежность личностей данной вселенной в начале их пути зависит от степени сходства с Божеством. Когда родство, связывающее создание с изначальными и божественными Источниками, становится достаточно дальним, будь то Божьи Сыны или принадлежащие Бесконечному Духу попечители, возрастает вероятность дисгармонии, путаницы, а порой восстания – греха.

За исключением совершенных существ, источником которых является Божество, все волевые создания в сверхвселенных имеют эволюционную природу, начиная свой путь с примитивного состояния и поднимаясь вверх, а вернее – к центру. Даже высокодуховные личности продолжают восходить по жизненному пути, последовательно переходя из жизни в жизнь и с одной сферы на другую. Для тех же, в ком присутствуют Таинственные Наставники, действительно не существует предела для духовного восхождения и прогресса во вселенных.

Совершенство создания времени, когда такое совершенство окончательно, является всецело обретенным и представляет собой настоящую собственность личности. И хотя к достижениям созданий могут широко примешиваться элементы благоволения, эти достижения – результат индивидуальных усилий и фактической жизни, реакций личности на существующее окружение.

С точки зрения вселенной, факт эволюционного животного происхождения не оставляет позорного клейма ни на одной личности, ибо является особым методом сотворения одного из двух основных типов конечных разумных волевых созданий. Когда покорены высоты совершенства и вечности, тем больше чести тем, кто начал с самого низа и, шаг за шагом, радостно поднялся по лестнице жизни, тем, кто, достигнув высот блаженства, обретает личный опыт, включающий подлинное знание каждого жизненного этапа, – снизу доверху.

Во всём этом видна мудрость Создателей. Всеобщему Отцу было бы столь же просто сделать всех смертных совершенными существами, наделить совершенством с помощью божественного слова. Но это лишило бы их чудесного опыта дерзаний и подготовки, присущих долгому и постепенному восхождению к центру, – опыта, данного только тем, кому выпало счастье начать с самой нижней ступени жизни.

В окружающих Хавону вселенных существует ровно столько совершенных созданий, сколько необходимо для удовлетворения потребностей в образцовых наставниках для тех, кто восходит по эволюционной лестнице жизни. Эмпирическая природа личности эволюционного типа является естественным космическим дополнением извечно-совершенной природы созданий, населяющих Рай-Хавону. В действительности, как совершенные, так и ставшие совершенными создания являются незавершенными в аспекте конечной тотальности. Однако, при взаимодополняющем объединении экзистенциально совершенных созданий Рая-Хавоны и ставших эмпирически совершенными завершителей из эволюционных вселенных, оба типа освобождаются от присущих им ограничений и, таким образом, могут попытаться совместно достигнуть высочайших вершин предельного статуса созданий.

Те процессы, в которые вовлечены создания, являются вселенским отражением действий и реакций в Семичастном Божестве, где извечная божественность Райской Троицы совмещается с формирующейся божественностью Верховных Создателей пространственно-временны́х вселенных в пределах, с помощью и посредством энергетической актуализации Божества Верховного Существа.

Божественно совершенное создание и эволюционное, ставшее совершенным создание, равны по потенциалу божественности, но отличаются по ее типу. Для достижения высшей ступени служения они вынуждены зависеть друг от друга. Эволюционные сверхвселенные зависят от совершенной Хавоны, обеспечивающей окончательную подготовку для их восходящих граждан, но и совершенной центральной вселенной необходимо существование совершенствующихся сверхвселенных для обеспечения полноты развития ее нисходящих жителей.

Два основных проявления конечной реальности – врожденного совершенства и совершенства приобретенного, будь то личности или вселенные, – характеризуются согласованностью, взаимозависимостью и взаимосвязью. Одно нуждается в другом для достижения завершенности функции, служения и предназначения.

4. СВЯЗЬ БОГА С ЛОКАЛЬНОЙ ВСЕЛЕННОЙ

Не следует считать, что поскольку Всеобщий Отец передал так много от себя самого и своей власти другим, он является молчаливым или пассивным членом союза Божеств. Кроме личностной сферы и посвящения Настройщиков, он представляется наименее активным из Райских Божеств в том смысле, что позволяет равным ему Божествам и своим Сынам, а также множеству созданных разумных существ, делать так много для претворения своего вечного замысла. Он является молчаливым членом созидательного трио только в том смысле, что никогда не делает ничего из того, что могут сделать равные или подчиненные ему партнеры.

Бог в полной мере понимает потребность всякого разумного создания в действии и опыте, и поэтому в каждой ситуации – имеет ли она отношение к судьбе вселенной или благополучию самого скромного из его созданий – Бог воздерживается от активности в пользу плеяды личностей созданий и Создателей, которые, присущим им образом, выступают в качестве его посредников в любой данной вселенской ситуации или творческом акте. Однако несмотря на эту сдержанность, несмотря на такое проявление бесконечной согласованности, существует действительное, буквальное и личное участие Бога в этих событиях через предопределенные силы и личности. Все эти средства Отец использует на благо всего своего обширного творения.

Что касается политики, руководства и управления локальной вселенной, Всеобщий Отец действует в лице своего Сына-Создателя. Всеобщий Отец никогда не вмешивается, если речь идет о взаимоотношениях Божьих Сынов, о групповых взаимосвязях личностей, берущих начало в Третьем Источнике и Центре, или отношениях между любыми другими созданиями, такими как человеческие существа. Всегда главенствует закон Сына-Создателя, владычество Отцов Созвездий, Властелинов Систем и Планетарных Князей – правила и методы, предопределенные для данной вселенной. Не существует разделения полномочий; божественная власть никогда не противоречит божественному замыслу. Божества отличаются совершенным и вечным единодушием.

Сын-Создатель обладает верховной властью во всех вопросах, связанных с этикой, взаимоотношениями любого класса созданий с любым другим классом, либо двух или большего числа индивидуумов в любой данной группе. Однако такой план не означает, что Всеобщий Отец не может по-своему вмешаться и сделать что-либо по желанию своего божественного разума с любым *отдельным созданием* в любой точке творения во всём, что касается нынешнего статуса этого индивидуума или его возможностей в будущем и что имеет отношение к вечному плану Отца и его бесконечному замыслу.

В смертных волевых созданиях присутствие Отца заключается во внутреннем Настройщике – частице его доличностного духа; кроме того, Отец является источником личности такого смертного волевого создания.

Эти Настройщики Мышления – посвящения Всеобщего Отца – сравнительно изолированы; они пребывают в человеческом разуме, но не имеют какого-либо заметного отношения к этическим проблемам локального творения. Они не являются непосредственно координированными ни с серафической службой, ни с администрацией систем, созвездий или локальной вселенной, ни даже с правлением Сына-Создателя, чья воля является верховным законом в его вселенной.

Внутренние Настройщики представляют собой один из обособленных, хотя и унифицированных способов, при помощи которых Бог устанавливает связь с созданиями своего почти бесконечного творения. Так тот, кто невидим для смертного человека, обнаруживает свое присутствие, и если бы он мог, он открыл бы себя нам и другими путями, но такое дальнейшее раскрытие не является божественно возможным.

Мы видим и понимаем механизм, посредством которого Сыны обретают детальные и полные сведения о вселенных своей юрисдикции. Однако мы не можем до конца понять те методы, которые позволяют Богу лично владеть исчерпывающими познаниями о вселенной вселенных, хотя мы и способны осознать путь для получения Всеобщим Отцом информации о существах своего гигантского творения и открытия им своего присутствия. Через личностный контур Отец знает – обладает личным знанием – все мысли и деяния всех существ во всех системах всех вселенных во всём творении. Хотя мы неспособны до конца осмыслить этот метод общения Бога со своими детьми, мы можем укрепиться в своей уверенности в том, что «Господь знает своих детей» и что в отношении каждого из нас «он примечает, где мы родились».

В духовном отношении, в вашей вселенной и вашем сердце Всеобщий Отец присутствует в одном из Семи Главных Духов центральной обители; его особое присутствие проявляется в божественном Настройщике, который живет, трудится и ждет в глубинах смертного разума.

Бог не есть эгоцентричная личность; Отец щедро отдает себя своим творениям и своим созданиям. Он живет и действует не только в Божествах, но и в своих Сынах, которым доверяет свершение всего, что является для них божественно возможным. Всеобщий Отец воистину отказался от всех функций, выполнить которые способно другое существо. И это так же справедливо в отношении смертного человека, как и в отношении Сына-Создателя, который правит от лица Бога в столице локальной вселенной. Так мы видим, как претворяется идеальная и бесконечная любовь Всеобщего Отца.

Всеобщее самопосвящение Отца является исчерпывающим доказательством как величия, так и великодушия его божественной природы. Если Бог и не передал какую-то свою часть всеобщему творению, то из этого остатка он с великой щедростью посвящает обитающим в мирах смертным Настройщиков Мышления – Таинственных Наставников времени, столь терпеливо пребывающих в смертных кандидатах на вечную жизнь.

Всеобщий Отец как бы излил себя, дабы щедро наделить всё творение личностным началом и возможностью духовного развития. Бог дал нам себя для того, чтобы мы могли быть такими, как он; Отец оставил за собой лишь часть своего могущества и славы, необходимую для поддержания тех вещей, из любви к которым он лишил себя всего остального.

5. ИЗВЕЧНЫЙ БОЖЕСТВЕННЫЙ ЗАМЫСЕЛ

В движении вселенных через пространство есть великая и славная цель. Усилия смертных не проходят впустую. Все мы участвуем в претворении грандиозного замысла, колоссального начинания, и его громадный масштаб позволяет нам видеть лишь малую часть в какое-либо конкретное время и в течение какой-либо одной жизни. Все мы являемся частью вечного плана, который управляется Богами и осуществляется ими. Весь чудесный вселенский механизм продолжает величественное движение в пространстве под музыку, звучащую в ритме бесконечной мысли и извечного замысла Первого Великого Источника и Центра.

Извечная цель вечного Бога – высокий духовный идеал. События времени и усилия материального существования – это лишь временная опора, мостки, по которым можно переправиться на другую сторону, в обетованную землю духовной реальности и небесного бытия. Конечно, вам, смертным, нелегко постигнуть идею вечного замысла; вы практически неспособны осмыслить вечность – то, что не имеет начала и конца. Всё, что вам знакомо, является конечным.

Что касается отдельной жизни, продолжительности существования мира или хронологии любой связанной последовательности событий, то нам кажется, что мы имеем дело с изолированным отрезком времени, что у всего есть начало и конец. Может показаться, что при последовательном расположении цепочка, состоящая из переживаний, жизней, периодов или эпох, образует прямой путь, обособленное временнóе событие, которое успевает лишь мгновенно промелькнуть по бесконечному лику вечности. Однако, когда мы смотрим на всё это из-за кулис, открывающаяся перед нами более цельная картина и более глубокое понимание внушают мысль о том, что такое толкование неадекватно, что оно обрывочно и совершенно непригодно в качестве правильного объяснения и соотнесения процессов времени с основополагающими целями и фундаментальными реакциями вечности.

Мне кажется, что, в целях объяснения смертному разуму, имело бы больший смысл представить вечность в виде цикла, а вечный замысел – в качестве бесконечного круга, причем цикл вечности определенным образом синхронизирован с преходящими материальными циклами времени. Что касается секторов времени, соединенных с циклом вечности и являющихся его частью, то мы вынуждены признать: такие временные эпохи рождаются, живут и умирают точно так же, как временные существа рождаются, живут и умирают во времени. Большинство людей умирают потому, что не достигают такого уровня духовного развития, который позволил бы им слиться с Настройщиком, вследствие чего метаморфоза смерти становится единственным возможным способом, позволяющим освободиться от оков времени и уз материального творения и тем самым зашагать духовной поступью вместе с устремленной вперед процессией вечности. Успешно пройдя испытательную жизнь во времени и материальном бытии, вы обретаете возможность продолжить свой путь в соприкосновении – и даже сопричастности – с вечностью, в бесконечном обращении по кругу вечных эпох вместе с мирами пространства.

Сектора времени подобны мимолетным вспышкам личности во временной форме. Они появляются на какое-то время, после чего исчезают из поля человеческого зрения, но только для того, чтобы вновь появиться в качестве новых участников и неисчезающих факторов высшей жизни, бесконечного обращения по кругу вечности. В свете нашей веры в имеющую границы вселенную, которая движется по огромной вытянутой орбите вокруг центральной обители Всеобщего Отца, вряд ли можно представлять вечность как прямой путь.

Откровенно говоря, вечность непостижима для конечного разума во времени. Вы просто неспособны охватить ее умом, неспособны осмыслить ее. Я не представляю ее во всей полноте, но даже если бы я был способен на это, то не мог бы изложить свое представление человеческому разуму. Тем не менее, я сделал всё, что мог, чтобы хоть как-то выразить наш взгляд, хоть что-то рассказать вам о нашем понимании вечных явлений. Я стремлюсь помочь вам составить определенное представление об этих ценностях, обладающих бесконечной природой и вечным смыслом.

В сознании Бога существует план, охватывающий каждое создание во всём его обширном владении, и этот план есть вечный замысел, таящий безграничные возможности, неограниченное совершенствование и вечную жизнь. И бесконечные богатства этого несравненного пути ждут вас – нужно лишь стремиться к ним!

Впереди – цель вечности! Вас ждет дерзновенное путешествие – достижение божественности! Состязание в совершенстве продолжается! Его участником может стать всякий, и несомненная победа на поприще веры и доверия увенчает усилия каждого человека, который на всём протяжении своего пути полагается на водительство внутреннего Настройщика и руководство благого духа Вселенского Сына, столь щедро излитого на всю плоть.

[Представлено Могущественным Посланником, временно прикрепленным к Верховному Совету Небадона и назначенным для исполнения этой миссии Гавриилом Салвингтонским.]

ДОКУМЕНТ 33

АДМИНИСТРАЦИЯ ЛОКАЛЬНОЙ ВСЕЛЕННОЙ

Хотя Всеобщий Отец, несомненно, правит своим обширным творением, в управлении локальной вселенной он действует через личность Сына-Создателя. Какого-либо личного участия в административных делах локальной вселенной Отец не принимает. Эти вопросы вверены Сыну-Создателю и Материнскому Духу локальной вселенной, а также их разнообразному потомству. Планы, политика и административные акты локальной вселенной формируются и исполняются этим Сыном, который, совместно с Духом, передает исполнительную власть Гавриилу, а судопроизводство – Отцам Созвездий, Властелинам Систем и Планетарным Князьям.

1. МИХАИЛ НЕБАДОНСКИЙ

Наш Сын-Создатель является олицетворением 611 121-й оригинальной концепции бесконечной идентичности, одновременно возникшей во Всеобщем Отце и Вечном Сыне. Михаил Небадонский является «единородным Сыном», олицетворяющим эту 611 121-ю всеобщую концепцию божественности и бесконечности. Его резиденция представляет собой трехчастную обитель света на Салвингтоне. Это жилище устроено именно таким образом потому, что Михаил прожил все три стадии существования разумного создания: духовную, моронтийную и материальную. В связи с тем именем, с которым было связано его седьмое и последнее посвящение на Урантии, о нём иногда говорят как о Христе Михаиле.

Наш Сын-Создатель не есть Вечный Сын – экзистенциальный Райский партнер Всеобщего Отца и Бесконечного Духа. Михаил Небадонский не является членом Райской Троицы. Тем не менее, в своих владениях наш Сын-Владыка обладает всеми божественными атрибутами и могуществом, которые мог бы продемонстрировать сам Вечный Сын, если бы он действительно присутствовал на Салвингтоне и действовал в Небадоне. Михаил обладает даже бóльшим могуществом и властью, ибо он не только олицетворяет Вечного Сына, но является полноправным представителем и действительным воплощением личностного присутствия Всеобщего Отца в локальной вселенной. Он представляет даже Отца-Сына. Эти свойства делают Сына-Создателя самым могущественным, разносторонним и влиятельным из всех божественных существ, способных непосредственно управлять эволюционными вселенными и устанавливать личностный контакт с незрелыми созданиями.

Наш Сын-Создатель проявляет ту же духовную притягательную силу – духовную гравитацию, влияние, распространяемое из столицы локальной вселенной, – которую проявлял бы Вечный Сын Рая, если бы лично присутствовал на Салвингтоне, и *более того*: этот Вселенский Сын есть олицетворение Всеобщего Отца по отношению к вселенной Небадон. Сыны-Создатели являются личностными центрами для духовных сил Райского Отца-Сына. Сыны-Создатели суть окончательные энерго-личностные средоточия могущественных пространственно-временны́х атрибутов Бога-Семичастного.

Сын-Создатель является персонализацией Всеобщего Отца и его наместником; в своей божественности он равен Вечному Сыну и является созидательным партнером Бесконечного Духа. Для нашей вселенной и всех ее обитаемых миров Полновластный Сын фактически является Богом. Он олицетворяет собой все Райские Божества, которых способны распознать развивающиеся смертные. Этот Сын и его партнер Дух *суть* ваши творцы-родители. Михаил, Сын-Создатель, является для вас верховной личностью; Вечный Сын является для вас сверхверховным существом – бесконечной личностью Божества.

В лице Сына-Создателя у нас есть правитель и божественный родитель, который отличается таким же могуществом, умением и благодетельностью, какими отличались бы Всеобщий Отец и Вечный Сын, если бы они присутствовали на Салвингтоне и управляли делами вселенной Небадон.

2. ВЛАСТЕЛИН НЕБАДОНА

Наблюдение за Сынами-Создателями показывает, что некоторые из них больше напоминают Отца, другие – Сына, в то время как третьи объединяют в себе качества обоих бесконечных родителей. Наш Сын-Создатель совершенно определенно обладает чертами и атрибутами, которые больше напоминают Вечного Сына.

Михаил решил создать эту локальную вселенную, и сегодня он обладает верховной властью в своем творении. Его личная власть ограничена предшествующими и сходящимися в Раю гравитационными контурами, а также тем, что Древние Дней из правительства сверхвселенной сохраняют за собой право вынесения окончательного решения относительно прекращения существования личности. Личность является исключительным посвящением Отца, однако Сыны-Создатели, с одобрения Вечного Сына, порождают новые типы созданий и, в сотрудничестве со своими партнерами Духами, могут предпринимать новые трансформации энергии-вещества.

Михаил является олицетворением Райского Отца-Сына в локальной вселенной Небадон; поэтому, когда Созидательный Материнский Дух – образ Бесконечного Духа в локальной вселенной – подчинил себя Христу Михаилу после его возвращения из своего последнего посвящения на Урантии, Сын-Владыка приобрел «всю власть на небе и на земле».

Это подчинение Божественных Попечительниц Сынам Создателям локальных вселенных превращает Сынов-Владык в индивидуальные вместилища божественности Отца, Сына и Духа, проявляемой в конечной форме, в то время как опыт посвящения в образе созданий позволяет Михаилам выражать эмпирическую божественность Верховного Существа. Это единственные существа во вселенных, лично исчерпавшие потенциалы существующего конечного опыта, и никто во вселенных не обладает такой же квалификацией для единоличного полновластия.

Хотя резиденция Михаила официально расположена на столичной сфере Небадона, Салвингтоне, он проводит много времени за ее пределами, посещая столицы созвездий и систем и даже отдельные планеты. Он периодически посещает Рай и часто бывает на Уверсе, где совещается с Древними Дней. Когда он отсутствует на Салвингтоне, его место занимает Гавриил, который в таких случаях становится регентом вселенной Небадон.

3. СЫН И ДУХ ВСЕЛЕННОЙ

Хотя Бесконечный Дух наполняет собою все вселенные времени и пространства, в столичном мире каждой локальной вселенной существует его специализированное средоточие, обретающее все качества личности через созидательное взаимодействие с Сыном-Создателем. Что касается локальной вселенной, Сын-Создатель обладает верховной административной властью; Бесконечный Дух, в лице Божественной Попечительницы, полностью взаимодействует с ним, оставаясь абсолютно равным партнером.

Вселенский Материнский Дух Салвингтона – партнер Михаила в управлении и руководстве Небадоном – принадлежит к шестой группе Верховных Духов, являясь 611 121-м членом этой категории. Божественная Попечительница добровольно вызвалась сопровождать Михаила при его освобождении от своих обязанностей в Раю и с тех пор действует вместе с ним в создании и управлении его вселенной.

Сын-Владыка является единоличным властелином своей вселенной, но детальное управление осуществляется Сыном совместно со Вселенским Духом. Хотя Дух неизменно признает Сына владыкой и правителем, Сын всегда предоставляет Духу равное положение и равенство полномочий во всех делах, относящихся к их владениям. Во всём, что касается посвящения любви и жизни, Сын-Создатель находит неизменную и совершенную поддержку и получает искусную помощь в лице премудрого, извечно верного Вселенского Духа и его разноликой свиты ангельских личностей. Такая Божественная Попечительница в действительности является матерью духов и духовных личностей, вездесущим и премудрым советником Сына-Создателя, точным и истинным выражением Бесконечного Духа Рая.

Сын действует в качестве отца своей локальной вселенной. Дух – в понимании смертных созданий – исполняет роль матери, неизменно помогая Сыну и являясь извечно незаменимым для управления вселенной. В условиях восстания только Сын и его партнеры-Сыны способны действовать в качестве избавителей. Дух не может противостоять мятежникам или защитить власть, однако он извечно помогает Сыну во всём, с чем бы тот ни сталкивался в своих усилиях по стабилизации правления и укреплению власти в мирах, пораженных злом и погрязших в грехе. Только Сын способен спасти их совместное творение, но ни один Сын не мог бы надеяться на прочный успех без постоянного участия Божественной Попечительницы и ее обширного воинства духовных помощников – дочерей Бога, которые столь преданно и доблестно борются за благополучие смертных людей и триумф своих божественных родителей.

После завершения седьмого и последнего посвящения Сына-Создателя в облике создания, неопределенность, связанная с периодическим уединением Божественной Попечительницы, заканчивается, и она навечно обретает прочное положение в качестве полномочной вселенской помощницы Сына. И на празднестве празднеств в честь восхождения Сына-Создателя на престол в качестве Сына-Владыки, перед множеством собравшихся созданий, Вселенский Дух впервые делает публичное и всеобщее заявление о подчинении Сыну, давая клятву верности и послушания. В Небадоне это событие произошло по возвращении Михаила на Салвингтон после своего посвящения на Урантии. До этого знаменательного события Вселенский Дух никогда не признавал своего подчинения Вселенскому Сыну, и только после добровольной передачи Духом всей полноты власти можно истинно сказать о Сыне, что «ему отдана вся власть на небе и на земле».

После клятвы подчинения, данной Созидательным Материнским Духом, Михаил Небадонский великодушно признал вечную зависимость от своего партнера Духа, назначив его совместным правителем вселенских владений и потребовав от всех их созданий дать такую же клятву верности Духу, какую они дали Сыну;

вслед за этим была обнародована окончательная «Декларация равенства». Несмотря на полновластие в своей локальной вселенной, Сын объявил мирам, что Дух равен ему в отношении всех личностных качеств и атрибутов божественного характера. Это стало трансцендентным эталоном для организации семьи и правления даже для низших созданий пространственных миров. Таков – действительно и истинно – высокий идеал семьи и человеческого института добровольного брака.

Сегодня Сын и Дух возглавляют вселенную во многом так же, как отец и мать охраняют и опекают свою семью сыновей и дочерей. Вполне уместно называть Вселенский Дух созидательным партнером Сына-Создателя, а обитающих в мирах созданий – сынами и дочерьми, огромной и славной семьей, за которую, однако, родители несут безмерную ответственность и о которой бесконечно заботятся.

Сын инициирует создание некоторых из своих вселенских детей, в то время как Дух несет исключительную ответственность за создание многочисленных категорий духовных личностей, которые опекают и служат под началом того же Материнского Духа. Создавая другие типы вселенских личностей, Сын и Дух действуют вместе, причем ни один из них не приступает ни к одному созидательному акту, не посоветовавшись и не получив одобрения другого.

4. ГАВРИИЛ – ГЛАВА ИСПОЛНИТЕЛЬНОЙ ВЛАСТИ

Светлая Утренняя Звезда представляет собой персонализацию первой концепции идентичности и идеала личности – концепции, задуманной Сыном-Создателем и воплощением Бесконечного Духа в локальной вселенной. Вернемся к раннему периоду в истории локальной вселенной, который предшествовал союзу, связавшему Сына-Создателя и Материнский Дух узами творческого объединения, и созданию их разносторонней семьи сынов и дочерей: к первому совместному акту молодого и свободного содружества двух божественных личностей, в результате которого появилась высшая духовная личность Сына и Духа – Светлая Утренняя Звезда.

В каждой локальной вселенной появляется только одно такое величественное и мудрое существо. Всеобщий Отец и Вечный Сын способны создавать и действительно создают бесконечное число Сынов, равных себе в божественности; однако в каждой вселенной такие Сыны, в союзе с Дочерьми Бесконечного Духа, способны создавать только одну Светлую Утреннюю Звезду – подобное себе существо, в значительной мере наследующее их совместную природу, но не прерогативы создателей. Гавриил Салвингтонский похож на Вселенского Сына в божественности своей природы, хотя существенно ограничен в атрибутах Божества.

Этот первородный сын создателей новой вселенной представляет собой уникальную личность, обладающую многими восхитительными чертами, в явной форме не выраженными ни в одном из родителей, – существо беспрецедентной разносторонности и невообразимых дарований. Эта небесная личность объединяет божественную волю Сына и творческое воображение Духа. Помыслы и деяния Светлой Утренней Звезды всегда будут в полной мере выражать как Сына-Создателя, так и Созидательного Духа. Кроме того, такое существо способно глубоко понимать и благожелательно общаться как с духовными серафическими воинствами, так и с материальными эволюционными волевыми созданиями.

Светлая Утренняя Звезда не является создателем, однако это изумительный управляющий, личный административный представитель Сына-Создателя. За исключением процесса творения и наделения жизнью, Сын и Дух никогда не обсуждают важнейшие вселенские вопросы в отсутствие Гавриила.

Гавриил Салвингтонский является главным администратором вселенной Небадон и верховным судьей всех административных апелляций, касающихся управления вселенной. При создании этого вселенского управляющего его наделили всем необходимым для выполнения своей работы, но он приобретал опыт по мере роста и эволюции нашего локального творения.

Гавриил – главное должностное лицо, ответственное за исполнение мандатов сверхвселенной в отношении неличностных проблем локальной вселенной. Большинство вопросов, касающихся периодических воскрешений и судебных постановлений Древних Дней, имеющих массовый характер, также передаются для исполнения Гавриилу и его персоналу. Таким образом, Гавриил одновременно является главным администратором правителей как сверх-, так и локальной вселенной. В его распоряжении находится корпус умелых административных помощников, созданных для выполнения своей особой работы и нераскрытых эволюционным смертным. В дополнение к этим помощникам, Гавриил может использовать любую и все категории небесных существ, действующих в Небадоне; помимо этого, он главнокомандующий «небесных армий» – небесного воинства.

Гавриил и его персонал не являются учителями – это управляющие. Нам неизвестно, чтобы они когда-либо оставляли свои непосредственные дела, за исключением инкарнации Михаила при его посвящении в облике одного из созданий. В течение таких посвящений Гавриил всегда неукоснительно выполнял волю инкарнированного Сына и, в сотрудничестве с Союзом Дней, становился фактическим управляющим вселенной во время последующих посвящений. Со времени посвящения Михаила в облике смертного Гавриил тесно связан с историей и развитием Урантии.

Кроме встреч в мирах посвящений, а также при оглашениях во время общих и особых воскрешений, смертные будут редко сталкиваться с Гавриилом на протяжении своего восхождения через локальную вселенную, пока они не начнут участвовать в административной деятельности локального творения. В качестве управляющих любой категории и уровня вы будете находиться под началом Гавриила.

5. ТРОИЧНЫЕ ПОСЛЫ

Управление личностей троичного происхождения заканчивается уровнем правительства сверхвселенной. Локальные вселенные характеризуются двуединым управлением; здесь впервые появляется отцовско-материнская концепция. Отцом вселенной является Сын-Создатель, матерью – Божественная Попечительница, Созидательный Дух локальной вселенной. Тем не менее, каждая локальная вселенная благословляется присутствием некоторых личностей из центральной вселенной и Рая. И главой этой Райской группы Небадона является посол Райской Троицы, Иммануил Салвингтонский – Союз Дней, назначенный в локальную вселенную Небадон. В определенном смысле слова, этот высокий Троичный Сын является также личным представителем Всеобщего Отца при Сыне-Создателе, почему и зовут его – Иммануил.

Иммануил Салвингтонский – 611 121-й представитель шестой категории Верховных Троичных Личностей – существо возвышенного достоинства и такой необыкновенной скромности, что он отвергает почитание и поклонение всех живых созданий. Он отличается тем, что является единственной личностью в Небадоне, ни разу не признавшей подчинения своему брату Михаилу. Он действует в качестве советника Полновластного Сына, но дает советы только в ответ на просьбу. В отсутствие Сына-Создателя, Иммануил способен возглавить любой высокий совет вселенной, однако он принимает участие в административных делах вселенной только тогда, когда его о том просят.

Этот представитель Рая в Небадоне неподвластен правительству локальной вселенной. Равным образом его правомочность не распространяется на исполнительные дела эволюционирующей локальной вселенной, за исключением надзора за связанными с ним братьями, Верными Дней, которые служат в столичных мирах созвездий.

Верные Дней, как и Союз Дней, никогда не дают советов и не предлагают помощи правителям созвездий, если их о том не просят. Эти послы Рая в созвездиях – последнее личное присутствие Неизменных Сынов Троицы, действующих в качестве советников в локальных вселенных. Созвездия более тесно связаны с администрацией сверхвселенной, чем локальные системы, которые управляются исключительно исконными личностями локальной вселенной.

6. ОБЩЕЕ УПРАВЛЕНИЕ

Гавриил является главой исполнительной власти и непосредственным управляющим Небадона. Отсутствие Михаила на Салвингтоне ни в коей мере не препятствует размеренному управлению вселенскими делами. В его отсутствие – как, например, во время недавней встречи Сынов-Владык Орвонтона в Раю – Гавриил становится регентом вселенной. В таких случаях Гавриил всегда советуется с Иммануилом Салвингтонским по всем важнейшим вопросам.

Отец-Мелхиседек – первый заместитель Гавриила. Когда Светлая Утренняя Звезда отсутствует на Салвингтоне, его обязанности исполняет этот изначальный Сын категории Мелхиседеков.

Различные подчиненные администрации имеют специальные области ответственности во вселенной. Отвечая в целом за благополучие входящих в систему планет, правительство системы занимается прежде всего физическим статусом живых существ, биологическими проблемами. В свою очередь, правители созвездия уделяют особое внимание социальным и административным условиям, господствующим на различных планетах и в системах. Правительство созвездия в основном занято вопросами объединения и стабилизации. На более высоком уровне, правители вселенной больше занимаются духовным статусом миров.

Послы назначаются судебными постановлениями и являются представителями одних вселенных в других. Консулы – представители созвездий в других созвездиях и в столичном мире вселенной; они назначаются законодательным актом и действуют только в пределах локальной вселенной. Наблюдатели назначаются исполнительным распоряжением Властелина Системы и представляют данную систему в остальных системах и столице созвездия; их действия также ограничены пределами локальной вселенной.

С Салвингтона пространственные сообщения одновременно направляются в столицы созвездий и систем, а также на отдельные планеты. Все высшие категории небесных существ способны использовать данную службу для общения со своими собратьями, разбросанными по всей вселенной. Система дальней связи вселенной охватывает все обитаемые миры, независимо от их духовного статуса. В межпланетной связи отказано только тем мирам, на которые наложен духовный карантин.

Глава Отцов Созвездия регулярно отправляет пространственные сообщения из столичного мира по системе дальней связи созвездия.

Хронология определяется, вычисляется и уточняется специальной группой существ Салвингтона. Стандартный день Небадона равен восемнадцати дням, шести часам и двум с половиной минутам урантийского времени. Небадонский год представляет собой отрезок времени, затрачиваемый на обращение вселенной относительно уверсской орбиты, и соответствует ста дням стандартного вселенского времени – примерно пяти урантийским годам.

Небадонское время, транслируемое с Салвингтона, является стандартом для всех созвездий и систем в этой локальной вселенной. Каждое созвездие ведет свои дела по небадонскому времени, однако системы, как и отдельные планеты, придерживаются собственного отсчета времени.

В системе времени Иерусема, день Сатании немного короче (на 1 час, 4 минуты и 15 секунд) трех урантийских дней. Эти системы отсчета времени общеизвестны как салвингтонское, или вселенское время, и системное, или сатанийское время. Стандартным является вселенское время.

7. СУДЫ НЕБАДОНА

Сын-Владыка, Михаил, посвящен в принципе только трем вещам: созиданию, жизнеобеспечению и опеке. Он не принимает личного участия в судебной деятельности вселенной. Создатели никогда не судят своих созданий; это является исключительной функцией высокообразованных созданий, обладающих действительным опытом созданных существ.

Вся судебная система Небадона находится под наблюдением Гавриила. Высокие суды Салвингтона занимаются проблемами общевселенского значения, а также апелляциями, поступающими из судов систем. Существует семьдесят отделений этих вселенских судов, функционирующих в семи секторах по десять секций в каждом. Все судебные заседания проводятся двумя судьями: один выражает изначальное совершенство, другой обладает опытом восхождения.

Что касается правомочности, суды локальных вселенных ограничены в следующих вопросах:

1. Администрация локальной вселенной занимается созиданием, эволюцией, поддержкой и помощью. Поэтому вселенские суды не вправе рассматривать дела, имеющие отношение к вопросам вечной жизни и смерти. Речь не идет о естественной смерти в том виде, в каком она существует на Урантии, однако если суд сталкивается с правом на продолжение существования, вечную жизнь, то такой вопрос должен передаваться в суды Орвонтона, а в случае, если дело решается не в пользу индивидуума, то приговоры о ликвидации приводятся в исполнение по приказу глав сверхправительства и с помощью имеющихся в их распоряжении средств.

2. Проступок или предательство любого из Божьих Сынов Локальной Вселенной, ставящие под угрозу их статус и полномочия в качестве Сынов, никогда не разбираются в судах Сына; такой конфликт немедленно передается в суды сверхвселенной.

3. После духовной изоляции вопрос о восстановлении полного духовного статуса в содружестве локального творения любой составной части локальной вселенной – такой как локальная система – должен решаться высокой ассамблеей сверхвселенной.

Во всех остальных вопросах суды Салвингтона являются окончательной и верховной инстанцией. Их решения и распоряжения нельзя обжаловать и их невозможно избежать.

Какими бы несправедливыми ни казались порой решения, принимаемые в отношении людских споров на Урантии, во вселенной воистину господствуют равенство и божественная беспристрастность. Вы живете в хорошо организованной вселенной, и вы можете рассчитывать на то, что рано или поздно вас ждет справедливое и даже милосердное обхождение.

8. ЗАКОНОДАТЕЛЬНЫЕ И ИСПОЛНИТЕЛЬНЫЕ ФУНКЦИИ

На Салвингтоне, столичной сфере Небадона, нет настоящих законодательных органов. Столичные миры вселенных занимаются в основном отправлением правосудия. Законодательные ассамблеи локальной вселенной расположены в столицах ста созвездий. Системы выполняют главным образом исполнительную и административную работу локальных творений. Властелины Систем и их партнеры обеспечивают исполнение законодательных актов правителей созвездий и приводят в исполнение судебные постановления высоких судов вселенной.

Хотя в столичных мирах вселенных отсутствует настоящая законотворческая деятельность, на Салвингтоне действуют различные консультативные и исследовательские ассамблеи, имеющие разнообразное строение и руководство соответственно сфере их действия и назначению. Некоторые из них постоянные, другие расформировываются после выполнения своей задачи.

Верховный совет локальной вселенной включает трех членов от каждой системы и семь представителей от каждого созвездия. Изолированные системы не представлены в этой ассамблее, но им позволено направлять наблюдателей, которые присутствуют на всех дискуссиях и изучают их.

Сто советов верховного ратифицирования также находятся на Салвингтоне. Президенты этих советов образуют непосредственный рабочий кабинет Гавриила.

Все заключения высоких совещательных советов вселенной передаются либо судебным органам Салвингтона, либо законодательным ассамблеям созвездий. Эти высокие советы не полномочны претворять в жизнь свои рекомендации. Когда их выводы опираются на основополагающие законы вселенной, суды Небадона выносят решения о реализации таких рекомендаций. Однако если их предложения имеют отношение к локальным или чрезвычайным условиям, они должны передаваться вниз, в законодательные ассамблеи созвездия, для обсуждения и обретения законной силы, после чего они передаются для исполнения властям системы. В действительности, эти высокие советы являются сверхзаконодательными органами вселенной, но они не обладают правом вводить в силу законы и не имеют возможности исполнять решения.

Хотя мы говорим о вселенской администрации, пользуясь словами «суды» и «ассамблеи», следует иметь в виду, что данные духовные действия существенно отличаются от более примитивных материальных видов деятельности, имеющих соответствующие названия на Урантии.

[Представлено главой архангелов Небадона.]

ДОКУМЕНТ 34

МАТЕРИНСКИЙ ДУХ ЛОКАЛЬНОЙ ВСЕЛЕННОЙ

После персонализации Сына-Создателя Всеобщим Отцом и Вечным Сыном, Бесконечный Дух индивидуализируется в новом и уникальном образе, призванном сопровождать Сына-Создателя в миры пространства и стать его товарищем – сначала в деле физической организации, а впоследствии в сотворении и опеке созданий новой вселенной.

Созидательный Дух, как и Сын-Создатель, реагирует как на физические, так и на духовные реальности; этим определяется их равенство и ассоциированность в управлении локальной вселенной времени и пространства.

Дочерние Духи наследуют сущность Бесконечного Духа, однако они неспособны одновременно участвовать в физическом созидании и духовной опеке. В области физического созидания Вселенский Сын обеспечивает эталон, в то время как Вселенский Дух инициирует материализацию физических реальностей. Сын создает силовые конструкции, а Дух трансформирует эти энергетические творения в физические субстанции. Хотя это раннее вселенское присутствие Бесконечного Духа и нелегко представить как личность, для Сына-Создателя его духовный партнер является личностью и всегда действовал как явно выраженная индивидуальность.

1. ПЕРСОНАЛИЗАЦИЯ СОЗИДАТЕЛЬНОГО ДУХА

После завершения физической организации звездно-планетарного скопления и создания контуров энергии силовыми центрами сверхвселенной – после этой подготовительной творческой деятельности представителей Бесконечного Духа, выполняемой посредством и под руководством его созидательного средоточия в локальной вселенной, – Сын Михаил декларирует наступление нового этапа – этапа планирования жизни в новой вселенной. После признания Раем этой декларации о намерениях, Райская Троица отвечает согласием, вслед за чем в духовном сиянии Божеств исчезает тот Главный Дух, в чьей сверхвселенной происходит организация нового творения. Тем временем остальные Главные Духи собираются вокруг центральной обители Райских Божеств, а затем, когда объятый Божествами Главный Дух вновь предстает перед своими товарищами и приветствуется ими, происходит то, что известно как «первичный прорыв» – колоссальная духовная вспышка, явление, хорошо заметное даже в столичном мире соответствующей сверхвселенной. И одновременно с этим малопонятным выражением Троицы происходит явное изменение характера присутствия созидательного духа и могущества Бесконечного Духа, пребывающего в соответствующей локальной вселенной. В ответ на эти Райские феномены, непосредственно в присутствии Сына-Создателя персонализируется новое личностное выражение Бесконечного Духа – Божественная Попечительница. Индивидуализированный помощник Сына-Создателя – Созидательный Дух – стал его личным творческим партнером, Материнским Духом локальной вселенной.

Эта новая, отделившаяся от Совместного Создателя личность становится источником и проводником устойчивых токов и предопределенных контуров могущества духа и духовного влияния, предназначенных для проникновения во все миры и существа соответствующей локальной вселенной. В действительности, это новое и личностное присутствие является лишь трансформацией существовавшего ранее менее личностного партнера Сына в его предшествующей деятельности по организации физической вселенной.

Таков в нескольких словах пересказ грандиозной драмы, однако он включает почти всё, что может быть поведано об этих эпохальных процессах. Они моментальны, недоступны и непостижимы; тайна метода и процедуры находится в недрах Райской Троицы. Мы уверены лишь в одном: присутствие Духа в локальной вселенной в течение чисто физического созидания, или организации, не было полностью отделено от духа Бесконечного Духа Рая, в то время как после возвращения руководящего Главного Духа из тайных объятий Богов и вслед за вспышкой духовной энергии выражение Бесконечного Духа в локальной вселенной внезапно полностью изменяется, превращаясь в личное подобие того Главного Духа, который находился в преобразующем союзе с Бесконечным Духом. Так Материнский Дух локальной вселенной обретает личность, несущую отпечаток личности Главного Духа той сверхвселенной, к астрономической юрисдикции которой он относится.

Это персонализированное присутствие Бесконечного Духа – Созидательный Материнский Дух локальной вселенной – известно в Сатании как Божественная Попечительница. В практическом аспекте и с духовной точки зрения, это выражение Божества является божественным индивидуумом, духовным лицом. Признал ее в этом статусе и соответственно относится к ней и Сын-Создатель. Именно вследствие этой локализации и персонализации Третьего Источника и Центра в нашей локальной вселенной Дух смог впоследствии столь всецело подчиниться Сыну-Создателю, что об этом Сыне было воистину сказано: «Ему отдана вся власть на небе и на земле».

2. ПРИРОДА БОЖЕСТВЕННОЙ ПОПЕЧИТЕЛЬНИЦЫ

Претерпев явную трансформацию личности в период сотворения жизни, Божественная Попечительница действует впоследствии как самостоятельное существо, сотрудничая с Сыном-Создателем в планировании и управлении многочисленными делами их локального творения как ярко выраженная личность. Для многих типов вселенских существ даже это воплощение Бесконечного Духа может казаться не вполне личностным в течение эпох, предшествующих последнему посвящению Михаила. Однако после возвышения Сына-Создателя до статуса полновластного Сына-Владыки, личностные качества Созидательного Материнского Духа усиливаются настолько, что он может восприниматься как личность всеми вступающими с ним в контакт индивидуумами.

Начиная с первого объединения с Сыном-Создателем, Вселенский Дух обладает всеми атрибутами физического управления, которые присущи Бесконечному Духу, включая высшую способность к антигравитации. После обретения статуса личности Вселенский Дух осуществляет столь же всестороннее и совершенное управление гравитацией разума в локальной вселенной, какое осуществлял бы Бесконечный Дух, если бы он присутствовал лично.

В каждой локальной вселенной Божественная Попечительница действует в соответствии с присущими Бесконечному Духу свойствами в той мере, в какой они заключены в одном из Семи Главных Духов Рая. И хотя все Вселенские Духи обладают принципиальной общностью характера, существуют функциональные различия, определяемые происхождением от того или иного Главного Духа. Именно различным происхождением объясняется разнообразие методов, используемых Материнскими Духами разных сверхвселенных в своей деятельности в локальных вселенных. Однако в отношении всех основных духовных атрибутов эти Духи идентичны и, независимо от сверхвселенских различий, обладают одинаковой духовностью и совершенной божественностью.

Вместе с Сыном-Создателем Созидательный Дух несет ответственность за сотворение населяющих миры созданий, демонстрируя неизменную преданность Сыну во всех усилиях по защите и сохранению этих творений. Жизнь получает помощь и поддержку через посредство Созидательного Духа. «Ты даруешь им свой дух – и возрождаются они. Ты обновляешь лицо земли».

Сотворяя вселенную разумных созданий, Созидательный Материнский Дух действует сначала в сфере вселенского совершенства, сотрудничая с Сыном в сотворении Светлой Утренней Звезды. Впоследствии потомство Духа всё больше приближается к категориям планетарных созданий, по мере того как Сыны образуют нисходящий ряд от Мелхиседеков к Материальным Сынам, вступающим в непосредственную связь со смертными миров. На более поздней стадии эволюции смертных созданий Сыны-Носители Жизни обеспечивают физическое тело, выполненное из существующего организованного материала конкретного мира, в то время как вкладом Вселенского Духа является «дыхание жизни».

Хотя седьмой сегмент большой вселенной во многих отношениях, возможно, и запаздывает в своем развитии, вдумчивые исследователи наших проблем предвидят, что в будущем он превратится в необыкновенно сбалансированное творение. Мы предсказываем высокую степень симметрии Орвонтона потому, что руководящий Дух данной сверхвселенной является небесным повелителем Главных Духов и представляет собой духовный разум, воплощающий в себе гармоничный союз и совершенную координацию особенностей и характера всех трех вечных Божеств. Мы запаздываем и отстаем по сравнению с остальными секторами, но когда-нибудь, в вечных эпохах будущего, нас несомненно ожидают нескончаемое развитие и беспрецедентные достижения.

3. СЫН И ДУХ ВО ВРЕМЕНИ И ПРОСТРАНСТВЕ

Как Вечный Сын, так и Бесконечный Дух не ограничены и не обусловлены ни временем, ни пространством, чего нельзя сказать о большей части их потомства.

Бесконечный Дух пронизывает всё пространство и обитает в круге вечности. Однако в своем личном контакте с детьми времени, личности Бесконечного Духа часто вынуждены считаться с фактором времени, в меньшей степени – с фактором пространства. Многие формы служения разуму игнорируют пространство, но претерпевают временну́ю задержку при согласовании различных уровней вселенской реальности. Одиночный Посланник практически независим от пространства, не считая того, что на перемещение из одной точки в другую необходимо время. Есть и другие подобные, но неизвестные вам сущности.

В отношении личных прерогатив, Созидательный Дух целиком и полностью независим от пространства, но не от времени. Ни в столицах созвездий, ни в столичных мирах систем не существует специализированного личностного присутствия этого Вселенского Духа. Присутствие Божественной Попечительницы является одинаковым и повсеместным во всей ее локальной вселенной, и потому она так же буквально и лично присутствует в этом мире, как и в любом другом.

В своей вселенской опеке Созидательный Дух ограничен только фактором времени. Сын-Создатель действует мгновенно по всей своей вселенной, однако в служении вселенского разума Божественная Попечительница вынуждена считаться с временем, за исключением тех случаев, когда она сознательно и преднамеренно пользуется личными прерогативами Вселенского Сына. Выполняя свою чисто духовную функцию, Созидательный Дух также не зависит от времени, равно как и участвуя в загадочной функции вселенского отражения.

Хотя контур духовной гравитации Вечного Сына действует независимо от времени и пространства, не все функции Сынов-Создателей свободны от пространственных ограничений. Если исключить процессы, происходящие в эволюционных мирах, то эти Сыны Михаилы, очевидно, действуют в относительной независимости от времени. Сын-Создатель не связан временем, однако он обусловлен пространством; он не может лично быть одновременно в двух местах. Михаил Небадонский действует без учета времени в пределах своей вселенной и, через систему отражения, практически таким же образом – в сверхвселенной. Его непосредственное общение с Вечным Сыном является вневременным.

Благодаря чуткой помощи Божественной Попечительницы, Сын-Создатель преодолевает и компенсирует свойственные ему пространственные ограничения, ибо действуя вдвоем в административном союзе, они становятся практически независимыми от времени, *а также* от пространства в пределах своего локального творения. Поэтому, что и наблюдается на практике по всей локальной вселенной, действия Сына-Создателя и Созидательного Духа независимы как от времени, так и от пространства, поскольку в распоряжении каждого из них всегда имеется способность партнера освобождаться от времени или от пространства.

Только абсолютные существа независимы от времени и пространства в абсолютном смысле. Большинство подчиненных личностей как Вечного Сына, так и Бесконечного Духа зависят и от времени, и от пространства.

Когда Божественная Попечительница «осознаёт пространство», она готовится к восприятию ограниченной «пространственной сферы» как своей собственной – владений, в которых можно не зависеть от пространства, в противоположность всему остальному пространству, которым она будет обусловлена. Выбирать и действовать можно только в осознанных пределах.

4. КОНТУРЫ ЛОКАЛЬНОЙ ВСЕЛЕННОЙ

В локальной вселенной Небадон существуют три явно выраженных духовных контура:

1. Дух, посвященный Сыном-Создателем – Утешитель, Дух Истины.

2. Духовный контур Божественной Попечительницы – Святой Дух.

3. Контур служения разуму, включающий более или менее объединенную деятельность, но разнообразное функционирование семи вспомогательных духов разума.

Сыны-Создатели наделяются духом вселенского присутствия, во многом аналогичным духу Семи Главных Духов Рая. Это Дух Истины, который изливается на мир посвященческим Сыном, после того как Сын обретает духовное право в отношении данной сферы. Посвященный Утешитель есть духовная сила, которая извечно притягивает всех искателей истины к Себе – олицетворенной истине в локальной вселенной. Этот дух является врожденной способностью Сына-Создателя и берет начало в его божественной природе так же, как главные контуры большой вселенной происходят из личностных присутствий Райских Божеств.

Если Сын-Создатель может появляться и уходить, а его личное присутствие может быть в локальной вселенной или за ее пределами, то действие Духа Истины неизменно, ибо несмотря на то что это божественное присутствие происходит из личности Сына-Создателя, функционально оно сосредоточено в лице Божественной Попечительницы.

Что касается Вселенского Материнского Духа, то он никогда не покидает столичный мир локальной вселенной. Дух Сына-Создателя может действовать и действует независимо от личного присутствия Сына, но дух Материнского Духа на это не способен. Святой Дух Божественной Попечительницы потерял бы способность действовать, если бы ее личное присутствие покинуло Салвингтон. Очевидно, ее духовное присутствие закреплено за столичным миром вселенной, и именно благодаря этому факту дух Сына-Создателя может действовать независимо от местонахождения Сына. Вселенский Материнский Дух действует в качестве вселенского средоточия и центра как Духа Истины, так и своего личного влияния – Святого Духа.

Как Создатель Отец-Сын, так и Созидательный Материнский Дух вносят свой собственный вклад, наделяя детей своей локальной вселенной разумом. Однако Созидательный Дух способен наделять разумом только после того, как обретает прерогативы личности.

Сверхэволюционные категории личности в локальной вселенной наделены локальным видом сверхвселенского типа разума. Человеческие и субчеловеческие категории эволюционной жизни наделяются вспомогательными духами, осуществляющими служение разуму.

Семь вспомогательных духов разума являются творением Божественной Попечительницы локальной вселенной. Эти духи разума схожи по своему характеру, но различны в могуществе, и все они несут на себе печать Вселенского Духа, хотя вряд ли могут считаться личностями в отрыве от своей Матери-Создательницы. Семь вспомогательных духов получили следующие названия: дух *мудрости*, дух *поклонения*, дух *совета*, дух *знания*, дух *отваги*, дух *понимания*и дух *интуиции*–быстрого восприятия.

Таковы «семь духов Божьих», «как светильники, горящие перед престолом», увиденные пророком в символических образах. Но рядом с семью вспомогательными духами разума он не увидел кресел двадцати четырех стражей. Данное свидетельство представляет собой смешение двух представлений, одно из которых относится к столичному миру вселенной, а другое – к столице системы. Эти кресла двадцати четырех старейшин находятся на Иерусеме, столичной сфере вашей локальной системы обитаемых миров.

Однако именно о Салвингтоне писал Иоанн: «И от престола исходило сверкание молний, раздавались раскаты грома и голоса́» – пространственные сообщения вселенной для локальных систем. Он также увидел создания, управляющие ориентацией в локальной вселенной, живые компасы столичного мира. Управление ориентацией в Небадоне осуществляется четырьмя контролирующими созданиями

Салвингтона, которые воздействуют на вселенские токи и получают квалифицированную помощь первого действующего вспомогательного духа разума – помощника интуиции, духа «быстрого понимания». К сожалению, описание этих четырех созданий – названных животными – было искажено; они отличаются несравненной красотой и совершенной формой.

Четыре направления компаса универсальны и присущи жизни Небадона. Все живые создания обладают телесными элементами, чувствительными к этим направленным токам и реагирующими на них. Эти атрибуты созданий воспроизводятся на всех уровнях вселенной вплоть до индивидуальных планет и, в совокупности с магнитными силами миров, таким образом активируют множество микроскопических тел животного организма, что эти ориентационные клетки неизменно указывают на север и юг. Так чувство ориентации в пространстве навсегда закрепляется в живых существах вселенной. Это чувство не является чем-то совершенно неизвестным человеку. Такие тела были впервые обнаружены на Урантии почти одновременно с появлением данного повествования.

5. СЛУЖЕНИЕ ДУХА

Вместе с Сыном-Создателем Божественная Попечительница участвует в проектировании жизни и создании новых категорий существ вплоть до седьмого посвящения; после возвышения Сына до полного всевластия во вселенной, она продолжает сотрудничать с Сыном и посвященным им духом, опекая мир и способствуя планетарному прогрессу.

В обитаемых мирах Дух является зачинателем эволюционного процесса, начиная с безжизненного материала и даруя сначала растения, затем животных, затем первые типы людей; и каждый последующий дар способствует дальнейшему раскрытию эволюционного потенциала планетарной жизни – от ее начальных и примитивных стадий до появления волевых созданий. Этот труд Духа в значительной мере осуществляется через семь его помощников – обещанных духов, представляющих собой объединяющий и координирующий духовный разум эволюционирующих планет; в единении друг с другом они неизменно ведут человеческие расы к высоким помыслам и духовным идеалам.

Смертный человек впервые испытывает служение Духа в применении к разуму, когда чисто животный разум эволюционных созданий приобретает способность восприятия двух помощников: поклонения и мудрости. Служение шестого и седьмого помощников означает, что эволюция разума пересекает порог духовной опеки. И разум таких созданий, способный к поклонению и мудрости, немедленно включается в духовные контуры Божественной Попечительницы.

Когда разум подобным образом обеспечивается опекой Святого Духа, он приобретает способность выбирать (сознательно или бессознательно) духовное присутствие Всеобщего Отца – Настройщика Мышления. Но только после того, как посвященческий Сын освободит Духа Истины для планетарного служения всем смертным, любой нормальный разум становится автоматически готовым к приему Настройщика Мышления. Деятельность Духа Истины сливается с присутствием духа Божественной Попечительницы. Этот двуединый духовный союз парит над мирами, стремясь обучать истине и духовно просвещать человеческий разум, вдохновлять души восходящих созданий, неуклонно ведя населяющих эволюционные планеты людей к их Райской цели – божественному предназначению.

Хотя Дух Истины изливается на всю плоть, дух Сына почти целиком ограничен в своих действиях и могуществе тем, в какой мере сам человек способен воспринимать суть миссии посвященческого Сына. Святой Дух до некоторой степени независим от отношения человека и отчасти обусловлен решениями и сотрудничеством его воли. Тем не менее, служение Святого Духа становится еще более действенным в освящении и одухотворении внутренней жизни тех смертных, которые более полно *подчиняются* божественному водительству.

Как индивидуумы, вы не обладаете личной, отдельной долей, или сущностью, духа Создателя – Отца-Сына – или Созидательного Материнского Духа. Эти попечители не вступают в контакт с мыслительными центрами разума индивидуума и не поселяются в них так же, как Таинственные Наставники. Настройщики Мышления представляют собой явную индивидуализацию доличностной реальности Всеобщего Отца, действительно пребывающую в смертном разуме и являющуюся его подлинной частью, и они неизменно и в совершенной гармонии сотрудничают с объединенными духами Сына-Создателя и Созидательного Духа.

Присутствие в смертном создании или вместе с ним Святого Духа, порожденного Вселенской Дочерью Бесконечного Духа, а также Духа Истины – порождения Вселенского Сына Вечного Сына – и духа-Настройщика Райского Отца означает сбалансированность духовного дара и опеки и позволяет такому смертному осознанно реализовать вероисповедный факт богосыновства.

6. ДУХ В ЧЕЛОВЕКЕ

С развитием эволюции обитаемой планеты происходит дальнейшее углубление духовности ее обитателей; такие зрелые личности могут получать дополнительное духовное воздействие. Чем большего прогресса добиваются смертные в контроле разума и духовном восприятии, тем более согласованными становятся эти многочисленные виды служения духа; это служение всё больше сливается со сверхопекой Райской Троицы.

Хотя Божественность может быть множественной в проявлении, в человеческом опыте Божество единично, оно всегда *одно*. В человеческом опыте духовная опека также не является множественной. Несмотря на множественность происхождения, все духовные влияния функционально являются одним и тем же. Они действительно представляют собой одно начало – духовное служение Бога-Семичастного созданиям и в созданиях большой вселенной; и по мере того, как создания всё больше осознаю́т эту объединяющую опеку духа и всё лучше воспринимают ее, в их опыте она становится служением Бога-Верховного.

С высот вечного блаженства нисходит божественный Дух, чтобы, пройдя множество этапов, встретить вас там, где вы есть, и такими, какие вы есть, а затем, с помощью веры, с любовью объять душу смертного происхождения и вместе с нею, уверенно и убежденно, пройти через те же этапы, но теперь уже поднимаясь наверх и не останавливаясь до тех пор, пока эволюционная душа не взойдет к самым высотам блаженства, с которых божественный Дух некогда отправился в путь с миссией милосердия и служения.

Духовные силы стремятся вернуться на свои изначальные уровни и неизменно достигают их. Исходя от Вечного, они уверенно возвращаются к нему, приводя с собой всех детей времени и пространства, кто отдался водительству и наставлениям внутреннего Настройщика и воистину «рожден от Духа», – кто стал Божьими сынами в вере.

Божественный Дух является источником непрерывной опеки и поддержки детей человеческих. Ваше могущество и достижения зависят «от его милости, через обновление Духом». Как и физическая энергия, духовная жизнь расходуется. Духовные усилия имеют своим следствием относительное духовное истощение. Весь опыт восхождения является столь же реальным, сколь духовным; и потому истинно сказано: «Дух животворит». «Дух дает жизнь».

Мертвая теория даже самых высоких религиозных доктрин бессильна изменить человеческий характер или воздействовать на человеческое поведение. В чём нуждается сегодняшний мир – так это в той истине, которую провозгласил ваш древний учитель: «Не в слове только, но и в силе и во Святом Духе». Зерно теоретической правды мертво, высочайшие нравственные представления остаются бесполезными до тех пор, пока божественный Дух не вдохнет жизнь в формы истины и формулы праведности.

Те, кто получил и осознал внутреннее присутствие Бога, рождены от Духа. «Вы – храм Божий, и дух Божий живет в вас». Недостаточно, чтобы этот дух был излит на вас; божественный Дух должен овладеть и управлять каждой стороной человеческого опыта.

Именно присутствие божественного Духа – живой воды – предупреждает всепоглощающую жажду смертной неудовлетворенности и неописуемый голод неодухотворенного человеческого разума. Движимое Духом существо «не жаждет вовек, ибо эта духовная вода делается в нём источником насыщения, текущим в жизнь вечную». Духовно озаренные и обновленные, морально одаренные и укрепленные, такие божественно напоенные души почти независимы от материального окружения в том, что касается радостей бытия и земных утех.

Каждый смертный обладает двоякой природой: тенденциями, унаследованными от животных, и высоким стремлением, дарованным вместе с духом. В течение короткой жизни, проживаемой вами на Урантии, редко удается примирить два этих различных и противоположных побуждения; едва ли возможно гармонизовать и объединить их. Однако в течение всей вашей жизни объединенный Дух неизменно опекает вас, чтобы помочь вам всё больше подчинить плоть водительству Духа. Хотя вы должны пройти свой материальный путь до самого конца, хотя вы не можете избавиться от тела и его потребностей, – несмотря на всё это, в отношении цели и идеалов вы приобретаете всё большую силу для подчинения своей животной природы главенству Духа. В вас действительно живет сообщество духовного воинства, союз божественных сил, чья единственная задача – способствовать вашему решающему освобождению от материальных оков и ограничений конечного существования.

Цель всей этой помощи заключается в том, чтобы «через Его дух вы смогли укрепиться силой в своем духовном начале». И всё это – только первые шаги на пути окончательного достижения совершенства веры и служения, опыта, в котором вы будете «исполнены всей полнотой Бога», «ибо все, ведомые Духом Божьим, – сыны Божьи».

Дух никогда не *подталкивает*, он только ведет. Если вы желаете научиться, если вы хотите подняться до уровня духа и достичь божественных высот, если вы искренне жаждете обрести вечную цель, то божественный Дух осторожно и с любовью поведет вас по пути сыновства и духовного прогресса. Каждый ваш шаг должен свидетельствовать о добровольном, разумном и радостном сотрудничестве. В господстве Духа нет места принуждению или насильственному подчинению.

И когда человек добровольно и осознанно принимает жизнь, проходящую под водительством Духа, в его разуме постепенно складывается безусловное осознание божественной связи и уверенность в духовном общении; и настает час, когда «вместе с вашим духом (Настройщиком) Дух свидетельствует о том, что вы являетесь дитя Божьим». Ваш собственный Настройщик Мышления уже поведал вам о вашем родстве с Богом; именно поэтому процитированные слова подтверждают, что Дух свидетельствует «*вместе* с вашим духом», а не *для* вашего духа.

Вслед за осознанием духовного господства, в жизненных реакциях ведомого духом смертного проявляется всё больше свойств Духа, ибо «плоды духа суть любовь, радость, мир, долготерпение, милосердие, благость, вера, кротость и умеренность». Такие ведомые духом и освещенные божественным светом смертные, пока еще следующие своим скромным и трудным путем и по-человечески преданно исполняющие свои земные обязанности, уже различают свет вечной жизни, смутно распознавая далекие берега мира иного; они уже начали понимать реальность воодушевляющей и утешительной истины: «Царство Божье – не пища и питье, но праведность, мир и радость во Святом Духе». И в каждом испытании, в каждой трудности одухотворенные души укрепляются той надеждой, которая преодолевает любой страх, ибо любовь Божья изливается в каждое сердце благодаря присутствию божественного Духа.

7. ДУХ И ПЛОТЬ

Плоть – врожденное естество, унаследованное от племен животного происхождения, – сама по себе не несет плодов божественного Духа. Когда смертное естество улучшается добавлением естества Материальных Божьих Сынов – как это произошло в посвящение Адама, в некоторой мере усовершенствовавшее урантийские расы, – то Дух Истины попадает на более благодатную почву и может, в сотрудничестве с пребывающим в человеке Настройщиком, дать прекрасный урожай – плоды духовного характера. Если вы не отвергнете этот дух, то «он направит вас ко всякой истине», даже если для этого потребуется целая вечность.

Эволюционные смертные, обитающие в мирах нормального духовного развития, не испытывают острых конфликтов духа и плоти – конфликтов, характеризующих современные народы Урантии. Но даже на самых благополучных планетах человек доадамового периода должен прилагать вполне определенные усилия, чтобы оторваться от уровня чисто животного существования и пройти последовательные уровни всё более интеллектуальных значений и всё более высоких духовных ценностей.

Смертные нормального мира не находятся в состоянии постоянной борьбы между их физической и духовной природой. Они вынуждены подниматься с уровней животного существования на более высокие ступени духовной жизни, но такое восхождение больше напоминает образование и подготовку, если сравнивать его с острыми конфликтами урантийских смертных в их мире – мире глубоких противоречий между материальной и духовной природой.

Народы Урантии страдают от последствий двойного лишения помощи в исполнении этой задачи постепенного планетарного одухотворения. Бунт Калигастии вверг весь мир в хаос и лишил все последующие поколения той моральной поддержки, которую могло бы обеспечить хорошо организованное общество. Но еще более катастрофические последствия имел провал адамической миссии, лишивший расы того превосходящего физического типа, который был бы более созвучен духовным устремлениям.

Смертные Урантии вынуждены проходить через столь откровенную борьбу духа с плотью потому, что их далекие предки не смогли в более полной мере воспользоваться потенциалом Адама в период эдемического посвящения. В соответствии с божественным планом, смертные расы Урантии должны были обладать физическим естеством, обеспечивающим бóльшую природную чувствительность к духовному.

Несмотря на эту двойную катастрофу для природы человека и его окружения, сегодняшним смертным не пришлось бы претерпевать столь откровенную борьбу плоти и духа, если бы они вступили в царство духа, где верующие Божьи сыны испытывают относительное избавление от рабских оков плоти в просвещенном и освобождающем служении – беззаветном посвящении себя исполнению воли небесного Отца. Иисус открыл человечеству новый путь смертной жизни, вступив на который человеческие существа в значительной мере могут избежать опасных последствий восстания Калигастии и наиболее полно компенсировать те лишения, которые связаны с провалом адамической миссии. «Дух жизни Христа Иисуса освободил нас от закона животного существования и от соблазнов зла и греха». «Вот что принесло вам победу над плотью – ваша вера».

Рожденные в Духе, познавшие Бога мужчины и женщины вступают в конфликт со своим смертным естеством не больше, чем обитатели самых нормальных миров – планет, никогда не запятнавших себя грехом, не затронутых восстанием. Вероисповедные сыны трудятся на таких интеллектуальных уровнях и живут в таких духовных плоскостях, которые находятся намного выше конфликтов, вызываемых несдержанными или неестественными физическими желаниями. Нормальные побуждения животных существ, а также естественные желания и импульсы физического естества не вступают в конфликт даже с высочайшими духовными достижениями – разве что в сознании людей невежественных, дурно обученных или, на свою беду, слишком сознательных.

Вступив на путь вечной жизни, приняв задание и получив наказ идти вперед, не бойтесь человеческой забывчивости и смертного непостоянства, не терзайте себя сомнениями в удаче или обескураживающей путаницей, не поддавайтесь колебаниям и не сомневайтесь в своем статусе и положении, ибо в каждый смутный час, в каждый переломный момент продвижения по вашему трудному пути вы будете слышать голос Духа Истины: «Вот путь».

[Представлено Могущественным Посланником, временно назначенным для служения на Урантии.]

ДОКУМЕНТ 35

БОЖЬИ СЫНЫ ЛОКАЛЬНОЙ ВСЕЛЕННОЙ

Божьи Сыны, представленные вам в предыдущих документах, имеют Райское происхождение. Они являются потомством божественных Правителей всеобщих сфер. Первая Райская категория сыновства, Сыны-Создатели, представлена в Небадоне только Михаилом, отцом и властелином вселенной. Вторая Райская категория сыновства – Авоналы, или Сыны-Арбитры, – представлена здесь полной квотой, включающей 1 062 Сына. Эти «меньшие Христы» являются такими же действенными и всемогущими в своих планетарных посвящениях, каким был Сын-Создатель – Сын-Владыка – на Урантии. Третья категория – Троичного происхождения – не регистрируется в локальной вселенной, но я полагаю, что в Небадоне насчитывается от пятнадцати до двадцати тысяч Троичных Сынов-Учителей, не считая 9 642 зарегистрированных помощников, тринитизованных созданиями. Эти Райские Дайналы не являются ни арбитрами, ни управляющими; они представляют собой сверхучителей.

Типы Сынов, которые мы собираемся рассмотреть, появляются в локальной вселенной; это потомство Райского Сына-Создателя, который по-разному объединяется с дополняющим его Вселенским Материнским Духом. В данных повествованиях упоминаются следующие категории сынов локальной вселенной:

1. Сыны-Мелхиседеки.
2. Сыны-Ворондадеки.
3. Сыны-Ланонандеки.
4. Сыны-Носители Жизни.

Триединое Райское Божество создает три категории сыновства: Михаилов, Авоналов и Дайналов. Двуединое Божество локальной вселенной – Сын и Дух – также создает три высокие категории Сынов: Мелхиседеков, Ворондадеков и Ланонандеков; достигнув этого триединого выражения, они объединяются со следующим уровнем Бога-Семичастного в создании разносторонней категории Носителей Жизни. Эти существа относятся к нисходящим Божьим Сынам, однако они представляют собой уникальную и оригинальную форму вселенской жизни, рассмотрению которой будет посвящен весь следующий документ.

1. ОТЕЦ-МЕЛХИСЕДЕК

После создания существ для оказания личной помощи – таких как Светлая Утренняя Звезда, а также других управляющих личностей, – в соответствии с божественным предназначением и творческими планами конкретной вселенной, появляется новая форма творческого союза Сына-Создателя и Созидательного Духа – Дочери Бесконечного Духа в локальной вселенной. Личностное потомство, появляющееся в результате такого созидательного партнерства, – это изначальный Мелхиседек – Отец-Мелхиседек, уникальное существо, которое впоследствии, во взаимодействии с Сыном-Создателем и Созидательным Духом, производит на свет всю одноименную группу.

Во вселенной Небадон Отец-Мелхиседек действует в качестве первого административного партнера Светлой Утренней Звезды. Гавриил больше занимается вопросами вселенского планирования, Мелхиседек – практическими процедурами. Гавриил возглавляет регулярно собираемые суды и советы Небадона, Мелхиседек – специальные, чрезвычайные и внеочередные комиссии и совещательные органы. Гавриил и Отец-Мелхиседек никогда не покидают Салвингтон в одно и то же время, ибо в отсутствие Гавриила Отец-Мелхиседек становится главным администратором Небадона.

Все Мелхиседеки нашей вселенной были созданы в течение одного тысячелетия стандартного времени Сыном-Создателем и Созидательным Духом в союзе с Отцом-Мелхиседеком. Будучи категорией сыновства, один из собственных членов которой действовал как равный творец, по своему устройству Мелхиседеки частично происходят от самих себя и потому являются кандидатами на реализацию божественного типа самоуправления. Они периодически выбирают своего собственного административного руководителя сроком на семь лет стандартного времени и во всём остальном также действуют как самоуправляющаяся категория, хотя изначальный Мелхиседек пользуется некоторыми присущими ему прерогативами одного из родителей. Время от времени этот Отец-Мелхиседек назначает некоторых индивидуумов из его категории в качестве особых Носителей Жизни в мидсонитные миры – тип обитаемых планет, пока еще не раскрытых на Урантии.

Мелхиседеки не ведут широкой деятельности за пределами локальной вселенной, если не считать того, что они вызываются в качестве свидетелей при рассмотрении вопросов в судах сверхвселенной. Порой они также получают назначения в качестве послов по специальным поручениям, представляя одну вселенную в другой в пределах своей сверхвселенной. Изначальный, или первородный, Мелхиседек каждой вселенной волен в любое время отправиться в соседние вселенные или в Рай с миссией, представляющей интересы и обязанности его категории.

2. СЫНЫ-МЕЛХИСЕДЕКИ

Мелхиседеки являются первой категорией божественных Сынов, достаточно близких к уровню жизни низших созданий, что позволяет им непосредственно участвовать в совершенствовании смертных и служить эволюционным расам без необходимости инкарнации. В силу своих природных данных эти Сыны находятся на полпути великого нисходящего движения личности, занимая по своему происхождению примерно промежуточное положение между высшей Божественностью и низшим уровнем жизни волевых созданий. Поэтому они становятся естественными посредниками между высшими, божественными уровнями существования, и низшими, даже материальными формами жизни эволюционных миров. Серафические категории – ангелы – получают удовольствие от сотрудничества с Мелхиседеками. Фактически, все формы разумной жизни находят в этих Сынах чутких друзей, благожелательных учителей и мудрых советников.

Мелхиседеки – это самоуправляющаяся категория. В этой уникальной группе мы сталкиваемся с первой попыткой самоопределения существ локальной вселенной и являемся свидетелями высшего типа истинного самоуправления. Эти Сыны создают собственную структуру для управления своей группой и планетой обитания, а также для шести объединенных сфер с их подчиненными мирами. Следует отметить, что они никогда не злоупотребляли своими прерогативами; ни разу во всей сверхвселенной Орвонтон Сыны-Мелхиседеки не обманули оказанное им доверие. Они – надежда всякой вселенской группы, которая стремится к самоуправлению, они служат образцом и являются учителями самоуправления для всех сфер Небадона. Все категории разумных существ, высокие руководители и скромные подчиненные, единодушно воздают хвалу системе правления Мелхиседеков.

Категория Сынов-Мелхиседеков занимает положение и берет на себя ответственность старшего сына большой семьи. Их работа носит в основном постоянный и в некотором роде рутинный характер, однако значительная ее часть выполняется исключительно на добровольных началах и по собственному желанию. Большинство специальных ассамблей, которые время от времени созываются на Салвингтоне, собираются по инициативе Мелхиседеков. Эти Сыны, по собственному почину, являются дозорными своей родной вселенной. Они поддерживают автономную организацию, посвященную сбору вселенских данных, и направляют Сыну-Создателю периодические отчеты независимо от всего потока информации, поступающей в центральный мир вселенной через регулярные службы, связанные с повседневным управлением мира. Они – прирожденные объективные наблюдатели и пользуются полным доверием всех классов разумных существ.

Мелхиседеки действуют в мирах в качестве мобильных совещательных кассационных судов. Эти вселенские Сыны отправляются в миры небольшими группами, чтобы служить в качестве консультативных комиссий, снимать показания, получать рекомендации и выполнять роль советников; тем самым они помогают устранять серьезные разногласия и улаживать сложные конфликты, возникающие время от времени в эволюционных сферах.

Эти старшие Сыны вселенной – главные помощники Светлой Утренней Звезды при выполнении поручений Сына-Создателя. Когда один из Мелхиседеков отправляется в далекий мир от имени Гавриила, он может для выполнения своей миссии представлять пославшее его существо и в таком случае появляется на соответствующей планете со всеми полномочиями Светлой Утренней Звезды. Это особенно справедливо в отношении тех сфер, куда еще не являлся высокий Сын в образе создания данного мира.

Когда Сын-Создатель вступает на путь посвящения в эволюционном мире, он отправляется один; однако когда к посвящению приступает один из его Райских братьев, Сынов-Авоналов, его сопровождают двенадцать помощников Мелхиседеков, вносящих большой вклад в успех посвященческой миссии. Они также поддерживают Райских Авоналов, посещающих обитаемые миры с арбитражными миссиями, и при выполнении таких поручений Мелхиседеки видимы смертным, если аналогичным образом проявляет себя и Сын-Авонал.

Нет такого аспекта духовных потребностей планет, который не был бы охвачен их служением. Это те учителя, которые столь часто покоряют целые миры с высоким уровнем развития, добиваясь окончательного и полного признания ими Сына-Создателя и его Райского Отца.

Мелхиседеки практически совершенны в мудрости, но они не являются непогрешимыми в суждениях. Находясь в изоляции при выполнении самостоятельных планетарных миссий, они порой ошибались в вопросах второстепенных, то есть принимали решения и совершали действия, не одобренные впоследствии вышестоящими существами. Такое ошибочное суждение приводит к временному отстранению Мелхиседека, что остается в силе до тех пор, пока он не отправляется на Салвингтон, где на аудиенции с Сыном-Создателем получает наставления, ликвидирующие дисгармонию, к которой привели разногласия со своими товарищами. И на третий день, после исправительного отдыха, Мелхиседек возвращается к своему служению. Однако такие малозначительные погрешности в действиях Мелхиседеков редко случались в Небадоне.

Эти Сыны не принадлежат к увеличивающимся категориям; их число остается постоянным, хотя и различным в разных локальных вселенных. Более десяти миллионов Мелхиседеков зарегистрировано в их столичной сфере в Небадоне.

3. МИРЫ МЕЛХИСЕДЕКОВ

В распоряжении Мелхиседеков находится их собственный мир, расположенный неподалеку от Салвингтона, столичного мира вселенной. Эта сфера, именуемая Мелхиседек, является направляющим миром салвингтонского кольца, состоящего из семидесяти первичных сфер, каждая из которых окружена шестью подчиненными сферами специализированных видов деятельности. Об этих восхитительных сферах – семидесяти первичных и 420 подчиненных – часто говорят как об Университете Мелхиседеков. Восходящие смертные из всех созвездий Небадона проходят подготовку во всех 490 мирах для получения постоянного статуса на Салвингтоне. Однако обучение восходящих созданий является только одним из аспектов разнообразной деятельности, происходящей в салвингтонском скоплении архитектурных сфер.

490 сфер салвингтонского кольца разделены на десять групп, каждая из которых включает семь первичных и сорок две подчиненные сферы. Такая группа находится под общим руководством представителя одной из высших категорий вселенской жизни. Первая группа, в которую входит направляющий мир и шесть следующих первичных сфер окружающей планетарной процессии, находится под руководством Мелхиседеков. К мирам Мелхиседеков относятся следующие сферы:

1. Направляющий мир – собственный мир Сынов-Мелхиседеков.
2. Мир, в котором находятся школы физической жизни и лаборатории живых энергий.
3. Мир моронтийной жизни.
4. Сфера начальной духовной жизни.
5. Мир средней духовной жизни.
6. Сфера развитой духовной жизни.
7. Сфера координированной и высшей самореализации.

Шесть подчиненных миров каждой из этих сфер Мелхиседеков посвящены деятельности, относящейся к соответствующей первичной сфере.

Направляющий мир – сфера *Мелхиседек* – является обычным местом встреч для всех существ, которые занимаются образованием и одухотворением восходящих смертных времени и пространства. Для восходящего создания этот мир, возможно, самое интересное место в Небадоне. Все эволюционные смертные, заканчивающие подготовку в созвездиях, должны прибыть в Мелхиседек, где их знакомят с дисциплинами и духовным развитием образовательной системы Салвингтона. И вы будете помнить свои впечатления от первого дня жизни в этом уникальном мире даже после того, как достигнете своей цели – Рая.

Восходящие смертные остаются в мире Мелхиседеков на срок обучения в шести окружающих планетах специализированного образования. Такой же метод используется в течение всего их пребывания в семидесяти мирах культуры – первичных сферах салвингтонского кольца.

Многочисленные создания, пребывающие в шести подчиненных мирах сферы Мелхиседеков, заняты разнообразными видами деятельности; однако в том, что касается восходящих смертных, эти спутники посвящены специальным аспектам обучения:

1. Первая сфера посвящена обзору начальной планетарной жизни восходящих смертных. Эта работа выполняется в классах, набираемых из смертных, которые являются уроженцами одного мира. Уроженцы Урантии занимаются таким эмпирическим анализом совместно.

2. Специфика второй сферы – аналогичный обзор опыта, накопленного в обительских мирах, окружающих первый спутник столицы локальной системы.

3. Обзор, выполняемый в третьей сфере, посвящен пребыванию в столице локальной системы и включает деятельность в остальных архитектурных мирах столичного комплекса.

4. Четвертая сфера охватывает опыт, приобретенный в семидесяти подчиненных мирах созвездия и связанных с ними сферах.

5. На пятой сфере рассматривается пребывание восходящих созданий в столичном мире созвездия.

6. Время, проводимое на шестой сфере, посвящается попытке корреляции пяти данных эпох и, тем самым, согласованию опыта, необходимого для поступления в начальные вселенские школы Мелхиседеков.

Школы руководства вселенной и духовной мудрости расположены в собственном мире Мелхиседеков, где также находятся школы, посвященные однопрофильным исследованиям, как то: энергия, вещество, организация, связь, учёт, этика и типология созданий.

В Мелхиседекском Колледже Духовности все категории Божьих Сынов, в том числе и Райские, сотрудничают с Мелхиседеками и серафическими учителями в подготовке многочисленных созданий, которые отправляются в путь в качестве благовестников судьбы, возвещая духовную свободу и божественное сыновство даже в самых далеких мирах вселенной. Эта специфическая школа Университета Мелхиседеков обслуживает только данную вселенную; сюда не принимаются приезжие исследователи из других регионов.

Высший курс руководства вселенной проводится Мелхиседеками в их собственном мире. Этот Колледж Высшей Этики возглавляется первым Отцом-Мелхиседеком. Именно в эти школы прибывают студенты по обмену из различных вселенных. Хотя молодая вселенная Небадон пользуется низкой репутацией среди других вселенных в отношении духовных достижений и этического развития, тем не менее, наши административные проблемы превратили всю вселенную в огромный семинар для соседних творений, в результате чего колледжи Мелхиседеков переполнены приезжими исследователями и наблюдателями из других регионов. Кроме колоссальной группы зарегистрированных локальных существ, в школах Мелхиседеков всегда занимаются более ста тысяч приезжих студентов, ибо категория Мелхиседеков Небадона славится на весь Спландон.

4. СПЕЦИАЛЬНАЯ ДЕЯТЕЛЬНОСТЬ МЕЛХИСЕДЕКОВ

Высокоспециализированная область деятельности Мелхиседеков – наблюдение за постепенным продвижением восходящих смертных по моронтийному пути. Их обучение в значительной мере проводится терпеливыми и мудрыми серафическими попечителями, которым помогают смертные, взошедшие на относительно высокие вселенские уровни, однако вся эта образовательная работа находится под общим наблюдением Мелхиседеков, действующих в сотрудничестве с Троичными Сынами-Учителями.

Хотя категории Мелхиседеков в основном посвящены обширной образовательной системе и эмпирической подготовке в локальной вселенной, они также выполняют уникальные поручения и действуют в необычных обстоятельствах. В эволюционирующей вселенной, обладающей потенциалом в десять миллионов обитаемых миров, не может не происходить множества необычных вещей, и Мелхиседеки действуют именно в таких чрезвычайных обстоятельствах. На Эдемии – столичной сфере вашего созвездия – они известны как чрезвычайные Сыны. Они всегда готовы служить во всех критических ситуациях – физических, интеллектуальных или духовных, касается ли это планеты, системы, созвездия или вселенной. Когда бы и где бы ни требовалась специальная помощь, вы найдете одного или нескольких Сынов-Мелхиседеков.

Когда появляется опасность провала одного из элементов плана Сына-Создателя, на помощь немедленно отправляется Мелхиседек. Однако Мелхиседеки редко направляются для того, чтобы действовать в условиях греховного восстания, подобного тому, которое произошло в Сатании.

Мелхиседеки первыми действуют во всех чрезвычайных ситуациях любого характера во всех мирах, где обитают волевые создания. Иногда, в случае провала планетарного управления, они принимают сбившуюся с пути планету и становятся ее временными попечителями. Во время планетарного кризиса Сыны-Мелхиседеки служат во многих уникальных качествах. Такому Сыну легко сделаться видимым для смертных существ, и порой кто-нибудь из представителей этой категории инкарнируется в образе смертной плоти. Семь раз в истории Небадона Мелхиседеки служили в эволюционных мирах во плоти, и эти Сыны неоднократно представали в образе других категорий вселенских созданий. Они действительно являются разносторонними и добровольными чрезвычайными попечителями всех категорий вселенских разумных существ, во всех мирах и системах миров.

Мелхиседек, живший на Урантии во времена Авраама, был известен здесь как Царь Салима, ибо он возглавлял небольшую колонию искателей истины, обитавших в месте под названием Салим. Он добровольно решил явиться во плоти, что и было совершено с одобрения распорядительских Мелхиседеков этой планеты, опасавшихся, что свет жизни погаснет в эпоху распространения духовной тьмы. И он действительно обучал истине своего времени и благополучно передал ее Аврааму и его товарищам.

5. СЫНЫ-ВОРОНДАДЕКИ

После создания личных помощников и первой группы, разносторонних Мелхиседеков, Сын-Создатель и Созидательный Дух локальной вселенной спланировали и создали вторую огромную и разнообразную категорию вселенского сыновства – Ворондадеков. Более широко они известны как Отцы Созвездий, ибо один из Сынов этой категории всегда возглавляет правительство каждого созвездия во всех локальных вселенных.

Численность Ворондадеков различна в каждой локальной вселенной; в Небадоне зарегистрирован ровно миллион таких существ. Эти Сыны, как и равные им

Мелхиседеки, неспособны к воспроизводству. Не существует какого-либо известного способа, с помощью которого они могли бы увеличить свою численность.

Во многих отношениях эти Сыны представляют собой самоуправляющуюся категорию; как индивидуумы и как группы, и даже как единое целое, они обладают значительной самостоятельностью, чем во многом напоминают Мелхиседеков, однако функции Ворондадеков не столь разнообразны. Уступая необыкновенной разносторонности своих братьев Мелхиседеков, Ворондадеки даже превосходят их в надежности и эффективности в качестве правителей и дальновидных управляющих. Правда, по своим административным способностям они несколько уступают собственным подчиненным – Властелинам Систем категории Ланонандеков, но превосходят все категории вселенского сыновства в неизменности целей и божественности суждений.

Хотя решения и заключения Сынов данной категории всегда соответствуют духу божественного сыновства и согласуются с планами Сына-Создателя, им приходилось отчитываться перед Сыном-Создателем за допущенные ошибки, а в отношении технических деталей их решения иногда пересматривались после апелляций, направленных в высшие суды вселенной. Однако эти Сыны редко заблуждаются и никогда не восставали; ни разу за всю историю Небадона ни один Ворондадек не бросил вызов правительству вселенной.

Служение Ворондадеков в локальных вселенных обширно и разнообразно. Они служат в качестве послов в других вселенных и консулов, представляющих созвездия в пределах своей собственной вселенной. Из всех категорий сыновства в локальной вселенной им наиболее часто передаются прерогативы полновластия, которым они пользуются в критических вселенских ситуациях.

В изолированных и погруженных в духовную тьму мирах – в тех сферах, которые из-за восстаний и проступков подверглись изоляции, – обычно присутствует Ворондадек, наблюдающий за восстановлением нормального статуса. В некоторых чрезвычайных ситуациях этот Всевышний наблюдатель обладал абсолютной и произвольной властью над каждым небесным существом, прикрепленным к данной планете. На Салвингтоне известны случаи, когда Ворондадеки наделялись подобной властью в качестве Всевышних регентов таких планет. Подобное случалось даже в тех обитаемых мирах, которые не были затронуты восстанием.

Нередко корпус из двенадцати или большего числа Сынов-Ворондадеков заседает в полном составе в качестве высокого суда, который принимает апелляции и рассматривает дела в особых случаях, имеющих отношение к статусу планеты или системы. Однако в основном их труд связан с законодательной функцией, присущей правительствам созвездий. В результате всей этой деятельности Сыны-Ворондадеки стали историками локальных вселенных: они лично знакомы со всеми политическими сражениями и социальными переворотами в обитаемых мирах.

6. ОТЦЫ СОЗВЕЗДИЙ

Как минимум три Ворондадека назначаются в правление каждого из ста созвездий локальной вселенной. Эти Сыны отбираются Сыном-Создателем и назначаются Гавриилом на пост *Всевышних* в созвездиях на срок в десять тысячелетий – 10 000 стандартных лет, или около 50 000 лет урантийского времени. У правящего Всевышнего, Отца Созвездия, есть два партнера: старший и младший. При каждой смене администрации старший партнер становится главой правительства, а младший принимает обязанности старшего, в то время как постоянно обитающие в мирах Салвингтона и не имеющие назначений Ворондадеки выдвигают из своих рядов кандидата на должность младшего партнера. Таким образом, согласно нынешним правилам, каждый из Всевышних правителей служит в столице созвездия тридцать тысячелетий – около 150 000 лет урантийского времени.

Сто Отцов Созвездий – действительные главы правительств созвездий – образуют верховный совещательный орган Сына-Создателя. Этот совет часто заседает в столице вселенной, причем круг обсуждаемых на нём вопросов ничем не ограничен, хотя этот орган главным образом посвящен благополучию созвездий и объединению управления во всей локальной вселенной.

Когда Отец Созвездия по долгу службы находится в столице вселенной, а такое случается часто, старший партнер принимает на себя обязанности управляющего делами созвездия. Обычная функция старшего партнера – общее управление духовными вопросами, в то время как младший партнер лично занимается физическим благополучием созвездия. Однако ни один значительный план не осуществляется в созвездии, пока все трое Всевышних не утверждают все детали исполнения такого плана.

Весь механизм духовной информации и каналов связи находится в распоряжении Всевышних созвездия. Они поддерживают совершенную связь с руководителями на Салвингтоне и своими прямыми подчиненными – полновластными правителями локальных систем. Они часто совещаются с этими Властелинами Систем, обсуждая состояние дел в созвездии.

Всевышние окружают себя корпусом советников, численность и состав которых колеблется в зависимости от присутствия в столице созвездия различных групп и изменения местных условий. В периоды большой загруженности работой они могут запрашивать, и быстро получают, дополнительных Сынов-Ворондадеков, помогающих справиться с административной работой. Во главе вашего собственного созвездия Норлатиадек в настоящее время стоят двенадцать Сынов-Ворондадеков.

7. МИРЫ ВОРОНДАДЕКОВ

Вторая группа из семи миров, входящих в окружающее Салвингтон и состоящее из семидесяти первичных сфер кольцо, представлена планетами Ворондадеков. Каждая из этих сфер, вместе с шестью окружающими ее спутниками, посвящена определенному аспекту деятельности Ворондадеков. На этих сорока девяти сферах восходящие смертные получают высшее образование в области вселенского законотворчества.

Восходящие смертные уже наблюдали работу законодательных ассамблей, действующих в столицах созвездий, однако здесь, в мирах Ворондадеков, они участвуют в принятии действующего общего законодательства локальной вселенной под опекой старших Ворондадеков. Цель такой деятельности – согласование различных решений автономных законодательных ассамблей ста созвездий. Образование, получаемое в школах Ворондадеков, остается непревзойденным даже на Уверсе. Подготовка осуществляется постепенно: она начинается на первой сфере, включая дополнительный труд на шести ее спутниках, и продолжается на шести других первичных сферах и соответствующих группах спутников.

В этих мирах учебы и практической работы восходящие паломники знакомятся с многочисленными видами новой деятельности. Мы вправе рассказать об этих новых и невообразимых занятиях, но мы боимся, что будем неспособны описать их материальному разуму смертных существ. У нас нет слов, чтобы передать значение этих небесных видов деятельности, а среди людских дел нет аналогов, которые можно было бы использовать в качестве иллюстраций этих новых занятий восходящих смертных, продолжающих свое образование в сорока девяти мирах. Многие другие виды деятельности, не относящиеся к режиму восхождения, также сосредоточены в этих мирах Ворондадеков салвингтонского кольца.

8. СЫНЫ-ЛАНОНАНДЕКИ

После создания Ворондадеков Сын-Создатель и Вселенский Материнский Дух объединились с целью порождения третьей категории вселенского сыновства – Ланонандеков. Хотя они и выполняют различные задания, связанные с управлением системами, Ланонандеки в первую очередь известны как Властелины Систем – правители локальных систем, – а также как Планетарные Князья – главы администраций обитаемых миров.

Поскольку эти существа являются более поздней и – по уровню божественности – более низкой категорией сыновства, им пришлось пройти определенные курсы обучения в мирах Мелхиседеков для подготовки к последующему служению. Они стали первыми слушателями Университета Мелхиседеков и были оценены и аттестованы их учителями и экзаменаторами Мелхиседеками в соответствии со способностями, личностными качествами и достижениями.

С начала существования вселенной Небадон в ней находилось ровно двенадцать миллионов Ланонандеков, и после завершения подготовки в сфере Мелхиседеков, по результатам итоговых экзаменов, они были разделены на три класса:

1. *Первичные Ланонандеки*. Высшая категория включала 709 841 Ланонандека. Это Сыны, назначаемые в качестве Властелинов Систем, помощников верховных советов созвездий и советников высшей административной деятельности во вселенной.

2. *Вторичные Ланонандеки*. Данная категория выпускников Мелхиседека насчитывала 10 234 601 Ланонандека. Сюда относятся Сыны, назначаемые в качестве Планетарных Князей и в резерв данной категории.

3. *Третичные Ланонандеки*. Эта группа насчитывала 1 055 558 Ланонандеков. Эти Сыны действуют в качестве ассистентов, посланников, опекунов, уполномоченных, наблюдателей и выполняют различные обязанности в системе и входящих в нее мирах.

В противоположность эволюционным существам, эти Сыны не могут переходить из одной группы в другую. Завершив подготовку у Мелхиседеков, пройдя испытания и распределение по классам, они постоянно служат в той должности, на которую были назначены. Отсутствует у этих Сынов и воспроизводство; их численность во вселенной постоянна.

В округленных числах, категория Сынов-Ланонандеков распределяется на Салвингтоне следующим образом:

Вселенские координаторы и советники созвездий 100 000
Властелины Систем и помощники 600 000
Планетарные Князья и резервы 10 000 000
Корпус посланников 400 000
Опекуны и регистраторы 100 000
Резервный корпус 800 000

Так как Ланонандеки представляют собой в некотором смысле более низкую категорию сыновства, чем Мелхиседеки и Ворондадеки, они оказывают еще бóльшую пользу нижестоящим структурным единицам вселенной, поскольку они способны сближаться с низшими созданиями разумных рас. Им также угрожает бóльшая опасность сбиться с истинного пути, отступить от приемлемых методов вселенского правления. Однако эти Ланонандеки, в особенности их первичная категория, являются самыми умелыми и разносторонними из всех управляющих в локальной вселенной. В отношении административных способностей, их превосходят только Гавриил и его нераскрытые партнеры.

9. ПРАВИТЕЛИ-ЛАНОНАНДЕКИ

Ланонандеки являются постоянными правителями планет и сменными властелинами систем. Один из таких Сынов правит в настоящее время на Иерусеме, столичной сфере вашей локальной системы обитаемых миров.

Властелины Систем правят в составе комитетов, состоящих из двух или трех Сынов и находящихся в столичном мире каждой системы обитаемых миров. Раз в десять тысяч лет Отец Созвездия назначает одного из этих Ланонандеков главой комитета. Иногда руководитель трио не меняется; решение такого вопроса находится целиком в вéдении правителей созвездия. Внезапные изменения в составе правительств систем возможны только в случае какой-то трагедии.

Когда Властелины Систем или их помощники отзываются, их места занимают те, кого находящийся в столице созвездия верховный совет отбирает из резерва данной категории – группы, численность которой на Эдемии превышает указанный средний уровень.

Верховные советы Ланонандеков размещаются в столичных мирах созвездий. Во главе такого органа находится старший Всевышний партнер Отца Созвездия, в то время как младший партнер возглавляет резерв вторичной категории.

Властелины Систем именуются так не зря; в том, что касается локальных дел обитаемых миров, они являются практически полновластными правителями. Они почти по-отечески руководят Планетарными Князьями, Материальными Сынами и попечительскими духами. Они обладают едва ли не всеобъемлющей личной властью. Эти правители не контролируются троичными наблюдателями из центральной вселенной. Они относятся к структуре исполнительной власти локальной вселенной, и как ответственные за выполнение законодательных распоряжений, а также как исполнители судебных постановлений, они представляют собой то звено вселенской администрации, где личная нелояльность по отношению к воле Сына-Михаила способна с наибольшей легкостью и быстротой укорениться и попытаться заявить о себе.

К несчастью, в нашей локальной вселенной более семисот Сынов категории Ланонандеков восстали против вселенского правительства, посеяв хаос в нескольких системах и на многочисленных планетах. Из всего числа неудачников только трое принадлежали к Властелинам Систем; практически все эти Сыны относились ко второй и третьей категориям – Планетарным Князьям и третичным Ланонандекам.

Большое число запятнавших себя Сынов не означает того, что ошибка была допущена при их сотворении. Они могли быть созданы с божественным совершенством, однако их создание предусматривало способность лучшего понимания и сближения с эволюционными существами, обитающими в мирах времени и пространства.

За исключением вселенной Генселон, из всех локальных вселенных Орвонтона наша вселенная потеряла больше всего Сынов этой категории. Согласно единодушному мнению Уверсы, такое обилие административных неприятностей Небадона объясняется высокой степенью личной свободы в принятии решений и планировании, которой были наделены наши Сыны-Ланонандеки. Я говорю об этом не ради критики. Создатель нашей вселенной обладает всей полнотой власти, чтобы поступать именно так. Наши высокие правители полагают, что хотя свободные в своих решениях Сыны причиняют большие неприятности на ранних этапах жизни вселенной, позднее, после тщательного анализа и окончательного разрешения конфликта, преимущества более высокой лояльности и более добровольного характера служения этих всесторонне испытанных Сынов с лихвой покрывают хаос и страдания ранних периодов.

В случае восстания в столичном мире системы, сравнительно быстро назначается новый властелин, но на планетах дело обстоит иначе. Они являются составными единицами материального творения, и свободная воля созданий – один из факторов при вынесении окончательных судебных решений по всем аналогичным вопросам. Изолированные миры – планеты, на которых правящие князья сбились с истинного пути, – получают новых Планетарных Князей, которые, однако, приступают к активному правлению лишь после частичного преодоления и устранения результатов мятежа благодаря восстановительным действиям Мелхиседеков и других попечительских личностей. Восстание Планетарного Князя приводит к немедленной изоляции планеты и мгновенному отключению локальных духовных контуров. Только посвященческий Сын способен восстановить межпланетные коммуникационные линии в таком духовно изолированном мире.

Существует план спасения этих заблудших и неблагоразумных Сынов, и многие из них воспользовались этой милосердной возможностью, но впредь они никогда не смогут действовать в том качестве, в котором совершили свой проступок. После перевоспитания они назначаются опекунами, а также направляются в отделы физического управления.

10. МИРЫ ЛАНОНАНДЕКОВ

Третья группа из семи миров и сорока двух спутников, которая входит в объединяющее семьдесят планет салвингтонское кольцо, образует комплекс административных сфер Ланонандеков. В этих мирах опытные Ланонандеки, принадлежащие к корпусу бывших Властелинов Систем, исполняют обязанности наставников восходящих паломников и серафических воинств в области управления. В столицах систем эволюционные смертные наблюдают за тем, как работают управляющие систем, однако здесь они принимают участие в непосредственном согласовании административных решений десяти тысяч локальных систем.

Административные школы локальной вселенной действуют под наблюдением корпуса Сынов-Ланонандеков, обладающих большим опытом деятельности в качестве Властелинов Систем и советников созвездий. Эти административные колледжи уступают только школам управления Энсы.

Миры Ланонандеков, используемые как сферы подготовки восходящих смертных, являются одновременно центрами обширной деятельности по нормативному и повседневному управлению вселенной. На протяжении всего пути к Раю восходящие паломники продолжают обучение в практических школах прикладных знаний, где применяют полученные знания на практике. Организованная

Мелхиседеками система вселенского образования целесообразна, прогрессивна, исполнена смысла и основана на опыте. Она включает подготовку в вопросах материального, интеллектуального, моронтийного и духовного плана.

Именно с этими административными сферами Ланонандеков связано большинство спасенных Сынов этой категории, которые служат в качестве опекунов и управляющих планетарными делами. Эти провинившиеся Планетарные Князья и их соучастники в восстаниях, решившие принять предложенную реабилитацию, будут продолжать занимать эти незначительные посты как минимум до тех пор, пока вселенная Небадон не утвердится в свете и жизни.

Тем не менее, многие Сыны-Ланонандеки более старых систем добились выдающихся результатов в служении, управлении и духовных завоеваниях. Они представляют собой благородную, преданную и надежную группу, несмотря на свойственную им тенденцию заблуждаться из-за обманчивого характера личной свободы и фикций самоопределения.

[Подготовлено главой архангелов, уполномоченным Гавриилом Салвингтонским.]

ДОКУМЕНТ 36

НОСИТЕЛИ ЖИЗНИ

Жизнь не возникает спонтанно. Жизнь создается в соответствии с планами, которые формулируются (нераскрытыми) Творцами Бытия, и возникает на обитаемых планетах либо через прямое заимствование, либо в результате действий Носителей Жизни локальных вселенных. Носители Жизни являются одними из наиболее интересных и разносторонних членов многоликой семьи вселенских Сынов. Им доверено планирование и перенос жизни созданий в планетарные сферы, а после внедрения этой жизни в новых мирах они остаются там на длительный срок, способствуя ее развитию.

1. ПРОИСХОЖДЕНИЕ И ПРИРОДА НОСИТЕЛЕЙ ЖИЗНИ

Хотя Носители Жизни входят в семью божественных Сынов, они представляют собой своеобразный и особый тип вселенских Сынов, будучи единственной группой разумных живых существ локальной вселенной, в создании которых принимают участие правители сверхвселенной. Носители Жизни являются потомками трех предшествующих им личностей: Сына-Создателя, Вселенского Материнского Духа и назначенного для выполнения данной функции Древнего Дней – одного из трех Древних Дней, управляющих соответствующей сверхвселенной. Древние Дней – единственные существа, имеющие право давать распоряжения о прекращении разумной жизни, – участвуют в создании Носителей Жизни, которым доверено установление физической жизни в эволюционирующих мирах.

Во вселенной Небадон зарегистрировано сотворение ста миллионов Носителей Жизни. Этот деятельный корпус распространителей жизни не имеет настоящего самоуправления. Им руководит жизнеопределяющее трио, состоящее из Гавриила, Отца-Мелхиседека и Намбии – изначального и первородного Носителя Жизни Небадона. Однако во всех аспектах своей внутренней администрации они являются самоуправляющимся корпусом.

Носители Жизни подразделяются на три основных типа: первый – это старшие Носители Жизни, второй – помощники и третий – опекуны. Первый тип подразделяется на двенадцать групп, включающих специалистов по различным формам проявления жизни. Деление на три типа было произведено Мелхиседеками, проводившими для этого испытания в центральной сфере Носителей Жизни. С тех пор Мелхиседеки поддерживают тесную связь с Носителями Жизни и всегда сопровождают их, когда те отправляются внедрять жизнь на новой планете.

Когда эволюционная планета окончательно утверждается в свете и жизни, Носители Жизни объединяются в совещательные органы более высокого порядка с консультативными функциями, помогая в дальнейшем управлении и развитии мира и его прославленных существ. В последующие, устойчивые эпохи формирующейся вселенной этим Носителям Жизни доверяется выполнение многих новых обязанностей.

2. МИРЫ НОСИТЕЛЕЙ ЖИЗНИ

Мелхиседеки осуществляют общий надзор за четвертой группой семи первичных сфер салвингтонского кольца. Эти миры Носителей Жизни именуются следующим образом:

1. Центральный мир Носителей Жизни.
2. Сфера планирования жизни.
3. Сфера сохранения жизни.
4. Сфера эволюции жизни.
5. Сфера жизни, связанной с разумом.
6. Сфера разума и духа в живых существах.
7. Сфера нераскрытой жизни.

Каждая из этих первичных сфер окружена шестью спутниками, которые являются центрами особых периодов во всей деятельности Носителей Жизни во вселенной.

Первый мир – центральная сфера, вместе с шестью подчиненными спутниками, – посвящен изучению всеобщей жизни, жизни во всех известных аспектах ее проявления. Здесь находится совет планирования жизни, в деятельности которого принимают участие учителя и советники с Уверсы, из Хавоны и даже из Рая. И мне позволено сообщить, что семь центральных местоположений вспомогательных духов разума находятся в этом мире Носителей Жизни.

Число десять и десятичная система присущи физической вселенной, но не духовной. Область жизни характеризуется числами три, семь и двенадцать, кратными им числами или комбинациями этих основных чисел. Существуют три первичных и принципиально различных плана жизни соответственно трем Райским Источникам и Центрам, и во вселенной Небадон эти три основные формы жизни распределены по трем различным типам планет. Первоначально существовало двенадцать различных божественных концепций передаваемой жизни. Число двенадцать, а также результаты его целого деления и кратные ему величины, проходят через все основные формы жизни во всех семи сверхвселенных. Существуют также семь структурных решений жизни – основных вариантов воспроизводящихся конфигураций живой материи. Орвонтонские формы жизни конфигурированы в виде двенадцати носителей наследственности. Различные категории волевых созданий имеют конфигурацию из 12, 24, 48, 96, 192, 384 и 768 элементов. На Урантии существует 48 единиц определения генотипа – детерминантов характерных черт – в половых клетках человека.

Второй мир является сферой проектирования жизни; здесь разрабатываются все новые способы создания жизни. В то время как изначальные проекты жизни обеспечиваются Сыном-Создателем, непосредственная разработка этих планов доверяется Носителям Жизни и их партнерам. После того как сформулированы общие планы жизни для нового мира, они посылаются в центральный мир, где скрупулезно изучаются верховным советом, состоящим из старших Носителей Жизни и корпуса консультирующих Мелхиседеков. Если планы содержат отклонения от ранее принятых формул, они передаются для утверждения Сыну-Создателю. Глава Мелхиседеков часто представляет на этих обсуждениях Сына-Создателя.

Поэтому планетарная жизнь, однородная в некоторых отношениях, во многих аспектах отличается в каждом эволюционном мире. Даже в единообразном ряду жизненных форм на планетах одного и того же семейства нет двух планет с абсолютно одинаковой жизнью; всегда существует свой планетарный тип, ибо Носители Жизни непрестанно работают над улучшением формул жизни, переданных им на хранение.

Существует более миллиона основных, или космических, химических формул, образующих родительские типы, а также многочисленные принципиальные функциональные вариации проявления жизни. Первый спутник сферы планирования жизни является миром физиков и электрохимиков вселенной, служащих в качестве технических помощников Носителей Жизни в захвате, организации и манипуляции элементарными единицами энергии, которые используются в построении материальной оболочки для передачи жизни, – так называемой зародышевой плазмы.

Планетарные лаборатории планирования жизни расположены на втором спутнике этого второго по счету мира. В этих лабораториях Носители Жизни и все их партнеры, в сотрудничестве с Мелхиседеками, стремятся видоизменить и, по возможности, улучшить жизнь, предназначенную для внедрения на *десятичных планетах* Небадона. Жизнь, развивающаяся в настоящее время на Урантии, была спланирована и частично разработана именно в этом мире, ибо Урантия является десятичной планетой – миром экспериментальной жизни. В каждом десятом мире разрешаются бóльшие отклонения от стандартных прототипов жизни, чем в других (неэкспериментальных) мирах.

Третий мир посвящен сохранению жизни. Здесь помощники и опекуны, входящие в корпус Носителей Жизни, изучают и совершенствуют различные способы защиты и сохранения жизни. Планы внедрения жизни в каждом новом мире предусматривают заблаговременное создание комиссии по сохранению жизни, которая состоит из опекунов – опытных специалистов по манипуляции основными типами жизни. На Урантии находились двадцать четыре таких полномочных опекуна – по два на каждый основной, или родительский, тип структурной организации жизненного материала. На планетах, подобных вашей, высшая форма жизни воспроизводится с помощью несущего жизнь комплекса, состоящего из двадцати четырех отдельных типов. (А так как разумная жизнь проистекает из жизни физической и развивается на ее основе, то появляются двадцать четыре основных типа организации психики.)

Четвертая сфера, с подчиненными ей спутниками, посвящена изучению эволюции жизни созданий в целом и эволюционным предпосылкам какого-либо одного уровня жизни в частности. Изначальная жизненная плазма эволюционного мира должна включать исчерпывающий потенциал всех будущих вариантов развития, предусматривать все последующие эволюционные изменения и модификации. Обеспечение подобных, рассчитанных на далекую перспективу, проектов видоизменения жизни может предусматривать появление многих, кажущихся бесполезными, форм животной и растительной жизни. Такие предусмотренные и непредусмотренные побочные продукты планетарной эволюции появляются на сцене лишь для того, чтобы сойти с нее, однако через весь этот длительный процесс прослеживаются мудрые и разумные формулировки первоначальных создателей планетарного плана жизни и системы видов. Все многочисленные побочные продукты биологической эволюции важны для окончательного и полного функционирования высших разумных форм жизни, несмотря на возможные периоды преобладания колоссальной внешней дисгармонии на протяжении длительной борьбы высших созданий за господство над низшими формами жизни, многие из которых порой столь враждебны миру и покою эволюционирующих волевых созданий.

Пятый мир занимается только жизнью, связанной с разумом. Каждый из его спутников посвящен изучению какого-либо одного аспекта разума созданий во взаимосвязи с их жизнью. Разум, в том виде, каким его понимает человек, есть дар семи вспомогательных духов разума, налагаемый представителями Бесконечного Духа на необучаемые, или механические, уровни разума. Типы жизни по-разному реагируют на этих вспомогательных духов и различные типы служения духа во вселенных времени и пространства. Духовная чувствительность материальных созданий целиком зависит от соответствующего наделения разумом, что, в свою очередь, определяет направление биологической эволюции тех же самых смертных созданий.

Шестой мир посвящен взаимосвязи разума и духа в их сочетании с живыми формами и организмами. Этот мир с шестью подчиненными ему спутниками включает школы координации созданий, где учителя как из центральной вселенной, так и сверхвселенной, в сотрудничестве с преподавателями Небадона, демонстрируют высшие уровни достижений пространственно-временных созданий.

Седьмая сфера Носителей Жизни посвящена нераскрытой области жизни эволюционных созданий в той мере, в какой она связана с космической философией расширяющейся фактуализации Верховного Существа.

3. ТРАНСПЛАНТАЦИЯ ЖИЗНИ

Жизнь не появляется во вселенных спонтанно; Носители Жизни внедряют ее на пустынных планетах. Они представляют собой носителей, распространителей и хранителей жизни по мере того, как она появляется в эволюционных мирах пространства. Жизнь всех категорий и форм, известных на Урантии, возникает вместе с этими Сынами, хотя не все формы планетарной жизни существуют на Урантии.

Корпус Носителей Жизни, направляемый для внедрения жизни в новом мире, состоит обычно из ста старших носителей, ста помощников и тысячи опекунов. Носители Жизни часто переносят в новый мир саму плазму жизни, однако так происходит не всегда. Иногда они создают типы жизни уже после прибытия на ту или иную планету в соответствии с формулами, утвержденными заранее для очередного дерзновения – установления жизни. Так зародилась планетарная жизнь на Урантии.

После создания физических типов, соответствующих утвержденным формулам, Носители Жизни катализируют этот безжизненный материал, проводя через себя духовную искру жизни; и тотчас инертная форма становится живым веществом.

Жизненная искра – тайна жизни – привносится посредством Носителей Жизни, но не ими самими. Они действительно контролируют такие процессы, они формулируют саму плазму жизни, но наиболее существенный фактор живой плазмы обеспечивается Вселенским Материнским Духом. Созидательная Дочь Бесконечного Духа дает ту энергетическую искру, которая оживляет тело и является предвестником разума.

Наделяя жизнью, Носители Жизни ничего не передают от самих себя, даже если они действуют в тех мирах, где планируются новые формы жизни. Они просто инициируют и передают искру жизни, кладут начало необходимым кругооборотам вещества в соответствии с физическими, химическими и электрическими аспектами утвержденных планов и эталонов. Носители Жизни – это живые катализаторы, которые возбуждают, организуют и оживляют инертные элементы материального мира.

Носителям Жизни планетарного корпуса отводится определенный период для установления жизни в новом мире – приблизительно полмиллиона лет в системе отсчета времени данной планеты. По истечении этого срока, о чём свидетельствуют некоторые эволюционные достижения в планетарной жизни, они прекращают процедуру внедрения жизни и с этого времени не имеют права вносить какие-либо изменения или дополнения к жизни данной планеты.

В эпохи между внедрением жизни и появлением обладающих нравственностью человеческих созданий Носителям Жизни позволяется манипулировать жизненной средой и предпринимать другие меры для направления биологической эволюции по благоприятному руслу. Они занимаются этим в течение длительных периодов времени.

Когда действующим в новом мире Носителям Жизни впервые удается произвести существо, обладающее волей, способностью принимать нравственные решения и совершать духовный выбор, их труд тут же прекращается – этим исчерпываются их полномочия; они не имеют права продолжать воздействовать на развивающуюся жизнь. Начиная с этого момента, эволюция живых организмов должна протекать в соответствии с внутренними свойствами и тенденциями, заложенными в формулах и эталонах планетарной жизни и закрепленными в них. Носителям Жизни не позволяется экспериментировать с волей или вмешиваться в ее проявление; они не имеют права подчинять себе нравственные создания или произвольно воздействовать на них.

С прибытием Планетарного Князя Носители Жизни готовятся покинуть планету, хотя двое из старших носителей и двенадцать опекунов, дав временную клятву самоотречения, могут изъявить желание остаться на планете на неопределенный срок в качестве советников по вопросам дальнейшего развития и сохранения жизненной плазмы. В настоящее время два таких Сына со своими двенадцатью партнерами служат на Урантии.

4. МЕЛХИСЕДЕКИ-НОСИТЕЛИ ЖИЗНИ

По всему Небадону, в каждой локальной системе обитаемых миров, есть одна сфера, на которой функцию носителей жизни выполняли Мелхиседеки. Эти обители известны как *мидсонитные* миры системы, в каждом из которых материально видоизмененный Сын-Мелхиседек соединился с избранной Дочерью материальной категории сыновства. Матери-Евы мидсонитных миров прибывают из центральных миров систем, к которым относятся эти миры; назначенный Мелхиседек-носитель жизни выбирает их из многочисленных добровольцев, которые отозвались на призыв Властелина Системы, обращенный к Материальным Дочерям его сферы.

Потомство Мелхиседека-носителя жизни и Материальной Дочери известно как *мидсониты*. Мелхиседек – отец этой расы небесных созданий – в итоге покидает планету, где он выполнил уникальную функцию, связанную с жизнью. Мать-Ева этой особой категории вселенских существ также оставляет планету вслед за появлением седьмого поколения планетарного потомства, после чего руководство миром переходит к ее старшему сыну.

Мидсонитные создания живут в своих великолепных мирах, функционируя как воспроизводящиеся существа до тех пор, пока им не исполняется тысяча лет стандартного времени, после чего они переносятся серафическим транспортом. С этого времени мидсониты утрачивают способность к воспроизводству, ибо процедура дематериализации при подготовке к серафимированию навсегда лишает их прерогатив воспроизводства.

В настоящее время трудно определить, являются ли эти существа смертными или бессмертными, как невозможно причислить их к классу людей или божественных существ. У этих созданий нет Настройщиков, поэтому они вряд ли могут считаться бессмертными. Однако непохоже, чтобы они были смертными: никто из мидсонитов не умирал. Все мидсониты, когда-либо родившиеся в Небадоне, существуют по сей день и действуют в своих исконных мирах, на одной из промежуточных сфер или в салвингтонской сфере мидсонитов, находящейся в группе миров завершителей.

Салвингтонские миры завершителей. Мелхиседеки-носители жизни, а также связанные с ними Матери-Евы отправляются из системных сфер мидсонитов в миры завершителей салвингтонского кольца, где со временем предназначено собраться и их потомству.

В этой связи необходимо пояснить, что семь первичных миров пятой группы салвингтонского кольца являются мирами завершителей Небадона. Потомство Мелхиседеков-носителей жизни и Материальных Дочерей размещается в седьмом мире завершителей – мидсонитной сфере Салвингтона.

Спутники семи первичных миров завершителей служат местами встреч посылаемых в Небадон личностей сверх- и центральной вселенных. Хотя восходящие смертные могут беспрепятственно посещать миры культуры и подготовительные сферы, относящиеся к 490 мирам, которые образуют Университет Мелхиседеков, существуют некоторые особые, закрытые для них школы и многочисленные запретные зоны. В особенности это касается сорока девяти сфер, подчиненных завершителям.

Назначение мидсонитных созданий в настоящее время неизвестно, однако нам представляется, что эти личности собираются в седьмом мире завершителей для подготовки к некоторому событию, относящемуся к будущей эволюции вселенной. Наши запросы по мидсонитным расам всегда переадресовываются завершителям, а завершители неуклонно отказываются обсуждать судьбу своих подопечных. Несмотря на смутное представление о будущем мидсонитов, мы знаем, что каждая локальная вселенная Орвонтона располагает растущим корпусом этих таинственных существ. Мелхиседеки-носители жизни предполагают, что когда-нибудь Бог-Предельный наделит их мидсонитных детей трансцендентальным и вечным духом абсонитности.

5. СЕМЬ ВСПОМОГАТЕЛЬНЫХ ДУХОВ РАЗУМА

Именно присутствие в примитивных мирах семи вспомогательных духов разума определяет направление органической эволюции, объясняет ее целенаправленность и закономерность. Эти вспомогательные духи олицетворяют ту выполняемую Бесконечным Духом функцию служения разуму, которая, благодаря действиям Материнского Духа локальной вселенной, распространяется на низшие категории разумной жизни. Вспомогательные духи – дети Вселенского Материнского Духа – являются личной помощью Духа материальному разуму. Всякое проявление такого разума свидетельствует о разнообразной активности этих духов.

Семь вспомогательных духов разума называются по именам, выражающим следующие понятия: интуиция, понимание, отвага, знание, совет, поклонение и мудрость. Эти духи разума распространяют свое влияние на все обитаемые миры в виде характерных побудительных импульсов; каждый из них стремится добиться восприимчивости к своему воздействию совершенно независимо от того, в какой степени воспринимаются и имеют возможность функционировать его товарищи.

Для руководящих Носителей Жизни центральное расположение вспомогательных духов в главном мире Носителей Жизни свидетельствует о масштабе и качестве связанной с разумом деятельности вспомогательных духов в любом мире и в любом конкретном живом организме интеллектуального статуса. В отношении первых пяти вспомогательных духов, эти размещения разума жизни являются совершенными индикаторами функционирования живого разума. Но в том, что касается шестого и седьмого духов – поклонения и мудрости, – эти центральные расположения регистрируют только качественную функцию. Количественная активность вспомогательных духов поклонения и мудрости регистрируется в непосредственном присутствии Божественной Попечительницы на Салвингтоне, являясь личным опытом Материнского Духа Вселенной.

Когда Носители Жизни отправляются на новую планету, их всегда сопровождают семь вспомогательных духов разума; однако их не следует рассматривать как сущности – они больше напоминают контуры. В отрыве от вселенского присутствия Божественной Попечительницы вспомогательные духи не функционируют как личности. Фактически, они представляют собой уровень сознания Божественной Попечительницы и всегда подчиняются действиям и присутствию своей созидательной матери.

Нам не хватает слов, чтобы подобрать адекватные названия для этих семи вспомогательных духов разума. Они являются попечителями эмпирического разума низших уровней, и – в порядке достижения соответствующих эволюционных уровней – их можно описать следующим образом:

1. *Дух интуиции* – быстрота восприятия, примитивные физические и врожденные рефлекторные инстинкты, ориентация в пространстве и иные свойства самосохранения, характерные для всех творений разума; единственный из вспомогательных духов, действующий в таком масштабе в низших категориях животной жизни, и единственный, устанавливающий широкую функциональную связь с необучаемыми уровнями механического разума.

2. *Дух понимания* – координационный импульс, спонтанная и кажущаяся автоматической связь идей; способность координировать приобретенные знания, феномен сообразительности, быстрых суждений и скорых решений.

3. *Дух отваги* – дар преданности – в личностных существах является основой для обретения характера, интеллектуальным источником моральной стойкости и духовной храбрости. А если сюда добавить просвещенность фактами и воодушевленность истиной, то это становится разгадкой стремления к эволюционному восхождению через разумную и сознательную целеустремленность.

4. *Дух знания* – любознательность, мать приключений и открытий, научный дух; проводник и верный партнер духов отваги и совета; стремление направить отвагу по пути полезного и прогрессивного развития.

5. *Дух совета* – стремление к общению, дар внутривидовой кооперации; способность волевых созданий приходить к согласию со своими товарищами; источник стадного инстинкта у низших созданий.

6. *Дух поклонения* – религиозное побуждение, первое характерное стремление, разделяющее разумные создания на два основных класса смертных. Дух поклонения становится вечным критерием отличия связанного с ним животного от созданий, наделенных разумом, но не обладающих душой. Поклонение является отличительным знаком кандидата на восхождение в духе.

7. *Дух мудрости* – врожденная тенденция всех нравственных созданий к последовательному и прогрессивному эволюционному развитию. Это высший вспомогательный дух – духовный координатор и выразитель деятельности всех остальных. Этот дух является тайной того присущего разумным созданиям стремления, которое инициирует и поддерживает целесообразную и эффективную программу восхождения по лестнице бытия. Это тот дар живых существ, который объясняет их непостижимую способность выживать и, выживая, использовать весь совокупный прошлый опыт и имеющиеся в наличии возможности для овладения всем, что способны мобилизовать в разуме соответствующего организма все остальные духи разума. Мудрость есть вершина интеллектуальных способностей. Мудрость – это цель чисто разумного и нравственного существования.

Вспомогательные духи разума претерпевают эмпирический рост, однако они не становятся личностями. Они развиваются в действии, и функционирование первых пяти в животных категориях является, в некоторой степени, обязательным условием для функционирования всех семи в качестве человеческого интеллекта. Эта связь с животными обеспечивает бóльшую эффективность вспомогательных духов в качестве человеческого разума; поэтому животные, в определенной мере, являются неотъемлемым фактором как интеллектуальной, так и физической эволюции человека.

Эти помощники разума, принадлежащие к Материнскому Духу локальной вселенной, имеют во многом такое же отношение к жизни разумных созданий, как силовые центры и физические регуляторы – к неживым силам вселенной. Они выполняют бесценную службу в контурах разума обитаемых миров и успешно сотрудничают с Главными Физическими Регуляторами, которые также служат в качестве регуляторов и управляющих уровней разума, расположенных ниже сферы влияния вспомогательных духов, – уровней необучаемого, или механического, разума.

До того как живой разум приобретает способность учиться на опыте, он входит в сферу опеки Главных Физических Регуляторов. Пока в разуме создания не появляется способность воспринимать божественность и поклоняться Божеству, он относится к исключительной сфере влияния вспомогательных духов. Как только разум создания обнаруживает духовное реагирование, он становится носителем сверхразума, ибо моментально охватывается духовными циклами Материнского Духа локальной вселенной.

Вспомогательные духи разума не имеют какого-либо прямого отношения к разнообразной и высокодуховной функции, которую выполняет дух личного присутствия Божественной Попечительницы – Святой Дух обитаемых миров; однако функционально они предшествуют его появлению, подготавливая появление этого духа в эволюционном человеке. Вспомогательные духи обеспечивают Вселенскому Материнскому Духу разнообразную связь с материальными живыми созданиями локальной вселенной и позволяют управлять ими, но их действия на доличностных уровнях не находят отражения в Верховном Существе.

Недуховный разум является проявлением либо духовной, либо физической энергии. Так и разум человека – разум личности – может сохраниться только через соединение с духом. Разум посвящается божественностью, но он не бессмертен, если его функционирование не связано с духовной проницательностью и если он лишен способности поклоняться и жаждать продолжения жизни.

6. ЖИВЫЕ СИЛЫ

Жизнь является одновременно механистической и виталистической – материальной и духовной. Всё новых и новых успехов будут добиваться физики и химики Урантии в понимании протоплазменных форм растительной и животной жизни, но никогда не смогут они создать живые организмы. Жизнь есть нечто отличное от любых проявлений энергии; даже материальная жизнь физических созданий не является свойством материи.

Материальные вещи могут существовать самостоятельно, однако жизнь проистекает только от жизни. Разум происходит только от предсущего разума. Дух наследуется только от духовных предков. Создание способно изготовить формы жизни, но только личность создателя или созидательная сила могут привнести активирующую живую искру.

Носители Жизни способны организовывать материальные формы – физические типы – живых существ, но именно Дух обеспечивает изначальную искру жизни и наделяет даром разума. Даже живые формы экспериментальной жизни, создаваемые Носителями Жизни в своих салвингтонских мирах, неизменно лишены способности к воспроизводству. При правильном сочетании и должной организации формул жизни и жизненных типов, присутствия Носителей Жизни достаточно для инициирования жизни, но все подобные живые организмы лишены двух важнейших атрибутов: разума и способности к воспроизводству. Животный разум и разум человека являются дарами Материнского Духа локальной вселенной, действующего через семь вспомогательных духов разума, в то время как способность созданий к воспроизводству является тем качеством, которое привнесено в инициированную Носителями Жизни исходную жизненную плазму специфическим и личным воздействием Вселенского Духа.

После подготовки Носителями Жизни жизненных типов и создания энергетических систем должен произойти еще один феномен: в эти безжизненные формы необходимо вдохнуть «дыхание жизни». Божьи Сыны способны конструировать формы жизни, однако именно Божий Дух привносит саму искру жизни. И когда дарованная таким образом жизнь подходит к концу, остающееся материальное тело вновь становится мертвым веществом. Когда посвященная жизнь завершается, тело возвращается в недра материальной вселенной, откуда оно было когда-то заимствовано Носителями Жизни в качестве временной оболочки для жизни, которой они наделили такое зримое сочетание энергии и вещества.

Жизнь, которой Носители Жизни наделяют растения и животных, не возвращается к этим Сынам после смерти растения или животного. Отходящая жизнь такого живого существа не обладает ни идентичностью, ни личностью и, как таковая, не сохраняется. В течение своего существования и времени, проведенного в материальном теле, она изменяется; она претерпевает энергетическую эволюцию и сохраняется только как часть космических сил вселенной; она не продолжает существования в качестве индивидуальной жизни. Продолжение жизни смертных созданий целиком основано на формировании в смертном разуме бессмертной души.

Мы говорим о жизни как «энергии» и «силе», но в действительности она не является ни тем, ни другим. Сила-энергия в той или иной мере реагирует на гравитацию; жизнь на нее не реагирует. Эталон также не реагирует на гравитацию, являясь конфигурацией энергий, которые уже выполнили все связанные с гравитацией обязательства. Жизнь, как таковая, представляет собой активизацию конфигурированной в соответствии с определенным эталоном или выделенной иным образом системы материальной, интеллектуальной или духовной энергии.

Некоторые вещи, связанные с развитием жизни на эволюционных планетах, нам не вполне ясны. Мы хорошо понимаем физическую организацию электрохимических формул Носителей Жизни, но мы не до конца понимаем природу и источник *активирующей жизнь искры*. Мы знаем, что жизнь проистекает от Отца через Сына *посредством* Духа. Весьма вероятно, что Главные Духи представляют собой семичастный канал, через который река жизни изливается на всё творение. Однако нам непонятен метод, с помощью которого наблюдающий Главный Дух принимает участие в изначальном посвящении жизни на новой планете. Мы уверены в том, что Древние Дней также играют определенную роль во внедрении жизни в новом мире, но мы пребываем в полном неведении относительно характера такого участия. Мы знаем, что Вселенский Материнский Дух действительно одушевляет безжизненные структуры и наделяет такую активированную плазму прерогативами организменного воспроизводства. Мы замечаем, что три этих источника являются уровнями Бога-Семичастного и иногда именуются Верховными Создателями во времени и пространстве. Однако обо всём остальном мы знаем немногим больше смертных Урантии, а именно то, что идея заключена в Отце, ее выражение – в Сыне, а жизненная реализация – в Духе.

[Изложено Сыном-Ворондалеком, пребывающим на Урантии в должности наблюдателя и действующим в этом качестве по просьбе Мелхиседека – главы Руководящего Просветительского Корпуса.]

ДОКУМЕНТ 37

ЛИЧНОСТИ ЛОКАЛЬНОЙ ВСЕЛЕННОЙ

Во главе всех личностей Небадона стоит Михаил – Сын-Создатель и Владыка, отец и властелин вселенной. Равным в божественности и дополняющим в созидательных атрибутах является Материнский Дух локальной вселенной – Божественная Попечительница Салвингтона. Эти создатели в самом буквальном смысле являются Отцом-Сыном и Духом-Матерью всех уроженцев Небадона.

В предыдущих документах рассматривались созданные категории сыновства; последующие повествования расскажут о попечительских духах и восходящих сынах. Этот документ в основном посвящен промежуточной группе Вселенских Помощников, но мы вкратце коснемся также высших духов Небадона и некоторых категорий постоянных граждан локальной вселенной.

1. ВСЕЛЕНСКИЕ ПОМОЩНИКИ

Многие из уникальных категорий, которые обычно включаются в этот класс, нераскрыты; однако в том виде, в котором они освещаются в данных документах, Вселенские Помощники объединяются в семь категорий:

1. Светлые Утренние Звезды.
2. Яркие Вечерние Звезды.
3. Архангелы.
4. Всевышние Помощники.
5. Высокие Уполномоченные.
6. Небесные Наблюдатели.
7. Учителя Обительских Миров.

Первая категория Вселенских Помощников – Светлые Утренние Звезды. В каждой локальной вселенной она представлена только одним существом: перворожденным исконным созданием локальной вселенной. Светлая Утренняя Звезда нашей вселенной известна под именем Гавриила Салвингтонского – главного администратора всего Небадона, действующего в качестве личного представителя Полновластного Сына и выразителя интересов его созидательной супруги.

На протяжении ранних эпох становления Небадона рядом с Михаилом и Созидательным Духом не было никого, кроме Гавриила. По мере роста вселенной и увеличения административных проблем, у него появилось окружение из нераскрытых помощников, а впоследствии эта группа была пополнена небадонским корпусом Вечерних Звезд.

2. ЯРКИЕ ВЕЧЕРНИЕ ЗВЕЗДЫ

Эти яркие создания были задуманы Мелхиседеками и сотворены Сыном-Создателем и Созидательным Духом. Они исполняют различные обязанности, однако в основном действуют в качестве связных Гавриила, главного администратора локальной вселенной. Одно или несколько таких существ функционируют в качестве его представителей в столице каждого созвездия и каждой системы Небадона.

Как глава исполнительной власти Небадона, Гавриил по должности является председателем или наблюдателем на большинстве салвингтонских конклавов, причем одновременно может проходить до тысячи заседаний. В таких случаях Гавриила представляют Яркие Вечерние Звезды; он неспособен быть одновременно в двух местах, и сверхангелы восполняют это ограничение. Такую же услугу они оказывают и корпусу Троичных Сынов-Учителей.

Хотя сам Гавриил занят административными проблемами, благодаря Ярким Вечерним Звездам он поддерживает связь со всеми сторонами вселенской жизни и вселенских дел. Вечерние Звезды всегда сопровождают его при посещении планет и часто отправляются со специальными миссиями на отдельные планеты в качестве его личных представителей. При исполнении таких поручений они иногда именуются «ангелами Господними». Они часто отправляются на Уверсу в качестве представителей Светлой Утренней Звезды в судах и ассамблеях Древних Дней, но они редко пересекают границы Орвонтона.

Яркие Вечерние Звезды представляют собой уникальную двуединую категорию, куда входят как созданные в данном статусе, так и достигшие его существа. В настоящее время небадонский корпус этих сверхангелов насчитывает 13 641 Яркую Вечернюю Звезду. 4 832 существа созданы в этом статусе, в то время как 8 809 являются восходящими духами, достигшими данной цели возвышенного служения. Многие из этих восходящих Вечерних Звезд начали свой вселенский путь в качестве серафимов, другие поднялись с нераскрытых уровней жизни созданий. Как цель достижения, этот высокий корпус остается открытым для кандидатов на восхождение до тех пор, пока вселенная не утвердится в свете и жизни.

Оба типа Ярких Вечерних Звезд прекрасно видны моронтийным личностям и некоторым типам сверхсмертных материальных существ. Созданные существа этой интересной и разносторонней категории обладают духовной силой, которая может проявляться независимо от их личного присутствия.

Главой этих сверхангелов является Гавалия – первородный представитель данной категории в Небадоне. Со времени возвращения Христа Михаила из своего триумфального посвящения на Урантии Гавалия исполняет обязанности попечителя восходящих смертных, а в течение последних девятнадцати столетий урантийского времени на Исруссме находится резиденция его партнера, Галантии, где он проводит примерно половину своего времени. Галантия является первым из восходящих сверхангелов, достигших этого высокого положения.

Кроме обычного попарного выполнения различных заданий, Яркие Вечерние Звезды не объединяются в какие-либо группы или отряды. Они сравнительно редко получают задания, связанные с восхождением смертных, однако при выполнении подобных миссий они никогда не действуют в одиночку. Эти существа всегда работают в парах; один из членов такой пары является созданным существом, а другой – восходящей Вечерней Звездой.

Одна из высоких обязанностей Вечерних Звезд – сопровождение посвященческих Сынов-Авоналов в их планетарных миссиях, подобно тому как Гавриил сопровождал Михаила в посвящении на Урантии. В таких случаях два сопровождающих сверхангела являются вышестоящими личностями и исполняют обязанности совместных предводителей архангелов и всех других существ, участвующих в этих начинаниях. Когда приходит время, именно старший из этих предводителей-сверхангелов обращается к посвященческому Сыну-Авоналу со словами: «Займись делом своего брата».

Аналогичные пары сверхангелов назначаются в планетарные корпуса Троичных Сынов-Учителей, открывающих постпосвященческую эпоху обитаемого мира – рассвет духовной жизни. При исполнении таких заданий Вечерние Звезды действуют в качестве связных между смертными мира и невидимым корпусом Сынов-Учителей.

Миры Вечерних Звезд. Шестая группа из семи салвингтонских миров и сорока двух подчиненных спутников отведена администрации Ярких Вечерних Звезд. Семь первичных миров возглавляются созданными чинами этих сверхангелов, в то время как подчиненные спутники управляются восходящими Вечерними Звездами.

Спутники первых трех миров отведены школам Сынов-Учителей и Вечерних Звезд, которые посвящены духовным личностям локальной вселенной. Три следующие группы спутников заняты аналогичными совместными школами подготовки восходящих смертных. Спутники седьмого мира отводятся для триединых совещаний Сынов-Учителей, Вечерних Звезд и завершителей. В последнее время эти сверхангелы имеют самое прямое отношение к работе, проводимой в локальной вселенной Корпусом Завершения, и уже давно взаимодействуют с Сынами-Учителями. Взаимодействие Вечерних Звезд и Гравитационных Посланников, прикрепленных к рабочим группам завершителей, отличается колоссальными возможностями и значением. Что касается седьмого первичного мира, то он отведен нераскрытым аспектам будущих отношений между Сынами-Учителями, завершителями и Вечерними Звездами после окончательного сверхвселенского проявления личности Бога-Верховного.

3. АРХАНГЕЛЫ

Архангелы представляют собой потомство Сына-Создателя и Вселенского Материнского Духа. Они являются высшим типом высоких духовных существ, создаваемых в большом количестве в локальной вселенной, и во время последней регистрации в Небадоне находилось почти восемьсот тысяч архангелов.

Среди личностей локальной вселенной архангелы – одна из немногих групп, обычно не подчиненных Гавриилу. Они не имеют никакого отношения к текущему управлению вселенной, ибо их труд посвящен сохранению жизни созданий и помощи смертным времени и пространства в продвижении по восходящему пути. Хотя обычно архангелы не подчиняются руководству Светлой Утренней Звезды, иногда они действуют от его имени. Они также сотрудничают с другими Вселенскими Помощниками, такими как Вечерние Звезды, примером чему могут служить некоторые события, отраженные в рассказе о внедрении жизни в вашем мире.

Корпус архангелов Небадона управляется перворожденным существом этого чина, а недавно региональный центр архангелов появился на Урантии. Именно этот необычный факт сразу привлекает внимание приезжих исследователей, прибывающих из-за пределов Небадона. Одно из их первых наблюдений заключается в том, что многие виды восходящей деятельности Ярких Вечерних Звезд направляются из столицы локальной системы Сатания. Затем они узнают, что некоторые виды деятельности архангелов управляются из небольшого и кажущегося незначительным обитаемого мира, именуемого Урантией. Вслед за этим им сообщается о посвящении Михаила на Урантии, что сопровождается немедленным повышением интереса к вам и вашей скромной сфере.

Понимаете ли вы значение того факта, что ваша примитивная и запутавшаяся планета стала региональным центром вселенского управления и руководства некоторыми видами деятельности архангелов, относящихся к программе восхождения к Раю? Это несомненно является предзнаменованием будущего сосредоточения еще и другой, связанной с восхождением, деятельности в мире посвящения Михаила и придает колоссальный и торжественный смысл личному обещанию Учителя: «Я вернусь».

Обычно архангелы назначаются для служения и помощи сынам категории Авоналов, однако сначала они должны пройти широкую предварительную подготовку во всех областях работы с различными попечительскими духами. Вместе с каждым Райским посвященческим Сыном в обитаемый мир отправляется корпус из ста архангелов, прикрепляемых к нему на срок посвящения. Если Сын-Арбитр становится временным правителем планеты, эти архангелы превращаются в руководителей всей небесной жизнью такой сферы.

Два старших архангела всегда состоят в качестве личных помощников Райского Авонала при всех планетарных миссиях, будь то судопроизводство, арбитражные миссии или посвященческие инкарнации. После того как этот Райский Сын завершает суд сферы и мертвые призываются для регистрации (так называемое воскресение), серафические хранители погруженных в сон личностей в буквальном смысле слова отвечают «голосу архангела». Окончание судного периода провозглашается сопровождающим архангелом. Это архангел воскрешения, иногда именуемый «архангелом Михаила».

Миры архангелов. Седьмая группа окружающих Салвингтон миров, вместе с их спутниками, отведена архангелам. Первая сфера и все шесть подчиненных ей спутников заняты регистраторами личностей. Этот гигантский корпус регистраторов ведет точный учет данных о жизни каждого смертного времени, начиная с момента его рождения и вплоть до завершения вселенского пути, когда такое создание либо покидает Салвингтон, переходя в режим сверхвселенной, либо должно быть «стерто из книги жизни» по приказу Древних Дней.

Именно в этих мирах личностные данные и идентификационные гарантии классифицируются, регистрируются и сохраняются в течение того времени, которое отделяет материальную смерть от восстановления личности – воскресения из мертвых.

4. ВСЕВЫШНИЕ ПОМОЩНИКИ

Всевышние Помощники являются группой добровольцев, происходящих из-за пределов локальной вселенной и временно назначаемых в качестве представителей или наблюдателей центральной вселенной и сверхвселенной в локальных творениях. Их численность постоянно колеблется, но всегда выражается многими миллионами.

Так, время от времени, мы получаем благотворную опеку и помощь таких существ Райского происхождения, как Совершенствователи Мудрости, Божественные Советники, Всеобщие Цензоры, Вдохновенные Троичные Духи, Тринитизованные Сыны, Одиночные Посланники, супернафимы, секонафимы, тертиафимы и прочие милосердные попечители, которые пребывают среди нас, чтобы помочь исконным личностям нашей вселенной в их стремлении привести весь Небадон в большее соответствие с идеями Орвонтона и идеалами Рая.

Любые из этих существ могут служить в Небадоне добровольно и, таким образом, формально не относиться к нашей юрисдикции. Однако если эти личности сверх- и центральной вселенной прибывают сюда по заданию, они подчиняются некоторым правилам локальной вселенной их временного проживания, хотя и продолжают действовать в качестве представителей высших вселенных и трудиться в соответствии с инструкциями, определяющими их миссию в нашей сфере. Их объединенный центр находится в салвингтонском секторе Союза Дней, и они трудятся в Небадоне под общим наблюдением этого посланника Райской Троицы. В тех случаях, когда эти личности высших сфер несут службу в неприкрепленных группах, они, как правило, пользуются самоуправлением. Если же они оказывают свои услуги по чьей-либо просьбе, то часто добровольно и полностью подчиняются полномочным руководителям сфер своего назначения.

Всевышние Помощники служат на уровне локальной вселенной и созвездий, но они не прикрепляются непосредственно к системным или планетарным правительствам. Тем не менее, они могут действовать повсюду в локальной вселенной и получать назначения в любую сферу деятельности Небадона – управленческую, исполнительную, образовательную и другие.

Бóльшая часть этого корпуса служит в качестве помощников Райских личностей Небадона – Союза Дней, Сына-Создателя, Верных Дней, Сынов-Арбитров и Троичных Сынов-Учителей. Порой в ведéнии дел локальной вселенной оказывается целесообразным скрыть на определенное время некоторые детали практически от всех исконных личностей локального творения. Кроме того, опытные и прозорливые члены корпуса Всевышних Помощников способны лучше понять и более глубоко осмыслить некоторые прогрессивные планы и сложные решения, и в таких ситуациях, как и во многих других, они оказывают огромную помощь правителям и управляющим вселенной.

5. ВЫСОКИЕ УПОЛНОМОЧЕННЫЕ

Высокие Уполномоченные – это восходящие смертные, слившиеся с Духом; они не сливаются с Настройщиками. Вы вполне понимаете восхождение во вселенной смертного кандидата на слияние с Настройщиком, что является высокой грядущей целью для всех смертных Урантии со времени посвящения Христа Михаила. Но это не единственное предназначение всех смертных допосвященческих эпох в мирах, подобных вашему, и существуют миры иного типа, в чьих обитателях никогда не поселяются Настройщики Мышления. Таинственные Наставники, которых Рай дарует таким смертным, никогда не соединяются с ними вечным союзом. И всё же Настройщики вселяются в них на время, являясь проводниками и образцами на протяжении жизни во плоти. В течение этого временного пребывания они способствуют эволюции бессмертной души так же, как это происходит в тех существах, с которыми они надеются слиться; однако после завершения смертного пути они навсегда покидают создания, с которыми были связаны временной связью.

Спасенные души этой категории достигают бессмертия благодаря вечному слиянию с индивидуализированной частицей духа Материнского Духа локальной вселенной. Эта группа – во всяком случае, в Небадоне – немногочисленна. В обительских мирах вы встретитесь и сблизитесь с этими слившимися с Духом смертными, которые восходят вместе с вами по Райскому пути вплоть до Салвингтона, где они остаются. Впоследствии некоторые из них смогут подняться на более высокие вселенские уровни, но большинство навсегда останется в распоряжении локальной вселенной; достижение Рая не является их предназначением как класса.

Не слившись с Настройщиками, они не становятся завершителями, однако в итоге принимаются в Корпус Совершенства локальной вселенной. В духе они исполнили веление Отца: «Будьте совершенны».

После зачисления в небадонский Корпус Совершенства, слившиеся с Духом восходящие создания могут принять назначение в качестве Вселенских Помощников, что является одним из открытых для них путей продолжения эмпирического роста. Так они становятся кандидатами на высокую должность толкователей взглядов эволюционных материальных созданий небесным властям локальной вселенной.

Высокие Уполномоченные начинают свою службу на планетах в качестве уполномоченных по вопросам рас. В этом статусе они разъясняют взгляды и излагают потребности различных человеческих рас. Являясь выразителями интересов смертных рас, эти существа беззаветно преданы их благополучию и неустанно стремятся добиться милосердного, непредвзятого и справедливого отношения к этим расам во всех взаимоотношениях с остальными народами. Уполномоченные по вопросам рас действуют в условиях бесконечных планетарных кризисов и являются красноречивыми выразителями групповых интересов борющихся с трудностями смертных.

Накопив большой опыт в решении проблем обитаемых миров, эти уполномоченные по вопросам рас переводятся на более высокие уровни деятельности и в итоге достигают статуса Высоких Уполномоченных локальной вселенной. По данным последней регистрации, в Небадоне существовало немногим более полутора миллиардов Высоких Уполномоченных. Эти существа не относятся к завершителям, однако они являются восходящими существами, которые обладают продолжительным опытом и приносят огромную пользу своим исконным сферам.

Мы неизменно обнаруживаем этих уполномоченных во всех судах, от низших до высших. Впрочем, они не принимают участия в слушаниях, но они присутствуют в качестве советников по вопросам судопроизводства, консультирующих председательствующих судей по вопросам прошлой жизни, среды и внутренней природы тех, кого затрагивает судебное разбирательство.

Высокие Уполномоченные прикрепляются к различным воинствам посланников пространства и являются неизменными спутниками попечительских духов времени. Их можно встретить среди выступающих на различных вселенских ассамблеях, и те же уполномоченные, обладающие мудростью смертных, неизменно входят в состав миссий Божьих Сынов в пространственных мирах.

Всякий раз, когда из соображений справедливости и правосудия необходимо понять характер воздействия предполагаемой политики или процедуры на эволюционные расы времени, эти представители готовы представить свои рекомендации. Они всегда присутствуют, чтобы выступить от имени тех, кто не может выступить лично.

Миры смертных, слившихся с Духом. Восьмая группа из семи первичных миров и подчиненных спутников салвингтонского кольца является исключительным владением слившихся с Духом смертных Небадона. Восходящие смертные, слившиеся с Настройщиками, не имеют отношения к этим мирам, если не считать того, что они неоднократно, с удовольствием и пользой для себя посещают эти сферы в качестве гостей их постоянных обитателей – смертных, слившихся с Духом.

Эти миры являются местом постоянного обитания слившихся с Духом спасенных смертных, за исключением тех немногих, кто достигает Уверсы и Рая. Такое преднамеренное ограничение восхождения действует во благо локальным вселенным, ибо обеспечивает сохранение постоянного развитого контингента, чей возрастающий опыт будет и далее способствовать стабильности и разнообразию в управлении локальной вселенной. Пусть эти существа не достигают Рая, однако приобретаемая ими эмпирическая мудрость в решении проблем Небадона значительно превосходит любые достижения восходящих созданий, которые лишь временно находятся в локальной вселенной. И эти спасенные души продолжают существовать как уникальные сочетания человеческого и божественного, способные всё лучше соединять воззрения этих двух столь разных уровней и излагать двуединую точку зрения, проявляя всё бóльшую мудрость.

6. НЕБЕСНЫЕ НАБЛЮДАТЕЛИ

Образовательная система Небадона управляется Троичными Сынами-Учителями совместно с просветительским корпусом Мелхиседеков, но большая работа по укреплению и поддержанию этой системы ведется Небесными Наблюдателями. Существа, набираемые в этот корпус, представляют все типы индивидуумов, связанных с программой образования и подготовки восходящих смертных. В Небадоне существует более трех миллионов таких существ, и все они – добровольцы, способные, благодаря своему опыту, служить в качестве советников по вопросам образования для целой сферы. Отправляясь в путь из своих центров в салвингтонских мирах Мелхиседеков, эти наблюдатели действуют по всей локальной вселенной в качестве инспекторов небадонского метода обучения, рассчитанного на улучшение интеллектуальной подготовки и духовного воспитания восходящих созданий.

Эта подготовка разума и просвещение духа начинается в мирах происхождения людей, продолжается в обительских мирах системы и остальных сферах развития, связанных с Иерусемом, в семидесяти мирах социализации, существующих при Эдемии, и в четырехстах девяноста сферах духовного развития, окружающих Салвингтон. В самой столице вселенной находятся многочисленные школы Мелхиседеков, колледжи Вселенских Сынов, серафические университеты, школы Сынов-Учителей и Союза Дней. Сделано всё возможное для того, чтобы разнообразные вселенские личности могли подниматься на новые уровни служения и совершенствовать свою деятельность. Вся вселенная – это одна огромная школа.

Методы, используемые во многих высших школах, не вмещаются в человеческое представление об искусстве обучения истине, однако основной принцип всей системы образования – это формирование характера посредством просвещенного опыта. Учителя обеспечивают просвещение; местонахождение во вселенной и статус восходящего создания предоставляют возможность для приобретения опыта; мудрое использование двух этих факторов укрепляет характер.

Суть небадонской системы образования заключается в том, что она предлагает вам задание, после чего предоставляет возможность обучиться идеальному и божественному методу его наилучшего выполнения. Вам дается конкретное задание, и одновременно вы обеспечиваетесь учителями, способными научить вас лучшему способу его выполнения. Божественный план образования обеспечивает тесную связь труда и обучения. Мы учим вас наилучшему исполнению того, что велим исполнить.

Цель всего этого обучения и накопления опыта заключается в том, чтобы подготовить вас к переходу в высшие и более духовные образовательные сферы сверхвселенной. Прогресс в пределах данной сферы индивидуален, но продвижение от одного этапа к другому совершается обычно целыми классами.

Эволюция в вечности не заключается только в духовном развитии. Интеллектуальные приобретения также являются частью вселенского образования. Опыт разума увеличивается пропорционально расширению духовного горизонта. Как разум, так и дух получают равные возможности для обучения и прогресса. Однако во всём этом возвышенном воспитании разума и духа вы навечно освобождаетесь от ограничений смертной плоти. Вам более не приходится постоянно примирять противоречивые и противоположные устремления духовной и материальной природы. Наконец-то вы становитесь правомочным обладателем прославленного разума, единого в своих устремлениях и уже давно освободившегося от примитивной животной тяги к материальным вещам.

До того как смертные Урантии покинут вселенную Небадон, большинство из них сможет воспользоваться возможностью более или менее продолжительного служения в качестве членов небадонского корпуса Небесных Наблюдателей.

7. УЧИТЕЛЯ ОБИТЕЛЬСКИХ МИРОВ

Учителя Обительских Миров набираются из числа прославленных херувимов. Как и большинство других преподавателей Небадона, они назначаются на должность Мелхиседеками. Они принимают участие в большинстве образовательных проектов моронтийной жизни, и их численность совершенно не укладывается в представление смертных.

Учителя Обительских Миров – как уровень служения, достигаемый херувимами и сановимами, – обсуждаются в следующем документе. Как наставники, играющие важную роль в моронтийной жизни, они будут более подробно рассмотрены в одноименном документе.

8. ВЫСШИЕ ДУХОВНЫЕ КАТЕГОРИИ С ВОЗЛОЖЕННЫМИ ОБЯЗАННОСТЯМИ

Кроме силовых центров и физических регуляторов, некоторые из духовных существ высших категорий, принадлежащих к семье Бесконечного Духа, назначаются для постоянного служения в локальную вселенную. Такое назначение получают следующие категории высших духов, относящихся к семье Бесконечного Духа:

Одиночные Посланники, при функциональном прикреплении к администрации локальной вселенной, оказывают неоценимую услугу в нашем стремлении преодолеть ограничения времени и пространства. При отсутствии такого назначения мы, создания локальных вселенных, не имеем над ними никакой власти, однако и в таких случаях эти уникальные существа всегда готовы помочь нам в решении наших проблем и исполнении наших распоряжений.

Имя находящегося в нашей локальной вселенной третичного *Смотрителя Вселенских Контуров* – Андовонтия. Он имеет отношение только к духовным и моронтийным контурам, а не к тем, которые находятся в ве́дении энергетических управляющих. Именно он изолировал Урантию во время предательства планеты Калигастией в критический период восстания Люцифера. Приветствуя смертных Урантии, он выражает свою радость от сознания того, что когда-нибудь вы будете восстановлены в контролируемых им вселенских контурах.

Резиденция небадонского *Регистратора Волевых Созданий*, Салсатии, находится в секторе Гавриила на Салвингтоне. Он автоматически осознаёт рождение и смерть воли, регистрируя точную численность волевых созданий, действующих в локальной вселенной. Он трудится в тесной связи с регистраторами личностей, проживающими в регистрационных мирах архангелов.

Салвингтон является местом постоянного обитания *Ассоциированного Инспектора* – личного представителя Верховного Администратора Орвонтона. Его партнеры, *Полномочные Стражи* в локальных системах, также представляют Верховного Администратора Орвонтона.

Всеобщие Примирители – это мобильные суды вселенных времени и пространства, а поле их деятельности начинается в эволюционных мирах, охватывая каждую секцию локальной вселенной и простираясь за ее пределы. Эти арбитры входят в реестр Уверсы. Точная численность небадонского корпуса неизвестна, однако, по моим оценкам, в нашей локальной вселенной действует около миллиона миротворческих комиссий.

Мы обеспечены своей долей правового интеллекта вселенной, насчитывающей полмиллиарда *Юридических Советников*. Эти существа являются живыми передвижными библиотеками, хранителями эмпирических знаний по вопросам права во всём пространстве.

Корпус *Небесных Регистраторов* Небадона, восходящих серафимов, насчитывает семьдесят пять существ. Это старшие, или руководящие, регистраторы. Численность проходящих подготовку студентов данной категории составляет почти четыре миллиарда.

Служение семидесяти миллиардов *Моронтийных Спутников* Небадона описано в тех повествованиях, которые относятся к переходным планетам паломников времени.

Каждая вселенная обладает своим собственным корпусом исконных ангелов; тем не менее, в некоторых ситуациях нам очень помогает содействие этих высших духов, которые берут свое начало за пределами локального творения. Некоторые редкие и уникальные виды услуг оказывают супернафимы; нынешний глава серафимов Урантии является первичным супернафимом Рая. Отражательные секонафимы встречаются повсюду, где действует персонал сверхвселенной, и великое множество тертиафимов находится на временной службе в качестве Всевышних Помощников.

9. ПОСТОЯННЫЕ ГРАЖДАНЕ ЛОКАЛЬНОЙ ВСЕЛЕННОЙ

Так же, как в сверх- и центральной вселенных, в локальной вселенной есть свои категории постоянных граждан. Сюда входит ряд созданных типов:

1. Сузаты.
2. Унивитаты.
3. Материальные Сыны.
4. Промежуточные создания.

Эти исконные существа локального творения, вместе со слившимися с Духом восходящими созданиями и спиронгами (которые входят в другую классификацию), образуют группу сравнительно постоянных граждан. В целом, эти категории существ не являются ни восходящими, ни нисходящими. Все они представляют собой эмпирические создания, однако их возрастающий опыт продолжает быть доступным для вселенной на уровне их происхождения. Хотя это и не совсем верно для Адамических Сынов и промежуточных созданий, сказанное остается относительно справедливым для данных категорий.

Сузаты. Эти замечательные существа пребывают и действуют в качестве постоянных граждан Салвингтона, столичной сферы локальной вселенной. Они являются великолепным потомством Сына-Создателя и Созидательного Духа и тесно связаны с восходящими гражданами локальной вселенной – слившимися с Духом смертными небадонского Корпуса Совершенства.

Унивитаты. Каждый из ста столичных комплексов архитектурных сфер созвездий пользуется постоянной помощью местной категории существ, известных как унивитаты. Эти дети Сына-Создателя и Созидательного Духа представляют собой постоянное население столичных миров созвездий. Они неспособны к воспроизводству и находятся на уровне, занимающем промежуточное положение между полуматериальным уровнем Материальных Сынов, проживающих в столичных мирах систем, и более духовным уровнем слившихся с Духом смертных и сузат Салвингтона. Однако унивитаты не относятся к моронтийным существам. Они приносят такую же пользу восходящим смертным, пересекающим сферы созвездия, как и исконные обитатели Хавоны – духовным паломникам, проходящим через центральную вселенную.

Материальные Божьи Сыны. Когда исчерпывается цикл созидательной связи Сына-Создателя с локальным представителем Бесконечного Духа, Вселенским Материнским Духом, когда перестает появляться обладающее совместной природой потомство, тогда Сын-Создатель осуществляет двуединую персонализацию своей последней концепции существа и тем самым окончательно подтверждает свое собственное изначальное двуединое происхождение. В себе и из себя создает он прекрасных и возвышенных Сынов и Дочерей материальной категории вселенского сыновства. Таково происхождение изначальных Адама и Евы каждой локальной системы Небадона. Они являются воспроизводящимися категориями сыновства, поскольку создаются как мужчина и женщина. Их потомство – это относительно постоянные граждане столиц систем, хотя некоторые из них получают назначения в качестве Планетарных Адамов.

Посланные для исполнения планетарной миссии, Материальные Сын и Дочь получают задание основать адамическую расу данного мира, которой в итоге предстоит слиться со смертными обитателями сферы. Планетарные Адамы являются как восходящими, так и нисходящими Сынами, но обычно мы причисляем их к восходящему классу.

Промежуточные создания. На заре существования большинства обитаемых миров в них действуют некоторые сверхчеловеческие, но материализованные существа, которые, однако, обычно отходят от дел после прибытия Планетарных Адамов. Труд таких существ и усилия Материальных Сынов по улучшению эволюционных рас нередко имеют своим следствием появление ограниченного числа созданий, которые трудно классифицировать. Эти уникальные существа часто стоят на полпути между Материальными Сынами и эволюционными созданиями. Отсюда и их название: промежуточные создания. По сравнению с другими, эти промежуточные создания являются постоянными гражданами эволюционных миров. Начиная с прибытия Планетарного Князя и вплоть до происходящего в отдаленном будущем утверждения планеты в свете и жизни, они являются единственной группой разумных существ, постоянно пребывающих на сфере. На Урантии попечители из числа промежуточных созданий являются фактическими опекунами планеты; собственно говоря, это граждане Урантии. Действительно, смертные являются физическими, материальными обитателями эволюционного мира, но вы все так недолговечны, вы так быстро покидаете планету своего рождения. Вы рождаетесь, живете, умираете и переходите в другие миры эволюционного развития. Даже сверхчеловеческие существа, служащие на планетах в качестве небесных попечителей, находятся здесь временно; лишь немногие из них надолго прикрепляются к данной сфере. Что же касается промежуточных созданий, они обеспечивают преемственность управления планетой в условиях постоянной смены небесных попечителей и смертных обитателей. На фоне всех этих непрекращающихся изменений и перемен промежуточные создания остаются на планете, непрерывно продолжая свой труд.

Таким же образом все отделения административной организации локальных вселенных и сверхвселенных обладают своим более или менее неизменным населением – постоянными гражданами. Подобно тому, как на Урантии есть промежуточные создания, на Иерусеме, столичной сфере вашей системы, проживают Материальные Сыны и Дочери. На Эдемии, столичной сфере вашего созвездия, обитают унивитаты, в то время как граждане Салвингтона существуют в двух видах: созданные сузаты и слившиеся с Духом смертные эволюционного происхождения. Административные миры малых и больших секторов сверхвселенных не имеют постоянных граждан. Однако столичные сферы Уверсы постоянно укрепляются поразительной группой существ, известных как *абандонтеры*, – творением нераскрытых посредников Древних Дней и семи Отражательных Духов, находящихся в столице Орвонтона. В настоящее время эти постоянные граждане Уверсы занимаются управлением текущими делами своего мира под непосредственным наблюдением уверсского корпуса слившихся с Сыном смертных. Даже в Хавоне есть свои исконные существа, а центральный Остров Света и Жизни является обителью различных групп Граждан Рая.

10. ДРУГИЕ ГРУППЫ ЛОКАЛЬНОЙ ВСЕЛЕННОЙ

Кроме серафических и смертных категорий, которые будут рассмотрены в следующих документах, существуют многочисленные дополнительные существа, имеющие отношение к поддержанию и усовершенствованию такой гигантской организации, как вселенная Небадон, в которой уже сейчас насчитывается более трех миллионов обитаемых миров, а в перспективе их будет десять миллионов. Различные типы небадонской жизни слишком многочисленны для того, чтобы их можно было перечислить в этом документе, но можно отметить две необычные категории, ведущие активную деятельность на 647 591 архитектурной сфере локальной вселенной.

Спиронги являются духовным потомством Светлой Утренней Звезды и Отца-Мелхиседека. Они не знают прекращения личностного существования, но не относятся к эволюционным или восходящим существам. Не имеют они и функционального отношения к эволюционному режиму восхождения. Они представляют собой духовных помощников локальной вселенной, исполняющих повседневные духовные задания Небадона.

Спорнаги. Архитектурные столичные миры локальной вселенной являются реальными мирами – физическими творениями. Много усилий затрачивается на поддержание их физического состояния, и помогает в этом группа физических созданий, называемых спорнагами. Они заботятся и ухаживают за материальной стороной этих столичных миров – от Иерусема до Салвингтона. Спорнаги не являются ни духами, ни личностями; они относятся к животной категории бытия. Однако если бы вы могли их увидеть, вы согласились бы с тем, что они кажутся совершенными животными.

Различные *местные колонии* расположены на Салвингтоне и других местах. Особую пользу приносит нам служение небесных мастеровых в созвездиях. Кроме того, нам помогают управляющие реверсией, действующие в основном в столицах локальных систем.

В распоряжении вселенной всегда находится корпус восходящих смертных, включающий прославленные промежуточные создания. После достижения Салвингтона эти восходящие создания используются в бесчисленных видах деятельности, связанных с ведéнием вселенских дел. С любого достигнутого уровня эти продвигающиеся вперед смертные возвращаются назад, вниз, чтобы протянуть руку помощи своим товарищам, восходящим вслед за ними. Такие смертные, из числа временно пребывающих на Салвингтоне, получают, по требованию, назначения практически во все корпуса небесных личностей в качестве помощников, студентов, наблюдателей и учителей.

Существуют и другие типы разумной жизни, связанные с управлением локальной вселенной, но раскрытие этих категорий творения не предусмотрено планом настоящего повествования. Приведенного здесь описания жизни и управления этой вселенной достаточно для того, чтобы смертный разум мог получить представление о реальности и величии грядущего существования. Дальнейший опыт восхождения будет всё глубже раскрывать вам этих интересных и обаятельных существ. Данное повествование может претендовать лишь на краткий рассказ о природе и труде разнообразных личностей, наполняющих вселенные пространства и управляющих этими творениями, словно гигантскими подготовительными школами, – школами, в которых паломники времени продвигаются от жизни к жизни и от мира к миру, пока, получив добрые напутствия, они не покидают границы своей вселенной, переходя к более высокому образовательному режиму сверхвселенной, откуда они устремляются в миры духовного воспитания Хавоны и, наконец, к Раю и высокому предназначению завершителей – вечному назначению в миссии, пока еще не раскрытые вселенным времени и пространства.

[Продиктовано Яркой Вечерней Звездой Небадона, 1 146-м членом Созданного Корпуса.]

ДОКУМЕНТ 38

ПОПЕЧИТЕЛЬСКИЕ ДУХИ ЛОКАЛЬНОЙ ВСЕЛЕННОЙ

Существуют три явно выраженные категории личностей Бесконечного Духа. Пылкий апостол понимал это, когда он писал об Иисусе, «который вознесся на небо и воссел по правую руку от Бога и которому покорились ангелы и власти и силы». Ангелы – это попечительские духи времени; власти – воинство посланников пространства; силы – высшие личности Бесконечного Духа.

Как супернафимы в центральной вселенной и секонафимы в сверхвселенной, так серафимы, вместе с херувимами и сановимами, образуют ангельский корпус локальной вселенной.

Все серафимы более или менее однородны. Во всех семи сверхвселенных отличия серафимов одной вселенной от любой другой минимальны; из всех духовных видов личностных существ они наиболее близки к единому стандарту. Различные чины серафимов образуют корпуса квалифицированных и неквалифицированных попечителей локальных творений.

1. ПРОИСХОЖДЕНИЕ СЕРАФИМОВ

Серафимы создаются Вселенским Материнским Духом и планируются группами – по 41 472 существа за один раз – с тех пор, как в начальный период существования Небадона были созданы «типовые ангелы» и архетипы некоторых типов ангелов. Сын-Создатель и вселенское проявление Бесконечного Духа объединяются для создания большого числа Сынов и других вселенских личностей. По завершении совместного труда Сын приступает к сотворению Материальных Сынов – первых разнополых созданий, в то время как Вселенский Материнский Дух приступает к своему первому самостоятельному воспроизводству духа. Так начинается создание серафического воинства локальной вселенной.

Эти ангельские чины проектируются одновременно с планированием эволюции смертных волевых созданий. Создание серафимов восходит к обретению Вселенским Материнским Духом относительной личности – личности раннего созидательного помощника Сына-Создателя, а не более позднего, равного партнера Сына-Владыки. До этого события одна из соседних вселенных временно предоставляла Небадону серафимов, которые несли здесь службу.

Периодическое создание серафимов продолжается; вселенная Небадон всё еще находится в процессе становления. Вселенский Материнский Дух не прекращает творческой активности в растущей и совершенствующейся вселенной.

2. ПРИРОДА АНГЕЛОВ

Ангелы не имеют материальных тел, однако они являются явно выраженными и дискретными существами; они обладают духовной сущностью и происхождением. Хотя и невидимые для смертных, они воспринимают вас такими как вы есть, во плоти, не прибегая к помощи преобразователей или переводчиков. На интеллектуальном уровне они понимают образ смертной жизни, они разделяют все нечувственные эмоции и настроения человека. Им понятны и их очень радуют ваши успехи в музыке, искусстве и тонком юморе. Они полностью осознают моральные проблемы и духовные трудности смертных. Они любят людей, и ваши стремления понять и полюбить их могут быть только во благо.

Хотя серафимы весьма ласковы и благожелательны, они не испытывают сексуальных чувств. Они являются во многом такими же, какими станете вы в обительских мирах, где не будете «ни жениться, ни выходить замуж, а будете подобны ангелам небесным». Ибо все, кого «сочтут достойным перейти в обительские миры, не женятся и не выходят замуж и больше не умирают, ибо они подобны ангелам». Тем не менее, общаясь с разнополыми созданиями, мы говорим обычно о существах, имеющих более прямое происхождение от Отца и Сына, как о Божьих сынах, а о детях Духа – как о Божьих дочерях. Поэтому на планетах разнополых созданий ангелы обычно обозначаются местоимениями женского рода.

Серафимы созданы таким образом, что способны функционировать как на духовном, так и на физическом уровнях. Лишь некоторые аспекты моронтийной или духовной деятельности недоступны для них. Хотя в личностном статусе ангелы не столь далеки от людей, в отношении некоторых функциональных возможностей серафимы далеко их превосходят. Они обладают многими способностями, совершенно недоступными для вашего понимания. Например: вам сказано, что «у вас и волосы на голове все сочтены»; так оно и есть, но серафим не тратит свое время, пересчитывая волосы и постоянно уточняя их число. Ангелы обладают внутренней и автоматической (то есть автоматической в вашем понимании) способностью знать такие вещи; вы считали бы серафима настоящим математическим гением. Поэтому многочисленные обязанности, предельно сложные для смертных, выполняются серафимами с невероятной легкостью.

Ангелы превосходят вас по своему духовному статусу, однако они не являются вашими судьями или обвинителями. Какими бы ни были ваши проступки, «хотя ангелы превосходят вас силой и способностями, они не обвиняют вас». Ангелы не судят людей – не следует и отдельным смертным предосудительно относиться к своим собратьям.

Вы поступите правильно, если полюбите их, но вам не следует их боготворить; ангелы не являются объектами поклонения. Великий серафим Лоялатия, когда ваш пророк «пал к ногам ангела, чтобы поклониться ему», сказал: «Не делай этого; я такой же слуга, как ты и братья твои, которым всем предписано поклоняться Богу».

На лестнице созданий серафимы находятся чуть выше смертных рас по своей природе и дарованной им личности. Действительно, освободившись от плоти, вы станете очень похожи на них. В обительских мирах вы начнете понимать серафимов, в сферах созвездия получать удовольствие от общения с ними, а на Салвингтоне они будут делить с вами места отдыха и поклонения. На протяжении всего моронтийного и впоследствии духовного восхождения ваша общность с серафимами будет идеальной, ваша дружба – возвышенной.

3. НЕРАСКРЫТЫЕ АНГЕЛЫ

По всему пространству локальной вселенной действуют многочисленные категории духовных существ, нераскрытых смертным ввиду того, что они никак не связаны с эволюционным планом восхождения к Раю. В данном документе значение слова «ангел» специально сужено: оно обозначает только тех серафических и связанных с ними потомков Вселенского Материнского Духа, которые большей частью заняты реализацией планов продолжения жизни после смерти. В локальной вселенной служат шесть других категорий родственных существ – нераскрытых ангелов, не имеющих какого-либо специального отношения к той вселенской деятельности, которая связана с восхождением эволюционных смертных к Раю.

Шесть этих групп ангелов никогда не называют серафимами; не говорят о них и как о попечительских духах. Эти личности целиком заняты административными и иными делами Небадона, не имеющими никакого отношения к эволюционному пути человека – духовному восхождению и достижению совершенства.

4. СЕРАФИЧЕСКИЕ МИРЫ

Девятая группа из семи первичных сфер салвингтонского кольца объединяет миры серафимов. У каждого из этих миров есть шесть подчиненных спутников, на которых расположены специальные школы, посвященные всем аспектам серафической подготовки. Хотя серафимы имеют доступ ко всем сорока девяти мирам, составляющим данную группу салвингтонских сфер, в их полном распоряжении находится только первый комплекс из семи миров. Остальные шесть комплексов заняты шестью чинами ангельских существ, нераскрытых на Урантии. У каждой такой группы есть свой центр на одном из шести первичных миров для осуществления специализированной деятельности на шести подчиненных спутниках. Каждый ангельский чин обладает свободным доступом во все миры этих семи разнообразных групп.

Миры, на которых расположены центры серафимов, входят в число самых великолепных сфер Небадона; серафические владения отличаются как красотой, так и просторностью. Здесь у каждого серафима есть настоящий дом, а «дом» означает жилище для двух серафимов, так как серафимы живут парами.

Хотя в противоположность Материальным Сынам и смертным расам серафимы не делятся на мужчин и женщин, они бывают положительными и отрицательными. Для исполнения большинства заданий требуются два ангела. Если они не соединены в контуре, они могут работать по отдельности; дополняющее существо не требуется им и тогда, когда они находятся в состоянии покоя. Обычно они сохраняют своих изначальных дополняющих существ, но не всегда. Такие объединения в основном объясняются функцией; для них не характерно сексуальное чувство, хотя они и являются чрезвычайно личностными и истинно нежными.

Кроме отведенных серафимам жилищ, у них есть групповые, ротные, батальонные и бригадные центры. Раз в тысячелетие они встречаются на общих сборах, где присутствуют все серафимы в соответствии с временем своего появления на свет. Если серафим облечен ответственностью, которая не позволяет ему оставить свою службу, то он посещает сборы попеременно со своим дополнением, освобождаемый серафимом с иной датой рождения. Таким образом, каждый серафический партнер присутствует как минимум на каждом втором сборе.

5. ПОДГОТОВКА СЕРАФИМОВ

Свое первое тысячелетие серафимы проводят в качестве свободных наблюдателей на Салвингтоне и в школах салвингтонских миров. Второе тысячелетие проходит в серафических школах в мирах салвингтонского кольца. Их центральная школа подготовки управляется первой сотней тысяч небадонских серафимов, во главе которых находится изначальный, или перворожденный, ангел этой локальной вселенной. Первая созданная группа небадонских серафимов была обучена корпусом из тысячи серафимов вселенной Авалон; впоследствии наши ангелы воспитывались своими собственными старшими собратьями. Мелхиседеки также играют большую роль в образовании и подготовке всех ангелов локальной вселенной – серафимов, херувимов и сановимов.

По завершении данного периода обучения в серафических мирах Салвингтона серафимы мобилизуются в обычные для организации ангелов группы и бригады и назначаются в одно из созвездий. Они еще не получают заданий в качестве попечительских духов, хотя к тому времени уже находятся на тех стадиях подготовки, которые предшествуют наделению соответствующими полномочиями.

Для серафимов путь попечительских духов открывается служением в качестве наблюдателей в низших эволюционных мирах. Получив соответствующий опыт, они возвращаются в миры, ассоциированные со столичной сферой того созвездия, в которое они получили назначение, чтобы приступить к углубленным занятиям и более детальной подготовке к служению в одной из локальных систем. Получив это общее образование, они назначаются на службу в одну из локальных систем. Наши серафимы завершают свою подготовку в архитектурных мирах, объединенных со столицей одной из систем Небадона, и назначаются в качестве попечительских духов времени.

После назначения на должность серафимы могут выполнять задания по всему Небадону и даже Орвонтону. Их труд во вселенной не имеет пределов и ограничений. Они тесно связаны с материальными созданиями миров и всегда готовы служить низшим категориям духовных личностей, устанавливая связь между этими существами духовного мира и смертными материальных сфер.

6. СЕРАФИЧЕСКАЯ ОРГАНИЗАЦИЯ

Когда завершается второе тысячелетие пребывания серафимов в своем центральном мире, они организуются в группы по двенадцать (12 пар, 24 серафима), подчиненные предводителям. Двенадцать таких групп образуют возглавляемую лидером роту (144 пары, 288 серафимов); двенадцать рот образуют батальон (1 728 пар, или 3 456 серафимов), во главе которого стоит командир; двенадцать батальонов, возглавляемых руководителем, соответствуют серафической бригаде (20 736 пар, или 41 472 индивидуума), а двенадцать бригад, подчиненных командующему, образуют легион, насчитывающий 248 832 пары, или 497 664 индивидуума. В ту ночь, в Гефсиманском саду, Иисус имел в виду именно такую группу ангелов, когда сказал: «Я могу и теперь воззвать к моему Отцу, и он тотчас пришлет мне более двенадцати легионов ангелов».

Двенадцать легионов ангелов составляют воинство, насчитывающее 2 985 984 пары, или 5 971 968 индивидуумов, а двенадцать таких воинств (35 831 808 пар, или 71 663 616 индивидуумов) образуют крупнейшую действующую организацию серафимов – армию ангелов. Серафическое воинство возглавляется архангелом или какой-либо другой личностью равного статуса, в то время как во главе армий ангелов стоят Яркие Вечерние Звезды или другие непосредственные подчиненные Гавриила. И Гавриил является «верховным главнокомандующим всех небесных армий» – главой исполнительной власти Властелина вселенной Небадон, «Господа Бога Саваофа».

Несмотря на то что серафимы служат под непосредственным руководством личностного воплощения Бесконечного Духа на Салвингтоне, со времени посвящения Михаила на Урантии серафимы и все остальные чины локальной вселенной подчиняются полновластному Сыну-Владыке. Даже тогда, когда Михаил родился во плоти на Урантии, по всему Небадону прозвучало обращение сверхвселенной: «Пусть поклоняются ему все ангелы». Все чины ангелов подчиняются его владычеству; они являются частью той группы, которая была названа «его могущественными ангелами».

7. ХЕРУВИМЫ И САНОВИМЫ

По всем основным свойствам херувимы и сановимы похожи на серафимов. У них одинаковое происхождение, но не всегда одно и то же предназначение. Они удивительно разумны, изумительно эффективны, трогательно нежны и очень напоминают людей. Они относятся к низшей категории ангелов – и тем они ближе к более прогрессивным типам человеческих созданий эволюционных миров.

Херувимы и сановимы взаимосвязаны, функционально объединены в силу своих природных данных. Один из них – личность, обладающая положительной энергией, другой – отрицательной энергией. Правый дефлектор, или положительно заряженный ангел, является херувимом – это старшая, или управляющая, личность. Левый дефлектор, или отрицательно заряженный ангел, является сановимом – дополняющим существом. Самостоятельная деятельность каждого из ангельских типов весьма ограничена; поэтому обычно они служат попарно. Исполняя задания независимо от своих серафических руководителей, они более чем когда-либо зависят от взаимной связи и всегда действуют вместе.

Херувимы и сановимы – это преданные и деятельные помощники серафических попечителей, и все семь чинов серафимов обеспечены этими нижестоящими помощниками. Веками херувимы и сановимы служат в этом качестве, однако они не сопровождают серафимов, выполняющих задания за пределами локальной вселенной.

Херувимы и сановимы выполняют повседневную духовную работу в индивидуальных мирах локальных систем. При исполнении неличностного задания и в экстренных случаях они могут замещать серафическую пару, но никогда, даже временно, эти ангелы не действуют в качестве спутников людей. Это является исключительной привилегией серафимов.

Получив назначение на планету, херувимы проходят локальные курсы подготовки, куда входит изучение планетарных обычаев и языков. Все попечительские духи времени двуязычны: они владеют языком локальной вселенной, в которой появились на свет, и языком своей сверхвселенной. Обучаясь в планетарных школах, они овладевают новыми языками. Херувимы и сановимы – так же, как серафимы и другие категории духовных существ – постоянно занимаются самоусовершенствованием. Только те вспомогательные существа, которые заняты регуляцией сил и управлением энергии, неспособны к прогрессу; все создания, обладающие действительным или потенциальным волеизъявлением личности, стремятся к новым достижениям.

По своей природе херувимы и сановимы очень близки к моронтийному уровню бытия и оказываются наиболее эффективными на стыке физической, моронтийной и духовной сфер. Эти дети Материнского Духа локальной вселенной характеризуются наличием «четвертых созданий», в чём схожи с Хавонскими Сервиталами и примирительными комиссиями. Каждый четвертый херувим и каждый четвертый сановим являются квазиматериальными существами и очень напоминают моронтийный уровень бытия.

Такие четвертые ангельские создания оказывают серафимам огромную помощь в более материальные периоды их вселенской и планетарной деятельности. Эти моронтийные херувимы выполняют также многие бесценные пограничные задания в подготовительных мирах моронтии и в больших количествах назначаются в службу Моронтийных Спутников. В моронтийных сферах они выполняют примерно такую же функцию, какую промежуточные создания выполняют на эволюционных планетах. В обитаемых мирах эти моронтийные херувимы часто трудятся в союзе с промежуточными созданиями. Херувимы и промежуточные создания являются двумя различными категориями существ; они имеют разное происхождение, но их объединяет большая общность природы и функций.

8. ЭВОЛЮЦИЯ ХЕРУВИМОВ И САНОВИМОВ

Перед херувимами и сановимами открыты многочисленные пути для продвижения в служении и повышения своего статуса, что может быть еще больше усилено объятиями Божественной Попечительницы. В отношении эволюционного потенциала, существуют три больших класса херувимов и сановимов:

1. *Кандидаты на восхождение*. Эти существа по самой своей природе являются кандидатами на обретение серафического статуса. Херувимы и сановимы этого типа – выдающиеся ангелы, хотя по своим внутренним дарованиям они не соответствуют серафимам. Однако усердие и накопленный опыт могут помочь им подняться до полного серафического статуса.

2. *Промежуточные херувимы*. Не все херувимы и сановимы обладают равным потенциалом восхождения: ангелы данной группы ограничены в силу врожденных свойств. Большинство из них останется херувимами и сановимами, хотя более одаренные индивидуумы смогут, в ограниченных пределах, достичь серафического служения.

3. *Моронтийные херувимы*. Эти «четвертые создания» ангельских категорий всегда сохраняют свои квазиматериальные свойства. Как и большинство их собратьев из промежуточной категории, они будут продолжать оставаться херувимами и сановимами вплоть до полной фактуализации Верховного Существа.

Если вторая и третья группы в определенном смысле ограничены в отношении потенциала роста, то кандидаты на восхождение способны достигать высот всестороннего серафического служения во вселенной. Многие более опытные херувимы из числа этих ангелов прикрепляются к серафическим хранителям судьбы и, таким образом, вступают на путь достижения статуса Учителей Обительских Миров, по мере того как вышестоящие серафимы покидают эти сферы. В распоряжении хранителей судьбы нет помощников из числа херувимов и сановимов, когда их смертные подопечные достигают моронтийной жизни. А когда другие типы эволюционных серафимов получают доступ на Серафингтон и в Рай, то, прежде чем распрощаться с Небадоном, они должны оставить здесь своих бывших подчиненных. Такие покинутые херувимы и сановимы обычно проходят объятия вселенского Материнского Духа, благодаря чему они обретают серафический статус, равный статусу Учителей Обительских Миров.

Когда херувимы и сановимы, исполняющие обязанности Учителей Обительских Миров и прошедшие в прошлом объятия Материнского Духа, в течение долгого времени служат в моронтийных сферах, от низшей до высшей, а также при переполнении их салвингтонского корпуса, Светлая Утренняя Звезда призывает к себе этих преданных слуг, помогающих созданиям времени. Дав клятву, которая предваряет трансформацию личности, эти более подготовленные и старшие херувимы и сановимы, в группах по семь тысяч, повторно принимаются в объятия Вселенского Материнского Духа, выходя из них полномочными серафимами. Отныне для этих претерпевших второе рождение херувимов и сановимов открывается путь служения серафимов, включающий все возможности, связанные с Раем. Они могут назначаться хранителями судьбы смертных существ, и если смертный подопечный обретает спасение, то эти ангелы получают возможность достичь Серафингтона и семи кругов серафических достижений – вплоть до Рая и Корпуса Завершения.

9. ПРОМЕЖУТОЧНЫЕ СОЗДАНИЯ

Существует троякая классификация промежуточных созданий: строго говоря, они относятся к классу восходящих Божьих Сынов; фактически, они причисляются к категориям постоянных граждан, в то время как функционально они считаются попечительскими духами времени благодаря сокровенной и эффективной связи с ангельским воинством в служении смертным обитателям индивидуальных миров пространства.

Эти уникальные создания существуют в большинстве обитаемых миров и всегда встречаются на десятичных планетах, или планетах экспериментальной жизни, таких как Урантия. Существуют два типа промежуточных созданий – первичный и вторичный, и они появляются следующим образом:

1. *Первичные промежуточные создания* – более духовная группа, в некотором роде стандартизованная категория существ, единообразно получаемых из модифицированных восходящих смертных, составляющих окружение Планетарных Князей. Численность первичных промежуточных созданий всегда составляет пятьдесят тысяч существ, и ни одна из планет, пользующихся их услугами, не располагает более крупной группой.

2. *Вторичные промежуточные создания* – более материальная группа, численность которой в различных мирах колеблется в широких пределах, хотя в среднем составляет пятьдесят тысяч. Эти существа создаются различными методами с использованием либо планетарных биологических совершенствователей – Адама и Евы, – либо их непосредственного потомства. Существует не менее двадцати четырех различных способов, используемых при сотворении этих вторичных промежуточных созданий в эволюционных мирах пространства. Происхождение такой группы на Урантии было совершенно необычным и экстраординарным.

Ни одна из этих групп не является эволюционной случайностью. Обе играют важную роль в предопределенном плане творцов вселенной, а их появление в благоприятный момент в эволюционирующих мирах соответствует изначальным проектам и планам развития наблюдающих Носителей Жизни.

Первичные промежуточные создания питаются интеллектуальной и духовной энергией с применением ангельской методики и одинаковы по интеллектуальному статусу. Семь вспомогательных духов разума не вступают с ними в контакт. И только шестой и седьмой духи – поклонения и мудрости – способны помогать вторичной группе.

Вторичные промежуточные создания питаются физической энергией с использованием адамического метода, подключаются к духовным контурам по методу серафимов и наделяются моронтийным разумом переходного типа. Среди них выделяются четыре физических типа, семь духовных категорий и двенадцать уровней интеллектуального реагирования на совместное служение двух последних вспомогательных духов и моронтийного разума. Эти своеобразия определяют различный характер их деятельности и планетарных назначений.

Первичные промежуточные создания больше напоминают ангелов, чем смертных; вторичные категории намного ближе к людям. Каждая категория оказывает бесценную помощь другой при выполнении разнообразных планетарных заданий.

Первичные попечители способны сотрудничать с регуляторами как морошнтийной, так и духовной энергии, а также с управляющими контурами разума. Вторичная группа может устанавливать рабочие связи только с физическими регуляторами и операторами материальных контуров. Однако ввиду того, что каждая категория промежуточных созданий способна достигать абсолютно синхронной связи с другой, то любой из них доступен практически весь энергетический диапазон, начиная с грубой физической энергии материальных миров, включая переходные фазы энергии вселенной, и вплоть до высших сил духовной реальности небесных сфер.

Пропасть, разделяющая миры материи и духа, в совершенстве перекрывается последовательной цепочкой, состоящей из смертного человека, вторичного промежуточного создания, первичного промежуточного создания, морошнтийного херувима, промежуточного херувима и серафима. В личном опыте отдельного смертного эти различные уровни несомненно становятся более или менее едиными, а также личностно значимыми, благодаря незаметным и таинственным действиям божественного Настройщика Мышления.

В нормальных мирах первичные промежуточные создания осуществляют сбор информации и организуют досуг Планетарного Князя, в то время как вторичные попечители поддерживают сотрудничество с адамическим режимом, способствуя развитию прогрессивной планетарной цивилизации. В случае предательства Планетарного Князя и провала Материального Сына, что произошло на Урантии, промежуточные создания становятся стражами Властелина Системы и служат под направляющим руководством существа, исполняющего обязанности планетарного опекуна. Однако только в трех других мирах Сатании эти существа функционируют как единая группа под общим руководством, подобно объединенным промежуточным попечителям Урантии.

В многочисленных индивидуальных мирах вселенной как первичные, так и вторичные промежуточные создания занимаются разнообразным и различным планетарным трудом, но на нормальных и обычных планетах их деятельность существенно отличается от обязанностей, которые они выполняют в изолированных сферах, таких как Урантия.

Первичные промежуточные создания – это планетарные историки, которые, начиная с прибытия Планетарного Князя и вплоть до наступления эпохи устойчивого существования в свете и жизни, создают демонстрационные процессии и картины планетарной истории для экспозиций в столичных мирах систем.

Промежуточные создания остаются в обитаемых мирах на длительный срок, но если они оправдывают доверие, то в конце концов их многовековое служение, направленное на поддержание полновластия Сына-Создателя, не остается неотмеченным; они получают должное вознаграждение за свою терпеливую опеку материальных смертных в пространственно-временно́м мире. Рано или поздно все достойные промежуточные создания переводятся в ранг восходящих Божьих Сынов и, в должное время, отправляются в долгое неизведанное путешествие к Раю в обществе тех самых смертных животного происхождения, своих земных братьев, которых они столь ревностно охраняли и которым столь успешно служили в течение своего долгого пребывания на планете.

[Представлено Мелхиседеком, действующим по просьбе главы серафических воинств Небадона.]

ДОКУМЕНТ 39

СЕРАФИЧЕСКИЕ ВОИНСТВА

Насколько нам известно, намерением Бесконечного Духа – в том виде, в каком он персонализирован в столице локальной вселенной, – является создание единообразно совершенных серафимов. Однако, в силу неизвестной нам причины, этому серафическому потомству свойственно большое разнообразие. Оно может быть следствием неведомого вмешательства эволюционирующего эмпирического Божества; если это и так, у нас нет доказательств. Тем не менее, мы видим, что серафимы, проходя через испытания и тренировку в процессе обучения и подготовки, неизменно подразделяются на семь явно выраженных групп:

1. Верховные серафимы.
2. Вышестоящие серафимы.
3. Надзирающие серафимы.
4. Управляющие серафимы.
5. Планетарные помощники.
6. Переходные попечители.
7. Серафимы будущего.

Вряд ли будет справедливо сказать, что какой-то серафим стоит ниже ангела другой группы. Однако первое время каждый ангел ограничен классификационной группой изначального и присущего ему служения. Мой серафический партнер по подготовке настоящего документа, Манотия, является верховным серафимом и когда-то действовал только в качестве верховного серафима. Благодаря усердию и преданному служению, он последовательно прошел все семь видов серафического служения, приняв участие практически во всех областях открытой для серафимов деятельности, и в настоящее время занимает пост ассоциированного главы серафимов Урантии.

Порой людям трудно понять, что созданная способность служения на высоком уровне необязательно предполагает возможность функционирования на относительно более низких уровнях служения. Человек начинает жизнь как беспомощное дитя, поэтому каждое смертное достижение обязательно включает весь предшествующий опыт. У серафимов нет такой «юношеской» жизни – нет детства. И тем не менее, они являются эмпирическими созданиями и с помощью опыта и дополнительного образования могут повысить свои божественные, дарованные способности через эмпирическое приобретение функциональных навыков в одном или нескольких видах серафического служения.

Получив соответствующие полномочия, серафимы определяются в резерв своей классификационной группы. Планетарные и управляющие серафимы обычно подолгу служат в своем изначальном статусе, но чем выше уровень предопределенной функции, тем более настойчиво ангельские попечители добиваются назначений на низшие уровни вселенского служения. Особенно желанными являются назначения в резерв планетарных помощников, и в случае положительного решения они поступают в небесные школы при резиденции Планетарного Князя одного из эволюционных миров. Здесь они приступают к изучению языков, истории и местных обычаев человеческих рас. Серафимы должны приобрести знания и накопить опыт во многом так же, как и люди. В отношении некоторых атрибутов личности, они близки к вам. И все они жаждут начать с самого начала, с низшего уровня служения, что позволяет им надеяться на достижение высочайшего уровня эмпирического предназначения.

1. ВЕРХОВНЫЕ СЕРАФИМЫ

Эти серафимы относятся к высшей из семи раскрытых категорий ангелов локальной вселенной. Они функционируют в семи группах, каждая из которых тесно связана с ангельскими попечителями Серафического Корпуса Свершения:

1. *Попечители Сынов и Духов*. Первая группа верховных серафимов назначается на служение высоким Сынам и существам, произошедшим от Духа, постоянно пребывающим и функционирующим в локальной вселенной. Эта группа ангельских попечителей также служит Вселенскому Сыну и Вселенскому Духу и тесно связана с информационным корпусом Светлой Утренней Звезды – главного вселенского исполнителя объединенной воли Сына-Создателя и Созидательного Духа.

Назначенные в помощь высоким Сынам и Духам, эти серафимы естественным образом связаны с обширной службой Райских Авоналов – божественных потомков Вечного Сына и Бесконечного Духа. Эти высокие и опытные серафимы сопровождают Райских Авоналов во всех арбитражных и посвященческих миссиях, занимаясь в таких случаях подготовкой и проведением работ, связанных с окончанием планетарного судного периода и открытием новой эры. Однако они не принимают участия в отправлении правосудия, которое может иметь место при такой смене судных периодов.

Посвященческий персонал. Когда Райские Авоналы, но не Сыны-Создатели, выполняют миссию посвящения, их всегда сопровождает посвященческий персонал из 144 серафимов. Эти 144 ангела руководят всеми остальными попечителями Сына и Духа, которые могут иметь отношение к миссии посвящения. В подчинении воплощенного Божьего Сына, выполняющего планетарное посвящение, могут находиться легионы ангелов, но все эти серафимы управляются и возглавляются 144 членами посвященческого персонала. Высшие категории ангелов – супернафимы и секонафимы – могут также составлять часть воинства помощников, и хотя их миссии отличаются от миссий серафимов, вся эта деятельность координируется посвященческим персоналом.

Эти помощники относятся к серафимам свершения; все они пересекли кольца Серафингтона и достигли Серафического Корпуса Свершения. Они также прошли дальнейшую специальную подготовку, которая позволяет им справляться с трудностями и чрезвычайными ситуациями, связанными с посвящениями Божьих Сынов во имя прогресса детей времени. Все подобные серафимы достигли Рая и личных объятий Второго Источника и Центра – Вечного Сына.

Серафимы в равной степени стремятся к назначениям в миссии воплощенных Сынов и прикреплению в качестве хранителей судьбы смертных созданий. Последнее является наиболее верным пропуском серафима в Рай, в то время как члены посвященческого персонала поднялись до высшего служения в локальной вселенной, возможного для достигших Рая серафимов свершения.

2. *Судебные советники*. Сюда относятся серафические советники и помощники, участвующие во всех видах отправления правосудия, от примирителей до высших судов мира. В задачу таких судов входит не вынесение карательных приговоров, а выяснение объективных расхождений во мнениях и декретирование вечного

продолжения жизни восходящих смертных. Обязанность судебных советников – следить за беспристрастным изложением и милосердным рассмотрением всех обвинений в адрес смертных созданий. В этой деятельности они тесно связаны с Высокими Уполномоченными – слившимися с Духом смертными, которые служат в локальной вселенной.

Серафические судебные советники широко привлекаются в качестве защитников смертных. Это объясняется не чьим-то тенденциозным, несправедливым отношением к низшим созданиям миров, а тем, что, хотя правосудие предполагает проведение судебного разбирательства по каждому проступку, совершенному при восхождении к божественному совершенству, милосердие требует справедливого решения, учитывающего природу создания и божественное предназначение. Эти ангелы являются толкователями и иллюстраторами элемента милосердия, присущего божественному правосудию, – справедливости, основанной на знании принципиальных фактов, относящихся к личным мотивам и особенностям человеческих рас.

Эта категория ангелов служит на всех уровнях, начиная с советов Планетарных Князей и заканчивая верховными судами локальной вселенной, в то время как их партнеры по Серафическому Корпусу Свершения действуют в высших сферах Орвонтона, вплоть до судов Древних Дней Уверсы.

3. *Вселенские консультанты*. Это настоящие друзья и советники тех восходящих созданий, которые выдержали выпускные экзамены и делают последнюю остановку на Салвингтоне, в своей родной вселенной, в преддверии открывающегося перед ними духовного испытания в обширной сверхвселенной Орвонтон. В такое время многие восходящие создания посещает чувство, которое можно сравнить с известным смертному человеку чувством ностальгии. Позади остаются пройденные сферы, миры, знакомые по продолжительному служению и свершениям моронтийного уровня; впереди лежит манящая тайна еще более великой и обширной вселенной.

Задача вселенских консультантов – способствовать переходу восходящих паломников от обретенного уровня вселенского служения к необретенному, помогать этим паломникам вносить постоянные, быстро меняющиеся поправки в понимание значений и ценностей, неотъемлемых от осознания той истины, что духовное существо первой ступени находится не в конце – кульминационной точке моронтийного восхождения в локальной вселенной, – а у сáмого основания длинной лестницы духовного восхождения к Всеобщему Отцу в Раю.

Многие выпускники Серафингтона – члены Серафического Корпуса Свершения, связанные с этими серафимами, – занимаются широкой преподавательской деятельностью в некоторых салвингтонских школах, относящихся к подготовке созданий Небадона к взаимоотношениям следующей вселенской эпохи.

4. *Советники обучения*. Эти ангелы являются бесценными помощниками корпуса духовных учителей локальной вселенной. Советники обучения – секретари всех категорий учителей, от Мелхиседеков и Троичных Сынов-Учителей до моронтийных смертных, – назначаются в качестве помощников к тем из своих братьев, которые стоят лишь ненамного ниже их на лестнице восхождения. Сначала вы *увидите* этих ассоциированных серафимов обучения в одном из семи обительских миров, окружающих Иерусем.

Эти серафимы становятся партнерами региональных руководителей многочисленных образовательных и подготовительных организаций локальных вселенных, и крупные контингенты этих созданий находятся в распоряжении преподавателей семи подготовительных миров локальных систем и семидесяти образовательных сфер созвездий. Эта опека охватывает все уровни, вплоть до индивидуальных миров. Эти советники верховных серафимов помогают даже истинным и преданным учителям времени и часто сопровождают их.

Четвертое посвящение Сына-Создателя в образе создания прошло в качестве советника обучения в статусе верховного серафима Небадона.

5. *Назначенные руководители*. Время от времени ангелы, служащие в эволюционных и архитектурных мирах, в которых обитают создания, создают выборный орган из 144 верховных серафимов. Этот высший совет ангелов координирует вопросы автономного служения и назначений серафимов. Эти ангелы возглавляют все серафические ассамблеи, собираемые для исполнения служебных обязанностей или для выражения поклонения.

6. *Регистраторы*. Сюда относятся официальные регистраторы верховных серафимов. Многие из этих высоких ангелов являются прирожденными регистраторами; другие получили это ответственное назначение благодаря усердной учебе и преданному исполнению схожих обязанностей, будучи прикрепленными к низовым или требующим меньшей ответственности категориям.

7. *Свободные попечители*. Множество свободных попечителей верховной категории являются автономными помощниками на архитектурных сферах и обитаемых планетах. Такие попечители добровольно компенсируют колебания потребности в служении верховных серафимов, составляя общий резерв данной категории.

2. ВЫШЕСТОЯЩИЕ СЕРАФИМЫ

Свое название вышестоящие серафимы получают не из-за того, что они в каком-либо смысле качественно превосходят остальные категории ангелов, а потому, что они отвечают за более высокий уровень деятельности в локальной вселенной. Очень многие серафимы первых двух групп этого корпуса достигли своего статуса – это ангелы, служившие во всех фазах подготовки и вернувшиеся к возвышенному назначению в качестве руководителей своих собратьев в сферах своей прежней деятельности. Поскольку Небадон является молодой вселенной, данная категория здесь немногочисленна.

Вышестоящие серафимы функционируют в семи группах:

1. *Информационный корпус*. Эти серафимы образуют персонал Гавриила, Светлой Утренней Звезды. Они охватывают всё пространство локальной вселенной, собирая в мирах информацию, которой Гавриил руководствуется в советах Небадона. Они представляют собой информационный корпус могущественных воинств, возглавляемых Гавриилом в качестве наместника Сына-Владыки. Эти серафимы не имеют прямой связи ни с системами, ни с созвездиями, а их информация направляется непосредственно на Салвингтон по непрерывному, прямому и независимому контуру.

Информационные корпуса различных локальных вселенных способны устанавливать взаимосвязь, однако эта возможность ограничена пределами данной сверхвселенной. Существует перепад энергии, эффективно разделяющий сферы деятельности различных сверхправительств. Обычно одна сверхвселенная может сообщаться с другой только при посредстве Райского информационного центра.

2. *Голос Милосердия*. Милосердие – основной принцип служения серафимов и помощи ангелов. Поэтому вполне естественно существование корпуса ангелов,

особым образом отображающих милосердие. Эти серафимы являются настоящими милосердными попечителями локальных вселенных, духовными лидерами, укрепляющими высокие побуждения и благочестивые эмоции людей и ангелов. В настоящее время все управляющие такими легионами существа относятся к серафимам свершения, которые получили также подготовку в качестве хранителей смертной судьбы. Это значит, что каждая ангельская пара охраняла как минимум одну душу животного происхождения в течение жизни во плоти, а впоследствии пересекла кольца Серафингтона и была зачислена в Серафический Корпус Свершения.

3. *Духовные координаторы*. Третья группа вышестоящих серафимов базируется на Салвингтоне, однако действует в любом месте локальной вселенной, где их служба может оказаться плодотворной. Хотя их задания в основном духовны и потому недоступны для истинного постижения человеческим разумом, вы сможете в какой-то мере осмыслить их служение, если объяснить, что этим ангелам доверяется подготовка пребывающих на Салвингтоне восходящих созданий к последнему перемещению в локальной вселенной – от высшего моронтийного уровня к статусу новорожденных духовных существ. Так же как проектировщики разума обительских миров помогают продолжающим жизнь созданиям приспособиться к потенциалам моронтийного разума и эффективно его использовать, так и серафимы знакомят на Салвингтоне выпускников моронтии с новыми способностями разума, которыми обладает дух. И этим далеко не исчерпывается их служение восходящим смертным.

4. *Младшие учителя*. Младшие учителя являются помощниками и партнерами своих товарищей-серафимов – советников обучения. Кроме того, они лично связаны с широкой системой образования локальной вселенной, особенно с семичастной программой обучения, которая используется в обительских мирах локальных систем. Великолепный корпус таких серафимов действует на Урантии, укрепляя и продолжая дело истины и праведности.

5. *Транспортировщики*. У каждой группы попечительских духов есть свой транспортный корпус. Служение этих ангельских категорий заключается в транспортировке таких личностей, которые сами по себе неспособны перемещаться от одной сферы к другой. Пятая группа вышестоящих серафимов с центром на Салвингтоне – это пересекающие пространство ангелы, осуществляющие сообщение со столицей локальной вселенной. Как и остальные виды вышестоящих серафимов, некоторые были созданы в этом качестве, в то время как другие поднялись на данный уровень из низших или менее одаренных групп.

«Энергетический диапазон» серафимов вполне достаточен для локальной вселенной и даже сверхвселенной, однако они никогда не смогли бы обеспечить достаточного количества энергии для такого длительного путешествия, как пересечение пространства между Уверсой и Хавоной. Столь изнурительный путь требует особых возможностей первичного секонафима, наделенного способностями транспортировки. В пути транспортировщики получают необходимую для перелета энергию и восстанавливают силы по окончании путешествия.

Даже на Салвингтоне у восходящих смертных нет собственных форм, необходимых для индивидуального перемещения. В продвижениях от мира к миру восходящие создания зависят от серафического транспорта вплоть до погружения в последний сон на внутреннем кольце Хавоны и пробуждения в вечности в Раю. После этого вы не будете зависеть от ангелов для перемещений из одной вселенной в другую.

Есть нечто общее между процессом серафимирования и смертью или сном, за исключением того, что в покое переноса присутствует автоматический элемент времени. В течение серафического покоя вы пребываете в осознанно-бессознательном состоянии. Однако Настройщик Мышления находится в полном сознании, более того – он исключительно эффективен, ибо вы неспособны сопротивляться, противодействовать и иным образом препятствовать его творческому и преобразующему труду.

При серафическом переносе вы засыпаете на определенный срок и в должный момент просыпаетесь. Продолжительность путешествия в течение сна переноса несущественна. Вы не ощущаете течения времени. Как будто вы заснули в транспортном средстве в одном городе и, спокойно отдохнув ночью, проснулись в другой, далекой столице. Вы путешествовали, пребывая во сне. Так с помощью транспортного серафима вы пересекаете пространство, находясь в состоянии покоя – сна. Сон переноса возникает благодаря связи Настройщиков с серафическими транспортировщиками.

Ангелы неспособны переносить органические тела – плоть и кровь, чем вы являетесь в настоящее время, но они могут переносить все остальные формы, от низших морнтийных до высших духовных. Они не действуют в случае естественной смерти. Когда ваш земной путь подходит к концу, ваше тело остается на этой планете. Ваш Настройщик Мышления направляется в недра Отца, и эти ангелы не имеют прямого отношения к последующему восстановлению вашей личности в идентификационном обительском мире, где вашим новым телом является моронтийная форма, которую могут переносить серафимы. Вы «сеете смертное тело» в могиле; вы «пожинаете моронтийную форму» в обительском мире.

6. *Регистраторы*. Эти личности имеют особое отношение к приему, хранению и дальнейшей отправке данных, касающихся Салвингтона и объединенных с ним миров. Кроме того, они служат в качестве специальных регистраторов, обслуживающих сверхвселенские группы существ и высшие личности, а также исполняют обязанности начальников канцелярий в судах Салвингтона и секретарей салвингтонских правителей.

Операторы трансляций – те, кто принимает и отправляет сообщения, – являются специализированным подразделением серафических регистраторов, отправляющих сообщения и распространяющих важную информацию. Деятельность операторов связи имеет сложный характер: они используют такое число контуров, что по одним и тем же энергетическим линиям может одновременно проходить до 144 000 сообщений. Они пользуются высшим идеографическим методом супернафических главных регистраторов и с помощью этих общих символов поддерживают двустороннюю связь как с координаторами информации из числа третичных супернафимов, так и с прославленными координаторами информации Серафического Корпуса Свершения.

Так серафические регистраторы вышестоящей категории обеспечивают тесную связь с информационными корпусами своей категории и со всеми подчиненными регистраторами, в то время как система дальней связи позволяет им поддерживать постоянный контакт с высшими регистраторами сверхвселенной и, через этот канал, с регистраторами Хавоны и хранителями знаний в Раю. Многие из членов вышестоящей категории регистраторов – это серафимы, которые повысили свой статус после исполнения аналогичных обязанностей на низших вселенских уровнях.

7. *Резервы*. На Салвингтоне содержатся крупные резервы всех типов вышестоящих серафимов, которые в любую минуту могут быть отправлены в самые отдаленные миры Небадона по требованию назначенных руководителей или управляющих вселенной. Кроме того, резервные корпуса вышестоящих серафимов по требованию главы Ярких Вечерних Звезд предоставляют курьеров, которым доверяется хранение и отправка всех личных сообщений. Локальная вселенная полностью обеспечена соответствующими средствами многосторонней связи, однако некоторые сообщения всегда должны доставляться личными курьерами.

Основные резервы для всей локальной вселенной содержатся в серафических мирах Салвингтона. Этот корпус включает все типы всех групп ангелов.

3. НАДЗИРАЮЩИЕ СЕРАФИМЫ

Эта разносторонняя категория вселенских ангелов назначается только для служения в созвездиях. Эти умелые попечители создают свои центры в столицах созвездий, но действуют по всему Небадону в интересах тех сфер, в которых несут свою службу:

1. *Надзирающие помощники*. Первая категория надзирающих серафимов назначается для участия в совместном труде Отцов Созвездий, и они неизменно служат в качестве умелых помощников Всевышних. Деятельность этих серафимов в первую очередь связана с объединением и стабилизацией всего созвездия.

2. *Правовые прогнозисты*. Интеллектуальным основанием правосудия является закон, а в локальной вселенной закон формируется в законодательных ассамблеях созвездий. Эти совещательные органы кодифицируют и официально промульгируют основные законы Небадона, призванные обеспечить максимально возможную координацию всего созвездия, сообразную с неизменной политикой невмешательства в свободу нравственного выбора личностных созданий. В обязанность второй категории надзирающих серафимов входит обеспечение законодателей прогнозами о том, каким образом каждый предлагаемый законотворческий акт повлияет на жизнь обладающих свободной волей созданий. Они хорошо справляются со своей службой благодаря большому опыту, накопленному в локальных системах и в обитаемых мирах. Эти серафимы не ищут каких-либо особых привилегий для той или иной группы, а являются перед небесными законодателями, чтобы выступить от имени тех, кто не может прибыть и выступить сам. Даже смертный человек способен внести вклад в развитие вселенского закона, ибо те же самые серафимы достоверно и исчерпывающе описывают то, что может отличаться от преходящих и осознаваемых желаний человека, но соответствует истинным устремлениям внутреннего голоса человека – эволюционирующей моронтийной души материального смертного в мирах пространства.

3. *Социальные планировщики*. Начиная с индивидуальных планет и кончая мирами моронтийной подготовки, эти серафимы трудятся над укреплением всех подлинных социальных связей, способствуя социальной эволюции вселенских созданий. Это те ангелы, которые стремятся освободить объединения разумных существ от всего искусственного и одновременно пытаются облегчить взаимное общение волевых созданий на основе действительного самопостижения и настоящего взаимоуважения.

Социальные планировщики делают всё, что в их силах, для объединения подходящих индивидуумов с целью создания на земле эффективных и гармоничных рабочих групп; и иногда такие группы воссоздаются в обительских мирах для продолжения своей плодотворной работы. Однако не всегда эти серафимы добиваются своей цели; не всегда им удается свести тех, кто мог бы образовать идеальную группу для достижения данной цели или выполнения определенной задачи. В таких случаях им приходится использовать лучшее из того, что имеется в наличии.

Эти ангелы продолжают свое служение в обительских и более высоких мирах моронтии. Их интересует любое начинание, имеющее отношение к прогрессу в моронтийных мирах и объединяющее три или более личности. Два существа рассматриваются как действующие на основе парных, дополняющих или партнерских отношений. Однако когда для служения объединяются три или большее число личностей, они становятся проблемой социального характера и поэтому переходят в сферу полномочий социальных планировщиков. На Эдемии существует семьдесят классов этих умелых серафимов, и эти семьдесят классов служат в семидесяти мирах моронтийного прогресса, окружающих столичную сферу.

4. *Сенсибилизаторы этики*. Назначение этих серафимов – укреплять и поощрять развитие правильного понимания созданиями морали межличностных отношений, ибо именно таков источник и секрет продолжительного и целенаправленного роста общества и власти, человеческой или сверхчеловеческой. Эти воспитатели этического восприятия действуют везде и всюду, где они могут принести пользу в качестве добровольных советников планетарных правителей и учителей, отправляющихся по программе обмена в подготовительные миры систем. Однако вы попадете под их полное руководство только после достижения школ братства Эдемии, где они углубят ваше понимание тех самых истин товарищества, которые в это же время вы будете усердно изучать в непосредственном общении с унивитатами в социальных лабораториях Эдемии – семидесяти спутниках столицы Норлатиадека.

5. *Транспортировщики*. Ангелы пятой группы надзирающих серафимов действуют как транспортировщики личностей, доставляя их в столицы и из столиц созвездий. Во время перемещения из одной сферы в другую, такие транспортные серафимы полностью осознают свою скорость, направление и астрономическое местонахождение. Они не пересекают пространство подобно неодушевленным снарядам. Они могут пролетать друг мимо друга без всякой опасности столкновения. Они полностью контролируют скорость и направление полета и способны изменить даже место назначения, получив соответствующее распоряжение от своих руководителей в любом месте пересечения информационных контуров вселенной.

Эти транспортные личности устроены таким образом, что могут одновременно использовать все три универсальных энергетических канала, каждый из которых надежно обеспечивает скорость в 186 280 миль в секунду. Таким образом, эти транспортировщики способны совмещать скорость энергии со скоростью силы, развивая среднюю скорость, которая при продолжительных путешествиях колеблется между 555 000 и 559 000 ваших миль в секунду вашего времени. На скорость влияют масса и близкое соседство вещества, а также сила и направление ближайших основных контуров энергии вселенной. Существуют многочисленные типы схожих с серафимами существ, способных пересекать пространство и переносить других, подготовленных должным образом существ.

6. *Регистраторы*. Серафимы шестой категории действуют в качестве специальных регистраторов событий созвездия. Большой и деятельный корпус функционирует на Эдемии – столичной сфере созвездия Норлатиадек, к которому относятся ваша система и планета.

7. *Резервы*. Общие резервы надзирающих серафимов находятся в столичных мирах созвездий. Такие ангельские резервисты отнюдь не бездействуют. Многие из них исполняют обязанности курьеров при правителях созвездий; некоторые прикреплены к салвингтонскому резерву свободных от исполнения заданий Ворондадеков. Другие могут прикрепляться к Сынам-Ворондадекам, исполняющим специальные поручения, такие как должность наблюдателя – а иногда и Всевышнего регента – Урантии.

4. УПРАВЛЯЮЩИЕ СЕРАФИМЫ

Серафимы четвертой категории назначаются для исполнения административных обязанностей в локальных системах. Они являются исконными созданиями системных столиц, но размещаются большими группами в обительских и моронтийных сферах, а также в обитаемых мирах. Серафимы четвертой категории от природы обладают необычайными административными способностями. Они являются умелыми помощниками управляющих нижестоящими секторами вселенского правительства Сына-Создателя и занимаются в основном проблемами локальных систем и входящих в них миров. Для исполнения своей службы они организованы следующим образом:

1. *Административные помощники*. Эти умелые серафимы – непосредственные помощники Властелина Системы, первичного Сына-Ланонандека. Они являются бесценными помощниками, разбирающимися в тонкостях исполнительной деятельности столичного мира системы. Они также служат в качестве доверенных лиц правителей систем, и многие из них совершают челночные рейсы в различные переходные миры и обитаемые планеты, исполняя многочисленные поручения во благо системы, а также в интересах физического и биологического благополучия ее обитаемых миров.

Кроме того, такие же серафические управляющие прикрепляются к правительствам управляющих мирами Планетарных Князей. Большинство планет данной вселенной находится под юрисдикцией вторичного Сына-Ланонандека, однако в некоторых мирах, таких как Урантия, случались нарушения божественного плана. В случае измены Планетарного Князя, эти серафимы прикрепляются к распорядительским Мелхиседекам, а также к их преемникам, принимающим на себя планетарные полномочия. Нынешний правитель Урантии имеет в своем распоряжении корпус из тысячи таких разносторонних серафимов.

2. *Консультанты правосудия*. Это те ангелы, которые предоставляют краткое изложение свидетельских материалов, касающихся вечного благополучия людей и ангелов, когда такие вопросы поднимаются для рассмотрения в судах системы или планеты. Они готовят показания для всех предварительных слушаний, касающихся продолжения жизни смертных, – показания, которые впоследствии прилагаются к делу и передаются в вышестоящие суды вселенной и сверхвселенной. Во всех случаях, когда продолжение жизни находится под сомнением, защита готовится этими серафимами, в совершенстве понимающими все особенности каждой детали в каждом пункте обвинительного акта, составленного вершителями вселенского правосудия.

В задачу этих ангелов входит не отмена или отсрочка правосудия, а обеспечение его безупречности в сочетании с великодушной и милосердной справедливостью по отношению ко всем созданиям. Часто серафимы действуют в локальных мирах, являясь перед арбитражными трио примирительных комиссий – судов, предназначенных для разрешения мелких споров. Многие из тех, кто ранее служил в качестве проводников правосудия в низших сферах, позднее появляются в качестве Голосов Милосердия в высших сферах и на Салвингтоне.

Во время восстания Люцифера в Сатании были потеряны лишь немногие из советников правосудия, однако более четверти остальных управляющих серафимов и низших категорий серафических служителей были введены в заблуждение софистикой необузданной личной свободы.

3. *Толкователи космического гражданства*. Когда восходящие смертные завершают подготовку в обительских мирах, свой первый период ученичества на протяжении вселенского пути, им разрешается испытать преходящее удовлетворение относительной зрелости – гражданства в столице системы. Хотя достижение каждой восходящей цели является действительным свершением, в перспективе такие цели представляют собой лишь вехи на долгом восходящем пути к Раю. Но каким бы относительным ни был такой успех, ни одно эволюционное создание никогда не лишается полного, хотя и преходящего, удовлетворения от обретения цели. Время от времени в течение восхождения к Раю возникает пауза, короткая передышка, во время которой вселенские горизонты остаются неподвижными, статус создания – неизменным и личность вкушает всю сладость достижения цели.

Первый из таких периодов на пути восходящего смертного приходится на столицу локальной системы. В течение этой паузы вы, как житель Иерусема, пытаетесь выразить в жизни создания то, что вы приобрели в течение восьми предшествующих опытов жизни, включая Урантию и семь обительских миров.

Серафические толкователи космического гражданства являются проводниками новых граждан в столицах систем и стимулируют у них понимание ответственности, с которой связано управление вселенной. Кроме того, эти серафимы тесно сотрудничают с входящими в правление системы Материальными Сынами, когда те объясняют материальным смертным обитаемых миров ответственность и мораль космического гражданства.

4. *Катализаторы морали*. В обительских мирах вы начинаете обучаться самоуправлению на благо всех заинтересованных сторон. Ваш разум учится сотрудничеству, учится планированию совместно с другими, более мудрыми существами. В столице системы серафические учителя еще больше усилят ваше восприятие космической морали – взаимодействия свободы и преданности.

Что есть преданность? Она является плодом разумного признания вселенского братства; невозможно так много получать и ничего не давать взамен. По мере вашего восхождения по лестнице развития личности, сначала вы учитесь быть преданным, затем любить, после этого – по-сыновнему вести себя, и только тогда вы сможете быть свободны; однако самореализация полной свободы будет возможной лишь после того, как вы станете завершителем и обретете совершенство преданности.

Эти серафимы раскрывают плодотворность терпения: стагнация означает верную смерть, но слишком быстрый рост не менее губителен; так же как капля воды падает с более высокого уровня на более низкий и, продолжая стекать, попадает всё ниже, совершая несколько коротких падений, так и в моронтийных и духовных мирах прогресс неуклонно идет вверх – столь же медленно и такими же постепенными этапами.

Описывая обитаемым мирам жизнь смертных, катализаторы морали представляют ее как неразрывную цепь, состоящую из многих звеньев. Ваше короткое пребывание на Урантии, на этой сфере младенчества смертных, представляет собой всего лишь отдельное звено – первое звено в длинной цепи, которая протянется через вселенные и вечные эпохи. Важно не столько то, что́ вы узнаёте в этой жизни, – важен сам опыт проживания этой жизни. Даже выполняемая в этом мире *работа*, при всей ее огромной важности, имеет меньшее значение, чем *способ* ее выполнения. Не существует материального вознаграждения за праведную жизнь, однако есть глубокое удовлетворение – сознание достигнутого, превосходящее любую мыслимую материальную награду.

Ключи к царству небесному – это искренность, искренность и еще раз искренность. И эти ключи есть у каждого человека. Люди пользуются ими – повышают свой духовный уровень – посредством решений, новых решений и всё новых решений. Высший нравственный выбор есть выбор высшей возможной ценности и всегда, в любой и во всех сферах, заключается в выполнении Божьей воли. Если человек делает такой выбор, он *уже* велик, будь он самым скромным гражданином Иерусема или даже последним из смертных Урантии.

5. *Транспортировщики*. Это транспортные серафимы, действующие в локальных системах. В вашей системе, Сатании, они переносят пассажиров, совершая челночные рейсы с Иерусема и выполняя другие функции межпланетных транспортировщиков. Не проходит и дня, чтобы один из транспортных серафимов Сатании не оставил на берегах Урантии приезжего исследователя или какого-нибудь иного духовного или полудуховного путешественника. Те же самые пересекающие пространство существа будут когда-нибудь доставлять и вас в различные миры столичного комплекса системы, а когда вы завершите свое иерусемское назначение, они перенесут вас дальше, на Эдемию. Однако ни при каких обстоятельствах они не доставят вас обратно в мир вашего человеческого происхождения. Смертные никогда не возвращаются на свою родную планету до окончания судного периода, относящегося к их временному существованию, а если они и возвращаются в течение одного из последующих периодов, то их сопровождает транспортный серафим из столичного комплекса вселенной.

6. *Регистраторы*. Эти серафимы являются хранителями трехчастных архивов локальных систем. Храм архивов в столице системы представляет собой уникальную конструкцию, одна треть которой материальна и состоит из светящихся металлов и кристаллов. Одна его треть моронтийна и изготовлена с помощью соединения духовных и материальных энергий, превышающих, однако, диапазон человеческого зрения. Еще одна его треть духовна. Регистраторы данной категории возглавляют и поддерживают эту трехчастную систему архивов. Восходящие смертные в первую очередь знакомятся с материальными архивами, Материальные Сыны и переходные существа более высокого статуса получают доступ в моронтийные залы, в то время как серафимы и высшие духи сферы изучают архивы духовной секции.

7. *Резервы*. Значительную часть своего времени находящиеся на Иерусеме управляющие серафимы резервного корпуса проводят в качестве духовных сопровождающих, посещая восходящих смертных, недавно прибывших из различных миров системы, – аттестованных выпускников обительских миров. Беседы и общение с этими много повидавшими и много испытавшими серафимами резервного корпуса будут одним из источников вашего наслаждения в каникулярные периоды пребывания на Иерусеме.

Именно благодаря таким дружеским взаимоотношениям столица системы становится столь дорога восходящим смертным. На Иерусеме вас ждет первое взаимное общение Материальных Сынов, ангелов и восходящих паломников. Здесь братские отношения складываются между существами полностью духовными, полудуховными и еще только расстающимися с материальным существованием. Смертные формы здесь настолько видоизменены и человеческий диапазон реакции на свет расширен в такой степени, что обеспечивает взаимное восприятие и благожелательное личностное взаимопонимание.

5. ПЛАНЕТАРНЫЕ ПОМОЩНИКИ

Центр этих серафимов находится в столице системы, и хотя они тесно связаны с местными адамическими гражданами, в основном они получают назначения в службу Планетарных Адамов – биологических, или физических, совершенствователей материальных рас эволюционных миров. Попечительская деятельность ангелов становится всё более интересной по мере приближения к обитаемым мирам и действительным проблемам, с которыми сталкиваются мужчины и женщины времени, готовящиеся к попытке достижения цели вечности.

На Урантии большинство планетарных помощников были отстранены после краха адамического режима, и серафическая опека вашего мира в большей мере легла на управляющих, переходных попечителей и хранителей судьбы. Однако серафические помощники оступившихся Материальных Сынов вашего мира до сих пор служат Урантии в нескольких группах:

1. *Голоса Сада.* Всякий раз, когда планетарная эволюция достигает своего высшего биологического уровня, появляются Материальные Сыны и Дочери – Адамы и Евы, – чтобы способствовать дальнейшему развитию рас привнесением своей превосходящей жизненной плазмы. Планетарная резиденция Адама и Евы обычно получает название Эдемский Сад, а их личные серафимы часто известны как «голоса Сада». Эти серафимы оказывают неоценимую службу Планетарным Адамам во всех их планах по физическому и интеллектуальному развитию эволюционных рас. После провала адамической миссии на Урантии, некоторые из этих серафимов были оставлены на планете и прикреплены к тем существам, к которым перешли полномочия Адама.

2. *Духи братства.* Очевидно, что после прибытия в эволюционный мир Адам и Ева сталкиваются с колоссальной задачей достижения расовой гармонии и сотрудничества между различными расами. Не часто эти расы, отличающиеся по цвету и природе, доброжелательно относятся к идее человеческого братства. Эти примитивные люди приходят к пониманию мудрости мирных взаимоотношений только в результате зрелого человеческого опыта и преданного служения серафических духов братства. Без этих серафимов усилия Материальных Сынов по гармонизации и развитию рас формирующегося мира были бы существенно замедлены. А если бы ваш Адам следовал изначальному плану развития Урантии, то к настоящему времени эти духи добились бы невероятных изменений человеческого рода. С учетом провала адамической миссии, поистине удивительно, что эти серафимы смогли воспитать и реализовать братство хотя бы в той степени, в какой оно существует ныне у вас на Урантии.

3. *Души мира.* Первые тысячелетия прогрессивных усилий эволюционного человека отмечены частой борьбой. Мирное состояние не является естественным

для материальных сфер. Планеты впервые осознают «мир на земле и добрую волю среди людей» благодаря служению серафических душ согласия. Хотя ранние усилия этих ангелов на Урантии были в значительной мере сорваны, Вевона – глава душ согласия во времена Адама – был оставлен на Урантии, и в настоящее время он прикреплен к персоналу планетарного губернатора. Именно Вевона, будучи главой ангельских воинств, при рождении Михаила возвестил: «Слава Богу в Хавоне, мир на земле и в людях благоволение».

В более развитые планетарные эпохи эти серафимы играют важную роль для вытеснения идеи искупления концепцией божественной созвучности в качестве философии спасения смертных.

4. *Духи доверия.* Подозрение является реакцией, свойственной примитивному человеку; борьба людей за выживание в ранние эпохи своего существования не способствует естественному появлению доверия. Доверие – это новое человеческое приобретение, появившееся в результате служения этих планетарных серафимов адамического режима. Их цель – внушение доверия сознанию развивающихся людей. Боги очень доверчивы; Всеобщий Отец с готовностью и охотно доверяет себя – Настройщика – единению с человеком.

После провала адамической миссии, все серафимы этой группы был переведены в новый режим и с тех пор продолжают трудиться на Урантии. Их усилия не были напрасными, ибо мы являемся свидетелями становления цивилизации, которая заключает в себе многие из их идеалов доверия.

В более прогрессивные планетарные эпохи эти серафимы способствуют признанию человеком той истины, что неизвестность – секрет сохранения удовлетворенности. Они помогают смертным философам осознать, что в тех случаях, когда успех создания в значительной мере определяется незнанием, знание будущего было бы колоссальной ошибкой. Они развивают вкус человека к прелести неизвестного, к романтике и очарованию неопределенного и неведомого будущего.

5. *Транспортировщики.* Планетарные транспортировщики обслуживают отдельные миры. Большинство серафимированных существ, доставляемых на эту планету, прибывают транзитом; они просто делают короткую остановку и опекаются своими собственными, специальными серафическими транспортировщиками. Однако множество таких серафимов постоянно находится на Урантии. Они являются транспортными личностями, которые связывают локальные планеты – например, Урантию – с Иерусемом.

Ваше традиционное представление об ангелах сложилось следующим образом. Перед самым наступлением физической смерти в сознании человека иногда возникает явление отражения, и угасающему сознанию видится нечто, имеющее образ сопровождающего ангела, что немедленно толкуется в терминах обычного представления об ангелах, существующих у данного индивидуума.

Ошибочная идея о крылатых ангелах не объясняется одними только древними представлениями о крыльях, которые нужны ангелам для того, чтобы летать по воздуху. Иногда людям разрешалось наблюдать процедуру подготовки серафима к выполнению транспортной миссии, и предания об этом во многом определили урантийское представление об ангелах. Наблюдая за подготовкой транспортного серафима к приему пассажира для межпланетного путешествия, можно увидеть то, что напоминает двойной набор крыльев, простирающихся с головы до пят ангела. В действительности эти крылья являются энергетическими изоляторами – антифрикционными экранами.

Когда небесные существа должны пройти серафимирование для переноса из одного мира в другой, они доставляются в административный центр сферы, где, пройдя должную регистрацию, погружаются в сон переноса. Тем временем транспортный серафим занимает горизонтальное положение непосредственно над планетарным полюсом вселенской энергии. Серафические помощники умело помещают спящую личность прямо на транспортного ангела, чьи энергетические экраны широко раскрыты. После этого как верхняя, так и нижняя пары экранов тщательно закрываются и регулируются.

И теперь, под воздействием преобразователей и передатчиков, начинается удивительное превращение, в течение которого серафим готовится влиться в энергетические потоки вселенских контуров. Для внешнего наблюдателя он заостряется с обоих концов и настолько окутывается странным янтарным светом, что вскоре становится невозможно различить серафимированную личность. Когда всё готово к отправке, глава транспортной службы должным образом инспектирует транспорт для переноса жизни, проводит обычную проверку правильности подключения ангела к контурам, после чего объявляет, что путешественник правильно серафимирован, энергии скорректированы, ангел изолирован и всё готово к стартовой вспышке. После этого два механических оператора занимают свои места. К этому моменту транспортный серафим приобретает очертания почти прозрачной, вибрирующей, ярко светящейся торпеды. Транспортный диспетчер сферы вызывает вспомогательные батареи живых энергетических передатчиков, обычно численностью в тысячу единиц. Объявив место назначения, он дотрагивается до ближайшей точки серафического транспорта, который выстреливается вперед с молниеносной скоростью, оставляя за собой след, светящийся небесным светом, вплоть до границ планетарного облачения. Менее чем через десять минут великолепное зрелище прекращается даже для усиленного серафического зрения.

Планетарные пространственные сообщения принимаются в полдень в апогее специального духовного центра; транспортировщики отправляются с того же места в полночь. Это время наиболее благоприятно для старта и является стандартным, если не оговорены иные условия.

6. *Регистраторы*. Эти ангелы занимаются важными вопросами функционирования планеты как части системы, а также ее отношения и участия в управлении вселенной. Они занимаются регистрацией планетарных дел, однако не имеют отношения к вопросам индивидуальной жизни и бытия.

7. *Резервы*. Резервный корпус планетарных серафимов Сатании расположен на Иерусеме в тесной связи с резервами Материальных Сынов. Эти обширные резервы полностью обеспечивают каждый аспект разнообразной деятельности данной серафической категории. Кроме того, эти ангелы являются личными курьерами локальных систем. Они служат смертным переходного периода, ангелам и Материальным Сынам, а также другим существам, обитающим в столице системы. Хотя в настоящее время Урантия не подключена к духовным контурам Сатании и Норлатиадека, во всём остальном вы тесно связаны с межпланетными событиями, ибо эти иерусемские курьеры часто посещают ваш мир, равно как и все другие сферы системы.

6. ПЕРЕХОДНЫЕ ПОПЕЧИТЕЛИ

Как и предполагает их название, серафимы, принадлежащие к переходным попечителям, служат везде, где они могут содействовать переходу создания из материального состояния в духовное. Их служение простирается от обитаемых миров до столиц систем, но те из них, которые в настоящее время находятся в Сатании, уделяют первоочередное внимание обучению сохранивших свою жизнь смертных в семи обительских мирах. Это служение осуществляется в соответствии с семью видами назначений:

1. Серафические благовестники.
2. Расовые толкователи.
3. Планировщики разума.
4. Моронтийные советники.
5. Техники.
6. Учителя-регистраторы.
7. Попечительские резервы.

Вы более подробно ознакомитесь с этими серафическими опекунами восходящих созданий переходного периода в повествованиях, касающихся обительских миров и моронтийной жизни.

7. СЕРАФИМЫ БУДУЩЕГО

Эти ангелы ведут активную деятельность только на старых сферах и более развитых планетах Небадона. Множество таких серафимов находится в резерве в серафических мирах около Салвингтона, где они занимаются вопросами, относящимися к будущей эпохе света и жизни в Небадоне. Эти серафимы участвуют в судьбе восходящих смертных, однако опекают практически только тех, кто продолжает жизнь с помощью одного из модифицированных типов восхождения.

Ввиду того, что эти ангелы не имеют прямого отношения ни к Урантии, ни к урантийцам, мы полагаем, что лучше всего будет воздержаться от описания их увлекательной деятельности.

8. ПРЕДНАЗНАЧЕНИЕ СЕРАФИМОВ

Серафимы появляются в локальных вселенных, и некоторые из них достигают предела своего предназначения в тех же самых сферах. Пользуясь помощью и советом старших архангелов, некоторые серафимы способны подняться до исполнения высоких обязанностей Ярких Вечерних Звезд, в то время как другие достигают статуса и служения нераскрытых партнеров Вечерних Звезд. Возможны и другие дерзания в локальной вселенной, но неизменной целью всех ангелов остается Серафингтон. Серафингтон – это ангельский рубеж на пути к Раю и достижению Божеств, сфера перехода от служения во времени к возвышенному служению в вечности.

Серафимы могут достичь Рая множеством – сотнями – различных путей, но из тех, которые подробно описываются в настоящих повествованиях, важнейшими являются следующие:

1. Получить допуск в серафическую обитель Рая как личность, добившись совершенства в специализированном служении в качестве небесного мастерового, Юридического Советника или Небесного Регистратора. Стать Райским Спутником и достигнуть, таким образом, центра всех вещей; после этого стать, возможно, вечным попечителем и советником серафических и иных категорий.

2. Получить вызов на Серафингтон. При некоторых условиях серафимы вызываются наверх; в иных случаях ангелы порой достигают Рая значительно быстрее, чем смертные. Но какой бы подготовленной ни была серафическая пара, она не может сама по себе отправиться ни на Серафингтон, ни куда-либо еще. Только успешные хранители судьбы могут быть уверены в достижении Рая путем последовательного эволюционного восхождения. Все остальные должны терпеливо ждать появления Райских посланников в лице третичных супернафимов, которые прибывают с требованиями явиться наверх.

3. Достичь Рая по методу эволюционных смертных. На временно́м пути лучшим положением для серафима является должность ангела-хранителя, открывающая путь завершения и выполнение заданий в вечных сферах серафического служения. Такие личные проводники детей времени называются хранителями судьбы; это значит, что они охраняют смертных созданий на пути божественного предназначения и тем самым определяют свое собственное высокое предназначение.

Хранители судьбы привлекаются из числа наиболее опытных ангельских личностей всех категорий серафимов, допущенных к этому служению. Все продолжающие свою жизнь смертные, целью которых является слияние с Настройщиками, получают временных хранителей, которые могут стать постоянными, после того как сохранившиеся создания достигают необходимого интеллектуального и духовного развития. До того как покинуть обительские миры, все восходящие смертные получают постоянных серафических партнеров. Эта группа попечительских духов рассматривается в повествованиях, касающихся Урантии.

Ангелы не могут достичь Бога, поднимаясь с уровня происхождения человека, ибо они созданы так, что находятся «несколько выше вас»; но несмотря на то, что они неспособны начать с самого начала, с духовных низин смертного существования, мудрый замысел позволяет им спускаться к тем, кто начинает с самого низа, чтобы – шаг за шагом, мир за миром – вести такие создания к вратам Хавоны. Когда восходящие смертные покидают Уверсу, чтобы приступить к пересечению колец Хавоны, те хранители, которые были прикреплены к ним после жизни во плоти, временно прощаются со своими товарищами, направляясь на Серафингтон – цель всех ангелов большой вселенной. Здесь эти хранители предпримут попытку достижения семи колец серафического света и наверняка добьются успеха.

Многие, хотя и не все, серафимы, прикрепленные в качестве хранителей судьбы на протяжении материальной жизни, сопровождают своих смертных товарищей через кольца Хавоны, а некоторые другие проходят через кольца центральной вселенной с помощью метода, который полностью отличается от восхождения смертных. Однако, независимо от маршрута, все эволюционные серафимы восходят через Серафингтон, и большинство приобретает этот опыт вместо пересечения колец Хавоны.

Серафингтон является предопределенной целью ангелов, и достижение ими этого мира полностью отличается от опыта, который приобретают смертные паломники Асендингтона. Ангелы обретают абсолютную уверенность в своем вечном будущем только после того, как достигают Серафингтона. Ни один из ангелов, прибывших на Серафингтон, никогда не сбивался с пути; грех никогда не найдет отклика в сердце серафима свершения.

Выпускники Серафингтона получают различные назначения. Хранители судьбы, обладающие опытом прохождения через кольца Хавоны, обычно принимаются в Корпус Смертных Завершителей. Остальные хранители, выдержав испытания разлукой в Хавоне, часто воссоединяются со своими смертными партнерами в Раю, а некоторые становятся вечными партнерами смертных завершителей, в то время как другие вступают в различные корпуса для несмертных завершителей, и многие зачисляются в Корпус Серафического Свершения.

9. КОРПУС СЕРАФИЧЕСКОГО СВЕРШЕНИЯ

После достижения Отца духов и приема в серафическую службу свершения, ангелы иногда становятся попечителями миров, утвердившихся в свете и жизни. Они получают назначения к высоким тринитизованным существам вселенных и возвышенному служению в Раю и Хавоне. Эти серафимы локальных вселенных эмпирически компенсировали различия в потенциалах божественности, что ранее отдаляло их от попечительских духов центральной и сверхвселенных. Ангелы Серафического Корпуса Свершения служат в качестве партнеров секонафимов сверхвселенных и помощников высоких категорий супернафимов системы Рай-Хавона. Для таких ангелов путь во времени пройден; отныне и во веки веков они являются слугами Бога, спутниками божественных личностей – существами, равными Райским завершителям.

Многие из серафимов свершения возвращаются в свои исконные вселенные, чтобы дополнить служение, обусловленное божественным даром, служением, которому присуще эмпирическое совершенство. Небадон является одной из относительно молодых вселенных, и потому здесь не так много вернувшихся выпускников Серафингтона, по сравнению с более старыми сферами. Тем не менее, наша локальная вселенная адекватно обеспечена серафимами свершения, ибо примечательно, что, по мере приближения к статусу света и жизни, эволюционные сферы всё больше нуждаются в их услугах. В настоящее время серафимы свершения более активно служат с верховными категориями серафимов, но некоторые из них сотрудничают с каждой из остальных ангельских категорий. Даже ваш мир пользуется широкой опекой двенадцати специализированных групп Серафического Корпуса Свершения; эти главные серафимы планетарного надзора сопровождают в обитаемые миры каждого вновь назначенного Планетарного Князя.

Многие увлекательные возможности служения открыты для серафимов свершения, однако так же как в предрайские дни все они мечтали о назначении в качестве хранителей судьбы, так в пострайском опыте они больше всего стремятся служить в качестве ангелов сопровождения при посвящении инкарнированных Райских Сынов. Они по-прежнему всецело преданы всеобщему плану: как и прежде, они выводят смертные создания эволюционных миров на длительный и увлекательный путь к Райской цели – божественности и вечности. На протяжении всего дерзновенного путешествия смертных, целью которого является достижение Бога и обретение божественного совершенства, эти духовные попечители серафического свершения, вместе с верными попечительскими духами времени, всегда и навеки остаются вашими истинными друзьями и надежными помощниками.

[Представлено Мелхиседеком, действующим по просьбе главы серафического воинства Небадона.]

ДОКУМЕНТ 40

ВОСХОДЯЩИЕ БОЖЬИ СЫНЫ

Как и во многих других основных группах вселенских существ, раскрыто семь общих классов Восходящих Божьих Сынов:

1. Смертные, слившиеся с Отцом.
2. Смертные, слившиеся с Сыном.
3. Смертные, слившиеся с Духом.
4. Эволюционные серафимы.
5. Восходящие Материальные Сыны.
6. Преобразованные промежуточные создания.
7. Личностные Настройщики.

Повествование об этих существах, от низших смертных животного происхождения из эволюционных миров до Личностных Настройщиков Всеобщего Отца, представляет собой чудесный рассказ о безграничном даре божественной любви и милосердного покровительства на протяжении всего времени, во всех вселенных обширного творения Райских Божеств.

Эти повествования начались с описания Божеств. По мере продолжения нашего рассказа, мы всё ниже спускались по всеобщей лестнице жизни, повествуя об одной группе существ за другой, пока не дошли до низшей наделенной потенциалом бессмертия категории. И теперь я, начавший свой путь в качестве смертного в эволюционном мире пространства, направлен с Салвингтона, чтобы развить и продолжить рассказ о вечном замысле Богов относительно восходящих категорий сыновства, в частности, относительно смертных созданий времени и пространства.

Так как бóльшая часть данного повествования будет посвящена обсуждению трех основных категорий восходящих смертных, сначала внимание будет уделено несмертным восходящим категориям сыновства – серафимам, Адамам, промежуточным созданиям, а также Настройщикам.

1. ЭВОЛЮЦИОННЫЕ СЕРАФИМЫ

Смертные создания животного происхождения – не единственные существа, удостоенные сыновства; ангельское воинство также обладает божественной возможностью достичь Рая. Благодаря своему опыту и служению вместе с восходящими смертными времени, серафимы-хранители также обретают статус восходящих сынов. Такие ангелы достигают Рая через Серафингтон, а многие принимаются даже в Корпус Смертных Завершителей.

Для ангела восхождение к небесным высотам божественного сыновства завершителей является высочайшим достижением, значительно превосходящим ваше обретение вечной жизни благодаря плану Вечного Сына и неизменной помощи пребывающего в вас Настройщика; однако серафимы-хранители, а иногда и другие, действительно совершают такие восхождения.

2. ВОСХОДЯЩИЕ МАТЕРИАЛЬНЫЕ СЫНЫ

Материальные Божьи Сыны создаются в локальной вселенной вместе с Мелхиседеками и их партнерами, причем все они классифицируются как нисходящие Сыны. И действительно, Планетарные Адамы – Материальные Сыны и Дочери эволюционных миров – являются нисходящими Сынами, спускающимися в обитаемые миры из сфер своего происхождения, столиц локальных систем.

Если Адам и Ева добиваются полного успеха в своей совместной планетарной миссии в качестве биологических совершенствователей, они разделяют судьбу обитателей своего мира. Когда такой мир вступает в более развитые стадии света и жизни, эта преданная пара – Материальные Сын и Дочь – получает разрешение сложить с себя все обязанности, связанные с управлением планетой; тем самым, освобожденные от продолжения нисходящего испытания, они получают право зарегистрироваться в качестве усовершенствованных Материальных Сынов в архивах локальной вселенной. Таким же образом, если планетарное назначение надолго откладывается, Материальные Сыны неизменного статуса – граждане локальных систем – могут покинуть сферу, соответствующую их статусу, и точно так же зарегистрироваться в качестве усовершенствованных Материальных Сынов. После этих формальностей освобожденные Адамы и Евы получают полномочия восходящих Божьих Сынов и могут сразу же отправиться в длительное путешествие к Хавоне и Раю, начиная именно с той ступени, которая соответствует их текущему статусу и духовному уровню. И они совершают свое путешествие вместе со смертными и другими восходящими Сынами, продолжая его до тех пор, пока не находят Бога и не достигают Корпуса Смертных Завершителей в вечном служении Райским Божествам.

3. ПРЕОБРАЗОВАННЫЕ ПРОМЕЖУТОЧНЫЕ СОЗДАНИЯ

Хотя обе группы промежуточных созданий лишаются непосредственной пользы, которую приносят планетарные посвящения нисходящих Божьих Сынов, хотя восхождение к Раю откладывается на долгое время, тем не менее, вскоре после достижения эволюционной планетой переходных эпох света и жизни (если не раньше) обе группы промежуточных созданий освобождаются от планетарных обязанностей. Иногда, в день нисшествия храма света и возвышения Планетарного Князя до статуса Планетарного Властелина, бóльшая их часть, вместе со своими людскими сородичами, становится преобразованной. После освобождения от планетарного служения обе категории регистрируются в локальной вселенной как восходящие Божьи Сыны и сразу же начинают длительное восхождение к Раю теми же путями, которые предопределены для смертных рас материальных миров. Существам из первичной группы суждено стать членами различных корпусов завершителей, однако все вторичные, или адамические, промежуточные создания выводятся на путь, ведущий в Корпус Смертных Завершителей.

4. ЛИЧНОСТНЫЕ НАСТРОЙЩИКИ

Когда смертному существу времени не удается обрести вечное существование души в планетарном взаимодействии с духовными дарами Всеобщего Отца, такое поражение никогда и ни в коей мере не является следствием забвения Настройщиком своих обязанностей, связанных с опекой и служением, или отсутствия преданности. С наступлением смерти создания такие покинутые Наставники возвращаются на Дивинингтон, а затем, после суда над несохранившимся созданием, могут вновь назначаться в миры времени и пространства. Иногда, после повторения подобных служений или вследствие какого-то необычного опыта – такого как функционирование в качестве Настройщика в инкарнированном посвященческом Сыне, – Всеобщий Отец одаряет этих деятельных Настройщиков личностью.

Личностные Настройщики относятся к уникальной и непостижимой категории существ. Обладая изначально экзистенциальным и доличностным статусом, они приобрели эмпирические свойства благодаря участию в жизни и деятельности примитивных смертных созданий материальных миров. И так как источником личности, посвященной этим опытным Настройщикам Мышления, является Всеобщий Отец, который лично и неустанно заботится о посвящении эмпирической личности созданиям своего творения, то эти Личностные Настройщики классифицируются как восходящие Божьи Сыны – высшая из всех подобных категорий сыновства.

5. СМЕРТНЫЕ ВРЕМЕНИ И ПРОСТРАНСТВА

Смертные представляют собой последнее звено в цепи тех существ, которые именуются сынами Бога. Характерные черты Изначального и Вечного Сына передаются в нисходящем ряду всё менее божественных и всё более человеческих личностных созданий, пока не появляются существа, во многом похожие на вас – такие, которых вы можете видеть, слышать и осязать. И тогда вас духовно посвящают в великую истину, которую может постичь ваша вера: вы являетесь сынами вечного Бога!

Таким же образом Изначальный и Бесконечный Дух, через длинный ряд всё менее божественных и всё более человеческих категорий, постепенно приближается к борющимся созданиям сфер, достигая предела своего выражения в ангелах, которые находятся чуть выше вас и которые лично охраняют и направляют вас в вашем путешествии по смертному пути времени.

Бог-Отец не понижает таким же образом свой статус, чтобы войти в тесный личный контакт почти с бесконечным числом восходящих созданий вселенной вселенных; он не способен на это. Однако Отец не лишается личного общения со своими низшими созданиями; вы наделены божественным присутствием. Хотя Бог-Отец не может быть с вами в непосредственном личностном проявлении, он пребывает в вас и является частью вас через идентичность пребывающих в вас Настройщиков Мышления – божественных Наставников. Так Отец, наиболее удаленный от вас в отношении личности и духа, становится самым близким к вам в личностном контуре и духовном общении, внутренней связи с самой душой своего смертного сына или дочери.

Духовная идентификация заключает в себе тайну личного спасения и определяет цель духовного восхождения. А поскольку Настройщики Мышления являются единственными обладающими потенциалом слияния духами, которые способны отождествляться с людьми при жизни во плоти, то смертные времени и пространства в первую очередь классифицируются в соответствии с их отношением к этим божественным дарам – пребывающим в вас Таинственным Наставникам:

1. Смертные преходящего, или эмпирического, пребывания Настройщиков.
2. Смертные, не сливающиеся с Настройщиками.
3. Смертные, обладающие потенциалом слияния с Настройщиками.

Первая группа – смертные преходящего, или эмпирического, пребывания Настройщиков. Это обозначение является временным для каждой эволюционирующей планеты и используется на ранних стадиях во всех обитаемых мирах, за исключением тех, которые относятся ко второй группе.

Смертные первой группы населяют пространственные миры в ранние эпохи эволюции человечества и обладают наиболее примитивными типами человеческого разума. Во многих мирах, схожих с доадамической Урантией, множество людей, относящихся к более высоким и развитым типам первобытного человека, обретают способность к продолжению жизни, однако не сливаются с Настройщиками. На протяжении всё новых и новых эпох, до тех пор, пока человек не достигает уровня более высокого духовного волеизъявления, Настройщики пребывают в разуме преодолевающих трудности созданий в течение их короткой жизни во плоти. И в то же мгновение, когда в подобные волевые создания вселяются Настройщики, начинают функционировать групповые ангелы-хранители. Хотя смертные первой группы не имеют личных хранителей, у них есть групповые опекуны.

Эмпирический Настройщик остается с примитивным человеком в течение всей его жизни во плоти. Настройщики вносят большой вклад в развитие примитивных людей, но неспособны соединяться с ними вечным союзом. Это кратковременное служение решает две задачи. Во-первых, Настройщики обретают ценный практический опыт, познавая природу и функционирование эволюционного интеллекта, – опыт, который будет незаменим в связи с новыми контактами в других мирах и с более развитыми существами. Во-вторых, краткосрочное пребывание Настройщиков играет важную роль в подготовке смертных субъектов к возможному последующему слиянию с Духом. Все ищущие Бога души этого типа достигают вечной жизни через духовные объятия Материнского Духа локальной вселенной и, таким образом, становятся восходящими смертными режима локальной вселенной. Таким был путь достижения обительских миров Сатании для многих созданий доадамической Урантии.

Боги, предопределившие восхождение смертного человека на более высокие уровни духовного разума через длительные эпохи эволюционных испытаний и страданий, отмечают статус и потребности людей на каждой стадии этого процесса, и их окончательные решения в отношении этих преодолевающих трудности и находящихся на заре расовой эволюции смертных неизменно отличаются божественной беспристрастностью и справедливостью, равно как и чудесным милосердием.

Вторая группа – смертные, не сливающиеся с Настройщиками. Сюда относятся особые типы людей, неспособных достичь вечного союза с пребывающими в них Настройщиками. Классификация на расы с однодольным, двудольным и трехдольным мозгом не имеет значения для слияния с Настройщиками: все подобные смертные сходны, однако типы смертных, не сливающихся с Настройщиками, являются совершенно обособленной и существенно модифицированной категорией волевых созданий. К данной группе относятся многие из недышащих типов, и существуют многочисленные другие группы, которые обычно не сливаются с Настройщиками.

Как и в первой группе, каждый член данной группы пользуется опекой одного Настройщика на протяжении жизни во плоти. В течение бренной жизни Настройщики совершают для субъектов своего временного пребывания всё то, что делается в других мирах, где обитают смертные, обладающие потенциалом слияния. Нередко в смертных этой второй группы пребывают начинающие Настройщики, но люди более высокого типа часто связаны с умелыми и опытными Наставниками.

В соответствии с планом постепенного усовершенствования созданий животного происхождения, эти существа пользуются таким же преданным служением Божьих Сынов, какое предоставляется смертным урантийского типа. Серафическое сотрудничество с Настройщиками на планетах, обитатели которых не сливаются с Наставниками, существует в том же объеме, что и в мирах, обитатели которых обладают потенциалом слияния. Хранители судьбы опекают эти планеты точно так же, как Урантию, и аналогичным образом ведут себя при продолжении жизни, когда переживающая смерть душа сливается с Духом.

Когда вы встретитесь с этими модифицированными типами смертных в обительских мирах, общение с ними не составит для вас труда. Они говорят на том же языке системы, но с помощью иного метода. Эти существа идентичны вашей категории созданий в проявлении духа и личности, отличаясь лишь некоторыми физическими чертами и тем, что они не сливаются с Настройщиками Мышления.

Я не знаю, почему именно создания этого типа неспособны слиться с Настройщиками Всеобщего Отца. Некоторые из нас склоняются к мнению, что в своих усилиях по сотворению созданий, способных существовать в необычных планетарных условиях, Носители Жизни сталкиваются с необходимостью внесения столь радикальных изменений во вселенское планирование разумных волевых созданий, что обеспечение постоянного союза с Настройщиками становится невозможным в силу внутренних причин. Как часто мы задаемся вопросом: преднамеренна или случайна эта часть плана восхождения? Однако мы не находим ответа.

Третья группа – смертные, обладающие потенциалом слияния с Настройщиками. Подобно урантийским расам, все смертные, слившиеся с Отцом, имеют животное происхождение. Сюда входят смертные с однодольным, двудольным и трехдольным мозгом, обладающие потенциальной способностью слияния с Настройщиками. Урантийцы принадлежат к промежуточному, или двудольному, типу и, по-человечески, во многом превосходят однодольный тип, хотя явно уступают трехдольным категориям. Три данных типа физического мозга несущественны для посвящения Настройщиков, служения серафимов или какого-либо иного аспекта духовной опеки. Интеллектуальные и духовные различия трех типов мозга свойственны индивидуумам, обладающим в остальном совершенно одинаковым духовным потенциалом и типом разума. Эти различия проявляются в наибольшей степени в течение временной жизни и имеют тенденцию сокращаться по мере последовательного пересечения моронтийных миров. Начиная со столицы системы, развитие этих трех типов одинаково, как и их конечное Райское предназначение.

Бессчетные группы. В данные повествования совершенно невозможно включить всё удивительное разнообразие, существующее в эволюционных мирах. Вы знаете о том, что каждый десятый мир является десятичной, или экспериментальной, планетой, но вы ничего не знаете о других переменных, которыми отмечена процессия эволюционных сфер. Существуют различия – как между раскрытыми категориями созданий, так и между планетами одной группы, – которые слишком многочисленны для нашего повествования, однако данное изложение вскрывает основные различия, имеющие отношение к восходящему пути. А восходящий путь есть важнейший фактор при любом обсуждении смертных времени и пространства.

Что касается шансов смертного на спасение, да будет ясным раз и навсегда: душа любого смертного, на каждой возможной стадии существования, сохранится, если только она обнаруживает готовность к сотрудничеству с пребывающим в ней Настройщиком и проявляет желание найти Бога и достигнуть божественного совершенства, даже если эти желания являются лишь первыми, слабыми проблесками примитивного осознания того «истинного света, который просвещает каждого человека, приходящего в этот мир».

6. ВЕРОИСПОВЕДНЫЕ БОЖЬИ СЫНЫ

Смертные расы являются представителями низшей категории разумного и личностного творения. Вас, смертные, любят божественной любовью, и каждый из вас волен выбрать надежную судьбу и славный опыт, но по своей природе вы еще не принадлежите к божественной категории: вы являетесь полностью смертными. Вы будете считаться восходящими сынами с того момента, когда произойдет слияние, однако вплоть до окончательного слияния пережившей смерть души с одним из типов вечного и бессмертного духа смертные времени и пространства пребывают в статусе вероисповедных сынов.

То, что такие примитивные и материальные создания, как люди Урантии, являются Божьими сынами, вероисповедными сынами Всевышнего, есть священная и великая истина. «Подумайте, какую великую любовь Отец наш проявил к нам, позволив нам называться детьми Божьими». «А тем, которые приняли его, дал власть осознать, что они – дети Божьи». Хотя «пока не известно еще, кем вы будете», вы и сейчас «сыны Божьи благодаря своей вере»; «ибо обретенный дух не превращает вас в рабов и не вызывает новый страх, а превращает в детей Божьих, и вы восклицаете: „Отец наш!"» Древний пророк говорил от имени вечного Бога: «Я дам им в доме моем место и имя лучшее, нежели «сыны»; я дам им вечное имя, которое отторжено не будет». «А так как вы – сыны, то Бог направил в ваши сердца дух своего Сына».

Во всех эволюционных мирах, населенных смертными, обитают эти вероисповедные Божьи сыны – сыны благодати и милосердия, смертные существа, принадлежащие к божественной семье и называемые, соответственно, Божьими сынами. Смертные Урантии вправе считать себя Божьими сынами в силу следующих причин:

1. Вы являетесь сынами духовного обета, вероисповедными сынами; вы приняли статус сыновства. Вы верите в реальность вашего сыновства, и тем самым ваш статус сынов Бога становится вечной реальностью.

2. Божий Сын-Создатель стал одним из вас; он действительно является вашим старшим братом; и если в духе вы станете истинными братьями во Христе – победоносном Михаиле, – то в духе вы должны быть также сынами того, кто является вашим общим Отцом, Всеобщим Отцом всего творения.

3. Вы являетесь сынами, потому что дух одного из Сынов был излит на вас, щедро и надежно посвящен всем урантийским расам. Этот дух извечно влечет вас к божественному Сыну, который является его источником, и к Райскому Отцу – источнику этого божественного Сына.

4. Своим божественным волеизъявлением Всеобщий Отец дал вам присущие созданиям личности. Вас наделили долей той божественной непосредственности свободного волевого действия, которой Бог наделяет каждого, кто может стать его сыном.

5. В вас живет частица Всеобщего Отца, благодаря которой вы связаны непосредственно с божественным Отцом всех Божьих Сынов.

7. СМЕРТНЫЕ, СЛИВШИЕСЯ С ОТЦОМ

Ниспослание Настройщиков, их пребывание в созданиях, поистине является одной из непостижимых тайн Бога-Отца. Эти частицы божественной природы Всеобщего Отца заключают в себе потенциал бессмертия создания. Настройщики – это бессмертные духи, и союз с ними дарует вечную жизнь душам слившихся с ними смертных.

К этой группе восходящих Божьих сынов относятся и ваши расы переживающих смерть созданий. В настоящее время вы являетесь планетарными сынами, эволюционными созданиями, полученными в результате произведенных Носителями Жизни имплантаций и модифицированными примесью адамической крови, – пока еще едва ли восходящими сынами. Однако вы действительно являетесь сынами, обладающими потенциалом восхождения, вплоть до высочайших вершин блаженства и достижения божественности, и этот духовный статус восходящего сына вы способны обрести благодаря своей вере и свободному, добровольному сотрудничеству с одухотворяющей деятельностью пребывающего в вас Настройщика. Когда вы и ваш Настройщик сольетесь окончательно и навечно, соединитесь воедино, как Сын Божий и Сын Человеческий соединились воедино во Христе Михаиле, тогда вы действительно станете восходящим Божьим сыном.

Подробное изложение пути Настройщика – внутреннего служения на испытательной эволюционной планете – не входит в мое задание; раскрытие этой великой истины происходит в течение всего вашего пути. Я упоминаю о некоторых функциях Настройщика для того, чтобы дать исчерпывающее определение слившимся с Настройщиком смертным. Эти живущие в вас частицы Бога пребывают вместе с существами вашей категории с ранних дней физического существования в течение всего восходящего пути в Небадоне и Орвонтоне, и далее, через Хавону, до самого Рая. После этого тот же Настройщик остается вашей частью и вместе с вами отправляется в вечное путешествие.

Это те смертные, которые получили наказ Всеобщего Отца: «Будьте совершенны, как совершенен я». Отец посвятил вам себя, вложил в вас свой собственный дух; *поэтому* он требует от вас предельного совершенства. Рассказ о восхождении человека из смертных сфер времени к божественным владениям вечности представляет собой захватывающее повествование, не входящее в мое задание, однако это небесное дерзновение должно быть объектом высших помыслов смертного человека.

Слияние с частицей Всеобщего Отца равнозначно божественному подтверждению предстоящего достижения Рая, и такие слившиеся с Настройщиками смертные являются единственным классом людей, все члены которого пересекают кольца Хавоны и обретают Бога в Раю. Перед слившимся с Настройщиком смертным открываются широкие возможности всеобщего служения. Какая достойная цель, какое славное обретение ожидает каждого из вас! Осознаёте ли вы до конца, что́ для вас сделано? Понимаете ли вы величие открывающихся перед вами высот вечного достижения? Они открыты для вас – тех, кто влачится по своему скромному жизненному пути через так называемую «долину слёз».

8. СМЕРТНЫЕ, СЛИВШИЕСЯ С СЫНОМ

Хотя практически все продолжающие жизнь смертные сливаются со своими Настройщиками в одном из обительских миров или сразу же по прибытии в высшие моронтийные сферы, в некоторых случаях происходит задержка, когда окончательная уверенность в спасении обретается только после достижения последних образовательных миров вселенской столицы; а некоторым из этих смертных кандидатов на вечную жизнь вообще не удается добиться отождествляющего слияния со своими преданными Настройщиками.

Судебные власти признали таких смертных достойными продолжить существование, и их Настройщики, возвращаясь с Дивинингтона, также принимали участие в восхождении к обительским мирам. Такие существа совершили восхождение через систему, созвездие и образовательные миры салвингтонского кольца; им было предоставлено «семижды семьдесят» возможностей для слияния, но даже после этого они не смогли добиться единения со своими Настройщиками.

Если становится очевидным, что слиянию с Отцом препятствуют какие-то проблемы синхронизации, созываются подчиненные Сыну-Создателю арбитры продолжения жизни. И когда эта следственная комиссия, назначенная Древними Дней, делает окончательный вывод о том, что восходящий смертный не допустил какой-либо выявляемой оплошности, которая могла бы помешать слиянию, они делают соответствующую отметку в архивах локальной вселенной и сразу же сообщают о своем заключении Древним Дней. Вслед за этим внутренний Настройщик возвращается на Дивинингтон, где его утверждают Личностные Наставники, и после его ухода моронтийный смертный моментально сливается с индивидуализированным даром духа Сына-Создателя.

Во многом так же, как слившиеся с Духом смертные совместно пользуются моронтийными сферами Небадона, слившиеся с Сыном создания пользуются службами Орвонтона вместе со своими слившимися с Настройщиками братьями, которые совершают путешествие к центру – к далекому Острову Рай. Они действительно являются вашими братьями, и вы получите большое удовольствие от общения с ними во время пребывания в подготовительных мирах сверхвселенной.

Группа слившихся с Сыном смертных немногочисленна: во всей сверхвселенной Орвонтон их насчитывается менее миллиона. Во всех аспектах, кроме постоянного проживания в Раю, они равны своим слившимся с Настройщиками партнерам. Они часто посещают Рай по заданиям сверхвселенной, но редко проживают там, будучи, как класс, ограниченными своей исконной сверхвселенной.

9. СМЕРТНЫЕ, СЛИВШИЕСЯ С ДУХОМ

Слившиеся с Духом восходящие смертные не относятся к личностям Третьего Источника; они входят в личностный контур Отца, но они слились с предра́зумными индивидуализированными формами духа Третьего Источника и Центра. Такое слияние с Духом никогда не происходит на протяжении естественной жизни; оно совершается только во время пробуждения смертного в моронтийном бытии в обительских мирах. Опыт слияния не допускает наложения: волевое создание сливается либо с Духом, либо с Сыном, либо с Отцом. Те, кто сливается с Настройщиками – с Отцом, – никогда не сливаются с Духом или Сыном.

Тот факт, что данные типы смертных созданий не являются кандидатами на слияние с Настройщиками, не мешает Настройщикам вселяться в них в течение жизни во плоти. Настройщики действительно трудятся в разуме таких существ на протяжении материальной жизни, но никогда не сливаются навечно с душами своих подопечных. В течение этого временного пребывания они эффективно создают душу – такой же духовный дубликат смертной природы, какой создается ими в кандидатах на слияние с Настройщиками. Вплоть до наступления физической смерти труд Настройщиков совершенно аналогичен их деятельности в ваших расах, однако после смерти плоти они навсегда покидают своих кандидатов на слияние с Духом и сразу же отправляются на Дивинингтон – центр всех божественных Наставников, где ожидают новых назначений для своей категории.

Когда пережившее смерть спящее создание восстанавливает свою личность в обительских мирах, место отбывшего Настройщика занимает индивидуализация духа Божественной Попечительницы – представительницы Бесконечного Духа в соответствующей локальной вселенной. Это привнесение духа превращает такие сохранившиеся создания в смертных, слившихся с Духом. Во всём, что касается разума и духа, такие существа равны вам. Они действительно являются вашими ровесниками и пребывают в обительских и морионтийных сферах вместе с относящимися к вашей категории кандидатами на слияние, а также с теми, кому предстоит слиться с Сыном.

Тем не менее, в одном отношении слившиеся с Духом смертные отличаются от собратьев по восхождению. Память смертных о человеческом опыте, накопленном в исходных материальных мирах, сохраняется после смерти плоти, так как у внутреннего Настройщика есть духовный дубликат, или копия, тех событий человеческой жизни, которые были духовно значимы. В случае же слившихся с Духом смертных не существует механизма для сохранения человеческой памяти. Находящиеся у Настройщиков дубликаты памяти остаются в целости и сохранности, однако эти приобретения являются эмпирическими владениями отбывших Настройщиков и недоступны созданиям, в которых они ранее находились и которые, вследствие этого, пробуждаются в залах воскрешения морионтийных сфер Небадона как бы заново сотворенными существами – созданиями, не знающими своего прошлого.

Такие дети локальной вселенной могут восстанавливать значительную часть опыта, хранившегося в бывшей человеческой памяти, благодаря рассказам связанных с ними серафимов и херувимов или ознакомлению с информацией о смертном пути, которая хранится регистрирующими ангелами. Они могут делать это с бесспорной уверенностью, ибо несмотря на то что спасенная душа, берущая эмпирическое начало в материальной и смертной жизни, не сохраняет память о смертных событиях, она обладает остаточной реакцией эмпирического восприятия в отношении не сохранившихся в памяти событий прошлого опыта.

Когда слившемуся с Духом смертному пересказывают события забытого прошлого опыта, в душе (индивидуальности) спасенного создания немедленно возникает реакция эмпирического восприятия, которая сразу же придает рассказанному событию присущую действительности эмоциональность и свойственное факту интеллектуальное качество; и эта двуединая реакция представляет собой воссоздание, восприятие и подтверждение не сохраненного в памяти аспекта смертного опыта.

Даже если создание является кандидатом на слияние с Настройщиком, в совместном владении пережившей смерть души и вернувшегося Настройщика находится только такой человеческий опыт, который имеет духовную ценность, благодаря чему этот опыт вспоминается сразу же после воскресения. Что же касается тех событий, которые не были духовно значимы, то и эти кандидаты на слияние с Настройщиками вынуждены зависеть от реакции эмпирического узнавания, которым обладает сохранившаяся душа. А так как любое событие может иметь скрытый духовный смысл для одного смертного и не иметь его для другого, то восходящие создания одной эпохи и с одной и той же планеты получают возможность объединяться в группы, создавая общий фонд запоминаемых Настройщиками событий. Это позволяет восстановить любой совместный опыт, который имел духовную ценность в жизни кого-либо из них.

Хотя мы достаточно хорошо разбираемся в методах восстановления памяти, мы не понимаем метода личностного узнавания. Взаимная реакция личностей, связанных друг с другом в прошлом, вполне независима от действия памяти, хотя сама память и методы ее восстановления необходимы для придания такой взаимной личностной реакции всей полноты восприятия.

Кроме того, слившееся с Духом и пережившее смерть создание способно узнать многое о прожитой во плоти жизни при посещении своего родного мира по окончании соответствующего планетарного судного периода. Такие дети слияния с Духом могут воспользоваться этой возможностью для изучения своего жизненного пути, ибо в целом они ограничены службой в локальной вселенной. Они не разделяют вашу высокую и возвышенную судьбу в Райском Корпусе Завершения. Только слившиеся с Настройщиком смертные или иные прошедшие особые объятия восходящие существа принимаются в ряды тех, кого ожидает вечное путешествие к Божествам. Слившиеся с Духом смертные являются постоянными гражданами локальных вселенных; они вправе стремиться к Райской цели, но не могут быть уверены в ее достижении. В Небадоне их вселенским домом служит восьмая группа окружающих Салвингтон миров – небесная обитель, по своей природе и расположению во многом соответствующая тем описаниям, которые встречаются в урантийских преданиях.

10. СУДЬБЫ ВОСХОДЯЩИХ СОЗДАНИЙ

В общем смысле, слившиеся с Духом смертные ограничены локальной вселенной; пережившие смерть создания, слившиеся с Сыном, ограничены сверхвселенной; смертным, слившимся с Настройщиками, суждено преодолеть вселенную вселенных. Духи, сливающиеся со смертными, всегда восходят на уровень своего происхождения; такие духовные сущности неизменно возвращаются в сферу, которая являлась их первоначальным источником.

Слившиеся с Духом смертные относятся к локальной вселенной. Обычно они не поднимаются выше уровня своей исконной сферы, не выходят за пределы пространственного охвата того духа, который их наполняет. Таким же образом, слившиеся с Сыном восходящие создания поднимаются до уровня, соответствующего источнику их духовности, ибо во многом так же как Дух Истины Сына-Создателя сосредоточен в его партнере, Божественной Попечительнице, так его «дух слияния» заключен в Отражательных Духах вселенных более высокого уровня. Такое духовное отношение между локальным и сверхвселенским уровнями Бога-Семичастного, возможно, плохо поддаваясь объяснению, является очевидным, ибо оно безошибочно раскрыто в детях Отражательных Духов – секонафических Голосах Сынов-Создателей. Настройщик Мышления, происходящий от Райского

Отца, не прекращает своих усилий, пока смертный сын не оказывается лицом к лицу с вечным Богом.

Таинственная изменчивость ассоциативного метода – причина неслияния или невозможности вечного слияния смертного существа с пребывающим в нём Настройщиком Мышления – может показаться изъяном программы восхождения. При поверхностном рассмотрении, слияние с Сыном и Духом представляется компенсацией необъяснимых провалов в какой-то части плана восхождения к Раю. Однако подобные заключения основаны на заблуждении: нас учат, что все эти явления согласуются с установленными законами Верховных Вселенских Правителей.

Анализируя данную проблему, мы пришли к бесспорному выводу о том, что уготовление всем смертным предельной Райской цели было бы несправедливым по отношению к пространственно-временны́м вселенным, поскольку суды Сынов-Создателей и Древних Дней оказались бы в полной зависимости от услуг тех, кто находится на пути к высшим сферам. Поэтому представляется совершенно уместным, что при каждом правительстве локальной вселенной и сверхвселенной существует постоянная группа восходящих граждан и что функции этих администраций расширяются за счет некоторых групп прославленных смертных, имеющих постоянный статус и являющихся эволюционными дополнениями абандонтеров и сузатов. Сегодня совершенно очевиден тот факт, что существующая программа восхождения надежно обеспечивает пространственно-временны́е администрации именно такими группами восходящих созданий; и мы не раз задавались вопросом: является ли всё это отражением предопределенной части премудрых планов Творцов Совокупной Вселенной – планов, призванных обеспечить Сынов-Создателей и Древних Дней постоянным окружением из восходящих существ, сформировавшимися категориями гражданства, которые будут всё более компетентно распоряжаться делами этих сфер в грядущие вселенские эпохи?

Подобные отличия в судьбах смертных никоим образом не означают, что какая-то из них выше или ниже другой: это говорит лишь о том, что все они различны. В вечном будущем, слившихся с Настройщиками восходящих созданий воистину ожидает великий и славный путь завершителей, однако это не значит, что они находятся в привилегированном положении по сравнению со своими восходящими братьями. В селективном действии божественного плана продолжения жизни смертных созданий нет места фаворитизму или произвольности.

Хотя слившиеся с Настройщиком завершители явно располагают наиболее широкими возможностями служения, достижение этой цели автоматически лишает их участия в вековом преодолении трудностей в какой-то одной вселенной или сверхвселенной, начиная с ранних и менее устойчивых эпох и вплоть до поздних и упрочившихся эпох относительного совершенства. Завершители накапливают прекрасный и широкий опыт кратковременного служения во всех семи сегментах большой вселенной, однако обычно они не обретают того досконального знания какой-то одной вселенной, которым уже сегодня отличаются слившиеся с Духом ветераны Небадонского Корпуса Свершения. Эти индивидуумы имеют возможность наблюдать восходящую процессию планетарных эпох, последовательно раскрывающихся в десяти миллионах обитаемых миров. В преданном служении таких граждан локальных вселенных, один опыт накладывается на другой до тех пор, пока, в назначенный срок, не созревает мудрость того высокого качества, которое порождается концентрированным опытом, – *авторитетная* мудрость, сама по себе являющаяся жизненно важным фактором для обретения устойчивости любой локальной вселенной.

То, что справедливо для смертных, слившихся с Духом, относится и к смертным, слившимся с Сыном и получившим статус постоянных жителей Уверсы. Некоторые из этих существ появились на свет в самые ранние эпохи Орвонтона и представляют собой медленно растущую группу личностей с углубляющей проницательность мудростью, которая вносит своим служением всё больший вклад в благополучие и грядущую устойчивость седьмой сверхвселенной.

Мы не знаем, какой будет окончательная судьба граждан локальной и сверхвселенной, принадлежащих к этим неизменным категориям, однако вполне возможно, что в то время, когда Райские завершители будут прокладывать путь расширяющимся пределам божественности в планетарных системах первого уровня внешнего пространства, их слившиеся с Сыном и Духом братья по восходящей эволюционной борьбе будут вносить приемлемый вклад в поддержание эмпирического равновесия усовершенствованных сверхвселенных, готовые приветствовать вереницы Райских паломников. Последние, возможно, в далеком будущем будут в больших количествах проходить через Орвонтон и однотипные творения, подобно обширному, устремленному к духу стремительному потоку, истекающему из этих пока еще неизведанных и необитаемых галактик внешнего пространства.

В то время как большинство слившихся с Духом созданий служат постоянно в качестве граждан локальных вселенных, бывают исключения. Если какой-то аспект вселенского служения этих граждан требует личного присутствия в сверхвселенной, они претерпевают определенные превращения, позволяющие им подняться во вселенную более высокого уровня; и по прибытии Небесных Хранителей, доставляющих приказ представить таких слившихся с Духом смертных в суды Древних Дней, они восходят, чтобы уже никогда не возвращаться. Они становятся подопечными сверхвселенной и несут постоянную службу в качестве помощников Небесных Хранителей, за исключением тех немногих, которые, в свою очередь, призываются для служения в Раю и Хавоне.

Как и их слившиеся с Духом братья, смертные, слившиеся с Сыном, не пересекают Хавону и не достигают Рая, не претерпев определенных модифицирующих превращений. При наличии веских и достаточных оснований, эти изменения совершаются в некоторых слившихся с Сыном смертных; эти существа периодически встречаются на семи кольцах центральной вселенной. Таким образом, определенное число смертных, слившихся как с Сыном, так и с Духом, действительно восходит к Раю и фактически достигает цели, во многом равной той, которая ждет смертных, слившихся с Отцом.

Слившиеся с Отцом смертные являются потенциальными завершителями; их целью является Всеобщий Отец, которого они и достигают, однако в рамках нынешней вселенской эпохи завершители, как таковые, не достигают своего предназначения. Они остаются незаконченными созданиями – духами шестой ступени – и потому неактивны в эволюционных владениях, не достигших эпохи света и жизни.

Когда смертный завершитель проходит объятия Троицы – становится тринитизованным Сыном, наподобие Могущественного Посланника, – такой завершитель обретает свое предназначение, по крайней мере, на время нынешней вселенской эпохи. Строго говоря, Могущественные Посланники и их товарищи могут не быть духами седьмой ступени, однако, в дополнение к остальным вещам, объятия

Троицы наделяют их всем тем, что когда-нибудь предстоит обрести завершителям как духам седьмой ступени. После тринитизации смертные, слившиеся с Духом или Сыном, проходят через Рай вместе с восходящими созданиями, слившимися с Настройщиками, которым они на этом этапе идентичны во всём, что относится к управлению сверхвселенной. Эти Тринитизованные Сыны Отбора или Достижения – во всяком случае, пока – являются законченными созданиями, в противоположность завершителям, которые в настоящее время относятся к незаконченным созданиям.

Поэтому в конечном счете, сравнивая судьбы восходящих категорий сыновства, вряд ли было бы уместно пользоваться словами «более» или «менее». Богоотцовство является общим для каждого такого Божьего сына, и Бог одинаково любит каждого из своих созданных сынов; он одинаково нелицеприятен по отношению как к путям восхождения, так и к созданиям, которые могут избрать один из этих путей. Отец любит *каждого* из своих сынов, и это чувство является действительно истинным, священным, божественным, неограниченным, вечным и уникальным – любовь, посвященная *этому* сыну и *тому* сыну, посвященная индивидуально, лично и исключительно. И такая любовь полностью затмевает все остальные обстоятельства. Сыновство является высшим отношением создания к Создателю.

Как смертные, теперь вы способны осознать свое место в семье божественных сынов, способны почувствовать, что вы обязаны воспользоваться преимуществами, столь щедро предоставленными Райским планом по спасению смертных, – планом, столь усовершенствованным и озаренным жизненным опытом посвященческого Сына. Все средства и все силы направлены на то, чтобы вы, в конечном счете, смогли достигнуть Райской цели божественного совершенства.

[Представлено Могущественным Посланником, временно прикрепленным к персоналу Гавриила Салвингтонского.]

ДОКУМЕНТ 41

ФИЗИЧЕСКИЕ АСПЕКТЫ ЛОКАЛЬНОЙ ВСЕЛЕННОЙ

Присутствие Созидательного Духа является тем характерным пространственным феноменом, который отделяет одно локальное творение от остальных. Весь Небадон наполнен явным пространственным присутствием Божественной Попечительницы Салвингтона, и это присутствие так же определенно исчезает у внешних рубежей нашей локальной вселенной. То, что́ наполнено Материнским Духом нашей локальной вселенной, *есть* Небадон; то, что выходит за его пространственное присутствие, находится за пределами Небадона и относится к вненебадонским регионам пространства сверхвселенной Орвонтон – другим локальным вселенным.

Хотя в административной организации большой вселенной обнаруживаются ясно очерченные границы между правлениями центральной, сверх- и локальной вселенных, и хотя эти границы имеют астрономические параллели в пространственном разграничении Хавоны и семи сверхвселенных, для локальных творений не существует столь же ясных линий физической демаркации. Даже большие и малые сектора Орвонтона (для нас) четко различимы, определить же физические рубежи локальных вселенных – задача отнюдь не простая. Это объясняется тем, что локальные творения административно организованы в соответствии с некоторыми *созидательными* принципами, определяющими сегментацию общего энергетического заряда сверхвселенной, в то время как их физические компоненты, пространственные сферы – солнца, темные острова, планеты и т. д. – происходят в основном из туманностей, астрономическое появление которых обусловлено некоторыми *предсозидательными* (трансцендентальными) планами Творцов Совокупной Вселенной.

Одна или несколько, и даже много, таких туманностей могут входить в пределы одной локальной вселенной. Так, физически Небадон был образован из звездного и планетарного потомства Андроновера и других туманностей. Происхождение сфер Небадона связано с различными туманностями, однако все они обладали определенной минимальной общностью пространственного движения, скорректированного разумными действиями управляющих энергией таким образом, чтобы создать наше нынешнее скопление сопредельных пространственных тел, которые, в виде единого целого, совершают совместное обращение по орбитам сверхвселенной.

Таково строение локального звездного облака Небадона, которое в настоящее время обращается по всё более устойчивой орбите вокруг Стрельца – центра того малого сектора Орвонтона, к которому относится наше локальное творение.

1. СИЛОВЫЕ ЦЕНТРЫ НЕБАДОНА

Начало спиральным и иным туманностям – материнским дискам пространственных сфер – кладут Райские организаторы сил; впоследствии, когда туманности начинают реагировать на гравитацию, на смену организаторам сил приходят силовые центры и физические регуляторы, действующие на уровне сверхвселенной и принимающие на себя полную ответственность за направление физической эволюции последующих поколений звездного и планетарного потомства. После прибытия нашего Сына-Создателя этот физический контроль предвселенной Небадон был сразу же согласован с его планом организации вселенной. В пределах владений этого Райского Божьего Сына Верховные Силовые Центры и Главные Физические Регуляторы, а позднее – Управляющие Моронтийной Энергией и другие существа, создали обширный комплекс линий связи, энергетических контуров и силовых магистралей, прочно связавших разнообразные пространственные тела Небадона в интегрированную административную единицу.

Сто Верховных Силовых Центров четвертой категории постоянно закреплены за нашей локальной вселенной. Эти существа принимают входящие силовые линии от уверсских центров третьей категории и передают ослабленные и модифицированные контуры силовым центрам наших созвездий и систем. В совокупности эти силовые центры создают живую систему управления и стабилизации, поддерживающую равновесие и распределение энергий, которые в свободном состоянии отличаются неустойчивостью и колебаниями. Однако силовые центры не имеют отношения к кратковременным и локальным энергетическим возмущениям – таким как появление солнечных пятен и электрические пертурбации в системе. Свет и электричество не являются основными энергиями пространства, это вторичные и второстепенные проявления.

Сто центров локальной вселенной расположены на Салвингтоне, где они функционируют в самом энергетическом центре этой сферы. Архитектурные сферы – такие как Салвингтон, Эдемия и Иерусем – освещаются, обогреваются и снабжаются энергией с использованием методов, обеспечивающих полную независимость от солнц пространства. Эти сферы были сконструированы – созданы по индивидуальным проектам – силовыми центрами и физическими регуляторами таким образом, чтобы оказывать мощное воздействие на распределение энергии. Основывая свою деятельность на таких узлах регуляции энергии, силовые центры, благодаря своему живому присутствию, направляют и перераспределяют физические энергии пространства. Эти энергетические контуры являются основой всех физико-материальных и моронтийно-духовных явлений.

За каждым из ста созвездий – основных секторов Небадона – закреплено по десять Верховных Силовых Центров пятой категории. В вашем созвездии Норлатиадек они находятся не в столичной сфере, а в центре колоссальной звездной системы, образующей физическое ядро созвездия. Десять взаимодействующих механических регуляторов и десять франдаланков Эдемии поддерживают безупречную и непрерывную связь с соседними силовыми центрами.

В гравитационном центре каждой локальной системы находится по одному Верховному Силовому Центру шестой категории. В системе Сатания закрепленный за ней силовой центр занимает темный остров пространства, находящийся в астрономическом центре системы. Многие из таких темных островов являются гигантскими генераторами, активирующими и направляющими некоторые пространственные энергии, и эти естественные обстоятельства эффективно используются Силовым Центром Сатании, чья живая масса осуществляет связь с вышестоящими центрами, направляя потоки более овеществленной энергии Главным Физическим Регуляторам, находящимся на эволюционных планетах пространства.

2. ФИЗИЧЕСКИЕ РЕГУЛЯТОРЫ САТАНИИ

Хотя Главные Физические Регуляторы служат вместе с силовыми центрами по всей большой вселенной, понять их функции легче на уровне локальной системы – такой как Сатания. Сатания представляет собой одну из ста локальных систем, образующих административную организацию созвездия Норлатиадек, а ее непосредственными соседями являются системы Сандматия, Ассунтия, Порогия, Сортория, Рантулия и Глантония. Системы Норлатиадека во многих отношениях отличаются друг от друга, однако все они являются эволюционными и прогрессирующими, в чём весьма схожи с Сатанией.

Сама Сатания состоит более чем из семи тысяч астрономических групп, или физических систем, из которых лишь немногие имеют происхождение, схожее с вашей солнечной системой. Астрономическим центром Сатании является гигантский темный остров пространства, который, вместе с примыкающими к нему сферами, расположен неподалеку от резиденции правительства системы.

Если не считать присутствия прикрепленного к системе силового центра, общее управление всей системой физической энергии Сатании сосредоточено на Иерусеме. Главный Физический Регулятор, находящийся в этой столичной сфере, координирует свои действия с силовым центром системы, исполняя обязанности главы связи энергетических инспекторов, размещенных на Иерусеме и действующих по всей локальной системе.

Пятьсот тысяч живых и разумных энергетических операторов, разбросанных по всей Сатании, контролируют создание энергетических контуров и перераспределение энергии. Благодаря действию этих физических регуляторов, управляющие силовые центры осуществляют полный и совершенный контроль над большинством основных энергий пространства, включая излучения раскаленных светил и темных энергетически заряженных сфер. Данная группа живых сущностей способна мобилизовывать, преобразовывать, превращать и передавать почти все виды физической энергии организованного пространства, а также манипулировать ими.

Жизнь обладает внутренней способностью к мобилизации и превращению всеобщей энергии. Вы знакомы с механизмом растительной жизни, посредством которого вещественная энергия света преобразуется в разнообразные проявления растительного царства. Вы также отчасти знакомы с методом, при помощи которого растительная энергия может превращаться в явления физической активности животных. Однако вы практически ничего не знаете о методах, которые используются управляющими энергией и физическими регуляторами для мобилизации, трансформации, перераспределения и концентрации разнообразных видов пространственной энергии.

Эти существа энергетических сфер не имеют прямого отношения к энергии как составляющему фактору живых созданий – даже к области биохимии. Иногда они занимаются созданием физических предпосылок жизни, разрабатывая такие энергетические системы, которые могут служить в качестве физических оболочек для живых энергий элементарных материальных организмов. В каком-то смысле физические регуляторы так же связаны с предшествующими жизни проявлениями материальной энергии, как вспомогательные духи разума связаны с преддуховными функциями материального разума.

На каждой сфере эти разумные создания, занимающиеся регуляцией сил и управлением энергией, должны приводить свои методы в соответствие с физическим строением и структурой данной планеты. Они безошибочно используют расчеты и выводы находящихся в их распоряжении физиков и прочих технических советников относительно локального влияния раскаленных солнц и других типов сверхзаряженных звезд. Необходимо также считаться с огромными холодными темными гигантами пространства и скоплениями облаков звездной пыли. Все эти материальные факторы учитываются при решении практических задач управления энергией.

Энерго-силовое управление эволюционными обитаемыми мирами входит в обязанности Главных Физических Регуляторов, однако эти существа не несут ответственности за все энергетические сбои на Урантии. Существует целый ряд причин для таких нарушений, некоторые из которых происходят за пределами сферы контроля физических опекунов. Урантию пересекают энергетические линии колоссальной мощности – эта маленькая планета находится в сфере влияния громадных масс, и иногда местным регуляторам приходится привлекать огромное число существ своей категории в попытке сбалансировать эти энергетические линии. Они хорошо справляются с физическими контурами Сатании, однако сталкиваются с трудностями, изолируя мощные энергетические потоки Норлатиадека.

3. НАШИ ЗВЕЗДНЫЕ ПАРТНЕРЫ

Более двух тысяч ярких солнц изливают свет и энергию в Сатании, а ваше собственное солнце является пылающим светилом средних размеров. Из тридцати ближайших солнц только три обладают большей светимостью. Управляющие Вселенской Энергией инициируют специальные энергетические токи, которые протекают между индивидуальными звездами и соответствующими звездными системами. Для силовых центров и физических регуляторов эти солнечные печи, вместе с темными гигантами пространства, служат в качестве промежуточных станций для эффективной концентрации и направления энергетических потоков материальных творений.

Небадонские солнца не отличаются от солнц других вселенных. Материальный состав всех солнц, темных островов, планет и спутников, даже метеоров, вполне идентичен. Диаметр таких солнц составляет в среднем около миллиона миль, у вашего светила – чуть меньше. Диаметр крупнейшей звезды во вселенной – звездного облака Антарес – в четыреста пятьдесят раз превышает диаметр вашего солнца, а его объем превышает объем вашего солнца в шестьдесят миллионов раз. Однако существует более чем достаточно пространства, чтобы вместить все эти гигантские солнца. У них столько же свободного пространства, сколько было бы в распоряжении дюжины апельсинов, если бы те обращались внутри Урантии и если бы планета представляла собой полый шар.

Когда слишком крупные светила выбрасываются из материнского диска туманности, то вскоре они дробятся или образуют двойные звезды. Все солнца первоначально пребывают в истинно газообразном состоянии, хотя впоследствии они могут временно существовать в полужидком виде. Когда ваше солнце достигло этого полужидкого состояния, вызванного давлением сверхгаза, оно было недостаточно крупным для разделения по экватору, что соответствует одному из типов образования двойной звезды.

Те огненные сферы, размеры которых составляют менее одной десятой размеров вашего солнца, быстро сокращаются, уплотняются и остывают. Те же светила, размеры которых превышают размеры вашего солнца более, чем в тридцать раз, – точнее, те, которые содержат в тридцать раз больше собственно вещества, – быстро разделяются на два отдельных тела и либо образуют центры новых систем, либо остаются в пределах взаимного гравитационного воздействия, обращаясь вокруг общего центра в качестве одного из видов двойной звезды.

Последним из крупнейших космических вспышек Орвонтона был необычный взрыв двойной звезды, свет которого достиг Урантии в 1572 году н. э. Это пожарище было столь интенсивным, что взрыв был отчетливо виден при дневном свете.

Не все звезды являются твердыми, однако к таковым относятся многие более старые тела. Некоторые из красноватых, слабо мерцающих звезд в центре своих колоссальных масс достигли плотности, которую можно определить следующим образом: один кубический дюйм такой звезды весил бы на Урантии шесть тысяч фунтов. Вследствие колоссального сжатия, сопровождаемого потерей тепла и циркулирующей энергии, произошло сближение орбит элементарных частиц, и сегодня они вплотную приблизились к состоянию электронного уплотнения. Этот процесс остывания и сжатия может продолжаться вплоть до последней и критической точки взрыва, наступающего при уплотнении ультиматонов.

Большинство гигантских солнц являются относительно молодыми, большинство карликовых звезд – старыми, хотя не все. Карлики, образующиеся в результате столкновений, могут быть очень молодыми и излучать интенсивный белый свет, так и не познав начального периода юного красного свечения. Как очень молодые, так и очень старые солнца обычно имеют красноватое свечение. Желтый оттенок указывает на расцвет молодости или приближение к старости, однако яркий белый свет означает здоровую и продолжительную жизнь в зрелом возрасте.

Хотя не все молодые солнца проходят через стадию пульсации, – во всяком случае, не в явной форме, – вглядываясь в пространство, вы можете наблюдать многие из этих молодых звезд, чей цикл гигантских респирационных вспучиваний продолжается от двух до семи дней. Ваше солнце до сих пор сохраняет постепенно исчезающие последствия мощных вздыманий своей юности, но их период удлинился с прежних трех с половиной дней до сегодняшних одиннадцати с половиной лет циклических появлений солнечных пятен.

Переменные звезды имеют разнообразное происхождение. В некоторых двойных звездах приливы, вызываемые быстрым изменением расстояний при обращении двух тел по своим орбитам, приводят также к периодическим флуктуациям светового излучения. Изменения гравитации вызывают регулярные и повторяющиеся вспышки – точно так же, как вследствие захвата метеоров, аккреции энергии-вещества на поверхности, происходит сравнительно краткая вспышка, быстро угасающая до нормального для этой звезды уровня яркости. Иногда звезда улавливает поток метеоров по линии уменьшенного сопротивления гравитации, а порой причиной звездных вспышек являются столкновения, однако большинство таких явлений объясняется только внутренними флуктуациями.

В одной из групп переменных звезд период световых колебаний находится в прямой зависимости от яркости, и знание этого факта позволяет астрономам использовать такие солнца в качестве вселенских маяков или надежных точек отсчета для продолжения исследований далеких звездных скоплений. С помощью данного метода можно измерить межзвездные расстояния в пределах более одного миллиона световых лет с большой точностью. Улучшение методов измерения пространства и усовершенствование телескопов когда-нибудь более полно раскроют десять больших регионов сверхвселенной Орвонтон; вы будете различать как минимум восемь из этих необъятных секторов, имеющих вид колоссальных и довольно симметричных звездных скоплений.

4. ПЛОТНОСТЬ СОЛНЦА

Масса вашего солнца несколько превышает оценку ваших физиков, по расчетам которых она составляет порядка двух октильонов (2 x 10^{27}) тонн. Сегодня оно располагается примерно в средней части шкалы между наиболее плотными и наиболее разрежёнными звездами, будучи в полтора раза плотнее воды. Но ваше солнце не является ни жидким, ни твердым – оно газообразно; и это так, несмотря на то что трудно объяснить, каким образом газообразное вещество способно достигать таких и еще бóльших плотностей.

Газообразное, жидкое и твердое состояния относятся к вопросам атомно-молекулярных отношений, однако плотность – это отношение пространства и массы. Плотность изменяется прямо пропорционально количеству массы в пространстве и обратно пропорционально количеству пространства в массе – пространства между центральными ядрами вещества и частицами, которые вращаются вокруг этих центров, а также пространства внутри таких частиц вещества.

Остывающие звезды могут быть физически газообразными и одновременно чрезвычайно плотными. Вы незнакомы с солнечными *сверхгазами*, но эти и другие необычные формы вещества объясняют, каким образом даже нетвердые солнца достигают плотности железа – примерно такой же, какой обладает Урантия, – и одновременно могут находиться в раскаленном газообразном состоянии, оставаясь солнцами. Атомы в этих плотных сверхгазах исключительно малы; они содержат мало электронов. Кроме того, такие солнца потеряли значительное количество запаса свободной ультиматонной энергии.

Одно из близких к вам солнц, масса которого в начале его существования равнялась массе вашего солнца, уплотнилось почти до размера Урантии, став в сорок тысяч раз плотнее вашего светила. Вес этого холодно-горячего газообразно-твердого тела составляет примерно одну тонну на кубический дюйм. И это солнце продолжает испускать слабый красноватый свет, тусклое старческое мерцание умирающего монарха света.

Однако в большинстве случаев солнца не столь плотны. Одно из ваших близких соседей обладает плотностью, в точности соответствующей плотности вашей атмосферы на уровне моря. Если бы вы оказались внутри такого солнца, вы были бы неспособны что-либо увидеть. И если бы не температура, то вы могли бы пройти через большинство мерцающих в ночном небе светил и заметить не больше вещества, чем вы ощущаете в воздухе ваших земных гостиных.

Массивное солнце Велунтии – одно из крупнейших в Орвонтоне – имеет плотность, равную одной тысячной плотности атмосферы Урантии. Если бы по своему составу оно соответствовало вашей атмосфере и не было бы раскаленным, образовался бы такой вакуум, что люди, находящиеся на его поверхности или внутри его, быстро задохнулись бы.

Температура поверхности другого гиганта Орвонтона в настоящее время чуть меньше трех тысяч градусов. В диаметре он превышает триста миллионов миль – пространство, достаточное для того, чтобы вместить ваше солнце вместе с нынешней орбитой земного шара. Но несмотря на всю его колоссальную величину – более чем в сорок миллионов раз превышающую размеры вашего солнца, – его масса лишь в тридцать раз больше массы солнца. Эти гигантские светила обладают короной, которая простирается почти от одного солнца до другого.

5. СОЛНЕЧНАЯ РАДИАЦИЯ

То, что находящиеся в пространстве солнца не обладают большой плотностью, подтверждается устойчивыми потоками излучаемой световой энергии. Слишком большая плотность задерживала бы свет вследствие непрозрачности, пока давление световой энергии не достигало бы точки взрыва. В недрах солнца существует колоссальное давление, создаваемое газом или светом и достаточное для выброса потока энергии, способного преодолеть многие миллионы миль пространства, чтобы отдать энергию, свет и тепло отдаленным планетам. Поверхность толщиной в пятнадцать футов, имеющая плотность Урантии, эффективно предотвращала бы излучение солнцем всех рентгеновских лучей и световой энергии, пока рост внутреннего давления аккумулирующейся при расщеплении атомов энергии не превысил бы гравитацию и произошел бы направленный вовне взрыв огромной силы.

В присутствии выталкивающих газов, свет, задерживаемый при высоких температурах непрозрачными стенками, обладает большой взрывчатостью. Свет реален. Исходя из ваших оценок энергии и эффективности на Урантии, солнечный свет был бы экономичным даже при цене в миллион долларов за фунт.

Недра вашего солнца – это гигантский генератор рентгеновских лучей. Солнца поддерживаются изнутри за счет непрерывной бомбардировки этими мощными излучениями.

Возбужденному рентгеновскими лучами электрону требуется более полумиллиона лет, чтобы подняться из сáмого центра среднего по величине солнца на его поверхность, откуда он начинает свое путешествие в пространстве, – возможно, чтобы обогреть обитаемую планету, быть пойманным метеором, принять участие в рождении атома, притянуться к сильно заряженному темному острову пространства либо прервать свой полет из-за окончательного погружения в поверхность солнца, схожего с тем, в котором он когда-то появился.

Излучаемые недрами солнца рентгеновские лучи заряжают нагретые до высоких температур и возбужденные электроны энергией, позволяющей им проходить сквозь пространство, минуя многочисленные воздействия встречного вещества, и достигать далеких сфер в удаленных системах, несмотря на отклоняющее гравитационное притяжение. Огромная энергия, определяемая скоростью, необходимой для преодоления гравитационных тисков солнца, достаточна для поддержания постоянной скорости солнечных лучей вплоть до столкновения со значительной массой вещества. После этого они быстро трансформируются в теплоту с высвобождением других энергий.

Энергия – в виде света или в других видах – в своем полете сквозь пространство движется строго поступательно. Собственно материальные частицы пересекают пространство подобно пулеметной очереди. Они перемещаются прямолинейно и непрерывно, или вереницей, если не принимать во внимание то воздействие, которое оказывают на них превосходящие силы и непреложное подчинение присущей вещественной массе линейной гравитации, а также воздействие круговой гравитации Острова Рай.

Может показаться, что солнечная энергия перемещается волнами, но это объясняется одновременным действием различных факторов. Организованная энергия любого типа перемещается прямолинейно, а не волнообразно. Присутствие второго или третьего типа силы-энергии может создать *видимость* перемещения наблюдаемого потока в качестве волновой формации – так же, как в проливной дождь, сопровождаемый сильным ветром, порой кажется, что вода ложится полосами или ниспадает волнами. Дождевые капли последовательно и непрерывно падают по прямой линии, однако действие ветра таково, что создается впечатление водяных полос и дождевых волн.

Действие некоторых вторичных и иных неоткрытых энергий, присутствующих в пространственных регионах вашей локальной вселенной, таково, что создается видимость волнообразного характера излучения солнечного света, деления его на мельчайшие порции определенной длины и веса. Практически так оно и есть. Вы вряд ли можете надеяться на лучшее понимание поведения света, пока не сформируете более ясного представления о взаимодействии и взаимосвязи различных пространственных сил и солнечных энергий, действующих в пространственных регионах Небадона. Ваша нынешняя путаница объясняется также недостаточным пониманием этой проблемы, затрагивающей взаимосвязанность личностного и неличностного управления в совокупной вселенной, – присутствия, деятельности и взаимодействия Совместного Вершителя и Безусловного Абсолюта.

6. КАЛЬЦИЙ – КОСМИЧЕСКИЙ СТРАННИК

При расшифровке спектральных явлений следует помнить, что пространство не является пустым. Проходя через пространство, свет иногда немного видоизменяется под действием различных видов энергии и вещества, циркулирующих во всём организованном пространстве. Некоторые из линий, которые могут появиться в спектре вашего солнца, указывая на неизвестное вещество, объясняются видоизменением хорошо известных элементов, парящих в пространстве в разрушенном виде, – атомных жертв ожесточенных столкновений, происходящих в стихийных солнечных битвах. Пространство насыщено такими странствующими изгоями, в особенности – натрием и кальцием.

Действительно, по всему Орвонтону кальций является основным из проникающих в пространство элементов. Вся наша сверхвселенная усеяна мельчайшими частичками распыленной каменной породы. Камень в буквальном смысле является основным строительным материалом планет и пространственных сфер. Космическое облако – огромное покрывало пространства – состоит в основном из видоизмененных атомов кальция. Атом кальция является одним из наиболее распространенных и устойчивых элементов. Он не только выдерживает солнечную ионизацию – расщепление, – но сохраняет ассоциативную идентичность даже после испытания разрушительными рентгеновскими лучами и рассеяния под действием высокой солнечной температуры. По своей индивидуальности и долговечности, кальций превосходит все наиболее распространенные виды вещества.

Как и предполагали ваши физики, деформированные остатки солнечного кальция перемещаются на различные расстояния в прямом смысле слова вместе со световыми лучами, что необычайно облегчает их широкое распространение в пространстве. Атом натрия, после некоторых модификаций, также способен передвигаться с помощью света и энергии. Ловкость кальция тем более замечательна, что масса этого элемента почти вдвое превышает массу натрия. Локальное проникновение кальция в пространство объясняется тем фактом, что он, в модифицированном виде, вырывается из фотосферы солнца буквально верхом на устремленных вовне солнечных лучах. Из всех элементов солнца кальций, несмотря на свою сравнительно большую массу – в его атоме находятся целых двадцать вращающихся электронов, – с наибольшим успехом высвобождается из недр солнца, устремляясь к сферам пространства. Этим объясняется существование на солнце слоя кальция – газообразной каменной поверхности – толщиной в шесть тысяч миль. И это несмотря на то что под ним находятся девятнадцать более легких элементов и множество более тяжелых.

При солнечных температурах кальций является активным и неустойчивым элементом. Его атом обладает двумя подвижными и слабо связанными электронами на двух внешних и находящихся весьма близко друг от друга орбитах. В самом начале атомных сражений кальций теряет свой внешний электрон; после этого он начинает мастерски жонглировать девятнадцатым электроном, переводя его с девятнадцатой на двадцатую орбиту и обратно. Перебрасывая девятнадцатый электрон между его собственной орбитой и орбитой утерянного попутчика более двадцати пяти тысяч раз в секунду, деформированный атом кальция способен частично противостоять действию гравитации и, таким образом, с успехом передвигаться на возникающих потоках света и энергии – солнечных лучах, – устремляясь к свободе и приключениям. Такой атом кальция продвигается вовне попеременными поступательными рывками, захватывая и отпуская солнечный луч около двадцати пяти тысяч раз в секунду. Именно поэтому камень является основным компонентом пространственных миров. Кальций – это самый опытный беглец из солнечной тюрьмы.

Проворство этого акробатического электрона кальция демонстрируется тем фактом, что, будучи переброшен под воздействием солнечных сил – температуры и рентгеновского излучения – на более высокую орбиту, он остается на ней около одной миллионной доли секунды; однако до того, как электро-гравитационная сила атомного ядра притянет его на его прежнюю орбиту, он успевает совершить миллион обращений вокруг атомного центра.

Ваше солнце израсходовало громадную долю своего кальция, потеряв его в огромных количествах при конвульсивных извержениях в процессе формирования солнечной системы. Значительная часть солнечного кальция находится теперь во внешней коре солнца.

Необходимо помнить, что спектральный анализ показывает только те элементы, которые находятся на поверхности солнца. К примеру, солнечный спектр обнаруживает целый ряд линий железа, но железо не является основным элементом солнца. Причина этого явления почти целиком заключается в нынешней температуре поверхности солнца – чуть менее 6 000 градусов, которая весьма благоприятна для регистрирования спектра железа.

7. ИСТОЧНИКИ СОЛНЕЧНОЙ ЭНЕРГИИ

Внутренняя температура многих солнц, включая ваше, значительно выше, чем обычно полагают. В недрах солнца практически не существует целых атомов; все они в большей или меньшей степени разрушены интенсивной бомбардировкой рентгеновскими лучами, присущими столь высоким температурам. Независимо от того, какие материальные элементы могут появиться во внешних слоях солнца, те, которые находятся в его недрах, становятся весьма однородными ввиду диссоциирующего действия разрушительных рентгеновских лучей. Рентгеновский луч – великий нивелировщик атомного существования.

Температура поверхности вашего солнца составляет почти 6 000 градусов, однако она быстро повышается по мере углубления в недра, пока не достигает невероятной цифры в 35 000 000 градусов в центральных регионах солнца. (Все температуры даны по вашей шкале Фаренгейта.)

Все эти явления – показатель колоссального расхода энергии. Вот источники солнечной энергии в порядке их важности:

1. Аннигиляция атомов и, в конечном счете, электронов.

2. Превращение элементов, включая высвобождаемую при этом радиоактивную группу энергий.

3. Аккумуляция и передача некоторых всеобщих пространственных энергий.

4. Пространственное вещество и метеоры, непрестанно погружающиеся в горящие солнца.

5. Солнечное сжатие; охлаждение и последующее сжатие солнца высвобождает энергию и тепло, которые иногда превосходят энергию, привносимую пространственным веществом.

6. Гравитационное действие при высоких температурах превращает некоторые контурные силы в излучаемую энергию.

7. Возвращенный свет и другие виды материи, покинувшие солнце и вновь притянутые к нему, вместе с другими энергиями внесолнечного происхождения.

Существует регулирующая оболочка из горячих газов (с температурой, достигающей иногда миллионов градусов), которая окутывает солнце, стабилизируя тепловые потери и, в целом, предотвращая опасные колебания в рассеянии тепла. В течение активной жизни солнца внутренняя температура – 35 000 000 градусов – остается почти неизменной, несмотря на неуклонное понижение внешней температуры.

Вы можете попытаться представить себе 35 000 000 градусов тепла, в совокупности с определенным гравитационным сжатием, как точку кипения электронов. При таком давлении и температуре все атомы разрушаются и распадаются на электронные и другие первичные компоненты. Разрушены могут быть даже электроны и другие соединения ультиматонов, однако солнца неспособны разрушить ультиматоны.

Под воздействием таких солнечных температур происходит колоссальное ускорение ультиматонов и электронов – во всяком случае, тех электронов, которые продолжают существовать в подобных условиях. Вы сможете понять, что́ значит высокая температура при повышении ультиматонной и электронной активности, если вдумаетесь в то, что одна капля обыкновенной воды содержит свыше миллиарда триллионов атомов. В ней заключена такая же энергия, какая вырабатывается при непрерывной затрате мощности более ста лошадиных сил в течение двух лет. Суммарное тепло, каждую секунду отдаваемое вашим солнцем, способно вскипятить всю воду во всех океанах Урантии всего за одну секунду.

Только те солнца, которые функционируют в прямых каналах основных потоков вселенской энергии, способны светить вечно. Такие солнечные печи продолжают пылать бесконечно долго, обладая способностью пополнять свои материальные потери поглощением пространственной силы и аналогичной циркулирующей энергии. Что же касается звезд, находящихся вдали от этих главных каналов перезарядки, то им суждено претерпеть истощение энергии – постепенно остыть и, в итоге, сгореть.

Такие потухшие или потухающие солнца можно омолодить ударным воздействием или перезарядить – либо с помощью некоторых несветящихся энергетических островов пространства, либо посредством гравитационного захвата меньших соседних солнц или систем. Большинство потухших солнц возродится с помощью этих или других эволюционных методов. Тех же, которые так и не смогут перезарядиться, ожидает разрушение вследствие взрыва массы, когда гравитационное уплотнение достигает критического уровня, при котором обусловленное энергией давление приводит к ультиматонной конденсации. Эти исчезающие солнца превращаются, таким образом, в энергию редчайшего вида, великолепно приспособленную для энергетического питания более благоприятно расположенных солнц.

8. СОЛНЕЧНО-ЭНЕРГЕТИЧЕСКИЕ РЕАКЦИИ

В тех солнцах, которые подключены к каналам пространственной энергии, солнечная энергия высвобождается в различных сложных цепных ядерных реакциях, наиболее распространенной из которых является водородно-углеродно-гелиевая реакция. В данном превращении углерод действует как энергетический катализатор, ибо сам он никак не изменяется в этом процессе преобразования водорода в гелий. При определенных высокотемпературных условиях водород проникает в ядра углерода. Так как углерод неспособен удержать более четырех таких протонов, то после достижения стадии насыщения он начинает испускать протоны по мере того, как поступают новые. В этой реакции частицы входящего водорода выходят в виде атомов гелия.

Уменьшение содержания водорода повышает светимость солнца. В тех солнцах, которым суждено сгореть, пик светимости достигается при истощении водорода. После этого яркость поддерживается последующим гравитационным сжатием. В результате такая звезда становится так называемым белым карликом – сферой высокой плотности.

В больших солнцах – небольших круговых туманностях – после истощения запасов водорода и последующего сжатия происходит внезапный коллапс, если такое тело не является достаточно непрозрачным, чтобы поддерживать внутреннее давление в качестве опоры для внешних газовых слоев. Гравитационно-электрические изменения порождают колоссальное количество мельчайших частиц, лишенных электрического потенциала, и такие частицы быстро покидают солнечные недра, в течение нескольких дней приводя к коллапсу гигантского солнца. Именно такое истечение «частиц-беглецов» вызвало коллапс гигантской новой звезды в туманности Андромеды около пятидесяти лет тому назад. Это громадное звездное тело разрушилось за сорок минут урантийского времени.

Как правило, огромное количество вытесненного вещества продолжает находиться около остаточного остывающего солнца в виде обширных облаков небулярного газа. Всё это объясняет происхождение многих типов неправильных туманностей – таких как Крабовидная туманность, возникшая примерно девятьсот лет назад. Ее материнская сфера до сих пор видна как одиночная звезда вблизи центра этой неправильной небулярной массы.

9. СТАБИЛЬНОСТЬ СОЛНЦА

Крупные солнца сохраняют такой гравитационный контроль над своими электронами, что свет вырывается только с помощью мощных рентгеновских лучей. Эти лучи-помощники пронизывают всё пространство и участвуют в поддержании основных ультиматонных ассоциаций энергии. Огромные потери энергии в ранние периоды существования солнца после достижения максимальной температуры – более 35 000 000 градусов – объясняются не столько излучением света, сколько утечкой ультиматонов. Эти ультиматонные энергии – настоящие энергетические порывы юного солнца – вырываются в пространство, где участвуют в захватывающем процессе создания электронных ассоциаций и материализации энергии.

Атомы и электроны подчинены гравитации. Ультиматоны *не* подчиняются локальной гравитации, взаимодействию материального притяжения, но они полностью покорны абсолютной гравитации, или гравитации Рая, – общему направлению, движению всеобщего и вечного круговорота вселенной вселенных. Ультиматонная энергия не подчиняется линейной, или непосредственной, гравитации ближних или дальних материальных масс, однако она извечно участвует в кругообороте вдоль великого эллипса обширного творения.

Ваш собственный солнечный центр ежегодно излучает почти сто миллиардов тонн реального вещества, в то время как гигантские светила теряют его в громадных количествах в течение раннего периода своего развития – первого миллиарда лет. После достижения максимальной внутренней температуры жизнь солнца стабилизируется, и начинается высвобождение субатомных энергий. Именно в такой критический период более крупные солнца подвержены конвульсивным пульсациям.

Стабильность солнца целиком зависит от поддержания гравитационно-теплового баланса – колоссальных давлений, уравновешиваемых невообразимыми температурами. Упругость внутреннего газа в недрах солнца служит опорой для верхних слоев разнообразного вещества, а когда гравитация и теплота находятся в состоянии равновесия, то вес наружного вещества в точности равен температурному давлению низлежащих и внутренних газов. Во многих молодых звездах продолжающееся гравитационное уплотнение приводит к постоянному росту внутренних температур, а по мере увеличения степени внутреннего нагрева рентгенолучевое давление сверхгазовых ветров в недрах становится столь высоким, что, в связи с центробежным движением, солнце начинает извергать свои внешние слои в пространство, восстанавливая, таким образом, баланс между гравитацией и степенью нагрева.

Ваше солнце уже давно достигло относительного равновесия между циклами расширения и сжатия – теми возмущениями, которые приводят к гигантским пульсациям многих молодых звезд. В настоящее время ваше солнце пересекает рубеж шести миллиардов лет и функционирует в цикле наибольшей экономии. Оно будет продолжать светить с такой же эффективностью в течение более чем двадцати пяти миллиардов лет. Возможно, оно претерпит период частичного спада активности, продолжительность которого будет равна суммарной продолжительности периодов его молодости и стабильной функции.

10. ПРОИСХОЖДЕНИЕ ОБИТАЕМЫХ МИРОВ

Некоторые из переменных звезд, в стадии максимальной пульсации или близких к ней, находятся в процессе порождения производных систем, многие из которых в итоге будут схожи с вашим солнцем и обращающимися вокруг него планетами. Именно в таком состоянии мощных пульсаций пребывало ваше солнце, когда к нему приблизилась массивная система Ангона, вслед за чем поверхность солнца стала извергать настоящие потоки – непрерывные пласты – вещества. Сила этого процесса продолжала нарастать вплоть до ближайшего соположения, когда был достигнут предел солнечной когезии и извергнута огромная пирамидальная масса – предшественница солнечной системы. При аналогичных обстоятельствах максимальное сближение притягивающего тела иногда вырывает целые планеты, составляющие до четверти или трети всего солнца. Эти крупные вытеснения приводят к образованию особых, затянутых облаками миров – сфер, подобных Юпитеру и Сатурну.

Тем не менее, большинство солнечных систем имело совершенно отличное от вашей происхождение, и это справедливо даже по отношению к тем, которые были образованы с помощью гравитационно-приливного механизма. Однако, независимо от метода мирообразования, гравитация всегда приводит к появлению систем типа солнечной – то есть центрального солнца или темного острова с планетами, спутниками, спутниками спутников и метеорами.

Физические аспекты индивидуальных миров в большой мере зависят от происхождения, астрономического местоположения и физического окружения. Определяющими факторами являются также возраст, размер, скорость обращения и скорость перемещения в пространстве. Как для миров, образующихся при сжатии газа, так и для тех, которые формируются за счет аккреции твердого вещества, характерны горы, а в молодом возрасте – если их размер не слишком мал – наличие воды и воздуха. Миры, образованные при делении расплавленной массы, а также коллизионные миры, иногда лишены крупных горных цепей.

На ранних стадиях существования все новые миры испытывают частые землетрясения, для всех типичны значительные физические катаклизмы; это особенно справедливо для сфер, образовавшихся при сжатии газа, – миров, родившихся из колоссальных небулярных колец, оставшихся после уплотнения и сжатия некоторых светил. Планеты двойственного происхождения, наподобие Урантии, переживают менее бурную и неистовую юность. Но и ваш мир прошел через ранний период мощных потрясений, отмеченных вулканами, землетрясениями, наводнениями и жестокими бурями.

Урантия является сравнительно изолированной сферой на окраинах Сатании, а ваша солнечная система – при единственном исключении – наиболее удаленной от Иерусема, в то время как сама Сатания является второй по удаленности системой Норлатиадека, созвездия, которое в настоящее время пересекает внешний край Небадона. Вы были действительно среди низших всего творения, пока посвящение Михаила не возвысило вашу планету до уровня уважения и огромного вселенского интереса. Порой последний является первым, и воистину низший становится высшим.

[Представлено архангелом в сотрудничестве с главой Силовых Центров Небадона.]

ДОКУМЕНТ 42

ЭНЕРГИЯ – РАЗУМ И ВЕЩЕСТВО

Фундамент вселенной материален в том смысле, что основой всего бытия является энергия, а чистой энергией управляет Всеобщий Отец. Сила, энергия, есть то единственное, что является вечным памятником, демонстрирующим и подтверждающим существование и присутствие Всеобщего Абсолюта. Этот обширный поток энергии, проистекающий от Райских Присутствий, никогда не прерывался, никогда не терял силу; бесконечная поддержка никогда не прекращалась.

Управление вселенской энергией всегда совершается в соответствии с личной волей и премудрыми распоряжениями Всеобщего Отца. Это личное управление проявленной силой и циркулирующей энергией видоизменяется согласованными актами и решениями Вечного Сына, равно как и общими целями Сына и Отца, которые исполняются Совместным Вершителем. Эти божественные существа действуют лично и как индивидуумы; кроме того, они выражаются в личностях и могуществе почти безграничного числа своих подчиненных, каждый из которых по-разному выражает вечное и божественное предназначение вселенной вселенных. Однако эти функциональные и временные модификации, или превращения, божественной силы ни в коей мере не умаляют истинность того утверждения, что в конечном счете вся сила-энергия контролируется личностным Богом, пребывающим в центре всех вещей.

1. РАЙСКИЕ СИЛЫ И ЭНЕРГИИ

Фундамент вселенной материален, но суть жизни духовна. Отец духовных существ есть также прародитель вселенных; вечный Отец Изначального Сына является и вечностным источником изначального эталона – Острова Рай.

Как вселенский феномен, вещество – или энергия, ибо они являются всего лишь различными проявлениями одной и той же космической реальности, – присущи Всеобщему Отцу. «В нём всё заключено». Может казаться, что вещество обнаруживает внутреннюю энергию и демонстрирует автономную силу, но все эти физические явления связаны с энергией, которая предполагает наличие происходящих от Рая и зависящих от него гравитационных линий. Ядром ультиматона – первой поддающейся измерению формой энергии – является Рай.

Существует присущая веществу и присутствующая во всеобщем пространстве форма энергии, неизвестная на Урантии. Когда физики сделают, наконец, соответствующее открытие, они почувствуют, что разгадали – или почти разгадали – тайну вещества. Тем самым они еще на один шаг приблизятся к Создателю; тем самым они освоят еще один аспект божественного метода. Но это ни в коем смысле не означает, что они найдут Бога, так как они не смогут обосновать существования вещества или действия законов природы отдельно от космического метода Рая и мотивирующего замысла Всеобщего Отца.

Но и вслед за еще бóльшим прогрессом и новыми открытиями, после того как Урантия пройдет огромный путь по сравнению с нынешним уровнем знаний и вы научитесь управлять преобразованием энергии электрических единиц вещества вплоть до видоизменения их физических проявлений, – даже с учетом всевозможного прогресса, ученые никогда не смогут создать хотя бы один атом вещества, породить хотя бы один квант энергии или прибавить к веществу то, что мы называем жизнью.

Создание энергии и посвящение жизни – прерогативы Всеобщего Отца и его ассоциированных Создателей. Река энергии и жизни – это нескончаемый поток, истекающий из Божеств, всеобщее и единое течение Райской силы, распространяющейся на всё пространство. Эта божественная энергия наполняет собой всё творение. Организаторы сил кладут начало таким изменениям и учреждают такие модификации пространственной силы, которые приводят к возникновению энергии. Управляющие энергией преобразовывают энергию в вещество; так возникают материальные миры. Носители Жизни инициируют в мертвом веществе те процессы, которые мы называем жизнью, материальной жизнью. Управляющие Моронтийной Энергией выполняют аналогичные функции во всех переходных сферах между материальными и духовными мирами. Высшие духовные Создатели порождают схожие процессы в божественных формах энергии, в результате которых появляются высшие духовные формы разумной жизни.

Проистекающей из Рая энергии присущи божественные свойства. В энергии – чистой энергии – отражена божественная организация; в ней обнаруживается сходство с тремя Богами, слитыми воедино в том виде, в котором они действуют в центре вселенной вселенных. Вся сила берет свое начало в Раю, исходит от Райских Присутствий и возвращается к ним, являясь по своему существу проявлением беспричинной Причины – Всеобщего Отца; и без Отца не существовало бы ничего из того, что существует.

Сила, исходящая из самосущного Божества, сама по себе существует всегда. Сила-энергия вечна, нерушима. Эти проявления Бесконечного могут подвергаться неограниченным преобразованиям, бесконечным превращениям и вечным видоизменениям; но ни в каком смысле и ни в какой степени – даже в малейшем вообразимом отношении – они не могут и никогда не смогут прекратиться. Но несмотря на то что энергия проистекает от Бесконечного, ее проявление не бесконечно. Существуют внешние пределы совокупной вселенной в ее нынешнем представлении.

Энергия вечна, но не бесконечна; она неизменно реагирует на всеохватную власть Бесконечного. Сила и энергия находятся в непрерывном движении; покинув Рай, они должны вернуться туда, даже если на завершение предопределенного кругооборота потребуются многие эпохи. Целью или предназначением того, что порождается Райскими Божествами, могут быть только Рай или Божества.

Всё это подтверждает нашу веру в кругообразную, в некотором отношении ограниченную, но упорядоченную и обширную вселенную вселенных. Если бы это было не так, то рано или поздно появились бы признаки уменьшения количества энергии. Все законы, организации, управление и свидетельства исследователей вселенной – всё указывает на существование бесконечного Бога, но пока еще конечной вселенной, кругообразности бесконечного существования, которое, являясь практически неограниченным, всё же конечно по сравнению с бесконечностью.

2. ВСЕОБЩИЕ НЕДУХОВНЫЕ ЭНЕРГЕТИЧЕСКИЕ СИСТЕМЫ (ФИЗИЧЕСКИЕ ЭНЕРГИИ)

Воистину трудно подобрать подходящие английские слова, с помощью которых можно было бы назвать и описать различные уровни силы и энергии –

физической, разумной или духовной. В данных повествованиях мы не можем полностью следовать принятым у вас определениям силы и энергии. Бедность языковых средств заставляет нас использовать эти термины в различных значениях. Например, в данном документе слово *energy* (энергия) обозначает все аспекты и формы феноменального движения, действия или потенциала, в то время как *force* (сила) относится к предгравитационной и *power* (энергия, мощь, сила) – к постгравитационной стадиям энергии.

Тем не менее, я попытаюсь уменьшить концептуальную путаницу, ибо полагаю, что было бы целесообразным принять следующую классификацию физической энергии – космической силы, возникающей энергии и энергии вселенной:

1. *Потенция пространства.* Это бесспорное свободное пространственное присутствие Безусловного Абсолюта. В широком смысле, в это понятие входит вселенский пространственно-силовой потенциал, заключенный в функциональной тотальности Безусловного Абсолюта, в то время как суть данного понятия подразумевает тотальность космической реальности – вселенных, – которая истекла в вечности от не имеющего начала и конца, неподвижного и неизменного Острова Рай.

Возможно, что феномены, свойственные нижнему Раю, включают три зоны присутствия и действия абсолютной силы: опорную зону Безусловного Абсолюта, зону самого Острова Рай и промежуточную зону некоторых неопознанных выравнивающих и корректирующих факторов или функций. Имеющие вид трех концентрических колец, эти зоны являются центром Райского цикла космической реальности.

Потенция пространства является предреальностью; она относится к области Безусловного Абсолюта и подчиняется только личному господству Всеобщего Отца, несмотря на видимость того, что она поддается изменениям под воздействием Первичных Главных Организаторов Сил.

На Уверсе потенцию пространства называют АБСОЛЮТА.

2. *Изначальная сила.* Она представляет собой первое существенное изменение в потенции пространства и может являться одной из функций Безусловного Абсолюта в нижнем Раю. Мы знаем, что пространственное присутствие, исходящее из нижнего Рая, некоторым образом модифицируется по сравнению с входящим пространственным присутствием. Однако, независимо от любых подобных отношений, общепризнанное превращение потенции пространства в изначальную силу является первичной дифференцирующей функцией тензионного присутствия живых Райских организаторов сил.

Пассивная и потенциальная сила становится активной и изначальной в ответ на сопротивление, созданное пространственным присутствием Первичных Возникших Главных Организаторов Сил. Сила переходит из исключительной области Безусловного Абсолюта в область множественных реакций – реакций на некоторые первоначальные движения, инициируемые Богом Действия, а после этого – на некоторые уравновешивающие движения, исходящие от Всеобщего Абсолюта. По-видимому, изначальная сила реагирует на трансцендентальную причинность пропорционально абсолютности.

Иногда об изначальной силе говорят как о *чистой энергии*. На Уверсе ее называют СЕГРЕГАТА.

3. *Возникающие энергии.* Пассивного присутствия первичных организаторов сил достаточно для преобразования потенции пространства в изначальную силу, и именно в таком активированном пространственном поле те же организаторы сил

приступают к своим исходным и активным действиям. Прежде чем проявиться в качестве энергии вселенной, изначальная сила должна пройти через две отдельные стадии преобразования в сферах проявления энергии. Этими двумя уровнями возникающей энергии являются:

а. *Силовая энергия*. Это могущественная, направленная, связанная с перемещением массы и высокой напряженностью и проявляющаяся в принудительных реакциях энергия – гигантские энергетические системы, приводимые в движение действиями первичных организаторов сил. Вначале эта первичная, или силовая, энергия не реагирует определенным образом на гравитационное притяжение Рая, хотя, вероятно, обнаруживает совокупно-массовую или пространственно-направленную реакцию на общую группу абсолютных влияний, исходящих из нижнего Рая. Когда энергия достигает уровня начального реагирования на круговой охват абсолютной гравитации Рая, первичные организаторы сил уступают место своим вторичным партнерам.

б. *Гравитационная энергия*. Появляющаяся теперь энергия, реагирующая на гравитацию, несет в себе потенциал энергии вселенной и становится активной прародительницей всего вещества во вселенной. Эта вторичная, или гравитационная, энергия является продуктом преобразования энергии в присутствии давления и возникающего напряжения, порожденных Ассоциированными Трансцендентальными Главными Организаторами Сил. В ответ на действия этих силовых операторов, пространственная энергия быстро переходит из силовой в гравитационную стадию и тем самым начинает реагировать непосредственно на круговой охват Райской (абсолютной) гравитации, одновременно обнаруживая некоторую ответную реакцию на воздействие линейной гравитации, присущей появляющейся вскоре материальной массе электронной и постэлектронной стадий энергии и вещества. С появлением реакции на гравитацию, Ассоциированные Главные Организаторы Сил могут покинуть энергетические циклоны пространства, если существует возможность назначить в эту область деятельности Управляющих Вселенской Энергией.

У нас нет какого-либо определенного представления о ранних стадиях эволюции силы, однако мы осознаём разумное действие Предельного на обоих уровнях проявления возникающей энергии. В совокупности, силовую и гравитационную энергию на Уверсе называют ультимата.

4. *Энергия вселенной*. Пространственная сила превращена в энергию пространства, и отсюда – в энергию гравитационного контроля. Так физическая энергия достигла в своем развитии того состояния, когда ее можно направить по силовым каналам и заставить служить разнообразным целям вселенских Создателей. Это осуществляется многочисленными управляющими, центрами и регуляторами физической энергии большой вселенной – организованных и населенных творений. Эти Управляющие Вселенской Энергией принимают на себя более или менее полное управление двадцатью одной из тридцати разновидностей энергии, составляющих нынешнюю энергетическую систему семи сверхвселенных. Данная область силы-энергии-вещества является сферой разумной деятельности Семичастного, который подчиняется пространственно-временнóму сверхуправлению Верховного.

На Уверсе область действия энергии вселенной называют гравита.

5. *Энергия Хавоны*. В концептуальном отношении данное повествование развивается в направлении к Раю по мере превращения пространственной силы и постепенного выхода на уровень действия физической энергии вселенных времени и

пространства. Если продолжить движение к Раю, то следующей на очереди будет добытийная фаза энергии, характерная для центральной вселенной. Кажется, что здесь эволюционный цикл обращается на самого себя; кажется, что физическая энергия начинает теперь обратное движение к силе, однако к такой силе, которая по своей природе совершенно отличается от потенции пространства и изначальной силы. Энергетические системы Хавоны не двойственны – они триедины; это экзистенциальная энергетическая сфера Совместного Вершителя, функционирующего в интересах Райской Троицы.

На Уверсе эти хавонские виды энергии известны как ТРИАТА.

6. *Трансцендентальная энергия*. Эта энергетическая система функционирует на верхнем уровне Рая и действует с этого уровня, охватывая только абсонитные народы. На Уверсе она получила название ТРАНОСТА.

7. *Монота*. Энергия родственна божественности, когда она является энергией Рая. Мы склоняемся к мнению, что монота представляет собой живую недуховную энергию Рая – существующий в вечности дубликат живой, духовной энергии Изначального Сына; этим объясняется существование недуховной энергетической системы Всеобщего Отца.

Мы неспособны провести различие между *природой* Райского духа и Райской моноты; они представляются одинаковыми. У них есть различные имена, но мы мало что можем рассказать вам о реальности, чьи духовное и недуховное проявления отличаются только *названием*.

Мы знаем, что конечные создания способны достигать опыта поклонения Всеобщему Отцу благодаря служению Бога-Семичастного и Настройщиков Мышления, но мы сомневаемся в том, чтобы какие-либо субабсолютные личности – включая управляющих энергией – могли понять энергетическую бесконечность Первого Великого Источника и Центра. Одно несомненно: даже если управляющие энергией хорошо знакомы с методом преобразования пространственной силы, они не раскрывают эту тайну остальным из нас. Я считаю, что они не до конца понимают функцию организаторов сил.

Сами управляющие энергией являются энергетическими катализаторами; иными словами, своим присутствием они приводят к сегментации, организации или объединению энергии в структурные единицы. И всё это означает, что в самой энергии должно заключаться нечто, заставляющее ее реагировать подобным образом в присутствии этих энергетических сущностей. Мелхиседеки Небадона уже давно сформулировали феномен превращения космической силы в энергию вселенной как одну из семи «бесконечностей божественности». В этом аспекте таков предельный уровень, на который вы сможете подняться в своей локальной вселенной.

Несмотря на нашу неспособность в полной мере понять происхождение, сущность и превращения космической силы, мы хорошо знакомы со всеми аспектами поведения возникающей энергии, начиная с появления непосредственной и безошибочной реакции на действие гравитации Рая, – то есть примерно с того времени, когда к своим функциям приступают управляющие энергией сверхвселенной.

3. КЛАССИФИКАЦИЯ ВЕЩЕСТВА

Во всех вселенных, за исключением центральной, вещество идентично. Физические свойства вещества зависят от скорости вращения составляющих его элементов, числа и размеров вращающихся элементов, их расстояния от ядерного тела, то есть пространственного содержания вещества, равно как и от присутствия некоторых сил, пока еще не открытых на Урантии.

В разнообразных солнцах, планетах и космических телах представлены десять основных видов вещества:

1. Ультиматонное вещество – изначальные физические единицы материального бытия, частицы энергии, из которых образуются электроны.

2. Субэлектронное вещество – стадия солнечных сверхгазов, которая характеризуется взрывчатым и отталкивающим действием.

3. Электронное вещество – электрическая стадия дифференциации вещества – электроны, протоны и различные иные частицы, принимающие участие в разнообразном строении электронных групп.

4. Субатомное вещество – вещество, широко распространенное в недрах раскаленных солнц.

5. Разрушенные атомы – встречаются в остывающих солнцах и по всему пространству.

6. Ионизированное вещество – отдельные атомы, лишенные своих внешних (химически активных) электронов вследствие электрической, термической или рентгеновской активности, а также под действием растворителей.

7. Атомное вещество – химическая стадия организации элементов, составные единицы молекулярного, или видимого, вещества.

8. Молекулярная стадия вещества – вещество в том виде, в каком оно существует на Урантии в состоянии относительно устойчивой материализации в обычных условиях.

9. Радиоактивное вещество – разрушительное свойство и активность тяжелых элементов в условиях умеренного нагрева и ослабленного гравитационного сжатия.

10. Коллапсировавшее вещество – относительно неизменное вещество остывших или мертвых светил. В действительности, вещество этого вида не является неизменным; в нём обнаруживается определенная ультиматонная – и даже электронная – активность, однако эти частицы находятся очень близко друг к другу, а скорость их вращения чрезвычайно замедлена.

Вышеупомянутая классификация вещества относится скорее к его организации, нежели к тем формам, в которых оно воспринимается созданными существами. Здесь также не учитываются ни стадии существования энергии, предшествовавшие возникающей энергии, ни вечные материализации в Раю и центральной вселенной.

4. ПРЕВРАЩЕНИЯ ЭНЕРГИИ И ВЕЩЕСТВА

Свет, теплота, электричество, магнетизм, химизм, энергия и вещество – по своему происхождению, природе и предназначению – суть одно и то же, равно как и другие физические реальности, пока еще не открытые на Урантии.

Мы не до конца понимаем почти бесчисленные изменения, которым может подвергаться физическая энергия. В одной вселенной она проявляется в виде света, в другой – света и тепла, в третьей – в виде неизвестных на Урантии форм энергии. Через миллионы и миллионы лет она может вновь появиться в виде активной, нарастающей электрической энергии или магнетизма; а еще позже, в одной из последующих вселенных, она может снова стать одной из форм изменчивого вещества, которое, претерпев ряд превращений, исчезает внешне, физически в одном из великих катаклизмов. А затем, по прошествии бессчетных эпох и бесконечных скитаний по бесчисленным вселенным, та же энергия может проявиться вновь, многократно изменяя свою форму и потенциал. И так продолжаются эти видоизменения на протяжении сменяющихся эпох в неисчислимых мирах. Так вещество мчится вперед, претерпевая превращения во времени, однако неизменно обращаясь по кругу вечности; даже если в течение длительного времени что-то препятствует возвращению вещества к своему источнику, оно неизменно реагирует на него и продолжает свой путь, предопределенный пославшей его Бесконечной Личностью.

Силовые центры и их партнеры имеют самое непосредственное отношение к преобразованию ультиматона в орбиты и вращения электрона. Эти уникальные существа контролируют и соединяют энергию благодаря умелому обращению с основными единицами овеществленной энергии – ультиматонами. Они распоряжаются энергией, циркулирующей в этом первичном состоянии. В сотрудничестве с физическими регуляторами, они способны эффективно контролировать и направлять энергию даже после того, как она переходит на электрический уровень – так называемую электронную стадию. Но масштаб их действий чрезвычайно сужается, когда электронно организованная энергия попадает в водовороты атомных систем. После подобного овеществления эти энергии оказываются в полной зависимости от силы притяжения, создаваемой линейной гравитацией.

Гравитация оказывает позитивное воздействие на силовые линии и энергетические каналы силовых центров и физических регуляторов, но эти существа обладают только отрицательным отношением к гравитации, что является проявлением их антигравитационных свойств.

По всему пространству холод и прочие факторы участвуют в созидательной трансформации ультиматонов в электроны. Теплота является мерой электронной активности, в то время как холод просто означает отсутствие теплоты, относительный энергетический покой – статус всеобщего силового заряда пространства в случае, если бы ни возникающая энергия, ни организованное вещество не присутствовали и не реагировали на гравитацию.

Именно присутствие и действие гравитации препятствуют появлению теоретического абсолютного нуля, ибо температура межзвездного пространства не равна абсолютному нулю. Во всём организованном пространстве есть реагирующие на гравитацию энергетические потоки, силовые контуры и ультиматонная активность, а также формирующиеся электронные энергии. В сущности, пространство не является пустым. Так и атмосфера Урантии становится всё более разреженной и на высоте около трех тысяч миль начинает переходить в пространственное вещество, обычное для данного региона вселенной. В наиболее близком к пустому пространстве, известном в Небадоне, в одном кубическом дюйме насчитывается около ста ультиматонов – эквивалент одного электрона. Такая разреженность вещества считается практически пустым пространством.

Температура – теплота и холод – является вторым по значению фактором в области эволюции энергии и вещества, уступая только гравитации. Ультиматоны послушно подчиняются экстремальным температурам. Низкие температуры благоприятны для некоторых форм электронного строительства и атомной сборки, в то время как высокие температуры способствуют всем видам расщепления атомов и дезинтеграции вещества.

Высокая температура и давление, существующие при определенных состояниях в недрах солнц, могут разрушить любые ассоциации вещества, кроме простейших. Таким образом, высокая температура способна преодолеть гравитационную устойчивость. Однако никакие из известных солнечных температур или давлений не в состоянии вновь превратить ультиматоны в силовую энергию.

Раскаленные солнца могут преобразовывать вещество в различные виды энергии, в то время как темные миры и всё внешнее пространство способны замедлять электронную и ультиматонную активность до стадии превращения этих энергий в то вещество, из которого созданы миры. Некоторые электронные ассоциации схожего типа, равно как и многие из ассоциаций ядерного вещества, образуются при чрезвычайно низких температурах открытого пространства и позднее увеличиваются за счет аккреции более крупных скоплений овеществляющейся энергии.

Во всех этих нескончаемых превращениях энергии и вещества мы должны учитывать воздействие гравитационного давления, а также антигравитационное поведение ультиматонных энергий при определенном режиме температуры, скорости и вращения. Температура, энергетические токи, расстояние, присутствие живых организаторов сил и управляющих энергией также влияют на все явления преобразования энергии и вещества.

Увеличение массы в веществе равно увеличению энергии, деленной на квадрат скорости света. В динамическом отношении работа, которую может совершить находящееся в состоянии покоя вещество, равна энергии, затраченной на доставку его составных частей из Рая, за вычетом сопротивления сил, преодоленных при переносе, а также взаимного притяжения частей вещества.

На существование доэлектронной формы вещества указывают два атомных веса свинца. Свинец изначальной формации весит несколько больше того, который получается в процессе расщепления урана за счет эманации радия; и эта разница в атомном весе представляет собой действительную потерю энергии при атомном распаде.

В пользу относительной целостности вещества говорит и тот факт, что энергия может поглощаться или высвобождаться только в тех точных количествах, которые урантийские ученые назвали квантами. Это мудрое условие, существующее в материальных сферах, позволяет вселенным успешно функционировать.

Количество связанной или освобожденной энергии при изменении электронных или иных состояний всегда равно «кванту» или кратной ему величине, однако колебательное или волнообразное поведение таких единиц энергии целиком определяется размерами соответствующих материальных структур. Подобные волнообразные энергетические пульсации в 860 раз превышают диаметр ультиматонов, электронов, атомов или других частиц, обнаруживающих такие свойства. Нескончаемая путаница, сопровождающая наблюдения волновой механики за поведением кванта, объясняется наложением энергетических волн: две вершины могут объединяться с образованием вершины двойной высоты, в то время как вершина и подошва могут соединяться, приводя к взаимному исключению.

5. ПРОЯВЛЕНИЯ ВОЛНОВОЙ ЭНЕРГИИ

В сверхвселенной Орвонтон существует сто октав волновой энергии. Из этих ста групп проявления энергии, на Урантии полностью или частично известны шестьдесят четыре. На солнечные лучи приходятся четыре октавы по сверхвселенской шкале, причем видимые лучи охватывают одну октаву – сорок шестую из данного ряда. Вслед за ней идет ультрафиолетовая группа, далее, по возрастающей, десять октав соответствуют рентгеновским лучам, за которыми идут гамма-лучи радия. Тридцать две октавы над видимым светом солнца приходятся на лучевую энергию внешнего пространства, которую столь часто путают с сопутствующими, сильно возбужденными мельчайшими частицами вещества. Спускаясь по шкале вниз, вслед за видимым светом идут инфракрасные лучи, а следующие тридцать октав представляют собой диапазон радиопередач.

С точки зрения урантийской научной мысли двадцатого века, проявления волнообразной энергии могут классифицироваться по десяти группам:

1. *Инфраультиматонные лучи* – пограничные вращения ультиматонов, начинающих принимать определенную форму. Это первая стадия возникающей энергии, на которой можно регистрировать и измерять волнообразные явления.

2. *Ультиматонные лучи*. Сосредоточение энергии в мельчайшие сферы ультиматонов приводит к появлению в объеме пространства колебаний, поддающихся обнаружению и измерению. И задолго до того, как физики откроют ультиматон, они несомненно обнаружат феномен этих льющихся на Урантию лучей. Эти короткие и мощные лучи представляют изначальную активность ультиматонов, замедляемых до того состояния, когда изменение их свойств приводит к электронной организации вещества. По мере объединения ультиматонов в электроны происходит уплотнение и, как следствие, аккумуляция энергии.

3. *Короткие пространственные лучи*. Эти наиболее короткие из всех чисто электронных колебаний отражают доатомную стадию данной формы вещества. Для возникновения таких лучей требуются чрезвычайно высокие или низкие температуры. Существует два типа этих пространственных лучей: один сопровождает рождение атомов, а другой свидетельствует об атомном распаде. Наиболее мощное излучение исходит из самой плотной плоскости сверхвселенной – Млечного Пути, который также является наиболее плотной плоскостью внешних вселенных.

4. *Электронная стадия*. Эта стадия энергии является основой любой материализации в семи сверхвселенных. Каждый раз, когда электроны переходят с внешних орбит вращения на внутренние, испускаются кванты энергии. Вследствие орбитальных перемещений электронов происходит выделение или поглощение строго определенных и одинаковых измеряемых частиц световой энергии, в то время как отдельный электрон всегда лишается частицы световой энергии в процессе столкновения. Волнообразные проявления энергии сопровождают также действия положительно заряженных тел и других элементов электронной стадии.

5. *Гамма-лучи* – это излучения, характеризующие спонтанное расщепление атомного вещества. Лучшей иллюстрацией данной формы электронной активности являются феномены, связанные с распадом радия.

6. *Группа рентгеновских лучей*. Следующий шаг в замедлении электрона приводит к появлению различных форм солнечных и искусственно генерируемых рентгеновских лучей. Электронный заряд создает электрическое поле; движение является источником электрического тока; ток создает магнитное поле. Когда электрон внезапно останавливают, возникающее вследствие этого электромагнитное возмущение генерирует рентгеновский луч; рентгеновский луч является *этим* возмущением. Солнечные рентгеновские лучи идентичны тем, которые генерируются механическим способом для исследования внутреннего строения человеческого тела, за исключением того, что они чуть длиннее.

7. *Ультрафиолетовые*, или химические, лучи солнечного света и различных механических производств.

8. *Белый свет* – весь видимый солнечный свет.

9. *Инфракрасные лучи* – дальнейшее замедление электронной активности и еще большее приближение к стадии ощутимого тепла.

10. *Радиоволны – те энергии, которые используются на Урантии для трансляций.*

Из всех этих десяти фаз волнообразной энергетической активности человеческий глаз способен реагировать только на одну октаву – полный диапазон обычного солнечного света.

Так называемый эфир является всего лишь общим названием для группы силовых и энергетических активностей, происходящих в пространстве. Ультиматоны, электроны и другие массовые скопления энергии суть однородные частицы вещества, и, пересекая пространство, они действительно перемещаются по прямым линиям. Свет и все другие формы ощущаемых проявлений энергии состоят из последовательности определенных энергетических частиц, которые перемещаются по прямым линиям, если не учитывать влияния гравитации и других привходящих сил. То, что в условиях некоторых наблюдений эти последовательности энергетических частиц представляются в виде волнообразных явлений, объясняется сопротивлением недифференцированного силового покрова всего пространства – гипотетического эфира, – а также межгравитационным напряжением взаимодействующих скоплений вещества. Интервалы между частицами вещества, а также начальная скорость энергетических лучей, определяют волнообразное проявление многих форм энергии-вещества.

Возбуждение в объеме пространства приводит к волнообразной реакции на прохождение быстро перемещающихся частиц вещества – так же как прохождение корабля по воде поднимает волны с различной амплитудой и интервалом.

Поведение изначальной силы приводит к возникновению явлений, которые во многом аналогичны постулированному вами эфиру. Пространство не является пустым; во всём пространстве сферы кружатся и мчатся вперед по безбрежному океану силы-энергии; не является пустым и пространственный объем атома. Тем не менее, эфира не существует, и именно отсутствие этого гипотетического эфира позволяет обитаемой планете избегать падения на солнце, а вращающемуся по своей орбите электрону – удерживаться от падения на ядро.

6. УЛЬТИМАТОНЫ, ЭЛЕКТРОНЫ И АТОМЫ

В то время как пространственный заряд универсальной силы является однородным и недифференцированным, организация образовавшейся энергии в вещество влечет за собой концентрацию энергии в дискретные массы, имеющие определенные размеры и устойчивый вес, – точную реакцию на гравитацию.

Локальная, или линейная, гравитация начинает действовать в полной мере с появлением атомной организации вещества. Доатомное вещество обнаруживает слабую реакцию на гравитацию при активации рентгеновскими лучами и другими аналогичными энергиями, но свободные, неприкрепленные и незаряженные частицы электронной энергии или несвязанные ультиматоны не подвергаются измеримому воздействию линейной гравитации.

Ультиматоны функционируют посредством взаимного притяжения, реагируя только на кольцевую гравитационную тягу Рая. Не обладая реакцией на линейную гравитацию, они, таким образом, удерживаются во всеобщем пространственном дрейфе. Ультиматоны способны увеличивать скорость вращения вплоть до появления частичных антигравитационных свойств, но они не могут без помощи организаторов сил или управляющих энергией достигать критической скорости отрыва, ведущей к деиндивидуации, возврату к стадии силовой энергии. В естественных условиях ультиматоны освобождаются от статуса физического существования только тогда, когда участвуют в окончательном разрушении остывшего и умирающего солнца.

Проходя через многие стадии физической активности, ультиматоны, неизвестные на Урантии, замедляют свое движение, пока не достигают такой энергии вращения, которая является предпосылкой образования электронов. Ультиматоны обладают тремя разновидностями движения: взаимным сопротивлением космической силе, индивидуальными вращениями с потенциальной способностью антигравитационного действия и внутриэлектронными позициями ста взаимосвязанных ультиматонов.

Взаимное притяжение удерживает сто ультиматонов в составе электрона; и в типичном электроне всегда присутствуют не больше и не меньше, чем сто ультиматонов. Потеря одного или более ультиматонов разрушает типичную электронную идентичность, порождая одну из десяти видоизмененных форм электрона.

Ультиматоны не описывают орбит и не вращаются по окружностям в пределах электрона, а распространяются или скапливаются в соответствии со своими осевыми скоростями вращения, что определяет различные размеры электронов. Кроме того, та же самая ультиматонная скорость осевого вращения обуславливает отрицательные или положительные реакции нескольких типов электронных единиц. В целом, разделение или соединение электронного вещества, равно как и электрическая дифференциация на отрицательно и положительно заряженные тела энергии-вещества, происходит вследствие различных функций, которые выполняют взаимосвязи образующих это вещество ультиматонов.

Каждый атом имеет в диаметре чуть больше 1/100 000 000 доли дюйма, в то время как электрон весит немногим более 1/2 000 части мельчайшего атома – атома водорода. Хотя положительно заряженный протон, характерный для атомного ядра, может быть не больше отрицательно заряженного электрона, его вес превышает вес электрона почти в две тысячи раз.

Если массу вещества увеличить так, чтобы масса электрона равнялась десятой части унции, то при соответствующем увеличении размера объем такого электрона будет равен объему Земли. Если объем протона – который в тысячу восемьсот раз тяжелее электрона – увеличить до размеров булавочной головки, то булавочная головка, при такой же операции, достигла бы диаметра, равного орбите Земли вокруг Солнца.

7. АТОМНОЕ ВЕЩЕСТВО

Строение всего вещества аналогично строению солнечной системы. В центре каждой мельчайшей энергетической вселенной находится относительно стабильная, сравнительно неизменная ядерная доля материального бытия. Эта центральная частица наделена тройкой возможностью проявления. Вокруг энергетического центра – в бесконечном изобилии, но по неустойчивым орбитам, – кружатся энергетические частицы, отдаленно напоминающие планеты, которые, подобно вашей солнечной системе, окружают солнце какой-нибудь звездной группы.

Внутри атома электроны обращаются вокруг центрального протона, имея примерно столько же свободного места, сколько есть в распоряжении планет, вращающихся вокруг Солнца в пространстве солнечной системы. Одинаковое относительное расстояние, в сравнении с действительным размером, отделяет атомное ядро от внутренней электронной орбиты и внутреннюю планету – Меркурий – от вашего Солнца.

Как осевые вращения электронов, так и их орбитальные скорости вращения вокруг атомного ядра находятся за пределами человеческого воображения, уже не говоря о скоростях составляющих их ультиматонов. Положительно заряженные частицы радия вылетают в пространство со скоростью десять тысяч миль в секунду, в то время как отрицательно заряженные частицы достигают скорости, близкой к скорости света.

Локальные вселенные имеют десятичное строение. В двойственной вселенной существует ровно сто различимых атомных материализаций пространственной энергии, что соответствует максимальной возможной организации вещества в Небадоне. Эти сто форм вещества образуют правильный ряд, где от одного до ста электронов вращаются вокруг центрального и относительно компактного ядра. Именно посредством этой упорядоченной и надежной ассоциации различных энергий и образуется вещество.

Не во всяком мире можно обнаружить сто опознаваемых элементов на поверхности, но где-то они есть, были или находятся в процессе эволюции. Из ста атомных типов число наблюдаемых определяется условиями происхождения и последующей эволюции планеты. Во многих мирах тяжелые атомы отсутствуют на поверхности. Так и на Урантии известные тяжелые элементы обнаруживают тенденцию распадаться, что демонстрируется поведением радия.

Устойчивость атома зависит от числа электрически пассивных нейтронов в центральном теле. Химические свойства целиком зависят от активности свободно вращающихся электронов.

В Орвонтоне никогда не представлялось возможным собрать естественным образом более ста орбитальных электронов в одной атомной системе. Когда в орбитальное поле искусственно внедрялся сто один электрон, то неизменным следствием было практически мгновенное разрушение центрального протона при стремительном рассеивании электронов и других высвобожденных энергий.

Хотя атомы могут содержать от одного до ста орбитальных электронов, только десять внешних электронов крупнейших атомов вращаются вокруг центрального ядра в виде явных и дискретных тел, которые сохраняют свою целостность и компактно обращаются по строго определенным орбитам. Тридцать ближайших к центру электронов плохо поддаются наблюдению или обнаружению в виде отдельных и организованных тел. Такая же сравнительная зависимость электронных свойств от близости к ядру существует у всех атомов, независимо от числа заключенных в них электронов. Чем ближе ядро, тем слабее выражены индивидуальные особенности электрона. Волнообразное энергетическое протяжение электрона может быть столь широким, что захватывает все низшие атомные орбиты. Это особенно справедливо в отношении ближайших к атомному ядру электронов.

Тридцать орбитальных электронов, находящихся в самой глубине атома, обладают индивидуальным характером, но их энергетические системы проявляют тенденцию к взаимопроникновению, простираясь от одного электрона до другого и практически от одной орбиты до другой. Следующие тридцать электронов образуют вторую семью, или энергетическую зону, и обладают более развитой индивидуальностью, представляя собой вещественные тела, имеющие больший контроль над своими энергетическими системами. Тридцать следующих электронов – третья энергетическая зона – еще более индивидуализированы и обращаются по более явным и определенным орбитам. Десять последних электронов, присутствующих только в десяти самых тяжелых элементах, обладают достоинством независимости и в силу этого способны с большей или меньшей легкостью освобождаться от контроля материнского ядра. При минимальных колебаниях температуры и давления члены этой четвертой и самой удаленной группы освобождаются от власти центрального ядра, что подтверждается спонтанным разрушением урана и родственных ему элементов.

Первые двадцать семь атомов, содержащих от одного до двадцати семи орбитальных электронов, проще понять, чем остальные. Начиная с двадцать восьмого и далее мы сталкиваемся со всё большей непредсказуемостью предполагаемого присутствия Безусловного Абсолюта. Однако отчасти эта непредсказуемость электронов объясняется различными скоростями вращения ультиматонов вокруг своей оси и необъясненной тенденцией ультиматонов «сбиваться в кучу». Различные свойства электронов объясняются также действием других факторов – физических, электрических, магнитных и гравитационных. Поэтому в том, что касается предсказуемости, атомы схожи с существами. Статистики могут провозглашать законы, управляющие большим числом атомов или существ, но не каждым отдельным атомом или существом.

8. АТОМНАЯ КОГЕЗИЯ

Хотя гравитация является одним из нескольких факторов, определяющих целостность мельчайшей атомной энергетической системы, в элементарных физических частицах и между ними присутствует могущественная и неизвестная энергия, тайна их элементарного строения и внешнего поведения – сила, которую еще предстоит открыть на Урантии. Это универсальное влияние пронизывает всё пространство, заключенное в пределах микроскопической энергетической структуры.

Межэлектронное пространство атома не является пустым. По всему атому это межэлектронное пространство активируется волнообразными проявлениями, которые в совершенстве синхронизированы с электронными скоростями и вращениями ультиматонов. Эта сила подчиняется не только известным вам законам взаимного притяжения положительных и отрицательных частиц; поэтому ее поведение иногда непредсказуемо. Это безымянное влияние представляется пространственно-силовым проявлением Безусловного Абсолюта.

Заряженные протоны и незаряженные нейтроны атомного ядра удерживаются вместе благодаря встречному действию мезона – частицы вещества, которая в 180 раз тяжелее электрона. Без этого электрический заряд протона оказался бы разрушительным для атомного ядра.

Строение атомов таково, что сохранить ядро не могли бы ни электрические, ни гравитационные силы. Целостность ядра поддерживается встречной связующей функцией мезона, способного удерживать заряженные и незаряженные частицы благодаря превосходящей энергии силы-массы, а также еще одной своей функции, заставляющей протоны и нейтроны постоянно меняться ролями. Мезон приводит к тому, что электрический заряд ядерных частиц непрестанно перебрасывается от протонов к нейтронам и наоборот. В течение одной бесконечно малой доли секунды данная ядерная частица является заряженным протоном, в течение другой – незаряженным нейтроном. И эти чередования энергетического статуса происходят столь невероятно быстро, что электрический заряд лишается какой-либо возможности действовать в качестве разрушительного фактора. Таким образом, мезон действует в качестве «носителя энергии» – частицы, которая в огромной мере способствует ядерной стабильности атома.

Присутствие и функция мезона объясняет еще одну загадку атома. Когда атомы становятся радиоактивными, они излучают намного больше энергии, чем можно было бы ожидать. Эта избыточная радиация образуется при разрушении мезонного «носителя энергии», который в таком случае становится обыкновенным электроном. Мезонная дезинтеграция сопровождается также эмиссией некоторых небольших незаряженных частиц.

Мезон объясняет определенные свойства сцепления атомного ядра, однако он не имеет отношения к сцеплению протона с протоном или притяжению нейтрона к нейтрону. Парадоксальная и могущественная сила, заключенная в когезионной целостности атома, является разновидностью энергии, пока еще не открытой на Урантии.

Эти мезоны в изобилии присутствуют в пространственных лучах, которые с таким постоянством воздействуют на вашу планету.

9. НАТУРФИЛОСОФИЯ

Не только религия догматична; такая же тенденция к догматизму есть и у натурфилософии. Когда знаменитый религиозный учитель сделал вывод о том, что число семь является для природы основополагающим по той причине, что в голове человека есть семь отверстий, то будь он лучше знаком с химией, он смог бы отстоять свое убеждение, основываясь на истинном феномене физического мира. Во всех физических вселенных времени и пространства – несмотря на универсальное проявление десятичного строения энергии – присутствует неизменное напоминание о реальности семичастной электронной организации предвещества.

Число семь является основным для центральной вселенной и духовной системы врожденной передачи характерных признаков, а число десять – десятичная система – свойственно энергии, веществу и материальному творению. Тем не менее, атомный мир действительно обнаруживает некоторые периодические свойства, повторяющиеся в группах по семь, что является родимым пятном материального мира, указывающим на его далекий духовный источник.

Это семичастное постоянство, присущее созидательному построению, демонстрируется в сфере химии как повторение схожих физических и химических свойств в изолированных семичастных периодах при расположении основных элементов в порядке возрастания атомного веса. Если химические элементы Урантии выстроить подобным образом в ряд, то любое данное качество или свойство имеет тенденцию повторяться через каждые семь элементов. Эта периодичность изменений через семь элементов повторяется и вариационно убывает на протяжении всей периодической таблицы, причем в наиболее явной форме она наблюдается в первых, или более легких, группах атомов. Начиная с любого элемента, некоторое его свойство будет изменяться на протяжении шести последующих элементов, однако достигнув восьмого, оно имеет тенденцию к повторному проявлению, – иными словами, восьмой химически активный элемент напоминает первый, девятый напоминает второй и так далее. Подобный факт физического мира безошибочно указывает на семичастное строение предшествовавшей ему энергии и свидетельствует о фундаментальной реальности семичастной разновидности пространственно-временны́х творений. Человеку следует также обратить внимание на то, что натуральный спектр содержит семь цветов.

Но не все предположения натурфилософии правомерны; сюда относится гипотетический эфир, представляющий собой оригинальную попытку человека свести воедино свое незнание пространственных явлений. Философия вселенной не может основываться на наблюдениях так называемой науки. Ученый склонялся бы к отрицанию возможности превращения гусеницы в бабочку, если бы подобную метаморфозу нельзя было наблюдать.

Физическая стабильность в сочетании с биологической эластичностью существуют в природе только благодаря практически бесконечной мудрости Творцов Совокупной Вселенной. Только трансцендентальная мудрость могла создать единицы вещества, которые одновременно столь устойчивы и столь целесообразно податливы.

10. ВСЕОБЩИЕ НЕДУХОВНЫЕ ЭНЕРГЕТИЧЕСКИЕ СИСТЕМЫ (СИСТЕМЫ МАТЕРИАЛЬНОГО РАЗУМА)

Бесконечный размах относительной космической реальности, от абсолютности Райской моноты до абсолютности потенции пространства, наводит на мысль об определенной эволюции взаимосвязей в недуховных реальностях Первого Источника и Центра – тех реальностях, которые скрыты в потенции пространства, раскрываются в моноте и условно обнаруживаются на промежуточных космических уровнях. Ведущий к Отцу вселенных, этот вечный цикл энергии является абсолютным, а являясь абсолютным, он не может быть расширен ни по факту, ни по величине; тем не менее, Изначальный Отец и сейчас – как всегда – является самореализацией вечно расширяющейся арены пространственно-временны́х и выходящих за пространственно-временны́е пределы значений, арены изменяющихся взаимосвязей, где энергия-вещество всё более подчиняется сверхуправлению живого и божественного духа посредством эмпирических усилий живого и личностного разума.

Всеобщие недуховные энергии повторно объединяются в живые системы разума, отличные от разума Создателей. Это объединение происходит на различных уровнях, некоторые из которых можно описать следующим образом:

1. *Типы разума, предшествующие вспомогательным духам.* Этот неэмпирический уровень разума опекается в обитаемых мирах Главными Физическими Регуляторами. Он представляет собой механический разум – необучаемый интеллект наиболее примитивных форм материальной жизни, но необучаемый разум функционирует на многих уровнях за пределами уровня примитивной планетарной жизни.

2. *Вспомогательные духи разума.* Это – служение Материнского Духа локальной вселенной, действующего через семь вспомогательных духов разума на обучаемом (немеханическом) уровне материального разума. На этом уровне

материальный разум приобретает эмпирический опыт: как субчеловеческий (животный) интеллект – в первых пяти вспомогательных духах; как человеческий (нравственный) интеллект – в семи вспомогательных духах; как сверхчеловеческий интеллект (промежуточные создания) – в двух последних вспомогательных духах.

3. *Типы развивающегося моронтийного разума* – расширяющееся сознание развивающихся личностей при восхождении в локальной вселенной, совместный дар Материнского Духа локальной вселенной и Сына-Создателя. Этот уровень разума связан с созданием жизненной оболочки моронтийного типа – синтез материального и духовного, осуществляемый Управляющими Моронтийной Энергией локальной вселенной. Моронтийный разум по-разному функционирует на каждом из 570 уровней моронтийной жизни, обнаруживая возрастающую способность объединения с космическим разумом на более высоких уровнях достижения. Таков эволюционный путь смертных созданий, однако разум неморонтийной категории также посвящается Вселенским Сыном и Вселенским Духом неморонтийным детям локальных творений.

Космический разум – это семичастный диверсифицированный разум времени и пространства, каждый из аспектов которого опекается одним из Семи Главных Духов в одной из семи сверхвселенных. Космический разум охватывает все уровни конечного разума, эмпирически согласовывается с уровнями эволюционного божества Верховного Разума и трансцендентально – с экзистенциальными уровнями абсолютного разума, непосредственными контурами Совместного Вершителя.

В Раю разум является абсолютным; в Хавоне – абсонитным; в Орвонтоне – конечным. Разум всегда предполагает присутствие и активность живой опеки и наличие различных энергетических систем, и это справедливо в отношении всех уровней и всех типов разума. Однако за пределами космического разума становится всё труднее описать отношения разума к недуховной энергии. Хавонский разум является субабсолютным, но сверхэволюционным; будучи экзистенциально-эмпирическим, он ближе к понятию абсонитности, чем любое другое раскрытое вам понятие. Райский разум недоступен человеческому пониманию; он является экзистенциальным, непространственным и невременны́м. Тем не менее, все эти уровни разума затмеваются всеобщим присутствием Совместного Вершителя – разумно-гравитационной властью Бога разума в Раю.

11. ВСЕЛЕНСКИЕ МЕХАНИЗМЫ

Оценивая и осознавая разум, необходимо помнить, что вселенная не является ни механической, ни магической; она есть творение разума и подчиняющийся законам механизм. Но если на практике законы природы действуют, как представляется, в сопряженных сферах – физической и духовной, – то в действительности эти сферы едины. Первый Источник и Центр является первопричиной всякой материализации и одновременно первым и последним Отцом всех духов. Во внехавонских вселенных Райский Отец проявляется лично только как чистая энергия и чистый дух – в виде Настройщиков Мышления и в других схожих частицах.

Всеобъемлющее творение не находится в абсолютной власти механизмов; *в целом*, вселенная вселенных планируется, создается и управляется разумом. Однако божественный механизм вселенной вселенных слишком совершенен, чтобы конечный человеческий разум, с помощью своих научных методов, мог заметить хотя бы намек на господство бесконечного разума. Ибо этот созидающий, управляющий и вседержащий разум не является ни материальным разумом, ни разумом создания; он есть дух-разум, действующий на уровнях и с уровней создателя, относящихся к божественной реальности.

Способность к распознанию и обнаружению разума в механизмах вселенной целиком зависит от способностей, возможностей и проницательности исследующего разума, ведущего подобное наблюдение. Пространственно-временны́е разумы, созданные из энергий времени и пространства, подчиняются механизмам времени и пространства.

Движение и вселенская гравитация суть однотипные аспекты объективного пространственно-временно́го механизма вселенной вселенных. Уровни реакции на гравитацию для духа, разума и материи совершенно не зависят от времени, но только истинные духовные уровни реальности являются независимыми от пространства (непространственными). Более высокие уровни разума вселенной – уровни духовного разума – также могут быть непространственными, однако разум материальных уровней – такой как человеческий разум – вступает во взаимодействия, вызываемые вселенской гравитацией, утрачивая эту реакцию только пропорционально соединению с духом. Уровни духовной реальности узнаются по степени духовности, а духовность во времени и пространстве измеряется обратно пропорционально реакции на линейную гравитацию.

Реакция на линейную гравитацию есть количественная мера недуховной энергии. Любая масса – организованная энергия – подчиняется этой власти, за исключением того воздействия, которое оказывает на нее движение и разум. Линейная гравитация является связующей силой ближнего действия макрокосма, подобно тому как силы внутриатомных связей суть силы ближнего действия микрокосма. Материализованная физическая энергия, организованная в виде так называемого вещества, не может пересекать пространство без изменения реакции на линейную гравитацию. Хотя такая реакция прямо пропорциональна массе, она настолько изменяется под влиянием пространства, что выражение окончательного результата как обратного квадрату расстояния является лишь весьма приблизительным. В конечном итоге пространство покоряет линейную гравитацию из-за присутствия в нём антигравитационных влияний многочисленных сверхматериальных сил, нейтрализующих гравитационное воздействие и все реакции на него.

В тенденции, исключительно сложные и кажущиеся в высшей степени автоматическими космические механизмы всегда скрывают внутреннее присутствие порождающего, или созидательного, разума от всех разумных существ, находящихся значительно ниже вселенских уровней, соответствующих природе и возможностям самого механизма. Поэтому для низших категорий созданий высшие вселенские механизмы будут неизбежно казаться лишенными разума. Единственно возможным исключением из такого вывода было бы предположение разумного начала в поразительном феномене *видимой автономности вселенной* – но это скорее вопрос из области философии, нежели практического опыта.

Ввиду того, что разум координирует вселенную, механизмы не являются фиксированными. Феномен постепенной эволюции в совокупности с космическим самоподдержанием является всеобщим. Бесконечная в своей спонтанности, эволюционная способность вселенной неисчерпаема. Только целенаправленный и господствующий разум способен обеспечить движение к гармоничному единству, к возрастающему эмпирическому синтезу при постоянном усложнении отношений.

Чем выше вселенский разум, ассоциируемый с любым вселенским явлением, тем труднее его обнаружить низшему типу разума. А так как разум вселенского механизма является созидательным духовным разумом (как и разумным началом Бесконечного), то он никогда не может быть обнаружен или понят вселенским разумом более низкого уровня, тем более *низшим* из всех – человеческим. Хотя развивающийся разум животного типа в силу своих природных свойств стремится к Богу, сам по себе он не обладает врожденным знанием Бога.

12. ЭТАЛОН И ФОРМА – ГОСПОДСТВО РАЗУМА

Эволюция механизмов подразумевает и означает скрытое присутствие и господство созидательного разума. Способность смертного интеллекта задумывать, проектировать и создавать автоматические механизмы демонстрирует превосходящие, творческие и целенаправленные качества человеческого разума как преобладающего влияния на планете. Разум всегда стремится к достижению следующих целей:

1. Создание материальных механизмов.
2. Раскрытие скрытых тайн.
3. Исследование удаленных мест.
4. Разработка ментальных систем.
5. Обретение мудрости.
6. Достижение духовных уровней.
7. Осуществление божественных предназначений – верховных, предельных и абсолютных.

Разуму всегда присуща созидательность. Дар разума отдельного животного, смертного создания, моронтийного создания, духовного восходящего создания или завершителя всегда достаточен для формирования подходящего и удобного тела, необходимого для идентичности живого создания. Однако феномен присутствия личности или тип идентичности, как таковые, не являются проявлением ни физической, ни интеллектуальной, ни духовной энергии. Форма личности является *типовым* аспектом живого существа; под ней подразумевается *конфигурация* энергий, и это, в совокупности с жизнью и движением, представляет собой *механизм* существования созданий.

Даже духовные существа имеют форму, и эти духовные формы (типы) реальны. Даже высшие типы духовных личностей обладают формой – личностным присутствием, во всех смыслах аналогичным урантийскому смертному телу. Почти все существа, встречаемые в семи сверхвселенных, обладают формой. Правда, существует несколько исключений из этого общего правила. Настройщики Мышления, очевидно, не имеют формы и обретают ее только после слияния с сохранившимися душами своих смертных партнеров. Одиночные Посланники, Вдохновенные Троичные Духи, Личные Помощники Бесконечного Духа, Гравитационные Посланники, Трансцендентальные Регистраторы и некоторые другие существа также не имеют различимой формы. Но всё это – редкие исключения; у абсолютного большинства есть полноценные личностные формы – формы, которые отличаются индивидуальностью, узнаваемостью и личной неповторимостью.

Союз космического разума и вспомогательных духов разума создает адекватный физический сосуд для развивающегося человека. Таким же образом моронтийный разум индивидуализирует моронтийную форму для всех спасенных смертных. Как смертное тело является личным и характерным для каждого человека, так и моронтийная форма будет в высшей степени индивидуальной и в равной мере характерной для господствующего в ней созидательного разума. Две любые моронтийные формы не более похожи друг на друга, чем два любых человеческих тела. Управляющие Моронтийной Энергией обеспечивают – и сопровождающие серафимы предоставляют – недифференцированный моронтийный материал, подходящий для моронтийной жизни. А после моронтийной жизни окажется, что и духовные формы столь же разнообразны, личностны и характерны для наполняющих эти формы и обладающих духовным разумом существ.

Находясь в материальном мире, вы полагаете, что у тела есть дух; мы же считаем, что у духа есть тело. Материальные глаза являются подлинными окнами рожденной в духе души. Дух является зодчим, разум – строителем, тело – материальным строением.

Физическая, духовная и интеллектуальная энергии – как таковые и в чистом виде – не вполне взаимодействуют в качестве актуальных сущностей феноменальных вселенных. В Раю все три энергии равны, в Хавоне – координированы, в то время как на вселенских уровнях конечной деятельности неизбежно встречаются любые варианты материального, интеллектуального и духовного господства. В неличностных ситуациях времени и пространства физическая энергия кажется преобладающей, но вместе с тем представляется, что чем ближе функция духовного разума к божественности замысла и верховности действия, тем большим становится преобладание духовного аспекта, и что на предельном уровне господство духовного разума может стать почти полным. На абсолютном уровне господствует, несомненно, дух. Начиная с этого уровня и продвигаясь вовне через пространственно-временны́е миры, где бы ни существовала божественная духовная реальность, когда бы ни действовал подлинный духовный разум, существует тенденция к созданию материального, или физического, дубликата этой духовной реальности.

Дух есть созидательная реальность; физический дубликат есть пространственно-временно́е отражение духовной реальности, физический результат созидательного действия духа-разума.

Разум повсеместно господствует над материей, точно так же как он, в свою очередь, реагирует на предельное сверхуправление духа. Что касается смертного человека, только такой разум, который добровольно подчиняет себя руководству духа, может надеяться пережить смертное пространственно-временно́е существование как бессмертное дитя вечного духовного мира Верховного, Предельного и Абсолютного – Бесконечного.

[Представлено Могущественным Посланником, исполняющим свои обязанности в Небадоне, а также по просьбе Гавриила.]

ДОКУМЕНТ 43

СОЗВЕЗДИЯ

Урантия обычно именуется как 606-й мир Сатании в Норлатиадеке Небадона, что означает шестьсот шестой обитаемый мир локальной системы Сатания, расположенной в созвездии Норлатиадек – одном из ста созвездий локальной вселенной Небадон. Так как созвездия являются основными административными единицами локальных вселенных, правители созвездий связывают локальные системы обитаемых миров с находящимся на Салвингтоне центральным управлением локальной вселенной и, через систему отражения, со сверхуправлением Древних Дней на Уверсе.

Правительство вашего созвездия занимает группу из 771 архитектурной сферы, центральной и крупнейшей из которых является Эдемия – местонахождение администрации Отцов Созвездия, Всевышних Норлатиадека. Сама Эдемия приблизительно в сто раз больше вашего мира. Семьдесят основных сфер, окружающих Эдемию, примерно в десять раз превышают по своему размеру Урантию, в то время как десять спутников, вращающихся вокруг каждого из этих семидесяти миров, соизмеримы с Урантией. По своим размерам эта 771 архитектурная сфера вполне сравнима с аналогичными сферами других созвездий.

На Эдемии принята салвингтонская система исчисления времени и измерения расстояний, а столичные миры созвездия, подобно сферам вселенской столицы, полностью обеспечены всеми категориями небесных разумных существ. В целом, у этих личностей есть много общего с теми, которые были раскрыты при описании администрации вселенной.

В службу созвездий назначаются старшие серафимы – третий чин ангелов локальной вселенной. Они устраивают свои центры в столичных сферах и оказывают всестороннюю помощь окружающим мирам моронтийного образования. Семьдесят бóльших сфер Норлатиадека, вместе с семьюстами меньшими спутниками, населены унивитатами – постоянными гражданами созвездия. Все эти архитектурные миры полностью управляются различными группами, относящимися к местным типам жизни, которые большей частью нераскрыты, однако включают умелых спиронгов и восхитительных спорнаг. Приходящаяся на среднюю фазу моронтийной подготовки, моронтийная жизнь созвездий – как вы могли догадаться – является столь же типичной, сколь и идеальной.

1. СТОЛИЧНАЯ СФЕРА СОЗВЕЗДИЯ

Эдемия изобилует пленительными нагорьями – обширными возвышениями физического вещества, увенчанными моронтийной жизнью и покрытыми духовным сиянием, но здесь нет изрезанных горных цепей, какие встречаются на Урантии. Десятки тысяч искрящихся озер соединяются многими тысячами протоков, но в этом мире нет ни больших океанов, ни стремительных рек. Поверхностных вод нет только в нагорьях.

Вода Эдемии и схожих архитектурных сфер ничем не отличается от воды эволюционных планет. Водные системы таких сфер являются как поверхностными, так и подземными, причем происходит постоянная циркуляция влаги. Используя различные водные пути, можно совершить кругосветное путешествие вокруг Эдемии, хотя основным способом является передвижение по воздуху. Духовные существа естественно перемещаются над поверхностью сферы, в то время как морóнтийные и материальные существа используют материальные и полуматериальные средства для перемещения по воздуху.

Эдемия и связанные с нею миры обладают настоящей атмосферой – обычной смесью трех газов, характерной для таких архитектурных творений и включающей два элемента урантийской атмосферы плюс морóнтийный газ, пригодный для дыхания морóнтийных созданий. Однако хотя эта атмосфера является одновременно материальной и морóнтийной, в ней не бывает штормов или ураганов, как нет здесь ни лета, ни зимы. Отсутствие атмосферных пертурбаций и сезонных колебаний позволяет украсить всю поверхность этих специально созданных миров.

Нагорья Эдемии представляют собой величественный физический ландшафт, чья красота подчеркивается бесконечным богатством жизни со множеством форм на всём его пространстве. За исключением немногих стоящих особняком структур, эти нагорья не содержат ничего рукотворного. Материальные и морóнтийные украшения ограничены жилыми районами. Более низкие возвышенности отведены специальным резиденциям и изысканно украшены как биологическими, так и морóнтийными произведениями искусства.

На вершине седьмой цепи нагорий находятся воскресительные залы Эдемии, где пробуждаются смертные вторичного модифицированного типа восхождения. Эти покои, где происходит восстановление созданий, находятся под наблюдением Мелхиседеков. На первой из приемных сфер Эдемии (как и на планете Мелхиседек вблизи Салвингтона) также есть специальные воскресительные залы, где восстанавливаются смертные модифицированных типов восхождения.

Кроме того, Мелхиседеки содержат на Эдемии два специальных колледжа. Один из них – школа чрезвычайных ситуаций – посвящен изучению проблем, возникших в результате восстания в Сатании. Другой – школа посвящения – направлен на досконально изучение новых проблем, проистекающих из того факта, что Михаил совершил свое завершающее посвящение в одном из миров Норлатиадека. Данный колледж был учрежден почти сорок тысяч лет назад, сразу же после объявления Михаила о том, что Урантия выбрана местом его заключительного посвящения.

Стеклянное море – приемная область Эдемии – находится рядом с административным центром в окружении амфитеатра административных зданий. Вокруг этой области расположены центры управления семьюдесятью секторами жизни созвездия. Половина территории Эдемии разделена на семьдесят треугольных секций, границы которых сходятся в зданиях центральных правлений соответствующими секторами. Остальная часть этой сферы представляет собой один огромный естественный парк – Божьи сады.

Хотя в течение периодических посещений Эдемии вы сможете беспрепятственно осматривать всю планету, бóльшую часть своего времени вы будете проводить в административном треугольнике, чей номер соответствует номеру мира вашего текущего пребывания. Вас всегда будут рады видеть в качестве наблюдателя в законодательных ассамблеях.

Морóнтийная область, отведенная проживающим на Эдемии восходящим смертным, находится в средней области тридцать пятого треугольника, который примыкает к резиденции завершителей, расположенной в тридцать шестом треугольнике. Главная резиденция унивитатов занимает колоссальную область в среднем регионе тридцать четвертого треугольника и граничит с областью проживания морontийных граждан. Как видно из этой планировки, предусмотрено размещение как минимум семидесяти основных типов небесной жизни, причем каждая из этих семидесяти треугольных областей соотносится с одной из семидесяти бóльших сфер морontийной подготовки.

Стеклянное море Эдемии представляет собой огромный цельный кругообразный кристалл, имеющий примерно сто миль в окружности и около тридцати миль в глубину. Этот величественный кристалл служит в качестве посадочного поля для всех транспортных серафимов и других существ, прибывающих из-за пределов сферы; такое стеклянное море значительно облегчает посадку транспортных серафимов.

Кристаллическое поле такого типа встречается почти во всех архитектурных мирах. Кроме декоративного, оно имеет также многие другие назначения, так как применяется для ознакомления собирающихся здесь групп со сверхвселенским отражением и как один из факторов в методе трансформации энергии, который используется для изменения токов пространства и адаптации других входящих потоков физической энергии.

2. ПРАВИТЕЛЬСТВО СОЗВЕЗДИЯ

Созвездия являются автономными образованиями локальной вселенной, причем каждое созвездие управляется в соответствии со своими собственными законами. В то время как вселенские дела слушаются в судах Небадона, все внутренние вопросы разбираются согласно законам, принятым в соответствующем созвездии. Эти юридические декреты Салвингтона, вместе с законодательными актами созвездий, исполняются управляющими локальных систем.

Таким образом, созвездия функционируют в качестве законодательных, или законотворческих, структурных единиц, в то время как локальные системы действуют как исполнительные единицы, проводящие законы в жизнь. Верховная судебная и координационная власть принадлежит салвингтонскому правительству.

Хотя верховная судебная функция отводится центральному управлению локальной вселенной, в столице каждого созвездия находятся по два вспомогательных, но важных суда: совет Мелхиседеков и суд Всевышнего.

Все судебные проблемы вначале рассматриваются в совете Мелхиседеков. Двенадцать представителей этой категории, получившие в прошлом необходимый опыт на эволюционных планетах и в столичных мирах систем, вправе изучать показания, анализировать ходатайства и формулировать предварительные вердикты, которые передаются в суд Всевышнего – правящего Отца Созвездия. Смертные представлены в этом последнем суде семью судьями, каждый из которых – восходящий смертный. Чем выше вы будете восходить во вселенной, тем больше вероятность того, что вашими судьями будут подобные вам существа.

Законодательный орган созвездия разделен на три группы. Законотворческая программа созвездия формируется в нижней палате восходящих созданий – группе, возглавляемой завершителем и состоящей из тысячи смертных представителей. Каждая система выдвигает в эту совещательную ассамблею по десять представителей. На Эдемии этот орган в настоящее время укомплектован не полностью.

Средняя палата законодателей состоит из серафимов и их партнеров, а также других детей Материнского Духа локальной вселенной. Эта группа насчитывает сто существ и назначается вышестоящими личностями, которые возглавляют различные виды деятельности таких существ при исполнении ими функций в пределах созвездия.

Совещательный, или высший, орган законодателей созвездия состоит из палаты пэров – палаты божественных Сынов. Этот корпус избирается Всевышними Отцами и насчитывает десять членов. Только Сыны, обладающие особым опытом, имеют право служить в этой высшей палате. Эта группа собирает информацию и экономит время, что приносит большую пользу обеим низшим палатам законодательной ассамблеи.

Объединенный совет законодателей состоит из трех представителей от каждой отдельной палаты совещательной ассамблеи созвездия и возглавляется правящим младшим Всевышним. Эта группа утверждает окончательную форму всех актов и санкционирует их обнародование с помощью операторов трансляций. Утверждение этой верховной комиссией наделяет законодательные акты силой закона созвездия; ее постановления являются окончательными. Законодательные заключения Эдемии являются основным законом для всего Норлатиадека.

3. ВСЕВЫШНИЕ НОРЛАТИАДЕКА

Правители созвездий относятся к сынам локальной вселенной категории Ворондадеков. Когда этих сынов направляют во вселенную для активного служения в качестве правителей созвездий или в ином свойстве, они известны как *Всевышние*, ибо из всех категорий Божьих Сынов Локальной Вселенной они воплощают высшую административную мудрость в сочетании с наиболее дальновидной и разумной преданностью. Их личная честность и преданность как группы никогда не вызывали сомнения; в Небадоне неизвестны случаи проявления недовольства со стороны Сынов-Ворондадеков.

В каждое из созвездий Небадона Гавриил направляет как минимум трех Сынов-Ворондадеков в качестве Всевышних. Глава такого трио известен как *Отец Созвездия*, а двое его партнеров – как *старший Всевышний* и *младший Всевышний*. Отец Созвездия правит в течение десяти тысяч стандартных лет (приблизительно 50 000 урантийских лет) после службы в качестве младшего и старшего партнера на протяжении таких же периодов времени.

Псалмопевец знал о том, что Эдемией правят трое Отцов Созвездия; поэтому он говорил об их обители во множественном числе: «Есть река, чьи потоки несут радость в город Божий, самое святое место в жилищах Всевышних».

Веками на Урантии царит великая путаница в отношении различных вселенских правителей. Многие поздние учители смешивали свои неясные и неопределенные племенные божества со Всевышними Отцами. Еще позже иудеи объединили всех этих небесных правителей в сложное Божество. Один из учителей понимал, что Всевышние не являются Верховными Правителями, ибо он сказал: «Пребывающий в тайной обители Всевышнего будет жить под сенью Всемогущего». В письменных памятниках Урантии порой очень трудно разобраться, кто именно имеется в виду под названием «Всевышний». Однако Даниил хорошо понимал эти вещи. Он сказал: «Всевышний правит царством людей и дает его тому, кому захочет».

Отцы Созвездия почти не занимаются индивидуумами обитаемых планет, но они тесно связаны с теми законодательными и законотворческими функциями созвездий, которые имеют такое огромное значение для каждой смертной *расы* и национальной *группы* обитаемых миров.

Хотя режим созвездия занимает промежуточное положение между вами и администрацией вселенной, обычно, как индивидуумы, вы почти не будете связаны с правительством созвездия. В нормальных обстоятельствах средоточием ваших основных интересов являлась бы локальная система, Сатания, однако ввиду некоторых условий, сложившихся в системе и на планете вследствие восстания Люцифера, временно установлена тесная связь Урантии с правителями созвездия.

После отступничества Люцифера Всевышние Эдемии взяли на себя часть бремени планетарного правления в восставших мирах. Они продолжают осуществлять эту власть, и Древние Дней уже давно одобрили эту передачу контроля над заблудшими мирами. Они несомненно будут и далее пользоваться взятыми на себя полномочиями до тех пор, пока будет жив Люцифер. В обычных условиях, существующих в лояльной системе, эта власть в значительной мере возлагается на Властелина Системы.

Есть и другая причина особой связи Урантии со Всевышними. Когда Михаил, Сын-Создатель, выполнял свою завершающую посвященческую миссию, преемник Люцифера не обладал всей полнотой власти в локальной системе, вследствие чего все урантийские события, имевшие отношение к посвящению Михаила, контролировались непосредственно Всевышними Норлатиадека.

4. НАГОРНЫЙ СОБОР – ВЕРНЫЙ ДНЕЙ

Святейшая соборная гора является обителью Верного Дней – действующего на Эдемии представителя Райской Троицы.

Верный Дней, Троичный Сын Рая, пребывает на Эдемии в качестве личного представителя Иммануила со времени создания этого столичного мира. Верный Дней является неизменной правой рукой Отцов Созвездия, исполняя функции советника, но предлагает свои советы только тогда, когда его о том просят. Высокие Райские Сыны участвуют в решении дел локальной вселенной только в ответ на просьбы действующих правителей таких владений. Однако для Всевышних созвездия Верный Дней имеет такое же значение, как Союз Дней – для Сына-Создателя.

Резиденция Верного Дней Эдемии представляет собой центр Райской системы вневселенской связи и информации в данном созвездии. В сотрудничестве с руководящим Союзом Дней, эти Троичные Сыны, со своим персоналом хавонских и Райских личностей, поддерживают прямую и постоянную связь со своей категорией во всех вселенных – вплоть до Хавоны и Рая.

Святейшая гора отличается возвышенной красотой и великолепным оснащением, но сама резиденция Райского Сына скромна по сравнению с центральной обителью Всевышних и окружающими ее семьюдесятью сооружениями, составляющими жилой комплекс Сынов-Ворондадеков. Данное оснащение является исключительно жилым и полностью отделено от огромных строений административного центра, где вершатся дела созвездия.

Резиденция Верного Дней Эдемии, известная как «гора Райского собора», находится к северу от резиденций Всевышних. Здесь, в этом священном нагорье, периодически собираются восходящие смертные, чтобы услышать рассказы этого Райского Сына о долгом и увлекательном путешествии эволюционирующих смертных через миллиард совершенных миров Хавоны и далее – к неописуемым наслаждениям Рая. Именно на этих особых Нагорных Соборах морონтийные смертные полнее знакомятся с различными группами личностей, происходящих из центральной вселенной.

Заявляя о своих притязаниях на расширение полномочий, вероломный Люцифер, бывший в свое время властелином Сатании, стремился вытеснить все высшие категории сыновства из системы управления локальной вселенной. Он вынашивал замысел, говоря: «Поставлю свой трон над Сынами Божьими; возглавлю Нагорный Собор на севере; буду подобен Всевышнему».

Сто Властелинов Систем периодически собираются на конклавы Эдемии для обсуждения вопросов, связанных с благосостоянием созвездия. После восстания в Сатании главные мятежники имели обыкновение появляться на этих советах Эдемии точно так же, как и прежде. Только после посвящения Михаила на Урантии и последующего принятия на себя неограниченного полновластия по всему Небадону, появилась возможность положить конец этой высокомерной наглости. С того дня эти подстрекатели к греху никогда не допускались в проходящие на Эдемии советы преданных Властелинов Систем.

То, что учители древности знали об этом, видно из следующего отрывка: «Пришел день для Сынов Божьих предстать перед Всевышними, и Сатана пришел вместе с ними». Это является констатацией факта, в какой бы связи он ни приводился.

Со времени триумфа Христа весь Норлатиадек очищается от греха и мятежников. За некоторое время до смерти Михаила во плоти союзник падшего Люцифера – Сатана – попытался посетить один из таких конклавов Эдемии, однако отрицательное отношение к главным мятежникам приобрело столь всеобщий характер, что практически во всей вселенной не нашлось сочувствующих им, и это выбило почву из-под ног супостатов Сатании. Когда перед злом закрыты все двери, исчезает и возможность совершения греха. Сердца всей Эдемии закрылись для Сатаны; он был единодушно отвергнут собравшимися Властелинами Систем, и именно в это время Сын Человеческий «видел Сатану, упавшего с неба, как молния».

Со времени восстания Люцифера, вблизи резиденции Верного Дней появилось новое строение. Это временное сооружение является резиденцией Всевышнего связного, поддерживающего тесную связь с Райским Сыном в качестве советника правительства созвездия по всем вопросам, которые касаются линии поведения и отношения Сынов категории «Дней» к греху и бунту.

5. ОТЦЫ ЭДЕМИИ СО ВРЕМЕНИ ВОССТАНИЯ ЛЮЦИФЕРА

Ротация Всевышних Эдемии была приостановлена во время восстания Люцифера. В настоящее время нами правят те же личности, которые исполняли свои обязанности в то время. Мы полагаем, что состав правителей будет оставаться неизменным вплоть до окончательного избавления от Люцифера и его сообщников.

Вместе с тем, нынешнее правительство созвездия было расширено до двенадцати Сынов категории Ворондадеков. Вот эти двенадцать:

1. Отец Созвездия. Нынешний Всевышний правитель Норлатиадека – 617 318-й член категории Ворондадеков небадонского типа. До того, как принять на себя обязанности на Эдемии, он уже обладал богатым опытом служения во многих созвездиях по всей нашей локальной вселенной.

2. Старший Всевышний партнер.

3. Младший Всевышний партнер.

4. Всевышний советник, личный представитель Михаила после достижения им статуса Сына-Владыки.

5. Всевышний исполнитель – личный представитель Гавриила, постоянно находящийся на Эдемии со времени восстания Люцифера.

6. Всевышний глава планетарных наблюдателей – руководитель наблюдателей категории Ворондадеков, находящихся в изолированных мирах Сатании.

7. Всевышний арбитр – Сын-Ворондадек, на которого возложена обязанность урегулирования всех вызванных восстанием трудностей в пределах созвездия.

8. Всевышний чрезвычайный управляющий – Сын-Ворондадек, которому поручено приспособление чрезвычайных законодательных актов Норлатиадека применительно к мирам Сатании, изолированным вследствие восстания.

9. Всевышний посредник – Сын-Ворондадек, назначенный для согласования особого посвященческого режима на Урантии с текущим управлением созвездия. Некоторые действия архангелов и многочисленные другие формы необычного служения на Урантии, а также особая деятельность Ярких Вечерних Звезд на Иерусеме делают необходимым функционирование этого Сына.

10. Всевышний судья-адвокат – глава чрезвычайного трибунала, посвященного решению специфических проблем Норлатиадека, возникших вследствие разброда, причиной которой стало восстание в Сатании.

11. Всевышний связной – Сын-Ворондадек, прикрепленный к правителям Эдемии, однако направленный в качестве специального советника в распоряжение Верного Дней для выбора наилучшего пути решения проблем восстания и нелояльности созданий.

12. Всевышний руководитель – президент чрезвычайного совета Эдемии. Все личности, назначенные в Норлатиадек в результате бунта в Сатании, входят в состав чрезвычайного совета, а их главой является исключительно опытный Сын-Ворондадек.

Кроме того, здесь не учтены многочисленные Ворондадеки – посланники созвездий Небадона, – а также другие Сыны, постоянно пребывающие на Эдемии.

На протяжении всего времени, прошедшего с восстания Люцифера, Отцы Эдемии проявляли особую заботу об Урантии и других изолированных мирах Сатании. Давным-давно пророк увидел, что делами народов руководят Отцы Созвездия. «Когда Всевышний давал народам владенья, когда разделял сынов Адама, он определил границы этих народов».

В каждом подвергнутом карантину, или изолированном, мире действует в качестве наблюдателя Сын-Ворондадек. Он не участвует в управлении планетой, за исключением тех случаев, когда Отец Созвездия приказывает ему вмешаться в дела народов. В действительности, именно этот Всевышний наблюдатель «правит царством людей». Урантия является одним из изолированных миров Норлатиадека, и наблюдающий Ворондадек находится на планете со времени предательства Калигастии. Когда Макивента Мелхиседек находился на Урантии в полуматериальной форме, он почтительно воздавал должное служившему в то время Всевышнему наблюдателю, что видно из следующей записи: «И Мелхиседек, царь Салимский, был священник Всевышнего». Мелхиседек рассказал Аврааму об отношении к нему этого Всевышнего наблюдателя, сказав: «И благословен Всевышний, который предал врагов твоих в руки твои».

6. БОЖЬИ САДЫ

Если столицы систем особым образом украшены материальными и минеральными сооружениями, а центральный мир вселенной более отражает духовное великолепие, то столицы созвездий являются вершинами моронтийной деятельности и живых украшений. В столичном мире созвездия обычно используются живые украшения, и именно это преобладание жизни – ботанической художественности – объясняет, почему эти миры называются «Божьими садами».

Около половины поверхности Эдемии покрыто изумительными садами Всевышних; эти сады относятся к числу наиболее чарующих моронтийных творений локальной вселенной. Именно поэтому необычайно красивые места в обитаемых мирах Норлатиадека столь часто называются «Эдемскими садами».

В центральной части этого великолепного сада находится святой храм Всевышних. Должно быть, Псалмопевец что-то об этом знал, ибо он писал: «На гору Всевышних кто подняться может? В святом месте кто может находиться? Только те, кто зла не сотворил, кто сердцем чист, кто не возгордился и не клялся понапрасну». Каждый десятый день отдыха все жители Эдемии, во главе со Всевышними, проводят у этой святыни в боготворящем созерцании Бога-Верховного.

В архитектурных мирах используются десять форм материальной жизни. На Урантии есть растительная и животная жизнь, однако в таких мирах, как Эдемия, существуют десять типов материальных категорий жизни. Если бы вы смогли увидеть эти десять типов эдемической жизни, то вы сразу же определили бы первые три как растительные, а последние три – как животные типы, но вы были бы совершенно неспособны понять природу промежуточных четырех групп этих чрезвычайно разнообразных и пленительных форм жизни.

Даже чисто животная жизнь существенно отличается от соответствующей жизни эволюционных миров – настолько, что совершенно невозможно описать смертному разуму уникальный характер и ласковый нрав этих неговорящих созданий. Существуют тысячи и тысячи живых созданий, абсолютно недоступных вашему воображению. Весь животный мир находится на совершенно ином уровне по сравнению с примитивными животными эволюционных планет. Однако вся животная жизнь весьма разумна и в высшей степени полезна, и все эти разнообразные виды отличаются поразительной кротостью и трогательной общительностью. В архитектурных мирах полностью отсутствуют плотоядные создания; во всей Эдемии нет абсолютно ничего, что могло бы заставить какое-нибудь живое существо испугаться.

Растительная жизнь также существенно отличается от растительной жизни Урантии и состоит как из материальных, так и моронтийных разновидностей. Материальная растительность имеет характерный зеленый цвет, а моронтийные эквиваленты растительной жизни – фиолетовый или светло-лиловый цвет различного оттенка и отлива. Такая моронтийная флора является чисто энергетической растительностью; она потребляется в пищу без остатка.

Наделенные десятью типами физической жизни (не считая моронтийных разновидностей), эти архитектурные миры предоставляют огромные возможности для биологического украшения ландшафта, а также материальных и моронтийных строений. Небесные мастеровые руководят местными спорнагами, которые много трудятся над созданием ботанического убранства и биологических украшений. В то время как ваши художники для отображения своих представлений должны прибегать к инертным краскам и безжизненному мрамору, небесные мастеровые и унивитаты чаще используют живые материалы, позволяющие им выражать идеи и запечатлевать идеалы.

Если вам нравятся цветы, кусты и деревья Урантии, то вы будете наслаждаться ботанической красотой и растительным великолепием божественных садов Эдемии. Однако мои способности рассказчика недостаточны для того, чтобы передать смертному разуму адекватное представление об этих красотах небесных миров. Воистину, глаза не видали таких неземных красот, которые ожидают вас после прибытия в эти миры, где продолжается дерзновенное путешествие – восхождение смертных.

7. УНИВИТАТЫ

Унивитаты являются постоянными гражданами Эдемии и связанных с нею миров, причем под их наблюдением находятся все семьсот семьдесят миров, окружающих столицу созвездия. Эти дети Сына-Создателя и Созидательного Духа воплощаются в промежуточной плоскости бытия, отделяющей материальное от духовного, но они не являются моронтийными созданиями. Уроженцы каждой из семидесяти бо́льших сфер Эдемии имеют различные зримые формы, и моронтийные формы моронтийных смертных подстраиваются для приведения в соответствие с восходящей шкалой унивитатов при каждом переселении с одной сферы Эдемии на другую по мере успешного продвижения от первого мира к семидесятому.

Духовно все унивитаты одинаковы; интеллектуально они различны, как и смертные; по своей форме они во многом напоминают моронтийную стадию существования и созданы для функционирования в семидесяти различных категориях личности. Каждая из этих категорий унивитат обнаруживает десять основных разновидностей интеллектуальной деятельности, и каждый из этих различных интеллектуальных типов возглавляет специальные школы воспитания и культуры постепенной профессиональной, или практической, социализации на одном из десяти спутников, обращающихся вокруг каждого бо́льшего мира Эдемии.

Семьсот меньших миров являются техническими сферами, дающими практические знания по функционированию всей локальной вселенной; данные сферы открыты для всех классов разумных существ. Эти образовательные школы, дающие специальные навыки и технические знания, предназначены не только для восходящих смертных, хотя группа моронтийных студентов значительно превосходит по численности все остальные группы, посещающие эти курсы. После того как вас примут в любом из семидесяти бо́льших миров социальной культуры, для вас сразу же будет открыт доступ в каждый из десяти окружающих спутников.

В различных местных колониях восходящие моронтийные смертные преобладают среди управляющих реверсией, однако унивитаты образуют крупнейшую группу, связанную с небадонским корпусом небесных мастеровых. Во всём Орвонтоне ни одно внехавонское существо, кроме уверсских абандонтеров, не может сравниться с унивитатами по художественному мастерству, социальной приспособляемости и координационным способностям.

Строго говоря, эти граждане созвездия не являются членами корпуса мастеровых, но они широко сотрудничают со всеми группами и делают многое для того, чтобы превратить миры созвездия в главные сферы реализации великолепных художественных возможностей переходной культуры. Они не действуют за пределами центральных миров созвездия.

8. ОБРАЗОВАТЕЛЬНЫЕ МИРЫ ЭДЕМИИ

Физические данные Эдемии и окружающих ее сфер близки к совершенству. По духовному величию эти миры едва ли могут сравниться со сферами Салвингтона, но они далеко превосходят красоты образовательных миров Иерусема. Все сферы Эдемии питаются энергией непосредственно от пространственных токов вселенной, а их огромные энергетические системы – как материальные, так и моронтийные – умело контролируются и распределяются центрами созвездий, которым помогает квалифицированный корпус Главных Физических Регуляторов и Управляющих Моронтийной Энергией.

Время, проведенное в семидесяти образовательных мирах переходной моронтийной культуры, охватывающей эдемский этап восхождения смертных, является самым размеренным периодом на протяжении всего пути восходящего смертного вплоть до обретения статуса завершителя; это действительно типичная моронтийная жизнь. Хотя при каждом переходе с одного бóльшего мира культуры в другой вы проходите новую настройку, у вас остается одно и то же моронтийное тело; и эти периоды не сопровождаются бессознательным состоянием личности.

Ваше пребывание на Эдемии и объединенных с ней сферах пройдет под знаком овладения групповой этикой – секретами приятных и полезных взаимоотношений между различными вселенскими и сверхвселенскими категориями разумных личностей.

В обительских мирах вы завершили объединение эволюционирующей смертной личности; в столице системы вы достигли гражданства Иерусема и готовности подвергнуть свое «я» дисциплинирующему воздействию совместной деятельности и согласованных начинаний; а теперь, в образовательных мирах созвездия, вам предстоит добиться подлинной социализации своей формирующейся моронтийной личности. Это высшее культурное приобретение состоит в умении:

1. Счастливо жить и продуктивно трудиться вместе с десятью различными моронтийцами при объединении десяти таких групп в формирования по сто существ и, далее, в корпусы по тысяче созданий.

2. Радостно жить и искренне сотрудничать с десятью унивитатами, которые, несмотря на интеллектуальную схожесть с моронтийными существами, весьма отличаются от них во всём остальном. Затем, действуя в этой группе из десяти созданий, вы должны научиться координировать свои действия с десятью другими семьями, которые, в свою очередь, объединяются в корпус из тысячи унивитат.

3. Добиваться одновременной адаптации как к собратьям-моронтийцам, так и к принимающим вас унивитатам. Приобретать способность добровольно и эффективно взаимодействовать с вашей собственной категорией существ в тесном рабочем сотрудничестве с отчасти непохожей группой разумных созданий.

4. Общаясь как с похожими, так и непохожими на вас существами, добиваться интеллектуальной гармонии и функциональной адаптации в отношении обеих групп партнеров.

5. Добиваясь удовлетворительной социализации личности на интеллектуальном и функциональном уровнях, продолжать совершенствовать умение жить в тесном контакте с похожими и слегка несхожими существами, всё более избавляясь от раздражительности и чувства обиды. Обретению последнего качества в значительной мере помогают управляющие реверсией, организующие групповой досуг.

6. Согласовывать все эти разнообразные методы социализации, добиваясь всё большей координированности восходящего к Раю пути; углублять вселенскую проницательность благодаря улучшению способности постигать значения вечной цели, таящиеся в этой кажущейся незначительной пространственно-временнóй деятельности.

7. И после этого увенчать весь этот процесс многоуровневой социализации одновременным повышением духовной проницательности в той мере, в какой она совершенствует все стороны личности через духовное единение группы и моронтийную координацию. В интеллектуальном, социальном и духовном отношении два нравственных создания не просто удваивают свои потенциальные возможности личных достижений и свершений во вселенной благодаря партнерству, а почти вчетверо повышают их.

Мы изобразили социализацию на Эдемии как объединение моронтийного смертного с семейной группой унивитатов, состоящей из десяти различных по своему интеллекту индивидуумов, параллельно с аналогичным объединением десяти таких же моронтийцев. Однако в первых семи бóльших мирах только один восходящий смертный живет с десятью унивитатами. Во второй группе из семи бóльших миров двое смертных проживают вместе с каждой местной группой из десяти унивитат – и так далее, вплоть до последней группы из семи бóльших сфер, где десять моронтийных существ поселяются с десятью унивитатами. Научившись более успешно общаться с унивитатами, вы будете пользоваться этой усовершенствованной этикой в своих отношениях с такими же, как вы, моронтийными прогрессорами.

Как восходящие смертные, вы получите удовольствие от пребывания в мирах прогресса Эдемии, но вы не испытаете того личного трепета, которым сопровождается ваше первое чувство удовлетворения при соприкосновении со вселенскими делами в столице системы или при прощании с этими реальностями в заключительных мирах вселенской столицы.

9. ГРАЖДАНСТВО ЭДЕМИИ

Завершив свое образование в семидесятом мире, восходящие смертные поселяются на Эдемии. Теперь восходящие создания могут впервые принять участие в «Райских соборах» и услышать рассказ о своем дальнем пути из уст Верного Дней – первой Высшей Троичной Личности на их пути.

Для моронтийных прогрессоров всё пребывание в образовательных мирах созвездия, достигающее своего апогея в гражданстве Эдемии, является периодом подлинного небесного блаженства. В течение вашего пребывания в мирах системы вы эволюционировали от почти животного до моронтийного создания; вы были более материальным, чем духовным. На сферах Салвингтона вы претерпите эволюцию от моронтийного существа до статуса истинного духа; вы станете более духовным, чем материальным. Однако на Эдемии восходящие существа находятся на полпути между своими прошлыми и будущими состояниями, на полпути между эволюционным животным и восходящим духом. На протяжении всего вашего пребывания на Эдемии и ее мирах вы «подобны ангелам»; вы постоянно прогрессируете, сохраняя, тем не менее, общий и характерный моронтийный статус.

Пребывание восходящего смертного в созвездии представляет собой наиболее однородную и устойчивую эпоху на всём пути моронтийного прогресса. В этот опыт входит преддуховная подготовка восходящих существ в области социализации. Она аналогична предзавершительскому духовному опыту Хавоны и предабсонитной подготовке в Раю.

На Эдемии восходящие смертные главным образом заняты выполнением заданий в населенных унивитатами семидесяти мирах постепенной подготовки. Кроме того, они выполняют различные обязанности на самой Эдемии – в основном в рамках программы созвездия в отношении группового, расового, национального и планетарного благосостояния. Всевышние не связаны непосредственно с индивидуальным прогрессом в обитаемых мирах; они правят в царствах людей, а не в сердцах индивидуумов.

И в тот день, когда вы будете готовы покинуть Эдемию и встать на салвингтонский путь, вы остановитесь и окинете взглядом одну из самых прекрасных и живительных из всех образовательных эпох, которые находятся по эту сторону Рая. Но слава ее будет только крепнуть по мере вашего восхождения к центру и обретения всё большей способности к расширенному осознанию божественных значений и духовных ценностей.

[Подготовлено Малаватией Мелхиседеком.]

ДОКУМЕНТ 44

НЕБЕСНЫЕ МАСТЕРОВЫЕ

Среди обитателей местных колоний различных региональных и вселенских столичных миров есть уникальная смешанная категория личностей, именуемых небесными мастеровыми. Эти существа – искусные художники и мастеровые моронтийных и низших духовных сфер. Они являются духовными и полудуховными существами, которые занимаются созданием моронтийного убранства и духовных украшений. Такие мастеровые распределяются по всей большой вселенной – в столичные миры сверхвселенных, локальных вселенных, созвездий и систем, равно как и во все сферы, утвердившиеся в свете и жизни. Но основной ареной их деятельности служат созвездия, и в первую очередь – семьсот семьдесят миров, окружающих каждую столичную сферу.

Хотя их труд, возможно, почти непостижим для материального разума, необходимо понимать, что моронтийным и духовным мирам присущи высокое искусство и небесная культура.

Небесные мастеровые не создаются как таковые; эту категорию образуют прошедшие отбор существа, и состоит она из учителей – уроженцев центральной вселенной, – а также их учеников, добровольно изъявивших желание и набранных из числа восходящих смертных и многочисленных других небесных групп. Когда-то изначальный просветительский корпус этих мастеровых был учрежден Бесконечным Духом совместно с Семью Главными Духами и состоял из семи тысяч хавонских воспитателей, по тысяче на каждый из семи типов мастеровых. Из этого начального ядра на протяжении веков образовался блистательный отряд искусных тружеников в духовной и моронтийной областях.

Любая моронтийная личность или духовная сущность может быть принята в корпус небесных мастеровых; это означает, что принимается любое существо ниже уровня врожденного божественного сыновства. По прибытии в моронтийные миры восходящие Божьи сыны эволюционных сфер могут изъявить желание вступить в корпус мастеровых и, при достаточной одаренности, избрать этот путь на более или менее продолжительный период времени. Однако никто не может стать членом корпуса мастеровых менее, чем на тысячелетие – тысячу лет в сверхвселенском исчислении.

Все небесные мастеровые зарегистрированы в центральном мире сверхвселенной, но их руководителями являются моронтийные управляющие в столицах локальных вселенных. Центральный корпус моронтийных управляющих, функционирующий в столичном мире каждой локальной вселенной, распределяет их по семи основным областям деятельности:

1. Небесные музыканты.
2. Священные воссоздатели.
3. Божественные строители.
4. Регистраторы мыслей.
5. Энергетические операторы.
6. Художники и дизайнеры.
7. Гармонизаторы.

Все первые наставники этих семи групп прибыли из совершенных миров Хавоны, и Хавона содержит образцы, образцовые исследования, всех стадий и форм духовной художественности. Хотя перенесение искусства Хавоны в миры пространства – это гигантская задача, от эпохи к эпохе небесные мастеровые добивались успехов как в теории, так и на практике. Как и во всех других аспектах восходящего пути, те, кто добивается наибольших успехов в какой-либо области, должны постоянно делиться превосходящими знаниями и умениями со своими менее одаренными товарищами.

Ваше первое, беглое знакомство с этим привнесенным искусством Хавоны состоится в обительских мирах, и его красота, а также ваше осознание этой красоты будут возрастать и усиливаться до тех пор, пока вы не окажетесь в духовных залах Салвингтона и не увидите вдохновляющие шедевры небесных мастеров духовных сфер.

Вся эта деятельность в моронтийных и духовных мирах реальна. Для духовных существ мир духа является реальностью. Для нас более нереален материальный мир. Высшие формы духов свободно проходят через обычную материю. Высокие духи не реагируют ни на что материальное, кроме некоторых основных видов энергии. Для материальных существ духовный мир является более или менее нереальным; для духовных существ мир материальный почти полностью нереален, являясь лишь тенью субстанции духовных реальностей.

С помощью одного только духовного зрения я неспособен различить здание, в котором переводится и записывается данное повествование. Оказавшийся рядом со мной Божественный Советник из Уверсы еще хуже видит эти чисто материальные творения. Мы понимаем, какими данные структуры видятся вам, только глядя на духовный дубликат, представленный нашему разуму одним из сопровождающих нас преобразователей энергии. Для меня, духовного существа, это материальное здание, строго говоря, не является реальным, однако оно, конечно, весьма реально и вполне пригодно для материальных смертных.

Существуют некоторые типы существ, способных видеть реальность созданий как духовного, так и материального миров. К этому классу принадлежат так называемые четвертые создания из числа Хавонских Сервиталов и четвертые создания категории примирителей. Ангелы времени и пространства наделены способностью видеть как духовные, так и материальные существа; такой же способностью обладают и восходящие смертные после освобождения от жизни во плоти. После достижения более высоких духовных уровней восходящие существа обретают способность воспринимать материальные, моронтийные и духовные реальности.

Вместе со мной здесь также находится Могущественный Посланник из Уверсы – слившееся с Настройщиком восходящее создание, в прошлом бывшее смертным существом. Он воспринимает вас такими, какими вы являетесь, и одновременно видит Одиночного Посланника, супернафима и других присутствующих небесных существ. На протяжении всего восходящего пути вы никогда не лишитесь способности узнавать ваших партнеров по прошлому существованию. В течение всего восхождения к центру по ступеням жизни вы всегда будете способны узнавать своих товарищей по предыдущим и более низким уровням вашего опыта и сближаться с ними. Каждое новое превращение, или воскресение, будет расширять поле вашего зрения еще на одну группу духовных существ, ничуть не лишая вас способности узнавать ваших друзей и товарищей по прошлым состояниям.

В опыте восходящих смертных всё это становится возможным благодаря действию внутренних Настройщиков Мышления. Сохраняя дубликаты всего опыта вашей жизни, они гарантируют вам то, что вы никогда не потеряете ни одного истинного качества, которым когда-то обладали; и эти Настройщики проходят по жизни вместе с вами, как часть вас, в действительности – являясь *вами*.

Однако я почти не надеюсь на то, что смогу передать материальному разуму сущность труда небесных мастеровых. Я вынужден постоянно извращать мысль и искажать язык, пытаясь раскрыть смертному разуму реальность этих моронтийных процессов и явлений, близких к духовным. Ваше сознание неспособно постичь – а ваш язык недостаточен для передачи – значения, ценности и взаимосвязи этих полудуховных видов деятельности. Продолжая свою попытку просветить человеческий разум в области этих реальностей, я прекрасно понимаю полную невозможность добиться большого успеха в подобном начинании.

Я могу лишь попытаться обозначить приблизительные параллели между смертной материальной деятельностью и разнообразными функциями небесных мастеровых. Если бы урантийские расы были более развиты в искусстве и других достижениях культуры, то я мог бы пойти намного дальше, пытаясь мысленно перенести человеческий разум из материального мира в мир моронтии. Практически всё, на что я могу надеяться, это подчеркнуть факт реальности данных процессов моронтийных и духовных миров.

1. НЕБЕСНЫЕ МУЗЫКАНТЫ

Вы, со своим ограниченным диапазоном смертного слуха, вряд ли способны представить себе мелодии моронтии. Даже в материальном диапазоне существуют прекрасные звуки, не воспринимаемые человеческим слухом, не говоря уже о невообразимом богатстве моронтийной и духовной гармонии. Духовные мелодии представляют собой не материальные звуковые волны, а духовные пульсации, воспринимаемые небесными личностными духами. Широта диапазона, душевность выражения и величие исполнения, связанные с мелодией сфер, остаются целиком за пределами человеческого восприятия. Я видел, как миллионы завороженных существ пребывали в состоянии возвышенного экстаза, когда, несомая духовной энергией небесных контуров, лилась мелодия их сферы. Эти восхитительные мелодии могут транслироваться в самые дальние уголки вселенной.

Небесные музыканты создают небесную гармонию, используя следующие духовные силы:

1. *Духовный звук* – прерывания духовного потока.

2. *Духовный свет* – контроль и усиление света моронтийных и духовных сфер.

3. *Столкновения энергий* – мелодия, создаваемая благодаря умелому управлению моронтийными и духовными энергиями.

4. *Цветовые симфонии* – мелодия цветовых тонов моронтии; это относится к одному из высших достижений небесных музыкантов.

5. *Гармония взаимодействующих духов* – само расположение и взаимодействие различных категорий моронтийных и духовных существ порождает величественные мелодии.

6. *Мелодия мысли* – духовные размышления могут быть доведены до такого совершенства, что прорываются в виде мелодий Хавоны.

7. *Музыка пространства* – при правильной настройке контуров вселенской трансляционной службы, с их помощью можно принимать мелодии других сфер.

Существует более ста тысяч различных способов обращения со звуком, цветом и энергией – методов, аналогичных человеческому использованию музыкальных инструментов. Ваши танцевальные ансамбли несомненно отражают неуклюжую и гротескную попытку материальных созданий приблизиться к небесной согласованности в размещении существ и расположении личностей. Остальные пять форм моронтийной мелодии не воспринимаются органами чувств материального тела.

Гармония – музыка семи уровней мелодической связи – является единственным универсальным кодом духовного общения. Музыка – в том виде, в каком она понимается смертными Урантии, – достигает своего наивысшего выражения в школах Иерусема, столицы системы, где полуматериальные существа постигают гармонию звука. Смертные не реагируют на другие формы моронтийной мелодии и небесной гармонии.

На Урантии музыка воспринимается как физически, так и духовно, и ваши музыканты сделали многое для того, чтобы поднять уровень музыкального вкуса от варварской монотонности ваших далеких предков до высот восприятия звука. Большинство смертных Урантии реагируют на музыку в основном своими материальными мускулами, едва откликаясь разумом и духом, однако на протяжении более чем тридцати пяти тысяч лет музыкальное восприятие непрерывно улучшалось.

Мелодичное синкопирование представляет собой переход от музыкальной монотонности примитивного человека к выразительной гармонии и полным смысла мелодиям ваших поздних музыкантов. Ранние ритмические типы стимулируют реакцию музыкального чувства, не требуя использования более высоких интеллектуальных способностей восприятия гармонии и, таким образом, чаще привлекательны для незрелых или духовно ленивых индивидуумов.

Лучшая музыка Урантии – не более чем слабое эхо величественных мелодий, которым внимают небесные коллеги ваших музыкантов, сохранивших лишь обрывки этого моронтийного благозвучия в виде музыкальных обертональных мелодий. Духовно-моронтийная музыка нередко использует все семь способов выражения и воспроизведения, так что человеческий разум чрезвычайно ограничен в любой попытке свести эти мелодии высших сфер всего лишь к нотам, выражающим музыкальные звуки. Подобная попытка была бы сравнима со стремлением воспроизвести звучание огромного оркестра средствами одного музыкального инструмента.

Хотя урантийцам и удалось сложить ряд красивых мелодий, в музыкальном отношении вы значительно отстали от многих соседних планет Сатании. Если бы только Адам и Ева были живы, у вас была бы настоящая музыка; однако дар гармонии, столь ярко выраженный в них, был настолько ослаблен наследственными чертами немузыкального свойства, что в жизни лишь одного смертного из тысячи существует сколь-либо возвышенное восприятие созвучий. Но не отчаивайтесь: однажды на Урантии может появиться настоящий музыкант, и целые народы будут очарованы величественным звучанием его мелодий. Один такой человек сможет навсегда изменить направление развития целой нации и даже всего цивилизованного мира. Буквальна истина: «Мелодия способна изменить весь мир». На вечные времена музыка останется универсальным языком людей, ангелов и духов. Гармония является языком Хавоны.

2. СВЯЩЕННЫЕ ВОССОЗДАТЕЛИ

Смертный человек может надеяться лишь на скудное и искаженное представление о функциях священных воссоздателей, которые я должен попытаться отобразить с помощью примитивных и ограниченных знаков вашего материального языка. В духовно-моронтийном мире есть множество вещей высшей ценности, вещей, достойных воспроизведения, но неизвестных на Урантии; опыт, относящийся к той категории деятельности, которая вряд ли «приходила на ум человеку»; реальности, которые уготовлены Богом тем, кто сохранится после жизни во плоти.

Существует семь групп священных воссоздателей, и я попытаюсь пояснить их труд с помощью следующей классификации:

1. *Певцы* – музыканты, воспроизводящие специфические гармонии прошлого и интерпретирующие мелодии настоящего. Однако всё это совершается на моронтийном уровне.

2. *Колористы* – художники света и тени, которых вы назвали бы рисовальщиками и живописцами, мастера, которые сохраняют уходящие картины и скоротечные эпизоды для будущего использования в моронтии.

3. *Световые иллюстраторы* – создатели отображений, запечатлевающих реальные полудуховные явления, весьма приблизительным аналогом которых был бы кинематограф.

4. *Создатели исторических зрелищ* – инсценировщики важнейших событий летописей и истории вселенной.

5. *Предсказатели* – те, кто проецирует значения истории в будущее.

6. *Рассказчики жизнеописаний* – те, кто увековечивает смысл и значение жизненного опыта. Проецирование нынешнего личного опыта на достигаемые в будущем ценности.

7. *Административные постановщики* – те, кто отображает важность философии управления и методики руководства, небесные драматурги полновластия.

Нередко священные воссоздатели успешно сотрудничают с управляющими реверсией, сочетая повторение памятных событий с некоторыми формами интеллектуального отдыха и личностных развлечений. Выступая перед моронтийными конклавами и духовными соборами, эти воссоздатели порою объединяются в масштабных драматических представлениях, отражающих цель соответствующего собрания. Недавно я был свидетелем подобного грандиозного представления, состоящего из тысячи сцен с участием более миллиона актеров.

В своей образовательной деятельности на моронтийном уровне высшие учителя разума и переходные попечители широко и эффективно используют эти различные группы воссоздателей. Однако не все их усилия посвящены преходящим иллюстрациям; значительная доля их труда носит постоянный характер и останется вечным наследием для всего будущего времени. Эти мастеровые отличаются такой разносторонностью, что в своей совокупности могут воссоздать характер целой эпохи, а в сотрудничестве с серафическими попечителями они действительно способны изображать вечные ценности духовного мира смертным зрителям времени.

3. БОЖЕСТВЕННЫЕ СТРОИТЕЛИ

Существуют города, «строителем и творцом которых является Бог». У нас есть духовные аналоги всего, что знакомо вам, смертным, и несказанно больше. У нас есть дома, духовные удобства и морнонтийные предметы первой необходимости. На каждый вид материального удовлетворения, которое способны получить люди, у нас есть тысячи духовных реальностей, обогащающих и расширяющих нашу жизнь. Божественные строители функционируют в семи группах:

1. *Планировщики и строители жилищ* – существа, строящие и реконструирующие жилища, предназначенные для индивидуумов и рабочих групп. Эти моронтийные и духовные помещения реальны. Они были бы невидимы для вашего ограниченного зрения, однако для нас они всецело реальны и прекрасны. В определенной степени, все духовные существа, вместе со строителями, могут участвовать в некоторых деталях планировки и создания своих моронтийных или духовных жилищ. Эти дома оснащаются и украшаются в соответствии с потребностями моронтийных или духовных существ, которым предстоит поселиться в них. Во всех этих чрезвычайно разнообразных сооружениях предусмотрены широкие возможности для индивидуального выражения.

2. *Строители нежилых помещений* – существа, занимающиеся проектированием и сборкой помещений для квалифицированного и каждодневного труда духовных и моронтийных сфер. Эти строители сравнимы с создателями мастерских и иных промышленных предприятий на Урантии. В переходных мирах существует необходимая система взаимопомощи и специализированного разделения труда. Не все из нас делают всё; моронтийные существа и эволюционирующие духи выполняют различные функции, и создатели рабочих помещений не только строят лучшие мастерские, но и помогают профессиональному совершенствованию тех, кто трудится в таких мастерских.

3. *Строители зданий для проведения досуга*. В периоды отдыха колоссальные сооружения используются для того, что смертные назвали бы отдыхом и, в каком-то смысле, развлечением. Созданы необходимые условия для управляющих реверсией, юмористов моронтийных миров – тех переходных сфер, где осуществляется подготовка восходящих существ, лишь недавно доставленных с эволюционных планет. Даже высшие духи предаются определенного рода юмористическим воспоминаниям в периоды своей духовной подзарядки.

4. *Строители храмов* – опытные зодчие духовных и моронтийных храмов. Во всех мирах восхождения смертных есть храмы поклонения, представляющие собой самые изысканные творения моронтийных владений и духовных сфер.

5. *Строители образовательных зданий* – те существа, которые строят центры моронтийной подготовки и углубленного духовного образования. Всегда существует возможность приобретения новых знаний, получения дополнительной информации в отношении чьего-либо настоящего или будущего труда, а также всеобщих культурных познаний, – информации, призванной превратить восходящих смертных в более разумных и подготовленных граждан моронтийных и духовных миров.

6. *Моронтийные планировщики* – те существа, которые строят сооружения для координированного объединения всех личностей со всех сфер, присутствующих в любое данное время на любой данной сфере. Эти планировщики сотрудничают с Управляющими Моронтийной Энергией для улучшения координации прогрессивной моронтийной жизни.

7. *Строители общественных зданий* – мастеровые, планирующие и возводящие сооружения для собраний некультового характера. Величественны и великолепны эти места для общих собраний.

Хотя ни эти строения, ни их украшения не были бы в полном смысле слова реальными для чувственного восприятия материальных смертных, они вполне реальны для нас. Вы не смогли бы увидеть эти храмы, если бы оказались здесь во плоти. Тем не менее, все эти сверхматериальные творения действительно находятся здесь; мы ясно видим их и столь же полно наслаждаемся ими.

4. РЕГИСТРАТОРЫ МЫСЛЕЙ

Эти мастеровые посвящены сохранению и воспроизведению возвышенных мыслей сфер; они действуют в семи группах:

1. *Хранители мыслей*. Это те мастеровые, которые посвящены сохранению высших мыслей сфер. В моронтийных мирах воистину дорожат сокровищами мысли. Перед первым посещением Урантии я видел записи и слышал трансляции о формировании идей у некоторых великих умов этой планеты. Регистраторы мыслей хранят подобные благородные идеи на языке Уверсы.

Каждая сверхвселенная имеет свой язык, на котором говорят населяющие ее личности и который является господствующим во всех ее секторах. В нашей сверхвселенной таким языком является уверсский. Кроме того, каждая локальная вселенная имеет свой язык. Представители всех высших категорий Небадона двуязычны, владея как небадонским, так и уверсским языками. Когда встречаются два индивидуума из различных локальных вселенных, они пользуются уверсским языком; однако если один из них родом из другой сверхвселенной, они вынуждены обращаться за помощью к переводчику. В центральной вселенной язык почти не нужен. Здесь существует совершенное и практически полное взаимопонимание; только Боги понимаются здесь не полностью. Нас учат, что за время случайной встречи в Раю можно достичь большего взаимопонимания, чем можно добиться средствами смертного языка за тысячу лет. Уже на Салвингтоне мы «знаем так же, как знают нас».

Существующее в моронтийных и духовных сферах умение переводить мысль в язык недоступно пониманию смертных. Наши опытные регистраторы способны настолько ускорять процесс превращения мысли в постоянную запись, что за одну минуту урантийского времени можно зарегистрировать эквивалент более полумиллиона слов, или понятийных символов. Эти вселенские языки значительно богаче языков эволюционирующих миров. Понятийные символы Уверсы охватывают более миллиарда знаков, хотя сам алфавит состоит всего лишь из семидесяти символов. Язык Небадона не столь совершенен; его алфавит состоит из сорока восьми основных символов.

2. *Регистраторы понятий*. Эта вторая группа регистраторов сохраняет концептуальные представления, образ мышления. Данная форма создания постоянных записей неизвестна в материальных мирах, и с помощью этого метода я мог бы получить больше знаний за час вашего времени, чем вы – за сто лет, читая обычный письменный текст.

3. *Идеографические регистраторы*. В нашем распоряжении есть аналоги как вашего письменного, так и устного языка, но для сохранения мыслей мы обычно пользуемся иллюстрированием понятий и идеографическим методом. Идеографические регистраторы способны добиваться тысячекратной результативности по сравнению с регистраторами понятий.

4. *Покровители риторики*. Эта группа регистраторов посвящает себя задаче сохранения мысли для устного воспроизведения. Правда, используя небадонский

язык, в получасовом обращении мы могли бы охватить тематическое содержание целой жизни урантийского смертного. Ваша единственная надежда на понимание этих процессов – подумать о своих беспорядочных и искаженных сновидениях, о том, как во время этих ночных фантазий вы способны за несколько секунд охватить опыт многих лет своей жизни.

Красноречие духовного мира – одно из редких наслаждений, которые ожидают вас, знающих только неуклюжие речи запинающихся ораторов Урантии. В речах Салвингтона и Эдемии есть гармоничность звучания и благозвучность выражения, воодушевляющее действие которых неописуемо. Эти пламенеющие идеи подобны прекрасным камням в коронах славы. Но я не способен на это! Я не могу передать человеческому разуму широту и глубину этих реальностей мира иного!

5. *Руководители трансляционной службы*. Служба пространственных сообщений Рая, сверхвселенных и локальных вселенных находится под общим наблюдением этой группы хранителей идей. Они служат в качестве цензоров, редакторов и координаторов передаваемого материала, выполняя сверхвселенскую адаптацию всех пространственных сообщений Рая, а также адаптируя и переводя сообщения Древних Дней на языки локальных вселенных.

Пространственные сообщения локальных вселенных также должны видоизменяться для приема в системах и на индивидуальных планетах. Передача этих пространственных сообщений тщательно контролируется, а существующая архивная запись гарантирует правильный прием каждого сообщения в каждом мире данного контура. Руководители трансляционной службы обладают специальными навыками использования пространственных токов для любых целей информационной связи.

6. *Регистраторы ритма*. Урантийцы наверняка назвали бы этих мастеровых поэтами, хотя их труд весьма отличен от вашей поэтической продукции и практически бесконечно превосходит ее. Ритм не столь утомителен для моронтийных и духовных существ, и поэтому нередко подъем эффективности и повышение удовольствия являются следствием выполнения самых различных функций в ритме. Как жаль, что вы не знаете, какое удовольствие – услышать некоторые из поэтических сообщений о заседаниях эдемских ассамблей, и неспособны насладиться богатством цвета и тона, которые используются гениями созвездия – мастерами этой изысканной формы самовыражения и социальной гармонизации.

7. *Моронтийные регистраторы*. Я прихожу в замешательство, от того что не знаю, каким образом можно описать материальному разуму функцию этой важной группы регистраторов идей, задача которых – сохранение групповых изображений различных сочетаний моронтийных событий и духовных процессов. Этих регистраторов можно сравнить с фотографами переходных миров, выполняющими групповые снимки, хотя такое сравнение весьма примитивно. Они сберегают для будущего важнейшие сцены и связи сменяющих друг друга эпох, храня их в архивных залах моронтии.

5. ЭНЕРГЕТИЧЕСКИЕ ОПЕРАТОРЫ

Эти интересные и эффективные мастеровые связаны со всеми видами энергии – физической, умственной и духовной:

1. *Операторы физической энергии*. Операторы физической энергии служат в течение продолжительных периодов времени вместе с управляющими энергией и являются специалистами по манипулированию и управлению многими

разновидностями физической энергии. Они хорошо знакомы с тремя основными потоками и тридцатью вспомогательными видами энергии сверхвселенных. Эти существа оказывают неоценимую помощь Управляющим Моронтийной Энергией переходных миров. Они являются целеустремленными исследователями космических проекций Рая.

2. *Операторы интеллектуальной энергии* – специалисты по взаимному общению моронтийных и других типов разумных существ. Данная форма коммуникаций между смертными практически отсутствует на Урантии. Эти специалисты развивают способность восходящих моронтийных существ общаться друг с другом, и их труд охватывает многочисленные уникальные начинания в области интеллектуальной связи, которые выходят далеко за пределы моей способности описать их материальному разуму. Эти мастеровые – увлеченные исследователи контуров разума Бесконечного Духа.

3. *Операторы духовной энергии*. Операторы духовной энергии представляют собой интересную группу. Подобно физической энергии, духовная энергия подчиняется определенным законам. Иными словами, изучение духовной энергии позволяет делать столь же достоверные выводы и обращаться с ней с такой же точностью, как и в случае физической энергии. В мире духа действуют такие же определенные и строгие законы, какие существуют в материальных сферах. В течение нескольких последних миллионов лет многие усовершенствованные методы потребления духовной энергии были предложены этими исследователями фундаментальных законов Вечного Сына – законов, управляющих духовной энергией в ее приложении к моронтийным и другим категориям небесных существ по всем вселенным.

4. *Операторы составной энергии*. Эта отважная группа хорошо подготовленных существ посвящает себя функциональному объединению всех трёх изначальных фаз божественной энергии, проявляемой во вселенных в виде физической, интеллектуальной и духовной энергии. Эти увлеченные личности действительно стремятся обнаружить вселенское присутствие Бога-Верховного, ибо в личности этого Божества должно произойти эмпирическое объединение всей божественности большой вселенной. И, в известной степени, за последнее время эти мастеровые добились некоторого успеха.

5. *Транспортные советники*. Этот корпус технических советников транспортных серафимов демонстрирует наибольшее искусство в сотрудничестве с исследователями звезд при определении маршрутов, а также при оказании руководителям транспортной службы всевозможной помощи в пространственных мирах. Они контролируют транспортное сообщение сфер и присутствуют на всех обитаемых планетах. Урантия обслуживается корпусом из семидесяти транспортных советников.

6. *Эксперты связи*. Аналогичным образом Урантия обслуживается двенадцатью специалистами по межпланетной и межвселенской связи. Обладая продолжительным опытом, эти существа владеют законами передачи информации и возникающих помех в применении к коммуникациям сфер. Этот корпус занимается всеми формами пространственных посланий, за исключением тех, которые передаются Гравитационными и Одиночными Посланниками. На Урантии им приходится активно использовать контур архангелов.

7. *Воспитатели отдыха*. Божественный отдых связан с восполнением духовной энергии. Моронтийную и духовную энергию необходимо восполнять точно

так же, как и энергию физическую, но в силу иных причин. Пытаясь просветить вас, я невольно вынужден пользоваться примитивными сравнениями; и всё же мы, существа духовного мира, должны периодически прерывать свою регулярную деятельность, чтобы, удалившись в отведенные места сборов, погрузиться в божественный отдых и восстановить иссякающую энергию.

Свои первые уроки в этой области вы получите после прибытия в обительские миры, когда, став моронтийным существом, на собственном опыте познакомитесь с методикой духовных занятий. Вы знаете о существовании внутреннего кольца Хавоны и о том, что после пересечения предыдущих колец паломники пространства должны погрузиться в длительный и живительный покой Рая. Это не только техническое требование при переходе от временнóго пути к служению вечности: это также необходимость, форма отдыха, требуемого для восстановления энергетических потерь, свойственных последним ступеням восхождения, а также накопления запасов духовной энергии для последующей стадии бесконечного пути.

Эти энергетические операторы выполняют также сотни других функций, слишком многочисленных, чтобы их можно было перечислить; среди них – консультации с серафимами, херувимами и сановимами относительно наиболее эффективных способов потребления энергии и поддержания наиболее полезного баланса противоположно направленных сил между активными херувимами и пассивными сановимами. Существуют и многие другие виды помощи, которую эти эксперты оказывают моронтийным и духовным созданиям в их стремлении понять природу божественного отдыха, столь необходимого для эффективного использования основных энергий пространства.

6. ДИЗАЙНЕРЫ И ДЕКОРАТОРЫ

Если бы я только знал, как можно описать вам изысканный труд этих неповторимых мастеровых! Любая моя попытка объяснить труд духовных декораторов ассоциировалась бы в материальном сознании только с вашими жалкими, хотя и честными попытками выполнения этих вещей в вашем мире разума и материи.

Хотя этот корпус охватывает более тысячи различных видов деятельности, он подразделяется на семь основных групп:

1. *Мастера цвета.* Именно они заставляют литься в пространство десять тысяч цветовых тонов духовного отражения, несущих изысканные послания гармоничной красоты. Кроме восприятия цвета, в человеческом опыте нет ничего, с чем можно было бы сравнить эту деятельность.

2. *Дизайнеры звука.* Эти художники того, что вы назвали бы звуком, отображают различные по своей идентичности и моронтийному восприятию духовные волны. В действительности, эти импульсы являются высшими отражениями открытых и величественных духовных душ небесного воинства.

3. *Дизайнеры эмоций.* Эти совершенствователи и хранители чувств сохраняют моронтийные чувства и божественные эмоции для изучения и в назидание детям времени, а также для воодушевления и украшения моронтийных прогрессоров и эволюционирующих духов.

4. *Художники аромата.* Сравнение небесной духовной активности с физическим восприятием химических запахов действительно неудачно, однако смертные Урантии едва ли способны осознать это служение под каким-либо другим названием. Эти мастеровые создают свои разнообразные симфонии во благо и для

услады совершенствующихся детей света. У вас, на земле, нет ничего, с чем можно было бы хотя бы отдаленно сравнить этот тип духовного великолепия.

5. *Декораторы присутствия.* Эти мастеровые не занимаются искусством самоукрашения или украшения созданий. Они пробуждают разнообразные положительные эмоции в индивидуальных моронтийных и духовных созданиях, подчеркивая значения взаимосвязей через позиционные ценности, придаваемые различным моронтийным и духовным категориям в сложных ансамблях этих разнообразных существ. Эти художники сочетают сверхматериальных существ так же, как вы сочетали бы живые ноты, запахи, виды, после чего они объединяют их в великолепные гимны.

6. *Дизайнеры вкуса.* А как рассказать вам об этих мастерах! Я могу лишь робко предположить, что они являются совершенствователями моронтийного вкуса и что помимо того они стремятся повысить восприятие красоты через обострение развивающихся духовных органов чувств.

7. *Моронтийные синтезаторы.* Это главные мастера: когда все остальные внесли свою лепту, они добавляют кульминационные и завершающие штрихи к моронтийному ансамблю, достигая вдохновляющего изображения божественной красоты, – вечного вдохновения для духовных существ и их моронтийных партнеров. Однако вы должны дождаться освобождения от животного тела, прежде чем начнете постигать художественное величие и эстетические красоты моронтийного и духовного миров.

7. ГАРМОНИЗАТОРЫ

Эти мастера не имеют отношения к музыке, живописи или чему-то схожему, как вы могли предположить. Они занимаются манипулированием и организацией специализированных сил и энергий, присутствующих в мире духа, но неизвестных смертным. Если бы у меня была хотя бы малейшая возможность для сравнения, я попытался бы описать эту уникальную область духовного достижения, но я в отчаянии – нет никакой надежды передать смертному разуму смысл этой сферы небесного артистизма. Тем не менее, то, что невозможно описать, можно выразить косвенно.

Красота, ритм и гармония интеллектуально связаны и духовно родственны. Истина, факт и взаимоотношение интеллектуально неразделимы и связаны с философскими понятиями красоты. Благость, праведность и правосудие философски взаимосвязаны и духовно переплетены с живой истиной и божественной красотой.

Космические понятия истинной философии, изображение небесного артистизма или попытка смертного описать человеческое представление о божественной красоте никогда не будут доставлять полного удовлетворения, если такое стремление создания к прогрессу останется необъединенным. Такое выражение божественного побуждения в развивающемся создании может быть интеллектуально истинным, эмоционально прекрасным и духовно благим, однако настоящая душа появится у такого выражения только тогда, когда эти реальности истины, значения красоты и ценности благости будут объединены в жизненном опыте мастерового, ученого или философа.

Эти божественные качества совершенно и абсолютно объединены в Боге. И каждый познавший Бога человек или ангел обладает потенциалом неограниченного самовыражения на всё более высоких уровнях объединенной самореализации благодаря нескончаемому обретению богоподобия – эмпирического слияния вечной истины, всеобщей красоты и божественной благости, достигаемого в эволюционном опыте.

8. УСТРЕМЛЕНИЯ СМЕРТНЫХ И МОРОНТИЙНЫЕ ДОСТИЖЕНИЯ

Хотя небесные мастеровые не трудятся сами на материальных планетах, подобных Урантии, время от времени они прибывают из центрального мира системы для оказания помощи от природы одаренным индивидуумам смертных рас. При таких назначениях эти мастеровые временно работают под наблюдением планетарных ангелов прогресса. Серафические воинства сотрудничают с этими мастеровыми, стремясь помочь тем смертным, которые отличаются прирожденным даром и имеют Настройщиков, обладающих особым предшествующим опытом.

Существуют три возможных источника незаурядных человеческих способностей. В их основе *всегда* лежат природная, или врожденная, одаренность. Особые способности никогда не являются произвольным даром Богов; для каждого выдающегося таланта всегда есть наследственное основание. Кроме этой природной способности – а скорее, в дополнение к ней – может использоваться руководство Настройщика Мышления в тех индивидуумах, чьи внутренние Настройщики обладают полноценным аналогичным опытом, приобретенным в других мирах и других смертных созданиях. В тех случаях, когда как человеческий разум, так и внутренний Настройщик обладают необычайными способностями, к ним могут направляться духовные мастеровые, которые действуют как гармонизаторы этих талантов, оказывающие помощь и воодушевляющие этих смертных на поиски всё более совершенных идеалов и на попытку всё лучшего отображения этих идеалов во благо сферы.

Категориям духовных мастеровых чужда кастовость. Если вы обладаете способностью и даром выражения, ваше происхождение не имеет значения, каким бы скромным оно ни являлось; на протяжении восхождения по лестнице моронтийного опыта и духовных достижений вы получите адекватное признание и должную оценку. Для смертных созданий нет такой наследственной неполноценности или такой ущербности среды, которые не будут полностью компенсированы и устранены на моронтийном пути. И все подобные художественные достижения и экспрессивная самореализация будут зависеть от ваших собственных усилий в постепенном продвижении по своему пути. Наконец-то смогут воплотиться устремления эволюционных созданий, обладающих средними способностями. Хотя Боги и не наделяют детей времени талантами и способностями произвольно, они действительно обеспечивают исполнение всех благородных помыслов и удовлетворение любой человеческой жажды божественного самовыражения.

Однако каждый человек должен помнить: многие стремления отличиться, терзающие смертных во плоти, исчезнут у тех же смертных на протяжении моронтийного и духовного пути. Восходящие моронтийцы учатся социализировать свои прежние чисто эгоцентричные устремления и эгоистичные амбиции. Тем не менее, если то, к чему вы столь искренне стремились на земле и чего вас с таким постоянством лишали обстоятельства, останется тем, к чему вы будете продолжать стремиться на своем моронтийном пути после обретения истинной проницательности, присущей моте, то вам наверняка будут предоставлены все возможности для полного удовлетворения своих давних желаний.

До того, как восходящие смертные покинут локальную вселенную и встанут на путь духа, каждое интеллектуальное, художественное и социальное устремление или подлинный замысел, когда-либо свойственные их смертному или моронтийному планам существования, будут удовлетворены самым исчерпывающим образом. Так достигается равенство в удовлетворении самовыражения и самореализации – но не обретение одинакового эмпирического статуса или полное исчезновение характерной индивидуальности в умениях, методе и выражении. Новые духовные различия в личностных эмпирических достижениях будут сглажены и нивелированы только после того, как вы пройдете последнее кольцо Хавоны. И тогда обитатели Рая столкнутся с необходимостью приспособления к тем абсонитным отличиям в личностном опыте, которые можно уравнять только посредством группового достижения предельного для созданий статуса духов седьмой ступени, соответствующей смертным завершителям.

Этим завершается повествование о небесных мастеровых – этой космополитической группе утонченных тружеников, делающих так много для прославления архитектурных сфер с помощью художественных изображений божественной красоты Райских Создателей.

[Изложено архангелом Небадона.]

ДОКУМЕНТ 45

АДМИНИСТРАЦИЯ ЛОКАЛЬНОЙ СИСТЕМЫ

Административный центр Сатании представляет собой скопление пятидесяти семи архитектурных сфер – самого Иерусема, семи больших и сорока девяти малых спутников. Столичная сфера системы, Иерусем, почти в сто раз превышает по своим размерам Урантию, хотя сила тяжести здесь несколько меньше. Большие спутники Иерусема – это семь переходных миров, каждый из которых примерно в десять раз крупнее Урантии, в то время как семь малых спутников этих переходных сфер близки по размеру к Урантии.

Семь обительских миров представляют собой семь малых спутников первого переходного мира.

Вся эта система, состоящая из пятидесяти семи архитектурных миров, имеет автономное освещение, отопление, водоснабжение и энергопитание благодаря координации Силового Центра Сатании и Главных Физических Регуляторов в соответствии с принятым методом физической организации и расположения этих специально созданных сфер. Кроме того, за их физическим и иным состоянием следят местные спорнаги.

1. МИРЫ ПЕРЕХОДНОЙ КУЛЬТУРЫ

Семь бо́льших миров, обращающихся вокруг Иерусема, обычно известны как миры переходной культуры. Время от времени их правители назначаются верховным исполнительным советом Иерусема. Эти сферы имеют следующие номера и названия:

Первая. Мир завершителей. Эта сфера является центром корпуса завершителей локальной системы и окружена приемными мирами – семью обительскими мирами, всецело посвященными программе восхождения смертных. Мир завершителей открыт для жителей всех семи обительских миров. Транспортные серафимы переносят в оба конца восходящих личностей; совершаемые ими паломничества призваны укрепить веру в высшее назначение находящихся здесь смертных. Хотя завершители и их строения обычно недоступны моронтийному зрению, вы будете совершенно потрясены, когда энергетические преобразователи и Управляющие Моронтийной Энергией будут периодически позволять вам на мгновение увидеть этих высоких духовных личностей, действительно завершивших восхождение к Раю и вернувшихся в те самые миры, где начинается ваше длительное путешествие. Это должно стать залогом уверенности в том, что вы тоже можете и способны завершить это грандиозное начинание. Все временные жители обительских миров минимум раз в год посещают сферы завершителей, чтобы присутствовать на ассамблеях, где завершители становятся зримыми существами.

Вторая. Мир моронтии. Эта планета является резиденцией руководителей моронтийной жизни и окружена семью сферами, на которых эти моронтийные руководители обучают своих партнеров и помощников, – как моронтийных существ, так и восходящих смертных.

Пересекая семь обительских миров, вы пройдете и через эти сферы последовательной социализации и культуры, которые характеризуются всё большим приобщением к моронтии. При переходе из первого во второй обительский мир вы получите право посещения второго переходного центра, мира моронтии, и так далее. А присутствуя в любой из этих шести сфер культуры, вы можете, получив приглашение, стать посетителем и наблюдателем в любом из семи окружающих миров сопутствующей групповой деятельности.

Третья. Мир ангелов. Этот мир – центр всего серафического воинства, имеющего отношение к жизни системы, – окружен семью мирами подготовки и воспитания ангелов. Данные миры являются социальными сферами серафических созданий.

Четвертая. Мир сверхангелов. Данная сфера является сатанийской обителью Ярких Вечерних Звезд и огромного скопления равных и почти равных существ. Семь спутников данного мира отводятся семи основным группам этих неназванных небесных существ.

Пятая. Мир Сынов. Эта планета является резиденцией божественных Сынов всех категорий, включая сынов, тринитизованных созданиями. Семь окружающих ее миров посвящены некоторым индивидуальным группам этих божественно родственных сынов.

Шестая. Мир Духа. В локальной системе эта сфера служит местом встреч высших личностей Бесконечного Духа. Семь окружающих ее спутников предназначены для индивидуальных групп этих разнообразных категорий. Однако в шестом переходном мире нет представительства Духа, как не наблюдается подобное присутствие и в столицах систем; Божественная Попечительница Салвингтона находится в Небадоне *повсюду*.

Седьмая. Мир Отца. Это безмолвная сфера системы. Ни одна группа существ не проживает здесь постоянно. В ее центре находится огромный храм света, но в нём невозможно кого-либо увидеть. Все существа, прибывающие для поклонения со всех миров системы, являются здесь желанными гостями.

Окружающие мир Отца семь спутников имеют разное назначение в различных системах. В Сатании они используются в настоящее время для содержания под стражей группы существ, принимавших участие в восстании Люцифера. Столица созвездия, Эдемия, не имеет аналогичных тюремных миров; те немногие серафимы и херувимы, которые перешли на сторону мятежников во время восстания в Сатании, уже давно находятся в этих изоляционных мирах Иерусема.

Пребывая в седьмом обительском мире, вы получаете доступ в седьмой переходный мир, сферу Всеобщего Отца, а также право посещать окружающие эту планету тюремные миры Сатании, на которых в настоящее время содержатся Люцифер и большинство тех личностей, которые примкнули к нему во время восстания против Михаила. Это прискорбное зрелище, которое можно наблюдать в течение последних веков, будет оставаться серьезным предупреждением для всего Небадона до тех пор, пока Древние Дней не вынесут приговор в отношении греха Люцифера и его падших сообщников, отвергших спасение, предложенное Михаилом – их вселенским Отцом.

2. ВЛАСТЕЛИН СИСТЕМЫ

Глава исполнительной власти локальной системы обитаемых миров является первичным Сыном-Ланонандеком, Властелином Системы. В нашей локальной вселенной эти властелины наделяются широкими административными полномочиями, необычными личными прерогативами. Даже в масштабе Орвонтона не все вселенные устроены так, чтобы предоставлять Властелинам Систем столь необычайно широкую индивидуальную свободу действий при управлении делами системы. Однако за всю историю Небадона эти ничем не ограниченные управляющие лишь трижды проявили нелояльность. Последним из таких случаев – и наиболее масштабным из всех – стало восстание Люцифера в системе Сатания.

Даже после этого катастрофического мятежа методика управления Сатанией не претерпела абсолютно никаких изменений. Нынешний Властелин Системы обладает всем могуществом и пользуется всей полнотой власти, которой обладал его недостойный предшественник, за исключением некоторых сфер деятельности, находящихся в настоящее время в вéдении Отцов Созвездия и еще не полностью переданных Древними Дней Ланафоргу, преемнику Люцифера.

Нынешний глава Сатании – это милосердный и блестящий правитель, властелин, испытанный восстанием. Исполняя службу в качестве помощника Властелина Системы, Ланафорг проявил верность Михаилу в одном из более ранних мятежей во вселенной Небадон. Этот могущественный и блистательный Владыка Сатании является испытанным и проверенным управляющим. Во время второго в Небадоне восстания в масштабах системы, когда Властелин Системы оступился и оказался во власти тьмы, Ланафорг, первый помощник заблудшего главы, захватил бразды правления и сумел так повести дела системы, что сравнительно немного личностей было потеряно как в столичных мирах, так и на обитаемых планетах этой несчастной системы. Ланафорг прославился как единственный первичный Сын-Ланонандек во всём Небадоне, сохранивший верность Михаилу в условиях падения своего брата, обладавшего более высокой властью и положением. Возможно, что Ланафорг останется на Иерусеме до тех пор, пока в Сатании не будут преодолены все последствия прежнего безумия и не будут устранены все результаты восстания.

Хотя в вéдение Ланафорга возвращены еще не все дела изолированных миров Сатании, он проявляет огромный интерес к их благополучию и часто посещает Урантию. Как и в остальных, нормальных системах, Властелин возглавляет совет системы, состоящий из правителей миров – Планетарных Князей и местных губернаторов изолированных миров. Время от времени этот планетарный совет собирается в столичном мире системы – «когда собираются Сыны Божьи».

Раз в неделю – на Иерусеме каждые десять дней – Властелин встречается с какой-нибудь одной группой существ из числа различных категорий личностей, проживающих в столичном мире. Это восхитительно непринужденные, незабываемые часы. На Иерусеме царит дух высочайшего товарищества между всеми различными категориями существ, а также между каждой из этих групп и Властелином Системы.

Эти уникальные сборы происходят на стеклянном море – огромном поле для общих собраний столицы системы – и представляют собой чисто дружеские и духовные собрания; здесь никогда не обсуждаются ни вопросы планетарной администрации, ни даже план восхождения. Восходящие смертные собираются здесь только для того, чтобы хорошо провести время и познакомиться с другими обитателями Иерусема. Те группы, которые не приглашаются Властелином на эти еженедельные часы отдыха, встречаются в своих собственных центрах.

3. ПРАВИТЕЛЬСТВО СИСТЕМЫ

Главному управляющему локальной системы, Властелину Системы, всегда помогают два или три Сына-Ланонандека, действующие в качестве первого и второго помощников. Однако в настоящее время система Сатания управляется группой из семи Ланонандеков:

1. *Властелин Системы* – Ланафорг, 2709-й член первичной категории, преемник изменника Люцифера.

2. *Первый помощник Властелина* – Мансуротия, 17 841-й член третичной категории Ланонандеков, направленный в Сатанию вместе с Ланафоргом.

3. *Второй помощник Властелина* – Садиб, 271 402-й член третичной категории. Садиб также прибыл в Сатанию вместе с Ланафоргом.

4. *Опекун системы* – Холдант, 19-й член третичного корпуса, хранитель и управляющий всех изолированных духов выше категории смертного бытия. Холдант также прибыл в Сатанию вместе с Ланафоргом.

5. *Регистратор системы* – Вилтон, секретарь служения Ланонандеков в Сатании, 374-й член третьей категории. Вилтон был одним из членов изначальной группы Ланафорга.

6. *Управляющий по вопросам посвящения* – Фортант, 319 847-й член резервного корпуса вторичной категории Ланонандеков и временный управляющий всей вселенской деятельностью, перенесенной на Иерусем со времени посвящения Михаила на Урантии. Фортант состоит в штате Ланафорга в течение девятнадцати столетий урантийского времени.

7. *Высокий советник* – Ханавард, 67-й Сын-Ланонандек первичной категории и член высшего корпуса вселенских советников и координаторов. Ханавард, выполняющий функции председателя исполнительного совета Сатании, является двенадцатым членом этой категории Сынов, служащих на Иерусеме со времени восстания Люцифера.

Эта административная группа из семи Ланонандеков образует расширенное чрезвычайное правление, необходимость которого объясняется трудным положением, сложившимся в результате восстания Люцифера. На Иерусеме существуют только малые суды, так как система представляет собой структурную единицу управления, а не судопроизводства, однако администрации Ланонандеков помогает исполнительный совет Иерусема – верховный совещательный орган Сатании. Этот совет состоит из двенадцати членов:

1. Ханавард, председатель, Сын-Ланонандек.

2. Ланафорг, Властелин Системы.

3. Мансуротия, первый помощник Властелина.

4. Глава Мелхиседеков Сатании.

5. Исполняющий обязанности главы Носителей Жизни Сатании.

6. Глава завершителей Сатании.

7. Изначальный Адам Сатании, глава Материальных Сынов.

8. Управляющий серафическим воинством Сатании.

9. Глава физических регуляторов Сатании.

10. Руководитель Управляющих Моронтийной Энергией системы.

11. Исполняющий обязанности управляющего промежуточными созданиями системы.

12. Исполняющий обязанности главы корпуса восходящих смертных.

Совет периодически избирает трех членов, представляющих локальную систему в верховном совете в столице вселенной, но из-за восстания эта практика приостановлена. В настоящее время у Сатании есть наблюдатель в столице локальной вселенной, однако со времени посвящения Михаила система возобновила практику выдвижения десяти членов в законодательный орган Эдемии.

4. СОВЕТ ДВАДЦАТИ ЧЕТЫРЕХ

На Иерусеме, в центре семи обительских колец ангелов, находится резиденция консультативного совета Урантии – двадцати четырех советников. Иоанн, автор «Откровения», назвал их двадцатью четырьмя старцами: «И вокруг престола были двадцать четыре кресла, и я видел, как в креслах восседали двадцать четыре старца, облаченные в белые одежды». Престол в центре этой группы – это судейское кресло возглавляющего совет архангела, престол милосердных и справедливых воскресительных оглашений всей Сатании. Это судейское кресло всегда находилось на Иерусеме, однако двадцать четыре окружающих его кресла появились всего девятнадцать веков тому назад, вскоре после того как Христос Михаил был возвышен до абсолютного полновластия в Небадоне. Эти двадцать четыре советника – личные доверенные лица Сына-Владыки на Иерусеме, уполномоченные представлять его по всем вопросам, относящимся к оглашениям Сатании и многим иным аспектам программы восхождения смертных в изолированных мирах системы. Они выполняют функции особых представителей при исполнении специальных заданий Гавриила и необычных поручений Михаила.

Двадцать четыре советника были набраны из восьми урантийских рас, причем последние члены этой группы появились во времена воскресительного оглашения Михаила девятнадцать столетий тому назад. Этот консультативный совет Урантии состоит из следующих членов:

1. *Онагар*, выдающийся ум эпохи, предшествовавшей появлению Планетарного Князя, являвшийся вождем своих собратьев в поклонении «Дающему Дыхание».

2. *Мансант*, великий учитель в эпоху после появления на Урантии Планетарного Князя; он привел своих собратьев к поклонению «Великому Свету».

3. *Онамоналонтон*, далекий вождь красных людей, приведший свою расу, поклонявшуюся многим богам, к поклонению «Великому Духу».

4. *Орландоф*, князь синих людей, под водительством которого эта раса признала божественность «Верховного Повелителя».

5. *Поршунта*, оракул исчезнувшей оранжевой расы, вождь своего народа в поклонении «Великому Учителю».

6. *Сингланстон*, первый из желтых людей, ставший учителем и вождем своего народа в поклонении «Единой Истине» вместо многих. Тысячи лет тому назад желтые люди знали единого Бога.

7. *Фантад*, освободитель зеленых людей от власти тьмы, их вождь в поклонении «Единому Источнику Жизни».

8. *Орвонон*, просветитель индиговых рас и их вождь в давнем служении «Богу Богов».

9. *Адам*, дискредитированный, но восстановленный в правах планетарный отец Урантии, Материальный Божий Сын, низведенный до подобия смертной плоти, однако сохранивший жизнь и впоследствии возвышенный до настоящего положения по велению Михаила.

10. *Ева*, мать фиолетовой расы Урантии, вместе со своим супругом перенесшая наказание из-за своего проступка, восстановленная, как и он, в правах и назначенная на службу в составе данной группы продолживших жизнь смертных.

11. *Енох*, первый из смертных Урантии, слившийся с Настройщиком Мышления в течение смертной жизни во плоти.

12. *Моисей*, освободитель одной из уцелевших групп, принадлежавшей к исчезнувшей фиолетовой расе, возродивший поклонение Всеобщему Отцу под именем «Бога Израиля».

13. *Илия*, преобразованная душа, достигшая блистательных духовных успехов в эпоху после Материального Сына.

14. *Макивента Мелхиседек*, единственный Сын своей категории, посвятивший себя урантийским расам. Хотя он по-прежнему числится Мелхиседеком, Макивента стал «навечно священником Всевышних», навсегда приняв на себя служение в качестве восходящего смертного, прожив на Урантии жизнь во плоти в Салиме во времена Авраама. Недавно Мелхиседек был провозглашен наместником Планетарного Князя Урантии с резиденцией на Иерусеме и полномочиями действовать от имени Михаила, являющегося действительным Планетарным Князем мира, в котором он пережил свое завершающее посвящение в облике человека. Несмотря на это, Урантия до сих пор находится под наблюдением сменяющихся местных губернаторов из числа двадцати четырех советников.

15. *Иоанн Креститель*, предтеча миссии Михаила на Урантии и, во плоти, дальний родственник Сына Человеческого.

16. *1-2-3 Первый*, вождь преданных промежуточных созданий, находившихся на службе у Гавриила во времена предательства Калигастии, возвышенный до этого положения Михаилом вскоре после обретения неограниченного полновластия.

По просьбе Гавриила эти избранные личности временно освобождены от режима восхождения, и мы ничего не знаем о том, как долго они будут служить в этом качестве.

Места 17, 18, 19 и 20 постоянно не занимаются. Они заполняются временно по единодушному согласию шестнадцати постоянных членов, оставаясь свободными для грядущих назначений восходящих смертных из нынешней эпохи, которая началась на Урантии после явления посвященческого Сына.

Также временно заняты места 21, 22, 23 и 24, зарезервированные для великих учителей иных и более поздних эпох, которые несомненно последуют за нынешней эпохой. На Урантии следует ожидать наступления эры Сынов-Арбитров и Сынов-Учителей, а также эпох света и жизни, независимо от неожиданных посещений божественных Сынов, которые могут либо состояться, либо нет.

5. МАТЕРИАЛЬНЫЕ СЫНЫ

Крупные подразделения небесной жизни – различные категории божественных Сынов, высших духов, сверхангелов, ангелов и промежуточных созданий – располагают на Иерусеме собственными резиденциями и необъятными заповедными территориями. Центральной обителью этого чудесного сектора является главный храм Материальных Сынов.

Владения Адамов – это центральная достопримечательность для всех вновь прибывших на Иерусем существ. Они представляют собой огромную область, состоящую из тысячи центров, хотя каждая семья Материальных Сынов и Дочерей живет в своем собственном имении вплоть до того времени, когда его обитатели либо отправляются для служения в эволюционных мирах пространства, либо вступают на путь восхождения к Раю.

Эти Материальные Сыны являются высшим типом половых существ, встречающихся в подготовительных сферах эволюционирующих вселенных. И они действительно материальны; даже планетарные Адамы и Евы ясно видны смертным расам обитаемых миров. Данные Материальные Сыны – последнее, физическое звено в цепи личностей, простирающейся сверху, от божественности и совершенства, вниз, к людям и материальному существованию. В лице таких Сынов обитаемый мир обеспечивается посредниками, стоящими между Планетарным Князем и материальными созданиями сфер и связанными и с той, и с другой стороной.

При последней салвингтонской переписи, проводящейся каждое тысячелетие, в столицах локальных систем Небадона было зарегистрировано 161 432 840 Материальных Сынов и Дочерей, имеющих статус граждан. Численность Материальных Сынов различается в разных системах и постоянно возрастает за счет естественного воспроизводства. При использовании своих функций воспроизводства они руководствуются не только личными желаниями вступающих в связь личностей, но и указаниями высших управляющих органов и консультативных советов.

Эти Материальные Сыны и Дочери – постоянные обитатели Иерусема и связанных с ним миров. Они занимают обширные имения на Иерусеме и принимают активное участие в местном управлении столичной сферы, решая практически все текущие проблемы с помощью промежуточных созданий и восходящих существ.

На Иерусеме этим воспроизводящимся Сынам позволено экспериментировать с моделями самоуправления по методу Мелхиседеков, и они достигают общества очень высокого уровня развития. Высшие категории сыновства оставляют за собой право вето на данной сфере, однако почти во всех отношениях адамиты Иерусема управляют собой сами, опираясь на всеобщее избирательное право и представительные органы управления. Когда-нибудь они надеются получить полную автономию.

Характер служения Материальных Сынов в большой степени зависит от их возраста. Являясь материальными созданиями и, как правило, ограниченные пребыванием на определенных планетах, они не принимаются в Салвингтонский Университет Мелхиседеков; тем не менее, в столице каждой системы в распоряжении Мелхиседеков есть хорошие преподавательские силы для обучения новых поколений Материальных Сынов. Образовательные и духовные подготовительные системы, предназначенные для развития молодых Материальных Сынов и Дочерей, являются верхом совершенства по своему охвату, методу и целесообразности.

6. АДАМИЧЕСКАЯ ПОДГОТОВКА ВОСХОДЯЩИХ СОЗДАНИЙ

Окруженные своими детьми, Материальные Сыны и Дочери представляют собой увлекательное зрелище, вызывая неизменное любопытство и привлекая к себе внимание всех восходящих смертных. Они настолько похожи на ваши собственные материальные половые расы, что обе стороны находят много общего, над чем можно поразмыслить и чем можно заняться в периоды братского общения.

Сохранившие жизнь смертные проводят много свободного времени в столице системы, наблюдая и изучая обычаи и поведение этих высокоразвитых полуматериальных половых созданий, ибо данные граждане Иерусема являются непосредственными опекунами и наставниками сохранившихся смертных со времени обретения ими гражданства в столичном мире и вплоть до того дня, когда они отправляются на Эдемию.

В семи обительских мирах восходящие смертные получают широкие возможности для восполнения любых эмпирических пробелов, образовавшихся в мирах их происхождения по причинам наследственности, окружения или преждевременного прекращения жизни во плоти из-за какого-то несчастья. Всё это действительно так, за исключением сексуальной жизни смертных и сопутствующих ей обстоятельств. Тысячи смертных достигают обительских миров, не получив особой пользы от уроков, извлеченных из вполне заурядных межполовых отношений в своих исконных сферах. Опыт обительских миров мало чем может помочь в возмещении таких, весьма личных, лишений. В физическом смысле, сексуальный опыт для таких восходящих созданий является делом прошлого, однако в тесной связи с Материальными Сынами и Дочерьми – как индивидуально, так и в качестве членов их семей – эти лишенные нормальной сексуальной жизни смертные получают возможность компенсировать свою социальную, интеллектуальную, эмоциональную и духовную неполноценность. Так все люди, которых обстоятельства или неблагоразумность лишили преимуществ благоприятной половой связи в эволюционных мирах, получают здесь, в столицах систем, исчерпывающие возможности для обретения этого важного смертного опыта благодаря близким и преданным отношениям с небесными половыми адамическими созданиями, постоянными жителями столиц систем.

Ни один сохранивший жизнь смертный, промежуточное создание или серафим не могут взойти к Раю, достичь Отца и быть принятыми в Корпус Завершения, не получив возвышенного опыта родительских отношений с развивающимся ребенком одного из миров, или иного опыта, аналогичного и эквивалентного ему. Отношения родителя и ребенка неотъемлемы от основного представления о Всеобщем Отце и его вселенских детях. Поэтому такой опыт становится обязательным для эмпирической подготовки восходящих созданий.

Восходящие промежуточные создания и эволюционные серафимы должны пройти через этот родительский опыт в общении с Материальными Сынами и Дочерьми столицы системы. Так эти неразмножающиеся восходящие существа обретают присущий родителям опыт, помогая Адамам и Евам Иерусема в воспитании и подготовке их потомства.

Аналогичным образом, все сохранившие жизнь смертные, не имевшие родительского опыта в эволюционных мирах, должны приобрести эту необходимую подготовку во время пребывания в домах иерусемских Материальных Сынов, а также действуя в качестве помощников этих благородных отцов и матерей. Исключение может быть сделано только для тех смертных, которым удается компенсировать свои недостатки в этой области в приюте системы, расположенном в первом мире переходной культуры Иерусема.

Этот испытательный приют Сатании обслуживается определенными морон-тийными личностями в мире завершителей, причем половина планеты отведена для воспитания детей. Здесь принимаются и воссоздаются некоторые дети сохранивших жизнь смертных – например, такие, которые погибли в эволюционных мирах, не успев обрести духовный статус индивидуума. Восхождение любого из природных родителей этих детей является гарантией того, что такое смертное дитя сфер вновь обретет свою личность на системной планете завершителей, где на основании последующего свободного выбора сможет продемонстрировать, встанет ли оно на путь восхождения смертных, избранный родителями. Здесь дети предстают такими, какими они были в мире своего происхождения, за исключением того, что у них отсутствуют половые признаки. После жизни, прожитой в обитаемых мирах, размножение по типу смертных прекращается.

Те, кто обучается в обительских мирах, но лишены существенно важного родительского опыта, так как их дети находятся в испытательном приюте мира завершителей, могут получить от Мелхиседеков разрешение временно оставить свои связанные с восхождением обязанности в обительских мирах и отправиться в мир завершителей, где им предоставляется возможность действовать в качестве ассоциированных родителей своих и чужих детей. Это служение в форме родительской опеки может быть впоследствии засчитано на Иерусеме за выполнение половины программы подготовки, которую восходящие создания должны пройти в семьях Материальных Сынов и Дочерей.

Сам испытательный приют находится под наблюдением тысячи пар Материальных Сынов и Дочерей – добровольцев из иерусемской колонии этой категории. Им помогают примерно столько же добровольцев из числа мидсонитных родительских групп, задерживающихся здесь для оказания данных услуг на своем пути из мидсонитного мира Сатании к нераскрытому предназначению в особых заповедных мирах, находящихся среди салвингтонских сфер завершителей.

7. ШКОЛЫ МЕЛХИСЕДЕКОВ

Мелхиседеки являются руководителями того большого корпуса воспитателей – частично одухотворенных волевых созданий и иных существ, – которые столь успешно действуют на Иерусеме и в связанных с ним мирах, особенно в семи обительских мирах. Эти миры представляют собой планеты временного задержания, где те смертные, которые не смогли добиться слияния со своими внутренними Настройщиками в течение жизни во плоти, восстанавливаются в переходной форме, чтобы получить дальнейшую помощь и воспользоваться возможностью продолжить свои устремления к духовным достижениям, – те самые усилия, которые были прерваны преждевременной смертью. Или же, если в силу любой другой причины – из-за врожденного дефекта, неблагоприятного окружения или стечения обстоятельств – эта эволюция души остается незавершенной, то, независимо от причины, все создания, обладающие искренними намерениями и подобающим духом, оказываются, как таковые, на планетах продолжения жизни. Здесь им предстоит овладеть основами вечного пути, приобрести черты, которые остались неприобретенными в течение жизни во плоти.

Яркие Вечерние Звезды (и равные им неназванные существа) часто служат в качестве учителей в различных образовательных программах вселенной, включая те, которые были учреждены Мелхиседеками. Кроме того, с ними сотрудничают Троичные Сыны-Учителя, привносящие в школы постепенной подготовки крупицы Райского совершенства. Однако эта деятельность направлена не только на развитие восходящих смертных; многие ее виды равным образом посвящены постепенной подготовке духовных личностей, являющихся уроженцами Небадона.

Сыны-Мелхиседеки руководят более чем тридцатью различными образовательными центрами Иерусема. Эти образовательные школы начинаются с колледжа самооценки и заканчиваются школами иерусемского гражданства, в которых Материальные Сыны и Дочери вместе с Мелхиседеками и другими существами прилагают максимальные усилия, подготавливая сохранившихся смертных к той высокой ответственности, которую накладывает представительное управление. Вся вселенная организована и управляется на *представительной* основе. Среди несовершенных существ представительная форма правления является божественным идеалом самоуправления.

Раз в столетие по вселенскому времяисчислению каждая система выбирает по десять представителей для участия в работе законодателей созвездия. Они избираются иерусемским советом тысячи – избирательным органом, на который возложена обязанность представлять системные группы по всем вопросам в рамках делегированных или предписанных им прав. Все представители или другие делегаты избираются советом из тысячи выборщиков и должны быть выпускниками высшей из школ Мелхиседекского Колледжа Управления, равно как и сам корпус из тысячи выборщиков. Эта школа находится на попечении Мелхиседеков, которым с недавнего времени помогают завершители.

На Иерусеме есть много выборных органов, периодически утверждаемых голосованием трех категорий граждан – Материальных Сынов и Дочерей, серафимов и их партнеров, включая промежуточные создания, а также восходящих смертных. Для выдвижения на почетную должность представителя кандидат должен добиться соответствующего одобрения от управленческих школ Мелхиседеков.

Три эти группы граждан Иерусема пользуются всеобщим избирательным правом, однако поданные ими голоса оцениваются в зависимости от признанного и должным образом зарегистрированного личного овладения мотой – моронтийной мудростью. Голос, поданный на иерусемских выборах любой личностью, обладает достоинством от единицы до тысячи. Таким образом, иерусемские граждане классифицируются в зависимости от степени владения мотой.

Время от времени граждане Иерусема предстают перед Мелхиседеками – экзаменаторами, которые оценивают степень их овладения моронтийной мудростью. Вслед за этим экзаменационный корпус Ярких Вечерних Звезд или уполномоченных личностей устанавливает степень их духовной проницательности. Затем члены совета двадцати четырех и их партнеры определяют статус эмпирически достигнутой социализации. Эти три фактора передаются регистраторам гражданства при представительном правительстве, которые быстро вычисляют состояние моты и присваивают соответствующий избирательный ценз.

Под наблюдением Мелхиседеков Материальные Сыны берут под свою опеку восходящих смертных, в особенности таких, у которых объединение личности на новых моронтийных уровнях затягивается, и проводят с ними интенсивную подготовку, направленную на устранение подобных недостатков. Ни один восходящий смертный не покидает столицу системы и не встает на путь более разнообразной и широкой социализации в созвездии, пока эти Материальные Сыны не подтверждают достижение статуса усвоившей моту личности – индивидуальности, эмпирически совмещающей завершенное смертное существование с пробуждающейся моронтийной жизнью, которые должным образом сливаются под духовным сверхуправлением Настройщика Мышления.

[Представлено Мелхиседеком, временно направленным на Урантию.]

ДОКУМЕНТ 46

СТОЛИЦА ЛОКАЛЬНОЙ СИСТЕМЫ

Иерусем, центральный мир Сатании, – типичная столица локальной системы и, если не считать многочисленных отклонений, вызванных восстанием Люцифера и посвящением Михаила на Урантии, служит характерным примером таких сфер. На долю вашей локальной системы выпали нелегкие испытания, однако в настоящее время она управляется в высшей степени эффективно, и с течением времени последствия дисгармонии медленно, но верно устраняются. Восстанавливается порядок и добрая воля, и условия на Иерусеме всё более приближаются к небесному состоянию, которое описывается в ваших преданиях, ибо столица системы воистину является теми небесами, которые существуют в воображении большинства религиозных людей двадцатого века.

1. ФИЗИЧЕСКИЕ АСПЕКТЫ ИЕРУСЕМА

Иерусем разделен на тысячу секторов по широте и десять тысяч зон по долготе. На сфере есть семь больших столиц и семьдесят малых административных центров. Семь региональных столиц осуществляют различную деятельность, и минимум раз в год каждую из них посещает Властелин Системы.

Стандартная иерусемская миля равна примерно семи урантийским милям. Стандартная единица веса, «градант», равная почти в точности десяти вашим унциям, является частью десятичной системы, построенной на основе сформировавшегося ультиматона. Один день Сатании равен трем дням урантийского времени минус один час, четыре минуты и пятнадцать секунд, что соответствует времени обращения Иерусема вокруг своей оси. Системный год состоит из ста иерусемских дней. Сигналы точного времени системы передаются главными хронолдеками.

Управление энергией Иерусема отличается совершенством. Энергия циркулирует вокруг сферы в зонных каналах, которые питаются непосредственно от энергетических зарядов пространства и мастерски управляются Главными Физическими Регуляторами. В результате естественного сопротивления, возникающего при прохождении этих энергий по физическим проводящим каналам, образуется теплота, необходимая для создания равномерной температуры Иерусема. При полном освещении температура поддерживается на уровне 70 градусов по Фаренгейту, а в период меньшей освещенности она опускается чуть ниже 50 градусов.

Система освещения Иерусема не должна быть слишком сложной для вашего понимания. Здесь нет дней и ночей, нет жарких и холодных времен года. В распоряжении преобразователей энергии находится сто тысяч центров, из которых разреженные энергии направляются вверх, через планетарную атмосферу, претерпевая определенные изменения, пока не достигают электрического воздушного потолка сферы. Затем эти энергии отражаются вниз в виде мягкого, рассеянного и равномерного света, по интенсивности равного солнечному свету, когда солнце светит над головой в десять часов утра.

При таких условиях освещения создается впечатление, что единого источника освещения нет; лучи света просто рассеиваются с неба, излучаясь в равной мере со всех сторон. Этот свет очень похож на естественный солнечный свет, за исключением того, что он содержит намного меньше тепла. Поэтому должно быть понятно, что столичные миры не светятся в пространстве. Даже если бы Иерусем находился вблизи Урантии, он оставался бы невидимым.

Газы, отражающие эту световую энергию от верхней ионосферы Иерусема на его поверхность, очень похожи на те, которые входят в состав верхних слоев атмосферы Урантии и связаны с вашими полярными явлениями, так называемым северным сиянием, хотя имеют иное происхождение. На Урантии тот же газовый экран предотвращает утечку земных радиоволн, отражая их в направлении земли, когда те, устремляясь вовне, ударяются о газовый слой. Так радиоволны удерживаются у поверхности земли в своих кругосветных путешествиях сквозь вашу атмосферу.

Это освещение поддерживается на постоянном уровне в течение трех четвертей продолжительности иерусемского дня, после чего свет постепенно гаснет до тех пор, пока, во время минимального освещения, его сила не становится равной свету полной луны в ясную ночь. Весь Иерусем погружается в покой. Только станции, принимающие трансляции, продолжают свою работу в течение этого периода отдыха и восстановления сил.

До Иерусема доходит слабый свет нескольких соседних солнц – нечто вроде яркого света звезд, – но он не зависит от них. Миры, подобные Иерусему, не подвержены превратностям солнечных возмущений, как не сталкиваются они и с проблемами остывающего или умирающего солнца.

Семь переходных образовательных миров со своими сорока девятью спутниками обогреваются, освещаются, снабжаются энергией и водой по иерусемскому методу.

2. ФИЗИЧЕСКИЕ ЧЕРТЫ ИЕРУСЕМА

На Иерусеме вы не увидите изрезанных горных цепей, характерных для Урантии и других сформировавшихся миров, ибо здесь не бывает ни землетрясений, ни дождей, но вы будете наслаждаться прекрасными возвышенностями, неповторимым разнообразием топографии и ландшафта. Обширные пространства Иерусема сохраняются в «заповедном состоянии», и великолепие этих регионов совершенно недоступно человеческому воображению.

Здесь есть тысячи небольших озер, но нет ни стремительных рек, ни обширных океанов. Ни в одном архитектурном мире не бывает дождей, штормов или ураганов, но в период угасания света, когда температура опускается до самой низкой отметки, происходит конденсация влаги. (В трехгазовых мирах точка росы выше, чем на двухгазовых планетах типа Урантии.) Как физическая растительная жизнь, так и моронтийный мир живых существ нуждаются во влаге, которая, однако, обеспечивается в основном посредством подземной системы циркуляции, охватывающей всю сферу вплоть до горных вершин. Эта водная система является не только подземной, ибо искрящиеся озера Иерусема соединяются многочисленными каналами.

Атмосфера Иерусема представляет собой смесь трех газов. Этот воздух очень похож на урантийский, но с добавлением газа, приспособленного для дыхания моронтийной категории жизни. Этот третий газ нисколько не мешает дыханию животных или растений материальных категорий.

Транспортная система использует потоки циркулирующей энергии; эти главные энергетические течения проходят через каждые десять миль. С помощью регулировки физических механизмов, материальные существа планеты способны перемещаться со скоростью от двухсот до пятисот миль в час. Транспортные птицы летают со скоростью около ста миль в час. Воздушные механизмы Материальных Сынов развивают скорость до пятисот миль в час. Материальные и ранние моронтийные существа должны пользоваться этими механическими транспортными средствами, однако духовные личности перемещаются посредством связи с высшими силами и духовными источниками энергии.

На Иерусеме и связанных с ним мирах представлены десять стандартных типов физической жизни, характерной для архитектурных сфер Небадона. А так как на Иерусеме нет органической эволюции, то нет здесь и столкновения разных форм жизни, нет борьбы за существование, нет выживания наиболее приспособленных. Наоборот: наблюдаемая здесь творческая адаптация предвосхищает красоту, гармонию и совершенство вечных миров центральной божественной вселенной. И во всём этом творческом совершенстве наблюдается самое поразительное смешение физических и моронтийных форм жизни, искусно сопоставляемых небесными мастеровыми и их товарищами.

Иерусем действительно позволяет предвосхитить райское блаженство и великолепие. Но никакое описание не даст вам адекватного представления об этих восхитительных архитектурных мирах. Здесь нет почти ничего, что имело хотя бы какой-то аналог в вашем мире. Но и тогда, когда сопоставление возможно, иерусемские реалии настолько превосходят реалии Урантии, что сравнение становится почти гротескным. Пока вы действительно не окажетесь на Иерусеме, вы вряд ли сможете получить истинное представление об этих божественных мирах, но не в столь уж далеком будущем ваш грядущий опыт в столице системы будет сравниваться с будущим прибытием в еще более удаленные подготовительные сферы вселенной, сверхвселенной и Хавоны.

Производственный, или лабораторный, сектор Иерусема представляет собой обширную область, которую урантийцы едва ли узнали бы из-за отсутствия дымящих труб. Тем не менее, для этих специальных миров характерна сложная материальная система, отличающаяся совершенством механических методов и физических достижений, которые могли бы потрясти и даже привести в трепет наиболее опытных из ваших химиков и изобретателей. Задумайтесь над тем, что этот первый мир, в котором останавливаются устремленные к Раю существа, является значительно более материальным, чем духовным. На протяжении всего вашего пребывания на Иерусеме и его переходных мирах вы намного ближе к вашей материальной земной жизни, чем к дальнейшему существованию прогрессирующего духа.

Гора Серафим, достигающая в высоту почти пятнадцати тысяч футов, является самой высокой точкой Иерусема и местом отправки всех транспортных серафимов. Многочисленные механические достижения используются для обеспечения начальной энергии, необходимой для преодоления планетарной гравитации и сопротивления воздуха. Старты серафического транспорта происходят каждые три секунды урантийского времени в светлое время суток, продолжаясь иногда до глубокой «ночи». Транспортные серафимы стартуют со скоростью около двадцати пяти стандартных миль в секунду урантийского времени и развивают расчётную скорость только на расстоянии более двух тысяч миль от Иерусема.

Транспорт прибывает на кристаллическое поле – так называемое стеклянное море. Вокруг этой области расположены приемные станции для различных категорий существ, пересекающих пространство с помощью серафического транспорта. Рядом с приемной станцией для приезжих исследователей, расположенной у полярного кристалла, вы можете подняться в жемчужную обсерваторию и увидеть исполинскую рельефную карту всей центральной планеты.

3. ТРАНСЛЯЦИОННАЯ СЛУЖБА ИЕРУСЕМА

Пространственные сообщения сверхвселенной и системы Рай-Хавона принимаются на Иерусеме через Салвингтон с использованием полярного кристалла – стеклянного моря. Кроме средств для приема поступающих из-за пределов Небадона сообщений, существуют три различные группы принимающих станций. Эти отдельные трехкольцевые группы станций настроены на прием сообщений из локальных миров, центрального мира созвездия и столицы локальной вселенной. Все эти сообщения автоматически воспроизводятся в режиме, доступном всем типам существ, присутствующих в центральном трансляционном амфитеатре. Из всех занятий восходящего смертного на Иерусеме ни одно не является более увлекательным и захватывающим, чем прослушивание нескончаемого потока сообщений, поступающих из пространства вселенной.

Эта принимающая трансляции станция Иерусема окружена огромным амфитеатром, построенным из искрящихся материалов, большей частью неизвестных на Урантии. Амфитеатр вмещает более пяти миллиардов существ, материальных и морóнтийных, а также бессчетное число духовных личностей. Любимое развлечение всего Иерусема – провести свободное время на трансляционной станции, где можно узнать о благополучии и состоянии вселенной. Это единственная планетарная деятельность, которая не приостанавливается в период меньшей освещенности.

Салвингтонские сообщения непрерывно поступают в этот амфитеатр. По соседству, минимум раз в день, принимаются послания Всевышних Отцов Созвездия с Эдемии. Регулярные и специальные сообщения Уверсы периодически ретранслируются с Салвингтона, а когда принимаются послания из Рая, все обитатели Иерусема собираются вокруг стеклянного моря, причем для трансляции пространственных сообщений Рая уверсские собратья используют также явление отражения, в результате чего всё слышимое становится видимым. Так сохранившиеся смертные, продолжающие свое дерзновенное и вечное путешествие к центру, получают возможность периодически предвкушать грядущую красоту и великолепие.

Передающая станция Иерусема расположена на противоположном полюсе сферы. Все пространственные сообщения в индивидуальные миры передаются из столиц систем, за исключением посланий Михаила, которые иногда поступают непосредственно в места назначения по контуру архангелов.

4. ЖИЛЫЕ И АДМИНИСТРАТИВНЫЕ РАЙОНЫ

Значительные области Иерусема отведены в качестве жилых районов, а другие области системной столицы выделены для выполнения необходимых административных функций, включая наблюдение за состоянием дел в 619 обитаемых сферах, 56 мирах переходной культуры и самой столице системы. На Иерусеме и в Небадоне эти конфигурации организованы следующим образом:

1. *Кольца* – жилые районы для приезжих.

2. *Квадраты* – исполнительно-административные районы системы.

3. *Прямоугольники* – места встреч низших местных категорий.

4. *Треугольники* – локальные, или иерусемские, административные районы.

Такая организация системной деятельности по кольцам, квадратам, прямоугольникам и треугольникам является общей для всех системных столиц Небадона. В других вселенных могут преобладать совершенно иные решения. Эти вопросы определяются разнообразными планами Сынов-Создателей.

Наш рассказ о жилых и административных областях не затрагивает обширных, прекрасных владений Материальных Божьих Сынов – постоянных граждан Иерусема; не упоминаем мы и о многочисленных других восхитительных категориях духовных и около-духовных созданий. Например, Иерусем пользуется эффективной помощью спиронгов, предназначенных для функционирования на уровне системы. Эти существа посвящены духовной опеке сверхматериальных обитателей и посетителей. Эта удивительная группа разумных и прекрасных существ представляет собой переходных служителей высших моронтийных созданий и моронтийных помощников, трудящихся для сохранения и украшения всех моронтийных творений. Они играют на Иерусеме такую же роль, какую на Урантии выполняют промежуточные создания, – роль посредников, действующих между материальным и духовным уровнями.

Столицы систем уникальны в том смысле, что они являются единственными мирами, где практически в совершенстве представлены все три фазы вселенского существования: материальная, моронтийная и духовная. Какой бы личностью – материальной, моронтийной или духовной – вы ни являлись, на Иерусеме вы будете чувствовать себя, как дома; это справедливо и для комбинированных существ, таких как промежуточные создания и Материальные Сыны.

На Иерусеме есть великолепные строения как материального, так и моронтийного типа, причем украшения чисто духовных зон отличаются не меньшим изобилием и богатством. О, если бы я только мог подыскать слова для описания моронтийных аналогов восхитительных материальных атрибутов Иерусема! Если бы я только мог продолжить описание возвышенного великолепия и изысканного духовного совершенства этого столичного мира! Но даже в самом богатом воображении вам не представить ничего, что хотя бы отдаленно напоминало это великолепие и изысканную обстановку. А Иерусем – это лишь первый шаг на пути к небесному совершенству красоты Рая.

5. ИЕРУСЕМСКИЕ КОЛЬЦА

Жилые районы, отведенные для основных групп вселенской жизни, называются иерусемскими кольцами. В данных повествованиях упоминаются семь групп колец:

1. Кольца Божьих Сынов.

2. Кольца ангелов и высших духов.

3. Кольца Вселенских Помощников, включая сынов, тринитизованных созданиями, которые не приписаны к Троичным Сынам-Учителям.

4. Кольца Главных Физических Регуляторов.

5. Кольца получивших назначения восходящих смертных, включая промежуточных созданий.

6. Кольца местных колоний.

7. Кольца Корпуса Завершения.

Каждый из этих жилых ансамблей состоит из семи последовательно возвышающихся концентрических колец. Все они созданы по одному и тому же образу, но отличаются своими размерами и отделаны различными материалами. Все они окружены широкими ограждениями, которые, возвышаясь, образуют обширные променады, замыкающие каждую группу из семи концентрических колец.

1. *Кольца Божьих Сынов*. Хотя у Божьих Сынов есть своя планета – один из миров переходной культуры, – они также занимают эти обширные владения на Иерусеме. В своем мире переходной культуры восходящие смертные свободно общаются со всеми категориями божественного сыновства. Здесь вы лично познакомитесь с этими Сынами и полюбите их, но социальная сторона их жизни в основном ограничена специальным миром и его спутниками. Однако здесь, на иерусемских кольцах, эти разнообразные категории сыновства можно видеть за работой. А благодаря чрезвычайно широкому диапазону моронтийного зрения вы сможете прогуливаться по променадам Сынов и наблюдать за увлекательными занятиями их многочисленных категорий.

Семь принадлежащих Сынам концентрических колец различной высоты устроены таким образом, что, по мере удаления от центра и увеличения их размеров, каждое последующее кольцо возвышается над предыдущим, окруженное стеной с променадом, открытым для всех желающих. Эти стены выполнены из кристаллических мерцающих самоцветов и построены таким образом, что возвышаются над всеми соответствующими жилыми кольцами. Сквозь каждую из стен ведут многочисленные ворота – от пятидесяти до ста пятидесяти тысяч – состоящие из цельных жемчужных кристаллов.

Первое кольцо во владениях Сынов занимают Сыны-Арбитры и их персонал. В этом кольце сосредоточены все планы и непосредственная деятельность, касающаяся посвященческого и арбитражного служения этих Сынов. Кроме того, через этот центр Авоналы системы поддерживают связь со вселенной.

Второе кольцо занято Троичными Сынами-Учителями. В этой священной сфере Дайналы, вместе со своими партнерами, ведут подготовку вновь прибывших первичных Сынов-Учителей. И во всей своей работе они пользуются искусной помощью группы существ, равных Ярким Вечерним Звездам. Сыны, тринитизованные созданиями, занимают один из секторов этого кольца Дайналов. Троичные Сыны-Учителя ближе всех к положению личных представителей Всеобщего Отца в локальной системе; во всяком случае, они являются существами троичного происхождения. Второе кольцо представляет необыкновенный интерес для всех обитателей Иерусема.

Третье кольцо посвящено Мелхиседекам. Здесь обитают главы системы, наблюдающие за почти бесконечной деятельностью этих многосторонних Сынов. Начиная с первого обительского мира и далее, на протяжении всего иерусемского пути восходящих смертных, Мелхиседеки являются их опекунами и неизменными советчиками. Не будет ошибкой сказать, что если не считать вездесущей деятельности Материальных Сынов и Дочерей, Мелхиседеки оказывают преобладающее влияние на Иерусеме.

Четвертое кольцо является обителью Ворондадеков и всех остальных категорий посещающих и наблюдающих Сынов, для которых не предусмотрено иных функций. Инспектируя локальную систему, Всевышние Отцы Созвездия поселяются в этом кольце. Совершенствователи Мудрости, Божественные Советники и Всеобщие Цензоры останавливаются в этом кольце, посещая систему по долгу службы.

Пятое кольцо является обителью Ланонандеков – категории Сынов, к которой относятся Властелины Систем и Планетарные Князья. Находясь в пределах своего домашнего кольца, все три группы смешиваются в одну. В этом кольце содержатся резервы системы, а в центре группы правительственных строений, на административном холме, находится храм Властелина Системы.

Шестое кольцо является местом остановки системных Носителей Жизни. Здесь собираются все категории этих Сынов; отсюда они отправляются для выполнения своих заданий в мирах.

Седьмое кольцо служит местом встреч восходящих сынов – тех смертных, которые выполняют задания и могут временно действовать в столице системы вместе со своими серафическими напарниками. Все бывшие смертные выше статуса граждан Иерусема и ниже статуса завершителей относятся к группе, центром которой служит это кольцо.

Эти кольцевые структуры Сынов занимают гигантскую область, и еще тысячу девятьсот лет назад в ее центре было огромное открытое пространство. Ныне этот центральный регион занят мемориалом Михаила; со времени создания мемориала прошло около пятисот лет. Четыреста девяносто пять лет тому назад Михаил лично присутствовал при освящении этого храма, и весь Иерусем внимал проникновенному рассказу о посвящении Сына-Владыки на Урантии, самом скромном из миров Сатании. Сегодня мемориал Михаила является центром всей деятельности, относящейся к администрации системы, претерпевшей изменения в связи с посвящением Михаила, включая бо́льшую часть салвингтонских видов деятельности, перенесенных сюда относительно недавно. Персонал мемориала насчитывает более миллиона личностей.

2. *Кольца ангелов.* Как и жилая область Сынов, кольца ангелов представляют собой семь концентрических и поднимающихся на всё бо́льшую высоту колец, каждое из которых возвышается над внутренними областями.

Первое кольцо ангелов занимают Высшие Личности Бесконечного Духа, которые могут размещаться в столичном мире; к ним относятся Одиночные Посланники и их партнеры. Второе кольцо посвящено воинству посланников, Юридическим Советникам, спутникам, инспекторам и регистраторам, время от времени исполняющим свои функции на Иерусеме. Третье кольцо находится в распоряжении попечительских духов высших категорий и групп.

Четвертое кольцо отведено управляющим серафимам, причем серафимы, служащие в такой локальной системе, как Сатания, представляют собой «бессчетное воинство ангелов». Пятое кольцо занимают планетарные серафимы, а в шестом живут переходные попечители. В седьмом кольце проживают некоторые нераскрытые категории серафимов. Регистраторы всех этих ангельских групп не остаются вместе со своими собратьями, а размещаются в иерусемском храме информации. В этом трехчастном зале архивов вся информация хранится в трех экземплярах. В столицах систем архивы всегда существуют в материальной, морнтийной и духовной форме.

Вокруг этих семи колец расположена панорамная экспозиция Иерусема, окружность которой составляет пять тысяч стандартных миль. Она посвящена демонстрации прогрессирующего состояния обитаемых миров Сатании и постоянно обновляется, чтобы точно отражать современное состояние индивидуальных планет. Я не сомневаюсь в том, что этот огромный променад, возвышающийся над кольцами ангелов, первым привлечет ваше внимание, когда вам будут разрешены продолжительные периоды досуга во время первых посещений Иерусема.

Эти экспозиции находятся в ве́дении уроженцев Иерусема, но им помогают восходящие создания различных миров Сатании, делающие остановку на Иерусеме при путешествиях на Эдемию. Планетарные условия и прогресс того или иного мира изображаются многими способами, некоторые из которых знакомы вам; однако в основном используются методы, неизвестные на Урантии. Данные экспозиции занимают внешний край этой огромной стены. Остальная часть променада почти полностью представляет собой открытое пространство и изобилует великолепными украшениями.

3. *Кольца Вселенских Помощников* включают резиденцию Вечерних Звезд, занимающую огромное центральное пространство. Здесь находится системная резиденция Галантии – ассоциированного главы этой могущественной группы сверхангелов, первой восходящей Вечерней Звезды, облеченной соответствующими полномочиями. Это один из самых величественных административных секторов Иерусема, хотя он и относится к более поздним строениям. Этот центр имеет пятьдесят миль в диаметре. Резиденция Галантии представляет собой абсолютно прозрачный монолитный кристалл. Такими материально-моронтийными кристаллами восхищаются и моронтийные, и материальные существа. Обладая сверхличностными свойствами, созданные Вечерние Звезды оказывают влияние на весь Иерусем. С тех пор, как многие виды их деятельности были перенесены сюда с Салвингтона, весь этот мир наполнился духовностью.

4. *Кольца Главных Физических Регуляторов*. Различные категории Главных Физических Регуляторов располагаются концентрически вокруг огромного храма энергии, который возглавляется управляющим энергией системы совместно с главой Управляющих Моронтийной Энергией. Храм энергии является одним из двух секторов Иерусема, закрытых для восходящих смертных и промежуточных созданий; второй – сектор дематериализации в зоне Материальных Сынов, представляющий собой ряд лабораторий, в которых транспортные серафимы преобразуют материальных существ в состояние, соответствующее моронтийному типу существования.

5. *Кольца восходящих смертных*. Центральную область колец восходящих смертных занимает группа из 619 планетарных мемориалов, представляющих обитаемые миры системы и периодически претерпевающих существенные изменения. Смертные каждого мира обладают исключительным правом договариваться о периодических изменениях или дополнениях в этих планетарных мемориалах. Вот и сейчас в отображающих Урантию строениях производятся многочисленные изменения. Центральная часть 619 храмов занята действующей моделью Эдемии с ее многочисленными мирами восходящей культуры. Эта модель достигает сорока миль в диаметре и является действительным воспроизведением эдемической системы вплоть до мельчайших деталей.

Восходящим созданиям нравятся их иерусемские службы, и они с удовольствием наблюдают за жизнью других групп. Всё, что происходит в этих различных кольцах, открыто для беспрепятственного наблюдения всего Иерусема.

В таком мире существует три различных вида деятельности: труд, самосовершенствование и досуг. Иначе говоря, это служение, учеба и отдых. К смешанным видам деятельности относятся общение, групповые развлечения и божественное поклонение. Общение с разнообразными группами личностей, существенно отличающихся от представителей той или иной категории, имеет огромное воспитательное значение.

6. *Кольца местных колоний*. Украшением семи колец местных колоний являются три громадных строения: огромная астрономическая обсерватория Иерусема, гигантская художественная галерея Сатании и исполинский зал, где собираются управляющие реверсией, – место для моронтийных занятий, посвященных отдыху и восстановлению сил.

Небесные мастеровые управляют спорнагами и создают множество оригинальных украшений и монументальных мемориалов, которыми изобилует каждое место массовых собраний. Из несравненных строений этого чудесного мира, студии мастеровых – одни из крупнейших и самых красивых. Обширные и прекрасные резиденции имеются в распоряжении и остальных местных колоний. Многие из этих строений целиком выполнены из кристаллических самоцветов. Все архитектурные миры изобилуют кристаллами и так называемыми благородными металлами.

7. *Кольца завершителей*. Уникальное строение в центральной части этих колец представляет собой пустующий храм; такие же храмы существуют в столичных мирах каждой системы по всему Небадону. Это величественное иерусемское здание запечатано эмблемой Михаила, на которой начертаны слова: «Не освящено для седьмой ступени духа – вечного назначения». Эту печать наложил на окутанный тайной храм Гавриил. И никто, кроме Михаила, не может и не имеет права сломать печать полновластия, наложенную Светлой Утренней Звездой. Придет время, когда вы увидите этот беззвучный храм, хотя и не сможете проникнуть в его тайну.

Остальные иерусемские кольца. Кроме этих жилых колец, на Иерусеме есть многочисленные другие именные обители.

6. АДМИНИСТРАТИВНО-УПРАВЛЕНЧЕСКИЕ КВАДРАТЫ

Административно-управленческие структуры системы расположены в громадных ведомственных квадратах числом в одну тысячу. Каждая административная единица поделена на сто подотделов по десять подгрупп в каждом. Эта тысяча квадратов разбита на десять больших групп, составляющих десять административных ведомств:

1. Поддержание физического состояния и усовершенствование материальной сферы; область физического могущества и энергии.

2. Арбитраж, этика и административное судопроизводство.

3. Планетарные и локальные проблемы.

4. Проблемы созвездия и вселенной.

5. Образование и прочая деятельность Мелхиседеков.

6. Планетарный и физический прогресс, научные сферы деятельности Сатании.

7. Моронтийные проблемы.

8. Чисто духовная деятельность и этика.
9. Помощь восходящим созданиям.
10. Философия большой вселенной.

Благодаря прозрачности этих строений, даже приезжие исследователи могут наблюдать любую происходящую в системе деятельность.

7. ПРЯМОУГОЛЬНИКИ: СПОРНАГИ

Тысяча *прямоугольников* Иерусема отведена низшим представителям местной жизни столичной планеты, а в их центре находится огромная круглая резиденция спорнаг.

На Иерусеме вы будете поражены достижениями чудесных спорнаг в сельском хозяйстве. Возделывание земли преследует здесь в основном эстетические и декоративные цели. Спорнаги являются декоративными садоводами столичных миров, и в обращении со свободным пространством Иерусема они демонстрируют как оригинальность, так и художественный вкус. Для обработки земли они пользуются животными и многочисленными механическими приспособлениями. Спорнаги разумно и умело используют энергетические средства своих владений и многочисленные категории своих меньших братьев – низших животных созданий, многие из которых находятся в их распоряжении в этих специальных мирах. В настоящее время эта категория животных в основном управляется восходящими промежуточными созданиями из эволюционных сфер.

Спорнаги не наделяются Настройщиками. Они не обладают сохраняющимися душами, но проживают долгую жизнь, порой доживая до сорока или пятидесяти тысяч стандартных лет. Спорнаг великое множество, и они оказывают физическую помощь всем категориям вселенских личностей, которые нуждаются в материальных услугах.

Хотя у спорнаг нет (и не появляется) души, а также нет личности, у них формируется индивидуальность, которая может быть реинкарнирована. Когда с течением времени физические тела этих уникальных созданий ветшают от износа и возраста, их создатели, совместно с Носителями Жизни, изготовляют новые тела, в которых поселяются постаревшие спорнаги.

Спорнаги являются единственными созданиями во всей вселенной Небадон, которые претерпевают данный или какой-либо иной тип реинкарнации. Они реагируют только на пять первых вспомогательных духов разума и невосприимчивы к духам поклонения и мудрости. Однако разум, реагирующий на пять вспомогательных духов, соответствует некоторой совокупности, или шестому уровню реальности, и именно этот фактор сохраняется в качестве эмпирической идентичности.

Пытаясь описать эти полезные и необычные создания, мне абсолютно не с чем их сравнить, ибо в эволюционных мирах нет схожих с ними животных. Воплощенные Носителями Жизни в их нынешнем виде и статусе, они не относятся к эволюционным существам. Они являются двуполыми существами и размножаются, ибо должны удовлетворять потребности растущего населения.

Быть может, моя попытка передать урантийскому разуму хотя бы какое-то представление о характере этих прекрасных и полезных созданий будет наиболее удачной, если я скажу, что они объединяют черты преданной лошади и ласковой собаки, а по сообразительности превосходят высший тип шимпанзе. К тому же, если судить по физическим стандартам Урантии, они очень красивы. Они чрезвычайно признательны за то внимание, которое оказывают им пребывающие в архитектурных мирах материальные и полуматериальные существа. Они обладают зрением, позволяющим распознавать, кроме материальных существ, также моронтийные творения, ангелов низших чинов, промежуточных созданий и некоторые из низших категорий духовных личностей. Они не понимают поклонения Бесконечному, как недоступна им и сущность Вечного, однако, благодаря привязанности к своим хозяевам, они участвуют в духовных устремлениях своих миров.

Некоторые верят, что в будущую вселенскую эпоху эти преданные спорнаги покинут животный уровень существования и встанут на заслуженный эволюционный путь интеллектуального роста и даже духовных достижений.

8. ИЕРУСЕМСКИЕ ТРЕУГОЛЬНИКИ

Управление чисто локальными и повседневными проблемами Иерусема осуществляется из ста *треугольников*. Эти образования сгруппированы вокруг десяти восхитительных строений, где размещается локальная администрация Иерусема. Треугольники окружены панорамным изображением истории столичного мира системы. В настоящее время более двух стандартных миль этой кругообразной летописи стерты. Этот сектор будет восстановлен после восстановления Сатании в семье созвездия. Декретами Михаила созданы все условия для наступления этого события, но суд Древних Дней еще не закончил судебное разбирательство, связанное с восстанием Люцифера. Сатания не сможет быть полностью восстановлена в братстве Норлатиадека, пока здесь находят приют главные мятежники – высокие создания, падшие из света в объятия тьмы.

Когда Сатания сможет вернуться в лоно созвездия, будет рассмотрен вопрос о возвращении изолированных миров в семью обитаемых планет системы, вслед за чем последует восстановление духовной связи сфер. Но даже если бы Урантия была восстановлена в системных контурах, вас продолжал бы смущать тот факт, что на всю вашу систему наложен карантин Норлатиадека, частично изолирующий ее от всех остальных систем.

Однако недалек тот день, когда завершится суд над Люцифером и его соучастниками, и система Сатания будет восстановлена в созвездии Норлатиадек, вслед за чем Урантия и другие изолированные сферы будут восстановлены в контурах Сатании и смогут вновь пользоваться межпланетной связью и межсистемным общением.

Придет конец мятежникам и мятежам. Верховные Правители милосердны и терпеливы, однако закон о намеренно вынашиваемом зле исполняется повсеместно и безошибочно. «Плата за грех – смерть», вечное забвение.

[Представлено архангелом Небадона.]

ДОКУМЕНТ 47

СЕМЬ ОБИТЕЛЬСКИХ МИРОВ

Находясь на Урантии, Сын-Создатель говорил о «многих обителях во вселенной Отца». В определенном смысле, все пятьдесят шесть окружающих Иерусем миров посвящены переходной культуре восходящих смертных, однако семь спутников первого мира известны как собственно обительские миры.

Первый переходный мир целиком посвящен деятельности, связанной с восхождением, являясь центром прикрепленного к Сатании корпуса завершителей. В настоящее время этот мир является резиденцией более чем ста тысяч групп завершителей, каждая из которых объединяет тысячу прославленных существ.

Когда система утверждается в свете и жизни, и по мере того как обительские миры, один за другим, прекращают служить в качестве центров подготовки смертных; здесь размещаются всё новые завершители, которые собираются в этих старших и более совершенных системах.

Семь обительских миров находятся в ве́дении моронтийных наблюдателей и Мелхиседеков. В каждом мире действует временный губернатор, который подчиняется непосредственно правителям Иерусема. В каждом из обительских миров есть центр уверсских примирителей, по соседству с которым находится место, отведенное для локальных встреч Юридических Советников. Во всех этих мирах есть центры управляющих реверсией и небесных мастеровых. Деятельность спиронгов начинается со второго обительского мира, в то время как все семь, так же как и остальные планеты переходной культуры и столичный мир, изобилуют спорнагами стандартного типа.

1. МИР ЗАВЕРШИТЕЛЕЙ

Хотя в первом переходном мире проживают только завершители и некоторые группы спасенных детей со своими опекунами, здесь есть всё необходимое для приема всех классов духовных суще́ств, переходных смертных и студентов-посетителей. Спорнаги, функционирующие во всех этих мирах, оказывают гостеприимство всем существам, которых они способны узнать. У них есть некоторое представление о завершителях, которых, однако, они неспособны видеть. Должно быть, они воспринимают завершителей примерно так же, как вы, в вашем нынешнем физическом состоянии, воспринимаете ангелов.

Хотя мир завершителей представляет собой сферу изысканной физической красоты и необыкновенного моронтийного убранства, расположенная в центре деятельности огромная духовная обитель – храм завершителей – недоступна невооруженному материальному и раннему моронтийному зрению. Однако благодаря преобразователям энергии, многие из этих реальностей время от времени становятся видны восходящим смертным – например, при сборах учащихся обительских миров в этой сфере культуры.

В течение всего моронтийного опыта вы будете, в некотором роде, духовно ощущать присутствие достигнувших Рая прославленных собратьев, но возможность периодически видеть их воочию в своих центральных обителях оказывает чрезвычайно благодатное воздействие. Без посторонней помощи вы будете видеть завершителей только после того, как обретете истинное духовное зрение.

В первом обительском мире все сохранившиеся создания должны пройти родительскую комиссию своей планеты. Нынешняя урантийская комиссия состоит из двенадцати недавно прибывших родительских пар, обладавших смертным опытом воспитания трех или более детей до пубертатного возраста. Члены комиссии сменяются по ротации и, как правило, служат в течение не более десяти лет. Все те, кто не удовлетворяет требованиям комиссии в отношении родительского опыта, должны пройти дополнительную подготовку в форме служения в домах Материальных Сынов на Иерусеме или, частично, в испытательном приюте в мире завершителей.

Однако, независимо от родительского опыта, тем родителям, которые пребывают в обительском мире и чьи дети растут в испытательном приюте, предоставляются исчерпывающие возможности для сотрудничества с моронтийными опекунами таких детей в вопросах их воспитания и подготовки. Эти родители имеют право посещать детей до четырех раз в год. Одно из самых трогательных и прекрасных впечатлений на протяжении всего восходящего пути – видеть, как родители обительского мира заключают в объятия своих материальных потомков при регулярных паломничествах в мир завершителей. Хотя один или оба родителя могут покинуть обительский мир прежде своего ребенка, довольно часто – хотя бы какое-то время – они находятся там одновременно.

Ни один восходящий смертный не может миновать опыта воспитания детей – своих или чужих, – будь то в материальных мирах или позже, в мире завершителей или на Иерусеме. Отцы должны пройти через этот обязательный опыт точно так же, как матери. У современных людей Урантии бытует достойное сожаления и ошибочное представление о том, что воспитание ребенка является в основном делом матери. Отцы нужны детям так же, как и матери, и отцам этот родительский опыт нужен не меньше, чем матерям.

2. ИСПЫТАТЕЛЬНЫЙ ПРИЮТ

Школы Сатании по приему младенцев находятся в мире завершителей – первой из иерусемских сфер переходной культуры. Школы по приему младенцев представляют собой организации, занимающиеся воспитанием и подготовкой детей времени, включая тех, которые умерли в эволюционных мирах пространства до обретения индивидуального статуса в реестрах вселенной. В случае сохранения жизни одного или обоих родителей ребенка, хранитель судьбы назначает своего партнера-херувима попечителем потенциальной идентичности ребенка, ответственным за доставку этой неразвитой души лично Учителям Обительских Миров в испытательные приюты моронтийных миров.

Именно эти оставшиеся без партнера херувимы – в качестве Учителей Обительских Миров, действующих под началом Мелхиседеков, – обладают столь широкими возможностями для воспитания и образования созданий, находящихся на испытательном попечении завершителей. Эти подопечные завершителей, эти младенцы восходящих смертных, всегда персонализируются с сохранением точного физического состояния в момент смерти, за исключением репродуктивного потенциала. Такое пробуждение происходит в момент прибытия родителей в первый обительский мир, после чего этим детям, в их нынешнем состоянии, предоставляются все возможности для избрания небесного пути – совершения того выбора, который им предстояло сделать в мирах, где их путь был прерван столь безвременной смертью.

В мире приютов испытуемые делятся на группы – обладающие и не обладающие Настройщиками, ибо Настройщики поселяются в этих материальных детях так же, как в мирах времени. Ребенок, находящийся в том возрасте, когда у него еще нет Настройщика, воспитывается в семье, включающей пять детей в возрасте от года примерно до пяти лет, то есть до того времени, когда появляется Настройщик.

Все дети эволюционирующих миров, обладающие Настройщиками Мышления, но до наступления смерти не сделавшие выбора относительно Райского пути, также проходят повторную персонализацию в системном мире завершителей. Здесь они получают такое же воспитание в семьях Материальных Сынов и их партнеров, как и те малыши, которые прибыли без Настройщиков, но которые получат Таинственных Наставников по достижении возраста нравственного выбора.

Все имеющие Настройщиков дети и подростки в мире завершителей также воспитываются в семьях по пять человек, причем возраст детей колеблется от шести до четырнадцати лет. В среднем это дети шести, восьми, десяти, двенадцати и четырнадцати лет. В любом возрасте старше шестнадцати – если сделан окончательный выбор – они переводятся в первый обительский мир и начинают восхождение к Раю. Некоторые делают свой выбор еще раньше и отправляются в сферы восхождения, однако в обительских мирах редко встречаются дети моложе шестнадцати лет, если определять возраст по урантийским стандартам.

Серафимы-хранители ухаживают за этими подростками в испытательном приюте мира завершителей точно так же, как они духовно опекают смертных на эволюционных планетах, в то время как преданные спорнаги способствуют удовлетворению их физических нужд. Так растут эти дети в переходном мире вплоть до того времени, когда они делают окончательный выбор.

Если при завершении материальной жизни не сделан выбор в пользу восхождения или если эти дети времени однозначно отвергают испытание в Хавоне, то смерть автоматически прерывает их испытательный путь. Такие случаи не рассматриваются судом; никто не воскресает после повторной смерти. Они просто прекращают существование, как если бы их никогда не было.

Если же они избирают путь Райского совершенства, их немедленно готовят для перевода в первый обительский мир, где многие из них успевают воссоединиться со своими родителями, ставшими на путь восхождения к Хавоне. Пройдя через Хавону и достигнув Божеств, эти спасенные души смертного происхождения становятся постоянными восходящими гражданами Рая. Лишенные ценного и обязательного эволюционного опыта в мирах своего смертного происхождения, эти дети не принимаются в Корпус Завершения.

3. ПЕРВЫЙ ОБИТЕЛЬСКИЙ МИР

В обительских мирах воскрешенные смертные возобновляют свою жизнь с того момента, когда их настигла смерть. Покинув Урантию и прибыв в первый обительский мир, вы отметите существенную перемену. Но если бы вы прибыли с более нормальной и прогрессивной сферы времени, то едва ли заметили бы изменения, за исключением того факта, что у вас появилось иное тело: сосуд из плоти и крови остался позади, в мире вашего происхождения.

Подлинным центром всей деятельности первого обительского мира является воскресительный зал – огромный храм восстановления личности. Это гигантское строение состоит из центральных мест взаимодействия серафических хранителей судьбы, Настройщиков Мышления и архангелов воскрешения. Вместе с этими небесными существами в воскрешении мертвых принимают участие также Носители Жизни.

Расшифровка записей смертного разума и активные структуры памяти создания, переведенные из материального плана в духовный, являются индивидуальной собственностью освобожденных Настройщиков Мышления; эти одухотворенные факторы разума, памяти и личности создания навсегда становятся частью таких Настройщиков. Матрицы разума созданий и пассивные потенциалы идентичности заключены в моронтийной душе, доверенной серафическим хранителям судьбы. Именно воссоединение вверенной серафиму моронтийной души с вверенным Наставнику духовным разумом восстанавливает личность создания и является воскрешением сохранившего жизнь спящего существа.

Если преходящей личности смертного происхождения не суждено быть восстановленной, духовные элементы несохранившего жизнь смертного создания навсегда останутся неотъемлемой частью индивидуального эмпирического опыта Наставника, пребывавшего когда-то в таком существе.

От Храма Новой Жизни отходят семь радиальных крыльев – залов воскрешения смертных рас. Каждое из этих строений посвящено воссозданию одной из семи рас времени. В каждом из семи крыльев находится по сто тысяч отдельных помещений для воскрешения. Эти крылья заканчиваются круглыми залами массового воссоздания, которые служат в качестве помещений для пробуждения целого миллиона индивидуумов. Эти залы окружены помещениями для воссоздания личностей смешанных рас обычных постадамических миров. Независимо от метода, который может применяться в индивидуальных мирах времени в связи с особыми или периодическими воскрешениями, реальное и сознательное восстановление действительной и полной личности происходит в воскресительных залах первого обительского мира. На протяжении всей вечности вы будете вспоминать свои яркие впечатления в первое утро воскресения.

Из воскресительного зала вы попадаете в сектор Мелхиседеков, где поселяетесь на постоянное жительство. После этого вам предоставляется десять свободных дней. Вы можете беспрепятственно обследовать окрестности своего нового дома и познакомиться с программой на ближайшее будущее. У вас также будет время для того, чтобы удовлетворить свое желание и, сверившись с архивами, навестить своих любимых и других земных друзей, которые могли оказаться в этих мирах прежде вас. По окончании вашего десятидневного периода свободного времени вы приступаете ко второму этапу путешествия к Раю, ибо обительские миры являются настоящими подготовительными сферами, а не просто карантинными планетами.

В первом обительском мире (или другом, в случае более высокого статуса) вы возобновите свою интеллектуальную подготовку и духовное развитие именно с того уровня, на котором они были прерваны смертью. Между временем планетарной смерти, или преображением, и воскрешением в одном из обительских миров смертный человек не приобретает абсолютно ничего, за исключением осознания факта продолжения жизни. Здесь вы начинаете с того, на чём остановились там.

Почти весь опыт первого обительского мира заключается в исправлении недостатков. Сохранившие жизнь смертные, прибывающие в эту первую из карантинных сфер, обнаруживают такое количество и разнообразие дефектов характера и недостатков смертного опыта создания, что основная деятельность данного мира имеет целью исправление и устранение этих разнообразных последствий жизни во плоти в материальных эволюционных мирах времени и пространства.

Пребывание в первом обительском мире направлено на развитие сохранивших жизнь смертных как минимум до статуса постадамического судного периода в нормальных эволюционных мирах. Конечно, в духовном плане ученики обительских миров далеко превосходят такой чисто человеческий уровень развития.

Если вам не придется задержаться в первом обительском мире, то по истечении десяти дней вы погрузитесь в сон преобразования и проследуете во второй мир, и каждые десять дней вы будете продвигаться всё дальше, пока не прибудете в мир вашего назначения.

Центральную часть семи главных колец администрации первого обительского мира занимает храм Моронтийных Спутников – личных проводников, назначаемых восходящим смертным. Эти спутники являются потомством Материнского Духа локальной вселенной, и в моронтийных мирах Сатании их насчитывается несколько миллионов. Помимо групповых спутников, вы будете часто общаться с переводчиками, хранителями строений и руководителями экскурсий. И все эти спутники находятся в тесном сотрудничестве с теми, кто занимается развитием личностных факторов разума и духа в вашем моронтийном теле.

Когда вы начинаете свой путь в первом обительском мире, один Моронтийный Спутник прикрепляется к группе из тысячи восходящих смертных, однако по мере продвижения через семь обительских сфер их численность будет расти. Эти прекрасные и разносторонние существа – общительные компаньоны и обаятельные проводники. Они вольны сопровождать индивидуумов или избранные группы в любую из сфер переходной культуры, в том числе и на спутники этих сфер. Они служат в качестве экскурсоводов для всех восходящих смертных и участвуют в проведении их досуга. Они часто сопровождают группы сохранивших жизнь смертных при периодических посещениях Иерусема, и, находясь там, вы можете в любой день направиться в сектор регистрации столицы системы и встретиться с восходящими смертными из всех семи обительских миров, ибо они свободно перемещаются между своими обителями и центральным миром системы.

4. ВТОРОЙ ОБИТЕЛЬСКИЙ МИР

Именно на этой сфере вы начнете более полноправно участвовать в жизни обительского мира. Здесь начинают формироваться объединения моронтийной жизни. Начинают функционировать рабочие группы и общественные организации, приобретают установленные пропорции социальные объединения, и прогрессирующие смертные знакомятся с новыми социальными формами и механизмами правления.

Сохранившие жизнь создания, слившиеся с Духом, размещаются в тех же обительских мирах, что и восходящие смертные, слившиеся с Настройщиком. Несмотря на отличия, существующие у различных категорий небесной жизни, между ними существуют дружеские и братские отношения. Ни в одном мире на пути восхождения вы не столкнетесь с чем-либо, напоминающим человеческую нетерпимость и дискриминацию, присущую кастовым системам, пренебрегающим интересами других.

По мере вашего восхождения через обительские миры, они будут всё больше наполняться моронтийной деятельностью сохранившихся и прогрессирующих созданий. Продвигаясь вперед, вы будете узнавать всё новые черты Иерусема, добавляемые в обительских мирах. Стеклянное море появляется во втором обительском мире.

Каждое очередное продвижение из одного обительского мира в другой связано с приобретением заново сконструированного и соответствующим образом приспособленного морونтийного тела. Вы засыпаете при серафическом переносе и пробуждаетесь в воскресительных залах, обладая новым, но неразвитым телом. Это напоминает ваше первоначальное прибытие в первый обительский мир, за исключением того, что Настройщик Мышления не покидает вас во время погружения в сон при переходе из одного обительского мира в другой. После прибытия из эволюционных миров в начальный обительский мир ваша личность остается нетронутой.

Память Настройщика совершенно не затрагивается в течение вашего восхождения в моронтийной жизни. Те мнемонические связи, которые имели чисто животное происхождение и были полностью материальными, естественным образом погибают вместе с физическим мозгом, но всё ценное в вашей интеллектуальной жизни, имеющее значение для сохранения жизни, становится неотъемлемой частью Настройщика и сохраняется в вашей личной памяти в течение всего восхождения. В вашем сознании будет сохраняться весь ценный опыт при перемещении из одного обительского мира в другой и из одной части вселенной в другую – вплоть до Рая.

Хотя вы обладаете моронтийным телом, в каждом из этих семи миров вы продолжаете есть, пить и отдыхать. Вы принимаете моронтийный тип пищи из царства живой энергии, неизвестного в материальных мирах. Как пища, так и вода полностью усваиваются моронтийным телом без выделения отходов. Имейте в виду, что первый обительский мир – это в значительной мере материальная сфера, ранняя стадия моронтийного режима. Вы еще сохраняете человеческую сущность и недалеко ушли от ограниченных взглядов смертной жизни, однако в каждом мире вы совершаете определенный прогресс. С каждой новой сферой вы становитесь всё менее материальными, более интеллектуальными и чуть более духовными. Наибольший духовный прогресс совершается в последних трех из этих семи последовательных миров.

Биологические недостатки в основном компенсируются в первом обительском мире. Изъяны планетарного опыта, относящиеся к половой жизни, семейным отношениям и родительским функциям, либо устраняются, либо откладываются на будущее для исправления в семьях Материальных Сынов на Иерусеме.

Спецификой второго обительского мира является устранение всех аспектов интеллектуальных противоречий и исправление любых проявлений дисгармонии разума. Здесь происходит углубленное изучение смысла моронтийной моты, начатое в первом обительском мире. Уровень развития во втором обительском мире сопоставим с интеллектуальным статусом идеального эволюционного мира в эпоху после пришествия Сына-Арбитра.

5. ТРЕТИЙ ОБИТЕЛЬСКИЙ МИР

Третий обительский мир является резиденцией Учителей Обительских Миров. Хотя они действуют на всех семи обительских сферах, в третьем мире, в центре кольцеобразно расположенных школ, находится их групповая резиденция. Миллионы таких воспитателей существуют в обительских мирах и моронтийных мирах более высокого уровня. Эти высокоразвитые и прославленные херувимы служат в качестве моронтийных учителей на протяжении всего пути от обительских миров до последней сферы подготовки восходящих созданий в локальной вселенной. Они будут одними из последних, кто нежно простится с вами, когда придет пора расставания – по крайней мере, на несколько эпох – с вашей родной вселенной, и вы будете готовы к серафическому переносу в приемные миры малого сектора сверхвселенной.

Находясь в первом обительском мире, вы пользуетесь правом посещения первого переходного мира – центра завершителей и испытательного приюта системы, в котором воспитываются неразвившиеся эволюционные дети. Прибыв во второй обительский мир, вы получаете разрешение на периодические посещения второго переходного мира, в котором находятся обслуживающий всю Сатанию центр моронтийных наблюдателей и школы подготовки различных моронтийных категорий. Прибыв в третий обительский мир, вы сразу же получаете разрешение на посещение третьей переходной сферы – резиденции ангельских категорий и местонахождения их различных системных подготовительных школ. Посещения Иерусема, совершаемые из этого мира, приносят всё большую пользу эволюционирующим смертным и представляют для них всё больший интерес.

Третий обительский мир – это сфера огромных личных и социальных достижений для всех, кто до освобождения от плоти в мирах смертного происхождения не накопил опыта, равноценного приобретаемому в этих кольцах культуры. На этой сфере начинается более позитивная образовательная работа. Подготовка в первых двух обительских мирах в основном связана с исправлением недостатков, то есть является негативной в том смысле, что направлена на восполнение опыта жизни во плоти. Здесь, в третьем обительском мире, сохранившие жизнь создания действительно начинают усваивать прогрессивную моронтийную культуру. Основной целью этой подготовки является улучшение понимания взаимосвязи моронтийной моты и смертной логики, координации моронтийной моты и человеческой философии. Сохранившие жизнь смертные начинают на практике постигать истинную метафизику. Такое обучение – это действительное введение в разумное постижение космических значений и вселенских взаимосвязей. По своему характеру, культура третьего обительского мира соответствует эпохе, наступающей на нормальной обитаемой планете после пришествия посвященческого Сына.

6. ЧЕТВЕРТЫЙ ОБИТЕЛЬСКИЙ МИР

Прибывая в четвертый обительский мир, вы уже уверенно ступаете по моронтийному пути; исходное материальное существование осталось далеко позади. Теперь вам разрешается посещать четвертый переходный мир, где вы знакомитесь с резиденцией и школами сверхангелов, включая Ярких Вечерних Звезд. При посредничестве этих сверхангелов четвертого переходного мира, моронтийные посетители получают возможность сблизиться с различными категориями Божьих Сынов при периодических посещениях Иерусема, поскольку прогрессирующие смертные, неоднократно посещающие столицу системы, допускаются во всё новые секторы центрального мира. Новое великолепие всё полнее раскрывается расширяющемуся разуму этих восходящих созданий.

В четвертом обительском мире каждый восходящий смертный находит себе более надлежащее место в занятиях своей группы и деятельности своего класса моронтийной жизни. Здесь восходящие создания начинают больше ценить дальнюю связь и другие аспекты культуры и прогресса локальной вселенной.

Именно в процессе подготовки в четвертом мире восходящие смертные впервые по-настоящему знакомятся с требованиями и радостями подлинной социальной жизни моронтийных созданий. Такой опыт действительно является новым для эволюционных созданий, ибо они участвуют в групповой деятельности, которая не основывается на возвеличивании собственного «я» или своекорыстном самоутверждении. Вводится новый общественный порядок, основанный на чуткости и доброжелательности взаимного уважения, бескорыстной любви взаимного служения и всепоглощающем побуждении к претворению общего и высшего предназначения – наполняющей поклонением Райской цели божественного совершенства. Все восходящие создания начинают осознавать в себе стремление к познанию, раскрытию, поиску и обретению Бога.

Интеллектуальная и социальная культура четвертого обительского мира сравнима с умственной и общественной жизнью эпохи, наступающей после пришествия Сына-Учителя на планетах с нормальным эволюционным развитием. Духовный статус этого мира значительно опережает соответствующий судный период смертных.

7. ПЯТЫЙ ОБИТЕЛЬСКИЙ МИР

Перенос в пятый обительский мир представляет собой огромный шаг вперед в жизни моронтийного прогрессора. Приобретаемый в данном мире опыт – это подлинное предвкушение иерусемской жизни. Здесь вы начинаете осознавать высокое назначение лояльных эволюционных миров, достигающих этой стадии развития в ходе естественной планетарной эволюции. Культура этого обительского мира в общих чертах соответствует раннему периоду эры света и жизни на планетах с нормальным эволюционным развитием. Отсюда должно быть понятно, почему высококультурные и развитые типы существ, встречающиеся иногда в этих прогрессивных эволюционных мирах, освобождаются от прохождения через одну или несколько – а иногда и все – обительские сферы.

Выучив язык локальной вселенной в четвертом обительском мире, вы посвящаете теперь больше времени совершенствованию уверсского, с тем чтобы к моменту прибытия на Иерусем и получения статуса постоянного проживания владеть обоими языками. Уже в столице системы все восходящие смертные владеют двумя языками, которыми они пользуются на протяжении всего пути вплоть до Хавоны. Всё, что необходимо в дальнейшем, – это расширение своего словарного запаса в языке сверхвселенной, причем для поселения в Раю требуется новое его пополнение.

После прибытия в пятый обительский мир паломник получает разрешение посещать соответствующий переходный мир – резиденцию Сынов. Здесь восходящий смертный близко знакомится с различными группами божественного сыновства. Он уже слышал об этих возвышенных существах и встречался с ними на Иерусеме, однако только теперь он по-настоящему знакомится с ними.

В пятом обительском мире вы начинаете знакомиться с образовательными мирами созвездия. Здесь вы встречаетесь с первыми преподавателями, которые начинают готовить вас к предстоящему пребыванию в созвездии. Эта подготовка продолжается в шестом и седьмом мирах, а последние детали уточняются в секторе восходящих смертных на Иерусеме.

В пятом обительском мире происходит рождение настоящего космического сознания. Вы проникаетесь разумом вселенной. Это воистину то время, когда раздвигаются горизонты. Расширенный разум восходящих смертных начинает догадываться о грандиозном, величественном, небесном и божественном предназначении, которое ожидает всех тех, кто совершит постепенное восхождение к Раю – восхождение сколь трудоемкое, столь же радостное и благоприятное. Примерно в это время восходящий смертный начинает с истинным эмпирическим воодушевлением стремиться к Хавоне. Обучение становится добровольным, бескорыстное служение – естественным, поклонение – непроизвольным. Развивается настоящий моронтийный характер, формируется настоящее моронтийное создание.

8. ШЕСТОЙ ОБИТЕЛЬСКИЙ МИР

Пребывающие на этой сфере создания вправе посещать шестой переходный мир, где приобретают новые знания о высоких духах сверхвселенной, хотя они и неспособны видеть многих из этих небесных существ. Здесь они также получают свои первые уроки, предваряющие грядущий духовный путь, который начинается сразу же после окончания моронтийной подготовки в локальной вселенной.

Помощник Властелина Системы часто посещает этот мир; здесь же происходит начальное обучение методу управления вселенной. Даются первые уроки, охватывающие дела всей вселенной.

Для восходящих смертных наступает блистательная эпоха, в течение которой обычно происходит полное слияние человеческого разума и божественного Настройщика. Потенциально такое слияние могло наступить и раньше, однако во многих случаях настоящая, полноценная идентичность достигается только в течение пребывания в пятом или даже шестом обительском мире.

Союз развивающейся бессмертной души с вечным и божественным Настройщиком знаменуется тем, что серафим призывает к себе старшего сверхангела для воскрешенных спасшихся смертных и регистрирующего архангела – для тех, кого судят на третий день. И после этого, в присутствии моронтийных партнеров сохранившего жизнь смертного, вестники подтверждения произносят свои слова: «Вот сын мой возлюбленный, в котором мое благоволение». Эта простая церемония означает вступление восходящего смертного на вечный путь Райского служения.

Сразу же после подтверждения слияния с Настройщиком новое моронтийное существо впервые предстает перед своими товарищами с новым именем и получает сорок дней духовного отдыха от всех повседневных забот, чтобы наедине с самим собой избрать один из возможных путей к Хавоне и остановиться на одном из характерных методов достижения Рая.

Однако эти блестящие существа остаются более или менее материальными; они далеки от уровня истинно духовных существ. С духовной точки зрения, они больше напоминают сверхсмертных и всё еще находятся немного ниже ангелов. Но они действительно становятся чудесными созданиями.

Статус, обретаемый учащимися обительских миров в шестом мире, сравним с возвышенной эволюцией, характерной для тех эволюционных миров, которые естественным образом прошли начальную стадию света и жизни. В этом обительском мире достигается высокий уровень развития общества. По мере восхождения через обительские миры всё короче становится тень, отбрасываемая вашей смертной природой. Вы превращаетесь во всё более восхитительное существо, оставляя позади грубые рудименты планетарного животного происхождения. «Прохождение через великие страдания» делает прославленных смертных очень добрыми и отзывчивыми, очень сострадательными и терпеливыми.

9. СЕДЬМОЙ ОБИТЕЛЬСКИЙ МИР

Опыт, приобретаемый в этой сфере, является венцом первоначального посмертного пути. Здесь вы получаете наставления многих учителей, и все они, в сотрудничестве друг с другом, будут готовить вас к постоянному проживанию на Иерусеме. Все видимые отличия смертных, прибывших из изолированных и отстающих в своем развитии миров, от сохранивших жизнь созданий из более прогрессивных и просвещенных сфер практически полностью стираются в течение пребывания в седьмом обительском мире. Здесь вас очистят от всех остаточных проявлений неблагоприятной наследственности, нездорового окружения и недуховных планетарных тенденций. Будут стерты последние следы «звериного клейма».

Находясь в седьмом обительском мире, вы пользуетесь правом посещения седьмого переходного мира – мира Всеобщего Отца. Отсюда начинается новое и более духовное поклонение невидимому Отцу – обычай, которому вы будете всё чаще следовать на всём протяжении долгого восходящего пути. В этом мире переходной культуры вы находите храм Отца, но самого Отца вы не видите.

Начинается формирование классов, которым предстоит держать экзамен для перевода на Иерусем. Из мира в мир вы переходили как индивидуумы; теперь же вы готовитесь для отправки на Иерусем по группам, хотя в определенных пределах каждый восходящий смертный вправе задержаться в седьмом обительском мире, чтобы дать возможность отстающему члену земной или обительской рабочей группы догнать его.

Персонал седьмого обительского мира собирается на стеклянном море, чтобы присутствовать при вашей отправке на Иерусем в статусе постоянного жителя. Вы уже могли побывать на Иерусеме сотни или тысячи раз в качестве гостя, но прежде вы никогда не отправлялись в столицу системы в составе группы своих товарищей, которые навечно прощаются с обительским этапом пути восходящих смертных. Вскоре вас будут приветствовать на приемном поле столичного мира в качестве граждан Иерусема.

Вы с огромным наслаждением пройдете семь миров дематериализации – настоящие сферы освобождения от смертного состояния. В первом обительском мире вы еще в значительной мере являетесь человеком, представляя собой смертное существо, лишенное материального тела, человеческий разум, заключенный в моронтийную форму – материальное тело моронтийного мира вместо смертной обители из плоти и крови. Окончательно вы переходите от состояния смертного к статусу бессмертного при слиянии с Настройщиком, а ко времени завершения иерусемского пути вы станете полноценным моронтийным существом.

10. ГРАЖДАНСТВО ИЕРУСЕМА

Прием нового класса выпускников обительских миров служит знаком для всего Иерусема: все его обитатели собираются для приветствия. Даже спорнаги радуются прибытию этих одержавших победу восходящих созданий эволюционного происхождения – тех, кто прошел свой планетарный путь и завершил прохождение через обительские миры. Только физические регуляторы и Управляющие Моронтийной Энергией отсутствуют на этих празднествах.

Иоанну Богослову было видение о прибытии класса восходящих смертных из седьмого обительского мира на первое небо, восхитительный Иерусем. Он записал: «И увидел я нечто, подобное стеклянному морю, смешанному с огнем, и тех, кто одержал победу над зверем, который был изначально в них, и над образом его, сохранявшимся во всех обительских мирах, и, наконец, над последним клеймом и следом; они стояли на этом стеклянном море, держа Божьи арфы, и пели песнь освобождения от смертного страха и смерти». (Во всех этих мирах существует усовершенствованная пространственная связь; ваша способность повсеместного приема пространственных сообщений обеспечивается посредством «Божьей арфы» – моронтийного приспособления, компенсирующего невозможность непосредственной настройки неразвитого моронтийного сенсорного механизма на прием пространственных сообщений.)

Павел тоже имел представление о корпусе восходящих граждан – совершенствующихся смертных Иерусема, – ибо он писал: «Вы же пришли к горе Сион, к городу Бога живого, небесному Иерусалиму, бессчетному множеству ангелов, великому собранию Михаила, и к духам богоугодных людей, которых делают совершенными».

После обретения статуса постоянного проживания в столице системы, смертные не испытывают новых буквальных воскрешений. Моронтийная форма, предоставленная при завершении обительского пути, такова, что позволит вам пройти через весь опыт локальной вселенной. Время от времени будут производиться некоторые изменения, но вы сохраните ту же самую форму вплоть до прощания с локальной вселенной, когда, став духами первой ступени, вы будете готовы к переносу в сверхвселенские миры восходящей культуры и духовной подготовки.

Семь раз те смертные, которые проходят все обительские миры, погружаются в преображающий сон и пробуждаются при воскрешении. Однако последний воскресительный зал – завершающие покои пробуждения – остается в прошлом, в седьмом обительском мире. Отныне видоизменение формы не будет приводить к провалам сознания или нарушению непрерывности личной памяти.

Смертная личность, появившаяся в эволюционных мирах и помещенная в сосуд из плоти, наделенная Таинственным Наставником и Духом Истины, становится полностью подготовленной, осуществленной и объединенной только после того, как такой гражданин Иерусема получает разрешение отправиться на Эдемию и провозглашается истинным членом моронтийного корпуса Небадона – бессмертным, сохранившим жизнь существом, объединенным с Настройщиком и восходящим к Раю, личностью, обладающей моронтийным статусом, истинным дитя Всевышних.

Материальная смерть представляет собой метод освобождения от жизни во плоти; и обительский опыт последовательно эволюционирующей жизни в семи мирах корректирующей подготовки и культурного воспитания выводит спасенных смертных на моронтийный путь – переходный период, отделяющий эволюционное материальное существование от более высоких духовных свершений восходящих созданий времени, которым суждено достичь врат вечности.

[Подготовлено Яркой Вечерней Звездой.]

ДОКУМЕНТ 48

МОРОНТИЙНАЯ ЖИЗНЬ

Боги не могут обратить неотесанное животное создание в совершенный дух с помощью некоего таинственного акта созидательного волшебства; во всяком случае, они не делают этого. Когда Создатели ставят своей целью сотворение совершенных существ, они совершают это прямым и непосредственным способом, однако они никогда не берутся за один раз превратить создания материального и животного происхождения в совершенных существ.

Проходящая через различные этапы в локальной вселенной, морონтийная жизнь является единственной возможностью материальных смертных приблизиться к миру духа. Что за волшебство может таиться в смерти – естественном разложении материального тела, – чтобы столь простой шаг моментально превращал смертный и материальный разум в бессмертный и совершенный дух? Подобные воззрения – не более чем невежественные предрассудки и красивые небылицы.

Моронтийный переход всегда отделяет смертное состояние от последующего духовного статуса сохранившихся людей. Эти промежуточные состояния в продвижении во вселенной существенно отличаются в различных локальных творениях, но в том, что касается предназначения и цели, все они похожи друг на друга. Устройство обительских и высших моронтийных миров Небадона вполне типично для переходных моронтийных режимов в этой части Орвонтона.

1. МОРОНТИЙНЫЕ МАТЕРИАЛЫ

Моронтийные миры являются теми сферами, которые соединяют материальный и духовный этапы существования созданий на уровне локальной вселенной. Моронтийная жизнь была известна на Урантии с ранних дней Планетарного Князя. Время от времени смертным рассказывали об этом переходном состоянии, искаженное представление о котором нашло отражение в современных религиях.

Моронтийные сферы являются переходными этапами восхождения смертных через миры прогресса в локальной вселенной. Только семь миров, окружающих в локальных системах сферы завершителей, именуются обительскими мирами, однако все пятьдесят шесть переходных обителей системы – как и более высокие сферы, расположенные вокруг созвездий и столицы вселенной, – называются моронтийными мирами. По своей физической красоте и моронтийному великолепию эти творения напоминают столичные сферы вселенной.

Все эти миры представляют собой архитектурные сферы, содержащие ровно вдвое больше элементов, чем эволюционные миры. Эти специально созданные миры, в которых насчитывается сто физических элементов, не только изобилуют тяжелыми металлами и кристаллами, но также содержат ровно сто форм уникальной организации энергии, называемой *моронтийным материалом*. Главные Физические Регуляторы и Управляющие Моронтийной Энергией способны так изменить вращение изначальных единиц материи и одновременно с этим таким образом трансформировать эти объединения энергии, что происходит образование новой субстанции.

Ранняя моронтийная жизнь локальных систем очень напоминает ваш нынешний материальный мир, становясь менее физической и приобретая более истинные моронтийные черты в образовательных мирах созвездия. А с переходом на сферы Салвингтона, вы будете подниматься на всё новые духовные уровни.

Благодаря своей способности соединять материальные и духовные энергии, Управляющие Моронтийной Энергией создают моронтийную форму материализации, которая восприимчива к привнесению управляющего духа. По мере того, как вы будете пересекать моронтийную жизнь Небадона, всё те же терпеливые и умелые Управляющие Моронтийной Энергией будут последовательно обеспечивать вас 570 моронтийными телами, каждое из которых соответствует очередной стадии вашей последовательной трансформации. С того времени, когда вы покидаете материальные миры – и до превращения в духа первой ступени на Салвингтоне, – вы претерпеваете ровно 570 отдельных моронтийных превращений, всё более повышающих ваш статус. Из них восемь происходят в системе, семьдесят одно – в созвездии и 491 – в течение пребывания на сферах Салвингтона.

В течение жизни во плоти божественный дух пребывает в вас почти как инородное тело – посвященный дух Всеобщего Отца фактически вторгается в человека. Однако в моронтийной жизни дух станет настоящей частью вашей личности, и на протяжении 570 последовательных трансформаций вы совершите восхождение от материального к духовному состоянию в жизни создания.

Павел знал о существовании моронтийных миров и реальности моронтийных материалов, ибо он писал: «Есть на небесах имущество лучшее и непреходящее». И эти моронтийные материалы реальны, буквальны, именно как в «городе с основанием, зодчим и строителем которого является Бог». И каждая из этих восхитительных сфер является «лучшей страной, то есть страной небесной».

2. УПРАВЛЯЮЩИЕ МОРОНТИЙНОЙ ЭНЕРГИЕЙ

Эти уникальные существа контролируют только ту деятельность, которая связана с соответствующей комбинацией духовных и физических, или полуматериальных, энергий. Их труд целиком посвящен обеспечению моронтийного прогресса. Это выражается не столько в опеке смертных в течение обретения переходного опыта, сколько в том, что они обеспечивают прогрессирующих моронтийных созданий переходным окружением. Они являются каналами моронтийной энергии, которая поддерживает и питает моронтийные фазы переходных миров.

Управляющие Моронтийной Энергией являются потомками Материнского Духа локальной вселенной. Все они принадлежат примерно к одному и тому же типу, хотя слегка отличаются по своей природе в различных локальных творениях. Они созданы для выполнения специфических функций и не требуют подготовки для исполнения своих обязанностей.

Первые Управляющие Моронтийной Энергией создаются одновременно с прибытием первого сохранившегося смертного в один из первых обительских миров локальной вселенной. Они создаются группами по тысяче существ и классифицируются следующим образом:

1. Регуляторы контуров 400
2. Координаторы систем 200
3. Планетарные опекуны 100
4. Универсальные регуляторы 100
5. Стабилизаторы связи 100
6. Выборочные группирователи 50
7. Ассоциированные регистраторы 50

Управляющие энергией всегда служат в своей вселенной. Они руководствуются исключительно совместной духовной деятельностью Вселенского Сына и Вселенского Духа, в остальном обладая полным самоуправлением. У них есть свои резиденции во всех первых обительских мирах локальных систем, где они трудятся в тесной связи как с физическими регуляторами, так и с серафимами, но в том, что касается проявлений энергии и использования духа, они действуют в своем собственном мире.

Иногда, в качестве временных попечителей, они также проявляют себя в связи со сверхматериальными явлениями в эволюционных мирах. Однако они редко служат на обитаемых планетах; не трудятся они и в высших подготовительных мирах сверхвселенной, ибо прежде всего они посвящены переходному режиму моронтийного прогресса в локальной вселенной.

1. *Регуляторы контуров*. Эти уникальные существа координируют физическую и духовную энергию и регулируют ее протекание по раздельным каналам моронтийных сфер. Каждый такой контур рассчитан на одну планету – ограничен одним миром. Дополняя физические и духовные контуры переходных миров, моронтийные контуры отличаются как от тех, так и от других. Требуются усилия миллионов регуляторов, чтобы обеспечить энергией даже такую систему обительских миров, как Сатания.

Регуляторы контуров приводят к таким изменениям материальной энергии, которые подчиняют ее управлению и регуляции их партнеров. Эти существа являются не только регуляторами контуров, но и генераторами моронтийной энергии. Так же как кажется, что динамо-машина вырабатывает электричество из атмосферы, создается впечатление, что эти живые динамо-машины моронтии превращают вездесущую энергию пространства в те материалы, которые моронтийные управляющие вплетают в тела и жизнедеятельность восходящих смертных.

2. *Координаторы систем*. Поскольку в каждом моронтийном мире есть свой тип моронтийной энергии, людям чрезвычайно трудно представить себе эти сферы. Однако в каждой очередной переходной сфере смертные будут замечать последовательное изменение растительной жизни – а также всего, что относится к моронтийному существованию, – в соответствии со всё большим одухотворением сохранившегося восходящего создания. Вследствие такой индивидуализации энергетической системы каждого мира, действия координаторов направлены на согласование и соединение различных энергетических систем в слаженное единое целое, предназначенное для взаимосвязанных сфер любой отдельной группы.

По мере продвижения от одного моронтийного мира к другому, восходящие смертные постепенно прогрессируют от физического мира к духовному; этим определяется необходимость в восходящей последовательности моронтийных сфер и восходящей градации моронтийных форм.

Когда восходящие создания обительских миров переходят с одной сферы на другую, транспортные серафимы доставляют их к встречающим координаторам систем в мире более высокой ступени. Здесь, в уникальных храмах, расположенных в центре семидесяти лучеобразных крыльев с переходными покоями, напоминающими находящиеся в начальном мире воскресительные залы для смертных земного происхождения, координаторы систем производят искусные манипуляции, осуществляя необходимые изменения формы созданий. На выполнение этих начальных изменений моронтийной формы затрачивается около семи дней стандартного времени.

3. *Планетарные опекуны*. Что касается моронтийных дел, каждый моронтийный мир – от обительских сфер до столицы вселенной – находится на попечении семидесяти опекунов. Они образуют локальный планетарный совет, обладающий верховной моронтийной властью. Этот совет предоставляет всем восходящим созданиям, прибывающим в эти сферы, материал для моронтийных форм и санкционирует такие изменения формы, которые позволяют восходящему существу перейти на следующую сферу. После прохождения обительских миров вы будете переходить из одной фазы моронтийной жизни в другую без утраты сознания; бессознательное состояние сопровождает только ранние превращения и более поздние переходы из одной вселенной в другую, а также из Хавоны в Рай.

4. *Универсальные регуляторы*. Одно из таких в высшей степени механических существ всегда находится в центре каждой административной единицы моронтийного мира. Универсальный регулятор реагирует на воздействие физических, духовных и моронтийных энергий и использует их для выполнения своих функций. С таким существом всегда связаны два координатора систем, четыре регулятора контуров, один планетарный опекун, один стабилизатор связи и либо один ассоциированный регистратор, либо один выборочный группирователь.

5. *Стабилизаторы связи*. Эти существа являются регуляторами моронтийной энергии в совокупности с физическими и духовными силами мира. Они обеспечивают превращение моронтийной энергии в моронтийный материал. Вся моронтийная структура существования зависит от стабилизаторов. Они замедляют вращение энергии до того состояния, при котором возможно появление физической формы. Однако в моем распоряжении нет языковых средств, с помощью которых я мог бы сравнить или описать действия таких существ. Они совершенно недоступны человеческому воображению.

6. *Выборочные группирователи*. По мере продвижения от одного класса или фазы моронтийного мира к другому, вас необходимо заново приспосабливать, настраивать на более высокое состояние. Этим занимаются выборочные группирователи, последовательно позволяющие вам сохранять синхронность с моронтийной жизнью.

Хотя основные моронтийные формы жизни и вещества идентичны на всём протяжении от первого обительского мира до последней переходной сферы вселенной, существует постепенный функциональный переход от материального к духовному. Ваше приспособление к этому принципиально единому, но последовательно развивающемуся и одухотворяемому творению осуществляется посредством такой выборочной настройки. Данная регулировка личностного механизма равносильна новому творению, хотя вы и сохраняете прежнюю моронтийную форму.

Вы можете неоднократно проверяться у этих инспекторов, и как только обнаружится необходимый духовный прогресс, они с радостью утвердят вас в более совершенном статусе. Такие последовательные изменения проявляются в видоизмененных реакциях на моронтийное окружение, например, в измененной потребности в питании и во многих других видах личной деятельности.

Кроме того, выборочные группирователи оказывают огромную помощь в формировании групп моронтийных личностей для обучения, преподавания и других программ. Они обладают природным даром указывать на тех, кто способен наилучшим образом действовать в условиях временного объединения.

7. *Ассоциированные регистраторы*. В моронтийном мире есть собственные регистраторы, которые служат вместе с духовными архивариусами, осуществляя

контроль и хранение архивной и иной информации, присущей моронтийным творениям. Моронтийные архивы доступны всем категориям личностей.

Все переходные моронтийные сферы также доступны как материальным, так и духовным существам. Как моронтийные прогрессоры, вы будете сохранять полную связь с материальным миром и материальными личностями и одновременно всё лучше видеть духовных существ и всё активней общаться с ними. А ко времени прощания с моронтийным режимом вы познакомитесь со всеми категориями духов, за исключением некоторых высших типов – таких как Одиночные Посланники.

3. МОРОНТИЙНЫЕ СПУТНИКИ

Это воинство обительских и моронтийных миров представлено потомками Материнского Духа локальной вселенной. Время от времени они создаются группами по сто тысяч, и в настоящее время в Небадоне насчитывается более семидесяти миллиардов этих уникальных существ.

Моронтийные Спутники проходят подготовку под началом Мелхиседеков на специальной планете вблизи Салвингтона; они не обучаются в центральных школах Мелхиседеков. Их служба охватывает широкий круг сфер – от первых обительских миров системы до высших образовательных сфер Салвингтона, но эти существа редко встречаются на обитаемых планетах. Они служат под общим руководством Божьих Сынов, непосредственно подчиняясь Мелхиседекам.

В локальной вселенной насчитывается десять тысяч резиденций Моронтийных Спутников – по одной в каждом из первых обительских миров локальных систем. Эта категория пользуется почти полным самоуправлением и в целом представляет собой группу разумных и преданных существ. Однако известны случаи, когда, вследствие прискорбных мятежей небесных существ, они сбивались с пути. Тысячи этих полезных созданий были потеряны в течение восстания Люцифера в Сатании. В настоящее время ваша локальная система располагает полной квотой таких существ, причем лишь недавно были восполнены потери, вызванные восстанием Люцифера.

Существует два различных типа Моронтийных Спутников – активный и пассивный, но в остальном они обладают одинаковым статусом. Не являясь разнополыми созданиями, они проявляют трогательно прекрасное чувство по отношению друг к другу. И хотя в материальном (человеческом) смысле их вряд ли можно назвать вашими товарищами, в иерархии созданных существ они весьма близки к человеческим расам. Ближайшими к вам являются промежуточные создания миров; следующими идут моронтийные херувимы и после них – Моронтийные Спутники.

Эти спутники – трогательно нежные и очаровательно общительные существа. Они обладают ярко выраженными личностями, и, встретив их в обительских мирах и научившись узнавать их как класс, вы быстро начнете различать их индивидуальные черты. Все смертные похожи друг на друга, и в то же время каждый из вас обладает характерной и узнаваемой личностью.

Некоторое представление о характере труда этих Моронтийных Спутников можно получить из предлагаемой классификации их деятельности в локальной системе:

1. *Опекуны паломников* не получают специальных заданий в своем общении с моронтийными прогрессорами. Эти спутники ответственны за весь моронтийный путь и потому координируют деятельность всех остальных моронтийных и переходных помощников.

2. *Спутники, встречающие паломников, и свободные объединители.* К этой группе относятся спутники, в обществе которых оказываются новички обительских миров. Один из них обязательно встретит вас при пробуждении от первого переходного сна времени в начальном обительском мире – воскресении в моронтийной жизни после смерти во плоти. Начиная с официального приветствия при пробуждении и вплоть до того дня, когда вы покинете локальную вселенную в качестве духа первой ступени, эти Моронтийные Спутники будут неизменно находиться рядом с вами.

Спутники не прикрепляются к индивидуумам на весь срок. Бывает так, что несколько спутников сменяют друг друга в течение пребывания восходящего смертного в одном из обительских или более высоких миров, и наоборот: случается, что восходящее создание надолго остается без спутника. Всё зависит от необходимости в спутниках и от их наличия.

3. *Хозяева небесных посетителей.* Эти милосердные создания принимают сверхчеловеческие группы приезжих исследователей и других небесных существ, находящихся в переходных мирах. Вам будут предоставлены все возможности путешествовать в пределах любой эмпирически достигнутой сферы. Приезжие исследователи допускаются на любые обитаемые планеты – даже те, которые находятся в изоляции.

4. *Координаторы и управляющие взаимодействием.* Эти спутники призваны помогать моронтийному общению и предотвращать путаницу. Они представляют собой наставников в области общественного поведения и моронтийного продвижения, организующих классовую и иную групповую деятельность восходящих смертных. В распоряжении этих существ имеются обширные области, где они собирают своих учеников. Время от времени они заказывают необходимое оформление для своих программ у небесных мастеровых и управляющих реверсией. По мере своего продвижения, у вас сложатся близкие отношения с этими спутниками, и вы очень привяжетесь к обеим группам. Случай решит, будете ли вы иметь дело с активным или с пассивным типом.

5. *Устные и письменные переводчики.* На раннем этапе обительского пути вы будете часто прибегать к помощи устных и письменных переводчиков. Эти лингвисты сфер владеют всеми языками локальной вселенной.

Освоение новых языков не будет автоматическим: вы будете учить языки во многом так же, как делаете это в своем мире, и эти блистательные существа будут преподавать вам языки. Первым языком, который вам предстоит освоить в обительских мирах, станет язык Сатании, а после него – язык Небадона. В период обучения этим новым языкам Моронтийные Спутники будут вашими умелыми и терпеливыми переводчиками. Никогда, ни в одном из этих миров вам не встретится посетитель, для разговора с которым вы не могли бы воспользоваться переводческими услугами одного из Моронтийных Спутников.

6. *Руководители экскурсий и реверсии.* Эти спутники будут сопровождать вас в течение более продолжительных путешествий в столичную сферу и окружающие миры переходной культуры. Они планируют, проводят и контролируют все подобные индивидуальные и групповые экскурсии в системные миры образования и культуры.

7. *Хранители регионов и строений.* Материальные и моронтийные структуры также становятся более совершенными и великолепными по мере вашего продвижения по обительскому пути. Как индивидуально, так и в группах вам позволяется

вносить некоторые изменения в обители, предназначенные в качестве резиденций для пребывания в различных обительских мирах. Многие виды деятельности этих сфер проходят в открытых, огражденных местах, имеющих форму разнообразных колец, квадратов и треугольников. Большинство структур обительских миров не имеет кровли, представляя собой огражденные, великолепно исполненные и изысканно украшенные сооружения. Климатические и иные физические условия архитектурных миров делают крышу ненужной.

Эти попечители переходных ступеней восходящей жизни являются превосходными управляющими моронтийной деятельностью. Для этого они и созданы, и вплоть до фактуализации Верховного Существа эти создания будут оставаться Моронтийными Спутниками; они никогда не выполняют других обязанностей.

По мере утверждения систем и вселенных в свете и жизни, всё большее число обительских миров прекращает функционировать в качестве переходных сфер моронтийной подготовки. Всё больше и больше завершителей приступают к своему новому режиму подготовки, который, очевидно, призван перенести космическое сознание с нынешнего уровня большой вселенной на уровень будущих вселенных внешнего пространства. Моронтийным Спутникам предстоит всё активней действовать в сотрудничестве с завершителями, равно как и во многих других мирах, пока еще не раскрытых на Урантии.

Как вы можете предположить, эти существа, вероятно, сделают многое для того, чтобы вам понравилось пребывание в обительских мирах, – будь оно кратким или продолжительным. Вы будете радоваться общению с ними на всём пути вплоть до Салвингтона. Строго говоря, они не представляют существенного значения для вашего опыта сохранения жизни. Вы могли бы достичь Салвингтона и без них, но вам очень бы их не хватало. Они являются личностной роскошью восходящего пути в локальной вселенной.

4. УПРАВЛЯЮЩИЕ РЕВЕРСИЕЙ

Радость, веселье и эквивалент улыбки так же универсальны, как и музыка. Существуют моронтийный и духовный аналоги веселья и смеха. Восходящая жизнь почти поровну делится на труд и досуг – свободу от выполнения заданий.

Небесный отдых и сверхчеловеческий юмор существенно отличаются от их человеческих аналогов, однако все мы на самом деле предаемся и тому, и другому; отдых и юмор действительно позволяют нам, в нашем состоянии, достичь почти того же, что идеальный юмор может сделать для вас на Урантии. Моронтийные Спутники являются умелыми организаторами досуга и пользуются в высшей степени искусной помощью управляющих реверсией.

Возможно, вам было бы проще всего понять труд управляющих реверсией, сравнив их с лучшими урантийскими юмористами, хотя такое сопоставление и являлось бы слишком вульгарной и неудачной попыткой составить представление о функции этих управляющих переменами и отдыхом, этих попечителей возвышенного юмора моронтийных и духовных сфер.

При обсуждении духовного юмора, позвольте мне сначала сказать, чем он *не является*. В духовной шутке никогда не бывает того привкуса, который появляется при выпячивании неудач слабых и заблуждающихся людей. Точно так же, она никогда не может быть богохульной в отношении праведности и блаженства божественности. Наш юмор охватывает три общих уровня восприятия:

1. *Шутки, связанные с воспоминаниями.* Шутки, возникающие при воспоминаниях об эпизодах прошлого, связанных с переживанием сражений, борьбы, а иногда страха, часто нелепого и инфантильного беспокойства. Для нас этот вид юмора проистекает из глубоко укоренившейся способности обращаться к прошлому в поисках таких воспоминаний, которые помогли бы облегчить груз настоящего, скрашивая его весельем.

2. *Сегодняшний юмор.* Бессмысленность многого из того, что вызывает у нас глубокое беспокойство, радость от понимания незначительности многих наших серьезных личных тревог. Мы наиболее высоко ценим эту сторону юмора тогда, когда с его помощью нам лучше всего удается развеять тревоги настоящего благодаря уверенности в будущем.

3. *Радость предвидения.* Возможно, смертным будет нелегко представить себе этот аспект юмора, но мы действительно получаем особое наслаждение от уверенности в том, что «всё действует во благо» духов и моронтийцев, равно как и смертных. Эта сторона небесного юмора произрастает из веры в преданную сверхопеку тех, кто выше нас, а также в божественное постоянство наших Верховных Руководителей.

Однако действующие в мирах управляющие реверсией не ограничиваются одним только описанием высокого юмора различных категорий разумных существ; они также руководят досугом – духовным отдыхом и моронтийными развлечениями. И в этом им активно помогают небесные мастеровые.

Сами управляющие реверсией не являются созданной группой; они представляют собой корпус набранных существ – от уроженцев Хавоны, воинства посланников пространства и попечительских духов времени вплоть до моронтийных прогрессоров из эволюционных миров. Все они добровольцы, которые посвящают себя помощи своим собратьям в достижении умственной разрядки и отдыха для разума, что прекрасно способствует восстановлению энергетических потерь.

Испытывая частичное утомление из-за усилий, затраченных при восхождении, а также в ожидании приема новых зарядов энергии, можно с удовольствием предаться повторному переживанию событий иных времен и эпох. *Воспоминания о прежнем опыте расы или категории приносят успокоение.* Именно поэтому такие мастера именуются управляющими реверсией: они помогают возвращать память существа к прежнему уровню его развития или к менее опытному состоянию.

Такой реверсией пользуются все существа, кроме прирожденных Создателей, то есть автоматических самовосстановителей, а также некоторых в высшей степени специализированных типов созданий – таких как силовые центры и физические регуляторы, которые сохраняют неизменную, извечную деловитость во всех своих реакциях. Периодическое снятие напряжения, присущего исполнению функциональных обязанностей, является обычной стороной жизни во всех мирах вселенной вселенных, кроме Острова Рай. Урожденные существа центральной обители неспособны истощаться и потому не восстанавливают своих энергетических запасов. Для таких существ, обладающих вечным совершенством Рая, подобный возврат к эволюционному опыту невозможен.

Большинство из нас прошли через низшие стадии бытия или через возрастающие уровни своей категории, и обращение к некоторым эпизодам нашего раннего опыта восстанавливает силы и в определенной степени развлекает нас. Есть некое успокоение в созерцании прежнего опыта своей категории, который остается принадлежностью памяти разума. Будущее означает борьбу и прогресс;

оно предвещает труд, усилие и достижение. Однако прошлое несет черты того, что уже усвоено и достигнуто; созерцание прошлого позволяет расслабиться и предаться беззаботному наблюдению, пробуждающему духовную радость и то моронтийное состояние разума, которое граничит с весельем.

Даже юмор смертных становится весьма сердечным, когда с его помощью описываются случаи, касающиеся тех, кто находится чуть ниже нынешнего уровня развития рассказчика; или изображаются вроде бы вышестоящие по отношению к рассказчику существа, которые становятся жертвой событий, обычно связываемых с теми, кто, по идее, занимает более низкое положение. Вы, обитатели Урантии, допустили в ваш юмор многое из того, что является одновременно вульгарным и недобрым, однако в целом вас следует поздравить: вы обладаете относительно острым чувством юмора. Хорошая юмористическая жилка некоторых из ваших рас оказывает им огромную помощь на их земном пути. Очевидно, что в области юмора вы многое унаследовали от адамической пары – намного больше того, что уцелело от музыки или изобразительного искусства.

В свободное время – время, когда обитатели Сатании возрождают живительные воспоминания об одном из предыдущих этапов существования, – приятный юмор урантийского корпуса управляющих реверсией служит наставлением для всей Сатании. Чувство небесного юмора не покидает нас даже тогда, когда мы выполняем наиболее сложные задания. Оно помогает избежать чрезмерного развития представления о собственной значимости. Однако мы не даем ему волю – как бы вы сказали, не «веселимся», – за исключением тех случаев, когда мы свободны от выполнения серьезных поручений в своих категориях.

Когда нас подмывает вознестись в самомнении, то стоит только задуматься о бесконечном величии и благородстве наших Творцов, – и самовосхваление становится в высшей степени нелепым, почти комическим. Одна из функций юмора – помочь всем нам менее серьезно относиться к себе. *Юмор – это божественное противоядие против самовозвеличения*.

Наибольшую потребность в сопутствующих юмору отдыхе и развлечении испытывают те категории восходящих существ, которые подвергаются продолжительному стрессу из-за напряжения, связанного с восхождением. Два полярных состояния жизни мало нуждаются в юмористических развлечениях: примитивный человек неспособен к этому, а существа Райского совершенства в этом не нуждаются. В силу своих природных качеств, обитатели Хавоны являются веселым и радостным собранием в высшей степени счастливых личностей. В Раю состояние поклонения устраняет необходимость в восстановлении. Однако помощь управляющих реверсией играет большую роль в жизни тех, чей путь к Райскому совершенству начинается далеко внизу.

Чем выше уровень развития смертного создания, тем сильнее напряжение и тем выше его способность к юмору, равно как и необходимость в нём. В мире духа всё наоборот: чем выше мы восходим, тем меньше мы нуждаемся в разрядке посредством реверсии. Однако спускаясь из Рая вниз по духовной лестнице к серафическим воинствам, мы обнаруживаем всё большую потребность в той миссии, которую исполняет радость, и той помощи, которую приносит веселье. Существа, больше других нуждающиеся в отдыхе при периодическом возврате к прежнему интеллектуальному статусу, относятся к высшим типам людей, моронтийцам, ангелам и Материальным Сынам, а также ко всем схожим типам личностей.

Юмор должен исполнять функцию автоматического предохранительного клапана, предотвращающего образование избыточного давления из-за однообразности продолжительного и углубленного самосозерцания, которым сопровождается интенсивное стремление к эволюционному прогрессу и высоким свершениям. Помимо этого, юмор уменьшает шок от неожиданного воздействия факта или истины – жесткого, непреклонного факта и гибкой, вечно живой истины. Смертная личность, никогда не знающая, с чем ей предстоит столкнуться, благодаря юмору быстро постигает неожиданный характер ситуации – видит суть и проникает в глубинный смысл, – будь то факт или истина.

Хотя юмор Урантии чрезвычайно примитивен и абсолютно лишен артистизма, он всё же служит важной цели, сохраняя здоровье, избавляя от эмоционального стресса и тем самым предотвращая губительное нервное напряжение и излишне серьезное самосозерцание. Юмор и досуг – развлечение – никогда не отражают устремления в будущее; они всегда являются отражением прошлого. Так и сейчас, в своем нынешнем состоянии на Урантии, вы всегда чувствуете прилив сил, когда, на короткое время, можете отвлечься от новых и более высоких интеллектуальных усилий и вернуться к более простым занятиям своих предков.

Принципы досуга урантийцев философски основательны и продолжают применяться в течение вашей восходящей жизни, через кольца Хавоны, вплоть до вечных берегов Рая. Как восходящие существа, вы обладаете личной памятью обо всех предыдущих и нижестоящих этапах бытия, и без такой индивидуальной памяти о прошлом не было бы основания для юмора в настоящем – будь то хохот смертных или веселье моронтийцев. Именно воспоминание об опыте прошлого становится основой сегодняшних развлечений и забав. Так вы будете получать удовольствие от небесных эквивалентов вашего земного юмора на всём протяжении своего долгого моронтийного, а затем всё более духовного пути. И благодаря той частице Бога (Настройщику), которая становится вечной частью личности восходящего смертного, в радостных выражениях и даже в духовном смехе восходящих созданий времени и пространства, появляется призвук божественности.

5. УЧИТЕЛЯ ОБИТЕЛЬСКИХ МИРОВ

Учителя Обительских Миров представляют собой группу покинутых, но прославленных херувимов и сановимов. Когда паломник времени восходит из испытательного мира пространства к обительским и сопричастным мирам моронтийной подготовки, он прибывает в сопровождении своего личного или группового серафима – хранителя судьбы. В мирах смертного существования серафимы пользуются услугами искусных помощников – херувимов и сановимов. Однако когда смертный подопечный освобождается от уз плоти и вступает на путь восхождения, когда начинается постматериальная, или моронтийная, жизнь, сопровождающий серафим больше не нуждается в помощи своих бывших заместителей – херувима и сановима.

Эти покинутые помощники опекающего серафима часто призываются в столицу вселенной, где принимаются в сокровенные объятия Материнского Духа Вселенной, после чего они отправляются в подготовительные сферы систем в качестве Учителей Обительских Миров. Эти учителя часто посещают материальные миры, а их деятельность охватывает как низшие обительские миры, так и высшие образовательные сферы, связанные со столицей вселенной. По своей собственной инициативе они могут возвращаться к прежним обязанностям, исполняемым совместно с попечительскими серафимами.

В Сатании существуют многие миллиарды таких учителей, и их число постоянно растет, так как в большинстве случаев, когда серафим направляется к центру, сопровождая слившегося с Настройщиком смертного, как херувим, так и сановим остаются в системе.

Учителя Обительских Миров, как и многие другие воспитатели, получают задания от Мелхиседеков. Они находятся под общим наблюдением Моронтийных Спутников, однако, как индивидуумы и учителя, они подчиняются существам, исполняющим обязанности директоров школ или сфер, в которых они могут трудиться в качестве воспитателей.

Как и в прошлом, когда они были прикреплены к серафимам, эти высокоразвитые херувимы обычно трудятся в парах. По своей природе, они очень близки к моронтийному типу бытия. Этим учителям восходящих смертных присуща благожелательность, и они осуществляют в высшей степени эффективное руководство программой обительских миров и образовательной системой моронтии.

В школах моронтийной жизни эти учителя проводят индивидуальные, групповые, классные и массовые занятия. В обительских мирах такие школы организованы в трех общих группах по сто отделений в каждой: это школы мысли, школы чувства и школы дела. Когда вы достигаете созвездия, к ним добавляются школы этики, школы управления и школы социальной адаптации. В столице вселенной вы будете заниматься в школах философии, божественности и чистой духовности.

Те вещи, которые вы имели возможность выучить, но не выучили на земле, должны быть усвоены под опекой этих преданных и терпеливых учителей. Нет коротких или легких путей к Раю. Несмотря на индивидуальные вариации маршрута, вы должны усвоить уроки одной сферы, прежде чем попасть на другую; во всяком случае, это справедливо после того, как вы покидаете мир, в котором появились на свет.

Одна из целей моронтийного пути – добиться полного искоренения в сохранившихся смертных таких остаточных черт животного происхождения, как медлительность, увиливание, неискренность, уклонение от решения проблем, нечестность и поиск легких путей. Обительская жизнь с самого начала учит молодых моронтийных учеников тому, что отложить – вовсе не значит избежать. После жизни во плоти исчезает возможность пользоваться временем как методом уклонения от обстоятельств или невыполнения неприятных обязательств.

Приступая к служению на низшей из сфер временного пребывания, Учителя Обительских Миров, по мере накопления опыта, продвигаются через образовательные сферы системы и созвездия к подготовительным мирам Салвингтона. Они не проходят какого-либо специального обучения ни до, ни после объятий Материнского Духа Вселенной. Они уже получили необходимую для исполнения своих обязанностей подготовку во время служения в качестве серафических помощников в мирах, где появились на свет их ученики, пребывающие в обительских мирах. В обитаемых мирах они получили действительный опыт общения с этими восходящими смертными. Они являются практичными и благожелательными учителями, мудрыми и чуткими воспитателями, умелыми и деятельными проводниками. Они хорошо знакомы с планами восхождения и обладают большим опытом начальных стадий восходящего пути.

Многие из старших учителей, подолгу служившие в мирах салвингтонского кольца, вторично проходят объятия Материнского Духа Вселенной, и из таких повторных объятий эти херувимы и сановимы выходят в статусе серафимов.

6. СЕРАФИМЫ МОРОНТИЙНЫХ МИРОВ – ПЕРЕХОДНЫЕ ПОПЕЧИТЕЛИ

Хотя все чины ангелов – от планетарных помощников до верховных серафимов – опекают моронтийные миры, непосредственно этим занимаются переходные попечители. Эти ангелы относятся к шестой категории серафических служителей, и их опека посвящена облегчению перехода материальных и смертных созданий из временной жизни во плоти на ранние стадии моронтийного существования в семи обительских мирах.

Вам следует понять, что в действительности моронтийная жизнь восходящего смертного начинается в обитаемых мирах при зарождении души, в тот момент, когда в нравственный разум создания проникает духовный Настройщик. И начиная с этого момента, смертная душа обладает потенциальной способностью к сверхсмертной деятельности, вплоть до признания ее на высших уровнях моронтийных сфер локальной вселенной.

Тем не менее, вы начнете осознавать служение переходных серафимов только в обительских мирах, где они без устали помогают развитию своих смертных учеников, трудясь в семи следующих группах:

1. *Серафические благовестники*. В тот момент, когда вы приходите в сознание в обительских мирах, в архивах системы вас регистрируют как эволюционирующий дух. Конечно, в действительности вы еще не являетесь духом, но вы более не относитесь к смертным или материальным существам. Вы вступили на преддуховный путь и, соответственно, начинаете жить моронтийной жизнью.

В обительских мирах серафические благовестники помогут вам сделать правильный выбор одного из возможных маршрутов к Эдемии, Салвингтону, Уверсе и Хавоне. В случае нескольких одинаково целесообразных маршрутов, вам будет предложено выбрать из них тот, который будет казаться вам самым привлекательным. Затем эти серафимы передают двадцати четырем советникам Иерусема свои рекомендации в отношении наиболее предпочтительного пути для каждой восходящей души.

У вас не будет неограниченной свободы выбора своего будущего пути; однако вам будет предоставлена возможность выбирать из тех вариантов, которые переходные попечители и вышестоящие существа посчитают благоразумными и наиболее целесообразными для будущего обретения духовного статуса. Духовный мир управляется принципами уважения к свободе выбора, если только выбираемый вами путь не является пагубным для вас или вредным для ваших товарищей.

Эти серафические благовестники посвящены провозглашению евангелия вечного развития, торжества обретения совершенства. В обительских мирах они провозглашают великий закон сохранения и господства благости: ни один благой поступок никогда не бывает абсолютно тщетным; ему можно долго противодействовать, но невозможно полностью уничтожить, и он навечно сохраняет свою силу, пропорциональную божественности побуждения.

Так и на Урантии они наставляют тех, кто учит истине и праведности, придерживаться в своих проповедях «Божьей благости, которая ведет к покаянию», провозглашать «Божью любовь, которая изгоняет всякий страх». Именно так провозглашались эти истины в вашем мире:

Боги – пастыри мои; я не собьюсь с пути;
Бок о бок идя со мной, они ведут меня к блаженному обновлению вечной жизни.
В этом Божественном Присутствии я не буду испытывать ни голода, ни жажды.

Спущусь ли я в долину неуверенности, взойду ли я в миры сомненья,
Иду ли я в одиночестве или с подобными мне,
Торжествую ли я в хорах света или блуждаю в пустынных сферах,
Да поможет мне твой добрый дух и да утешит меня твой славный ангел.
Спущусь ли я в глубины мрака и самой смерти,
Я не усомнюсь в тебе и не убоюсь тебя,
Ибо знаю я, что в свершении времени и блаженстве имени своего
Ты воскресишь меня и усадишь с собою в небесном бастионе.

Вот что было нашептано ночью пастушку. Он не запомнил всего дословно, однако, насколько сумел, он передал это в известном сегодня виде.

Эти серафимы также возвещают евангелие обретения совершенства для всей системы, равно как и для отдельного восходящего создания. Даже сейчас, в молодой системе Сатания, в их учениях и планах предусмотрены положения для грядущих веков, когда обительские миры более не будут служить ступенями восхождения смертных к высшим сферам.

2. *Расовые толкователи.* Все смертные расы не похожи друг на друга. Конечно, существует планетарный архетип, определяющий все физические, умственные и духовные характеры и тенденции различных рас данного мира. Но существуют и выраженные расовые типы, причем для потомков этих различных человеческих типов характерны совершенно определенные социальные тенденции. В мирах времени серафические расовые толкователи содействуют усилиям уполномоченных по вопросам рас, направленным на согласование различных расовых воззрений; они продолжают свою деятельность в обительских мирах, где до некоторой степени сохраняются те же различия. На такой запутанной планете, как Урантия, эти блистательные существа вряд ли могли по-настоящему заниматься своим делом, однако они являются искусными социологами и мудрыми советниками первого неба по вопросам рас.

Вам стоит задуматься о выражениях «небо» и «небо небес». То, что большинство ваших пророков понимали как небо, было первым из обительских миров локальной системы. Когда апостол говорил о том, что он «был вознесен на третье небо», он имел в виду случай, когда его Настройщик отделился во время сна и в этом необычном состоянии перенесся в третий из семи обительских миров. Некоторым из ваших мудрецов посылалось видéние высшего неба – «неба небес», из которых семичастный опыт обительских миров соответствует только первому небу. Вторым является Иерусем, третьим – Эдемия со своими спутниками, четвертым – Салвингтон и окружающие образовательные сферы, пятым – Уверса, шестым – Хавона и седьмым – Рай.

3. *Планировщики разума.* Эти серафимы занимаются эффективным группированием моронтийных существ и организацией их совместного труда в обительских мирах. Они представляют собой психологов первого неба. Большинство членов этого особого отряда серафических попечителей приобрели практический опыт в качестве ангелов-хранителей детей времени, однако их подопечные, в силу каких-то причин, не смогли восстановить личность в обительских мирах или же сохранились путем слияния с Духом.

В задачу планировщиков разума входит изучение характера, опыта и статуса душ, обладающих Настройщиками и проходящих через обительские миры, а также оказание помощи при образовании групп для выполнения заданий и достижения прогресса. Этим планировщикам разума чужды интриги, махинации, эксплуатация неосведомленности или иной ограниченности тех, кто обучается в обительских мирах. Они абсолютно честны и возвышенно справедливы. Они уважают вашу новорожденную моронтийную волю; для них вы являетесь самостоятельными волевыми существами, и они стремятся помочь вашему скорейшему развитию и прогрессу. Здесь вы встречаетесь с истинными друзьями и чуткими советниками, ангелами, готовыми помочь вам, чтобы «увидеть себя такими, какими другие видят вас» и «познать себя такими, какими вас знают ангелы».

Уже на Урантии эти серафимы учат вечной истине: если ваш собственный разум плохо вам служит, вы можете поменять его на разум Иисуса Назарянина, который никогда вас не подведет.

4. *Моронтийные советники*. Эти попечители называются так потому, что они назначаются в качестве учителей, наставников и советников сохранившихся смертных, прибывающих из миров своего происхождения, – душ, находящихся на пути к высшим школам системной столицы. Они учат тех, кто ищет углубленного понимания эмпирического единства различных уровней жизни, тех, кто пытается интегрировать значения и объединить ценности. Такова функция философии в смертной жизни, моты – в жизни моронтийных сфер.

Мота – это нечто большее, чем высшая философия; она соотносится с философией так же, как два глаза – с одним; она дает стереоскопический эффект при рассмотрении значений и ценностей. Материальный человек видит вселенную как бы одним глазом – плоской. Студенты обительских миров обретают космическую перспективу – глубину, – совмещая понятия моронтийной жизни с понятиями физической жизни. И они способны получить истинную картину, которая складывается из материального и моронтийного воззрений, в значительной мере благодаря неустанной помощи своих серафических советников, которые столь терпеливо обучают учащихся обительских миров и моронтийных прогрессоров. Многие обучающие советники из верховной категории серафимов начали свой путь в качестве наставников недавно освобожденных душ смертных времени.

5. *Техники*. Эти серафимы помогают новичкам приспособиться к новой и сравнительно необычной среде моронтийных сфер. Жизнь в переходных мирах предусматривает реальный контакт с энергиями и материалами как физического, так и моронтийного уровней, а также, до определенной степени, с духовными реальностями. Восходящие существа должны привыкнуть к каждому новому моронтийному уровню, и во всём этом огромную помощь им оказывают серафические техники. Эти серафимы обеспечивают взаимодействие с Управляющими Моронтийной Энергией и Главными Физическими Регуляторами и проводят большую работу, объясняя восходящим паломникам природу тех энергий, которые используются в переходных сферах. Они пересекают пространство, выполняя срочные поручения и многочисленные другие – постоянные и специальные – функции.

6. *Учителя-регистраторы*. Эти серафимы являются регистраторами взаимодействий, происходящих на стыке духовного и физического, взаимоотношений людей и ангелов, моронтийных процессов низших вселенских сфер. Они также служат в качестве инструкторов, обучающих методам быстрой и эффективной регистрации фактов. Разумный сбор и координация связанной информации является своего рода искусством, и это искусство поднимается на новую высоту в сотрудничестве регистраторов с небесными мастеровыми; так даже восходящие смертные становятся связанными с регистрирующими.

Определенную часть своего времени регистраторы всех серафических категорий посвящают образованию и подготовке моронтийных прогрессоров. Эти ангельские хранители фактов времени являются идеальными инструкторами всех тех, кого интересуют факты. До того как покинуть Иерусем, вы хорошо познакомитесь с историей Сатании и ее 619 обитаемых миров, причем эту информацию вы в значительной мере получите от серафических регистраторов.

Все эти ангелы – звенья в цепи регистраторов, которая протянулась от низших до высших хранителей фактов времени и истин вечности. Придет день, когда они будут учить вас интересоваться как фактом, так и истиной, развивать не только разум, но и душу. Так и сейчас вы должны учиться не только стремиться к сухим пескам знаний, но и орошать сад своего сердца. Когда урок выучен, форма теряет свою ценность. Без скорлупы не будет птенца, но скорлупа ничего не стоит, после того как из нее вылупился птенец. Однако иногда заблуждение столь велико, что исправление его с помощью откровения было бы роковым для тех медленно выявляющихся истин, которые совершенно необходимы для его эмпирического ниспровержения. Когда у детей появляются свои идеалы, не мешайте им; дайте им подрасти. И учась думать, как взрослые, учитесь молиться, как дети.

Закон есть сама жизнь, а не правила поведения в жизни. Зло есть нарушение закона, а не правил поведения, касающихся жизни, которая *есть* закон. Ложь есть не способ изложения, а преднамеренное искажение истины. Создание новых картин из старых фактов, перефразирование родительской жизни в жизни потомков, – вот художественное торжество истины. Тень от волоса, преднамеренно колыхнувшегося во имя ложной цели, малейшее искажение или извращение того, что принципиально, – вот в чём ложь. Однако идол истины, превращенной в факт, истины окаменелой, железный хомут так называемой неизменной истины удерживает слепца в замкнутом круге голого факта. Можно быть формально правым в отношении факта и бесконечно заблуждаться в отношении истины.

7. *Попечительские резервы*. Большой корпус, состоящий из всех категорий переходных серафимов, находится в первом обительском мире. Вслед за хранителями судьбы, эти переходные попечители находятся ближе всех к людям, и вы не раз будете проводить свое свободное время в их обществе. Ангелы получают удовольствие от служения, и свободные ангелы часто служат в качестве добровольцев. В личной дружбе с добровольными служителями серафических резервов, души многих восходящих смертных впервые воспламеняются божественным огнем – желанием служения.

Они научат вас не противиться трудностям, дабы обрести устойчивость и уверенность; быть преданным, честным и, кроме того, неунывающим; принимать испытания без недовольства и встречать трудности и неопределенности без страха. Они спросят вас: если вас постигнет неудача, восстанете ли вы для новой энергичной попытки? Если преуспеете, сохраните ли устойчивое равновесие – уравновешенное и одухотворенное отношение – при каждом шаге в течение долгих усилий, направленных на преодоление оков материальной инерции и обретение свободы духовного существования?

Как и смертные, эти ангелы были источником многих разочарований, и они укажут на то, что подчас самые глубокие разочарования становятся вашим наибольшим благом. Порой посеянное зерно обрекается на гибель – подобно тому, как гибнут самые сокровенные из ваших надежд, – прежде чем оно может возродиться и принести плоды новой жизни и новых возможностей. Они научат вас меньше страдать в горе и разочарованиях, что достигается, во-первых, когда вы меньше рассчитываете на других людей в своих личных планах и, во-вторых, смиряетесь со своей участью после добросовестного исполнения своего долга.

Вы узнаете, что увеличиваете свою ношу и уменьшаете возможность успеха, когда слишком серьезно к себе относитесь. Первоочередное значение имеет труд на сфере, соответствующей вашему статусу, – в этом мире или следующем. Работа по подготовке к следующей, более высокой сфере очень важна, но ничто не может сравниться с важностью труда в том мире, в котором вы действительно живете. Однако важен *труд*, а не *собственное «я»*. Когда вы ощущаете собственную важность, вы расходуете энергию на утверждение своего «я», при этом на сам труд остается мало сил. Сознание собственной значимости, а не значимости труда, – вот что истощает незрелых созданий; изнуряет именно эго, а не целенаправленное усилие. Вы способны выполнять важную работу, если у вас не появляется самомнения; вы способны одновременно делать несколько дел так же легко, как и одно, если не принимаете себя во внимание. Разнообразие дает отдых; однообразие изнуряет и истощает. Один день похож на другой – жизнь превращается всего лишь в альтернативу смерти.

7. МОРОНТИЙНАЯ МОТА

Низшие уровни моронтийной моты непосредственно соприкасаются с высшими уровнями человеческой философии. В первом обительском мире практикуется обучение учащихся более низкого уровня с использованием параллельного метода. Он заключается в том, что в одной колонке даются простейшие понятия, относящиеся к значениям моты, а в противоположной – аналогичные положения философии смертных.

Не так давно, исполняя задание в первом обительском мире Сатании, мне довелось наблюдать этот метод обучения; и хотя я не вправе касаться содержания моты, мне дозволено записать двадцать восемь положений человеческой философии, которую использовал в своем уроке моронтийный преподаватель в качестве иллюстраций в помощь новым воспитанникам обительского мира, стремящимся к постижению важности и значения моты. Использовались следующие иллюстрации из человеческой философии:

1. Проявление специальных умений не есть признак духовных способностей. Ум не заменяет истинный характер.

2. Лишь немногие живут по той вере, которая у них действительно есть. Беспричинный страх – это великий интеллектуальный обман, жертвой которого становится развивающаяся душа смертного существа.

3. Невозможно превысить врожденные способности; пинта никогда не вместит кварту. Духовное понятие невозможно механически втиснуть в шаблон материальной памяти.

4. Лишь немногие отваживаются воспользоваться сколько-нибудь существенной частью той суммы кредитов, которая предоставлена личности объединенной помощью природы и благодати. Большинство обездоленных душ по-настоящему богаты, однако они отказываются поверить в это.

5. Трудности могут обескураживать посредственность и сокрушать убоявшихся, но они только воодушевляют истинных детей Всевышних.

6. Пользоваться привилегиями без злоупотреблений, свободой без вседозволенности, обладать властью и полностью отказываться использовать ее для самовозвеличения, – вот признаки высокоразвитой цивилизации.

7. В космосе не бывает необдуманных и непредвиденных случайностей. Равным образом небесные существа не помогают тому низшему существу, которое отказывается действовать в согласии со своим светом истины.

8. Усилие не всегда приводит к радости, но без разумного усилия нет счастья.

9. Действие придает силу, умеренность – обаяние.

10. Праведность извлекает благозвучные аккорды истины, и мелодия звучит по всему космосу, достигая Бесконечного.

11. Слабые удовлетворяются решениями, сильные действуют. Жизнь – это лишь ежедневный труд; выполните его достойно. Действие – наше; последствия – Божьи.

12. Величайшее бедствие космоса – никогда не бедствовать. Мудрость приходит к смертным только через страдания.

13. Звезды лучше всего видны из уединенности эмпирических глубин, а не с освещенных и экстатических горных вершин.

14. Возбуждайте в своих товарищах жажду истины. Давайте совет только тогда, когда его просят.

15. Притворство есть нелепое стремление невежды казаться мудрым, попытка пустой души казаться богатой.

16. Невозможно постигнуть духовную истину, не пережив ее, и многие истины по-настоящему ощущаются только в несчастье.

17. Честолюбие перестает быть опасным тогда, когда оно полностью приспособлено к нуждам общества. Вы обретаете добродетель только тогда, когда добродетельными становятся ваши поступки.

18. Нетерпимость отравляет дух. Гнев – всё равно что камень, брошенный в осиное гнездо.

19. Необходимо избавиться от беспокойств. Самые невыносимые разочарования – это те, которые никогда не постигают вас.

20. Только поэт способен увидеть поэзию в будничной прозе повседневного существования.

21. Высшее предназначение всякого искусства – с помощью своих иллюзий предвозвещать более высокую вселенскую реальность, отливать эмоции времени в мысль вечности.

22. Развивающаяся душа становится божественной не благодаря тому, что́ она делает, а благодаря тому, к чему она стремится.

23. Смерть ничего не прибавила к интеллектуальной собственности или духовным способностям, однако она действительно обогатила эмпирический статус сознанием *продолжения жизни*.

24. Мгновение за мгновением, судьба вечности определяется успехами проходящей день за днем жизни. Сегодняшние поступки становятся завтрашней судьбой.

25. Величие заключается не столько в обладании силой, сколько в мудром и божественном употреблении этой силы.

26. Знанием можно обладать, только делясь им с другими; его охраняет мудрость и социализирует любовь.

27. Прогресс требует развития индивидуальности. Посредственность стремится к увековечению в стандартизации.

28. Необходимость в доказательствах для защиты какого-либо утверждения обратно пропорциональна содержащейся в нём истине.

Таков труд новичков в первом из обительских миров, в то время как более подготовленные ученики последующих миров овладевают высшими уровнями космической проницательности и моронтийной моты.

8. МОРОНТИЙНЫЕ ПРОГРЕССОРЫ

Начиная с того времени, когда восходящие смертные покидают обительские миры, и вплоть до обретения духовного статуса в сверхвселенной, они именуются моронтийными прогрессорами. Прожить эту удивительную промежуточную жизнь – значит обогатить себя незабываемым опытом, чудесными воспоминаниями. Это эволюционные врата в духовную жизнь и грядущее обретение совершенства, посредством которого восходящие смертные достигают цели времени – обретают Бога в Раю.

Вся эта моронтийная и последующая духовная программа развития смертных, эта детально разработанная вселенская подготовительная школа для восходящих созданий, преследует определенную и божественную цель. Замысел Создателей заключается в постепенном предоставлении временны́м созданиям возможности до тонкостей овладеть деталями функционирования и управления большой вселенной, и этот длительный курс подготовки дает лучшие результаты тогда, когда сохранившийся смертный восходит постепенно, принимая непосредственное участие в жизни на каждой новой ступени.

План сохранения смертных ставит перед собой практическую и полезную цель. Весь этот божественный труд и кропотливая подготовка предлагаются вам не для того, чтобы, продолжив жизнь, вы могли предаваться только бесконечному блаженству и вечной праздности. За горизонтом нынешней вселенской эпохи скрывается цель трансцендентного служения. Если бы замысел Богов сводился к тому, чтобы пригласить вас на увеселительную прогулку протяженностью в вечность, им наверняка не пришлось бы до такой степени превращать всю вселенную в одну обширную и сложную школу практического обучения, задействовать существенную часть небесных созданий в качестве учителей и воспитателей и после этого тратить эпоху за эпохой для того, чтобы вести вас поодиночке через эту гигантскую вселенскую школу эмпирической подготовки. Помощь программе эволюции смертных представляется одной из основных задач нынешней организованной вселенной, и большинство бесчисленных категорий созданных разумных существ прямо или косвенно участвуют в успешном осуществлении одного из этапов этого плана постепенного обретения совершенства.

Пересекая восходящие ступени жизни от смертного человека к объятиям Божеств, вы действительно проживаете каждый возможный этап и стадию существования усовершенствованного создания в пределах нынешней вселенской эпохи. Восхождение смертного человека на уровень Райского завершителя включает всё, что ныне существует, – охватывает всё, что возможно в настоящее время для живых категорий разумных, усовершенствованных конечных созданных существ. Если будущей судьбой Райских завершителей является служение в создаваемых сегодня вселенных, то можно быть уверенным в том, что в этом новом грядущем творении не будет созданных категорий эмпирических существ, чья жизнь целиком отличалась бы от той жизни, которую смертные завершители прожили в одном из миров в качестве одного из этапов своей восходящей подготовки, одной из стадий векового прогресса от животного к ангелу, от ангела к духу и от духа к Богу.

[Представлено архангелом Небадона.]

ДОКУМЕНТ 49

ОБИТАЕМЫЕ МИРЫ

Все населенные смертными миры эволюционны по своему происхождению и сущности. Такие сферы являются местом зарождения, эволюционной колыбелью смертных рас времени и пространства. Каждая ступенька, на которую поднимаются на своем пути восходящие смертные, является настоящей школой подготовки к следующему этапу существования, что справедливо для всех периодов последовательного восхождения смертных к Раю. Это в равной мере относится как к начальному опыту смертных на эволюционной планете, так и к завершающей школе Мелхиседеков в столице вселенной, – школе, в которую восходящие смертные поступают перед самым переходом на уровень сверхвселенной и обретением статуса духа первой ступени.

Для небесного управления все обитаемые миры обычно группируются в локальные системы, и каждая из таких локальных систем ограничена примерно тысячью эволюционных миров. Это ограничение введено распоряжением Древних Дней и распространяется на собственно эволюционные планеты, обитатели которых потенциально способны сохранить жизнь. В это число не входят ни миры, утвержденные в свете и жизни, ни планеты, на которых еще не появился человек.

Что касается Сатании, то она представляет собой незаконченную систему, включающую только 619 обитаемых миров. Такие планеты получают порядковые номера в соответствии с регистрацией в статусе обитаемых миров – миров, населенных волевыми созданиями. Так, Урантии был присвоен номер *606 в Сатании*, что означает 606-й мир данной локальной системы, в котором длительный эволюционный процесс завершился появлением человеческих существ. Тридцать шесть необитаемых планет приближаются к стадии наделения жизнью, и в настоящее время некоторых из них готовят к прибытию Носителей Жизни. Около двухсот сфер развиваются таким образом, что будут готовы для внедрения жизни в течение нескольких миллионов лет.

Не на всех планетах могут жить смертные создания. Небольшие планеты с высокой скоростью осевого вращения совершенно непригодны в качестве естественной среды обитания. В некоторых физических системах Сатании обращающиеся вокруг центрального солнца планеты слишком велики для жизни: их огромная масса является причиной чрезмерной силы тяжести. Многие из таких колоссальных сфер имеют спутники, иногда с полдюжины и более, и нередко по своему размеру эти луны очень близки по размеру к Урантии и потому являются почти идеальной средой обитания.

Старейший обитаемый мир Сатании, мир номер один, называется Анова; это один из сорока четырех спутников, обращающихся вокруг огромной темной планеты, но освещаемых различным светом трех соседних солнц. Анова находится на высокой стадии развития своей цивилизации.

1. ПЛАНЕТАРНАЯ ЖИЗНЬ

Вселенные времени и пространства развиваются постепенно. Развитие жизни, земной или небесной, не совершается ни по прихоти, ни по волшебству. Космическую эволюцию не всегда можно понять (предсказать), но она никогда не является случайной.

Биологической единицей материальной жизни является протоплазменная клетка – ассоциация взаимодействующих химических, электрических и других основных видов энергии. Для каждой системы характерны свои химические формулы, и локальные вселенные несколько отличаются друг от друга по способу размножения живой клетки. Однако Носители Жизни всегда являются теми живыми катализаторами, которые инициируют изначальные реакции материальной жизни; они активируют энергетические контуры живого вещества.

Все миры локальной вселенной обнаруживают безошибочное физическое родство. Тем не менее, каждая планета имеет свой собственный спектр жизни, и нет двух миров, наделенных абсолютно одинаковой флорой и фауной. Эти планетарные вариации системных типов жизни возникают вследствие решений Носителей Жизни. Однако эти существа не являются ни капризными, ни прихотливыми; во вселенных царит закон и порядок. Законы Небадона суть божественные веления Салвингтона, а эволюционная организация жизни Сатании согласуется с эволюционным типом Небадона.

Эволюция является правилом человеческого развития, но сам эволюционный процесс протекает совершенно по-разному в различных мирах. Иногда жизнь зарождается в одном центре, иногда – в трех, как это произошло на Урантии. В мире, наделенном атмосферой, она обычно имеет морское происхождение, но не всегда; многое зависит от физического состояния планеты. Носители Жизни обладают широкой свободой действий в своей деятельности по зарождению жизни.

При развитии планетарной жизни растительная форма всегда предшествует животной, достигая полного развития до того, как начинают выделяться типы животных. Все животные классы развиваются из основных типов предшествующего растительного царства живой природы; они не создаются отдельно.

Ранние этапы развития жизни не во всём совпадают с вашими современными воззрениями. *Смертный человек не является эволюционной случайностью*. Существует точная система, вселенский закон, который определяет раскрытие плана планетарной жизни в мирах пространства. Время и производство многочисленного вида не являются определяющими. Мыши размножаются значительно быстрее слонов, однако слоны эволюционируют быстрее мышей.

Процесс планетарной эволюции отличается планомерностью и управляемостью. Развитие высших организмов из низших групп жизни не является случайным. Порой эволюционный прогресс временно замедляется из-за уничтожения некоторых особо благоприятных факторов жизненной плазмы, заключенных в выбранном биологическом виде. Нередко для компенсации потери одного-единственного преимущественного наследственного признака человеку требуются многие века. При появлении особых и преимущественных наследственных факторов живой протоплазмы их следует ревностно и разумно охранять. И в большинстве обитаемых миров такие преимущественные потенциалы жизни ценятся значительно выше, чем на Урантии.

2. ПЛАНЕТАРНЫЕ ФИЗИЧЕСКИЕ ТИПЫ

В каждой системе есть стандартный, основной тип растительной и животной жизни. Тем не менее, Носители Жизни часто сталкиваются с необходимостью видоизменения этих основных типов для приспособления к различным физическим условиям, существующим в многочисленных мирах пространства. Они способствуют развитию обобщенного системного типа смертного создания, однако существуют семь выраженных физических типов, равно как и многие тысячи второстепенных вариантов этих главных модификаций:

1. Атмосферные типы.
2. Типы среды обитания.
3. Гравитационные типы.
4. Температурные типы.
5. Электрические типы.
6. Типы энергопотребления.
7. Неназванные типы.

Система Сатания содержит все эти типы и многочисленные промежуточные группы, хотя некоторые из них очень немногочисленны.

1. *Атмосферные типы*. Физические различия между мирами обитания смертных в основном определяются характером атмосферы. Остальные факторы, влияющие на разнообразие планетарной жизни, имеют относительно второстепенное значение.

Нынешнее состояние атмосферы Урантии почти идеально для дышащего типа человека, но человеческий тип можно видоизменить таким образом, чтобы человек мог жить как на суператмосферных, так и на субатмосферных планетах. Такие же изменения касаются и животной жизни, которая значительно отличается на различных обитаемых сферах. Существует исключительно широкое разнообразие животных категорий как в субатмосферных, так и в суператмосферных мирах.

Из атмосферных типов Сатании около двух с половиной процентов составляют субдышащие, около пяти процентов – супердышащие и более девяноста одного процента – среднедышащие, что соответствует в общей сложности девяноста восьми с половиной процентам всех миров Сатании.

Существа, подобные урантийским расам, классифицируются как среднедышащие; вы представляете собой типичный – средний – вариант дышащей категории смертных. Если бы разумные создания обитали на планете с атмосферой, подобной атмосфере вашего ближнего соседа, Венеры, то они принадлежали бы к супердышащей группе, в то время как обитатели планеты с такой же разреженной атмосферой, как у вашего дальнего соседа, Марса, назывались бы субдышащими.

Если бы смертные обитали на планете, лишенной атмосферы, – такой, как ваша луна, – они принадлежали бы к отдельной категории недышащих существ. Данный тип является проявлением радикального, экстремального приспособления к планетарной среде обитания и рассматривается отдельно. На недышащих созданий приходятся оставшиеся полтора процента миров Сатании.

2. *Типы среды обитания*. Данные различия связаны с отношением смертных к воде, воздуху и суше. Существуют четыре явно выраженных типа разумной жизни в аспекте среды обитания. Урантийские расы относятся к наземной категории.

Вы совершенно неспособны представить себе ту среду, которая преобладала в некоторых мирах на ранних этапах их существования. Такие необычные условия приводят к тому, что эволюционирующая животная жизнь вынуждена оставаться в своей морской колыбели в течение более продолжительных периодов, чем на тех планетах, где уже на ранних стадиях обеспечена благоприятная наземная и атмосферная среда. И наоборот: иногда в некоторых мирах супердышащих созданий – если размеры планеты не слишком велики – целесообразно создавать условия для появления смертного типа, способного свободно перемещаться в атмосфере. Такие воздушные путешественники иногда занимают промежуточное положение между водными и наземными группами, и часть своего времени они всегда проводят на суше, в итоге превращаясь в наземных созданий. Однако в некоторых мирах они еще долго продолжают летать даже после того, как становятся существами наземного типа.

Удивительно и забавно наблюдать, как в одном случае ранняя цивилизация примитивного человека формируется в воздухе и на вершинах деревьев, в другом – в теплых водах защищенных тропических водоемов, равно как на дне, склонах и побережьях этих морских садов, где появляются первые расы этих необычайных сфер. Даже на Урантии примитивный человек, как и его обитавшие на деревьях предшественники, в течение долгого времени спасался на деревьях, где развивал свою примитивную цивилизацию и где проводил бóльшую часть своего времени. И до сих пор у вас, на Урантии, существует группа мелких млекопитающих, способных передвигаться по воздуху (летучие мыши), а ваши морские обитатели – тюлени и киты – также относятся к млекопитающим.

По типу среды обитания семь процентов созданий в Сатании принадлежат к водным, десять процентов – воздушным, семьдесят процентов – наземным и тринадцать процентов – смешанным наземно-воздушным типам. Однако эти модификации ранних разумных созданий не являются ни человеко-рыбами, ни человеко-птицами. Они представляют собой человеческие и предчеловеческие типы, которые не являются ни сверхрыбами, ни возвышенными птицами, а определенно смертными созданиями.

3. *Гравитационные типы*. Модификации творческого замысла позволяют создавать разумных созданий, способных беспрепятственно функционировать как на менее крупных, так и более крупных, чем Урантия, сферах, частично приспосабливаясь к силе тяжести планет, которые не являются идеальными по своим размерам и плотности.

Различные планетарные типы смертных отличаются по росту, причем средний рост в Небадоне составляет чуть меньше семи футов. Некоторые из более крупных миров населены существами, имеющими в высоту всего два с половиной фута. Это является нижним пределом роста, который доходит примерно до десяти футов на небольших обитаемых планетах. Существа среднего роста обитают на планетах среднего размера. В Сатании есть только одна раса, представители которой не достигают четырех футов. Двадцать процентов обитаемых миров Сатании населены смертными модифицированных гравитационных типов, которые обитают на бóльших и меньших планетах.

4. *Температурные типы*. Возможно создание живых существ, выдерживающих температуры как значительно выше, так и значительно ниже температурного диапазона жизни урантийских рас. В зависимости от механизма терморегуляции, существуют пять различных типов существ. В этой классификации урантийские расы относятся к третьей группе. Тридцать процентов миров Сатании населены расами модифицированных температурных типов. По сравнению с урантийцами,

функционирующими в среднетемпературной группе, двенадцать процентов относятся к более высоким и восемнадцать процентов – к более низким температурным диапазонам.

5. *Электрические типы*. Существуют огромные различия в электрических, магнитных и электронных свойствах миров. Есть десять типов смертной жизни, по-разному приспособленных к сопротивлению характерной энергии сфер. Кроме того, эти десять разновидностей чуть по-разному реагируют на химические лучи обыкновенного солнечного света. Однако такие незначительные физические колебания ни в коей мере не затрагивают интеллектуальную или духовную жизнь.

В классификации смертной жизни по электрическому признаку, почти двадцать три процента приходятся на четвертый класс – урантийский тип существования. Эти типы распределяются следующим образом: номер 1 – один процент; номер 2 – два процента; номер 3 – пять процентов; номер 4 – двадцать три процента; номер 5 – двадцать семь процентов; номер 6 – двадцать четыре процента; номер 7 – восемь процентов; номер 8 – пять процентов; номер 9 – три процента; номер 10 – 2 процента. Все цифры даны округленно.

6. *Типы энергопотребления*. Не все миры одинаковы в аспекте потребления энергии. Не все обитаемые миры обладают атмосферным океаном, пригодным для респираторного газообмена, подобно тому, который имеется на Урантии. Существование созданий вашей нынешней категории невозможно на ранних и поздних стадиях развития многих планет; и когда респираторные показатели планеты слишком высоки или слишком низки – но существуют остальные предпосылки для интеллектуальной жизни, – Носители Жизни часто создают в таких мирах модифицированную форму смертных существ, способных непосредственно использовать световую энергию и преобразованную энергию Главных Физических Регуляторов для поддержания обменных процессов жизнеобеспечения.

Существуют шесть различных типов животного и человеческого питания: субдышащие используют первый тип, обитатели морей – второй, среднедышащие – урантийский тип – третий. Супердышащие пользуются четвертым типом энергопотребления, в то время как недышащие – пятым типом питания и потребления энергии. Шестой метод энергопотребления используется только промежуточными созданиями.

7. *Неназванные типы*. Существуют многочисленные иные физические варианты планетарной жизни, но все подобные различия относятся исключительно к анатомическим модификациям, физиологическому разнообразию и электрохимической адаптации. Такие особенности не имеют отношения к разумной или духовной жизни.

3. МИРЫ НЕДЫШАЩИХ СОЗДАНИЙ

Большинство обитаемых планет населены дышащим типом разумных существ. Однако существуют категории смертных, способных жить в мирах, почти или полностью лишенных воздуха. В Орвонтоне на этот тип приходится менее семи процентов обитаемых миров, в Небадоне – менее трех процентов. Во всей Сатании существует всего девять таких миров.

Столь низкий процент обитаемых миров Сатании, населенных созданиями недышащего типа, объясняется тем, что этот относительно недавно организованный регион Норлатиадека всё еще изобилует метеоритными космическими телами; и миры, лишенные атмосферы, которая обеспечивала бы защитное трение, непрестанно бомбардируются этими блуждающими звездами. Даже некоторые из комет состоят из метеоритной массы, но, как правило, они представляют собой небольшие материальные осколки.

Миллионы и миллионы метеоритов ежедневно попадают в атмосферу Урантии со скоростью почти двести миль в секунду. В мирах, населенных недышащими созданиями, высокоразвитые расы вынуждены прилагать большие усилия для защиты от метеорной угрозы, создавая электроустановки для поглощения или отражения метеоров. Они подвергаются огромной опасности, когда выходят за пределы защищенных зон. Кроме того, эти миры подвержены разрушительным электрическим бурям неизвестного на Урантии характера. Во время таких колоссальных энергетических колебаний обитатели вынуждены спасаться в особых строениях, оснащенных защитной изоляцией.

Жизнь в мирах недышащих созданий радикально отличается от жизни на Урантии. По сравнению с урантийскими расами, недышащие существа не потребляют пищу и не пьют воду. Реакции нервной системы, механизм теплообмена и метаболизм этих особых рас совершенно непохожи на соответствующие функции урантийских смертных. Отличаются практически все жизненные акты, за исключением воспроизводства, причем некоторые различия есть даже в способах продолжения рода.

В таких мирах животный мир принципиально иной, чем фауна атмосферных планет. Жизнь недышащих созданий непохожа на способ существования в атмосферном мире; такие существа отличаются даже по типу продолжения жизни, являясь кандидатами на слияние с Духом. Тем не менее, эти существа живут и действуют в своем мире, испытывая примерно такие же превратности и радости судьбы, что и смертные атмосферных миров. По разуму и характеру недышащие создания являются такими же, как и остальные типы смертных.

Вас могла бы чрезвычайно заинтересовать планетарная жизнь смертных этого типа, ибо такая раса населяет сферу, находящуюся весьма близко от Урантии.

4. ЭВОЛЮЦИОННЫЕ ВОЛЕВЫЕ СОЗДАНИЯ

Смертные различных миров существенно отличаются друг от друга, даже если они принадлежат к одному и тому же интеллектуальному и физическому типу, но все обладающие волей смертные являются прямоходящими двуногими животными.

Существуют шесть основных эволюционных рас: три первичные – красная, желтая и синяя, и три вторичные – оранжевая, зеленая и индиговая. В большинстве обитаемых миров есть все эти расы, однако многие из планет, на которых обитают создания с трехдольным мозгом, населены только тремя первичными типами. Также и в некоторых локальных системах есть только три эти расы.

Обычно люди наделяются двенадцатью особыми видами физического чувственного восприятия, хотя специальные чувства трехдольных типов несколько превышают возможности созданий с одно- и двудольным мозгом; по своим зрительным и слуховым возможностям они значительно превосходят урантийские расы.

Новорожденные, как правило, появляются поодиночке, и рождение сразу нескольких детей является исключением. Семейная жизнь достаточно однородна на планетах всех типов. Обычно во всех развитых мирах преобладает равенство полов; мужчины и женщины равны в отношении умственных способностей и духовного статуса. Мы считаем, что планета пребывает в варварстве до тех пор, пока один пол стремится подчинить себе другой. Данный аспект опыта созданий всегда значительно улучшается после прибытия Материального Сына и Материальной Дочери.

Во всех освещаемых и обогреваемых солнцем мирах происходит смена времен года и колебания температур. Во всех атмосферных мирах существует сельское хозяйство; возделывание земли свойственно для эволюционирующих рас всех подобных планет.

На ранних этапах своего существования все смертные ведут общую борьбу с микроскопическими врагами – подобно той, какую в настоящее время ведете и вы на Урантии, хотя, возможно, и не в таких пропорциях. Продолжительность жизни колеблется между двадцатью пятью годами в примитивных мирах до почти пятисот лет на более прогрессивных и древних сферах.

Всем людям свойственна стадность – как в племенном, так и расовом аспекте. Такое групповое размежевание заключено в их происхождении и конституции. Подобные тенденции можно изменить только путем прогрессирующей цивилизации и постепенного повышения духовности. Социальные, экономические и административные проблемы обитаемых миров варьируются в соответствии с возрастом планет и степенью того воздействия, которое оказывают последовательные посещения божественных Сынов.

Разум является даром Бесконечного Духа и вполне одинаково функционирует в различных средах. Смертные обладают аналогичным разумом, независимо от некоторых структурных и химических особенностей, характеризующих физическую природу волевых созданий локальных систем. Несмотря на личностные или физические планетарные различия, умственная жизнь всех этих разнообразных категорий смертных весьма схожа, как и начальный этап их пути после смерти.

Однако смертный разум не может спастись без бессмертного духа. Разум человека смертен; бессмертен только посвященный ему дух. Продолжение жизни зависит от одухотворения с помощью Настройщика – зависит от рождения и эволюции бессмертной души; по крайней мере, не должно возникать враждебного отношения к миссии Настройщика – духовной трансформации материального разума.

5. ПЛАНЕТАРНЫЕ ГРУППЫ СМЕРТНЫХ

Адекватное отображение планетарных групп смертных связано с определенными трудностями из-за того, что вы их почти не знаете, а также ввиду обилия разновидностей. Тем не менее, смертные создания могут изучаться со многих точек зрения. Вот некоторые из них:

1. Приспособление к планетарной среде.
2. Типы мозга.
3. Типы восприятия духа.
4. Эпохи планетарных смертных.
5. Родственные типы созданий.
6. Способность слиться с Настройщиком.
7. Способы освобождения от земной жизни.

Обитаемые сферы семи сверхвселенных населены смертными, которые одновременно входят в одну или несколько категорий каждого из этих семи обобщенных классов эволюционных созданий. Однако даже в этих общих классификациях не рассматриваются ни такие существа, как мидсониты, ни некоторые иные формы разумной жизни. В данных повествованиях обитаемые миры представлены как населенные эволюционными смертными созданиями, но существуют и другие формы жизни.

1. *Приспособление к планетарной среде*. С точки зрения приспособления созданий к планетарной среде существуют три общие группы обитаемых миров: группа нормального приспособления, группа радикального приспособления и экспериментальная группа.

Нормальные приспособления к планетарным условиям происходят соответственно рассмотренным ранее общим физическим типам. Миры недышащих созданий служат типичным примером радикальных, или экстремальных, приспособлений, но в данную группу входят и другие типы. Экспериментальные миры обычно идеально приспособлены для типичных форм жизни, и на таких десятичных планетах Носители Жизни стремятся создать благоприятные модификации стандартных моделей жизни. Так как ваш мир относится к экспериментальным планетам, он существенно отличается от однотипных сфер Сатании; на Урантии появились многие формы жизни, которые не встречаются где-либо в других местах; точно так же многие распространенные виды отсутствуют на вашей планете.

Во вселенной Небадон все миры видоизменения жизни объединены в одну группу и образуют специальную область вселенских дел, которая находится под наблюдением назначенных управляющих. Во всех этих экспериментальных мирах вселенские управляющие проводят периодические инспекции. Главой их корпуса является опытный завершитель, известный в Сатании как Табамантия.

2. *Типы мозга*. Единственная физическая общность смертных – их нервно-мозговая система. Тем не менее, существуют три основных типа строения мозга: однодольный, двудольный и трехдольный. Урантийцы относятся к двудольному типу, являясь несколько более изобретательными, предприимчивыми и склонными к философствованию, чем смертные с однодольным мозгом, однако несколько менее духовными, этичными и религиозными, чем категории с трехдольным мозгом. Данные различия в строении мозга характерны и для животных предшественников человека.

По аналогии с двухполушарным типом коры головного мозга урантийцев вы можете составить некоторое представление об однодольном типе. Третью долю мозга трехдольных категорий можно лучше всего представить как эволюцию вашего нижнего, или рудиментарного, мозга, развившегося до такого состояния, когда его функции в основном заключаются в управлении физическими действиями, оставляя две вышележащие доли для высшей деятельности: одну для интеллектуальных функций и другую – для соответствующей духовной деятельности Настройщика Мышления.

В то время как земные достижения рас с однодольным типом мозга слегка ограничены по сравнению с двудольными категориями, цивилизации более древних планет, населенных созданиями трехдольной группы, вызвали бы изумление урантийцев, а сравнение с ними несколько пристыдило бы вас. В отношении технического развития и материальной цивилизации, даже развития интеллекта, миры, населенные смертными с двудольным типом мозга, способны сравняться со сферами, населенными созданиями с трехдольным мозгом. Однако в отношении высшего управления разумом, а также развития взаимодействия интеллекта и духа, вы стоите несколько ниже.

Строго говоря, все подобные сравнительные оценки, касающиеся интеллектуального прогресса или духовных достижений любого мира или группы миров, должны учитывать планетарный возраст; многое, очень многое зависит от возраста, помощи биологических совершенствователей и последующих миссий различных категорий божественных Сынов.

Хотя народы с трехдольным типом мозга способны к достижению чуть более высокой стадии планетарной эволюции, чем однодольные и двудольные категории, все обладают одним и тем же типом жизненной плазмы, а их планетарная деятельность весьма однотипна и во многом протекает так же, как у людей Урантии. Эти три типа смертных распространены во всех мирах локальных систем. В большинстве случаев планетарные условия почти не влияют на решения Носителей Жизни внедрить ту или иную категорию в том или ином мире; они по собственному усмотрению составляют и исполняют соответствующие планы.

Три эти категории обладают равными возможностями восхождения. На пути своего развития каждая из них должна подняться по той же самой лестнице интеллектуального развития и преодолеть одинаковые духовные испытания. Системное управление этими различными мирами и сверхуправление на уровне созвездия абсолютно одинаковы; даже режимы Планетарных Князей полностью идентичны.

3. *Типы восприятия духа*. Существуют три типа устройства разума в отношении связи с духовным миром. Эта классификация не имеет отношения к однодольным, двудольным и трехдольным категориям смертных. Она касается в основном химии желез, более конкретно – устройства некоторых желез, сравнимых с гипофизом. На одних планетах у созданий есть одна железа, на других – две, как на Урантии, в то время как у обитателей сфер третьего типа есть три таких уникальных тела. Эти различные химические свойства несомненно влияют на врожденное воображение и духовную восприимчивость.

По типу духовного восприятия, шестьдесят пять процентов относятся ко второй группе, как и урантийские расы. Двенадцать процентов принадлежат к первому типу, по своей природе менее восприимчивому, в то время как двадцать три процента проявляют бóльшую предрасположенность к духовной активности в течение земной жизни. Однако эти различия не сохраняются после естественной смерти; все эти расовые особенности касаются только жизни во плоти.

4. *Эпохи планетарных смертных*. Данная классификация основана на последовательности судных периодов, имеющих отношение к земному статусу человека и принятию небесной помощи.

Жизнь внедряется на планете Носителями Жизни, которые продолжают наблюдать за ее развитием в течение некоторого времени после эволюционного появления смертного человека. Прежде чем покинуть планету, Носители Жизни должным образом утверждают на ней Планетарного Князя в качестве правителя сферы. Вместе с таким правителем прибывают все полагающиеся ему подчиненные и помощники, и одновременно с его прибытием вершится первый суд над живыми и мертвыми.

С появлением человеческих групп, этот Планетарный Князь прибывает на планету, чтобы положить начало человеческой цивилизации и установить человеческое общество. Ваш запутавшийся мир не может служить мерилом ранних этапов правления Планетарных Князей, ибо вскоре после основания такого правления на Урантии ваш Планетарный Князь, Калигастия, связал свою участь с восстанием Властелина Системы – Люцифера. С тех пор эволюция вашей планеты всегда сопровождалась потрясениями.

На нормальной эволюционной планете расовый прогресс достигает своей естественной биологической кульминации в течение правления Планетарного Князя, вскоре после чего Властелин Системы отправляет на планету Материального Сына и Материальную Дочь. Эти привнесенные существа служат в качестве биологических совершенствователей; их проступок на Урантии еще больше осложнил историю планеты.

После того как интеллектуальный и этический прогресс человеческого рода достигает предела эволюционного развития, прибывает Райский Сын-Авонал с арбитражной миссией; позднее, когда духовный статус такого мира приближается к естественному пределу, планету посещает Райский посвященческий Сын. Главная цель посвященческого Сына – установить планетарный статус, освободить Дух Истины для планетарной функции и тем самым создать условия для всеобщего прибытия Настройщиков Мышления.

Но и в этом Урантия пошла своим путем: никто не прибывал в ваш мир с арбитражной миссией, и посвященческий Сын не принадлежал к категории Авоналов; ваша планета удостоилась исключительной чести стать смертной обителью Полновластного Сына – Михаила Небадонского.

В результате служения последовательных категорий божественных Сынов обитаемые миры и их прогрессирующие расы начинают приближаться к вершине планетарной эволюции. Такие миры готовы к кульминационной миссии – прибытию Троичных Сынов-Учителей. Эпоха Сына-Учителя становится преддверием завершающей планетарной эры, эволюционного идеала – эры света и жизни.

Данная классификация человеческих существ будет специально рассмотрена в одном из последующих документов.

5. *Родственные типы созданий*. Планеты организуются не только вертикально – в системы, созвездия и так далее. В управлении вселенной существуют и горизонтальные классификации по типовому, групповому и иным признакам. Такое горизонтальное управление вселенной в первую очередь относится к координации однородной деятельности, развитию которой оказывается независимая помощь на различных планетах. Эти родственные классы вселенских созданий периодически инспектируются смешанным корпусом высоких личностей, во главе которых стоят многоопытные завершители.

Эти факторы родства проявляются на всех уровнях, ибо однородные типы существуют как среди нечеловеческих личностей, так и среди смертных созданий – даже между человеческими и сверхчеловеческими категориями. Разумные существа объединяются по вертикали в двенадцать больших групп по семь основных подгрупп в каждой. Возможно, что координация этих особым образом связанных друг с другом групп живых существ осуществляется посредством не до конца понимаемого метода Верховного Существа.

6. *Способность слиться с Настройщиком*. Духовная классификация, или группирование, всех смертных в течение предшествующего слиянию опыта полностью определяется отношением личностного статуса к внутреннему Таинственному Наставнику. Почти девяносто процентов обитаемых миров Небадона населяют смертные, способные слиться с Настройщиком, по сравнению с соседней вселенной, где только чуть более половины миров населяют существа, которые являются кандидатами на вечное слияние с пребывающими в них Настройщиками.

7. *Способы освобождения от земной жизни*. В принципе есть только один способ зарождения отдельной человеческой жизни в обитаемом мире, а именно –

через воспроизведение и естественное рождение; однако существуют многочисленные способы освобождения от земного статуса и слияния с устремленным к центру потоком восходящих к Раю существ.

6. ОСВОБОЖДЕНИЕ ОТ ЗЕМНОЙ ЖИЗНИ

Все разнообразные физические типы и планетарные группы смертных в равной мере пользуются служением Настройщиков Мышления, ангелов-хранителей и различных категорий воинства посланников Бесконечного Духа. Все одинаково избавляются от уз плоти через освобождение, которое приносит естественная смерть, и все одинаково направляются в моронтийные миры духовной эволюции и развития разума.

Время от времени, по ходатайству планетарных властей или правителей систем, осуществляются особые воскрешения сохранившихся спящих смертных. Такие воскрешения проводятся как минимум раз в тысячелетие по планетарному времяисчислению, когда не все, но «многие из спящих во прахе пробуждаются». Эти особые воскрешения позволяют мобилизовать специальные группы восходящих созданий для специфического служения в рамках программы восхождения смертных в локальной вселенной. С этими особыми воскрешениями связаны как практические основания, так и сентиментальные ассоциации.

На протяжении ранних эпох обитаемого мира многие призываются в обительские сферы при особых и тысячелетних воскрешениях, однако большинство сохранившихся созданий восстанавливают свою личность с началом нового судного периода, связанного с приходом божественного Сына планетарного служения.

1. *Смертные периодического или группового типа продолжения жизни.* С прибытием в обитаемый мир первого Настройщика здесь появляются также серафимы-хранители; без них невозможно освобождение от земной жизни. В период прекращения жизнедеятельности сохранившегося спящего смертного духовные ценности и вечные реальности его новой бессмертной души свято хранятся личным или групповым серафимом-хранителем.

Групповые хранители, назначенные для служения сохранившимся спящим смертным, всегда действуют вместе с Сынами, которые приходят в миры в качестве судей. «И пошлет вперед ангелов, и они соберут своих избранных с четырех сторон света». С каждым серафимом, назначенным для восстановления личности спящего смертного, действует вернувшийся Настройщик – та самая бессмертная частица Отца, которая жила в смертном на протяжении его жизни во плоти. Так восстанавливается идентичность и воскресает личность. Во время сна своих подопечных эти ожидающие Настройщики служат на Дивинингтоне; в течение этого промежутка времени они никогда не вселяются в другой смертный разум.

В то время как в более старых мирах обитают высокоразвитые и высокодуховные типы человеческих существ, практически освобожденные от моронтийной жизни, для ранних этапов развития рас животного происхождения характерны примитивные смертные, незрелость которых не позволяет им слиться со своими Настройщиками. Пробуждение таких смертных осуществляется серафимом-хранителем совместно с индивидуализированной частью бессмертного духа Третьего Источника и Центра.

Так сохранившие жизнь спящие смертные планетарной эпохи восстанавливают личность при периодических оглашениях. Что же касается несохраняющихся личностей сферы, то в таких случаях бессмертный дух, который должен действовать вместе с групповыми хранителями судьбы, отсутствует, и это означает прекращение существования создания. Хотя по свидетельству некоторых ваших источников местом действия таких событий являются планеты физической смерти, в действительности все они происходят в обительских мирах.

2. *Смертные индивидуальных типов восхождения.* Индивидуальный прогресс людей определяется их постепенным достижением и пересечением (освоением) семи космических кругов. Эти круги продвижения смертных являются уровнями совокупных интеллектуальных, социальных, духовных ценностей и ценностей космической проницательности. Смертные начинают с седьмого круга и стремятся к первому, причем ко всем, кто достиг третьего круга, сразу же прикрепляются личные хранители судьбы. Личность таких смертных может восстанавливаться в моронтийной жизни независимо от периодических или иных отправлений правосудия.

В течение ранних эпох эволюционного мира лишь немногие смертные предстают перед судом на третий день. Однако по мере того, как одна эра сменяет другую, растет число личных хранителей судьбы, которые прикрепляются к развивающимся смертным, благодаря чему всё больше формирующихся созданий на третий день после естественной смерти восстанавливают свою личность в первом обительском мире. В таких случаях возвращение Настройщика знаменует собой пробуждение человеческой души, что является таким же буквальным восстановлением личности смертного, как и при массовом оглашении по завершении судного периода в эволюционных мирах.

Есть три группы восходящих созданий индивидуального восхождения. Менее развитые прибывают в начальный, или первый, обительский мир. Более развитая группа может вступить на моронтийный путь в любом из промежуточных обительских миров в зависимости от прошлых планетарных успехов. Наиболее развитая из этих групп фактически начинает обретать моронтийный опыт в седьмом обительском мире.

3. *Смертные тех типов восхождения, которые связаны с испытательными приютами.* Для вселенной прибытие Настройщика означает появление идентичности, и всех наделенных Настройщиками существ ждет справедливый суд. Однако бренная жизнь в эволюционных мирах полна неожиданностей, и многие умирают в молодости, не успев избрать Райский путь. Такие наделенные Настройщиками дети и молодые люди следуют за тем из родителей, кто обладает более высоким духовным статусом, отправляясь в системный мир завершителей (испытательный приют) на третий день при особых воскрешениях или при регулярных тысячелетних и завершающих судную эпоху оглашениях.

Дети, умирающие в слишком раннем возрасте и вследствие этого не имеющие Настройщиков Мышления, восстанавливают свою личность в мире завершителей локальной системы одновременно с прибытием любого из родителей в обительские миры. При рождении на земле ребенок обретает физический организм, однако в отношении продолжения жизни все не имеющие Настройщиков дети считаются всё еще связанными со своими родителями.

В должное время Настройщики поселяются в этих малышах, в то время как серафическое служение обеим группам детей, продолжение жизни которых обусловлено испытательными приютами, в общих чертах схоже с помощью более развитому родителю или полностью соответствует такой помощи, если спасается только один из родителей. Независимо от статуса родителей, те, кто поднимается до третьего круга, получают личных хранителей.

Схожие испытательные приюты находятся в сферах завершителей на уровне созвездия и во вселенском центре для не имеющих Настройщиков детей, родители которых принадлежат к первичному или вторичному типу восхождения.

4. *Вторичные модифицированные типы восхождения*. В эту группу входят прогрессивные человеческие существа промежуточных эволюционных миров. Как правило, они не избегают естественной смерти, но освобождаются от прохождения через семь обительских миров.

Менее совершенные группы пробуждаются в столицах своих локальных систем, минуя только обительские миры. Промежуточная группа отправляется в подготовительные миры созвездия. Она пропускает весь моронтийный режим локальной системы. Еще позднее, в планетарные эпохи духовных устремлений, многие сохранившиеся создания пробуждаются уже в столице созвездия, откуда начинают восхождение к Раю.

Однако прежде чем какие-либо создания этой группы смогут отправиться вперед, они должны вернуться назад, чтобы стать воспитателями в пропущенных ими мирах и приобрести богатый опыт в качестве учителей в тех сферах, в которых они не были учениками. Впоследствии все они продолжают путь к Раю по предопределенным маршрутам развития смертных.

5. *Первичный модифицированный тип восхождения*. Эти смертные принадлежат к типу эволюционных созданий, которые сливаются с Настройщиками, но обычно они характерны для последних этапов развития человека в эволюционирующем мире. Эти прославленные существа освобождаются от прохождения через врата смерти; ими овладевает Сын, и они преобразуются из числа живых, в тот же миг представая перед Полновластным Сыном в столице локальной вселенной.

Эти смертные сливаются со своими Настройщиками при жизни во плоти, и такие слившиеся с Настройщиками личности свободно пересекают пространство до облачения в моронтийные формы. Благодаря прямому переносу Настройщика, эти слившиеся души отправляются в воскресительные залы высших моронтийных сфер, где они обретают свое изначальное моронтийное одеяние точно так же, как и все остальные смертные, прибывающие из эволюционных миров.

Этот первичный видоизмененный способ восхождения смертных может касаться индивидуумов любого планетарного типа, охватывая как низшие, так и высшие этапы развития миров, где происходит слияние созданий с Настройщиками; однако наиболее часто он используется в более старых сферах, извлекших пользу из многочисленных посещений божественных Сынов.

С утверждением планеты в свете и жизни, многие создания отправляются во вселенские моронтийные миры посредством первичного модифицированного типа преобразования. Еще позднее, с наступлением высокоразвитых этапов устойчивого существования, когда в этот класс входит большинство покидающих сферу смертных, планета считается принадлежащей к этому типу. Естественная смерть становится всё более редким явлением в этих сферах, давно утвердившихся в свете и жизни.

[Представлено Мелхиседеком Иерусемской школы планетарного управления.]

ДОКУМЕНТ 50

ПЛАНЕТАРНЫЕ КНЯЗЬЯ

Хотя Планетарные Князья принадлежат к категории Сынов-Ланонандеков, их деятельность столь специализированна, что обычно они выделяются в отдельную группу. После прохождения аттестации у Мелхиседеков в качестве вторичных Ланонандеков, эти Сыны локальной вселенной принимаются в резерв своей категории, находящийся в столице созвездия. Отсюда Властелин Системы посылает их для выполнения различных заданий и в итоге направляет в обитаемые миры в качестве Планетарных Князей для управления эволюционирующими обитаемыми мирами.

Для Властелина Системы сигналом к назначению правителя конкретной планеты служит просьба Носителей Жизни прислать главу администрации, который действовал бы на этой планете, – в мире, где они укоренили жизнь и добились появления разумных эволюционных существ. На всех планетах, населенных эволюционными смертными созданиями, есть назначенные планетарные правители этой категории сыновства.

1. МИССИЯ КНЯЗЕЙ

Планетарный Князь и помогающие ему собратья представляют собой максимальное персонализованное сближение со скромными созданиями времени и пространства (за исключением инкарнации), на которое способен Вечный Сын Рая. Конечно, Сын-Создатель связан с созданиями сфер через свой дух, но Планетарный Князь – последняя категория личностных Сынов, связывающих Рай с детьми человеческими. Бесконечный Дух сближается с человеком в лице хранителей судьбы и других ангельских существ; Всеобщий Отец живет в человеке в доличностном присутствии Таинственного Наставника; однако Планетарный Князь представляет собой последнее деяние Вечного Сына и его Сынов для сближения с вами. В новом обитаемом мире Планетарный Князь – единственный представитель полной божественности, ибо происходит от Сына-Создателя (потомка Всеобщего Отца и Вечного Сына) и Божественной Попечительницы (вселенской Дочери Бесконечного Духа).

Князь нового обитаемого мира окружен корпусом преданных помощников и ассистентов, а также большим числом попечительских духов. Однако управляющий корпус таких новых миров должен состоять из более низких категорий управляющих системы, обладающих врожденной способностью к сочувствию и пониманию планетарных трудностей и проблем. И все эти усилия по предоставлению эволюционному миру отзывчивых руководителей сопряжены с растущей опасностью того, что эти близкие к человеку личности могут сбиться с пути истинного через возвышение собственного разума над волей Верховных Правителей.

Будучи единственными представителями божественности на индивидуальных планетах, эти Сыны подвергаются суровым испытаниям, и, к несчастью, Небадон уже пережил злоключения нескольких восстаний. При создании Властелинов Систем и Планетарных Князей происходит персонализация концепции, которая уже значительно отличается от Всеобщего Отца и Вечного Сына, и существует растущая опасность потери чувства меры в отношении собственной значимости и бóльшая вероятность ошибочного понимания ценностей и взаимоотношений многочисленных категорий божественных существ и их иерархических отношений. То, что Отец не присутствует лично в локальной вселенной, также является определенным испытанием веры и преданности всех этих Сынов.

Однако князья миров редко терпят неудачу в своих миссиях по организации обитаемых сфер и управлению ими. Их успех существенно облегчает последующие миссии Материальных Сынов, которые прибывают, чтобы привить первобытным людям миров более высокую форму жизни. Их правление также вносит большой вклад в подготовку планет к прибытию Райских Божьих Сынов, являющихся впоследствии для того, чтобы вершить суд над мирами и открывать последующие судные периоды.

2. ПЛАНЕТАРНАЯ АДМИНИСТРАЦИЯ

На уровне вселенной все Планетарные Князья подвластны главному управляющему Михаила – Гавриилу, в то время как в отношении непосредственных полномочий они подчиняются административным распоряжениям Властелинов Систем.

В любой момент Планетарные Князья могут обратиться за советом к Мелхиседекам, их бывшим воспитателям и покровителям. Однако они не обязаны просить поддержки, и если князья сами не обращаются за такой помощью, Мелхиседеки не вмешиваются в планетарное правление. Кроме того, эти правители миров могут пользоваться мнениями совета двадцати четырех, состоящего из существ, населявших посвященческие миры системы. В Сатании все члены этого совета в настоящее время являются уроженцами Урантии. В аналогичный совет семидесяти в столице созвездия также отобраны эволюционные существа, обитавшие в мирах.

На ранних и неустойчивых этапах развития правление эволюционными планетами в значительной мере автократично. Планетарные Князья набирают специализированные группы ассистентов из существ, входящих в корпус планетарных помощников. Обычно непосредственное окружение князей составляет верховный совет двенадцати, но в различных мирах как состав такого совета, так и подбор входящих в него существ могут варьироваться. Кроме того, среди помощников Планетарного Князя может быть одно или несколько существ третьей категории той же группы сыновства и иногда в определенных мирах – член его собственной, вторичной категории Ланонандеков.

Весь персонал правителя мира состоит из личностей Бесконечного Духа, а также некоторых типов высших эволюционных существ и восходящих смертных других миров. Такой персонал объединяет в среднем тысячу существ, и по мере развития планеты численность этого корпуса планетарных помощников может возрастать до ста тысяч и более. Когда бы ни потребовались новые помощники, Планетарным Князьям достаточно только обратиться к своим братьям – Властелинам Систем, – которые немедленно удовлетворяют такие прошения.

Планеты существенно отличаются друг от друга по своей природе, организации и управлению, однако на всех предусмотрены суды. Судебная система локальной вселенной берет начало в судах Планетарного Князя, которые возглавляются одним из членов его персонала. Решения таких судов отражают в высшей степени отеческое и благоразумное отношение. Все проблемы, выходящие за рамки управления обитателями планеты, должны выноситься на обсуждение в суды более высокой инстанции, но планетарные дела в основном решаются по личному усмотрению князя.

Примирительные комиссии по особым поручениям обслуживают и дополняют суды, а заключения этих примирителей могут касаться как духовных, так и физических управляющих. Однако ни одно произвольное решение не приводится в исполнение без одобрения Отца Созвездия, ибо «Всевышние властвуют над царствами человеческими».

Служащие на планете регуляторы и преобразователи также способны сотрудничать с ангелами и другими категориями небесных существ, делая их видимыми для смертных созданий. В особых случаях серафические помощники и даже Мелхиседеки способны становиться и действительно становятся зримыми для обитателей эволюционных миров. Основная цель привлечения восходящих смертных из столицы системы в персонал Планетарного Князя – наладить общение с обитателями сферы.

3. ТЕЛЕСНЫЙ ПЕРСОНАЛ КНЯЗЯ

Отправляясь в молодой мир, Планетарный Князь обычно берет с собой группу добровольцев из числа восходящих существ столицы локальной системы. Эти восходящие существа сопровождают князя в качестве советников и помощников на ранних этапах совершенствования рас. Корпус материальных помощников представляет собой связующее звено между князем и расами его мира. В распоряжении урантийского князя, Калигастии, был корпус из ста таких помощников.

Такие помощники-добровольцы являются гражданами столицы системы, и ни один из них не слился с внутренним Настройщиком. За Настройщиками таких добровольцев сохраняется статус постоянного обитания в столице системы, в то время как моронтийные прогрессоры временно возвращаются в бывшее материальное состояние.

Носители Жизни – творцы формы – обеспечивают таких добровольцев новыми физическими телами, которыми они пользуются в течение пребывания на планете. Хотя эти личностные формы не подвластны обычным заболеваниям сфер, с ними, как и с ранними моронтийными телами, могут происходить определенные повреждения механического характера.

Обычно члены телесного персонала князя покидают планету в связи с очередным планетарным судом, при явлении на сферу второго Сына. До этого они, по установившейся традиции, передают свои различные обязанности совместному потомству и некоторым высокоразвитым добровольцам из числа местных жителей. В тех мирах, где помощникам князя разрешалось вступать в брак с наиболее развитыми группами местных рас, им на смену обычно приходит потомство, появляющееся от таких браков.

У помощников Планетарного Князя редко возникают супружеские связи с представителями мировых рас, однако они всегда вступают в брачные отношения друг с другом. От такого союза появляются два класса существ: первичный тип промежуточных созданий и некоторые высшие типы материальных существ, которые остаются прикрепленными к персоналу князя, после того как их родители покидают планету после прибытия Адама и Евы. Эти дети вступают в брачные отношения со смертными расами только в чрезвычайных ситуациях, но и в таких случаях это происходит по указанию Планетарного Князя; их дети – внуки телесного персонала – по своему статусу относятся к высокоразвитым расам своего времени и поколения. У всех потомков этих полуматериальных помощников Планетарного Князя появляются Настройщики.

После завершения судного периода князя, – когда такой «реверсивный персонал» должен вернуться в столицу системы и продолжить движение по Райскому пути, – эти восходящие создания предстают перед Носителями Жизни, дабы покинуть свои материальные тела. Они погружаются в сон перехода и пробуждаются уже свободными от своего смертного одеяния. Облаченные в моронтийные формы, они готовы к серафическому переносу назад, в столицу системы, где их ожидают отделившиеся от них Настройщики. Они отстают от своего иерусемского класса на целый судный период, однако они приобрели уникальный и необычный опыт, редко выпадающий на долю восходящего смертного.

4. ПЛАНЕТАРНАЯ СТОЛИЦА И ШКОЛЫ

Уже на ранней стадии своей деятельности телесный персонал князя создает планетарные школы воспитания и культуры для обучения лучших представителей эволюционных рас, которые впоследствии посылаются к своим народам, чтобы передать им эти более прогрессивные навыки. Эти школы князя расположены в материальной столице планеты.

Значительная часть физической работы, связанной с устройством столичного города, выполняется телесным персоналом. Такие столичные города, или поселения, ранней эпохи Планетарного Князя совершенно не похожи на то, что могли бы представить себе смертные Урантии. По сравнению с более поздними веками, они незамысловаты и характеризуются минеральными украшениями и относительно передовым материальным строительством. Всё это отличается от Адамической системы правления, которая устраивается вокруг садовой резиденции, откуда персонал Материального Сына ведет свою деятельность во благо рас во время второго судного периода вселенских Сынов.

В столичном поселении вашего мира каждое человеческое жилище было обеспечено обширным участком земли. Хотя далекие племена продолжали заниматься собирательством и охотой, все учащиеся и учителя княжеских школ были земледельцами и садоводами. Время практически поровну распределялось между следующими занятиями:

1. *Физический труд*. Возделывание земли в сочетании со строительством и украшением жилищ.

2. *Социальная деятельность*. Игровые спектакли и социально-культурные объединения.

3. *Прикладное образование*. Индивидуальное обучение в связи с подготовкой семейных групп, дополняемое специализированными занятиями в классах.

4. *Профессиональное обучение*. Школы по подготовке к семейной жизни и ведению домашнего хозяйства, школы искусства и ремесел, а также классы по подготовке учителей в области светского образования, культуры и религии.

5. *Духовная культура*. Братство учителей, просвещение детских и юношеских групп и подготовка приемных детей, уроженцев данного мира, для миссионерской деятельности среди своих народов.

Смертные существа неспособны увидеть Планетарного Князя. Утверждения входящих в его персонал полуматериальных существ приходится принимать на веру. Однако эти школы культуры и обучения хорошо приспособлены к удовлетворению потребностей каждой планеты, и вскоре между человеческими расами возникает острое и похвальное соперничество в стремлении попасть в эти различные образовательные учреждения.

Постепенно такой всемирный центр культуры и прогресса распространяет свое возвышающее и цивилизующее влияние на все народы, медленно, но верно преобразуя эволюционные расы. Тем временем, образованные и одухотворенные дети окружающих народов – приемные дети, получившие подготовку в школах князя, – возвращаются в свои племена, где, в силу своих возможностей, организуют новые перспективные центры образования и культуры, которые они ведут по программе княжеских школ.

На Урантии такие планы планетарного прогресса и культурного развития уже осуществлялись самым успешным образом, когда вся эта деятельность была весьма внезапно и бесславно прервана участием Калигастии в восстании Люцифера.

Для меня одним из глубочайших потрясений, связанных с этим восстанием, стало грубое вероломство Калигастии – Сына моей категории, который сознательно и со злым умыслом систематически извращал воспитание и искажал обучение во всех планетарных школах Урантии, действовавших в то время. Гибель этих школ была быстрой и окончательной.

Многие из потомков восходящих созданий, входивших в материализованный персонал князя, сохранили лояльность и покинули ряды Калигастии. Эти верные создания получили поддержку распорядительских Мелхиседеков Урантии, и позднее их потомки сделали многое для сохранения на планете представления об истине и праведности. Усилия этих преданных благовестников помогли предотвратить полное исчезновение духовной истины на Урантии. Эти отважные души и их потомки берегли знание о владычестве Отца и сохранили для мировых рас представление о последовательных судных периодах, которые открывались на планете различными категориями божественных Сынов.

5. ПРОГРЕССИРУЮЩАЯ ЦИВИЛИЗАЦИЯ

Преданные князья обитаемых миров постоянно служат на планетах своего изначального назначения. Райские Сыны и их судные периоды сменяют друг друга, однако успешно действующий Планетарный Князь продолжает оставаться правителем своей сферы. Его труд не зависит от миссий высших Сынов, ибо его цель – способствовать развитию планетарной цивилизации.

Вряд ли найдутся две планеты с одинаковым развитием цивилизации. Особенности эволюции смертных существенно отличаются в многочисленных несхожих мирах. Несмотря на эти многочисленные варианты физического, интеллектуального и социального развития планеты, все эволюционные сферы прогрессируют в некоторых вполне определенных направлениях.

Под милосердным правлением Планетарного Князя, которое расширяется Материальными Сынами и перемежается периодическими миссиями Райских Сынов, смертные расы обычного пространственно-временно́го мира проходят через семь последовательных эпох развития:

1. *Эпоха пропитания*. Дочеловеческие создания и ранние расы первобытного человека больше всего озабочены пропитанием. Развивающиеся существа проводят все часы бодрствования либо в поисках пищи, либо в сражениях – наступательных или оборонительных. Поиск пищи является главной заботой этих далеких предшественников последующей цивилизации.

2. *Эра безопасности*. Как только у первобытного охотника остается часть времени после поиска пищи, он посвящает свой досуг укреплению безопасности. Всё больше внимания уделяется методам ведения войны. Укрепляются жилища,

и кланы объединяются из-за общего страха и насаждения ненависти к чужакам. Самосохранение – это стремление, которое всегда следует за самоподдержанием.

3. *Эра материального комфорта*. После частичного решения проблем пропитания и обеспечения определенной степени безопасности, появляется досуг, который используется для повышения личного комфорта. Роскошь и необходимость состязаются друг с другом в борьбе за центральное место в человеческой деятельности. Такая эпоха слишком часто характеризуется тиранией, нетерпимостью, обжорством и пьянством. Более слабые элементы рас склонны к чрезмерностям и жестокости. Постепенно эти ищущие удовольствий, слабовольные существа порабощаются более сильными и любящими истину слоями прогрессирующей цивилизации.

4. *Поиск знаний и мудрости*. Пища, безопасность, удовольствия и досуг создают основу для развития культуры и распространения знаний. Использование знаний ведет к мудрости, а когда культура становится способной совершенствоваться и извлекать пользу из накопленного опыта, появляется настоящая цивилизация. Обществом по-прежнему владеют заботы о пропитании, безопасности и материальном комфорте, однако многие дальновидные индивидуумы испытывают жажду знаний и мудрости. Каждый ребенок получает возможность учиться на практике; образование становится девизом таких эпох.

5. *Эпоха философии и братства*. Когда смертные учатся думать и начинают извлекать пользу из опыта, у них появляется склонность к философии – они начинают рассуждать и демонстрировать проницательность своих суждений. Общество этой эпохи становится этичным, а смертные такой эры – истинно нравственными существами. Мудрые и нравственные существа способны создать в таком прогрессивном мире человеческое братство. Этичные и нравственные существа способны научиться жить, следуя золотому правилу.

6. *Эпоха духовных устремлений*. Когда пройдены физический, интеллектуальный и социальный этапы развития, эволюционирующие смертные рано или поздно достигают тех глубин личной проницательности, которые заставляют их стремиться к духовному удовлетворению и космическому постижению. Религия завершает свое восхождение от эмоциональных областей страха и предрассудков к высоким уровням космической мудрости и личного духовного опыта. Образование поднимается до постижения значений, а культура проникает в космические взаимосвязи и истинные ценности. Такие эволюционирующие смертные являются по-настоящему культурными, истинно образованными и в возвышенном смысле познавшими Бога.

7. *Эра света и жизни*. Эта эра является вершиной сменяющих друг друга эпох физической безопасности, интеллектуального развития, социальной культуры и духовных обретений. Теперь эти человеческие достижения гармонизованы, ассоциированы и координированы в космическом единстве и бескорыстном служении. С учетом ограничений, накладываемых конечной сущностью и материальными возможностями, нет предела эволюционным достижениям прогрессирующих поколений, следующих друг за другом в этих возвышенных и устойчивых мирах времени и пространства.

Прослужив своим сферам в течение последовательных мировых судных периодов и сменяющих друг друга эпох планетарного прогресса, с началом эры света и жизни Планетарные Князья возвышаются до положения Планетарных Властелинов.

6. ПЛАНЕТАРНАЯ КУЛЬТУРА

Изолированность Урантии не позволяет нам браться за изложение многих подробностей жизни и условий существования ваших соседей по Сатании. В этих документах мы ограничены условиями планетарного карантина и изоляции системы. В каждой попытке просветить смертных Урантии мы должны следовать этим ограничениям, хотя, в пределах дозволенного, вам рассказали о прогрессе обычного эволюционного мира, и вы способны сравнить путь такого мира с современным состоянием Урантии.

Развитие цивилизации на Урантии не столь существенно отличается от других миров, испытавших несчастье духовной изоляции. Однако, по сравнению с лояльными мирами вселенной, ваша планета представляется чрезвычайно запутавшейся и отставшей во всех аспектах интеллектуального прогресса и духовных достижений.

Из-за несчастий, постигших вашу планету, урантийцы лишены возможности понять многое из того, что относится к культуре нормальных миров. Но вы не должны представлять себе эволюционные миры, даже самые идеальные из них, как сферы, на которых царит легкая, безмятежная жизнь. Ранние периоды существования смертных рас всегда связаны с борьбой. Совершение усилий и принятие решений являются важным условием обретения ценностей, необходимых для продолжения жизни.

Культура предполагает определенное качество разума; невозможно повысить культуру, не возвысив разум. Высокоразвитый интеллект будет стремиться к возвышенной культуре и найдет путь для достижения своей цели. Отсталые умы отвергнут высшую культуру, даже если она будет предоставлена им в готовом виде. Кроме того, многое зависит от последовательных миссий божественных Сынов и степени просвещенности при наступлении соответствующих судных периодов.

Вам не следует забывать, что из-за восстания Люцифера все миры Сатании в течение уже двухсот тысяч лет находятся под духовным запретом Норлатиадека. И потребуются многие эпохи для устранения возникших в результате восстания преград – греха и раскола. Ваш мир всё еще продолжает следовать необычным и изменчивым путем, который является следствием двойной трагедии: восставшего Планетарного Князя и нарушившего свои обязательства Материального Сына. Даже посвящение Христа Михаила на Урантии не привело к немедленному устранению преходящих последствий этих грубых ошибок на ранних стадиях управления миром.

7. НАГРАДА ЗА ИЗОЛЯЦИЮ

На первый взгляд может показаться, что Урантия и другие изолированные миры весьма несчастны, ибо они лишены благотворного присутствия и влияния таких сверхчеловеческих личностей, как Планетарный Князь, Материальный Сын и Материальная Дочь. Однако изоляция этих сфер предоставляет их расам уникальную возможность для проявления веры и развития замечательного качества – уверенности в космической надежности, – которое не зависит от зрения или какого-либо иного материального обоснования. В конечном счете, смертные создания, прибывшие с планет, находящихся вследствие восстания в карантине, могут оказаться чрезвычайно счастливыми существами. Мы обнаружили, что таким созданиям уже на раннем этапе их восходящего пути доверяются многочисленные специальные задания, связанные с участием в космических проектах, для успешного выполнения которых первостепенное значение имеют беспрекословная вера и полное доверие.

На Иерусеме восходящие создания из этих изолированных миров занимают отдельный жилой сектор и известны как *агондонтеры*, что означает эволюционные волевые создания, способные верить, не видя, сохранять стойкость в изоляции и даже в одиночестве одерживать победу над непреодолимыми трудностями. Это функциональное группирование агондонтеров сохраняется на протяжении всего восхождения в локальной вселенной и пересечения сверхвселенной. Оно исчезает во время пребывания в Хавоне, однако сразу же возобновляется по достижении Рая и явно выражено в Корпусе Смертных Завершителей. Табамантия является *агондонтером* в статусе завершителя – сохранившимся созданием одной из попавших в карантин сфер, втянутых в самое первое восстание во вселенных времени и пространства.

На протяжении всего восхождения к Раю за усилием следует награда, как за причиной – следствие. Такие награды выделяют индивидуума из массы, обеспечивают неповторимость опыта и повышают разносторонность предельных возможностей коллективного корпуса завершителей.

[Представлено вторичным Сыном-Ланонандеком, членом резервного корпуса.]

ДОКУМЕНТ 51

ПЛАНЕТАРНЫЕ АДАМЫ

В течение судного периода Планетарного Князя первобытный человек достигает предела естественного эволюционного развития, и это биологическое достижение является критерием, позволяющим Властелину Системы направить в такой мир представителей второй категории сыновства: биологических совершенствователей. Эти Сыны – ибо прибывают двое, Материальный Сын и Материальная Дочь, – обычно известны на планете как Адам и Ева. Изначальным Материальным Сыном Сатании является Адам, и те, кто отправляется в системные миры в качестве биологических совершенствователей, всегда несут имя этого первого, изначального Сына своей уникальной категории.

Эти Сыны – материальный дар Сына-Создателя обитаемым мирам. Вместе с Планетарным Князем они остаются на планете своего назначения в течение всего эволюционного развития сферы. На планете, имеющей Планетарного Князя, такой опыт не связан с особым риском, однако на отступнической планете – сфере, не имеющей духовного вождя и лишенной межпланетной связи, – такая миссия сопряжена с огромной опасностью.

Хотя вы не можете надеяться на приобретение исчерпывающих знаний о труде этих Сынов во всех мирах Сатании и других системах, некоторые документы посвящены более подробному описанию жизни и опыта интересующих нас Адама и Евы, прибывших из корпуса биологических совершенствователей Иерусема для того, чтобы ускорить развитие урантийских рас. Несмотря на то что идеальный план улучшения ваших исконных рас не удался, миссия Адама была не напрасной: дар, полученный Урантией в лице Адама и Евы, принес ей громадную пользу, и как среди их собратьев, так и в небесных советах их труд не считается полным провалом.

1. ПРОИСХОЖДЕНИЕ И ПРИРОДА МАТЕРИАЛЬНЫХ БОЖЬИХ СЫНОВ

Материальные, или разнополые, Сыны и Дочери являются потомками Сына-Создателя; Вселенский Материнский Дух не участвует в создании этих существ, предназначенных для функционирования в эволюционных мирах в качестве физических совершенствователей.

Материальная категория сыновства не однородна по всей локальной вселенной. В каждой локальной системе Сын-Создатель создает только одну пару таких существ. Изначальные пары различны по своей природе, ибо создаются в соответствии с жизненными типами соответствующих систем. Это необходимое условие, ибо в противном случае потенциал воспроизводства Адамов был бы несовместим с соответствующим потенциалом развивающихся смертных существ в мирах любой отдельной системы. Прибывшие на Урантию Адам и Ева произошли от изначальной пары Материальных Сынов Сатании.

Рост Материальных Сынов составляет от восьми до десяти футов, а их тела светятся лучезарным светом фиолетового оттенка. Хотя по их материальным телам циркулирует материальная кровь, в дополнение к этому они питаются божественной энергией и насыщаются небесным светом. Эти Материальные Сыны

(Адамы) и Материальные Дочери (Евы) равны друг другу, отличаясь только репродуктивной природой и некоторыми химическими компонентами. Они равны, но различны; будучи мужчиной и женщиной, они дополняют друг друга и предназначены для совместного исполнения почти всех своих заданий.

Материальные Сыны пользуются двойной системой питания. Они действительно двойственны по своей природе и строению: подобно физическим существам сферы, они потребляют материализованную энергию, а их бессмертное существование полностью обеспечивается прямым и автоматическим усвоением некоторых поддерживающих космических энергий. Если Сыны этой категории не справляются со своей миссией или идут на сознательное и преднамеренное восстание, они изолируются, лишаются связи со вселенским источником света и жизни. После этого они практически становятся материальными существами, которым суждено встать на путь материальной жизни в мире своего назначения и дожидаться решения вселенских судей. В итоге, планетарный путь несчастного и неблагоразумного Материального Сына или Материальной Дочери будет прерван физической смертью.

Изначальные, или непосредственно созданные, Адам и Ева бессмертны в силу врожденных качеств точно так же, как и все остальные категории сыновства локальной вселенной, однако их сыновьям и дочерям свойственно уменьшение потенциала бессмертия. Изначальная пара неспособна передать абсолютное бессмертие своим сыновьям и дочерям. Продолжение жизни их потомства зависит от целостности интеллектуальной синхронности с подчиняющимся Духу контуром гравитации разума. За всю историю Сатании восстания и проступки привели к утрате тринадцати Планетарных Адамов и 681 204 Материальных Сынов, выполнявших менее ответственные поручения. Большинство случаев такого отступничества пришлось на восстание Люцифера.

Хотя Материальные Сыны считаются постоянными гражданами столиц систем даже тогда, когда отправляются с нисходящими миссиями в эволюционные миры, они не обладают Настройщиками Мышления, однако именно в такой деятельности они обретают эмпирические качества, необходимые для пребывания Настройщика и восхождения к Раю. Эти уникальные и поразительно полезные существа являются соединительными звеньями между физическим и духовным мирами. Они сконцентрированы в столице системы, где производят потомство и продолжают жить как материальные граждане сферы и откуда их направляют в эволюционные миры.

В отличие от других созданных Сынов планетарного служения, сыны материальной категории не являются по своей природе невидимыми для таких материальных созданий, как обитатели Урантии. Этих Божьих Сынов можно видеть и понимать, а они, в свою очередь, могут действительно общаться с созданиями времени и даже производить с ними общее потомство, хотя такая роль биологического усовершенствования обычно выполняется потомками Планетарных Адамов.

На Иерусеме лояльные дети любых Адама и Евы бессмертны, однако потомство Материального Сына и Материальной Дочери, рожденное после прибытия на эволюционную планету, не обладает такой же гарантией от естественной смерти. После повторной материализации этих Сынов в эволюционном мире для исполнения функции воспроизводства, механизм передачи жизни изменяется. Носители Жизни преднамеренно лишают Планетарных Адамов и Ев способности порождать бессмертных сынов и дочерей. Адам и Ева, прибывшие с планетарной миссией и не допускающие проступка, могут жить бесконечно, однако, в определенных пределах, продолжительность жизни их детей с каждым новым поколением постепенно сокращается.

2. ПЕРЕНОС ПЛАНЕТАРНЫХ АДАМОВ

Получив сообщение о том, что очередной обитаемый мир достиг высот физической эволюции, Властелин Системы проводит в столице системы совещание с корпусом Материальных Сынов и Дочерей. Вслед за обсуждением потребностей такого обитаемого мира отбираются два добровольца – Адам и Ева из старшего корпуса Материальных Сынов, готовые отправиться в неизведанное путешествие, погрузиться в глубокий сон, предваряющий серафимирование и перенос из родной сферы совместного служения в новый мир – сферу новых возможностей и новых опасностей.

Адамы и Евы являются полуматериальными созданиями и, как таковые, не могут переноситься серафимами. Прежде чем быть серафимированными для переноса в мир назначения, они должны пройти дематериализацию в столице системы. Транспортные серафимы способны произвести такие изменения в Материальных Сынах и других полуматериальных существах, которые позволяют им пройти серафимирование и, таким образом, перемещаться через пространство из одного мира или системы в другой мир или систему. На подготовку к такому переносу уходит около трех дней стандартного времени, и требуется участие Носителя Жизни для возвращения дематериализованного создания в нормальное состояние по окончании серафического переноса.

Хотя существует данный метод дематериализации, подготавливающий Адамов для переноса с Иерусема в эволюционные миры, нет эквивалентного метода, который позволял бы забирать их из таких миров, за исключением ситуаций, когда приходится эвакуировать целую планету. В таком случае осуществляется чрезвычайное внедрение метода дематериализации для всех тех, кто может быть спасен. Случись так, что какая-либо физическая катастрофа обрекает планетарное существование развивающейся расы на гибель, Мелхиседеки и Носители Жизни внедряют метод дематериализации для всех спасшихся созданий, и с помощью серафического переноса эти существа перемещаются в новый мир, подготовленный для продолжения их существования. Эволюция человеческого рода, зарожденного когда-то в пространственном мире, должна продолжаться независимо от физического спасения планеты, однако предполагается, что в течение эволюционных эпох Планетарный Адам или Ева не покидают свой избранный мир.

После прибытия на планету своего назначения Материальные Сын и Дочь вновь материализуются под руководством Носителей Жизни. Весь процесс занимает от десяти до двадцати восьми урантийских дней. В течение всего восстановления сохраняется бессознательное состояние серафического переноса. После воссоздания физического организма эти Материальные Сыны и Дочери – в новых мирах, ставших новой родиной, – являются, в сущности, точно такими же, какими они были до того, как прошли дематериализацию на Иерусеме.

3. АДАМИЧЕСКИЕ МИССИИ

В обитаемых мирах Материальные Сыны и Дочери создают свои садовые резиденции, причем вскоре им начинают помогать их собственные дети. Обычно место для устройства сада выбирает Планетарный Князь, а его телесный персонал выполняет большую подготовительную работу, обустраивая резиденцию с помощью многих представителей более развитых местных рас.

Эти Эдемские Сады называются так в честь Эдемии, столицы созвездия, а также потому, что созданы по образцу ботанического великолепия столичного мира Всевышних Отцов. Обычно такая садовая резиденция находится в уединенном районе вблизи тропического пояса. В обычном мире они представляют собой восхитительные творения. Совершенно невозможно судить об этих великолепных центрах культуры по обрывочным описаниям неудавшегося урантийского сада.

Потенциально, Планетарные Адам и Ева являются исчерпывающим даром физической благодати смертным расам. Главная задача такой привнесенной пары – размножаться и совершенствовать детей времени. Однако прямого скрещивания между обитателями сада и внешнего мира не происходит. На протяжении многих поколений Адам и Ева создают многочисленную расу своей категории и в течение этого времени биологически изолированы от эволюционных смертных. Так в обитаемых мирах появляется фиолетовая раса.

Планы по усовершенствованию рас составляются Планетарным Князем и его персоналом и претворяются в жизнь Адамом и Евой. В этом отношении ваш Материальный Сын и его спутница, прибыв на Урантию, были поставлены в чрезвычайно неблагоприятные условия. Калигастия коварно и успешно противодействовал адамической миссии. И несмотря на то что распорядительские Мелхиседеки Урантии вовремя предупредили как Адама, так и Еву о грозящей им планетарной опасности, связанной с присутствием восставшего Планетарного Князя, этот главный мятежник, прибегнув к коварной интриге, обманул эдемскую пару и, поймав их в ловушку, добился того, что они нарушили попечительские обязательства, возложенные на них как на зримых правителей мира. Предательскому Планетарному Князю и в самом деле удалось скомпрометировать ваших Адама и Еву, но он не смог втянуть их в восстание Люцифера.

Ангелы пятого чина, планетарные помощники, прикрепляются к адамической миссии и неизменно сопровождают Планетарных Адамов в их планетарных путешествиях. Изначальный корпус обычно насчитывает около ста тысяч помощников. Когда дело урантийских Адама и Евы было начато преждевременно – когда они отклонились от предопределенного плана, – именно один из серафических Голосов Сада выразил протест по поводу их предосудительного поведения. И изложение данного эпизода в ваших источниках является хорошей иллюстрацией того, как ваши предания пытались приписать всё сверхъестественное Господу Богу. Из-за этого у урантийцев часто возникали ошибочные представления о природе Всеобщего Отца, ибо ему повсеместно приписывались слова и дела всех его партнеров и подчиненных. В случае Адама и Евы ангелом Сада был не кто иной, как глава планетарных помощников, находившийся в то время при исполнении своих обязанностей. Этот серафим, Солония, возвестил о провале божественного плана и затребовал возвращения распорядительских Мелхиседеков на Урантию.

Вторичные промежуточные создания неотъемлемы от адамических миссий. Как и телесный персонал Планетарного Князя, потомки Материальных Сынов и Дочерей существуют в двух категориях: их физические дети и вторичная категория промежуточных созданий. Эти материальные, хотя обычно невидимые, планетарные попечители вносят большой вклад в развитие цивилизации и даже подчинение непокорных меньшинств, которые могут пытаться подорвать общественное развитие и духовный прогресс.

Вторичных промежуточных созданий не следует путать с первичными, которые появились вскоре после прибытия Планетарного Князя. На Урантии большинство этих ранних промежуточных созданий примкнули к восстанию вместе с Калигастией, и со времени Пятидесятницы они находятся в заключении. Изолированы также и многие создания адамической группы, не сохранившие верность планетарной администрации.

В день Пятидесятницы преданные промежуточные создания первичной и вторичной категорий создали добровольный союз и с тех пор, выполняя свои функции в мире, существуют как единый орган. Они служат под руководством верных промежуточных созданий, попеременно выбираемых из этих двух групп.

Ваш мир посетили четыре категории Сынов: Калигастия – Планетарный Князь; Адам и Ева – Материальные Божьи Сыны; Макивента Мелхиседек – «салимский мудрец» во времена Авраама; и Христос Михаил, который явился как посвященческий Райский Сын. Насколько более эффективным и прекрасным мог бы стать его приход, если бы Михаил, верховный правитель вселенной Небадон, был встречен в вашем мире лояльным и деятельным Планетарным Князем вместе с преданным и добившимся успеха Материальным Сыном, каждый из которых мог бы так много сделать для усиления значения как дела жизни, так и миссии посвященческого Сына! Однако не все миры были столь же несчастными, как Урантия, а миссия Планетарных Адамов не всегда была связана с такими трудностями или опасностями. В случае успеха, они участвуют в создании великого народа, продолжая действовать в качестве зримых управляющих планетарными делами спустя еще многие годы, после того как такой мир утверждается в свете и жизни.

4. ШЕСТЬ ЭВОЛЮЦИОННЫХ РАС

На раннем этапе существования обитаемого мира господствует красная раса, которая обычно первой достигает человеческого уровня развития. Однако хотя красный человек представляет собой древнейшую планетарную расу, следующие за ним цветные народы возникают на очень ранней стадии появления человека.

Ранние расы несколько превосходят последующие. Красный человек стоит намного выше индигового, или черного человека. Носители Жизни целиком передают живые энергии начальной, или красной, расе, и каждое последующее эволюционное появление новой группы смертных происходит за счет изначального дара. Даже телосложение смертных имеет тенденцию к ухудшению от красной расы к индиговой, хотя среди зеленых и оранжевых народов Урантии проявлялись неожиданные наследственные признаки гигантизма.

В тех мирах, где есть все шесть эволюционных рас, более развитыми являются первая, третья и пятая – красная, желтая и синяя. Так эволюционные расы чередуются в отношении способности к интеллектуальному росту и духовному развитию, ибо вторая, четвертая и шестая расы относительно менее одаренные. В некоторых мирах народы, представляющие вторичные расы, отсутствуют; во многих других они были уничтожены. Несчастьем Урантии была утрата большей части высокоразвитой синей расы, если не считать тех признаков, которые продолжают существовать в вашей смешанной «белой расе». Потеря оранжевой и зеленой рас не является столь же серьезной проблемой.

Эволюция шести – или трех – цветных рас, при кажущемся ухудшении изначальной одаренности красного человека, обеспечивает некоторые весьма желательные изменения в типах смертных и позволяет появиться разнообразным, в противном случае недостижимым, человеческим возможностям. Эти модификации оказывают благотворное воздействие на прогресс человечества в целом при условии, что впоследствии они совершенствуются привнесенной адамической, или фиолетовой, расой. На Урантии план расового смешения не был воплощен в жизнь в широком масштабе, и из-за этого провала плана расовой эволюции вы, наблюдающие только остатки этих ранних рас на Урантии, не можете понять многое из того, что относится к статусу таких народов на обычной обитаемой планете.

На начальном этапе расового развития существует некоторая тенденция к смешению красного, желтого и синего человека; аналогичная тенденция наблюдается среди оранжевой, зеленой и индиговой рас.

Более отсталые люди обычно используются более прогрессивными расами в качестве работников. Этим объясняется возникновение рабства на планетах в течение ранних эпох. Оранжевый человек обычно подчиняется красным и низводится до положения слуги, а иногда уничтожается. Желтые и красные расы часто дружественно относятся друг к другу, но не всегда. Желтая раса обычно порабощает зеленую, в то время как синий человек подчиняет индигового. Первобытные расы считают использование принудительного труда своих отсталых собратьев таким же нормальным явлением, как урантийцы – куплю и продажу лошадей и скота.

В большинстве нормальных миров подневольный труд прекращается после судного периода Планетарного Князя, хотя умственно отсталые и правонарушители нередко продолжают заниматься принудительным трудом. Однако на всех нормальных сферах такой тип примитивного рабства отменяется вскоре после появления привнесенной фиолетовой, или адамической, расы.

Этим шести эволюционным расам предстоит смешаться и возвыситься посредством слияния с потомством адамических совершенствователей. Однако до того как происходит смешение этих народов, наиболее примитивные и неприспособленные в значительной мере уничтожаются. Планетарный Князь и Материальный Сын, вместе с другими соответствующими этой функции планетарными властями, определяют приспособленность воспроизводимых наследственных признаков. Сложность претворения в жизнь такой радикальной программы на Урантии заключается в отсутствии компетентных судей, которые могли бы сделать заключение о биологической приспособленности или неприспособленности индивидуумов, составляющих расы вашего мира. Несмотря на данное препятствие, представляется, что вы должны согласиться с необходимостью биологической изоляции ваших наиболее неприспособленных, дефективных, дегенеративных и антисоциальных родов.

5. РАСОВОЕ СМЕШЕНИЕ – ПОСВЯЩЕНИЕ АДАМИЧЕСКОЙ КРОВИ

До прибытия в обитаемый мир Планетарные Адам и Ева получают от своих руководителей подробную инструкцию в отношении наилучшего пути для совершенствования существующих рас разумных существ. Не существует единого плана действий. Многое оставляется на усмотрение попечительской пары, и ошибки случаются не столь редко, в особенности в таких дезорганизованных и мятежных мирах, как Урантия.

Обычно фиолетовые народы смешиваются с местными планетарными обитателями только тогда, когда их численность начинает превышать миллион существ. Тем временем Планетарный Князь возвещает, что на землю низошли дети Богов, которым предстоит некоторым образом слиться с человеческими расами; и люди с нетерпением ждут дня, когда им объявят, что обладатели преимущественных расовых наследственных признаков могут проследовать в Эдемский Сад, где сыны и дочери Адама изберут их в качестве эволюционных отцов и матерей новой, смешанной категории людей.

В нормальных мирах Планетарные Адам и Ева никогда не вступают в брачные отношения с эволюционными расами. Биологическое совершенствование является прерогативой адамического потомства. Однако эти адамиты не расселяются среди народов: персонал Князя доставляет в Эдемский Сад высокоразвитых мужчин и женщин для добровольного брачного союза с потомками Адама. И в большинстве миров считается высшей честью быть избранным в качестве кандидата на брачные отношения с сынами и дочерьми Сада.

Начиная с этого времени, межрасовые войны и прочие родовые конфликты идут на убыль, и мировые расы всё активнее стремятся удовлетворять требованиям, необходимым для признания и допуска в Сад. В лучшем случае, у вас может быть лишь смутное представление о том, как такое состязание становится центром всякой деятельности на нормальной планете. Вся программа совершенствования рас рухнула уже на ранней стадии ее претворения на Урантии.

Люди фиолетовой расы живут в моногамии, и каждый эволюционный мужчина или женщина, соединяющийся с сыном или дочерью Адама, дает клятву не иметь других партнеров и воспитывать своих детей в единобрачии. Дети каждого из таких союзов получают образование и воспитание в школах Планетарного Князя, после чего им разрешается воссоединиться со своими исконными эволюционными расами для вступления в брак с избранными группами высокоразвитых смертных.

Когда наследственные факторы Материальных Сынов становятся достоянием развивающихся планетарных рас, наступает новая и великая эра эволюционного прогресса. В результате передаваемых по наследству привнесенных способностей и сверхэволюционных черт, следует череда быстрых и значительных успехов в становлении цивилизации и расовом развитии; за сто тысяч лет совершается больший прогресс, чем за миллион лет предшествующей борьбы. В вашем мире, даже с учетом неудачного выполнения предопределенных планов, огромный прогресс был достигнут со времени получения народами Урантии дара адамической жизненной плазмы.

Однако, хотя чистокровные дети планетарного Эдемского Сада способны соединяться с высокоразвитыми членами эволюционных рас и, таким образом, повышать биологический уровень человечества, смешение с низшими расами было бы неблагоприятным для превосходящих генотипов урантийских смертных; такая неразумная практика поставила бы под угрозу всю цивилизацию вашего мира. Не добившись успеха в расовой гармонизации по адамическому методу, вы должны решать теперь ваши планетарные проблемы улучшения рас с помощью других, в основном человеческих, способов адаптации и контроля.

6. ЭДЕМИЧЕСКИЙ РЕЖИМ

В большинстве обитаемых миров Эдемские Сады остаются величественными культурными центрами и на протяжении многих веков продолжают функционировать как социальные образцы планетарного руководства и практического ведения дел. Даже на ранних этапах, в периоды относительной изоляции фиолетовых народов, их школы принимают подходящих кандидатов мировых рас, в то время как производственные достижения Сада открывают новые пути для торговых связей. Так Адамы и Евы, а также их потомство, способствуют стремительному распространению культуры и быстрому улучшению эволюционных рас своих миров. И все эти взаимоотношения развиваются и укрепляются смешением эволюционных рас с сынами Адама, в результате чего происходит немедленное повышение биологического статуса, стимулирование интеллектуального потенциала и улучшение духовной восприимчивости.

В нормальных мирах садовая резиденция фиолетовой расы становится вторым центром мировой культуры и, совместно со столичным городом Планетарного Князя, задает тон развитию цивилизации. Веками продолжается одновременное существование столичных школ Планетарного Князя и садовых школ Адама и Евы. Обычно они находятся не очень далеко друг от друга и трудятся в слаженном взаимодействии.

Подумайте, какое значение имел бы для вашего мира находящийся где-то в Леванте всемирный центр цивилизации, великий планетарный университет культуры, который действовал бы непрерывно в течение 37 000 лет. Представьте себе далее, каким высоким был бы один только моральный авторитет такого старинного центра, если бы неподалеку находился другой, более древний очаг небесного служения, чьи традиции опирались бы на прочный фундамент 500 000 лет всеобъемлющего эволюционного воздействия. В конечном счете, именно традиции распространяют идеалы Эдема на весь мир.

Школы Планетарного Князя занимаются в основном философией, религией, моралью и высшими интеллектуальными и художественными достижениями. Садовые школы Адама и Евы обычно посвящены прикладному искусству, основам умственного воспитания, социальной культуре, экономическому развитию, торговым отношениям, физической подготовке и гражданскому правлению. С течением времени эти всемирные центры сливаются, однако иногда такое соединение осуществляется на практике только с приходом первого Сына-Арбитра.

Продолжающееся существование Планетарных Адама и Евы, вместе с чисто кровным ядром фиолетовой расы, придает эдемической культуре ту устойчивость роста, благодаря которой она начинает воздействовать на мировую цивилизацию с несокрушимой силой традиции. В этих бессмертных Материальных Сынах и Дочерях мы сталкиваемся с последним и необходимым звеном, соединяющим Бога с человеком, с мостом, перекинутым через почти бесконечную пропасть между вечным Создателем и низшими конечными личностями времени. Перед нами – существо высокого происхождения, существо физическое, материальное и более того – такое же, как смертные Урантии, половое создание, способное видеть и понимать невидимого Планетарного Князя и толковать его смертным созданиям сферы, ибо Материальные Сыны и Дочери способны видеть все низшие категории духовных существ; они видят Планетарного Князя и весь его персонал – видимый и невидимый.

С течением веков, через смешение их потомства с человеческими расами, те же Материальный Сын и Материальная Дочь начинают признаваться в качестве общих пращуров человечества, общих прародителей теперь уже смешанных потомков эволюционных рас. Предполагается, что смертные, начинающие свое существование в обитаемом мире, обретают опыт признания семи отцов:

1. Биологического отца – отца во плоти.

2. Отца мира – Планетарного Адама.

3. Отца сфер – Властелина Системы.

4. Всевышнего Отца – Отца Созвездия.

5. Вселенского Отца – Сына-Создателя и верховного правителя локальных творений.

6. Сверх-Отцов – Древних Дней, управляющих сверхвселенной.

7. Духовного, или Хавонского, Отца – Всеобщего Отца, пребывающего в Раю и ниспосылающего свой дух для жизни и труда в разумах низших созданий, населяющих вселенную вселенных.

7. ОБЪЕДИНЕННОЕ УПРАВЛЕНИЕ

Время от времени Райские Сыны-Авоналы являются в обитаемые миры для исполнения судебных функций. Однако первый Авонал, прибывающий с арбитражной миссией, кладет начало четвертому судному периоду в эволюционном мире времени и пространства. На некоторых планетах, где такой Сын-Арбитр пользуется всеобщим признанием, он остается на одну эпоху; и такой мир процветает под объединенным правлением трех Сынов: Планетарного Князя, Материального Сына и Сына-Арбитра, причем два последних видимы для всех обитателей сферы.

До завершения миссии Сына-Арбитра в нормальном эволюционном мире, здесь осуществляется союз образовательной и административной деятельности Планетарного Князя и Материального Сына. Это слияние двуединого руководства планетой порождает новый эффективный тип управления миром. После ухода Сына-Арбитра Планетарный Адам принимает на себя материальное управление сферой. Так Материальный Сын и Материальная Дочь действуют в качестве совместных планетарных управляющих вплоть до вступления мира в эру света и жизни. После этого Планетарный Князь возвышается до положения Планетарного Владыки. В течение этой эпохи, для которой характерен высокий уровень развития, Адама и Еву можно назвать сопредседателями правительства прославленного мира.

Сразу же после основания новой единой столицы развивающегося мира, а также по мере соответствующей подготовки компетентных вспомогательных управляющих, в отдаленных частях света и у различных народов появляются местные столицы. До прибытия Сына, открывающего очередной судный период, создается от пятидесяти до ста таких региональных центров.

Планетарный Князь и его персонал продолжают содействовать развитию духовной сферы и философии. Адам и Ева уделяют особое внимание физическому, научному и экономическому статусу мира. Обе группы в одинаковой мере покровительствуют искусствам, общественным отношениям и интеллектуальным достижениям.

К началу пятого судного периода, в мире складывается замечательная система планетарного управления. Жизнь на хорошо управляемой сфере действительно воодушевляет смертных обитателей и приносит им пользу. И если бы урантийцы только смогли побывать на такой планете, они сразу же поняли бы ценность тех вещей, которых лишился их мир, встав на путь восстания и зла.

[Представлено вторичным Сыном-Ланонандеком, членом резервного корпуса.]

ДОКУМЕНТ 52

ПЛАНЕТАРНЫЕ ЭПОХИ СМЕРТНЫХ

С момента зарождения жизни на эволюционной планете до ее расцвета в эру света и жизни на сцене мирового действия сменяются по крайней мере семь эпох человеческой жизни. Эти последовательные эпохи определяются планетарными миссиями божественных Сынов и в обычном обитаемом мире наступают в определенном порядке:

1. Человек в эпоху до прихода Планетарного Князя.
2. Человек в эпоху после прихода Планетарного Князя.
3. Человек в эпоху после прихода Адама.
4. Человек в эпоху после прихода Сына-Арбитра.
5. Человек в эпоху после прихода посвященческого Сына.
6. Человек в эпоху после прихода Сына-Учителя.
7. Эра света и жизни.

Как только пространственные миры становятся физически приспособленными к жизни, они вносятся в реестр Носителей Жизни, и в должный срок эти Сыны отправляются на такие планеты для инициации жизни. Весь период от зарождения жизни до появления человека называется дочеловеческой эрой, предшествующей рассматриваемым в этом повествовании последовательным эпохам смертных.

1. ПЕРВОБЫТНЫЙ ЧЕЛОВЕК

С того времени, когда животное превращается в человека, способного избрать поклонение Создателю, и до прибытия Планетарного Князя смертные волевые создания называются *первобытными людьми*. Существуют шесть основных типов, или рас, первобытных людей, и эти расы последовательно появляются в порядке цветов спектра, начиная с красного человека. Продолжительность времени, которое затрачивается на эту эволюцию первобытной жизни, колеблется в широких пределах в различных мирах – от ста пятидесяти тысяч до более миллиона урантийских лет.

Эволюционные цветные расы – красная, оранжевая, желтая, зеленая, синяя и индиговая – возникают примерно в то время, когда у первобытного человека появляется простой язык и он начинает пользоваться творческим воображением. К этому времени человек уже привыкает к прямохождению.

Первобытные люди – выносливые охотники и свирепые бойцы. Закон этой эпохи – физический естественный отбор. Правление в этот период является целиком племенным. Во многих мирах, в том числе и на Урантии, некоторые из эволюционных рас стираются с лица земли на протяжении ранних расовых битв. Позднее, выживающие обычно смешиваются с привнесенной фиолетовой расой – адамическими народами.

По сравнению с последующей цивилизацией, эра первобытного человека представляет собой продолжительную, мрачную и кровавую страницу истории. Этика джунглей и мораль первобытного леса не соответствуют нормам более поздних судных периодов, отмеченных богооткровенной религией и повышением духовного развития. В обычных и неэкспериментальных мирах эта эпоха существенно отличается от аналогичного периода на Урантии, для которого были характерны продолжительные и чрезвычайно жестокие битвы. Завершив свое пребывание в первом мире, вы начнете понимать причины этой длительной и мучительной борьбы в эволюционных мирах, и по мере восхождения по Райскому пути вы будете всё лучше постигать мудрость такого кажущегося странным опыта. Но несмотря на все эти превратности ранних эпох существования человека, деятельность первобытных людей вписывает в анналы эволюционного пространственно-временно́го мира великолепную и даже героическую страницу.

Ранний эволюционный человек не является колоритным созданием. Обычно эти первобытные смертные обитают в пещерах или на скалах. Они также устраивают примитивные хижины на больших деревьях. Иногда, до обретения человеком более высокого типа интеллекта, на планетах доминируют крупные животные. Однако уже на начальном этапе этой эры смертные умеют разводить и поддерживать огонь, и, по мере развития творческого воображения и совершенствования своих орудий, эволюционирующий человек вскоре покоряет более крупных и неуклюжих животных. Первобытные расы также широко используют крупных летающих животных. Эти огромные птицы способны без отдыха переносить одного или двух людей средних размеров на расстояние более пятисот миль. На некоторых планетах эти птицы приносят огромную пользу, ибо обладают высоким интеллектом и нередко способны произносить многие слова планетарных языков. Эти птицы в высшей степени разумны, весьма послушны и необыкновенно преданны. Такие пассажирские птицы уже давно исчезли на Урантии, но ваши дальние предки пользовались их услугами.

Появление у человека этических суждений, нравственного выбора, обычно совпадает с возникновением раннего языка. Когда эти существа достигают человеческого уровня и у них появляется присущая смертным воля, они становятся восприимчивы к временному вселению божественных Настройщиков, и после смерти многие из них в должное время отбираются в качестве сохранившихся созданий и утверждаются архангелами для последующего воскрешения и слияния с Духом. Архангелы всегда сопровождают Планетарного Князя, и отправление правосудия по окончании судного периода совпадает с его прибытием на планету.

Все смертные, в которых поселяются Настройщики Мышления, потенциально способны к поклонению; они «озарены истинным светом» и могут стремиться к взаимосвязи с божественностью. Тем не менее, для ранней, или биологической, религии первобытного человека характерен животный страх в сочетании с невежественным благоговением и племенными суевериями. Живучесть суеверия в урантийских расах едва ли делает честь вашему эволюционному развитию и не согласуется с вашими, в целом прекрасными, достижениями в материальном прогрессе. Однако эта ранняя религия страха служит важному назначению, укрощая бурный темперамент первобытных созданий. Она является предвестником цивилизации и той почвой, на которую Планетарный Князь и его помощники впоследствии бросают семена богооткровенной религии.

Обычно не позднее, чем через сто тысяч лет после появления у человека прямохождения прибывает Планетарный Князь, который направляется Властелином Системы вслед за получением от Носителей Жизни сообщения о функционировании воли, даже если она и возникает у сравнительно немногих индивидуумов. Как правило, первобытные люди радушно принимают Планетарного Князя и его зримый персонал; более того, если их не сдерживать, они начинают взирать на этих посланников с трепетом и благоговением, которое граничит с поклонением.

2. ЧЕЛОВЕК В ЭПОХУ ПОСЛЕ ПРИХОДА ПЛАНЕТАРНОГО КНЯЗЯ

С прибытием Планетарного Князя начинается новый судный период. На земле появляется правительство, и мир вступает в эпоху развитого племенного существования. За несколько тысячелетий человек проходит огромный путь в своем социальном развитии. В нормальных условиях, в течение этой эпохи смертные достигают высокого уровня цивилизации. Период варварства не продолжается так же долго, как у урантийских рас. Однако течение жизни обитаемого мира настолько изменено восстанием, что вы практически неспособны представить себе подобный режим на нормальной планете.

Этот судный период продолжается в среднем около пятисот тысяч лет – иногда больше, иногда меньше. В течение этой эры планета подключается к системным контурам, и для ее управления назначается полная квота серафических и иных небесных помощников. Настройщики Мышления появляются во всё большем числе, и серафические хранители усиливают свой режим наблюдения за смертными.

Когда Планетарный Князь прибывает в первобытный мир, здесь преобладает сформировавшаяся религия, основанная на страхе и невежестве. Князь и его персонал впервые раскрывают высшую истину и устройство вселенной. Эти первые изложения богооткровенной религии очень просты и обычно касаются локальной системы. До прибытия Планетарного Князя религия является всецело эволюционным процессом. Впоследствии религия совершенствуется как посредством постепенных откровений, так и эволюционного развития. Каждый судный период, каждая эпоха существования смертных, получает расширенное представление о духовной истине и религиозной этике. Эволюция религиозной восприимчивости в обитателях мира в значительной мере определяет темпы их духовного развития и масштабы религиозного откровения.

Этот судный период становится свидетелем зарождения духовности, и различные расы и их разнообразные племена обычно создают свои собственные системы религиозной и философской мысли. В эту эпоху во всех расовых религиях существуют две тенденции: прежние страхи первобытного человека и новые откровения Планетарного Князя. В некотором смысле, урантийцы еще не завершили эту стадию планетарной эволюции. Внимательно знакомясь с настоящим трудом, вы с еще большей ясностью увидите, насколько ваш мир отклонился от обычного течения эволюционного прогресса и развития.

Однако Планетарный Князь не является «Князем Мира». На протяжении этого судного периода продолжаются расовые битвы и племенные войны, хотя реже и с меньшим ожесточением. Наступает великая эра распространения рас, достигающая своего апогея в период ярко выраженного национализма. Цвет становится основой для объединения в племена и народы, и различные расы часто создают собственный язык. Каждая растущая группа смертных стремится к изоляции. Такому разделению способствует существование многих языков. Прежде чем наступает объединение нескольких рас, беспощадные войны иногда приводят к исчезновению целых народов; особенно подвержены такому уничтожению оранжевая и зеленая расы.

В обычном мире в последний период правления князя национальная организация жизни постепенно заменяет племенную или, скорее, начинает накладываться на существующие племенные объединения. Однако самым значительным достижением эпохи князя является возникновение семьи. До сих пор человеческие отношения были в основном племенными; теперь появляется домашний очаг.

В этот судный период достигается равенство полов. На одних планетах мужчины управляют женщинами, на других – наоборот. В течение этой эпохи в нормальных мирах устанавливается полное равенство полов, что предваряет более полную реализацию идеалов семьи. Начинается золотой век семьи. Идея племенного правления постепенно уступает место двуединому представлению о жизни нации и жизни семьи.

В течение этой эпохи появляется сельское хозяйство. Развитие семьи несовместимо с кочевой и неустроенной жизнью охотника. Постепенно вырабатывается привычка к оседлости и возделыванию земли. Быстрыми темпами идет приручение животных и развитие кустарных промыслов. В апогее биологической эволюции достигается высокий уровень цивилизации, но технического развития почти не наблюдается; изобретательство характерно для следующей эпохи.

К концу этой эры расы очищаются, достигая высокого физического совершенства и интеллектуальной силы. На ранних стадиях развитию нормального мира чрезвычайно помогает программа по распространению высокоразвитых типов смертных и пропорциональному сокращению отсталых. Именно неспособность ваших древних народов отделить один тип от другого является причиной того, что среди сегодняшних урантийских рас присутствует такое количество ущербных и дегенеративных индивидуумов.

Одно из величайших достижений эпохи князя – ограничение размножения умственно отсталых и социально неприспособленных индивидуумов. Задолго до прибытия вторых Сынов, Адамов, большинство миров всерьез занимается проблемой расового очищения, чему народы Урантии до сих пор не уделяли должного внимания.

Проблема расового очищения не столь сложна, когда она решается на ранних стадиях человеческой эволюции. Предшествующий период племенных сражений и жестокая борьба рас за существование искореняет бóльшую часть ненормальных и дефективных черт. У идиота практически нет надежды на выживание в социальной организации воюющего первобытного племени. Именно ложная сентиментальность ваших отчасти усовершенствованных цивилизаций поощряет, защищает и увековечивает безнадежно дефективные наследственные признаки в эволюционных человеческих расах.

Проявление бесполезного сочувствия к дегенеративным человеческим существам, неспасаемым – ненормальным и неполноценным – смертным, не имеет никакого отношения ни к доброте, ни к альтруизму. Даже в самых нормальных эволюционных мирах существуют достаточные различия между индивидуумами и многочисленными социальными группами, чтобы смертные могли в полной мере воспользоваться всем благородством альтруистического чувства и бескорыстной помощи, не увековечивая социально неприспособленные и морально дегенеративные наследственные факторы эволюционирующего человечества. Существуют безграничные возможности для проявления терпимости и альтруизма по отношению к тем нуждающимся индивидуумам, которые не потеряли окончательно свой нравственный облик и не разрушили безвозвратно свое духовное наследие.

3. ЧЕЛОВЕК В ЭПОХУ ПОСЛЕ ПРИХОДА АДАМА

Когда изначальный импульс эволюционной жизни исчерпывает биологические возможности и человек достигает вершины животного развития, прибывает вторая категория сыновства, и начинается второй судный период милосердия и опеки.

Это справедливо для всех эволюционных миров. После достижения высочайшего возможного уровня эволюционной жизни, когда первобытный человек поднимается на высшую доступную ему ступеньку биологической лестницы, на планете всегда появляются направленные Властелином Системы Материальный Сын и Материальная Дочь.

Всё больше Настройщиков Мышления посвящаются человеку постадамической эпохи, и всё больше таких смертных обретают способность к последующему слиянию с Настройщиками. Несмотря на то что Адамы функционируют как нисходящие Сыны, они не обладают Настройщиками, однако их планетарные потомки, прямые и смешанные, в должное время становятся полноправными кандидатами на обретение Таинственных Наставников. Ко времени завершения постадамической эпохи, в распоряжении планеты находится полная квота небесных попечителей. Всеобщего распространения не получают только Настройщики, сливающиеся со смертными.

Основная задача адамического режима – помочь развивающемуся человеку перейти от стадии охотника и пастуха к стадии земледельца и садовода с последующим появлением присущих цивилизации городов и промышленности. Десять тысяч лет этого судного периода биологических совершенствователей достаточны для удивительных перемен. После двадцати пяти тысяч лет управления, объединяющего мудрость Планетарного Князя и Материальных Сынов, сфера, как правило, готова к приходу Сына-Арбитра.

В эту эпоху обычно завершается устранение неприспособленных индивидуумов и происходит дальнейшее очищение расовых признаков. В нормальных мирах происходит почти полное прекращение воспроизводства дефективных животных наклонностей.

Потомки Адама никогда не смешиваются с малоразвитыми представителями эволюционных рас. Не предполагает божественный план и личных брачных связей Планетарного Адама или Евы с эволюционными народами. Программа расового совершенствования является делом их потомков. Однако наращивание потомства Материального Сына и Материальной Дочери продолжается на протяжении многих поколений, прежде чем начинается оказание помощи в форме смешения рас.

Дар адамической жизненной плазмы сразу приводит к непосредственному улучшению интеллектуальных способностей и ускорению духовного развития смертных рас. Как правило, наблюдается также некоторое улучшение физических данных. В обычном мире постадамический судный период является веком великих изобретений, управления энергией и технического прогресса. В эту эру появляются разнообразные производства и подчиняются природные силы. Наступает золотой век исследования и окончательного завоевания планеты. В течение этого времени, с началом развития естествознания, происходит бóльшая часть материального прогресса; именно эту эпоху переживает сейчас Урантия. Ваш мир более чем на целый судный период отстает от обычной планетарной программы.

К концу адамического судного периода на нормальной планете процесс расового смешения практически завершается, и теперь можно действительно провозгласить, что «от одной крови произвел Бог весь род человеческий» и что его Сын «произвел все народы одного цвета». Цвет такой смешанной расы близок к фиолетовому с оливковым оттенком – «белый» цвет планетарных рас.

Первобытный человек в основном плотояден; Материальный Сын и Материальная Дочь не едят мяса, но их потомки в течение нескольких поколений становятся всеядными, хотя порой отдельные группы остаются вегетарианцами. Это двоякое происхождение постадамических народов объясняет, почему у таких смешанных рас обнаруживаются анатомические рудименты, относящиеся как к травоядным, так и плотоядным группам животных.

Примерно через десять тысяч лет расового смешения появляются расы с различными вариантами сочетания анатомических черт, причем некоторые типы в большей степени обладают наследственными признаками предков-вегетарианцев, а другие имеют физические характеристики, более напоминающие их плотоядных эволюционных пращуров. Большинство этих планетарных рас вскоре становятся всеядными, питаясь разнообразной пищей как животного, так и растительного царств.

Постадамическая эра – это период интернационализма. В условиях почти полного выполнения задачи расового смешения национализм иссякает, и братство людей действительно начинает претворяться в жизнь. На смену монархической, или патерналистской, форме правления постепенно приходит представительная власть. Система образования становится всемирной, и планетарные языки постепенно вытесняются языком фиолетовой расы. Всеобщий мир и сотрудничество обычно наступают только после того, как расы становятся достаточно смешанными и начинают пользоваться одним языком.

В течение последних веков постадамической эпохи появляется новый интерес к искусству, музыке и литературе, и такое всемирное пробуждение служит знаком для прихода Сына-Арбитра. Важнейшим достижением этой эры является всеобщий интерес к интеллектуальным реальностям – истинной философии. Националистические черты религии постепенно исчезают, она принимает всё более планетарный характер. Эти века характеризуются раскрытием новых истин, и Всевышние созвездий начинают править делами людей. Раскрытие истины достигает уровня правления созвездий.

Эта эра характеризуется огромным этическим прогрессом; братство людей является целью существующего в эту эпоху общества. Всеобщий мир – прекращение расовых конфликтов и национальной вражды – свидетельствует о том, что планета готова к приходу представителя третьей категории сыновства – Сына-Арбитра.

4. ЧЕЛОВЕК В ЭПОХУ ПОСЛЕ ПРИХОДА СЫНА-АРБИТРА

На нормальных и лояльных планетах эта эра начинается в условиях смешанных и биологически приспособленных смертных рас. Не существует проблем, связанных с расой или цветом кожи; все нации и расы – буквально одной крови. Процветает братство людей, и нации учатся жить в мире и покое. Такой мир находится накануне великого и кульминационного интеллектуального развития.

Когда эволюционный мир становится, таким образом, готовым к эпохе Сына-Арбитра, один из Сынов-Авоналов высшей категории является с арбитражной миссией. Планетарный Князь и Материальные Сыны являются уроженцами локальной вселенной; Сын-Арбитр родом из Рая.

Когда Райские Авоналы посещают миры смертных для отправления правосудия в связи с окончанием судного периода, они никогда не инкарнируются. Однако являясь с арбитражными миссиями – по крайней мере, с первой из них, – они всегда претерпевают инкарнацию, хотя никогда не рождаются на планете и не умирают планетарной смертью. Они могут жить в течение многих поколений в случаях, когда остаются в качестве правителей на определенных планетах. Когда их миссии завершаются, они прекращают свою планетарную жизнь и возвращаются к своему прежнему статусу божественного сыновства.

Каждый новый судный период раздвигает горизонты богооткровенной религии, и Сыны-Арбитры расширяют раскрытие истины, описывая дела локальной вселенной и всего, что к ней относится.

Вскоре после первого прихода Сына-Арбитра расы обретают экономическую свободу. Ежедневный труд, необходимый для поддержания независимости индивидуума, равнялся бы двум с половиной часам вашего времени. Освобождение этичных и разумных смертных не связано с риском. Такие высокоразвитые люди прекрасно знают, ка́к использовать свободное время для самосовершенствования и планетарного прогресса. В эту эпоху происходит дальнейшее очищение рас посредством ограничения размножения среди менее приспособленных и малоодаренных индивидуумов.

Продолжает совершенствоваться политическое и социальное управление рас, и к концу эпохи достаточно широкое распространение получает самоуправление. Под самоуправлением мы понимаем высший тип представительного правления. Такие миры выдвигают и чтят только тех лидеров и правителей, которые лучше других способны нести социальную и политическую ответственность.

В эту эпоху большинство планетарных смертных наделяются Настройщиками. Но и теперь посвящение божественных Наставников не является всеобщим. Наставники, сливающиеся впоследствии со своими подопечными, еще не посвящаются всем планетарным смертным; волевые создания по-прежнему должны делать выбор в пользу Таинственных Наставников.

В течение последних веков этого судного периода общество начинает возвращаться к более простым формам жизни. Сложный характер прогрессирующей цивилизации исчерпывает себя, и смертные учатся жить более естественно и эффективно. Эта тенденция усиливается с каждой последующей эпохой. Наступает эра расцвета искусства, музыки и высших знаний. Естественные науки уже достигли предела своего развития. В идеальном мире при завершении этой эпохи происходит великое и всеобъемлющее религиозное пробуждение, всемирное духовное просвещение. И это мощное пробуждение духовной природы рас служит сигналом для прибытия посвященческого Сына и начала пятой эпохи в мире смертных.

Во многих мирах получается так, что для подготовки планеты к посвященческому Сыну недостаточно одной арбитражной миссии. В этом случае следует второе или даже несколько явлений Сынов-Арбитров, каждое из которых, от одного судного периода к другому, поднимает расы на новую ступень развития, пока планета не становится готовой к дару посвященческого Сына. Во время второй и последующих миссий Сыны-Арбитры могут либо инкарнироваться, либо не инкарнироваться. Но независимо от того, какое число Сынов-Арбитров прибывает на планету, – а они могут являться и после посвященческого Сына, – приход каждого из них означает завершение одного судного периода и начало следующего.

Эти судные периоды Сынов-Арбитров охватывают от двадцати пяти до пятидесяти тысяч лет в урантийском времяисчислении. Иногда такая эпоха бывает значительно короче, а в редких случаях она может длиться еще дольше. Однако, когда пробьет час, один из тех же самых Сынов-Арбитров родится в качестве Райского посвященческого Сына.

5. ЧЕЛОВЕК В ЭПОХУ ПОСЛЕ ПРИХОДА ПОСВЯЩЕНЧЕСКОГО СЫНА

После того как обитаемый мир достигает определенного уровня интеллектуального и духовного развития, сюда неизменно прибывает Райский посвященческий Сын. В нормальном мире он является во плоти только после того, как расы достигают высших уровней интеллектуального и этического развития. Однако на Урантии посвященческий Сын – являющийся также вашим Сыном-Создателем – появился при завершении адамического периода, что не соответствует обычной последовательности событий в пространственных мирах.

Когда мир готов к одухотворению, прибывает посвященческий Сын. Такой Сын всегда принадлежит к категории Арбитров, или Авоналов, за исключением единственного в каждой локальной вселенной случая, в котором Сын-Создатель готовится к завершающему посвящению в одном из эволюционных миров; именно так случилось в вашем мире, когда Михаил Небадонский явился на Урантию, чтобы посвятить себя вашим смертным расам. Только один мир почти из десяти миллионов удостаивается такого дара. Все остальные миры поднимаются на новую духовную ступень благодаря посвящению одного из Райских Сынов-Авоналов.

Посвященческий Сын прибывает в мир, отличающийся высокой культурой образования, и встречает духовно подготовленную расу, способную воспринять прогрессивные учения и по достоинству оценить миссию посвящения. Эта эра характеризуется всеобщим влечением к нравственной культуре и духовной истине. Страстным желанием смертных этого судного периода является постижение космической реальности и общение с духовной реальностью. Раскрытие истины расширяется и охватывает сверхвселенную. Появляются совершенно новые системы образования и управления, сменяя несовершенные режимы прежних эпох. Радость бытия обретает новые краски, и в возвышенных жизненных реакциях появляются небесные тона и тембры.

Посвященческий Сын живет и умирает для духовного возвышения смертных рас мира. Он определяет «новый и живой путь»; его жизнь является инкарнацией Райской истины в смертной плоти, той самой истины – и даже Духа Истины, – познав которую люди обретают свободу.

На Урантии определение этого «нового и живого пути» относилось как к факту, так и к истине. Изоляция Урантии во время восстания Люцифера приостановила действие процедуры, с помощью которой смертные, после прекращения физической жизни, могли отправляться прямо в обительские миры. До наступления на Урантии эры Христа Михаила все души оставались погруженными в сон вплоть до периодического или особого тысячелетнего воскрешения. Даже Моисею не было дозволено перейти в мир иной до особого воскрешения из-за того, что падший Планетарный Князь, Калигастия, противодействовал такому освобождению. Однако со дня Пятидесятницы смертные Урантии вновь могут переходить непосредственно в моронтийные сферы.

После своего воскресения, на третий день с момента прекращения жизни во плоти, посвященческий Сын возносится по правую руку Всеобщего Отца, получает заверение в одобрении посвященческой миссии и возвращается к Сыну-Создателю в столицу локальной вселенной. Затем посвященческий Авонал и Создатель Михаил посылают в мир посвящения свой общий дух, Дух Истины; это тот день, когда «дух победоносного Сына изливается на всякую плоть». Вселенский Материнский Дух также участвует в этом посвящении Духа Истины, и одновременно с этим издается посвященческий эдикт о Настройщиках Мышления. Отныне все обладающие нормальным разумом волевые создания данного мира получают Настройщиков, как только достигают возраста моральной ответственности – духовного выбора.

Если такой посвященческий Авонал возвращается в мир после миссии посвящения, он не инкарнируется, а приходит «в славе вместе с серафическим воинством».

Эпоха после прихода посвященческого Сына может продлиться от десяти тысяч до ста тысяч лет. Не существует произвольного ограничения продолжительности какой-либо из судных эпох. Это время огромного этического и духовного прогресса. Под духовным влиянием этих веков человеческий характер претерпевает колоссальную трансформацию и феноменальное развитие. Появляется возможность претворить золотое правило на практике. Учения Иисуса по-настоящему применимы к такому смертному миру, который был подготовлен допосвященческими Сынами, чьи миссии направлены на облагораживание характера и развитие культуры.

В течение этой эры практически полностью искореняются болезни и правонарушения. Дегенеративность уже в основном ликвидирована с помощью селективного продолжения рода. Практически полная победа над болезнями достигается благодаря высокой резистентности, которую обеспечивает адамическая наследственность, а также благодаря разумному и всемирному использованию открытий естествознания, сделанных в предшествующие эпохи. Средняя продолжительность жизни в это время намного превышает триста урантийских лет.

В течение этой эпохи происходит постепенное ослабление правительственного контроля. Начинает действовать истинное самоуправление; всё меньше нужны ограничительные законы. Военные формы национального сопротивления уходят в прошлое; наступает эра интернациональной гармонии. Существует множество стран, что определяется в основном географическим положением, но есть только одна раса, один язык и одна религия. Смертный мир обретает характер, близкий к совершенному. Это воистину великие и славные времена!

6. УРАНТИЯ В ЭПОХУ ПОСЛЕ ПРИХОДА ПОСВЯЩЕНЧЕСКОГО СЫНА

Посвященческий Сын является Князем Мира. Он прибывает, чтобы возвестить «мир на земле и добрую волю среди людей». В нормальных мирах начинается период общепланетарного мира; люди больше не учатся воевать. Однако приход вашего посвященческого Сына, Христа Михаила, не сопровождался столь благотворными воздействиями. Урантия не следует обычному пути развития. Ваш мир не идет в ногу с другими планетами. Пребывая на земле, ваш Учитель предупреждал своих учеников, что его пришествие на Урантию не приведет к обычному воцарению мира. Он недвусмысленно предупредил их, что будут «войны и военные слухи» и что один народ восстанет на другой. В другом случае он сказал: «Не думайте, что я пришел принести мир на землю».

Даже в нормальных эволюционных мирах осуществление общечеловеческого братства дается нелегко. На запутавшейся и беспорядочной планете, подобной Урантии, для такого свершения требуется намного больше времени и усилий. Без посторонней помощи социальная эволюция вряд ли способна привести к столь благоприятным результатам на планете, находящейся в духовной изоляции. Религиозное откровение является непременным условием осуществления на Урантии братства. Хотя Иисус указал путь для непосредственного достижения духовного братства, реализация социального братства в вашем мире во многом зависит от целого ряда личностных трансформаций и планетарных адаптаций:

1. *Социальное содружество*. Умножение международных и межрасовых социальных контактов и общественных связей через путешествия, торговлю и игровые состязания. Появление общего языка и умножение числа полиглотов. Обмен учащимися, учителями, промышленниками и религиозными философами между различными расами и народами.

2. *Интеллектуальное взаимообогащение*. Братство невозможно в мире, чьи обитатели столь примитивны, что не понимают безрассудства крайнего эгоизма. Необходим обмен национальной и расовой литературой. Каждая раса должна познакомиться с образом мысли всех других рас; каждая нация должна знать чувства всех наций. Невежество порождает подозрительность, а подозрительность несовместима с таким важнейшим отношением, как взаимопонимание и любовь.

3. *Этическое пробуждение*. Только этическое сознание способно обнажить безнравственность человеческой нетерпимости и греховность братоубийства. Только нравственное сознание способно осудить зло национальной зависти и расовой подозрительности. Только нравственные существа будут неустанно стремиться к той духовной проницательности, без которой, невозможно жить в согласии с золотым правилом.

4. *Политическая мудрость*. Без эмоциональной зрелости нет самообладания. Только эмоциональная зрелость станет гарантией замены варварского произвола войны на цивилизованные методы международного права. Порой мудрые государственные деятели действуют на благо человечества даже тогда, когда преследуют интересы своих национальных или расовых групп. Если политическая прозорливость служит эгоистическим целям, то в конечном счете она становится губительной – разрушающей все те устойчивые качества, которые обеспечивают коллективное выживание на планете.

5. *Духовная проницательность*. В конечном счете, братство людей основывается на признании отцовства Бога. Скорейший путь к претворению братства людей на Урантии – духовная трансформация сегодняшнего человечества. Единственным способом ускорения естественного хода социальной эволюции является использование духовного воздействия свыше, что улучшает нравственную проницательность с одновременным повышением душевной способности каждого смертного понимать и любить каждого другого смертного. Взаимопонимание и братская любовь суть могущественные трансцендентные цивилизующие факторы, претворяющие в жизнь всемирное братство людей.

Если бы вас можно было переселить из вашего отсталого и запутавшегося мира на одну из нормальных планет эпохи после прихода посвященческого Сына, вам могло бы показаться, что вы попали на описанные в ваших преданиях небеса. Вы вряд ли поверили бы, что наблюдаете нормальный эволюционный процесс сферы, населенной смертными людьми. Такие миры входят в локальные духовные контуры и пользуются всеми преимуществами пространственных сообщений вселенной и службы отражения сверхвселенной.

7. ЧЕЛОВЕК В ЭПОХУ ПОСЛЕ ПРИХОДА СЫНА-УЧИТЕЛЯ

Следующей категорией Сынов, прибывающих в обычный эволюционный мир, являются Троичные Сыны-Учителя, божественные Сыны Райской Троицы. И снова мы видим, что Урантия отличается от подобных сфер, ибо ваш Иисус обещал вернуться. Он обязательно исполнит свое обещание, однако никто не знает, будет ли его возвращение предшествовать или следовать за приходом на Урантию Сынов-Арбитров или Сынов-Учителей.

Сыны-Учителя прибывают в миры возрастающей духовности группами. Планетарному Сыну-Учителю помогают семьдесят первичных Сынов, двенадцать вторичных Сынов и трое Сынов из числа высших и наиболее опытных членов верховной категории Дайналов. Этот корпус остается в мире в течение некоторого времени, достаточного для осуществления перехода из эволюционной эры в эру света и жизни. Данный период длится не менее тысячи планетарных лет, во многих случаях – значительно дольше. Эта миссия является вкладом Троицы в предшествующие усилия всех божественных личностей, опекавших обитаемый мир.

Раскрытие истины охватывает теперь центральную вселенную и Рай. Расы становятся высокодуховными. Появился великий народ, и приближается великое время. Образовательные, экономические и административные системы планеты претерпевают радикальную трансформацию. Утверждаются новые ценности и отношения. Царство небесное появляется на земле, и слава Божья распространяется по всему миру.

Во время этого судного периода многие смертные преобразуются из числа живых. По мере развития эры Троичных Сынов-Учителей, всё более всеобщий характер приобретает духовная преданность смертных времени. Естественная смерть становится всё большей редкостью, ибо Настройщики всё чаще сливаются со своими подопечными в течение жизни во плоти. В итоге планета причисляется к первичному модифицированному типу восхождения смертных.

Жизнь в течение этой эры является приятной и плодотворной. Практически полностью исчезли дегенерация и антисоциальные продукты длительной эволюционной борьбы. Продолжительность жизни достигает пятисот урантийских лет, а темпы прироста населения подчинены разумному контролю. Появился совершенно новый тип общества. Между смертными до сих пор сохраняются огромные различия, однако общество вплотную подходит к идеалам социального братства и духовного равенства. Представительная форма правления исчезает, и в мире торжествуют принципы индивидуального самоконтроля. Функции правительства в основном определяются коллективными задачами социального управления и экономической координации. Стремительно приближается золотой век. Уже видна временна́я цель длительной и напряженной планетарной эволюционной борьбы. Близка долгожданная награда. Мир стоит на пороге демонстрации мудрости Богов.

Физическое управление миром в течение этой эпохи требует около одного часа в день для каждого взрослого индивидуума (имеется в виду эквивалент урантийского часа). Планета поддерживает тесную связь со вселенной, а ее народы следят за последними пространственными сообщениями с таким же неослабным интересом, который вы проявляете сегодня к последним выпускам ваших ежедневных газет. Эти расы занимаются множеством увлекательных дел, неизвестных вашему миру.

Всё глубже становится истинная преданность планеты Верховному Существу. С каждым новым поколением всё больше людей живут в духе справедливости и милосердия. Радостное служение Божьих Сынов медленно, но верно покоряет мир. Физические трудности и материальные проблемы в основном решены; планета созревает к более совершенной жизни и более устойчивому существованию.

В течение своего судного периода Сыны-Учителя продолжают периодически посещать эти мирные планеты. Они не покидают мир, пока не убедятся в благополучном претворении плана планетарной эволюции. Исполняющий судебные функции Сын-Арбитр обычно сопровождает Сынов-Учителей в их последующих миссиях, в то время как еще один Сын этой категории действует в их отсутствие, и эта судебная деятельность продолжается из века в век в течение всего пространственно-временнóго существования смертных.

Каждая возобновляемая миссия Троичных Сынов-Учителей поднимает этот небесный мир на новую ступень мудрости, духовности и космического озарения. Однако благородные обитатели такой сферы остаются конечными и смертными созданиями. Ничто не совершенно; тем не менее, в действиях несовершенного мира и жизни его человеческих обитателей появляется качество, близкое к совершенству.

Троичные Сыны-Учителя могут неоднократно возвращаться в один и тот же мир. Но рано или поздно, в связи с завершением одной из их миссий, Планетарный Князь возвышается до положения Планетарного Владыки, и Властелин Системы является, чтобы провозгласить вступление такого мира в эру света и жизни.

Именно о завершении последней миссии Сынов-Учителей (по крайней мере, такой была бы хронология в обычном мире) Иоанн писал: «Я увидел новое небо и новую землю и новый Иерусалим, спускающийся от Бога с небес, украшенный, как княжна, нарядившаяся ради своего князя».

Это та самая обновленная земля, высокая ступень планетарного развития, которую увидел древний пророк, писавший: «„Ибо как новое небо и новая земля, которые я сотворю, останутся передо мной, так сохранитесь вы и ваши дети; и будет так, что от новолуния до новолуния и от субботы до субботы все люди будут приходить, чтобы поклониться мне“, – говорит Господь».

Именно смертные этой эры описаны как «род избранный, царское священство, святая нация, возвышенный народ; вы возвестите совершенства Призвавшего вас из тьмы в этот чудный свет».

Независимо от особенностей естественной истории отдельной планеты, от того, была ли сфера совершенно лояльной, запятнала ли себя злом или поражена грехом, – независимо от ее прошлого, – рано или поздно милость Божья и служение ангелов возвестят прибытие Троичных Сынов-Учителей; а их отбытие, по окончании завершающей миссии, положит начало величественной эре света и жизни.

Все миры Сатании могут присоединиться к надежде того, кто писал: «Тем не менее, мы, по обещанию Его, ожидаем новых небес и новой земли, где обитает праведность. Итак, друзья дорогие, ожидая этого, будьте усердны, дабы предстать перед Ним умиротворенными, безупречными и незапятнанными».

Отбытие корпуса Сынов-Учителей в конце их первого или одного из последующих царствований возвещает о заре эры света и жизни – преддверии перехода из времени на порог вечности. Планетарная реализация этой эры света и жизни значительно превосходит самые смелые ожидания смертных Урантии, представления которых о будущей жизни ограничивались религиозными верованиями, описывающими небеса как ближайшее будущее и окончательное место обитания сохранившихся смертных.

[Подготовлено Могущественным Посланником, временно прикрепленным к персоналу Гавриила.]

ДОКУМЕНТ 53

ВОССТАНИЕ ЛЮЦИФЕРА

Люцифер был блистательным первичным Сыном-Ланонандеком вселенной Небадон. Он обладал опытом служения во многих системах, являлся высоким советником своей группы и отличался мудростью, прозорливостью и эффективностью. Люцифер был 37-м членом своей категории и при аттестации был отмечен Мелхиседеками среди ста самых способных и блистательных личностей своей более чем семисоттысячной группы. После столь великолепного начала, отдавшись злу и заблуждениям, он пал в объятия греха и в настоящее время является одним из трех Властелинов Систем вселенной Небадон, поддавшихся эгоистическим побуждениям и софистике ложной личной свободы – отрицанию вселенской преданности, неуважению к братским обязанностям, забвению космических взаимоотношений.

Во вселенной Небадон, владениях Христа Михаила, находятся десять тысяч систем обитаемых миров. За всю историю Сынов-Ланонандеков, на протяжении всего их труда в тысячах этих систем и столице вселенной, только три Властелина Систем проявили неуважение к правлению Сына-Создателя.

1. ГЛАВАРИ ВОССТАНИЯ

Люцифер не был восходящим существом. Он был сотворенным Сыном локальной вселенной, и о нём было сказано: «Ты был совершенен во всём со дня твоего сотворения, пока не нашлось в тебе неправедности». Много раз он держал совет со Всевышними Эдемии. И Люцифер правил «на святой горе Божьей», административной горе Иерусема, ибо он являлся верховным управляющим огромной системы из 607 обитаемых миров.

Люцифер был величественным существом, блистательной личностью. В иерархии вселенской власти он стоял сразу же за Всевышними Отцами созвездий. Несмотря на его прегрешение, до посвящения Михаила на Урантии подчиненные ему разумные существа воздерживались от выказывания своего неуважения и негодования. Даже архангел Михаила, во время воскрешения Моисея, «не произнес укоризненного суда, но сказал только: „Пусть Судья вынесет тебе порицание“». В таких вопросах суд является прерогативой Древних Дней – правителей сверхвселенной.

Сегодня Люцифер – это падший и низложенный Властелин Сатании. Самосозерцание совершенно губительно даже для возвышенных личностей небесного мира. О Люцифере было сказано: «От красоты своей ты возгордился; от славы своей ты мудрость свою загубил». Ваш древний пророк видел его прискорбное положение, когда писал: «Как пал ты с небес, о, Люцифер, сын зари! Как низвержен ты, который осмеливался смущать миры!»

На Урантии о Люцифере почти ничего не было известно, так как он поручил своему первому заместителю, Сатане, представлять его на вашей планете. Сатана являлся членом той же самой первичной группы Ланонандеков, но никогда не был Властелином Системы; он стал активным участником восстания Люцифера. «Дьявол» – это не кто иной, как Калигастия, низложенный Планетарный Князь Урантии, Сын вторичной категории Ланонандеков. В те времена, когда Михаил жил на Урантии во плоти, Люцифер, Сатана и Калигастия объединились в попытке сорвать его посвященческую миссию. Однако их козни потерпели полный провал.

Авадон возглавлял персонал Калигастии. Он примкнул к восстанию вслед за своим господином и с тех пор действует в качестве главного управляющего урантийских бунтовщиков. Вельзевул был главой неверных промежуточных созданий, объединившихся с силами предателя Калигастии.

Со временем дракон стал символическим изображением всех этих злоумышленников. После триумфа Михаила «Гавриил спустился с Салвингтона и сковал дракона (всех главарей восстания) на одну эпоху». О серафических бунтовщиках Иерусема написано: «И ангелов, не сохранивших свое изначальное положение, но покинувших свою обитель, он содержит в надежных цепях тьмы, чтобы судить в день великий».

2. ПРИЧИНЫ ВОССТАНИЯ

Прошло более пятисот тысяч лет с начала правления на Иерусеме Люцифера и его первого заместителя, Сатаны, когда в их сердцах стало зарождаться недовольство Всеобщим Отцом и его Сыном Михаилом, бывшим в то время наместником своего Отца.

В системе Сатания не было каких-либо необычных или специальных факторов, которые могли бы спровоцировать восстание или способствовать ему. Мы полагаем, что эта идея зародилась и оформилась в сознании Люцифера и что он мог стать подстрекателем подобного восстания независимо от своего местонахождения. Первым, кого Люцифер посвятил в свои планы, был Сатана, однако потребовалось несколько месяцев, прежде чем ему удалось совратить разум этого умелого и блистательного помощника. Но однажды склоненный на сторону мятежных идей, он стал смелым и откровенным сторонником «самоутверждения и свободы».

Никто и никогда не внушал Люциферу мысли о восстании. Идея самоутверждения в противоположность воле Михаила и планам Всеобщего Отца – в том виде, в каком они представлены в Михаиле, – родилась в его собственном сознании. Его взаимоотношения с Сыном-Создателем были близкими и неизменно сердечными. До возвеличения своего собственного разума Люцифер никогда не выражал открытого недовольства вселенским управлением. Несмотря на его молчание, в течение более чем ста лет стандартного времени находящийся на Салвингтоне Союз Дней, через систему отражения, сообщал на Уверсу о том, что разум Люцифера неспокоен. Такая же информация передавалась Сыну-Создателю и Отцам Созвездия Норлатиадек.

В течение этого времени Люцифер всё более критически относился ко всему плану вселенского управления, однако неизменно декларировал полную преданность Верховным Правителям. Первый случай откровенного предательства был продемонстрирован в связи с визитом на Иерусем Гавриила всего за несколько дней до открытого провозглашения «Декларации свободы» Люцифера. Неизбежность надвигавшегося мятежа произвела на Гавриила столь глубокое впечатление, что он сразу же отправился на Эдемию для совещания с Отцами Созвездия относительно шагов, которые следовало принять в случае открытого восстания.

Очень трудно назвать точную причину или причины, которые в конечном счете привели к восстанию Люцифера. Мы уверены только в одном: какими бы ни были эти причины, они возникли в сознании Люцифера. Скорее всего, его гордыня разрослась до состояния самообмана, так что на какое-то время Люцифер действительно убедил себя в том, что задуманное им восстание на самом деле будет во благо системы, если не вселенной. Ко времени разочарования в своих планах он, несомненно, зашел слишком далеко, чтобы его изначальная пагубная гордыня позволила ему остановиться. На каком-то этапе он стал лицемерить, и зло вылилось в преднамеренный и умышленный грех. Подтверждением тому является последующее поведение этого выдающегося управляющего. В течение длительного времени ему предоставлялась возможность покаяться, но лишь некоторые из его подчиненных воспользовались предложенным милосердием. Верный Дней Эдемии, по просьбе Отцов Созвездия, лично представил план Михаила по спасению этих ужасных преступников, однако милосердие Сына-Создателя неизменно отвергалось, причем каждый раз со всё бо́льшим презрением и негодованием.

3. МАНИФЕСТ ЛЮЦИФЕРА

Каковы бы ни были причины беды, поразившей сердца Люцифера и Сатаны, восстание окончательно разразилось после обнародования «Декларации свободы» Люцифера. Кредо мятежников определялось в трех пунктах:

1. *Реальность Всеобщего Отца.* Люцифер утверждал, что Всеобщий Отец в действительности не существует, что физическая гравитация и пространственная энергия неотъемлемы от самой вселенной и что Отец является мифом, придуманным Райскими Сынами, чтобы править вселенными от имени Отца. Он отрицал, что личность есть дар Всеобщего Отца. Он даже намекал на то, что завершители находятся в тайном сговоре с Райскими Сынами с целью ввести в обман всё творение, ибо они, возвращаясь во вселенные, ни разу ясно не изложили представление о действительной личности Отца, какой она видится в Раю. Он спекулировал благоговением, называя его невежеством. Обвинение было огульным, ужасным и богохульным. Несомненно, что именно завуалированная атака на завершителей помогала восходящим гражданам, находившимся в то время на Иерусеме, сохранять твердость и стойкость в ответ на любые предложения мятежника.

2. *Вселенское правление Сына-Создателя – Михаила.* Люцифер настаивал на автономии локальных систем. Он протестовал против права Сына-Создателя Михаила владычествовать в Небадоне от имени гипотетического Райского Отца и требовать от всех личностей преданности этому невидимому Отцу. Он утверждал, что весь план поклонения есть хитроумная махинация, направленная на возвеличение Райских Сынов. Он был готов признать Михаила своим Создателем-отцом, но не своим Богом и законным правителем.

С наибольшей резкостью он обрушился на право Древних Дней – «чужеродных властителей» – вмешиваться в дела локальных систем и вселенных. Он называл этих правителей тиранами и узурпаторами. Он призывал своих сторонников поверить, что ни один из этих правителей не смог бы каким-либо образом вмешиваться в сугубо внутреннее правление, если бы только у людей и ангелов хватило смелости заявить о себе и храбро предъявить свои права.

Он утверждал, что исполнителям приговоров Древних Дней можно было бы запретить действовать в локальных системах, если бы только населяющие их существа заявили о своей независимости. Он заявлял, что бессмертие присуще личностям системы, что воскресение является естественным и автоматическим актом и что все существа жили бы вечно, если бы не произвольные и несправедливые акты исполнителей приговоров Древних Дней.

3. *Нападки на всеобщий план подготовки восходящих созданий.* Люцифер утверждал, что слишком много времени и усилий затрачивается на столь тщательное обучение восходящих смертных принципам управления вселенной, – принципам, которые он считал безнравственными и необоснованными. Он возражал против программы многовековой подготовки смертных пространства к некоей неведомой цели и ссылался на присутствие на Иерусеме корпуса завершителей как доказательство того, что предназначение, к которому эти смертные готовились в течение многих веков, является полным вымыслом. Насмехаясь, он указывал, что всё блаженство участи завершителей – быть возвращенными в скромные сферы, схожие со сферами их происхождения. Он намекал на то, что их совратили чрезмерной дисциплиной и продолжительной подготовкой и что в действительности они являются предателями своих смертных товарищей, ибо принимают участие в порабощении всего творения во имя мифического вечного предназначения восходящих смертных. Он призывал к тому, чтобы восходящие создания получили свободу личного самоопределения. Он подвергал сомнению и осуждению весь план восхождения смертных, созданный Райскими Сынами при поддержке Бесконечного Духа.

Именно с такой «Декларацией свободы» Люцифер предался своей вакханалии тьмы и смерти.

4. НАЧАЛО ВОССТАНИЯ

Манифест Люцифера был обнародован на ежегодном конклаве Сатании, который состоялся на стеклянном море, в присутствии множества собравшихся здесь обитателей Иерусема, в последний день года, около двухсот тысяч лет тому назад по урантийскому времени. Сатана объявил, что поклоняться можно всеобщим силам – физическим, интеллектуальным и духовным, – но что преданным можно быть только действительному и нынешнему правителю Люциферу, «другу людей и ангелов» и «Богу свободы».

Самоутверждение стало боевым кличем восстания Люцифера. Согласно одному из главных его доводов, если самоуправление есть благое и правильное решение для Мелхиседеков и других групп, то им с таким же успехом могут пользоваться все категории разумных существ. Дерзко и настойчиво отстаивал он «равноправие разума» и «братство разумных существ». Он настаивал на том, чтобы любое правительство было ограничено уровнем локальных планет, добровольно объединяющихся в локальные системы. Он отвергал любую другую форму контроля. Он обещал Планетарным Князьям, что они будут править своими мирами в качестве верховных управляющих. Он выступал против того, чтобы законодательная деятельность осуществлялась в столице созвездия, а судебная – в столице вселенной. Он настаивал на том, чтобы все эти функции управления были сосредоточены в столицах систем, и приступил к формированию своей собственной законодательной ассамблеи, а также создал свои собственные суды, подчиненные Сатане. И он распорядился, чтобы князья отступнических миров поступали так же.

Всё правительство Люцифера в полном составе примкнуло к восстанию и дало публичную клятву в качестве членов администрации нового главы «освобожденных миров и систем».

Хотя в Небадоне уже произошли два восстания, это было в отдаленных созвездиях. По убеждению Люцифера, эти мятежи провалились из-за того, что большинство разумных существ не последовали за своими вождями. Он утверждал, что «власть за большинством» и что «разум непогрешим». Очевидно, то, что правители вселенной позволили ему свободно продолжать свою деятельность, укрепляло многие его гнусные убеждения. Он бросил вызов всем вышестоящим существам; однако казалось, что они не обращают внимания на его действия. Ему было позволено беспрепятственно исполнить свой план совращения.

Все милосердные отсрочки правосудия были расценены Люцифером как доказательство неспособности правительства Райских Сынов положить конец восстанию. Он открыто игнорировал Михаила, Иммануила и Древних Дней, бросая им откровенный вызов, после чего он утверждал, что отсутствие каких-либо ответных мер свидетельствует о беспомощности вселенского и сверхвселенского правительств.

Гавриил лично присутствовал при всех этих вероломных действиях и ограничился заявлением, что в должное время он выступит от имени Михаила и что все существа смогут свободно и спокойно сделать свой выбор, что «Сыны, правящие от имени Отца, желают только такой лояльности и преданности, которые были бы добровольными, чистосердечными и свободными от софистики».

Люциферу было позволено полностью создать и тщательно организовать свое мятежное правительство, прежде чем Гавриил попытался хоть как-то оспорить право раскола или противодействовать пропаганде мятежников. Однако Отцы Созвездия сразу же ограничили действия этих вероломных личностей системой Сатания. И всё же для лояльных существ всей Сатании этот период отсрочки стал временем огромных испытаний и переживаний. На несколько лет всё погрузилось в хаос, и обительские миры пребывали в состоянии великого смятения.

5. ПРИРОДА КОНФЛИКТА

Когда в Сатании вспыхнул мятеж, Михаил встретился со своим Райским братом Иммануилом. После этого знаменательного совещания Михаил объявил, что он будет придерживаться той же политики, которая была свойственна его отношению к аналогичным восстаниям в прошлом, – политики невмешательства.

Во время этого, а также в течение двух предыдущих восстаний, во вселенной Нсбадон не было абсолютного и личного властелина. Михаил правил по божественному праву в качестве наместника Всеобщего Отца, но пока еще не по своему личному праву. Он еще не прошел весь путь посвящений; он еще не был наделен «всей властью на небесах и на земле».

С начала восстания и вплоть до вступления на престол в качестве властелина Небадона Михаил никогда не противодействовал мятежным силам Люцифера; им было дозволено беспрепятственно идти своим путем в течение почти двухсот тысяч лет урантийского времени. В настоящее время Христос Михаил обладает всей полнотой власти для того, чтобы незамедлительно и без лишних церемоний справляться с подобными проявлениями вероломства. Однако мы сомневаемся в том, что, даже имея абсолютную власть, в случае еще одного такого бунта он действовал бы иным образом.

Так как Михаил решил не вмешиваться в столкновения, вызванные восстанием Люцифера, Гавриил собрал свой личный персонал на Эдемии и, в совете со Всевышними, принял решение взять под свое начало верное небесное воинство Сатании. Михаил остался на Салвингтоне, а Гавриил отправился на Иерусем и, расположившись на сфере, посвященной Отцу – тому самому Всеобщему Отцу, в личности которого усомнились Люцифер и Сатана, – в присутствии собравшегося преданного небесного воинства развернул знамя Михаила – материальный символ правления Троицы во всём творении: три лазурных концентрических кольца на белом фоне.

Эмблемой Люцифера стало белое знамя с одним красным кольцом, в центре которого находился сплошной черный круг.

«И произошла на небесах война; командующий Михаила со своими ангелами воевали против дракона (Люцифера, Сатаны и изменников-князей), а дракон и его мятежные ангелы воевали против них, но не устояли». Эта «война на небесах» не была физическим сражением, каким подобный конфликт может представляться на Урантии. На первых этапах борьбы Люцифер постоянно проповедовал свои взгляды в планетарном амфитеатре. Гавриил неустанно изобличал софистику мятежников в устроенной неподалеку резиденции. Различные находившиеся на сфере личности, у которых еще не сложилось определенного отношения, попеременно посещали эти дискуссии, пока не приходили к окончательному решению.

Однако война на небесах была очень страшной и вполне реальной. Хотя и лишенный каких-либо проявлений варварства, столь характерных для физических войн незрелых миров, этот конфликт был куда более смертоносным. В материальных сражениях опасности подвергается материальная жизнь, война же на небесах ставила под угрозу жизнь вечную.

6. ПРЕДАННЫЙ КОМАНДИР СЕРАФИМОВ

В период между вспышкой восстания и прибытием нового правителя системы со своим персоналом многие личности не раз демонстрировали благородные и воодушевляющие примеры преданности и верности. Но наиболее впечатляющим из всех этих бесстрашных подвигов преданности стало отважное поведение Манотии – заместителя главы столичных серафимов Сатании.

После того как на Иерусеме вспыхнуло восстание, глава серафического воинства примкнул к Люциферу. Именно этим объясняется тот факт, что в заблуждение было введено так много серафимов четвертой категории – управляющих серафимов системы. Глава серафимов был духовно ослеплен блистательной личностью Люцифера, который своим обаянием очаровывал низшие категории небесных существ. Они просто не могли представить себе, что такая ослепительная личность способна заблуждаться.

Не так давно, описывая события, связанные с началом восстания Люцифера, Манотия сказал: «Однако наиболее воодушевляющим испытанием было волнующее событие, связанное с восстанием Люцифера, когда в качестве заместителя командира серафимов я отказался принимать участие в готовящемся оскорблении Михаила; и могущественные мятежники попытались уничтожить меня с помощью привлеченных союзников. Сильнейшие волнения потрясали Иерусем, но ни один верный серафим не пострадал.

После падения моего непосредственного начальника мне пришлось принять на себя командование ангельским воинством Иерусема в качестве фактического управляющего расстроенными серафическими делами системы. Я получал моральную поддержку со стороны Мелхиседеков, большинство Материальных Сынов оказывали мне большую помощь; многие личности моей категории изменили мне, но я встретил колоссальную поддержку у восходящих смертных Иерусема.

Автоматически исключенные из контуров созвездия из-за раскольнических действий Люцифера, мы полагались на верность нашего информационного корпуса, направлявшего на Эдемию воззвания о помощи из соседней системы Рантулия; и мы увидели, что царство порядка, преданный разум и дух истины в силу самой своей сущности торжествуют над бунтом, самоутверждением и так называемой личной свободой; мы смогли продержаться вплоть до прибытия нового Властелина Системы, достойного правителя, сменившего Люцифера. И сразу же вслед за этим я был назначен в корпус распорядительских Мелхиседеков Урантии, возглавив верные серафические категории в мире предателя Калигастии, провозгласившего свою сферу частью новой системы „освобожденных миров и эмансипированных личностей", которая была предложена в позорной „Декларации свободы", обнародованной Люцифером в его призыве к „свободолюбивым, свободомыслящим и устремленным в будущее разумным личностям дурно управляемых миров системы Сатания"».

Этот ангел до сих пор служит на Урантии в качестве ассоциированного главы серафимов.

7. ИСТОРИЯ ВОССТАНИЯ

Восстание Люцифера охватило всю систему. На сторону главного мятежника перешли тридцать семь мятежных Планетарных Князей и бóльшая часть их планетарных администраций. Только Планетарный Князь Паноптии не смог увлечь за собой своих подчиненных. В этом мире, под руководством Мелхиседеков, люди выступили в поддержку Михаила. Элланора – молодая женщина этого смертного мира – возглавила человеческие расы, и ни одна душа этого раздираемого распрями мира не встала под знамена Люцифера. С тех пор верные паноптийцы служат в седьмом переходном мире Иерусема в качестве смотрителей и строителей сферы Отца и окружающих ее семи карантинных миров. Паноптийцы не только действуют в качестве действительных хранителей этих миров, но также исполняют личные распоряжения Михаила по украшению этих сфер для некоторого будущего и неизвестного назначения. Они выполняют эту работу, останавливаясь здесь при путешествиях па Эдемию.

В течение всего этого времени Калигастия пропагандировал на Урантии взгляды Люцифера. Мелхиседеки умело противостояли падшему Планетарному Князю, однако примитивных людей молодого и неразвитого мира можно было легко соблазнить софистикой необузданной свободы и посулами самоутверждения.

Всю пропаганду изменникам приходилось вести лично, ибо деятельность трансляционной службы и всех других видов межпланетной связи была временно приостановлена распоряжением смотрителей системных контуров. После вспышки восстания вся система Сатания была отключена от контуров как созвездия, так и вселенной. В течение этого времени все поступающие и отправляемые сообщения передавались с помощью серафических исполнителей и Одиночных Посланников. Были отключены также контуры падших миров, чтобы не дать Люциферу воспользоваться этим видом связи для осуществления своих подлых замыслов. И эти контуры не будут восстановлены до тех пор, пока главный мятежник остается в пределах Сатании.

Это было восстание Ланонандеков. Более высокие категории сыновства локальной вселенной не поддержали раскольническую деятельность Люцифера, хотя восстание вероломных князей оказало определенное влияние на некоторых из Носителей Жизни, находившихся на мятежных планетах. Никто из Тринитизованных Сынов не сбился с пути. Все Мелхиседеки, архангелы и Яркие Вечерние Звезды сохранили свою верность Михаилу и, совместно с Гавриилом, доблестно сражались за волю Отца и владычество Сына.

Ни одно из существ Райского происхождения не было запятнано вероломством. Вместе с Одиночными Посланниками они устроили резиденцию в мире Духа, где оставались под началом Верного Дней Эдемии. Среди предателей не оказалось ни одного примирителя, и ни один Небесный Регистратор не сбился с пути истинного. Однако большие потери были среди Моронтийных Спутников и Учителей Обительских Миров.

Среди серафимов верховной категории не было потеряно ни одного ангела, но большая группа вышестоящих серафимов, ангелов следующего чина, была обманута и поймана в ловушку. Таким же образом были введены в заблуждение и несколько старших серафимов, ангелов третьего чина. Но поистине страшные потери понесла четвертая группа – группа управляющих ангелов. Серафимы этого чина обычно назначаются для исполнения своих обязанностей в столицы систем. Манотия спас почти две трети от их общего числа, но чуть более трети последовали за своим лидером и примкнули к мятежникам. Треть всех херувимов Иерусема, прикрепленных к управляющим ангелам, была потеряна вместе со своими неверными серафимами.

Было обмануто около трети ангелов, прикрепленных к Материальным Сынам в качестве планетарных помощников, и почти десять процентов переходных попечителей были вовлечены в восстание. Иоанн увидел это в символическом образе, когда писал об огромном красном драконе: «Хвостом своим он смел одну треть звезд с неба и вверг их во мрак».

Хотя ангелы понесли крупные потери, наибольшее число предателей оказалось среди низших категорий разумных существ. Из 681 217 Материальных Сынов, утраченных в Сатании, девяносто пять процентов пришлось на восстание Люцифера. Много промежуточных созданий было потеряно на тех индивидуальных планетах, чьи Планетарные Князья перешли на сторону Люцифера.

Во многих отношениях это восстание было самым крупным и катастрофическим из всех подобных происшествий в Небадоне. В него было втянуто больше личностей, чем в два предыдущих восстания вместе взятых. И вечным позором эмиссаров Люцифера и Сатаны останется тот факт, что они не пощадили даже школы по воспитанию младенцев на планете культуры завершителей; наоборот – они стремились совратить эти развивающиеся разумы, милосердно спасенные и доставленные сюда из эволюционных миров.

Восходящие смертные были уязвимы, но они противостояли софистике восстания с бóльшим успехом, чем низшие духи. В то время как многие из существ низших обительских миров, не достигших окончательного слияния со своими Настройщиками, пали, мудрость программы восхождения смертных была прославлена тем, что ни один из проживавших на Иерусеме восходящих граждан Сатании не принял участия в восстании Люцифера.

Час за часом и день за днем трансляционные станции по всему Небадону заполнялись взволнованными наблюдателями всевозможных классов небесных разумных существ, внимательно изучавших сводки восстания в Сатании и радовавшихся регулярным сообщениям о несгибаемой преданности восходящих смертных, которые, под руководством своих Мелхиседеков, успешно противостояли объединенным и продолжительным попыткам всех коварных сил зла, столь быстро собравшихся под знаменами раскола и греха.

Прошло более двух лет системного времени с начала «войны на небесах» до того, как явился преемник Люцифера. Наконец, новый Властелин высадился вместе со своим персоналом на стеклянном море. Я состоял в резерве, собранном на Эдемии Гавриилом, и хорошо помню первое послание Ланафорга Отцу Созвездия Норлатиадек. В нём говорилось: «Не было потеряно ни одного гражданина Иерусема. Каждый восходящий смертный прошел суровое и решающее испытание, одержав блестящую и полную победу». И это сообщение полетело на Салвингтон, Уверсу и Рай – сообщение, подтверждающее, что опыт продолжения жизни, приобретаемый восходящими смертными, является лучшей гарантией против восстания и вернейшей защитой от греха. Этот благородный Иерусемский отряд преданных смертных насчитывал ровно 187 432 811 существ.

С прибытием Ланафорга главные мятежники были смещены и лишены всех возможностей управления, хотя им было позволено беспрепятственно передвигаться по Иерусему, моронтийным сферам и даже отдельным обитаемым мирам. Они продолжали обманывать и вводить в заблуждение людей и ангелов, смущая их и сбивая их с толку. Что же касается их действий на административной горе Иерусема, то «для них уже не нашлось места».

Хотя Люцифер и был лишен всей административной власти в Сатании, в то время в локальной вселенной не существовало ни силы, ни суда, которые могли бы задержать или уничтожить этого нечестивого мятежника, ибо Михаил еще не являлся властелином вселенной. Древние Дней поддержали Отцов Созвездия при овладении правлением системы, но они до сих пор не вынесли ни одного решения, несмотря на многочисленные и до сих пор рассматриваемые обращения, касающиеся нынешнего статуса и будущей участи Люцифера, Сатаны и их союзников.

Так эти главные мятежники получили возможность странствовать по всей системе, стремясь к дальнейшему распространению своих доктрин недовольства и самоутверждения. Однако почти за двести тысяч урантийских лет они не смогли совратить ни одного нового мира После падения упоминавшихся тридцати семи миров не было потеряно ни одного мира Сатании – даже среди молодых планет, заселенных после начала восстания.

8. СЫН ЧЕЛОВЕЧЕСКИЙ НА УРАНТИИ

Люцифер и Сатана беспрепятственно странствовали по всей Сатании вплоть до завершения посвящения Михаила на Урантии. В последний раз они вместе посетили ваш мир во время объединенной атаки на Сына Человеческого.

Ранее, во время периодических сборов «Сынов Божьих», Планетарных Князей, «вместе с ними приходил и Сатана», заявляя, что он представляет все изолированные миры падших Планетарных Князей. Однако он был лишен такого права на Иерусеме со времени завершающего посвящения Михаила. Во всей Сатании – то есть за пределами изолированных миров греха – пропало всякое сочувствие к Люциферу и Сатане после их попыток совратить Михаила во время его посвящения во плоти.

Посвящение Михаила положило конец восстанию Люцифера во всей Сатании, за исключением планет вероломных Планетарных Князей. Именно в этом состояло значение личного опыта Иисуса, когда, незадолго до своей смерти во плоти, он воскликнул своим ученикам: «Я видел Сатану, упавшего с небес, как молния». Он прибыл вместе с Люцифером на Урантию для последнего и решающего сражения.

Сын Человеческий был уверен в успехе, и он знал, что его триумф в вашем мире навсегда определит статус его вековых врагов, – не только в Сатании, но и в двух других системах, пораженных грехом. Когда, в ответ на предложения Люцифера, ваш Учитель спокойно и с божественной уверенностью ответил: «Отойди от меня, Сатана», его слова означали продолжение жизни для смертных и безопасность для ангелов. В принципе, это действительно положило конец восстанию Люцифера. Конечно, уверсские суды еще не вынесли приговор по обращению Гавриила, призывающего к ликвидации мятежников, однако, когда пробьет час, такое решение последует непременно, ибо первые слушания по этому делу уже состоялись.

Лишь незадолго до своей смерти Иисус перестал признавать Калигастию номинальным Князем Урантии, сказав: «Пришел судный час для этого мира; ныне свергнут будет его князь». Подойдя еще ближе к завершению дела своей жизни, он провозгласил: «Князь этого мира уже осужден». И это был тот же поверженный и разоблаченный князь, которого когда-то называли «Богом Урантии».

Последним деянием Михаила перед тем, как покинуть Урантию, было предложение простить Калигастию и Далигастию, но они презрительно отклонили эту милость. Ваш Планетарный Князь, изменник Калигастия, всё еще способен беспрепятственно чинить свои подлые козни на Урантии, однако он лишен какой-либо способности вторгаться в сознание людей, как неспособен он соединяться с их душами для соблазна или искушения, если только они сами не пожелают быть проклятыми его подлым присутствием.

До посвящения Михаила эти правители тьмы стремились удержать свою власть на Урантии, настойчиво давая отпор меньшим и подчиненным небесным личностям. Однако со дня Пятидесятницы предатель Калигастия и его не менее презренный пособник, Далигастия, подобострастно относятся к божественному величию Райских Настройщиков Мышления и охраняющему Духу Истины – духу Михаила, излитому на всю плоть.

Но даже при этих условиях ни один падший дух никогда не был способен проникать в сознание или тревожить души Божьих детей. Ни Сатана, ни Калигастия не могли прикоснуться к вероисповедным Божьим детям; вера – это надежная защита от греха и беззакония. Истинно сказано: «Рожденный Богом охраняет себя, и злодей не может наложить на него руку».

Обычно, когда слабыми и беспутными смертными якобы овладевают дьяволы и демоны, они всего лишь оказываются во власти своих собственных, присущих им низких наклонностей, сбиваясь с пути истинного из-за собственных естественных пристрастий. Кознями дьявола объясняется очень много зла, к которому он не имеет никакого отношения. Калигастия сравнительно бессилен со времени распятия Христа.

9. НЫНЕШНИЙ СТАТУС ВОССТАНИЯ

В самом начале восстания Люцифера Михаил предложил спасение всем мятежникам. Всем, кто мог подтвердить искреннее раскаяние, он предлагал, после достижения своего полного владычества во вселенной, прощение и восстановление в одном из видов вселенского служения. Никто из лидеров восстания не принял этого милосердного предложения, но тысячи ангелов и низших категорий небесных существ, включая сотни Материальных Сынов и Дочерей, приняли помилование, провозглашенное паноптийцами, и были реабилитированы при воскресении Иисуса девятнадцать столетий тому назад. С тех пор эти существа находятся в иерусемском мире Отца, где они, формально, должны содержаться, пока суды Уверсы не вынесут решения по иску «Гавриил против Люцифера». Однако никто не сомневается в том, что после обнародования решения о ликвидации эти раскаявшиеся и спасенные личности будут изъяты из приказа об уничтожении. В настоящее время эти проходящие испытание души трудятся вместе с паноптийцами, ухаживая за миром Отца.

Главный предатель ни разу не был на Урантии с тех пор, как он пытался помешать Михаилу завершить свое посвящение и окончательно утвердить себя в качестве безусловного правителя Небадона. После того как Михаил стал постоянным главой вселенной Небадон, Люцифер был взят под стражу посредниками Древних Дней Уверсы и с тех пор является одним из заключенных первого спутника, входящего в группу иерусемских переходных сфер Отца. И здесь правителям других миров и систем виден конец вероломного Властелина Сатании. Павел знал о положении этих главарей мятежников после посвящения Михаила, ибо он писал о приближенных Калигастии как о «порочном духовном воинстве в поднебесье».

После принятия на себя верховной власти в Небадоне, Михаил обратился к Древним Дней за санкцией на арест всех личностей, причастных к восстанию Люцифера, на время вынесения решения сверхвселенскими судами по делу «Гавриил против Люцифера», принятому к рассмотрению верховным судом Уверсы почти двести тысяч лет назад по вашему времени. Что касается группы существ системной столицы, Древние Дней удовлетворили петицию Михаила, но с одним исключением: Сатане было разрешено периодически посещать отступников – князей падших миров – вплоть до принятия такими мирами новых Сынов Божьих, либо вплоть до того времени, когда уверсские суды приступят к слушанию дела «Гавриил против Люцифера».

Сатана мог посещать Урантию потому, что у вас не было правомочного Сына в статусе постоянного пребывания – Планетарного Князя или Материального Сына. С тех пор Макивента Мелхиседек был провозглашен наместником Планетарного Князя Урантии, и начало слушаний по делу «Гавриил против Люцифера» ознаменовало собой учреждение временных планетарных режимов во всех изолированных мирах. Истинно, что Сатана периодически навещал Калигастию и других падших князей вплоть до времени представления этих откровений, когда состоялось первое слушание ходатайства Гавриила о ликвидации главных мятежников. В настоящее время Сатана бессрочно содержится под стражей в тюремных мирах Иерусема.

Со времени завершающего посвящения Михаила никто в Сатании не изъявил желания отправиться в тюремные миры для помощи заключенным мятежникам. И ни одно существо не встало на путь предателей. В течение девятнадцати столетий положение остается неизменным.

Мы ожидаем отмены ограничений, существующих сегодня в Сатании, только после того, как Древние Дней окончательно избавятся от главных мятежников. Пока Люцифер жив, системные контуры будут отключены. В настоящее время Люцифер совершенно пассивен.

Восстание на Иерусеме закончилось. В падших мирах оно прекращается сразу же после прибытия божественных Сынов. Мы полагаем, что все мятежники, которые были способны когда-либо принять милосердие, уже сделали это. Мы ожидаем молниеносного сообщения о лишении этих предателей личности. Мы полагаем, что вердикт Уверсы будет объявлен в форме исполнительного сообщения, которое приведет к ликвидации заключенных мятежников. И вы будете искать их, но не найдете. «Все миры, знавшие тебя, будут поражены; ты был для них ужасом, но не будет тебя вовеки». И будет так, что всех этих недостойных предателей «будто никогда и не было». Все ожидают приказа Уверсы.

Однако уже на протяжении многих веков семь тюремных миров духовной тьмы Сатании являют собой серьезное предупреждение для всего Небадона, убедительно и впечатляюще провозглашая великую истину о том, что «путь беззаконных жесток», «что в каждом грехе скрыто семя его самоуничтожения», что «плата за грех – смерть».

[Представлено Мановандетом Мелхиседеком, бывшим членом корпуса распорядителей Урантии.]

ДОКУМЕНТ 54

ПРОБЛЕМЫ ВОССТАНИЯ ЛЮЦИФЕРА

Эволюционному человеку трудно полностью постичь значение и смысл зла, заблуждения, греха и беззакония. Человек не сразу понимает, что противопоставление совершенства и несовершенства чревато злом; что столкновение истины с ложью ведет к заблуждению; что божественный дар свободы выбора приводит к прямо противоположным сферам греха и праведности; что настойчивое стремление к божественности ведет к царству Божьему, тогда как ее постоянное отвержение ведет во владения беззакония.

Боги не создают зла, как не допускают они греха и восстания. Потенциальное зло существует во времени во вселенной, включающей различные уровни значений и ценностей совершенства. Грех существует в потенциальном виде во всех сферах, где несовершенные существа наделены способностью выбора между добром и злом. В само́м противоречивом присутствии истинного и неистинного, правды и лжи, заложена возможность заблуждения. Преднамеренный выбор зла есть грех; сознательное отвержение истины есть заблуждение; упорное стремление к греху и заблуждению есть беззаконие.

1. ИСТИННАЯ И ЛОЖНАЯ СВОБОДА

Из всех запутанных проблем, проистекающих из восстания Люцифера, ни одна не была причиной бо́льших трудностей, чем неспособность незрелых эволюционных смертных провести различие между истинной и ложной свободой.

Истинная свобода является вековой целью и наградой эволюционного прогресса. Ложная свобода есть коварный обман, присущий заблуждению времени и злу пространства. Подлинная свобода основана на реальности правопорядка – разуме, зрелости, товариществе и справедливости.

Свобода становится средством самоуничтожения в космическом существовании, когда основанные на свободе побуждения безумны, безусловны и бесконтрольны. Истинная свобода всё больше соотносится с реальностью и всегда принимает во внимание социальную справедливость, космическую беспристрастность, вселенское товарищество и божественные обязательства.

Свобода становится самоубийственной, когда она лишается материальной законности, интеллектуальной справедливости, социальной сдержанности, нравственного долга и духовных ценностей. Свобода не существует в отрыве от космической реальности, и существование любой личностной реальности прямо пропорционально ее соотношениям с божественностью.

Необузданное своеволие и бесконтрольное самовыражение соответствуют отъявленному себялюбию, пределу безбожия. Свобода без сопутствующей и всё возрастающей победы над эгоизмом есть плод эгоистического смертного воображения. Свобода, мотивированная собственным «я», является концептуальной иллюзией, жестоким обманом. Вседозволенность под маской свободы является предшественницей рабской кабалы.

Истинная свобода – союзница настоящего самоуважения; ложная свобода – спутница самолюбования. Истинная свобода является плодом самообладания;

ложная свобода основана на самоутверждении. Самообладание ведет к альтруистическому служению; самолюбование стремится к эксплуатации других для эгоистического возвеличения такого заблуждающегося индивидуума, который готов пожертвовать праведностью во имя приобретения несправедливой власти над своими товарищами.

Так и мудрость божественна и несомненна только тогда, когда она является космической по своему масштабу и духовной по своей мотивации.

Не существует большего заблуждения, чем такой самообман, который заставляет разумных существ стремиться к власти над другими существами с целью лишения этих существ их естественных свобод. Золотое правило человеческой справедливости протестует против любого такого обмана, несправедливости, эгоизма и нечестивости. Только истинная и настоящая свобода совместима с господством любви и служением милосердия.

Как смеет своевольное создание посягать на права своих товарищей во имя личной свободы, когда Верховные Правители вселенной отступают в благосклонном уважении к этим прерогативам воли и потенциалам личности! Пользуясь так называемой личной свободой, ни одно существо не вправе лишать других существ каких-либо из этих привилегий существования, дарованных Создателями и должным образом уважаемых всеми их преданными союзниками, подчиненными и подданными.

Порой эволюционному человеку приходится бороться за свои материальные свободы с тиранами и угнетателями в мире греха и беззакония или в течение ранних периодов развития примитивной сферы, но не в моронтийных мирах или духовных сферах. Война является наследием раннего эволюционного человека; в тех же мирах, где существует нормальная прогрессирующая цивилизация, физическая борьба как средство разрешения расовых недоразумений уже давно пользуется дурной репутацией.

2. ПОХИЩЕНИЕ СВОБОДЫ

Бог воплотил вечную Хавону вместе с Сыном и в Духе, и с тех пор существует вечный эталон соучастия – равного участия в творении. Этот эталон соучастия служит образцом для каждого из Божьих Сынов и Дочерей, отправляющихся в пространство, чтобы предпринять попытку воспроизвести во времени центральную вселенную вечного совершенства.

Каждому созданию каждой формирующейся вселенной, стремящемуся исполнить волю Отца, суждено стать партнером пространственно-временных Создателей в этом величественном дерзновении – обретении эмпирического совершенства. Если бы это было не так, Отец вряд ли наделял бы такие создания свободной творческой волей, как не вселялся бы он в них, фактически становясь их партнером посредством своего собственного духа.

Безумие Люцифера заключалось в попытке выполнить невыполнимое – пренебречь временем в эмпирической вселенной. Преступление Люцифера состояло в попытке лишить каждую личность Сатании ее созидательных прав, в нераспознанном ограничении личного и добровольного участия создания в длительной эволюционной борьбе за достижение статуса света и жизни как индивидуально, так и коллективно. Своим поступком этот бывший Властелин вашей системы противопоставил временну́ю цель собственной воли вечной цели Божьей воли, раскрываемой в наделении свободной волей всех личностных созданий. Таким образом, восстание Люцифера грозило стать наивысшим посягательством на свободу выбора восходящих созданий и существ, находящихся на службе в системе Сатания, грозило навсегда лишить каждого из этих существ волнующего опыта привнесения чего-то личного и неповторимого в медленно воздвигаемый монумент эмпирической мудрости, которым когда-нибудь станет усовершенствованная система Сатания. Так манифест Люцифера, рядящийся в одежды свободы, в ясном свете разума оказывается колоссальным посягательством на личную свободу, причем в таких масштабах, в которых это происходило лишь дважды за всю историю Небадона.

Короче говоря, то, что Бог дал людям и ангелам, Люцифер собирался у них отнять, – а именно, божественную привилегию участия в формировании своих собственных судеб и судьбы этой локальной системы обитаемых миров.

Ни одно существо во всей вселенной не вправе лишать любое другое существо истинной свободы – права любить и быть любимым, привилегии поклонения Богу и служения своим братьям.

3. ОТСРОЧКА ПРАВОСУДИЯ

Нравственных волевых созданий эволюционных миров всегда волнует неразумный вопрос: почему премудрые Создатели допускают существование зла и греха. Они не понимают, что как то, так и другое неизбежно в условиях истинной свободы создания. Свободная воля эволюционирующего человека или возвышенного ангела не есть только философское понятие, символический идеал. Способность человека выбирать добро или зло является вселенской реальностью. Свобода самостоятельного выбора есть дар Верховных Правителей, и они не позволят никакому существу или группе существ лишить хотя бы одну-единственную личность во всей обширной вселенной этой божественно дарованной свободы – даже если тем самым удовлетворяется желание таких обманутых и невежественных существ воспользоваться этой, неверно названной, личной свободой.

Хотя сознательное и откровенное отождествление со злом (грех) эквивалентно прекращению существования (ликвидации), между таким личным отождествлением со злом и приведением приговора в исполнение – автоматическим следствием умышленного избрания зла – всегда должен существовать достаточно продолжительный период времени, необходимый для того, чтобы судебное рассмотрение вселенского статуса индивидуума было полностью удовлетворительным по отношению ко всем заинтересованным вселенским личностям, и настолько справедливым и законным, чтобы завоевать одобрение самого грешника.

Однако если этот вселенский мятежник, восставший против реальности истины и благости, отказывается согласиться с приговором, а также если в глубине своего сердца виновный сознаёт справедливость осуждения, но отказывается сделать соответствующее признание, то в таком случае, согласно благоразумному решению Древних Дней, приведение приговора в исполнение откладывается. И Древние Дней отказываются ликвидировать какое-либо существо, пока сохраняются нравственные ценности и духовные реальности, – как у злоумышленника, так и у всех связанных с ним сторонников и возможных сочувствующих ему существ.

4. МИЛОСЕРДНАЯ ОТСРОЧКА

Еще одна проблема, объяснение которой в созвездии Норлатиадек сопряжено с определенными трудностями, связана с причинами, в силу которых Люцифер,

Сатана и падшие князья, прежде, чем они были задержаны, взяты под стражу и осуждены, могли в течение столь длительного времени причинять вред.

Родители, родившие и вырастившие детей, лучше способны понять, почему Михаил, отец-Создатель, мог медлить с осуждением и уничтожением своих собственных Сынов. Притча Иисуса о блудном сыне является хорошей иллюстрацией того, что любящий отец способен долго ждать покаяния грешного сына.

Сам факт того, что преступник действительно может избрать зло – совершить грех, – подтверждает факт свободы воли и полностью оправдывает любую продолжительность отсрочки правосудия, если продленное милосердие способно привести к покаянию и реабилитации.

Большинство прав, которых добивался Люцифер, у него уже было; остальные он должен был получить в будущем. Все эти драгоценные дары были утеряны из-за того, что он поддался нетерпению и стремлению к немедленному исполнению желаний, причем в нарушение всех обязательств уважать права и свободы всех остальных существ вселенной вселенных. Этические обязательства являются врожденными, божественными и всеобщими.

Нам известно много причин, в силу которых Верховные Правители не прибегли к немедленному уничтожению или задержанию главарей восстания Люцифера. Несомненно, есть и другие и, возможно, более веские причины, неизвестные нам. Милосердные свойства этой отсрочки правосудия были продлены лично Михаилом Небадонским. Если бы не любовь этого отца-Создателя к своим грешным Сынам, восторжествовало бы высшее правосудие сверхвселенной. Подстрекатели к подобному злодеянию подверглись бы мгновенному и полному уничтожению, если бы событие, подобное восстанию Люцифера, произошло в Небадоне во время инкарнации Михаила на Урантии.

Высшее правосудие способно свершиться немедленно, когда оно не сдерживается божественным милосердием. Однако милосердная опека детей времени и пространства всегда обеспечивает эту отсрочку, этот спасительный промежуток между севом и жатвой. Если посеяно добро, этот промежуток предоставляет возможности для испытания и становления характера; если посеяно зло, эта милосердная отсрочка дает время для раскаяния и очищения. Отсрочка осуждения и наказания злодеев заключена в самой природе милосердной опеки в семи сверхвселенных. Сдерживание правосудия милосердием доказывает, что Бог есть любовь и что такой Бог любви господствует во вселенных, милосердно управляя судьбой и судом над всеми своими созданиями.

Милосердные отсрочки возникают во исполнение свободной воли Создателей. Во вселенной этот метод, основанный на терпеливом отношении к грешным мятежникам, позволяет извлечь добро. Хотя безусловно справедливо утверждение о том, что добро не может быть порождением зла для того, кто замышляет и творит зло, так же справедливо и то, что все вещи (включая зло, потенциальное и явное) оборачиваются добром для всех существ, которые знают Бога, любят исполнять его волю и восходят к Раю согласно его вечному плану и божественному предназначению.

Однако эти милосердные отсрочки не бесконечны. Несмотря на длительную (по урантийским меркам) задержку в вынесении решения по поводу восстания Люцифера, мы можем отметить, что, одновременно с изложением данного откровения, на Уверсе состоялись первые слушания по иску Гавриила против Люцифера, вскоре после чего было обнародовано распоряжение Древних Дней о заключении Сатаны в тюремный мир вместе с Люцифером. Это кладет конец возможностям Сатаны посещать какие-либо из падших миров Сатании. Правосудие во вселенной, где господствует милосердие, может быть медленным, но оно непреложно.

5. МУДРОСТЬ ОТСРОЧКИ

Из многих известных мне причин, в силу которых Люцифер и его сообщники не были арестованы или осуждены раньше, некоторые мне позволено изложить:

1. Милосердие требует того, чтобы у каждого преступника было достаточно времени для формирования сознательного и всесторонне обдуманного отношения к своему злому умыслу и грешным поступкам.

2. Отеческая любовь преобладает над высшим правосудием; поэтому правосудие никогда не уничтожает тех, кого можно спасти милосердием. Время для обретения спасения даруется каждому грешнику.

3. Ни один любящий отец не пытается ускорить наказание заблудшего члена своего семейства. Терпимость не может действовать независимо от времени.

4. Хотя прегрешения всегда пагубны для семьи, мудрость и любовь помогают честным детям терпеть своего заблудшего брата в течение времени, предоставленного любящим отцом для того, чтобы грешник мог увидеть ошибочность своего пути и принять спасение.

5. Каким бы ни было отношение Михаила к Люциферу – и несмотря на то что он являлся отцом и Создателем Люцифера, – безотлагательное вершение правосудия над предательским Властелином Системы было не во власти Сына-Создателя, ибо к тому времени он еще не завершил своего посвященческого пути, позволявшего достичь безусловного владычества в Небадоне.

6. Древние Дней могли немедленно ликвидировать этих мятежников, однако они редко казнят грешников, не рассмотрев дело со всех сторон. В данном случае они отказались аннулировать решения Михаила.

7. Очевидно, что Иммануил посоветовал Михаилу держаться в стороне от мятежников и позволить восстанию идти естественным путем самоуничтожения, а мудрость Союза Дней является временны́м отражением объединенной мудрости Райской Троицы.

8. Верный Дней Эдемии посоветовал Отцам Созвездия позволить мятежникам до самого конца беспрепятственно идти своим путем, дабы каждый настоящий и будущий гражданин Норлатиадека – каждый смертный, моронтийное существо или духовное создание – мог поскорее искоренить в себе всякое сочувствие этим преступникам.

9. На Иерусеме личный представитель Верховного Управляющего Орвонтона рекомендовал Гавриилу создать все условия для того, чтобы каждое живое создание могло прийти к осознанному выбору в отношении вопросов, затронутых в «Декларации свободы» Люцифера. После того как были подняты связанные вопросы восстания, чрезвычайный Райский советник Гавриила передал ему, что если возможность всестороннего и свободного выбора не будет предоставлена всем созданиям Норлатиадека, то карантин Рая, направленный против таких – возможно, нерешительных и сомневающихся – созданий, будет в порядке самозащиты распространен на всё созвездие. Для того, чтобы Райские двери восхождения оставались открытыми для существ Норлатиадека, необходимо было создать условия для

полного раскрытия восстания и окончательного определения позиции всех так или иначе вовлеченных в него существ.

10. В своем третьем независимом воззвании Божественная Попечительница Салвингтона обнародовала распоряжение, повелевающее не делать ничего, что могло бы привести к половинчатому исцелению, трусливому подавлению или иному сокрытию отвратительного зрелища мятежников и мятежа. Ангельское воинство получило указание стремиться к полному разоблачению мятежников и созданию всех условий для выражения греха как метода скорейшего достижения совершенного и окончательного излечения от бедствий зла и греховности.

11. На Иерусеме был создан чрезвычайный совет бывших смертных, состоящий из Могущественных Посланников – прославленных смертных, которые уже сталкивались с подобными ситуациями, – а также их коллег. Они предупредили Гавриила, что в случае использования произвольных или непродуманных методов подавления количество совращенных будет минимум втрое больше. Весь уверсский корпус советников собрался, чтобы убедить Гавриила позволить восстанию идти своим полным и естественным ходом, даже если на ликвидацию его последствий потребуется миллион лет.

12. Время – даже во вселенной времени – относительно: если бы смертный Урантии со средней продолжительностью жизни совершил преступление, которое привело бы к всемирному смятению, и если бы он был арестован, осужден и казнен в пределах двух-трех дней со времени совершения преступления, показалось ли бы вам это время долгим? А это было бы более точным сравнением с продолжительностью жизни Люцифера, даже если суд над ним, начинающийся в настоящее время, закончится только через сто тысяч лет урантийского времени. С точки зрения Уверсы, где в настоящее время происходит судебный процесс, относительный промежуток времени можно выразить следующим образом: преступление Люцифера стало рассматриваться судом в пределах двух с половиной секунд с момента его совершения. С точки зрения Рая вынесение приговора происходит одновременно с совершением преступления.

Существует еще столько же частично доступных вашему пониманию доводов против произвольного прекращения восстания Люцифера, которые, однако, я не вправе изложить. Я могу сообщить вам, что на Уверсе мы учим сорока восьми доводам в пользу разрешения злу беспрепятственно следовать своим путем нравственного банкротства и духовного истощения. Я не сомневаюсь в том, что существует столько же дополнительных причин, неизвестных мне.

6. ТРИУМФ ЛЮБВИ

С какими бы сложностями ни сталкивались эволюционные смертные, пытаясь понять восстание Люцифера, всем мыслящим существам должно быть ясно, что метод обращения с мятежниками является подтверждением божественной любви. По-видимому, любвеобильное милосердие, предложенное мятежникам, действительно принесло многим невинным существам горе и страдания, однако все эти смятенные личности могут положиться на то, что при решении их судеб премудрые Судьи будут столь же милосердны, сколь и беспристрастны.

Как для Сына-Создателя, так и для его Райского Отца любовь определяет все взаимоотношения с разумными существами. Невозможно понять многие аспекты отношения вселенских правителей к мятежникам и мятежу – греху и грешникам,

– если не помнить о том, что Бог-Отец предшествует всем остальным аспектам проявления Божества во всех отношениях божественности к человечеству. Следует также иметь в виду, что всеми Райскими Сынами-Создателями движет милосердие.

Если любящий отец большой семьи решает проявить милосердие по отношению к одному из своих детей, виновному в тяжких грехах, может вполне случиться так, что милосердное отношение к совершившему проступок дитя принесет временные трудности всем остальным, добродетельным детям. Такие случайности неизбежны; такой риск неотделим от реальной ситуации – принадлежности к семейной группе и наличии любящего родителя. Каждый член семьи получает пользу от праведного поведения каждого другого члена; таким же образом, каждый член семьи не может не испытывать немедленные временны́е последствия дурного поведения каждого другого члена. Семьи, группы, нации, расы, миры, системы, созвездия и вселенные суть ассоциативные отношения, обладающие индивидуальностью; и поэтому каждый член любой такой группы – большой или малой – пользуется достоинствами и испытывает на себе последствия благих и дурных поступков всех остальных членов соответствующей группы.

Однако необходимо уяснить следующее: если вы вынуждены страдать из-за пагубных последствий греха кого-либо из членов вашей семьи, одного из сограждан или такого же, как вы, смертного и даже из-за восстания в системе или где-либо еще, – независимо от того, что́ вам придется пережить из-за прегрешений ваших партнеров, товарищей или вышестоящих личностей, – вы можете быть абсолютно уверены в преходящем характере подобных злоключений. Ни одно из последствий дурного поведения остальных членов группы не способно когда-либо поставить под угрозу ваши вечные перспективы или хотя бы в малейшей степени лишить вас вашего божественного права восхождения к Раю и обретения Бога.

Кроме того, существует вознаграждение за все испытания, отсрочки и разочарования, которые неизменно сопровождают грех восстания. Из многих ценных последствий восстания Люцифера, которые можно было бы назвать, я упомяну только повышение статуса восходящих смертных из числа граждан Иерусема, устоявших против софистики греха и ставших кандидатами в Могущественные Посланники – члены моей собственной категории. Каждое существо, которое выдержало испытание этим пагубным происшествием, немедленно улучшило свой административный статус и повысило духовный потенциал.

Поначалу бунт Люцифера казался только бедствием для системы и вселенной. Постепенно стала нарастать польза. По прошествии двадцати пяти тысяч лет системного времени (двадцати тысяч лет урантийского времени) Мелхиседеки стали учить, что добро, проистекающее из преступления Люцифера, уравновесило причиненное им зло. Общее количество зла к тому времени стало почти неизменным, продолжая увеличиваться только в некоторых изолированных мирах, в то время как благотворные последствия продолжали возрастать и расширяться по всей вселенной и сверхвселенной вплоть до Хавоны. В настоящее время Мелхиседеки учат, что добро, появившееся вследствие восстания в Сатании, более чем в тысячу раз превышает общее количество зла.

Однако столь необычайными и благотворными плоды прегрешений могли стать только благодаря мудрому, божественному и милосердному отношению всех стоящих над Люцифером существ, начиная с Отцов Созвездия на Эдемии и вплоть до Всеобщего Отца в Раю. С течением времени добро, извлекаемое из преступления Люцифера, возрастало; а так как подлежащее наказанию зло практически полностью выявилось в пределах сравнительно короткого промежутка времени, то очевидно, что премудрые и дальновидные правители вселенной наверняка продлят время, порождающее всё более благотворные результаты. Даже без учета многочисленных дополнительных причин отсрочки ареста и суда над мятежниками Сатании, уже одного этого было бы достаточно для того, чтобы объяснить, почему эти грешники не были задержаны раньше, почему они не были осуждены и уничтожены.

Близоруким и ограниченным временем смертным не следует торопиться с критикой отсрочек, предоставляемых дальновидными и премудрыми руководителями вселенной.

Одно из ошибочных человеческих представлений в отношении данных проблем заключается в идее о том, что все эволюционные смертные развивающейся планеты избрали бы путь к Раю, если бы их мир не был проклят грехом. Способность отвергать сохранение жизни существовала и до восстания Люцифера. Смертный человек всегда обладал даром свободного выбора в отношении Райского пути.

По мере накопления опыта продолжения жизни, вы будете расширять свои представления о вселенной и свой кругозор значений и ценностей; благодаря этому вы сможете лучше понять, почему таким существам, как Люцифер и Сатана, позволено продолжать восстание. Вы также лучше поймете, каким образом из ограниченного временем зла можно в итоге извлечь (пусть даже отсроченное) добро. Достигнув Рая, вы будете воистину просвещены и утешены, слушая, как супернафические философы обсуждают и истолковывают эти фундаментальные проблемы гармонизации вселенной. Но я полагаю, что и тогда вы не испытаете полного внутреннего удовлетворения. По крайней мере, так было со мной, когда я достиг вершин вселенской философии. Эти премудрости открылись мне до конца только после того, как я был назначен исполнять административные функции в сверхвселенной, где через практический опыт приобрел умозрительную способность, необходимую для понимания таких многоплановых проблем космической справедливости и духовной философии. По мере восхождения к Раю, вы будете всё лучше понимать, что многие непонятные особенности вселенского управления можно постичь только после обретения расширенной эмпирической способности и достижения повышенной духовной проницательности. Космическая мудрость является непреложным условием понимания космических ситуаций.

[Представлено Могущественным Посланником, прошедшим путь эмпирического сохранения жизни в период первого системного восстания во вселенных времени, в настоящее время прикрепленным к сверхвселенскому правительству Орвонтона и выполняющим данную функцию по просьбе Гавриила Салвингтонского.]

ДОКУМЕНТ 55

СФЕРЫ СВЕТА И ЖИЗНИ

Эпоха света и жизни является завершающим этапом в эволюции пространственно-временнóго мира. Начиная с древних времен первобытного человека, такой обитаемый мир прошел через ряд последовательных планетарных эпох: эпохи до и после прихода Планетарного Князя, эпоху после прихода Адама, эпоху после прихода Сына-Арбитра и эпоху после прихода посвященческого Сына. После этого, благодаря последовательным планетарным миссиям Троичных Сынов-Учителей, их всё более глубокому раскрытию божественной истины и космической мудрости, такой мир подготавливается к кульминационному эволюционному достижению: обретению устойчивого статуса света и жизни. В своих усилиях, направленных на установление завершающей планетарной эпохи, Сынам-Учителям всегда помогают Яркие Вечерние Звезды, а иногда и Мелхиседеки.

Эта эра света и жизни, которую Сыны-Учителя открывают при завершении своей последней планетарной миссии, продолжается в обитаемых мирах бесконечно. Каждая следующая эра устойчивого статуса может разделяться на ряд судных периодов судебными действиями Сынов-Арбитров; однако любые такие судебные действия являются чисто формальными, никоим образом не изменяя течения планетарных событий.

Продолжительная жизнь гарантирована только тем планетам, которые достигают существования в главных контурах сверхвселенной, но насколько мы знаем, этим мирам, утвердившимся в свете и жизни, предопределено существовать на протяжении вечных эпох всего будущего времени.

Эволюционный мир проходит через семь этапов постепенного становления эры света и жизни, и в этой связи необходимо заметить, что миры смертных, слившихся с Духом, развиваются аналогично сферам, чьи обитатели способны слиться с Настройщиками. Вот эти семь этапов света и жизни:

1. Первый – этап планеты.
2. Второй – этап системы.
3. Третий – этап созвездия.
4. Четвертый – этап локальной вселенной.
5. Пятый – этап малого сектора.
6. Шестой – этап большого сектора.
7. Седьмой – этап сверхвселенной.

В заключительной части этого повествования стадии постепенного развития описаны в их связи со вселенской организацией, однако планетарные ценности любой стадии могут достигаться любым из миров, совершенно независимо от развития остальных миров или от сверхпланетарных уровней управления вселенной.

1. МОРОНТИЙНЫЙ ХРАМ

Наличие моронтийного храма в столице обитаемого мира является свидетельством вступления такой сферы в устойчивые эпохи света и жизни. Перед тем как покинуть мир по окончании своей последней миссии, Сыны-Учителя открывают эту завершающую эпоху эволюционных достижений; они правят в тот день, когда «святой храм нисходит на землю». Это событие, знаменующее собой начало света и жизни, всегда почитается личным присутствием Райского посвященческого Сына данной планеты, который прибывает, чтобы засвидетельствовать этот великий день. В этом храме несравненной красоты Райский посвященческий Сын провозглашает Планетарного Князя, давно исполняющего свои обязанности, новым Планетарным Владыкой, наделяя верного Сына-Ланонандека новой властью и расширенными полномочиями в ведéнии планетарных дел. Присутствует также Властелин Системы, выступающий с подтверждением этих деклараций.

Моронтийный храм состоит из трех частей. Центральная часть представляет собой святилище Райского посвященческого Сына. Правая часть предназначена для Планетарного Князя, ставшего Планетарным Владыкой; находясь в храме, этот Сын-Ланонандек виден наиболее духовным из индивидуумов сферы. Левая часть отводится исполняющему обязанности главы прикрепленных к планете завершителей.

Хотя о планетарных храмах говорили как о «нисходящих с неба», в действительности сам материал не транспортируется из столицы системы. Архитектура каждого храма разрабатывается в миниатюре в системной столице, и впоследствии Управляющие Моронтийной Энергией доставляют эти утвержденные проекты на планету. Здесь, совместно с Главными Физическими Регуляторами, они приступают к возведению моронтийного храма в соответствии с проектом.

Обычно моронтийный храм вмещает около трехсот тысяч зрителей. Эти строения не используются для поклонения, досуга или сеансов дальней связи; они посвящены особым торжествам планеты – таким как общения с Властелином Системы или Всевышними, специальные визуализации, в ходе которых проявляется личностное присутствие духовных существ, а также безмолвные космические размышления. Школы космической философии проводят здесь свои выпускные церемонии, и, кроме того, смертные сферы получают здесь планетарное признание успехов в области высокого общественного служения и иных выдающихся достижений.

Такой моронтийный храм служит также местом наблюдения за преобразованием живых смертных в моронтийное состояние. Ввиду того, что храм преобразования состоит из моронтийного вещества, он не уничтожается пылающим великолепием всепоглощающего огня, столь бесследно стирающего с лица земли физические тела тех смертных, которые в эти мгновения претерпевают окончательное слияние со своими божественными Настройщиками. В больших мирах эти прощальные вспышки происходят почти непрерывно, и по мере роста числа преобразований вспомогательные святыни моронтийной жизни создаются в различных частях планеты. Не так давно я находился в одном из миров далеко на севере, где действовало двадцать пять моронтийных святынь.

На планетах, не достигших устойчивого состояния, на которых пока еще нет моронтийных храмов, эти вспышки слияния часто происходят в планетарной атмосфере, куда материальное тело кандидата на преобразование поднимается промежуточными созданиями и физическими регуляторами.

2. СМЕРТЬ И ПРЕОБРАЗОВАНИЕ

Естественная физическая смерть не является непреложным атрибутом смертного существования. Большинство высокоразвитых эволюционных существ –

граждан миров, существующих в завершающую эру света и жизни, – не умирают; из жизни во плоти они переходят прямо в моронтийную жизнь.

Этот опыт преобразования из материальной жизни в моронтийное состояние – слияние бессмертной души с внутренним Настройщиком – становится всё более обычным явлением по мере эволюционного прогресса планеты. Поначалу лишь некоторые смертные из каждой эпохи достигают такого духовного развития, которое соответствует уровням преобразования. Однако с вступлением в последовательные эпохи Сынов-Учителей, слияние с Настройщиком всё чаще происходит еще до прекращения жизни, продолжительность которой у этих развивающихся смертных постоянно увеличивается; и ко времени завершающей миссии Сынов-Учителей примерно четвертая часть этих возвышенных смертных освобождается от естественной смерти.

На более поздних этапах эры света и жизни промежуточные создания или их партнеры чувствуют приближение статуса возможного единения души с Настройщиком и сообщают об этом хранителям судьбы, которые, в свою очередь, передают это группе завершителей, в чьем ве́дении может находиться данный смертный; и тогда Планетарный Владыка повелевает, чтобы такой смертный прекратил всякие планетарные дела, распрощался со своим миром и направился во внутренний храм Планетарного Владыки в ожидании моронтийного переноса – вспышки преобразования – из материальной сферы эволюции на моронтийный уровень, предваряющий развитие в статусе духа.

Собравшись в моронтийном храме, семья, друзья и коллеги такого кандидата на слияние располагаются вокруг центрального возвышения, на котором кандидаты отдыхают, свободно общаясь с собравшимися здесь друзьями. Вокруг кандидата, отделяя его от остальных существ, размещаются небесные личности, которые защищают материальных смертных от воздействия энергий, возникающих в момент «вспышки жизни» и освобождающих кандидата на восхождение от уз материальной плоти, производя на этого эволюционного смертного такое же воздействие, какое оказывает естественная смерть на тех, кто освобождается от плоти с ее помощью.

В просторном храме можно одновременно собрать многих кандидатов на слияние. Воистину прекрасно, когда собравшиеся по такому случаю смертные становятся свидетелями того, как дорогие их сердцу создания восходят в духовном пламени – и как разительно это отличается от более древних эпох, когда смертные вынуждены предавать своих покойников во власть земных стихий! На смену рыданиям и стенаниям, характерным для начальных эпох человеческой эволюции, приходит экстатическая радость и самое возвышенное ликование познавших Бога смертных, прощающихся на время с любимыми существами, которые освобождаются от своих материальных связей духовным пламенем всепоглощающего величия и восходящего блаженства. В мирах, утвердившихся в свете и жизни, «похороны» являются событиями огромной радости, глубочайшего удовлетворения и невыразимой надежды.

Души таких прогрессирующих смертных всё более наполняются верой, надеждой и уверенностью. По своему настроению, присутствующие на процедуре преобразования напоминают радостных друзей и родственников, которые пришли на выпускную церемонию одного из членов своей группы или для того, чтобы стать свидетелями высокой чести, оказанной одному из них. И было бы несомненно полезно, если бы менее развитые смертные научились относиться к естественной смерти хотя бы с долей такого веселья и беззаботности.

После вспышки слияния преобразованные создания полностью исчезают из поля зрения своих смертных товарищей. Посредством перемещения Настройщика такие преобразованные души направляются прямо в залы воскрешения соответствующего мира моронтийной подготовки. Эти процессы, связанные с преобразованием живых людей и переходом в моронтийный мир, протекают под наблюдением архангела, назначаемого на планету в день ее вступления в эру света и жизни.

Ко времени достижения миром четвертого этапа света и жизни, более половины смертных покидают планету посредством преобразования из числа живых. Уменьшение числа созданий, проходящих через смерть, продолжается и далее, но я не знаю ни одной системы, где в обитаемых мирах – даже таких, которые уже давно утвердились в жизни, – полностью отсутствовала бы естественная смерть как метод освобождения от уз плоти. И пока достижение такого высокого уровня планетарной эволюции не станет всеобщим, миры моронтийной подготовки локальной вселенной должны продолжать свою деятельность в качестве образовательных и культурных сфер для эволюционирующих моронтийных прогрессоров. Устранение смерти теоретически возможно, однако, по моим наблюдениям, этого еще не произошло. Быть может, такого статуса можно достигнуть в далеком будущем в течение последующих эпох седьмого этапа устойчивой планетарной жизни.

В эпохи расцвета устойчивых сфер преобразованные души не проходят через обительские миры. Нет их и среди учащихся моронтийных миров системы или созвездия. Они не проходят ни через одну из ранних стадий моронтийной жизни. Они являются единственными восходящими смертными, которые почти полностью избегают моронтийной фазы перехода от материального существования к полудуховному статусу. В начале своего восходящего пути такие *объятые Сыном* смертные служат в мирах прогресса вселенской столицы. И из этих образовательных миров Салвингтона они возвращаются назад в качестве учителей в те самые пропущенные ими миры и впоследствии направляются к центру, к Раю, встав на путь, предназначенный для восхождения смертных.

Если бы вы могли хотя бы раз побывать на планете, находящейся на высокой ступени развития, вы бы сразу увидели, в чём кроются причины различного приема восходящих смертных в обительских и высших моронтийных мирах. Вы бы сразу поняли, что существа, прибывающие из высокоразвитых сфер, готовы возобновить свое восхождение к Раю с намного более высокой ступени, чем обычные смертные, прибывающие из такого дезорганизованного и отсталого мира, как Урантия.

С какого бы уровня планетарного развития ни восходили люди к моронтийным мирам, семь обительских миров предоставляют им прекрасную возможность познать в качестве учителей-практикантов всё, что осталось за пределами их опыта ввиду высокого статуса их родных планет.

Вселенная неизменно использует эти компенсационные методы, призванные обеспечить всякому восходящему созданию приобретение всего опыта, имеющего принципиальное значение для его восхождения.

3. ЗОЛОТОЙ ВЕК

В течение эры света и жизни мир достигает всё большего процветания под отеческим правлением Планетарного Владыки. К этому времени миры развиваются под воздействием единого языка, единой религии и – на нормальных сферах – единой расы. Однако эта эпоха не является совершенной. В таких мирах до сих пор имеются хорошо оборудованные больницы, дома по уходу за больными. Еще существуют проблемы лечения телесных повреждений, еще неизбежна немощь, которая приходит с преклонным возрастом и недугами старости. Еще устранены не все болезни, еще не полностью подчинены планетарные животные, но по сравнению с более древним периодом первобытного человека, жившего в эпоху до прихода Планетарного Князя, такие миры являются сущим Раем. Если бы вас внезапно перенесли на планету, находящуюся на данной ступени развития, вы инстинктивно назвали бы ее земным раем.

На протяжении этой эпохи относительного прогресса и совершенства материальные вопросы по-прежнему находятся в ве́дении человеческого правительства. Недавно я посетил мир, находящийся на первом этапе эпохи света и жизни, общественные отношения которого финансировались посредством взимания десятины. Каждый взрослый работник – а все здоровые граждане занимались каким-то видом трудовой деятельности – платил десять процентов от своего дохода или прироста в общественную казну. Эти средства распределялись следующим образом:

1. Три процента тратились на распространение истины – науку, образование и философию.

2. Три процента отдавались красоте – развлечению, совместному проведению досуга и искусству.

3. Три процента посвящались благости – общественному служению, альтруизму и религии.

4. Один процент выделялся в страховой резерв на случай потери трудоспособности ввиду несчастного случая, болезни, старости или стихийных бедствий.

Природные ресурсы этой планеты считались общим достоянием, общественной собственностью.

Высочайшая честь, которой мог удостоиться гражданин этого мира, был орден «высшего служения» – единственный знак отличия, присваиваемый в моронтийном храме. Эта награда присуждалась тем, кто обладал многолетними заслугами в одной из областей сверхматериальных открытий или общественного планетарного служения.

Бо́льшую часть общественных и административных постов занимали совместно мужчины и женщины. Обучение, в основном, также проводилось совместно; такие же пары выполняли и все опекунские функции.

В этих возвышенных мирах период деторождения продолжается не очень долго. Слишком большая разница в возрасте у детей нежелательна. Когда дети примерно одного возраста, они способны принести намного больше пользы взаимному развитию. И в этих мирах они проходят великолепную подготовку с использованием состязательных систем, где интенсивное изучение прогрессивных областей и отраслей знания ведет к разнообразным достижениям в освоении истины, красоты и благости. Пусть вас не тревожит тот факт, что даже такие прославленные сферы порождают достаточно зла – действительного и потенциального, – которое побуждает выбирать между истиной и ложью, добром и злом, грехом и праведностью.

Тем не менее, существует обязательная, неизбежная повинность, присущая смертному существованию на таких развитых эволюционных планетах. Когда устойчивый мир вступает в четвертый этап света и жизни, для достижения малого сектора всем восходящим созданиям необходимо выполнить какое-то временное задание на планете, проходящей через более ранние стадии своей эволюции.

Каждый из этих последующих этапов представляет собой дальнейший прогресс во всех аспектах планетарных достижений. Расширенное раскрытие истины на первом этапе света включает устройство вселенной вселенных, в то время как изучение Божества на следующем этапе заключается в стремлении постигнуть многоплановое представление о природе, миссии, служении, связях, происхождении и судьбе Сынов-Создателей – первого уровня Бога-Семичастного.

После обретения достаточно устойчивого существования, на планете такого размера, как Урантия, насчитывается около ста центров местного управления. Такие вспомогательные центры возглавляются одной из групп квалифицированных управляющих:

1. Молодые Материальные Сыны и Дочери, доставленные из столицы системы для исполнения обязанностей помощников правящих Адама и Евы.

2. Потомки полусмертного персонала Планетарного Князя, родившиеся в некоторых мирах для выполнения данной и аналогичных функций.

3. Прямое планетарное потомство Адама и Евы.

4. Материализованные и очеловеченные промежуточные создания.

5. Смертные статуса слияния с Настройщиками, которые, по собственному желанию, временно освобождаются от преобразования распоряжением вселенского главы Личностных Настройщиков, с тем чтобы продолжать действовать на планете, исполняя некоторые важные административные функции.

6. Специально подготовленные смертные из планетарных школ управления, удостоенные, кроме того, ордена высшего служения моронтийного храма.

7. Некоторые выборные комиссии из трех обладающих необходимой квалификацией граждан, которые, по указанию Планетарного Владыки, иногда избираются гражданами в соответствии с особыми дарованиями, необходимыми при исполнении определенного задания в данном планетарном секторе.

Достижение Урантией высокого планетарного назначения – эры света и жизни – серьезно осложняется проблемами болезней, вырождения, войн, разноцветных рас и многоязычия.

Ни один эволюционный мир не может рассчитывать на достижение второго этапа устойчивого существования в свете, пока в нём не останется один язык, одна религия и одна философия. Принадлежность к одной расе существенно упрощает подобное достижение, однако наличие на Урантии многих народов не является препятствием для достижения более высоких ступеней.

4. РЕОРГАНИЗАЦИЯ УПРАВЛЕНИЯ

В течение последующих эпох устойчивого существования обитаемые миры добиваются замечательных успехов под мудрым и чутким руководством добровольческого Корпуса Завершителей – достигших Рая восходящих созданий, вернувшихся, чтобы помогать своим братьям во плоти. Эти завершители активно сотрудничают с Троичными Сынами-Учителями, но они приступают к своему непосредственному участию в планетарных делах только после того, как на земле появляется моронтийный храм.

После того как Корпус Завершителей официально приступает к своему служению, бóльшая часть небесного воинства покидает планету. Однако серафические хранители судьбы продолжают лично опекать прогрессирующих смертных эпохи света. Более того, на протяжении устойчивых эпох прибывает всё больше таких ангелов, так как всё больше смертных уже при жизни на планете достигают третьего космического круга координированных свершений.

Это только первый шаг в ряду последовательных административных изменений на протяжении последующих эпох, отмеченных всё более блистательными достижениями обитаемых миров по мере продвижения от первого к седьмому этапу устойчивого существования.

1. *Первый этап света и жизни.* На протяжении этого начального устойчивого этапа мир управляется тремя правителями:

а. Планетарным Владыкой, советником которого к этому времени становится Троичный Сын-Учитель, как правило, являющийся главой последнего корпуса таких Сынов, действующих на планете;

б. Главой планетарного корпуса завершителей;

в. Адамом и Евой, которые являются совместной объединяющей силой двуединого правления Князя-Владыки и главы завершителей.

В качестве переводчиков серафических хранителей и завершителей выступают возвышенные и освобожденные промежуточные создания. Одним из последних актов завершающей миссии Троичных Сынов-Учителей является освобождение промежуточных созданий сферы и повышение их планетарного статуса (либо его восстановление) с назначением на ответственные должности в новой администрации устойчивой сферы. Человеческое зрение претерпевает такие изменения, которые позволяют смертным видеть невидимых прежде собратьев раннего адамического режима. Это становится возможным благодаря последним достижениям физической науки в совокупности с расширением планетарных функций Главных Физических Регуляторов.

Своей властью Властелин Системы способен освободить промежуточные создания в любое время после завершения первого устойчивого этапа, с тем чтобы в моронтии, с помощью Носителей Жизни и физических регуляторов, они могли обрести человеческую природу и, получив Настройщиков Мышления, начать восхождение к Раю.

В течение третьего и последующих этапов некоторые промежуточные создания продолжают исполнять свои обязанности, действуя в основном в качестве связных при завершителях, однако с вступлением в каждый очередной этап света и жизни они в основном замещаются новыми категориями помощников-связных; лишь в редких случаях они остаются на планете после четвертого этапа света. Седьмой этап станет свидетелем появления первых абсонитных попечителей из Рая, которые приходят на смену некоторым вселенским созданиям.

2. *Второй этап света и жизни.* Знамением этой эпохи является прибытие в мир Носителя Жизни, который становится добровольным советником планетарных правителей в отношении новых путей очищения и стабилизации смертной расы. Так Носители Жизни принимают активное участие в продолжении эволюции человеческого рода – физической, социальной и экономической. После этого они расширяют свой контроль, проводя дальнейшее очищение наследственных признаков смертных за счет резкого сокращения остатков отсталого и трудно искореняемого неполноценного потенциала – интеллектуального, философского, космического и духовного. Те, кто планирует и зарождает жизнь в обитаемом мире, полностью компетентны для того, чтобы давать советы Материальным Сынам

и Дочерям, обладающим всецелой и беспрекословной властью для очищения эволюционных рас от любых ущербных воздействий.

Начиная со второго этапа и на протяжении всего устойчивого пути, Сыны-Учителя служат на планете в качестве советников завершителей. Они выполняют такие миссии не по заданию, а добровольно, сотрудничая только с корпусом завершителей, за исключением тех случаев, когда, с согласия Властелина Системы, их можно использовать как советников Планетарных Адама и Евы.

3. *Третий этап света и жизни*. В эту эпоху обитаемые миры приходят к новому осознанию Древних Дней, второй фазы Бога-Семичастного, и представители этих правителей сверхвселенной устанавливают новые взаимоотношения с планетарной администрацией.

На каждом последующем этапе устойчивого существования происходит новое расширение поля деятельности завершителей. Существует тесная рабочая связь между завершителями, Вечерними Звездами (сверхангелами) и Троичными Сынами-Учителями.

В течение этой или следующей эпохи Сын-Учитель, с помощью четырех попечительских духов, прикрепляется к выборному главе исполнительной власти, который теперь объединяется с Планетарным Владыкой в качестве соуправляющего планетарными делами. Эти смертные руководители исполнительной власти служат в течение двадцати пяти лет планетарного времени, и именно данное нововведение помогает Адаму и Еве освободиться от обязательств в отношении мира, в котором они будут долго служить в течение последующих эпох.

Четверо попечительских духов представлены серафическим главой сферы, секонафическим советником сверхвселенной, архангелом преобразований и омниафимом, который действует в качестве личного представителя Полномочного Стража, находящегося в столице системы. Однако эти помощники дают советы только тогда, когда их о том просят.

4. *Четвертый этап света и жизни*. Троичные Сыны-Учителя являются в миры с новыми функциями. При содействии сынов, тринитизованных созданиями, так долго связанных с их категорией, они прибывают в миры в качестве добровольных советников и помощников Планетарных Владык и их партнеров. Такие пары – сыны, тринитизованные обитателями Рая-Хавоны, и сыны, тринитизованные восходящими созданиями, – выражают различные вселенские воззрения и разнообразный личный опыт, столь полезный для планетарных правителей.

Начиная с этого этапа, Адам и Ева могут в любое время обратиться к Сыну-Создателю, Властелину вселенной, с просьбой об освобождении от планетарных обязанностей, с тем чтобы начать восхождение к Раю. Либо же они могут остаться на планете в качестве руководителей нового, всё более духовного сообщества высокоразвитых смертных, стремящихся постигнуть философские учения завершителей в изложении Ярких Вечерних Звезд, которые получают теперь назначения в эти миры для сотрудничества в парах с секонафимами из столицы сверхвселенной.

Завершители в основном заняты введением новых сверхматериальных видов деятельности общества – социальным, культурным, философским, космическим и духовным. Насколько мы понимаем, их служение будет продолжаться вплоть до поздних этапов седьмой эпохи эволюционной стабильности, когда, возможно, они отправятся служить во внешнее пространство, после чего, как нам представляется, их места займут абсонитные существа из Рая.

5. *Пятый этап света и жизни.* На этом этапе устойчивого существования изменения затрагивают почти исключительно сферу физического и являются прерогативой Главных Физических Регуляторов.

6. *Шестой этап света и жизни* знаменуется возникновением новых функций в контурах разума обитаемого мира. По-видимому, космическая мудрость становится частью вселенского служения разуму.

7. *Седьмой этап света и жизни.* На ранней стадии седьмой эпохи к Сыну-Учителю, являющемуся советником Планетарного Владыки, присоединяется добровольный помощник, посланный Древними Дней, а позднее к ним примыкает третий советник Верховного Управляющего сверхвселенной.

В течение этой эпохи, если не раньше, Адам и Ева всегда освобождаются от планетарных обязанностей. Если в корпус завершителей входит Материальный Сын, он может объединиться со смертным главой исполнительной власти, а иногда эти функции добровольно принимает на себя один из Мелхиседеков. Если среди завершителей оказывается промежуточное создание, то все оставшиеся члены этой категории немедленно освобождаются от своих обязанностей.

Получив освобождение от многовекового задания, Планетарные Адам и Ева могут избрать один из следующих путей:

1. После планетарного освобождения они могут сразу же начать восхождение к Раю из столицы вселенной, получая Настройщиков Мышления вслед за приобретением моронтийного опыта.

2. Часто Планетарные Адам и Ева получают Настройщиков еще в течение своей службы в мире, утвердившемся в свете, одновременно с получением Настройщиков некоторыми из привнесенных ими чистокровных детей, добровольно прибывших в мир на один период планетарной службы. Вслед за этим все они могут отправиться в столицу вселенной, чтобы встать на путь восхождения к Раю.

3. Планетарные Адам и Ева могут принять такое же решение, как и Материальные Сыны и Дочери системной столицы: ненадолго отправиться прямо в мидсонитный мир для получения Настройщиков.

4. Они могут решить вернуться в столицу системы и на какое-то время стать членами верховного суда, после чего получить Настройщиков и начать восхождение к Раю.

5. После исполнения административных обязанностей они могут вернуться в свой родной мир для временного служения в качестве учителей и получения Настройщиков при перемещении в столицу вселенной.

На протяжении всех этих эпох Материальные Сыны и Дочери, прибывшие извне для оказания помощи, оказывают огромное воздействие на эволюцию социального и экономического уклада. Потенциально они бессмертны – по крайней мере, вплоть до того времени, когда они принимают решение обрести человеческую природу, получить Настройщиков и начать восхождение к Раю.

Для получения Настройщика Мышления любое существо эволюционного мира должно обрести человеческую природу. Все восходящие члены Смертного Корпуса Завершителей получили Настройщиков и слились с ними, за исключением серафимов, которые при зачислении в этот корпус наделяются присутствием Отца через внедрение духа иного типа.

5. ВЕРШИНА МАТЕРИАЛЬНОГО РАЗВИТИЯ

Смертные создания, населяющие такой пораженный грехом, отягощенный злом, своекорыстный, изолированный мир, как Урантия, вряд ли способны представить себе физическое совершенство, интеллектуальный уровень и духовное развитие, характерные для развитых эпох эволюции безгрешной сферы.

Развитые периоды эры света и жизни представляют собой вершину эволюционного материального развития. В этих культурных мирах отсутствуют праздность и разногласия, свойственные более ранним и примитивным эпохам. Почти полностью исчезают бедность и социальное неравенство, уходит в прошлое дегенеративность, и редкими становятся случаи правонарушений. Практически совершенно исчезает сумасшествие, а слабоумие становится редкостью.

Высокого и совершенного уровня достигает экономическое, социальное и административное развитие этих миров. Процветают наука, искусство и промышленность, и общество представляет собой слаженный механизм, достигший высот развития в материальной, интеллектуальной и культурной областях. Промышленность в значительной мере посвящена служению высшим целям этой великолепной цивилизации. Экономическая жизнь такого мира стала этичной.

Война ушла в прошлое, исчезли армии или полиция. Постепенно исчезает и правительство. С течением времени законы, регулирующие человеческое поведение, становятся ненужными благодаря умению людей контролировать свои поступки. Сфера охвата гражданской власти и законодательного регулирования на промежуточной стадии развивающейся цивилизации обратно пропорциональна нравственности и духовности граждан.

Значительно усовершенствованные школы посвящены воспитанию разума и развитию души. Центры искусства изысканны, музыкальные организации – великолепны. Храмы поклонения, а также существующие при них школы философии и эмпирической религии представляют собой прекрасные и величественные сооружения. Столь же возвышенны открытые арены для массового поклонения, отличающиеся простотой художественного оформления.

Существуют всевозможные и надлежащие условия для проведения игровых состязаний, юмористических представлений, а также для других индивидуальных и групповых видов деятельности. Особой чертой состязательной деятельности такого высококультурного мира является стремление индивидуумов и групп отличиться в космологических науках и космологических философских учениях. Процветают литература и ораторское искусство, а язык усовершенствован настолько, что способен символически выражать понятия и экспрессивно передавать идеи. Жизнь отличается живительной простотой; наконец-то человек добился координации высокого уровня технического развития с воодушевляющими интеллектуальными успехами и превзошел как первое, так и второе возвышенными достижениями духа. Стремление к счастью является опытом, приносящим радость и удовлетворение.

6. СМЕРТНЫЙ ИНДИВИДУУМ

По мере своего развития в эпоху света и жизни, общество становится всё более мирным. Хотя индивидуум остается таким же самостоятельным и преданным своей семье, в нём появляется больше альтруизма и братской любви.

В своем нынешнем состоянии на Урантии вы неспособны по достоинству оценить высокий статус и прогрессивную сущность просвещенных рас этих усовершенствованных миров. Такие народы представляют собой расцвет эволюционных рас. Однако эти существа остаются смертными; они продолжают дышать, есть, спать и пить. Эта великая эволюция не есть земной рай, но она является возвышенным предвестием божественных миров, лежащих на пути к Раю.

Уже в течение постадамических эпох нормального мира смертные расы достигают высокого уровня биологической приспособленности; и теперь, на протяжении устойчивых эпох, от века к веку продолжается физическая эволюция человека. Усиливаются как слух, так и зрение. Численность населения становится постоянной. Воспроизведение регулируется в соответствии с планетарными потребностями и внутренними наследственными факторами: смертные, населяющие планету в эту эпоху, делятся на пять-десять групп, причем низшим группам разрешается рожать вдвое меньше того количества детей, которое рождается у высших групп. Постоянное улучшение такой великолепной расы на протяжении эры света и жизни во многом объясняется селективным воспроизведением тех генотипов, которые обнаруживают превосходящие качества социального, философского, космического и духовного характера.

Настройщики продолжают прибывать так же, как и в прежние эволюционные эпохи, и с каждой новой эпохой смертные обретают всё бо́льшую способность общаться с внутренними частицами Отца. На зачаточном и преддуховном этапах развития продолжают действовать вспомогательные духи разума. С наступлением последующих эпох устойчивой жизни еще более действенными становятся Святой Дух и служение ангелов. Во время четвертого этапа света и жизни прогрессивные смертные, по-видимому, поддерживают активную сознательную связь с духовным присутствием Главного Духа сверхвселенского статуса, в то время как философские устремления такого мира направлены на постижение новых откровений Бога-Верховного. Более половины людей, населяющих эти прогрессивные планеты, переходят в моронтийное состояние из числа живых. Воистину, «старое отмирает; смотрите, всё становится новым».

В соответствии с нашими представлениями, физическая эволюция завершается к концу пятой эпохи эры света и жизни. По нашим наблюдениям, высшие пределы духовного развития, имеющего отношение к эволюционирующему человеческому разуму, определяются уровнем слияния с Настройщиком – уровнем объединенных моронтийных ценностей и космических значений. Иное дело мудрость: хотя мы и не знаем доподлинно, мы полагаем, что не существует предела интеллектуальной эволюции и совершенствованию мудрости. В мире, достигшем седьмого этапа, мудрость может исчерпать материальные возможности, перейти в интуицию моты и в итоге даже прикоснуться к абсонитному величию.

Мы видим, что в этих высокоразвитых мирах, давно уже находящихся на седьмом этапе развития, до своего преобразования люди полностью осваивают язык локальной вселенной. И я посетил несколько очень старых планет, обитатели которых обучались у абандонтеров языку сверхвселенной. В этих мирах я наблюдал метод, с помощью которого абсонитные личности раскрывали присутствие завершителей в моронтийном храме.

Таков рассказ о величественной цели, к которой стремятся смертные эволюционных миров. И всё вышесказанное происходит еще до вступления человека на моронтийный путь. Всё это блестящее развитие достижимо для материальных смертных в обитаемых мирах – на самой первой стадии того бесконечного и непостижимого пути, который приводит к Раю и обретению божественности.

Но можете ли вы хотя бы представить себе эволюционных смертных, которые восходят ныне из миров, давно уже вступивших в седьмую эпоху устойчивого существования в свете и жизни? Именно такие создания отправляются в моронтийные миры столицы локальной вселенной, чтобы начать свое восхождение.

Если бы смертные смятенной Урантии могли только взглянуть на один из таких более прогрессивных миров, давно утвердившихся в свете и жизни, они бы уже никогда не подвергали сомнению мудрость эволюционной программы творения. Даже если бы совершенствование созданий на этом прекратилось, то и в таком случае величественные эволюционные успехи смертных рас в этих устойчивых мирах совершенного развития были бы вполне достаточны для того, чтобы оправдать сотворение человека в мирах времени и пространства.

Мы часто задумываемся: если большая вселенная утвердится в свете и жизни, будет ли совершенным восходящим смертным по-прежнему уготован Корпус Завершения? Однако этого мы не знаем.

7. ПЕРВЫЙ ЭТАП, ИЛИ ЭТАП ПЛАНЕТЫ

Данная эпоха начинается с появления моронтийного храма в новой планетарной столице и завершается утверждением всей системы в свете и жизни. Начало этой эпохе кладут Троичные Сыны-Учителя при завершении своих последовательных планетарных миссий, когда Планетарный Князь возводится до статуса Планетарного Владыки распоряжением и личным присутствием Райского посвященческого Сына данной сферы. Одновременно с этим завершители начинают активно участвовать в планетарных делах.

Материальный Сын и Материальная Дочь – Планетарные Адам и Ева – являются зримыми и фактическими правителями, или управляющими миром, утвержденным в свете и жизни. Завершители невидимы, как и Князь-Владыка, за исключением тех случаев, когда он находится в моронтийном храме. Поэтому фактическими и буквальными главами планетарного управления являются Материальный Сын и Материальная Дочь. Именно благодаря такому устройству управления королевская власть вошла в почет по всей вселенной. Короли и королевы являются чрезвычайно удачным решением в данных идеальных обстоятельствах, когда мир располагает такими высокими личностями, действующими от имени еще более высоких, но невидимых правителей.

Когда ваш мир вступит в эту эру, Макивента Мелхиседек, ныне исполняющий функции наместника Планетарного Князя Урантии, несомненно воссядет на трон Планетарного Владыки; и на Иерусеме уже давно предполагают, что его будут сопровождать один из сыновей и одна из дочерей Адама и Евы Урантии, которые в настоящее время находятся на Эдемии как подопечные Всевышних Норлатиадека. Эти дети Адама могут служить в таком качестве на Урантии совместно с Владыкой Мелхиседеком, поскольку они были лишены способности производить потомство почти 37 000 лет назад, когда они оставили свои материальные тела на Урантии при подготовке к перемещению на Эдемию.

Эта устойчивая эпоха продолжается до тех пор, пока каждая обитаемая планета системы не вступит в эру стабилизации; и после того как самый молодой мир, последним достигший света и жизни, просуществует в таком устойчивом состоянии в течение тысячи лет в системном времяисчислении, стабилизируется вся система, и индивидуальные миры вступят в системный этап эры света и жизни.

8. ВТОРОЙ ЭТАП, ИЛИ ЭТАП СИСТЕМЫ

Когда вся система утверждается в жизни, возникает новый тип правления. Планетарные Владыки становятся членами конклава системы, и этот новый административный орган, на решения которого Отцы Созвездия могут налагать вето, обладает высшей властью. Такая система обитаемых миров становится фактически самоуправляемой. В столичном мире системы учреждается законодательная ассамблея, в которую каждая планета направляет по десять представителей. Суды создаются теперь в столицах систем, и только обжалования передаются в столицу вселенной.

После стабилизации системы Полномочный Страж, представляющий Верховного Администратора сверхвселенной, становится добровольным советником верховного суда системы и ведет заседания новой законодательной ассамблеи.

После утверждения всей системы в свете и жизни, Властелины Систем перестают сменяться. Владыка становится бессрочным главой системы. Помощники властелинов сменяются, как и в прошлые эпохи.

В течение эпохи стабилизации, из своих столичных вселенских миров впервые прибывают мидсониты, которые становятся советниками законодательных ассамблей и консультантами арбитражных судов. Эти мидсониты принимают также определенные меры для включения новых, имеющих высшую ценность, значений моты в систему обучения, которая организуется ими совместно с завершителями. То, что Материальные Сыны сделали для смертных рас в биологическом аспекте, мидсонитные создания делают теперь для этих объединенных и прославленных людей в постоянно прогрессирующих областях философии и одухотворенного мышления.

В обитаемых мирах Сыны-Учителя добровольно сотрудничают с завершителями, и, кроме того, те же самые Сыны-Учителя сопровождают завершителей при перемещении в обительские миры, когда после утверждения всей системы в свете и жизни эти сферы перестают использоваться в качестве дифференцированных приемных миров. По крайней мере, так происходит после того, как всё созвездие достигает данного этапа развития. Однако в Небадоне нет групп, достигших такого прогресса.

Мы не имеем права раскрывать сущность работы, которая выполняется завершителями, контролирующими деятельность таких переориентированных обительских миров. Однако вы уже знаете, что по всей вселенной существуют различные типы разумных созданий, не описанных в данных повествованиях.

Всё новые системы утверждаются в свете благодаря прогрессу входящих в них миров. Наконец, наступает время, когда стабилизации достигает последняя система данного созвездия, и управляющие вселенной – Сын-Владыка, Союз Дней и Светлая Утренняя Звезда – прибывают в столицу созвездия, чтобы провозгласить Всевышних безусловными правителями новой и совершенной семьи, состоящей из ста устойчивых систем обитаемых миров.

9. ТРЕТИЙ ЭТАП, ИЛИ ЭТАП СОЗВЕЗДИЯ

Объединение целого созвездия устойчивых систем сопровождается новым перераспределением исполнительной власти и дополнительной реорганизацией вселенского управления. Эта эпоха становится свидетелем прогрессивных достижений в каждом обитаемом мире, однако особенно характерны перемены в столице созвездия при очевидном изменении взаимоотношений как с управляющими на уровне системы, так и с правительством локальной вселенной. В течение этой эпохи многие виды деятельности переводятся с уровня созвездия и вселенной в столицы систем, и представители сверхвселенной устанавливают новые и более тесные связи с планетарными, системными и вселенскими правителями. Одновременно с появлением этих новых связей, некоторые управляющие сверхвселенной переходят в столицы созвездий в качестве добровольных советников Всевышних Отцов.

Когда созвездие утверждается в свете, законодательная функция исчезает; вместо этого появляется возглавляемая Всевышними палата Властелинов Систем. Эти административные группы впервые связываются непосредственно со сверхвселенским правительством в вопросах, относящихся к Хавоне и Раю. В остальном созвездие, как и прежде, остается связанным с локальной вселенной. Унивитаты продолжают управлять моронтийными мирами созвездия в течение каждого последующего этапа устойчивого существования.

Постепенно Отцы Созвездия принимают на себя всё более детальные функции управления, или надзора, которые ранее были сосредоточены в столице вселенной. С достижением шестого этапа стабилизации эти объединенные созвездия обретают практически полную автономию. Вступление в седьмой этап устойчивого существования несомненно ознаменуется возвышением этих правителей и обретением истинного величия, выраженного в их именах – Всевышние. После этого созвездие фактически будет поддерживать связь непосредственно с правителями сверхвселенной, в то время как расширенное правительство локальной вселенной возьмет на себя ответственность, связанную с новыми обязательствами по отношению к большой вселенной.

10. ЧЕТВЕРТЫЙ ЭТАП, ИЛИ ЭТАП ЛОКАЛЬНОЙ ВСЕЛЕННОЙ

Вскоре после того как вселенная утверждается в свете и жизни, она переходит в установленные сверхвселенские орбиты, и Древние Дней провозглашают создание *верховного совета неограниченной власти*. Новый управляющий совет состоит из ста Верных Дней, возглавляемых Союзом Дней, и первым актом этого высшего совета является подтверждение всей полноты власти Сына-Владыки.

В том, что касается Гавриила и Отца-Мелхиседека, управление вселенной остается неизменным. Совет неограниченной власти занимается в основном новыми проблемами и новыми условиями, проистекающими из существования в развитых условиях света и жизни.

Ассоциированный Инспектор мобилизует всех Полномочных Стражей для создания *стабилизационного корпуса локальной вселенной* и предлагает Отцу-Мелхиседеку совместно наблюдать за его деятельностью. И впервые корпус Вдохновенных Троичных Духов назначается для служения под началом Союза Дней.

Утверждение всей локальной вселенной в свете и жизни кладет начало глубоким переменам во всей структуре управления – от отдельных обитаемых миров до столицы вселенной. Новые связи устанавливаются с созвездиями и системами. Материнский Дух локальной вселенной по-новому сообщается с Главным Духом сверхвселенной, а Гавриил устанавливает прямую связь с Древними Дней, которая используется в тех случаях, когда Сын-Владыка отсутствует в столичном мире.

В течение этой и последующих эпох Сыны-Арбитры продолжают функционировать в качестве вершителей правосудия при завершении судного периода, в то время как сто таких Райских Сынов-Авоналов образуют новый высший совет Светлой Утренней Звезды в столице вселенной. Впоследствии, по просьбе Властелинов Систем, один из таких Сынов-Арбитров станет верховным советником, действующим в столичном мире каждой локальной системы вплоть до наступления седьмого этапа единства.

В течение этой эпохи Троичные Сыны-Учителя служат в качестве добровольных советников Планетарных Владык, а также, в группах по трое, оказывают аналогичную помощь Отцам Созвездия. Наконец, эти Сыны находят себе место в локальной вселенной, ибо теперь они освобождаются от подчинения локальному творению и назначаются в верховный совет неограниченной власти.

Впервые корпус завершителей признает полномочия внерайской власти – верховного совета. Ранее завершители не признавали какого-либо контроля по эту сторону от Рая.

Сыны-Создатели таких устойчивых вселенных проводят много времени в Раю и связанных с ним мирах, а также в совещаниях с многочисленными группами завершителей, которые служат по всему локальному творению. Так человеческая сущность Михаила достигнет еще большей глубины братских взаимоотношений с прославленными смертными завершителями.

Совершенно бесполезно строить догадки о функции этих Сынов-Создателей по отношению к внешним вселенным, формирование которых только начинается. Однако все мы время от времени предаемся такому теоретизированию. После достижения этого четвертого этапа развития Сын-Создатель освобождается от административных обязанностей; Божественная Попечительница достигает всё большего объединения своего служения с опекой Главного Духа сверхвселенной и Бесконечного Духа. По-видимому, складываются новые и возвышенные отношения между Сыном-Создателем, Созидательным Духом, Вечерними Звездами, Сынами-Учителями и постоянно растущим корпусом завершителей.

Если Михаилу и суждено когда-нибудь покинуть Небадон, то Гавриил несомненно станет главным управляющим, а Отец-Мелхиседек – его партнером. Одновременно с этим новый статус будет присвоен всем категориям постоянного гражданства – таким как Материальные Сыны, унивитаты, мидсониты, сузаты и смертные, слившиеся с Духом. Однако до тех пор, пока продолжается эволюция, серафимы и архангелы будут нужны в управлении вселенной.

Тем не менее, два пункта наших рассуждений представляются убедительными. Если Сынам-Создателям суждено отправиться во внешние вселенные, их несомненно будут сопровождать Божественные Попечительницы. Так же точно мы уверены в том, что Мелхиседеки должны будут остаться во вселенных своего происхождения. Мы считаем, что Мелхиседекам предстоит играть всё более ответственную роль в правительстве и управлении локальной вселенной.

11. ЭТАПЫ МАЛОГО И БОЛЬШОГО СЕКТОРОВ

План утверждения в свете и жизни не затрагивает непосредственно малый и большой сектора сверхвселенной. Такое эволюционное развитие касается, в первую очередь, локальной вселенной как организационной единицы и распространяется только на ее составные части. Сверхвселенная утверждается в свете и жизни, когда все входящие в нее локальные вселенные достигают соответствующего совершенства. Однако ни одна из семи сверхвселенных не достигла уровня развития, который хотя бы отдаленно приближался к такому состоянию.

Этап малого сектора. Насколько позволяют предположить наши наблюдения, пятый этап стабилизации – этап малого сектора – касается исключительно физического статуса и согласованного перевода ста взаимосвязанных локальных вселенных в установленные орбиты сверхвселенной. По всей вероятности, только силовые центры и их партнеры вовлечены в такое переустройство материального творения.

Этап большого сектора. Что касается шестого этапа стабилизации, или стабилизации большого сектора, мы можем только строить догадки, ибо никто из нас не был свидетелем такого события. Тем не менее, мы способны постулировать многое из того, что касается административного и иного переустройства, которое, возможно, является следствием этого развитого состояния обитаемых миров и их классификаций во вселенной.

Так как статус малого сектора имеет отношение к координированному физическому равновесию, мы предполагаем, что объединение большого сектора будет связано с достижением новых уровней интеллекта, – возможно, с новым прогрессом в высшем постижении космической мудрости.

Мы делаем выводы относительно изменений, которые, возможно, будут сопровождать реализацию пока еще недостигнутых уровней эволюционного прогресса, наблюдая за результатами соответствующих достижений в индивидуальных мирах и в опыте отдельных смертных, живущих в этих более древних и высокоразвитых сферах.

Следует со всей определенностью заметить, что административные механизмы и способы управления вселенной или сверхвселенной никак не могут ограничить или замедлить эволюционное развитие или духовный прогресс отдельной обитаемой планеты или какого-либо отдельного смертного такой сферы.

В некоторых более древних вселенных мы обнаруживаем миры, относящиеся к пятому или шестому этапам света и жизни, – и даже такие, которые уже давно существуют в седьмой эпохе, – чьи локальные системы еще не утвердились в свете. Более молодые планеты могут задерживать объединение системы, однако это ни в коей мере не затрудняет прогресса более старых и развитых миров. Так же точно ограничения окружающей среды, существующие даже в изолированном мире, не могут воспрепятствовать личным достижениям индивидуального смертного; Иисус Назарянин, живший как человек среди людей, лично достиг статуса света и жизни на Урантии более девятнадцати столетий тому назад.

Именно благодаря наблюдениям за событиями, которые происходят в мирах, давно уже достигших устойчивого состояния, мы можем делать достаточно надежные выводы относительно того, что произойдет при утверждении в свете всей сверхвселенной, даже если мы неспособны с уверенностью постулировать результат стабилизации семи сверхвселенных.

12. СЕДЬМОЙ ЭТАП, ИЛИ ЭТАП СВЕРХВСЕЛЕННОЙ

Мы не можем с уверенностью предсказать, что произойдет при утверждении сверхвселенной в свете, ибо подобное событие еще никогда не происходило. Исходя из учений Мелхиседеков, которые ни разу не были опровергнуты, мы делаем вывод, что радикальным переменам подвергнется вся организация и управление в каждой составной части творений времени и пространства – от обитаемых миров до столицы сверхвселенной.

Существует широко распространенное мнение о том, что многочисленные группы неприкрепленных сынов, тринитизованных созданиями, будут собираться в столице и региональных центрах устойчивых сверхвселенных. Это может стать предвестием прибытия обитателей внешнего пространства, восходящих к Хавоне и Раю. Однако доподлинно мы этого не знаем.

Мы полагаем, что, с утверждением вселенной в свете и жизни, Безусловные Смотрители Верховного, выполняющие в настоящее время консультативную функцию, стáнут высшим органом управления столичным миром сверхвселенной. Эти личности способны устанавливать прямой контакт с абсонитными управляющими, которые сразу же перейдут к активным действиям в устойчивой сверхвселенной. Хотя эти Безусловные Смотрители в течение длительного времени являются консультантами и советниками в развитых эволюционных творениях, они примут на себя функции управления только с наступлением полновластия Верховного Существа.

Безусловные Смотрители Верховного, более широко действующие в эту эпоху, не являются конечными, абсонитными, предельными или бесконечными; они *являются* верховностью и только представляют Бога-Верховного. Они являются персонализацией пространственно-временнóй верховности и вследствие этого не действуют в Хавоне, функционируя только в качестве верховных объединителей. Возможно, они имеют отношение к системе вселенского отражения. Однако мы не уверены в этом.

Ни у одного из нас нет удовлетворительного представления о том, что произойдет, когда большая вселенная (семь сверхвселенных, подчиненных Хавоне) полностью утвердится в свете и жизни. Это безусловно станет наиболее выдающимся событием в анналах вечности со времени появления центральной вселенной. Есть и такие, кто считает, что само Верховное Существо возникнет из хавонской тайны, окружающей его духовную ипостась, и обоснуется в столице седьмой сверхвселенной в качестве всемогущего эмпирического владыки усовершенствованных творений времени и пространства. Однако доподлинно мы этого не знаем.

[Представлено Могущественным Посланником, временно назначенным в Совет Архангелов на Урантии.]

ДОКУМЕНТ 56

ВСЕОБЩЕЕ ЕДИНСТВО

Бог есть единство. Божеству присуща всеобщая координированность. Вселенная вселенных представляет собой один огромный интегрированный механизм, абсолютно контролируемый одним бесконечным разумом. Физическая, интеллектуальная и духовная области всеобщего творения божественно коррелированы. Совершенное и несовершенное поистине взаимосвязаны, и поэтому конечное эволюционное создание может взойти к Раю, подчиняясь велению Всеобщего Отца: «Будьте совершенны, как совершенен я».

Все различные уровни творения объединены планами и управлением Творцов Совокупной Вселенной. Для ограниченных умов пространственно-временных смертных вселенная может являть множество проблем и ситуаций, которые создают видимость дисгармонии и отсутствия действенной координации. Однако те из нас, кто способен к более широкому охвату всеобщих явлений и кто более искушен в этом искусстве обнаружения основополагающей общности, лежащей в основе творческого разнообразия, и открытия божественного единства, охватывающего всю эту множественность функций, лучше понимают божественное и единое назначение, представленное во всех этих разнообразных проявлениях всеобщей созидательной энергии.

1. ФИЗИЧЕСКАЯ КООРДИНАЦИЯ

Физическое, или материальное, творение не бесконечно, но оно в совершенстве координировано. Существуют сила, энергия и мощь, но по своему происхождению они едины. Семь сверхвселенных представляются двойственными, центральная вселенная – триединой, однако строение Рая едино. И Рай является действительным источником всех материальных вселенных – прошлых, нынешних и будущих. Но это космическое происхождение – событие в *вечности*; ни в какое *время* – прошлое, настоящее или будущее – ни пространство, ни материальный космос не возникают из центрального Острова Света. Как космический источник, Рай функционирует прежде пространства и до времени; поэтому его производные казались бы покинутыми во времени и пространстве, если бы они не возникли посредством Безусловного Абсолюта – их предельного вместилища в пространстве, раскрывающего и регулирующего их во времени.

Безусловный Абсолют поддерживает физическую вселенную, в то время как Божество-Абсолют стимулирует совершенное сверхуправление всей материальной реальностью; и оба Абсолюта функционально объединены Всеобщим Абсолютом. Это связующее взаимодействие материальной вселенной лучше всего понимается всеми личностями – материальными, моронтийными, абсонитными или духовными – через наблюдение за реакцией любой полноценной материальной реальности на гравитационное воздействие источника гравитации в нижнем Раю.

Гравитационное объединение является всеобщим и неизменным; реакция чистой энергии также является всеобщей и неизбежной. Чистая энергия (изначальная сила) и чистый дух всецело предчувствительны к гравитации. Эти первичные силы, присущие Абсолютам, лично контролируются Всеобщим Отцом; поэтому все виды гравитации сосредоточены в личном присутствии Райского Отца чистой энергии и чистого духа и в его сверхматериальной обители.

Чистая энергия – предшественница всех относительных, недуховных функциональных реальностей, в то время как чистый дух есть потенциал божественного и направляющего сверхуправления всеми основными энергетическими системами. И обе эти реальности, во всём их разнообразии, проявляемом по всему пространству и наблюдаемом в движениях времени, сосредоточены в лице Райского Отца. В нём они представляют собой единое целое, они должны объединиться, ибо Бог един. Личность Отца является абсолютно объединенной.

В бесконечной природе Бога-Отца двойственность реальности невозможна – например, реальность физическая и духовная. Однако как только мы отвлекаемся от бесконечных уровней и абсолютной реальности, присущих личным ценностям Райского Отца, мы замечаем существование этих двух реальностей и видим, что они полностью реагируют на его личное присутствие; всё заключено в нем.

Как только вы отходите от безусловного представления о бесконечной личности Райского Отца, вы должны постулировать РАЗУМ как неизбежный метод объединения всё большего расхождения этих двойственных вселенских проявлений изначальной монотетической личности Создателя, Первого Источника и Центра – Я ЕСТЬ.

2. ИНТЕЛЛЕКТУАЛЬНОЕ ЕДИНСТВО

Мысль-Отец реализует духовное выражение в Слове-Сыне и посредством Рая достигает распространения реальности в обширной материальной вселенной. Духовные проявления Вечного Сына коррелированы с материальными уровнями творения благодаря функциям Бесконечного Духа, который, посредством своей опеки разума, развивающей чувствительность к духу, а также своих действий, в которых разум управляет физической реальностью, обеспечивает корреляцию духовной реальности Божества и материальных последствий Божества.

Разум есть функциональный дар Бесконечного Духа, вследствие чего он является бесконечным в потенциале и всеобщим в посвящении. Изначальная мысль Всеобщего Отца воплощается в вечности в двойственном выражении: Острове Рай и равном Отцу Божестве – духовном Вечном Сыне. Такой дуализм вечной реальности приводит к неизбежности Бога разума Бесконечного Духа. Разум является незаменимым каналом связи между духовными и материальными реальностями. Материальное эволюционное создание способно осмыслить и понять живущий в нём дух только с помощью разума.

Этот бесконечный и всеобщий разум проявляется во вселенных времени и пространства как космический разум. И хотя он охватывает самые различные уровни – от первичного служения вспомогательных духов разума до величественного разума главного управляющего вселенной, – этот космический разум также адекватно объединен в верховенстве Семи Главных Духов, которые, в свою очередь, согласованы с Верховным Разумом времени и пространства и в совершенстве коррелированы со всеохватным разумом Бесконечного Духа.

3. ДУХОВНОЕ ОБЪЕДИНЕНИЕ

Как всеобщим центром гравитации разума является Райское личное присутствие Бесконечного Духа, так всеобщим центром гравитации духа является личное Райское присутствие Вечного Сына. Всеобщий Отец един, но времени-пространству он раскрывается в двойственных феноменах чистой энергии и чистого духа.

Духовные реальности Рая также едины, однако во всех пространственно-временны́х ситуациях и отношениях единый дух раскрывается в двуединых феноменах: с одной стороны, в духовных личностях и эманациях Вечного Сына, с другой – в духовных личностях и влияниях Бесконечного Духа и взаимосвязанных творений; кроме того, существует третий феномен: частицы чистого духа – посвящаемые Отцом Настройщики Мышления и другие доличностные духовные сущности.

На каком бы уровне вселенской деятельности вы ни сталкивались с духовными явлениями или вступали в контакт с духовными существами, вы можете быть уверены в том, что все они происходят от Бога, который есть дух, с помощью Духа-Сына и Бесконечного Духа-Разума. В том виде, в каком этот необъятный дух функционирует как явление в эволюционных мирах времени, он управляется из центров локальных вселенных. Из этих столиц Сынов-Создателей Святой Дух и Дух Истины, вместе со вспомогательными духами разума, прибывают на низшие и развивающиеся уровни материального разума.

Хотя разум достигает большего объединения на уровне Главных Духов в совокупности с Верховным Существом и, как космический разум, в подчинении Абсолютному Разуму, духовная помощь развивающимся мирам более непосредственно объединяется в личностях, пребывающих в столицах локальных вселенных, а также в руководящих Божественных Попечительницах, которые, в свою очередь, практически совершенно коррелированы с Райским гравитационным контуром Вечного Сына, где происходит окончательное объединение всех пространственно-временных проявлений духа.

Создание способно достичь, сохранить и увековечить совершенство своего существования посредством слияния самосознающего разума с частицей дотроичного духовного дара одного из лиц Райской Троицы. Смертный разум является творением Сынов и Дочерей Вечного Сына и Бесконечного Духа и, при слиянии с полученным от Отца Настройщиком Мышления, приобретает триединое духовное содержание эволюционных сфер. Однако три эти духовные выражения в совершенстве объединяются в завершителях, как и они объединялись в вечности во Всеобщем Я ЕСТЬ до того, как оно стало Всеобщим Отцом Вечного Сына и Бесконечного Духа.

В конечном счете дух всегда должен стать триединым в своем выражении и объединенным в Троице при своей окончательной реализации. Дух происходит от одного источника через триединое выражение; в итоге он должен достигнуть – и достигает – своего полного воплощения в том божественном единении, которое осуществляется в опыте обретения Бога – единстве с божественностью – в вечности, а также через служение космического разума, который есть бесконечное выражение вечного слова, отражающего всеобщую мысль Отца.

4. ЛИЧНОСТНОЕ ОБЪЕДИНЕНИЕ

Всеобщий Отец – божественно объединенная личность; поэтому все его восходящие дети, ведомые к Раю под воздействием возвратной движущей силы Настройщиков Мышления, – отправившихся из Рая для того, чтобы вселиться в материальных смертных во исполнение веления Отца, – также станут полностью объединенными личностями, как только достигнут Хавоны.

Личности присуще стремление к объединению всех составных реальностей. Бесконечная личность Первого Источника и Центра, Всеобщий Отец, объединяет все семь составных Абсолютов Бесконечности. И личность смертного человека, являясь исключительным и непосредственным даром Всеобщего Отца, обладает таким же потенциалом для объединения составных факторов смертного создания. Такая объединяющая созидательность личности любого создания служит признаком ее высокого и исключительного источника и еще одним подтверждением нерушимой связи с тем же самым источником через контур личности, посредством которого личность создания поддерживает прямую и непрерывную связь с Отцом всех личностей в Раю.

Несмотря на то что проявление Бога начинается в сферах Семичастного и продолжается на более высоких уровнях верховности и предельности вплоть до Бога-Абсолютного, контур личности с центром в Раю и в личности Бога-Отца обеспечивает полное и совершенное объединение всех этих разнообразных выражений божественной личности в той мере, в какой это касается личностей всех созданий на всех уровнях разумного существования и во всех мирах совершенной вселенной, а также усовершенствованных и совершенствующихся вселенных.

Хотя для вселенных и во вселенных Бог является всем тем, что мы описали, для вас и для всех богопознавших созданий он един – ваш Отец и их Отец. Для личности Бог не может быть множественным. Бог является Отцом для каждого из своих созданий, и в буквальном смысле невозможно, чтобы какое-либо дитя имело более одного отца.

В философском и космическом аспектах, а также относительно различных уровней и местонахождений возможных проявлений, вы можете и, следовательно, должны предположить действие множественных Божеств и постулировать существование множественных Троиц; однако в вероисповедном опыте личного общения каждой верующей личности по всей совокупной вселенной, Бог един; и это единое и личностное Божество есть наш Райский родитель, Бог-Отец – даритель, хранитель и Отец всех личностей, от смертного человека обитаемых миров до Вечного Сына центрального Острова Света.

5. ЕДИНСТВО БОЖЕСТВА

Целостность – неделимость – Райского Божества является экзистенциальной и абсолютной. Существуют три вечные персонализации Божества – Всеобщий Отец, Вечный Сын и Бесконечный Дух, однако в Райской Троице они *действительно* являются одним Божеством, нераздельным и неделимым.

Из первоначального уровня экзистенциальной реальности – уровня Рая-Хавоны – выделились два субабсолютных уровня, вслед за чем Отец, Сын и Дух приступили к созданию многочисленных личных партнеров и подчиненных. И если рассмотрение абсонитного объединения божества на трансцендентальных уровнях предельности в данном контексте неуместно, то имеет смысл взглянуть на некоторые аспекты объединяющей функции различных персонализаций Божества, в которых божественность функционально проявляется по отношению к разнообразным секторам творения и различным категориям разумных существ.

Нынешнее функционирование божественности в сверхвселенных активно проявляется в действиях Верховных Создателей – Сынов-Создателей и Созидательных Духов локальных вселенных, Древних Дней сверхвселенных и Семи Главных Духов Рая. Эти существа образуют три первых уровня Бога-Семичастного, ведущих к центру, к Всеобщему Отцу, и вся эта сфера Бога-Семичастного координируется на первом уровне эмпирического божества в эволюционирующем Верховном Существе.

В Раю и центральной вселенной единство Божества есть факт бытия. В эволюционирующих вселенных времени и пространства единство Божества является достижением.

6. ОБЪЕДИНЕНИЕ ЭВОЛЮЦИОННОГО БОЖЕСТВА

Когда три вечных лица Божества функционируют как нераздельное Божество в Райской Троице, они достигают совершенного единства. Таким же образом, когда они творят – совместно или индивидуально, – их Райское потомство обнаруживает характерное единство божественности. И эта божественность замысла, проявляемая Верховными Создателями и Правителями пространственно-временны́х владений, окончательно выражается в объединяющем энергетическом потенциале полновластия эмпирической верховности, который, в присутствии безличного энергетического единства вселенной, образует одну из напряженностей реальности, способное разрешиться только посредством адекватного объединения с эмпирическими личностными реальностями эмпирического Божества.

Личностные реальности Верховного Существа исходят из Райских Божеств и в направляющем мире внешнего кольца Хавоны объединяются с силовыми прерогативами Всемогущего-Верховного, возникающего из божественности Создателей большой вселенной. Как лицо, Бог-Верховный существовал в Хавоне до создания семи сверхвселенных, однако он действовал только на духовных уровнях. Эволюция заключенных в Верховности силовых атрибутов Всемогущего посредством разнообразного синтеза божественности в развивающихся вселенных привела к появлению нового силового присутствия Божества, достигшего согласования с духовным лицом Верховного в Хавоне посредством Верховного Разума, который впоследствии превратился из потенциала, содержащегося в бесконечном разуме Бесконечного Духа, в активный функциональный разум Верховного Существа.

Наделенные материальным разумом создания эволюционных миров семи сверхвселенных способны понять единство Божества только через этот энерго-личностный синтез Верховного Существа. Ни на одном уровне бытия Бог не может превысить концептуальные возможности существ, живущих на соответствующем уровне. Смертный человек должен – через признание истины, восприятие красоты и поклонение благости – прийти к признанию Бога любви и в дальнейшем подняться через восходящие уровни божества к постижению Верховного. Божество, после осознания его объединенности в могуществе, может быть персонализировано в духе, постигаемом и достигаемом созданиями.

Хотя восходящие смертные достигают понимания энергии Всемогущего в столицах сверхвселенных, а личности Верховного – во внешних кольцах Хавоны, они не приходят к Верховному Существу так же, как им суждено прийти к Райским Божествам. Даже завершители, духи шестой ступени, не обрели Верховное Существо; скорее всего, это произойдет только после того, как они достигнут статуса духов седьмой ступени и Верховный действительно начнет участвовать в деятельности будущих вселенных внешнего пространства.

Однако, когда восходящие создания достигают Всеобщего Отца как седьмой уровень Бога-Семичастного, они достигают личности Первого Лица *всех* уровней божества, на которых существуют личностные отношения с созданиями вселенной.

7. ВСЕОБЩИЕ ПОСЛЕДСТВИЯ ЭВОЛЮЦИИ

Постоянное развитие эволюционных процессов в пространственно-временны́х вселенных сопровождается всё бо́льшим раскрытием Божества всем разумным созданиям. Достижение высот эволюционного прогресса в мире, в системе, в созвездии, во вселенной, в сверхвселенной или большой вселенной знаменует собой соответствующие расширения функции божества по отношению к этим прогрессирующим частям творения и в самих этих частях. И каждый такой локальный прогресс в реализации божественности сопровождается некоторыми вполне определенными последствиями расширенного проявления божества по отношению ко всем остальным секторам творения. Простираясь из Рая вовне, каждая новая область реализованного и достигнутого прогресса представляет собой новое и расширенное раскрытие эмпирического Божества во вселенной вселенных.

По мере того, как всё новые части локальной вселенной утверждаются в свете и жизни, расширяется проявление Бога-Семичастного. Пространственно-временнáя эволюция начинается на планете под управлением первого проявления Бога-Семичастного – объединения Сына-Создателя и Созидательного Духа. После утверждения системы в свете, этот союз Сына с Духом достигает полноты функции, а когда устойчивым становится всё созвездие, по всему его пространству повышается активность второй фазы Бога-Семичастного. Завершение административной эволюции локальной вселенной сопровождается новым и более непосредственным служением Главных Духов сверхвселенной. И в это же время начинается то постоянно расширяющееся раскрытие и осознание Бога-Верховного, которое достигает кульминации в понимании восходящим созданием Верховного Существа при прохождении через миры шестого кольца Хавоны.

Всеобщий Отец, Вечный Сын и Бесконечный Дух являются экзистенциальными проявлениями божества разумным созданиям, и поэтому они не претерпевают такого же развития в личностных отношениях с разумными и духовными созданиями всего творения.

Необходимо отметить, что восходящие смертные могут ощущать безличностное присутствие возрастающих уровней Божества задолго до того, как становятся достаточно духовными и адекватно подготовленными для достижения эмпирического личностного восприятия Божеств и контакта с ними как личностными существами.

Каждое новое эволюционное достижение в пределах какого-либо сектора творения, равно как и каждое новое проникновение проявлений божественности в пространство, сопровождается одновременными расширениями функционального раскрытия Божеств в пределах существующих в конкретный момент и ранее организованных единиц всего творения. Может казаться, что это новое проникновение в административную деятельность вселенных и их составных частей не всегда происходит в соответствии с упомянутым здесь методом, ибо нередко вперед посылаются предварительные группы управляющих, которые подготавливают почву для более поздних, последовательных эпох нового административного сверхуправления. Так и Бог-Предельный предвосхищает свое трансцендентальное сверхуправление вселенными на последних этапах существования локальной вселенной в свете и жизни.

Действительно, по мере того, как всё новые творения времени и пространства достигают устойчивого эволюционного статуса, наблюдается новое и более полное функционирование Бога-Верховного, совпадающее с соответствующим прекращением деятельности трех первых проявлений Бога-Семичастного. После того как произойдет утверждение большой вселенной в свете и жизни, какой станет функция будущих проявлений Бога-Семичастного, выражаемых в Сынах-

Создателях и Созидательных Духах, если Бог-Верховный примет на себя непосредственное управление этими творениями времени и пространства? Предстоит ли этим организаторам и первопроходцам пространственно-временных вселенных освободиться для аналогичной деятельности во внешнем пространстве? Мы не знаем этого, но мы часто рассуждаем об этих и смежных проблемах.

С расширением границ эмпирического Божества в сферу Безусловного Абсолюта, мы предвидим активность Бога-Семичастного на протяжении начальных эволюционных эпох существования этих творений будущего. У нас нет единого мнения относительно будущего статуса Древних Дней и Главных Духов сверхвселенных, как не знаем мы, будет ли Верховное Существо действовать в тех условиях так же, как в семи сверхвселенных. При этом все мы предполагаем, что Михаилам – Сынам-Создателям – суждено функционировать в этих вселенных внешнего пространства. Некоторые считают, что в будущем союзы Сынов-Создателей с Божественными Попечительницами станут еще более тесными; представляется даже вероятным, что такой созидательный союз может воплотиться в новом выражении идентичности совместного и по своей природе предельного творца. Однако доподлинно мы ничего не знаем об этих возможностях нераскрытого будущего.

Правда, мы знаем, что во вселенных времени и пространства Бог-Семичастный обеспечивает постепенное приближение к Всеобщему Отцу и что это эволюционное приближение эмпирически объединяется в Боге-Верховном. Мы допускаем, что такой план должен преобладать во внешних вселенных. С другой стороны, новые категории существ, которые, возможно, когда-нибудь будут населять эти вселенные, могут обладать способностью обретения Божества на предельных уровнях и посредством абсонитных методов. Короче говоря, у нас нет ни малейшего представления о том, какой метод приближения к божеству может использоваться в будущих вселенных внешнего пространства.

Тем не менее, мы полагаем, что усовершенствованные сверхвселенные будут играть определенную роль в программе восхождения к Раю возможных обитателей этих внешних творений. Вполне вероятно, что в ту грядущую эпоху мы сможем стать свидетелями приближения к Хавоне обитателей внешнего пространства, которые будут проходить через семь сверхвселенных, управляемых Богом-Верховным при участии или без участия Семи Главных Духов.

8. ВЕРХОВНЫЙ ОБЪЕДИНИТЕЛЬ

В опыте смертного человека Верховное Существо выполняет триединую функцию: во-первых, оно объединяет пространственно-временную божественность – Бога-Семичастного; во-вторых, оно является высшим представлением о Божестве, которое может быть действительно осмыслено конечными созданиями; в-третьих, оно представляет собой единственный путь, ведущий смертного человека к трансцендентальному опыту соединения с абсонитным разумом, вечным духом и Райской личностью.

Восходящие завершители, рожденные в локальных вселенных, воспитанные в сверхвселенных и подготовленные в центральной вселенной, заключают в своем личном опыте весь потенциал осознания пространственно-временной божественности Бога-Семичастного, соединяющейся в Верховном. Завершители служат во всех сверхвселенных, кроме своей родной сверхвселенной. Благодаря последовательному служению в других сверхвселенных, они добавляют один опыт к другому, пока не охватывают всю полноту семичастного разнообразия возможного опыта созданий. С помощью внутренних Настройщиков завершители способны *найти* Всеобщего Отца, однако именно благодаря такому методу накопления опыта завершителям удается действительно *познать* Верховное Существо, и им суждено служить этому Верховному Божеству и *раскрывать* его будущим вселенным внешнего пространства.

Помните: то, что Бог-Отец и его Райские Сыны делают для нас, мы, в свою очередь, – в духе – способны сделать для формирующегося Верховного Существа и в нем. Опыт любви, радости и служения во вселенной является взаимным. Богу-Отцу не нужно, чтобы его сыны возвращали ему всё то, что он посвящает им, однако они, в свою очередь, посвящают (или могут посвятить) всё это своим собратьям и эволюционирующему Верховному Существу.

Все относящиеся к созиданию явления отражают предшествующую деятельность духа-создателя. Буквально истинными являются слова Иисуса: «Сын делает лишь то, что, как он видит, делает Отец». Во времени вы, смертные, сможете приступить к раскрытию Верховного вашим товарищам, и вы сможете всё больше расширять это раскрытие по мере своего восхождения к Раю. В вечности вам, возможно, разрешат производить всё более глубокие раскрытия этого Бога эволюционных созданий на верховных – и даже предельных – уровнях в качестве завершителей седьмой ступени.

9. ВСЕОБЩЕЕ АБСОЛЮТНОЕ ЕДИНСТВО

Безусловный Абсолют и Божество-Абсолют объединены во Всеобщем Абсолюте. Абсолюты координированы в Предельном, обусловлены в Верховном и модифицированы в пространстве и времени в Боге-Семичастном. На суббесконечных уровнях существуют *три* Абсолюта, но в бесконечности они оказываются *одним*. В Раю существуют три персонализации Божества, однако в Троице они *являются* единым целым.

Основная философская проблема совокупной вселенной заключается в следующем: существовал ли Абсолют (три Абсолюта как один в бесконечности) до Троицы? Является ли Абсолют исходным по отношению к Троице? Является ли Троица предшествующей по отношению к Абсолюту?

Является ли Безусловный Абсолют силовым присутствием, независимым от Троицы? Означает ли присутствие Божества-Абсолюта неограниченную функцию Троицы? Является ли Всеобщий Абсолют завершающей функцией Троицы и даже Троицы Троиц?

На первый взгляд кажется, что представление об Абсолюте как предшественнике всех вещей – даже Троицы – на какое-то время удовлетворяет требованиям состоятельности и философской целостности, но любой подобный вывод опровергается реальностью вечности Райской Троицы. Нас учат, и мы верим, что природа и существование Всеобщего Отца и его партнеров по Троице вечны. В таком случае, есть только одно состоятельное философское заключение, а именно: для всех разумных существ во вселенной Абсолют является безличностной и координированной реакцией Троицы (Троицы Троиц) на все первичные пространственные ситуации, как внутривселенские, так и вневселенские. Для всех личностных разумных созданий большой вселенной Райская Троица извечно остается окончательной, вечной, верховной, предельной и – в отношении всех практических целей личного понимания и осознания созданием – абсолютной.

В том виде, в каком эта проблема может представляться разумным созданиям, она приводит их к окончательному постулату Всеобщего Я ЕСТЬ как первопричины и безусловного источника и Троицы, и Абсолюта. Поэтому, когда мы стремимся обрести личное представление об Абсолюте, мы возвращаемся к нашим идеям и идеалам Райского Отца. Желая упростить понимание или повысить осознание этого – в принципе, безличностного – Абсолюта, мы возвращаемся к тому факту, что Всеобщий Отец является экзистенциальным Отцом абсолютной личности. Вечный Сын есть Абсолютная Личность, хотя в эмпирическом аспекте он не является персонализацией Абсолюта. И после этого мы представляем эмпирические Троицы как кульминацию эмпирической персонализации Божества-Абсолюта и понимаем Всеобщий Абсолют как представленный вселенскими и вневселенскими феноменами явного присутствия Троицы Троиц – безличностной деятельности объединенных и координированных совокупностей Божеств верховности, предельности и бесконечности.

Бог-Отец различим на всех уровнях – от конечного до бесконечного, и хотя созданные им существа Рая и эволюционных миров достигают различной степени его постижения, только Вечный Сын и Бесконечный Дух знают его как бесконечность.

Духовная личность абсолютна только в Раю, и представление об Абсолюте безусловно только в бесконечности. Присутствие Божества абсолютно только в Раю, и раскрытие Бога неизбежно будет частичным, относительным и постепенным до тех пор, пока его могущество не станет эмпирически бесконечным в потенции пространства Безусловного Абсолюта, проявление его личности – эмпирически бесконечным в проявленном присутствии Божества-Абсолюта, а два этих потенциала бесконечности – объединенными в реальности Всеобщего Абсолюта.

Однако на уровнях выше суббесконечных три этих Абсолюта *являются* одним, и потому бесконечность реализуется Божеством, независимо от самореализации бесконечности какой-либо иной категорией бытия.

Экзистенциальный статус в вечности подразумевает экзистенциальную самореализацию бесконечности, даже если еще одна вечность может потребоваться для обретения опыта самовыражения эмпирических потенциалов, заключенных в бесконечности вечности – вечной бесконечности.

И Бог-Отец является личным источником всех проявлений Божества и реальности для всех разумных созданий и духовных существ по всей вселенной вселенных. Как личности, – сегодня или в последующих обретениях вселенского опыта вечного будущего, независимо от того, сможете ли вы достигнуть Бога-Семичастного, поймете ли Бога-Верховного, найдете ли Бога-Предельного и предпримете ли попытку осмыслить понятие Бога-Абсолютного, – к своему вечному удовлетворению вы обнаружите, что с каждым новым дерзанием вы, по-новому и на новых эмпирических уровнях, открывали вечного Бога, Райского Отца всех вселенских личностей.

Всеобщий Отец является объяснением всеобщего единства, каким оно должно претвориться в аспекте верховного, и даже предельного, в постпредельном единстве абсолютных ценностей и значений – безусловной Реальности.

Главные Организаторы Сил отправляются в пространство и мобилизуют его энергии так, что они становятся гравитационно-чувствительными к Райскому притяжению Всеобщего Отца. После этого появляются Сыны-Создатели, которые превращают эти силы, реагирующие на действие гравитации, в обитаемые вселенные, где появляются разумные создания, принимающие дух Райского Отца и впоследствии восходящие к Отцу, чтобы в отношении всех возможных атрибутов божественности стать такими, как он.

Представляется, что непрестанное и возрастающее движение Райских созидательных сил через пространство является предзнаменованием постоянно расширяющейся области гравитационного охвата Всеобщего Отца и нескончаемого умножения разнообразных типов разумных созданий, которые способны любить Бога и быть любимыми им и которые, приступая к такому познанию Бога, могут решить стать такими, как он, достичь Рая и обрести Бога.

В совокупности, вселенная вселенных является единым целым. Бог един в могуществе и личности. Все уровни энергии и все аспекты личности координированы. Философски и эмпирически, концептуально и реально центром всех вещей и существ является Райский Отец. Бог есть всё и во всём, и нет без него никакой вещи или существа.

10. ИСТИНА, КРАСОТА И БЛАГОСТЬ

По мере того, как утвердившиеся в жизни и свете миры эволюционируют от начального этапа к седьмой эпохе, они проходят путь постепенного претворения реальности Бога-Семичастного – от благоговения перед Сыном-Создателем до поклонения его Райскому Отцу. В течение всего седьмого этапа истории такого мира всё более прогрессирующие смертные поднимаются в своем познании Бога-Верховного, смутно различая реальность превосходящего служения Бога-Предельного.

На протяжении всей этой великой эпохи основным стремлением прогрессирующих смертных является поиск путей лучшего понимания и более полной реализации постижимых начал Божества – истины, красоты и благости. Это отражает стремление человека распознать Бога в разуме, материи и духе. И следуя этим поискам, смертные всё более погружаются в эмпирическое изучение философии, космологии и божественности.

В определенных рамках вы понимаете философию и постигаете божественность в поклонении, общественном служении и личном духовном опыте, однако стремление к красоте – космология – слишком часто ограничивается изучением примитивных художественных опытов человека. Красота, искусство, во многом заключается в объединении контрастов. Разнообразие неотъемлемо от понятия прекрасного. Высшая красота, вершина конечного искусства, есть драма объединения громадности космических крайностей: Создателя и создания. Человек, приходящий к Богу, и Бог, являющийся к человеку, – создание, становящееся таким же совершенным, как Создатель, – вот божественное достижение возвышенно прекрасного, верх космического искусства.

Поэтому материализм, атеизм, является крайним выражением уродливого, кульминационной точкой конечной антитезы прекрасного. Высшая красота заключается в панораме объединения разновидностей, порожденных добытийной гармоничной реальностью.

Достижение космологических уровней мысли включает в себя следующие факторы:

1. *Любознательность*. Жажда гармонии и красоты. Настойчивые попытки открыть новые уровни гармоничных космических отношений.

2. *Эстетическое восприятие*. Любовь к прекрасному и постоянно развивающееся восприятие художественности любых проявлений творчества на всех уровнях реальности.

3. *Этическая восприимчивость*. С познанием истины восприятие прекрасного ведет к чувству вечной целесообразности тех вещей, которые приближают к осознанию божественной благости в отношениях Божества со всеми существами. Таким образом, космология тоже ведет к поиску ценностей божественной реальности – богосознанию.

Миры, утвердившиеся в свете и жизни, всецело посвящены осознанию истины, красоты и благости, так как эти качественные ценности заключают в себе раскрытие Божества сферам времени и пространства. Значения вечной истины притягательны как для интеллектуальной, так и для духовной природы смертного человека. Всеобщая красота охватывает гармоничные отношения и ритмы космического творения, что обладает большей притягательностью для интеллекта и ведет к объединенному и синхронному пониманию материальной вселенной. Божественная благость выражает раскрытие бесконечных ценностей конечному разуму, который призван осмыслить их и поднять на высоту человеческого сознания, граничащую с уровнем духовного.

Истина является фундаментом науки и философии, представляя собой интеллектуальную основу религии. Красота пробуждает к жизни искусство, музыку и исполненную смысла ритмичность всего человеческого опыта. Благость охватывает смысловое содержание этики, нравственности и религии – эмпирической жажды совершенства.

Существование красоты так же безусловно подразумевает присутствие воспринимающего ее разума создания, как факт постепенной эволюции свидетельствует о господстве Верховного Разума. Красота является интеллектуальным восприятием гармоничного пространственно-временнóго синтеза огромного разнообразия феноменальной реальности, целиком и полностью происходящей от предбытийного и вечного единства.

Благость есть умственное восприятие относительных ценностей, присущих разнообразным уровням божественного совершенства. Восприятие благости предполагает наличие разума, которому присуща нравственность, – личного разума, способного проводить различие между добром и злом. Однако обладание благостью, величием, является мерой истинного достижения божественности.

Восприятие *истинных отношений* предполагает наличие разума, способного отличать истину от заблуждения. Посвященческий Дух Истины, проникающий в разум людей Урантии, безошибочно реагирует на истину – живую духовную связь всех вещей и существ, координированных в вечном восхождении к Богу.

Каждый импульс каждого электрона, мысли или духа является действующим элементом единой вселенной. Только грех изолирован, а зло препятствует гравитации на умственном и духовном уровнях. Вселенная является единым целым; ни одна вещь и ни одно существо не существует и не живет в изоляции. Самореализация – потенциальное зло, если она антисоциальна. Буквальна истина: «Никто не живет сам по себе». Космическая социализация представляет собой высшую форму личностного объединения. Иисус сказал: «Тот, кто хочет быть выше всех вас, должен стать вашим слугой».

Именно истина, красота и благость – интеллектуальное приближение человека к вселенной разума, материи и духа – должны соединиться в одном объединенном представлении о божественном и высшем *идеале*. По мере того, как смертная личность объединяет человеческий опыт материи, разума и духа, происходит энергетическое объединение этого божественного и высшего идеала в Верховности с последующим личностным выражением в Боге отеческой любви.

Всякое осмысление связей частей с любым данным целым требует разумного осмысления связи всех частей с этим целым; и во вселенной это означает связь созданных частей с Созидательным Целым. Так Божество становится трансцендентальной и даже бесконечной целью всеобщего и вечного достижения.

Всеобщая красота есть осознание отражения Острова Рай в материальном творении, в то время как вечная истина – особое служение Райских Сынов, которые не только посвящают себя смертным расам, но даже изливают на все народы свой Дух Истины. Божественная благость более полно проявляется в преданном служении многочисленных личностей Бесконечного Духа. Совокупность же этих трех качеств – любовь – это представление человека о Боге как о своем духовном Отце.

Физическое вещество есть пространственно-временна́я тень, которую отбрасывает Райское энергетическое сияние абсолютных Божеств. Значения истины суть отражения вечного слова Божества в смертном интеллекте – постижение высших понятий во времени и пространстве. Ценности, заключенные в благости божественности, – это милосердное служение духовных личностей Всеобщего, Вечного и Бесконечного пространственно-временны́м конечным созданиям эволюционных сфер.

В отношении Отца к каждому личностному созданию эти наполненные смыслом реальностные ценности божественности слиты воедино в божественной любви. Они координированы в Сыне и его Сынах в божественном милосердии. Они проявляют свои качества в Духе и его духовных детях через божественное служение – отображение любвеобильного милосердия к детям времени. Три эти божественности изначально проявляются в энерго-личностном синтезе Верховного Существа. Они разнообразно проявляются Богом-Семичастным в семи различных совокупностях божественных значений и ценностей на семи восходящих уровнях.

Для конечного человека истина, красота и благость включают полное раскрытие божественной реальности. Когда постижение Божества как любви находит духовное выражение в жизни богопознавших смертных, они вкушают плоды божественности: интеллектуальный мир, социальный прогресс, моральное удовлетворение, духовную радость и космическую мудрость. Высокоразвитые смертные, населяющие мир в эпоху седьмого этапа света и жизни, знают, что любовь есть величайшая вещь во вселенной, и они знают, что Бог есть любовь.

Любовь – это желание творить добро другим.

[Представлено Могущественным Посланником, находящимся на Урантии по просьбе Просветительского Корпуса Небадона, в сотрудничестве с одним из Мелхиседеков, исполняющим обязанности наместника Планетарного Князя Урантии.]

* * * * *

Этот документ – «Всеобщее единство» – является двадцать пятым по счету из серии представлений, подготовленных различными авторами, которые были организованы в группу комиссией, насчитывающей двенадцать небадонских личностей и действующей под началом Мантутии Мелхиседека. Мы составили эти повествования и изложили их по-английски, используя метод, утвержденный нашими руководителями, в 1934 году по урантийскому времяисчислению.

авторитетное объединение этого божественного и высшего идеала в Верховне-
сти с последующим личностным выражением в Боге отеческой любви.

Всякое осмысление связей частей с любым данным целым требует разумного осмысления связи всех частей с этим целым; и во вселенной это означает связи созданных частей с Созидательным Целым. Так Божество становится трансцендентальной и даже бесконечной целью всеобщего и вечного достижения.

Всеобщая красота есть осознание отражения Острова Рай в материальном творении, в то время как вечная истина – особое служение Райских Сынов, которые не только проявляют себя смертным расам, но даже изливают на все народы свой Дух Истины. Божественная благость более полно проявляется в преданном служении многочисленных личностей Бесконечного Духа. Совокупность же этих трех качеств – любовь – это представление человека о Боге как о своем духовном Отце.

Физическое вещество есть пространственно-временная тень, которую отбрасывает Райское энергетическое сияние восходящих Божеств. Значения истины суть отражения вечного слова Божества в смертном интеллекте – постижение высших понятий во времени и пространстве. Ценности, заключенные в благости божественности, – это милосердное служение духовных личностей Всеобщего Великого и Бесконечного пространственно-временным конечным созданиям эволюционных сфер.

В отношении Отца к каждому личностному созданию эти наполненные смыслом реальностные ценности слиты воедино в божественной любви. Они координированы в Сыне и его Сынах в божественном милосердии. Они проявляют свои качества в Духе и его духовных детях через божественное служение – отображение любвеобильного милосердия к детям времени. Три эти божественности изначально проявляются в сверхличностном единстве Верховного Существа. Они разнообразно проявляются Богом-Семикратным в семи различных совокупностях божественных значений и ценностей на семи восходящих уровнях.

Для конечного человека истина, красота и благость включают полное раскрытие божественной реальности. Когда постижение Божества как любви находит духовное выражение в жизни богопознавших смертных, они вкушают плоды божественности: интеллектуальный мир, социальный прогресс, моральное удовлетворение, духовную радость и космическую мудрость. Высокоразвитые смертные населенного мира в эпоху седьмого плана света и жизни знают, что любовь есть величайшая вещь во вселенной, и они знают, что Бог есть любовь.

Любовь – это желание творить добро другим.

[Представлено Могущественным Посланником, находящимся на Урантии по просьбе Просветительского Корпуса Небадона, в сотрудничестве с одним из Мелхиседеков, исполняющим обязанности наместника Планетарного Князя Урантии.]

* * * * *

Этот документ – «Всеобщее единство» – является тридцать пятым по счету из серии представлений, подготовленных различными авторами, которые были организованы в группу комиссией, насчитывающей двенадцать небадонских личностей и действующей под началом Мантутии Мелхиседека. Мы составили эти повествования и изложили их по-английски, используя метод, утвержденный нашими руководителями, в 1934 году по урантийскому времяисчислению.

ЧАСТЬ III

ИСТОРИЯ УРАНТИИ

Настоящие документы были подготовлены Корпусом личностей локальной вселенной, уполномоченных Гавриилом Салвингтонским.

ЧАСТЬ III

История Урантии

ДОКУМЕНТ 57

ПРОИСХОЖДЕНИЕ УРАНТИИ

Представляя извлечения из архивов Иерусема, касающиеся той части летописи Урантии, которая относится к ее предыстории и начальным периодам существования, нам предписано определять время, следуя нынешней практике, – то есть используя современный високосный календарь, в котором год делится на 365¼ дня. Как правило, мы не будем стремиться указывать точные цифры, хотя они нам известны. Мы будем округлять до ближайшего целого числа, что является предпочтительным способом изложения этих исторических событий.

Говоря о том, что такое-то событие произошло миллион или два миллиона лет тому назад, мы имеем в виду, что оно случилось указанное число лет тому назад по отношению к первым десятилетиям двадцатого века христианской эры. Придерживаясь данного условия, мы будем описывать эти отдаленные события, как происходившие в течение целых периодов протяженностью в тысячи, миллионы и миллиарды лет.

1. ТУМАННОСТЬ АНДРОНОВЕР

Урантия произошла из вашего солнца, а ваше солнце является одним из разнообразных потомков туманности Андроновер, организованной когда-то в качестве составной части физической энергии и материального вещества локальной вселенной Небадон. А сама эта огромная туманность в далеком прошлом образовалась из всеобщего силового заряда пространства в сверхвселенной Орвонтон.

К началу описываемых событий Райские Первичные Главные Организаторы Сил давно уже полностью контролировали пространственные энергии, которые позднее были организованы в туманность Андроновер.

987 000 000 000 лет тому назад ассоциированный организатор сил, в то время исполнявший обязанности инспектора номер 811 307 орвонтонской серии, направляясь вовне с Уверсы, сообщил Древним Дней о том, что в одном из восточных (по состоянию на то время) секторов пространства Орвонтона сложились благоприятные условия, позволяющие начать процесс материализации.

900 000 000 000 лет тому назад, как свидетельствуют архивы Уверсы, Уверсский Совет Равновесия поручил правительству сверхвселенной направить одного из организаторов сил вместе с персоналом в регион, указанный ранее инспектором номер 811 307. Орвонтонские власти отправили первооткрывателя потенциальной вселенной для исполнения распоряжения Древних Дней, предусматривающего создание нового материального творения.

Регистрация данного разрешения означает, что организатор сил и его персонал уже отбыли с Уверсы в дальнее путешествие, направляясь в тот восточный сектор пространства, где впоследствии им предстояло приступить к продолжительной деятельности, результатом которой стало бы появление в Орвонтоне нового физического творения.

875 000 000 000 лет тому назад появилась гигантская туманность Андроновер номер 876 926. Для возбуждения энергетического вихря, выросшего в итоге до размеров обширного пространственного циклона, достаточно было присутствия организатора сил и взаимодействующего с ним персонала. После инициирования подобного небулярного вращения организаторы жизненных сил просто удаляются под прямым углом к плоскости вращающегося диска, и с этого времени внутренние свойства энергии обеспечивают последовательную и упорядоченную эволюцию новой физической системы.

Примерно с этого же времени изложение событий переходит к функциям личностей сверхвселенной. В действительности, истинное начало повествования приходится именно на этот момент, то есть примерно на то время, когда Райские организаторы сил собираются удалиться, обеспечив такие пространственно-энергетические условия, при которых возможны действия управляющих энергией и физических регуляторов сверхвселенной Орвонтон.

2. ПЕРВИЧНАЯ НЕБУЛЯРНАЯ СТАДИЯ

Все эволюционные материальные творения рождаются из кругообразных и газообразных туманностей, и все такие первичные туманности остаются кругообразными на протяжении начального периода своего газообразного существования. С возрастом они обычно становятся спиралевидными, а когда их функция звездообразования завершается, они часто превращаются в скопления звезд или гигантские солнца в окружении различного числа планет, спутников, а также меньших групп вещества, во многом напоминающих вашу небольшую солнечную систему.

800 000 000 000 лет тому назад Андроновер утвердилась в качестве одной из величественных первичных туманностей Орвонтона. Мало что привлекало внимание астрономов соседних вселенных, наблюдавших этот феномен пространства. Измерения гравитации, выполнявшиеся в смежных творениях, показывали, что в пространстве регионов Андроновера происходили процессы материализации, однако этим всё и ограничивалось.

700 000 000 000 лет тому назад система Андроновер разрослась до гигантских размеров, и в девять окружающих материальных творений были направлены дополнительные физические регуляторы для поддержки и снабжения силовых центров этой новой материальной системы, развивавшейся столь быстрыми темпами. В то далекое время всё вещество, предназначавшееся для последующих творений, находилось в пределах этого непрестанно вращавшегося гигантского пространственного диска; после достижения своего максимального диаметра этот диск продолжал вращаться всё быстрее и быстрее при одновременном уплотнении и сжатии.

600 000 000 000 лет тому назад наступил пик мобилизации энергии Андроновера; туманность достигла своей максимальной массы. В то время она представляла собой гигантское кругообразное газовое облако, по форме напоминавшее сплющенный сфероид. Этот начальный период характеризовался дифференцированным образованием массы и варьирующейся скоростью вращения. Приближалось то время, когда под действием гравитации и иных влияний заполняющие пространство газы начинают превращаться в организованное вещество.

3. ВТОРИЧНАЯ НЕБУЛЯРНАЯ СТАДИЯ

Громадная туманность постепенно стала принимать спиральную форму, которая была отчетливо видна даже астрономам отдаленных вселенных. Такова естественная история большинства туманностей: прежде чем эти вторичные туманности пространства начинают выбрасывать из себя солнца и приступают к формированию вселенной, они принимают вид *спиральных явлений*.

Наблюдая за этими метаморфозами туманности Андроновер, находившиеся по соседству исследователи звезд той далекой эры видели то же, что и астрономы двадцатого века, направляющие свои телескопы в глубь пространства и обозревающие современные спиральные туманности примыкающего внешнего пространства.

К тому времени, когда Андроновер достигла максимальной массы, гравитационный контроль газообразного содержимого стал ослабляться, и наступила стадия истечения газа, во время которой газ устремился вовне двумя гигантскими и четко оформленными рукавами, образовавшимися на противоположных сторонах материнской массы. Быстрое вращение громадного центрального ядра вскоре придало двум простирающимся газовым потокам вид спирали. Охлаждение и последующее сжатие частей этих простертых рукавов привели к появлению узлов. Такие более плотные участки представляли собой огромные системы и подсистемы физического вещества, кружащиеся в пространстве посреди газового облака туманности и прочно удерживаемые гравитационным охватом материнского диска.

Однако туманность уже начала сжиматься, и увеличение скорости вращения еще больше ослабило гравитационный контроль. Вскоре крайние газообразные регионы стали освобождаться от непосредственного воздействия небулярного ядра, распространяясь в пространстве по орбитам с неправильными очертаниями, возвращаясь в центральные регионы для завершения своих орбит и так далее. Но это была лишь промежуточная стадия небулярного развития. Приближалось время, когда из-за постоянно возрастающей скорости вращения огромные солнца начинают выбрасываться в пространство на самостоятельные орбиты.

В далеком прошлом так случилось и с туманностью Андроновер. Энергетический диск увеличивался до тех пор, пока не достиг максимальных размеров, после чего, с наступлением фазы сжатия, он стал вращаться всё быстрее и быстрее, пока, наконец, не настала критическая центробежная стадия и не начался великий распад.

500 000 000 000 лет тому назад появилось первое солнце Андроновера. Прочертив пространство огненной полосой, оно вырвалось из материнских гравитационных объятий и устремилось в пространство, к самостоятельному странствию в космосе творения. Его орбита была обусловлена траекторией побега. Такие молодые солнца быстро обретают сферическую форму и начинают свой долгий и богатый событиями путь в качестве звезд пространства. За исключением терминальных небулярных ядер, абсолютное большинство солнц Орвонтона возникло аналогичным образом. Такие вырывающиеся в пространство звезды проходят через различные периоды эволюции и последующего служения во вселенной.

400 000 000 000 лет тому назад в туманности Андроновер начался период повторного захвата. Многие из ближайших и меньших солнц были захвачены в результате постепенного увеличения и дальнейшего уплотнения материнского ядра. Очень скоро началась завершающая фаза небулярного уплотнения – период, который всегда предшествует окончательному разделению исполинских пространственных скоплений энергии и вещества.

После этой эпохи не прошло и миллиона лет, как Михаил Небадонский, Райский Сын-Создатель, избрал эту распадающуюся туманность в качестве места обретения опыта по сотворению своей вселенной. Почти сразу же вслед за этим было начато создание архитектурных миров Салвингтона и ста планетных групп, относящихся к столицам созвездий. Потребовался почти миллион лет для создания этих скоплений специально сотворенных миров. Столичные планеты локальных систем были сконструированы в течение периода, который начался в то же время и завершился примерно пять миллиардов лет тому назад.

300 000 000 000 лет тому назад орбиты солнц Андроновера стали устойчивыми, и небулярная система вступила в промежуточный период относительной физической стабильности. Примерно в это же время персонал Михаила прибыл на Салвингтон, и уверсское правительство Орвонтона признало физическое существование локальной вселенной Небадон.

200 000 000 000 лет тому назад возобновился процесс сжатия и уплотнения, который сопровождался колоссальной генерацией тепла в центральном скоплении Андроновера, или в массе ядра. Относительно свободное пространство образовалось даже в регионах, находившихся вблизи центрального диска материнского солнца. Внешние регионы становились всё более устойчивыми и организованными; некоторые планеты, обращавшиеся вокруг новорожденных солнц, достаточно остыли для имплантации жизни. К этому времени относится появление старейших обитаемых планет Небадона.

В Небадоне впервые начинает действовать механизм сложившейся вселенной, и творение Михаила регистрируется на Уверсе как вселенная обитания и постепенного восхождения смертных.

100 000 000 000 лет тому назад был достигнут пик небулярного сжатия и максимального теплового давления. Иногда эта критическая стадия противоборства гравитации и высокой температуры длится веками, однако рано или поздно теплота выходит победителем в борьбе с гравитацией, и начинается захватывающий период рассеяния солнц. Так завершается вторичный этап существования пространственной туманности.

4. ТРЕТИЧНАЯ И ЧЕТВЕРТИЧНАЯ СТАДИИ

Первичная стадия – стадия круглой туманности, вторичная – стадия спиралевидной туманности; в течение третичной стадии начинается рассеяние солнц, в то время как четвертичная стадия включает второй и последний цикл разбрасывания, причем материнское ядро в результате становится либо глобулярным скоплением, либо одиночным солнцем, действующим в качестве центра терминальной солнечной системы.

75 000 000 000 лет тому назад эта туманность достигла апогея стадии звездной семьи. Это был пик первого периода потери солнц. Вокруг большинства из них с тех пор сформировались крупные системы планет, спутников, темных островов, комет, метеоров и облаков космической пыли.

50 000 000 000 лет тому назад закончился первый период рассеяния солнц; туманность быстро завершала третичный цикл существования, в течение которого она породила 876 926 солнечных систем.

25 000 000 000 лет тому назад лет тому назад в жизни туманности завершился третичный цикл, что привело к организации и относительной устойчивости обширных звездных систем, образовавшихся из материнской туманности. Однако в центральной массе оставшейся части туманности продолжался процесс физического сжатия и усиления теплообразования.

10 000 000 000 лет тому назад начался четвертичный цикл существования Андроновера. Масса ядра достигла своей максимальной температуры; приближалось время критического сжатия. Изначальное материнское ядро содрогалось под совокупным воздействием напряжения, растущего вследствие повышения собственной внутренней температуры в результате сжатия ядра, и возрастающего гравитационного влияния окружающего роя освобожденных солнечных систем. Взрывы небулярного ядра, знаменующие начало второго небулярного цикла звездообразования, стали неизбежны. Приближался четвертичный цикл существования туманности.

8 000 000 000 лет тому назад начался мощнейший терминальный взрыв. В течение подобного космического катаклизма в безопасности находятся только внешние системы. Это было началом конца существования туманности. Завершающее извержение солнц продолжалось почти два миллиарда лет.

7 000 000 000 лет тому назад терминальный распад Андроновера достиг своего пика. В течение этого периода появились крупные терминальные солнца, а локальные физические пертурбации достигли своего апогея.

6 000 000 000 лет тому назад завершился терминальный распад и родилось ваше солнце – пятьдесят шестой, считая с конца, член второго солнечного семейства Андроновера. Завершающий взрыв небулярного ядра породил 136 702 солнца, большинство из которых представляли собой одиночные светила. Общее число солнц и солнечных систем, возникших в туманности Андроновер, составило 1 013 628. Порядковый номер солнца вашей солнечной системы – 1 013 572.

И вот огромная туманность Андроновер перестала существовать, но она продолжает жить во многих солнцах и их планетных семьях, появившихся в этом материнском пространственном облаке. Остаток ядра этой величественной туманности до сих пор горит красноватым светом и продолжает отдавать умеренное количество света и тепла сохранившимся членам планетной семьи из ста шестидесяти пяти миров, которые сегодня обращаются вокруг своей почтенной матери, породившей два могучих поколения монархов света.

5. ПРОИСХОЖДЕНИЕ МОНМАТИИ – СОЛНЕЧНОЙ СИСТЕМЫ УРАНТИИ

5 000 000 000 лет тому назад ваше солнце представляло собой сравнительно изолированное пылающее небесное тело, собравшее вокруг себя почти всё обращавшееся поблизости пространственное вещество – остатки недавнего катаклизма, сопровождавшего его собственное рождение.

Сегодня ваше солнце обрело относительную стабильность, однако циклы появления солнечных пятен продолжительностью в одиннадцать с половиной лет свидетельствуют о том, что в молодости оно было переменной звездой. На начальном периоде существования вашего солнца продолжающееся сжатие с последующим постепенным повышением температуры приводило к мощнейшим катаклизмам на его поверхности. Цикл этих гигантских вспучиваний продолжался три с половиной дня и сопровождался изменением яркости. Это переменное состояние – периодические пульсации – делало ваше солнце высокочувствительным к определенным внешним воздействиям, которые ему предстояло вскоре испытать.

Так арена локального пространства была подготовлена к уникальному рождению *Монматии*, а именно так называется планетная семья вашего солнца – солнечной системы, к которой принадлежит и ваш мир. Менее одного процента планетных систем Орвонтона имеют подобное происхождение.

4 500 000 000 лет тому назад огромная система Ангона начала приближаться к этому одиночному солнцу. В центре этой громадной системы находился темный исполин пространства, который был твердым, имел огромный заряд и обладал колоссальным гравитационным воздействием.

По мере всё большего сближения Ангоны с Солнцем, в моменты его максимального расширения в течение солнечных пульсаций потоки газообразного материала выбрасывались в космос в виде гигантских солнечных языков. Вначале эти пылающие газовые языки неизбежно падали обратно на Солнце, однако по мере всё большего приближения Ангоны гравитационная тяга гигантского пришельца стала столь огромной, что эти языки газа начали в определенных местах отрываться, причем корни возвращались на Солнце, а внешние части отделялись и образовывали самостоятельные материальные тела – солнечные метеориты, которые сразу же стали обращаться вокруг Солнца по собственным эллиптическим орбитам.

По мере приближения Ангоны извержения солнечного вещества увеличивались в масштабах; из Солнца извлекалось всё больше и больше вещества, которое превращалось в самостоятельные тела, вращающиеся в окружающем пространстве. Эта ситуация развивалась на протяжении примерно пятисот тысяч лет, пока Ангона не подошла к Солнцу на минимальное расстояние, после чего Солнце, во время одного из своих периодических внутренних катаклизмов, претерпело частичный разрыв: с его противоположных сторон были одновременно извергнуты огромные объемы вещества. Со стороны, обращенной к Ангоне, был извлечен обширный столб солнечных газов, несколько заостренный с обоих концов, с характерным вздутием в центре, который навсегда отделился от Солнца и его прямого гравитационного контроля.

Впоследствии этот огромный столб солнечных газов, отделившийся таким образом от солнца, превратился в двенадцать планет солнечной системы. В результате приливной реакции на извержение этого гигантского предшественника солнечной системы, с противоположной стороны Солнца произошел выброс газа, который с тех пор конденсировался в метеоры и космическую пыль солнечной системы, хотя огромная часть этого вещества впоследствии была повторно захвачена притяжением солнца после исчезновения системы Ангона в глубинах пространства.

Хотя Ангоне удалось извлечь материал, ставший планетами солнечной системы, равно как и колоссальный объем вещества, превратившегося в обращающиеся вокруг Солнца метеоры и астероиды, она не смогла удержать какой-либо части солнечного вещества. Надвигавшаяся система не приблизилась на такое расстояние, при котором она могла бы действительно изъять часть солнечной субстанции, однако ее сближение оказалось достаточным, чтобы извлечь в разделявшее ее и Солнце пространство весь материал сегодняшней солнечной системы.

Небольшие планеты – пять внутренних и пять внешних – вскоре сформировались из остывающих и твердеющих ядер менее массивных, суженных концов гигантского гравитационного вздутия, которое Ангона сумела извлечь из Солнца, в то время как Сатурн и Юпитер образовались из более массивных и выпуклых центральных частей. Мощная гравитационная тяга Юпитера и Сатурна быстро захватила бóльшую часть материала, отобранного у Ангоны, о чём свидетельствует обратное движение некоторых из их спутников.

Юпитер и Сатурн, образованные из сáмого центра колоссального столба перегретых солнечных газов, содержали такое количество раскаленного солнечного вещества, что светили ярким светом и излучали огромное количество тепла. Фактически, в течение короткого времени после формирования в качестве отдельных пространственных тел, они представляли собой вторичные солнца. Две эти крупнейшие планеты солнечной системы остаются в значительной мере газообразными и до сих пор не остыли до состояния полной конденсации, или отвердевания.

Ядра десяти остальных планет, образовавшихся в результате конденсации газа, вскоре достигли стадии отвердевания и начали притягивать к себе всё бóльшие количества метеоритного вещества, обращающегося в близлежащем пространстве. Таким образом, миры солнечной системы имеют двоякое происхождение: ядра конденсированного газа впоследствии увеличились за счет захвата огромного количества метеоров. Собственно говоря, метеоритный захват продолжается, хотя и в значительно меньшей степени.

Планеты не обращаются вокруг Солнца в экваториальной плоскости своей солнечной матери, что произошло бы в том случае, если бы они были выброшены вследствие вращения Солнца. Скорее, они движутся в плоскости извлечения солнечной массы, вызванного сближением Ангоны и произошедшего под значительным углом к солнечному экватору.

В отличие от Ангоны, которой не удалось захватить какой-либо доли солнечной массы, ваше солнце действительно прибавило к своей видоизменяющейся планетарной семье некоторую часть циркулирующего пространственного материала странствующей системы. Из-за сильного гравитационного поля Ангоны, орбиты подчиненных ей планет находились на значительном расстоянии от темного гиганта; и вскоре после истечения исходной массы солнечной системы – в то время, когда Ангона еще находилась вблизи солнца, – три крупные планеты этой системы прошли на таком близком расстоянии от массивного предшественника солнечной системы, что его гравитационная тяга, усиленная гравитацией Солнца, оказалась достаточной для преодоления гравитационного действия Ангоны и захвата трех подчиненных планет этого небесного странника.

Весь материал солнечной системы, отделившийся некогда от Солнца, изначально обращался по орбитам в одном и том же направлении, и если бы не вторжение этих трех инородных космических тел, он по-прежнему сохранял бы исходное направление орбитального движения. В действительности, воздействие трех подчиненных Ангоне планет привнесло в формирующуюся систему новые, внешние направляющие силы, что стало причиной *обратного движения*. Обратное движение в любой астрономической системе всегда инородно и неизменно является результатом коллизионного воздействия инородных пространственных тел. Такие коллизии не всегда приводят к обратному движению, однако обратное движение возможно только в такой системе, массы которой имеют различное происхождение.

6. СТАДИЯ СОЛНЕЧНОЙ СИСТЕМЫ – ЭРА ФОРМИРОВАНИЯ ПЛАНЕТ

Вслед за рождением солнечной системы последовал период постепенного ослабления солнечных извержений. На протяжении еще пятисот тысяч лет Солнце продолжало извергать в пространство вещество, объемы которого постепенно уменьшались. Однако в эту эпоху неустойчивых орбит – в периоды максимального сближения с Солнцем окружающих тел – солнечному родителю удалось вернуть себе значительную часть метеоритного материала.

Планеты, находившиеся ближе других к Солнцу, первыми замедлили свое вращение под действием приливного трения. Кроме того, такие гравитационные влияния помогают стабилизации планетарных орбит, одновременно оказывая тормозящее действие на скорость осевого вращения планеты и заставляя ее вращаться всё медленнее до тех пор, пока она не перестает вращаться вокруг своей оси; в результате одно полушарие планеты оказывается постоянно обращенным к Солнцу или более крупному телу, что видно на примере планеты Меркурий и Луны, всегда обращенной к Урантии одной своей стороной.

Когда приливное трение Луны и Земли уравновесится, Земля всегда будет обращена одной стороной к Луне, а день станет таким же, как месяц, продолжительностью примерно в сорок семь дней. После достижения такой устойчивости орбит приливное трение начнет оказывать противоположное действие, не отдаляя более Луну от Земли, а постепенно притягивая спутник к планете. И затем, в отдаленном будущем – когда Луна приблизится примерно на расстояние одиннадцати тысяч миль от Земли – гравитационное действие Земли приведет к разрушению Луны, и этот вызванный приливно-гравитационным действием взрыв раздробит ее на небольшие осколки, которые могут собраться вокруг своего мира в виде колец вещества, наподобие колец Сатурна, или же будут постепенно притянуты к земле как метеоры.

Если пространственные тела имеют схожий размер и плотность, они могут столкнуться. Когда же такие тела обладают примерно одинаковой плотностью и сравнительно неодинаковым размером, а также если меньшее из них продолжает сближаться с бóльшим, происходит распад меньшего тела, когда радиус орбиты меньшего тела становится меньше двух с половиной радиусов большего. Столкновения гигантов пространства поистине редки, однако гравитационно-приливные взрывы меньших тел – довольно обычное явление.

Падающие звезды устремляются на землю целым роем, ибо представляют собой обломки более крупных материальных тел, разрушенных под действием приливной гравитации соседних и еще более крупных пространственных тел. Кольца Сатурна являются обломками разрушенного спутника. Одна из лун Юпитера в настоящее время находится угрожающе близко от критической зоны приливного распада и в течение нескольких миллионов лет либо будет захвачена планетой, либо подвергнется разрушению под действием приливной гравитации. Пятая планета солнечной системы в далеком прошлом обращалась по нерегулярной орбите, периодически всё больше сближаясь с Юпитером, пока не вошла в критическую зону гравитационно-приливного распада, после чего быстро претерпела фрагментацию и превратилась в нынешнее скопление астероидов.

4 000 000 000 лет тому назад сформировались системы Юпитера и Сатурна – в общих чертах такими, какими они являются сегодня, за исключением их лун, которые продолжали увеличиваться в размерах на протяжении нескольких миллиардов лет. Фактически, все планеты и спутники солнечной системы продолжают увеличиваться в размерах вследствие непрекращающегося захвата метеоров.

3 500 000 000 лет тому назад хорошо сформировались уплотнившиеся ядра остальных десяти планет; в неизменном состоянии были и ядра большинства лун, хотя некоторые из меньших спутников позднее объединились с образованием сегодняшних крупных лун. Эта эпоха может быть названа эрой образования планет.

3 000 000 000 лет тому назад солнечная система функционировала во многом так же, как и сегодня. Ее члены постоянно увеличивались в размерах, так как метеоры продолжали падать на планеты и их спутники в огромных количествах.

Примерно в это же время ваша солнечная система была занесена в физический реестр Небадона и была названа Монматией.

2 500 000 000 лет тому назад планеты значительно увеличились в размере. Урантия представляла собой хорошо развитую сферу, масса которой составляла примерно десятую часть нынешней, и продолжала быстро увеличиваться за счет аккреции метеоров.

Вся эта колоссальная активность является естественной частью сотворения эволюционного мира по типу Урантии и представляет собой создание предварительных астрономических условий, необходимых для начала физической эволюции этих миров пространства в подготовке к странствиям жизни во времени.

7. ЭРА МЕТЕОРОВ – ЭПОХА ВУЛКАНОВ ПЕРВИЧНАЯ ПЛАНЕТАРНАЯ АТМОСФЕРА

На протяжении этих ранних периодов в пространственных регионах солнечной системы роились небольшие дробящиеся и твердеющие тела, и при отсутствии защитной атмосферы, в которой могло бы происходить их сгорание, такие тела падали непосредственно на поверхность Урантии. Эти нескончаемые удары поддерживали более или менее высокую температуру поверхности, что, вместе с усилением гравитационного действия по мере увеличения размеров сферы, начало приводить в движение силы, которые постепенно заставляли более тяжелые элементы, такие как железо, опускаться всё дальше к центру планеты.

2 000 000 000 тому назад Земля начала заметно обгонять в своем росте Луну. Планета всегда была больше своего спутника, но отличие в размерах было не столь разительным вплоть до этого времени, когда Землей были захвачены громадные небесные тела. В то время размеры Урантии были примерно в пять раз меньше, чем сегодня, но она стала достаточно большой, чтобы удержать первичную атмосферу, которая начала появляться в результате внутреннего стихийного противоборства между раскаленными недрами и остывающей корой.

К этому периоду относится начало явно выраженной вулканической деятельности. Высокая внутренняя температура продолжала повышаться за счет всё более глубокого проникновения радиоактивных или тяжелых элементов, привнесенных из пространства метеорами. Изучение этих радиоактивных элементов вскроет тот факт, что возраст поверхности Урантии превышает один миллиард лет. Ваши радиевые часы – наиболее достоверный хронометр для научных оценок возраста планеты. Однако любые такие оценки слишком неполны, ибо все радиоактивные материалы, доступные вашему изучению, взяты с поверхности земли и, следовательно, представляют собой элементы, сравнительно недавно приобретенные Урантией.

1 500 000 000 лет тому назад Земля набрала две трети своей нынешней массы, в то время как масса Луны приближалась к современной величине. Быстрый рост Земли по сравнению с Луной позволил постепенно отобрать у Луны ту небольшую атмосферу, которой когда-то обладал спутник.

К этому времени вулканическая активность достигла своего апогея. Вся земля представляла собой настоящий огненный ад, а ее поверхность напоминала то расплавленное состояние, которое существовало до того, как более тяжелые металлы опустились к центру. *Настала эпоха вулканов*. Тем не менее, происходило постепенное формирование коры, состоящей в основном из сравнительно более легкого гранита. Создавались условия, необходимые для планеты, на которой в будущем может появиться жизнь.

Первичная планетарная атмосфера постепенно эволюционировала, включая в свой состав уже некоторое количество водяного пара, окиси углерода, двуокиси углерода и хлористого водорода, но в ней практически не было свободного азота или свободного кислорода. Атмосфера мира на вулканической стадии развития представляет собой необычное зрелище. В дополнение к перечисленным газам, она насыщена многочисленными вулканическими газами и, по мере дальнейшего формирования атмосферного пояса, продуктами сгорания метеоров, нескончаемым потоком обрушивающихся на поверхность планеты. Такое сгорание метеоров почти полностью лишает атмосферу кислорода, а интенсивность метеоритной бомбардировки остается чрезвычайно высокой.

Постепенно атмосфера стала более устойчивой и достаточно остыла для выпадения дождя на горячую каменистую поверхность планеты. Тысячелетиями Урантия была окутана плотным и сплошным покровом пара. В течение этой эпохи солнце ни разу не освещало поверхность земли.

Из атмосферы была извлечена значительная часть углерода: образовались карбонаты различных металлов, которыми изобиловали поверхностные слои планеты. Позднее намного бóльшие количества этих углеродных газов были поглощены пышной древней растительностью.

Даже в последующие периоды продолжавшееся истечение лавы и падавшие на планету метеоры почти полностью расходовали атмосферный кислород. Первые отложения в появившемся вскоре первобытном океане не содержали разноцветных камней или глинистого сланца. И в течение долгого времени после появления этого океана в атмосфере практически не содержалось свободного кислорода. В значительных количествах он появился только позднее, выработанный морскими водорослями и другими формами растительной жизни.

Первичная планетарная атмосфера вулканической эры плохо защищает от ударов метеорных роев. Миллионы и миллионы метеоров способны проникать сквозь такой воздушный пояс, разбиваясь о планетарную кору как твердые тела. Однако со временем всё меньше из них оказываются достаточно крупными, чтобы противостоять возрастающему трению защитного экрана, каким является насыщаемая кислородом атмосфера более поздних эпох.

8. СТАБИЛИЗАЦИЯ КОРЫ ЭПОХА ЗЕМЛЕТРЯСЕНИЙ ВСЕМИРНЫЙ ОКЕАН И ПЕРВЫЙ КОНТИНЕНТ

1 000 000 000 лет тому назад началась действительная история Урантии. Планета достигла приблизительно своего нынешнего размера. И примерно в это же время она была занесена в физические реестры Небадона и была названа *Урантией*.

Атмосфера и непрекращающееся выпадение осадков способствовали остыванию земной поверхности. Уже на ранней стадии существования планеты вулканическая деятельность сбалансировала внутреннее температурное давление и сжатие коры. В эту эпоху постепенного остывания и усадки коры число вулканов стремительно сокращалось и начались землетрясения.

Подлинная геологическая история Урантии началась тогда, когда кора достаточно остыла для образования первого океана. Однажды начавшись, конденсация водяных испарений на остывающей поверхности продолжалась до тех пор, пока, фактически, не завершилась. К концу этого периода океан стал всемирным, покрыв планету слоем средней толщины в одну милю. В то время приливы действовали во многом так же, как и сегодня, однако этот первобытный океан не был соленым; вода, покрывавшая мир, была практически пресной. В те дни бóльшая часть хлора находилась в соединениях с различными металлами, но его было достаточно для того, чтобы в сочетании с водородом делать воду слегка кислой.

Урантию начала той далекой эры следует представлять себе как покрытую водой планету. Позднее, поднявшиеся с большей глубины, и поэтому более плотные, лавовые потоки вышли на дно нынешнего Тихого океана, и эта часть покрытой водой поверхности подверглась значительной депрессии. Первая континентальная масса суши поднялась из мирового океана для восстановления равновесного состояния постепенно уплотнявшейся коры.

950 000 000 лет тому назад Урантия представляла собой один громадный континент и один огромный водный массив – Тихий океан. По-прежнему обычным зрелищем были вулканы, а землетрясения отличались как частотой, так и силой. Метеоры продолжали бомбардировать землю, но это происходило реже, а их размеры уменьшались. Атмосфера очищалась, но содержание двуокиси углерода продолжало оставаться высоким. Происходила постепенная стабилизация земной коры.

Примерно в это же время Урантия была включена в систему Сатания, к которой перешло управление планетой, и занесена в реестр жизни Норлатиадека. Так началось административное признание небольшой и незначительной сферы, которой было суждено стать планетой, где Михаил совершил грандиозный подвиг посвящения в качестве смертного создания и приобрел тот опыт, из-за которого Урантия с тех пор локально известна как «мир креста».

900 000 000 лет тому назад на Урантию прибыла первая разведывательная партия Сатании, посланная с Иерусема с целью изучения планеты и представления отчета о пригодности ее в качестве места экспериментальной жизни. Эта комиссия состояла из двадцати четырех членов, среди которых были Носители Жизни, Сыны-Ланонандеки, Мелхиседеки, серафимы и прочие категории небесной жизни, имеющие отношение к начальным этапам планетарной организации и управления.

После тщательного осмотра планеты эта комиссия вернулась на Иерусем и представила Властелину Системы положительный отзыв с рекомендацией внести Урантию в реестр экспериментальной жизни. В соответствии с этим ваш мир был зарегистрирован на Иерусеме как десятичная планета, и Носители Жизни были поставлены в известность о том, что им будет позволено ввести новые типы механической, химической и электрической активации во время их последующего прибытия на планету с мандатами о трансплантации и имплантации жизни.

В надлежащее время смешанная иерусемская комиссия двенадцати завершила подготовку к освоению планеты и получила одобрение эдемской планетарной комиссии семидесяти. Эти планы, предложенные консультативным советом Носителей Жизни, были окончательно утверждены на Салвингтоне. Вскоре по каналам дальней связи Небадона было передано сообщение о том, что Урантия станет тем полем деятельности, на котором Носители Жизни Сатании проведут свой шестидесятый эксперимент, призванный развить и улучшить сатанийский стандарт жизненных типов Небадона.

Вскоре после того как вселенские пространственные сообщения оповестили весь Небадон об официальном признании Урантии, ей был предоставлен полный вселенский статус. Через некоторое время она была зарегистрирована в архивах столичных планет малого и большого секторов сверхвселенной, и еще до окончания той же эпохи Урантия была занесена в реестр планетарной жизни Уверсы.

Вся эта эпоха характеризовалась частыми и неистовыми бурями. Древняя кора земли находилась в состоянии непрерывного движения. Остывание поверхности чередовалось с мощнейшим истечением лавы. Нигде на поверхности мира не сохранилось даже следа первичной планетарной коры. Эти слои слишком много раз перемешивались с глубинной лавой и смешивались с последующими отложениями древнего всемирного океана.

Нигде на поверхности земли не найти столько же видоизмененных остатков тех древних доокеанических скал, как в северо-восточной Канаде, вдоль побережья Гудзонова залива. Эта огромная гранитная возвышенность состоит из каменных пород доокеанической эпохи. Эти породные слои накалялись, прогибались, скручивались, сминались, вновь и вновь претерпевая деформирующие метаморфозы.

На протяжении всей океанической эпохи колоссальные пласты не содержащей ископаемых слоистой каменной породы откладывались на дне этого древнего океана. (Известняк может образовываться в результате химического осаждения; не весь древний известняк образовался вследствие отложений морской жизни.) Ни в одной из этих древних пород невозможно обнаружить признаков жизни; они не содержат ископаемых остатков, за исключением тех случаев, когда по какой-то причине более поздние отложения водных эпох смешались с этими древними пластами, образовавшимися до появления жизни.

Древняя кора земли была весьма нестабильной, однако горообразования не происходило. По мере своего формирования, планета уплотнялась под действием гравитационного сжатия. Горы не возникают в результате коллапса остывающей коры сжимающейся сферы; они появляются позднее вследствие осадков, гравитации и эрозии.

В течение этой эры континентальная масса суши увеличивалась, пока она не составила около десяти процентов поверхности земли. Мощные землетрясения начались только после того, как суша высоко поднялась над поверхностью воды. Однажды начавшись, они происходили всё чаще и со всё большей силой, что продолжалось в течение многих эпох. Частота землетрясений убывала на протяжении многих миллионов лет, но до сих пор на Урантии случается в среднем пятнадцать землетрясений в день.

850 000 000 лет тому назад на земле впервые началась действительная стабилизация коры. Большинство тяжелых металлов опустилось к центру земного шара; остывающая кора перестала проваливаться в таких масштабах, как в прежние эпохи. Улучшился баланс между вытесненной сушей и более тяжелым океаническим ложем. Слой подкорковой лавы распространился практически на весь мир, что компенсировало и стабилизировало колебания, вызываемые охлаждением, сжатием и смещением поверхности.

Частота и мощность вулканических извержений и землетрясений продолжали уменьшаться. Атмосфера очищалась от вулканических газов и водяного пара, однако процентное содержание двуокиси углерода всё еще оставалось высоким.

Электрические возмущения в атмосфере и в массе земли также шли на убыль. Потоки лавы подняли на поверхность смесь химических элементов, которые внесли разнообразие в состав коры и лучше изолировали планету от воздействия некоторых пространственных энергий. Всё это существенно упростило управление земной энергией и значительно упорядочило ее потоки, что проявляется в действии магнитных полюсов.

800 000 000 лет тому назад началась первая великая эпоха образования суши, активного поднятия континентов.

Следует иметь в виду, что после того как произошла конденсация земной гидросферы вначале в мировой, а позднее в Тихий океан, последний покрывал девять десятых земной поверхности. Падающие в моря метеоры скапливались на океаническом дне, а метеоры, в принципе, состоят из тяжелых элементов. Те метеоры, которые падали на сушу, были сильно окисленными; впоследствии они подвергались эрозии и смывались в океанические бассейны. Так дно океана становилось всё более тяжелым, к чему добавлялся вес толщи воды, достигавшей в некоторых местах десяти миль в глубину.

Возрастающее давление Тихого океана привело к дальнейшему поднятию континентальной массы суши. Европа и Африка стали подниматься из тихоокеанских глубин вместе с теми массами, которые в настоящее время называются Австралией, Северной и Южной Америкой и Антарктидой, в то время как ложе Тихого океана еще больше погрузилось в процессе компенсаторной адаптации. К концу этого периода почти треть земной поверхности состояла из суши, представлявшей собой единый континент.

В условиях всё большего поднятия суши, на планете появились первые климатичсские зоны. Основными факторами климатичсских колсбаний являются рсльеф суши, обширные облака и влияние океана. Во время максимального подъема суши хребет континентальной массы Азии достиг в высоту почти девяти миль. Если бы в воздухе, окружавшем эти высокогорные районы, было много влаги, произошло бы образование огромных ледяных покровов; ледниковый период настал бы значительно раньше, чем это произошло в действительности. Потребовалось несколько сот миллионов лет, прежде чем произошло вторичное поднятие такого же количества суши.

750 000 000 лет тому назад появились первые разломы континентальной массы суши – в северо-южном направлении образовалась громадная трещина, которая впоследствии заполнилась океаном и создала условия для континентального дрейфа Северной и Южной Америки, включая Гренландию, в западном направлении. Длинная расселина в восточно-западном направлении отделила Африку от Европы и разъединила массы суши Австралии, тихоокеанских островов и Антарктиду от азиатского континента.

700 000 000 лет тому назад Урантия приближалась к периоду созревания условий, необходимых для существования жизни. Продолжался континентальный дрейф; океан всё больше проникал во внутренние районы суши в виде длинных, узких морей, мелководье и защищенные бухты которых хорошо приспособлены в качестве естественной среды морской жизни.

650 000 000 лет тому назад происходило дальнейшее расхождение масс суши и, вследствие этого, еще большее увеличение континентальных морей. И эти воды быстро приближались к той степени солености, которая была необходима для урантийской жизни.

Именно эти моря и то, во что они превратились, составили летопись жизни на Урантии, найденную впоследствии на хорошо сохранившихся страницах каменной книги, всё новые и новые тома которой появлялись по мере того, как одна эра сменяла другую и эпоха следовала за эпохой. Эти древние внутренние моря были настоящей колыбелью эволюции.

[Представлено Носителем Жизни, членом изначального Урантийского Корпуса, в настоящее время являющимся местным наблюдателем.]

ДОКУМЕНТ 58

УСТАНОВЛЕНИЕ ЖИЗНИ НА УРАНТИИ

Во всей Сатании насчитывается лишь шестьдесят один мир, подобный Урантии; эти миры – планеты видоизменения жизни. Большинство обитаемых миров населяется в соответствии со стандартной процедурой. На таких сферах Носителям Жизни предоставляется лишь ограниченная возможность отклоняться от планов по имплантации жизни. Однако примерно каждый десятый мир называется *десятичной планетой* и выделяется в особый реестр Носителей Жизни; и на таких планетах нам разрешается проводить некоторые эксперименты с жизнью с целью модифицировать или, по возможности, улучшить стандартные вселенские типы живых существ.

1. ПРЕДПОСЫЛКИ ФИЗИЧЕСКОЙ ЖИЗНИ

600 000 000 лет тому назад посланная с Иерусема комиссия Носителей Жизни прибыла на Урантию и приступила к изучению физических условий, прежде чем положить начало жизни в 606-м мире системы Сатания. В шестьсот шестой раз нам предстояло приобрести опыт инициации небадонских типов жизни в Сатании, и в шестидесятый раз нам предоставлялась возможность внести изменения и произвести модификацию основных, стандартных форм жизни локальной вселенной.

Необходимо подчеркнуть, что Носители Жизни не могут инициировать жизнь, пока сфера не будет готова к началу эволюционного цикла. Не можем мы и обеспечить развитие жизни более быстрыми темпами, чем это позволяет сделать физический прогресс планеты, который поддерживает и приспосабливает развивающуюся жизнь.

Носителями Жизни Сатании был создан тип жизни, основанный на хлористом натрии; поэтому какие-либо шаги на пути к имплантации жизни были невозможны, пока океанская вода не стала достаточно соленой. Урантийский тип протоплазмы способен существовать только в соответствующем соленом растворе. Вся предшествующая жизнь – как растительная, так и животная – появилась в среде, представлявшей собой соленый раствор. И даже более высокоорганизованные наземные животные не могли бы продолжать жить, если бы тот же необходимый соленый раствор не циркулировал по их телу в кровотоке, который свободно омывает – буквально затопляет – каждую мельчайшую живую клетку этим «соленым морем».

Ваши примитивные предки свободно циркулировали в соленом океане. Сегодня тот же, похожий на океан, соленый раствор свободно циркулирует в ваших телах, омывая каждую отдельную клетку химическим раствором, который по всем основным параметрам сравним с соленой водой, стимулировавшей первые протоплазменные реакции первых живых клеток на планете.

В начале этой эпохи Урантия во всех отношениях приближалась к состоянию, благоприятному для поддержания изначальных форм морской жизни. Физическая эволюция на земле и в окружающих регионах пространства медленно, но верно подготавливала почву для последующих попыток по созданию таких форм жизни, которые, по нашему мнению, были бы наилучшим образом приспособлены к формирующемуся физическому окружению – как наземному, так и пространственному.

Затем сатанийская комиссия Носителей Жизни вернулась на Иерусем, решив, прежде чем приступить к самой имплантации жизни, дождаться новых разломов континентальных массивов суши, что привело бы к образованию еще большего числа внутренних морей и защищенных лагун.

На планете, где жизнь имеет морское происхождение, идеальные условия для имплантации жизни обеспечиваются большим числом внутренних морей, обширным прибрежным мелководьем и обилием защищенных лагун вдоль береговой линии. Воды земли быстро распределялись именно таким образом. Эти древние внутренние моря редко имели в глубину более пятисот или шестисот футов, а солнечный свет способен проникать в океаническую воду более чем на шестьсот футов.

Именно из этих прибрежных морских вод, в условиях мягкого и ровного климата более поздней эпохи, примитивная растительная жизнь вышла на берег, где высокое содержание углерода в атмосфере предоставило новым разновидностям наземной жизни возможность быстрого и пышного роста. Хотя эта атмосфера была идеальной для растительной жизни, в ней было столько углекислого газа, что никакое животное, уже не говоря о человеке, не могло бы жить на поверхности земли.

2. АТМОСФЕРА УРАНТИИ

Планетарная атмосфера пропускает на землю около одной двухмиллиардной доли всего излучаемого солнцем света. Если бы свет, попадающий на Северную Америку, оплачивался из расчета двух центов за киловатт-час, годичный счет составлял бы более 800 квадриллионов долларов. Городу Чикаго пришлось бы платить за солнечный свет сумму, значительно превышающую 100 миллионов долларов в день. И необходимо помнить, что вы получаете от солнца и другие виды энергии: свет является не единственным даром солнца, который достигает вашей атмосферы. На Урантию льются колоссальные потоки солнечной энергии, включая волны, диапазоны которых находятся как выше, так и ниже видимого спектра.

Атмосфера земли практически непроницаема для значительной части солнечной радиации в крайней ультрафиолетовой части спектра. Бóльшая часть этих коротких волн поглощается озоном, сплошной слой которого существует на высоте около десяти миль над поверхностью земли и простирается вовне еще на десять миль. В условиях, преобладающих на поверхности, насыщающий это пространство озон образовывал бы слой толщиной всего в одну десятую дюйма. Тем не менее, это сравнительно небольшое и кажущееся незначительным количество озона защищает обитателей Урантии от избытка опасной и разрушительной ультрафиолетовой радиации, присутствующей в солнечном свете. А если бы этот озоновый слой был чуть толще, то вы лишились бы чрезвычайно важных и благотворных для здоровья ультрафиолетовых лучей, которые достигают сегодня земной поверхности и обуславливают появление одного из ваших важнейших витаминов.

Несмотря на это, некоторые из ваших смертных механистов, менее одаренных воображением, упорно считают, что материальное творение и эволюция человека были случайностью. Промежуточные создания Урантии собрали более пятидесяти тысяч фактов из области физики и химии, которые, по их убеждению, несовместимы с законами случайности и которые, как они полагают, безошибочно демонстрируют присутствие разумного плана в материальном творении. И при этом не учитывается их каталог более чем из ста тысяч фактов, находящихся за пределами области физики и химии, которые, по их мнению, доказывают присутствие разума в планировании, создании и поддержании материального космоса.

Ваше солнце изливает настоящие потоки смертоносных лучей, и ваша приятная жизнь на Урантии возможна благодаря «случайным» воздействиям более чем сорока защитных операций, которые кажутся непреднамеренными и действие которых схоже с действием уникального озонового слоя.

Если бы не ночной «окутывающий» эффект атмосферы, потери тепла из-за его излучения происходили бы столь быстро, что жизнь можно было бы поддерживать только за счет искусственных мер.

Пять или шесть нижних миль атмосферы земли приходятся на тропосферу; ветры и воздушные потоки этого слоя являются причиной погодных явлений. Над этим поясом находится внутренняя ионосфера, над которой начинается стратосфера. При удалении от поверхности земли происходит равномерное падение температуры на протяжении шести или восьми миль; на этой высоте она составляет около 70 градусов ниже ноля по Фаренгейту. Этот температурный диапазон – от 65 до 70 градусов ниже ноля по Фаренгейту – остается неизменным на протяжении следующих сорока миль; это стратосфера – область постоянной температуры. На высоте от сорока пяти до пятидесяти миль температура начинает возрастать, достигая 1200° F на уровне полярных сияний; именно это интенсивное тепловое излучение ионизирует кислород. Однако температуру в такой разряженной атмосфере вряд ли можно сравнивать с температурой на поверхности земли. Необходимо иметь в виду, что половина всей вашей атмосферы приходится на первые три мили. Высота земной атмосферы определяется наибольшей высотой полярного сияния – это примерно четыреста миль.

Полярные сияния имеют непосредственное отношение к солнечным пятнам – противоположно направленным солнечным циклонам, которые, подобно земным тропическим ураганам, вращаются выше и ниже солнечного экватора. Такие атмосферные потоки вращаются в противоположных направлениях, когда образуются выше или ниже экватора.

Способность солнечных пятен изменять частоту световых волн показывает, что по своему действию эти центры солнечных штормов являются гигантскими магнитами. Такие магнитные поля способны выбрасывать заряженные частицы из кратеров солнечных пятен через пространство вплоть до внешней атмосферы земли, где их ионизирующее воздействие приводит к появлению столь зрелищных полярных сияний. Поэтому самые интенсивные полярные сияния наблюдаются у вас в периоды максимальной активности солнечных пятен, или же вскоре после них, когда пятна обычно располагаются вдоль экватора.

Даже стрелка компаса реагирует на это воздействие солнца, отклоняясь чуть больше к востоку на восходе и чуть больше к западу на закате. Так случается каждый день, однако в пик солнечной активности эти отклонения компаса усиливаются вдвое. Такие дневные отклонения компаса – это следствие ионизации верхних слоев атмосферы под действием солнечного света.

Именно присутствием двух различных уровней наэлектризованных проводящих слоев над стратосферой объясняется возможность длинноволновых и коротковолновых радиотрансляций. Ваше радиовещание иногда сталкивается с помехами, которые возникают вследствие мощных бурь, время от времени бушующих в верхних слоях ионосферы.

3. ПРОСТРАНСТВЕННОЕ ОКРУЖЕНИЕ

На начальных этапах материализации вселенной по всему пространству рассеяны обширные водородные облака – такие же колоссальные скопления космической пыли, какие характеризуют сегодня многие регионы дальнего пространства. Значительная часть организованной материи, разрушаемой и распыляемой пылающими солнцами в виде лучистой энергии, изначально образовалась в таких древних водородных облаках пространства. При наличии некоторых необычных условий, атомный распад наблюдается также в ядрах крупных водородных масс. И все эти процессы строения и разрушения атомов, подобные тем, которые происходят в раскаленных туманностях, сопровождаются высвобождением потоков коротких космических лучей, несущих лучистую энергию. Этим разнообразным излучениям сопутствует неизвестный на Урантии вид пространственной энергии.

Энергетический заряд коротковолнового излучения, существующего в пространстве вселенной, в четыреста раз превышает все остальные виды лучистой энергии организованных регионов пространства. Потоки коротких космических лучей – являются ли их источником пылающие туманности, напряженность электрических полей, внешнее пространство или же обширные облака водородной пыли, – количественно и качественно модифицируются колебаниями и внезапными изменениями напряжения вследствие температурных, гравитационных и электронных воздействий.

Различное происхождение космических лучей определяется стечением многих космических обстоятельств, равно как и орбитами обращающегося вещества, – от модифицированных колец до крайних разновидностей эллипсов. Физические условия могут существенно изменяться, ибо даже в пределах одной физической зоны электроны иногда вращаются в сторону, противоположную вращению более крупных масс вещества.

Огромные водородные облака – это настоящие химические лаборатории космоса, объединяющие все фазы эволюционирующей энергии и видоизменяющегося вещества. Мощные энергетические процессы протекают в маргинальных газах огромных двойных звезд, которые столь часто перекрываются и вследствие этого широко смешиваются друг с другом. Однако ни одна из этих колоссальных и широкомасштабных энергетических активностей пространства не оказывает ни малейшего воздействия на феномен организованной жизни – зародышевую плазму живой природы и живых существ. Такие энергетические условия пространства присущи среде, необходимой для установления жизни. Но в отличие от некоторых более длинных лучей, несущих лучистую энергию, они не влияют на последующие модификации наследственных факторов зародышевой плазмы. Жизнь, имплантированная Носителями Жизни, не поддается воздействию этого удивительного потока коротких пространственных лучей вселенской энергии.

Все эти необходимые космические условия должны были достигнуть благоприятного уровня развития, прежде чем Носители Жизни могли действительно приступить к установлению жизни на Урантии.

4. ЭРА ЗАРОЖДЕНИЯ ЖИЗНИ

Вас не должно смущать то, что нас называют Носителями Жизни. Мы способны переносить жизнь и доставляем ее на планеты, однако мы не принесли с собой жизнь на Урантию. Урантийская жизнь уникальна; она зародилась на этой планете. Эта сфера является миром видоизменения жизни; вся возникающая здесь жизнь была сформулирована нами на самой планете. И во всей Сатании, даже во всём Небадоне, нет ни одного мира с такой же жизнью, как на Урантии.

550 000 000 лет тому назад корпус Носителей Жизни вернулся на Урантию. В сотрудничестве с духовными и сверхфизическими силами мы подготовили и инициировали изначальные образцы жизни этого мира и поместили их в его гостеприимные воды. Вплоть до эпохи Планетарного Князя Калигастии вся планетарная жизнь (за исключением внепланетарных личностей) берет свое начало в трех изначальных, идентичных и одновременных имплантациях морской жизни. Три эти имплантации жизни были названы *центральной*, или евразийско-африканской, *восточной*, или австралазийской, и *западной*, включающей Гренландию и обе Америки.

500 000 000 лет тому назад первобытная морская флора прочно укрепилась на Урантии. Гренландия и арктический массив суши, вместе с Северной и Южной Америкой, начали свой долгий и медленный дрейф в западном направлении. Африка медленно перемещалась на юг, создавая между собой и материнским телом восточно-западную впадину – Средиземноморский бассейн. Антарктика, Австралия и суша, на которую указывают тихоокеанские острова, отделились на юге и востоке и с тех пор отошли на большое расстояние.

Мы внедрили примитивные формы морской жизни в защищенных тропических бухтах центральных морей восточно-западной расселины, образовавшейся между расходившимися континентами. Осуществляя три имплантации морской жизни, мы хотели убедиться в том, что после разделения суши мелководные моря каждого огромного континента будут заключать в себе эту жизнь. Мы предвидели, что в более позднюю эпоху появления наземной жизни огромные океаны будут разделять эти дрейфующие континентальные массы суши.

5. КОНТИНЕНТАЛЬНЫЙ ДРЕЙФ

Континентальный дрейф продолжался. Под давлением почти в 25 000 тонн на квадратный дюйм ядро земли стало таким же плотным и твердым, как сталь, и, вследствие колоссального гравитационного сжатия, на большой глубине оно было и до сих пор остается раскаленным. Температура поднимается по мере приближения к центру земли, где она несколько превышает температуру поверхности солнца.

Внешний слой массы земли глубиной в тысячу миль состоит в основном из различных пород. Под ними залегают более плотные и тяжелые металлы. Процессы плавления и высокие температуры доатмосферных эпох приводили к тому, что мир находился практически в жидком состоянии; поэтому тяжелые металлы опускались далеко в глубь земли. Те из них, которые встречаются сегодня вблизи поверхности, представляют собой выделения древних вулканов, более поздние и мощные лавовые потоки и сравнительно недавние метеоритные отложения.

Толщина наружной коры составляла примерно сорок миль. Эта кора покоилась непосредственно на расплавленном базальтовом море различной толщины – подвижном слое расплавленной лавы, удерживаемом высоким давлением, но с неизменной тенденцией устремляться в любом направлении, чтобы компенсировать перепады планетарного давления и тем самым стабилизировать земную кору.

Континенты и сегодня продолжают плавать на некристаллизованном упругом море из расплавленного базальта. Если бы не эти предохранительные условия, сильные землетрясения буквально разнесли бы землю на части. Землетрясения вызываются не вулканами, а передвижением и смещением твердой наружной коры.

Находящиеся в земной коре слои лавы, застывая, образуют гранит. Средняя плотность Урантии немногим более чем в пять с половиной раз выше плотности воды; плотность гранита менее чем в три раза превосходит плотность воды. Ядро земли в двенадцать раз плотнее воды.

Морское дно более плотно, чем масса суши, что удерживает континенты над поверхностью воды. Когда вытесненное морское дно поднимается над уровнем моря, то оказывается, что оно состоит в основном из базальта – вида лавы, который значительно тяжелее континентального гранита. При этом, если бы материки не были легче океанского ложа, сила тяжести вытесняла бы края океанов на сушу, но этого не происходит.

Вес океанов также является одним из факторов возрастающего давления на морское ложе. Вместе с весом толщи воды более низкое, но сравнительно тяжелое океанское ложе примерно уравновешивает более высокие, но значительно более легкие континенты. Однако в тенденции все континенты сползают в океан. Давление континентов на уровне океанического дна составляет примерно 20 000 фунтов на квадратный дюйм. То есть таким было бы давление континентальной массы, находящейся на высоте 15 000 футов от морского дна. Давление воды на дне океана составляет всего лишь около 5 000 фунтов на квадратный дюйм. Эта разница в давлении является причиной оползания континентов на океаническое ложе.

Оседание дна океана в эпоху до появления жизни подняло изолированную континентальную массу суши на такую высоту, что ее боковое давление привело к сползанию восточных, западных и южных краев по низлежащим слоям полугустой лавы в воды окружающего Тихого океана. Столь полная компенсация континентального давления позволила избежать широкого разлома на восточном побережье этого древнего азиатского континента, но с тех пор восточная береговая линия нависает над пропастью примыкающих океанических глубин, угрожая сползти в водную могилу.

6. ПЕРЕХОДНЫЙ ПЕРИОД

450 000 000 лет тому назад состоялся *переход от растительной к животной жизни*. Эта метаморфоза произошла в мелководных, защищенных тропических бухтах и лагунах, расположенных вдоль протяженной береговой линии расходящихся континентов. И этот процесс, все фазы которого были заложены в изначальных образцах жизни, протекал постепенно. Существовало много промежуточных стадий между первобытными растительными формами и более поздними, хорошо оформленными животными организмами. По сей день сохранились переходные слизевики, которые невозможно причислить ни к растениям, ни к животным.

Хотя можно проследить эволюцию растительной жизни в животную, хотя были обнаружены постепенно изменяющиеся ряды растений и животных, последовательно ведущие от простейших к наиболее сложным и развитым организмам, вы не сможете найти такие же соединительные звенья ни между большими отделами царства животных, ни между высшими из дочеловеческих животных типов и первобытными людьми человеческих рас. Так называемые «недостающие звенья» таковыми и останутся по той простой причине, что они никогда не существовали.

От эпохи к эпохе возникают принципиально новые виды животных. Они не образуются в результате постепенного накопления небольших изменений; они появляются как полностью сформировавшиеся новые категории жизни. И появляются они *внезапно*.

Внезапное появление новых видов и различных категорий живых организмов – полностью биологическое и совершенно естественное явление. С этими генетическими мутациями не связано ничего сверхъестественного.

При должном уровне солености океана появилась животная жизнь, и позволить соленой воде циркулировать по телам морских животных было сравнительно простой задачей. Однако после того как океаны сузились и концентрация соли резко возросла, те же самые животные выработали способность понижать содержание соли в жидкости своих тел – подобно тому, как организмы, научившиеся жить в пресной воде, приобрели способность поддерживать нужный уровень хлористого натрия в жидкости своего тела с помощью оригинальных методов удержания соли.

Изучение ископаемых окаменелостей морской жизни вскрывает стремление этих примитивных организмов приспособиться к среде. Растения и животные никогда не прекращают таких адаптационных экспериментов. Среда постоянно изменяется, и живые организмы всегда пытаются приспособиться к этим бесконечным колебаниям.

Физиологическое обеспечение и анатомическая структура любой новой категории жизни являются реакцией на действие физического закона, однако последующее наделение разумом – это посвящение, выполняемое вспомогательными духами разума в зависимости от врожденных способностей мозга. Хотя разум не является результатом физической эволюции, он целиком зависит от возможностей мозга, которые обеспечиваются чисто физическими и эволюционными процессами.

На протяжении почти бесконечных циклов приобретений и потерь, адаптаций и повторных адаптаций, все живые организмы совершают взлеты и падения от одной эпохи к другой. Обретающие космическое единство остаются; те же, кому это не удается, прекращают существовать.

7. ГЕОЛОГИЧЕСКАЯ ЛЕТОПИСЬ

Обширная группа горных массивов, составлявшая внешнюю кору мира на заре жизни в эпоху протерозоя, в настоящее время встречается лишь в редких местах на поверхности земли. Когда же она выходит из-под нагромождений последующих эпох, в ней обнаруживаются только окаменелые остатки растительной и ранней примитивной животной жизни. Некоторые из таких древнейших содержащих водные отложения пород смешаны с более поздними слоями, и порой они содержат окаменелости ранних форм растительной жизни, в то время как в самых верхних слоях порой встречаются более примитивные формы древних морских животных организмов. Во многих местах эти древнейшие осадочные породные слои, заключающие в себе ископаемых ранней морской жизни, как животной, так и растительной, залегают над более древними, сплошными породами.

Среди ископаемых этой эры встречаются водоросли, похожие на кораллы растения, примитивные протозоа и переходные организмы типа губок. Однако отсутствие таких ископаемых в нижних породных слоях не обязательно говорит о том, что во время образования этих отложений жизнь не существовала в других местах. На протяжении этих древних эпох жизнь была редким явлением, медленно распространявшимся по поверхности земли.

В настоящее время горные породы этой древней эпохи залегают у поверхности земли или же очень близко к поверхности, покрывая примерно одну восьмую часть нынешней территории суши. Средняя мощность этого переходного пласта – древнейших осадочных породных слоев – составляет около полутора миль. В некоторых местах такие системы древних пород достигают в глубину четырех миль, но многие слои, приписываемые к этой эпохе, относятся к более поздним периодам.

В Северной Америке этот древний каменный слой, несущий в себе первобытные ископаемые остатки, выходит на поверхность во многих местах в восточных, центральных и северных районах Канады. Кроме того, здесь расположен промежуточный восточно-западный гребень этой породы, который простирается от Пенсильвании и древнего горного массива Адирондак на запад через Мичиган, Висконсин и Миннесоту. Другие гребни проходят от Ньюфаундленда до Алабамы и от Аляски до Мексики.

Горные породы этой эпохи выходят на поверхность во многих местах, однако наиболее объяснимо образование тех из них, которые находятся в районе озера Верхнее, а также в Большом Каньоне реки Колорадо, где породы, содержащие первобытные окаменелости и существующие в нескольких слоях, подтверждают катаклизмы и колебания поверхности тех далеких времен.

Этот слой горной породы – древнейший пласт коры, несущий в себе ископаемые, – был раздавлен, смят и самым причудливым образом скручен в результате землетрясений и ранней вулканической активности. Потоки лавы этой эпохи подняли к поверхности земли большое количество железа, меди и свинца.

Редко где такие процессы демонстрируются с большей графической наглядностью, чем в долине Сент-Круа в Висконсине. В этом районе произошло сто двадцать семь последовательных истечений лавы с последующим затоплением суши и осаждением каменных пород. Хотя значительная часть верхних осадочных пород и промежуточных лавовых потоков сегодня отсутствует и хотя дно этой системы погребено глубоко под землей, тем не менее, на поверхности находятся около шестидесяти пяти или семидесяти напластованных страниц каменной книги прошлого.

В эти древние эпохи, когда значительная часть суши была лишь немногим выше уровня моря, земля неоднократно затоплялась и вновь поднималась. Кора земли еще только вступала в более поздний период относительной стабилизации. Волнообразные движения – подъемы и погружения в начальный период континентального дрейфа – воздействовали на частоту периодических затоплений огромных континентальных массивов суши.

В течение этой эпохи примитивной морской жизни обширные прибрежные районы континентов опустились ниже уровня моря на глубину от нескольких футов до полумили. Бóльшая часть более древнего песчаника и конгломератов представляет собой осадочные скопления, образовавшиеся из этих древних берегов. Осадочные породы этого раннего пласта лежат непосредственно на тех слоях, которые сформировались задолго до возникновения жизни, во времена появления всемирного океана.

Некоторые верхние слои этих переходных отложений каменных пород содержат небольшие количества темного глинистого или аспидного сланца, что говорит о присутствии органического углерода и существовании предшественников тех форм растительной жизни, которые заполнили землю в течение последующего карбона, или каменноугольного периода. Значительная часть меди в этих породных слоях является следствием водных отложений. Некоторое количество меди обнаруживается в трещинах более древних пород и представляет собой концентрат, который образовался в стоячих болотах, существовавших вдоль некоторых древних защищенных берегов. Железорудные месторождения Северной Америки и Европы расположены в отложениях и выносах, лежащих частью в более древних массивных породах, и частью в более поздних, слоистых породах, относящихся к переходному периоду образования жизни.

Эта эра является периодом распространения жизни в водной среде мира; морская жизнь прочно укрепилась на Урантии. Дно мелководных и просторных внутренних морей постепенно заполняется обильной и пышной растительностью, в то время как прибрежные воды изобилуют простейшими формами животной жизни.

Всё это повествование наглядно изложено на окаменелых страницах огромной «каменной книги», рассказывающей о событиях минувших дней. И страницы этой гигантской биогеологической летописи непременно раскроют вам истину, стоит вам только научиться их толковать. Дно многих древних морей превратилось сегодня в высокие горы, и их многовековые отложения повествуют о борьбе за существование в те давние дни. Буквально истинны слова вашего поэта, сказавшего: «И прах, что топчем мы, был некогда живым».

[Представлено членом Корпуса Носителей Жизни Урантии, в настоящее время постоянно пребывающим на планете.]

ДОКУМЕНТ 59

ЭРА МОРСКОЙ ЖИЗНИ НА УРАНТИИ

В нашем представлении, история Урантии началась примерно миллиард лет тому назад и охватывает пять крупных этапов:

1. *Эра до появления жизни* продолжалась на протяжении первых четырехсот пятидесяти миллионов лет – примерно с того времени, когда планета достигла своих нынешних размеров, и вплоть до появления жизни. Ваши ученые называют этот период *археозоем*.

2. *Эра зарождения жизни* продолжалась в течение следующих ста пятидесяти миллионов лет. Она отделяет эру до появления жизни, или эру катаклизмов, от следующего периода более развитой морской жизни. Эта эпоха известна вашим исследователям как *протерозой*.

3. *Эра морской жизни* охватывает следующие двести пятьдесят миллионов лет и обычно известна как *палеозой*.

4. *Эра ранней наземной жизни* продолжалась на протяжении следующих ста миллионов лет и известна как *мезозой*.

5. *Эра млекопитающих* охватывает последние пятьдесят миллионов лет. Эта современная эра известна как *кайнозой*.

Таким образом, эпоха морской жизни покрывает около четвертой части вашей планетарной истории. Ее можно разделить на шесть продолжительных периодов, каждый из которых характеризуется четко выраженными эволюционными сдвигами как в геологической, так и биологической областях.

В начале этой эпохи дно морей, обширные континентальные шельфы и многочисленные мелководные прибрежные бассейны покрылись обильной растительностью. Простейшие и наиболее примитивные формы животной жизни уже развились из предшествующих им растительных организмов, и ранние животные организмы постепенно распространялись вдоль протяженных береговых линий различных континентальных массивов, пока многочисленные внутренние моря не наполнились примитивной морской жизнью. Поскольку эти древние организмы, как правило, не имели раковин, лишь малая их часть сохранилась в форме ископаемых. Тем не менее, всё было готово для создания первых глав той великой «каменной книги», которая хранит в себе летопись жизни, столь методично писавшуюся на протяжении последующих эпох.

Североамериканский континент обладает замечательной коллекцией богатых окаменелостями отложений, охватывающих всю эру морской жизни. Самые первые и наиболее древние пласты отделены от позднейших слоев предшествующего периода обширными эрозионными отложениями, четко разделяющими эти два этапа планетарной эволюции.

1. РАННЯЯ МОРСКАЯ ЖИЗНЬ В МЕЛКОВОДНЫХ МОРЯХ ЭПОХА ТРИЛОБИТОВ

К началу этого периода относительного спокойствия земной поверхности жизнь была ограничена различными внутренними морями и прибрежной полосой океана; не существовало ни одной формы наземных организмов. Примитивные морские животные хорошо акклиматизировались и были готовы к следующему этапу эволюции. Амебы – типичные уцелевшие организмы начальной стадии развития животной жизни – появились к концу предыдущего переходного периода.

400 000 000 лет тому назад как растительная, так и животная морская жизнь уже успешно распространились по всему миру. Мировой климат становится несколько более теплым и ровным. Происходит всеобщее затопление морских берегов различных континентов, в особенности Северной и Южной Америки. Появляются новые океаны, и значительно расширяются древние водные массивы.

Растения впервые выбираются на сушу и вскоре совершают существенный прогресс в адаптации к неморской среде обитания.

Внезапно – и без образования переходных форм – возникают первые многоклеточные животные. Появляются трилобиты, которые в течение многих веков оставались преобладающим видом морской фауны. Для морских животных наступила эпоха трилобитов.

В завершающий период этого этапа значительные части Северной Америки и Европы поднялись из-под воды. Земная кора временно стабилизировалась; горы – или, скорее, возвышенности – поднялись вдоль атлантического и тихоокеанского побережий, по всей Вест-Индии и в южной части Европы. Весь Карибский регион высоко поднялся над уровнем моря.

390 000 000 лет тому назад суша оставалась незатопленной. В некоторых районах восточной и западной Америки и западной Европы встречаются каменные пласты отложений этого времени, причем это – древнейшие породы, содержащие ископаемых трилобитов. Существовало много вдававшихся в сушу длинных пальцевидных заливов, в которых откладывались эти содержащие окаменелости породы.

Через несколько миллионов лет Тихий океан начал вторгаться в американские континенты. Погружение суши происходило в основном вследствие адаптации коры, хотя свою роль сыграло также латеральное растяжение суши, или оползание континентов.

380 000 000 лет тому назад Азия стала проседать при кратковременном поднятии других континентов. Однако по мере развития этой эпохи формирующийся Атлантический океан совершал глубокие вторжения во все примыкавшие береговые линии. Северные атлантические, или арктические, моря в то время соединялись с водами южного Мексиканского залива. Когда это южное море проникло в Аппалачскую впадину, его волны разбивались на востоке о горы такие же высокие, как Альпы; но в целом континенты представляли собой однообразные низменности, начисто лишенные какой-либо живописности.

Осадочные отложения этого периода относятся к четырем видам:

1. Конгломераты – породы, отложенные вдоль береговых линий.

2. Песчаники – отложения в мелководье, но в таких местах, где волны могли предотвратить осаждение ила.

3. Глинистые сланцы – отложения в более глубоких и спокойных водах.

4. Известняк – включая отложения трилобитных раковин в глубоководных местах.

У ископаемых трилобитов этого периода есть как некоторые принципиальные сходства, так и явно выраженные различия. Ранние животные, развивавшиеся на основе трех изначальных имплантаций жизни, обладали характерными отличиями; те, которые появились в западном полушарии, несколько отличались от евразийской группы и австрало-азиатского, или австрало-антарктического, типа.

370 000 000 лет тому назад произошло обширное и почти полное затопление Северной и Южной Америки, вслед за которыми под воду ушли Африка и Австралия. Только некоторые части Северной Америки оставались выше уровня мелководных кембрийских морей. Спустя пять миллионов лет моря отступили перед поднимавшейся сушей. И все эти процессы погружения и подъема суши были лишены драматизма, медленно протекая на протяжении миллионов лет.

Относящиеся к этой эпохе пласты, содержащие ископаемые остатки трилобитов, то здесь, то там выходят на поверхность всех континентов, за исключением центральной Азии. Во многих районах эти породы залегают горизонтально, однако в горах они расположены наклонно и деформированы из-за сжатия и образования складок. Во многих местах такое сжатие изменило первоначальный характер этих отложений. Песчаник превратился в кварц, глинистый сланец – в аспидный сланец, а известняк – в мрамор.

360 000 000 лет тому назад продолжался прирост суши. Северная и Южная Америка поднялись на значительную высоту. Поднялась западная Европа и Британские острова, за исключением некоторых частей Уэльса, находившихся глубоко под водой. Крупные ледники отсутствовали в течение этой эпохи. Предполагаемые ледниковые отложения, которые встречаются в связи с этими пластами в Европе, Африке, Китае и Австралии, объясняются изолированными горными ледниками или сдвигом более поздних ледниковых наносов. Мировой климат был океаническим, а не континентальным. Южные моря были теплее, чем сегодня, простираясь к северу, через Северную Америку, вплоть до полярных регионов. Гольфстрим проходил через центральную часть Северной Америки и отклонялся к востоку, омывая и согревая берега Гренландии и превращая этот покрытый сегодня ледяным панцирем континент в настоящий тропический рай.

Морская жизнь была примерно одинаковой по всему миру и состояла из морских водорослей, одноклеточных, простейших губок, трилобитов, а также ракообразных – креветок, крабов и омаров. К концу этого периода появились три тысячи разновидностей плеченогих, из которых сохранились только двести. Эти животные представляют собой одну из тех разновидностей древней жизни, которые дошли до наших дней практически в неизменном виде.

Однако преобладающими живыми созданиями были трилобиты. Эти разнополые животные существовали во многих видах. Будучи плохими пловцами, они лениво качались на поверхности или ползали по морскому дну, скручиваясь для самозащиты при нападениях появившихся впоследствии врагов. Они увеличились в длину от двух дюймов до одного фута и разделились на четыре отчетливые группы: плотоядных, травоядных, всеядных и «грязеедов». Умение последних существовать в основном за счет неорганической материи – а они являлись последней группой многоклеточных животных, обладавших такой способностью, – объясняет огромное увеличение их популяции и долгое существование.

Так выглядела биогеологическая картина Урантии при завершении этого длительного периода мировой истории, охватывающего пятьдесят миллионов лет и названного вашими геологами *кембрием*.

2. ПЕРВЫЙ ЭТАП КОНТИНЕНТАЛЬНЫХ НАВОДНЕНИЙ ЭПОХА БЕСПОЗВОНОЧНЫХ ЖИВОТНЫХ

Характерные для этого времени периодические явления поднятия и затопления суши происходили постепенно и не носили драматического характера в условиях незначительной вулканической деятельности или ее полного отсутствия. В течение всех этих чередующихся поднятий и депрессий суши история изначального азиатского континента не во всём совпадала с историей других частей суши. Он не раз затоплялся, погружаясь то с одной, то с другой стороны, что было особенно характерно для начального этапа. Однако здесь нет однородных отложений каменных пород, которые можно встретить на других континентах. В последние эпохи Азия была самым устойчивым из всех массивов суши.

350 000 000 лет тому назад начался период великих затоплений всех континентов, за исключением центральной Азии. Суша неоднократно затапливалась водой; только прибрежные возвышенности оставались над этими мелководными, но обширными и изменяющими свои очертания внутренними морями. Этот период характеризовался тремя крупными наводнениями, но еще до его окончания континенты вновь поднялись, причем общая поверхность суши на пятнадцать процентов превысила существующую сегодня. На большую высоту поднялся карибский регион. В Европе этот период оставил мало следов, так как колебания суши – при большей вулканической активности – были здесь менее значительными.

340 000 000 лет тому назад произошло новое обширное погружение суши, не затронувшее только Азию и Австралию. Воды океанов повсеместно смешались. Это был великий период известняка, причем бóльшая часть этой породы откладывалась выделяющими известь водорослями.

Спустя несколько миллионов лет из-под воды стали появляться крупные части Северной и Южной Америки, а также Европы. В западном полушарии остался только рукав Тихого океана над Мексикой и нынешними районами Скалистых гор, но к концу этой эпохи атлантическое и тихоокеанское побережья вновь стали погружаться.

330 000 000 лет тому назад во всём мире начался период относительной стабильности, в течение которого значительная часть суши вновь находилась над водой. Единственным нарушением земного спокойствия стало извержение огромного североамериканского вулкана в восточной части Кентукки – одно из мощнейших проявлений вулканической деятельности в истории вашего мира. Этот вулкан покрыл площадь в пятьсот квадратных миль слоем пепла толщиной от пятнадцати до двадцати футов.

320 000 000 лет тому назад произошло третье крупное наводнение этого периода. Воды этого потопа покрыли всю сушу, затопленную во время предыдущего наводнения, во многих направлениях вторгаясь еще дальше в глубь американского континента и Европы. Восточные части Северной Америки и западная Европа ушли под воду на глубину от 10 000 до 15 000 футов.

310 000 000 лет тому назад суша вновь поднялась на значительную высоту во всём мире, за исключением южных частей Северной Америки. Появилась Мексика, в результате чего образовался Мексиканский залив, сохранивший с тех пор свои очертания.

Жизнь этого периода продолжает свое развитие. Планета в очередной раз становится относительно спокойной и мирной; климат продолжает оставаться мягким и ровным; наземные растения мигрируют всё дальше от морских берегов. Жизненные формы успешно развиваются, хотя ископаемые растения этого периода встречаются редко.

Этот период стал великой эпохой индивидуальной эволюции животных организмов, хотя многие из принципиальных изменений – такие как переход от растительной жизни к животной – произошли раньше. Об уровне развития морской фауны говорит то, что среди ископаемых, содержащихся в отложениях этого периода, представлены все формы жизни до позвоночных. Но все эти животные были морскими организмами. Еще не появились наземные животные, за исключением некоторых видов червей, зарывавшихся в землю на морских побережьях, как не произошло еще и повсеместного распространения растений. В воздухе всё еще было слишком много двуокиси углерода для появления существ с атмосферным типом дыхания. На начальном этапе развития все животные, за исключением некоторых наиболее примитивных форм, прямо или косвенно зависят от растительной жизни.

Господствующей группой оставались трилобиты. Эти маленькие животные существовали в десятках тысяч видов и были предшественниками современных ракообразных. У некоторых видов было от двадцати пяти до четырех тысяч мельчайших глаз; у других глаза редуцировались. К концу этого периода трилобиты господствовали в морях вместе с некоторыми другими разновидностями беспозвоночных. Однако они полностью вымерли в начале следующего периода.

Широко распространились выделяющие известь водоросли. Существовали тысячи видов – ранних предшественников кораллов. В изобилии были представлены морские черви, и существовало много разновидностей медуз, которые с тех пор вымерли. Появились кораллы и более поздние разновидности губок. Хорошего развития достигли головоногие, сохранившиеся в виде современных перламутровых моллюсков наутилусов, осьминогов, каракатиц и кальмаров.

Существовало много разновидностей раковинных, но их раковины не были столь необходимы для защиты, как в последующие эпохи. В древних морях водились брюхоногие, включавшие моллюсков с цельной раковиной, литорин и улиток. Двустворчатые брюхоногие, сохранившиеся на протяжении прошедших миллионов лет, объединяют морских и пресноводных моллюсков, устриц и гребешков. Также появились створчатые моллюски, и эти плеченогие обитали в тех древних водах во многом так же, как и сегодня; их створки уже были оснащены замками, пазами и иными защитными приспособлениями.

Так завершается рассказ об эволюции в течение второго продолжительного периода морской жизни, который известен вашим геологам как *ордовик*.

3. ВТОРОЙ ЭТАП ВЕЛИКИХ НАВОДНЕНИЙ ПЕРИОД КОРАЛЛОВ – ЭПОХА ПЛЕЧЕНОГИХ

300 000 000 лет тому назад начался очередной длительный период затопления суши. Вторжение древних силурийских морей в южном и северном направлениях привело к поглощению большей части Европы и Северной Америки. Суша ненамного выступала над уровнем моря, поэтому многочисленных прибрежных отложений не было. Моря кишели существами с известковыми раковинами, и оседание этих раковин на морское дно постепенно привело к образованию мощных пластов известняка. Это стало первым обширным отложением известняка, которое охватывает практически всю Европу и Северную Америку, но лишь в некоторых местах выходит на поверхность земли. Мощность этого древнего породного слоя достигает в среднем тысячи футов, однако многие такие отложения со временем были деформированы из-за опрокидывания пластов, катаклизмов и сбросообразования, а другие превратились в кварц, сланец и мрамор.

В каменных породах этого периода не встречается ни кремень, ни лава, за исключением того, что было извергнуто огромными вулканами южной Европы и восточных районов штата Мэн, а также лавовых потоков в Квебеке. Вулканическая деятельность в основном осталась в прошлом. Это было время великих водных отложений; горообразование было незначительным или отсутствовало.

290 000 000 лет тому назад море в основном уже покинуло континенты, а дно окружающих океанов опускалось. Массивы суши оставались почти в неизменном виде вплоть до очередного затопления. На всех континентах начинались ранние горообразующие движения, и самыми значительными из этих поднятий коры были Гималаи в Азии и громадные Каледонские горы, простиравшиеся от Ирландии через Шотландию и далее к Шпицбергену.

Месторождения этого периода богаты газом, нефтью, цинком и свинцом. Газ и нефть образуются из громадных скоплений растительного и животного вещества, отложившегося в течение предыдущего затопления суши, в то время как минеральные отложения являются следствием образования осадков в стоячих массивах воды. К этому периоду относятся многие отложения каменной соли.

Трилобиты деградировали, и центральное место заняли более крупные моллюски – головоногие. Эти животные, достигавшие пятнадцати футов в длину и одного фута в диаметре, стали властелинами морей. Этот вид животных появился *внезапно* и стал преобладающей формой морской жизни.

Мощная вулканическая деятельность этого периода приходится на европейский сектор. Извержения вулканов вокруг средиземноморской впадины и в особенности вблизи Британских островов были самыми яростными и обширными за много миллионов лет. Лавовый поток, пересекший район Британских островов, сегодня имеет вид чередующихся слоев лавы и каменных пород толщиной в 25 000 футов. Эти породы были отложены периодическими потоками лавы, которые, перемежаясь с каменными породами, заполнили мелкое морское дно. И всё это впоследствии было поднято на большую высоту над уровнем моря. Сильные землетрясения произошли в северной Европе, особенно в Шотландии.

Океанический климат оставался мягким и ровным, и берега полярной суши омывались теплыми морями. Ископаемые остатки плеченогих и других форм морской жизни можно обнаружить в этих отложениях вплоть до Северного полюса. Продолжала увеличиваться численность брюхоногих, плеченогих, губок и рифообразующих кораллов.

Конец этой эпохи стал свидетелем второго нашествия силурийских морей с новым смешением вод южного и северного океанов. Головоногие были господствующими представителями морской жизни, в то время как сопутствующие формы жизни постепенно развивались и дифференцировались.

280 000 000 лет тому назад бóльшая часть континентов поднялась после второго силурийского наводнения. Отложения каменных пород, связанные с этим затоплением, известны в Северной Америке как «ниагарский известняк», так как именно по этому пласту породы течет в настоящее время Ниагарский водопад. Этот слой породы простирается от восточных гор до долины реки Миссисипи, но продолжается в западном направлении только южнее долины. Несколько пластов покрывают территорию Канады, часть Южной Америки, Австралии и бóльшую часть Европы; средняя мощность пластов ниагарской системы составляет около шестисот футов. Сразу же над ниагарским отложением во многих районах можно встретить скопление конгломерата, сланца и каменной соли, которые представляют собой совокупность вторичных оседаний грунта. Соль оседала в огромных лагунах, которые то сообщались с морем, то оказывались в изоляции, поэтому при испарениях откладывалась соль, а также другие вещества, содержавшиеся в растворе. В некоторых регионах такое соленое дно достигает семидесяти футов в толщину.

Климат был ровным и мягким, и морские ископаемые откладывались в арктических регионах. Однако к концу этой эпохи моря стали настолько солеными, что уцелела лишь малая часть их обитателей.

К концу заключительного силурийского затопления значительно увеличилась численность иглокожих – морских лилий, – о чём свидетельствуют отложения криноидного известняка. Почти полностью исчезли трилобиты, а моллюски продолжали оставаться царями морей. Значительно расширилось образование коралловых рифов. В эту эпоху, в наиболее благоприятных местах, впервые появились примитивные водяные скорпионы. Вскоре после этого, и *внезапно*, появились истинные скорпионы – животные, обладающие собственно атмосферным типом дыхания.

Этим завершается третий период в развитии морской жизни, охватывающий двадцать пять миллионов лет и известный вашим исследователям как *силур*.

4. СТАДИЯ ВЕЛИКОГО ПОДЪЕМА СУШИ
ПЕРИОД ВЕГЕТАТИВНОЙ НАЗЕМНОЙ ЖИЗНИ
ЭПОХА РЫБ

В многовековой борьбе между сушей и водой, сравнительно чаще – и на более долгое время – победителем оказывалось море, но время суши было уже не за горами. Кроме того, процесс континентального дрейфа был еще далек от своего завершения, и временами практически вся мировая суша соединялась тонкими перешейками и узкими перемычками.

С поднятием суши по окончании силурийского наводнения завершается важный период в развитии мира и эволюции жизни. На земле наступает новая эпоха. Голый и непривлекательный ландшафт прежних эпох покрывается роскошной зеленью, и в недалеком будущем предстоит появиться первым великолепным лесам.

Чрезвычайное разнообразие морской жизни в эту эпоху объясняется ранним разделением видов, но впоследствии эти различные типы свободно смешивались и объединялись. Плеченогих, которые быстро достигли пика своего развития, сменили членистоногие, и появились первые усоногие раки. Однако важнейшим событием было внезапное появление рыб. Началась эпоха рыб – период в мировой истории, для которого характерны животные *позвоночного* типа.

270 000 000 лет тому назад все континенты находились выше уровня моря. За многие миллионы лет впервые такое количество суши одновременно находилось над водой; это была одна из величайших эпох прироста суши за всю мировую историю.

Пять миллионов лет спустя произошло кратковременное наводнение регионов Северной и Южной Америки, Европы, Африки, северной Азии и Австралии, причем в Северной Америке в течение определенного периода времени затопление было почти полным. Мощность возникших в результате этого пластов известняка составляла от 500 до 5 000 футов. Эти разнообразные девонские моря простирались сначала в одном направлении, затем в другом, вследствие чего огромное внутреннее арктическое море Северной Америки нашло выход в Тихий океан через северную Калифорнию.

260 000 000 лет тому назад, к концу этого периода депрессии суши, Северная Америка была частично покрыта морями, которые одновременно сообщались с тихоокеанскими, атлантическими, арктическими водами и Мексиканским заливом. Мощность отложений, образовавшихся на этих поздних стадиях первого девонского наводнения, составляет в среднем тысячу футов. Коралловые рифы, характерные для этого времени, говорят о том, что внутренние моря были прозрачными и мелкими. Такие коралловые отложения видны на берегах реки Огайо недалеко от города Луисвилл в штате Кентукки и, составляя примерно сто футов в толщину, включают более двухсот разновидностей. Эти коралловые образования простираются через территорию Канады и северной Европы до арктических регионов.

Вслед за этими погружениями многие берега поднялись на значительную высоту, так что более древние отложения были скрыты под слоем ила или сланца. Кроме того, слой красного песчаника, характерный для одного из девонских отложений, охватывает значительную часть поверхности земли, встречаясь в Северной и Южной Америке, Европе, России, Китае, Африке и Австралии. Такие красные отложения характерны для засушливых или полузасушливых климатических условий, но климат этой эпохи продолжал оставаться теплым и ровным.

На протяжении всего этого периода суша, находившаяся к юго-востоку от острова Цинциннати, оставалась на значительной высоте над уровнем моря, но огромные части западной Европы, включая Британские острова, были затоплены. В Уэльсе, Германии и других местах Европы толщина девонских пород составляет 20 000 футов.

250 000 000 лет тому назад появились рыбы – позвоночные животные, ставшие одной из важнейших ступеней всего этапа эволюции до появления человека.

Прародителями первых позвоночных были членистоногие, или ракообразные. Предшественниками рыб стали два модифицированных членистоногих; у одного из них было длинное тело, соединявшее голову и хвост, в то время как второй представлял собой бесхребетную и бесчелюстную предрыбу. Однако эти предварительные типы были быстро уничтожены, после того как с севера *внезапно* появились рыбы – первые представители позвоночных животных.

К этой эпохе относятся многие из крупнейших истинных рыб; некоторые зубатые разновидности достигали в длину от двадцати до тридцати футов. Современные акулы – единственные сохранившиеся представители этих древних рыб. Оснащенные панцирями и легкими, рыбы достигли своего эволюционного апогея, и до окончания этой эпохи рыбы приспособились как к пресной, так и к соленой воде.

В отложениях, образовавшихся к концу этого периода, можно встретить целые костяные залежи, состоящие из зубов и скелетов рыб, и богатые ископаемыми пласты расположены вдоль побережья Калифорнии, так как многие защищенные бухты Тихого океана вдавались в этом регионе в сушу.

Земля быстро покрывалась новой наземной растительностью. До этого, если не считать околоводные растения, растительность на суше была скудной; теперь же – и *внезапно* – появилось плодовитое *семейство папоротников,* стремительно распространившихся по поверхности быстро поднимавшейся суши во всех частях мира. Вскоре возникли древесные виды, имевшие два фута в толщину и сорок футов в высоту; позднее появились листья, но у этих первых разновидностей они были лишь в зачаточном состоянии. Существовало много небольших растений, однако их ископаемые остатки не сохранились ввиду того, что они обычно уничтожались появившимися еще раньше бактериями.

В результате постепенного поднятия суши Северная Америка соединилась с Европой мостами суши, которые простирались до Гренландии. И сегодня Гренландия хранит под своим ледовым панцирем остатки этих древних наземных растений.

240 000 000 лет тому назад части суши в Европе, Северной и Южной Америке начали опускаться. Этим проседанием было отмечено начало последнего и наименее обширного из девонских наводнений. Арктические моря снова переместились к югу, распространившись на бóльшую часть Северной Америки, Атлантика затопила значительную часть Европы и западной Азии, в то время как южная акватория Тихого океана покрыла большую часть Индии. Это наводнение медленно распространялось и так же медленно отступало. Горы Катскилл вдоль западного берега реки Гудзон представляют собой один из крупнейших геологических памятников этой эпохи на поверхности Северной Америки.

230 000 000 лет тому назад моря продолжали отступать. Обширные территории Северной Америки находились над уровнем моря, и мощная вулканическая деятельность произошла в районе реки Святого Лаврентия. Гора Ройал вблизи Монреаля представляет собой эродированную горловину одного из этих вулканов. Отложения всей этой эпохи хорошо видны в Аппалачах Северной Америки, где река Саскуэханна прорезала долину, обнажив последовательные слои, мощность которых достигала более 13 000 футов.

Поднятие континентов продолжалось, и атмосфера насыщалась кислородом. Земля была покрыта обширными папоротниковыми лесами, поднимавшихся в высоту на сто футов, и необычными деревьями тех дней: в безмолвных лесах не слышно было ни звука, ни шелеста листьев, ибо такие деревья были безлиственными.

Так завершился один из самых продолжительных периодов в эволюции морской жизни – *эпоха рыб*. Этот период мировой истории продолжался почти пятьдесят миллионов лет и известен вашим исследователям как *девон*.

5. СТАДИЯ СМЕЩЕНИЯ КОРЫ КАМЕННОУГОЛЬНЫЙ ПЕРИОД ПАПОРОТНИКОВЫХ ЛЕСОВ ЭПОХА ЛЯГУШЕК

Появление рыб в предыдущую эпоху знаменует собой пик эволюции морской жизни. Начиная с этого времени, всё большее значение приобретает эволюция наземной жизни. В начале этого периода существовали почти идеальные условия для появления первых наземных животных.

220 000 000 лет тому назад многие регионы континентальной суши, включая бóльшую часть Северной Америки, находились выше уровня воды. Земля покрылась пышной растительностью; наступила *эпоха папоротников*. Углекислый газ всё еще присутствовал в атмосфере, однако его количество уменьшалось.

Вскоре после этого центральная часть Северной Америки была затоплена водой с образованием двух огромных внутренних морей. Прибрежные возвышенности как атлантического, так и тихоокеанского побережья, находились сразу же за современной береговой линией. Немного погодя эти моря соединились, смешав различные формы жизни, и объединение этой морской фауны положило начало быстрому и охватившему весь мир упадку морской жизни и открытию последующего периода наземной жизни.

210 000 000 лет тому назад теплые арктические моря скрывали бóльшую часть Северной Америки и Европы. Южные полярные воды затопляли Южную Америку и Австралию, в то время как и Африка, и Азия находились на значительной высоте над уровнем моря.

Когда уровень морской воды достиг своего пика, *внезапно* произошло новое эволюционное событие – неожиданное появление первых наземных животных. Существовали многочисленные виды таких животных, способных жить как на суше, так и в воде. Эти использующие воздушный тип дыхания амфибии произошли от членистоногих, чьи плавательные пузыри превратились в легкие.

Из соленой морской воды на сушу выползли улитки, скорпионы и лягушки. Лягушки и сегодня откладывают свои яйца в воде, а их молодь вначале имеет вид маленьких рыб, головастиков. Этот период мог бы по праву называться *эпохой лягушек*.

Вскоре появились насекомые, которые – наряду с пауками, скорпионами, тараканами, сверчками и саранчой – быстро распространились на все континенты. Размах крыльев у стрекоз достигал тридцати дюймов. Появилась тысяча видов тараканов, некоторые из которых имели четыре дюйма в длину.

Особенно хорошо были развиты две группы иглокожих, и в действительности они являются руководящими ископаемыми этой эпохи. Высокого развития достигли также питавшиеся моллюсками акулы, господствовавшие в океанах на протяжении пяти миллионов лет. Климат по-прежнему был мягким и ровным; морская жизнь почти не претерпела изменений. Появлялись пресноводные рыбы, а трилобиты исчезали с лица земли. Кораллы встречались редко, и бóльшая часть известняка откладывалась за счет морских лилий. В течение этой эпохи образовались отложения более мелкого строительного известняка.

Вода многих внутренних морей была настолько насыщена известью и другими минералами, что это существенно повлияло на становление и развитие целого ряда морских видов. В конечном счете моря очистились в результате обширного отложения пород, в некоторых местах включавших цинк и свинец.

Отложения этого раннего каменноугольного периода составляют от 500 до 2000 футов в толщину и состоят из песчаника, сланца и известняка. Древнейшие пласты содержат ископаемые остатки как наземных, так и морских растений и животных наряду с большими количествами галечника и осадочных пород водоемов. Эти более древние пласты содержат мало пригодного для разработки угля. В Европе такие отложения весьма схожи с североамериканскими.

К концу этой эпохи Северная Америка начала подниматься. После короткого перерыва море вернулось, заполнив около половины своего прежнего ложа. Вслед за кратковременным наводнением бóльшая часть суши снова поднялась на значительную высоту над уровнем моря. Южная Америка всё еще соединялась с Европой через Африку.

В эту эпоху стали формироваться Вогезы, Шварцвальд и Уральские горы. Остатки других, более древних гор встречаются по всей Великобритании и Европе.

200 000 000 лет тому назад начались действительно активные стадии каменноугольного периода. Ранние отложения угля формировались в течение двадцати миллионов лет, предшествовавших этому времени, но теперь образование угля происходило в более широких масштабах. Продолжительность собственно эпохи углеобразования составила немногим более двадцати пяти миллионов лет.

Суша периодически поднималась и опускалась вследствие того, что уровень моря колебался из-за процессов, происходивших на дне океана. Неспокойное состояние коры – оседание и подъемы суши – в сочетании с богатой растительностью прибрежных болот способствовали формированию обширных угольных месторождений, вследствие чего этот период известен как *каменноугольный*. Во всём мире сохранялся мягкий климат.

Слои угля чередуются со сланцем, каменными породами и конгломератом. Эти угольные пласты в центральных и восточных частях Соединенных Штатов имеют различную мощность – от сорока до пятидесяти футов. Однако многие из таких отложений были вымыты в течение последующих подъемов суши. В некоторых частях Северной Америки и Европы толщина угольного пласта составляет 18 000 футов.

Присутствие корней деревьев, которые росли в слое глины, лежащем под нынешними пластами угля, говорит о том, что уголь формировался именно в тех местах, где его находят сегодня. Уголь представляет собой сохранившиеся в воде и видоизмененные под давлением остатки пышной растительности, существовавшей в ту далекую эпоху на болотах и затопленных побережьях. Угольные пласты нередко содержат как газ, так и нефть. Торфяные пласты – остатки древней растительности – превратились бы в один из видов угля, если бы подверглись необходимому давлению и высокой температуре. Антрацит претерпел большее давление и нагрев, чем другие виды угля.

В Северной Америке количество угольных слоев в различных пластах, означающих число подъемов и оседаний земли, варьируется от десяти в Иллинойсе, двадцати в Пенсильвании и тридцати пяти в Алабаме до семидесяти пяти в Канаде. В этих угольных пластах встречаются ископаемые остатки и пресноводной, и морской жизни.

На протяжении этой эпохи горы Северной и Южной Америки находились в активном состоянии: поднимались как Анды, так и древние Скалистые горы. Обширные регионы атлантического и тихоокеанского побережий начали погружаться, в результате чего они эродировали и были затоплены настолько, что береговые линии обоих океанов отошли примерно к тем рубежам, которые существуют сегодня. Мощность отложений этого наводнения составляет в среднем около тысячи футов.

190 000 000 лет тому назад началось расширение моря, существовавшего в каменноугольный период на территории Северной Америки, в западном направлении; это море затопило область нынешних Скалистых гор и образовало выход в Тихий океан через северную Калифорнию. Слой за слоем, уголь продолжал откладываться по всей территории Америки и Европы по мере того, как прибрежная суша поднималась и опускалась в эту эпоху береговых колебаний.

180 000 000 лет тому назад завершился каменноугольный период, в течение которого каменный уголь сформировался по всему миру – в Европе, Индии, Китае, Северной Африке и обеих Америках. В конце этого периода углеобразования поднялась часть Северной Америки к востоку от долины Миссисипи, и с тех пор бóльшая часть этого региона остается над уровнем моря. Этот период поднятия суши знаменует собой начало формирования современных североамериканских гор – как в регионе Аппалачей, так и на западе. Действующие вулканы существовали на Аляске и в Калифорнии, а также в районах горообразования Европы и Азии. Восточная Америка и западная Европа соединялись гренландским континентом.

Поднятие суши начало приводить к изменению морского климата предшествующих эпох, который стал постепенно заменяться менее мягким и более контрастным континентальным климатом.

Растения этого периода имели споры, повсюду разносившиеся ветром. Стволы деревьев каменноугольного периода обычно имели семь футов в диаметре и нередко достигали ста двадцати пяти футов в высоту. Современные папоротники поистине являются реликтами тех давних эпох.

В целом, это были эпохи развития пресноводных организмов; изменения в морской жизни были незначительными. Однако важной чертой этого периода было *внезапное* появление лягушек и их многочисленных сородичей. Характерными представителями жизни каменноугольного периода были *папоротники* и *лягушки*.

6. СТАДИЯ ПЕРЕХОДНОГО КЛИМАТА ПЕРИОД СЕМЕННЫХ РАСТЕНИЙ ЭПОХА БИОЛОГИЧЕСКИХ ПОТРЯСЕНИЙ

Этот период знаменует собой конец основного эволюционного развития морской жизни и начало переходного периода, ведущего к последующим эпохам наземных животных.

В эту эпоху произошло значительное оскудение жизни. Тысячи морских видов вымерли, а жизнь на суше лишь только начала закрепляться. Это было время биологических потрясений, эпоха, когда жизнь почти полностью исчезла с поверхности суши и из глубин океана. При завершении продолжительной эры морской жизни, на земле существовало почти сто тысяч видов живых существ. К концу переходного периода уцелело менее пятисот.

Особенности этого нового периода были не столько связаны с охлаждением земной коры или продолжительным отсутствием вулканической деятельности, сколько с необычным сочетанием привычных, давно действовавших факторов – сужением морей и всё большего поднятия огромных массивов суши. Мягкий морской климат предшествующих времен уходил в прошлое; происходило быстрое формирование более резкого, континентального типа климата.

170 000 000 лет тому назад огромные эволюционные изменения и адаптации охватывали всю поверхность земли. По всему миру суша поднималась, а океаническое дно погружалось. Появились изолированные горные хребты. Восточная часть Северной Америки находилась высоко над уровнем моря; медленно поднимались западные регионы. Континенты были покрыты большими и малыми солеными озерами и многочисленными внутренними морями, которые соединялись с океанами узкими проливами. Мощность пластов этого переходного периода составляет от 1 000 до 7 000 футов.

В течение этих подъемов суши в земной коре произошло обширное складкообразование. Это было время прироста суши, не считая исчезновения некоторых мостов суши; исчезли и те континенты, которые долгое время соединяли Южную Америку с Африкой и Северную Америку с Европой.

Внутренние озера и моря постепенно высыхали по всему миру. Начали появляться отдельные горные и региональные ледники, в особенности в южном полушарии, и во многих районах ледовые отложения, возникшие в результате этих локальных образований льда, можно встретить даже среди некоторых верхних и более поздних угольных месторождений. Появились два новых климатических фактора: оледенение и засушливость. Многие возвышенности стали сухими и бесплодными.

На протяжении всего этого периода климатических преобразований огромные изменения произошли и среди наземных растений. Сначала появились *семенные растения*, благодаря чему улучшился корм наземных животных, численность которых впоследствии увеличилась. Радикальные перемены произошли среди насекомых. Появились *диапаузы*, представлявшие собой периоды уменьшения активности в зимнее время и в засуху.

Что касается наземных животных, то лягушки, которые в предшествующую эпоху достигли пика своего развития, быстро пришли в упадок, однако выжили благодаря тому, что могли подолгу жить даже в высыхающих заводях и прудах в те далекие и чрезвычайно суровые времена. В Африке, в период упадка лягушек, произошел первый эволюционный сдвиг на пути превращения лягушки в пресмыкающееся. И так как массивы суши всё еще соединялись друг с другом, это дорептильное создание, имевшее атмосферный тип дыхания, распространилось на весь мир. К этому времени атмосфера изменилась настолько, что превосходно обеспечивала наземный тип дыхания. Вскоре после появления дорептильных лягушек Северная Америка была временно изолирована – отрезана от Европы, Азии и Южной Америки.

Постепенное охлаждение воды океанов сильно повлияло на уничтожение океанической жизни. Морские животные этой эпохи нашли временный приют в трех благоприятных убежищах: в нынешнем регионе Мексиканского залива, в бухте реки Ганг в Индии и Сицилийском заливе Средиземноморского бассейна. Именно из этих трех регионов впоследствии вышли новые морские виды, которые, пройдя суровые испытания, вновь заполнили моря.

160 000 000 лет тому назад земля в основном была покрыта растительностью, которая могла служить пищей для наземных животных, а атмосфера стала идеальной для их дыхания. Так закончился период упадка морской жизни и сурового времени биологических потрясений, уничтоживших все формы жизни, кроме тех, которые обладали обеспечивающими выживание качествами, что позволило им стать предшественниками более стремительно развивающейся и чрезвычайно разнообразной жизни в последующие эпохи планетарной эволюции.

Окончание этого периода биологических потрясений, известного вашим исследователям как *пермь*, знаменует также конец *палеозоя* – эры, охватывающей четвертую часть всей планетарной истории и продолжавшейся двести пятьдесят миллионов лет.

Обширная океаническая колыбель жизни на Урантии выполнила свое предназначение. В течение длительных эпох, когда земля не была приспособлена к поддержанию жизни, – до того, как атмосфера достаточно насытилась кислородом для обеспечения жизни наземных животных более высоких ступеней развития, – море лелеяло и кормило древнюю жизнь этого мира. Теперь же биологическое значение моря постепенно уменьшается по мере того, как на суше начинает разворачиваться второй этап эволюции.

[Представлено Носителем Жизни Небадона, членом изначального корпуса Носителей Жизни Урантии.]

ДОКУМЕНТ 60

УРАНТИЯ В ЭРУ РАННЕЙ НАЗЕМНОЙ ЖИЗНИ

Закончилась эра исключительно морской жизни. Поднятие суши, охлаждение коры и океанов, сужение и последующее углубление морей вместе со значительным приростом суши в северных широтах – всё это оказало огромное воздействие на изменение мирового климата во всех регионах, удаленных от экватора.

Последние эпохи предыдущей эры были действительно эпохой лягушек, однако эти предки наземных позвоночных более не являлись господствующей группой, и численность уцелевших популяций резко сократилась. Лишь немногие формы пережили жестокие испытания предшествующего периода биологических бедствий. Даже споровые растения практически вымерли.

1. ЭПОХА РАННИХ ПРЕСМЫКАЮЩИХСЯ

Эрозионные отложения этого периода представляют собой в основном конгломераты, сланец и песчаник. Гипс и красные слои во всех осадочных породах как в Европе, так и Америке указывают на засушливость климата этих континентов. Эти засушливые районы были подвержены обширной эрозии под воздействием периодических ливней, которые обрушивались на окружающие возвышенности.

В этих слоях содержится мало ископаемых остатков, но песчаник сохранил многочисленные следы наземных пресмыкающихся. Во многих регионах слой отложений мощностью в тысячу футов не содержит окаменелостей. Жизнь наземных животных не прерывалась только в некоторых частях Африки.

Мощность этих отложений варьируется от 3 000 до 10 000 футов, а на тихоокеанском побережье достигает даже 18 000 футов. Впоследствии между многими из таких пластов образовались слои вдавленной лавы. Базальтовые столбы на реке Гудзон образовались в результате экструзии базальтовой лавы между этими триасовыми пластами. В различных частях мира происходила обширная вулканическая деятельность.

Отложения этого периода встречаются в Европе, в особенности в Германии и России. В Англии к этой эпохе относится новый красный песчаник. Отложения известняка появились в южных Альпах в результате нашествия моря и в настоящее время существуют в этих местах в виде своеобразных доломитовых валов, остроконечных вершин и столбов. Этот слой встречается по всей территории Африки и Австралии. Из такого видоизмененного известняка образовался каррарский мрамор. В южных регионах Южной Америки не сохранилось никаких следов этого периода, так как эта часть континента оставалась под водой и поэтому содержит только водные или морские отложения, неразрывно связанные с предшествующими и последующими эпохами.

150 000 000 лет тому назад в мировой истории начался ранний период наземной жизни. В целом, живым существам приходилось нелегко, однако они добились большего прогресса, чем в суровое и неблагоприятное время окончания эры морской жизни.

В начале этой эры восточные и центральные части Северной Америки, северная половина Южной Америки, бóльшая часть Европы и вся Азия находились на значительной высоте над уровнем моря. Впервые Северная Америка оказалась в географической изоляции, но лишь ненадолго, ибо вскоре на месте Берингова пролива вновь образовался мост суши, соединивший этот континент с Азией.

В Северной Америке образовались огромные впадины, которые прошли параллельно атлантическому и тихоокеанскому побережьям. В восточном Коннектикуте появился огромный разлом, одна сторона которого впоследствии опустилась на две мили. Многие из североамериканских впадин были позднее заполнены эрозионными отложениями, как и многие бассейны пресноводных и соленых озер в горных районах. Позднее эти заполненные депрессии суши были подняты на огромную высоту в результате подземных лавовых потоков. Окаменелые леса во многих регионах относятся к этой эпохе.

Тихоокеанское побережье, остававшееся при затоплении континентов обычно над уровнем моря, опустилось, за исключением южной части Калифорнии и большого острова, находившегося тогда в пределах нынешнего Тихого океана. В этом древнем калифорнийском море существовала богатая морская жизнь, и оно простиралось в восточном направлении, соединяясь с более древним морским бассейном среднезападного региона.

140 000 000 лет тому назад *внезапно* появились полностью оформившиеся пресмыкающиеся, которым предшествовали всего лишь два дорептильных вида, обитавших в Африке в течение предыдущей эпохи. Они быстро развивались и вскоре породили крокодилов и чешуйчатых пресмыкающихся, а позднее как морских змей, так и летающих рептилий. Их переходные предшественники быстро исчезли.

Быстро развивались принадлежавшие к рептилиям динозавры, ставшие властелинами своей эпохи. Они были яйцекладущими и отличались от всех животных маленьким мозгом, который при весе менее одного фунта управлял телом, достигавшим впоследствии сорока тонн. Однако первые пресмыкающиеся были небольшими плотоядными животными и передвигались на задних ногах наподобие кенгуру. Кости их скелета были полыми, как у птиц, а на задних ногах позднее появилось только три пальца, вследствие чего многие окаменелые отпечатки ног этих животных ошибочно принимаются за следы исполинских птиц. Впоследствии появились травоядные динозавры. Они ходили на четырех ногах, а одна из ветвей этой группы приобрела защитный панцирь.

Несколько миллионов лет спустя появились первые млекопитающие. Они не имели плаценты, быстро оказались бесперспективными и полностью вымерли. Это была экспериментальная попытка улучшить типы млекопитающих, но на Урантии она не увенчалась успехом.

Морская жизнь этого периода была скудной, но она быстро пополнялась благодаря очередному наступлению морей, вновь образовавших обширные мелководные побережья. Ввиду того, что бóльшая часть мелководья окружала Европу и Азию, самые богатые ископаемые слои находятся рядом с этими континентами. Если сегодня вы станете изучать жизнь той эпохи, исследуйте Гималаи, Сибирь и район Средиземноморья, а также Индию и острова южного Тихоокеанского бассейна. Важной чертой морской жизни было присутствие огромного множества прекрасных аммонитов, чьи ископаемые остатки встречаются по всему миру.

130 000 000 лет тому назад моря почти не изменились. Сибирь и Северная Америка соединялись мостом суши через Берингов пролив. Богатая и уникальная морская жизнь появилась на калифорнийском тихоокеанском побережье, где от высших типов головоногих произошло более тысячи видов аммонитов. Изменения среди живых существ имели поистине революционный характер, несмотря на то что они были переходными и постепенными.

Этот период продолжался более двадцати пяти миллионов лет и известен как *триас*.

2. ЭПОХА ПОЗДНИХ ПРЕСМЫКАЮЩИХСЯ

120 000 000 лет тому назад начался новый период в развитии пресмыкающихся. Этот этап ознаменовался эволюцией и упадком динозавров. По своим размерам наземные животные достигли предела своего развития и к концу этого периода практически исчезли с лица земли. Появились динозавры самой разной величины – от вида длиной менее двух футов до исполинских неплотоядных динозавров, имевших семьдесят пять футов в длину; таких размеров не достигало с тех пор ни одно живое существо.

Крупнейшие динозавры появились в западной части Северной Америки. Эти исполинские рептилии захоронены по всему региону Скалистых гор, вдоль всего атлантического побережья Северной Америки, на территории западной Европы, Южной Африки и Индии, но не в Австралии.

По мере всё большего увеличения в размере, эти массивные создания становились всё менее подвижными и сильными; однако они нуждались в таком количестве пищи, а земля была заполнена ими настолько, что они в прямом смысле слова стали голодать и вымерли; им не хватало сообразительности, которая помогла бы справиться с данной ситуацией.

К этому времени бóльшая часть восточных регионов Северной Америки, в течение долгого времени находившихся на значительной высоте над уровнем моря, опустилась и была смыта в Атлантический океан, из-за чего протяженность побережья была на несколько сот миль больше, чем в настоящее время. Западная часть континента еще оставалась возвышенной, но даже эти районы были позднее заполнены как северным морем, так и Тихим океаном, который простирался в восточном направлении вплоть до Блэк-Хилс в Дакоте.

Это была эпоха пресной воды, а ее характерным элементом являлись многочисленные внутренние озера, что демонстрируется обильными пресноводными окаменелостями так называемых «моррисонских пластов» в Колорадо, Монтане и Вайоминге. Мощность этих комбинированных отложений в пресной и соленой воде колеблется от 2 000 до 5 000 футов, но эти слои содержат очень мало известняка.

То же полярное море, которое простиралось на огромное расстояние в глубь территории Северной Америки, скрывало под собой всю Южную Америку, за исключением появившихся вскоре Анд. Бóльшая часть Китая и России была покрыта водой, но самым обширным нашествие воды было в Европе. Именно в течение этого затопления образовались отложения прекрасного литографического камня южной Германии, того пласта, в котором ископаемые остатки – как, например, изящнейшие крылья древних насекомых – сохранились так, как будто пролежали здесь не более одного дня.

По сравнению с предыдущей эпохой, растительный мир почти не изменился. Папоротники сохранились, а сосна и другие хвойные породы всё больше напоминали сегодняшние разновидности. В небольших количествах продолжалось образование угля вдоль северной части средиземноморского побережья.

Возвращение моря улучшило климат. Кораллы появились в европейских водах, подтверждая то, что климат оставался мягким и ровным, однако они навсегда исчезли из медленно охлаждавшихся полярных морей. Морская жизнь этого периода улучшилась и прекрасно развивалась, особенно в европейских водах. Как кораллы, так и морские лилии временно появились в больших, чем раньше, количествах, но среди беспозвоночных океанических животных преобладали аммониты, размер которых обычно составлял от трех до четырех дюймов, хотя один из видов достигал в диаметре восьми футов. Губки были повсюду; продолжалась эволюция каракатиц и устриц.

110 000 000 лет тому назад продолжали раскрываться потенциальные возможности морской жизни. Одной из наиболее значительных мутаций этой эпохи был морской еж. Полноценного развития достигли крабы, омары и современные ракообразные. Заметные перемены произошли у рыб, где появились первые осетровые. Однако моря продолжали кишеть свирепыми морскими змеями, которые произошли от наземных пресмыкающихся и угрожали уничтожить все семейство рыб.

Прежде всего, это время оставалось эпохой динозавров. Они заполнили землю настолько, что в предыдущее нашествие моря два вида перешли в воду в поисках пропитания. С точки зрения эволюции, эти морские змеи представляют собой шаг назад. В то время как некоторые новые виды развиваются, другие линии остаются неизменными; при этом третьи регрессируют, возвращаясь к предшествующему состоянию. Так случилось и с этими двумя видами пресмыкающихся, когда они покинули сушу.

Со временем морские змеи достигли таких размеров, что стали чрезвычайно неповоротливыми и, в конце концов, вымерли, ибо размер их мозга был недостаточным для защиты исполинского тела. При весе мозга менее двух унций, эти гигантские ихтиозавры порой достигали пятидесяти футов в длину, причем длина большинства особей превышала тридцать пять футов. Морские крокодилы также являлись примером обратной мутации наземных пресмыкающихся, но в отличие от морских змей, эти животные всегда возвращались на землю, чтобы отложить свои яйца.

Вскоре после того как два вида динозавров в тщетной попытке самосохранения мигрировали в воду, два других были вытеснены в воздух в результате ожесточенной борьбы за существование на суше. Однако эти летающие птерозавры не были предшественниками истинных птиц последующих эпох. Они произошли от прыгающих динозавров, скелет которых состоял из полых костей, а крылья, похожие на крылья летучих мышей, составляли в размахе от двадцати до двадцати пяти футов. Эти древние летающие рептилии достигали в длину десяти футов и имели раздельные челюсти, напоминавшие челюсти современных змей. Поначалу эти летающие рептилии добились успеха, но их развитие не пошло в том направлении, которое позволило бы им выжить в качестве воздухоплавающих существ. Они представляют собой неуцелевшие линии предшественников птиц.

В этот период увеличилась численность черепах, впервые появившихся в Северной Америке. Их предшественники мигрировали сюда из Азии через северный мост суши.

Сто миллионов лет тому назад завершалась эпоха пресмыкающихся. При всей своей исполинской массе динозавры были практически лишены мозга: им не хватало сообразительности, чтобы обеспечить свои огромные тела необходимым пропитанием; вот почему эти неповоротливые наземные рептилии вымирали во всё больших количествах. Начиная с этого времени, эволюция будет определяться увеличением мозга, а не физической массы, и развитие мозга будет характеризовать каждую последующую эпоху эволюции животных и планетарного прогресса.

Этот период, включающий апогей и начало упадка пресмыкающихся, продолжался почти двадцать пять миллионов лет и известен как *юра*.

3. МЕЛОВОЙ ЯРУС
ПЕРИОД ЦВЕТКОВЫХ РАСТЕНИЙ
ЭПОХА ПТИЦ

Огромный меловой период получил свое название из-за преобладания плодовитых мелообразующих морских фораминифер. Этот период подводит Урантию вплотную к окончанию продолжительного господства пресмыкающихся и становится свидетелем появления на суше цветковых растений и птиц. В эту эпоху также завершился континентальный дрейф в западном и южном направлениях, что сопровождалось колоссальными деформациями коры, а также сопутствующими им, повсеместными истечениями лавы и обширной вулканической деятельностью.

К концу предшествующего геологического периода бóльшая часть континентов находилась высоко над уровнем моря, хотя горных вершин еще не было. Однако глубоко на дне Тихого океана продолжающие свой дрейф континенты натолкнулись на первое обширное препятствие. Это столкновение геологических сил дало толчок к формированию всей огромной горной гряды, протянувшейся с севера на юг, от Аляски через Мексику вплоть до мыса Горн.

Таким образом, этот период геологической истории становится *стадией образования современных гор*. До этого времени остроконечных вершин почти не было, а возвышенности представляли собой широчайшие горные кряжи. Теперь начала подниматься прибрежная тихоокеанская гряда, но она находилась в семистах милях к западу от нынешней береговой линии. Начали формироваться горы Сьерра, а их пласты золотосодержащего кварца являются результатом лавовых потоков этой эпохи. В восточной части Северной Америки давление Атлантики также приводило к поднятию суши.

100 000 000 лет тому назад североамериканский континент и часть Европы были высоко подняты над уровнем моря. Продолжалось вертикальное смещение американских континентов, в результате чего произошла трансформация южноамериканских Анд, и постепенно начали подниматься западные равнины Северной Америки. Бóльшая часть Мексики ушла под воду, а южная Атлантика вторглась на восточное побережье Южной Америки, в результате чего образовалась современная береговая линия. Атлантический и Индийский океаны выглядели в то время примерно так же, как сегодня.

95 000 000 лет тому назад американский и европейский континенты снова начали погружаться. Южные моря вторглись в Северную Америку и постепенно расширились к северу, соединившись с Северным Ледовитым океаном; это было второе по масштабам затопление этого континента. Когда море отошло, оно оставило континент примерно в его нынешнем виде. До начала этого обширного затопления восточные Аппалачи эродировали практически до уровня моря. Многочисленные цветные слои чистой глины, которые сегодня используются для изготовления керамики, были отложены в эту эпоху в береговых атлантических регионах; их средняя мощность составляет около 2 000 футов.

Мощная вулканическая деятельность наблюдалась к югу от Альп и вдоль прибрежного горного кряжа современной Калифорнии. Наиболее значительная за несколько миллионов лет деформация коры произошла в Мексике. Огромные изменения происходили также в Европе, России, Японии и южной части Южной Америки. Климат становился всё более разнообразным.

90 000 000 лет тому назад из древних меловых морей вышли покрытосемянные, заполнив вскоре все континенты. *Внезапно* появились наземные растения, включая фиговые деревья, магнолии и тюльпанные деревья. Вскоре после этого фиговые деревья, хлебные деревья и пальмы распространились на Европу и западные равнины Северной Америки. Новых видов наземных животных не появилось.

85 000 000 лет тому назад Берингов пролив закрылся, изолировав охлаждающие воды северных морей. До этого морская жизнь Атлантики и Мексиканского залива значительно отличалась от морской жизни Тихого океана, что объяснялось разницей температур этих двух водных массивов; теперь же температура стала одинаковой.

Название этому периоду дали отложения мела и глауконитового песчанистого мергеля. Разнообразные осаждения этой эпохи состоят из мела, сланца, песчаника и небольших количеств известняка наряду с низкокачественным углем, или лигнитом; во многих регионах они также содержат нефть. Мощность этих слоев варьируется от 200 футов в некоторых местах до 10 000 футов в западных частях Северной Америки и во многих районах Европы. Вдоль восточных границ Скалистых гор эти отложения можно наблюдать среди опрокинутых пластов предгорий.

По всему миру эти пласты перемешаны с мелом, и такие пористые полускальные породы впитывают воду во взрытых обнажениях породы и подают ее вниз, питая водой многие из засушливых в настоящее время районов земли.

80 000 000 лет тому назад земная кора претерпела мощнейшие пертурбации. Дрейф континентов в западном направлении приостанавливался, и колоссальная энергия медленного инерционного движения тыловой континентальной массы смяла тихоокеанское побережье Северной и Южной Америки, положив начало глубоким ответным изменениям вдоль тихоокеанских побережий Азии. Это поднятие суши по всему периметру Тихоокеанского бассейна, кульминацией которого стало появление современных горных цепей, произошло на протяжении более чем двадцати пяти тысяч миль, и сопровождавшие его катаклизмы привели к самым мощным деформациям поверхности со времени появления жизни на Урантии. Как наземные, так и подземные истечения лавы были обширными и повсеместными.

75 000 000 лет тому назад завершился континентальный дрейф. Закончилось формирование прибрежных тихоокеанских горных цепей от Аляски до мыса Горн, однако горные пики были в то время немногочисленными.

Обратное давление задержанных дрейфующих континентов продолжало поднимать западные равнины Северной Америки, в то время как на востоке эродированные Аппалачи атлантического побережья поднялись строго вверх, почти без опрокидывания пластов.

70 000 000 лет тому назад произошла деформация коры, связанная с максимальным подъемом региона Скалистых гор. В Британской Колумбии произошел взброс на поверхность большого сегмента каменной породы с пятнадцатимильной глубины; здесь кембрийские породы наклонно надвинуты на слои мелового периода. Еще один эффектный взброс произошел у канадской границы на восточном склоне

Скалистых гор; здесь можно обнаружить породные слои, образовавшиеся до появления жизни и вытесненные поверх недавних меловых отложений.

Повсеместная вулканическая активность этой эпохи привела к образованию большого числа небольших изолированных вулканических кратеров. Извержения подводных вулканов произошли в затопленном регионе Гималаев. Бо́льшая часть остальной территории Азии, включая Сибирь, также всё еще находилась под водой.

65 000 000 лет тому назад произошло одно из обширнейших истечений лавы за всю мировую историю. Слои, отложившиеся в результате этих и предшествующих потоков, встречаются на всей территории Северной и Южной Америки, в северной и южной частях Африки, в Австралии и в некоторых частях Европы.

Наземные животные почти не изменились, но благодаря более значительному подъему континентальной суши, в особенности в Северной Америке, они быстро размножались. В те времена, когда бо́льшая часть Европы была скрыта под водой, Северная Америка стала великой ареной эволюции наземных животных.

Климат продолжал оставаться теплым и ровным. Климатические условия арктических широт напоминали современный климат центральных и южных регионов Северной Америки.

Это было время великой эволюции растительного мира. Среди наземных растений преобладали покрытосемянные, и появились многие сегодняшние деревья, включая бук, березу, дуб, орех, платан, клен и современные пальмы. Существовало изобилие фруктов, трав и зерновых культур, и эти семеноносные травы и деревья были для растительного мира тем же, чем предшественники человека были для мира животных, – по своему эволюционному значению они уступали только появлению самого человека. *Внезапно*, и без предшествующих переходных ступеней, огромная семья цветковых растений мутировала. И эта новая флора вскоре распространилась на весь мир.

60 000 000 лет тому назад, несмотря на упадок наземных рептилий, динозавры продолжали оставаться властелинами суши, и лидирующее положение заняли более подвижные и активные формы плотоядных динозавров, передвигавшихся прыжками, наподобие кенгуру. Однако за некоторое время до этого появились новые типы травоядных динозавров; быстрый рост их популяций объясняется появлением травянистой наземной растительности. Один из этих травоядных динозавров был истинным четвероногим, вооруженным двумя рогами и гребнем, напоминавшим плечевой воротник. Появился наземный тип черепахи, достигавшей в поперечнике двадцати футов, а также современный крокодил и истинные змеи современного типа. Огромные изменения происходили также среди рыб и других представителей морской жизни.

Древние болотные и водоплавающие предшественники птиц не добились большого успеха в воздухе, равно как и летающие динозавры. Эти последние просуществовали недолго и вскоре вымерли. Их также ждала участь динозавров, уничтожение, потому что у них было слишком мало мозгового вещества по сравнению с размерами тела. Эта вторая попытка создать животных, которые могли перемещаться по воздуху, потерпела неудачу, равно как и тщетная попытка создания млекопитающих в течение этой и предшествующей эпох.

55 000 000 лет тому назад эволюционное развитие ознаменовалось *внезапным* появлением первой *истинной птицы* – маленького, похожего на голубя создания, ставшего прародителем всего царства птиц. В третий раз летающее создание появилось на земле, и произошло оно непосредственно от группы пресмыкающихся, а не от современных им летающих динозавров или более ранних типов зубатых наземных птиц. Так этот период стал известен как *эпоха птиц*, равно как и эпоха упадка рептилий.

4. КОНЕЦ МЕЛОВОГО ПЕРИОДА

Огромный меловой период подходил к концу, и с его завершением прекратились обширные нашествия морей на континенты. Это особенно справедливо в отношении Северной Америки, где в течение мелового периода произошло двадцать четыре крупных наводнения. И хотя менее значительные наводнения случались и позже, ни одно из них не может сравниться с обширными и продолжительными нашествиями морей в эту и предшествующую эпохи. Периоды поочередного господства суши и моря длились миллионы лет. Подъемы и опускания океанского ложа, а также изменения уровней континентальной суши характеризовались многовековой цикличностью. Начиная с этого времени, такие же периодические смещения коры будут продолжаться на протяжении всей истории земли, ослабевая, однако, по своей частоте и масштабности.

Кроме того, в этот период завершился континентальный дрейф и произошло формирование современных гор Урантии. Но давление континентальных масс и сопротивление их многовековому дрейфу не являются единственными факторами горообразования. Главным и основополагающим фактором при определении местоположения горной гряды является существовавшая ранее низменность, или впадина, которая заполняется сравнительно легкими отложениями, образовавшимися вследствие эрозии грунта и медленных перемещений морей в предшествующие эпохи. Иногда такие более легкие участки суши имеют в толщину от 15 000 до 20 000 футов; поэтому когда по какой-либо причине кора подвергается сжатию, эти более легкие участки первыми сминаются, образуют складки и поднимаются вверх для компенсаторной адаптации сталкивающихся и противоборствующих сил и давлений, действующих в земной коре или под корой. Иногда такие взбросы земли происходят без складкообразования. Однако в связи с подъемом Скалистых гор произошло обширное образование складок и опрокидывание пластов в сочетании с колоссальными взбросами различных слоев как под землей, так и на поверхности.

Древнейшие горы этого мира находятся в Азии и Гренландии; это также те горы северной Европы, которые относятся к старейшим восточно-западным системам. Горы среднего возраста расположены по тихоокеанскому периметру и во второй восточно-западной европейской системе, появившейся примерно в то же время. Это исполинское возвышение протяженностью почти в десять тысяч миль простирается от Европы до нагорий Вест-Индии. Самые молодые горы принадлежат системе Скалистых гор, где веками земля поднималась лишь для того, чтобы впоследствии скрыться под водой, хотя наиболее высокие места оставались в виде островов. Вслед за формированием гор среднего возраста поднялось настоящее высокогорье, из которого природные стихии, объединив свое мастерство, высекли впоследствии Скалистые горы.

Нынешний регион Скалистых гор Северной Америки не является изначальным поднятием суши. Первоначальная возвышенность с тех пор давно уже эродировала и поднялась вторично. Современный передовой хребет – это то, что сохранилось от остатков изначальной и вновь поднявшейся гряды. Пайкс-Пик и Лонгс-Пик являются выдающимися примерами этой горной активности, объединяющей два или несколько поколений гор. Два этих пика выступали из воды в течение целого ряда предшествующих наводнений.

Как биологически, так и геологически это был богатый событиями и активный период на суше и под водой. Увеличивались популяции морских ежей, а количество кораллов и морских лилий сокращалось. Аммониты, обладавшие доминирующим влиянием в течение предыдущей эпохи, также претерпели быстрый упадок. На суше папоротниковые леса были в основном заменены соснами и другими современными породами, включая исполинские секвойи. К концу этого периода – несмотря на то что плацентарные млекопитающие еще не появились – были созданы все биологические условия для появления в последующую эпоху ранних предков будущих млекопитающих.

На этом заканчивается продолжительная эра в истории мировой эволюции, которая началась с возникновением ранней наземной жизни и закончилась относительно недавним появлением непосредственных предков человека и родственных ему ветвей. Этот период – *мел* – охватывает более пятидесяти миллионов лет и завершает эру эволюции наземной жизни до появления млекопитающих, которая продолжалась в течение ста миллионов лет и известна как *мезозой*.

[Представлено Носителем Жизни Небадона, направленным в Сатанию и в настоящее время действующим на Урантии.]

ДОКУМЕНТ 61

ЭРА МЛЕКОПИТАЮЩИХ НА УРАНТИИ

Эра млекопитающих начинается появлением плацентарных млекопитающих и завершается окончанием ледникового периода, охватывая чуть меньше пятидесяти миллионов лет.

В течение кайнозоя мировой ландшафт представлял собой привлекательное зрелище: холмистые возвышенности, просторные долины, полноводные реки и обширные леса. Дважды в течение этого отрезка времени поднимался и опускался Панамский перешеек; трижды та же участь постигала мост суши через Берингов пролив. Типы животных были столь же многочисленными, сколь разнообразными. Леса изобиловали птицами, и весь мир был раем для животных, несмотря на непрекращающуюся борьбу эволюционирующих видов за господство.

Скопления отложений, образовавшихся в течение пяти периодов этой эры протяженностью в пятьдесят миллионов лет, содержат каменную летопись последовательных династий млекопитающих и приводят к эпохе появления самого человека.

1. СТАДИЯ НОВОЙ КОНТИНЕНТАЛЬНОЙ СУШИ ЭПОХА РАННИХ МЛЕКОПИТАЮЩИХ

50 000 000 лет тому назад континенты в целом находились либо выше уровня моря, либо только чуть скрывались под водой. Формации и отложения этого периода являются как наземными, так и морскими, но в основном наземными. В течение продолжительного времени суша постепенно поднималась, одновременно смываясь в низины и в направлении морей.

Уже на ранней стадии этого периода в Северной Америке *внезапно* появились плацентарные млекопитающие, представлявшие собой важнейшее эволюционное событие вплоть до этих времен. Им предшествовали неплацентарные виды млекопитающих, однако этот новый тип произошел непосредственно и *внезапно* от древнего рептильного предка, потомки которого сумели выжить в эпоху упадка динозавров. Отцом плацентарных млекопитающих был небольшой, чрезвычайно подвижный, плотоядный, прыгающий тип динозавра.

У этих древних млекопитающих стали проявляться основные свойственные зверям инстинкты. Млекопитающие обладают колоссальным преимуществом в борьбе за выживание по сравнению с другими формами животной жизни, так как они способны:

1. Рождать относительно зрелое и хорошо оформившееся потомство.
2. Нежно и заботливо выкармливать, растить и защищать свое потомство.
3. Пользоваться своим более развитым мозгом для самосохранения.
4. Использовать повышенную подвижность для спасения от врагов.
5. Пользоваться своей более высокой сообразительностью для приспособления и адаптации к среде.

45 000 000 лет тому назад континентальные хребты поднялись с одновременным и повсеместным погружением береговых линий. Млекопитающие быстро эволюционировали. Процветал тип небольших рептильных яйцекладущих млекопитающих, а предшественники появившихся позднее кенгуру заполонили Австралию. Вскоре появились небольшие лошади, быстроногие носороги, хоботные тапиры, примитивные свиньи, белки, лемуры, опоссумы и несколько групп животных, напоминавших обезьян. Все они были небольшими, примитивными и лучше всего приспособленными к обитанию в горных лесах. Большая страусообразная наземная птица достигала в высоту десяти футов и откладывала одно яйцо размером девять на тринадцать дюймов. Такие птицы были предшественницами появившихся впоследствии исполинских пассажирских птиц – чрезвычайно разумных созданий, которые когда-то переносили людей по воздуху.

Млекопитающие раннего кайнозоя обитали на суше, под водой, в воздухе и на деревьях. У этих животных было от одной до одиннадцати пар молочных желез, и все они имели плотный шерстяной покров. Как и у последующих видов, у них появилось два ряда последовательно расположенных зубов и большой – по сравнению с размерам тела – мозг. Однако среди них еще не было современных млекопитающих.

40 000 000 лет тому назад начался подъем частей суши северного полушария, вслед за чем появились новые обширные отложения. Происходили и другие масштабные геологические процессы, включая истечения лавы, вертикальное смещение слоев, образование озер и эрозию.

В течение заключительного периода этой эпохи бóльшая часть Европы была затоплена. Вслед за небольшим поднятием суши континент покрылся озерами и заливами. Северный Ледовитый океан продолжался на юг через Уральскую впадину, соединяясь со Средиземным морем, в то время расширенным к северу, и оставляя высокогорье Альп, Карпат, Апеннин и Пиренеев над водой в виде островов. Поднялся Панамский перешеек, разделив Атлантический и Тихий океаны. Северная Америка соединялась с Азией мостом суши, перекрывшим Берингов пролив, а также с Европой через Гренландию и Исландию. Кольцо континентальной суши в северных широтах разрывалось только Уральским проливом, соединявшим арктические моря с расширенным Средиземным морем.

Обширные пласты образованного фораминиферами известняка были отложены в европейских водах. Сегодня эта порода поднята на высоту 10 000 футов в Альпах, 16 000 футов в Гималаях и 20 000 футов в Тибете. Меловые отложения этой эпохи встречаются вдоль побережий Африки и Австралии, на западном берегу Южной Америки и в регионе островов Вест-Индии.

В течение всего этого периода, называемого *эоценом*, эволюция млекопитающих и других родственных форм жизни продолжалась практически непрерывно. В то время Северная Америка соединялась со всеми континентами, кроме Австралии, и мир постепенно наполнялся фауной, в которой были представлены различные типы первобытных млекопитающих.

2. СТАДИЯ НОВЫХ НАВОДНЕНИЙ ЭПОХА РАЗВИТЫХ МЛЕКОПИТАЮЩИХ

Этот период характеризовался развитием более прогрессивных видов млекопитающих – быстрой эволюцией плацентарных.

Хотя ранние плацентарные млекопитающие произошли от плотоядных предшественников, очень скоро появились травоядные ветви и, вслед за ними, всеядные семейства. Основной пищей быстро размножавшихся млекопитающих были покрытосеменные, поскольку современная наземная флора, включая большинство современных растений и деревьев, появилась в более древние периоды.

35 000 000 лет тому назад началась эпоха мирового господства плацентарных млекопитающих. Широкий южный мост суши вновь соединил имевший тогда исполинские размеры антарктический континент с Южной Америкой, южной Африкой и Австралией. Несмотря на преимущественное сосредоточение суши в высоких широтах, мировой климат оставался относительно мягким вследствие колоссального увеличения акватории тропических морей. Кроме того, поднятие земли было недостаточным для образования ледников. Обширные истечения лавы наблюдались в Гренландии и Исландии, и между этими пластами отложилось некоторое количество угля.

В планетарной фауне происходили глубокие перемены. Разительно изменялась морская жизнь; появилось большинство современных типов морских животных, и важную роль продолжали играть фораминиферы. Мир насекомых оставался во многом таким же, как и в предшествующую эру. Ископаемые пласты у Флориссанта в Колорадо относятся к концу этой далекой эпохи. Большинство сохранившихся семейств насекомых восходит к этому периоду, однако многие существовавшие тогда виды вымерли, хотя их ископаемые остатки сохранились.

На суше эта эпоха в первую очередь стала временем обновления и распространения млекопитающих. Свыше ста видов ранних и более примитивных млекопитающих вымерли до конца этого периода. Вскоре исчезли и крупные млекопитающие, обладавшие маленьким мозгом. С продолжением естественного отбора мозг и проворство пришли на смену панцирю и размеру. В условиях упадка динозавров, млекопитающие постепенно заняли господствующее положение на земле, быстро и полностью уничтожив остатки своих пресмыкающихся предков.

Параллельно с исчезновением динозавров в различных ветвях семейства ящеров произошли и другие кардинальные изменения. Уцелевшими представителями древних рептилий являются черепахи, змеи и крокодилы, а также почтенная лягушка – единственная сохранившаяся группа, представляющая древних предков человека.

Различные группы млекопитающих произошли от уникального и ныне вымершего животного. Это плотоядное создание представляло собой нечто среднее между кошкой и тюленем; высокоразумное и чрезвычайно активное, оно могло существовать как на суше, так и в воде. В Европе появились предки семейства псовых, которые вскоре положили начало многим видам небольших собак. Примерно в это же время появились грызуны, включая бобров, белок, сусликов, мышей и кроликов, которые вскоре стали значительной формой жизни, мало изменившейся со времени своего появления. Поздние отложения этой эпохи содержат ископаемые остатки древних видов собак, кошек, енотов и куньих.

30 000 000 лет тому назад стали появляться современные млекопитающие. До этого преобладали типы горных млекопитающих, обитавших в основном на возвышенностях; *внезапно* началась эволюция равнинного, или копытного, типа – пастбищных видов, в отличие от когтистых плотоядных. Эти пастбищные животные произошли от общего предка, имевшего пять пальцев на ноге и сорок четыре зуба, который вымер еще до конца этой эпохи. В течение этого периода развитие пальцев дошло только до трехпалой стадии.

Лошадь – выдающийся пример эволюции – обитала в эту эпоху как в Северной Америке, так и в Европе, несмотря на то что ее развитие полностью завершилось только в поздний ледниковый период. Носорог, появившийся под конец этой эпохи, свое наибольшее распространение получил позднее. Появилось также небольшое свинообразное создание, ставшее предшественником многих видов свиней, пекари и бегемотов. Верблюды и ламы появились в Северной Америке примерно к середине этого периода и распространились на западные равнины. Позднее ламы мигрировали в Южную Америку, а верблюды – в Европу, и вскоре и те, и другие в Северной Америке вымерли, хотя некоторое количество верблюдов сохранялось там вплоть до ледникового периода.

Примерно в это время в западной части Северной Америки произошло важное событие: появились первые предшественники древних лемуров. Хотя этих животных нельзя считать собственно лемурами, их появление означало образование эволюционного ряда, в котором впоследствии появились истинные лемуры.

Как и перешедшие в море наземные змеи предшествующей эпохи, целое племя плацентарных животных оставило сушу и обосновалось в океане. С тех пор они остаются в морях; от них произошли современные киты, дельфины, морские свиньи, тюлени и морские львы.

Продолжало развиваться птичье царство планеты, где, однако, произошли некоторые важные эволюционные изменения. В то время существовало большинство современных птиц, включая чаек, цапель, фламинго, канюков, соколов, орлов, сов, перепелов и страусов.

К концу этого периода, *олигоцена*, охватывающего десять миллионов лет, растительная жизнь, а также морская жизнь и наземные животные в значительной мере завершили свое развитие и существовали на земле практически в своем современном виде. В последующие времена произошла значительная специализация, но уже в ту эпоху появились предшественники большинства современных живых существ.

3. СТАДИЯ ФОРМИРОВАНИЯ СОВРЕМЕННЫХ ГОР ЭПОХА СЛОНА И ЛОШАДИ

Подъем суши и разделение морей приводили к постепенному изменению мирового климата, который становился всё более холодным, но еще оставался мягким. В Гренландии произрастали секвойи и магнолии, однако субтропические растения начинали мигрировать на юг. К концу данного периода эти теплолюбивые растения и деревья в основном исчезли в северных широтах, а их место заняли более морозостойкие растения и листопадные деревья.

Появилось множество разнообразных новых трав, а постепенное видоизменение зубов многих млекопитающих привело к становлению современного пастбищного типа.

25 000 000 лет тому назад, вслед за продолжительным периодом поднятия суши произошло ее незначительное затопление. Регион Скалистых гор оставался на большой высоте, поэтому отложение эрозионных пород продолжалось к востоку по всей территории низменностей. Вновь поднялись Сьерры; фактически, с тех пор они продолжают подниматься. К этому времени относится огромный четырехмильный вертикальный разлом в Калифорнии.

20 000 000 лет тому назад наступил золотой век млекопитающих. Мост суши через Берингов пролив позволил многим группам животных мигрировать в Северную Америку из Азии, включая четырехбивневых мастодонтов, коротконогих носорогов и многие разновидности семейства кошачьих.

Появились первые олени, и вскоре Северная Америка наполнилась жвачными – оленями, быками, верблюдами, бизонами и несколькими видами носорогов, но гигантская свинья, достигавшая в высоту шести футов, вымерла.

Громадные слоны этого и последующих периодов обладали как большим мозгом, так и большим телом, и вскоре они заполонили весь мир, за исключением Австралии. Единственный раз господствующим в мире стало огромное животное, мозг которого был достаточно большим для обеспечения существования. В условиях высокоразумной жизни этой эпохи ни одно животное, имевшее размеры слона, не смогло бы выжить, не обладай оно крупным и более совершенным мозгом. По умственным способностям и приспособляемости, к слону приближается только лошадь, а превосходит его только сам человек. Несмотря на это, из пятидесяти видов слонов, существовавших в начале этого периода, сохранилось только два.

15 000 000 лет тому назад происходило поднятие горных регионов Евразии, и некоторая вулканическая активность наблюдалась на всём этом пространстве, что, однако, не шло ни в какое сравнение с истечениями лавы в западном полушарии. Подобная неустойчивость была характерна для всего мира.

Гибралтарский пролив закрылся, и Испания соединилась с Африкой через старый мост суши, но Средиземное море впадало в Атлантику через узкий пролив, пересекавший территорию Франции, а горные вершины и возвышенности выступали над водой в виде островов древнего моря. Позднее эти европейские моря стали отступать. Еще позднее Средиземное море соединилось с Индийским океаном, а в конце этого периода поднятие суэцкого региона привело к тому, что на какое-то время Средиземное море превратилось в соленый внутренний водоем.

Исландский мост суши был затоплен, и арктические воды смешались с водами Атлантического океана. Атлантическое побережье Северной Америки быстро охлаждалось, но тихоокеанское побережье оставалось более теплым, чем в настоящее время. Обширные океанические течения влияли на климат во многом так же, как и сегодня.

Продолжалась эволюция млекопитающих. В западных равнинах Северной Америки огромные стада лошадей присоединились к верблюдам; это время поистине было эпохой лошади, равно как и эпохой слона. Мозг лошади является вторым среди животных по качеству после слона, однако в одном отношении он явно уступает, ибо лошадь так до конца и не преодолела глубоко укоренившейся склонности бежать при испуге. У лошади отсутствует присущий слону эмоциональный контроль, в то время как слон чрезвычайно ограничен своим размером и недостаточной подвижностью. В этот период появилось животное, представлявшее собой нечто среднее между слоном и лошадью, но оно было быстро уничтожено стремительно размножающимся семейством кошачьих.

Так как Урантия вступает в так называемый «безлошадный век», вам стоит задуматься над тем значением, которое лошадь имела для ваших предков. Человек использовал ее в пищу, затем для передвижения, а еще позднее – в сельском хозяйстве и войнах. Лошадь долго служила человечеству и сыграла важную роль в развитии цивилизации.

Биологическое развитие этого периода внесло большой вклад в создание условий для последующего появления человека. В центральной Азии появились истинные типы как примитивной обезьяны, так и гориллы, у которых был общий, не сохранившийся предок. Однако ни один из этих видов не имеет отношения к линии живых существ, которым впоследствии было суждено стать предшественниками людей.

Псовые были представлены несколькими группами, среди которых выделялись волки и лисы, а кошачьи – пантерами и большими саблезубыми тиграми; такие тигры впервые появились в Северной Америке. По всему миру увеличивалось число современных представителей семейств кошачьих и псовых. Во всех северных широтах процветали и развивались горностаи, куницы, выдры и еноты.

Птицы продолжали развиваться, хотя радикальных изменений было немного. Пресмыкающиеся напоминали современные формы – змей, крокодилов и черепах.

Так завершился весьма богатый событиями и интересный период мировой истории. Эта эпоха слона и лошади известна как *миоцен.*

4. СТАДИЯ НОВОГО ПОДНЯТИЯ КОНТИНЕНТОВ ПОСЛЕДНЯЯ ВЕЛИКАЯ МИГРАЦИЯ МЛЕКОПИТАЮЩИХ

В этот период происходит предледниковое поднятие суши в Северной Америке, Европе и Азии. Топография суши претерпевала огромные изменения. Появлялись новые горные цепи, изменяли свое направление течения, и по всему миру происходили отдельные извержения вулканов.

10 000 000 лет тому назад начался период обширных локальных отложений в континентальных низменностях, но бóльшая часть этих осадочных пород впоследствии была снесена. Большие пространства Европы в то время всё еще находились под водой, включая части Англии, Бельгии и Франции, а Средиземное море покрывало значительную часть северной Африки. В Северной Америке обширные отложения образовались у подножий гор, в озерах и в крупных котловинах суши. Эти более или менее окрашенные отложения составляют в среднем всего лишь около двухсот футов, и в них редко встречаются ископаемые. Два огромных озера с пресной водой существовали в западной части Северной Америки. Поднимались Сьерры; появились горы Шаста, Худ и Рейнир. Однако только в последующий ледниковый период Северная Америка начала свое медленное оползание к Атлантической впадине.

На короткое время все континенты, за исключением Австралии, вновь соединились, и произошла последняя всемирная миграция животных. Северная Америка сообщалась как с Южной Америкой, так и с Азией, и между этими континентами происходил свободный обмен животными. В Северную Америку пришли азиатские ленивцы, броненосцы, антилопы и медведи, а североамериканские верблюды переселились в Китай. Носороги мигрировали во все континенты, кроме Австралии и Южной Америки, но они вымерли в западном полушарии к концу этого периода.

В целом, унаследованная от предшествующего периода жизнь продолжала развиваться и распространяться. Среди животных преобладало семейство кошачьих, а морская жизнь почти не изменилась. Многие из лошадей оставались трехпалыми, но уже появлялись современные типы; на пастбищных равнинах ламы и жирафоподобные верблюды смешивались с лошадьми. В Африке появился жираф, шея которого была в то время такой же длинной, как и сегодня. В Южной Америке появились ленивцы, броненосцы, муравьеды и южноамериканский тип примитивных обезьян. Еще до окончательного разделения континентов массивные мастодонты мигрировали во все концы света, кроме Австралии.

5 000 000 лет тому назад появился современный тип лошади и распространился из Северной Америки на весь мир. Однако лошадь вымерла на своем родном континенте задолго до появления красного человека.

Климат постепенно становился более прохладным; наземные растения медленно перемещались на юг. Поначалу именно всё большее похолодание препятствовало миграции животных через северные перешейки; позднее эти североамериканские мосты суши скрылись под водой. Вскоре произошло окончательное затопление коридора, связывавшего Африку с Южной Америкой, и западное полушарие стало практически таким же изолированным, как и сегодня. Начиная с этого времени, в западном и восточном полушариях стали развиваться свои, отличные типы жизни.

Так подошел к концу период, продолжавшийся почти десять миллионов лет, но всё еще не появился предшественник человека. Это время обычно называется *плиоцен*.

5. ПЕРВЫЙ ЛЕДНИКОВЫЙ ПЕРИОД

К концу предшествующего периода огромные пространства северо-восточной части Северной Америки и северной Европы представляли собой высокогорья; в Северной Америке обширные территории находились на высоте 30 000 футов и более. Ранее в этих северных регионах преобладал мягкий климат, и арктические воды беспрепятственно испарялись, оставаясь свободными ото льда почти до завершения ледникового периода.

Одновременно с этими поднятиями суши сместились океанические течения, а сезонные ветры изменили свое направление. В результате, эти условия приводили почти к непрерывным осадкам, которые выпадали в северных нагорьях при перемещении обильно насыщенных влагой потоков воздуха. В этих высокогорных и, следовательно, холодных районах начались снегопады, которые продолжались до тех пор, пока толща снега не составила 20 000 футов. Центры последующих ледовых потоков, вызванных давлением льда, определялись наибольшей толщиной снежного покрова, а также высотой над уровнем моря. И ледниковый период продолжался до тех пор, пока избыточные осадки не перестали покрывать эти северные возвышенности огромной снежной мантией, которая вскоре превратилась в твердый, но оползающий лед.

Все огромные ледяные пласты этого периода находились на возвышенностях, а не в высокогорных районах, где их можно встретить сегодня. Половина всей ледниковой массы была сосредоточена в Северной Америке, четвертая часть – в Евразии и еще четвертая часть – в других местах, в основном в Антарктике. Африка почти не была затронута льдом, однако Австралия практически целиком была покрыта антарктическим ледяным панцирем.

Северные регионы планеты претерпели шесть раздельных и четко выраженных нашествий льда, хотя были многочисленные продвижения и спады, связанные с активностью каждого отдельного ледового покрова. В Северной Америке лед был сосредоточен в двух, а позднее – в трех центрах. Гренландия скрывалась подо льдом, и Исландия была полностью похоронена под ледовым потоком. В Европе лед в разные времена покрывал Британские острова, за исключением побережья южной Англии, и распространялся на западную Европу вплоть до Франции.

2 000 000 лет тому назад первый североамериканский ледник начал свое продвижение на юг. Начинался ледниковый период, продолжавшийся почти миллион лет – от начала движения ледников из центров давления до возвращения к ним. Центральный ледяной щит простирался на юг вплоть до Канзаса; восточный и западный ледовые центры в то время не были столь же обширными.

1 500 000 лет тому назад первый обширный ледник отступал на север. Тем временем, огромное количество снега выпало в Гренландии и северо-восточной части Северной Америки, и вскоре эта восточная масса льда стала двигаться на юг. Это было второе нашествие льда.

В Евразии эти два нашествия льда не были обширными. На ранних этапах ледникового периода Северную Америку заполонили мастодонты, покрытые шерстью мамонты, лошади, верблюды, олени, овцебыки, бизоны, наземные ленивцы, гигантские бобры, саблезубые тигры, мегатерии размером со слона и многочисленные группы семейств кошачьих и псовых. Однако, начиная с этого времени, их численность быстро сокращалась из-за всё большего похолодания в течение ледникового периода. В Северной Америке бóльшая часть этих животных вымерла к концу ледникового периода.

Вдали ото льда наземная и водная жизнь мало изменились. В промежутках между нашествиями ледников климат был примерно таким же мягким, как и сегодня, возможно, даже несколько теплее. В конце концов, ледники представляли собой локальные явления, хотя они и распространялись на огромные территории. Прибрежный климат колебался в широких пределах в периоды между бездействием ледников и теми временами, когда колоссальные айсберги сползали с берегов штата Мэн в Атлантику, соскальзывали в Тихий океан через залив Пьюджет-Саунд и с грохотом обрушивались в Северное море с норвежских фьордов.

6. ПЕРВОБЫТНЫЙ ЧЕЛОВЕК В ЛЕДНИКОВЫЙ ПЕРИОД

Выдающимся событием этого ледникового периода стала эволюция первобытного человека. Немного западнее Индии, в районе, находящемся в настоящее время под водой, среди потомков мигрировавшего в Азию древних североамериканских типов лемура, *внезапно* появились первобытные млекопитающие. Эти небольшие животные ходили в основном на задних ногах и обладали большим мозгом по отношению к своему росту и в сравнении с мозгом других животных. В семидесятом поколении этого типа живых существ *внезапно* выделилась новая, более развитая группа животных. Эти новые, промежуточные млекопитающие, рост которых почти вдвое превышал рост их предков и которые обладали пропорционально увеличившимся мозгом, едва успели утвердиться, как *внезапно* произошла третья важнейшая мутация: появились приматы. (В это же время, в результате обратного развития промежуточных млекопитающих, появились человекообразные обезьяны; с того дня и по сей день человеческая ветвь прогрессирует посредством постепенной эволюции, в то время как человекообразные обезьяны остались в неизменном состоянии и даже несколько регрессировали.)

1 000 000 лет тому назад Урантия была зарегистрирована как *обитаемый мир*. Мутация, произошедшая в племени прогрессирующих приматов, *внезапно* дала двух первобытных людей – действительных прародителей человечества.

По времени это событие примерно совпало с третьим ледниковым наступлением; поэтому очевидно, что ваши древние предки родились и выросли в стимулирующем, закаляющем и трудном окружении. И единственные уцелевшие потомки этих урантийских аборигенов – эскимосы – до сих пор предпочитают жить в суровых северных краях.

В западном полушарии люди появились лишь незадолго до конца ледникового периода. Однако в межледниковые эпохи они продвигались на запад вокруг Средиземного моря и вскоре распространились на всю Европу. В пещерах западной Европы можно обнаружить человеческие кости, перемешанные с останками как тропических, так и арктических животных. Это доказывает, что человек жил в этих регионах на протяжении последних эпох наступления и отступления ледников.

7. ПРОДОЛЖЕНИЕ ЛЕДНИКОВОГО ПЕРИОДА

В течение ледникового периода протекали и иные процессы, но действие льда затмевает все остальные явления в северных широтах. Никакая другая активность на суше не оставляет столь явных топографических следов. Характерные валуны и расселины – такие как мульды, озера, смещенные скальные породы и каменная мука – встречаются только в связи с данным природным явлением. Лед является также причиной тех отлогих холмов, или волнообразной поверхности, которые называются друмлинами. По мере своего продвижения ледник смещает реки и изменяет всю поверхность земли. Только ледники оставляют после себя эти характерные наносы – донные, боковые и конечные морены. В Северной Америке эти наносы, в особенности донные морены, простираются от восточных побережий на север и запад. Они встречаются также в Европе и Сибири.

750 000 лет тому назад четвертый ледяной щит – объединение центрального и восточного североамериканских ледниковых полей – далеко углубился в южном направлении. В пике своего продвижения он достигал южной части Иллинойса, сместив реку Миссисипи на пятьдесят миль к западу, а на востоке его южная оконечность простиралась до реки Огайо и центральных районов Пенсильвании.

В Азии сибирский ледяной щит совершил самое глубокое вторжение на юг, в то время как в Европе продвигающийся ледник остановился рядом с горной прег-'радой Альп.

500 000 лет тому назад, во время пятого нашествия льда, новый поворот событий ускорил ход человеческой эволюции. *Внезапно* – и в одном поколении – в результате мутации коренного человеческого племени появились шесть цветных рас. Эта дата имеет двойное значение, ибо она знаменует прибытие Планетарного Князя.

В Северной Америке продвижение пятого ледника представляло собой объединенное нашествие всех ледниковых центров. Правда, восточный язык лишь ненамного опустился ниже долины реки Святого Лаврентия, и продвижение на юг западного ледяного щита также было незначительным. Однако центральный язык достиг южных регионов и покрыл бóльшую часть штата Айова. В Европе нашествие этого ледника не было столь обширным, как предыдущее.

250 000 лет тому назад началось шестое и последнее оледенение. И несмотря на тот факт, что северные возвышенности стали медленно опускаться, в этот период произошло самое обширное отложение снега на северных ледниковых полях.

В течение этого нашествия три огромных ледовых щита срослись в одну громадную массу льда, и все западные горы были затронуты этой ледниковой активностью. Это стало наиболее обширным вторжением льда на территорию Северной Америки. Ледник опустился на юг на расстояние в тысячу пятьсот миль от своих центров сжатия, и североамериканские температуры упали до рекордно низкого уровня.

200 000 лет тому назад, во время продвижения последнего ледника, произошло событие, оказавшее огромное влияние на ход исторического развития Урантии, – восстание Люцифера.

150 000 лет тому назад шестой, и последний, ледник достиг крайних отметок своего продвижения на юг: западный ледяной щит миновал канадскую границу, центральный опустился в штаты Канзас, Миссури и Иллинойс, а восточный щит продвинулся на юг, покрывая бóльшую часть штатов Пенсильвании и Огайо.

Именно этот ледник образовал много ледовых языков, прорезавших современные озера – большие и малые. Во время отступления ледника образовалась система североамериканских Великих озер. И урантийские геологи совершенно точно определили различные стадии этого процесса, сделав правильное заключение о том, что эти водные массивы, в различное время, сначала опорожнялись в долину Миссисипи, затем – в восточном направлении в долину реки Гудзон и, наконец, – северным путем, в долину реки Святого Лаврентия. Прошло тридцать семь тысяч лет с тех пор, как система Великих озер стала опорожняться через нынешний ниагарский путь.

100 000 лет тому назад, во время отступления последнего ледника, началось образование обширного полярного ледяного щита, и центр скопления льда переместился далеко на север. И до тех пор, пока полярные регионы будут покрыты льдом, вряд ли возможна новая ледниковая эпоха, независимо от будущих поднятий суши или видоизменения океанических течений.

Этот последний ледник продвигался в течение ста тысяч лет, и для завершения отступления на север потребовался такой же промежуток времени. Умеренный пояс является свободным ото льда чуть дольше пятидесяти тысяч лет.

Суровый ледниковый период уничтожил многие виды и радикально изменил многочисленные другие. Многие претерпели жестокий отбор в процессе миграций с места на место, вызванных продвижениями и отступлениями льда. Среди тех животных, которые в своих наземных миграциях повторяли движение ледников, были медведь, бизон, северный олень, овцебык, мамонт и мастодонт.

Мамонты искали убежище в открытых прериях, мастодонты же предпочитали укромные лесные окраины. Вплоть до позднего периода этой эпохи мамонты обитали на всём пространстве от Мексики до Канады; их сибирская разновидность покрылась шерстью. Мастодонты преобладали в Северной Америке, пока не были истреблены красным человеком – подобно тому, как позднее белый человек перебил бизонов.

В течение последнего оледенения в Северной Америке вымерли лошадь, тапир, лама и саблезубый тигр. Их место заняли мигрировавшие из Южной Америки ленивцы, армадиллы и водосвинки.

Принудительная миграция живых существ перед нашествием льда привела к чрезвычайному смешению растений и животных, и при отступлении последнего ледника многие арктические виды как растительного, так и животного мира оказались отрезанными на некоторых высокогорных вершинах, куда они перебрались, спасаясь от льда. Поэтому сегодня эти вырванные из своей среды обитания растения и животные встречаются высоко в европейских Альпах и в североамериканских Аппалачах.

Ледниковый период является последним законченным геологическим периодом, так называемым *плейстоценом*, продолжавшимся более двух миллионов лет.

35 000 лет тому назад великий ледниковый период завершился повсюду, за исключением полярных регионов планеты. Эта дата знаменательна также тем, что незадолго до этого на планету прибыли Материальный Сын и Материальная Дочь и начался адамический судный период. Это примерно соответствует началу *голоцена*, или постледникового периода.

Данное повествование – от возникновения млекопитающих до отступление льда и начала исторической эпохи – охватывает почти пятьдесят миллионов лет. Этот последний, нынешний геологический период, известен вашим исследователям как *кайнозой*, или современная эра.

[Подготовлено Носителем Жизни, постоянно пребывающим на планете.]

ДОКУМЕНТ 62

РАННИЕ ВИДЫ ПЕРВОБЫТНОГО ЧЕЛОВЕКА

Около миллиона лет тому назад, в результате трех последовательных и внезапных мутаций ранних лемуров – плацентарных млекопитающих, – появились прямые предшественники человека. Доминантные факторы этих ранних лемуров были получены от западной, или позднеамериканской, группы эволюционирующей жизненной плазмы. Однако до того, как положить начало прямой человеческой линии, эта линия была усилена посредством центральной имплантации жизни, развившейся в Африке. Участие восточной группы живых существ в создании собственно человеческого вида было незначительным.

1. РАННИЕ ТИПЫ ЛЕМУРОВ

Ранние лемуры – предшественники человека – не были непосредственно связаны с существовавшими до них гиббонами и обезьянами, чьи племена обитали в то время в Евразии и северной Африке и чье потомство сохранилось до настоящего времени. Не являлись они и потомками современного типа лемура, хотя и произошли от общего, но давно уже вымершего предка.

Хотя эти ранние лемуры появились в западном полушарии, начало прямой линии млекопитающих, ведущей к человеку, было положено в юго-западной Азии, в изначальной области центральной имплантации жизни, но на границе с восточной зоной. За несколько миллионов лет до этого лемуры североамериканского типа мигрировали на запад через Берингов мост суши, постепенно продвигаясь на юго-запад вдоль азиатского побережья. Наконец, мигрирующие племена достигли благодатного края, расположенного между расширившимся в то время Средиземным морем и поднимавшимися гористыми регионами Индийского полуострова. В этих землях к западу от Индии они соединились с другими благоприятными линиями, что привело к появлению прародителей человеческого рода.

Со временем побережье Индии к юго-западу от гор было постепенно затоплено, что полностью изолировало этот район. Северный путь был единственным, позволявшим добраться до этого Месопотамского, или Персидского, полуострова или же выбраться отсюда, но и он периодически отрезался вторжениями ледников на юг. Именно в этом, в то время почти райском, краю от наиболее развитых потомков этих лемурообразных млекопитающих произошли две большие группы: племена современных человекообразных обезьян и современный человек.

2. ПЕРВОБЫТНЫЕ МЛЕКОПИТАЮЩИЕ

Чуть более миллиона лет тому назад в Месопотамии *внезапно* появились первобытные млекопитающие, прямые потомки североамериканских плацентарных лемурообразных млекопитающих. Эти подвижные маленькие создания имели в высоту почти три фута, и хотя им было несвойственно хождение на задних ногах, они легко принимали вертикальное положение. Они имели волосяной покров, отличались живостью и по-обезьяньи переговаривались, однако, в отличие от человекообразных обезьян, являлись плотоядными. У них был неразвитый противопоставляемый большой палец руки, а также в высшей степени полезный хватательный большой палец ноги. Отсюда началось последовательное развитие противопоставляемого пальца у дочеловеческих видов с параллельной и всё большей утратой хватательной способности большого пальца ноги. Поздние обезьяны сохранили хватательный большой палец ноги, но так и не приобрели человеческий тип большого пальца руки.

Эти первобытные млекопитающие достигали полного развития в возрасте трех или четырех лет, а потенциальная продолжительность их жизни составляла в среднем двадцать лет. Как правило, рождался один детеныш, хотя иногда появлялись двойни.

Из всех животных, существовавших до той поры на земле, представители этого нового вида обладали самым большим мозгом по отношению к размерам тела. Они испытывали многие чувства и обладали многочисленными инстинктами, которые позднее были свойственны первобытному человеку. Они были весьма любопытными и выражали бурную радость в случае успеха в каком-либо начинании. У этих созданий была хорошо развита потребность в пище и сексуальном удовлетворении, а их явно выраженная сексуальная избирательность выражалась в примитивном ухаживании и выборе партнеров. Они ожесточенно сражались, защищая свое племя, и проявляли большую нежность в семейных отношениях, обладая чувством самоуничижения, граничащим со стыдом и угрызениями совести. Они были очень преданы и трогательно верны своим партнерам, но если обстоятельства разлучали их, они находили новых самцов или самок.

Будучи небольшими существами и настолько сообразительными, чтобы понимать опасность жизни в лесу, они стали чрезвычайно пугливыми, что привело к принятию тех разумных мер предосторожности, которые оказались крайне важными для выживания, как, например, создание примитивных укрытий на высоких деревьях, что избавило их от многих опасностей наземной жизни. Именно отсюда берет свое начало свойственный людям страх.

Племенное чувство было выражено у этих первобытных млекопитающих в более явной, чем прежде, форме. Они и впрямь были весьма стадными существами, но становились чрезвычайно драчливыми по любому поводу, нарушавшему их обычную жизнь, и обнаруживали вспыльчивый нрав, когда их приводили в ярость. Однако их агрессивность шла на пользу: развитые группы без колебаний нападали на своих более примитивных соседей, что вело к постепенному улучшению этого вида посредством отбора. Вскоре они заняли господствующее положение среди небольших созданий этого региона, в результате чего из более древних неплотоядных обезьяноподобных племен уцелели лишь немногие.

Эти небольшие энергичные животные размножались и распространялись по полуострову Месопотамии в течение более тысячи лет, постоянно улучшая свой физический тип и общую сообразительность. И ровно через семьдесят поколений после появления этого нового племени, предшественником которого был высший тип лемура, произошло новое эпохальное событие: *внезапное* выделение прародителей следующего важного звена в эволюции человека на Урантии.

3. ПРОМЕЖУТОЧНЫЕ МЛЕКОПИТАЮЩИЕ

На начальном этапе развития первобытных млекопитающих, в жилище, устроенном на верхушке дерева одной из лучших пар этих проворных созданий, родились близнецы – самец и самка. По сравнению со своими предками, это были поистине красивые малыши. Почти полное отсутствие волосяного покрова на теле не было недостатком, ибо они жили в теплом и ровном климате.

Когда эти детеныши выросли, их рост составлял чуть более четырех футов. Во всех отношениях они были крупнее своих родителей; их ноги были длиннее, а руки – короче. Почти полностью противопоставляемый большой палец руки был примерно так же хорошо приспособлен к разнообразной деятельности, как и большой палец современного человека. Они являлись прямоходящими, а их ноги были почти так же пригодны к ходьбе, как и ноги более поздних человеческих рас.

Их мозг уступал человеческому и был меньшего размера, однако намного превосходил мозг их предшественников и был сравнительно крупнее. Близнецы сразу проявили более высокие умственные способности и вскоре возглавили всё племя первобытных млекопитающих, создав примитивные формы социального устройства и экономического разделения труда. Эти брат и сестра вступили в брачные отношения, и вскоре у них появился двадцать один детеныш, каждый из которых был очень похож на своих родителей, имея в высоту более четырех футов и во всех отношениях превосходя предшествующие виды. Эта новая группа образовала ядро промежуточных млекопитающих.

Когда эта новая и более развитая группа стала многочисленной, вспыхнула война, беспощадная война. И когда ужасное сражение закончилось, никого из их прародителей – предшествующей расы первобытных млекопитающих – не осталось в живых. Не столь многочисленная, но более сильная и разумная ветвь этого вида уцелела за счет своих предков.

С тех пор это существо стало грозой своего края, оставаясь им в течение почти пятнадцати тысяч лет (шестисот поколений). К тому времени уже исчезли все крупные хищники прежних эпох. Большие животные этих регионов не были плотоядными, а крупные представители семейства кошачьих – львы и тигры – еще не проникли в этот особый укромный уголок. И потому, осмелев, промежуточные млекопитающие подчинили себе весь свой уголок творения.

По сравнению со своими предками, промежуточные млекопитающие были более совершенными созданиями во всех отношениях. Даже их потенциальная продолжительность жизни увеличилась примерно до двадцати пяти лет. У нового вида появился ряд зачаточных человеческих черт. В дополнение к наклонностям, унаследованным от своих предков, эти промежуточные млекопитающие были способны выражать отвращение в некоторых отталкивающих ситуациях. Кроме того, у них был хорошо выражен инстинкт собирательства; они прятали еду для последующего использования и с огромным увлечением собирали гладкую круглую гальку, а также некоторые типы круглых камней, пригодных в качестве снарядов для обороны и нападения.

Эти промежуточные млекопитающие первыми продемонстрировали явно выраженные строительные наклонности, что подтверждается их соперничеством в устройстве как жилищ на деревьях, так и многоярусных подземных укрытий. Они стали первым видом млекопитающих, который обеспечивал свою безопасность благодаря как древесным, так и подземным укрытиям. В целом, они отказались от деревьев как места постоянного обитания: днем они жили на земле, а ночью спали на деревьях.

Со временем естественное увеличение их численности привело к опасному соперничеству из-за еды и половых партнеров. Всё это вылилось в серию междоусобных сражений, которые чуть было не уничтожили весь вид. Эти сражения продолжались до тех пор, пока в живых не осталась только одна группа менее чем из ста особей. Вновь воцарился мир, и это единственное уцелевшее племя заново соорудило свои спальни на верхушках деревьев и вновь приступило к нормальному, полумирному существованию.

Вы едва ли способны представить себе, сколь близки к вымиранию были порой ваши предшественники. Если бы прыжок лягушки – прародительницы всего человечества – оказался в одном определенном случае на два дюйма короче, весь ход эволюции был бы совершенно иным. Лемуроподобная мать ранних предшественников человека не менее пяти раз находилась на волосок от гибели, прежде чем родила отца новой, более развитой группы млекопитающих. Однако самым опасным был удар молнии, угодившей в дерево, на котором спала будущая мать близнецов-приматов. Оба родителя, принадлежавшие к роду промежуточных млекопитающих, перенесли шок и получили серьезные ожоги; трое из семи их детей были убиты этим ударом молнии. Эти эволюционирующие животные испытывали почти суеверные чувства. Та пара, в чье жилище на дереве попала молния, возглавляла более прогрессивную группу промежуточных млекопитающих; и, следуя их примеру, более половины племени, включая самые разумные семьи, покинули это место и перебрались на расстояние примерно двух миль, где приступили к созданию новых жилищ на деревьях и новых укрытий на земле – временных убежищ на случай внезапной опасности.

Вскоре после обустройства своего жилища эта закаленная в сражениях пара стала счастливыми родителями близнецов – важнейших и наиболее значительных животных, которые когда-либо появлялись в мире вплоть до того времени, ибо они были первыми представителями новых животных – *приматов*, представлявших собой следующий важный шаг в ходе дочеловеческой эволюции.

Одновременно с рождением этих близнецов-приматов, у другой пары – исключительно отсталых самца и самки из племени промежуточных млекопитающих с низким уровнем как умственного, так и физического развития – также родились близнецы. Эти близнецы, самец и самка, были равнодушны к завоеваниям; их интересовала только еда, а так как они не питались плотью, то вскоре потеряли интерес к поиску добычи. Эти отсталые близнецы положили начало современным человекообразным обезьянам. Их потомки перебрались в более теплые южные регионы с мягким климатом и обилием тропических фруктов, где продолжали существовать во многом так же, как и сегодня, за исключением тех ветвей, которые скрестились с ранними типами гиббонов и обезьян, в результате чего в значительной мере выродились.

Отсюда ясно видно, что человек и обезьяна связаны только своим общим происхождением от промежуточных млекопитающих – племени, в котором произошло одновременное рождение и последующее размежевание двух пар близнецов: примитивная пара положила начало современным типам обезьян – бабуинам, шимпанзе и гориллам; превосходящей паре было суждено продолжить эволюционную линию, венцом которой стал сам человек.

Современный человек и человекообразные обезьяны действительно произошли от одного и того же племени и вида, но не от одних и тех же родителей. Прародители человека восходят к более развитым линиям отборных остатков племени промежуточных млекопитающих, в то время как современные человекообразные обезьяны (кроме некоторых более ранних типов лемуров, гиббонов, обезьян и других обезьяноподобных созданий) являются потомками самой примитивной пары этой же группы промежуточных млекопитающих, спасшейся исключительно благодаря тому, что во время последнего ожесточенного сражения своего племени эти двое в течение более двух недель скрывались в подземном убежище с запасом питания и выбрались наружу только тогда, когда столкновения были уже давно закончены.

4. ПРИМАТЫ

Вернемся к рождению близнецов – самцу и самке, двум наиболее развитым членам племени промежуточных млекопитающих. У этих весьма необычных детенышей было еще меньше шерсти, чем у родителей, и уже в очень раннем возрасте они предпочитали прямохождение. В то время как их предки всегда учились ходить на задних ногах, эти близнецы-приматы с самого начала приняли вертикальное положение. Их рост превышал пять футов, а их головы были больше, чем у других членов племени. Близнецы быстро научились общаться друг с другом с помощью знаков и звуков, но так и не смогли научить своих соплеменников понимать эти новые символы.

Когда им было около четырнадцати лет, близнецы сбежали из племени, отправившись на запад, чтобы основать семью и положить начало новому виду – приматам. И эти новые создания совершенно справедливо получили название *приматов*, ибо являлись прямыми и непосредственными животными предшественниками самого человека*.

Так приматы обосновались в регионе, который находился на западном побережье Месопотамского полуострова, в то время вдававшегося в южное море, а менее разумные и тесно связанные между собой племена обитали в районе оконечности полуострова, а также вдоль его восточного побережья.

Приматы больше походили на человека и меньше на животных, чем промежуточные млекопитающие. Пропорции скелета этого нового вида очень напоминали пропорции первобытных человеческих рас. У них полностью сформировался человеческий тип руки и ноги, и эти создания умели ходить и даже бегать не хуже любых своих более поздних человеческих потомков. В основном они отказались от древесного образа жизни, хотя по ночам продолжали возвращаться на деревья из соображений безопасности, ибо, как и их предки, они были чрезвычайно подвержены страху. Они всё больше пользовались своими руками, что значительно развивало врожденные умственные способности, однако они еще не обладали разумом, который можно было бы действительно назвать человеческим.

Хотя мир чувств у приматов мало отличался от эмоций их предшественников, во всех своих склонностях они больше напоминали человека. Они и в самом деле были великолепными и высокоразвитыми животными, достигавшими зрелости в возрасте примерно десяти лет и обладавшими естественной продолжительностью жизни примерно в сорок лет. Это значит, что они достигали бы этого возраста, если бы умирали естественной смертью, но в то далекое время редкое животное умирало своей смертью – слишком напряженной была борьба за существование.

И вот, пройдя путь развития в течение почти девятисот поколений, что охватывает примерно двадцать одну тысячу лет от происхождения первобытных млекопитающих, приматы *внезапно* породили двух замечательных созданий – первых настоящих людей.

Так первобытные млекопитающие, произошедшие от североамериканского типа лемура, породили промежуточных млекопитающих, которые, в свою очередь, произвели на свет высших приматов, ставших непосредственными предками первобытных людей. Приматы были последним важнейшим звеном в эволюции человека, однако менее чем через пять тысяч лет в живых не осталось ни одного представителя этих необычайных племен.

5. ПЕРВЫЕ ЛЮДИ

В 1934 году нашей эры исполнилось ровно 993 419 лет с рождения двух первых людей.

Двое этих замечательных созданий были настоящими людьми. Как у многих из их предков, у них были полностью оформившиеся большие пальцы рук, а их ноги были столь же совершенны, как и ноги современных человеческих рас. Они умели ходить и бегать, но не лазать: хватательная функция большого пальца ноги исчезла, причем полностью. Когда опасность загоняла их на деревья, они взбирались точно так же, как это делают современные люди. Они карабкались по-медвежьи – а не как шимпанзе или горилла, раскачиваясь и перепрыгивая с ветки на ветку.

Эти первые люди (а также их потомки) достигали полной зрелости в возрасте двенадцати лет и обладали потенциальной продолжительностью жизни примерно в семьдесят пять лет.

Уже в детстве у этих человеческих близнецов появилось много новых эмоций. Они восхищались как вещами, так и другими существами, и были весьма тщеславны. Однако самым замечательным достижением в эмоциональном развитии было внезапное появление нового комплекса подлинно человеческих чувств – комплекса поклонения, включающего благоговение, почтение, смиренность и даже примитивную форму благодарности. Страх, в сочетании с непониманием явлений природы, ведет к появлению примитивной религии.

Помимо этих человеческих чувств, первобытным людям, в зачаточной форме, были свойственны также переживания более высокого рода. Им были знакомы жалость, стыд, позор; они остро переживали любовь, ненависть и жажду мести, будучи также склонными к сильным мукам ревности.

Два первых человека – близнецы – были сущим наказанием для своих родителей-приматов. Они были столь любознательны и безрассудны, что к восьми годам успели несколько раз побывать на волосок от гибели. Неудивительно, что в возрасте двенадцати лет они были покрыты многочисленными шрамами.

Уже в раннем возрасте они научились словесному общению. К десяти годам они разработали и усовершенствовали состоящий из жестов и слов язык, включавший почти полсотни понятий, и значительно улучшили и расширили примитивный метод общения своих предков. Однако как бы они ни старались, они смогли научить родителей лишь некоторым из своих новых жестов и слов.

Одним погожим днем, когда им было около девяти лет от роду, близнецы спустились вниз по течению реки и устроили важное совещание. Каждое небесное разумное существо, размещавшееся на Урантии, включая и меня, присутствовало в качестве наблюдателя за ходом полуденного свидания. В этот знаменательный день они решили жить друг с другом и друг для друга, и это был первый из ряда договоров, завершившихся решением покинуть своих примитивных животных соплеменников и отправиться на север. Близнецы не догадывались, что тем самым им предстояло положить начало человеческому роду.

Хотя всех нас чрезвычайно беспокоило, что́ замышляли двое этих маленьких дикарей, мы были бессильны контролировать работу их ума. Мы не пытались – и не имели возможности – произвольно воздействовать на их решения. Однако в допустимых пределах планетарных функций, мы, Носители Жизни, совместно с нашими партнерами, договорились сообща вести человеческих близнецов на север, подальше от покрытых шерстью соплеменников, неполностью отказавшихся от жизни на деревьях. Итак, в результате самостоятельного разумного выбора близнецы *мигрировали*, а благодаря нашему наставничеству они мигрировали *на север*, в отдаленный район, где они избежали опасности биологической деградации через смешение со своими примитивными сородичами-приматами.

Незадолго до ухода из родных лесов, во время одного из нападений гиббонов, они потеряли свою мать. Хотя она не обладала таким же, как они, разумом, она испытывала к своим детям привязанность, достойную млекопитающего, бесстрашно отдав свою жизнь в попытке спасти чудесную пару. И жертва ее была не напрасной: она сдерживала врага до тех пор, пока не подоспел с подкреплением отец, обративший захватчиков в бегство.

Вскоре после того как эта молодая пара покинула своих соплеменников, чтобы положить начало человеческому роду, их отец-примат впал в отчаяние. Убитый горем, он перестал есть, отказываясь от пищи даже тогда, когда ее приносили оставшиеся с ним дети. С потерей своих выдающихся отпрысков жизнь среди заурядных соплеменников потеряла для него всякий смысл; покинув племя, он ушел в лес, где был атакован враждебными гиббонами и забит насмерть.

6. ЭВОЛЮЦИЯ ЧЕЛОВЕЧЕСКОГО РАЗУМА

Мы, Носители Жизни Урантии, прошли через долгое, бдительное ожидание с того дня, когда мы впервые внедрили жизненную плазму в планетарных водах, и естественно, что появление первых истинно разумных и волевых существ доставило нам огромную радость и принесло высшее удовлетворение.

Мы следили за умственным развитием близнецов, наблюдая за деятельностью семи вспомогательных духов разума, прикрепленных к Урантии во время нашего прибытия на планету. На протяжении долгого эволюционного развития планетарной жизни эти неутомимые попечители разума неизменно отмечали свою возрастающую способность вступать в контакт со всё более совершенствующимся умом животных созданий, поднимающихся на новые ступени развития.

Поначалу только *дух интуиции* был способен функционировать в условиях инстинктивного и рефлекторного поведения первобытных животных. С выделением более высоких типов *дух понимания* стал способным наделять такие создания даром спонтанной ассоциации идей. Позднее мы наблюдали за действием *духа отваги*; эволюционирующие животные действительно выработали примитивную форму защитного самосознания. С появлением млекопитающих мы видели, как всё больше проявляет себя *дух знания*. А эволюция высших млекопитающих привела к действию *дух совета*, в результате чего укрепился стадный инстинкт и появились зачатки примитивного социального устройства.

От первобытных млекопитающих к промежуточным млекопитающим и приматам, мы наблюдали всё более активное служение первых пяти вспомогательных духов. Однако двум остающимся духам – высшим попечителям разума – пока что не удавалось проявить себя в урантийском типе эволюционного разума.

Вообразите нашу радость, когда однажды – близнецам было тогда десять лет – *дух поклонения* впервые установил связь с разумом близнецов: вначале с девушкой, а вскоре после этого и с юношей. Мы знали, что нечто близкое к человеческому разуму достигло кульминационной стадии своего развития, и когда примерно год спустя, в результате размышления и целенаправленного решения, они договорились покинуть дом и отправиться на север, то именно тогда – и теперь уже в признанном человеческом разуме двух этих созданий – на Урантии начал действовать *дух мудрости*.

Последовала немедленная и качественно новая мобилизация семи вспомогательных духов разума. Нас переполняло ожидание. Мы понимали, что приближался долгожданный час; мы знали, что находимся на пороге реализации наших продолжительных усилий, направленных на появление волевых созданий на Урантии.

7. ПРИЗНАНИЕ В КАЧЕСТВЕ ОБИТАЕМОГО МИРА

Нам не пришлось долго ждать. В полдень, на следующий день после побега близнецов, в планетарном центре приема сообщений Урантии были зарегистрированы пробные сигналы вселенского контура. Все мы, конечно, были взволнованы, ибо понимали, что приближалось великое событие. Но так как этот мир являлся местом экспериментальной жизни, у нас не было ни малейшего представления о том, каким именно образом нас известят о признании разумной жизни на планете. Но наше напряженное ожидание было недолгим. На третий день после тайного побега близнецов, и до отбытия корпуса Носителей Жизни, на Урантию прибыл архангел Небадона для создания исходного планетарного контура.

Этот день на Урантии был богат событиями. Наша маленькая группа собралась вокруг планетарного полюса пространственной связи и получила первое послание с Салвингтона, переданное по только что установленному планетарному контуру разума. И это первое послание, продиктованное главой корпуса архангелов, гласило:

«Носителей Жизни Урантии – приветствуем! Посылаем заверения в том огромном удовлетворении, которое испытывают на Салвингтоне, Эдемии и Иерусеме в честь регистрации в столице Небадона сигнала, означающего, что на Урантии существует присущий волевым созданиям разум. Целенаправленное решение близнецов бежать на север и отделить свое потомство от своих примитивных предшественников было отмечено. Оно стало первым решением разума – человеческого типа разума – на Урантии, что автоматически создает контур связи, по которому передается это первое подтверждение».

Следующим посланием, принятым по новому контуру, стало приветствие Всевышних Эдемии, содержащее инструкции для урантийских Носителей Жизни, в которых нам запрещалось воздействовать на созданный нами тип жизни. Мы получили указание не вмешиваться в вопросы, связанные с прогрессом человека. Не следует думать, что Носители Жизни когда-либо произвольно и механически вмешивались в естественное претворение планетарных эволюционных планов, ибо этого мы не делаем. Однако вплоть до того времени нам позволялось особым образом управлять средой и защищать жизненную плазму, и именно этот необыкновенный, хотя и полностью естественный, надзор следовало теперь прекратить.

И как только умолкли Всевышние, на планету начало поступать прекрасное послание Люцифера, в то время властелина системы Сатания. Теперь Носители Жизни услышали приветственные слова своего собственного главы и получили от него разрешение вернуться на Иерусем. Послание Люцифера содержало официальное одобрение труда Носителей Жизни на Урантии и освобождало нас от любой будущей критики каких-либо наших усилий, направленных на улучшение небадонских типов жизни, внедренных в системе Сатания.

Этими посланиями с Салвингтона, Эдемии и Иерусема официально завершился многовековой надзор Носителей Жизни на Урантии. На протяжении многих эпох мы исполняли свои обязанности, и помогали нам только семь духов разума и Главные Физические Регуляторы. И теперь, когда в эволюционных созданиях планеты появилась воля – способность избирать поклонение и восхождение, – мы поняли, что наш труд завершен, и наша группа стала готовиться к отбытию. Ввиду того, что Урантия является миром видоизменения жизни, мы получили разрешение оставить на планете двух старших Носителей Жизни с двенадцатью помощниками, и я был избран в качестве одного из членов этой группы и с тех пор нахожусь на Урантии.

Прошло ровно 993 408 лет (по положению на 1934 год нашей эры) с того времени, как Урантия была формально признана планетой человеческого обитания во вселенной Небадон. В очередной раз биологическая эволюция достигла человеческих уровней волевого создания. Человек прибыл на 606-ю планету Сатании.

[Подготовлено Носителем Жизни Небадона, постоянно пребывающим на Урантии.]

* Английское primates означает «первенствующие». (Прим. ред.)

ДОКУМЕНТ 63

ПЕРВАЯ ЧЕЛОВЕЧЕСКАЯ СЕМЬЯ

Урантия была зарегистрирована в качестве обитаемого мира, когда двум первым людям – близнецам – было одиннадцать лет, и до того, как они стали родителями первенца второго поколения подлинных людей. Послание архангела, направленное с Салвингтона по случаю официального признания планеты, заканчивалось следующими словами:

«Человеческий разум появился на 606-й планете Сатании, и основатели новой расы будут именоваться *Андон* и *Фонта*. Все архангелы молятся о том, чтобы эти создания могли быть поскорее одарены личным присутствием духа Всеобщего Отца».

Андон является небадонским именем, которое означает «первое подобное Отцу создание, проявившее свойственное человеку стремление к совершенству». Фонта означает «первое подобное Сыну создание, проявившее свойственное человеку стремление к совершенству». Андон и Фонта узнали про свои имена только после того, когда они были присвоены им при слиянии с их Настройщиками Мышления. На протяжении всего своего смертного пребывания на Урантии они называли друг друга Сонта-ан и Сонта-эн: Сонта-ан означало «любимый матерью», а Сонта-эн – «любимая отцом». Они сами дали себе эти имена, выражавшие взаимную заботу и любовь.

1. АНДОН И ФОНТА

Во многих отношениях Андон и Фонта были самой замечательной человеческой парой, когда-либо жившей на земле. Эта прекрасная пара – действительные прародители всего человечества – во всех отношениях превосходила многих из своих прямых потомков и в корне отличалась от всех своих предков – как непосредственных, так и дальних.

Родители этой первой человеческой пары, очевидно, мало отличались от обычных представителей своего племени, хотя и принадлежали к числу его наиболее разумных членов – группе, первой научившейся швырять камни и пользоваться в сражениях дубинками. Кроме того, они использовали остроконечные обломки из камня, кремня и кости.

Однажды Андон – еще в то время, когда он жил со своими родителями, – прикрепил острый кусок кремня к концу палки, используя для этого сухожилия животных; впоследствии он неоднократно и с успехом пользовался этим оружием, спасая как свою собственную жизнь, так и жизнь своей столь же неустрашимой и любознательной сестры, неизменно сопровождавшей его во всех исследовательских путешествиях.

Решение Андона и Фонты бежать из племени приматов говорит о разуме, намного превышающем интеллект более низкого уровня, свойственный столь многим из их более поздних потомков, которые опустились до смешения со своими отсталыми родственниками из племени человекообразных обезьян. Однако смутное осознание того, что они являются не просто животными, а чем-то бóльшим, объяснялось наличием у них личности и укреплялось внутренним присутствием Настройщиков Мышления.

2. БЕГСТВО БЛИЗНЕЦОВ

После того как Андон и Фонта решили бежать на север, ими временно овладел страх, в особенности боязнь огорчить отца и остальных членов своей семьи. Они опасались нападения враждебно настроенных родственников и сознавали, что могут погибнуть от руки своих, и без того ревнивых, соплеменников. В юности близнецы проводили бо́льшую часть времени вместе, из-за чего животные сородичи из племени приматов всегда их недолюбливали. Не прибавило им популярности и то, что они выстроили себе отдельное, и намного более совершенное, жилище на дереве.

Именно здесь, в этом устроенном меж верхушек деревьев новом жилище, однажды ночью они проснулись от сильной бури и, крепко прижавшись друг к другу от страха и нежности, окончательно и бесповоротно решили покинуть свое племя и свой родной дом.

К тому времени ими уже было приготовлено незамысловатое убежище на вершине дерева на расстоянии полудня пути на север. Это было их тайным и надежным укрытием на первый день пребывания за пределами родных лесов. Хотя, как и приматы, близнецы смертельно боялись оставаться на земле в ночное время, незадолго до наступления темноты они отправились в свой путь на север. Несмотря на то что ночной переход, даже в полнолуние, требовал от них необычайной смелости, они правильно решили, что это позволит уйти незаметно и уменьшит вероятность погони со стороны соплеменников и родственников. И вскоре после полуночи они благополучно добрались до заранее устроенного места.

Продвигаясь на север, они обнаружили открытые залежи кремня и, отобрав много камней, имевших подходящую для различных целей форму, сделали запас на будущее. Пытаясь расколоть эти куски кремня так, чтобы те лучше отвечали определенным назначениям, Андон обнаружил свойство кремня высекать искру и понял, как получается огонь. Правда, в то время эта мысль не укрепилась в его сознании, так как климат всё еще был благоприятным и потребности в огне почти не было.

Однако осеннее солнце опускалось всё ниже, и чем дальше они продвигались на север, тем холоднее становились ночи. Чтобы согреться, им уже приходилось пользоваться шкурами зверей. Когда со времени их побега прошло около месяца, Андон объяснил своей подруге, что знает способ добычи огня с помощью кремня. В течение двух месяцев они тщетно пытались зажечь огонь от искры. Каждый день близнецы настойчиво высекали искры из кремня, пытаясь зажечь дерево. Наконец, однажды вечером, во время захода солнца, тайна метода была разгадана, когда Фонта догадалась залезть на стоящее неподалеку дерево и достать покинутое птицами гнездо. Гнездо было сухим и легко воспламеняющимся, и поэтому оно вспыхнуло ярким пламенем, как только на него попала искра. Они были настолько удивлены и напуганы своим успехом, что чуть было не дали огню погаснуть, однако им удалось сохранить его, подбрасывая подходящее топливо, и прародители всего человечества впервые отправились на поиски дров.

Это был один из самых радостных эпизодов в их короткой, но богатой событиями жизни. Всю ночь просидели они у своего костра, смотря на горящий огонь и смутно понимая, что совершили открытие, которое позволит им противостоять климату и, таким образом, навсегда обрести независимость от своих животных родственников из южных земель. После трех дней отдыха и наслаждения костром они продолжили свой путь.

Предки Андона и Фонты – приматы – часто поддерживали огонь, зажженный молнией, но никогда прежде земные создания не владели методом произвольного зажигания огня. Однако прошло много времени, прежде чем близнецы узнали, что сухой мох и другие материалы способны поддерживать огонь не хуже птичьих гнезд.

3. СЕМЬЯ АНДОНА

Прошло почти два года с той ночи, как близнецы покинули свое жилище, прежде чем у них родился первый ребенок. Они назвали его Сонтад; и Сонтад стал первым рожденным на Урантии созданием, укутанным при рождении в защитное покрывало. Было положено начало человеческому роду, и на этой новой эволюционной ступени появилось инстинктивное стремление должным образом ухаживать за всё более беспомощными младенцами, что было характерно для постепенного развития разума интеллектуального типа по сравнению с более животным типом.

У Андона и Фонты родились в общей сложности девятнадцать детей, и они успели насладиться обществом почти полсотни внуков и полдюжины правнуков. Семья обитала в четырех примыкавших друг к другу скальных укрытиях, или полупещерах, три из которых соединялись коридорами, прорытыми в мягком известняке с помощью кремневых орудий, придуманных детьми Андона.

Ранние андониты обладали ярко выраженным родовым чувством; они охотились группами и никогда не удалялись на большое расстояние от дома. Казалось, что они понимают исключительность своей изолированной группы живых существ и необходимость держаться вместе. Это чувство глубокой близости несомненно объяснялось возросшей помощью вспомогательных духов разума.

Андон и Фонта неустанно трудились над воспитанием и совершенствованием своего рода. Они дожили до сорока двух лет и оба были убиты во время землетрясения при падении нависающей скалы. Пятеро из их детей и одиннадцать внуков погибли вместе с ними, и около двадцати их потомков получили серьезные увечья.

Сразу же после смерти своих родителей Сонтад, несмотря на серьезное повреждение ноги, возглавил клан, в чём ему умело помогала жена – старшая из сестер. Первым делом им пришлось устроить надежное погребение для своих мертвых родителей, братьев, сестер и детей, для чего они завалили их камнями. Не следует придавать излишнего значения этому акту захоронения. Их смутные и неопределенные представления о жизни после смерти в основном черпались из причудливых и пестрых снов.

Потомки Андона и Фонты жили единым кланом вплоть до двадцатого поколения, когда соперничество из-за пищи и социальные трения привели к началу их рассеяния.

4. АНДОНИЧЕСКИЕ КЛАНЫ

Первобытные люди – андониты – имели черные глаза и смуглую кожу желто-красного оттенка. Меланин – цветная субстанция, присутствующая в коже любого человека, – является исконным кожным пигментом андонитов. По своему общему виду и цвету кожи эти ранние андониты больше напоминали современных эскимосов, чем какой-либо другой тип людей. Они были первыми созданиями, которые пользовались шкурами животных для защиты от холода; на теле у них было ненамного больше волос, чем у современного человека.

В племенной жизни животных предшественников этих первобытных людей таились истоки многочисленных социальных соглашений, а развитие чувств и умственных способностей этих существ сразу же отразилось на усовершенствовании общественного устройства и новом разделении труда в родовой общине. Они были великолепными подражателями, но игровой инстинкт оставался почти неразвитым, а чувство юмора практически полностью отсутствовало. Первобытный человек иногда улыбался, но никогда не смеялся от всего сердца. Юмор был наследием более поздней адамической расы. Первобытные люди не были столь чувствительны к боли и не так остро реагировали на неприятные ситуации, как многие из более поздних эволюционирующих смертных. Деторождение не было болезненным или мучительным испытанием для Фонты и ее непосредственных потомков.

Это было чудесное племя. Мужчины героически отстаивали безопасность своих жен и своего потомства; женщины нежно ухаживали за детьми. Однако их патриотизм ограничивался только своим собственным родом. Они были целиком преданы своим семьям; они без колебаний отдавали жизнь, защищая своих детей, но стремление обеспечить лучшую жизнь своим внукам было выше их понимания. В человеческом сердце еще не проснулся альтруизм, несмотря на то что этим коренным жителям Урантии уже были свойственны все эмоции, необходимые для рождения религии.

Древних людей отличала трогательная нежность в отношениях со своими товарищами и безусловно истинное, хотя и примитивное, представление о дружбе. В более поздние времена, во время постоянно возникающих сражений с отсталыми племенами, нередко можно было видеть, как первобытный человек, храбро отбиваясь одной рукой, пытается защитить и спасти своего раненого товарища. Многие из наиболее благородных и в высшей степени человеческих черт последующего эволюционного развития нашли свое трогательное предвосхищение в этих первобытных людях.

Изначальный андонический род продолжал оставаться главенствующим вплоть до двадцать седьмого поколения, когда среди прямых потомков Сонтада не оказалось ни одного мальчика, и два претендента на роль главы рода вступили в борьбу за господство.

Еще до широкого рассеяния андонических кланов их ранние попытки взаимного общения привели к появлению хорошо развитого языка. Этот язык продолжал расширяться; добавления вносились почти ежедневно благодаря новым изобретениям и приспособлениям к среде, которые создавались этими активными, неутомимыми и любознательными людьми. И вплоть до появления цветных рас этот язык являлся урантийской речью – языком ранней человеческой семьи.

Со временем число андонических кланов увеличилось, и контакты растущих семей стали приводить к трениям и размолвкам. Мысли этих людей занимали только две вещи: охота ради пропитания и сражение ради отмщения за какую-то реальную или воображаемую несправедливость или оскорбление, нанесенное соседними племенами.

Усиливалась родовая вражда, вспыхивали племенные войны, и серьезные потери произошли среди лучших представителей из числа наиболее способных и развитых групп. Некоторые из этих потерь были невосполнимы; часть линий, наиболее ценных по своим способностям и уровню интеллекта, была утрачена навсегда. Бесконечная война кланов поставила под угрозу существование этой древней расы и ее первобытной цивилизации.

Таких примитивных созданий невозможно заставить подолгу жить в мире. Человек является потомком драчливых животных, и когда неразвитые люди оказываются тесно связанными друг с другом, это приводит к взаимным раздражениям и оскорблениям. Носители Жизни знают эту особенность эволюционных созданий и предусматривают, в итоге, разделение эволюционирующих людей на различные и самостоятельные расы – как минимум на три, но чаще на шесть.

5. РАССЕЯНИЕ АНДОНИТОВ

Древние андонические расы не проникали в глубинные регионы Азии, и поначалу они не селились в Африке. География тех времен вела их на север, и эти люди продвигались всё дальше и дальше в этом направлении, пока они не были остановлены медленным нашествием третьего ледника.

Прежде чем этот обширный ледник достиг Франции и Британских островов, потомки Андона и Фонты, пробираясь на запад, пересекли Европу, основав более тысячи отдельных поселений вдоль больших рек, впадавших в воды тогда еще теплого Северного моря.

В древности эти андонические племена обитали у берегов рек на территории Франции. В течение десятков тысяч лет они селились вдоль реки Сомма. Сомма – единственная река, русло которой не было изменено ледниками, и в те дни она устремлялась к морю в основном так же, как и сегодня. Этим объясняется обилие свидетельств обитания андонитов в долине, расположенной вдоль русла этой реки.

Эти аборигены Урантии не обитали на деревьях, хотя они по-прежнему забирались на них в минуту опасности. Обычно они располагались в укрытии под нависавшими вдоль речных берегов скалами и в гротах на склонах холмов, что обеспечивало хороший обзор подступов и защищало их от стихии. Так они могли спокойно пользоваться огнем без того, чтобы испытывать слишком большие неудобства от дыма. Они еще не являлись настоящими пещерными жителями, хотя в последующие эпохи ледяные щиты, опустившись еще дальше на юг, загнали их потомков в пещеры. Они предпочитали селиться у кромки леса и возле протоков.

Уже на ранней стадии они с большим искусством маскировали свои частично укрытые жилища и обнаружили выдающиеся способности в сооружении каменных спален – куполообразных каменных хижин, в которые они заползали на ночь. Вход в такую хижину закрывался на ночь с помощью валуна, который помещался для этой цели внутрь до того, как камни кровли окончательно укреплялись на месте.

Андониты были бесстрашными и умелыми охотниками и, за исключением дикорастущих ягод и некоторых древесных плодов, питались исключительно мясом. Вслед за Андоном, придумавшим каменный топор, его потомки еще в глубокой древности изобрели и эффективно использовали копья и гарпуны. Наконец, создающий орудия разум стал действовать вместе с использовавшей их рукой, и эти древние люди научились прекрасно обрабатывать кремневые орудия труда. В поисках кремня они проходили большие расстояния – подобно современным людям, которые идут на край света в поисках золота, платины и алмазов.

Так же и во многих других отношениях андонические племена демонстрировали уровень интеллекта, оказавшийся недоступным их регрессировавшим потомкам и через полмиллиона лет, несмотря на то, что те вновь и вновь открывали различные способы разжигания огня.

6. ОНАГАР – ПЕРВЫЙ ПРОПОВЕДНИК ИСТИНЫ

В течение почти десяти тысяч лет, по мере всё большего рассеивания андонитов, культурное и духовное состояние кланов ухудшалось. Так продолжалось до тех пор, пока не появился Онагар, который возглавил эти племена, добился установления межплеменного мира и впервые привел их к поклонению «Дающему Дыхание людям и животным».

Философия Андона была предельно путаной; он чуть было не стал огнепоклонником по причине огромного удобства, принесенного случайным открытием огня. Однако, разум помог ему отвлечься от своего собственного открытия и обратить свои помыслы к солнцу как высшему и вызывающему еще больший трепет источнику тепла и света. Но солнце было слишком далеко, и он так и не стал солнцепоклонником.

Еще на начальном этапе у андонитов выработался страх перед стихией – громом, молнией, дождем, снегом, градом и льдом. Однако в те далекие дни постоянно возобновлявшимся мотивом был голод, а так как они питались в основном животными, у них появилась определенная форма зоолатрии. Для Андона крупные, идущие в пищу животные символизировали созидательное могущество и выносливость. Время от времени возникало культовое поклонение различным крупным животным. В период популярности того или иного животного на стенах пещер появлялись его незамысловатые силуэты, а позднее, с развитием искусств, такое животное божество изображалось на различных украшениях.

Уже на самом раннем этапе у андонических народов появился обычай воздерживаться от употребления в пищу мяса того животного, которому поклонялось племя. Вскоре, для оказания должного воздействия на сознание молодого поколения, был создан культовый обряд, который совершался у тела одного из почитаемых животных, а еще позднее их потомки превратили эти примитивные действия в более изысканные обряды жертвоприношения. Таково происхождение жертвоприношения как части поклонения. Эта идея была развита Моисеем в иудейском ритуале и была, в целом, сохранена апостолом Павлом в качестве доктрины искупления греха «пролитием крови».

То, что пища была важнейшей вещью в жизни первобытных людей, видно на примере молитвы, которой учил этих простых людей Онагар – их великий учитель. Эта молитва звучала так:

«О Дыхание Жизни, дай нам пропитание на сей день, избавь нас от проклятия льда, спаси нас от лесных врагов, и прими нас милосердно в Потусторонний Мир».

Пристанище Онагара находилось на северном берегу древнего Средиземного моря, в области нынешнего Каспийского моря, в поселении, называвшемся Обан – перевалочном пункте, устроенном в том месте, где ведущий на север путь из южных регионов Месопотамии поворачивал на запад. Из Обана Онагар направлял проповедников в дальние селения для распространения своего учения о едином Божестве, а также представления о жизни после смерти, которую он называл Потусторонним Миром. Эти посланники Онагара стали первыми в мире миссионерами. Они были также первыми людьми, которые приготовляли мясо, первыми, кто регулярно пользовался огнем для приготовления пищи. Они жарили мясо на концах палок, а также на раскаленных камнях. Позднее они стали поджаривать большие куски мяса на костре, однако их потомки почти полностью вернулись к употреблению сырого мяса.

Онагар родился 983 323 года тому назад (считая от 1934 года) и дожил до шестидесяти девяти лет. Изложение достижений этого мыслителя и духовного вождя эпохи до прибытия Планетарного Князя представляет собой волнующее повествование об организации этих первобытных людей в настоящее общество. Он ввел эффективное племенное правление, подобного которому последующие поколения не смогли достичь за многие тысячелетия. За весь период до прибытия Планетарного Князя на земле никогда не появлялось столь высокой духовной цивилизации. У этих простых людей была настоящая, хотя и примитивная, религия, которая не сохранилась у их вырождавшихся потомков.

Хотя Андон и Фонта, как и многие из их потомков, получили Настройщиков Мышления, массовое прибытие на Урантию Настройщиков и серафимов-хранителей началось только при жизни Онагара. Это был настоящий золотой век первобытного человека.

7. ПРОДОЛЖЕНИЕ ЖИЗНИ АНДОНА И ФОНТЫ

Андон и Фонта, замечательные основатели человеческого рода, получили признание при вынесении судебного решения по поводу Урантии, состоявшегося после прибытия Планетарного Князя, и в должное время завершили подготовку в обительских мирах в статусе жителей Иерусема. Хотя им никогда не позволяли вернуться на Урантию, они знают историю основанной ими расы. Они скорбели из-за предательства Калигастии, были опечалены провалом Адамической миссии, но чрезвычайно обрадовались, получив сообщение о том, что Михаил избрал их мир в качестве места для своего завершающего посвящения.

На Иерусеме и Андон, и Фонта – а также некоторые из их детей, в том числе Сонтад, – слились со своими Настройщиками Мышления, но большинство даже их прямых потомков достигли только слияния с Духом.

Вскоре после прибытия на Иерусем Андон и Фонта получили от Властелина Системы разрешение вернуться в первый обительский мир для прохождения службы вместе с моронтийными личностями, приветствующими урантийских паломников времени в небесных сферах. Это назначение является бессрочным. В связи с данными откровениями они хотели послать на Урантию свои приветствия, однако им было в этом благоразумно отказано.

Таков рассказ о самой героической и захватывающей странице во всей истории Урантии – рассказ об эволюции, борьбе за выживание, смерти и вечной жизни уникальных родителей всего человечества.

[Представлено Носителем Жизни, постоянно пребывающим на Урантии.]

ДОКУМЕНТ 64

ЭВОЛЮЦИОННЫЕ ЦВЕТНЫЕ РАСЫ

Это рассказ об эволюционных расах Урантии, который начинается почти миллион лет тому назад во времена Андона и Фонты и охватывает эпоху Планетарного Князя до окончания ледникового периода.

Человеческому роду исполнился почти миллион лет, и первая половина ее истории примерно соответствует эпохе до появления на Урантии Планетарного Князя. Вторая половина истории человечества начинается с прибытием Планетарного Князя и появлением шести цветных рас и приблизительно соответствует периоду, называемому обычно палеолитом.

1. КОРЕННЫЕ АНДОНИТЫ

Первобытный человек появился на земле в результате эволюционного развития чуть менее миллиона лет тому назад, и он получил хорошую закалку. Он инстинктивно стремился избежать опасности смешения с нижестоящими племенами человекообразных обезьян. Однако путь на восток преграждали засушливые тибетские нагорья, достигавшие высоты 30 000 футов над уровнем моря. На юг или запад он не мог продвигаться из-за расширения Средиземного моря, простиравшегося в то время на восток к Индийскому океану, а продолжая идти на север, он столкнулся с наступающим ледником. Но даже тогда, когда дальнейшее продвижение было прервано ледником, и несмотря на усилившуюся вражду между рассеянными племенами, наиболее разумные группы никогда не помышляли о миграции на юг и жизни среди покрытых шерстью, обитавших на деревьях и интеллектуально неразвитых родственников.

Многие из древнейших религиозных чувств появились от ощущения беспомощности в географически замкнутом положении: горы справа, вода слева и лед впереди. Однако эти прогрессирующие андониты не желали поворачивать назад к своим отсталым южным родственникам, живущим на деревьях.

В противоположность своим предчеловеческим родственникам, андониты избегали лесов. В лесу люди всегда деградировали; человек успешно развивался только на открытых пространствах и в высоких широтах. Холод и голод открытой местности побуждает к действию, изобретательности и находчивости. В то время как в условиях трудностей и лишений сурового северного края андониты прокладывали путь современному человеческому роду, их отсталые родственники блаженствовали в южных тропических лесах, их общей древней родине.

Эти события произошли во времена третьего ледника, первого из известных геологам. В северной Европе продвижение двух первых ледников было незначительным.

В течение большей части ледникового периода Англия была связана сушей с Францией, а позднее Африка соединилась сицилийским мостом суши с Европой. В период миграции андонитов существовал сплошной коридор суши, который начинался на западе в Англии и проходил на восток через всю Европу и Азию к Яве; Австралия же вновь стала изолированной, что еще больше способствовало развитию ее особой, специфической фауны.

950 000 лет тому назад потомки Андона и Фонты переместились далеко на восток и запад. Продвигаясь в западном направлении, они прошли через Европу, достигнув Франции и Англии. Позднее на востоке они дошли до Явы, – где совсем недавно были найдены их кости, останки так называемого питекантропа, – после чего они добрались до Тасмании.

Группы, продвигавшиеся на запад, были менее подвержены пагубному влиянию отсталых племен, имевших общее с ними происхождение, чем те, которые направились на восток и столь свободно смешивались со своими отсталыми животными родственниками. Эти остановившиеся в своём развитии индивидуумы постепенно перебрались на юг и вскоре смешались с низшими племенами. Впоследствии всё больше нечистокровных потомков возвращалось на север, где они смешивались с быстро растущими андоническими племенами, и такие неудачные союзы приводили к неизбежной деградации более развитого рода. Всё меньшее число первобытных селений продолжали поклоняться Дающему Дыхание. Древняя зачаточная цивилизация стояла на грани исчезновения.

Так было на Урантии всегда. Цивилизации, подававшие большие надежды, одна за другой деградировали и в итоге исчезали, ибо допускали безрассудное смешение высокоразвитых с малоразвитыми.

2. ФОКСХОЛЬСКИЕ ПЛЕМЕНА

900 000 лет тому назад ремесла Андона и Фонты и культура Онагара исчезали с лица земли; культура, религия и даже искусство обработки кремня находились на самом низком уровне.

В этот период примитивные смешанные племена начали в больших количествах прибывать в Англию из южной Франции. Эти племена столь широко смешались с лесными обезьяноподобными созданиями, что почти полностью потеряли человеческий облик. У них не было религии, однако они владели примитивными навыками обработки кремня и обладали достаточным уровнем интеллекта для разведения огня.

Вслед за ними в Европе появился несколько более высокий по своему уровню развития народ, потомки которого вскоре распространились на весь материк – от границы ледника на севере до Альп и Средиземного моря на юге. Эти племена относятся к так называемой *гейдельбергской расе*.

В течение этого продолжительного периода культурного упадка фоксхольские племена Англии и бадонанские племена, обитавшие к северо-западу от Индии, продолжали сохранять некоторые традиции Андона и остатки культуры Онагара.

Фоксхольские племена дальше других продвинулись на запад, и им удалось сохранить многое от андонической культуры. Уцелело также искусство обработки кремня, которое они передали своим потомкам – древним прародителям эскимосов.

Хотя останки фоксхольских племен были обнаружены в Англии последними, в действительности эти андониты были первыми людьми, селившимися в тех местах. В то время мост суши всё еще соединял Францию с Англией, а поскольку большинство древних поселений потомков Андона в те далекие времена находились вдоль рек и морских берегов, сегодня они скрыты водами Ла-Манша и Северного моря. Однако три или четыре поселения до сих пор находятся выше уровня моря на побережье Англии.

Многие из более разумных и духовных фоксхольских племен сохранили свое расовое превосходство и пронесли через века примитивные религиозные обычаи. После одного из очередных нашествий ледника эти люди, смешавшиеся впоследствии с более поздними племенами, мигрировали из Англии на запад и сохранились в виде современных эскимосов.

3. БАДОНАНСКИЕ ПЛЕМЕНА

Помимо фоксхольских племен на западе, еще один центр культуры продолжал бороться за существование на востоке. Эта группа обитала в предгорьях гористой местности на северо-западе Индии и принадлежала к племенам Бадонана – праправнука Андона. Эти люди были единственными потомками Андона, которые никогда не приносили человеческих жертв.

Эти высокогорные бадониты занимали обширное плато, окруженное лесами, пересеченное реками и изобиловавшее дичью. Как и некоторые дальние тибетские родственники, они жили в примитивных каменных жилищах, в гротах на склонах холмов и полуподземных пещерах.

В то время как северные племена всё больше боялись льда, те, кто жил вблизи своей древней родины, стали чрезвычайно страшиться воды. Они видели, как Месопотамский полуостров постепенно погружается в океан, и хотя он несколько раз поднимался, традиции этих людей складывались вокруг опасностей моря и страха периодического затопления. Именно этот страх, а также испытания, связанные с разливами рек, объясняют их стремление перебраться в горы, которые они считали безопасным для жизни местом.

К востоку от бадонанских племен, в Сиваликских горах северной Индии, можно обнаружить ископаемые остатки, которые ближе, чем любые другие, к переходным типам между человеком и различными дочеловеческими группами.

850 000 лет тому назад высшие бадонанские племена начали войну на уничтожение своих примитивных и полуживотных соседей. Менее чем за тысячу лет большинство приграничных животных групп в этих регионах было либо уничтожено, либо изгнано назад в южные леса. Эта война, направленная на истребление примитивных родов, привела к некоторому улучшению горных племен той эпохи. И смешанные потомки этого улучшенного племени бадонитов появились на исторической арене в качестве явно выраженного нового типа – *неандертальской расы*.

4. НЕАНДЕРТАЛЬСКИЕ РАСЫ

Неандертальцы были прекрасными воинами и неутомимыми путешественниками. Из высокогорных центров северо-западной Индии они постепенно распространились на запад во Францию, на восток в Китай и даже на юг – в северную Африку. Их мировое господство продолжалось почти полмиллиона лет, вплоть до миграции эволюционных цветных рас.

800 000 лет тому назад дичь была в изобилии; многие виды оленей, стада слонов и бегемотов странствовали по Европе. Существовало изобилие крупного рогатого скота; повсюду обитали лошади и волки. Неандертальцы были прекрасными охотниками, и у живших во Франции племен впервые появился обычай отдавать самым удачливым охотникам лучших женщин, которые становились их женами.

Огромную пользу этим неандертальским племенам приносил северный олень: он давал им пищу, одежду и различные орудия труда, для изготовления которых использовались рога и кости. Несмотря на низкую культуру, они значительно улучшили искусство обработки кремня, подняв его почти до того уровня, который существовал во времена Андона. В качестве топоров и пик они снова стали использовать большие куски кремня, прикрепленные к деревянным рукояткам.

750 000 лет тому назад четвертый ледяной щит уже опустился далеко на юг. С помощью своих усовершенствованных орудий неандертальцы проделывали отверстия во льду, который сковал северные реки, и таким образом могли пронзать копьями подходившую к этим прорубям рыбу. Эти племена продолжали отступать перед надвигавшимся льдом, который на этот раз совершил наиболее обширное вторжение в Европу.

В это же время сибирский ледник совершал свое самое глубокое вторжение в южном направлении, заставляя древнего человека отступать еще дальше на юг, к земле своих предков. Однако человеческий вид был уже обособлен в такой степени, что опасность нового смешения с его неразвивающимися обезьяньими родственниками существенно уменьшилась.

700 000 лет тому назад происходило отступление четвертого ледника, самого обширного из всех ледников на территории Европы; люди и животные начали возвращаться на север. Климат был прохладным и влажным, и первобытный человек снова успешно развивался в Европе и западной Азии. В северных регионах, еще недавно покрытых льдом, постепенно появились леса.

Обширное нашествие ледника не внесло существенных изменений в жизнь млекопитающих. Эти животные сохранились в узком поясе суши между льдом и Альпами и после отступления ледника снова быстро распространились на всю Европу. Из Африки, через Сицилийский мост суши, пришли слоны с прямыми бивнями, широконосые носороги, гиены и африканские львы, и эти новые животные практически уничтожили саблезубых тигров и гиппопотамов.

650 000 лет тому назад климат оставался мягким. К середине межледникового периода он стал настолько теплым, что Альпы почти полностью лишились льда и снега.

600 000 лет тому назад отступавший лед достиг самой северной в то время точки и после перерыва в несколько тысяч лет в пятый раз стал продвигаться на юг. Однако на протяжении пятидесяти тысяч лет климатические изменения оставались незначительными. Люди и животные Европы почти не изменились. Уменьшилась некоторая засушливость предыдущего периода, и альпийские ледники спустились далеко вниз, вдоль речных долин.

550 000 лет тому назад наступавший ледник опять вытеснил людей и животных на юг. Но на этот раз у человека было достаточно пространства в широком поясе суши, который протянулся на северо-восток Азии и располагался между ледяным щитом и сильно расширившейся черноморской частью Средиземного моря.

Во время четвертого и пятого нашествия ледников произошло дальнейшее распространение первобытной культуры неандертальских племен. Однако прогресс был столь незначительным, что попытка создания на Урантии нового, модифицированного типа разумной жизни, казалось, действительно близилась к провалу. На протяжении почти четверти миллиона лет эти первобытные племена кочевали, охотясь и воюя, с перерывами добиваясь прогресса в некоторых направлениях, но в целом постепенно деградируя, по сравнению со своими более развитыми предками-андонитами.

В эти века духовного мрака культура суеверного человечества опустилась до самого низкого уровня. У неандертальцев действительно не было никакой религии, кроме постыдных суеверий. Они до смерти боялись туч, в особенности тумана и мглы. Со временем появилась примитивная религия, основанная на страхе перед природными стихиями, в то время как культ животных сошел на нет, так как развитие орудий труда, в сочетании с обилием дичи, позволило этим людям меньше заботиться о пропитании; сексуальное вознаграждение охотников в огромной степени улучшило искусство охоты. Новая религия страха привела к попыткам умиротворения невидимых сил, скрывающихся за явлениями природы, и позднее достигла своего высшего развития в практике заклания людей для задабривания этих невидимых и неведомых физических сил. И эта ужасная практика принесения в жертву людей сохранялась у наиболее отсталых народов Урантии вплоть до двадцатого столетия.

Этих древних неандертальцев вряд ли можно назвать солнцепоклонниками. Скорее, они жили в страхе перед темнотой; они смертельно боялись ночи. Пока луна давала свой тусклый свет, они еще могли существовать, но с наступлением полной темноты они приходили в панику и начинали приносить в жертву своих лучших мужчин и женщин в попытке заставить луну светить вновь. Они давно знали, что солнце регулярно возвращается, но полагали, что луна возвращалась только потому, что они жертвовали своими соплеменниками. С развитием этой расы объект и назначение жертвоприношения изменялись, но принесение людей в жертву еще долго сохранялось как часть религиозных обрядов.

5. ПРОИСХОЖДЕНИЕ ЦВЕТНЫХ РАС

500 000 лет тому назад бадонанские племена, обитавшие в горном районе на северо-западе Индии, были вовлечены еще в одну затяжную расовую битву. Эта жестокая война продолжалась более ста лет, и когда побоище закончилось, в живых осталось всего лишь около ста семей. Однако эти уцелевшие люди были самыми разумными и перспективными из всех живших в то время потомков Андона и Фонты.

И вот, в среде этих высокогорных бадонитов произошло новое и необычное событие. У мужчины и женщины, живших в северо-восточной части обитаемого в то время нагорья, *внезапно* начали появляться необычайно разумные дети. Так появилась *сангикская семья* – предшественники всех шести цветных рас Урантии.

Девятнадцать сангикских детей не только превосходили своих сверстников по умственным способностям; их кожа обнаруживала уникальную способность окрашиваться в определенный цвет при попадании на нее солнечного света. Среди этих девятнадцати детей пятеро были красными, двое – оранжевыми, четверо – желтыми, у двух кожа была зеленого цвета, у четырех – синего и еще у двух – индигового. С возрастом эти цвета стали более ярко выраженными, а когда позднее молодые люди произвели потомство вместе со своими соплеменниками, то цвет кожи их детей соответствовал цвету кожи сангикского родителя.

И теперь – обратив ваше внимание на состоявшееся примерно в это же время прибытие Планетарного Князя – я прерываю хронологический порядок изложения, чтобы отдельно рассмотреть шесть сангикских рас Урантии.

6. ШЕСТЬ САНГИКСКИХ РАС УРАНТИИ

На обычной планете шесть эволюционных цветных рас появляются друг за другом. Первым формируется красный человек, который веками скитается по миру, прежде чем приходит черед следующих цветных рас. Одновременное появление всех шести рас на Урантии, *причем в одной семье*, было крайне необычным явлением.

Возникновение на Урантии ранних андонитов также было новым для Сатании. Ни в одном другом мире локальной системы подобная раса волевых созданий не появлялась прежде эволюционных цветных рас.

1. *Красный человек*. Эти необыкновенные представители человеческого рода во многих отношениях превосходили Андона и Фонту. Будучи наиболее разумной группой, они первыми среди сангикских детей создали племенную цивилизацию и правление. Они всегда жили в единобрачии; даже их смешанные потомки редко практиковали полигамию.

В более поздние времена у них возникли серьезные и продолжительные разногласия в отношениях с желтыми братьями в Азии. Им помогали лук и стрелы, изобретенные ими еще на раннем этапе, но, к несчастью, они в значительной мере унаследовали склонность своих предков воевать друг с другом. Это ослабило их настолько, что желтые племена смогли вытеснить их с азиатского материка.

Около восьмидесяти пяти тысяч лет тому назад сравнительно чистокровные остатки красных людей полностью перебрались в Северную Америку; вскоре перемычка суши на месте Берингова пролива ушла под воду, и они оказались в изоляции. Ни один красный человек не вернулся с тех пор в Азию. Однако повсюду в Сибири, Китае, центральной Азии, Индии и Европе они оставили значительную часть своих потомков, смешанных с другими цветными расами.

Когда красный человек перебрался в Америку, он принес с собой многие из учений и традиций своих древних предков. Его непосредственные предшественники были связаны с более поздней деятельностью мировой резиденции Планетарного Князя. Однако после достижения Северной и Южной Америки красные люди стали быстро забывать эти учения, и произошел огромный упадок интеллектуальной и духовной культуры. Вскоре они вновь предались столь ожесточенной взаимной вражде, что, казалось, межплеменные войны приведут к быстрому уничтожению этого остатка относительно чистокровной красной расы.

Вследствие огромной деградации красные люди, казалось, были обречены, когда около шестидесяти пяти тысяч лет тому назад их вождем и духовным освободителем стал Онамоналонтон. Он добился установления временного мира между племенами красного человека Америки и возродил их поклонение «Великому Духу». Онамоналонтон дожил до девяноста шести лет, а его пристанище находилось среди огромных секвой Калифорнии. Многие из его более поздних потомков сохранились до нынешних времен и принадлежат к индейцам племени «черноногих».

С течением времени учения Онамоналонтона превратились в смутные предания. Вновь вспыхнули междоусобные войны, и после этого великого учителя ни одному вождю уже не удавалось добиться всеобщего мира. Наиболее интеллектуальные роды постепенно исчезали в этих межплеменных сражениях. При ином развитии событий на североамериканском материке могла бы появиться великая цивилизация, созданная этими способными и разумными красными людьми.

После миграции из Китая в Америку северные красные люди уже не вступали в контакт с внешним миром (за исключением эскимосов) до тех пор, пока впоследствии они не были обнаружены белым человеком. К великому сожалению, красный человек почти не воспользовался возможностью биологического совершенствования посредством привнесения крови появившейся позднее адамической расы. Как бы то ни было, красные люди были неспособны править белыми людьми и отказывались добровольно служить им. В таких случаях, если две расы не смешиваются, одна из них становится обреченной.

2. *Оранжевый человек*. Выдающейся особенностью этой расы было ее необычайное стремление строить – строить всё, что угодно, вплоть до нагромождений камней, только для того, чтобы посмотреть, какое племя построило самую высокую груду. Не являясь прогрессивной расой, они все же получили большую пользу от знаний, почерпнутых в школах Князя, куда посылали своих представителей.

По мере отступления Средиземного моря на запад, оранжевая раса первой проследовала вдоль береговой линии на юг, к Африке. Однако они так и не завоевали благоприятствующего положения в Африке и были полностью уничтожены появившейся впоследствии зеленой расой.

До прекращения своего существования эта раса растеряла значительную часть культурного и духовного наследия. Правда, в истории этого народа был период великого возрождения благодаря мудрому руководству Поршунты – выдающегося ума этой несчастной расы, помогавшего ей в те времена, когда их столица находилась в Армагеддоне, около трехсот тысяч лет тому назад.

Последнее крупное сражение между оранжевыми и зелеными людьми произошло в районе долины нижнего Нила в Египте. Эта затяжная битва продолжалась в течение почти ста лет, и по ее окончании лишь немногие представители оранжевой расы остались в живых. Рассеянные остатки этого народа были поглощены зелеными и появившимися позднее индиговыми людьми. Однако как самостоятельная раса оранжевый человек прекратил свое существование около ста тысяч лет тому назад.

3. *Желтый человек*. Первобытные желтые люди первыми оставили охоту, основали оседлые общины и создали домашний уклад, основанный на земледелии. В интеллектуальном отношении они несколько уступали красным людям, но превзошли все сангикские народы в развитии социального и коллективного аспектов расовой цивилизации. Различные племена учились жить вместе в условиях относительного мира, и благодаря развившемуся духу товарищества им удавалось теснить красную расу по мере своего постепенного распространения в Азии.

Оказавшись на большом расстоянии от духовного центра мира, они скатились к дремучему невежеству после измены Калигастии. Однако в истории этих людей была блестящая эпоха, когда, около ста тысяч лет тому назад, Синглангтон возглавил эти племена и провозгласил поклонение «Единой Истине».

Сохранение сравнительно большого числа желтых людей объясняется межплеменным миром. Со времен Синглангтона и вплоть до появления современного Китая желтая раса относилась к числу наиболее миролюбивых на Урантии. Она получила небольшое, но ощутимое наследие от привнесенного впоследствии адамического рода.

4. *Зеленый человек*. Зеленая раса относилась в числу наименее способных групп первобытных людей, и она чрезвычайно ослабила себя в результате постоянных миграций в различных направлениях. До своего рассеяния эти племена

прошли через период великого расцвета культуры, что произошло под руководством Фантада около трехсот пятидесяти тысяч лет тому назад.

Зеленая раса разделилась на три большие ветви: северные племена оказались в подчинении у желтой и синей рас, поработивших и поглотивших их; восточная группа смешалась с индийскими народами тех дней, среди которых до сих пор сохранились ее остатки; южный народ дошел до Африки, где уничтожил столь же отсталых оранжевых родственников.

Во многих отношениях обе группы оказались равными соперниками в противоборстве, так как обе несли в себе наследственные признаки гигантизма: многие из их вождей достигали в высоту восьми и девяти футов. Эти свойственные зеленому человеку признаки гигантизма встречались в основном у южного, или египетского, народа.

Остатки победоносной зеленой расы были впоследствии поглощены индиговой расой – последним цветным народом, развившимся и мигрировавшим из исходного сангикского центра расового рассеяния.

5. *Синий человек*. Синие люди были великим народом. Уже на ранней стадии своего существования они изобрели копье и позднее положили начало многим современным видам искусства. Синий человек обладал умственными способностями красного человека в сочетании с душой и чувствами желтого человека. Потомки Адама предпочитали его всем остальным из сохранившихся впоследствии рас.

Ранние синие люди поддались воздействию учителей из персонала Князя Калигастии и впоследствии были совершенно сбиты с толку порочными учениями этих предательских вождей. Как и другие первобытные расы, они так полностью и не оправились от смятения, порожденного предательством Калигастии, как не смогли они до конца преодолеть и своей склонности к междоусобице.

Спустя примерно пятьсот лет после падения Калигастии произошло широкое возрождение образования, а также – пусть примитивной, но настоящей и благотворной – религии. Великим учителем синей расы стал Орландоф, который вернул многие племена к поклонению истинному Богу, названному «Верховным Вождем». Это стало самым значительным прогрессом синего человека вплоть до позднейших времен, когда эта раса была чрезвычайно усовершенствована благодаря привнесению адамической крови.

Европейские исследования и изучения палеолита в основном сводятся к раскопкам орудий труда, костей и предметов художественных ремесел древнего синего человека, ибо он оставался в Европе вплоть до недавнего времени. Так называемые *белые расы* Урантии являются потомками синей расы, видоизменившейся после некоторого смешения с желтой и красной расами и впоследствии чрезвычайно усовершенствованной благодаря наибольшей ассимиляции фиолетовой расы.

6. *Индиговая раса*. Если красные люди были наиболее развитыми из всех сангикских рас, то черные люди были самыми отсталыми. Последними покинув свою горную родину, они направились в Африку, заняли весь материк и с тех пор оставались там, за исключением тех случаев, когда, из века в век, насильно вывозились в качестве рабов.

Изолированные в Африке, индиговые народы, как и красные, почти полностью лишились расового усовершенствования, которое стало бы возможным при смешении с адамической кровью. Оторванная от остальных, индиговая раса добилась лишь незначительного прогресса; так продолжалось до появления Орвонона, в правление которого она испытала огромное духовное пробуждение. Хотя впоследствии эти люди почти полностью забыли провозглашенного Орвононом «Бога Богов», они не до конца утратили стремление поклоняться Неведомому; по крайней мере, какая-то форма поклонения сохранялась у них еще несколько тысяч лет тому назад.

Несмотря на свою отсталость, перед небесными силами эти индиговые племена находятся точно в таком же положении, как и любая другая земная раса.

Эти века были отмечены ожесточенными сражениями между различными расами, однако вблизи резиденции Планетарного Князя наиболее просвещенные и получившие современное образование группы жили в относительной гармонии, хотя широкое распространение культуры среди мировых рас началось только после краха этого режима, к которому привело восстание Люцифера.

Время от времени каждый из этих различных народов переживал культурное и духовное возрождение. Великим учителем эпохи после прихода Планетарного Князя был Мансант. Однако мы упоминаем только тех выдающихся вождей и учителей, которые оказали заметное влияние на развитие и духовное состояние целой расы. С течением времени в различных регионах появлялись учители, игравшие менее заметную роль, и, в совокупности, они внесли большой вклад в становление тех спасительных факторов, которые предотвратили полный крах культурной цивилизации, особенно в течение долгой и мрачной эпохи между восстанием Калигастии и прибытием Адама.

Существует много веских и достаточных причин для существования плана по развитию трех или шести цветных рас в мирах пространства. Хотя смертные Урантии, возможно, не в состоянии полностью оценить все эти причины, мы хотели бы обратить ваше внимание на следующие факторы:

1. Разнообразие необходимо для обеспечения возможности широкого действия естественного отбора – дифференцированного выживания превосходящих родов.

2. Более устойчивые и улучшенные расы образуются в результате смешения различных народов, если таковые являются носителями прогрессивных наследственных факторов. Урантийские расы могли бы извлечь бóльшую пользу от подобного раннего смешения, при условии последующего усовершенствования такого смешанного народа посредством радикального смешения с высокоразвитым адамическим потомством. Попытка проведения такого эксперимента на Урантии в нынешних условиях имела бы катастрофические последствия.

3. Этническое разнообразие стимулирует здоровую конкуренцию.

4. Статусные различия между расами и группами внутри одной расы обязательны для развития человеческих качеств терпимости и альтруизма.

5. Однородность человеческого рода нежелательна до тех пор, пока народы развивающегося мира не достигают сравнительно высоких уровней духовного развития.

7. РАССЕЯНИЕ ЦВЕТНЫХ РАС

Когда цветное потомство сангикской семьи стало разрастаться и искать пути проникновения на прилегающие территории, наступавший на юг пятый ледник – третий в геологической хронологии – уже продвинулся далеко в глубь Европы и Азии. Древние цветные расы прошли чрезвычайные испытания суровыми условиями и тяготами, присущими современному им ледниковому периоду. В Азии ледник покрыл столь обширные пространства, что тысячелетиями препятствовал миграции в ее восточные регионы. И только с более поздним отступлением Средиземного моря, последовавшим в результате поднятия Аравии, люди смогли достичь Африки.

Таким образом, в течение почти ста тысяч лет эти сангикские народы распространялись вокруг предгорий, в большей или меньшей степени смешиваясь друг с другом, несмотря на специфическую, хотя и естественную, антипатию, которая сразу же возникла между различными расами.

Между периодами Планетарного Князя и Адама Индия стала родиной самого смешанного населения, которое когда-либо можно будет встретить на земле. К несчастью, эта смесь содержала очень большой процент зеленой, оранжевой и индиговой рас. Для вторичных сангикских рас жизнь на юге была более легкой и приятной, и многие из них впоследствии мигрировали в Африку. Первичные сангикские народы – высокоразвитые расы – избегали тропиков: красный человек направился на северо-восток Азии, за ним по пятам следовал желтый, а синяя раса двинулась на северо-запад, в Европу.

Уже на раннем этапе красные люди начали мигрировать на северо-восток вслед за отступавшим льдом; они обошли нагорья Индии и заняли почти всю северо-восточную Азию. За ними неотступно следовали племена желтого человека, которые впоследствии вытеснили их из Азии в Северную Америку.

Когда сравнительно чистокровные красные люди покинули Азию, они объединяли одиннадцать племен, насчитывавших чуть более семи тысяч мужчин, женщин и детей. За этими племенами следовали три небольшие группы смешанного происхождения, крупнейшая из которых представляла собой сочетание оранжевой и синей рас. Три эти группы так и не сблизились с красным человеком и вскоре мигрировали на юг – в Мексику и Центральную Америку, где позднее к ним присоединилась небольшая смешанная группа желтых и красных людей. Все эти племена перемешались, образовав новую смешанную расу, которая была гораздо менее воинственной, чем чистокровная красная раса. За пять тысяч лет эта смешанная раса разделилась на три группы, положив начало, соответственно, цивилизациям Мексики, Центральной Америки и Южной Америки. Кроме того, южноамериканская ветвь унаследовала незначительную долю крови Адама.

До некоторой степени, ранние красные и желтые люди смешались в Азии, и потомки этого союза прошли на восток и вдоль южного морского побережья и в итоге были вытеснены быстрорастущей желтой расой на полуострова и ближайшие морские острова. Они являются современными коричневыми людьми.

Желтая раса продолжала занимать центральные регионы Восточной Азии. В количественном отношении, из всех цветных рас она сохранилась лучше всех. Хотя желтые люди то и дело участвовали в расовых войнах, они не вели таких же непрерывных и беспощадных войн на уничтожение, как красный, зеленый и оранжевый человек. Фактически, три эти расы уничтожили друг друга еще до того, как были практически полностью стерты с лица земли своими врагами из других рас.

Благодаря тому что пятый ледник не продвинулся слишком далеко на юг Европы, путь для миграции этих сангикских народов на северо-запад оставался частично открытым. И после отступления льда синие люди, вместе с некоторыми другими, меньшими расовыми группами отправились на запад по древним тропам андонитов. Волна за волной они вторглись в Европу, захватив бóльшую часть материка.

В Европе они вскоре встретились с неандертальскими потомками их общего далекого предка – Андона. Эти более древние европейские неандертальцы были вытеснены на юг и восток наступавшим ледником. В силу своего положения, они сразу же столкнулись с вторгшимися родственниками из сангикских племен и быстро поглотили их.

В целом, и в первую очередь, сангикские племена были более разумными, чем деградировавшие потомки ранних андонитов, обитателей равнин, и во многих отношениях превосходили их. Поэтому смешение этих сангикских племен с неандертальцами привело к немедленному улучшению более древней расы. Именно это привнесение сангикской крови – в основном крови синего человека – привело к заметному усовершенствованию неандертальцев, что проявилось в тех всё более разумных племенах, которые, волна за волной, прокатились по Европе с востока.

На протяжении следующего межледникового периода эта новая неандертальская раса распространилась от Англии до Индии. Остатки синей расы древнего Персидского полуострова впоследствии смешались с некоторыми другими расами, в основном с желтой. И появившаяся в итоге разновидность, позднее несколько улучшенная фиолетовой расой Адама, сохранилась в виде смуглых кочевых племен современных арабов.

Любые попытки установить степень родства современных народов с сангикскими племенами должны учитывать наступившее впоследствии улучшение расовых признаков в результате привнесения адамической крови.

Более развитые расы стремились поселиться в северных или умеренных климатических зонах, в то время как оранжевая, зеленая и индиговая расы, одна за другой, перебрались в Африку по вновь поднявшемуся мосту суши, который отделял отступавшее на запад Средиземное море от Индийского океана.

Индиговые племена последними из сангикских народов мигрировали из своего центра происхождения рас. Примерно в то же время, когда зеленая раса истребляла в Египте оранжевую, чрезвычайно ослабляя себя при этом, начался великий исход черной расы через Палестину, вдоль побережья, на юг. И когда позднее эти физически сильные индиговые народы захватили весь Египет, они стерли с лица земли зеленую расу за счет одного только численного превосходства. Эти индиговые народы поглотили остатки оранжевого человека и значительную часть зеленой расы, и некоторые из индиговых племен были существенно улучшены благодаря этому смешению.

Как видно, вначале в Египте преобладали оранжевые племена, затем – зеленые, за которыми последовали индиговые (черные), а еще позднее – раса, образованная в результате смешения индигового, синего и видоизмененного зеленого человека. Однако задолго до прибытия Адама синие племена Европы и смешанные расы Аравии вытеснили индиговую расу из Египта далеко на юг африканского материка.

Мы приближаемся к завершению сангикских миграций; исчезли зеленая и оранжевая расы, красный человек владеет Северной Америкой, желтый – восточной Азией, синий человек – Европой, а индиговая раса переселилась в Африку. Индия населена смешанными вторичными сангикскими племенами, а коричневый человек – сочетающий в себе красную и желтую расы – удерживает острова вдоль азиатского побережья. Нагорья Южной Америки занимает смешанная раса, обладающая определенным прогрессивным потенциалом. Наиболее чистокровные андониты обитают в регионах крайнего севера Европы, Исландии, Гренландии и в северо-восточной части Северной Америки.

В периоды наибольшего вторжения ледников, для племен андонитов крайнего запада существовала угроза быть вытесненными в море. В течение многих лет они жили на узкой полосе земли вдоль южного побережья современного острова Англии. Именно повторяющиеся наступления льда заставили их выйти в море с приходом шестого, и последнего, ледника. Андониты стали первыми морскими путешественниками. Они строили лодки и пускались на поиски новых земель, в которых, как они надеялись, им не грозят ужасные нашествия льда. Некоторые из них достигли Исландии, другие – Гренландии, однако подавляющее большинство погибло в открытом море от голода и жажды.

Чуть более восьмидесяти тысяч лет тому назад, вскоре после того как красные люди достигли северо-западной части Северной Америки, замерзание северных морей и приближение локальных ледниковых полей Гренландии заставили эскимосов – потомков коренных жителей Урантии – искать новую, более подходящую родину. Удача сопутствовала им: они успешно пересекли узкие проливы, отделявшие в то время Гренландию от северо-восточных массивов суши Северной Америки, и достигли материка примерно двадцать один век спустя после того, как красный человек добрался до Аляски. Впоследствии часть смешанного потомства синего человека перебралась на запад и слилась с поздними эскимосами. Этот союз оказал некоторое благотворное воздействие на племена эскимосов.

Около пяти тысяч лет тому назад, на юго-восточных берегах Гудзонова залива, одно из индейских племен столкнулось с одиночной группой эскимосов. Два племени плохо понимали друг друга, однако вскоре они смешались, и в результате эскимосы были поглощены более многочисленными красными людьми. Это единственный случай контакта североамериканского красного человека с любой другой человеческой расой вплоть до того времени, когда, около тысячи лет тому назад, белый человек впервые высадился на атлантическом побережье.

В те древние эпохи борьба отличалась отвагой, храбростью и даже героизмом. Все мы сожалеем о том, что эти благородные и суровые черты ваших древних предков исчезли в последующих расах. Хотя мы отдаем должное значению многих достижений прогрессирующей цивилизации, нам не хватает величественного упорства и высшей преданности ваших ранних предков – черт, которые нередко граничили с благородством и величием.

[Представлено Носителем Жизни, постоянно пребывающим на Урантии.]

ДОКУМЕНТ 65

СВЕРХУПРАВЛЕНИЕ ЭВОЛЮЦИЕЙ

Основная эволюционная материальная жизнь – жизнь до появления разума – определяется формулой Главных Физических Регуляторов и животворящей опекой Семи Главных Духов в совокупности с активным участием полномочных Носителей Жизни. В результате согласованной деятельности этого триединого созидательного начала, развиваются организменные физические условия, необходимые для функционирования разума, – материальные механизмы, позволяющие разумно реагировать на стимулы внешней среды и, позднее, на внутренние стимулы, возникающие в самом разуме организма.

Следовательно, существуют три явно выраженных уровня создания и развития жизни:

1. Область физической энергии – создание условий для появления разума.

2. Служение разуму, осуществляемое вспомогательными духами, – преддверие появления духовных способностей.

3. Наделение смертного разума духом, вершиной которого становится посвящение ему Настройщика Мышления.

Механические, необучаемые уровни организменного реагирования на воздействия среды относятся к области физических регуляторов. Вспомогательные духи разума активируют и регулируют адаптационные – или немеханические, обучаемые – типы разума, то есть те механизмы ответных реакций, которые позволяют организму учиться на опыте. И как вспомогательные духи подобным образом манипулируют потенциалами разума, так Носители Жизни, в значительной мере и по собственному усмотрению, управляют экзогенными аспектами эволюционных процессов вплоть до появления человеческой воли – способности познать Бога и добровольно поклоняться ему.

Именно интегрированное действие Носителей Жизни, физических регуляторов и вспомогательных духов обуславливает направление органической эволюции в обитаемых мирах. И именно поэтому эволюция – на Урантии или за ее пределами – всегда целенаправленна и никогда не случайна.

1. ФУНКЦИИ НОСИТЕЛЕЙ ЖИЗНИ

Носители Жизни наделены способностью личностной трансформации – свойством, которым обладают лишь некоторые категории созданий. Эти Сыны локальной вселенной способны действовать в трех разнообразных фазах бытия. Обычно они выполняют свои обязанности в качестве Сынов средней фазы, какими они и появляются на свет. Однако на данном этапе существования Носитель Жизни неспособен функционировать в электрохимической среде в качестве изготовителей составных элементов живого бытия из физических энергий и материальных частиц.

Носители Жизни способны действовать и действуют на трех уровнях:

1. Материальный электрохимический уровень.

2. Обычная средняя фаза квазиморонтийного существования.

3. Более высокий, полудуховный уровень.

Готовясь к имплантации жизни и выбрав подходящие для такого начинания места, Носители Жизни созывают комиссию архангелов. Данная группа по преобразованию Носителей Жизни состоит из десяти категорий разнообразных личностей, включая физических регуляторов и их партнеров. Ее возглавляет глава архангелов, действующий в таком качестве по поручению Гавриила и с одобрения Древних Дней. Объединенные должным образом в контур, эти существа способны таким образом модифицировать Носителей Жизни, чтобы сразу же позволить им действовать на физических электрохимических уровнях.

Когда сформулированы формы жизни и созданы необходимые материальные системы, сразу же активируются сверхматериальные силы, имеющие отношение к воспроизводству жизни, – и возникает жизнь. После этого Носителей Жизни немедленно возвращают в их нормальную, среднюю фазу существования личности, в котором они способны манипулировать живыми элементами и оперировать эволюционирующими организмами, хотя они полностью лишаются возможности организовывать – создавать – новые типы живого вещества.

По завершении определенного этапа органической эволюции и после того как в высших эволюционирующих организмах появляется свободная воля человеческого типа, Носители Жизни должны либо покинуть планету, либо дать клятву отречения; это означает, что они должны дать торжественное обещание воздерживаться от любых дальнейших попыток воздействия на ход органической эволюции. После добровольного обета Носителей Жизни, пожелавших остаться на планете в качестве грядущих советников тех личностей, которым будет доверено содействовать развитию новых волевых созданий, под руководством главы Вечерних Звезд созывается состоящая из двенадцати существ комиссия, уполномоченная Властелином Системы и действующая с согласия Гавриила. И эти Носители Жизни сразу же переводятся в третью фазу существования личности – полудуховный уровень бытия. Я действую на Урантии в этой третьей фазе бытия со времен Андона и Фонты.

Мы с нетерпением ждем того часа, когда вселенная сможет утвердиться в свете и жизни и наступит возможная четвертая стадия существования, на которой мы станем полностью духовными. Однако нам никогда не открывали, с помощью какого метода мы можем обрести это желанное и высокое состояние.

2. ЭВОЛЮЦИОННАЯ ПАНОРАМА

История восхождения человека от морской водоросли до уровня властелина земного творения представляет собой захватывающее повествование о биологической борьбе и выживании разума. Изначальные предки человека в буквальном смысле слова были илом и тиной океанского дна в стоячих и теплых водах заливов и лагун, расположенных вдоль обширных побережий древних внутренних морей; это были те самые воды, в которых Носители Жизни осуществили три раздельные имплантации жизни на Урантии.

На сегодняшний день сохранилось лишь несколько представителей древних типов морских растений, участвовавших в тех эпохальных изменениях, которые привели к появлению пограничных, похожих на животных, организмов. К таким древним промежуточным типам относятся губки – организмы, посредством которых происходил *постепенный* переход от растительной к животной жизни. Эти ранние переходные формы очень напоминали современные губки, хотя и не были идентичны им; они были настоящими пограничными организмами: не являясь ни растениями, ни животными, они в итоге привели к появлению истинно животных форм жизни.

Бактерии – простые растительные организмы очень примитивного типа – почти не изменились со времени появления жизни; у них даже наблюдается некоторая регрессия, проявляющаяся в паразитических свойствах. Многие грибки также являются примером обратного движения в эволюции и представляют собой растения, потерявшие способность к синтезу хлорофилла и в большей или меньшей степени превратившиеся в паразитов. И действительно, большинство болезнетворных бактерий и их помощников-вирусов принадлежит к этой группе видоизменившихся грибков-паразитов. В течение минувших эпох всё громадное царство растений прошло путь эволюционного развития от предков, к которым восходят также бактерии.

Вскоре – и *внезапно* – появился более высокий протозойный тип животной жизни. С тех далеких времен, почти не изменившись, сохранилась амеба – типичный одноклеточный животный организм. Она и сегодня резвится так же, как в ту эпоху, когда она являлась последним и величайшим достижением эволюции. Это мельчайшее создание и его протозойные родственники имеют такое же значение для мира животных, как бактерии для царства растений: они являются примером организмов, сохранившихся на первой эволюционной ступени дифференциации жизни, равно как и примером *несостоявшегося дальнейшего развития*.

Вскоре ранние одноклеточные типы животных организмов соединились в колонии – сначала по типу жгутиковых, а затем по линии превращения в гидр и медуз. Еще позднее появились морские звезды, морские лилии, морские ежи, морские огурцы, многоножки, насекомые, пауки, ракообразные и близкородственные группы земляных червей и пиявок, вслед за которыми возникли моллюски – устрицы, осьминоги и улитки. Многие сотни видов появлялись и исчезали; здесь упоминаются лишь те, которые уцелели после продолжительной борьбы. Вместе с появившимися впоследствии рыбами, такие неэволюционирующие виды представляют сегодня неизменные типы ранних и примитивных животных – ветви древа жизни, остановившиеся в своем развитии.

Итак, всё было готово к появлению первых позвоночных животных – рыб. Из них выделились две уникальных модификации: лягушка и саламандра. Именно лягушка положила начало серии постепенных дифференциаций животной жизни, которые в итоге привели к появлению самого человека.

Лягушка является одним из древнейших уцелевших предков человека, однако и она прекратила свое развитие, оставшись сегодня почти такой же, как в те далекие времена. Лягушка – единственный сохранившийся предшественник древних рас. Не сохранилось ни одного промежуточного предшественника человека между лягушкой и эскимосом.

От лягушек произошли рептилии – огромный и практически исчезнувший тип животных, который, прежде чем прекратить свое существование, породил целое семейство птиц и многочисленные классы млекопитающих.

Возможно, самым большим эволюционным скачком за всю историю до появления человека стало превращение пресмыкающегося в птицу. Современные типы птиц – орлы, утки, голуби и страусы – произошли от исполинских пресмыкающихся, обитавших в далеком прошлом.

Царство пресмыкающихся, произошедшее от семейства лягушек, представлено сегодня четырьмя уцелевшими группами. Две из них непрогрессирующие – это змеи и ящерицы, а также их родственники – крокодилы и черепахи; одна группа является частично прогрессирующей – это семейство птиц; четвертая группа представляет собой предшественников млекопитающих и образует линию, ведущую непосредственно к человеку. Но несмотря на давнее исчезновение, массивность вымиравших рептилий нашла свое отражение в слоне и мастодонте, а их своеобразные формы увековечились в прыгающем кенгуру.

На Урантии появилось только четырнадцать филюмов, последним из которых стали рыбы, и новых классов не возникало со времени появления птиц и млекопитающих.

Именно от подвижного рептильного динозавра – маленького плотоядного существа, обладавшего, однако, сравнительно большим мозгом, – *внезапно* произошли плацентарные млекопитающие. Эти млекопитающие развивались быстро и разнообразно, не только породив общие современные разновидности, но и превратившись в морские типы – такие как киты и тюлени, а также в летающие создания – такие как летучие мыши.

Таким образом, человек произошел от высших млекопитающих, ведущих свое происхождение в основном от *западной имплантации* жизни в древних защищенных морях, расположенных в восточно-западном направлении. На ранних этапах *восточная* и *центральная группы* живых организмов успешно развивались в направлении достижения предчеловеческих уровней животного существования. Однако время показало, что восточный центр внедрения жизни не достиг удовлетворительного уровня развития разума, предшествующего появлению человека, ибо многократные невосполнимые потери высших типов зародышевой плазмы навсегда лишили этот центр способности восстановления человеческих потенциалов.

Так как по своей способности к развитию разум этой восточной группы столь явно уступал двум остальным, Носители Жизни – с согласия своих руководителей – таким образом воздействовали на среду, чтобы еще больше ограничить эти примитивные линии эволюционирующей жизни. По всем внешним признакам уничтожение этих низших групп созданий было случайным, но в действительности оно было вполне преднамеренным.

По мере эволюционного развития разума лемурообразные предшественники человека оказались значительно более развитыми в Северной Америке, чем в других регионах. Поэтому направленная миграция из зоны активности западной имплантации жизни – через Берингов мост суши и вдоль побережья – привела их в юго-западную Азию, где они продолжали развиваться, успешно используя некоторые наследственные факторы, привнесенные центральной группой жизни. Таким образом, человек произошел от некоторых западных и центральных разновидностей жизни, но в центральных и близких к восточным регионах.

Так жизнь, имплантированная на Урантии, развивалась вплоть до ледникового периода, когда появился сам человек и вступил на свой богатый событиями планетарный путь. И это появление на земле первобытного человека в течение ледникового периода не было чистой случайностью; оно было преднамеренным. Трудности и суровость климата ледниковой эры во всех отношениях соответствовали поставленной цели: содействовать созданию закаленного типа человека с колоссальной способностью к выживанию.

3. СОДЕЙСТВИЕ ЭВОЛЮЦИИ

Едва ли возможно объяснить разуму современного человека многие необычные и кажущиеся гротескными особенности раннего эволюционного развития.

За всеми этими внешне странными процессами эволюции живых существ стоит целенаправленный план, однако после активации жизненных форм мы не вправе произвольно вмешиваться в их дальнейшее развитие.

Носители Жизни могут использовать любое естественное средство, любые и все благоприятные обстоятельства для содействия эволюционному прогрессу экспериментальной жизни, но нам не позволяется механически вмешиваться в эволюцию растительной или животной жизни или произвольно манипулировать ее течением и направлением.

Вы уже знаете, что смертные Урантии восходят к первобытной лягушке и что наследственный материал, который привел на более высокий уровень развития и потенциально заключался в одной особи, в одном случае был близок к гибели. Однако не следует делать вывод, что такой несчастный случай положил бы конец эволюции человечества. В тот самый момент мы наблюдали за существованием и способствовали развитию не менее тысячи различных и расположенных далеко друг от друга мутирующих генотипов, которые могли быть интегрированы во многие различные типы дочеловеческого развития. Данная прародительница-лягушка представляла собой третью отобранную нами кандидатуру. Два предшествующих генотипа погибли, несмотря на все наши попытки сохранить их.

Даже гибель Андона и Фонты до появления у них потомства не могла бы предотвратить эволюцию человека, хотя и замедлила бы ее. После появления Андона и Фонты и до истощения мутационных человеческих потенциалов животной жизни появилось не менее семи тысяч благоприятных разновидностей, которые могли бы вылиться в один из человеческих типов развития. И многие из этих преимущественных линий были впоследствии ассимилированы различными ветвями распространявшегося человеческого вида.

Человеческие потенциалы в развивающихся животных исчерпываются задолго до прибытия на планету биологических совершенствователей – Материального Сына и Материальной Дочери. Этот биологический статус животной жизни раскрывается Носителям Жизни через феномен третьей фазы мобилизации вспомогательных духов, которая автоматически наступает с истощением способности всей животной жизни порождать мутационные потенциалы предчеловеческих индивидуумов.

На Урантии человечество должно решать проблемы смертного развития с тем человеческим материалом, который у него есть, ибо на протяжении всего грядущего времени новые расы, развивающиеся из предчеловеческих источников, появляться не будут. Однако данный факт не препятствует возможности достижения несравненно более высоких уровней человеческого развития посредством разумного поддержания эволюционных потенциалов, всё еще присутствующих в смертных расах. То, что мы, Носители Жизни, делаем для поддержания и сохранения жизненных видов до появления человеческой воли, человек должен сделать сам после такого события и нашего последующего отхода от активного участия в эволюции. В общем смысле, эволюционная судьба человека находится в его руках, и научная мысль должна рано или поздно прийти на смену беспорядочному действию неконтролируемого естественного отбора и случайного выживания.

Говоря о содействии эволюции, было бы нелишне отметить, что в далеком будущем, когда вы, возможно, будете прикреплены к корпусу Носителей Жизни, в вашем распоряжении окажутся все условия для внесения предложений и выполнения любых возможных усовершенствований, касающихся планов и методов управления жизнью и ее имплантации. Наберитесь терпения! Если у вас есть хорошие идеи, если в вашем разуме созрели предложения по более совершенным методам управления любой частью вселенной, то у вас несомненно будет возможность познакомить с ними ваших партнеров и коллег в грядущие эпохи.

4. УРАНТИЙСКИЙ ЭКСПЕРИМЕНТ

Не упускайте из виду тот факт, что мы были направлены на Урантию как на планету экспериментальной жизни. Здесь мы предприняли свою шестидесятую попытку модифицировать и, по возможности, усовершенствовать сатанийский вариант небадонских моделей жизни. И то, что мы добились многочисленных благоприятных модификаций стандартных типов жизни, является общепризнанным фактом. В частности, на Урантии мы разработали и успешно продемонстрировали не менее двадцати восьми элементов модификации жизни, которые будут полезны всему Небадону в течение всего будущего времени.

Однако ни в одном мире внедрение жизни не является экспериментальным в смысле попытки испробовать нечто неиспытанное и неизвестное. Эволюция жизни представляет собой метод, который постоянно развивается, специализируется и изменяется, но никогда не является непродуманным, неконтролируемым или же целиком экспериментальным – то есть случайным.

Многие особенности человеческой жизни служат убедительным свидетельством того, что феномен смертного существования был разумно спланирован, что органическая эволюция не есть всего лишь космическая случайность. Пораненная живая клетка обнаруживает способность вырабатывать некоторые химические соединения, которые стимулируют и активируют нормальные соседние клетки таким образом, что они сразу же начинают секретировать определенные вещества, помогающие заживлению раны. Одновременно с этим нормальные и не пораженные клетки начинают размножаться, то есть принимаются за создание новых клеток, чтобы заменить своих коллег, которые могли погибнуть в результате несчастного случая.

Именно это сочетание химических воздействий и ответных реакций, связанных с заживлением ран и воспроизводством клеток, представляет собой отобранную Носителями Жизни формулу, которая включает более ста тысяч стадий и свойств возможных химических реакций и биологических последствий. Более полумиллиона специальных экспериментов было поставлено Носителями Жизни в их лабораториях, пока они не остановились на данной формуле для проведения урантийского эксперимента по созданию жизни.

Когда ученые Урантии лучше узнают эти целительные химические вещества, они смогут более эффективно лечить повреждения и косвенным путем приобретут новые знания, необходимые для контроля некоторых серьезных заболеваний.

Со времени имплантации жизни на Урантии Носители Жизни занимались улучшением этого метода заживления. В усовершенствованном виде, внедренном на одном из миров Сатании, он обладает еще большим болеутоляющим действием и еще лучше контролирует пролиферацию окружающих нормальных клеток.

Урантийский эксперимент отличался многими уникальными особенностями. Однако двумя наиболее выдающимися эпизодами стали появление андонической расы до эволюции шести цветных народов и последующее одновременное появление сангикских мутантов в одной семье. Урантия является первым миром Сатании, где шесть цветных рас произошли от одной и той же человеческой семьи. Обычно они представляют собой разнообразные ветви, восходящие к независимым мутациям в предчеловеческих животных популяциях, и обычно появляются на земле по одной, на протяжении длительных периодов времени, начиная с красного человека и доходя – через остальные цвета – до индигового.

Другим выдающимся отклонением от нормы стало позднее прибытие Планетарного Князя. Как правило, прибытие Князя примерно совпадает с развитием воли. И если бы это было так, то Калигастия мог бы прибыть на Урантию уже при жизни Андона и Фонты, а не почти пятьсот тысяч лет спустя – одновременно с возникновением шести сангикских рас.

Если бы Урантия являлась обычным обитаемым миром, Планетарный Князь был бы прислан по просьбе Носителей Жизни с появлением Андона и Фонты или вскоре после этого. Однако ввиду того, что Урантия относится к планетам видоизменения жизни, двенадцать наблюдающих Мелхиседеков, в соответствии с предварительным договором, были направлены в качестве советников Носителей Жизни, а также для осуществления общего надзора за планетой вплоть до последующего прибытия Планетарного Князя. Мелхиседеки прибыли тогда, когда Андон и Фонта приняли решения, позволившие Настройщикам Мышления поселиться в их смертном разуме.

Действия Носителей Жизни на Урантии по усовершенствованию типов жизни Сатании неизбежно привели к созданию многих – внешне бесполезных – промежуточных форм жизни, но уже извлеченная благодаря им польза достаточна для того, чтобы оправдать урантийские модификации стандартных моделей жизни.

Мы стремились добиться появления воли уже на раннем этапе эволюционной жизни Урантии, и наши усилия увенчались успехом. Обычно воля проявляется только после продолжительного существования цветных рас и чаще всего – среди превосходящих типов красного человека. Ваш мир является единственной планетой Сатании, где человеческий тип воли появился в предцветной расе.

Однако в нашем стремлении добиться той комбинации и того сочетания наследственных факторов, которые в итоге привели к возникновению млекопитающих предшественников человеческого рода, мы столкнулись с необходимостью допустить появление сотен и тысяч других, сравнительно бесполезных комбинаций и сочетаний наследственных факторов. Многие из этих, кажущихся странными, побочных продуктов наших усилий наверняка привлекут ваше внимание, когда вы углубитесь в прошлое своей планеты, и я могу представить себе, сколь непонятными должны казаться некоторые из них с ограниченной точки зрения человека.

5. ПРЕВРАТНОСТИ ЭВОЛЮЦИИ ЖИВЫХ СУЩЕСТВ

Носители Жизни были опечалены предательством Калигастии и адамическим проступком – теми неподвластными нам трагическими извращениями, которые столь затруднили наши специальные усилия, направленные на видоизменение разумной жизни на Урантии.

Однако причиной самого глубокого разочарования на протяжении всего биологического эксперимента была широкая и неожиданная реверсия некоторых примитивных форм растительной жизни к уровню дохлорофилловых паразитических бактерий. Это непредвиденное обстоятельство в эволюции растительной жизни привело ко многим мучительным заболеваниям высших млекопитающих, в особенности у более уязвимого человеческого вида. Столкнувшись с этой сложной ситуацией, мы, в определенной мере, не придали значения возможным осложнениям, ибо знали, что последующее привнесение адамической жизненной плазмы сможет настолько повысить сопротивляемость новой смешанной расы, что она станет практически невосприимчивой ко всем заболеваниям, вызываемым организмами растительного типа. Однако наши надежды рухнули вследствие злополучного адамического проступка.

Вселенная вселенных, включая этот небольшой мир, именуемый Урантией, управляется совсем не для того, чтобы снискать наше одобрение или обеспечить удобное для нас существование, и еще меньше – для удовлетворения наших прихотей или любопытства. Можно не сомневаться в том, что мудрые и всемогущие существа, ответственные за управление вселенной, в точности знают свои намерения. И потому Носителям Жизни подобает – и смертному разуму следует – запастись терпением и чистосердечно сотрудничать с правлением мудрости, господством могущества и движением прогресса.

Конечно, существуют и определенные компенсации за страдания, такие как посвящение Михаила на Урантии. Однако независимо от всех подобных соображений, последние небесные наблюдатели этой планеты полностью уверены в окончательном эволюционном триумфе человеческого рода и итоговом оправдании наших изначальных планов и типов жизни.

6. ЭВОЛЮЦИОННЫЕ МЕТОДЫ ЖИЗНИ

Невозможно одновременно определить точное местонахождение и скорость движущегося объекта; любая попытка измерить один из этих параметров неизбежно ведет к изменению другого. С таким же парадоксом сталкивается смертный человек, когда берется за химический анализ протоплазмы. Химик способен пролить свет на химию *мертвой* протоплазмы, но он неспособен постичь ни физическую организацию, ни динамические процессы *живой* протоплазмы. Всё ближе будет подбираться наука к секретам жизни, однако так никогда их и не раскроет, причем по одной-единственной причине: для того, чтобы исследовать протоплазму, ее необходимо убить. Мертвая протоплазма весит столько же, сколько живая, но это не одно и то же.

Во всём живом, во всяком живом существе заключена изначальная способность к приспособлению. В каждой *живой* клетке растения или животного, в каждом *живом* организме – материальном или духовном – существует неутолимое стремление к достижению всё более совершенного приспособления к среде, к организменной адаптации, ко всё более полной реализации жизни. Эти нескончаемые усилия всякого живого существа свидетельствуют о врожденном стремлении к совершенству.

Важнейшим шагом в эволюции растений было появление способности к синтезу хлорофилла, а вторым величайшим успехом стало превращение споры в сложное семя. Спора более эффективна как средство размножения, но ей недостает потенциального разнообразия и универсальности, присущих семени.

Один из самых полезных и сложных эпизодов в эволюции высших типов животных заключался в появлении способности железа, входящего в состав клеток крови, выполнять двойную функцию: доставлять кислород и удалять углекислый газ. Такая функция красных кровяных клеток иллюстрирует способность эволюционирующих организмов приспосабливаться к варьирующейся или изменяющейся среде. Высшие животные – включая человека – насыщают свои ткани кислородом с помощью содержащегося в красных клетках крови железа, которое переносит кислород к живым клеткам и столь же эффективно удаляет углекислый газ. Однако той же цели могут служить и другие металлы. Каракатицы используют для этого медь, а асцидии – ванадий.

Примером продолжения таких биологических адаптаций служит эволюция зубов у высших млекопитающих Урантии. У дальних предков человека насчитывалось тридцать шесть зубов, но в результате приспособления их количество сократилось до тридцати двух у раннего человека и его ближайших родственников. В настоящее время число зубов у человека постепенно уменьшается до двадцати восьми. Процесс эволюции на этой планете всё еще характеризуется активностью и стремлением к адаптации.

Тем не менее, многие кажущиеся загадочными приспособления живых организмов имеют чисто химический, всецело физический характер. В любой момент в кровотоке каждого человека может протекать свыше 15 000 000 химических реакций между гормонами, выделяемыми дюжиной желез внутренней секреции.

Низшие формы растительной жизни полностью подчиняются воздействию физической, химической и электрической среды. Однако по мере восхождения по ступеням жизни, семь вспомогательных духов, один за другим, начинают оказывать помощь разуму, который становится всё более адаптационным, созидательным, координирующим и господствующим. Способность животных приспосабливаться к воздушной, водной и наземной среде не является сверхъестественной, но она представляет собой сверхфизическую адаптацию.

Одной только химии и физики недостаточно, чтобы объяснить, каким образом произошло развитие человека из первобытной протоплазмы древних морей. Способность к обучению, память и разнообразные реакции на воздействие среды являются свойствами разума. Законы физики нечувствительны к обучению; они непреложны и неизменны. Химические реакции не изменяются под воздействием образования; они единообразны и постоянны. За исключением присутствия Безусловного Абсолюта, электрические и химические реакции предсказуемы. Однако разум способен извлекать пользу из опыта и учиться на поведенческих реакциях, которые появляются в ответ на повторяющееся стимулирование.

Доразумные организмы реагируют на стимулы среды, но те организмы, которые реагируют на служение разуму, способны приспосабливать саму среду и манипулировать ею.

Физический мозг и связанная с ним нервная система обладают врожденной способностью реагировать на служение разуму, так же как развивающийся разум личности обладает некоторой врожденной способностью к духовной восприимчивости и поэтому заключает в себе потенциальные возможности духовного прогресса и духовных достижений. Интеллектуальная, социальная, нравственная и духовная эволюция зависит от служения разуму, осуществляемого семью вспомогательными духами и их сверхфизическими партнерами.

7. ЭВОЛЮЦИОННЫЕ УРОВНИ РАЗУМА

Семь вспомогательных духов разума являются разносторонними попечителями разума низших разумных существ локальных вселенных. Помощь, оказываемая этой категории разума, предоставляется из столицы локальной вселенной или же из одного из связанных с ней миров, но направляющее воздействие на функционирование разума низшего уровня осуществляется из столицы системы.

Многое, очень многое из того, что происходит в эволюционном мире, зависит от этих семи помощников. Однако они являются опекунами разума; они не имеют отношения к физической эволюции – области Носителей Жизни. Тем не менее, безупречная интеграция этих духовных даров с предопределенным и естественным процессом раскрывающегося и имманентного режима Носителей Жизни является причиной неспособности смертных увидеть в явлении разума что-либо, кроме орудия природы и естественного процесса, хотя порой вы несколько теряетесь, пытаясь объяснить всё то, что имеет отношение к естественным реакциям разума, связанного с материей. И если бы развитие Урантии в большей мере соответствовало изначальным планам, в явлении разума было бы еще меньше того, что привлекало бы ваше внимание.

Семь вспомогательных духов напоминают больше контуры, чем сущности, и в обычных мирах они включены в один контур с другими вспомогательными процессами локальной вселенной. Однако на планетах экспериментальной жизни они являются относительно изолированными. А на Урантии – ввиду уникального характера типов жизни – вспомогательные духи нижних ступеней испытывали значительно больше трудностей в установлении контакта с эволюционными организмами, чем в случае более стандартного типа наделения жизнью.

Кроме того, в обычном эволюционном мире семь вспомогательных духов намного лучше синхронизованы с последовательными стадиями развития животных, чем это было на Урантии. За единственным исключением, попытки этих помощников установить контакт с эволюционирующими интеллектами урантийских организмов были связаны с самыми большими трудностями за всю историю их служения по всей вселенной Небадон. В этом мире появились многие формы пограничных явлений – запутанные сочетания механических-необучаемых и немеханических-обучаемых типов организменных реакций.

Семь вспомогательных духов не вступают в контакт с чисто механическими типами организменных реакций на среду. Такие предразумные реакции живых организмов относятся исключительно к энергетической области силовых центров, физических регуляторов и их партнеров.

Приобретение потенциальной способности *учиться* на опыте знаменует начало функционирования вспомогательных духов – от низшего разума примитивных и невидимых существ до высших эволюционных типов людей. Эти духи являются источником и образцом для поведения – в остальном более или менее таинственного – и не до конца понимаемых быстрых реакций разума на материальную среду. Подолгу приходится этим преданным и неизменно надежным влияниям продолжать свою предварительную опеку, прежде чем животный разум достигает человеческих уровней духовной восприимчивости.

Эти помощники функционируют исключительно в сфере эволюции эмпирического разума вплоть до уровня шестой ступени – духа поклонения. На этом уровне происходит неизбежное совмещение служения – явление, когда высокое соединяется с низким для согласованной деятельности в ожидании последующего достижения более совершенных уровней развития. Кроме того, действие седьмого и последнего помощника – духа мудрости – сопровождается дополнительным духовным служением. В течение всей опеки, осуществляемой духовным миром, индивидуум никогда не испытывает внезапных перемен в духовном сотрудничестве. Такие изменения всегда являются постепенными и соразмерными.

Необходимо всегда различать физические (электрохимические) и интеллектуальные реакции на стимулы среды. В свою очередь, все они должны восприниматься как явления, отличные от духовной деятельности. Области физической, интеллектуальной и духовной гравитации являются отдельными сферами космической реальности, несмотря на их тесные взаимосвязи.

8. ЭВОЛЮЦИЯ ВО ВРЕМЕНИ И ПРОСТРАНСТВЕ

Время и пространство неразделимы; они связаны органичной связью. Временны́е задержки неизбежны в присутствии некоторых пространственных условий.

Если у вас вызывает недоумение, что на достижение эволюционных перемен в жизни затрачивается так много времени, то я хотел бы заметить следующее: мы неспособны ускорить жизненный процесс, заставить его протекать быстрее, чем это позволяет сделать физическая трансформация планеты. Мы должны следовать естественному, физическому развитию планеты; у нас нет абсолютно никаких средств воздействия на геологическую эволюцию. Если бы позволяли физические условия, мы завершили бы весь цикл эволюции жизни значительно быстрее, чем за один миллион лет. Однако все мы находимся в ве́дении Верховных Правителей Рая, а в Раю время не существует.

Для индивидуума мерилом времени является продолжительность его жизни. Таким образом, все создания обусловлены временем, и поэтому для них эволюция является растянутым во времени процессом. Для тех из нас, чья продолжительность жизни не ограничена временем, эволюция не кажется столь длительным процессом. В Раю, где время не существует, всё *присутствует* в разуме Бесконечности и деяниях Вечности.

Как эволюция разума определяется и тормозится медленным развитием физических условий, так духовный прогресс обусловлен развитием разума и неизбежно замедляется его деградацией. Однако это не означает, что духовная эволюция определяется образованием, культурой или мудростью. Душа способна формироваться независимо от интеллектуальной культуры, но не в отсутствие умственных способностей и желания избрать продолжение жизни, решения добиваться всё большего совершенства – стремления выполнить волю небесного Отца. Хотя продолжение жизни может не обуславливаться знаниями и мудростью, прогресс наверняка зависит от них.

В космических лабораториях эволюции разум всегда доминирует над материей, и дух извечно взаимосвязан с разумом. Неспособность этих различных даров к синхронизации и взаимодействию может привести к временным задержкам, однако если индивидуум действительно познал Бога, жаждет найти его и стать подобным ему, то продолжение жизни обеспечено и не зависит от ограничений, накладываемых временем. Физическое состояние может ограничить разум, а умственная испорченность – замедлить духовные обретения, но ни одно из этих препятствий не способно сломить волю создания, сделавшего чистосердечный выбор.

Когда созревают физические условия, может произойти *внезапный* умственный прогресс; когда благоприятным становится состояние разума, могут осуществиться *внезапные* духовные трансформации; когда происходит должное признание духовных ценностей, то открываются космические значения, и личность начинает всё больше освобождаться от препятствий времени и ограничений пространства.

[Подготовлено Носителем Жизни, постоянно пребывающим на Урантии.]

ДОКУМЕНТ 66

ПЛАНЕТАРНЫЙ КНЯЗЬ УРАНТИИ

В обычном мире прибытие Сына-Ланонандека означает появление в разуме первобытного человека воли – способности избирать путь вечной жизни. Однако на Урантию Планетарный Князь прибыл спустя почти полмиллиона лет после появления человеческой воли.

Около пятисот тысяч лет тому назад и одновременно с появлением шести цветных, или сангикских, рас Калигастия – Планетарный Князь – прибыл на Урантию. В то время на земле существовало почти полмиллиарда первобытных людей, рассеянных по Европе, Азии и Африке. Основанная в Месопотамии резиденция Князя находилась примерно в центре расселения мировых рас.

1. КНЯЗЬ КАЛИГАСТИЯ

Калигастия был Сыном-Ланонандеком, 9 344-м членом вторичной категории. Он обладал опытом управления делами локальной вселенной в целом, а также, в течение более поздних эпох, опытом руководства делами локальной системы Сатания в частности.

До начала правления Люцифера в Сатании Калигастия был прикреплен к иерусемскому совету помощников Носителей Жизни. Люцифер возвысил его, включив в свой личный персонал, и он успешно справился с пятью последовательными заданиями, продемонстрировав честное и ответственное отношение к своим обязанностям.

Калигастия уже давно стремился получить назначение в качестве Планетарного Князя, однако раз за разом, при рассмотрении его прошения в советах созвездия, ему не удавалось заручиться согласием Отцов Созвездия. Особенно упорно Калигастия добивался назначения на должность планетарного правителя десятичной сферы – мира видоизменения жизни. Его прошение несколько раз отклонялось, прежде чем он был, наконец, назначен на Урантию.

Калигастия покинул Иерусем и вступил в ответственную должность суверенного владыки мира с завидным послужным списком Сына, верного и преданного благополучию вселенной своего происхождения и пребывания, несмотря на некоторую свойственную ему нетерпеливость в сочетании со склонностью к несогласию с существующим порядком вещей в ряде второстепенных вопросов.

Я находился на Иерусеме, когда блистательный Калигастия покинул столицу системы. Ни один Планетарный Князь не вступал на путь управления миром с более богатым предварительным опытом или лучшими перспективами, чем это сделал Калигастия в тот памятный день, полмиллиона лет тому назад. В одном я уверен: исполняя свое задание – передавая рассказ об этом событии по каналам дальней связи локальной вселенной, – я ни на миг и ни в малейшей степени не предполагал, что этот благородный Ланонандек так скоро предаст священный долг планетарной опеки и столь ужасающим образом запятнает славное имя своей возвышенной категории вселенского сыновства. Я был уверен в том, что Урантия попала в число пяти или шести наиболее счастливых планет во всей Сатании, ибо у ее руля должен был встать столь опытный, блестящий и оригинальный ум. Тогда я еще не сознавал, что Калигастия незаметно проникался себялюбием; тогда я еще не так хорошо понимал всего коварства личностной гордыни.

2. ПЕРСОНАЛ КНЯЗЯ

Планетарный Князь был послан для исполнения своей миссии не один, а в сопровождении обычного корпуса ассистентов и административных помощников.

Главой этой группы был Далигастия, партнер и помощник Планетарного Князя. Далигастия также был вторичным Сыном-Ланонандеком, являясь 9 344-м членом этой категории. Во время назначения в качестве партнера Калигастии, он состоял в должности ассистента.

Планетарный персонал включал большое число партнеров из ангельских чинов и других небесных существ, назначенных для отстаивания интересов и содействия благополучию человеческих рас. Однако с вашей точки зрения наиболее интересной группой были телесные члены княжеского персонала, которые иногда назывались *калигастийской сотней*.

Эти сто вновь материализованных членов княжеского персонала были отобраны Калигастией из более чем 785 000 восходящих граждан Иерусема, добровольно вызвавшихся для участия в урантийском эксперименте. Все члены отобранной сотни были уроженцами разных планет, и среди них не было ни одного урантийца.

Эти добровольцы-иерусемиты были доставлены на Урантию серафическим транспортом прямо из системной столицы, и после прибытия они оставались в серафимированном состоянии до тех пор, пока не были обеспечены личностными формами. Эти формы отвечали двуединому характеру особой планетарной службы и представляли собой настоящие тела из плоти и крови, приспособленные, однако, к жизненным контурам системы.

Незадолго до прибытия этих ста иерусемских граждан двое надзирающих Носителей Жизни, пребывающих на Урантии и успешно выполнивших свои планы, – направили на Иерусем и Эдемию петицию с просьбой разрешить пересадку жизненной плазмы ста избранных потомков Андона и Фонты в материальные тела, предназначенные для телесных членов персонала Князя. Эта просьба была удовлетворена на Иерусеме и одобрена на Эдемии.

Согласно этому плану, Носители Жизни отобрали пятьдесят мужчин и пятьдесят женщин – потомков Андона и Фонты, представлявших остатки лучших родов этой уникальной расы. За одним или двумя исключениями, эти андониты, внесшие свой вклад в развитие расы, были не знакомы друг с другом. Жившие далеко друг от друга, они были собраны у границ планетарной резиденции Князя благодаря координированному руководству Настройщиков Мышления и помощи серафического воинства. Здесь сто человеческих субъектов были переданы в руки искусной комиссии добровольцев из Авалона, руководивших материальным извлечением части жизненной плазмы этих потомков Андона. Затем этот живой материал был перенесен в материальные тела, изготовленные для ста иерусемитов – членов княжеского персонала. Тем временем, новоприбывшие граждане системной столицы продолжали находиться в состоянии сна, в который они погрузились для серафического переноса.

Эти события, вместе с буквальным созданием специальных тел для калигастийской сотни, породили множество легенд, многие из которых впоследствии перемешались с более поздними преданиями, связанными с появлением на планете Адама и Евы.

Весь процесс восстановления личности – от прибытия серафического транспорта с сотней иерусемских добровольцев до восстановления сознания у этих тройственных существ сферы – занял ровно десять дней.

3. ДАЛАМАТИЯ – ГОРОД КНЯЗЯ

Резиденция Планетарного Князя располагалась в районе Персидского залива тех времен, в области, соответствующей более поздней Месопотамии.

В те дни климат и ландшафт Месопотамии во всех отношениях благоприятствовали начинаниям княжеского персонала и их помощников и существенно отличались от условий, которые с некоторого времени преобладают здесь. Благоприятный климат как часть естественного окружения был необходим для того, чтобы побудить первобытных урантийцев к достижению некоторых начальных успехов в культуре и цивилизации. Центральной задачей того времени было превращение человека из охотника в скотовода в надежде на то, что позднее он превратится в мирного фермера, любителя домашнего очага.

Резиденция Планетарного Князя на Урантии была типичным примером опорного центра на молодой развивающейся сфере. Центр поселения Князя представлял собой очень простой и красивый город, окруженный стеной высотой в сорок футов. В честь Далигастии этот мировой центр культуры был назван Даламатией.

Город был поделен на десять секторов, в центре каждого из которых находились резиденции десяти советов телесного персонала. Центральное место занимал храм невидимого Отца. Административные резиденции Князя и его помощников были устроены в двенадцати залах, расположенных непосредственно вокруг храма.

Все дома в Даламатии были одноэтажными, за исключением двухэтажных резиденций советов и центрального храма Отца всего сущего – небольшого, но трехэтажного строения.

В отношении строительного материала этот город демонстрировал высшее достижение для своего времени: он был выстроен из кирпича. Камень или дерево почти не использовались. Благодаря примеру Даламатии, значительно повысился уровень домостроения и сельской архитектуры окружающих народов.

Неподалеку от резиденции Князя обитали все расы и слои человеческого общества. Именно из этих соседних племен были набраны первые ученики в школы Князя. При всей своей примитивности, древние школы Даламатии обеспечивали всё, что можно было сделать для блага мужчин и женщин той первобытной эпохи.

Члены телесного персонала Князя постоянно окружали себя лучшими индивидуумами из соседних племен; подготовив и вдохновив этих учеников, они направляли их назад в качестве учителей и лидеров своих народов.

4. РАННИЙ ПЕРИОД ДЕЯТЕЛЬНОСТИ СОТНИ

Прибытие персонала Князя произвело огромное впечатление. Несмотря на то что потребовалась тысяча лет, прежде чем эта новость обошла весь мир, учения и поведение ста новых обитателей Урантии оказали колоссальное воздействие на те племена, которые обитали вблизи Месопотамского центра. И многие ваши последующие мифы основаны на искаженных легендах об этом раннем периоде деятельности членов княжеского персонала, вновь персонализованных на Урантии в качестве сверхлюдей.

Серьезным препятствием для благотворного воздействия таких неземных учителей является тенденция смертных относиться к ним как к богам, хотя, за исключением способа своего появления на земле, калигастийская сотня – пятьдесят мужчин и пятьдесят женщин – не прибегала ни к сверхъестественным методам, ни к сверхчеловеческим манипуляциям.

И всё же члены телесного персонала были сверхлюдьми. Они приступили к своей миссии на Урантии в качестве необыкновенных тройственных существ:

1. Они являлись телесными и относительно человеческими существами, ибо заключали в себе подлинную жизненную плазму одной из человеческих рас – андоническую жизненную плазму Урантии.

Эти сто членов персонала Князя были поделены поровну по половому признаку в соответствии с их прежним смертным статусом. Каждый член этой группы мог стать одним из родителей какой-либо новой категории физического существа, однако полученные ими подробные инструкции позволяли прибегать к этому только при определенных условиях. Обычно телесный персонал Князя производит потомство незадолго до завершения специального планетарного служения. Как правило, это происходит с прибытием Планетарных Адама и Евы или же вскоре после того.

Поэтому эти особые существа имели весьма смутное представление о том, какой тип материальных существ мог бы получиться от их сексуальных контактов. Они так никогда и не узнали этого: еще до того, как выполнение планетарного труда могло привести к подобному шагу, весь режим был сорван восстанием, и те, кто впоследствии стали родителями, были изолированы от жизненных токов системы.

В отношении цвета кожи и языка, эти материализованные члены персонала Калигастии соответствовали андонитам. Они потребляли пищу так же, как и смертные этого мира, но за одним исключением: восстановленные тела этой группы полностью удовлетворялись вегетарианской диетой. Это было одним из соображений, предопределивших их проживание в теплом регионе с изобилием фруктов и орехов. Практика существования с помощью такой диеты восходит ко временам калигастийской сотни, ибо этот обычай широко распространился и повлиял на культуру питания многих окружающих племен – групп, произошедших от эволюционных рас, которые когда-то питались исключитчельно мясом.

2. Сотня состояла из материальных, но сверхчеловеческих существ, воссозданных на Урантии в качестве уникальных мужчин и женщин высокого и особого типа.

Члены этой группы, обладавшие вре́менным статусом граждан Иерусема, еще не слились со своими Настройщиками Мышления; и когда они были приняты в качестве добровольцев для планетарного служения вместе с нисходящими категориями сыновства, их Настройщики отделились от них. Однако эти иерусемиты являлись сверхчеловеческими существами: они обладали душами, способными к росту в процессе восхождения. В течение смертной жизни во плоти душа находится в зачаточном состоянии; она рождается (восстанавливается) в моронтийной жизни и претерпевает рост в последовательных моронтийных мирах. Поэтому души калигастийской сотни были уже расширены постепенным опытом, накопленным в семи обительских мирах и позволившим обрести статус граждан Иерусема.

В соответствии с полученными инструкциями, члены персонала воздерживались от половой репродукции, но они тщательно изучали свое личное строение и внимательно исследовали всевозможные аспекты интеллектуальной (разум) и моронтийной (душа) связи. И на тридцать третий год своего пребывания в

Даламатии – задолго до завершения строительства стены – второй и седьмой члены группы Дана случайно обнаружили феномен, возникший при связи (предположительно неполовой и нематериальной) их моронтийных сущностей; в результате этого эксперимента появился первый из первичных промежуточных созданий. Новое существо было полностью видимо планетарному персоналу и его небесным партнерам, но невидимо для мужчин и женщин различных человеческих племен. С одобрения Планетарного Князя весь телесный персонал приступил к созданию схожих существ, и все добились успеха, следуя инструкциям первой пары из группы Дана. В итоге персонал Князя породил изначальный корпус первичных промежуточных созданий численностью в 50 000 существ.

Эти создания промежуточного типа оказывали огромную помощь в управлении делами мировой столицы. Они были невидимы для людей, однако первобытные обитатели Даламатии знали об этих невидимых полудухах. В течение многих веков весь духовный мир заключался для этих эволюционирующих смертных в промежуточных созданиях.

3. Члены калигастийской сотни обладали личным бессмертием – они не умирали. В их материальных формах циркулировали противоядные комплементы жизненных токов системы; и если бы их контакт с жизненными контурами не был прерван восстанием, они жили бы бесконечно долго – вплоть до прибытия последующего Божьего Сына или освобождения от планетарной службы и возобновления прерванного восхождения к Хавоне и Раю.

Эти противоядные комплементы жизненных токов Сатании получались из плодов древа жизни – куста Эдемии, посланного на Урантию Всевышними Норлатиадека одновременно с прибытием Калигастии. В эпоху Даламатии это дерево росло в центральном дворе храма невидимого Отца, и пока материальные существа из персонала Князя имели доступ к древу жизни, именно его плоды обеспечивали им бесконечную жизнь – в противном случае они оставались бы смертными.

Хотя эта сверхподдержка и не представляла какой-либо ценности для эволюционных рас, она была вполне достаточной для того, чтобы даровать непрерывную жизнь как калигастийской сотне, так и ста связанным с ней видоизмененным андонитам.

В этой связи необходимо пояснить, что когда сто андонитов пожертвовали свою человеческую зародышевую плазму членам княжеского персонала, Носители Жизни внедрили в их смертные тела комплемент системных контуров. Таким образом они получили возможность жить одновременно с персоналом – век за веком, неподвластные физической смерти.

Впоследствии ста андонитам рассказали об их участии в создании новых форм для своих руководителей, и всё та же сотня потомков Андона оставалась в столице в качестве личных спутников телесного персонала Князя.

5. ОРГАНИЗАЦИЯ СОТНИ

Калигастийская сотня была разделена на десять автономных советов по десять членов в каждом. Когда два или несколько советов проводили совместные заседания, то на таких общих собраниях председательствовал Далигастия. Эти десять групп были образованы следующим образом:

1. *Совет по вопросам пищи и материального благополучия.* Эту группу возглавлял Анг. В компетенцию этого квалифицированного корпуса входили пища, вода, одежда и материальный прогресс людей. Они учили рыть колодцы, управлять

источниками и орошать землю. Жителей высокогорных районов и северян они учили усовершенствованным способам обработки шкур для использования их в качестве одежды, а позднее учителя искусства и науки научили людей ткать.

Огромный прогресс был достигнут в улучшении способов хранения пищи с помощью варки, высушивания и копчения. Так пища превратилась в древнейший вид собственности. Человек учился делать запасы на случай голода, который периодически приводил к резкому сокращению численности населения.

2. *Комиссия по вопросам приручения и использования животных*. Этот совет занимался селекцией и выращиванием животных, лучше всего приспособленных к тому, чтобы перевозить людей и тяжести, служить источником пищи или использоваться при обработке земли. Во главе этого компетентного корпуса стоял Бон.

Было приручено несколько типов полезных животных, ныне вымерших, наряду с другими, которые сохранились по сей день как одомашненные животные. К тому времени собаки уже давно жили вместе с людьми, а синему человеку уже удалось приручить слона. Корова была настолько улучшена посредством тщательной селекции, что стала ценным источником пищи; в рацион питания прочно вошли масло и сыр. Людей научили использовать быков для перевозки тяжестей, но лошадь была приручена только в более поздние времена. Члены этого корпуса впервые научили человека использовать колесо для облегчения перевозок.

Именно тогда впервые стали использоваться почтовые голуби, которых брали в длительные путешествия для отправки сообщений или призывов о помощи. Группе Бона удалось превратить огромных фандоров в пассажирских птиц, которые, однако, вымерли более тридцати тысяч лет тому назад.

3. *Советники по вопросам покорения хищных животных*. Древний человек должен был не только приручить некоторых животных, но также научиться защищаться от опасности уничтожения со стороны других, враждебных представителей животного царства. Эту группу возглавил Дан.

Древняя городская стена предназначалась для защиты от свирепых животных, а также для отражения внезапных атак враждебно настроенных людей. Те, кто жил за городскими стенами и в лесу, зависели от укрытий на деревьях, каменных хижин и поддержания ночных костров. Поэтому естественно, что эти учителя посвящали много времени обучению своих учеников методам улучшения человеческих жилищ. Применяя усовершенствованные методы и используя капканы, люди достигли большого прогресса в покорении животных.

4. *Группа распространения и сохранения знаний* занималась организацией и руководством чисто образовательной деятельности в ту древнюю эпоху. Ее возглавлял Фад. Образовательные методы Фада заключались в контроле занятости и обучении более совершенным приемам труда. Фад составил первый алфавит и ввел письменность. Этот алфавит включал двадцать пять знаков. В качестве материала для письма древние люди использовали древесную кору, глиняные дощечки, каменные пластины, подобие пергамента из выделанной кожи, а также грубое подобие бумаги, которая изготовлялась из осиных гнезд. Библиотека Даламатии, разрушенная вскоре после измены Калигастии, содержала более двух миллионов единиц хранения и была известна как «дом Фада».

Синий человек увлекался алфавитным письмом и достиг наибольшего прогресса в этой области. Красные люди предпочитали рисуночное письмо, в то время как желтые люди для выражения слов и идей перешли к символам, схожим с теми, которыми они пользуются сегодня. Однако, как и многое другое, алфавит был утрачен в результате смуты, последовавшей за восстанием. Измена Калигастии разрушила надежду мира на единый язык – во всяком случае, лишила его этой надежды на неопределенно долгий срок.

5. *Комиссия по вопросам ремесел и торговли.* Этот совет занимался развитием внутриплеменных промыслов и содействовал торговле между различными мирными группами. Его лидером был Нод. Этот корпус поощрял все виды первобытного производства. Его члены прямо способствовали повышению уровня жизни благодаря внедрению многих новых предметов потребления, привлекавших первобытных людей. Они значительно расширили торговлю солью более высокого качества, которую производил совет по вопросам науки и искусства.

Именно эти просвещенные группы, получившие образование в школах Даламатии, ввели в практику первые коммерческие кредиты. В центральной обменной кассе они получали жетоны, которые принимались вместо реального товара. Эти методы ведения дел не совершенствовались на протяжении сотен тысяч лет.

6. *Школа богооткровенной религии.* Работа этого органа продвигалась с трудом. Урантийская цивилизация в буквальном смысле слова выковывалась между наковальней необходимости и молотом страха. Однако эта группа добилась значительного прогресса в стремлении заменить страх перед созданием (поклонение духам) страхом перед Создателем, прежде чем ее усилия были прерваны и впоследствии искажены в результате смуты, к которой привел бунт и раскол. Главой этого совета был Хеп.

Чтобы не осложнять эволюционный процесс, никто из членов княжеского персонала не пытался знакомить урантийцев с откровением; к нему обратились только тогда, когда были исчерпаны возможности эволюции. Правда, Хеп все-таки уступил пожеланиям обитателей города и основал религиозную службу. Его группа научила даламатийцев семи молитвенным песнопениям, а также ежедневному благодарению и, наконец, «молитве Отцу», которая звучала так:

«Всеобщий Отец, чьего Сына мы чтим, обрати на нас свой благосклонный взор. Освободи нас от всякого страха, кроме страха пред тобой. Сделай так, чтобы мы были в радость нашим божественным учителям, и навечно вложи истину в наши уста. Освободи нас от насилия и гнева; научи нас уважать старших и то, что принадлежит нашим ближним. Дай нам в этом году зеленые пастбища и тучные стада для услады наших сердец. Мы возносим молитвы о скорейшем приходе обещанного совершенствователя, и мы исполним волю твою в этом мире, как исполняют ее другие в далеких мирах».

Хотя члены княжеского персонала были ограничены естественными средствами и обыкновенными методами усовершенствования рас, они обещали, что появится новая раса – дар Адама, цель последующего эволюционного роста после достижения предела биологического развития.

7. *Попечители здоровья и жизни.* Этот совет занимался внедрением санитарии и развитием основ гигиены; его возглавлял Лут.

Многое из того, чему научили людей члены этого совета, было утрачено в результате смуты последующих веков и было повторно открыто только в двадцатом столетии. Они учили людей, что приготовление – кипячение и жарение – пищи является средством предотвращения заболеваний и что подобная обработка пищи значительно снижает детскую смертность и облегчает раннее отнятие ребенка от груди.

Многие древние учения попечителей здоровья из группы Лута, сохранялись у земных племен вплоть до Моисея, хотя они и были сильно искажены и претерпели существенные изменения.

Огромное препятствие в поддержании гигиены среди этих невежественных народов заключалось в том, что истинные возбудители многих заболеваний были слишком малы, чтобы их можно было увидеть невооруженным глазом, а также в том, что всех этих людей отличало суеверное отношение к огню. Потребовались тысячелетия, чтобы убедить их сжигать отходы; пока же их побуждали закапывать гниющий мусор. Выдающимся достижением этой эпохи в области санитарии стало распространение знаний об оздоровительных и лечебных свойствах солнечного света.

До прибытия Князя купание являлось исключительно религиозным обрядом. Стоило действительно большого труда убедить первобытных людей мыть свои тела для поддержания здоровья. Лут в конце концов добился того, чтобы религиозные учителя сделали омовение частью очистительных обрядов, которые совершались раз в неделю в связи с полуденными церемониями поклонения Отцу всего сущего.

Кроме того, попечители здоровья пытались ввести рукопожатие вместо того, чтобы обмениваться слюной или пить кровь друг друга, что являлось знаком личной дружбы и символом преданности группе. Однако, когда эти примитивные народы освобождались от принуждающего воздействия учений своих более совершенных руководителей, они тут же возвращались к своим прежним невежественным и суеверным обычаям, разрушавшим их здоровье и приводившим к распространению заболеваний.

8. *Планетарный совет по вопросам искусства и науки*. Этот совет сделал многое для улучшения производственных методов древнего человека и возвышения его представлений о красоте. Руководителем этой группы был Мек.

Хотя во всём мире искусство и наука находились в упадке, даламатийцев обучали азам физики и химии. Развивалось гончарное ремесло, были улучшены все прикладные искусства и подняты на новую высоту идеалы человеческой красоты. Однако музыка стала по-настоящему развиваться только с появлением фиолетовой расы.

Несмотря на призывы своих учителей, первобытные люди не соглашались экспериментировать с энергией пара. Они так и не смогли преодолеть своего огромного страха перед взрывной силой сжатого пара. Правда, в конце концов их удалось убедить начать использовать металл и огонь, хотя вид раскаленного докрасна металла приводил древнего человека в ужас.

Мек внес большой вклад в развитие культуры андонитов и искусства синего человека. Смешение синего человека с потомками Андона привело к появлению художественно одаренного типа людей, многие из которых стали прекрасными скульпторами. Они не занимались обработкой камня или мрамора, но сады Даламатии были украшены их изделиями из обожженной глины.

Огромный прогресс был достигнут в домашних промыслах, большей частью утраченных в течение долгих и тяжелых веков восстания и повторно открытых только в новое время.

9. *Управление по вопросам развития племенных отношений*. Этой группе было поручено развитие человеческого общества до уровня появления государства. Ее возглавлял Тут.

Эти руководители сделали многое для появления практики межплеменных браков. Они поощряли ухаживание и брак, когда решение принималось после должного размышления и всестороннего знакомства. Чисто воинственные танцы стали более изящными и начали служить общественно полезным целям. Было введено много состязательных игр, однако древних людей отличал серьезный нрав; юмор редко украшал жизнь этих ранних племен. Лишь немногие из этих обычаев сохранились в течение планетарного бунта.

Тут и его партнеры стремились к развитию мирных групповых объединений, регулированию и гуманизации способов ведения войны, координированию межплеменных отношений и совершенствованию органов племенного правления. Вблизи Даламатии возникла более высокая культура, и усовершенствованные общественные отношения оказывали очень полезное воздействие на более удаленные племена. Однако тип цивилизации, преобладавший в резиденции Князя, в корне отличался от варварского общества, формировавшегося в других местах, – так же как существующее в двадцатом веке общество Кейптауна, Южная Африка, в корне отличается от примитивной культуры обитающих к северу низкорослых бушменов.

10. *Верховный суд по вопросам племенной координации и межрасового сотрудничества*. Работой этого верховного совета руководил Ван; данный суд рассматривал апелляции, направляемые во все остальные девять специальных комиссий, контролирующих состояние человеческих дел. В ве́дении этого обладавшего широкими полномочиями совета находились все вопросы, имевшие отношение к земным проблемам и не входившие в компетенцию других групп. Этот отборный корпус получил право исполнять функции высшего суда Урантии, после того как его состав был утвержден Отцами Созвездия на Эдемии.

6. ПРАВЛЕНИЕ КНЯЗЯ

Уровень культуры определяется социальными традициями коренных обитателей мира, а темпы распространения культуры целиком зависят от способности жителей планеты усваивать новые и более прогрессивные идеи.

Рабская приверженность традиции обеспечивает стабильность и взаимодействие благодаря сентиментальному соединению прошлого с настоящим, но она в равной степени подавляет инициативу и сковывает творческие силы личности. Весь мир находился в тупике традиционной морали, когда прибыла калигастийская сотня и приступила к провозглашению новой доктрины личной инициативы в социальных группах того времени. Однако это благотворное правление было прервано так скоро, что расы не успели полностью освободиться от рабской приверженности традиции; Урантия до сих пор находится в чрезмерной власти обычая.

Калигастийская сотня – выпускники обительских миров Сатании – были хорошо знакомы с искусством и культурой Иерусема, но такие знания практически бессмысленны в условиях варварской планеты, населенной примитивными людьми. Эти мудрые существа знали, к чему могла привести *внезапная* трансформация или массовое возвышение первобытных рас того времени. Они хорошо понимали постепенность эволюции человеческого вида и мудро воздерживались от каких-либо радикальных попыток видоизменить образ жизни человека на земле.

Каждая из десяти планетарных комиссий приступила к *постепенному* и естественному развитию вверенных им областей. Их план состоял в привлечении лучших умов окружающих племен и, после соответствующей подготовки, отправке их назад к соплеменникам в качестве посланников социального прогресса.

Иноплеменники направлялись к какому-либо народу только по его просьбе. Те, кто трудился во имя развития и прогресса данного племени или расы, всегда были выходцами из этого племени или этой расы. Члены калигастийской сотни не пытались навязать другому племени обычаев и нравов даже превосходящей расы. Они с неизменным терпением трудились над развитием и прогрессом испытанных временем нравов каждой расы. Простодушные урантийцы приходили в Даламатию со своими социальными обычаями не для того, чтобы поменять их на другие и более совершенные, но чтобы поднять их на новую высоту через соприкосновение с более высокой культурой и общение с более развитыми умами. Процесс был медленным, но весьма эффективным.

Учителя Даламатии стремились соединить сознательный социальный отбор и сугубо естественный отбор, присущий биологической эволюции. Им удалось, не приводя человеческое общество в замешательство, существенно ускорить его нормальную и естественную эволюцию. Прогресс через эволюцию, а не революция через откровение – вот что являлось их мотивом. Человеческому роду потребовались века для приобретения зачатков религии и морали, и эти сверхлюди были достаточно мудры, чтобы не лишать человечество малой толики прогресса из-за смятения и растерянности, неизменно возникающих, когда просвещенные и более развитые существа пытаются усовершенствовать отсталые расы чрезмерным обучением и просвещением.

Когда христианские миссионеры отправляются в глубь Африки, где дети должны находиться под родительской опекой и подчиняться родителям до их смерти, они приводят только к смущению и крушению всех авторитетов, пытаясь – на протяжении одного поколения – изменить эту традицию и поучая, что эти дети должны освобождаться от любой родительской опеки по достижении двадцати одного года.

7. ЖИЗНЬ В ДАЛАМАТИИ

Хотя резиденция Князя отличалась изысканной красотой и должна была приводить первобытных людей в состояние благоговейного трепета, она была весьма скромной. Здания были не слишком большими, ибо, через внедрение животноводства, внеземные учителя стремились привести людей к земледелию. Земельные угодья в пределах городской черты были достаточными для обеспечения города с населением около двадцати тысяч человек пастбищами и садами.

Интерьеры центрального храма поклонения и десяти особняков для руководящих групп сверхлюдей являлись воистину прекрасными произведениями искусства. И хотя жилые здания служили образцом опрятности и чистоты, по сравнению с более поздним уровнем развития всё отличалось простотой и примитивностью. В этом центре культуры не использовалось каких-либо чуждых Урантии методов.

В распоряжении телесного персонала Князя были простые и образцовые обители, которые служили в качестве жилищ, предназначенных для стимулирования и оказания положительного воздействия на учеников-наблюдателей, временно находившихся в мировом центре общественной культуры и образования.

Упорядоченность семейной жизни и совместное проживание семьи в одном, относительно постоянном, месте восходят ко временам Даламатии. В основном это стало следствием личного примера и учения членов сотни и их учеников. Как ячейка общества, семья стала процветать только после того, как сверхмужчины и сверхженщины Даламатии научили человечество любви и заботе о будущем своих внуков и правнуков. Дикарь любит свое дитя, но цивилизованный человек любит также своих внуков.

Члены княжеского персонала жили совместно как отцы и матери. Хотя собственных детей у них не было, в пятидесяти образцовых семьях Даламатии всегда было не менее пятисот приемных малышей, набранных из наиболее развитых семей андонической и сангикских рас; многие из таких детей были сиротами. Для них было большой удачей получить воспитание и образование у этих сверхродителей. Затем, после трехлетнего пребывания в школах Князя (где они обучались с тринадцати до пятнадцати лет), они могли вступать в брак и получать назначения в качестве посланников Князя в бедствующих племенах своих рас.

Фад являлся попечителем программы образования. В Даламатии она осуществлялась в форме производственной школы: ученики получали образование на практике, приобретая навыки через ежедневное выполнение полезных заданий. Эта программа не оставляла без внимания умственное и душевное развитие, однако предпочтение отдавалось урокам труда. Обучение было индивидуальным и групповым. Занятия вели как мужчины, так и женщины – по отдельности и вместе. Половина занятий проходила раздельно для мальчиков и девочек, другая половина – совместно. Трудовые умения развивались у учащихся индивидуально, а навыки общественной жизни приобретались ими в группах или классах. Они учились налаживать отношения с младшими группами, старшими группами и со взрослыми, а также работать в группе со своими сверстниками. Кроме того, их знакомили с такими объединениями, как семейные группы, игровые команды и школьные классы.

В более поздний период среди тех, кто прошел подготовку в Месопотамии для последующей работы со своими расами, были андониты из нагорьев западной Индии вместе с представителями красной и синей рас, а еще позже было принято небольшое число желтых людей.

Хеп дал древним расам нравственный закон. Этот кодекс был известен как «Путь Отца» и состоял из семи заповедей:

1. Не бойся никакого Бога и не служи никакому Богу, кроме всеобщего Отца.
2. Подчиняйся Сыну Отца – правителю мира – и не выказывай неуважения к его сверхчеловеческим помощникам.
3. Если тебя вызвали в суд, не лги судьям.
4. Не убивай мужчин, женщин или детей.
5. Не кради добро или скот своего ближнего.
6. Не прикасайся к жене своего друга.
7. Не выказывай неуважения к своим родителям или старейшинам племени.

Таким был закон Даламатии на протяжении почти трехсот тысяч лет. И многие каменные плиты, на которых были начертаны эти заповеди, покоятся теперь на дне моря у берегов Месопотамии и Персии. Стало привычным каждый день недели повторять одну из этих заповедей, используя их в качестве приветствий и благодарений при приеме пищи.

Мерой времени в те дни был лунный месяц – период в двадцать восемь дней. За исключением дня и ночи, это было единственным исчислением времени, известным древним народам. Семидневная неделя была введена учителями Даламатии на том основании, что семь являлось четвертой частью двадцати восьми. Несомненно, что значение числа семь для сверхвселенной позволило им внести в обычное времяисчисление духовный элемент. Однако недельный период не имеет под собой естественного основания.

Территория вокруг города была довольно плотно заселена в радиусе примерно ста миль. Непосредственно за пределами города сотни выпускников школ Князя занимались животноводством и использовали на практике знания, полученные от членов его персонала и их многочисленных человеческих помощников. Некоторые из них занимались земледелием и садоводством.

Человек не был обречен на тяжкий труд земледельца в наказание за мнимые грехи. «В поте лица будешь есть плоды полей» не было карающим приговором, вынесенным из-за участия человека в безумном восстании Люцифера под руководством изменника Калигастии. Обработка земли неотъемлема от создания прогрессивной цивилизации эволюционных миров, и такое предписание являлось центральной частью всех учений Планетарного Князя и его персонала на протяжении трехсот тысяч лет, прошедших между их прибытием на Урантию и теми трагическими днями, когда Калигастия связал свою судьбу с мятежным Люцифером. Возделывание земли не является проклятием; наоборот, это высшее благословение для всех тех, кто таким образом получает возможность предаться самому человеческому из всех человеческих занятий.

К началу восстания постоянное население Даламатии насчитывало почти шесть тысяч человек. Это число включает только постоянных учащихся, но не охватывает посетителей и наблюдателей, численность которых всегда составляла более тысячи человек. Но вы вряд ли способны составить представление о замечательном прогрессе той далекой эпохи; практически все чудесные достижения того времени были стерты с лица земли в результате ужасающего разброда и крайнего духовного упадка, которые последовали за трагическим предательством и бунтом Калигастии.

8. НЕСЧАСТЬЯ, ПРИНЕСЕННЫЕ КАЛИГАСТИЕЙ

Вспоминая долгий путь Калигастии, мы обнаруживаем только одну особенность его поведения, на которую, возможно, следовало обратить внимание: он был сверхиндивидуалистом. Он был склонен поддерживать практически каждый протест и обычно симпатизировал тем, кто в мягкой форме выражал свое внутреннее несогласие. Мы отмечаем раннюю тенденцию тяготиться положением подчиненного и легкую неприязнь к любой форме контроля. Хотя он слегка раздражался при получении советов от своих руководителей и в определенной степени сопротивлялся высшей власти, на деле он был неизменно предан вселенским правителям и подчинялся распоряжениям Отцов Созвездия. Вплоть до позорного предательства на Урантии в нём не было обнаружено ни одного настоящего изъяна.

Следует отметить, что как Люцифера, так и Калигастию терпеливо воспитывали и с любовью предупреждали в связи с их опасными наклонностями, а также постепенным развитием тщеславия и связанного с ним гипертрофированного чувства собственной значимости. Однако все эти попытки помочь им были ошибочно истолкованы как неоправданная критика и посягательство на личную свободу. Как Калигастия, так и Люцифер считали, что их дружелюбные советчики действовали под влиянием тех самых предосудительных мотивов, которые всё больше проникали в их собственное искаженное сознание и дурные помыслы. Они судили о своих неэгоистичных советчиках сквозь призму собственного, всё более явного эгоизма.

Со времени прибытия Князя Калигастии планетарная цивилизация развивалась весьма успешно в течение почти трехсот тысяч лет. Не считая того факта, что Урантия является планетой видоизменения жизни и потому подвержена многочисленным отклонениям от нормы и необычным эволюционным колебаниям, ее планетарная история протекала вполне удовлетворительно вплоть до восстания Люцифера и предательства Калигастии. Вся последующая история несет на себе глубокий отпечаток этой катастрофической ошибки, равно как и того, что позднее Адам и Ева не справились со своей планетарной миссией.

Князь Урантии отдался власти тьмы во время восстания Люцифера и тем самым низверг планету в период продолжительного хаоса. Впоследствии он был лишен полновластия согласованным действием правителей созвездия и других вселенских властей. Вплоть до появления Адама, он также испытывал неизбежные тяготы изоляции и в определенной мере способствовал провалу плана усовершенствования смертных рас, которое должно было произойти посредством привнесения крови новой фиолетовой расы – потомков Адама и Евы.

Способность падшего Князя вмешиваться в человеческие дела была в огромной степени подорвана инкарнацией Макивенты Мелхиседека в облике смертного во времена Авраама, а позднее, при жизни Михаила во плоти, этот вероломный Князь был окончательно лишен всей власти на Урантии.

Хотя представление о воплощенном дьяволе на Урантии имело под собой определенную почву в том смысле, что на планете находился законопреступник, предатель Калигастия, учение о способности такого «дьявола» влиять на обычный человеческий разум против его свободной воли и естественного выбора является чистым вымыслом. Даже до посвящения Михаила на Урантии ни Калигастия, ни Далигастия не были способны угнетать смертных или совращать нормальных людей против их воли. Высшей властью в вопросах нравственного выбора является свободная воля человека; даже внутренний Настройщик Мышления отказывается заставлять человека думать о чём-либо или делать что-либо, противоречащее выбору свободной воли самого человека.

И теперь этот планетарный бунтовщик, полностью лишенный возможности вредить своим прежним подчиненным, ожидает окончательного суда Древних Дней Уверсы над всеми участниками восстания Люцифера.

[Представлено Мелхиседеком Небадона.]

ДОКУМЕНТ 67

ПЛАНЕТАРНОЕ ВОССТАНИЕ

Невозможно понять проблемы, связанные с существованием человека на Урантии, не получив представления о некоторых важных эпохах прошлого, в особенности – истории и последствиях планетарного восстания. Хотя этот переворот не оказал серьезного воздействия на ход эволюции органического мира, он существенно изменил течение социальной эволюции и духовного развития. Это ужасающее бедствие в огромной степени повлияло на всю сверхфизическую историю планеты.

1. ПРЕДАТЕЛЬСТВО КАЛИГАСТИИ

По прошествии трехсот тысяч лет с момента вступления Калигастии в должность правителя Урантии, Сатана – помощник Люцифера – прибыл с одной из своих регулярных инспекций. В облике явившегося на планету Сатаны не было ни малейшего сходства с вашими карикатурными изображениями его величества дьявола. Он был – и до сих пор остается – блистательным Сыном-Ланонандеком. «И не удивительно, ибо сам Сатана – блистательное создание света».

В ходе этой инспекции Сатана сообщил Калигастии о «Декларации свободы», предложенной в то время Люцифером, и, как нам теперь известно, Князь согласился предать свою планету после объявления восстания. Верные вселенские личности особенно глубоко презирают Князя Калигастию из-за того, что он преднамеренно предал оказанное ему доверие. Сын-Создатель выразил свое презрение, сказав: «Ты похож на своего руководителя Люцифера, ты греховно увековечил его беззаконие. Предавшись самовозвеличению, он сразу же стал фальсификатором, ибо не пребывал в истине».

В сфере управления локальной вселенной никакой высокий долг не считается более священным, чем тот, который возложен на Планетарного Князя, принимающего на себя ответственность за благополучие и опеку эволюционирующих смертных нового обитаемого мира. И из всех видов зла ни один не является более разрушительным для личности, чем предательство и вероломство по отношению к оказавшим доверие товарищам. Совершив этот преднамеренный грех, Калигастия столь всецело исказил свою личность, что с тех пор его разуму не удавалось полностью восстановить свое равновесие.

Существуют различные воззрения на грех, однако с точки зрения философии вселенной грех является отношением личности, которая сознательно сопротивляется космической реальности. Заблуждение можно рассматривать как неправильное понимание или искажение реальности. Зло является частичной реализацией или ошибочной адаптацией вселенских реальностей. Грех же есть целенаправленное сопротивление божественной реальности, сознательно выбранное противодействие духовному прогрессу, в то время как беззаконие заключается в открытом и упорном пренебрежении признанной реальностью и означает столь глубокую дезинтеграцию личности, что граничит с космическим безумием.

Если заблуждение свидетельствует о неглубоком интеллекте, зло – о недостаточной мудрости, и грех – о крайнем духовном убожестве, то беззаконие – признак исчезающего личностного контроля.

И когда грех избирается и повторяется из раза в раз, он может войти в привычку. Закоренелые грешники легко становятся законопреступниками, всецело восставая против вселенной и всех ее божественных реальностей. Хотя любой грех можно простить, мы сомневаемся, чтобы отъявленный законопреступник был способен испытывать искренние страдания из-за своих злодеяний или принимать прощение за свои грехи.

2. НАЧАЛО ВОССТАНИЯ

Однажды, в разгар зимы в северных континентах, вскоре после окончания инспекции Сатаны и накануне важных свершений планетарных правителей Урантии, Калигастия устроил продолжительное совещание со своим помощником Далигастией, вслед за чем тот созвал внеочередное заседание десяти урантийских советов. Совещание открылось сообщением о том, что Князь Калигастия намеревается объявить себя абсолютным правителем Урантии и требует, чтобы все административные группы отказались от своих функций и полномочий и передали их в руки Далигастии как доверенному лицу на время реорганизации планетарного правления и последующего переустройства этих служб административной власти.

Вслед за оглашением этого ошеломительного требования прозвучало блестящее воззвание Вана, председателя верховного координационного совета. Этот видный управляющий и прекрасный юрист заклеймил позором предложенный Калигастией путь как действие, граничащее с планетарным восстанием. Он призвал участников совещания воздержаться от любой поддержки Калигастии до тех пор, пока не будет передано воззвание к Люциферу, Властелину системы Сатания, чем завоевал поддержку всего персонала. Соответственно, воззвание было передано на Иерусем, откуда немедленно поступил приказ, возводящий Калигастию в ранг владыки Урантии и обязывающий всецело и беспрекословно следовать его распоряжениям. Именно в ответ на это удивительное послание благородный Ван обратился со своей памятной семичасовой речью, в которой он вынес официальное обвинение Далигастии, Калигастии и Люциферу в неуважении верховной власти вселенной Небадон; он также обратился к Всевышним Эдемии с призывом о предоставлении и подтверждении их поддержки.

Тем временем системные контуры были отключены. Урантия оказалась в изоляции. Каждая группа находившихся на планете небесных существ внезапно и без предупреждения оказалась изолированной, полностью оторванной от внешней помощи и совета.

Далигастия официально провозгласил Калигастию «Богом Урантии и верховным над всеми». Эта прокламация прояснила создавшееся положение, и каждая группа уединилась для обсуждений и дискуссий, в результате которых предстояло определить судьбу каждой сверхчеловеческой личности на планете.

Серафимы, херувимы и другие небесные существа участвовали в принятии решений, вынесенных в ходе этой ожесточенной борьбы, этого длительного греховного противостояния. Многие сверхчеловеческие группы, оказавшиеся на Урантии во время ее изоляции, были задержаны здесь и – подобно серафимам и их партнерам – были вынуждены выбирать между грехом и праведностью, между притязаниями Люцифера и волей невидимого Отца.

Более семи лет продолжалась эта борьба. Только после того, как все вовлеченные в нее личности сделали окончательный выбор, вмешались власти Эдемии. И только тогда Ван и его соратники получили поддержку и избавление от долгой тревоги и невыносимой неопределенности.

3. СЕМЬ РЕШАЮЩИХ ЛЕТ

Сообщение о начале восстания на столичной сфере Сатании, Иерусеме, было передано по каналам дальней связи советом Мелхиседеков. Кризисная группа Мелхиседеков сразу же отправилась на Иерусем, и Гавриил вызвался представлять Сына-Создателя, чьей власти был брошен вызов. После передачи сообщения о факте восстания в Сатании, система была изолирована от других систем, подвергнута карантину. «Война на небе» – в столице Сатании – распространилась на все планеты локальной системы.

На Урантии сорок членов телесного персонала сотни (включая Вана) отказались примкнуть к восстанию. Среди отважных и благородных защитников Михаила и его вселенского правления были также многие из человеческих помощников персонала (модифицированных и иных). Огромные потери были среди серафимов и херувимов. Почти половина управляющих серафимов и серафимов переходного периода, служивших на планете, присоединилась к своему руководителю Далигастии, встав на путь Люцифера. Сорок тысяч сто девятнадцать первичных промежуточных созданий объединились с Калигастией, но остальные существа этой категории сохранили верность своему долгу.

Вероломный Князь собрал неверных промежуточных созданий и другие группы мятежных личностей и организовал их для выполнения своих распоряжений, в то время как Ван созвал верных промежуточных созданий и остальные преданные группы и начал великое сражение за спасение планетарного персонала и других блокированных небесных личностей.

На протяжении этой борьбы сохранившие верность существа обитали в неогражденном и плохо защищенном поселении в нескольких милях к востоку от Даламатии, однако их жилища день и ночь охранялись верными, внимательными и никогда не терявшими бдительность промежуточными созданиями; к тому же, в их распоряжении находилось бесценное древо жизни.

С началом восстания верные херувимы и серафимы, с помощью трех преданных промежуточных созданий, взяли на себя охрану древа жизни, разрешив только сорока верным членам персонала и помогавшим им модифицированным смертным пользоваться плодами и листьями этого энергетического растения. Таких модифицированных андонитов – помощников персонала – насчитывалось пятьдесят шесть, ибо шестнадцать андонитных помощников не поддержали восстания и отказались следовать за своими хозяевами.

На протяжении семи решающих лет восстания Калигастии Ван отдавал все свои силы преданной армии людей, промежуточных созданий и ангелов. Духовная проницательность и моральная стойкость, позволившие Вану хранить столь непоколебимую верность вселенскому правительству, являлись результатом ясного мышления, мудрых умозаключений, логических суждений, искренней мотивации, бескорыстной цели, разумной лояльности, эмпирической памяти, дисциплинированного характера и безоговорочного посвящения его личности исполнению воли Райского Отца.

Эти семь лет ожидания были временем глубокого самоанализа и душевной дисциплины. В делах вселенной такие кризисы демонстрируют колоссальную силу разума как фактор духовного выбора. Большинство жизненно важных решений любого нравственного эволюционного создания определяется образованием, воспитанием и опытом. Однако внутренний дух обладает всеми возможностями для установления прямого контакта с теми способностями человеческой личности, которые ответственны за принятие решений, позволяя всецело посвященной воле создания совершать поразительные акты, свидетельствующие о глубокой приверженности воле и пути Райского Отца. Именно это довелось испытать Амадону – модифицированному человеку, союзнику Вана.

Амадон является выдающимся человеком, героем восстания Люцифера. Этот потомок Андона и Фонты был одним из тех ста созданий, которые пожертвовали свою плазму для персонала Князя, и с тех пор он был прикреплен к Вану в качестве его партнера и человеческого помощника. Амадон решил оставаться со своим руководителем на протяжении долгой и трудной борьбы. С воодушевлением смотрели мы на то, как это дитя эволюционных рас оставалось непреклонным перед софистикой Далигастии, как в течение всей семилетней борьбы он и его верные товарищи с неизменной стойкостью отражали любые лживые учения блистательного Калигастии.

Калигастия, обладая высшим интеллектом и огромным опытом во вселенских делах, сбился с пути, пал в объятия греха. Амадон, обладая низшим интеллектом и полностью лишенный вселенского опыта, остался непоколебимым в служении вселенной и верности своему партнеру. Ван использовал и разум, и дух в величественном и действенном объединении интеллектуальной решимости и духовной проницательности, благодаря чему достиг высшего возможного уровня эмпирической реализации личности. Полное единение разума и духа является потенциалом для создания сверхчеловеческих ценностей – моронтийных реальностей.

Можно бесконечно долго рассказывать о поразительных событиях тех трагических дней. Наконец, настало время, когда последняя личность приняла окончательное решение; и тогда – и только тогда – один из Всевышних Эдемии прибыл с кризисной группой Мелхиседеков, чтобы взять власть на Урантии в свои руки. На Иерусеме была уничтожена панорамная экспозиция правления Калигастии и было положено начало испытательной эре восстановления планеты.

4. КАЛИГАСТИЙСКАЯ СОТНЯ ПОСЛЕ ВОССТАНИЯ

Последнее оглашение вскрыло следующую расстановку сил среди членов телесного персонала Князя. Ван и весь его суд по вопросам племенной координации сохранили верность. Спаслись Анг и три члена совета по вопросам пищи. Вся комиссия по вопросам животноводства была охвачена восстанием, равно как и весь совет по вопросам покорения животных. Фад спасся вместе с пятью членами образовательной группы. Нод вместе со всей комиссией по вопросам ремесел и торговли примкнули к Калигастии. Хеп и вся коллегия богооткровенной религии остались верными Вану и его благородным товарищам. Лут вместе со всей комиссией по вопросам здравоохранения оказались среди заблудших. Все члены совета по вопросам искусства и науки сохранили свою преданность, однако Тут и вся комиссия по вопросам племенного правления сбились с пути. Так, из ста членов персонала спаслись сорок; впоследствии они были доставлены на Иерусем, где продолжили свое путешествие к Раю.

Шестьдесят примкнувших к восстанию членов планетарного персонала избрали своим лидером Нода. Они служили мятежному Князю верой и правдой, но вскоре обнаружили, что оказались лишенными поддержки системных контуров жизни. Они осознали, что были понижены до положения смертных существ. Оставаясь сверхчеловеческими созданиями, они в то же время были материальными и смертными. В попытке увеличить их численность, Далигастия приказал немедленно прибегнуть к половой репродукции, прекрасно зная, что, рано или поздно, шестьдесят членов изначальной сотни и их сорок четыре модифицированных помощника-андонита были обречены прекратить свое существование, умереть. После падения Даламатии неверные члены персонала мигрировали на север и восток. Их потомки еще долго были известны как нодиты, а район их обитания – как «земля Нода».

Присутствие этих необыкновенных сверхмужчин и сверхженщин, поставленных восстанием в безвыходное положение и вскоре начавших вступать в брачные отношения с землянами, не могло не породить преданий, рассказывающих о богах, спускающихся к людям, чтобы соединиться со смертными. Так появилось множество легенд, которые, являясь в воей основе мифами, основывались, тем не менее, на фактических событиях, произошедших после окончания восстания. Впоследствии эти легенды вошли в былины и предания различных народов, чьи прародители вступали в контакт с нодитами и их потомками.

Лишенные духовной поддержки, мятежные члены персонала в итоге умерли естественной смертью. И последующее идолопоклонство появилось у людей во многом из желания увековечить память об этих глубоко почитаемых существах эпохи Калигастии.

Когда члены калигастийской сотни появились на Урантии, они были временно разлучены со своими Настройщиками Мышления. Сразу же после прибытия распорядителей-Мелхиседеков все верные личности (кроме Вана) были возвращены на Иерусем, где они воссоединились с ожидавшими их Настройщиками. Мы не знаем судьбу шестидесяти мятежных членов персонала; их Настройщики до сих пор находятся на Иерусеме. Положение дел безусловно будет оставаться неизменным до тех пор, пока не закончится суд над всеми участниками восстания Люцифера и не будет определена участь каждого из них.

Таким существам, как ангелы и промежуточные создания, было очень трудно представить себе, что столь блестящие и надежные правители, как Калигастия и Далигастия, могут сбиться с пути – совершить грех предательства. Те существа, которые впали в грех, не поднимали восстание сознательно и с умыслом: они были введены в заблуждение вышестоящими существами, обмануты их лидерами, которым они доверяли. Так же легко было завоевать поддержку примитивно мысливших эволюционных смертных.

Огромное большинство всех человеческих и сверхчеловеческих существ, павших жертвой восстания Люцифера на Иерусеме, а также восстаний, вспыхнувших на различных введенных в заблуждение планетах, уже давно искренне раскаялись в своем безрассудстве. И мы глубоко верим в то, что все чистосердечно раскаявшиеся грешники будут в той или иной форме восстановлены в правах и смогут вернуться к одному из этапов вселенского служения, когда Древние Дней завершат лишь недавно начатое судебное разбирательство обстоятельств восстания в Сатании.

5. ПРЯМЫЕ ПОСЛЕДСТВИЯ ВОССТАНИЯ

В течение почти пятидесяти лет после начала восстания, в Даламатии и ее окрестностях царил дух огромного смятения. Была предпринята попытка полной и радикальной реорганизации всего мира. Революция пришла на смену эволюции в качестве принципа развития культуры и улучшения рас. У превосходящих и частично подготовленных обитателей Даламатии наблюдалось внезапное повышение культурного уровня, однако когда новые и радикальные методы переносились на соседние народы, это сразу же приводило к неописуемому смятению и расовому аду. В сознании полуразвитых, примитивных людей того времени свобода быстро превратилась во вседозволенность.

Вскоре после восстания весь мятежный персонал был вынужден активно обороняться от полудикарских орд, атаковавших городские стены в результате преждевременного внушения им доктрин свободы. И еще за много лет до того, как прекрасная столица исчезла в южных водах, введенные в заблуждение и обманутые полуварварские племена из удаленных от Даламатии территорий хлынули на великолепный город, заставив мятежный персонал и его помощников бежать на север.

План Калигастии по немедленному переустройству человеческого общества в духе идей личной свободы и групповых привилегий быстро привел к более или менее полному провалу. Вскоре общество вернулось к прежнему биологическому статусу, и эволюционная борьба началась заново, ибо по своему развитию оно было отброшено почти на тот же уровень, на котором находилось при создании режима Калигастии, – столь ужасающим был хаос, в который оказался ввергнутым мир в результате этого переворота.

По прошествии ста шестидесяти двух лет после восстания приливная волна обрушилась на Даламатию, и планетарный центр скрылся в морской пучине; земля поднялась только после того, как почти все следы благородной культуры тех замечательных веков были уничтожены.

К тому времени, когда первая планетарная столица ушла под воду, ее населяли только низшие типы сангикских рас Урантии, вероотступники, превратившие храм Отца в место поклонения Ногу – ложному богу света и огня.

6. ВАН – НЕПОКОЛЕБИМЫЙ

Последователи Вана своевременно ушли в горные районы к западу от Индии, где им не угрожала опасность нападения со стороны сбитых с толку рас – жителей низин – и откуда они задумали начать возрождение мира, подобно своим древним предшественникам бадонитам, которые, не отдавая себе в том отчета, трудились на благо человечества незадолго до появления сангикских племен.

До прибытия распорядительских Мелхиседеков Ван передал управление человеческими делами десяти комиссиям, в каждую из которых входило по четыре человека; эти комиссии соответствовали группам, существовавшим при режиме Князя. Старшие Носители Жизни, постоянно обитавшие на планете, временно возглавили этот совет из сорока членов, который действовал в течение семи лет ожидания. После того как тридцать девять верных членов персонала вернулись на Иерусем, эти функции перешли к аналогичным группам амадонитов.

Амадониты произошли от группы из 144 преданных андонитов, к которым принадлежал Амадон, чьим именем они и стали называться. Эта группа включала тридцать девять мужчин и сто пять женщин. Пятьдесят шесть из них были бессмертными, и все (за исключением Амадона) были преобразованы вместе с верными членами персонала. Остальные члены этого замечательного отряда до самой смерти оставались на земле под руководством Вана и Амадона. Они были биологической закваской, давая потомство и выдвигая из своих рядов мировых лидеров на всём протяжении долгой и мрачной эры, наступившей после окончания восстания.

Ван был оставлен на Урантии до прихода Адама в качестве фактического главы всех сверхчеловеческих личностей, действовавших на планете. В течение более ста пятидесяти тысяч лет Ван и Амадон поддерживали свои силы благодаря древу жизни и специальной жизненной опеке Мелхиседеков.

Долгое время урантийские дела находились в ве́дении двенадцати Мелхиседеков – совета планетарных распорядителей, утвержденного распоряжением старшего правителя созвездия, Всевышнего Отца Норлатиадека. В тесной связи с распорядительскими Мелхиседеками действовал консультативный совет, в который входили: один из преданных помощников падшего Князя, два постоянно находившихся на планете Носителя Жизни, проходивший стажировку Тринитизованный Сын, добровольный Сын-Учитель, Яркая Вечерняя Звезда из Авалона (периодически), главы серафимов и херувимов, советники с двух соседних планет, главный руководитель подчиненных ангелов, а также Ван – главнокомандующий промежуточными созданиями. Так осуществлялось руководство и управление Урантией вплоть до прибытия Адама. Неудивительно, что отважный и преданный Ван вошел в совет планетарных распорядителей, так долго управлявших делами Урантии.

Двенадцать распорядительских Мелхиседеков совершили настоящий подвиг. Они сохранили остатки цивилизации, и их планетарная политика добросовестно проводилась в жизнь Ваном. Через тысячу лет после восстания по всему миру насчитывалось уже более трехсот пятидесяти передовых групп. Эти форпосты цивилизации состояли в основном из потомков лояльных андонитов с некоторой примесью сангикских кровей – в первую очередь крови синего человека, а также нодитов.

Несмотря на страшную деградацию, к которой привело восстание, на земле существовало немало многообещающих в биологическом отношении линий. Под наблюдением распорядительских Мелхиседеков Ван и Амадон продолжали помогать естественной эволюции человеческого рода, способствуя физическому развитию человека, пока оно не достигло того кульминационного состояния, которое позволило направить на Урантию Материального Сына и Материальную Дочь.

Ван и Амадон покинули землю вскоре после прибытия Адама и Евы. Спустя несколько лет они были переведены на Иерусем, где Ван воссоединился с ожидавшим его Настройщиком. В настоящее время Ван служит в интересах Урантии и одновременно ожидает приказа продолжить свой долгий, долгий путь к совершенству Рая и нераскрытому будущему формируемого Корпуса Смертных Завершителей.

Следует заметить, что когда Ван обратился к Всевышним Эдемии после поддержки, которую Калигастия получил на Урантии от Люцифера, Отцы Созвездия сразу же направили решение, в котором поддержали Вана по каждому пункту его заявления. Это решение не дошло до него из-за того, что планетарные коммуникационные контуры были разомкнуты в процессе передачи этого сообщения. Лишь недавно было обнаружено, что само постановление застряло в релейном передатчике энергии, где оно и оставалось со времени изоляции Урантии. Без этого открытия, сделанного в результате расследования, предпринятого промежуточными созданиями Урантии, обнародование этого решения состоялось бы только после восстановления Урантии в контурах созвездия. И это очевидное недоразумение в системе межпланетной связи стало возможным из-за того, что передатчики энергии способны принимать и передавать информацию, однако неспособны сами инициировать связь.

Формальный статус Вана в судебных архивах Сатании был фактически и окончательно утвержден только после регистрации на Иерусеме этого решения Отцов Эдемии.

7. ОТДАЛЕННЫЕ ПОСЛЕДСТВИЯ ГРЕХА

Когда создание преднамеренно и упорно отвергает свет, личные (центростремительные) последствия такого поведения являются одновременно неизбежными и индивидуальными и касаются только Божества и конкретного создания. Преступившее закон волевое создание само пожинает такие разрушительные для души плоды беззакония.

Иначе обстоит дело в отношении внешних последствий греха. Объективные (центробежные) последствия греха одновременно неизбежны и коллективны и касаются каждого создания, действующего в пределах сферы влияния таких событий.

Спустя пятьдесят тысяч лет после падения планетарной администрации земные дела находились в запущенном и отсталом состоянии; человеческий род почти ничего не прибавил к общему эволюционному уровню, существовавшему во время прибытия Калигастии, которое состоялось за триста пятьдесят тысяч лет до того. В некоторых отношениях удалось добиться прогресса; в остальных областях многое было утрачено.

Последствия греха никогда не бывают чисто локальными. Административные секторы вселенных являются организменными: беда одной личности в какой-то мере становится общей бедой. Грех – являясь отношением существа к реальности – неизбежно приносит присущие ему отрицательные плоды на всех взаимосвязанных уровнях вселенских ценностей. Однако последствия ошибочных рассуждений, злодеяний или греховных намерений в полной мере ощущаются только на уровне самих поступков. Нарушение вселенского закона может быть роковым на физическом уровне без сколько-нибудь серьезных последствий для разума и без нанесения ущерба духовному опыту. Грех чреват роковыми для сохранения личности последствиями только тогда, когда он является отношением всего существа, когда он становится выбором разума и желанием души.

Последствия зла и греха проявляются в материальной и социальной сферах и иногда могут привести даже к замедлению духовного прогресса на некоторых уровнях вселенской реальности. Но грех одного существа никогда не лишает другого реализации божественного права: сохранения личности. Только сам индивидуум может поставить под угрозу вечную жизнь решениями, которые принимает его разум, и выбором, который делает его душа.

На Урантии грех почти не отразился на биологической эволюции, но его влияние проявилось в том, что смертные расы не смогли извлечь всех благ из адамического наследия. Грех страшно замедляет интеллектуальное развитие, нравственный рост, социальный прогресс и массовые духовные обретения. Однако он не препятствует высочайшим духовным достижениям любого индивидуума, который принимает решение познать Бога и искренне выполнять его божественную волю.

Калигастия поднял восстание, Адам и Ева совершили проступок, но ни один смертный, родившийся впоследствии на Урантии, не понес личных духовных потерь из-за этих грубых ошибок. Каждый урантиец, появившийся на свет после восстания Калигастии, был в той или иной мере наказан во времени, но это никогда и ни в малейшей степени не угрожало будущему благополучию таких существ в вечности. Никто и никогда не обрекается на роковые духовные лишения из-за чужих грехов. Несмотря на широкие последствия в административной, интеллектуальной и социальной сферах, грех является целиком личным – как в отношении моральной ответственности, так и по своим духовным последствиям.

Хотя мы неспособны постигнуть мудрость, допускающую такие катастрофы, мы всегда замечаем то благотворное воздействие, которое эти локальные возмущения оказывают в масштабах всей вселенной.

8. ЧЕЛОВЕЧЕСКИЙ ГЕРОЙ ВОССТАНИЯ

Многие отважные существа противостояли восстанию Люцифера в различных мирах Сатании, однако документы Салвингтона описывают Амадона как наиболее выдающуюся фигуру во всей системе. Триумф этого человека заключался в том, что он отверг многочисленные подстрекательства к мятежу и сохранил непоколебимую верность Вану. Они стояли плечом к плечу, несгибаемые в своей преданности верховной власти невидимого Отца и его Сына Михаила.

Во время этих знаменательных событий я находился на Эдемии и до сих пор помню то воодушевление, которое я испытывал, изучая пространственные сообщения Салвингтона, ежедневно сообщавшие о невероятной стойкости, необыкновенной самоотдаче и беспредельной преданности этого – когда-то полудикарского – существа, произошедшего от изначального экспериментального рода андонической расы.

От Эдемии до Салвингтона и Уверсы, на протяжении семи долгих лет, первым и неизменным вопросом любого подчиненного небесного существа о событиях мятежа в Сатании было: «Что слышно об урантийском Амадоне – сохраняет ли он свою стойкость?»

Хотя восстание Люцифера и ограничило возможности локальной системы и ее падших миров, хотя утрата этого Сына вместе с введенными в заблуждение партнерами и затруднила прогресс созвездия Норлатиадек, подумайте о том значении, которое имела широкая демонстрация воодушевляющего поведения одного-единственного дитя природы и его решительного отряда из 143 сподвижников, стойко защищавших высшие принципы руководства и управления вселенной перед лицом колоссального и враждебного давления со стороны своего вероломного начальства. И поверьте мне, что уже сейчас польза, извлеченная вселенной Небадон и сверхвселенной Орвонтон, значительно перевешивает всё суммарное зло и страдания, принесенные восстанием Люцифера.

Всё это является восхитительно трогательным и в высшей степени замечательным подтверждением мудрости плана Всеобщего Отца по мобилизации в Раю Корпуса Смертного Завершения, по созданию этой огромной группы таинственных служителей будущего в первую очередь из обыкновенных восходящих смертных – таких как несгибаемый Амадон.

[Представлено Мелхиседеком Небадона.]

ДОКУМЕНТ 68

ИСТОКИ ЦИВИЛИЗАЦИИ

Мы приступаем к рассказу о долгом и трудном развитии человека, начиная с уровня, который мало чем отличался от животного существования, продолжая минувшими с тех пор веками и завершая новейшей историей, когда у высших человеческих рас возникла настоящая, хотя и несовершенная, цивилизация.

Цивилизация приобретается расой; она не является неотъемлемым биологическим свойством. Поэтому все дети должны воспитываться в культурной среде, а каждое новое молодое поколение должно заново получать образование. Лучшие качества цивилизации – научные, философские и религиозные – не передаются от одного поколения к другому через прямое наследование. Эти культурные ценности сберегаются только благодаря просвещенному сохранению социального наследия.

Начало социальной эволюции, основанной на сотрудничестве, было положено учителями Даламатии, и на протяжении трехсот тысяч лет человечество воспитывалось в духе представлений о групповых видах деятельности. Наибольшую пользу из этих ранних социальных учений извлекла синяя раса, некоторую пользу – красная, и наименьшую – черная. В последнее время наибольшего социального прогресса добились желтая и белая расы Урантии.

1. ЗАЩИТНАЯ СОЦИАЛИЗАЦИЯ

Обычно в условиях тесного общения люди приучаются хорошо относиться друг к другу, однако по своей природе первобытный человек не был исполнен братских чувств и стремления к социальным связям со своими собратьями. Скорее, древние расы на собственном печальном опыте познали, что «в единстве – сила». Именно этот недостаток естественной братской симпатии препятствует сегодня немедленному воплощению братства людей на Урантии.

Уже в древности объединение стало платой за выживание. Одинокий человек был беспомощным, если у него не было племенного знака, подтверждающего принадлежность группе, которая обязательно отомстила бы за любое нападение на него. Даже во времена Каина отправиться из дому в одиночку без какого-либо знака групповой принадлежности означало подвергнуть себя смертельной опасности. Цивилизация стала страхованием человека от насильственной смерти, а страховая премия выплачивается при условии подчинения многочисленным правовым требованиям общества.

Таким образом, основой первобытного общества стала взаимная необходимость и бо́льшая безопасность, которую давало объединение. Развитие человеческого общества протекало вековыми циклами под действием страха людей перед изоляцией и посредством их вынужденного сотрудничества.

Первобытные люди быстро усвоили, что группы неизмеримо больше и прочнее простой суммы их составных единиц. Действуя согласованно, сто человек вместе способны сдвинуть огромный валун; два десятка специально подготовленных блюстителей порядка способны сдержать разъяренную толпу. И потому общество образовалось не из простого численного объединения, а как результат *организации* разумно сотрудничающих людей. Но сотрудничество не является природной чертой человека; он учится сотрудничеству вначале из страха, а позднее – потому что обнаруживает, что оно чрезвычайно выгодно для преодоления трудностей времени и защиты от предполагаемых опасностей вечности.

Так народы, уже в глубокой древности создавшие первобытное общество, добились больших успехов в покорении природы, равно как и в защите против других людей; они обладали лучшими возможностями для выживания; поэтому, несмотря на многочисленные задержки в своем развитии, цивилизация на Урантии неизменно прогрессировала. Только благодаря тому, что объединение повышало вероятность выживания, многочисленные грубые ошибки, совершенные человеком, до сих пор не смогли остановить или разрушить человеческую цивилизацию.

То, что современное культурное общество является относительно новым явлением, убедительно демонстрируется на примере сохранившихся по сей день примитивных социальных условий, характерных для австралийских аборигенов и африканских бушменов и пигмеев. У этих отсталых народов наблюдаются признаки первобытной групповой вражды, личной подозрительности и других в высшей степени антисоциальных черт, столь типичных для всех первобытных рас. Эти жалкие остатки несоциализированных народов древности красноречиво свидетельствуют о том, что природные индивидуалистические наклонности человека не могут составить конкуренции более сильным и могущественным организациям и объединениям, присущим социальному прогрессу. Эти отсталые и недоверчивые антисоциальные расы, говорящие на разных диалектах через каждые сорок или пятьдесят миль, наглядно демонстрируют, в каком мире вы жили бы сегодня, если бы не объединенные учения телесного персонала Планетарного Князя и более поздние усилия адамической группы расовых совершенствователей.

Современное выражение «назад к природе» есть невежественное заблуждение, вера в существовавший некогда мифический «золотой век». Единственным основанием для легенды о золотом веке является исторический факт существования Даламатии и Эдема. Однако эти усовершенствованные общества были далеки от реализации утопических мечтаний.

2. ФАКТОРЫ СОЦИАЛЬНОГО РАЗВИТИЯ

Цивилизованное общество появилось в результате давних стремлений человека преодолеть свою нелюбовь к *изоляции*. Правда, это не обязательно означает взаимную любовь, и нынешнее неспокойное состояние некоторых примитивных групп дает наглядное представление о том, через что пришлось пройти древним племенам. Однако, хотя отдельные индивидуумы могут сталкиваться и бороться друг с другом и хотя сама цивилизация может казаться несовместимым множеством стремлений и усилий, она свидетельствует об искренней устремленности, а не о мертвом однообразии застоя.

Хотя уровень умственных способностей и оказал большое влияние на темпы развития культуры, основное назначение общества заключается в том, чтобы уменьшить фактор риска в жизни индивидуума, и общество развивается настолько быстро, насколько ему удается уменьшать страдания и увеличивать фактор удовольствия. Так весь социальный организм медленно продвигается к уготованной судьбой цели – уничтожению или продолжению жизни – в зависимости от того, является ли этой целью самоподдержание или самоудовлетворение.

Самоподдержание порождает общество, в то время как чрезмерное самоудовлетворение разрушает цивилизацию.

Общество занимается самоувековечением, самоподдержанием и самоудовлетворением, однако самореализация человека достойна того, чтобы стать непосредственной целью многих культурных групп.

Одним только присущим человеку стадным инстинктом едва ли можно объяснить появление такой социальной организации, как та, что существует в настоящее время на Урантии. Хотя эта врожденная склонность к стадности и лежит в основе человеческого общества, значительная доля социальности человека является его обретением. Две основные движущие силы, которые способствовали древнему объединению людей, были потребность в пище и половое влечение; эти инстинктивные побудительные мотивы объединяют человека с миром животных. Двумя другими чувствами, которые сближали людей и *удерживали* их вместе, были тщеславие и страх, в особенности страх перед духами.

История – это не более, чем летопись многовековой борьбы человека за пропитание. *Первобытный человек думал только тогда, когда был голоден*; создание запасов еды было его первым актом самоотречения, самодисциплины. С развитием общества утоление голода перестало быть единственным стимулом к объединению. Множество других потребностей, удовлетворение различных потребностей, – всё это вело к более тесному объединению человечества. Однако чрезмерно быстрый рост мнимых человеческих потребностей грозит опрокинуть сегодняшнее общество. Западная цивилизация двадцатого века изнывает под страшным грузом роскоши и непомерного умножения человеческих желаний и запросов. Современное общество испытывает напряжение одного из наиболее опасных своих этапов, для которого характерны широкое взаимодействие и чрезвычайно сложная взаимозависимость.

Социальное воздействие голода, тщеславия и страха перед духами было постоянным, однако половое удовлетворение было временным и нерегулярным. Одно только половое влечение не могло заставить первобытных мужчин и женщин взять на себя тяжкий груз сохранения семьи. Древняя семья держалась на половом беспокойстве мужчины, лишенного частого удовлетворения, и на преданной материнской любви женщины – любви, которую она, в определенной мере, разделяет с самками высших животных. Присутствие беспомощного ребенка определило быструю дифференциацию занятий мужчин и женщин: женщина была вынуждена жить в постоянном месте, где она могла возделывать землю. И с самой глубокой древности считалось, что дом там, где есть женщина.

Так женщины издавна стали неотделимы от развития социальной системы – не столько из-за преходящего полового влечения, сколько вследствие *потребности в пище*: женщина была важным партнером в самоподдержании. Она снабжала пищей, была вьючным животным, а также компаньоном, переносившим грубейшее обращение без бурного негодования; и, в дополнение ко всем этим желательным качествам, она всегда была рядом как средство полового удовлетворения.

Почти всё, что имеет непреходящую ценность для цивилизации, берет свое начало в семье. Семья была первой миролюбивой группой: мужчина и женщина учились разрешать свои противоречия и одновременно приучали к мирным занятиям своих детей.

Функция брака в эволюции – обеспечение сохранения расы, а не только реализация личного счастья. Истинной целью семьи является самоподдержание и самосохранение. Самоудовлетворение имеет второстепенное значение и существенно только как стимул, обеспечивающий сексуальные отношения. Природа требует выживания, однако достижения цивилизации продолжают повышать удовольствие в браке и удовлетворение от семейной жизни.

Если в понятие тщеславия включить гордость, честолюбие и честь, то тогда мы не только увидим, как эти склонности помогают образованию человеческих объединений, но и как они удерживают людей вместе, ибо такие чувства теряют всякий смысл, если нет аудитории, перед которой их можно было бы продемонстрировать. Тщеславие быстро соединилось с остальными чувствами и побуждениями, требовавшими социальной арены, на которой они могли бы проявляться и удовлетворяться. Эта группа чувств породила все виды искусств, ритуалов и все формы спортивных игр и состязаний.

Тщеславие внесло огромный вклад в создание общества. Однако в настоящее время – время появления этих откровений – заблуждения самовлюбленного поколения угрожают захлестнуть и потопить всю сложную структуру высоко адаптированной цивилизации. Потребность в пропитании уже давно вытеснена жаждой наслаждений; оправданные социальные цели самоподдержания быстро трансформируются в низменные и угрожающие формы самоудовлетворения. Самоподдержание создает общество; необузданное самоудовлетворение неизбежно разрушает цивилизацию.

3. СОЦИАЛИЗИРУЮЩЕЕ ВОЗДЕЙСТВИЕ СТРАХА ПЕРЕД ДУХАМИ

Примитивные желания привели к появлению исходного общества, однако страх перед духами сплотил его и привнес сверхчеловеческий аспект. Обычный страх был физиологическим по своей природе: страх физической боли, неутоленного голода или какого-либо земного бедствия; что же касается страха перед духами, то это был новый и возвышенный вид страха.

Возможно, важнейшим отдельно взятым фактором в эволюции человеческого общества были сны, в которых являлись духи. Сны вообще чрезвычайно тревожили сознание примитивного человека; сны же с видениями духов приводили древнего человека в настоящий ужас, бросая людей в объятия друг другу в добровольном и искреннем стремлении объединиться для взаимной защиты от смутных и невидимых, воображаемых опасностей духовного мира. Сновидения с духами стали одним из первых отличий разума человека от разума животных. Животным незнакомо образное представление о жизни после смерти.

Кроме страха перед духами, в основе общества лежали важнейшие потребности и наиболее существенные биологические побуждения. Однако страх перед духами стал новым фактором цивилизации, представляя собой вид страха, который оставляет далеко позади элементарные потребности индивидуума и значительно превосходит даже стремление к сохранению группы. Страх перед душами усопших привел к появлению нового и поразительного вида страха: то был приводивший в смятение ужас, который способствовал превращению неопределенного социального уклада первобытного человека в более дисциплинированные и лучше управляемые группы древнего мира. Через суеверный страх перед воображаемым и сверхъестественным, эта бессмысленная суеверность – до сих пор полностью не исчезнувшая – подготовила человеческий ум к открытию той истины, что «начало мудрости – страх перед Господом». Беспочвенные страхи эволюции должны вытесняться благоговением перед Божеством – благоговением, которое внушается откровением. Древний культ, основанный на страхе перед духами, стал могущественной социальной связью, и с тех давних пор человечество в большей или меньшей степени стремится к обретению духовности.

Голод и любовь соединяли людей; тщеславие и страх перед духами удерживали их вместе. Однако одни только эти влияния, без содействующих мирному развитию откровений, неспособны противостоять напряжению, к которому приводят бытующие в человеческих объединениях подозрительность и раздражительность. Без помощи сверхчеловеческих сил возникающее в обществе напряжение, достигнув определенного предела, приводит к взрыву, и совокупность тех же самых мобилизующих социальных факторов – голода, любви, тщеславия и страха – подспудно ввергает общество в войны и кровопролития.

Стремление человечества к миру не является природным даром. Оно возникает из учений богооткровенной религии, из совокупного опыта прогрессивных рас, – но более всего из учений Иисуса, Князя Мира.

4. ЭВОЛЮЦИЯ НРАВОВ

Все современные социальные институты появились в результате эволюции первобытных обычаев ваших предков-дикарей. Нынешние условности – это видоизмененные и развитые обычаи прошлого. То, что для индивидуума привычка, для группы – обычай. Групповые обычаи превращаются в народные или племенные традиции – общественные уклады. Из этих древних истоков берут свое незаметное начало все институты современного человеческого общества.

Необходимо иметь в виду, что нравы появились в попытке согласовать жизнь в группе с условиями существования в массе. Нравы стали первым социальным атрибутом человека. И все эти племенные реакции возникли из попытки избежать страдания и унижения при одновременном стремлении к удовольствию и власти. Происхождение народных традиций, как и возникновение языков, всегда бессознательно и непроизвольно и потому всегда покрыто тайной.

Страх перед духами привел первобытного человека к представлениям о сверхъестественном и, таким образом, создал прочную основу для тех мощных социальных воздействий этики и религии, которые, в свою очередь, из поколения в поколение сохраняли в неприкосновенности нравы и обычаи. Вера в ревнивое отношение мертвецов к обычаям, которым они следовали при жизни, была тем фактором, который уже в древности установил и укрепил нравы; считалось, что усопшие сурово покарают тех живых, которые осмеливаются с беспечным презрением относиться к жизненным нормам, чтившимся этими мертвецами при жизни во плоти. Лучшей тому иллюстрацией является нынешнее почитание предков у желтой расы. Появившаяся позднее примитивная религия, укрепляя нравы, значительно усилила страх перед духами, однако прогрессирующая цивилизация всё больше освобождает человечество от оков страха и рабства суеверий.

До появления учителей Даламатии с их воспитанием, освобождающим от предрассудков и расширяющим кругозор, древний человек оставался беспомощной жертвой ритуальных обычаев; первобытного дикаря окружал частокол бесконечных обрядов. Что бы он ни делал – от утреннего пробуждения до ночного погружения в сон в своей пещере, – всё должно было выполняться строго по правилам, согласно обычаям племени. Он был рабом, полностью подчиненным обычаю; в его жизни не было ничего свободного, непроизвольного или самобытного. Отсутствовал естественный прогресс к более высокой интеллектуальной, нравственной или социальной жизни.

Древний человек прочно удерживался во власти обычая; дикарь был настоящим рабом привычки. Однако время от времени появлялись люди, которые, отклоняясь от стереотипа, находили в себе мужество предложить новый образ мышления и более совершенный уклад жизни. И всё же инертность первобытного человека – это биологический аварийный тормоз, предохраняющий его от внезапного низвержения в губительную неприспособленность, к которой приводит слишком быстрое развитие цивилизации.

Однако эти обычаи не являются абсолютным злом; их развитие должно продолжаться. Огульное и радикальное изменение обычаев имеет почти роковые последствия для самого существования цивилизации. Обычай всегда был той нитью, которая скрепляла цивилизацию. Исторический путь человека устлан остатками отвергнутых обычаев и устаревших общественных укладов. Однако не сохранилось ни одной цивилизации, отказавшейся от своих традиций, если только на смену старым обычаям не приходили лучшие и более целесообразные.

Сохранение общества зависит в первую очередь от постепенной эволюции его нравов. Такой процесс возникает из желания экспериментировать: новые идеи неизбежно начинают конкурировать со старыми. Прогрессирующая цивилизация усваивает более совершенные идеи и сохраняется; в итоге, время и обстоятельства отбирают более приспособленную для выживания группу. Но из этого не следует, что каждое данное изменение в человеческом обществе всегда было к лучшему. Нет, далеко не так! Ибо на протяжении длительного и трудного развития урантийской цивилизации прогресс неоднократно сменялся регрессом.

5. МЕТОДЫ ИСПОЛЬЗОВАНИЯ ЗЕМЛИ – СРЕДСТВА К СУЩЕСТВОВАНИЮ

Земля – это подмостки общества, а люди – актеры. И человек должен извечно приспосабливать свою игру к состоянию земли. Эволюция нравов всегда зависит от обеспеченности человека землей. Это так, каким бы трудным для вас ни было постижение этой истины. Методы использования человеком земли – или жизнеобеспечивающие ремесла плюс его уровень жизни – в своей совокупности соответствуют народным традициям, нравам. А совокупность приспособлений человека к требованиям жизни соответствует его культурной цивилизованности.

Древнейшие человеческие культуры возникли вдоль рек восточного полушария, и в своем развитии цивилизация прошла четыре важнейших этапа:

1. *Стадия собирательства.* Принудительное воздействие голода привело к появлению первого вида промысла – примитивного собирательства. Порой вереница подталкиваемых голодом людей, по крупицам собиравших пищу, растягивалась на десять миль. В развитии культуры это была стадия примитивного номадизма; такой образ жизни сохранился у африканских бушменов.

2. *Стадия охоты.* Изобретение охотничьих орудий позволило человеку стать охотником и, таким образом, в значительной мере избавиться от рабской зависимости от пищи. Разумный андонит, серьезно поранивший в тяжелом бою свой кулак, повторно открыл возможность использования палки вместо руки, а наконечника из твердого кремня, привязанного к ней жилами, – вместо кулака. Многие племена самостоятельно совершали подобные открытия, и появление разнообразных молотков стало одним из важнейших этапов в развитии человеческой цивилизации. В настоящее время некоторые австралийские аборигены почти не продвинулись дальше этой стадии.

Люди синей расы были прекрасными охотниками и трапперами; устраивая запруды, они отлавливали большое количество рыбы, засушивая избытки на зиму. Для ловли дичи использовались многие виды хитроумных силков и капканов, однако более примитивные расы не охотились на крупных животных.

3. *Стадия скотоводства.* Этот этап цивилизации стал возможен благодаря приручению животных. Арабы и африканские аборигены относятся к тем народам, которые стали заниматься скотоводством в более поздние времена.

Скотоводство привело к дальнейшему уменьшению рабской зависимости от пищи. Человек учился жить благодаря приросту капитала – увеличению поголовья своего стада; это оставляло больше свободного времени для культуры и развития. У него было больше свободного времени, что позволяло ему повышать свою культуру и добиваться новых успехов.

На предыдущих стадиях развития общества мужчины и женщины сотрудничали друг с другом, однако распространение животноводства низвело женщину до положения рабыни. Ранее обязанностью мужчины было обеспечивать животной пищей, делом женщины – снабжать растительной едой. Поэтому, когда человек вступил в эру скотоводства, достоинство женщины существенно упало. Ей по-прежнему приходилось тяжко трудиться, выращивая необходимые для жизни овощи, в то время как мужчине достаточно было отправиться к своему стаду, чтобы с лихвой обеспечить животной пищей. Так мужчина стал относительно независимым от женщины, и на протяжении всего периода скотоводства положение женщины постоянно ухудшалось. К концу этой эры она почти не отличалась от человеческого животного, уделом которого была работа и произведение человеческого потомства, – подобно тому, как скот должен был работать и приносить молодняк. Мужчины эпохи скотоводства очень любили свой скот. Тем обиднее, что у них не появилось более глубоких чувств к своим женам.

4. *Стадия земледелия*. Эта эра наступила благодаря культивированию растений и представляет собой высший тип материальной цивилизации. И Калигастия, и Адам уделяли большое внимание обучению садоводству и земледелию. Адам и Ева были садовниками, а не пастухами, и в те дни садоводство было более прогрессивным видом культуры. Выращивание растений облагораживает все человеческие расы.

Земледелие более чем вчетверо повысило общемировую обеспеченность землей. Оно может сочетаться с пастбищным животноводством предыдущего этапа культуры. Когда все три стадии частично совпадают, мужчины охотятся, а женщины возделывают землю.

Между скотоводами и землепашцами всегда возникали трения. Охотники и скотоводы отличались воинственностью; земледельцу свойственно большее миролюбие. Связь с животными предполагает борьбу и силу; связь с растениями прививает терпение, внушает мир и покой. Сельское хозяйство и промышленное производство – мирные занятия. Однако их слабая сторона, как общемировых видов общественной деятельности, заключается в однообразии и монотонности.

От стадии охоты – через стадию скотоводства – человеческое общество достигло стадии земледелия. И каждый этап постепенно развивавшейся цивилизации сопровождался уменьшением кочевничества. Человек становился всё более оседлым.

В настоящее время промышленность дополняет сельское хозяйство, в результате чего усиливается урбанизация общества, и среди его гражданских классов появляется всё больше неаграрных групп. Однако промышленная эра будет обречена, если ее лидеры не осознáют, что даже самые высокие социальные достижения должны всегда стоять на прочном сельскохозяйственном фундаменте.

6. ЭВОЛЮЦИЯ КУЛЬТУРЫ

Человек – создание земли, дитя природы. Как бы упорно ни пытался он освободиться от земли, в конце концов его всегда ждет поражение. «Прах ты, и в прах возвратишься» является буквальной истиной для всего человечества. Основной борьбой человека была, есть и будет борьба за землю. Первые социальные объединения первобытного человека создавались для того, чтобы выиграть эту борьбу. Обеспеченность землей лежит в основе всякой общественной цивилизации.

С помощью разумного использования ремесел и науки человек добился увеличения урожайности. В то же время, в некоторой мере стал контролироваться естественный прирост населения. Так появились средства и досуг, необходимые для создания культурной цивилизации.

Человеческое общество управляется законом, согласно которому численность населения прямо пропорциональна развитию методов использования земли и обратно пропорциональна существующему уровню жизни. В том, что касается людей и земли, на всём протяжении этого раннего периода – еще в большей степени, чем сегодня, – закон спроса и предложения определял их предполагаемую ценность. Во времена избытка земли – свободной территории – потребность в людях была огромной, что существенно повышало ценность человеческой жизни; потеря жизни была большим несчастьем. В периоды нехватки земли и связанной с этим перенаселенностью сравнительная ценность человеческой жизни падала, и потому войны, голод и эпидемии вызывали меньше беспокойства.

Когда урожайность земли падает или численность населения возрастает, возобновляется неизбежная борьба; проявляются худшие из человеческих качеств. Повышение урожайности земли, развитие ремесел и уменьшение численности населения – всё это помогает развитию лучших сторон человеческой натуры.

Жизнь на периферии развивает в человеке его неквалифицированные стороны. Изящные искусства и истинный научный прогресс – равно как и духовная культура – наиболее успешно развиваются в крупных центрах при условии, если они обеспечиваются сельскохозяйственным и промышленным населением, численность которого несколько ниже уровня обеспеченности землей. Города всегда умножают могущество своих жителей – во благо или во зло.

Размер семьи всегда определялся уровнем жизни. Чем выше этот уровень, тем меньше семья, – вплоть до достижения постоянного статуса или постепенного вымирания.

Во все века жизненный уровень определял качество сохранявшегося населения по контрасту с его простым количеством. Уровень жизни местных классов порождал новые социальные касты, новые нравы. Если эти нормы слишком усложнялись или начинали отличаться чрезмерной расточительностью, они быстро становились губительными. Каста является прямым следствием высокого социального напряжения, к которому приводит острая конкуренция в условиях плотного населения.

Древние расы часто прибегали к различным мерам для ограничения роста населения; все примитивные племена убивали уродливых или хилых младенцев. Младенцев-девочек нередко умерщвляли, пока не появилась практика покупки жен.

Иногда детей душили при рождении, однако чаще всего их бросали. Отец близнецов обычно требовал, чтобы один из них был убит, ибо считалось, что рождение нескольких детей было результатом колдовства или супружеской неверности. Тем не менее, близнецов одного пола, как правило, оставляли в живых. Хотя некогда этот запрет на близнецов был практически повсеместным, он был чужд андонитам; для этих народов рождение близнецов всегда было счастливым знаком.

Многие расы освоили методы прерывания беременности, и эта практика широко распространилась после введения табу на внебрачное деторождение. В течение долгого времени девушки обычно лишали младенцев жизни, однако в более цивилизованных группах мать девушки забирала незаконнорожденных детей к себе. Многие примитивные кланы были буквально истреблены в результате абортов и умерщвления новорожденных. Однако независимо от велений обычая, чрезвычайно редко случалось, чтобы детей умерщвляли после кормления грудью, – слишком сильна материнская любовь.

Даже в двадцатом веке сохраняются пережитки этих примитивных методов контроля рождаемости. Матери одного из австралийских племен отказываются вскармливать более двух или трех детей. Еще относительно недавно одно из племен людоедов съедало каждого пятого младенца. Некоторые племена Мадагаскара до сих пор уничтожают всех детей, родившихся в определенные несчастливые дни, что приводит к смерти около двадцати пяти процентов всех новорожденных.

С общемировой точки зрения, в прошлом перенаселенность никогда не была большой проблемой, однако, если войны пойдут на убыль и наука будет всё успешней бороться с человеческими болезнями, это может стать серьезной проблемой в ближайшем будущем. В этом случае она станет огромным испытанием мудрости мировых лидеров. Хватит ли урантийским правителям проницательности и смелости для того, чтобы способствовать распространению нормального, устойчивого человека, а не крайностей – сверхнормальных и резко возросшей численности групп неполноценных людей? Помогать следует нормальному человеку; это костяк цивилизации и источник мутантных гениев расы. Неполноценный человек должен контролироваться обществом; таких людей не следует рожать больше, чем это необходимо для обслуживания простейших операций в промышленности – выполнения таких задач, которые требуют уровня разума, превышающего животный, но которые, в силу своей примитивности, означали бы настоящую рабскую кабалу для высших человеческих типов.

[Представлено Мелхиседеком, некогда пребывавшим на Урантии.]

ДОКУМЕНТ 69

ПЕРВОБЫТНЫЕ ЧЕЛОВЕЧЕСКИЕ ИНСТИТУТЫ

В эмоциональном отношении человек превосходит своих животных предков способностью воспринимать юмор, искусство и религию. В социальном отношении человек демонстрирует свое превосходство тем, что изготавливает орудия, способен к общению и создает социальные институты.

Когда в течение длительного времени у людей сохраняются социальные группы, то в таких объединениях всегда возникают определенные направления деятельности, которые перерастают в институты. Как показывает опыт, большинство человеческих институтов облегчает труд и одновременно в той или иной мере способствует повышению групповой безопасности.

Цивилизованный человек очень гордится репутацией, устойчивостью и преемственностью своих укоренившихся институтов, однако все они являются не более чем совокупностью нравов прошлого, которые сохранялись с помощью табу и возвеличивались религией. Такое наследие становится традицией, а традиции в итоге превращаются в соглашения.

1. ОСНОВНЫЕ ЧЕЛОВЕЧЕСКИЕ ИНСТИТУТЫ

Все человеческие институты служат определенной социальной потребности – прошлой или настоящей – независимо от того, что их гипертрофированное развитие неизбежно принижает значимость отдельного человека, оставляя в тени его личность и подавляя инициативу. Человеку следует контролировать свои институты, а не позволять этим творениям прогрессирующей цивилизации подчинять себя.

Человеческие институты делятся на три основных класса:

1. *Институты самоподдержания*. Эти институты включают те виды деятельности, которые диктуются голодом и связанным с ним инстинктом самосохранения. Сюда входят промышленность, право собственности, захватнические войны и весь регулятивный механизм общества. Рано или поздно инстинкт страха способствует учреждению этих институтов выживания с помощью табу, соглашений и религиозных санкций. Однако страх, невежество и суеверия сыграли важную роль в изначальном появлении и последующем развитии всех человеческих институтов.

2. *Институты продолжения рода*. Это такие общественные учреждения, которые возникают из половой потребности, материнского инстинкта, а также более высоких и тонких чувств. Они охватывают социальные гарантии семьи и школы – семейную жизнь, образование, этику и религию. Сюда входят брачные обычаи, оборонительные войны и создание семейного очага.

3. *Институты самоудовлетворения*. Это такие занятия и привычки, которые произрастают из тщеславных наклонностей и чувства гордости; они включают

стили одежды и украшений, нормы поведения, войны для снискания славы, танцы, развлечения, игры и другие формы чувственного удовлетворения. Однако цивилизация никогда не порождала специальных институтов самоуслаждения.

Между этими тремя группами видов общественной деятельности существует тесная взаимосвязь и взаимозависимость. На Урантии они представляют собой сложную организацию, которая функционирует как единый общественный механизм.

2. ЗАРОЖДЕНИЕ ПРОМЫСЛОВ

Первобытные промыслы постепенно возникли как гарантия от ужасов голода. Уже в глубокой древности человек стал учиться у животных, в урожайный год запасавших пищу на черный день.

До того, как древний человек стал бережливым и у него появились примитивные промыслы, обычной участью племени были лишения и страдания. В древности человек был вынужден бороться за пищу со всем животным миром. Тяготы борьбы неизменно выталкивают человека на уровень животного; бедность является его естественным и угнетающим состоянием. Богатство – не природный дар; оно дается трудом, знаниями и организованностью.

Первобытный человек быстро осознал преимущества объединения. Объединение вело к организации, а первым следствием организации стало разделение труда, что сразу же привело к экономии времени и материалов. Это разделение труда являлось следствием вынужденной адаптации – пути меньшего сопротивления. Первобытные дикари никогда не работали с радостью и желанием. Для них подчинение диктовалось необходимостью.

Первобытный человек не любил тяжелого труда, и если ему не грозила серьезная опасность, он не торопился. Временной фактор труда – представление о совершении определенной работы за определенный промежуток времени – является целиком современным понятием. Древние люди никогда не спешили. Только двойное воздействие напряженной борьбы за существование и постоянно растущего уровня жизни приучило пассивные от природы древние расы к трудолюбию.

Труд – целенаправленные усилия – отличает человека от животных, чьи старания в основном инстинктивны. Необходимость трудиться – высшее благословение человека. Все члены княжеского персонала работали; они сделали многое для того, чтобы облагородить физический труд на Урантии. Адам был садоводом; Бог иудеев трудился – он был создателем и вседержителем всего сущего. Иудеи были первым племенем, сделавшим трудолюбие высшей ценностью, первым народом, провозгласившим: «Кто не работает, тот не ест». Однако многие мировые религии вернулись к древнему идеалу праздности. Юпитер был бражником, а Будда превратился в созерцательного сибарита.

Те сангикские племена, которые обитали за пределами тропиков, отличались сравнительным трудолюбием. Но борьба между ленивыми последователями магии и прозорливыми поборниками труда тянулась долго, очень долго.

Первое проявление человеческой предусмотрительности было направлено на сохранение огня, воды и пищи. Но первобытный человек был прирожденным авантюристом; он всегда хотел получить что-нибудь даром, и слишком часто на протяжении этих древних веков успех, достигавшийся в результате кропотливого труда, приписывался заклинаниям. Колдовство неохотно уступало место прозорливости, самоотверженности и трудолюбию.

3. РАЗДЕЛЕНИЕ ТРУДА

Разделение труда в первобытном обществе определялось сначала естественными, а впоследствии – социальными факторами. Первоначальное разделение труда выглядело следующим образом:

1. *Специализация по половому признаку*. Занятия женщины определялись выборочным присутствием ребенка; женщины по своей природе больше любят детей, чем мужчины. Так женщины начали выполнять рутинную работу, а мужчины стали охотниками и воинами с четко разграниченными периодами труда и отдыха.

На протяжении всех веков существовали табу, удерживавшие женщину в строго определенных рамках. Мужчина предельно эгоистично выбирал себе более приятную работу, оставляя женщине тяжкий повседневный труд. Если мужчина всегда стыдился женского труда, то женщина с готовностью выполняла мужскую работу. Однако, как ни странно, и мужчины, и женщины сообща трудились над созданием и обустройством своего дома.

2. *Изменения вследствие возраста и болезней*. Эти различия обусловили еще один вид разделения труда. Уже в глубокой древности старикам и калекам приходилось заниматься изготовлением орудий труда и оружия. Позднее их стали направлять на строительство оросительных сооружений.

3. *Дифференциация по религиозному признаку*. Знахари были первыми людьми, освобожденными от тяжелого физического труда; они стали первым профессиональным классом. Кузнецы составляли небольшую группу, конкурировавшую с шаманами как волшебники. Искусное обращение кузнецов с металлами заставляло людей бояться их. Существование жестянщиков («белых кузнецов») и специалистов по обработке железа («черных кузнецов») положило начало древней вере в белую и черную магию, что впоследствии породило суеверные представления о добрых и злых призраках, добрых и злых духах.

Кузнецы стали первой нерелигиозной группой, получившей особые привилегии. Считалось, что во время войны они сохраняют нейтралитет, и этот дополнительный досуг привел к тому, что как класс они превратились в политических деятелей первобытного общества. Однако грубые злоупотребления кузнецов своими привилегиями вызвали всеобщую ненависть, чем незамедлительно воспользовались знахари для разжигания ненависти к своим конкурентам. В этом первом состязании науки и религии победила религия (суеверия). Изгнанные из деревень на окраины поселений, кузнецы открывали там постоялые дворы – первые гостиницы.

4. *Хозяин и раб*. Следующая дифференциация труда возникла из отношений победителя и побежденного, что привело к возникновению рабства.

5. *Дифференциация по физическим и умственным способностям*. Дальнейшее разделение труда произошло вследствие врожденных различий между людьми, ибо люди не рождаются одинаковыми.

Первыми ремесленниками были кремнедробильщики и каменщики; следующими стали кузнецы. Позднее получило развитие групповое разделение труда; целые семьи и кланы посвящали себя определенному ремеслу. Одна из древнейших каст жрецов – не считая племенных знахарей – появилась в результате суеверного возвышения семьи, члены которой были искусными изготовителями мечей.

Первыми специализированными промысловыми группами стали экспортеры каменной соли и гончары. Женщины изготовляли простую керамику, мужчины –

фасонную. В некоторых племенах шитьем и ткачеством занимались женщины, в других – мужчины.

Первыми торговцами были женщины; их часто использовали в качестве шпионов, для которых коммерция носила второстепенный характер. Торговля быстро расширялась, и женщины играли роль посредников – оптовых торговцев. Вслед за этим появился класс купцов, взимавших за свои услуги комиссионные, то есть получавших доход. Рост товарообмена между различными группами привел к коммерции, а вслед за обменом товарами появился обмен квалифицированной рабочей силой.

4. ВОЗНИКНОВЕНИЕ ТОРГОВЛИ

Так же, как вслед за насильственным браком пришел брак по контракту, так захватнические налеты сменились меновой торговлей. Однако древнюю практику молчаливого бартера и более позднюю торговлю с помощью современных методов обмена разделял продолжительный период пиратства.

Первую меновую торговлю вели вооруженные торговцы, оставлявшие свои товары в нейтральном месте. Женщины организовали первые базары; они стали древнейшими торговцами, и так было потому, что они переносили грузы: мужчины были воинами. Уже в глубокой древности появился торговый прилавок – стена, достаточно широкая, чтобы не дать продавцам и покупателям использовать друг против друга оружие.

На таких рынках ставили идолов, охранявших склады товара, предназначенного для молчаливого бартера. Такие рынки были гарантированы от воровства; унести какой-либо товар можно было, только обменяв его или купив; с таким идолом товар всегда был в сохранности. Древние торговцы всегда были безупречно честными со своими соплеменниками, но считали вполне допустимым обмануть чужеземца. Уже в глубокой древности у иудеев был отдельный этический кодекс для общения с иноверцами.

Молчаливый бартер продолжался в течение многих веков, прежде чем люди начали встречаться невооруженными на священных рынках. Такие рыночные площади превратились в первые святыни и в некоторых странах стали позднее известны как «города-убежища». Любой беглец, добравшийся до рынка, был в безопасности и мог не бояться нападения.

Первыми мерами веса были зерна пшеницы и других злаков. Первым средством расчета была рыба или коза. Позднее единицей товарообмена стала корова.

Начало современной письменности положили древние торговые записи; первым литературным произведением человека был содействующий торговле документ – реклама соли. Многие древние войны велись за природные месторождения – например соли, кремня и металлов. Первый официальный межплеменной договор касался совместного пользования соляным прииском. В тех местностях, на которые распространялся договор, различные племена могли дружелюбно и мирно общаться друг с другом и обмениваться идеями.

От «палочек-посланий», завязанных узлами веревок, рисуночного письма, иероглифов и поясов вампум развитие письменности привело к появлению древних знаковых алфавитов. Начиная с первобытных дымовых сигналов, методы отправки сообщений прошли через стадии посыльных, всадников, железных дорог и самолетов, а также телеграфа, телефона и беспроводной связи.

Древние торговцы распространяли в обитаемой части мира новые идеи и усовершенствованные методы. Торговля, связанная с путешествиями, вела к исследованиям и открытиям. И все эти факторы привели к появлению транспорта. Торговля всегда была великим цивилизатором, развивая различные культуры и способствуя их взаимообогащению.

5. ИСТОКИ КАПИТАЛА

Капитал есть труд, являющийся отказом от настоящего в пользу будущего. Сбережения представляют собой форму обеспечения и гарантии выживания. Запасание еды развило самоконтроль и создало первые проблемы, связанные с капиталом и трудом. Тот, у кого была пища и кто был способен защитить ее от грабителей, обладал явным преимуществом перед тем, у кого ее не было.

Древний банкир являлся самым доблестным человеком племени. У него хранились ценности всей группы, и в случае нападения весь клан вставал на защиту его жилища. Так накопление личного капитала и группового богатства сразу же привело к появлению военной организации. Вначале подобные меры предназначались для защиты от чужеродных налетчиков, однако позднее вошло в обычай поддерживать должную подготовку военной организации с помощью налетов на владения и богатства соседних племен.

Вот основные мотивы, которые вели к накоплению капитала:

1. *Голод в сочетании с предусмотрительностью*. Сбережение и сохранение пищи означали власть и удобство для тех, чья *предусмотрительность* была достаточной для обеспечения будущих потребностей. Запасание еды было необходимым страхованием на случай голода и несчастья. И вся совокупность первобытных нравов была действительно направлена на то, чтобы помочь человеку подчинить настоящее будущему.

2. *Любовь к семье* – стремление удовлетворить потребности членов семьи. Капитал представляет собой сбережение собственности для страхования себя на случай будущих потребностей, несмотря на давление сегодняшних нужд. Часть таких будущих потребностей может иметь отношение к последующим поколениям.

3. *Тщеславие* – желание продемонстрировать увеличение личной собственности. Дополнительная одежда была одним из первых знаков отличия. Тщеславие коллекционера издревле стало предметом человеческой гордости.

4. *Положение* – стремление приобрести социальный или политический престиж. Уже в древности появилось превращенное в источник дохода дворянство, которое либо служило наградой за некоторые особые услуги, оказанные королевству, либо открыто продавалось за деньги.

5. *Власть* – страстное желание стать хозяином. Одалживание ценностей использовалось как средство закабаления, причем размер процентной ставки на ссуду составлял в древности сто процентов годовых. Создавая постоянную армию должников, ростовщики превращали себя в царей. Крепостные стали одним из первых видов накапливаемой собственности, и в древности долговое рабство доходило до того, что ростовщик распоряжался телом должника даже после его смерти.

6. *Страх перед духами умерших* – охранительная плата жрецам. Уже в древние времена люди начали приносить жрецам посмертные дары в расчете на то, что их собственность будет использована для облегчения их прохождения по следующей

жизни. Так жречество сосредоточило в своих руках огромные богатства; жрецы были главными капиталистами древности.

7. *Половое влечение* – желание купить одну или несколько жен. Для мужчин первым предметом торговли стали женщины; это появилось намного раньше торговли скотом. Однако обмен наложницами никогда не приводил к прогрессу общества; такая торговля была и остается позором расы, ибо это одновременно препятствовало развитию семьи и подрывало биологическую адекватность более развитых народов.

8. *Многочисленные формы самоудовлетворения*. Одни стремились к богатству потому, что оно приносило власть; другие упорным трудом накапливали собственность, потому что она означала удобства. Древний человек (как и некоторые люди более позднего времени) имели склонность к растрачиванию своих средств на предметы роскоши. Первобытные расы увлекались опьяняющими и наркотическими веществами.

По мере развития цивилизации, у человека появлялись новые стимулы для накопления сбережений; к изначальной потребности в пище быстро прибавлялись новые запросы. Бедность вызывала такое отвращение, что только за богатыми оставляли право отправиться после смерти прямо на небо. Собственность была в таком почете, что считалось достаточным устроить показной пир, чтобы стереть со своего имени позорное пятно.

Уже в древности богатство было знаком социального отличия. В некоторых племенах отдельные индивидуумы годами накапливали собственность только для того, чтобы в один из праздничных дней сжечь ее или раздать соплеменникам и тем самым произвести должный эффект. Это делало их великими людьми. Даже современные народы наслаждаются щедрой раздачей рождественских подарков, а богатые люди содержат огромные филантропические и образовательные организации. Способы меняются, но человеческие склонности остаются совершенно неизменными.

При этом нельзя не отметить, что многие древние богачи раздавали значительную часть своего состояния из-за страха быть убитыми теми, кто домогался их богатства. Нередко состоятельные люди приносили в жертву десятки рабов, чтобы продемонстрировать свое презрение к богатству.

Хотя капитал всегда обнаруживал тенденцию к освобождению человека, он существенно усложнил социальную и промышленную организацию. Злоупотребление капиталом со стороны нечестных капиталистов не умаляет того факта, что он является основой современного индустриального общества. Благодаря капиталу и изобретательности нынешнее поколение пользуется большей степенью свободы, чем какое-либо из прежних. Это констатируется как факт, а не как оправдание многих злоупотреблений бездумных и эгоистичных владельцев капитала.

6. ЗНАЧЕНИЕ ОГНЯ ДЛЯ ЦИВИЛИЗАЦИИ

Первобытное общество с его четырьмя секторами – производственным, регулятивным, религиозным и военным – сложилось благодаря огню, животным, рабам и частной собственности.

Разведение огня сразу же и навеки отделило людей от животных; огонь является основным изобретением, или открытием, человека. Огонь позволял людям оставаться на земле в ночное время, так как все животные боятся огня. С приходом темноты огонь помогал общению; он не только защищал от холода и диких зверей, но использовался также для защиты от духов. Поначалу огнем пользовались больше как источником света, чем тепла; многие отсталые племена и сегодня отказываются спать без горящего всю ночь пламени.

Огонь являлся великим цивилизатором, позволившим человеку впервые быть альтруистом без ущерба для себя: один сосед давал другому горящие угли, ничем себя не обедняя. Домашний огонь, за которым следила мать или старшая дочь, был первым воспитателем, требуя внимания и надежности. Древний дом был не строением, а семьей, собравшейся вокруг огня – семейного очага. Когда сын создавал новую семью, он уносил с собой головню из семейного очага.

Хотя Андон – первооткрыватель огня – сумел не превратить его в объект поклонения, многие из потомков Андона относились к пламени как фетишу или духу. Они не сумели воспользоваться санитарными возможностями огня, ибо отказывались сжигать отходы. Примитивный человек боялся огня и всегда старался умилостивить его – так возникло окропление благовониями. Ни при каких обстоятельствах древние люди не плевали в огонь; они также никогда не проходили между кем-либо и горящим огнем. Священными считались даже железный колчедан и кремний, которые использовались для высекания огня.

Затушить огонь означало совершить грех; если хижина загоралась, ей давали сгореть. Пламя, горевшее в храме или святилище, считалось священным; ему никогда не давали погаснуть, за исключением того, что раз в году – или же после какого-то происшествия – по обычаю зажигался новый огонь. Женщины избирались жрицами потому, что являлись хранительницами семейного очага.

Древние мифы об огне, снизошедшем от богов, появились из наблюдения пожаров, возникших в результате удара молнии. Эти сверхъестественные представления стали непосредственной причиной поклонения огню, что, в свою очередь, привело к обычаю «прохождения через огонь», – традиции, сохранявшейся до времен Моисея. И до сих пор бытует представление о прохождении через огонь после смерти. Миф о происхождении огня сильно сковывал древнего человека и до сих пор остается в символике парсов.

Огонь привел к приготовлению пищи, и определение «сыроед» стало насмешкой. Приготовленная пища уменьшала затраты жизненной энергии, необходимой для ее переваривания, оставляя древнему человеку некоторую силу для развития социальной культуры, в то время как скотоводство, облегчив пропитание, позволяло уделять время общественной деятельности.

Необходимо помнить о том, что огонь открыл путь к обработке металла и привел к последующему открытию силы пара и современному использованию электричества.

7. ИСПОЛЬЗОВАНИЕ ЖИВОТНЫХ

Вначале весь мир животных был врагом человека; людям пришлось учиться защищать себя от зверей. Поначалу человек питался животными, однако позднее он научился приручать их и заставлять их служить себе.

Приручение животных возникло случайно. Дикари охотились на стадных животных так же, как американские индейцы – на бизонов. Окружая стадо, они могли управлять животными и забивать их по мере потребности в пище. Позднее стали сооружаться загоны, что позволяло захватывать целые стада.

Некоторые животные легко приручались, но многие из них – такие как слоны – не размножались в неволе. Позднее было обнаружено, что некоторые виды животных покоряются человеку и размножаются в неволе. Так одомашнение животных развивалось посредством селекции – искусства, достигшего огромного прогресса со времен Даламатии.

Первым домашним животным стала собака, и трудный путь ее приручения начался, когда одна из собак, весь день неотступно следовавшая за охотником, буквально отправилась домой вместе с ним. Веками собаки использовались в качестве пищи, на охоте, для передвижения и дружеского общения. Поначалу собаки умели только выть, но позднее они научились лаять. Острый нюх собаки породил представление о том, что она способна видеть духов, следствием чего стали культы поклонения собаке. Сторожевые псы впервые позволили всему клану спокойно спать по ночам. Тогда же появился обычай использовать сторожевых собак для защиты дома от духов, равно как и материальных врагов. Считалось, что когда собака лаяла, приближался зверь или человек; если же она выла, рядом находились духи. Даже сейчас многие верят в то, что ночной собачий вой предвещает смерть.

Когда мужчина был охотником, он довольно хорошо относился к женщине, однако после одомашнения животных и смуты, посеянной восстанием Калигастии, многие племена стали позорно обращаться со своими женщинами. Их отношение слишком напоминало обхождение со своими животными. Жестокое обращение мужчины с женщиной – одна из самых мрачных страниц человеческой истории.

8. РАБОВЛАДЕНИЕ КАК ФАКТОР ЦИВИЛИЗАЦИИ

Первобытный человек безо всяких колебаний порабощал своих товарищей. Женщина стала первым рабом – рабом семейным. Мужчина-скотовод порабощал женщину как низшего полового партнера. Непосредственной причиной такого вида полового рабства было уменьшение зависимости мужчины от женщины.

Еще недавно обращение в рабство было уделом тех военнопленных, которые отказывались принимать религию завоевателя. В более глубокой древности пленников съедали, замучивали до смерти, натравливали друг на друга, приносили в жертву духам или обращали в рабство. Рабовладение было значительным прогрессом по сравнению с массовым убийством и каннибализмом.

Обращение в рабство было шагом вперед в развитии более милосердного отношения к военнопленным. Побоище в Гае – во время которого были убиты все мужчины, женщины и дети, и только король был оставлен в живых для удовлетворения тщеславия победителя – является типичным примером варварских побоищ, которые устраивали даже считавшиеся цивилизованными народы. Налет на Ога, васанского царя, был столь же жестоким и опустошительным. Иудеи «истребили» своих врагов, захватив всю их собственность в качестве военной добычи. Они наложили на все города дань страдания, «убив всех мужчин». Однако многие современные им племена, отличавшиеся меньшим племенным эгоизмом, уже давно принимали к себе более совершенных пленников.

Охотники – например, американские красные люди – не обращали в рабство: они либо принимали, либо убивали пленников. Рабовладение не получило распространения среди скотоводческих народов, которым не требовалось много рабочей силы. На войне скотоводы обычно убивали всех пленных мужчин, уводя в рабство только женщин и детей. Моисеевы законы содержали подробные предписания, позволявшие сделать пленницу женой. Если пленная женщина не удовлетворяла, ее можно было прогнать, но иудеям не разрешалось продавать таких отвергнутых спутниц в рабство, – во всяком случае, это было прогрессивным шагом. Хотя социальные нормы иудеев были примитивными, в этом отношении они значительно превосходили окружавшие их племена.

Скотоводы были первыми капиталистами: их стада представляли собой капитал, а жили они на проценты – естественный прирост. И они были не склонны доверять уход за своим богатством рабам или женщинам. Однако впоследствии они начали захватывать пленных мужчин, заставляя их возделывать землю. Таково происхождение крепостных – людей, прикрепленных к земле. Африканцев было легко научить обрабатывать землю; поэтому они и стали великой расой рабов.

Рабовладение является неотъемлемым звеном в развитии человеческой цивилизации. Оно стало тем мостом, через который общество перебралось из хаоса и праздности к порядку и цивилизованной деятельности. Оно заставило отсталые и ленивые народы работать, обеспечив, таким образом, богатство и досуг для прогресса более развитых рас.

Институт рабовладения заставил человека создать регулятивный механизм первобытного общества, что привело к появлению первых форм правления. Рабовладение, требующее твердого регулирования, практически исчезло в средневековой Европе ввиду неспособности феодалов управлять рабами. У отсталых племен древности – таких как нынешние австралийские аборигены – никогда не было рабов.

Конечно, рабовладение означало угнетение, но именно в школах угнетения человек учился усердию. В конце концов рабы стали пользоваться благами более развитого общества, которое они столь неохотно помогли создать. Рабовладение создает организацию, ведущую к культурным и социальным достижениям, однако вскоре оно незаметно поражает общество изнутри, превращаясь в самую тяжелую из всех разрушительных социальных болезней.

Благодаря современным техническим изобретениям рабство изжило себя. Рабовладение, как и полигамия, отмирает, ибо оно невыгодно. Но внезапное освобождение большой массы рабов всегда было гибельным; постепенное освобождение связано с меньшими бедами.

Сегодня люди не являются социальными рабами, но тысячи из них позволяют амбициям загонять себя в рабство долговой ямы. Принудительное рабство сменилось новой и более совершенной формой новой индустриальной зависимости.

Хотя идеалом общества является всеобщая свобода, никогда не следует терпеть праздности. Каждый здоровый человек должен быть вынужден выполнять хотя бы такой объем работы, который необходим для самообеспечения.

Современное общество поворачивает вспять. Практически исчезло рабство; выходят из употребления домашние животные. В поисках могущества цивилизация устремилась назад, к огню – неорганическому миру. Человек вышел из варварства с помощью огня, животных и рабов; сегодня он стремится назад, отвергая услуги рабов и помощь животных, чтобы вырвать новые тайны, новые источники богатства и могущества, которые хранятся в кладовых природы.

9. ЧАСТНАЯ СОБСТВЕННОСТЬ

Хотя первобытное общество практически являлось коммуной, первобытный человек не был приверженцем современных коммунистических доктрин. Коммунизм той древней эпохи не был только теорией или социальной доктриной; он являлся простой, практической и автоматической адаптацией. Коммунизм предотвращал нищету и нужду; попрошайничество и проституция были практически неизвестны этим древним племенам.

Первобытный коммунизм не особенно принижал людей, как не возвеличивал он посредственность, но он действительно поощрял пассивность и праздность, подавлял трудолюбие и разрушал честолюбие. Коммунизм был необходимой опорой в процессе роста первобытного общества, но он уступил место более высокому общественному укладу, ибо противоречил четырем явно выраженным человеческим тенденциям:

1. *Семья.* Человек не стремится только накопить собственность: он желает передать средства производства своему потомству. Однако в древнем общинном обществе личный капитал либо сразу же расходовался, либо распределялся среди членов группы после смерти владельца. Собственность не наследовалась – налог на наследство составлял сто процентов. Появившиеся позднее обычаи накопления капитала и наследования собственности были явным шагом вперед в развитии общества. Это так, несмотря на последующие грубые злоупотребления капиталом.

2. *Религиозные тенденции.* Помимо этого, первобытный человек стремился накопить собственность в качестве начального капитала для следующей жизни. Этим объясняется существовавший в течение долгого времени обычай хоронить личные принадлежности человека вместе с ним. В древности верили, что только богатым сразу же после смерти уготовано хотя бы какое-то удовольствие и величие. Учители богооткровенной религии – в особенности христианские проповедники – первыми провозгласили, что бедняки имеют равные с богачами шансы на спасение.

3. *Стремление к свободе и досугу.* На заре социальной эволюции пропорциональное распределение личных доходов среди членов группы практически было формой рабства; труженик становился рабом бездельника. В этом заключалась самоубийственная черта коммунизма: расточительный привычно жил за счет бережливого. Даже в настоящее время транжир находится на иждивении государства (бережливых налогоплательщиков), которое должно заботиться о нем. Те, у кого нет капитала, до сих пор считают, что те, у кого он есть, должны их кормить.

4. *Стремление к безопасности и могуществу.* Коммунизм был окончательно уничтожен в результате обманной практики прогрессивных и преуспевающих индивидуумов, прибегавших к различным уловкам в попытке избавиться от кабалы ленивых бездельников своего племени. Однако поначалу все подобные накопления делались тайно; небезопасность таких занятий в первобытном обществе препятствовала открытому накоплению капитала. Даже в более поздние времена обладание чрезмерным богатством было связано с большой опасностью; в таких случаях царь обязательно придумывал какой-нибудь повод для конфискации имущества богача, а когда тот умирал, похороны задерживались, пока семья не жертвовала крупную сумму – налог на наследство – на общественные нужды или в пользу царя.

В древнейшие времена женщины были собственностью общины, и в семье господствовала мать. Вся земля и все женщины принадлежали древнему племенному вождю, согласие которого требовалось для заключения брака. С отмиранием коммунизма женщины перешли в личное пользование, и ведущее положение в доме постепенно перешло к отцу. Так возникла семья, и преобладающая полигамия постепенно сменилась моногамией. (Полигамия есть сохранение черт рабской зависимости женщины в браке. Моногамия является свободным от рабства идеалом непревзойденного объединения одного мужчины и одной женщины в высшем стремлении к созданию семьи, воспитанию потомства, взаимной культуре и самосовершенствованию.)

Поначалу всё имущество, включая орудия труда и оружие, находилось в общеплеменном владении. Первой частной собственностью стали предметы, к которым люди прикасались лично. Если незнакомец пил из чашки, то она становилась его собственностью. В дальнейшем всякое место, где была пролита кровь, становилось собственностью раненого человека или группы.

Таким образом, частная собственность с самого начала вызывала уважение, так как считалось, что она заключает в себе часть личности ее владельца. Подобные суеверия были гарантией честного отношения к собственности; полиции для охраны личного имущества не требовалось. В пределах группы не было воровства, хотя люди без колебаний присваивали имущество чужих племен. Отношения собственности не заканчивались со смертью: в древности личное имущество сжигали, позднее – хоронили вместе с покойником, а еще позднее оно переходило по наследству членам семьи или племени.

Первыми личными украшениями стали амулеты. Тщеславие и страх перед духами заставляли древнего человека сопротивляться любым попыткам лишить его любимых амулетов, ибо такой вид собственности ценился выше предметов первой необходимости.

Место для ночлега было одним из древнейших видов индивидуальной собственности. Впоследствии племенной вождь, распоряжавшийся по поручению группы всей недвижимостью, стал распределять участки для постройки жилищ. Вскоре основанием для собственности стало кострище, а еще позднее право владения прилегающей землей определялось колодцем.

Водяные скважины и колодцы были среди первых видов частных владений. Вся практика культовых обрядов использовалась для охраны водяных скважин, колодцев, деревьев, посевов и меда. После утраты веры в фетиши появились законы для охраны частного имущества. Однако право добычи – право охотиться – появилось задолго до земельных законов. Американский красный человек никогда не понимал права на частное владение землей; ему были чужды взгляды белого человека.

Уже в древности частная собственность помечалась семейным знаком отличия – древним предшественником семейного герба. Охрану недвижимости вверяли также духам. Жрецы «освящали» земельный надел, после чего он находился под защитой действовавших здесь магических табу. О владельцах таких наделов говорили, что у них есть «данное жрецом право собственности». Иудеи проявляли огромное уважение к этим семейным межевым знакам: «Проклят тот, кто передвинет межевой знак своего соседа». На таких каменных межевых знаках были инициалы жреца. Даже деревья, если на них стояли инициалы, становились частной собственностью.

В древности частным был только урожай, но последующие урожаи давали право собственности на землю. Так земледелие положило начало частному землевладению. Поначалу частное владение было только пожизненным, и после смерти земля возвращалась племени. Древнейшее право владения землей, передаваемое племенем своим членам, относилось к могилам – местам семейных захоронений. В более поздние времена земля принадлежала тем, кто обносил ее оградой. Однако города всегда выделяли часть земли под общие пастбища, а также для использования в случае осады. Такие «общинные земли» представляют собой остатки древних форм коллективного владения.

Со временем государство начало передавать собственность в частное владение, оставляя за собой право налогообложения. Сохраняя за собой право собственности, землевладельцы могли взимать арендную плату, и земля превратилась в источник дохода – капитал. В итоге земля стала настоящим объектом купли-продажи: ее можно было продать, передать право собственности другому, заложить и лишиться права выкупить заложенную землю.

Частное владение расширило свободу и укрепило стабильность. Правда, частное землевладение получило общественное одобрение только после провала общинного управления и руководства; и вскоре после введения землевладения, одни за другими, стали появляться рабы, крепостные и безземельные классы. Однако усовершенствование техники постепенно освобождает человека от рабского труда.

Право собственности не является абсолютным; оно имеет чисто социальный характер. Но любое правление, закон, порядок, гражданские права, социальные свободы, соглашения, мир и счастье – такие, какими их знают современные народы, – сложились вокруг частного владения собственностью.

Современный социальный порядок не обязательно является правильным – божественным или священным, – но человечество поступит разумно, если любые изменения будут осуществляться постепенно. То, что у вас есть, неизмеримо лучше любой системы, известной вашим предкам. Изменяя социальный порядок, убедитесь в том, что вы меняете его к лучшему. Не соглашайтесь на эксперименты с отвергнутыми формулами ваших предков. Идите вперед, а не назад! Пусть эволюция продолжается! Не поворачивайте вспять.

[Представлено Мелхиседеком Небадона.]

ДОКУМЕНТ 70

ЭВОЛЮЦИЯ УПРАВЛЕНИЯ У ЛЮДЕЙ

Не успел человек частично решить проблему средств существования, как он столкнулся с задачей регулирования отношений между людьми. Развитие промышленного производства требовало законности, порядка и социального приспособления; частная собственность привела к необходимости управления.

В эволюционном мире антагонизмы естественны; мир обеспечивается только с помощью регулятивной общественной системы. Социальное регулирование неотделимо от организации общества; объединение предполагает наличие некоторой контролирующей власти. Управление принуждает к разрешению противоречий, существующих между племенами, кланами, семьями и отдельными людьми.

Управление появляется в результате неосознанного процесса; оно складывается путем проб и ошибок. Оно необходимо для выживания; поэтому оно становится традиционным. Анархия вела к обнищанию; поэтому управление – относительный закон и порядок – формировалось или продолжает формироваться постепенно. Необходимость борьбы за существование буквально гнала человеческий род по пути прогресса, к цивилизации.

1. ПРОИСХОЖДЕНИЕ ВОЙН

Война есть естественное состояние и наследие развивающегося человека, мир – социальное мерило, определяющее прогресс цивилизации. До частичной социализации развивающихся рас человек был крайне индивидуалистичным, чрезвычайно подозрительным и невероятно драчливым. Насилие – закон природы, враждебность – автоматическая реакция детей природы, в то время как война – это те же самые действия, но выполняемые совместно. Всякий раз, когда конструкция цивилизации подвергается испытаниям из-за сложностей общественного прогресса, неизменно происходит быстрый и разрушительный возврат к этим древним методам насильственного разрешения трений, возникающих между человеческими объединениями.

Война есть животная реакция, спровоцированная непониманием и раздражением; мир сопутствует цивилизованному решению любых подобных проблем и трудностей. Как сангикские расы, так и деградировавшие впоследствии адамиты и нодиты отличались агрессивностью. Андонитов уже в глубокой древности научили золотому правилу, и даже сегодня их потомки – эскимосы – в основном придерживаются этого кодекса. Эти народы чтят обычаи; им практически незнакомо насильственное разрешение противоречий.

Андон учил своих детей улаживать споры следующим образом: каждый участник спора бил палкой по дереву, одновременно проклиная его. Тот, чья палка ломалась первой, считался победителем. Поздние андониты обычно разрешали споры, устраивая публичные представления, на которых спорщики подшучивали и насмехались друг над другом, в то время как публика выбирала победителя аплодисментами.

Однако такой феномен, как война, мог возникнуть только тогда, когда уровень развития общества действительно позволил вкусить периоды мирного существования и санкционировать методы ведения войны. Само понятие войны подразумевает некоторый уровень организации.

С появлением общественных группировок личные раздражения начали растворяться в настроениях группы, что способствовало внутриплеменному спокойствию за счет нарушения межплеменного мира. Поэтому поначалу мир достигался внутри племени или группы, которая всегда испытывала неприязнь и ненависть к внешнему миру, – чужеземцам. Древний человек считал за честь пролить чужую кровь.

Но поначалу даже это не помогало. Когда древние вожди пытались уладить разногласия, то нередко – как минимум раз в год – им приходилось разрешать племенные драки с использованием камней. Разделившись на две группы и вооружившись камнями, члены клана весь день дрались друг с другом – и всё только потому, что это их забавляло: им действительно нравилось драться.

Войны продолжаются из-за самой человеческой природы: человек произошел от животных, а всем животным свойственна агрессивность. Вот некоторые причины, приводившие к войнам в древности:

1. *Голод*, который вел к налетам с целью захвата пищи. Нехватка земли всегда вела к войне, и в таких столкновениях были практически уничтожены древние мирные племена.

2. *Нехватка женщин* – попытка восполнить недостаток в домашней прислуге. Кража женщин всегда служила причиной войны.

3. *Тщеславие* – стремление продемонстрировать племенную удаль. Более развитые группы воевали для того, чтобы навязать свой стиль жизни отсталым народам.

4. *Рабы* – потребность в дополнительной рабочей силе.

5. *Месть* служила основанием для войны, когда одно племя считало, что причиной смерти их соплеменника было соседнее племя. Траур продолжался до тех пор, пока домой не приносили отрезанную голову. Еще относительно недавно война с целью возмездия считалась благим делом.

6. *Развлечение* – в те древние времена молодые люди считали войну развлечением. Когда мир становился гнетущим, а серьезного и достаточного повода для войны не было, то соседние племена обычно вступали в драку полушутя, превращая налеты в развлечение, забавную потасовку.

7. *Религия* – стремление обратить других в свою веру. Все первобытные религии одобряли войны. Только в последнее время религия стала неодобрительно относиться к войне. К сожалению, древние жрецы обычно были пособниками военной власти. Один из величайших шагов к миру за всю историю – попытка отделить государство от церкви.

Древние племена всегда развязывали войны по велению своих богов, по приказу своих вождей или шаманов. Иудеи верили в такого «Бога брани», и повествование об их налете на мадианитян является типичным рассказом о звериной жестокости, присущей племенным войнам древности; это нападение, когда были убиты все мужчины, а затем все мальчики и женщины, кроме девственниц, пришлось бы по вкусу племенному вождю, жившему двести тысяч лет тому назад. И все это делалось во «имя Господа Бога Израиля».

Это рассказ об эволюции общества – естественном разрешении проблем человеческих рас, когда человек сам творит свою судьбу на земле. Подобные зверства не внушаются Божеством, несмотря на тенденцию человека перекладывать ответственность на своих богов.

Милосердие на поле брани пришло к человечеству не сразу. Даже когда иудеями правила женщина – Девора – продолжалась всё та же откровенная жестокость. В победе над язычниками действия ее генерала привели к тому, что «всё ополчение пало от меча; никого не осталось в живых».

Уже на раннем этапе истории этой расы использовалось отравленное оружие, наносились самые разнообразные увечья. Саул, не колеблясь, потребовал сто обрезаний филистимлян в качестве выкупа, который Давид должен был дать за свою дочь Мелхолу.

Поначалу войны велись между целыми племенами, однако в более поздние времена спор двух людей разрешался ими на дуэли, вместо того чтобы устраивать сражение между племенами. Появился также обычай решать судьбу сражения двух армий исходом состязания единоборцев, отобранных с каждой стороны, как в случае Давида и Голиафа.

Первым усовершенствованием войны стала практика брать пленных. На следующем этапе военные действия перестали распространяться на женщин, вслед за чем пришло признание лиц, не участвующих в военных действиях. Вскоре, в связи с усложнением военного искусства, появились военные касты и регулярные армии. Уже на раннем этапе таким воинам запрещалось вступать в контакт с женщинами, а женщины давно перестали воевать, хотя они всегда кормили солдат и ухаживали за ними, вдохновляя их на битву.

Огромным прогрессом стала практика объявления войны. Такие заявления о намерении начать военные действия означали появление чувства справедливости, за чем последовало постепенное создание правил ведения «цивилизованной» войны. Уже в глубокой древности вошло в обычай не воевать около религиозных мест, а позднее – не воевать в определенные священные дни. Следующим было признано право убежища; политические беженцы пользовались защитой.

Так приемы ведения войны превратились из первобытной охоты на людей в более упорядоченную систему «цивилизованных» народов последующих веков. Однако в отношениях между людьми неприязнь медленно уступает место приязни.

2. СОЦИАЛЬНОЕ ЗНАЧЕНИЕ ВОЙНЫ

В прошлые века ожесточенные войны приводили к социальным переменам и способствовали усвоению новых идей, чего невозможно было бы достигнуть естественным путем за десять тысяч лет. Ужасная цена, которую приходилось платить за некоторые преимущества войны, заключалась в том, что общество временно отбрасывалось назад, к варварству; цивилизованному благоразумию приходилось отступать от своих прав. Война – сильнодействующее лекарство, очень дорогое и предельно опасное; и хотя нередко оно излечивает от некоторых социальных болезней, порой оно убивает пациента – разрушает общество.

Постоянная потребность в обороне государства создает много новых и прогрессивных социальных преобразований. Сегодня общество пользуется целым рядом полезных нововведений, поначалу имевших исключительно военный характер. Оно обязано войне даже появлением танца, одна из древних форм которого являлась военным упражнением.

Война имела социальное значение для прошлых цивилизаций ввиду следующих причин:

1. Она требовала дисциплинированности, укрепляла сотрудничество.

2. Она поощряла стойкость и отвагу.

3. Она воспитывала и укрепляла национальное самосознание.

4. Она уничтожала слабые и неприспособленные народы.

5. Она развенчивала иллюзии первобытного равенства и избирательно расслаивала общество.

Война несет в себе определенную эволюционную ценность, ведет к естественному отбору. Однако с постепенным прогрессом цивилизации от нее нужно будет отказаться так же, как в свое время человечество отказалось от рабовладения. В древности войны содействовали путешествиям и культурным сношениям; сегодня эти цели с бо́льшим успехом достигаются с помощью современных средств транспорта и связи. В древности войны укрепляли народы, но современные сражения подрывают цивилизованную культуру. Древние войны приводили к истреблению отсталых народов; итог современных конфликтов – выборочное уничтожение лучшего человеческого материала. Поначалу войны укрепляли организованность и эффективность – сегодня эти качества стали целью современной промышленности. В прошлом война была социальной закваской, заставлявшей цивилизацию идти вперед; ныне такой результат лучше достигается при помощи честолюбия и изобретательности. Древние войны поддерживали представление о Боге брани, но современному человеку поведано о том, что Бог есть любовь. В прошлом война служила многим полезным целям и была незаменимой опорой при создании цивилизации, однако она быстро становится культурным банкротом – неспособной обеспечить дивиденды в виде социальной выгоды, хоть сколько-нибудь сопоставимые с ужасными потерями при обращении к ней.

Когда-то врачи верили в кровопускание как панацею от многих болезней, но с тех пор они обнаружили лучшие средства для лечения большинства этих заболеваний. Так же и международное кровопролитие должно непременно уступить место поиску лучших методов для излечения тех болезней, которыми страдают нации.

Народы Урантии уже вступили в исполинскую борьбу националистического милитаризма с индустриализмом, и во многих отношениях этот конфликт аналогичен многовековой борьбе скотовода-охотника с фермером. Однако если индустриализму суждено одержать верх в этой борьбе с милитаризмом, ему следует избегать подстерегающих его опасностей. Расцветающей промышленности Урантии угрожают следующие факторы:

1. Сильное тяготение к материализму, духовная слепота.

2. Поклонение власти богатства, искажение ценностей.

3. Пороки роскоши, культурная незрелость.

4. Всё большая опасность праздности, равнодушие к служению.

5. Рост нежелательной расовой терпимости, биологическое вырождение.

6. Угроза стандартизованного индустриального рабства, закоснение личности. Труд облагораживает, однако монотонная работа отупляет.

Милитаризм является автократичным и жестоким – диким. Он улучшает социальную организацию победителей, но разлагает побежденных. Индустриализм является более цивилизованной системой и должен так продолжать свое развитие, чтобы способствовать инициативе и поощрять индивидуализм. Обществу следует всеми возможными способами благоприятствовать развитию самобытности.

Прославление войны было бы ошибкой. Вместо этого нужно осознать значение войны для общества, чтобы точнее представить себе, каким требованиям должны удовлетворять заменяющие ее средства для продолжения развития цивилизации. И если вы не найдете таких адекватных замен, вы можете быть уверены в том, что конца войнам не будет еще долго.

Человек не примет мир в качестве нормального образа жизни, пока он глубоко и многократно не убедится в том, что мир – это лучший гарант его материального благополучия, а также пока общество не станет достаточно мудрым, чтобы научиться находить мирную замену для удовлетворения свойственной человеку тенденции периодически высвобождать коллективный импульс, помогающий выплескивать те извечно накапливающиеся эмоции и энергии, которые относятся к реакциям самосохранения человеческого вида.

Однако, хотя бы мимоходом, войне следует отдать должное как школе опыта, которая заставила расу самонадеянных индивидуалистов подчиниться жестко централизованной власти – главному руководителю. Война старого образца действительно выдвигала великих людей, прирожденных лидеров, но в современных войнах этого не происходит. В поисках лидеров общество должно теперь обращаться к мирным завоеваниям – промышленности, науке и социальным достижениям.

3. ПЕРВЫЕ ЧЕЛОВЕЧЕСКИЕ ОБЪЕДИНЕНИЯ

В наиболее примитивном обществе *орда* была всем: даже дети являлись ее общинной собственностью. Эволюционирующая семья сменила орду в воспитании детей, в то время как формирующиеся кланы и племена заняли ее место в качестве социальных единиц.

Половое влечение и материнская любовь создают семью. Однако настоящее управление появляется только тогда, когда начинают формироваться надсемейные группы. До появления семьи, лидерами орды становились неформально выбранные индивидуумы. Африканские бушмены до сих пор находятся на этой первобытной стадии; в их орде нет вождей.

Кровные узы начали объединять семьи в кланы – родовые общины, которые впоследствии образовывали племена – территориальные общины. Войны и внешнее давление заставляли родовые кланы объединяться в племена, но именно предпринимательство и торговля позволяли этим древним примитивным группам сохранять хотя бы относительный внутренний мир.

Международные торговые организации будут содействовать укреплению мира на Урантии в значительно большей степени, чем вся сентиментальная софистика иллюзорного мирного планирования. Торговым отношениям способствует развитие языка и улучшение методов связи, а также совершенствование транспортных средств.

Отсутствие общего языка всегда препятствовало росту мирных групп, но универсальным языком современной торговли стали деньги. Современное общество не распадается в значительной мере благодаря индустриальному рынку. Стремление к прибыли является могущественным цивилизатором, когда оно дополняется желанием быть полезным.

В древности каждое племя существовало в окружении концентрических колец возрастающего страха и суеверия; поэтому когда-то существовал обычай убивать всех чужеземцев, позднее – порабощать их. Первоначальное представление о дружбе означало принятие в клан; считалось, что членство в клане сохранялось и после смерти, что являлось одним из древнейших представлений о вечной жизни.

Церемония принятия в члены клана заключалась в том, что обе стороны должны были испить друг у друга кровь. В других группах вместо крови обменивались слюной; таково древнее происхождение практики дружеского поцелуя. И все церемонии объединения, будь то брак или принятие в члены клана, неизменно завершались пиршеством.

В более поздние времена использовалась кровь, разбавленная красным вином, а со временем церемония приема новых членов стала завершаться одним только вином. Она выражалась в символическом соприкосновении винных кубков с их последующим опорожнением. У иудеев существовала видоизмененная форма церемонии приема. Их арабские предки пользовались клятвой, которую произносили в то время, как рука кандидата покоилась на детородном органе уроженца племени. Иудеи относились к принятым в свою среду чужеземцам с добрыми и братскими чувствами. «Пусть живущий с тобой чужеземец будет, как рожденный среди вас; люби его, как себя».

«Дружеское отношение к гостям» было проявлением временного гостеприимства. Перед уходом гостей блюдо разламывали пополам, и одну половину отдавали уходящему другу, с тем чтобы она послужила надежной рекомендацией для очередного гостя, который мог посетить хозяина в другой раз. По обыкновению гости вносили свой вклад, рассказывая истории о путешествиях и приключениях. Древние рассказчики приобрели такую популярность, что в результате появился запрет на подобные занятия в течение охотничьего сезона или уборки урожая.

Первыми мирными соглашениями были «кровные узы». Послы двух враждующих племен прибывали для заключения мира, чтобы засвидетельствовать свое почтение, вслед за чем прокалывали себе кожу, пока она не начинала кровоточить. После этого они сосали друг у друга кровь и провозглашали мир.

Первые миссии мира состояли из делегаций мужчин, приводивших лучших девушек своего племени для сексуального удовлетворения прежних врагов. Так половое влечение использовалось для подавления воинственности. Племя, удостоенное такой чести, направляло ответных посланников с группой своих девушек, после чего устанавливался прочный мир. Вскоре были разрешены смешанные браки между семьями вождей.

4. КЛАНЫ И ПЛЕМЕНА

Первой мирной группой стала семья, затем – клан, племя и, позднее, нация, которая в итоге превратилась в современное территориальное государство. Тот факт, что нынешние мирные группы уже давно переросли границы кровных связей и охватывают народы, вселяет большую надежду, несмотря на то что народы Урантии до сих пор тратят огромные суммы на военные приготовления.

Кланы представляли собой кровно связанные группы в пределах одного племени, существовавшие в силу некоторых общих интересов:

1. Происхождение от общего предка.
2. Приверженность общему религиозному тотему.
3. Общий диалект.
4. Общее место обитания.
5. Страх перед общими врагами.
6. Общий военный опыт.

Предводитель клана всегда подчинялся вождю племени. Раннее племенное управление представляло собой свободную конфедерацию кланов. Австралийские аборигены так и не создали племенной формы управления.

Клановые вожди мирного времени обычно принадлежали к материнской линии; военные вожди образовывали отцовскую линию. Суд у племенных вождей и первых царей состоял из предводителей кланов, которых обычно призывали к царю несколько раз в году. Это позволяло ему следить за ними и добиваться от них большего сотрудничества. Кланы играли важную роль в местном самоуправлении, однако они существенно задержали формирование крупных и сильных наций.

5. ИСТОКИ УПРАВЛЕНИЯ

У каждого человеческого института есть истоки, и гражданское управление является результатом постепенной эволюции точно так же, как брак, промышленное производство и религия. Начиная с древних кланов и первобытных племен, сменявшие друг друга типы человеческого управления постепенно возникали и исчезали вплоть до появления тех форм социального и гражданского регулирования, которые характеризуют вторую треть двадцатого века.

По мере постепенного образования семейных ячеек, в организации клана – объединении единокровных семей – были заложены основы управления. Первым настоящим правительством стал *совет старейшин*. Эта регулирующая группа состояла из стариков, отличившихся каким-либо образом. Мудрость и опыт издавна ценились даже варварами. Наступил длительный период господства старейшин. Это господство олигархии стариков постепенно переросло в идею патриархата.

В древнем совете старейшин заключался потенциал всех государственных функций – исполнительной, законодательной и судебной. При толковании действующих нравов совет являлся судом; определяя новые формы общественных обычаев, он становился законодательным органом; вводя в силу новые приказы и законы, он представлял собой исполнительный орган. Глава совета старейшин стал одним из прообразов появившегося впоследствии вождя племени.

В некоторых племенах советы состояли из женщин, и женщины время от времени возглавляли многие племена. Некоторые племена красных людей сохранили учение Онамоналонтона в своей приверженности единогласному правлению «совета семи».

Человечество с трудом усваивало ту истину, что в обществе, где нет согласия, невозможно решать ни мирные, ни военные вопросы. Примитивные «совещания» редко приносили пользу. Люди давно поняли, что армия, которой командуют вожди кланов, неспособна противостоять войску, во главе которого стоит один человек. Война всегда создавала царей.

В первое время военачальники выбирались только для военной службы. При наступлении мира они сдавали некоторые свои полномочия, а их обязанности принимали более светский характер. Однако постепенно они начали посягать и на мирное время, стремясь продлить свое правление на период между войнами. Они устраивали так, чтобы войны следовали друг за другом без больших интервалов. Эти древние военачальники не любили жить в мире.

В более поздние времена некоторые вожди избирались не для военной, а иной службы, и критериями отбора являлись необычайные физические данные или выдающиеся личные качества. У красной расы нередко было два типа вождей:

сейчемы, или мирные вожди, и наследные военачальники. Мирные правители являлись также судьями и учителями.

Во главе некоторых древних общин стояли шаманы, которые часто выполняли функции вождей. Один и тот же человек мог исполнять обязанности жреца, врача и правителя. Нередко древние царские знаки отличия первоначально являлись символами или эмблемами, украшавшими одежду жрецов.

Таков путь постепенного становления исполнительной власти. Советы кланов и племен продолжали выполнять совещательную функцию, являясь также предшественниками появившихся позднее законодательной и судебной ветвей. В настоящее время все эти формы примитивного управления существуют у различных африканских племен.

6. МОНАРХИЧЕСКОЕ УПРАВЛЕНИЕ

Эффективное государственное управление возникло только с появлением вождя, обладавшего всей полнотой исполнительной власти. Человек понял, что успешное управление возможно только через выдвижение полномочной личности, а не идеи.

Система правления выросла из представления о власти семьи или богатства. Когда патриархальный царек становился настоящим царем, он иногда именовался «отцом своего народа». Позднее считалось, что цари происходят от героев. А еще позднее власть стала передаваться по наследству, что объяснялось верой в божественное происхождение царей.

Передача власти по наследству позволяла избежать анархии, приводившей прежде к смуте в период между смертью царя и избранием его преемника. У семьи был биологический глава, у клана – избранный естественный предводитель; однако у племени и появившегося впоследствии государства не было естественного лидера, и это стало еще одной причиной того, что вожди-цари начали передавать свою власть по наследству. Представление о царских семьях и аристократии также основывалось на обычаях, признававших «именное владение» в кланах.

В конце концов преемственность царской власти стала считаться сверхъестественной: полагали, что царская кровь восходила ко временам телесного персонала Князя Калигастии. Так цари превратились в идолов, внушавших непомерный страх, и появилась особая придворная манера говорить. Еще не так давно считалось, что прикосновение царя избавляет от недуга, и некоторые народы Урантии до сих пор верят в божественное происхождение своих правителей.

Превращенного в идола древнего царя часто держали в изоляции. Он считался слишком священным, чтобы на него можно было смотреть, за исключением праздников и святых дней. Обычно избирался олицетворявший его представитель, что положило начало должности премьер-министра. Первым членом правительства стал чиновник, распоряжавшийся пищей. Затем появились и другие. Через некоторое время правители стали назначать своих представителей, отвечавших за торговлю и религию, и появление кабинета стало непосредственным шагом к обезличиванию исполнительной власти. Эти помощники древних царей стали признанной знатью, а жена царя постепенно поднялась до статуса царицы по мере того, как женщины стали пользоваться бóльшим уважением.

Открытие ядов дало неразборчивым в средствах правителям огромную власть. Древнее придворное колдовство отличалось жестокостью: враги царя вскоре умирали. Но даже самый деспотичный тиран подчинялся некоторым ограничениям;

по крайней мере, его сдерживал неотступный страх быть вероломно убитым. Шаманы, знахари и жрецы всегда держали царей в узде, а позднее сдерживающим началом стали землевладельцы – аристократия. Кланы и племена то и дело просто восставали, свергая своих деспотов и тиранов. Когда смещенных правителей приговаривали к смертной казни, им часто давали возможность совершить самоубийство, что положило начало древней моде кончать жизнь самоубийством при некоторых обстоятельствах.

7. ПЕРВОБЫТНЫЕ КЛУБЫ И ТАЙНЫЕ ОБЩЕСТВА

Первые социальные группы определялись кровным родством; объединение вело к росту клана. Смешанный брак стал следующим этапом увеличения группы, и образовавшееся в результате смешанное племя стало первой настоящей политической организацией. Еще одним шагом в социальном развитии стала эволюция религиозных культов и политических клубов. Первые из них появились как тайные общества и имели исключительно религиозный характер; впоследствии они стали выполнять регулятивную функцию. Вначале в них состояли только мужчины; позднее появились женские группы. Вскоре они разделились на два класса: социально-политические и религиозно-мистические.

Тайный характер этих обществ объяснялся многими причинами, среди которых были следующие:

1. Страх навлечь недовольство правителей из-за нарушения какого-нибудь табу.
2. Исполнение религиозных обрядов меньшинства.
3. Хранение важных «духовных» или торговых тайн.
4. Выполнение особого заклинания или колдовства.

Сама секретность этих обществ наделяла их членов той властью над соплеменниками, которую дает тайна. Таинственность льстит тщеславию; прошедшие обряд посвящения были социальной аристократией своего времени. После инициации юноши охотились с мужчинами, в то время как до этого они собирали овощи с женщинами. И высшим унижением для юноши, позором перед всем племенем становилась неудача при испытании на половозрелость: в этом случае его оставляли за пределами мужского общества, среди женщин и детей, считая женоподобным. Кроме того, тем, кто не прошел инициации, не разрешалось жениться.

Уже в глубокой древности первобытные люди учили своих юношей половой сдержанности. Стало обычаем забирать мальчиков у родителей в период от наступления половой зрелости до женитьбы, доверяя их образование и воспитание тайным мужским обществам. И одной из основных функций этих клубов был контроль за поведением молодого человека, что предотвращало появление незаконнорожденных детей.

Проституция как источник дохода возникла, когда эти мужские клубы стали платить деньги за использование женщин из других племен. Но более древние группы совершенно не страдали половой распущенностью.

Пубертатная инициация юношей обычно растягивалась на пять лет. С этими обрядами были связаны многочисленные самоистязания и нанесение болезненных порезов. Первые обрезания совершались как обряд посвящения в одно из таких тайных братств. Одним из элементов инициации было вырезание на теле племенных знаков; татуировка возникла из таких символов причастности. Подобные истязания, в совокупности с многочисленными лишениями, предназначались для закалки юношей, внушения им представления о реальности жизни и ее неизбежных трудностях. Эта цель более успешно достигалась с помощью появившихся позднее атлетических игр и физических состязаний.

Однако тайные общества действительно стремились к совершенствованию нравственности юношества. Одно из основных назначений пубертатных ритуалов – внушить мальчику, что он не должен прикасаться к чужим женам.

Вслед за годами жесткой дисциплины и подготовки – и незадолго до женитьбы – молодых людей обычно освобождали, предоставляя им короткое время отдыха и свободы, после чего они возвращались, чтобы жениться и до конца дней подчиняться племенным табу. Этот древний обычай существовал во все века и сохранился до наших дней в виде нелепого представления о необходимости «перебеситься».

Впоследствии многие племена разрешили создавать тайные женские клубы с целью подготовки молодых девушек к замужеству и материнству. После инициации девушкам разрешалось выходить замуж и посещать «смотрины невест», что в то время соответствовало выходу в свет. Уже в древности появились женские ордены, дававшие обет безбрачия.

Вскоре появились публичные клубы – организации, создаваемые группами неженатых мужчин и незамужних женщин. В действительности, эти объединения были первыми школами. И хотя мужские и женские клубы были склонны преследовать друг друга, некоторые более прогрессивные племена – после общения с учителями Даламатии – начали экспериментировать с совместным обучением и созданием школ-интернатов для обоих полов.

Тайные общества способствовали постепенному созданию социальных каст в основном в силу таинственного характера процедуры посвящения. Члены этих обществ первоначально носили маски для отпугивания любопытных от своих скорбных обрядов – поклонения предкам. Позднее эти ритуалы превратились в псевдоспиритические сеансы, на которых якобы появлялись духи. Древние общества «повторного рождения» использовали свою символику и особый тайный язык; кроме того, они отрекались от некоторых видов пищи и напитков. Они исполняли функции ночных блюстителей порядка и занимались самой различной общественной деятельностью.

Все тайные общества заставляли принимать клятву, требовали конфиденциальности и приучали хранить тайны. Эти ордены внушали ужас и держали в повиновении массы. Кроме того, они действовали как общества бдительности и тем самым фактически занимались самосудом. Они становились первыми шпионами, когда племена находились в состоянии войны, и первыми агентами тайной полиции, когда наступал мир. Лучше всего им удавалось заставлять нечистоплотных царей опасаться за свою жизнь. Чтобы нейтрализовать их, цари создавали собственную тайную полицию.

Эти общества привели к появлению первых политических партий. Поначалу управление на партийной основе выражалось в противостоянии «сильных» и «слабых». В древности смена правительства происходила только после гражданской войны – убедительное доказательство того, что слабые стали сильными.

Купцы нанимали членов таких клубов для взыскания долгов, правители – для взимания налогов. В течение длительного времени налогообложение принималось в штыки. Одна из его древнейших форм заключалась в десятине – десятой части добычи или трофеев. Первоначально налоги взимались для содержания царского двора, однако оказалось, что налоги легче собирать, если представлять их как пожертвования на нужды храма.

Постепенно эти тайные общества стали первыми благотворительными организациями, которые позднее превратились в религиозные общества – предшественники церквей. В итоге некоторые из таких обществ приобрели межплеменной характер, став первыми международными братствами.

8. ОБЩЕСТВЕННЫЕ КЛАССЫ

Умственное и физическое неравенство людей неизбежно приводит к появлению общественных классов. Деление на социальные слои отсутствует только в наиболее примитивных и наиболее развитых мирах. На заре цивилизации еще не начинается дифференциация на различные социальные уровни, в то время как мир, утвердившийся в свете и жизни, в основном уже избавился от такого деления человечества на классы, столь характерного для всех промежуточных эволюционных стадий.

С переходом общества от дикарства к варварству его человеческие составляющие стали обнаруживать тенденцию к объединению в классы в силу следующих основных причин:

1. *Естественных*: связь, родство и брак; первые социальные различия основывались на поле, возрасте и крови – родстве с вождем.

2. *Личных*: признание способности, выносливости, умения и силы духа, за которыми вскоре последовало признание языкового мастерства, знаний и умственных способностей.

3. *Случайных*: война и переселение приводили к размежеванию человеческих групп. Мощное воздействие на эволюцию классов оказали завоевания – отношение победителя к побежденному, в то время как рабовладение привело к первому основному разделению общества на свободных и рабов.

4. *Экономических*: богатые и бедные. Богатство и рабовладение было наследственным фундаментом для одного класса общества.

5. *Географических*: классы образовывались с появлением сельских и городских поселений. Как город, так и деревня способствовали разделению на скотоводов-земледельцев и торговцев-промышленников с их противоположными взглядами и реакциями.

6. *Социальных*: классы постепенно образовывались в соответствии с теми оценками социальной значимости различных групп, которые давались людьми. Среди древнейших делений такого рода были разграничения между жрецами-учителями, правителями-воинами, капиталистами-торговцами, обычными работниками и рабами. Раб был лишен возможности приобретения капитала, хотя иногда наемный работник мог принять решение стать капиталистом.

7. *Профессиональных*: по мере увеличения числа профессий появилась тенденция к образованию каст и гильдий. Работники делились на три группы: профессиональные классы, куда входили знахари, квалифицированные работники и неквалифицированные рабочие.

8. *Религиозных*: древние культовые клубы создавали свои собственные классы в пределах кланов и племен, и благочестие и мистицизм жрецов позволяли им в течение долгого времени оставаться отдельной социальной группой.

9. *Расовых*: присутствие двух или нескольких рас в пределах данной национальной или территориальной целостности обычно приводит к образованию цветных каст. Изначальная кастовая система Индии, как и древнего Египта, основывалась на цвете кожи.

10. *Возрастных*: юность и зрелость. В племени мальчик находился под контролем отца вплоть до его смерти, в то время как девочка находилась под материнской опекой вплоть до своего замужества.

Гибкие и изменяющиеся общественные классы обязательны для эволюционирующей цивилизации, однако когда *класс* становится *кастой* – когда социальное членение становится жестким, – повышение социальной стабильности приобретается за счет снижения личной инициативы. Хотя социальная каста решает проблему места человека в общественном производстве, она резко ограничивает индивидуальное развитие и фактически препятствует социальному взаимодействию.

Сложившись естественным образом, общественные классы будут сохраняться до тех пор, пока человек не добьется их постепенного эволюционного уничтожения посредством разумного обращения с биологическими, интеллектуальными и духовными ресурсами прогрессирующей цивилизации:

1. Биологическое обновление расовых линий – выборочное устранение низших генотипов. Это поможет искоренить многие виды неравенства смертных.

2. Образовательная подготовка возросших умственных способностей, которые возникнут в результате такого биологического совершенствования.

3. Религиозное стимулирование чувств родства и братства смертных.

Однако эти меры смогут принести свои истинные плоды только через многие тысячелетия, хотя значительный и немедленный общественный прогресс будет достигнут в результате разумного, мудрого и *терпеливого* использования этих факторов ускорения культурного прогресса. Религия является могущественным рычагом, поднимающим цивилизацию из хаоса, но она беспомощна без точки опоры – здорового и нормального разума, надежно опирающегося на здоровую и нормальную наследственность.

9. ПРАВА ЧЕЛОВЕКА

Природа не наделяет человека никакими правами. Всё, что у него есть, – это жизнь, а также тот мир, в котором ее нужно прожить. Природа не наделяет даже правом на жизнь. Чтобы убедиться в этом, достаточно представить себе вероятный исход встречи невооруженного человека с голодным тигром в первобытном лесу. Главное, что дало человеку общество, – это безопасность.

Общество постепенно отстаивало свои права. Вот те права, которыми оно обладает сегодня:

1. Уверенность в обеспечении пищей.

2. Военная оборона – безопасность, основанная на подготовленности.

3. Поддержание внутреннего мира – предотвращение насилия над личностью и предупреждение общественных беспорядков.

4. Контроль половых отношений – брак, институт семьи.

5. Собственность – право владеть.

6. Развитие соревнования между индивидуумами и группами.

7. Создание условий для образования и воспитания молодежи.

8. Поощрение торговли и коммерции – индустриальное развитие.

9. Улучшение условий и оплаты труда.

10. Гарантия свободы отправления религиозных обрядов с целью возвышения остальных видов общественной деятельности благодаря их духовной мотивации.

Когда права являются столь древними, что невозможно установить их происхождение, они часто называются *естественными правами*. В действительности же права человека не являются естественными: они целиком социальны. Они относительны и постоянно изменяются, являясь не более чем правилами игры – признанными регуляторами отношений, определяющими постоянно изменяющиеся феномены человеческого соревнования.

То, что может считаться правом в одну эпоху, может не считаться таковым в другую. Существование столь большого числа дефективных и дегенеративных людей объясняется не тем, что у них есть какое-то естественное право обременять собой цивилизацию двадцатого века, а лишь тем, что так велит современное им общество, его нравы.

Средневековая Европа не признавала за человеком почти никаких прав. В то время каждый человек принадлежал какому-нибудь другому лицу, и всякое право являлось привилегией или милостью, оказанной государством или церковью. И протест против этого заблуждения был в равной мере ошибочным, поскольку он привел к вере в то, что все люди рождаются равными.

Слабые и ущербные всегда ратовали за равные права. Они всегда требовали, чтобы государство заставляло сильных и лучших удовлетворять их потребности и компенсировать иные недостатки, которые чаще всего являются естественным результатом их собственного равнодушия и лени.

Однако идеал равенства является продуктом цивилизации; в природе его нет. Сама культура убедительно демонстрирует врожденное неравенство людей через их совершенно различные способности к ее восприятию. Внезапное и неэволюционное претворение якобы естественного равенства быстро отбросило бы цивилизованного человека к примитивным обычаям первобытных веков. Общество не может предложить равные права для всех, но оно способно взять на себя обязательство честно и справедливо обеспечивать различные права каждого. Задача и обязанность общества – дать дитя природы справедливую и мирную возможность заниматься самоподдержанием, участвовать в продолжении рода и, одновременно, в некоторой мере удовлетворять свои желания; из суммы всех трех составляющих складывается человеческое счастье.

10. ЭВОЛЮЦИЯ ПРАВОСУДИЯ

Естественная справедливость – это придуманная человеком теория, а не действительность. Справедливость в природе носит чисто гипотетический характер, является полным вымыслом. Природа обеспечивает только один вид справедливости: неизбежное соответствие следствий причинам.

В понимании человека, справедливость означает обретение прав и, следовательно, является делом прогрессивной эволюции. Понятие справедливости вполне может быть основополагающим для одухотворенного разума, но в мирах пространства оно не возникает сразу и в полностью сложившемся виде.

Первобытный человек приписывал все явления конкретному лицу. В случае смерти дикарь спрашивал, не *что* убило, а *кто* убил. Непреднамеренное убийство не признавалось, а при наказании за преступление совершенно не принимался во внимание мотив преступника: приговор выносился в соответствии с причиненным телесным повреждением.

В древнейшем примитивном обществе общественное мнение действовало непосредственно; блюстители закона были не нужны. В жизни примитивного общества не было частной жизни. Соседи несли ответственность за поведение своего соседа и поэтому имели право совать нос в его личные дела. Регулирование общества строилось на теории о том, что группа должна интересоваться поведением каждого индивидуума и в определенной мере контролировать это поведение.

Уже в глубокой древности люди верили в то, что духи вершат правосудие через знахарей и жрецов; поэтому эти классы стали первыми следователями и служителями закона. Их древние методы расследования преступлений заключались в испытании ядом, огнем и болью. Эти жестокие испытания «судом божьим» были всего лишь примитивными видами судебного разбирательства; спор вовсе не обязательно решался по справедливости. Например, если обвиняемому давали яд и его рвало, он признавался невиновным.

В Ветхом Завете есть описание одного из таких испытаний «судом божьим» – проверки на супружескую верность. Если мужчина подозревал свою жену в измене, он приводил ее к священнику и излагал свои подозрения, вслед за чем тот приготовлял смесь из святой воды и мусора, собранного с пола храма. После соответствующего обряда, включавшего грозные проклятия, обвиняемую заставляли выпить отвратительное снадобье. Если она была виновна, то «вода, наводящая проклятие, пройдет внутрь ее и станет горькой, и ее живот опухнет, и ее бедра загниют, и эта женщина будет проклята в своем народе». Если случалось так, что женщина могла проглотить это отвратительное пойло без симптомов физического заболевания, с нее снимали обвинения ревнивого мужа.

В то или иное время эти жестокие методы дознания использовались практически всеми развивающимися племенами. Дуэль – современный пережиток испытания «судом божьим».

Нет ничего удивительного в том, что три тысячи лет тому назад иудеи и другие полуцивилизованные племена пользовались столь примитивными методами отправления правосудия, однако поистине поразительно, что мыслящие люди впоследствии сохранили подобный пережиток варварства на страницах одного из собраний священных писаний. Вдумчивый анализ должен был бы показать, что никакое божественное существо никогда не давало смертному человеку столь несправедливых указаний относительно дознания и суда при подозрении в супружеской неверности.

Уже в древности общество стало пользоваться местью как мерой возмездия: око за око, жизнь за жизнь. Все эволюционирующие племена признавали право кровной мести. Месть стала целью первобытной жизни, но с тех пор религия значительно видоизменила эти ранние племенные традиции. Учители богооткровенной религии всегда провозглашали: «„Мне отмщенье“ – говорит Господь». Древнее убийство из мести мало чем отличалось от современных преднамеренных убийств, совершаемых под предлогом неписаного закона.

Обычной формой возмездия было самоубийство. Если человек не мог отомстить за себя при жизни, он умирал, веря в то, что в образе духа сможет вернуться и обрушить гнев на своего врага. И так как это поверье было весьма распространенным, угроза покончить жизнь самоубийством, произнесенная на пороге дома врага, обычно была достаточной, чтобы заставить его примириться. Первобытный человек не очень высоко ценил свою жизнь. Самоубийство из-за пустяков было обычным явлением, однако благодаря учениям Даламатии, этот обычай резко пошел на убыль, а в более поздние времена досуг, комфорт, религия и философия объединили свои усилия, чтобы сделать жизнь более приятной и желанной. И всё же, голодовки являются современным аналогом этого старинного способа возмездия.

Одна из древнейших формулировок усовершенствованного племенного закона касалась провозглашения кровной вражды общеплеменным делом. Странно сказать, но даже тогда мужчина мог безнаказанно убить свою жену, если он уже выплатил за нее полную сумму. Тем не менее, у современных эскимосов наказание за преступление – даже за убийство – определяется и приводится в исполнение пострадавшей семьей.

Другим шагом было введение штрафов как меры наказания за нарушение табу. Штрафы стали первой публичной статьей дохода. Вместо кровной мести вошла в обычай практика «откупа за кровь». Такие потери обычно возмещались женщинами или скотом. Прошло много времени, прежде чем в качестве наказания за преступление стали назначаться собственно штрафы – денежные компенсации. А так как смысл наказания в принципе сводился к компенсации, то в результате у всего – включая человеческую жизнь – появилась своя цена, которую можно было заплатить за нанесенный ущерб. Иудеи первыми отменили практику откупа за кровь. Моисей учил: «Не берите выкупа за жизнь убийцы, который повинен в смерти; он непременно должен быть предан смерти».

Таким образом, сначала правосудие определялось семьей, потом – кланом и позднее – племенем. Отправление истинного правосудия начинается с переходом функций возмездия от частных и родственных групп к социальной группе – государству.

Когда-то обычным наказанием было сжигание заживо. Этим способом пользовались многие древние правители, включая Хаммурапи и Моисея, который наставлял, что многие правонарушения – в особенности тяжкие сексуальные преступления – должны наказываться сожжением на костре. Если «дочь священника» или другого видного гражданина занималась проституцией, по обычаю иудеев ее следовало «сжечь огнем».

Измена – «продажа» или предательство своих соплеменников – стала первым преступлением, которое влекло за собой смертную казнь. Кража скота обычно наказывалась смертью без суда и следствия, и еще недавно таким же образом наказывалось конокрадство. Однако со временем люди поняли, что наиболее сильным сдерживающим фактором являлась не столько суровость наказания, сколько его неотвратимость и безотлагательное приведение в исполнение.

Когда общество оказывается неспособным наказывать за преступления, общественное негодование обычно проявляется в виде самосуда. Предоставление убежища позволяло избежать внезапного общественного гнева. Самосуд и дуэль представляют собой нежелание индивидуума отказаться от восстановления справедливости собственными силами и передать эту функцию государству.

11. ЗАКОНЫ И СУДЫ

Между нравами и законами так же трудно провести четкое различие, как и определить тот момент, когда на рассвете день сменяет ночь. Нравы – это законы и правила поддержания порядка в процессе становления. Когда неписаные нравы существуют в течение долгого времени, они стремятся найти точное выражение в строгих законах, конкретных правилах и четко определенных социальных соглашениях.

Вначале закон всегда является негативным и запретительным; по мере развития цивилизации он становится всё более позитивным и директивным. Древнее общество воздействовало негативно: оно гарантировало индивидууму право на жизнь, повелевая всем остальным «не убивать». Каждое предоставление прав или свобод индивидууму означает ущемление свобод всех других людей, что осуществляется посредством табу – первобытного закона. Вся идея табу является в корне негативной, ибо первобытное общество было полностью негативным по своей организации, а древнее отправление правосудия заключалось в контроле за соблюдением табу. Однако первоначально эти законы распространялись только на соплеменников, что видно на примере иудеев более позднего периода, имевших отдельный этический кодекс для сношений с язычниками.

Принесение клятвы появилось во времена Даламатии и являлось попыткой добиться более правдивых свидетельских показаний. Такая клятва заключалась в обращенном на самого себя проклятии. До этого никто не стал бы свидетельствовать против членов своей группы.

Преступление было оскорблением племенных нравов, грех был нарушением тех табу, которые санкционировались духами, и в течение долгого времени существовала путаница из-за неспособности провести различие между преступлением и грехом.

Личные интересы привели к появлению табу на убийство; общество санкционировало его как традиционный обычай; религия освятила этот обычай как нравственный закон. Так объединенное действие всех трех факторов сделало человеческую жизнь более безопасной и священной. Древнее общество не могло бы сохранить своего единства, если бы законы не санкционировались религией; суеверность являлась блюстителем морали и общественного порядка в течение длительного эволюционного периода. Все древние люди утверждали, что их старинные законы – табу – были даны их предкам богами.

Закон есть систематизированное изложение длительного человеческого опыта – конкретизированное и узаконенное общественное мнение. Нравы служили необработанным накопленным опытом, на основании которого последующие правители формулировали писаное право. У древнего судьи не было законов. Когда он выносил решение, он просто говорил: «Таков обычай».

Ссылка на прецедент в решениях суда представляет собой попытку судей приспособить писаное право к изменяющимся условиям в обществе. Это позволяет постепенно приспосабливаться к изменяющимся социальным условиям и сохранять ту внушительность, которая присуща традиционной преемственности.

Имущественные споры разрешались различными путями:

1. Уничтожением спорной собственности.

2. Силой – спорщики должны были выиграть ее в бою.

3. Третейским судом – решала третья сторона.

4. Обращением к старейшинам – впоследствии в суд.

Первые суды представляли собой упорядоченные кулачные бои: судьи являлись всего лишь посредниками, или арбитрами. Они следили за тем, чтобы бой велся по установленным правилам. При вступлении в судебное противоборство каждая сторона платила судье залог для покрытия расходов и выплаты штрафа после победы одной из них над другой. «Сильный всё еще был правым». Впоследствии на смену физическим ударам пришел словесные доказательства.

Весь смысл первобытного правосудия сводился не столько к тому, чтобы принять справедливое решение, сколько к тому, чтобы прекратить спор и, таким образом, предупредить общественные беспорядки и насилие над личностью. Однако первобытный человек не слишком негодовал из-за того, что сегодня считалось бы несправедливым; считалось само собой разумеющимся, что власть имущие используют ее в своих корыстных целях. Тем не менее, статус любой цивилизации с большой точностью определяется скрупулезностью и справедливостью ее судов и честностью ее судей.

12. РАСПРЕДЕЛЕНИЕ ГРАЖДАНСКОЙ ВЛАСТИ

Эволюция форм управления сопровождалась длительной борьбой вокруг концентрации власти. Управляющие вселенной по своему опыту знают, что эволюционные народы обитаемых миров лучше всего управляются с помощью представительного типа гражданского управления, при условии сохранения должного баланса между безупречно согласованными ветвями власти – исполнительной, законодательной и судебной.

Если примитивная власть основывалась на силе – физической мощи, – то идеальное управление является такой системой представительной власти, в которой лидерство основывается на способностях. Однако в эпоху варварства войны были слишком частыми для эффективного функционирования представительной формы управления. В длительной борьбе между разделением властей и единоначалием победил диктатор. Древние и расплывчатые полномочия примитивного совета старейшин постепенно сосредоточились в лице абсолютного монарха. С появлением настоящих царей группы старейшин остались в качестве полузаконодательных, полусудебных совещательных органов. Впоследствии появились законодательные органы с равным статусом, и в итоге были учреждены верховные суды, независимые от законодательной власти.

Царь был исполнителем обычаев – изначального, или неписаного, закона. Впоследствии он вводил в силу законодательные акты – конкретизацию общественного мнения. Хотя народное собрание, как форма выражения общественного мнения, складывалось очень долго, его появление означало огромный прогресс в развитии общества.

Древние цари были существенно ограничены обычаями – традицией или общественным мнением. В последнее время некоторые народы Урантии кодифицировали эти обычаи, превратив их в документальную основу управления.

Смертные Урантии достойны свободы. Им следует создавать свои системы управления. Им следует принимать свои конституции или иные хартии, регулирующие гражданскую власть и процедуры управления. И после этого им следует избирать самых компетентных и достойных граждан на высшие административные должности. В качестве представителей в законодательные органы им следует выбирать только тех, кто интеллектуально и нравственно подготовлен к исполнению этих священных обязанностей; в качестве судей высших и верховных судов – только тех, кто обладает природными способностями и мудростью, приобретенной в результате богатого опыта.

Если люди хотят сохранить свою свободу, они должны – решив, каким будет их основной закон свободы, – обеспечить его мудрую, разумную и бесстрашную интерпретацию. Это позволяло бы предотвращать многие негативные явления:

1. Узурпацию незаконной власти исполнительной или законодательной ветвями.

2. Махинации невежественных и суеверных агитаторов.

3. Замедление научного прогресса.

4. Безвыходное положение, к которому приводит засилье посредственности.

5. Господство жестоких меньшинств.

6. Контроль со стороны амбициозных и хитрых потенциальных диктаторов.

7. Губительные взрывы панических настроений.

8. Эксплуатацию со стороны беспринципных людей.

9. Налоговое порабощение государством своих граждан.

10. Неспособность обеспечить социальную или экономическую справедливость.

11. Союз церкви и государства.

12. Утрату свободы личности.

Таковы задачи и цели конституционных органов правосудия, управляющих механизмом представительного правления в эволюционном мире.

Стремление человечества к созданию на Урантии совершенного управления должно быть направлено на усовершенствование административных средств, приспособление их к постоянно изменяющимся текущим потребностям, улучшение распределения власти между органами управления и, после этого, на избрание по-настоящему мудрых управляющих. Хотя существует божественная и идеальная форма управления, она не может раскрываться в откровении, а должна медленно и кропотливо открываться мужчинами и женщинами на каждой планете, во всех вселенных времени и пространства.

[Представлено Мелхиседеком Небадона.]

ДОКУМЕНТ 71

СТАНОВЛЕНИЕ ГОСУДАРСТВА

Государство является полезным продуктом цивилизации; оно представляет собой чистую прибыль, извлекаемую обществом из приносимых войной разрушений и страданий. Так и искусство государственного управления есть всего лишь совокупный метод, направленный на урегулирование соревновательного силового противоборства.

Современное государство является институтом, сохранившимся на протяжении долгой борьбы за групповую власть. В конце концов, победила превосходящая сила, породившая фактически некое существо – государство – вместе с моральным мифом об абсолютном долге гражданина жить и умереть за него. Однако по своему происхождению государство не является божественным. Его создание не было даже связано с волевым, разумным человеческим действием. Государство представляет собой исключительно эволюционный институт, и его возникновение было полностью автоматическим.

1. ЗАЧАТКИ ГОСУДАРСТВА

Государство есть территориальная, социальная и регулятивная организация; наиболее сильным, успешным и устойчивым государством является то, которое образовано единой нацией, имеющей общий язык, нравы и институты.

Все ранние государства были небольшими и появились в результате завоеваний, а не добровольных объединений. Многие были основаны кочевниками-завоевателями, которые обрушивались на мирных скотоводов и оседлых земледельцев, покоряя и порабощая их. В таких государствах, возникших в результате завоеваний, не могло не появиться социальное расслоение: образование классов было неизбежным, а классовая борьба всегда имела избирательный характер.

У северных племен американской красной расы никогда не было настоящей государственности. В своем развитии они дошли только до свободной ассоциации племен – весьма примитивной формы государственного устройства. Наиболее похожей на государство была Ирокезская лига, однако эта группа из шести наций никогда не функционировала как истинное государство и не сохранилась из-за отсутствия ряда ключевых для современного государства элементов:

1. Приобретение и наследование частной собственности.
2. Города, сельское хозяйство и промышленность.
3. Полезные домашние животные.
4. Целесообразная организация семьи. Красный человек придерживался матриархата, а имущество наследовалось двоюродными родственниками.
5. Четко обозначенная территория.
6. Сильный глава исполнительной власти.
7. Порабощение пленных – они либо принимали их, либо убивали.
8. Решающие завоевания.

Красные люди были слишком демократичными; у них было хорошее управление, но оно оказалось несостоятельным. Со временем у них могло бы появиться государство, если бы не их преждевременное столкновение с более прогрессивной цивилизацией белого человека, который следовал методам управления греков и римлян.

Успех римского государства основывался на следующих факторах:

1. Патриархат.

2. Сельское хозяйство и приручение животных.

3. Уплотнение населения – города.

4. Частная собственность и земля.

5. Рабовладение – классы граждан.

6. Покорение и реорганизация слабых и отсталых народов.

7. Четко обозначенная территория с дорогами.

8. Сильная личная власть правителей.

Огромной слабостью римской цивилизации – и одним из тех факторов, которые в итоге привели к краху империи, – стало считавшееся либеральным и прогрессивным положение, освобождавшее юношу из-под опеки семьи в возрасте двадцати одного года, а также безусловное освобождение девушки, которая имела право выйти замуж за своего избранника или же покинуть дом и вести аморальный образ жизни. Вред для общества заключался не столько в самих реформах, сколько в их поспешности и масштабности. Крах Рима показывает, чем грозит слишком стремительный рост государства при одновременном внутреннем упадке.

Появление зачатков государства стало возможным из-за ослабления кровных уз и усиления территориальных связей. Обычно такие племенные федерации прочно цементировались завоеваниями. Хотя для истинного государства характерен суверенитет, стоящий над всеми второстепенными противоборствами и групповыми разногласиями, тем не менее, в последующих государственных организациях сохраняются многие классы и касты – остатки прежних кланов и племен. Возникшие впоследствии более крупные территориальные государства прошли через длительную и жестокую борьбу с этими меньшими единокровными клановыми группами, в процессе чего племенное управление оказалось полезной переходной формой. Позднее многие кланы возникали на основании торговых и иных промышленных объединений.

Провал объединения государства приводит к регрессу, возвращению к условиям, при которых используются догосударственные методы управления – такие как феодализм средневековой Европы. В то смутное время территориальное государство потерпело крах; произошел возврат к небольшим феодальным группам, к клановым и племенным стадиям развития. Даже сегодня такие полугосударства существуют в Азии и Африке, однако не все они являются примерами возврата к предшествующим этапам развития: многие из них представляют собой зародыши будущих государств.

2. ЭВОЛЮЦИЯ ПРЕДСТАВИТЕЛЬНОГО УПРАВЛЕНИЯ

Хотя демократия и является идеалом, она представляет собой продукт цивилизации, а не эволюции. Не торопитесь! Будьте внимательны в выборе, ибо демократия сопряжена с определенными опасностями:

1. Восхваление посредственности.

2. Избрание низменных и невежественных правителей.

3. Неспособность признать основные факты социальной эволюции.

4. Опасность всеобщего избирательного права, предоставленного ленивому и необразованному большинству.

5. Рабское подчинение общественному мнению; большинство не всегда право.

Общественное мнение, общее мнение, всегда задерживало развитие общества; тем не менее, оно необходимо, ибо хотя оно и замедляет развитие общества, оно сохраняет цивилизацию. Воспитание общественного мнения – единственный надежный и истинный метод ускорения развития цивилизации. Сила является лишь вре́менным средством, и культурный рост будет всё более ускоряться по мере того, как на смену погребальным урнам будут приходить урны избирательные. Общественное мнение, нравы – основная и стихийная энергия социальной эволюции и развития государства, однако для того, чтобы принести государству пользу, проявление этой энергии должно быть ненасильственным.

Уровень развития общества непосредственно зависит от того, насколько ненасильственное общественное мнение способно контролировать личное поведение и государственное регулирование. По-настоящему цивилизованное управление появилось лишь тогда, когда общественное мнение было наделено полномочиями юридической личности. Всеобщие выборы не всегда дают правильные решения, но они являются правильным путем даже в случае неправильных решений. Эволюция не сразу приводит к высшему совершенству – скорее, она идет путем сравнительных и постепенных практических приспособлений.

В эволюции эффективной и успешной формы представительного управления существует десять ступеней, или этапов.

1. *Свобода личности.* Должны исчезнуть рабство, крепостничество и все формы закабаления человека.

2. *Свобода разума.* До тех пор, пока свободные люди не становятся образованными – обученными разумно мыслить и мудро планировать, – свобода обычно приносит больше вреда, чем пользы.

3. *Незыблемость закона.* Свобода может существовать только тогда, когда желания и прихоти человеческих правителей заменяются законодательными актами, опирающимися на признанный основной закон.

4. *Свобода слова.* Представительное управление немыслимо без свободы всех форм выражения человеческих устремлений и взглядов.

5. *Безопасность собственности.* Любое управление будет недолговечным, если оно не обеспечивает права владеть личной собственностью в той или иной форме. Человек желает использовать, контролировать, дарить, продавать, сдавать в аренду и завещать свою личную собственность.

6. *Право подачи петиций.* Представительное управление признает за гражданами право быть услышанными. Право подачи петиций является неотъемлемым правом свободного гражданина.

7. *Право управления.* Одной только возможности быть услышанными недостаточно; сила петиции должна обеспечивать реальное воздействие на правительство.

8. *Всеобщее избирательное право.* Представительное управление подразумевает наличие разумного, эффективного и всеобщего контингента избирателей. Характер такого управления всегда будет определяться характером и уровнем тех, кто его составляет. По мере развития цивилизации избирательное право – оставаясь всеобщим для обоих полов – будет эффективно изменяться, перестраиваться и иным образом разграничиваться.

9. *Контроль за деятельностью государственных служащих.* Никакая форма гражданского управления не будет полезной и эффективной, если гражданское население не обладает и не пользуется разумными методами для направления и контроля деятельности должностных лиц и государственных служащих.

10. *Разумные и подготовленные представители.* Существование демократии зависит от успеха представительного управления, что обусловлено практикой избрания на государственные посты только профессионально подготовленных, интеллектуально компетентных, социально лояльных и морально достойных индивидуумов. Только при таких условиях может сохраняться избранное народом, существующее с помощью народа и действующее во благо народа правительство.

3. ИДЕАЛЫ ГОСУДАРСТВА

Политическая или административная форма управления не имеет большого значения при условии, что она обеспечивает основы гражданского прогресса: свободу, безопасность, образование и социальное взаимодействие. Ход социальной эволюции определяется не тем, каким является государство, а тем, что оно делает. В конечном счете, никакое государство не способно превзойти нравственные ценности своих граждан, проявляющиеся в избранных лидерах. Невежество и эгоизм приводят к краху даже высшего типа управления.

Как это ни прискорбно, чувство национального превосходства всегда было обязательным для социального выживания. Вплоть до нынешних времен доктрина избранного народа служила главным фактором в сплочении племен и формировании нации. Однако никакое государство не способно достичь идеальных уровней функционирования, пока в нём не изжиты все виды нетерпимости, извечно враждебной человеческому прогрессу. И с наибольшим успехом нетерпимость преодолевается через согласование науки, торговли, развлечений и религии.

Идеальное государство функционирует под воздействием трех могущественных и согласованных стимулов:

1. Преданности, исполненной любви и проистекающей из осознания братства людей.

2. Разумного патриотизма, воспитанного на мудрых идеалах.

3. Космической проницательности, объясняемой с точки зрения планетарных фактов, потребностей и целей.

Законы идеального государства немногочисленны. Они миновали эпоху негативистских табу и вошли в эру позитивного прогресса индивидуальной свободы, наступающей с достижением большего самоконтроля. Величественное государство не только побуждает своих граждан работать, но также вовлекает их в полезное и облагораживающее использование свободного времени, которое с прогрессом машинного века возрастает благодаря освобождению от тяжелого труда. Досуг должен не только потреблять, но и производить.

Ни одно общество не достигает высокого уровня развития, если оно допускает праздность или мирится с нищетой. Однако с бедностью и зависимостью не удастся покончить никогда, если неполноценные и дегенеративные линии будут получать щедрую помощь и беспрепятственно размножаться.

Нравственное общество должно стремиться к сохранению самоуважения своих граждан и предоставлению каждому нормальному индивидууму адекватной возможности для самореализации. Такой план социального развития привел бы к созданию культурного общества высочайшего уровня. Правительство должно поощрять социальную эволюцию, осуществляя минимум регулятивного контроля. Лучшим является такое государство, которое как можно больше координирует и как можно меньше управляет.

Идеалы государства должны достигаться эволюционно, посредством постепенного роста гражданского сознания, признания общественного служения как долга и привилегии. Сначала, вслед за периодом правления продажных политиканов, люди воспринимают тяготы правительственной службы как обязанность, но впоследствии они стремятся к такому служению как к привилегии, высшей чести. Состояние любого уровня цивилизации достоверно отражается моральными качествами ее граждан, добровольно берущих на себя обязательства по управлению государством.

В настоящем государстве руководство городами и провинциями осуществляют профессионалы, управляющие ими точно так же, как и любыми другими формами экономических и коммерческих объединений людей.

В развитых государствах политическая деятельность чтится как высшее призвание гражданина. Величайшая цель мудрейших и благороднейших граждан – завоевать общественное признание, быть избранными или назначенными на ответственные правительственные посты, и такие правительства присуждают свои высшие награды за гражданскую и общественную службу. Далее в ряду тех, кому присуждаются награды, идут (в указанной последовательности) философы, просветители, ученые, промышленники и военные. Успехи детей являются высшей наградой для родителей, а чисто религиозные лидеры – посланники духовного царства – получают свою истинную награду в мире ином.

4. РАЗВИТИЕ ЦИВИЛИЗАЦИИ

Чтобы уцелеть, экономика, общество и управление должны развиваться. В эволюционном мире статические условия являются признаком упадка; сохраняются только те институты, которые прогрессируют, следуя течению эволюции.

Поэтапная программа эволюционирующей цивилизации включает:

1. Сохранение индивидуальных свобод.
2. Защиту семьи.
3. Содействие экономической безопасности.
4. Предупреждение заболеваний.
5. Обязательное образование.
6. Обязательную занятость.
7. Плодотворное использование досуга.
8. Заботу о несчастных.
9. Расовое совершенствование.
10. Содействие науке и искусству.
11. Содействие философии – мудрости.
12. Повышение космической проницательности – духовности.

И этот прогресс в искусстве цивилизации ведет непосредственно к реализации высших человеческих и божественных целей, к которым стремятся смертные: социальному достижению братства людей и личного богосознания, которое раскрывается в величайшем желании каждого индивидуума исполнить волю небесного Отца.

Появление настоящего братства означает наступление такого общественного порядка, когда каждый с удовольствием помогает своим братьям нести тяготы жизни, действительно желает жить согласно золотому правилу. Однако такое идеальное общество не может воплотиться, пока слабые или порочные дожидаются возможности несправедливо и нечестиво использовать тех, чьим основным побуждением является стремление служить истине, красоте и благости. В такой ситуации реален только один путь: те, кто живет по золотому правилу, могут основать прогрессивное общество, в котором они будут исповедовать свои идеалы и одновременно должным образом защищаться от своих отсталых товарищей, которые могут попытаться использовать их мирные наклонности или разрушить их передовую цивилизацию.

Идеализм никогда не сохранится на эволюционирующей планете, если в каждом поколении идеалисты будут допускать, чтобы их уничтожали более низменные категории людей. И вот в чём великое испытание идеализма: способно ли развитое общество поддерживать такой уровень военной готовности, который защитит его от любых нападений воинственных соседей, не поддаваясь при этом соблазну использовать военную мощь для агрессивных действий против других народов с целью наживы и национального возвеличения? Чтобы выжить, нация должна находиться в состоянии готовности, и только религиозный идеализм способен помешать порочному превращению готовности в агрессию. Только любовь, братство способны предотвратить угнетение слабых сильными.

5. ЭВОЛЮЦИЯ КОНКУРЕНЦИИ

Конкуренция неотъемлема от социального прогресса, однако неконтролируемая конкуренция порождает насилие. В современном обществе конкуренция постепенно вытесняет войну тем, что она определяет место индивидуума в промышленном производстве, равно как и решает судьбу самих производств. (Преднамеренное убийство и война отличаются по своему нравственному статусу: убийство стало незаконным с ранних дней существования общества, в то время как война еще никогда не объявлялась вне закона всем человечеством.)

Идеальное государство регулирует общественное поведение только в той мере, которая достаточна для исключения насилия в конкуренции между людьми и предотвращения несправедливости в личной инициативе. Огромная проблема государства заключается в следующем: как гарантировать мирное и спокойное развитие промышленности, платить налоги для поддержания государственной власти и одновременно не допускать того, чтобы налогообложение становилось помехой для производства, а государство – паразитом или тираном?

На начальном этапе развития любого мира конкуренция необходима для прогресса цивилизации. В процессе эволюции всё более эффективным становится сотрудничество. В развитой цивилизации сотрудничество более эффективно, чем конкуренция. Древний человек побуждается конкуренцией. Для раннего этапа эволюции характерно выживание тех, кто приспособлен биологически, однако последующие цивилизации более успешно развиваются посредством разумного сотрудничества, товарищеского взаимопонимания и духовного братства.

Конечно, конкуренция в промышленности чрезвычайно расточительна и в высшей степени неэффективна, но не следует одобрять никакие попытки избавиться от этого холостого хода экономики, если такие преобразования хотя бы малейшим образом затрагивают какую-либо из основных свобод индивидуума.

6. СТРЕМЛЕНИЕ К ПРИБЫЛИ

Современная экономика, которая мотивируется прибылью, обречена, если стремление к прибыли не дополнится стремлением к служению. Безжалостная конкуренция, основанная на узколобом удовлетворении собственных интересов, в конечном счете разрушает даже то, что она пытается сохранить. Мотивация, исключающая всё остальное и сосредоточенная только на личных интересах, несовместима с идеалами христианства – и тем более несовместима с учениями Иисуса.

В экономике мотивация прибылью и мотивация служением соотносятся так же, как в религии соотносятся страх и любовь. Но не следует внезапно уничтожать или устранять побуждение прибылью: оно заставляет многих нерадивых по своей природе смертных прилежно трудиться. Тем не менее, совсем не обязательно, чтобы цели этого возбудителя социальной энергии всегда были эгоистичными.

Стремление к прибыли в экономической деятельности абсолютно низменно и совершенно недостойно развитого общества; тем не менее, оно является необходимым фактором на начальных этапах существования цивилизации. Не следует лишать человека мотивации прибылью до тех пор, пока он прочно не овладеет высшими типами некоммерческих стимулов в экономических устремлениях и общественном служении – трансцендентными побуждениями высочайшей мудрости, пленительного братства и возвышенных духовных достижений.

7. ОБРАЗОВАНИЕ

Прочное государство основано на культуре, подчинено идеалам и мотивировано служением. Целью образования должно быть приобретение умений, стремление к мудрости, реализация индивидуальности и достижение духовных ценностей.

В идеальном государстве образование продолжается в течение всей жизни, и иногда философия становится основным занятием его граждан. Граждане такого государства стремятся к мудрости как методу углубленного постижения смысла человеческих отношений, значений реальности, величия ценностей, целей жизни и высот космического предназначения.

Урантийцы должны получить представление о культурном обществе нового и более высокого типа. С отмиранием экономической системы, основанной только на прибыли, образование стремительно поднимется на новые качественные уровни. Слишком долго оно было провинциальным, милитаристским, возвышающим эгоизм и ориентированным на достижение успеха; со временем оно должно стать всемирным, идеалистическим, раскрывающим индивидуальность и постигающим космос.

В последнее время образование вышло из-под контроля духовенства и перешло в руки юристов и бизнесменов. В конце концов его необходимо передать философам и ученым. Учителя должны быть свободными существами, настоящими лидерами, чтобы философия – стремление к мудрости – могла стать основным предметом образования.

Образование – это дело жизни. Оно должно продолжаться на протяжении всей жизни, с тем чтобы человечество могло постепенно подниматься на возрастающие уровни доступной смертным мудрости:

1. Знание вещей.
2. Осознание значений.
3. Понимание ценностей.
4. Благородство труда – долг.
5. Мотивация цели – нравственность.
6. Любовь к служению – характер.
7. Космическая интуиция – духовная проницательность.

И затем, с помощью этих достижений, многие поднимутся на предельный для смертного разума уровень – уровень богосознания.

8. ХАРАКТЕР ГОСУДАРСТВЕННОСТИ

Единственной сакральной чертой любой формы человеческого управления является деление института государства на три функциональные области: исполнительную, законодательную и судебную. Вселенная управляется в соответствии с таким планом разделения функций и власти. За исключением этой божественной концепции эффективного социального регулирования или гражданского управления, конкретная форма государственного устройства, выбранного народом, не имеет принципиального значения, при условии, что целью граждан является стремление ко всё большему самоконтролю и общественному служению. Интеллектуальная глубина, экономическая мудрость, социальная разумность и моральная устойчивость народа – всё это достоверно отражается в институте государства.

Эволюция государственности предполагает постепенный переход с одного уровня на другой в следующем порядке:

1. Создание трехчастной формы правления, состоящей из исполнительной, законодательной и судебной ветвей власти.
2. Свобода общественной, политической и религиозной деятельности.
3. Уничтожение всех форм рабства и закабаления людей.
4. Предоставление гражданам возможности контролировать уровень налогообложения.
5. Учреждение всеобщего образования – обучение, продолжающееся от колыбели до могилы.
6. Должное согласование между местной и центральной властью.
7. Поощрение развития науки и победа над болезнями.
8. Должное признание равенства полов и согласованная деятельность мужчин и женщин в семье, школе и церкви при специализированном участии женщин в производственной и государственной деятельности.
9. Устранение от кабалы тяжелого труда благодаря изобретению машин и последующему господству машинного века.
10. Преодоление многоязычия – торжество всеобщего языка.
11. Прекращение войны – международное разрешение национальных и расовых разногласий с помощью континентальных судов наций, возглавляемых высшим планетарным трибуналом, который автоматически пополняется из периодически уходящих в отставку глав континентальных судов. Континентальные суды обладают властными полномочиями, всемирный суд является консультативным – нравственным.
12. Охватившее весь мир стремление к мудрости – возвышение философии. Развитие всемирной религии, которая станет предвестником вступления планеты в начальные стадии эры света и жизни.

Таковы предпосылки прогрессивного управления и отличительные признаки идеального института государства. Урантия далека от претворения этих возвышенных идеалов, однако цивилизованные народы уже сделали первый шаг: человечество встало на путь, ведущий к высшим эволюционным целям.

[Подготовлено Мелхиседеком Небадона.]

ДОКУМЕНТ 72

УПРАВЛЕНИЕ НА СОСЕДНЕЙ ПЛАНЕТЕ

С разрешения Ланафорга и согласия Всевышних Эдемии, я уполномочен рассказать о некоторых сторонах социальной, нравственной и политической жизни наиболее развитой человеческой расы, населяющей одну из соседних планет в системе Сатания.

Из всех миров Сатании, изолированных из-за участия в восстании Люцифера, эта планета пережила историю, наиболее схожую с историей Урантии. Несомненно, что получение разрешения на это исключительное описание объясняется именно сходством двух сфер, ибо обычно правители системы не позволяют рассказывать одной планете о событиях на другой.

Как и Урантия, эта планета сбилась с истинного пути из-за предательства ее Планетарного Князя в связи с восстанием Люцифера. Она получила Материального Сына вскоре после того как Адам явился на Урантию, и этот Сын также не справился со своими обязанностями, оставив сферу в изоляции, ибо Сын-Арбитр никогда не посвящался смертным расам этого мира.

1. КОНТИНЕНТАЛЬНАЯ НАЦИЯ

Несмотря на все превратности планетарной истории, на изолированном континенте размером с Австралию складывается цивилизация очень высокого уровня развития. Эта нация насчитывает около 140 миллионов человек. Ее народ представляет собой смешанную расу – в основном, синюю и желтую – и обладает несколько большим процентом фиолетовой крови, чем так называемая белая раса Урантии. Хотя эти различные расы слились еще не полностью, между ними установились отношения тесной дружбы и сотрудничества. Средняя продолжительность жизни на этом континенте в настоящее время составляет девяносто лет – на пятнадцать процентов выше, чем у любого другого народа этой планеты.

Несомненным и огромным преимуществом для индустриального устройства этого государства является уникальный рельеф данного континента. Высокие горы, в которых по восемь месяцев в году идут сильные дожди, расположены в самом центре страны. Такие природные условия благоприятствуют использованию гидроэнергии и значительно упрощают орошение более засушливых районов в западной четверти континента.

Эти люди самодостаточны, то есть они способны существовать бесконечно долго, не импортируя ничего из окружающих стран. В их распоряжении богатые природные ресурсы, а благодаря научным достижениям они научились компенсировать недостаток предметов первой необходимости. При оживленной внутренней торговле, объем внешней торговли незначителен ввиду всеобщей враждебности их менее прогрессивных соседей.

В целом, эта континентальная нация следовала эволюционному направлению в развитии планеты: на развитие от племенной стадии до появления сильных правителей и царей ушли тысячелетия. На смену абсолютным монархиям пришли многие различные формы управления – неудавшиеся республики, общинные государства и диктаторы бесконечным потоком сменяли друг друга. Такое развитие продолжалось до тех пор, пока около пятисот лет тому назад, в период политических брожений, один из диктаторов этой нации – член могущественного триумвирата – в корне не изменил свои взгляды. Он добровольно отказался от власти, но с условием, что еще один из правителей – более подлый из двух оставшихся – также откажется от прав диктатора. Так верховная власть на континенте перешла в одни руки. На протяжении более ста лет объединенное государство успешно развивалось под сильной монархической властью, и в течение этого времени была создана прекрасная хартия свободы.

Последующий переход от монархии к представительному управлению был постепенным. Короли сохранялись в качестве номинальных глав и несли чисто социальную или сентиментальную роль; они окончательно исчезли, после того как не осталось наследников по мужской линии. Нынешняя республика существует в течение всего лишь двухсот лет. Это было время непрерывного развития в направлении тех методов управления, о которых мы собираемся рассказать, причем последние значительные события в индустриальной и политической сферах произошли в течение последнего десятилетия.

2. ПОЛИТИЧЕСКОЕ УСТРОЙСТВО

В настоящее время у этой континентальной нации есть представительная система правления, а ее столица расположена в центре страны. Центральное управление представляет собой прочную федерацию ста сравнительно свободных штатов. Эти штаты избирают своих губернаторов и законодателей на десять лет, причем ни те, ни другие не могут переизбираться на второй срок. Судьи штатов назначаются губернаторами пожизненно и утверждаются законодательными органами штатов, в которые каждые сто тысяч граждан избирают по одному представителю.

В зависимости от размеров города, существует пять различных типов муниципального управления, однако ни одному городу не разрешается иметь более миллиона жителей. В целом, эти системы муниципального управления очень просты, ясны и практичны. Граждане высшего типа активно стремятся занять немногочисленные должности в городском управлении.

Федеральная власть включает три равные ветви: исполнительную, законодательную и судебную. Каждые шесть лет на всеобщих территориальных выборах избирается президент федерации. Он может быть переизбран только при ходатайстве не менее семидесяти пяти законодательных органов штатов и согласии их губернаторов, но и в таком случае только на один срок. Его советниками являются члены верховного кабинета, составленного из всех здравствующих экс-президентов.

Законодательная власть состоит из трех палат:

1. *Верхняя палата* избирается производственными, профессиональными, сельскохозяйственными и другими группами, которые голосуют в соответствии со своей экономической функцией.

2. *Нижняя палата* избирается определенными общественными организациями, такими как социальные, политические и философские группы, которые не рассматриваются как производственные или профессиональные группы. Все добропорядочные граждане участвуют в выборах обоих классов представителей,

однако они по-разному группируются в зависимости от выборов в верхнюю или нижнюю палату.

3. *Третья палата* – палата старейшин – включает ветеранов государственной службы и объединяет многих известных граждан, выдвигаемых президентом, региональными (субфедеральными) руководителями, главой верховного трибунала, а также председателями двух других законодательных палат. Численность этой палаты не превышает ста человек, а ее членов выбирают сами старейшины большинством голосов. Членство является пожизненным, и при образовании вакантного места на него должным образом избирается тот, кто получил большинство голосов среди кандидатов. Этот орган имеет чисто совещательную функцию, однако он является мощным регулятором общественного мнения и оказывает огромное воздействие на все ветви власти.

Значительная доля федеральной административной работы выполняется десятью региональными (субфедеральными) органами власти, каждый из которых объединяет десять штатов. Эти региональные округа обладают только исполнительной и административной властью и не имеют законодательных или судебных функций. Десять региональных руководителей назначаются лично федеральным президентом, и срок их полномочий – шесть лет – совпадает с президентским. Федеральный верховный трибунал утверждает назначение этих десяти региональных руководителей, и хотя они не могут назначаться на новый срок, уходящий в отставку руководитель автоматически становится партнером и советником своего преемника. В остальном, главы регионов избирают свои собственные кабинеты административных должностных лиц.

Судопроизводство этой нации ведут две основные системы судов: гражданские и социально-экономические. Гражданские суды действуют на трех уровнях:

1. *Суды низшей инстанции* муниципальной и местной юрисдикции, чьи решения могут обжаловаться в вышестоящих трибуналах штата.

2. *Верховные суды штата*, чьи решения окончательны по всем вопросам, не затрагивающим федерального управления и не подрывающим гражданские права и свободы. Региональные руководители наделены властью, позволяющей незамедлительно передавать любое дело в федеральный верховный суд.

3. *Федеральный верховный суд* – высший трибунал, рассматривающий спорные вопросы общегосударственного значения и апелляции, поданные верховными судами штатов. Этот верховный трибунал состоит из двенадцати человек не моложе сорока и не старше семидесяти пяти лет, имеющих как минимум двухлетний опыт работы в одном из трибуналов на уровне штата и назначенных на этот высокий пост президентом с одобрения большинства членов верховного кабинета и третьей палаты законодательного собрания. Все решения верховного судебного органа принимаются большинством минимум в две трети голосов.

Социально-экономические суды действуют в трех категориях:

1. *Родительские суды*, связанные с законодательными и исполнительными ветвями социально-бытовой системы.

2. *Образовательные суды* – юридические органы, связанные с системами просвещения штата и региона и объединенные с исполнительной и законодательной ветвями административного механизма системы просвещения.

3. *Производственные суды* – подведомственные трибуналы, наделенные всеми полномочиями для решения спорных экономических вопросов.

Федеральный верховный суд рассматривает социально-экономические вопросы только в тех случаях, когда за это голосуют три четверти членов третьей законодательной ветви федеральной власти – палаты старших государственных деятелей. Во всех остальных случаях решения родительских, образовательных и производственных судов являются окончательными.

3. СЕМЕЙНАЯ ЖИЗНЬ

На этом континенте проживание двух семей под одной крышей является противозаконным. И так как дома совместного проживания были объявлены вне закона, то большинство многоквартирных зданий было разрушено. Однако неженатые и незамужние до сих пор живут в клубах, гостиницах и других домах совместного проживания. Минимальная допустимая площадь жилого участка составляет пятьдесят тысяч квадратных футов. Вся земля и другие виды собственности, используемые для домашних целей, освобождены от налогообложения вплоть до десятикратного превышения минимального земельного надела.

За последний век семейная жизнь этого народа значительно улучшилась. Обязательными для родителей – как для отцов, так и для матерей – стали посещения родительских школ воспитания ребенка. Даже фермеры, проживающие в небольших сельских поселениях, заочно участвуют в этих занятиях, приезжая в ближайшие центры для устного обучения раз в десять дней – каждую вторую неделю, ибо неделя здесь состоит из пяти дней.

В каждой семье есть, в среднем, пять детей, образованием и воспитанием которых занимаются родители или опекуны, назначаемые родительскими судами в случае кончины одного или обоих родителей. Любая семья считает огромной честью удостоиться права стать опекуном круглого сироты. Среди родителей проводятся конкурсные экзамены, и правом принять сироту удостаивается та семья, которая продемонстрировала лучшие родительские качества.

Эти люди считают семью основным институтом своей цивилизации. Ожидается, что самая ценная часть образования и воспитания ребенка будет обеспечена родителями и в семье, причем отцы уделяют почти столько же внимания воспитанию ребенка, сколько матери.

Всё половое воспитание осуществляется в семье родителями или официальными опекунами. Нравственное воспитание дается учителями в школьных мастерских во время перерывов в занятиях; в противоположность этому, религиозное воспитание является исключительной привилегией родителей, ибо религия считается неотъемлемой частью семейной жизни. Собственно религиозное просвещение публично проводится только в храмах философии; у этого народа нет таких чисто религиозных институтов, как церкви Урантии. По их философии, религия есть стремление познать Бога и проявить любовь к ближним через служение им. Однако это нетипично для положения религии у других наций этой планеты. У этих людей религия является настолько внутрисемейным делом, что там не существует публичных мест, предназначенных исключительно для религиозных собраний. В политическом отношении церковь и государство, как сказали бы урантийцы, полностью отделены, но существует необычное взаимопроникновение религии и философии.

Еще двадцать лет тому назад духовные учителя (сравнимые с урантийскими пасторами), периодически посещавшие каждую семью и проверявшие детей с целью убедиться в том, что они получают правильное воспитание от своих родителей, находились под правительственным контролем. В настоящее время эти духовные помощники и инспекторы действуют под началом недавно созданного Фонда Духовного Прогресса – организации, существующей на добровольные пожертвования. Возможно, что данный институт получит дальнейшее развитие только после прихода Райского Сына-Арбитра.

По закону дети подвластны своим родителям до пятнадцатилетнего возраста, когда они впервые наделяются гражданскими обязанностями. Начиная с этого времени, пять раз, через каждые пять лет, схожие публичные церемонии проводятся среди тех возрастных групп, для которых обязательства по отношению к родителям уменьшаются, а гражданская и социальная ответственность перед государством возрастает. Право голоса предоставляется в двадцатилетнем возрасте, право вступать в брак без родительского согласия – только в двадцать пять лет, а по достижении тридцати лет дети должны покинуть родительский дом.

Законы, регулирующие брак и развод, единообразны во всём государстве. Не разрешается вступать в брак до двадцати лет – возраста предоставления гражданских прав. Разрешение для вступления в брак дается только через год после уведомления о намерениях и представления как женихом, так и невестой свидетельства о том, что они получили надлежащую подготовку в родительских школах относительно обязанностей семейной жизни.

Процедура развода довольно проста, однако решение о раздельном проживании супругов, принимаемое родительским судом, вступает в силу только через год после регистрации соответствующего заявления – а год на этой планете значительно длиннее, чем на Урантии. Несмотря на либеральные бракоразводные законы, нынешний процент разводов составляет лишь десятую часть от уровня разводов у цивилизованных народов Урантии.

4. СИСТЕМА ОБРАЗОВАНИЯ

Система образования этой нации характеризуется обязательным совместным обучением учащихся в средней школе – в возрасте от пяти до восемнадцати лет. Эти школы разительно отличаются от урантийских. Здесь нет классных комнат, и за один раз изучается только один предмет. После трех лет обучения все ученики становятся помощниками учителей и занимаются с учащимися более низкого уровня. Книги используются только для получения информации, которая необходима для решения задач, возникающих в школьных мастерских и на школьных фермах. В таких мастерских изготавливается значительная часть используемой на континенте мебели, а также многие механические приспособления, ибо эта нация переживает великую эпоху изобретательства и механизации. При каждой мастерской есть рабочая библиотека, где в распоряжении учащихся имеется различная справочная литература. Кроме того, на крупных фермах, существующих при каждой школе, в течение всего срока обучения изучается сельское хозяйство и садоводство.

Умственно отсталые обучаются только сельскому хозяйству и животноводству и направляются на пожизненное содержание в специальные попечительские колонии, где они разделяются по половому признаку во избежание появления потомства, – этого права лишены все слабоумные индивидуумы. Такие ограничительные меры используются уже в течение семидесяти пяти лет; решения о попечительском надзоре принимаются родительскими судами.

Каждый год все уходят на каникулы продолжительностью один месяц. В средних школах занятия продолжаются в течение девяти месяцев десятимесячного года, а каникулы проходят в путешествиях вместе с родителями или друзьями. Такие путешествия являются частью образовательной программы для взрослых, которая продолжается в течение всей жизни. Средства для этого собираются с помощью тех же методов, которые используются в системе страхования по старости.

Четвертая часть школьного времени посвящается играм – спортивным состязаниям, в которых учащиеся проходят последовательные этапы: от местного уровня и уровня штата до региональных и общенациональных состязаний в умении и мастерстве. Таким же образом ораторские и музыкальные конкурсы, а также состязания в науке и философии привлекают учащихся на всех уровнях – от местных конкурсов до состязаний за общенациональные призы.

Школьное управление является копией государственного с его тремя взаимосвязанными ветвями, причем учительский коллектив действует в качестве третьей ветви, выполняющей консультативные законодательные функции. Основная задача образования на этом континенте – сделать каждого ученика самообеспеченным гражданином.

Каждый ребенок, оканчивающий среднюю школу в восемнадцать лет, является искусным мастеровым. После этого начинается освоение книг и специальных знаний – либо в школах для взрослых, либо в вузах. Если блестящий студент завершает программу досрочно, он награждается временем и средствами для осуществления собственного проекта на выбранную им самим тему. Вся система образования рассчитана на получение индивидуумом адекватной подготовки.

5. ОРГАНИЗАЦИЯ ПРОМЫШЛЕННОСТИ

Производственные отношения в этом обществе далеки от его идеалов; конфликты между капиталом и трудом случаются до сих пор, однако обе стороны постепенно приспосабливаются к методам подлинного сотрудничества. На этом уникальном континенте рабочие всё больше превращаются в акционеров промышленных концернов; каждый разумный труженик постепенно становится маленьким капиталистом.

Социальные антагонизмы ослабевают, растет доброжелательность. Отмена рабства (более ста лет тому назад) не привела к крупным экономическим проблемам, так как это преобразование было постепенным: в год освобождалось два процента рабов. Тем из них, кто успешно проходил умственные, нравственные и физические тесты, предоставлялось гражданство. Многие из таких лучших рабов были военнопленными или их детьми. Около пятидесяти лет тому назад была депортирована последняя часть отсталых рабов, и совсем недавно здесь начали решать задачу по сокращению числа дегенеративных и порочных классов.

В последнее время у этих людей появились новые методы разрешения производственных конфликтов и исправления экономических злоупотреблений, которые являются явным улучшением по сравнению с их прежними способами решения таких проблем. Насилие, как процедура разрешения личных или производственных разногласий, было объявлено вне закона. Зарплата, прибыль и другие экономические проблемы не подвержены жесткому регулированию, однако в целом они контролируются производственными законодательными органами, а все споры, возникающие на производстве, передаются в производственные суды.

Производственные суды существуют в течение всего лишь тридцати лет, но функционируют весьма успешно. Последнее нововведение означает, что отныне производственные суды будут признавать три вида законной компенсации:

1. Законная процентная ставка на вложенный капитал.

2. Оплата – в разумных пределах – квалификации, использованной в процессе производства.

3. Честная и справедливая оплата труда.

Эти виды компенсации выплачиваются, в первую очередь, в соответствии с контрактом, а в случае угрозы снижения доходов каждая из них постепенно и пропорционально сокращается. После этого все доходы, превышающие постоянный заработок, расцениваются как дивиденды и пропорционально распределяются на три категории: капитал, квалификацию и труд.

Каждые десять лет региональные руководители вносят уточнения в декрет о законной продолжительности оплачиваемого рабочего дня. В настоящее время промышленность работает в режиме пятидневной недели: четыре дня являются рабочими, пятый – днем отдыха. Эти люди трудятся по шесть часов каждый рабочий день и – так же, как учащиеся – работают в течение девяти месяцев десятимесячного года. Отпуск обычно проводится в путешествиях, и так как в самое последнее время появились новые виды транспорта, то путешествия стали национальным увлечением. Климат благоприятствует путешествиям в течение примерно восьми месяцев в году, и эти люди максимально используют данную возможность.

Двести лет тому назад в промышленности господствовала мотивация прибылью, но сегодня на смену ей приходят иные, более высокие движущие силы. Этому континенту присуща острая конкуренция, однако в настоящее время она в значительной мере перешла из промышленности в игровые формы деятельности, демонстрацию талантов, научные и интеллектуальные достижения. Чрезвычайно сильна конкуренция в общественном служении и преданности своему государству. Государственная служба быстро становится основной целью этих людей. Самый богатый человек континента, проработав шесть часов в конторе своей механической мастерской, спешит в местное отделение школы государственного управления, где стремится получить необходимую для государственной службы квалификацию.

Физический труд всё больше входит в почет, и все здоровые граждане старше восемнадцати лет работают либо дома и на фермах, на одном из общепризнанных производств, на общественных работах (где принимаются те, кто временно оказывается безработным), либо выполняют принудительную работу в шахтах.

Кроме того, в этой нации начинает усиливаться новая форма социального отвращения – отвращения как к праздности, так и незаслуженному богатству. Медленно, но верно эти люди побеждают свои машины. Когда-то и они боролись за политическую и, позднее, экономическую свободу. Сегодня они начинают пользоваться как той, так и другой и, вдобавок, ценить честно заработанный досуг, который можно посвятить дальнейшей самореализации.

6. СТРАХОВАНИЕ ПО СТАРОСТИ

Это государство полно решимости заменить унизительный тип благотворительности сохраняющими человеческое достоинство государственными страховыми гарантиями обеспеченной старости. Государство обеспечивает каждого ребенка образованием и каждого человека работой; поэтому оно способно успешно осуществлять такую программу страхования для защиты немощных и престарелых.

Здесь каждый должен оставить оплачиваемую работу в возрасте шестидесяти пяти лет, кроме тех случаев, когда уполномоченный по вопросам труда данного штата дает разрешение остаться на работе до семидесятилетнего возраста. Эти ограничения по возрасту не касаются государственных служащих и философов. Инвалиды или калеки могут выйти на пенсию в любом возрасте по решению суда, утвержденному уполномоченным по вопросам пенсий региональной администрации.

Средства для выплаты пенсий по старости поступают из четырех источников:

1. Каждый месяц федеральное правительство реквизирует для этой цели однодневный заработок, а в этой стране все работают.

2. Наследство: многие богатые граждане оставляют средства для этой цели.

3. Средства, поступающие от принудительного труда в государственных шахтах. В этот фонд передаются все излишки, остающиеся после самообеспечения и выплаты пенсионных взносов теми, кто выполняет принудительную работу.

4. Доходы от эксплуатации природных ресурсов. Все природные богатства на континенте считаются общественной доверительной собственностью, находящейся в распоряжении федерального правительства, а доход от этих ресурсов идет на осуществление социальных программ – таких как предотвращение заболеваний, обучение высокоодаренных личностей и расходы на образование для перспективных индивидуумов в школах государственного управления. Половина таких доходов направляется в пенсионный фонд.

Хотя государственные и региональные страховые фонды предлагают многие виды страхования, пенсиями по старости распоряжается только федеральное правительство, действуя через десять региональных отделений.

Уже в течение многих лет здесь честно распоряжаются правительственными фондами. Не считая государственной измены и преднамеренного убийства, самые суровые приговоры выносятся судами за предательство общественного доверия. В настоящее время общественная и политическая измена считаются самыми отвратительными из преступлений.

7. НАЛОГООБЛОЖЕНИЕ

Деятельность федерального правительства имеет патерналистский характер только в распоряжении пенсиями по старости, а также поощрении талантов и творческой самобытности. Несколько больше внимания уделяют частным лицам правительства штатов, в то время как местные правительства имеют намного более патерналистский или социалистический характер. Город (или одна из его структурных единиц) занимается такими вопросами, как здоровье, санитария, строительные нормы, благоустройство, водоснабжение, освещение, отопление, организация досуга, музыка и связь.

На любом производстве основное внимание уделяется здоровью. Некоторые аспекты физического здоровья считаются прерогативой промышленности и общества, однако проблемы индивидуального и семейного здоровья являются исключительно частным делом. Правительство предполагает всё меньше вмешиваться в медицину, равно как и в остальные сугубо частные вопросы.

Города не имеют права налогообложения и не могут брать в долг. Они получают из казны штата пособие на каждого человека и должны дополнять эти доходы поступлениями от находящихся в общественном владении предприятий, а также посредством лицензирования различных видов коммерческой деятельности.

Скоростные средства передвижения, позволяющие значительно расширять городские границы, находятся под контролем муниципальных властей. Городские противопожарные службы пользуются противопожарными и страховыми фондами, и все строения, как в городах, так и в сельской местности, являются огнестойкими уже на протяжении свыше семидесяти пяти лет.

Здесь нет блюстителей порядка, назначаемых муниципальными властями: полицейские силы содержатся правительствами штатов. Этот департамент набирается почти исключительно из числа неженатых мужчин в возрасте от двадцати пяти до пятидесяти лет. Большинство штатов взимает довольно крупный налог на бездетность, от которого освобождаются все мужчины, поступившие на службу в полицию. В обычном штате полицейские силы составляют в настоящее время лишь десятую часть от своей численности пятьдесят лет тому назад.

Системы налогообложения в каждом из ста относительно свободных и суверенных штатов мало похожи друг на друга, ибо экономические и иные условия разительно отличаются в разных частях континента. В каждом штате существует десять основных конституционных положений, которые можно изменять только с согласия федерального верховного суда, и одна из таких статей запрещает облагать более чем однопроцентным налогом любой вид собственности в течение любого одного года, причем жилищные участки, как в городах, так и в сельской местности, полностью освобождаются от налогообложения.

Федеральное правительство не может иметь долга, а для того, чтобы штат мог взять ссуду, необходимо, чтобы за это было подано три четверти голосов на референдуме, – кроме тех случаев, когда деньги нужны на военные цели. Ввиду того, что федеральное правительство не может брать заем, в случае войны Национальный Совет Обороны, по мере необходимости, уполномочен определять для штатов размер денежных взносов, а также людских и материальных ресурсов. Однако никакой долг не может погашаться дольше, чем в течение двадцати пяти лет.

Доходы, идущие на содержание федерального правительства, поступают из следующих пяти источников.

1. *Налог на импорт*. Все импортные товары облагаются пошлиной для поддержания уровня жизни на этом континенте – значительно более высокого, чем у любой другой нации на планете. Эти тарифы устанавливаются высшим производственным судом, после того как обе палаты промышленного конгресса ратифицируют рекомендации главы экономического департамента, который назначается на этот пост совместным решением этих двух законодательных органов. Верхняя промышленная палата избирается трудом, нижняя – капиталом.

2. *Авторские отчисления*. Федеральное правительство поощряет изобретательство и оригинальные разработки в десяти региональных лабораториях, помогающих развитию талантов всех видов – художников, писателей и ученых – и защите их патентов. Взамен правительство забирает половину прибыли, полученной от реализации любых изобретений и творений, – относятся ли они к технике, книгам, искусству, растениям или животным.

3. *Налог на наследство*. Федеральное правительство взимает прогрессивный налог на наследство, который колеблется от одного до пятидесяти процентов в зависимости от размеров состояния, а также других факторов.

4. *Военное оборудование*. Правительство получает большой доход, сдавая в аренду армейское и военно-морское оборудование для коммерческих целей и развлечений.

5. *Природные ресурсы*. Когда на достижение специальных целей, определенных федеральной конституцией, не требуется всего объема доходов от природных ресурсов, избыточные поступления направляются в государственную казну.

За исключением военных фондов, размер которых устанавливается Национальным Советом Обороны, ассигнования из федерального бюджета выделяются верхней законодательной палатой, одобряются нижней палатой, утверждаются президентом и получают юридическую силу в федеральной бюджетной комиссии, состоящей из ста человек. Члены этой комиссии назначаются губернаторами штатов и избираются их законодательными органами на двадцатичетырехлетний срок, причем четвертая часть переизбирается каждые шесть лет. Раз в шесть лет этот орган, большинством в три четверти голосов, выбирает из своих рядов председателя, который становится директором-распорядителем федеральной казны.

8. СПЕЦИАЛЬНЫЕ ВУЗЫ

В дополнение к основной программе обязательного образования, охватывающей возрастные группы от пяти до восемнадцати лет, существуют и другие виды специальных учебных заведений:

1. *Школы государственного управления*. Есть три класса таких школ: федеральные, региональные и школы штатов. Государственные должности разделены на четыре группы. Первая группа государственных постов относится в основном к федеральной администрации, и все должностные лица, входящие в эту группу, должны окончить как региональные, так и федеральные школы государственного управления. Во второй группе граждане вправе занимать политические, выборные или невыборные должности по окончании одной из десяти региональных школ государственного управления; такие посты связаны с исполнением обязанностей в составе региональных администраций и правлений штатов. Третья группа включает исполнение обязанностей на уровне штата, и от таких чиновников требуется только представление дипломов школ государственного управления на уровне штата. От членов четвертой и последней группы должностных лиц не требуется диплома государственного служащего, ибо на такие должности можно быть только назначенным. Сюда относятся второстепенные обязанности – ассистентские, секретарские и технические, которые выполняются представителями ученых профессий, занимающих государственные административные должности.

Судьи нижестоящих судов и судов штата имеют ученые степени, присваиваемые школами государственного управления на уровне штата. Судьи тех подведомственных трибуналов, в компетенции которых находится решение социальных, образовательных и производственных вопросов, получают ученую степень в региональных школах. Судьи федерального верховного суда должны иметь ученые степени, полученные во всех трех видах школ государственного управления.

2. *Школы философии*. Эти школы существуют при храмах философии и в большей или меньшей степени связаны с религией как общественной деятельностью.

3. *Институты науки.* Эти технические школы связаны больше с производством, чем с системой образования, и подразделяются на пятнадцать категорий.

4. *Школы профессиональной подготовки.* Эти специальные организации готовят научных работников двенадцати различных профессий.

5. *Армейские и военно-морские школы.* Рядом с главным штабом и в двадцати пяти береговых армейских центрах расположены организации, призванные осуществлять военную подготовку добровольцев в возрасте от восемнадцати до тридцати лет. Лицам моложе двадцати пяти лет для поступления в эти школы требуется родительское согласие.

9. СИСТЕМА ВСЕОБЩЕГО ИЗБИРАТЕЛЬНОГО ПРАВА

Хотя кандидатами на любой государственный пост могут быть только выпускники школ государственного управления на уровне штата, региона и федерации, прогрессивные лидеры этой нации обнаружили серьезные упущения в системе всеобщего избирательного права и около пятидесяти лет тому назад внесли в конституцию положение, изменившее структуру голосования, которое характеризуется следующими особенностями:

1. Каждый мужчина и каждая женщина в возрасте двадцати лет и старше имеют один голос. По достижении этого возраста все граждане должны стать членами двух групп избирателей. В первую они входят в соответствии со своей экономической функцией – производственной, профессиональной, сельскохозяйственной или коммерческой; членами второй группы они становятся в зависимости от своих политических, философских и социальных наклонностей. Таким образом, все работающие принадлежат к одной из экономических групп избирателей, и эти союзы – как и неэкономические ассоциации – регулируются во многом так же, как и центральное правительство с его тремя ветвями власти. Членство в этих группах не может быть изменено в течение двенадцати лет.

2. После выдвижения губернаторами штатов или руководителями региональной администрации и получения мандата верховного регионального совета, те индивидуумы, которые принесли бо́льшую пользу обществу и продемонстрировали незаурядную мудрость на государственной службе, могут получить дополнительное число голосов, которые присуждаются не чаще, чем раз в пять лет, и не могут превышать девяти таких дополнительных голосов. Максимальное число голосов избирателя – десять. Таким же образом признаются заслуги ученых, изобретателей, учителей, философов и духовных лидеров, которые также получают дополнительную политическую власть. Эти прогрессивные гражданские привилегии присуждаются верховными советами штата и региона подобно тому, как специальными вузами присуждаются ученые степени, и вместе с другими званиями такие граждане с гордостью включают эти символы гражданского признания в перечень своих личных достижений.

3. Все индивидуумы, приговоренные к принудительному труду в шахтах, а также все государственные служащие, существующие на налоговые средства, лишаются права голоса на соответствующий срок. Это не касается пожилых людей, которые в шестьдесят пять лет уже могут быть на пенсии.

4. Существует пять категорий избирательного права в зависимости от среднегодового объема налогов, выплаченных за последние пять лет. Крупные налогоплательщики получают право пользоваться дополнительными голосами – до пяти

включительно. Такая привилегия не зависит от других, однако никто и ни при каких обстоятельствах не может подавать более десяти голосов.

5. С принятием данной системы избирательного права территориальная система голосования была отменена в пользу экономической, или функциональной, системы. В настоящее время все граждане, независимо от своего местожительства, голосуют как члены производственных, общественных или профессиональных групп. Таким образом, контингент избирателей состоит из сплоченных, единых и знающих групп, избирающих на ответственные государственные посты только лучших своих членов. В этой системе функционального, или группового, избирательного права есть одно исключение: выборы президента проводятся каждые шесть лет общенациональным голосованием, причем каждый гражданин обладает только одним голосом.

Так, за исключением выборов президента, избирательное право осуществляется экономическими, профессиональными, интеллектуальными и социальными группами граждан. Идеальное государство органично, и каждая свободная и разумная группа граждан представляет собой жизненно важный и функционирующий орган в пределах более крупного государственного организма.

Школы государственного управления вправе возбудить в суде штата судебное дело, направленное на лишение избирательного права любого умственно отсталого, праздного, безразличного или преступного индивидуума. Эти люди понимают, что если пятьдесят процентов нации являются отсталыми или слабоумными людьми и обладают правом голоса, такая нация обречена. Они убеждены в том, что господство посредственности влечет за собой крах любой нации. Голосование является обязательным, и крупные штрафы накладываются на тех, кто воздерживается от голосования.

10. БОРЬБА С ПРЕСТУПНОСТЬЮ

Используемые этим народом методы борьбы с преступностью, психическими заболеваниями и дегенеративностью хотя и являются в некоторых отношениях привлекательными, в остальном будут несомненно шокирующими для большинства урантийцев. Обычные преступники и неполноценные субъекты распределяются по половому признаку в различные сельскохозяйственные колонии, где они производят больше, чем потребляют. Более опасные рецидивисты и неизлечимые душевнобольные приговариваются судом к смерти в газовых камерах. Не только убийства, но и многие другие преступления, включая предательство государственных интересов, караются смертной казнью, и наказание является неотвратимым и безотлагательным.

Эти люди переходят от негативной к позитивной эре закона. Недавно они даже предприняли попытку предупреждения преступлений посредством пожизненного заключения в тюремные колонии тех, кто считается потенциальными убийцами и опасными преступниками. Если такие осужденные впоследствии доказывают, что они стали более нормальными людьми, они могут быть либо освобождены условно, либо амнистированы. Уровень убийств на этом континенте составляет всего один процент от того же показателя у других наций.

Более ста лет тому назад стали приниматься меры, направленные на предотвращение размножения преступников и неполноценных субъектов, что уже дало обнадеживающие результаты. Здесь нет тюрем или больниц для душевнобольных. Одной из причин служит тот факт, что они составляют всего около десяти процентов от численности соответствующих групп на Урантии.

11. ВОЕННАЯ ПОДГОТОВКА

Президент Национального Совета Обороны может присваивать выпускникам федеральных военных школ звание «стражей цивилизации» в одном из семи чинов, в соответствии со способностями и подготовкой. Сам Совет состоит из двадцати пяти членов, назначаемых высшими родительскими, образовательными и производственными судами и утверждаемых федеральным верховным судом. Его возглавляет по должности начальник штаба объединенных военных действий. Члены Совета состоят в нём до достижения семидесяти лет.

Четырехгодичные курсы обучения для этих молодых офицеров неизменно связаны с овладением каким-то ремеслом или профессией. Военная подготовка никогда не дается в отрыве от производственного, научного или профессионального обучения. За четыре года слушатели таких курсов осваивают половину учебной программы любого специального учебного заведения, где обучение также продолжается четыре года. Так предотвращается формирование класса профессиональных военных благодаря тому, что большое число мужчин получают возможность обеспечить себя и одновременно освоить первую часть программы технического или профессионального образования.

В мирное время военная служба – исключительно добровольное дело. Продолжительность любого вида службы составляет четыре года, в течение которых каждый мужчина, кроме овладения военной наукой, получает один из видов специального образования. Музыкальная подготовка является одним из основных занятий в центральных военных школах и двадцати пяти тренировочных лагерях, расположенных по периферии континента. В периоды промышленного спада многие тысячи безработных автоматически используются для поддержания обороноспособности континента на суше, море и в воздухе.

Хотя эти люди обладают мощными вооруженными силами для защиты от вторжения окружающих враждебных народов, к их чести можно отметить, что уже на протяжении более ста лет эти военные средства не использовались в агрессивных целях. Эта нация стала цивилизованной настолько, что способна энергично защищать себя без опасности поддаться соблазну использовать свою военную мощь для агрессии. Со времени установления единого континентального государства здесь не было гражданских войн, однако за последние два века этим людям девять раз приходилось вести ожесточенную оборонительную войну, причем в трех случаях – против могущественных конфедераций мировых держав. Хотя эта нация поддерживает достаточную обороноспособность для отражения нападений враждебно настроенных соседей, она уделяет намного больше внимания подготовке государственных деятелей, ученых и философов.

В периоды мирного сосуществования с другими странами все подвижные оборонные сооружения широко используются в торговле и коммерции, а также для развлечений. При объявлении войны мобилизуется вся нация. На время военных действий во всех видах промышленности вводятся военные отчисления, а главы всех военных ведомств становятся членами президентского кабинета.

12. ОСТАЛЬНЫЕ НАЦИИ

Хотя общество и управление этой уникальной нации во многих отношениях превосходят урантийские, необходимо отметить, что на других континентах (а всего их на этой планете одиннадцать) система управления значительно уступает наиболее прогрессивным нациям Урантии.

В настоящее время правительство этой страны собирается установить дипломатические отношения с отсталыми народами, и здесь впервые появился великий религиозный лидер, выступающий за отправку миссионеров к соседним нациям. Мы боимся того, что вскоре они совершат такую же ошибку, которую совершили столь многие до них, пытаясь навязать свою высокоразвитую культуру и религию другим расам. Каких удивительных вещей можно было бы добиться в этом мире, если бы только высококультурная континентальная нация взяла к себе лучших представителей соседних народов, а затем, дав им образование, отправила назад к их отсталым братьям в качестве посланников культуры! Конечно, если Сыну-Арбитру в близком будущем суждено явиться к этой развитой нации, в данном мире могут вскоре произойти великие события.

Рассказ о делах соседней планеты подготовлен по специальному разрешению с целью развития цивилизации и усовершенствования управления на Урантии. Мы могли бы поведать о многом таком, что несомненно заинтересовало бы и поразило урантийцев, однако сказанное исчерпывает пределы дозволенного нашим мандатом.

Тем не менее, урантийцам следует принять во внимание тот факт, что родственная им сфера, входящая в сатанийскую семью, была лишена той помощи, которую приносят арбитражные или посвященческие миссии Райских Сынов. Кроме того, между различными народами Урантии нет таких же культурных барьеров, которые отделяют описанную континентальную нацию от ее собратьев по планете.

Излияние Духа Истины обеспечивает духовный фундамент для реализации великих достижений в интересах человеческого рода посвященческого мира. Поэтому Урантия намного лучше подготовлена к более непосредственному воплощению планетарного управления с его законами, механизмами, символами, договорами и языком – ко всему тому, что могло бы внести огромный вклад в достижение всеобщего мира и законности и подвести к заре истинной эры духовных устремлений – планетарному преддверию идеальных веков света и жизни.

[Представлено Мелхиседеком Небадона.]

ДОКУМЕНТ 73

ЭДЕМСКИЙ САД

Упадок культуры и духовная нищета – результат падения Калигастии и последовавшего за ним социального разброда – почти никак не отразились на физическом, или биологическом, статусе урантийских народов. Органическая эволюция продолжалась быстрыми темпами совершенно независимо от культурного и морального регресса, к которому столь быстро привела нелояльность Калигастии и Далигастии. И вот почти сорок тысяч лет тому назад в истории планеты наступило время, когда дежурные Носители Жизни отметили, что в чисто биологическом аспекте эволюционный прогресс урантийских рас начал приближаться к своему апогею. Распорядительские Мелхиседеки пришли к такому же выводу и охотно поддержали Носителей Жизни в совместной петиции, направленной Всевышним Эдемии с просьбой провести инспекцию Урантии, с тем чтобы санкционировать отправку биологических совершенствователей – Материального Сына и Материальную Дочь.

Это прошение было направлено Всевышним Эдемии потому, что после падения Калигастии и временного отсутствия власти на Иерусеме многие урантийские дела перешли под их непосредственную юрисдикцию.

Табамантия – верховный наблюдатель десятичных, или экспериментальных, миров – прибыл на планету с инспекцией и, ознакомившись с расовым прогрессом, должным образом рекомендовал направить на Урантию Материальных Сынов. По прошествии чуть менее ста лет после его инспекции Адам и Ева – Материальный Сын и Материальная Дочь локальной системы – прибыли на Урантию и приступили к решению трудной задачи: попытке распутать запутанные дела планеты, запаздывающей в своем развитии из-за восстания и наказанной духовной изоляцией.

1. НОДИТЫ И АМАДОНИТЫ

На нормальной планете прибытие Материального Сына предвещает приближение великой эпохи изобретательства, материального прогресса и интеллектуального просвещения. В большинстве миров постадамическая эра становится веком выдающихся научных достижений, однако на Урантии это было не так. Хотя обитатели планеты были физически развитыми людьми, эти племена изнемогали под бременем варварства и морального застоя.

Спустя десять тысяч лет после восстания практически все завоевания администрации Князя были преданы забвению. Состояние рас было почти таким же, как если бы этот заблудший Сын никогда и не являлся на Урантию. Только в среде нодитов и амадонитов жили традиции Даламатии и культура Планетарного Князя.

Нодиты были потомками мятежных членов княжеского персонала, а их название происходит от имени их первого лидера – Нода, который в свое время являлся председателем даламатийской комиссии по вопросам ремесел и торговли. *Амадониты* были потомками тех андонитов, которые сохранили преданность Вану и Амадону. Название «амадониты» является скорее культурным и религиозным определением, чем расовым термином. В расовом отношении амадониты были, по существу, *андонитами*. «Нодиты» является как культурным, так и расовым определением, ибо сами нодиты представляли собой восьмую расу Урантии.

Между нодитами и амадонитами существовала традиционная вражда, проявлявшаяся каждый раз, когда потомки этих двух групп пытались заняться каким-либо совместным делом. Даже позднее, во времена Эдема, они плохо ладили друг с другом.

Вскоре после разрушения Даламатии потомки Нода разделились на три большие группы. Центральная обосновалась вблизи мест своего изначального обитания недалеко от главного водосбора Персидского залива. Восточная группа мигрировала в высокогорные районы Элама, сразу же к востоку от долины Евфрата. Западная группа расположилась на северо-восточных берегах сирийского Средиземноморья и прилегающих территориях.

Эти нодиты свободно смешивались с сангикскими расами и оставили после себя умелое потомство. И некоторые потомки мятежных даламатийцев впоследствии присоединились к Вану и его верным последователям в землях, лежавших к северу от Месопотамии. Здесь, вблизи озера Ван, в регионе, находившемся к югу от Каспийского моря, нодиты соединились и смешались с амадонитами, и они числились среди «богатырей древних времен».

До прибытия Адама и Евы эти группы – нодиты и амадониты – были наиболее развитыми и культурными расами на земле.

2. ПЛАНИРОВАНИЕ САДА

Почти за сто лет до инспекции Табамантии Ван и его партнеры, из своего высокогорного центра мировой этики и культуры, начали возвещать приход обещанного Божьего Сына – совершенствователя рас, проповедника истины и достойного преемника предателя Калигастии. Хотя большинство обитателей мира в то время не проявили никакого или почти никакого интереса к такому предсказанию, те, кто непосредственно общался с Ваном и Амадоном, серьезно восприняли такое учение и стали готовиться к приему обещанного Сына.

Ван рассказал своим ближайшим товарищам о Материальных Сынах Иерусема – то, что ему было известно о них до прибытия на Урантию. Он хорошо знал, что эти адамические Сыны всегда жили в простых, но чудесных садовых обителях, и за восемьдесят три года до прибытия Адама и Евы предложил, чтобы его группа посвятила себя провозглашению их прихода и устройству садовой обители для их приема.

В своем высокогорном центре, а также в шестидесяти одном поселении, разбросанных на большом расстоянии друг от друга, Ван и Амадон набрали корпус более чем из трех тысяч добровольцев. На торжественном сборе эти полные энтузиазма труженики решили посвятить себя подготовке к приходу обещанного – во всяком случае, ожидаемого – Сына.

Ван разделил своих добровольцев на сто отрядов. Во главе каждого отряда стоял командир, помощник которого исполнял функции связного и входил в персонал Вана. В качестве своего личного заместителя он оставил Амадона. Все эти комиссии всерьез занялись подготовительной работой, и комиссия по выбору участка для устройства Сада отправилась на поиски идеального места.

Хотя Калигастия и Далигастия были в значительной мере лишены своей способности творить зло, они делали всё возможное для того, чтобы сорвать и затруднить работу по устройству Сада. Однако их злые козни большей частью были сведены на нет усилиями почти десяти тысяч преданных промежуточных созданий, неустанно трудившихся на благо этого предприятия.

3. МЕСТОПОЛОЖЕНИЕ САДА

Комиссия, занимавшаяся поисками места для Сада, отсутствовала около трех лет. Она рекомендовала три возможных места: первое представляло собой остров в Персидском заливе, второе – междуречье, впоследствии занятое вторым Садом, и третье – длинный, узкий полуостров, почти остров, простиравшийся на запад от восточного побережья Средиземного моря.

Комиссия практически единогласно остановилась на третьем варианте. Выбор был сделан, и два следующих года ушли на то, чтобы перевести центр мировой культуры – включая древо жизни – на этот средиземноморский полуостров. Когда прибыл Ван со своим отрядом, все его обитатели, за исключением одной группы, мирно ушли.

Этот средиземноморский полуостров отличался здоровым климатом и равномерной температурой; устойчивые погодные условия объяснялись окружающими горами и тем фактом, что эта область практически представляла собой остров во внутреннем море. Хотя в окружающих нагорьях выпадали обильные осадки, в самом Эдеме редко шли дожди. Однако каждую ночь, благодаря развитой сети искусственных оросительных каналов, «туман поднимался с земли», освежая растительность Сада.

Береговая линия этого массива суши поднималась высоко над уровнем моря, а ширина перешейка, соединявшего его с материком, в самом узком месте составляла всего двадцать семь миль. Полноводная река, орошавшая Сад, стекала с возвышенностей полуострова, неся свои воды по соединительной перемычке на материк и оттуда – в долины Месопотамии, к далекому морю. Она питалась четырьмя притоками, которые брали свое начало в прибрежных холмах Эдемского полуострова; это и были «четыре истока» реки, которая «выходила из Эдема» и за которую позднее принимали рукава рек, окружавших второй Сад.

Горы, окружавшие Сад, изобиловали драгоценными камнями и металлами, которые, однако, не привлекли большого внимания. Основная идея заключалась в прославлении садоводства и возвеличении земледелия.

Место, выбранное для Сада, являлось, возможно, самым красивым в своем роде во всём мире, и климат в то время был идеальным. На всей земле не было другого места, которое с таким же успехом могло бы стать раем ботанической выразительности. В этом пристанище стал собираться цвет урантийской цивилизации. Повсюду за его пределами мир пребывал во тьме, невежестве и дикости. Эдем был единственным светлым пятном на всей Урантии; он был верхом земного очарования, и вскоре он превратился в идеал изысканного и усовершенствованного благоустройства земли.

4. СОЗДАНИЕ САДА

Когда Материальные Сыны – биологические совершенствователи – поселяются в эволюционном мире, место их обитания часто называется Эдемским Садом, ибо такой сад отличается растительной красотой и ботаническим великолепием столицы созвездия – Эдемии. Ван был хорошо знаком с этими обычаями и, соответственно, позаботился о том, чтобы весь полуостров был передан в распоряжение Сада. Прилегающие территории материка были отведены под пастбища и занятия скотоводством. Из животных в этом парке можно было встретить только птиц и различные домашние виды. Согласно указаниям Вана, Эдем должен был стать садом – и только садом. На его территории не было убито ни одного животного. Мясо, которым питались строители Сада в течение всех лет его создания, поступало только из охраняемых на материке стад.

В первую очередь была возведена кирпичная стена, перекрывшая перешеек полуострова. После этого можно было беспрепятственно заниматься самим украшением ландшафта и строительством жилищ.

Между основной стеной и меньшей, построенной сразу же перед ней, был устроен зоосад. Это промежуточное пространство, где обитали всевозможные дикие звери, служило в качестве дополнительной защиты от вражеских атак. Зверинец был разделен на двенадцать больших участков; огражденные стенами проходы, разделявшие группы зверей, вели к двенадцати воротам Сада, а река и прилегавшие к ней пастбища занимали центральную часть.

Сад создавался исключительно силами добровольцев; здесь никогда не использовался наемный труд. Они устраивали Сад и пасли стада, дававшие им пропитание; кроме того, пожертвования пищи принимались от обитавших неподалеку верующих. И это великое предприятие было доведено до конца, несмотря на трудности, связанные со всеобщим хаосом, царившим в мире в те тревожные времена.

Ван, не знавший, когда могут прибыть долгожданные Сын и Дочь, предложил, чтобы на случай их задержки молодое поколение также получило необходимую подготовку для продолжения этого дела, однако его предложение привело к огромному разочарованию. Со стороны Вана это выглядело признанием в собственном неверии и стало причиной больших неприятностей; ряды строителей Сада поредели. Тем не менее, Ван продолжал следовать своему плану подготовки, набирая молодых добровольцев вместо дезертиров.

5. САДОВАЯ ОБИТЕЛЬ

В центре Эдемского полуострова находился изысканный каменный храм Всеобщего Отца – святыня Сада. К северу от него был устроен административный центр, к югу – построены жилища для рабочих и их семей, к западу – выделен земельный участок, где предполагалось создать школы образовательной системы ожидавшегося Сына, в то время как «на востоке Эдема» были построены обители, предназначавшиеся для обещанного Сына и его непосредственного потомства. Архитектурные планы Эдема позволяли обеспечить жилищами и богатыми земельными угодьями миллион человек.

Несмотря на то что ко времени прибытия Адама была готова только четвертая часть Сада, здесь уже были прорыты тысячи миль оросительных каналов, проложено более двенадцати тысяч миль мощеных аллей и дорог. В различных секторах Сада было построено чуть более пяти тысяч кирпичных строений, а деревьев и растений было не счесть. Ни в одной группе парковых зданий не было более семи домов. И несмотря на свою простоту, строениям Сада было присуще высокое мастерство исполнения. Дороги и аллеи отличались высоким качеством, благоустроенные участки – изысканностью.

Санитарные условия Сада значительно превосходили всё, что было известно ранее на Урантии. Питьевая вода Эдема сохраняла свои ценные свойства благодаря неукоснительному соблюдению санитарных норм, предназначенных для поддержания ее чистоты. Поначалу пренебрежение этими правилами приводило ко многим неприятностям, однако Ван постепенно внушил своим товарищам, сколь важно не допускать загрязнения водных ресурсов Сада.

До того как позднее была создана система удаления сточных вод, эдемиты следовали практике тщательного захоронения всех отходов или гниющих материалов. Инспекторы Амадона производили ежедневные проверки для выявления возможных источников болезней. Только в девятнадцатом и двадцатом столетиях урантийцы вновь осознали важность предупреждения человеческих заболеваний. До крушения адамического режима была построена закрытая система кирпичных канализационных труб, которые проходили под стенами и опорожнялись в реку Эдема на расстоянии почти мили от внешней, или меньшей, стены Сада.

Ко времени прибытия Адама в Эдеме уже произрастало большинство растений, встречавшихся в этой части мира, и были существенно улучшены многие виды фруктов, злаков и орехов. Здесь были впервые культивированы многие современные овощи и злаки, однако множество разнообразных съедобных растений впоследствии исчезло с поверхности земли.

Около пяти процентов Сада было отведено под культурные растения; на пятнадцати процентах его территории была проведена частичная культивация, а остальная его часть оставалась в более или менее естественном состоянии в ожидании прибытия Адама, ибо считалось, что лучше всего закончить устройство парка в соответствии с его идеями.

Так Эдемский Сад был подготовлен к приему обещанного Адама и его супруги. Этот Сад мог бы стать гордостью любого мира с улучшенным управлением и нормальным руководством. Адам и Ева были весьма довольны общим планом Эдема, хотя они и внесли много изменений в интерьер своей личной обители.

Хотя к моменту прибытия Адама работа по украшению Сада была еще далека от своего завершения, это место уже являлось жемчужиной природной красоты, а в течение первого времени его пребывания в Эдеме весь Сад преобразился, достигнув новых высот красоты и великолепия. Никогда – ни до, ни после – Урантия не знала столь великолепных и богатых образцов садоводства и сельского хозяйства.

6. ДРЕВО ЖИЗНИ

В центре садового храма Ван посадил охраняемое с давних времен древо жизни, листья которого предназначались для «исцеления народов» и плоды которого так долго поддерживали его самого на земле. Ван хорошо знал, что Адам и Ева также будут зависеть от этого дара Эдемии для поддержания своей жизни после появления на Урантии в материальном виде.

В столице системы Материальным Сынам не требуется древо жизни. Только после прибытия на планету и восстановления здесь своей личности они становятся зависимыми от него для сохранения физического бессмертия.

Возможно, что «древо познания добра и зла» является образным выражением, символом, охватывающим огромное богатство человеческого опыта, однако «древо жизни» не было мифом: оно было реальностью и в течение долгого времени существовало на Урантии. Когда Всевышние Эдемии одобрили назначение Калигастии Планетарным Князем Урантии и ста иерусемских жителей – членами его административного персонала, то с помощью Мелхиседеков они отправили на планету куст Эдемии, и со временем это растение превратилось на Урантии в древо жизни. Эта форма внеразумной жизни присуща столичным сферам созвездий и встречается также в столичных мирах локальных и сверхвселенных, равно как и в сферах Хавоны, – но не в столицах систем.

Это сверхрастение накапливало некоторые пространственные энергии, служившие противоядием для тех субстанций в животных организмах, которые вызывают процесс старения. Плоды древа жизни служили как бы сверххимическим аккумулятором и при употреблении таинственным образом высвобождали силу вселенной, продлевавшую жизнь. Такая форма поддержки ничего не давала обычным эволюционным существам Урантии: она предназначалась исключительно для ста материализованных членов персонала Калигастии и ста модифицированных андонитов, пожертвовавших свою жизненную плазму персоналу Князя и, взамен, сделавшихся обладателями того жизненного компонента, который позволял им пользоваться плодами древа жизни для бесконечного продления своего, в принципе, смертного существования.

Во времена правления Князя древо жизни росло в центральном круглом дворе храма Отца. Когда вспыхнуло восстание, Ван и его товарищи в своем временном лагере вырастили новое дерево из сердцевины старого. Впоследствии куст Эдемии был перенесен в их высокогорное убежище, где он служил и Вану, и Амадону в течение более ста пятидесяти тысяч лет.

Занимаясь подготовкой Сада для Адама и Евы, Ван и его товарищи пересадили дерево Эдемии в Эдемский Сад, где, как и прежде, оно росло в центральной круглой части нового храма Отца. Адам и Ева периодически пользовались его плодами для поддержания двуединого типа своей физической жизни.

После провала планов Материального Сына, Адаму и его семье не было позволено унести из Сада сердцевину дерева. Когда нодиты захватили Эдем, они прослышали, что станут как «боги, если они вкусят плоды древа». Каково же было их удивление, когда они обнаружили, что дерево не охраняется. В течение многих лет они свободно пользовались его плодами, но безрезультатно: все они были материальными смертными данного мира, не наделенными тем даром, который служил дополнением к плодам древа жизни. Неспособность извлечь пользу из древа жизни привела их в ярость, и во время одной из междоусобных войн как храм, так и дерево были сожжены. Осталась только каменная стена, простоявшая до тех пор, пока Сад не ушел под воду. Так погиб уже второй храм Отца.

С этого времени вся урантийская плоть должна была следовать естественному пути жизни и смерти. Адам, Ева, их дети, дети их детей, а также их товарищи – все они с течением времени умерли и, таким образом, стали участниками программы восхождения в локальной вселенной, где вслед за материальной смертью следует воскресение в обительских мирах.

7. СУДЬБА ЭДЕМА

После ухода Адама первый Сад поочередно захватывали нодиты, кутиты и сунтиты. Позднее здесь поселились северные нодиты, не желавшие сотрудничать с адамитами. В течение почти четырех тысяч лет эти малоразвитые нодиты опустошали оставленный Адамом Сад, пока, когда в связи с мощной активностью окружающих вулканов и затоплением моста суши между Сицилией и Африкой, восточный участок дна Средиземного моря не опустился, увлекая за собой под воду весь Эдемский полуостров. Одновременно с этим обширным погружением береговая линия восточного Средиземноморья поднялась на огромную высоту. Так погибло прекраснейшее из природных творений, когда-либо существовавших на

Урантии. Затопление не было внезапным: для полного погружения полуострова потребовалось несколько сот лет.

Мы не можем считать исчезновение Сада следствием провала божественных планов или же результатом ошибок, допущенных Адамом и Евой. Мы полагаем, что затопление Эдема было всего лишь природным явлением, однако нам и в самом деле не кажется случайным, что погружение Сада практически совпало по времени с объединением резервов фиолетовой расы, поставивших своей целью возрождение народов этого мира.

Мелхиседеки советовали Адаму не приступать к программе усовершенствования и смешения рас до тех пор, пока численность его собственной семьи не достигнет полумиллиона человек. Сад никогда не предназначался в качестве места постоянного обитания адамитов. Они должны были стать посланниками новой жизни для всего мира; их призванием должно было стать бескорыстное служение всем бедствующим расам земли.

Согласно инструкциям, которые Адам получил от Мелхиседеков, он должен был основать расовые, континентальные и областные центры, которые находились бы в вéдении его непосредственных сыновей и дочерей, в то время как он и Ева должны были периодически посещать эти различные мировые столицы в качестве наставников и координаторов всемирного служения, которое заключалось бы в биологическом усовершенствовании, интеллектуальном развитии и нравственном возрождении.

[Представлено серафимом Солонией, серафическим «голосом в Саду».]

ДОКУМЕНТ 74

АДАМ И ЕВА

В 1934 году нашей эры исполнилось 37 848 лет с тех пор, как Адам и Ева прибыли на Урантию. Лето было в разгаре, и Сад стоял в цвету. В полдень, без предварительного объявления, два серафических транспорта в сопровождении иерусемского персонала, которому был доверен перенос биологических совершенствователей на Урантию, медленно опустились на поверхность вращающейся планеты неподалеку от храма Всеобщего Отца. Вся работа по восстановлению материальных тел Адама и Евы была выполнена на территории этой воссозданной святыни. Со времени их прибытия прошло десять дней, прежде чем они были восстановлены в двуединой человеческой форме для представления в качестве новых мировых правителей. Сознание вернулось к ним одновременно. Материальные Сыны и Дочери всегда служат вместе. Существенно важная черта их служения – никогда и нигде не разлучаться. Они предназначены для работы в парах и редко действуют поодиночке.

1. АДАМ И ЕВА НА ИЕРУСЕМЕ

Планетарные Адам и Ева Урантии являлись членами старшего корпуса Материальных Сынов Иерусема и имели совместный порядковый номер 14 311. Они относились к третьей физической группе и достигали в высоту чуть более восьми футов.

Перед избранием для отправки на Урантию Адам, вместе со своей напарницей, работал в испытательных физических лабораториях Иерусема. В течение более пятнадцати тысяч лет они руководили отделом экспериментальной энергии применительно к модификации живых форм. Задолго до этого они служили учителями в школах гражданства для вновь прибывших на Иерусем. Всё это следует иметь в виду в связи с рассказом об их дальнейших действиях на Урантии.

В ответ на объявление о том, что требуются добровольцы для адамической миссии на Урантии, вызвался весь старший корпус Материальных Сынов и Дочерей. В итоге проверяющие Мелхиседеки, с одобрения Ланафорга и Всевышних Эдемии, избрали тех самых Адама и Еву, которые впоследствии прибыли для исполнения функции биологических совершенствователей Урантии.

В течение восстания Люцифера Адам и Ева остались верны Михаилу. Тем не менее, эта пара предстала перед Властелином Системы и всем его правительством для проверки и инструктажа. Они были посвящены во все детали, связанные с состоянием урантийских дел; они получили подробные указания о том, каких планов им следует придерживаться, принимая на себя ответственность в управлении миром, раздираемым столь глубокими противоречиями. Их привели к совместной присяге на верность Всевышним Эдемии и Михаилу Салвингтонскому. Их должным образом известили, что они должны считать себя подчиненными урантийскому корпусу распорядительских Мелхиседеков, пока этот правящий орган не сочтет возможным сложить свои полномочия в отношении вверенного им мира.

В столице Сатании и других местах эта иерусемская пара оставила сто своих потомков – пятьдесят сыновей и пятьдесят дочерей – великолепных созданий, избежавших опасностей эволюционного развития. Ко времени отправки своих родителей на Урантию все они преданно исполняли различные ответственные задания во вселенной. И каждый из них присутствовал в величественном храме Материальных Сынов на прощальных торжествах в связи с завершающими церемониями принятия посвящения. Эти дети проводили своих родителей в центр дематериализации для существ их категории. Они были последними, кто попрощался с ними и пожелал им счастливого пути, после чего Адам и Ева уснули, утратив осознание личности, что предшествует подготовке к серафическому переносу. Некоторое время дети провели вместе, радуясь тому, что вскоре их родителям предстояло стать зримыми руководителями – в действительности, единственными правителями – 606-й планеты в системе Сатания.

Так Адам и Ева покинули Иерусем, провожаемые приветствиями и добрыми напутствиями его граждан. Они отправились исполнять свои новые обязанности, вооруженные всеми необходимыми знаниями и наказами в отношении любых функций и опасностей, которые ждали их на Урантии.

2. ПРИБЫТИЕ АДАМА И ЕВЫ

Адам и Ева заснули на Иерусеме, и когда они проснулись в храме Отца на Урантии в окружении огромной толпы, собравшейся, чтобы приветствовать их, перед ними стояли два существа, о которых они были наслышаны: Ван и его преданный товарищ Амадон. Два этих героя калигастийского раскола были первыми, кто приветствовал Адама и Еву в их новой садовой обители.

Языком Эдема был андонический диалект в том варианте, которым пользовался Амадон. Ван и Амадон существенно улучшили этот язык, создав новый алфавит из двадцати четырех букв, с надеждой на то, что с распространением культуры Эдема на весь мир он станет языком Урантии. До того, как покинуть Иерусем, Адам и Ева в совершенстве овладели этим человеческим диалектом, поэтому сын Андона услышал, как возвышенный правитель его мира обращается к нему на его собственном языке.

Этот день стал днем огромного волнения и радости во всём Эдеме. К голубятням, в которых держали собранных отовсюду почтовых голубей, сломя голову бежали гонцы с криками: «Выпускайте птиц; пусть они разнесут весть о приходе обещанного Сына» Специально для такого случая сотни поселений, обитатели которых верили в приход Адама, из года в год продолжали преданно поставлять этих домашних голубей.

Когда известие о прибытии Адама распространилось за пределы Сада, тысячи членов соседних племен приняли учения Вана и Амадона, и в течение многих месяцев толпы паломников прибывали в Эдем, чтобы поприветствовать Адама и Еву и почтить своего невидимого Отца.

Вскоре после их пробуждения Адама и Еву проводили к месту официальной церемонии приема – огромному холму к северу от храма. Этот природный холм был увеличен и подготовлен к введению новых правителей мира в должность. В полдень принимающая комиссия Урантии приветствовала здесь Сына и Дочь системы Сатании. Амадон являлся председателем этой комиссии, состоявшей из двенадцати членов: в нее входили представители каждой из шести сангикских рас, исполняющий обязанности главы промежуточных созданий, Аннан – верная дочь и представительница нодитов, Ной – сын создателя и строителя Сада, претворивший в жизнь планы своего покойного отца, а также двое Носителей Жизни, постоянно живущих на планете.

Следующей на очереди была процедура передачи Адаму и Еве полномочий планетарных попечителей из рук старшего Мелхиседека – главы совета распорядителей Урантии. Материальный Сын и Материальная Дочь принесли клятву верности Всевышним Норлатиадека и Михаилу Небадонскому, после чего Ван провозгласил их правителями Урантии, сложил с себя свои должностные полномочия, которыми он обладал на протяжении ста пятидесяти тысяч лет по решению распорядительских Мелхиседеков.

В связи с официальным вступлением в должность правителей мира, Адам и Ева были облачены в царственные мантии. Не все искусства Даламатии были утрачены навсегда: во времена Эдема еще сохранялось искусство ткачества.

После этого прозвучало воззвание архангелов, и переданный по системе дальней связи голос Гавриила оповестил о втором судном оглашении Урантии и воскрешении сохранившихся спящих смертных второго судного периода – периода благодати и милосердия – на 606-й планете Сатании. Судный период Князя закончился, эра Адама – третья планетарная эпоха – началась в обстановке простоты и величия. Новые правители Урантии приступили к своему правлению при внешне благоприятных обстоятельствах, несмотря на общемировой разброд, вызванный отсутствием желания сотрудничать со стороны их предшественника на этом планетарном посту.

3. АДАМ И ЕВА ЗНАКОМЯТСЯ С ПЛАНЕТОЙ

И теперь, после официального вступления в должность, Адам и Ева со всей остротой осознали свою планетарную изоляцию. Не было слышно привычных пространственных сообщений, отсутствовали все контуры внепланетной связи. Их иерусемские товарищи отправились в благополучные миры, где опытные Планетарные Князья и опытный персонал были готовы принять их и оказать квалифицированную помощь на первом этапе знакомства со своим миром. На Урантии же восстание изменило всё. Присутствие Планетарного Князя было здесь весьма ощутимым, и хотя он был в значительной степени лишен возможности творить зло, он всё еще был способен сделать задачу Адама и Евы трудной и в определенной мере опасной. Серьезные и утратившие иллюзии, Сын и Дочь Иерусема бродили в ту ночь по Саду при свете полной луны, обсуждая свои планы на следующий день.

Так закончился первый день Адама и Евы на изолированной Урантии, планете, ввергнутой в смуту предательством Калигастии. Они бродили и беседовали до глубокой ночи, своей первой ночи на земле, – и им было так одиноко.

Свой второй день Адам провел в совещаниях с планетарными распорядителями и консультативным советом. От Мелхиседеков и их партнеров Адам и Ева узнали некоторые новые подробности восстания Калигастии и его последствий для развития мира. В целом, этот рассказ – длинный перечень примеров дурного управления планетой – приводил в уныние. Они узнали о всех обстоятельствах полного краха планов Калигастии по ускорению социальной эволюции. Они также глубоко осознали тщетность попыток достижения планетарного прогресса в отрыве от божественного плана развития. Так закончился печальный, но поучительный день – их второй день на Урантии.

Третий день был посвящен осмотру Сада. Большие пассажирские птицы, фандоры, несли их по воздуху, откуда они взирали на бескрайние просторы Сада – этого прекраснейшего места на земле. День осмотра завершился грандиозным пиршеством в честь всех, кто трудился над созданием этого Сада, воплотившего красоту и величие Эдемии. И вновь далеко за полночь своего третьего дня Сын и его спутница бродили по саду и говорили о безмерности стоящих перед ними проблем.

На четвертый день Адам и Ева выступили перед собранием Сада. С холма, где состоялось их официальное вступление в должность, они обратились к людям с речью, в которой изложили свои планы по восстановлению мира и в общих чертах поделились методами, с помощью которых они намеревались возродить социальную культуру Урантии – поднять ее с того низкого уровня, на который она скатилась в результате греха и восстания. Это был великий день, и он завершился празднеством, устроенным в честь совета, который состоял из мужчин и женщин, избранных на ответственные должности в новом руководстве планетарными делами. Обратите внимание: в этой группе были не только мужчины, но и женщины, что стало первым подобным случаем на земле со времени Даламатии. Это было поразительным новшеством: видеть, как Ева – женщина – разделяет честь и ответственность за мировые дела наряду с мужчиной. Так завершился четвертый день на земле.

Пятый день ушел на формирование вре́менного правления – администрации, которой предстояло функционировать вплоть до отбытия с Урантии распорядительских Мелхиседеков.

Шестой день был посвящен осмотру многочисленных типов людей и животных. Весь день Адам и Ева, в сопровождении своих помощников, продвигались в восточном направлении вдоль стен Эдема, осматривая животный мир планеты и приходя к лучшему пониманию того, что было необходимо сделать в мире, населенном таким разнообразием живых существ, для того чтобы на смену хаосу пришел порядок.

Сопровождавшие Адама были чрезвычайно удивлены тем, сколь глубоко он понимал природу и функции тысяч и тысяч показанных ему животных. Ему было достаточно только взглянуть на животное, чтобы в нескольких словах описать его природу и поведение. Адам умел давать имена, описывающие происхождение, природу и функции любого материального создания. Те, кто сопровождал его в этой ознакомительной прогулке, не знали, что новый правитель мира являлся одним из лучших анатомов во всей Сатании; таким же хорошим специалистом была и Ева. Адам поразил своих спутников описанием многих микроскопических живых существ, невидимых человеку.

Завершив шестой день своего пребывания на земле, Адам и Ева впервые отдохнули в своем новом доме «на востоке Эдема». Позади были шесть первых, очень насыщенных дней их урантийской миссии, и они с огромным удовольствием предвкушали приход следующего дня, целиком свободного от каких-либо забот.

Однако обстоятельства распорядились иначе. События последнего дня, когда Адам так разумно и так исчерпывающе рассказал о животном мире Урантии, равно как и его блестящая речь, произнесенная на церемонии вступления в должность, а также его обаятельные манеры настолько покорили сердца и умы обитателей Сада, что они были готовы не только всецело признать вновь прибывших Сына и Дочь Иерусема своими правителями, но в своем большинстве уже собирались пасть ниц, чтобы поклоняться им, как богам.

4. ПЕРВЫЕ ВОЛНЕНИЯ

В ту ночь – в ночь, наступившую после шестого дня, – пока Адам и Ева спали, странные события происходили вблизи храма Отца в центральной части Эдема.

Здесь, в мягком свете луны, сотни взволнованных и возбужденных мужчин и женщин в течение многих часов внимали пылким призывам своих лидеров. Их намерения были благими, но они просто не могли понять простоты братского и демократичного обращения своих новых правителей. И задолго до рассвета новые вре́менные управляющие мировыми делами практически единодушно пришли к выводу, что Адам и его спутница слишком скромны и непритязательны. Они решили, что сама Божественность спустилась на землю в телесной форме, что Адам и Ева в действительности являются богами или полубогами, а потому достойны благоговейного поклонения.

Неподготовленный разум даже лучших людей этого мира не мог осознать поразительные события, произошедшие в течение первых шести дней пребывания Адама и Евы на земле и вскружившие им головы. Эти люди загорелись предложением: в полдень привести величественную пару к храму Отца, с тем чтобы каждый мог склонить свою голову в почтительном поклонении и пасть ниц в смиренной покорности. И во всех своих намерениях обитатели Сада действовали от чистого сердца.

Ван возражал. Амадон отсутствовал, отвечая за почетный караул, выставленный с вечера подле Адама и Евы. Однако протест Вана был решительно отвергнут. Ему было заявлено, что он тоже слишком скромен и непритязателен и тоже является полубогом, – иначе каким образом ему удалось бы так долго прожить на земле и осуществить столь великое событие, как приход Адама? И когда возбужденные эдемиты были уже готовы подхватить его на руки и поднять на холм для поклонения, Ван выбрался из толпы и, обладая способностью общаться с промежуточными созданиями, срочно отправил их главу к Адаму.

Приближался рассвет их седьмого дня на земле, когда Адам и Ева узнали о поразительном предложении благонамеренных, но заблуждавшихся смертных; а затем – пока пассажирские птицы стремительно рассекали воздух, чтобы доставить их к храму, – промежуточные создания, способные на подобные действия, перенесли Адама и Еву к храму Отца. Ранним утром седьмого дня, на холме, где лишь недавно состоялся их прием, Адам рассказал о категориях божественного сыновства и объяснил этим земным созданиям, что поклоняться можно только Отцу и тем, на кого указывает Отец. Адам со всей ясностью заявил, что он будет готов принять любую честь и всяческое уважение, но поклонение – никогда!

То был знаменательный день. Около полудня, почти одновременно с прибытием серафического посланника, доставившего подтверждение Иерусема о вступлении правителей мира в должность, Адам и Ева отделились от толпы и, указав на храм Отца, сказали: «Подойдите к материальному символу невидимого присутствия Отца и склоните головы в поклонении тому, кто создал всех нас и кто поддерживает в нас жизнь. И пусть это станет искренним обещанием того, что никогда впредь вы не будете испытывать соблазна поклоняться кому-либо, кроме Бога». И все они сделали так, как сказал Адам. Склонив голову, Материальный Сын и Материальная Дочь стояли одни на холме, в то время как люди распростерлись перед храмом.

Так появился день отдохновения. Седьмой день всегда был в Эдеме днем полуденного собрания у храма; в течение долгого времени сохранялся обычай посвящать этот день личной культуре. Утро отводилось физическому развитию, полдень – духовному поклонению, послеполуденные часы – умственной культуре, а вечер проходил в совместных увеселениях. Такой порядок никогда не являлся законом Эдема, однако этот обычай сохранялся до тех пор, пока адамическое правление оставалось в силе на земле.

5. УПРАВЛЕНИЕ АДАМА

Распорядительские Мелхиседеки продолжали исполнять свои обязанности в течение почти семи лет после прибытия Адама, но, наконец, настало время, когда они передали управление мировыми делами Адаму и вернулись на Иерусем.

Прощание с распорядителями продолжалось весь день, а вечером каждый из Мелхиседеков дал Адаму и Еве прощальный совет и пожелал всего наилучшего. Несколько раз Адам просил своих наставников остаться на земле вместе с ним, однако эти просьбы неизменно отклонялись. Пришло время, когда Материальные Сыны должны были взять на себя всю ответственность за ведение мировых дел. И вот, в полночь, серафический транспорт Сатании покинул планету, унося на Иерусем четырнадцать существ, ибо преобразование Вана и Амадона произошло одновременно с отбытием двенадцати Мелхиседеков.

События на Урантии развивались весьма благоприятным образом, и казалось, что со временем Адаму удастся разработать план постепенного распространения цивилизации Эдема. Следуя совету Мелхиседеков, он стал развивать ремесла, для того чтобы позднее наладить торговые отношения с внешним миром. К моменту краха Эдема здесь действовало более ста несложных производств, и были налажены широкие торговые связи с соседними племенами.

Веками Адама и Еву обучали методам развития эволюционной цивилизации, готовя их к внесению специализированного вклада в развитие мировой цивилизации. Но теперь они оказались лицом к лицу с неотложными проблемами – такими как установление закона и порядка в мире дикарей, варваров и полуцивилизованных людей. За исключением цвета земного населения, собранного в Саду, лишь несколько разрозненных групп были хоть сколько-нибудь готовы к восприятию адамической культуры.

Адам предпринял героическую и решительную попытку создать общемировое управление, но каждый его шаг натыкался на упорное сопротивление. К тому времени он уже ввел в действие систему группового управления по всему Эдему и объединил все эти товарищества в Эдемский союз. Однако когда он вышел за пределы Сада и попытался внедрить свои идеи среди окружающих племен, последовали неприятности, крупные неприятности. С самого начала своей работы за пределами Сада партнеры Адама встретились с открытым и хорошо организованным сопротивлением Калигастии и Далигастии. Падший Князь был смещен с поста правителя мира, но он не был удален с планеты. Он всё еще находился на земле и хотя бы в некоторой степени мог противодействовать всем планам Адама по возрождению человеческого общества. Адам пытался предостеречь мировые расы от Калигастии, однако эта задача усложнялась тем, что его заклятый враг был невидим для смертных.

Даже среди эдемитов находились такие, чей разум был смущен и кто склонялся к учениям Калигастии, призывающим к разнузданной личной свободе. Они доставляли Адаму бесконечные неприятности, неизменно расстраивая наиболее продуманные планы постепенного прогресса и устойчивого развития. Наконец он был вынужден отказаться от своей программы быстрой социализации и вернулся к методу организации Вана, разделив эдемитов на отряды по сто человек в каждом. Во главе отряда стоял командир, а под началом его помощников находились группы из десяти человек.

Адам и Ева прибыли для того, чтобы ввести представительное правление вместо монархического, однако на всей земле они не обнаружили ничего, что можно было бы назвать правлением. На время Адам отказался от попыток учреждения представительного правления, и до провала эдемского режима ему удалось основать около ста внешних торговых и общественных центров, во главе которых стояли его энергичные представители. В свое время большинство этих центров было создано Ваном и Амадоном.

Практика отправки послов одного племени к другому восходит к временам Адама. Это был огромный шаг вперед в эволюции правления.

6. СЕМЕЙНАЯ ЖИЗНЬ АДАМА И ЕВЫ

Площадь участка, отведенного для адамической семьи, составляла чуть более пяти квадратных миль. Сразу же за его пределами находились земельные наделы, предназначавшиеся для размещения более чем трехсот тысяч чистокровных потомков. Однако построена была только первая группа запланированных домов. Еще до того, как семье Адама стало бы тесно в этих изначальных рамках, весь эдемский план рухнул и Сад был покинут.

Адамсон был перворoдным представителем фиолетовой расы Урантии. Следующей родилась его сестра, а за ней – Евсон, второй сын Адама и Евы. До отбытия Мелхиседеков Ева родила пятерых детей: трех сыновей и двух дочерей; двое следующих детей были близнецами. До провала миссии она родила шестьдесят трех детей – тридцать две дочери и тридцать одного сына. Когда Адам и Ева покинули Сад, их семья включала четыре поколения и насчитывала 1 647 чистокровных отпрысков. После ухода из Сада у них появилось сорок два ребенка, не считая двух детей смешанного происхождения, у каждого из которых одним из родителей был земной смертный. Сюда не входит адамическое потомство нодитов и эволюционных рас.

После отнятия от груди в возрасте одного года дети Адама не употребляли молоко животных. Ева использовала молоко самых различных орехов и сок множества фруктов, и в совершенстве зная химический состав и заключенную в них энергию, она должным образом смешивала их и кормила своих детей, пока у них не появлялись зубы.

Приготовление пищи было обычной практикой во всём Эдеме, за исключением дома Адама: зрелые фрукты, орехи и злаки служили готовой пищей для членов его семьи. Они ели один раз в день, вскоре после полудня. Кроме того, Адам и Ева непосредственно усваивали «свет и энергию» некоторых космических излучений, используя для этого древо жизни.

Тела Адама и Евы излучали мерцающий свет, однако, соблюдая обычаи своих товарищей, они всегда носили одежду. Хотя в течение дня они одевались очень легко, с приходом вечера они надевали ночные накидки. Происхождение традиционного нимба над головами предположительно благочестивых и святых людей восходит ко дням Адама и Евы. Из-за того, что излучаемый их телами свет практически полностью скрывался одеждой, заметным было только лучезарное свечение над их головами. Так потомки Адамсона всегда выражали свое представление об индивидуумах, которых считали необыкновенно развитыми в духовном отношении.

Адам и Ева могли сообщаться друг с другом и своими собственными детьми на расстоянии до пятидесяти миль. Такая передача мыслей осуществлялась с помощью чувствительных газовых полостей, находившихся рядом с их мозговыми структурами. С помощью этих устройств они могли посылать и принимать мысленные осцилляции. Однако эта способность была тотчас приостановлена после подчинения разума отчуждающему и разрушительному воздействию зла.

До шестнадцатилетнего возраста дети Адама занимались в своих собственных школах, причем старшие дети учили младших. Малыши меняли род занятий каждые тридцать минут, старшие дети – каждый час. И, конечно, это было новым зрелищем для Урантии – видеть, как дети Адама и Евы играют друг с другом, наблюдать их радостные и веселые забавы, которым они предавались исключительно ради удовольствия. Игры и чувство юмора современных людей в значительной мере унаследованы от адамической расы. Все адамиты были чрезвычайно музыкальны и обладали острым чувством юмора.

Возраст помолвки наступал в среднем в восемнадцать лет, после чего в течение двух лет молодые люди готовились к принятию на себя супружеских обязанностей. В двадцать лет они получали право вступления в брак и после бракосочетания приступали к делу всей своей жизни или же начинали специально готовиться к нему.

Обычай некоторых более поздних народов – разрешать царским семьям, якобы происходящим от богов, браки между братьями и сестрами – восходит к традициям адамического потомства, которые по необходимости вступали в брак друг с другом. Брачные обряды первого и второго поколений Сада всегда выполнялись Адамом и Евой.

7. ЖИЗНЬ В САДУ

За исключением четырехгодичного посещения западных школ, дети Адама жили и работали на «востоке Эдема». Они получали интеллектуальную подготовку в соответствии с методами иерусемских школ до тех пор, пока им не исполнялось шестнадцать лет. От шестнадцати до двадцати они занимались в урантийских школах на противоположном конце Сада, а также исполняли обязанности учителей младших классов.

Задача всей системы западных школ Сада сводилась к *социализации*. На переменах между утренними занятиями ученики осваивали практическое садоводство и земледелие; послеобеденный отдых проходил в игровых состязаниях. Вечера посвящались общению и развитию личной дружбы. Религиозное и половое воспитание считалось делом семьи и входило в обязанности родителей.

Эти школы обучали следующим вещам:

1. Здоровью и личной гигиене.

2. Золотому правилу – норме человеческого общения.

3. Связи индивидуальных прав с правами группы и обязанностями перед обществом.

4. Истории и культуре различных земных рас.

5. Методам развития и совершенствования мировой торговли.

6. Согласованию противоречивых обязанностей и эмоций.

7. Поощрению игр, юмора и состязаний, заменяющих физическую борьбу.

Эти школы, как фактически любая деятельность в Саду, были всегда открыты для посетителей. Безоружных посетителей беспрепятственно пропускали в Эдем на короткое время. Чтобы поселиться в Саду, урантиец должен был быть «усыновлен». Ему объясняли цель и задачи адамического посвящения, после чего он выражал намерение участвовать в этой миссии и торжественно заявлял о своей преданности социальному правлению Адама и духовному владычеству Всеобщего Отца.

Законы Сада основывались на более древних кодексах Даламатии и охватывали семь областей:

1. Принципы здоровья и гигиены.
2. Социальный устав Сада.
3. Кодекс торговли и коммерции.
4. Законы справедливой игры и соревнования.
5. Законы домашнего очага.
6. Гражданские кодексы, основанные на золотом правиле.
7. Семь заповедей, основанных на высших нравственных нормах.

Нравственный закон Эдема мало чем отличался от семи заповедей Даламатии, но адамиты приводили много дополнительных аргументов в пользу этих заповедей. Например, в отношении запрета на убийство наличие внутреннего Настройщика Мышления являлось еще одним доводом в пользу сохранения человеческой жизни. Они учили, что «всякий, кто прольет чужую кровь, прольет и свою, ибо Бог создал людей по своему образу».

Публичные молитвы возносились в Эдеме в полдень, семейные – на заходе солнца. Адам прилагал все свои силы к тому, чтобы отучить эдемитов от произнесения заученных молитв, внушая им, что эффективная молитва должна быть сугубо личным делом – «стремлением души». Однако они продолжали пользоваться молитвами и церемониями, которые передавались из поколения в поколение со времен Даламатии. Адам также пытался заменить кровавые жертвоприношения, которые совершались во время религиозных обрядов, дарами земли, но почти ничего не добился, а затем его усилия были прерваны разрушением Сада.

Адам стремился привить урантийским расам идею равенства полов. То, что Ева работала бок о бок со своим мужем, производило огромное впечатление на всех обитателей Сада. Адам со всей ясностью учил их тому, что женщина – наравне с мужчиной – привносит те жизненные факторы, которые объединяются для образования нового существа. До этого люди считали, что деторождение присуще только «чреслам отца». Они взирали на мать лишь как на средство для вынашивания будущего ребенка и выкармливания новорожденного.

Адам учил своих современников всему тому, что было доступно их пониманию, но таких вещей было относительно немного. Тем не менее, наиболее разумные из земных рас с нетерпением ждали того времени, когда им разрешили бы вступать в брачные отношения с высокоразвитыми детьми фиолетовой расы. И сколь непохожей на сегодняшний мир могла бы стать Урантия, если бы этот грандиозный план расового возвышения был претворен в жизнь! Но даже та малая толика крови, которая случайно досталась эволюционным людям от этой привнесенной расы, принесла им колоссальную пользу.

Так трудился Адам ради благополучия и усовершенствования своего мира. Однако этим разнородным и нечистокровным народам было нелегко привить более прогрессивный уклад жизни.

8. ЛЕГЕНДА О СОТВОРЕНИИ МИРА

Рассказ о сотворении Урантии за шесть дней основывается на предании о шести днях, потраченных Адамом и Евой на первоначальный осмотр Сада. Это обстоятельство наложило чуть ли не печать сакральности на недельный отрезок времени, первоначально введенный даламатийцами. Так уж получилось, что Адам провел шесть дней, осматривая Сад и подготавливая предварительные планы его организации; это не планировалось заранее. Избрание седьмого дня для поклонений было чистой случайностью в силу фактов, изложенных в этом документе.

Легенда о сотворении мира за шесть дней была придумана задним числом – фактически, по прошествии более тридцати тысяч лет. Возможно, что одно из обстоятельств этой легенды – внезапное появление солнца и луны – порождено преданиями о внезапном возникновении мира из плотного пространственного облака мельчайшего вещества, которое так долго скрывало и солнце, и луну.

Рассказ о сотворении Евы из ребра Адама представляет собой сжатое и путаное изложение двух событий – прибытия Адама на землю и тех хирургических операций по обмену живым веществом, которые были проведены в связи с появлением телесного персонала Планетарного Князя более чем за четыреста пятьдесят тысяч лет до того.

Предание о том, что после прибытия Адама и Евы на Урантию для них были изготовлены физические тела, оказало воздействие на большинство народов мира. В восточном полушарии практически повсеместно верили в то, что человек был сделан из глины. Это предание прослеживается по всему миру, от Филиппинских островов до Африки. И многие народы приняли этот рассказ о возникновении человека из глины в результате некоего особого акта творения, отвергнув более древние верования в постепенное творение – эволюцию.

Вдали от влияний Даламатии и Эдема люди склонялись к вере в постепенное развитие человеческого рода. Факт эволюции не является современным открытием: древние люди понимали медленный и эволюционный характер человеческого прогресса. Древние греки ясно представляли себе это, несмотря на свою близость к Месопотамии. Хотя у различных народов, к сожалению, сложились запутанные представления об эволюции, тем не менее, многие первобытные племена верили и учили тому, что произошли от различных животных. В качестве «тотемов» первобытные люди обычно выбирали животных, которых считали своими предками. Некоторые племена североамериканских индейцев верили в то, что произошли от бобров и койотов. Некоторые африканские племена утверждают, что произошли от гиены, одно из малайских племен – от лемура, одна из групп Новой Гвинеи – от попугая.

Вавилоняне, которые непосредственно общались с уцелевшими представителями цивилизации адамитов, расширили и приукрасили рассказ о сотворении человека; они учили, что люди происходят непосредственно от богов. Они придерживались представления об аристократическом происхождении своей расы, которое было абсолютно несовместимо с доктриной о сотворении человека из глины.

Описание творения в Ветхом Завете появилось спустя много лет после Моисея, никогда не учившего иудеев этому искаженному преданию. Однако он действительно дал израильтянам простое и краткое изложение сотворения мира в надежде на то, что это усилит его призыв поклоняться Творцу – Всеобщему Отцу, которого он называл Господом Богом Израиля.

В своих ранних учениях Моисей благоразумно воздерживался от попыток углубиться в прошлое, к доадамовым временам, и так как Моисей был верховным учителем иудеев, то предания об Адаме переплелись с повествованиями о сотворении мира. То, что более древние предания признавали существование доадамической цивилизации, наглядно демонстрируется следующим фактом: последующие редакторы, намеревавшиеся стереть все упоминания о людских делах до

Адама, забыли убрать красноречивое упоминание о переселении Каина в «землю Нода», где он нашел себе жену.

В течение еще многих веков после прихода в Палестину иудеи почти не знали письменности. Они научились пользоваться алфавитом от соседних филистимлян – политических беженцев с Крита, где в то время существовала более развитая цивилизация. Примерно до 900 года до н. э. иудеи почти ничего не записывали, и так как письменность появилась у них в столь поздний период, в народе бытовало несколько различных преданий о сотворении мира. Однако после вавилонского плена они стали больше склоняться к видоизмененной месопотамской версии.

Еврейская традиция сформировалась вокруг фигуры Моисея, а так как он попытался проследить родословную Авраама от Адама, то евреи заключили, что Адам был первым представителем человеческого рода. Ягве являлся творцом, и поскольку Адам считался первым человеком, Ягве должен был создать мир непосредственно перед тем, как сотворить Адама. Позднée традиционное представление о шести днях Адама слилось с легендой о сотворении мира, в результате чего – спустя почти тысячу лет после пребывания Моисея на земле – предание о сотворении мира за шесть дней было записано и впоследствии приписано ему.

Еще до возвращения в Иерусалим еврейские священники завершили письменное изложение повествования о начале вещей. Вскоре они заявили, что это описание является недавно найденной историей сотворения мира, написанной Моисеем. Однако в то время – около 500 года до н. э. – иудеи не считали эти писания божественными откровениями. Они относились к ним в значительной мере так же, как более поздние народы относятся к мифам.

Этот поддельный документ, считавшийся учением Моисея, был показан Птолемею – греческому царю Египта, который распорядился, чтобы комиссия из семидесяти ученых подготовила греческий перевод для его новой библиотеки в Александрии. Так это описание вошло в число тех документов, которые впоследствии стали частью более позднего собрания «священных писаний» иудейской и христианской религий. Такие представления, отождествляемые с этими теологическими системами, в течение долгого времени оказывали глубокое влияние на философию многих народов Запада.

Христианские проповедники поддерживали веру в санкционированное сотворение человеческого рода, и всё это явилось непосредственной причиной появления гипотезы о прошлом золотом веке идеального блаженства и теории падения человека или сверхчеловека, что служило объяснением неидеального состояния общества. Такие воззрения на жизнь и место человека во вселенной были в лучшем случае неутешительными, ибо они строились на вере в регресс, а не прогресс, а также предполагали существование мстительного Божества, которое обрушило гнев на человеческий род в наказание за ошибки, допущенные при управлении планетой в далеком прошлом.

«Золотой век» является мифом, но Эдем был реальностью, и цивилизация Сада действительно была разрушена. Адам и Ева продолжали свою деятельность в Саду в течение ста семнадцати лет, пока – из-за нетерпения Евы и ошибочных суждений Адама – они не решили свернуть с предписанного пути, что сразу же обернулось их личной катастрофой и пагубным замедлением эволюционного развития всей Урантии.

[Изложено Солонией, серафическим «голосом в Саду».]

ДОКУМЕНТ 75

ПРОСТУПОК АДАМА И ЕВЫ

Прошло более ста лет после того, как Адам приступил к своему труду на Урантии, однако он не замечал почти никакого прогресса за пределами Сада; казалось, что в целом мир очень мало изменился к лучшему. Реальное улучшение рас представлялось возможным только в далеком будущем, и положение казалось столь отчаянным, что требовало помощи, не предусмотренной изначальными планами. Во всяком случае, такие мысли часто появлялись у Адама, и он много раз делился ими с Евой. Адам и его спутница оставались преданными, но они были изолированы от других существ своей категории и крайне удручены печальным состоянием своего мира.

1. ПРОБЛЕМА УРАНТИИ

Адамическая миссия на экспериментальной, опаленной восстанием и изолированной Урантии была невероятно трудным начинанием. И уже в начале пребывания на планете Адам и Ева поняли всю трудность и запутанность своей планетарной миссии. Тем не менее, они отважно приступили к решению многочисленных проблем. Но когда они обратились к делу первостепенной важности – устранению дефективных и дегенеративных человеческих генотипов, – они пришли в полное смятение. Они не видели выхода из этого затруднительного положения, и они не могли посоветоваться с вышестоящими существами Иерусема или Эдемии. Изолированные от внешнего мира, они каждый день сталкивались с очередной сложной и запутанной ситуацией, очередной проблемой, которая, казалось, не имела решения.

В нормальных условиях первой задачей Планетарного Адама и Евы является установление правильных соотношений и смешение рас. Однако на Урантии такой проект казался практически безнадежным, ибо хотя расы были приспособлены в биологичсском отношении, они оставались неочищенными от умственно отсталых и дефективных генотипов.

Адам и Ева оказались на планете, совершенно не готовой к провозглашению братства людей. Этот мир брел на ощупь в кромешной духовной тьме, проклятый хаосом, который еще больше усугубился из-за провала миссии прежнего руководства. Разум и нравственность находились на низком уровне развития, и вместо того, чтобы приступить к осуществлению религиозного объединения, они были вынуждены заново приобщать обитателей планеты к простейшим формам религиозной веры. Вместо одного, готового к усвоению языка, они столкнулись с общемировой путаницей многих сотен местных диалектов. Ни один планетарный Адам никогда не поселялся в более трудном мире. Препятствия казались непреодолимыми, проблемы – слишком сложными для созданий.

Они находились в изоляции, и охватившее их чувство глубочайшего одиночества еще больше усилилось после скорого отбытия распорядительских Мелхиседеков. Только опосредованно – с помощью ангельских категорий – они могли сообщаться с существами, находившимися за пределами планеты. Постепенно их мужество слабело, они всё больше падали духом, и временами их вера была готова дрогнуть.

Такова истинная картина ужаса, охватившего две эти благородные души после осознания стоящих перед ними задач. Оба они прекрасно понимали всю масштабность проблем, связанных с выполнением их планетарного задания.

Возможно, ни один Материальный Сын Небадона не сталкивался со столь сложной и казавшейся безнадежной задачей, как та, что встала перед Адамом и Евой из-за плачевного состояния Урантии. Но со временем они смогли бы добиться успеха, будь они более дальновидными и *терпеливыми*. Оба они – в особенности Ева – были слишком нетерпеливы; они не были готовы к долгому, долгому испытанию на прочность. Им хотелось немедленных результатов – и они их добились, однако результаты, полученные таким путем, привели к катастрофическим последствиям как для них, так и для их мира.

2. ЗАГОВОР КАЛИГАСТИИ

Калигастия наносил частые визиты в Сад и неоднократно беседовал с Адамом и Евой, но они невозмутимо отклоняли любые предлагаемые компромиссы и авантюрные затеи. Перед их глазами было достаточно результатов восстания, чтобы привить им надежный иммунитет ко всем его лукавым предложениям. Даже молодое потомство Адама было невосприимчивым к поползновениям Далигастии. И, конечно, ни Калигастия, ни его сообщник не могли повлиять на кого-либо из индивидуумов против их воли, тем более – склонить детей Адама к неверному шагу.

Необходимо помнить о том, что формально Калигастия продолжал являться Планетарным Князем Урантии; хотя он и был введен в заблуждение, он оставался высоким Сыном локальной вселенной. Он был окончательно низложен только во время пребывания на Урантии Христа Михаила.

Однако падший Князь был настойчивым и решительным. Вскоре он прекратил попытки повлиять на Адама и решил попытаться нанести коварный и неожиданный удар по Еве. Лукавый пришел к выводу, что единственная надежда на успех была связана с искусным использованием подходящих лиц из высших слоев нодитов – потомков бывших помощников его телесного персонала. Были подготовлены соответствующие планы устройства западни для матери фиолетовой расы.

Ева и не помышляла о чём-либо, что могло бы помешать планам Адама или поставить под угрозу выполнение их планетарного долга. Зная бóльшую склонность женщины к поиску немедленных результатов, чем к долгосрочному планированию в ожидании более отдаленного эффекта, перед своим отправлением Мелхиседеки специально предупредили Еву о тех характерных опасностях, которыми было чревато их изолированное положение на планете, особо предупредив ее никогда не отделяться от своего партнера – то есть не предпринимать никаких личных или тайных шагов для содействия их совместным начинаниям. В течение более ста лет Ева предельно точно следовала этим инструкциям, и ей не приходило в голову, что всё более личные и конфиденциальные визиты, которые ей наносил один из нодитских вождей по имени Серапататия, могли таить в себе какую-то опасность. Всё их знакомство развивалось столь постепенно и естественно, что она была застигнута врасплох.

Обитатели Сада общались с нодитами с первых дней существования Эдема. Эти смешанные потомки падших членов персонала Калигастии нередко оказывали им большую помощь и содействие, и теперь этим же нодитам предстояло стать причиной полной и окончательной гибели эдемского режима.

3. ИСКУШЕНИЕ ЕВЫ

Вскоре после завершения первых ста лет пребывания Адама на земле, Серапататия, в связи со смертью своего отца, возглавил западную – или сирийскую – конфедерацию нодитских племен. Смуглый Серапататия являлся блистательным потомком бывшего главы даламатийской комиссии по вопросам здоровья, взявшего в жены одну из высокоразумных представительниц синей расы. На протяжении веков этот род обладал властью и огромным влиянием среди западных нодитских племен.

Серапататия несколько раз посетил Сад и глубоко проникся праведностью дела Адама. И вскоре после того как он стал вождем сирийских нодитов, он объявил о своем намерении примкнуть к деятельности Адама и Евы в Саду. Бóльшая часть его соплеменников последовала за ним, и Адам был обрадован известием о том, что самое могущественное и разумное из всех соседних племен почти в полном составе поддержало план по усовершенствованию мира; это определенно вселяло надежду. И вскоре после этого выдающегося события Серапататия и его новая свита были приняты Адамом и Евой в их собственном доме.

Серапататия стал одним из наиболее способных и умелых помощников Адама. Он был абсолютно честным и исключительно искренним во всех своих действиях и никогда – даже впоследствии – не осознавал, что оказался слепым орудием в руках коварного Калигастии.

Вскоре Серапататия стал ассоциированным председателем эдемской комиссии по вопросам межплеменных отношений, и было подготовлено много планов более решительного привлечения отдаленных племен к делу Сада.

Он неоднократно встречался с Адамом и Евой, особенно с Евой, обсуждая различные возможности улучшения их методов. Однажды, в разговоре с Евой, Серапататии пришло в голову, что было бы весьма полезным, если бы в ожидании значительного пополнения фиолетовой расы можно было предпринять что-нибудь для скорейшего развития бедствующих и томящихся в ожидании племен. Серапататия утверждал, что если бы у нодитов – как наиболее прогрессивной и способной к сотрудничеству расы – появился вождь, несущий в себе часть фиолетовой крови, то такие узы еще прочнее связали бы эти народы с Садом. Он искренне и всерьез полагал, что всё это пойдет на благо планеты, ибо такой ребенок, выросший и получивший образование в Саду, оказал бы огромное и благотворное влияние на народ своего отца.

Следует еще раз подчеркнуть, что все предложения Серапататии были предельно честными и абсолютно искренними. Он ни разу не заподозрил, что играл на руку Калигастии и Далигастии. Серапататия был всецело предан плану, который предусматривал создание крупного резерва фиолетовой расы до того, как можно было бы взяться за общемировое повышение статуса сбитых с толку народов Урантии. Однако на это ушли бы сотни лет, а он был нетерпелив; он желал немедленных результатов – чего-нибудь, что свершилось бы уже при его жизни. Он разъяснял Еве, что Адам часто огорчался из-за незначительности успехов в усовершенствовании мира.

Эти тайные планы созревали в течение более чем пяти лет. Наконец, настал момент, когда Ева согласилась на уединенную встречу с Кано – наиболее выдающимся умом и активным предводителем соседней колонии дружественных нодитов. Кано с большой симпатией относился к адамическому режиму; более того, он был настоящим духовным вождем тех соседних нодитов, которые выступали за дружественные отношения с обитателями Сада.

Роковое свидание состоялось осенним вечером, на закате дня, неподалеку от дома Адама. Ева никогда раньше не встречалась с прекрасным и восторженным Кано, а он являлся великолепным образчиком более высокого физического и интеллектуального развития, сохранившегося от далеких прародителей из персонала Князя. Кано также глубоко верил в праведность проекта Серапататии. (За пределами Сада множественные половые связи были обычной практикой.)

Под влиянием лестных слов, восторженности и настойчивых уговоров Ева тут же согласилась предпринять то, что уже неоднократно обсуждалось: добавить свою собственную, скромную программу спасения мира к более широкому и масштабному божественному плану. Не успела она вполне осознать происходящее, как роковой шаг был сделан. Проступок был совершен.

4. ОСОЗНАНИЕ ПРОСТУПКА

Небесная жизнь планеты пришла в возбуждение. Почувствовав неладное, Адам попросил Еву уединиться вместе с ним в Саду. И здесь он впервые услышал всю правду о том, как в течение долгого времени вынашивался план ускорения мирового прогресса посредством одновременного движения в двух направлениях: выполнения божественного плана с параллельным исполнением предложения Серапататии.

И во время этого общения Материального Сына и Материальной Дочери в Саду, освещенном светом луны, «голос в Саду» упрекнул их за непослушание. И этот голос был не чем иным, как моим собственным объявлением эдемской паре о том, что они нарушили договор Сада, что они ослушались наказов Мелхиседеков, что они нарушили данную властелину вселенной клятву верности своему долгу.

Ева согласилась участвовать в совмещении добра и зла. Добро есть претворение божественных планов; грех есть умышленное нарушение божественной воли; зло есть неверное претворение планов и неправильное использование методов, что приводит к дисгармонии во вселенной и хаосу на планете.

Всякий раз, когда садовая пара пользовалась плодами древа жизни, архангел-хранитель предупреждал их не поддаваться на предложения Калигастии – не смешивать добро и зло. Их наставляли: «В тот день, когда вы соедините добро и зло, вы непременно станете подобны смертным этого мира; вы непременно умрете».

Во время рокового события – тайной встречи с Кано – Ева рассказала ему об этом повторявшемся предупреждении, однако Кано, не понимавший значения или важности таких предостережений, убедил ее в том, что мужчины и женщины с чистыми побуждениями и благими намерениями неспособны совершить зло. Он говорил ей, что она не только не умрет, а наоборот – родится заново в их ребенке, который будет расти для благословения и упрочения всего мира.

Несмотря на то что этот план, направленный на изменение божественного замысла, был задуман и исполнен с предельной искренностью и высочайшими помыслами о благополучии всего мира, он являлся злом, ибо представлял собой порочный путь для достижения праведных целей и отход от истинного пути – божественного плана.

Надо признать, что Ева любовалась внешностью Кано, и она отдавала себе отчет во всём, что было обещано ее соблазнителем во имя «нового и более широкого знания человеческих дел и улучшенного понимания человеческой природы в дополнение к пониманию природы адамической».

В ту ночь в Саду я говорил с отцом и матерью фиолетовой расы, что стало моей обязанностью в этих прискорбных обстоятельствах. Я выслушал рассказ обо всём том, что привело к проступку Матери Евы, и дал им обоим советы и рекомендации в отношении сложившейся ситуации. Они прислушались к некоторым из моих советов и пренебрегли другими. Эта беседа передана в ваших свидетельствах словами: «И воззвал Господь Бог к Адаму и Еве в Саду и спросил: „Где вы?"» Последующие поколения обычно приписывали всё необычное и удивительное – природное или духовное – непосредственному личному вмешательству Богов.

5. ПОСЛЕДСТВИЯ ПРОСТУПКА

Для Евы разочарование было настоящей трагедией. Адам осознал всю сложность создавшегося положения, и хотя он был убит горем и подавлен, он испытывал к своей заблудшей спутнице только жалость и сочувствие.

Именно отчаяние, охватившее Адама после осознания провала, привело к тому, что через день после оплошности Евы он разыскал Лаотту – блистательную нодитскую женщину, возглавлявшую западные школы Сада, – и преднамеренно повторил безрассудный поступок Евы. Однако не спешите с выводами: Адам не заблуждался – он в точности знал, на что идет, и сознательно решил разделить с Евой ее судьбу. Он любил свою спутницу сверхсмертной любовью, и мысль о возможности остаться на Урантии без Евы, в тоскливом одиночестве, была для него невыносима.

Узнав о том, что случилось с Евой, разъяренные обитатели Сада стали неуправляемыми и объявили войну соседнему поселению нодитов. Они хлынули через ворота Эдема и обрушились на этих неподготовленных людей, уничтожив всех до одного – мужчин, женщин и детей. Погиб и Кано, отец еще не родившегося Каина.

Осознав происшедшее, Серапататия пришел в ужас; потеряв рассудок от страха и раскаяния, на следующий день он бросился в воды великой реки.

Дети Адама пытались утешить свою безутешную мать, пока их отец скитался в одиночестве в течение тридцати дней. Когда, наконец, Адам вновь обрел способность трезво мыслить, он вернулся домой и начал думать над их дальнейшими действиями.

Как часто последствия безрассудных поступков, совершенных введенными в заблуждение родителями, ложатся на плечи невинных детей. Честные и благородные сыновья и дочери Адама и Евы были ошеломлены невыразимым горем из-за невероятной трагедии, которая столь внезапно и с такой жестокостью обрушилась на них. Даже по прошествии пятидесяти лет старшие дети не оправились от горя и печали этого трагического времени, в особенности ужаса тех тридцати дней, когда их отца не было дома, а их безутешная мать находилась в полном неведении относительно места его пребывания или его участи.

Для Евы эти тридцать дней показались долгими годами печали и страдания. Эта благородная душа так никогда и не оправилась от последствий того мучительного периода душевных страданий и духовной печали. В памяти Евы их последующие лишения и материальные трудности ни в чём даже отдаленно не могли сравниться с теми ужасными днями и кошмарными ночами, которые она провела в одиночестве и невыносимой неопределенности. Она узнала о безрассудном поступке Серапататии и боялась, что ее спутник, охваченный горем, покончил с собой или удален из мира в наказание за ее проступок. И когда Адам вернулся, Еву охватило чувство радости и благодарности, сохранившееся в течение всей их долгой и трудной совместной жизни, прошедшей в упорном труде.

Время шло, но Адам не был уверен в характере их правонарушения. И только когда через семьдесят дней после проступка Евы распорядительские Мелхиседеки вернулись на Урантию и приняли управление миром под свою юрисдикцию, он понял, что они потерпели неудачу.

Но их ждали новые неприятности. Весть об уничтожении нодитского поселения вблизи Эдема быстро докатилась до родных племен Серапататии на севере, и вскоре огромное полчище стало готовиться к походу на Сад. Так было положено начало долгой и жестокой войне между адамитами и нодитами, ибо столкновения продолжались в течение еще многих лет после того, как Адам и его последователи переселились во второй Сад в долину Евфрата. Шла ожесточенная и продолжительная «вражда между тем мужчиной и женщиной, между его семенем и ее семенем».

6. АДАМ И ЕВА ПОКИДАЮТ САД

Когда Адам узнал о приближении нодитов, он обратился за советом к Мелхиседекам, однако встретил отказ. Они лишь сказали, что ему следует поступать так, как он считает нужным, и пообещали свое дружеское участие, насколько это было возможным, какое бы решение он ни принял. Мелхиседекам было запрещено вмешиваться в личные планы Адама и Евы.

Адам знал, что он и Ева потерпели неудачу. Он понял это по присутствию распорядительских Мелхиседеков, хотя до сих пор ничего не знал об их личном статусе или будущей судьбе. Всю ночь он держал совет примерно с тысячью двумястами преданными сторонниками, которые торжественно поклялись следовать за своим вождем, и в полдень следующего дня эти паломники покинули Эдем в поисках нового места. Адам стремился избежать войны и потому решил оставить первый Сад нодитам, не оказывая сопротивления.

На третий день после выхода из Сада эдемский караван был остановлен серафическим транспортом, прибывшим с Иерусема. Впервые Адаму и Еве сообщили о том, что станет с их детьми. В присутствии готового к отправке транспорта тем детям, которые достигли возраста самостоятельных решений (двадцати лет), был предоставлен выбор: остаться на Урантии вместе со своими родителями либо стать подопечными Всевышних Норлатиадека. Две трети решили отправиться на Эдемию; около одной трети предпочли остаться со своими родителями. Все дети младшего возраста были отправлены на Эдемию. Наблюдая скорбную сцену прощания Материального Сына и Материальной Дочери со своими детьми, нельзя было не понять, что тяжек путь правонарушителя. В настоящее время эти отпрыски Адама и Евы находятся на Эдемии; мы не знаем, какая участь ожидает их.

Воистину печальным было зрелище каравана, готового продолжить свой путь. Могло ли что-либо быть более трагичным! Прибыть в мир с такими возвышенными чаяниями, быть принятым при столь благоприятных обстоятельствах – и после этого с позором уйти из Эдема только затем, чтобы потерять более трех четвертей своих детей еще до того, как найти новое пристанище!

7. ПОНИЖЕНИЕ СТАТУСА АДАМА И ЕВЫ

Именно во время этой остановки каравана Адам и Ева узнали о характере их правонарушений и своей участи. Для оглашения приговора явился Гавриил. Вердикт был следующим: планетарные Адам и Ева признаются виновными в невыполнении своих обязательств; они нарушили договор о доверительном управлении этим обитаемым миром.

Хотя и подавленные чувством вины, Адам и Ева были чрезвычайно обрадованы сообщением о том, что судьи Салвингтона сняли с них все обвинения в «оскорблении правительства вселенной». Их не считали виновными в восстании.

Эдемской паре сообщили, что своими поступками они понизили свой статус до положения смертных данного мира. Поэтому впредь они должны вести себя как мужчина и женщина Урантии, думая о будущем мировых рас как о своем собственном будущем.

Задолго до того, как Адам и Ева покинули Иерусем, их наставники подробно объяснили им последствия любого существенного отклонения от божественных замыслов. Как до, так и после прибытия на Урантию я лично и неоднократно предупреждал их о том, что понижение их статуса до положения смертных будет неотвратимым следствием, неизбежным и неизменным наказанием за совершение проступка при выполнении планетарной миссии. Однако для того, чтобы со всей ясностью представить себе последствия проступка Адама и Евы, необходимо понимать статус бессмертия материальной категории сыновства.

1. Подобно их собратьям на Иерусеме, Адам и Ева сохраняли бессмертие благодаря связи их интеллекта с принадлежащим Духу контуром гравитации разума. Если эта жизненно важная поддержка прерывается вследствие умственного разобщения, то создание – независимо от своего духовного статуса – лишается бессмертия. Статус смертных и физическая смерть были неизбежным следствием интеллектуального проступка Адама и Евы.

2. Кроме того, Материальный Сын и Материальная Дочь Урантии, воссозданные в образе смертной плоти этого мира, зависели от поддержания двуединой циркуляционной системы: одна система определялась их физической сущностью, другая – сверхэнергией, заключенной в плодах древа жизни. Архангел-хранитель всегда предупреждал Адама и Еву, что невыполнение обязательств приведет к понижению статуса, и после проступка им было отказано в этом источнике энергии.

Да, Калигастии удалось обмануть Адама и Еву, но он не добился своей цели – втянуть их в открытое восстание против правительства вселенной. Содеянное действительно являлось злом, но они никогда не были виновны в оскорблении истины или сознательном участии в восстании против праведного владычества Всеобщего Отца и его Сына-Создателя.

8. ТАК НАЗЫВАЕМОЕ ГРЕХОПАДЕНИЕ

Адам и Ева действительно пали с высокого положения Материальных Сынов до низкого статуса смертных людей. Однако это не было грехопадением. Человеческий род был усовершенствован, несмотря на непосредственные результаты адамического проступка. Хотя божественный план – дать народам Урантии фиолетовую расу – потерпел неудачу, смертные расы получили огромную пользу от того ограниченного вклада, который Адам и его потомки внесли в развитие урантийских рас.

Никакого «грехопадения» не было. История человеческого рода – это история постепенной эволюции, и адамическое посвящение оставило народы мира значительно более развитыми по сравнению с их прежним биологическим состоянием. В настоящее время наиболее развитые этнические группы обладают наследственными факторами, приобретенными от целых четырех отдельных источников: андонитского, сангикского, нодитского и адамического.

Не следует считать Адама причиной проклятия, обрушенного на человеческий род. Хотя он в самом деле не справился с претворением божественного плана, хотя он действительно нарушил заключенный с Божеством договор, хотя он и его спутница были безусловно понижены в своем статусе, – несмотря на всё это, их вклад в эволюцию человеческого рода оказал огромное содействие развитию цивилизации на Урантии.

Оценивая результаты адамической миссии в вашем мире, необходимо, из соображений справедливости, принять во внимание планетарные условия. Адам столкнулся с почти безнадежной задачей, когда он и его прекрасная спутница были доставлены с Иерусема на эту невежественную и запутавшуюся планету. Однако если бы они последовали советам Мелхиседеков и их товарищей – и *будь они более терпеливыми*, – они смогли бы в итоге добиться успеха. Но Ева поддалась коварной пропаганде личной свободы и независимости планетарных действий. Ее толкнули на экспериментирование с жизненной плазмой материальной категории сыновства: она допустила преждевременное смешение доверенной ей плазмы с плазмой существовавшей в то время смешанной категории, возникшей из первоначального проекта Носителей Жизни и ранее соединенной с плазмой воспроизводящихся существ, прикрепленных некогда к персоналу Планетарного Князя.

Никогда, на протяжении всего восхождения к Раю, вы не сможете добиться каких-либо результатов, если будете нетерпеливо пытаться обойти существующий божественный план, ища легких путей, собственных изобретений или других способов улучшения на пути совершенства, ведущего к совершенству во имя вечного совершенства.

В общем и целом, возможно, что ни на одной планете во всём Небадоне мудрость никогда не сталкивалась с более удручающим провалом. Но неудивительно, что в делах эволюционных вселенных случаются такие ошибки. Мы являемся частью гигантского творения, и тот факт, что ему еще далеко до совершенства, не является странным; наша вселенная не создана совершенной. Совершенство является нашей вечной целью, а не исходным состоянием.

Если бы наша вселенная была механистической, если бы Первый Великий Источник и Центр был только силой, а не являлся также и личностью, если бы всё творение представляло собой обширное скопление физического вещества и это вещество подчинялось бы точным законам, которые отличались бы неизменными энергетическими действиями, – тогда можно было бы достичь совершенства, даже несмотря на незавершенность статуса вселенной. Исчезли бы разногласия, прекратились бы трения. Однако в нашей эволюционирующей вселенной относительного совершенства и несовершенства мы радуемся возможности разногласий и недоразумений, ибо они свидетельствуют о том, что во вселенной существует и действует личность. А если наше творение есть подчиненная личности реальность, то тогда вы можете быть уверены в сохранении личности, ее развитии и достижениях; мы можем быть уверены в личностном росте, опыте и дерзаниях. Что за прекрасная вселенная – личностная и развивающаяся, а не всего лишь механистическая или пассивно совершенная!

[Представлено Солонией – серафическим «голосом в Саду».]

ДОКУМЕНТ 76

ВТОРОЙ САД

Когда Адам принял решение оставить первый Сад нодитам без сопротивления, он и его спутники не могли двинуться на запад, ибо в распоряжении эдемитов не было лодок, пригодных для такого морского путешествия. Они не могли пойти на север, ибо северные нодиты уже шли на Эдем. Они опасались идти на юг, где холмистые районы кишели враждебными племенами. Единственным открытым направлением оставалось восточное, и потому они устремились на восток, в благодатное в то время междуречье Тигра и Евфрата. И многие из тех, кто остался, позднее отправились на восток, чтобы присоединиться к адамитам в их новой долинной родине.

И Каин, и Санса родились еще до того, как адамический караван добрался до своей цели, междуречья Месопотамии. Лаотта – мать Сансы – погибла при родах своей дочери. Ева перенесла жестокие мучения, но смогла выжить благодаря своей незаурядной силе; она вскормила ребенка Лаотты – Сансу – и вырастила ее вместе с Каином. Когда Санса выросла, она превратилась в необыкновенно талантливую женщину. Она стала женой Саргана – вождя северных племен синей расы и способствовала развитию синих людей того времени.

1. ЭДЕМИТЫ ПРИБЫВАЮТ В МЕСОПОТАМИЮ

Прошел почти год, прежде чем караван Адама достиг Евфрата. Из-за половодья, в течение почти шести недель они стояли лагерем на равнинах к западу от течения, пока им не удалось перебраться в междуречье, где предстояло появиться второму саду.

Когда до обитателей этой земли дошел слух, что на них идет царь и верховный жрец Эдемского Сада, они поспешно бежали в восточные горы. Добравшись до цели, Адам обнаружил, что вся желанная территория была свободна. Здесь, в этой новой местности, Адам и его помощники принялись строить новые жилища и создавать новый центр культуры и религии.

Это место было известно Адаму как один из трех изначальных вариантов, отобранных комиссией, которая занималась поиском подходящих мест для предложенного Ваном и Амадоном Сада. В те времена Тигр и Евфрат сами по себе обеспечивали надежную естественную преграду, а на небольшом расстоянии к северу от второго сада две реки сближались друг с другом, что позволяло построить стену длиной в пятьдесят шесть миль для защиты южных территорий и междуречья.

Когда адамиты поселились в новом Эдеме, им пришлось приспособиться к примитивному жизненному укладу: эта земля казалась поистине проклятой. Природа в очередной раз диктовала свои законы. На этот раз адамиты были вынуждены тяжким трудом добывать себе пропитание на неподготовленной земле и привыкать к жизни в условиях враждебной природы и противоречий смертного существования. Они застали первый сад частично подготовленным для них, однако второй пришлось создавать своими собственными руками, в «поте лица своего».

2. КАИН И АВЕЛЬ

Менее чем через два года после рождения Каина родился Авель – первый ребенок Адама и Евы, рожденный во втором Саду. Когда ему исполнилось двенадцать лет, он решил стать скотоводом; Каин избрал земледелие.

В те времена существовал обычай делать приношения жречеству. Каждый давал то, что у него было: скотоводы пригоняли скот, фермеры приносили дары земли. Согласно этому обычаю, Каин и Авель также периодически делали приношения жрецам. Много раз мальчики спорили о сравнительных достоинствах своих занятий, и Авель быстро заметил, что предпочтение отдается его жертвоприношениям животных. Тщетно напоминал Каин о традициях первого Эдема, где предпочитались дары земли. Авель не признавал этого и насмехался над своим старшим братом, смущая его.

Адам действительно стремился отучить обитателей первого Эдема от жертвоприношения животных, поэтому в своих спорах Каин обоснованно ссылался на прецедент. Однако организация религиозной жизни второго Эдема была нелегким делом. Адам был перегружен множеством проблем, связанных со строительством, обороной и сельским хозяйством. Весьма подавленный духовно, он вверил организацию поклонения и образования тем нодитам, которые занимались этим в первом Саду; хватило даже столь короткого времени, чтобы совершавшие богослужение нодитские жрецы стали возвращаться к нормам и правилам доадамических времен.

Мальчики никогда не ладили друг с другом, и споры о жертвоприношениях еще больше распаляли их взаимную ненависть. Авель знал, что являлся сыном как Адама, так и Евы, и не упускал ни одного случая напомнить Каину о том, что Адам не был его отцом. Каин не был чистокровным представителем фиолетовой расы, ибо его отец принадлежал к тем нодитам, которые позднее смешались с синей и красной расами, а также коренными андонитами. И всё это, в сочетании с наследственной агрессивностью Каина, заставляло его питать всё большую ненависть к своему младшему брату.

Однажды, когда юношам было соответственно восемнадцать и двадцать лет, напряженные отношения между ними, наконец, разрешились: насмешки Авеля привели его воинственного брата в такую ярость, что Каин в гневе набросился на Авеля и убил его.

Наблюдая за поведением Авеля, можно заметить, какую роль играют среда и образование как факторы развития характера. Авель обладал идеальной наследственностью, а наследственность лежит в основе любого характера. Однако влияние плохой среды практически нейтрализовало эту великолепную наследственность. Авель, особенно в молодые годы, подвергался сильному воздействию неблагоприятного окружения. Он стал бы совершенно другим человеком, если бы дожил до двадцати пяти или тридцати лет, когда проявилась бы его более совершенная наследственность. Хорошая среда не может существенно компенсировать недостатки характера, проистекающие из плохой наследственности, но плохая среда способна в значительной мере испортить прекрасную наследственность, по крайней мере, в молодости. Хорошее социальное окружение и надлежащее образование являются необходимой почвой и атмосферой для извлечения наибольших возможностей из хорошей наследственности.

Родители узнали о смерти Авеля, когда его собаки пригнали стадо домой без своего хозяина. Для Адама и Евы Каин быстро становился мрачным напоминанием их собственного проступка, и они поддержали его решение покинуть Сад.

Жизнь Каина в Месопотамии была не особенно счастливой, ибо он стал столь необычным символом проступка Адама и Евы. Не то чтобы его товарищи плохо к нему относились, но он догадывался об их безотчетной неприязни, которую вызывало его присутствие. Однако Каин знал, что не имея племенного знака, он будет убит первыми попавшимися членами соседнего племени. Страх и, в некоторой степени, угрызения совести привели его к раскаянию. У Каина никогда не было Настройщика, он никогда не считался с семейной дисциплиной и презирал религию своего отца. Однако теперь он пришел к своей матери Еве, чтобы обратиться за духовной помощью и советом, и когда он искренне попросил о божественном участии, в него вселился Настройщик. И этот Настройщик, пребывающий в нем и охраняющий его, обеспечил Каину явное преимущество, поставив его в равное положение с внушавшим огромный страх племенем Адама.

Так Каин отправился в землю Нода, к востоку от второго Эдема. Он стал великим вождем одной из групп, принадлежавших к народу его отца, и в определенной мере выполнил предсказание Серапататии, ибо в течение всей своей жизни он действительно способствовал укреплению мира между этим племенем нодитов и адамитами. Каин женился на Ремоне – своей дальней родственнице, а их первенец, Енох, стал главой эламитских нодитов. И в течение многих веков между эламитами и адамитами сохранялся мир.

3. ЖИЗНЬ В МЕСОПОТАМИИ

Чем дольше существовал второй сад, тем более очевидными становились последствия проступка. Адам и Ева страшно тосковали по своему прежнему, прекрасному и спокойному дому, по своим детям, отправленным на Эдемию. Действительно, было печально видеть эту величественную пару, пониженную до уровня обыкновенной плоти данного мира, но они достойно и мужественно переносили свое униженное положение.

Адам мудро проводил бóльшую часть своего времени вместе со своими детьми и их товарищами, занимаясь воспитанием в области гражданского управления, методов образования и религиозного служения. Если бы не эта предусмотрительность, его смерть привела бы к хаосу. В действительности, кончина Адама практически не повлияла на состояние дел его народа. Однако задолго до своей смерти Адам и Ева поняли, что их дети и последователи постепенно научились забывать дни своей славы в Эдеме. И для большинства их сторонников забвение эдемского величия было во благо: можно было с большей вероятностью надеяться на то, что они не будут испытывать чрезмерной неудовлетворенности своей менее благоприятной средой.

Гражданские правители адамитов являлись потомками сыновей первого сада. Первый сын Адама – Адамсон (Адам бен Адам) – основал вторичный центр фиолетовой расы к северу от второго Эдема. Второй сын Адама – Евсон – стал искусным вождем и управляющим; он оказывал огромную помощь своему отцу. Евсон умер раньше Адама, и его старший сын – Янсад – стал преемником Адама в качестве главы адамитских племен.

Религиозные правители, или жречество, берут свое начало от Сифа – старшего из остававшихся в живых сыновей Адама и Евы, появившихся во втором саду. Он родился через сто двадцать девять лет после прибытия Адама на Урантию. Сиф посвятил себя повышению духовного уровня народа своего отца и стал главой нового жречества второго сада. Его сын, Енос, создал новый тип поклонения, а его внук, Кенан, учредил миссионерскую службу для окружающих племен, ближних и дальних.

Сифитское жречество было тройственным начинанием, включающим религию, здоровье и образование. Жрецы этого ордена получали подготовку в качестве исполнителей религиозных обрядов, врачей и санитарных инспекторов, а также учителей в школах сада.

Караван Адама доставил из первого Сада в междуречье семена и луковицы сотен растений и злаков. Кроме того, были пригнаны тучные стада и некоторое количество всех одомашненных животных. Это ставило адамитов в значительно более выгодное положение по сравнению с окружающими племенами. Они пользовались многими преимуществами былой культуры первоначального Сада.

Вплоть до ухода из первого сада Адам и его семья питались только фруктами, злаками и орехами. На пути в Месопотамию они впервые стали пользоваться травами и овощами. Уже на начальном этапе существования второго сада здесь стали употреблять мясо, однако плоть никогда не была частью регулярного питания Адама и Евы. Ни Адамсон, ни Евсон, ни другие дети первого поколения, родившиеся в первом саду, не перешли на мясную пищу.

Адамиты значительно превосходили соседние народы в культурных достижениях и интеллектуальном развитии. Они создали третий алфавит и, в целом, заложили основу для многого из того, что положило начало современному искусству, науке и литературе. Здесь, в междуречье Тигра и Евфрата, они сохранили искусство письма, металлообработки, гончарное и ткацкое мастерство, а также создали архитектуру, которая оставалась непревзойденной тысячелетиями.

Для своего времени семейная жизнь фиолетовых народов была идеальной. Дети в обязательном порядке обучались земледелию, ремеслам и животноводству, либо получали образование, необходимое для исполнения тройственных обязанностей сифита: священника, врача и учителя.

Размышляя о сифитских священниках, не путайте тех возвышенных и благородных проповедников здоровья и религии, тех истинных просветителей, с низменными и меркантильными жрецами последующих племен и окружающих стран. Религиозные представления сифитов о Божестве и вселенной были прогрессивными и более или менее правильными, уровень их медицины был для своего времени великолепным, а их методы обучения остаются непревзойденными по сей день.

4. ФИОЛЕТОВАЯ РАСА

Адам и Ева были основателями фиолетовой расы – девятой человеческой расы, появившейся на Урантии. У Адама и его детей были голубые глаза, и фиолетовые народы отличались светлой кожей и волосами – русыми, рыжими или каштановыми.

Ева не испытывала боли при родах; не было родовых мук и у женщин ранних эволюционных рас. Только представительницы смешанных рас, образованных от союза эволюционного человека с нодитами и, позднее, адамитами, испытывали мучительные родовые схватки.

Адам и Ева, как и их иерусемские собратья, получали энергию посредством двуединого питания, потребляя как пищу, так и свет, с добавлением некоторых сверхфизических видов энергии, нераскрытых на Урантии. Их урантийское потомство не унаследовало присущего их родителям дара – потребления энергии и циркуляции света. У них была единая, присущая человеку система кровообращения: их питание поступало через кровь. По своей природе они были смертными, хотя и долгожителями. Правда, с каждым очередным поколением продолжительность их жизни всё больше приближалась к человеческой норме.

Ни Адам и Ева, ни их первое поколение детей не питались мясом животных. Они употребляли в пищу исключительно «плоды деревьев». Начиная со второго поколения, все потомки Адама стали питаться молочными продуктами, однако многие из них продолжали придерживаться вегетарианства. Многие южные племена, с которыми они впоследствии объединились, также не ели мяса. Позднее большинство этих вегетарианских племен мигрировало на восток и в настоящее время смешались с народами Индии.

Как физическое, так и духовное зрение Адама и Евы значительно превосходило зрение современных им народов. Их специальные органы чувств отличались особой остротой: они были способны видеть промежуточных созданий и сонмы ангелов, Мелхиседеков, а также падшего Князя Калигастию, который несколько раз являлся для бесед со своим благородным преемником. Они сохраняли способность видеть небесных существ в течение более чем ста лет после своего проступка. Эти особые органы чувств были не так ярко выражены в их детях и всё больше притуплялись с каждым последующим поколением.

В детях Адама обычно поселялись Настройщики, ибо все они обладали несомненной способностью к продолжению жизни. Это выдающееся потомство было не столь подвластно страху, как дети эволюции. В современных расах Урантии сохраняется так много страха потому, что в связи с быстрым провалом планов по физическому усовершенствованию рас ваши предки получили лишь малую толику жизненной плазмы Адама.

Телесные клетки Материальных Сынов и их потомков обладают намного большей сопротивляемостью к заболеваниям, чем клетки эволюционных существ – изначальных обитателей планеты. Клетки коренных рас схожи с живыми возбудителями заболеваний – микроскопическими и ультрамикроскопическими организмами данного мира. Именно поэтому урантийским ученым приходится прилагать столько усилий в борьбе с многочисленными физическими заболеваниями. Вы обладали бы намного лучшей сопротивляемостью к болезням, если бы в ваших жилах текло больше адамической крови.

Обосновавшись во втором саду на Евфрате, Адам решил оставить после себя как можно больше своей жизненной плазмы, которая принесла бы миру пользу после его смерти. В соответствии с этим, Ева возглавила состоявшую из двенадцати членов комиссию по вопросам усовершенствования рас. До смерти Адама эта комиссия отобрала 1 682 женщины лучшего урантийского типа, и эти женщины были оплодотворены жизненной плазмой Адама. За исключением 112 человек, все их дети дожили до зрелого возраста, так что мир, таким образом, получил пользу от привнесения 1 570 высокоразвитых мужчин и женщин. Хотя будущие матери набирались во всех окружающих племенах и представляли почти все мировые расы, большинство было отобрано из числа лучших нодитских родов; они положили начало могущественной расе андитов. Эти дети были рождены и воспитаны в тех племенах, к которым принадлежали их матери.

5. СМЕРТЬ АДАМА И ЕВЫ

Вскоре после создания второго Эдема Адаму и Еве должным образом сообщили о том, что их раскаяние принимается и что хотя они были обречены разделить участь, уготованную смертным данного мира, они наверняка получат право войти в число сохранившихся спящих смертных Урантии. Они свято верили в эту проповедь воскресения и возрождения, столь трогательно возвещенную им Мелхиседеками. Их правонарушение заключалось в неверном суждении, а не в том грехе, которым является сознательное и преднамеренное восстание.

Как граждане Иерусема, Адам и Ева не обладали Настройщиками Мышления; не было у них Настройщиков и тогда, когда они действовали на Урантии во времена первого сада. Однако вскоре после их понижения до положения смертных они почувствовали в себе новое присутствие и поняли, что человеческий статус в сочетании с искренним раскаянием позволил Настройщикам поселиться в них. Именно сознание того, что они обладают Настройщиками, являлось для Адама и Евы огромным утешением на протяжении всей оставшейся жизни. Они знали, что потерпели неудачу как Материальные Сыны Сатании, но они также знали, что Райский путь всё еще оставался открытым для них как для восходящих сынов вселенной.

Адам знал о воскрешении в связи с окончанием судного периода, что произошло одновременно с его прибытием на планету, и полагал, что он и его спутница будут, возможно, воссозданы в связи с приходом Сына следующей категории. Он не знал, что Михаил, властелин этой вселенной, вскоре должен был явиться на Урантию; он ожидал, что следующим будет сын категории Авоналов. Как бы то ни было, неизменным утешением для Адама и Евы были размышления о единственном за всю их жизнь личном послании, полученном от Михаила, хотя им и было трудно понять его смысл. Среди прочих выражений дружбы и участия, в нём говорилось: «Я принял во внимание обстоятельства вашего проступка, я помню желание ваших сердец быть всегда преданными воле моего Отца, и когда я прибуду на Урантию, вас призовут из объятий смертного сна, если подчиненные Сыны моей вселенной не пошлют за вами до того времени».

Это послание было огромной загадкой для Адама и Евы. Они могли понять завуалированное обещание возможного особого воскрешения, и такая перспектива весьма радовала их. Но они не могли осмыслить намек на то, что им, возможно, предстоит покоиться в ожидании воскрешения, связанного с личным приходом Михаила на Урантию. И потому эдемская пара всегда провозглашала грядущий приход Божьего Сына и передавала своим любимым веру – по крайней мере, страстную надежду – в то, что мир их просчетов и печалей сможет оказаться сферой, избранной правителем этой вселенной для исполнения миссии Райского посвященческого Сына. Это казалось неправдоподобным, однако Адам действительно лелеял мысль о том, что разрываемая противоречиями Урантия сможет, в итоге, оказаться самым счастливым миром в системе Сатания – планетой, которой будет завидовать весь Небадон.

Адам дожил до 530 лет; он умер от того, что можно определить как старость. Его физический механизм просто изветшал; процесс разрушения постепенно превзошел процесс восстановления, и пришел неизбежный конец. Ева умерла на девятнадцать лет раньше из-за ослабленного сердца. Оба они были похоронены в центре храма божественного служения, возведенного по их плану вскоре после завершения строительства защищавшей колонию стены. Так возникла традиция хоронить знаменитых и благочестивых мужчин и женщин под полом храма.

Сверхматериальное правление Урантии продолжало существовать под началом Мелхиседеков, но прямой физический контакт с эволюционными расами был прерван. С далеких дней телесного персонала Планетарного Князя, в течение всей эпохи Вана и Амадона и вплоть до прибытия Адама и Евы, на планете находились физические представители вселенского правительства. Однако провал адамической миссии положил конец этому режиму, просуществовавшему более четырехсот пятидесяти тысяч лет. В духовных сферах ангельские помощники, вместе с Настройщиками Мышления, продолжали героически бороться за спасение индивидуумов; но вплоть до прибытия Макивенты Мелхиседека, что произошло в дни Авраама, у смертных земли не было какого-либо общего плана для достижения длительного благополучия в мире. Макивента, обладая могуществом, терпением и властью Божьего Сына, сумел заложить фундамент для дальнейшего усовершенствования и духовного возрождения несчастной Урантии.

Но несчастье не было единственным уделом Урантии; она оказалась также наиболее счастливой планетой в локальной вселенной Небадон. Урантийцы должны считать всё это за благо, ибо просчеты их предков и ошибки древних правителей мира, усугубленные злом и грехом, ввергли планету в столь безнадежный хаос, что само это мрачное прошлое привлекло Михаила Небадонского, – привлекло настолько, что он избрал этот мир в качестве места для раскрытия любвеобильной личности небесного Отца. Дело не в том, что для приведения в порядок своих запутанных дел Урантии требовался Сын-Создатель; скорее, зло и грех на Урантии позволили Сыну-Создателю найти еще более контрастный фон для демонстрации несравненной любви, милосердия и терпения Райского Отца.

6. ПРОДОЛЖЕНИЕ ЖИЗНИ АДАМА И ЕВЫ

Адам и Ева отошли к смертному покою с глубокой верой в обещание Мелхиседеков о том, что в свое время они пробудятся от сна смерти для возобновления жизни в обительских мирах, столь знакомых им по временам, которые предшествовали миссии, исполненной ими на Урантии в материальной плоти фиолетовой расы.

Их забвение, погружение в бессознательный сон планетарных смертных, было недолгим. На третий день после смерти Адама – второй день после прошедших с большими почестями похорон – Гавриил получил распоряжение Ланафорга, поддержанное действующим Всевышним Эдемии и одобренное представляющим Михаила Союзом Дней Салвингтона, о проведении особого оглашения прославленных смертных, сохранившихся после провала адамической миссии на Урантии. И в соответствии с этим мандатом об особом воскрешении – двадцать шестом в урантийской серии – Адам и Ева восстановили свою личность и были воссозданы в воскресительных залах обительских миров Сатании вместе с 1 316 своими товарищами по первому саду. К моменту появления Адама на Урантии многие другие преданные души уже были преобразованы, поскольку его прибытие сопровождалось отправлением правосудия, связанным с окончанием судного периода как над спящими сохранившимися созданиями, так и над живыми, правомочными восходящими существами.

Адам и Ева быстро прошли через миры последовательного восхождения и вскоре стали жителями Иерусема – в очередной раз стали обитателями своей родной планеты, однако на этот раз как члены другой категории вселенских личностей. Они покинули Иерусем как постоянные граждане – Божьи Сыны; они вернулись как восходящие существа – человеческие сыны. Их сразу же прикрепили к урантийской службе системной столицы, и позднее они вошли в число двадцати четырех членов урантийского совета, выполняющего совещательные и контрольные функции.

Таков рассказ о Планетарных Адаме и Еве Урантии – рассказ об испытании, трагедии и триумфе, во всяком случае, личном триумфе ваших благонамеренных, но введенных в заблуждение Материальных Сына и Дочери. Несомненно, что в конечном счете – это также рассказ об окончательном триумфе их мира и его обитателей, измученных восстанием и изнуренных злом. В целом, Адам и Ева внесли огромный вклад в быстрое развитие цивилизации и ускорение биологического прогресса человеческого рода. Они оставили на земле великую культуру, однако эта прогрессивная цивилизация не могла уцелеть ввиду преждевременного ослабления и постепенного вытеснения адамической наследственности. Народ создает цивилизацию; цивилизация не создает народа.

[Представлено Солонией, серафическим «голосом в Саду».]

ДОКУМЕНТ 77

ПРОМЕЖУТОЧНЫЕ СОЗДАНИЯ

В большинстве обитаемых миров Небадона встречается одна или несколько групп уникальных созданий, существующих на таком уровне функционирования жизни, который занимает промежуточное положение между смертными обитаемых миров и ангельскими категориями. Отсюда их название: *промежуточные* создания. Они представляются временно́й случайностью, однако они столь широко распространены и являются столь ценными помощниками, что все мы давно относимся к ним как к одной из обязательных категорий нашего объединенного планетарного служения.

На Урантии действуют две явно выраженные категории промежуточных созданий: первичный, или старший, корпус, появившийся в дни Даламатии, и вторичная, или младшая, группа, восходящая к эпохе Адама.

1. ПЕРВИЧНЫЕ ПРОМЕЖУТОЧНЫЕ СОЗДАНИЯ

Первичные промежуточные создания произошли от уникальной взаимосвязи материального и духовного уровней на Урантии. Мы знаем о существовании схожих созданий в других мирах и системах, но они появились иными путями.

Всегда полезно помнить о том, что последовательные посвящения Божьих Сынов, происходящие на эволюционирующей планете, приводят к значительным изменениям в духовной структуре мира и порой настолько изменяют характер взаимосвязи духовных и материальных факторов планеты, что создают ситуации, действительно трудные для понимания. Статус ста телесных членов персонала Князя Калигастии является примером именно такой уникальной взаимосвязи. Как восходящие моронтийные граждане Иерусема, они являлись сверхматериальными созданиями, не наделенными возможностью воспроизводства. Как нисходящие планетарные помощники на Урантии, они представляли собой материальные половые создания, способные производить материальное потомство (что впоследствии некоторые из них и сделали). Мы неспособны удовлетворительно объяснить, каким образом сто этих существ могли действовать в родительской функции на сверхматериальном уровне, – однако именно так и произошло. Сверхматериальная (неполовая) связь мужчины и женщины из телесного персонала привела к появлению первого промежуточного существа первичной категории.

Было сразу же обнаружено, что создание этой категории, занимающей промежуточное положение между смертными и ангелами, может принести огромную пользу в выполнении задач княжеского центра, и каждая пара телесного персонала получила соответствующее разрешение произвести аналогичное существо. В результате появилась первая группа из пятидесяти промежуточных созданий.

В течение года Планетарный Князь наблюдал за деятельностью этой уникальной группы, после чего он санкционировал неограниченное производство промежуточных созданий. Этот план выполнялся до тех пор, пока сохранялась созидательная способность; таково происхождение изначального корпуса из 50 000 существ.

Очередные промежуточные создания появлялись раз в полгода до тех пор, пока у каждой пары не родилось по тысяче существ. Мы не можем объяснить, почему репродуктивная способность иссякла с появлением тысячного отпрыска. Любые дальнейшие опыты неизменно заканчивались неудачей.

В администрации Князя эти создания представляли собой разведывательную службу. Они посещали самые отдаленные уголки, наблюдая и изучая мировые расы и оказывая Князю и его персоналу другие неоценимые услуги в деле оказания воздействия на человеческое общество, удаленное от планетарного центра.

Этот режим продолжал существовать вплоть до трагических дней планетарного восстания, совратившего немногим более четырех пятых первичных промежуточных созданий. Оставшийся верным корпус перешел в ведение распорядительских Мелхиседеков и вплоть до прибытия Адама действовал под номинальным руководством Вана.

2. НОДИТСКАЯ РАСА

Хотя данное повествование касается происхождения, природы и функций промежуточных созданий Урантии, родство двух категорий – первичной и вторичной – вынуждает нас прервать рассказ о первичных промежуточных созданиях, чтобы проследить родословную, восходящую к мятежным членам телесного персонала Князя Калигастии, начиная с планетарного восстания и до эпохи Адама. В течение раннего периода существования второго сада именно эта линия дала половину прародителей вторичной категории промежуточных созданий.

Физические члены княжеского персонала были созданы как половые существа для участия в программе создания потомства, совмещающего свойства их особой категории со свойствами избранных представителей андонических племен, – причем всё это делалось в расчете на последующее появление Адама. К тому времени у Носителей Жизни уже имелся план создания смертных существ нового типа, которые должны были появиться в результате союза совместного потомства княжеского персонала и первого поколения детей Адама и Евы. Этот план предусматривал появление новой категории планетарных созданий, которые, как они надеялись, смогли бы стать учителями-правителями человеческого общества. По замыслу, такие существа должны были пользоваться не гражданским полноправием, а социальным полноправием. Однако ввиду того, что этот проект потерпел практически полный провал, мы никогда не узнаем, какой аристократии духа, какого милосердного руководства и несравненной культуры лишилась Урантия, ибо воспроизводство членов телесного персонала произошло позднее, уже после восстания, когда они были лишены связи с жизненными токами системы.

Эра, начавшаяся на Урантии после восстания, стала свидетелем многих необычных явлений. Рушилась великая цивилизация – культура Даламатии. «В то время на земле жили нефили́м (нодиты), и когда эти сыны богов стали брать в жены дочерей человеческих, они начали рожать им „древних исполинов“, „славных людей“». Хотя члены персонала и их первые потомки едва ли являлись «сынами богов», таким было в те дни отношение к ним эволюционных смертных; предания преувеличивали даже их телосложение. Таково происхождение практически повсеместных фольклорных преданий о богах, которые спустились на землю и вместе с человеческими дочерьми породили древнюю расу героев. И все подобные легенды были еще больше запутаны расовыми смешениями появившихся позднее адамитов периода второго сада.

Так как сто членов телесного персонала Князя несли в себе зародышевую плазму, присущую человеческим генотипам андонитов, естественно было предположить, что, в случае полового воспроизводства, их потомство должно было полностью соответствовать потомству других родителей-андонитов. Однако когда шестьдесят мятежных членов персонала – сторонников Нода – приступили к половому воспроизводству, оказалось, что их дети почти во всех отношениях значительно превосходят как андонитов, так и сангикские народы. Это неожиданное превосходство выражалось не только в физических и интеллектуальных качествах, но и в духовных способностях.

Эти мутантные черты, появившиеся в первом поколении нодитов, стали следствием некоторых изменений в конфигурации и химических компонентах наследственных факторов, содержавшихся в зародышевой плазме андонитов. Данные изменения были вызваны присутствием в телах членов княжеского персонала мощных контуров жизнеобеспечения системы Сатания. Под воздействием этих жизненных контуров произошла реорганизация хромосом специализированного урантийского типа, в результате чего они пришли в большее соответствие со стандартизированной сатанийской адаптацией проявления жизни, предопределенного для Небадона. Метод превращения зародышевой плазмы под действием жизненных контуров системы имеет сходство с теми процессами, посредством которых урантийские ученые видоизменяют зародышевую плазму растений и животных, используя для этого рентгеновские лучи.

Таким образом, происхождение нодитов связано с некоторыми своеобразными и неожиданными модификациями жизненной плазмы, перенесенной хирургами Авалона из тел пожертвовавших ее андонитов в тела членов телесного персонала.

Необходимо вспомнить о том, что сто пожертвовавших свою зародышевую плазму андонитов, в свою очередь, стали обладателями органического компонента древа жизни, вследствие чего в их телах также появились жизненные токи Сатании. Сорок четыре модифицированных андонита, примкнувших к восставшему персоналу, также вступали в брачные отношения друг с другом и значительно укрепили лучшие нодитские генотипы.

Две эти группы, включавшие 104 индивидуума – носителей модифицированной зародышевой плазмы андонитов, – стали праотцами нодитов, восьмой расы Урантии. Эта новая особенность человеческой жизни на Урантии представляет собой очередную фазу в претворении изначального плана по использованию данной планеты в качестве мира видоизменения жизни, если не считать того, что такое развитие событий было в числе непредвиденных.

Чистокровные нодиты были великолепной расой, однако они постепенно смешались с эволюционными народами земли, и деградация не заставила себя долго ждать. Через десять тысяч лет после восстания они регрессировали настолько, что средняя продолжительность их жизни была не намного большей, чем у эволюционных рас.

Раскапывая глиняные таблички с записями, сделанными на них поздними шумерскими потомками нодитов, археологи обнаруживают списки шумерских царей, уводящие в глубь веков на несколько тысяч лет; и по мере всё большего углубления в прошлое, сроки правления отдельных царей увеличиваются примерно от двадцати пяти или тридцати до ста пятидесяти и более лет. Такое удлинение периодов царствования означает, что некоторые из ранних нодитских правителей (прямых потомков княжеского персонала) действительно жили дольше, чем их более поздние наследники, а также указывает на попытку проследить династии до Даламатии.

Сведения о таких долгожителях объясняются также путаницей месяца и года как отрезков времени. Это также видно по библейской генеалогии Авраама и древним китайским летописям. Смешение месяца – промежутка времени из двадцати восьми дней – с появившимся позднее годом, включавшим более трехсот пятидесяти дней, является причиной появления преданий о столь продолжительных сроках жизни людей. Существуют письменные упоминания о человеке, прожившем более девятисот «лет». Это соответствует неполным семидесяти годам, и веками такая жизнь считалась очень долгой – «трижды по двадцать лет и десять», как впоследствии стали обозначать такую продолжительность жизни.

В течение еще долгого времени после Адама время продолжали исчислять с помощью месяца из двадцати восьми дней. Но когда, около семи тысяч лет тому назад, египтяне осуществили реформу календаря, они сделали это с большой точностью, введя год продолжительностью в 365 дней.

3. ВАВИЛОНСКАЯ БАШНЯ

После исчезновения Даламатии нодиты перебрались на север и восток и вскоре основали новый город – Дилмун, ставший их расовым и культурным центром. И спустя примерно пятьдесят тысяч лет после смерти Нода – когда многочисленное потомство княжеского персонала уже не могло прокормить себя в землях, прилегавших к их новому городу Дилмуну, а также после появления смешанных браков с андонитскими и сангикскими племенами, обитавшими у границ их владений, – их лидеры решили, что необходимо принять какие-то меры для сохранения расового единства. Для этого был созван совет племен, и после продолжительных дискуссий был принят план Вавлота, потомка Нода.

В центре занятой к тому времени территории Вавлот предложил возвести претенциозный храм для прославления их расы. Над храмом должна была возвышаться башня, какой не видел мир. Она должна была стать монументальным памятником их исчезающему величию. Многие хотели, чтобы этот монумент был возведен в Дилмуне, но другие полагали, что столь гигантское сооружение должно находиться на безопасном расстоянии от моря, ибо помнили предания о затоплении их первой столицы – Даламатии.

По плану Вавлота, новые здания должны были стать ядром будущего центра нодитской культуры и цивилизации. В итоге его предложение было принято, и в соответствии с этим планом началось строительство. В честь архитектора и создателя башни новый город должен был называться *Вавлот*. Это место позднее стало известно как Вавлод и, наконец, Вавилон.

Однако нодиты так и не пришли к единому мнению относительно планов и предназначения своего начинания. Между их лидерами также не было полного согласия в отношении планов строительства или использования зданий после окончания работ. Когда с начала строительства прошло четыре с половиной года, разгорелся спор о целях и мотивах возведения башни. Разногласия приняли столь ожесточенный характер, что работы полностью прекратились. Доставщики еды разнесли известия о раздоре, и множество племен стали стекаться к месту строительства. Было предложено три различных взгляда на назначение башни:

1. Самая большая группа – почти половина собравшихся – хотела, чтобы башня стала памятником истории и расового превосходства нодитов. Они полагали, что башня должна быть огромным и впечатляющим строением, которое будет вызывать восхищение у всех будущих поколений.

2. Следующая по величине группа хотела, чтобы башня была построена в память о культуре Дилмуна. Они предвидели, что Вавлот превратится в великий центр торговли, искусства и ремесел.

3. Наименьшая группа считала, что возведение башни давало возможность искупить безрассудство их прародителей, принявших участие в восстании Калигастии. По их мнению, башню следовало посвятить поклонению Отцу всего сущего, а город должен был преследовать единственную цель: стать преемником Даламатии, превратиться в культурный и религиозный центр для окружающих варваров.

При голосовании религиозная группа быстро потерпела поражение. Большинство собравшихся отвергли доктрину о том, что их предки были повинны в восстании; идея национального позора вызывала у них возмущение. Избавившись от одной из точек зрения и не придя к выбору между двумя другими в прениях, они стали драться. Религиозные нодиты, противники силовой борьбы, бежали к своим домам на юг, а их товарищи продолжали сражаться, пока почти полностью не уничтожили друг друга.

Около двенадцати тысяч лет тому назад была предпринята вторая попытка построить Вавилонскую башню. Смешанные племена андитов (нодиты и адамиты) начали возводить новый храм на развалинах старого, но у этого сооружения не было достаточной опоры. Башня рухнула под тяжестью своего собственного непомерного веса. Этот регион долго был известен как Вавилония.

4. ЦЕНТРЫ ЦИВИЛИЗАЦИИ НОДИТОВ

Рассеяние нодитов стало прямым следствием междоусобицы из-за Вавилонской башни. Эта междоусобная война резко сократила численность чистокровных нодитов; в значительной мере именно по этой причине они не смогли создать великой доадамической цивилизации. Начиная с этого времени, на протяжении ста двадцати тысяч лет нодитская культура приходила в упадок, пока она не была улучшена привнесением адамической крови. Однако даже во времена Адама нодиты оставались талантливым народом. Многие из их смешанных потомков были среди строителей Сада, и несколько групповых командиров Вана были нодитами. В персонал Адама входили некоторые из наиболее талантливых представителей этой расы.

Три из четырех крупных нодитских центров были основаны сразу же после вавлотского конфликта:

1. *Западные, или сирийские, нодиты.* Остатки националистов – сторонников возведения памятника своей расе – ушли на север, где впоследствии соединились с андонитами и основали поздние нодитские центры к северо-западу от Месопотамии. Эта крупнейшая группа нодитского рассеяния внесла большой вклад в появившуюся впоследствии ассирийскую расу.

2. *Восточные, или эламитские, нодиты.* Большое число сторонников культуры и коммерции мигрировало на восток, в Элам, где они объединились со смешанными сангикскими племенами. Тридцать-сорок тысяч лет тому назад эламиты стали в основном носителями сангикских кровей, хотя у них сохранялась цивилизация, превосходящая культуру окружающих варваров.

После создания второго сада появилось обыкновение называть близлежащие нодитские поселения «землей Нода». И в течение длительного и относительно мирного периода взаимоотношений нодитов с адамитами две эти расы в значительной степени перемешались, ибо Божьи Сыны (адамиты) всё чаще брали в жены человеческих дочерей (нодитов).

3. *Центральные, или дошумерские, нодиты*. Небольшая группа в районе устьев Тигра и Евфрата сохраняла бóльшую расовую чистоту. Она продолжала существовать в течение тысячелетий и в итоге стала источником тех нодитов, которые смешались с адамитами и образовали шумерские народы исторической эпохи.

Всё это объясняет столь внезапное и таинственное появление шумеров на исторической сцене в Месопотамии. Исследователи никогда не смогут проследить происхождение этих племен от первых шумеров, которые появились двести тысяч лет тому назад, после затопления Даламатии. Не оставив никаких следов происхождения в других местах мира, эти древние племена внезапно появляются на горизонте цивилизации с сформировавшейся высокоразвитой культурой, включающей храмы, металлообработку, земледелие, животных, керамику, ткачество, торговое законодательство, гражданские кодексы, религиозные обряды и древнюю письменность. К началу исторической эры даламатийский алфавит был уже давно забыт, и шумеры пользовались необычным письмом, изобретенным в Дилмуне. Шумерский язык – практически полностью исчезнувший – не был семитским; у него было много общего с так называемыми индоевропейскими языками.

Подробные записи, оставленные шумерами, описывают необыкновенное поселение, находившееся в Персидском заливе недалеко от того места, где ранее находился Дилмун. Египтяне называли этот величественный древний город Дилматом, в то время как смешавшиеся с адамитами шумеры путали как первый, так и второй нодитский город с Даламатией и называли все три Дилмуном. Археологи уже нашли древние глиняные таблички, рассказывающие об этом земном рае, «где Боги впервые благословили человечество примером цивилизованной и культурной жизни». Сегодня эти таблички с описаниями Дилмуна, человеческого и Божественного рая, молчаливо пылятся на полках многих музеев.

Шумеры хорошо знали о существовании первого и второго Эдема, однако, несмотря на распространение смешанных браков с адамитами, продолжали взирать на обитателей сада – своих северных соседей – как на чуждую расу. Кичась своей более древней нодитской культурой, шумеры пренебрегли открывшимися перед ними славными перспективами, отдав предпочтение величию и райским традициям города Дилмуна.

4. *Северные нодиты и амадониты – ваниты*. Эта группа появилась еще до конфликта вокруг Вавлота. Самые северные из нодитов, они были потомками тех, кто отверг руководство Нода и его преемников и перешел к Вану и Амадону.

Некоторые из ранних товарищей Вана впоследствии поселились у берегов озера, которое до сих пор носит его имя; здесь сложились их традиции. Их священной горой стал Арарат, имевший во многом такое же значение для поздних ванитов, как Синай – для иудеев. Десять тысяч лет тому назад ванитские предшественники ассирийцев учили, что их нравственный закон из семи заповедей был получен Ваном от Богов на горе Арарат. Они твердо верили в то, что Вана и его товарища Амадона забрали с планеты живыми при вознесении молитв на этой горе.

Арарат был священной горой северной Месопотамии, и так как возникновение многих из ваших легенд о тех древних временах связано с вавилонским преданием о потопе, неудивительно, что Арарат и окружающий регион вошли в более позднее еврейское предание о Ное и всемирном потопе.

Около 35 000 года до н. э. Адамсон прибыл в одно из древних ванитских поселений, находившихся у восточных границ их территории, и основал здесь свой центр цивилизации.

5. АДАМСОН И РАТТА

Обрисовав нодитских предшественников вторичных промежуточных созданий, нам необходимо теперь рассмотреть адамическую половину их родословной, ибо вторичные промежуточные создания являются также внуками Адамсона – первородного представителя фиолетовой расы Урантии.

Адамсон принадлежал к той группе детей Адама и Евы, которые решили остаться на земле со своими родителями. От Вана и Амадона этот старший сын Адама часто слышал рассказ об их высокогорной северной родине, и через некоторое время после создания второго сада он принял решение отправиться на поиски земли, о которой мечтал с юных лет.

В то время Адамсону было 120 лет, и он являлся отцом тридцати двух чистокровных детей первого сада. Он хотел остаться со своими родителями и помочь им в устройстве второго сада, но его сильно удручала потеря супруги и детей, решивших отправиться на Эдемию вместе с теми адамическими детьми, которые пожелали стать подопечными Всевышних.

Адамсон не оставил бы своих родителей, и не в его характере было бежать от трудностей, однако его совершенно не удовлетворяло население второго сада. Он сделал многое для развития обороны и строительства, но всё же решил, что при первой же возможности уйдет на север. И хотя прощание прошло в доброй атмосфере, Адам и Ева были глубоко опечалены потерей своего старшего сына, его уходом в незнакомый и враждебный мир, откуда, как они опасались, ему уже не суждено будет вернуться.

Отряд из двадцати семи человек последовал за Адамсоном на север, на поиски людей, найти которых он мечтал с детства. По прошествии чуть более трех лет эта группа действительно достигла своей цели, и среди найденных ими людей Адамсон встретил удивительную и прекрасную двадцатилетнюю женщину, считавшую себя последним чистокровным потомком княжеского персонала. Эту женщину звали Ратта, и она рассказала, что все ее предки являлись потомками двух членов падшего княжеского персонала. Она была последней представительницей своего рода, так как все ее братья и сестры умерли. Ратта была уже готова никогда не выходить замуж и умереть, не оставив потомства, но увидев величественного Адамсона, она полюбила его всем сердцем. И когда она узнала историю Эдема – узнала о том, как действительно сбылись предсказания Вана и Амадона, услышала рассказ о совершенном в Саду проступке, – ее охватило единственное желание: стать женой этого сына и наследника Адама. Та же мысль быстро увлекла и Адамсона. Прошло немногим более трех месяцев, и они поженились.

У Адамсона и Ратты родились шестьдесят семь детей. Они положили начало великому роду мировых правителей, но они сделали и нечто большее. Не следует забывать, что оба они были истинными сверхлюдьми. Каждый четвертый родившийся у них ребенок относился к уникальному типу и часто становился невидимым. Такого никогда не случалось в мировой истории. Ратта была страшно обеспокоена – вплоть до суеверного страха, – однако Адамсону было хорошо известно о существовании первичных промежуточных созданий, и он понял, что у него на глазах происходит нечто подобное. Когда появился второй необычный отпрыск, Адамсон решил поженить их, ибо один из них был мужского пола, а другой – женского. Так появились вторичные промежуточные создания. В течение ста лет, пока этот феномен не прекратился, появилось почти две тысячи таких существ.

Адамсон прожил 396 лет. Много раз он возвращался на родину, чтобы навестить своих родителей. Каждые семь лет он и Ратта отправлялись на юг, во второй сад, и во время таких путешествий промежуточные создания сообщали ему о состоянии дел его народа. В течение жизни Адамсона они оказали огромную помощь в создании нового и независимого мирового центра истины и праведности.

Так в распоряжении Адамсона и Ратты оказался корпус великолепных помощников, трудившихся вместе с ними на протяжении их долгой жизни и помогавших в распространении новых истин и более высоких критериев духовной, интеллектуальной и материальной жизни. И не все результаты этих усилий по улучшению мира были стерты последующим регрессом.

На протяжении почти семи тысячелетий со времени Адамсона и Ратты адамсониты сохраняли высокую культуру. Позднее они смешались с соседними нодитами и андонитами и были также причислены к «древним исполинам». Некоторые достижения этой эпохи прошли через века и стали подспудной частью того культурного потенциала, расцвет которого позднее проявился в европейской цивилизации.

Этот центр цивилизации находился в регионе к востоку от южной оконечности Каспийского моря, неподалеку от Копетдага. Чуть севернее, на возвышенностях Туркестана, находятся остатки того, что когда-то было адамсонитским центром фиолетовой расы. В этой горной местности, узким и древним плодородным поясом проходящей через невысокие предгорья хребта Копет, в разное время сменили друг друга четыре различные культуры, созданные соответственно четырьмя разными группами потомков Адамсона. Вторая из этих групп мигрировала на запад – в Грецию и на острова Средиземноморья. Остатки потомков Адамсона мигрировали на север и запад и позднее достигли Европы вместе со смешанным потомством последней волны андитов, пришедших из Месопотамии; они также вошли в число андито-арийских завоевателей Индии.

6. ВТОРИЧНЫЕ ПРОМЕЖУТОЧНЫЕ СОЗДАНИЯ

По сравнению с первичными промежуточными созданиями, происхождение которых было почти сверхчеловеческим, представители вторичной категории являются отпрысками чистокровного адамического рода, объединившегося с очеловеченным потомком тех, к кому восходят родословные и старшего корпуса.

Из детей Адамсона шестнадцать стали необычными основоположниками рода вторичных промежуточных созданий. Среди этих уникальных детей было равное число мужчин и женщин, и раз в семьдесят дней, при помощи комбинированного метода половой и неполовой связи, каждая пара могла произвести на свет одно вторичное промежуточное создание. Ранее подобное явление было невозможно на земле, и оно никогда не наблюдалось с тех пор.

За исключением их необычных свойств, эти шестнадцать детей жили и умерли как смертные данного мира, однако их питающиеся электроэнергией потомки продолжают жить, не подверженные ограничениям смертной плоти.

Каждая из восьми пар в итоге произвела 248 промежуточных созданий. Так появился изначальный вторичный корпус численностью в 1 984 существа. Вторичные создания делятся на восемь подгрупп. Они обозначаются как А-Б-В первое, второе, третье и так далее. Есть также Г-Д-Е первое, второе и так далее.

После проступка Адама первичные промежуточные создания вернулись к распорядительским Мелхиседекам, а вторичная группа оставалась прикрепленной к центру Адамсона вплоть до его смерти. Тридцать три из этих вторичных промежуточных созданий, возглавлявшие свою организацию к моменту смерти Адамсона, предприняли попытку перевести всю категорию под начало Мелхиседеков и тем самым объединиться с первичным корпусом. Когда же сделать это не удалось, они покинули своих товарищей и единой группой примкнули к службе планетарных распорядителей.

После смерти Адамсона оставшаяся часть вторичных промежуточных созданий превратилась в странную, неорганизованную и никому не подчиненную силу, действовавшую на Урантии. С того времени и вплоть до прихода Макивенты Мелхиседека они вели беспорядочный образ жизни. Этот Мелхиседек частично поставил их под свой контроль, однако они продолжали приносить много вреда вплоть до прихода Христа Михаила. В течение его пребывания на земле все они приняли окончательное решение в отношении своей будущей судьбы, и преданное большинство перешло под начало первичной категории промежуточных созданий.

7. МЯТЕЖНЫЕ ПРОМЕЖУТОЧНЫЕ СОЗДАНИЯ

Во время восстания Люцифера большинство первичных промежуточных созданий встали на путь греха. При оценке разрушительных последствий планетарного мятежа, среди прочих потерь было обнаружено, что из первоначальных 50 000 существ 40 119 присоединились к отступнику Калигастии.

Изначальная численность вторичных созданий составляла 1984 существа, из которых 873 не подчинились правлению Михаила и были должным образом изолированы в связи с планетарным судом над Урантией, состоявшимся в день Пятидесятницы. Никто не может предсказать судьбу этих падших созданий.

В настоящее время обе группы мятежных промежуточных созданий содержатся под стражей в ожидании вынесения окончательных приговоров участникам восстания в локальной системе. Однако они совершили много странных поступков на земле до начала нынешнего планетарного судного периода.

В определенных условиях эти неверные промежуточные создания могли становиться видимыми для смертных, что в первую очередь касается сообщников Вельзевула – лидера отступнических вторичных промежуточных созданий. Но не следует путать этих уникальных созданий с некоторыми мятежными херувимами и серафимами, которые также находились на земле вплоть до смерти и воскресения Христа. Некоторые древние авторы называли этих мятежных промежуточных созданий злыми духами и демонами, а отступнических серафимов – злыми ангелами.

Ни в одном мире злые духи не способны овладевать смертным разумом после жизни Райского посвященческого Сына. Но до прихода на Урантию Христа Михаила – до массового прибытия Настройщиков Мышления и излияния духа Учителя на всю плоть – эти мятежные промежуточные создания действительно были способны воздействовать на разум некоторых низших смертных и, в определенной мере, управлять их действиями. Это достигалось во многом таким же способом, каким пользуются преданные промежуточные создания, входящие в контакт с человеческим разумом одного из членов Урантийского резервного корпуса судьбы и охраняющие его, когда Настройщик фактически покидает личность для общения со сверхчеловеческими разумными существами.

И следующая запись не является только образным выражением: «И приносили к Нему всех больных, пораженных разными недугами, одержимых бесами и лунатиков». Иисус знал и видел различие между сумасшествием и демонической одержимостью, хотя в умах его современников царила огромная путаница в отношении этих состояний.

Еще до Пятидесятницы ни один мятежный дух не был способен подчинить себе нормальный человеческий разум, а с того дня даже слабые умом, низшие смертные защищены от подобной опасности. После излияния Духа Истины случаи так называемого изгнания бесов объясняются тем, что люди принимают истерию, сумасшествие и слабоумие за демоническую одержимость. Однако тот факт, что посвящение Михаила навсегда освободило разум любого человека Урантии от опасности одержимости, вовсе не означает, что эта опасность не была вполне реальной в прежние эпохи.

В настоящее время вся группа мятежных промежуточных созданий содержится в заключении по приказу Всевышних Эдемии. Они не скитаются больше по миру, одержимые злым умыслом. Независимо от присутствия Настройщиков Мышления, излияние Духа Истины на всю плоть навечно лишило неверных духов любого вида или рода какой-либо возможности вторгаться даже в самый слабый человеческий разум. День Пятидесятницы навсегда положил конец такому явлению как демоническая одержимость.

8. ОБЪЕДИНЕННЫЕ ПРОМЕЖУТОЧНЫЕ СОЗДАНИЯ

После последнего суда над этим миром, когда Михаил забрал с собой спящих сохранившихся созданий времени, промежуточные существа были оставлены на планете для помощи в духовной и полудуховной сферах деятельности. Сегодня они функционируют в качестве единого корпуса, включающего обе категории и насчитывающего 10 992 члена. В настоящее время *Объединенные промежуточные создания Урантии* попеременно управляются старшим членом каждой категории. Этот режим сформировался после слияния обеих групп вскоре после Пятидесятницы.

Члены более древней, или первичной, категории обычно известны по номерам; им часто дают такие названия, как 1-2-3 первый, 4-5-6 первый и так далее. На Урантии адамические промежуточные создания называются в алфавитном порядке для отличия от числовых названий первичной категории.

Обе категории являются нематериальными существами в том, что касается питания и потребления энергии, но у них есть много человеческих черт, и они способны понимать ваш юмор и ваши религиозные чувства. Помогая смертным, они проникаются духом человеческого труда, отдыха и развлечения. Однако промежуточные создания не спят, как не обладают они и способностью производить потомство. В некотором смысле члены вторичной группы отличаются по мужским или женским качествам, и нередко о них говорят «он» или «она». Они часто работают вместе в таких парах.

Промежуточные создания не являются ни людьми, ни ангелами, но по своей природе вторичная группа ближе к людям, чем к ангелам. В известной мере они принадлежат к вашим расам и поэтому проявляют большую отзывчивость и сочувствие при общении с людьми. Они оказывают неоценимую помощь серафимам в их работе с различными человеческими расами на благо этих рас, и обе категории незаменимы для тех серафимов, которые служат в качестве личных хранителей смертных.

В соответствии с врожденными качествами и приобретенными навыками, объединенные промежуточные создания Урантии организованы для служения с планетарными серафимами в следующие группы:

1. *Промежуточные посланники*. У членов этой группы есть имена. Этот небольшой корпус оказывает огромную помощь в эволюционном мире в установлении быстрой и надежной личной связи.

2. *Планетарные стражи*. Промежуточные создания являются хранителями – стражами – миров пространства. Они выполняют важные функции наблюдателей за всеми многочисленными явлениями и типами связи, которые необходимы сверхъестественным существам сферы. Это дозорные невидимой духовной сферы планеты.

3. *Посредники*. В контактах со смертными существами материальных миров, – например, с тем человеком, через которого было передано данное сообщение, – всегда используются промежуточные создания. Они являются важным фактором таких связей между духовным и материальным уровнями.

4. *Помощники прогресса*. В эту группу входят более духовные промежуточные создания, которые распределяются в качестве помощников различных категорий серафимов, действующих на планете в специальных группах.

Промежуточные создания существенно отличаются по способности устанавливать контакт с более высоким уровнем серафимов и более низким уровнем своих человеческих родственников. Например, первичным промежуточным созданиям чрезвычайно трудно устанавливать прямую связь с материальными субстанциями. Они намного ближе к ангельскому типу и потому обычно исполняют обязанности сотрудников и помощников духовных сил, постоянно пребывающих на планете. Они действуют в качестве спутников и проводников небесных посетителей и исследователей, временно пребывающих на планете, в то время как вторичные создания почти исключительно назначаются попечителями материальных существ сферы.

1 111 преданных вторичных промежуточных созданий выполняют важные миссии на земле. По сравнению со своими первичными товарищами, они явно материальны. Они существуют непосредственно за границей зрительного диапазона смертных, причем их адаптационные способности достаточны для установления произвольных физических контактов с тем, что смертные называют «материальным миром». Эти уникальные создания обладают определенными, явно выраженными возможностями воздействия на мир пространственно-временных вещей, включая животный мир планеты.

Многие из более буквальных явлений, которые приписывались ангелам, выполнялись вторичными промежуточными созданиям. Когда ранние учителя евангелия были брошены в тюрьму невежественными религиозными лидерами того времени, настоящий «ангел Господний» «ночью отворил двери темницы и вывел их оттуда». Однако приписываемое ангелу освобождение Петра, после того как по приказу Ирода был убит Иаков, в действительности было выполнено вторичным промежуточным созданием.

Сегодня их основной труд – это незримая личная связь с теми мужчинами и женщинами, которые образуют планетарный резервный корпус судьбы. Именно деятельность вторичной группы, при умелой поддержке некоторых членов первичного корпуса, привела к такой координации личностей и обстоятельств на Урантии, которая в итоге побудила небесных наблюдателей обратиться в вышестоящие инстанции. В результате полученных распоряжений появилась серия откровений, частью которых является и этот рассказ. Но следует со всей ясностью заявить, что промежуточные создания не имеют отношения к отталкивающим спектаклям, получившим общее название «спиритизм». Пребывающие в настоящее время на Урантии промежуточные создания, каждое из которых обладает достойной репутацией, не связаны с явлением так называемого «медиумизма». Обычно они не позволяют людям наблюдать свою, часто необходимую, физическую деятельность или иные контакты с материальным миром в том виде, в каком их воспринимают человеческие органы чувств.

9. ПОСТОЯННЫЕ ГРАЖДАНЕ УРАНТИИ

Промежуточные создания могут считаться первой группой постоянных обитателей, которые встречаются во вселенских мирах различного типа, в противоположность эволюционным восходящим существам – таким как смертные создания и ангельские воинства. Такие постоянные граждане встречаются на различных стадиях восхождения к Раю.

В отличие от разнообразных категорий небесных существ, которые направляются на планету для *служения*, промежуточные создания *живут* в обитаемом мире. Серафимы приходят и уходят, но промежуточные создания остаются и будут оставаться, хотя, будучи коренными жителями планеты, они тем не менее являются попечителями. Они обеспечивают единый непрерывный режим, согласующий и связывающий сменяющиеся администрации серафического воинства.

Как настоящие граждане Урантии, промежуточные создания кровно заинтересованы в судьбе этой сферы. Их сообщество отличается решимостью, упорным трудом во имя прогресса своей родной планеты. Эта решимость проявляется в девизе их категории: «Если объединенные промежуточные создания берутся за дело, они доводят его до конца».

Хотя способность пересекать энергетические контуры позволяет каждому промежуточному созданию покидать планету, каждый из них дал обещание не покидать свой мир вплоть до получения освобождения от вселенских властей в будущем. Промежуточные существа прикрепляются к планете до наступления эры света и жизни. За исключением 1-2-3 первого, ни одно преданное промежуточное создание никогда не покидало Урантию.

1-2-3 первый – старейший член первичной категории – был освобожден от непосредственных планетарных обязанностей вскоре после Пятидесятницы. Это благородное промежуточное создание стойко держалось вместе с Ваном и Амадоном в трагические дни планетарного восстания, и его бесстрашное руководство имело огромное значение для снижения потерь среди членов его категории. В настоящее время он служит в иерусемском совете двадцати четырех, и со времени Пятидесятницы ему уже приходилось один раз исполнять обязанности губернатора Урантии.

Промежуточные создания ограничены своей планетой, однако, подобно смертным, которые общаются с путешественниками из далеких стран, узнавая о дальних уголках своей планеты, промежуточные существа общаются с небесными путешественниками, чтобы узнать о далеких пространствах вселенной. Так они знакомятся с системой и вселенной, включая Орвонтон и его сестринские творения, готовясь к гражданству на более высоких уровнях существования созданий.

Хотя промежуточные создания появились полностью развитыми, то есть не проходили стадию роста или развития для достижения зрелости, они постоянно расширяют свою мудрость и опыт. Как и смертные, они являются эволюционными созданиями и обладают культурой – настоящим эволюционным обретением. Среди промежуточных созданий урантийского корпуса многие отличаются выдающимся умом и величественным духом.

В более широком аспекте, урантийская цивилизация является совместным произведением урантийских смертных и урантийских промежуточных созданий – и это так, несмотря на нынешнее различие между двумя уровнями культуры, которое можно будет преодолеть только в эру света и жизни.

Культура промежуточных созданий, являясь обретением бессмертных граждан планеты, относительно невосприимчива к тем превратностям времени, которые обременяют человеческую цивилизацию. Поколения людей забывают; корпус промежуточных созданий помнит, и эта память является сокровищницей традиций вашего обитаемого мира. Поэтому планетарная культура хранится вечно, и при должных обстоятельствах такая бережно хранимая память о прошлых событиях используется: именно так рассказ о жизни и учениях Иисуса был передан промежуточными созданиями Урантии их братьям во плоти.

Промежуточные создания – умелые помощники, которые компенсируют разрыв между материальными и духовными делами Урантии, образовавшийся после смерти Адама и Евы. Они являются также вашими старшими братьями, товарищами по длительной борьбе за достижение на Урантии устойчивого статуса света и жизни. Корпус объединенных промежуточных созданий проверен восстанием, и они будут преданно исполнять свою роль в планетарной эволюции, пока эта сфера не достигнет своей вековой цели – того далекого дня, когда на земле действительно воцарится мир, а сердца людей воистину исполнятся благоволения.

Ввиду ценности выполняемого этими промежуточными созданиями труда, мы пришли к заключению, что они несомненно являются важной частью духовной структуры планет. А в тех мирах, где восстание не нанесло вреда планетарным делам, они оказывают серафимам еще бóльшую помощь.

Вся организация высших духов, ангельского воинства и промежуточных братьев посвящена вдохновенному выполнению одной из высших задач во вселенной – Райского плана постепенного восхождения эволюционных смертных и достижения ими совершенства. Этот величественный план продолжения жизни предусматривает сошествие Бога к человеку, с тем чтобы затем, через отношения возвышенного партнерства, привлечь человека к Богу и, далее, к вечному служению и божественным свершениям – одинаковым как для смертных, так и для промежуточных созданий.

[Представлено Архангелом Небадона.]

ДОКУМЕНТ 78

ФИОЛЕТОВАЯ РАСА ПОСЛЕ ЭПОХИ АДАМА

На протяжении почти тридцати тысяч лет второй Эдем был колыбелью цивилизации. Месопотамия стала оплотом адамических народов, откуда их потомки отправлялись в самые дальние уголки мира и позднее, слившись с нодитскими и сангикскими племенами, стали известны как андиты. Вышедшие из этого региона мужчины и женщины положили начало событиям исторической эпохи и невероятно ускорили культурный прогресс на Урантии.

Этот документ описывает планетарную историю фиолетовой расы, которая началась вскоре после совершения Адамом своего проступка, около 35 000 лет до н. э., продолжалась в период ее смешения с нодитскими и сангикскими расами с образованием андитских народов около 15 000 лет до н. э. и завершилась ее окончательным исчезновением из родной Месопотамии примерно за 2 000 лет до н. э.

1. РАСПРЕДЕЛЕНИЕ РАС И КУЛЬТУР

Хотя к приходу Адама расы находились на низком интеллектуальном и моральном уровне, чрезвычайная ситуация, сложившаяся в результате восстания Калигастии, совершенно не отразилась на физической эволюции. Несмотря на частичный провал миссии Адама, его вклад в повышение биологического статуса рас принес огромную пользу урантийцам.

Кроме того, Адам и Ева привнесли много ценного в социальный, нравственный и интеллектуальный прогресс человечества; присутствие их потомства необычайно стимулировало развитие цивилизации. Однако в целом, тридцать пять тысяч лет тому назад уровень культуры в мире оставался низким. За исключением нескольких центров цивилизации, Урантия изнывала под бременем дикости. Распределение рас и культур выглядело следующим образом:

1. *Фиолетовая раса – адамиты и адамсониты*. Главным центром культуры адамитов был второй сад, расположенный в треугольнике Тигра и Евфрата; здесь действительно находилась колыбель западной и индийской цивилизаций. Вторичный, или северный, центр фиолетовой расы был оплотом адамсонитов и находился к востоку от южного побережья Каспийского моря, вблизи хребта Копетдаг. Из этих двух центров в соседние земли стала распространяться культура и жизненная плазма, что привело к немедленному ускорению развития всех рас.

2. *Дошумерские и другие нодиты*. В Месопотамии, неподалеку от устья рек, находились также остатки древней культуры Даламатии. На протяжении тысячелетий эта группа полностью смешалась с северными адамитами, однако она никогда не теряла всех своих нодитских традиций. Различные другие нодитские группы, осевшие в Леванте, были, в целом, поглощены распространившейся позднее фиолетовой расой.

3. *Андониты* обитали в пяти или шести достаточно типичных поселениях к северу и востоку от центра Адамсона. Кроме того, они были рассеяны по Туркестану, а отдельные колонии встречались на всей территории Евразии, особенно в гористых местностях. Эти аборигены продолжали удерживать северные территории

евразийского материка, а также Исландию и Гренландию, однако к этому времени синяя раса уже давно вытеснила их с европейских равнин, а распространявшаяся желтая раса – из речных долин дальнеазиатских регионов.

4. *Красный человек* занимал Северную и Южную Америку, вытесненный из Азии более чем за пятьдесят тысяч лет до прибытия Адама.

5. *Желтая раса.* Китайские народы занимали прочное положение властителей восточной Азии. Их наиболее развитые поселения находились к северо-западу от современного Китая, в регионах, граничащих с Тибетом.

6. *Синяя раса.* Синие люди были рассеяны по всей Европе, однако более развитые центры их культуры находились в долинах Средиземноморского бассейна, в то время отличавшихся плодородием, и в северо-западной Европе. Смешение с неандертальцами чрезвычайно замедлило развитие культуры синего человека, однако в остальном это была самая энергичная, предприимчивая и любознательная из всех эволюционных рас Евразии.

7. *Додравидийская Индия.* В Индии, где образовалась сложная смесь из всех земных рас – но в первую очередь зеленой, оранжевой и черной, – сохранялась культура, несколько превосходившая культуру соседних племен.

8. *Цивилизация Сахары.* Наиболее прогрессивные поселения лучших элементов индиговой расы находились в регионе, в настоящее время представляющем собой огромную пустыню Сахара. Эта индигово-черная группа обладала ярко выраженными признаками исчезнувших оранжевой и зеленой рас.

9. *Средиземноморский бассейн.* Наиболее смешанная раса за пределами Индии занимала регион современного Средиземноморского бассейна. Здесь синие люди с севера и жители Сахары с юга встретились и смешались с нодитами и адамитами, пришедшими с востока.

Так выглядел мир перед началом великого распространения фиолетовой расы, начавшегося около двадцати пяти тысяч лет тому назад. Надежда будущей цивилизации была связана со вторым Садом в междуречье Месопотамии. Здесь, в югозападной Азии, был сосредоточен потенциал для создания великой цивилизации благодаря распространению в мире идей и идеалов, сохранившихся со времен Даламатии и Эдема.

Адам и Ева оставили после себя небольшое, но могущественное потомство, и небесные наблюдатели Урантии с волнением ждали, как поведут себя эти потомки заблудших Материального Сына и Материальной Дочери.

2. АДАМИТЫ ВО ВТОРОМ САДУ

Тысячелетиями сыны Адама трудились в междуречье Месопотамии, решая проблемы ирригации и разливов на юге, укрепляя рубежи на севере и пытаясь сохранить величественные традиции первого Эдема.

Героизм, проявленный при руководстве вторым Садом, представляет собой одну из поразительных и воодушевляющих эпопей в истории Урантии. Эти возвышенные души никогда не упускали из виду цель адамической миссии, и потому они доблестно противостояли влиянию окружающих отсталых племен и вместе с тем охотно направляли своих лучших сынов и дочерей в качестве непрерывного потока посланников земным расам. Порой такое распространение приводило к снижению их собственной культуры, однако эти высокоразвитые народы неизменно восстанавливали свой уровень.

Цивилизация, общество и культурный статус адамитов значительно превосходили средний уровень эволюционных рас Урантии. Только в древних поселениях Вана и Амадона, а также адамсонитов, сохранилась цивилизация, которая выдерживала хотя бы отдаленное сравнение с уровнем адамитов. Однако цивилизация второго Эдема была искусственной структурой – *она не была эволюционной* – и потому была обречена на деградацию до естественного эволюционного уровня.

Адам оставил после себя великую интеллектуальную и духовную культуру, однако уровень ее механизации был низким, ибо каждая цивилизация ограничена имеющимися в ее распоряжении природными ресурсами, врожденными талантами и достаточным количеством досуга для успешного изобретательства. Цивилизация фиолетовой расы основывалась на присутствии Адама и традициях первого Эдема. После смерти Адама и по мере постепенного забвения этих традиций на протяжении тысячелетий, культура адамитов неуклонно снижалась, пока уровень окружающих народов и естественно эволюционировавшие культурные способности фиолетовой расы не пришли во взаимное равновесие.

Однако, около 19-го тысячелетия до н. э. адамиты были настоящей нацией, объединявшей четыре с половиной миллиона человек, и к тому времени миллионы их потомков уже слились с соседними народами.

3. ПЕРВЫЕ МИГРАЦИИ АДАМИТОВ

В течение многих тысячелетий фиолетовая раса сохраняла эдемские традиции миролюбия; именно поэтому она так долго не производила территориальных захватов. Когда плотность населения становилась слишком высокой, то вместо того, чтобы начинать войну для захвата новых территорий, адамиты направляли избыточное население к другим расам в качестве учителей. Культурный эффект таких ранних миграций не был устойчивым, однако в биологическом отношении ассимиляция адамитских учителей, торговцев и исследователей укрепляла окружающие народы.

Уже на раннем этапе своего существования некоторые из адамитов отправились на запад, в долину Нила; другие проникли на восток, в Азию, однако таких было меньшинство. Основные миграции последующих периодов осуществлялись на север и оттуда – на запад. В целом, это было медленное, но упорное продвижение в северном направлении: бóльшая часть адамитов продвигалась на север и, обойдя Каспийское море, направлялась на запад, в Европу.

Около двадцати пяти тысяч лет тому назад многие из более чистокровных адамитов уже прошли значительную часть своего пути на север. По мере углубления в северном направлении, в них оставалось всё меньше адамической крови, пока – в период заселения Туркестана – они полностью не смешались с другими расами, в особенности с нодитами. Лишь немногие чистокровные представители фиолетовой расы достигли глубинных районов Европы или Азии.

Примерно с 30-го по 10-е тысячелетие до н. э. в юго-западной Азии происходили расовые смешения эпохального значения. В высокогорных районах Туркестана жил сильный и энергичный народ. В регионе к северо-западу от Индии уцелела бóльшая часть культуры Вана. Еще дальше к северу от этих поселений сохранились лучшие представители ранних андонитов. Обе высокоразвитые расы – носители культуры и волевых качеств – были поглощены продвигавшимися на север адамитами. Это расовое смешение привело к усвоению многих новых идей;

оно способствовало прогрессу цивилизации и послужило мощным толчком к развитию всех видов искусства, науки и социальной культуры.

Около 15-го тысячелетия до н. э., с окончанием первых миграций адамитов, в Европе и центральной Азии уже находилось больше потомков Адама, чем где-либо в мире, включая Месопотамию. Адамиты глубоко вклинились в места расселения европейского синего человека. Южные протяжения тех земель, которые сегодня называются Россией и Туркестаном, на огромных пространствах были сплошь заселены адамитами, смешанными с нодитами, андонитами, а также красной и желтой сангикскими расами. Южная Европа и периметр Средиземноморского бассейна были заняты расой, образовавшейся из смешения андонитов с сангикскими народами – оранжевыми, зелеными и индиговыми – с некоторым вкраплением адамитов. Малая Азия и центрально-восточная Европа находились во владении племен преимущественно андонитского происхождения.

Смешанная цветная раса, которая примерно в это же время была значительно усилена переселенцами из Месопотамии, укрепила свои позиции в Египте и готовилась стать преемницей исчезавшей культуры долины Евфрата. Черная раса углублялась на юг Африки и, как и красная, была практически изолирована.

Цивилизация Сахары была разрушена засухой, а Средиземноморского бассейна – наводнением. К тому времени у синей расы еще не было развитой культуры. Андониты всё еще были рассеяны по регионам Арктики и центральной Азии. Зеленые и оранжевые расы были уничтожены как таковые. Индиговый человек продвигался в южные регионы Африки, где ему было суждено претерпеть медленную, но длительную расовую деградацию.

Народы Индии пребывали в состоянии застоя: их цивилизация не развивалась. Желтый человек объединял свои владения в центральной Азии, коричневый человек еще не приступил к созданию своей цивилизации на соседних островах Тихого океана.

Такое распределение рас, в сочетании со значительными климатическими изменениями, подготовило почву для вступления урантийской цивилизации в эру андитов. Эти ранние миграции продолжались в течение десяти тысяч лет – между 25-м и 15-м тысячелетиями до н. э. Последующие, или андитские, миграции происходили примерно в период между 15-м и 6-м тысячелетием до н. э.

Первым волнам адамитов потребовалось так много времени на пересечение Евразии, что при этом они в значительной мере утратили свою культуру. Только последующие миграции андитов совершались достаточно быстро для сохранения культуры Эдема на сколько-нибудь значительном расстоянии от Месопотамии.

4. АНДИТЫ

Андитские народы возникли из первичных смешений чистокровных фиолетовых родов с нодитами и эволюционными народами. В целом, андитов следует представлять как унаследовавших намного большую долю адамической крови, чем современные расы. Термин «андиты» используется, главным образом, для обозначения тех народов, которые обладали от одной восьмой до одной шестой части наследственности фиолетовой расы. Современные урантийцы, даже северные белые расы, содержат намного меньший процент крови Адама.

Древнейшие андитские народы появились около двадцати пяти тысяч лет тому назад в регионах, прилегающих к Месопотамии, и состояли из смеси адамитов с нодитами. Второй сад был окружен концентрическими кольцами всё меньшего содержания фиолетовой крови, и именно на периферии этого расового плавильного котла родилась андитская раса. Позднее, когда мигрировавшие адамиты и нодиты вступили в районы Туркестана, отличавшиеся в то время плодородием, они быстро смешались с наиболее развитой частью местного населения, и образовавшаяся в результате смешанная раса привела к распространению андитского типа в северном направлении.

Во всех отношениях, андиты были лучшим из человеческих племен, появившихся на Урантии после чистокровной фиолетовой расы. Они включали бо́льшую часть высших типов, сохранившихся среди уцелевших адамитов и нодитов, а позднее – некоторые из лучших генотипов желтого, синего и зеленого человека.

Эти ранние андиты не были ариями: они являлись доарийскими племенами. Они не были белыми, являясь предшественниками белого человека. Этот народ не был ни западным, ни восточным. Однако именно андитская наследственность придает многоязыкой смеси так называемых белых рас ту общую однородность, которая получила название европеоидной.

Наиболее чистые линии фиолетовой расы сохранили адамические традиции миролюбия. Именно поэтому их ранние миграции в основном имели мирный характер. Однако по мере объединения адамитов с нодитскими родами, уже отличавшимися своей воинственностью, их андитские потомки стали для своего времени самыми умелыми и дальновидными завоевателями, когда-либо жившими на Урантии. С тех пор продвижения месопотамцев всё больше пропитывались военным духом и стали напоминать настоящие территориальные захваты.

Эти андиты любили приключения и странствия. Увеличение доли сангикской или андонитской крови придавало им склонность к оседлости. Но несмотря на это, их последующие потомки успокоились только после того, как объехали весь мир и открыли последний далекий континент.

5. МИГРАЦИИ АНДИТОВ

Культура второго Сада сохранялась на протяжении двадцати тысяч лет, однако она переживала неуклонный упадок, пока – примерно за 15 тысячелетий до н. э. – возрождение сифитского духовенства и правление Амосада не положили начало славной эпохе. Цивилизация, прокатившаяся позднее мощными волнами по Евразии, появилась сразу же после великого возрождения Сада, которое произошло вследствие образования андитов, – широкого единения адамитов с окружавшими их смешанными нодитскими племенами.

Эти андиты вновь устремились в Евразию и северную Африку. Андитская культура была доминирующей на всём протяжении от Месопотамии до Синьцзяна, и постоянный отток по направлению к Европе неизменно возмещался новыми притоками из Месопотамии. Однако до начала последних миграций смешанных потомков Адама вряд ли было бы правильно говорить об андитах как о расе, обитавшей в самой Месопотамии. К этому времени даже племена второго Сада стали настолько смешанными, что их уже нельзя было считать адамитами.

Цивилизация Туркестана постоянно возрождалась и обновлялась пришельцами из Месопотамии, в особенности – андитскими всадниками более позднего периода. В горах Туркестана формировался так называемый индоевропейский праязык: это была смесь местного андонического диалекта с языком адамсонитов и поздних андитов. Многие современные языки произошли от этого раннего языка центрально-азиатских племен, покоривших Европу, Индию и северные пространства долин Месопотамии. Этот древний язык придал западным языкам всю ту общность, которая называется индоевропейской.

К 12-му тысячелетию до н. э. три четверти всех андитов мира обитали в северной и восточной Европе, а в результате последующего, завершающего исхода андитов из Месопотамии, шестьдесят пять процентов тех, кто входил в эти последние волны переселенцев, достигли Европы.

Андиты мигрировали не только в Европу, но также в северный Китай и Индию, в то время как многие группы добрались до самых отдаленных уголков света в качестве миссионеров, учителей и торговцев. Они принесли огромную пользу северным группам сангикских народов Сахары. Но лишь немногие учителя и торговцы продвинулись в Африке южнее истоков Нила. Позднее смешанные андиты и египтяне прошли вдоль восточного и западного побережий Африки, опустившись значительно ниже экватора, однако они не достигли Мадагаскара.

Эти андиты относились к так называемым дравидийским, а позднее – арийским завоевателям Индии, и их присутствие в центральной Азии значительно усовершенствовало предшественников туранцев. Многие представители этой расы пришли в Китай через Синьцзян и Тибет и привнесли желаемые качества в последуюшие китайские племена. Время от времени небольшие группы достигали Японии, Формозы, Ост-Индии и южного Китая, хотя лишь немногие добирались до южного Китая по прибрежному пути.

Сто тридцать два представителя этой расы из тех, кто отправился в плавание из Японии на небольших судах, в итоге достигли Южной Америки и в результате смешанных браков с аборигенами Андов положили начало древнему роду будущих правителей инков. Они неспешно пересекли Тихий океан, останавливаясь на многих островах, лежавших на их пути. Острова Полинезии были более многочисленными и крупными, чем в настоящее время, и по мере своего продвижения эти андитские мореплаватели, а также некоторые другие, следовавшие за ними, биологически модифицировали туземцев. В результате проникновения андитов, на этих теперь уже не существующих островах возникло много цвстущих очагов культуры. Остров Пасхи долгое время являлся религиозным и административным центром одной из таких исчезнувших групп. Однако из тех андитов, которые в далеком прошлом ходили по Тихому океану, только сто тридцать два человека достигли американского материка.

Миграционные завоевания андитов продолжались вплоть до их последнего рассеяния, между 8-м и 6-м тысячелетиями до н. э. Покидая Месопотамию, они постоянно сокращали биологический резерв своей родины и одновременно существенно укрепляли окружающие народы. И каждой нации, к которой они приходили, они приносили юмор, искусство, дух приключений, музыку и ремесла. Они были искусны в одомашнивании животных и были прекрасными земледельцами. Их присутствие, по крайней мере, на какое-то время, обычно улучшало религиозные верования и нравственные устои древних рас. Так происходило мирное распространение культуры Месопотамии в Европе, Индии, Китае, северной Африке и на островах Тихого океана.

6. ПОСЛЕДНИЕ ПЕРЕСЕЛЕНИЯ АНДИТОВ

Три последние андитские волны хлынули из Месопотамии между 8-м и 6-м тысячелетиями до нашей эры. Истечение из Месопотамии этих трех великих волн культуры произошло под давлением восточных горных племен и агрессивности жителей западных равнин. Обитатели Евфратской долины и прилегающей территории начали свой последний исход в нескольких направлениях.

Шестьдесят пять процентов андитов вступили в Европу через прикаспийский регион, покоряя белую расу и сливаясь с этой недавно образовавшейся смесью синего человека и более ранних андитов.

Десять процентов, включая большую группу сифитских священников, ушли на восток через Эламское нагорье – к Иранскому плоскогорью и Туркестану. Многие из их потомков были позднее вытеснены в Индию вместе со своими арийскими братьями из северных регионов.

Десять процентов обитателей Месопотамии, продвигавшихся на север, повернули на восток и достигли Синьцзяна, где смешались с андито-желтыми племенами. Бо́льшая часть талантливых потомков этого расового союза впоследствии дошла до Китая, в результате чего произошло быстрое и существенное улучшение северной ветви желтой расы.

Десять процентов этих бежавших андитов пересекли Аравию и добрались до Египта.

Пять процентов андитов отказались покинуть свои дома. Эта группа, обитавшая на побережье около устьев Тигра и Евфрата и не допускавшая смешения с окружающими отсталыми племенами, обладала исключительно развитой культурой и включала уцелевших потомков превосходящих нодитских и адамических родов.

Андиты почти полностью оставили этот регион к 6-му тысячелетию до н. э., хотя их потомки – в значительной мере смешанные с окружающими сангикскими народами и андонитами Малой Азии – остались, чтобы много лет спустя дать бой захватчикам, наступавшим с севера и востока.

Всё большее проникновение отсталых соседних племен положило конец культурной эпохе второго сада. Цивилизация переместилась на запад – к Нилу и островам Средиземноморья, где она продолжала процветать и развиваться в течение еще долгого времени, после того как иссяк ее источник в Месопотамии. И этот беспрепятственный приток отсталых народов подготовил почву для последующего завоевания всей Месопотамии северными варварами, которые вытеснили остатки одаренных родов. Присутствие этих невежественных и грубых захватчиков еще долго продолжало возмущать оставшихся культурных обитателей.

7. НАВОДНЕНИЯ В МЕСОПОТАМИИ

Те, кто селился у рек, привыкли к тому, что в определенные периоды времени реки выходят из берегов. В их жизни эти периодические разливы повторялись из года в год. Однако из-за постепенных геологических изменений, происходивших на севере, долина Месопотамии столкнулась с новыми опасностями.

В течение тысячелетий после затопления первого Эдема продолжался подъем гор вдоль восточного побережья Средиземного моря, а также к северо-западу и северо-востоку от Месопотамии. Подъем горных регионов существенно ускорился около 5 000 лет до н. э., что, наряду с чрезвычайно усилившимися снегопадами в северных горах, каждую весну приводило к беспрецедентным наводнениям в долине Евфрата. Весенние половодья становились всё более обширными, в результате чего обитатели речных районов были вытеснены в восточные нагорья. Эти обширные наводнения привели к тому, что на протяжении почти тысячи лет десятки городов оставались практически вымершими.

Почти пять тысяч лет спустя, когда иудейские священники, находившиеся в вавилонском плену, пытались проследить историю еврейского народа со времен Адама, им никак не удавалось связать концы с концами. Тогда одному из них пришло в голову отказаться от этой затеи: пусть весь мир, погрязший в пороке, будет скрыт потопом во времена Ноя, с тем чтобы было легче проследить родословную Авраама непосредственно от одного из трех спасшихся сыновей Ноя.

Предания о тех временах, когда вода покрывала всю поверхность земли, встречаются повсеместно. У многих народов сохранились легенды о всемирном потопе, произошедшем в одну из прошлых эпох. Библейское повествование о Ное, ковчеге и потопе является вымыслом иудейского духовенства времен вавилонского плена. После установления жизни на Урантии здесь никогда не случалось всемирного потопа. Вся поверхность земли была покрыта водой один-единственный раз, что произошло в эру архея, до начала появления суши.

Однако Ной является исторической личностью: он был виноделом из Арама – речного поселения вблизи Эреха. Каждый год он вел записи своих наблюдений за подъемом реки. Над ним часто смеялись из-за того, что он странствовал вверх и вниз по речной долине, призывая строить все дома из дерева, в виде лодок, а с приближением периода наводнения забирать домашних животных на ночь в дом. Каждый год он отправлялся в соседние речные поселения, чтобы предупредить о том, что через столько-то дней будет наводнение. Наконец, настал год, когда ежегодные наводнения были чрезвычайно усилены исключительно обильными дождями. Внезапное прибавление воды смыло всю деревню; только Ной и его семья спаслись в своем плавучем доме.

Эти наводнения привели к окончательному краху цивилизации андитов. С завершением периода наводнений второй сад прекратил свое существование. Только на юге и среди шумеров оставались следы былой славы.

В этих регионах Месопотамии, а также к северо-востоку и северо-западу от них, можно обнаружить следы одной из древнейших на земле цивилизаций. Однако под водами Персидского залива покоятся остатки еще более древней Даламатии, а на дне восточной оконечности Средиземного моря лежит первый Эдем.

8. ШУМЕРЫ – ПОСЛЕДНИЕ ИЗ АНДИТОВ

Когда последнее рассеяние андитов подорвало биологическую основу цивилизации Месопотамии, небольшая часть этой высокоразвитой расы осталась на своей родине неподалеку от устьев рек. Это были шумеры, и к 6-му тысячелетию до н. э. по своему происхождению они стали преимущественно андитами, хотя характер их культуры имел ярко выраженные нодитские черты и они придерживались древних традиций Даламатии. Тем не менее, эти шумеры побережья были последними из андитов Месопотамии. Однако к тому времени уже произошло полное смешение народов Месопотамии, что следует из форм черепов, найденных в захоронениях этой эры.

Именно в период наводнений огромного процветания достигли Сузы. Первый (нижний) город был затоплен, и второй (верхний) стал его преемником в качестве центра своеобразных ремесел того времени. Когда впоследствии наводнения стали менее обширными, Ур превратился в центр гончарного дела. Около семи тысяч лет тому назад Ур находился на побережье Персидского залива, но с тех пор речные наносы нарастили сушу до ее нынешних границ. Эти поселения меньше пострадали из-за наводнений благодаря своим более совершенным защитным сооружениям и расширению устьев рек.

Набеги варваров Туркестана и Иранского плоскогорья уже давно лишали покоя мирных землепашцев, живших в долинах Тигра и Евфрата. На этот раз причиной скоординированного вторжения в долину Евфрата стало усиление засухи на высокогорных пастбищах. Это вторжение было особенно грозным из-за того, что окружающие скотоводы и охотники владели большим количеством прирученных лошадей. Именно наличие лошадей давало им колоссальное военное преимущество перед богатыми южными соседями. Они быстро захватили всю Месопотамию, вытеснив отсюда остатки культуры, волнами прокатившейся по всей Европе, западной Азии и северной Африке.

Среди завоевателей Месопотамии было много представителей лучших андитских родов, входивших в состав смешанных северных народов Туркестана, включая некоторых потомков Адамсона. Эти менее развитые, но более решительные северные племена быстро и с готовностью ассимилировали остатки цивилизации Месопотамии и вскоре превратились в те смешанные народы, которые обитали в долине Евфрата во времена появления первых исторических свидетельств. Они быстро возродили многие достижения вымиравшей цивилизации Месопотамии, переняв ремесла долинных племен и значительную часть культуры шумеров. Они даже пытались построить третью Вавилонскую башню и впоследствии назвали этим именем свой народ.

Когда эти конные варвары, наступавшие с северо-востока, захватили всю долину Евфрата, они не покорили андитов, оставшихся в районе устья реки у Персидского залива. Эти шумеры смогли защитить себя благодаря более высокому интеллекту, более совершенному оружию и разветвленной системе оборонительных каналов, дополнявших ирригационную сеть сообщающихся бассейнов. Они являлись сплоченным народом, так как у них была единая религия. Благодаря этому им удавалось сохранять расовую и государственную целостность в течение еще многих лет после того, как их северо-западные соседи распались на изолированные города-государства. Ни одна из этих групп городов не смогла покорить сплоченных шумеров.

Северные захватчики быстро научились уважать и ценить этих миролюбивых шумеров как умелых учителей и управляющих. У их северных соседей, равно как и у всех народов, обитавших между Египтом на западе и Индией на востоке, они вызывали огромное уважение и пользовались большим спросом как учителя искусств и ремесел, организаторы торговли и гражданские правители.

После распада первой шумерской конфедерации правителями появившихся позднее городов-государств стали вероотступнические потомки сифитских священников. Эти жрецы называли себя царями только тогда, когда завоевывали соседние города. Из-за ревности к божествам, последующим царям городов не удавалось образовать могущественной конфедерации вплоть до правления Саргона. Каждый город считал своего местного бога выше всех остальных, и поэтому они отказывались подчиняться единому правителю.

Конец этому длительному периоду слабой власти городских жрецов был положен Саргоном – жрецом из Киша, который провозгласил себя царем и приступил к завоеванию всей Месопотамии и прилегающих территорий. И на время прекратили существование города-государства, находившиеся под бременем своих правителей-жрецов, когда каждый город имел своего местного бога и свои собственные ритуалы.

После распада Кишской конфедерации города долины вступили в продолжительный период непрестанной борьбы за превосходство. Власть поочередно переходила к Шумеру, Аккаду, Кишу, Уруку, Уру и Сузам.

Около 2500 года до н. э. шумеры потерпели жестокие поражения от северных суитов и гуитов. Пал Лагаш – шумерская столица, построенная на намытой разливами земле. Урук продержался еще тридцать лет после падения Аккада. Ко времени установления правления Хаммурапи шумеры слились с северными семитами, и андиты Месопотамии сошли со страниц истории.

Между 2500 и 2000 годами до н. э. на всём пространстве от Атлантического до Тихого океана неистовствали кочевники. Нериты стали причиной последнего распада каспийской группы месопотамских потомков смешанных андонитской и андитской рас. То, чего не сделали варвары, выполнили последующие климатические изменения, завершившие разорение Месопотамии.

Таков рассказ о фиолетовой расе в эпоху после Адама и о судьбе ее родины – междуречья Тигра и Евфрата. В конечном счете, эта древняя цивилизация погибла потому, что лучшие народы покинули эти места, а на их место пришли их отсталые соседи. Однако задолго до того, как конница варваров заполонила долину, значительная часть культуры Сада уже распространилась на Азию, Африку и Европу, где она создала ту закваску, благодаря которой на Урантии появилась цивилизация двадцатого века.

[Представлено Архангелом Небадона.]

ДОКУМЕНТ 79

РАСПРОСТРАНЕНИЕ АНДИТОВ НА ВОСТОКЕ

Азия – родина человеческого рода. На одном из южных полуостровов этого континента родились Андон и Фонта. В горах той земли, которая ныне называется Афганистаном, их потомок Бадонан основал первобытный центр культуры, просуществовавший более полумиллиона лет. Здесь, в этом восточном центре человечества, от андонического рода отделились сангикские народы, и Азия стала их первой родиной, первым охотничьим угодьем, первым полем боя. Юго-западная Азия стала свидетельницей сменявших друг друга цивилизаций даламатийцев, нодитов, адамитов и андитов, и именно отсюда зачатки современной цивилизации распространились на весь мир.

1. АНДИТЫ ТУРКЕСТАНА

В течение более чем двадцати пяти тысяч лет, примерно вплоть до 2-го тысячелетия до н. э., центральная часть Евразии оставалась преимущественно, хотя и во всё меньшей степени, андитской. В долинах Туркестана андиты повернули на запад и, обойдя внутренние озера, достигли Европы, в то время как из горных районов этого региона они проникли на восток. Восточный Туркестан (Синьцзян) и в меньшей степени Тибет стали древними воротами, через которые эти народы Месопотамии преодолевали горы и выходили к северным землям желтого человека. Проникновение андитов в Индию происходило из нагорий Туркестана в Пенджаб и с иранских пастбищ через Белуджистан. Эти ранние миграции не имели ничего общего с завоеваниями. Скорее, они представляли собой непрерывное перемещение андитских племен в западную Индию и Китай.

На протяжении почти пятнадцати тысяч лет центры смешанной андитской культуры существовали в бассейне реки Тарим, в Синьцзяне, а также к югу, в высокогорных районах Тибета, где андиты и андониты широко смешались друг с другом. Таримская долина была самым восточным аванпостом настоящей андитской культуры. Здесь андиты строили свои поселения и налаживали торговые отношения с прогрессивными китайцами на востоке и андонитами на севере. В те дни таримский регион был плодородной местностью; здесь выпадали обильные дожди. К востоку, на месте пустыни Гоби, лежали открытые луга, где скотоводы постепенно переходили к земледелию. Эта цивилизация погибла, когда влажные ветры изменили свое направление на юго-восточное, однако в те дни она не уступала самой Месопотамии.

К 8-му тысячелетию до н. э. из-за всё большей засушливости горных регионов центральной Азии андиты стали перебираться в низовья рек и на побережье. Усиление засухи не только вытеснило их в долины Нила, Евфрата, Инда и Желтой Реки, но и привело к возникновению новой черты андитской цивилизации: появился и начал стремительно расти новый класс – класс торговцев.

Когда из-за климатических условий мигрирующим андитам стало невыгодно заниматься охотой, они не пошли по эволюционному пути древних народов, которые стали скотоводами. Появились коммерция и городская жизнь. От Египта до Месопотамии, Туркестана, рек Китая и Индии более цивилизованные племена начали собираться в городах, где занимались ремеслами и торговлей. Торговой столицей центральной Азии стала Адония, находившаяся неподалеку от того места, где ныне стоит Ашхабад. Оживилась торговля драгоценными камнями, металлами, древесиной и керамическими изделиями как на суше, так и на море.

Однако ужесточение засухи постепенно привело к массовому исходу андитов из земель к югу и востоку от Каспийского моря. Волна миграции изменила свое направление с северного на южное, и вавилонские всадники начали вторгаться в Месопотамию.

Усиление засушливости центральной Азии привело к еще большему сокращению численности населения и уменьшило воинственность этих людей. И когда из-за всё более редких дождей кочевые андониты были вынуждены двинуться на юг, произошел исход андитов из Туркестана. Это стало последним перемещением так называемых ариев в Левант и Индию и кульминационным моментом в продолжительном рассеянии смешанных потомков Адама, в течение которого все азиатские и большинство островных народов Тихого океана были до некоторой степени улучшены этими более совершенными расами.

Таким образом, распространяясь в восточном полушарии, андиты одновременно лишались родных мест в Месопотамии и Туркестане, ибо именно широкое передвижение андонитов в южном направлении привело к тому, что андиты практически исчезли в центральной Азии.

Но и в двадцатом столетии после Христа среди туранских и тибетских народов остаются следы андитской крови, что видно на примере белокурых человеческих типов, иногда встречающихся в этих регионах. Древние китайские летописи отмечают присутствие рыжеволосых кочевников к северу от мирных селений реки Хуанхэ, и до сих пор сохранились рисунки, достоверно свидетельствующие о том, что в далеком прошлом в таримском бассейне обитали как светловолосые андиты, так и темноволосые монгольские типы.

Последним великим проявлением исчезнувшего военного гения центральноазиатских андитов стал 1200 год н. э., когда под руководством Чингисхана монголы приступили к завоеванию большей части азиатского континента. Как и древние андиты, эти воины провозгласили существование «единого Бога на небе». Преждевременный распад их империи задержал культурный обмен между западом и востоком и стал огромным препятствием для роста монотеизма в Азии.

2. ПОКОРЕНИЕ АНДИТАМИ ИНДИИ

Индия – единственное место, где смешались все урантийские расы, причем последней из них стали вторгшиеся сюда андиты. Сангикские расы появились в горах к северо-западу от Индии, и уже на раннем этапе своего существования представители каждой из них, без исключения, проникли на Индийский субконтинент, оставив после себя наиболее пеструю расовую смесь, которая когда-либо существовала на Урантии. Древняя Индия выполняла роль отстойника для мигрировавших рас. Когда-то основание полуострова было несколько уже, чем сегодня, ибо значительная часть дельт Инда и Ганга появилась за последние пятьдесят тысяч лет.

Первые расовые смешения произошли в результате общения мигрировавших красных и желтых племен с местными андонитами. Позднее эта группа была ослаблена из-за поглощения большей части вымерших восточных зеленых народов и многих представителей оранжевой расы, несколько улучшена благодаря ограниченному смешению с синей расой, но чрезвычайно пострадала в результате ассимиляции большого числа представителей индиговой расы. Однако так называемые коренные жители Индии вряд ли похожи на этих древних людей: эти наиболее отсталые обитатели южных и восточных окраин никогда полностью не поглощались ни древними андитами, ни появившимися позднее их родственниками – ариями.

К 20-му тысячелетию до н. э. население западной Индии уже получило малую толику адамической крови, и за всю историю Урантии ни один народ не объединял так много различных рас. К несчастью, преобладающими были вторичные сангикские расы, и настоящим бедствием стало то, что в этом древнем расовом горниле в значительной мере отсутствовали как синий, так и красный человек; бóльшая доля первичных сангикских родов принесла бы огромную пользу в укреплении народа, который мог создать еще более великую цивилизацию. Однако события складывались так, что красные люди истребляли друг друга в Америке, синий человек искал приключений в Европе, а ранние потомки Адама (и большинство более поздних) не проявляли большого интереса к смешению с людьми более темного цвета, – будь то в Индии, Африке или иных местах.

Около 15 000 лет до н. э. рост населения в Туркестане и Иране привел к первой действительно массовой миграции андитов в направлении Индии. В течение более пятнадцати веков эти высокоразвитые племена прибывали через горные районы Белуджистана, распространяясь в долинах Инда и Ганга и медленно продвигаясь на юг к Деканскому плоскогорью. Давление андитов с северо-запада вытеснило многие южные и восточные отсталые племена в Бирму и южный Китай, однако не в той мере, которая могла бы спасти захватчиков от исчезновения как расы.

То, что Индия не достигла гегемонии в Евразии, объясняется в основном топографией: давление с севера лишь заставляло большинство людей скапливаться на юге, где на ограниченной территории Деканского плоскогорья, со всех сторон окруженного морем, плотность населения продолжала возрастать. Если бы по соседству находились свободные земли, отсталые племена были бы вытеснены во всех направлениях, и превосходящие линии смогли бы достичь более развитой цивилизации.

Как бы то ни было, эти ранние андитские завоеватели предприняли отчаянную попытку сохранить свою идентичность и остановить поглощающий их поток жесткими ограничениями на смешанные браки. Тем не менее, к 10-му тысячелетию до н. э. андиты исчезли, однако огромное количество людей было существенно улучшено благодаря этому поглощению.

Расовые смешения всегда полезны, ибо они благоприятствуют культурному разнообразию и способствуют развитию цивилизации, однако если преобладающими являются низшие расовые элементы, то такие достижения оказываются недолговечными. Многоязычную культуру можно сохранить только в том случае, если воспроизводство более развитых линий в достаточной мере превышает воспроизводство отсталых. Неограниченное размножение низших рас при сокращении воспроизводства высших неизбежно является губительным для культурной цивилизации.

Если бы андитских завоевателей было втрое больше, чем в действительности, или же если бы они вытеснили либо уничтожили хотя бы наименее пригодную треть тех обитателей, в которых текла оранжевая, зеленая и индиговая кровь, то Индия стала бы одним из ведущих мировых центров культурной цивилизации и, несомненно, привлекла бы более значительную часть последующих миграционных волн из Месопотамии, которые устремились в Туркестан и оттуда на север, в Европу.

3. ДРАВИДИЙСКАЯ ИНДИЯ

Слияние покоривших Индию андитов с туземным населением привело к появлению того смешанного народа, который называют дравидами. Ранние и более чистокровные дравиды обладали огромным культурным потенциалом, который существенно слабел по мере постепенного истощения их андитской наследственности. Именно это обстоятельство предопределило гибель зарождающейся цивилизации Индии почти двенадцать тысяч лет тому назад. Однако приток даже малой толики крови Адама привел к заметному ускорению социального развития. Эта смешанная раса сразу же создала наиболее разностороннюю цивилизацию из существовавших тогда на земле.

Вскоре после завоевания Индии дравидийские андиты утратили свои расовые и культурные контакты с Месопотамией, однако проложенные впоследствии морские и караванные пути восстановили утерянные связи. И за последние десять тысяч лет Индия никогда полностью не теряла связи с Месопотамией на западе и с Китаем на востоке, хотя наличие горных преград в огромной мере благоприятствовало отношениям с западом.

Высокоразвитая культура и религиозные наклонности народов Индии восходят ко временам господства дравидов и отчасти объясняются тем фактом, что сифитское жречество проникло в Индию сначала при вторжении андитов, а позднее – с нашествием ариев. Монотеизм, пронизывающий религиозную историю Индии, берет свое начало в учениях адамитов времен второго сада.

Еще за 16 000 лет до н. э. группа из ста сифитских священников появилась в Индии и была близка к тому, чтобы обратить в свою веру западную половину этого многоязычного народа. Но их религия не сохранилась. За пять тысячелетий учения сифитов о Райской Троице деградировали до триединого символа бога огня.

Однако на протяжении более чем семи тысячелетий, вплоть до прекращения миграций андитов, религиозный статус обитателей Индии был намного выше общемирового уровня. В этот период Индия обладала всеми предпосылками для создания ведущей в мире цивилизации в культурном, религиозном, философском и торговом аспектах. И если бы не полное растворение андитов среди народов юга, возможно, так бы и произошло.

Дравидийские центры культуры располагались в долинах рек – в основном в долинах Инда и Ганга, а также на Деканском плоскогорье вдоль трех крупных рек, текущих к морю через Восточные Гаты. Поселения, находившиеся вдоль морского побережья Западных Гатов, были обязаны своим значением морским связям с Шумером.

Дравиды были одним из древнейших народов, начавших строить города и вести широкую экспортно-импортную торговлю, как морскую, так и сухопутную. За 7 000 лет до н. э. караваны верблюдов уже регулярно посещали далекую Месопотамию; дравидийские мореплаватели каботажным способом пересекали Аравийское море, добираясь до городов Шумера в Персидском заливе, а купцы, торговавшие в Бенгальском заливе, достигали даже Ост-Индии. Из Шумера эти мореплаватели и торговцы заимствовали алфавит и искусство письма.

Эти торговые отношения чрезвычайно способствовали дальнейшему разнообразию многонациональной культуры, следствием чего стало раннее появление многих атрибутов городской изысканности и даже роскоши. Когда позднее арии появились в Индии, они не признали в дравидах, растворенных в сангикских расах, своих андитских родственников, хотя и обнаружили высокоразвитую культуру. Несмотря на свои биологические ограничения, дравиды основали превосходную цивилизацию. Она охватывала всю Индию и сохранилась вплоть до настоящего времени на плоскогорье Декан.

4. ВТОРЖЕНИЕ АРИЕВ В ИНДИЮ

Вторым проникновением андитов в Индию стало вторжение ариев, длившееся почти пятьсот лет в середине третьего тысячелетия до Христа. Эта миграция стала завершающим исходом андитов со своей родины в Туркестане.

Ранние арийские центры были разбросаны по территории северной части Индии, особенно ее северо-запада. Арии так и не покорили всю страну, и это упущение стало роковым: из-за своей малочисленности они оказались в уязвимом положении и были поглощены южными дравидами, которые впоследствии распространились на весь полуостров, кроме гималайских провинций.

В расовом отношении наследие ариев в Индии было незначительным. Исключением являются только северные провинции. На Деканском плоскогорье их влияние было скорее культурным и религиозным, нежели расовым. То, что у жителей северной Индии сохранилось больше так называемой арийской крови, объясняется не только массовым присутствием ариев в этих регионах, но и подкреплениями более позднего периода – завоевателями, торговцами и миссионерами. Еще в первом веке до прихода Христа продолжалось непрерывное проникновение арийской крови в Пенджаб, причем последний приток произошел в период военных походов эллинистических народов.

На Гангской равнине арии и дравиды в конце концов смешались с образованием высокоразвитой культуры, и этот центр был впоследствии укреплен северо-восточными пришельцами из Китая.

В разное время в Индии процветали многочисленные типы социального устройства – от полудемократических систем ариев до деспотических и монархических форм правления. Однако наиболее характерной чертой общества стала живучесть крупных социальных каст, созданных ариями в попытке увековечить свою расовую идентичность. Эта сложная кастовая система сохранилась вплоть до нынешних времен.

Из четырех основных каст все, кроме первой, были созданы в тщетной попытке предотвратить расовое смешение арийских завоевателей с покоренными ими отсталыми племенами. Что же касается первой касты, учителей-священников, то она происходит от сифитов: брахманы двадцатого века после Христа – прямые наследники культуры священников второго сада, несмотря на то что их доктрины существенно отличаются от учений их прославленных предшественников.

Когда арии вторглись в Индию, они принесли с собой свои представления о Божестве – такие, какими они сохранились в вековых традициях религии второго сада. Однако брахманские священники так и не смогли противостоять наступлению язычества, возникшего при внезапном контакте с отсталыми религиями Декана после исчезновения ариев как расы. Так огромное большинство населения оказалось в оковах порабощающих суеверий, свойственных примитивным религиям. Поэтому Индия так и не смогла создать высокоразвитую цивилизацию, которая намечалась здесь в прежние времена.

Духовный подъем в шестом веке до Христа оказался в Индии недолговечным и угас еще до вторжения магометан. Но однажды может появиться еще более великий Гаутама, который поведет всю Индию на поиски живого Бога, и тогда мир увидит, как реализуются культурные задатки разностороннего народа, столь долго пребывавшего в состоянии застоя из-за парализующего воздействия неэволюционирующих духовных представлений.

Культура действительно покоится на биологическом фундаменте, однако одна только каста не могла увековечить арийскую культуру, ибо религия – истинная религия – является неотъемлемым источником той высшей энергии, которая побуждает человека к созданию превосходящей цивилизации, основанной на братстве людей.

5. КРАСНЫЙ ЧЕЛОВЕК И ЖЕЛТЫЙ ЧЕЛОВЕК

Если рассказ об Индии – это история покорения ее андитами и их последующего растворения среди более древних эволюционных народов, то повествование о восточной Азии касается в основном первичных сангикских рас – в особенности красной и желтой. В своей массе две эти расы избежали смешения с той деградировавшей неандертальской линией, которая чрезвычайно замедлила развитие синего человека в Европе. Это позволило им сохранить более высокий потенциал первичного сангикского типа.

Хотя ранние неандертальцы распространились по всей Евразии, их восточное крыло оказалось наиболее испорченным деградировавшими животными линиями. Эти субчеловеческие типы были вытеснены на юг пятым ледником – тем же ледяным щитом, который в течение столь долгого времени препятствовал сангикской миграции в восточную Азию. И когда красный человек направился на северо-восток в обход горных регионов Индии, он обнаружил, что северо-восточная Азия была свободна от этих субчеловеческих типов. Племенная организация появилась у красных людей раньше, чем у других народов, и они первыми мигрировали из центрально-азиатского центра сангикских рас. Низшие неандертальские роды были уничтожены или вытеснены с материка мигрировавшими сюда позднее желтыми племенами. Однако на протяжении почти ста тысяч лет, вплоть до появления желтых племен, красный человек оставался владыкой восточной Азии.

Более трехсот тысяч лет тому назад основная масса желтой расы, мигрируя вдоль побережья, достигла Китая. С каждым тысячелетием желтые люди продвигались всё дальше в глубь континента, однако вплоть до сравнительно недавнего времени они не вступали в контакт со своими мигрирующими тибетскими братьями.

Рост населения привел к тому, что желтая раса, продвигаясь на север, начала вторгаться в охотничьи угодья красного человека. Это вторжение, усугубленное естественным расовым антагонизмом, привело к ужесточению вражды. Так началась решающая борьба за плодородные земли дальней Азии.

Повествование об этом многовековом соперничестве – одна из эпических страниц урантийской истории. На протяжении более двухсот тысяч лет между этими двумя высокоразвитыми расами шла ожесточенная и непрекращающаяся война. Вначале удача больше сопутствовала красному человеку, и его набеги сеяли панику в поселениях желтых людей. Однако желтый человек оказался способным учеником в военном искусстве, и он быстро продемонстрировал свойственное ему умение жить в мире со своими соотечественниками; китайцы первыми поняли, что сила – в единстве. Между племенами красной расы продолжались внутренние конфликты, и вскоре они начали терпеть одно поражение за другим от решительных и беспощадных китайцев, продолжавших свое неумолимое продвижение на север.

Сто тысяч лет тому назад остатки племен красного человека с боями отходили вслед за отступавшим льдом последнего ледника, и когда открылся путь на восток по мосту суши через Берингов перешеек, эти племена быстро покинули негостеприимные берега азиатского континента. Прошло восемьдесят пять тысяч лет с тех пор, как последние чистокровные красные люди ушли из Азии, однако продолжительная борьба оставила на победоносной желтой расе свой генетический отпечаток. Северные китайские народы, наряду с андонитами Сибири, смешались с красным человеком с большой для себя пользой.

Лишившись своей азиатской родины примерно за пятьдесят тысяч лет до прихода Адама, североамериканские индейцы не вступали в контакт и с андитскими потомками Адама и Евы. В эпоху миграций андитов чистокровные роды красной расы распространялись по территории Северной Америки в виде кочевых племен охотников, в некоторой мере занимавшихся земледелием. Эти расы и культурные группы оставались почти в полной изоляции от остального мира – начиная с их прибытия в Америку и вплоть до конца первого тысячелетия христианской эры, когда они были открыты белыми европейцами. До того времени эскимосы были наиболее близким к белой расе народом, знакомым северным племенам красного человека.

Красный и желтый человек – единственные человеческие расы, достигшие высокого уровня цивилизации без влияния андитов. Древнейшая культура америндов появилась в центре Онамоналонтона в Калифорнии, однако к 35-му тысячелетию до н. э. эта цивилизация уже давно исчезла с лица земли. Более поздние и долговечные цивилизации в Мексике, Центральной Америке и в горах Южной Америки были основаны расой, которая была преимущественно красной, но содержала значительную долю желтой, оранжевой и синей крови.

Эти цивилизации были продуктом эволюции сангикских рас, хотя незначительная часть андитской крови достигла Перу. За исключением эскимосов Северной Америки, а также некоторых полинезийских андитов Южной Америки, народы западного полушария не имели контактов с остальным миром вплоть до конца первого тысячелетия после Христа. В первоначальном плане Мелхиседеков по усовершенствованию урантийских рас предусматривалась отправка миллиона чистокровных потомков Адама для усовершенствования американских красных людей.

6. ИСТОКИ КИТАЙСКОЙ ЦИВИЛИЗАЦИИ

Через некоторое время после изгнания красного человека в Северную Америку продвигавшиеся китайцы заставили андонитов уйти из речных долин восточной Азии, вытеснив их на север в Сибирь и на запад в Туркестан, где им вскоре предстояло соприкоснуться с более высокой культурой андитов.

В Бирме и на полуострове Индокитай индийская и китайская культуры смешались и слились, в результате чего в этих регионах появилось несколько сменивших друг друга цивилизаций. Здесь исчезнувшая зеленая раса сохранилась в больших пропорциях, чем в каком-либо другом месте.

Многие различные расы занимали острова Тихого океана. В целом, на южных и в то время более крупных островах проживали народы с большим процентным содержанием зеленой и индиговой крови. Северные острова находились во владении андонитов, а позднее – рас с большой долей желтой и красной линий. Предки японского народа были вытеснены с материка только за 12 000 лет до н. э., когда мощное наступление северных китайских племен в направлении южного побережья заставило их уйти из этих мест. Их завершающий исход объяснялся не столько ростом населения, сколько инициативой племенного вождя, к которому они относились, как к божеству.

Как и народы Индии и Леванта, победоносные племена желтого человека создавали свои древнейшие центры на побережьях и вдоль рек. Позднее для береговых поселений настали тяжелые времена, поскольку из-за всё более обширных половодий и смещения русел рек жизнь в низинных городах стала невозможной.

Двадцать тысяч лет тому назад предшественники китайцев построили дюжину могущественных центров первобытной культуры и просвещения, в особенности вдоль рек Хуанхэ и Янцзы. Эти центры стали укрепляться за счет постоянного притока более развитых смешанных народов из Синьцзяна и Тибета. Миграция из Тибета в долину Янцзы была не столь масштабной, как на севере, а тибетские центры уступали в развитии центрам таримского бассейна. Однако оба потока несли некоторое количество андитской крови на восток, к речным поселениям.

Превосходство древней желтой расы объяснялось четырьмя основными факторами:

1. *Генетическим*. В отличие от своих синих родственников в Европе, как красная, так и желтая раса в основном избежали смешения с деградировавшими человеческими племенами. Северным китайцам, уже укрепленным за счет добавления небольшого количества превосходящей красной и андонической наследственности, вскоре предстояло извлечь пользу из значительного притока андитской крови. В этом отношении южным китайцам повезло меньше, и в течение долгого времени они страдали из-за поглощения зеленой расы, в то время как позднее им предстояло быть еще более ослабленными в результате массового нашествия отсталых народов, вытесненных из Индии вторжением дравидов и ариев. И сегодня в Китае существует явное различие между северными и южными расами.

2. *Социальным*. Желтая раса своевременно осознала важность межплеменного мира. Внутринациональное миролюбие настолько способствовало росту населения, что их цивилизация распространилась на многие миллионы людей. Между 25-м и 5-м тысячелетиями до н. э. самая высокоразвитая массовая цивилизация на Урантии находилась в центральном и северном Китае. Желтый человек первым добился расовой солидарности – первым достиг широкомасштабной культурной, социальной и политической цивилизации.

Китайцы 15-го тысячелетия до н. э. были решительными захватчиками. Их не ослабляло чрезмерное благоговение перед прошлым. Они представляли собой компактную группу численностью менее двенадцати миллионов человек, говорившую на одном языке. В этот период они создали настоящую нацию, значительно более объединенную и однородную, чем их политические союзы прошлых лет.

3. *Духовным*. В период андитских миграций китайцы относились к числу наиболее духовных народов мира. Вековая приверженность поклонению Единой Истине, провозглашенной Синглангтоном, долго давала им преимущество перед другими расами. Стимул прогрессивной и развитой религии часто является решающим фактором в развитии культуры; по мере того, как Индия приходила в упадок, Китай двигался вперед под жизнетворным воздействием религии, свято почитавшей истину как верховное Божество.

Это поклонение истине побуждало к исследованиям, бесстрашному изучению законов природы и потенциальных возможностей человечества. Еще 6 000 лет тому назад китайцы продолжали с жадностью овладевать знаниями и упорно стремиться к постижению истины.

4. *Географическим*. С запада Китай защищен горами, с востока – Тихим океаном. Только с севера он оставался уязвимым для нападений, но со времен красного

человека до появления последующих потомков андитов ни одна агрессивная раса не обитала на севере.

И если бы не горные преграды и последующий упадок духовной культуры, желтая раса несомненно привлекла бы к себе бóльшую часть мигрировавших из Туркестана андитов и быстро превратилась бы в ведущую мировую цивилизацию.

7. АНДИТЫ ВСТУПАЮТ В КИТАЙ

Около пятнадцати тысяч лет тому назад множество андитов проходили через перевал Ти Тао, занимая верховья Хуанхэ между китайскими поселениями провинции Ганьсу. Вскоре они продвинулись на восток, в Хэнань, где находились наиболее прогрессивные поселения. Около половины тех, кто проникал с запада, были андонитами, другая половина – андитами.

Северные центры культуры, расположенные вдоль реки Хуанхэ, всегда были более прогрессивными, чем южные поселения на реке Янцзы. Даже незначительный приток высокоразвитых смертных привел к тому, что за несколько тысячелетий поселения, находившиеся вдоль Хуанхэ, обошли в своем развитии села Янцзы и достигли преимущества перед их южными братьями, которое сохраняется по сей день.

Дело было не в большом числе андитов и не в превосходстве их культуры, а в том, что расовое смешение с ними привело к появлению более разносторонней расы. Северные китайцы приобрели ровно столько андитской наследственности, чтобы мягко стимулировать их от природы способный ум, однако недостаточно для того, чтобы воспламенить их беспокойной, пытливой любознательностью, которая так характерна для северных белых рас. Более ограниченное привнесение андитской наследственности меньше нарушало внутреннюю уравновешенность этого сангикского типа.

Последующие волны андитов принесли с собой некоторые достижения культуры Месопотамии; это особенно справедливо в отношении последних волн миграции с запада. Андиты значительно улучшили экономические и образовательные методы северных китайцев, и хотя влияние на религиозную культуру желтой расы было недолговечным, более поздние потомки андитов внесли большой вклад в последующее духовное пробуждение. Андитские традиции красоты Эдема и Даламатии действительно оказали влияние на традиции Китая; в ранних китайских легендах «страна богов» находится на западе.

Китайский народ начал строить города и заниматься производством только с 10-го тысячелетия до н. э., с изменением климата в Туркестане и прибытием поздних андитских переселенцев. Приток этой новой крови не столько усовершенствовал цивилизацию желтого человека, сколько дал толчок дальнейшему быстрому развитию скрытых тенденций более развитых китайских родов. От Хэнаня до Шэньси потенциальные возможности развитой цивилизации начали приносить свои плоды. К этому времени восходят металлообработка и все виды ремесел.

Сходство между некоторыми ранними китайскими и месопотамскими методами времяисчисления, астрономии и управления объяснялось торговыми связями этих разделенных большим расстоянием центров. Еще в дни Шумера китайские купцы пользовались сухопутными маршрутами, которые вели через Туркестан в Месопотамию. И этот обмен не был односторонним: долина Евфрата извлекала из него такую же большую пользу, как и народы Гангской равнины. Однако климатические изменения и вторжения кочевников в третьем тысячелетии до Христа привели к резкому сокращению объема торговли на караванных путях центральной Азии.

8. ДАЛЬНЕЙШЕЕ РАЗВИТИЕ КИТАЙСКОЙ ЦИВИЛИЗАЦИИ

В то время как красный человек пострадал от чрезмерных войн, можно смело утверждать, что замедление развития китайского государства было обусловлено законченностью покорения Азии. Китайцы обладали огромной способностью к расовой солидарности, однако она не смогла проявиться должным образом, ибо отсутствовал тот устойчивый побудительный стимул, каким является постоянная опасность агрессии извне.

После покорения восточной Азии древнее военное государство постепенно распалось – прошлые войны были забыты. От героической борьбы с красной расой остались только смутные предания о древнем состязании с племенами лучников. Китайцы быстро перешли к земледелию, которое способствовало развитию миролюбия, и то, что население было с лихвой обеспечено пригодной для обработки землей, еще больше укрепляло мирный характер страны.

Сознание прошлых достижений (в настоящее время несколько стершееся), консерватизм преимущественно сельскохозяйственной нации, а также хорошо развитая семейная жизнь, – всё это вылилось в благоговение перед предками, превратившееся в такое почитание людей прошлого, которое граничило с поклонением. Весьма схожее отношение преобладало среди белых европейских рас в течение примерно пятисот лет после краха греко-римской цивилизации.

Вера в «Единую Истину» и поклонение ей в духе учений Синглангтона никогда не умирали, а с течением времени растущая тенденция почитать то, что уже было создано, полностью затмила поиски новой и более высокой истины. Постепенно, вместо стремления к неизвестному, гений желтой расы стал направляться на сохранение известного. В этом причина застоя того, что некогда представляло собой самую быстроразвивающуюся цивилизацию в мире.

Между 4 000 и 500 годом до н. э. завершилось политическое воссоединение желтой расы, однако к этому времени уже существовал культурный союз центров на реках Янцзы и Хуанхэ. Политическое воссоединение более поздних племенных групп не обошлось без конфликтов, однако общественное мнение по-прежнему отрицательно относилось к войне; поклонение предкам, распространение диалектов и отсутствие необходимости в военных действиях в течение многих тысячелетий превратили этот народ в крайне миролюбивую нацию.

Несмотря на то что перспективы раннего появления развитого государства не оправдались, желтая раса постепенно овладевала искусством цивилизации – особенно в области земледелия и садоводства. Решение гидротехнических проблем, с которыми столкнулись земледельцы провинций Шэньси и Хэнань, требовало межгруппового сотрудничества. Подобные трудности орошения и сохранения почвы немало способствовали развитию взаимозависимости, что вело к укреплению мира между группами фермеров.

Вскоре развитие письменности, наряду с открытием школ, дало толчок к беспрецедентному распространению знаний. Однако громоздкая система идеографического письма ограничивала число образованных классов, несмотря на раннее появление книгопечатания. И прежде всего, быстрыми темпами продолжался процесс социальной стандартизации и догматизации религиозно-философской сферы. Религиозное развитие поклонения предкам еще больше усложнилось потоком суеверий, включавших поклонение природе, однако некоторые следы подлинного представления о Боге сохранялись в поклонении верховному божеству Шан-ди.

Огромная слабость поклонения предкам заключается в том, что оно способствует развитию философии, обращенной в прошлое. При всей мудрости, которую можно извлечь из прошлого, ошибочно считать его единственным источником истины. Истина относительна, она развивается; она *живет* всегда в настоящем, достигая нового выражения в каждом поколении людей, – и в каждой человеческой жизни.

Огромная сила преклонения перед предками – в том значении, которое при таком отношении придается семье. Поразительная стабильность и живучесть китайской культуры является следствием высочайшего положения семьи, ибо цивилизация непосредственно зависит от эффективного функционирования семьи, а в Китае семья приобрела такую социальную значимость и даже религиозное значение, которые были знакомы лишь немногим другим народам.

Усиление культа поклонения предкам требовало сыновней привязанности и преданности семье, что обеспечило формирование превосходных семейных отношений и прочных семейных групп; и всё это способствовало появлению следующих факторов сохранения цивилизации:

1. Сохранение собственности и богатства.

2. Использование совокупного опыта нескольких поколений.

3. Эффективное обучение детей искусствам и наукам прошлого.

4. Развитие сильного чувства долга, укрепление морали и усиление этической восприимчивости.

Период формирования китайской цивилизации, начавшийся с приходом андитов, продолжался вплоть до великого этического, нравственного и полурелигиозного пробуждения в шестом веке до Христа. Китайские традиции сохранили смутные предания об эволюционном прошлом. Переход от матриархата к патриархату, организация земледелия, развитие архитектуры, зарождение промышленного производства – все эти фазы излагаются одна за другой. И это повествование с большей точностью, чем любое другое аналогичное описание, рисует картину замечательной эволюции – от варварства до превращения в высокоразвитый народ. В течение этого времени китайский народ прошел путь от первобытного аграрного общества до высокой социальной организации, включающей города, ремесла, металлообработку, торговлю, управление, письменность, математику, искусство, науку и книгопечатание.

Так древняя цивилизация желтой расы сохранилась в веках. Прошло почти сорок тысяч лет со времени первых крупных успехов китайской культуры, и хотя не раз движение шло вспять, по сравнению с другими, цивилизация сынов Ханя является наиболее целостным примером непрерывного прогресса вплоть до двадцатого века. Белые расы добились высокого уровня развития в технике и религии, однако они никогда не превосходили китайцев в верности семье, групповой этике и личной морали.

Эта древняя культура внесла большой вклад в человеческое счастье; миллионы людей жили и умерли, благословленные ее достижениями. Веками эта великая цивилизация почивала на лаврах прошлого, однако именно сейчас она пробуждается, чтобы по-новому представить себе трансцендентные цели смертного существования, вновь вступить в неослабевающую борьбу за вечный прогресс.

[Представлено архангелом Небадона.]

ДОКУМЕНТ 80

РАСПРОСТРАНЕНИЕ АНДИТОВ НА ЗАПАДЕ

Хотя сам европейский синий человек не достиг великой культурной цивилизации, он действительно стал тем биологическим основанием, на котором – при смешении его слившихся с адамитами родов с последующими андитскими завоевателями – возникла одна из наиболее способных к созданию активной цивилизации рас, когда-либо появлявшихся на Урантии со времен фиолетовой расы и ее андитских преемников.

Современный белый человек несет в себе сохранившиеся линии адамического рода, смешанного с сангикскими расами: в некоторой степени – с красной и желтой, однако в основном – с синей. Во всех белых расах течет много крови изначальных андонитов и еще больше – ранних нодитов.

1. АДАМИТЫ ВСТУПАЮТ В ЕВРОПУ

До того как последние андиты были вытеснены из долины Евфрата, многие из их соплеменников попали в Европу в качестве путешественников, учителей, торговцев и воинов. На протяжении начального периода существования фиолетовой расы средиземноморская впадина была защищена гибралтарским перешейком и сицилийским мостом суши. Одни из древнейших морских торговых путей появились на этих внутренних озерах, где синий человек с севера и жители Сахары с юга встречались с нодитами и адамитами с востока.

В восточной части средиземноморской впадины нодиты основали один из наиболее развитых очагов своей культуры; из этих центров некоторые из них проникали в южную Европу, но в первую очередь – в северную Африку. Еще в глубокой древности широколицые сирийцы, появившиеся от смешения нодитов с андонитами, занялись изготовлением керамики и земледелием, поселившись в постепенно поднимавшейся дельте Нила. Кроме того, они доставляли сюда овец, коз, крупный рогатый скот и других домашних животных и внедряли значительно усовершенствованные методы металлообработки, центром которой в те времена была Сирия.

На протяжении свыше тридцати тысяч лет обитатели Месопотамии нескончаемым потоком прибывали в Египет, принося с собой свое искусство и культуру и обогащая культурные традиции долины Нила. Но проникновение многочисленных народов Сахары чрезвычайно ослабило древнюю цивилизацию Нила, и около пятнадцати тысяч лет тому назад культурный уровень Египта опустился до своей самой низкой отметки.

Однако в предшествующие времена почти ничто не препятствовало миграции адамитов на запад. Сахара представляла собой открытые пастбищные земли, населенные скотоводами и земледельцами. Жители Сахары никогда не занимались производством, никогда не строили городов. Эта индигово-черная группа обладала большой долей наследственности исчезнувших зеленой и оранжевой рас. Тем не менее, она успела получить толику фиолетовой крови, прежде чем подъем суши и изменение направления влажных ветров привели к рассеянию остатков этой процветающей и миролюбивой цивилизации.

Большинство человеческих рас получило некоторую долю крови Адама – одни большую, другие меньшую. Смешанные расы Индии и темнокожие народы Африки не привлекали адамитов. Они могли бы широко смешаться с красным человеком, не живи он в далекой Америке; они хорошо относились к желтому человеку, однако и он обитал в труднодоступных регионах Азии. Поэтому – побуждаемые страстью к приключениям, альтруизмом или вытесняемые из долины Евфрата – они совершенно естественно выбирали союз с синими расами Европы.

У синего человека, господствовавшего в то время в Европе, не было религиозных обычаев, которые отталкивали бы ранних переселенцев-адамитов, и в сексуальном отношении фиолетовая и синяя расы были очень привлекательны друг для друга. Лучшие из синих людей считали высокой честью вступить в брачные отношения с адамитами. Каждый синий мужчина стремился стать настолько умелым и артистичным, чтобы завоевать любовь адамитской женщины, и высшим желанием лучших синих женщин было добиться расположения адамитских мужчин.

Постепенно эти мигрирующие сыны Эдема объединились с высшими типами синей расы, укрепляя их культуру и одновременно безжалостно истребляя остатки неандертальской наследственности. Этот метод расового смешения, в сочетании с уничтожением низших генотипов, привел к появлению более десятка сильных и прогрессивных групп высокоразвитых синих людей, одну из которых вы назвали кроманьонцами.

В силу этих и других причин, среди которых не последнее значение имеют благоприятные направления миграции, первые волны месопотамской культуры, за редким исключением, направлялись только в Европу. Именно эти обстоятельства создали предпосылки для появления современной европейской цивилизации.

2. КЛИМАТИЧЕСКИЕ И ГЕОЛОГИЧЕСКИЕ ИЗМЕНЕНИЯ

Первое распространение фиолетовой расы в Европе прекратилось из-за некоторых довольно внезапных климатических и геологических изменений. С отступлением северных ледниковых полей влажные западные ветры переместились на север, что постепенно превратило бескрайние пастбищные регионы Сахары в бесплодную пустыню. Эта засуха стала причиной рассеяния низкорослых брюнетов – темноглазых, но длиннолицых обитателей великого плоскогорья Сахары.

Более чистокровные индиговые племена ушли на юг, в леса центральной Африки, где и пребывают с тех пор. Более смешанные группы распространились в трех направлениях: наиболее развитые западные племена мигрировали в Испанию и оттуда – в прилегающие части Европы, образовав ядро последующей средиземноморской расы длиннолицых брюнетов; наименее прогрессивная ветвь к востоку от плоскогорья Сахары мигрировала в Аравию и оттуда – через северную Месопотамию и Индию – в далекий Цейлон; центральная группа переместилась на север и восток – в долину Нила и Палестину.

Именно эта вторичная сангикская основа придает некоторую степень родства современным народам, разбросанным на Деканском плоскогорье, в Иране и Месопотамии, а также на обоих берегах Средиземного моря.

Примерно в то же время, когда в Африке происходили эти климатические изменения, Англия отделилась от континента и Дания поднялась из моря, в то время как Гибралтарский перешеек, защищавший западный бассейн Средиземноморья, рухнул в результате землетрясения, что привело к быстрому подъему воды в этом внутреннем озере до уровня Атлантического океана. Вскоре погрузился сицилийский мост суши, превратив Средиземноморский бассейн в одно сплошное море и соединив его с Атлантическим океаном. Эта природная катастрофа вызвала затопление огромного количества поселений и привела к самым большим человеческим жертвам за всю мировую историю наводнений.

В результате затопления Средиземноморского бассейна сразу же сократилось продвижение адамитов в западном направлении; вместе с тем большой наплыв обитателей Сахары заставил их искать пути, по которым их растущее население могло уйти на север и восток от Эдема. Продвигаясь на север из долин Тигра и Евфрата, потомки Адама натолкнулись на горные преграды и расширившееся Каспийское море. И на протяжении многих поколений адамиты охотились, пасли скот и возделывали землю вокруг своих поселений, разбросанных по всему Туркестану. Постепенно этот величественный народ расширял свою территорию, проникая в Европу. Однако на этот раз адамиты вступили в Европу с востока, обнаружив, что культура синего человека на тысячелетия отставала от культуры Азии, ибо этот регион не имел практически никаких связей с Месопотамией.

3. КРОМАНЬОИДНЫЙ СИНИЙ ЧЕЛОВЕК

Древние центры культуры синего человека располагались вдоль всех европейских рек, но только Сомма течет сегодня по тому же руслу, что и в доледниковый период.

Хотя мы и говорим о том, что синий человек распространился по всему европейскому континенту, здесь существовали десятки различных расовых типов. Еще тридцать пять тысяч лет тому назад европейские синие расы представляли собой весьма смешанных людей с наследственными признаками как красной, так и желтой рас, в то время как на атлантическом побережье и в тех регионах, где в настоящее время находится Россия, они ассимилировали значительное количество андонитской крови, а на юге смешивались с обитателями Сахары. Однако было бы бесполезно пытаться перечислить все многочисленные расовые группы.

Европейская цивилизация этого раннего постадамического периода уникальным образом сочетала в себе энергию и мастерство синего человека с творческим воображением адамитов. Синие люди были необычайно энергичной расой, но они привели к огромному упадку культурного и духовного уровня адамитов. Пришельцам было чрезвычайно трудно привить свою религию кроманьоидам из-за того, что столь многие из адамитов тяготели к обману и растлению девственниц. В течение десяти тысяч лет европейская религия пребывала в упадке по сравнению с успехами Индии и Египта.

Во всех своих поступках синие люди были исключительно честными и полностью свободными от сексуальных пороков смешанных адамитов. Они уважали девичество и прибегали к многоженству только тогда, когда война приводила к нехватке мужчин.

Кроманьонцы были отважной и прозорливой расой. Они выработали эффективную систему воспитания: детьми занимались оба родителя при активном участии старших детей. Каждый ребенок получал хорошую подготовку в уходе за пещерой, искусстве и обработке кремня. Уже в молодом возрасте женщины прекрасно владели домашними ремеслами и навыками примитивного земледелия, а мужчины были умелыми охотниками и отважными воинами.

Синие люди занимались охотой, рыболовством и собирательством, а также строили прекрасные лодки. Они изготовляли каменные топоры, рубили деревья, возводили крытые шкурами бревенчатые срубы, частично врытые в землю. Существуют народы, которые до сих пор строят аналогичные жилища в Сибири. Южные кроманьонцы обычно жили в пещерах и гротах.

В зимние холода кроманьонские стражники, охранявшие ночью вход в пещеру, нередко замерзали насмерть. Они отличались отвагой, однако в первую очередь они были людьми искусства: адамическая кровь внезапно ускорила творческое воображение. Искусство синего человека достигло своей вершины около пятнадцати тысяч лет тому назад, до того как более темнокожие расы двинулись на север из Африки через Испанию.

Около пятнадцати тысяч лет тому назад происходило широкое разрастание альпийских лесов. Европейские охотники вытеснялись в речные долины и на морские берега, гонимые теми же климатическими изменениями, которые превратили изобилующие дичью места в сухие и бесплодные пустыни. С перемещением влажных ветров на север огромные открытые пастбища Европы покрылись лесами. Эти широкие и относительно внезапные климатическое изменения заставили европейские расы, занимавшиеся охотой на открытых пространствах, перейти к скотоводству и, до некоторой степени, рыболовству и земледелию.

Хотя эти перемены привели к успехам в культуре, они выразились в некоторой биологической деградации. В течение предшествующей охотничьей эры члены высокоразвитых племен вступали в смешанные браки с высшими типами пленников, неизменно убивая тех, кого считали низшими. Но с появлением поселений, земледелия и торговли многих посредственных пленников стали оставлять в живых, превращая их в рабов. Именно потомство этих рабов стало впоследствии причиной столь значительного регресса всего кроманьонского типа. Упадок культуры продолжался, пока она не получила свежего подкрепления с востока, когда, в результате последнего и массового вторжения, месопотамцы прокатились по всей Европе, быстро поглотив кроманьонский тип и культуру и положив начало цивилизации белых рас.

4. ВТОРЖЕНИЯ АНДИТОВ В ЕВРОПУ

Хотя продвижение андитов в Европу происходило непрерывным потоком, произошло семь основных вторжений; последние андиты прибыли верхом тремя крупными волнами. Некоторые из них достигли Европы через острова Эгейского моря и долину Дуная, однако большинство более ранних и чистокровных родов мигрировали в северо-западную Европу северным путем – через пастбищные земли Волги и Дона.

Между третьим и четвертым нашествиями андонитская орда, отправившись в путь из Сибири и миновав русские реки и Балтику, вторглась в Европу с севера. Она была сразу же ассимилирована северными андитскими племенами.

Первые распространения более чистокровной фиолетовой расы были куда более мирными, чем вторжения их андитских потомков с их полувоенной организацией и стремлением к территориальным захватам. Адамиты отличались миролюбием, нодиты – воинственностью. Союз двух этих рас, впоследствии смешавшихся с сангикскими племенами, привел к появлению умелых, напористых андитов, которые вели настоящие захватнические войны.

Однако именно лошадь была тем эволюционным фактором, который привел к господству андитов на Западе. Лошадь давала расселявшимся андитам новое преимущество – мобильность, что позволило последним группам андитских всадников быстро обойти Каспийское море и распространиться на всю Европу. Все предыдущие волны андитов передвигались так медленно, что обычно распадались на том или ином расстоянии от Месопотамии. Последние же волны перемещались с такой скоростью, что достигали Европы целостными группами, отчасти сохранив высокую культуру.

В течение десяти тысяч лет весь обитаемый мир, кроме Китая и региона Евфрата, добился весьма ограниченного культурного прогресса. Но вот, в шестом и седьмом тысячелетиях до Христа, появились неутомимые андитские всадники. По мере своего продвижения на запад через русские равнины, поглощая лучшие элементы синей расы и уничтожая худшие, они превратились в единую нацию. Это были предки так называемых нордических рас – праотцы скандинавских, германских и англосаксонских народов.

Прошло немного времени, и лучшие синие роды были полностью поглощены андитами на всей территории северной Европы. Только в Лапландии (и до некоторой степени в Бретани) более древние андониты смогли хотя бы в какой-то мере сохранить свою идентичность.

5. ПОКОРЕНИЕ АНДИТАМИ СЕВЕРНОЙ ЕВРОПЫ

Североевропейские племена постоянно укреплялись и совершенствовались за счет непрерывного притока переселенцев из Месопотамии, прибывавших через Туркестан и регионы южной России, и когда последние волны андитских всадников прокатились по Европе, здесь уже было больше людей с андитской наследственностью, чем во всём остальном мире.

В течение трех тысячелетий военный центр северных андитов находился в Дании. Из этого центра, одна за другой, шли волны захватчиков, в которых оставалось всё меньше андитской крови и которые становились всё более светлокожими, ибо на протяжении веков произошло окончательное смешение месопотамских завоевателей с покоренными народами.

Хотя синий человек был ассимилирован на севере и в конце концов уступил проникшим на юг белым всадникам, продвигавшиеся племена смешанной белой расы встретили упорное и длительное сопротивление со стороны кроманьонцев. Однако превосходящий интеллект и постоянное пополнение биологического резерва позволили им стереть более древнюю расу с лица земли.

Решающие сражения между белыми и синими людьми произошли в долине Соммы. Здесь лучшие представители синей расы яростно сражались с продвигавшимися на юг андитами, и на протяжении более пятисот лет кроманьоиды успешно защищали свои территории, прежде чем уступить превосходящей военной стратегии белых захватчиков. Тор – победоносный командующий северными армиями в решающей битве на Сомме – стал героем белых северных племен и позднее почитался некоторыми из них как бог.

Дольше других цитадели синего человека продержались в южной Франции, однако последнее значительное военное сопротивление было подавлено на Сомме. Дальнейшим завоеваниям способствовали распространение торговли, высокая плотность населения в долинах рек и непрекращавшиеся смешанные браки с лучшими элементами вместе с безжалостным уничтожением худших.

Когда совет старейшин андитского племени решал, что пленник более низкого уровня был непригодным, то, исполнив сложный обряд, его передавали жрецам-шаманам, которые уводили его к реке и совершали ритуал вступления в «счастливую загробную жизнь», – смертельное погружение в воду. Так белые захватчики Европы уничтожали все племена, которых они встречали на своем пути и которые не поддавались быстрой ассимиляции. И так пришел быстрый конец синему человеку.

Синий кроманьоид стал биологическим фундаментом современных европейских рас, однако он уцелел только в составе последующих, более сильных завоевателей, захвативших его родные земли. Синий человек передал белым европейским расам многие здоровые черты и физическую силу, однако присущие смешанным европейским народам чувство юмора и творческое воображение приобретены от андитов. Этот союз синих людей с андитами, в результате которого появились северные белые расы, сразу же привел к снижению уровня андитской цивилизации – задержке, которая носила временный характер. В конечном счете, скрытое превосходство этих северных варваров проявило себя и достигло своей кульминации в современной европейской цивилизации.

К началу 5-го тысячелетия до н. э. эволюционирующие белые расы господствовали на всей территории северной Европы, включая северную Германию, северную Францию и Британские острова. В течение некоторого времени в центральной Европе преобладали синие люди и круглолицые андониты. Последние селились в основном в долине Дуная, откуда так никогда и не были полностью изгнаны андитами.

6. АНДИТЫ НА БЕРЕГАХ НИЛА

Со времени завершающей миграции андитов произошел упадок культуры в долине Евфрата, и основной центр цивилизации переместился в долину Нила. Египет стал преемником Месопотамии в качестве центра самой прогрессивной группы на земле.

Долина Нила начала страдать от наводнений незадолго до того, как с ними столкнулись долины Месопотамии, но со значительно меньшими потерями. Эти первоначальные трудности с лихвой восполнялись непрерывным притоком андитских переселенцев, поэтому казалось, что культура Египта – в действительности заимствованная из евфратского региона – вырвалась вперед. Однако в 5-м тысячелетии до н. э., в период наводнений в Месопотамии, в Египте обитали семь различных групп; все они, кроме одной, были выходцами из Месопотамии.

Последнее массовое переселение андитов из долины Евфрата стало большой удачей для Египта, где появилось много талантливых художников и ремесленников. Эти андитские ремесленники оказались в привычных для себя условиях, ибо они хорошо знали речную жизнь, с ее наводнениями, ирригационными работами и засушливыми периодами. Благодаря защищенному расположению долины Нила, они намного реже подвергались набегам и нападениям врагов, чем на берегах Евфрата. Они существенно обогатили искусство металлообработки египтян. Здесь вместо черноморской руды они использовали железную руду горы Синай.

Уже в глубокой древности египтяне свели свои городские божества в сложный национальный пантеон. У них появилась обширная теология и столь же обширное, но обременительное жречество. Несколько различных вождей пытались возродить древние религиозные учения сифитов, однако эти усилия быстро потерпели неудачу. Андиты построили первые каменные строения Египта. Первая и наиболее совершенная из каменных пирамид была возведена Имхотепом –

гениальным андитским архитектором – во время его пребывания на посту премьер-министра. До этого здания строили из кирпича, и хотя в различных частях света уже появилось немало каменных строений, эта пирамида стала первым таким сооружением в Египте. Однако со времени этого великого архитектора строительное искусство неуклонно приходило в упадок.

Этой выдающейся культурной эпохе был положен внезапный конец: в результате междоусобной войны вдоль течения Нила, Египет – как это уже произошло с Месопотамией – наводнили низшие племена враждебной Аравии и черные племена с юга, и на протяжении свыше пятисот лет уровень его общественного развития непрерывно снижался.

7. АНДИТЫ НА ОСТРОВАХ СРЕДИЗЕМНОМОРЬЯ

В период упадка культуры Месопотамии, на островах восточного Средиземноморья в течение некоторого времени существовала высокоразвитая цивилизация.

Около 12 000 года до н. э. блистательное племя андитов мигрировало на Крит – единственный остров, где на столь раннем этапе поселилась столь выдающаяся группа. Прошло почти две тысячи лет, прежде чем потомки этих мореплавателей распространились на соседние острова. Это были узколицые, низкорослые андиты, смешавшиеся с ванитской ветвью северных нодитов. Ростом все они были ниже шести футов, и их более крупные и отсталые собратья буквально вытеснили их с материка. Переселившиеся на Крит андиты были искусными текстильщиками, металлургами, гончарами, каменщиками и строителями водопроводов. Они владели письмом и занимались скотоводством и земледелием.

Спустя почти два тысячелетия после колонизации Крита группа рослых потомков Адамсона прошла северные острова и достигла Греции, совершив почти прямой переход из своей высокогорной родины, находившейся к северу от Месопотамии. Этих прародителей греков привел на запад Сато – прямой потомок Адамсона и Ратты.

Та группа, которая окончательно обосновалась в Греции, состояла из трехсот семидесяти пяти отборных и высокоразвитых людей, представителей завершающего периода второй цивилизации адамсонитов. Эти дальние потомки Адамсона несли в себе наиболее ценные для своего времени генотипы формировавшихся белых рас. Они обладали высоким интеллектом и в физическом отношении представляли собой самых красивых людей со времен первого Эдема.

Вскоре Греция и острова Эгейского моря стали преемниками Месопотамии и Египта в качестве западного центра торговли, искусства и культуры. Однако так же, как и в Египте, практически всё искусство и наука эгейского мира возникли в Месопотамии, за исключением культуры предшественников греков – адамсонитов. Искусство и гений греков являются прямым наследием потомков Адамсона, первого сына Адама и Евы, и его необыкновенной второй жены – потомка непрерывной линии чистокровных нодитов, членов персонала Князя Калигастии. Поэтому неудивительно, что согласно мифологическим преданиям греков, они произошли непосредственно от богов и сверхчеловеческих существ.

Эгейский регион прошел через пять явно выраженных культурных периодов, каждый из которых отличался меньшей духовностью, чем предыдущий. И вскоре последняя славная эра искусства погибла под грузом быстро размножавшихся и посредственных потомков дунайских рабов, завезенных более поздними поколениями греков.

Именно в эту эпоху *культ матери* среди потомков Каина достиг наибольшего распространения на Крите. Этот культ прославлял Еву, которой поклонялись как «великой матери». Изображения Евы были повсюду. Тысячи публичных святынь были возведены по всему Криту и Малой Азии. Культ матери существовал вплоть до прихода Христа и позднее вошел в раннее христианство в виде прославления и поклонения Марии – земной матери Иисуса.

Примерно к 6500 году до н. э. произошла огромная деградация духовного наследия андитов. Потомки Адама были широко рассеяны и практически поглощены более древними и многочисленными человеческими расами. Этот упадок андитской цивилизации, в совокупности с исчезновением ее религиозных устоев, оставил духовно обедневшие расы мира в плачевном состоянии.

К 5-му тысячелетию до н. э. три наиболее чистокровные разновидности потомков Адама обитали в Шумере, северной Европе и Греции. Вся Месопотамия медленно вырождалась из-за притока смешанных и более темных рас, которые проникали из Аравии. И приход этих низших племен еще больше способствовал рассеянию биологического и культурного остатка андитов. Со всей территории плодородного полумесяца наиболее деятельные группы устремлялись на запад, к островам. Эти переселенцы выращивали как зерно, так и овощи, и они привели с собой домашних животных.

Около 5000 года до н. э. множество прогрессивных месопотамцев покинули долину Евфрата и поселилось на острове Кипр. Спустя примерно два тысячелетия эта цивилизация была стерта с лица земли ордами северных варваров.

Еще одна большая колония возникла в Средиземноморье, неподалеку от того места, где позднее появился Карфаген. Из Африки многие андиты перебрались в Испанию. Позднее они смешались в Швейцарии со своими братьями, которые ранее переселились в Италию с островов Эгейского моря.

Когда вслед за Месопотамией упадок культуры наступил в Египте, многие наиболее способные и развитые семьи бежали на Крит, что существенно укрепило эту и без того прогрессивную цивилизацию. А позднее, когда прибывшие из Египта низшие группы превратились в угрозу для критской цивилизации, наиболее культурные семьи перебрались на запад, в Грецию.

Греки были не только великими учителями и художниками: они являлись также величайшими в мире торговцами и колонизаторами. Прежде чем уступить под наплывом отсталых масс, поглотивших в итоге их искусство и торговлю, они сумели основать к западу от Греции такое число аванпостов культуры, что многие из этих достижений ранней греческой цивилизации сохранились среди более поздних народов южной Европы, и немало смешанных потомков адамсонитов оказалось в составе племен прилегавших континентальных регионов.

8. ДУНАЙСКИЕ АНДОНИТЫ

Из долины Евфрата андитские племена мигрировали на север, в Европу, где смешались с синим человеком, и на запад, в средиземноморский регион, где они слились с остатками смешанной расы, появившейся из объединения жителей Сахары с южными синими людьми. Две эти ветви белой расы были и остаются разделенными большим пространством, населенным широколицыми горцами, – остатками ранних андонитских племен, давно обитавших в этих центральных регионах.

Эти потомки Андона были рассеяны на большей части горных регионов центральной и юго-восточной Европы. Часто они пополнялись переселенцами из Малой Азии, где обитало много андонитов. Древние хетты происходили непосредственно от андонитов; бледная кожа и широкие лица были типичными признаками этой расы. Эта кровь текла в жилах предшественников Авраама, чем в значительной мере объясняется характерная внешность его более поздних еврейских потомков, которые хотя и обладали культурой и религией, унаследованной от андитов, говорили на совершенно ином языке. Этот язык был явно андонитским.

Племена, которые ставили свои дома на сваях или бревенчатых пирсах на берегах итальянских, швейцарских и южноевропейских озер, принадлежали к расширявшим границы своих расселений африканцам, эгейцам и, в особенности, дунайцам.

Дунайцы представляли собой андонитов – фермеров и скотоводов, которые проникли в Европу через Балканский полуостров и медленно продвигались на север по долине Дуная. Они изготовляли керамические изделия и возделывали землю, предпочитая жить в долинах. Самое северное поселение дунайцев находилось на месте бельгийского города Льеж. Эти племена быстро деградировали по мере удаления от центра и источника своей культуры. Лучшие керамические изделия были изготовлены в древнейших поселениях.

Под воздействием критских миссионеров, у дунайцев появился культ матери. Позднее эти племена смешались с группами андонитских мореплавателей, которые добирались по воде на лодках с побережья Малой Азии и исповедовали такую же религию. Так, уже на раннем этапе значительная территория центральной Европы была заселена этими смешанными типами широколицых белых рас, которые придерживались культа матери и выполняли религиозный обряд кремации умерших, ибо, по своему обычаю, сторонники этого культа сжигали тела умерших в каменных строениях.

9. ТРИ БЕЛЫЕ РАСЫ

К завершению андитских миграций расовые смешения в Европе привели к образованию трех крупных белых рас:

1. *Северная белая раса.* Эта так называемая нордическая раса была образована в основном синими людьми и андитами, но помимо этого содержала значительный процент андонитской крови наряду с меньшей долей красной и желтой сангикской крови. Так северная белая раса охватила четыре наиболее желательные разновидности людей. Однако наибольший процент наследственности был получен от синего человека. Типичный ранний нордический тип отличался узким лицом, высоким ростом и светлыми волосами, но эта раса уже давно и полностью смешалась со всеми ветвями белых людей.

Первобытная культура Европы, с которой столкнулись вторгшиеся нордические племена, представляла собой культуру регрессировавших дунайцев, смешанных с синим человеком. Датско-нордическая и дунайско-андонитская культуры встретились и слились на Рейне, свидетельством чего является наличие двух расовых групп в современной Германии.

Нордические народы продолжали вести торговлю янтарем из своих поселений на Балтийском побережье, организовав широкие торговые связи с круглолицыми обитателями долины Дуная через перевал Бреннер. Расширение контактов с дунайцами привело этих северян к культу матери, и в течение нескольких тысячелетий кремация умерших была практически повсеместной по всей Скандинавии. Именно поэтому вместо останков ранних белых рас, захоронения которых встречаются по всей Европе, находят только пепел в каменных и глиняных урнах. Кроме того, эти белые люди строили жилища: они никогда не селились в пещерах. Этим же объясняется, почему существует так мало следов ранней культуры белого человека, хотя свидетельства предшествующей кроманьонской культуры хорошо сохранились в тех местах, где они оказались надежно замурованными в пещерах и гротах. Как будто в одночасье на смену существовавшей в северной Европе первобытной культуре регрессировавших дунайцев и синих людей пришел значительно превосходивший их белый человек.

2. *Центральная белая раса*. Хотя члены этой группы несут в себе черты синей и желтой рас, а также андитов, они являются преимущественно андонитами. Это широколицые, смуглые и коренастые люди. Подобно клину – широкое основание которого осталось в Азии, а острие проникло в восточную Францию – вошли они между нордическими и средиземноморскими расами.

На протяжении почти двадцати тысяч лет андиты продолжали теснить андонитов всё дальше на север центральной Азии. К 3000 году до н. э. усиление засушливости климата заставило этих андонитов вернуться в Туркестан. Продвижение андонитов на юг продолжалось более тысячи лет, в течение которых они обошли с обеих сторон Каспийское и Черное моря и проникли в Европу через Балканы и Украину. В этом вторжении участвовали оставшиеся группы потомков Адамсона, а также, во время его второго этапа, значительное число иранских андитов и многие потомки сифитских священников.

К 2500 году до н. э. наступавшие в западном направлении андониты достигли Европы. Эти варвары, пришедшие из холмистых районов Туркестана, захватили всю Месопотамию, Малую Азию и бассейн Дуная, что привело к самому серьезному и длительному из случавшихся до того времени упадков культуры. Захватчики наделили характерными андоническими чертами центрально-европейские расы, которые с тех пор сохраняют типично альпийские черты.

3. *Южная белая раса*. Темноволосая средиземноморская раса была образована андитами и синими людьми с меньшей, чем на севере, примесью андонической крови. Эта группа также усвоила значительную долю вторичной сангикской крови, привнесенной жителями Сахары. В более поздние времена южная ветвь белой расы получила приток сильных андитских элементов из восточного Средиземноморья.

Тем не менее, расселение андитов вдоль Средиземноморского побережья произошло только во времена великих вторжений кочевников в середине третьего тысячелетия до нашей эры. В эти века, после захвата кочевниками восточного Средиземноморья, сухопутные перевозки и торговля почти полностью прекратились, следствием чего стало бурное развитие морских сообщений и торговли; четыре с половиной тысячелетия тому назад морская торговля в Средиземноморье процветала. Развитие мореплавания привело к стремительному распространению потомков андитов по всей прибрежной территории Средиземноморского бассейна.

Эти расовые смешения легли в основу южноевропейской расы – наиболее смешанной из всех. С тех пор в этой расе появились новые черты, привнесенные, в первую очередь, сине-желто-андитскими народами Аравии. Фактически, эта средиземноморская раса столь широко смешана с окружающими народами, что становится практически неразличима в качестве самостоятельного типа, однако в целом ее члены являются низкорослыми, узколицыми и темноволосыми.

На севере андиты – в результате войн и смешанных браков – стерли синих людей с лица земли, однако на юге они сохранились в большом числе. Баски и берберы представляют собой остатки двух ветвей этой расы, но и они в значительной мере смешались с жителями Сахары.

Так выглядели смешанные расы центральной Европы к началу 3-го тысячелетия до н. э. Несмотря на частичный провал адамической миссии, смешение высших типов произошло.

Это была эпоха неолита, частично совпадавшего с приближавшимся бронзовым веком. В Скандинавии наступил бронзовый век, связанный с культом матери. В южной Франции и Испании продолжался неолит, связанный с культом солнца. В этот период сооружались круглые и открытые храмы солнца. Европейские белые расы были энергичными строителями, которые с наслаждением воздвигали каменные глыбы в знак своего поклонения солнцу наподобие их более поздних потомков, построивших Стоунхендж. Широко распространенное поклонение солнцу указывает на то, что это был период расцвета земледелия в южной Европе.

Суеверия этой сравнительно недавней эры поклонения солнцу до сих пор живут в народных обычаях Бретани. Хотя в течение уже более пятнадцати веков бретонцы являются христианами, они по-прежнему пользуются появившимися в эпоху неолита талисманами от сглаза. В своих каминах они до сих пор держат специальные «грозовые камни» для защиты от молнии. Бретонцы никогда не смешивались с нордическими племенами Скандинавии. Они являются остатком изначальных андонитских обитателей западной Европы, смешанных со средиземноморской расой.

Однако было бы заблуждением классифицировать белые расы как нордические, альпийские и средиземноморские. С тех пор произошло слишком много расовых смешений, чтобы подобная классификация была возможной. Когда-то существовало достаточно определенное деление белых рас на такие классы, но из-за широких взаимных смешений теперь уже невозможно с какой-либо ясностью определить эти различия. Уже в 3000 году до н. э. древние социальные группы не больше походили на одну расу, чем нынешние обитатели Северной Америки.

На протяжении пяти тысячелетий продолжался рост и до некоторой степени взаимопроникновение различных элементов европейской культуры. Однако языковой барьер препятствовал полному взаимодействию различных западных наций. В прошлом веке эта культура обладала лучшей возможностью для смешения в среде многонационального населения Северной Америки, и будущее этого континента зависит от качества тех расовых факторов, которым будет дозволено пополнять его настоящее и будущее население, равно как и от уровня социальной культуры.

[Представлено архангелом Небадона.]

ДОКУМЕНТ 81

РАЗВИТИЕ СОВРЕМЕННОЙ ЦИВИЛИЗАЦИИ

Несмотря на взлеты и падения, которые последовали за провалом планов по улучшению мира – планов, заложенных в миссиях Калигастии и Адама, – основополагающая органическая эволюция человеческого вида продолжала вести расы вверх по ступеням человеческого прогресса и расового развития. Эволюцию можно задержать, но ее невозможно остановить.

Влияние фиолетовой расы, хотя и менее многочисленной, чем планировалось, привело к таким достижениям цивилизации, которые со времен Адама значительно превысили прогресс человечества, достигнутый им за всё предшествовавшее существование в течение почти миллиона лет.

1. КОЛЫБЕЛЬ ЦИВИЛИЗАЦИИ

На протяжении примерно тридцати пяти тысяч лет после Адама колыбель цивилизации находилась в юго-западной Азии: она простиралась от долины Нила на восток и чуть севернее, проходила через северную Аравию, охватывала Месопотамию и доходила до Туркестана. Решающим фактором в появлении цивилизации в этом регионе стал *климат*.

Именно эпохальные климатические и геологические изменения в северной Африке и западной Азии положили конец ранним миграциям адамитов, преградив им путь в Европу из-за расширения Средиземного моря и изменив направление миграций на северное и восточное, в Туркестан. Ко времени завершения этих подъемов суши и связанных с ними климатических изменений, примерно за 15 000 лет до нашей эры, цивилизация во всём мире зашла в тупик, если не считать культурной закваски и биологических резервов андитов, которых по-прежнему сдерживали горы на азиатском востоке и разросшиеся леса на европейском западе.

Климатической эволюции предстояло завершить то, что оказалось не под силу всем остальным факторам: заставить евразийского человека сменить охоту на более прогрессивные занятия – скотоводство и земледелие. Эволюция может быть медленной, однако она невероятно эффективна.

Ввиду того, что древние земледельцы повсеместно использовали рабов, в прежние времена и охотник, и скотовод свысока смотрели на фермера. Земледелие веками считалось недостойным занятием; отсюда возникло представление о том, что возделывание земли было проклятием, хотя оно является величайшим из всех благ. Даже во времена Каина и Авеля жертвоприношения пастухов ценились выше, чем дары земли.

При трансформации из охотника в земледельца человек обычно проходил через стадию пастуха, что относилось и к андитам. Однако чаще, под действием климатических факторов, целые племена претерпевали вынужденную эволюцию, превращаясь непосредственно из охотников в преуспевающих земледельцев. Правда, прямой переход от охоты к обработке земли наблюдался только в тех регионах, где был высокий процент смешения с фиолетовой расой.

Эволюционные народы (в особенности китайцы) уже в древности научились сажать семена и выращивать зерновые культуры благодаря наблюдениям за проросшим зерном – случайно намокшим или же оставленным в могиле в качестве пищи для усопшего. А на территории всей юго-западной Азии, в плодородных устьях рек и прилегающих равнинах, андиты внедряли усовершенствованные методы обработки земли, унаследованные от своих предков, которые сделали земледелие и садоводство главными занятиями на территории второго сада.

Тысячелетиями потомки Адама выращивали культивированные в Саду пшеницу и ячмень во всех горных местностях вдоль северных границ Месопотамии. Здесь наследники Адама и Адамсона встречались, торговали и общались друг с другом.

Именно вынужденное изменение условий жизни привело к тому, что столь значительная часть человечества стала всеядной. И сочетание пшеницы, риса и овощной диеты с мясом, которое давали стада, стало огромным шагом вперед в укреплении здоровья и физической силы этих древних народов.

2. СРЕДСТВА ЦИВИЛИЗАЦИИ

Рост культуры зависит от развития средств цивилизации. И те средства, которые помогли человеку порвать с дикостью, были эффективными ровно настолько, насколько они давали человеку возможность сосредоточиться на решении более высоких задач.

Вы, живущие сегодня в условиях пробуждающейся современной культуры и начала прогресса в общественных отношениях, позволяющие себе уделять некоторое время *размышлениям* об обществе и цивилизации, не должны игнорировать тот факт, что у ваших древних предков практически не было досуга, который можно было бы посвятить глубокомысленному созерцанию и обдумыванию социальных проблем.

Можно выделить четыре первых великих достижения человеческой цивилизации:

1. Укрощение огня.
2. Приручение животных.
3. Порабощение пленников.
4. Частная собственность.

Хотя огонь – первое великое открытие – в итоге позволил отворить дверь в мир науки, он не имел в этом отношении большого значения для первобытного человека, который не мог поверить в то, что обыденные явления объясняются естественными причинами.

Вскоре вместо незамысловатого рассказа об Андоне и кремне, объяснявшем происхождение огня, появилась легенда о том, как некий Прометей похитил огонь с небес. Древние люди искали сверхъестественные объяснения всем природным явлениям, которые не укладывались в круг понятных им вещей. Тем же продолжают заниматься и многие современные люди. Обезличение так называемых природных явлений продолжается веками и до сих пор не доведен до конца. Однако искренний, честный и бесстрашный поиск истинных причин породил современную науку: он превратил астрологию в астрономию, алхимию в химию, магию в медицину.

В эпоху до появления машин единственным способом выполнить работу, не делая ее своими руками, было использовать для этого животных. Приручение животных дало человеку живые орудия, разумное применение которых подготовило почву как для сельского хозяйства, так и для транспорта. Без этих животных человек не смог бы подняться от своего примитивного положения до уровней последующей цивилизации.

Большинство животных, наиболее приспособленных к одомашниванию, обитали в Азии, в особенности в области между центральными и юго-западными регионами. Это была одна из тех причин, в силу которых цивилизация прогрессировала здесь быстрее, чем в других районах мира. Многие из этих видов животных дважды приручались в более ранние периоды, и в эпоху андитов они в очередной раз были одомашнены. Однако собака жила вместе с охотниками с тех пор, как была принята синим человеком за много, много лет до этих времен.

Туркестанские андиты первыми стали широко приручать лошадей, что является еще одним объяснением столь долгого господства их культуры. К 5000 году до н. э. фермеры Месопотамии, Туркестана и Китая начали разводить овец, коз, коров, верблюдов, лошадей, слонов и домашних птиц. В качестве вьючных животных они использовали быков, верблюдов, лошадей и яков. Одно время человек и сам был вьючным животным. Один из правителей синей расы держал сто тысяч мужчин в своей колонии носильщиков.

Институты рабовладения и частной собственности появились вместе с сельским хозяйством. Рабовладение подняло уровень жизни хозяина и обеспечило больше досуга для развития социальной культуры.

Дикарь является рабом природы, однако научная цивилизация постепенно дает человечеству всё большую свободу. С помощью животных, огня, ветра, воды, электричества и других неоткрытых источников энергии человек освободился – и будет освобождаться – от необходимости постоянного тяжелого труда. Несмотря на вре́менные неприятности, вызванные повсеместным изобретением машин, конечные выгоды, которые можно извлечь из таких механических изобретений, бесценны. Цивилизация никогда не достигнет расцвета, тем более устойчивого состояния, если у человека не будет *досуга*, позволяющего думать, планировать и придумывать новые и лучшие способы выполнения своих задач.

Поначалу человек просто использовал готовые укрытия, жил под скальными выступами или селился в пещерах. На следующем этапе он начал использовать для сооружения семейных хижин такие природные материалы, как дерево и камень. Наконец, он достиг творческой стадии строительства жилья, научившись изготовлять кирпичи и другие строительные материалы.

Народы туркестанских нагорий первыми из более современных рас начали использовать дерево для строительства домов, напоминавших первые бревенчатые хижины американских пионеров. Повсюду на равнинах человеческие жилища строились из кирпича, позднее – из обожженного кирпича.

Более древние речные народы изготовляли для своих хижин остов из длинных жердей, расположенных по кругу, а вершины соединяли; получался каркас, который поперечно переплетали тростником, так что всё строение напоминало огромную перевернутую корзину. После этого его обмазывали глиной; просохнув на солнце, такое строение превращалось в весьма пригодное и непромокаемое жилище.

Именно на примере этих ранних хижин позднее возникла идея плетения всевозможных корзин. В одной из групп идея изготовления гончарных изделий появилась во время наблюдения за последствиями обмазывания этих жердевых каркасов влажной глиной. Возможность закаливания керамики с помощью обжига была открыта, когда одна из таких обмазанных глиной примитивных хижин случайно загорелась. В древности ремесла часто являлись следствием случайных происшествий в жизни ранних народов. По крайней мере, таким, за редким исключением, был эволюционный процесс вплоть до прихода Адама.

Хотя керамика была внедрена персоналом Князя около полумиллиона лет тому назад, изготовление глиняных сосудов практически прекратилось более чем на сто пятьдесят тысяч лет. Только дошумерские нодиты Персидского залива продолжали изготовлять сосуды из глины. Искусство керамики возродилось во времена Адама. Распространение этого искусства совпало с ростом пустынь в Африке, Аравии и центральной Азии; техника производства керамики в Месопотамии постепенно улучшалась и распространилась на все восточное полушарие.

Не всегда прогресс андитских цивилизаций можно проследить по этапам развития керамики или других искусств. Режимы Даламатии и Эдема в огромной степени усложнили спокойное течение человеческой эволюции. Поздние вазы и утварь нередко уступают предшествующим изделиям, изготовленным более чистокровными андитскими народами.

3. ГОРОДА, ПРОИЗВОДСТВО И ТОРГОВЛЯ

Уничтожение богатых, открытых лугов Туркестана – охотничьих и пастбищных угодий, – начавшееся около 12 000 года до н. э. в результате изменения климата, заставило обитателей этого региона обратиться к новым занятиям и примитивным ремеслам. Некоторые из них начали разводить домашний скот, другие стали земледельцами или собирателями той пищи, которую находили в воде. Однако андиты, обладавшие более высоким типом интеллекта, решили заняться торговлей и производством. Стало обычным для целого племени посвящать себя развитию какой-то одной отрасли. От долины Нила до нагорий Гиндукуша, от Ганга до Хуанхэ основной деятельностью более развитых племен стало возделывание земли с торговлей в качестве побочного занятия.

Рост торговли и превращение всё новых видов сырья в различные предметы купли-продажи непосредственно способствовали появлению тех воснизированных общин, которые сыграли столь заметную роль в распространении культуры и достижений цивилизации. До наступления эры широкой мировой торговли социальные общины были племенными и представляли собой разросшиеся семейные группы. Благодаря торговле различные типы людей знакомились друг с другом, что помогало более быстрому взаимопроникновению культур.

Около двенадцати тысяч лет тому назад началась эра независимых городов. Эти примитивные центры торговли и производства были окружены зонами земледелия и скотоводства. Хотя промышленное производство действительно развивалось благодаря росту жизненного уровня, у вас не должно быть превратных представлений о тонкостях ранней городской жизни. Древние расы не отличались излишней чистоплотностью и аккуратностью, и обычное примитивное поселение поднималось на один-два фута каждые двадцать пять лет в результате одного только скопления грязи и мусора. Некоторые из этих древних городов поднимались над окружающей территорией также из-за недолговечности их необожженных мазанок, а новые жилища обычно строились прямо на развалинах старых.

Широко распространенное использование металлов было одной из отличительных черт этой эры ранних торгово-ремесленных городов. Вы уже обнаружили бронзовую культуру в Туркестане, возникшую ранее 9-го тысячелетия до н. э., а андиты уже в глубокой древности умели обрабатывать также железо, золото и медь. Однако вдали от наиболее развитых центров цивилизации условия были совершенно иными. Не существовало четких периодов – таких как каменный, бронзовый и железный век; все три существовали одновременно в различных местах.

Золото стало первым металлом, на который появился спрос: оно легко поддавалось обработке, и на первых порах из него изготовляли только украшения. Затем стали использовать медь, однако широкое применение меди началось только после того, как ее сплав с оловом дал более твердую бронзу. Возможность соединения меди с оловом для получения бронзы была открыта одним из адамсонитов Туркестана, чей высокогорный медный рудник оказался по соседству с месторождением олова.

С появлением примитивных ремесел и зачатков промышленности торговля быстро превратилась в самое могущественное средство распространения культурной цивилизации. Открытие сухопутных и морских торговых путей существенно упростило путешествия и смешение культур, равно как и взаимопроникновение цивилизаций. К 5-му тысячелетию до нашей эры лошадь использовалась во всём цивилизованном и полуцивилизованном мире. Кроме прирученных лошадей, у этих более поздних рас были также различные повозки и колесницы. Колесо использовалось уже в течение многих веков, однако теперь колесный транспорт получил повсеместное распространение как в торговых, так и в военных целях.

Путешествующий торговец и странствующий исследователь сделали больше для развития цивилизации исторического периода, чем все остальные факторы, вместе взятые. К движущим силам распространения культуры относились также военные захваты, колонизация и миссионерская деятельность последующих религий, однако все они имели второстепенное значение по сравнению с торговыми связями, которые всегда ускорялись благодаря быстрому развитию ремесел и прикладных наук.

Привнесение в человеческие расы адамической наследственности не только ускорило темпы развития цивилизации, но и в значительной мере усилило склонность людей к путешествиям и исследованиям, так что вскоре бóльшая часть Евразии и северной Африки оказалась занятой быстрорастущим населением, состоявшим из смешанных потомков андитов.

4. СМЕШАННЫЕ РАСЫ

Приближаясь к началу исторического периода, мы видим, что вся Евразия, северная Африка и острова Тихого океана заселены смешанными человеческими расами. Эти современные расы появились в результате многократных смешений пяти основных человеческих рас Урантии.

Каждая урантийская раса отличалась некоторыми характерными физическими признаками. Адамиты и нодиты были узколицыми, андониты – широколицыми. Сангикские расы были круглолицыми, а желтый и синий человек – ближе к широколицым типам. При смешении с андонитами представители синей расы становились явно широколицыми. Вторичные сангикские расы были круглолицыми и узколицыми.

Хотя эти пропорции черепа полезны при определении расового происхождения, намного более надежным критерием является скелет в целом. На раннем этапе эволюции урантийских рас существовало пять изначальных типов строения скелета:

1. Андонический – коренные обитатели Урантии.
2. Первичный сангикский – красная, желтая и синяя расы.
3. Вторичный сангикский – оранжевая, зеленая и индиговая расы.
4. Нодиты – потомки даламатийцев.
5. Адамиты – фиолетовая раса.

Ввиду широкого взаимопроникновения этих пяти больших расовых групп, постоянные смешения выражались в тенденции к преобладанию сангикской наследственности, подавлявшей андонический тип. Лапландцы и эскимосы появились в результате смешения андонитов с синими сангикскими расами. Строение их скелета ближе всего к коренному андонитскому типу. Однако адамиты и нодиты настолько смешались с другими расами, что могут определяться только как обобщенный европеоидный тип.

Поэтому в целом – извлекая из земли человеческие останки последних двадцати тысяч лет – будет невозможно уверенно отличить пять изначальных типов. Исследования строения скелета покажут, что в настоящее время человечество подразделяется примерно на три класса:

1. *Европеоидный* – андитский вариант смешения нодитов с адамитами, видоизмененный первичными и (некоторыми) вторичными сангикскими примесями и существенным привнесением андонической крови. В эту группу входят западные белые расы, наряду с некоторыми индийскими и туранскими народами. Объединяющим фактором этой группы является большая или меньшая пропорция андитской наследственности.

2. *Монголоидный* – первичный сангикский тип, включающий изначальные красную, желтую и синюю расы. К этой группе относятся китайцы и америнды. В Европе монголоидный тип был видоизменен смешениями со вторичными сангикскими расами и андонитами, и в еще большей степени – привнесением андитской крови. В эту классификацию входят малайцы и другие народы Индонезии, хотя они содержат высокий процент вторичных сангикских рас.

3. *Негроидный* – вторичный сангикский тип, изначально включавший оранжевую, зеленую и индиговую расы. Негры являются лучшим примером этого типа, который встречается по всей Африке, Индии и Индонезии, где обитали вторичные сангикские расы.

В Северном Китае произошло некоторое слияние европеоидного и монголоидного типов; в Леванте смешались европеоидный и негроидный типы; в Индии и Южной Америке существуют все три типа. Скелетные характеристики трех оставшихся типов сохраняются до сих пор, что помогает установить недавних предшественников современных человеческих рас.

5. КУЛЬТУРНОЕ ОБЩЕСТВО

Биологическая эволюция и культурная цивилизация не обязательно бывают взаимосвязанными; органическая эволюция может беспрепятственно продолжаться посреди упадка культуры. Однако рассматривая более длительные периоды человеческой истории, можно заметить, что в конечном счете между эволюцией и культурой наблюдается причинно-следственная связь. Если эволюция может прогрессировать в отсутствие культуры, то расцвет культурной цивилизации невозможен без адекватного фона – предшествующего расового прогресса. Адам и Ева не привнесли каких-либо атрибутов цивилизации, которые были бы чужды прогрессу человеческого общества, однако адамическая кровь действительно усилила внутренние способности рас и ускорила темпы развития экономики и прогресса производства. Посвящение Адама улучшило умственные способности людей, что привело к огромному ускорению процессов естественной эволюции.

Благодаря земледелию, приручению животных и развитию архитектуры человечество постепенно преодолело наиболее тяжелый этап своей непрестанной борьбы за существование и стало задумываться над повышением качества жизни. Так началась борьба за всё более высокий уровень материального комфорта. Благодаря производству и промышленности жизнь смертного человека постепенно становится более приятной.

Однако культурное общество вовсе не является великим благотворительным клубом унаследованных привилегий, куда все принимаются от рождения, имея свободный доступ и полное равноправие. Скорее, это благородная и вечно прогрессирующая гильдия земных тружеников, куда допускается только цвет трудолюбов, стремящихся сделать этот мир лучшим местом для своих детей и внуков, которым предстоит жить и развиваться в последующих веках. Эта гильдия цивилизации взыскивает высокий вступительный взнос, устанавливает строгую и жесткую дисциплину, сурово наказывает всех раскольников и сектантов и одновременно с этим почти не предоставляет личных свобод или привилегий, кроме большей защиты от общих угроз и расовых опасностей.

Общественное объединение является формой гарантии выживания, выгодность которого усвоена людьми; поэтому большинство индивидуумов готовы внести плату в виде самопожертвования и ущемления личной свободы, которую общество взимает со своих членов за повышение групповой безопасности. Короче говоря, современный общественный механизм является страховым планом, который вырабатывается методом проб и ошибок и предназначается для обеспечения некоторых гарантий и защиты от опасности возврата к ужасным и антисоциальным условиям, характеризовавшим ранний период существования человеческого рода.

Так общество становится коллективной системой для обеспечения гражданских свобод через специальные институты, экономических свобод – через капитал и изобретательность, социальных свобод – через культуру, свободы от насилия – через поддержание общественного порядка.

Сила не равнозначна правоте, однако она действительно обеспечивает общепризнанные права каждого последующего поколения. Основная задача управления – определение надлежащего, законного и справедливого урегулирования классовых различий, а также создание равных возможностей в рамках закона. Каждое человеческое право связано с общественным долгом; групповая привилегия является страховым механизмом, неизменно требующим полной и неукоснительной выплаты страховых взносов за услуги, предоставляемые группой. Следует защищать как права группы, так и индивидуума, включая упорядочение сексуального влечения.

Свобода, подчиненная контролю группы, является законной целью социальной эволюции. Безграничная свобода есть тщетная и вздорная мечта неустойчивых и взбалмошных умов.

6. СОХРАНЕНИЕ ЦИВИЛИЗАЦИИ

Хотя биологическая эволюция всегда шла по возрастающей, существенная часть культурной эволюции распространялась из долины Евфрата волнами, которые со временем постепенно ослабевали до тех пор, пока все чистокровные потомки Адама не отправились в мир для обогащения цивилизаций Азии и Европы. Расы не были смешаны полностью, однако их цивилизации в значительной мере слились. Пусть медленно, но культура всё же распространилась по всему миру. И эта цивилизация должна поддерживаться и укрепляться, ибо сегодня не существует новых источников культуры – новых андитов, которые могли бы внести свежую струю и ускорить медленное развитие цивилизации.

Цивилизация, которая в настоящее время складывается на Урантии, определяется следующими основными факторами:

1. *Природные условия*. Характер и степень развития материальной цивилизации в огромной мере определяются имеющимися в наличии природными ресурсами. Климат, погода, многочисленные физические условия являются существенными факторами в развитии культуры.

На заре эры андитов во всём мире существовало только два обширных и богатых охотничьих пространства. Одно из них находилось в Северной Америке и было занято америндами, другое – к северу от Туркестана и находилось частично во владении андонито-желтой расы. Расовый и климатический факторы были решающими для эволюции более высокой культуры в юго-западной Азии. Андиты были великим народом, однако важнейшим фактором, определившим направление развития их цивилизации, стала всё большая засушливость Ирана, Туркестана и Синьцзяна, которая *заставила* их придумывать и внедрять новые и более совершенные методы, дабы прокормиться на этих оскудевающих землях.

Расположение континентов и другие географические факторы во многом решают, будут ли события развиваться мирным или военным путем. Лишь немногие урантийцы когда-либо имели столь же благоприятную возможность для продолжительного и безопасного развития, как народы Северной Америки, практически со всех сторон защищенные обширными океанами.

2. *Капитальные блага*. Культура никогда не развивается в условиях бедности; для прогресса цивилизации необходим досуг. В отсутствие материального богатства отдельный человек способен выработать характер, обладающий нравственной и духовной ценностью, однако культурная цивилизация формируется только в таких условиях материального процветания, которые благоприятствуют досугу, объединенному с честолюбием.

В первобытную эру жизнь на Урантии была серьезным и трудным делом. Именно для того, чтобы избавиться от этой непрерывной борьбы и непрестанного тяжелого труда, человечество постоянно стремилось перебраться поближе к благоприятному климату тропиков. Хотя эти более теплые зоны обитания несколько ослабляли напряженную борьбу за существование, стремившиеся к такому комфорту расы и племена редко использовали свой незаработанный досуг для развития цивилизации. Источником социального прогресса всегда были помыслы и планы тех рас, которые благодаря своим умственным усилиям, учились обеспечивать себя пропитанием при меньших затратах и более коротком рабочем дне, тем самым получая честно заработанный и полезный запас свободного времени.

3. *Научные знания*. Материальное развитие цивилизации начинается только с накоплением научных данных. После изобретения лука и стрел и появления тягловых животных прошло много времени, прежде чем человек научился использовать ветер и воду, а за ними – пар и электричество. И всё же, пусть медленно, но орудия цивилизации совершенствовались. Вслед за ткачеством, гончарным делом, приручением животных и металлообработкой наступил век письменности и книгопечатания.

Знание – сила. Изобретательство всегда предшествует ускорению развития культуры в общемировом масштабе. Наибольшую пользу наука и изобретательство получили от печатного станка, и взаимодействие всех этих видов культурной и изобретательской деятельности в огромной мере ускорило прогресс культуры.

Наука учит человека говорить на новом языке математики и приучает его мысль к высокой точности. Кроме того, наука упрочивает философию посредством устранения ложных представлений и очищает религию через разоблачение суеверий.

4. *Человеческие ресурсы*. Для распространения цивилизации нужны люди. При прочих равных условиях, многочисленный народ всегда будет подавлять цивилизацию малого народа. Поэтому если численность населения не достигает определенного уровня, то это препятствует полной реализации национального предназначения, однако существует некоторый предел, с превышением которого рост становится губительным. Увеличение численности населения, превышающее оптимальный уровень обеспеченности землей, влечет за собой либо снижение уровня жизни, либо немедленное расширение территориальных пределов путем мирного проникновения или военного вторжения, насильственной оккупации.

Порой вас шокируют опустошения, к которым приводит война, однако вам следует осознать необходимость появления большого числа смертных, что позволяет обеспечить достаточные условия для социального и морального развития. При такой плодовитости вам вскоре грозит столкнуться с острой проблемой перенаселенности. Большинство обитаемых миров небольшие. Урантия – типичный мир, возможно, несколько меньше среднего. Поддержание численности населения в оптимальных пределах повышает культуру и предотвращает войну. Мудрой является та нация, которая знает, когда ей следует прекратить свой рост.

Однако континент, обладающий крупнейшими природными ресурсами и самым современным механическим оборудованием, не добьется большого прогресса, если интеллектуальный уровень его народа находится в состоянии упадка. Знания могут даваться образованием, однако мудрость, обязательная для истинной культуры, приобретается только с опытом, причем теми мужчинами и женщинами, которые разумны от природы. Такие люди способны учиться на опыте; они могут стать истинно мудрыми.

5. *Эффективность материальных ресурсов*. Многое зависит от мудрого использования природных ресурсов, научных знаний, средств производства и возможностей человека. Главным фактором ранней цивилизации было *принуждение*, используемое мудрыми властителями; цивилизация буквально навязывалась первобытным людям их более развитыми современниками. Этим миром в значительной степени управляли хорошо организованные и высокоразвитые меньшинства.

Сила не равнозначна правоте, однако история действительно творилась и творится с помощью силы. Лишь недавно Урантия достигла той стадии, на которой общество готово обсуждать этическую сторону силы и права.

6. *Эффективность языка*. Распространение цивилизации невозможно без языка. Живые и растущие языки обеспечивают распространение цивилизованного мышления и планирования. В древности были достигнуты значительные успехи в эволюции языка. Сегодня существует огромная потребность в дальнейшем развитии языка для облегчения выражения эволюционирующей мысли.

Язык возник из группового общения, причем каждая местная группа выработала свою собственную систему обмена словами. В своем развитии язык прошел стадии жестов, символов, возгласов, звукоподражаний, интонации и ударения до вокализации последующих алфавитов. Язык является важнейшим и самым полезным орудием человеческой мысли, однако он достигал высокого развития только тогда, когда у социальных групп появлялся определенный досуг. Тенденция играть словами приводит к появлению новых слов – сленга. Если большинство принимает сленг, то, переходя в общее пользование, он становится частью языка. Происхождение диалектов иллюстрируется склонностью к «детскому лепету» между членами семьи.

Языковые различия всегда были огромным препятствием на пути укрепления мира. Прежде чем культура может распространиться на всю расу, весь континент или весь мир, необходимо изжить диалекты. Единый язык способствует миру, обеспечивает развитие культуры и повышает благополучие. Даже тогда, когда число мировых языков сокращается до нескольких, знание их ведущими культурными народами имеет огромное значение для достижения всеобщего мира и процветания.

Хотя на Урантии очень мало сделано для создания международного языка, вы добились больших успехов в организации международной торговли. Необходимо способствовать развитию всех межнациональных отношений – касаются ли они языка, торговли, искусства, науки, соревнований или религии.

7. *Эффективность механических устройств*. Прогресс цивилизации неразрывно связан с развитием и наличием орудий, машин и каналов распределения. Усовершенствованные орудия, оригинальные и эффективные машины определяют выживание соперничающих групп в условиях прогрессирующей цивилизации.

В древности единственной энергией, затрачиваемой при возделывании земли, была энергия самого человека. Люди долго сопротивлялись использованию быков, так как это оставляло их без работы. Позднее на смену человеку пришли машины, и каждый такой успех является прямым вкладом в развитие общества, ибо он высвобождает энергию человека для выполнения более важных задач.

Направляемая разумом, наука может стать великим социальным освободителем человека. Технический век может иметь катастрофические последствия только для такой нации, которая из-за своего слишком низкого интеллектуального уровня неспособна найти мудрые методы и целесообразные решения для приспособления к вре́менным трудностям, возникающим вследствие внезапного роста безработицы из-за слишком быстрого внедрения новых типов облегчающих труд механизмов.

8. *Характер просветителей*. Социальное наследие позволяет человеку опираться на всех предшественников, внесших свой вклад в сокровищницу культуры и знаний. Важнейшая роль в передаче факела культуры следующему поколению всегда будет оставаться за семьей. Затем идут досуг и общественная жизнь, после них – школа, которая, тем не менее, столь же обязательна для сложного и высокоорганизованного общества.

Насекомые рождаются полностью образованными и приспособленными для жизни – конечно, жизни весьма ограниченной и чисто инстинктивной. Человеческое дитя рождается без образования; поэтому, управляя просвещением молодого поколения, человек в значительной мере способен изменить эволюционное направление цивилизации.

Важнейшими факторами двадцатого века, оказывающими влияние на развитие цивилизации и прогресс культуры, являются глобальный рост путешествий и беспрецедентное развитие средств связи. Однако улучшение образования отстает от прогресса социальной структуры; точно так же современное признание этических норм уступает достижениям в преимущественно интеллектуальных и научных областях. А в отношении духовного развития и охраны института семьи современная цивилизация пребывает в состоянии застоя.

9. *Человеческие идеалы*. Идеалы одного поколения прочерчивают пути, определяющие судьбу непосредственных потомков. *Качество* общественных просветителей обуславливает направление движения цивилизации: вперед или вспять. Институты семьи, церкви и школы одного поколения предопределяют характерную тенденцию последующего поколения. Моральный и духовный импульс расы или нации в значительной мере определяет темпы развития культуры этой цивилизации.

Идеалы возвышают источник социального потока. И никакой поток не может подняться выше своего источника – под каким бы давлением он ни подавался, по какому бы руслу он ни направлялся. Движущая сила даже наиболее материальных аспектов культурной цивилизации заключается в наименее материальных общественных достижениях. Разум может контролировать механизм цивилизации, мудрость – направлять ее, однако духовный идеализм является той энергией, которая действительно возвышает и продвигает человеческую культуру от одного достигнутого уровня к другому.

Вначале жизнь была борьбой за существование, сегодня – борьбой за уровень жизни; на следующем этапе она станет борьбой за качество мышления, что является грядущей земной целью человеческого существования.

10. *Координация специалистов*. Громадное значение для развития цивилизации имело раннее разделение труда и его более позднее следствие – специализация. В настоящее время цивилизация зависит от эффективной координации специалистов. Расширение общества заставляет искать пути объединения различных специалистов.

В области общественных наук, искусства, техники и промышленности будут появляться всё новые специалисты, повышающие свое мастерство и умения. И эти различия в способностях и занятости в конце концов приведут к ослаблению и дезинтеграции человеческого общества, если не удастся выработать эффективные средства координации и взаимодействия. Однако интеллект, способный на такую изобретательность и такую специализацию, должен быть вполне способным разработать адекватные методы контроля и адаптации в отношении всех проблем, являющихся следствием быстрого роста изобретательства и ускоренных темпов распространения культуры.

11. *Способы трудоустройства*. Следующая эпоха в развитии общества станет воплощением лучшего и более эффективного взаимодействия и координации в условиях постоянно растущей и разветвляющейся специализации. И с появлением всё новых форм труда необходимо найти некий путь, позволяющий направлять

людей на соответствующие рабочие места. Машинное производство не является единственной причиной безработицы среди цивилизованных народов Урантии. Проблема трудоустройства усугубляется сложностью экономической системы и всё большей производственной и профессиональной специализацией.

Недостаточно только подготовить людей к работе; в комплексном обществе необходимо также обеспечить эффективные методы трудоустройства. Прежде чем обучать граждан высокоспециализированным способам заработка, их следует научить одному или нескольким простым видам физического труда, профессий или ремесел, которые можно использовать в случае временной потери работы по основной специальности. Ни одна цивилизация не выдержит продолжительного содержания больших групп безработных. Существование за счет общественных средств со временем портит и деморализует даже лучших граждан. Даже частная благотворительность становится пагубной, когда ею подолгу пользуются трудоспособные граждане.

Такому высокоспециализированному обществу будут не по нраву общинные и феодальные обычаи древности. Конечно, многие простейшие виды услуг поддаются приемлемой и благотворной социализации, однако высокообразованные и ультраспециализированные люди лучше всего управляются при помощи разумного взаимодействия. Усовершенствованная координация и благожелательное управление приведут к более долгосрочному сотрудничеству, чем устаревшие и примитивные методы коммунизма или регулятивные диктаторские организации, основанные на силе.

12. *Желание сотрудничать*. Одним из главных препятствий на пути прогресса человеческого общества является конфликт между интересами и благополучием более крупных и более социализированных групп и меньших, асоциальных человеческих групп, стоящих на противоположных позициях, – не говоря уже об отдельных антисоциально настроенных индивидуумах.

Ни одна национальная культура не уцелеет, если ее образовательные методы и религиозные идеалы не будут вдохновлять высокий тип разумного патриотизма и национальной преданности. Без такого разумного патриотизма и культурной солидарности все нации обнаруживают тенденцию к дезинтеграции в результате провинциальной зависти и местного своекорыстия.

Сохранение мировой цивилизации зависит от способности людей научиться жить вместе в мире и братстве. Без эффективной координации, индустриальной цивилизации грозят опасности, присущие ультраспециализации: однообразность, ограниченность и тенденция сеять недоверие и подозрительность.

13. *Эффективное и мудрое руководство*. В цивилизации очень многое зависит от присутствия воодушевляющего и эффективного духа коллективизма. От десяти человек будет не больше проку, чем от одного, если, поднимая большой груз, они не будут поднимать его вместе – одновременно. И такая совместная работа – социальное взаимодействие – зависит от руководителей. И в прошлом, и ныне культурная цивилизация основывалась на разумном сотрудничестве граждан с мудрыми и прогрессивными лидерами; и пока человек не дойдет до более высоких уровней развития, цивилизация будет зависеть от умных и энергичных руководителей.

Высокоразвитая цивилизация рождается при разумном соотношении материального богатства, интеллектуального величия, моральной ценности, социальной мудрости и космической проницательности.

14. *Социальные перемены*. Общество не является божественным институтом; оно есть феномен постепенной эволюции. Развитие цивилизации всегда задерживается, когда ее лидеры медлят с внедрением в обществе тех изменений, которые позволяют идти в ногу с научным развитием эпохи. Несмотря на всё это, не следует презирать старое только за то, что оно старо, как не следует безусловно принимать новую идею только потому, что она необычна и нова.

Человеку не следует бояться экспериментировать в области общественных механизмов. Однако эти поиски социальной адаптации должны обязательно проходить под контролем тех, кто хорошо знаком с историей эволюции общества; и таким новаторам всегда следует руководствоваться мудростью людей, обладающих практическим опытом в области продуманного социального или экономического эксперимента. *Никакие крупные изменения в общественной или экономической жизни не должны быть внезапными*. Для всех видов человеческой адаптации – физической, социальной или экономической – необходимо время. Только нравственные и духовные адаптации могут осуществляться мгновенно, но и в таких случаях требуется время для полного раскрытия их материальных и социальных последствий. Идеалы человечества суть главная опора и гарантия в критический период перехода цивилизации с одного уровня на другой.

15. *Предотвращение краха в переходный период*. Общество – это результат многовековой истории проб и ошибок; оно есть то, что сохранилось в результате выборочных адаптаций и приспособлений на протяжении сменяющих друг друга стадий развития человечества – его векового восхождения от уровня животного до человеческих уровней планетарного статуса. Величайшая опасность для любой цивилизации, в любой данный момент, связана с угрозой краха при переходе от устоявшихся методов прошлого к новым и лучшим, но не испытанным процедурам будущего.

Руководство крайне важно для прогресса. Мудрость, проницательность и предвидение необходимы для устойчивого существования наций. Настоящая опасность нависает над цивилизацией только тогда, когда начинают исчезать способные лидеры. И доля таких мудрых руководителей никогда не превышала одного процента от численности населения.

Именно по этим ступенькам эволюционной лестницы цивилизация поднялась до уровня, позволившего положить начало тем могущественным процессам, которые достигли кульминации в быстроразвивающейся культуре двадцатого века. И только придерживаясь этих фундаментальных основ, человек может надеяться сохранить свои нынешние цивилизации и одновременно обеспечить их дальнейшее развитие и гарантированное выживание.

Такова суть долгой, долгой борьбы народов земли за создание цивилизации со времен Адама. Современная культура является конечным результатом этой напряженной эволюции. До изобретения книгопечатания прогресс был относительно медленным, ибо новые поколения не могли так быстро пользоваться достижениями своих предшественников. Однако теперь человеческое общество устремлено вперед под воздействием совокупной движущей силы всех эпох, пройденных цивилизацией в ее трудной борьбе.

[Подготовлено Архангелом Небадона.]

ДОКУМЕНТ 82

ЭВОЛЮЦИЯ БРАКА

Брачный союз – сочетание браком – проистекает из двуполости. Брачный союз является ответным приспособлением человека к своей двуполости, в то время как семейная жизнь есть совокупный результат всех подобных эволюционных и адаптационных приспособлений. Брак устойчив; он не является частью биологической эволюции, однако он служит основой всякой социальной эволюции и поэтому наверняка сохранится в той или иной форме. Брак дал человеку семейный очаг – славный венец всей долгой и напряженной эволюционной борьбы.

В то время как религиозные, общественные и образовательные институты необходимы для сохранения культурной цивилизации, *главным цивилизатором является семья*. Бóльшую часть самого необходимого в жизни ребенок усваивает в своей семье и у соседей.

В древности в распоряжении людей не было особо изысканной социальной цивилизации, однако та, которой они располагали, добросовестно и успешно передавалась новому поколению. И вам следует осознать тот факт, что бóльшая часть этих древних цивилизаций продолжала развиваться при минимальном воздействии со стороны других институтов, потому что семья эффективно выполняла свои функции. Сегодня человеческие расы обладают богатым социальным и культурным наследием, которое необходимо мудро и эффективно передавать последующим поколениям. Необходимо поддерживать семью как образовательный институт.

1. БРАЧНЫЙ ИНСТИНКТ

Несмотря на пропасть, существующую между личностью мужчины и личностью женщины, половое влечение достаточно для того, чтобы обеспечить их соединение для воспроизведения вида. Этот инстинкт эффективно действовал намного раньше, чем люди начали испытывать многое из того, что впоследствии стало называться любовью, преданностью и супружеской верностью. Брачные отношения имеют природный характер; супружество является их эволюционным социальным следствием.

У первобытных народов сексуальное влечение и желание не были преобладающими чувствами: они просто принимали их за должное. Весь репродуктивный опыт был лишен поэтизации. Всепоглощающая половая страсть более цивилизованных народов в основном объясняется расовыми смешениями, в особенности в тех случаях, когда эволюционная природа стимулировалась ассоциативным воображением и эстетическим чувством нодитов и адамитов. Однако андитская наследственность была усвоена эволюционными расами в столь малых пропорциях, что она не смогла обеспечить достаточное подчинение животных страстей, пробужденных и усиленных более острым сексуальным чувством и более сильным половым влечением. Из эволюционных рас наивысшим кодексом межполовых отношений обладал красный человек.

В плане брака, упорядочение половой жизни является показателем следующих факторов:

1. Относительного прогресса цивилизации. На всём протяжении своего развития цивилизация всё больше требовала того, чтобы половое влечение удовлетворялось целесообразно и в согласии с нравами.

2. Доли андитской наследственности в любом народе. В таких группах половое влечение стало выражением как высших, так и низших качеств – как физической, так и эмоциональной природы.

Сангикские расы обладали нормальной, присущей животным страстью, однако у них было слабо развито воображение или осознание красоты и физической привлекательности противоположного пола. Так называемый сексапил практически отсутствует даже у современных примитивных рас; эти чистые в расовом отношении народы демонстрируют явный брачный инстинкт, однако недостаточно сильную сексуальную привлекательность для появления серьезных проблем, требующих социального контроля.

Брачный инстинкт – одна из главных физических движущих сил человека. Это единственное чувство, которое под видом личного удовлетворения успешно обманывает эгоиста, заставляя его ставить благополучие расы и продолжение рода значительно выше индивидуального комфорта и личной свободы от ответственности.

Как институт, брак – от его возникновения в древности и до наших дней – отражает социальную эволюцию биологической предрасположенности к сохранению вида. Сохранение эволюционирующего человеческого вида обеспечивается присутствием этого расового брачного импульса – побуждения, которое расплывчато именуется сексуальной привлекательностью. Это великое биологическое побуждение становится центральным импульсом для всевозможных связанных с ним инстинктов, чувств и обычаев – физических, интеллектуальных, нравственных и социальных.

Побудительной мотивацией дикаря было пропитание, однако в условиях, когда цивилизация обеспечивает обилие пищи, половое влечение часто становится доминирующим импульсом и потому нуждается в постоянном социальном контроле. Инстинктивная периодичность сдерживает стремление к совокуплению у животных, однако ввиду того, что человек в столь большой мере самоуправляющееся существо, половое желание не является только периодичным. Именно поэтому обществу приходится принуждать индивидуума к самоконтролю.

Ни одно человеческое чувство или побуждение, став разнузданным и чрезмерным, не способно привести к таким же бедам и несчастьям, как это могучее половое влечение. Разумное подчинение данного импульса ограничениям общества является высшим критерием подлинного характера любой цивилизации. Самоконтроль, всё больший самоконтроль – вот постоянно растущее требование прогрессирующего человечества. Скрытность, неискренность и лицемерие могут заслонить проблемы пола, однако они не предлагают решений, как не способствуют они развитию этики.

2. ОГРАНИЧИТЕЛЬНЫЕ ТАБУ

В упрощенном виде, рассказ об эволюции брака – это история регулирования полового влечения под давлением общественных, религиозных и гражданских ограничений. Природа едва ли считается с индивидуумом; она не признает существования так называемой нравственности; она заинтересована только и исключительно в воспроизведении вида. Природа побуждает к репродукции, равнодушно оставляя обществу решать порождаемые этим проблемы, что создает постоянные и значительные трудности для эволюционирующего человечества. Социальный конфликт заключается в непрекращающейся войне между основными инстинктами и эволюционирующей этикой.

У древних рас не было никакого или почти никакого ограничения межполовых отношений. Ввиду этой половой свободы отсутствовала проституция. Сегодня у пигмеев и других отсталых народов нет института брака; исследование таких народов показывает, что примитивные расы придерживаются простых брачных обычаев. Однако любой древний народ следует изучать и оценивать только в свете моральных норм, относящихся к нравам соответствующей эпохи.

Тем не менее, свободная любовь была в почете только у примитивных дикарей. Как только начали складываться общественные группы, началось формирование законов и ограничений супружеской жизни. Так брачные отношения прошли эволюционный путь от почти полной сексуальной вседозволенности до норм двадцатого века с их относительно полным ограничением половой жизни.

На самых ранних стадиях племенной жизни нравы и ограничительные табу, при всей своей примитивности, действительно держали мужчин и женщин порознь; это способствовало покою, порядку и трудолюбию, с которых началась длительная эволюция брака и семьи. Соответствующая полу манера одеваться, стиль украшений и религиозные ритуалы берут свое начало в этих древних табу, которые устанавливали пределы сексуальных свобод и, таким образом, в итоге создали представления о пороке, преступлении и грехе. Однако в течение долгого времени существовал обычай отменять все половые ограничения в дни больших праздников, особенно в день Первого мая.

Женщины всегда подвергались более суровым запретам, чем мужчины. Древние нравы предоставляли незамужним женщинам такую же степень половой свободы, что и мужчинам, однако от жен всегда требовали верности мужьям. Первобытные супружеские отношения почти не ограничивали половую свободу мужчины; что же касается женщины, то на ее дальнейшую сексуальную свободу накладывалось табу. Замужние женщины всегда имели какой-то знак, выделявший их в отдельный класс, – например, прическу, одежду, вуаль, изоляция от общества, украшения или кольца.

3. РАННИЕ БРАЧНЫЕ УКЛАДЫ

Брак есть институциональная реакция социального организма на постоянное биологическое напряжение, вызываемое непрестанным побуждением человека к репродукции – самовоспроизводству. Брачные отношения всегда естественны, и по мере развития общества от простого к сложному происходило соответствующее изменение нравов в сфере брачных отношений – развитие института брака. Везде, где социальная эволюция дошла до стадии формирования нравов, существует эволюционирующий институт брака.

Всегда существовали и всегда будут существовать две явно выраженные области супружества: нравы – законы, регулирующие внешние аспекты брачных отношений, – и интимные по своей природе, личные отношения мужчины и женщины. Индивидуум всегда восставал против половых ограничений, накладываемых обществом. Причина вековой проблемы пола заключается в следующем: самоподдержание индивидуально, однако оно осуществляется группой; продолжение рода социально, однако оно обеспечивается индивидуальным импульсом.

Нравы, если их уважают, достаточно сильны, чтобы сдерживать половое влечение и управлять им, что подтверждено всеми расами. Брачные нормы всегда служили истинным показателем влияния нравов и функциональной целостности гражданского правления. Однако ранние уклады, регулировавшие половые и брачные отношения, были нагромождением противоречивых и примитивных ограничений. Родители, дети, родственники и общество – у всех этих групп были противоречивые интересы при урегулировании супружеских отношений. Несмотря на всё это, те народы, которые придавали большое значение институту брака и внедряли его на практике, естественным образом поднялись на более высокие эволюционные уровни и увеличили численность своего населения.

В первобытные времена брак являлся платой за общественное положение; наличие жены служило знаком отличия. Для дикаря день свадьбы означал вступление в пору ответственности и зрелости. В одну эпоху брак считался общественным долгом, в другую – религиозной обязанностью, в третью – политическим требованием обеспечения государства гражданами.

Многие древние племена требовали дерзкого похищения чужого имущества для подтверждения готовности к супружеству; более поздние народы заменили такие грабительские набеги атлетическими состязаниями и соревнованиями. В качестве высшей награды победители таких состязаний получали право выбора невесты из числа лучших девушек. По обычаю охотников за головами, юноша имел право жениться только после того, как добывал как минимум одну голову, хотя иногда череп можно было купить. С постепенным отмиранием обычая купли жен их стали выигрывать на конкурсах загадок; эта практика до сих пор сохранилась у многих групп черного человека.

С развитием цивилизации, в некоторых племенах суровые добрачные испытания мужской выносливости стали передавать в руки женщин; так они могли отдать предпочтение тем мужчинам, на которых останавливали свой выбор. Супружеские испытания включали демонстрацию искусства охотника и бойца, а также способности обеспечить семью. В течение долгого времени от жениха требовалось, чтобы на протяжении как минимум одного года он был членом семьи невесты; здесь он жил и трудился, доказывая, что достоин женщины, которую хотел взять в жены.

От жены требовалось умение выполнять тяжелую работу и рожать детей. Она должна была справляться с определенным объемом сельскохозяйственной работы за отведенное время. А если ребенок появлялся до замужества, ценность жены возрастала еще больше, ибо она подтверждала свою способность к деторождению.

Тот факт, что не состоять в браке считалось у древних народов позором, даже грехом, объясняет происхождение детских браков: раз уж человеку всё равно суждено жить в супружестве, то чем раньше, тем лучше. Кроме того, бытовало поверье, что неженатые и незамужние не попадут в страну духов. Это было еще одной побудительной причиной детских браков, заключавшихся даже при рождении, а иногда и до рождения, в зависимости от пола ребенка. Древние верили в то, что даже покойники должны состоять в браке. Для ведения переговоров о заключении брака между усопшими нанимались настоящие сваты. Кто-нибудь из родителей договаривался об участии таких посредников для заключения брака между умершим сыном и умершей дочерью из другой семьи.

У более поздних народов брак обычно заключался с достижением половой зрелости, однако развитие этой тенденции было непосредственно связано с прогрессом цивилизации. Уже на ранних этапах социальной эволюции появились особые безбрачные ордена – как у мужчин, так и у женщин; они формировались и поддерживались индивидуумами, в той или иной мере лишенными нормального полового влечения.

Многие племена позволяли членам правящего клана иметь половые отношения с невестой непосредственно перед тем как ее отдавали мужу. Каждый из этих мужчин давал девушке подарок; таково происхождение обычая дарить свадебные подарки. В некоторых группах молодая женщина должна была заработать свое приданое, которое состояло из подарков, полученных в качестве вознаграждения за половые услуги, предоставленные на смотринах невест.

Некоторые племена женили юношей на вдовах и старших женщинах, а впоследствии, когда те, в свою очередь, становились вдовцами, позволяли им брать в жены юных девушек, объясняя это тем, что в таком случае оба супруга наверняка не будут глупцами, – что, полагали они, случалось бы, если бы в брак разрешали вступать юношам и девушкам. Другие племена ограничивали брачные отношения одинаковой возрастной категорией. Именно ограничение брака определенными возрастными группами породило идею кровосмешения. (В Индии до сих пор нет возрастных ограничений для брака.)

В некоторых культурах женщины смертельно боялись вдовства: вдову либо убивали, либо позволяли ей наложить на себя руки на могиле супруга, ибо считалось, что она должна войти в страну духов вместе со своим мужем. Оставшихся в живых вдов практически всегда обвиняли в смерти своих мужей. Некоторые племена сжигали их заживо. Если вдова продолжала жить, ее жизнь превращалась в сплошной траур и была связана с нестерпимыми социальными ограничениями, ибо повторный брак подвергался всеобщему осуждению.

В старину поощрялось многое из того, что сегодня считается аморальным. В первобытные времена жены нередко испытывали огромную гордость за связи своих мужей с другими женщинами. Девическое целомудрие было настоящим препятствием для заключения брака; рождение ребенка до замужества делало девушку намного более желанной в качестве жены, ибо мужчина был уверен в том, что его спутница не является бесплодной.

Многие первобытные племена разрешали испытательный брак, который продолжался до тех пор, пока женщина не становилась беременной, после чего можно было проводить обычную брачную церемонию. У других групп свадьба справлялась только после рождения первого ребенка. Если женщина оказывалась бесплодной, родители должны были ее выкупить, а брак объявлялся недействительным. Нравы требовали, чтобы у каждой пары были дети.

Такой первобытный испытательный брак не имел ничего общего со вседозволенностью; это было всего лишь честное испытание на способность к деторождению. Вступившие в связь индивидуумы заключали постоянный брак, как только подтверждалась способность к зачатию. Когда современные пары начинают супружескую жизнь с задней мыслью об удобном разводе в случае, если они не будут полностью удовлетворены совместной жизнью, они, по существу, заключают подобие испытательного брака, причем значительно более низкого по своему статусу, нежели честные поиски их менее цивилизованных предков.

4. БРАК В ЭПОХУ ОТНОШЕНИЙ СОБСТВЕННОСТИ

Брак всегда был тесно связан как с собственностью, так и с религией. Собственность делала брак прочным, религия – нравственным.

Первобытный брак представлял собой вклад средств, экономическую сделку. Он в большей степени основывался на деловых отношениях, чем на сексуальной заинтересованности. Древние вступали в брак ради выгоды благополучия группы;

поэтому их браки планировались и устраивались группой – родителями и старейшинами. И то, что нравы, регулирующие отношения собственности, действительно укрепляли институт брака, подтверждается большей прочностью брака у ранних племен, чем у многих современных народов.

По мере прогресса цивилизации и всё большего признания частной собственности, величайшим преступлением стало воровство. Прелюбодеяние считалось формой воровства, посягательством на права собственности мужа; поэтому оно не упоминается отдельно в ранних кодексах и законах. До вступления в брак женщина являлась собственностью своего отца, который передавал свои права ее мужу, и все легализованные половые связи проистекали из этих априорных прав собственности. Ветхий Завет обращается с женщинами как с разновидностью собственности; Коран учит, что женщины являются существами второго сорта. Мужчина обладал правом одолжить свою жену другу или гостю, и этот обычай до сих пор существует у некоторых народов.

Современная половая ревность не является врожденной; она – результат эволюции нравов. Первобытный человек не ревновал свою жену; он просто охранял свою собственность. В половом отношении предъявление к женщине больших требований, чем к ее мужу, объяснялось тем, что ее супружеская неверность влекла за собой появление наследника и передачу собственности по наследству. Уже на самых ранних стадиях развития цивилизации незаконнорожденный ребенок пользовался дурной славой. Поначалу только женщина наказывалась за прелюбодеяние. Впоследствии нравы предписывали наказывать также ее партнера, и в течение многих веков оскорбленный муж или отец имели полное право убить того, кто вторгался в их владения. У современных народов сохранились эти нравы с их неписаным законом, разрешающим так называемые «преступления в защиту чести».

Так как требование целомудрия появилось как один из аспектов развития нравов, регулировавших отношения собственности, оно распространялось вначале на замужних женщин, но не касалось незамужних девушек. Впоследствии в целомудрии был более заинтересован отец, чем жених: непорочная девушка была коммерческим имуществом отца – это давало ему возможность назначить более высокую цену. С повышением спроса на целомудрие появился обычай платить вознаграждение отцу невесты за то, что он вырастил непорочную девушку для ее будущего супруга. Однажды возникнув, идея женского целомудрия столь завладела умами, что девушек стали буквально запирать, заточать на многие годы, дабы гарантировать их непорочность. Относительно недавние моральные и социальные нормы, а также проверки на девственность автоматически породили класс профессиональных проституток; это были отвергнутые невесты – женщины, которых на проверках, устраиваемых матерями женихов, признавали лишенными девственности.

5. ЭНДОГАМИЯ И ЭКЗОГАМИЯ

Уже в глубокой древности дикарь заметил, что расовое смешение повышает качество потомства, – не потому, что эндогамия всегда приводила к плохим последствиям, а потому, что экзогамия всегда давала сравнительно лучшие результаты. Поэтому нравы стремились закрепить ограничения на половые отношения между близкими родственниками. Было признано, что экзогамия чрезвычайно повышает селективные возможности эволюционного варьирования и развития. Появившиеся в результате таких связей индивидуумы были более разносторонними и обладали большей способностью к выживанию во враждебном окружении; сторонники эндогамии, как и их нравы, постепенно исчезли. Этот процесс был медленным; дикарь не задумывался о таких проблемах, в отличие от более поздних и прогрессирующих народов, которые, к тому же, заметили, что общая слабость иногда является следствием чрезмерного количества браков между близкими родственниками.

В то время как при наличии хорошей наследственности результатом эндогамии иногда было укрепление сильных племен, красноречивые случаи печальных последствий эндогамии наследственно неполноценных людей оказывали более сильное воздействие на сознание человека. Поэтому формирование нравов сопровождалось появлением всё новых табу, запрещавших любые браки между близкими родственниками.

Религия уже давно служит эффективной преградой для экзогамии; многие религиозные учения объявили брак с иноверцами нарушением закона. Женщина обычно была сторонницей эндогамии, мужчина – экзогамии. Собственность всегда влияла на брак, и иногда – в попытке закрепить собственность в пределах клана – появлялись нравы, приказывавшие женщинам выбирать мужей среди одноплеменников ее отца. Такие правила привели к огромной популярности браков между двоюродными родственниками. Кроме того, эндогамией пользовались в стремлении сохранить секреты мастерства: умельцы хотели, чтобы искусство их ремесла оставалось в семье.

Оказываясь в изоляции, более развитые группы всегда возвращались к единокровным бракам. В течение ста пятидесяти тысяч лет одной из крупнейших эндогамных групп были нодиты. Эндогамные нравы более позднего времени были в огромной мере укреплены традициями фиолетовой расы, в которой поначалу в брачные отношения вступали – по необходимости – братья и сестры. Браки между братьями и сестрами получили также распространение в древнем Египте, Сирии, Месопотамии и повсюду, где обитали андиты. Египтяне долго придерживались таких браков, пытаясь сохранить в чистоте царскую кровь, – обычай, который еще дольше оставался в силе в Персии. У месопотамцев – до появления Авраама – браки с двоюродными родственниками были обязательными. Кузены пользовались преимущественным правом на вступление в брак со своими кузинами. Сам Авраам женился на своей единокровной сестре, однако более поздние нравы евреев запрещали такие союзы.

Первый отход от практики браков между братьями и сестрами произошел с появлением многоженства, ибо сестра-жена грубо попирала другую жену или жен. Некоторые племенные нравы запрещали брак со вдовой умершего брата, однако требовали, чтобы оставшийся брат производил на свет детей вместо своего покойного брата. Не существует биологического инстинкта, который не позволял бы вступать в брак при той или иной степени родства; такие ограничения являются исключительно следствием табу.

В результате возобладала экзогамия, поскольку ей отдавали предпочтение мужчины: найти жену за пределами своей группы означало обеспечить себе бóльшую свободу от ее родителей. Чем ближе знаешь, тем меньше почитаешь; поэтому, когда в брачных отношениях начал преобладать индивидуальный выбор, стало обычным находить партнеров за пределами племени.

В итоге многие племена запретили браки в пределах клана. Другие ограничили брачные отношения определенными кастами. Табу на брак с женщиной того же тотема привел к обычаю выкрадывать женщин соседних племен. Позднее браки регулировались преимущественно по территориальному, а не родовому признаку.

Прежде чем эндогамия превратилась в современную экзогамию, она прошла через целый ряд эволюционных ступеней. Даже после того, как табу распространились на единокровные браки между простолюдинами, вождям и царям разрешалось жениться на близких родственниках, что позволяло избежать разбавления царской крови и сохраняло ее чистоту. Нравы обычно разрешали монархам некоторые вольности в половой жизни.

Присутствие более поздних андитских народов имело большое значение для усиления желания сангикских рас вступать в брачные отношения за пределами своих племен. Однако экзогамия стала преобладающей только после того, как соседние группы научились жить в относительном мире.

Экзогамия сама по себе способствовала укреплению мира: межплеменные браки гасили враждебные настроения. Экзогамия вела к межплеменному сотрудничеству и военным союзам; она стала преобладающей потому, что обеспечивала бóльшую силу; она создавала нацию. В большой степени экзогамии способствовало развитие торговых связей; путешествия и исследования вносили свой вклад в расширение географии брачных отношений и в огромной мере содействовали взаимопроникновению расовых культур.

Необъяснимые, казалось бы, несообразности нравов, регулирующих расовые браки, являются, в основном, следствием вошедшей в обычай экзогамии, а также сопутствующей ей кражи невест и покупки их в других племенах. Всё это привело к смешению нравов различных племен. То, что эти касавшиеся эндогамии табу носили социальный, а не биологический характер, хорошо иллюстрируется запретом на родственные браки, под который подпадали многие родственники со стороны жены или мужа, что вообще не имеет отношения к кровному родству.

6. РАСОВЫЕ СМЕШЕНИЯ

Сегодня в мире нет чистых рас. Из числа изначальных эволюционных цветных рас в мире сохранились только две – желтая и черная, но и они включают в себя много крови исчезнувших цветных народов. Хотя так называемая белая раса произошла в основном от древнего синего человека, она в большей или меньшей степени смешана со всеми расами, что в значительной мере справедливо и для красного человека Америки.

Из шести цветных сангикских рас три были первичными и три вторичными. Хотя первичные расы – синяя, красная и желтая – во многих отношениях превосходили три вторичные, не следует забывать о том, что у этих вторичных рас было много привлекательных черт, которые могли существенно улучшить первичные расы, если бы существовала возможность ассимилировать лучшие генотипы вторичных.

Нынешние предрассудки против «метисов», «гибридов» и «полукровок» возникают из-за того, что современные расовые смешения происходят в основном между чрезвычайно низкопробными генотипами соответствующих рас. Неудовлетворительное потомство получается и при смешении дегенеративных генотипов одной и той же расы.

Если бы современные расы Урантии можно было освободить от проклятья их низшего пласта выродившихся, антисоциальных, слабоумных и негодных субъектов, существовало бы мало возражений против ограниченных расовых смешений. А если бы такие расовые смешения могли происходить между высшими типами нескольких рас, то возражений было бы еще меньше.

Секрет создания новых и более жизнеспособных линий заключается в гибридизации лучших и несхожих ветвей. Это справедливо в отношении как растений и животных, так и людей. Гибридизация увеличивает жизнестойкость и повышает способность к зачатию. Расовые смешения средних и высших слоев различных народов чрезвычайно усиливают *творческий* потенциал, что демонстрируется на примере современного населения Соединенных Штатов Северной Америки. Когда такие брачные отношения устанавливаются между более низкими или неполноценными слоями, творческая способность уменьшается, что видно на примере современных народов южной Индии.

Расовые смешения чрезвычайно способствуют внезапному появлению *новых* качеств, а если такая гибридизация является союзом лучших генотипов, то эти новые качества также будут являться *преимущественными* свойствами.

До тех пор, пока современные расы остаются столь перегруженными низшими и дегенеративными генотипами, широкомасштабное расовое смешение было бы весьма пагубным. Однако большинство возражений против таких экспериментов объясняется скорее социальными и культурными предрассудками, нежели биологическими соображениями. Даже среди низших родов гибриды нередко означают шаг вперед по сравнению с их предшественниками. Гибридизация ведет к улучшению вида благодаря роли *доминантных генов*. Расовые смешения повышают вероятность увеличения в гибриде числа желательных *доминант*.

За последние сто лет на Урантии было больше расовых смешений, чем за многие тысячелетия. Опасность появления резких диспропорций в результате смешения человеческих рас чрезвычайно преувеличена. Основные проблемы, с которыми сталкиваются «метисы», объясняются социальными предрассудками.

Питкэрнский эксперимент по смешению белой и полинезийской рас дал вполне удовлетворительные результаты благодаря тому, что белые мужчины и полинезийские женщины происходили из достаточно хороших родов. Смешанные браки между высшими типами белой, красной и желтой рас могли бы сразу же дать много новых и биологически эффективных свойств. Три этих типа относятся к первичным сангикским расам. Смешение белой и черной рас не дают столь желательных непосредственных результатов, однако мулатское потомство отнюдь не является таким предосудительным, как это пытаются представить социальные и расовые предрассудки. В физическом отношении такие люди являются великолепными образчиками человеческого рода, несмотря на их незначительную неполноценность в некоторых других отношениях.

Когда первичная сангикская раса смешивается со вторичной, последняя существенно улучшается за счет первой. Если такое жертвенное участие первичных рас в улучшении вторичных групп происходит в небольшом масштабе – и в течение продолжительного периода времени, – оно не может вызывать серьезных возражений. В биологическом аспекте вторичные сангикские расы в некотором отношении превосходили первичные.

И всё же истинная опасность для людей лежит скорее в неограниченной репродукции низших и дегенеративных генотипов различных цивилизованных народов, нежели в какой-либо мнимой опасности их расового смешения.

[Представлено главой серафимов, расположенных на Урантии.]

ДОКУМЕНТ 83

ИНСТИТУТ БРАКА

Это рассказ об истоках института брака. Этот институт прошел путь неуклонного развития от случайных и беспорядочных спариваний в стаде – через многочисленные разновидности и адаптации – к тем нормам брака, венцом которых в итоге стали парные супружеские отношения: союз одного мужчины и одной женщины с целью создания семьи высшего социального типа.

Брак неоднократно подвергался опасности, и нравы, регулирующие брачные отношения, искали прочную опору как в собственности, так и в религии. Однако действительным фактором, неизменно охраняющим брак и возникающую в результате семью, является простой и врожденный биологический факт того, что мужчины и женщины просто не могут прожить друг без друга, будь они самыми примитивными дикарями или самыми культурными смертными.

Именно благодаря приманке полового влечения из эгоистичного человека получается нечто большее, чем животное. Половые отношения, которые строятся на эгоизме и самоуслаждении, влекут за собой определенные последствия, связанные с самоотречением, и обеспечивают принятие на себя альтруистических обязательств и многочисленных семейных обязанностей, идущих на пользу расе. В этом отношении половая жизнь дикаря была его неосознанным и подспудным цивилизатором, ибо всё то же половое желание автоматически и безошибочно *заставляет человека думать* и в результате *приводит его к любви*.

1. БРАК КАК ОБЩЕСТВЕННЫЙ ИНСТИТУТ

Брак является общественным механизмом, предназначенным для регулирования и управления теми многочисленными человеческими отношениями, которые вытекают из физического факта двуполости. В качестве такого института брак функционирует в двух направлениях:

1. Регулирование личных половых отношений.
2. Регулирование передачи и получения наследства, правопреемства и общественного порядка, что является его более древней и изначальной функцией.

Создаваемая в браке семья сама укрепляет институт брака наряду с нравами, регулирующими отношения собственности. К другим действенным факторам устойчивости брака относятся гордость, тщеславие, рыцарский дух, долг и религиозные убеждения. Однако, хотя браки могут одобряться или не одобряться свыше, они едва ли заключаются на небесах. Человеческая семья является явно выраженным человеческим институтом, эволюционным обретением. Брак – это общественный институт, а не церковное ведомство. Конечно, религия должна оказывать ощутимое воздействие на брак, однако ей не следует пытаться подчинить его своему исключительному управлению и контролю.

Примитивный брак был в основном производственным институтом. Да и сейчас он нередко носит социальный или деловой характер. В результате расовых смешений с андитами и благодаря нравам эволюционирующей цивилизации, в браке постепенно появляется всё больше места для взаимности, романтики, родительских чувств, поэзии, нежности, этичности и даже идеализма. Выбор партнера и так называемая романтическая любовь не были характерны для примитивных брачных отношений. В глубокой древности муж и жена редко бывали вместе; обычно они даже питались порознь. Однако личная приязнь древних мужчин и женщин не была прочно связана с половым влечением. Они нравились друг другу в основном потому, что жили и работали вместе.

2. УХАЖИВАНИЕ И ПОМОЛВКА

Примитивные браки всегда планировались родителями мальчика и девочки. На переходной стадии между этим обычаем и свободным выбором существовали брачные посредники, или профессиональные сваты. Такими сватами вначале являлись парикмахеры, позднее – жрецы. Первоначально брак был прерогативой группы, затем – семьи, и только с недавних пор он стал личным опытом.

Примитивный брак строился не на влечении, а на принуждении. В древности женщина испытывала не равнодушие к половой жизни, а только свою половую неполноценность, как это внушалось ей существовавшими нравами. Как кража предшествовала продаже, так брак по принуждению предшествовал браку по согласию. Некоторые женщины помогали пленению, чтобы освободиться от господства более старших мужчин своего племени; они предпочитали попасть в руки мужчин своего возраста из другого племени. Такой псевдопобег являлся переходной стадией между пленением с помощью силы и последующим ухаживанием с помощью личного обаяния.

Древним видом свадебной церемонии был инсценированный побег – нечто вроде репетиции настоящего побега, что когда-то являлось повсеместной практикой. Позднее шуточное похищение невесты стало частью обычного свадебного обряда. Притворное сопротивление современных девушек «похищению», их сдержанность по отношению к браку – всё это пережитки древних обычаев. Перенесение невесты через порог восходит к целому ряду древних традиций, в том числе и к похищению жены.

В течение долгого времени женщина была лишена возможности свободно распоряжаться собой в браке, но самым умным женщинам всегда удавалось обойти это ограничение, умело пользуясь своей сообразительностью. На стадии ухаживания активной стороной обычно бывает мужчина, но не всегда. Однако иногда в явной или неявной форме инициативу проявляет женщина, и по мере развития цивилизации женщина играла всё более заметную роль на всех стадиях ухаживания и брака.

Усиление роли любви, романтики и личного выбора в период добрачных ухаживаний является вкладом андитов в мировые расы. Отношения между полами развиваются благоприятным образом; многие прогрессирующие народы заменяют прежние мотивы пользы и владения несколько идеализированными понятиями половой привлекательности. При выборе спутников жизни половое желание и чувство любви начинают приходить на смену холодному расчету.

Когда-то обручение приравнивалось к браку; в древности сексуальные отношения в период помолвки были нормальным явлением. В последние века религия ввела табу на интимные отношения в период между помолвкой и браком.

3. ВЫКУП И ПРИДАНОЕ

Древние люди не доверяли любви и обещаниям. Они считали, что залогом прочности союза должна быть материальная гарантия – собственность. Поэтому заплаченная за жену сумма считалась конфискованной собственностью, залогом, который муж неизбежно терял в случае развода или своего ухода. Во многих племенах муж, уплатив за невесту, имел право выжечь на жене свое клеймо. Африканцы до сих пор покупают своих жен. Жена по любви – или жена белого человека – сравнивается ими с кошкой, потому что она ничего не стоит.

Смотрины невест позволяли наряжать и украшать дочерей для общего обозрения, чтобы получить за них бóльшую плату в качестве жен. Однако продажа жены отличалась от торговли животными: у поздних племен жена не могла передаваться другому. Не сводилась такая покупка и к хладнокровной выплате денег: при покупке жены оказание услуг приравнивалось к наличным деньгам. Если мужчина был подходящим во всех отношениях, но не мог заплатить за свою жену, он получал возможность жениться, став приемным сыном отца девушки. А если искавший жену бедняк не мог заплатить ту цену, которую требовал алчный отец, старейшины часто оказывали на отца давление, после чего тот умерял свои аппетиты, – в противном случае девушка могла сбежать из дома.

Цивилизация развивалась, и отцы уже не хотели выглядеть торговцами своих дочерей. Поэтому, продолжая принимать выкуп за невесту, они ввели обычай дарить супружеской паре ценные подарки, которые примерно соответствовали сумме выкупа. А когда обычай платить за невесту отошел в прошлое, подарки превратились в приданое.

Смысл приданого заключался в том, чтобы создать впечатление о независимости невесты, показать глубокий разрыв с теми временами, когда жены были рабынями, спутницы жизни – собственностью. Муж не мог развестись с женой, не выплатив сполна ее приданое. В некоторых племенах родителям как невесты, так и жениха оставляли совместный задаток; если одна из сторон оставляла другую, она лишалась своей доли, которая, по существу, служила брачным залогом. В переходный период от купли к приданому, если жена покупалась, дети принадлежали отцу; если нет, они принадлежали семье жены.

4. СВАДЕБНАЯ ЦЕРЕМОНИЯ

Свадебная церемония возникла из того факта, что брак изначально был общинным делом, а не просто кульминацией решения, принятого двумя индивидуумами. Брачные отношения касались не только личности, но и группы.

Вся жизнь древних людей была наполнена магией, ритуалами и обрядами, и брак не являлся исключением. По мере развития цивилизации, по мере того как отношение к браку становилось более серьезным, свадебная церемония становилась всё более пышной. Как и сегодня, в древности брак являлся одним из факторов, влиявших на отношения собственности, что требовало законной процедуры, в то время как максимально широкая публичность была необходима для утверждения социального статуса будущих детей. Первобытные люди не вели записей, поэтому на брачной церемонии должно было присутствовать много людей.

Поначалу свадебная церемония больше напоминала помолвку и заключалась в публичном объявлении намерения жить вместе; позднее она превратилась в совместное застолье. В некоторых племенах родители просто отводили дочь к мужу. В других случаях единственным ритуалом был официальный обмен подарками, после чего отец невесты представлял ее жениху. У многих народов Леванта вошло в обычай оставлять в стороне формальности, скрепляя брак половыми отношениями. Впервые более усовершенствованная свадебная церемония появилась у красного человека.

Люди страшно боялись бездетности, а так как бесплодие объяснялось кознями духов, то желание гарантировать плодовитость привело к появлению в свадебном обряде некоторых магических и религиозных ритуалов. В целях обеспечения счастливого брака и способности к воспроизведению потомства использовались всевозможные талисманы. Советовались даже с астрологами, которые должны были удостовериться в счастливом для сочетающихся сторон расположении звезд. Одно время на всех свадьбах богатых людей приносились человеческие жертвы.

Свадьбу стремились отпраздновать в счастливый день, предпочтительно в четверг, и особенно благоприятным для брачной церемонии считалось полнолуние. У многих народов Ближнего Востока был обычай осыпать молодоженов зерном – считалось, что этот магический ритуал наделял способностью иметь детей. Некоторые восточные народы использовали для этого рис.

Огонь и вода всегда считались лучшими средствами защиты от привидений и злых духов. Поэтому на свадьбах обычно использовали огонь жертвенника и зажженные свечи, а также окропление святой водой. В течение долгого времени существовал обычай назначать ложный день свадьбы, а затем внезапно откладывать праздник, чтобы сбить с толку призраков и духов.

Поддразнивание молодоженов и подшучивание над ними во время медового месяца являются пережитками тех далеких дней, когда полагали, что лучше прикинуться жалким и несчастным на виду у духов, дабы не пробуждать их зависть. Фата унаследована с тех времен, когда считалось необходимым скрыть невесту, чтобы ее не смогли узнать призраки, а также для того, чтобы спрятать ее красоту от глаз ревнивых и завистливых духов. До самого начала свадебной церемонии ноги невесты не должны были касаться земли. Даже в двадцатом веке сохраняется христианский обычай расстилать ковровую дорожку от места остановки экипажа до церковного алтаря.

Одним из наиболее древних видов свадебной церемонии было освящение жрецом брачного ложа для обеспечения способности к деторождению. Этот обычай сложился задолго до появления официального свадебного обряда. В течение этого периода эволюции брачных обычаев приглашенные на свадьбу гости должны были проходить ночью через спальню, становясь законными свидетелями брачных отношений.

Элемент случайности – то, что, несмотря на всевозможные добрачные испытания, некоторые браки оказывались неблагополучными, – заставлял первобытного человека искать гарантии от неудачного брака, обращаться за помощью к жрецам и магии. Это стремление в итоге привело к современному церковному венчанию. Однако на протяжении многих лет считалось, что брак определяется решениями родителей жениха и невесты, позднее – самими будущими супругами, в то время как в течение последних пятисот лет церковь и государство присвоили себе соответствующие права и в настоящее время позволяют себе объявлять о заключении брака.

5. МНОГОБРАЧИЕ

На раннем этапе эволюции брака незамужние женщины принадлежали мужчинам своего племени. Впоследствии женщина могла одновременно иметь только одного мужа. Эта практика – *один муж в одно время* – стала первым отходом от беспорядочных половых отношений стада. В то время как женщине позволялось иметь связь только с одним мужчиной, ее муж мог разорвать такие временные отношения по своему желанию. Тем не менее, эти слабо регулируемые связи были первым шагом на пути к парным отношениям в противоположность отношениям стадным. На этой стадии развития брака дети обычно принадлежали матери.

Следующим шагом в эволюции брачных отношений стал *групповой брак*. Эта общинная стадия брака была необходимой мерой в развитии семьи, так как нравы, регулирующие брачные отношения, были еще недостаточно устойчивыми, чтобы сделать парные связи постоянными. К этому типу относились браки между братьями и сестрами; пять братьев одной семьи могли жениться на пяти сестрах другой. Во всём мире более свободные формы общинного брака постепенно превращались в различные виды группового брака. И такие групповые связи в основном регулировались теми нравами, которые касались их тотема. Семейная жизнь развивалась медленно и уверенно, ибо, обеспечивая сохранение большего числа детей, регулирование брака и половой жизни способствовало сохранению самого племени.

У наиболее развитых племен групповые браки постепенно уступили место практике полигамии – полигинии и полиандрии. Однако полиандрия никогда не была распространенным явлением, оставаясь обычно атрибутом королев и богатых женщин. Кроме того, как правило, она практиковалась внутри семьи – одна жена принадлежала нескольким братьям. Кастовые и экономические ограничения порой заставляли нескольких мужчин довольствоваться одной женой. Но и в таких случаях женщина выходила замуж только за одного мужчину, мирясь с остальными как с «дядями» совместного потомства.

Еврейский обычай, требующий, чтобы мужчина взял в жены вдову умершего брата с целью «взрастить потомство своего брата», был распространен более чем у половины народов древнего мира. Это пережиток тех времен, когда брак был скорее семейным делом, нежели индивидуальным союзом.

В различные времена институт полигинии признавал четыре типа жен:

1. Официальные, или законные, жены.
2. Жены по любви и согласию.
3. Наложницы, договорные жены.
4. Жены-рабыни.

Истинная полигиния, когда все жены и дети имели одинаковый статус, была весьма редким явлением. Обычно, даже в случае многобрачия, в доме хозяйничала главная жена – официальный партнер. Только она участвовала в ритуале заключения брака, и дети только такой супруги – купленной или полученной вместе с приданым – могли стать наследниками, за исключением случаев специального соглашения с официальной женой.

Официальная жена не обязательно была любимой женой; в древности, как правило, она таковой не являлась. Любимые жены, или возлюбленные, появились только после значительного прогресса рас, в особенности после смешения эволюционных племен с нодитами и адамитами.

Табу, в соответствии с которым можно было иметь одну законную жену, привело к появлению наложниц. Нравы разрешали мужчине только одну жену, однако он мог поддерживать половые отношения с любым числом наложниц. Наложничество было ступенью на пути к моногамии, первым шагом, порывавшим с откровенной полигинией. У евреев, римлян и китайцев наложницы очень часто были служанками жены. Позднее, например, у евреев, законная жена считалась матерью всех детей, родившихся от ее мужа.

Древние табу на половые отношения с беременной или кормящей матерью привели к широкому распространению полигинии. Частые беременности в сочетании с тяжелым трудом быстро старили первобытных женщин. (Такая переутомленная жена выживала только за счет того, что каждый месяц на одну неделю ее изолировали от остальных, – если только она не была беременной.) Нередко, устав от частых родов, жена просила своего мужа взять вторую, более молодую жену, которая могла бы и рожать детей, и помогать по хозяйству. Поэтому новые жены принимались более старшими с огромной радостью. Половой ревности не существовало и в помине.

Число жен ограничивалось только возможностями мужчины обеспечить их. Богатые и сильные мужчины желали многочисленного потомства, и так как детская смертность была очень высокой, для создания большой семьи требовалось большое число жен. Многие из них были всего лишь рабочей силой – женами-рабынями.

Человеческие обычаи совершенствуются, однако очень медленно. Назначением гарема было создание сильного и многочисленного клана кровных родственников в поддержку трона. Однажды некий вождь, решив, что он должен довольствоваться одной женой и что ему не следует держать гарем, сразу же распустил его. Недовольные жены отправились по домам, и их оскорбленные и разъяренные родственники набросились на вождя и тут же учинили над ним расправу.

6. ИСТИННАЯ МОНОГАМИЯ – ПАРНЫЙ БРАК

Моногамия есть монополия. Она хороша для тех, кто достигает этого желательного состояния, но оборачивается биологическими трудностями для тех, кто не столь удачлив. Однако, совершенно независимо от того эффекта, который она оказывает на индивидуума, моногамия является несомненно лучшим вариантом для детей.

Древнейшая моногамия возникла под гнетом обстоятельств – бедности. Моногамия культурна и социальна, искусственна и неестественна – то есть неестественна для эволюционного человека. Она была естественна для более чистокровных нодитов и адамитов и всегда являлась огромной культурной ценностью для всех развитых рас.

Племена халдеев признавали за женщиной право требовать от своего будущего супруга обещания не брать вторую жену или наложницу; как греки, так и римляне были сторонниками единобрачия. Поклонение предкам всегда укрепляло моногамию. Такое же воздействие оказывало и христианство, которое ошибочно считает брак священным. Повышение уровня жизни тоже неизменно препятствовало многоженству. Ко времени прихода на Урантию Михаила практически весь цивилизованный мир поднялся до уровня принципиального признания моногамии. Однако это пассивное единобрачие не означало, что человечество приучило себя к настоящему парному браку.

Стремясь к моногамной цели идеального парного брака, который, в конечном счете, является подобием монопольной половой связи, общество не должно закрывать глаза на незавидное положение тех несчастных мужчин и женщин, которые не могут найти себе место в этом новом, усовершенствованном социальном порядке даже после того, как они сделали всё возможное для подчинения его требованиям. Неспособность приобретения партнеров на социальной арене в условиях конкуренции может объясняться непреодолимыми трудностями или многочисленными ограничениями, которые накладываются нынешними нравами. Воистину, моногамия идеальна для тех, кто в ней состоит, однако она неизбежно приносит огромные тяготы тем, кто остался вне ее, в холоде одиночества.

Несчастному меньшинству всегда приходилось страдать ради того, чтобы большинство могло развиваться в условиях эволюционирующих нравов прогрессирующей цивилизации. Однако привилегированное большинство всегда должно относиться с неизменной добротой и участием к своим менее счастливым товарищам, которым приходится расплачиваться за неспособность образовать такие идеальные половые союзы, позволяющие удовлетворять все биологические побуждения, одобряемые высшими нравами прогрессирующей социальной эволюции.

Моногамия всегда была, есть и вечно будет идеалистической целью половой эволюции человека. Этот идеал истинного парного брака предполагает самоотречение, и именно поэтому брак столь часто распадается только из-за того, что одной или обеим договаривающимся сторонам не хватает высшей из всех человеческих добродетелей – твердого самообладания.

Моногамия является тем мерилом, которым измеряется прогресс социальной цивилизации в противоположность чисто биологической эволюции. Моногамия не обязательно носит биологический или природный характер, однако она совершенно необходима для непосредственного сохранения и дальнейшего развития социальной цивилизации. Она способствует изысканности чувств, очищению нравственности и духовному росту, которые абсолютно невозможны в полигамии. Женщина не может стать идеальной матерью, если она вынуждена постоянно бороться с соперницами, добиваясь расположения своего мужа.

Парный брак способствует и укрепляет то глубокое понимание и действенное сотрудничество, которые наиболее желательны для родительского счастья, благополучия ребенка и социальной эффективности. Брак, который начался с грубого принуждения, постепенно превращается в великолепный институт личной культуры, сдержанности, самовыражения и продолжения рода.

7. РАСТОРЖЕНИЕ БРАЧНЫХ УЗ

На раннем этапе эволюции брачных нравов супружество было свободным союзом, который мог прекращаться по желанию, причем дети всегда оставались за матерью; мать и ребенок связаны инстинктивными узами, которые не зависят от развития нравов.

У примитивных народов только каждый второй брак был удачным. Чаще всего супруги расходились из-за бесплодия, вина в котором всегда возлагалась на жену; считалось, что в мире духов бездетные жены становятся змеями. При более примитивных нравах право развода принадлежало только мужчине, и у некоторых народов эти нормы сохранились вплоть до двадцатого века.

С развитием нравов, у некоторых племен появилось две формы брака: обычный, допускавший развод, и брак, заключенный священником, который не мог быть расторгнут. С появлением практики покупки жены и получения приданого, расплата за неудавшийся брак собственностью оказала большое влияние на сокращение разводов. И действительно, этот древний фактор собственности цементирует многие современные союзы.

Социальное давление в виде общественного положения и имущественных привилегий всегда было мощным фактором сохранения табу и нравов, регулирующих брак. На протяжении веков институт брака постоянно совершенствовался, и в современном мире он достиг высокого уровня развития, несмотря на то что над ним нависла серьезная опасность в виде широко распространенного недовольства тех народов, для которых доминирующим фактором является новый вид свободы – индивидуальный выбор. Хотя эти трудности роста возникают у наиболее прогрессивных рас вследствие внезапного ускорения социальной эволюции, у менее развитых народов брак продолжает процветать и медленно совершенствоваться, руководствуясь нравами прошлого.

Новая и резкая замена старого, существовавшего веками имущественного мотива более идеальным, но чрезвычайно индивидуалистичным мотивом любви, неизбежно привела к временной нестабильности института брака. Человеческие мотивы для заключения брака всегда значительно превышали бытующую мораль супружеской жизни, и в девятнадцатом-двадцатом веках западные идеалы брака внезапно значительно опередили эгоцентричные и только частично контролируемые половые побуждения рас. В любом обществе присутствие большого числа не состоящих в браке людей означает временное крушение или смену нравов.

На протяжении веков истинным испытанием брака была та постоянная близость, которая неизбежна в любой семейной жизни. Двое избалованных и испорченных молодых людей, приученных к постоянному потаканию, полному удовлетворению собственного тщеславия и эгоизма, едва ли могут надеяться на большой успех в браке и семейной жизни – пожизненном партнерстве, которое предполагает самозабвение, компромисс, преданность и бескорыстное посвящение себя воспитанию детей.

Живое воображение и надуманная романтика на стадии ухаживания – основная причина увеличения числа разводов у современных западных народов, что еще более усложняется повышением личной и экономической свободы женщины. Легкий развод, когда он является следствием недостатка самообладания или неспособности к нормальному личностному приспособлению, есть не что иное, как кратчайший путь назад, к тем примитивным стадиям развития общества, которые человек преодолел лишь недавно и в результате столь тяжких личных мучений и расовых страданий.

Пока в обществе не будет должного воспитания детей и молодежи, пока в нём будет отсутствовать необходимая добрачная подготовка, пока арбитром при вступлении в брак будет служить неблагоразумный и незрелый юношеский идеализм, – до тех пор развод будет оставаться распространенной практикой. И до тех пор, пока общество не начнет давать молодым людям должную подготовку, необходимую для вступления в брак, развод будет оставаться социальным предохранительным клапаном, предотвращающим дальнейшее ухудшение положения в периоды быстрого развития эволюционирующих нравов.

Очевидно, что древние относились к браку так же серьезно, как и некоторые современные народы. И многие поспешные и неудачные браки нынешнего времени не свидетельствуют об особом прогрессе по сравнению с древней практикой проверки юношей и девушек на готовность к брачным отношениям. Огромное противоречие современного общества заключается в том, что оно превозносит любовь и идеализирует брак, одновременно осуждая исчерпывающее изучение и того, и другого.

8. ИДЕАЛИЗАЦИЯ БРАКА

Брак, венцом которого является семья, действительно представляет собой наиболее возвышенный человеческий институт, однако он является глубоко человеческим по своей природе; его никогда не следовало бы называть таинством. Сифитские священники превратили бракосочетание в религиозный обряд, однако со времен Эдема на протяжении тысячелетий брак оставался чисто социальным и гражданским институтом.

Приравнивание человеческих объединений к божественным в высшей степени неуместно. Союз мужа и жены, связанных брачными и семейными отношениями, есть материальная функция смертных в эволюционных мирах. Конечно, в результате искреннего человеческого стремления мужа и жены к прогрессу можно добиться больших духовных успехов, однако это не означает того, что брак непременно является священным. Духовный прогресс есть следствие искреннего усердия в других областях человеческих устремлений.

Брак нельзя сравнивать ни с отношением Настройщика к человеку, ни с братским отношением Христа Михаила к своим человеческим собратьям. Практически ничто в таких отношениях не сопоставимо с отношениями мужа и жены. Весьма прискорбно, что ошибочные воззрения людей на эти взаимоотношения привели к такой путанице в понимании статуса брака.

Прискорбно и представление некоторых людей о том, что брачные отношения осуществляются благодаря божественному действию. Такие воззрения ведут непосредственно к идее нерасторжимости брачного договора, независимо от обстоятельств или пожеланий состоящих в браке сторон. Однако сам факт расторжения брака свидетельствует о том, что Божество непричастно к таким союзам. Если когда-то Бог соединил какие-либо две вещи или личности, они будут оставаться соединенными, пока божественная воля не распорядится об их разъединении. В отношении же такого человеческого института, как брак, кто возьмется судить о том, какие брачные союзы заключаются с одобрения вселенских наблюдателей, а какие являются человеческими по своей природе и происхождению?

Тем не менее, в небесных сферах существует идеальный брак. В столице каждой локальной системы Материальные Сыны и Дочери Бога действительно олицетворяют собой высшие идеалы союза мужчины и женщины, связанных узами брака с целью продолжения рода и воспитания потомства. В конце концов, идеальный брак смертных является *по-человечески* священным.

Брак всегда был и остается высшей мечтой человека, временнóй идеализацией. Хотя эта прекрасная мечта редко реализуется во всей своей полноте, она продолжает жить как возвышенный идеал, неизменно увлекающий эволюционирующее человечество и заставляющий его прилагать всё больше усилий для достижения человеческого счастья. Однако необходимо учить юношей и девушек некоторым реальностям брака до того, как они сталкиваются с суровыми требованиями, которые накладываются существующими в семье взаимоотношениями. Юношеский идеализм должен закаляться освобождением от некоторых добрачных иллюзий.

Не следует, однако, препятствовать юношеской идеализации брака; подобные мечты рисуют в воображении будущие цели семейной жизни. Такое отношение является как стимулирующим, так и полезным, если только оно не порождает равнодушие к практическим и будничным требованиям супружеской и последующей семейной жизни.

За последнее время идеалы брака претерпели огромный прогресс. У некоторых народов женщина пользуется практически равными правами со своим супругом. Хотя бы в принципе, семья становится союзом преданных партнеров, цель которых – воспитание детей при сохранении супружеской верности. Однако даже этот новейший вариант брака не должен доходить до крайности – предоставления полной взаимной монополии на личность и индивидуальность. Брак не является только индивидуалистическим идеалом; он есть эволюционирующее социальное партнерство мужчины и женщины, существующее и функционирующее в условиях современных нравов, ограничиваемое табу и обеспечиваемое законами и правилами общества.

По сравнению с прошлыми эпохами, в двадцатом веке брак поднялся на новый уровень, несмотря на то что в настоящее время институт семьи подвергается серьезным испытаниям из-за проблем, столь внезапно обрушившихся на социальную организацию в результате стремительной эмансипации женщины – предоставления ей прав, которых она так долго была лишена в течение медленной эволюции нравов минувших поколений.

[Представлено главой серафимов, расположенных на Урантии.]

ДОКУМЕНТ 84

БРАК И СЕМЕЙНАЯ ЖИЗНЬ

Материальная необходимость создала брак, половое желание украсило его, религия санкционировала и возвысила его, государство нуждалось в нём и регулировало его, а в последующие времена эволюционирующая любовь начинает узаконивать и прославлять брак как предшественника и создателя самого полезного и возвышенного института цивилизации – семьи. Создание семьи должно быть центральной частью и сущностью всей воспитательной деятельности.

Совокупление является только актом самосохранения, связанным с той или иной степенью самоудовлетворения; брак, создание семьи, в значительной мере относится к самоподдержанию и подразумевает эволюцию общества. Само общество есть совокупная структура, состоящая из семейных ячеек. Индивидуумы весьма недолговечны как планетарные факторы; только семьи являются постоянными факторами социальной эволюции. Семья – это русло, по которому река культуры и знания течет от одного поколения к другому.

Семья является, в принципе, социологическим институтом. Брак возник из сотрудничества в самоподдержании и совместном самосохранении, причем элемент самоудовлетворения был в значительной мере случайным. Тем не менее, семья действительно объединяет все три основные функции человеческого существования, в то время как продолжение жизни делает ее основным человеческим институтом, а сексуальные отношения выделяют ее из всех остальных видов социальной деятельности.

1. ПЕРВОБЫТНЫЕ ПАРНЫЕ СВЯЗИ

Брак не был основан на половых отношениях; они имели второстепенное значение. Первобытный человек не нуждался в браке, ибо удовлетворял половой голод свободно, не обременяя себя ответственностью за жену, детей и семью.

Из-за физической и эмоциональной привязанности к своим детям женщина зависит от сотрудничества с мужчиной, что побуждает ее искать надежную защиту в браке. Что касается мужчины, то никакое непосредственное биологическое влечение не вело его к браку, тем более не удерживало в нем. Брак стал привлекательным для мужчины не благодаря любви, а в результате голода, который впервые привел дикаря к женщине, к тому примитивному укрытию, которое она делила со своими детьми.

Не стало причиной брака и осознание обязанностей, которые накладываются половыми отношениями. Первобытный человек не понимал связи между удовлетворением сексуального желания и последующим рождением ребенка. Когда-то люди повсеместно верили в то, что девственница может стать беременной. Еще в глубокой древности у дикаря появилась мысль о том, что младенцы создаются в мире духов; считалось, что беременность является результатом вселения в женщину духа – развивающейся души. Кроме того, считалось, что беременность у девственницы или незамужней женщины может вызываться диетой и сглазом; впоследствии зарождение жизни стали связывать с дыханием и солнечным светом.

Многие древние народы считали, что духи связаны с морем; поэтому девственницы были жестко ограничены в купании: молодые женщины намного больше боялись купания во время прилива, чем половых отношений. Уродливые или недоношенные младенцы считались детенышами животных, проникшими в тело женщины вследствие неосторожного купания или же в результате козней злых духов. Естественно, что дикари, не задумываясь, душили такое потомство при рождении.

Первым шагом на пути к просвещению стала вера в то, что половые отношения открывают путь для проникновения в женщину оплодотворяющего духа. С тех пор человек обнаружил, что отец и мать в равной степени жертвуют живые наследственные факторы, ведущие к зачатию потомства. Однако даже в двадцатом веке многие родители, в той или иной степени, по-прежнему пытаются держать своих детей в большем или меньшем неведении относительно происхождения человеческой жизни.

Некоторое подобие семьи обеспечивалось тем фактом, что репродуктивная функция влечет за собой отношения матери и ребенка. Материнская любовь инстинктивна; в отличие от брака, она не является порождением нравов. У всех млекопитающих материнская любовь – это неотъемлемый дар вспомогательных духов разума локальной вселенной. По своей силе и преданности такая любовь всегда прямо пропорциональна продолжительности беспомощного младенчества у соответствующего вида.

Отношения матери и ребенка естественны, прочны и инстинктивны; природа этих отношений такова, что они вынуждали первобытных женщин подчиняться многим необычным условиям и переносить несказанные трудности. Несокрушимое чувство материнской любви является препятствием, которое всегда ставило женщину в чрезвычайно невыгодное положение во всех ее столкновениях с мужчиной. Но это не делает материнский инстинкт человека всесильным: его могут подавить честолюбие, эгоизм и религиозные убеждения.

Хотя связь матери и ребенка не является ни браком, ни семьей, она представляет собой ядро, из которого возникло и то, и другое. Огромный прогресс в эволюции брачных отношений наступил тогда, когда эти временные пары начали сохраняться достаточно долго для того, чтобы вырастить потомство, ибо это было уже созданием семьи.

Несмотря на антагонизм этих ранних пар, несмотря на непрочность связей, партнерские отношения мужчины и женщины значительно повысили шансы на выживание. В сотрудничестве друг с другом мужчина и женщина, даже если не учитывать семью и потомство, во многих отношениях значительно превосходят как двух мужчин, так и двух женщин. Такое образование половых пар улучшило выживаемость; именно с него началось человеческое общество. Кроме того, разделение труда по половому признаку повысило комфорт и сделало людей более счастливыми.

2. РАННИЙ МАТРИАРХАТ

Еще в глубокой древности периодические кровотечения у женщины и потеря ею крови при родах внушили мысль о том, что кровь является творцом ребенка (как и обителью души), и породили понятие о кровных узах в человеческих отношениях. На раннем этапе эволюции родословная велась только по материнской линии, ибо только в этой стороне наследственности можно было совершенно не сомневаться.

Первобытная семья, происходящая из инстинктивной биологической кровной связи матери и ребенка, неизбежно строилась на матриархате; и многие племена в течение долгого времени придерживались этой практики. Матриархат был единственным возможным вариантом перехода от стадного группового брака к более поздней и улучшенной семейной жизни полигамного и моногамного патриархата. Матриархат служил естественной биологической формой семьи; патриархат является ее социальной, экономической и политической формой. Долгое существование матриархата у красного человека Северной Америки – одна из основных причин, объясняющих, почему высокоразвитые в остальных отношениях ирокезы так и не создали настоящего государства.

При матриархате практически высшей властью в доме пользовалась мать жены; даже братья жены и их сыновья принимали более активное участие в ведении семейных дел, чем муж. Отцов часто переименовывали в честь их собственных детей.

Самые древние расы почти не признавали роли отца, полагая, что ребенок целиком происходит от матери. Они считали, что дети напоминают отца из-за близости с ним, либо же верили в то, что дети «помечаются» таким образом потому, что мать хотела, чтобы они были похожи на отца. Позднее, с переходом от матриархата к патриархату, всю заслугу за появление ребенка отец стал приписывать себе, и многие табу, касавшиеся беременной женщины, впоследствии распространились на ее мужа. Когда приближалось время родов, будущий отец прекращал работать, а с началом родов он, как и жена, ложился в постель, проводя в состоянии покоя от трех до восьми дней. В отличие от жены, которая могла встать на следующий день, чтобы заняться тяжелой работой, муж оставался в постели и принимал поздравления; всё это было частью ранних нравов, направленных на то, чтобы утвердить право отца на ребенка.

Поначалу муж обычно уходил жить в клан жены, однако в более поздние времена – после того как мужчина выплачивал назначенную за невесту цену или же отрабатывал ее – он мог забирать жену и детей в свой род. Переходом от матриархата к патриархату объясняются кажущиеся в иных условиях бессмысленными запреты на одни типы браков между двоюродными братьями и сестрами, в то время как другие браки при такой же степени родства были разрешены.

С отмиранием нравов охотничьего периода, когда занятие скотоводством позволило мужчине контролировать основной источник пищи, матриархат быстро отошел в прошлое. Так произошло просто потому, что матриархат не мог успешно конкурировать с новым укладом – патриархатом. Власть мужчин, являвшихся родственниками матери, не могла соперничать с властью, сосредоточенной у мужа-отца. Женщине было не по силам совмещать беременность с каждодневным руководством текущими делами и растущими домашними полномочиями. Появление практики кражи и, позднее, купли жен ускорило отмирание матриархата.

Эпохальный переход от матриархата к патриархату – одно из наиболее радикальных и резких преобразований, когда-либо осуществленных человеческим родом. Эта перемена сразу же привела к усилению социальной активности и ускорила эволюцию семьи.

3. СЕМЬЯ В ЭПОХУ ПАТРИАРХАТА

Возможно, что инстинкт материнства приводил женщину к супружеству, однако именно бóльшая сила мужчины в сочетании с воздействием нравов фактически принуждала ее оставаться в браке. Пастушеский образ жизни вел к созданию новой системы нравов – патриархальному типу семейной жизни; и основой единства семьи в период господства нравов, присущих эпохе скотоводства и раннего земледелия, была деспотичная и беспрекословная власть отца. Любое общество, будь оно национальным или родовым, прошло через стадию автократической патриархальной власти.

Пренебрежительное отношение к женскому полу в эпоху Ветхого Завета является истинным отражением нравов скотоводов. Все иудейские патриархи были скотоводами, что подтверждается фразой: «Господь – Пастырь мой».

Мужчина был не более повинен в невысоком мнении о женщине, бытовавшем в прошлые века, чем сама женщина. Она не смогла завоевать социального признания в первобытные времена, ибо не действовала в чрезвычайных положениях – не совершала эффектных подвигов и не проявляла героизма в кризисных ситуациях. Материнство было явным препятствием в борьбе за выживание; материнская любовь ставила женщин в невыгодное положение при обороне племени.

Кроме того, первобытные женщины неосознанно ставили себя в зависимое положение от мужчин, любуясь и восторгаясь их драчливостью и мужественностью. Такое прославление воина усиливало мужское самолюбие, в равной мере подавляя самолюбие женщины. Военная форма и сегодня заставляет трепетать женское сердце.

У наиболее развитых рас женщины являются не такими крупными или сильными, как мужчины. Будучи слабее, женщина становилась более тактичной. Она быстро научилась пользоваться своей половой привлекательностью. Она стала более внимательной и консервативной, чем мужчина, хотя чуть более легкомысленной. Мужчина превосходил женщину на поле брани и на охоте, но даже самые грубые из мужчин испокон веков проигрывали женщине домашние сражения.

Владельца скота кормили его стада, однако на протяжении эпохи скотоводства женщине еще приходилось обеспечивать растительную пищу. Первобытный мужчина чурался земли: она была слишком мирной, слишком неувлекательной. Кроме того, бытовало давнее суеверие, согласно которому женщина – от природы мать – выращивает более богатый урожай. Сегодня во многих отсталых племенах мужчины приготавливают мясо, а женщины – овощи, и когда примитивные австралийские племена находятся в пути, женщины никогда не нападают на дичь, мужчины не нагибаются, чтобы выкопать корень.

Женщине всегда приходилось работать; во всяком случае, вплоть до нынешних времен женщина была настоящим производителем. Мужчина обычно выбирал более легкий путь, и это неравенство существовало на протяжении всей истории человеческого рода. На женщин всегда ложился тяжкий груз: они носили семейный скарб и присматривали за детьми, освобождая мужчину для сражения или охоты.

Первое освобождение женщины наступило, когда мужчина согласился возделывать землю, – согласился выполнять работу, которая ранее считалась женской. Огромный шаг вперед был сделан тогда, когда пленников мужского пола перестали убивать и стали превращать в рабов – сельскохозяйственных работников. Это привело к освобождению женщины, которая получила возможность уделять больше времени обустройству домашнего очага и воспитанию детей.

Обеспечение младших детей молоком животных привело к более раннему отнятию от груди. В силу этого женщины стали рожать больше детей, ибо матери освобождались от наступавшего иногда временного бесплодия. Кроме того, использование коровьего и козьего молока резко сократило детскую смертность. До наступления скотоводческого периода в развитии общества матери обычно вскармливали своих детей грудью, пока им не исполнялось четыре или пять лет.

Когда первобытные войны пошли на убыль, начало уменьшаться неравенство в разделении труда между мужчинами и женщинами. Однако женщины по-прежнему должны были выполнять настоящую работу, в то время как мужчины несли караул. Ни один лагерь или поселение нельзя было оставить без охраны ни днем, ни ночью, но приручение собаки облегчило и эту задачу. В целом, появление земледелия повысило престиж и социальное положение женщины, во всяком случае, до тех пор, пока мужчина сам не превратился в земледельца. И как только мужчина занялся возделыванием земли, немедленно произошло радикальное усовершенствование методов ведения сельского хозяйства, что продолжалось на протяжении последующих поколений. На охоте и на войне мужчина усвоил значение организации и использовал это знание в промышленности, а позднее, взяв на себя значительную часть труда женщины, в огромной мере усовершенствовал ее беспорядочные методы труда.

4. ПОЛОЖЕНИЕ ЖЕНЩИНЫ В ДРЕВНЕМ ОБЩЕСТВЕ

Вообще говоря, в любую эпоху положение женщины является надежным критерием эволюционного прогресса брака как социального института, в то время как прогресс самого брака является достаточно точным показателем развития человеческой цивилизации.

Положение женщины всегда было социальным парадоксом; она всегда искусно управляла мужчиной, всегда использовала более сильное сексуальное влечение мужчины в своих интересах и для улучшения собственного положения. Умело пользуясь половой привлекательностью, ей часто удавалось управлять мужчиной – даже тогда, когда она была его полной рабыней.

В древности женщина была для мужчины не другом, возлюбленной, любовницей и партнером, а скорее предметом собственности, служанкой или рабыней, позднее – экономическим партнером, забавой и роженицей. Тем не менее, надлежащие и удовлетворяющие половые отношения обязательно включали элемент выбора и сотрудничества со стороны женщины, и это всегда позволяло умным женщинам существенно влиять на свой непосредственный личный статус, несмотря на их социальное положение. Но недоверие мужчины и его подозрительность отнюдь не ослаблялись тем фактом, что во все времена женщине приходилось прибегать к хитростям в попытке облегчить свою кабалу.

Мужчины и женщины всегда плохо понимали друг друга. Мужчине было трудно понять женщину, на которую он смотрел с причудливой смесью невежественного недоверия и боязливого очарования, если не с подозрением и презрением. Многие племенные и народные легенды возлагают вину на Еву, Пандору или еще какую-нибудь представительницу женского пола. Эти повествования всегда искажались так, чтобы представить женщину приносящей мужчине зло. Всё это отражает недоверие к женщине, которое некогда было всеобщим. Первой из причин, приводимых в защиту безбрачного духовенства, приводится испорченность женщины. Тот факт, что большинство мнимых ведьм были женщинами, не улучшал древней репутации этого пола.

В течение долгого времени мужчины считали женщин странными, даже ненормальными. Более того, они верили, что у женщин нет души и поэтому не давали им имен. В древности существовал огромный страх первого полового сношения с женщиной; поэтому обычно первым с девственницей совокуплялся жрец. Даже тень женщины считалась опасной.

Когда-то бытовало мнение, что беременность делает женщину опасной и нечистой. И многие племенные нравы требовали, чтобы после родов мать совершала сложные очистительные обряды. За исключением тех групп, где в родах принимал участие муж, рожениц остерегались, оставляли в одиночестве. Древние люди стремились не допускать родов в доме. В конце концов, пожилым женщинам было дозволено помогать матери при родах, и эта практика привела к появлению профессиональных акушерок. Во время родов, в попытке облегчить страдания, говорилось и делалось множество глупостей. По обычаю, новорожденного обрызгивали святой водой, чтобы воспрепятствовать проникновению духов.

У несмешанных племен роды протекали сравнительно легко и длились не более двух-трех часов; у смешанных рас они редко бывают столь же легкими. Если женщина умирала при родах, особенно при рождении двойни, ее считали виновной в прелюбодеянии с духом. Впоследствии более высокоразвитые племена взирали на смерть при родах как на волю небес; считалось, что такая мать погибла за благородное дело.

Так называемая скромность женщины в одежде и демонстрации своей внешности порождалась смертельным страхом быть увиденной во время менструации. Это считалось тяжким грехом, нарушением табу. Древние нравы требовали, чтобы каждая женщина – с юности до окончания детородного периода – раз в месяц в течение одной недели находилась в полной изоляции от семьи и общества. Всё, до чего она могла дотронуться, на что она могла сесть или лечь, считалось оскверненным. В течение длительного времени сохранялся обычай жестокого избиения девушки после каждой менструации в стремлении изгнать злой дух из ее тела. Но когда женщина выходила из возраста деторождения, ей обычно уделяли больше внимания, предоставляя больше прав и привилегий. С учетом всего этого, презрительное отношение к женщинам не было странным. Даже греки считали женщину в период менструации одним из трех источников скверны, причем двумя другими были свинина и чеснок.

Несмотря на всю свою нелепость, эти древние поверья приносили определенную пользу, ибо раз в месяц, по крайней мере, в молодости, изможденные женщины получали одну неделю для долгожданного отдыха и полезных размышлений. Благодаря этому они могли оттачивать свой ум, что в остальное время помогало им общаться со своими мужчинами. Кроме того, карантин, которому подвергались женщины, не давал мужчинам чрезмерно потакать своему половому желанию, что косвенно способствовало ограничению роста населения и большей сдержанности.

Огромный прогресс был достигнут после того как мужчина лишился права самовольно убивать свою жену. Таким же образом шагом вперед стало право женщины владеть свадебными подарками. Позднее она получила законное право владеть и управлять собственностью и даже избавляться от нее, но в течение долгого времени она не могла занимать церковных или государственных постов. С женщиной всегда обращались в большей или меньшей степени как с собственностью, что продолжается и в двадцатом веке после Христа. В общемировом масштабе, женщина еще не освободилась от сковывающей власти мужчин. Даже у развитых народов стремление мужчины защитить женщину всегда скрывало под собой утверждение своего превосходства.

Однако, в отличие от своих добившихся независимости сестер, первобытные женщины не испытывали по отношению к себе чувства жалости. Несмотря ни на что, они были достаточно счастливы и довольны; они и представить себе не могли лучшего или иного образа жизни.

5. ЖЕНЩИНА В УСЛОВИЯХ ЭВОЛЮЦИОНИРУЮЩИХ НРАВОВ

В продолжении рода женщина имеет равные с мужчиной права, однако, принимая участие в самоподдержании, она трудится в явно неблагоприятных условиях. И это ограничение, которое накладывается вынужденным материнством, могут компенсировать только просвещенные нравы прогрессирующей цивилизации, а также растущее чувство благоприобретенной мужской справедливости.

С развитием общества более высокие нормы половой жизни сложились у женщин, ибо они больше страдали от последствий нарушения нравов, регулирующих половые отношения. Нормы сексуального поведения для мужчин улучшаются крайне медленно и под воздействием одного только чувства справедливости, необходимого для цивилизованных отношений. Природа не знает никакой справедливости – она заставляет страдать от родовых мук одну только женщину.

Современная идея равенства полов прекрасна и достойна прогрессирующей цивилизации, но она отсутствует в природе. Когда сильный является правым, мужчина помыкает женщиной; когда в обществе появляется больше правосудия, мира и справедливости, женщина постепенно освобождается от рабства и безвестности. В целом, социальное положение женщины обратно пропорционально уровню воинственности любой нации, в любую эпоху.

Однако дело обстояло не так, что мужчина вначале сознательно и преднамеренно отобрал у женщины права, а затем постепенно, скрепя сердце, отдавал их ей. Всё это было неосознанным и незапланированным эпизодом социальной эволюции. Когда для женщины действительно настало время получить новые права – она их получила, причем совершенно независимо от сознательного отношения мужчины. Медленно, но верно нравы изменяются таким образом, чтобы обеспечить социальные изменения, которые являются частью устойчивой эволюции цивилизации. Благодаря развитию нравов, отношение к женщинам постепенно улучшалось. Те племена, которые упорствовали в своем жестоком отношении к женщинам, не сохранились.

Среди адамитов и нодитов женщины пользовались бóльшим признанием, и учения Эдема относительно места женщины в обществе обычно оказывали воздействие на те группы, которые подверглись влиянию мигрирующих андитов.

Древние китайцы и греки обходились с женщинами лучше, чем большинство окружающих племен. Но иудеи относились к ним с чрезвычайной подозрительностью. На Западе доктрины Павла, став частью христианства, осложнили эмансипацию женщины, хотя христианство действительно способствовало развитию нравов через предъявление более строгих требований к половой жизни мужчины. В исламе – в условиях характерного унижения, присущего статусу женщины, – ее положение почти безнадежно, и еще более незавидная участь отводится ей некоторыми другими восточными религиями.

Наука, а не религия, привела к истинной эмансипации женщины. Именно современное производство позволило женщине в значительной мере выйти за пределы семьи. В новом механизме обеспечения средств к существованию физические способности мужчины перестали быть непременным условием; наука так изменила условия жизни, что превосходство мужской силы над женской стало менее разительным.

Эти перемены способствовали освобождению женщины от домашнего рабства и привели к такому изменению ее статуса, что в настоящее время степень ее личной свободы и половой активности практически равна мужской. Когда-то ценность женщины заключалась в ее способности производить пищу, но изобретательность и богатство позволили ей создать новый мир, новую сферу действия – сферу изящества и очарования. Так промышленность выиграла неосознанную и неумышленную борьбу за социальную и экономическую эмансипацию женщины. Эволюция в очередной раз смогла добиться того, что оказалось не под силу даже откровению.

По диаметральной противоположности своих проявлений, реакция просвещенных народов на несправедливые нравы, регулирующие положение женщины в обществе, действительно напоминает движение маятника. В промышленно развитых странах женщина получила почти все права и освобождена от многих обязанностей – например, от службы в армии. Всякое ослабление борьбы за существование способствовало эмансипации женщины, извлекавшей непосредственную пользу из каждого шага в сторону моногамии. Слабая сторона всегда добивается непропорционально большей выгоды при каждом совершенствовании нравов в процессе постепенной эволюции общества.

Говоря об идеалах парного брака, женщина добилась, наконец, признания, достоинства, независимости, равенства и образования. Но будет ли она достойна всех этих новых и беспрецедентных завоеваний? Ответит ли современная женщина на это великое социальное освобождение праздностью, безразличием, бездетностью и неверностью? Сегодня, в двадцатом веке, женщина подвергается самому решающему испытанию за всю свою историю!

Являясь равным партнером мужчины в продолжении рода, женщина играет столь же важную роль в претворении расовой эволюции; поэтому эволюция вела ко всё большей реализации прав женщины. Однако права женщины и права мужчины – это отнюдь не одно и то же. Женщина способна преуспеть за счет прав мужчины не больше, чем мужчина – за счет прав женщины.

У каждого пола есть свои, характерные сферы существования, вместе со своими собственными правами в пределах такой сферы. Если женщина будет стремиться пользоваться буквально всеми правами мужчины, то рано или поздно безжалостная и холодная конкуренция обязательно придет на смену тому рыцарскому отношению и особому вниманию, которым сегодня пользуются многие женщины и которого они лишь недавно добились от мужчин.

Цивилизация никогда не сможет уничтожить поведенческую пропасть между полами. Нравы изменяются от века к веку; инстинкт не изменяется никогда. Врожденное материнское чувство никогда не позволит эмансипированной женщине стать серьезным соперником мужчины в промышленности. Каждый пол навечно останется преобладающим в своей собственной области – области, предопределенной биологической дифференциацией и различным складом ума.

У каждого пола всегда будет своя собственная сфера, хотя они и будут то и дело пересекаться. Только в социальном отношении мужчины и женщины будут конкурировать на равных.

6. ПАРТНЕРСТВО МУЖЧИНЫ И ЖЕНЩИНЫ

Инстинкт воспроизводства безошибочно соединяет мужчин и женщин для продолжения рода, но одно только это не может заставить их остаться вместе для взаимного сотрудничества – создания семьи.

В каждом успешном человеческом институте присутствуют противоречивые личные интересы, приспособленные таким образом, чтобы обеспечить практическую рабочую гармонию, и создание семьи не является исключением. Брак

– основа для создания семьи – есть высшее проявление того антагонистического сотрудничества, которым столь часто характеризуется соприкосновение природы и общества. Конфликт неизбежен. Половые отношения являются врожденными, естественными. Однако брак – это не биологическое, а социологическое явление. Страсть обеспечивает соединение мужчины и женщины, но более слабый родительский инстинкт и социальные нравы удерживают их вместе.

В практическом отношении, мужчина и женщина – это две особые разновидности одного и того же вида, живущие в тесном и интимном общении. Их взгляды и весь комплекс жизненных реакций существенно различны; они совершенно неспособны до конца и по-настоящему понять друг друга. Полное взаимопонимание полов недостижимо.

Женщины, очевидно, обладают большей интуицией, чем мужчины, но они, по-видимому, не столь логичны. Тем не менее, женщина всегда была носителем нравственных идеалов и духовным лидером человечества. Рука, качающая колыбель, по-прежнему на «ты» с судьбой.

Различия в природе, реакциях, взглядах и мышлении между мужчинами и женщинами ни в коем случае не должны вызывать беспокойство: к ним следует относиться как к чрезвычайно полезным для человечества, как в индивидуальном, так и коллективном аспекте. Многие категории вселенских созданий сотворяются в двуедином проявлении личности. У смертных, Материальных Сынов и мидсонитов эти различные типы обозначаются как мужской и женский; у серафимов, херувимов и Моронтийных Спутников они определяются как позитивный, или наступательный, и негативный, или отступающий. Такие двуединые ассоциации чрезвычайно повышают разносторонность и преодолевают врожденные ограничения – так же, как и некоторые триединые объединения в системе Рай-Хавона.

Мужчины и женщины нужны друг другу как в моронтийной и духовной, так и в смертной жизни. Различия во взглядах между полами сохраняются и после первой жизни, в течение всего восхождения в локальной вселенной и сверхвселенной. И даже в Хавоне те паломники, которые когда-то являлись мужчинами и женщинами, будут по-прежнему помогать друг другу при восхождении к Раю. Никогда, даже в Корпусе Завершения, метаморфоза созданного существа не дойдет до того, чтобы стереть те личностные тенденции, которые люди называют мужскими и женскими. Две эти основные разновидности человека всегда будут увлекать, стимулировать, воодушевлять и поддерживать друг друга. Они всегда будут зависеть от взаимного сотрудничества в решении сложных вселенских проблем и преодолении разнообразных космических трудностей.

Хотя мужчины и женщины никогда не смогут надеяться на полное взаимопонимание, они удачно дополняют друг друга, и, несмотря на большую или меньшую антагонистичность, их сотрудничество способно поддерживать и воспроизводить общество. Брак – это институт, призванный сглаживать разногласия между полами и одновременно с этим обеспечивать сохранение цивилизации и воспроизводство расы.

Брак – источник всех человеческих институтов, ибо он непосредственно ведет к созданию и поддержанию семьи, структурной основы общества. Семья жизненно связана с механизмом самоподдержания. Она является единственной надеждой на сохранение расы в рамках цивилизованных нравов, и одновременно с этим она с большим успехом предлагает некоторые в высшей степени удачные способы самоудовлетворения. Семья – это величайшее чисто человеческое достижение людей, ибо она совмещает эволюцию биологических отношений мужчины и женщины с социальными отношениями мужа и жены.

7. ИДЕАЛЫ СЕМЕЙНОЙ ЖИЗНИ

Половые отношения инстинктивны, и их естественным результатом являются дети; так автоматически возникает семья. Каковы семьи данной расы или нации, таково и общество. Если благополучны семьи, благополучно и общество. Огромная культурная устойчивость еврейского и китайского народов объясняется прочностью их семей.

Инстинкт любви и заботы о детях подспудно сделал женщину стороной, заинтересованной в появлении брака и первобытной семейной жизни. Только более поздние нравы и социальные соглашения заставили мужчину участвовать в создании семьи. Интерес к созданию институтов брака и семьи пробуждался у мужчины медленно потому, что для него половой акт не связан с какими-либо биологическими последствиями.

Половая связь естественна, однако брак социален и всегда регулировался нравами. Нравы (религиозные, нравственные и этические), наряду с собственностью, гордостью и рыцарским духом, упрочивают институты брака и семьи. При всяком колебании нравов нарушается устойчивость брака и семьи. В настоящее время брак выходит из стадии, на которой он регулировался отношениями собственности, и переходит в эру межличностных отношений. Раньше мужчина защищал женщину, ибо она была его имуществом, а женщина подчинялась ему по той же причине. Какой бы ни была эта система по существу, она обеспечивала стабильность. Ныне женщина более не считается собственностью, и возникают новые нравы, предназначенные для стабилизации института брака и семьи:

1. Новая роль религии – учение о важности родительского опыта, идея о порождении космических граждан, расширенное понимание привилегии производить потомство – давать Отцу сынов.

2. Новая роль науки – продолжение рода становится всё более добровольным, подчиненным контролю человека. В древности непонимание приводило к появлению детей безо всякого к тому желания.

3. Новое значение соблазнов удовольствия – сохранение расы зависит теперь от нового фактора: древний человек бросал ненужных детей, обрекая их на смерть; современные люди отказываются их рожать.

4. Усиление родительского инстинкта. В настоящее время каждое поколение стремится устранить из своего репродуктивного потока тех индивидуумов, в которых родительский инстинкт недостаточно сильно развит для того, чтобы обеспечить рождение детей – будущих родителей следующего поколения.

Однако семья как институт – как партнерство одного мужчины и одной женщины – обретает более конкретные очертания со времен Даламатии, около полумиллиона лет тому назад; отход от моногамной практики Андона и его прямых потомков произошел задолго до этого. Тем не менее, до появления нодитов и более поздних адамитов уровень развития семейной жизни оставался незавидным. Адам и Ева оказали устойчивое влияние на всё человечество. Впервые в истории мира можно было видеть, как мужчины и женщины работают бок о бок в Саду. Идеал Эдема – вся семья в роли садоводов – была новой идеей на Урантии.

Ранняя семья представляла собой рабочую группу родственников и рабов, все члены которой жили вместе. Брак и семейная жизнь не всегда совпадали, но в силу необходимости были тесно связаны друг с другом. Женщина всегда стремилась к отдельной семье, и в итоге она добилась своего.

Любовь к детям всеобща и имеет большое значение для сохранения вида. Древние люди всегда жертвовали интересами матери ради благополучия ребенка. Эскимосская мать до сих пор облизывает свое дитя вместо мытья. Но первобытные матери кормили и заботились о своих детях только до тех пор, пока те оставались маленькими; как и животные, они бросали их, как только дети подрастали. Устойчивые и длительные человеческие связи никогда не основывались на одном только биологическом чувстве. Животные любят своих детей; человек – цивилизованный человек – любит своих внуков. Чем выше цивилизация, тем выше радость родителей за достижения и успехи своих детей; так появляется новое и более высокое осознание *фамильной* гордости.

У древних народов крупные семьи совсем не обязательно основывались на любви. Большое число детей было желательным в силу многих причин:

1. Они обладали ценностью как работники.
2. Они служили страхованием по старости.
3. Дочерей можно было продать.
4. Гордость за семью требовала продолжения рода.
5. Сыновья были покровителями и защитниками.
6. Боязнь духов порождала страх одиночества.
7. Некоторые религии требовали потомства.

Для тех, кто поклоняется предкам, неспособность иметь сыновей является высшей, невосполнимой трагедией. Сыновья нужны им прежде всего для того, чтобы те могли исполнить свои обязанности на посмертных обрядах, – совершить жертвоприношения, необходимые для продвижения духа в загробном мире.

Древние дикари приучали своих детей к дисциплине с самого раннего возраста. Ребенок быстро понимал, что непослушание означает для него неприятности или даже смерть, точно так же, как и для животных. Именно ограждение ребенка от естественных последствий неразумного поведения, обеспечиваемое цивилизацией, является столь существенной причиной современного непослушания.

Эскимосские дети прекрасно обходятся без особой дисциплины и наказаний просто потому, что от природы являются послушными маленькими животными. Почти столь же послушны дети красного и желтого человека. Однако в тех расах, которые содержат андитскую наследственность, дети не столь спокойны: одаренные бóльшим воображением и духом приключений, эти юные существа нуждаются в большей подготовке и дисциплине. Современные проблемы воспитания детей постоянно усложняются различными обстоятельствами:

1. Большой степенью расовых смешений.
2. Искусственным и поверхностным образованием.
3. Невозможностью воспитания ребенка через подражание родителям, которые так много времени проводят вне семьи.

В древности представления о семейной дисциплине были биологическими, проистекающими из сознания, что родители являются творцами своего ребенка. Совершенствующиеся идеалы семейной жизни ведут к представлению о том, что вместо появления определенных родительских прав, введение ребенка в этот мир влечет за собой высшую ответственность, существующую в жизни человека.

В цивилизованном обществе на долю родителей приходятся все обязанности, на долю ребенка – все права. Уважение к родителям появляется у ребенка не из сознания того, что он обязан им своим появлением на свет, а как естественный отклик на заботу, воспитание и любовь, которые проявляются в ласковой помощи ребенку, необходимой для преодоления трудностей жизни. Настоящий родитель – это неизменный помощник и опекун, что разумный ребенок со временем начинает понимать и ценить.

В условиях нынешней индустриальной и урбанистической эры институт брака развивается в соответствии с новыми экономическими тенденциями. Семейная жизнь становится всё более дорогостоящей, в то время как дети, которые когда-то были статьей дохода, превратились в статью расхода. Однако судьба самой цивилизации по-прежнему определяется растущим желанием одного поколения внести свой вклад в благополучие следующего и будущих поколений. И любая попытка переложить родительские обязательства на государство или церковь окажется губительной для благополучия и развития цивилизации.

Брак, включая детей и последующую семейную жизнь, пробуждает в человеке высшие потенциальные возможности и одновременно указывает идеальный путь для выражения этих пробудившихся атрибутов смертной личности. Семья обеспечивает биологическое продолжение человеческого вида; она является естественной социальной средой, где подрастающие дети могут осознать этику кровного братства. Семья является основной ячейкой для воспитания товарищеских отношений, где родители и дети усваивают те уроки выдержки, альтруизма, терпимости и снисходительности, которые столь необходимы для воплощения братства всех людей.

Человеческое общество могло бы стать намного лучше, если бы цивилизованные расы чаще прибегали к андитской практике семейных советов. У андитов не было патриархальной или автократической формы семейного управления. Они были дружелюбны и общительны, свободно и открыто обсуждали каждое касавшееся семьи предложение и решение. Они поддерживали идеально братские отношения по всем вопросам, касавшимся управления семьей. В идеальной семье как детская, так и родительская любовь возрастают благодаря братской преданности.

Семейная жизнь – источник истинной нравственности, она предшествует осознанию преданности долгу. Укрепление семейных связей упрочивает личность и стимулирует ее рост, волей-неволей заставляя ее приспосабливаться к другим, самым разным личностям. Более того: истинная семья – хорошая семья – раскрывает создавшим ее родителям отношение Создателя к своим детям, а для детей такие истинные родители одновременно являются воплощением первого из длинного ряда всё более высоких постижений любви Райского родителя ко всем вселенским детям.

8. ОПАСНОСТЬ САМОУДОВЛЕТВОРЕНИЯ

Огромная опасность для семейной жизни – угрожающее распространение самоудовлетворения, современной мании получения удовольствий. Когда-то основным для брака был экономический мотив; сексуальная привлекательность имела второстепенное значение. Брак, основанный на самоподдержании, вел к продолжению рода и одновременно обеспечивал одну из наиболее желательных форм самоудовлетворения. Брак – единственный институт человеческого общества, который охватывает все три великих стимула жизни.

Изначально собственность была основным институтом самоподдержания, а брак функционировал как единственный институт продолжения рода. Хотя удовольствие от пищи, досуг и юмор, наряду с периодическими любовными утехами, были средствами удовлетворения личных желаний, следует констатировать, что эволюционирующие нравы так и не создали какого-либо определенного института самоудовлетворения. Именно отсутствие специализированных методов получения удовольствия привело к тому, что все человеческие институты столь одержимы погоней за наслаждениями. Накопление собственности становится средством расширения всевозможных видов самоудовлетворения, а брак часто рассматривается лишь как средство для получения удовольствия. Эта чрезмерность, эта широко распространенная мания наслаждений в настоящее время оказывается величайшей опасностью из всех, которые когда-либо нависали над социальным эволюционным институтом семьи – домашним очагом.

Фиолетовая раса дополнила эмпирический опыт человечества новым и не до конца реализованным свойством – игровым инстинктом в сочетании с чувством юмора. Эти качества были в некоторой мере присущи сангикским расам и андонитам, однако адамическая наследственность подняла эту примитивную наклонность до уровня *потенциального источника удовольствия* – новой, возвышенной формы самоудовлетворения. Кроме утоления голода, основным типом самоуслаждения является половое удовлетворение, и данный вид чувственного удовольствия был чрезвычайно усилен смешением сангикских рас с андитами.

Свойственное постандитским расам сочетание нетерпеливости, любопытства, жажды приключений и неуемной погони за удовольствиями чревато серьезной опасностью. Духовный голод невозможно утолить физическими удовольствиями; любовь к семье и детям не укрепляется неблагоразумной погоней за наслаждениями. Даже если вы исчерпаете возможности искусства, цвета, звука, ритма, музыки и личных украшений, вы не можете надеяться на то, что таким образом возвысите душу или дадите пищу духу. Тщеславие и манерность – плохие помощники в вопросах создания семьи и воспитания детей; гордость и соперничество бессильны развить в последующих поколениях качества, необходимые для сохранения жизни.

Все прогрессирующие небесные существа пользуются отдыхом и помощью управляющих реверсией. Хороши любые здоровые развлечения и развивающие игры; освежающий сон, отдых, восстановление сил и любое времяпрепровождение, спасающее от скуки и однообразия, стоят затраченного на них времени. Состязательные игры, устные рассказы и даже вкус хорошей пищи могут использоваться для самоудовлетворения. (Когда вы пользуетесь солью, чтобы приправить пищу, задумайтесь о том, что на протяжении почти миллиона лет единственным способом посолить еду было погрузить ее в пепел.)

Пусть человек радуется жизни; пусть люди найдут тысячу и один способ получения удовольствия; пусть эволюционное человечество испробует все законные виды самоудовлетворения – плоды долгой биологической борьбы за повышение своего статуса. Человек безусловно заслужил некоторые из своих сегодняшних радостей и удовольствий. Однако не упустите из вида конечную цель! Удовольствия действительно губительны, если им удается разрушить собственность, ставшую институтом самоподдержания; и самоудовлетворение действительно оказывается роковым, если оно приводит к крушению брака, упадку семьи и уничтожению домашнего очага – высшего эволюционного обретения человека и единственной надежды цивилизации на выживание.

[Представлено главой серафимов, расположенных на Урантии.]

ДОКУМЕНТ 85

ИСТОКИ ПОКЛОНЕНИЯ

Если не принимать во внимание моральные ассоциации и полностью игнорировать духовные воздействия, то происхождение примитивной религии было биологическим и определялось естественным ходом эволюции. У высших животных есть страх, но нет иллюзий, поэтому нет и религии. Человек создает свои первобытные религии из своего страха и посредством своих иллюзий.

В процессе эволюции человеческого вида примитивные формы поклонения появляются задолго до того, как разум человека становится способным сформулировать более сложные представления о нынешней и потусторонней жизни, заслуживающие названия религии. По своей природе ранняя религия была целиком рациональной и основывалась только на ассоциативных обстоятельствах. Объекты поклонения напрашивались сами собой; они представляли собой природные объекты, которые были либо под рукой, либо казались важными в повседневном опыте недалеких первобытных урантийцев.

Стоило религии преодолеть поклонение природе, как у нее появились духовные корни, однако она всегда определялась социальной средой. С развитием поклонения природе человек вообразил, что в сверхсмертном мире существует разделение труда: природные духи были у озер, деревьев, водопадов, дождя и сотен других обычных земных явлений.

В то или иное время смертный человек боготворил всё, что есть на земле, включая себя самого. Кроме того, он поклонялся всему, что можно вообразить на небе и под землей. Первобытный человек боялся всех проявлений силы; он поклонялся каждому природному явлению, которое не мог понять. Наблюдения могущественных природных сил, таких как штормы, наводнения, землетрясения, оползни, вулканы, пожары, жара и холод оказывали огромное впечатление на развивающийся разум человека. До сих пор происходящие в жизни необъяснимые явления называются «деяниями Божьими» и «неисповедимым Божьим промыслом».

1. ПОКЛОНЕНИЕ КАМНЯМ И ХОЛМАМ

Первым предметом, ставшим объектом поклонения развивающегося человека, был камень. Народность катери в южной Индии и многочисленные племена на севере Индии до сих пор поклоняются камню. Иаков спал на камне, потому что поклонялся ему и даже освятил его. Рахиль прятала священные камни в своем шатре.

Камни первыми поразили древнего человека своей необычностью из-за внезапного появления на поверхности вспаханного поля или на пастбище. Люди были не в состоянии принять во внимание эрозию или последствия рыхления земли. Кроме того, камни производили огромное впечатление на древние народы частым сходством с животными. Внимание цивилизованного человека привлекают многочисленные каменные формации в горах, так похожие на облики животных и даже людей. Однако наиболее глубокое впечатление оказывали метеоритные камни. Первобытные люди видели, как они со свистом рассекают атмосферу в своем пылающем великолепии. Падающая звезда внушала древним людям ужас, и им было легко поверить, что ее пылающий след оставлен устремленным к земле духом. Неудивительно, что люди начинали поклоняться подобным явлениям, особенно если вслед за этим они находили сами метеоры. Это вело к еще большему почитанию всех остальных камней. Многие жители Бенгалии поклоняются метеору, упавшему на землю в 1880 году н. э.

У всех древних кланов и племен были свои священные камни, и большинство современных народов с огромным благоговением относится к некоторым типам камней, которые считаются драгоценными. В Индии почиталась группа из пяти камней, в Греции – из тридцати; красные люди обычно чтили камни, выложенные кругом. Взывая к Юпитеру, римляне всегда швыряли камень в воздух. В Индии по сей день камень может использоваться в качестве свидетеля. В некоторых местах камень может служить талисманом законности – благодаря престижу камня, правонарушителя можно было привлечь к суду. Однако простые смертные не всегда отождествляют Божество с объектом почитания. Такие фетиши нередко являются только символами истинных объектов поклонения.

С особым уважением древние люди относились к отверстиям в камнях. Считалось, что такие пористые камни необычайно эффективны при лечении заболеваний. Для ношения камней уши не протыкались; вместо этого, камни вставлялись в уши, чтобы ушные отверстия оставались открытыми. По сей день суеверные люди проделывают в монетах отверстия. Африканские аборигены поднимают большой шум из-за своих каменных фетишей. Фактически у всех отсталых племен и народов камни до сих пор остаются объектом суеверного почитания. Поклонение камням по-прежнему остается широко распространенным в мире явлением. Надгробный камень – это дошедший до наших дней символ изображений и идолов, которые вырезали на камне в связи с верой в призраков и духов усопших собратьев.

После поклонения камням появилось поклонение холмам, и первыми объектами почитания стали большие каменные формации. Вскоре люди стали верить в то, что боги обитают в горах; это стало еще одной причиной поклонения горным вершинам. Со временем определенные горы стали связывать с определенными богами, в результате чего они стали священными. Невежественные и суеверные аборигены верили, что пещеры ведут в подземный мир – обитель злых духов и демонов – в противоположность горам, которые отождествлялись с более поздними представлениями о добрых духах и божествах.

2. ПОКЛОНЕНИЕ РАСТЕНИЯМ И ДЕРЕВЬЯМ

Вначале растения вызывали страх; позднее они стали объектом поклонения, поскольку из них начали получать опьяняющие настойки. Первобытные люди верили, что опьянение делает человека божественным. Считалось, что в таком опыте заключалось что-то необычное и святое. Даже в наше время спиртные напитки называют «ду́хами»*.

Древний человек смотрел на прорастающее зерно со страхом и суеверным благоговением. Апостол Павел был не первым, кто извлек глубокие духовные уроки из прорастающего зерна и построил на нём религиозное вероучение.

Культы поклонения деревьям относятся к древнейшим религиозным явлениям. Все древние браки устраивались под деревьями, и когда женщина хотела ребенка, порой ее находили в лесу, страстно обнимающей могучий дуб. Многие растения и деревья почитались из-за их действительных или воображаемых целебных свойств. Дикарь верил, что все химические явления объяснялись непосредственным действием сверхъестественных сил.

У разных племен и народов существовали самые различные представления о древесных духах. В некоторых деревьях обитали добрые духи, в других – коварные и жестокие. Финны верили в то, что большинство деревьев является обителью добрых духов. Швейцарцы долго не доверяли деревьям, полагая, что в них обитают хитрые духи. Обитатели Индии и восточной России считали древесных духов злыми. В Патагонии до сих пор поклоняются деревьям; такой же культ был у древних семитов. На протяжении многих лет после того, как иудеи перестали поклоняться деревьям, они продолжали поклоняться своим различным божествам в рощах. За исключением Китая, во всём мире когда-то существовал культ *древа жизни*.

Вера в то, что подземные драгоценные металлы или воду можно обнаружить с помощью деревянной «волшебной лозы», есть пережиток культа деревьев. Майское дерево, рождественская елка и суеверное постукивание по дереву увековечили некоторые древние обычаи поклонения деревьям и более поздние культы деревьев.

Многие из этих древнейших форм преклонения перед природой слились с появившимися позднее методами поклонения, однако наиболее ранние типы поклонения, активированные вспомогательными духами разума, действовали задолго до того, как пробуждающаяся религиозная природа человечества стала полностью восприимчивой к стимулу духовного воздействия.

3. ПОКЛОНЕНИЕ ЖИВОТНЫМ

Первобытный человек испытывал своеобразное, дружеское чувство к высшим животным. Его предки жили и даже совокуплялись с ними. Уже в древности в южной Азии верили в то, что души людей возвращаются на землю в виде животных. Эта вера была пережитком еще более ранней практики поклонения животным.

Древние люди чтили животных за их силу и хитрость. Они полагали, что острое обоняние и зрение некоторых созданий служит признаком того, что им помогают духи. В то или иное время все расы поклонялись животным. Среди объектов поклонения были создания, которых считали полулюдьми и полуживотными, – например, кентавры и русалки.

Иудеи поклонялись змеям вплоть до времен царя Езекии, а индусы и сегодня поддерживают дружеские отношения со своими домашними змеями. Поклонение дракону у китайцев является пережитком культа змей. Змеиная мудрость была символом греческих врачей и до сих пор служит эмблемой современной медицины. Искусство заклинания змей передается со времен шаманок, служительниц *культа любви к змеям*, у которых в результате ежедневных змеиных укусов вырабатывался иммунитет, – фактически, настоящая зависимость от яда, без которого они уже не могли обходиться.

Поклонению насекомым и другим животным способствовало более позднее, ошибочное понимание золотого правила – поступать с другими (всеми формами жизни) так, как хотелось бы, чтобы поступали с вами. Когда-то древние люди верили в то, что ветер поднимается от крыльев птиц, и потому боялись всех крылатых созданий и поклонялись им. Древние скандинавы считали, что причиной затмений был волк, пожиравший часть солнца или луны. Индусы часто изображают Вишну с лошадиной головой. Часто символическое изображение животного олицетворяет забытого бога или исчезнувший культ. Уже на ранней стадии развития эволюционной религии ягненок стал типичным закланным животным, а голубь – символом мира и любви.

В религии символика может быть полезной или вредной ровно в той мере, в которой она замещает или не замещает изначальную идею поклонения. К тому же, символику не следует путать с прямым идолопоклонством, при котором материальный объект является непосредственным и действительным предметом поклонения.

4. ПОКЛОНЕНИЕ СТИХИЯМ

Человечество поклонялось земле, воздуху, воде и огню. Первобытные племена почитали источники и поклонялись рекам. В Монголии до сих пор процветает влиятельный культ рек. Омовение стало религиозным обрядом в Вавилоне, а индейцы племени криик ежегодно устраивали ритуальное купание. Древним людям было легко представить, что духи обитали в журчащих ручьях, бьющих ключах, текущих реках и бурных потоках. Движущаяся вода производила сильное впечатление на этих наивных созданий, внушая им веру в то, что она оживает под действием духов и сверхъестественной силы. Иногда тонущему человеку отказывали в помощи из страха оскорбить какого-нибудь речного бога.

В разные времена и у разных народов религиозными стимулами являлись самые разнообразные вещи и события. Многие горные племена Индии до сих пор поклоняются радуге. И в Индии, и в Африке люди полагают, что радуга является гигантской небесной змеей; как иудеи, так и христиане считают ее «знамением завета». Те же самые влияния, которые в одном месте считаются благотворными, в других местах могут рассматриваться как пагубные. В Южной Америке восточный ветер – это бог, ибо он приносит дождь; в Индии он является дьяволом, ибо приносит пыль и засуху. Древние бедуины верили в то, что один из природных духов вызывал песчаные бури, и даже во времена Моисея вера в природных духов была достаточно сильной, чтобы увековечить их в иудейской теологии в качестве ангелов огня, воды и воздуха.

Тучи, дождь и град вызывали страх и были объектами поклонения для многочисленных первобытных племен и во многих древних культах природы. Ураганные ветры с громом и молнией внушали древнему человеку благоговейный страх. Его настолько поражали эти стихийные возмущения, что он считал гром голосом разгневанного бога. Поклонение огню и страх перед молнией были связаны друг с другом и широко распространены среди многих древних групп.

В сознании охваченных страхом первобытных смертных огонь смешивался с магией. Поклонник магии будет живо помнить один случайный положительный результат сотворения магических заклинаний, напрочь забывая о целом ряде отрицательных результатов, полных провалов. Почитание огня достигло своей вершины в Персии, где оно сохранялось в течение долгого времени. Некоторые племена поклонялись огню как самому божеству, другие почитали его как пылающий символ очищающего духа почитаемых ими божеств. Следить за священным огнем поручали весталкам, и в двадцатом веке свечи по-прежнему горят как часть ритуала многих религиозных служб.

5. ПОКЛОНЕНИЕ НЕБЕСНЫМ ТЕЛАМ

Поклонение прошло естественный путь развития – от камней, холмов, деревьев и животных, через стадию благоговейного почитания стихий, к обожествлению солнца, луны и звезд. В Индии и других местах звезды считались

прославленными душами великих людей, ушедших из жизни во плоти. Халдейские приверженцы культа звезд считали себя детьми отца-неба и матери-земли.

Поклонение луне предшествовало поклонению солнцу. Почитание луны достигло апогея в эру охоты, а поклонение солнцу стало главным религиозным обрядом в последующую эпоху земледелия. Впервые поклонение солнцу получило широкое распространение в Индии, и здесь оно сохранялось дольше всего. В Персии почитание солнца породило в дальнейшем культ Митры. У многих народов солнце считалось прародителем их царей. Халдеи помещали солнце в центр «семи колец вселенной». Более поздние цивилизации назвали в честь солнца первый день недели.

Бог солнца считался мистическим отцом непорочно зачатых сынов предначертанной судьбы; полагали, что таких сынов время от времени посылают в качестве спасителей в дар избранным расам. Этих сверхъестественных младенцев всегда пускали по течению какой-нибудь священной реки, а затем каким-то удивительным образом спасали, после чего они вырастали, чтобы сделаться чудодейственными личностями и спасителями своих народов.

6. ПОКЛОНЕНИЕ ЧЕЛОВЕКУ

Поклонившись всему и всем на земле и на небе, человек без колебаний удостоил такого же обожания и себя самого. Простодушный дикарь не проводит четкого различия между животными, людьми и богами.

В древности все необычные люди считались сверхлюдьми, которые внушали такой страх, что на них смотрели с благоговейным ужасом; в некотором роде, им буквально поклонялись. Даже рождение близнецов считалось либо чрезвычайно счастливым, либо чрезвычайно несчастным событием. Лунатики, эпилептики и слабоумные часто являлись объектами поклонения для своих нормальных собратьев, которые полагали, что такие ненормальные существа служат обителью богов. Поклонялись жрецам, царям и пророкам; в древности верили, что святость благочестивых людей ниспослана им божествами.

Когда умирали племенные вожди, их *причисляли к божествам*. Позднее, когда выдающиеся души покидали этот мир, их *причисляли к лику святых*. Без сторонней помощи эволюция никогда не порождала богов, которые превосходили бы прославленных, возвышенных и высокоразвитых духов усопших. В период ранней эволюции религия творила своих собственных богов. В процессе откровения религия формулируется Богами. Эволюционная религия творит своих богов по образу и подобию смертного человека; богооткровенная религия стремится к развитию и преображению смертного человека по образу и подобию Бога.

Богов-духов, имеющих якобы человеческое происхождение, следует отличать от природных богов, ибо поклонение природе действительно привело к появлению пантеона – природных духов, возвышенных до положения богов. Культы природы продолжали развиваться наряду с появившимися позднее культами духов, оказывая взаимное влияние. Многие религиозные системы включали двоякое представление о божестве – природных богах и богах-духах. В некоторых теологических системах эти представления замысловато переплетаются, что видно на примере Тора – героя-духа, который был также властелином молний.

Однако поклонение человеку достигло своего апогея, когда бренные правители стали требовать подобного благоговения от своих подчиненных и, в подтверждение таких требований, заявлять о своем божественном происхождении.

7. ВСПОМОГАТЕЛЬНЫЕ ДУХИ ПОКЛОНЕНИЯ И МУДРОСТИ

Может показаться, что поклонение природе возникло естественно и непроизвольно в сознании первобытных мужчин и женщин. Так оно и было. Однако в течение всего этого времени в тех же самых разумах первобытных людей действовал шестой вспомогательный дух, посвященный этим народам в качестве направляющего влияния на данной ступени эволюции человека. Этот дух постоянно пробуждал в людях тягу к поклонению, какими бы примитивными ни были его первые формы. Дух поклонения положил явное начало стремлению человека к поклонению, несмотря на то что побудительной силой поклонения являлся животный страх и что первые его проявления были сосредоточены на объектах природы.

Вы должны помнить, что направляющим и руководящим фактором всякого эволюционного развития являлось чувство, а не мысль. Для примитивного разума чувства страха, опасности, почитания и поклонения мало чем отличаются друг от друга.

Когда тяга к поклонению наставляется и направляется мудростью – созерцательным и эмпирическим мышлением, – тогда эта тяга начинает превращаться в феномен истинной религии. Когда служение седьмого вспомогательного духа – духа мудрости – становится эффективным, тогда в своем поклонении человек начинает отворачиваться от природы и природных объектов и обращает свой взор к Богу природы и вечному Создателю всех природных вещей.

[Представлено Яркой Вечерней Звездой Небадона.]

* Английское spirits означает и «ду́хи», и «спиртные напитки». (Прим. ред.)

ДОКУМЕНТ 86

РАННЯЯ ЭВОЛЮЦИЯ РЕЛИГИИ

Эволюция примитивной тяги к поклонению и превращение ее в религию не зависят от откровения. Для обеспечения такого развития совершенно достаточно нормального функционирования человеческого разума под направляющим воздействием шестого и седьмого вспомогательных духов разума, относящихся к всеобщему наделению духом.

По мере персонализации, одуховления и, наконец, обожествления природы в сознании человека, его древнейший дорелигиозный страх перед силами природы постепенно приобретал религиозные черты. Следовательно, примитивная религия была естественным биологическим результатом психологической инерции развивающегося животного разума, после того как в таком разуме появились представления о сверхъестественном.

1. СЛУЧАЙНОСТЬ: УДАЧА И НЕУДАЧА

Кроме естественной тяги к поклонению, корни ранней эволюционной религии уходили в соприкосновение человека со случайностями – так называемой удачей, банальными происшествиями. Первобытный человек охотился для пропитания. Результаты охоты не могут всегда быть одинаковыми, что неизбежно приводит к появлению у человека такого опыта, который интерпретируется им как *удача* и *неудача*. Неудача играла огромную роль в судьбах мужчин и женщин, чья жизнь, полная опасности и риска, постоянно находилась на краю пропасти.

Ввиду ограниченности интеллектуального кругозора, дикарь в такой степени сосредоточивал свое внимание на случайностях, что удача становилась постоянным фактором его жизни. Первобытные урантийцы боролись за существование, а не за уровень жизни. В их жизни, полной опасности, важную роль играл случай. Тучей отчаяния нависал над этими дикарями вечный страх перед неизвестным и незримым бедствием, полностью затмевая собой все удовольствия. Они жили в постоянном страхе совершить что-либо такое, что повлечет за собой неудачу. Суеверные дикари всегда боялись полосы удачи: они считали счастливый поворот судьбы верным предвестником беды.

Этот постоянный страх перед неудачей оказывал парализующее действие. К чему стараться что-то сделать и пожинать плоды неудачи – ничто в обмен на нечто, если можно плыть по течению и встретить удачу – нечто в обмен на ничто? Бездумные люди забывают удачу, принимают ее, как само собой разумеющееся; неудача же оставляет в их памяти мучительные воспоминания.

Первобытный человек жил в неуверенности и постоянном страхе перед случайностью – неудачей. Жизнь была игрой случая, азартной игрой. Неудивительно, что частично цивилизованные люди до сих пор верят в случай и проявляют глубоко укоренившуюся склонность к азартным играм. Первобытный человек колебался между двумя могущественными влияниями: страстным желанием получить нечто в обмен на ничто и страхом получить ничто в обмен на нечто. И этот азарт жизни был основным влиянием для древнего дикаря и более всего пленял его разум.

Позднее таких же взглядов на случай и удачу придерживались скотоводы, а появившиеся впоследствии земледельцы всё явственней осознавали, что на урожай оказывают непосредственное влияние многие вещи, почти или полностью неподвластные человеку. Земледелец становился жертвой засухи, наводнений, града, бури, паразитов и болезней растений, жары и холода. И так как все эти природные факторы влияли на благосостояние человека, он считал их удачей или неудачей.

Это представление о случае и удаче пронизывало философию всех древних народов. Еще в недавние времена – в Книге Премудрости Соломона – было сказано: «Еще я видел под солнцем, что бег – не для быстрых, война – не для могучих, хлеб – не для мудрецов, богатство – не для разумных и не для знающих – милости. Каждому – свой срок и судьба. Срока своего не знает человек, и как рыбы попадают в злую сеть, как птицы запутываются в силке, так люди бывают застигнуты злым часом, который приходит внезапно».

2. ПЕРСОНИФИКАЦИЯ СЛУЧАЯ

Беспокойство было естественным состоянием разума дикаря. Когда мужчины и женщины становятся жертвами чрезмерного беспокойства, они просто возвращаются к естественному состоянию своих далеких предков; а когда беспокойство становится действительно мучительным, оно подавляет активность и неизменно приводит к эволюционным изменениям и биологическим адаптациям. Боль и страдание принципиально важны для постепенной эволюции.

Борьба за существование столь мучительна, что некоторые отсталые племена до сих пор стонут и сокрушаются из-за каждого нового восхода солнца. Первобытный человек постоянно вопрошал: «Кто терзает меня?» Не найдя материального источника своих несчастий, он остановился на духовном объяснении. И так родилась религия страха перед таинственным, трепета перед незримым, ужаса перед неведомым. Таким образом, сначала случай, а затем тайна привели к тому, что страх перед природой стал одним из факторов в борьбе за существование.

Примитивный ум был логичным, однако ему не хватало идей для установления разумных связей; разум дикаря был необразованным, абсолютно неискушенным. Если одно событие следовало за другим, дикарь считал их причиной и следствием. То, что цивилизованный человек рассматривает как суеверие, для дикаря было всего лишь неведением. Человечество медленно усваивало ту истину, что между намерением и результатом может не быть никакой связи. Люди только теперь начинают понимать, что реакции бытия возникают между действиями и их последствиями. Дикарь пытается придать личностную форму всему неосязаемому и абстрактному; таким образом и природа, и случай олицетворяются в качестве призраков – духов – и, позднее, богов.

По своей природе человек склонен верить в то, что считает лучшим для себя, с чем связаны его непосредственные или отдаленные интересы; личный интерес в значительной мере затмевает логику. Разум дикаря отличается от разума цивилизованного человека больше по содержанию, чем по сути; это скорее различие в мере, нежели в качестве.

Однако продолжать приписывать малопонятные вещи сверхъестественным причинам – это не более чем удобный и необременительный способ избавления от всех видов тяжелого интеллектуального труда. Случай – это лишь термин, придуманный для обозначения непостижимого в любую эпоху существования человека. Он обозначает те явления, которые люди неспособны или не желают постигнуть.

Удача – это термин, означающий, что человек слишком невежественен или слишком ленив для выяснения причин. Люди считают естественное событие случайностью или неудачей только тогда, когда они лишены любознательности и воображения, когда расам не хватает инициативы и дерзаний. Рано или поздно исследование явлений жизни искоренит веру человека в случай, удачу и так называемые случайности, заменив их вселенной закона и порядка, где всякому следствию предшествует определенная причина. Так на смену страху существования приходит радость жизни.

Дикарь считал всю природу живой, находящейся в чьей-то власти. Цивилизованный человек до сих пор пинает и осыпает проклятиями оказавшийся на его пути неодушевленный предмет, о который он споткнулся. Для первобытного человека ничто и никогда не было случайным; всё и всегда было преднамеренным. Область судьбы, действие случая, мир духов были для него такими же неорганизованными и беспорядочными, как и первобытное общество. Удача или неудача представлялись капризной и своенравной реакцией мира духов, позднее – прихотью богов.

Но не все религии возникли из анимизма. Одновременно с анимизмом существовали и другие представления о сверхъестественном, и эти верования также вели к поклонению. Натурализм не является религией, он – ее производное.

3. СМЕРТЬ – НЕПОСТИЖИМОЕ

Для эволюционирующего человека смерть была высшим потрясением, самым загадочным сочетанием случая и тайны. Не святость жизни, а потрясение смерти пробудило страх и стало мощным толчком к развитию религии. Обычной причиной смерти у дикарей было насилие, поэтому ненасильственная смерть превращалась во всё большую тайну. Смерть как естественный и ожидаемый исход была непонятна сознанию примитивных людей, и потребовались многие века, прежде чем человек осознал ее неизбежность.

Древний человек принимал жизнь как данность, считая смерть каким-то наказанием. У всех народов есть свои легенды о людях, которых миновала смерть, – пережитки раннего отношения к смерти. В сознании человека уже существовало смутное представление о неопределенном и неорганизованном мире духов – области, из которой появилось всё непостижимое в человеческой жизни, и смерть была добавлена к этому длинному перечню необъясненных явлений.

Поначалу считалось, что все человеческие болезни и естественная смерть случаются под влиянием духов. Даже сегодня некоторые цивилизованные народы полагают, что заболевания навлекаются «дьяволом», и ищут исцеления в религиозных обрядах. Последующие и более сложные теологические системы по-прежнему приписывают смерть действию мира духов; всё это привело к появлению таких доктрин, как первородный грех и падение человека.

Именно осознание своей беспомощности перед могущественными силами природы, вместе с признанием слабости человека перед лицом болезни и смерти, заставило дикаря просить помощи у сверхматериального мира, который в его смутном представлении являлся источником этих таинственных превратностей жизни.

4. ПРЕДСТАВЛЕНИЕ О ПРОДОЛЖЕНИИ ЖИЗНИ ПОСЛЕ СМЕРТИ

Представление о сверхматериальном аспекте смертной личности родилось из неосознанных и совершенно случайных ассоциаций повседневных событий, а также из суеверных сновидений. Явление во сне усопшего вождя одновременно нескольким членам его племени казалось убедительным свидетельством того, что прежний вождь действительно вернулся в какой-то форме. Всё это было очень реальным для дикаря, который просыпался от собственного крика, дрожа и обливаясь потом.

То, что вера в загробную жизнь родилась из снов, объясняет постоянное стремление воображать незримые вещи в терминах вещей зримых. И вскоре это новое представление о будущей жизни, возникшее под влиянием увиденных во сне призраков, начало успешно нейтрализовывать страх смерти, связанный с биологическим инстинктом самосохранения.

Древнего человека также очень волновало собственное дыхание, особенно в холодном климате, когда при выдохе изо рта шел пар. *Дыхание жизни* считалось тем феноменом, который отделял живых от мертвых. Человек знал, что его дыхание способно покинуть тело, и, видя себя во сне совершающим всевозможные странные вещи, он убеждался в том, что в человеке было нечто нематериальное. Наиболее примитивное представление о человеческой душе – призраке – возникло из системы представлений о дыхании и сновидениях.

В итоге, дикарь представлял себя в двойном качестве: как тело и как дыхание. Дыхание за вычетом тела составляло дух, призрак. Хотя призраки, или духи, имели явно человеческое происхождение, их относили к сверхчеловеческому уровню. И эта вера в существование бестелесных духов, казалось, объясняла возникновение необычных, чрезвычайных, редких и необъяснимых явлений.

Примитивная доктрина о продолжении жизни после смерти необязательно была верой в бессмертие. Существа, способные считать только до двадцати, думали не о бесконечности и вечности, которых не могли постигнуть, а о повторяющихся инкарнациях.

Оранжевая раса была более других склонна верить в переселение душ и реинкарнацию. Мысль о реинкарнации возникла из наблюдения внешнего и внутреннего сходства родителей и детей. Обычай называть детей в честь бабушек и дедушек или других предков объясняется верой в реинкарнацию. Некоторые последующие народы верили в то, что человек умирал от трех до семи раз. Это поверье (оставшееся от учений Адама об обительских мирах), равно как и многие другие следы богооткровенной религии, встречается у дикарей двадцатого века. В остальном такие учения абсурдны.

У древнего человека не было представлений об аде или будущих наказаниях. Для дикаря будущая жизнь была такой же, как и эта, – за вычетом всех неудач. Позднее появилось представление о различной судьбе для хороших и плохих душ – о небесах и аде. Однако в связи с тем, что, по мнению древних, человек вступал в следующую жизнь в тот же момент, как он покидал эту, они не видели смысла в старении и дряхлении. Пожилые люди предпочитали, чтобы их убивали до того, как они станут слишком немощными.

Почти у каждой группы было свое представление о судьбе призрака-души. Греки считали, что слабые люди имеют слабые души. Поэтому они придумали Аид – место, где принимались такие анемичные души. Также считалось, что подобные хилые субъекты отбрасывают и более короткие тени. Ранние андиты верили в то, что их души возвращаются на родину предков. Когда-то китайцы и египтяне считали, что душа и тело остаются вместе. У египтян это проявилось в тщательном устройстве гробниц и усилиях по консервации тела. Даже современные народы стремятся приостановить разложение трупов. В представлении иудеев, бестелесный двойник человека спускался в Шеол, откуда уже не мог вернуться в страну живых. Они действительно сделали этот важный шаг вперед в учении об эволюции души.

5. ПРЕДСТАВЛЕНИЕ О ПРИЗРАКЕ-ДУШЕ

Нематериальную часть человека называли по-разному: призраком, духом, тенью, фантомом, привидением и, наконец, *душой*. Для древнего человека душа была его двойником, существовавшим во сне; она полностью и во всех отношениях соответствовала самому смертному, за исключением того, что не реагировала на прикосновение. Вера в двойников, существующих во сне, привела непосредственно к представлению о том, что у всякой вещи – живой или неживой – есть душа. Такие воззрения объясняют живучесть верований в природных духов; эскимосы до сих пор считают, что у всякой природной вещи есть дух.

Призрак-душу можно было слышать и видеть, но не осязать. Постепенно человеческие сновидения привели к такому развитию и расширению активности эволюционирующего мира духов, что смерть стала видеться как «испускание духа». У всех первобытных племен, за исключением тех, которые ненамного поднялись над уровнем животных, появилась какая-то концепция души. Развитие цивилизации уничтожает это суеверное представление о душе, и человек начинает полностью зависеть от откровения и личного религиозного опыта для формирования нового представления о душе как совместном творении богопознавшего разума и поселяющегося в нём божественного духа – Настройщика Мышления.

Древние смертные обычно не различали вселявшегося в человека духа и имеющую эволюционное происхождение душу. Дикарь пребывал в полном недоумении, не зная, является ли призрак-душа каким-то природным свойством тела или же представляет собой внешнюю субстанцию, во владении которой находится тело. Отсутствие рациональных доводов в сочетании с растерянностью объясняет полную несостоятельность взглядов дикарей на душу, призраков и духов.

Считалось, что душа так же соотносится с телом, как аромат – с цветком. Древние люди верили, что душа способна покидать тело различными способами:

1. Обычная, кратковременная потеря сознания.
2. Сон, естественные сновидения.
3. Кома и потеря сознания в связи с заболеваниями и несчастными случаями.
4. Смерть – окончательное расставание с телом.

Дикарь считал чихание неудачной попыткой души покинуть тело. Тело было способно воспрепятствовать такой попытке, когда оно находилось в состоянии бодрствования, начеку. Впоследствии чихание всегда сопровождалось какимнибудь религиозным выражением, например: «Благослови тебя Бог!»

Уже в древности сон считался подтверждением того, что призрак-душа способна покидать тело, и люди верили в то, что ее можно вернуть, произнося или выкрикивая имя спящего. Полагали, что при других формах бессознательного состояния душа уходит еще дальше, возможно – пытается ускользнуть навсегда, приближая смерть. Сновидения рассматривали как впечатления души, полученные ею во сне при временном пребывании вне тела. Дикарь считает свои сны такими же реальными, как и любые впечатления в состоянии бодрствования. Древние люди обычно будили спящих постепенно, чтобы душа успевала вернуться в тело.

Во все эпохи человека охватывал благоговейный страх при появлении ночных видений, и иудеи не были исключением. Они действительно верили в то, что Бог говорит с ними во сне, несмотря на предписания Моисея, направленные против такого воззрения. И Моисей был прав, ибо обычные сны – это не тот метод, к которому прибегают личности духовного мира, когда они стремятся установить связь с материальными существами.

Древние люди верили в то, что душа может вселяться в животных или даже неодушевленные предметы. Кульминацией этого представления стала вера в оборотней – отождествление людей с животными. Днем человек мог быть законопослушным гражданином, а ночью, когда он засыпал, его душа вселялась в волка или другое животное, рыская в округе и совершая опустошительные ночные набеги.

Первобытные люди считали, что душа связана с дыханием и что ее свойства могут наделяться или переноситься дыханием. Храбрый вождь дышал на новорожденного, наделяя его отвагой. У ранних христиан процедура наделения Святым Духом сопровождалась тем, что на кандидатов дышали. Псалмопевец сказал: «Словом Господа небо создано, дыханием его – всё небесное воинство». Долгое время существовал обычай, когда старший сын пытался уловить последний вздох умирающего отца.

Впоследствии наравне с дыханием стали бояться и почитать тень. Иногда доказательством существования двойника считалось отражение человека в воде, и зеркала вызывали суеверный трепет. До сих пор многие цивилизованные люди отворачивают зеркало к стене в случае смерти. Некоторые отсталые племена по-прежнему считают, что картины, рисунки, слепки или изваяния извлекают из тела всю душу или ее часть, вследствие чего запрещают их.

Обычно душа отождествлялась с дыханием, однако различные народы считали ее местонахождением также голову, волосы, сердце, печень, кровь и жир. Фраза «голос крови Авеля, вопиющий от земли» отражает древнюю веру в то, что душа содержится в крови. Семиты учили, что душа находится в телесном жире, и у многих народов животный жир был запрещенной пищей. Охота за головами и снимание скальпа являлись способами пленения вражеской души. В последнее время окнами души считаются глаза.

Те, кто придерживался учения о трех или четырех душах, верили, что потеря одной означала недомогание, двух – болезнь, трех – смерть. Одна душа жила в дыхании, другая – в голове, третья – в волосах, четвертая – в сердце. Больным рекомендовались прогулки на свежем воздухе в надежде вернуть заблудшие души. Полагали, что великие шаманы могли заменить больную душу заболевшего человека на новую; это было «новым рождением».

У детей Бадонана сформировалась вера в две души: дыхание и тень. Ранние нодиты полагали, что человек существует в двух ипостасях – душа и тело. Впоследствии эта философия человеческого бытия нашла свое отражение во взглядах греков. Сами же греки верили в три души: растительная душа находилась в желудке, животная – в сердце, интеллектуальная – в голове. Эскимосы верят в то, что человек состоит из трех частей: тела, души и имени.

6. СРЕДА ПРИЗРАКОВ-ДУХОВ

Человек унаследовал природную среду, приобрел социальную среду и придумал среду призраков. Государство есть реакция человека на его природное окружение, семья – на социальное окружение, церковь – на его иллюзорное окружение призраков.

Уже на самом раннем этапе истории человечества повсеместно верили в реальность воображаемого мира призраков и духов, и появившийся вымышленный мир духов стал мощным фактором первобытного общества. С возникновением этого нового фактора в мышлении и поведении человека изменилась вся интеллектуальная и нравственная жизнь человечества.

Страх смертного человека наполнил это иллюзорное и невежественное допущение всеми последующими суевериями и всей религией первобытных народов. Вплоть до появления богооткровения, в этом заключалась единственная религия человека, и по сей день многие народы располагают только этой примитивной эволюционной религией.

С развитием эволюции удачу стали связывать с хорошими духами, а неудачу – с плохими. Неприятности, с которыми были связаны вынужденные приспособления к изменяющейся среде, считали неудачей, неудовольствием духов-призраков. У первобытного человека религия складывалась постепенно и строилась на врожденной тяге к поклонению и неправильном понимании случая. Для преодоления случайностей цивилизованный человек заключает страховой договор; вместо вымышленных духов и капризных богов современная наука предлагает знающего математику актуария.

Каждое новое поколение высмеивает нелепые предрассудки своих предшественников, в то время как в своем собственном мышлении и поклонении оно впадает в такие заблуждения, которые вызовут улыбку у просвещенных потомков.

Наконец, сознание первобытного человека стали занимать мысли, выходившие за пределы всех его врожденных биологических побуждений; наконец, человек приблизился к созданию искусства жизни, в основе которого лежит нечто большее, чем реакции на материальные стимулы. Формировались зачатки примитивного философского отношения к жизни. Близилось появление сверхъестественных норм жизни, ибо если в гневе дух-призрак навлекает неудачу, а в добром расположении – удачу, то нужно соответствующим образом регулировать человеческое поведение. Возникло представление о добре и зле. И всё это произошло задолго до появления на земле какого-либо откровения.

С появлением этих понятий было положено начало долгой и разорительной борьбе за ублажение вечно недовольных духов, рабской зависимости от эволюционного религиозного страха – продолжительной трате человеческих сил на гробницы, дворцы, жертвоприношения и священнослужителей. Цена была огромной и страшной, однако результат стоил всех этих затрат, ибо таким образом человек достиг естественного осознания относительного добра и зла: родилась человеческая этика!

7. ФУНКЦИЯ ПРИМИТИВНОЙ РЕЛИГИИ

Дикарь ощущал потребность в гарантии, и поэтому он с готовностью выплачивал обременительные взносы в виде страха, суеверий, ужаса и приношений жрецам в счет своего страхового полиса – магического страхования от несчастий. Примитивная религия была всего лишь внесением страховых взносов от опасности жизни в лесу; цивилизованный человек платит материальные взносы, страхующие от несчастных случаев на производстве и от превратностей современной жизни.

Современное общество изымает страхование из сферы священников и религии, помещая его в сферу экономики. Религия всё больше занимается страхованием жизни после смерти. Современные люди – по крайней мере, люди мыслящие – уже не платят непомерных страховых взносов для обуздания случая. Религия постепенно восходит к более высоким философским уровням в противоположность ее прежней функции – страхованию от неудач.

Однако эти древние представления о религии помогали людям не превращаться в фаталистов и безнадежных пессимистов. Люди верили, что способны, по крайней мере, сделать нечто для того, чтобы повлиять на свою судьбу. Религия, которая основывалась на страхе призраков, внушала людям, что они должны *регулировать свое поведение*, что существует сверхматериальный мир, распоряжающийся человеческой судьбой.

Современные цивилизованные расы только начинают расставаться со страхом призраков как объяснением случайностей и обычного неравенства. Человечество постепенно освобождается от той кабалы, в которой оно находилось, объясняя свои злоключения с помощью призраков и духов. Тем не менее, отказываясь от ошибочной доктрины о том, что причиной превратностей жизни являются духи, человек обнаруживает поразительную готовность принять почти столь же ложное учение, предлагающее объяснять любое неравенство между людьми политическими злоупотреблениями, социальной несправедливостью и промышленной конкуренцией. Однако новые законы, расширение филантропии и дальнейшая реорганизация промышленности – сколь бы благотворными они ни были сами по себе – не изменят врожденных качеств и жизненных случайностей. Только понимание обстоятельств и мудрое использование законов природы позволят человеку добиться желаемого и избежать нежелательного. Научное знание, ведущее к научно обоснованным действиям, является единственным средством от так называемых случайных невзгод.

Промышленное производство, войны, рабовладение и гражданское управление появились в ответ на социальную эволюцию человека в его природной среде; так и религия возникла в качестве реакции людей на вымышленную среду воображаемого мира призраков. Религия являлась эволюционным развитием самоподдержания, и она справилась со своей задачей, несмотря на то что изначально она строилась на ошибочных представлениях и была полностью лишена логики.

С помощью могущественной, приводившей в трепет силы ложного страха примитивная религия подготовила в человеческом разуме почву для посвящения ему истинной духовной силы сверхъестественного происхождения – Настройщика Мышления. И с тех пор божественные Настройщики стремятся к тому, чтобы превратить страх перед Богом в любовь к Богу. Эволюция может быть медленной, но она неотвратима.

[Представлено Вечерней Звездой Небадона.]

ДОКУМЕНТ 87

КУЛЬТЫ ДУХОВ

Культ духов сформировался как средство защиты от несчастий. Первобытные религиозные обряды этого культа были естественным следствием боязни неудач и необычайного страха перед умершими. Ни одна из этих ранних религий не имела какого-либо отношения к признанию Божества или почитанию сверхъестественного. Такие обряды были в основном негативными, направленными на то, чтобы избежать, изгнать или принудить духов. Культ духов был всего лишь страхованием от несчастий; он не имел никакого отношения к тем вкладам, которые делаются в расчете на более высокую прибыль в будущем.

На протяжении долгого времени человек вел ожесточенную борьбу с культом духов. Ничто в человеческой истории не способно вызвать большего сожаления, чем зрелище человека, ставшего жалким рабом страха перед призраками. Именно с рождением этого страха человечество вступило на путь религиозной эволюции. Человеческое воображение покинуло берега своего «я» и теперь уже не бросит якорь, пока не придет к представлению об истинном Божестве, настоящем Боге.

1. СТРАХ ПЕРЕД ДУХАМИ

Смерть вызывала страх потому, что она означала освобождение очередного духа от своего физического тела. Древние люди делали всё возможное для того, чтобы предотвратить смерть, избавить себя от необходимости бороться еще с одним духом. Они стремились во что бы то ни стало заставить духа покинуть место смерти и отправиться в загробный мир. Наиболее сильный страх духи вызывали в период между своим предполагаемым появлением в момент смерти и последующим отбытием на свою родину, что являлось смутным и примитивным представлением о псевдонебесах.

Хотя дикарь наделял духов сверхъестественными способностями, он вряд ли считал их обладателями сверхъестественного интеллекта. Люди прибегали к различным хитростям и уловкам в попытке одурачить и обмануть духов. Цивилизованный человек до сих пор возлагает большие надежды на то, что внешняя набожность сможет каким-то образом обмануть даже всеведущее Божество.

Первобытные люди опасались болезней, ибо видели, что болезнь нередко является предвестницей смерти. Если племенному шаману не удавалось излечить страдающего человека, больного обычно переносили из семейного жилища в другое, меньшее, или оставляли умирать в одиночестве на открытом воздухе. Дом, в котором кто-то умирал, обычно уничтожался; если этого не происходило, такой дом всегда обходили стороной. Этот страх мешал древнему человеку возводить более капитальные жилища; он также препятствовал строительству постоянных селений и городов.

Когда член клана умирал, дикари всю ночь бодрствовали, разговаривая друг с другом, ибо опасались, что если они заснут вблизи трупа, то могут также умереть. Заражения от трупа укрепили страх перед покойниками, и все народы – в тот или иной период – пользовались сложным обрядом, предназначенным для того, чтобы человек мог очиститься после контакта с покойником. Древние люди верили, что трупу необходим свет; тело покойника никогда не оставляли в темноте. В двадцатом веке вокруг усопших по-прежнему горят свечи, и люди до сих пор сидят у смертного одра. Так называемый цивилизованный человек едва ли полностью изгнал страх перед мертвецами из своей философии жизни.

Однако, несмотря на весь свой страх, люди по-прежнему стремились обмануть духов. Если жилище, где умирал человек, не уничтожалось, то труп выносился через отверстие в стене, но ни в коем случае не через дверь. Эти меры предосторожности принимались для того, чтобы сбить духа с толку, не дать ему остаться и оградить себя от его возвращения. Кроме того, участники траурной церемонии возвращались с похорон другим путем, чтобы дух не мог последовать за ними. Возвращение назад и множество других приемов использовались для того, чтобы помешать духу вернуться из могилы. Чтобы обмануть духа, члены противоположных полов часто обменивались одеждой. Траурная одежда должна была изменить внешность живых, позднее – отдать дань уважения мертвым и, таким образом, ублажить духов.

2. УМИРОТВОРЕНИЕ ДУХОВ

Негативная программа умиротворения духов появилась в религии задолго до позитивной программы сдерживания духов и обращения к ним с просьбами. Первые акты поклонения выражали не благоговение, а попытку защититься. Современный человек считает разумным застраховаться от пожара; так и для дикаря высшая мудрость заключалась в том, чтобы обезопасить себя от навлекаемых духами несчастий. Стремление обеспечить эту защиту выражалось в методах и обрядах, используемых в культе духов.

Когда-то люди верили в то, что величайшим желанием духа является скорейшее «изгнание», с тем чтобы он мог спокойно отправиться в загробный мир. Любое ошибочное действие или нарушение процедуры, допущенное живыми при исполнении ритуала изгнания духа, неизбежно мешало переходу духа в мир призраков. Считалось, что это не нравится духу, и разгневанный дух представлялся источником бедствий, неудач и несчастья.

Похоронная церемония возникла из стремления человека заставить душу-призрака отправиться в свою будущую обитель, а заупокойная проповедь поначалу предназначалась для того, чтобы рассказать новому духу, как туда попасть. Существовал обычай оставлять в могиле или поблизости от нее пищу и одежду, необходимые духу в его путешествии. Дикари считали, что для «изгнания духа» – для того, чтобы заставить его покинуть окрестности могилы, – требуется от трех дней до года. Эскимосы до сих пор верят в то, что душа пребывает рядом с телом три дня.

После смерти соблюдали молчание или оплакивали покойника, чтобы не привлекать дух назад, домой. Обычной формой оплакивания были самоистязания – нанесение телесных ран. Многие просветители пытались положить этому конец, но безрезультатно. Считалось, что соблюдение поста и другие формы самоотречения были в угоду духам, которые наслаждались дискомфортом живых в переходный период, когда духи прячутся поблизости, прежде чем отправиться в загробный мир.

Длительные и частые периоды бездеятельности в течение траура по умершему были одним из основных препятствий для развития цивилизации. Каждый год недели и даже месяцы проходили буквально впустую в непродуктивном и бесполезном оплакивании покойников. Приглашение на похороны профессиональных плакальщиков указывает на то, что оплакивание было ритуалом, а не выражением горя. Современные люди могут оплакивать усопшего из уважения к нему или из чувства тяжелой утраты, однако древний человек делал это из *страха.*

Имена покойников никогда не произносились вслух. Более того, часто они исключались из языка. Эти имена становились табу, что являлось причиной постоянного обеднения языков. В конце концов это привело к распространению эвфемизмов и образных выражений, таких как «имя или день, которые никогда не упоминаются».

В древности люди стремились во что бы то ни стало избавиться от духа, и потому предлагали ему всё, что только можно было пожелать в течение жизни. Духам нужны были жены и слуги; обеспеченный дикарь рассчитывал на то, что как минимум одна жена-рабыня будет похоронена заживо вместе с ним. В соответствии с более поздним обычаем, жена кончала с собой на могиле мужа. Если умирал ребенок, то мать, тетку или бабушку часто душили для того, чтобы взрослый дух мог сопровождать дух ребенка и ухаживать за ним. И те, кто таким образом отказывался от жизни, обычно делали это добровольно; действительно, если бы они нарушили обычай, страх разгневать духа лишил бы их жизнь даже тех немногих радостей, которые были доступны первобытным людям.

Как правило, большую группу людей отправляли на тот свет для сопровождения покойного вождя; рабов убивали, когда умирал их хозяин, чтобы они могли служить ему в мире призраков. На острове Борнео до сих пор придерживаются этого обычая: раба пронзают копьем, чтобы, в виде духа, отправить в путь вместе со своим умершим хозяином. Считалось, что духи людей, умерших насильственной смертью, довольны, когда их рабами становятся духи их убийц; это представление побуждало людей охотиться за головами.

Считалось, что духам нравится запах пищи; когда-то угощения на похоронах были повсеместной практикой. Примитивный метод вознесения молитвы заключался в том, чтобы до того, как приступить к трапезе, бросить немного еды в огонь для ублажения духов при одновременном бормотании магических заклинаний.

Люди верили, что покойники будут пользоваться призраками принадлежавших им при жизни орудий и оружия. Сломать предмет означало «убить его», выпустить его призрак для служения в мире духов. Жертвовали также имуществом, которое сжигали или закапывали. Ущерб, наносимый в древности похоронами, был громадным. Более поздние расы изготовляли бумажные макеты и рисунки, используя их в посмертных жертвоприношениях вместо настоящих предметов и людей. Огромный шаг вперед в развитии цивилизации был сделан тогда, когда вместо сжигания и захоронения собственности ее стали передавать по наследству. Ирокезские индейцы провели много реформ для уменьшения связанного с похоронами ущерба. Сохранение собственности позволило им стать самыми могущественными из северных красных людей. Считается, что современный человек не боится духов, однако власть обычая сильна: много земных богатств до сих пор уходит на ритуалы и похоронные обряды.

3. ПОКЛОНЕНИЕ ПРЕДКАМ

Развитие культа духов неизбежно привело к поклонению предкам, ибо оно стало связующим звеном между обычными призраками и более высокими духами – предвестниками богов. Ранние боги являлись не более чем людьми, снискавшими славу при жизни.

Первоначально поклонение предкам было ближе к страху, чем поклонению, но такие верования несомненно способствовали дальнейшему распространению страха перед духами и поклонения им. Приверженцы древних культов поклонения духам предков боялись даже зевнуть, чтобы не впустить в этот момент в свое тело зловредного духа.

Традиция усыновлять детей возникла из стремления заручиться уверенностью в том, что после смерти будет кому совершать приношения во имя покоя и благополучия души. Дикарь жил в страхе перед духами своих соплеменников и проводил свободное время, готовя охранную грамоту для своего собственного духа после смерти.

Большинство племен хотя бы раз в году устраивали праздник поминовения усопших. Римляне ежегодно отмечали двенадцать таких праздников вместе с сопровождавшими их церемониями. Половина всех дней в году посвящалась всевозможным ритуалам, связанным с этими древними культами. Один из римских императоров попытался реформировать этот обычай, сократив число праздничных дней в году до 135.

Культ духов постоянно совершенствовался. Так как считалось, что духи поднимаются со стадии несовершенного бытия на более высокую ступень, то развитие культа в итоге привело к поклонению небесным духам и даже богам. Однако, независимо от различных верований в более высоких духов, все племена и расы когда-то верили в призраков.

4. ДОБРЫЕ И ЗЛЫЕ ДУХИ

Страх перед духами был источником всей мировой религии; веками многие племена придерживались древней веры в духов только одного типа. Они учили, что если дух задобрен – человеку сопутствует удача, если рассержен – его постигают несчастья.

С развитием культа, основанного на страхе перед духами, появилось представление о духах более высокого порядка – духах, которых невозможно было однозначно отождествить с каким-либо конкретным человеком. Это были высшие, прославленные духи, покинувшие мир призраков и поднявшиеся в более высокие сферы мира духа.

Представление о существовании двух типов духов медленно, но неуклонно распространялось по всему миру. Этот новый двойной спиритуализм не пришлось передавать от одного племени к другому: он возник самостоятельно по всему миру. По своему воздействию на развивающийся эволюционный разум, сила какого-либо представления заключается не в его реальности или разумности, а в его наглядности и возможности всеобщего, быстрого и простого использования.

Еще позднее в воображении человека появилось представление о добрых и злых сверхъестественных силах. Некоторые призраки никогда не поднимались до уровня добрых духов. Ранний моноспиритизм, основанный на страхе перед духами, постепенно превращался в двойной спиритуализм – новое представление о незримом управлении земными делами. Наконец, за удачей и неудачей стали усматривать действие соответствующих сил. Из двух этих типов более активным и многочисленным считался тот, который приносил несчастья.

Окончательно сформировавшись, доктрина о добрых и злых духах стала самым распространенным и устойчивым из всех религиозных вероучений. Этот дуализм представлял собой огромный религиозно-философский прогресс, ибо он позволял человеку объяснять как удачу, так и неудачу, и одновременно верить в сверхматериальные существа, которые были хотя бы отчасти последовательными в своем поведении. От духов можно было ожидать добрых или злых поступков. В отличие от ранних представлений о призраках, присущих моноспиритизму наиболее примитивных религий, их не считали находящимися целиком во власти эмоций. Наконец-то воображению человека стали доступны сверхматериальные силы, которые были логичны в своем поведении, что явилось одним из самых знаменательных открытий истины за всю историю эволюции религии и развития человеческой философии.

Тем не менее, эволюционная религия заплатила огромную цену за концепцию двойного спиритуализма. Древняя философия человека могла совместить постоянство поведения духов с превратностями земной судьбы только через постулирование двух видов духов – добрых и злых. И хотя данное вероучение позволило человеку согласовать игру случая с представлением о неизменных сверхматериальных силах, на протяжении всего последующего времени эта доктрина затрудняла постижение верующими людьми космического единства. Богам эволюционной религии обычно противопоставлялись силы тьмы.

Трагедия всего этого заключается в том, что в те времена, когда эти идеи укоренялись в примитивном сознании человека, во всём мире в действительности не существовало злых или вносящих раздор духов. Такое прискорбное положение сложилось лишь после восстания Калигастии и продолжалось только до Пятидесятницы. Представления о добре и зле как равных космических началах весьма характерны даже для человеческой философии двадцатого века. Большинство мировых религий до сих пор несет на себе это родимое пятно культуры давно минувших дней – периода появления культа духов.

5. ЭВОЛЮЦИЯ КУЛЬТА ДУХОВ

Первобытные люди полагали, что духи и призраки обладают почти неограниченными правами и не имеют никаких обязанностей. Считалось, что духи видят в человеке создание, обремененное многочисленными обязанностями и лишенное каких-либо прав. Им казалось, что духи с презрением смотрят на человека, который вечно не справляется со своими духовными обязанностями. Человечеству было свойственно верить, что духи облагали человека постоянной данью, требуя услужения в качестве платы за невмешательство в людские дела, и малейшая неудача приписывалась действиям духов. Древний человек настолько боялся упустить какую-нибудь причитавшуюся богам почесть, что после принесения жертв всем известным духам он совершал еще один ритуал для «неведомых богов», – только для того, чтобы полностью обезопасить себя.

И вот на смену простому культу призраков приходят обряды более прогрессивного и относительно сложного культа духов-призраков – служение и поклонение более высоким духам, сформировавшимся в примитивном воображении человека. Религиозные обряды должны идти в ногу с эволюцией и прогрессом духа. Расширенный культ представлял собой всего лишь искусство самоподдержания применительно к вере в сверхъестественные существа, самоадаптации к духовной среде. Промышленные и военные организации были средствами адаптации к естественной и социальной среде. Подобно тому, как брак возник для удовлетворения требований двуполости, так и религиозная организация появляется в ответ на веру в высшие духовные силы и духовные существа. Религия представляет собой адаптацию человека к своим иллюзиям относительно тайны случая. Страх перед духами и последующее им поклонение использовались как гарантия от несчастий, как способ достижения процветания.

В представлении дикаря добрые духи занимаются своим делом, почти ничего не требуя от людей. Именно злых призраков и духов приходится держать в благодушном расположении. Соответственно, первобытные народы уделяли намного больше внимания своим злым призракам, чем милосердным духам.

Считалось, что особенно раздражающе действовал на завистливых и злых духов преуспевающий человек и что месть духа заключалась в нанесении ответного удара через другого человека или с помощью *сглаза*. В той части культа, которая была связана с уклонением от происков духа, много внимания уделялось козням дурного глаза. Боязнь сглаза стала почти общемировым явлением. Красивые женщины носили вуаль для защиты от порчи; впоследствии многие женщины, желавшие, чтобы их считали красивыми, стали носить вуаль. Из-за страха перед злыми духами детей редко выпускали из дома после наступления темноты, и древние молитвы всегда включали просьбу: «Избавь нас от сглаза».

В Коране есть целая глава, посвященная сглазу и магическим заклинаниям; в них глубоко верили также евреи. Весь фаллический культ возник как защита от сглаза. Репродуктивные органы считались единственным фетишем, который мог защитить от сглаза. Дурной глаз породил первые суеверия, касающиеся внутриутробных отметин у детей, родимых пятен, и в свое время этот культ был практически повсеместным.

Зависть – глубоко укоренившееся в человеке свойство; поэтому первобытный человек приписывал его своим ранним богам. И поскольку в прошлом человек пытался обмануть призраков, вскоре он начал обманывать духов. Он говорил: «Если духи завидуют нашей красоте и благополучию, мы будем уродовать себя и пренебрежительно высказываться о своем успехе». Поэтому в древности смиренность являлась не принижением «я», а попыткой сбить с толку и обмануть завистливых духов.

Для того чтобы не пробуждать в духах зависть к благополучию людей, осыпали проклятиями талисман, любимую вещь или человека. Так появился обычай умалять значение хвалебных высказываний в адрес семьи или в свой собственный адрес, что постепенно превратилось в скромность, сдержанность и учтивость, присущие культурному человеку. По той же причине было принято выглядеть некрасивым. Красота вызывала у духов зависть; она выдавала греховную человеческую гордость. Дикарь хотел, чтобы у него было некрасивое имя. Этот аспект культа был огромным препятствием для развития искусства; из-за него мир в течение долгого времени оставался унылым и неприглядным.

При культе духов жизнь была в лучшем случае рискованным предприятием и зависела от обуздания духов. Будущее человека являлось плодом его усилий, трудолюбия или таланта только в той мере, в которой они могли использоваться для воздействия на духов. Ритуалы умиротворения духов тяжким бременем ложились на человека, делая жизнь утомительной и фактически невыносимой. Из века в век, из поколения в поколение, один народ за другим пытался усовершенствовать эту доктрину высших призраков, однако пока еще ни одно поколение не решилось полностью отказаться от нее.

Намерения и желания духов изучались с помощью знамений, оракулов и знаков. Такие сообщения, посылаемые духами, толковались посредством предсказаний, прорицаний, магии, ордалий и астрологии. Весь культ являлся системой, призванной умиротворить, удовлетворить духов и откупиться от них с помощью этого скрытого задабривания.

Так сложилась новая и расширенная мировая философия, включающая три понятия:

1. *Долг* – то, что необходимо делать для поддержания благоприятного или хотя бы нейтрального расположения духов.

2. *Правильность* – надлежащее поведение и ритуалы, предназначенные для активного привлечения духов на свою сторону.

3. *Истина* – правильное понимание духов и отношение к ним, а также, как следствие, правильное отношение к жизни и смерти.

Древние люди стремились узнать свое будущее не из одного только любопытства: они хотели предотвратить несчастья. Предсказания были всего лишь попыткой избежать неприятностей. В те времена сны считались вещими, а во всём необычном усматривалось знамение. Даже сегодня цивилизованные народы упрямо верят в знаки, знамения и прочие пережитки суеверий, характерных для развития древнего культа духов. Медленно, очень медленно предстоит человеку отказываться от этих методов, с помощью которых он так долго и так мучительно восходил по эволюционным ступеням жизни.

6. ПРИНУЖДЕНИЕ И ЗАКЛИНАНИЕ

Когда человек верил в одних только призраков, религиозный ритуал был более личным, менее организованным. Однако с появлением веры в высших духов возникла потребность в «возвышенных духовных методах» обращения с ними. Эта попытка усовершенствовать и развить метод умилостивления привела непосредственно к созданию средств защиты от духов. Человек и впрямь чувствовал себя беспомощным перед лицом бесконтрольных сил, действующих в земной жизни, и чувство неполноценности толкало его на поиски компенсирующей адаптации – метода, который помог бы уравнять шансы человека в его неравной схватке с космосом.

На заре этого культа стремления человека повлиять на действия призраков сводились к умилостивлению, попыткам откупиться от злоключений с помощью подкупа. Когда развитие культа призраков привело к представлению о добрых и злых духах, эти ритуалы приобрели более позитивный характер – появилось стремление добиваться удачи. Созданная человеком религия теперь уже не была целиком негативистской, причем человек не довольствовался одним только стремлением снискать удачу: вскоре он уже строил планы, с помощью которых можно было бы склонить духов к сотрудничеству. Религиозный человек более не чувствовал себя беззащитным перед лицом бесконечных требований призраков – фантомов его собственного воображения; дикарь начал придумывать средства, с помощью которых он мог повлиять на действия духов и побудить их к сотрудничеству.

Первые попытки человека защитить себя были направлены против призраков. С течением времени живые стали придумывать методы сопротивления мертвым. Было разработано много способов для отпугивания и изгнания призраков, среди которых можно выделить следующие:

1. Отрубание головы и связывание тела в могиле.

2. Забрасывание камнями жилища покойника.

3. Кастрация или переламывание ног у трупа.

4. Захоронение под камнями – один из источников современных надгробий.

5. Кремация – более позднее изобретение для предотвращения неприятностей, навлекаемых духами.

6. Сбрасывание тела в море.

7. Оставление тела на съедение диким животным.

Люди верили, что духов тревожит и отпугивает шум и что крики, колокола и барабаны отгоняют их от живых. Эти древние методы до сих пор сохраняются в обычае «бдения» у гроба. Для выдворения нежелательных духов пользовались дурнопахнущим варевом. Изготавливались отвратительные изображения духов: увидев себя, духи должны были спешно обратиться в бегство. Считалось, что собаки обладают способностью чувствовать приближение призраков и предупреждают об этом своим воем, а петухи начинают кукарекать. Флюгеры в виде петуха обязаны своим происхождением этому суеверию.

Лучшей защитой от призраков считалась вода. Предпочтение отдавалось святой воде – такой, в которой омывали ноги жрецы. Как огонь, так и воду считали непреодолимой преградой для призраков. Древние римляне трижды обносили труп водой; в двадцатом веке тело окропляют святой водой, а омовение рук на кладбище по-прежнему является еврейским обрядом. Позднее крещение стало частью обряда омовения; первобытные купания были религиозным обрядом. Только в последнее время купание стало санитарной нормой.

Однако человек не остановился на обуздании духов: вскоре, с помощью религиозных ритуалов и других методов, он попытался заставить духов действовать. Заклинание было использованием одного духа для подчинения или изгнания другого. Та же тактика применялась для отпугивания призраков и духов. Существовавшее в двойном спиритуализме представление о добрых и злых силах дало человеку прекрасную возможность для того, чтобы попытаться столкнуть эти силы друг с другом, ибо если сильный человек мог победить слабого, то могущественный дух наверняка мог взять верх над слабым призраком. Проклятия, произносимые первобытными людьми, представляли собой форму принуждения, предназначенного для внушения благоговейного страха низшим духам. Позднее этот обычай распространился на предание врагов проклятию.

В течение долгого времени считалось, что возвращаясь к обычаям, созданным более древними нравами, можно заставить духов и полубогов совершать желаемые действия. Тем же грешит и современный человек. Вы обращаетесь друг к другу, пользуясь простым, повседневным языком, однако, начиная молиться, вы возвращаетесь к более древнему стилю другого поколения – так называемому высокому стилю.

Этим же объясняются многочисленные случаи возвращения к религиозным обрядам сексуального характера, например, к храмовой проституции. Такие возвраты к первобытным обычаям считались надежной защитой от многих бед. В сознании простодушных народов подобные действия были полностью лишены того, что современные люди назвали бы половой распущенностью.

После этого пришло время ритуальных зароков, вслед за которыми появились религиозные обеты и священные клятвы. Большинство таких клятв сопровождалось самоистязаниями и членовредительством, позднее – постом и молитвой. Впоследствии верным способом принуждения стали считать самопожертвование, в особенности – отказ от половой жизни. Так первобытный человек уже на раннем этапе развития пришел к явно выраженному аскетизму в своей религиозной практике, веря в эффективность самоистязания и самоотречения как ритуалов, способных заставить нерасположенных духов действовать благоприятно в ответ на все его страдания и лишения.

Современный человек уже не пытается открыто принуждать духов, хотя он всё еще обнаруживает склонность торговаться с Божеством. И он до сих пор клянется, стучит по дереву, скрещивает пальцы и сопровождает плевок какой-нибудь затертой фразой, которая некогда была магическим заклинанием.

7. ПРИРОДА КУЛЬТА

Живучесть культового типа социальной организации объяснялась тем, что он дал символику, необходимую для сохранения и поощрения моральных воззрений и религиозных устоев. Культ вырос из традиций «старинных родов» и был увековечен как признанный институт; все семьи исповедуют какую-нибудь разновидность культа. Каждый воодушевляющий идеал стремится обрести увековечивающую его символику – найти способ проявления в культуре, который обеспечил бы его существование и расширил бы возможности его реализации. И культ достигает этого через поощрение и удовлетворение чувств.

Уже у истоков цивилизации каждое притягательное движение в социальной культуре или развитии религии создавало ритуал, символический обряд. Чем менее осознанным было развитие, приводившее к появлению ритуала, тем сильней он привязывал к себе своих приверженцев. Культ поддерживал дух и удовлетворял чувства, но он всегда был величайшим препятствием на пути к социальному переустройству и духовному росту.

Несмотря на то что культ неизменно замедлял социальный прогресс, прискорбно, что столь многие современные люди, верящие в нравственные нормы и духовные идеалы, не имеют в своем распоряжении адекватной символики – культа, дающего взаимную поддержку, того, что дало бы ощущение сопричастности. Однако религиозный культ невозможно придумать: он должен сложиться. Не существует двух групп с идентичными культами, если только их ритуалы не сведены к единому стандарту произвольным решением властей.

Ранний христианский культ был наиболее эффективным, привлекательным и устойчивым из всех когда-либо созданных или придуманных ритуалов. Но в век науки его ценность в значительной мере была разрушена из-за уничтожения столь многих из его изначальных основополагающих принципов. Христианский культ был ослаблен вследствие утраты многих принципиальных идей.

В прошлом истина быстро росла и свободно развивалась, когда культ был нестрогим, а его символика – изменчивой. Неиссякаемая истина и адаптируемый культ способствовали быстрому социальному развитию. Бессмысленный культ профанирует религию, стремясь вытеснить философию и поработить разум; истинный культ развивается.

Несмотря на свои недостатки и ограничения, каждое новое раскрытие истины порождало новый культ. Так и новая концепция религии Иисуса должна создать иную, соответствующую ей символику. Современный человек должен найти адекватную символику для своих новых развивающихся идей, идеалов и привязанностей. Такие возвышенные символы должны проистекать из религиозной жизни, духовного опыта. И эта высокая символика более развитой цивилизации должна основываться на концепции Отцовства Бога и наполняться могущественным идеалом братства людей.

Старые культы были слишком эгоцентрическими. Новые должны быть порождением практической любви. Как и старый культ, новый культ должен укреплять дух, утолять чувства и поощрять преданность – но не только: он должен способствовать духовному прогрессу, расширять космические значения, повышать нравственные ценности, поощрять социальное развитие и стимулировать высокий тип индивидуальной религиозной жизни. Новый культ должен выдвигать высшие цели жизни, которые являются как преходящими, так и вечными – социальными и духовными.

Никакой культ не способен сохраниться и внести вклад в общественный прогресс и индивидуальное духовное развитие, если он не основан на биологическом, социологическом и религиознм значении *семьи*. Устойчивый культ должен символизировать постоянство в условиях непрекращающихся изменений, прославлять объединяющее начало в потоке разнообразных социальных метаморфоз. Он должен опираться на истинные значения, возвышать красивые отношения и прославлять благие ценности, присущие истинному величию.

Однако огромная трудность создания новой и удовлетворяющей символики заключается в следующем: как группа, современные люди придерживаются научного отношения, избегают суеверий и испытывают отвращение к невежеству, но индивидуально все они тяготеют к таинственному и благоговеют перед неизвестным. Никакой культ не может сохраниться, если он не заключает в себе некую притягательную тайну и не содержит некоторую недостижимую ценность. И при этом новая символика должна не только иметь значение для группы, но и быть понятной для индивидуума. Любая полезная символика должна выражаться в таких формах, которыми человек может овладеть по своей собственной инициативе и которыми он может пользоваться совместно со своими товарищами. Если бы новый культ мог быть динамичным, а не статичным, он действительно мог бы внести ценный вклад как в мирской, так и в духовный прогресс человечества.

Однако культ – символическая система ритуалов, девизов или целей – не будет действовать, если окажется слишком сложным. Кроме того, необходима самоотдача – реакция, присущая преданности. Каждая успешная религия обязательно создает соответствующую символику, и ее последователи не должны допускать выхолащивания своего ритуала в сковывающих, искажающих и удушающих стереотипных обрядах, которые способны только искалечить и замедлить любой социальный, нравственный и духовный прогресс. Никакой культ не может сохраниться, если он замедляет нравственное развитие и неспособен благоприятствовать духовному прогрессу. Культ является тем скелетом, на котором нарастает живая и динамичная плоть личного духовного опыта – истинная религия.

[Представлено Яркой Вечерней Звездой Небадона.]

ДОКУМЕНТ 88

ФЕТИШИ, ТАЛИСМАНЫ И МАГИЯ

Представление о духе, вселяющемся в неодушевленный предмет, животное или человека, есть древнейшее и достойное уважения верование, существующее с тех пор, как началась эволюция религии. Учение об одержимости духом представляет собой *фетишизм*. Дикарь не обязательно поклоняется фетишу; он вполне закономерно поклоняется и благоговеет перед заключенным в фетише духом.

Поначалу пребывающий в фетише дух считался призраком умершего человека; позднее стали полагать, что в фетиши вселяются более высокие духи. В итоге культ фетишей объединил все примитивные представления о призраках, душах, духах и демонической одержимости.

1. ВЕРА В ФЕТИШИ

Первобытный человек стремился из всего необычного сделать фетиш; поэтому появление многих фетишей было случайным. Человек заболевает; что-то происходит – и он выздоравливает. То же самое относится и к репутации многих лекарств и случайных методов лечения заболеваний. Предметы, связанные со сновидениями, легко превращались в фетиши. Ими становились вулканы – но не горы, кометы – но не звезды. Древние люди считали падающие звезды и метеоры свидетельством прибытия на землю особых духов-посетителей.

Первыми фетишами были камушки с необычными отметками, и с тех пор человек всегда искал «священные камни». Когда-то ожерелье представляло собой коллекцию священных камней – целый набор талисманов. Камни-фетиши были у многих племен, однако считанные из них сохранились в этом качестве, как, например, Каабский и Скунский камни. Вода и огонь также относились к древним фетишам. Поклонение огню и вера в святую воду существуют по сей день.

Фетишизация деревьев произошла в более поздние времена, но среди некоторых племен поклонение природе привело к вере в талисманы, в которые вселялись различные природные духи. Когда растения и фрукты становились фетишами, их запрещали есть. Одними из первых в эту категорию попали яблоки: левантийские народы никогда не употребляли их в пищу.

Если животное питалось человеческой плотью, оно превращалось в фетиш. Так собака стала священным животным парсов. Если фетишем является животное и в нём постоянно пребывает дух, то фетишизм может смыкаться с реинкарнацией. Дикари во многом завидовали животным; они не чувствовали своего превосходства и часто получали имена в честь любимых зверей.

Когда животное становилось фетишем, на его мясо накладывали запрет. Из-за своего сходства с людьми человекообразные обезьяны и мартышки уже в древности стали священными животными; позднее такого же отношения удостоились змеи, птицы и свиньи. Одно время фетишем была корова: на коровье молоко было наложено табу, а ее испражнения пользовались большим почтением. В Палестине существовал культ змей, в особенности у финикийцев, которые, наряду с евреями, считали змею выразителем злых духов. Даже многие современные люди верят в колдовские способности пресмыкающихся. Змей чтили на всём пространстве от Аравии и Индии до племен индейцев моки с их танцами змей.

Некоторые дни недели были фетишами. Веками пятница считалась несчастливым днем, а тринадцать – злополучным числом. Счастливые числа – три и семь – появились в результате последующих откровений; четыре было счастливым числом у первобытного человека, который уже в древности открыл четыре стороны света. Считалось, что подсчет скота и другой собственности приносит несчастье; древние люди всегда противились переписи населения – «исчислению людей».

Первобытный человек не делал чрезмерного фетиша из секса; репродуктивная функция привлекала лишь ограниченное внимание. Отношение дикаря было естественным; в нём отсутствовали непристойность или похотливость.

Могущественным фетишем была слюна; плюя на человека, из него можно было изгнать дьяволов. Старший или знатный человек оказывал высшую честь тому, на кого он плевал. Некоторые части человеческого тела считались потенциальными фетишами, в особенности волосы и ногти. Высоко ценились длинные ногти, выраставшие на пальцах вождя, и их обрезки превращались в могущественный фетиш. Фетишизация скальпов является одной из главных причин последующей охоты за головами. Ценным фетишем являлась пуповина; такое отношение к ней до сих пор существует в Африке. Первой игрушкой человека была сохраненная пуповина. Нередко украшенная жемчугом, она стала первым ожерельем.

Горбатые и увечные дети становились фетишами; считалось что лунатики являются помешанными. Первобытный человек не отличал гения от безумца; идиотов либо забивали насмерть, либо почитали в качестве фетишей. Истерия всё больше подтверждала распространенное верование в колдовство; эпилептики часто становились жрецами и знахарями. На пьянство смотрели как на вид одержимости духом: отправляясь кутить, дикарь вставлял в волосы лист, чтобы снять с себя ответственность за свои поступки. Яды и опьяняющие напитки стали фетишами: считалось, что в них вселяются духи.

Многие смотрели на гениев как на фетиши, одержимые мудрым духом. Эти одаренные люди быстро научились прибегать к обману и надувательству в своих эгоистических целях. Человек-фетиш считался сверхчеловеком – божественным и даже непогрешимым. Поэтому вожди, цари, жрецы, прорицатели и церковные правители в итоге приобретали огромную и неограниченную власть.

2. ЭВОЛЮЦИЯ ФЕТИША

Считалось, что призраки предпочитают вселяться в один из предметов, принадлежавших им при жизни во плоти. Этой верой объясняется действенность многих современных реликвий. Древние всегда почитали кости своих вождей, и скелетные останки святых и героев до сих пор приводят многих людей в суеверный трепет. По сей день совершаются паломничества к гробницам великих людей.

Вера в святые мощи – это пережиток древнего культа фетишей. Святые мощи представляют собой попытку современных религий рационализировать фетиши дикарей и таким образом возвысить их, сделав достойными и респектабельными в современных религиозных системах. Вера в фетиши и магию считается язычеством, однако поклонение святым мощам и вера в чудеса не вызывают возражений.

Огонь – очаг – превратился в некоторое подобие фетиша, священного места. Поначалу гробницы и храмы становились фетишами потому, что здесь хоронили умерших. Святилище иудеев было возвышено Моисеем до того положения, при котором оно стало вместилищем сверхфетиша – существовавшего в то время представления о законе Божьем. Однако израильтяне никогда не отказывались от сугубо хананской веры в каменный жертвенник: «И этот камень, который я поставил памятником, будет домом Божьим». Они глубоко верили в то, что дух их Бога пребывал в таких каменных жертвенниках, которые фактически являлись фетишами.

Древнейшие изображения создавались для того, чтобы сохранить облик прославленных покойников и увековечить их память; это были настоящие памятники. Идолы представляли собой усовершенствование фетишизма. Первобытные люди верили в то, что под воздействием обряда освящения дух проникает в изображение. Таким же образом, благословляя определенные предметы, их превращали в талисманы.

Моисей попытался обуздать поклонение фетишам у иудеев, дополнив вторую заповедь древнего даламатийского морального кодекса. Он осмотрительно предписал им не делать каких-либо изображений, которые могли превратиться в освященные фетиши. Моисей сказал прямо: «Не делайте себе идолов или изображений того, что вверху на небе или что внизу на земле или что в водах земных». Хотя эта заповедь существенно замедлила развитие искусства у евреев, она действительно уменьшила поклонение фетишам. Однако Моисей был слишком мудр для того, чтобы попытаться одним махом вытеснить древние фетиши, и потому он согласился поместить в ковчег, который являлся одновременно походным жертвенником и религиозной святыней, некоторые святые мощи рядом со скрижалями.

В итоге фетишами стали и слова, в особенности такие, которые считались словами Бога. Так священные книги многих религий превратились в фетишистские тюрьмы, сковывающие духовное воображение человека. Само усилие Моисея по разрушению фетишей превратилось в главный фетиш. Его заповедь впоследствии использовалась для того, чтобы очернить искусство и воспрепятствовать наслаждению и восхищению прекрасным.

В древности непререкаемое слово-фетиш было внушающей страх *догмой* – самым страшным из всех тиранов, порабощавших человека. Догматический фетиш приводит смертного человека к самообману, удерживая его в тисках слепой веры, фанатизма, суеверия, нетерпимости и наиболее зверских форм варварской жестокости. Современное уважение к мудрости и истине – лишь недавнее избавление от тенденции к фетишизации, обращение к более высоким уровням мышления и логики. Что касается собрания фетишизированных писаний, которые для различных религиозных людей являются *священными книгами*, то считается, что не только содержание таких книг истинно, но и что они содержат всю истину. Если в одной из священных книг будет сказано, что земля является плоской, то в течение многих поколений здравомыслящие, в принципе, мужчины и женщины будут отвергать явные свидетельства того, что планета является круглой.

Обычай открывать одну из таких священных книг, чтобы взглянуть на первый попавшийся отрывок, следование которому может стать определяющим для принятия важных жизненных решений или планов, есть не что иное как откровенный фетишизм. Присягать на «священной книге» или клясться предметом высшего почитания есть вид утонченного фетишизма.

Однако переход от страха, который внушал дикарю фетиш в виде обрезков ногтей племенного вождя, к поклонению перед грандиозным собранием посланий, законов, легенд, аллегорий, мифов, поэм и хроник, отражающих, всё же, выверенную в веках нравственную мудрость, представляет собой настоящий эволюционный прогресс, по крайней мере, до тех пор, пока эти писания не объединяют в «священную книгу».

Для того чтобы превратиться в фетиши, слова должны были считаться ниспосланными, и обращение к таким якобы священным писаниям вело непосредственно к установлению *власти* церкви, в то время как эволюция гражданских форм вела к осуществлению *власти* государства.

3. ТОТЕМИЗМ

Фетишизм пронизывал все примитивные культы – от древнейшей веры в священные камни до идолопоклонства, каннибализма, обожествления природы и тотемизма.

Тотемизм есть сочетание социальных и религиозных обрядов. Первоначально люди верили в то, что почтительное отношение к тотемному животному, считавшемуся биологическим предком, служит гарантией пропитания. Тотем был одновременно символом группы и ее богом. Такой бог являлся персонификацией клана. Тотемизм представлял собой одну из стадий в попытке социализировать религию, которая является, в принципе, личным делом. В итоге тотем превратился во флаг, или национальный символ различных современных народов.

Сумка-фетиш, сумка знахаря, представляла собой мешок с солидным набором предметов, пропитанных дýхами, и древние знахари никогда не позволяли своей сумке – этому символу их могущества – касаться земли. Цивилизованные люди двадцатого века также следят за тем, чтобы их флаги – символы национального самосознания – никогда не касались земли.

К эмблемам жрецов и царей стали в итоге относиться как к фетишам, и фетиш высшей государственной власти прошел через многочисленные стадии развития – от кланов к племенам, от сюзеренитета к суверенитету, от тотемов к флагам. Фетишизированные цари царствовали по «божественному праву», и существовали многие другие формы правления. Люди превратили в фетиш и демократию, возвышая и почитая представления обыкновенного человека, когда они в совокупности именуются «общественным мнением». Само по себе, мнение отдельного человека считается чем-то малозначительным, однако когда много людей образуют демократическое сообщество, всё то же посредственное суждение становится критерием справедливости и эталоном праведности.

4. МАГИЯ

Цивилизованный человек энергично решает проблемы реальной окружающей среды с помощью науки. Дикарь же пытался решать реальные проблемы иллюзорной среды духов с помощью магии. Магия служила методом манипулирования воображаемой средой духов, происками которых бесконечно объяснялось необъяснимое. Она являлась искусством обеспечения добровольного сотрудничества духов, а также принуждения их к оказанию помощи с использованием фетишей или других, более могущественных духов.

Магия, волшебство и колдовство преследовали двоякую цель:

1. Предсказывать будущее.

2. Воздействовать благоприятным образом на среду.

У науки те же цели, что и у магии. Человечество прогрессирует от магии к науке не с помощью медитаций и рассуждений, а скорее посредством длительного опыта, постепенно и мучительно. Человек медленно пятится к истине, начиная с ошибок, продолжая ошибками и, наконец, достигая порога истины. Только с появлением научных методов он обращается лицом вперед. Однако первобытному человеку предстояло экспериментировать или погибнуть.

Чары древнего суеверия породили научную любознательность. В этих примитивных суевериях заключалось развивающееся живое чувство – страх в сочетании с любопытством; древняя магия содержала прогрессивную движущую силу. Эти суеверия свидетельствовали о появлении у человека желания знать и контролировать планетарную среду.

Магия оказывала столь сильное влияние на дикаря из-за его неспособности осмыслить естественную смерть. Возникшее впоследствии представление о первородном грехе помогло существенно ослабить власть магии над человеком, ибо оно объясняло естественную смерть. В свое время десять невинных человек нередко лишались жизни из-за мнимой ответственности за естественную смерть одного человека. Это одна из причин медленного роста населения в древнем мире, что и сегодня справедливо в отношении некоторых африканских племен. Даже перед лицом смерти обвиняемый обычно сознавался в своей вине.

Магия естественна для дикаря. Он верит, что врага действительно можно убить, колдуя над прядью его волос или обрезками ногтей. Смертельное действие змеиных укусов приписывалось магии колдуна. Трудность борьбы с магией заключается в том, что страх способен убить. Первобытные люди настолько боялись магии, что она действительно убивала их, и таких последствий было достаточно, чтобы укрепить эту ошибочную веру. В случае неуспеха всегда находилось какое-нибудь правдоподобное объяснение. Неудачная магия исправлялась новой магией.

5. МАГИЧЕСКИЕ ТАЛИСМАНЫ

Так как всё, что имело отношение к телу, могло стать фетишем, древнейшая магия пользовалась волосами и ногтями. Атмосфера скрытности, окружавшая физиологические отправления, вытекала из страха перед врагом, который мог завладеть чем-то, исходящим из тела, и воспользоваться этим для нанесения вреда с помощью магии. Поэтому все испражнения тщательно закапывались. Люди старались не плевать в присутствии других, так как боялись, что слюна может быть использована для вредоносной магии: плевки всегда прикрывались. Даже остатки пищи, одежда и украшения могли стать средствами магии. Дикарь никогда не оставлял на столе после себя объедков. И всё это совершалось из опасения, что враги смогут использовать эти вещи для совершения магических обрядов, а не вследствие осознания гигиенического значения подобной практики.

Магические талисманы приготовлялись из самых разнообразных вещей: человеческой плоти, когтей тигра, зубов крокодила, семян ядовитых растений, змеиного яда и человеческих волос. Большой магической силой обладали кости покойников. В магии могла использоваться даже пыль, оставшаяся на следах ног. Древние люди свято верили в любовные талисманы. Кровь и другие виды телесных секреций могли обеспечить магическое воздействие любви.

Считалось, что в магии могут с успехом использоваться изображения. Люди верили, что плохое или хорошее обращение с изготовленной фигуркой отражалось на реальном человеке. Делая покупки, суеверный человек жевал кусок твердого дерева, чтобы смягчить сердце продавца.

Огромной магической силой обладало молоко черной коровы; такими же свойствами отличались черные кошки. Магическими были посох или скипетр, наряду с барабанами, колокольчиками и узлами. Все древние предметы были магическими талисманами. Обычаи новой или более высокой цивилизации встречались с неодобрением из-за их якобы пагубных магических свойств. В течение долгого времени таким было отношение к письму, книгопечатанию и картинам.

Первобытный человек считал, что к именам следует относиться с уважением, в особенности к именам богов. Имя считалось сущностью, фактором, отличным от физической индивидуальности; его чтили наравне с душой и тенью. Человек закладывал свое имя, когда брал взаймы, и не мог пользоваться им, пока не выкупал его, отдавая долг. Сегодня люди подписывают своим именем вексель. Личное имя быстро стало значительным атрибутом магии. У дикаря было два имени: главное имя считалось слишком священным для того, чтобы им можно было пользоваться в обычных ситуациях; так появилось повседневное имя – прозвище. Дикарь никогда не сообщал своего настоящего имени незнакомым людям. Любое происшествие необычного характера заставляло его брать новое имя. Иногда причиной тому была попытка вылечить болезнь или положить конец неудачам. Дикарь получал новое имя, покупая его у вождя племени. Люди до сих пор вкладывают деньги в звания и титулы. Однако у наиболее примитивных племен, таких как африканские бушмены, личные имена не существуют.

6. МАГИЧЕСКИЕ РИТУАЛЫ

Магией занимались при помощи волшебных палочек, знахарских обрядов и магических формул, и человек, совершающий ритуал, обычно был обнаженным. Среди первобытных магов было больше женщин, чем мужчин. Для магии знахарство означает таинство, а не лечение. Дикарь никогда не врачевал самого себя; он пользовался только теми лекарствами, которые советовали ему специалисты по магии. Знахари-шаманы двадцатого века очень похожи на древних магов.

Магия могла быть публичной и частной. Считалось, что магия, которая практиковалась знахарем, шаманом или жрецом, приносила пользу всему племени. Ведьмы, колдуны и волшебники осуществляли частную магию – личную и эгоистическую магию, которая использовалась как принудительный метод для навлечения несчастья на врагов. Двойной спиритуализм – представление о добрых и злых духах – породил последующие верования в белую и черную магию. И по мере эволюции религии, магией стали называть такие воздействия на духов, которые происходили за рамками своего культа, а также более древние верования в призраков.

В высшей степени магическими были комбинации слов, ритуальные песнопения и заклинания. Некоторые ранние заклинания в итоге превратились в молитвы. Вскоре появилась имитационная магия: молитвы превращались в театрализованные представления, а магические танцы были не чем иным, как инсценированными молитвами. Молитва постепенно вытеснила магию как часть ритуала жертвоприношения.

Жест – более древний, чем речь – был более святым и магическим, и считалось, что большой магической силой обладают подражания. Красные люди часто устраивали танцы бизонов: один из них изображал бизона, и если его ловили, то это сулило удачу в приближающейся охоте. Сексуальные празднества Первого мая были всего лишь имитационной магией – недвусмысленными взываниями к сексуальным страстям растительного мира. Кукла впервые появилась в качестве магического талисмана бесплодной жены.

Магия являлась той боковой ветвью древа эволюционной религии, которая со временем принесла плоды научного века. Вера в астрологию привела к развитию астрономии, вера в философский камень – к искусству обработки металлов, в то время как вера в магические числа создала математику.

Однако в мире было столько талисманов, что это в значительной мере привело к уничтожению всякого честолюбия и инициативы. Плоды дополнительного труда или усердия расценивались как результат магии. Если на поле одного человека вырастало больше зерна, чем у его соседа, его могли привести к вождю и обвинить в переманивании избыточного зерна с поля ленивого соседа. Действительно, широкие познания были опасны в дни варварства: таких людей всегда могли обвинить в черной магии и казнить.

Наука постепенно устраняет из жизни элемент азартной игры. Но случись так, что современные методы образования потерпят крах, – произойдет практически немедленный возврат к первобытной вере в магию. Такие суеверия до сих пор остаются в сознании многих так называемых цивилизованных людей. Язык содержит окаменелости, которые свидетельствуют о том, что человечество в течение длительного времени было погрязшим в суевериях; это такие слова, как «очарованный», «родившийся под несчастливой звездой», «одержимость», «вдохновение», «дух вон», «простодушие», «чарующий», «как громом пораженный», «дух захватывает». И разумные люди до сих пор верят в удачу, сглаз и астрологию.

Древняя магия была тем коконом, из которого появилась современная наука; она была необходима для своего времени, однако теперь уже не приносит пользы. Фантомы невежественных суеверий будоражили примитивный человеческий ум, пока он не обрел способность порождать научные представления. Сегодня Урантия находится в сумеречной зоне этой интеллектуальной эволюции. Одна половина мира рвется к свету истины и открываемым наукой фактам, в то время как другая половина томится в объятиях древних суеверий и лишь слегка замаскированной магии.

[Представлено Яркой Вечерней Звездой Небадона.]

ДОКУМЕНТ 89

ГРЕХ, ЖЕРТВОПРИНОШЕНИЕ И ИСКУПЛЕНИЕ

Первобытный человек полагал, что он в долгу у духов и должен вернуть этот долг. В понимании дикаря, духи имели все основания навлечь на него намного больше несчастий. Со временем это представление вылилось в доктрину о грехе и спасении. Считалось, что душа приходит в этот мир, запятнанная первородным грехом. Душу необходимо выкупить. Для этого нужен козел отпущения. Кроме того, что охотник за головами был приверженцем культа черепов, он мог заменить свою жизнь чужой – найти «человека отпущения».

Уже в древности дикарь был глубоко уверен в том, что духи испытывают высшее удовлетворение, взирая на несчастья, страдания и унижения людей. Первоначально человека волновал только грех действия, однако впоследствии его стал беспокоить грех бездействия. Вокруг этих двух понятий сформировалась вся последующая система жертвоприношений. Этот новый ритуал выражался в обрядах принесения искупительной жертвы. Первобытные люди считали, что расположение богов можно завоевать только с помощью особых ритуалов. Только развитая цивилизация признает неизменно спокойного и благосклонного Бога. Искупление являлось скорее гарантией от ближайших несчастий, нежели вкладом в будущее блаженство. И все ритуалы уклонения, заговора, принуждения и умилостивления сливаются друг с другом.

1. ТАБУ

Соблюдая табу, человек пытался уклониться от несчастий: избегая чего-либо, он стремился не оскорбить духов-призраков. Изначально табу не имели религиозного смысла, однако вскоре они стали одобряться призраками или духами и, усиленные таким образом, превратились в создателей законов и институтов. Табу является источником ритуальных норм и предшественником примитивного самообладания. Это была древнейшая и в течение длительного времени единственная форма общественного регулирования. Она до сих пор лежит в основе регулирующей социальной структуры.

Почтительное отношение, внушаемое этими запретами в сознании дикаря, в точности соответствовало его страху перед силами, которые, якобы, накладывали эти запреты. Впервые табу возникли из-за случайных столкновений с неудачей. Позднее их стали вводить вожди и шаманы – колдуны, которыми, как считалось, руководят духи-призраки и даже боги. Страх перед возмездием духа был столь велик в сознании первобытного человека, что порой, нарушив табу, он умирал от ужаса, и такие драматичные эпизоды в огромной мере укрепляли власть табу над живыми.

Среди первых запретов были ограничения на присвоение женщин и иной собственности. С повышением значения религии в эволюции табу, предмет запрета стал считаться нечистым, а впоследствии – дьявольским. Письменные свидетельства иудеев изобилуют упоминаниями о вещах чистых и нечистых, святых и дьявольских, однако в данном отношении их вероучения были значительно менее обременительными и пространными, чем у многих других народов.

Семь заповедей Даламатии и Эдема, равно как и десять предписаний иудеев, являлись типичными табу, каждое из которых было выражено в той же негативной форме, что и наиболее древние запреты. Однако эти новейшие кодексы несли явное освобождение в том смысле, что они пришли на смену тысячам прежних табу. Более того, эти заповеди определенно обещали нечто в обмен на послушание.

Источником древних табу на пищу были фетишизм и тотемизм. Свинья являлась священным животным у финикийцев, корова – у индусов. Табу на свинину у египтян было увековечено иудаизмом и исламом. Одной из разновидностей табу на пищу была вера в то, что если беременная женщина слишком много думает об определенной пище, то родившийся ребенок будет отражением этой еды. Подобные блюда становились для такого ребенка табу.

Вскоре табу распространились на манеру есть; так возникли древние и современные правила поведения за столом. Кастовые системы и социальные слои суть исчезающие остатки древних запретов. Табу были высокоэффективны для формирования общества, однако они являлись крайне обременительными. Система негативных запретов сохраняла не только полезные и конструктивные правила, но также устаревшие, изжитые и бесполезные табу.

Однако никакое цивилизованное общество, вместе со своей критикой первобытного человека, не смогло бы появиться без этих всеохватных и разнообразных табу, а табу никак не смогли бы сохраниться, если бы не поддерживающие их предписания первобытной религии. Многие из важнейших факторов человеческой эволюции потребовали больших затрат и стоили огромных усилий, жертв и самоотречения, но эти достижения – проявления самообладания – являлись теми ступеньками, по которым человек взбирался по восходящей лестнице цивилизации.

2. КОНЦЕПЦИЯ ГРЕХА

Боязнь случайностей и благоговейный страх перед несчастьями буквально заставили человека придумать примитивную религию в качестве предполагаемого спасения от этих бедствий. От магии и призраков религия эволюционировала к духам, фетишам и табу. У каждого первобытного племени было собственное дерево с запретным плодом, своя яблоня, состоящая, образно говоря, из тысячи ветвей, сгибающихся под тяжестью всевозможных табу. И запретное дерево всегда говорило: «Не смей».

Когда разум дикаря эволюционировал до того уровня, на котором у него возникли представления о добрых и злых духах, а также когда табу приобрели официальное одобрение развивающейся религии, сложились все условия для появления новой концепции *греха*. Понятие греха получило всемирное признание еще до наступления периода богооткровенной религии. Только с помощью концепции греха примитивный разум мог логически обосновать естественную смерть. Грех являлся нарушением табу, а смерть – наказанием за совершенный грех.

Грех отличался ритуальностью, а не рациональностью; это было деяние, а не мысль. И вся эта концепция греха была усилена давними легендами о Дилмуне и тех днях, когда на земле был маленький рай. Кроме того, предание об Адаме и Эдемском Саде укрепили мечту о «золотом веке», существовавшем на заре человечества. И всё это подтверждало представления, выраженные впоследствии верой в то, что человек появился в результате особого сотворения, что он вступил на свой путь в совершенстве и что нарушение табу – грех – низвело человека до его последующего печального состояния.

Злостное нарушение табу стало пороком; первобытный закон объявил порок преступлением; религия объявила его грехом. Среди ранних племен нарушение табу представляло собой сочетание преступления и греха. Общинные бедствия всегда рассматривались как наказание за племенной грех. У тех, кто полагал, что процветание и праведность неразделимы, очевидное преуспевание нечестивцев вызывало такое беспокойство, что пришлось придумать ад для наказания нарушителей табу. Число таких мест будущих наказаний колебалось от одного до пяти.

Уже на раннем этапе развития примитивной религии появились понятия исповеди и прощения. Люди принародно просили прощения за грехи, которые они собирались совершить на следующей неделе. Исповедь была всего лишь обрядом отпущения грехов, а также публичным оповещением о скверне, ритуальными воплями: «Нечист, нечист!» Вслед за этим появились всевозможные ритуальные системы очищения. Все древние народы пользовались этими бессмысленными ритуалами. Многие обряды древних племен, имевшие, на первый взгляд, гигиеническое значение, использовались, в основном, в ритуальных целях.

3. САМООТРЕЧЕНИЕ И УНИЖЕНИЕ

Следующим шагом в эволюции религии стало самоотречение. Постничество было общей практикой. Вскоре стало обычным отказываться от многих видов физических наслаждений, в особенности от наслаждений сексуального характера. Соблюдение поста прочно вошло во многие древние религии и перешло практически во все современные теологические доктрины.

Примерно в то же время, когда варвар избавлялся от разорительной практики сжигания и захоронения собственности вместе с покойником, когда у народов стала формироваться экономическая структура, появилась новая религиозная доктрина самоотречения, и десятки тысяч искренних душ стали стремиться к бедности. Собственность рассматривалась как духовное препятствие. Эти представления об опасностях владения материальной собственностью получили широкое распространение во времена Филона и Павла, и с тех пор они оказывают заметное влияние на европейскую философию.

Бедность была всего лишь частью ритуала умерщвления плоти, который, к сожалению, вошел в писания и учения многих религий – в особенности христианства. Епитимья является негативной формой этого часто нелепого ритуала самоотречения. Однако всё это приучало дикаря к *самообладанию*, что было заметным прогрессом в социальной эволюции. Самоотречение и самообладание явились двумя крупнейшими социальными завоеваниями ранней эволюционной религии. Самоотречение и самообладание дали человеку новую философию жизни; они учили его искусству увеличения дроби жизни через уменьшение знаменателя личных требований, вместо вечных попыток увеличить числитель эгоистичного самоуслаждения.

Эти древние представления о самодисциплине включали телесные наказания и всевозможные виды физических истязаний. С особой активностью проповедовали учения о благе физических страданий жрецы культа матери, в качестве примера подвергавшие себя кастрации. Иудеи, индусы и буддисты были убежденными приверженцами доктрины физического унижения.

Во все древние эпохи с помощью этих методов люди стремились заручиться дополнительным кредитом за самоотречение в бухгалтерских книгах своих богов. Когда-то, в условиях эмоционального стресса, было обычным давать клятву самоотречения и самоистязания. Со временем эти клятвы приняли форму договора с богами и в этом смысле представляли собой истинный эволюционный прогресс, ибо считалось, что боги должны были совершить что-то определенное в ответ на самоистязания и умерщвление плоти. Клятвы были как негативными, так и позитивными. В настоящее время наиболее последовательными приверженцами таких вредных и экстремальных обетов являются некоторые группы в Индии.

Совершенно естественно, что культ самоотречения и унижения не мог не обратить внимание на половое удовлетворение. Культ воздержания возник как обычай, которого придерживались солдаты перед боем; в более поздние времена воздержание стало практикой «святых». Этот культ мирился с браком только как со злом меньшим, чем прелюбодеяние. Многие из великих мировых религий испытали неблагоприятное воздействие этого древнего культа, однако самый глубокий след он оставил на христианстве. Апостол Павел был приверженцем этого культа, и его личные взгляды отражены в учениях, навязанных им христианской теологии: «Лучше для мужчины не притрагиваться к женщине». «Я хотел бы, чтобы все люди были подобны мне». «Безбрачным же и вдовым я говорю: лучше для них, если они останутся, как я». Павел прекрасно знал: такие учения не являются частью евангелия Иисуса, что подтверждается следующей его фразой: «Это я говорю в качестве позволения, а не приказа». Однако этот культ привел Павла к высокомерному отношению к женщинам. И самое обидное заключается в том, что долгое время его личное мнение оказывало влияние на учения великой мировой религии. Если бы весь мир буквально последовал совету этого изготовителя палаток и проповедника, то человеческий род пришел бы к быстрому и бесславному концу. Более того, вмешательство религии в древний культ воздержания прямо ведет к войне против брака и семьи – истинного фундамента общества и основного института человеческого прогресса. Неудивительно, что все подобные верования способствовали появлению безбрачного духовенства в различных религиях и у разных народов.

Когда-нибудь человеку предстоит научиться пользоваться свободой без вседозволенности, пищей без обжорства, удовольствием без разгула. Как метод контроля за поведением, самообладание лучше крайнего самоотречения. Сам же Иисус никогда не внушал этих неразумных убеждений своим последователям.

4. ПРОИСХОЖДЕНИЕ ЖЕРТВОПРИНОШЕНИЯ

Как часть религиозных обрядов, жертвоприношение, наряду со многими другими ритуалами поклонения, не имело простого и единого источника. Тенденция склоняться перед власть имущими и падать ниц в боготворящем обожании в присутствии тайны знакома по припаданию собаки к земле перед своим хозяином. От порыва к поклонению до акта жертвоприношения – всего один шаг. Первобытный человек измерял ценность своего жертвоприношения испытываемой болью. Когда жертвоприношение впервые стало атрибутом религиозного обряда, приношением считалось только то, что причиняло боль. К первым видам жертвоприношения относились такие действия, как выдирание волос, разрезание плоти, членовредительство, выбивание зубов и отрезание пальцев. С развитием цивилизации эти примитивные представления о жертвоприношении были подняты до уровня ритуалов самопожертвования, аскетизма, постничества, лишений и последующей христианской доктрины об очищении через скорбь, страдание и умерщвление плоти.

Уже на раннем этапе развития религии в ней появились две концепции жертвоприношения: представление о жертве-даре, которое подразумевало отношение благодарения, и жертве-долге, которое включало понятие искупления. Впоследствии появилось представление о заменах.

Еще позднее человек вообразил, что жертва любого характера может служить средством для передачи сообщения богам. Она может быть приятным благоуханием в ноздрях божества. Так появился фимиам и другие эстетические атрибуты жертвенных ритуалов, которые впоследствии превратились в религиозные праздники, со временем становившиеся все более вычурными и помпезными.

С развитием религии жертвенные ритуалы умиротворения и умилостивления пришли на смену более древним методам уклонения, задабривания и заклинаний.

Согласно древнейшему представлению, жертва являлась данью, взимаемой духами предков в обмен на свое невмешательство. И уже позднее появилось понятие искупления. С отходом человека от представления об эволюционном возникновении человечества и по мере того как предания о времени Планетарного Князя и пребывании Адама просачивались сквозь века, широкое распространение получила концепция греха и первородного греха, в результате чего жертвы, приносимые для искупления случайных и личных грехов, стали рассматриваться как жертвоприношения во искупление греха всего человеческого рода. Искупление через жертвоприношение было всеобъемлющей гарантией, покрывавшей негодование и ревность даже неведомых богов.

В окружении такого количества обидчивых духов и алчных богов первобытному человеку приходилось иметь дело с целым сонмом божеств-кредиторов. Поэтому в течение всей своей жизни человек нуждался в многочисленных жрецах, ритуалах и жертвоприношениях, чтобы избавиться от духовной задолженности. Из-за доктрины первородного греха, или врожденной вины человеческого рода, каждый человек отправлялся в свой жизненный путь под бременем долга перед духовными силами.

Подарки и взятки даются людям. Однако когда они предлагаются богам, то о них говорят как о посвященных, ставших священными или называют их жертвоприношениями. Отречение было негативной формой умилостивления; жертвоприношение стало его позитивной формой. Акт умилостивления включал хвалу, прославление, лесть и даже развлечение. Современные формы божественного поклонения представляют собой пережитки этих позитивных обрядов древнего культа умилостивления. Такие формы поклонения – это всего лишь ритуализация древних жертвенных методов позитивного умилостивления.

Жертвоприношение животных имело для первобытного человека несравненно большее значение, чем для современных рас. Эти варвары считали животных своими настоящими и близкими родственниками. Со временем человек стал практичным в отношении своих жертвоприношений и перестал приносить в жертву рабочий скот. Поначалу он жертвовал *лучшую* часть всего, включая домашних животных.

Вовсе не бахвальством является утверждение одного из правителей Египта о том, что он пожертвовал 113 433 раба, 493 386 голов скота, 88 кораблей, 2 756 золотых изображений, 331 702 сосуда с медом и маслом, 228 380 сосудов с вином, 680 714 гусей, 6 744 428 хлебов и 5 740 352 мешка с монетами. И для того чтобы иметь возможность сделать это, ему пришлось собрать жестокую дань со своих подчиненных, работавших в поте лица своего.

В конце концов, суровая необходимость заставила этих полуварваров съедать материальную часть своих жертв, после того как боги успевали насладиться душой жертвенных даров. И предлогом для оправдания этого обычая стала древняя священная пища, что в современной церковной практике превратилось в причастие.

5. ЖЕРТВОПРИНОШЕНИЕ И КАННИБАЛИЗМ

Современные представления о раннем каннибализме в корне неверны; он был частью нравов древнего общества. Хотя каннибализм традиционно вызывает ужас у современных цивилизованных людей, он являлся составной частью социальной и религиозной структуры первобытного общества. Практика каннибализма была продиктована групповыми интересами. Она возникла под давлением необходимости и поддерживалась рабской зависимостью от суеверий и невежества. Это был социальный, экономический, религиозный и военный обычай.

Древний человек был каннибалом. Ему нравилась человеческая плоть, и потому он предлагал ее в качестве жертвенной пищи духам и своим первобытным богам. Так как призраки-духи представляли собой всего лишь видоизмененных людей и так как пища являлась первой потребностью человека, то она должна была быть таковой и для духа.

Некогда каннибализм был чуть ли не всеобщим явлением среди развивающихся рас. Он был свойствен всем сангикским расам, однако первоначально он отсутствовал у андонитов; не было его и у нодитов и адамитов. У андитов каннибализм появился лишь после того, как они полностью смешались с эволюционными расами.

Вкус к человеческому мясу растет. Употребление в пищу человеческой плоти – из-за голода, как атрибут дружеских отношений, из мести или как часть религиозного ритуала – превратило каннибализм в привычку. Людоедство возникло из-за скудости еды, хотя обычно это не являлось основной причиной. Тем не менее, за исключением случаев голода, эскимосы и ранние андониты редко становились каннибалами. Красные люди, в особенности в Центральной Америке, были людоедами. Когда-то первобытные матери, по своему обыкновению, убивали и съедали собственных детей, чтобы восстановить силы, потерянные во время родов, а в Квинсленде до сих пор нередко убивают и съедают первого ребенка. Еще относительно недавно к каннибализму преднамеренно прибегали многие африканские племена в качестве военной меры для запугивания своих соседей.

В некоторых случаях каннибализм появлялся вследствие деградации некогда высокоразвитых родов, но наибольшее распространение он получил среди эволюционных рас. Каннибализм возникал в те времена, когда человек испытывал острую ненависть к своим врагам. Поедание человеческой плоти стало частью торжественной церемонии возмездия. Считалось, что таким образом можно было уничтожить дух врага или же слить его с духом съедавшего плоть человека. В свое время широкое распространение получила вера в то, что колдуны приобретают свои способности благодаря поеданию человеческой плоти.

Некоторые группы людоедов употребляли в пищу только членов своих племен. Такой псевдодуховный инбридинг якобы подчеркивал племенную солидарность. Правда, они также ели врагов – из мести к ним и с целью присвоить себе их силу. Считалось, что когда съедается тело друга или соплеменника, его душе оказывается честь, в то время как пожирание врага служило мерой наказания. Разум примитивного человека не претендовал на последовательность.

В некоторых племенах престарелые родители желали быть съеденными собственными детьми. В других обычно воздерживались от поедания близких родственников: их тела продавались или обменивались на чужаков. Велась оживленная торговля женщинами и детьми, откормленными на убой. Когда болезни или войны не справлялись с ограничением рождаемости, излишек бесцеремонно съедался.

Каннибализм постепенно исчезал под воздействием ряда факторов:

1. Иногда он становился общинной церемонией, принятием коллективной ответственности за вынесение смертного наказания соплеменнику. Кровная вина перестает быть преступлением, когда разделяется всеми, обществом. Последние случаи каннибализма в Азии относились к поеданию казненных преступников.

2. Уже в глубокой древности он превратился в религиозный ритуал, однако растущий страх перед духами не всегда способствовал уменьшению людоедства.

3. В конце концов, он эволюционировал до того положения, когда в пищу шли только строго определенные части или органы тела – такие, которые, якобы, содержали душу или части духа. Получила распространение традиция выпивать кровь, и стало обычным явлением смешивать «съедобные» части тела с лекарствами.

4. Он стал культом мужчин; женщинам запрещалось есть человеческую плоть.

5. На следующем этапе он стал прерогативой вождей, жрецов и шаманов.

6. После этого в более развитых племенах он превратился в табу. Табу на людоедство впервые появилось в Даламатии и постепенно распространилось по всему миру. Нодиты поощряли кремацию как метод борьбы с каннибализмом, ибо когда-то было обычной практикой выкапывать тела и съедать их.

7. Человеческое жертвоприношение положило конец каннибализму. Превратившись в пищу для высокопоставленных людей, вождей, плоть человека в итоге стала предназначаться для еще более высоких духов. Так принесение в жертву людей смогло положить конец каннибализму; исключение составляли только наиболее отсталые племена. Когда человеческое жертвоприношение стало распространенной практикой, людоедство превратилось в табу: человеческая плоть предназначалась только для богов. Человек же был вправе съедать лишь небольшой ритуальный кусок, причастие.

Наконец, общее распространение получило использование животных вместо людей для жертвоприношений, и даже среди самых отсталых племен употребление в пищу собак привело к огромному сокращению людоедства. Собака была первым одомашненным животным, которое высоко ценилось и как таковое, и в качестве пищи.

6. ЭВОЛЮЦИЯ ЧЕЛОВЕЧЕСКОГО ЖЕРТВОПРИНОШЕНИЯ

Человеческое жертвоприношение было косвенным результатом каннибализма, равно как и средством избавления от него. Обычай отправлять вместе с покойником духов для сопровождения его в загробный мир также привел к ослаблению практики людоедства, ибо было не принято съедать этих принесенных в жертву людей. В той или иной форме, в тот или иной период, ни одна раса не была полностью свободна от человеческого жертвоприношения, хотя, по сравнению с другими, андониты, нодиты и адамиты отличались наименьшей склонностью к каннибализму.

Человеческое жертвоприношение было практически повсеместным. Оно сохранялось в религиозных обычаях китайцев, индусов, египтян, иудеев, месопотамцев, греков, римлян и многих других народов и еще недавно существовало среди отсталых африканских и австралийских племен. Цивилизация американских индейцев более позднего периода началась с каннибализма и потому погрязла в человеческих жертвоприношениях, в особенности в Центральной и Южной Америке. Халдеи одними из первых отказались от принесения в жертву людей в обычных случаях, заменив их животными. Около двух тысяч лет тому назад мягкосердечный японский император ввел в практику глиняные изображения, которые приносили в жертву вместо людей, однако в северной Европе жертвоприношение людей исчезло только менее тысячи лет тому назад. В некоторых отсталых племенах люди до сих пор добровольно приносят себя в жертву, что является разновидностью религиозного или ритуального самоубийства. Однажды шаман одного из племен приказал принести в жертву глубокоуважаемого старика. Люди взбунтовались и отказались подчиниться. Тогда старик лишил себя жизни руками своего собственного сына. Древние действительно верили в этот обычай.

История не знает более трагического и трогательного случая, характерного для душераздирающих столкновений древних, освященных веками религиозных обычаев с противоположными требованиями развивающейся цивилизации, чем иудейское повествование об Иеффае и его единственной дочери. Следуя обычаю и действуя из благих намерений, этот человек дал безрассудную клятву, заключив соглашение с «богом брани» и согласившись заплатить определенную цену за победу над своими врагами. Эта цена заключалась в том, чтобы принести в жертву первого, кто выйдет из его дома навстречу ему при возвращении домой. Иеффай полагал, что это будет один из его верных рабов; однако случилось так, что поприветствовать его по случаю возвращения домой вышла его дочь, его единственное дитя. Так, несмотря на то что в данном случае речь идет о сравнительно недавнем времени и, казалось бы, цивилизованном народе, эта прекрасная девушка, по прошествии двух месяцев, проведенных в оплакивании своей судьбы, была действительно принесена в жертву своим отцом, с одобрения его соплеменников. И всё это было совершено, несмотря на то что Моисей наложил строгий запрет на принесение в жертву людей. Однако мужчины и женщины испытывают тягу к глупым и ненужным клятвам, а в те времена люди считали все такие обещания в высшей степени священными.

В древности, приступая к строительству хоть сколько-нибудь значительного здания, обычно умерщвляли человека в качестве «жертвы на основание». Так появлялся призрак-дух, охранявший и защищавший строение. Древние китайцы, собираясь отлить колокол, должны были следовать требованиям обычая – жертвовать как минимум одну девушку для улучшения звучания колокола; выбранную девушку бросали живой в расплавленный металл.

Во многих группах существовал вековой обычай замуровывать рабов живыми в имеющие важное значение стены. В более поздние времена северо-европейские племена стали замуровывать тень какого-нибудь прохожего, вместо того, чтобы погребать людей заживо в стенах новых зданий. Китайцы хоронили в стене тех рабочих, которые умерли при ее строительстве.

При возведении стен Иерихона палестинский царек «положил основание на первенце своем Авираме, поставил ворота на младшем своем сыне Сегубе». Несмотря на то что это произошло относительно недавно, этот отец не только замуровал двух своих сыновей живыми в нишах основания городских ворот, но его действия также описываются как совершенные «по велению Господа». Моисей запретил такие жертвы на основание, однако израильтяне вернулись к ним вскоре после его смерти. Существующий в двадцатом веке ритуал закладывания безделушек и памятных знаков в угловой камень нового дома напоминает первобытные жертвы на основание.

В течение долгого времени существовал обычай посвящать первые плоды духам. Все эти обряды, в настоящее время более или менее символические, являются пережитком древних ритуалов, включавших принесение в жертву людей. Жертвование первенца было широко распространенным среди древних народов, в особенности среди финикийцев, которые последними отказались от этой практики. Принося жертву, обычно говорили: «Жизнь за жизнь». Теперь, хороня тело, вы говорите: «Прах к праху».

Хотя зрелище Авраама, вынужденного лишить жизни своего сына Исаака, и является шокирующим для цивилизованных чувств, оно не было чем-то новым или необычным для людей той эпохи. На протяжении долгого времени отцы, следуя обычаю, в минуту огромного нервного напряжения приносили в жертву своих первородных сыновей. У многих народов есть аналогичные предания, ибо когда-то существовала всемирная и глубокая вера в то, что при каждом чрезвычайном или необыкновенном событии необходимо принести в жертву человека.

7. ВИДОИЗМЕНЕНИЯ ЖЕРТВОПРИНОШЕНИЯ ЛЮДЕЙ

Моисей попытался положить конец принесению людей в жертву, заменив его выкупом. Он ввел систематический план, который позволил его народу избавиться от худших последствий опрометчивых и безрассудных клятв. Землю, собственность и детей можно было выкупить за определенную сумму, которая выплачивалась жрецам. Те группы, которые перестали приносить в жертву своих первенцев, вскоре получили огромное преимущество перед менее прогрессивными соседями, продолжавшими совершать эти зверства. Многие отсталые племена не только были чрезвычайно ослаблены утратой сыновей, но нередко в них прерывалась даже преемственность вождей.

Следствием исчезающего жертвоприношения детей был обычай мазать кровью дверные косяки дома для защиты первенца. Часто это совершалось во время одного из священных праздников года. Когда-то этот ритуал выполнялся в большинстве регионов мира – от Мексики до Египта.

Даже после того, как большинство людей перестали совершать ритуальные убийства детей, существовал обычай бросать младенца на произвол судьбы, оставляя его в пустынном месте или в небольшой лодке. Если ребенок выживал, считалось, что это произошло благодаря вмешательству богов. Так, согласно легендам, боги спасли Саргона, Моисея, Кира и Ромула. Затем появился обычай превращать первородных сыновей в священную жертву: им давали вырасти, после чего, вместо того, чтобы убивать, их изгоняли из дома. Таково происхождение колоний. Римляне придерживались этого обычая в своей программе колонизации.

Жертвоприношение людей привело к появлению многих причудливых сочетаний сексуальной распущенности с первобытным поклонением. В древности, если женщина сталкивалась с охотниками за головами, она могла купить себе жизнь, отдавшись им. Позднее девушка, выбранная в качестве священной жертвы богам, могла принять решение выкупить свою жизнь, посвятив свое тело пожизненной священной сексуальной службе в храме; так она могла заработать деньги для своего выкупа. Древние считали чрезвычайно возвышающими половые отношения с женщиной, выкупавшей таким способом свою жизнь. Связь со священной девушкой была религиозным ритуалом, который, кроме всего, служил приемлемым оправданием для получения обыкновенного сексуального удовлетворения. Это было разновидностью ловкого самообмана, которому с удовольствием предавались как девушки, так и те, кто пользовался их услугами. Нравы всегда отстают от эволюционного прогресса цивилизации, одобряя более древние и варварские сексуальные обычаи развивающихся народов.

В итоге, храмовый разврат распространился на всю южную Европу и Азию. У всех народов деньги, заработанные храмовой проституцией, считались священными – это был высокий дар, предлагаемый богам. Лучшие типы женщин стекались на рынки храмового секса и посвящали свои заработки всевозможным священным службам и общественно-полезным делам. Многие женщины из высших классов накапливали свое приданое благодаря временной сексуальной службе в храмах, и большинство мужчин предпочитали брать в жены таких женщин.

8. ИСКУПЛЕНИЕ И ЗАВЕТЫ

Искупительные жертвы и храмовая проституция были, в действительности, видоизмененными жертвоприношениями людей. Следующим появилось мнимое жертвоприношение дочерей. Этот ритуал заключался в кровопускании с посвящением себя пожизненной девственности и являлся моральной реакцией на более древний храмовый разврат. Впоследствии девственницы посвящали себя служению, состоявшему в поддержании священного храмового огня.

В конце концов, люди стали полагать, что пожертвование какой-то части тела может заменить более древнее, полное человеческое жертвоприношение. Физическое членовредительство также считалось приемлемой заменой. В жертву предлагались волосы, ногти, кровь и даже пальцы рук и ног. Более поздний и почти повсеместный древний ритуал обрезания был следствием культа частичной жертвы; он носил исключительно жертвенный характер без каких-либо гигиенических соображений. Мужчинам делали обрезание; женщинам прокалывали уши.

Впоследствии вместо отрезания пальцев их стали связывать. Бритье головы и остригание волос также были видами религиозного посвящения. Первоначально превращение мужчин в евнухов являлось видоизменением представления о человеческой жертве. Прокалывание носа и губ до сих пор практикуются в Африке, а татуировка является художественной эволюцией более древнего и примитивного обычая оставлять на теле рубцы.

В итоге, под влиянием прогрессивных учений, обычай принесения жертвы стал связываться с понятием завета. Наконец, появилось представление о богах, заключающих настоящий договор с человеком, что стало важным шагом в упрочении религии. Закон – завет – вытесняет удачу, страх и суеверие.

Человек не мог даже мечтать о заключении договора с Божеством, пока его представление о Боге не достигло уровня, на котором правители вселенной считаются заслуживающими доверия. Древнее представление человека о Боге было настолько антропоморфическим, что он был неспособен вообразить надежное Божество, пока сам не стал относительно надежным, нравственным и этичным.

И вот, мысль о союзе с богами стала, наконец, реальностью. *Со временем эволюционный человек приобрел такое моральное достоинство, что осмелился заключать договоры со своими богами*. Так жертвоприношение постепенно превратилось в игру – философскую сделку с Богом. Все это являлось новым способом страхования против несчастий или, скорее, усовершенствованным методом более определенного приобретения успеха. Не заблуждайтесь: ранние жертвоприношения не были безвозмездным даром богам, добровольным выражением признательности или благодарением; они не являлись проявлением настоящего поклонения.

Примитивные формы молитвы были не чем иным, как торговлей с духами, спором с богами. Это напоминало меновую торговлю, в которой просьбы и убеждения предлагались в обмен на нечто более реальное и дорогостоящее. Развитие у людей торговых отношений внедрило дух коммерции и развило искусство товарообмена; теперь эти черты стали проявляться в человеческих методах поклонения. И так же как одни люди умели лучше торговать, чем другие, так и молитвы одних людей считались лучше, чем молитвы других. Большим уважением пользовалась молитва справедливого человека. Справедливым человеком был тот, кто расплатился с духами, полностью выполнил каждую ритуальную обязанность по отношению к богам.

Ранняя молитва вряд ли являлась поклонением: она была сделкой-прошением о здоровье, богатстве и жизни. И во многих отношениях молитвы мало изменились с течением времени. Они по-прежнему читаются по книгам, произносятся для проформы и выписываются для укрепления на колесах или подвешивания на деревьях, чтобы ветер мог освободить человека от необходимости затрачивать собственное дыхание.

9. ЖЕРТВОПРИНОШЕНИЯ И ПРИЧАСТИЯ

Эволюция урантийских ритуалов подняла человеческое жертвоприношение с уровня кровавого людоедства на более высокие и символические уровни. Древние ритуалы жертвоприношения породили последующие обряды причастия. Еще относительно недавно только жрец отведывал каннибальскую жертву или каплю человеческой крови, после чего все остальные ели заменяющее человека животное. В более позднее время эти древние представления о выкупе, искуплении и заветах превратились в обряды причащения. И вся эта эволюция ритуалов оказала огромное социализирующее воздействие.

В связи с культом Богоматери, в Мексике и других местах со временем стали использовать причащение лепешками и вином вместо плоти и крови – атрибутов более древнего жертвоприношения людей. На протяжении долгого времени иудеи использовали этот ритуал во время празднования своей Пасхи, и именно из этого обряда впоследствии возникла христианская версия причастия.

Древние социальные братства основывались на ритуале пития крови; ранняя еврейская община скреплялась жертвенной кровью. Павел собирался создать новый христианский культ на «крови вечного завета». И хотя он обременил христианство ненужными учениями о крови и жертвах, он действительно, раз и навсегда, покончил с доктринами, которые исповедовали искупление посредством человеческих или животных жертв. Его теологические компромиссы показывают, что даже откровение должно подчиняться постепенному управлению эволюции. Согласно Павлу, Христос стал последней, исчерпывающей человеческой жертвой; теперь божественный Судья удовлетворен полностью и навечно.

Так спустя многие века культ жертвоприношения превратился в культ причастия. Поэтому обряды причастия в современных религиях являются законными преемниками этих отталкивающих древних церемоний жертвоприношения людей и еще более древних каннибальских ритуалов. Многие до сих пор полагаются на кровь для спасения, однако это, по крайней мере, приобрело образный, символический и мистический характер.

10. ПРОЩЕНИЕ ГРЕХА

Древний человек мог осознать расположение Бога только через жертвоприношения. Современный человек должен выработать новые методы для самосознания спасения. Сознание греха продолжает жить в разуме смертных, но представления о спасении являются отжившими и устаревшими. Реальность духовных потребностей сохраняется, но интеллектуальный прогресс разрушил прежние пути достижения мира и утешения для разума и души.

Грех должен быть переосмыслен как преднамеренно нелояльное отношение к Божеству. Есть несколько степеней нелояльности: неполная лояльность, присущая нерешительности; разобщенная лояльность, свойственная конфликтности; исчезающая лояльность, присущая безразличию; и утрата лояльности, которая выражается в следовании безбожным идеалам.

Чувство или ощущение вины есть осознание нарушения нравов; оно не обязательно является грехом. Если нет сознательной нелояльности к Божеству, нет и настоящего греха.

Возможность осознания вины есть знак трансцендентного отличия человека. Этот знак не клеймит человека, как подлое существо, а наоборот – выделяет его как создание потенциального величия и вечно восходящей славы. Такое чувство недостойности является начальным стимулом, призванным быстро и уверенно привести к тем завоеваниям веры, которые переводят смертный разум на величественные уровни нравственного благородства, космической проницательности и духовной жизни; так все значения человеческого существования превращаются из временных в вечные, и все ценности возвышаются от человеческих к божественным.

Покаяние в грехе – это мужественное отречение от нелояльности, но оно ни в коей мере не смягчает пространственно-временные последствия такой нелояльности. Однако покаяние – искреннее осознание природы греха – обязательно для религиозного роста и духовного прогресса.

Прощение греха Божеством есть возобновление отношений лояльности, которое следует за периодом осознания человеком прекращения таких отношений в результате сознательного бунта. Прощения не нужно искать – его достаточно принять как осознание восстановления отношений лояльности между созданием и Создателем. И все верные Божьи сыны счастливы, преданны служению и добиваются всё новых успехов в своем восхождении к Раю.

[Представлено Яркой Вечерней Звездой Небадона.]

ДОКУМЕНТ 90

ШАМАНСТВО – ЗНАХАРИ И ЖРЕЦЫ

В своей эволюции религиозные обряды прошли путь от задабривания, уклонения, заклинания, принуждения, умиротворения и умилостивления до жертвоприношения, искупления и покаяния. Методы отправления религиозных ритуалов начались с примитивных культов, прошли стадию фетишей и поднялись до магии и чудес. Когда же в ответ на дальнейшее усложнение представления человека о сверхматериальных сферах ритуал стал более сложным, он не мог не оказаться во власти знахарей, шаманов и жрецов.

Постепенно, с развитием представлений первобытного человека, духовный мир стал считаться глухим к обращениям простых смертных. Только исключительные люди могли удостоиться внимания богов; только необыкновенный мужчина или необыкновенная женщина могли быть услышаны духами. Таким образом религия вступает в новую фазу – ту стадию, на которой она постепенно переходит в руки посредников; между верующим и объектом поклонения обязательно стоит знахарь, шаман или жрец. И сегодня большинство урантийских систем организованной религиозной веры проходит через этот уровень эволюционного развития.

Эволюционная религия рождается из простого и всесильного страха – страха, который овладевает человеческим разумом при столкновении с неизвестным, необъяснимым или непостижимым. В итоге религия достигает чрезвычайно простого осознания всемогущей любви – любви, которая неудержимо наполняет человеческую душу, пробудившуюся к пониманию безграничности чувства Всеобщего Отца к сынам вселенной. Однако начало и завершение религиозной эволюции отделяют долгие века шаманов, которые берут на себя смелость стоять между человеком и Богом в качестве посредников, толкователей и просителей.

1. ПЕРВЫЕ ШАМАНЫ – ЗНАХАРИ

Шаман являлся высокопоставленным знахарем, ритуальным человеком-фетишем и центральной фигурой во всех обрядах эволюционной религии. Во многих племенах шаман стоял выше военачальника, что положило начало господству церкви над государством. Иногда шаман действовал как жрец и даже как царь-жрец. В некоторых последующих племенах существовали как более древние шаманы-знахари (прорицатели), так и появившиеся позднее шаманы-жрецы. И во многих случаях должность шамана становилась наследственной.

Так как в древности всё ненормальное объяснялось одержимостью, любое ярко выраженное психическое или физическое отклонение считалось достаточным основанием для того, чтобы стать знахарем. Многие из этих мужчин были эпилептиками, многие из женщин – истеричками, и в далеком прошлом на долю двух этих типов приходилось множество случаев наития, а также одержимости духами и дьяволом. Многие из этих древнейших жрецов относились к тому типу людей, которых в более поздние времена называли параноиками.

Хотя и способные на мошенничество в мелочах, абсолютное большинство шаманов верили в факт своей одержимости духом. Женщины, способные входить в транс или подверженные каталептическим припадкам, превращались в могущественных шаманок. Впоследствии такие женщины становились прорицательницами и спиритическими медиумами. Их каталептические трансы обычно включали мнимое общение с духами умерших. Многие шаманки были также профессиональными танцовщицами.

Однако не все шаманы являлись жертвой самообмана; многие из них были ловкими и умелыми обманщиками. С развитием этого ремесла от новичка стали требовать десятилетнего ученичества – периода лишений и самоотречения, – прежде чем он мог стать знахарем. У шаманов сложился профессиональный стиль одежды; их поведение отличалось таинственностью. Они часто пользовались наркотическими средствами, с помощью которых вводили себя в определенные физические состояния, поражавшие и озадачивавшие соплеменников. Ловкие трюки казались простым людям сверхъестественными, и хитрые жрецы первыми стали пользоваться чревовещанием. Многие древние шаманы непроизвольно впадали в гипноз; другие вызывали самогипноз, уставившись на свой пупок.

Хотя многие шаманы прибегали к подобным уловкам и мошенничеству, их репутация как класса основывалась всё же на очевидных достижениях. Если шаман терпел неудачу и не мог предложить правдоподобного объяснения, то его либо низвергали, либо убивали. Поэтому честные шаманы быстро погибали; выживали только хитрые актеры.

Именно шаманизм забрал безраздельное управление племенными делами из рук старейших и сильнейших и передал его хитрым, умным и дальновидным.

2. РИТУАЛЫ ШАМАНОВ

Вызывание духов представляло собой строго определенную и чрезвычайно сложную процедуру, сравнимую с современными церковными обрядами на древнем языке. Издавна люди искали сверхчеловеческой помощи – *откровения*; и они верили, что шаманы действительно получали такие откровения. Хотя шаманы использовали всю силу своего внушения, оно было почти всегда негативным. Только в самое последнее время стал использоваться метод положительного внушения. На ранней стадии развития своего ремесла шаманы стали специализироваться в таких областях, как сотворение дождя, лечение болезней и расследование преступлений. Однако основная их функция заключалась не в лечении заболеваний, а скорее в знании и контролировании сопряженных с жизнью опасностей.

Древняя черная магия – как религиозная, так и светская – называлась белой, когда ею занимались жрецы, ясновидцы, шаманы или знахари. Те, кто практиковал черную магию, назывались чародеями, волшебниками, магами, ведьмами, колдунами, некромантами, заклинателями и ворожеями. Со временем все подобные контакты со сверхъестественными силами стали относить либо к колдовству, либо к шаманству.

Колдовство включало *магию*, которая творилась прежними, случайными и непризнанными духами; шаманство имело дело с *чудесами* – делом рук обычных и признанных племенных богов. В более поздние времена ведьма стала ассоциироваться с дьяволом. Так сложились предпосылки для многочисленных и относительно недавних случаев проявления религиозной нетерпимости. Для многих первобытных племен колдовство являлось религией.

Шаманы свято верили в значение случая для раскрытия воли духов; перед принятием решения они часто бросали жребий. Современные пережитки этой тенденции видны не только на примере многих азартных игр, но и в хорошо известных «считалках». Когда-то тот, на ком заканчивался счет, должен был умереть; позднее же он превратился в *водящего* в некоторых детских играх. То, что было серьезным делом для первобытного человека, превратилось в развлечение для современного ребенка.

Знахари целиком доверяли знакам и знамениям, например: «Когда услышишь, как шелестят вершины тутовых деревьев, пробудись к действию». Уже на раннем этапе существования человеческого рода шаманы обратили свое внимание на звезды. По всему миру стали исповедовать и практиковать первобытную астрологию. Широкое распространение получило также толкование снов. Вскоре после этого появились те истеричные шаманки, которые заявляли, что способны общаться с духами умерших.

Хотя сотворители дождя – или погодные шаманы – были известны еще в древности, они сохранились вплоть до наших дней. Для ранних земледельцев жестокая засуха означала смерть. Поэтому древняя магия обращала большое внимание на управление погодой. Погода до сих пор является обычной темой разговора цивилизованных людей. Все древние народы верили в способность шамана вызвать дождь. Однако в случае провала его, как правило, убивали, если ему не удавалось найти правдоподобного объяснения своей неудачи.

Раз за разом императоры изгоняли астрологов, но они всегда возвращались, ибо народ верил в их способности. Их невозможно было прогнать, и еще в шестнадцатом веке после Христа церковные и государственные руководители Запада покровительствовали астрологии. Тысячи предположительно разумных людей до сих пор верят в то, что человек может родиться под счастливой или несчастливой звездой, что взаимное расположение небесных светил определяет исход различных земных начинаний. Легковеры до сих пор являются постоянными клиентами гадалок.

Греки верили в силу совета оракулов, китайцы пользовались магией для защиты от демонов, шаманство процветало в Индии, и оно до сих пор открыто существует в Центральной Азии. Во многих районах мира от него отказались только в последнее время.

Время от времени появлялись истинные пророки и учители, осуждавшие и разоблачавшие шаманизм. За последние сто лет такой пророк появился даже у исчезающих красных людей: это был Тенскватава из племени шони, предсказавший солнечное затмение 1808 года и осуждавший пороки белого человека. Много истинных учителей появлялось среди различных племен и народов на всём протяжении долгой истории эволюции. И они всегда будут появляться, чтобы в любую эпоху бросать вызов тем шаманам или жрецам, которые противятся всеобщему образованию и пытаются препятствовать научному прогрессу.

С помощью различных способов и нечестных методов древние шаманы создали себе репутацию глашатаев Бога и стражей судьбы. Они окропляли новорожденных водой и нарекали их именами; они делали обрезание мальчикам. Они возглавляли все похоронные процессии и объявляли об успешном прибытии умершего в страну духов.

Шаманствующие жрецы и знахари нередко становились очень богатыми людьми, которые накапливали состояние посредством различных вознаграждений, принимавшихся под видом пожертвований духам. Довольно часто в руках шамана скапливалось практически всё материальное богатство его племени. После смерти богатого человека его имущество обычно делилось поровну между шаманом и какой-нибудь общественной или благотворительной организацией. Такая практика до сих пор сохраняется в некоторых районах Тибета, где половина мужского населения относится к этому непроизводственному классу.

Шаманы хорошо одевались и обычно имели по нескольку жен. Свободные от всех племенных ограничений, они стали первой аристократией. Сплошь и рядом это были люди с низменным сознанием и моралью. Они расправлялись со своими соперниками, объявляя их ведьмами или колдунами, и нередко приобретали такое влияние и власть, что подчиняли себе вождей или царей.

Первобытные люди относились к шаманам как к неизбежному злу; шаманов боялись, но не любили. Древний человек уважал знание; он почитал и вознаграждал мудрость. Шаман был в первую очередь мошенником, однако преклонение перед шаманизмом хорошо показывает, какую цену приходилось платить за мудрость в процессе эволюции человечества.

3. ТЕОРИЯ БОЛЕЗНИ И СМЕРТИ В ШАМАНСТВЕ

Так как древний человек считал, что он и его материальное окружение непосредственно реагируют на прихоти духов и капризы призраков, то неудивительно, что материальные вопросы занимали особое место в его религии. Современный человек решает свои материальные проблемы как таковые; он понимает, что материя подчиняется разумному управлению интеллекта. Первобытный человек также пытался видоизменить и даже подчинить себе физические проявления жизни и энергии; и так как ограниченное понимание космоса привело его к вере в то, что призраки, духи и боги лично, непосредственно и полностью контролируют жизнь и материю, то он не мог не пытаться завоевать расположение и поддержку этих сверхчеловеческих сил.

В этом свете становятся понятными многие иррациональные и необъяснимые стороны древних культов. Культовые ритуалы представляли собой попытку первобытного человека подчинить себе тот материальный мир, в котором он оказался. И многие из его усилий были направлены на продление жизни и сохранение здоровья. Так как все болезни и сама смерть изначально считались духовными явлениями, то шаманы, исполнявшие обязанности знахарей и жрецов, неизбежно становились также врачами и хирургами.

Первобытный интеллект может быть ограничен нехваткой знаний, однако при всём этом он логичен. Когда вдумчивые люди наблюдают болезнь и смерть, они стараются понять причины этих несчастий, и, согласно своему пониманию, шаманы и ученые предложили свои теории болезней:

1. *Призраки – прямое воздействие духов*. Первая гипотеза, выдвинутая в качестве объяснения заболеваний и смерти, заключалась в том, что духи вызывают болезнь, увлекая душу из тела; если душе не удается вернуться, наступает смерть. Древние люди настолько боялись злонамеренных действий этих болезнетворных призраков, что больных нередко бросали даже без пищи или воды. Несмотря на то что эти верования строились на ошибочных взглядах, они обеспечивали надежную изоляцию пораженных недугом людей и предотвращали распространение инфекционных заболеваний.

2. *Насилие – очевидные причины*. В некоторых случаях причины травмы или смерти были столь очевидны, что они были вскоре исключены из категории воздействия призраков. Смерть и ранения, сопровождающие сражения, схватки с

животными и другие легко определяемые факторы, считались естественными явлениями. Однако в течение долгого времени люди верили, что духи все-таки повинны в затянувшемся лечении или воспалившихся ранах, даже если они появились вследствие «естественных» причин. Если не удавалось обнаружить естественный фактор, то виновными в болезни и смерти опять же считались призраки.

И сегодня в Африке и других местах встречаются примитивные племена, которые убивают кого-нибудь при каждой ненасильственной смерти. Их знахари указывают на виновных. Если мать умирает при родах, то ребенка сразу же душат – жизнь за жизнь.

3. *Магия – влияние врагов*. Многие болезни считались результатом колдовства – сглаза и магического указующего кивка. В свое время было по-настоящему опасно указывать на кого-то пальцем; показывать пальцем до сих пор считается невоспитанностью. В случае непонятного заболевания и смерти, древние люди устраивали официальное дознание, вскрывали тело и приходили к некоторым выводам относительно причины смерти. В противном случае смерть приписывалась колдовству, что требовало казни виновной в ней ведьмы. Эти древние следственные дознания спасли жизнь многим мнимым ведьмам. В некоторых племенах верили, что человек может умереть в результате собственного колдовства, и в таких случаях никто не считался виновным.

4. *Грех – наказание за нарушение табу*. Еще не так давно считалось, что болезнь является наказанием за грех – личный или родовой. Среди народов, проходящих этот этап эволюции, преобладает теория о том, что человек может заболеть только в случае нарушения табу. В таких поверьях болезнь и страдания «несут стрелы Всемогущего». В течение долгого времени китайцы и месопотамцы считали болезнь результатом действий злых демонов, хотя в поисках причины страданий халдеи считали также звезды. Данная теория заболевания как следствия божественного гнева до сих пор преобладает среди многих считающихся цивилизованными групп урантийцев.

5. *Естественные причины*. Человечество крайне медленно проникало в материальные тайны взаимосвязи причины и следствия в физическом мире энергии, материи и жизни. Древние греки, сохранившие традиции учений Адамсона, одними из первых поняли, что всякое заболевание является следствием естественных причин. Развитие научной эры медленно и неотвратимо разрушает стародавние человеческие теории болезни и смерти. Лихорадка стала одним из первых человеческих недугов, изъятых из категории сверхъестественных расстройств, и эра науки разбивает всё новые оковы невежества, так долго лишавшие свободы человеческий разум. Понимание старения и инфекционных заболеваний постепенно стирает страх человека перед призраками, духами и богами как личными виновниками человеческих несчастий и страданий.

Эволюция безошибочно достигает своей цели: она наполняет человека тем суеверным страхом перед неизвестным и ужасом перед невидимым, который служит опорой для создания представления о Боге. И засвидетельствовав рождение развитого представления о Божестве, возникающего благодаря координированному действию откровения, тот же самый эволюционный метод неизбежно приводит в движение те силы мысли, которые безжалостно уничтожают ставшую ненужной опору.

4. МЕДИЦИНА ПРИ ШАМАНАХ

Вся жизнь древних людей была связана с предохранением от опасностей; их религия в значительной мере являлась методом предотвращения заболеваний. И несмотря на ошибочность своих теорий, люди искренне применяли их на практике. Они обладали безграничной верой в свои методы лечения, что само по себе является могущественным лекарством.

В конце концов, вера, которая требовалась для выздоровления после бессмысленного лечения у древних шаманов, существенно не отличалась от той веры, которая нужна, чтобы ощутить исцеление после посещения некоторых из их нынешних последователей, занимающихся ненаучным лечением заболеваний.

Наиболее примитивные племена чрезвычайно боялись больных, и на протяжении многих веков их тщательно избегали, постыдно игнорировали. То, что с развитием шаманства появились жрецы и знахари, соглашавшиеся лечить болезни, было огромным прогрессом гуманизма. Позднее весь клан стал собираться у постели больного, чтобы, завывая вместе с шаманом, помочь ему изгнать болезнетворных призраков. Нередко диагностирующим шаманом была женщина, в то время как лечением занимался мужчина. Обычным методом диагностики было исследование внутренностей какого-нибудь животного.

Болезнь лечили монотонным пением, завыванием, наложением рук; на больного дышали и пользовались многими другими способами. Позднее широкое распространение получил храмовый сон, во время которого якобы происходило излечение. Со временем, в связи с храмовым сном, знахари начали браться за настоящую хирургию. Одной из первых операций была трепанация черепа для высвобождения духа, вызывающего головную боль. Шаманы научились лечить переломы и вывихи, вскрывать фурункулы и абсцессы; шаманки стали прекрасными акушерками.

Обычным методом лечения было потирание зараженного или поврежденного участка тела магическим предметом, после чего талисман выбрасывался и человек, предположительно, выздоравливал. Если кто-то случайно подбирал использованный талисман, то считалось, что на него сразу же переходила инфекция или порча. Прошло много времени, прежде чем люди начали пользоваться травами и другими настоящими лекарствами. Массаж появился в связи с заклинанием – истиранием духа из тела – и ему предшествовали попытки втереть лекарство, подобно современному втиранию мазей. Считалось, что банки, присасывание и кровопускание, которые использовались на пораженных местах, помогают избавиться от болезнетворного духа.

Так как вода являлась могущественным фетишем, она применялась при лечении многих заболеваний. В течение долгого времени люди верили, что болезнетворного духа можно изгнать с потом. В большом почете были парные бани. Вскоре естественные горячие источники превратились в примитивные оздоровительные курорты. Древний человек обнаружил, что тепло снимает боль; он использовал солнечный свет, свежие органы животных, горячую глину и горячие камни, и многие из этих методов применяются до сих пор. Ритмичные удары служили средством воздействия на духов; повсеместно использовались тамтамы.

Некоторые народы полагали, что болезнь является результатом злого сговора духов с животными. Это породило веру в то, что для лечения каждого заболевания, вызванного животным, существует целебное растение. Особенно убежденными сторонниками этой теории универсальных растительных лечебных средств были красные люди; они всегда капали кровь в лунку, которая оставалась на месте вырванного растения.

В лечении часто использовались голодание, диета и отвлекающие средства. В большом почете были выделения человеческого тела, определенно обладавшие магическими свойствами; поэтому среди древнейших лекарственных средств были кровь и моча, к которым вскоре добавились корни и различные соли. Шаманы верили, что болезнетворных духов можно изгонять с помощью лекарств, обладающих дурным запахом и вкусом. Уже в глубокой древности обычным лечением стала очистка кишечника, а среди первых успехов фармацевтики было открытие ценных свойств свежего кокоса и хинина.

Греки первыми разработали действительно рациональные способы лечения больных. Как греки, так и египтяне приобрели свои познания в медицине от обитателей долины Евфрата. Масло и вино были древнейшими средствами для лечения ран; касторовое масло и опиум использовались шумерами. Многие из этих тайных и эффективных лекарственных средств древности потеряли свою силу после того, как они стали известны. Для успеха мошенничеству и суевериям необходим покров тайны. Только факты и истина стремятся к яркому свету понимания; только они приветствуют образование и просвещение, к которым ведут научные изыскания.

5. ЖРЕЦЫ И РИТУАЛЫ

Сущность ритуала – в совершенстве его исполнения; у дикарей он должен выполняться с абсолютной точностью. Только исполненный по всем правилам обряд способен подчинить духов. Если ритуал неправильный, он способен вызвать только гнев и негодование богов. Поскольку медленно развивающийся разум человека полагал, что *способ выполнения ритуала* является решающим фактором для его эффективности, рано или поздно древние шаманы неизбежно превращались в жрецов, подготовленных к руководству скрупулезными обрядами. Так на протяжении десятков тысяч лет бесконечные ритуалы мешали развитию общества. Это проклятие цивилизации невыносимым грузом отягощало каждый жизненный шаг, каждое начинание человеческого рода.

Ритуал есть способ освящения обычая; ритуалы ведут к созданию и увековечению мифов, а также способствуют сохранению социальных и религиозных обычаев. С другой стороны, сами ритуалы порождались мифами. Часто ритуалы несут вначале социальный, затем экономический характер и, наконец, приобретают святость и достоинство религиозного обряда. Практика ритуала может быть личной или групповой – либо и той, и другой, – что видно на примере молитвы, танца и драмы.

Слова стали частью ритуала, например, употребление таких выражений, как «аминь» и «селах». Привычка сквернословить – богохульство – это проституирование давнего ритуального повторения святых имен. Древнейшим ритуалом является совершение паломничества к святыням. На следующем этапе ритуал превратился в сложные обряды очищения и канонизации. Обряды посвящения у первобытных племенных тайных обществ в действительности являлись примитивным религиозным ритуалом. Методы поклонения, которые использовались в древних мистериальных культах, были не чем иным, как непрерывным исполнением разросшегося религиозного обряда. Наконец, ритуал превратился в современные типы общественных церемоний и религиозного поклонения – службы, включающие молитвы, песнопения, распевное чтение с ответствиями хора и другие индивидуальные и групповые духовные обряды.

Эволюция жрецов началась с шаманов и прошла через стадии оракулов, прорицателей, певцов, танцоров, создателей погоды, хранителей религиозных реликвий, смотрителей храмов и предсказателей – до собственно руководителей религиозным поклонением. В итоге служба стала наследственной; появилась постоянная каста священнослужителей.

С развитием религии священнослужители стали специализироваться согласно своим дарованиям или особым наклонностям. Одни становились певчими, другие служили молебны, третьи совершали обряды жертвоприношения. Позднее появились ораторы – проповедники. А когда религия превратилась в институт, эти священнослужители стали утверждать, что они «хранят ключи от неба».

Жрецы всегда стремились поразить простых людей и вызвать у них благоговейный страх, используя для проведения религиозных ритуалов один из древних языков и выполняя различные магические пассы, призванные настолько мистифицировать верующих, чтобы усилить в них сознание религиозности и авторитета священников. Во всём этом заключена огромная опасность подмены религии ритуалом.

Жречества сделали многое для того, чтобы задержать развитие науки и воспрепятствовать духовному прогрессу. С другой стороны, они помогли укрепить цивилизацию и усовершенствовать некоторые области культуры. Но многие современные священнослужители перестали руководить ритуалом поклонения Богу, переключив свое внимание на теологию – попытку дать определение Богу.

Жрецы несомненно являлись камнем на шее человечества, однако неоценимо значение истинных религиозных вождей, указавших путь к высшим и лучшим реальностям.

[Представлено Мелхиседеком Небадона.]

ДОКУМЕНТ 91

ЭВОЛЮЦИЯ МОЛИТВЫ

Как средство религии, молитва возникла из предшествующих ей монологических и диалогических выражений нерелигиозного характера. Неизбежным следствием достижения первобытным человеком самосознания стало иносознание, двуединая способность социальной реакции и осознания Бога.

Древнейшие молитвы не были адресованы Божеству. Эти выражения очень напоминали слова, с которыми вы обращаетесь к другу, принимаясь за важное дело: «Пожелай мне удачи». Первобытный человек был рабом магии; случай – удача и неудача – вторгался во все сферы жизни. Поначалу такие прошения об удаче были монологами, похожими на размышления вслух человека, совершающего магический обряд. На следующем этапе эти верящие в случай люди заручались поддержкой своих друзей и семей, и вскоре они уже выполняли некоторое подобие обряда с участием всего клана или племени.

С развитием представлений о призраках и духах эти прошения стали направляться сверхчеловеческим существам, а после того как человек осознал существование богов, такие выражения достигли уровней настоящих молитв. К примеру, примитивная религиозная молитва некоторых австралийских племен предшествовала вере в духов и сверхчеловеческие личности.

Сегодня такого обычая придерживается индийское племя тода, чьи молитвы не имеют конкретного адресата. Так же поступали и ранние народы до того, как у них пробудилось религиозное сознание. Правда, для племени тода данный факт свидетельствует о том, что их вырождающаяся религия регрессировала до этого примитивного уровня. Сегодняшние ритуалы молочных жрецов этого племени не являются религиозным обрядом, ибо эти безличные молитвы никак не способствуют сохранению или улучшению социальных, моральных или духовных ценностей.

Дорелигиозные молитвы были частью ритуалов маны у меланезийцев, веры в удах у африканских пигмеев и поклонения маниту у североамериканских индейцев. Африканские племена баганда лишь недавно расстались с молитвами, связанными с верой в ману. Запутавшись в дебрях ранней эволюции, человек молится местным и национальным богам, фетишам, амулетам, призракам, правителям и обыкновенным людям.

1. ПРИМИТИВНАЯ МОЛИТВА

Функция ранней эволюционной религии заключается в сохранении и укреплении постепенно формирующихся основных социальных, моральных и духовных ценностей. Эта миссия религии не осознаётся человечеством, однако она осуществляется в основном посредством молитвы. Молитва символизирует непреднамеренную, но, тем не менее, личную и коллективную попытку любой группы обеспечить (осуществить) сохранение высших ценностей. Если бы не защитная сила молитвы, все святые дни быстро превратились бы в обыкновенные дни отдыха.

Религия и ее средства, главным из которых является молитва, объединяются только с теми ценностями, которые признаются обществом, одобряются группой. Поэтому когда первобытный человек пытался удовлетворить свои самые низменные эмоции или добиться откровенно эгоистичных целей, он лишался утешения, которое дает религия, и поддержки, которую предлагает молитва. Если устремления индивидуума имели антисоциальный характер, ему приходилось искать помощи в нерелигиозной магии, обращаться к колдунам и, таким образом, лишаться помощи молитвы. Поэтому молитва уже в глубокой древности стала могущественным катализатором социальной эволюции, морального прогресса и духовных достижений.

Однако разум первобытного человека не отличался ни логичностью, ни последовательностью. Ранний человек не понимал, что материальный мир не относится к сфере молитвы. Эти простодушные люди полагали, что пища, кров, дождь, добыча и прочие материальные вещи улучшают общественное благополучие, и потому они начали молиться об этих физических благах. Хотя и являясь извращением молитвы, это содействовало стремлению добиваться материальных целей посредством социальных и этических действий. Несмотря на то что такое проституирование молитвы понижало духовные ценности народа, оно, тем не менее, непосредственно повышало их экономические, социальные и этические нравы.

Молитва монологична только в разуме самого примитивного типа. Уже на раннем этапе она превращается в диалог и быстро достигает уровня группового поклонения. Молитва означает, что домагические заклинания примитивной религии достигли того уровня, на котором человеческий разум осознаёт реальность благотворных сил или существ, способных повысить социальные ценности и расширить нравственные идеалы, и, кроме того, что эти силы являются сверхчеловеческими и отличными от внутреннего «я» самосознающего человека и его смертных собратьев. Поэтому истинная молитва возникает только после того, как фактор религиозной помощи начинает осознаваться как *личностный*.

Молитва почти не связана с анимизмом, но такие верования могут существовать наряду с возникающими религиозными чувствами. Во многих случаях у религии и анимизма были совершенно разные источники.

Тем смертным, которые не освободились от примитивных оков страха, угрожает настоящая опасность: она заключается в том, что все их молитвы могут привести только к болезненному чувству греховности, неоправданному убеждению в виновности – реальной или вымышленной. Но в современном мире мало кто проводит в молитвах столько времени, чтобы прийти к этим пагубным размышлениям о собственной никчемности или греховности. Опасности, связанные с искажением и извращением молитвы, заключаются в невежестве, суеверии, косности, потере жизнеспособности, материализме и фанатизме.

2. ЭВОЛЮЦИЯ МОЛИТВЫ

Первые молитвы были только высказыванием желаний, выражением искренних просьб. На следующем этапе молитва превратилась в метод, позволявший вступать во взаимодействие с духами. После этого она поднялась до более высокой функции – помощи религии в сохранении всех истинных ценностей.

Как молитва, так и магия появились в результате адаптационных реакций человека на урантийскую среду. Однако, за исключением этого свойства, у них мало общего. Молитва всегда служила признаком позитивного действия молящегося «я»; она всегда была психическим явлением и иногда – духовным. Магия обычно означала попытку манипулировать реальностью, не затрагивая «я» воздействующего субъекта, – того, кто ею пользуется. Несмотря на независимое происхождение магии и молитвы, они часто были взаимосвязаны на более поздних стадиях своего развития. Порой, возвышая свои цели, магия поднималась от магических формул – через ритуалы и заклинания – к преддверию истинной молитвы. Иногда молитва становилась столь материалистической, что деградировала, превращаясь в псевдомагический метод уклонения от затраты усилий, необходимых для решения урантийских проблем.

Когда человек понял, что молитва неспособна принудить богов, она стала больше напоминать прошение, стремление снискать расположение. Однако в своем высшем проявлении молитва является настоящим общением человека со своим Творцом.

В любой религии появление идеи жертвоприношения неизбежно умаляет высшую эффективность истинной молитвы, ибо человек пытается предложить материальные жертвы вместо пожертвования своей воли, посвященной выполнению воли Бога.

Когда религия лишена личностного Бога, ее молитвы переходят на уровни теологии и философии. Когда высшим представлением о Боге в той или иной религии является концепция обезличенного Божества, как, например, в пантеистическом идеализме, такое представление, создавая основу для некоторых форм мистического общения, оказывается, тем не менее, пагубным для эффективности истинной молитвы, которая всегда символизирует общение человека с личностным и высшим существом.

Как на ранних периодах эволюции человеческих рас, так и в настоящее время, в повседневном опыте обычного смертного молитва в значительной мере является феноменом общения молящегося с собственным подсознанием. Однако существует и такая область молитвы, в которой интеллектуально активный и духовно прогрессирующий индивидуум достигает большего или меньшего контакта с уровнями сверхсознания в человеческом разуме – областью пребывающего в нём Настройщика Мышления. Кроме того, существует явный духовный аспект истинной молитвы, связанный с ее принятием и признанием духовными силами вселенной, что в корне отличается от любого человеческого и интеллектуального общения.

Молитва вносит огромный вклад в развитие религиозного чувства развивающегося человеческого разума. Она является могущественным фактором, помогающим предотвратить изоляцию человеческой личности.

Молитва представляет собой единственный метод, связанный с естественными религиями расовой эволюции, который также является составной частью эмпирических ценностей высших религий этического совершенства – религий откровения.

3. МОЛИТВА И ВТОРОЕ «Я»

Когда дети только начинают пользоваться языком, им свойственно думать вслух, выражать свои мысли словами, даже если рядом нет никого, кто мог бы их услышать. С зарождением творческого воображения у них появляется тенденция разговаривать с воображаемыми собеседниками. Так просыпающееся «я» стремится установить связь с воображаемым *вторым «я»*. С помощью этого метода ребенок быстро учится переводить свою монологическую речь в псевдодиалоги, в которых его второе «я» отвечает на высказанные вслух мысли и желания. Происходящие в уме размышления взрослого человека в основном протекают в разговорной форме.

Ранние и примитивные формы молитвы во многом напоминали полумагические речитативы современного племени тода – молитвы, не обращенные к кому-либо конкретно. Однако с возникновением представления о втором «я» такие молитвы приобрели тенденцию превращаться в диалогический тип общения. Со временем концепция второго «я» возводится в высший статус божественного величия, и появляется молитва как средство религии. Этому примитивному типу молитвы предстоит пройти многие стадии и долгие века эволюционного процесса, прежде чем достигнуть уровня разумной и подлинно этической молитвы.

В понимании сменяющих друг друга поколений молящихся смертных, второе «я» эволюционирует через стадии призраков, фетишей и духов к политеизму и, наконец, к Единому Богу – божественному существу, олицетворяющему высшие идеалы и наиболее возвышенные помыслы возносящего молитвы «я». Так молитва действует как наиболее могущественное средство религии для сохранения высших ценностей и идеалов молящихся. С момента появления представления о втором «я» и вплоть до возникновения концепции божественного и небесного Отца молитва неизменно укрепляла социальность, нравственность и духовность.

Простая, проистекающая из веры молитва служит доказательством могущественной эволюции человеческого опыта, благодаря чему древние беседы с воображаемым символом второго «я», свойственные примитивной религии, возвысились до уровня общения с духом Бесконечного и до истинного осознания реальности вечного Бога и Райского Отца всего разумного творения.

Кроме всего того, что составляет сверхличное содержание молитвенного опыта, необходимо помнить, что этическая молитва – это прекрасный путь возвышения «я» и укрепления его для более совершенной жизни и высоких достижений. Молитва побуждает человеческое «я» искать помощи с обеих сторон: материальной помощи – от находящегося в подсознании резервуара смертного опыта, вдохновения и водительства – от граничащей со сверхсознанием области, где происходит контакт материального с духовным, Таинственным Наставником.

Молитва всегда была и всегда будет двуединым человеческим опытом: психологической процедурой, взаимосвязанной с духовным методом. И эти две функции молитвы никогда не удастся полностью отделить друг от друга.

Просвещенная молитва должна осознавать не только внешнего и личностного Бога – она предполагает осознание внутренней и безличностной Божественности, пребывающего в человеке Настройщика. Совершенно уместно, чтобы молящийся человек пытался постигнуть концепцию Всеобщего Отца в Раю. Однако для большинства практических целей более эффективным методом было бы обратиться к представлению о находящемся поблизости втором «я», как это сделал бы примитивный разум, после чего осознать, что идея этого второго «я» превратилась из чистой фикции в истину о Боге, который действительно пребывает в смертном человеке в виде Настройщика для того, чтобы человек мог говорить как бы лицом к лицу с истинным, настоящим и божественным вторым «я», пребывающим в нём и являющимся самим присутствием и сущностью живого Бога – Всеобщего Отца.

4. ЭТИЧЕСКАЯ МОЛИТВА

Никакая молитва не может быть этической, если проситель стремится к эгоистичному превосходству над своими товарищами. Эгоистическая и материалистическая молитва несовместима с этическими религиями, основанными на альтруистической и божественной любви. Любое моление, лишенное этичности, является возвратом к примитивным уровням псевдомагии и недостойно прогрессирующих цивилизаций и просвещенных религий. Эгоистическая молитва нарушает дух всякой этики, основанной на милосердной справедливости.

Молитва никогда не должна извращаться настолько, чтобы подменять собой действие. Всякое этическое моление является побуждением к действию и руководящим принципом в последовательной борьбе за идеалистические цели – достижение сверх-«я».

Во всех своих молитвах будьте *справедливы*; не ожидайте от Бога пристрастности, не ждите, чтобы он любил вас больше, чем других своих детей – ваших друзей, соседей и даже врагов. Однако в естественных, или эволюционных, религиях молитва поначалу не является этической, какой она становится в последующих богооткровенных религиях. Любое моление, как индивидуальное, так и групповое, может быть эгоистическим или альтруистическим. То есть молитва может быть сосредоточена на самом себе или же на других. Когда молитва не просит ничего для молящегося или его товарищей, такие состояния души ведут к уровням истинного поклонения. Эгоистические молитвы включают исповеди и прошения и часто выражаются в просьбах о материальных благах. Молитва становится несколько более этической, когда она имеет отношение к прощению и ищет мудрости для лучшего самообладания.

В то время как неэгоистический тип молитвы укрепляет и утешает, материалистическая молитва непременно приводит к разочарованию и крушению иллюзий, ибо развитие науки показывает, что человек живет в физической вселенной закона и порядка. Для раннего периода в развитии индивидуума или расы характерны примитивные, эгоистические и меркантильные молитвы. И, в известном смысле, все подобные прошения оказываются эффективными, ибо они неизбежно приводят к тем попыткам и усилиям, которые помогают получить ответ на такие молитвы. Истинная молитва, основанная на вере, всегда способствует улучшению образа жизни, даже если такие прошения не заслуживают духовного признания. Однако духовно развитый человек должен проявлять огромную осторожность, пытаясь отучить от таких молитв примитивный или незрелый разум.

Помните: хотя молитва и не изменяет Бога, она очень часто приводит к огромным и продолжительным изменениям в таком человеке, который молится с верой и твердой надеждой. Для многих мужчин и женщин эволюционирующих рас молитва предвозвещала душевный мир, хорошее настроение, спокойствие, мужество, самообладание и беспристрастность.

5. СОЦИАЛЬНЫЕ ПОСЛЕДСТВИЯ МОЛИТВЫ

В поклонении предкам молитва ведет к культивированию идеалов прошлого. Если же молитва является одним из аспектов поклонения Божеству, она превосходит любую подобную практику, ибо ведет к культивированию божественных идеалов. По мере того как представление о втором «я» молящегося становится высшим и божественным, идеалы человека соответствующим образом возвышаются от чисто человеческих до высочайших божественных уровней, и результатом всех таких молитв является совершенствование человеческого характера и всестороннее объединение человеческой личности.

Однако молитва не обязательно должна быть личной. Групповое или общинное моление чрезвычайно эффективно по своим социальным последствиям. Когда группа людей вовлечена в совместное моление для получения моральной поддержки и духовного подъема, такие молитвы отражаются на индивидуумах, составляющих данную группу; все они становятся лучше благодаря своему участию. Такие молитвенные обряды могут помочь даже целому городу или нации. Исповедь, покаяние и молитва подвигали отдельных людей, города, нации и целые расы на великие преобразования и героические свершения.

Если вы действительно хотите избавиться от привычки критиковать своего друга, самый быстрый и надежный способ для достижения такой перемены в отношении – взять за правило молиться об этом человеке каждый день своей жизни. Однако социальные последствия таких молитв зависят в основном от двух условий:

1. Человек, за которого вы молитесь, должен знать, что о нём молятся.

2. Молящийся человек должен находиться в тесном социальном контакте с тем, за кого он молится.

Молитва есть тот метод, который, рано или поздно, превращает любую религию в институт. Со временем молитва начинает ассоциироваться с многочисленными производными средствами, некоторые из которых полезны, другие – такие как жрецы, священные книги, ритуальные поклонения и обряды – явно вредны.

Однако разум, в большей мере озаренный духом, должен проявлять сдержанность и терпимость по отношению к тем менее одаренным умам, которым нужна символика для мобилизации своего слабого духовного зрения. Сильные не должны смотреть с презрением на слабых. Те, чье богосознание не нуждается в символах, не должны лишать милосердной помощи символа тех, кому трудно поклоняться Божеству и почитать истину, красоту и благость, не прибегая к форме и ритуалу. В молитвенном поклонении большинства смертных присутствует символический образ объекта и цели их молитв.

6. ОБЛАСТЬ МОЛИТВЫ

Молитва неспособна оказать непосредственное воздействие на физическую среду молящегося, за исключением тех случаев, когда она согласуется с волей и действиями личностных духовных сил и материальных наблюдателей сферы. В то время как область молитвенных прошений ограничена явно выраженными пределами, такие ограничения не распространяются равным образом на *веру* молящихся.

Молитва не является методом лечения настоящих органических заболеваний, однако в огромной мере благодаря молитве люди могли наслаждаться прекрасным здоровьем и избавляться от многочисленных психических, эмоциональных и нервных расстройств. И даже в случае настоящих инфекционных заболеваний молитва неоднократно усиливала действенность других методов лечения. Молитва превратила многих раздражительных и сетующих инвалидов в образцы выдержки, сделала их примером для подражания в глазах других страдающих людей.

Как бы трудно ни было примирить научные сомнения в эффективности молитвы с постоянным стремлением к помощи и водительству божественных сил, никогда не забывайте о том, что искренняя молитва верующего человека является могущественным средством, способствующим личному счастью и самообладанию, социальной гармонии, моральному прогрессу и духовным достижениям.

Молитва – даже как чисто человеческая практика, диалог со вторым «я» – является методом наиболее эффективным подходом к реализации тех резервных, присущих человеческой природе способностей, которые заложены и сохраняются в разуме в области подсознания. Молитва является благотворной психологической практикой, помимо ее религиозного значения и духовного смысла. То, что большинство людей, попадая в трудное положение, тем или иным образом обращаются к молитве и просят о помощи у какого-либо источника, является фактом человеческого опыта.

Не будьте столь нерадивы, чтобы просить Бога устранить ваши трудности, однако всегда, не колеблясь, обращайтесь к нему за мудростью и стойкостью духа, которые будут вести и поддерживать вас, пока вы будете твердо и мужественно решать возникающие проблемы.

Молитва была необходимым фактором прогресса и сохранения религиозной цивилизации; она и сегодня может внести огромный вклад в дальнейшее укрепление и одухотворение общества, если только те, кто возносит свои молитвы, будут делать это в свете научных фактов, философской мудрости, интеллектуальной честности и духовной веры. Молитесь так, как советовал своим ученикам Иисус, – искренне, неэгоистично, добросовестно и без сомнений.

Однако эффективность молитвы в личном духовном опыте молящегося ни в коей мере не зависит от интеллектуальных возможностей, философской проницательности, социального уровня, культурного статуса или иных смертных обретений человека. Психические и духовные явления, сопутствующие молитве верующего человека, являются непосредственными, личными и эмпирическими. Не существует иного способа, с помощью которого любой человек, независимо от всех остальных присущих смертным достижений, мог бы столь эффективно и непосредственно приблизиться к порогу той области, где он способен общаться с Творцом и где создание соприкасается с реальностью Создателя – внутренним Настройщиком Мышления.

7. МИСТИЦИЗМ, ЭКСТАЗ И ВДОХНОВЕНИЕ

Мистицизм – как метод, развивающий осознание присутствия Божества, – заслуживает полного одобрения, но когда такая практика ведет к социальной изоляции и превращается в религиозный фанатизм, она достойна одного лишь порицания. Слишком часто то, что возбужденный мистик принимает за божественное вдохновение, является проявлением его подсознания. Хотя религиозное созерцание нередко помогает связи смертного разума с внутренним Настройщиком, чаще этому способствует чистосердечное и преданное служение и бескорыстная помощь своим собратьям.

Великие религиозные учители и пророки прошлого не были крайними мистиками. Эти богопознавшие мужчины и женщины наилучшим образом служили своему Богу, оказывая бескорыстную помощь своим смертным собратьям. Иисус часто уединялся со своими апостолами на короткое время, чтобы предаться размышлениям и молитве, однако он делал так, чтобы бóльшую часть времени они проводили в общении с людьми и служении им. Человеческая душа нуждается как в духовных действиях, так и в духовной пище.

Религиозный экстаз позволителен, когда он является результатом здоровых предпосылок, но такой опыт чаще всего представляет собой продукт эмоционального воздействия, а не проявление истинно духовного характера. Религиозные люди не должны рассматривать каждое острое психологическое предчувствие и каждое сильное эмоциональное переживание как божественное откровение или духовное общение. Настоящий духовный экстаз обычно сочетается с глубоким внешним спокойствием и почти полным самообладанием. Но истинное пророческое ви́дение является сверхпсихологическим предчувствием. Такое переживание не есть псевдогаллюцинация, как не является оно и экстазом, похожим на состояние транса.

Человеческий разум способен реагировать на так называемое наитие, когда он чувствителен либо к пробуждению подсознания, либо к воздействию сверхсознания. В любом случае такие расширения сознания представляются человеку более или менее инородными. Бесконтрольное мистическое воодушевление и необузданный религиозный экстаз не являются подтверждением наития, якобы божественным его подтверждением.

Практическое испытание всех этих необычных религиозных переживаний мистицизма, экстаза и вдохновения заключается в том, чтобы выяснить, помогают ли они индивидууму добиться следующих результатов:

1. Обрести лучшее и более полноценное физическое здоровье.

2. Действовать более эффективно и с большей пользой в сфере умственной деятельности.

3. Более полно и с большей радостью разделять свой религиозный опыт с другими.

4. Достигнуть еще большей духовности своей повседневной жизни и вместе с тем честно исполнять будничные обязанности, связанные с обычным смертным существованием.

5. Больше любить и ценить истину, красоту и благость.

6. Сохранять признанные на данный момент социальные, моральные, этические и духовные ценности.

7. Расширять свою духовную проницательность – богосознание.

Однако молитва не обладает реальной связью с этими исключительными видами религиозного опыта. Когда молитва становится излишне эстетской, когда она состоит почти целиком из восхитительного и блаженного созерцания Райской божественности, она в значительной мере теряет свое социализирующее воздействие и может увести своих приверженцев в мистицизм и самоизоляцию. Чрезмерная склонность молящегося к уединению несет с собой определенную опасность, что исправляется и предупреждается групповым молением, совместными молитвами.

8. МОЛЕНИЕ КАК ЛИЧНЫЙ ОПЫТ

Молитве свойственна настоящая спонтанность, ибо первобытный человек начал молиться задолго до того, как у него появилось хотя бы какое-то представление о Боге. Обычно древний человек молился в двух противоположных ситуациях: остро нуждаясь, он испытывал побуждение обратиться за помощью; ликуя, он отдавался импульсивному проявлению радости.

Молитва не есть продолжение магии; и та, и другая возникли независимо друг от друга. Магия являлась попыткой приспособить Божество к каким-то условиям; молитва – это стремление приспособить личность к воле Божества. Истинная молитва и моральна, и религиозна; магия не отличается ни тем, ни другим.

Молитва может стать общепринятым обычаем; многие молятся потому, что так делают другие. Другие молятся из-за боязни чего-то ужасного, что может произойти, если они перестанут обращаться со своими регулярными прошениями.

Для некоторых людей молитва является выражением тихой благодарности, для других – коллективной хвалой, социальным выражением религиозного чувства.

Иногда она является подражанием религии другого человека, в то время как в истинной молитве происходит искреннее и доверительное общение духовной сущности создания с вездесущим присутствием духа Создателя.

Молитва может быть спонтанным выражением богосознания или бессмысленным повторением теологических штампов. Она может быть восторженной хвалой богопознавшей души или рабской покорностью скованного страхом смертного. Иногда она является патетическим выражением духовных стремлений, иногда – крикливым, показным выражением набожности. Молитва может быть радостной хвалой или смиренной мольбой о прощении.

Молитва может быть детской просьбой о невозможном – или зрелой мольбой о нравственном росте и духовной силе. Она может просить о хлебе насущном – или заключать в себе чистосердечное стремление найти Бога и выполнить его волю. Это может быть целиком эгоистичная просьба – или истинный и величественный шаг к воплощению бескорыстного братства.

Молитва может быть гневным призывом к мести или милосердным заступничеством за своих врагов. Она может быть выражением надежды изменить Бога или могущественным способом изменения собственного «я». Она может быть раболепной мольбой пропащего грешника перед якобы непреклонным Судьей или радостным излиянием освобожденного сына живого и милосердного небесного Отца.

Современного человека приводит в недоумение идея сугубо личного общения с Богом. Многие люди перестали регулярно молиться; они обращаются к молитве только тогда, когда испытывают особые затруднения, оказываются в чрезвычайных ситуациях. Человеку не следует бояться говорить с Богом, но только духовно инфантильный человек может пытаться уговаривать Бога или полагать, что способен изменить его.

Однако настоящая молитва действительно достигает реальности. Даже поднимающийся воздушный поток не поможет птице набрать высоту, если она не расправит свои крылья. Молитва возвышает человека потому, что является методом достижения прогресса благодаря использованию восходящих духовных потоков вселенной.

Истинная молитва помогает духовному росту, изменяет взгляды и приносит то удовлетворение, которое дает общение с божественностью. Она является самопроизвольной вспышкой богосознания.

Бог отвечает на молитвы человека, давая ему расширенное откровение истины, улучшенное восприятие красоты и углубленное представление о благости. Молитва – субъективный поступок, однако она входит в соприкосновение с могущественными объективными реальностями на духовных уровнях человеческого опыта. Она является осмысленным стремлением человека к сверхчеловеческим ценностям. Молитва – это наиболее мощный стимул духовного роста.

Слова несущественны для молитвы: они всего лишь интеллектуальное русло, по которому может направить свое течение река духовной мольбы. Словесное значение молитвы при ее индивидуальном вознесении заключается только в самовнушении, а при совместных молениях – в групповом внушении. Бог отвечает не на слова, а на состояние души.

Молитва – это не метод избавления от конфликтов, а скорее стимул для роста в само́й конфликтной ситуации. Молитесь только о ценностях, а не о вещах; о росте, а не о вознаграждении.

9. УСЛОВИЯ ЭФФЕКТИВНОСТИ МОЛИТВЫ

Если вы хотите, чтобы ваши молитвы были эффективными, вы должны помнить законы, определяющие успех прошений:

1. Для того чтобы ваши молитвы стали действенными, вы должны научиться искренне и мужественно смотреть в глаза проблемам вселенской реальности. Вы должны обладать космической стойкостью.

2. Вы должны были исчерпать свою человеческую способность к адаптации. Вы должны были проявить усердие.

3. Вы должны посвятить каждое желание своего разума и каждое устремление своей души преображающим объятиям духовного роста. Вы должны были испытать расширение значений и возвышение ценностей.

4. Вы должны всем сердцем избрать божественную волю. Вы должны уничтожить мертвую точку нерешительности.

5. Вы не только признаёте волю Отца и решаете выполнять ее, но вы также безусловно и энергично посвятили себя действительному исполнению воли Отца.

6. В своей молитве вы должны просить только о божественной мудрости для решения свойственных человеку проблем, с которыми вы будете сталкиваться при восхождении к Раю, – обретении божественного совершенства.

7. И вы должны иметь веру – живую веру.

[Представлено Главой промежуточных созданий Урантии.]

ДОКУМЕНТ 92

ДАЛЬНЕЙШАЯ ЭВОЛЮЦИЯ РЕЛИГИИ

Религия естественного происхождения являлась частью эволюционного опыта человека задолго до появления на Урантии каких-либо систематических откровений. Однако эта *естественно* сложившаяся религия была, в своей сущности, результатом сверхживотных дарований человека. Постепенное становление эволюционной религии человека, протекавшее на протяжении тысячелетий эмпирического пути, происходило благодаря помощи следующих внутренних факторов, воздействующих на дикаря, варвара и цивилизованного человека:

1. *Вспомогательный дух поклонения* – появление в животном сознании сверхживотных потенциалов для восприятия реальности, что можно назвать первичным человеческим влечением к Божеству.

2. *Вспомогательный дух мудрости* – проявление тенденции преклоняющегося разума находить более высокие формы для выражения своего поклонения, приближать их к постоянно расширяющимся представлениям о реальности Божества.

3. *Святой Дух* – изначальное посвящение сверхразума, неизбежно появляющееся во всех подлинных человеческих личностях. Это служение жаждущему поклонения и мудрости разуму создает способность к самореализации постулата о продолжении человеческой жизни – как в форме теологической концепции, так и в актуальном и фактическом опыте личности.

Согласованное действие трех этих божественных помощников вполне достаточно для зарождения и роста эволюционной религии. Впоследствии эти влияния усиливаются Настройщиками Мышления, серафимами и Духом Истины, причем все они ускоряют темпы религиозного роста. Эти силы уже давно действуют на Урантии, и они будут продолжать функционировать здесь до тех пор, пока эта планета будет оставаться обитаемой сферой. Значительная часть потенциала этих божественных сил пока еще не могла проявиться. Многое найдет свое выражение в грядущие эпохи, по мере того как религия смертных будет подниматься на всё новые уровни, к небесным высотам моронтийных ценностей и духовной истины.

1. ЭВОЛЮЦИОННАЯ ПРИРОДА РЕЛИГИИ

Эволюция религии начинается с ранних страхов и призраков и проходит через многие последующие стадии развития, включая попытки заставить и, позднее, уговорить духов. Племенные фетиши превратились в тотемы и племенных богов, магические заклинания – в современные молитвы. Обрезание, первоначально являвшееся жертвой, стало гигиенической мерой.

Варварское детство рас сопровождалось развитием религии от поклонения природе к поклонению призракам и фетишизму. С зарождением цивилизации человек стал придерживаться более мистических и символических верований, в то время как ныне, в канун своей зрелости, человечество начинает быть готовым к восприятию настоящей религии и даже к началу раскрытия самой истины.

Религия возникает в качестве биологической реакции разума на духовные верования и окружающую среду. В любом народе она умирает или изменяется последней. Во все эпохи религия является приспособлением общества к неизведанному.

Как социальный институт, она включает ритуалы, символы, культы, священные писания, жертвенники, святыни и храмы. Всем религиям свойственны святая вода, реликвии, фетиши, талисманы, облачения, колокола, барабаны и духовенства. Чисто эволюционную религию невозможно полностью отделить ни от магии, ни от колдовства.

Тайна и могущество всегда стимулировали религиозные чувства и страхи, в то время как эмоции во все эпохи являлись могучим фактором, определявшим их развитие. Основным религиозным стимулом всегда был страх; страх рисует богов эволюционной религии и мотивирует религиозные ритуалы первобытных верующих. С развитием цивилизации страх видоизменяется под действием благоговения, обожания, уважения и сочувствия и в дальнейшем еще больше обуславливается раскаянием и покаянием.

У одного из азиатских народов существовало учение о том, что «Бог есть великий страх»; это является продуктом чисто эволюционной религии. Иисус – откровение религиозной жизни высшего типа – возвестил о том, что «Бог есть любовь».

2. РЕЛИГИЯ И НРАВЫ

Религия является наиболее жестким и неподатливым из всех человеческих институтов, но всё же, хотя и с запозданием, она приспосабливается к изменениям в обществе. В конце концов, эволюционная религия действительно начинает отражать изменяющиеся нравы, которые, в свою очередь, могли подвергнуться воздействию богооткровенной религии. Медленно, но верно, пусть и с неохотой, религия (поклонение) следует за мудростью – знанием, направляемым эмпирическим разумом и освещаемым божественным откровением.

Религия цепляется за нравы; то, что *было*, является древним и якобы священным. В силу именно этой и никакой другой причины каменные орудия сохранялись в течение еще долгого времени после наступления бронзового и железного века. Известно следующее утверждение: «Если же будете сооружать алтарь из камней, то не берите камни отесанные, ибо если при сооружении алтаря вы используете орудия, вы оскверняете его». Индусы до сих пор зажигают свои алтарные огни с помощью примитивных палочек. В истории эволюционной религии новшество всегда считалось святотатством. Для принесения священной жертвы следовало пользоваться не современной и переработанной пищей, а самой примитивной, то есть «мясом, испеченным на огне, с пресным хлебом и горькими травами». Все социальные обычаи и даже правовые процедуры тяготеют к старинным формам.

Когда современный человек с удивлением обнаруживает в священных писаниях различных религий так много того, что может считаться оскорбительным, ему стоит задуматься о том, что сменяющие друг друга поколения боялись уничтожить нечто такое, что являлось святым и священным для их предков. Многие вещи, которые одному поколению людей кажутся неприличными, в предшествующих поколениях считались частью общепризнанных нравов и даже общепринятых религиозных ритуалов. Бесконечные попытки увязать древние, но предосудительные обычаи с новыми достижениями мысли, найти удовлетворительные теории, призванные оправдать сохранение древних и изжитых обычаев в рамках веры, послужили причиной многих религиозных споров.

Нелепы попытки внезапного ускорения религиозного прогресса. Народ или нация могут перенять от прогрессивной религии только то, что в разумных пределах согласуется и совместимо с ее текущим эволюционным статусом и соответствует ее способности к адаптации. Социальные, климатические, политические и экономические условия – всё это влияет на определение направления и развития религиозной эволюции. Общественная мораль не определяется религией – эволюционной религией; скорее, формы религии диктуются расовой моралью.

Человеческие расы принимают незнакомую и новую религию лишь формально. В действительности, они приспосабливают ее к своим нравам и прежним религиозным традициям. Это хорошо видно на примере одного новозеландского племени, чьи жрецы после формального принятия христианства заявили о том, что они получили откровения непосредственно от Гавриила, сообщившего, что это племя стало богоизбранным народом и что членам этого самого племени позволено открыто предаваться беспорядочным половым отношениям, равно как и многочисленным другим предосудительным древним обычаям. И все эти новоиспеченные христиане сразу же обратились к этой новой и менее взыскательной версии христианства.

В то или иное время религия допускала всевозможные проявления своенравного и непоследовательного поведения и когда-то одобряла практически всё, что в настоящее время считается безнравственным или греховным. Совесть, не воспитанная на опыте и лишенная помощи здравого смысла, никогда не была и никогда не будет надежным и непогрешимым ориентиром для поведения человека. Совесть не есть божественный голос, обращенный к человеческой душе; это лишь совокупное моральное и этическое содержание нравов на любой стадии существования. Совесть – это всего лишь человеческое представление об идеальном реагировании на любое стечение обстоятельств.

3. ПРИРОДА ЭВОЛЮЦИОННОЙ РЕЛИГИИ

Изучение человеческой религии – это исследование социальных слоев, содержащих окаменелости прошлых эпох. Нравы антропоморфических богов являются точным отражением морали тех людей, которые впервые придумали таких божеств. Древние религии и мифологии достоверно передают верования и легенды народов, давно уже ушедших в небытие. Старинные культовые обряды сохраняются наряду с новыми экономическими обычаями и успехами социальной эволюции и, конечно, представляются совершенно несообразными. Пережитки культа дают истинную картину расовых религий прошлого. Всегда помните о том, что культы создаются не ради поиска истины, а для распространения соответствующих вероучений.

Религия всегда в значительной мере выражалась в обрядах, ритуалах, предписаниях, церемониях и догматах. Как правило, ее портило неизменно пагубное заблуждение – иллюзия избранности народа. Принципиальные религиозные понятия – заклинание, наитие, откровение, умилостивление, покаяние, искупление, заступничество, жертва, молитва, исповедь, поклонение, жизнь после смерти, таинство, ритуал, выкуп, спасение, избавление, завет, скверна, очищение, пророчество, первородный грех, – все они восходят к ранним временам изначального страха перед призраками.

Первобытная религия представляет собой не что иное, как продолжение борьбы за материальное существование в загробной жизни. Приверженность таким убеждениям означала распространение борьбы за самоподдержание на область воображаемого мира призраков и духов. Однако, испытывая соблазн критиковать эволюционную религию, будьте осторожны. Помните: это то, *что было*, исторический факт. И вспомните также, что сила любой идеи заключается не в ее достоверности или истинности, а скорее в ее способности пробудить живой интерес в людях.

Эволюционная религия не допускает изменения или ревизии; в отличие от науки, она не предусматривает постепенного самоисправления. Сформировавшаяся религия внушает уважение потому, что ее приверженцы верят в нее как в *Истину*; «вера, которую однажды передали святым» должна быть, по идее, столь же окончательной, сколь и непогрешимой. Культ противится развитию, ибо настоящий прогресс непременно приводит к видоизменению или уничтожению самого культа; поэтому ревизия всегда должна навязываться ему силой.

Только два фактора способны модифицировать и возвысить догматы естественной религии: давление медленно совершенствующихся нравов и периодическое просвещение через эпохальное откровение. И неудивительно, что прогресс был медленным: в древности прогрессивного или изобретательного человека убивали как колдуна. Культ медленно развивается периодами, охватывающими многие поколения, – вековыми циклами. И тем не менее, он совершенствуется. Эволюционная вера в призраков заложила фундамент для философии богооткровенной религии, которая со временем разрушит суеверие, породившее эволюционную религию.

Религия многими способами препятствовала социальному развитию, но без нее не было бы ни устойчивой морали, ни этики, ни сколько-нибудь значительной цивилизации. Религия породила многие виды светской культуры: скульптура возникла из изготовления идолов, архитектура – из строительства храмов, поэзия – из заклинаний, музыка – из религиозных песнопений, драма – из ритуальных действий для получения помощи от духов, танцы – из сезонных религиозных праздников.

Однако, отдавая должное роли религии в развитии и сохранении цивилизации, следует отметить, что естественная религия сделала также многое для нанесения вреда и ущерба той самой цивилизации, которую в остальном она укрепляла и поддерживала. Религия препятствовала промышленной активности и экономическому развитию; она расточительно использовала рабочую силу и разбазаривала средства; она не всегда приносила пользу семье; она недостаточно поощряла мир и добрую волю; порой она игнорировала образование и замедляла развитие науки; она чрезмерно обедняла жизнь для мнимого обогащения смерти. Эволюционная религия – человеческая религия – действительно была повинна во всех этих и многих других ошибках, заблуждениях и просчетах. И тем не менее, она поддерживала культурную этику, цивилизованную мораль и социальную согласованность, подготовив почву для последующей богооткровенной религии, способной компенсировать эти многочисленные эволюционные недостатки.

Эволюционная религия являлась самым дорогостоящим, хотя и несравнимо эффективным институтом человека. Человеческую религию можно оправдать только в свете эволюционной цивилизации. Если бы человек не был восходящим порождением животной эволюции, то такой путь религиозного развития не имел бы оправдания.

Религия способствовала накоплению капитала; она поощряла некоторые виды труда; досуг священников содействовал развитию искусства и накоплению знаний. В итоге человеческий род извлек большую пользу из всех этих ранних ошибок этического метода. Шаманы – честные и нечестные – обходились чрезвычайно дорого, однако они стоили всех этих затрат. Ученые, как и сама наука, появились в среде паразитирующего духовенства. Религия способствовала развитию цивилизации и обеспечивала преемственность в обществе; во все времена она исполняла функцию полиции нравов. Благодаря религии в людях появились дисциплина и самообладание, подготовившие почву для *мудрости*. Религия – это эффективная плеть эволюции, которая безжалостно подгоняет ленивое и страдающее человечество, пребывающее в естественном для себя состоянии интеллектуальной инерции, вперед и вверх, к более высоким уровням разума и мудрости.

Эволюционная религия – это священное наследие восходящих созданий животного происхождения – должна постоянно улучшаться и облагораживаться благодаря очищающему действию богооткровенной религии и огненному горнилу истинной науки.

4. ДАР ОТКРОВЕНИЯ

Откровение эволюционно, но оно всегда прогрессивно. На всём протяжении многовековой истории обитаемого мира религиозные откровения становятся всё более масштабными и раз за разом набирают всё большую просветительскую силу. Откровение призвано упорядочивать и очищать сменяющие друг друга эволюционные религии. Но для того, чтобы возвысить эволюционные религии и поднять их на новый уровень, такие божественные вмешательства должны излагать учения, не слишком далекие от образа мысли и реакций соответствующей эпохи. Поэтому откровение не может не соотноситься с эволюцией. Богооткровенная религия всегда вынуждена ограничиваться восприимчивостью человека.

Однако, независимо от их очевидных связей или происхождения, богооткровенные религии неизменно характеризуются верой в некоторое Божество, имеющее высшую ценность, и в одну из концепций сохранения идентичности личности после смерти.

Эволюционная религия основана на чувствах, а не на логике. Она является реакцией человека на веру в гипотетический мир призраков и духов, рефлективной верой, пробуждаемой осознанием неведомого и страхом перед ним. Богооткровенная религия предлагается реальным духовным миром и является ответом сверхинтеллектуального космоса на потребность смертного человека верить во вселенские Божества и полагаться на них. Эволюционная религия изображает окольные блуждания человечества в поисках истины; богооткровенная религия *является* этой истиной.

В истории было много случаев религиозных откровений, но только пять из них имели эпохальное значение:

1. *Учения Даламатии*. Впервые истинная концепция Первого Источника и Центра была провозглашена на Урантии корпусом из ста членов телесного персонала Князя Калигастии. Это раскрытие Божества углублялось на протяжении более чем трехсот тысяч лет, пока не было прервано планетарным восстанием и крахом просветительского режима. За исключением деятельности Вана, даламатийское откровение прошло бесследно практически для всего мира. Даже нодиты забыли эту истину ко времени прибытия Адама. Из всех рас, воспринявших учения сотни, дольше всего их сохранял красный человек, однако в религии америндов идея Великого Духа была лишь туманным представлением, которое значительно прояснилось и укрепилось после соприкосновения с христианством.

2. *Учения Эдема.* Адам и Ева вновь познакомили эволюционные народы с представлением о всеобщем Отце. Крах первого Эдема прервал адамическое откровение еще до того, как оно успело по-настоящему состояться. Но потерпевшие неудачу учения Адама были продолжены сифитскими священниками, и некоторые из этих истин никогда не умирали на Урантии. Учения сифитов изменили весь ход развития религий в Леванте. И всё же к 2500-му году до н. э. человечество в значительной мере утратило откровение, появившееся в эпоху Эдема.

3. *Мелхиседек Салимский.* Этот чрезвычайный Сын Небадона положил начало третьему раскрытию истины на Урантии. Основными заповедями его учений были *доверие* и *вера*. Он учил доверять всемогущему милосердию Бога и провозгласил, что вера является тем актом, благодаря которому человек добивается Божьего благоволения. Его учения постепенно смешались с вероучениями и обрядами различных эволюционных религий и в итоге превратились в те теологические системы, которые существовали на Урантии к началу первого тысячелетия христианской эры.

4. *Иисус Назарянин.* Христос Михаил в четвертый раз раскрыл на Урантии понятие о Боге как Всеобщем Отце, и с тех пор это учение, в целом, остается в силе. Сущностью этого учения были *любовь* и *служение* – исполненное любви поклонение, которое создание-сын, по собственной воле, выражает в знак признания любвеобильной опеки Бога-Отца и в ответ на эту опеку; добровольное служение, которое такие создания-сыны посвящают своим братьям, радуясь от сознания того, что при этом они также служат Богу-Отцу.

5. *Урантийские документы.* Настоящие документы, в том числе и данный, представляют собой самое последнее изложение истины смертным Урантии. Эти документы отличаются от всех предыдущих откровений, ибо они подготовлены не какой-то одной вселенской личностью, а многими существами. Однако исчерпывающим откровением может быть только достижение Всеобщего Отца. Все остальные виды небесной помощи являются не более чем частичными, преходящими и практически приспособленными к локальным условиям во времени и пространстве. Хотя такие признания, возможно, и умаляют непосредственное воздействие и авторитетность всех откровений, на Урантии настало время, когда подобные прямые заявления становятся целесообразными, даже если они связаны с риском ослабить будущее воздействие и авторитетность этого, самого последнего из всех раскрытий истины смертным расам Урантии.

5. ВЕЛИКИЕ РЕЛИГИОЗНЫЕ ВОЖДИ

В эволюционной религии боги представляются подобными человеку. В богооткровенной религии людей учат, что они являются Божьими сынами и даже адаптацией конечного образа божественности. В синтетических вероучениях, составленных из учений богооткровения и продуктов эволюции, концепция Бога является сочетанием следующих факторов:

1. Предшествующих идей эволюционных культов.

2. Возвышенных идеалов богооткровенной религии.

3. Личных воззрений великих религиозных вождей, пророков и учителей человечества.

Начало многим великим религиозным эпохам было положено жизнью и учениями выдающихся людей. Большинство значительных нравственных движений в мировой истории являлось порождением их вождей. И люди всегда были склонны преклоняться перед вождем, даже если при этом страдали его учения, поклоняться личности вождя, даже если забывали провозглашенные им истины. На это есть основания: в сердце эволюционного человека живет инстинктивное стремление к помощи свыше и извне. Это горячее стремление призвано предвосхитить появление на земле Планетарного Князя и последующих Материальных Сынов. На Урантии человек был лишен этих сверхчеловеческих вождей и правителей, и потому он пытается восполнить эту потерю, окружая своих человеческих вождей легендами об их сверхъестественном происхождении и чудотворной жизни.

Многие расы считали, что их вожди рождаются от девственниц. Жизнь таких людей изобилует чудесами, и каждая группа неизменно верит в возвращение своего вождя. Племена центральной Азии до сих пор ждут возвращения Чингисхана; в Тибете, Китае и Индии такой личностью является Будда; в исламе – это Магомет; среди америндов таким был Гесунанин Онамоналонтон; иудеи, в большинстве своем, ждали возвращения Адама в качестве материального правителя. В Вавилоне бог Мардук представлял собой увековеченную легенду об Адаме – представление о Божьем сыне, связующем звене между человеком и Богом. После появления на земле Адама, так называемые Божьи сыны стали обычным явлением среди планетарных рас.

Однако, независимо от суеверного и благоговейного страха, который вызывали эти учители, они действительно являлись теми временны́ми личностными опорами, при помощи которых рычаги богооткровенной истины совершенствовали человеческую нравственность, философию и религию.

За миллион лет своей истории человечество выдвинуло не одну сотню религиозных лидеров – от Онагара до гуру Нанака. Не раз прилив религиозной истины и духовной веры сменялся отливом, и в прошлом каждое возрождение урантийской религии отождествлялось с жизнью и учениями какого-нибудь религиозного вождя. Говоря об учителях последнего периода, может оказаться полезным объединить их в семь основных религиозных эпох постадамической Урантии:

1. *Сифитский период*. Сифитские священники, возродившиеся под руководством Амосада, стали великими учителями постадамической эпохи. Они проповедовали во всех андитских землях, и дольше всего их влияние ощущалось у греков и шумеров, а также индусов, среди которых они сохранились до наших дней как индуистские брахманы. Сифиты и их последователи сумели частично сохранить раскрытое Адамом представление о Троице.

2. *Эра миссионеров Мелхиседека*. Возрождение урантийской религии стало возможным в значительной мере благодаря усилиям проповедников, подготовленных Макивентой Мелхиседеком, который жил и учил в Салиме почти за две тысячи лет до Христа. Эти миссионеры провозгласили, что вера является платой за благоволение Бога; и хотя их учения не привели к непосредственному появлению новых религий, они стали тем основанием, на котором последующим учителям истины было суждено создать религии Урантии.

3. *Постмелхиседекская эра*. Хотя в этот период учили как Аменемоп, так и Эхнатон, выдающимся религиозным гением постмелхиседекской эры стал Моисей – вождь одной из групп левантийских бедуинов и основатель иудейской религии. Моисей учил монотеизму. Он сказал: «Слушай, о Израиль: Господь, наш Бог, есть Бог единый». «Господь есть Бог, и нет Бога, кроме него». Он упорно стремился искоренить в своем народе остатки культа духов и даже требовал смертного

наказания для его приверженцев. Монотеизм Моисея был фальсифицирован его преемниками, однако впоследствии они действительно вернулись ко многим его учениям. Величие Моисея заключается в его мудрости и прозорливости. Иные люди достигали более высоких представлений о Боге, но никто и никогда не добивался такого же успеха в обращении большого числа людей в столь прогрессивную веру.

4. *Шестой век до Христа.* В течение этого века – одного из величайших периодов религиозного пробуждения за всю историю Урантии – появилось много людей, провозгласивших истину. Среди них необходимо упомянуть Гаутаму, Конфуция, Лао-цзы, Заратустру и учителей джайнизма. Учения Гаутамы получили широкое распространение в Азии, и миллионы людей почитают его как Будду. Конфуций был для китайской морали тем же, чем Платон – для греческой философии, и хотя учения и того, и другого оказали воздействие на религию, строго говоря, ни один из них не был религиозным учителем; Лао-цзы узрел больше от Бога в Дао, чем Конфуций в гуманности или Платон в идеализме. Заратустра, хотя и попавший под сильное влияние господствовавшего представления о двойном спиритуализме, добрых и злых духах, вместе с тем определенно возвысил идею единого вечного Божества и окончательной победы света над тьмой.

5. *Первый век после Христа.* Как религиозный учитель, Иисус Назарянин начал свой путь с культа, созданного Иоанном Крестителем, и, насколько мог, отошел от соблюдения постов и внешней обрядности. Кроме Иисуса, величайшими учителями этой эры были Павел Тарсянин и Филон Александрийский. Их религиозные представления сыграли главную роль в эволюции той веры, которая носит имя Христа.

6. *Шестой век после Христа.* Магомет основал религию, превосходившую многие вероучения того времени. Он выступил с протестом против социальных требований, которые содержались в вероучениях чужеземцев, и против несообразности религиозной жизни своего собственного народа.

7. *Пятнадцатый век после Христа.* Этот период ознаменовался двумя религиозными движениями: расколом христианства на Западе и появлением новой синтетической религии на Востоке. В Европе формализованное христианство достигло той степени негибкости, при которой дальнейший рост был несовместим с единством. На Востоке Нанак и его последователи, объединив учения ислама, индуизма и буддизма, создали сикхизм – одну из наиболее прогрессивных религий Азии.

Будущее Урантии несомненно связано с появлением учителей религиозной истины – Отцовства Бога и братства всех созданий. Остается только надеяться на то, что страстные и чистые сердца этих будущих пророков будут посвящены не столько укреплению межрелигиозных барьеров, сколько расширению религиозного братства духовного вероисповедания – многочисленных приверженцев различных интеллектуальных богословских теорий, которые столь характерны для Урантии из Сатании.

6. СОСТАВНЫЕ РЕЛИГИИ

Урантийские религии двадцатого века представляют собой интересный материал для исследования социальной эволюции религиозного влечения у человека. Многие вероисповедания почти не изменились со времени культа духов. Как группа, африканские пигмеи не имеют религиозных реакций, хотя некоторые из них в какой-то мере верят в духовное окружение. Сегодня они находятся на той же стадии развития, что и первобытный человек в начале эволюции религии. Основой примитивной религии была вера в жизнь после смерти. Поклонение личностному Богу свидетельствует об эволюционном прогрессе и даже первом этапе откровения. У даяков сложились только наиболее примитивные религиозные обряды. Еще сравнительно недавно весьма неопределенные представления о Боге существовали у эскимосов и америндов, которые верили в духов и имели смутное представление о некотором подобии жизни после смерти. У современных австралийских аборигенов есть только страх перед духами, боязнь темноты и примитивное поклонение предкам. У зулусов только сейчас появляется религия, основанная на страхе перед духами и жертвоприношениях. Многие африканские племена, кроме тех, которые испытали влияние христианских и мусульманских миссионеров, еще не поднялись в своем религиозном развитии выше уровня фетишей. Однако некоторые группы уже давно придерживаются идеи монотеизма, как, например, потомки фракийцев, которые верили также в бессмертие.

На Урантии эволюционная и богооткровенная религии развиваются бок о бок, объединяясь и срастаясь в разнообразные теологические системы, существующие в мире на время составления настоящих документов. Можно предложить перечень этих религий Урантии двадцатого века:

1. Индуизм – древнейшая.
2. Иудаизм.
3. Буддизм.
4. Конфуцианские учения.
5. Даосские верования.
6. Зороастризм.
7. Синтоизм.
8. Джайнизм.
9. Христианство.
10. Ислам.
11. Сикхизм – новейшая.

Наиболее развитыми религиями древности были иудаизм и индуизм, и каждая из них оказала огромное влияние на историю развития религии на Востоке и Западе. Как индусы, так и иудеи верили в боговдохновенность и богооткровенность своих религий и считали, что все остальные учения – упадочные формы единственной истинной веры.

Индия поделена между приверженцами индуизма, сикхизма, ислама и джайнизма, причем каждая конфессия изображает Бога, человека и вселенную в своем, отличном от других, понимании. Китай придерживается даосских учений и конфуцианства; в Японии почитается синтоизм.

Великими межнациональными и межрасовыми вероучениями являются иудаизм, буддизм, христианство и ислам. Регионы, охваченные буддизмом, простираются от Цейлона и Бирмы – через Тибет и Китай – до Японии. Буддизм смог приспособиться к нравам многих народов и в этом отношении сравним только с христианством.

Иудейская религия заключает в себе философский переход от политеизма к монотеизму; она является эволюционным связующим звеном между религиями эволюции и религиями откровения. Иудеи – единственный из народов Запада, прошедший весь путь от своих ранних эволюционных богов вплоть до Бога откровения. Однако широкое распространение эта истина получила только в дни пророка Исайи, который в очередной раз учил смешанному представлению, объединив расовое божество и Всеобщего Творца: «О, Господь Саваоф, Бог Израиля, ты Бог, только ты один; ты сотворил небеса и землю». В свое время надежда на спасение западной цивилизации связывалась с возвышенными иудаистскими концепциями благости и прогрессивными эллинскими представлениями о красоте.

Христианская религия – это религия о жизни и учениях Христа. Она основана на теологии иудаизма, модифицирована через усвоение некоторых учений зороастризма и греческой философии и сформулирована, в первую очередь, тремя индивидуумами: Филоном, Петром и Павлом. Со времени Павла она претерпела целый ряд эволюционных изменений и настолько пропиталась западным духом, что многие неевропейские народы совершенно естественно смотрят на христианство как на чужеродное откровение чужеродного Бога для чужеродцев.

Ислам является религиозно-культурной общностью северной Африки, Леванта и юго-восточной Азии. Именно еврейская теология в сочетании с последующими христианскими учениями превратила ислам в монотеистическую религию. Приверженцы Магомета были озадачены прогрессивными учениями о Троице; им была непонятна доктрина о трех божественных личностях и едином Божестве. Попытка *внезапно* склонить эволюционный разум к восприятию прогрессивной богооткровенной истины всегда сопряжена с большими трудностями. Человек – эволюционное создание и должен обрести свою религию в основном с помощью эволюционных методов.

В свое время поклонение предкам было явным прогрессом в религиозной эволюции, однако столь же удивителен, сколь и печален тот факт, что эта примитивная идея сохраняется в Китае, Японии и Индии наряду с обилием относительно более прогрессивных взглядов, например, буддизмом и индуизмом. На Западе поклонение предкам переросло в преклонение перед национальными богами и почитание народных героев. В двадцатом веке эта националистическая религия преклонения перед героями проявляется в различных радикальных и националистических светских течениях, характерных для многих рас и народов Запада. Схожее отношение встречается в знаменитых университетах и крупных промышленных сообществах англоязычных народов. Не слишком далека от таких представлений идея о том, что религия является всего лишь «общим стремлением к счастливой жизни». «Национальные религии» – это не более, чем возврат к древнеримскому поклонению перед императором и к синтоизму, поклонению государству в образе императорской семьи.

7. ДАЛЬНЕЙШАЯ ЭВОЛЮЦИЯ РЕЛИГИИ

Религия никогда не сможет стать научным фактом. Философия действительно способна опираться на научную основу, однако религия всегда будет либо эволюционной, либо богооткровенной, либо может быть их сочетанием, каковой она является в сегодняшнем мире.

Новые религии не изобретаются: они либо созревают, либо возникают как *внезапное откровение*. Все новые эволюционные религии являются лишь развивающимися отражениями древних вероучений, новыми адаптациями и приспособлениями. Старое не прекращает существовать; оно сливается с новым, подобно тому как сикхизм зародился и расцвел на почве и из форм индуизма, буддизма, ислама и других культов того времени. Первобытная религия отличалась большой демократичностью: дикарь с легкостью заимствовал и делился. Только с появлением богооткровенной религии возник теологический эготизм с его диктаторством и нетерпимостью.

Все многочисленные религии Урантии хороши в той мере, в какой они приводят человека к Богу и позволяют человеку осознать Отца. Для любой группы верующих было бы заблуждением считать, что их вероучение является *Истиной*. Такие воззрения говорят больше о теологическом невежестве, чем об убежденности веры. Не существует ни одной урантийской религии, которая не могла бы с пользой для себя изучать и усваивать лучшие из истин, содержащихся во всех других вероучениях, ибо все они содержат истину. Верующие добились бы большего успеха, заимствуя лучшее из живой духовной веры своих ближних, чем понося то худшее, что до сих пор присутствует в их суевериях и изживших себя ритуалах.

Все эти религии появились в результате различной интеллектуальной реакции людей на одинаковое духовное руководство. Они никогда не добьются единообразия учений, догматов и ритуалов, ибо всё это интеллектуально. Однако они способны достичь, и когда-нибудь достигнут, единства истинного поклонения вселенскому Отцу, ибо оно духовно, а в духе – и такова извечная истина – все люди равны.

Ценности, осознаваемые примитивной религией, во многом были материальными, но цивилизация возвышает религиозные ценности, ибо истинная религия – это посвящение себя служению значительным и высшим ценностям. По мере развития религии этика становится философией морали, а мораль – средством самодисциплины, опирающейся на критерии высших значений и ценностей – божественные и духовные идеалы. Так религия становится стихийной и возвышенной приверженностью, тем живым опытом, который дается преданностью любви.

Качество религии определяется следующими факторами:

1. Уровневые ценности – преданность.

2. Глубина значений – повышение чувствительности индивидуума к идеалистическому восприятию этих высших ценностей.

3. Интенсивность посвящения – степень приверженности этим божественным ценностям.

4. Свободный прогресс личности по космическому пути идеалистической духовной жизни, осознание статуса Божьего сына и нескончаемое развитие в статусе гражданина вселенной.

Развитие религиозных значений в самосознании ребенка происходит тогда, когда он переносит свои представления о всемогуществе с родителей на Бога. И весь религиозный опыт такого ребенка зависит от того, что преобладало в его отношениях с родителями: страх или любовь. Рабам всегда было чрезвычайно трудно превратить свой страх перед хозяином в любовь к Богу. Цивилизация, наука и прогрессивные религии должны освободить человечество от этих страхов, порожденных тем благоговейным ужасом, который вызывали природные явления. Поэтому просвещение должно избавить образованных смертных от всякой зависимости от посредников в общении с Божеством.

Эти промежуточные стадии идолопоклоннических колебаний в переносе благоговения с человеческого и видимого на божественное и невидимое неизбежны, однако к их сокращению должно привести осознание помощи и служения внутреннего божественного духа. Тем не менее, огромное влияние на человека оказывали не только его представления о Божестве, но и характер героев, избранных им для почитания. Весьма прискорбно, что те, кто стал чтить божественного и воскресшего Христа, не заметили человека, доблестного и отважного героя – Иешуа бен Иосифа.

Современный человек обладает адекватным религиозным самосознанием, но его вероисповедные обычаи запутаны и дискредитированы ускоренными социальными метаморфозами и беспрецедентным развитием науки. Думающим мужчинам и женщинам нужна переосмысленная религия, и эта потребность заставит религию пересмотреть свои ценности.

Современным людям приходится в большей степени корректировать человеческие ценности при жизни одного поколения, чем это было сделано за последние две тысячи лет. Всё это влияет на общественное отношение к религии, ибо религия есть и образ жизни, и способ мышления.

Истинная религия всегда должна одновременно являться вечным фундаментом и путеводной звездой для всех устойчивых цивилизаций.

[Представлено Мелхиседеком Небадона.]

ДОКУМЕНТ 93

МАКИВЕНТА МЕЛХИСЕДЕК

Мелхиседеки широко известны как чрезвычайные Сыны ввиду поразительно большого спектра функций, выполняемых ими в мирах локальной вселенной. При возникновении любой экстраординарной ситуации или при необходимости предпринять нечто исключительное, за выполнение задания часто берется один из Мелхиседеков. Отличительным свойством Сынов этой категории является способность действовать в чрезвычайных обстоятельствах и на самых различных уровнях вселенной, вплоть до физического уровня проявления личности. Такой же широкой способностью функционального изменения личности обладают, в некоторой степени, только Носители Жизни.

Вселенские Сыны категории Мелхиседеков были необычайно активны на Урантии. Корпус из двенадцати Мелхиседеков служил здесь вместе с Носителями Жизни. Следующий корпус из двенадцати Сынов начал исполнять обязанности планетарных распорядителей вскоре после отступничества Калигастии и оставался у власти вплоть до прибытия Адама и Евы. После проступка Адама и Евы эти двенадцать Мелхиседеков вернулись на Урантию и продолжали служить в качестве планетарных распорядителей до тех пор, пока Иисус Назарянин, как Сын Человеческий, не стал номинальным Планетарным Князем Урантии.

1. ИНКАРНАЦИЯ МАКИВЕНТЫ

В течение тысячелетий после неудачной адамической миссии на Урантии, существовала опасность полной утраты богооткровенной истины. Несмотря на свой интеллектуальный прогресс, человеческие расы постепенно регрессировали в духовном отношении. Около 3000 года до нашей эры представление о Боге стало весьма расплывчатым в сознании человека.

Двенадцать распорядительских Мелхиседеков знали о предстоящем посвящении Михаила на их планете, однако они не знали, как скоро это произойдет. Поэтому, после серьезного совещания, они направили Всевышним Эдемии прошение о принятии мер для сохранения на Урантии света истины. Их просьба была отклонена распоряжением, гласившим, что «ведение дел на 606-й планете Сатании находится в руках распорядительских Мелхиседеков». После этого распорядители обратились за помощью к Отцу-Мелхиседеку, но им пришлось довольствоваться советом действовать по своему усмотрению, укрепляя истину наиболее приемлемым способом вплоть «до прибытия посвященческого Сына», который «восстановит планетарные права, покончив с бесправием и неопределенностью».

Именно из-за того, что Мелхиседекам пришлось полностью положиться на собственные силы, один из планетарных распорядителей – Макивента Мелхиседек – вызвался совершить то, что было совершено только шесть раз за всю историю Небадона: воплотиться на земле в качестве смертного обитателя данного мира, посвятить себя оказанию планетарной помощи в роли чрезвычайного Сына. Салвингтонские власти дали согласие на проведение эксперимента, и в Палестине, неподалеку от того места, где предстояло появиться городу Салиму, произошла фактическая инкарнация Макивенты Мелхиседека. Вся процедура материализации этого Сына-Мелхиседека была выполнена планетарными распорядителями при участии Носителей Жизни, некоторых Главных Физических Регуляторов и других небесных личностей, постоянно обитающих на Урантии.

2. САЛИМСКИЙ МУДРЕЦ

Посвящение Макивенты человеческим расам Урантии состоялось за 1973 года до рождения Иисуса. Его появление было непримечательным; его материализация прошла незаметно для человеческих глаз. Впервые смертный человек увидел его в тот памятный день, когда он вошел в палатку Амдона, – халдейского пастуха шумерского происхождения. Он объявил о своей миссии простыми словами, обращенными к этому пастуху: «Я – Мелхиседек, священник Эль-Эльона, Всевышнего, единственного Бога».

Когда пастух пришел в себя от изумления, он забросал незнакомца вопросами, после чего попросил Мелхиседека разделить с ним трапезу. И впервые за весь свой долгий путь во вселенной Макивента вкусил материальной пищи, еды, которой предстояло поддерживать его на протяжении девяносто четырех лет жизни в качестве материального существа.

В ту ночь, во время беседы под звездами, Мелхиседек приступил к своей миссии по раскрытию истины о реальности Бога, когда, широко взмахнув рукой, он повернулся к Амдону и сказал: «Эль-Эльон, Всевышний – это божественный создатель звезд на небосводе, равно как и этой земли, на которой мы живем, и он есть также верховный Бог на небесах».

За несколько лет Мелхиседек собрал вокруг себя группу учеников, последователей и верующих, которые образовали ядро будущей салимской общины. Вскоре по всей Палестине он уже был известен как священник Эль-Эльона – Всевышнего – и салимский мудрец. В окружающих племенах его часто называли салимским шейхом, или царем. Салим был тем местом, который после исчезновения Мелхиседека превратился в город Иевус, впоследствии названный Иерусалимом.

По своей внешности Мелхиседек напоминал представителя смешанных нодитских и шумерских народов того времени; его рост составлял около шести футов, и он имел внушительный вид. Он говорил на халдейском и владел полдюжиной других языков. Своей манерой одеваться он походил на ханаанских жрецов, за исключением того, что на груди он носил эмблему из трех концентрических колец – принятый в Сатании символ Райской Троицы. В течение его служения эта эмблема стала для его последователей настолько священной, что они не смели пользоваться ею, и вскоре, по прошествии нескольких поколений, она была забыта.

Хотя по своему образу жизни Макивента не отличался от мужчин данного мира, он не только остался неженатым, но и не мог бы оставить на земле потомство. Несмотря на то что его физическое тело напоминало тело человека мужского пола, в действительности оно относилось к тому же типу специально созданных тел, которыми пользовались сто материализованных членов персонала Князя Калигастии, за исключением того, что оно не содержало в себе жизненной плазмы какой-либо человеческой расы. Не было на Урантии и древа жизни. Если бы Макивента остался на земле на длительное время, его физический механизм стал бы постепенно разрушаться. Однако он завершил свою посвященческую миссию в возрасте девяноста четырех лет – задолго до того, как могла бы начаться дезинтеграция его материального тела.

Инкарнированный Мелхиседек получил Настройщика Мышления, который пребывал в этой сверхчеловеческой личности в качестве временно́го наблюдателя и наставника плоти, набираясь опыта и практически знакомясь с урантийскими проблемами и методикой пребывания в инкарнированном Сыне. Именно данный опыт позволил этому духу Отца столь доблестно функционировать в человеческом разуме последующего Божьего Сына, Михаила, когда он появился на земле в образе смертного. Это единственный Настройщик Мышления, который действовал в разуме двух существ на Урантии, однако оба разума были как божественными, так и человеческими.

На протяжении своей инкарнации во плоти Макивента поддерживал полноценную связь с одиннадцатью членами корпуса планетарных попечителей, но он не мог сообщаться с другими категориями небесных личностей. За исключением контактов с распорядительскими Мелхиседеками, возможности Макивенты устанавливать связь со сверхчеловеческими разумными существами не отличались от возможностей человека.

3. УЧЕНИЯ МЕЛХИСЕДЕКА

По прошествии десяти лет Мелхиседек создал свои школы в Салиме, взяв за образец древнюю систему, выработанную древними сифитскими священниками второго Эдема. Даже понятие десятины, введенное позднее новообращенным Авраамом, было также почерпнуто из уцелевших преданий, рассказывавших о методах древних сифитов.

Мелхиседек учил концепции единого Бога, всеобщего Божества, однако он позволил людям связать это учение с Отцом Созвездия Норлатиадек, которого он назвал Эль-Эльон – Всевышний. Мелхиседек хранил почти полное молчание в отношении статуса Люцифера и положения дел на Иерусеме. Только после того, как завершилось посвящение Михаила, Ланафорг – Властелин Системы – начал активно заниматься проблемами Урантии. Для большинства учеников Салима Эдемия была небесами, а Всевышний – Богом.

Три концентрических кольца, взятых Мелхиседеком в качестве символа своего посвящения, большинством учеников были истолкованы как символ трех царств: людей, ангелов и Бога. Им было позволено оставаться в этом убеждении. За всё пребывание Мелхиседека на земле лишь несколько его последователей узнали, что эти три кольца символизируют бесконечность, вечность и всеобщность Райской Троицы – источника божественной поддержки и руководства. Даже Авраам склонялся к тому, что эта эмблема обозначает трех Всевышних Эдемии, и ему было поведано, что трое Всевышних действуют, как один. Обучая концепции Троицы, символически выраженной этой эмблемой, Мелхиседек обычно соотносил ее с тремя правителями категории Ворондадеков созвездия Норлатиадек.

Общаясь со своими неискушенными последователями, Мелхиседек ограничивал свое учение фактом правления Всевышних Эдемии – Богов Урантии. Однако некоторых людей он учил более сложной истине, рассказывая о руководстве и организации локальной вселенной, а своему блестящему последователю Нордану Кенеянину и его группе усердных учеников он раскрывал истины о сверхвселенной и даже о Хавоне.

Члены семьи Катро, в которой Мелхиседек прожил более тридцати лет, знали многие из более высоких истин и хранили их в своем роду вплоть до рождения их прославленного потомка Моисея, который унаследовал от них увлекательное предание о времени Мелхиседека. Это предание передавалось из поколения в поколение со стороны отца, а также – через другие источники – со стороны матери.

Мелхиседек учил своих последователей всему тому, что они могли воспринять и усвоить. Даже многие современные религиозные идеи о небесах и земле, о человеке, Боге и ангелах недалеко ушли от этих учений Мелхиседека. Однако этот великий учитель подчинил всё доктрине единого Бога – вселенского Божества, небесного Создателя, божественного Отца. Делая акцент именно на этом учении, Мелхиседек апеллировал к человеческой потребности в поклонении, а также готовил путь для последующего появления Михаила как Сына того же Всеобщего Отца.

Мелхиседек учил, что в назначенный час другой Божий Сын придет, как и он, во плоти, но что он родится от женщины. Именно поэтому многочисленные последующие учители считали, что Иисус является священником, или священнослужителем, «навек подобным Мелхиседеку».

Так Мелхиседек создал предпосылки монотеистического развития мира и проложил путь к посвящению подлинного Райского Сына единого Бога, столь ярко описанного им как Отца всего сущего и представленного Аврааму как Бога, готового принять человека с единственным условием: личной верой. И когда Михаил появился на земле, он подтвердил всё, чему учил Мелхиседек в отношении Райского Отца.

4. РЕЛИГИЯ САЛИМА

Обряды салимского вероисповедания были очень простыми. Каждый человек, ставивший свою подпись или личный знак на глиняных табличках – списках паствы Мелхиседека, – заучивал и принимал следующее вероучение:

1. Я верю в Эль-Эльона, Всевышнего Бога, единственного Всеобщего Отца и Создателя всего сущего.

2. Я принимаю завет Мелхиседека со Всевышним, который одаряет меня Божьим благоволением за мою веру, а не за жертвоприношения или всесожжения.

3. Я обещаю выполнять семь заповедей Мелхиседека и рассказывать всем людям благую весть об этом завете со Всевышним.

В этом и заключался символ веры салимской общины. Однако даже такая короткая и простая декларация веры была слишком сложной и прогрессивной для людей того времени. Они просто не могли понять, как можно получить божественное благоволение ни за что, – с помощью веры. Они были слишком уверены в том, что человек рождается должником перед богами. Слишком долго и слишком убежденно они приносили свои жертвы и дары жрецам, чтобы быть способными понять благую весть: спасение – божественное благоволение – есть бесплатный дар всем тем, кто верит в завет Мелхиседека. Уже то, что Авраам – пусть и не до конца – верил, «вменили ему в праведность».

Семь заповедей, провозглашенных Мелхиседеком, были составлены в духе древнего высшего закона Даламатии и очень напоминали семь наставлений, которым учили в первом и втором Эдеме. Вот как звучали заповеди религии Салима:

1. Не поклоняйся никакому Богу, кроме Всевышнего Создателя небес и земли.

2. Не сомневайся в том, что вера является единственным условием вечного спасения.

3. Не произноси ложного свидетельства.

4. Не убивай.

5. Не кради.

6. Не прелюбодействуй.

7. Почитай своих родителей и старших.

Хотя в общине запрещалось жертвоприношение, Мелхиседек хорошо понимал, сколь нелегко искореняются старые обычаи, и мудро предложил этим людям хлеб и вино вместо прежнего жертвоприношения плоти и крови. Написано: «Мелхиседек, царь Салимский, вынес хлеб и вино». Однако даже это осторожное нововведение не увенчалось полным успехом. На окраинах Салима у каждого из различных племен были свои дополнительные центры, где они совершали жертвоприношения и устраивали всесожжения. Даже Авраам прибег к этой варварской практике после победы над Кедорлаомером: он просто не мог успокоиться, пока не принес традиционную жертву. И Мелхиседеку так и не удалось полностью искоренить эту склонность к жертвоприношениям из религиозных обрядов своих последователей, в том числе и Авраама.

Как и Иисус, Мелхиседек строго придерживался своей посвященческой миссии. Он не пытался изменить нравы и обычаи мира, усовершенствовать гигиенические нормы или научные истины. Он пришел, чтобы выполнить две задачи: сохранить истину о едином Боге и подготовить путь для последующего смертного посвящения Райского Сына этого Всеобщего Отца.

На протяжении девяноста четырех лет Мелхиседек учил в Салиме основам богооткровенной истины, и в течение этого времени Авраам трижды посещал занятия в его школе. В итоге он принял вероучение Салима, став одним из самых блестящих учеников и главных сторонников Мелхиседека.

5. ИЗБРАНИЕ АВРААМА

Хотя говорить об «избранном народе», возможно, и является заблуждением, не будет ошибкой назвать Авраама избранным человеком. Мелхиседек действительно возложил на Авраама ответственность за сохранение истины о едином Боге в противоположность господствовавшей вере во многие божества.

Выбор Палестины в качестве места деятельности Мелхиседека отчасти объяснялся желанием войти в контакт с человеческой семьей, заключавшей в себе потенциал лидерства. Ко времени инкарнации Мелхиседека на земле было много семей, так же хорошо подготовленных к восприятию салимского учения, как и семья Авраама. Не менее одаренные семьи существовали среди красных и желтых людей, а также потомков андитов к западу и северу. С другой стороны, ни один из этих районов не был столь же благоприятно расположен для грядущего появления Михаила на земле, как восточное побережье Средиземного моря. Миссия Мелхиседека в Палестине и последующее появление Михаила среди иудеев в огромной мере определялись географией – расположением Палестины в центре торговли, путешествий и цивилизации той эпохи.

В течение некоторого времени распорядительские Мелхиседеки изучали прародителей Авраама, и они были уверены в том, что в одном из поколений появятся отпрыски, отличающиеся умом, инициативностью, прозорливостью и прямотой. Дети Фарры – отца Авраама – отвечали всем этим ожиданиям. Именно возможность установить связь с этими разносторонними детьми имела большое значение для появления Макивенты в Салиме, а не в Египте, Китае, Индии или среди северных племен.

Фарра и вся его семья не были безоговорочными сторонниками религии Салима, которая проповедовалась в Халдее. Они узнали о Мелхиседеке из проповеди

Овида – финикийского учителя, возвещавшего салимские учения в Уре. Они вышли из Ура с намерением направиться прямо в Салим, но брат Авраама, Нахор, не видевший Мелхиседека, не проявил особого энтузиазма и уговорил их задержаться в Харане. Прошло много времени после их прибытия в Палестину, прежде чем они согласились уничтожить *всех* принесенных с собой домашних богов; лишь постепенно они заменили множество месопотамских богов на одного Бога Салима.

Через несколько недель после смерти отца Авраама, Фарры, Мелхиседек послал одного из своих учеников, Ярама Хеттеянина, чтобы тот передал Аврааму и Нахору следующее приглашение: «Приходите в Салим, чтобы услышать наши учения, – истину о вечном Творце; и в вашем, братья, просвещенном потомстве будет благословлен весь мир». Что касается Нахора, то он не до конца принял евангелие Мелхиседека. Он остался и построил сильный город-государство, названный его именем. Однако племянник Авраама, Лот, решил отправиться вместе со своим дядей в Салим.

После прибытия в Салим Авраам и Лот остановились в крепости, находившейся на возвышенности неподалеку от города. Здесь они могли защитить себя от многочисленных неожиданных набегов северных племен. В те времена хеттеи, ассирийцы, филистимляне и другие группы постоянно нападали на племена центральной и южной Палестины. Из своего укрепления Авраам и Лот совершали частые паломничества в Салим.

Вскоре после того как Авраам и Лот обосновались неподалеку от Салима, они отправились в долину Нила, чтобы запастись пищей, ибо в Палестине в то время была засуха. Во время их короткого посещения Египта Авраам обнаружил, что на египетском троне сидит его дальний родственник, и возглавил два триумфальных военных похода этого царя. В течение последнего периода пребывания на Ниле Авраам и его жена Сара жили при дворе, и перед тем, как покинуть Египет, он получил причитавшуюся ему часть трофеев, взятых в военных походах.

От Авраама потребовалась огромная решительность, чтобы отказаться от почестей египетского двора и вернуться к более духовному труду, начатому Макивентой. Однако Мелхиседека почитали и в Египте, и когда фараон услышал подробный рассказ Авраама, он обратился к нему с настоятельным советом вернуться, чтобы исполнить свою клятву – служить делу Салима.

Авраам вынашивал величественные и честолюбивые планы, и, возвращаясь из Египта, он познакомил Лота со своим замыслом: подчинить себе весь Ханаан и привести его народы под власть Салима. Лот больше склонялся к деловой жизни; поэтому, после одного из очередных разногласий, он вернулся в Содом, чтобы заняться торговлей и животноводством. Лоту не нравилась ни военная, ни пастушеская жизнь.

Вернувшись со своей семьей в Салим, Авраам приступил к тщательной подготовке военных планов. Вскоре он был признан гражданским правителем территории Салима. Под его началом находилась конфедерация из семи соседних племен. С большим трудом Мелхиседеку удалось удержать Авраама, который горел желанием идти вперед и с помощью меча объединить соседние племена, чтобы они могли побыстрее узнать истины Салима.

Мелхиседек поддерживал мирные отношения со всеми соседними племенами; он не был сторонником военных мер и ни разу не был атакован армиями, которые двигались в различных направлениях. Он полностью соглашался с тем, что Аврааму следует продумать оборонную политику для Салима, подобно той, которая была принята позднее, но он не разделял далеко идущих захватнических планов своего ученика. Поэтому их отношения прервались, хотя они и расстались друзьями, и Авраам отправился в Хеврон, который он собирался превратить в свою военную столицу.

Благодаря близким отношениям с прославленным Мелхиседеком, Авраам пользовался огромным преимуществом перед окружающими царьками; все они почитали Мелхиседека и чрезвычайно боялись Авраама. Авраам знал об их страхе и дожидался только удобного случая, чтобы атаковать своих соседей. Таким поводом стало дерзкое нападение некоторых из этих правителей на владения племянника Авраама, Лота, который жил в Содоме. Услышав об этом, Авраам, во главе семи союзных племен, двинулся на врага. Настал черед его армии, которая насчитывала более 4000 человек; командные посты занимали 318 членов его личной охраны.

Когда Мелхиседек узнал об объявлении Авраамом войны, он отправился в путь, чтобы отговорить его, однако встретил своего бывшего ученика только тогда, когда тот возвращался с победой. Авраам утверждал, что Бог Салима принес ему победу над врагами, и настоял на выделении десятой части трофеев в салимскую казну. Остальные девяносто процентов он забрал в свою столицу Хеврон.

После этого сражения в Сиддимской долине Авраам стал вождем второй конфедерации из одиннадцати племен и не только платил десятину Мелхиседеку, но и следил за тем, чтобы так же поступали все окрестные племена. Его дипломатичные отношения с царем Содома, а также тот страх, который он повсюду вызывал, привели к тому, что содомский и другие цари присоединились к военной хевронской конфедерации; Авраам был действительно близок к своей цели – созданию в Палестине могущественного государства.

6. ЗАВЕТ МЕЛХИСЕДЕКА С АВРААМОМ

Целью Авраама было покорение всего Ханаана. Его решимость была поколеблена только тем, что Мелхиседек не одобрял этого замысла. Однако, когда Авраам совсем уже было решил приступить к осуществлению своего предприятия, он стал терзаться мыслью о том, что у него не было сына, который мог бы стать наследником будущего царства. Он договорился о новом свидании с Мелхиседеком. Именно в ходе этой встречи салимский священник, зримый Божий Сын, убедил Авраама отказаться от своих стремлений к материальным завоеваниям и бренной власти и обратиться к духовному представлению о небесном царстве.

Мелхиседек объяснил Аврааму всю тщетность борьбы с конфедерацией амореев, но столь же недвусмысленно дал понять, что безрассудные обычаи этих отсталых кланов ведут их к самоуничтожению, в результате чего через несколько поколений они будут настолько ослаблены, что потомки Авраама, к тому времени значительно возросшие в числе, смогут легко победить их.

Здесь, в Салиме, Мелхиседек официально заключил завет с Авраамом. Он сказал Аврааму: «Посмотри на небо и сосчитай звезды, если ты можешь счесть их; столько будет у тебя потомков». И Авраам поверил Мелхиседеку, и «это было вменено ему в праведность». И тогда Мелхиседек рассказал Аврааму о будущем покорении Ханаана его потомками после их временного пребывания в Египте.

Завет, который Мелхиседек заключил с Авраамом, представляет собой великий урантийский договор божественности с человеческим родом, в котором Бог соглашается выполнить *всё*; человек же соглашается только *верить* в обещания Бога и следовать его наказам. До сих пор считалось, что спасения можно добиться только делами – жертвами и подношениями; и вот Мелхиседек вновь возвестил на Урантии благую весть о том, что спасение – благоволение Бога – достигается *верой*. Однако, это евангелие простой веры в Бога было слишком прогрессивным; последующие семитские племена предпочли вернуться к более древней практике жертвоприношений и искупления грехов через пролитие крови.

Вскоре после заключения этого завета, в соответствии с обещанием Мелхиседека, у Авраама родился сын Исаак. С рождением Исаака Авраам стал чрезвычайно серьезно относиться к своему договору с Мелхиседеком и отправился в Салим, чтобы сформулировать завет в письменном виде. Именно в связи с этим публичным и официальным принятием завета Аврам изменил свое имя на Авраам.

Большинство салимских верующих практиковали обрезание, хотя Мелхиседек никогда не вменял этого в обязанность. И хотя Авраам всегда был ярым противником обрезаний, он решил придать своему договору с Мелхиседеком особую торжественность, официально одобрив этот ритуал в знак подтверждения салимского завета.

Именно после этого искреннего публичного отказа Авраама от личных амбиций во имя более значительных планов Мелхиседека три небесных существа явились перед ним в долине Мамре. Это событие является фактом, несмотря на его связь с более поздними вымыслами, имеющими отношение к естественному разрушению Содома и Гоморры. Легенды о событиях тех дней показывают, сколь отсталыми были мораль и этика даже в столь недавние времена.

После торжественного заключения завета Авраам и Мелхиседек полностью восстановили свои отношения. Авраам снова стал гражданским и военным правителем салимской колонии, численность которой в период расцвета составляла более ста тысяч членов братства Мелхиседека, регулярно плативших десятину. Авраам значительно улучшил салимский храм и обеспечил всю школу новыми палатками. Он не только расширил систему десятины, но и усовершенствовал многие методы организации занятий в школе, не считая своего огромного вклада в улучшение руководства миссионерской службой. Кроме того, он сделал многое для повышения поголовья скота и реорганизации в Салиме молочного хозяйства. Авраам был трезвым и умелым бизнесменом, богатым человеком для своего времени; он не отличался особой набожностью, однако был абсолютно искренним, и он верил в Макивенту Мелхиседека.

7. МИССИОНЕРЫ МЕЛХИСЕДЕКА

На протяжении нескольких лет Мелхиседек продолжал воспитывать своих учеников и готовить салимских миссионеров, которые проникли во все соседние племена, в особенности в Египет, Месопотамию и Малую Азию. С течением времени эти проповедники удалялись всё дальше от Салима, неся с собой евангелие Макивенты – веру в Бога и доверие к нему.

Потомки Адамсона, селения которых располагались по берегам озера Ван, охотно внимали хеттейским проповедникам салимского культа. Из этих мест, где некогда находился центр андитской культуры, проповедники направлялись в отдаленные районы Европы и Азии. Салимские миссионеры распространились по всей Европе и достигли даже Британских островов. Одна группа добралась до андонитов Исландии через Фарерские острова, в то время как другая пересекла Китай и достигла восточных островов, на которых обитали японцы. Жизнь и опыт отважных мужчин и женщин, отправлявшихся в путь из Салима, Месопотамии и с берегов озера Ван для просвещения племен восточного полушария, представляют собой героическую страницу в истории человеческого рода.

Но задача была столь громадной, а племена – столь отсталыми, что результаты были неясными и неопределенными. Из поколения в поколение, в различных местах, евангелие Салима попадало на благодатную почву, однако, за исключением Палестины, идея единого Бога так и не смогла завоевать устойчивого признания у целого племени или расы. Задолго до прихода Иисуса учения ранних салимских миссионеров оказались, в целом, растворенными в древних и более широко распространенных суевериях и поверьях. Изначальное евангелие Мелхиседека было почти полностью поглощено верованиями в Великую Мать, Солнце, а также другими древними культами.

Вы, кто пользуется сегодня преимуществами книгопечатания, плохо понимаете, сколь нелегко было поддерживать истину в те давние времена и с какой легкостью очередное поколение забывало новые учения своих предшественников. Существовала неизменная тенденция подчинять новые доктрины более древним религиозным учениям и магии. Новое откровение всегда оскверняется прежними эволюционными вероучениями.

8. УХОД МЕЛХИСЕДЕКА

Вскоре после разрушения Содома и Гоморры Макивента решил закончить свое чрезвычайное посвящение на Урантии. Решение о завершении пребывания во плоти было принято им под воздействием целого ряда обстоятельств, главным из которых была растущая тенденция окружающих племен и даже ближайших соратников относиться к нему как к полубогу, взирать на него как на сверхъестественное существо, кем он и являлся; однако в их отношении появилось чрезмерное благоговение и огромный суеверный страх. В дополнение к этим причинам, Мелхиседек хотел заблаговременно покинуть место своих земных трудов, с тем чтобы до смерти Авраама истина о едином и единственном Боге успела укрепиться в умах его последователей. Поэтому однажды вечером Макивента удалился на покой в свой шатер, пожелав своим человеческим спутникам доброй ночи, и когда они пришли к нему на следующее утро, его там не было, ибо его товарищи забрали его.

9. ПОСЛЕ УХОДА МЕЛХИСЕДЕКА

Внезапное исчезновение Мелхиседека стало огромным испытанием для Авраама. Несмотря на то что Макивента недвусмысленно предупреждал своих последователей о том, что однажды ему придется исчезнуть так же, как он когда-то появился, они не могли смириться с потерей своего замечательного вождя. Огромная организация, созданная в Салиме, почти полностью исчезла, хотя именно на предания об этих временах опирался Моисей, выводя иудейских рабов из Египта.

Утрата Мелхиседека опечалила сердце Авраама, и эта печаль не оставляла его до самой смерти. Он покинул Хеврон, отказавшись от своих планов создания материального царства, а теперь, потеряв своего соратника по созданию духовного царства, он покинул Салим, отправившись на юг, чтобы жить поближе к своим предприятиям в Гераре.

Сразу же после исчезновения Мелхиседека Авраама охватили страх и робость. Прибыв в Герар, он скрыл свое имя, в результате чего Авимелех присвоил себе его жену. (Однажды ночью, вскоре после своей женитьбы на Саре, Авраам подслушал заговорщиков, собиравшихся убить его, чтобы забрать его великолепную жену. Этот страх постоянно преследовал Авраама – вождя, отличавшегося неизменной храбростью и отвагой; всю свою жизнь он боялся, что его тайно убьют для того, чтобы завладеть Сарой. Этим объясняется, почему в трех отдельных случаях этот мужественный человек проявил настоящую трусость.)

Однако ничто не могло воспрепятствовать исполнению Авраамом своей миссии преемника Мелхиседека. Вскоре у него появились новообращенные среди филистимлян и подданных Авимелеха. Заключив с ними договор, он, в свою очередь, перенял от них много суеверий, в особенности – порочную практику принесения в жертву перворожденных мальчиков. Так Авраам вновь стал великим палестинским лидером. Перед ним преклонялись все группы, его чтили все цари. Он был духовным вождем всех окружающих племен, и его влияние сохранялось в течение некоторого времени после его смерти. В последние годы жизни он вернулся в Хеврон – в места своей прежней деятельности, где он трудился вместе с Мелхиседеком. Последним поступком Авраама была отправка доверенных слуг в находившийся на границе с Месопотамией город его брата Нахора, для того чтобы они подыскали среди одноплеменников женщину, которая стала бы женой его сыну Исааку. В течение долгого времени члены этого клана придерживались обычая вступать в брак со своими двоюродными братьями и сестрами. Авраам умер с твердой верой в Бога – той верой, которой его научил Мелхиседек в исчезнувших школах Салима.

Новому поколению было нелегко понять рассказ о Мелхиседеке. Не прошло и пятисот лет, как многие стали считать всё это повествование вымыслом. Исаак довольно точно придерживался учений своего отца и хранил верность евангелию салимской общины, но Иакову было труднее постичь смысл этих преданий. Иосиф твердо верил в Мелхиседека и, в основном по этой причине, пользовался у своих братьев репутацией мечтателя. Почести, оказанные Иосифу в Египте, во многом объяснялись памятью о его прадеде Аврааме. Иосиф получил предложение возглавить египетские армии, однако ввиду своей глубокой приверженности традициям Мелхиседека и последующим учениям Авраама и Исаака, он решил служить в качестве гражданского управляющего, будучи уверенным в том, что таким образом он сможет принести больше пользы для приближения небесного царства.

Учение Мелхиседека было полным и исчерпывающим, но письменные свидетельства о тех временах впоследствии казались иудейским священникам невероятными и фантастичными, хотя многие из них в какой-то мере понимали эти записи, по крайней мере, вплоть до того времени, когда в Вавилоне были внесены многочисленные изменения в текст Ветхого Завета.

То, что в Ветхом Завете представлено как беседы Авраама с Богом, в действительности было встречами Авраама с Мелхиседеком. Последующие писцы считали «Мелхиседек» синонимом «Бога». Упоминание многочисленных встреч Авраама и Сары с «ангелом Господним» относится к их частым посещениям Мелхиседека.

Иудейские рассказы об Исааке, Иакове и Иосифе намного достовернее рассказов об Аврааме, хотя и здесь есть много искажений фактов – умышленных и неумышленных изменений, внесенных при составлении этих повествований еврейскими священниками во время вавилонского плена. Хеттура не являлась женой Авраама; как и Агарь, она была всего лишь наложницей. Вся собственность Авраама перешла Исааку, сыну Сары – его законной жены. Авраам не был в столь преклонном возрасте, как об этом говорится в письменных свидетельствах, и его жена была значительно моложе. Их возраст был специально изменен, чтобы впоследствии представить рождение Исаака как чудо.

Национальное самомнение евреев было чрезвычайно ущемлено вавилонским пленом. Не желая мириться с чувством национальной неполноценности, они ударились в другую крайность – национальный и расовый эготизм, исказив и извратив свои предания с намерением вознести себя, как богоизбранный народ, над всеми расами. В связи с этим они тщательно исправили все свои свидетельства, чтобы поставить Авраама и других национальных вождей значительно выше всех остальных лиц, включая и самого Мелхиседека. Поэтому иудейские писцы уничтожили все имевшиеся в их распоряжении упоминания об этом важном периоде, сохранив только рассказ о встрече Авраама с Мелхиседеком после сиддимского сражения, которое, как они полагали, овеяло Авраама славой.

Так, забыв Мелхиседека, они забыли и учение этого чрезвычайного Сына о духовной миссии обещанного посвященческого Сына. Забвение характера этой миссии было столь полным и окончательным, что лишь немногие из их потомков смогли или пожелали узнать и принять Михаила, когда тот появился на земле во плоти, как и было предсказано Мелхиседеком.

Однако один из авторов «Послания к Евреям» понял миссию Мелхиседека, ибо сказано: «Этот Мелхиседек, священник Всевышнего, был также царем мира; без отца, без матери, без родословной, не имеющий ни начала дней, ни конца жизни, но сотворенный подобно Божьему Сыну, он неизменно остается священником». Этот автор назвал миссию Мелхиседека подобной последующему посвящению Михаила, подтвердив, что Иисус «стал священником навек, подобно Мелхиседеку». Хотя это сравнение и не совсем удачно, буквальной истиной было то, что Христос получил временные права на Урантию «по распоряжению двенадцати распорядительских Мелхиседеков», исполнявших свои обязанности во время его посвящения в этом мире.

10. НЫНЕШНИЙ СТАТУС МАКИВЕНТЫ МЕЛХИСЕДЕКА

В течение инкарнации Макивенты совет распорядительских Мелхиседеков Урантии функционировал в составе одиннадцати членов. Когда Макивента пришел к заключению, что его миссия в качестве чрезвычайного Сына подошла к концу, он сообщил об этом своим одиннадцати партнерам, которые сразу же приготовились использовать метод, с помощью которого ему предстояло освободиться от плоти и благополучно восстановить изначальное, присущее Мелхиседекам, состояние. И на третий день после исчезновения из Салима он появился среди своих одиннадцати товарищей по служению на Урантии и возобновил прерванную деятельность в качестве одного из планетарных распорядителей 606-й планеты системы Сатания.

Макивента завершил свое посвящение в качестве создания из плоти и крови так же внезапно и просто, как и начал. Ни появление, ни уход Мелхиседека не сопровождались какими-либо необычными оповещениями или знамениями; его появление на Урантии не было отмечено ни оглашением воскресших, ни завершением планетарного судного периода, ибо это посвящение было чрезвычайным. Но Макивента закончил свое пребывание во плоти только тогда, когда был должным образом освобожден от исполнения своих обязанностей Отцом-Мелхиседеком и информирован о том, что его чрезвычайное посвящение одобрено главой исполнительной власти Небадона, Гавриилом Салвингтонским.

Макивента Мелхиседек продолжал проявлять огромный интерес к делам потомков тех людей, которые приняли его учения в течение его жизни во плоти. Однако породнившиеся с кенеянами наследники Авраама и Исаака были единственной линией, в которой на протяжении длительного времени сохранялось более или менее ясное представление о салимских учениях.

Всё тот же Мелхиседек на протяжении девятнадцати последующих веков продолжал сотрудничать со многими пророками и провидцами, стремясь сохранить салимские истины, пока не пробил час для появления на земле Михаила.

Макивента оставался в должности планетарного распорядителя вплоть до триумфа Михаила на Урантии. Впоследствии он был прикреплен к урантийской службе на Иерусеме в качестве одного из двадцати четырех управляющих и только недавно был повышен до положения личного посланника Сына-Создателя на Иерусеме в должности Наместника Планетарного Князя Урантии. Мы полагаем, что полное возвращение Макивенты Мелхиседека к обязанностям, присущим данной категории сыновства, не произойдет до тех пор, пока Урантия будет оставаться обитаемой планетой, и он будет продолжать являться, выражаясь категориями времени, вечным планетарным священником, представляющим Христа Михаила.

Ввиду того, что посвящение Макивенты носило чрезвычайный характер, в архивах нет указаний на его будущую судьбу. Быть может, корпус Мелхиседеков Небадона навсегда потерял одного из своих членов. Недавние решения Всевышних Эдемии, подтвержденные впоследствии Древними Дней Уверсы, дают все основания предполагать, что этому посвященческому Мелхиседеку суждено занять место падшего Планетарного Князя Калигастии. Если наши предположения в этом отношении верны, то вполне возможно, что Макивента Мелхиседек лично явится на Урантию и в каком-то ином виде возьмет на себя обязанности свергнутого Планетарного Князя или же появится на земле, чтобы действовать в качестве наместника Планетарного Князя, представляющего Христа Михаила, который в настоящее время действительно носит звание Планетарного Князя Урантии. Хотя нам еще далеко не ясно, какой может быть судьба Макивенты, произошедшие совсем недавно события убедительно свидетельствуют в пользу того, что подобные предположения, вероятно, недалеки от истины.

Мы хорошо понимаем, каким образом Михаил, благодаря своему триумфу на Урантии, стал преемником и Калигастии, и Адама – каким образом он стал планетарным Князем Мира и вторым Адамом. И теперь мы видим, как этому Мелхиседеку присуждается звание Наместника Планетарного Князя Урантии. Будет ли он назначен также Наместником Материального Сына Урантии? Возможно ли, что произойдет беспрецедентное и неожиданное событие – возвращение на планету Адама и Евы или некоторых их потомков в качестве представителей Михаила с правами наместников второго Адама Урантии?

Все эти предположения – в сочетании с уверенностью в будущем явлении как Сына-Арбитра, так и Троичного Сына-Учителя, а также ввиду недвусмысленного обещания Сына-Создателя вернуться, – превращают Урантию в планету неопределенного будущего и одну из наиболее интересных и загадочных сфер во всей вселенной Небадон. Вполне возможно, что в одну из будущих эпох, с приближением Урантии к эре света и жизни и завершением рассмотрения обстоятельств восстания Люцифера и предательства Калигастии судебными инстанциями, мы сможем стать свидетелями одновременного присутствия на Урантии Макивенты, Адама, Евы и Христа Михаила, а также либо Сына-Арбитра, либо даже Троичных Сынов-Учителей.

Существа нашей категории уже давно считают, что присутствие Макивенты в составе иерусемского корпуса управляющих Урантии – совета двадцати четырех – является достаточным свидетельством для подтверждения нашей уверенности в том, что ему суждено и далее сопровождать смертных Урантии, согласно вселенскому плану развития и восхождения, вплоть до Райского Корпуса Завершения. Мы знаем, что этот путь уготован Адаму и Еве, которые присоединятся к своим земным товарищам в их путешествии к Раю после того, как Урантия утвердится в свете и жизни.

Менее тысячи лет тому назад всё тот же Макивента Мелхиседек, бывший некогда салимским мудрецом, в течение ста лет незримо присутствовал на Урантии в должности губернатора этой планеты; и если нынешняя система руководства планетарными делами сохранится, ему предстоит вернуться сюда в том же качестве по прошествии чуть более тысячи лет.

Таков рассказ о Макивенте Мелхиседеке – одной из самых уникальных фигур в истории Урантии, личности, которой, возможно, предстоит сыграть важную роль в грядущих событиях вашего необычного и удивительного мира.

[Представлено Мелхиседеком Небадона.]

ДОКУМЕНТ 94

УЧЕНИЯ МЕЛХИСЕДЕКА НА ВОСТОКЕ

Древние проповедники салимской религии добирались до самых отдаленных племен Африки и Евразии, неизменно проповедуя евангелие Макивенты о вере человека в единого вселенского Бога и доверии к нему как единственной плате за божественное благоволение. Вся ранняя миссионерская деятельность салимского и других центров строилась по образцу завета Мелхиседека с Авраамом. Ни одна урантийская религия не располагала такими же увлеченными и энергичными миссионерами, как эти благородные мужчины и женщины, которые несли учения Мелхиседека во все уголки восточного полушария. Эти миссионеры, набранные среди многих народов и рас, распространяли свои учения в основном через местных прозелитов. Во многих местах они создавали подготовительные центры, в которых обучали местных жителей салимской религии и направляли этих учеников к своим народам в качестве учителей.

1. САЛИМСКИЕ УЧЕНИЯ В ВЕДИЧЕСКОЙ ИНДИИ

Во времена Мелхиседека Индия была космополитической страной, которая незадолго до того оказалась под политическим и религиозным господством арийско-андитских захватчиков, вторгшихся сюда с севера и запада. В то время только северные и западные части полуострова представляли собой районы сплошного расселения ариев. Эти ведические пришельцы принесли с собой многочисленных племенных божеств. Их религиозные обряды напоминали ритуалы их более древних андитских предков: отец по-прежнему действовал в качестве жреца, мать – жрицы, а семейный очаг служил жертвенником.

В то время ведический культ развивался и видоизменялся под руководством касты брахманов – учителей-жрецов, постепенно подчинявших себе весь расширяющийся ритуал поклонения. Процесс слияния существовавших некогда тридцати трех арийских божеств шел полным ходом, когда салимские миссионеры достигли северной части Индии.

Политеизм этих ариев представлял собой деградацию их более раннего монотеизма, что произошло после разделения на племена, каждое из которых поклонялось своему богу. В течение первых веков второго тысячелетия до Христа перерождение изначального монотеизма и тринитарности андитской Месопотамии проходило стадию повторного синтеза. Многочисленные боги были организованы в пантеон под триединым началом Дьяуса-отца – владыки небес, Индры – буйного владыки атмосферы, и Агни – трехглавого бога огня, владыки земли, остаточного символа более древнего представления о Троице.

Явные генотеистические тенденции прокладывали путь развитому монотеизму. Древнейшее из божеств – Агни – нередко становилось отцом-главой всего пантеона. Принцип отца-божества, иногда называемого Праджапати, иногда именуемого Брахмой, исчез в последующей теологической борьбе брахманских жрецов с салимскими учителями. *Брахман* представлялся как принцип энергии-божественности, активирующей весь ведический пантеон.

Салимские миссионеры проповедовали единого Бога Мелхиседека – Всевышнего небес. Такое представление не расходилось с нарождавшейся концепцией

Отца-Брахмы как источника всех богов, однако салимская доктрина была неритуалистической и потому шла вразрез с догматами, традициями и учениями брахманского жречества. Брахманские жрецы никогда не смогли бы принять салимское учение о спасении через веру, о благоволении Бога без ритуалов и жертвоприношений.

Отказ от евангелия Мелхиседека о доверии к Богу и спасении через веру сыграл решающую роль в истории Индии. Салимские миссионеры много сделали для развенчания веры во всех древних богов ведизма, но вожди – ведические жрецы – отказались принять учение Мелхиседека о едином Боге и единой, простой вере.

Для борьбы с салимскими проповедниками брахманы отобрали часть своих священных писаний того времени, и эта компиляция, в ее более поздней редакции, дошла до современности как Ригведа – одна из древнейших священных книг. За ней последовали вторая, третья и четвертая веды, ибо брахманы стремились закрепить, формализовать и увековечить ритуалы поклонения и жертвоприношения в народах того времени. По красоте концепции и истинности постижения, лучшие из этих писаний равны любому другому собранию текстов схожего характера. Однако с проникновением в эту более развитую религию тысяч и тысяч суеверий, культов и ритуалов южной Индии она всё больше превращалась в самую разношерстную теологическую систему, когда-либо созданную смертным человеком. Изучение вед вскрывает некоторые из самых высоких и самых низких представлений о Божестве, которые только можно вообразить.

2. БРАХМАНИЗМ

С проникновением салимских миссионеров на юг, в заселенный дравидами Декан, они столкнулись с растущей кастовой системой, созданной ариями для предотвращения утраты расовой идентичности из-за наплыва вторичных сангикских племен. Ввиду того, что самой сущностью данной системы была каста брахманских жрецов, это социальное устройство чрезвычайно замедлило успехи салимских учителей. Кастовая система не смогла спасти арийскую расу, но ей удалось увековечить брахманов, которые, в свою очередь, сохранили свою религиозную гегемонию в Индии вплоть до нынешних времен.

И теперь, с ослаблением ведизма из-за отказа от более высокой истины, культ ариев стал подвергаться всё большим посягательствам со стороны Декана. В отчаянной попытке сдержать эту волну, грозившую уничтожить их как расу и предать забвению их религию, каста брахманов попыталась вознести себя над всем остальным. Они учили, что жертвоприношение божеству само по себе было всесильным и всемогущим по своей эффективности. Они провозгласили двумя основополагающими божественными принципами вселенной божество Брахмана и брахманское жречество. Ни в одном другом народе Урантии жрецы не брали на себя смелость вознестись даже над своими богами, присвоить себе почести, причитавшиеся их богам. Однако в своих претенциозных утверждениях они зашли так далеко, что вся эта сомнительная система рухнула под натиском примитивных культов окружающих, менее развитых цивилизаций. Неблагоразумное высокомерие жрецов повергло всю Индию в пучину инерции и пессимизма, поглотившую и само огромное ведическое жречество.

Чрезмерное сосредоточение на «я» неизбежно привело к страху перед неэволюционным увековечением «я» в бесконечном круговороте последовательных инкарнаций в образе человека, зверя или растения. Из всех пагубных верований, которые могли быть навязаны тому, что, возможно, являлось нарождавшимся монотеизмом, ни одно не было столь же отупляющим, как вера в переселение душ, привнесенная с дравидского Декана. Эта вера в повторяющиеся, утомительные и унылые переселения лишила борющихся смертных их давней и сокровенной надежды на обретение в смерти того освобождения и духовного прогресса, которые были частью их более древней ведической веры.

Вскоре после этого учения, ведущего к философской беспомощности, появилась доктрина вечного спасения от «я» через погружение во вселенский покой и мир в абсолютном единении с Брахманом – сверхдушой всего творения. Человеческие желания и устремления были, в сущности, отняты у людей и практически уничтожены. На протяжении более чем двух тысячелетий лучшие умы Индии стремились освободиться от всех желаний, что широко распахнуло дверь навстречу тем более поздним культам и учениям, которые, фактически, заключили души многих индийских народов в оковы духовной безнадежности. Из всех цивилизаций, ведоарийская заплатила самую страшную цену за отказ от салимского евангелия.

Одна только кастовость не могла увековечить религиозно-культурную систему ариев, и с проникновением низших религий Декана на север наступил век отчаяния и безнадежности. Именно в этот мрачный период появился и до сих пор существует культ неубиения. Многие из новых культов были откровенно атеистическими, утверждавшими, что спасение, насколько оно было возможным, достигалось только посредством собственных, самостоятельных усилий человека. Однако во многих положениях этой злополучной философии можно обнаружить остатки искаженных учений Мелхиседека и даже Адама.

Это было время составления последних священных книг индуизма – брахман и упанишад. Отвергнувшее учения о личной религии через опыт личной веры в единого Бога, оскверненное потоком разлагающих и ослабляющих культов и вероучений Декана с их антропоморфизмом и реинкарнацией, брахманское жречество выступило с бурным протестом против этих развращающих верований; появилось явное стремление к поиску *истинной реальности*. Брахманы принялись освобождать индийскую концепцию божества от антропоморфизма, но при этом они впали в тяжкое заблуждение, лишив свое представление о Боге личностного аспекта, в результате чего вместо величественного духовного идеала Райского Отца у них сложилось смутное метафизическое представление о всеохватном Абсолюте.

В своем стремлении к самосохранению брахманы отвергли единого Бога Мелхиседека, оставшись с гипотезой о существовании Брахмана – того неопределенного и обманчивого философского «я», того безличностного и бессильного *оно*, из-за которого духовная жизнь Индии с тех прискорбных дней и вплоть до двадцатого века пребывает в состоянии беспомощности и подавленности.

Именно в период создания упанишад в Индии появился буддизм. Однако, несмотря на его тысячелетний успех, он не мог состязаться с появившимся позднее индуизмом. Вопреки своей более высокой морали, ранние изображения Бога в буддизме были даже менее определенными, чем в индуизме, который признавал меньшее число божеств, обладавших к тому же личностными качествами. В итоге, в северной Индии буддизм уступил место воинственному исламу с его четким представлением об Аллахе как верховном Боге вселенной.

3. БРАХМАНСКАЯ ФИЛОСОФИЯ

Хотя высшая стадия брахманизма едва ли представляла собой религию, она поистине стала одним из наиболее возвышенных достижений смертного разума в области философии и метафизики. Отправившись на поиски конечной реальности, индийский разум не остановился, пока не затронул практически все аспекты теологии, за исключением важнейшей двуединой концепции религии: существования Всеобщего Отца всех вселенских созданий и реальности опыта восхождения во вселенной тех же созданий, стремящихся достичь вечного Отца, который повелел им быть такими же совершенными, каким является он сам.

В концепции Брахмана умы того времени действительно ухватились за идею некоего вездесущего Абсолюта, ибо этот постулат одновременно отождествлялся с созидательной энергией и космической реакцией. Считалось, что Брахман не поддается какому-либо определению и может быть понят только с помощью последовательного отрицания всех конечных свойств. Хотя концепция Брахмана несомненно являлась верой в абсолютное и даже бесконечное существо, данное представление было в принципе лишено личностных атрибутов и потому не могло быть воспринято через личный опыт верующих.

Брахман-Нараяна представлялся Абсолютом, бесконечным ОНО ЕСТЬ, изначальной созидательной силой потенциального космоса, Всеобщим «Я», существующим в статическом и потенциальном состоянии на протяжении всей вечности. Если бы философы того времени были способны сделать следующий шаг в создании своей концепции божества, если бы они смогли представить Брахмана как связующее и творческое начало, как личность, доступную для созданных и эволюционирующих существ, то такое учение могло бы стать наиболее развитым урантийским представлением о Божестве, ибо оно включало бы в себя пять первых уровней функционирования всеобъемлющего божества и, возможно, смогло бы предвосхитить два оставшихся.

В некоторых своих аспектах концепция Единой Всеобщей Сверхдуши как всеобъемлющей совокупности существования всех созданий вплотную подвела индийских философов к истине о Верховном Существе, но эта истина не принесла им пользы, ибо они не смогли разработать какого-либо обоснованного или рационального личного подхода к достижению своей теоретической монотеистической цели – Брахмана-Нараяны.

Со своей стороны, принцип кармы – принцип непрерывности причинности – весьма близок к истине об отражательном синтезе всех пространственно-временны́х действий в присутствии Божества Верховного Существа. Но вместо равноправного и личного достижения Божества индивидуальным верующим, этот постулат предусматривает лишь итоговое поглощение каждой личности Всеобщей Сверхдушой.

Кроме того, философия брахманизма вплотную приблизилась к осознанию внутреннего Настройщика Мышления, что, однако, привело лишь к извращению этой истины из-за ошибочности ее понимания. Учение о том, что душа является вселившимся в человека Брахманом, могло бы расчистить путь для прогрессивной религии, если бы это представление не было полностью испорчено верой в то, что человеческая индивидуальность не существует в отрыве от пребывающей в ней Всеобщей Индивидуальности.

В доктрине о слиянии индивидуальной души со Сверхдушой индийские теологи не оставили места для спасения чего-то человеческого, чего-то нового и неповторимого, чего-то такого, что рождалось бы от союза воли человека с волей Бога. Учение о возвращении души к Брахману созвучно истине о возвращении Настройщика в лоно Всеобщего Отца, однако есть нечто, отличное от Настройщика, что также продолжает жить, – моронтийный аналог человеческой личности. И это жизненно важное представление роковым образом отсутствовало в философии брахманизма.

Философия брахманизма приблизилась ко многим фактам вселенной и подошла к многочисленным космическим истинам, но она слишком часто становилась жертвой неспособности провести различие между несколькими уровнями реальности, такими как абсолютный, трансцендентальный и конечный. Она не смогла принять во внимание тот факт, что являющееся конечно-иллюзорным на абсолютном уровне может быть абсолютно реальным на конечном уровне. Кроме того, она не обратила никакого внимания на основополагающую личность Всеобщего Отца, с которым можно поддерживать личную связь на всех уровнях – от уровня эволюционного создания, с его ограниченным опытом общения с Богом, до уровня Вечного Сына, обладающего неограниченным опытом общения с Райским Отцом.

4. ИНДУИСТСКАЯ РЕЛИГИЯ

С течением столетий население Индии отчасти вернулось к древним ритуалам вед, модифицированных учениями миссионеров Мелхиседека и закрепленных впоследствии брахманскими жрецами. Эта древнейшая и самая космополитическая из мировых религий претерпела дальнейшие изменения под влиянием буддизма и джайнизма, а позднее – мусульманства и христианства. Однако ко времени своего появления в Индии учения Иисуса настолько пропитались культурой Запада, что стали считаться «религией белого человека», чуждой и инородной индуистскому сознанию.

В настоящее время индуистская теология описывает четыре нисходящих уровня божества и божественности:

1. *Брахман*: Абсолют, Бесконечное, ОНО ЕСТЬ.

2. *Тримурти*: верховная троица индуизма. В этом объединении первый член триады, *Брахма*, представляется самосозданным из Брахмана – бесконечности. Если бы не тесная связь с пантеистическим Бесконечным, Брахма мог бы стать основой для концепции Всеобщего Отца. Брахма также отождествляется с судьбой.

Поклонение второму и третьему членам триады, Шиве и Вишну, возникло в первом тысячелетии после Христа. *Шива* является владыкой жизни и смерти, богом плодородия и верховным разрушителем. *Вишну* исключительно популярен благодаря вере в то, что он периодически воплощается в облике человека. Таким образом, в воображении индийцев Вишну становится реальным и живым. Некоторые люди считают верховным божеством Шиву или Вишну.

3. *Ведические и постведические божества*. Многие из древних арийских богов, такие как Агни, Индра, Сома, сохранились как вторичные по отношению к трем членам Тримурти. Со времени древней ведической Индии появились многочисленные дополнительные боги, которые также вошли в индуистский пантеон.

4. *Полубожества*: сверхлюди, полубоги, герои, демоны, призраки, злые духи, привидения, чудовища, гоблины и святые более поздних культов.

Хотя индуизм уже давно неспособен вдохнуть новую жизнь в индийский народ, эта религия обычно отличалась терпимостью. Великая сила индуизма заключается в том факте, что он оказался самой адаптируемой и аморфной из всех религий, появившихся на Урантии. Он способен практически на бесконечные изменения и легко приспосабливается в необычайно широких пределах – от высоких и полумонотеистических рассуждений интеллектуального брахмана до неприкрытого фетишизма и примитивных культовых обрядов униженных и угнетенных классов невежественных верующих.

Индуизм сохранился потому, что в своей сущности он является неотъемлемой частью основы общественного строя Индии. В нём нет огромной иерархии, которую можно было бы потревожить или уничтожить; он тесно связан с образом жизни народа. Его способность приспосабливаться к изменяющимся условиям превосходит все остальные культы, и он демонстрирует свою толерантность, заимствуя из многих религий: Гаутама Будда и даже сам Христос считались воплощениями Вишну.

Сегодня в Индии существует настоятельная потребность в евангелии Иисуса – Отцовстве Бога и сыновстве, а также вытекающем из него братстве всех людей, что на личном уровне проявляется в добросердечии и общественном служении. В Индии есть философская структура и система вероисповедания; не хватает только живительного проблеска динамичной любви, описанной в изначальном евангелии Сына Человеческого – евангелии, очищенном от западных догм и доктрин, превративших посвященческую жизнь Михаила в религию белого человека.

5. БОРЬБА ЗА ИСТИНУ В КИТАЕ

По мере того, как салимские миссионеры продвигались по Азии, распространяя учения о Всевышнем Боге и спасении через веру, они впитывали многие аспекты философской и религиозной мысли различных стран. Однако учителя, посланные Мелхиседеком и его преемниками, не изменили своему долгу: они действительно достигли всех народов Евразийского континента и в середине второго тысячелетия до Христа прибыли в Китай. В течение более ста лет, в своем центре в районе Си-Фука, посланники Салима готовили китайских учителей, действовавших на всей территории расселения желтой расы.

Прямым следствием этого учения и стало возникновение в Китае древнейшей формы даосизма – религии, полностью отличавшейся от той, что носит это имя сегодня. Ранний даосизм, или протодаосизм, был смесью различных положений:

1. Остаточных учений Синглангтона, от которых сохранилось представление о Шан-ди, Боге Небес. Во времена Синглангтона китайский народ практически перешел к монотеизму, сосредоточив свое учение вокруг поклонения Единой Истине, позднее известной как Дух Небес, правитель вселенной. И желтая раса никогда полностью не теряла своего древнего представления о Божестве, хотя в последующие века в их религию исподволь проникли многие второстепенные боги и духи.

2. Религии Салима о Всевышнем Божестве-Создателе, готовом одарить человека своим благоволением в ответ на его веру. Однако бесспорным фактом является то, что ко времени проникновения миссионеров Мелхиседека в земли желтой расы их проповедь значительно отличалась от простых салимских учений, изначально существовавших во времена Макивенты.

3. Концепции Брахмана-Абсолюта индийских философов в сочетании со стремлением избавиться от всякого зла. Возможно, самое сильное внешнее влияние на салимскую религию при ее распространении на восток оказали индийские учителя ведизма, которые ввели в салимскую идею спасения свое представление о Брахмане – Абсолюте.

Это смешанное вероучение распространилось на все земли желтой и коричневой рас, став основополагающим фактором их религиозно-философской мысли. В Японии этот протодаосизм был известен как синтоизм, и народ этой страны, находившейся на огромном расстоянии от палестинского Салима, узнал об инкарнации Макивенты Мелхиседека, который жил на земле для того, чтобы человечество не забыло имя Бога.

В Китае все эти вероучения были впоследствии перепутаны и смешаны с постоянно растущим культом поклонения предкам. Однако со времени Синглангтона китайцы никогда не были беспомощными рабами жречества. Желтая раса первой перешла от кабалы варварства к организованной цивилизации, ибо она первой обрела некоторую степень свободы от малодушного страха перед богами; даже страх перед духами покойников был здесь не таким сильным, как у остальных рас. Поражение Китая объяснялось тем, что он не пошел дальше освобождения от жрецов и ударился почти в столь же пагубное заблуждение – поклонение предкам.

Но усилия посланников Салима были не напрасны. Именно на фундаменте их евангелия построили свои учения великие китайские философы шестого века до н. э. Нравственная атмосфера и духовные воззрения эпохи Лао-цзы и Конфуция выросли из учений салимских миссионеров более раннего периода.

6. ЛАО-ЦЗЫ И КОНФУЦИЙ

Примерно за шестьсот лет до прибытия Михаила Мелхиседеку, уже давно завершившему свое пребывание во плоти, начало казаться, что чистоте оставленного им на земле учения грозит слишком большая опасность из-за повсеместного смешения с более древними урантийскими верованиями. В течение какого-то времени складывалось впечатление, что его миссия – миссия предтечи Михаила – может закончиться неудачей. И в шестом веке до Христа, благодаря необычному взаимодействию духовных сил, не до конца понятному даже планетарным наблюдателям, Урантия стала местом совершенно необычного изложения всесторонней религиозной истины. При помощи нескольких человеческих учителей салимское евангелие было восстановлено и обрело новую жизнь, и в этой форме оно в значительной мере сохранилось вплоть до времени составления этих документов.

Во всём цивилизованном мире это уникальное столетие духовного прогресса охарактеризовалось появлением великих учителей в области религии, морали и философии. В Китае двумя выдающимися учителями были Лао-цзы и Конфуций.

Лао-цзы опирался непосредственно на понятия салимской традиции, провозгласив Дао Единой Первопричиной всего творения. Лао был человеком огромной духовной проницательности. Он учил, что «извечной целью человека является вечный союз с Дао – Верховным Богом и Всеобщим Царём». Его понимание первичной причинности отличалось глубиной постижения, ибо он писал: «Единство возникает из Абсолютного Дао, и из Единства возникает космическая Двойственность, и из такой Двойственности рождается Троица, и Троица является первоисточником всей реальности». «Вся космическая реальность пребывает в состоянии постоянного равновесия между потенциальным и актуальным, и дух божественности извечно согласовывает эти начала».

Лао-цзы также одним из первых изложил учение о воздаянии добром за зло: «Благость порождает благость, однако для истинно благого человека зло также порождает благость».

Он учил, что создание возвращается к Создателю, и представлял жизнь как возникновение личности из космических потенциалов, сравнивая смерть с возвращением этой личности создания домой. Он обладал необычным представлением об истинной вере, которую он также сравнивал с «отношением ребенка».

Лао-цзы хорошо понимал вечную цель Бога, ибо он говорил: «Абсолютное Божество не прилагает усилий, но всегда торжествует; оно не принуждает человечество, но всегда готово откликнуться на его истинные желания; воля Бога вечна в своем терпении и вечна в неизбежности своего выражения». Выражая истину о том, что блаженнее давать, нежели принимать, он сказал об истинно верующем: «Благой человек стремится не придержать истину для себя, а посвятить это богатство своим товарищам, ибо именно в этом заключается претворение истины. Воля Абсолютного Бога всегда благотворит и никогда не разрушает; цель истинно верующего – всегда действовать, но никогда не принуждать».

Учение Лао о непротивлении и то различие, которое он проводил между *действием* и *принуждением*, позднее были извращены, превратившись в принцип «видеть, делать и ни о чём не думать». Но Лао никогда не учил таким ложным представлениям, хотя его концепция непротивления и сыграла свою роль в последующем развитии пацифистских тенденций у народов Китая.

Однако вульгарный даосизм Урантии двадцатого века имеет очень мало общего с возвышенными воззрениями и космическими представлениями древнего философа, учившего своему пониманию истины, которое заключалось в следующем: вера в Абсолютного Бога является источником той божественной энергии, которая возродит мир и с помощью которой человек восходит к духовному единению с Дао – Вечным Божеством и Создателем-Абсолютом вселенных.

Конфуций (Кун Фу-цзы) был младшим современником Лао в Китае шестого века. Конфуций положил в основу своих доктрин лучшие нравственные традиции, почерпнутые из долгой истории желтой расы. Кроме того, на него оказали некоторое влияние сохранившиеся предания о салимских миссионерах. Его главный труд представлял собой собрание мудрых изречений древних философов. Этот учитель был отвергнут при жизни, но с тех пор его писания и учения оказывают огромное воздействие в Китае и Японии. Конфуций бросил вызов шаманам, заменив магию моралью. Однако он переусердствовал, превратив *порядок* в новый фетиш и учредив уважение к древнему этикету, который чтят в Китае до настоящего времени – времени написания этих документов.

Конфуцианская проповедь морали основывалась на теории о том, что земной путь есть искаженная тень пути небесного, что истинный образец преходящей цивилизации есть зеркальное отражение вечного порядка небес. Потенциальная концепция Бога была почти полностью подчинена в конфуцианстве тому особому значению, которое придавалось Небесному Пути, космическому эталону.

За исключением немногочисленных приверженцев, Восток забыл учения Лао, но труды Конфуция с тех пор являются основой морального каркаса культуры почти трети урантийцев. Хотя конфуцианские заповеди увековечивали то лучшее, что было в прошлом, в определенном смысле они были враждебны тому самому китайскому духу исследований, который привел к достижениям, вызывавшим такое поклонение. Влиянию этих доктрин безуспешно пытались противостоять имперские устремления Цинь Шихуанди и учения Мо Ди, провозгласившего, что братство может быть основано не на этическом долге, а на любви Бога. Он стремился возродить древний поиск новой истины, однако его учения потерпели неудачу из-за решительного сопротивления учеников Конфуция.

Подобно многим другим учителям духовности и морали, и Конфуций, и Лао-цзы со временем стали обожествляться своими последователями в эпоху духовного упадка, которая наступила в Китае в период между деградацией и извращением даосизма и приходом буддистских миссионеров из Индии. В течение этих ущербных в духовном отношении веков религия желтой расы выродилась в жалкую теологию, которая кишела дьяволами, драконами и злыми духами. Всё это свидетельствовало о возвращении страхов непросвещенного смертного разума.

И Китай, когда-то возглавлявший человеческое общество благодаря своей прогрессивной религии, отстал – отстал из-за временной неспособности пойти по истинному пути развития того богосознания, которое является непременным условием подлинного прогресса не только отдельного смертного, но также запутанных и сложных цивилизаций, характерных для развития культуры и общества на эволюционной пространственно-временно́й планете.

7. ГАУТАМА СИДДХАРТХА

Одновременно с Лао-цзы и Конфуцием в Китае, еще один великий учитель истины появился в Индии. Гаутама Сиддхартха родился в шестом веке до Христа в северной индийской провинции Непал. Позднее его последователи превратили Гаутаму в сына несказанно богатого правителя, хотя в действительности он являлся наиболее вероятным наследником престола мелкого вождя, который правил благодаря покорности обитателей отдаленной горной долины в южных Гималаях.

После шести лет безуспешных занятий йогой Гаутама сформулировал положения, из которых выросла философия буддизма. Сиддхартха вступил в решительную, хотя и тщетную, борьбу с усилением кастовой системы. Этого молодого пророка отличали возвышенная искренность и удивительное бескорыстие, чрезвычайно привлекавшие людей того времени. Он призывал отказаться от поисков индивидуального спасения через физические лишения и личные страдания. И он призывал своих последователей пронести его евангелие по всему миру.

На фоне запутанных и изобилующих крайностями культов Индии живительной переменой стали более трезвые и умеренные учения Гаутамы. Он осуждал богов, жрецов и их жертвоприношения, но и он не сумел увидеть *личности* Единого Всеобщего. Не веря в существование индивидуальной человеческой души, Гаутама, конечно, героически боролся с освященным традицией вероучением в переселение душ. Он предпринял благородную попытку освободить людей от страха, позволить им чувствовать себя непринужденно в своем доме – большой вселенной, однако ему не удалось указать им на путь, ведущий к реальному небесному дому восходящих смертных – Раю – и к расширяющемуся служению в вечной жизни.

Гаутама был истинным пророком, и если бы он внял советам отшельника Годада, он смог бы пробудить всю Индию тем воодушевлением, которое принесло бы возрождение салимского евангелия – спасения в вере. Годад был родом из семьи, хранившей традиции миссионеров Мелхиседека.

Гаутама основал свою школу в Варанаси. На втором году ее существования один из учеников, Баутан, поделился с учителем преданиями салимских миссионеров о завете Мелхиседека с Авраамом. И хотя Сиддхартха не обладал ясным представлением о Всеобщем Отце, он стал сторонником прогрессивных взглядов на спасение через веру, простую веру. Объявив об этом своим последователям, он начал отправлять группы своих учеников, по шестьдесят человек в каждой, для провозглашения народу Индии «благой вести о свободном спасении, о том, что все люди, высокие и низкие, могут обрести блаженство благодаря вере в праведность и справедливость».

Жена Гаутамы верила в евангелие своего мужа и основала орден монахинь. Его сын стал преемником отца и значительно расширил культ; он понял новую идею о спасении через веру, однако в последние годы своей жизни, будучи уже в преклонном возрасте, проявил нерешительность в отношении салимского евангелия о достижении божественного благоволения с помощью одной только веры, и его предсмертными словами были: «Творите свое спасение».

Когда евангелие Гаутамы возвещалось в своем высшем виде, его проповедь всеобщего спасения, свободная от жертвоприношений, истязаний, ритуалов и жрецов, была революционным и удивительным для своего времени учением. Это учение поразительно близко подошло к тому, чтобы стать возрождением салимского евангелия. Миллионы отчаявшихся душ нашли в нём свое пристанище, и, несмотря на его гротескное извращение в последующие века, оно до сих пор остается надеждой миллионов людей.

В доктринах Сиддхартхи было намного больше истины, чем в современных культах, носящих его имя. Современный буддизм так же мало напоминает учения Гаутамы Сиддхартхи, как христианство – учения Иисуса Назарянина.

8. БУДДИСТСКАЯ ВЕРА

Для того чтобы стать буддистом, человеку требовалось только публично заявить о своей вере, повторив слова Утешения: «Я нахожу свое утешение в Будде; я нахожу свое утешение в Учении; я нахожу свое утешение в Братстве».

Буддизм был порождением исторического лица, а не мифа. Последователи Гаутамы называли его Шаста, что означает «господин» или «учитель». Хотя он не претендовал на сверхчеловеческое происхождение себя самого или своих учений, ученики Гаутамы вскоре стали называть его *просветленный*, Будда, а впоследствии – Шакья́муни Будда.

Изначальное евангелие Гаутамы основывалось на четырех благородных истинах:

1. Благородные истины страдания.
2. Причины страдания.
3. Освобождение от страданий.
4. Путь, ведущий к освобождению от страданий.

С доктриной страдания и освобождения от него была тесно связана философия Восьмичастного Пути: правильных взглядов, устремлений, речи, поведения, средств к существованию, усилий, внимательности и созерцания. В намерения Гаутамы не входило уничтожение всякого усилия, желания и страсти для освобождения от страдания. Скорее, его учение было направлено на то, чтобы показать смертному человеку, сколь тщетно связывать свои надежды и устремления с одними только временны́ми и материальными целями. Речь шла не столько о том, чтобы избегать любви своих товарищей, сколько о том, чтобы взор истинно верующего был обращен также за пределы связей материального мира, к реальностям вечного будущего.

В проповеди Гаутамы существовало пять моральных заповедей:

1. Не убивай.
2. Не кради.
3. Не будь непристойным.
4. Не лги.
5. Не пей опьяняющих напитков.

Существовало несколько дополнительных, или второстепенных, заповедей, соблюдение которых не было для верующих обязательным.

Сиддхартха вряд ли верил в бессмертие человеческой личности; его философия признавала лишь нечто вроде функциональной непрерывности. Он ни разу не дал ясного определения тому, что именно он включал в учение о нирване.

Тот факт, что теоретически ее можно было испытать в течение смертного существования, говорит о том, что она не рассматривалась как состояние полного уничтожения. Под нирваной подразумевалось высшее просветление и небесное блаженство, когда рушатся все узы, связывающие человека с материальным миром; появляется свобода от желаний смертной жизни и освобождение от всякой опасности повторных инкарнаций.

В соответствии с изначальными учениями Гаутамы, спасение, помимо божественной помощи, достигается посредством человеческих усилий; здесь нет места для спасительной веры или молитв, обращенных к сверхчеловеческим силам. В своей попытке свести к минимуму суеверия Индии, Гаутама стремился отвратить людей от вульгарных утверждений о магическом спасении. И в этом он оставил своим преемникам широкое поле для ошибочных толкований своего учения и позволил им утверждать, что любая попытка человека чего-то достигнуть неприятна и болезненна. Его последователи не заметили того, что высшее счастье связано с разумным и увлеченным стремлением к достойным целям и что такие достижения – истинный прогресс в космической самореализации.

Великой истиной учения Сиддхартхи был тезис о вселенной абсолютной справедливости. Это была лучшая философия без бога, когда-либо созданная смертным человеком. Она представляла собой идеальный гуманизм, лишивший всяких оснований суеверия, магические ритуалы и страх перед призраками и демонами.

Огромная слабость изначального евангелия буддизма заключалась в том, что оно не создало религии бескорыстного общественного служения. В течение долгого времени буддистское братство было не содружеством верующих, а скорее общиной тех, кто готовил себя на роль учителей. Гаутама запрещал им получать деньги, тем самым пытаясь предотвратить нарастание иерархических тенденций. Деятельность самого Гаутамы отличалась огромной социальной направленностью; воистину, его жизнь была значительно больше его проповеди.

9. РАСПРОСТРАНЕНИЕ БУДДИЗМА

Буддизм получил широкое признание потому, что он предлагал спасение через веру в Будду, просветленного. Он больше соответствовал истинам Мелхиседека, чем какая-либо другая религиозная система во всей восточной Азии. Однако как религия буддизм получил широкое признание только после того как его поддержал, в целях самозащиты, принадлежавший к низкой касте властитель Ашока, который, вслед за египетским Эхнатоном, являлся одним из самых замечательных гражданских правителей в период между Мелхиседеком и Михаилом. Ашока создал великую индийскую империю благодаря проповеди буддизма его миссионерами. В течение двадцати пяти лет он подготовил и направил в самые отдаленные уголки известного в то время мира более семнадцати тысяч миссионеров. За одно поколение он превратил буддизм в господствующую религию половины всего мира. Вскоре буддизм утвердился в Тибете, Кашмире, Цейлоне, Бирме, Яве, Сиаме, Корее, Китае и Японии. В целом, эта религия неизмеримо превосходила те, которые она вытесняла или усовершенствовала.

Распространение буддизма из его индийской родины на всю Азию – одно из захватывающих повествований о духовной преданности и миссионерской настойчивости искренних верующих. Проповедники евангелия Гаутамы не только мужественно смотрели в глаза опасностям, подстерегавшим их на сухопутных караванных путях, но и рисковали своей жизнью в китайских морях, продолжая свою миссию за пределами азиатского континента и донося до всех народов идеи своей веры. Однако этот буддизм уже не был простым учением Гаутамы: он превратился в евангелие, которое приобрело сверхъестественные черты и сделало Сиддхартху богом. И чем дальше удалялся буддизм от своей высокогорной родины в Индии, тем меньше он напоминал учения Гаутамы и тем больше походил на те религии, которые он вытеснял.

Впоследствии большое влияние на буддизм оказали даосизм в Китае, синтоизм в Японии и христианство в Тибете. В Индии, спустя тысячу лет, буддизм просто иссяк и угас. Он пропитался брахманизмом и впоследствии полностью уступил свои позиции исламу, в то время как во многих других восточных странах он выродился в ритуал, который никогда бы не признал Гаутама Сиддхартха.

На юге фундаменталистский стереотип учений Сиддхартхи сохранился на Цейлоне, в Бирме и Индокитае. Эта ветвь буддизма – хинаяна – придерживается более древней, или асоциальной, доктрины.

Но еще до краха буддизма в Индии китайские и североиндийские группы последователей Гаутамы стали развивать учение махаяны о «Великом Пути» к спасению – в отличие от пуристов юга, которые были приверженцами хинаяны, или «Малого Пути». Сторонники махаяны освободились от социальных ограничений, присущих буддистской доктрине, и с тех пор эта северная ветвь продолжает развиваться в Китае и Японии.

Сегодня буддизм является живой, развивающейся религией, ибо ему удается в значительной мере сохранить высокие нравственные ценности своих приверженцев. Он поощряет спокойствие и самообладание, повышает безмятежность и счастье и помогает предотвратить горе и скорбь. Те, кто верят в эту философию, живут более счастливой жизнью, чем многие из тех, кто не верит в нее.

10. РЕЛИГИЯ В ТИБЕТЕ

В Тибете можно встретить самое причудливое сочетание учений Мелхиседека с буддизмом, индуизмом, даосизмом и христианством. Когда буддистские миссионеры достигли Тибета, они столкнулись с примитивным варварством, что очень напоминало то состояние, в котором христианские миссионеры застали северные племена Европы.

Эти простодушные тибетцы не желали полностью расставаться со своей древней магией и талисманами. Изучение религиозных обрядов, входящих в современные тибетские ритуалы, показывает чрезмерно разросшееся братство бритоголовых жрецов, которые пользуются изощренным ритуалом, включающим колокольчики, песнопения, благовония, процессии, четки, идолов, талисманы, изображения, святую воду, яркие одеяния и сложные хоры. Они отличаются жесткими догматами и застывшими символами веры, мистическими ритуалами и специальными постами. Их иерархия включает монахов, монахинь, аббатов и Великого Ламу. Они молятся ангелам, святым, Святой Матери и богам. Они устраивают исповеди и верят в чистилище. Их монастыри огромны, их храмы величественны. Они занимаются бесконечным повторением священных ритуалов и верят в то, что такие обряды даруют спасение. Тексты молитв привязываются к колесу, и они верят, что вращение колеса придает их прошениям силу. Ни у одного другого народа современности невозможно встретить столь обильные заимствования из столь разных религий; такая совокупная литургия неизбежно становится необычайно громоздкой и невыносимо обременительной.

У тибетцев есть нечто от всех ведущих мировых религий, за исключением простого учения евангелия Иисуса о человеке как Божьем сыне, братстве людей и восхождении на всё более высокие уровни гражданства в вечной вселенной.

11. ФИЛОСОФИЯ БУДДИЗМА

В Китае буддизм появился в первом тысячелетии после Христа, и он хорошо вписался в религиозные традиции желтой расы. Поклоняясь предкам, в течение долгого времени желтые люди молились своим усопшим; теперь они могли также молиться за них. Буддизм быстро смешался с остатками ритуальных обрядов разрушавшегося даосизма. Вскоре эта новая синтетическая религия, с ее храмами и стройными религиозными обрядами, стала общепризнанным культом народов Китая, Кореи и Японии.

Хотя в некоторых отношениях и прискорбно, что буддизм получил широкое распространение только после того, как последователи Гаутамы настолько извратили культовые традиции и учения, что превратили его в божество, тем не менее, этот миф о человеческой жизни Будды, даже приукрашенный множеством чудес, оказался чрезвычайно привлекательным для сторонников северного евангелия буддизма, или махаяны.

Некоторые из последующих приверженцев Шакьямуни Будды учили, что его дух периодически возвращается на землю в виде живого Будды. Это открыло путь для бесконечного потока статуй и храмов Будды, буддистских ритуалов и самозванцев, называвших себя «живыми Буддами». Так религия великого индийского протестанта оказалась опутанной теми самыми ритуальными обрядами и заклинаниями, с которыми он столь бесстрашно боролся и которые столь героически осуждал.

Огромный прогресс буддистской философии заключался в ее понимании относительности всякой истины. Эта гипотеза позволила буддистам согласовать и связать воедино расхождения в своих собственных религиозных писаниях, равно как и различия между своими и многими другими писаниями. Они учили, что маленькая истина – для небольших умов, большая истина – для глубоких умов.

Также, согласно этой философии, в каждом человеке заключена присущая Будде (божественная) сущность, и человек, благодаря своим собственным усилиям, может достигнуть реализации своей внутренней божественности. Это учение является одним из наиболее ясных изложений истины о внутренних Настройщиках в урантийских религиях.

Вместе с тем, огромный недостаток изначального евангелия Сиддхартхи – в том виде, в котором оно было истолковано его последователями, – заключался в том, что оно пыталось завершить освобождение человеческого «я» от всех ограничений смертной природы через изоляцию «я» от объективной реальности. Истинно космическая самореализация является следствием отождествления с космической реальностью и с конечным космосом энергии, разума и духа, связанных пространством и обусловленных временем.

Однако, хотя церемонии и внешние ритуалы буддизма были в огромной степени испорчены обрядами и ритуалами тех стран, где он получил распространение, это вырождение не имело столь же явного характера в мудрой жизни великих мыслителей, которые время от времени принимали эту систему мысли и веры. Более двух тысячелетий усилия многих лучших умов Азии были сосредоточены на проблеме постижения абсолютной истины и истины об Абсолюте.

Развитие высокого представления об Абсолюте стало возможным благодаря использованию многих источников мысли и сложной аргументации. Совершенствование доктрины о бесконечности не получило столь же ясного определения, как эволюция концепции Бога в иудейской теологии. Тем не менее, можно выделить несколько общих уровней, которых достигли буддистские умы, на которых они задержались и которые они прошли на пути к созданию представления о Первоисточнике вселенных:

1. *Легенда о Гаутаме*. В основе этого представления лежал исторический факт жизни и учений Сиддхартхи – индийского князя-пророка. Проходя через века и просторы Азии, эта легенда всё больше превращалась в миф, в результате чего она перестала быть представлением о Гаутаме как о просветленном и начала приобретать дополнительные черты.

2. *Множественные Будды*. Выдвигался аргумент о том, что если Гаутама пришел к народам Индии, то в далеком прошлом и далеком будущем человеческие расы должны были и, несомненно, должны будут получать благословение в лице других учителей истины. Это породило представление о том, что существует неограниченное, бесконечное число Будд, и даже о том, что любой человек может стремиться стать Буддой – обрести его божественность.

3. *Абсолютный Будда*. Когда число Будд стало приближаться к бесконечности, мыслители того времени пришли к необходимости повторного объединения этого громоздкого представления. Согласно новому учению, все Будды являлись проявлением некоторой высшей сущности, некоего Вечного, обладающего бесконечным и неопределенным существованием, некоего Абсолютного Источника всей реальности. С этого времени буддистская концепция Божества – в своей высшей форме – отделяется от человеческой личности Гаутамы Сиддхартхи и освобождается от сковывавших ее антропоморфических ограничений. Окончательная концепция Вечного Будды вполне позволяет отождествить его с Абсолютом, иногда – даже с бесконечным Я ЕСТЬ.

Несмотря на то что эта идея Абсолютного Божества никогда не была особенно популярной среди народов Азии, она всё же позволила мыслящим людям этих стран объединить свою философию и согласовать свою космологию. Концепция Абсолютного Будды иногда является квазиличностной, иногда – полностью безличностной и доходит даже до представления о бесконечной созидательной силе. Хотя такие идеи полезны для философии, они не являются принципиальными для религиозного развития. Даже антропоморфический Ягве представляет большую религиозную ценность, чем бесконечно далекий Абсолют буддизма или брахманизма.

Временами Абсолют представлялся даже заключенным в бесконечном Я ЕСТЬ. Но такие рассуждения были слабым утешением для страждущих масс, которые жаждали услышать слова надежды, услышать простое евангелие Салима, гласящее, что вера в Бога принесет божественное благоволение и вечную жизнь.

12. КОНЦЕПЦИЯ БОГА В БУДДИЗМЕ

Огромная слабость космологии буддизма заключалась в двух вещах: ее испорченности многочисленными суевериями Индии и Китая и в ее возвышении Гаутамы – сначала как просветленного, затем как Вечного Будды. Как и христианство, пострадавшее от усвоения многих ошибочных философских воззрений человека, буддизм несет на себе следы человеческого происхождения. Однако на протяжении последних двух с половиной тысячелетий учения Гаутамы продолжали развиваться. Для просвещенного буддиста Будда столь же далек от человеческой личности Гаутамы, как Иегова просвещенного христианина – от духа-демона Хорива. Терминологическая скудость в сочетании с сентиментальным сохранением древних наименований часто приводит к неспособности понять истинное значение эволюции религиозных представлений.

Постепенно в буддизме стала формироваться концепция Бога, противопоставляемая Абсолюту. Ее истоки восходят к тем далеким временам, когда среди последователей Будды произошло разделение на «Малый Путь» и «Великий Путь». Именно в «Великом Пути» окончательно созрела двуединая концепция Бога и Абсолюта. Шаг за шагом, век за веком, представление о Боге развивалось, пока с появлением в Японии учений Рионина, Хонен Шонина и Шинрана оно не принесло, наконец, свои плоды: веру в Амиду Будду.

Сторонники этого учения считают, что после смерти, до того, как погрузиться в нирвану – предел существования, – душа может избрать пребывание в Раю. Они провозглашают, что это новое спасение достигается благодаря вере в божественное милосердие и любвеобильную заботу Амиды – Бога Рая, находящегося на западе. В своей философии амидаисты постулируют Бесконечную Реальность, которая полностью выходит за пределы конечного человеческого понимания. В своей религии они придерживаются веры во всемилостивого Амиду, любовь которого к этому миру не допускает, чтобы хоть один смертный, взывающий к его имени в истинной вере и с чистым сердцем, не смог бы достичь небесного счастья в Раю.

Великая сила буддизма заключается в том, что его сторонники вольны отбирать истину из всех религий. Урантийские религии редко отличались такой свободой выбора. В этом отношении японская секта син стала одной из наиболее прогрессивных религиозных групп мира; она возродила древний миссионерский дух последователей Гаутамы и стала направлять учителей к другим народам. Готовность пользоваться истиной из любых и всех источников является действительно достойной одобрения тенденцией среди верующих первой половины двадцатого столетия после Христа.

Сам буддизм переживает ренессанс двадцатого века. Соприкосновение с христианством существенно усилило социальные аспекты буддизма. В сердцах монахов, членов буддистского братства, вновь возродилось стремление к знанию, и широкое распространение образования среди сторонников этой веры непременно приведет к новым достижениям в эволюции религии.

Сегодня, когда пишутся эти документы, значительная часть Азии возлагает свою надежду на буддизм. Смогут ли приверженцы этой благородной веры, проявившие такое мужество в течение мрачных веков прошлого, еще раз услышать истину о расширенных космических реальностях – так же, как некогда ученики великого индийского учителя услышали провозглашенную им новую истину? Сможет ли эта древняя вера еще раз откликнуться на вдохновляющее воздействие новых концепций о Боге и Абсолюте, которых они так долго искали?

Вся Урантия ждет провозглашения облагораживающей проповеди Михаила, свободной от доктрин и догматов, накопившихся на протяжении девятнадцати веков контакта с религиями эволюционного происхождения. Настало время познакомить приверженцев буддизма, христианства, индуизма, равно как и других религий, не с евангелием об Иисусе, а с живой, духовной реальностью евангелия Иисуса.

[Представлено Мелхиседеком Небадона.]

ДОКУМЕНТ 95

УЧЕНИЯ МЕЛХИСЕДЕКА В ЛЕВАНТЕ

Подобно тому, как Индия породила многие религии и философии восточной Азии, так Левант стал родиной вероучений Западного мира. Салимские миссионеры распространились на всю юго-западную Азию – Палестину, Месопотамию, Египет, Иран и Аравию, повсюду провозглашая благую весть евангелия Макивенты Мелхиседека. В некоторых из этих стран их учения принесли плоды; в других миссионерская деятельность протекала с переменным успехом. В одних случаях неудачи объяснялись недостаточной мудростью, в других – не зависящими от них обстоятельствами.

1. САЛИМСКАЯ РЕЛИГИЯ В МЕСОПОТАМИИ

К началу 2-го тысячелетия до н. э. учения сифитов практически исчезли из религий Месопотамии, которые в значительной степени попали под влияние примитивных верований двух вторгшихся сюда групп: семитских бедуинов, проникших из западной пустыни, и конных варваров, пришедших с севера.

Однако обычай ранних адамических народов – соблюдение седьмого дня недели – в той или иной форме сохранился в Месопотамии, разве что в эпоху Мелхиседека седьмой день считался самым прóклятым. В злополучный седьмой день действовало множество табу: было противозаконным отправляться в путь, готовить пищу или разводить огонь. Вернувшись в Палестину, евреи принесли с собой многие месопотамские табу, связанные с соблюдением в Вавилоне седьмого дня – субботы.

Хотя салимские проповедники существенно улучшили и усовершенствовали религии Месопотамии, им не удалось добиться неизменного признания различными народами единого Бога. Их учение господствовало в течение более чем ста пятидесяти лет, после чего оно постепенно уступило место более древней вере во множественность божеств.

Салимские проповедники значительно сократили месопотамский пантеон; было время, когда оставалось семь главных божеств: Бел, Шамаш, Набу, Ану, Эйя, Мардук и Син. В период расцвета нового учения они вознесли трех богов над остальными. Так появилась вавилонская триада: Бел, Эйя и Ану – боги земли, моря и неба. В других местах появились свои триады, каждая из которых напоминала троичные учения андитов и шумеров и основывалась на вере посланников Салима в три кольца – символ Мелхиседека.

Салимским проповедникам так и не удалось преодолеть популярность Иштар – матери богов и духа сексуальной плодовитости. Они сделали многое для того, чтобы облагородить поклонение этой богине, однако вавилоняне и их соседи не смогли полностью отказаться от замаскированных форм сексуального поклонения. По всей Месопотамии женщины придерживались распространенного обычая хотя бы один раз в юности отдаваться незнакомцам. Они полагали, что этого требовала от них Иштар, и верили, что их плодовитость в основном зависела от этой сексуальной жертвы.

Начальное распространение учений Мелхиседека давало прекрасные результаты, пока Набодад – глава школы в Кише – не решил организовать широкое наступление на господствовавшую практику храмовой проституции. Но салимским миссионерам не удалось провести свою социальную реформу, и под обломками этого начинания были похоронены и все их другие, более важные духовные и философские учения.

Сразу же вслед за поражением салимского евангелия произошло широкое распространение культа Иштар – ритуала, который к тому времени уже завоевал Левант: в Палестине это была Ашторет, в Египте – Исида, в Греции – Афродита, у северных племен – Астарта. Именно в связи с возрождением поклонения Иштар вавилонские жрецы вновь стали звездочетами. Астрология переживала свой последний в Месопотамии расцвет, вошло в моду предсказание судьбы, и началось многовековое вырождение жречества.

Мелхиседек призывал своих последователей рассказывать о едином Боге, Отце и Творце всякой сущности, и не проповедовать ничего, кроме евангелия божественного благоволения, для снискания которого достаточно только веры. Однако обычная ошибка учителей новой истины состояла в том, что они пытались добиться слишком многого, стремясь заменить постепенную эволюцию внезапной революцией. Миссионеры Мелхиседека подняли моральные требования в Месопотамии на слишком большую для людей высоту; они хотели слишком многого, и их благородные устремления завершились поражением. Они были направлены как проповедники конкретного евангелия, провозглашавшего истину о реальности Всеобщего Отца. Но они чрезмерно увлеклись несомненно благородным делом исправления нравов, и их великая миссия, лишенная своего главного ориентира, закончилась практически полным поражением и забвением.

Через поколение перестал существовать салимский центр в Кише, и пропаганда веры в единого Бога, по существу, прекратилась по всей Месопотамии. Но остатки салимских школ уцелели. Небольшие разрозненные группы людей продолжали верить в единого Создателя и боролись против идолопоклонства и аморальности месопотамских жрецов.

Именно салимские миссионеры написали многие из псалмов Ветхого Завета в период, наступивший после отказа от их учения. Псалмы, высеченные на камнях, были впоследствии обнаружены плененными иудейскими священниками и включены ими в сборник гимнов, авторство которых приписывалось евреям. Эти прекрасные псалмы из Вавилона не были написаны в храмах Бел-Мардука: они были творением потомков более ранних салимских миссионеров и разительно отличаются от магических нагромождений вавилонских жрецов. Книга Иова довольно хорошо отражает учения салимской школы в Кише и по всей Месопотамии.

Значительная часть религиозной культуры Месопотамии попала в иудейскую литературу и обряды богослужения через Египет благодаря Аменемопу и Эхнатону. Египтяне удивительно точно сохранили учения об общественном долге, которые были заимствованы у ранних месопотамских андитов и впоследствии во многом забыты вавилонянами, занимавшими долину Евфрата.

2. РЕЛИГИЯ ДРЕВНЕГО ЕГИПТА

По существу, самые глубокие корни изначальные учения Мелхиседека пустили в Египте, откуда они впоследствии распространились на Европу. Эволюционная религия долины Нила периодически совершенствовалась благодаря прибытию сюда лучших групп нодитов, адамитов и, позднее, андитов из долины Евфрата. Время от времени среди гражданских чиновников Египта появлялось много шумеров. Если Индия того времени отличалась самым большим взаимопроникновением мировых рас, то Египет способствовал развитию наиболее смешанного типа религиозной философии на Урантии, распространившейся из долины Нила на многие части света. Евреи получили свои представления о сотворении мира в значительной степени от вавилонян, однако понятие божественного Провидения они унаследовали от египтян.

Именно политические и моральные, а не философские или религиозные тенденции делали Египет более благоприятным, чем Месопотамия, местом для распространения салимских учений. Пробившись на трон, каждый египетский племенной вождь стремился увековечить собственную династию, провозглашая своего бога изначальным божеством и создателем всех других богов. Так египтяне постепенно привыкали к идее о сверхбоге, промежуточной ступени на пути к последующей доктрине всеобщего созидательного Божества. В течение многих веков идея монотеизма претерпевала в Египте взлеты и падения; вера в единого Бога всегда встречала поддержку, но никогда не господствовала над развивавшимися представлениями политеизма.

Веками египетские народы поклонялись природным богам. Точнее, у каждого из сорока отдельных племен был свой особый групповой бог: одно племя чтило быка, другое – льва, третье – барана, и так далее. Еще раньше они представляли собой тотемные племена, очень напоминавшие америндов.

Со временем египтяне заметили, что мертвые тела, помещенные в земляные могилы, сохранялись – бальзамировались – посредством действия песка, насыщенного углекислым натрием, в то время как трупы, похороненные в кирпичных склепах, разлагались. Эти наблюдения привели к экспериментам, в результате которых появилась практика бальзамирования покойников. Египтяне верили, что такое сохранение тела помогало прохождению через будущую жизнь. Для того чтобы в далеком будущем, после разложения тела, человека можно было надежно опознать, вместе с трупом в гробницу помещали погребальную статую и вырезали его изображение на гробе. Изготовление таких статуй в огромной мере усовершенствовало египетское искусство.

Веками египтяне верили в гробницы как гарантию безопасности тела и приятного продолжения жизни после смерти. Последующая эволюция магических обрядов – хотя и обременявших жизнь от колыбели до могилы – оказалась эффективным средством, избавившим от религии гробниц. Жрецы наносили на гроб магический текст, который должен был защитить «человека от изъятия у него сердца в подземном мире». Вскоре появилось собрание разнообразных магических текстов, сохранившееся как Книга Мертвых. Однако магический ритуал долины Нила уже на ранней стадии своего развития затрагивал сферы совести и характера, причем в такой мере, какая не часто достигалась ритуалами тех дней. И впоследствии эти нравственные и этические идеалы стали более верным залогом спасения, чем искусно выполненные гробницы.

Хорошей иллюстрацией суеверий того времени является повсеместная вера в эффективность слюны как целительного средства. Это представление возникло в Египте и распространилось оттуда на Аравию и Месопотамию. В легендарном сражении Гора с Сетом молодой бог потерял глаз, однако после поражения Сета мудрый бог Тот плюнул на рану и исцелил Гора, вернув ему глаз.

В течение долгого времени египтяне верили в то, что звезды, мерцающие в ночном небе, означают спасшиеся души достойных покойников; они полагали, что другие спасшиеся души поглощаются солнцем. В одно время солнцепоклонство стало разновидностью поклонения предкам. Наклонный вход в великую пирамиду указывал строго на Полярную звезду, чтобы душа царя, поднявшись из гробницы, могла отправиться прямо в состоящие из неподвижных звезд устойчивые и неизменные созвездия, которые считались обителями царей.

Косые лучи солнца, пронизывающие облачный покров земли, считали признаком опускавшейся на землю небесной лестницы для восхождения на небо царей и других праведных душ. «Воспользовавшись этим сиянием как лестницей, царь Пепи взошел по нему к своей матери».

Когда Мелхиседек явился во плоти, религия египтян намного превосходила религию окружающих народов. Они верили, что бесплотная душа, должным образом вооруженная магическими формулами, могла ускользнуть от преграждавших ей путь злых духов и достигнуть судного зала Осириса, где душа, неповинная в «убийстве, грабеже, лжи, прелюбодеянии, краже и эгоизме», допускалась в царство блаженства. Если же взвешенная на весах душа оказывалась неполноценной, ее отправляли в ад, к Пожирательнице. По сравнению с верованиями многих окружающих народов, это было относительно прогрессивным представлением о будущей жизни.

Концепция посмертного суда за грехи, совершенные при жизни на земле во плоти, попало в иудейскую теологию из Египта. Во всём иудейском Псалтыре слово «суд» употребляется только один раз, и именно этот псалом был написан египтянином.

3. ЭВОЛЮЦИЯ ПРЕДСТАВЛЕНИЙ О МОРАЛИ

Хотя культура и религия Египта были унаследованы главным образом от месопотамских андитов и переданы последующим цивилизациям в основном через иудеев и греков, социальный и этический идеализм египтян появился в долине Нила в значительной мере как чисто эволюционное явление. Несмотря на то что многие истины и культурные ценности были заимствованы у андитов, в эпоху до посвящения Михаила нравственная культура как чисто человеческое явление достигла в Египте большего развития, чем в каком-либо другом ограниченном регионе, где существовали аналогичные естественные процессы.

Нравственная эволюция не определяется только откровениями. Высокие моральные критерии выводятся из собственного опыта человека. Благодаря присутствию внутреннего божественного духа, человек способен развить в себе даже духовные ценности и космическую проницательность. Такой естественной эволюции совести и моральных качеств способствовали также периодические прибытия учителей истины: в древности – из второго Эдема, впоследствии – из салимского центра Мелхиседека.

За тысячи лет до того, как салимское евангелие проникло в Египет, духовные лидеры Египта учили людей быть справедливыми, честными и избегать алчности. За три тысячелетия до появления иудейских священных писаний девизом египтян были слова: «Твердо стоит на ногах лишь тот, чьим образцом является праведность и кто идет по начертанному ею пути». Они учили мягкости, умеренности и благоразумию. «Поступайте правильно и обращайтесь справедливо со всеми» – гласила заповедь одного из великих учителей этой эпохи. Египетской триадой этого века была Истина-Справедливость-Праведность. Из всех чисто человеческих религий Урантии ни одна не превзошла социальных идеалов и нравственного величия этого древнего гуманизма долины Нила.

Такие эволюционирующие этические идеи и нравственные идеалы оказались благодатной почвой для сохранившихся учений салимской религии. Понятия добра и зла быстро нашли отклик в народе, который верил, что «жизнь дается умиротворенным, смерть – виновным». «Спокоен тот, чьи поступки вызывают любовь; виновен тот, чьи поступки вызывают ненависть». Веками обитатели долины Нила следовали в своей жизни этим развивающимся этическим и социальным нормам, пока они не приняли более поздние представления о хорошем и плохом – представления о добре и зле.

Египет отличался своей интеллектуальностью и нравственностью, но не слишком высокой духовностью. За шесть тысяч лет в среде египтян появилось только четыре великих пророка. В течение некоторого времени они внимали Аменемопу; Охбана они убили; Эхнатона они приняли, но не полностью и лишь ненадолго; Моисея они отвергли. Опять же, только в силу политических, а не религиозных причин Аврааму и, позднее, Иосифу удалось оказать огромное влияние на весь Египет в качестве проповедников салимских учений о едином Боге. Но когда салимские миссионеры впервые достигли Египта, они обнаружили, что эта высокоэтическая эволюционная культура была смешана с менее строгими нравственными нормами месопотамских иммигрантов. Эти древние проповедники долины Нила первыми провозгласили, что совесть есть веление Бога, глас Божества.

4. УЧЕНИЕ АМЕНЕМОПА

Со временем в Египте появился учитель, которого многие называли «сыном человеческим», а другие – Аменемопом. Этот провидец поднял совесть до положения высшего судьи, различающего добро и зло; он призывал наказывать за грехи и провозгласил спасение через обращение к солнечному божеству.

Аменемоп учил, что богатства и успех являются Божьим даром, и этой идеей была проникнута вся появившаяся впоследствии иудейская философия. Этот благородный учитель верил, что богосознание являлось определяющим фактором всякого поведения, что каждый момент следует проживать в осознании присутствия Бога и ответственности перед ним. Учения этого мудреца были впоследствии переведены на иврит и стали священной книгой древних евреев задолго до того, как Ветхий Завет появился в письменном виде. Основная проповедь этого благодетельного человека была связана с наставлением, данным его сыну, – быть прямым и честным на ответственной государственной службе, и эти благородные мысли далекого прошлого сделали бы честь любому современному государственному деятелю.

Этот нильский мудрец учил, что «богатства улетучиваются» – что всё земное эфемерно. Его величайшей молитвой было «получить избавление от страха». Он призывал всех отвернуться от «слов людских» к «делам Божьим». В сущности, он учил: человек предполагает, но Бог располагает. Переведенные на иврит, его учения определили философию Книги Притчей Ветхого Завета. Переведенные на греческий, они наложили отпечаток на всю последующую греческую религиозную философию. У александрийского философа более позднего времени – Филона – был список Книги Мудрости.

Аменемоп стремился сохранить этику эволюции и нравственность откровения и в своих сочинениях передал их как иудеям, так и грекам. Он не был величайшим из религиозных учителей своего времени, однако он стал наиболее влиятельным из них ввиду того, что наложил отпечаток на последующие идеи двух важнейших для роста западной цивилизации связующих звеньев: древних евреев, достигших вершины западной религиозной веры, и греков, поднявших чисто философскую мысль до высшего европейского уровня.

В иудейской Книге Притчей главы пятнадцатая, семнадцатая и двадцатая, а также с семнадцатого стиха двадцать второй главы по двадцать второй стих двадцать четвертой главы взяты почти дословно из Книги Мудрости Аменемопа. Первый псалом еврейского Псалтыря был написан Аменемопом и является самой сущностью учений Эхнатона.

5. НЕОБЫКНОВЕННЫЙ ЭХНАТОН

Воздействие учений Аменемопа на египтян постепенно ослабевало, когда благодаря влиянию некоего египетского врача, приверженца салимской доктрины, одна из представительниц царской семьи увлеклась учениями Мелхиседека. Эта женщина убедила своего сына, египетского фараона Эхнатона, принять учение о Едином Боге.

За всё время, прошедшее с тех пор, как Мелхиседек прекратил свое существование во плоти, ни у одного человека не было столь же ясного представления о богооткровенной религии Салима, как у Эхнатона. В некоторых отношениях этот молодой египетский царь являлся одной из самых необыкновенных личностей в истории человечества. В то время – время всё большей духовной депрессии в Месопотамии – он сохранил в Египте учение об Эль-Эльоне, тем самым сохранив философский источник монотеизма, жизненно необходимый в качестве религиозной предпосылки грядущего посвящения Михаила. В признание этого подвига, а также в силу других причин, дитя Иисус был увезен в Египет, где некоторые духовные преемники Эхнатона увидели его и отчасти поняли некоторые аспекты его божественной миссии на Урантии.

Моисей – величайшая фигура между Мелхиседеком и Иисусом – являлся совместным даром миру от иудейской расы и египетской царской семьи. И если бы Эхнатон обладал многосторонностью и способностями Моисея, если бы он продемонстрировал политический гений, равный его таланту религиозного вождя, то Египет мог бы стать великой монотеистической нацией того времени; случись так, вполне возможно, что Иисус прожил бы бо́льшую часть своей смертной жизни в Египте.

Никогда, за всю историю, ни один царь не обращал всю нацию из политеизма в монотеизм с такой же методичностью, как этот необыкновенный Эхнатон. Воистину поражала та решимость, с которой этот молодой правитель порвал с прошлым, изменил свое имя, покинул свою столицу, построил совершенно новый город и создал новое искусство и литературу для всего народа. Однако он действовал слишком быстро; он создал слишком много – больше того, что могло бы сохраниться после его смерти. Вдобавок, ему не удалось обеспечить материальное благополучие и процветание для своего народа, единодушно восставшего против его религиозных учений, когда несчастья и тирания нахлынули впоследствии на египтян.

Если бы этот человек, наделенный поразительной ясностью ви́дения и необыкновенной целеустремленностью, обладал политической прозорливостью Моисея, он мог бы изменить всю историю эволюции религии и раскрытия истины в западном мире. В течение своей жизни он сумел обуздать жрецов, которым он, как правило, не доверял, но они втайне сохраняли свои культы и перешли к активным действиям, как только молодой царь лишился власти. И они не упустили возможности связать последующие несчастья Египта с установлением монотеизма в период его правления.

Эхнатон мудро стремился к установлению монотеизма через образ бога-солнца. Решение перейти к поклонению Всеобщему Отцу через поглощение всех богов поклонением солнцу было принято после совета, данного ему врачом-салимитом. Эхнатон взял общие положения существовавшей в то время веры в Атона, касавшейся отцовства и материнства Божества, и создал религию, которая признавала сокровенное отношение поклонения между человеком и Богом.

Эхнатон был достаточно мудрым для того, чтобы сохранять внешнее поклонение Атону, богу-солнцу, и одновременно подводить своих товарищей к подспудному поклонению Единому Богу – создателю Атона и верховному Отцу всего сущего. Этот молодой учитель-царь был плодовитым писателем, автором трактата «Единый Бог» – книги, состоящей из тридцати одной главы, полностью уничтоженной жрецами, после того как они вернулись к власти. Кроме того, Эхнатон написал сто тридцать семь гимнов; двенадцать из них включены в Псалтырь Ветхого Завета, и их авторство приписывается иудеям.

В повседневной жизни высшим словом религии Эхнатона было «праведность», однако он быстро расширил понятие праведных поступков, включив в него как интернациональную, так и национальную этику. Это поколение поразительной личной религиозности характеризовалось истинным стремлением наиболее разумных мужчин и женщин найти Бога и познать его. В те дни социальный статус или богатство не давали никому из египтян какого-либо преимущества перед законом. Семейная жизнь Египта сделала многое для сохранения и развития нравственной культуры и стала вдохновляющим примером для последующей возвышенной семейной жизни евреев Палестины.

Роковая слабость евангелия Эхнатона заключалась в его величайшей истине – учении о том, что Атон был создателем не только Египта, но также «всего мира, людей и зверей, и всех других земель, даже Сирии и Куша, помимо этой египетской земли. Он всем находит место, утоляет нужды всех людей». Эти представления о Божестве были высокими и возвышенными, но они не были националистическими. Такая интернациональность религии не могла укрепить боевой дух египетской армии на поле брани, в то же время оказавшись эффективным орудием для жрецов, – орудием, обращенным против молодого царя и его новой религии. Его концепция Божества значительно превосходила последующее представление иудеев, но она была слишком прогрессивной для того, чтобы служить задачам формирования нации.

Хотя монотеистический идеал пострадал с уходом Эхнатона, представление о едином Боге сохранилось в сознании многих групп. Зять Эхнатона примкнул к жрецам, вернулся к поклонению прежним богам и, изменив свое имя, стал называться Тутанхамон. Фивы вновь стали столицей; жрецы прибирали к рукам всё новые земли и в конце концов захватили седьмую часть всего Египта; вскоре один из представителей той же касты жрецов решился завладеть короной.

Однако жрецы не могли полностью справиться с волной монотеизма. Всё чаще они были вынуждены объединять своих богов и писать их имена через дефис; семейство богов постепенно сокращалось. Эхнатон связал пылающий небесный диск с создателем Богом, и этот образ продолжал гореть в сердцах людей, даже жрецов, еще долго после того, как молодой реформатор перешел в иной мир. Идея монотеизма никогда не умирала в сердцах людей в Египте и в мире. Она сохранялась вплоть до прибытия Сына-Создателя того же божественного Отца – единого Бога, поклоняться которому Эхнатон столь страстно призывал весь Египет.

Слабость доктрины Эхнатона заключалась в провозглашении столь прогрессивной религии, что только образованные египтяне могли полностью постичь ее смысл. Простые земледельцы никогда по-настоящему не понимали этого евангелия и потому были готовы вернуться к жрецам – к прежнему поклонению Исиде и ее супругу Осирису, который якобы чудесным образом воскрес, после жестокой смерти от рук Сета, – бога тьмы и зла.

Учение о бессмертии для всех людей было слишком прогрессивным для египтян. Воскресение было привилегией только царей и богачей; поэтому их тела столь тщательно бальзамировались и сохранялись в гробницах в ожидании судного дня. Однако в конце концов демократичность спасения и воскресения, как тому учил Эхнатон, восторжествовала; впоследствии египтяне стали верить даже в продолжение жизни бессловесных животных.

Хотя попытка этого египетского правителя склонить свой народ к поклонению единому Богу оказалась неудачной, следует отметить, что последствия его трудов ощущались веками как в Палестине, так и в Греции, и что таким образом Египет стал связующим звеном, передавшим как эволюционную культуру Нила, так и богооткровенную религию Евфрата всем последующим народам Запада.

Слава этой великой эры нравственного развития и духовного роста долины Нила начала быстро увядать примерно в то же время, когда стала зарождаться национальная жизнь иудеев, и после пребывания в Египте эти бедуины унесли с собой многие из учений Эхнатона и увековечили его доктрины в своей национальной религии.

6. САЛИМСКИЕ УЧЕНИЯ В ИРАНЕ

Покинув Палестину, некоторые миссионеры Мелхиседека пересекли Месопотамию и достигли огромного Иранского нагорья. Более пятисот лет салимские проповедники успешно действовали в Иране, и уже вся нация склонялась к религии Мелхиседека, когда смена властителей привела к жестоким преследованиям, фактически положившим конец монотеизму салимского культа. Учение о завете Авраама почти полностью исчезло в Персии, когда в великий век нравственного ренессанса – шестой век до Христа – появился Заратустра, воспламенивший тлеющие угли салимского евангелия.

Основатель новой религии был энергичным и смелым юношей. Во время своего первого паломничества в месопотамский Ур он познакомился с преданиями о Калигастии и восстании Люцифера, которые вместе со многими другими рассказами оказали огромное влияние на его религиозную натуру. И вот, под впечатлением увиденного в Уре сна, он решил вернуться на свою северную родину и в корне изменить религию своего народа. Он впитал древнееврейскую идею Бога правосудия – представление Моисея о божественности. В его сознании существовала ясная концепция верховного Бога; всех остальных богов он считал дьяволами и низвел их до положения демонов, о которых слышал в Месопотамии. В Уре он познакомился с уцелевшим преданием о Семи Главных Духах и, в соответствии с ним, создал плеяду из семи верховных богов во главе с Ахурамаздой; подчиненных богов он связал с идеализацией Справедливого Закона, Благой Мысли, Благородного Управления, Святого Характера, Здоровья и Бессмертия.

Эта новая религия была религией действия, труда, а не молитв и ритуалов. Ее Бог был существом высшей мудрости и покровителем цивилизации; это была активная религиозная философия, которая брала на себя смелость сражаться со злом, бездействием и отсталостью.

Заратустра не проповедовал поклонение огню, однако стремился использовать пламя как символ чистого и мудрого Духа всеобщего и высшего господства. (Печально, но факт, что позднее его последователи и почитали огонь, и поклонялись ему.) Наконец, после обращения в эту религию иранского принца, она стала распространяться мечом. И Заратустра героически погиб в сражении за то, что он считал «истиной Господа света».

Зороастризм является единственной урантийской религией, в которой увековечены даламатийские и эдемические учения о Семи Главных Духах. Хотя это вероучение не создало концепции Троицы, оно в некоторой степени приблизилось к представлению о Боге-Семичастном. Изначальный зороастризм не был чистым дуализмом: хотя ранние учения изображали зло как существующее во времени наравне с добром, оно определенно поглощалось вечностью в предельной реальности добра. Только в последующие времена люди стали верить в то, что добро и зло соперничают на равных условиях.

Хотя традиционные представления евреев о небесах и аде, равно как и доктрина о дьяволах – в том виде, в котором она существует в священных книгах иудеев, – встречались в сохранившихся преданиях о Люцифере и Калигастии, в основном они были заимствованы из зороастризма в те времена, когда евреи находились под политическим и культурным господством персов. Подобно египтянам, Заратустра проповедовал «судный день», но он связывал это событие с концом света.

Даже та религия, которая пришла в Персии на смену зороастризму, испытала на себе заметное влияние этого учения. Когда иранское жречество решило уничтожить учение Заратустры, оно воскресило древнее поклонение Митре. Митраизм распространился на весь Левант и средиземноморский регион и в течение некоторого времени существовал наряду с иудаизмом и христианством. Так учения Заратустры последовательно оставили след на трех великих религиях: иудаизме, христианстве и – через них – на магометанстве.

Однако огромная пропасть лежит между возвышенными учениями и благородными псалмами Заратустры и современными искажениями его учения парсами с их огромным страхом перед покойниками и верой в софистику, до которой никогда не опускался Заратустра.

Этот великий человек принадлежал к той уникальной группе людей, которая появилась в шестом веке до Христа для того, чтобы сохранить свет Салима – не дать полностью и окончательно погаснуть тому огоньку, который слабым светом светил во мраке мира, указывая человеку путь к вечной жизни.

7. САЛИМСКИЕ УЧЕНИЯ В АРАВИИ

Учения Мелхиседека о едином Боге укоренились в Аравийской пустыне относительно недавно. Так же, как в Греции, салимские миссионеры потерпели неудачу в Аравии потому, что неправильно истолковали инструкции Макивенты относительно чрезмерной организации. Однако понятое по-своему предупреждение Мелхиседека – воздержаться от любых попыток распространить евангелие с помощью военной силы или гражданского принуждения – их не остановило.

Даже в Китае или Риме учения Мелхиседека не потерпели такого же полного провала, как в этом пустынном регионе по соседству с самим Салимом. На протяжении еще многих лет, после того как большинство народов Востока и Запада стали исповедовать, соответственно, буддизм и христианство, Аравийская пустыня оставалась такой же, какой она была тысячелетиями. Каждое племя поклонялось своему древнему фетишу, и во многих семьях были свои домашние боги. В течение долгого времени продолжалась борьба между вавилонской Иштар, иудейским Ягве, иранским Ахурой и христианским Отцом Господа Иисуса Христа. Ни разу ни одна из этих концепций не смогла полностью вытеснить другие.

В различных местах Аравийской пустыни обитали семьи и кланы, которые придерживались смутного представления о едином Боге. Такие группы свято хранили предания о Мелхиседеке, Аврааме, Моисее и Заратустре. Существовало множество центров, которые могли отозваться на евангелие Иисуса, однако в отличие от уступчивых и изобретательных миссионеров, действовавших в средиземноморских странах, христианские миссионеры Аравийской пустыни были суровыми и непреклонными людьми. Отнесись последователи Иисуса более серьезно к его повелению «идти по всему миру и проповедовать евангелие» и будь они более снисходительны в своих проповедях, менее взыскательны во второстепенных, ими же придуманных социальных требованиях, многие земли с радостью восприняли бы простое евангелие плотницкого сына – в том числе и Аравия.

Несмотря на тот факт, что великим монотеистическим вероучениям Леванта не удалось закрепиться в Аравии, эта пустынная земля смогла создать религию, которая, являясь менее строгой в своих социальных требованиях, была всё же монотеистической.

Примитивные и неорганизованные верования пустыни отличались только одним фактором, характерным для всего племени, расы или нации, а именно – своеобразным и повсеместным уважением, с которым почти все аравийские племена относились к некоему черному каменному фетишу в одном из храмов Мекки. Эта точка соприкосновения и общего поклонения впоследствии привела к появлению ислама. То, чем Ягве – дух вулкана – был для еврейских семитов, Каабский камень стал для их арабских родственников.

Сила ислама – в ясном и четком представлении об Аллахе как единственном Божестве, его слабость – в использовании военной силы в распространении веры и в ухудшении положения женщины. Однако ислам последовательно придерживался своего представления о Едином Всеобщем Божестве всего сущего, «который знает незримое и зримое. Он милосерден и сострадателен». «Воистину, Бог изобилен в своем великодушии ко всем людям». «И когда я заболеваю, именно он исцеляет меня». «Ибо всякий раз, когда трое ведут беседу, Бог присутствует четвертым», ибо разве он не есть «первый и последний, видимый и потаенный?»

[Представлено Мелхиседеком Небадона.]

ДОКУМЕНТ 96

ЯГВЕ – БОГ ЕВРЕЕВ

Постигая Божество, человек вначале включает в свое представление о нём всех богов, затем подчиняет всех чуждых богов племенному божеству и, наконец, исключает всех, кроме одного Бога, обладающего конечной и высшей ценностью. Евреи соединили всех богов в своей более возвышенной концепции Господа Бога Израиля. Индусы также объединили своих разнообразных божеств в «единую духовность богов», представленную в Ригведе, в то время как месопотамцы свели своих богов к более централизованному представлению о Бел-Мардуке. Эти монотеистические идеи созрели во всём мире вскоре после того как Макивента Мелхиседек появился в палестинском Салиме. Однако предложенная Мелхиседеком концепция Божества отличалась от эволюционной философии включения, подчинения и исключения: она основывалась только на *созидательной силе* и сразу же оказала воздействие на высшие представления о божестве в Месопотамии, Индии и Египте.

Кенеи и некоторые другие ханаанские племена традиционно чтили салимскую религию. В этом заключалась одна из целей инкарнации Мелхиседека: утвердить религию единого Бога настолько, чтобы подготовить путь для посвящения на земле Сына этого единого Бога. Михаил вряд ли мог прибыть на Урантию, пока здесь не сформировался верящий во Всеобщего Отца народ, в среде которого он мог бы появиться.

Палестинские кенеи продолжали исповедовать салимскую религию в качестве своей веры. Эта религия – в том виде, в котором она была впоследствии принята иудеями, – сначала испытала воздействие нравственных учений Египта, позднее – теологии Вавилона и, наконец, – представлений о добре и зле, существовавших в Иране. Фактически, древнееврейская религия основана на завете Авраама с Макивентой Мелхиседеком. В эволюционном аспекте она является продуктом многих уникальных ситуативных обстоятельств, но с точки зрения культуры содержит многочисленные заимствования из религии, морали и философии всего Леванта. Именно через иудейскую религию значительная часть нравственного наследия и религиозной мысли Египта, Месопотамии и Ирана была передана народам Запада.

1. ПРЕДСТАВЛЕНИЯ О БОЖЕСТВЕ У СЕМИТОВ

Ранние семиты считали, что во всём заключен некий дух. То были духи животного и растительного мира; годовые духи, владыка потомства; духи огня, воды и воздуха. Это был настоящий пантеон духов, которых боялись и которым поклонялись. И учение Мелхиседека о Всеобщем Создателе не смогло полностью уничтожить веру в подчиненных духов или природных богов.

Прогресс иудеев – от политеизма через генотеизм к монотеизму – не был сплошным и непрерывным концептуальным развитием. В эволюции своих представлений о Божестве они не раз двигались вспять, в то время как в любую эпоху у различных групп верующих семитов существовали различные понятия о Боге. В их концепциях Бога периодически использовались многочисленные термины, и для предотвращения путаницы эти разные наименования Божества будут определены согласно их месту в эволюции еврейской теологии:

1. *Ягве* являлся богом южных палестинских племен, которые связывали это представление о божестве с горой Хорив, синайским вулканом. Ягве был всего лишь одним из сотен и тысяч природных богов, которые завладели вниманием и требовали поклонения семитских племен и народов.

2. *Эль-Эльон*. На протяжении многих веков после пребывания Мелхиседека в Салиме, его учение о Божестве существовало в различных вариантах, но обычно оно обозначалось словом Эль-Эльон – Всевышний Бог небес. Многие семиты, в том числе и непосредственные потомки Авраама, в разные периоды поклонялись и Ягве, и Эль-Эльону.

3. *Эль-Шаддай*. Трудно объяснить, что именно означал Эль-Шаддай. Данное представление о Боге было сложным результатом заимствований из учений, изложенных Аменемопом в Книге Мудрости, измененных Эхнатоном в доктрине об Атоне и претерпевших дальнейшее изменение под влиянием учений Мелхиседека, воплощенных в представлении об Эль-Эльоне. Однако с проникновением образа Эль-Шаддая в сознание иудеев в нём стало появляться много черт, свойственных вере в Ягве, которую исповедовали обитатели пустыни.

Одной из господствующих религиозных идей этого времени была египетская концепция божественного Провидения – учение о том, что материальное процветание являлось наградой за служение Эль-Шаддаю.

4. *Эль*. Посреди всей этой путаницы терминов и неопределенности понятий многие благочестивые верующие искренне стремились к поклонению всем этим формирующимся представлениям о божественности; так, имея в виду составное Божество, стали пользоваться именем Эль. Этот термин включал и других природных богов бедуинов.

5. *Элогим*. В течение долгого времени в Кише и Уре существовали шумеро-халдейские группы, которые проповедовали концепцию триединого Бога, основанную на преданиях о временах Адама и Мелхиседека. Данное учение было перенесено в Египет, где этой Троице поклонялись под именем Элогима – или, в единственном числе, Элоах. Египетские и, позднее, александрийские учителя иудейского происхождения учили этому единству множественных Богов, и во времена исхода многие советники Моисея верили в эту Троицу. Однако концепция тринитарного Элогима стала действительной частью иудейской теологии только после того, как евреи оказались под политическим влиянием Вавилона.

6. *Иносказательные имена*. Семиты не любили называть свое Божество по имени. Поэтому иногда они прибегали к многочисленным иносказаниям, таким как Божий Дух, Господь, Ангел Господень, Всемогущий, Святой, Всевышний, Адонаи, Древний Дней, Господь Бог Израиля, Создатель Неба и Земли, Кириос, Ях, Господь Саваоф и Отец Небесный.

Иегова является термином, используемым с недавнего времени для обозначения завершенности представления о Ягве, которое окончательно сложилось в процессе длительной истории иудеев. Однако имя Иегова вошло в употребление только спустя полторы тысячи лет после Иисуса.

Примерно до 2000 года до н. э. гора Синай периодически превращалась в действующий вулкан, и редкие извержения происходили еще в период пребывания в этом регионе израильтян. Огонь и дым, вместе с оглушительными взрывами, которые сопровождали извержения этой вулканической горы, поражали обитавших поблизости бедуинов и приводили их в состояние благоговейного ужаса и великого страха перед Ягве. Впоследствии дух горы Хорив стал богом древнееврейских семитов, и со временем они уверовали в его верховность по отношению ко всем остальным богам.

Хананеи уже давно поклонялись Ягве, и хотя многие кенеи в большей или меньшей степени верили в Эль-Эльона – сверхбога салимской религии, – большинство хананеев в какой-то мере придерживались веры в старых племенных божеств. Они не спешили отказываться от своих национальных божеств ради межнационального, тем более межпланетного, Бога. Они не были склонны верить во всеобщее божество, и потому эти племена продолжали поклоняться своим племенным божествам, включая Ягве, а также серебряным и золотым тельцам, которые символизировали представление пастухов-бедуинов о духе синайского вулкана.

Хотя сирийцы поклонялись своим богам, они также верили в иудейского Ягве, ибо их пророки сказали сирийскому царю: «Их боги являются богами гор; поэтому они одолели нас. Давай сразимся с ними на равнине, и тогда мы наверняка победим».

С развитием человеческой культуры второстепенные боги подчиняются верховному божеству. Великий Юпитер остается только в восклицаниях. Для монотеистов подчиненные боги превращаются в духов, демонов, парок, нереид, фей, домовых, гномов, баньши и дурной глаз. Иудеи прошли через генотеизм и в течение долгого времени верили в существование других богов, кроме Ягве, но они всё больше склонялись к вере в то, что эти чужеродные божества подчинены Ягве. Они соглашались с реальностью бога амореев Хамоса, но утверждали, что он подвластен Ягве.

Из всех представлений о Боге, которые возникали у смертных, идея Ягве претерпела наибольшие изменения. Ее постепенную эволюцию можно сравнить только с метаморфозами концепции Будды в Азии, которые в итоге привели к представлению о Всеобщем Абсолюте, так же как концепция Ягве привела к идее Всеобщего Отца. Однако следует учитывать тот исторический факт, что, хотя евреи изменили свои представления о Божестве, превратившемся из племенного бога горы Хорив в любящего и милосердного Отца-Создателя более поздних времен, они не изменили его имени: на протяжении всей истории развития своего представления о Божестве они называли его одним и тем же именем – Ягве, что является историческим фактом.

2. СЕМИТСКИЕ НАРОДЫ

Семиты Востока были хорошо организованными и хорошо управляемыми всадниками, которые вторглись в восточные регионы плодородного полумесяца, где они объединились с вавилонянами. Халдеи, жившие поблизости от Ура, относились к наиболее развитым племенам восточных семитов. Финикийцы являлись высокоразвитой и хорошо организованной группой смешанных семитов, владевших западной частью Палестины вдоль средиземноморского побережья. В расовом отношении семиты принадлежали к наиболее смешанным народам Урантии и обладали наследственными факторами, полученными почти от всех девяти мировых рас.

Раз за разом аравийские семиты силой прокладывали себе путь в северную Землю Обетованную – землю, в которой «текло молоко и мед». Но всякий раз их вытесняли более организованные и цивилизованные северные семиты и хеттеи. Позднее, во время необычайно жестокого голода, множество этих кочевых бедуинов прибыли в Египет в качестве наемных рабочих для участия в строительных работах – но лишь для того, чтобы испытать горькую участь рабов, тяжкий ежедневный труд простых и униженных работников долины Нила.

Только после эпохи Макивенты Мелхиседека и Авраама некоторые семитские племена, по причине их своеобразных религиозных верований, стали называться детьми Израиля, а позднее – иудеями, евреями и «избранным народом». Авраам не был отцом всех иудеев; он не являлся даже прародителем всех тех семитских бедуинов, которых держали в плену в Египте. Правда, его потомки, выходцы из Египта, действительно образовали ядро будущего еврейского народа, однако абсолютное большинство мужчин и женщин, вошедших в колена Израиля, никогда не бывали в Египте. Они были всего лишь такими же кочевниками, которые решили принять Моисея в качестве своего вождя, когда дети Авраама и их семитские соратники из Египта пересекали северную Аравию.

Учение Мелхиседека об Эль-Эльоне – Всевышнем – и обещание божественного благоволения через веру были во многом забыты ко времени порабощения египтянами семитских народов, которым вскоре предстояло образовать иудейскую нацию. Но в течение всего своего плена эти аравийские кочевники, следуя давней традиции, хранили веру в Ягве как в свое национальное божество.

Более ста разрозненных аравийских племен поклонялись Ягве, и если не считать отголосков изложенной Мелхиседеком концепции Эль-Эльона, сохранявшейся среди более образованных египетских классов, – включая смешанные египетские и иудейские кланы, – то религия простых рабов, плененных евреев, являлась видоизмененным вариантом старого ритуала поклонения Ягве, основанного на магии и жертвоприношениях.

3. НЕСРАВНЕННЫЙ МОИСЕЙ

Начало эволюции древнееврейских представлений и идеалов Верховного Создателя связано с исходом семитов из Египта под руководством великого вождя, учителя и организатора – Моисея. Его мать происходила из царской египетской семьи; его отец-семит служил посредником между властями и пленными бедуинами. Поэтому Моисей обладал качествами, унаследованными из лучших расовых источников. Его предки были настолько смешанными, что его невозможно причислить к какой-либо определенной расовой группе. Если бы он не принадлежал к этому смешанному типу, то никогда не смог бы проявить той необыкновенной разносторонности и способности к адаптации, которые позволили ему справиться с разношерстной ордой, примкнувшей в итоге к семитским бедуинам, бежавшим под его предводительством из Египта в Аравийскую пустыню.

Несмотря на соблазнительность культуры нильского царства, Моисей решил разделить судьбу с народом, к которому принадлежал его отец. В то время, когда этот великий организатор разрабатывал планы по освобождению народа своего отца, бедуинские пленники имели жалкое подобие религии. По сути дела, у них не было ни истинного представления о Боге, ни надежды в этом мире.

Ни один вождь никогда не брался за перевоспитание и возвышение более жалкой, подавленной, угнетенной и невежественной группы людей. Однако в крови этих рабов таились скрытые возможности для развития, и в их среде было достаточное число образованных предводителей, обученных Моисеем при подготовке к восстанию и прорыву к свободе, чтобы образовать группу способных организаторов. Эти более развитые люди служили надсмотрщиками над своими соплеменниками. Они получили некоторое образование благодаря авторитету Моисея среди правителей Египта.

Моисей попытался договориться о свободе для собратьев-семитов дипломатическим путем. Вместе со своим братом он заключил с египетским царем договор, который давал им право мирно покинуть долину Нила и уйти в Аравийскую пустыню. За свою долгую службу в Египте они должны были получить небольшую плату деньгами и имуществом. Со своей стороны, иудеи обязывались поддерживать дружественные отношения с фараонами и не вступать в какие-либо антиегипетские союзы. Однако позднее царь счел возможным отказаться от этого договора под предлогом того, что его шпионы донесли ему о вероломстве бедуинских рабов. Он утверждал, что они стремились к свободе с целью поднять кочевников пустыни на борьбу с Египтом.

Но Моисей не унывал. Он ждал своего часа, и менее чем через год, когда вся египетская армия была занята одновременным отражением мощного ливийского наступления на юге и вторжения греков с моря на севере, этот неустрашимый организатор, в результате дерзкого ночного побега, вывел своих соотечественников из Египта. Этот прорыв к свободе был тщательно спланирован и умело выполнен. И они добились успеха, несмотря на то что их по пятам преследовал фараон вместе с небольшим отрядом. Все египтяне пали от рук оборонявшихся беглецов, оставив множество трофеев. Эта добыча была приумножена добром, награбленным армией беглых рабов на пути к пустынной родине предков.

4. ПРОВОЗГЛАШЕНИЕ ЯГВЕ

Эволюция и возвышение учения Моисея оказали влияние почти на половину всего мира. Это влияние сохраняется и в двадцатом веке. Хотя Моисей понимал более прогрессивную египетскую религиозную философию, бедуинские рабы почти ничего не знали об этих учениях, однако они еще помнили бога горы Хорив, которого их предки называли Ягве.

Моисей слышал об учениях Макивенты Мелхиседека как от отца, так и от матери. Именно общностью религиозных взглядов объясняется необычный союз женщины царских кровей и мужчины из рода пленников. Тесть Моисея был кенеем, поклонявшимся Эль-Эльону, но родители освободителя верили в Эль-Шаддая. Поэтому Моисей был воспитан в шаддаизме; под влиянием своего тестя он стал эльонистом; а ко времени создания иудейского лагеря у горы Синай после побега из Египта он сформулировал новую и развернутую концепцию Божества (взятую из всех его прежних верований), которую он благоразумно решил провозгласить своему народу в качестве расширенного представления об их древнем племенном боге – Ягве.

Моисей попытался познакомить этих бедуинов с идеей Эль-Эльона, однако еще до того, как покинуть Египет, он убедился в том, что они никогда не смогут по-настоящему понять это учение. Поэтому он сознательно решил пойти на компромисс: превратить племенного бога пустыни в единого и единственного бога своих последователей. В учении Моисея не было определенных утверждений о том, что у других народов и наций нет иных богов, но он решительно настаивал на том, что Ягве находился над всеми и был превыше всех – в особенности для иудеев. Однако для него всегда было мучительным то неловкое положение, в котором он оказывался, пытаясь изложить этим невежественным рабам новую и более высокую идею Божества под древним именем Ягве, извечным символом которого был золотой телец бедуинских племен.

То обстоятельство, что Ягве был богом спасавшихся бегством иудеев, объясняет, почему они так долго оставались в районе горы Синай и почему они получили здесь Десять Заповедей, провозглашенных Моисеем от имени Ягве – бога Хорива. В течение этого длительного пребывания у Синая произошло дальнейшее усовершенствование религиозных обрядов нарождавшейся иудейской религии.

Вряд ли Моисей смог бы когда-нибудь добиться успеха в создании этого в некотором роде прогрессивного ритуального культа и сохранить своих последователей целыми и невредимыми на протяжении четверти века, если бы не мощное извержение горы Хорив на третью неделю их благоговейного пребывания у ее подножья. «Гора Ягве была в огне, и поднимался дым, словно дым из печи, и вся гора сотрясалась». Принимая во внимание этот катаклизм, неудивительно, что Моисею удалось внушить своим собратьям учение о том, что их Бог был «великим, грозным, уничтожающим огнем, страшным и всемогущим».

Моисей провозгласил, что Господом Богом Израиля является Ягве, который выделил евреев в качестве своего избранного народа; он создавал новую нацию и поступал мудро, придавая своему религиозному учению национальный характер и говоря своим последователям, что Ягве был суровым надзирателем, «Богом-ревнителем». Тем не менее, он стремился расширить их представление о божественности, внушая им, что Ягве есть «Бог духов всякой плоти», что «вечный Бог – твое прибежище, предвечные руки – опора». Моисей учил, что Ягве – это верный завету Бог, что он «не оставит вас, не погубит вас и не забудет завета с отцами вашими, ибо Господь любит вас и сдержит обещание, данное вашим отцам».

Моисей предпринял героическую попытку поднять образ Ягве до положения верховного Божества, представив его как «Бога истины, чуждого беззакония, справедливого и праведного во всех путях своих». Однако, несмотря на это возвышенное учение, ограниченность понимания его последователей заставила Моисея говорить о подобии Бога человеку, его склонности к приступам ярости, гнева и жестокости, и дажс о его мстительности, чувствительности к поведению людей.

В учении Моисея этот племенной природный бог Ягве стал Господом Богом Израиля, который был вместе с евреями в пустыне и даже в изгнании, где вскоре появилось представление о нём как Боге всех народов. Последующий плен, который сделал евреев рабами в Вавилоне, окончательно освободил эволюционирующее представление о Ягве для монотеистической роли Бога всех наций.

Самой уникальной и поразительной чертой религиозной истории иудеев является эта постоянная эволюция концепции Божества: начавшись с примитивного бога горы Хорив и эволюционировав в учениях целого ряда духовных лидеров, она достигла высокого уровня развития, отраженного в доктринах Божества двух Исайев, которые провозгласили величественную концепцию любящего и милосердного Отца-Создателя.

5. УЧЕНИЯ МОИСЕЯ

В Моисее необыкновенным образом сочетались качества военного лидера, общественного деятеля и религиозного учителя. Он являлся важнейшим из всех мировых учителей и лидеров в период между Макивентой и Иисусом. Моисей пытался провести в Израиле многие реформы, о которых нет письменных свидетельств. За время одной человеческой жизни он избавил многоязыкую орду так называемых иудеев от рабства и нецивилизованных скитаний, одновременно заложив основу для последующего рождения нации и сохранения расы.

О выдающейся деятельности Моисея сохранилось так мало свидетельств потому, что во времена исхода у иудеев не было письменности. Повествование об эпохе и деяниях Моисея было составлено на основе преданий, сохранившихся по прошествии более тысячи лет после смерти великого вождя.

Кроме того, многие из усовершенствований, внесенных Моисеем в религию египтян и окружающих левантийских племен, объяснялись кенейскими традициями, восходившими к эпохе Мелхиседека. Без учения Макивенты, переданного Аврааму и его современникам, иудеи вышли бы из Египта, лишенные всякой надежды. Моисей и его тесть Иофор собрали то немногое, что оставалось от традиций Мелхиседека; этими учениями, вкупе с познаниями египтян, и руководствовался Моисей при создании усовершенствованной религии и обрядов израильтян. Моисей был организатором; он отобрал лучшее из религии и нравов Египта и Палестины и, связав эти обычаи с традициями учений Мелхиседека, создал систему религиозных обрядов древних евреев.

Моисей верил в Провидение; его увлекали египетские учения, касавшиеся сверхъестественного управления Нилом и другими природными стихиями. Он обладал возвышенным представлением о Боге, но был предельно искренним, когда учил иудеев, что если они будут послушны Богу, то «Он возлюбит и благословит вас, сделает многочисленным ваш народ. Он размножит плод чрева вашего и плод земли вашей – хлеб, вино, масло и ваши стада. Вы будете благоденствовать превыше всех людей, и Господь, Бог ваш, отведет от вас все болезни и не наведет на вас ни одну из ужасных болезней Египта». Он даже сказал: «Помните Господа, Бога вашего, ибо это он дает вам силу приобретать богатство». «И вы будете давать взаймы многим народам, а сами не будете брать взаймы. Вы будете господствовать над многими народами, но они не будут господствовать над вами».

Однако было поистине печально видеть, как великий разум Моисея старался приспособить возвышенное представление об Эль-Эльоне, Всевышнем, к пониманию невежественных и безграмотных иудеев. Собранию своих вождей он громогласно возвещал: «Господь, ваш Бог, – единственный Господь, и нет Бога, кроме него», в то время как разношерстной толпе он заявлял: «Кто сравнится с вашим Богом среди всех богов?» Моисей мужественно и, отчасти, успешно выступил против фетишей и идолопоклонства, заявив: «В тот день, когда ваш Бог говорил с вами на горе Хорив из огня, вы не видели никакого образа». Кроме того, он запретил создавать какие-либо изображения.

Моисей боялся провозгласить милосердие Ягве и предпочитал внушать благоговейный страх перед Божьим правосудием, говоря: «Господь, Бог ваш, есть Бог Богов, Владыка Владык, великий Бог, могучий и страшный Бог, который беспристрастен». Пытаясь же обуздать буйные кланы, он заявлял, что «ваш Бог умерщвляет, когда вы не повинуетесь ему; он исцеляет и оживляет, когда вы повинуетесь ему». Однако Моисей учил эти племена, что они станут избранным народом Божьим только при том условии, что они «будут исполнять все его заповеди и соблюдать все его законы».

В те древние времена иудеев почти не учили милосердию Бога. Они знали Бога как «Всемогущего; Господь – воин, Бог сражений, славный в своем могуществе, сокрушающий своих врагов». «Господь, Бог твой, с тобой в твоем стане, чтобы спасти тебя». Израильтяне верили, что их Бог любит их, но что он также является тем, кто «ожесточил сердце фараона» и «проклял их врагов».

Хотя Моисей и дал детям Израиля некоторое представление о всеобщем и благотворном Божестве, в целом, в их обычном представлении, Ягве был Богом, однако он мало чем отличался от племенных богов окружающих народов. Их представление о Боге было примитивным, грубым и антропоморфическим. После кончины Моисея эти бедуинские племена быстро вернулись к своим полуварварским идеям – прежним богам Хорива и пустыни. Расширенное и более высокое ви́дение Бога, периодически излагавшееся Моисеем своим предводителям, вскоре было забыто, в то время как большинство людей обратились к поклонению своим фетишам, – золотым тельцам, символизировавшим Ягве в глазах палестинских пастухов.

К тому времени, когда Моисей передал Иешуа командование над евреями, им уже были собраны тысячи непрямых потомков Авраама, Нахора, Лота и других представителей родственных племен, превращенных в самостоятельную и, отчасти, самоуправляющуюся нацию пастухов-воинов.

6. ПРЕДСТАВЛЕНИЕ О БОГЕ ПОСЛЕ СМЕРТИ МОИСЕЯ

После кончины Моисея его возвышенное представление о Ягве стало быстро вырождаться. Иешуа и вожди Израиля чтили Моисеевы традиции премудрого, благотворного и всемогущего Бога, но простой люд вскоре вернулся к более древнему образу Ягве, который сложился некогда в пустыне. И эта постепенная деградация концепции Божества усугублялась на протяжении сменявших друг друга правлений различных племенных шейхов, так называемых Судей.

Обаяние необыкновенной личности Моисея поддерживало в сердцах его последователей увлеченность всё более расширявшимся представлением о Боге. Однако достигнув плодородных земель Палестины, они быстро превратились из пастухов-кочевников в оседлых и в некотором роде степенных земледельцев. Эта эволюция образа жизни и изменение религиозных взглядов требовали более или менее полной перемены в характере их представления о природе своего Бога, Ягве. На первом этапе превращения сурового, грубого, взыскательного и гневного пустынного Бога Синая в более позднее представление о Боге любви, правосудия и милосердия иудеи почти полностью забыли возвышенные учения Моисея. Они едва не утратили всякое представление о монотеизме; они чуть было не упустили возможность стать жизненно важным связующим звеном в духовной эволюции Урантии, той общностью людей, которая сохранила учения Мелхиседека о едином Боге вплоть до инкарнации посвященческого Сына этого Отца всего сущего.

Отчаянные попытки Иешуа сохранить представление о верховном Ягве в сознании соплеменников стали причиной возвещения: «Я буду с тобой, как я был с Моисеем; я не обману твоих ожиданий и не покину тебя». Иешуа считал, что этому маловерному народу, слишком расположенному к своей старой, исконной религии, но нерасположенному идти вперед по пути религии веры и праведности, было необходимо суровое евангелие. Основной мыслью учений Иешуа стали слова: «Ягве – Бог святой, Бог ревнитель; он не потерпит беззакония вашего и грехов ваших». Высшее представление этого времени изображало Ягве как «Бога силы, правосудия и справедливости».

Однако даже в этот мрачный период то и дело появлялись учители-одиночки, провозглашавшие идущее от Моисея ви́дение божественности: «Вы, дети порока, не можете служить Господу, ибо он – Бог святой». «Может ли смертный человек быть справедливее Бога? Может ли человек быть чище своего Творца?» «Можешь ли найти Бога, разыскивая его? Можешь ли в совершенстве распознать Всемогущего? Да, Бог велик, и мы не знаем его. Прикасаясь к Всемогущему, мы неспособны распознать его».

7. ПСАЛМЫ И КНИГА ИОВА

Под руководством шейхов и священников иудеи несколько укрепили свои позиции в Палестине. Однако вскоре они скатились к отсталым верованиям пустыни и переняли у ханаанеев их менее прогрессивные религиозные обряды. Им стало свойственно идолопоклонство и вседозволенность, а их представление о Божестве упало значительно ниже египетской и месопотамской концепций о Боге, которые поддерживались несколькими уцелевшими салимскими группами и описаны в некоторых псалмах и так называемой Книге Иова.

Псалмы являются произведением двадцати или более авторов; многие из них были написаны египетскими и месопотамскими учителями. В те времена, когда Левант поклонялся природным богам, существовало достаточно много людей, веривших в верховность Эль-Эльона, Всевышнего.

Ни один другой религиозный труд не выражает такого богатства религиозного чувства и вдохновенных идей о Боге, как Псалтырь. И читатель смог бы получить большую пользу, если бы, внимательно читая это прекрасное собрание религиозных сочинений, он обращал внимание на источник и хронологию каждого отдельного гимна, исполненного хвалы и поклонения, и помнил о том, что ни один другой сборник текстов не охватывает столь огромного промежутка времени. Псалтырь является изложением различных представлений о Боге, которых придерживались приверженцы салимской религии на всей территории Леванта, и охватывает весь период от Аменемопа до Исайи. В псалмах Бог представлен во всех фазах понимания – от примитивной идеи о племенном божестве до чрезвычайно расширенного идеала более поздних иудеев, в котором Ягве изображается как любвеобильный правитель и милосердный Отец.

При таком подходе Псалтырь представляет собой наиболее ценную и полезную подборку религиозных воззрений, когда-либо собранных человеком вплоть до двадцатого века. Боготворящий дух этого собрания гимнов превосходит все остальные священные книги мира.

На протяжении почти трехсот лет свыше двадцати религиозных учителей Месопотамии создавали многоликий образ Божества, представленный в Книге Иова. Знакомясь с возвышенным представлением о божественности, которым проникнуто это собрание месопотамских вероучений, вы увидите, что в период духовного упадка Палестины истинное представление о Боге лучше всего сохранилось именно в окрестностях Ура Халдейского.

Обитатели Палестины часто постигали мудрость и вездесущность Бога, но редко – его любовь и милосердие. Ягве этого времени «посылает злых духов для покорения душ его врагов»; он благоприятствует своим собственным и послушным детям, проклиная и сурово осуждая всех остальных. «Он расстраивает замыслы коварных и ловит умников на их же хитрости».

Только в Уре прозвучал голос, объявивший во всеуслышание о милосердии Бога: «Он будет молиться Богу и обретет его благоволение и будет с радостью взирать на его лицо, ибо Бог даст человеку божественную праведность». Так проповедуется из Ура спасение, божественное благоволение, через веру: «Он милосерден к кающимся и говорит: „ Отпусти его, не своди в могилу, ибо я нашел за него выкуп “. Если скажет кто: „ Я грешил и извращал правду, и это не принесло мне пользы“, Бог спасет его душу от могилы, и он увидит свет». Ни разу со времен Мелхиседека не слышал Левант столь громкой и воодушевляющей проповеди спасения человека, как это необыкновенное учение Елиуя – пророка из Ура и священника салимских верующих, представлявших собой то, что осталось от колонии Мелхиседека в Месопотамии.

Так остатки салимских миссионеров Месопотамии хранили свет истины в период разобщения иудейских народов вплоть до появления первого из длинного ряда учителей Израиля. Не покладая рук, эти учители создавали одно представление за другим, пока не пришли к идеалу Всеобщего Отца-Создателя всего сущего – высшего представления о Ягве.

[Представлено Мелхиседеком Небадона.]

ДОКУМЕНТ 97

РАЗВИТИЕ ПРЕДСТАВЛЕНИЯ О БОГЕ У ДРЕВНИХ ЕВРЕЕВ

Духовные вожди иудеев сделали то, чего никогда и никому не удавалось до них: они лишили своего Бога человеческих качеств, не превращая его в абстрактное Божество, понятное только философам. Даже простые люди были способны относиться к сформировавшемуся образу Ягве как к Отцу – если не индивидуума, то хотя бы народа.

Представление о личности Бога, ясно изложенное в салимских учениях во времена Мелхиседека, было туманным и расплывчатым в дни бегства из Египта и лишь постепенно, из поколения в поколение, развивалось в сознании древних евреев в ответ на учения их духовных вождей. Осознание личности Ягве было намного более продолжительным в своей постепенной эволюции, чем осознание многих других атрибутов Божества. От Моисея до Малахии в сознании древних евреев продолжалось почти непрерывное возвышение личности Бога, и в итоге это представление было поднято на новую высоту и прославлено учениями Иисуса о небесном Отце.

1. САМУИЛ – ПЕРВЫЙ ИЗ ИУДЕЙСКИХ ПРОРОКОВ

Враждебное давление окружающих палестинских народов вскоре заставило древнееврейских шейхов понять, что надежда на выживание связана только с созданием конфедерации племен, подчиненных центральной власти. И эта централизация административной власти создала более благоприятные условия для просветительской и реформаторской деятельности Самуила.

Самуил был выходцем из древнего рода салимских учителей, сохранивших истины Мелхиседека как часть своей религии. Этот пророк был мужественным и решительным человеком. Только огромная преданность в сочетании с необыкновенной целеустремленностью позволили ему выдержать почти всеобщее сопротивление, с которым он столкнулся, попытавшись вернуть весь Израиль к поклонению верховному Ягве времен Моисея. Но и он добился только частичного успеха: ему удалось обратить к служению более высокому представлению о Ягве лишь наиболее интеллектуальную половину иудеев. Другая половина продолжала поклоняться племенным богам своей страны и придерживаться более примитивных представлений о Ягве.

Самуил относился к типу грубоватых, но деятельных людей и являлся практическим реформатором, который вместе со своими товарищами мог за один день разрушить два десятка изображений Ваала. Он добивался прогресса за счет одной только силы принуждения; он почти не проповедовал, еще меньше учил, но он по-настоящему действовал. Сегодня он мог осмеять жреца Ваала, завтра – изрубить пленного царя. Он всецело верил в единого Бога и обладал ясным представлением об этом едином Боге как создателе неба и земли: «Основания земли – у Господа, и он утвердил на них мир».

Однако великим вкладом Самуила в развитие концепции Божества стало его громогласное провозглашение *неизменности* Ягве – вечного воплощения непогрешимого совершенства и божественности. В те времена Ягве представлялся переменчивым, ревнивым и прихотливым Богом, вечно сожалеющим о том или ином своем поступке. Теперь же, впервые с того времени, как иудеи вышли из Египта, они услышали поразительные слова: «Опора Израиля не скажет неправды и не раскается, ибо не человек он, чтобы раскаяться ему». Было провозглашено постоянство в отношениях с Божественностью. Самуил подтвердил договор Мелхиседека с Авраамом, и заявил, что Господь Бог Израиля является источником всякой истины, устойчивости и постоянства. Древние евреи всегда взирали на своего Бога как на человека, сверхчеловека, возвышенного духа неизвестного происхождения. Теперь же они услышали о том, что прежний дух Хорива возвысился до положения неизменного Бога, обладающего совершенством создателя. Самуил помог эволюционирующему представлению о Боге подняться над переменчивым человеческим разумом и превратностями смертного существования. В его учении началось восхождение Бога древних евреев от идеи, соответствовавшей уровню племенных богов, к идеалу всемогущего и неизменного Создателя и *Блюстителя* всего творения.

Он вновь проповедовал искренность Бога, его верность завету. Сказал Самуил: «Господь не оставит своего народа». «Он заключил с нами вечный завет, твердый и непреложный». Так по всей Палестине прозвучал призыв вернуться к поклонению верховному Ягве. Этот энергичный учитель извечно провозглашал: «Велик ты, Господи, Боже, ибо нет никого, подобного тебе, как нет Бога, кроме тебя».

Ранее иудеи судили о благоволении Ягве в основном с точки зрения материального благополучия. Огромным потрясением для Израиля стало смелое заявление Самуила, чуть не стоившее ему жизни: «Господь делает нищим и приносит богатство, он унижает и возвышает. Он поднимает из праха бедных и возвышает нищих и ставит их среди князей, дабы унаследовали они престол славы». Впервые со времени Моисея были провозглашены столь утешительные обещания униженным и обделенным, и тысячи отчаявшихся бедняков получили надежду на то, что и они смогут улучшить свой духовный статус.

Однако Самуил лишь ненамного отошел от представления о племенном боге. Он провозглашал Ягве, который сотворил всех людей, но в первую очередь заботился об иудеях, своем избранном народе. Несмотря на это, данная концепция Бога, как и в дни Моисея, изображала святое и справедливое Божество. «Нет Бога столь святого, как Господь. Кто сравнится с этим святым Господом Богом?»

С годами поседевший старый вождь усовершенствовал свое понимание Бога, ибо он заявил: «Господь – Бог знающий, и дела у него взвешены. Господь будет судить во всех концах земли, поступая милосердно с милосердными, честно с честными». Здесь уже видны проблески милосердия, хотя оно и ограничено милосердными. Позднее он пошел еще дальше, когда в час народного несчастья призвал свой народ: «Отдадимся на волю Господу, ибо велико милосердие его». «Для Господа легко спасти немногих или многих».

Постепенное развитие представления о характере Ягве продолжалось усилиями преемников Самуила. Они стремились представить Ягве как верного завету Бога, но им не удалось так же быстро идти вперед, как Самуилу. Они не смогли продолжить развитие идеи о Божьем милосердии по сравнению с тем представлением, какое сложилось у позднего Самуила. Происходило постоянное движение вспять – возврат к признанию других богов, несмотря на утверждение верховности Ягве. «Царство тебе принадлежит, о Господи, ты глава и владыка над всем».

Лейтмотивом этой эры было божественное могущество; пророки этой эпохи проповедовали религию, призванную укрепить царя на иудейском троне. «Тебе, о Господи, принадлежат и величие, и могущество, и слава, и победа, и честь. В твоих руках могущество и сила, любого можешь сделать ты великим и могучим». Таковым было представление о Боге во времена Самуила и его непосредственных преемников.

2. ИЛИЯ И ЕЛИСЕЙ

В десятом веке до Христа иудейская нация разделилась на два царства. В каждом из этих государственных образований многие проповедники истины стремились сдержать реакционную волну духовного разложения, которое началось и катастрофически нарастало после войны, завершившейся разделом на два царства. Однако эти усилия по развитию древнееврейской религии увенчались успехом только после того, как со своим учением выступил решительный и бесстрашный борец за праведность – Илия. Он восстановил в северном царстве понятие Бога, сравнимое с тем, которое существовало в дни Самуила. Илия почти не имел возможности предложить прогрессивную концепцию Бога. Как и Самуил, он был занят сокрушением алтарей Ваала и разрушением идолов ложных богов. Несмотря на противодействие монарха, поклонявшего идолам, он продолжал свои реформы. Его задача была еще более громадной и трудной, чем та, которая стояла перед Самуилом.

Когда Илия был отозван, его верный сподвижник Елисей продолжил его труд и с бесценной помощью малоизвестного Михея сохранил свет истины в Палестине.

Однако это время не сопровождалось прогрессом в представлении о Божестве. Иудеи еще не поднялись даже до идеала Моисея. Эра Илии и Елисея завершилась возвращением лучших классов к поклонению верховному Ягве и восстановлением идеи Всеобщего Создателя примерно в том же состоянии, в котором ее оставил Самуил.

3. ЯГВЕ И ВААЛ

Продолжительный спор между верующими в Ягве и сторонниками Ваала объяснялся скорее социально-экономическим столкновением идеологий, нежели различиями в религиозных верованиях.

Обитатели Палестины различались своим отношением к частному землевладению. Для южных, или кочевых, аравийских племен (ягвеитов) земля была неотчуждаемой – даром Божества клану. Они считали, что землю нельзя продавать или закладывать. «Сказал Ягве, говоря: „Нельзя продавать землю, ибо земля принадлежит мне“».

Северные и более оседлые ханаанеи (ваалиты) свободно покупали, продавали и закладывали свои земли. Слово Ваал означает «владелец». Культ Ваала основывался на двух основных доктринах. Первая заключалась в легализации обмена собственностью, договоров и соглашений – права покупки и продажи земли. Во-вторых, считалось, что Ваал посылает дождь, – он являлся богом плодородия земли. Хороший урожай зависел от благосклонности Ваала. Этот культ в основном был связан с *землей* – владением землей и ее плодородием.

В целом, последователи Ваала владели домами, землей и рабами. Это были аристократы-землевладельцы, которые жили в городах. У каждого Ваала была святыня, жречество и «святые женщины» – ритуальные проститутки.

Это принципиальное расхождение в отношении к земле привело к острому противоборству социальных, экономических, моральных и религиозных взглядов хананеев и иудеев. Социально-экономические противоречия переросли в собственно религиозный спор только со времени Илии. С появлением этого энергичного пророка борьба вокруг данного вопроса перешла в более религиозное русло – Ягве против Ваала – и завершилась триумфом Ягве и последующим развитием в сторону монотеизма.

В споре о Ягве и Ваале Илия перенес акцент с земельного на религиозный аспект иудейской и хананской идеологий. Когда Ахав истребил семью Навуфея в результате заговора с целью завладеть их землей, Илия превратил старые земельные обычаи в нравственную проблему и повел решительную борьбу с ваалитами. Это была также борьба сельских жителей против главенства городов. Превращение Ягве в Элогима произошло в основном при Илие. Этот пророк начал свое служение как земельный реформатор и завершил его возвышением Божества. Ваалов было много, Ягве был один – монотеизм одержал верх над политеизмом.

4. АМОС И ОСИЯ

Огромный шаг при переходе от племенного бога – бога, которому в течение столь длительного времени служили при помощи жертвоприношений и ритуалов, Ягве ранних евреев, – к Богу, наказывающему за преступления и аморальность даже представителей своего народа, сделал Амос. Уроженец холмистого юга, он пришел как обличитель преступности, пьянства, тирании и аморальности северных племен. Никогда со времен Моисея столь беспощадные истины не провозглашались в Палестине.

Амос был не просто реставратором или реформатором: он открыл новые представления о Божестве. Он провозгласил многое из того, о чём возвещали его предшественники, и повел смелую атаку на Божественное Существо, которое поощряло грех в своем так называемом избранном народе. Впервые со времен Мелхиседека человек внимал открытому обличению двойных стандартов национального правосудия и морали. Впервые в своей истории иудеи услышали, что их собственный Бог – Ягве – будет так же нетерпим к злодеянию и греху в их жизни, как и в жизни любого другого народа. Амос создал образ сурового и справедливого Бога Самуила и Илии, но он увидел также Бога, не проводящего различий между евреями и любой другой нацией, когда дело касалось наказания за преступления. Это была прямая атака на эгоистическую доктрину «избранного народа», глубоко возмутившая многих евреев того времени.

Сказал Амос: «Ищите того, кто образовал горы и создал ветер, кто создал семь звезд и Орион, кто обращает призрак смерти в утро, а день делает темным, как ночь». Разоблачая полурелигиозных, беспринципных и порой аморальных собратьев, он стремился описать неотвратимое правосудие неизменного Ягве, когда сказал о злодеях: «Даже если зароются они в преисподнюю, извлечет их оттуда моя рука; даже если поднимутся к небесам, свергну их и оттуда». «И даже если их поведут в плен враги, то я прикажу мечу правосудия, и он сразит их». Амос еще больше поразил своих слушателей, когда, направив на них порицающий и обвиняющий перст, провозгласил от имени Ягве: «Я не забуду никогда и ничего из сделанного вами». «Я рассею дом Израиля среди всех народов, как просеивают пшеницу в решете».

Амос провозгласил Ягве «Богом всех наций» и предостерег израильтян, что ритуал не должен подменять собою праведность. И до того как этот отважный учитель был забит камнями, закваска распространенной им истины оказалась достаточной для спасения учения о верховном Ягве; он обеспечил дальнейшую эволюцию откровения Мелхиседека.

Осия – последователь Амоса и его доктрины всеобщего Бога правосудия – возродил представление Моисея о Боге любви. Осия проповедовал прощение через раскаяние, а не жертвоприношение. Он провозгласил евангелие добросердечия и божественного милосердия, говоря: «Я обручу тебя с собой навек; да, я обручу тебя праведностью и судом, милосердием и благодатью. И обручу тебя верностью». «Соблаговолю любить их, ибо я больше не гневаюсь на них».

Осия был верным продолжателем моральных предостережений Амоса, говоря о Боге: «По желанию своему накажу их». Однако израильтяне расценили его слова как жестокость, граничащую с предательством, когда он сказал: «Я скажу тем, кто не был моим народом: „Ты – мой народ", а он скажет: „Ты – мой Бог"». Он продолжил проповедь раскаяния и прощения, говоря: «Я исцелю их от вероотступничества; соблаговолю любить их, ибо я больше не гневаюсь на них». Осия всегда провозглашал надежду и прощение. Его основная мысль неизменно заключалась в следующих словах: «Я буду милосерден к моему народу. Они не будут знать другого Бога, кроме меня, ибо нет спасителя, кроме меня».

Амос пробудил национальное сознание иудеев, признавших, что Ягве не закрывает глаза на их преступления и грехи только из-за их предположительной богоизбранности, в то время как Осия взял первые ноты в грядущих милосердных аккордах божественного сострадания и милосердия, столь возвышенно воспетых Исайей и его сподвижниками.

5. ПЕРВЫЙ ИСАЙЯ

Это было время, когда одни объявляли об угрозах наказаний за личные грехи и национальные преступления северных кланов, а другие предсказывали несчастья как воздаяние за проступки южного царства. Именно в результате пробуждения у древнееврейских племен совести и сознания появился первый Исайя.

Исайя продолжил проповедь вечной природы Бога, его бесконечной мудрости, его неизменного совершенства и надежности. Он представил Бога Израиля, говорящего: «Правосудие я тоже сделаю мерилом, а праведность – отвесом». «Господь избавит тебя от твоей скорби и от твоего страха и от тяжкого гнета, которым ты был порабощен». «И за спиной своей услышишь голос, который скажет: „Вот путь, иди по нему"». «Вот, Бог – мое спасение; на него буду уповать и не бояться, ибо Господь – моя сила и моя песня». «Приходите и рассудим, – говорит Господь. – Если будут грехи ваши, как багряница, то побелеют они, словно снег; если будут они пурпурно-красные, то убелю их, как шерсть».

Обращаясь к охваченным страхом и малодушным иудеям, этот пророк сказал: «Поднимись и воссияй, ибо пришел твой свет, и явилась над тобою слава Господа». «На мне – Дух Господа, ибо он помазал меня нести благую весть смиренным; он послал меня исцелять сокрушенных сердцем, возвещать свободу пленникам и освобождение – узникам». «О Господе радуюсь я превелико, душа моя ликует о Боге моем, ибо Он облачил меня в одеяние спасенья, окутал меня своим плащом праведности». «Всякая их скорбь была и его скорбью, и ангел его присутствия спасал их. По любви своей и состраданию он их спасал».

Вслед за первым Исайей появились Михей и Авдий, которые подтвердили его утоляющее душу евангелие и привнесли в него еще большую красоту. Два этих храбрых посланника смело разоблачали подчиненный священникам иудейский ритуал и бесстрашно осуждали всю систему жертвоприношений.

Михей разоблачал «правителей, которые берут взятки, и священников, которые учат за плату, и провидцев, которые гадают за деньги». Он учил, что настанет день, свободный от суеверий и лжесвященничества, говоря: «Но каждый будет сидеть под своей собственной лозой и никто не заставит его бояться, ибо всякий человек будет жить согласно собственному пониманию Бога».

Суть проповеди Михея всегда оставалась неизменной: «Предстать ли мне пред Богом со всесожжениями? Будет ли доволен Господь, если принести ему тысячу баранов или десять тысяч рек масла? Отдам ли я своего первенца за мой проступок, плод моего тела за грех моей души? Он показал мне, о человек, что есть добро и что хочет от тебя Господь: действовать справедливо, любить милосердие и жить смиренно перед Богом твоим». Это была великая эпоха; это было и впрямь поразительное время, когда более двух с половиной тысяч лет тому назад смертные люди слышали столь спасительные проповеди, и некоторые верили им. И если бы не упрямое сопротивление священников, эти учители смогли бы уничтожить всю кровавую обрядность иудейского религиозного ритуала.

6. БЕССТРАШНЫЙ ИЕРЕМИЯ

Хотя несколько учителей продолжали развивать евангелие Исайи, именно Иеремии было суждено сделать следующий дерзновенный шаг в интернационализации Ягве – Бога иудеев.

Иеремия бесстрашно провозгласил, что Ягве не стоит на стороне иудеев в их вооруженной борьбе с другими народами. Он заявил, что Ягве является Богом всей земли, всех племен и всех народов. Учение Иеремии было пиком нараставшей волны интернационализации Бога Израиля. Раз и навсегда этот неустрашимый проповедник провозгласил, что Ягве является Богом всех племен, что не существует Осириса для египтян, Бела для вавилонян, Ашшура для ассирийцев или Дагона для филистимлян. Так древнееврейская религия внесла вклад в то всемирное возрождение монотеизма, которое началось примерно с этого времени. Представление о Ягве поднялось, наконец, до уровня Божества планетарного и даже космического значения. Но многим сподвижникам Иеремии было трудно представить себе Ягве отдельно от еврейского народа.

Иеремия проповедовал также справедливого и любвеобильного Бога, описанного Исайей, провозглашая: «Да, я возлюбил тебя вечной любовью; поэтому с милосердием я привлек тебя». «Ибо не по воле сердца своего наказывает он сынов человеческих».

Сказал бесстрашный пророк: «Праведен наш Господь, велик в замыслах и могуществен в свершениях. Он видит всё, что делают люди, чтобы воздать каждому по путям его и по заслугам». Однако как богохульная измена были восприняты его слова, сказанные при осаде Иерусалима: «Теперь я отдал все эти земли Навуходоносору, царю Вавилона, рабу моему». А когда Иеремия посоветовал сдать город, священники и гражданские правители бросили его в грязную яму мрачной темницы.

7. ВТОРОЙ ИСАЙЯ

Крах иудейской нации и месопотамский плен могли бы принести огромную пользу ее развивавшейся теологии, если бы не решительные действия еврейских священников. Вавилонские армии сокрушили их нацию, интернациональные проповеди духовных вождей нанесли урон их националистическому Ягве. Именно неприятие утраты своего национального бога заставила еврейское духовенство включить в древнееврейскую историю массу небылиц и якобы сверхъестественных событий в попытке восстановить евреев в статусе народа, избранного Богом даже в его новом и расширенном понимании как интернационального Бога всех наций.

Во время плена большое влияние на евреев оказали вавилонские предания и легенды. Правда, следует отметить, что пленники неизменно улучшали нравственный характер и духовное значение тех халдейских рассказов, которые они принимали, несмотря на то что они непременно искажали эти легенды так, чтобы почтить предшественников Израиля и овеять славой его историю.

Для иудейских священников и книжников существовала только одна цель: возрождение еврейской нации, прославление древнееврейских традиций, возвеличение своей расовой истории. Если кто-то испытывает негодование из-за того, что эти священники навязали свои ошибочные идеи столь значительной части западного мира, то такому человеку следует помнить, что они делали это не намеренно. Они не утверждали, что пишут по наитию. Они не заявляли о том, что пишут священную книгу. Они всего лишь составляли руководство для поднятия духа своих плененных собратьев. Они совершенно определенно стремились к повышению национального духа и морали своих соотечественников. Превращение этих и других писаний в руководство, состоящее из якобы безупречных учений – дело рук последующих поколений.

После пленения еврейское духовенство широко пользовалось этими писаниями, но их воздействие на собратьев по плену было чрезвычайно затруднено присутствием молодого и неукротимого пророка – Исайи второго, который полностью принял учение старшего Исайи о Боге справедливости, любви, праведности и милосердия. Как и Иеремия, он верил в то, что Ягве стал Богом всех наций. Он проповедовал эти теории о природе Бога с такой убедительностью, что обращал в новую веру как евреев, так и их поработителей. Этот молодой проповедник оставил письменное изложение своих учений, которые враждебные и злопамятные священники стремились представить как не имеющие никакого отношения к нему, хотя уже одно уважение к красоте и величию этих учений заставило включить их в книгу первого Исайи. Поэтому писания этого второго Исайи можно найти в одноименной книге, с сороковой по пятьдесят пятую главу включительно.

Ни один пророк или религиозный учитель между Макивентой и Иисусом не достигал такого же высокого представления о Боге, которое Исайя второй возвестил в дни пленения. Провозглашенный этим духовным вождем Бог не был ограниченным и антропоморфическим созданием человека. «Взгляни, он поднимает острова, как песчинки». «И как небо выше земли, так мои пути выше ваших путей, и мои мысли выше ваших мыслей».

Наконец-то Макивента Мелхиседек видел, как человеческие учители провозглашают смертному человеку истинного Бога. Вслед за Исайей первым, этот вождь проповедовал Бога как всеобщего создателя и вседержителя. «Я создал землю и утвердил на ней человека. Я сотворил ее не напрасно, а для того, чтобы она была населена». «Я первый, и я последний; нет другого Бога, кроме меня». Говоря от имени Господа Бога Израиля, этот новый пророк сказал: «Небеса могут исчезнуть и земля обветшать, но моя праведность пребудет вечно, мое спасение – на веки вечные». «Не бойся, ибо я с тобой; не беспокойся, ибо я – Бог твой». «Нет иного Бога, кроме меня – Бога справедливого и Спасителя».

И утешением для еврейских пленников, как и для многих тысяч с тех пор, было слышать слова, подобные этим: «Так говорит Господь: „Я сотворил тебя, я искупил тебя, я позвал тебя по имени; ты – мой“». «Когда пойдешь ты через воды, я буду с тобой, ибо ты дорог в моих глазах». «Разве может женщина забыть своего младенца, разве не пожалеет своего сына? Да, она может забыть, но я не забуду своих детей, ибо взгляните: я начертал их на своих ладонях; я даже покрыл их тенью своих рук». «Пусть злодей откажется от своего пути, неправедный человек – от мыслей своих, и пусть снова придут к Господу, ибо он многомилостив».

Вслушайтесь еще раз в проповедь этого нового раскрытия Бога Салима: «Как пастырь он будет пасти стадо свое; ягнят он будет брать на руки и носить на груди своей. Он дает уставшим силу, обессилевших укрепляет, а те, чья надежда – Господь, обретают новые силы; они воспарят на крыльях, как орлы; они побегут и не устанут; они пойдут и не ослабеют».

Этот Исайя широко распространял евангелие, раздвигавшее представление о верховном Ягве. Он соперничал с Моисеем в красноречии, изображая Господа Бога Израиля как Всеобщего Создателя. Его описание бесконечных атрибутов Всеобщего Отца отличалось поэтичностью. Никто и никогда не произносил ничего более прекрасного о небесном Отце. Как и Псалмы, писания Исайи принадлежат к числу наиболее возвышенных и истинных отображений духовной концепции Бога, когда-либо услышанных смертным человеком до прибытия на Урантию Михаила. Вслушайтесь в его изображение Божества: «Я высок и возвышен, я обитаю в вечности». «Я первый, и я последний, и нет другого Бога, кроме меня». «И рука Господня, как и прежде, может спасать, и по-прежнему слышит его ухо». Новой для еврейства доктриной стала настойчивая проповедь божественного постоянства, верности Бога, с которой выступал этот милосердный, но властный пророк. Он заявил, что «Бог не забудет, не оставит».

Этот отважный учитель провозгласил, что человек и Бог связаны теснейшей связью, сказав: «Всех, кто именем моим наречен, я сотворил во славу себе, и они будут возносить мне хвалу. Я, я сам, есть тот, кто заглаживает их вину ради себя самого, и грехов их я больше не вспомню».

Вслушайтесь в то, как этот великий иудей разрушает учение о национальном Боге, восславляя божественность Всеобщего Отца, о котором он говорит: «Мой трон – небеса, земля – подножие для моих ног». И вместе с тем Бог Исайи был святым, величественным, справедливым и непостижимым. Почти полностью исчезло представление о гневном, мстительном и ревнивом Ягве, которому поклонялись бедуины пустыни. Новая концепция верховного и всеобщего Ягве появилась в сознании смертных людей, чтобы уже никогда не исчезать из их поля зрения. Осознание божественной справедливости положило начало разрушению примитивной магии и биологического страха. Наконец-то человек познакомился со вселенной закона и порядка, со вселенским Богом, обладающим надежными и неизменными атрибутами.

И этот проповедник небесного Бога никогда не переставал провозглашать этого Бога любви. «Я живу в высоком святом месте и также с теми, чей дух сокрушен и смирен». Всё новые слова утешения находил этот великий учитель для своих современников: «И Господь будет вести вас всегда и насыщать ваши души. Вы будете, словно напоенный водою сад и словно неиссякающий источник. И если враг поднимется, подобно половодью, дух Господа воздвигнет преграду». И вновь разрушающее страх евангелие Мелхиседека и рождающая доверие религия Салима засияли ярким светом во благо человечества.

Осуществленное этим дальновидным и мужественным Исайей, возвышенное изображение величия и вселенского могущества верховного Ягве – Бога любви, правителя вселенной и нежного Отца всего человечества – полностью затмило националистического Ягве. С тех богатых событиями дней высшая западная концепция Бога всегда включала всеобщую справедливость, божественное милосердие и вечную праведность. Высоким слогом, с несравненным достоинством этот великий учитель описал всемогущего Создателя как вселюбящего Отца.

Этот пророк периода вавилонского плена проповедовал своему народу и представителям многих других народов, внимавшим ему на берегу реки в Вавилоне. И этот второй Исайя сделал немало для того, чтобы нейтрализовать множество ложных и национально-эгоистических представлений о явлении обещанного Мессии. Эта попытка удалась не полностью. Если бы священники не направили все свои усилия на построение ложного национализма, учения первого и второго Исайи создали бы условия, которые позволили бы узнать и принять обещанного Мессию.

8. СВЯЩЕННАЯ И СВЕТСКАЯ ИСТОРИЯ

Традиция, в соответствии с которой описание опыта иудеев рассматривается как священная история, а события остального мира – как светская история, в значительной мере объясняет то запутанное положение, в которое попадает человеческий разум при интерпретации истории. Причиной тому является отсутствие светской истории евреев. После того как священники времён вавилонского плена подготовили новое изложение якобы чудодейственных отношений Бога с древними евреями, то есть создали священную историю Израиля в том виде, в каком она существует в Ветхом Завете, они тщательно уничтожили все существовавшие летописи древнееврейской истории – такие книги как «Деяния царей Израиля» и «Деяния царей Иудеи», наряду с некоторыми другими, более или менее точными изложениями древнееврейской истории.

Для того, чтобы понять, почему плененные и подневольные евреи до такой степени страшились невероятного давления и неизбежного гнета светской истории, что взялись за полное переписывание и исправление своей истории, нам необходимо вкратце взглянуть на факты их запутанного национального опыта. Следует помнить, что евреи не создали адекватной нетеологической философии жизни. Они бились над своим изначальным, вынесенным из Египта представлением о божественном вознаграждении за праведность в сочетании со страшными наказаниями за грехи. Драма Иова была чем-то вроде протеста против этой ошибочной философии. Откровенный пессимизм Экклезиаста был по-житейски мудрой реакцией на эту сверхоптимистическую веру в Провидение.

Однако пятьсот лет господства чужеземных правителей были слишком долгим сроком даже для терпеливых и многострадальных евреев. Пророки и священники возопили: «Долго ли, Господи, долго ли?» Честные евреи искали ответ в Писаниях, но приходили в еще большее смущение. Один из прорицателей древности обещал, что Бог защитит и освободит свой «избранный народ». Амос грозил, что Бог отвернется от Израиля, если его народ не вернется к своим прежним критериям национальной праведности. Автор Второзакония представил Великий Выбор между добром и злом, благословением и проклятием. Первый Исайя проповедовал благодетельного царя-освободителя. Иеремия провозгласил эру сокровенной праведности – завет, начертанный на скрижалях сердца. Второй Исайя говорил о спасении через жертвоприношение и искупление. Иезекииль провозгласил освобождение через благочестие, а Ездра обещал благополучие через законопослушание. Но несмотря на всё это, евреи продолжали оставаться в кабале, а их освобождение откладывалось. Тогда явился Даниил со своей драмой неминуемого «кризиса» – крушения огромного истукана и немедленного установления вечного царства праведности, царства Мессии.

И все эти тщетные надежды привели к столь глубокому национальному разочарованию и неудовлетворенности, что окончательно запутавшиеся еврейские вожди не признали и не приняли божественного Райского Сына, который вскоре явился к ним в образе смертной плоти – инкарнированный как Сын Человеческий.

Все современные религии впадают в глубокое заблуждение, давая чудотворное объяснение некоторым эпохам человеческой истории. Хотя Бог действительно неоднократно вмешивался своей провиденциальной рукой Отца в поток людских дел, ошибочно считать теологические догмы и религиозные суеверия сверхъестественным осадком, возникающим в этом потоке человеческой истории под действием чудотворных процессов. Тот факт, что «Всевышние правят в царствах людей», еще не превращает светскую историю в так называемую священную историю.

Авторы Нового Завета и последующие христианские писатели еще больше исказили иудейскую историю своими благонамеренными попытками придать еврейским пророчествам трансцендентальный смысл. Так использование иудейской истории и еврейскими, и христианскими писателями привело к губительным последствиям. Светская история иудеев была полностью догматизирована. Она превратилась в вымышленную священную историю и замысловато переплелась с моральными представлениями и религиозными учениями так называемых христианских народов.

Краткое изложение основных моментов иудейской истории покажет, как исторические факты были настолько изменены в Вавилоне еврейскими священниками, что обыденная светская история их народа превратилась в вымышленную священную историю.

9. ИСТОРИЯ ИУДЕЕВ

Никогда не существовало двенадцати израильских колен. В Палестине поселились только три или четыре племени. Иудейская нация появилась в результате союза так называемых израильтян с хананеями. «И жили сыны Израиля среди хананеев. И брали дочерей их себе в жены, и своих дочерей отдавали за сыновей хананеев». Иудеи никогда не изгоняли хананеев из Палестины, несмотря на то что священники ничтоже сумняшеся утверждали обратное.

Национальное самосознание израильтян сложилось на возвышенностях Ефрема; более позднее еврейское самосознание возникло в южном клане Иуды. Евреи (жители Иудейского царства) всегда старались очернить и оклеветать историю северных израильтян (ефремлян).

Претенциозная история евреев начинается с повествования о том, как Саул собирал северные кланы для отражения нападения аммонитян на дружественные племена галаадян к востоку от Иордана. Выступив во главе армии, насчитывавшей немногим более трех тысяч человек, он разбил врага, и именно после этого подвига обитавшие на возвышенностях племена сделали его своим царем. Переиначивая рассказ об этом эпизоде, находившиеся в изгнании священники увеличили численность армии Саула до 330 000 человек и добавили «Иуду» к списку племен, участвовавших в сражении.

Сразу же после поражения аммонитян Саул был избран царем по общему решению своего войска. Никто из священников или пророков не принимал в этом участия. Однако впоследствии священники записали, что Саула короновал пророк Самуил по велению небес. Они сделали это для того, чтобы положить начало «божественной наследственной линии» для царствования Давида в Иудее.

Наиболее значительные искажения еврейской истории касаются Давида. После победы Саула над аммонитянами (которую он приписал Ягве), филистимляне встревожились и стали нападать на северные кланы. Давид и Саул не могли договориться. Давид вместе с отрядом из шестисот человек вошел в пределы филистимского союза и, поднявшись вдоль побережья, вышел к долине Ездрилон. Недалеко от Гефа филистимляне приказали Давиду отступить; они опасались, что он соединится с Саулом. Давид отошел; филистимляне атаковали и разбили Саула. Они не смогли бы этого сделать, если бы Давид остался верен Израилю. Армия Давида представляла собой многоязыкое сборище изгоев, большей частью представлявших собой отбросы общества и людей, бежавших от правосудия.

Из-за трагического поражения Саула от филистимлян у Гелвуя Ягве пал в глазах окружающих хананеев по сравнению с другими богами. В обычном случае поражение Саула было бы приписано отступничеству от Ягве, но на этот раз иудейские редакторы объяснили его отступлениями от ритуала. Легенда о Сауле и Самуиле потребовалась им в качестве предпосылки для царствования Давида.

Давид вместе с небольшим войском устроил свою столицу в нееврейском городе Хевроне. Вскоре его соотечественники провозгласили его царем нового царства Иудейского. Иудея состояла в основном из нееврейских элементов: кенеев, халевеев, иевусеев и других хананеев. Будучи кочевниками-пастухами, они были преданы еврейской идее землевладения. Эти племена придерживались идеологии кланов, обитавших в пустыне.

Отличие священной истории от светской хорошо иллюстрируется двумя различными рассказами о восхождении Давида на трон, которые приводятся в Ветхом Завете. По недосмотру священников, сохранилась часть светского рассказа о том, как ближайшие последователи Давида (его войско) сделали его царем; позднее священники сочинили пространное и скучное изложение священной истории, где описывается, как пророк Самуил, по велению небес, избрал Давида среди его братьев и официально, с использованием сложной и торжественной церемонии, помазал его на царство над иудеями, после чего провозгласил его преемником Саула.

Не раз случалось так, что священники, сочинив свои вымышленные рассказы о чудодейственных отношениях Бога с Израилем, забывали полностью удалить откровенные и прозаичные высказывания, уже существовавшие в хрониках.

Стремясь создать себе политическую репутацию, Давид сначала женился на дочери Саула, потом – на вдове богатого идумеянина Навала, а затем – на дочери Талмая, царя Гессурского. Он взял себе в жены шесть иевусских женщин, не считая Вирсавии, – жены Хеттеянина.

Именно такими методами и из таких людей Давид создал вымысел о божественном царстве – Иудее – как преемнике и продолжателе традиций исчезавшего северного царства ефремлян – Израиле. Разношерстная Иудея Давида была более нееврейской, чем еврейской. И невзирая на это, угнетенные старейшины Ефрема пришли к нему и «помазали Давида как царя Израиля». Ввиду военной угрозы, Давид заключил договор с иевусеями, а столицей единого царства сделал Иевус (Иерусалим) – город-крепость, находившийся на полпути между Иудеей и

Израилем. Осознав происходящее, филистимляне напали на Давида. После ожесточенного сражения они были разбиты, и в очередной раз Ягве стал «Господом Богом Саваофом».

Однако Ягве не мог не поделиться частью своей славы с ханаанскими богами, ибо основная часть армии Давида была нееврейской. Так в ваших писаниях (по недосмотру иудейских редакторов) появилось красноречивое свидетельство: «Ягве разбил врагов моих предо мною. Поэтому место это было названо Ваал-Перацим». Они сделали так потому, что восемьдесят процентов воинов Давида поклонялись Ваалу.

Давид объяснил поражение Саула при Гелвуе тем, что Саул напал на ханаанский город Гаваон, у жителей которого был мирный договор с ефремлянами, из-за чего Ягве отвернулся от него. Даже во времена Саула Давид защищал ханаанский город Кеила от филистимлян, а впоследствии сделал один из ханаанских городов своей столицей. Верный политике компромиссов с хананеями, Давид выдал семь потомков Саула гаваонитянам, которые повесили их.

После поражения филистимлян Давид завладел «ковчегом Ягве», перенес его в Иерусалим и сделал поклонение Ягве официальной религией своего царства. В качестве следующего шага он обложил тяжелой данью соседние племена – идумеян, моавитян, аммонитян и сирийцев.

В нарушение еврейских нравов, продажные чиновники Давида стали приобретать в личную собственность северные земли и вскоре взяли под свой контроль караванные пошлины, которые прежде взимали филистимляне. Затем произошла серия жестокостей, кульминацией которых стало убийство Урии. Все судебные апелляции рассматривались в Иерусалиме; «старейшины» более не могли вершить правосудие. Неудивительно, что вспыхнуло восстание. Сегодня Авессалома можно было бы назвать демагогом; его мать была хананейкой. Кроме сына Вирсавии – Соломона – существовало с полдюжины других претендентов на трон.

После смерти Давида Соломон полностью очистил свой политический аппарат от северных влияний, однако сохранил всю тиранию и налогообложение, существовавшие при режиме его отца. Роскошный двор Соломона и широкая программа строительства разорили страну: были построены Ливанский дом, дворец дочери фараона, храм Ягве, царский дворец и восстановлены стены многих городов. Соломон построил огромный еврейский флот, который обслуживался сирийскими моряками и торговал со всем миром. Его гарем насчитывал почти тысячу наложниц.

К этому времени храм Ягве в Силоме был дискредитирован, и центром всей религиозной жизни нации стала пышная дворцовая часовня в Иевусе. Северное царство вернулось к поклонению Элогиму. Оно пользовалось покровительством фараонов, которые позднее поработили Иудею и наложили на южное царство дань.

Периоды подъема сменялись периодами упадка – войнами Израиля и Иудеи. После четырех лет гражданской войны и смены трех династий Израиль оказался под властью городских деспотов, которые стали торговать землей. Даже царь Амврий попытался купить поместье Семира. Однако смертельная опасность нависла, когда Салманассар III решил распространить свою власть на средиземноморское побережье. Царь ефремлян Ахав объединился с десятью другими группами и дал бой при Каркаре. Сражение закончилось вничью. Ассириец был остановлен, но множество воинов союзной армии остались на поле брани. Это великое сражение даже не упоминается в Ветхом Завете.

Новые неприятности возникли, когда царь Ахав попытался купить землю у Навуфея. Его жена-финикиянка подделала подпись Ахава на документах, в которых отдавалось распоряжение конфисковать землю Навуфея, обвиненного в осквернении имен «Элогима и царя». Навуфей и его сыновья были сразу же казнены. На месте событий появился решительный Илия, обвиняя Ахава в убийстве Навуфеев. Так Илия, один из величайших пророков, начал свои проповеди с защиты прежнего отношения к земле – против торговавших землей поклонников Ваала, против стремления городов к господству над провинцией. Но эта реформа увенчалась успехом лишь после того, как провинциальный землевладелец Ииуй объединил свои силы с цыганским вождем Иегонадавом, уничтожив пророков Ваала (торговцев недвижимостью) в Самарии.

Новая жизнь началась после того, как Иегоас и его сын Иеровоам избавили Израиль от врагов. Но в это время в Самарии уже правила преступная аристократия, по своим бесчинствам соперничавшая с династией Давида прежних дней. Государство и церковь действовали рука об руку. Попытка подавить свободу слова заставила Илию, Амоса и Осию обратиться к тайнописи, что действительно положило начало еврейской и христианской Библиям.

Однако северное царство исчезло лишь после того, как царь Израиля, заключив договор с царем Египта, отказался платить дань Ассирии. Последовала трехлетняя осада, закончившаяся полным уничтожением северного царства. Так исчез Ефрем (Израиль). Иудея – то есть евреи, «остаток Израиля» – стала сосредоточивать землю в руках кучки людей, как сказал Исайя, «прибавляя дом к дому и поле к полю». Вскоре в Иерусалиме, наряду с храмом Ягве, появился храм Ваала. Конец этой власти террора был положен монотеистическим восстанием, поднятым несовершеннолетним царем Иоасом, который в течение тридцати пяти лет отстаивал веру в Ягве.

Источником неприятностей следующего царя, Амасии, стали обложенные данью и восставшие идумеяне и их соседи. После блестящей победы Амасия повернул назад, чтобы напасть на своих северных соседей, но потерпел столь же сокрушительное поражение. Затем вспыхнул крестьянский бунт. Восставшие убили царя, а на трон посадили его шестнадцатилетнего сына. Это был Азария, которого Исайя называет Озией. После Озии дела пошли из рук вон плохо, и в течение ста лет Иудея платила дань ассирийским царям. Исайя первый обещал, что Иерусалим, город Ягве, будет стоять вечно. Но Иеремия не побоялся предсказать его падение.

Причиной действительного краха Иудеи стала клика богатых и продажных политиков, действовавших в правление несовершеннолетнего царя Манассии. Изменение экономических условий способствовало возвращению к культу Ваала, разрешавшему торговать землей, что противоречило идеологии Ягве. Падение Ассирии и усиление Египта на некоторое время принесли Иудее избавление, и народ взял власть в свои руки. При Иосии он покончил с иерусалимской кликой продажных политиков.

Однако эта эра закончилась трагедией, когда Иосия решил вступить в бой с Нехао, пытаясь остановить его огромную армию, продвигавшуюся из Египта вдоль берега моря на помощь сражавшимся с Вавилоном ассирийцам. Иосия потерпел сокрушительное поражение, а Иудея стала платить дань Египту. В Иерусалиме политическая партия Ваала вернулась к власти, и это было началом действительного египетского рабства. В последовавший за этим период времени политики-ваалиты контролировали как суды, так и духовенство. Поклонение Ваалу представляло собой экономическую и социальную систему, имевшую отношение к правам собственности, а также к плодородию почвы.

После свержения Нехао Навуходоносором Иудея попала под власть Вавилона и была оставлена в покое на десять лет, но вскоре восстала. Когда Навуходоносор выступил против Иудеи, ее жители, чтобы повлиять на Ягве, стали проводить социальные реформы, в частности, освобождать рабов. После временного вывода вавилонской армии евреи возрадовались, поверив в то, что волшебная сила реформы принесла им избавление. Именно тогда Иеремия предупредил их о неминуемой гибели, и вскоре Навуходоносор вернулся.

Конец Иудеи пришел внезапно. Город был разрушен, а народ угнан в Вавилон. Противостояние Ягве и Ваала закончилось пленом, и плен стал тем потрясением, которое привело остатки Израиля к монотеизму.

В Вавилоне евреи пришли к выводу, что они не могут существовать в Палестине в виде небольшой группы со своими особыми социальными и экономическими обычаями и что их идеология может восторжествовать только в случае обращения в нее иноверцев. Так родилось новое представление о судьбе – идея о том, что евреи должны стать избранными слугами Ягве. Еврейская религия Ветхого Завета получила настоящее развитие в Вавилоне в годы плена.

Доктрина бессмертия также сформировалась в Вавилоне. Раньше евреи считали, что идея будущей жизни умаляла значение их евангелия социальной справедливости. Теперь же теология впервые заняла место социологии и экономики. Религия превращалась в систему человеческой мысли и поведения, которой предстояло всё больше отделяться от политики, социологии и экономики.

Так правда о еврейском народе показывает, что священная история в значительной мере оказывается всего лишь хроникой обыкновенной светской истории. Иудаизм был той почвой, на которой выросло христианство, однако евреи не были сверхъестественным народом.

10. ЕВРЕЙСКАЯ РЕЛИГИЯ

Израильские вожди учили израильтян, что они являются избранным народом не ради особых привилегий и исключительного божественного благоволения, а во имя особого служения – нести всем нациям истину о едином Боге над всеми людьми. Они обещали евреям, что если те исполнят данное им предназначение, они станут духовными вождями всех народов, и грядущий Мессия будет править над ними и всеми людьми как Князь Мира.

Получив от персов свободу, евреи вернулись в Палестину, но лишь для того чтобы попасть в кабалу собственных законов, жертвоприношений и ритуалов, подчиненных священникам. И так же как иудейские кланы отвергли чудесный рассказ о Боге, с которым к ним обратился в своей прощальной речи Моисей, в пользу ритуалов жертвоприношения и епитимьи, так и остатки этой еврейской нации отвергли величественное представление второго Исайи, отдав предпочтение правилам, предписаниям и ритуалам всё более многочисленного духовенства.

Национальный эготизм, ложная вера в неправильно представляемого обещанного Мессию, усиление кабалы и тирании духовенства – всё это навсегда заставило замолчать их духовных лидеров (за исключением Даниила, Иезекииля, Аггея и Малахии). С этого времени и до появления Иоанна Крестителя весь Израиль приходил в состояние всё большего духовного упадка. Однако евреи всегда хранили свое представление о Всеобщем Отце. Они продолжают следовать этой концепции Божества и в двадцатом веке после Христа.

От Моисея до Иоанна Крестителя протянулся непрерывный ряд преданных учителей, которые передавали факел монотеизма от одного поколения к другому, неизменно порицая беспринципных правителей, разолачая меркантильное духовенство и призывая людей твердо держаться веры в верховного Ягве – Господа Бога Израиля.

Как нация, евреи со временем утратили свою политическую идентичность, но иудейская религия, основанная на искренней вере в единого и всеобщего Бога, продолжает жить в сердцах рассеянных изгнанников. И эта религия жива, потому что ей удалось сохранить высшие ценности своих последователей. Еврейская религия действительно сберегла народные идеалы, однако она не смогла стать двигателем прогресса и вдохновителем творческих открытий философии в сферах истины. У еврейской религии было много слабых сторон – например, ущербность философии и почти полное отсутствие эстетических качеств – но она действительно оберегала нравственные ценности; поэтому она сохранилась. По сравнению с другими концепциями Божества, представление о верховном Ягве было определенным, живым, личностным и нравственным.

Немногие народы так же любили справедливость, мудрость, истину и праведность, как евреи, но из всех народов они в наименьшей степени способствовали интеллектуальному осмыслению и духовному пониманию этих божественных качеств. Хотя теология иудаизма отказалась расширить свои границы, она сыграла важную роль в развитии двух других мировых религий – христианства и ислама.

Еврейская религия сохранилась также благодаря своим институтам. Религии трудно уцелеть в виде частной практики изолированных индивидуумов. Извечная ошибка религиозных вождей заключается в том, что видя зло институциональной религии, они стремятся уничтожить сам метод групповых действий. Они могли бы добиться большего, реформируя ритуалы, а не уничтожая их. В этом отношении Иезекииль был мудрее своих современников: хотя он и присоединился к ним в требовании личной моральной ответственности, его целью было также создание и безукоризненное исполнение более совершенного и чистого ритуала.

Так сменявшие друг друга учители Израиля совершили величайший подвиг за всю историю эволюции религии на Урантии: постепенную, но непрерывную трансформацию варварского представления о дикарском демоне Ягве – ревнивом и жестоком боге-духе грохочущего синайского вулкана – в последующую, величественную и божественную, концепцию верховного Ягве, создателя всего сущего, любвеобильного и милосердного Отца всего человечества. И эта гебраическая концепция Бога оставалась высшим человеческим представлением о Всеобщем Отце вплоть до того времени, когда она получила новое и столь совершенное развитие в личных учениях и жизненном примере его Сына – Михаила Небадонского.

[Представлено Мелхиседеком Небадона.]

ДОКУМЕНТ 98

УЧЕНИЯ МЕЛХИСЕДЕКА НА ЗАПАДЕ

Учения Мелхиседека достигали Европы самыми различными путями, но главным образом – через Египет. Они стали составной частью западной философии, после того как полностью пропитались эллинским и, позднее, христианским духом. Идеалы западного мира были, в основном, сократическими, а последующей религиозной философией Запада стала философия Иисуса, модифицированная и искаженная в процессе соприкосновения с развивающейся западной философией и религией; кульминационным пунктом всего этого процесса стало создание христианской церкви.

В течение долгого времени салимские миссионеры продолжали свою деятельность в Европе, постепенно вливаясь во многие периодически возникавшие культовые и ритуальные группы. Среди тех, кто сохранял учения Салима в наиболее чистом виде, следует отметить киников. Эти проповедники веры в Бога и доверия к нему всё еще действовали в Римской Европе в первом веке после Христа и впоследствии влились в нарождавшуюся христианскую религию.

Салимское учение распространялось в Европе в значительной мере благодаря еврейским наемникам, которые участвовали в бесчисленных сражениях западного мира. В древние времена евреи славились героизмом на поле боя не меньше, чем своеобразием теологии.

В своей сущности, основные доктрины греческой философии, еврейской теологии и христианской этики были отражением предшествовавших им учений Мелхиседека.

1. РЕЛИГИЯ САЛИМА У ГРЕКОВ

Салимские миссионеры могли бы создать у греков обширную религиозную структуру, если бы не их жесткая интерпретация клятвы, даваемой при посвящении: введенный Макивентой обет запрещал организацию особых собраний для поклонения и требовал от каждого учителя обещания никогда не исполнять обязанности священника, никогда не получать плату за религиозную службу – только пищу, одежду и кров. Когда проповедники Мелхиседека проникли в доэллинскую Грецию, они встретили там народ, который всё еще придерживался традиций, существовавших во времена Адамсона и андитов. Однако эти учения были грубо искажены понятиями и поверьями, привнесенными ордами малоразвитых рабов, во всё больших количествах доставляемых к берегам Греции. В результате этих фальсификаций произошел возврат к примитивному анимизму и кровавым ритуалам, причем низшие классы превратили в особый ритуал даже казнь приговоренных преступников.

Первоначальное влияние салимских учителей было почти полностью сведено на нет так называемым арийским вторжением из южной Европы и Востока. Эти эллинские захватчики принесли с собой антропоморфические концепции Бога, похожие на те, с которыми их собратья, арии, познакомили Индию. Это заимствование положило начало развитию греческого семейства богов и богинь. Новая религия частично основывалась на культах пришедших эллинских варваров, но она также использовала мифы более древних обитателей Греции.

Увидев, что преимущественным культом Средиземноморья является культ матери, эллинские греки навязали этим народам своего мужского бога – Дьяус-Зевса, который, подобно Ягве у генотеистических семитов, к тому времени уже стал главой всего греческого пантеона подчиненных ему богов. Придерживаясь концепции Зевса, греки могли бы со временем прийти к истинному монотеизму, если бы Провидение не осталось у них воплощением высшего управляющего начала. Бог, имеющий конечную ценность, должен сам по себе являться вершителем и творцом судьбы.

Вскоре эти факторы религиозной эволюции привели к рождению распространенного верования в беспечных богов-олимпийцев, обладавших скорее человеческими, нежели божественными качествами, и никогда не вызывавших у разумных греков особенно серьезного к себе отношения. Эти божества, созданные ими самими, не пробуждали в них ни большой любви, ни большого страха. Они питали патриотические и национальные чувства к Зевсу и его семейству полулюдей-полубогов, что, однако, вряд ли имело отношение к почитанию или поклонению.

В сознании эллинов настолько упрочились доктрины ранних салимских учителей, направленные против интриг духовенства, что в Греции никогда не появлялось сколько-нибудь значительного духовенства. Даже создание изображений богов больше относилось к искусству, чем к поклонению.

Олимпийские боги являются типичным примером антропоморфизма. Однако греческая мифология отличается больше эстетичностью, чем этичностью. Ценность греческой религии заключалась в том, что она изображала вселенную, управляемую группой божеств. И всё же, в своем развитии греческая мораль, этика и философия вскоре далеко обошли представление о боге, и этот дисбаланс между интеллектуальным и духовным ростом был столь же опасным для Греции, каким он оказался для Индии.

2. ГРЕЧЕСКАЯ ФИЛОСОФСКАЯ МЫСЛЬ

Вызывающая несерьезное отношение, поверхностная религия не может уцелеть, особенно, если она лишена духовенства, которое укрепляло бы ее внешние проявления и наполняло бы сердца ее приверженцев страхом и благоговением. Олимпийская религия не обещала спасения, как не утоляла она и духовную жажду своих верующих; поэтому у нее не было будущего. Не прошло и тысячи лет с момента ее возникновения, как она практически исчезла, и греки остались без национальной религии, ибо лучшие умы перестали интересоваться богами Олимпа.

Таким было положение, когда в течение шестого века до Христа Восток и Левант пережили возрождение духовного сознания и новое пробуждение интереса к монотеизму. Однако Запад остался в стороне от этого процесса; ни Европа, ни северная Африка не приняли широкого участия в религиозном возрождении. Тем не менее, греки добились действительно великолепных результатов в интеллектуальном развитии. Они начали побеждать страх и более не рассматривали религию как противоядие от страха, но они не увидели, что истинная религия утоляет душевный голод, является средством от духовных терзаний и нравственного отчаяния. Они стремились утешить душу глубокомыслием – философией и метафизикой. От размышлений о самосохранении – спасении – они перешли к самореализации и самопознанию.

Строгостью мышления греки стремились достичь такого осознания уверенности, которое заменило бы веру в продолжение жизни, но их усилия оказались тщетными. Только наиболее разумные представители высших классов эллинских народов смогли постичь это новое учение. Простой люд – потомки рабов предыдущих поколений – был неспособен воспринять этот новый заменитель религии.

Философы презирали любые формы поклонения, несмотря на то что все они в той или иной мере придерживались салимской доктрины – веры в «Разумность вселенной», «идею Бога» и «Великий Источник». В той мере, в которой греческие философы признавали божественное и сверхконечное, они были откровенными монотеистами и без особого почтения относились к плеяде богов и богинь Олимпа.

Греческие поэты пятого и шестого веков, в особенности Пиндар, пытались реформировать греческую религию. Они возвысили ее идеалы, однако оставались больше служителями искусства, чем религии. Им не удалось создать метод, который способствовал бы развитию и сохранению высших ценностей.

Ксенофан учил о едином Боге, но в его представлении божество было слишком пантеистическим для того, чтобы стать личностным Отцом смертного человека. По своим убеждениям Анаксагор был механистом, если не считать того, что он признавал Первопричину, – Изначальный Разум. Сократ и его последователи Платон и Аристотель учили, что добродетель есть знание, благость – здоровье души, что лучше страдать от несправедливости, чем быть виновным в ней, что порочно платить злом за зло и что боги мудры и добры. В их понимании основными добродетелями являлись мудрость, мужество, умеренность и справедливость.

Эволюция религиозной философии среди эллинских и иудейских народов является наглядным примером противоположной деятельности церкви как института, определяющего культурный прогресс. В Палестине человеческое мышление было столь подконтрольно священникам и управлялось священным писанием, что религия и мораль целиком поглотили философию и эстетику. В Греции, ввиду почти полного отсутствия священников и «священных писаний», человеческий разум оставался свободным и нескованным, что позволило достичь поразительной глубины мысли. Однако религия как личный опыт отстала от интеллектуальных исследований природы и реальности космоса.

В Греции вера была подчинена мышлению; в Палестине мышление находилось в подчинении у веры. Сила христианства в значительной мере объясняется его широкими заимствованиями как иудейской морали, так и греческой мысли.

В Палестине религиозная догма окостенела настолько, что превратилась в угрозу дальнейшему развитию; в Греции человеческая мысль стала столь абстрактной, что концепция Бога вылилась в туманные пантеистические рассуждения, в которых было много общего с обезличенной Бесконечностью брахманских философов.

Однако простые люди того времени не понимали греческой философии с ее идеей самореализации и абстрактного Божества и не проявляли к ней особого интереса. Скорее, они жаждали обещаний спасения, стремились к личностному Богу, который смог бы услышать их молитвы. Они изгоняли философов и преследовали уцелевших приверженцев салимского культа – ведь обе доктрины в значительной мере слились – и были готовы к дикому, оргиастическому погружению в безрассудство мистериальных культов, распространявшихся в то время в Средиземноморье. Элевсинские мистерии развивались внутри олимпийского пантеона и представляли собой греческую версию поклонения плодородию; в образе Диониса процветало поклонение природе. Лучшим из культов было орфическое братство, чьи нравственные проповеди и обещания спасения притягивали к себе многих людей.

Вся Греция пользовалась этими новыми способами обретения спасения, этими буйными эмоциональными ритуалами. Ни одна нация за столь короткое время не достигала таких высот художественной философии. Ни одна не создавала столь же прогрессивной системы этики, практически не знавшей Божества и полностью лишенной обещания человеческого спасения. Ни одна нация не погружалась столь стремительно, глубоко и с таким неистовством на такие глубины интеллектуальной косности, морального разложения и духовной нищеты, как те же самые греческие народы, бросившиеся в безумный водоворот мистериальных культов.

Религии могли в течение длительного времени существовать без философской поддержки, но редкая философия, как таковая, могла долго сохраняться без какого-то отождествления с религией. Философия соотносится с религией так же, как замысел – с действием. Однако идеальным для человека является такое положение, при котором философия, религия и наука слиты в исполненное смысла единое целое благодаря совместному действию мудрости, веры и опыта.

3. УЧЕНИЯ МЕЛХИСЕДЕКА В РИМЕ

Последующая религия латинских народов, уходящая своими корнями в ранние религиозные формы поклонения семейным богам и превратившаяся в племенное почитание бога войны Марса, естественным образом напоминала скорее политический обряд, нежели интеллектуальную систему – наподобие греческой или брахманской – или же более духовную религию некоторых других народов.

В эпоху великого монотеистического возрождения евангелия Мелхиседека в шестом веке до Христа лишь редкие салимские миссионеры смогли добраться до Италии, а те, кому это удалось, оказались неспособны преодолеть влияние быстро распространявшегося этрусского духовенства с его новым сонмом богов и храмами; из всего этого была образована государственная религия Рима. В противоположность религии греков, эта религия латинских племен не была мелкой и продажной, а по сравнению с иудейской, она не отличалась суровым и тираническим характером: в основном она ограничивалась соблюдением церемоний, клятв и табу.

Огромное влияние на римскую религию оказали широкие культурные заимствования из Греции. В итоге большинство олимпийских богов были перенесены на римскую почву и вошли в римский пантеон. В течение долгого времени греки поклонялись огню домашнего очага – богиней очага была целомудренная Гестия; римской богиней семейного очага являлась Веста. Зевс стал Юпитером, Афродита – Венерой; аналогичные параллели появились и у многих других олимпийцев.

Религиозные инициации римских юношей сопровождались торжественным посвящением на служение государству. Присяги и принятие в гражданство фактически являлись религиозными обрядами. Латинские народы содержали храмы, алтари и святилища, а во времена кризисов обращались за советом к оракулам. Они хранили останки героев, позднее – мощи христианских святых.

Этот формальный и бесстрастный вид псевдорелигиозного патриотизма был обречен на крах – так же, как высокоинтеллектуальное и художественное поклонение греков пало перед страстным и глубоко эмоциональным поклонением, свойственным мистериальным культам. Величайшим из этих разрушительных культов была мистериальная религия, которую исповедовала секта Матери Бога и центр которой находился на том самом месте, где сегодня стоит собор Святого Петра в Риме.

Молодое римское государство проводило политику завоеваний, однако оно было, в свою очередь, завоевано культами, ритуалами, мистериями и представлениями о Боге, заимствованными из Египта, Греции и Леванта. Эти привнесенные культы продолжали процветать на всей территории Римского государства вплоть до воцарения Августа, который – исключительно по политическим и гражданским мотивам – совершил героическую и в некоторой степени успешную попытку покончить с мистериями и возродить более древнюю политическую религию.

Один из жрецов государственной религии поведал Августу о древних попытках салимских учителей распространить доктрину единого Бога – конечного Божества, восседающего над всеми сверхъестественными существами. Эта идея столь увлекла императора, что он выстроил множество храмов, украсил их прекрасными изваяниями, провел реорганизацию государственного жречества, возродил государственную религию, назначил себя исполняющим обязанности верховного жреца всех людей и, как император, без колебаний провозгласил себя верховным богом.

При жизни Августа новая религия поклонения императору процветала и соблюдалась по всей империи, за исключением Палестины – родины евреев. И эта эра человеческих богов продолжалась до тех пор, пока число людей, провозгласивших себя божествами, в официальной римской религии не превысило четырех десятков, причем каждый из них заявлял о своем чудотворном рождении и других сверхчеловеческих атрибутах.

Последним сопротивлением тающей кучки салимских верующих было выступление группы убежденных проповедников – киников, призвавших римлян отказаться от своих диких и бессмысленных религиозных ритуалов и вернуться к форме поклонения, включавшего евангелие Мелхиседека в его видоизмененном и искаженном состоянии, в которое оно пришло после соприкосновения с философией греков. Однако в своей массе люди отвергли киников. Они предпочитали отдаваться ритуалам мистерий, которые не только давали надежду на личное спасение, но также удовлетворяли страсть к развлечениям, острым ощущениям и увеселениям.

4. МИСТЕРИАЛЬНЫЕ КУЛЬТЫ

Большинство народов греко-римского мира, утративших свои примитивные семейные и государственные религии и неспособных или не желающих проникнуть в сущность греческой философии, обратили свой взор на зрелищные и эмоционально насыщенные мистериальные культы, заимствованные из Египта и Леванта. Простой люд жаждал обещаний спасения – религиозного утешения в этой жизни и гарантий надежды на вечную жизнь после смерти.

Наиболее распространенных мистериальных культов было три:

1. Фригийский культ Кибелы и ее сына Аттиса.

2. Египетский культ Осириса и его матери Исиды.

3. Иранский культ поклонения Митре как спасителю и искупителю греховного человечества.

Фригийские и египетские мистерии учили, что божественный сын (соответственно, Аттис и Осирис) пережил смерть и был воскрешен с помощью божественной силы, а также что всякий человек, прошедший должный обряд посвящения в мистерию и благоговейно отмечающий годовщину смерти и воскресения бога, причащается, таким образом, к его божественной природе и бессмертию.

Фригийские ритуалы были впечатляющими, но унизительными. Их кровавые празднества показывают, насколько выродившимися и примитивными стали эти мистерии Леванта. Самым святым днем была Черная Пятница – «день крови», который отмечался в память о самопричиненной смерти Аттиса. Трехдневное прославление жертвы и смерти Аттиса сменялось весельем в честь его воскресения.

По сравнению с фригийским культом, ритуалы поклонения Исиде и Осирису отличались большей утонченностью и выразительностью. Источником египетского ритуала стала легенда о древнем боге Нила – умершем и воскресшем боге, представление о котором возникло из наблюдения за ежегодным увяданием растительного мира, сменявшимся весенним возрождением всех живых растений. Безумие этих мистериальных культов и оргий, которыми сопровождались их ритуалы и которые, якобы, вели к «экстазу» познания божественности, порой носили крайне отталкивающий характер.

5. КУЛЬТ МИТРЫ

Со временем фригийские и египетские мистерии отступили перед величайшим из всех мистериальных культов – поклонением Митре. Культ Митры импонировал самым широким слоям людей и постепенно вытеснил обоих своих предшественников. Митраизм распространился на всю Римскую империю благодаря тем римским легионам, которые были набраны в Леванте, где эта религия пользовалась популярностью, и куда бы ни направлялись легионеры, они повсюду несли это верование. По сравнению с более ранними мистериальными культами, новый религиозный ритуал был огромным шагом вперед.

Культ Митры появился в Иране и долгое время существовал на своей родине, несмотря на яростное сопротивление сторонников зороастризма. Однако к тому времени, когда митраизм достиг Рима, он уже был существенно улучшен посредством усвоения многих учений Заратустры. В основном именно через культ Митры религия Заратустры оказала влияние на появившееся позднее христианство.

Культ Митры изображал воинственного бога, родившегося из огромной скалы, совершающего героические поступки и ударом своих стрел высекающего воду из камня. Этот культ повествует о потопе, во время которого спасся один человек в специально построенном судне, и о прощальной трапезе, которую Митра разделил с богом-солнцем перед тем, как вознестись на небо. Этот бог-солнце, Sol Invictus, был перерождением Ахура-Мазды – представления о божестве в зороастризме. Митра считался спасшимся поборником бога-солнца в его борьбе с богом тьмы. После убийства мифического священного быка Митра был признан бессмертным, возвышенным до положения заступника человеческого рода перед небесными богами.

Приверженцы этого культа совершали свои обряды в пещерах и других тайных местах, распевали гимны, бормотали магические заклинания, ели плоть закланных животных и пили их кровь. Обряды совершались три раза в день. Кроме того, существовали специальные еженедельные ритуалы в день бога-солнца. Наиболее изысканным ритуалом сопровождался ежегодный праздник Митры, который отмечался двадцать пятого декабря. Люди верили в то, что вкушая жертвенную плоть, человек обретает вечную жизнь и после смерти может сразу же попасть в лоно Митры, где будет пребывать в блаженстве вплоть до судного дня. В судный день митраистские ключи от неба отопрут врата Рая и впустят туда благочестивых;

после этого все непричастившиеся – как живые, так и мертвые – будут уничтожены по возвращении Митры на землю. Этот культ учил, что после смерти человек предстанет перед Митрой для вынесения приговора и что с наступлением конца света Митра призовет всех умерших из могил для страшного суда. Грешники сгорят в огне, а праведники будут вечно царствовать вместе с Митрой.

Поначалу это была религия для одних только мужчин, и существовало семь орденов, в которые могли последовательно посвящаться верующие. Позднее жен и дочерей верующих стали допускать в храмы Великой Матери, примыкавшие к храмам Митры. Женский культ представлял собой смешение ритуалов митраизма и церемоний фригийского культа Кибелы – матери Аттиса.

6. МИТРАИЗМ И ХРИСТИАНСТВО

До появления мистериальных культов и христианства личная религия как самостоятельный институт практически не существовала в цивилизованных странах северной Африки и Европы. Религия являлась больше делом семьи и города-государства, политическим и имперским делом. У эллинских греков так и не возникло централизованной системы поклонения. Их ритуалы имели местное значение; у них не было духовенства и «священной книги». Их религиозным институтам не хватало мощной побуждающей силы, способной сохранить высшие нравственные и духовные ценности. В этом отношении Греция имела много общего с Римом. Хотя и верно, что формализация религии обычно уменьшала ее духовность, столь же справедлив тот факт, что пока еще ни одной религии не удалось сохраниться без помощи формальной организации – в том или ином виде, в той или иной степени.

Поэтому западная религия продолжала чахнуть, пока не настало время скептиков, киников, эпикурейцев и стоиков, но прежде всего, пока не началось великое состязание митраизма с новой религией Павла – христианством.

В течение третьего века после Христа митраистские и христианские церкви были очень похожи друг на друга и внешне, и по характеру своих ритуалов. Места вероисповедания большей частью находились под землей, и в обоих культах использовались алтари, на заднем плане которых находились различные изображения страданий спасителя, принесшего избавление проклятому за свои грехи человечеству.

При входе в храм митраисты всегда окунали пальцы в святую воду. И так как в некоторых местностях встречались люди, которые одновременно исповедовали обе религии, то они ввели этот обычай в большинстве христианских церквей, находившихся вблизи Рима. В обеих религиях использовалось омовение, а также причастие хлебом и вином. Если не касаться личностей Митры и Иисуса, крупнейшим отличием митраизма от христианства было то, что первый поощрял воинственность, в то время как второму было свойственно сверхмиролюбие. Терпимость митраизма к другим религиям (за исключением позднего христианства) привела к его полному исчезновению. Однако решающим фактором в борьбе между ними был прием женщин в качестве полноправных членов в христианскую веру.

В итоге номинальная христианская вера стала господствующей на Западе. Греческая философия дала ей этические ценности, митраизм – религиозные обряды, собственно христианство – метод сохранения нравственных и социальных ценностей.

7. ХРИСТИАНСКАЯ РЕЛИГИЯ

Сын-Создатель воплотился в подобии смертной плоти и посвятил себя человеческому роду Урантии не для умиротворения гневного Бога, а для того, чтобы убедить всё человечество осознать любовь Отца и свой статус детей Божьих. В конце концов, даже великий сторонник доктрины искупления частично понял эту истину, провозгласив, что «Бог во Христе примирял мир с собой».

Вопрос о происхождении и распространении христианской религии выходит за рамки данного документа. Достаточно сказать, что она построена вокруг личности Иисуса Назарянина – небадонского Сына-Михаила, воплотившегося в образе человека и известного на Урантии как Христос, помазанник. Христианство распространялось в Леванте и на Западе последователями этого галилеянина, миссионерский пыл которых не уступал рвению знаменитых предшественников – сифитов и салимитов, – а также их убежденных азиатских современников, учителей буддизма.

Как урантийская система верований, христианская религия возникла через соединение следующих учений, влияний, верований, культов и индивидуальных отношений:

1. Учений Мелхиседека, которые являются основополагающим фактором всех религий Запада и Востока, появившихся за последние четыре тысячи лет.

2. Древнееврейской системы морали, этики, теологии и веры как в Провидение, так и в верховного Ягве.

3. Учения зороастризма о борьбе между космическим добром и злом, которое к тому времени уже оставило свой след в иудаизме и митраизме. В результате продолжительных контактов митраизма с христианством в период борьбы двух религий, доктрины иранского пророка стали мощным фактором при определении теологической и философской формы и структуры учений, догматов и космологии эллинизированных и латинизированных версий учений Иисуса.

4. Мистериальных культов – в особенности митраизма, но также поклонения Великой Матери во фригийском культе. Даже легенды о рождении Иисуса на Урантии смешивались с римской версией о чудотворном рождении иранского героя-спасителя Митры, чье явление на землю было якобы засвидетельствовано лишь несколькими пастухами, которые, узнав о предстоящем событии от ангелов, принесли свои дары.

5. Исторического факта человеческой жизни Иешуа бен Иосифа – реального Иисуса Назарянина как прославленного Христа, Божьего Сына.

6. Личных воззрений Павла Тарсянина. Следует отметить, что в годы его юности митраизм был господствовавшей религией Тарса. Павел не предполагал, что его благонамеренные послания к своим прозелитам станут для последующих христиан «словом Божьим». Такие учители действуют из лучших побуждений, и нельзя считать их ответственными за то, как используются их писания потомками.

7. Философской мысли эллинистических народов Александрии, Антиохии, Греции, Сиракуз и Рима. Греческая философия лучше гармонировала с предложенной Павлом версией христианства, чем с любой другой современной ей религиозной системой, и стала важным фактором для успеха христианства на Западе. Вместе с теологией Павла, греческая философия до сих пор составляет основу европейской этики.

По мере своего проникновения на Запад, изначальные учения Иисуса приобретали всё более западный характер и тем самым утрачивали свою потенциальную притягательность для всех рас и всех типов людей. Сегодня христианство превратилось в религию, хорошо приспособленную к социальным, экономическим и политическим нравам белых рас. Оно уже давно перестало быть религией Иисуса, хотя для тех индивидуумов, которые искренне стремятся следовать этому учению, оно до сих пор является доблестным изложением прекрасной религии, рассказывающей об Иисусе. Оно прославило Иисуса как Христа, мессианского Божьего помазанника, однако оно в значительной мере забыло личное евангелие Учителя – отцовство Бога и всеобщее братство всех людей.

На этом заканчивается долгий рассказ об учениях Макивенты Мелхиседека на Урантии. Прошло почти четыре тысячи лет с того времени как этот чрезвычайный Сын посвятил себя Урантии, и за это время учения «священника Эль-Эльона, Всевышнего Бога» стали достоянием всех рас и народов. Макивента достиг цели своего необычного посвящения: когда Михаил готовился к появлению на Урантии, в сердцах мужчин и женщин уже существовало представление о Боге – то же представление о Боге, которое вновь и вновь пламенеет в живом духовном опыте разнообразных детей Всеобщего Отца в их увлекательной бренной жизни на кружащихся планетах пространства.

[Представлено Мелхиседеком Небадона.]

ДОКУМЕНТ 99

СОЦИАЛЬНЫЕ ПРОБЛЕМЫ РЕЛИГИИ

Религия достигает своего высшего социального служения, когда она наименее всего связана со светскими институтами общества. В прошлые века, ввиду того, что социальные реформы в основном ограничивались сферой нравственности, религии не приходилось приспосабливаться к радикальным изменениям в экономической и политической системе. Главной проблемой религии было стремление заменить зло добром в пределах существующего социального порядка политической и экономической культуры. Поэтому религия косвенным образом способствовала сохранению установившегося в обществе уклада, укреплению существующего типа цивилизации.

Однако религия не должна иметь непосредственного отношения ни к созданию нового общественного устройства, ни к сохранению старого. Истинная религия действительно противится насилию как методу социальной эволюции, но она не противится разумным попыткам общества адаптировать свои обычаи и приспособить свои институты к новым экономическим условиям и культурным требованиям.

В прошлом религия действительно одобряла социальные реформы, но в двадцатом веке ей приходится сталкиваться с необходимостью приспосабливаться к широкомасштабному и долговременному социальному переустройству. Условия жизни изменяются столь стремительно, что необходимо значительно ускорить преобразование общественных институтов. Поэтому религия должна быстрее адаптироваться к этому новому и постоянно изменяющемуся социальному порядку.

1. РЕЛИГИЯ И СОЦИАЛЬНОЕ ПЕРЕУСТРОЙСТВО

Технические изобретения и распространение знаний видоизменяют цивилизацию; некоторые экономические адаптации и социальные перемены обязательны для предотвращения культурной катастрофы. Потребуется тысячелетие, прежде чем этот новый, грядущий социальный порядок станет достаточно устойчивым. Люди должны примириться с процессом перемен, адаптаций и повторных адаптаций. Человечество находится на пути к новому, нераскрытому планетарному предназначению.

Религия должна стать ощутимым и динамичным фактором моральной устойчивости и духовного прогресса, динамично действующим в условиях постоянно изменяющихся обстоятельств и нескончаемых экономических адаптаций.

Урантийское общество не может надеяться на то, что ему удастся прийти в устойчивое состояние так же, как это было в прошлые века. Социальный корабль вышел из тихих гаваней устойчивых традиций и отправился в плавание по бурным морям эволюционной судьбы. И, как никогда прежде в мировой истории, человеческая душа должна точно сверяться с навигационными картами морали и неукоснительно следовать компасу религиозного водительства. Высшей миссией религии как социального фактора является стабилизация идеалов человечества в это опасное время перехода от одной стадии цивилизации к другой, от одного уровня культуры к другому.

У религии не появляется новых обязанностей, однако ее неотложная задача состоит в том, чтобы действовать в качестве мудрого руководителя и опытного советчика во всех этих новых и быстро изменяющихся человеческих ситуациях. Общество становится более механическим, более тесным, более сложным, а взаимозависимость его отдельных частей более опасной. Задача религии – не допустить того, чтобы эти новые и глубокие взаимосвязи привели к взаимному регрессу или, тем более, разрушению. Религия должна служить космической солью, не позволяющей ферментам развития уничтожить культурное благоухание цивилизации. Только с помощью религии эти новые социальные отношения и экономические потрясения могут привести к устойчивому братству.

Отрицающий Бога гуманитаризм является по-человечески благородным жестом, но истинная религия – это единственная сила, способная привести к устойчивому повышению чувствительности одной социальной группы к нуждам и страданиям других. В прошлом институциональная религия могла оставаться пассивной, когда верхние слои общества были глухи к страданиям и угнетенному состоянию беспомощных низших слоев, но сегодня низшие социальные классы более не являются ни столь же откровенно невежественными, ни столь же политически беспомощными.

Религия не должна непосредственно заниматься светской задачей социального переустройства и экономической реорганизации. Однако она должна активно идти в ногу со всеми успехами цивилизации, ясно и решительно подтверждая свои нравственные полномочия и духовные заповеди, свою прогрессивную философию человеческой жизни и трансцендентного продолжения жизни. Дух религии вечен, но форма ее выражения должна заново определяться при каждом изменении словаря человеческого языка.

2. СЛАБОСТЬ ИНСТИТУЦИОНАЛЬНОЙ РЕЛИГИИ

Институциональная религия неспособна стать вдохновителем и руководителем этого надвигающегося всемирного социального переустройства и экономической реорганизации, ибо, к сожалению, она – в большей или меньшей степени – стала органической частью социального устройства и экономической системы, которой суждено быть преобразованной. Только настоящая религия, основанная на личном духовном опыте, способна выполнять полезную и созидательную функцию в условиях нынешнего кризиса цивилизации.

Институциональная религия оказалась в безвыходном положении, заколдованном круге: она неспособна переустроить общество, не переустроив вначале себя. Однако, являясь столь неотъемлемой частью существующего порядка, она неспособна переустроить себя, пока не будет радикально переустроено общество.

Религиозные люди должны функционировать в обществе, промышленности и политике как индивидуумы, а не группы, партии или институты. Религиозная группа, которая позволяет себе действовать как таковая, в отрыве от религиозной деятельности, сразу же становится политической партией, экономической организацией или социальным институтом. Религиозный коллективизм должен ограничить свои усилия содействием религиозным целям.

В социальном переустройстве религиозные люди – по сравнению с людьми нерелигиозными – представляют собой бóльшую ценность лишь постольку, поскольку их религия расширила их космическую дальновидность и наделила их той высшей социальной мудростью, которая рождается из искреннего желания любить Бога высшей любовью и любить каждого человека как своего брата в царстве небесном. Идеальный социальный порядок – тот, в котором каждый человек любит своего ближнего так же, как себя.

Может показаться, что в прошлом институциональная церковь служила обществу, прославляя существовавшие политические и экономические уклады; однако если она хочет сохраниться, ей следует как можно быстрее отказаться от этой роли. Единственно подобающим отношением церкви является проповедь отказа от насилия, доктрины мирной эволюции вместо насильственной революции, – мира на земле и доброй воли среди людей.

Современной религии трудно изменить свое отношение к стремительным социальным переменам только потому, что она позволила себе насквозь пропитаться традиционализмом, доктринерством и институциональностью. Религии, основанной на живом опыте, легко опережать все эти социальные перемены и экономические потрясения, на фоне которых она неизменно укрепляет мораль, является социальным руководителем и духовным кормчим. Истинная религия переносит из одной эпохи в другую то ценное, что есть в культуре, а также ту мудрость, которая рождается в опыте людей, познавших Бога и стремящихся быть такими, как он.

3. РЕЛИГИЯ И ВЕРУЮЩИЙ РЕЛИГИОЗНЫЙ ЧЕЛОВЕК

Раннее христианство было полностью свободным от какого-либо участия в мирских делах, социальных обязанностей и экономических объединений. Лишь позднее христианство, превратившись в институт, стало органической частью политической и социальной структуры западной цивилизации.

Небесное царство не является ни социальным, ни экономическим укладом; оно представляет собой исключительно духовное братство богопознавших индивидуумов. Конечно, такое братство само по себе новый и удивительный социальный феномен, который влечет за собой поразительные политические и экономические последствия.

Религиозный человек не является глухим к болезням общества, невнимательным к гражданской несправедливости, неспособным к экономическому мышлению или равнодушным к политической тирании. Религия непосредственно влияет на социальное переустройство потому, что она наделяет индивидуального гражданина духом и идеалом. Отношение таких религиозных индивидов косвенно воздействует на культурную цивилизацию по мере того, как они становятся активными и влиятельными членами различных социальных, этических, экономических и политических групп.

Достижение высокой культурной цивилизации требует, во-первых, наличия идеального типа гражданина и, во-вторых, идеальных и адекватных социальных механизмов, с помощью которых эти граждане могли бы контролировать экономические и политические институты такого развитого человеческого общества.

Из-за преувеличенной, ложной сентиментальности церковь в течение долгого времени опекала неимущих и несчастных, и всё это считалось благим делом; однако всё та же сентиментальность привела к неразумному сохранению выродившихся в расовом отношении линий, что чрезвычайно замедлило прогресс цивилизации.

Многие реорганизаторы общества неистово отрицают институциональную религию, но сами они, по сути дела, глубоко религиозны в распространении своих социальных реформ. Получается, что религиозная мотивация – личная и более или менее неосознанная – играет огромную роль в современной программе социального переустройства.

Огромная слабость всей этой неосознанной и безотчетной религиозной деятельности заключается в том, что она неспособна извлечь пользу из открытой религиозной критики и, таким образом, подняться до полезных уровней самоисправления. Истинно, что религия не развивается, если она не дисциплинирована конструктивной критикой, не усилена философией, не очищена наукой и не взлелеяна преданным товариществом.

Всегда существует огромная опасность искажения и извращения религии для достижения ложных целей – как это случается во время войны, когда каждая из противоборствующих сторон бесчестит свою религию, превращая ее в военную пропаганду. Лишенное любви рвение всегда идет во вред религии, в то время как притеснения направляют религиозную деятельность на достижение какой-то социологической или теологической цели.

Религию можно оградить от участия в нечестивых светских альянсах только следующими средствами:

1. Критической исправляющей философией.

2. Неучастием в любых социальных, экономических и политических союзах.

3. Творческими, утешающими и распространяющими любовь товариществами.

4. Постепенным совершенствованием духовной проницательности и восприятия космических значений.

5. Предотвращением фанатизма через компенсирующее влияние рационального научного отношения.

Как группа, религиозные люди должны иметь отношение только к *религии*, хотя, как отдельный гражданин, любой религиозный человек может стать выдающимся лидером какого-нибудь движения за социальное, экономическое или политическое переустройство.

Задача религии – создавать, поддерживать и стимулировать в индивидуальном гражданине такую космическую преданность, которая приведет его к успеху в развитии всех этих трудных, но желательных видов общественного служения.

4. ТРУДНОСТИ ПЕРЕХОДНОГО ПЕРИОДА

Истинная религия делает религиозного человека социально привлекательным и наделяет его способностью постижения самой сути товарищества людей. Однако формализация религиозных групп нередко разрушает те самые ценности, для содействия которым они создавались. Человеческая дружба и божественная религия взаимополезны и в значительной мере поучительны при сбалансированном и согласованном развитии каждой из них. Религия наполняет новым значением все групповые объединения – семьи, школы и клубы. Она придает новый смысл отдыху и возвышает всякий истинный юмор.

Социальное руководство трансформируется духовной проницательностью; религия не позволяет коллективным движениям забывать свои истинные цели. Вместе с детьми, религия является великим объединителем семьи, если только она представляет собой живую и растущую веру. Семейная жизнь невозможна без детей; она может обходиться без религии, но подобное препятствие многократно умножает трудности этого сокровенного человеческого союза. Вслед за личным религиозным опытом, семейная жизнь первых десятилетий двадцатого века больше всего страдает от упадка, наступившего в результате перехода от прежнего религиозного послушания к формирующимся новым значениям и ценностям.

Истинная религия – это исполненный смысла путь динамичной жизни лицом к лицу с обыденной, повседневной реальностью. Однако для того чтобы религия могла поощрять индивидуальное развитие характера и повышать цельность личности, ее не следует стандартизировать. Для того чтобы она могла стимулировать оценку опыта и быть притягательной ценностью, ее не следует превращать в стереотип. Для того чтобы она могла способствовать высшей преданности, ее не следует формализовать.

Какие бы потрясения ни сопровождали социальное и экономическое развитие цивилизации, религия остается истинной и полезной, если она развивает в индивидууме опыт, в котором господствуют истина, красота и благость, ибо такова подлинная духовная концепция высшей реальности. Через любовь и поклонение эта концепция обретает смысл в братском отношении человека к человеку и сыновнем отношении человека к Богу.

В конце концов, именно то, во что человек верит, а не то, что он знает, определяет его поведение и личные действия. Знание одних только фактов оказывает весьма незначительное воздействие на обычного человека, если оно не активизировано эмоциями. Однако религиозная активизация сверхэмоциональна; религия объединяет весь человеческий опыт на трансцендентных уровнях, соприкасаясь с присутствующими в смертной жизни духовными энергиями и высвобождая их.

В условиях психологически неустойчивого двадцатого века – с его экономическими потрясениями, противоречивыми моральными доктринами и социологическими волнениями, характерными для циклонических переходных периодов научной эры, – тысячи и тысячи мужчин и женщин по-человечески сбились с пути; они испытывают тревогу, волнение, страх, неуверенность и неустроенность; как никогда раньше, они нуждаются в утешении и устойчивости, которые может дать разумная религия. На фоне беспрецедентного научного прогресса и развития техники существует духовный застой и философский хаос.

Всё большее превращение религии в частное дело – личный опыт – не представляет собой опасности, если при этом она не теряет своего побуждения к бескорыстному и исполненному любви общественному служению. Религия подвергалась многим второстепенным воздействиям: внезапным слияниям культур, смешениям вероисповеданий, ослаблению власти церкви, переменам в семейной жизни, а также урбанизации и механизации.

Величайшая духовная опасность для человека заключается в частичном прогрессе – сложной ситуации незаконченного роста: отказе от эволюционных религий страха без немедленного обращения к богооткровенной религии любви. Современная наука – в особенности психология – ослабила только те религии, которые в большой степени зависят от страха, суеверий и эмоций.

Переходный период всегда сопровождается разбродом, и спокойствие возобладает в религиозном мире только тогда, когда закончится великая борьба трех соревнующихся философий религии:

1. Присущих многим религиям спиритических верований (в провиденциальное Божество).

2. Присущих многим философиям гуманистических и идеалистических представлений.

3. Присущих многим наукам механистических и натуралистических концепций.

И эти три частичных подхода к реальности космоса в итоге должны быть согласованы богооткровенным изложением религии, философии и космологии, изображающим триединое существование духа, разума и энергии, исходящих от Райской Троицы и достигающих пространственно-временнóго объединения в Божестве Бога-Верховного.

5. СОЦИАЛЬНЫЕ АСПЕКТЫ РЕЛИГИИ

Хотя религия является исключительно личным духовным опытом, познанием Бога как Отца, следствие этого опыта – то есть познание людей как своих братьев – требует приспособления своего «я» к «я» других людей, что предполагает существование социального, или группового, аспекта религиозной жизни. Религия сначала заключается во внутренней, или личной, адаптации, после чего она становится делом социального служения, или адаптации к группе. Неизбежным следствием человеческой общительности становится появление религиозных групп. Дальнейшая судьба этих религиозных групп в значительной мере зависит от мудрости их руководителей. В примитивном обществе религиозная группа обычно мало отличается от экономических или политических групп. Религия всегда охраняла нравы и укрепляла общество. Это остается справедливым до сих пор, вопреки учениям многих современных социалистов и гуманистов.

Всегда помните: истинная религия заключается в том, чтобы знать Бога как своего Отца, и человека – как своего брата. Религия не есть рабская вера в угрозы наказания или магические обещания будущих таинственных наград.

Религия Иисуса является наиболее динамичным влиянием из всех, какие только оказывали воздействие на человеческий род. Иисус нарушил традицию, уничтожил догму и призвал человечество к достижению его высочайших идеалов во времени и вечности – стать совершенным, как совершенен небесный Отец.

Религия способна по-настоящему действовать только после того, как религиозная группа отделяется от всех остальных групп; так появляется социальное объединение духовных членов небесного царства.

Доктрина о полной греховности человека в значительной мере уничтожила потенциальную способность религии оказывать возвышающее и вдохновляющее социальное воздействие. Иисус стремился восстановить достоинство человека, когда заявил, что все люди являются детьми Бога.

Любая религиозная вера, способная одухотворить верующего, обязательно влечет за собой глубокие последствия в социальной жизни такого религиозного человека. Религиозный опыт неизменно приносит «плоды духа» в повседневной жизни ведомого духом смертного.

Таким же неизбежным, как наличие у людей общей веры, является создание некоторой религиозной группы, объединенной общими целями. Когда-нибудь религиозные люди соберутся вместе и действительно начнут сотрудничать, исходя из единства идеалов и намерений, вместо того, чтобы пытаться добиться этого, исходя из психологических мнений и теологических взглядов. Религиозных людей должны объединять не символы веры, а цели. Ввиду того, что истинная религия является делом личного духовного опыта, каждый отдельный религиозный человек неизбежно будет иметь свое собственное и индивидуальное толкование реализации этого духовного опыта. Пусть термин «вера» будет обозначать отношение индивидуума к Богу, а не догматические формулировки того, о чём некоторые группы смертных смогли договориться как об общем религиозном воззрении. «Ты имеешь веру? Тогда имей ее в себе».

То, что вера имеет отношение только к постижению идеальных ценностей, показано в определении, которое приводится в Новом Завете; оно провозглашает, что вера является сущностью ожидаемого и свидетельством невидимого.

Первобытный человек мало стремился к тому, чтобы передать свои религиозные убеждения словами. Его религия выражалась больше в танце, чем в мысли. Современные люди придумали множество символов веры и создали многочисленные испытания религиозной веры. Религиозные люди будущего должны жить религиозной жизнью, всецело посвящать себя служению братству людей. Человеку давно пора приобрести религиозный опыт столь личный и столь возвышенный, чтобы его можно было реализовать и выразить только «чувствами, слишком глубокими для слов».

Иисус не требовал от своих последователей, чтобы они периодически собирались для церемониального произнесения слов, демонстрирующих общую веру. Он наказывал им собираться вместе только для того, чтобы действительно *сделать нечто*, – принять участие в общем ужине в память о его посвященческой жизни на Урантии.

Насколько же неправы христиане, когда, представляя Христа как высший идеал духовного вождя, они смеют требовать, чтобы осознавшие Бога мужчины и женщины отвергли историческое водительство тех богопознавших людей, которые способствовали их специфическому национальному или расовому просвещению в прошлые эпохи.

6. ИНСТИТУЦИОНАЛЬНАЯ РЕЛИГИЯ

Сектантство является болезнью институциональной религии, догматизм – порабощением духовной природы. Намного лучше иметь религию без церкви, чем церковь без религии. Религиозное брожение двадцатого века само по себе еще не говорит о духовном упадке. Разброд предшествует как росту, так и разрушению.

Социализация религии преследует подлинную цель. Задача групповой религиозной деятельности – высвечивать религиозную преданность, умножать привлекательность истины, красоты и благости, усиливать притягательность высших ценностей, совершенствовать служение в духе альтруистического товарищества, прославлять потенциальные возможности семейной жизни, развивать религиозное образование, предоставлять мудрые советы и духовное наставничество и поощрять групповое поклонение. И все живые религии поощряют человеческую дружбу, сохраняют нравственность, способствуют добрососедским отношениям и помогают распространению важнейшего евангелия, заключенного в соответствующих проповедях вечного спасения.

Однако по мере превращения религии в общественный институт ее способность творить добро уменьшается, в то время как возможность приносить зло многократно возрастает. К опасностям формализованной религии относятся появление застывших верований и окаменевших воззрений, приобретение всё больших имущественных прав при усилении секуляризации, тенденция к стандартизации и выхолащиванию истины, отход религии от служения Богу в пользу служения церкви, склонность руководителей превращаться в администраторов вместо священников, тенденция к образованию сект и конкурирующих ветвей, установление деспотической власти духовенства, создание аристократического отношения «избранного народа», поощрение ложных и преувеличенных идей святости, превращение религии в обыденность и выхолащивание поклонения, тенденция к преклонению перед прошлым при игнорировании требований сегодняшнего дня, неспособность предложить современные толкования религии, вовлечение в функции светских институтов. Такая религия создает порочное деление на религиозные касты и становится нетерпимым ортодоксальным судьей. Она неспособна удержать интерес пытливой молодежи и постепенно теряет спасительный смысл евангелия вечного спасения.

Формальная религия сдерживает людей в их личной духовной деятельности, вместо того чтобы освобождать их для более активного служения в качестве строителей царства.

7. ВКЛАД РЕЛИГИИ

Хотя церкви и другие религиозные группы должны сторониться любой светской деятельности, религии не следует предпринимать ничего, что могло бы воспрепятствовать или замедлить социальную координацию человеческих институтов. Жизнь должна продолжать наполняться всё большим смыслом; человек должен продолжать реформировать свою философию и очищать свою религию.

Политическая наука должна преобразовывать экономику и промышленность с помощью методов, которые она заимствует из общественных наук, а также благодаря интуиции и побуждениям, которые исходят из религиозной жизни. Во всякое социальное преобразование религия привносит укрепляющую преданность трансцендентному объекту – неизменной цели, находящейся за пределами и выше непосредственной и преходящей цели. В хаотических условиях быстро изменяющего окружения смертному человеку нужна поддержка широкой космической перспективы.

Религия побуждает человека жить мужественно и радостно в этом мире. Она соединяет терпение со страстью, проницательность с энтузиазмом, сочувствие с могуществом, идеалы с энергией.

Человек никогда не сможет мудро решать мирские вопросы или преодолевать эгоизм личных интересов, не предаваясь вдумчивому размышлению в присутствии всевластия Бога и не считаясь с реальностями божественных значений и духовных ценностей.

Экономическая взаимозависимость и социальное товарищество со временем приведут к братству. Человек от природы мечтатель, однако наука отрезвляет его настолько, что в настоящее время активизация человека религией сопряжена со значительно меньшим риском фанатичных реакций. Экономическая необходимость привязывает человека к действительности, и личный религиозный опыт ставит того же человека лицом к лицу с вечными реальностями неизменно расширяющегося и развивающегося космического гражданства.

[Представлено Мелхиседеком Небадона.]

ДОКУМЕНТ 100

РЕЛИГИЯ В ОПЫТЕ ЧЕЛОВЕКА

Опыт динамичной религиозной жизни превращает заурядного индивидуума в личность, наделенную идеалистическим могуществом. Религия способствует прогрессу всех, благоприятствуя прогрессу каждого индивидуума, а прогресс каждого усиливается благодаря свершениям всех.

Духовный рост взаимно стимулируется тесным общением с другими религиозными людьми. Порождая объективное влечение вместо субъективного наслаждения, любовь является той почвой, на которой происходит религиозный рост; тем не менее, она приносит высшее субъективное удовлетворение. И религия облагораживает повседневное будничное существование.

1. РЕЛИГИОЗНЫЙ РОСТ

Хотя религия обеспечивает рост значений и повышение ценностей, возвышение чисто личных оценок до абсолютных уровней всегда приводит к злу. Ребенок оценивает свой опыт по наличию в нём удовольствия. Степень зрелости прямо пропорциональна замене личного удовольствия высшими значениями – преданностью высшим представлениям о разнообразных жизненных ситуациях и космических отношениях.

Некоторые люди слишком заняты, чтобы расти, чем подвергают себя огромной опасности духовного застоя. Необходимо создавать условия для роста значений в разные века, в сменяющих друг друга культурах и преходящих стадиях эволюционирующей цивилизации. Основными помехами для роста являются предубеждение и невежество.

Дайте каждому ребенку возможность приобрести собственный религиозный опыт, не навязывайте ему готовый опыт взрослого человека. Помните, что ежегодный прогресс в существующей системе образования может еще не означать интеллектуального прогресса, тем более духовного роста. Расширение словаря не свидетельствует о развитии характера. Истинным показателем роста является не столько результат, сколько прогресс. Признаками действительного роста в образовании служат более высокие идеалы, расширенное осознание ценностей, новые значения ценностей и повышение преданности высшим ценностям.

Устойчивое воздействие на ребенка оказывает только преданность окружающих его взрослых; наставления или даже пример не обладают длительным воздействием. Преданные люди являются растущими людьми, а рост представляет собой волнующую и вдохновляющую реальность. Живите преданно сегодня – растите – и завтрашний день сам позаботится о себе. Скорейший путь для превращения головастика в лягушку – каждое мгновение быть верным себе в качестве головастика.

Почва, необходимая для религиозного роста, предполагает жизнь, отмеченную последовательной самореализацией, согласованием естественных наклонностей, любознательностью и разумной отвагой, чувством удовлетворения, стимулирующим воздействием страха, пробуждающего внимательность и осторожность, тягой к необычному и естественным сознанием своей ограниченности – скромностью. Кроме того, основанием для роста является открытие своей индивидуальности, сопровождаемое самокритикой, – совестью, ибо совесть действительно является критикой самого себя с помощью собственной системы ценностей, личных идеалов.

Существенное воздействие на религиозный опыт оказывает физическое здоровье, унаследованный темперамент и социальная среда. Однако эти преходящие условия не препятствуют внутреннему духовному прогрессу души, стремящейся выполнить волю небесного Отца. Во всех нормальных смертных присутствуют определенные врожденные стимулы роста и самореализации, если они особым образом не подавлены. Верным способом развития этого определяющего дара – способности к духовному росту – является сохранение отношения беззаветной преданности высшим ценностям.

Религию невозможно посвятить, получить, одолжить, выучить или утратить. Она представляет собой личный опыт, который возрастает пропорционально растущему стремлению к конечным ценностям. Так космический рост сопровождает накопление значений и непрестанное возвышение ценностей. Однако рост самого величия всегда является неосознанным.

Склонность к религиозному мышлению и поступкам помогает духовному росту. У человека может появиться религиозная предрасположенность к положительной реакции на духовные побуждения – нечто вроде условного духовного рефлекса. К свойствам, благоприятствующим религиозному росту, относятся утонченная чувствительность к божественным ценностям, признание религиозной жизни в других людях, вдумчивое размышление о космических значениях, религиозное решение проблем, посвящение в собственную духовную жизнь своих товарищей, уклонение от эгоизма, отказ рассчитывать на божественное милосердие, жизнь, проходящая как бы в присутствии Бога. Факторы религиозного роста могут быть осмысленными, но сам рост всегда происходит неосознанно.

Тем не менее, бессознательность религиозного роста не означает, что сферой этой активности являются, предположительно, подсознательные уровни человеческого интеллекта. Скорее, она является признаком созидательной деятельности на сверхсознательных уровнях смертного разума. Опыт осознания реальности бессознательного религиозного роста является единственным положительным подтверждением функционального существования сверхсознания.

2. ДУХОВНЫЙ РОСТ

Духовное развитие зависит, во-первых, от поддержания живой духовной связи с истинными духовными силами и, во-вторых, от постоянного приношения духовных плодов: служения своим товарищам, одарения их тем, что было получено от собственных духовных благотворителей. Духовный прогресс основан на интеллектуальном осмыслении духовной бедности в сочетании с осознанием в себе жажды совершенства, желанием познать Бога и стать таким, как он, беззаветным стремлением исполнять волю небесного Отца.

Первым этапом духовного роста является понимание потребностей, вторым – распознавание значений, третьим – раскрытие ценностей. Свидетельство истинного духовного развития – появление такой человеческой личности, которая побуждается любовью, движима бескорыстной помощью и целиком посвящена чистосердечному поклонению совершенным идеалам божественности. И весь этот опыт является реальностью религии, в отличие от чисто теологических вероучений.

Религия способна подняться до того уровня опыта, на котором она становится просвещенным и мудрым методом духовной реакции на вселенную. Такая возвышенная религия может функционировать на трех уровнях человеческой личности: интеллектуальном, моронтийном и духовном – применительно к разуму, в развивающейся душе и вместе с внутренним духом.

Духовность становится одновременно показателем близости человека к Богу и мерой его полезности своим товарищам. Духовность повышает способность видеть красоту в вещах, узнавать истину в значениях и открывать благость в ценностях. Духовное развитие определяется способностью к нему и прямо пропорционально устранению эгоистических свойств любви.

Действительный духовный статус является мерой достижения Божества, восприимчивости к Настройщику. Достижение предельной духовности эквивалентно достижению максимальной реальности – максимального Богоподобия. Вечная жизнь есть нескончаемый поиск бесконечных ценностей.

Цель самореализации человека должна быть духовной, а не материальной. Единственные реальности, достойные того, чтобы к ним стремиться, – божественные, духовные и вечные. Смертный человек вправе получать физические удовольствия и удовлетворение от человеческих чувств; он извлекает пользу из верности человеческим сообществам и преходящим институтам; однако всё это не есть тот вечный фундамент, на котором возводится бессмертная личность, призванная выйти за пределы пространства, преодолеть время и достичь вечной цели – божественного совершенства и служения в качестве завершителя.

Иисус описывал глубочайшую уверенность богопознавшего смертного, когда он говорил: «Даже если всё земное рухнет, какое дело до этого богопознавшему, верующему в царство человеку?» Временна́я надежность уязвима, но духовная уверенность непоколебима. Когда волны человеческих напастей, эгоизма, жестокости, ненависти, злобы и ревности бьются вокруг смертной души, вы можете быть совершенно уверены в том, что существует один абсолютно неприступный внутренний бастион – цитадель духа. По крайней мере, это справедливо для каждого человека, который вверил свою душу пребывающему в нём духу вечного Бога.

После такого духовного обретения – является ли оно следствием постепенного роста или специфического кризиса – происходит новая ориентация личности и развитие нового стандарта ценностей. Мотивация таких рожденных в духе индивидуумов изменяется настолько, что они способны невозмутимо взирать на то, как гибнут их самые сокровенные мечты и глубочайшие надежды; они действительно знают, что такие катастрофы – это лишь наставляющие на иной путь катаклизмы, которые разрушают бренные творения человека, прежде чем воспитать более величественные и прочные реальности нового и более возвышенного уровня вселенских достижений.

3. КОНЦЕПЦИИ ВЫСШЕЙ ЦЕННОСТИ

Религия – не метод для достижения статичного покоя и умиротворения. Она является импульсом, организующим душу для динамичного служения. Она есть посвящение всего себя преданному служению – любви к Богу и служению человеку. Религия платит любую цену, необходимую для достижения высшей цели – награды вечности. Религиозной лояльности присуща освященная завершенность, которая отличается величественным благородством. Такие чувства преданности дают социальный эффект и развивают дух.

Для религиозного человека слово «Бог» становится символом приближения к высшей реальности и осознания божественной ценности. Добро и зло не определяются человеческими симпатиями и антипатиями; моральные ценности не произрастают из исполнения желаний или чувства разочарования и безысходности.

Размышляя о ценностях, вы должны отличать то, что *является* ценностью, от того, что *обладает* ценностью. Вы должны видеть ту зависимость, которая существует между приятными видами деятельности и их осмысленной интеграцией и расширенной реализацией на всё более и более высоких уровнях человеческого опыта.

Значение есть нечто, прибавляемое опытом к ценности; оно есть благодарное осознание ценностей. Изолированное и чисто эгоистическое удовольствие может означать практическую девальвацию значений, бессмысленное наслаждение, граничащее с относительным злом. Ценности являются эмпирическими тогда, когда реальности осмысленны и интеллектуально ассоциированны, – когда такие отношения осознаются и по достоинству оцениваются разумом.

Ценности никогда не бывают статичными; реальность означает изменение, рост. Изменение без роста – без расширения значений и повышения ценностей – лишено ценности и является потенциальным злом. Чем больше способность к космической адаптации, тем больше значения содержится в любом опыте. Ценности не являются концептуальными иллюзиями; они реальны, но они всегда зависят от факта отношений. Ценности всегда являются и актуальными, и потенциальными – не то, что было, а то, что есть и что будет.

Объединение актуального и потенциального тождественно росту – эмпирической реализации ценностей. Однако рост – это не просто прогресс. Прогресс всегда имеет значение, но без роста он относительно лишен ценности. Высшая ценность человеческой жизни заключается в росте ценностей, развитии значений и реализации космической взаимосвязанности каждого из этих видов опыта. Такой опыт эквивалентен богосознанию. Такой смертный, не будучи сверхъестественным, поистине становится сверхчеловеком: в нём развивается бессмертная душа.

Человек неспособен вызвать рост, но он способен создать для этого благоприятные условия. Рост всегда бессознателен – является ли он физическим, интеллектуальным или духовным. Так растет любовь: ее невозможно создать, изготовить или купить; она должна вырасти. Эволюция является космическим методом роста. Социальный рост невозможно обеспечить законами, а нравственный рост не достигается совершенствованием управления. Человек может создать машину, однако ее реальная ценность должна определяться человеческой культурой и личным пониманием. Единственным вкладом человека в рост является мобилизация всех возможностей своей личности – живой веры.

4. ПРОБЛЕМЫ РОСТА

Религиозная жизнь – это жизнь посвященная, а посвященная жизнь представляет собой жизнь творческую – самобытную и спонтанную. Новые религиозные прозрения рождаются в столкновениях, вследствие которых человек начинает выбирать новые, лучшие привычки реагирования и оставляет прежние, худшие способы. Новые значения возникают только в конфликтных ситуациях, а конфликты сохраняются только из-за отказа поддерживать более высокие ценности, стоящие за высшими значениями.

Религиозные дилеммы неизбежны; рост невозможен без психического конфликта и духовного волнения. Формирование философской нормы жизни влечет за собой серьезное потрясение в философских сферах разума. Преданность великому, благому, истинному и благородному не появляется без борьбы. Ясность духовного ви́дения и усиление космической проницательности требуют усилий. И человеческий интеллект протестует, когда его отучают жить за счет недуховных энергий бренного существования. Нерадивый животный разум восстает против усилий, необходимых для решения космических проблем.

Однако великая проблема религиозного образа жизни заключается в задаче объединения душевных сил личности под началом любви. Здоровье, умственная эффективность и счастье возникают вследствие объединения физических систем, систем разума и систем духа. Человек хорошо понимает, что такое здоровье и здравомыслие, но у него поистине нет практически никакого представления о том, что есть счастье. Высшее счастье неразрывно связано с духовным прогрессом. Духовный рост приносит устойчивую радость, покой, который превыше всякого понимания.

В физической жизни органы чувств сообщают о присутствии вещей; разум открывает реальность значений; однако духовный опыт раскрывает индивидууму истинные ценности жизни. Эти высокие уровни человеческой жизни достигаются в высшей любви к Богу и бескорыстной любви к человеку. Если вы любите ваших собратьев, то вы наверняка открыли для себя их ценность. Иисус относился к людям с такой любовью потому, что столь высоко их ценил. Лучший способ открыть ценность ваших товарищей – это узнать их мотивы. Если кто-то раздражает вас, вызывает у вас неприязнь, вам следует попытаться благожелательно встать на его точку зрения, понять, что стало причиной столь предосудительного поведения. Если вы однажды поймете своего соседа, вы станете терпимым, и эта терпимость превратится в дружбу и перерастет в любовь.

В своем воображении представьте себе одного из ваших первобытных предков пещерного периода – низкорослого, уродливого, грязного, рычащего, неуклюжего человека, который, расставив ноги и подняв дубину, свирепо смотрит перед собой, дыша ненавистью и злобой. Такое зрелище едва ли демонстрирует божественное достоинство человека. Однако позвольте нам раздвинуть рамки. Перед этим возбужденным человеком – припавший к земле саблезубый тигр, позади него – женщина с двумя детьми. Вы сразу же понимаете, что подобная картина отражает зарождение многих прекрасных и благородных человеческих качеств, хотя в обоих случаях перед вами один и тот же человек. Единственное отличие заключается в том, что во втором случае вам позволили расширить перспективу. Поэтому вам понятна мотивация этого эволюционирующего смертного. Его отношение становится похвальным, потому что вы понимаете его. Если бы вы только могли вникнуть в мотивы своих товарищей, насколько лучше вы стали бы их понимать! Если бы вы только узнали своих собратьев, вы полюбили бы их.

Вы не можете истинно любить своих собратьев посредством одного волевого усилия. Любовь рождается только из глубокого понимания мотивов и чувств ближнего. Важно не столько любить всех людей сегодня, сколько каждый день учиться любить еще одного человека. Если каждый день или каждую неделю вы начинаете понимать еще одного своего собрата – и если таков предел ваших способностей, – то в этом случае происходит действительная социализация и истинное одухотворение вашей личности. Любовь заразительна, а когда человеческая преданность является разумной и мудрой, любовь становится привлекательней ненависти. Однако только истинная и бескорыстная любовь действительно передается другим. Если бы каждый смертный мог стать средоточием динамического чувства, милосердный вирус любви вскоре заполнил бы чувственный поток человеческих эмоций настолько, что вся цивилизация была бы охвачена любовью, – и это стало бы свершением братства людей.

5. ОБРАЩЕНИЕ И МИСТИЦИЗМ

Мир полон заблудившихся душ – не заблудших в теологическом смысле, а заблудившихся в смысле направления, смятенно блуждающих среди «измов» и культов эры философского разочарования. Мало кто научился заменять авторитет религии философией жизни. (Символы социализированной религии не следует отвергать в качестве путей для роста, хотя русло реки – это не сама река.)

Эволюция религиозного роста ведет от застоя – через противоречия – к координации, от неуверенности к неколебимой вере, от смятения космического сознания к объединению личности, от временной цели к вечной, от оков страха к свободе божественного сыновства.

Следует сразу же сказать, что декларация преданности высшим идеалам – психическое, эмоциональное и духовное ощущение богосознания – может быть следствием естественного и постепенного роста. Кроме того, богосознание может переживаться при некоторых стечениях обстоятельств – например, в кризисных ситуациях. Апостол Павел претерпел именно такое внезапное и поразительное обращение в тот достопамятный день на дороге, ведущей в Дамаск. Через аналогичный опыт прошел Гаутама Сиддхартха в ту ночь, когда, сидя в одиночестве, он пытался проникнуть в тайну окончательной истины. Схожий опыт был и у многих других людей, но многие истинно верующие прогрессировали в духе без внезапных обращений.

Большинство впечатляющих феноменов, связанных с так называемыми религиозными обращениями, имеют исключительно психологический характер. Однако время от времени действительно происходят обращения, имеющие и духовное происхождение. Очень часто, при всеобъемлющей умственной мобилизации на любом уровне психического устремления вверх, к духовному обретению, при совершенстве человеческой мотивации – преданности божественной идее, – внутренний дух внезапно соединяется с низлежащим разумом для синхронизации с целеустремленной и посвященной волей, присущей сверхсознательному разуму верующего смертного. Именно в таком опыте – объединении интеллектуальных и духовных явлений – и заключается обращение, определяемое факторами, которые находятся за пределами и выше чисто психологического уровня.

Вместе с тем одна только эмоция является ложным обращением: человек должен не только чувствовать, но и верить. Настолько, насколько психическая мобилизация является частичной, а мотивация человеческой преданности – неполной, настолько же опыт обращения будет оставаться сочетанием интеллектуальной, эмоциональной и духовной реальности.

Если человек готов признать теоретический подсознательный разум как практическую рабочую гипотезу в рамках принципиально единой интеллектуальной жизни, то в таком случае, чтобы быть последовательным, он должен соответственно постулировать аналогичную область восходящей интеллектуальной активности в качестве сверхсознательного уровня – зоны непосредственного контакта с внутренней духовной сущностью, Настройщиком Мышления. Огромная опасность любых подобных умозрительных рассуждений о психике заключается в том, что видения и другие так называемые мистические переживания, наряду с необычными снами, могут пониматься как божественные сообщения человеческому разуму. В прошлом божественные существа открывали себя некоторым богопознавшим личностям не вследствие мистических трансов или болезненных видений таких людей, а вопреки любым подобным явлениям.

В противоположность стремлению к обращению, лучшим подходом к моронтийным зонам возможного контакта с Настройщиком Мышления является живая вера и искреннее поклонение, чистосердечная и бескорыстная молитва. Слишком часто поток воспоминаний, исходящий из бессознательных уровней человеческого разума, ошибочно принимался за божественные откровения и духовные наставления.

Существует огромная опасность, связанная с укоренившейся практикой религиозного мечтательства. Мистицизм может стать способом бегства от реальности, хотя иногда он служит средством истинного духовного общения. Кратковременный уход от суеты жизни не может представлять серьезной опасности, однако продолжительная изоляция личности крайне нежелательна. Ни при каких обстоятельствах не следует развивать отрешенное призрачное сознание как вид религиозного опыта.

Признаками мистического состояния являются рассеянное сознание с четкими островками сосредоточенного внимания при сравнительно пассивном интеллекте. Всё это приближает сознание скорее к бессознательной области, чем к зоне духовного контакта – сверхсознательному. Многие мистики доводили умственную диссоциацию до уровня аномальных умственных проявлений.

Более здоровым отношением к духовному созерцанию являются вдумчивое поклонение и благодарственная молитва. Непосредственное общение с Настройщиком Мышления – подобное тому, которое наблюдалось в последние годы жизни Иисуса во плоти, – не следует путать с этими так называемыми мистическими переживаниями. Факторы, которые приводят к началу мистического общения, свидетельствуют об опасности подобных психических состояний. Мистическому состоянию благоприятствуют такие вещи, как физическая усталость, постничество, психическая рассеянность, глубокие эстетические переживания, сильные сексуальные импульсы, страх, беспокойство, неистовство и исступленные танцы. Многое из того, что возникает в результате подобной предварительной подготовки, рождается в подсознательном разуме.

Сколь бы благоприятными ни были условия для мистических явлений, следует ясно понимать, что Иисус Назарянин никогда не прибегал к подобным методам для общения с Райским Отцом. У Иисуса не было подсознательных галлюцинаций или сверхсознательных видений.

6. ПРИЗНАКИ РЕЛИГИОЗНОЙ ЖИЗНИ

Эволюционные религии и богооткровенные религии могут существенно отличаться методами, однако по своим мотивам они во многом похожи друг на друга. Религия не есть специфическая функция жизни; она является скорее образом жизни. Истинная религия – это беззаветная преданность некоторой реальности, которую религиозный человек считает высшей ценностью для себя и всего человечества. И выдающимися характеристиками всех религий являются безоговорочная приверженность и беззаветная преданность высшим ценностям. Такая религиозная преданность высшим ценностям проявляется в отношении предположительно неверующей матери к своему ребенку и в горячей приверженности нерелигиозных людей своему делу.

Принятая религиозным человеком высшая ценность может быть недостойной или даже ложной, но она остается тем не менее религиозной. Религия является подлинной ровно настолько, насколько ценность, которая считается высшей, представляет собой истинную космическую реальность, исполненную подлинной духовной значимости.

Человеческое реагирование на религиозный импульс характеризуется благородством и величием. Искренний религиозный человек сознаёт свой статус гражданина вселенной и знает о том, что он вступает в контакт с источниками сверхчеловеческой силы. Он испытывает трепет и наполняется энергией от уверенности в причастности к высшему и благородному братству Божьих сынов. Сознание собственной ценности такого человека возросло благодаря стимулу, который придает стремление к выполнению высочайших вселенских задач, – стремление к высшим целям.

Внутреннее «я» уступило под напором всеохватной мотивации, укрепляющей самодисциплину, уменьшающей эмоциональный конфликт и делающей смертную жизнь действительно достойной. Болезненное признание человеческой ограниченности сменяется естественным осознанием недостатков смертного существа вместе с нравственной решимостью и духовным устремлением к высшим вселенским и сверхвселенским целям. И это упорное стремление к достижению сверхсмертных идеалов всегда характеризуется повышением спокойствия, сдержанности, стойкости и терпимости.

Однако истинная религия есть живая любовь, жизнь в служении. Отрешенность религиозного человека от многих чисто временны́х и незначительных вещей никогда не ведет его к социальной изоляции и не должна уничтожать чувство юмора. Ничего не исключая из человеческого опыта, истинная религия всему в жизни придает новые значения. Она вырабатывает новый тип увлеченности, рвения и мужества. Она может даже пробудить дух крестоносца, представляющий огромную опасность, когда он не контролируется духовной проницательностью и приверженностью повседневным социальным обязанностям, основанным на человеческой преданности.

Одной из самых поразительных особенностей религиозной жизни является динамический и возвышенный покой – тот покой, который выше всякого человеческого понимания, то космическое самообладание, которое говорит об отсутствии сомнения и смятения. Такие уровни духовной устойчивости не знают разочарования. Такие религиозные люди подобны апостолу Павлу, сказавшему: «Я убежден, что ни смерть, ни жизнь, ни ангелы, ни духи высшие, ни силы, ничто в настоящем и ничто в будущем, ничто над нами и ничто под нами, и ничто другое не может отнять у нас любви Божьей».

Чувство уверенности, связанное с сознанием торжествующего блаженства, не покидает религиозного человека, который постиг реальность Верховного и идет к своей цели – Предельному.

В том, что касается преданности и величия, эволюционная религия также исполнена всеми этими качествами, ибо она является истинным опытом. Однако богооткровенная религия является столь же *непревзойденной*, сколь подлинной.

Новая преданность, представляющая расширенное духовное ви́дение, создает новые уровни любви и приверженности, служения и товарищества; и вся эта улучшенная социальная перспектива расширяет сознание Отцовства Бога и братства людей.

Характерным отличием богооткровенной религии от эволюционной является новое качество божественной мудрости, которое прибавляется к чисто эмпирической человеческой мудрости. Однако именно опыт человеческой религии вырабатывает способность к дальнейшему восприятию расширяющихся посвящений божественной мудрости и космической проницательности.

7. ВЕРШИНА РЕЛИГИОЗНОЙ ЖИЗНИ

Хотя обычный смертный Урантии не может надеяться на достижение того высшего совершенства характера, который обрел Иисус Назарянин в своей жизни во плоти, каждый верующий смертный вполне способен обрести сильную и цельную личность, подражая безупречной личности Иисуса. Уникальным свойством личности Учителя было не столько ее совершенство, сколько ее симметрия, ее совершенная и сбалансированная цельность. Самая удачная характеристика Иисуса заключается в словах того, кто, указывая на Учителя, стоящего перед своими обвинителями, сказал: «Вот человек!»

Неисчерпаемая доброта Иисуса трогала сердца людей, но несгибаемая сила характера поражала его последователей. Он был действительно искренним; в нём не было никакого лицемерия. Ему была чужда искусственность; он был неизменным воплощением живительной подлинности. Он никогда не опускался до притворства, никогда не прибегал к мистификациям. Он жил именно той истиной, которой он учил. Он был истиной. Он был вынужден провозгласить спасительную истину своему поколению, хотя такая прямота иногда причиняла боль. Он был безоговорочно предан всякой истине.

Но Учитель был таким благоразумным, таким доступным в общении. Всё его служение отличалось огромной практической направленностью, в то время как любой его план характеризовался столь освященным здравым смыслом. Он был совершенно лишен каких-либо причудливых, эксцентричных наклонностей или странностей. Он никогда не бывал капризным, прихотливым или истеричным. Во всех своих учениях и делах он неизменно отличался утонченной разборчивостью в сочетании с необыкновенным пониманием того, что уместно, а что – нет.

Сын Человеческий всегда отличался полной уравновешенностью. Даже враги относились к нему с неподдельным уважением; само его присутствие внушало им страх. Иисус был бесстрашным. Он был исполнен божественного воодушевления, однако никогда не становился фанатичным. Он был эмоционально активным, но никогда не становился ветреным. Он был одарен богатым воображением, однако всегда оставался практичным. Он искренне смотрел в глаза реальностям жизни, но никогда не бывал унылым или скучным. Он был отважным, однако никогда не становился безрассудным. Он был предусмотрительным, но никогда не бывал трусливым. Он был отзывчивым, но не сентиментальным, необыкновенным, но не эксцентричным. Он был благочестивым человеком, но не ханжой. И он отличался столь полной уравновешенностью благодаря совершенной цельности своей натуры.

Самобытность Иисуса была ничем не ограниченной. Он не был связан обычаями или скован порабощающей, узкой традиционностью. Его речь отличалась непоколебимой уверенностью, его учения – абсолютной непререкаемостью. Однако его величественная самобытность не заслоняла от его взора крупицы истины в учениях его предшественников и современников. И наиболее самобытным в его учениях было выдвижение на первый план любви и милосердия вместо страха и жертвоприношений.

Иисус отличался чрезвычайной широтой взглядов. Он учил своих последователей проповедовать евангелие всем народам. Ему были чужды какие-либо предрассудки. Его отзывчивое сердце обнимало всё человечество – даже вселенную. Его неизменным приглашением было: «Кто бы ни пожелал, пусть приходит».

Об Иисусе было справедливо сказано: «Он доверился Богу». Как человек среди людей, он относился к небесному Отцу с необыкновенным, возвышенным доверием. Он доверял Отцу, как дитя доверяет своему земному родителю. Его вера была совершенной, но она никогда не была бесцеремонной. Какой бы жестокой ни виделась природа, сколь бы безразличным ни казалось ее отношение к благополучию человека на земле, вера Иисуса оставалась непоколебимой. Ему было незнакомо разочарование, он оставался невосприимчивым к преследованиям. Его не задевало очевидное поражение.

Он любил людей как братьев, и в то же время видел, сколь различными они были по своим внутренним дарованиям и приобретенным свойствам. «Он ходил, творя добро».

Иисус был необыкновенно жизнерадостным человеком, но не являлся слепым и безрассудным оптимистом. Его неизменным наставлением было: «Не падайте духом». Он был способен сохранять свое уверенное отношение благодаря непоколебимому доверию к Богу и твердой уверенности в человеке. Он был всегда трогательно участлив ко всем людям, потому что любил их и верил в них. Вместе с тем, он был неизменно верен своим убеждениям и величественно тверд в своей приверженности выполнению воли Отца.

Учитель всегда был щедр. Он неустанно повторял: «Радостней давать, чем получать». Он сказал: «Даром получили, даром отдавайте». И вместе с тем, при всей его неограниченной щедрости, он никогда не отличался расточительностью или экстравагантностью. Он учил, что для обретения спасения необходимо верить. «Ибо всякий просящий получит».

Он был прямым, но неизменно добрым. Он говорил: «Если бы это было не так, я сказал бы вам». Он был искренним, но всегда дружелюбным. Он был откровенен в своей любви к грешнику и своей ненависти к греху. Но во всей его поразительной искренности он был безупречно *справедливым*.

Иисуса отличала жизнерадостность, хотя порой ему приходилось хлебнуть людского горя. Он бесстрашно встречал реальности бытия, и, тем не менее, он с огромным воодушевлением относился к евангелию царства. Однако он управлял своим воодушевлением; оно никогда не управляло им. Он был безраздельно предан «делу Отца». Это божественное воодушевление заставляло его недуховных собратьев думать, что он был не в себе, но взирающая со стороны вселенная оценила его как образец здравомыслия и высшей смертной преданности благородным требованиям духовной жизни. И его сдержанный энтузиазм заражал; его товарищи не могли не разделять этот божественный оптимизм.

Этот галилеянин не был печальным человеком; его душа умела радоваться. Он всегда повторял: «Радуйтесь и ликуйте». Однако, когда того требовал долг, он был готов мужественно идти через «темную долину смерти». Он был радостным и вместе с тем смиренным.

Его мужество могло сравниться только с его терпением. Когда его побуждали к совершению несвоевременного действия, он лишь отвечал: «Мое время еще не исполнилось». Он никогда не торопился; он сохранял величественное спокойствие. Однако его часто возмущало зло, он был нетерпим к греху. Нередко он чувствовал огромное внутреннее побуждение воспрепятствовать тому, что мешало благополучию его земных детей. Но его возмущение грехом никогда не проявлялось в гневном отношении к грешнику.

Его отвага восхищала, но ему было незнакомо безрассудство. Его девизом были слова: «Не бойтесь». Его храбрость была возвышенной, его бесстрашие нередко отличалось героизмом. Однако эта отвага сочеталась с осмотрительностью и подчинялась разуму. Это было мужество, рожденное верой, а не безрассудность слепой самонадеянности. Он был истинно отважным, но никогда не становился дерзким.

Учитель являлся образцом благоговения. С юных лет его молитва начиналась словами: «Отец наш небесный, да святится имя твое». Он с уважением относился даже к ошибочному вероисповеданию своих товарищей. Однако это не помешало ему подвергать критике религиозные традиции или резко выступать против заблуждений человеческих верований. Он почитал истинную святость, и, тем не менее, он мог справедливо сказать, обращаясь к своим товарищам: «Кто из вас обвинит меня в грехе?»

Иисус был великим, потому что он был благим, и вместе с тем он находил общий язык с маленькими детьми. Он был мягким и непритязательным в своей личной жизни, и вместе с тем он был самым совершенным человеком во вселенной. Его товарищи по собственной воле называли его Учителем.

Иисус являл собой абсолютно цельную человеческую личность. И сегодня, как некогда в Галилее, он продолжает объединять смертный опыт и координировать человеческие устремления. Он объединяет жизнь, облагораживает характер и делает более понятным опыт. Он входит в человеческий разум для того, чтобы возвысить, изменить и преобразить его. Буквальна истина: «Если кто-то во Христе, то он – новое творение. Старое умирает; глядите: всё становится новым».

[Представлено Мелхиседеком Небадона.]

ДОКУМЕНТ 101

ДЕЙСТВИТЕЛЬНАЯ ПРИРОДА РЕЛИГИИ

Как вид человеческого опыта, религия охватывает и первобытное рабство, на которое эволюционирующего дикаря обрекает его страх, и возвышенную, прекрасную свободу, которую приносит вера цивилизованных смертных, обладающих величественным сознанием своего статуса детей вечного Бога.

Религия является источником развитой этики и нравственности, возникающих в процессе постепенной социальной эволюции. Однако как таковая, религия не есть чисто моральное движение, хотя этический и моральный импульс человеческого общества оказывает огромное воздействие на внешние и социальные проявления религии. Религия всегда воодушевляет эволюционирующую человеческую природу, но она не является секретом этой эволюции.

Религия – убежденность и вера личности – всегда торжествует над поверхностной и противоречивой логикой отчаяния, порожденной неверующим материальным разумом. Истинный и подлинный внутренний голос, тот «истинный свет, освещающий всех, кто рождается в мир», действительно существует. И это духовное руководство отличается от этического побуждения человеческой совести. Чувство религиозной уверенности есть нечто большее, чем эмоциональное чувство. Религиозная уверенность выходит за пределы доводов интеллекта и даже логики философии. Религия *является* верой, доверием и уверенностью.

1. ИСТИННАЯ РЕЛИГИЯ

Истинная религия не есть система философского вероучения, к которой можно прийти логическим путем и которую можно обосновать естественными доказательствами. Не является она и фантастическим и мистическим опытом неописуемых экстатических чувств, доступных только романтическим приверженцам мистицизма. Религия не есть продукт рациональных обоснований, однако – при взгляде изнутри она вполне обоснованна. Религия не является производным логических посылок человеческой философии, однако – как смертный опыт – она полностью логична. Религия есть переживание божественности в сознании эволюционного нравственного существа. Она выражает истинный опыт вечных реальностей времени, духовное удовлетворение создания еще при жизни во плоти.

Настройщик Мышления не располагает каким-либо особым механизмом, посредством которого он добивается самовыражения. Не существует какой-либо мистической религиозной способности к восприятию или выражению религиозных чувств. Такой опыт становится возможным благодаря естественному, предопределенному механизму смертного разума. И в этом заключается одно из объяснений трудности, с которой сталкивается Настройщик при непосредственном общении с материальным разумом – местом его постоянного пребывания.

Божественный дух устанавливает связь со смертным человеком не в сфере чувств или эмоций, а в области высшего и наиболее одухотворенного мышления. Именно ваши *мысли*, а не чувства, ведут вас к Богу. Божественную сущность можно увидеть только глазами разума. Однако тот разум, который действительно постигает Бога – слышит внутреннего Настройщика, – есть разум чистый. «Без святости никто не увидит Господа». Всё это внутреннее духовное общение именуется духовной проницательностью. Такой религиозный опыт является следствием совокупного влияния на разум Настройщика и Духа Истины, функционирующих и воздействующих в среде идей, идеалов, прозрений и духовных устремлений эволюционирующих Божьих сынов.

Следовательно, религия живет и развивается не благодаря зрению и чувствам, а благодаря прозрению и вере. Она заключается не в открытии новых фактов или обретении уникального опыта, а в открытии новых – духовных – *значений* уже известных человечеству фактов. Высший религиозный опыт не зависит от предшествующего проявления веры, следования традиции или подчинения авторитету. Не является религия и порождением возвышенных чувств и чисто мистических переживаний. Скорее, она представляет собой глубочайший, действительный опыт духовного общения с воздействующими на человека духовными сущностями, пребывающими в человеческом разуме. И в той мере, в какой подобный опыт определим в терминах психологии, религия есть просто опыт переживания реальности веры в Бога в качестве реальности такого чисто личного опыта.

Хотя религия не есть продукт рационалистических умозрений материальной космологии, она, тем не менее, является результатом всецело рационального представления, берущего начало в опыте человеческого разума. Религия не рождается ни из мистического созерцания, ни из отдельных размышлений, хотя она всегда остается в большей или меньшей степени загадкой, извечно неопределимой и необъяснимой в терминах чисто интеллектуальных обоснований и философской логики. Крупицы истинной религии зарождаются в области нравственного сознания человека и проявляются в процессе роста его духовной проницательности – той способности человеческой личности, которая появляется благодаря присутствию раскрывающего Бога Настройщика Мышления в жаждущем Бога смертном разуме.

Вера объединяет нравственную проницательность со способностью сознательно различать ценности, а предшествующее раннее эволюционное чувство долга завершает родословную истинной религии. Со временем религиозный опыт проявляется в определенном осознании Бога и бесспорной уверенности в спасении верующей личности.

Как видно, природа религиозных устремлений и духовных побуждений не такова, чтобы заставить людей только *желать* верить в Бога: скорее, их сущность и могущество таковы, что в людях укореняется глубокое убеждение – убеждение в том, что им *следует* верить в Бога. Чувство эволюционного долга и обязательства, появляющиеся вследствие озарения, которое приходит вместе с откровением, производят столь глубокое впечатление на нравственную природу человека, что он окончательно достигает того состояния разума и того отношения души, при которых он приходит к выводу, что *у него нет права не верить в Бога*. Наконец, высокая и сверхфилософская мудрость таких просвещенных и дисциплинированных индивидуумов учит их тому, что сомневаться в Боге или не доверять его благости означало бы оказаться неверным по отношению к *самой реальной* и *глубочайшей* сущности в человеческом разуме и душе – божественному Настройщику.

2. ДОСТОВЕРНОСТЬ РЕЛИГИИ

Действительность религии целиком заключается в религиозном опыте обычных разумных людей. И только в этом смысле религию можно отнести к области науки или психологии. Доказательство того, что откровение есть откровение, заключается всё в той же достоверности человеческого опыта, в том, что откровение действительно синтезирует якобы противоположные естественные науки и религиозную теологию в последовательную и логичную философию вселенной – согласованное и целостное объяснение как науки, так и религии, создающее гармонию разума и удовлетворяющее дух, отвечающее в человеческом опыте на те вопросы смертного разума, через которые он стремится узнать, *каким образом* Бесконечный претворяет свою волю и замыслы в материи, вместе с разумом и применительно к духу.

Аргументация есть метод науки; вера является методом религии; логика является испробованным методом философии. Откровение восполняет отсутствие морontийной точки зрения, предоставляя метод для достижения единства в понимании реальности и отношений вещества и духа благодаря посредничеству разума. Истинное откровение никогда не представляет науку неестественной, религию – необоснованной или философию – алогичной.

Опираясь на научные исследования, аргументация может привести назад – через природу – к Первопричине, однако нужна религиозная вера, чтобы преобразовать Первопричину науки в Бога спасения, а для подтверждения такой веры, такой духовной проницательности требуется также откровение.

Существуют две основные причины веры в Бога, благоприятствующего человеческому спасению:

1. Человеческий опыт – личная уверенность, каким-то образом регистрируемые надежда и доверие, порождаемые внутренним Настройщиком Мышления.

2. Откровение истины – будь то непосредственное личное служение Духа Истины, планетарное посвящение божественных Сынов или письменные откровения.

Наука заканчивает свой поиск причин на гипотезе Первопричины. Религия не останавливается в своем порыве веры до тех пор, пока не обретает уверенности в существовании Бога спасения. Аналитическое научное исследование логически предполагает реальность и существование Абсолюта. Религия безоговорочно верит в существование и реальность Бога, который благоприятствует спасению личности. То, что оказывается совершенно недоступным метафизике и частично недоступным философии, доступно религии: она подтверждает, что Первопричина в науке и Бог спасения в религии являются *одним и тем же Божеством*.

Аргументация служит доказательством в науке, вера является доказательством в религии, логика – доказательством в философии, однако откровение подтверждается только человеческим *опытом*. Наука дает знания; религия дает счастье; философия дает единство; откровение подтверждает эмпирическую согласованность этого триединого подхода к вселенской реальности.

Созерцание природы способно раскрыть только Бога природы, Бога движения. В природе обнаруживается только вещество, движение и одушевленность – жизнь. При определенных условиях вещество в сочетании с энергией предстает в виде живых форм, однако в то время как естественная жизнь является непрерывной как явление, она совершенно мимолетна для индивидуальностей. Природа не дает оснований для логической веры в спасение человеческой личности. Религиозный человек, который находит Бога в природе, уже – и в первую очередь – нашел того же личного Бога в своей собственной душе.

Вера открывает Бога в душе. Откровение, заменяющее в обычном эволюционном мире морontийную проницательность, позволяет человеку увидеть в природе того же Бога, которого вера обнаруживает в его душе. Так откровение успешно наводит мосты между материальным и духовным, даже между созданием и Создателем, между человеком и Богом.

Действительно, созерцание природы логически указывает на разумное руководство, даже на живое управление, однако это не раскрывает сколько-нибудь удовлетворительным образом личностного Бога. С другой стороны, природа не обнаруживает ничего, что не позволяло бы смотреть на вселенную как на произведение Бога религии. Бога невозможно найти только через природу, но если человек уже нашел Бога, то исследование природы полностью согласуется с более высоким и более духовным толкованием вселенной.

Как эпохальное явление, откровение периодично; как личный человеческий опыт, оно непрерывно. Божественность действует в личности смертного человека в качестве Настройщика – дара Отца, в качестве Духа Истины – дара Сына и в качестве Святого Духа – дара Вселенского Духа, в то время как все эти три сверхсмертных дара объединяются в эмпирической эволюции человека в служении Верховного.

Истинная религия есть проникновение в реальность – рожденное в вере дитя нравственного сознания, а не просто интеллектуальное согласие с какой-либо системой догматических доктрин. Истинная религия заключается в опыте того, что «сам Дух свидетельствует нашему духу, что мы – дети Божьи». Религия заключается не в теологических утверждениях, а в духовной проницательности и возвышенном доверии души.

Ваша глубочайшая сущность – божественный Настройщик – пробуждает в вас жажду к праведности, уверенное стремление к божественному совершенству. Религия есть осознание в вере этого внутреннего побуждения к достижению божественности. Так появляются то доверие и та уверенность души, которые вы будете сознавать как путь спасения, – метод сохранения личности и всех тех ценностей, которые вы считаете истинными и благими.

Осознание религии никогда не зависело и никогда не будет зависеть от большой образованности или искусной логики. Оно заключается в духовной проницательности, и именно в силу этой причины некоторые из величайших религиозных учителей этого мира и даже его пророков порой демонстрировали столь мало мирской мудрости. Религиозная вера в равной мере доступна как образованным, так и необразованным людям.

Религия всегда должна быть своим собственным критиком и судьей. Ее невозможно изучить, тем более понять, со стороны. Единственная уверенность в личном Боге заключается в вашем собственном интуитивном понимании того, что касается вашей веры в духовный мир и его опытного постижения. Никому из ваших товарищей, обладавших аналогичным опытом, не требуется доказательств личности или реальности Бога, в то время как для всех других людей, не обладающих такой же уверенностью в Боге, ни один из возможных доводов никогда не будет по-настоящему убедительным.

Психология действительно может пытаться изучать феномены религиозных реакций на социальное окружение, однако у нее нет ни малейшей надежды когда-либо постигнуть действительные внутренние мотивы и воздействие религии. Только теология – область веры и метод откровения – способна на сколько-нибудь разумную оценку природы и содержания религиозного опыта.

3. СВОЙСТВА РЕЛИГИИ

Религия столь жизнеспособна, что она сохраняется при отсутствии знаний. Она продолжает жить, несмотря на привнесение ошибочных космологий и ложных философий; она переживает даже хаос метафизики. Во всех этих исторических превратностях религии в ней неизменно сохраняется то, что неотъемлемо от прогресса и сохранения человека: этическая совесть и нравственное сознание.

Проницательность веры, или духовная интуиция, есть способность, которой космический разум наделяет человека вместе с Настройщиком Мышления – даром Отца. Духовным разумом – интеллектом души – наделяет Святой Дух, дар Созидательного Духа человеку. Духовной философией – мудростью реальностей духа – наделяет Дух Истины, совместный дар посвященческих Сынов человеческим детям. Координация и взаимосвязь этих духовных даров делают человека духовной личностью в потенциальном предназначении.

Именно эта духовная личность, в примитивной и зачаточной форме, переживает естественную смерть во плоти, пребывая во владении Настройщика. Эта составная сущность духовного происхождения, в совокупности с человеческим опытом, способна, следуя живому пути, указанному божественными Сынами, пережить (находясь под опекой Настройщика) разрушение материального «я» разума и материи, когда такое временное партнерство материального и духовного расторгается в связи с прекращением витального движения.

Через религиозную веру душа человека раскрывает себя и демонстрирует потенциальную божественность своей формирующейся сущности характерным образом, который заставляет смертную личность реагировать на некоторые ситуации, мучительные в интеллектуальном отношении и представляющие собой испытания в социальном плане. Подлинная духовная вера (истинное нравственное сознание) раскрывается в том, что она:

1. Побуждает этику и нравы развиваться, несмотря на неблагоприятные наследственные животные наклонности.

2. Порождает возвышенное доверие к благости Бога даже перед лицом жестокого разочарования и сокрушительного поражения.

3. Вырабатывает настоящее мужество и глубокую уверенность, несмотря на природные бедствия и физические катаклизмы.

4. Демонстрирует непостижимую уравновешенность и неизменное спокойствие, несмотря на трудноизлечимые заболевания и даже тяжкие физические страдания.

5. Сохраняет загадочное спокойствие и самообладание личности невзирая на плохое обращение и вопиющую несправедливость.

6. Сохраняет божественную веру в окончательную победу, несмотря на кажущуюся жестокость слепого рока и очевидное безразличие природных сил к человеческому благополучию.

7. Сохраняет непоколебимую веру в Бога, несмотря на все логические доказательства противоположного, и успешно противостоит любой интеллектуальной софистике.

8. Продолжает демонстрировать неустрашимую веру в спасение души, несмотря на обманчивые учения лженауки и мнимую убедительность ошибочной философии.

9. Живет и торжествует, несмотря на невыносимое давление со стороны сложных и недоразвитых цивилизаций современности.

10. Способствует сохранению альтруизма, несмотря на человеческий эгоизм, социальные антагонизмы, промышленную алчность и политические просчеты.

11. Демонстрирует непоколебимую веру во вселенское единство и божественное руководство, невзирая на обескураживающее присутствие зла и греха.

12. Продолжает, несмотря ни на что, поклоняться Богу; бесстрашно заявляет: «Даже если он убьет меня, я всё равно буду служить ему».

Следовательно, мы можем судить о божественном духе или духах, пребывающих в человеке, по трем феноменам: во-первых, по его личному опыту – религиозной вере; во-вторых, по откровению – личному и общечеловеческому; и в-третьих, по удивительному проявлению тех необыкновенных и неестественных реакций на его материальное окружение, иллюстрацией которых служат двенадцать вышеизложенных видов духовного отношения в действительных, тяжелых условиях реального человеческого существования. Кроме них есть и другие.

Именно такая жизнетворная и энергичная деятельность веры в области религии дает смертному человеку право утверждать, что религиозный опыт – этот венчающий человеческую природу дар – является его личным обладанием и духовной реальностью.

4. ОГРАНИЧЕНИЯ ОТКРОВЕНИЯ

Ввиду того, что ваш мир, как правило, не знает истоков – даже истоков физических, – оказалось, что имеет смысл время от времени просвещать вас в области космологии. И это всегда сулило неприятности для будущего. Законы откровения чрезвычайно связывают нас своим запретом на передачу незаслуженного или преждевременного знания. Любой космологии, представленной как часть богооткровенной религии, суждено в кратчайший срок устареть. Поэтому будущие исследователи такого откровения будут склонны отвергать любой заключенный в нём элемент подлинной религиозной истины из-за ошибок, обнаруженных при буквальном толковании связанной с таким откровением космологии.

Человечество должно понять, что мы – те, кто принимает участие в раскрытии истины, – ограничены чрезвычайно жесткими инструкциями вышестоящих существ. Мы не вправе излагать научные открытия на тысячу лет вперед. Авторы откровения должны придерживаться тех инструкций, которые являются частью мандата на откровение. Мы не видим возможности преодолеть эту трудность – ни сейчас, ни когда-либо в будущем. Хотя исторические факты и религиозные истины этой серии откровений останутся в силе на многие века, мы полностью отдаем себе отчет в том, что многие из наших положений, касающихся физических наук, вскоре будут нуждаться в пересмотре вследствие дальнейшего развития науки и новых открытий. Уже сейчас мы предвидим эти новые события, однако нам запрещено включать такие неизвестные человеку факты в материалы откровения. Следует со всей определенностью заявить, что откровения не обязательно являются священными. Космология этих откровений *не является священной*. Она ограничена разрешением, полученным нами для координирования и систематизации современных знаний. В то время как божественная, или духовная, проницательность является даром, *человеческая мудрость должна эволюционировать*.

Истина – это всегда откровение: самооткровение, когда оно возникает в результате деятельности внутреннего Настройщика; эпохальное откровение, когда оно претворяется действием какой-либо иной небесной силы, группы или личности.

В конечном счете, религия должна оцениваться по ее плодам – в соответствии с тем, как и в какой степени она демонстрирует свое собственное неотъемлемое божественное совершенство.

Истина может быть лишь относительно священной, несмотря на то что откровение неизменно является духовным явлением. Хотя положения, относящиеся к космологии, никогда не являются священными, такие откровения представляют собой огромную ценность, ибо они хотя бы временно совершенствуют знание посредством следующих факторов:

1. Уменьшения путаницы благодаря компетентной ликвидации заблуждений.

2. Согласования фактов и наблюдений – известных или таких, которым предстоит стать известными в ближайшем будущем.

3. Восстановления важных утраченных сведений об эпохальных процессах отдаленного прошлого.

4. Обеспечения информацией для восполнения важнейших пробелов в знаниях, которые в остальных аспектах являются приобретенными.

5. Представления космических сведений в таком ключе, который позволяет высветить духовные учения, содержащиеся в сопровождающем откровении.

5. РЕЛИГИЯ, РАСШИРЕННАЯ ОТКРОВЕНИЕМ

Откровение есть метод, который позволяет экономить несчетные века необходимого труда – извлечения обретаемых в процессе духовного развития истин и очищения их от ошибок эволюционного развития.

Наука занимается *фактами*; религия имеет отношение только к *ценностям*. С помощью просвещенной философии разум стремится объединить значения как фактов, так и ценностей, благодаря чему он приходит к концепции всецелой *реальности*. Помните, что наука является областью знания, философия – сферой мудрости, а религия – областью опыта веры. Тем не менее, религия существует в двух фазах проявления:

1. Эволюционная религия. Опыт примитивного поклонения, религия, которая является производным разума.

2. Богооткровенная религия. Вселенское мировоззрение, которое есть производное духа; уверенность и вера в сохранение вечных реальностей, спасение личности и грядущее достижение космического Божества, чей замысел сделал всё это возможным. Богооткровенная религия является частью вселенского плана, который заключается в том, что рано или поздно эволюционной религии суждено претерпеть духовное расширение посредством откровения.

Как наука, так и религия начинают с допущения некоторых общепринятых основ для логических умозаключений. Поэтому философия также должна начинать свой путь с признания реальности трех вещей:

1. Материального тела.

2. Сверхматериального аспекта человека – души или даже внутреннего духа.

3. Человеческого разума – механизма взаимообщения и взаимосвязи духа и вещества, области материального и области духовного.

Ученые собирают факты, философы согласовывают идеи, пророки возвышают идеалы. Чувства и эмоции суть неизбежные спутники религии, однако они не являются религией. Религия может быть ощущением опыта, но она едва ли является опытом ощущения. Ни логика (рационализация), ни эмоция (чувство) не являются неотъемлемой частью религиозного опыта, хотя обе они могут быть по-разному связаны с верой при углублении духовного проникновения в реальность, причем всё это происходит в соответствии со статусом и особенностями темперамента индивидуального разума.

Эволюционная религия есть творение вспомогательного духа разума, относящегося к локальной вселенной и ответственного за создание и развитие в эволюционирующем человеке склонности к поклонению. Такие примитивные религии имеют непосредственное отношение к этике и морали – чувству человеческого *долга.* Они основаны на фундаменте совести и ведут к упрочению относительно этических цивилизаций.

Религии, раскрываемые лично, появляются при содействии посвященческих духов, представляющих три лица Райской Троицы, и они прежде всего связаны с распространением *истины*. Эволюционная религия доводит до сознания индивидуума идею личного долга; богооткровенная религия делает всё больший акцент на любви, золотом правиле.

Эволюционная религия покоится только на вере. Откровение дает дополнительную уверенность, ибо оно опирается на расширенное изложение истин, раскрывающих божественность и реальность, а также на еще более ценное свидетельство действительного опыта, который накапливается в результате практического, действующего союза эволюционной веры и богооткровенной истины. Такой практический союз человеческой веры и божественной истины является признаком характера, уверенно идущего к действительному обретению моронтийной личности.

Эволюционная религия дает только убежденность веры и заверение совести; богооткровенная религия – в дополнение к убежденности веры – дает ту истину, которая присуща живому эмпирическому познанию реальностей откровения. Третья ступень в религии – или третья фаза в опыте религии – имеет отношение к моронтийному состоянию, более прочному овладению мотой. Истины богооткровенной религии продолжают расширяться по мере продвижения по моронтийному пути; вы будете всё глубже постигать истины, раскрывающие высшие ценности, божественные благости, всеобщие отношения, вечные реальности и предельные цели.

По мере прохождения моронтийного пути уверенность, порождаемая истиной, всё больше заменяет собой уверенность, проистекающую из веры. Когда вы будете окончательно приняты в действительный духовный мир, уверенность, являющаяся следствием чисто духовной проницательности, будет действовать вместо веры и истины – или скорее вместе с ними, дополняя эти прежние методы обретения личностной уверенности и накладываясь на них.

6. РАСТУЩИЙ РЕЛИГИОЗНЫЙ ОПЫТ

Моронтийная фаза богооткровенной религии связана с *опытом продолжения жизни*, и ее великим побуждением является достижение духовного совершенства. Сюда входит также высший мотив поклонения вместе с побудительным призывом к расширению этического служения. Моронтийная проницательность выражается в постоянно растущем осознании Семичастного, Верховного и даже Предельного.

В течение всего накопления религиозного опыта, начиная с его древнейшего зарождения на материальном уровне и вплоть до времени обретения полного духовного статуса, Настройщик остается тайной личного претворения реальности существования Верховного; тот же самый Настройщик хранит и тайны вашей веры в трансцендентальное обретение Предельного. Эмпирическая личность эволюционирующего человека, объединенная с Настройщиком – сущностью экзистенциального Бога, – образует потенциальную завершенность высшего существования в верховности и по сути является основой для сверхконечного возникновения трансцендентальной личности.

Нравственная воля включает решения, исходящие из аргументированного знания, расширенные мудростью и утвержденные религиозной верой. Такие решения суть акты нравственной природы, свидетельствующие о существовании нравственной личности, – предшественника моронтийной личности и, в конечном счете, истинного духовного статуса.

Эволюционный тип знания есть лишь накопление протоплазменного материала памяти; он является наиболее примитивной формой сознания у созданного существа. Мудрость включает идеи, сформулированные с использованием протоплазменной памяти в процессе ассоциации и рекомбинации, и такие явления отличают человеческий разум от чисто животного разума. Животные обладают знаниями, однако только человек обладает способностью к мудрости. Истина становится доступной наделенному мудростью индивидууму благодаря посвящению такому разуму духов Отца и Сынов – Настройщика Мышления и Духа Истины.

Во время посвящения на Урантии Христос Михаил находился под властью эволюционной религии вплоть до своего крещения. С того момента и вплоть до окончания казни на кресте он продолжал свой труд под объединенным началом эволюционной и богооткровенной религий. С утра в день своего воскресения и вплоть до своего вознесения он прошел разнообразные фазы моронтийной жизни, предназначенные для перехода смертных из мира материи в мир духа. После вознесения Михаил достиг совершенства в опыте Верховности – реализации Верховного. И будучи единственным существом в Небадоне, обладающим неограниченной способностью к опытному постижению реальности Верховного, он сразу же достиг высшего статуса – положения полновластного владыки в своей локальной вселенной и по отношению к ней.

Что касается человека, то грядущее слияние и проистекающее из этого единство с внутренним Настройщиком – синтез личности человека с сущностью Бога – делает его, в потенциале, живой частицей Верховного и дает этому некогда смертному существу вечное наследственное право бесконечного стремления к завершенности вселенского служения Верховному и вместе с Верховным.

Откровение учит смертного человека, что для того, чтобы начать столь грандиозное и увлекательное путешествие в пространстве с помощью прогресса во времени, ему следует сначала организовать знания в идеи-решения, а затем поручить мудрости неустанно трудиться над благородной задачей превращения абстрактных идей во всё более практические, но, тем не менее, возвышенные идеалы – такие концепции, которые столь разумны как идеи и столь логичны как идеалы, что Настройщик берется за такое их сочетание и одуховление, при котором их мог бы ассоциировать конечный разум, причем ассоциировать настолько, чтобы они могли стать действительным человеческим дополнением, готовым, таким образом, к действию Духа Истины Сынов, – пространственно-временны́х проявлений истины Рая, всеобщей истины. Координация идей-решений, логических идеалов и божественной истины составляет праведность характера – предпосылку допуска смертного существа к неизменно расширяющимся и всё более духовным реальностям миров моронтии.

Учения Иисуса стали первой урантийской религией, в которой гармоничное сочетание знания, мудрости, веры, истины и любви осуществилось с такой всеохватностью, что позволило одновременно и полностью обеспечить временно́й покой, интеллектуальную уверенность, нравственную просвещенность, философскую устойчивость, этическую чувствительность, богосознание и твердую уверенность в продолжении индивидуальной жизни. Вера Иисуса указала путь к окончательному спасению людей – предельному достижению смертных во вселенной, – ибо она обеспечивала следующее:

1. Спасение от материальных оков в личном претворении сыновства по отношению к Богу, который есть дух.

2. Спасение от интеллектуального рабства: человек должен знать истину, и истина призвана сделать его свободным.

3. Спасение от духовной слепоты – человеческую реализацию товарищества смертных существ и моронтийное осознание братства всех вселенских созданий; обнаружение духовной реальности в служении и раскрытие благости духовных ценностей в помощи.

4. Спасение от неполноты «я» через достижение духовных уровней вселенной и конечную реализацию гармонии Хавоны и совершенства Рая.

5. Спасение от «я»: освобождение от ограничений самосознания через достижение космических уровней Верховного разума и посредством координации с достижениями всех остальных самосознающих существ.

6. Спасение от времени: достижение вечной жизни – нескончаемого движения вперед в осознании Бога и служении ему.

7. Спасение от конечного: достижение единства с Божеством в Верховном и через него, создающее возможность трансцендентального открытия Предельного на постзавершительных уровнях абсонитного.

Такое семичастное спасение эквивалентно завершенности и совершенству реализации предельного опыта Всеобщего Отца. И всё это потенциально содержится в реальности веры, присущей религиозному опыту человека. Это возможно потому, что вера Иисуса использовала и раскрывала реальности, выходившие даже за рамки предельного. Вера Иисуса приближалась к статусу вселенского абсолюта настолько, насколько такой феномен возможен в эволюционирующем пространственно-временно́м космосе.

Приняв веру Иисуса, смертный человек способен предвосхитить во времени реальности вечности. Иисус открыл в человеческом опыте Конечного Отца, и его смертные братья во плоти могут, следуя за ним, приобрести такой же опыт открытия Отца. Даже в своем нынешнем статусе они способны достичь в этом опыте такого же удовлетворения, какого достиг Иисус в своем статусе. После завершающего посвящения Михаила, во вселенной Небадон произошла актуализация новых потенциалов, одним из которых стало новое разъяснение вечного пути, ведущего к Отцу всего сущего, – путь, который могут преодолеть даже смертные из плоти и крови в течение своей начальной жизни на планетах пространства. Иисус был и есть новый и живой путь, встав на который человек может обрести божественное наследство, которое будет принадлежать ему, если только он того захочет. Жизнь Иисуса является неиссякаемой демонстрацией как начал, так и пределов вероисповедного опыта человека – в том числе божественного человека.

7. ЛИЧНАЯ ФИЛОСОФИЯ РЕЛИГИИ

Идея является только теоретическим планом для действия, в то время как положительное решение есть утвержденный план действия. Стереотип есть план действия, принятый без утверждения. Тот материал, из которого строится личная философия религии, извлекается как из внутреннего, так и внешнего опыта индивидуума. Социальный статус, экономические условия, образовательные возможности, нравственные течения, институциональные влияния, политические события, расовые тенденции и религиозные учения соответствующего времени и места – всё это имеет значение при определении личной философии религии. Природный темперамент и интеллектуальные влечения также существенно влияют на тип религиозной философии. Профессия, семья и родственники – всё это влияет на эволюцию личных жизненных ценностей.

Философия религии проистекает из основополагающего роста идей и из эмпирической жизни, причем и то, и другое модифицируется тенденцией подражать окружающим. Основательность философских выводов зависит от глубокого, искреннего и проницательного мышления в сочетании с восприимчивостью к значениям и точностью оценок. Моральные трусы никогда не достигают высот философской мысли. Чтобы подняться на новые уровни опыта и попытаться исследовать неизведанные области интеллектуальной жизни, требуется мужество.

И сразу же появляются новые системы ценностей; по-новому определяются принципы и нормы; пересматриваются обычаи и идеалы; достигается некоторая идея личного Бога, которая сопровождается расширяющимися представлениями об отношении к нему.

Принципиальное отличие религиозной и нерелигиозной философии жизни заключается в природе и уровне осознанных ценностей, а также в том, что является объектом преданного отношения. Существуют четыре фазы в эволюции религиозной философии. Такой опыт может стать чисто конформистским, подчиняющимся традиции и власти. Или же он может удовлетворяться незначительными достижениями, достаточными лишь для того, чтобы обеспечить устойчивость каждодневного существования, и потому быстро останавливается на этом случайном уровне. Такие смертные считают, что от добра добра не ищут. Третья группа поднимается до уровня логической интеллектуальности, где, однако, останавливается в своем развитии вследствие рабской зависимости от культуры. Воистину прискорбно видеть, как гигантский интеллект прочно удерживается в жестоких тисках культурной кабалы. Столь же печально наблюдать за теми, кто меняет свою зависимость от культуры на материалистические оковы того, что ошибочно именуется наукой. Четвертый уровень философии достигает свободы от любых общепринятых и традиционных ограничений и решается думать, действовать и жить честно, преданно, бесстрашно и правдиво.

Пробным камнем любой религиозной философии является ее способность или неспособность различать реальности материального и духовного миров с одновременным осознанием их объединения в интеллектуальных усилиях и социальном служении. Благоразумная религиозная философия не смешивает божье с кесаревым. Не признает она в качестве замены религии и эстетический культ, основанный только на чудесах.

Философия преобразует примитивную религию, которая в значительной мере являлась сказкой, придуманной совестью, в живой опыт восходящих ценностей космической реальности.

8. ВЕРА И ВЕРОУЧЕНИЕ

Вероучение достигает уровня веры, когда оно начинает мотивировать жизнь и определяет образ жизни. Признание учения истинным не является верой; это всего лишь вероучение. Точно так же не является верой уверенность или убежденность. Состояние разума достигает уровней веры только тогда, когда она оказывает решающее влияние на образ жизни. Вера является живым атрибутом подлинного личного религиозного опыта. Человек верит истине, восхищается красотой и почитает благость, но он не поклоняется им. Такое присущее спасительной вере отношение сосредоточено на одном только Боге, который есть олицетворение всего этого бесконечно больше.

Вероучение всегда является ограничивающим и связывающим; вера – расширяющей и высвобождающей. Вероучение закрепляет, вера освобождает. Однако живая религиозная вера – это нечто большее, чем совокупность благородных вероучений, больше, чем возвышенная философская система: она есть живой опыт, связанный с духовными значениями, божественными идеалами и высшими ценностями, она есть знание Бога и служение человеку. Вероучение может стать принадлежностью группы, но вера может быть только личной. Теологические вероучения можно внушить группе, но вера может пробудиться только в сердце индивидуального религиозного человека.

Вера фальсифицирует оказанное ей доверие, когда она позволяет себе отрицать реальности и навязывать своим приверженцам вымышленное знание. Вера становится изменницей, когда она поощряет предательство интеллектуальной целостности и принижает верность высшим ценностям и божественным идеалам. Вера никогда не уходит от необходимого решения проблем смертной жизни. Живая вера не поощряет фанатизм, преследования или нетерпимость.

Вера никогда не сковывает творческое воображение; она свободна от неразумного и предвзятого отношения к научным открытиям. Вера вдыхает жизнь в религию и вынуждает религиозного человека героически идти по жизни, храня верность золотому правилу. Пылкость веры определяется знаниями, а ее усилия предваряют возвышенный покой.

9. РЕЛИГИЯ И МОРАЛЬ

Никакое религиозное откровение не может считаться подлинным, если оно не признает накладываемых этическими обязательствами требований, созданных и развитых предшествующей эволюционной религией. Откровение неизменно раздвигает этический горизонт эволюционной религии и так же неизменно расширяет нравственные обязательства всех предыдущих откровений.

Когда вы берете на себя смелость критиковать примитивную религию человека (или религию примитивного человека), вам следует помнить, что вы должны судить о таких дикарях и оценивать их религиозный опыт в соответствии с их просвещенностью и уровнем сознания. Было бы ошибкой судить о религии других людей через призму своих собственных критериев знания и истины.

Истинная религия есть та возвышенная и глубокая уверенность души, которая настоятельно убеждает человека в ошибочности неверия в моронтийные реальности, составляющие его высшие этические и нравственные представления, его высшее толкование величайших ценностей жизни и глубочайших реальностей вселенной. И такая религия есть просто опыт подчинения интеллектуальной приверженности высшим велениям духовного сознания.

Стремление к прекрасному является частью религии лишь постольку, поскольку оно этично, и в той мере, в какой оно обогащает представление о нравственном. Искусство религиозно только тогда, когда оно проникнуто целью, порожденной высокой духовной мотивацией.

Просвещенное духовное сознание цивилизованного человека имеет отношение не столько к какому-то специфическому интеллектуальному вероучению или особому образу жизни, сколько к открытию истины жизни, благому и правильному методу реагирования на повторяющиеся ситуации смертного существования. Нравственное сознание – это всего лишь название для признания и осознания человеком тех этических и формирующихся моронтийных ценностей, каждодневному управлению и руководству которых человек должен подчиняться по велению чувства долга.

Хотя и признавая несовершенство религии, можно обнаружить как минимум два практических проявления ее природы и функции:

1. В тенденции духовное побуждение и философское воздействие религии заставляют человека переносить оценку нравственных ценностей непосредственно во внешнюю среду, на дела своих товарищей; это – этическая реакция религии.

2. Религия создает в человеческом разуме одухотворенное сознание божественной реальности, основанное на предшествующих концепциях нравственных ценностей и извлеченное из них с помощью веры, а также согласованное с наложенными на них представлениями о духовных ценностях. Так религия становится блюстителем смертных дел, формой возвышенного нравственного доверия и уверенности в реальности – усовершенствованных реальностях времени и более долговечных реальностях вечности.

Вера становится связующим звеном между нравственным сознанием и духовным представлением о непреходящей реальности. Религия превращается в путь освобождения человека от материальных ограничений временного и естественного мира и обретения небесных реальностей вечного и духовного мира, используя метод спасения, – постепенной моронтийной трансформации.

10. РЕЛИГИЯ КАК ОСВОБОДИТЕЛЬ ЧЕЛОВЕКА

Разумный человек знает, что он – дитя природы, частица материальной вселенной. Равным образом он не видит сохранения индивидуальной личности в движениях и напряжениях, присущих математическому уровню энергетической вселенной. Не сможет человек когда-либо распознать духовную реальность и через изучение физических причин и следствий.

Кроме того, человек знает, что он является частью существующего в воображении космоса, но хотя мысленное представление может пережить смертную жизнь, в самом представлении нет ничего, что свидетельствовало бы о продолжении жизни человека, обладающего таким представлением. Таким же образом, даже исчерпав возможности логики и рациональных аргументов, логик или рационалист никогда не смогут раскрыть вечную истину о спасении личности.

Материальный уровень закона обеспечивает непрерывность причинности – нескончаемое ответное действие как следствие предшествующего воздействия. Уровень разума предполагает сохранение непрерывности образования понятий – нескончаемый поток понятийных возможностей, извлекаемых из предшествующих понятий. Однако ни один из этих вселенских уровней не раскрывает пытливому смертному пути спасения от частичности статуса и невыносимой неопределенности своей недолговечной реальности во вселенной – тленности своей личности, обреченной на уничтожение после истощения ограниченных запасов жизненной энергии.

Только следуя моронтийному пути, ведущему к духовной проницательности, человек способен разбить оковы, присущие его смертному статусу во вселенной. Энергия и разум действительно исходят от Рая и Божества, но ни энергетические, ни интеллектуальные способности человека не исходят непосредственно от Райского Божества. Только в духовном смысле человек есть дитя Божье. Это истинно потому, что в настоящее время Райский Отец одаряет человека и пребывает в нём только в духовном смысле. Человечество никогда не сможет открыть божественность, кроме как следуя по пути религиозного опыта и истинной веры. Вероисповедное принятие истины о Боге позволяет человеку освободиться от жестких рамок материальных ограничений и дает ему обоснованную надежду на благополучный переход из материального мира, где существует смерть, в духовный мир, где жизнь вечна.

Назначение религии не в том, чтобы удовлетворить любопытство, которое вызывает Бог, а скорее в том, чтобы дать интеллектуальное постоянство и философскую надежность, упрочить и обогатить человеческую жизнь через соединение смертного с божественным, частичного с совершенным, человека с Богом. Именно в религиозном опыте представления человека об идеальном наполняются реальностью.

Ни научное, ни логическое доказательство божественности невозможно. Одним только разумом невозможно обосновать ценности и благости религиозного опыта. Однако извечна истина: тот, кто желает исполнить волю Бога, поймет состоятельность духовных ценностей. Это – предел того, что может быть предложено на смертном уровне в качестве доказательства реальности религиозного опыта. Такая вера предлагает единственное спасение от механических тисков материального мира и ложных представлений, возникающих из-за несовершенства интеллектуального мира. В том, что касается продолжения существования индивидуальной личности, она является единственным найденным выходом из тупика смертного мышления. Она есть единственный пропуск к завершению реальности и к вечной жизни во всеобщем творении любви, закона, единства и постепенного достижения Божества.

Религия успешно излечивает человека от чувства идеалистической изоляции или духовного одиночества. Она принимает верующего как Божьего сына, гражданина новой, исполненной смысла вселенной. Религия убеждает человека в том, что следуя проблескам праведности, которые он замечает в своей душе, он тем самым отождествляет себя с планом Бесконечного и назначением Вечного. Такая освобожденная душа сразу же начинает чувствовать себя непринужденно в этой новой вселенной, своей вселенной.

Испытав такое преображение благодаря своей вере, вы перестаете быть покорной частицей математического космоса и становитесь освобожденным, обладающим волей сыном Всеобщего Отца. Отныне такой освобожденный сын уже не одинок в своем сражении с невыносимым роком – прекращением бренного существования. Он уже не борется со всей природой без какой-либо надежды на успех. Его уже не выводит из равновесия парализующий страх того, что, быть может, он доверился безнадежному фантому или связал свои надежды с причудливым заблуждением.

Наоборот, теперь сыны Бога сообща вступают в сражение во имя торжества реальности над тенями незавершенности бытия. Наконец все создания понимают, что в небесной борьбе за обретение вечной жизни и божественного статуса Бог и всё божественное воинство практически бескрайней вселенной находятся на их стороне. Такие освобожденные верой сыны несомненно вступили в протекающую во времени борьбу на стороне высших сил и божественных личностей вечности. За них теперь сражаются даже летящие по своим орбитам звезды; наконец, они смотрят на вселенную изнутри, с точки зрения Бога – и неопределенность материальной изоляции преобразуется в уверенность вечного духовного развития. Даже само время становится лишь тенью вечности, отбрасываемой Райскими реальностями на движущееся одеяние пространства.

[Представлено Мелхиседеком Небадона.]

ДОКУМЕНТ 102

ОСНОВАНИЯ РЕЛИГИОЗНОЙ ВЕРЫ

Для неверующего материалиста человек есть всего лишь эволюционная случайность. Его надежды на продолжение жизни – плод смертного воображения; его страхи, любовь, желания и убеждения – всего лишь реакции случайных сочетаний некоторых безжизненных атомов вещества. Никакой всплеск энергии или выражение доверия не смогут перенести его через могилу. Самозабвенный труд и воодушевляющий гений лучших представителей человечества обречены на уничтожение смертью – долгой и одинокой ночью вечного забвения и гибели души. Невыразимое отчаяние – единственная награда человека за жизнь, прожитую в трудах под бренным солнцем смертного существования. Каждый новый день медленно и верно затягивает петлю безжалостного рока, которая, по решению враждебной и беспощадной материальной вселенной, будет завершающим оскорблением всего прекрасного, благородного, возвышенного и благого, что есть в человеческих желаниях.

Однако предел человека и его вечное назначение не в этом. Такое вúдение есть лишь крик отчаяния заблудшей души, сбившейся с пути в духовном мраке, отважно продолжающей свою борьбу перед лицом механистической софистики материальной философии и ослепленной путаницей и искажениями, которыми чревато сложное знание. И весь этот рок безысходности, весь этот удел отчаяния навсегда рассеиваются одним смелым усилием веры, исходящим от самого скромного и необразованного из земных Божьих детей.

Эта спасительная вера рождается в человеческом сердце, когда нравственное сознание человека понимает, что человеческие ценности могут быть преобразованы в смертном опыте из материальных в духовные, из человеческих в божественные, из временны́х в вечностные.

1. РЕЛИГИОЗНАЯ УБЕЖДЕННОСТЬ

Превращение примитивного эволюционного чувства долга человека в более высокую и надежную веру в вечные реальности откровения объясняется деятельностью Настройщика Мышления. Для того, чтобы человек мог понять путь веры – путь, ведущий к высшему достижению, – его сердце должно жаждать совершенства. Любой человек, решивший исполнять божественную волю, познáет путь истины. Буквальна истина: «Человеческое нужно знать, чтобы любить, но божественное нужно любить, чтобы знать». Однако честные колебания и искренние сомнения не являются грехом; такое отношение всего лишь задерживает постепенное движение к обретению совершенства. Детская доверчивость – ключ к царству небесного восхождения, но прогресс целиком зависит от энергичного проявления твердой и глубокой веры зрелого человека.

Научные доводы основаны на наблюдаемых фактах времени; религиозная вера строит свои доводы с позиций духовной программы вечности. Истинная мудрость убеждает нас позволить вере – через религиозную проницательность и духовную трансформацию – добиться того, в чём бессильны знания и рассуждения.

На Урантии, подвергнутой изоляции вследствие восстания, раскрытие истины слишком часто смешивалось с утверждениями частичных и преходящих космологий. Истина остается неизменной от поколения к поколению, однако сопутствующие учения о физическом мире изменяются день ото дня, год от года. Не следует умалять вечную истину только потому, что она оказывается по соседству с устаревшими идеями, касающимися материального мира. Чем больше научных фактов вы знаете, тем меньшей может быть ваша уверенность; чем более религиозными вы *становитесь*, тем большей является ваша убежденность.

Научная достоверность берет свое начало только в интеллекте; религиозная убежденность исходит из самих основ *всей личности*. Наука апеллирует к умственному пониманию; религия апеллирует к лояльности и преданности тела, разума и духа – ко всей личности.

Бог столь всецело реален и абсолютен, что никакой материальный признак или демонстрация так называемого чуда не могут служить подтверждением его реальности. Мы будем всегда знать его потому, что мы доверяем ему, и наша вера в него целиком основана на нашем личном участии в божественных проявлениях его бесконечной реальности.

Внутренний Настройщик Мышления неизбежно пробуждает в душе человека истинную и пытливую жажду совершенства вместе с неистощимой любознательностью, которое можно адекватно удовлетворить только в общении с Богом – божественным источником этого Настройщика. Жаждущая человеческая душа не согласна на меньшее, чем личное осознание живого Бога. Бог может быть сколь угодно большим, чем высокая и совершенная нравственная личность, но для нашего скудного и конечного представления он не может быть чем-либо меньшим.

2. РЕЛИГИЯ И РЕАЛЬНОСТЬ

Наблюдательные умы и проницательные души узнают религию, когда находят ее в жизни своих товарищей. Религия не требует определения; мы все знаем ее социальные, интеллектуальные, нравственные и духовные плоды. И всё это произрастает из того факта, что религия – это принадлежность человечества; она не является порождением культуры. Конечно, субъективное представление о религии продолжает сохранять человеческие черты, что чревато кабалой невежества, рабской зависимостью от суеверий, обманом софистики и заблуждениями ложной философии.

Одна из характерных особенностей настоящей религиозной убежденности заключается в том, что несмотря на абсолютность утверждений и непоколебимость позиции, дух ее выражения столь сдержан и умерен, что она никогда не оставляет ни малейшего впечатления самоуверенности или эгоистического возвеличения. Мудрость религиозного опыта парадоксальна тем, что она одновременно является как порождением человека, так и производным Настройщика. Религиозная сила – не продукт личных привилегий индивидуума, а следствие этого возвышенного партнерства человека и вечного источника всякой мудрости. Поэтому слова и действия истинной и чистой религии становятся непреложным авторитетом для всех просвещенных смертных.

Факторы религиозного опыта плохо поддаются определению и анализу, однако нетрудно заметить, что люди, для которых религия стала второй натурой, живут и действуют так, как если бы они уже находились в присутствии Вечного. Религиозные люди реагируют на эту бренную жизнь так, как будто бессмертие уже находится в пределах их досягаемости. В жизни таких смертных есть здоровая самобытность и спонтанность выражения, навсегда отделяющая их от тех собратьев, которые впитали в себя только мудрость мира. Складывается впечатление, что верующие успешно освобождаются от изнурительной спешки и мучительного стресса, которыми сопровождаются злоключения, присущие скоротечным потокам времени. Они демонстрируют устойчивость личности и спокойствие характера, необъяснимые законами физиологии, психологии и социологии.

Время является неизменным фактором в приобретении знаний. Дары религии доступны сразу же, несмотря на важность роста в благодати – явного прогресса во всех аспектах религиозного опыта. Знание есть вечный поиск. Вы всегда узнаёте нечто новое, но вы неспособны когда-либо прийти к полному знанию абсолютной истины. Одно только знание не дает абсолютной уверенности – только всё большую вероятность приближения. Однако духовно озаренная душа *знает*, причем знает *сейчас*. И тем не менее, эта глубочайшая и положительная уверенность не приводит здравомыслящего религиозного человека к утрате интереса к взлетам и падениям человеческой мудрости, материальная сторона которой жестко связана с достижениями медленно прогрессирующей науки.

Даже научные открытия не являются подлинно *реальными* в эмпирическом сознании человека, пока им не дано объяснение и не вскрыты их взаимосвязи, пока их существенные факты не становятся действительным *значением* благодаря включению в мыслительные потоки разума. Смертный человек смотрит даже на свое физическое окружение с уровня разума, исходя из психологического восприятия. Поэтому неудивительно, что предложив чрезвычайно целостное толкование вселенной, человек стремится отождествить это энергетическое единство своей науки с духовным единством своего религиозного опыта. Разум есть единство; смертное сознание существует на уровне разума и воспринимает вселенские реальности через призму умственных способностей. Точка зрения разума не раскрывает экзистенциальное единство источника реальности – Первого Источника и Центра, – но она способна отобразить и когда-нибудь отобразит человеку эмпирический синтез энергии, разума и духа в Верховном Существе и в качестве Верховного Существа. Однако разум никогда не добьется успеха в этом объединении разнообразных проявлений реальности, не обладая ясным сознанием материальных вещей, интеллектуальных значений и духовных ценностей. Только в гармонии триединства функциональной реальности есть единство, и только в единстве есть личностное удовлетворение от реализации космического постоянства и последовательности.

В человеческом опыте единство лучше всего выражается в философии. И хотя плоть философской мысли должна всегда основываться на материальных фактах, душой и энергией истинных движущих сил философии является духовная проницательность смертных.

По своей природе эволюционный человек не находит удовольствия в упорном труде. Для того чтобы жизненный опыт человека не отставал от побудительных требований и притягательных импульсов растущего религиозного опыта, необходима постоянная активность в области духовного роста, интеллектуального развития, расширения фактических знаний и социального служения. Настоящая религия невозможна в отрыве от высокой активности личности. Поэтому наиболее праздные люди часто бегут от строгости истинно религиозной деятельности с помощью искусного самообмана, стремясь найти убежище в ложном укрытии стереотипных религиозных доктрин и догм. Однако истинная религия остается живой. Интеллектуальное окостенение религиозных концепций равносильно духовной смерти. Вы неспособны составить представление о религии без идей, но когда религия сужается только до *идеи*, она перестает быть религией и становится всего лишь разновидностью человеческой философии.

Есть и другие типы неустойчивых и недисциплинированных душ, готовых использовать сентиментальные религиозные идеи для бегства от раздражающих требований жизни. Когда некоторые нерешительные и робкие смертные пытаются избавиться от невыносимого гнета эволюционной жизни, им кажется, что религия – такая, какой они ее видят, – предлагает ближайшее убежище, кратчайший путь избавления. Однако миссия религии заключается в том, чтобы подготовить человека для смелого – даже героического – противостояния превратностям жизни. Религия является высшим дарованием эволюционного человека – единственным, что позволяет ему жить и «быть твердым, как будто видя Того, кто невидим». Что же касается мистицизма, то он часто бывает сродни уходу от жизни и принимается теми людьми, которым не по душе более трудоемкая религиозная деятельность, присущая открытой религиозной жизни в общении с людьми. Истинная религия должна *действовать*. Поведение будет следствием религии, когда человек действительно овладеет ею, или, точнее, когда религии будет позволено овладеть человеком. Религия никогда не удовлетворится одним только рассуждением или пассивным чувствованием.

Мы не закрываем глаза на тот факт, что религия часто действует неразумно, даже нерелигиозно – но она *действует*. Заблуждения, проистекающие из религиозных убеждений, приводили к кровавым преследованиям, однако испокон веков религия отличалась деятельностью; она активна!

3. ЗНАНИЕ, МУДРОСТЬ И ПРОНИЦАТЕЛЬНОСТЬ

Недостаток интеллектуального развития или скудость образования являются неизбежным препятствием для высоких религиозных достижений, ибо столь убогое духовное окружение лишает религию ее главного канала философского соприкосновения с миром научного знания. Интеллектуальные факторы религии важны, но порой их чрезмерное развитие – не менее ограничивающий и сдерживающий фактор. Религия должна постоянно трудиться в условиях вынужденного парадокса: необходимости эффективно использовать мысль и в то же время сомневаться в духовной пользе всякого мышления.

Религиозные спекуляции неизбежны, однако всегда пагубны. Спекуляция неизменно фальсифицирует свой объект. Спекуляция стремится превратить религию в нечто материальное или гуманистическое и таким образом, путем прямого вмешательства в ясность логической мысли, косвенно заставляет религию предстать в качестве функции бренного мира – того самого мира, которому она должна служить вечным противопоставлением. Поэтому религия всегда будет характеризоваться парадоксами, причина которых заключается в отсутствии эмпирической связи между материальными и духовными уровнями вселенной – моронтийной моты, сверхфилософской восприимчивости к распознанию истины и осознанию единства.

Материальные чувства – человеческие эмоции – ведут непосредственно к материальным действиям, эгоистическим делам. Религиозная проницательность, духовные мотивации ведут непосредственно к религиозным действиям – бескорыстным актам социального служения и альтруистической благожелательности.

Религиозная страсть – это неутолимый поиск божественной реальности. Религиозный опыт есть реализованное осознание обретения Бога. А когда человек действительно находит Бога, его душа переполняется столь неописуемым и безудержным восторгом открытия, что им овладевает потребность любвеобильного служения в общении со своими менее просветленными товарищами, – не для того, чтобы рассказать о своем открытии Бога, а чтобы излить на них переполняющую его душу вечную благость, оживить и облагородить ею своих товарищей. Подлинная религия ведет к расширению социального служения.

Наука, знание, ведет к *фактическому* сознанию; религия, опыт, ведет к *ценностному* сознанию; философия, мудрость, ведет к *координированному* сознанию; откровение (заменяющее моронтийную моту) ведет к сознанию *истинной реальности*; координация сознания, отражающего факты, ценности и истинную реальность, есть осознание реальности личности, максимальности бытия, вместе с верой в возможность сохранения данной конкретной личности.

Знание ведет к разделению людей, порождая социальные слои и касты. Религия ведет к служению людям, создавая этику и альтруизм. Мудрость ведет к более высокому и успешному содружеству как идей, так и людей. Откровение освобождает людей и отправляет их в вечное путешествие.

Наука классифицирует людей; религия любит людей – таких же, как вы; мудрость различает людей по достоинству; откровение прославляет человека и раскрывает его способность быть партнером Бога.

Наука тщетно пытается создать братство культуры; религия порождает братство духа. Философия стремится к братству мудрости; откровение отображает вечное братство – Райский Корпус Завершения.

Предметом гордости знания является факт личности; мудрость есть осознание значения личности; религия есть опыт познания ценности личности; откровение есть уверенность в сохранении личности после смерти.

Наука пытается идентифицировать, анализировать и классифицировать отдельные части бесконечного космоса. Религия охватывает идею в целом, весь космос. Философия пытается связать материальные части науки с постигаемой духом концепцией целого. Там, где такая попытка недоступна философии, откровение добивается успеха, подтверждая, что космический круг – всеобщий, вечный, абсолютный и бесконечный. Следовательно, этот космос Бесконечного Я ЕСТЬ беспредельный, безграничный и всеохватный – вневременной, внепространственный и безусловный. И мы свидетельствуем, что Бесконечное Я ЕСТЬ является также Отцом Михаила Небадонского и Богом человеческого спасения.

Наука указывает на Божество как *факт*; философия представляет *идею* Абсолюта; религия видит Бога как любящую *духовную личность*. Откровение подтверждает *единство* факта Божества, идеи Абсолюта и духовной личности Бога и, кроме того, представляет эту концепцию в качестве нашего Отца – всеобщего факта существования, вечной идеи разума и бесконечного духа жизни.

Стремление к знанию есть наука; стремление к мудрости есть философия; любовь к Богу есть религия; жажда истины *есть* откровение. Однако именно внутренний Настройщик Мышления соединяет в человеке чувство реальности с духовным постижением космоса.

В науке идея предшествует ее осознанному выражению; в религии опыт осознания предшествует выражению идеи. Существует огромное различие между эволюционной волей к вере и *волей, которая верит*, – творением просвещенного ума, религиозной проницательности и откровения.

В процессе эволюции религия часто ведет человека к созданию собственных представлений о Боге; откровение демонстрирует феномен Бога, развивающего самого человека, в то время как в земной жизни Христа Михаила мы видим феномен Бога, раскрывающего себя человеку. Эволюция стремится сделать Бога человекоподобным; откровение стремится сделать человека богоподобным.

Наука удовлетворяется только первопричинами, религия – верховной личностью, философия – единством. Откровение утверждает единство и благотворность всех трех. *Вечная реальность* есть благо вселенной, а не ложные временны́е представления о пространственном зле. В духовном опыте всех личностей извечна истина о том, что реальное есть благо и что благо реально.

4. ФАКТ ОПЫТА

Благодаря присутствию в вашем разуме Настройщика Мышления, познание разума Бога для вас – не бóльшая тайна, чем осознание своей способности познать любой другой разум, человеческий или сверхчеловеческий. У религии и общественного сознания есть общая черта: они основываются на сознании существования других интеллектов. Метод, с помощью которого вы способны воспринять чью-то идею как вашу собственную, есть тот же самый метод, с помощью которого вы можете «позволить разуму, который был во Христе, быть также в вас».

Что есть человеческий опыт? Это просто взаимодействие активного и вопрошающего «я» и любой другой активной и внешней реальности. Большая часть опыта определяется глубиной представления и мерой всеохватности восприятия реальности внешнего мира. Движение опыта равно силе предвосхищающего воображения и остроте сенсорного открытия внешних качеств воспринимаемой реальности. Факт опыта обнаруживается в самосознании и наличии других реалий – других вещей, других разумов и других духов.

Уже на самом раннем этапе человек осознаёт, что он не одинок в мире или во вселенной. В нём вырабатывается естественное спонтанное самосознание существования других носителей разума в среде, окружающей его собственное «я». Вера преобразовывает этот естественный опыт в религию, восприятие Бога как реальность – источник, сущность и цель – *всего разумного*. Однако такое познание Бога всегда и извечно является реальностью личного опыта. Если бы Бог не был личностью, он не мог бы стать живой частью реального религиозного опыта человеческой личности.

Элемент заблуждения, присутствующий в религиозном опыте человека, прямо пропорционален содержанию в нём материализма, оскверняющего духовную концепцию Всеобщего Отца. Преддуховное продвижение человека во вселенной заключается в опыте освобождения себя от таких ошибочных идей о сущности Бога и о реальности чистого и истинного духа. Божество есть нечто большее, чем дух, но духовный подход является единственно возможным для восходящего человека.

Молитва действительно является частью религиозного опыта, однако современные религии уделяют ей слишком много внимания, при этом нередко забывая о более существенном общении – поклонении. Поклонение углубляет и расширяет способность разума к рефлексии. Молитва может обогатить жизнь, но именно поклонение освещает судьбу.

Богооткровенная религия представляет собой объединяющий элемент человеческого бытия. Откровение объединяет историю, координирует геологию, астрономию, физику, химию, биологию, социологию и психологию. Духовный опыт – это настоящая душа человеческого космоса.

5. ВЕРХОВНОСТЬ ЦЕЛЕНАПРАВЛЕННОГО ПОТЕНЦИАЛА

Хотя установление факта верования не эквивалентно установлению факта того, что́ является объектом верования, тем не менее, эволюционное развитие примитивной жизни до статуса личности действительно демонстрирует факт изначального существования потенциала личности. Во временны́х вселенных потенциальное всегда превосходит актуальное. В эволюционирующем космосе потенциальным является то, что должно быть, – а то, что должно быть, есть постепенное раскрытие целенаправленных велений Божества.

Та же самая целенаправленная верховность проявляется в развивающейся способности разума к формированию идей – в превращении примитивного животного страха во всё более благоговейное отношение к Богу и всё более глубокий трепет перед вселенной. У первобытного человека религиозный страх превосходил веру, и господствующее положение потенциальных возможностей духа по отношению к актуальным возможностям разума проявляется тогда, когда этот малодушный страх преобразуется в живую веру – веру в духовные реальности.

Можно психологизировать эволюционную религию, но не духовную по своей природе религию личного опыта. Человеческая мораль способна признавать ценности, но только религия может сохранить, возвысить и одухотворить такие ценности. Однако несмотря на подобные действия, религия – это нечто большее, чем пронизанная эмоциональностью мораль. Религия так же относится к морали, как любовь к обязанности, сыновство к неволе, сущность к субстанции. Мораль раскрывает всемогущего Управляющего – Божество, которому служат; религия раскрывает любвеобильного Отца – Бога, которому поклоняются и которого любят. Это происходит также потому, что духовная потенциальность религии преобладает над актуальностью долга эволюционной морали.

6. ДОСТОВЕРНОСТЬ РЕЛИГИОЗНОЙ ВЕРЫ

Философское уничтожение религиозного страха и постоянный прогресс науки чрезвычайно способствуют отмиранию ложных богов; и хотя такие утраты придуманных человеком божеств могут на время затуманить духовное ви́дение, в итоге они уничтожают то невежество и суеверие, которые в течение столь длительного времени скрывали образ живого Бога вечной любви. Отношение между созданием и Создателем является живым опытом, динамической религиозной верой, не поддающейся точному определению. Изолировать часть жизни и назвать ее религией – значит разрушить жизнь и исказить религию. Именно поэтому Бог поклонения требует либо полной преданности, либо никакой.

Боги примитивных людей были, возможно, всего лишь их собственными тенями; живой Бог есть божественный свет, временные прекращения которого образуют тени творения во всём пространстве.

Религиозный человек философского склада верит в личностного Бога личного спасения – нечто большее, чем реальность, ценность, уровень достижения, возвышенный процесс, преобразование, пространственно-временной предел, идеализация, персонализация энергии, сущность гравитации, человеческая проекция, идеализация «я», природное стремление вверх, склонность к благости, поступательное движение эволюции или совершенная гипотеза. Религиозный человек верит в Бога любви. Любовь есть сущность религии и источник высокоразвитой цивилизации.

В личном религиозном опыте вера преобразует философского Бога возможности в спасительного Бога уверенности. Скептицизм может бросить вызов теологическим теориям, но уверенность в надежности личного опыта укрепляет истинность того вероучения, которое переросло в веру.

Убежденное отношение к Богу может быть результатом разумной аргументации, но индивидуум познаёт Бога только через веру, через личный опыт. Во многом из того, что относится к жизни, необходимо считаться с возможностью, однако, вступая в соприкосновение с космической реальностью, можно ощутить уверенность, когда такие значения и ценности постигаются живой верой. Богопознавшая душа имеет смелость сказать «я знаю», даже если неверующий сомневается в этом знании Бога, отрицая такую уверенность из-за того, что она не до конца подкрепляется интеллектуальной логикой. Каждому такому сомневающемуся верующий может только ответить: «Откуда ты знаешь, что я не знаю?»

Хотя разум всегда может усомниться в вере, вера всегда может дополнить и разум, и логику. Разум создает вероятность, которую вера способна трансформировать в нравственную уверенность и даже в духовный опыт. Бог есть первая истина и последний факт; поэтому вся истина происходит от него, в то время как все факты существуют по отношению к нему. Бог есть абсолютная истина. Можно познать Бога как истину, однако для того, чтобы понять – объяснить – Бога, необходимо изучить факт вселенной вселенных. Только живая вера способна перекрыть огромную пропасть между опытом истины Бога и невежеством в отношении факта Бога. Один только разум неспособен достичь гармонии между бесконечной истиной и вселенским фактом.

Вероучение может быть неспособно бороться с нерешительностью и справляться со страхом, но вера неизменно одерживает победу над сомнением, ибо она всегда является и положительной, и живой. Положительное всегда обладает преимуществом над отрицательным, истина – над заблуждением, опыт – над теорией, духовные реальности – над изолированными фактами времени и пространства. Убедительным свидетельством этой духовной уверенности являются социальные плоды духа – истинного духовного опыта верующих, верящих людей. Иисус сказал: «Если будете любить друг друга, как я любил вас, то всякий будет знать, что вы мои ученики».

Для науки Бог есть возможность, для психологии – желательность, для философии – вероятность, для религии – уверенность, действительность религиозного опыта. Разум требует, чтобы философия, неспособная обнаружить Бога вероятности, относилась с большим уважением к той религиозной вере, которая способна найти и находит Бога уверенности. Науке также не следует игнорировать религиозный опыт на том основании, что он строится на доверчивости, – по крайней мере до тех пор, пока она продолжает исходить из предположения, что интеллектуальным и философским дарованиям человека предшествует длинный ряд убывающих интеллектуальных способностей, берущих свое начало в примитивной жизни, начисто лишенной какого-либо мышления и чувств.

Факты эволюции не следует противопоставлять истине, заключающейся в реальности той уверенности, которая рождается в духовном опыте религиозной жизни богопознавшего смертного. Разумный человек должен перестать рассуждать, как ребенок, и попытаться обратиться к последовательной логике взрослых людей – логике, которая допускает представление об истине наряду с наблюдением факта. Научный материализм доказал свою несостоятельность, ибо всякий раз, сталкиваясь с периодически возникающим вселенским явлением, он повторяет свои обычные возражения, считая то, что признается вышестоящим, следствием того, что признается нижестоящим. Последовательность требует признания целенаправленной деятельности Создателя.

Органическая эволюция является фактом; целенаправленная, или постепенная, эволюция является истиной, делающей закономерными явления восходящих достижений эволюции, которые в противном случае кажутся противоречивыми. Чем большего достигает любой ученый в своей науке, тем больше он будет отказываться от теорий материалистического факта в пользу космической истины о господстве Верховного Разума. Материализм обесценивает человеческую жизнь; евангелие Иисуса чрезвычайно возвышает и божественно возвеличивает каждого смертного. Смертное существование следует представлять как увлекательный и чарующий опыт осознания той реальности, которая заключается во встрече восходящего человеческого начала с нисходящим и спасительным божественным началом.

7. НЕСОМНЕННОСТЬ БОЖЕСТВЕННОГО

Будучи самосущным, Всеобщий Отец является также самоочевидным; он действительно живет в каждом разумном смертном. Однако вы не можете быть уверены в существовании Бога, пока не познаете его. Сыновство – единственный опыт, который делает несомненным отцовство. Вселенная повсеместно изменяется. Изменяющаяся вселенная есть зависимая вселенная; такое творение не может быть ни окончательным, ни абсолютным. Конечная вселенная целиком зависит от Предельного и Абсолютного. Бог и вселенная не идентичны: первый является причиной, вторая – следствием. Причина абсолютна, бесконечна, вечна и неизменна; следствие является пространственно-временны́м и трансцендентальным, но вечно изменяющимся, всегда растущим.

Бог – единственный самопричинный факт во всей вселенной. В нём разгадка последовательности, плана и предназначения всего творения вещей и существ. Повсеместно изменяющаяся вселенная регулируется и стабилизируется абсолютно неизменными законами – обычаями неизменного Бога. Факт Бога – божественный закон – постоянен; истина о Боге – его связь со вселенными – относительное откровение, постоянно приспособляемое к непрерывно развивающейся вселенной.

Те, кто хотел бы придумать религию без Бога, похожи на людей, желающих собирать плоды при отсутствии деревьев, иметь детей при отсутствии родителей. Следствие без причины невозможно; беспричинно только Я ЕСТЬ. Факт религиозного опыта предполагает Бога, и такой Бог личного опыта должен быть личностным Божеством. Вы не можете молиться химической формуле, просить у математического уравнения, поклоняться гипотезе, полагаться на постулат, общаться с процессом, служить абстракции или нежно дружить с законом.

Конечно, многие явно религиозные черты имеют нерелигиозные корни. Человек может разумом отрицать Бога и быть морально благим, преданным, чтить родителей, быть честным и даже идеалистичным. Человек способен привить своей глубинно-духовной основе многие чисто гуманистические качества и таким образом, якобы, доказать истинность своих утверждений, представленных в защиту безбожной религии, однако такой опыт лишен спасительных ценностей

– познания Бога и восхождения к нему. Такой смертный опыт приносит только социальные, а не духовные плоды. Свойства плода определяются привоем, несмотря на то что жизненные соки поступают из корней изначального божественного дара как разума, так и духа.

Интеллектуальным признаком религии является уверенность, философской характеристикой – последовательность, социальными плодами – любовь и служение.

Богопознавший индивидуум – это не тот, который слеп к трудностям или не думает о препятствиях, стоящих на пути открытия Бога в лабиринте суеверий, традиций и материалистических тенденций современности. Он столкнулся со всеми этими неблагоприятными обстоятельствами, но одержал над ними победу – преодолел их с помощью живой веры и, невзирая на них, достиг высот духовного опыта. Однако многие люди, обладающие внутренней уверенностью в Боге, действительно боятся заявлять о своем чувстве уверенности из-за многочисленности и хитрости тех, кто подбирает возражения и выпячивает трудности, связанные с верой в Бога. Для того, чтобы выискивать недостатки, задавать вопросы или выдвигать возражения не требуется большого ума. Но воистину блестящий ум нужен для того, чтобы отвечать на эти вопросы и разрешать подобные трудности. Убежденность веры – прекраснейший метод разрешения любых поверхностных споров.

Если наука, философия или социология готовы прибегнуть к догматизму в споре с пророками истинной религии, то богопознавшие люди должны отвечать на такое необоснованное доктринерство с помощью того более прозорливого догматизма, который рождается из несомненности личного духовного опыта: «Я знаю, что́ я испытал, потому что являюсь сыном Я ЕСТЬ». Если личному опыту верующего противостоит догма, то рожденный в вере сын эмпирически познаваемого Отца может ответить неопровержимой догмой – заявлением о том, что он связан со Всеобщим Отцом отношением сыновства.

Последовательно догматической может быть только безусловная реальность, только абсолют. Тот, кто становится на путь последовательного догматизма, рано или поздно должен оказаться во власти Абсолюта энергии, Всеобщности истины и Бесконечности любви.

Если те, кто придерживается нерелигиозного подхода к космической реальности, позволяют себе оспаривать несомненность веры на основании ее недоказанности, то обладающий духовным опытом человек может таким же образом обратиться к догматическому возражению против фактов науки и убеждений философии, ссылаясь на то, что они также не доказаны; они являются такими же эмпирическими явлениями в сознании ученого или философа.

Из всех видов вселенского опыта мы можем быть более всего уверены в Боге – самом неизбежном из всех присутствий, самом реальном из всех фактов, самой живой из всех истин, самом любящем из всех друзей и самой божественной из всех ценностей.

8. ДОКАЗАТЕЛЬСТВА РЕЛИГИИ

Высшее доказательство реальности и эффективности религии заключается в *факте человеческого опыта*, а именно – в том, что пугливый и подозрительный от природы человек, от рождения наделенный сильным инстинктом самосохранения и жаждущий спасения после смерти, готов полностью доверить свои глубочайшие интересы в отношении настоящего и будущего опеке и руководству той силы и существа, которого в своей вере он именует Богом. В этом заключается важнейшая истина любой религии. Что же касается требований, предъявляемых этой силой или существом к человеку в ответ на заботу и окончательное спасение, то нет двух религий, которые придерживались бы одинаковых взглядов; фактически, все они в той или иной мере расходятся во мнениях.

Что касается положения любой религии на эволюционной лестнице, то лучше всего об этом можно судить по ее нравственным оценкам и этическим нормам. Чем выше тип любой религии, тем больше она благоприятствует постоянно совершенствующейся социальной морали и этической культуре и тем больше они благоприятствуют ей. Мы не можем судить о религии по состоянию сопутствующей цивилизации; более верный путь оценки истинной природы цивилизации – посмотреть на нее через призму чистоты и благородства ее религии. Многие из самых замечательных религиозных учителей были практически неграмотными. Мудрость мира необязательна для спасительной веры в вечные реальности.

Отличия между религиями разных эпох целиком определяются тем, что люди по-разному понимают реальность и неодинаково осознают нравственные ценности, этические отношения и духовные реальности.

Этика есть вечное социальное или расовое зеркало, достоверно отражающее незаметный, в принципе, внутренний духовный и религиозный прогресс. Человек всегда думал о Боге, пользуясь лучшими известными ему категориями – своими глубочайшими идеями и высочайшими идеалами. Даже историческая религия всегда создавала свои концепции Бога на основе высочайших признанных ценностей. Каждое разумное создание называет Богом лучшую и высшую известную ему сущность.

Всякий раз, когда религия сводилась к рассудочным категориям и интеллектуальным выражениям, она позволяла себе критиковать цивилизацию и эволюционный прогресс, оценивая их в соответствии со своими собственными критериями этической культуры и морального прогресса.

Хотя личная религия предшествует эволюции человеческой морали, приходится признать, что институциональная религия неизменно отставала от постепенно изменявшихся нравов человеческих рас. Организованная религия доказала свою консервативную медлительность. Пророки обычно вели людей вперед по пути религиозного развития; теологи обычно сдерживали их. Ввиду того, что религия связана с внутренним, или личным, опытом, она неспособна существенно опережать интеллектуальную эволюцию рас.

Однако религия никогда не улучшается обращением к так называемым чудесам, тяга к которым – это возврат к примитивным религиям магии. Истинная религия не имеет никакого отношения к мнимым чудесам, и богооткровенная религия никогда не ссылается на чудеса в подтверждение своей полномочности. Религия всегда произрастает из личного опыта и опирается на него. И ваша высочайшая религия – жизнь Иисуса – была именно таким личным опытом: человек, смертный человек, ищущий Бога и обретающий его во всей полноте в течение одной короткой жизни во плоти; и в этом же человеческом опыте появился Бог, ищущий человека и обретающий его к полному удовлетворению совершенной души, характеризуемой бесконечной верховностью. Такова высочайшая из религий, раскрытых во вселенной Небадон, – земная жизнь Иисуса Назарянина.

[Представлено Мелхиседеком Небадона.]

ДОКУМЕНТ 103

ДЕЙСТВИТЕЛЬНОСТЬ РЕЛИГИОЗНОГО ОПЫТА

Все истинно религиозные реакции человека поддерживаются своевременной опекой вспомогательного духа поклонения и контролируются вспомогательным духом мудрости. Первый дар сверхразума человеку заключается во включении личности в контур Святого Духа, исходящего от Вселенского Созидательного Духа. И задолго до посвящений божественных Сынов или всеобщего посвящения Настройщиков, задачей этого воздействия становится расширение человеческого взгляда на этику, религию и духовность. После посвящений Райских Сынов освобожденный Дух Истины вносит огромный вклад в повышение человеческой способности воспринимать религиозные истины. По мере прогресса эволюции в обитаемом мире, возрастает роль Настройщиков Мышления в развитии более высоких типов религиозной проницательности человека. Настройщик Мышления – это космическое окно, через которое конечное создание, благодаря проблескам веры, способно увидеть несомненность и божественность беспредельного Божества – Всеобщего Отца.

Религиозные тенденции присущи человеческим расам; они проявляются повсеместно и имеют явно естественное происхождение; примитивные религии всегда эволюционны в своем возникновении. По мере развития естественного религиозного опыта, медленное течение планетарной эволюции периодически перемежается откровениями истины.

В настоящее время на Урантии существуют четыре вида религии:

1. Естественная, или эволюционная, религия.

2. Сверхъестественная, или богооткровенная, религия.

3. Практическая, или повседневная, религия – различные степени сочетания естественной и сверхъестественной религий.

4. Философские религии – искусственные, или философские, теологические доктрины и религии, порожденные рассудком.

1. ФИЛОСОФИЯ РЕЛИГИИ

Единство религиозного опыта у членов социальной или расовой группы объясняется одинаковой природой пребывающих в индивидууме частиц Бога. Именно это божественное начало в человеке порождает бескорыстную заинтересованность в благополучии других людей. Однако ввиду того, что личность уникальна – не существует двух одинаковых смертных, – не может быть и двух людей, одинаково интерпретирующих водительство и побуждения живущего в их разуме духа божественности. Группа смертных способна испытывать духовное единство, но такие создания никогда не смогут достичь философского единообразия. Это разнообразие интерпретаций религиозного мышления и опыта демонстрируется тем фактом, что теологи и философы двадцатого века дали более пятисот различных определений религии. В действительности, каждый человек определяет религию, исходя из своего собственного эмпирического понимания божественных импульсов, исходящих от пребывающего в нём духа Бога, и потому такие интерпретации обязательно будут уникальными и совершенно непохожими на религиозную философию всех остальных людей.

Когда один смертный полностью согласен с религиозной философией другого смертного, то такое явление означает, что два этих существа обладают схожим *религиозным опытом* в тех вопросах, которым они дают одинаковое философско-религиозное толкование.

Хотя ваша религия основана на личном опыте, чрезвычайно важно знать огромное множество других примеров религиозного опыта (различных толкований, предлагаемых различными смертными), чтобы не дать собственной религиозной жизни стать эгоцентричной – ограниченной, эгоистичной и замкнутой.

Рационализм ошибается, когда полагает, что религия вначале является примитивным верованием во что-то, вслед за чем наступает поиск ценностей. Религия есть в первую очередь стремление к ценностям, после чего формируется система объяснительных вероучений. Людям намного проще прийти к согласию в отношении религиозных ценностей – целей, – чем вероучений – интерпретаций. Этим объясняется то, что в религии может существовать согласие в отношении ценностей и целей и одновременно наблюдаться обескураживающее явление: сохранение верований в сотнях противоречащих друг другу догмах – верованиях. В силу той же причины данный человек может сохранять свой религиозный опыт, отвергая или изменяя многие из своих религиозных вероучений. Религия продолжает существовать, несмотря на революционные перемены в религиозных вероучениях. Не теология создает религию, а религия создает теологическую философию.

Хотя религиозные люди верили во многое из того, что являлось ложным, это не лишает религию состоятельности, ибо она основана на осознании ценностей и подтверждается верой, опирающейся на личный религиозный опыт. Таким образом, религия основана на опыте и религиозной мысли, а теология – философия религии – является добросовестной попыткой интерпретации этого опыта. Такие объяснительные вероучения могут быть истинными или ложными – или же могут сочетать истину с заблуждением.

Осознание восприятия духовных ценностей относится к сверхмыслительному опыту. Ни в одном человеческом языке нет слова, с помощью которого можно было бы выразить это «чувство», «ощущение», «интуицию» или «опыт», – то, что мы решили назвать богосознанием. Пребывающий в человеке дух Бога не является личностным – Настройщик доличностен, однако этот Наставник представляет собой ценность, источает аромат божественности, которая является личностной в высшем и бесконечном смысле. Если бы Бог не был, по крайней мере, личностным, он не мог бы обладать сознанием, а если бы он не обладал сознанием, он был бы ниже человека.

2. РЕЛИГИЯ И ИНДИВИДУУМ

Религия функционирует в разуме человека и реализуется в опыте до того, как она появляется в человеческом сознании. Дитя успевает прожить около девяти месяцев, прежде чем испытать *рождение*. Но «рождение» религии не внезапно: оно представляет собой постепенное становление. И всё же, рано или поздно приходит «день рождения». Вы вступаете в небесное царство только «рожденными заново» – рожденными от Духа. Многие духовные рождения сопровождаются сильным томлением духа и серьезным возбуждением психики, подобно тому, как многие физические рождения характеризуются «бурными схватками» и другими аномалиями «разрешения от бремени». В других случаях духовное рождение является следствием естественного и нормального роста в процессе осознания высших ценностей и совершенствования духовного опыта, хотя религиозное развитие невозможно без сознательного усилия, без позитивных и личных устремлений. Религия никогда не бывает пассивным опытом, отрицательным отношением. То, что названо «рождением религии», не имеет прямой связи с так называемым опытом обращения, которым обычно характеризуются религиозные эпизоды, случающиеся позднее в жизни в результате расстройства психики, подавления эмоций и кризисов характера.

Однако люди, воспитанные своими родителями в сознании того, что они являются детьми любвеобильного небесного Отца, не должны косо смотреть на своих смертных товарищей, которые смогли достичь такого же сознания товарищеских отношений с Богом только после психологического кризиса, эмоционального потрясения.

Эволюционная почва в разуме человека, на которой произрастают семена боготкровенной религии, есть та нравственная природа, что уже на самом раннем этапе порождает общественное сознание. Первые побуждения нравственной природы ребенка имеют отношение не к полу, чувству вины или самолюбию, а к импульсам справедливости, честности и побуждению к доброте – оказанию полезной помощи своим товарищам. И воспитание таких ранних пробуждений нравственности приводит к постепенному развитию религиозной жизни, относительно свободной от конфликтов, потрясений и кризисов.

Уже в начале своей жизни каждый человек испытывает нечто вроде конфликта между своекорыстием и альтруистическими порывами, и часто первый опыт богосознания приходит в результате поиска сверхчеловеческой помощи для разрешения таких нравственных конфликтов.

Психология ребенка от природы позитивна, а не негативна. Столь многие смертные проявляют негативное отношение, потому что они так воспитаны. Когда говорится, что ребенок позитивен, имеются в виду его нравственные побуждения – те силы разума, появление которых сигнализирует прибытие Настройщика Мышления.

При отсутствии неправильного обучения, по мере развития религиозного сознания разум нормального ребенка развивается скорее позитивно, ведя к праведности и социальному служению, а не негативно – прочь от греха и вины. Развитие религиозного опыта может привести или не привести к конфликту, но в нём всегда присутствуют неизбежные решения, усилие и функция человеческой воли.

Нравственный выбор всегда сопровождается большим или меньшим нравственным конфликтом. И первый такой конфликт в сознании ребенка возникает между эгоистическими побуждениями и альтруистическими порывами. Настройщик Мышления не пренебрегает личностными ценностями эгоистического мотива, но он оказывает свое воздействие таким образом, чтобы некоторое предпочтение оказывалось альтруистическим импульсам, ведущим к человеческому счастью и радостям небесного царства.

Когда нравственное существо выбирает бескорыстие, несмотря на побуждение к эгоизму, то это является элементарным религиозным опытом. Ни одно животное не способно на такой выбор; подобное решение является как человеческим, так и религиозным. Оно включает факт богосознания и обнаруживает порыв к социальному служению – основе человеческого братства. Когда разум выбирает правильное нравственное суждение действием свободной воли, то такое решение представляет собой религиозный опыт.

Однако до того как развитие ребенка приводит к формированию нравственных качеств, позволяющих делать выбор в пользу альтруистического служения, в нём успевает сложиться сильный и цельный эгоистический характер. Именно эта реальная ситуация порождает теорию борьбы между «высшей» и «низшей» природой, между «прежним человеком греха» и «новым человеком» благодати. Уже в самом раннем возрасте нормальный ребенок начинает усваивать, что «блаженнее давать, нежели принимать».

Обычно человек связывает стремление к удовлетворению собственных потребностей со своим эго – собственным «я». В противоположность этому, он склонен связывать свои альтруистические желания с некоторым внешним воздействием – Богом. Такой взгляд совершенно справедлив, ибо все неэгоистичные желания действительно являются следствием направляющего воздействия внутреннего Настройщика Мышления – а Настройщик есть частица Бога. Импульс духовного Наставника воспринимается в человеческом сознании как побуждение к альтруизму, чуткому отношению к своим товарищам. Во всяком случае, таков ранний и основополагающий опыт в сознании ребенка. Если взрослеющий ребенок неспособен объединить свою личность, гипертрофированный альтруистический порыв может нанести серьезный ущерб благополучию внутреннего «я». Введенная в заблуждение совесть становится причиной многих конфликтов, беспокойств, переживаний и бесконечных человеческих несчастий.

3. РЕЛИГИЯ И ЧЕЛОВЕЧЕСКИЙ РОД

Хотя вера в духов, сны, а также различные суеверия сыграли роль в эволюционном происхождении примитивных религий, вам не следует забывать о влиянии кланового или племенного духа солидарности. Именно взаимоотношения в группе привели к той социальной ситуации, которая предложила альтернативу конфликту эгоистических и альтруистических наклонностей в нравственной природе первобытного человеческого разума. Несмотря на веру в духов, сосредоточением религии примитивных австралийцев до сих пор остается клан. В тенденции такие религиозные представления со временем персонализируются – вначале в виде животных, позднее – в качестве сверхчеловека или Бога. Даже такие примитивные племена, как африканские бушмены, поверья которых до сих пор находятся ниже уровня тотемизма, осознают различие между личными и групповыми интересами, а это и есть элементарная способность отличать мирские ценности от священных. Но социальная группа не является источником религиозного опыта. Несмотря на влияние всех этих первобытных факторов на развитие религии у древнего человека, остается фактом, что источником истинного религиозного импульса по-прежнему является присутствие настоящих духовных сил, активирующих бескорыстное отношение.

Более поздняя религия предвосхищается примитивными верованиями в природные чудеса и тайны, безличностную ману. Однако рано или поздно эволюционирующая религия требует от индивидуума, чтобы он принес на алтарь группы личную жертву – сделал что-нибудь для того, чтобы другие люди стали счастливее и лучше. Конечным призванием религии является служение Богу и человеку.

Религия призвана изменить окружающую человека среду, но та религия, которая существует сегодня у смертных, в значительной мере неспособна справиться с этой задачей. Слишком часто среда подчиняла себе религию.

Помните, что во все века важнейшим религиозным опытом были чувства, связанные с нравственными ценностями и социальными значениями, а не рассуждения относительно теологических догм или философских теорий. Религия развивается благоприятно по мере того, как элемент магии вытесняется представлением о морали.

Пройдя в своем развитии через суеверия маны, магию, поклонение природе, страх перед духами и поклонение животным, человек пришел к различным ритуалам, посредством которых религиозное отношение индивидуума превратилось в групповые реакции клана. Впоследствии такие обряды были сосредоточены и закреплены в племенных верованиях, а со временем эти страхи и поверья персонализировались в богах. Однако во всей этой религиозной эволюции всегда присутствовал некоторый нравственный элемент. Импульс, сообщаемый человеку внутренним Богом, всегда обладал силой. И эти могущественные воздействия – одно из которых было человеческим, а другое божественным – обеспечили сохранение религии на протяжении веков, несмотря на то что она не раз находилась на краю гибели из-за многочисленных пагубных тенденций и непримиримых противоречий.

4. ДУХОВНОЕ ЕДИНСТВО

Характерное отличие встречи друзей от религиозного собрания состоит в том, что, по сравнению со светской, религиозная встреча проникнута духом *единства*. Так в человеческой группе вырабатывается чувство товарищеских взаимоотношений с божественным, с которого начинается групповое поклонение. Древнейшим видом социального единства было участие в общей трапезе, и поэтому в древних религиях какую-то часть обрядовой жертвы должны были съедать верующие. Эта форма духовного единства сохраняется и в христианской Тайной вечере. Дух единства предоставляет живительный и успокоительный период перемирия между своекорыстным «я» и альтруистическим побуждением внутреннего духовного Наставника и является преддверием истинного поклонения – практики пребывания в присутствии Бога, что возникает с появлением братства людей.

Когда первобытный человек чувствовал, что его единство с Богом прервано, он прибегал к жертвоприношениям в попытке добиться примирения, восстановить дружеские отношения. Жажда праведности ведет к открытию истины, а истина повышает идеалы, что создает новые проблемы для индивидуального верующего, ибо наши идеалы имеют тенденцию возрастать в геометрической прогрессии, а наша способность жить согласно этим идеалам улучшается только в арифметической прогрессии.

Чувство вины (не сознание греха) происходит либо от прерванного духовного единства, либо от понижения уровня нравственных идеалов индивидуума. Выход из этого затруднительного положения – только в осознании того, что высшие нравственные идеалы человека не обязательно означают Божью волю. Человек не может надеяться на то, что его жизнь будет соответствовать его высочайшим идеалам, однако он может хранить верность своей цели: искать Бога и становиться всё более подобным ему.

Иисус отбросил все ритуалы жертвоприношения и искупления. Он уничтожил основание для всей этой вымышленной вины и чувства изоляции во вселенной, провозгласив, что человек – дитя Божье. Отношение создания и Создателя строилось на основе отношений дитя и родителя. Бог становится любящим Отцом по отношению к своим смертным сыновьям и дочерям. Навечно отменяются любые ритуалы, не являющиеся законной частью этих сокровенных семейных отношений.

Отношение Бога-Отца к своему дитя-человеку определяется не действительной добродетелью или достоинством создания, а признанием мотивации дитя – его цели и намерения. Такие взаимоотношения суть отношения родителя и ребенка, которыми движет божественная любовь.

5. ПРОИСХОЖДЕНИЕ ИДЕАЛОВ

Ранний эволюционный разум порождает чувство социального долга и моральной обязанности, построенных в основном на чувстве страха. Более позитивное побуждение к социальному служению и бескорыстный идеализм возникают как непосредственный импульс пребывающего в человеческом разуме божественного духа.

Идея-идеал доброго отношения к другим людям – импульс, побуждающий отказать себе в чём-то ради своего ближнего, – поначалу весьма ограничен. Первобытный человек считает своими ближними только тех, кто близок к нему, тех, кто относится к нему дружелюбно; с развитием религиозной цивилизации представление о ближнем расширяется и включает клан, племя и нацию. Позднее Иисус включил в него всё человечество, наказав нам любить даже своих врагов. И в каждом нормальном человеке есть нечто, что говорит ему о нравственности – справедливости – этого учения. Даже те, кто менее всего следует этому идеалу, признают, что в теории он справедлив.

Все люди осознают нравственное начало этого всеобщего человеческого побуждения к бескорыстию и альтруизму. Гуманист приписывает это побуждение естественной деятельности человеческого разума; религиозный человек более близок к истине, сознавая, что истинно бескорыстный стимул смертного разума является реакцией на внутреннее духовное руководство Настройщика Мышления.

Однако не всегда можно положиться на человеческую интерпретацию этих ранних конфликтов эгоистической и альтруистической воли. Только достаточно цельная личность способна быть арбитром в многообразных столкновениях эгоистических стремлений с пробуждающимся социальным сознанием. У «я» есть такие же права, как и у ближних. Ни одна сторона не обладает исключительными правами на внимание индивидуума и его служение. Неспособность разрешить эту проблему приводит к древнейшей разновидности чувства вины у человека.

Человек достигает счастья только тогда, когда эгоистическое желание «я» и альтруистическое побуждение высшего «я» (божественного духа) координируются и примиряются объединенной волей интегрирующей и управляющей личности. Разум эволюционного человека всегда сталкивается с трудной проблемой разрешения спора между естественным ростом эмоциональных импульсов и нравственным ростом бескорыстных побуждений, основанных на духовной интуиции – истинной религиозной рефлексии.

Попытка обеспечить одинаковую пользу для себя и наибольшего числа других людей представляет собой проблему, которую не всегда можно удовлетворительно решить в пространственно-временном контексте. В аспекте вечной жизни такие антагонизмы разрешимы, но они непримиримы в течение короткой человеческой жизни. Иисус имел в виду этот парадокс, когда говорил: «Тот, кто сохранит свою жизнь, потеряет ее, тот же, кто отдаст жизнь ради царства, обретет ее».

Следование идеалу – стремление быть подобным Богу – не прекращается ни до смерти, ни после нее. В своей сущности, жизнь после смерти не отличается от смертного существования. Всё благое, совершаемое нами в этой жизни, прямо способствует улучшению будущей жизни. Истинная религия не потворствует моральной праздности и духовной лености поощрением тщетной надежды на то, что результатом прохождения через врата естественной смерти будет наделение всеми добродетелями, присущими благородному характеру. Истинная религия не умаляет стремление человека добиться прогресса в течение предоставленной смертной жизни. Каждое достижение смертного является прямым вкладом в обогащение первых этапов опыта спасения в бессмертии.

Когда человеку внушают, что все его альтруистические порывы являются не более чем развитием природного стадного инстинкта, это губит его идеализм. Однако когда человек узнаёт, что эти высшие побуждения души исходят от пребывающих в его смертном разуме духовных сил, это облагораживает его и пробуждает в нём огромную энергию.

Когда человек по-настоящему осознаёт, что в нём живет и действует нечто вечное и божественное, он возвышается над своим «я», выходит за его пределы. Таким образом, живая вера в сверхчеловеческий источник наших идеалов становится подтверждением нашей веры в то, что мы являемся Божьими сынами, и делает истинными наши альтруистические убеждения – чувства братства людей.

В области своего духа человек действительно обладает свободной волей. Смертный человек не является ни беспомощным рабом непоколебимого владычества всемогущего Бога, ни жертвой слепой фатальности механистического космического детерминизма. Воистину, человек сам является творцом своей вечной судьбы.

Однако спасение и облагораживание человека не совершаются по принуждению. Духовный рост происходит в недрах развивающейся души. Принуждение может деформировать личность, но оно никогда не стимулирует рост. Даже то принуждение, которое осуществляет образование, помогает лишь негативно – в том смысле, что оно может способствовать предотвращению губительного опыта. Наибольший духовный рост происходит при минимальном внешнем воздействии. «Где дух Господний, там и свобода». Человек лучше всего развивается тогда, когда давление со стороны семьи, общества, церкви и государства является наименьшим. Но это не следует понимать так, что в прогрессивном обществе нет места для семьи, социальных институтов, церкви и государства.

Когда член социальной религиозной группы удовлетворяет требованиям такой группы, следует поощрять его религиозное право свободно выражать личные толкования истин религиозной веры и фактов религиозного опыта. Уверенность религиозной группы в будущем зависит от духовного единства, а не теологического единообразия. Религиозная группа должна быть в состоянии пользоваться правом свободомыслия без того, чтобы превращаться в «вольнодумцев». Любая церковь, которая поклоняется живому Богу, утверждает братство людей и имеет смелость освободить своих членов от всякого догматического давления, может с огромной надеждой смотреть в будущее.

6. ФИЛОСОФСКАЯ КООРДИНАЦИЯ

Теология изучает действия и реакции человеческого духа. Она никогда не превратится в науку, ибо всегда должна в большей или меньшей степени объединяться с психологией в личном выражении и с философией в систематическом изложении. Теология всегда является изучением *собственной* религии; изучение религии другого человека есть психология.

Когда человек подходит к изучению и исследованию своей вселенной *извне*, он создает различные физические науки; когда он подходит к исследованию себя и вселенной *изнутри*, он кладет начало теологии и метафизике. Последующее искусство философии развивается в стремлении гармонизовать многие разногласия, поначалу неизбежно возникающие между открытиями и учениями этих двух диаметрально противоположных путей приближения к вселенной вещей и существ.

Религия связана с духовной точкой зрения, осознанием *внутреннего характера* человеческого опыта. Духовная природа человека позволяет ему обратить внешнюю сторону вселенной вовнутрь. Поэтому истинно, что при исключительно внутреннем взгляде с позиции опыта личности всё творение представляется по своей природе духовным.

Когда человек аналитически исследует вселенную при помощи своих материальных способностей – физических органов чувств и связанного с ними умственного восприятия, – то космос представляется механическим, энергетически-материальным. Такой метод исследования реальности представляет собой выворачивание вселенной наизнанку.

Логическое и последовательное философское представление о вселенной не может быть построено на постулатах материализма или спиритуализма, ибо обе эти системы мышления, возведенные в абсолют, неизбежно искажают представление о космосе, причем первая имеет дело со вселенной, внутренняя сторона которой становится внешней, а вторая выражает вселенную, внешняя сторона которой становится внутренней. Таким образом, нет ни малейшей надежды на то, что наука или религия самостоятельно смогут достичь адекватного понимания вселенских истин и отношений без руководства со стороны человеческой философии и просвещения со стороны божественного откровения.

В своем выражении и самореализации внутренний дух человека неизбежно зависит от устройства и способа действия разума. Таким же образом внешнее эмпирическое постижение человеком материальной реальности должно основываться на умственном сознании приобретающей опыт личности. Поэтому духовный и материальный, внутренний и внешний человеческий опыт всегда коррелируются функцией разума и – в том, что касается их сознательного постижения, – обуславливаются его деятельностью. Человек ощущает материю в своем разуме; он ощущает духовную реальность в душе, однако он осознаёт этот опыт в своем разуме. Интеллект – это вечный согласователь, обуславливающий и определяющий совокупное содержание смертного опыта. Как энергетические субстанции, так и духовные ценности искажаются в процессе интерпретации, которая осуществляется в сознании посредством разума.

Причина трудности, с которой вы сталкиваетесь в стремлении к более согласованной координации науки и религии, заключается в том, что вы совершенно незнакомы с промежуточной областью – моронтийным миром вещей и существ. Локальная вселенная представлена тремя ступенями, или стадиями, проявления реальности: веществом, моронтией и духом. Моронтийный подход стирает все противоречия между открытиями физических наук и функционированием духа религии. Познавательным методом науки является аргументация; интуитивным методом религии является вера; методом моронтийного уровня является мота. Мота – это восприимчивость к сверхматериальной реальности, начинающая компенсировать незавершенность роста благодаря тому, что ее субстанцией является знание-разум, а ее сущностью – вера-интуиция. Мота – это сверхфилософское согласование восприятия разноплановой реальности, недостижимое материальными личностями; частично оно определяется опытом переживания материальной жизни во плоти. Однако многие смертные сознавали желательность какого-то метода для обеспечения согласованного взаимодействия полярных областей – науки и религии. И метафизика является результатом безуспешной попытки человека заполнить этот хорошо известный пробел. Правда, человеческая метафизика оказалась более запутывающей, чем разъясняющей. Метафизика символизирует благонамеренную, но тщетную попытку человека компенсировать отсутствие моронтийной моты.

Метафизика потерпела поражение; мота человеку недоступна. Откровение – единственный метод, способный компенсировать отсутствие в материальном мире восприимчивости к истине, присущей моте. Откровение решительно устраняет путаницу, к которой рассудочная метафизика приводит в эволюционном мире.

Наука является попыткой человека изучить свое физическое окружение, мир энергии-вещества; религия является человеческим опытом постижения космоса духовных ценностей; философия возникла вследствие стремления человеческого разума организовать и соотнести полученные этими противоположными представлениями данные в некоторое подобие разумного и цельного отношения к космосу. Философия, очищенная откровением, удовлетворительно функционирует в отсутствие моты и в условиях кризиса и провала ее рациональной человеческой замены – метафизики.

Древний человек не проводил различия между энергетическим и духовным уровнями. Первыми отделить математическое от волевого попытались фиолетовая раса и ее андитские преемники. Всё больше цивилизованных людей повторяли путь древних греков и шумеров, отличавших неодушевленное от одушевленного. С развитием цивилизации, философии придется перебросить мост через пропасть, разделяющую понятия духа и энергии. Однако в пространстве-времени эти расхождения сводятся воедино в Верховном.

Наука всегда должна основываться на рациональности, хотя воображение и догадка помогают расширить ее границы. Религия извечно зависит от веры, хотя разум и является стабилизирующим фактором и полезным слугой. Всегда были и всегда будут вводящие в заблуждение толкования явлений как естественного, так и духовного мира, ошибочно называемые науками и религиями.

Человек пытался построить свою философскую систему в условиях неполного овладения наукой, плохого понимания религии и неудач в метафизике. И современным людям действительно удалось бы создать достойную и привлекательную философию человека и вселенной, если бы не разрыв принципиально важной и обязательной метафизической связи между мирами материи и духа если бы не бессилие метафизики, не сумевшей перекинуть мост через моронтийную пропасть, разделяющую физическое и духовное. У смертного человека нет представления о моронтийном разуме и веществе; *откровение* является единственным методом, компенсирующим недостаток понятийных данных, крайне необходимых человеку для создания логической философии вселенной и удовлетворительного понимания своего надежного и постоянного места в этой вселенной.

Откровение – единственная надежда эволюционного человека на то, что он сможет перейти через пропасть моронтии. Без помощи моты вера и разум неспособны постигнуть и построить логическую вселенную. Без интуиции моты смертный человек не в состоянии распознать благость, любовь и истину в явлениях материального мира.

Когда человеческая философия слишком склоняется к миру материи, она становится рационалистической, или *натуралистической*. Когда философия особенно тяготеет к духовному уровню, она становится *идеалистической*, или даже мистической. Когда философия столь неудачна, что склоняется к метафизике, она неизбежно становится *скептической*, запутанной. В прошлые века большинство человеческих знаний и интеллектуальных оценок приходилось на один из этих трех видов искаженного восприятия. Философии непозволительно выражать свои интерпретации реальности в линейном стиле логики; она должна извечно считаться с эллиптической симметрией реальности и существенным искривлением любых представлений о связях.

Высшая достижимая для смертного человека философия должна логически основываться на доводах науки, религиозной вере и проникновении в истину, которое становится возможным благодаря откровению. С помощью этого союза человек способен отчасти компенсировать свою неудачу в создании адекватной метафизики и свою неспособность понять моту моронтии.

7. НАУКА И РЕЛИГИЯ

Наука поддерживается разумом, религия – верой. Хотя вера не основана на разуме, она имеет разумные обоснования; не будучи зависимой от логики, она, тем не менее, поддерживается убедительной логикой. Вера не может питаться даже идеальной философией; в действительности – наряду с наукой – она сама является источником такой философии. Надежным руководством для веры, человеческой религиозной интуиции, может стать только откровение; надежным средством возвышения веры может быть только личный смертный опыт вместе с присутствием духовного Настройщика – Бога, который есть дух.

Истинное спасение есть метод божественной эволюции смертного разума: от уровня отождествления с материей, через связующие сферы моронтии, к высокому вселенскому статусу соотнесения с духом. И так же как материальный интуитивный инстинкт в процессе земной эволюции предшествует появлению разумного знания, так проявление интуитивной духовной проницательности предшествует последующему появлению моронтийного и духовного разума и опыта в божественной программе небесной эволюции – превращении потенциалов человека бренного в действительность и божественность человека вечного, Райского завершителя.

Однако по мере того, как восходящий человек тянется к центру – к Раю и познанию Бога, – он одновременно стремится вовне, в пространство – к энергетическому пониманию материального космоса. Развитие науки не ограничено земной жизнью человека; его опыт восхождения во вселенной и сверхвселенной не в последнюю очередь будет заключаться в изучении превращений энергии и метаморфоз вещества. Бог есть дух, но Божество есть единство, а единство Божества не только охватывает духовные ценности Всеобщего Отца и Вечного Сына, но также осознаёт энергетические факты Всеобщего Властителя и Острова Рай, в то время как две эти фазы всеобщей реальности в совершенстве коррелированы в интеллектуальных взаимосвязях Совместного Вершителя и объединены на конечном уровне в формирующемся Божестве Верховного Существа.

Объединение научного отношения и религиозной проницательности при посредничестве эмпирической философии является частью длительного человеческого опыта восхождения к Раю. Аппроксимации математики и несомненность интуиции всегда будут нуждаться в согласующей функции – логике разума – на всех уровнях опыта, вплоть до максимального обретения Верховного.

Однако логика неспособна согласовать данные науки и прозрения религии, если и научная, и религиозная стороны личности не подчиняются истине, если отсутствует искреннее желание следовать за истиной, куда бы она ни привела, на какие бы выводы ни натолкнула.

Логика есть метод философии – метод ее выражения. В пределах истинной науки рассудок всегда послушен подлинной логике; в пределах истинной религии вера, исходя из внутренней точки зрения, всегда логична, даже если она может казаться совершенно необоснованной при научном взгляде извне. При взгляде извне вовнутрь вселенная может показаться материальной. Если же посмотреть изнутри вовне, та же самая вселенная может предстать совершенно духовной. Рациональная аргументация вырастает из материального сознания, вера – из духовного сознания, но с помощью философии, усиленной откровением, логика способна подтвердить как внутренний, так и внешний взгляды, тем самым укрепляя как науку, так и религию. Так, через общую связь с логикой философии, и наука, и религия могут становиться всё более терпимыми друг к другу, проявлять всё меньше скептицизма.

Что необходимо и развивающейся науке, и религии – так это более взыскательная и смелая самокритика, большее осознание незавершенности эволюционного статуса. Нередко и религиозные, и научные учителя слишком самоуверенны и догматичны. Научная и религиозная самокритика может относиться только к *фактам*. Стоит человеку отступить от фактов, как его разум теряет свое главенствующее положение или быстро вырождается в пособника ложной логики.

Истина – понимание космических отношений, вселенских фактов и духовных ценностей – лучше всего открывается через служение Духа Истины и подвергается лучшей критической оценке в *откровении*. Однако откровение не порождает ни науку, ни религию; его функция заключается в согласовании как науки, так и религии с истиной реальности. В отсутствие откровения или в случае неспособности принять или понять его, смертный человек всегда прибегал к тщетным исканиям в области метафизики – единственного человеческого подобия откровения истины или моты моронтийной личности.

Наука материального мира позволяет человеку контролировать и, в некоторой степени, подчинять себе физическую среду. Религия духовного опыта является источником товарищеских порывов, позволяющих людям жить вместе в сложных условиях цивилизации научного века. Метафизика, и в еще большей мере откровение, является связующим звеном как научных, так и религиозных открытий, что позволяет человеку пытаться логически свести эти отдельные, но взаимозависимые области мысли во взвешенную философию, которая отличалась бы устойчивостью науки и уверенностью религии.

В условиях смертного существования абсолютные доказательства невозможны; и наука, и религия основаны на допущениях. На моронтийном уровне постулаты как науки, так и религии поддаются частичному подтверждению логикой моты. На духовном уровне – уровне достижения максимального статуса – потребность в конечном доказательстве постепенно исчезает перед лицом действительного опыта реальности и причастности к ней; однако и тогда многое из того, что лежит за пределами конечного, остается недоказанным.

Все области человеческой мысли основаны на некоторых допущениях, которые принимаются, хотя и без доказательств, благодаря принципиальной восприимчивости к реальности, свойственной разуму человека. Наука вступает на свой хваленый путь рациональной аргументации, начиная с *допущения* реальности трех вещей: материи, движения и жизни. Религия начинает с допущения действительности трех вещей: разума, духа и вселенной – Верховного Существа.

Наука становится областью мысли, охватывающей вопросы математики, энергии и материи во времени и пространстве. Религия включает в свою сферу не только конечный и временный дух, но также дух вечности и верховности. Только благодаря длительному опыту моты два этих противоположных восприятия вселенной могут прийти к аналогичным интерпретациям причин, функций, отношений, реальностей и целей. Максимальное согласование отличий энергии и духа достигается в контуре Семи Главных Духов; их первое объединение – в Божестве Верховного; их окончательное единство – в бесконечности Первого Источника и Центра, Я ЕСТЬ.

Суждение есть акт признания выводов сознания в отношении опыта физического мира энергии и вещества и причастности к этому миру. *Вера* есть акт признания обоснованности духовного сознания – того, что для смертного человека недоказуемо иным образом. *Логика* есть синтетическое развитие единства веры и суждения в поисках истины, основанное на принципиальных интеллектуальных свойствах смертных существ, внутреннем осознании вещей, значений и ценностей.

Присутствие Настройщика Мышления является действительным подтверждением духовной реальности, но истинность этого присутствия невозможно продемонстрировать внешнему миру – она доступна только тому, кто таким образом постигает пребывающего в нём Бога. Осознание Настройщика основано на интеллектуальном восприятии истины, сверхразумном осознании благости и личностном побуждении к любви.

Наука открывает материальный мир, религия оценивает его, философия пытается интерпретировать его значения, координируя научный материальный взгляд с религиозным духовным представлением. Однако история – это область, в которой наука и религия могут никогда не прийти к полному согласию.

8. ФИЛОСОФИЯ И РЕЛИГИЯ

Хотя и наука, и философия могут допускать вероятность Бога с помощью своих аргументов и логики, только личный религиозный опыт ведомого духом человека может подтвердить несомненность такого верховного личностного Божества. В результате подобной инкарнации живой истины философская гипотеза вероятности Бога становится религиозной реальностью.

Путаница, сопровождающая эмпирическое постижение несомненности Бога, является следствием различных интерпретаций и изложений такого опыта отдельными индивидуумами и различными расами. Эмпирическое знание Бога может быть целиком достоверным, однако рассуждения *относительно* Бога – будучи интеллектуальными и философскими – отличаются друг от друга и порой бывают непоследовательными и ошибочными.

Добрый и благородный человек может глубоко любить свою жену, но быть совершенно неспособным удовлетворительно сдать письменный экзамен по психологии супружеской любви. Другой человек, почти или вовсе не любящий свою супругу, может весьма успешно сдать такой экзамен. Несовершенство проникновения любящего человека в истинный характер своей возлюбленной ни в коей мере не умаляет реальности или искренности его любви.

Если вы действительно верите в Бога – познали его в вере и любите его, – не допускайте какого-либо принижения или ослабления реальности такого опыта скептическими инсинуациями науки, каверзами логики, постулатами философии или ловкими предложениями благонамеренных душ, готовых создать религию без Бога.

Неуверенность сомневающегося материалиста не должна тревожить уверенность богопознавшего религиозного человека. Наоборот, основанная на опыте глубокая вера и непоколебимая уверенность верующего должны бросать могучий вызов сомнениям неверующего.

Для того, чтобы философия могла принести наибольшую пользу и науке, и религии, она должна избегать крайностей как материализма, так и пантеизма. Только такая философия, которая признает реальность личности – постоянства среди изменений, – может иметь нравственную ценность для человека, может служить связующим звеном между теориями материальной науки и духовной религии. Откровение – это компенсация недостатков эволюционирующей философии.

9. СУЩНОСТЬ РЕЛИГИИ

Теология занимается интеллектуальным содержанием религии, метафизика (откровение) – ее философскими аспектами. Религиозный опыт *является* духовным содержанием религии. Несмотря на мифологические выверты и психологические иллюзии, характерные для интеллектуального содержания религии, несмотря на ошибочные метафизические допущения и ведущие к самообману методы, несмотря на политические искажения и социоэкономические извращения философского содержания религии, – духовный опыт личной религии остается подлинным и действительным.

Религия имеет отношение не только к мышлению, но также к чувствам, действиям и образу жизни. Мышление более тесно связано с материальной жизнью и должно – в целом, но не полностью, – подчиняться разуму и фактам науки, а также – в своих нематериальных устремлениях к сферам духа – истине. Сколь бы иллюзорной и ошибочной ни была теология индивидуума, его религия может быть абсолютно подлинной и извечно истинной.

В своей изначальной форме буддизм представлял собой одну из лучших религий без Бога за всю эволюционную историю Урантии, хотя по мере развития этого вероучения в нём появился Бог. Религия без веры есть противоречие; без Бога она философски непоследовательна и интеллектуально абсурдна.

Магическое и мифологическое происхождение естественной религии не опровергает реальность и истинность последующих богооткровенных религий и совершенства спасительного евангелия религии Иисуса. Жизнь Иисуса и его учения окончательно освободили религию от суеверий магии, иллюзий мифологии и оков традиционного догматизма. Однако древняя магия и мифология весьма эффективно проложили путь последующей и более совершенной религии благодаря тому, что допускали существование и реальность сверхматериальных ценностей и существ.

Хотя религиозный опыт является чисто субъективным духовным феноменом, он включает позитивное и живое, присущее вере отношение к высшим сферам объективной вселенской реальности. Идеал религиозной философии – такая вера-доверие, которая помогла бы человеку безусловно положиться на абсолютную любовь бесконечного Отца вселенной вселенных. Такой подлинный религиозный опыт значительно превосходит философскую объективацию идеалистического желания; он действительно принимает спасение на веру и сосредоточивается только на познании воли Райского Отца и ее исполнении. Отличительными признаками такой религии являются вера в верховное Божество, надежда на вечную жизнь и любовь – в первую очередь, любовь к ближним.

Когда теология порабощает религию, религия умирает; она становится доктриной, а не жизнью. Задача теологии – всего лишь помочь человеку осознать личный духовный опыт. Теология представляет собой религиозную попытку определить, прояснить, развить и обосновать эмпирические утверждения религии, которые, в конечном счете, обоснуемы только живой верой. В высшей философии вселенной мудрость, как и разум, становится союзницей веры. Разум, мудрость и вера представляют собой высшие человеческие достижения людей. Разум знакомит человека с миром фактов, с вещами; мудрость знакомит его с миром истины, с отношениями; вера вводит его в мир божественности, духовного опыта.

Вера всегда готова вести за собой разум, пока не иссякнут его способности; она продолжает путь вместе с мудростью, пока не исчерпает философские возможности. И после этого она находит в себе мужество продолжить бескрайний и вечный вселенский путь в сопровождении одной только истины.

Наука (знание) опирается на неотъемлемое (вспомогательный дух) допущение действительности разума и постигаемости вселенной. Философия (координированное постижение) опирается на неотъемлемое (дух мудрости) допущение действительности мудрости, согласуемости материальной и духовной вселенных. Религия (истина личного духовного опыта) опирается на неотъемлемое (Настройщик Мышления) допущение действительности веры, познаваемости и достижимости Бога.

Полное осознание реальности смертной жизни заключается во всё большей готовности верить этим допущениям разума, мудрости и веры. Такая жизнь побуждается истиной и исполнена любви. В этом состоят идеалы объективной космической реальности, существование которой материально недоказуемо.

Научившись распознавать добро и зло, разум проявляет мудрость. Когда мудрость выбирает между добром и злом, истиной и заблуждением, она показывает, что ею руководит дух. Так функции разума, души и духа извечно находятся в тесном объединении и функциональной взаимосвязи. Разум связан с фактическим знанием, мудрость – с философией и откровением, вера – с живым духовным опытом. Через истину человек обретает красоту; благодаря духовной любви он восходит к благости.

Вера ведет к познанию Бога, а не к одному только мистическому ощущению божественного присутствия. Вера не должна подвергаться чрезмерному воздействию своих эмоциональных последствий. Истинная религия есть опыт веры и знания, равно как и удовлетворения чувств.

Реальность религиозного опыта пропорциональна его духовности, и такая реальность выходит за пределы разума, науки, философии, мудрости и всех остальных человеческих достижений. Убеждения такого опыта неопровержимы; логика религиозной жизни неоспорима; уверенность такого знания сверхчеловечна, удовлетворение в высшей степени божественно, смелость неукротима, приверженность несомненна, преданность максимальна, цели окончательны – вечны, предельны и всеобщи.

[Представлено Мелхиседеком Небадона.]

ДОКУМЕНТ 104

РАЗВИТИЕ КОНЦЕПЦИИ ТРОИЦЫ

Концепцию Троицы в богооткровенной религии не следует смешивать с триадными вероучениями, присущими эволюционным религиям. Идеи триад возникли по аналогии со многими вещами, но в основном из-за трех суставов в пальцах, из-за того, что для устойчивости табуретки требовалось хотя бы три ножки, из-за того, что на трех точках можно было укрепить палатку; кроме того, в течение долгого времени первобытный человек умел считать только до трех.

За исключением некоторых естественных пар, таких как прошлое и настоящее, день и ночь, горячее и холодное, мужчина и женщина, человек обычно склонен мыслить триадами: вчера, сегодня, завтра; рассвет, полдень, закат; отец, мать, ребенок. Победителя приветствуют троекратным «ура». Покойников хоронят на третий день, а духа умиротворяют тремя омовениями.

Вследствие этих естественных ассоциаций в человеческом опыте, триада появилась в религии – и это произошло задолго до того, как Райская Троица Божеств или хотя бы один из ее представителей были раскрыты человечеству. Позднее триадные боги появились у персов, индусов, греков, египтян, вавилонян, римлян и скандинавов, однако это еще не были настоящие троицы. У всех триадных божеств было естественное происхождение. В то или иное время они появились у большинства разумных народов Урантии. Иногда концепция эволюционной триады смешивается с концепцией Троицы, раскрытой в откровении. В таких случаях нередко становится невозможным отличить их друг от друга.

1. УРАНТИЙСКИЕ КОНЦЕПЦИИ ТРОИЦЫ

Первое урантийское откровение, ведущее к постижению Райской Троицы, осуществил персонал Князя Калигастии около полумиллиона лет тому назад. Это самое раннее представление о Троице не сохранилось в смутное время, наступившее после планетарного восстания.

Во второй раз идея Троицы была изложена Адамом и Евой в первом и втором садах. Остатки этого учения существовали еще во времена Макивенты Мелхиседека, примерно тридцать пять тысяч лет спустя, ибо сифитская концепция Троицы сохранялась и в Месопотамии, и в Египте, но особенно в Индии, где в течение долгого времени она жила в образе Агни – трехглавого ведического бога огня.

Третьим раскрытием Троицы было представление Макивенты Мелхиседека, и символом его учения стали три концентрических кольца, изображенные на нагрудной пластине салимского мудреца. Однако Макивенте было очень трудно раскрыть палестинским бедуинам Всеобщего Отца, Вечного Сына и Бесконечного Духа. Большинство его учеников полагали, что Троица состоит из трех Всевышних Норлатиадека. Некоторые считали, что в Троицу входят Властелин Системы, Отец Созвездия и Божество-Создатель локальной вселенной. И лишь у немногих возникло смутное представление о Райской взаимосвязи Отца, Сына и Духа.

Благодаря усилиям салимских миссионеров, учения Мелхиседека о Троице постепенно распространились на бо́льшую часть Евразии и северной Африки. Нередко бывает трудно провести различие между триадами и троицами, существовавшими в поздний андитский период и в эпоху после Мелхиседека, когда обе концепции в определенной степени смешались и срослись.

Тринитарное представление индусов укоренилось как Бытие, Разумность и Радость. (Позднее в Индии сложилось представление о Брахме, Шиве и Вишну.) Хотя ранние описания Троицы появились в Индии вместе с сифитскими священниками, последующие идеи Троицы, привнесенные салимскими миссионерами, были развиты местными индийскими мыслителями благодаря соединению этих доктрин с эволюционными представлениями о триадах.

Буддизм создал две доктрины тринитарного характера. В более раннюю входили Учитель, Закон и Братство; таково было представление Гаутамы Сиддхартхи. Более поздняя идея, получившая распространение среди представителей северной ветви буддизма, включала Верховного Господа, Святого Духа и Воплощенного Спасителя.

Эти представления индусов и буддистов были настоящими тринитарными постулатами, то есть идеей тройственного проявления монотеистического Бога. Истинная концепция троицы не является простым соединением трех отдельных богов в одну группу.

Евреи знали о Троице из преданий кенеев, восходивших к эпохе Мелхиседека, однако монотеистическое рвение, с которым они исповедовали единого Бога – Ягве, – настолько заслонило все подобные учения, что ко времени появления Иисуса доктрина Элогима практически исчезла из еврейской теологии. Сознание евреев не могло примирить тринитарную концепцию с монотеистической верой в Единого Господа, Бога Израиля.

Последователи ислама также не смогли охватить идею Троицы. Развивающемуся монотеизму всегда трудно примириться с тринитарностью в условиях борьбы с политеизмом. Идея троицы успешнее всего овладевает теми религиями, где существует прочная монотеистическая традиция в совокупности с доктринальной гибкостью. Великим монотеистам – евреям и мусульманам – было трудно провести различие между поклонением трем богам, политеизмом, и тринитарностью – поклонением одному Божеству, существующему в триедином проявлении божественности и личности.

Иисус учил своих апостолов истине об ипостасях Райской Троицы, но они полагали, что он выражается образно и символически. Воспитанные на иудейском монотеизме, они плохо воспринимали какое-либо вероучение, которое, как им казалось, противоречило их господствующему представлению о Ягве. И ранние христиане унаследовали от евреев предубежденное отношение к концепции Троицы.

Первая христианская Троица была провозглашена в Антиохии и была представлена как Бог, его Слово и его Мудрость. Павлу была известна Райская Троица Отца, Сына и Духа, однако он редко проповедовал ее, упомянув о ней лишь в некоторых из своих посланий создававшимся церквам. Впрочем, Павел, как и его собратья-апостолы, принял Иисуса, Сына-Создателя локальной вселенной, за Второе Лицо Божества – Вечного Сына Рая.

Христианская концепция Троицы, которая стала завоевывать признание к концу первого века после Христа, включала Всеобщего Отца, Сына-Создателя Небадона и Божественную Попечительницу Салвингтона – Материнского Духа локальной вселенной и созидательную супругу Сына-Создателя.

Со времени Иисуса и вплоть до настоящего откровения фактический состав Райской Троицы никогда не был известен на Урантии (за исключением нескольких индивидуумов, которым это было специально раскрыто). Однако хотя христианское представление о Троице являлось ошибочным в отношении факта, оно было

практически истинным в отношении духовных связей. Озадачивали только философские импликации и космологические последствия: многим из тех, кто обладал космическим складом ума, было трудно поверить в то, что Второе Лицо Божества, второй член бесконечной Троицы когда-либо пребывал на Урантии. И хотя в духе это истинно, это не является действительным фактом. Создатели-Михаилы полностью воплощают в себе божественность Вечного Сына, но они не являются абсолютной личностью.

2. ЕДИНСТВО ТРОИЦЫ И МНОЖЕСТВЕННОСТЬ БОЖЕСТВА

Монотеизм появился как философский протест против непоследовательности политеизма. Вначале он развивался в виде пантеистических объединений, в которых сверхъестественные способности распределялись среди членов пантеона, затем через генотеистическое возвышение одного бога над другими и, наконец, через исключение всех богов, кроме Единого Бога, выражающего окончательную ценность.

Тринитаризм вырастает из эмпирического протеста против невозможности представить единичность исключительного, лишенного человеческих черт Божества, значение которого не соотносимо ни с чем во вселенной. При наличии достаточного времени философия стремится отделить личные качества от чисто монотеистической концепции Божества, чем низводит данную идею несоотносимого ни с чем Бога до статуса пантеистического Абсолюта. Всегда было трудно понять личностную природу Бога, у которого нет равноправных личностных отношений с другими равными ему личностными существами. Категория личности в Божестве предполагает существование такого Божества по отношению к другому и равному ему личностному Божеству.

Через осознание концепции Троицы человеческий разум обретает надежду на частичное понимание взаимосвязи любви и закона в пространственно-временны́х творениях. Благодаря духовной вере человек постигает любовь Бога, однако вскоре он обнаруживает, что эта духовная вера не влияет на предопределенные законы материальной вселенной. Безотносительно к прочности веры человека в Бога как своего Райского Отца, расширяющиеся космические горизонты требуют также осознания реальности Райского Божества как универсального закона, осознания всевластия Троицы, которое, простираясь вовне из Рая, распространяется и на эволюционирующие локальные вселенные Сынов-Создателей и Созидательных Дочерей трех вечных лиц, чей божественный союз *является* фактом, реальностью и вечной неделимостью Райской Троицы.

И та же самая Райская Троица есть реальная сущность – хотя и не личность, но истинная и абсолютная реальность; хотя и не личность, но совместимая с сосуществующими личностями – личностями Отца, Сына и Духа. Троица является сверхсуммарной реальностью Божества, возникающей из совмещения трех Райских Божеств. Качества, свойства и функции Троицы не являются простой суммой атрибутов трех Райских Божеств; функции Троицы суть нечто уникальное, оригинальное и не поддающееся исчерпывающему предсказанию на основе анализа атрибутов Отца, Сына и Духа.

Приведем пример. В течение своего пребывания на земле Учитель предупреждал своих последователей о том, что правосудие никогда не является *личным* актом; оно всегда есть функция *группы*. Так и Боги, как отдельные существа, не вершат правосудия. Однако именно эту функцию они исполняют в качестве совокупного целого – Райской Троицы.

Концептуальное постижение объединения Отца, Сына и Духа в Троице подготавливает человеческий разум к последующему знакомству с некоторыми другими тройственными отношениями. Теологический подход может полностью удовлетворяться концепцией Райской Троицы, но философский и космологический подходы требуют осознания других триединых ассоциаций Первого Источника и Центра, тех триединств, в которых Бесконечный действует в различных универсально проявляемых, не относящихся к функциям Отца, качествах, – отношениях Бога силы, энергии, могущества, причинности, реакции, потенциальности, актуальности, гравитации, напряжения, эталона, принципа и единства.

3. ТРОИЦЫ И ТРИЕДИНСТВА

Хотя в некоторых случаях человечество достигало понимания Троицы, образуемой тремя лицами Божества, тем не менее, чтобы быть до конца последовательным, человеческий разум должен осознавать, что существуют определенные отношения между всеми семью Абсолютами. Однако всё то, что справедливо для Райской Троицы, не всегда справедливо в отношении *триединства*, ибо триединство есть нечто отличное от троицы. В некоторых функциональных аспектах триединство может быть аналогично троице, но по своей сущности оно никогда не соответствует троице.

Смертный человек переживает великую урантийскую эпоху, отмеченную расширением кругозора и развитием представлений, и его философия космоса должна развиваться более быстрыми темпами, чтобы не отстать от расширения интеллектуальной арены человеческой мысли. По мере расширения своего космического сознания, смертный человек понимает взаимосвязанность всего, что открывается ему в материальной науке, интеллектуальной философии и духовном постижении. Однако при всей вере в единство космоса, человек сознаёт многообразие бытия. Несмотря на всевозможные концепции, говорящие о неизменности Божества, человек понимает, что он живет во вселенной постоянного изменения и эмпирического роста. Осознавая сохранение духовных ценностей, человек, вместе с тем, должен постоянно считаться с математикой и предматематикой силы, энергии и могущества.

В том или ином виде вечная наполненность бесконечности должна быть согласована с временны́м ростом эволюционирующих вселенных и незавершенностью их эмпирических обитателей. Идея всеобъемлющей бесконечности должна быть каким-то образом сегментирована и обусловлена, чтобы смертный интеллект и моронтийная душа могли постичь эту концепцию, имеющую первостепенную ценность и одухотворяющее значение.

В то время как здравый смысл требует монотеистического единства космической реальности, конечный опыт нуждается в постулате множественных Абсолютов и их координации в космических взаимоотношениях. Без координированного существования невозможно появление множественности абсолютных отношений или действие дифференцирующих, варьирующих, модифицирующих, ослабляющих, определяющих и уменьшающих факторов.

В настоящих документах всеобъемлющая реальность (бесконечность) представлена в том виде, в котором она существует в семи Абсолютах:

1. Всеобщий Отец.
2. Вечный Сын.
3. Бесконечный Дух.

4. Остров Рай.

5. Божество-Абсолют.

6. Всеобщий Абсолют.

7. Безусловный Абсолют.

Первый Источник и Центр, который является Отцом для Вечного Сына, служит также Эталоном для Острова Рай. Он является личностью, безусловно выраженной в Сыне, но потенциально выраженной в Божестве-Абсолюте. Отец есть энергия, раскрытая в системе Рай-Хавона, и одновременно с этим – энергия, сокрытая в Безусловном Абсолюте. Бесконечный извечно проявляет себя в непрестанных актах Совместного Вершителя, в то время как он вечно функционирует в компенсирующих, но неведомых действиях Всеобщего Абсолюта. Таковы связи Отца с шестью равными Абсолютами, и так все семь охватывают круг бесконечности через нескончаемые циклы вечности.

По-видимому, триединство абсолютных отношений неизбежно. Личность стремится к объединению с другими личностями как на абсолютном, так и на всех остальных уровнях. Объединение трех Райских личностей увековечивает первое триединство – личностный союз Отца, Сына и Духа. Ибо когда три этих лица – *как лица* – соединяются для совместного действия, они тем самым образуют триединство функциональной целостности, которое, не являясь троичной, органической сущностью, представляет собой, тем не менее, триединство, тройственное функциональное совокупное единство.

Райская Троица не есть триединство. Она не является функциональным единством: она представляет собой нераздельное и неделимое Божество. Отец, Сын и Дух (как лица) могут поддерживать отношение с Райской Троицей, ибо Троица *является* их нераздельным Божеством. Отец, Сын и Дух не поддерживают подобного личного отношения с первым триединством, ибо оно *является* их функциональным союзом, который они образуют как три лица. Только в качестве Троицы – нераздельного Божества – они поддерживают совместное внешнее отношение с триединством, в которое они объединяются как лица.

Поэтому Райская Троица занимает уникальное положение среди абсолютных взаимоотношений: существуют несколько экзистенциальных триединств, но только одна экзистенциальная Троица. Триединство *не является* сущностью. Оно функционально, а не органично. Его члены образуют скорее товарищество, нежели корпорацию. Составные части триединств могут быть сущностями, но само триединство есть объединение.

Тем не менее, в одном отношении троица и триединство сравнимы друг с другом: как то, так и другое проявляется в функциях, представляющих собой нечто отличное от видимой суммы атрибутов составных частей. Но хотя они и сравнимы с функциональной точки зрения, в остальном они не обнаруживают категориальной связи. Они соотносятся примерно так же, как функция и структура. Однако функция триединого объединения не является функцией троичной структуры или сущности.

И всё же триединства реальны, совершенно реальны. В них происходит функционализация всеобъемлющей реальности, и через них Всеобщий Отец осуществляет непосредственное и личное управление основными функциями бесконечности.

4. СЕМЬ ТРИЕДИНСТВ

Предпринимая попытку описания семи триединств, необходимо подчеркнуть, что Всеобщий Отец является первичным членом каждого из них. Он есть, был и вечно будет Первым Всеобщим Отцом-Источником, Абсолютным Центром, Первопричиной, Всеобщим Властителем, Безграничным Активизатором, Изначальным Единством, Безусловным Вседержителем, Первым Лицом Божества, Первичным Космическим Эталоном и Сущностью Бесконечности. Всеобщий Отец является личной причиной Абсолютов; он есть абсолют Абсолютов.

Характер и смысл семи триединств можно представить следующим образом:

Первое триединство – личностно-целенаправленное триединство. Это объединение включает личности трех Божеств:

1. Всеобщий Отец.
2. Вечный Сын.
3. Бесконечный Дух.

Тройственный союз любви, милосердия и служения является целенаправленным и личностным объединением трех вечных Райских личностей. Это объединение характеризуется божественными отношениями братства, любовью к созданиям, отеческими деяниями и содействием восхождению. Божественные личности этого первого триединства являются Богами, которые наделяют личностью, посвящают дух и одаряют разумом.

Данное триединство отличается бесконечным волеизъявлением. Оно действует на всём протяжении вечного настоящего и прошлого-настоящего-будущего течения времени. Это объединение порождает бесконечность волеизъявления и предлагает такие способы, посредством которых личностное Божество самораскрывается созданиям эволюционирующего космоса.

Второе триединство – энерго-эталонное триединство. Будь то крошечный ультиматон, сверкающая звезда или кружащаяся туманность и даже центральная или сверхвселенные, физический эталон – космическая конфигурация – любой материальной организации, от мельчайшей до величайшей, всегда выводится из функции следующего триединства:

1. Отец-Сын.
2. Остров Рай.
3. Совместный Вершитель.

Энергия организуется космическими посредниками Третьего Источника и Центра. Различные формы энергии появляются в соответствии с эталоном Рая – абсолютной материализацией. Но за всеми этими нескончаемыми превращениями находится присутствие Отца-Сына, чей союз впервые активировал эталон Рая в появлении Хавоны, что произошло при рождении Бесконечного Духа, – Совместного Вершителя.

В своем религиозном опыте, создания соприкасаются с Богом, который есть любовь, но подобное духовное проникновение никогда не должно заслонять разумного признания вселенского факта эталона, которым является Рай. Райские личности заручаются добровольным поклонением всех созданий благодаря неотразимой силе божественной любви и ведут всех таких рожденных в духе личностей к небесному наслаждению – нескончаемому служению в качестве Божьих сынов-завершителей. Второе триединство является творцом той пространственной арены, на которой разворачиваются эти процессы. Оно определяет типы космических конфигураций.

Любовь может характеризовать первое триединство, однако эталон есть галактическое проявление второго триединства. То, чем первое триединство является для эволюционирующих личностей, второе триединство является для эволюционирующих вселенных. Эталон и личность суть два великих проявления деятельности Первого Источника и Центра. Но сколь бы трудным это ни было для постижения, истинно, что энергетический эталон и любвеобильная личность являются одной и той же всеобщей реальностью. Остров Рай и Вечный Сын суть равные, но противоположные раскрытия непостижимой природы Всеобщего Отца-Силы.

Третье триединство – духовно-эволюционное триединство. Вся совокупность духовных проявлений начинается и заканчивается в этом объединении:

1. Всеобщий Отец.
2. Сын-Дух.
3. Божество-Абсолют.

От духовной потенции до Райского духа, проявление всякого духа в реальности осуществляется в этом триедином объединении чисто духовной сущности Отца, активных духовных ценностей Сына-Духа и неограниченных духовных потенциалов Божества-Абсолюта. Это триединство включает изначальное возникновение, исчерпывающее проявление и окончательное предназначение экзистенциальных ценностей духа.

Отец существует прежде Духа; Сын-Дух функционирует в качестве активного созидательного духа; Божество-Абсолют существует как всеохватный дух и даже выходит за пределы духа.

Четвертое триединство – триединство бесконечности энергии. В пределах этого триединства увековечиваются начала и завершения всей энергетической реальности – от потенции пространства до моноты:

1. Отец-Дух.
2. Остров Рай.
3. Безусловный Абсолют.

Рай является центром энерго-силовой активации космоса – вселенским местоположением Первого Источника и Центра, космическим средоточием Безусловного Абсолюта и источником всей энергии. В этом триединстве экзистенциально присутствует энергетический потенциал бесконечного космоса, лишь частичными проявлениями которого являются большая вселенная и совокупная вселенная.

Четвертое триединство осуществляет абсолютное управление основными единицами космической энергии, освобождая их от господства Безусловного Абсолюта прямо пропорционально появлению в эмпирических Божествах субабсолютной способности контролировать и стабилизировать видоизменяющийся космос.

Это триединство *является* силой и энергией. Беспредельные возможности Безусловного Абсолюта сосредоточены вокруг абсолютума Острова Рай, откуда исходят невообразимые возбуждения обычно статически спокойного Безусловного. И нескончаемое биение материального сердца Рая в бесконечном космосе согласуется с непостижимым эталоном и неисповедимым планом Бесконечного Активатора – Первого Источника и Центра.

Пятое триединство – триединство реактивной бесконечности:

1. Всеобщий Отец.
2. Всеобщий Абсолют.
3. Безусловный Абсолют.

Эта группа увековечивает функциональную реализацию в бесконечности всего, что поддается актуализации в пределах небожественной реальности. Данное триединство проявляет способность неограниченного реагирования на волевое, причинное, тензионное и эталонное действия и присутствия других триединств.

Шестое триединство – триединство космического объединенного Божества:

1. Всеобщий Отец.

2. Божество-Абсолют.

3. Всеобщий Абсолют.

Данное объединение есть Божество в космосе, имманентность Божества в сочетании с трансцендентностью Божества. Это последнее распространение божественности на уровнях бесконечности в направлении тех реальностей, которые находятся за пределами обожествленной реальности.

Седьмое триединство – триединство бесконечного единства. Этот претворяемый в бесконечности союз функционально проявляется во времени и вечности, выражая согласованное объединение актуального и потенциального:

1. Всеобщий Отец.

2. Совместный Вершитель.

3. Всеобщий Абсолют.

Совместный Вершитель осуществляет всеобщую интеграцию различных функциональных аспектов всей актуализированной реальности на всех уровнях проявления – от конечных через трансцендентальные и вплоть до абсолютных. Всеобщий Абсолют в совершенстве компенсирует различия, присущие разнообразным аспектам всей незавершенной реальности, – от неограниченных потенциалов активно-волевой причинной реальности Божества до безграничных возможностей статической, реактивной, небожественной реальности в непостижимых сферах Безусловного Абсолюта.

Функционируя в этом триединстве, Совместный Вершитель и Всеобщий Абсолют одинаково реагируют на божественные и небожественные присутствия, равно как и Первый Источник и Центр, который в данном отношении, по существу, концептуально неотличим от Я ЕСТЬ.

Эти приближения достаточны для того, чтобы пояснить концепцию триединств. Не зная предельного уровня триединств, вы не можете до конца понять первые семь из них. Полагая неразумным браться за дальнейшие уточнения, мы, тем не менее, можем сообщить, что существуют пятнадцать триединых объединений Первого Источника и Центра, восемь из которых не раскрыты в настоящих документах. Эти нераскрытые объединения имеют отношение к реальностям, актуальностям и потенциальностям, находящимся за пределами эмпирического уровня верховности.

Триединства являются функциональным маховиком бесконечности, объединением уникальности Семи Абсолютов Бесконечности. Именно экзистенциальное присутствие триединств позволяет Отцу-Я ЕСТЬ испытывать функциональное единение в бесконечности, несмотря на разнообразное проявление бесконечности в семи Абсолютах. Первый Источник и Центр является объединяющим членом всех триединств; в нём всё имеет свое безусловное начало, вечное существование и бесконечную цель – «в нём всё заключено».

Хотя эти объединения неспособны пополнить бесконечность Отца-Я ЕСТЬ, представляется, что именно благодаря им становятся возможными суббесконечные и субабсолютные проявления его реальности. Семь триединств умножают многосторонность, увековечивают новые глубины, наполняют божественным содержанием новые ценности, вскрывают новые возможности, раскрывают новые значения; и все эти разнообразные проявления во времени и пространстве и вечном космосе существуют в гипотетической неподвижности изначальной бесконечности Я ЕСТЬ.

5. ТРОЙСТВЕННЫЕ СОЮЗЫ

Существуют некоторые другие триединые взаимоотношения без участия Отца; однако они не являются истинными триединствами и всегда рассматриваются отдельно от триединств Отца. Они имеют различные названия: ассоциированные триединства, равные триединства и *тройственные союзы*. Они являются следствием существования триединств. Два из таких объединений имеют следующее строение:

Тройственный Союз Актуальности представлен взаимоотношениями трех абсолютных реальностей:

1. Вечный Сын.
2. Остров Рай.
3. Совместный Вершитель.

Вечный Сын является абсолютом реальности духа, абсолютной личностью. Остров Рай является абсолютом реальности космоса, абсолютным эталоном. Совместный Вершитель является абсолютом реальности разума, равным партнером абсолютной реальности духа и экзистенциальным синтезом личности и могущества в Божестве. Это триединое объединение приводит к координации всей совокупной актуализированной реальности – реальности духа, космоса или разума. Оно безусловно в актуальности.

Тройственный Союз Потенциальности представляет собой объединение трех Абсолютов потенциальности:

1. Божество-Абсолют.
2. Всеобщий Абсолют.
3. Безусловный Абсолют.

Такова взаимосвязь резервуаров бесконечности, которые являются вместилищами всей скрытой энергетической реальности – реальности духа, разума или космоса. Это объединение осуществляет интеграцию всей скрытой энергетической реальности. Оно бесконечно в потенциале.

Так же как триединства в первую очередь связаны с функциональным объединением бесконечности, так и тройственные союзы участвуют в космическом появлении эмпирических Божеств. Если связь триединств с эмпирическими Божествами – Верховным, Предельным и Абсолютным – опосредованна, то для тройственных союзов эта связь является непосредственной. Тройственные союзы образуются в выявляющемся энерго-личностном синтезе Верховного Существа. И для временны́х созданий пространства Верховное Существо является раскрытием единства Я ЕСТЬ.

[Представлено Мелхиседеком Небадона.]

ДОКУМЕНТ 105

БОЖЕСТВО И РЕАЛЬНОСТЬ

Даже высшие категории населяющих вселенную разумных существ способны лишь частично постигнуть бесконечность и только относительно понять конечность реальности. В попытке проникнуть в тайну вечности, связанную с происхождением и предназначением всего, что именуется *реальным*, человеческий разум, рассматривая данную проблему, может с пользой для себя представить вечность-бесконечность как почти неограниченный эллипс, являющийся следствием одной абсолютной причины и функционирующий по всему этому бескрайнему разнообразному вселенскому кругу в извечном стремлении к некоторой абсолютной и бесконечной потенциальности предназначения.

Когда смертный интеллект пытается постичь концепцию тотальности реальности, такой конечный разум сталкивается лицом к лицу с реальностью бесконечности. Тотальность реальности *является* бесконечностью и потому никогда не сможет быть исчерпывающе понята каким-либо разумом, который, по своим концептуальным возможностям, является суббесконечным.

Человеческий разум едва ли способен составить адекватное представление о вечностных существованиях, а без этого невозможно изложить даже наши концепции тотальности реальности. Тем не менее, мы можем попытаться взяться за это, хотя прекрасно понимаем, что наши понятия неизбежно подвергнутся существенному искажению в процессе истолкования и модификации, рассчитанных на уровень понимания смертного разума.

1. ФИЛОСОФСКАЯ КОНЦЕПЦИЯ «Я ЕСТЬ»

Философы вселенных относят абсолютную изначальную причинность бесконечности к Всеобщему Отцу, функционирующему в качестве бесконечного, вечного и абсолютного Я ЕСТЬ.

Существует много опасностей, связанных с изложением смертному интеллекту этой идеи бесконечного Я ЕСТЬ, ибо данная концепция столь далека от эмпирического человеческого понимания, что она сопряжена с серьезным искажением значений и неправильным пониманием ценностей. Тем не менее, философская концепция Я ЕСТЬ действительно предлагает конечным существам некоторый фундамент в попытке достичь частичного понимания абсолютных истоков и бесконечных предназначений. Но необходимо ясно заявить, что во всех наших усилиях пролить свет на происхождение и претворение реальности концепция Я ЕСТЬ – в любых личностных значениях и ценностях – синонимична Первому Лицу Божества, Всеобщему Отцу всех личностей. Однако данный постулат Я ЕСТЬ невозможно столь же ясно идентифицировать в пределах необожествленной вселенской реальности.

Я ЕСТЬ является Бесконечным; Я ЕСТЬ также является бесконечностью. С точки зрения последовательности, времени, вся реальность берет свое начало в бесконечном Я ЕСТЬ, чье исключительное существование в бесконечной вечности прошлого должно быть первым философским постулатом для конечного создания. Концепция Я ЕСТЬ подразумевает *безусловную бесконечность* – недифференцированную реальность всего, что могло бы когда-либо появиться во всей бесконечной вечности.

Как экзистенциальная концепция, Я ЕСТЬ не является обожествленным или необожествленным, актуальным или потенциальным, личностным или безличностным, статическим или динамическим. Никакое определение не применимо к Бесконечному. Можно только констатировать, что Я ЕСТЬ *существует*. Философский постулат Я ЕСТЬ – это единственное вселенское понятие, которое в некотором смысле является более сложным для понимания, чем концепция Безусловного Абсолюта.

Конечному разуму просто необходимо начало, и хотя действительного начала у реальности никогда не было, тем не менее, существуют некоторые отношения причинности, которые связывают реальность с бесконечностью. Предреальность – изначальную, вечностную ситуацию – можно представить как нечто следующее: в некоторый бесконечно далекий, гипотетический момент вечности прошлого, Я ЕСТЬ можно представить и как субстанцию, и как не-субстанцию, причина и следствие, волеизъявление и реакция. В этот гипотетический вечностный момент, дифференциации нет нигде во всей бесконечности. Бесконечность наполнена Бесконечным; Бесконечный охватывает бесконечность. Это тот гипотетический статический момент вечности, когда актуальное всё еще заключено в потенциальном, а потенциальное еще не проявилось в бесконечности Я ЕСТЬ. Однако даже в этой предполагаемой ситуации мы должны допустить существование возможности личной воли.

Всегда помните о том, что человеческое понимание Всеобщего Отца является личным опытом. Как духовный Отец, Бог доступен вашему пониманию и пониманию всех других смертных, но *ваше эмпирическое вероисповедное представление о Всеобщем Отце всегда будет меньше вашего философского постулата бесконечности Первого Источника и Центра, Я ЕСТЬ*. Когда мы говорим об Отце, мы имеем в виду Бога, который может быть понят своими созданиями – как высокими, так и низкими, но в Божестве сокрыто гораздо больше такого, что недоступно пониманию вселенских созданий. Бог – ваш и мой Отец – есть тот аспект Бесконечного, который мы воспринимаем в наших личностях как действительную эмпирическую реальность, однако Я ЕСТЬ извечно остается нашей гипотезой всего того, что, как мы чувствуем, непостижимо в Первом Источнике и Центре. И даже эта гипотеза, возможно, далека от передачи непостижимой бесконечности изначальной реальности.

Вселенная вселенных, с неисчислимым множеством населяющих ее личностей, является обширным и сложным организмом, но Первый Источник и Центр бесконечно сложнее вселенных и личностей, ставших реальными в ответ на его волеизъявления. Когда вас охватывает благоговейный трепет, внушаемый величием совокупной вселенной, задумайтесь о том, что это невообразимое творение может быть лишь частичным выражением Бесконечного.

Бесконечность действительно далека от эмпирического уровня смертного понимания, но даже в эту урантийскую эпоху ваши представления о бесконечном растут, и они будут продолжать расти в течение всего вашего бесконечного пути, уходящего в вечность будущего. Для конечных созданий безусловная бесконечность лишена смысла, но бесконечность способна на самоограничение и подвержена проявлению в реальности на всех уровнях существования во вселенной. И то лицо, которое Бесконечный обращает ко всем вселенским личностям, есть лицо Отца – Всеобщего Отца любви.

2. Я ЕСТЬ – ТРИЕДИНОЕ И СЕМИЧАСТНОЕ

Рассматривая происхождение реальности, всегда помните о том, что вся абсолютная реальность – из вечности, что у ее существования нет начала. Говоря об абсолютной реальности, мы имеем в виду три экзистенциальных лица Божества, Остров Рай и три Абсолюта. Эти семь реальностей являются одинаково вечными, несмотря на то что мы пользуемся пространственно-временны́м языком, рассказывая людям об их последовательном происхождении.

Следуя хронологическому описанию происхождения реальности, необходимо постулировать теоретический момент «первого» изъявления воли и «первой» возникшей вследствие этого реакции в пределах Я ЕСТЬ. В наших попытках описать происхождение и образование реальности данная стадия может быть представлена как самовыделение *Бесконечного* из *Беспредельности*, однако постулирование этого двуединого отношения должно всегда расширяться до триединой концепции через признание вечного континуума *Бесконечности*, Я ЕСТЬ.

Самопревращение Я ЕСТЬ достигает кульминации во множественной дифференциации обожествленной и необожествленной реальности, потенциальной и актуальной реальности, а также некоторых других реальностей, которые едва ли поддаются классификации. Эти дифференциации теоретического монистического Я ЕСТЬ вечно интегрированы отношениями, одновременно возникающими в пределах того же Я ЕСТЬ, – появляется допотенциальная, доактуальная, доличностная, монотетичная предреальность, которая, хотя и являясь бесконечной, раскрывается как абсолютная в присутствии Первого Источника и Центра и как личность – в безграничной любви Всеобщего Отца.

Посредством этих внутренних метаморфоз, Я ЕСТЬ создает основу для семичастного самоотношения. Философская (временна́я) концепция исключительности Я ЕСТЬ и промежуточная (временна́я) концепция Я ЕСТЬ как триединства могут теперь быть расширены, чтобы включать в себя представления о семичастности Я ЕСТЬ. Этот семичастный – или семиаспектный – характер лучше всего можно представить по отношению к Семи Абсолютам Бесконечности:

1. *Всеобщий Отец*. Я ЕСТЬ как отец Вечного Сына. Таково исходное личностное отношение актуальностей. Абсолютная личность Сына делает абсолютным факт отцовства Бога и создает потенциальный статус сыновства всех личностей. Это отношение утверждает личность Бесконечного и завершает его духовное раскрытие в личности Изначального Сына. Данный аспект Я ЕСТЬ частично познается на духовном уровне даже в опыте смертных, которые еще во плоти могут поклоняться нашему Отцу.

2. *Всеобщий Властитель*. Я ЕСТЬ как причина вечного Рая. Таково первичное безличностное отношение актуальностей, изначальное недуховное объединение. Всеобщий Отец есть Бог-как-любовь; Всеобщий Властитель есть Бог-как-эталон. Это отношение создает потенциал формы – конфигурации – и устанавливает эталонный образец безличностной и недуховной взаимосвязи – эталонный образец, в соответствии с которым создаются все копии.

3. *Всеобщий Создатель*. Я ЕСТЬ как единое целое с Вечным Сыном. Этот союз Отца и Сына (в присутствии Рая) порождает созидательный цикл, который завершается появлением совместной личности и вечной вселенной. С точки зрения конечного смертного, истинное начало реальности заключается в появлении Хавоны, сотворенной в вечности. Этот творческий акт Божества совершается и опосредуется Богом Действия, который является, в сущности, единством Отца-

Сына, представленным на всех уровнях и относительно всех уровней актуального. Поэтому божественная созидательность неизменно характеризуется единством, и это единство является внешним отражением абсолютного тождества двуединства Отца-Сына и Троицы Отца-Сына-Духа.

4. *Бесконечный Вседержитель*. Самоассоциирующее Я ЕСТЬ. Таково изначальное объединение статических и потенциальных сущностей реальности. В этом отношении все условные и безусловные реальности компенсированы. Этот аспект лучше всего понимается как Всеобщий Абсолют – объединитель Божества-Абсолюта и Безусловного Абсолюта.

5. *Бесконечный Потенциал*. Самообусловленное Я ЕСТЬ. Эта находящаяся в бесконечности веха служит вечным свидетельством добровольного самоограничения Я ЕСТЬ, благодаря которому было достигнуто тройственное самовыражение и самораскрытие. Этот аспект Я ЕСТЬ обычно понимается как Божество-Абсолют.

6. *Бесконечная Способность*. Статически-реактивное Я ЕСТЬ. Оно представляет собой бескрайнюю матрицу, возможность для всего будущего космического распространения. Возможно, что данный аспект Я ЕСТЬ лучше всего понимается как сверхгравитационное присутствие Безусловного Абсолюта.

7. *Всеобщий Бесконечный*. Я ЕСТЬ как Я ЕСТЬ. Это – состояние покоя, или самонаправленное отношение Бесконечности, вечный факт реальности бесконечности и всеобщая истина бесконечности реальности. В той мере, в которой такое отношение постижимо как личность, оно раскрывается вселенным в качестве божественного Отца всех личностей – и даже абсолютной личности. В той мере, в которой это отношение выразимо безличностно, его соприкосновение со вселенной выражается как абсолютная согласованность чистой энергии с чистым духом в присутствии Всеобщего Отца. В той мере, в которой это отношение представимо как абсолют, оно раскрывается в первичности Первого Источника и Центра. В нём мы все живем, движемся и существуем – от созданий пространства до граждан Рая. И это одинаково справедливо как в отношении всей совокупной вселенной, так и бесконечно малого ультиматона. Это так же истинно в отношении того, что будет, как и в отношении того, что есть и что было.

3. СЕМЬ АБСОЛЮТОВ БЕСКОНЕЧНОСТИ

Семь первичных отношений в пределах Я ЕСТЬ увековечиваются как Семь Абсолютов Бесконечности. Однако, хотя мы и можем описать происхождение реальности и дифференциацию бесконечности с помощью последовательного изложения, в действительности все семь Абсолютов безусловно и равноправно вечны. Возможно, что смертному разуму необходимо иметь представление об их истоках, но это представление всегда должно превосходиться осознанием того, что у семи Абсолютов не было начала; они вечны и таковыми являлись всегда. Семь Абсолютов суть предпосылка реальности. В этих документах они описаны следующим образом:

1. *Первый Источник и Центр*. Первое Лицо Божества и первичный эталон небожества, Бог, Всеобщий Отец, создатель, управляющий и вседержитель; всеобщая любовь, вечный дух, бесконечная энергия; потенциал всего потенциального и источник всего актуального; статичность всякой неизменности и динамизм всякого изменения; источник эталонов и Отец личностей. В своей совокупности все семь Абсолютов равнозначны бесконечности, однако Всеобщий Отец сам является действительно бесконечным.

2. *Второй Источник и Центр*. Второе Лицо Божества, Вечный и Изначальный Сын; абсолютные личностные реальности Я ЕСТЬ и основа для воплощения и раскрытия «личности Я ЕСТЬ». Ни одна личность не может надеяться достигнуть Всеобщего Отца, кроме как через его Вечного Сына; точно так же ни одна личность не может достигнуть духовных уровней существования вне действия и помощи этого абсолютного эталона всех личностей. Во Втором Источнике и Центре дух безусловен, а личность абсолютна.

3. *Райский Источник и Центр*. Второй эталон не-божества, вечный Остров Рай; основа для реализации-раскрытия «Я ЕСТЬ сила» и фундамент для создания гравитационного управления во всех вселенных. Рай является абсолютом эталонов по отношению к актуализированной, недуховной, безличностной и неволевой реальности. Так же как духовная энергия связана со Всеобщим Отцом через абсолютную личность Материнского Сына, так вся космическая энергия охвачена гравитационным управлением Первого Источника и Центра через абсолютный эталон Острова Рай. Рай не находится в пространстве; пространство существует относительно Рая, и постоянство движения определяется через взаимосвязь с Раем. Вечный Остров находится в состоянии абсолютного покоя; все остальные формы организованной и организуемой энергии пребывают в состоянии вечного движения; во всём пространстве только присутствие Безусловного Абсолюта находится в состоянии покоя, и Безусловный координирован с Раем. Рай существует в центре пространства, Безусловный Абсолют насыщает пространство, и всё относительное бытие заключено в пределах этой сферы.

4. *Третий Источник и Центр*. Третье Лицо Божества, Совместный Вершитель; бесконечный соединитель космических энергий Рая и духовных энергий Вечного Сына; совершенный координатор побуждений воли и механики силы; объединитель всей претворенной и претворяемой реальности. Через служение своих многоликих детей Бесконечный Дух раскрывает милосердие Вечного Сына, одновременно действуя в качестве бесконечного оператора, извечно соединяя эталон Рая с энергиями пространства. Всё тот же Совместный Вершитель, Бог Действия, является совершенным выражением безграничных планов и целей Отца-Сына, в то время как сам он служит источником разума и посвящает интеллект созданиям необъятного космоса.

5. *Божество-Абсолют*. Причинные, потенциально личностные возможности всеобщей реальности, тотальность всего потенциала Божества. Божество-Абсолют является целенаправленным обуславливающим началом безусловных, абсолютных и небожественных реальностей. Божество-Абсолют обуславливает абсолютное и абсолютизирует условное – кладет начало предназначению.

6. *Безусловный Абсолют*. Статичный, реактивный и бездействующий Абсолют; нераскрытая космическая бесконечность Я ЕСТЬ; тотальность необожествленной реальности и завершенность всего неличностного потенциала. Действие Безусловного ограничено пространством, но присутствие Безусловного неограниченно, бесконечно. Существует концептуальная периферия совокупной вселенной, но присутствие Безусловного безгранично; даже вечность не может исчерпать бескрайнюю неподвижность этого небожественного Абсолюта.

7. *Всеобщий Абсолют*. Объединитель обожествленного и необожествленного; согласователь абсолютного и относительного. Всеобщий Абсолют (являясь статичным, потенциальным и ассоциативным) компенсирует напряжение между извечно существующим и незавершенным.

Семь Абсолютов Бесконечности являются истоками реальности. С точки зрения смертного разума, Первый Источник и Центр видится как предшествующий всем абсолютам. Однако хотя подобный постулат и является полезным, он неправомочен ввиду сосуществования в вечности Сына, Духа, трех Абсолютов и Острова Рай.

То, что Абсолюты представляют собой проявления Я ЕСТЬ-Первого Источника и Центра, является *истиной*; то, что у Абсолютов никогда не было начала и что в вечности они равны Первому Источнику и Центру, является *фактом*. Отношения абсолютов в вечности не всегда можно показать, не сталкиваясь с парадоксами временно́го языка и концептуальных типов пространства. Однако независимо от путаницы, связанной с происхождением Семи Абсолютов Бесконечности, вся реальность основана на их вечном существовании и бесконечных отношениях, что является и фактом, и истиной.

4. ЕДИНСТВО, ДВОЙСТВЕННОСТЬ И ТРИЕДИНСТВО

Философы вселенной постулируют вечное существование Я ЕСТЬ как изначальный источник всей реальности. Наряду с этим они постулируют самосегментацию Я ЕСТЬ на первичные самоотношения – семь аспектов бесконечности. И одновременно с этим допущением предлагается третий постулат – появление в вечности Семи Абсолютов Бесконечности и увековечение двойственного объединения семи аспектов Я ЕСТЬ и этих семи Абсолютов.

Так самораскрытие Я ЕСТЬ развивается от статического «я», через самосегментацию и самоотношение, к абсолютным отношениям – отношениям с самоизвлеченными Абсолютами. Так появляется двойственность вечного объединения Семи Абсолютов Бесконечности с семичастной бесконечностью самосегментированных аспектов самораскрывающегося Я ЕСТЬ. Эти двуединые отношения, которые увековечиваются по отношению к вселенным в качестве семи Абсолютов, увековечивают исходное основание для всей вселенской реальности.

Иногда говорят, что единство порождает двойственность, что двойственность порождает триединство и что триединство является вечным предшественником всего сущего. Действительно, существует три великих класса изначальных отношений:

1. *Отношения единства*. Отношения, существующие в пределах Я ЕСТЬ, единство которого рассматривается как трехчастная, а затем как семичастная самодифференциация.

2. *Отношения двойственности*. Отношения, существующие между семичастным Я ЕСТЬ и Семью Абсолютами Бесконечности.

3. *Отношения триединства*. Сюда относятся функциональные объединения Семи Абсолютов Бесконечности.

Отношения триединства возникают из отношений двойственности ввиду неизбежности взаимоотношений Абсолютов. Такие триединые объединения увековечивают потенциал всей реальности; они охватывают как обожествленную, так и необожествленную реальность.

Я ЕСТЬ – это безусловная бесконечность как *единство*. Двойственности увековечивают *основания* реальности. Триединства приводят к реализации бесконечности как универсальной *функции*.

Доэкзистенциальное становится экзистенциальным в семи Абсолютах, а экзистенциальное становится функциональным в триединствах – основной ассоциации Абсолютов. Увековечение триединств означает, что вселенская сцена подготовлена – существует потенциальное и присутствует актуальное – и вся вечность, во всей своей полноте, становится свидетелем диверсификации космической энергии, распространения Райского духа и наделения разумом наряду с посвящением личности, посредством чего все эти производные от Божества и Рая объединяются эмпирически на уровне созданий и с помощью других методов – на уровне сверхсозданий.

5. РАСПРОСТРАНЕНИЕ КОНЕЧНОЙ РЕАЛЬНОСТИ

Так же как изначальная диверсификация Я ЕСТЬ должна объясняться неотъемлемым и автономным волеизъявлением, так и распространение конечной реальности должно относиться за счет волевых актов Райского Божества, отразившихся в адаптациях функциональных триединств.

Нам представляется, что до распространения божественности на область конечного вся диверсификация реальности происходила на абсолютных уровнях. Однако волевой акт, ведущий к распространению конечной реальности, подразумевает обусловленность абсолютности и предполагает возникновение относительных реальностей.

Хотя мы и строим свое повествование в виде последовательности событий и описываем историческое появление конечного как непосредственное производное абсолютного, следует помнить о том, что трансцендентальное существовало как до, так и после всего конечного. По отношению к конечному трансцендентальные предельности являются как его причинами, так и завершениями.

Возможность конечного заключена в Бесконечном, но преобразование возможности в вероятность и неизбежность должно объясняться самосущной свободной волей Первого Источника и Центра, активирующего все триединые объединения. Только бесконечность воли Отца способна таким образом обусловить абсолютный уровень бытия, чтобы привести к возникновению предельного или создать конечное.

С появлением относительной и обусловленной реальности появляется новый цикл реальности – цикл роста – величественный спуск с высот бесконечности в область конечного, которое извечно стремится к центру, к Раю и Божеству, в неизменном поиске тех высоких целей, которые соизмеримы со своим источником в бесконечности.

Эти невообразимые процессы знаменуют собой начало истории вселенной, появление самого времени. Для созданий начало конечного *и есть* возникновение реальности; с позиции их разума, до возникновения конечного действительность немыслима. Эта новая конечная реальность существует в двух изначальных фазах:

1. *Первичные максимумы* – в высшей степени совершенная реальность, хавонский тип вселенной и созданных существ.

2. *Вторичные максимумы* – в высшей степени усовершенствованная реальность, сверхвселенский тип созданных существ и творений.

Итак, таковы два изначальных проявления: сущностно совершенное и эволюционно совершенное. Они равны в вечностных отношениях, но в пределах времени они кажутся различными. Фактор времени означает рост для того, что растет; вторичные конечные реальности растут; следовательно, то, что растет, не может не казаться незавершенным во времени. Однако данные различия, столь важные по эту сторону Рая, не существуют в вечности.

Мы говорим о совершенном и усовершенствованном как о первичных и вторичных максимумах. Но существует еще один тип: вследствие тринитизации и других отношений, между первичными и вторичными появляются *третичные максимумы* – вещи, значения и ценности, которые не являются ни совершенными, ни усовершенствованными и, вместе с тем, равными обоим предшествующим факторам.

6. ПОСЛЕДСТВИЯ ПОЯВЛЕНИЯ КОНЕЧНОЙ РЕАЛЬНОСТИ

Всё распространение конечных существований отражает переход от потенциального к актуальному в пределах абсолютных объединений функциональной бесконечности. Из многих последствий созидательного претворения конечного можно упомянуть четыре:

1. *Реакция божества* – появление трех уровней эмпирической верховности: действительность верховности личностного духа в Хавоне, потенциальность верховности личностного могущества в грядущей большой вселенной,а также способность к некоторой неизвестной функции эмпирического разума, действующего на некотором уровне верховности в совокупной вселенной будущего.

2. *Реакция вселенной* включала активацию планов создания пространственного уровня сверхвселенных, и эта эволюция продолжается в течение всей физической организации семи сверхвселенных.

3. *Последствия для созданий*. Следствием данной реакции на возникновение конечной реальности стало появление совершенных существ – вечных обитателей Хавоны – и усовершенствованных восходящих эволюционных созданий семи сверхвселенных. Однако достижение совершенства в эволюционном (созидательно-временном) опыте предполагает, что отправной точкой является не совершенство, а нечто иное. Так в эволюционных творениях появляется несовершенство. А это – источник потенциального зла. Несоответствие, дисгармония, конфликт – всё это неразрывно связано с эволюционным ростом, начиная с физических вселенных и кончая личностными созданиями.

4. *Реакция божественности* на несовершенство, связанная с временной задержкой эволюции, раскрывается в компенсирующем присутствии Бога-Семичастного, благодаря действиям которого совершенствующее начало связано как с совершенным, так и усовершенствованным. Эта временная задержка неотъемлема от эволюции, которая есть созидательность во времени. Ввиду этой и других причин всемогущая власть Верховного определяется успехами божественности Бога-Семичастного. Это отставание позволяет созданиям участвовать в божественном творении – личностным созданиям предоставляется возможность становиться партнерами Божества в достижении максимального развития. Так и материальный разум смертного создания становится партнером божественного Настройщика в дуализации бессмертной души. Бог-Семичастный также обеспечивает методы компенсации эмпирических ограничений внутреннего совершенства, равно как и компенсации ограничений, накладываемых довосхожденческим несовершенством.

7. ВОЗНИКНОВЕНИЕ ТРАНСЦЕНДЕНТАЛЬНЫХ РЕАЛЬНОСТЕЙ

Трансцендентальные реальности суббесконечны и субабсолютны, но они являются сверхконечными и находятся выше уровня созданий. Трансцендентальные реальности возникают в качестве интегрирующего уровня, коррелирующего сверхценности абсолютного с максимальными ценностями конечного. С точки зрения создания, то, что является трансцендентальным, представляется возникшим как следствие конечного. При взгляде из вечности оно предшествует конечному. Есть и такие, кто считает трансцендентальное «предвосхищением» конечного.

Трансцендентальность не обязательно означает отсутствие развития, но в конечном смысле она сверхэволюционна; не является она и неэмпирической, однако она представляет собой сверхопыт в том смысле, в котором он понимается созданиями. Возможно, лучшей иллюстрацией такого парадокса служит совершенная центральная вселенная: она вряд ли абсолютна – только сам Рай является действительно абсолютным в «материализованном» смысле. Не относится она и к конечным эволюционным творениям, какими являются семь сверхвселенных. Хавона вечна, но она не является неизменной – в этой вселенной возможен рост. Она населена созданиями (уроженцами Хавоны), которых в действительности никогда не создавали, ибо они существуют вечно. Поэтому Хавона – это пример того, что, не являясь, строго говоря, конечным, не является и абсолютным. Кроме того, Хавона служит буфером между абсолютным Раем и конечными творениями, что является иллюстрацией еще одной функции трансцендентальных сущностей. Однако сама Хавона не трансцендентальна: Хавона – это Хавона.

Как Верховный ассоциируется с конечными реальностями, так Предельный отождествляется с трансцендентальными реальностями. Но хотя мы и сравниваем здесь Верховного и Предельного, различие между ними превосходит различие в степени; они отличаются также в качестве. Предельный – это нечто большее, чем сверх-Верховный, проецированный на уровень трансцендентального. Предельный есть всё это и более того: Предельный – это возникновение новых реальностей Божества, определение новых фаз того, что прежде являлось безусловным.

С трансцендентальным уровнем связаны, в частности, следующие реальности:

1. Присутствие Предельного как Божества.
2. Концепция совокупной вселенной.
3. Творцы Совокупной Вселенной.
4. Две категории Райских организаторов сил.
5. Некоторые изменения в потенции пространства.
6. Некоторые ценности духа.
7. Некоторые значения разума.
8. Абсонитные качества и реальности.
9. Всемогущество, всеведение и вездесущность.
10. Пространство.

Вселенную, в которой мы живем в настоящее время, можно представлять существующей на конечном, трансцендентальном и абсолютном уровнях. Такова космическая сцена, где разыгрывается нескончаемая драма личностных свершений и энергетических превращений.

И все эти многочисленные реальности объединены *абсолютно* несколькими триединствами, *функционально* – Творцами Совокупной Вселенной и *относительно* – Семью Главными Духами, субверховными координаторами божественности Бога-Семичастного.

Бог-Семичастный представляет собой раскрытие личности и божественности Всеобщего Отца созданиям как максимального, так и субмаксимального статуса, однако существуют другие семичастные отношения Первого Источника и Центра, не относящиеся к проявлению божественной духовной опеки Бога, который есть дух.

В вечности прошлого силы Абсолютов, духи Божеств и личности Богов пришли в движение в ответ на изначальное личное волеизъявление самосущной личной воли. В эту вселенскую эпоху все мы являемся свидетелями колоссальных последствий – необъятной космической панорамы субабсолютных проявлений безграничных потенциалов, заключенных во всех этих реальностях. И вполне возможно, что продолжающаяся диверсификация изначальной реальности Первого Источника и Центра может продолжаться и впредь, эпоха за эпохой, проникая всё дальше и дальше в непостижимые пределы абсолютной бесконечности.

[Представлено Мелхиседеком Небадона.]

ДОКУМЕНТ 106

ВСЕЛЕНСКИЕ УРОВНИ РЕАЛЬНОСТИ

Недостаточно того, чтобы восходящий смертный знал нечто о связях Божества с возникновением и проявлением космической реальности. Ему следует также обладать некоторым пониманием взаимоотношений, существующих между ним самим и многочисленными уровнями экзистенциальной и эмпирической реальности, потенциальной и актуальной реальности. Земная ориентация человека, его космическая проницательность и его духовная направленность совершенствуются посредством лучшего понимания вселенских реальностей и методов их взаимосвязи, интеграции и объединения.

Существующая большая вселенная и формирующаяся совокупная вселенная состоят из многочисленных форм и фаз реальности, которые, в свою очередь, существуют на нескольких уровнях функциональной активности. Ранее в этих документах уже говорилось о многочисленных существующих и скрытых реальностях, и теперь, для большего концептуального удобства, они сгруппированы в несколько категорий:

1. *Незавершенные конечные реальности*. Это нынешний статус восходящих созданий большой вселенной, нынешний статус урантийских смертных. Этот уровень охватывает стадии существования созданий – от планетарных смертных до созданий, достигших своего предназначения, но не включая их. Он охватывает вселенные – от ранних физических истоков до устойчивого существования в свете и жизни, но не включая его. В настоящее время этот уровень образует периферию созидательной активности во времени и пространстве. Он представляется находящимся в движении вовне от Рая, ибо завершение нынешней вселенской эпохи, которая ознаменует собой достижение большой вселенной статуса света и жизни, несомненно будет также свидетелем появления некоторого нового типа эволюционного роста на первом уровне внешнего пространства.

2. *Максимальные конечные реальности*. Это нынешний статус всех эмпирических созданий, достигших своего предназначения – предназначения, раскрытого в пределах нынешней вселенской эпохи. Вселенные тоже способны достичь максимального статуса – как физического, так и духовного. Однако термин «максимальный» сам по себе является относительным: максимальный относительно чего? То, что является максимальным и представляется конечным в данную вселенскую эпоху, может быть не более, чем настоящим началом с точки зрения грядущих эпох. Некоторые аспекты Хавоны относятся, очевидно, к максимальному типу.

3. *Трансцендентальные реальности*. Этот сверхконечный уровень (априорно) следует за конечным развитием. Он предполагает предконечное происхождение конечных начал и постконечную значимость всех очевидных конечных завершений или предназначений. Многое из того, что входит в систему Рай-Хавона, относится, очевидно, к трансцендентальному типу.

4. *Предельные реальности*. Этот уровень объединяет то, что существенно для совокупной вселенной, и соприкасается с предопределенным уровнем завершенной совокупной вселенной. Рай-Хавона (в особенности кольцо миров Отца) во многих отношениях выражает предельное значение.

5. *Коабсолюты*. Этот уровень предполагает проекцию эмпирических реальностей для созидательного выражения в сверхсовокупной вселенной.

6. *Абсолюты*. Этот уровень подразумевает вечностное присутствие семи экзистенциальных Абсолютов. В некоторой мере он может также включать ассоциативное эмпирическое достижение, однако если это и так, то мы не понимаем, каким образом, – возможно, посредством контактного потенциала личности.

7. *Бесконечность*. Этот уровень является предэкзистенциальным и постэмпирическим. Безусловное единство бесконечности есть гипотетическая реальность прежде всех начал и после всех предназначений.

В нынешнюю вселенскую эпоху – и с точки зрения смертного создания – данные уровни реальности являются удобной компромиссной символизацией. Существует ряд иных воззрений на реальность с позиций не-смертного существа, а также при взгляде из других вселенских эпох. Поэтому следует иметь в виду, что представленные здесь концепции являются сугубо относительными – относительными в том смысле, что они обусловлены и ограничены следующими факторами:

1. Ограниченностью смертного языка.

2. Ограниченностью смертного разума.

3. Ограниченным развитием семи сверхвселенных.

4. Вашим незнанием шести основных назначений развития сверхвселенных, не связанных с восхождением смертных к Раю.

5. Вашей неспособностью даже частичного постижения вечной перспективы.

6. Невозможностью описания космической эволюции и предназначения в отношении ко всем вселенским эпохам – не только относительно нынешней эпохи эволюционного становления семи сверхвселенных.

7. Неспособностью какого-либо создания понять, что действительно имеется в виду под предэкзистенциальным или постэмпирическим – существующим до истоков и после свершений.

Рост реальности обусловлен обстоятельствами сменяющих друг друга вселенских эпох. В эпоху Хавоны в центральной вселенной не было каких-либо эволюционных изменений, но в течение нынешних периодов эпохи сверхвселенных она претерпевает некоторые постепенные изменения, вызванные координацией с эволюционными сверхвселенными. Семь эволюционирующих в настоящее время сверхвселенных когда-нибудь достигнут устойчивого статуса света и жизни, достигнут предела своего роста в рамках нынешней вселенской эпохи. Однако несомненно, что следующая эпоха – эпоха первого уровня внешнего пространства – освободит сверхвселенные от ограничений, связанных с предназначениями нынешнего века. Насыщение непрерывно накладывается на завершенность.

Таковы некоторые из ограничений, с которыми мы сталкиваемся в попытке представить единую концепцию космического роста вещей, значений и ценностей, а также их синтеза на восходящих уровнях реальности.

1. ПЕРВИЧНАЯ АССОЦИАЦИЯ КОНЕЧНЫХ ФУНКЦИОНАЛЬНЫХ СУЩНОСТЕЙ

Первичные – или возникающие в духе – фазы конечной реальности непосредственно проявляются на уровне созданий в качестве совершенных личностей, а на уровнях вселенных – как совершенное творение, Хавона. Таким же образом происходит выражение эмпирического Божества в духовной личности Бога-Верховного в Хавоне. Однако для вторичных, эволюционных, обусловленных временем и материей фаз конечного космическая интегрированность является результатом роста, обретением. Со временем всем вторичным, или совершенствующимся, конечным реальностям суждено подняться до уровня, соответствующего уровню первичного совершенства, но такое предназначение подвержено временно́й задержке – определяющему свойству сверхвселенных, которое генетически не обнаруживается в центральной вселенной. (Мы знаем о существовании третичных конечных реальностей, однако метод их интеграции пока еще остается нераскрытым.)

Эта существующая в сверхвселенной временна́я задержка, это препятствие для достижения совершенства, обеспечивает участие создания в эволюционном росте. Таким образом, оно позволяет созданию стать партнером Создателя в эволюции того же самого создания. И в течение этих периодов постепенного роста несовершенное соотносится с совершенным благодаря служению Бога-Семичастного.

Существование Бога-Семичастного означает, что Райское Божество сознаёт преграды времени в эволюционных вселенных пространства. На каком бы удалении от Рая, в какой бы глубине пространства ни появилась материальная личность, обладающая потенциалом сохранения, там обязательно будет присутствовать Бог-Семичастный со своим любвеобильным и милосердным служением истины, красоты и благости, призванным помочь этому незавершенному, борющемуся эволюционному созданию. Божественное служение Семичастного простирается к центру, через Вечного Сына к Райскому Отцу, и вовне – посредством Древних Дней к Отцам вселенных, Сынам-Создателям.

Являясь личностным существом, восходящим благодаря развитию своего духа, человек открывает личностную и духовную божественность Семичастного Божества. Но есть и другие стороны Семичастного, не относящиеся к развитию личности. Аспекты божественности этой группы Божеств в настоящее время интегрированы посредством связи Семи Главных Духов с Совместным Вершителем, однако им предстоит навечно объединиться в формирующейся личности Верховного Существа. Остальные стороны Семичастного Божества различным образом интегрированы в нынешнюю вселенскую эпоху, но всем им также предстоит объединиться в Верховном. Во всех своих аспектах Семичастное является источником относительного единства функциональной реальности нынешней большой вселенной.

2. ВТОРИЧНАЯ ВЕРХОВНАЯ КОНЕЧНАЯ ИНТЕГРАЦИЯ

Так же как Бог-Семичастный осуществляет функциональную координацию конечной эволюции, так Верховное Существо в итоге соединяет в себе достижение предназначения. Верховное Существо есть божественная кульминация эволюции большой вселенной – физической эволюции вокруг духовного ядра и окончательного господства духовного ядра над окружающими его, кружащимися сферами физической эволюции. И всё это происходит в соответствии с мандатами личности: Райской личности в высшем смысле, личности Создателя в смысле вселенной, смертной личности в человеческом смысле, личности Верховного в кульминационном, или эмпирически-совокупном, смысле.

Концепция Верховного должна обеспечивать условия для различения духовной личности, эволюционной силы, а также энерго-личностного синтеза – объединения эволюционной энергии с духовной личностью и подчинения ей.

В конечном счете, дух приходит из Рая через Хавону. Энергия-вещество, очевидно, возникает в глубинах пространства и преобразуется в энергию детьми Бесконечного Духа совместно с Божьими Сынами-Создателями. И весь этот процесс является эмпирическим – протекающим во времени и пространстве и вовлекающим широкий круг живых существ, включая как божественных Создателей, так и эволюционные создания. Божественные Создатели медленно расширяют свое энергетическое господство в большой вселенной, охватывая всё более устойчивые и стабильные пространственно-временные эволюционные творения, что является расцветом эмпирической энергии Бога-Семичастного. Сюда входит весь диапазон достижений божественности во времени и пространстве – от посвященных Всеобщим Отцом Настройщиков до посвященческой жизни Райских Сынов. Такова приобретенная энергия, выраженная энергия, эмпирическая энергия. Она отличается от энергии вечности, непостижимой энергии, экзистенциальной энергии Райских Божеств.

Уже сама эта эмпирическая энергия, проистекающая из достижений божественности Бога-Семичастного, выражает связующие свойства божественности тем, что она синтезируется – обобщается – как всемогущая энергия, присущая достигнутому эмпирическому совершенству эволюционирующих творений. В свою очередь, эта всемогущая энергия претерпевает слияние с духовной личностью на направляющей сфере внешнего пояса миров Хавоны, вступая в союз с духовной личностью хавонского присутствия Бога-Верховного. Так эмпирическое Божество достигает вершины длительной эволюционной борьбы, наделяя порожденную пространством и временем энергию духовным присутствием и божественной личностью, постоянно пребывающей в центральном творении.

Так Верховное Существо в итоге достигает положения, при котором оно охватывает абсолютно всё, что развивается во времени и пространстве, одновременно наделяя эти качества духовной личностью. Так как создания, в том числе смертные, являются личностными участниками этого величественного процесса, они, как истинные дети эволюционного Божества, непременно достигают способности познания и восприятия Верховного.

Михаил Небадонский подобен Райскому Отцу, ибо он обладает таким же Райским совершенством. Так и эволюционные смертные со временем станут подобны эмпирическому Верховному, ибо они будут воистину обладать его эволюционным совершенством.

Бог-Верховный является эмпирическим Богом; поэтому он полностью познаваем в опыте. Экзистенциальные реальности семи Абсолютов невозможно постигнуть с помощью метода опытного познания. Только *личностные реальности* Отца, Сына и Духа могут постигаться личностью конечного создания через молитву и поклонение.

При завершении энерго-личностного синтеза Верховного Существа произойдет объединение всей абсолютности нескольких тройственных союзов, в отношении которых возможно такое объединение, и эта величественная эволюционная личность станет эмпирически достижимой и постижимой для всех конечных личностей. Когда восходящие создания достигнут постулируемой седьмой ступени духовного существования, то в этом качестве они претерпят реализацию нового значения-ценности абсолютности и бесконечности тройственных союзов в той мере, в которой это раскрывается на субабсолютных уровнях Верховного Существа, познаваемого в опыте. Однако возможно, что достижение этих стадий максимального развития сможет осуществиться только после координированного утверждения всей большой вселенной в свете и жизни.

3. ТРАНСЦЕНДЕНТАЛЬНОЕ ТРЕТИЧНОЕ ОБЪЕДИНЕНИЕ РЕАЛЬНОСТИ

Абсонитные творцы создают замысел; Верховные Создатели претворяют его; Верховное Существо завершит его во всей полноте в том виде, в каком он был сотворен во времени Верховными Создателями и проецирован в пространстве Творцами Совокупной Вселенной.

В течение нынешней вселенской эпохи административная координация совокупной вселенной является функцией Творцов Совокупной Вселенной. Но появление Всемогущего-Верховного при завершении нынешней вселенской эпохи будет означать, что эволюционные конечные реальности достигли первой стадии эмпирического предназначения. Это событие несомненно приведет к завершению функции первой эмпирической Троицы – союза Верховных Создателей, Верховного Существа и Творцов Совокупной Вселенной. Этой Троице предстоит осуществить дальнейшую эволюционную интеграцию совокупной вселенной.

Райская Троица является истинно бесконечной, и ни одна Троица не может быть бесконечной, если она не включает эту изначальную Троицу. Однако изначальная Троица есть результат исключительного объединения абсолютных Божеств; субабсолютные существа не имели никакого отношения к этому исходному объединению. Эти появляющиеся впоследствии эмпирические Троицы включают в себя даже личностные вклады созданий. Это несомненно справедливо в отношении Троицы-Предельной, в которой само присутствие Сынов-Владык среди относящихся к данной Троице Верховных Создателей означает одновременное наличие действительного и истинного опыта созданий *в самом* этом троичном объединении.

Первая эмпирическая Троица создает условия для группового достижения предельных возможностей. Групповые объединения способны опережать, и даже превосходить, индивидуальные способности; это остается справедливым и за пределами конечного уровня. В грядущие эпохи – после того как семь сверхвселенных утвердятся в свете и жизни – Корпус Завершения несомненно будет распространять замыслы Райских Божеств в том виде, в каком они предписываются Троицей-Предельной и объединяются посредством энерго-личностного синтеза в Верховном Существе.

Во всех громадных вселенских процессах, относящихся к вечности прошлого и вечности будущего, мы замечаем распространение постижимых элементов Всеобщего Отца. В своей философии мы постулируем, что, в качестве Я ЕСТЬ, он насыщает собой всю бесконечность, но никакое создание не способно эмпирически охватить такой постулат. С развитием вселенных, а также по мере проникновения гравитации и любви в пространство, организующее время, мы начинаем всё лучше и лучше понимать Первый Источник и Центр. Мы видим, как действие гравитации проникает в пространственное присутствие Безусловного Абсолюта, и мы обнаруживаем духовные создания, развивающиеся и распространяющиеся в пределах божественности Божества-Абсолюта, в то время как и космическая, и духовная эволюция объединяются разумом и опытом на уровнях конечного божества в качестве Верховного Существа и координируются на трансцендентальных уровнях в качестве Троицы-Предельной.

4. ПРЕДЕЛЬНАЯ ЧЕТВЕРТИЧНАЯ ИНТЕГРАЦИЯ

Райская Троица, несомненно, выполняет координирующую функцию в предельном смысле, однако в данном отношении она функционирует как самообусловленный абсолют. Эмпирическая Троица-Предельная координирует трансцендентальное как трансцендентальная реальность. В вечном будущем, посредством большего единства, эта эмпирическая Троица будет продолжать активизировать возникающее присутствие Предельного Божества.

Если предназначением Троицы-Предельной является координация всеобъемлющего творения, то Бог-Предельный представляет собой трансцендентальный энерго-личностный синтез направляющего начала всей совокупной вселенной. Полное возникновение Предельного предполагает завершенность совокупной вселенной и подразумевает всецелое выявление этого трансцендентального Божества.

Мы не знаем, к каким изменениям может привести полное выявление Предельного. Как Верховный, так и Предельный присутствуют в настоящее время в Хавоне. Однако если присутствие Верховного является духовным и личностным, то присутствие Предельного – абсонитно и сверхличностно. Вам также рассказали о существовании Условных Наместников Предельного, но вам не раскрыто ни место их нынешнего пребывания, ни функция.

Однако, независимо от административных последствий появления Предельного Божества, личностные ценности этой трансцендентальной божественности будут эмпирически постижимы всеми личностями, которые участвовали в актуализации данного уровня Божества. Преодоление конечного может привести только к достижению предельного. Бог-Предельный существует за пределами времени и пространства, но является, тем не менее, субабсолютным, несмотря на присущую ему способность к функциональному объединению с абсолютами.

5. ПЯТАЯ СТУПЕНЬ – ФАЗА КОАБСОЛЮТНОГО ОБЪЕДИНЕНИЯ

Предельный является вершиной трансцендентальной реальности, так же как Верховный – пиком эволюционно-эмпирической реальности. И реальное выявление этих двух эмпирических Божеств закладывает фундамент для второй эмпирической Троицы. Это Троица-Абсолютная – союз Бога-Верховного, Бога-Предельного и нераскрытого Свершителя Вселенского Пути. Данная Троица обладает теоретической способностью активировать Абсолюты потенциальности – Божество-Абсолют, Всеобщий Абсолют и Безусловный Абсолют. Однако завершение формирования этой Троицы-Абсолютной может состояться только после завершения эволюции всей совокупной вселенной – от Хавоны до четвертого, внешнего уровня пространства.

Следует ясно понимать, что эти эмпирические Троицы являются коррелятивными, причем не только в отношении личностных качеств эмпирической Божественности, но и в отношении всех неличностных свойств, которыми характеризуется единство, достигнутое ими в Божестве. Хотя данное повествование в основном затрагивает личностные аспекты объединения космоса, истина состоит и в том, что безличностным аспектам вселенной вселенных также предстоит объединиться, что иллюстрируется энерго-личностным синтезом, происходящим в настоящее время в связи с эволюцией Верховного Существа. Эти духовно-личностные качества Верховного неотделимы от силовых прерогатив Всемогущего, причем оба они дополняются неизвестным потенциалом Верховного разума. Точно так же нельзя рассматривать Бога-Предельного как личность в отрыве от неличностных аспектов Предельного Божества. На абсолютном же уровне Божество-Абсолют и Безусловный Абсолют неотделимы и неразличимы в присутствии Всеобщего Абсолюта.

Сами по себе троицы не являются личностными, но они и не противоречат личности. Скорее, они охватывают личность и коррелируют ее, в собирательном смысле, с безличностными функциями. Поэтому троицы всегда являются божественными реальностями, но никогда не являются личностными реальностями. Личностные аспекты троицы присущи ее индивидуальным членам, а как отдельные личности они *не являются* такой троицей. Они представляют собой троицу только как сообщность; такая сообщность *и есть* троица. Однако троица всегда охватывает всё божество; троица есть единство божества.

Три Абсолюта – Божество-Абсолют, Всеобщий Абсолют и Безусловный Абсолют – не есть троица, ибо не все они являются божеством. Только обожествленная реальность может стать троицей; все остальные объединения представляют собой триединства или тройственные союзы.

6. ШЕСТАЯ СТУПЕНЬ – ФАЗА АБСОЛЮТНОЙ ИНТЕГРАЦИИ

Нынешний потенциал совокупной вселенной едва ли является абсолютным, хотя он вполне может быть близок к предельному, и мы считаем невозможным полное раскрытие абсолютных значений-ценностей в пределах субабсолютного космоса. Поэтому мы сталкиваемся со значительной трудностью, пытаясь представить всеобъемлющее выражение безграничных возможностей трех Абсолютов или даже пытаясь вообразить эмпирическую персонализацию Бога-Абсолютного на пока еще безличностном уровне Божества-Абсолюта.

Пространственная арена совокупной вселенной представляется адекватной для актуализации Верховного Существа, формирования и полного функционирования Троицы-Предельной, возникновения Бога-Предельного и даже для зарождения Троицы-Абсолютной. Однако наши концепции, касающиеся полного функционирования этой второй эмпирической Троицы, подразумевают, по-видимому, нечто, выходящее за пределы даже необъятной совокупной вселенной.

Если мы допускаем существование бесконечного космоса – некоторого безграничного космоса, выходящего за пределы совокупной вселенной, – и если мы полагаем, что окончательное развитие Абсолютной Троицы произойдет на таком сверхпредельном поприще, то тогда есть основания считать, что полноценная функция Троицы-Абсолютной достигнет окончательного выражения в творениях бесконечности и завершит абсолютную актуализацию *всех* потенциалов. Интеграция и объединение растущих сегментов реальности приблизится к абсолютности статуса, пропорционального содержанию всей реальности в объединенных таким образом сегментах.

Иными словами, Троица-Абсолютная, как и предполагает ее название, действительно абсолютна в отношении всеобъемлющей функции. Мы не знаем, каким образом абсолютная функция может достигнуть всецелого выражения на условной, ограниченной или скованной какими-либо иными рамками основе. Поэтому мы должны допустить, что любая подобная функция всеохватности будет (потенциально) ничем не обусловленной. Кроме того, нам представляется, что необусловленное также будет безграничным, по крайней мере в качественном аспекте, хотя мы не столь уверены в отношении количественных отношений.

Но в одном мы уверены: если экзистенциальная Райская Троица бесконечна и эмпирическая Троица-Предельная суббесконечна, то классифицировать Троицу-Абсолютную не так просто. Несмотря на то что по своему происхождению и составу она является эмпирической, она явно вторгается в пределы экзистенциальных Абсолютов потенциальности.

Хотя стремление к постижению столь отдаленных сверхчеловеческих концепций едва ли полезно для человеческого разума, мы всё же хотели бы предположить, что вечностное действие Троицы-Абсолютной можно осмыслить как достигающее апогея в определенной эмпиризации Абсолютов потенциальности. По-видимому, такой вывод обоснован в отношении Всеобщего Абсолюта, если не Безусловного Абсолюта. По крайней мере, мы знаем о том, что Всеобщий Абсолют является не только статическим и потенциальным, но и ассоциативным в смысле всеобъемлющего Божества. Однако в отношении постижимых ценностей божественности и личности эти предполагаемые события подразумевают персонализацию Божества-Абсолюта, а также появление тех сверхличностных ценностей и тех внеличностных значений, которые присущи завершению формирования личности Бога-Абсолютного – третьего и последнего из эмпирических Божеств.

7. ЗАВЕРШЕННОСТЬ ПРЕДНАЗНАЧЕНИЯ

Некоторые трудности, связанные с формированием представлений об интеграции бесконечной реальности, заключаются в том, что все подобные идеи охватывают нечто, относящееся к окончательности всеобщего развития – некоторой эмпирической реализации всего, что могло бы когда-либо быть. Невозможно представить, чтобы количественная бесконечность была когда-либо полностью реализована в своей завершенности. Всегда должны оставаться неиспользованные возможности трех потенциальных Абсолютов, которые невозможно исчерпать любым количеством эмпирического развития. Хотя сама вечность абсолютна, она не более, чем абсолютна.

Даже гипотетическая концепция окончательной интеграции неотделима от достижений безусловной вечности и поэтому практически нереализуема в обозримом будущем.

Предназначение утверждается волеизъявлением Божеств, образующих Райскую Троицу; предназначение утверждается в необъятности трех великих потенциалов, чья абсолютность охватывает возможности всего будущего развития; предназначение, вероятно, исчерпывается Свершителем Вселенского Пути, и в этом акте, возможно, участвуют Верховный и Предельный в Троице-Абсолютной. Любое эмпирическое предназначение может быть хотя бы отчасти постигнуто обретающими опыт созданиями, но предназначение, затрагивающее область бесконечных экзистенциальных реальностей, едва ли постижимо. Завершенность предназначения есть экзистенциально-эмпирическое достижение, которое, очевидно, включает Божество-Абсолют. Однако Божество-Абсолют связано в вечности с Безусловным Абсолютом благодаря Всеобщему Абсолюту. И эти три Абсолюта, эмпирические по своим возможностям, в действительности являются экзистенциальными. Более того, являясь неограниченными, вневременными, внепространственными, беспредельными и безмерными, они истинно бесконечны.

Однако невозможность достижения цели не препятствует философскому теоретизированию относительно таких гипотетических предназначений. Актуализация

Божества-Абсолюта как достижимого абсолютного Бога может быть практически нереализуема; тем не менее, такое окончательное достижение остается теоретической возможностью. Присутствие Безусловного Абсолюта в некотором непостижимом бесконечном космосе может быть безмерно удаленным в будущности нескончаемой вечности – и несмотря на это, такая гипотеза обоснованна. Смертные и моронтийные создания, духовные существа, завершители, Трансценденталы и другие, вместе с самими вселенными и всеми остальными аспектами реальности, несомненно имеют *потенциально окончательное предназначение, обладающее абсолютной ценностью*. Но мы сомневаемся в том, что какое-либо создание или вселенная смогут когда-либо исчерпать все аспекты такого предназначения.

Какого бы прогресса в понимании Отца вы ни достигли, ваш разум всегда будет потрясать нераскрытая бесконечность Отца-Я ЕСТЬ, неизведанная громадность которой будет оставаться неизмеримой и непостижимой в течение всех циклов вечности. Каких бы высот в постижении Бога вы ни достигли, в нём всегда будет значительно больше такого, о чём вы даже не будете подозревать. И мы полагаем, что это столь же верно на трансцендентальных уровнях, сколь и в сферах конечного существования. Поиск Бога бесконечен!

Такая невозможность достигнуть Бога в окончательном смысле ни в коей мере не должна обескураживать вселенские создания. В самом деле, вы способны достигнуть и достигаете уровней Божества Семичастного, Верховного и Предельного, а это означает для вас то же, что бесконечная реализация Бога-Отца означает для Вечного Сына и Совместного Вершителя в их абсолютном статусе существования в вечности. Бесконечность Бога вовсе не должна беспокоить создания. Наоборот, она должна служить высшей уверенностью в том, что на протяжении всей нескончаемой будущности восходящая личность будет располагать возможностями личностного развития и объединения с Божеством, исчерпать или завершить которые не сможет даже вечность.

Совокупная вселенная представляется конечным созданиям большой вселенной практически бесконечной, однако мы не сомневаемся в том, что абсонитные творцы понимают ее соотнесенность с недоступным воображению развитием в нескончаемом Я ЕСТЬ. Даже само пространство есть лишь предельное условие – условие ограничения *в рамках* относительной абсолютности спокойных зон промежуточного пространства.

Мы не сомневаемся в том, что в непостижимо отдаленный момент вечности будущего, когда завершится образование всей совокупной вселенной, мы, обратив свой взор на всю его прошлую историю, увидим в ней лишь начало, сотворение определенных конечных и трансцендентальных основ для еще более великих и увлекательных метаморфоз неизведанной бесконечности. И в такой момент вечного будущего совокупная вселенная всё еще будет казаться юной. Действительно, она всегда будет молодой перед лицом безграничных возможностей нескончаемой вечности.

Невозможность достижения бесконечного предназначения ни в коей мере не может служить препятствием для создания представлений о таком предназначении, и мы можем смело заявить, что если три абсолютных потенциала могли бы когда-либо стать полностью актуализированными, то появилась бы возможность представить себе окончательную интеграцию всеобъемлющей реальности. Такое эволюционное претворение основано на завершении актуализации Безусловного Абсолюта, Всеобщего Абсолюта и Божества-Абсолюта – трех потенциальностей, чей союз образует нераскрытость Я ЕСТЬ, неосуществленные реальности вечности, латентные возможности всей будущности и более того.

Такие возможности являются, по меньшей мере, отдаленными. Тем не менее, мы полагаем, что в механизмах, личностях и объединениях трех Троиц мы обнаруживаем теоретическую возможность воссоединения семи абсолютных аспектов Отца-Я ЕСТЬ. И это подводит нас вплотную к концепции трехчастной Троицы, охватывающей экзистенциальную Райскую Троицу и две последующие Троицы, эмпирические по своей природе и происхождению.

8. ТРОИЦА ТРОИЦ

Нам нелегко описать человеческому разуму сущность Троицы Троиц. Эта Троица представляет собой действительную совокупность всецелостности эмпирической бесконечности в том виде, в каком она выражается в теоретически бесконечном характере реализации вечности. В Троице Троиц эмпирическое бесконечное достигает отождествления с экзистенциальным бесконечным, причем оба составляют единое целое в доэмпирическом, доэкзистенциальном Я ЕСТЬ. Троица Троиц является окончательным выражением всего, что подразумевается в пятнадцати триединствах и связанных с ними тройственных союзах. Относительным существам трудно понять окончательные реальности – будь они экзистенциальными или эмпирическими; поэтому такие реальности всегда должны представляться как относительные категории.

Троица Троиц существует в нескольких аспектах. Она содержит возможности, вероятности и неизбежности, поражающие воображение существ, уровень которых значительно превышает уровень человека. Она содержит импликации, о которых, возможно, не догадываются небесные философы, ибо эти импликации заключены в триединствах, а триединства, в конечном счете, непостижимы.

Существует несколько способов описания Троицы Троиц. Мы избрали трехуровневую концепцию:

1. Уровень трех Троиц.
2. Уровень эмпирического Божества.
3. Уровень Я ЕСТЬ.

Это уровни всё большего объединения. В действительности Троица Троиц есть первый уровень, в то время как второй и третий уровни являются производными объединения на первом уровне.

ПЕРВЫЙ УРОВЕНЬ. Считается, что на этом изначальном уровне объединения три Троицы функционируют как безупречно синхронизованные, хотя и различные, группы божественных личностей:

1. *Райская Троица*, объединение трех Райских Божеств – Отца, Сына и Духа. Следует помнить о том, что Райская Троица подразумевает тройственную функцию – абсолютную функцию, трансцендентальную функцию (Троица Предельности) и конечную функцию (Троица Верховности). Райская Троица является любой из них и всеми ими всегда и в любой момент.

2. *Предельная Троица* – божественное объединение Верховных Создателей, Бога-Верховного и Творцов Совокупной Вселенной. Хотя это адекватно выражает аспекты божественности данной Троицы, следует отметить, что существуют

другие фазы данной Троицы, которые, однако, представляются находящимися в совершенном согласовании с ее аспектами божественности.

3. *Абсолютная Троица* – группа, состоящая из Бога-Верховного, Бога-Предельного и Свершителя Вселенского Пути в отношении всех ценностей божественности. Некоторые другие аспекты этой триединой группы связаны с теми ценностями расширяющегося космоса, которые не относятся к божественности. Однако они объединяются с аспектами божественности, подобно тому, как энергетические и личностные аспекты эмпирических Божеств находятся в настоящее время в процессе эмпирического синтеза.

Объединение трех этих Троиц в Троицу Троиц создает возможности неограниченной интеграции реальности. Эта группа заключает в себе причины, промежуточные этапы и завершения; зачинателей, воплотителей и свершителей; истоки, существования и предназначения. Партнерство Отца и Сына проходит стадии союза Сына и Духа, затем Духа и Верховного и далее – Верховного и Предельного, Предельного и Абсолютного вплоть до Абсолютного и Отца-Бесконечного, что завершает цикл реальности. Таким же образом в других аспектах, не столь непосредственно связанных с божественностью и личностью, Первый Великий Источник и Центр самореализует безграничность реальности, описывающей круг вечности: от абсолютности самосуществования, через нескончаемость самораскрытия, до завершенности самореализации – от абсолюта экзистенциальных реальностей до завершенности эмпирических реальностей.

ВТОРОЙ УРОВЕНЬ. Координация трех Троиц неизбежно ведет к ассоциативному союзу эмпирических Божеств, которые по своему происхождению связаны с этими Троицами. Природа этого второго уровня иногда излагается следующим образом:

1. *Верховный* – божество, являющееся следствием единства Райской Троицы в эмпирической связи с Создателями и Созидательными детьми Райских Божеств. Верховное Божество является божественным олицетворением завершения первой стадии конечной эволюции.

2. *Предельный* – божество, являющееся следствием возникшего единства второй Троицы, трансцендентальное и абсонитная персонификация божественности. Предельное заключается в разноаспектном единстве многих качеств, и соответствующее человеческое представление должно включать, по крайней мере, те аспекты предельности, которые являются контрольно-направляющими, личностно познаваемыми в опыте и напряженно-объединяющими. Однако существуют также многие другие нераскрытые аспекты этого возникшего Божества. Хотя Предельное и Верховное сопоставимы, они не идентичны, как не является Предельное простым расширением Верховного.

3. *Абсолютный*. Существуют многочисленные теории в отношении характера этого третьего члена второго уровня Троицы Троиц. Бог-Абсолютный несомненно связан с этим объединением как личностное следствие окончательной функции Троицы-Абсолютной, и тем не менее, Божество-Абсолют является экзистенциальной реальностью, существующей в вечности.

Концептуальная трудность в отношении этого третьего члена заключается в том, что допущение такого членства действительно предполагает наличие только одного Абсолюта. Теоретически, если бы такое событие произошло, мы стали бы свидетелями *эмпирического* объединения трех Абсолютов в единое целое. И нас учат, что в бесконечности и *экзистенциально* существует только один Абсолют.

Хотя менее всего понятно, кто может быть этим третьим членом, часто постулируется, что он может состоять из Божества-Абсолюта, Всеобщего Абсолюта и Безусловного Абсолюта, каким-то невероятным образом связанных и проявляющих себя в космосе. Несомненно, что Троица Троиц едва ли могла бы достичь полноты функции без полного объединения трех Абсолютов, а три Абсолюта едва ли могут быть объединены без полной реализации всех бесконечных потенциалов.

Возможно, что наименьшим искажением истины было бы считать третьего члена Троицы Троиц Всеобщим Абсолютом, при условии, что в данной концепции Всеобщий Абсолют является не только статическим и потенциальным, но и ассоциативным. Однако мы по-прежнему не понимаем связи с созидательными и эволюционными аспектами деятельности всеобъемлющего Божества.

Хотя трудно составить завершенное представление о Троице Троиц, условное представление является не столь сложным. Если второй уровень Троицы Троиц представляется принципиально личностным, то становится вполне возможным постулировать союз Бога-Верховного, Бога-Предельного и Бога-Абсолютного как личностное следствие союза личностных Троиц, предшествующих этим эмпирическим Божествам. Мы придерживаемся мнения о том, что три этих эмпирических Божества несомненно объединятся на втором уровне, что станет прямым следствием растущего единства предшествующих им и причинных Троиц, составляющих первый уровень.

Первый уровень состоит из трех Троиц; второй уровень существует как личностное объединение эмпирически эволюционировавшей, эмпирически возникшей и эмпирически экзистенциальной личностей Божеств. И несмотря на любую концептуальную сложность в понимании полной Троицы Троиц, личностное объединение этих трех Божеств на втором уровне проявилось в нашу вселенскую эпоху в обретении божественных качеств Мажестоном, который был актуализирован на этом втором уровне Божеством-Абсолютом, действующим через Предельного и в ответ на изначальное созидательное повеление Верховного Существа.

ТРЕТИЙ УРОВЕНЬ. Безусловная гипотеза второго уровня Троицы Троиц охватывает корреляцию каждого аспекта каждого вида реальности, который существовал, существует или мог бы существовать во всей бесконечности. Верховное Существо есть не только дух, но также разум, энергия и опыт. Предельный является всем этим и намного большим, в то время как совместная концепция единства Божества-Абсолюта, Всеобщего Абсолюта и Безусловного Абсолюта включает абсолютную завершенность претворения всей реальности.

В союзе Верховного, Предельного и завершенного Абсолюта может произойти функциональное воссоединение тех аспектов бесконечности, которые были изначально сегментированы самим Я ЕСТЬ и следствием которых было появление Семи Абсолютов Бесконечности. Хотя философы вселенной и считают это чрезвычайно маловероятным, мы всё же часто задаемся вопросом: если предположить, что второй уровень Троицы Троиц когда-нибудь достигнет троичного единства, что стало бы следствием такого единства божества? Мы не знаем ответа на данный вопрос, но мы уверены в том, что это привело бы непосредственно к реализации Я ЕСТЬ как эмпирически достижимой реальности. С точки зрения личностных существ, это могло бы означать, что непостижимое Я ЕСТЬ стало познаваемым в опыте в виде Отца-Бесконечного. Какими могут быть эти абсолютные предназначения с неличностной точки зрения – другой вопрос, ответ на который может дать только вечность. Однако, взирая на эти отдаленные возможности как личностные создания, мы приходим к выводу, что окончательным предназначением всех личностей является окончательное познание Всеобщего Отца этих личностей.

С философской точки зрения, в вечности прошлого существует только Я ЕСТЬ, кроме него нет никого. Смотря вперед, в вечность будущего, мы не усматриваем какой-либо возможности изменения Я ЕСТЬ как экзистенциальной реальности, но мы склонны предвидеть колоссальное эмпирическое изменение. Такая концепция Я ЕСТЬ предполагает полную самореализацию – она охватывает те бесконечные мириады личностей, которые стали волевыми участниками самораскрытия Я ЕСТЬ и которые останутся в вечности абсолютными волевыми частицами всеобъемлющей бесконечности, окончательными сынами абсолютного Отца.

9. ЭКЗИСТЕНЦИАЛЬНОЕ БЕСКОНЕЧНОЕ ОБЪЕДИНЕНИЕ

В концепции Троицы Троиц мы постулируем возможное эмпирическое объединение беспредельной реальности, и иногда мы предполагаем, что всё это может произойти в предельно удаленной вечности. Однако и в эту эпоху присутствует действительное, существующее объединение бесконечности. Оно также существовало во все прошлые и будущие вселенские эпохи. Такое объединение экзистенциально присутствует в Райской Троице. Объединение бесконечности как эмпирической реальности является невероятно отдаленным событием, однако безусловное единство бесконечности уже сейчас преобладает в данный момент вселенского существования и объединяет различия всей реальности с экзистенциальным величием, которое *абсолютно*.

Когда конечные создания пытаются представить бесконечное объединение на окончательных уровнях завершенной вечности, они сталкиваются с интеллектуальными ограничениями, присущими их конечному существованию. Время, пространство и опыт препятствуют формированию представлений у созданий; и тем не менее, без времени, вне пространства и кроме как в опыте ни одно создание не способно достигнуть даже ограниченного понимания вселенской реальности. Без ощущения времени никакое эволюционное создание не могло бы постигнуть отношений последовательности. Без чувства пространства никакое создание не могло бы понять отношений одновременности. Без опыта никакое эволюционное создание не могло бы даже существовать. Только Семь Абсолютов Бесконечности действительно выходят за пределы опыта, и даже они в некоторых аспектах могут быть эмпирическими.

Время, пространство и опыт являются величайшими помощниками человека в относительном восприятии реальности – и одновременно его величайшими препятствиями для полного ее восприятия. Смертным и многим другим вселенским созданиям приходится представлять себе потенциалы как актуализируемые в пространстве и реализуемые во времени, однако весь этот процесс представляет собой пространственно-временнóе явление, в действительности не происходящее в Раю и вечности. На абсолютном уровне нет ни времени, ни пространства; всё потенциальное может восприниматься там как актуальное.

Концепция объединения всей реальности, будь то в нынешнюю или какую-то иную вселенскую эпоху, имеет принципиально двойственный характер: экзистенциальный и эмпирический. Такое единство находится в процессе эмпирической реализации в Троице Троиц, но степень очевидной актуализации этой тройной Троицы прямо пропорциональна исчезновению в космосе обусловленностей и несовершенств реальности. Однако всеобъемлющая интеграция реальности безусловно, вечно и экзистенциально присутствует в Райской Троице, в которой – в этот самый момент вселенской истории – бесконечная реальность является абсолютно объединенной.

Парадокс, созданный эмпирическим и экзистенциальными взглядами, неизбежен и основан отчасти на том, что и Райская Троица, и Троица Троиц являются взаимоотношениями вечности, каждое из которых постижимо смертными только как пространственно-временна́я относительность. Человеческое представление о постепенной эмпирической актуализации Троицы Троиц – в перспективе времени – должно восполняться дополнительным постулатом о том, что она *уже* фактуализовалась в перспективе вечности. Но как же можно примирить два этих взгляда? Конечным смертным мы предлагаем принять истину о том, что Райская Троица является экзистенциальным объединением бесконечности и что неспособность обнаружить действительное присутствие и завершенное выражение эмпирической Троицы Троиц является отчасти следствием соответственного искажения, которое вызвано следующими факторами:

1. Ограниченное человеческое мировоззрение, неспособность постигнуть концепцию безусловной вечности.

2. Несовершенный человеческий статус, удаленность от абсолютного уровня эмпирических реальностей.

3. Цель человеческого существования – тот факт, что человечество задумано как развивающееся благодаря опыту и поэтому, в силу своей природы и сущности, должно зависеть от опыта. Только Абсолют может быть и экзистенциальным, и эмпирическим.

В Райской Троице Всеобщий Отец представляет собой Я ЕСТЬ Троицы Троиц, и невозможность опытного познания Отца как бесконечного объясняется ограниченностью конечного бытия. Концепция *экзистенциального*, изолированного, существующего до Троицы и недостижимого Я ЕСТЬ и постулат *эмпирического*, существующего после Троицы Троиц и достижимого Я ЕСТЬ являются одной и той же гипотезой. В Бесконечном не произошло никакого действительного изменения; всё кажущееся развитие объясняется расширяющимися возможностями восприятия реальности и правильного понимания космоса.

В конечном итоге, Я ЕСТЬ должно существовать *до* всего экзистенциального и *после* всего эмпирического. Хотя такие идеи, возможно, и не проясняют парадоксов вечности и бесконечности, возникающих в человеческом разуме, они должны хотя бы подвигать такой конечный интеллект на новые усилия, направленные на решение этих бесконечных проблем, – тех проблем, которые будут неизменно интриговать вас на Салвингтоне, а также позднее, в качестве завершителей и, впоследствии, на протяжении всего нескончаемого будущего, вашего вечного пути в необъятных просторах вселенных.

Рано или поздно все вселенские личности начинают осознавать, что окончательный поиск вечности заключается в нескончаемом исследовании бесконечности, непрекращающейся экспедиции в абсолютность Первого Источника и Центра. Рано или поздно все мы начинаем сознавать, что всякий рост создания пропорционален отождествлению с Отцом. Мы приходим к пониманию того, что претворение в жизнь воли Бога является бессрочным пропуском к нескончаемым возможностям самой бесконечности. Когда-нибудь смертные поймут, что успех в поиске Бесконечного прямо пропорционален достижению подобия Отцу и что в эту вселенскую эпоху реальности Отца раскрываются в качествах божественности. И эти качества божественности усваиваются личностями вселенских созданий в опыте жизни, проживаемой божественно, а жить божественно означает претворять волю Бога.

Для материальных, эволюционных, конечных созданий жизнь, основанная на претворении в ней воли Отца, ведет непосредственно к обретению верховности духа в области личности и на один шаг приближает такие создания к пониманию Отца-Бесконечного. Такая посвященная Отцу жизнь есть жизнь, основанная на истине, воспринимающая красоту и исполненная благости. Такое богопознавшее существо внутренне озарено поклонением, а в своих внешних проявлениях целиком посвящено искреннему служению всеобщему братству всех личностей, – служению и помощи, которые исполняются милосердием и побуждаются любовью, в то время как все эти жизненные качества объединяются в эволюционирующей личности на всё более высоких уровнях космической мудрости, самореализации, поиска Бога и поклонения Отцу.

[Представлено Мелхиседеком Небадона.]

ДОКУМЕНТ 107

ПРОИСХОЖДЕНИЕ И СУЩНОСТЬ НАСТРОЙЩИКОВ МЫШЛЕНИЯ

Хотя Всеобщий Отец лично находится в Раю, в са́мом центре вселенных, он также действительно присутствует в мирах пространства в разуме своих бесчисленных детей времени, ибо он пребывает в них в качестве Таинственных Наставников. Вечный Отец бесконечно далек от своих планетарных смертных сынов и одновременно связан с ними самой сокровенной связью.

Настройщики – это реальность любви Отца, воплощенная в душах людей. Они являются истинным, заключенным в смертном разуме залогом вечного пути человека. Они представляют собой сущность усовершенствованной личности человека-завершителя, предвосхищаемую им во времени по мере постепенного освоения божественного метода, благодаря которому, восходя шаг за шагом от одной вселенной к другой, человек подчиняет свою жизнь воле Отца, пока действительно не достигает божественного присутствия Райского Отца.

Повелев человеку быть таким же совершенным, каким является он сам, Бог сошел в качестве Настройщика, чтобы стать эмпирическим партнером человека в достижении означенной таким образом небесной цели. Частица Бога, пребывающая в разуме человека, является абсолютной и безусловной гарантией того, что человек может найти Всеобщего Отца в союзе с божественным Настройщиком, который пришел от Бога, чтобы найти человека и сделать его сыном еще при жизни во плоти.

Любой смертный, видевший Сына-Создателя, видел Всеобщего Отца, и в ком пребывает божественный Настройщик, в том пребывает и Райский Отец. Каждый смертный, который осознанно или неосознанно следует руководству пребывающего в нём Настройщика, живет в согласии с волей Бога. Осознание присутствия Настройщика есть осознание присутствия Бога. Вечное слияние Настройщика с эволюционной душой человека есть фактический опыт вечного союза с Богом в качестве вселенского партнера Божества.

Именно Настройщик пробуждает в человеке неутолимое желание и постоянное стремление стать таким, как Бог, достигнуть Рая, где перед подлинным лицом Божества человек сможет поклоняться бесконечному источнику божественного дара. Настройщик есть живое присутствие, которое действительно соединяет смертного сына с его Райским Отцом, притягивая его всё ближе и ближе к Отцу. Настройщик – это наше компенсирующее выравнивание колоссального напряжения вселенной, созданное расстоянием, отделяющим человека от Бога, а также степенью частичности человека в сравнении со всеобщностью вечного Отца.

Настройщик есть абсолютная сущность бесконечного существа, заключенная в разуме конечного создания, сущность, которая, в зависимости от выбора такого смертного, способна, в конечном счете, скрепить этот временный союз Бога и человека и воистину актуализировать новую категорию для нескончаемого вселенского служения. Настройщик есть божественная вселенская реальность, фактическое выражение истины о том, что Бог является Отцом человека. Настройщик – это безупречный космический компас человека, неизменно и безошибочно обращающий душу к Богу.

В эволюционных мирах волевые создания проходят три общие эволюционные стадии бытия. От прибытия Настройщика до сравнительно полного развития – на Урантии это происходит в возрасте примерно двадцати лет – Наставники иногда называются Преобразователями Мышления. После этого и вплоть до наступления зрелости – в возрасте примерно сорока лет – Таинственные Наставники называются Настройщиками Мышления. После достижения зрелости и до освобождения от плоти о них часто говорят как о Регуляторах Мышления. Три эти стадии смертной жизни никак не связаны с тремя стадиями прогресса Настройщика в воспроизведении разума и эволюции души.

1. ПРОИСХОЖДЕНИЕ НАСТРОЙЩИКОВ МЫШЛЕНИЯ

Ввиду того, что Настройщики Мышления являются субстанцией изначального Божества, никто не может считать себя вправе авторитетно рассуждать об их природе и происхождении. Я могу лишь рассказать о преданиях Салвингтона и воззрениях Уверсы; я могу лишь поведать о нашем отношении к этим Таинственным Наставникам и связанным с ними сущностям, которые встречаются по всей большой вселенной.

Несмотря на различия во мнениях относительно метода посвящения Настройщиков Мышления, существует единый взгляд на их происхождение; все согласны, что они исходят непосредственно из Всеобщего Отца, Первого Источника и Центра. Они не являются созданными существами; они суть фрагментарные сущности, представляющие собой фактическое присутствие бесконечного Бога. Как и их многие нераскрытые союзники, Настройщики являются чистой, ни с чем не смешанной божественностью, безусловными и полноценными частицами Божества. Они от Бога, и, насколько мы понимаем, *они являются Богом*.

Нам неизвестно, с какого момента начинается их раздельное существование вне абсолютности Первого Источника и Центра; не знаем мы и их числа. Мы почти ничего не знаем об их существовании до прибытия на планеты времени и вселения в человеческий разум, но начиная с этого момента, мы в большей или меньшей степени знакомы с их космической эволюцией вплоть до свершения одного из трех предназначений: обретения личности через слияние с одним из восходящих смертных, обретения личности с санкции Всеобщего Отца или освобождения от известных заданий, выполняемых Настройщиками Мышления.

Не обладая достоверными знаниями, мы, тем не менее, полагаем, что Настройщики постоянно индивидуализируются с ростом вселенных и увеличением количества кандидатов на слияние. Однако вполне возможно, что мы ошибаемся, пытаясь присвоить Настройщикам количественное выражение; как и сам Бог, эти фрагменты его непостижимой природы могут быть экзистенциально бесконечными.

Метод появления Настройщиков Мышления относится к одной из нераскрытых функций Всеобщего Отца. У нас есть все основания полагать, что ни один из других абсолютных партнеров Первого Источника и Центра не имеет какого-либо отношения к созданию частиц Отца. Настройщики являются буквально и вечно божественными дарами; они от Бога, из Бога и подобны Богу.

В своих отношениях с кандидатами на слияние они демонстрируют божественную любовь и духовную опеку, которые исчерпывающе подтверждают, что Бог есть дух. Однако в дополнение к этому трансцендентному служению происходит много такого, что никогда не раскрывалось смертным Урантии. Не до конца понимаем мы и то, чтó в действительности происходит, когда Всеобщий Отец отдает свою частицу, которой предстоит стать частью личности временнóго создания. Восходящее развитие Райских завершителей пока еще также не раскрыло всех возможностей, заключенных в этом небесном партнерстве человека и Бога. В конечном счете, частицы Отца должны являться даром абсолютного Бога тем созданиям, чей путь включает возможность достижения Бога как абсолюта.

Как Всеобщий Отец фрагментирует свое доличностное Божество, так Бесконечный Дух индивидуирует частицы своего предрáзумного духа для постоянного пребывания и действительного слияния с эволюционными душами спасшихся смертных, относящихся к типу слияния с духом. Однако природа Вечного Сына не поддается такой же фрагментации; дух Изначального Сына является либо рассеянным, либо дискретно-личностным. Создания, относящиеся к типу слияния с Сыном, объединяются с индивидуализированными дарами духа Сынов-Создателей – детей Вечного Сына.

2. КЛАССИФИКАЦИЯ НАСТРОЙЩИКОВ

Настройщики индивидуируются в качестве начинающих сущностей, и всем им предстоит стать либо освобожденными, либо слившимися, либо Личностными Наставниками. Мы исходим из того, что существует семь категорий Настройщиков Мышления, хотя мы не до конца понимаем эту классификацию. Обычно мы пользуемся следующими названиями для различных категорий.

1. *Начинающие Настройщики* – те, кто впервые служит в разуме эволюционных кандидатов на вечное спасение. В аспекте вечности, Таинственные Наставники единообразны в своей божественной природе. Покидая впервые Дивинингтон, они одинаковы и в своей эмпирической природе; появление последующих эмпирических различий является результатом практического опыта вселенского служения.

2. *Опытные Настройщики* – те, кто прослужил в течение одного или нескольких периодов вместе с волевыми созданиями в мирах, где происходит окончательное слияние идентичности временнóго создания и индивидуализированной частицы духа Третьего Источника и Центра в его проявлении в локальной вселенной.

3. *Верховные Настройщики* – те Наставники, которые обрели опыт во времени, прослужив в эволюционных мирах, но чьи человеческие партнеры по той или иной причине отклонили вечную жизнь, а также те, кто впоследствии был направлен для приобретения опыта в других смертных, населяющих другие эволюционирующие миры. Хотя верховный Настройщик не является более божественным, чем начинающий Наставник, он обладает бóльшим опытом и способен совершать в разуме человека то, что не под силу менее опытному Настройщику.

4. *Исчезнувшие Настройщики*. Здесь в наших усилиях проследить путь развития Таинственных Наставников появляется пробел. Существует четвертая стадия служения, в отношении которой мы не можем сказать ничего определенного. Мелхиседеки учат, что Настройщики четвертой стадии выполняют особые поручения, странствуя по вселенной вселенных. Одиночные Посланники склонны полагать, что Настройщики соединяются с Первым Источником и Центром, используя это время для живительной связи с самим Отцом. Вполне вероятно, что Настройщик способен странствовать по совокупной вселенной и одновременно находиться в единении с вездесущим Отцом.

5. *Освобожденные Настройщики* – те Таинственные Наставники, которые навечно освобождены от временнóго служения смертным эволюционирующих сфер. Какие функции они могут исполнять, мы не знаем.

6. *Слившиеся Настройщики* – завершители – те, кто слился с восходящими созданиями сверхвселенных, вечностные партнеры временны́х восходящих существ Райского Корпуса Завершения. Настройщики Мышления обычно сливаются с восходящими смертными времени, и вместе с такими спасенными смертными они регистрируются при посещениях Асендингтона; они следуют по пути восходящих существ. После слияния с восходящей эволюционной душой Настройщик, по-видимому, переходит с абсолютного экзистенциального уровня вселенной на конечный эмпирический уровень функционального объединения с восходящей личностью. Хотя слившийся Настройщик и сохраняет все качества экзистенциальной божественной природы, он становится неразрывно связанным с восхождением спасенного смертного.

7. *Личностные Настройщики* – те, кто служил с инкарнированными Райскими Сынами, а также те, кто добился необыкновенных достижений в течение пребывания в смертных, но чьи подопечные отвергли спасение. У нас есть основания полагать, что такие Настройщики обретают личностный статус по рекомендации Древних Дней той сверхвселенной, в которой они выполняли свое задание.

Существует много вариантов классификации этих таинственных частиц Бога: в зависимости от вселенной служения, успешности пребывания в индивидуальном смертном и даже расового происхождения смертного кандидата на слияние.

3. ДИВИНИНГТОН – РОДИНА НАСТРОЙЩИКОВ

Вся вселенская деятельность, связанная с отправкой, управлением, руководством и возвращением Таинственных Наставников после служения во всех семи сверхвселенных, представляется сосредоточенной на священной сфере – Дивинингтоне. Насколько мне известно, никто, кроме Настройщиков и других сущностей Отца, никогда не бывал на этой сфере. Вполне вероятно, что Дивинингтон является родиной как Настройщиков, так и многих нераскрытых доличностных сущностей. Мы полагаем, что эти равные сущности могут быть каким-то образом связанными с нынешним и грядущим служением Таинственных Наставников, однако доподлинно мы этого не знаем.

Когда Настройщики Мышления возвращаются к Отцу, они отправляются на сферу их предположительного происхождения – Дивинингтон; возможно, что частью этого опыта является непосредственный контакт с Райской личностью Отца, равно как и с особым проявлением божественности Отца, которая, как сообщается, находится на этой тайной сфере.

Хотя мы знаем кое-что обо всех семи тайных сферах Рая, о Дивинингтоне нам известно меньше, чем о других. Существа высоких духовных категорий получают только три божественных предписания:

1. Всегда проявлять надлежащее уважение к опыту и способностям старших и вышестоящих существ.

2. Всегда тактично относиться к ограничениям и неопытности младших и нижестоящих существ.

3. Никогда не пытаться высадиться на берегах Дивинингтона.

Я часто размышлял о совершенной бесполезности моего гипотетического посещения Дивинингтона; возможно, что я не смог бы увидеть ни одного местного обитателя, за исключением Личностных Настройщиков, которых я видел и в других местах. Я абсолютно уверен в том, что на Дивинингтоне нет ничего, что представляло бы для меня какую-то ценность или могло бы пойти мне на пользу, ничего, что могло бы существенно способствовать моему росту и развитию – иначе мне не было бы запрещено появляться там.

Ввиду того, что Дивинингтон не может дать нам никаких или почти никаких сведений о природе и происхождении Настройщиков, мы вынуждены добывать информацию из всевозможных источников. Появляется необходимость собирать, классифицировать и сопоставлять эти накопленные данные для того, чтобы получать содержательную информацию.

Доблесть и мудрость Настройщиков Мышления свидетельствуют о том, что они прошли основательную и всестороннюю подготовку. Ввиду того, что они не являются личностями, эта подготовка должна проводиться в образовательных учреждениях Дивинингтона. Мы не сомневаемся в том, что персонал школ подготовки Настройщиков на Дивинингтоне состоит из уникальных Личностных Настройщиков. И мы доподлинно знаем, что во главе этого центрального руководящего корпуса стоит теперь уже Личностный Настройщик первого Райского Сына категории Михаилов, завершившего свое семичастное посвящение расам и народам своей вселенной.

Мы поистине очень мало знаем о неличностных Настройщиках; мы общаемся и поддерживаем связь только с личностными категориями. Они получают имя на Дивинингтоне и всегда известны по имени, а не по номеру. Личностные Настройщики постоянно проживают на Дивинингтоне; эта священная сфера является их домом. Они покидают эту обитель только по воле Всеобщего Отца. Лишь немногие из них встречаются в пределах локальных вселенных, но они во множестве присутствуют в центральной вселенной.

4. СУЩНОСТЬ И ПРИСУТСТВИЕ НАСТРОЙЩИКОВ

Сказать, что Настройщик является божественным, значит лишь признать характер его происхождения. Весьма вероятно, что такая чистота божественности охватывает сущность потенциала всех атрибутов Божества, которые могут заключаться в подобной частице, воплощающей абсолютную сущность всеобщего присутствия вечного и бесконечного Райского Отца.

Действительный источник Настройщиков должен быть бесконечным, и вплоть до слияния с бессмертной душой эволюционирующего смертного реальность Настройщика должна граничить с абсолютностью. Настройщики не являются абсолютами во всеобщем смысле, в смысле Божества, однако возможно, что они являются настоящими абсолютами в пределах потенциальных возможностей своей фрагментарной природы. Они условны относительно всеобщности, но не относительно своей природы; они ограничены в экстенсивности, но в интенсивности значения, ценности и факта *они абсолютны*. По этой причине мы иногда именуем эти божественные дары условными абсолютными частицами Отца.

Ни один Настройщик никогда не проявлял нелояльности по отношению к Райскому Отцу; низшим категориям личностных существ иногда приходится бороться со своими нелояльными товарищами – но только не с Настройщиками; они являются высшими и непогрешимыми в своей божественной области – служении созданиям и функционировании во вселенной.

Неличностные Настройщики видны только Личностным Настройщикам. Существа моей категории – Одиночные Посланники, – а также Вдохновенные Троичные Духи способны обнаруживать присутствие Настройщиков благодаря феномену духовной обратной связи. Даже серафимы иногда могут различать духовное свечение, предположительно связанное с присутствием Наставников в материальном разуме человека. Однако никто из нас не способен действительно и фактически видеть Настройщиков, пока они не становятся личностными, хотя их природа и доступна восприятию в союзе со слившимися личностями восходящих смертных из эволюционных миров. Всеобщая невидимость Настройщиков является убедительным свидетельством их высокого и особого божественного происхождения и божественной природы.

Это божественное присутствие сопровождается характерным светом – духовным свечением, которое обычно связывается с Настройщиком Мышления. Во вселенной Небадон это свечение Рая широко известно как «направляющий свет»; на Уверсе оно именуется «светом жизни». На Урантии это явление иногда называлось тем «истинным светом, что освещает каждого, кто приходит в этот мир».

Каждое существо, достигшее Всеобщего Отца, способно видеть Личностных Настройщиков Мышления. Настройщики всех стадий, равно как и все остальные существа, сущности, духи, личности и духовные проявления, всегда видны тем Личностям Верховных Создателей, которые берут свое начало в Райских Божествах и возглавляют главные правительства большой вселенной.

Способны ли вы действительно осознать истинное значение того, что в вас пребывает Настройщик? Действительно ли вы понимаете, что значит обладать абсолютной частицей абсолютного и бесконечного Божества – Всеобщего Отца, – пребывающего в вас и сливающегося с вашей конечной смертной сущностью? Когда смертный человек сливается с подлинной частицей экзистенциальной Причины всеобъемлющего космоса, то это навсегда устраняет какие-либо ограничения для возможностей такого беспрецедентного и невообразимого партнерства. В вечности человек будет открывать не только бесконечность объективного Божества, но и нескончаемую потенциальность субъективной частицы того же самого Бога. Настройщик всегда будет раскрывать смертной личности чудо Бога, и такое божественное откровение никогда не исчерпает себя, ибо Настройщик – от Бога, и для смертного человека он подобен Богу.

5. РАЗУМНОСТЬ НАСТРОЙЩИКОВ

Эволюционные смертные склонны смотреть на разум как на космического посредника между духом и материей, ибо в вашем понимании разума такова его основная функция. Поэтому людям довольно трудно понять, что Настройщики Мышления обладают разумом, ибо Настройщики суть частицы Бога, существующие на абсолютном уровне реальности, который не только является доличностным, но также предшествует какому-либо разграничению энергии и духа. На монистическом уровне, предшествующем дифференциации энергии и духа, посредническая фукция разума невозможна, ибо не существует расхождений, которые нуждались бы в посреднике.

Так как Настройщики способны трудиться, планировать и любить, они должны обладать свойствами индивидуальности, сопоставимыми с разумом. Они обладают неограниченной способностью общаться друг с другом – точнее, это справедливо для всех видов Наставников, кроме первого, или начинающего, типа. Что касается характера и смысла их взаимосвязей, то мы почти ничего не можем вам раскрыть, ибо это нам неизвестно. Мы также знаем, что Настройщики должны быть наделены каким-то разумом, ибо в противном случае они не могли бы стать личностными.

Разумность Настройщиков Мышления похожа на *разумность* Всеобщего Отца и Вечного Сына – то есть разумность, которая предшествует *разумам* Совместного Вершителя.

Тип разума, постулируемый в Настройщике, должен напоминать разум многочисленных других категорий доличностных сущностей, которые, предположительно, также берут начало в Первом Источнике и Центре. Хотя многие из этих категорий еще не раскрыты на Урантии, все они обнаруживают свойства разумности. Эти индивидуированные образования изначального Божества также могут объединяться с многочисленными развивающимися типами несмертных существ и даже с ограниченным числом неэволюционных существ, которые приобрели способность к слиянию с подобными частицами Божества.

Когда Настройщик Мышления сливается с развивающейся бессмертной моронтийной душой спасшегося человека, разум Настройщика воспринимается как существующий отдельно от разума создания только до тех пор, пока восходящий смертный не достигает духовных уровней прогресса во вселенной.

После достижения в опыте восхождения уровней завершителей, эти духи шестой ступени, очевидно, преобразуют какой-то элемент разума, представляющий союз определенных аспектов смертного разума и разума Настройщика. Ранее такой союз выполнял функцию связующего звена между божественными и человеческими аспектами восходящих личностей. Возможно, что это эмпирическое качество разума обретает свойства верховности и впоследствии расширяет эмпирическую способность эволюционного Божества – Верховного Существа.

6. НАСТРОЙЩИК КАК ЧИСТЫЙ ДУХ

В том качестве, в котором Настройщики Мышления встречаются в опыте созданий, они обнаруживают свойственные духовному влиянию присутствие и водительство. Настройщик действительно является духом, чистым духом – но больше, чем духом. Нам никогда не удавалось предложить удовлетворительную классификацию Таинственных Наставников; всё, что можно сказать о них со всей определенностью, – это то, что они воистину богоподобны.

Настройщик есть вечностная возможность человека; человек есть личностная возможность Настройщика. Ваши личные Настройщики пытаются одуховить вас в надежде увековечить вашу временную идентичность. Настройщики исполнены прекрасной и самопосвящающейся любви Отца духовных существ. Они истинно и божественно любят вас; они являются заключенными в разуме людей пленниками духовной надежды. Они жаждут того, чтобы ваш смертный разум достиг божественности, что положит конец их одиночеству, освободит их – вместе с вами – от ограничений, накладываемых материальным облачением и одеянием времени.

Ваш путь к Раю есть путь духовных достижений, и природа Настройщика будет постепенно и достоверно раскрывать вам духовную природу Всеобщего Отца. Быть может, что после восхождения к Раю и на постзавершительских стадиях вечного пути Настройщик будет сотрудничать со своим партнером, бывшим некогда человеком, не в духовном, а в каком-то ином плане; однако восхождение к Раю и служение в качестве завершителя представляют собой партнерство познающего Бога одухотворяющегося смертного и его духовного опекуна – раскрывающего Бога Настройщика.

Мы знаем, что Настройщики Мышления представляют собой дух, чистый дух – вероятно, абсолютный дух. Но Настройщик должен быть чем-то большим, чем исключительно духовной реальностью. В дополнение к предполагаемой разумности, в нём присутствуют также факторы чистой энергии. Если вы вспомните о том, что Бог является источником чистого духа и чистой энергии, вам будет не так трудно понять, что его частицы являются и тем, и другим. Истинно, что Настройщики пересекают пространство, используя мгновенное действие всеобщего гравитационного контура Острова Рай.

Существование подобной связи Таинственных Наставников с материальными контурами вселенной вселенных действительно озадачивает. Однако остается фактом то, что они молниеносно пересекают всю большую вселенную по контуру материальной гравитации. Вполне возможно, что они способны достигать даже уровней внешнего пространства. Они несомненно могли бы проникать в эти регионы вместе с гравитационным присутствием Рая, и хотя личности моей категории, используя контуры разума Совместного Вершителя, также способны выходить за пределы большой вселенной, мы никогда не были уверены в том, что нам удавалось заметить присутствие Настройщиков в неизведанных регионах внешнего пространства.

Однако, несмотря на то что Настройщики используют контуры материальной гравитации, они не подчиняются ей так, как материальное творение. Настройщики являются частицами предшественника гравитации, а не ее следствия; их сегментация происходит на таком уровне бытия, который гипотетически предшествует появлению гравитации.

Настройщики Мышления не знают отдыха со времени посвящения и вплоть до того дня, когда после естественной кончины своих смертных подопечных они получают освобождение и направляются на Дивинингтон. Те же из них, чьи подопечные не проходят через врата естественной смерти, не получают даже такой временной передышки. Настройщики Мышления не нуждаются в восстановлении энергии; они суть энергия – энергия высшего и наиболее божественного типа.

7. НАСТРОЙЩИКИ И ЛИЧНОСТЬ

Настройщики Мышления не являются личностями, однако они представляют собой реальные сущности. Они действительно и в совершенстве индивидуализированы, хотя никогда не становятся подлинно личностными в течение своего пребывания в смертных. Настройщики Мышления не являются истинными личностями. Настройщики – это *истинная реальность*, реальность в самой чистой форме, известной во вселенной вселенных: божественное присутствие. Хотя эти изумительные частицы Отца не являются личностями, их обычно называют существами, а иногда, имея в виду духовные аспекты их нынешнего служения смертным, духовными сущностями.

Если Настройщики Мышления не являются личностями и не обладают прерогативами воли и способностью выбора, то каким образом они могут выбирать смертных подопечных и выражать добровольное желание пребывать в таких созданиях в эволюционных мирах? Такой вопрос легко задать, но вполне возможно, что пока еще ни одно существо во вселенной вселенных не нашло на этот вопрос точного ответа. Даже личности моей категории – Одиночные Посланники – не до конца понимают, каким образом неличностные сущности могут наделяться волей, возможностью выбора и любовью.

Мы часто рассуждаем о том, что Настройщики Мышления должны обладать волей на всех *доличностных* уровнях выбора. Они добровольно вселяются в людей, они планируют вечный путь человека, они приспосабливают, видоизменяют и заменяют эти планы другими в зависимости от обстоятельств, и эти действия свидетельствуют о наличии подлинной воли. Они преданны смертным, они функционируют в кризисных вселенских ситуациях, они всегда готовы к решительным действиям в соответствии с человеческим выбором, и всё это – истинно волевые реакции. Во всех ситуациях, не имеющих отношения к области человеческой воли, они бесспорно демонстрируют поведение, которое свидетельствует об использовании возможностей, во всех отношениях эквивалентных воле, высочайшему решению.

Тогда почему же Настройщики Мышления подчинены воле смертных, если они обладают собственной волей? Как мы полагаем, это происходит потому, что хотя воля Настройщиков и абсолютна по своей природе, она является доличностной по своему проявлению. Человеческая воля действует на личностном уровне вселенской реальности, и по всему космосу безличностное – неличностное, субличностное и доличностное – неизменно реагирует на волю и действия существующей личности.

По всей вселенной созданных существ и неличностных энергий мы видим, что воля, волеизъявление, выбор и любовь не существуют в отрыве от личности. За исключением Настройщиков и прочих аналогичных сущностей, мы не знаем случаев, когда эти атрибуты личности действовали бы в объединении с безличностными реальностями. Было бы неверно называть Настройщика субличностным, равно как было бы неправильно указывать на подобную сущность как сверхличностную, однако вполне допустимо называть такое существо доличностным.

Нашим категориям существ эти частицы Божества известны как божественные дары. Мы сознаем, что Настройщики божественны по происхождению и что они представляют собой вероятное подтверждение и демонстрацию того факта, что Всеобщий Отец сохранил за собой возможность прямого и неограниченного общения с любым и всеми материальными созданиями по всему пространству своих поистине неограниченных сфер, и всё это существует совершенно независимо от его присутствия в личностях своих Райских Сынов или опосредованной помощи через личности Бесконечного Духа.

Любое созданное существо с огромной радостью приняло бы Таинственного Наставника, однако такой способностью наделены только эволюционные волевые создания – будущие завершители.

[Представлено Одиночным Посланником Орвонтона.]

ДОКУМЕНТ 108

МИССИЯ И ДЕЯТЕЛЬНОСТЬ НАСТРОЙЩИКОВ МЫШЛЕНИЯ

Миссия Настройщиков Мышления по отношению к человеческим расам заключается в том, чтобы представить, явить Всеобщего Отца смертным созданиям времени и пространства. В этом состоит основной труд божественных даров. Кроме того, их миссия связана с возвышением смертного разума и переводом бессмертной души на божественные высоты и духовные уровни Райского совершенства. В этом опыте преобразования человеческой сущности бренного создания в божественную сущность вечного завершителя Настройщики порождают уникальный тип существа – существа, создаваемого вечным союзом совершенного Настройщика и усовершенствованного создания. Воспроизведение такого существа было бы невозможно посредством какого-либо иного вселенского метода.

Во всей вселенной ничто не способно заменить факт опыта на неэкзистенциальных уровнях. Как всегда, бесконечный Бог является исчерпывающим и завершенным, бесконечно включая в себя всё, кроме зла и опыта созданий. Бог неспособен ошибаться; он непогрешим. Бог не может эмпирически знать то, чего он никогда не испытывал лично; предзнание Бога экзистенциально. Именно поэтому дух Отца спускается из Рая, чтобы вместе с конечными смертными разделить каждый подлинный опыт на протяжении восходящего пути. Именно посредством такого метода экзистенциальный Бог мог стать истинно и фактически эмпирическим Отцом человека. Бесконечность вечного Бога включает возможность конечного опыта, которая реализуется в служении частиц-Настройщиков, действительно разделяющих превратности жизненного опыта людей.

1. ОТБОР И НАЗНАЧЕНИЕ

Когда Настройщики отправляются с Дивинингтона, чтобы приступить к своему служению смертным, они являются идентичными в отношении экзистенциальной божественности, но отличаются друг от друга по эмпирическим качествам, находящимся в пропорциональной зависимости от предыдущих связей с эволюционными созданиями. Мы неспособны объяснить принципы назначения Настройщиков, однако мы полагаем, что эти божественные дары посвящаются согласно некоторому мудрому и действенному принципу – вечному соответствию личности своего подопечного. Мы действительно замечаем, что более опытные Настройщики часто пребывают в человеческом разуме более высокого типа; поэтому передаваемые по наследству качества являются, по всей вероятности, существенным фактором при выборе Настройщика и определении его назначения.

Хотя мы и не знаем этого наверняка, мы твердо верим в то, что все Настройщики Мышления являются добровольцами. Однако до того, как изъявить добровольное желание, они получают в свое распоряжение всю информацию о соответствующем кандидате. Серафические схемы наследственности и планируемые типы жизненного поведения передаются через Рай в резервный корпус Настройщиков Дивинингтона с помощью системы отражения, соединяющей столицы локальных вселенных с центрами, – столицами сверхвселенных. Такая предварительная оценка включает в себя не только наследственные факторы смертного кандидата, но и оценку вероятных интеллектуальных дарований и духовных способностей. Так Настройщик добровольно решает вселиться в разум, природу которого он знает до тонкостей.

Изъявивший желание служить Настройщик прежде всего интересуется тремя свойствами человеческого кандидата:

1. *Интеллектуальная способность.* Является ли разум психически нормальным? Каков интеллектуальный потенциал – умственные способности? Способен ли индивидуум превратиться в настоящее волевое создание? Сможет ли мудрость проявить себя?

2. *Духовное восприятие.* Перспективы развития благоговения – рождения и роста религиозного характера. Каковы потенциальные возможности души, какова возможность духовной восприимчивости?

3. *Совместные интеллектуальные и духовные дарования.* Степень возможного соединения, объединения этих способностей для формирования сильного человеческого характера и содействия уверенной эволюции бессмертной – способной сохраниться – души.

Мы полагаем, что, располагая подобной информацией, Наставники изъявляют добровольное желание получить назначение. Возможно, что желающих оказывается несколько. Быть может, руководящие личностные категории отбирают из данной группы добровольцев того Настройщика, который наилучшим образом приспособлен к выполнению задачи одухотворения и увековечения личности данного смертного кандидата. (В процессе назначения и служения Настройщика пол создания не имеет значения.)

Короткий промежуток времени между изъявлением желания и непосредственной отправкой Настройщик проводит, предположительно, в школах Личностных Наставников Дивинингтона, где рабочий образец разума очередного смертного используется в помощь получившему задание Настройщику для разработки наиболее эффективных планов сближения с личностью и одуховления разума. Такая модель разума формулируется с помощью комбинирования данных, поступающих через службу отражения сверхвселенной. Во всяком случае, таково наше понимание – представление, которого мы придерживаемся в результате сопоставления информации, полученной в общении со многими Личностными Настройщиками в течение долгого вселенского служения Одиночных Посланников.

Покинув Дивинингтон, Настройщики практически сразу же оказываются в разумах своих избранных подопечных. Перемещение Настройщика с Дивинингтона на Урантию занимает в среднем 117 часов, 42 минуты и 7 секунд. По существу, всё это время уходит на регистрацию на Уверсе.

2. ПРЕДПОСЫЛКИ ВСЕЛЕНИЯ НАСТРОЙЩИКА

Хотя Настройщики изъявляют желание служить сразу же вслед за передачей на Дивинингтон личностных прогнозов, они получают непосредственное назначение только после того, как их смертные подопечные принимают свое первое нравственное личностное решение. Первый нравственный выбор человеческого дитя автоматически отмечается седьмым вспомогательным духом разума и сразу же, через Созидательного Духа локальной вселенной, регистрируется во всеобщем гравитационном контуре разума Совместного Вершителя в присутствии Главного

Духа соответствующей сверхвселенной, который тотчас передает эту информацию на Дивинингтон. В среднем, Настройщики достигают своих человеческих подопечных на Урантии незадолго до того, как тем исполняется шесть лет. В нынешнем поколении этот срок равен пяти годам, десяти месяцам и четырем дням, то есть вселение происходит на 2 134-й день земной жизни.

Настройщики могут внедриться только в такой человеческий разум, который надлежащим образом подготовлен внутренней помощью вспомогательных духов разума и подключен к контуру Святого Духа. И для того, чтобы человеческий разум был способен принять Настройщика, требуется координированное действие всех семи вспомогательных духов разума. Разум создания должен проявлять тягу к поклонению и свидетельствовать о мудрости, демонстрируя способность выбирать между возникающими значениями добра и зла, способность к нравственному выбору.

Так человеческий разум становится готовым к приему Настройщика, однако обычно он не сразу вселяется в такой интеллект, за исключением тех миров, где Дух Истины функционирует в качестве духовного координатора этих различных духовных помощников. Присутствие этого духа посвященческих Сынов гарантирует появление Настройщиков с того момента, когда начинает функционировать седьмой вспомогательный дух разума, посылающий Материнскому Духу Вселенной сигнал о достижении потенциальной координации в смертном разуме шести объединенных вспомогательных духов предшествующего служения. Поэтому со дня Пятидесятницы божественные Настройщики повсеместно посвящаются на Урантии всем нормальным разумам нравственного статуса.

Даже если разум наделен Духом Истины, Настройщики не могут произвольно внедриться в смертный интеллект до первого нравственного решения. Однако когда такое нравственное решение принято, духовный помощник переходит в прямое подчинение Дивинингтону. Не существует посредников, нет иных промежуточных инстанций или сил, действия которых отделяли бы божественных Настройщиков от их человеческих подопечных; Бог и человек связаны прямой связью.

До наступления того времени, когда на обитателей эволюционного мира изливается Дух Истины, посвящение Настройщика, очевидно, определяется многими духовными факторами и личностными отношениями. Мы не до конца понимаем законы, регулирующие такие посвящения; мы не понимаем, что именно определяет отправку Настройщиков, изъявляющих желание поселиться в таких развивающихся разумах. Однако мы действительно замечаем многочисленные влияния и состояния, которые, вероятно, связаны с прибытием Настройщиков в подобный разум до посвящения Духа Истины:

1. Назначение личного серафического хранителя. Если до этого смертный не обладал Настройщиком, назначение личного хранителя влечет за собой немедленное прибытие Настройщика. Существует вполне определенная, но неизвестная взаимосвязь между служением Настройщиков и служением личных серафических хранителей.

2. Достижение третьего круга интеллектуальных достижений и духовных свершений. Я замечал, что Настройщики прибывают в смертный разум после вступления в третий круг еще до того, как о таком достижении успевали сообщить личностям локальной вселенной, занимающимся подобными вопросами.

3. Принятие высшего решения необычайного духовного значения. Такое человеческое поведение в критической для личности планетарной ситуации обычно сопровождается немедленным прибытием ждущего своего часа Настройщика.

4. Дух братства. Когда развивающийся смертный – независимо от достижения психических кругов и назначения личных хранителей, в отсутствие всего, что напоминало бы решение, принятое в условиях кризиса, – исполняется любовью к своим товарищам и посвящает себя бескорыстной помощи братьям во плоти, очередной Настройщик непременно нисходит для того, чтобы поселиться в разуме такого смертного помощника.

5. Заявление о намерении исполнять волю Бога. Мы замечаем, что многие смертные пространственных миров могут производить впечатление существ, готовых к приему Настройщиков, однако Наставники не появляются. Продолжая следить за такими созданиями в их повседневной жизни, мы видим, что вскоре они спокойно, почти неосознанно, приходят к решению – начать стремиться к исполнению воли небесного Отца. И тогда мы отмечаем немедленную отправку Настройщиков Мышления.

6. Влияние Верховного Существа. Мы замечаем, что в тех мирах, где Настройщики не сливаются с развивающимися душами смертных обитателей, они иногда посвящаются в ответ на действие факторов, которые целиком выходят за рамки нашего понимания. Мы предполагаем, что такие посвящения определяются некоторым отражательным космическим действием, возникающим в Верховном Существе. Чем объясняется тот факт, что такие Настройщики неспособны сливаться или не сливаются с этими определенными типами эволюционирующего смертного разума, мы не знаем. Подобные взаимодействия нам никогда не раскрывались.

3. ОРГАНИЗАЦИЯ И УПРАВЛЕНИЕ

Насколько мы знаем, Настройщики организованы как независимый корпус, который действует во вселенной вселенных и управляется, очевидно, непосредственно с Дивинингтона. Настройщики однородны во всех семи сверхвселенных, и все локальные вселенные обслуживаются идентичными типами Таинственных Наставников. На основании наших наблюдений нам доподлинно известно, что существуют многочисленные серии Настройщиков, причем организация отдельной серии распространяется на расы, охватывает судные периоды и включает миры, системы и вселенные. Однако чрезвычайно трудно быть в курсе дел этих божественных даров ввиду их взаимозаменяемости во всей большой вселенной.

Исчерпывающие сведения о Настройщиках (за пределами Дивинингтона) существуют только в столицах семи сверхвселенных. Номер и категория каждого Настройщика, вселяющегося в каждого восходящего смертного, сообщаются Райскими уполномоченными в столицу сверхвселенной, откуда они передаются в столицу соответствующей локальной вселенной и, далее, на конкретную планету. Но архивы локальной вселенной не раскрывают полного номера Настройщиков Мышления; небадонский архив содержит только номер назначения в локальную вселенную, присвоенный представителями Древних Дней. Истинное значение полного номера Настройщика известно только на Дивинингтоне.

Человеческие подопечные часто известны по номерам своих Настройщиков; смертные получают настоящие вселенские имена только после слияния с Настройщиками, и свидетельством этого союза является новое имя, посвященное новому созданию хранителем судьбы.

Хотя в Орвонтоне есть сведения о Настройщиках Мышления, и хотя мы не обладаем абсолютно никакой властью над ними и не связаны с ними в организационном плане, мы твердо верим в то, что существует весьма тесная административная связь между индивидуальными мирами локальных вселенных и центральной обителью божественных даров на Дивинингтоне. Нам доподлинно известно, что вслед за появлением Райского посвященческого Сына эволюционный мир получает Личностного Настройщика, являющегося планетарным руководителем Настройщиков.

Интересно отметить, что инспекторы локальной вселенной, проводя проверку планеты, всегда обращаются к планетарному главе Настройщиков Мышления, подобно тому как они вручают предписания главам серафимов и руководителям других категорий существ, прикрепленных к управлению развивающимся миром. Недавно Урантия подверглась очередной инспекции Табамантии – полновластного наблюдателя всех планет экспериментальной жизни во вселенной Небадон. И архивные материалы свидетельствуют о том, что в дополнение к наставлениям и вердиктам, переданным различным главам сверхчеловеческих личностей, он выразил благодарность главе Настройщиков, хотя мы и не знаем, находится ли тот на планете, на Салвингтоне, на Уверсе или на Дивинингтоне. Табамантия сказал следующее:

«А теперь я обращаюсь к вам, – руководителям, значительно более высоким, чем я сам, – как тот, в чьей временной власти находятся планеты экспериментальной серии; и я обращаюсь, чтобы выразить восхищение и глубочайшее уважение великолепной группе небесных попечителей – Таинственных Наставников – изъявивших желание служить на этой необычной сфере. Вы сохраняете стойкость при любом, даже самом тяжелом кризисе. Как свидетельствуют архивы Небадона и комиссии Орвонтона, против божественных Настройщиков никогда не выдвигалось обвинений. Вы всегда храните верность своему долгу; вы божественно преданны. Вы помогали исправлять ошибки и восполнять недостатки всех тех, кто трудится на этой запутанной планете. Вы замечательные существа – хранители благости в душах этого отсталого мира. Я выражаю вам свое почтение, хотя формально вы подчиняетесь мне как добровольные попечители. Я склоняюсь перед вами в смиренном признании вашего возвышенного бескорыстия, вашей чуткой опеки и вашей беспристрастной преданности. Вы по достоинству именуетесь богоподобными опекунами смертных обитателей этого разрываемого противоречиями, измученного горем и пораженного болезнями мира. Я выражаю вам свое почтение! Мое отношение к вам граничит с поклонением!»

Исходя из многих косвенных данных, мы полагаем, что Настройщики прекрасно организованы, что существует глубоко разумное и эффективное руководство этими божественными дарами, которое ведется из какого-то дальнего и центрального источника, возможно, с Дивинингтона. Мы знаем, что они являются в миры с Дивинингтона, и они несомненно возвращаются туда после смерти своих подопечных.

Чрезвычайно сложно обнаружить механизмы управления, существующие у высших категорий духов. Хотя моя категория личностей занята исполнением своих специфических обязанностей, мы не сомневаемся в том, что вместе с многочисленными личностными и безличностными субботжественными группами мы неосознанно выполняем коррелирующие функции в необъятной вселенной вселенных. Как мы полагаем, это объясняется тем, что мы являемся единственной (за исключением Личностных Настройщиков) группой личностных созданий, обладающих одинаковой способностью осознавать присутствие многочисленных категорий доличностных сущностей.

Мы осознаём присутствие Настройщиков, которые являются частицами доличностного Божества Первого Источника и Центра. Мы ощущаем присутствие Вдохновенных Троичных Духов, которые представляют собой сверхличностные выражения Райской Троицы. Таким же образом мы безошибочно определяем духовное присутствие некоторых нераскрытых категорий, порожденных Вечным Сыном и Бесконечным Духом. И мы обладаем некоторой восприимчивостью к другим не раскрытым вам сущностям.

Мелхиседеки Небадона учат, что Одиночные Посланники суть личностные координаторы этих различных факторов, регистрируемых в расширяющемся Божестве эволюционного Верховного Существа. Весьма вероятно, что мы являемся участниками эмпирического объединения многих необъясненных явлений времени, однако мы не осознаем того, что действуем в таком качестве.

4. СВЯЗЬ С ДРУГИМИ ДУХОВНЫМИ ВЛИЯНИЯМИ

За исключением возможной координации с иными частицами Божества, Настройщики не связаны с какими-либо другими существами в своей области деятельности в смертном разуме. Таинственные Наставники являются красноречивым свидетельством того факта, что, несмотря на очевидный отказ Отца от использования всякого непосредственного личного могущества и власти по всей большой вселенной в пользу детей Райских Божеств – Верховных Создателей, – Отец явно оставил за собой неоспоримое право присутствовать в умах и душах его эволюционирующих созданий, чтобы своими действиями привлекать к себе всё творение созданных существ в координации с духовным притяжением Райских Сынов. Пребывая на Урантии, ваш Райский посвященческий Сын сказал: «Если вознесен буду от земли, то привлеку к себе всех людей». Мы осознаём и понимаем эту притягательную духовную силу Райских Сынов и их созидательных партнеров, однако мы не до конца понимаем методы, при помощи которых премудрый Отец действует в этих Таинственных Наставниках и через них, столь героически живущих и действующих в человеческом разуме.

Хотя эти таинственные присутствия не подчинены, не координированы и, повидимому, не связаны с функционированием вселенной вселенных, хотя они независимо действуют в разуме человеческих детей, они неустанно побуждают свои подопечные создания стремиться к божественным идеалам, неизменно влекут их вверх, к замыслам и целям будущей лучшей жизни. Эти Таинственные Наставники постоянно помогают в создании духовных владений Михаила во всей вселенной Небадон и одновременно с этим таинственным образом способствуют упрочению владычества Древних Дней в Орвонтоне. Настройщики *являются* Божьей волей, и так как Божьи дети – Верховные Создатели – также лично воплощают ту же самую волю, неизбежна взаимозависимость между действиями Настройщиков и полновластием вселенских правителей. Хотя между присутствием Отца в Настройщиках и всевластием Отца, воплощенном в Михаиле Небадонском, отсутствует явная связь, они не могут не быть различными проявлениями одной и той же божественности.

Создается впечатление, что Настройщики Мышления появляются и исчезают совершенно независимо от каких бы то ни было иных духовных присутствий. Кажется, что они функционируют в согласии со вселенскими законами, которые существенно отличаются от законов, управляющих и контролирующих действия всех других духовных факторов. Но несмотря на такую очевидную независимость, длительное наблюдение бесспорно раскрывает тот факт, что все они действуют в человеческом разуме, поддерживая безупречную синхронность и согласованность со всеми остальными духовными помощниками, включая вспомогательных духов разума, Святой Дух, Дух Истины и другие влияния.

Когда восстание приводит к изоляции мира, когда планету отключают от всех контуров связи с внешним миром, что произошло с Урантией после мятежа Калигастии, то не считая личных посланников, остается только один способ прямой межпланетной или вселенской связи – через Настройщиков сфер. Какие бы события ни происходили в мире и во вселенной, они никогда не затрагивают самих Настройщиков. Изоляция планеты ни в коей мере не влияет на Настройщиков и их способность сообщаться с любой частью локальной вселенной, сверхвселенной или центральной вселенной. Именно по этой причине в изолированных мирах столь часто осуществляются контакты с высшими и самодействующими Настройщиками из резервного корпуса судьбы. Обращение к этому методу позволяет обойти ограничения, вызванные изоляцией планеты. В последние годы на Урантии действует контур архангелов, однако это средство коммуникации используется в основном для нужд самого корпуса архангелов.

Мы знакомы со многими духовными явлениями необъятной вселенной, которые неспособны до конца понять. Мы еще не полностью познали всё то, что нас окружает; и мы полагаем, что значительная часть этой загадочной деятельности выполняется Гравитационными Посланниками и некоторыми типами Таинственных Наставников. Я не считаю, что Настройщики посвящены исключительно перестройке смертных разумов. Я убежден в том, что Личностные Наставники и другие категории нераскрытых доличностных духов представляют собою прямую и нераскрытую связь Всеобщего Отца с созданиями миров.

5. МИССИЯ НАСТРОЙЩИКА

Изъявляя добровольное желание вселиться в такие сложные существа, как обитатели Урантии, Настройщики сталкиваются с трудной задачей. Но они берутся выполнить это поручение, состоящее в том, чтобы, пребывая в вашем разуме, воспринимать наставления находящихся в мире духовных разумных существ и пытаться по-новому изложить, истолковать эти духовные послания материальному разуму. Они являются неотъемлемым фактором восхождения к Раю.

То, что Настройщик Мышления не может использовать в вашей нынешней жизни, – те истины, которые он не может успешно передать обрученному с ним человеку, – он преданно сохранит для применения на следующем этапе существования, точно так же как в настоящее время он переносит из круга в круг то, что ему не удается включить в опыт своего подопечного вследствие неспособности или невозможности человека обеспечить достаточную степень сотрудничества.

В одном вы можете не сомневаться: Настройщики никогда не теряют ничего вверенного им. Мы не знаем ни об одном проступке этих духовных помощников. Случается так, что ангелы и другие высокие типы духовных существ, не исключая и тех типов Сынов, которые существуют в локальных вселенных, вступают на путь зла, сбиваются с божественного пути, но Настройщики никогда не оступаются. Они абсолютно надежны, и это в равной мере справедливо для всех семи групп.

Ваш Настройщик является потенциалом вашего нового, следующего типа существования, досрочным посвящением вашего вечного богосыновства. Посредством согласия вашей воли и с помощью такого согласия Настройщик обладает способностью подчинить свойственные созданию тенденции материального разума преобразующим действиям, исходящим из побуждений и целей формирующейся моронтийной души.

Таинственные Наставники не помогают мышлению: они настраивают мышление. Вместе с материальным разумом, настраивая и одухотворяя его, они трудятся над созданием нового разума, предназначенного для новых миров и нового имени на вашем будущем пути. Их миссия в основном связана с будущей, а не с нынешней жизнью. Они называются небесными, а не земными помощниками. Они не заинтересованы в том, чтобы ваш смертный путь был легким. Скорее, они стремятся сделать вашу жизнь умеренно сложной и тяжелой, что стимулирует способность принимать многочисленные решения. Присутствие великого Настройщика Мышления не означает легкую жизнь и свободу от напряженных размышлений, однако такой божественный дар призван дать возвышенный внутренний покой и величественное спокойствие духа.

Ваши скоротечные и переменчивые чувства радости и печали являются, в основном, чисто человеческими и материальными реакциями на внутренний психический климат и внешнее материальное окружение. Поэтому не ждите от Настройщика эгоистических утешений и смертного комфорта. Задача Настройщика – подготовить вас к вечному пути, обеспечить продолжение вашей жизни. Призвание Таинственных Наставников заключается не в том, чтобы успокаивать ваши бурные чувства или опекать ваше оскорбленное достоинство; внимание и время Настройщика посвящено подготовке вашей души к долгому восхождению.

Я сомневаюсь в своей способности объяснить, что именно делает Настройщик в вашем разуме и для вашей души. Я не уверен в доподлинном знании того, что в действительности происходит в космическом объединении божественного Наставника и человеческого разума. Для нас это является определенной тайной – не в отношении плана и целей, а в том, что касается непосредственного способа осуществления. Именно поэтому нам так трудно подобрать подходящее имя для этих божественных даров, посвященных смертным людям.

Настройщики Мышления хотели бы заменить ваши чувства страха убежденностью любви и уверенностью, однако они не могут сделать этого механически и произвольно; это ваша задача. Проводя в жизнь те решения, которые освобождают вас от оков страха, вы буквально создаете психическую точку опоры, к которой Настройщик может впоследствии приложить духовный рычаг возвышающего и развивающего просвещения.

Когда возникают жестокие и явные конфликты между высшими и низшими тенденциями рас, между тем, что *действительно является* добром или злом (а не тем, что вы только называете таковыми), вы можете положиться на то, что Настройщик всегда – определенным и решительным образом – будет участвовать в подобном опыте. То, что такая активность Настройщика может не осознаваться человеческим партнером, ни в коей мере не уменьшает ее ценности и реальности.

Если у вас есть личный хранитель судьбы и вам не удается продолжить жизнь, этот ангел-хранитель должен быть допрошен для того, чтобы доказать преданное исполнение своего долга. Что же касается Настройщиков Мышления, то они не подвергаются такой же проверке, когда их подопечным не удается продолжить жизнь. Мы все знаем, что служению ангела может не хватать совершенства, но действия Настройщиков Мышления отличаются Райским совершенством; их служение характеризуется безупречным методом, который не может критиковать никакое существо за пределами Дивинингтона. Вы наделены совершенными проводниками; поэтому вы наверняка способны достичь своей цели – совершенства.

6. БОГ В ЧЕЛОВЕКЕ

Истинным чудом божественного покровительства является то, что возвышенные и совершенные Настройщики предлагают себя для фактического существования в разуме материальных созданий, таких как смертные Урантии, чтобы действительно претворить в жизнь испытательный союз с земными существами животного происхождения.

Каким бы ни был предшествующий статус обитателей мира, после посвящения божественного Сына и вслед за посвящением человечеству Духа Истины Настройщики устремляются в такой мир для вселения в разум всех психически нормальных волевых созданий. По окончании миссии Райского посвященческого Сына эти Наставники воистину становятся «царством небесным внутри вас». Посвящение божественных даров является максимально возможным для Отца приближением к греху и злу, ибо Настройщику воистину приходится существовать в смертном разуме в самой гуще человеческой нечестивости. Особенно мучительны для Настройщиков ваши сугубо корыстные и эгоистические мысли. Их мучает неуважение к тому, что прекрасно и божественно. Многие виды нелепого животного страха и инфантильного беспокойства человека являются действительным препятствием для их деятельности.

Таинственные Наставники несомненно являются посвящением Всеобщего Отца, отражением образа Божьего по всей вселенной. Некогда великий учитель призвал людей возродиться в духе своего разума, стать новыми людьми, которые, подобно Богу, будут созданы в праведности и исполненности истины. Настройщик является печатью божественности, присутствия Бога. «Образ Божий» имеет отношение не к физическому подобию или ограниченным возможностям материальных способностей создания, а к дару духовного присутствия Всеобщего Отца в небесном посвящении Настройщиков Мышления скромным созданиям вселенных.

Настройщик является вашим источником духовного достижения и внутренней надеждой на обретение божественного характера. Он есть способность, привилегия и возможность продолжения жизни, что столь исчерпывающе и навечно отличает вас от чисто животных созданий. Он является высшим и истинно внутренним духовным стимулятором мысли – в отличие от внешних, физических стимулов, которые поступают в разум через нервно-энергетический механизм материального тела.

Эти преданные попечители грядущего пути безошибочно воспроизводят точный духовный аналог каждого интеллектуального творения. Благодаря этому они медленно, но верно воссоздают вас такими, какими вы действительно являетесь (только в духовном смысле) для воскрешения в мирах продолжения жизни. И все эти тонкие духовные воссоздания сохраняются в формирующейся реальности вашей эволюционирующей и бессмертной души – вашем моронтийном «я». Эти реальности действительно существуют, несмотря на то что Настройщику редко удается возвысить эти воспроизведенные творения настолько, чтобы их можно было осветить лучами сознания.

Так же как вы являетесь земным родителем своего ребенка, так и Настройщик является божественным родителем вашего истинного «я», вашего высшего и развивающегося «я», вашего более совершенного моронтийного и грядущего духовного «я». Именно эту эволюционирующую моронтийную душу видят судьи и цензоры, провозглашая продолжение вашей жизни и пропуская вас вверх, к новым мирам и нескончаемому существованию в вечном союзе с вашим преданным партнером – Богом, Настройщиком.

Настройщик является вечным прародителем, божественным прообразом вашей формирующейся бессмертной души, нескончаемым побуждением, которое ведет человека к стремлению в совершенстве овладеть своим нынешним материальным существованием в свете грядущего духовного пути. Наставники являются заложниками неумирающей надежды, источниками вечного развития. И как радуются они более или менее прямому общению со своими подопечными! Как ликуют они, когда могут отказаться от символики и других косвенных методов и передавать свои послания непосредственно интеллектам своих человеческих партнеров!

Вы, люди, приступили к нескончаемому раскрытию почти бесконечной панорамы – бескрайнему развитию вечных, непрестанно расширяющихся возможностей живительного служения, несравненного дерзновения, возвышенной неизвестности и безграничного достижения. Когда над вашей головой собираются тучи, ваша вера должна принимать истину присутствия внутреннего Настройщика, чтобы сквозь туман смертной неопределенности видеть ясное сияние солнца вечной праведности на манящих высотах обительских миров Сатании.

[Представлено Одиночным Посланником Орвонтона.]

ДОКУМЕНТ 109

СВЯЗЬ НАСТРОЙЩИКОВ С ВСЕЛЕНСКИМИ СОЗДАНИЯМИ

Настройщики Мышления – это дети вселенского пути, и начинающим Настройщикам действительно приходится накапливать опыт по мере роста и развития смертных созданий. Так же, как личность человеческого дитя развивается, готовясь к трудностям эволюционного бытия, так и Настройщик обретает величие в подготовке к следующему этапу восходящей жизни. Так же, как в играх и общении раннего детства ребенок развивает необходимую для взрослого человека адаптационную гибкость, так и внутренний Настройщик обретает необходимые для следующей стадии космической жизни навыки благодаря осуществляемому в течение смертной жизни предварительному планированию и репетициям тех видов деятельности, которые имеют отношение к моронтийному пути. Человеческая жизнь есть период практики, и эта жизнь эффективно используется Настройщиком для подготовки к возрастающей ответственности и более широким возможностям грядущей жизни. Однако, хотя Настройщик и пребывает внутри вас, его основные усилия не связаны с бренной жизнью и планетарным существованием: сегодня Настройщик Мышления определенным образом подготавливает эволюционирующий разум человека к реальностям вселенского пути.

1. РАЗВИТИЕ НАСТРОЙЩИКОВ

Мы полагаем, что до того, как покинуть Дивинингтон, начинающие Настройщики проходят всеобъемлющую и детальную программу подготовки и развития, но мы почти ничего не знаем об этом. Мы не сомневаемся в том, что Настройщики, обладающие опытом пребывания в смертных, также проходят всестороннюю переподготовку перед тем, как отправиться на выполнение новых миссий и в очередной раз соединиться со смертными. Но и это нам доподлинно не известно.

Личностные Настройщики рассказывали мне о том, что каждый раз, когда наделенному Наставником смертному не удается сохраниться, Настройщик после возвращения на Дивинингтон проходит расширенный курс подготовки. Эта дополнительная подготовка становится возможной благодаря опыту пребывания в человеке, и она всегда проводится перед возвращением Настройщика в эволюционные миры времени.

Ничто в космосе не может заменить настоящий опыт жизни. Совершенство божественности вновь сформированного Настройщика Мышления ни в коей мере не наделяет этого Таинственного Наблюдателя способностями, обретаемыми в опыте служения. Опыт неотделим от живого бытия; это единственная вещь, которую необходимо приобрести в *самой жизни*, и никакая мера божественного дара не может освободить вас от этой необходимости. Поэтому как и все существа, живущие и функционирующие в пределах нынешней сферы Верховного, Настройщики Мышления должны обретать опыт; они должны проходить путь развития от низших, неопытных групп, до высших, обладающих бóльшим опытом.

Настройщики претерпевают явную эволюцию в смертном разуме; реальный опыт становится их вечным достоянием. Благодаря всевозможным контактам с материальными расами, они овладевают всё новыми присущими Настройщикам умениями и способностями, вне зависимости от продолжения или прекращения жизни их конкретных смертных подопечных. Они также являются равными партнерами человеческого разума в поощрении эволюции бессмертной души, обладающей потенциалом спасения.

Первая стадия эволюции Настройщика наступает при слиянии со спасшейся душой смертного существа. Таким образом, если вам присуще развитие внутрь и вверх, от человека к Богу, то Настройщикам присуще эволюционирование вовне и вниз – от Бога к человеку. Поэтому в конечном итоге этот союз божественного и человеческого начал навечно будет являться сыном человеческим и сыном Божьим.

2. САМОДЕЙСТВУЮЩИЕ НАСТРОЙЩИКИ

Вам известна классификация Настройщиков в аспекте опыта – начинающие, опытные и верховные. Вам следует также знать определенный функциональный класс – класс самодействующих Настройщиков. Самодействующий Настройщик отвечает следующим условиям:

1. Он обладает определенным необходимым опытом эволюционирующей жизни волевого создания – либо в качестве временного обитателя в таком мире, где Настройщики предоставляются смертным подопечным только на время, либо на планете непосредственного слияния, где человек не смог продолжить свою жизнь. Такой Наставник является либо опытным, либо верховным Настройщиком.

2. Он добился духовного равновесия в человеке, который прошел третий психический круг и к которому был прикреплен личный серафический хранитель.

3. Он имеет подопечного, принявшего высшее решение – вступить в торжественный и искренний союз с Настройщиком. Настройщик заблаговременно готовится к практическому слиянию и считает союз фактически свершившимся.

4. Он имеет подопечного, включенного в резервный корпус судьбы в эволюционном мире восхождения смертных.

5. В какой-то период времени, пока его подопечный находился во сне, он временно покидал разум своего смертного пребывания для выполнения важной миссии посредничества, установления контакта, перерегистрации или иного внечеловеческого служения, связанного с духовным управлением в мире своего назначения.

6. Он служил во время кризиса и был причастен к опыту человеческого существа, являвшегося материальным дополнением духовной личности. Этой духовной личности было поручено совершить некоторый космический подвиг, имевший принципиальное значение для духовной организации планеты.

Складывается впечатление, что самодействующие Настройщики отличаются выраженным проявлением воли во всех вопросах, не затрагивающих личности своих непосредственных подопечных, что подтверждается многочисленными свершениями как внутри, так и за пределами смертных, к которым они прикреплены. Такие Настройщики участвуют во многих видах деятельности в мире своего пребывания, но чаще всего они действуют в качестве незаметных поселенцев в избранных ими самими земных сосудах.

Несомненно, что эти более высокие и опытные типы Настройщиков способны сообщаться со своими собратьями в других мирах. Однако, хотя самодействующие Настройщики действительно поддерживают такое взаимное общение, они прибегают к нему только на уровнях их совместной работы и с целью сохранения попечительской информации, необходимой для служения Настройщика в мирах своего пребывания, хотя известно, что иногда, во время кризиса, они участвовали в решении межпланетных вопросов.

Верховные и самодействующие Настройщики способны по собственному желанию покидать человеческое тело. Внутренние обитатели не являются органической, или биологической, частью смертной жизни: они суть божественные наложения на эту жизнь. Он был предусмотрен изначальными планами появления жизни, однако он не является неотъемлемой частью материального существования. Тем не менее, следует отметить, что после своего вселения в смертную обитель Настройщик весьма редко покидает ее – даже временно.

Сверхдействующим является такой Настройщик, который справился с вверенной ему задачей и только дожидается разложения оболочки материальной жизни или перемещения бессмертной души.

3. СВЯЗЬ НАСТРОЙЩИКОВ С ТИПАМИ СМЕРТНЫХ

Характер конкретной деятельности Таинственных Наставников варьируется в зависимости от характера их заданий – от того, являются ли они Настройщиками *связи* или *слияния*. Некоторые Настройщики предоставляются человеку только на срок его бренной жизни; другие посвящаются как кандидаты на обретение личности и получают разрешение на вечное слияние со своими подопечными в случае продолжения их жизни. Существуют также небольшие вариации в их деятельности среди различных планетарных типов, равно как в различных системах и вселенных. Однако в целом их труд удивительно однороден, более чем у любой другой категории созданных небесных существ.

В некоторых примитивных мирах (образующих первую группу) Настройщик вселяется в разум создания для эмпирической подготовки – в основном, для самообразования и постепенного развития. Обычно начинающие Настройщики направляются в такие сферы на раннем этапе их существования. В этот период первобытные люди приближаются к долине решений, но сравнительно немногие избирают восхождение к нравственным высотам, находящимся за холмами самообладания и обретения характера, чтобы подняться на еще более высокие уровни появляющейся духовности. (Правда, многие, кому не удается слиться с Настройщиком, продолжают жить в слиянии с Духом.) Настройщики приобретают ценную подготовку и накапливают замечательный опыт во временном объединении с примитивным разумом, и впоследствии они способны использовать этот опыт на благо более развитых существ других миров. *Во всей обширной вселенной всё, что достойно сохранения, сохраняется навсегда*.

В мире другого типа (вторая группа) Настройщики предоставляются смертным существам только на время. Здесь Наставники неспособны обрести личность через слияние со своими подопечными, но они действительно оказывают им огромную помощь во время смертной жизни, намного больше того, что они могут сделать для смертных Урантии. В таких мирах Настройщики предоставляются смертным созданиям на срок одной жизни в качестве образцов для достижения большей духовности, как временные помощники в увлекательном деле усовершенствования характера, достойного спасения. Настройщики не возвращаются после естественной смерти. Такие спасшиеся смертные обретают вечную жизнь через слияние с Духом.

В мирах, подобных Урантии (третья группа), происходит подлинное обручение с божественным даром – помолвка, решающая вопрос жизни и смерти. Если вы продолжите жить, осуществится вечный союз, вечное слияние, соединяющее человека и Настройщика в единое существо.

В мирах этой группы, населенных смертными с трехдольным мозгом, Настройщики способны установить намного более реальный контакт со своими подопечными в течение их временной жизни, чем в созданиях с одно- и двудольным мозгом. Однако в том, что касается посмертного пути, существа с мозгом трехдольного типа проходят точно такой же путь, как и расы с однодольным и – на Урантии – с двудольным мозгом.

После пребывания Райского посвященческого Сына в мирах, населенных существами с мозгом двудольного типа, начинающие Настройщики редко прикрепляются к созданиям, обладающим безусловной способностью к продолжению жизни. Мы полагаем, что в таких мирах практически все Настройщики, вселяющиеся в разумных и способных продолжить свою жизнь мужчин и женщин, относятся к числу Наставников опытного или верховного типов.

Во многих ранних эволюционных расах Урантии были представлены три группы существ. Ярко выраженные животные черты первой группы делали вселение Настройщиков совершенно невозможным. Члены второй группы демонстрировали несомненную способность к приему Настройщиков и получали их сразу же после достижения возраста моральной ответственности. Существовал и третий класс, занимавший пограничное положение: они обладали способностью к принятию Настройщиков, но Наставники могли вселяться в разум только в ответ на личное прошение индивидуума.

Однако в тех существах, которые практически лишены возможности продолжить жизнь из-за своей плохой наследственности, приобретенной от негодных и слаборазвитых предков, многие начинающие Настройщики получили ценный предварительный опыт общения с эволюционным разумом, благодаря чему стали лучше подготовлены к последующему назначению в другой мир, в разум более высокого типа.

4. НАСТРОЙЩИКИ И ЧЕЛОВЕЧЕСКАЯ ЛИЧНОСТЬ

Внутренние Настройщики оказывают огромную помощь высшим формам разумного взаимного общения между людьми. Животные действительно испытывают дружеские чувства, но они неспособны сообщать друг другу понятия; они могут выражать эмоции, но не идеи и идеалы. Равным образом, до посвящения Настройщиков Мышления человек животного происхождения неспособен на высокое интеллектуальное общение или духовную связь со своими собратьями – правда, после того как у таких эволюционных созданий появляется речь, они выходят на прямой путь, ведущий к получению Настройщиков.

Действительно, у животных существует примитивная форма общения, но в таких первичных отношениях полностью или почти полностью отсутствует *личность*. Настройщики не являются личностями – это доличностные существа. Однако они являются порождением источника личностей, и их присутствие существенно повышает качественные проявления человеческой личности. Это особенно справедливо в тех случаях, когда Настройщик обладает предшествующим опытом.

Тип Настройщика имеет большое значение для потенциальной способности человеческой личности выразить себя. Веками многие из великих интеллектуальных и духовных вождей Урантии оказывали свое влияние главным образом благодаря превосходству и предшествующему опыту своих внутренних Настройщиков.

Внутренние Настройщики широко сотрудничают с другими духовными влияниями в преобразовании и очеловечивании потомков примитивных людей древности. Если бы Настройщики, пребывающие в разуме обитателей Урантии, были отозваны, мир постепенно вернулся бы к жизни и обычаям людей первобытной эпохи. Божественные Наставники являются одним из реальных потенциалов прогрессирующей цивилизации.

Я наблюдал за пребыванием Настройщика Мышления в одном из разумов на Урантии. Согласно архивам Уверсы, это вселение было уже шестнадцатым для данного Настройщика в Орвонтоне. Мы не знаем, был ли у этого Наставника аналогичный опыт в других сверхвселенных, но я полагаю, что был. Этот чудесный Настройщик – одна из наиболее полезных и могущественных сил, существующих на Урантии в нынешнюю эпоху. То, что другие, отказавшись от спасения, потеряли, этот человек (и вместе с ним весь ваш мир) теперь приобретает. У человека, лишенного необходимых для продолжения жизни качеств, заберут даже того опытного Настройщика, которым он сейчас обладает, в то время как человеку, обладающему перспективами продолжения жизни, будет посвящен даже неопытный Настройщик нерадивого отступника.

В каком-то смысле Настройщики могут способствовать некоторому взаимному обогащению планет в сферах истины, красоты и благости. Однако им редко предоставляется возможность повторить опыт пребывания в разуме на одной и той же планете; в настоящее время на Урантии нет ни одного Настройщика, который служил здесь прежде. Я знаю, о чём говорю, ибо в архивах Уверсы хранятся их номера и учетные записи.

5. МАТЕРИАЛЬНЫЕ ОГРАНИЧЕНИЯ ДЛЯ ПРЕБЫВАНИЯ НАСТРОЙЩИКА

Верховным и самодействующим Настройщикам часто удается привнести в человеческие мысли факторы духовного значения, когда мыслительный поток беспрепятственно течет в освобожденном, но контролируемом русле творческого воображения. В такое время, а иногда и во сне, Настройщику удается остановить умственные токи, задержать и изменить направление течения мыслей. И всё это совершается для того, чтобы осуществить глубокое духовное преобразование в высших тайниках сверхсознания. Так силы и энергии разума становятся всё более созвучными сопредельным тонам духовного уровня настоящего и будущего.

Иногда человеку удается пережить моменты озарения, услышать неумолкающий внутренний божественный голос, что позволяет ему отчасти осознать мудрость, истину, благость и красоту постоянно пребывающей в вас потенциальной личности.

Однако ваши неустойчивые и быстро меняющиеся ментальные установки часто приводят к нарушению планов и приостановке деятельности Настройщиков. Их труду мешают не только природные особенности смертных рас, но и ваши собственные предвзятые мнения, сложившиеся представления и укоренившиеся предрассудки. Из-за этих препятствий, в сознании нередко проявляются только их незавершенные творения, что ведет к неизбежному смешению понятий. Поэтому при анализе умственных ситуаций надежным является только один подход: в каждой мысли, в каждом опыте сразу же признавать только то, чем они действительно и принципиально являются, не обращая никакого внимания на то, чем они могли бы быть.

Великая проблема жизни заключается в приспособлении наследственных жизненных тенденций к требованиям духовных побуждений, внушаемых божественным присутствием Таинственного Наставника. Хотя на вселенском и сверхвселенском пути ни один человек не может служить двум господам, в течение той жизни, которую вы проживаете в настоящее время на Урантии, вы неизбежно должны служить двум господам. Вы должны овладевать искусством присущего человеку постоянного временно́го компромисса и одновременно выказывать духовную преданность только одному господину. Именно поэтому столь многие спотыкаются и падают, устают и не выдерживают напряжения эволюционной борьбы.

Хотя как наследственные данные головного мозга, так и механизм электрохимической регуляции ограничивают сферу эффективной деятельности Настройщика, никакие наследственные недостатки (в психически нормальном разуме) не могут воспрепятствовать конечным духовным достижениям. Наследственность способна повлиять на темпы личностных достижений, однако она не предотвращает итогового завершения восходящего пути. Если вы захотите сотрудничать со своим Настройщиком, рано или поздно божественный дар разовьет бессмертную моронтийную душу и после слияния с ней представит новое создание полновластному Сыну-Владыке локальной вселенной и, в итоге, Отцу Настройщиков в Раю.

6. СОХРАНЕНИЕ ИСТИННЫХ ЦЕННОСТЕЙ

Настройщики никогда не терпят поражения. Ничто из того, что достойно сохранения, не теряется; каждая значимая ценность в каждом волевом создании несомненно сохраняется, независимо от спасения или неспасения открывающей значения, оценивающей личности. Так оно и происходит: хотя смертное создание и может отвергнуть спасение, жизненный опыт не проходит впустую. Вечный Настройщик переносит достойные черты такой внешне неудачной жизни в один из других миров, где посвящает эти сохраняющиеся значения и ценности более высокому типу разума, – такому, который способен продолжить свое существование. Никакой достойный опыт никогда не оказывается напрасным; ни одно истинное значение или реальная ценность никогда не погибает.

Если смертный партнер является кандидатом на слияние и покидает Таинственного Наставника, если человеческий партнер отвергает путь восхождения, Настройщик, после высвобождения при естественной смерти (или до нее), уносит с собой всё, что порождено разумом прекращающего существовать создания и достойно сохранения. Если раз за разом Настройщику не удается слиться с личностью из-за того, что его подопечные, один за другим, прекращают существование, а также если этот Наставник впоследствии становится личностным, то весь приобретенный опыт пребывания во всех этих смертных интеллектах и овладения ими станет действительной собственностью такого нового Личностного Настройщика – достоянием, которым он будет обладать и пользоваться на протяжении всего будущего времени. Личностный Настройщик этой категории является сложным сочетанием всех сохранившихся черт всех принимавших его в прошлом созданий.

Когда обладающие длительным вселенским опытом Настройщики изъявляют желание вселиться в божественных Сынов, выполняющих миссии посвящения, они прекрасно понимают, что в таком служении невозможно обрести личность. Однако нередко Отец духов дарует таким добровольцам личность и назначает их руководителями своих собратьев. Это те личности, которые удостоены власти на Дивинингтоне. Их уникальные сущности включают разнообразную палитру человеческих качеств, приобретенных в течение пребывания в смертных, равно как и духовный отпечаток человеческой божественности посвященческого Райского Сына, обретенный в течение завершающего вселения.

Деятельность Настройщиков в вашей локальной вселенной направляется Личностным Настройщиком Михаила Небадонского – тем самым Наставником, который шаг за шагом вел Михаила, прожившего жизнь во плоти в облике Иешуа бен Иосифа. Этот необыкновенный Настройщик был верен своему долгу, осуществляя доблестное и мудрое руководство человеческой природой и неизменно наставляя смертный разум Райского Сына на избрание совершенной воли Отца. Этот Настройщик ранее служил вместе с Макивентой Мелхиседеком в дни Авраама и принимал участие в великих свершениях как до этого вселения, так и в промежутках между данными посвященческими миссиями.

Этот Настройщик достиг настоящего триумфа в человеческом разуме Иисуса – том разуме, который в каждой из повторяющихся жизненных ситуаций сохранял святую преданность воле Отца, говоря: «Да исполнится воля твоя, а не моя». Такая несомненная преданность является истинным ключом к освобождению от ограничений человеческой природы, к окончательному достижению божественности.

В настоящее время непостижимая сущность величественной личности того же самого Настройщика отражает предкрещенскую человечность Иешуа бен Иосифа – вечный и живой отпечаток вечных и живых ценностей, созданных величайшим из всех урантийцев в скромных условиях обыкновенной жизни, полностью исчерпавшей достижимые в смертном опыте духовные ценности.

Вечное существование обеспечено всему, что обладает постоянной ценностью и вверено Настройщику. Иногда Наставник удерживает это достояние для будущего посвящения смертному разуму; в других случаях, а также при обретении личности, над этими спасенными и сохраненными ценностями устанавливается опека для будущего использования в служении Творцов Совокупной Вселенной.

7. ПРЕДНАЗНАЧЕНИЕ ЛИЧНОСТНЫХ НАСТРОЙЩИКОВ

Мы не можем сказать, способны ли те частицы Отца, которые не являются Настройщиками, становиться личностными, но вы уже знаете, что личность есть суверенный дар Всеобщего Отца, свободно изъявляющего свою волю. Насколько нам известно, тот тип частиц Отца, который представляют Настройщики, достигает личности только через приобретение личностных качеств в процессе служения и помощи личностному существу. Обителью Личностных Настройщиков является Дивинингтон, где они инструктируют и направляют своих доличностных товарищей.

Личностные Настройщики ничем не ограничены, свободны и суверенны; они представляют собой стабилизирующее и компенсирующее начало необъятной вселенной вселенных. В них сочетается опыт Создателя и создания – экзистенциальный и эмпирический. Они являются совместными существами времени и вечности. В управлении вселенной они связывают доличностное и личностное.

Личностные Настройщики – это премудрые и могущественные исполнители Творцов Совокупной Вселенной. Они являются личностными факторами всей полноты опеки Всеобщего Отца – личностной, доличностной и сверхличностной. Они суть личностные попечители того, что является экстраординарным, необычным и неожиданным во всех мирах трансцендентальных абсонитных сфер, лежащих в области Бога-Предельного, вплоть до уровня Бога-Абсолютного.

Заключая в себе все известные отношения личности, Личностные Настройщики являются исключительными существами вселенных. Они вселичностны – они существуют прежде личности, они являются личностью, они существуют после личности. Они представляют личность Всеобщего Отца такой, какой она является в вечном прошлом, вечном настоящем и вечном будущем.

Отец посвятил Вечному Сыну экзистенциальную личность бесконечного и абсолютного типа, однако для своей собственной опеки он решил оставить эмпирическую личность, присущую Личностным Настройщикам и посвящаемую экзистенциальному доличностному Настройщику. Таким образом, в будущем им обоим суждено стать вечной сверхличностью, осуществляющей трансцендентальное служение в абсонитных сферах Предельного, Верховного-Предельного и вплоть до уровней Предельного-Абсолютного.

Не часто Личностных Настройщиков можно видеть во вселенных. Иногда они совещаются с Древними Дней, и порой Личностные Настройщики семичастных Сынов-Создателей являются в столичные миры созвездий для совещания с правителями-Ворондадеками.

Когда планетарный наблюдатель Урантии категории Ворондадеков – Всевышний опекун, недавно принявший обязанности чрезвычайного регента вашего мира, – представил свои полномочия в присутствии местного губернатора, он приступил к чрезвычайному управлению Урантией вместе с полностью укомплектованным, набранным им самим персоналом. Он немедленно распределил планетарные обязанности среди своих партнеров и помощников. Однако он не избирал трех Личностных Настройщиков, которые явились перед ним в тот момент, когда он приступил к исполнению своих обязанностей. Он даже не знал, что их появление будет именно таким, ибо во время предыдущего регентства они не обнаруживали своего божественного присутствия подобным путем. И Всевышний регент не поручал заданий этим изъявившим добровольное желание Личностным Настройщикам и не определял их обязанностей. Тем не менее, три этих вселичностных существа относились к числу наиболее активных среди многочисленных категорий небесных существ, служивших в то время на Урантии.

Личностные Настройщики предоставляют разнообразные услуги многочисленным категориям вселенских личностей, однако мы не вправе обсуждать такие вопросы с эволюционными созданиями, наделенными Настройщиками. Эти необыкновенные, пребывающие в людях божественные существа – одни из самых замечательных личностей во всей большой вселенной, и никто не возьмется предсказать характер их грядущих миссий.

[Представлено Одиночным Посланником Орвонтона.]

ДОКУМЕНТ 110

СВЯЗЬ НАСТРОЙЩИКОВ С ИНДИВИДУАЛЬНЫМИ СМЕРТНЫМИ

Предоставление свободы несовершенным существам неизбежно ведет к трагедии, и совершенное изначальное Божество повсеместно разделяет эти страдания с присущим ему участием, любовью и преданностью.

Насколько я знаком с положением дел во вселенной, я считаю любовь и преданность Настройщиков Мышления наиболее истинно-божественным чувством во всём творении. Величественна любовь Сынов в их служении расам, однако преданность Настройщика индивидууму отличается трогательно-возвышенным, божественно-отеческим характером. Очевидно, Райский Отец оставил за собой этот вид личной связи со своими индивидуальными созданиями в качестве исключительной прерогативы Творца. И во всей вселенной вселенных нет ничего, что можно было бы сравнить с замечательным служением этих безличностных сущностей, которые столь чудесным образом пребывают в детях эволюционных планет.

1. ПРЕБЫВАНИЕ В СМЕРТНОМ РАЗУМЕ

Не следует считать, что Настройщики живут в материальном мозгу человека. Они не являются органической частью физических созданий миров. Более верным представлением было бы такое, согласно которому Настройщик пребывает в смертном разуме, а не в пределах какого-то одного физического органа. Косвенно и незаметно, Настройщик постоянно сообщается с подопечным ему человеком – особенно в течение возвышенного вероисповедного общения разума с духом в области сверхсознания.

Жаль, что я не могу помочь эволюционирующим смертным лучше понять и более полно осознать бескорыстный и величественный труд живущих в них Настройщиков, столь безраздельно преданных повышению духовного благополучия человека. Эти Наставники являются эффективными попечителями высших функций человеческого разума. С мудростью и знанием дела они оперируют духовным потенциалом человеческого интеллекта. Эти небесные помощники преданы выполнению грандиозной задачи: они призваны успешно провести вас по пути, ведущему вглубь и вверх, к божественной гавани счастья. Эти неутомимые труженики посвящены будущей персонификации победы божественной истины в вашей вечной жизни. Они являются теми бдительными творцами, которые уводят богопознавший человеческий разум прочь от потаенного зла, умело направляя эволюционирующую человеческую душу к дальним и вечным берегам, божественным гаваням совершенства. Настройщики – ваши преданные кормчие, надежные и уверенные проводники, ведущие вас через мрачные и запутанные лабиринты короткого земного пути; это терпеливые учителя, неизменно побуждающие своих подопечных идти вперед, к всё большему совершенству. Это бережные хранители возвышенных ценностей, рождающихся в характере создания. Мне хотелось бы, чтобы вы относились к ним с большей любовью, более широко сотрудничали с ними и больше ими дорожили.

Хотя пребывающие в вас божественные существа в основном заняты вашей духовной подготовкой к следующей стадии бесконечного существования, они глубоко заинтересованы и в вашем мирском благополучии, ваших практических успехах на земле. Они рады способствовать вашему здоровью, счастью и истинному процветанию. Они не безразличны к вашему успеху во всех областях планетарного развития, которые не идут во вред вечному прогрессу вашей будущей жизни.

Ваши повседневные дела и разнообразные подробности вашей жизни интересуют и беспокоят Настройщиков постольку, поскольку эти обстоятельства оказывают влияние на выбор того, что важно для вашей бренной жизни, и определяют насущные духовные решения, тем самым воздействуя на решение проблемы сохранения вашей души и вечного прогресса. Настройщик пассивен в том, что относится к чисто мирскому благополучию; он божественно деятелен во всём, что касается вашего вечного будущего.

Настройщик остается с вами во всех бедствиях и на протяжении всех болезней, не до конца уничтожающих умственные способности. Сколь же обидно сознательное осквернение и иное загрязнение физического тела, которое должно служить земной обителью этого чудесного Божьего дара. Всякий физический яд чрезвычайно затрудняет усилия Настройщика, направленные на возвышение материального разума, в то время как душевный яд страха, гнева, зависти, ревности, подозрительности и нетерпимости также является огромной помехой для духовного прогресса эволюционирующей души.

В настоящее время вы проходите через тот период времени, когда Настройщик ищет вашего расположения. Если только вы оправдаете доверие божественного духа, который стремится к вечному союзу с вашим разумом и душой, осуществится то моронтийное единство, та высшая гармония, та космическая координация, та божественная созвучность, то небесное объединение, то нескончаемое слияние идентичностей, то единство существа, которое является столь совершенным и окончательным, что даже самые опытные личности никогда не смогут распознать, отличить идентичности слившихся партнеров – смертного человека и божественного Настройщика.

2. НАСТРОЙЩИКИ И ЧЕЛОВЕЧЕСКАЯ ВОЛЯ

Когда Настройщик Мышления пребывает в человеческом разуме, он приносит с собой образцовый жизненный путь – идеал жизни, установленный и предопределенный им самим и Личностными Настройщиками Дивинингтона и утвержденный Личностным Настройщиком Урантии. Поэтому он приступает к своему труду с точным и заданным планом интеллектуального и духовного развития человеческого подопечного. Однако ни один человек не обязан принимать такой план. Каждый человек имеет свое предназначение, но принятие вами этого божественного предназначения не является предопределенным. Любой из вас волен отклонить любую часть или всю программу Настройщика Мышления. Его миссия заключается в осуществлении таких интеллектуальных изменений и достижении таких духовных преобразований, которые могут встретить ваше добровольное и разумное одобрение и, таким образом, оказать большее влияние на направление развития личности. Однако никогда и ни при каких обстоятельствах божественные Наставники не злоупотребляют вами и не оказывают никакого произвольного влияния на ваш выбор и решения. Настройщики уважают суверенность вашей личности; *они всегда подчиняются вашей воле*.

Они настойчивы, изобретательны и совершенны в своих методах работы, но они никогда не прибегают к насилию по отношению к волевой индивидуальности принимающих их созданий. Ни один человек не будет одухотворен божественным

Наставником против его воли. Продолжение жизни есть дар Богов, который должен быть желанным для созданий времени. Как покажет летопись вашей жизни, в конечном счете всё, что Настройщик сможет сделать для вас, будет достигнуто при вашем участии и с вашего согласия. Вы будете добровольным партнером Настройщика на каждом этапе той колоссальной трансформации, которая происходит в течение восхождения.

Настройщик не пытается контролировать ваш мыслительный процесс как таковой; скорее, он стремится одухотворить его, обратить его к вечности. Ни ангелы, ни Настройщики не стремятся непосредственно воздействовать на человеческое мышление. Это является исключительной прерогативой вашей личности. Настройщики стараются улучшить, видоизменить, направить и координировать ваш мыслительный процесс. Однако в первую очередь они посвящены созданию духовного аналога вашего пути, моронтийного дубликата вашего истинного прогрессирующего «я», в целях сохранения жизни.

Настройщики действуют на высших уровнях человеческого разума, где неустанно стремятся создать моронтийные дубликаты каждого понятия, заключенного в смертном интеллекте. Поэтому существуют две реальности, которые сталкиваются и сосредоточиваются в контурах человеческого разума: первая – это смертное «я», эволюционировавшее на основе изначальных планов Носителей Жизни, вторая – бессмертная сущность с высоких сфер Дивинингтона, пребывающий в вас Божий дар. Однако смертное «я» является также личностным «я»; оно обладает личностью.

Как личностное создание, вы обладаете разумом и волей. Как доличностное создание, Настройщик обладает предразумом и предволей. Если вы настолько согласуетесь с разумом Настройщика, что полностью сходитесь с ним во взглядах, то у вас появляется единый разум, и ваш разум укрепляется разумом Настройщика. Впоследствии, если ваша воля приказывает исполнить и обеспечивает исполнение решений этого нового объединенного разума, то благодаря вашим решениям доличностная воля Настройщика достигает личностного выражения, и в том, что касается этой конкретной деятельности, вы и Настройщик становитесь едины. Ваш разум достигает гармонии с божественностью, а воля Настройщика приобретает личностное выражение.

В интеллектуальном отношении вы приближаетесь к моронтийному типу бытия в той мере, в которой вы реализуете эту идентичность. Моронтийный разум есть термин, который обозначает сущность и совокупность сотрудничающих разумов, имеющих различную – материальную и духовную – природу. Следовательно, моронтийный интеллект означает двуединый разум, существующий в локальной вселенной и подчиняющийся единой воле. В случае смертных, это такая человеческая воля, которая становится божественной благодаря отождествлению человеческого разума с разумным началом Бога.

3. СОТРУДНИЧЕСТВО С НАСТРОЙЩИКОМ

Настройщики участвуют в священном и величественном вековом замысле; они вовлечены в одно из высших временны́х путешествий в пространстве. И сколь велика их радость, когда ваше сотрудничество позволяет им помочь вам в короткой борьбе во времени, по мере того как они продолжают решать более значительные задачи вечности. Обычно же, когда ваш Настройщик пытается общаться с вами, его послания теряются в материальных водоворотах, возникающих в энергетических потоках человеческого разума; лишь изредка вы улавливаете эхо, слабое и далекое эхо божественного голоса.

Успех Настройщика в проведении вас через смертную жизнь и обеспечении вашего спасения зависит не столько от тех теорий, на которых строятся ваши вероучения, сколько от ваших решений, целеустремленности и непоколебимой *веры*. Все эти действия, присущие росту личности, становятся могущественными факторами вашего прогресса, ибо они способствуют сотрудничеству с Настройщиком; они помогают вам прекратить свое противодействие. Настройщики Мышления добиваются успеха или, как кажется, терпят поражение в своих земных начинаниях ровно в той мере, в какой смертным удается или не удается следовать плану, согласно которому они должны пройти восходящий путь развития и достигнуть совершенства. Тайна спасения сокрыта в высшем человеческом желании стать подобным Богу, а также в связанной с этим желанием готовности делать всё то и быть всем тем, что необходимо для окончательного удовлетворения этой всепоглощающей страсти.

Когда мы говорим об удаче или неудаче Настройщика, мы имеем в виду продолжение жизни человека. *Настройщики никогда не терпят поражения*; они божественны по существу и победоносно завершают каждое свое начинание.

Я не могу не отметить, что множество людей посвящают массу времени и умственной энергии житейским пустякам и почти полностью упускают из виду основные реальности, исполненные вечного значения, – те самые свершения, которые способствуют созданию более гармоничного рабочего союза с вашим Настройщиком. Великая цель человеческого существования – достижение созвучности с божественностью внутреннего Настройщика. Великое свершение смертной жизни – истинная и чуткая преданность вечным целям божественного духа, который терпеливо трудится в вашем разуме. Однако посвященное и целеустремленное усилие, направленное на реализацию вечного предназначения, нисколько не противоречит веселой и радостной жизни, успешной и достойной карьере на земле. Сотрудничество с Настройщиком Мышления не влечет за собой самоистязаний, притворного благочестия, лицемерного и нарочитого самоуничижения. Идеальная жизнь есть жизнь в преданном служении, а не в тревогах и страхе.

Замешательство, смущение, порой даже уныние и растерянность не обязательно означают сопротивление руководству внутреннего Настройщика. Такие отношения иногда могут означать отсутствие активного сотрудничества с божественным Наставником и поэтому способны несколько задержать духовный прогресс, однако подобные интеллектуально-эмоциональные трудности не оказывают никакого влияния на несомненность спасения познавшей Бога души. Одно только невежество не может помешать продолжению жизни, равно как и вызванные смущением сомнения или порожденная страхом неуверенность. Только сознательное сопротивление руководству Настройщика может воспрепятствовать спасению эволюционирующей бессмертной души.

Вы не должны относиться к сотрудничеству со своим Настройщиком как к сугубо сознательному процессу, ибо таковым оно не является. Но ваши мотивы и решения, ваша преданная целеустремленность и высшие помыслы действительно составляют реальное и эффективное сотрудничество. Вы способны сознательно добиться большей гармонии с Настройщиком посредством следующих факторов:

1. Решение отвечать на божественное руководство, искреннее стремление положить в основу своей жизни высшие представления об истине, красоте и благости и согласование этих божественных качеств посредством мудрости, поклонения, веры и любви.

2. Любовь к Богу и желание стать таким, как он, – подлинное признание божественного отцовства и любвеобильное поклонение небесному Родителю.

3. Любовь к человеку и искреннее стремление служить ему – беззаветное признание братства людей в сочетании с разумной и мудрой любовью к каждому из ваших смертных собратьев.

4. Радостное принятие космического гражданства – честное признание своих возрастающих обязательств по отношению к Верховному Существу, осознание взаимозависимости эволюционного человека и раскрывающегося Божества. Так рождается космическая нравственность и пробуждается понимание всеобщего долга.

4. ДЕЯТЕЛЬНОСТЬ НАСТРОЙЩИКА В РАЗУМЕ

Настройщики способны получать непрерывный поток космических сообщений, поступающих через основные контуры времени и пространства. Они обладают свободным доступом к духовной информации и энергии вселенных. Однако могущественные обитатели могут передать лишь малую толику этого изобилия мудрости и истины разуму своих смертных подопечных из-за отсутствия природного сходства и недостаточности ответного восприятия.

Настройщик Мышления постоянно стремится оказать такое духовное воздействие на ваш разум, чтобы развить вашу моронтийную душу. Но сами вы почти никогда не осознаёте этой внутренней опеки. Вы совершенно неспособны отличить плоды вашего собственного материального интеллекта от тех, которые являются следствием совместной деятельности вашей души и Настройщика.

Некоторые неожиданные мысли, умозаключения и другие мысленные образы являются иногда прямым или косвенным результатом деятельности Настройщика; однако чаще всего они представляют собой внезапное проявление в сознании идей, сформировавшихся на глубинных уровнях разума, что является естественным и повседневным проявлением нормальной и обыкновенной психической функции, присущей контурам развивающегося животного разума. (В отличие от этих продуктов подсознания, откровения Настройщика проявляются через сферу сверхсознания.)

Доверьте Настройщикам всё, что относится к разумной деятельности и находится за пределами рутинного сознания. В свое время – если не в этом мире, то в обительских мирах, – они подробно отчитаются в своем служении и, в итоге, раскроют те значения и ценности, которые были доверены их опеке и хранению. Если вы сохраните жизнь, они восстановят все подлинные ценности человеческого разума.

Существует огромная пропасть между человеческим и божественным, между человеком и Богом. Урантийские расы столь подчинены электрохимической регуляции, столь напоминают животных в своем повседневном поведении, столь эмоциональны в своих обычных реакциях, что Наставникам чрезвычайно трудно вести и направлять их. Для вас настолько нехарактерны смелые решения и преданное сотрудничество, что пребывающий в вас Настройщик считает практически невозможным сообщаться непосредственно с человеческим разумом. Даже тогда, когда ему удается показать эволюционирующей душе смертного проблеск новой истины, духовное откровение нередко настолько ослепляет создание, что вызывает спазмы фанатизма или приводит к иному интеллектуальному потрясению с катастрофическими последствиями. Многие новые религии и странные учения возникли из обрывочных, несовершенных, неправильно истолкованных и искаженных сообщений Настройщиков Мышления.

Как свидетельствуют архивы Иерусема, в течение многих тысяч лет в каждом новом поколении появлялось всё меньше существ, способных благополучно взаимодействовать с самодействующими Настройщиками. Такое положение вызывает тревогу, и руководящие личности Сатании приветствуют предложения некоторых из ваших непосредственных планетарных наблюдателей, предлагающих принять меры для развития и сохранения высших духовных типов урантийских рас.

5. ОШИБОЧНЫЕ ПРЕДСТАВЛЕНИЯ О РУКОВОДСТВЕ НАСТРОЙЩИКОВ

Не путайте и не смешивайте миссию и влияние Настройщика с тем, что обычно называется совестью; они не имеют прямого отношения друг к другу. Совесть является присущей человеку чисто психической реакцией. Ее не следует презирать, но она едва ли является обращенным к душе голосом Бога, голосом, который действительно принадлежал бы Настройщику, если бы он мог быть услышан. Верно, что совесть наставляет вас на правильные поступки. Однако, в дополнение к этому, Настройщик стремится сообщить вам, что именно является правильным, – а это возможно в тех случаях, когда вы ощущаете руководство Наставника, и в той мере, в какой вы способны на это.

Человеческие сны – эти беспорядочные и прерывистые картины несогласованного спящего разума – адекватное подтверждение того, что Настройщику не удалось гармонизовать и связать различные факторы человеческого разума. Настройщики просто не могут за одну жизнь произвольно скоординировать и синхронизовать два столь непохожих и разнохарактерных типа мышления, как человеческий и божественный. Когда же им это удается, как иногда удавалось в прошлом, такие души переносятся непосредственно в обительские миры без необходимости проходить через опыт смерти.

Во время сна Настройщик пытается добиться только того, что уже было полностью одобрено волей подопечной ему личности благодаря тем решениям и выбору, которые сделаны в период бодрствования и поэтому остались в сфере сверхразума – пограничной области взаимоотношений человеческого и божественного.

Когда принимающие их создания спят, Настройщики пытаются закрепить свои творения на высших уровнях материального разума, и некоторые из ваших гротескных сновидений свидетельствуют о неудавшейся попытке установить эффективную связь. Абсурдные сновидения не только подтверждают давление невыраженных чувств, но и свидетельствуют о кошмарных искажениях при передаче духовных концепций, представленных Настройщиками. Ваши собственные страсти, побуждения и свойственные вам тенденции вторгаются в сознание, и божественные послания, которые внутренний Настройщик пытается закрепить в человеческой психике во время бессознательного сна, вытесняются подспудными желаниями.

Исключительно опасно теоретизировать о том, в какой мере Настройщик имеет отношение к сновидениям. Настройщики действительно действуют во сне, но ваши обычные сновидения являются чисто физиологическими и психологическими явлениями. Столь же опасными являются попытки отличить восприятие концепций Настройщика от более или менее непрерывного и осознанного восприятия предписаний смертной совести. Это те проблемы, которые придется решать с помощью индивидуальной проницательности и личного выбора. Но для человека было бы предпочтительнее заблуждаться – отвергать то, что исходит от Настройщика, принимая это за чисто человеческий опыт, – чем допускать грубую ошибку, вознося реакцию смертного разума в сферу божественного величия. Не забывайте о том, что влияние Настройщика Мышления является по большей части, хотя и не полностью, сверхсознательным опытом.

По мере восхождения в психических кругах – в различной, но возрастающей степени, порой непосредственно, но чаще опосредованно, – вы действительно общаетесь со своим Настройщиком. Однако опасно полагать, что каждое новое представление, возникающее в человеческом разуме, продиктовано Настройщиком. Чаще всего то, что существа вашей категории принимают за голос Настройщика, в действительности является порождением вашего собственного интеллекта. Это скользкий путь, и каждому человеку следует решать данные проблемы индивидуально в соответствии со своей природной человеческой мудростью и сверхчеловеческой проницательностью.

Настройщик того человека, через которого осуществляется данная связь, пользуется столь большой свободой действий в основном благодаря тому, что этот человек почти полностью безразличен к каким-либо внешним проявлениям внутреннего присутствия Настройщика. Поистине благотворно, что его сознание остается совершенно безучастным ко всей этой процедуре. Он обладает одним из наиболее опытных Настройщиков своего времени и поколения, и тем не менее, его пассивность и отсутствие интереса к явлениям, связанным с присутствием в его разуме этого разностороннего Настройщика, является, по мнению хранителя судьбы, редкой и случайной реакцией. И всё это представляет собой благоприятное согласование влияний, благоприятное как для Настройщика в высшей сфере деятельности, так и для его человеческого партнера с точки зрения его здоровья, эффективности и спокойствия.

6. СЕМЬ ПСИХИЧЕСКИХ КРУГОВ

Совокупность реализации личности в материальном мире заключается в последовательном покорении семи психических кругов смертной потенциальности. Вступление в седьмой круг знаменует собой начало функционирования истинной человеческой личности. Завершение первого круга указывает на относительную зрелость смертного существа. Хотя прохождение семи кругов космического роста не равноценно слиянию с Настройщиком, освоение этих кругов знаменует собой достижение тех ступеней, которые ведут к такому слиянию.

Настройщик является вашим равноправным партнером в достижении семи кругов – обретении относительной смертной зрелости. Вместе с вами Настройщик восходит от седьмого круга к первому, но он достигает статуса высшего и самодействующего Настройщика совершенно независимо от активного сотрудничества смертного разума.

Психические круги не являются ни чисто интеллектуальными, ни целиком моронтийными. Они имеют отношение к статусу личности, достижениям разума, росту души и созвучности с Настройщиком. Успешное прохождение этих уровней требует гармоничного функционирования *всей личности*, а не только одного из ее аспектов. Рост частей не тождественен истинной зрелости целого. В действительности, части растут пропорционально росту всего «я» – всецелого «я»: материального, интеллектуального и духовного.

Когда развитие интеллекта опережает развитие духа, такое положение делает общение с Настройщиком Мышления столь же трудным, сколь и опасным. Таким же образом непропорциональное развитие духа приводит к фанатичным и искаженным толкованиям духовного руководства, осуществляемого божественным поселенцем. Недостаточные духовные способности чрезвычайно усложняют передачу такому материальному интеллекту духовных истин, находящихся в высшем сверхсознании. Только тому разуму, который абсолютно уравновешен, помещен в чистоплотное тело, отличается устойчивостью нервной энергии и сбалансированными химическими функциями, – то есть при достижении триединого гармоничного развития физических, умственных и духовных способностей, – можно сообщить максимум света и истины, минимально рискуя мирским или реальным благополучием подобного существа. Именно посредством такого сбалансированного роста человек восходит от одного круга планетарного развития к другому, начиная с седьмого и заканчивая первым.

Настройщик всегда рядом с вами, всегда часть вас, однако ему редко удается говорить с вами напрямую, как одно существо с другим. Круг за кругом ваши интеллектуальные решения, нравственный выбор и духовное развитие повышают способность Настройщика функционировать в вашем разуме. Круг за кругом вы восходите с низших уровней связи с Настройщиком и созвучности разума, позволяя Наставнику всё более успешно, ярко и убедительно изображать свои представления о предназначении развивающемуся сознанию стремящейся к Богу сущности – разума-души.

Каждое ваше решение либо мешает, либо помогает деятельности Настройщика; эти же решения определяют и ваш прогресс в кругах, отражающих достижения человека. Истинно, что на восхождение к новому кругу в огромной мере влияет высший характер решения, его связь с кризисом. Тем не менее, число решений, частые и настойчивые повторения также имеют принципиальное значение для достижения надежной устойчивости таких реакций.

Трудно в точности определить семь кругов человеческого прогресса, ибо эти уровни зависят от человека: у каждого индивидуума они являются различными и, очевидно, определяются его способностью к росту. Освоение этих уровней космической эволюции отражается в трех сферах:

1. *Созвучность с Настройщиком*. Одухотворяющийся разум приближается к присутствию Настройщика пропорционально достигнутому кругу.

2. *Эволюция души*. Появление моронтийной души означает меру и глубину освоения кругов.

3. *Реальность личности*. Степень реальности индивидуальности прямо определяется преодолением кругов. Люди становятся более реальными по мере восхождения от седьмого круга смертного существования к первому.

Пересекая эти круги, дитя материальной эволюции превращается в зрелого и потенциально бессмертного человека. На смену призрачной реальности, существующей в зачаточном состоянии у человека, проходящего седьмой круг, приходит более ясное проявление возникающей моронтийной природы обитателя локальной вселенной.

Хотя и невозможно в точности определить семь уровней, или психических кругов человеческого роста, можно предложить минимальные и максимальные пределы этих стадий достижения зрелости.

Седьмой круг. Этот уровень достигается тогда, когда люди вырабатывают в себе способность к личному выбору, индивидуальному решению, нравственной ответственности, а также к достижению духовной индивидуальности. Это является свидетельством объединенной функции семи вспомогательных духов разума, направляемых духом мудрости, и признаком того, что смертное создание вошло в сферу влияния Святого Духа, а также – на Урантии – первого действия Духа Истины и вселения Настройщика в смертный разум. Вступление в седьмой круг делает смертное создание настоящим потенциальным гражданином локальной вселенной.

Третий круг. Труд Настройщика становится намного более эффективным после того, как восходящий человек достигает третьего круга и получает личного серафического хранителя судьбы. Хотя между Настройщиком и серафическим хранителем нет очевидного взаимодействия, тем не менее, после прикрепления личного серафического сопровождающего наблюдается явное улучшение всех аспектов космических свершений и духовного развития. После достижения третьего круга Настройщик стремится к моронтизации разума в течение оставшейся смертной жизни, прохождению еще не пройденных кругов и достижению заключительной стадии связи божественного с человеческим, прежде чем естественная смерть расторгнет это уникальное партнерство.

Первый круг. Обычно Настройщик неспособен прямо и непосредственно разговаривать с вами, пока вы не достигнете первого – заключительного – круга постепенных свершений смертного человека. Этот уровень представляет собой высшую реализацию отношений разума с Настройщиком, возможных в человеческом опыте до освобождения эволюционирующей моронтийной души от материальной телесной оболочки. Что касается разума, эмоций и космической проницательности, то достижение первого психического круга является максимально возможным в человеческом опыте сближением материального разума и духовного Настройщика.

Возможно, более удачным названием для этих кругов эволюции смертных было бы *космические уровни* – действительные постижения значений и осознания ценностей, сопровождающие постепенное приближение к моронтийному сознанию, – первой связи эволюционной души с формирующимся Верховным Существом. И всё та же связь никогда не позволит до конца объяснить значение космических кругов материальному разуму. Достижение этих уровней имеет только косвенное отношение к богосознанию. Седьмой или шестой круги могут быть кругами почти столь же истинного богопознания – осознания сыновства, – сколь второй или первый, но круги более низкого уровня характеризуются значительно меньшим осознанием эмпирической связи с Верховным Существом, вселенского гражданства. Достижение этих космических кругов станет частью опыта восходящих созданий в обительских мирах, если они не достигнут этого до наступления естественной смерти.

Благодаря той мотивации, которую дает вера, полное осознание человеком богосыновства является эмпирическим обретением, но *действие* – исполнение решений – совершенно необходимо для того, чтобы человек мог постепенно осознать всё большее родство с *космической действительностью* Верховного Существа. Вера превращает потенциальное в актуальное в мире духа, но потенциальное становится актуальным в конечных мирах Верховного только через получение опыта, связанного с совершением выбора. Однако сделанный выбор – исполнять волю Бога – соединяет духовную веру с материальными решениями в личностном поступке, обеспечивая, таким образом, божественную и духовную точку опоры для более эффективного действия человеческого и материального рычага – жажды Бога. Такое мудрое согласование материальных и духовных сил чрезвычайно расширяет как космическое претворение Верховного, так и моронтийное понимание Райских Божеств.

Овладение космическими кругами связано с количественным ростом моронтийной души, пониманием верховных значений. Однако качественный статус этой бессмертной души *целиком* зависит от постижения живой верой ценности того факта, что смертный человек является сыном вечного Бога и обладает потенциальной возможностью достижения Рая. Поэтому создание, пребывающее в седьмом круге, отправляется в обительские миры для дальнейшей количественной реализации космического роста точно так же, как и существо, проходящее второй или даже первый круг.

Существует лишь опосредованная связь между достижением космических кругов и действительным духовным религиозным опытом; такие достижения являются обоюдными и потому взаимообогащающими. Чисто духовное развитие может не иметь большого значения для планетарного материального благополучия, но прохождение очередного круга всегда повышает вероятность успеха и достижений смертного человека.

При движении от седьмого круга к третьему всё более заметным и объединенным становится действие семи вспомогательных духов разума, призванных устранить зависимость смертного разума от тех реальностей, которые связаны с механизмами материальной жизни, прежде чем приступить к расширенному ознакомлению с моронтийными уровнями опыта. Начиная с третьего уровня, влияние вспомогательных духов постепенно ослабевает.

Семь кругов охватывают смертный опыт от высшего из чисто животных уровней до низшего, пограничного уровня собственно моронтийного самосознания как личностного опыта. Овладение первым космическим кругом свидетельствует о достижении предморонтийной смертной зрелости и знаменует собой завершение совместного служения вспомогательных духов разума как специфического влияния на действие разума в человеческой личности. За пределами первого круга разум всё больше уподобляется разумности моронтийной стадии эволюции – стадии совместного служения космического разума и сверхвспомогательного дара Созидательного Духа локальной вселенной.

Три великих дня знаменуют собой индивидуальный путь Настройщика: сначала – прорыв подопечного человека в третий психический круг, что обеспечивает повышение автономности Наставника и расширение его функций (если, конечно, внутренний обитатель ранее не был самодействующим Настройщиком); затем – достижение человеческим партнером первого психического круга, что позволяет человеку и Настройщику общаться друг с другом, по крайней мере, в некоторой степени; и наконец – окончательное и вечное слияние.

7. ДОСТИЖЕНИЕ БЕССМЕРТИЯ

Прохождение семи космических кругов не тождественно слиянию с Настройщиком. Многие урантийские смертные прошли свои круги. Однако слияние зависит от других, более великих и более возвышенных духовных обретений, от достижения окончательной и полной созвучности смертной воли с волей Бога в том виде, как она представлена в Настройщике Мышления.

Когда человек завершает прохождение кругов космического свершения, а также когда принятое смертным окончательное решение позволяет Настройщику закончить объединение человеческой идентичности с моронтийной душой в течение эволюционной физической жизни, Настройщик и объединившаяся с ним душа самостоятельно отправляются в обительские миры, и распоряжением Уверсы обеспечивается немедленное слияние Настройщика с моронтийной душой. Такое слияние в течение физической жизни приводит к мгновенному уничтожению материального тела. Тот, кто оказывается свидетелем подобного зрелища, лишь видит, как перемещающийся смертный исчезает «в огненной колеснице».

Большинство Настройщиков, которые переместили своих подопечных с Урантии, обладали огромным опытом: известно, что они многократно вселялись в смертных других сфер. Помните, что Настройщики приобретают ценный опыт внутреннего пребывания на тех планетах, где они предоставляются своим подопечным только на срок их жизни. Из этого не следует, что Настройщики приобретают опыт, необходимый для более сложной деятельности, только в тех смертных подопечных, которым не удается спастись.

После слияния со смертными, Настройщики разделяют вашу судьбу и опыт; *они являются вами*. После слияния бессмертной моронтийной души и связанного с нею Настройщика весь опыт и все ценности одного становятся со временем достоянием другого, так что двое действительно превращаются в единую сущность. В некотором смысле, это новое существо, направленное из вечного прошлого в вечное будущее. Всё, что было когда-то человеческим в спасающейся душе, и всё, что является эмпирически божественным в Настройщике, становится теперь действительным достоянием новой и вечно восходящей вселенской личности. Однако на каждом вселенском уровне Настройщик способен наделить новое создание только теми атрибутами, которые отвечают значениям и ценностям этого уровня. Абсолютное *единение* с божественным Наставником, полное исчерпание возможностей Настройщика может состояться в вечности только после окончательного достижения Всеобщего Отца – Отца духов, вечного источника этих божественных даров.

Когда эволюционирующая душа и божественный Настройщик сливаются окончательно и навечно, каждая сторона приобретает все доступные эмпирическому познанию качества другой. Эта согласованная личность обладает всей памятью спасения, которая некогда заключалась в предшествующем смертном разуме и впоследствии находилась в моронтийной душе. Кроме того, этот потенциальный завершитель приобретает всю эмпирическую память Настройщика, включающую все случаи вселения в смертных на протяжении всего времени. Правда, потребуется вечность будущего, дабы Настройщик смог полностью наделить личностное партнерство теми значениями и ценностями, которые божественный Наставник несет с собой вперед из вечности прошлого.

Однако в отношении подавляющего большинства урантийцев Настройщик вынужден терпеливо ждать того избавления, которое несет смерть. Он должен ждать освобождения формирующейся души от почти полного господства энергетических структур и химических сил, свойственных вашему материальному типу существования. Главная трудность, с которой вы сталкиваетесь при соприкосновении со своим Настройщиком, заключается именно в присущей вам материальной природе. Редкий смертный является истинным мыслителем; вы не доводите духовное развитие и дисциплину своего разума до того состояния, которое благоприятствует связи с божественным Настройщиком. Человеческий разум почти совершенно глух к духовным призывам, которые представляют собой всеобщие трансляции разнообразных, исполненных любви вселенских посланий, исходящих от Отца милосердия и переводимых Настройщиком. Наставник практически не имеет возможности регистрировать эти воодушевляющие духовные веления в животном разуме, который столь всецело подчинен химическим и электрическим силам, присущим вашей физической природе.

Настройщики радуются, когда устанавливают связь со смертным разумом; однако им приходится запасаться терпением на долгие годы безмолвного пребывания, в течение которых им не удается прорваться сквозь сопротивление животной сущности и непосредственно общаться с вами. Чем выше поднимаются Настройщики Мышления по лестнице служения, тем большей становится их эффективность. Но до тех пор, пока вы пребываете во плоти, они никогда не смогут приветствовать вас с тем же глубоким, благожелательным и выразительным чувством, какое вы познаете, когда – разум к разуму – встретитесь с ними в обительских мирах.

В течение смертной жизни материальное тело и разум отделяют вас от своего Настройщика и препятствуют свободному общению; после смерти и вечного слияния вы и ваш Настройщик становитесь единым целым – вы неразличимы как отдельные существа, и исчезает необходимость в общении в том смысле, в каком его понимаете вы.

Хотя внутренний голос Настройщика никогда не умолкает, большинство из вас редко слышит его в течение своей жизни. Люди, находящиеся ниже третьего и второго кругов достижения, редко слышат непосредственный голос Настройщика, за исключением моментов высочайшего желания, в критической ситуации, а также в результате принятия высшего решения.

При установлении и прекращении связи между смертным разумом, принадлежащим члену резервного корпуса судьбы, и планетарными наблюдателями внутренний Настройщик иногда оказывается в таких условиях, когда у него появляется возможность передать сообщение смертному партнеру. Недавно одно из таких сообщений было передано на Урантии самодействующим Настройщиком своему человеческому товарищу, члену резервного корпуса судьбы. Это послание предварялось следующими словами: «А теперь, не нанося вреда и не подвергая опасности предмет моей пристальной заботы, а также не пытаясь привести его в чересчур подавленное или обескураженное состояние, передайте ему от моего имени этот призыв». Далее следовало прекрасное по своей трогательности и обаянию наставление. Среди прочего, Настройщик призывал, «чтобы он более преданно и чистосердечно сотрудничал со мной, более радостно принимал поставленные мною задачи, с большей преданностью выполнял составленную мною программу, более терпеливо проходил через отобранные мною испытания, более настойчиво и радостно шел по определенному мною пути, более скромно относился к признанию, которое может прийти в результате моих нескончаемых усилий. Таким передайте мое наставление человеку, в котором я пребываю. Ему посвятил я высшую преданность и любовь божественного духа. Кроме того, скажите моему возлюбленному подопечному, что я буду действовать с мудростью и энергией до самого конца, до завершения последней земной битвы. Я сохраню верность вверенной мне личности. И я призываю ее сохраниться, не разочаровывать меня, не лишать меня награды за настойчивую и упорную борьбу. От человеческой воли зависит достижение нами личности. Круг за кругом, я терпеливо возвышал этот человеческий разум, и у меня есть свидетельство того, что глава нашей категории одобряет мои действия. Круг за кругом, я приближаюсь к судному дню. Я жду оглашения предназначения с удовольствием и без опасений; я готов полностью довериться суду Древних Дней».

[Представлено Одиночным Посланником Орвонтона.]

ДОКУМЕНТ 111

НАСТРОЙЩИК И ДУША

Присутствие божественного Настройщика в разуме человека навсегда лишает науку или философию возможности достигнуть удовлетворительного понимания эволюционирующей души человеческой личности. Моронтийная душа – дитя вселенной; по-настоящему она познается только через космическую проницательность и духовное открытие.

Представление о душе и внутреннем духе не является новым для Урантии; оно часто появлялось в различных системах планетарных вероучений. Многие восточные и некоторые западные религии постигли истину о том, что люди совмещают божественное наследие и человеческую наследственность. Ощущение внутреннего присутствия Божества, в дополнение к его внешней вездесущности, с давних пор являлось частью многих урантийских религий. Издавна человек верил в то, что в нём развивается некоторая жизненно важная сущность, которой суждено пережить скоротечное бренное существование.

Прежде чем человек понял, что его эволюционирующая душа является порождением божественного духа, он считал, что она находится в различных физических органах – в глазу, в печени, в почках, в сердце и, позднее, в мозгу. Дикарь связывал с душой кровь, дыхание, тень и собственное отражение в воде.

В концепции *атмана* индусские учители действительно приблизились к осознанию природы и присутствия Настройщика, однако они не увидели одновременного присутствия развивающейся и потенциально бессмертной души. В свою очередь, китайцы различали два аспекта человека: *ян* и *инь*, душу и дух. Египтяне и многие африканские племена также верили в два начала – *ка* и *ба*; предсущим обычно считался дух, но не душа.

Обитатели долины Нила верили в то, что каждому покровительствуемому индивидууму при рождении, или вскоре после того, посвящается охраняющий дух, которого они называли ка. Они учили, что этот дух-хранитель остается вместе со своим смертным подопечным в течение всей его жизни и переходит прежде него в будущее состояние. На стенах храма в Луксоре изображено рождение Аменхотепа III: маленький принц изображен на руке у бога Нила, а подле него находится другое дитя, как две капли воды похожее на принца и являющееся символом той сущности, которую египтяне называли «ка». Эта скульптура была закончена в пятнадцатом веке до Христа.

Ка считался верховным духовным гением, который стремится наставить связанную с ним смертную душу на лучший путь бренного существования, но в особенности – повлиять на судьбу подопечного человека в загробном мире. Когда египтянин этого периода умирал, считалось, что на противоположном берегу Великой Реки его ждет ка. Поначалу полагали, что ка могут быть только у царей, однако вскоре уже считалось, что они есть у всех праведных людей. Один из египетских правителей, говоря о ка в своем сердце, сказал: «Я прислушивался к его речам; я боялся нарушить его наставления. Благодаря ему я многого добился; мой успех объясняется тем, что он побуждал меня делать; я отличился благодаря его водительству». Многие верили в то, что ка является «оракулом, посланным Богом и пребывающим во всяком человеке». Многие верили, что им предстоит «провести вечность с радостью в сердце и благословением пребывающего в человеке Бога».

У каждой расы эволюционирующих урантийских смертных есть слово, соответствующее понятию души. Многие примитивные народы считали, что душа смотрит на мир глазами человека; поэтому они столь панически боялись злоключений, которые может навлечь дурной глаз. В течение долгого времени они верили, что «дух человеческий есть светильник Господа». В Ригведе сказано: «Мой разум говорит с моим сердцем».

1. РАЗУМ КАК АРЕНА ВЫБОРА

Хотя труд Настройщиков духовен по своей природе, им приходится строить всю свою деятельность на интеллектуальном фундаменте. Разум является человеческой почвой, на которой духовный Наставник должен вырастить моронтийную душу в сотрудничестве личностью, в которой он пребывает.

Существует космическое единство нескольких интеллектуальных уровней вселенной вселенных. Подобно тому, как туманности рождаются из космических энергий вселенского пространства, интеллектуальные «я» берут свое начало в космическом разуме. С согласия смертного разума, на человеческом (следовательно, личностном) уровне интеллектуальных «я» потенциальная возможность духовной эволюции приобретает господствующий характер, что происходит благодаря духовным способностям человеческой личности и созидательному присутствию в таких человеческих «я» сущностного центра, имеющего абсолютную ценность. Однако такое духовное господство над материальным разумом зависит от двух видов опыта: этот разум должен был уже развиться благодаря служению семи вспомогательных духов, и материальное (личностное) «я» должно избрать сотрудничество с внутренним Настройщиком в создании и укреплении моронтийного «я» – эволюционной и потенциально бессмертной души.

Материальный разум является той ареной, на которой человеческая личность живет, сознаёт себя, принимает решения, приходит к Богу или отступается от него, увековечивает или уничтожает себя.

Материальная эволюция дала вам жизненный механизм – ваше тело; сам Отец наделил вас самой чистой из существующих во вселенной духовных реальностей – вашим Настройщиком Мышления. Однако в ваше распоряжение дан разум, подчиненный вашим собственным решениям, и именно посредством разума вы живете или умираете. Именно в этом разуме и этим разумом вы принимаете те нравственные решения, которые позволяют вам уподобиться Настройщику, – а значит, Богу.

Смертный разум представляет собой временную интеллектуальную систему, предоставленную человеку в пользование на срок материальной жизни; используя этот разум, люди либо принимают, либо отвергают возможность вечного существования. Разум – это практически единственная находящаяся в вашем распоряжении и подчиненная вашей воле часть вселенской реальности, и душа –моронтийное «я» – в точности отображает плоды временны́х решений, принимаемых смертным «я». Внизу человеческое сознание мягко опирается на электрохимический механизм, а вверху оно едва уловимо соприкасается с системой духовно-моронтийной энергии. В течение своей смертной жизни человек никогда полностью не осознаёт ни одну, ни другую систему; поэтому он должен действовать в своем разуме, который он осознаёт. Продолжение жизни обеспечивается не столько тем, что́ разум понимает, сколько тем, что́ он стремится понять; духовная идентификация состоит не столько в том, что́ разум представляет собой, сколько тем, че́м он стремится стать. Восхождение во вселенной зависит не столько от богосознания, сколько от страстного стремления к Богу. Важно не столько то, чем вы являетесь сегодня, сколько то, чем вы становитесь день ото дня и в вечности.

Разум является космическим инструментом, из которого человеческая воля может извлечь диссонансные аккорды разрушения, – и на котором та же человеческая воля способна исполнить изысканные мелодии отождествления с Богом и последующего продолжения жизни. В конечном счете, посвященный человеку Настройщик невосприимчив к злу и неспособен к греховности, однако смертный разум действительно можно извратить, исказить, сделать порочным и безобразным в результате греховных махинаций извращенной и своекорыстной человеческой воли. Аналогичным образом, этот же разум можно сделать благородным, прекрасным, истинным и благим – действительно великим – в согласии с просветленной духом волей богопознавшего человека.

Эволюционный разум полностью устойчив и надежен только тогда, когда проявляет себя в двух крайних формах космической интеллектуальности – целиком механической или полностью одухотворенной. Между интеллектуальными крайностями чисто механического управления и истинно духовной природой лежит та обширная группа эволюционирующих и восходящих разумов, чья устойчивость и покой зависят от выбора личности и отождествления с духом.

Однако человек не подчиняет свою волю Настройщику пассивно и с рабской покорностью. Скорее, он принимает активное позитивное и проникнутое духом сотрудничества решение: следовать указаниям Настройщика в тех случаях, когда такие указания осознанно отличаются от желаний и побуждений природного смертного разума, и в той мере, в какой способен на это человек. Настройщики воздействуют на разум, но они никогда не подчиняют себе разум против его воли; для Настройщиков человеческая воля является высшей инстанцией. Таково отношение и уважение Настройщиков к воле в их стремлении к достижению духовных целей – настройке мышления и преобразованию характера на почти безграничном поприще эволюционирующего человеческого интеллекта.

Разум – это ваш корабль, Настройщик – ваш лоцман, человеческая воля – капитан. Хозяин смертного судна должен быть достаточно мудрым для того, чтобы доверить божественному лоцману проведение восходящей души в моронтийные гавани вечной жизни. Только вследствие эгоизма, лености и греховности человеческая воля способна отвергнуть указания такого любящего лоцмана и в результате привести к крушению смертной жизни на предательской мели отвергнутого милосердия и рифах греховности. С вашего согласия этот верный лоцман надежно проведет вас через преграды времени и ограничения пространства к самому источнику божественного разума и далее, вплоть до Райского Отца Настройщиков.

2. СУЩНОСТЬ ДУШИ

Во всех относящихся к разуму функциях космического интеллекта целостность разума преобладает над отдельными интеллектуальными функциями. В своей сущности, разум является функциональным единством. Именно поэтому разум неизменно демонстрирует это основополагающее единство, даже тогда, когда ему мешают, препятствуют неразумные действия и решения введенного в заблуждение «я». И это единство разума постоянно стремится к согласованию с духом на всех уровнях связи с теми «я», которые обладают величием воли и прерогативами восхождения.

Материальный разум смертного человека – это космический ткацкий станок, создающий моронтийную ткань, в которую внутренний Настройщик Мышления вплетает духовные узоры, отличающиеся вселенским характером вечных ценностей и божественных значений, – сохраняющуюся душу, которой уготована предельная участь и нескончаемый путь потенциального завершителя.

Человеческая личность идентифицируется с разумом и духом, которые удерживаются в функциональной взаимосвязи жизнью в материальном теле. В результате этой функциональной взаимосвязи разума и духа возникает не просто комбинация из качеств или атрибутов разума и духа, а совершенно новая, оригинальная и уникальная вселенская ценность, обладающая потенциально вечным существованием, – душа.

Существует три, а не два фактора в эволюционном сотворении бессмертной души – три предпосылки появления моронтийной человеческой души:

1. *Человеческий разум* и все космические влияния, предшествующие ему и воздействующие на него.

2. *Божественный дух*, пребывающий в этом человеческом разуме, и все потенциалы, заключенные в такой частице абсолютной духовности, равно как и все привходящие духовные влияния и факторы человеческой жизни.

3. *Взаимосвязь материального разума и божественного духа*, которая заключает в себе ценность и значение, не встречаемые ни в одном из составных факторов такой связи. Реальность этого уникального взаимоотношения является не материальной или духовной, а моронтийной. Это и есть душа.

Промежуточные создания издавна называют эту эволюционирующую душу промежуточным разумом, противопоставляя его низшему, или материальному, разуму и высшему, или космическому, разуму. Этот промежуточный разум действительно является моронтийным феноменом, ибо он существует в области между материальным и духовным. Потенциальные возможности такой моронтийной эволюции заключены в двух всеобщих побуждениях разума: в стремлении конечного разума создания познать Бога и обрести божественность Создателя и в стремлении бесконечного разума Создателя познать человека и обрести опыт создания.

Этот божественный процесс развития бессмертной души становится возможным благодаря тому, что смертный разум является, во-первых, личностным и, во-вторых, соприкасается с реальностями сверхживотного уровня; этот разум пользуется сверхматериальной космической опекой, обеспечивающей эволюцию нравственного начала, способного принимать нравственные решения, благодаря чему устанавливается настоящая творческая связь с совокупной духовной опекой и внутренним Настройщиком Мышления.

Неизбежным следствием такого сопредельного одухотворения человеческого разума является постепенное рождение души – совместного детища разума, существующего на уровнях вспомогательных духов, подчиненного воле стремящегося к богопознанию человека и действующего в сотрудничестве с духовными силами вселенной, подвластными действительной частице самого Бога всего творения – Таинственному Наставнику. Так материальная и смертная реальность «я» выходит за пределы временны́х ограничений, присущих механизму физической жизни, и достигает нового выражения и новой идентификации в формирующемся средстве сохранения индивидуальности – моронтийной и бессмертной душе.

3. ЭВОЛЮЦИОНИРУЮЩАЯ ДУША

Ошибки смертного разума и проступки человека могут существенно отсрочить эволюцию души, хотя они и неспособны воспрепятствовать такому моронтийному феномену, после того как он был инициирован внутренним Настройщиком с согласия воли создания. Однако в любой момент до наступления естественной смерти та же материальная человеческая воля обладает возможностью отменить свое решение и отвергнуть продолжение жизни. Даже продолжающий жить восходящий смертный сохраняет за собой право отказаться от вечной жизни; в любой момент до слияния с Настройщиком эволюционирующее восходящее создание может избрать отречение от воли Райского Отца. Слияние с Настройщиком означает, что восходящий смертный навечно и безоговорочно решил исполнять волю Отца.

В течение жизни во плоти развивающаяся душа получает возможность укреплять сверхматериальные решения смертного разума. Будучи сверхматериальной, душа сама по себе не действует на материальном уровне человеческого опыта. С другой стороны, без участия одного из духовных существ Божества, такого как Настройщик, эта субдуховная душа неспособна действовать и выше моронтийного уровня. Кроме того, душа не принимает окончательных решений до тех пор, пока смерть или преобразование не расторгнут ее материальный союз со смертным разумом, за исключением тех случаев, когда этот материальный разум свободно и добровольно передает такие полномочия функционально связанной с ним моронтийной душе. В течение жизни смертного создания его воля – способность личности принимать решения и делать выбор – заключена в контурах материального разума; по мере продолжения земного развития смертного это «я», вместе со своей бесценной способностью выбора, всё более отождествляется с формирующейся сущностью, моронтийной душой; после смерти и воскресения в обительских мирах личность человека полностью идентифицируется с моронтийным «я». Таким образом, душа является зародышем будущей моронтийной оболочки идентичности личности.

Поначалу сущность бессмертной души является целиком моронтийной, однако она обладает столь огромным потенциалом развития, что неизменно восходит к истинно духовным уровням, на которых возможно слияние с духовными существами Божества, обычно с тем же духом Всеобщего Отца, который инициировал подобное созидательное явление в разуме создания.

Как человеческий разум, так и божественный Настройщик осознаю́т присутствие и отличающийся от них характер эволюционирующей души – Настройщик полностью, разум отчасти. По мере своего собственного эволюционного роста, душа всё полнее осознаёт и разум, и Настройщика как связанные с собой сущности. Душа приобретает свойства как человеческого разума, так и божественного духа, но при этом она целенаправленно эволюционирует в направлении повышения духовного управления и божественного господства через укрепление такой функции разума, значения которой стремятся к согласованию с истинно духовной ценностью.

Смертный путь – эволюция души – является не столько испытанием, сколько образованием. Вера в сохранение высших ценностей служит стержнем религии. Истинный религиозный опыт заключается в единении высших ценностей и космических значений – осознании всеобщей реальности.

Разум знает количество, реальность, значения. Однако качество – ценности – *ощущается*. То, чтó ощущает, является совместным произведением разума, который знает, и связанного с ним духа, который наполняет реальностью.

В той мере, в какой эволюционирующая моронтийная душа человека наполняется истиной, красотой и благостью как ценностным претворением богосознания, появляющееся в результате существо становится неразрушимым. Если в развивающейся человеческой душе не увековечиваются непреходящие ценности, то смертное бытие не имеет смысла, и сама жизнь является трагической иллюзией. Но извечна истина: то, чтó вы начинаете во времени, вы наверняка завершите в вечности – если только оно достойно завершения.

4. ВНУТРЕННЯЯ ЖИЗНЬ

Осознание есть интеллектуальный процесс встраивания получаемых из внешнего мира сенсорных впечатлений в структуры памяти индивидуума. Понимание означает, что эти осознанные сенсорные впечатления и связанные с ними структуры памяти стали интегрированными, или организованными, в динамическую сеть принципов.

Значения образуются при сочетании осознания и понимания. Не существует значений в целиком сенсорном, или материальном, мире. Значения и ценности постигаются только во внутренних, или сверхматериальных, сферах человеческого опыта.

Всякий прогресс истинной цивилизации рождается в этом внутреннем мире человечества. Только внутренняя жизнь является истинно творческой. Цивилизация едва ли способна прогрессировать, когда бóльшая часть молодежи любого поколения посвящает свое внимание и энергию материалистическим устремлениям сенсорного, или внешнего, мира.

Внутренний и внешний мир обладают различным набором ценностей. Любая цивилизация находится в опасности, когда три четверти ее молодежи избирают материалистические профессии и посвящают себя внешней, сенсорной деятельности. Цивилизация находится в опасности, когда молодые люди не считают нужным интересоваться этикой, социологией, евгеникой, философией, изящными искусствами, религией и космологией.

Только на высших уровнях сверхсознательного разума, соприкасающихся с духовной сферой человеческого опыта, можно обнаружить те высшие концепции в сочетании с действенными образцами, которые будут способствовать созданию лучшей и более прочной цивилизации. Личности присуще творчество, однако оно проявляется только во внутренней жизни индивидуума.

Кристаллы снега всегда имеют шестиугольную форму, но не существует двух одинаковых снежинок. Дети принадлежат к определенным типам, но ни один ребенок не является точной копией другого, даже если это близнецы. Личность соответствует некоторому типу, однако она всегда уникальна.

Счастье и радость рождаются во внутреннем мире. Вы неспособны испытать настоящую радость наедине с самим собой. Жизнь в одиночестве губительна для счастья. Даже семьи и нации будут больше радоваться жизни, если они будут разделять эту жизнь с другими.

Вы неспособны полностью контролировать внешний мир – окружающую среду. Больше всего поддается вашему управлению именно творческое начало внутреннего мира, ибо здесь ваша личность в значительной мере свободна от сковывающих законов априорной причинности. Личности присуща относительная суверенность воли.

Так как внутренняя жизнь человека отличается подлинным творчеством, каждый несет ответственность за свой выбор: будет ли это творчество спонтанным и совершенно случайным или контролируемым, управляемым и конструктивным. Как может творческое воображение дать достойные плоды, если поле его деятельности уже переполнено предрассудками, ненавистью, страхами, обидами, местью и фанатизмом?

Идеи могут стимулироваться внешним миром, однако идеалы рождаются только в творческих пределах внутреннего мира. Сегодня нации мира управляются людьми, у которых нет недостатка в идеях, но полностью отсутствуют идеалы. Этим объясняются бедность, разводы, войны и расовая ненависть.

Проблема заключается в следующем: если внутреннее «я» человека, обладающего свободой воли, наделяется способностью к созидательности, то мы должны признать, что свободно-волевая созидательность включает потенциальную возможность свободно-волевой деструктивности. А когда созидательность превращается в деструктивность, вы сталкиваетесь с опустошением, причиной которого являются зло и грех, – насилием, войнами и разрушением. Зло есть та односторонность творчества, которая ведет к дезинтеграции и, в конечном счете, к разрушению. Всякий конфликт есть зло в том смысле, что он подавляет творческую функцию внутренней жизни, являясь разновидностью гражданской войны в личности.

Внутреннее творчество способствует облагораживанию характера посредством интеграции личности и объединения индивидуальности. Извечна истина: прошлое неизменно; только будущее можно изменить с помощью нынешней созидательности внутреннего «я».

5. ПОСВЯЩЕНИЕ ВЫБОРА

Исполнение воли Бога есть не что иное, как проявление созданием готовности делиться своей внутренней жизнью с Богом, с тем самым Богом, благодаря которому стала возможной жизнь создания, обладающая внутренними значениями и ценностями. Делиться – качество Богоподобное, божественное. Бог делится всем с Вечным Сыном и Бесконечным Духом, а они, в свою очередь, делятся всем с божественными Сынами и духовными Дочерьми вселенных.

Подражание Богу есть ключ к совершенству; в исполнении его воли – секрет вечной жизни и совершенства, достигаемого в вечной жизни.

Смертные живут в Боге, и потому Бог пожелал жить в смертных. Так же, как люди доверяются ему, так и он, причем первым, доверил людям часть себя; он согласился жить в людях, пребывать в них, подчиняясь человеческой воле.

Мир в этой жизни, сохранение жизни после смерти, совершенство в следующей жизни, служение в вечности – всё это достигается (в духе) сейчас, когда личность создания соглашается – решает – подчинить свою волю воле Отца. И Отец уже сделал свой выбор – он подчинил частицу самого себя воле, которой обладает личность создания.

Такой выбор создания является не подчинением воли, а ее посвящением, расширением, прославлением и усовершенствованием; такой выбор возносит волю создания с уровня преходящего значения к более высокому положению, в котором личность сына-создания общается с личностью духа-Отца.

Этот выбор – исполнять волю Отца – есть духовное открытие духовного Отца смертным человеком, хотя пройдет целая эпоха, прежде чем сын-создание сможет действительно оказаться в реальном присутствии Бога в Раю. Этот выбор заключается не столько в отрицании воли создания – «Не моя воля, но твоя да исполнится», – сколько в позитивном утверждении создания: «Воля моя в том, чтобы свершилась воля твоя». И если этот выбор сделан, то рано или поздно выбирающий Бога сын придет к внутреннему единению (слиянию) с пребывающей в нём частицей Бога, в то время как тот же самый совершенствующийся сын откроет для себя высшее личностное удовлетворение в религиозном общении личности человека и личности его Творца – двух личностей, чьи творческие атрибуты навечно соединились в добровольной взаимности выражения: рождении еще одного вечного партнерства воли человека и воли Бога.

6. ПАРАДОКС ЧЕЛОВЕКА

Многие из мирских проблем смертного человека проистекают из его двоякой связи с космосом. Человек является частью природы – он существует в природе – и вместе с тем он способен превзойти природу. Человек конечен, однако он наделен искрой бесконечности. Такое двойственное положение не только создает потенциальную опасность зла, но также порождает многие социальные и моральные ситуации, чреватые большой неопределенностью и немалым беспокойством.

Отвага, необходимая для покорения природы и преодоления собственного «я», есть отвага, которая может не устоять перед соблазнами личной гордости. Смертный человек, способный выйти за пределы «я», может поддаться соблазну обожествления своего собственного самосознания. Дилемма смертного человека заключается в двойственном факте: он связан с природой и одновременно обладает уникальной свободой – свободой духовного выбора и действия. На материальных уровнях человек оказывается зависимым от природы, в то время как на духовном уровне он торжествует над природой и над всем бренным и конечным. Такой парадокс неотделим от соблазна, потенциального зла, ошибок в принятии решений, а когда «я» становится гордым и высокомерным, то следствием этого может стать грех.

Проблема греха не существует в конечном мире сама по себе. Факт конечности не означает порочность или греховность. Конечный мир был сотворен бесконечным Создателем – он является делом рук его божественных Сынов – и потому он не может не быть *благим*. Только злоупотребление, искажение и извращение, существующие в конечном мире, порождают зло и грех.

Дух способен владеть разумом; таким же образом разум может управлять энергией. Однако разум способен управлять энергией только посредством своей собственной разумной манипуляции метаморфическими потенциалами, присущими математическому причинно-следственному уровню физических сфер. Управление энергией не является внутренним свойством разума; это – прерогатива Божества. Но разум создания способен манипулировать и манипулирует энергией в той мере, в какой он овладевает энергетическими тайнами физической вселенной.

Когда человек желает видоизменить физическую реальность – будь то он сам или его среда, – ему удается сделать это в той мере, в которой он открывает пути и способы, позволяющие контролировать материю и управлять энергией. Разум, лишенный помощи, не имеет возможности воздействовать на что-либо материальное, кроме своего собственного физического механизма, с которым он неизбежно связан. Однако, через разумное использование механизма своего тела, разум способен создавать другие механизмы – и даже энергетические и живые связи, – используя которые этот разум обретает всё большую способность контролировать и даже подчинять свой физический уровень во вселенной.

Наука является источником фактов, и разум неспособен действовать в отсутствие фактов. Факты являются теми кирпичиками, из которых строится мудрость и которые цементируются жизненным опытом. Человек может найти любовь Бога без фактов; человек может открыть законы Бога без любви; но человек никогда не сможет осознать бесконечную симметрию, небесную гармонию и совершенную изобильность всеобъемлющей природы Первого Источника и Центра, пока он не найдет божественный закон и божественную любовь и эмпирически не объединит их в своей собственной эволюционирующей космической философии.

Развитие материального знания позволяет добиться большего интеллектуального осознания значений, заключенных в идеях, и ценностей, заключенных в идеалах. Человек способен обнаружить истину в своем внутреннем опыте, но ему требуется ясное знание фактов для того, чтобы он мог применить свое личное открытие истины к сугубо практическим требованиям каждодневной материальной жизни.

Вполне естественно, что смертным человеком овладевает чувство неуверенности, когда он видит себя намертво связанным с природой, хотя он и обладает духовными способностями, которые совершенно трансцендентны по отношению ко всему бренному и конечному. Только религиозная убежденность – живая вера – может быть опорой человека перед лицом таких сложных и запутанных проблем.

Из всех опасностей, которые подстерегают смертную природу человека и угрожают его духовной целостности, величайшей является гордыня. Мужество доблестно, но эготизм – тщеславен и самоубийственен. Не следует относиться предосудительно к разумной уверенности в себе. Способность человека превзойти себя является единственным, что отличает его от животного мира.

Гордыня коварна и ядовита, она порождает грех всегда, когда встречается в индивидууме, группе, расе или нации. Буквальна истина: «Гордость предшествует падению».

7. ПРОБЛЕМА НАСТРОЙЩИКА

Неизвестность в сочетании с уверенностью – вот сущность Райского пути: неизвестность во времени и в разуме, неизвестность в отношении событий раскрывающегося восхождения к Раю; уверенность в духе и вечности, уверенность, которую дает безусловное доверие сына-создания к божественному сочувствию и бесконечной любви Всеобщего Отца; неизвестность неопытного гражданина вселенной; уверенность восходящего сына во вселенских обителях всемогущего, премудрого и любвеобильного Отца.

Позвольте обратиться к вам с наставлением: внимайте далеким отзвукам преданных воззваний Настройщика к вашей душе. Пребывающий в вас Настройщик не может прекратить или хотя бы материально изменить ту борьбу, которую вы ведете на своем временнóм пути; Настройщик неспособен уменьшить тяготы жизни, по которой вы идете в этом мире упорного труда. Божественный обитатель может только терпеливо ждать, пока вы сражаетесь за свою жизнь – ту, которую вы проживаете на своей планете. Однако, если бы вы только захотели, вы могли бы – в трудах и заботах, в сражении и упорном труде – дать Настройщику возможность бороться вместе с вами и за вас. Какое утешение и воодушевление, какой восторг и удивление могли бы вы почувствовать, если бы только позволили Настройщику постоянно рисовать вам картины действительного побуждения, конечной цели и вечного смысла всей этой трудной, всё более напряженной борьбы с будничными проблемами вашего нынешнего материального мира!

Почему же вы не помогаете Настройщику выполнить свою задачу – показать вам духовный эквивалент всех этих напряженных материальных усилий? Почему вы не позволяете Настройщику укрепить вас духовными истинами, обладающими космической силой, в то время как вы боретесь с мирскими трудностями, свойственными для жизни созданий? Почему не призываете небесного помощника ободрить вас ясным ви́дением, присущим вечному взгляду на всеобщую жизнь, пока вам не дают покоя сиюминутные проблемы? Зачем вы отказываетесь от просвещения и вдохновения, которые дает вселенский взгляд, и влачите существование посреди ограничений времени, пробираясь в лабиринте неопределенностей, с которыми связан ваш смертный путь? Почему не позволяете Настройщику одухотворить ваше мышление, даже если вам приходится идти по материальным стезям земных усилий?

Высшие человеческие расы Урантии представляют собой сложную смесь; они являются сочетанием многих рас и племен различного происхождения. Эта сложная природа чрезвычайно усложняет деятельность Наставников в течение жизни и определенно умножает проблемы как Настройщика, так и серафима-хранителя после смерти. Не так давно я находился на Салвингтоне, где услышал официальный доклад хранителя судьбы в оправдание тех трудностей, с которыми была сопряжена помощь его смертному подопечному. Этот серафим сказал:

«Многие трудности объяснялись нескончаемым конфликтом двух сторон моего подопечного: деятельному трудолюбию мешала животная лень; идеалам, свойственным высокоразвитому народу, противоречили инстинкты отсталой расы; высоким помыслам выдающегося разума противодействовали побуждения примитивной наследственности; устремленному в будущее взгляду прозорливого Наставника препятствовала близорукость создания времени; прогрессивные планы восходящего существа видоизменялись желаниями и стремлениями материальной природы; проблески вселенского интеллекта гасились химико-энергетическими велениями развивающейся расы; побуждения ангелов встречали сопротивление эмоций животного; воспитание интеллекта аннулировалось инстинктивными тенденциями; опыту индивидуума противостояли совокупные наклонности расы; цели лучших сторон омрачались поползновениями худших; полет гения сводился на нет грузом посредственности; прогресс всего положительного замедлялся инерцией всего отрицательного; искусство прекрасного осквернялось присутствием зла; здоровье и жизнерадостность подрывались болезнями и немощностью; источник веры отравлялся ядом страха; родник веселья наполнялся горькими водами печали; радость ожидания отрезвлялась горечью осознания; радости жизни всегда могли смениться слезами смерти. Какая жизнь, и на какой планете! И тем не менее, благодаря постоянной помощи и побуждениям Настройщика Мышления, эта душа всё же достигла достаточной степени счастья и успеха и уже взошла к судным залам обительских миров».

[Представлено Одиночным Посланником Орвонтона.]

ДОКУМЕНТ 112

СОХРАНЕНИЕ ЛИЧНОСТИ

Эволюционные планеты являются сферами появления человека, исходными мирами восхождения смертных. Ваш отправной пункт – Урантия; здесь вы и ваш божественный Настройщик Мышления соединяетесь во временном союзе. Вы получили в дар совершенного проводника. Поэтому, если вы честно пройдете дистанцию во времени и овладеете конечной целью веры, вашей наградой будет вечность: вы навсегда сольетесь с пребывающим в вас Настройщиком. Именно тогда начнется ваша истинная жизнь – восходящая жизнь, по отношению к которой нынешнее смертное состояние является всего лишь преддверием. Именно тогда перед вами откроется возвышенная и прогрессивная миссия завершителей в вечности. И на протяжении всех этих сменяющих друг друга эпох и стадий эволюционного роста единственным вашим началом, остающимся абсолютно неизменным, является личность – постоянство посреди изменений.

Хотя было бы слишком самонадеянным пытаться определить личность, может оказаться полезным вспомнить кое-что из того, что известно о личности:

1. Личность есть то присутствующее в реальности качество, которое посвящается самим Всеобщим Отцом или действующим от его имени Совместным Вершителем.

2. Она может посвящаться любой живой энергетической системе, включающей разум или дух.

3. Она не полностью подвластна оковам априорной причинности. Она является относительно созидательной или взаимосозидательной.

4. Когда личность посвящается эволюционным материальным созданиям, она заставляет дух стремиться к господству над энергией-веществом посредством разума.

5. Хотя личность лишена идентичности, она способна объединить идентичность любой живой энергетической системы.

6. Она обнаруживает только качественную реакцию на контур личности, в противоположность трем энергиям, которые демонстрируют как качественную, так и количественную реакцию на гравитацию.

7. Личность неизменна посреди перемен.

8. Она способна сделать подарок Богу – добровольно посвятить себя свершению Божьей воли.

9. Она характеризуется нравственностью – осознанием относительности связи с другими личностями. Она распознает уровни поведения и демонстрирует взыскательность, проводя различие между ними.

10. Личность уникальна, абсолютно уникальна: она уникальна во времени и пространстве; она уникальна в вечности и в Раю; уникальна посвященная личность – ее копий не существует; она уникальна в каждое мгновение; она уникальна в отношении к Богу – он нелицеприятен, но он и не складывает личности, ибо они не складываются – они ассоциируются, но не суммируются.

11. Личность реагирует непосредственно на присутствие другой личности.

12. Она является единственным, что можно прибавить к духу, тем самым иллюстрируя первичность Отца по отношению к Сыну. (Разум не обязательно должен прибавляться к духу.)

13. Личность может сохраниться после естественной смерти вместе с идентичностью сохранившейся души. Настройщик и личность неизменны; существующее между ними отношение (в душе) есть само изменение, постоянная эволюция; и если это изменение (рост) прекращается, душа погибает.

14. Личность обладает уникальным ощущением времени, которое, однако, отличается от восприятия времени разумом или духом.

1. ЛИЧНОСТЬ И РЕАЛЬНОСТЬ

Личность посвящается Всеобщим Отцом своим созданиям как потенциально вечный дар. Такой божественный дар предназначен для функционирования на многочисленных уровнях и в последовательных вселенских ситуациях – от низших конечных до высших абсонитных и вплоть до границ абсолютного. Таким образом, личность действует в трех космических плоскостях, или в трех вселенских фазах:

1. *Позиционный статус*. Личность функционирует одинаково эффективно в локальной вселенной, сверхвселенной и центральной вселенной.

2. *Смысловой статус*. Личность действует эффективно на конечном, абсонитном и смыкающемся с абсолютным уровнях.

3. *Ценностный статус*. Личность может быть эмпирически реализована в сменяющих друг друга материальных, моронтийных и духовных мирах.

Личность обладает усовершенствованным диапазоном космических измерений. Существуют три измерения конечной личности. Вот их примерное функциональное значение.

1. *Длина* отражает направление и природу развития: движение через пространство и соответственно времени – эволюцию.

2. *Глубина* охватывает организменные мотивы и отношения, различные уровни самореализации и общий феномен реакции на окружающую среду.

3. *Ширина* включает область координации, ассоциации, а также организации индивидуальности.

Тип личности, посвящаемый смертным Урантии, обладает потенциальной способностью семи измерений самовыражения, или реализации индивидуальности. Три таких измерения реализуются на конечном уровне, три – на абсонитном и одно – на абсолютном. На субабсолютных уровнях это седьмое измерение, или измерение всеобщности, эмпирически познаваемо как *факт* личности. Это высшее измерение личности представляет собой ассоциируемый абсолют и, не являясь бесконечным, потенциально достигает присущего данному измерению суббесконечного проникновения на абсолютный уровень.

Конечные измерения личности относятся к космической длине, глубине и ширине. Длина соответствует значению; глубина означает ценность; ширина охватывает проницательность – способность испытать неопровержимое осознание космической реальности.

На моронтийном уровне все конечные измерения материального уровня чрезвычайно возрастают и появляется возможность реализации ценностей, относящихся к некоторым новым измерениям. Весь этот расширенный опыт измерений моронтийного уровня чудесно соединяется с высшим, или личностным, измерением благодаря воздействию моты, а также помощи моронтийной математики.

Многих неприятностей, с которыми смертные сталкиваются при изучении человеческой личности, можно было бы избежать, если бы конечное создание помнило о том, что уровни измерений и уровни духа не координированы в эмпирической реализации личности.

Жизнь является, в сущности, процессом, протекающим между организмом (индивидуальностью) и окружающей средой. Личность придает этой связи организма со средой ценность идентичности и значения непрерывности. Поэтому необходимо видеть, что феномен стимулированной реакции не является только механическим процессом, так как одним из факторов этой совокупной ситуации является личность. Неизменно истинно утверждение о том, что механизмам присуща пассивность, в то время как организмам свойственна активность.

Физическая жизнь является процессом, который протекает не столько внутри организма, сколько *между* организмом и окружающей средой. Каждый подобный процесс в тенденции создает и закрепляет свойственные организмам типы реакций на среду. И все такие *направляющие типы* оказывают огромное воздействие при выборе цели.

Именно посредством разума внутреннее «я» и среда устанавливают осмысленный контакт. Способность и желание организма вступать в такие существенные контакты со средой (реакция на стимул) выражают *отношение* всей личности.

Личность не может успешно действовать в изоляции. Человек по своей природе является социальным существом; в нём преобладает стремление к сопричастности. Буквальна истина: «Никто не живет для себя».

Однако понятие личности как смысла всецелостности живого и функционирующего создания, означает намного больше, чем интеграцию отношений: оно выражает *объединение* всех факторов реальности, равно как и координацию отношений. Отношения существуют между двумя объектами, но три или большее число объектов образуют *систему*, а такая система является намного большим, чем просто расширенным или комплексным отношением. Данное различие имеет принципиальное значение, ибо в космической системе индивидуальные члены связаны друг с другом только через отношение к целому и через индивидуальность целого.

В человеческом организме совокупность всех частей создает его самобытность – индивидуальность. Однако такой процесс не имеет абсолютно ничего общего с личностью, которая является объединяющим началом всех этих факторов в их связи с космической реальностью.

В агрегации части добавляются; в системе части *располагаются*. Системы значимы благодаря своей организации – позиционным ценностям. В хорошей системе у каждого составного элемента есть свое положение в космосе. В плохой – что-нибудь либо отсутствует, либо нарушено – выведено из строя. В человеческой системе именно личность объединяет все виды деятельности и, в свою очередь, придает им качества идентичности и созидательности.

2. ВНУТРЕННЕЕ «Я»

При изучении индивидуальности полезно помнить о следующем:

1. Физические системы являются подчиненными.
2. Интеллектуальные системы являются неподчиненными.
3. Личность является доминирующей.
4. Внутренняя духовная сила является потенциально направляющей.

Во всех представлениях об индивидуальности необходимо учитывать, что сначала возникает факт жизни и только потом – его оценка или интерпретация. Человеческое дитя сначала *живет* и затем *думает* о своей жизни. В космической системе ви́дение предшествует предвидению.

Вселенский факт Бога, который становится человеком, навеки изменил все значения и ценности человеческой личности. Любовь, в истинном смысле этого слова, подразумевает взаимную заботу целостных личностей, будь то личности человеческие или божественные – или же человеческие *и* божественные. Части внутреннего «я» могут функционировать самым различным образом – думать, чувствовать, желать, – но только согласованные атрибуты всей личности сосредоточены в разумном действии. И все эти силы объединяются с духовной способностью смертного разума, когда человек чистосердечно и бескорыстно любит другое существо, человеческое или божественное.

Все представления о реальности, существующие у смертных, основаны на допущении реальности человеческой личности. Все концепции сверхчеловеческих реальностей основаны на приобретенном человеческой личностью опыте космической реальности некоторых взаимодействующих духовных сущностей и божественных личностей. За исключением личности, всё недуховное, что есть в человеческом опыте, является средством для достижения цели. Каждое истинное взаимоотношение смертного человека с другими существами – человеческими или божественными – является самоцелью. И достижение таких товарищеских отношений с личностью Божества являются вечной целью восхождения во вселенной.

Обладание личностью определяет человека как духовное существо, ибо единство индивидуальности и самосознание личности суть дары сверхматериального мира. Сам факт того, что смертный материалист может отрицать существование сверхматериальных реальностей, уже демонстрирует деятельное присутствие в его человеческом разуме духовного синтеза и космического сознания.

Существует огромная космическая пропасть между материей и мыслью, и неизмеримо более широкая пропасть разделяет материальный разум и духовную любовь. Никакая теория механистических электронных связей или материалистических энергетических явлений не способна объяснить сознание, тем более – самосознание.

По мере стремления разума к предельному исследованию реальности, материя перестает существовать для материальных чувств, однако может оставаться реальной для разума. Когда духовная интуиция до самого основания проникает в ту реальность, которая остается после исчезновения материи, эта реальность исчезает для разума, но присущая духу интуиция сохраняет способность к постижению космических реальностей и высших ценностей духовного характера. Соответственно, наука уступает место философии, в то время как философия должна склониться перед выводами, присущими подлинному духовному опыту. Мышление уступает место мудрости, а мудрость растворяется в просвещенном и разумном поклонении.

В науке человеческое «я» исследует материальный мир; философия есть исследование этого исследования материального мира; религия – истинный духовный опыт – есть эмпирическое осознание космической реальности, заключенной в исследовании исследования всего этого относительного синтеза энергетических субстанций времени и пространства. Строить философию вселенной исключительно на материализме – значит игнорировать тот факт, что все материальные вещи изначально воспринимаются как реальные в опыте человеческого сознания. Исследователь не может быть предметом исследования; анализ требует некоторой степени абстрагирования от того, что анализируется.

Во времени мышление ведет к мудрости и мудрость ведет к поклонению. В вечности поклонение ведет к мудрости и мудрость разрешается в завершенности мысли.

Возможность объединения эволюционирующего «я» заключена в свойствах составляющих его факторов: основных энергий, важнейших тканей, основополагающего химического сверхуправления, высших идей, высших мотивов, высших целей и божественного духа, посвященного Раем, – тайны самосознания духовной природы человека.

Цель космической эволюции заключается в достижении единства личности через всё большее господство духа, через волевую реакцию на учения и руководство Настройщика Мышления. Личность – и человеческая, и сверхчеловеческая – характеризуется внутренним космическим свойством, которое можно определить как «эволюцию подчинения» – расширение контроля как над собой, так и над своей средой.

Восходящая, некогда человеческая личность проходит через две великие стадии возрастающего волевого подчинения своего «я» во вселенной:

1. Предзавершительный, или богоискательский, опыт, который заключается в расширении самореализации посредством развития и актуализации идентичности наряду с решением космических проблем и последующим овладением вселенной.

2. Постзавершительный, или богораскрывающий, опыт творческого расширения самореализации через раскрытие эмпирического Верховного Существа ищущим Бога разумным существам, еще не достигшим божественных уровней богоподобия.

Нисходящие личности обретают аналогичный опыт в своих различных вселенских начинаниях, во время которых они стремятся к повышению способности узнавать и исполнять божественную волю Верховного, Предельного и Абсолютного Божеств.

В течение физической жизни материальное «я», эгоистическое начало человеческой идентичности, зависит от продолжения функции материального жизненного средства, от непрерывного существования неустойчивого равновесия энергий и интеллекта, от того, что на Урантии называется *жизнью*. Однако индивидуальность, обладающая необходимой для сохранения ценностью и способная преодолеть опыт смерти, эволюционирует только благодаря созданию возможности для переноса местонахождения идентичности развивающейся личности из промежуточной жизненной оболочки – материального тела – в более прочную и бессмертную сущность моронтийной души и далее на те уровни, где в душу вливается реальность духа и где она в итоге обретает статус духовной реальности. Такой действительный переход от материальной связи к отождествлению с моронтией осуществляется благодаря искренним, твердым и целеустремленным решениям человека, направленным на поиск Бога.

3. ФЕНОМЕН СМЕРТИ

Урантийцы обычно признают только один вид смерти – физическое прекращение жизненных энергий. Но в действительности существуют три вида смерти, имеющих отношение к сохранению личности:

1. *Духовная смерть (смерть души)*. Если смертный человек окончательно отвергает продолжение жизни, если по общему мнению Настройщика и сохраняющегося серафима он объявляется духовно безнадежным, моронтийно несостоятельным, то после регистрации этого единодушного суждения на Уверсе и подтверждения выводов Цензорами и их отражательными партнерами правители Орвонтона распоряжаются о немедленном освобождении внутреннего Наставника. Однако это освобождение Настройщика никак не влияет на обязанности личного или группового серафима, связанного с тем индивидуумом, которого покинул Настройщик. Такой тип смерти является окончательным по своему значению, независимо от временного продолжения активности живых энергий физического и интеллектуального механизмов. С космической точки зрения, смертный уже мертв; продолжающаяся жизнь говорит всего лишь об устойчивости материального импульса космических энергий.

2. *Интеллектуальная смерть (смерть разума)*. Когда жизненно важные контуры, связанные с деятельностью высших вспомогательных духов разума, нарушаются из-за помрачения ума или вследствие частичного разрушения механизма мозга, а также если такие состояния перешли некоторую критическую точку и ущерб становится непоправимым, внутренний Настройщик немедленно освобождается и отбывает на Дивинингтон. В учетных записях вселенной личность смертного квалифицируется как умершая при любом разрушении жизненно важных интеллектуальных контуров, необходимых для волевой деятельности человека. Это тоже смерть, независимо от продолжающегося функционирования живого механизма физического тела. Без волевого разума тело более не является человеком, однако, согласно предшествующему выбору человеческой воли, душа такого индивидуума может сохраниться.

3. *Физическая смерть (смерть тела и разума)*. Когда человека постигает смерть, Настройщик остается в прибежище разума до прекращения его функций как интеллектуального механизма, то есть примерно до того момента, когда измеримые энергии мозга прекращают свои ритмические, необходимые для жизни пульсации. Вслед за этим разрушением Настройщик покидает исчезающий разум столь же просто, как когда-то появился, и через Уверсу направляется на Дивинингтон.

После смерти материальное тело возвращается в мир природы, из которого оно было извлечено, однако два нематериальных фактора сохранившейся личности остаются: предсущий Настройщик Мышления, который вместе с копией памяти о прожитой смертным жизни направляется на Дивинингтон, а также бессмертная моронтийная душа скончавшегося человека, остающаяся в распоряжении хранителя судьбы. Эти аспекты и формы души – эти некогда кинетические, а ныне статические формулы идентичности, – обязательны для восстановления личности в мирах моронтии; именно воссоединение Настройщика с душой является тем, что восстанавливает сохранившуюся личность, возвращает вам сознание в момент моронтийного пробуждения.

Тем, у кого нет личных серафических хранителей, преданно и умело служат групповые хранители, точно так же сохраняющие идентичность и воскрешающие личность. Серафимы незаменимы для воссоздания личности.

После смерти Настройщик Мышления временно теряет личность, но не идентичность; человеческий подопечный временно теряет идентичность, но не личность; в обительских мирах оба они воссоединяются, чтобы уже никогда не расставаться. Покинувший землю Настройщик Мышления никогда не возвращается сюда в виде существа, в котором он пребывал в прошлом; личность никогда не проявляется без воли человека; после смерти лишенный Настройщика человек никогда не проявляет активной идентичности и не устанавливает какой-либо связи с живыми существами земли. Такие лишенные Настройщиков души являются полностью и абсолютно бессознательными в течение своего долгого или краткого сна смерти. Какое-либо проявление личности или способности вступать в общение с другими личностями невозможны вплоть до завершения процесса восстановления. Тем, кто отправляется в обительские миры, не разрешается отправлять послания своим близким, оставшимся в прошлой жизни. Запрет на такое общение до окончания текущего судного периода практикуется во всех вселенных.

4. НАСТРОЙЩИКИ ПОСЛЕ СМЕРТИ

После наступления смерти материальной, интеллектуальной или духовной природы человека Настройщик прощается с принимавшим его смертным и отправляется на Дивинингтон. С помощью системы отражения, из столицы локальной вселенной и столицы сверхвселенной осуществляется связь с инспекторами обоих правительств локальной вселенной и сверхвселенной, после чего Настройщик выбывает из реестра под тем же номером, под которым было зарегистрировано его вступление в пределы времени.

Некоторым не совсем понятным образом Всеобщие Цензоры способны овладевать кратким изложением человеческой жизни в том виде, в котором оно зафиксировано в выполненной Настройщиком точной копии духовных ценностей и моронтийных значений разума – бывшего места его пребывания. Цензоры способны получать в свое распоряжение мнение Настройщика о наличии у умершего человека необходимого для продолжения жизни характера и духовных свойств, и вся эта информация, вместе с серафическими данными, готова к представлению, при вынесении решения в отношении соответствующего индивидуума. Такая информация используется также для подтверждения тех сверхвселенских распоряжений, которые позволяют некоторым восходящим созданиям сразу же начинать моронтийную жизнь, то есть после физического разрушения переходить в обительские миры еще до формального завершения планетарного судного периода.

После физической смерти, за исключением индивидуумов, преобразованных из числа живых, освобожденный Настройщик немедленно направляется на свою родную сферу, Дивинингтон. Что именно происходит в этом мире во время ожидания фактического возрождения сохранившегося смертного зависит в основном от того, восходит ли человек в обительские миры по своему индивидуальному праву или дожидается периодического сбора сохранившихся спящих созданий соответствующей планетарной эпохи.

Если смертный партнер принадлежит к группе, члены которой восстановят личность при завершении судного периода, то вместо того, чтобы сразу же вернуться в обительский мир системы, где проходило его прежнее служение, Настройщик выберет одно из временных заданий:

1. Зачисление в ряды исчезнувших Наставников для нераскрытого служения.
2. Назначение на некоторый срок для изучения режима Рая.
3. Зачисление в одну из многих подготовительных школ Дивинингтона.
4. Временное исполнение функций практиканта на одной из остальных шести священных сфер, образующих кольцо Райских миров Отца.
5. Зачисление в штат посланников при Личностных Настройщиках.

6. Исполнение обязанностей ассоциированного инструктора в школах для начинающих Наставников на Дивинингтоне.

7. Отбор возможной группы миров для последующего служения в случае, если есть достаточные основания полагать, что человеческий партнер мог отвергнуть продолжение жизни.

Если вас постигла смерть и вы успели подняться на третий круг или более высокий уровень, вследствие чего к вам прикреплен личный хранитель судьбы, и если представленная Настройщиком окончательная копия заключения, свидетельствующего о наличии необходимого для сохранения статуса, безусловно утверждена хранителем судьбы – если и серафим, и Настройщик придерживаются единого мнения по каждому пункту накопленных ими материалов прожитой жизни и своих рекомендаций, – если Всеобщие Цензоры и их уверсские отражательные партнеры подтверждают эти данные и делают это однозначно и безоговорочно, то в таком случае Древние Дней молниеносно направляют по коммуникационным контурам на Салвингтон распоряжение о повышении статуса, позволяющее судам Властелина Небадона вынести постановление о немедленном препровождении сохранившейся души в воскресительные залы обительских миров.

Мне известно, что если человек продолжает жизнь без всякой отсрочки, то Настройщик регистрируется на Дивинингтоне, отправляется в Райское присутствие Всеобщего Отца, немедленно возвращается в объятия Личностных Настройщиков сверхвселенной и локальной вселенной своего служения и получает одобрение главы Личностных Наставников Дивинингтона, а затем без промедления переходит к «осуществлению переноса идентичности», после чего, на третий срок, его вызывают в обительский мир в настоящей личностной форме, подготовленной для приема сохранившейся души земного смертного, – той форме, которая была спроектирована хранителем судьбы.

5. СОХРАНЕНИЕ ЧЕЛОВЕЧЕСКОГО «Я»

Индивидуальность является космической реальностью, будь то реальность материальная, моронтийная или духовная. Реальность *личностного начала* является посвящением Всеобщего Отца, действующего в себе и от себя или через своих многочисленных вселенских представителей. Сказать, что существо является личностным, значит признать относительную индивидуацию такого существа в пределах космического организма. Живой космос является лишь бесконечно интегрированной агрегацией реальных единиц, каждая из которых относительно подчинена предназначению, уготованному всему целому. Однако те из них, которые являются личностными, наделены настоящей возможностью выбора – принять это предназначение или отвергнуть его.

То, что исходит от Отца, так же вечно, как и Отец, и это столь же истинно в отношении личности, которую Бог дает по своему собственному добровольному решению, сколь и в отношении божественного Настройщика Мышления – действительной частицы Бога. Человеческая личность вечна, но в отношении идентичности она является условной вечной реальностью. Появившись по воле Отца, личность достигнет уровня Божества, но человеку необходимо решить, будет ли он присутствовать при свершении такого предназначения. При отсутствии подобного выбора личность достигнет эмпирического Божества непосредственно, став частью Верховного Существа. Этот цикл предопределен, но участие в нём человека является добровольным, личным и эмпирическим.

Идентичность смертного существа есть преходящее, обусловленное временем состояние жизни во вселенной. Она реальна лишь постольку, поскольку личность решает продолжить свое существование во вселенной. В этом состоит принципиальное отличие человека от энергетической системы: энергетическая система должна продолжать свое действие, она лишена выбора; однако человек полностью распоряжается своей собственной участью. Настройщик воистину является путем в Рай, но человек сам должен идти по этому пути в силу собственного решения, своего добровольного выбора.

Люди обладают идентичностью только в материальном смысле. Такие качества «я» выражаются материальным разумом, действующим в энергетической системе интеллекта. Когда говорят, что человек обладает идентичностью, то это означает признание того, что ему принадлежит контур разума, поставленный в зависимость от действий и решений воли, которой обладает человеческая личность. Однако это проявление является материальным и чисто временным, точно так же, как человеческий эмбрион является переходной паразитирующей фазой человеческой жизни. В космической перспективе люди рождаются, живут и умирают в течение относительно короткого мгновения; они недолговечны. Но личность смертного человека, делающего собственный выбор, обладает способностью перенести местонахождение идентичности из преходящей системы материального интеллекта в более высокоорганизованную систему моронтийной души, которая, совместно с Настройщиком Мышления, создается в качестве нового средства для проявления личности.

Именно эта способность выбора – вселенский признак принадлежности к волевым созданиям – составляет величайшую возможность человека и его высшую космическую ответственность. От цельности человеческой воли зависит вечная судьба будущего завершителя. От искренности свободной воли смертного существа зависит обретение Настройщиком вечной личности; от верности выбора, сделанного смертным, зависит обретение Всеобщим Отцом нового восходящего сына; от настойчивости и мудрости решений и действий зависит актуальность эмпирической эволюции Верховного Существа.

Хотя рано или поздно необходимо пройти космические круги роста личности, если, по не зависящей от вас причине, происшествия времени и препятствия материального существования не позволяют вам овладеть этими уровнями на вашей родной планете и если ваши намерения и желания обладают необходимой для продолжения жизни ценностью, то в таком случае принимаются решения о продлении испытательного срока. Вам будет предоставлено дополнительное время, в течение которого вы сможете себя проявить.

Всякий раз, когда возникает сомнение в целесообразности продвижения человеческой идентичности в обительские миры, вселенские правительства неизменно принимают решение в пользу данного индивидуума. Они без колебания переводят такую душу в статус переходного существа, одновременно продолжая наблюдать за возникающим моронтийным намерением и духовной целью. Таким образом, можно не сомневаться в достижении божественного правосудия, и божественному милосердию предоставляется дальнейшая возможность для продолжения своей опеки.

Правительства Орвонтона и Небадона не претендуют на абсолютное совершенство в детальном претворении всеобщего плана восстановления личности смертных, но они считают, и это действительно так, что они проявляют выдержку, терпимость, понимание и милосердное сочувствие. Мы скорее пойдем на риск восстания в системе, чем подвергнем себя опасности лишить хотя бы одного борющегося смертного, из любого эволюционного мира, вечной радости продолжения восходящего пути.

Это отнюдь не означает, что человек, отвергший первую возможность, неизбежно получает вторую. Однако это действительно означает, что в опыте всех волевых созданий должна быть одна истинная возможность сделать один несомненный, осознанный и окончательный выбор. Полновластные Судьи вселенной не лишат ни одно существо статуса личности, если оно не сделало окончательного и исчерпывающего вечного выбора; человеческая душа должна получить и получит всестороннюю возможность для раскрытия своего истинного намерения и действительной цели.

Когда более развитые в духовном и космическом отношении смертные умирают, они сразу же попадают в обительские миры. В целом, это положение действует для тех, кому присвоены личные серафические хранители. Остальные смертные могут быть задержаны до вынесения судебного решения, после чего они могут либо проследовать в обительские миры, либо войти в число сохранившихся спящих смертных, массовое восстановление личности которых произойдет в конце текущего планетарного судного периода.

Существуют две трудности, с которыми я сталкиваюсь в своих попытках объяснить, что́ именно происходит с *вами* при смерти – с тем в *вас*, что отличается от покидающего вас Настройщика. Одна из них заключается в том, что на вашем уровне понимания невозможно адекватно описать процесс, происходящий в пограничной области физического и моронтийного миров. Другая трудность объясняется ограничениями, наложенными небесными правителями Урантии на мои полномочия просветителя. Есть много интересных подробностей, о которых можно было бы рассказать, но я воздержался от этого по рекомендации ваших непосредственных планетарных наблюдателей. Вот что я могу сообщить, оставаясь в рамках дозволенного.

Существует нечто реальное, нечто относящееся к эволюции человека, нечто дополнительное по отношению к Таинственному Наставнику, что переживает смерть. Эта вновь нарождающаяся сущность и есть душа, переживающая смерть как вашего физического тела, так и материального разума. Данная сущность есть совместное дитя объединенной жизни и усилий вашего человеческого начала и вашего божественного начала, Настройщика. Это дитя человеческого и божественного происхождения является сохраняющимся земным фактором – моронтийным «я», бессмертной душой.

Это дитя, несущее в себе постоянное значение и необходимую для продолжения жизни ценность, остается совершенно бессознательным в течение периода времени, отделяющего смерть от восстановления личности, и находится в распоряжении серафического хранителя судьбы в течение всего этого срока ожидания. После смерти вы будете функционировать как сознательное существо только после того, как обретете новое моронтийное сознание в обительских мирах Сатании.

С наступлением смерти функциональная идентичность, связанная с человеческой личностью, прерывается из-за прекращения необходимого для жизни движения. Хотя человеческая личность превосходит свои составные части, она зависит от них для сохранения функциональной идентичности. Прекращение жизни убивает мозговые структуры, необходимые для действия разума, а разрушение разума гасит смертное сознание. Сознание данного существа может восстановиться только после создания таких космических условий, которые позволят той же человеческой личности вновь питаться живой энергией.

Происходит ли воссоздание личности сохраняющихся смертных на третий срок или они восходят при групповом воскрешении, во время их перехода из родного мира в обительские миры информация о строении личности преданно хранится архангелами в их мирах, где они выполняют специальные функции. В отличие от серафимов-хранителей, опекающих душу, эти существа не являются опекунами личности. Тем не менее, истинно, что каждый идентифицируемый фактор личности находится в полной безопасности под охраной этих надежных существ, оберегающих сохранившихся смертных. Что касается точного местопребывания личности смертного существа в период между смертью и возрождением, то этого мы не знаем.

Необходимые для восстановления личности условия создаются в воскресительных залах моронтийных приемных планет локальной вселенной. Здесь, в залах воссоздания жизни, вышестоящие руководители обеспечивают такое соотношение вселенской энергии – моронтийной, умственной и духовной, – которое позволяет восстановить сознание спящего сохранившегося существа. Воссоединение составных частей того, что когда-то представляло собой материальную личность, включает несколько этапов:

1. Изготовление подходящей формы, конфигурации моронтийной энергии, в которой новое сохранившееся создание сможет вступить в контакт с недуховной реальностью и в пределах которой можно подключить к соответствующему контуру моронтийную разновидность космического разума.

2. Возвращение Настройщика к ожидающему моронтийному созданию. Настройщик – вечный опекун вашей восходящей идентичности; ваш Наставник является абсолютным гарантом того, что только вы, и никто другой, займет моронтийную форму, созданную для пробуждения вашей личности. И Настройщик будет присутствовать при воссоздании вашей личности, чтобы вновь взять на себя роль проводника, ведущего ваше сохранившееся «я» к Раю.

3. Когда эти необходимые для восстановления личности элементы собраны, серафический хранитель потенциальных факторов спящей бессмертной души, с помощью многочисленных космических личностей, посвящает эту моронтийную сущность ожидающей моронтийной разумно-телесной форме и тем самым связывает эволюционное дитя Верховного вечным союзом с ожидающим Настройщиком. Этим завершается воссоздание личности, восстановление памяти, интуиции и сознания – идентичности.

Факт восстановления личности заключается в том, что пробуждающееся человеческое «я» овладевает подключенной к контуру моронтийной фазой вновь выделенного космического разума. Феномен личности обусловлен сохранением индивидуальной реакции «я» на вселенское окружение, что осуществимо только при помощи разума. Индивидуальное «я» сохраняется, несмотря на постоянные изменения всех факторов, образующих это «я». В физической жизни изменения происходят постепенно. Во время смерти и после восстановления личности перемена является внезапной. Истинная реальность всякой индивидуальности (личность) способна действовать, реагируя на вселенские условия благодаря постоянному изменению составляющих ее компонентов; застой неизбежно оборачивается смертью. Человеческая жизнь – это нескончаемые изменения факторов жизни, объединенных устойчивостью неизменной личности.

После такого пробуждения в обительских мирах Иерусема вы изменитесь настолько, ваша духовная трансформация будет столь огромной, что если бы не Настройщик Мышления и хранитель судьбы, которые полностью соединяют вашу новую жизнь в новых мирах с вашей старой жизнью в первом мире, вам было бы поначалу трудно соединить новое моронтийное сознание с возрождающейся памятью о вашей прошлой идентичности. Несмотря на сохранение личной индивидуальности, многое из того, что относится к вашей смертной жизни, поначалу покажется смутным и неопределенным сном. Однако время поможет прояснить многие смертные ассоциации.

Настройщик Мышления оживит и восстановит в вас только те воспоминания и такой опыт, которые стали неотъемлемой частью вашего вселенского пути. Если Настройщик принимал участие в какой-либо эволюции вашего разума, то соответствующий ценный опыт сохранится в вечном сознании Настройщика. Но многое из вашей прошлой жизни и ее воспоминаний, не имея ни духовного значения, ни моронтийной ценности, погибнет вместе с материальным мозгом; значительная часть материального опыта исчезнет – подобно подмосткам, которые, позволив вам перейти на моронтийный уровень, более не служат какой-либо цели во вселенной. Однако личность и взаимоотношения между личностями ни в коем случае не являются подмостками: смертная память о личностных взаимоотношениях обладает космической ценностью и продолжит свое существование. В обительских мирах вы будете узнавать и будете узнаваемы и, более того, будете помнить своих прошлых товарищей по короткой, но увлекательной жизни на Урантии, и они будут помнить вас.

6. МОРОНТИЙНОЕ «Я»

Так же, как бабочка появляется из гусеницы, так истинная человеческая личность впервые проявляется в обительских мирах без своего прежнего облачения, материальной плоти. Моронтийный путь в локальной вселенной связан с постоянным возвышением механизма личности от начального моронтийного уровня существования души до завершающего моронтийного уровня прогрессирующей духовности.

Трудно рассказать вам о формах вашей моронтийной личности, предназначенных для продвижения в локальной вселенной. Вы будете наделены моронтийными структурами проявления личности, а такие одеяния, в конечном счете, недоступны вашему пониманию. Хотя эти формы полностью реальны, они отличаются от тех энергетических структур материального типа, которые сегодня понятны вам. Тем не менее, они служат тому же назначению в мирах локальной вселенной, что и материальные тела на ваших родных планетах.

В некоторой степени, внешний вид материальной телесной формы соответствует характеру идентичности личности. В ограниченных пределах, физическое тело действительно отражает нечто, присущее природе личности. В еще большей степени это относится к моронтийной форме. В физической жизни смертные могут быть внешне прекрасными, но внутренне непривлекательными; в моронтийной жизни, и тем более на ее высших уровнях, форма личности будет зависеть непосредственно от характера ее внутреннего содержания. На духовном уровне внешняя форма и внутренняя природа начинают приближаться к полному отождествлению, которое становится всё более совершенным на возрастающих духовных уровнях.

В моронтийном состоянии восходящий смертный наделяется небадонской модификацией космического разума Главного Духа Орвонтона. За исключением недифференцированного контура разума Созидательного Духа, смертный интеллект, как таковой, погиб, прекратил свое существование как локализованная вселенская сущность. Однако значения и ценности смертного разума не погибли. Некоторые аспекты разума продолжают жить в сохраняющейся душе. Некоторые эмпирические ценности прошлого человеческого разума находятся в распоряжении Настройщика, а в локальной вселенной хранится информация о человеческой жизни, прожитой во плоти, вместе с определенными живыми свидетельствами, заключенными в многочисленных существах, имеющих отношение к окончательной оценке восходящего смертного, – от серафимов до Всеобщих Цензоров и, возможно, еще дальше, вплоть до Верховного.

Воля создания не может существовать вне разума, но она сохраняется, несмотря на утрату материального интеллекта. В период непосредственно после своего сохранения восходящая личность в огромной мере руководствуется особенностями характера, унаследованными от жизни в прежнем человеческом облике, а также появляющимся новым влиянием – моронтийной мотой. Такие регуляторы поведения в обительских мирах удовлетворительно выполняют свою функцию на ранних стадиях моронтийной жизни вплоть до появления моронтийной воли как полноценного волеизъявления восходящей личности.

В локальной вселенной нет влияний, сравнимых с семью вспомогательными духами разума человеческого существования. Моронтийный разум должен развиться посредством непосредственного контакта с космическим разумом, и этот космический разум модифицирован и преобразован созидательным источником интеллекта локальной вселенной – Божественной Попечительницей.

До наступления смерти самосознание смертного разума не зависит от присутствия Настройщика. Для того чтобы привести в действие такой разум, вспомогательному духу необходима только соответствующая конфигурация материальной энергии. Однако моронтийная душа, лишенная механизма материального разума, неспособна сохранить самосознание без помощи Настройщика, поскольку она превосходит уровень вспомогательных духов. Тем не менее, в этой развивающейся душе сохраняется характер – следствие решений прежнего разума, принадлежавшего к уровню вспомогательных духов. Этот характер становится активной памятью, после того как его структуры получают необходимую энергию от вернувшегося Настройщика.

Персистентность памяти является доказательством сохранения идентичности изначальной индивидуальности; это является важным условием восстановления полного самосознания, необходимого для продолжения существования и развития личности. Смертные, восходящие без Настройщиков, зависят от руководства серафических спутников для восстановления человеческой памяти; в остальном моронтийные души слившихся с Духом смертных неограничены. Конфигурация памяти сохраняется в душе, но эта конфигурация требует присутствия прежнего Настройщика для того, чтобы *тотчас* стать самореализуемым как непрерывная память. Без помощи Настройщика сохранившемуся смертному требуется значительное время, чтобы заново освоить и познать – восстановить – хранящиеся в памяти и осознаваемые значения и ценности прежнего существования.

Достойная сохранения душа в точности отражает как качественные, так и количественные действия и мотивации материального интеллекта – прежнего местонахождения индивидуальной идентичности. При выборе истины, красоты и благости смертный разум вступает на доморонтийный вселенский путь под опекой семи вспомогательных духов разума, объединенных руководством духа мудрости. Впоследствии, после завершения семи кругов доморонтийных свершений, совмещение дара моронтийного разума с разумом, находившимся под опекой вспомогательных духов, кладет начало преддуховному, или моронтийному, пути продвижения в локальной вселенной.

Когда создание покидает свою родную планету, оно расстается с опекой вспомогательных духов и становится полностью зависимым от моронтийного интеллекта. Когда восходящее существо покидает локальную вселенную, оно уже достигло духовного уровня существования, поднявшись над уровнем моронтии. Отныне эта новая духовная сущность начинает реагировать на непосредственное служение космического разума Орвонтона.

7. СЛИЯНИЕ С НАСТРОЙЩИКОМ

Слияние с Настройщиком наделяет личность вечными реальностями, которые прежде были только потенциальными. Среди этих новых способностей можно отметить следующие: закрепление качества божественности, опыт и память вечности прошлого, бессмертие, а также одна из фаз условной потенциальной абсолютности.

После завершения земного пути, пройденного во временной форме, вам предстоит пробудиться на берегах лучшего мира, и со временем вы соединитесь в вечных объятиях с вашим преданным Настройщиком. Это слияние представляет собой тайну соединения Бога и человека, тайну эволюции конечного создания, однако оно является вечно истинным. Слияние – тайна священной сферы Асендингтон, и ни одно создание, за исключением тех, кто испытал слияние с духом Божества, не способно постигнуть истинное значение действительных ценностей, соединяемых при вечном единении идентичности создания времени с духом Райского Божества.

Обычно слияние с Настройщиком происходит в течение пребывания восходящего создания в своей локальной системе. Оно может случиться на родной планете как возвышение над естественной смертью; оно может состояться в одном из обительских миров или в столице системы; оно может произойти и позже, во время пребывания в созвездии, а в некоторых особых случаях оно может завершиться только после прибытия восходящего существа в столицу локальной вселенной.

Слияние с Настройщиком устраняет какие-либо опасности с вечного пути такой личности. Небесные существа проверяются на всём протяжении их длительного опыта, однако смертные подвергаются относительно короткому и интенсивному испытанию в эволюционных и моронтийных мирах.

Слияние с Настройщиком происходит только после провозглашения решения сверхвселенной о том, что человеческое начало окончательно и бесповоротно избрало вечный путь. Появление такого решения санкционирует воссоединение, которое позволит слившейся личности в итоге покинуть локальную вселенную и в свое время достигнуть столицы сверхвселенной – того места, откуда паломник времени в отдаленном будущем будет секонафимирован для долгого перелета в центральную вселенную Хавону и путешествия к Божеству.

В эволюционных мирах индивидуальность материальна; она является вещью во вселенной и как таковая должна подчиняться законам материального существования. Она является фактом времени и чувствительна к его превратностям. *Здесь должны быть сформулированы решения, необходимые для продолжения жизни.* В моронтийном состоянии индивидуальное «я» становится новой и более устойчивой вселенской реальностью, и продолжение его роста основано на всё большей восприимчивости к вселенским контурам разума и духа. *Здесь подтверждаются решения, необходимые для продолжения жизни.* Когда «я» достигает духовного уровня, оно становится прочной ценностью во вселенной, и эта новая ценность основана на том факте, что *решения, необходимые для продолжения жизни, приняты*, – факте, доказательством которому служит вечное слияние с Настройщиком Мышления. И достигнув статуса, имеющего истинную вселенскую ценность, создание становится потенциально свободным для поиска высшей вселенской ценности – Бога.

Такие слившиеся существа являются двойственными в отношении своих вселенских реакций: они представляют собой отдельных моронтийных индивидуумов, напоминающих серафимов, и, кроме того, они являются существами, потенциально принадлежащими к категории Райских завершителей.

Однако слившийся индивидуум в действительности является единой личностью, единым существом, чье единство не поддается анализу какого-либо разумного существа во вселенной. Пройдя суды локальной вселенной, от низшего до высшего, ни один из которых не смог отличить человека от Настройщика, одну часть от другой, вы предстанете, наконец, перед Властелином Небадона – Отцом вашей локальной вселенной. И здесь, из рук того самого существа, чье созидательное отцовство в этой вселенной времени сделало возможным факт вашей жизни, вам будут предоставлены полномочия, которые со временем дадут вам право встать на сверхвселенский путь в поисках Всеобщего Отца.

Завоевал ли победоносный Настройщик личность благодаря своему величественному служению человеку, или же доблестный человек приобрел бессмертие благодаря своему чистосердечному стремлению стать подобным Настройщику? Ни то, ни другое: совместными усилиями они добились эволюции члена одной из самых уникальных категорий восходящих личностей Верховного – существа, которое всегда будет полезным, преданным и эффективным, кандидата на дальнейший рост и развитие, неизменно устремленного вверх и не прекращающего своего небесного восхождения до тех пор, пока не будут пройдены семь кругов Хавоны, пока родившаяся на земле душа не предстанет перед Отцом в Раю, поклоняясь ему и осознавая его подлинную личность.

На протяжении всего этого величественного восхождения Настройщик Мышления является божественным залогом полной духовной стабилизации восходящего смертного в будущем. Между тем, присутствие свободной воли смертного создания предоставляет Настройщику вечный канал для высвобождения божественной и бесконечной сущности. Теперь две эти идентичности слились воедино; никакое событие во времени или в вечности не сможет когда-либо разлучить человека и Настройщика; они неразделимы, навечно слиты.

В мирах слияния с Настройщиком предназначение Таинственного Наставника совпадает с предназначением восходящего смертного, Райским Корпусом Завершения. Ни Настройщик, ни смертный не могут достигнуть этой уникальной цели без всестороннего сотрудничества и преданной помощи другого. Это необыкновенное партнерство является одним из наиболее поразительных и захватывающих из всех космических феноменов этой вселенской эпохи.

С момента слияния с Настройщиком восходящее существо получает статус эволюционного создания. Человек первым был наделен личностью, и поэтому он превосходит Настройщика во всём, что касается признания личности. Райским центром такого слившегося существа является Асендингтон, а не Дивинингтон, и это уникальное сочетание Бога и человека считается восходящим смертным на всём пути, вплоть до Корпуса Завершения.

После слияния Настройщика с восходящим смертным, номер этого Настройщика изымается из архивов сверхвселенной. Я не знаю, что происходит в архивах Дивинингтона, однако я полагаю, что регистрация этого Настройщика переносится в тайные пределы внутренних палат Грандфанды, исполняющего обязанности главы Корпуса Завершения.

Слияние с Настройщиком означает, что Всеобщий Отец исполнил свое обещание – подарить себя своим материальным созданиям; он исполнил обещание и завершил план вечного посвящения божественности человеку. Наступает время человеческих усилий, направленных на осознание и актуализацию безграничных возможностей, заключенных в небесном партнерстве с Богом – партнерстве, ставшем, таким образом, фактом.

Известным ныне предназначением сохранившихся смертных является Райский Корпус Завершения. Одновременно этот корпус есть та цель, которая определяет судьбу всех Настройщиков Мышления, соединившихся вечным союзом со своими смертными партнерами. В настоящее время Райские завершители трудятся по всей большой вселенной, участвуя во многих делах. Однако все мы полагаем, что в отдаленном будущем их ждут другие, еще более возвышенные задачи, после того как семь сверхвселенных утвердятся в свете и жизни и с конечного Бога окончательно спадет завеса тайны, скрывающая это Верховное Божество.

В определенных пределах вы знакомы с организацией и персоналом центральной вселенной, сверхвселенных и локальных вселенных. Вы знаете кое-что о статусе и происхождении некоторых личностей – разнообразных существ, управляющих в настоящее время этими обширными творениями. Вам рассказали также о том, что в процессе организации находятся гигантские галактики, представляющие собой вселенные первого уровня внешнего пространства и расположенные на огромном удалении от периферии большой вселенной. В этих повествованиях вскользь упоминалось и о том, что Верховное Существо должно раскрыть свою неизвестную третичную функцию в этих неизведанных сегодня регионах внешнего пространства. Вам также сообщили, что завершители Райского корпуса являются эмпирическими детьми Верховного.

Мы полагаем, что слившимся с Настройщиком смертным, вместе с их партнерами-завершителями, суждено выполнять некоторую функцию в управлении вселенными первого уровня внешнего пространства. Мы нисколько не сомневаемся в том, что в должное время эти исполинские галактики станут обитаемыми вселенными. И мы точно так же уверены в том, что среди их управляющих можно будет встретить Райских завершителей, чья сущность является космическим результатом слияния создания и Создателя.

Какое дерзновение! Какая романтика! Гигантское творение, которому предстоит управляться детьми Верховного, этими наделенными личностью и слившимися с людьми Настройщиками, этими слившимися с Настройщиками и наделенными вечностью смертными, этими таинственными сочетаниями и вечными объединениями высшего известного проявления сущности Первого Источника и Центра и низшей формы разумной жизни, способной понять и достигнуть Всеобщего Отца! Мы считаем, что такие смешанные существа, воплотившие партнерство Создателя и создания, станут великолепными правителями, несравненными управляющими, отзывчивыми и благожелательными руководителями любых и всех форм разумной жизни, которые могут появиться в этих будущих вселенных первого уровня внешнего пространства.

Воистину, вы – смертные земного, животного происхождения; вы действительно сложены из праха. Однако если вы всерьез захотите, если по-настоящему пожелаете, то наследие веков наверняка станет вашим, и придет время, когда вы будете служить во вселенных в вашем истинном статусе – детей Верховного Бога опыта и божественных сынов Райского Отца всех личностей.

[Представлено Одиночным Посланником Орвонтона.]

ДОКУМЕНТ 113

СЕРАФИЧЕСКИЕ ХРАНИТЕЛИ СУДЬБЫ

Рассказав о попечительских духах времени и воинствах посланников пространства, мы переходим к рассмотрению ангелов-хранителей – серафимов, посвященных опеке индивидуальных смертных, для возвышения и усовершенствования которых и была создана вся обширная, направленная на сохранение жизни программа духовного развития. В прошлые века эти хранители судьбы были практически единственной известной на Урантии группой ангелов. Планетарные серафимы действительно являются попечительскими духами, посланными для служения тем, кому предстоит сохраниться. Эти сопровождающие серафимы действовали в качестве духовных помощников смертных людей во времена всех великих событий прошлого и настоящего. Во многих откровениях «слово сказывалось через ангелов»; многие веления небес «принимались через служение ангелов».

Серафимы – это традиционные небесные ангелы; они являются попечительскими духами, которые находятся так близко от вас и так много для вас делают. Они служат на Урантии с момента появления на ней человеческого разума.

1. АНГЕЛЫ-ХРАНИТЕЛИ

Учение об ангелах-хранителях не является вымыслом: у некоторых групп людей действительно есть личные ангелы. Именно в признание этого факта Иисус, говоря о детях небесного царства, сказал: «Смотрите же, не презирайте никого из малых сих; ибо я говорю вам, что их ангелы всегда видят духовное присутствие моего Отца».

Первоначально серафимы посылались в соответствии с принадлежностью урантийцев к той или иной расе. Однако со времени посвящения Михаила они получают назначения в зависимости от разумности, духовности и предназначения человека. В интеллектуальном отношении человечество делится на три класса:

1. Субнормальный тип разума: люди, не проявляющие нормальную волевую способность, такие, кто не принимает обычных решений. В этот класс входят те, кто неспособен осмыслить Бога, у кого отсутствует способность к разумному поклонению Божеству. К субнормальным существам Урантии прикреплен состоящий из одной роты корпус серафимов и батальон херувимов, призванных помогать им и наблюдать за тем, чтобы справедливость и милосердие распространялись на них в их нелегкой жизни на этой сфере.

2. Нормальный, обычный тип человеческого разума. С точки зрения серафического служения, большинство мужчин и женщин разделяются на семь классов в соответствии с тем, в каком из кругов человеческого прогресса и духовного роста они находятся.

3. Сверхнормальный тип разума: люди огромной решимости и подлинного потенциала духовных достижений; мужчины и женщины, находящиеся в более или менее тесной связи с пребывающими в них Настройщиками; члены различных резервных корпусов судьбы. Если индивидуум принимается в любой из нескольких резервных корпусов судьбы, то независимо от того круга, в котором он находится, к нему сразу же прикрепляются личные серафимы, и, начиная с этого времени и

вплоть до завершения земного пути, этот смертный будет пользоваться постоянной помощью и непрерывной опекой ангела-хранителя. Также, если человек принимает Высшее Решение и действительно обручается со своим Настройщиком, личный хранитель сразу же прикрепляется к такой душе.

При служении так называемым нормальным существам серафимы получают назначения в зависимости от соответствующего круга интеллектуальных и духовных достижений человека. В разуме, заключенном в смертную оболочку, вы начинаете с седьмого круга и движетесь к центру, стремясь понять, покорить и усовершенствовать свое «я». И если этот путь не прерывается естественной смертью, переносящей вашу борьбу в обительские миры, то круг за кругом вы продвигаетесь вперед, пока не достигаете первого, или внутреннего, круга относительной связи и общения с внутренним Настройщиком.

Один ангел-хранитель вместе с ротой помощников-херувимов назначается для охраны и опеки тысячи смертных исходного, или седьмого, круга. В шестом круге серафическая пара вместе с ротой херувимов придается в помощь восходящим смертным, организованным в группы по пятьсот человек. С достижением пятого круга люди группируются в роты, состоящие приблизительно из ста человек, которые опекаются парой серафимов-хранителей и группой херувимов. После достижения четвертого круга смертные объединяются в группы по десять человек, которые аналогичным образом находятся на попечении пары серафимов и помогающей им роты херувимов.

Когда смертный разум сбрасывает с себя груз животной наследственности и достигает третьего круга человеческой интеллектуальности и обретенной духовности, то, начиная с этого времени, личный ангел (фактически два ангела) становится целиком и полностью посвященным этому восходящему смертному. Так эти человеческие души, в дополнение к постоянному присутствию всё более эффективных Настройщиков Мышления, получают безраздельную помощь личных хранителей судьбы во всех своих усилиях, связанных с прохождением третьего круга, пересечением второго и достижением первого.

2. ХРАНИТЕЛИ СУДЬБЫ

Серафимы известны как хранители судьбы только после того, как они прикрепляются к человеческой душе, достигшей хотя бы одного из трех рубежей: принятие высшего решения стать подобной Богу, вступление в третий круг или зачисление в один из резервных корпусов судьбы.

В эволюции рас хранитель судьбы прикрепляется к самому первому существу, достигшему круга, необходимого для обретения личного опекуна. Первым смертным Урантии, получившим личного хранителя, был Рантовок – древний мудрец красной расы.

Все назначения ангелов осуществляются на добровольных началах, причем серафимы всегда выбираются в зависимости от человеческих потребностей и статуса ангельской пары с учетом серафического опыта, умений и мудрости. Только давно находящиеся на службе, наиболее опытные и испытанные серафимы становятся стражами судьбы. Многие хранители приобрели богатый опыт в тех мирах, обитатели которых неспособны слиться с Настройщиками. Как и Настройщики, серафимы сопровождают такие существа в течение одной жизни, после чего освобождаются для получения нового задания. Многие урантийские хранители обладают подобным практическим опытом, приобретенным в других мирах.

Если людям не удается сохраниться, их личные или групповые хранители могут неоднократно служить в аналогичном качестве на той же самой планете. У серафимов вырабатывается эмоциональное отношение к индивидуальным мирам и появляется особая любовь к некоторым расам и типам смертных созданий, с которыми они были связаны столь тесной и сокровенной связью.

У этих ангелов появляется глубокая привязанность к своим человеческим партнерам; и если бы вы смогли увидеть серафимов, вы тоже прониклись бы к ним теплым чувством. Если бы вместо материальных тел вы были наделены духовными формами, то по многим свойствам личности вы были бы весьма близки к ангелам. За исключением некоторых специфических эмоций, они испытывают те же чувства, что и вы. Единственное овладевающее вами чувство, которое им, в некотором смысле, трудно понять, – это унаследованный от животных страх, столь глубоко укоренившийся в психике рядового урантийца. Ангелам действительно трудно понять, почему вы с таким упорством позволяете своим высшим интеллектуальным способностям, и даже религиозной вере, столь всецело подчиняться страху, столь легко отдаваться паническому ужасу и тревоге, лишающим вас человеческого достоинства.

У всех серафимов есть личные имена, однако в реестре назначений для служения в мирах они нередко фигурируют под планетарными номерами. В своем вселенском центре они регистрируются по именам и номерам. Хранитель судьбы человека, использованного для установления этой контактной связи, является 3-м номером 17-й группы, 126-й роты, 4-го батальона, 384-й бригады, 6-го легиона, 37-го воинства 182 314-й серафической армии Небадона. Номер текущего планетарного назначения этого серафима, прикрепленного на Урантии к данному человеку, – 3 641 852.

Отбор серафимов для исполнения обязанностей личных хранителей – назначение ангелов в качестве хранителей судьбы – всегда происходит на добровольной основе. В городе, где мы сейчас находимся, один из смертных был недавно принят в резервный корпус судьбы, и так как все такие люди получают личных ангелов-хранителей, то более ста компетентных серафимов изъявили желание получить это назначение. Планетарный руководитель отобрал двенадцать наиболее опытных индивидуумов и впоследствии назначил тех серафимов, которых они сочли более приспособленными для того, чтобы вести данного человека по его жизненному пути. Иначе говоря, они отобрали определенную пару в равной степени квалифицированных серафимов; один из членов серафической пары всегда находится на посту.

Порой серафимам приходится решать сложные задачи, но любой из членов ангельской пары способен справиться со всеми попечительскими обязанностями. Как и херувимы, серафимы обычно служат в парах, однако, в отличие от своих менее совершенных партнеров, серафимы иногда трудятся поодиночке. Практически во всех своих отношениях с людьми они могут функционировать как индивидуумы. Оба члена ангельской пары необходимы только для связи и служения в высших контурах вселенных.

После того как серафическая пара принимает на себя обязанности хранителей, оба ее члена служат до конца жизни соответствующего человека. Дополняющее существо (один из двух ангелов) становится регистратором служения. Эти дополняющие серафимы являются регистрирующими ангелами смертных в эволюционных мирах. Сама регистрация ведется парой херувимов (херувимом и сановимом), неизменно связанной с серафическими хранителями, но ответственным за регистрацию всегда является один из серафимов.

Хранитель периодически освобождается своим дополняющим существом для отдыха и восстановления жизненной энергии в контурах вселенной, и во время его отсутствия связанный с ним херувим действует в качестве регистратора, что происходит и тогда, когда аналогичным образом отсутствует дополняющий серафим.

3. СВЯЗЬ С ДРУГИМИ ДУХОВНЫМИ ВЛИЯНИЯМИ

Одной из важнейших обязанностей хранителя судьбы по отношению к своему смертному подопечному является осуществление личной координации многочисленных безличностных духовных влияний, которые пребывают внутри разума, окружают его, соприкасаются с ним и с душой эволюционирующего материального создания. Люди являются личностями, и неличностным духам или доличностным сущностям чрезвычайно трудно вступать в контакт с такими сугубо материальными и индивидуальными интеллектами. Служение ангела-хранителя в большей или меньшей степени объединяет все подобные влияния, делая их более ощутимыми для развивающейся нравственной природы эволюционирующей человеческой личности.

В первую очередь это относится к способности серафического хранителя коррелировать разнообразные силы и влияния Бесконечного Духа – от физических регуляторов и вспомогательных духов разума до Святого Духа Божественной Попечительницы и Вездесущего Духа – присутствия Третьего Райского Источника и Центра. Объединив эти обширные попечительские факторы Бесконечного Духа и придав им более личный характер, серафим приступает к приведению этого интегрированного влияния Совместного Вершителя в определенное соотношение с духовными присутствиями Отца и Сына.

Настройщик является присутствием Отца, Дух Истины – присутствием Сынов. Эти божественные дары соединяются и координируются на более низких уровнях духовного опыта человека благодаря участию серафимов-хранителей. Эти ангельские помощники обладают даром объединения любви Отца и милосердия Сына в своем служении смертным созданиям.

Этим объясняется, почему серафический хранитель в итоге становится личным хранителем структур разума, формул памяти и реальностей души сохранившегося смертного в период, отделяющий физическую смерть от моронтийного воскресения. Только попечительские дети Бесконечного Духа способны таким образом действовать для человеческого создания на стадии перехода с одного вселенского уровня на другой, более высокий уровень. Даже тогда, когда вы погружаетесь в завершающий сон перехода и устремляетесь из времени в вечность, высокий супернафим совершает этот переход вместе с вами в качестве хранителя идентичности создания и гаранта личной целостности.

На духовном уровне серафимы делают личностными многие безличностные и доличностные виды служения во вселенной; они являются координаторами. На интеллектуальном уровне они коррелируют разум и моронтию, выполняя функцию толкователей. На физическом уровне они манипулируют земной средой благодаря своей связи с Главными Физическими Регуляторами и взаимодействию с промежуточными созданиями.

Таков рассказ о разнообразных и сложных функциях сопровождающих серафимов. Однако, каким образом столь низкой по рангу ангельской личности, созданной на уровне, лишь ненамного превышающем вселенский уровень человека, удается справляться со столь трудными и комплексными заданиями? Доподлинно мы этого не знаем, но полагаем, что каким-то неведомым образом этому феноменальному служению помогает неизвестная и нераскрытая активность Верховного Существа – претворяющегося Божества эволюционирующих вселенных времени и пространства. На всём пути постепенного спасения, достигаемого в Верховном Существе и благодаря ему, серафимы являются неотъемлемым фактором продолжения эволюции смертных.

4. ОБЛАСТИ ДЕЯТЕЛЬНОСТИ СЕРАФИМОВ

Серафимы-хранители не являются разумом, хотя они и происходят из того же источника, – Созидательного Духа, который порождает смертный разум. Серафимы являются стимуляторами разума; они постоянно пытаются помочь человеческому разуму принять такие решения, которые позволят пройти очередной круг. В отличие от Настройщика, который действует изнутри и через душу, они оказывают свое влияние извне и направляют его вовнутрь, используя социальную, этическую и нравственную среду людей. Серафимы не являются той божественной притягательной силой Всеобщего Отца, которую воплощают Настройщики, но они действуют как личные представители Бесконечного Духа.

Смертный человек, испытывающий направляющее воздействие Настройщика, поддается также водительству серафимов. Настройщик является сущностью вечной природы человека, серафим – учителем его эволюционирующей природы: в этой жизни – смертного разума, в следующей жизни – моронтийной души. В обительских мирах вы будете осознавать и знать своих серафических воспитателей, но в первой жизни люди обычно ничего не знают о них.

Серафимы действуют в качестве учителей, направляющих человеческую личность на путь нового и прогрессивного опыта. Принять руководство серафима редко означает обеспечить себе легкую жизнь. Следуя их руководству, вы наверняка натолкнетесь на труднодоступные вершины нравственного выбора и духовного прогресса и, если у вас хватит мужества, преодолеете их.

Импульсы поклонения в значительной мере возникают вследствие духовных побуждений высших вспомогательных духов разума, укрепленных руководством Настройщика. Однако желание молиться, которое столь часто испытывают богопознавшие смертные, часто возникает под воздействием серафимов. Серафимы-хранители постоянно манипулируют средой обитания смертных с целью углубления космической интуиции восходящего человека. Это делается для того, чтобы кандидат на продолжение жизни мог лучше осознать присутствие внутреннего Настройщика и, тем самым, более активно сотрудничать с духовной миссией божественного присутствия.

Хотя внутренний Настройщик и окружающие серафимы, очевидно, не поддерживают связи друг с другом, их действия неизменно отличаются совершенной гармонией и исключительным согласием. Хранители проявляют наибольшую активность тогда, когда Настройщики наименее активны, но их служение удивительным образом взаимосвязано. Такое великолепное сотрудничество едва ли может быть случайным или несущественным.

Попечительская личность серафима-хранителя, духовное присутствие Бога во внутреннем Настройщике, контурное действие Святого Духа и сознание Сына в Духе Истины – все они божественно взаимосвязаны в исполненном смысла единстве духовного служения, присутствующего в смертной личности и предназначенного для нее. Хотя эти небесные влияния исходят из различных источников и принадлежат к разным уровням, все они интегрированы в окружающем эволюционирующем присутствии Верховного Существа.

5. СЕРАФИЧЕСКОЕ СЛУЖЕНИЕ СМЕРТНЫМ

Ангелы не посягают на неприкосновенность человеческого разума; они не манипулируют волей смертных; они не вступают в прямые отношения с внутренними Настройщиками. Хранитель судьбы воздействует на вас всевозможными способами, не нарушающими достоинство вашей личности. Ни при каких обстоятельствах эти ангелы не покушаются на свободное изъявление человеческой воли. Ни ангелы, ни какие-либо другие категории вселенских личностей не обладают способностями или полномочиями, позволяющими сократить или ограничить прерогативы человеческого выбора.

Ангелы находятся так близко от вас и их забота о вас связана с такими переживаниями, что они, образно говоря, «обливаются слезами из-за вашей нарочитой нетерпимости и упрямства». Серафимы не проливают физических слез; у них нет физических тел, как нет у них и крыльев. Однако они обладают духовными эмоциями, и они действительно испытывают чувства и настроения духовного свойства, которые в определенном смысле сравнимы с человеческими эмоциями.

Серафимы действуют в ваших интересах совершенно независимо от ваших прошений; они исполняют распоряжения вышестоящих существ и потому выполняют свои обязанности вне зависимости от ваших прихотей или переменчивых настроений. Это означает не то, что вы неспособны упростить или усложнить их задачу, а то, что ангелы не имеют непосредственного отношения к вашим обращениям или молитвам.

В течение жизни во плоти смертный человек лишен прямого доступа к разуму ангелов. Серафимы являются не повелителями или управляющими, а только хранителями. Они охраняют вас; они не стремятся к прямому воздействию на вас; вы сами должны проложить свой собственный путь, но действия этих ангелов помогают вам извлечь наибольшую пользу из выбранного маршрута. Обычно они не прибегают к произвольным вторжениям в повседневные события человеческой жизни. Однако, когда они получают указание от своих руководителей совершить необычный подвиг, вы можете не сомневаться в том, что эти хранители найдут возможность исполнить такое распоряжение. Поэтому они вторгаются в человеческую драму только в крайних случаях и обычно по прямому велению своих руководителей. Это те существа, которые будут следовать за вами на протяжении многих эпох. Так они знакомятся со своей будущей деятельностью и связанной с ними личностью.

При определенных обстоятельствах серафимы способны действовать как материальные помощники людей, но они крайне редко функционируют в таком качестве. С помощью промежуточных созданий и физических регуляторов они могут выполнять самые разнообразные функции для людей и даже устанавливать непосредственный контакт с людьми, что, однако, происходит в исключительных случаях. Как правило, действия серафимов не приводят к изменению условий материальной сферы. Однако возникали и такие ситуации, которые ставили под угрозу важные звенья в цепи человеческой эволюции, и в таких случаях серафические хранители действовали, как и подобает, по собственному усмотрению.

6. АНГЕЛЫ-ХРАНИТЕЛИ ПОСЛЕ СМЕРТИ

Коснувшись некоторых обстоятельств служения серафимов в течение естественной жизни, я постараюсь рассказать вам о действиях хранителей судьбы во время посмертной дезинтеграции их человеческих товарищей. После вашей смерти хранитель судьбы преданно оберегает информацию о вашей жизни, подробное описание идентичности и моронтийную сущность человеческой души, взрощенной в результате совместных усилий смертного разума и божественного Настройщика, а также все другие ценности, связанные с вашим грядущим существованием, – всё, что является вашим содержанием, действительным содержанием, – за исключением сохраняющейся идентичности, представленной отбывающим Настройщиком, и реальности личности.

Как только в разуме человека меркнет путеводный свет – то духовное свечение, которое серафимы связывают с присутствием Настройщика, – сопровождающий ангел последовательно представляет личный доклад командующим ангелам группы, роты, батальона, бригады, легиона и воинства; и пройдя должную регистрацию для участия в завершающем дерзновении во времени и пространстве, такой ангел получает от планетарного главы серафимов свидетельство, представляемое Вечерней Звезде (или другому заместителю Гавриила), – командующему серафической армией, к которой относится данный кандидат на восхождение во вселенной. Получив разрешение командующего этим высшим серафическим формированием, такой хранитель судьбы отправляется в первый обительский мир, где дожидается восстановления сознания того существа, которое являлось его бывшим подопечным при жизни во плоти.

Если человеческой душе не удается сохраниться после прикрепления личного ангела, сопровождающий серафим должен прибыть в столицу локальной вселенной, чтобы подтвердить полноту всех сведений, переданных ранее и изложенных дополняющим его существом. Затем он предстает перед судами архангелов, которые должны снять с него вину за неудачу его подопечного в деле продолжения жизни, после чего он в очередной раз отправляется в миры, где прикрепляется к новому смертному, обладающему потенциальной способностью восхождения, или же получает назначение в другую область серафического служения.

Однако ангелы опекают эволюционные создания многими различными путями, не ограничиваясь функциями личного и группового служения. Личные хранители, чьи подопечные не отправляются сразу же в обительские миры, не бездействуют в ожидании периодического оглашения для отправления правосудия, а получают новые назначения для исполнения многочисленных заданий по всей вселенной.

Серафим-хранитель является опекуном, которому доверены непреходящие ценности спящей души смертного человека, так же как отсутствующий Настройщик является идентичностью такого бессмертного вселенского существа. Когда два этих существа объединяют свои усилия в воскресительных залах обительского мира применительно к вновь изготовленной моронтийной форме, происходит восстановление сущностных факторов личности восходящего смертного.

Настройщик идентифицирует вас; серафим-хранитель восстановит вашу личность, после чего он заново представит вас верному Наставнику ваших земных дней.

Так происходит и при окончании планетарной эпохи: когда собирают тех, кто находится в низших кругах смертных достижений, именно групповые хранители восстанавливают своих подопечных в воскресительных залах обительских сфер, что отражено и в ваших свидетельствах: «И пошлет громогласно ангелов своих, и соберут они избранных его отовсюду, от одного края небес до другого».

Правосудие требует, чтобы личные или групповые хранители отвечали при периодическом оглашении от имени несохранившихся личностей. Настройщики таких существ не возвращаются; и когда звучит оглашение, серафимы отвечают, но Настройщики не отзываются. В этом заключается «воскресение неправедных» – в действительности, официальное признание прекращения их существования. Оглашение правосудия следует сразу же за оглашением милосердия – воскрешением сохранившихся спящих смертных. Однако эти вопросы относятся исключительно к компетенции верховных и всеведущих Судей, определяющих ценности, необходимые для продолжения жизни. Мы не имеем никакого отношения к подобным проблемам отправления правосудия.

Групповые хранители могут служить на планете в течение многих эпох и в итоге опекать погруженные в сон души многих тысяч сохранившихся спящих смертных. Они могут служить в таком качестве во многих различных мирах одной и той же системы, так как воскресительный ответ дается в обительских мирах.

Все личные и групповые хранители системы Сатания, сбившиеся с пути во время восстания Люцифера, должны находиться под арестом на Иерусеме вплоть до завершения суда над мятежниками, несмотря на то что многие из них искренне раскаялись в содеянном. По собственной инициативе, Всеобщие Цензоры уже изъяли у этих непокорных и неверных хранителей все аспекты доверенных им душ и передали эти моронтийные реальности на хранение добровольцам-секонафимам.

7. СЕРАФИМЫ И ПУТЬ ВОСХОЖДЕНИЯ

Поистине эпохальным событием на пути восходящего смертного становится его первое пробуждение на берегах обительского мира, где он впервые воочию видит давно полюбивших его и неразлучных ангельских спутников земной жизни, где он действительно осознаёт идентичность и присутствие божественного Наставника, который так долго находился в его разуме на земле. Такой опыт – это чудесное пробуждение, настоящее воскресение.

В морontийных сферах сопровождающие серафимы (двое ангелов) являются вашими гостеприимными спутниками. Эти ангелы не только общаются с вами в течение вашего постепенного прохождения через переходные миры, делая всё возможное для того, чтобы помочь вам обрести морontийный и духовный статус, но пользуются также возможностью повысить собственное развитие посредством обучения в школах переподготовки, созданных для эволюционных серафимов в обительских мирах.

Человеческий род был создан на уровне чуть ниже наиболее простых типов ангельских категорий. Поэтому вашим первым заданием морontийной жизни будет исполнение обязанностей помощников серафимов в выполнении той текущей работы, которая будет ждать вас по достижении осознания личности после освобождения от уз плоти.

Прежде, чем смертные покидают обительские миры, у каждого из них появляются постоянные серафические партнеры, или хранители. В процессе вашего восхождения в морontийных сферах именно серафические хранители являются теми существами, которые в должное время становятся свидетелями и подтверждают распоряжения о вашем вечном союзе с Настройщиками Мышления. Совместными усилиями они создали ваши личностные идентичности сотворенных во плоти детей временны́х миров. Затем, после того как вы достигнете зрелого моронтийного состояния, они будут сопровождать вас через Иерусем и связанные с ним миры прогресса и культуры локальной системы. После этого они направятся вместе с вами на Эдемию с ее семьюдесятью сферами развитой социализации, а впоследствии они приведут вас к Мелхиседекам и будут сопровождать вас в течение вашей возвышенной жизни в столичных мирах вселенной. Когда вы освоите мудрость и культуру Мелхиседеков, они перенесут вас на Салвингтон, где вы встретитесь лицом к лицу с Властелином всего Небадона. Эти же серафические помощники последуют за вами через малый и большой сектора сверхвселенной и, далее, к приемным мирам Уверсы, оставаясь с вами до тех пор, пока, в итоге, вы не будете секонафимированы для длительного перелета в Хавону.

Некоторые из хранителей судьбы, прикрепленных к созданию в течение его смертного пути, следуют через Хавону вместе с восходящими паломниками. Другие на время расстаются со своими старыми смертными товарищами, и пока эти смертные пересекают кольца центральной вселенной, их хранители судьбы достигают колец Серафингтона. Они будут ждать на берегах Рая, пока их смертные партнеры пробудятся от последнего сна, означающего переход из времени в новый опыт вечности. Впоследствии такие восходящие серафимы поступают в различные службы корпуса завершителей и Серафического Корпуса Свершения.

Человек и ангел могут воссоединиться в вечном служении – или этого может не произойти. Однако куда бы ни приводили серафимов их задания, они всегда поддерживают связь со своими прежними подопечными из эволюционных миров – восходящими смертными времени. Близкие отношения и нежная привязанность, появившиеся в сферах происхождения людей, никогда не забываются, никогда полностью не прерываются. В вечности люди и ангелы будут так же сотрудничать в божественном служении, как и на временно́м пути.

Для серафимов наиболее верным способом достижения Райских Божеств является успешное проведение души эволюционного происхождения к вратам Рая. Именно поэтому высочайшей оценки удостаиваются те серафимы, которые исполняют обязанности хранителей судьбы.

Только хранители судьбы зачисляются в первичный Корпус Завершения – корпус смертных, и такие пары посвящают себя высшему дерзновению – единению идентичностей. Такие пары серафимов достигают двойного духовного объединения на Серафингтоне до того, как они зачисляются в корпус завершителей. В этом опыте две ангельские сущности, взаимодополняющие друг друга во всех вселенских функциях, достигают предельного духовного двуединства, вследствие чего у них возникает новая способность принимать отличную от Настройщика частицу Райского Отца и сливаться с ней. Таким образом, некоторые из ваших преданных серафических партнеров во времени становятся вашими завершительскими партнерами в вечности – детьми Верховного и совершенными сынами Райского Отца.

[Представлено главой серафимов, расположенных на Урантии.]

ДОКУМЕНТ 114

СЕРАФИЧЕСКОЕ ПЛАНЕТАРНОЕ УПРАВЛЕНИЕ

Всевышние правят в царствах людей, опираясь на многие небесные силы и посредников, однако главным образом – на служение серафимов.

Состоявшееся сегодня в полдень оглашение планетарных ангелов – хранителей и иных – охватило 501 234 619 пар серафимов. Под моим началом находятся двести серафических воинств – 597 196 800 пар серафимов, или 1 194 393 600 ангелов. Однако зарегистрировались 1 002 469 238 индивидуумов, откуда следует, что 191 924 362 ангела отсутствовали в этом мире, исполняя задания, связанные с транспортировкой, доставкой сообщений и смертью. (На Урантии имеется примерно одинаковое количество херувимов и серафимов, причем и те, и другие имеют схожую организацию.)

Серафимы и объединенные с ними херувимы тесно связаны с детальным осуществлением сверхчеловеческого планетарного управления, в особенности в мирах, изолированных вследствие восстания. С помощью умелых промежуточных созданий, ангелы действуют на Урантии в качестве непосредственных сверхматериальных попечителей, исполняющих распоряжения местного губернатора, а также всех его помощников и подчиненных. Кроме функций групповых и личных хранителей, серафимы – как класс – занимаются также выполнением многих других заданий.

Урантия не оставлена без должного и эффективного надзора со стороны правителей системы, созвездия и вселенной. Однако управление планетой не похоже на управление каким-либо другим миром в системе Сатания и даже во всём Небадоне. В вашем случае, уникальность плана надзора объясняется рядом необычных обстоятельств:

1. Статусом Урантии как планеты видоизменения жизни.

2. Трудностями, связанными с восстанием Люцифера.

3. Срывами, вызванными провалом адамической миссии.

4. Отклонениями от нормы, проистекающими из того, что Урантия была одним из посвященческих миров Властелина Вселенной. Михаил Небадонский является Планетарным Князем Урантии.

5. Специальной функцией двадцати четырех планетарных руководителей.

6. Расположением планеты в контуре архангелов.

7. Недавним назначением некогда инкарнированного Макивенты Мелхиседека наместником Планетарного Князя.

1. ВЕРХОВНАЯ ВЛАСТЬ НАД УРАНТИЕЙ

Изначальной верховной властью над Урантией обладал властелин системы Сатания, управлявший планетой на правах опекуна. Впервые он передал свои полномочия смешанной комиссии, состоявшей из Мелхиседеков и Носителей Жизни. Эта группа действовала на Урантии вплоть до прибытия Планетарного Князя, назначенного в установленном порядке. После падения Князя Калигастии во время восстания Люцифера Урантия не имела надежных и прочных связей с локальной вселенной и ее административными частями, пока Михаил не завершил свое посвящение во плоти и пока Союз Дней не провозгласил его Планетарным Князем Урантии. Это твердое и принципиальное провозглашение навеки утвердило статус вашего мира. Однако на практике Полновластный Сын-Создатель не предпринял никаких действий в отношении личного управления планетой, если не считать создания иерусемской комиссии из двадцати четырех бывших урантийцев, наделенных полномочиями его личных представителей в управлении Урантией и всеми остальными изолированными планетами системы. Один из членов этого совета постоянно находится на Урантии на правах местного губернатора.

Недавно Макивента Мелхиседек принял на себя полномочия представителя Михаила на правах наместника Планетарного Князя, однако этот Сын локальной вселенной не предпринял абсолютно ничего для изменения нынешнего планетарного режима – поочередного правления местных губернаторов.

Маловероятно, чтобы в течение нынешнего судного периода в управлении Урантией произошли какие-либо существенные изменения, если только наместник Планетарного Князя не прибудет сюда для того, чтобы взять на себя ответственность, соответствующую его званию. Некоторым из наших партнеров представляется возможным, что в недалеком будущем, вместо плановой отправки на Урантию одного из двадцати четырех советников для исполнения функций губернаторов, состоится официальное прибытие Макивенты Мелхиседека с мандатом наместника полномочного правителя Урантии. Как исполняющий обязанности Планетарного Князя, он несомненно будет оставаться во главе планеты вплоть до завершения суда над участниками восстания Люцифера и, возможно, до утверждения планеты в свете и жизни в отдаленном будущем.

Некоторые считают, что Макивента прибудет для личного управления урантийскими делами только по окончании нынешнего судного периода. По мнению других, наместник Князя, как таковой, сможет прибыть только после будущего возвращения Михаила на Урантию, обещанного им при жизни во плоти. Есть и такие, кто ожидает прибытия Мелхиседека в любой момент; к их числу относится и автор этого повествования.

2. СОВЕТ ПЛАНЕТАРНЫХ НАБЛЮДАТЕЛЕЙ

Со времени посвящения Михаила в вашем мире общее управление Урантией было поручено специальной иерусемской группе, состоящей из двадцати четырех бывших урантийцев. Нам неизвестны условия приема в эту комиссию, однако мы обратили внимание на то, что все ее члены внесли свой вклад в расширяющееся полновластие Верховного в системе Сатания. Все они были прирожденными, истинными вождями в свою бытность на Урантии и (за исключением Макивенты Мелхиседека) еще больше развили эти качества в обительских мирах и укрепили их подготовкой к гражданству Иерусема. Члены совета двадцати четырех выдвигаются кабинетом Ланафорга, утверждаются Всевышними Эдемии, одобряются Полномочным Стражем Иерусема и назначаются Гавриилом Салвингтонским в соответствии с распоряжением Михаила. Те, кто получает временное назначение, обладают столь же широкими полномочиями, что и постоянные члены этой комиссии специальных наблюдателей.

Этот совет планетарных руководителей в первую очередь связан с надзором за теми видами деятельности в этом мире, которые являются следствием пережитого здесь Михаилом завершающего посвящения. Они поддерживают с Михаилом активную непосредственную связь, осуществляемую через ту самую Яркую

Вечернюю Звезду, которая сопровождала Иисуса на протяжении его посвящения в качестве смертного.

В настоящее время Иоанн, известный вам как «Креститель», является председателем этого совета на его заседаниях на Иерусеме. Однако главой совета ex officio является Полномочный Страж Сатании – непосредственный и личный представитель Ассоциированного Инспектора Салвингтона и Верховного Администратора Орвонтона.

Члены этой комиссии бывших урантийцев действуют также в качестве консультантов, в ведении которых находятся тридцать шесть остальных миров системы, изолированных вследствие восстания. Они оказывают весьма ценную услугу Ланафоргу – Властелину Системы, – помогая ему поддерживать тесные и благожелательные отношения с этими планетами, которые до сих пор в большей или меньшей степени подчиняются сверхуправлению Отцов Созвездия Норлатиадек. Эти двадцать четыре советника, в индивидуальном порядке, часто посещают каждый из изолированных миров, в особенности Урантию.

У каждого из остальных изолированных миров существует свой, аналогичный совещательный комитет с различным числом членов – бывших обитателей соответствующего мира, однако все эти комиссии подчиняются урантийской группе двадцати четырех. Хотя члены урантийской комиссии проявляют живой интерес ко всем аспектам прогресса людей в каждом из изолированных миров Сатании, в первую очередь и главным образом они занимаются благополучием и прогрессом смертных рас Урантии, ибо из всех планет их непосредственный и прямой надзор касается только Урантии. Но даже здесь их полномочия не являются исчерпывающими, не считая некоторых областей, связанных с продолжением жизни смертных созданий.

Никто не знает, как долго эти двадцать четыре урантийских советника будут пребывать в своем нынешнем статусе, в отрыве от обычной программы деятельности во вселенной. Несомненно, они будут оставаться в своем настоящем качестве вплоть до какого-то изменения в планетарном статусе, например, до завершения судного периода, принятия всех полномочий Макивентой Мелхиседеком, окончательного приговора участникам восстания Люцифера или возвращения Михаила в мир своего заключительного посвящения. По-видимому, нынешний местный губернатор Урантии склонен полагать, что все, кроме Макивенты, смогут продолжить восхождение к Раю сразу же после того, как система Сатания будет восстановлена в контурах созвездия. Однако существуют и другие мнения.

3. МЕСТНЫЙ ГУБЕРНАТОР

Каждые сто лет урантийского времени иерусемский корпус двадцати четырех планетарных инспекторов направляет одного из своих членов для пребывания в вашем мире в качестве своего исполнительного представителя – местного губернатора. В период подготовки этих документов произошла смена исполнительного должностного лица – на смену девятнадцатому управляющему пришел двадцатый. Имя этого нынешнего планетарного инспектора не сообщается вам только потому, что смертному человеку столь свойственно преклоняться перед своими необыкновенными соотечественниками и вышестоящими сверхчеловеческими существами, вплоть до обожествления их.

Действительная личная власть губернатора ограничивается функциями представителя двадцати четырех иерусемских советников в управлении данным миром. Он действует в качестве координатора сверхчеловеческой администрации и является уважаемым главой и общепризнанным лидером небесных существ, функционирующих на Урантии. Все категории ангельских воинств относятся к нему как к своему координирующему руководителю, а в глазах объединенных промежуточных созданий – после того как 1-2-3 первый покинул планету, чтобы стать одним из двадцати четырех советников, – сменяющие друг друга губернаторы превратились в их планетарных отцов.

Хотя губернатор не обладает на планете фактической личной властью, каждый день он принимает десятки решений и постановлений, являющихся окончательными для всех личностей, которых они касаются. В нём намного больше от отеческого советчика, чем администратора. В некоторых отношениях он действует так же, как и Планетарный Князь, однако его правление значительно ближе к правлению Материальных Сынов.

Правительство Урантии представлено в советах Иерусема в соответствии с решением, согласно которому возвращающийся губернатор становится временным членом кабинета Планетарных Князей при Властелине Системы. Ожидалось, что после назначения Макивенты наместником Князя он сразу же займет свое место в совете Планетарных Князей Сатании, но пока он не предпринял никаких действий в этом направлении.

Сверхматериальное правительство Урантии не поддерживает особенно тесных систематических отношений с административными единицами локальной вселенной более высокого уровня. В некотором смысле, местный губернатор представляет Салвингтон, равно как и Иерусем, ибо он действует по поручению двадцати четырех советников, которые являются непосредственными представителями Михаила и Гавриила. Кроме того, являясь гражданином Иерусема, управляющий планеты может действовать как представитель Властелина Системы. Правительство созвездия представлено непосредственно Сыном-Ворондадеком – наблюдателем Эдемии.

4. ВСЕВЫШНИЙ НАБЛЮДАТЕЛЬ

Верховная власть над Урантией осложняется еще и тем, что вскоре после произошедшего здесь восстания правительство Норлатиадека в одностороннем порядке присвоило себе власть над планетой. На Урантии по-прежнему находится Сын-Ворондадек – наблюдатель, представляющий Всевышних Эдемии, который, ввиду отсутствия непосредственных действий со стороны Михаила, является опекуном, наделенным высшей планетарной властью. Нынешний Всевышний наблюдатель (в свое время исполнявший также обязанности регента) является двадцать третьим лицом, которое служит в этом качестве на Урантии.

Существует определенный круг планетарных вопросов, до сих пор находящихся в ведении Всевышних Эдемии, присвоивших себе соответствующие полномочия во время восстания Люцифера. В этих вопросах власть принадлежит Сыну-Ворондадеку – наблюдателю Норлатиадека, который поддерживает очень тесные отношения консультативного характера с планетарными инспекторами. Уполномоченные по вопросам рас проявляют на Урантии большую активность, и главы их различных групп неофициально прикреплены к местному наблюдателю-Ворондадеку, действующему в качестве их консультирующего руководителя.

В случае кризиса действительным и полноправным главой правительства во всех отношениях, за исключением некоторых чисто духовных вопросов, становится этот Сын-Ворондадек Эдемии, в настоящее время исполняющий обязанности наблюдателя. (В отношении исключительно духовных проблем, а также некоторых вопросов сугубо личного характера, верховной властью, по-видимому, наделен главный архангел, прикрепленный к созданному недавно на Урантии региональному центру данной категории.)

Всевышний наблюдатель вправе, по собственному усмотрению, брать в свои руки управление планетой во время острого планетарного кризиса, и известно, что в истории Урантии такое случалось тридцать три раза. В таких случаях Всевышний наблюдатель исполняет обязанности Всевышнего регента и осуществляет верховное руководство над всеми попечителями и управляющими, присутствующими на планете, за исключением региональной организации архангелов.

Регентское правление Ворондадеков не является специфической особенностью планет, изолированных в результате восстания, ибо Всевышние вправе в любое время вмешиваться в дела обитаемых миров, привнося высшую мудрость правителей созвездия при решении проблем, возникающих в царствах людей.

5. ПЛАНЕТАРНОЕ ПРАВИТЕЛЬСТВО

Воистину нелегко описать нынешнюю систему управления Урантией. Здесь нет какого-либо формального правления по принципу организации вселенной, например, законодательной, исполнительной и судебной власти. Совет двадцати четырех больше всего напоминает законодательную ветвь планетарного управления. Губернатор выполняет функции временного консультативного президента, а правом вето обладает Всевышний наблюдатель. За исключением примирительных комиссий, на планете нет абсолютно никакой действующей судебной власти.

Бóльшая часть проблем, относящихся к серафимам и промежуточным созданиям, разрешается, по взаимному согласию, губернатором. Однако за исключением тех случаев, когда он оглашает распоряжения двадцати четырех советников, любое его решение может быть опротестовано в примирительных комиссиях, в местных администрациях, учрежденных для исполнения планетарных функций, вплоть до Властелина Системы Сатания.

Отсутствие телесного персонала Планетарного Князя и материального режима Адамических Сына и Дочери частично компенсируется специальным служением серафимов и особыми услугами промежуточных созданий. Отсутствие Планетарного Князя успешно компенсируется триединым присутствием архангелов, Всевышнего наблюдателя и губернатора.

Это довольно свободно организованное и отчасти персонально осуществляемое планетарное управление является более эффективным, чем можно было ожидать, благодаря экономящему время содействию архангелов и постоянной готовности их контура, который столь часто используется в чрезвычайных планетарных ситуациях и для решения административных проблем. Формально планета продолжает оставаться духовно изолированной в контурах Норлатиадека, однако в чрезвычайных ситуациях это ограничение теперь можно обойти, используя контур архангелов. Конечно, планетарная изоляция практически никак не влияет на индивидуальных смертных со времени излияния Духа Истины на всю плоть девятнадцать столетий тому назад.

Каждый административный день начинается на Урантии с совещания, на котором присутствуют губернатор, планетарный глава архангелов, Всевышний наблюдатель, руководящий супернафим, глава местных Носителей Жизни и приглашенные гости из числа высоких Сынов вселенной или некоторых приезжих исследователей, которые могут оказаться на планете.

Сам административный кабинет губернатора состоит из двенадцати серафимов, которые исполняют обязанности глав двенадцати групп особых ангелов, действующих в качестве непосредственных сверхчеловеческих руководителей планетарного прогресса и стабильности.

6. ГЛАВНЫЕ СЕРАФИМЫ ПЛАНЕТАРНОГО НАДЗОРА

Когда первый губернатор прибыл на Урантию, что произошло одновременно с излиянием Духа Истины, его сопровождали двенадцать корпусов специальных серафимов – выпускников школ Серафингтона, сразу же получивших назначения в некоторые специальные планетарные службы. Эти возвышенные ангелы известны как главные серафимы планетарного надзора, которые, подчиняясь сверхуправлению планетарного Всевышнего наблюдателя, находятся под непосредственным руководством местного губернатора.

Хотя эти двенадцать групп ангелов функционируют под общим надзором местного губернатора, их непосредственным руководящим органом является серафический совет, в который входят двенадцать глав соответствующих групп. Этот совет служит также в качестве созданного на добровольных началах кабинета местного управляющего.

Как планетарный глава серафимов, я возглавляю этот совет глав серафических корпусов. Помимо того, я являюсь супернафимом первичной категории, изъявившим желание служить на Урантии в качестве преемника бывшего главы ангельских воинств планеты, нарушившего свои обязательства во время раскола, к которому привел Калигастия.

Двенадцать корпусов главных серафимов планетарного надзора выполняют на Урантии несколько функций:

1. *Ангелы эпох.* Это ангелы нынешней эпохи – группа данного судного периода. Этим небесным попечителям доверено общее наблюдение и руководство делами каждого поколения, ибо они должны вписываться в общую картину той эпохи, в которой они появляются. Тот корпус ангелов эпох, который служит на Урантии в настоящее время, является третьей группой, направленной на планету в течение нынешнего периода.

2. *Ангелы прогресса.* Этим серафимам доверено инициирование эволюционного прогресса последовательных социальных периодов. Они способствуют развитию врожденных прогрессивных тенденций эволюционных созданий. Они постоянно трудятся над тем, чтобы привести всё в должный вид. Нынешняя группа вторая по счету, назначенная на планету.

3. *Хранители религии.* Это «ангелы церквей», искренние борцы за то, что есть и что было. Они пытаются сохранить уцелевшие идеалы, для того чтобы надежно передать нравственные ценности от одной эпохи к другой. Они являются соперниками ангелов прогресса, которые при передаче бессмертных ценностей из поколения в поколение постоянно стремятся перевести их из древних и уходящих форм в новые, и потому менее устойчивые типы мышления и поведения. Эти ангелы действительно отстаивают духовные формы, однако они не являются источником ультрасектантства и бессмысленных разногласий профессиональных религиозных деятелей. Нынешний корпус – пятый по счету, исполняющий данную функцию.

4. *Ангелы государств*. Это «ангелы с трубами», руководители политических процессов в государствах Урантии. Действующая в настоящее время группа, осуществляющая сверхуправление международными отношениями, является четвертым корпусом, служащим на планете. Именно благодаря служению этой серафической группы «Всевышние правят в царствах людей».

5. *Ангелы рас*. Это те, кто трудится для сохранения эволюционных рас времени, независимо от их политических пристрастий и религиозной принадлежности. На Урантии существуют остатки девяти человеческих рас, смешение и объединение которых привело к появлению современных людей. В своем служении эти серафимы тесно связаны с уполномоченными по вопросам рас, и находящаяся в настоящее время на Урантии группа является изначальным корпусом, направленным на планету вскоре после Пятидесятницы.

6. *Ангелы будущего*. Это ангелы-проектировщики, которые составляют прогнозы на грядущие века и разрабатывают планы для реализации всего лучшего, что несет с собой каждый новый и прогрессирующий судный период; это зодчие последующих эпох. Группа, присутствующая в настоящее время на планете, действует в этом качестве с начала текущего судного периода.

7. *Ангелы просвещения*. В настоящее время Урантия получает помощь третьего корпуса серафимов, посвященных развитию планетарного образования. Эти ангелы занимаются умственным и нравственным воспитанием индивидуумов, семей, групп, школ, общин, наций и целых рас.

8. *Ангелы здоровья*. Эти серафические попечители назначены для содействия такой деятельности людей, которая направлена на укрепление здоровья и предотвращение заболеваний. Нынешний корпус является шестой группой, служащей в течение этого судного периода.

9. *Серафимы семьи*. В настоящее время Урантия пользуется услугами пятой группы ангельских попечителей, посвященных сохранению и развитию семьи, – основного института человеческой цивилизации.

10. *Ангелы промышленности*. Эта серафическая группа содействует развитию промышленного производства и улучшению экономических условий жизни народов Урантии. Со времени посвящения Михаила этот корпус сменялся семь раз.

11. *Ангелы развлечения*. Эти серафимы способствуют развитию ценности развлечений, юмора и отдыха. Они неизменно стремятся разнообразить отдых, восстанавливающий человеческие силы, и тем самым помогать более плодотворному проведению досуга. Нынешний корпус – третий корпус данной категории, опекающий Урантию.

12. *Ангелы сверхчеловеческого служения*. Это ангелы ангелов, те серафимы, которые опекают всю остальную сверхчеловеческую жизнь на планете, как временную, так и постоянную. Этот корпус служит с начала нынешнего судного периода.

Когда эти группы главных серафимов расходятся во мнениях по процедурным или принципиальным вопросам планетарной политики, их разногласия обычно разрешаются губернатором, однако все его решения могут обжаловаться в соответствии с характером и серьезностью спорных вопросов.

Ни одна из этих ангельских групп не осуществляет прямого или произвольного контроля в тех сферах, к которым они прикреплены. Они не могут полностью контролировать соответствующие области деятельности, но они способны воздействовать, и действительно воздействуют, на планетарные условия и сочетают обстоятельства таким образом, чтобы благоприятно воздействовать на доверенные им сферы человеческой деятельности.

Главные серафимы планетарного надзора используют многие факторы для выполнения своих миссий. Они собирают и распространяют идеи, фокусируют разум и покровительствуют проектам. Хотя они и неспособны внедрить в человеческий разум новые, более высокие представления, нередко они усиливают некоторый высокий идеал, уже возникший в интеллекте какого-нибудь человека.

Однако, кроме этих многочисленных средств позитивного действия, главные серафимы обеспечивают защиту планетарного прогресса от роковой опасности посредством мобилизации, подготовки и поддержания резервного корпуса судьбы. Основная функция этих резервистов – предотвратить крах эволюционного развития. Это те меры предосторожности, которые приняты небесными силами на случай неожиданностей: они служат гарантией от катастрофы.

7. РЕЗЕРВНЫЙ КОРПУС СУДЬБЫ

Резервный корпус судьбы состоит из живущих на планете мужчин и женщин, допущенных к специальному служению в рамках сверхчеловеческого управления планетарными делами. В этот корпус входят мужчины и женщины каждого поколения, избираемые духовными руководителями данной сферы для того, чтобы помочь донести милосердие и мудрость до детей времени эволюционных миров. Как правило, использование смертных волевых созданий в качестве связных при проведении в жизнь планов восхождения начинается сразу же после того, как они становятся достаточно компетентными и надежными для принятия на себя такой ответственности. Соответственно, как только на сцене временного действия появляются мужчины и женщины с достаточными умственными способностями, адекватным нравственным статусом и необходимой духовностью, они сразу же приписываются к соответствующей небесной группе планетарных личностей в качестве человеческих посредников, смертных помощников.

Когда люди избираются в качестве защитников планетарной судьбы, когда они становятся ключевыми фигурами в планах, осуществляемых мировыми управляющими, то планетарный глава серафимов утверждает их временное прикрепление к корпусу серафимов и назначает личных хранителей судьбы для служения с этими смертными резервистами. Все резервисты обладают самосознающими Настройщиками, и большинство из них действуют в высших космических кругах интеллектуальных достижений и духовных обретений.

Смертные данного мира избираются для служения в резервном корпусе судьбы обитаемых миров при наличии у них определенных качеств:

1. Особой способности быть тайно подготовленными для возможного выполнения многочисленных чрезвычайных поручений, относящихся к различным областям мировой деятельности.

2. Беззаветной преданности какому-то особому социальному, экономическому, политическому, духовному или иному делу в сочетании с готовностью служить без людского признания и наград.

3. Обладанию необыкновенно разносторонним Настройщиком Мышления, имеющим, возможно, доурантийский опыт решения планетарных проблем и борьбы с угрожающими миру чрезвычайными ситуациями.

Каждая область планетарного небесного служения вправе располагать одним корпусом связных, смертных резервистов. В среднем, в обитаемых мирах используется семьдесят отдельных корпусов судьбы, которые непосредственно связаны с текущим сверхчеловеческим управлением делами мира. На Урантии существует двенадцать резервных корпусов судьбы – по одному на каждую планетарную группу серафического надзора.

Двенадцать групп урантийских резервистов состоят из смертных обитателей сферы, прошедших обучение, необходимое для занятия ключевых позиций на земле, и поддерживаемых в состоянии готовности на случай чрезвычайной планетарной ситуации. В настоящее время этот сводный корпус насчитывает 962 индивидуума. Самый маленький корпус включает 41 человека, самый большой – 172. За исключением нескольких – менее двух десятков – контактных личностей, члены этой уникальной группы совершенно не осознают, что их готовят для возможных действий на случай определенных планетарных кризисов. Эти смертные резервисты избираются тем корпусом, к которому они прикрепляются, получая одинаковое обучение и тренировку на глубинных уровнях разума с использованием совместной методики Настройщика Мышления и серафического хранителя. Нередко в таком неосознаваемом обучении участвуют многие другие небесные личности, и во всей этой специальной подготовке важную и неоценимую помощь оказывают промежуточные создания.

Во многих мирах специально приспособленные вторичные промежуточные создания способны достигать различной степени контакта с Настройщиками Мышления определенных, благоприятным образом устроенных смертных, что осуществляется посредством умелого проникновения в их разум, служащий местом пребывания Настройщика. (Именно благодаря такому удачному сочетанию космических адаптаций эти откровения воплотились в англоязычной форме на Урантии.) Такие потенциальные контактные смертные эволюционных миров входят в состав многочисленных резервных корпусов, и в определенной мере именно благодаря этим небольшим группам дальновидных личностей развивается духовная цивилизация и Всевышние могут править в царствах людей. Таким образом, мужчины и женщины этих резервных корпусов судьбы в различной мере могут общаться с Настройщиками благодаря посреднической помощи промежуточных созданий. Однако эти смертные почти не известны своим товарищам, если не считать тех редких чрезвычайных социальных ситуаций и духовных кризисов, когда действия резервистов помогают предотвратить крах эволюционной культуры или уничтожение света живой истины. На Урантии эти резервисты судьбы редко прославлялись на страницах человеческой истории.

Резервисты неосознанно действуют в качестве хранителей наиболее существенной планетарной информации. Нередко, после кончины одного из членов резервного корпуса, некоторая важнейшая информация, заключенная в разуме умирающего резервиста, передается его более молодому преемнику, что осуществляется посредством связи двух Настройщиков Мышления. В отношении этих резервных корпусов Настройщики, несомненно, действуют также многими другими, неизвестными нам способами.

Хотя резервный корпус судьбы не имеет на Урантии постоянного главы, в нём образованы постоянные совсты, составляющие его административную структуру: совет по судопроизводству, совет по проблемам историчности, совет по вопросам политического суверенитета и многие другие. Время от времени, в соответствии с организацией корпуса, номинальные (смертные) главы всего резервного корпуса направляются этими постоянными советами для выполнения специфических функций. Срок полномочий такого главы резервистов обычно не превышает нескольких часов и определяется временем, необходимым для выполнения очередного специфического задания.

Состав резервного корпуса Урантии, насчитывавший рекордное число членов в дни адамитов и андитов, неуклонно уменьшался по мере разбавления фиолетовой крови и достиг своего низшего уровня в дни Пятидесятницы. С тех пор численность корпуса постоянно возрастала.

(Космический резервный корпус жителей Урантии, обладающих вселенским сознанием, в настоящее время насчитывает более тысячи смертных, чье понимание космического гражданства далеко выходит за пределы их земной обители, однако мне запрещено раскрывать истинный характер и функцию этой уникальной группы людей.)

Смертные Урантии не должны допускать того, чтобы относительная духовная изоляция их мира от некоторых контуров локальной вселенной вызывала ощущение космической заброшенности или планетарного сиротства. На планете действует вполне определенный и эффективный сверхчеловеческий надзор за состоянием мировых дел и человеческих судеб.

Однако справедливости ради необходимо сказать, что в лучшем случае у вас может сложиться лишь отдаленное представление об идеальном планетарном управлении. Начиная с самых ранних этапов эпохи Планетарного Князя, Урантия страдала от ошибок в претворении божественного плана мирового прогресса и расового развития. Управление лояльными обитаемыми мирами Сатании отличается от управления Урантией. И тем не менее, в сравнении с другими изолированными мирами, ваше планетарное управление проявило себя не так уж плохо. Можно сказать, что в одном или двух мирах дела идут хуже, а в некоторых – несколько лучше, но большинство находится на одном с вами уровне.

Похоже, что никто в локальной вселенной не знает, когда завершится неопределенное состояние планетарной администрации. Мелхиседеки Небадона склоняются к мнению, что в планетарном управлении не произойдет существенных изменений вплоть до второго личного пришествия Михаила на Урантию. Несомненно, что тогда, если не раньше, в управлении миром произойдут радикальные изменения. Однако никто, по-видимому, не способен даже предположить, каким может быть характер таких перемен в планетарной администрации. Такое событие является беспрецедентным во всей истории обитаемых миров вселенной Небадон. Среди многих труднообъяснимых вещей, касающихся будущего управления Урантии, одной из самых примечательных является местоположение на планете контурного и регионального центра архангелов.

Ваш изолированный мир не забыт в советах вселенной. Не думайте, что Урантия брошена на произвол судьбы, заклеймена грехом и лишена божественной заботы вследствие восстания. Повсюду, от Уверсы до Салвингтона и Иерусема, и даже в Хавоне и в Раю все знают о нашем существовании. И вас, смертных, живущих на Урантии, любят так же нежно и опекают с такой же преданностью, как если бы неверный Планетарный Князь никогда не предавал вашу сферу, – и даже более того. Извечна истина: «Сам Отец любит вас».

[Представлено главой серафимов, расположенных на Урантии.]

ДОКУМЕНТ 115

ВЕРХОВНОЕ СУЩЕСТВО

Когда речь идет о Боге-Отце, великим отношением является отношение сыновства. Когда речь идет о Боге-Верховном, условием обретения статуса является достижение – необходимо сделать что-то, равно как и быть чем-то.

1. ОТНОСИТЕЛЬНОСТЬ КОНЦЕПТУАЛЬНЫХ РАМОК

Частичные, несовершенные и эволюционирующие интеллекты были бы беспомощны в совокупной вселенной, были бы неспособны сформировать ни одного рационального мысленного образа, если бы не внутренняя способность любого разума – высокого или низкого – создавать *вселенские рамки*, в которых протекает процесс мышления. Если разум не в силах охватить следствия, если он не может проникнуть в истинные первопричины, то такой разум неизменно постулирует следствия и придумывает первопричины, для того чтобы иметь в своем распоряжении средства логического мышления в пределах этих созданных разумом постулатов. И хотя такие вселенские рамки, используемые в мышлении созданий, совершенно необходимы для рациональных интеллектуальных операций, все они в большей или меньшей степени являются ошибочными.

Концептуальные рамки вселенной являются только относительно истинными; это полезные опоры, необходимость в которых со временем отпадет в связи с распространением более широкого понимания космоса. Постижения истины, красоты и благости, нравственности, этики, долга, любви, божественности, происхождения, бытия, цели, предназначения, времени, пространства и даже Божества являются только относительно истинными. Понятие Бога неизмеримо шире понятия Отца, однако концепция Отца является высшим человеческим представлением о Боге. Тем не менее, изображение отношений Создателя и создания через взаимоотношения Отца и Сына будет расширено теми сверхсмертными концепциями Божества, до которых вы подниметесь в Орвонтоне, в Хавоне и в Раю. Человек вынужден мыслить в рамках смертной вселенной, но это не значит, что он неспособен представить себе другие, более высокие рамки, в пределах которых может протекать мыслительный процесс.

Для того чтобы помочь смертным созданиям в понимании вселенной вселенных, различные уровни космической реальности получили названия конечного, абсонитного и абсолютного. Из этих уровней только абсолютный является безусловно вечным, истинно экзистенциальным. Абсонитное и конечное – производные, модификации, ограничения и ослабления изначальной и исконной абсолютной реальности бесконечности.

Конечные миры существуют благодаря вечному замыслу Бога. Конечные создания, высокие и низкие, могут предлагать – и предлагают – теории, объясняющие необходимость конечного в организации космоса. Однако в принципе конечное существует потому, что такова была воля Бога. Вселенная не может быть понята, равно как не может конечное создание рационально объяснить свое собственное индивидуальное существование, не обращаясь к предшествующим актам и предсущему волеизъявлению исходных существ – Создателей или родителей.

2. АБСОЛЮТНАЯ ОСНОВА ВЕРХОВНОСТИ

С экзистенциальной точки зрения, в галактиках не может произойти ничего нового, ибо присущая Я ЕСТЬ полнота бесконечности извечно содержится в семи Абсолютах, функционально ассоциирована в триединствах и опосредованно ассоциирована в тройственных союзах. Однако факт такого экзистенциального присутствия бесконечности в этих абсолютных объединениях никоим образом не препятствует реализации новых космических эмпирических сущностей. С точки зрения конечного создания, бесконечность включает в себя многое из того, что является потенциальным, многое из того, что относится к будущей возможности, а не к нынешней действительности.

Ценность является уникальным элементом вселенской реальности. Мы не понимаем, каким образом можно повысить ценность чего бы то ни было бесконечного и божественного. Но мы замечаем, что даже в отношениях бесконечного Божества возможна модификация – если не прибавление – *значений*. Для эмпирических вселенных даже божественные ценности возрастают как актуальности посредством расширенного понимания значений реальности.

Вся программа всеобщего созидания и эволюции на всех опытных уровнях сводится, очевидно, к превращению потенциального в актуальное; и это преобразование в равной мере относится к сферам потенции пространства, потенции разума и потенции духа.

Внешне метод, с помощью которого возможности космоса переходят в план действительного бытия, варьируется от уровня к уровню: на конечном уровне – это эмпирическая эволюция, на абсонитном – эмпирическое возникновение. Экзистенциальная бесконечность действительно безусловна в своей всеохватности, и сама эта всеохватность должна по необходимости включать также возможность эволюционного конечного постижения в опыте. Возможность такого эмпирического роста становится вселенской актуальностью благодаря отношениям, присущим тройственным союзам и воздействующим на Верховного и в Верховном.

3. ИЗНАЧАЛЬНОЕ, АКТУАЛЬНОЕ И ПОТЕНЦИАЛЬНОЕ

Концептуально абсолютный космос беспределен; определить величину и характер этой первоначальной реальности – значит обусловить бесконечность и нарушить чистоту концепции вечности. Идея бесконечного-вечного, вечного-бесконечного, безусловна по величине и абсолютна по факту. В прошлом, настоящем или будущем Урантии нет языка, который мог бы адекватно выразить реальность бесконечности или бесконечность реальности. Человек – конечное создание в бесконечном космосе – вынужден довольствоваться искаженными отражениями и приблизительными представлениями о том безграничном, беспредельном, не имеющем начала и конца бытии, понять которое он поистине не в силах.

Человек никогда не сможет надеяться на постижение концепции абсолюта, не попытавшись вначале нарушить единство такой реальности. Разум – это объединение всех различий, но в отсутствие таких различий разум теряет фундамент, на котором можно было бы попытаться сформулировать представления, необходимые в процессе постижения.

Требуется предварительная сегментация бесконечности, пребывающей в состоянии изначальной неподвижности, чтобы человек мог попытаться ее понять. В бесконечности существует единство, которое выражается в настоящих документах как Я ЕСТЬ, – первый постулат, возникающий в разуме создания. Однако создание неспособно понять, каким образом это единство становится двойственностью, триединством и многообразием, оставаясь в то же время безусловным единством. Человек сталкивается с той же проблемой, когда задумывается о неделимом Божестве Троицы, существующем наряду с множественной персонализацией Бога.

Только отдаленность человека от бесконечности является причиной того, что это понятие выражается одним словом. Хотя с одной стороны бесконечность является ЕДИНСТВОМ, с другой – это РАЗНООБРАЗИЕ без конца и края. С точки зрения конечных разумных существ, бесконечность является максимальным парадоксом философии и метафизики конечных созданий. Хотя в опыте поклонения духовная природа человека тянется вверх, к бесконечному Отцу, интеллектуальная способность человека к пониманию исчерпывается максимальной концепцией Верховного Существа. За пределами Верховного, представления всё больше сводятся к названиям; они всё в меньшей степени являются истинными обозначениями реальности; они всё больше превращаются в проекцию конечного понимания созданий на сверхконечное.

Единая основная концепция абсолютного уровня подразумевает постулирование трех аспектов:

1. *Изначальное*. Безусловная концепция Первого Источника и Центра – то изначальное проявление Я ЕСТЬ, в котором берет свое начало вся реальность.

2. *Актуальное*. Союз трех Абсолютов актуальности – Второго, Третьего и Райского Источников и Центров. Этот тройственный союз Вечного Сына, Бесконечного Духа и Острова Рай представляет собой актуальное раскрытие изначальности Первого Источника и Центра.

3. *Потенциальное*. Союз трех Абсолютов потенциальности – Божества-Абсолюта, Безусловного Абсолюта и Всеобщего Абсолюта. Этот тройственный союз экзистенциальной потенциальности представляет собой потенциальное раскрытие изначальности Первого Источника и Центра.

Взаимосвязь Изначального, Актуального и Потенциального порождает напряжения в пределах бесконечности, результатом которых является возможность любого происходящего во вселенной роста, а рост является сущностью Семичастного, Верховного и Предельного.

В объединении Божества-Абсолюта, Всеобщего Абсолюта и Безусловного Абсолюта потенциальность абсолютна, в то время как актуальность является возникающей; в объединении Второго, Третьего и Райского Источников и Центров актуальность абсолютна, в то время как потенциальность является возникающей; в отношении изначальности Первого Источника и Центра мы не можем сказать, являются ли актуальность и потенциальность существующими или возникающими, – *Отец есть*.

С точки зрения времени, Актуальное – это то, что было и есть, Потенциальное – то, что возникает и будет, Изначальное – то, что есть. С точки зрения вечности, различия между Изначальным, Актуальным и Потенциальным не столь очевидны. У этих триединых качеств нет таких же отличий на уровнях Рая и вечности. В вечности всё существует – но только не всё еще раскрыто во времени и пространстве.

С точки зрения создания, актуальность является субстанцией, потенциальность – способностью. Актуальность существует в самом центре, откуда она распространяется в направлении периферийной бесконечности; потенциальность приближается к центру с периферии бесконечности и сходится во всеобщем центре. Изначальность является тем, что сначала вызывает, а затем уравновешивает двуединые движения – циклическое превращение реальности из потенциальной в актуальную и потенциализация существующей актуальности.

Три Абсолюта потенциальности действуют только на вечном уровне космоса; поэтому они никогда не функционируют как таковые на субабсолютных уровнях. На нисходящих уровнях реальности тройственный союз потенциальности проявляется вместе с Предельным и в Верховном. По отношению к некоторой части одного из субабсолютных уровней, потенциальное может не актуализоваться во времени, однако в совокупности такое невозможно. В конечном счете, Воля Бога всегда торжествует – не всегда в отношении индивидуальной части, но неизменно в отношении единого целого.

Именно в тройственном союзе актуальности находится центр всего сущего в космосе; будь то дух, разум или энергия – всё сосредоточено в этом объединении Сына, Духа и Рая. Личность духа-Сына есть эталонный образец всякой личности во всех вселенных. Субстанция Острова Рай есть эталонный образец, совершенным раскрытием которого является Хавона и совершенствующимся – сверхвселенные. Совместный Вершитель является одновременно разумной активацией космической энергии, концептуализацией духовной цели и объединением математических причин и следствий материальных уровней с волевыми целями и мотивами духовного уровня. В конечной вселенной и по отношению к ней Сын, Дух и Рай действуют в Предельном и воздействуют на него в той мере, в какой он ограничен и обусловлен в Верховном.

Актуальность (Божества) есть то, к чему человек стремится при восхождении к Раю. Потенциальность (человеческой божественности) есть то, что развивается в человеке на этом пути. Изначальное есть то, что делает возможным сосуществование и интеграцию человека актуального, человека потенциального и человека вечного.

В конечном счете, динамика космоса заключается в непрерывном переходе реальности из потенциальности в актуальность. В теории может существовать предел этому превращению, однако на практике это невозможно, ибо как Потенциальное, так и Актуальное охватываются Изначальным (Я ЕСТЬ), и это отождествление навечно исключает вероятность ограничения эволюционного развития вселенной. Всё, что отождествляется с Я ЕСТЬ, содержит неисчерпаемые возможности развития, ибо актуальность заключенных в Я ЕСТЬ потенциальных сущностей абсолютна и потенциальность заключенных в Я ЕСТЬ актуальных сущностей также абсолютна. Актуальное всегда будет раскрывать новые пути реализации невозможных ранее потенциальных сущностей – каждое принятое человеком решение не только актуализирует новую реальность в его опыте, но и раскрывает в нём новую способность для роста. В каждом дитя живет взрослый человек, и в каждом зрелом богопознавшем человеке живет моронтийный прогрессор.

В масштабе всего космоса прекращение роста невозможно, ибо основание для роста – абсолютные актуальные сущности – безусловно, а его прерогативы – абсолютные потенциальные сущности – неограниченны. С практической точки зрения, философы вселенной пришли к выводу, что такой вещи, как *конец*, не существует.

С ограниченной точки зрения, действительно существуют многие завершения, многие прекращения деятельности, но в расширенном аспекте более высокого вселенского уровня существуют не завершения, а только переходы от одной фазы развития к другой. Существование совокупной вселенной связано с несколькими основными вселенскими эпохами: эпохой Хавоны, эпохой сверхвселенных и эпохой внешней вселенной. Однако даже эти, следующие друг за другом основные периоды – не более чем условные вехи на нескончаемой дороге вечности.

Только окончательное проникновение в истину, красоту и благость Верховного Существа могло бы раскрыть прогрессирующему созданию те абсонитные качества предельной божественности, которые лежат за рамками концептуальных уровней истины, красоты и благости.

4. ИСТОЧНИКИ ВЕРХОВНОЙ РЕАЛЬНОСТИ

Любое рассмотрение *происхождений* Бога-Верховного должно начинаться с Райской Троицы, ибо Троица является изначальным Божеством, в то время как Верховный является производным Божеством. Любое рассмотрение *роста* Верховного должно включать экзистенциальные тройственные союзы, ибо они охватывают всю абсолютную актуальность и всю бесконечную потенциальность (в совокупности с Первым Источником и Центром). Эволюционный Верховный является кульминационным и, в личностном аспекте, волевым средоточием превращения – преобразования – потенциальных сущностей в актуальные в пределах конечного уровня бытия. Два тройственных союза – актуальный и потенциальный – включают всю совокупность взаимосвязей роста во вселенных.

Источником Верховного является Райская Троица – вечное, актуальное и неделимое Божество. Верховный есть, в первую очередь, духовное лицо, и это духовное лицо происходит из Троицы. Однако Верховный является, кроме того, Божеством роста – эволюционного роста, – и этот рост берет свое начало в двух тройственных союзах: актуальном и потенциальном.

Если вам трудно понять, каким образом бесконечные тройственные союзы могут функционировать на конечном уровне, задумайтесь о том, что сама их бесконечность должна включать в себя потенциальность конечного; бесконечность охватывает всё – от низшего и предельно обусловленного конечного существования до высших и безусловно абсолютных реальностей.

Сложно не столько осмыслить, что бесконечное действительно включает в себя конечное, сколько понять, каким именно образом это бесконечное фактически проявляется в конечном. Однако Настройщики Мышления, пребывающие в смертном человеке, служат одним из вечных доказательств того, что даже абсолютный Бог (как абсолют) способен установить и действительно устанавливает прямую связь с самыми низшими и самыми незначительными из всех волевых созданий вселенной.

Тройственные союзы, в своей совокупности охватывающие актуальное и потенциальное, проявляются на конечном уровне во взаимодействии с Верховным Существом. Способ такого проявления является и прямым, и косвенным: прямым в той мере, в какой тройственные отношения отражаются непосредственно в Верховном; косвенным в той мере, в какой они образуются посредством возникшего абсонитного уровня.

Верховная реальность, которая является всецелой конечной реальностью, находится в процессе динамичного роста между безусловными потенциальными сущностями внешнего пространства и безусловными актуальными сущностями во всеобщем центре. Так в сотрудничестве абсонитных посредников Рая с Верховными Создателями времени происходит фактуализация области конечного. Акт вызревания условных возможностей трех великих потенциальных Абсолютов есть абсонитная функция Творцов Совокупной Вселенной и их трансцендентальных партнеров. И после того как эти возможности достигают некоторого уровня зрелости, Личности Верховных Создателей прибывают из Рая, чтобы приступить к вековой задаче превращения эволюционирующих вселенных в фактическое бытие.

Рост Верховности проистекает из тройственных союзов; духовное лицо Верховного происходит из Троицы; однако силовые прерогативы Всемогущего основаны на успехе божественности Бога-Семичастного, тогда как совмещение силовых прерогатив Всемогущего-Верховного с духовным лицом Бога-Верховного осуществляется благодаря служению Совместного Вершителя, посвятившего разум Верховного в качестве объединяющего фактора этого эволюционного Божества.

5. СВЯЗЬ ВЕРХОВНОГО С РАЙСКОЙ ТРОИЦЕЙ

Реальность личностной и духовной сущности Верховного Существа находится в абсолютной зависимости от существования и действий Райской Троицы. В то время как рост Верховного определяется отношениями, существующими в тройственных союзах, духовная личность Бога-Верховного зависит от Райской Троицы и образуется из нее; Райская Троица извечно остается абсолютным центральным источником совершенной и бесконечной устойчивости, вокруг которого постепенно осуществляется эволюционный рост Верховного.

Функция Троицы соотносится с функцией Верховного, ибо Троица действует на всех (совокупных) уровнях, включая уровень действия Верховности. Однако подобно тому, как эпоха Хавоны сменяется эпохой сверхвселенных, так и видимое действие Троицы в качестве непосредственного создателя сменяется созидательными актами детей Райских Божеств.

6. СВЯЗЬ ВЕРХОВНОГО С ТРОЙСТВЕННЫМИ СОЮЗАМИ

Тройственный союз актуальности продолжает функционировать непосредственно в постхавонские эпохи: гравитация Рая охватывает основные единицы материального бытия, гравитация духа Вечного Сына воздействует непосредственно на основополагающие ценности духовного бытия, а гравитация разума Совместного Вершителя неизменно удерживает все важнейшие значения разумного бытия.

Однако ввиду того, что каждый этап творческой активности распространяется вовне, через неизведанный космос, он функционирует и существует на всё большем удалении от непосредственного действия созидательных сил и божественных личностей центрального местоположения – абсолютного Острова Рай и находящихся на нем бесконечных Божеств. Поэтому последующие уровни космического существования становятся всё более зависимыми от процессов, происходящих в пределах трех Абсолютных потенциальностей бесконечности.

Верховное Существо охватывает возможности космического служения, не выраженные в явной форме в Вечном Сыне, Бесконечном Духе или неличностных реальностях Острова Рай. Этим утверждением мы отдаем должное абсолютности этих трех основных актуальностей, однако рост Верховного основан не только на данных актуальностях Божества и Рая, но связан также с процессами, происходящими в Божестве-Абсолюте, Всеобщем Абсолюте и Безусловном Абсолюте.

Верховное Существо растет не только по мере достижения богоподобия Создателями и созданиями эволюционирующих вселенных: это конечное Божество претерпевает рост также в результате того, что создания и Создатели овладевают конечными возможностями большой вселенной. Движение Верховного является двуединым: центростремительным – к Раю и Божеству, и центробежным – к безграничности Абсолютов потенциальности.

В течение нынешней вселенской эпохи это двуединое движение раскрывается в восходящих и нисходящих личностях большой вселенной. Верховные Создатели и все их божественные партнеры отражают центробежное, расходящееся движение Верховного, в то время как восходящие паломники семи сверхвселенных свидетельствуют о центростремительной, сходящейся тенденции Верховности.

Конечное Божество всегда стремится к двуединой корреляции – внутренней направленности, к Раю и его Божествам, и внешней направленности, к бесконечности и ее Абсолютам. Мощное извержение несущей созидательное начало Рая божественности, находящей личностное выражение в Сынах-Создателях и силовое выражение в регуляторах энергии, свидетельствует о существовании обширного потока Верховности, истекающего вовне, в область потенциальности, в то время как бесконечная процессия восходящих созданий большой вселенной свидетельствует о мощном потоке Верховности, устремленном к центру, к единению с Райским Божеством.

Люди знают, что движение невидимого можно иногда увидеть, наблюдая за воздействием такого движения на видимое. Мы, обитатели вселенных, уже давно научились обнаруживать движения и тенденции Верховности, наблюдая за результатами таких процессов в личностях и эталонах большой вселенной.

Хотя мы и не уверены, мы всё же полагаем, что Верховный, как конечное отражение Райского Божества, находится в процессе вечного продвижения во внешнее пространство. Однако как ограниченное выражение трех Абсолютных потенциалов внешнего пространства, это Верховное Существо вечно стремится к связи с Раем. И эти двуединые движения, по-видимому, объясняют бóльшую часть основной деятельности в организованных в настоящее время вселенных.

7. СУЩНОСТЬ ВЕРХОВНОГО

В Божестве Верховного Отец-Я ЕСТЬ достиг относительно полного освобождения от ограничений, присущих бесконечности статуса, вечности бытия и абсолютности своей природы. Однако Бог-Верховный был освобожден от всех экзистенциальных ограничений только благодаря тому, что подвергся эмпирической обусловленности, присущей всеобщему характеру его деятельности. Достигая способности к обретению опыта, конечный Бог становится также зависимым от него. Добиваясь освобождения от вечности, Всемогущий сталкивается с преградами времени. Что же касается опыта роста и развития, то он мог появиться у Верховного только вследствие частичности существования и неполноты его сущности, неабсолютности бытия.

Всё это, должно быть, происходит по плану Отца, который поставил конечный прогресс в зависимость от усилий, достижения созданий – в зависимость от настойчивости, развитие личности – в зависимость от веры. Предопределяя этим эмпирическую эволюцию Верховного, Отец сделал возможным существование во вселенных конечных созданий и будущее достижение ими – путем эмпирического развития – божественности Верховности.

За исключением безусловных ценностей семи Абсолютов, вся реальность – включая Верховного и даже Предельного – относительна. Факт Верховности основан на энергии Рая, личности Сына и действии Совместного Вершителя, однако рост Верховного связан с Божеством-Абсолютом, Безусловным Абсолютом и Всеобщим Абсолютом. И это синтезирующее и объединяющее Божество – Бог-Верховный – является персонификацией конечной тени, отбрасываемой через всю большую вселенную бесконечным единством неисповедимой сущности Райского Отца – Первого Источника и Центра.

В той мере, в какой тройственные союзы непосредственно действуют на конечном уровне, они соприкасаются с Верховным – тем Божеством, которое является средоточием и космической совокупностью конечных характеристик сущностей Абсолюта Актуального и Абсолюта Потенциального.

Райская Троица считается абсолютной неизбежностью; Семь Главных Духов являются, очевидно, Троичными неизбежностями; актуализация Верховного в энергии-разуме-духе-личности, должно быть, является эволюционной неизбежностью.

По всей вероятности, Бог-Верховный не был неизбежным в безусловной бесконечности, однако он представляется таковым на всех уровнях относительности. Он является неотъемлемым концентрирующим, суммирующим и охватывающим началом эволюционного опыта, эффективно объединяющим результаты данного способа восприятия реальности в сущности своего Божества. И всё это он совершает, очевидно, для того, чтобы способствовать появлению *неизбежного возникновения* – сверхопыта и сверхконечного проявления Бога-Предельного.

Верховное Существо невозможно полностью осознать, не принимая во внимание источник, функцию и предназначение: связь с порождающей Троицей, вселенную своей деятельности и Троицу-Предельную – непосредственное предназначение.

В процессе суммирования эволюционного опыта Верховный соединяет конечное с абсонитным – так же как разум Совместного Вершителя интегрирует божественную духовность личностного Сына с неизменными энергиями Райского эталона и как присутствие Всеобщего Абсолюта объединяет активирование Божества с реактивностью Безусловного. И данное единство, очевидно, является раскрытием необнаруженного влияния изначального единства Первого Отца-Причины, Источника-Эталона всех вещей и всех существ.

[Подготовлено Могущественным Посланником, временно пребывающим на Урантии.]

ДОКУМЕНТ 116

ВСЕМОГУЩИЙ-ВЕРХОВНЫЙ

Если бы человек осознал, что его Создателям – его непосредственным руководителям – присуща не только божественность, но и конечность, и что Бог времени и пространства является эволюционирующим и неабсолютным Божеством, то противоречия временных неравенств перестали бы быть запутанными религиозными парадоксами. Прекратилось бы проституирование религиозной веры в угоду социальному самодовольству счастливчиков, и она не служила бы для одного только поощрения стоического смирения несчастных жертв социального притеснения.

Наблюдая изысканно совершенные сферы Хавоны, было бы столь же обоснованно, сколь и логично предположить, что они созданы совершенным, бесконечным и абсолютным Создателем. Однако любое искреннее существо, исходящее из тех же обоснований и логики и наблюдающее смятение, несовершенства и несправедливости Урантии, не может не прийти к заключению, что ваш мир сотворен и управляется Создателями, которые субабсолютны, предбесконечны и далеко не совершенны.

Эмпирический рост подразумевает партнерство создания и Создателя – союз Бога и человека. Рост является отличительным признаком эмпирического Божества: Хавона не претерпела роста; Хавона есть и всегда была; она экзистенциальна, как и вечные Боги, которые являются ее источником. Однако большая вселенная характеризуется ростом.

Всемогущий-Верховный является живым и эволюционирующим Божеством могущества и личности. Его нынешние владения – большая вселенная – также являются растущей сферой могущества и личности. Его предназначение – совершенство, но его нынешний опыт включает элементы роста и незавершенного статуса.

Верховное Существо функционирует, в первую очередь, в центральной вселенной как духовная личность; во вторую очередь, в большой вселенной как Бог-Всемогущий – могущественная личность. Третья функция Верховного в совокупной вселенной в настоящее время скрыта, существуя только в качестве неизвестного потенциала разума. Никто не знает, чтó именно раскроет эта третья стадия развития Верховного Существа. Некоторые полагают, что после утверждения сверхвселенных в свете и жизни Верховное Существо будет управлять с Уверсы в качестве всемогущего эмпирического властелина большой вселенной и одновременно расширять сферу своего владычества как сверхвсемогущий властелин вселенных внешних вселенных. Другие считают, что третья стадия Верховности будет связана с третьим уровнем проявления Божества. Однако доподлинно никто из нас этого не знает.

1. ВЕРХОВНЫЙ РАЗУМ

Опыт развития личности каждого создания является одной из ступеней опыта Всемогущего-Верховного. Разумное подчинение каждого физического сегмента сверхвселенных есть часть растущего управления Всемогущего-Верховного. Творческий синтез могущества и личности – часть созидательного побуждения, присущего Верховному Разуму, и сама сущность эволюционного роста единства в Верховном Существе.

Союз силовых и личностных атрибутов Верховности является функцией Верховного Разума, и следствием завершения эволюции Всемогущего-Верховного будет единое и личностное Божество, а не плохо координированная ассоциация божественных атрибутов. В более широкой перспективе не будет Всемогущего отдельно от Верховного, Верховного отдельно от Всемогущего.

В течение эволюционных эпох потенциал физической энергии Верховного заключен в Семи Верховных Управляющих Энергией, а потенциал его разума покоится в Семи Главных Духах. Бесконечный Разум является функцией Бесконечного Духа, космический разум – служением Семи Главных Духов; Верховный Разум находится в процессе актуализации в координации большой вселенной и в функциональной ассоциации с раскрытием и достижением Бога-Семичастного.

Пространственно-временной разум – космический разум – по-разному действует в семи сверхвселенных, однако с помощью неизвестного нам ассоциативного метода он координируется в Верховном Существе. Сверхуправление большой вселенной, осуществляемое Всемогущим, не относится исключительно к физическому и духовному планам. В семи сверхвселенных оно является, главным образом, материальным и духовным, но существуют и такие феномены Верховного, которые являются одновременно и интеллектуальными, и духовными.

Мы действительно знаем о разуме Верховности меньше, чем о любом другом аспекте этого развивающегося Божества. Этот разум бесспорно активен во всей большой вселенной, и считается, что он обладает потенциальным предназначением, связанным с исполнением необычайно широкой функции в совокупной вселенной. Но одно мы знаем наверняка: в то время как физическое начало способно достигнуть предела своего роста и дух может добиться совершенства своего развития, разум никогда не перестает прогрессировать – он является эмпирическим методом нескончаемого прогресса. Верховный является эмпирическим Божеством, и потому он никогда не достигает окончательности развития разума.

2. ВСЕМОГУЩИЙ И БОГ-СЕМИЧАСТНЫЙ

Появление вселенского силового присутствия Всемогущего происходит одновременно с появлением на арене космического действия высоких создателей и управляющих эволюционных сверхвселенных.

Бог-Верховный обретает свои духовные и личностные атрибуты в Райской Троице, однако его силовая актуализация осуществляется в действиях Сынов-Создателей, Древних Дней и Главных Духов, чьи совместные акты являются источником его возрастающего могущества как всесильного властелина в семи сверхвселенных и по отношению к ним.

Безусловное Райское Божество непостижимо для эволюционирующих созданий времени и пространства. Вечность и бесконечность знаменуют собой такой уровень реальности божества, который недоступен пониманию пространственно-временны́х созданий. Бесконечность божества и абсолютность всевластия – неотъемлемые свойства Райской Троицы, а Троица представляет собой реальность, в определенном смысле выходящую за пределы понимания смертного человека. Пространственно-временны́м созданиям нужны первопричины, соотношения и предназначения, чтобы осмыслить существующие во вселенной связи и понять значение заключенных в божественности ценностей. Поэтому Райское Божество ослабляет и иным образом обуславливает внерайские персонализации божественности, тем самым порождая Верховных Создателей и их партнеров, которые извечно несут свет жизни во всё новые пределы, всё дальше от его Райского источника, пока он не находит свое наиболее отдаленное и прекрасное выражение в земных жизнях, проживаемых посвященческими Сынами в эволюционных мирах.

Таково происхождение Бога-Семичастного, последовательные уровни которого встречаются смертному человеку в следующем порядке:

1. Сыны-Создатели (и Созидательные Духи).
2. Древние Дней.
3. Семь Главных Духов.
4. Верховное Существо.
5. Совместный Вершитель.
6. Вечный Сын.
7. Всеобщий Отец.

Первые три уровня суть Верховные Создатели; три последних уровня – Райские Божества. Верховное Существо извечно занимает промежуточное положение как эмпирическая духовная персонализация Райской Троицы и эмпирическое средоточие эволюционного всемогущества порожденных Райскими Божествами создателей. Верховное Существо является максимальным раскрытием Божества семи сверхвселенным в нынешнюю вселенскую эпоху.

Исходя из логики смертных, можно было бы сделать вывод, что эмпирическое воссоединение совокупных деяний первых трех уровней Бога-Семичастного было бы равноценным уровню Райского Божества, однако это не так. Райское Божество является *экзистенциальным* Божеством. Верховные Создатели, в своем божественном единстве энергии и личности, представляют собой и выражают новый силовой потенциал *эмпирического* Божества. И этот имеющий эмпирическое происхождение силовой потенциал вступает в неизбежный и неминуемый союз с эмпирическим Божеством троичного происхождения – Верховным Существом.

Бог-Верховный не есть Райская Троица, как не является он ни одним из тех сверхвселенских Создателей, чья функциональная деятельность действительно синтезирует его эволюционирующее всемогущество, ни всеми ими в совокупности. Хотя источником происхождения Бога-Верховного является Троица, для эволюционных созданий он становится могущественной личностью только через координирование функций трех первых уровней Бога-Семичастного. В настоящее время Всемогущий-Верховный фактуализируется во времени и пространстве через деятельность Верховных Создателей, так же как в вечности Совместный Вершитель мгновенно возникает по воле Всеобщего Отца и Вечного Сына. Эти существа, принадлежащие первым трем уровням Бога-Семичастного, являются самой сущностью и источником силы Всемогущего-Верховного, поэтому они должны извечно сопровождать и поддерживать его административные действия.

3. ВСЕМОГУЩИЙ И РАЙСКОЕ БОЖЕСТВО

Деятельность Райских Божеств является не только непосредственной, через охватывающие всю вселенную гравитационные контуры, но и опосредованной, осуществляемой через различных посредников и через другие проявления, такие как:

1. *Средоточия разума Третьего Источника и Центра.* Конечные области энергии и духа буквально скрепляются присутствиями разума Совместного Вершителя. Это справедливо для широкого спектра духовных существ, начиная с Созидательного Духа локальной вселенной, Отражательных Духов сверхвселенной и кончая Главными Духами большой вселенной. Контуры разума, исходящие из этих разнообразных средоточий интеллекта, представляют собой космическую арену, на которой создания делают свой выбор. Разум – это эластичная реальность, которой с такой легкостью могут манипулировать и создания, и Создатели. Это важнейшее звено, соединяющее материю и дух. Посвящение разума Третьего Источника и Центра объединяет духовное лицо Бога-Верховного с эмпирическим могуществом эволюционного Всемогущего.

2. *Раскрытия личности Второго Источника и Центра.* Присутствия разума Совместного Вершителя объединяют божественный дух с конфигурацией энергии. Посвященческие инкарнации Вечного Сына и его Райских Сынов объединяют – а фактически они становятся одним целым – божественную природу Создателя с эволюционирующей природой создания. Верховный – это и создание, и создатель; возможность его существования в таком качестве раскрывается в посвященческих деяниях Вечного Сына и его равных и подчиненных Сынов. Сыны посвященческих категорий – Михаилы и Авоналы – действительно прибавляют к своей божественной природе подлинную природу созданий, которая стала их собственной через проживание настоящей жизни созданий в эволюционных мирах. Когда божественное становится подобным человеческому, такие взаимоотношения несут в себе возможность превращения человеческого в божественное.

3. *Присутствие Первого Источника и Центра, пребывающее в созданиях.* Разум объединяет духовные причинности с энергетическими реакциями; посвященческое служение объединяет нисхождения божественности с восхождениями созданий; пребывающие в созданиях частицы Всеобщего Отца действительно объединяют эволюционирующие создания с Богом в Раю. Существует много подобных разновидностей духовного присутствия Отца, вселяющихся в многочисленные категории личностей, и в смертном человеке такими божественными частицами Бога являются Настройщики Мышления. Таинственные Наставники становятся для человека тем же, чем Райская Троица – для Верховного Существа. Настройщики суть абсолютные основания, и на абсолютных основаниях свободный выбор способен привести к развитию божественной реальности, характерной для вечного существа: для человека – это завершитель, для Бога-Верховного – Божество.

Посвящения созданиям, осуществляемые Райскими категориями Сынов, позволяют этим божественным Сынам обогатить свои личности через приобретение действительной сущности вселенских созданий, в то время как для самих созданий такие посвящения неизменно раскрывают Райский путь достижения божественности. Посвящения Настройщиков Всеобщим Отцом позволяют ему привлечь к себе личности волевых созданий, обладающих свободой выбора. И во всех таких отношениях, существующих в конечных вселенных, Совместный Вершитель является неизменным источником опеки разума, благодаря которому осуществляются эти действия.

С помощью этих и многих других методов Райские Божества участвуют в эволюционных процессах времени, раскрывающихся на кружащихся планетах пространства и достигающих своей кульминации в Верховном личностном следствии всей эволюции.

4. ВСЕМОГУЩИЙ И ВЕРХОВНЫЕ СОЗДАТЕЛИ

Единство Верховного Целого зависит от постепенного объединения конечных частей; актуализация Верховного является следствием и производным именно этих объединений факторов верховности – создателей, созданий, интеллектов и энергий вселенных.

На протяжении тех эпох, когда суверенность Верховности претерпевает развитие во времени, всемогущество Верховного зависит от божественных действий Бога-Семичастного, причем особенно тесные отношения существуют, по-видимому, между Верховным Существом и Совместным Вершителем вместе с его первичными личностями – Семью Главными Духами. Как Совместный Вершитель, Бесконечный Дух действует многими способами, компенсирующими несовершенность эволюционного Божества, и поддерживает весьма тесные отношения с Верховным. Эти близкие отношения в определенной мере свойственны всем Главным Духам, в особенности Седьмому Главному Духу, который выступает от имени Верховного. Этот Главный Дух знает Верховного – он поддерживает с ним личную связь.

На ранней стадии составления плана по сотворению сверхвселенных Главные Духи объединились с породившей их Троицей в совместном создании сорока девяти Отражательных Духов, а Верховное Существо, со своей стороны, осуществило творческий акт, ставший кульминацией совместных актов Райской Троицы и созидательных детей Райского Божества. Появился Мажестон, и с тех пор он локализует космическое присутствие Верховного Разума, в то время как Главные Духи остаются источниками-центрами обширного служения космического разума.

Однако Главные духи продолжают контролировать Отражательных Духов. Седьмой Главный Дух (осуществляющий общее наблюдение за Орвонтоном из центральной вселенной) поддерживает личную связь с находящимися на Уверсе семью Отражательными Духами (и осуществляет сверхуправление ими). При исполнении контрольно-административных функций между сверхвселенными или в пределах сверхвселенной он пользуется отражательной связью с Отражательными Духами своего собственного типа, которые находятся в столице каждой сверхвселенной.

Эти Главные Духи не только поддерживают и расширяют полновластие Верховности, но, в свою очередь, испытывают воздействие созидательных замыслов Верховного. Обычно совместные творения Главных Духов относятся к квазиматериальному типу (управляющие энергией и т.п.), в то время как их индивидуальные творения принадлежат к духовному типу (супернафимы и т.п.). Однако, когда Главные Духи *совместно* создали Семь Кольцевых Духов в ответ на волю и замысел Верховного Существа, то следует отметить, что появившееся в результате этого творческого акта потомство является духовным, а не материальным или квазиматериальным.

То, что относится к Главным Духам сверхвселенных, касается и триединых правителей этих сверхтворений – Древних Дней. Эти олицетворения справедливости и правосудия Троицы во времени и пространстве являются практическими рычагами мобилизации всемогущества Верховного, исполняющими функцию семичастных средоточий эволюции тринитарного всевластия в регионах времени и пространства. Удобно расположенные на полпути между Раем и эволюционирующими мирами, эти властелины троичного происхождения видят обе стороны, знают обе стороны и согласовывают обе стороны.

Однако настоящими лабораториями, в которых разрабатываются эксперименты с разумом, исследования галактик, методы раскрытия божественности и развития личности, являются локальные вселенные, в своей космической совокупности образующие действительный фундамент, на котором Верховный, как божество, достигает эволюции в опыте и посредством опыта.

Даже Создатели эволюционируют в локальных вселенных: присутствие Совместного Вершителя проходит развитие от средоточия живой энергии до статуса божественной личности Вселенского Материнского Духа; Сын-Создатель проходит путь от экзистенциальной Райской божественности до эмпирической сущности верховного полновластия. Локальные вселенные суть отправные точки истинной эволюции – места́ появления действительно несовершенных личностей, наделенных способностью по собственной воле становиться сотворцами самих себя такими, какими им суждено стать.

В своих посвящениях эволюционным мирам Сыны-Арбитры со временем обретают сущность, выражающую божественность Рая в эмпирическом объединении с высшими духовными ценностями материальной человеческой природы. В этих и иных посвящениях Создатели Михаилы также обретают сущность своих детей в локальных вселенных и способность видеть космос их глазами. Такие Сыны-Владыки приближаются к завершению овладения субверховным опытом; а когда их полновластие в локальных вселенных расширяется и включает в себя связанных с ними Созидательных Духов, то можно сказать, что оно приближается к пределам верховности в отношении нынешних потенциалов эволюционной большой вселенной.

Когда посвященческие Сыны открывают человеку новые пути для поиска Бога, они не творят эти способы достижения божественности, а освещают вечные столбовые дороги прогресса, ведущие через присутствие Верховного к Райскому Отцу.

Локальные вселенные являются отправными пунктами личностей, наиболее удаленных от Бога и потому способных испытать наибольшую степень духовного восхождения во вселенной, достичь максимального эмпирического участия в совместном созидании самих себя. Те же самые локальные вселенные равным образом предоставляют опыт максимально возможной глубины для нисходящих личностей, и значение этого опыта для таких личностей равноценно значению опыта восхождения к Раю для эволюционирующих созданий.

Очевидно, смертный человек необходим для полноты функции Бога-Семичастного в процессе достижения этой группой божественных существ своего апогея – актуализации Верховного. Существует много других категорий вселенских личностей, столь же необходимых для становления всемогущества Верховного, однако это описание дается в наставление людям, и потому оно в значительной мере ограничено теми из факторов, влияющих на эволюцию Бога-Семичастного, которые имеют отношение к смертному человеку.

5. ВСЕМОГУЩИЙ И СЕМИЧАСТНЫЕ УПРАВЛЯЮЩИЕ

Вы уже знаете о связи Бога-Семичастного с Верховным Существом, и теперь вы должны понимать, что Семичастный включает и управляющих, и создателей большой вселенной. К семичастным управляющим большой вселенной относятся:

1. Главные Физические Регуляторы.

2. Верховные Силовые Центры.

3. Верховные Управляющие Энергией.

4. Всемогущий-Верховный.

5. Бог Действия – Бесконечный Дух.

6. Остров Рай.

7. Источник Рая – Всеобщий Отец.

Эти семь групп функционально неотделимы от Бога-Семичастного и образуют уровень физического управления, осуществляемого данным объединением в Божестве.

В сверхвселенском смысле, разделение энергии и духа (происходящее из совместного присутствия Вечного Сына и Острова Рай) получило символическое выражение, когда Семь Главных Духов объединились для совершения своего первого совместного творческого акта. Это событие ознаменовало собой появление Семи Верховных Управляющих Энергией. Одновременно с этим произошло выделение духовных контуров Главных Духов – резко отличающихся от физической деятельности, оставшейся в ведении управляющих энергией, – и сразу же появился космический разум как новый фактор, координирующий материю и дух.

Всемогущий-Верховный эволюционирует в качестве верховного управляющего физической энергией большой вселенной. В нынешнюю вселенскую эпоху этот потенциал физической энергии представляется сосредоточенным в Семи Верховных Управляющих Энергией, действующих через стационарные местоположения силовых центров и подвижные присутствия физических регуляторов.

Временные вселенные несовершенны; совершенство – их предназначение. Борьба за совершенство затрагивает не только интеллектуальный и духовный, но и физический уровень энергии и массы. Утверждение семи сверхвселенных в свете и жизни предполагает достижение ими физической устойчивости. Считается, что окончательное достижение материального равновесия ознаменует собой завершение эволюции физического управления Всемогущего.

На раннем этапе построения вселенной даже Райские Создатели уделяют основное внимание материальному равновесию. Строение локальной вселенной приобретает определенные контуры не только в результате деятельности силовых центров, но и благодаря пространственному присутствию Созидательного Духа. В эти ранние эпохи построения локальной вселенной Сын-Создатель демонстрирует малопонятное свойство управления материей, и он покидает свою столичную планету только после того, как локальная вселенная становится в целом устойчивой.

В конечном счете, любая энергия реагирует на разум, и физические регуляторы являются детьми Бога разума, активирующего эталон Рая. Интеллектуальные способности управляющих энергией неизменно посвящены осуществлению физической регуляции. Их борьба за физическое господство над отношениями энергии и движениями массы прекращается только после достижения конечной победы над энергиями и массами, образующими постоянную область их деятельности.

Борьба духа во времени и пространстве заключается в эволюции духовного господства над материей посредством (личностного) разума; физическая (неличностная) эволюция вселенных заключается в согласовании космической энергии и представления об устойчивости, которое содержится в разуме, подчиненном сверхуправлению духа. Вся эволюция совокупной большой вселенной заключается в личностном объединении контролирующего энергию разума и координированного с духом интеллекта; она раскроется в полном проявлении всемогущества Верховного.

Трудность достижения состояния динамического равновесия объясняется фактом роста космоса. Появление новой энергии и новой массы постоянно ставит под угрозу контуры, упрочившиеся в физическом творении. Растущая вселенная – это неустойчивая вселенная. Поэтому ни одна часть космического целого не может обрести подлинной устойчивости, пока, в должное время, не будет достигнута материальная завершенность семи сверхвселенных.

В устойчивых вселенных света и жизни не бывает неожиданных физических явлений, имеющих принципиальное значение. Здесь достигнут относительно полный контроль над материальным творением. Тем не менее, проблемы взаимоотношений устойчивых и эволюционирующих вселенных продолжают находиться в центре внимания Управляющих Вселенской Энергией. Однако эти проблемы постепенно исчезнут с уменьшением новой творческой активности по мере приближения большой вселенной к апогею эволюционного выражения.

6. ГОСПОДСТВО ДУХА

В эволюционных сверхвселенных энергия-вещество преобладает во всём, кроме личности, где дух стремится обрести господствующее положение через посредство разума. Цель эволюционных вселенных – подчинение энергии-вещества разуму, согласование разума и духа, и всё это достигается благодаря созидательному и объединяющему присутствию личности. Таким образом, по отношению к личности, физические системы действительно становятся подчиненными, интеллектуальные системы – координированными, духовные системы – руководящими.

Этот союз энергии и личности выражается на уровнях божества в Верховном и в виде Верховного. Однако действительная эволюция духовного господства есть такой рост, который основан на свободных волевых актах Создателей и созданий большой вселенной.

На абсолютных уровнях энергия и дух составляют единое целое. Но при переходе на другие уровни сразу же возникает отличие, и по мере движения энергии и духа вовне из Рая пропасть между ними увеличивается до тех пор, пока в локальных вселенных они не становятся совершенно различными. Они не являются более ни идентичными, ни похожими друг на друга, и необходимо посредничество разума, чтобы обеспечить их взаимосвязь.

Тот факт, что энергия может направляться действиями регулирующих личностей, демонстрирует чувствительность энергии к воздействию разума. Тот факт, что масса может стабилизироваться действиями тех же самых регулирующих сущностей, указывает на чувствительность массы к упорядочивающему присутствию разума. И тот факт, что сам дух, присутствующий в волевой личности, может с помощью разума стремиться к подчинению энергии-вещества, говорит о потенциальном единстве всего конечного творения.

По всей вселенной вселенных существует взаимозависимость всех сил и личностей. Сыны-Создатели и Созидательные Духи зависят от сотрудничества силовых центров и физических регуляторов в организации вселенных; деятельность Верховных Управляющих Энергией была бы неполной без сверхуправления Главных Духов. Устройство физической жизни человека делает его отчасти восприимчивым к велениям (личностного) разума. В свою очередь, тот же разум подчиняется целенаправленному водительству духа, и результатом такого эволюционного развития становится появление нового дитя Верховного – нового личностного объединения нескольких видов космической реальности.

С целым дело обстоит так же, как и с частями: духовному лицу Верховного требуется эволюционная сила Всемогущего, чтобы добиться полноты Божества и достигнуть своей цели – объединения в Троице. Это осуществляется личностями пространства и времени. Однако кульминацией и завершением данной деятельности является акт Всемогущего-Верховного. И хотя рост целого есть, таким образом, соединение воедино совокупного роста частей, отсюда следует и то, что эволюция частей является неполным отражением целенаправленного роста целого.

В Раю монота и дух существуют как единое целое и отличаются только названием. В Хавоне материя и дух по самой своей природе гармоничны, хотя и обладают явными отличиями. Что же касается семи сверхвселенных, то здесь расхождение огромно: глубокая пропасть лежит между космической энергией и божественным духом. Этим объясняется наличие большей эмпирической возможности для действия разума, призванного гармонизовать и в итоге объединить физическую форму с духовными целями. В эволюционирующих во времени вселенных пространства происходит большее ослабление божественности, здесь приходится решать более трудные задачи, и здесь предоставляется больше возможности обрести опыт при решении этих задач. И всё это существующее в сверхвселенной положение расширяет арену эволюционного бытия, где обеспечены равные возможности обретения космического опыта как для создания, так и Создателей, включая Верховное Божество.

Господство духа, которое является экзистенциальным на абсолютных уровнях, становится эволюционным опытом на конечных уровнях и в семи сверхвселенных. И этот опыт принадлежит равным образом всем – от смертного человека до Верховного Существа. Все борются, борются лично, за достижение цели; все участвуют, участвуют лично, в свершении своего предназначения.

7. ЖИВОЙ ОРГАНИЗМ БОЛЬШОЙ ВСЕЛЕННОЙ

Большая вселенная – это не только грандиозное материальное творение, которое отличается физическим великолепием, духовным величием и интеллектуальным размахом. Это также великолепный и чувствительный живой организм. В обширном творении – животрепещущем космосе – пульсирует настоящая жизнь. Физическая реальность вселенных символизирует постигаемую реальность Всемогущего-Верховного; и этот материальный живой организм пронизан контурами разума, подобно человеческому телу, покрытому сетью чувствительных нервных волокон. Физическая вселенная насыщена энергетическими контурами, эффективно активирующими материальное творение, подобно человеческому телу, получающему питание и энергию благодаря кровообращению, распределяющему усваиваемые энергетические продукты питания. Обширная вселенная не лишена и тех координирующих центров величественного сверхуправления, которые можно сравнить с тонкой системой химической регуляции человеческого организма. Однако, если бы вы были знакомы со строением силового центра, мы могли бы, по аналогии, рассказать вам намного больше о физической вселенной.

Как смертные зависят от солнечной энергии для продолжения жизни, так и большая вселенная зависит от неисчерпаемых энергий, излучаемых нижним Раем, для поддержания физической активности и космических движений в пространстве.

Разум дан смертным для того, чтобы с его помощью они могли осознать свою идентичность и личность; и разум – даже такой как Верховный Разум – посвящен тотальности конечного, и с помощью данного разума дух этой появляющейся личности космоса извечно стремится к господству над энергией-веществом.

Смертный человек реагирует на духовное руководство подобно тому, как большая вселенная реагирует на необъятный охват духовной гравитации Вечного Сына – всеобщую сверхматериальную связь вечных духовных ценностей во всех творениях конечного космоса времени и пространства.

Люди способны на совершение вечной самоидентификации со всецелой и нерушимой вселенской реальностью – слиянием с внутренним Настройщиком Мышления. Так же и Верховный находится в вечной зависимости от абсолютной устойчивости Изначального Божества – Райской Троицы.

Тяга человека к Райскому совершенству – его стремление обрести Бога – создает истинное напряжение божественности в живом космосе, которое можно разрешить только благодаря эволюции бессмертной души. Именно такая эволюция происходит в опыте отдельного смертного создания. Однако, когда все создания и все Создатели большой вселенной одинаково борются за достижение Бога и божественное совершенство, создается огромное космическое напряжение, которое разрешается только через величественный синтез всемогущества с духовным лицом эволюционирующего Бога всех созданий – Верховного Существа.

[Подготовлено Могущественным Посланником, временно пребывающим на Урантии.]

ДОКУМЕНТ 117

БОГ-ВЕРХОВНЫЙ

Каким бы ни было наше место во вселенной, в той мере, в какой мы выполняем волю Бога, мы способствуем актуализации всемогущего потенциала Верховного. Воля Бога есть цель Первого Источника и Центра, потенциально выраженная в трех Абсолютах, олицетворенная в Вечном Сыне, совмещенная для вселенского действия в Бесконечном Духе и увековеченная в извечных эталонах Рая. И Бог-Верховный становится высочайшим конечным выражением всеобъемлющей воли Бога.

Если когда-нибудь все обитатели большой вселенной будут относительно полностью подчинять свою жизнь воле Бога, то пространственно-временные творения утвердятся в свете и жизни и Всемогущий – божественный потенциал Верховности – обретет фактическое существование в божественной личности Бога-Верховного.

Когда эволюционирующий разум становится восприимчивым к контурам космического разума, когда эволюционирующая вселенная обретает устойчивость согласно эталону центральной вселенной, когда развивающийся дух соприкасается с объединенным служением Главных Духов, когда восходящая смертная личность, наконец, приучается к божественному руководству внутреннего Настройщика, – тогда еще на одну ступень возрастает реальность Верховного во вселенных, и божественность Верховного еще на один шаг приближается к своей реализации в космосе.

Эволюция частей и индивидуумов большой вселенной является отражением всеохватной эволюции Верховного, в то время как Верховный, в свою очередь, есть синтез совокупной всеохватности всей эволюции большой вселенной. С точки зрения смертного, и то, и другое – как в эволюционном, так и в эмпирическом аспекте – взаимообусловлено.

1. ПРИРОДА ВЕРХОВНОГО СУЩЕСТВА

Верховный есть исполненная физической гармонии красота, наделенная интеллектуальным значением истина и порожденная духовной ценностью благость. Он есть наслаждение истинного успеха и радость вечного обретения. Он есть сверхдуша большой вселенной, сознание конечного космоса, совершенство конечной реальности и персонификация опыта Создателей и созданий. На протяжении всей вечности будущего Бог-Верховный будет являться выразителем реальности волевого опыта в троичных отношениях Божества.

В лице Верховных Создателей Боги спустились из Рая во владения времени и пространства, чтобы сотворить и развить создания, способные достичь Рая, – создания, которые могут совершить восхождение к Раю в поисках Отца. Эта вселенская процессия нисходящих, раскрывающих Бога Создателей и восходящих, ищущих Бога созданий вскрывает характер эволюции Верховного как Божества, в котором как нисходящие, так и восходящие существа достигают взаимопонимания, открывают вечное и всеобщее братство. Так Верховное Существо становится конечным синтезом опыта причины – совершенных Создателей, и следствия – совершенствующихся созданий.

Большая вселенная заключает в себе возможность полного объединения и неизменно стремится к нему. Это проистекает из того, что нынешнее космическое бытие является следствием созидательных актов и властных мандатов Райской Троицы, представляющей собой безусловное единство. Именно это тринитарное единство выражается в конечном космосе в Верховном, чья реальность становится всё более явной по мере достижения вселенными максимального уровня отождествления с Троицей.

Воля Создателя и воля создания качественно различны. Однако эмпирически они схожи, ибо создание и Создатель способны сотрудничать в достижении вселенского совершенства. Человек способен трудиться совместно с Богом и тем самым участвовать в создании вечного завершителя. Бог способен действовать даже в облике человека при инкарнациях его Сынов, которые тем самым достигают верховности в опыте созданий.

В Верховном Существе Создатель и создание объединены в одном Божестве, чья воля является выражением одной божественной личности. И эта воля Верховного есть нечто большее, чем воля Создателя или создания, подобно тому, как суверенная воля Сына-Владыки Небадона является в настоящее время чем-то бóльшим, чем сочетание божественной и человеческой воли. Союз, объединяющий Райское совершенство и пространственно-временнóй опыт, порождает новую значимую ценность на божественных уровнях реальности.

Эволюционирующая божественная природа Верховного становится точным отображением уникального опыта всех созданий и всех Создателей в большой вселенной. В Верховном создатель и создание слиты воедино. Они навсегда соединены тем опытом, который родился в превратностях, связанных с решениями многочисленных проблем – проблем, с которыми сталкивается всё конечное творение, следуя по вечному пути в поисках совершенства и освобождения от оков незавершенности.

Истина, красота и благость взаимосвязаны в служении Духа, величии Рая, милосердии Сына и опыте Верховного. Бог-Верховный *есть* истина, красота и благость, ибо эти присущие божественности понятия представляют собой конечные максимумы опыта формирования идей. Вечные источники этих триединых свойств божественности находятся на сверхконечных уровнях, но создание способно воспринимать такие источники как сверхистину, сверхкрасоту и сверхблагость.

Михаил – создатель – раскрыл божественную любовь Создателя-Отца к своим земным детям. Открыв и почувствовав эту божественную любовь, люди могут стремиться раскрыть ее своим братьям во плоти. Такая любовь создания является истинным отражением любви Верховного.

Содержание Верховного отличается симметричностью. Первый Источник и Центр потенциален в трех великих Абсолютах, актуален в Раю, в Сыне и в Духе. Однако Верховный является и актуальным, и потенциальным: это существо, обладающее личной верховностью и всемогуществом, реагирует как на усилия созданий, так и на замысел Создателя. Он лично воздействует на вселенную и лично реагирует на всю совокупность вселенной; он одновременно является верховным создателем и верховным созданием. Божество Верховности выражает таким образом совокупность всего конечного.

2. ИСТОЧНИК ЭВОЛЮЦИОННОГО РОСТА

Верховный является Богом-во-времени; в нём заключается тайна временно́го роста созданий; он также является победой над несовершенным настоящим и достижением совершенствующегося будущего. И окончательные плоды всего конечного роста заключаются в могуществе, управляемом духом посредством разума благодаря объединяющему и созидательному присутствию личности. Кульминационным следствием всего этого роста является Верховное Существо.

Для смертного человека существование эквивалентно росту. Воистину, оно может представляться таковым даже в более широком вселенском смысле, ибо управляемое духом бытие действительно представляется имеющим своим следствием эмпирический рост – повышение статуса. Однако мы уже давно полагаем, что нынешний рост, которым характеризуется существование созданий в течение данной вселенской эпохи, является функцией Верховного. Точно так же мы считаем, что такой тип роста свойственен эпохе роста Верховного и что он закончится с завершением роста Верховного.

Посмотрите на статус сынов, тринитизованных созданиями. Они рождаются и живут в нынешнюю вселенскую эпоху; у них есть личность, они наделены разумом и духом. Они обладают опытом и помнят свой опыт, но они не *растут* так, как восходящие существа. Согласно своему пониманию, мы полагаем, что эти сыны, тринитизованные созданиями, *существуя* в нынешней вселенской эпохе, *принадлежат* следующей вселенской эпохе, которая начнется после завершения роста Верховного. Поэтому они не *принадлежат* Верховному в его нынешнем статусе, для которого характерна незавершенность и проистекающий из нее рост. Следовательно, они не принимают участия в эмпирическом росте в течение нынешней вселенской эпохи и находятся в резерве для использования в следующую вселенскую эпоху.

Члены моей собственной категории – Могущественные Посланники, – будучи объятыми Троицей, не участвуют в росте в нынешнюю вселенскую эпоху. В определенном смысле, по своему статусу мы относимся к предыдущей вселенской эпохе – как, фактически, и Неизменные Сыны Троицы. Ясно одно: наш статус закреплен объятиями Троицы, вследствие чего опыт не приводит к дальнейшему росту.

Это не относится к завершителям или любым другим эволюционным и эмпирическим категориям, участвующим в процессе роста Верховного. Вы, смертные, живущие в настоящее время на Урантии, обладающие возможностью стремиться к достижению Рая и статусу завершителей, должны понять, что такое предназначение реализуемо только потому, что вы – от Верховного и принадлежите ему и тем самым участвуете в цикле роста Верховного.

Когда-нибудь рост Верховного прекратится; его статус будет завершенным (в энергетически-духовном смысле). Это завершение эволюции Верховного ознаменует собой также окончание эволюции созданий как части Верховности. Мы не знаем, какой тип роста может быть характерным для вселенных внешнего пространства. Однако мы совершенно уверены в том, что он будет полностью отличаться от всего, что известно в нынешнюю эпоху эволюции семи сверхвселенных. Функция эволюционных граждан большой вселенной несомненно будет заключаться в компенсирующей деятельности по отношению к обитателям внешнего пространства, лишенным роста Верховности.

При завершении нынешней вселенской эпохи Верховное Существо будет действовать в качестве эмпирического властелина большой вселенной. Обитатели внешнего пространства – граждане следующей вселенской эпохи – будут обладать постсверхвселенским потенциалом роста, способностью к эволюционным достижениям, предполагающей полновластие Всемогущего-Верховного, что исключает участие созданий в энерго-личностном синтезе, происходящем в нынешнюю вселенскую эпоху.

Поэтому незавершенность Верховного можно рассматривать как благо, ибо она делает возможным эволюционный рост сотворенных созданий нынешних вселенных. У пустоты действительно есть свое достоинство: она может быть эмпирически заполнена.

Один из самых интересных вопросов конечной философии – следующий: происходит ли актуализация Верховного Существа в ответ на эволюцию большой вселенной, или же конечный космос постепенно эволюционирует в ответ на постепенную актуализацию Верховного? Или, быть может, в своем развитии они взаимозависимы и являются эволюционными противоположностями, каждая из которых вызывает рост другой? В одном мы уверены: создания и вселенные, высокие и низкие, развиваются в Верховном, и по мере их развития возникает объединенная совокупность всей конечной активности в эту вселенскую эпоху. Таково появление Верховного Существа, что для всех личностей является эволюцией всемогущества Бога-Верховного.

3. ЗНАЧЕНИЕ ВЕРХОВНОГО ДЛЯ ВСЕЛЕНСКИХ СОЗДАНИЙ

Космическая реальность, по-разному определяемая как Верховное Существо, Бог-Верховный и Всемогущий-Верховный, есть комплексный и всеобщий синтез возникающих фаз всех конечных реальностей. Огромное разнообразие вечной энергии, божественного духа и всеобщего разума достигает конечной кульминации в эволюции Верховного, который является совокупным выражением всего конечного роста, самореализуемого на божественных уровнях максимального конечного завершения.

Верховное Существо – это то божественное русло, по которому течет созидательная бесконечность тройственных союзов, кристаллизующаяся в галактической панораме пространства, на фоне которой разворачивается величественная личностная драма времени: покорение энергии-вещества духом через посредство разума.

Иисус сказал: «Я есть живой путь» – он и является живым путем от материального уровня самосознания до духовного уровня богосознания. И так же, как он представляет собой живой путь восхождения от «я» до Бога, так и Верховный – это живой путь от конечного сознания до трансцендентности сознания, вплоть до проницательности абсонитности.

Ваш Сын-Создатель действительно может служить таким живым путем, ведущим от человечности к божественности, ибо он лично, в собственном опыте, прошел всю эту вселенскую стезю развития – от истинной человечности Иешуа бен Иосифа, Сына Человеческого, до Райской божественности Михаила Небадонского – Сына бесконечного Бога. Так же и Верховное Существо может функционировать как вселенский путь преодоления ограничений конечного статуса, ибо оно является действительным воплощением и личностным олицетворением эволюции, прогресса и одухотворения всех созданий. Равным образом и опыт нисходящих из Рая личностей, приобретаемый в большой вселенной, является частью его опыта, дополняя его совокупный восходящий опыт паломников времени.

То, что смертный человек сотворен по образу Божьему, – это не только метафора. С физической точки зрения, это утверждение едва ли верно, однако в отношении некоторых вселенских потенциальностей оно является подлинным фактом. В человеческом роде разворачивается нечто подобное той драме эволюционного достижения, которая, в неизмеримо большем масштабе, происходит во вселенной вселенных. В присутствии конечных потенциальностей Верховного, человек – волевая личность – обретает созидательные черты в союзе с Настройщиком – безличностной сущностью, в результате чего расцветает бессмертная душа. Во вселенных пространственно-временны́е личности Создателей действуют совместно с безличностным духом Райской Троицы, благодаря чему они становятся создателями нового энергетического потенциала, присущего реальности Божества.

Будучи созданием, смертный человек не есть точное подобие Верховного Существа, которое является божеством. Однако в некотором смысле эволюция человека действительно напоминает рост Верховного. Человек осознанно проходит путь развития от материального к духовному посредством твердости, силы и настойчивости своих собственных решений. Он растет также по мере того, как Настройщик Мышления создает новые методы, позволяющие ему спуститься с духовного на моронтийный уровень души, и, однажды появившись, душа начинает расти самостоятельно.

Это отчасти напоминает метод распространения Верховного Существа. Его полновластие растет через деяния и достижения Верховных Создателей. Такова эволюция величия его могущества как правителя большой вселенной. Природа его божества зависит также от предсущего единства Райской Троицы. Однако есть еще один аспект эволюции Бога-Верховного: он не только развивается Создателями и происходит из Троицы – он также развивает сам себя и происходит из самого себя. Бог-Верховный сам является волевым, созидательным участником своей собственной актуализации как божества. Так же и моронтийная человеческая душа является волевым, созидательным партнером в обеспечении своего собственного бессмертия.

В сотрудничестве с Совместным Вершителем Отец управляет энергиями Рая, наделяя их восприимчивостью к Верховному. В сотрудничестве с Вечным Сыном Отец сотворяет личности Создателей, чьи действия со временем приведут к полновластию Верховного. Вместе с Сыном и Духом Отец создает троичных личностей, призванных действовать в качестве правителей в большой вселенной вплоть до наступления такого времени, когда завершение эволюции Верховного позволит ему принять на себя это полновластие. Этим и многими другими путями Отец сотрудничает с другими равными ему существами – Божествами и не-Божествами, – помогая эволюции Верховности. Однако он также действует в этих областях самостоятельно. Эта самостоятельная функция Отца, вероятно, лучше всего раскрывается в служении Настройщиков и связанных с ними сущностей.

Божество есть единство – экзистенциальное в Троице, эмпирическое в Верховном, реализованное на уровне смертных созданий в слиянии с Настройщиками. Присутствие Настройщика Мышления в смертном человеке раскрывает принципиальное единство вселенной, ибо человек – низший возможный тип вселенской личности – содержит в себе действительную частицу высшей и вечной реальности, частицу самого Отца всех личностей.

Верховное Существо эволюционирует благодаря своей связи с Райской Троицей и вследствие успеха божественности детей этой Троицы из числа создателей и управляющих. Бессмертная душа человека раскрывает свое собственное вечное предназначение благодаря связи с божественным присутствием Райского Отца и в согласии с личностными решениями человеческого разума. Троица является для Бога-Верховного тем же, чем Настройщик – для эволюционирующего человека.

В течение нынешней вселенской эпохи Верховное Существо, очевидно, неспособно функционировать непосредственно в качестве создателя, за исключением тех случаев, когда творческие силы времени и пространства исчерпали конечные возможности действия. До сих пор в истории вселенных такое случалось только один раз: когда были исчерпаны возможности конечного действия в области вселенского отражения, Верховный проявил себя как созидательный завершитель всех предшествующих действий создателей. Мы полагаем, что и в будущем он будет действовать в этом качестве всякий раз, когда предшествующая созидательность будет завершать соответствующий цикл творческой активности.

Верховное Существо не создавало человека, однако человек был в буквальном смысле слова создан из потенциальности Верховного; сама его жизнь происходит из этой потенциальности. Не занимается Верховное Существо и развитием человека. И тем не менее, сам Верховный есть сущность развития. С конечной точки зрения, мы действительно живем, движемся и существуем в имманентности Верховного.

Очевидно, Верховный неспособен инициировать изначальную причинность, но он выступает катализатором всякого вселенского роста и, по-видимому, ему суждено обеспечить всеобъемлющее завершение предназначения всех эмпирических эволюционных существ. Отец порождает концепцию конечного космоса; Сыны-Создатели осуществляют этот замысел во времени и пространстве с согласия и в сотрудничестве с Созидательными Духами; Верховный доводит до кульминации совокупное развитие конечного и устанавливает его связь с предназначением абсонитного.

4. КОНЕЧНЫЙ БОГ

Наблюдая постоянную борьбу сотворенных созданий за совершенство статуса и божественность бытия, мы неизбежно приходим к мысли о том, что эти нескончаемые усилия свидетельствуют о непрерывной борьбе Верховного за божественную самореализацию. Бог-Верховный является конечным Божеством, и он должен справляться с проблемами конечного во всеобъемлющем смысле этого слова. Наши усилия в борьбе с превратностями времени в эволюционных процессах пространства являются отражениями его усилий, направленных на достижение реальности «я» и завершение полновластия в пределах сферы действия, которая расширяется его эволюционирующей сущностью до крайних возможных пределов.

По всей большой вселенной Верховный борется за самовыражение. Его божественная эволюция в определенной мере зависит от мудрости поступков, совершаемых каждой существующей личностью. Когда человек избирает вечную жизнь, он становится сотворцом судьбы; и в жизни такого восходящего смертного конечный Бог обретает еще бóльшую степень самореализации личности и расширяет свое эмпирическое полновластие. Однако если создание отвергает вечный путь, то эволюция той части Верховного, которая зависела от выбора этого создания, претерпевает неизбежную задержку; такую потерю можно компенсировать аналогичным или сопоставимым опытом. Что же касается личности несохранившегося существа, то она поглощается сверхдушой творения, становясь частью Божества Верховного.

Бог отличается таким доверием и любовью, что даже людям он вверяет частицу своей божественной сущности для хранения и самореализации. Сущность Отца – духовное присутствие Настройщика – неразрушима, каким бы ни был выбор смертного существа. Дитя Верховного – развивающееся «я» – может быть разрушено, несмотря на то что потенциально объединяющая личность такого заблудшего «я» сохранится как фактор Божества Верховности.

Человеческая личность действительно способна разрушить индивидуальность создания, и хотя всё то, что было ценным в жизни такого космического самоубийцы сохранится, *эти качества не сохранятся как индивидуальное создание*. Верховный снова проявится в созданиях вселенных, но никогда больше в виде того же самого лица; уникальная личность отклонившего восхождение существа вернется к Верховному, как капля воды возвращается в море.

Любое изолированное действие личностных частей конечного является относительно несущественным по отношению к грядущему появлению Верховного Целого, однако целое, тем не менее, зависит от совокупных действий многочисленных частей. Личность индивидуального смертного незначительна на фоне всеобъемлющей Верховности, но личность каждого человека представляет собой незаменимое значение-ценность в составе конечного: однажды выраженная, личность никогда уже не находит идентичного выражения, кроме как в продолжающемся существовании этой живой личности.

Так, одновременно с нашим стремлением к самовыражению, Верховный – в нас и вместе с нами – стремится выразить себя как божество. Всякий раз, когда мы приходим к Отцу, Верховный приходит к Райскому Создателю всего сущего. По мере того как мы решаем проблемы самореализации, Бог опыта достигает всемогущей верховности во вселенных времени и пространства.

Восхождение человечества во вселенной требует усилий; эволюция Верховного также невозможна без целенаправленных и разумных действий. Только сохраняя активность, создания могут достигнуть совершенства; только в непрестанном служении конечному творению дух Верховности способен фактуализировать силу Всемогущего.

Временна́я связь человека с Верховным служит основанием для космической морали – всеобщей чувствительности к *долгу* и его принятию. Эта мораль превосходит временно́е восприятие относительного добра и зла; такая мораль непосредственно основана на признании эмпирического обязательства по отношению к эмпирическому Божеству – признании, присущем самосознающему созданию. Смертный человек и все остальные конечные создания сотворены из живого потенциала энергии, разума и духа, заключенного в Верховном. Именно на Верховного опирается союз Настройщика и восходящего смертного существа для создания бессмертного и божественного характера завершителя. Именно из само́й реальности Верховного Настройщик, с согласия человеческой воли, сплетает узоры вечной природы восходящего Божьего сына.

Развитие прогресса Настройщика в одухотворении и увековечении человеческой личности прямо способствует расширению полновластия Верховного. Такие достижения в человеческой эволюции одновременно являются и достижениями в эволюционной актуализации Верховного. Хотя то, что создания не эволюционируют без Верховного, и является истиной, возможно, что полная эволюция Верховного точно так же недостижима без завершения эволюции всех созданий. В этом состоит великая космическая ответственность самосознающих личностей:

Верховное Божество в определенном смысле зависит от выбора смертных созданий. И с помощью непостижимых механизмов вселенского отражения Древние Дней получают точное и полное представление о взаимном прогрессе эволюции созданий и эволюции Верховного.

Великий вызов, брошенный смертному человеку, заключается в следующем: решите ли вы воплотить познаваемые в опыте ценностные значения космоса в своей собственной развивающейся индивидуальности, или же, отвергнув продолжение жизни, допустите, чтобы эти тайны Верховности остались нераскрывшимися, ожидающими действия другого создания в другое время, которое *по-своему* постарается внести собственный вклад в эволюцию конечного Бога? Однако это будет уже его вкладом в Верховного, а не вашим.

Великая борьба данной вселенской эпохи – это борьба между потенциальным и актуальным, стремление к актуализации всего того, что еще не нашло своего выражения. Если смертный человек отправляется в путешествие к Раю, то тем самым он следует движениям времени, которые, подобно струям, текут в потоке вечности; если же смертный человек отвергает продолжение жизни, то он движется против течения событий в конечных вселенных. Механическое творение неумолимо движется в соответствии с раскрывающимся замыслом Райского Отца, но волевое творение обладает выбором – принять или отвергнуть роль личностного участия в вечном путешествии. Смертный человек неспособен уничтожить высшие ценности человеческого существования, но он совершенно определенно способен воспрепятствовать эволюции этих ценностей в своем собственном личном опыте. В той и только в той мере, в какой человеческое «я» отказывается, таким образом, принять участие в восхождении к Раю, происходит задержка в достижении Верховным выражения своей божественности в большой вселенной.

Смертному человеку было доверено не только присутствие Райского Отца – Настройщик, – но и распоряжение судьбой бесконечно малой частицы грядущего Верховного. Ибо как человек достигает предназначенного человеку, так Верховный обретает свое предназначение на уровнях божества.

Поэтому каждый из вас стоит перед решением, которое когда-то стояло перед каждым из нас: подведете ли вы Бога времени, который столь зависим от решений конечного разума? Подведете ли вы Верховную личность во вселенных из-за лени – признака животного регресса? Подведете ли вы возвышенного брата всех созданий, который так зависит от каждого из созданий? Сможете ли вы позволить себе перейти в мир нереализованного, когда перед вами лежит чарующая перспектива вселенского пути – божественное открытие Райского Отца и божественное участие в поисках и эволюции Бога Верховности?

Дары Бога – его посвящение реальности – не являются отчуждениями; он не отдаляет от себя творение, однако он создал напряжения в творениях, обращающихся вокруг Рая. Бог прежде всего любит человека и дарует ему потенциальное бессмертие – вечную реальность. И любящий Бога человек действительно становится вечным. И вот в чём тайна: чем больше приближается человек к Богу в любви, тем большей становится реальность – действительность – такого человека. Чем больше человек удаляется от Бога, тем больше он приближается к нереальности – прекращению существования. Когда человек посвящает свою волю выполнению воли Отца, когда человек отдает Богу всё, что *имеет*, тогда Бог делает человека большим, чем он есть.

5. СВЕРХДУША ТВОРЕНИЯ

Великий Верховный – это космическая сверхдуша большой вселенной. В нём качества и количества космоса действительно находят присущее божеству выражение. Природа его божества представляет собой мозаичную картину совокупной громадности всей природы созданий и Создателей во всех эволюционирующих вселенных. И Верховный является также актуализирующимся Божеством, воплощающим созидательную волю, которая охватывает выявляющийся замысел вселенной.

Интеллектуальные, потенциально личностные «я» конечного уровня возникают из Третьего Источника и Центра и достигают в Верховном синтеза конечного пространственно-временнóго Божества. Когда создание подчиняется воле Создателя, оно не подавляет свою личность и не отказывается от нее; действуя таким образом, индивидуальные личностные участники актуализации конечного Бога не теряют самостоятельности своей воли. Наоборот, такие личности всё больше растут благодаря участию в этом великом становлении Божества; в этом союзе с божественностью человек возвышает, обогащает, одухотворяет и объединяет свое эволюционирующее «я», достигая преддверия верховности.

Эволюционирующая бессмертная душа человека – совместное творение материального разума и Настройщика – восходит как таковая к Раю и впоследствии, после зачисления в Корпус Завершения, обретает новую связь с контуром духовной гравитации Вечного Сына, что достигается при помощи эмпирического метода, известного как *трансцендентация завершителя*. В итоге такие завершители становятся приемлемыми кандидатами для эмпирического признания в качестве личностей Бога-Верховного. И когда эти смертные разумные существа, выполняя неизвестные будущие задания Корпуса Завершения, достигнут седьмой ступени духовного бытия, их двуединый интеллект станет триединым. Два созвучных разума – человеческий и божественный – возвысятся в союзе с эмпирическим разумом Верховного Существа, который к тому времени уже завершит свою актуализацию.

В вечном будущем актуализация Бога-Верховного – его созидательное выражение и духовное отображение – осуществится в одухотворенном разуме, бессмертной душе восходящего человека, так же как раскрытие Всеобщего Отца произошло в земной жизни Иисуса.

Человек не объединяется с Верховным и утрачивает личную идентичность, но вселенские последствия опыта всех людей действительно становятся для Верховного частью божественного опыта. «Действие – наше, последствия – Божьи».

Проходя через возрастающие уровни вселенных, прогрессирующая личность оставляет за собой след актуализированной реальности. Растущие творения времени и пространства, будь то разум, дух или энергия, видоизменяются при прохождении личности через их сферы. Когда человек действует, Верховный реагирует, и это взаимодействие представляет собой факт прогресса.

Великие контуры энергии, разума и духа никогда не находятся в постоянном владении восходящей личности; эти виды служения извечно являются частью Верховности. В смертном опыте человеческий интеллект принадлежит ритмическим пульсациям вспомогательных духов разума и осуществляет свои решения в той области, которая образуется благодаря контуру этой духовной опеки. После естественной смерти человеческое «я» навечно отделяется от контура вспомогательных духов. Хотя эти вспомогательные духи, по-видимому, никогда не передают одной личности опыт другой, они способны передавать и передают безличностные последствия решений и действий через Бога-Семичастного Богу-Верховному. (По крайней мере, это относится к вспомогательным духам поклонения и мудрости.)

Так обстоит дело и с духовными контурами: человек использует их во время своего восхождения во вселенных, но они никогда не принадлежат ему как часть его вечной личности. Однако эти контуры духовной опеки, будь то Дух Истины, Святой Дух или духовные присутствия сверхвселенной, восприимчивы и чувствительны к выявляющимся ценностям восходящей личности, и эти ценности в точности передаются через Семичастного Верховному.

Хотя такие духовные влияния как Святой Дух и Дух Истины относятся к опеке, осуществляемой в локальной вселенной, их руководство не ограничивается только географическими пределами данного локального творения. Покинув границы своей родной локальной вселенной, восходящий смертный не лишается всей опеки Духа Истины, который с таким постоянством наставлял его и выводил из философских лабиринтов материальных и моронтийных миров, при каждом кризисе восхождения неизменно направляя Райского паломника и всегда говоря ему: «Вот путь». Когда с помощью духа выявляющегося Верховного Существа и службы сверхвселенского отражения вы покинете владения локальной вселенной, то вас и дальше будет вести к Раю утешающий и направляющий дух посвященческих Райских Божьих Сынов.

Каким образом эти многочисленные контуры космического служения регистрируют значения, ценности и факты эволюционного опыта в Верховном? Мы не знаем этого наверняка, однако полагаем, что такая регистрация происходит через лица Верховных Создателей Райского происхождения, непосредственно посвящающих эти пространственно-временны́е контуры. Интеллектуально-эмпирические аккумуляции вспомогательных духов разума, опекающих физический уровень интеллекта, являются частью опыта Божественной Попечительницы локальной вселенной, и через этот Созидательный Дух они, возможно, регистрируются в разуме Верховности. Вероятно, таким же образом, с помощью аналогичных методов, в лице Верховности регистрируется и опыт смертных, полученный в общении с Духом Истины и Святым Духом.

Так и опыт человека и Настройщика должен отражаться в божественности Бога-Верховного, ибо когда Настройщики приобретают опыт, они становятся сродни Верховному, а эволюционирующая душа смертного человека создается из предсущей возможности такого опыта в пределах Верховного.

Так разнообразный опыт всего творения действительно становится частью эволюции Верховности. Создания всего лишь используют качества и количества конечного в своем восхождении к Отцу; безличностные последствия такого использования навечно остаются частью живого космоса – Верховного лица.

То, что́ сам человек берет с собой как принадлежность своей личности, есть запечатленный в его характере опыт использования интеллектуальных и духовных контуров большой вселенной при восхождении к Раю. Когда человек принимает решение и когда он претворяет это решение в действие, он приобретает опыт, и значения и ценности этого опыта навсегда остаются частью его вечного характера на всех уровнях, от конечного до окончательного. Обладающий космической нравственностью и божественной духовностью характер представляет собой главную аккумуляцию личных решений создания, озаренных искренним поклонением, прославленных разумной любовью и претворенных в братском служении.

Со временем эволюционирующий Верховный компенсирует неспособность конечных созданий достигнуть большего, чем ограниченной эмпирической связи со вселенной вселенных. Создания способны достигнуть Райского Отца, однако их эволюционный разум, являясь конечным, неспособен действительно понять бесконечного и абсолютного Отца. Тем не менее, благодаря тому, что весь опыт созданий регистрируется в Верховном и становится его частью, после того как все создания достигнут последнего уровня конечного существования и после того как совокупное развитие вселенной сделает возможным достижение ими Бога-Верховного как действительного присутствия божественности, тогда – в силу самого факта такой связи – устанавливается связь со всеобъемлющим опытом. Временнóе конечное таит в себе семена вечности; нас учат, что после того как результатом завершения эволюции станет истощение способности к космическому росту, всеобъемлющее конечное перейдет к абсонитным стадиям вечного пути в поисках Отца как Предельного.

6. ПОИСК ВЕРХОВНОГО

Мы ищем Верховного во вселенных, но не находим его. «Он есть внутреннее и внешнее всех вещей и существ, движущихся и неподвижных. Оставаясь дальним, он близок, неузнаваемый в своей тайне». Всемогущий-Верховный – это «форма того, что еще не оформлено, эталон того, что еще не создано». Верховный – это ваш вселенский дом, и когда вы найдете его, это будет подобно возвращению домой. Он является вашим эмпирическим родителем; он вырос в опыте божественного родителя точно так же, как и в опыте людей. Он знает вас, потому что он подобен и создателю, и созданию.

Если вы действительно желаете найти Бога, то в вашем разуме не может не появиться осознание Верховного. Так же как Бог является вашим божественным Отцом, так Верховный является вашей божественной Матерью, которая вскармливает вас в течение ваших жизней, проживаемых в качестве вселенских созданий. «Каким всеохватным является Верховный – он повсюду! От его присутствия зависит жизнь бесчисленных сотворенных существ, и ни одно не отвергается».

То, чем Михаил является для Небадона, Верховный является для конечного космоса; его Божество – это великий путь, по которому любовь Отца течет вовне ко всему творению, и он же является великим путем, по которому конечные создания идут к центру в поисках Отца, который есть любовь. Даже Настройщики Мышления связаны с ним: по своей изначальной божественной сущности они подобны Отцу, но приобретая опыт процессов времени, происходящих во вселенных пространства, они становятся подобными Верховному.

Принятие созданием решения исполнять волю Создателя представляет собой космическую ценность вселенского значения, что сразу же вызывает реакцию некоторой нераскрытой, но повсеместной координационной силы, возможно, проявления всё более широкого действия Верховного Существа.

Моронтийная душа эволюционирующего смертного поистине является сыном действующего через Настройщика Всеобщего Отца и дитя ответного космического действия Верховного Существа – Всеобщей Матери. Материнское влияние преобладает в человеческой личности в течение всего детства растущей души в локальной вселенной. Влияние божественных родителей становится более сбалансированным после слияния с Настройщиком и в течение пребывания в сверхвселенной. Однако когда создание времени начинает пересекать вечную центральную вселенную, природа Отца становится всё более очевидной, достигая вершин конечного выражения, после того как создание узнаёт Всеобщего Отца и принимается в Корпус Завершения.

В опыте и через опыт достижения восходящим «я» статуса завершителя колоссальное воздействие на его эмпирические материнские качества оказывают присутствие духа Вечного Сына и присутствие разума Бесконечного Духа, которые соприкасаются с таким «я» и наполняют его. Позднее, в сферах активности завершителей в большой вселенной, происходит новое пробуждение скрытого материнского потенциала Верховного – новая реализация эмпирических значений, новый синтез эмпирических ценностей всего восходящего пути. Нам представляется, что это самопретворение будет продолжаться в жизни завершителей шестой ступени до тех пор, пока материнское наследие Верховного не достигнет конечной синхронности с наследием Отца, заключенным в Настройщике. Этот увлекательный период функционирования большой вселенной есть продолжение зрелого этапа пути усовершенствованного восходящего смертного.

Возможно, что после завершения шестой ступени существования и с началом седьмой, завершающей ступени духовного статуса, наступит время прогрессивных эпох обогащения опыта, углубления мудрости и реализации божественности. Для сущности завершителя это, видимо, будет аналогично успешному окончанию борьбы разума за самореализацию духа, завершению согласования восходящей сущности человека с божественной сущностью Настройщика в пределах конечных возможностей. Так это величественное вселенское «я» становится вечным сыном-завершителем Райского Отца, равно как и вечным вселенским дитя Матери-Верховной, – вселенским «я», способным представлять как Отца, так и Мать вселенных и личностей в любой деятельности или начинании, которые относятся к конечному управлению созданных, создающих или эволюционирующих вещей и существ.

Все развивающие свою душу люди в буквальном смысле являются эволюционными сынами Бога-Отца и Бога-Матери – Верховного Существа. Но до тех пор, пока смертный человек не осознáет этого божественного наследия в своей душе, его уверенность в родстве с Божеством должна воплощаться в вере. Опыт человеческой жизни – это космический кокон, в котором вселенские дары Верховного Существа и вселенское присутствие Всеобщего Отца (не являющиеся личностями) развивают временнýю моронтийную душу и характер завершителя, соединяющий в себе человеческое и божественное начала для вселенского предназначения и вечного служения.

Люди слишком часто забывают о том, что Бог является величайшим опытом в человеческом существовании. Другие виды опыта ограничены по своему характеру и содержанию, однако опыт Бога ограничен только способностями постижения, которыми обладает создание, и такой опыт сам по себе расширяет эти способности. Когда люди ищут Бога, они ищут всё. Когда они находят Бога, они находят всё. Поиск Бога есть безмерное посвящение любви, которое влечет за собой поразительные открытия новой, еще большей любви, ждущей своего посвящения.

Всякая истинная любовь – от Бога, и человек получает божественную любовь, посвящая ее своим товарищам. Любовь динамична. Ее невозможно удержать, она полна жизни, она свободна, она волнует и всегда находится в движении. Человеку никогда не удастся взять любовь Отца и заключить ее в своем сердце. Любовь Отца может стать истинной для смертного человека только при прохождении через его личность, когда он, в свою очередь, посвящает эту любовь своим товарищам. Великий круговорот любви истекает от Отца через его сынов к братьям и, таким образом, к Верховному. Любовь Отца проявляется в смертной личности благодаря служению внутреннего Настройщика. Такой богопознавший сын раскрывает эту любовь своим вселенским братьям, и это братское чувство является основой любви Верховного.

Путь к Верховному лежит только через опыт, и в нынешние эпохи творения известны только три пути подходов созданий к Верховности:

1. Граждане Рая нисходят из вечного Острова через Хавону, где они обретают способность понимания Верховности путем наблюдения различий между реальностями Рая и Хавоны и с помощью исследований многочисленных видов деятельности Верховных Создателей, от Главных Духов до Сынов-Создателей.

2. Пространственно-временны́е восходящие создания из эволюционных вселенных Верховных Создателей вплотную приближаются к Верховному при пересечении Хавоны в качестве первого шага для лучшего осознания единства Райской Троицы.

3. Уроженцы Хавоны приобретают понимание Верховного в общении с нисходящими паломниками Рая и восходящими паломниками семи сверхвселенных. Уроженцы Хавоны по своей природе способны гармонизовать принципиально различные воззрения граждан вечного Острова и граждан эволюционных вселенных.

Для эволюционных созданий существует семь великих подходов к Всеобщему Отцу. Путь каждого из таких восхождений к Раю лежит через божественность одного из Семи Главных Духов, и каждый такой подход становится возможным благодаря расширению восприимчивости к опыту, появляющейся у создания в результате служения в той сверхвселенной, которая отражает природу соответствующего Главного Духа. Совокупность семи таких опытов очерчивает известные в настоящее время пределы осмысления созданием реальности и актуальности Бога-Верховного.

Не только собственная ограниченность человека мешает ему найти конечного Бога. Причина заключается также в незавершенности вселенной: именно незавершенность всех созданий – прошлых, настоящих и будущих – делает Верховного недостижимым. Любой индивидуум, достигший божественных уровней богоподобия, способен найти Бога-Отца, однако личное достижение Бога-Верховного будет возможным для *отдельного* создания лишь тогда, когда в далеком будущем всеобщего достижения совершенства его найдут *все* создания одновременно.

Несмотря на то что в нынешнюю вселенскую эпоху вы неспособны лично найти его так же, как вы способны найти и найдете Отца, Сына и Духа, восхождение к Раю и последующая деятельность во вселенной постепенно научат вас распознавать вселенское присутствие и космическое действие Бога всякого опыта. Плоды духа – это сущность Верховного, реализуемая в человеческом опыте.

Предстоящее человеку в будущем достижение Верховного станет результатом его слияния с духом Райского Божества. Для урантийцев этим духом является присутствие Райского Отца в Настройщике. И хотя Таинственный Наставник исходит от Отца и подобен Отцу, мы сомневаемся, чтобы даже такой божественный дар был способен исполнить неисполнимое – раскрыть сущность бесконечного Бога конечному созданию. Как мы полагаем, то, что Настройщики раскроют грядущим завершителям седьмой ступени, будет божественностью и сущностью Бога-Верховного.

И это раскрытие будет означать для конечного существа то же, что раскрытие Бесконечного означало бы для абсолютного существа.

Верховный не является бесконечным, однако он, вероятно, охватывает всю бесконечность, которую когда-либо сможет осознать конечное создание. Для того, чтобы понять нечто большее, чем Верховный, нужно быть более, чем конечным!

Все эмпирические творения взаимозависимы в реализации своего предназначения. Только экзистенциальная реальность самодостаточна и самосущна. Хавона и семь сверхвселенных необходимы друг другу для достижения максимальной степени конечного обретения; точно так же когда-нибудь они будут зависеть от будущих вселенных внешнего пространства для преодоления конечного статуса.

Восходящий человек способен найти Отца; Бог экзистенциален и потому реален, независимо от статуса опыта, достигнутого всей вселенной. Однако ни одно отдельно взятое восходящее создание не сможет когда-либо найти Верховного, пока все восходящие существа не достигнут максимальной вселенской зрелости, которая позволит им одновременно принять участие в этом открытии.

Отец нелицеприятен; он относится к каждому из своих восходящих сынов как к космическому индивидууму. Верховный также нелицеприятен; он относится к своим эмпирическим детям как к единому космическому целому.

Человек может найти Отца в своем сердце, но он должен искать Верховного в сердцах всех других людей. И когда все создания в совершенстве раскроют любовь Верховного, тогда он станет вселенской действительностью для всех созданий. И это лишь один из способов выразить ту мысль, что вселенные перейдут в устойчивое состояние света и жизни.

Достижение совершенной самореализации всеми личностями и достижение совершенной устойчивости всеми вселенными равносильно достижению Верховного и свидетельствует об освобождении всей конечной реальности от ограничений, свойственных несовершенству бытия. Такое истощение всех конечных потенциалов приводит к завершению достижения Верховного и, с другой стороны, может определяться как завершенная эволюционная актуализация самого Верховного Существа.

Люди находят Верховного не внезапно и зрелищно, подобно землетрясению, которое разрывает скалы, образуя ущелья, а медленно и терпеливо, подобно реке, которая спокойно вымывает почву из своего русла.

Когда вы найдете Отца, вы найдете великую причину вашего духовного восхождения во вселенных; когда вы найдете Верховного, вы найдете великое следствие вашего продвижения к Раю.

Однако никто из богопознавших смертных никогда не будет одиноким в своем путешествии через космос, ибо он знает, что каждый свой шаг он совершает вместе с Отцом, в то время как сам путь, по которому он идет, есть присутствие Верховного.

7. БУДУЩЕЕ ВЕРХОВНОГО

Завершение реализации всех конечных потенциалов равносильно завершению реализации всего эволюционного опыта. Это предполагает окончательное выявление Верховного в качестве всемогущего присутствия Божества во вселенных. Мы считаем, что на этой стадии развития Верховный будет столь же явно персонализован, сколь и Вечный Сын, будет столь же реально наделен энергией, сколь и Остров Рай, будет столь же всецело объединенным, сколь и Совместный

Вершитель. И всё это произойдет в пределах, ограниченных конечными возможностями Верховности в кульминационном развитии нынешней вселенской эпохи.

Хотя такая концепция будущего Верховного является абсолютно правильной, мы хотели бы обратить внимание на некоторые проблемы, связанные с этим представлением:

1. Безусловные Смотрители Верховного вряд ли могут обрести божественное содержание на какой-либо стадии до завершения его эволюции, и, тем не менее, те же самые наблюдатели уже сейчас условно пользуются полновластием верховности в отношении вселенных, утвердившихся в свете и жизни.

2. Верховный вряд ли мог бы функционировать в Предельной Троице, не достигнув полной актуальности вселенского статуса, и тем не менее, Предельная Троица уже сейчас является условной реальностью, и вы уже знаете о существовании Условных Наместников Предельного.

3. Верховный не является целиком реальным существом для вселенских созданий, однако есть много оснований, позволяющих сделать вывод о том, что он вполне реален для Семичастного Божества, простирающегося от Всеобщего Отца в Раю до Сынов-Создателей и Созидательных Духов локальных вселенных.

Возможно, что у верхних пределов конечного уровня – там, где время соединяется с областью преодоленного времени, – последовательность становится неясной и стертой. Возможно, что Верховный способен предвидеть свое вселенское присутствие на сверхвременных уровнях и затем, в ограниченных пределах, прогнозировать будущую эволюцию, отражая это прогнозируемое будущее назад, на созданные уровни Имманентности Проецированной Незавершенности. Такие явления могут наблюдаться всякий раз, когда конечное вступает в контакт со сверхконечным, как это происходит в опыте людей, наделенных Настройщиками Мышления, – истинным предвосхищением будущих вселенских достижений человека на протяжении всей вечности.

Когда восходящие смертные принимаются в корпус завершения Рая, они дают клятву верности Райской Троице, и, давая эту клятву, они тем самым клянутся в вечной верности Богу-Верховному, который *является* Троицей в понимании всех конечных созданных личностей. Впоследствии, в процессе функционирования завершителей в эволюционирующих вселенных, они подчиняются исключительно распоряжениям Рая, вплоть до эпохального утверждения локальных вселенных в свете и жизни. По мере того, как новые организации управления этими усовершенствованными творениями начинают отражать выявляющееся полновластие Верховного, мы замечаем, что далекие отряды завершителей признают юрисдикцию этих новых правлений. Представляется, что Бог-Верховный развивается в качестве объединителя эволюционных Корпусов Завершения, однако весьма вероятно, что Верховный, как член Предельной Троицы, будет руководить вечной судьбой этих семи корпусов.

Верховное Существо заключает в себе три сверхконечные возможности проявления во вселенной:

1. Абсонитное сотрудничество в первой эмпирической Троице.

2. Коабсолютные взаимоотношения во второй эмпирической Троице.

3. Собесконечное участие в Троице Троиц; однако у нас нет удовлетворительного представления о том, чтó это действительно означает.

Это одна из общепринятых гипотез относительно будущего, которое ожидает Верховного, но существует также много предположений о его связях с нынешней большой вселенной после достижения ею статуса света и жизни.

Нынешняя цель сверхвселенных заключается в том, чтобы, исходя из своего состояния и в пределах своих возможностей, стать такими же совершенными, как Хавона. Это совершенство касается физических и духовных достижений и включает в себя также развитие администрации, системы правления и братских взаимоотношений. Считается, что в грядущие эпохи в сверхвселенных постепенно будут изжиты возможности дисгармонии, несогласованности и неправильных решений. Энергетические контуры будут полностью сбалансированы и целиком подчинены разуму, в то время как дух, в присутствии личности, достигнет господства над разумом.

Предполагается, что в это находящееся в далеком будущем время духовное лицо Верховного и обретенная Всемогущим сила достигнут согласованности развития и что оба они, объединенные в Верховном Разуме и с его помощью, фактуализируются в качестве Верховного Существа, завершенной актуальности во вселенных – актуальности, которую смогут наблюдать все виды разумных созданий, вызывающей реакции всех созданных энергий, согласованной во всех духовных сущностях и познаваемой в опыте всеми вселенскими личностями.

Эта концепция предполагает истинное полновластие Верховного в большой вселенной. Вполне возможно, что нынешние Троичные управляющие продолжат действовать в качестве его наместников, но мы полагаем, что существующие сегодня границы между семью сверхвселенными постепенно исчезнут и вся большая вселенная будет функционировать как усовершенствованное целое.

Возможно, что Верховный будет тогда лично находиться на Уверсе, центральной сфере Орвонтона, откуда он будет руководить управлением временны́х творений, но это всего лишь предположение. Однако несомненно то, что личность Верховного Существа определенно будет доступной в каком-то конкретном месте, хотя его вездесущее Божество будет, вероятно, по-прежнему насыщать собой вселенную вселенных. Мы не знаем, какой будет связь граждан сверхвселенной с Верховным той эпохи, но она может напоминать нынешнее взаимоотношение уроженцев Хавоны с Райской Троицей.

Усовершенствованная большая вселенная тех грядущих дней будет значительно отличаться от того, чем она является сегодня. Уйдут в прошлое увлекательные начинания – организации галактик пространства, внедрение жизни в изменчивых мирах времени и развитие гармонии из хаоса, красоты – из потенциалов, истины – из значений, благости – из ценностей. Свершится конечное предназначение временны́х вселенных! Возможно, что наступит период покоя, отдыха от вековой борьбы за эволюционное совершенство. Но ненадолго! Несомненно, уверенно и неотвратимо загадка возникающего Божества Бога-Предельного бросит вызов этим усовершенствованным гражданам устойчивых вселенных точно так же, как некогда поиски Бога-Верховного стали испытанием для их борющихся эволюционных предков. Занавес космической судьбы поднимется, чтобы открыть трансцендентное величие манящего абсонитного пути достижения Всеобщего Отца на тех новых, более высоких уровнях, которые раскрываются в предельном опыте созданий.

[Подготовлено Могущественным Посланником, временно пребывающим на Урантии.]

ДОКУМЕНТ 118

ВЕРХОВНЫЙ И ПРЕДЕЛЬНЫЙ – ВРЕМЯ И ПРОСТРАНСТВО

В отношении нескольких сущностей Божества можно сказать следующее:

1. Отец есть самосущее «я».
2. Сын есть сосуществующее «я».
3. Дух есть совместно-существующее «я».
4. Верховный есть эволюционно-эмпирическое «я».
5. Семичастный есть самораспределяющаяся божественность.
6. Предельный есть трансцендентально-эмпирическое «я».
7. Абсолютный есть экзистенциально-эмпирическое «я».

В то время как Бог-Семичастный неотъемлем от эволюционного достижения Верховного, Верховный также неотъемлем от итогового появления Предельного. Двуединое присутствие Верховного и Предельного представляет собой основное объединение субабсолютного и производного Божества, ибо они взаимозависимо дополняют друг друга в достижении своего предназначения. Вместе они образуют эмпирический мост, соединяющий начала и завершения всего созидательного роста в совокупной вселенной.

Созидательное развитие никогда не кончается, но всегда приносит удовлетворение. Оно бесконечно в своем протяжении, но на всём своем протяжении оно пронизано теми моментами личностного удовлетворения от достижения преходящих целей, которые служат столь эффективным мобилизующим началом для новых дерзаний в космическом развитии, исследовании вселенной и достижении Божества.

Хотя область математики связана с качественными ограничениями, она всё же обеспечивает конечный разум концептуальной основой для размышлений о бесконечности. Не существует количественного ограничения чисел, даже в понимании конечного разума. Каким бы большим ни было воображаемое число, к нему всегда можно прибавить еще одно число. Кроме того, вы способны понять, что сколько бы раз вы ни прибавляли новую величину, результат будет далеким от бесконечности, ибо каждый раз можно будет прибавить еще одно число.

В то же время бесконечные ряды могут суммироваться в любой момент, и такой итог (точнее, промежуточный итог) приносит данному существу в данное время и в данном статусе всю полноту радости достижения цели. Однако рано или поздно то же самое существо начинает жаждать новых и более высоких целей, и такие присущие росту дерзания всегда будут ожидаться во всей полноте времени и во всех циклах вечности.

Каждая последующая вселенская эпоха – это преддверие новой эры космического роста, и каждая вселенская эпоха определяет непосредственное предназначение всех предшествующих стадий. Хавона сама по себе есть совершенное, но ограниченное своим совершенством творение; распространяясь в эволюционные сверхвселенные, совершенство Хавоны обретает не только космическое предназначение, но и освобождение от ограничений доэволюционного бытия.

1. ВРЕМЯ И ВЕЧНОСТЬ

Для того чтобы увереннее ориентироваться в космосе, человек должен как можно лучше понимать связь Божества с космосом. Хотя абсолютное Божество является вечным по своей природе, Боги связаны с временем в качестве некоторого обретаемого в вечности опыта. В эволюционных вселенных вечность есть временнáя непрерывность – непрерывное *сейчас*.

Решив исполнять волю Отца, личность смертного создания способна увековечиться благодаря самоидентификации с пребывающим в ней духом. Такое посвящение воли равноценно осуществлению вечностной реальности цели. Это значит, что цель создания станет неизменной относительно непрерывного ряда моментов, – иначе говоря, течение времени не будет сопровождаться изменением цели создания. Будет таких моментов миллион или миллиард – значения не имеет. В отношении цели создания, число потеряло смысл. Так решение создания и решение Бога приводят к вечным реальностям нескончаемого союза, в котором дух Бога и природа человека объединяются для нескончаемого служения детей Бога и их Райского Отца.

Существует прямая связь между зрелостью и осознанием единицы времени для любого данного интеллекта. Единицей времени может быть день, год или более длительный период, однако она неизменно является тем критерием, с помощью которого сознающее «я» оценивает обстоятельства жизни и посредством которого постигающий интеллект измеряет и оценивает факты временнóго существования.

Опыт, мудрость и рассудительность являются сопутствующими признаками удлинения единицы времени в смертном существовании. Когда человеческий разум возвращается к прошлому, он оценивает прошлый опыт для того, чтобы использовать его для воздействия на нынешнюю ситуацию. Когда разум обращается к будущему, он пытается оценить будущее значение возможного действия. Воспользовавшись, таким образом, и опытом, и мудростью, человеческая воля выносит суждение и принимает решение в настоящем, в результате чего появляется план действия, порожденный как прошлым, так и будущим.

В период зрелости развивающегося «я» прошлое и будущее соединяются, чтобы пролить свет на истинное значение настоящего. Становясь всё более зрелым, «я» черпает опыт из всё более далекого прошлого, в то время как проницательность его мудрости стремится всё глубже проникнуть в неизвестное будущее. И по мере того, как постигающее «я» расширяет свое проникновение как в прошлое, так и в будущее, его суждения всё менее и менее зависят от преходящего настоящего. Таким путем решение-действие начинает освобождаться от оков изменчивого настоящего и одновременно с этим начинает обладать чертами, имеющими значение для прошлого-будущего.

Терпение нужно тем смертным, которые пользуются короткими временны́ми единицами; настоящая зрелость превосходит терпение своей воздержанностью, которая рождается в истинном понимании.

Стать зрелым – это значит жить более интенсивно в настоящем, одновременно освобождаясь от ограничений настоящего. Зрелые планы, основанные на прошлом опыте, претворяются в настоящем так, чтобы улучшить ценности будущего.

Единица времени, соответствующая незрелости, концентрирует значение-ценность в настоящем моменте таким образом, что разрывает истинную связь настоящего с не-настоящим – прошлым-будущим. Единица времени, соответствующая зрелости, пропорциональна такому раскрытию однородной связи прошлого-настоящего-будущего, при котором «я» начинает постигать целостность событий, начинает видеть пейзаж времени в панорамной перспективе расширенных горизонтов, начинает, возможно, предполагать существование не имеющего начала и конца вечного континуума, фрагменты которого называются временем.

На уровнях абсолютного и бесконечного момент настоящего содержит в себе всё прошлое и всё будущее. Я ЕСТЬ означает также Я БЫЛ и Я БУДУ. И это представляет собой нашу лучшую концепцию вечности и вечного.

На абсолютном и вечном уровне потенциальная реальность является такой же значимой, как и актуальная реальность. Только на конечном уровне и только с точки зрения связанных временем созданий между ними видится столь огромное различие. Для Бога – как для абсолюта – принявший вечное решение восходящий смертный уже является Райским завершителем. Однако, благодаря пребывающему в человеке Настройщику Мышления, Вечный Отец не ограничен только осознанием этого факта, но способен также знать о каждом эпизоде временно́й борьбы с проблемами, возникающими на пути восхождения созданий от уровней подобия животным до богоподобных уровней бытия, равно как и принимать участие в этой борьбе.

2. ВЕЗДЕСУЩНОСТЬ И ПОВСЕМЕСТНОСТЬ

Повсеместность Божества не следует путать с предельностью божественной вездесущности. По воле Всеобщего Отца Верховный, Предельный и Абсолютный компенсируют, координируют и объединяют его пространственно-временну́ю повсеместность и преодолевшую пространство и время вездесущность с его вневременны́м и внепространственным всеобщим и абсолютным присутствием. И вам следует помнить о том, что повсеместность Божества, столь часто ассоциируемая с пространством, не обязательно обусловлена временем.

Как смертные и моронтийные восходящие создания, вы постепенно постигаете Бога благодаря служению Бога-Семичастного. Через Хавону вы открываете Бога-Верховного. В Раю вы находите его как личность, а вскоре после того как станете завершителями, вы попытаетесь познать его как Предельного. Представляется, что после достижения Предельного у завершителей есть только один путь: приступить к поиску Абсолютного. Ни один из завершителей не будет терзаться неопределенностью достижения Божества-Абсолюта, ибо восходя на уровни верховного и предельного, он находил Бога-Отца. Такие завершители несомненно будут верить в то, что если их поиски Бога-Абсолютного увенчаются успехом, они обнаружат всё того же Бога – Райского Отца, проявляющего себя на уровнях, которые еще ближе к бесконечным и всеобщим. Несомненно, что достижение Бога в абсолюте раскроет Первичного Прародителя вселенных, равно как и Окончательного Отца личностей.

Бог-Верховный может не являться демонстрацией пространственно-временно́й вездесущности Божества, однако он есть буквальное проявление божественной повсеместности. Между духовным присутствием Творца и материальными проявлениями творения существует обширная область повсеместного *становления* – вселенского выявления эволюционного Божества.

Мы уверены в том, что если Бог-Верховный когда-нибудь возьмет на себя непосредственное управление вселенными времени и пространства, то такое правление Божества будет осуществляться под сверхуправлением Предельного.

В таком случае Бог-Предельный начнет проявляться во вселенных времени в качестве трансцендентального Всемогущего (Всесильного), под сверхуправлением которого, в аспекте административных функций Всемогущего-Верховного, будут находиться сверхвремя и преодоленное пространство.

Вслед за нами смертные могут задаться вопросом: если развитие Бога-Верховного до положения главы административной власти в большой вселенной сопровождается расширенным проявлением Бога-Предельного, то будет ли соответствующее проявление Бога-Предельного в постулированных вселенных внешнего пространства сопровождаться аналогичными и возрастающими раскрытиями Бога-Абсолютного? Однако доподлинно мы этого не знаем.

3. ПРОСТРАНСТВЕННО-ВРЕМЕННЫ́Е ОТНОШЕНИЯ

Только благодаря своей повсеместности Божество могло объединить пространственно-временны́е проявления в конечную концепцию, ибо время есть последовательность мгновений, в то время как пространство – это система связанных точек. В конечном счете, вы постигаете время путем анализа и пространство – путем синтеза. Вы координируете и связываете два этих непохожих понятия благодаря интегрирующей интуиции личности. Из всех представителей животного мира только человек обладает этой способностью пространственно-временно́го восприятия. Для животного движение обладает значением, но движение обнаруживает ценность только для личностного создания.

Вещи обусловлены временем, однако истина – вне времени. Чем больше вы познали истину, тем больше вы *являетесь* истиной, тем больше вы способны понять прошлое и постигнуть будущее.

Истина незыблема – вечно свободная от любых мимолетных превратностей, но никогда не увядающая, не выхолощенная, остающаяся неизменно трепетной и гибкой – лучезарно живой. Но когда истина соединяется с фактом, то как время, так и пространство обуславливают ее значения и коррелируют ее ценности. Такие реальности истины, соединенной с фактом, становятся представлениями и, соответственно, переходят в область относительных космических реальностей.

Соединение абсолютной и вечной истины Создателя с фактическим опытом конечного и бренного создания приводит к возникновению новой и выявляющейся ценности Верховного. Концепция Верховного обязательна для координации божественного и неизменного небесного мира с конечным и постоянно изменяющимся земным миром.

Из всего неабсолютного пространство, очевидно, ближе всего к абсолютному. По-видимому, пространство является абсолютно предельным. Для нас действительная трудность в понимании пространства на материальном уровне объясняется тем, что, в то время как материальные тела существуют в пространстве, пространство также существует в тех же самых материальных телах. Хотя к пространству относится многое из того, что является абсолютным, это не означает, что пространство абсолютно.

Вы сможете лучше понять пространственные отношения, если представите себе, что, относительно говоря, пространство является, в конечном счете, свойством всех материальных тел. Поэтому, когда тело перемещается в пространстве, оно несет в себе также свойства пространства – а именно то пространство, которое заключено в таком движущемся теле и является его частью.

Все конфигурации реальности занимают пространство на материальных уровнях, но духовные конфигурации существуют только относительно пространства; они не занимают и не вытесняют пространство, как и не заключают его в себе. Для нас основной загадкой пространства является конфигурация идеи. Вступая в область разума, мы сталкиваемся со многими проблемами. Занимает ли пространство конфигурация – реальность – идеи? Мы не знаем ответа, хотя уверены в том, что конфигурация идеи не содержит в себе пространства. Однако вряд ли было бы верным утверждать, что нематериальное всегда непространственно.

4. ПЕРВИЧНАЯ И ВТОРИЧНАЯ ПРИЧИННОСТЬ

Многие теологические сложности и метафизические дилеммы смертного человека объясняются неправильным определением положения личности Божества, в результате чего бесконечные и абсолютные атрибуты приписывались подчиненной Божественности и эволюционному Божеству. Вы не должны забывать о том, что кроме действительной Первопричины существует также множество равных и подчиненных причин, как ассоциированных, так и вторичных.

Наиболее существенное различие между первичными и вторичными причинами заключается в том, что первопричины производят изначальные следствия, которые не наследуют каких-либо факторов, являющихся производными предшествующей причинности. Вторичные причины производят следствия, которые неизменно обнаруживают черты, унаследованные от другой, предшествующей причинности.

Чисто статические потенциалы, заключенные в Безусловном Абсолюте, реагируют на ту причинность Божества-Абсолюта, которая является следствием действий Райской Троицы. В присутствии Всеобщего Абсолюта эти наполненные причинностью статические потенциалы тотчас становятся активными и чувствительными к влиянию некоторых трансцендентальных сил, чьи воздействия преобразуют эти активированные потенциалы до статуса истинных вселенских возможностей развития – актуализированных способностей роста. Именно с помощью этих созревших потенциалов создатели и управляющие большой вселенной разыгрывают нескончаемую драму космической эволюции.

Если не учитывать экзистенциальных сущностей, причинность имеет, в принципе, тройственный характер. В том, что касается ее действия в нынешнюю вселенскую эпоху и применительно к конечному уровню семи сверхвселенных, ее можно представить следующим образом:

1. *Активация статических потенциалов*. Создание предназначения во Всеобщем Абсолюте актами Божества-Абсолюта, воздействующего в Безусловном Абсолюте и на Безусловный Абсолют, а также вследствие волевых распоряжений Райской Троицы.

2. *Возникновение вселенских возможностей*. Это подразумевает трансформацию недифференцированных потенциалов в четко очерченные и ясные планы, что является действием Предельности Божества и многочисленных сил трансцендентального уровня. Такие акты в совершенстве предвосхищают будущие потребности всей совокупной вселенной. Именно обособление потенциалов определяет существование Творцов Совокупной Вселенной как истинных воплощений присущей Божеству концепции вселенных. В пространственном отношении масштабы их планов представляются, в конечном счете, ограниченными концептуальной периферией совокупной вселенной, но *как планы* они, во всём остальном, не обусловлены временем или пространством.

3. *Сотворение и эволюция актуального во вселенной.* Именно в своем воздействии на космос, насыщенный создающим возможности присутствием Предельности Божества, Верховные Создатели приводят к временно́му преобразованию созревшей потенциальности в эмпирическую актуальность. В масштабе совокупной вселенной любая актуализация потенциальной реальности ограничена предельной способностью к развитию и обусловлена временем и пространством на завершающих стадиях выявления. В космическом смысле, исходящие из Рая Сыны-Создатели являются, в действительности, *преобразующими* создателями. Однако это ни в коей мере не означает, что человеческое представление о них как о создателях неверно: с конечной точки зрения, они безусловно могут быть создателями и действительно являются ими.

5. ВСЕМОГУЩЕСТВО И ВЗАИМОПРИЕМЛЕМОСТЬ

Всемогущество Божества не означает способности выполнять невыполнимое. В пределах пространства и времени – и исходя из представления человека – даже бесконечный Бог неспособен создавать квадратные круги или творить зло, являющееся в своей сущности добром. Бог неспособен совершать несвойственные Богу вещи. Такое противоречие в философских терминах эквивалентно несуществующему и означает, что таким образом создается ничто. Присущее личности свойство не может быть одновременно богоподобным и небогоподобным. Божественному могуществу присуща взаимоприемлемость. И всё это проистекает из того факта, что всемогущество не только создает вещи, обладающие природой, но и порождает природу всех вещей и существ.

У истоков бытия Отец совершает всё, однако по мере раскрытия панорамы вечности в ответ на волю и веления Бесконечного становится всё более очевидным, что создания, в том числе и люди, призваны стать партнерами Бога в окончательной реализации своего предназначения. Это истинно даже при жизни во плоти: когда Бог и человек становятся партнерами, возможности такого партнерства безграничны. Когда человек осознаёт, что Всеобщий Отец является его партнером в вечном развитии, когда он сливается с пребывающим в нём присутствием Отца, то в своем духе он уже разбил оковы времени и вступил на путь вечного прогресса в поисках Всеобщего Отца.

Смертное сознание переходит от факта к значению и от значения к ценности. Сознание Создателя переходит от заключенной в мысли ценности, через заключенное в слове значение, к факту действия. Всякий раз Бог должен действовать, чтобы выйти из тупика безусловного единства, присущего экзистенциальной бесконечности. Всякий раз Божество должно порождать образцовую вселенную, совершенные личности, изначальную истину, красоту и благость, к которым стремятся все творения, существующие ниже уровня божества. Всякий раз Бог должен сначала найти человека, для того чтобы человек мог впоследствии найти Бога. Всякий раз сначала должен быть Всеобщий Отец, прежде чем может возникнуть всеобщее сыновство и вытекающее из него всеобщее братство.

6. ВСЕМОГУЩЕСТВО И ВСЕТВОРЕНИЕ

Бог является истинно всемогущим, но не всетворящим – он не совершает лично всего, что совершается. Всемогущество охватывает силовой потенциал Всемогущего-Верховного и Верховного Существа, однако волевые акты Бога-Верховного не являются личными свершениями Бога-Бесконечного.

Отстаивать всетворение первичного Божества означало бы лишить прав почти миллион Райских Сынов-Создателей, не говоря уже о бесчисленных воинствах разнообразных других категорий сотрудничающих с ними созидательных помощников. Есть только одна беспричинная Причина во всей вселенной. Все остальные причины являются производными этого одного Первого Великого Источника и Центра. И ничто в этой философии не попирает свободную волю мириад детей Божества, разбросанных по необъятной вселенной.

В локальных пределах волеизъявление может представляться беспричинной причиной, но оно всегда обнаруживает наследственные черты, связывающие его с уникальными, изначальными и абсолютными Первопричинами.

Всякое волеизъявление относительно. В изначальном смысле только Отцу-Я ЕСТЬ свойственна окончательность волеизъявления; в абсолютном смысле только Отец, Сын и Дух обладают прерогативами волеизъявления, не обусловленного временем и не ограниченного пространством. Смертный человек наделен свободной волей, способностью выбора, и хотя такой выбор не абсолютен, он является, тем не менее, относительно окончательным на данном уровне и в том, что касается предназначения совершающей выбор личности.

На любом уровне, кроме абсолютного, волеизъявление сталкивается с ограниченностью самой личности, обладающей способностью выбора. Человек не может выбирать за пределами того, что доступно выбору. Так, он не может решить стать не человеком, а чем-то другим – за исключением того, что он может решить стать чем-то большим, чем просто человеком: он способен принять решение встать на путь восхождения во вселенной, но это возможно только благодаря совпадению человеческого решения с божественной волей. А то, чего жаждет сын и что желает Отец, обязательно свершится.

В жизни смертного создания постоянно появляются и исчезают пути различного поведения, и в течение тех периодов времени, когда существует возможность выбора, человеческая личность всякий раз выбирает один из этих многочисленных вариантов действия. Временное волеизъявление связано со временем, и ему приходится дожидаться своего часа, чтобы найти возможность для своего выражения. Духовное волеизъявление, достигнув частичного избавления от временной последовательности, уже вкусило освобождение от оков времени, и это возможно потому, что духовное волеизъявление самоотождествляется с Божьей волей.

Волеизъявление – акт выбора – должно действовать в рамках вселенной, которая актуализировалась в ответ на более высокий предшествующий выбор. Весь диапазон человеческой воли строго ограничен областью конечного, за исключением одного: когда человек решает найти Бога и стать подобным ему, такой выбор является сверхконечным; только вечность может показать, является ли он также сверхабсонитным.

Осознавать всемогущество Божества – значит испытывать чувство уверенности в обретении опыта космического гражданства, быть уверенным в безопасности долгого путешествия к Раю. Однако согласиться с софизмом всетворения – значит впасть в колоссальное заблуждение пантеизма.

7. ВСЕВЕДЕНИЕ И ПРЕДОПРЕДЕЛЕНИЕ

В большой вселенной воля Создателей и воля созданий действуют в тех пределах и в соответствии с теми возможностями, которые установлены Творцами Совокупной Вселенной. Тем не менее, это предопределение максимальных пределов ни в коей мере не лишает созданий суверенной воли в данных границах. Не является упразднением конечного волеизъявления и предельное априорное знание – полное принятие во внимание всех возможностей конечного выбора. Зрелый и дальновидный человек может быть в состоянии с большой точностью предвидеть решение какого-нибудь более молодого товарища, но его предвидение ни в коей мере не умаляет свободу и подлинность этого решения. Боги мудро ограничили сферу действия незрелой воли, однако в этих установленных пределах она является истинной волей.

Даже высшая корреляция всего прошлого, настоящего и будущего выбора не перечеркивает подлинность таких решений. Скорее, она говорит о предопределенной тенденции космоса и предполагает наличие априорного знания о тех волевых существах, которые могут принять, или не принять, решение внести свой вклад в эмпирическую актуализацию всей реальности.

На конечном уровне ошибка в выборе связана с временем и ограничена временем. Она может существовать только во времени и *в пределах* эволюционирующего присутствия Верховного Существа. Возможность такого ошибочного выбора объясняется существованием времени и (помимо незавершенности Верховного) указывает на тот определенный диапазон выбора, которым незрелые создания должны наделяться для совершения прогресса во вселенной посредством свободно-волевой связи с реальностью.

В обусловленном временем пространстве грех явно подтверждает временной характер свободы – даже вседозволенности – конечной воли. Грех отражает незрелость, ослепленную свободой относительно суверенной воли личности, и одновременно с этим неспособность постигнуть высшие обязательства и обязанности космического гражданства.

В конечных сферах беззаконие обнаруживает преходящий характер реальности всякой индивидуальности, неотождествленной с Богом. Только после того, как создание отождествляется с Богом, оно становится истинно реальным во вселенных. Конечная личность не является самосозданной, однако на сверхвселенской арене выбора она действительно сама определяет свою участь.

Посвящение жизни материально-энергетическим системам наделяет их способностью к продолжению рода, воспроизводству и самоадаптации. Посвящение личности наделяет живые организмы новыми прерогативами самоопределения, саморазвития и самоидентификации с духом Божества при слиянии с ним.

Существование жизни на субличностном уровне является свидетельством того, что энергия-вещество активируется разумом: сначала физическими регуляторами, затем вспомогательными духами разума. Дар личности исходит от Отца и придает живой системе уникальные прерогативы выбора. Однако если личность наделена прерогативой волевого выбора – отождествления с реальностью – и если этот выбор является истинным и свободным, то эволюционирующая личность должна иметь возможность и иного выбора, ведущего ее к самообману, саморазрушению и самоуничтожению. Невозможно исключить вероятность космического самоуничтожения, если развивающаяся личность призвана быть истинно свободной в использовании конечной воли.

Поэтому ограничение пределов выбора личности на нижних уровнях существования повышает ее безопасность. По мере восхождения во вселенных выбор становится всё более свободным; в итоге выбор приближается к божественной свободе, когда восходящая личность достигает божественности своего статуса, верховности посвящения целям вселенной, завершенности обретения космической мудрости и окончательности отождествления создания с волей и путем Бога.

8. УПРАВЛЕНИЕ И СВЕРХУПРАВЛЕНИЕ

В пространственно-временных творениях свободная воля скована принуждениями и ограничениями. Эволюция материальной жизни сначала является механической, затем активируется разумом и (после посвящения личности) может стать ведомой духом. Органическая эволюция в обитаемых мирах физически ограничена потенциалами, заложенными Носителями Жизни при изначальном внедрении физической жизни.

Смертный человек – это машина, живой механизм; его корни действительно уходят в физический мир энергии. Многие человеческие реакции являются автоматическими; многое в жизни механистично. Однако по своему устройству человек является значительно большим, чем просто машина: он наделен разумом и обладает духом. И хотя в течение всей материальной жизни он не в силах освободиться от химической и электрической механики своего бытия, он способен учиться всё лучше подчинять этот механизм физической жизни направляющей мудрости опыта посредством посвящения человеческого разума исполнению духовных побуждений пребывающего в нём Настройщика Мышления.

Дух освобождает, а механистичность ограничивает действие воли. Несовершенный выбор, неконтролируемый механизмом и неотождествленный с духом, опасен и неустойчив. Преобладание механического начала обеспечивает устойчивость в ущерб прогрессу. Союз с духом освобождает выбор от связи с физическим уровнем и одновременно обеспечивает божественную устойчивость благодаря углубленному постижению вселенной и расширенному пониманию космоса.

Созданию угрожает великая опасность, если, освобождаясь от оков жизненного механизма, оно не компенсирует эту потерю устойчивости благодаря гармоничной и эффективной связи с духом. Когда воля создания становится относительно свободной от механической устойчивости, его внутреннее «я» может попытаться обрести еще большую свободу без укрепления связи с духом.

Весь принцип биологической эволюции исключает возможность появления в обитаемых мирах примитивных людей, наделенных сколько-нибудь значительной способностью самоограничения. Поэтому тот же творческий замысел, целью которого была эволюция, обеспечивает и внешние ограничения – время и пространство, голод и страх, – существенно сужая диапазон субдуховного выбора таких некультурных созданий. По мере того, как разум человека успешно преодолевает всё более трудные преграды, всё тот же творческий замысел обеспечивает длительное накопление передаваемой расами по наследству и мучительно, по крупицам собираемой эмпирической мудрости, – иными словами, обеспечивает поддержание равновесия между ослабевающей внешней и растущей внутренней сдержанностью.

Медленное течение эволюции, культурного прогресса человечества, свидетельствует об эффективности того торможения – материальной инерции, – которое столь успешно гасит опасную скорость прогресса. Так само время смягчает и частично нейтрализует результаты преждевременного и потенциально губительного освобождения человеческой деятельности от ближайших преград. Ибо когда прогресс культуры становится слишком быстрым, когда материальные достижения опережают эволюцию поклонения и мудрости, то это означает, что цивилизация несет в себе семена регресса. И если такие человеческие общества не получают поддержки посредством быстрого роста эмпирической мудрости, они не удерживаются на высоких, но преждевременных уровнях достижения, и «мрачное средневековье» бездействия мудрости становится свидетелем неизбежного восстановления дисбаланса между личной свободой и самообладанием.

Беззаконие Калигастии заключалось в том, что он обошел временной регулятор постепенного освобождения человека – беспричинно разрушил сдерживающие барьеры, эмпирически не преодоленные разумом смертных того времени.

Тот разум, который способен добиться частичного сокращения времени и пространства, самим этим действием доказывает, что он наделен семенами мудрости, способными служить эффективной заменой преодоленного барьера сдержанности.

Люцифер также пытался нарушить действие временнóго регулятора, блокирующего преждевременное обретение некоторых свобод в локальной системе. Утвердившись в свете и жизни, локальная система эмпирически достигает тех воззрений и той глубины постижения, когда появляется возможность пользоваться многими методами, которые оказались бы разрушительными и пагубными для той же системы в эпохи ее неустойчивого существования.

Когда человек сбрасывает с себя оковы страха, когда с помощью своих машин он соединяет континенты и океаны, а с помощью своей письменности – поколения и века, то каждое преодоленное ограничение он должен добровольно заменить новым ограничением, соответствующим нравственным велениям расширяющейся человеческой мудрости. Эти добровольно возложенные на себя ограничения являются одновременно и наиболее сильными, и наиболее слабыми из всех факторов человеческой цивилизации: это идеи справедливости и идеалы братства. Человек обретает даже способность облачаться в сдерживающее одеяние милосердия, когда отваживается полюбить своих товарищей, и достигает начал духовного братства, когда принимает решение относиться к ним так, как он хотел бы, чтобы относились к нему самому, то есть так, как, по его мнению, к ним относился бы Бог.

Автоматическая вселенская реакция является устойчивым и, некоторым образом, продолжающимся в космосе явлением. Личность, познавшая Бога, желающая исполнить его волю и отличающаяся духовной проницательностью, обладает божественной устойчивостью и вечным существованием. Великое испытание человека во вселенной заключается в переходе его смертного разума из состояния механической статичности к божественности духовной динамичности, и он достигает этой трансформации благодаря силе и постоянству своих собственных личностных решений, в каждой из жизненных ситуаций провозглашая: «Воля моя в том, чтобы свершилась воля твоя».

9. МЕХАНИЗМЫ ВСЕЛЕННОЙ

Время и пространство образуют единый механизм совокупной вселенной. Они являются теми средствами, благодаря которым конечные создания получают возможность сосуществовать в космосе с Бесконечным. Конечные создания действенно изолированы от абсолютных уровней временем и пространством. Однако эти изолирующие среды, без которых существование смертных было бы невозможно, непосредственно сужают радиус конечного действия. Без их присутствия ни одно создание не могло бы действовать, но они определенно ограничивают действия каждого создания.

Механизмы, созданные высшими типами разума, функционируют для того, чтобы высвободить их созидательные источники, но в определенной степени они неизменно ограничивают деятельность всех подчиненных разумных существ. Для вселенских созданий это ограничение становится очевидным как устройство вселенных. Человек не обладает ничем не скованной свободной волей; сфера его выбора ограничена, но в пределах этой сферы его воля относительно суверенна.

Жизненный механизм смертной личности – человеческое тело – является продуктом сверхсмертного творческого замысла; поэтому такой механизм никогда не сможет в совершенстве управляться самим человеком. Только когда восходящий человек, слившись с Настройщиком, будет сам создавать механизм выражения своей личности, он достигнет усовершенствованного контроля над ним.

Большая вселенная является и механизмом, и организмом, механистичной и живой – живым механизмом, приводимым в движение Верховным Разумом, согласующимся с Верховным Духом и обретающим выражение на максимальных уровнях объединения могущества и личности в Верховном Существе. Однако отрицать механизм конечного творения – значит отрицать факт и игнорировать реальность.

Механизмы суть продукты разума – творческого разума, оперирующего космическими потенциалами и воздействующего на них. Механизмы – это фиксированные конкретизации мысли Создателя, и они извечно действуют в согласии с породившим их волевым замыслом. Но целенаправленность любого механизма определяется его происхождением, а не функцией.

Не следует считать, что эти механизмы ограничивают действие Божества. Скорее, истина заключается в том, что именно в этих механических формах Божество достигло одного из аспектов вечного выражения. Основные вселенские механизмы появились в ответ на абсолютную волю Первого Источника и Центра, и потому они будут продолжать вечно действовать в совершенной гармонии с планом Бесконечного; они действительно являются неволевыми эталонами этого самого плана.

В некоторой степени мы понимаем, каким образом механизм Рая соотносится с личностью Вечного Сына: это является функцией Совместного Вершителя. У нас есть свои предположения относительно воздействий Всеобщего Абсолюта на теоретические механизмы Безусловного и потенциальное лицо Божества-Абсолюта. Однако в эволюционирующих Божествах Верховного и Предельного мы замечаем, что некоторые безличностные аспекты действительно объединяются с их волевыми аналогами; так возникает новое отношение между эталоном и индивидуумом.

В вечности прошлого Отец и Сын обрели союз в том единстве выражения, каким является Бесконечный Дух. Если в вечности будущего Сыны-Создатели и Созидательные Духи пространственно-временны́х локальных вселенных достигнут творческого союза в сферах внешнего пространства, каким будет результат их союза как совместного выражения их божественных сущностей? Вполне возможно, что мы станем свидетелями нераскрытого ранее проявления Предельного Божества – нового типа сверхадминистратора. Такие существа обладали бы уникальными личностными прерогативами, воплощая союз личностного Создателя, безличностного Созидательного Духа, опыта смертных созданий и постепенной персонализации Божественной Попечительницы. Такие существа были бы предельными в том смысле, что они объединяли бы в себе личностную и безличностную реальность, одновременно с этим сочетая опыт Создателя и создания. Какими бы ни были атрибуты третьих лиц этих постулируемых функциональных троиц в творениях внешнего пространства, их связь со своими Отцами-Создателями и

Созидательными Матерями будет в чём-то напоминать связь Бесконечного Духа со Всеобщим Отцом и Вечным Сыном.

Бог-Верховный является персонализацией всего вселенского опыта, средоточием всей конечной эволюции, максимальным выражением всей реальности созданий, претворением космической мудрости, воплощением гармоничной красоты временны́х галактик, истиной, заключенной в значениях космического разума, и благостью высших духовных ценностей. И в вечном будущем Бог-Верховный будет синтезировать эти многочисленные конечные разнообразия в одно эмпирически значимое целое – так же, как в настоящее время они экзистенциально объединены на абсолютных уровнях в Райской Троице.

10. ФУНКЦИИ ПРОВИДЕНИЯ

Провидение не означает, что Бог заранее решил всё за нас. Бог слишком любит нас, чтобы поступить так, ибо это было бы не что иное, как космическая тирания. Человек действительно обладает относительными возможностями выбора. Не является божественная любовь и тем близоруким чувством, которое могло бы избаловать и испортить детей человеческих.

Отец, Сын и Дух – в качестве Троицы – не являются Всемогущим-Верховным, но без них невозможно проявление верховности Всемогущего. *Рост* Всемогущего сосредоточен в Абсолютах актуальности и основан на Абсолютах потенциальности. Однако *функции* Всемогущего-Верховного связаны с функциями Райской Троицы.

По-видимому, все аспекты вселенской активности частично воссоединяются в Верховном Существе личностью этого эмпирического Божества. Поэтому, когда мы хотим представить Троицу как единого Бога и ограничиваем эту концепцию известной в настоящее время и организованной большой вселенной, мы обнаруживаем, что эволюционирующее Верховное Существо является частичным отображением Райской Троицы. Кроме того, мы видим, что в большой вселенной это Верховное Божество развивается через личностный синтез конечной материи, разума и духа.

У Богов есть атрибуты, но у Троицы есть функции, и, подобно Троице, провидение *является* функцией, сложным неличностным сверхуправлением вселенной вселенных, которое простирается от эволюционных уровней Семичастного, синтезирующихся в энергии Всемогущего, и пересекает трансцендентальные сферы Предельности Божества, устремляясь к еще более высоким уровням.

Бог любит каждое создание как свое дитя, и эта любовь осеняет каждое создание на протяжении всего времени и вечности. Провидение функционирует по отношению к целому и затрагивает функцию любого создания в той мере, в какой эта функция связана с целым. Провиденциальное вмешательство по отношению к любому существу свидетельствует о важности *функции* этого существа для эволюционного роста некоторого целого. Такое целое может быть всей расой, всей нацией, всей планетой и даже целым еще более высокого уровня. Именно важность функции создания приводит к вмешательству провидения, а не важность создания как лица.

Тем не менее, Отец, как лицо, своей отеческой рукой может в любой момент изменить течение космических событий в полном соответствии с волей Бога, в созвучии с мудростью Бога и постольку, поскольку это мотивируется любовью Бога.

Но то, что человек называет провидением, чаще всего является продуктом его собственного воображения – случайным совпадением обстоятельств, игрой случая. Вместе с тем, в конечной сфере вселенского бытия существует реальное и выявляющееся провидение – истинная и претворяющаяся корреляция энергий пространства, движений времени, мыслей интеллекта, идеалов характера, желаний духовного свойства и целенаправленных волевых актов эволюционирующих личностей. Обстоятельства материальных сфер обретают максимальную конечную интеграцию в смыкающихся присутствиях Верховного и Предельного.

По мере того как механизмы большой вселенной совершенствуются и достигают окончательной точности благодаря сверхуправлению разума, и по мере того как разум создания восходит к совершенству достижения божественности благодаря усовершенствованной интеграции с духом, а также по мере того как в результате этого выявляется Верховный как *действительный* объединитель всех этих вселенских явлений, всё более различимым становится провидение.

Некоторые из поразительно благоприятных условий, преобладающих иногда в эволюционных мирах, могут быть следствием постепенно выявляющегося присутствия Верховного, предвосхищением его будущей деятельности во вселенной. Бóльшая часть того, что смертный назвал бы провиденциальным, таковым не является. Его суждения о подобных вещах чрезвычайно ограничены неспособностью проникнуть в истинный смысл жизненных обстоятельств. Многое из того, что смертный назвал бы удачей, в действительности может являться неудачей. Улыбка фортуны – незаслуженный отдых и незаработанное богатство – может быть величайшим из человеческих бедствий. То, что представляется жестокостью превратной судьбы, которая обрушивает беды на несчастного смертного, может в действительности быть закаляющим огнем, превращающим мягкое железо незрелой личности в закаленную сталь настоящего характера.

Провидение действует в эволюционирующих вселенных, открываясь созданиям ровно в той мере, в какой они обрели способность понимать назначение этих эволюционирующих вселенных. Способность полного постижения вселенских целей равносильна завершению эволюционного развития создания и может быть иначе выражена как достижение Верховного в пределах нынешней незавершенности вселенных.

Любовь Отца непосредственно действует в сердце индивидуума, независимо от поступков или реакций всех других индивидуумов. Эта связь является личной – человек и Бог. Безличностное присутствие Божества (Всемогущий-Верховный и Райская Троица) выражает отношение к целому, а не к части. Провидение, заключенное в сверхуправлении Верховности, становится всё более очевидным, по мере того как всё новые части вселенной достигают прогресса в достижении конечных целей. Постепенное утверждение систем, созвездий, вселенных и сверхвселенных в свете и жизни ведет к всё большему выявлению Верховного как исполненного смысла согласователя всего происходящего, при одновременном и постепенном выявлении Предельного как трансцендентального объединителя всех вещей.

На начальных стадиях существования эволюционного мира естественные явления в материальном окружении людей и личные желания человека часто представляются антагонистическими. Смертному человеку довольно трудно понять многое из того, что происходит в эволюционном мире – естественный закон часто кажется жестоким, бессердечным и безразличным ко всему тому, что в понимании человека является истинным, прекрасным и благим. Но по мере того как человечество прогрессирует в своем планетарном развитии, мы замечаем, что это воззрение изменяется под воздействием некоторых факторов:

1. *Расширение проницательности человека* – лучшее понимание мира, в котором он живет; повышение его способности постигать материальные факты времени, исполненные смысла рациональные идеи и ценностные идеалы, открываемые благодаря духовной проницательности. До тех пор, пока люди будут пользоваться одним только мерилом физических вещей, у них никогда не будет надежды на обретение единства во времени и пространстве.

2. *Усиление контроля человека* – постепенное накопление знаний о законах материального мира, целях духовного бытия и возможностях философской координации этих двух реальностей. Дикарь был беспомощен перед натиском природных сил, он был рабом, подчиненным жестокому господству своих собственных страхов. Полуцивилизованный человек начинает отпирать кладовую тайн естественных сфер, и его наука медленно, но успешно разрушает его суеверия, одновременно предоставляя новую и расширенную фактическую основу для понимания философских значений и ценностей истинного духовного опыта. Человек цивилизованный когда-нибудь достигнет относительного господства над физическими силами своей планеты; любовь Бога плодотворно изольется из его сердца любовью к собратьям, а ценности человеческого существования будут приближаться к пределам возможностей смертного.

3. *Вселенская интеграция человека* – углубление человеческой проницательности, вместе с повышением эмпирических достижений человека, приближает его к гармонии с объединяющими присутствиями Верховности – Райской Троицей и Верховным Существом. Именно это создает полновластие Верховного в мирах, давно утвердившихся в свете и жизни. Такие прогрессивные планеты действительно являются гармоническими поэмами, прекрасными полотнами воплощенной благости, достигнутой в поисках космической истины. И если это может произойти с планетой, то еще более великие вещи могут случиться с системой и более крупными частями большой вселенной при достижении устойчивого состояния, свидетельствующего об исчерпании потенциалов конечного роста.

На такой прогрессивной планете провидение становится действительностью, обстоятельства жизни обретают взаимосвязанность. Однако это происходит не только оттого, что человек достиг господства над материальными проблемами своего мира. Это становится возможным также потому, что он начал жить в согласии с направлением развития вселенных; он идет по пути Верховности к достижению Всеобщего Отца.

Царство Божье – в сердцах людей, и когда это царство становится реальностью в сердце каждого обитателя мира, то владычество Бога становится реальностью на такой планете; и в этом – достижение полновластия Верховного Существа.

Для того чтобы реализовать провидение во времени, человек должен выполнить задачу достижения совершенства. Однако человек уже сейчас способен предвосхитить это провидение в его вечностных значениях, когда он задумывается о вселенском факте того, что все вещи, будь они добрыми или злыми, содействуют развитию богопознавших смертных в их стремлении к Отцу всего сущего.

Провидение становится всё более различимым по мере того, как люди тянутся вверх, от материального к духовному. Достигнув полной духовной проницательности, восходящая личность способна обнаружить гармонию в том, что ранее было хаосом. Уже моронтийная мота представляет собой настоящий прогресс в этом направлении.

Провидение является частью сверхуправления незавершенного Верховного в его проявлении незавершенным вселенным, в силу чего оно неизменно будет характеризоваться следующими качествами:

1. *Частичность* – из-за незавершенности актуализации Верховного Существа.

2. *Непредсказуемость* – из-за переменчивости отношения созданий, которое всегда варьируется от уровня к уровню и тем самым вызывает явно изменяющиеся ответные реакции в Верховном.

Когда люди молятся о вмешательстве провидения в обстоятельства жизни, то часто ответом на их молитвы становится изменение их собственного отношения к жизни. Однако провидение не является прихотливым, как не имеет оно отношения к вымыслам или магии. Оно представляет собой медленное и уверенное становление могущественного властелина конечных вселенных, чье величественное присутствие иногда замечается эволюционирующими созданиями, прогрессирующими во вселенной. Провидение – это уверенное и неизменное продвижение галактик пространства и личностей времени к целям вечности: сначала в Верховном, затем в Предельном и, возможно, в Абсолютном. И мы полагаем, что в вечности существует то же самое провидение, и заключается оно в воле, действиях и замысле Райской Троицы, приводящей в движение космическую панораму неисчислимых вселенных.

[Подготовлено Могущественным Посланником, временно пребывающим на Урантии.]

ДОКУМЕНТ 119

ПОСВЯЩЕНИЯ ХРИСТА МИХАИЛА

Являясь главой Вечерних Звезд Небадона, я послан на Урантию Гавриилом с поручением рассказать о семи посвящениях Властелина Вселенной – Михаила Небадонского, и зовут меня Гавалия. В своем изложении я буду неукоснительно придерживаться ограничений, которыми обусловлены мои полномочия.

Посвящение является неотъемлемым атрибутом Райских Сынов Всеобщего Отца. В своем стремлении приблизиться к жизненному опыту подчиненных им живых созданий различные категории Райских Сынов отражают божественную природу их Райских родителей. Начало этому обычаю положил Вечный Сын Райской Троицы, семикратно посвятивший себя семи кольцам Хавоны в эпоху восхождения Грандфанды и первых паломников, прибывших из времени и пространства. И Вечный Сын продолжает посвящать себя локальным вселенным пространства в лице своих представителей – Сынов категории Михаилов и Авоналов.

Когда Вечный Сын посвящает планируемой локальной вселенной Сына Создателя, этот Сын-Создатель принимает на себя всю ответственность за исполнение, управление и спокойствие этой новой вселенной; в частности, он дает вечной Троице торжественную клятву не становиться полновластным владыкой нового творения вплоть до успешного завершения им семи посвящений в облике созданий и утверждения их Древними Дней соответствующей сверхвселенной. Такое обязательство принимает на себя каждый Сын-Михаил, изъявляющий желание покинуть Рай, чтобы приступить к формированию и созданию вселенной.

Смысл этих воплощений в облике созданий заключается в том, чтобы позволить таким Создателям стать мудрыми, отзывчивыми, справедливыми и чуткими властелинами. Справедливость присуща этим божественным Сынам, однако опыт сменяющих друг друга посвящений придает им милосердную отзывчивость; милосердие свойственно им, однако подобный опыт позволяет им стать милосердными в новых, дополнительных аспектах. Эти посвящения являются последними ступенями их образования и подготовки для исполнения возвышенных задач, связанных с управлением локальными вселенными в духе божественной праведности и с опорой на справедливые решения.

Хотя многочисленные побочные блага выпадают на долю многих миров, систем и созвездий, равно как и различных категорий вселенских разумных существ, затронутых этими посвящениями и испытавших на себе их благотворное воздействие, тем не менее, первоочередной задачей таких деяний является завершение личной подготовки и вселенского образования самого Сына-Создателя. Эти посвящения не имеют принципиального значения для мудрого, беспристрастного и эффективного управления локальной вселенной, однако они совершенно необходимы для справедливого, милосердного и чуткого руководства таким творением, изобилующим различными формами жизни и мириадами разумных, но несовершенных созданий.

Сыны-Михаилы приступают к организации вселенной с чувством исчерпывающей и справедливой доброжелательности к различным категориям созданных ими существ. Они обладают неистощимым милосердием ко всем этим разнообразным созданиям, равно как и жалостью к тем, кто сбился с пути, погрязнув в трясине собственного эгоизма. Однако врожденная справедливость и праведность недостаточны для Древних Дней. Эти триединые правители сверхвселенных никогда не утвердят Сына-Создателя в качестве Властелина Вселенной, пока он действительно не приобретет точку зрения своих собственных созданий благодаря фактическому опыту, полученному в среде их существования и в качестве самих этих созданий. Так эти Сыны становятся разумными и чуткими правителями; они *познают* различные группы, которыми они правят и на которые распространяется их вселенская власть. Благодаря живому опыту они овладевают практическим милосердием, способностью к справедливым суждениям и терпением, которые рождаются в эмпирическом существовании в облике созданий.

В настоящее время локальная вселенная Небадон управляется Сыном-Создателем, завершившим свой путь посвящений; милосердно и справедливо господство этого властелина в обширных владениях своей эволюционирующей и совершенствующейся вселенной. Михаил Небадонский является 611 121-м посвящением Вечного Сына пространственно-временны́м вселенным, и он приступил к организации вашей локальной вселенной около четырехсот миллиардов лет тому назад. Михаил приготовился к своему первому посвященческому испытанию примерно в то время, когда Урантия стала обретать свою нынешнюю форму, то есть около миллиарда лет тому назад. Его посвящения осуществлялись с интервалом примерно в сто пятьдесят миллионов лет, и последнее из них произошло на Урантии девятнадцать столетий тому назад. Я приступаю к изложению сущности и характера этих посвящений в той мере, в какой позволяют мои полномочия.

1. ПЕРВОЕ ПОСВЯЩЕНИЕ

Событие, состоявшееся на Салвингтоне около миллиарда лет тому назад, носило торжественный характер: собравшиеся здесь руководители и главы вселенной Небадон услышали объявление Михаила о том, что вскоре власть в Небадоне перейдет к его старшему брату Иммануилу на то время, пока он, Михаил, будет отсутствовать, выполняя нераскрытую миссию. Это было единственным сообщением в отношении происходящего, если не считать переданного по системе дальней связи прощального обращения к Отцам Созвездий, в котором, среди прочих наказов, говорилось: «И на этот срок я оставляю вас на попечении Иммануила, пока я буду отсутствовать, выполняя призыв моего Райского Отца».

Отправив свое прощальное послание, Михаил появился на стартовом поле Салвингтона, как это было уже не раз, когда он готовился отбыть на Уверсу или Рай, но на сей раз он появился в одиночестве. Свое прощальное обращение он завершил такими словами: «Я покидаю вас ненадолго. Я знаю, что многие из вас хотели бы сопровождать меня, однако вы не можете отправиться туда, куда держу путь я. Вам не дано сделать то, что собираюсь сделать я. Мне предстоит исполнить волю Райских Божеств, и когда я завершу свою миссию и обрету этот опыт, я вновь займу свое место среди вас». Произнеся эти слова, Михаил Небадонский исчез из поля зрения собравшихся и появился лишь спустя двадцать лет стандартного времени. Во всём Салвингтоне только Божественная Попечительница и Иммануил знали о происходящем, а Союз Дней поделился своей тайной только с главным администратором вселенной – Гавриилом, Светлой Утренней Звездой.

Все обитатели Салвингтона, столичных миров созвездий и систем собрались у своих приемных станций вселенской связи, надеясь узнать что-нибудь о миссии и местонахождении Сына-Создателя. Только на третий день после отбытия Михаила появилось сообщение, которое могло внести какую-то ясность. В этот день на Салвингтоне было принято послание, переданное со сферы Мелхиседеков – центрального мира этой категории в Небадоне, – которое лишь констатировало необычайное и неслыханное явление: «Сегодня в полдень на приемном поле этого мира появился необычный Сын-Мелхиседек – не из нашего числа, но полностью похожий на нас. Он прибыл в сопровождении одного только омниафима, имевшего при себе мандат Уверсы с распоряжением Древних Дней, утвержденным Иммануилом Салвингтонским, направленным на имя нашего главы и предписывающим принять этого нового Мелхиседека в нашу категорию и прикрепить его к чрезвычайной службе Мелхиседеков Небадона. Были отданы соответствующие указания; распоряжение выполнено».

Это практически всё, что можно найти в архивах Салвингтона относительно первого посвящения Михаила. Новая информация появилась только через сто лет урантийского времени, когда был зарегистрирован факт возвращения Михаила и его необъявленного возобновления функций руководителя вселенной. Однако в мире Мелхиседеков можно увидеть необычный документ – рассказ о служении этого уникального Сына-Мелхиседека, члена чрезвычайного корпуса данной эпохи. Это свидетельство хранится в скромном храме, который в настоящее время стоит перед домом Отца-Мелхиседека и представляет собой рассказ о служении этого временного Сына-Мелхиседека в связи с выполнением им двадцати четырех чрезвычайных вселенских миссий. Лишь недавно заново перечитанное мною, это повествование завершается следующими словами:

«И в этот день, в полдень, без предварительного объявления и в присутствии лишь трех членов нашего братства, этот временный Сын нашей категории исчез из нашего мира так же, как появился, в сопровождении одного только омниафима; завершая это свидетельство, мы подтверждаем, что этот посетитель жил как Мелхиседек в образе Мелхиседека; он трудился как Мелхиседек, преданно исполняя все свои задания в качестве чрезвычайного Сына нашей категории. С общего согласия он стал главой Мелхиседеков, заслужив нашу любовь и поклонение своей несравненной мудростью, возвышенной любовью и высшей предапностью своему делу. Он любил нас, понимал нас и служил вместе с нами, и мы навсегда останемся его верными и преданными товарищами-Мелхиседеками, ибо тот, кто пришел в наш мир как незнакомец, навеки стал вселенским попечителем по типу Мелхиседека».

Вот всё, что мне дозволено рассказать вам о первом посвящении Михаила. Конечно, мы хорошо понимаем, что этот удивительный Мелхиседек, столь таинственно служивший вместе с Мелхиседеками миллиард лет тому назад, был не кто иной, как воплотившийся Михаил, выполнявший свое первое посвящение. В архивах нет определенных свидетельств того, что этот уникальный и деятельный Мелхиседек был Михаилом. Однако согласно всеобщему мнению, так это и было. Возможно, подлинное изложение этого факта можно найти только в архивах Сонарингтона, но архивы этого тайного мира закрыты для нас. Только в этом священном мире божественных Сынов до конца известны тайны воплощения и посвящения. Все мы знаем факты, связанные с посвящениями Михаила, но мы не понимаем, каким образом они осуществлялись. Мы не знаем, каким образом правитель вселенной, создатель Мелхиседеков, способен столь внезапным и таинственным образом стать одним из них, и, в качестве члена их категории, жить среди них и трудиться как Сын-Мелхиседек в течение ста лет. Но так это и было.

2. ВТОРОЕ ПОСВЯЩЕНИЕ

На протяжении почти ста пятидесяти миллионов лет со времени посвящения Михаила в качестве Мелхиседека всё обстояло благополучно во вселенной Небадон. Но вот, по прошествии этого времени, в 11-й системе 37-го созвездия стала складываться тревожная ситуация. Она была связана с заблуждением Сына-Ланонандека, Властелина Системы, в отношении которого Отцы Созвездия вынесли вердикт, утвержденный Верным Дней – Райским советником в этом созвездии. Однако протестующий Властелин Системы не захотел смириться с таким решением. По прошествии более ста лет недовольный Сын поднял своих партнеров на одно из самых широких и разрушительных восстаний против полновластия Сына-Создателя, которые когда-либо вспыхивали во вселенной Небадон, – восстание, давно уже рассмотренное в судах и прекращенное действием Древних Дней Уверсы.

В течение более двадцати лет стандартного времени Небадона этот мятежный Властелин Системы, Лутентия, господствовал на своей столичной планете, после чего Всевышние, с одобрения Уверсы, распорядились о его изоляции и обратились к правителям Салвингтона с прошением направить нового Властелина Системы, который взял бы на себя управление этой раздираемой противоречиями, зашедшей в тупик системой обитаемых миров.

Одновременно с получением на Салвингтоне этого прошения, Михаил обратился со вторым из своих удивительных заявлений, в котором выразил намерение покинуть столицу вселенной, чтобы «выполнить призыв моего Райского Отца», пообещав «вернуться в должное время» и сосредоточив всю власть в руках своего Райского брата Иммануила – Союза Дней.

После этого, используя тот же метод, что и при отбытии для посвящения в качестве Мелхиседека, Михаил вновь попрощался со своей столичной сферой. Спустя три дня после этого необъясненного прощания, в резервном корпусе первичных Сынов-Ланонандеков Небадона появился новый и неизвестный Сын. Этот новый Сын явился в полдень, без объявления, в сопровождении одного только тертиафима, представившего мандат Древних Дней Уверсы, который был утвержден Иммануилом Салвингтонским и предписывал назначить этого нового Сына в 11-ю систему 37-го созвездия в качестве преемника смещенного Лутентии, а также наделял его всеми полномочиями, необходимыми для исполнения обязанностей Властелина Системы вплоть до назначения нового властелина.

В течение более чем семнадцати лет по вселенскому времяисчислению этот удивительный и неизвестный временный правитель вел дела и мудро разрешал трудности, с которыми столкнулась эта зашедшая в тупик и деморализованная локальная система. Ни один Властитель Системы не пользовался такой же горячей любовью или таким же широким почтением и уважением. Справедливо и милосердно новый правитель наводил порядок в этой неспокойной системе и одновременно с этим терпеливо помогал всем своим подопечным; он даже оказал честь своему мятежному предшественнику, предложив ему совместное правление в случае, если тот принесет извинения Иммануилу за свое неблагоразумие. Но Лутентия отверг предложенное ему милосердие, хорошо зная, что этим необычным Властелином Системы был не кто иной, как Михаил – тот самый вселенский правитель, которому он столь недавно бросил вызов. Однако миллионы сбитых с толку и обманутых последователей Лутентии приняли прощение этого нового правителя, известного в то время как Властелин-Спаситель системы Палония.

Но вот настал тот памятный день, когда прибыл новый Властелин Системы, назначенный властями вселенной в качестве постоянного преемника смещенного Лутентии. Вся Палония скорбела, расставаясь с самым благородным и милосердным правителем системы, когда-либо известным в Небадоне. Его любила вся система, перед ним преклонялись его товарищи всех групп Сынов-Ланонандеков. Его уход не был незаметным: в тот день, когда он покидал столицу системы, было устроено пышное празднество. Даже его заблудший предшественник направил следующее послание: «Справедлив и праведен ты во всех своих делах. Хотя я по-прежнему отвергаю правление Рая, я вынужден признать, что ты являешься справедливым и милосердным управляющим».

И после этого временный правитель мятежной системы простился с планетой, которую он возглавлял в течение своего краткого пребывания, и спустя три дня Михаил появился на Салвингтоне и вернулся к руководству вселенной Небадон. Вскоре последовала третья уверсская декларация о расширении полномочий Михаила и его власти. Первая декларация появилась в связи с его прибытием в Небадон, вторая была обнародована вскоре после его посвящения в облике Мелхиседека; и вот теперь, после завершения второй миссии – посвящения в облике Ланонандека – появилась третья.

3. ТРЕТЬЕ ПОСВЯЩЕНИЕ

Верховный совет Салвингтона как раз успел закончить обсуждение обращения Носителей Жизни 217-й планеты из 87-й системы, входящей в 61-е созвездие, в котором они просили направить им в помощь Материального Сына. В те времена эта планета входила в состав системы обитаемых миров, где еще один Властелин Системы сбился с пути; на то время это было вторым восстанием такого рода во всём Небадоне.

По просьбе Михаила действия в отношении петиции, направленной Носителями Жизни этой планеты, были приостановлены в ожидании рассмотрения ее Иммануилом и получения его отзыва. Это не было обычной процедурой. Я хорошо помню, что все мы ждали чего-то необыкновенного, и нам не пришлось долго ждать. Михаил приступил к передаче управления вселенной в руки Иммануила, а командование небесными силами доверил Гавриилу. Сняв с себя, таким образом, административные полномочия, он попрощался со Вселенским Материнским Духом и исчез со стартового поля Салвингтона точно так же, как это уже происходило в двух предыдущих случаях.

Как и можно было ожидать, на третий день, без предварительного объявления, в столичном мире 87-й системы, входящей в 61-е созвездие, появился необычный Материальный Сын в сопровождении одного только секонафима и представил мандат Древних Дней Уверсы, утвержденный Иммануилом Салвингтонским. Временный Властелин Системы сразу же назначил этого нового и таинственного Материального Сына исполняющим обязанности Планетарного Князя 217-го мира, и это назначение было сразу же утверждено Всевышними 61-го созвездия.

Так началась нелегкая жизнь этого уникального Материального Сына в изолированном мире в условиях раскола и восстания; в мире, находившемся в осажденной системе, лишенной какой-либо прямой связи с внешним миром; в мире, где ему пришлось трудиться в одиночестве на протяжении жизни целого планетарного поколения. Этот чрезвычайный Материальный Сын добился покаяния и исправления падшего Планетарного Князя и всего его персонала и стал свидетелем возвращения планеты к верному служению под началом Рая – в том виде, в каком оно установлено в локальных вселенных. В должное время на эту возрожденную и спасенную планету прибыли Материальный Сын и Материальная Дочь, и однажды в полдень – после того как они были подобающим образом введены в должность в качестве зримых планетарных правителей – этот временный, или чрезвычайный, Планетарный Князь официально простился с планетой и исчез. После этого, на третий день, Михаил появился в своем привычном месте на Салвингтоне, и вскоре по сверхвселенской системе дальней связи была передана четвертая декларация Древних Дней, объявляющая об очередном укреплении владычества Михаила Небадонского.

К сожалению, я не вправе рассказать о терпении, стойкости и умении, с которыми этот Материальный Сын встречал трудности на зашедшей в тупик планете. Восстановление этого изолированного мира является одной из самых волнующих страниц в небадонских хрониках спасения. К концу этой миссии всему Небадону стало понятно, зачем их возлюбленный правитель решил пройти путь повторяющихся посвящений в образе представителя одной из нижестоящих категорий разумных существ.

Посвящения Михаила в качестве Сына-Мелхиседека, затем в качестве Сына-Ланонандека и после этого в качестве Материального Сына столь же таинственны и не поддаются объяснению. В каждом случае он появлялся *внезапно* и в виде полностью сложившегося индивидуума соответствующей категории. Тайна таких воплощений известна только тем, кто допущен к внутреннему кругу архивов священной сферы Сонарингтон.

Со времени удивительного посвящения Планетарного Князя в одном из изолированных и охваченных восстанием миров, ни один Материальный Сын и никто из Материальных Сынов или Дочерей Небадона даже не помышлял о том, чтобы посетовать на свое назначение или сослаться на трудности своих планетарных миссий. Ибо Материальные Сыны всегда знают, что в Сыне-Создателе вселенной они встретят понимающего властелина и отзывчивого друга, того, кто «испытан и искушен во всём» так же, как должны пройти испытания и искушения они.

После каждой из этих миссий наступал период еще более преданного служения, укрепления лояльности среди всех небесных разумных существ вселенского происхождения, в то время как каждая новая посвященческая эпоха характеризовалась прогрессом и совершенствованием всех видов вселенской администрации и всех методов управления. Со времени этого посвящения ни один Материальный Сын или Дочь не примыкали осознанно к восстанию против Михаила; они слишком сильно любят и почитают его, чтобы быть способными когда-либо сознательно отвергнуть его. За последнее время Адамов сбивали с истинного пути только обман и софистика мятежных личностей более высокого типа.

4. ЧЕТВЕРТОЕ ПОСВЯЩЕНИЕ

Приближалось окончание одного из периодических тысячелетних оглашений Уверсы, когда Михаил приступил к передаче правления Небадоном в руки Иммануила и Гавриила; и, конечно, помня о том, что́ за этим следовало в прошлом, все мы приготовились стать свидетелями исчезновения Михаила для осуществления четвертой посвященческой миссии. Ждать нам пришлось недолго, ибо вскоре он появился на стартовом поле Салвингтона и исчез из виду.

На третий день после этого исчезновения среди переданной на Уверсу по системе дальней связи информации мы отметили важное сообщение, направленное из центра небадонских серафимов: «Сообщаем о неожиданном прибытии неизвестного серафима в сопровождении одиночного супернафима и Гавриила Салвингтонского. Данный незарегистрированный серафим соответствует небадонскому типу серафимов и имеет при себе мандат Древних Дней Уверсы, утвержденный Иммануилом Салвингтонским. По результатам проверки этот серафим соответствует верховной категории ангелов локальной вселенной, и он уже зачислен в корпус обучающих советников».

Во время этого серафического посвящения Михаил отсутствовал на Салвингтоне свыше сорока лет стандартного вселенского времени. В течение этого срока он служил в качестве серафического обучающего советника – вы бы сказали, в качестве личного секретаря, – при двадцати шести различных выдающихся учителях, действовавших в двадцати двух различных мирах. Во время своего последнего, или завершающего, назначения он исполнял обязанности советника и помощника при посвященческой миссии Троичного Сына-Учителя в 462-м мире 84-й системы, входящей в 3-е созвездие вселенной Небадон.

За все семь лет этого назначения Троичный Сын-Учитель никогда не был полностью уверен в личности своего серафического партнера. Конечно, в тот период к каждому серафиму относились с повышенным интересом и вниманием. Все мы прекрасно знали, что наш возлюбленный Властелин находится где-то во вселенной в облике серафима, однако нам никогда не удавалось установить его личность; он был опознан только после прикрепления к посвященческой миссии этого Троичного Сына-Учителя. Однако в течение всей этой эры к верховным серафимам относились с особой заботой – ведь любой из нас мог, ничего не подозревая, принимать у себя Властелина вселенной, выполняющего миссию посвящения в облике создания. Так в отношении ангелов стало извечной истиной, что их Создатель и Правитель был «во всём испытан и искушен в образе серафима».

По мере того, как каждое очередное посвящение всё больше затрагивало сущность низших форм вселенской жизни, Гавриил становился всё теснее связанным с этими инкарнатными испытаниями, действуя в качестве вселенского посредника между посвященным Михаилом и временным вселенским правителем, Иммануилом.

Михаил прошел через посвященческий опыт уже трех категорий своих созданных вселенских Сынов: Мелхиседеков, Ланонандеков и Материальных Сынов. На следующем этапе он нисходит до воплощения в образе ангела – верховного серафима, – прежде чем обратиться к различным ступеням восходящего пути низшей формы своих волевых созданий, эволюционных смертных времени и пространства.

5. ПЯТОЕ ПОСВЯЩЕНИЕ

Чуть более трехсот миллионов лет тому назад по урантийскому времяисчислению мы стали свидетелями еще одной передачи вселенских полномочий Иммануилу и подготовки Михаила к отбытию. Это событие отличалось от предыдущих: на этот раз он объявил о том, что местом его назначения является Уверса, столица сверхвселенной Орвонтон. В должное время наш Властелин отбыл, однако по системе дальней связи не было передано каких-либо сообщений о прибытии Михаила в суды Древних Дней. Правда, вскоре после того как он покинул Салвингтон, среди уверсских сообщений действительно появилось следующее примечательное уведомление: «Сегодня, в сопровождении Гавриила Небадонского, сюда неожиданно прибыл не имеющий номера восходящий паломник смертного происхождения из вселенной Небадон с удостоверением от Иммануила Салвингтонского. По своему статусу это неопознанное существо является истинным духом, и оно принято в наше братство».

Если бы вам довелось побывать сегодня на Уверсе, вы могли бы услышать подробные рассказы о тех днях, когда здесь пребывал Эвентод – этот особенный и незнакомый паломник времени и пространства, известный на Уверсе под этим именем. И этот восходящий смертный – по крайней мере, великолепная личность, существующая в точном подобии восходящего смертного, достигшего стадии духа, – жил и действовал на Уверсе в течение одиннадцати лет стандартного времени Орвонтона. Как и его товарищи из различных локальных вселенных Орвонтона, это существо получало задания и выполняло обязанности духовного смертного. «Он был испытан и искушен во всём, подобно его товарищам», и в каждом случае он оправдал доверие своих руководителей, одновременно с этим неизменно внушая уважение своим духовным собратьям и вызывая у них чувства преданности и восхищения.

На Салвингтоне мы с величайшим интересом следили за успехами этого духовного паломника, прекрасно понимая – благодаря присутствию Гавриила, – что этот непритязательный и не имеющий номера духовный паломник был не кто иной, как посвященный правитель нашей локальной вселенной. Это первое появление перевоплощенного Михаила в роли представителя одной из ступеней эволюции смертных стало событием, которое взволновало и очаровало весь Небадон. Мы слышали о таких вещах, однако теперь мы сами стали тому свидетелями. Он появился на Уверсе в качестве полностью сложившегося и в совершенстве подготовленного духовного смертного и оставался им вплоть до отправки очередной группы восходящих смертных в Хавону; после этого у него состоялась беседа с Древними Дней, вслед за чем сразу же и незаметно покинул Уверсу в сопровождении Гавриила и вскоре появился на своем обычном месте на Салвингтоне.

Только после завершения этого посвящения мы, наконец, догадались, что Михаил, по всей видимости, намеревается воплотиться в образе различных категорий его вселенских личностей – от высших Мелхиседеков до смертных из плоти и крови в эволюционных пространственно-временны́х мирах. Примерно в это время в школах Мелхиседеков стали говорить о предполагаемом воплощении Михаила в облике смертного во плоти, и появилось много рассуждений о возможном методе такого непостижимого посвящения. То, что Михаил лично совершил, пребывая в роли восходящего смертного, вызвало прилив нового, дополнительного интереса ко всему плану эволюции созданий – их восхождении как через локальную вселенную, так и сверхвселенную.

И всё же, способ осуществления этих последовательных посвящений оставался загадкой. Даже Гавриил признаёт, что не понимает метода, при помощи которого этот Райский Сын и вселенский Создатель мог, по своей воле, принимать личность и проживать жизнь одного из своих подчиненных созданий.

6. ШЕСТОЕ ПОСВЯЩЕНИЕ

Теперь, когда весь Салвингтон был знаком с процедурой, предварявшей очередное посвящение, Михаил собрал обитателей столичной планеты и впервые раскрыл оставшуюся часть плана воплощений, объявив о том, что вскоре ему предстоит покинуть Салвингтон, чтобы пройти путь моронтийного смертного в резиденциях Всевышних Отцов центральной планеты пятого созвездия. И после этого мы впервые услышали объявление о том, что его седьмое и завершающее посвящение произойдет во плоти, в облике смертного одного из эволюционных миров.

Перед тем, как покинуть Салвингтон и приступить к своему шестому посвящению, Михаил обратился к собравшимся обитателям сферы и отправился в путь на виду у всех в сопровождении одиночного серафима и Светлой Утренней Звезды Небадона. Хотя руководство вселенной в очередной раз было поручено Иммануилу, произошло более широкое распределение административных обязанностей.

Михаил появился в столице пятого созвездия в виде полностью сложившегося моронтийного смертного восходящего статуса. Я сожалею о том, что мне не позволено касаться подробностей жизни этого не имеющего номера моронтийного смертного, ибо это была одна из самых необыкновенных и поразительных эпох в опыте посвящений Михаила, даже с учетом его драматического и трагического пребывания на Урантии. Однако одно из тех ограничений, которыми я был связан, принимая это задание, запрещает мне раскрывать детали восхитительной жизни Михаила в качестве моронтийного смертного на сфере Эндант.

Когда, завершив свое моронтийное посвящение, Михаил вернулся, мы увидели, что наш Создатель стал таким же, как мы, созданием, что Властелин Вселенной оказался также другом и отзывчивым помощником даже низшего типа разумных созданий, обитавших в его владениях. Мы и раньше отмечали всё большее усиление точки зрения созданий в управлении вселенной, ибо этот процесс был постепенным. Однако это стало более очевидным после завершения посвящения в облике моронтийного смертного и еще более заметным после возвращения Михаила с Урантии, где он прожил жизнь сына плотника.

Гавриил заблаговременно сообщил нам об освобождении Михаила от моронтийного посвящения, в связи с чем мы устроили на Салвингтоне подобающую встречу. Многие миллионы существ прибыли сюда из столичных миров небадонских созвездий, и большинство обитателей соседних с Салвингтоном миров собрались здесь, чтобы поздравить его с возвращением к правлению вселенной. В ответ на наши многочисленные приветственные обращения и выражения признательности за то, что Властелин проявлял столь живой интерес к своим созданиям, он только ответил: «Я лишь выполнял поручения своего Отца. Я лишь делаю то, что в радость Райским Сынам, которые любят свои создания и всячески стремятся понять их».

Однако с той поры и вплоть до того часа, когда Михаил приступил к своему урантийскому испытанию в образе Сына Человеческого, весь Небадон продолжал обсуждать многочисленные свершения Полновластного Правителя на Энданте при осуществлении своего посвященческого воплощения в облике моронтийного смертного, идущего по пути эволюционного восхождения и искушенного во всём, как и его товарищи из материальных миров, собранные со всего созвездия, в котором прошло его служение.

7. СЕДЬМОЕ, ПОСЛЕДНЕЕ ПОСВЯЩЕНИЕ

В течение десятков тысяч лет все мы ждали последнего, седьмого посвящения Михаила. Гавриил учил нас, что это завершающее посвящение произойдет во плоти – в облике смертного, однако мы ничего не знали о времени, месте и характере этого кульминационного испытания.

Объявление о том, что Михаил избрал Урантию в качестве места своего последнего посвящения, было сделано вскоре после того как мы узнали о проступке Адама и Евы. Так, на протяжении более тридцати пяти тысяч лет, ваша планета занимала видное положение в советах всей вселенной. Все этапы урантийского посвящения (за исключением тайны инкарнации) осуществлялись открыто. От первого до последнего шага – вплоть до триумфального возвращения Михаила на Салвингтон в качестве верховного Властелина Вселенной – широчайшей вселенской огласке предавалось всё, что происходило в вашем небольшом, но глубоко почитаемом мире.

Хотя мы и догадывались о том, каким будет метод посвящения, вплоть до самой инкарнации мы не знали, что Михаил появится на земле в виде беспомощного дитя. До этого он всегда появлялся в образе полностью сложившегося индивидуума, принадлежащего к той группе личностей, которая выбиралась для посвящения. Потому все мы были взволнованы переданным с Салвингтона сообщением о младенце, родившемся в Вифлееме на Урантии.

И тогда мы не только осознали, что наш Создатель и друг совершает самый опасный шаг на своем пути, явно рискуя своим положением и властью во время этого посвящения в облике беспомощного дитя, но мы также поняли, что опыт, полученный в этом завершающем смертном посвящении, навечно возведет его на трон в качестве неоспоримого верховного властелина вселенной Небадон. В течение трети столетия по урантийскому времяисчислению все взоры во всех частях этой локальной вселенной были прикованы к Урантии. Все разумные существа сознавали, что совершалось последнее посвящение, и так как мы уже давно знали о восстании Люцифера в Сатании и нелояльности Калигастии на Урантии, то мы прекрасно понимали, сколь напряженной будет борьба, которой было суждено развернуться после того, как наш правитель снизошел до воплощения на Урантии в неприметном образе и подобии смертной плоти.

Иешуа бен Иосиф, еврейский ребенок, был зачат и рожден в этом мире так же, как и все остальные младенцы до и после него, *за исключением* того, что это конкретное дитя явилось воплощением Михаила Небадонского, божественного Сына Рая и создателя всей этой локальной вселенной вещей и существ. И эта тайна воплощения Божества в человеческой форме Иисуса – рождение которого в этом мире во всех остальных аспектах было естественным – не будет раскрыта никогда. Даже в вечности вы не узнаете способа и метода воплощения Создателя в образе и подобии своих созданий. Это является тайной Сонарингтона, и подобные тайны находятся в исключительном владении тех божественных Сынов, которые прошли через опыт посвящения.

Некоторые земные мудрецы знали о скором прибытии Михаила. Благодаря контактам одного мира с другим, эти обладавшие духовной интуицией мудрецы узнали о предстоящем посвящении Михаила на Урантии. И серафим, через промежуточных созданий, действительно известил об этом группу халдейских священников, главой которых был Арднон. Эти Божьи люди посетили новорожденное дитя. Единственным сверхъестественным событием, связанным с рождением Иисуса, было данное оповещение Арднона и его товарищей серафимом, ранее прикрепленным к Адаму и Еве в первом Саду.

Человеческие родители Иисуса были обыкновенными людьми своего времени и поколения, и этот воплощенный Божий Сын был рожден женщиной и воспитан как обычный ребенок своего народа и века.

Рассказ о пребывании Михаила на Урантии – изложение смертного посвящения Сына-Создателя в вашем мире – выходит за рамки данного повествования и не является его целью.

8. ПОСТПОСВЯЩЕНЧЕСКИЙ СТАТУС МИХАИЛА

После успешного завершающего посвящения на Урантии Михаил был не только утвержден Древними Дней как полновластный правитель Небадона, но также одобрен Всеобщим Отцом в качестве признанного руководителя созданной самим Михаилом локальной вселенной. После возвращения на Салвингтон этот Михаил, Сын Человеческий и Сын Божий, был провозглашен постоянным правителем Небадона. С Уверсы поступила восьмая декларация полновластия Михаила, а из Рая – совместное заявление Всеобщего Отца и Вечного Сына, которое назначало этого Богочеловека единоличным главой вселенной и предписывало находившемуся на Салвингтоне Союзу Дней принять решение вернуться в Рай. Находившимся в столицах созвездий Верным Дней также было предложено выйти из состава советов Всевышних. Однако Михаил не согласился с уходом Троичных Сынов – советников и помощников. Собрав их на Салвингтоне, он лично попросил их навечно остаться при исполнении своих обязанностей в Небадоне. Они сообщили своим Райским руководителям о своем желании удовлетворить данную просьбу, и вскоре после этого поступили мандаты открепления от Рая, навечно связавшие этих Сынов центральной вселенной с резиденцией Михаила Небадонского.

Потребовался почти миллиард лет по урантийскому времяисчислению для завершения посвященческого пути Михаила и утверждения его верховной власти в созданной им самим вселенной. Михаил был рожден создателем, получил образование управляющего и подготовку исполнителя, однако условием обретения полновластия было приобретение опыта. Так ваш небольшой мир стал известен во всём Небадоне, ибо именно здесь Михаил завершил обретение опыта, являющегося для каждого Сына-Создателя необходимым условием получения неограниченного управления и руководства созданной им самим вселенной. По мере своего восхождения в локальной вселенной, вы узнаете много нового об идеалах тех личностей, с которыми были связаны предыдущие посвящения Михаила.

Завершив свои посвящения в облике созданий, Михаил не только утвердил своё собственное полновластие, но также расширил эволюционирующее полновластие Бога-Верховного. В течение этих посвящений Сын-Создатель не только осуществил нисходящее исследование различных типов личностей созданных существ, но также достиг раскрытия разнообразно проявляющихся волеизъявлений Райских Божеств, чье совокупное единство, раскрытое Верховными Создателями, раскрывает также волю Верховного Существа.

Эти различные аспекты воли Божеств нашли свое вечное воплощение в различных сущностях Семи Главных Духов, и каждое из посвящений Михаила особым образом раскрыло одно из этих проявлений божественности. При посвящении в образе Мелхиседека он продемонстрировал объединенную волю Отца, Сына и Духа; при посвящении в образе Ланонандека – волю Отца и Сына; при посвящении в образе Адама он раскрыл волю Отца и Духа, при серафическом посвящении – волю Сына и Духа; при уверсском посвящении в облике смертного он отразил волю Совместного Вершителя, при моронтийном смертном посвящении – волю Вечного Сына, а во время материального посвящения на Урантии он стал воплощенной волей Всеобщего Отца, и сделал он это в облике смертного из плоти и крови.

Результатом завершения этих семи посвящений стало обретение Михаилом высшего полновластия и создание условий для полновластия Верховного в Небадоне. Ни в одном из своих посвящений Михаил не раскрыл Бога-Верховного, однако совокупность всех семи является новым раскрытием Верховного Существа в Небадоне.

Приобретая опыт нисхождения от Бога к человеку, Михаил одновременно обретал опыт восхождения от частичности возможного проявления к верховности конечного действия и завершенности высвобождения своей потенциальной способности к абсонитной функции. Как Сын-Создатель, Михаил является пространственно-временным создателем, но как семикратный Сын-Владыка, он является членом одного из божественных корпусов, входящих в состав Предельной Троицы.

Проходя через опыт раскрытия велений Троицы, проявляемых посредством Семи Главных Духов, Сын-Создатель прошел через опыт раскрытия воли Верховного. Раскрывая волю Верховности, Михаил – вместе со всеми остальными Сынами-Владыками – навечно отождествил себя с Верховным. В данную вселенскую эпоху он раскрывает Верховного и участвует в претворении владычества Верховности. Однако мы полагаем, что в следующую вселенскую эпоху он будет сотрудничать с Верховным Существом в первой эмпирической Троице во вселенных внешнего пространства, трудясь на благо этих вселенных.

Урантия – это святыня, взывающая к чувствам всего Небадона, главный из десяти миллионов обитаемых миров, смертный дом Христа Михаила – властелина всего Небадона, планетарного попечителя-Мелхиседека, спасителя системы, адамического искупителя, серафического товарища, соратника восходящих духов, моронтийного прогрессора, Сына Человеческого в облике смертной плоти и Планетарного Князя Урантии. И правдой является ваше свидетельство, утверждающее, что тот же самый Иисус обещал когда-нибудь вернуться в мир своего завершающего посвящения – Мир Креста.

[Настоящий документ, описывающий семь посвящений Христа Михаила, является шестьдесят третьим в ряду повествований, подготовленных при содействии многочисленных личностей и рассказывающих об истории Урантии до появления Михаила на земле в облике смертной плоти. Эти документы были одобрены небадонской комиссией, состоящей из двенадцати членов и действующей под руководством Мантутии Мелхиседека. Мы составили данные повествования и изложили их на английском языке при помощи метода, утвержденного нашими руководителями, в 1935 году н. э. по урантийскому времяисчислению.]

ЧАСТЬ IV

ЖИЗНЬ И УЧЕНИЯ ИИСУСА

Данный раздел был подготовлен комиссией из двенадцати промежуточных созданий Урантии, трудившихся под наблюдением Мелхиседека, руководителя комиссии откровения. В основу повествования положена информация, предоставленная вторичным промежуточным созданием, некогда исполнявшим обязанности сверхчеловеческого хранителя апостола Андрея.

ЧАСТЬ IV

Жизнь и учения Иисуса

ДОКУМЕНТ 120

ПОСВЯЩЕНИЕ МИХАИЛА НА УРАНТИИ

Назначенный Гавриилом для наблюдения за выполнением нового изложения жизни Михаила в его бытность на Урантии в образе смертной плоти, я, Мелхиседек, руководитель комиссии богооткровения, которой поручено выполнение данного задания, уполномочен рассказать о некоторых событиях, непосредственно предшествовавших прибытию Сына-Создателя на Урантию для того, чтобы приступить к завершающей стадии своих вселенских посвящений. Прожить такую же жизнь, которая уготована разумным существам его собственного творения, и, таким образом, посвятить себя в образе своих различных категорий созданных существ – вот часть той цены, которую приходится платить каждому Сыну-Создателю для обретения полного и верховного владычества в созданной им самим вселенной вещей и существ.

До начала тех событий, к описанию которых я собираюсь приступить, Михаил Небадонский шесть раз посвятил себя в облике созданий, принадлежащих шести различным категориям его разнообразного творения разумных существ. Вслед за этим он подготовился к нисхождению на Урантию в образе смертной плоти – низшей категории его разумных волевых созданий, – чтобы в облике человека, обитателя материального мира, исполнить заключительный акт драмы обретения полновластия во вселенной согласно велениям божественных Райских Правителей вселенной вселенных.

В ходе каждого из этих предшествующих посвящений Михаил обрел не только конечный опыт одной из групп своих созданных существ, но и важный опыт взаимодействия с Раем, что, само по себе, способствовало его превращению во властелина созданной им самим вселенной. В течение всего предшествовавшего времени в локальной вселенной Михаил – будучи Сыном-Создателем – мог в любой момент заявить о своем личном полновластии и, как Сын-Создатель, был вправе управлять своей вселенной по собственному усмотрению. В таком случае Иммануил и взаимодействующие Райские Сыны покинули бы вселенную. Однако Михаил не хотел править Небадоном только по своему, исключительно личному праву Сына-Создателя. В сотрудничестве с Райской Троицей и в подчинении ей, он желал взойти по пути реального опыта, подняться на высокую ступень во вселенной, достигнуть положения, которое позволило бы ему править своей вселенной и управлять ее делами с тем совершенством понимания и мудростью исполнения, которые когда-нибудь будут характеризовать величественное правление Верховного Существа. Он стремился не к совершенству владычества в качестве Сына-Создателя, а к верховности управления, которое стало бы воплощением вселенской мудрости и божественного опыта Верховного Существа.

Поэтому, семикратно посвящая себя различным категориям своих вселенских созданий, Михаил преследовал двоякую цель. Во-первых, он завершал приобретение необходимого опыта понимания созданий, требуемого от каждого Сына-Создателя, прежде чем он может стать полновластным владыкой. В любой момент Сын-Создатель волен править своей вселенной по своему собственному праву, однако править в качестве верховного представителя Райской Троицы он может только после завершения семи посвящений в образе вселенских созданий. Во-вторых, он стремился быть удостоенным права представлять максимальную власть Райской Троицы, возможную в условиях непосредственного, личного управления локальной вселенной. В соответствии с этим, в опыте каждого из своих вселенских посвящений Михаил успешно, должным образом и добровольно подчинял себя по-разному выраженной воле различных объединений лиц Райской Троицы, а именно: во время первого посвящения он подчинялся объединенной воле Отца, Сына и Духа; во время второго посвящения – воле Отца и Сына; во время третьего посвящения – воле Отца и Духа; во время четвертого посвящения – воле Сына и Духа; во время пятого посвящения – воле Бесконечного Духа; во время шестого посвящения – воле Вечного Сына; и в течение последнего, седьмого посвящения на Урантии, – воле Всеобщего Отца.

Поэтому в своем личном полновластии Михаил объединяет божественную волю семичастных аспектов всеобщих Создателей с опытом понимания созданий своей локальной вселенной. Так его правление стало выражением величайшего возможного могущества и власти при полном отсутствии деспотичных проявлений этой власти. Его власть безгранична, ибо она основана на эмпирическом сотрудничестве с Райскими Божествами; его полномочия бесспорны, поскольку они были обретены в непосредственном опыте в образе вселенских созданий; его владычество верховно, ибо оно одновременно воплощает в себе семиаспектную точку зрения Райского Божества и точку зрения пространственно-временны́х созданий.

Приняв решение о сроках своего завершающего посвящения и выбрав планету, на которой предстояло произойти этому чрезвычайному событию, Михаил провел обычное предпосвященческое совещание с Гавриилом, после чего предстал перед своим старшим братом и Райским советником Иммануилом. Все полномочия, относящиеся к управлению вселенной и еще не переданные Гавриилу, Михаил оставил на попечение Иммануила. И непосредственно перед отбытием Михаила для инкарнации на Урантии Иммануил, принимая на себя заботу о вселенной на время урантийского посвящения, обратился со своим посвященческим советом, призванным стать инкарнационным руководством для Михаила, которому вскоре предстояло вырасти на Урантии в качестве смертного этого мира.

В связи с этим следует иметь в виду, что Михаил принял решение исполнить данное посвящение в образе смертного, подчинив себя воле Райского Отца. Сыну-Создателю не требовалось чьих-либо советов для совершения этой инкарнации, если бы его единственной целью было достижение полновластия во вселенной. Однако он уже начал выполнять программу раскрытия Верховного, которая включала в себя сотрудничество с разнообразными волеизъявлениями Райских Божеств. Поэтому его полновластие – обретенное окончательно и лично – действительно включило бы в себя всю семичастную волю Божества в ее кульминационном выражении в Верховном. По этой причине в шести предшествующих случаях его наставляли личные представители различных Райских Божеств и их объединений, и на этот раз он получил указания Союза Дней – представителя Райской Троицы в локальной вселенной Небадон, действующего от имени Всеобщего Отца.

Желание этого могущественного Сына-Создателя еще раз добровольно подчинить себя воле Райских Божеств – на этот раз воле Всеобщего Отца – давало прямую пользу и обещало колоссальную награду. Принимая решение пойти на такое связующее подчинение, в этой инкарнации Михаил должен был эмпирически познать не только природу смертного человека, но и волю Райского Отца всего сущего. Более того, он мог приступить к этому уникальному посвящению, будучи не только абсолютно уверенным в том, что Иммануил воспользуется всей властью, данной Всеобщим Отцом для управления его вселенной в его отсутствие в связи с посвящением на Урантии, но и успокоенный знанием того, что Древние Дней сверхвселенной обеспечили безопасность его владений на весь период посвящения.

Таким было положение дел в тот знаменательный час, когда Иммануил передал седьмое посвященческое поручение. Из этого предпосвященческого напутствия Иммануила вселенскому правителю, ставшему впоследствии на Урантии Иисусом Назарянином (Христом Михаилом), мне дозволено привести следующие выдержки:

1. СЕДЬМОЕ ПОСВЯЩЕНЧЕСКОЕ ПОРУЧЕНИЕ

«Мой брат-Создатель, вскоре я стану свидетелем твоего седьмого и последнего посвящения во вселенной. Воистину преданно и совершенно исполнил ты шесть предшествующих поручений, и у меня нет и тени сомнения в том, что столь же триумфально пройдет и это, твое последнее посвящение, необходимое для обретения полновластия. До сих пор ты появлялся в сферах, где проходили посвящения, в виде полностью сложившегося существа избранной тобой категории. Теперь же тебе предстоит появиться на Урантии – лишенной порядка и покоя планете, на которой ты остановил свой выбор, – но не в виде взрослого смертного, а в образе беспомощного младенца. Это станет для тебя, мой товарищ, новым и неизведанным испытанием. Вскоре тебе предстоит заплатить полную цену посвящения и до конца познать, чтó представляет собой воплощение Создателя в образе создания.

В каждом из своих прежних посвящений ты принимал добровольное решение подчинить себя воле трех Райских Божеств и их взаимных божественных объединений. Из семи аспектов воли Верховного, в своих прошлых посвящениях ты подчинялся всем, кроме личной воли твоего Райского Отца. Теперь, когда ты решил целиком подчинить себя воле Отца в течение своего седьмого посвящения, я, будучи личным представителем нашего Отца, принимаю на себя неограниченные полномочия в отношении твоей вселенной на время твоей инкарнации.

Предпринимая посвящение на Урантии, ты по собственной воле лишил себя всякой внепланетарной поддержки и особой помощи, которая могла бы быть предложена любым созданием твоего собственного творения. Подобно тому, как благополучное продвижение по вселенскому пути созданных тобою сынов Небадона полностью зависит от тебя, так и благополучное преодоление тобою нераскрытых превратностей твоей грядущей смертной жизни должно теперь целиком и полностью зависеть от Райского Отца. И когда ты завершишь это посвящение, ты воистину познаешь всё значение и глубокий смысл того вероисповедного доверия, овладения которым ты неизменно требуешь от всех своих созданий как части сокровенной связи с тобой, – Создателем и Отцом их локальной вселенной.

В течение всего посвящения на Урантии только одно должно быть твоей заботой – непрерывное общение со своим Райским Отцом; именно в совершенстве такой связи мир твоего посвящения, равно как и вся сотворенная тобой вселенная увидят новое и более доступное пониманию раскрытие твоего и моего Отца – Отца всего сущего. Поэтому ты должен сосредоточиться только на своей жизни на Урантии. Я же буду нести полную ответственность за безопасность, непрерывность и эффективность управления твоей вселенной с того момента, когда ты добровольно сложишь с себя полномочия, и вплоть до того момента, когда, утвержденный Раем, ты вернешься к нам Властелином Вселенной и получишь из моих рук не власть наместника, которую теперь ты передаешь мне, а верховную власть и полномочия в своей вселенной.

И для обретения тобою полной уверенности в том, что я в силах выполнить всё обещанное (прекрасно понимая, что я являюсь гарантом всего Рая в отношении данного мною слова), я сообщаю тебе, что я только что получил распоряжение Древних Дней Уверсы, которое позволит предотвратить любую опасность для духовного состояния Небадона на весь период твоего добровольного посвящения. Начиная с того мгновения, когда, приступая к инкарнации в образе смертного, ты откажешься от сознания, – и вплоть до того момента, когда ты вернешься к нам в качестве верховного и безусловного властелина сотворенной и организованной тобою вселенной, – во всём Небадоне не сможет случиться ничего опасного. Согласно распоряжению Древних Дней, на срок твоей инкарнации мне даются неограниченные полномочия немедленно и автоматически уничтожать любое существо, повинное в восстании или намеревающееся спровоцировать бунт во вселенной Небадон, пока ты будешь отсутствовать, осуществляя свое посвящение. Мой брат, ввиду данной мне Раем власти, неотъемлемой от моего присутствия и расширенной судебным мандатом Уверсы, в течение твоего посвящения твоя вселенная и все ее верные создания будут в безопасности. Ты можешь приступать к своей миссии только с одной мыслью – о новом раскрытии нашего Отца разумным существам своей вселенной.

Как и в каждом из твоих предыдущих посвящений, я хотел бы напомнить тебе, что я принимаю твои вселенские полномочия в качестве брата и доверенного лица. Я буду распоряжаться властью и пользоваться могуществом от твоего имени. Я поступаю так, как поступал бы наш Райский Отец и в соответствии с твоей искренней просьбой о том, чтобы я действовал именно таким образом вместо тебя. Исходя из этого, в любой момент ты сможешь воспользоваться всей переданной властью, если посчитаешь нужным вернуть ее себе. Твое посвящение целиком и во всех отношениях является добровольным. Как воплощенный в мире смертный, ты не будешь обладать небесными способностями, однако даже отказавшись от всего своего могущества, ты сможешь восстановить его в любое время, если решишь вернуть себе вселенские полномочия. Помни, что если ты примешь решение восстановить себя в могуществе и власти, то это произойдет только в силу *личных* причин, ибо я являюсь живым и высшим залогом, чье присутствие и слово гарантируют безопасность управления твоей вселенной по воле твоего Отца. Восстание – подобное тем, которые трижды случались в Небадоне, – не может произойти во время твоего отсутствия на Салвингтоне при выполнении данного посвящения. На срок продолжительности урантийского посвящения Древние Дней распорядились о том, чтобы любое восстание в Небадоне автоматически включало в себя семя своего собственного уничтожения.

Пока ты будешь отсутствовать, выполняя это завершающее и исключительное посвящение, я обязуюсь (в сотрудничестве с Гавриилом) добросовестно управлять твоей вселенной; и поручая тебе приступить к этому служению – осуществлению божественного откровения – и обрести опыт усовершенствованного понимания людей, я действую от имени моего и твоего Отца и даю тебе следующий совет, призванный направлять тебя в твоей земной жизни по мере всё лучшего осознания божественной миссии, с выполнением которой будет связано твое продолжительное пребывание во плоти:

2. ОГРАНИЧЕНИЯ, СВЯЗАННЫЕ С ПОСВЯЩЕНИЕМ

1. Соблюдая обычаи и следуя методу Сонарингтона, – в соответствии с распоряжениями Вечного Сына Рая, – я предпринял все необходимые меры для того, чтобы ты мог немедленно приступить к посвящению в образе смертного согласно планам, сформулированным тобой и переданным мне на хранение Гавриилом. Ты вырастешь на Урантии как обычный ребенок данного мира и закончишь свое человеческое образование, неизменно подчиненный воле своего Райского Отца, проживешь свою жизнь на Урантии согласно принятому тобой решению, завершишь свое пребывание на планете и приготовишься совершить восхождение к Отцу, от которого получишь полномочия верховного властелина своей вселенной.

2. Мой следующий совет не касается твоей земной миссии и вселенского откровения, хотя он тесно связан и с тем, и с другим. Я рекомендую тебе – после того как ты достаточно осознаешь свою божественную идентичность – взять на себя дополнительную задачу: положить конец восстанию Люцифера в системе Сатания, причем сделать это в качестве *Сына Человеческого*; я предлагаю тебе, чтобы ты – оставаясь смертным созданием данного мира, в слабости своей обретшим могущество благодаря вероисповедному подчинению воле своего Отца, – милосердием достиг всего того, чего ты неоднократно отказывался добиться силой и могуществом, обладая ими в тот момент, когда вспыхнуло это греховное и неправомерное восстание. Я считал бы это достойной кульминацией твоего смертного посвящения: ты вернулся бы к нам в качестве Сына Человеческого, Планетарного Князя Урантии, равно как и Сына Божьего – верховного властелина своей вселенной. Как смертный человек – низший тип разумного создания в Небадоне – повстречайся с Калигастией и Люцифером и осуди их богохульные претензии и, в принятом тобою скромном статусе, навечно положи конец позорным и ложным утверждениям этих падших детей света. После того как ты упорно отказывался разоблачить этих мятежников, используя свои прерогативы создателя, было бы уместным лишить этих падших Сынов власти теперь, в облике низшего создания твоего творения. Так вся твоя локальная вселенная по всей справедливости смогла бы ясно и навечно осознать правомерность твоего деяния, совершенного в образе смертного, – того деяния, которому противилось твое милосердие, не позволявшее совершить его силой, произволом власти. И после того как своим посвящением ты создашь условия для полновластия Верховного в Небадоне, ты, по существу, закроешь все нерассмотренные в судах дела всех предшествующих мятежей, несмотря на бóльшую или меньшую задержку этого подвига во времени. Тем самым, в сущности, будут ликвидированы все нерешенные разногласия в твоей вселенной. И когда ты будешь наделен правами верховного властелина своей вселенной, твоя власть уже никогда не сможет быть оспорена ни в одном из уголков твоего огромного личного творения.

3. После того как ты успешно прекратишь урантийский мятеж – в чём я не сомневаюсь, – я советую тебе принять от Гавриила титул „Планетарного Князя Урантии“ в знак вечного признания твоей вселенной этого завершающего

посвященческого испытания и, кроме того, сделать всё, что, не противореча духу твоего посвящения, помогло бы компенсировать страдания и смятение, постигшие Урантию из-за предательства Калигастии и последующего провала адамической миссии.

4. В соответствии с твоей просьбой, Гавриил и все заинтересованные лица будут сотрудничать с тобой в искреннем стремлении закончить твое урантийское посвящение провозглашением эпохального вердикта данного мира, сопровождаемого завершением эпохи, воскресением спасшихся спящих смертных и учреждением эры посвященного Духа Истины.

5. Что касается планеты твоего посвящения и поколения людей, живущих на ней во время твоего пребывания в образе смертного, я советую тебе действовать в основном в качестве учителя. Прежде всего, уделяй внимание освобождению и стимулированию духовной природы человека, затем – просветлению омраченного человеческого разума, исцелению человеческих душ и освобождению человеческого разума от многовековых страхов, и после этого – сообразно своей человеческой мудрости – физическому здоровью и материальному благополучию твоих братьев во плоти. Живи образцовой религиозной жизнью, тем самым воодушевляя и наставляя всю свою вселенную.

6. На планете твоего посвящения освободи дух изолированного восстанием человека. Находясь на Урантии, внеси новый вклад во владычество Верховного, что расширит границы этого владычества на всех просторах твоего личного творения. Вскоре, этим материальным посвящением во плоти, завершится твое просвещение как пространственно-временнóго Создателя – ты обретешь двуединый опыт существа, обладающего природой человека и подчиняющегося воле Райского Отца. Во время твоей бренной жизни воля конечного создания и воля бесконечного Создателя должны слиться воедино – так же, как они объединяются в эволюционирующем Божестве Верховного Существа. Излей на планету своего посвящения Дух Истины, что позволит всем нормальным смертным этой изолированной сферы сразу же и в полной мере стать доступными для служения частиц нашего Райского Отца – действующих в мирах Настройщиков Мышления.

7. Во всех своих свершениях в мире своего посвящения постоянно помни о том, что ты живешь во имя просвещения и в назидание всей твоей вселенной. Воплощаясь в образе смертного, ты *посвящаешь* свою жизнь Урантии, однако ты должен *прожить* эту жизнь для воодушевления каждого прошлого, настоящего и будущего человеческого и сверхчеловеческого существа в каждом обитаемом мире, который стал, становится или станет составной частью обширной галактики, образующей твою административную сферу. Твоя земная жизнь в образе смертной плоти не должна превратиться в *пример* для смертных Урантии в период твоего пребывания на земле или для любого из последующих поколений людей – будь то обитатели Урантии или любого другого мира. Скорее, твоя жизнь, прожитая во плоти на Урантии, должна стать источником *вдохновения* для всех поколений живых существ во всех мирах Небадона, во все грядущие эпохи.

8. Великая миссия, которую тебе предстоит осуществить и испытать при воплощении в образе смертного, заключается в твоем решении прожить жизнь, всецело направленную на исполнение воли твоего Райского Отца и тем самым *раскрыть Бога*, твоего Отца, во время пребывания во плоти, и в первую очередь – созданиям во плоти. В то же время ты также поднимешь на новый уровень *толкование* нашего Отца, предназначенное для сверхсмертных существ всего Небадона. В той же мере, в которой ты будешь выполнять данное служение, заключающееся в новом

раскрытии и расширенном толковании Райского Отца человеческому и сверхчеловеческому типам разума, твоя функция будет заключаться в осуществлении нового раскрытия человека Богу. В течение одной короткой жизни во плоти прояви – как никогда прежде во всём Небадоне – трансцендентные возможности, достижимые богопознавшим человеком в течение короткого смертного существования, и выполни новое, просвещающее *истолкование* человека и превратностей его планетарной жизни всем сверхчеловеческим разумным существам во всём Небадоне, на все времена. Тебе предстоит появиться на Урантии в образе смертной плоти и, пребывая в облике человека своего времени и поколения, жить так, чтобы продемонстрировать всей своей вселенной идеал усовершенствованного метода высшего участия в событиях своего обширного творения, – достижение того положения, когда Бог ищет и находит человека, а человек ищет и находит Бога, причем к взаимному удовлетворению и в течение одной короткой жизни во плоти.

9. Предостерегаю тебя: никогда не забывай о том, что – хотя фактически тебе предстоит стать обыкновенным человеком данного мира – потенциально ты останешься Сыном-Создателем Райского Отца. В течение всей этой инкарнации, несмотря на то что ты будешь жить и поступать как Сын Человеческий, созидательные атрибуты твоей личной божественности переместятся вместе с тобой с Салвингтона на Урантию. В твоей воле всегда будет завершить эту инкарнацию в любой момент после прибытия твоего Настройщика Мышления. До прибытия и принятия тобой Настройщика я буду оставаться гарантом целостности твоей личности. Но после прибытия Настройщика и в связи с постепенным осознанием характера и значения своей посвященческой миссии тебе следует воздерживаться от формулирования каких-либо желаний, ведущих к сверхчеловеческим свершениям, достижениям или могуществу, имея в виду, что твои прерогативы создателя будут частью твоей смертной личности вследствие неразделимости этих атрибутов и твоего личного присутствия. Однако, помимо воли Райского Отца, ничто сверхчеловеческое не будет сопутствовать твоей земной жизни, если только твое осознанное и преднамеренное волеизъявление не проявится в безоговорочном решении, которое будет принято всей твоей личностью.

3. ПРОЧИЕ СОВЕТЫ И РЕКОМЕНДАЦИИ

А теперь, брат мой, прежде чем покинуть тебя, готовящегося к отбытию на Урантию, и после того как я высказал советы общего характера, касающиеся выполнения твоего посвящения, позволь мне дополнить данные тебе пожелания некоторыми рекомендациями, появившимися в результате консультаций с Гавриилом и имеющими отношение к второстепенным аспектам твоей смертной жизни. Вот что мы предлагаем в дополнение к вышесказанному:

1. Следуя идеалу своей смертной земной жизни, уделяй также часть своего внимания реализации и демонстрации на собственном примере некоторых вещей, которые смогут оказать практическую и непосредственную помощь твоим человеческим собратьям.

2. Что касается семейных отношений, придерживайся принятых обычаев семейной жизни, сложившихся в то время и в том поколении, к которому относится твое посвящение. Твоя жизнь в семье и обществе должна проходить в согласии с обычаями народа, в среде которого ты решил появиться.

3. Мы рекомендуем тебе, чтобы в своих отношениях к общественному строю ты направлял бы свои усилия в основном на возрождение духа и освобождение

разума. Избегай любого участия в экономическом устройстве и политической активности своего времени. В первую очередь посвяти себя тому, чтобы прожить идеальную религиозную жизнь на Урантии.

4. Ни при каких обстоятельствах и ни в малейшей степени тебе не следует вмешиваться в естественную, планомерную и постепенную эволюцию урантийских рас. Однако этот запрет не следует понимать как ограничение твоих усилий оставить после себя на Урантии прочную и усовершенствованную систему *позитивной религиозной этики*. Как Сыну, завершающему судный период, тебе предоставлены некоторые преимущества, относящиеся к повышению *духовного* и *религиозного* статуса народов, населяющих данный мир.

5. Тебе предстоит, по твоему собственному усмотрению, быть причастным к тем или иным существующим на Урантии религиозным и духовным движениям, однако старайся всячески избегать формального учреждения организованного культа, законченной религии или создания группы смертных, обособленных по этическому признаку. Твоя жизнь и твои учения должны стать общим наследием для всех религий и всех народов.

6. Для того чтобы не принимать нежелательного участия в создании трафаретных систем урантийских религиозных верований или иных видов непрогрессивных религиозных течений, мы также рекомендуем тебе не оставлять после себя на планете никаких записей. Старайся ничего не записывать на долговечных материалах; запрещай своим товарищам создавать скульптурные или иные изображения твоего смертного облика. Позаботься о том, чтобы не оставить ничего из того, что могло бы стать почвой для идолопоклонства.

7. Несмотря на то что ты будешь жить нормальной и обычной для данной планеты социальной жизнью в качестве нормального индивидуума мужского пола, ты, вероятно, не станешь вступать в супружеские отношения. Такие отношения вполне достойны и сообразны твоему посвящению, однако я должен напомнить тебе, что одно из инкарнатных распоряжений Сонарингтона запрещает посвященческому Сыну Райского происхождения оставлять после себя человеческое потомство на какой-либо планете.

8. В отношении всех остальных деталей твоего предстоящего посвящения, мы вверяем тебя руководству внутреннего Настройщика – указаниям неотлучного божественного духа, человеческого наставника, – и разумным суждениям твоего унаследованного и развивающегося человеческого разума. Подобное соединение атрибутов создания и Создателя позволит тебе прожить для нас совершенную жизнь человека планетарных сфер – жизнь, которая не обязательно является совершенной для любого человека из любого поколения в любом из миров (тем более на Урантии), однако всецело и в высшем смысле полноценна в представлении более совершенных и совершенствующихся миров твоей обширной вселенной.

Так пусть же твой и мой Отец, который всегда поддерживал нас во всех наших прошлых свершениях, станет твоим руководителем и опорой, оставаясь с тобой с того момента, когда ты покинешь нас, отказавшись от сознания своей личности, в течение всего периода постепенного осознания своей божественной идентичности, воплощенной в человеческой форме, и далее, на протяжении всего твоего посвященческого опыта на Урантии, вплоть до твоего избавления от плоти и вознесения по правую руку нашего Отца – обретения полновластия. Когда я вновь увижу тебя на Салвингтоне, мы поздравим тебя с возвращением в качестве верховного и безусловного властелина этой вселенной, которую ты создал, которой ты служил и которую ты в совершенстве познал.

Вместо тебя теперь правлю я. Я принимаю на себя полномочия во всём Небадоне в качестве вре́менного владыки на срок твоего седьмого посвящения в образе смертного на Урантии. А тебе, Гавриил, я доверяю хранить того, кто вскоре станет Сыном Человеческим, до тех пор, пока в недалеком будущем он не вернется ко мне в могуществе и славе в качестве Сына Человеческого и Сына Божьего. И я буду твоим, Гавриил, властелином вплоть до возвращения Михаила».

* * *

Сразу же вслед за этим, в присутствии всех обитателей Салвингтона, Михаил покинул нас и более не показывался на своем обычном месте, пока не вернулся в качестве верховного и личного правителя вселенной, что произошло после окончания прожитой им в посвящении жизни на Урантии.

4. ИНКАРНАЦИЯ – ПРЕВРАЩЕНИЕ ДВУХ В ОДНОГО

И так некоторые недостойные дети Михаила, обвинявшие своего отца-Создателя в эгоистичном стремлении к владычеству и позволявшие себе намекать на то, что Сын-Создатель произвольно и деспотично держался за власть за счет слепой преданности введенных в заблуждение и покорных вселенских созданий, вынуждены были навсегда умолкнуть, пораженные и прозревшие благодаря жизни, прожитой в самоотверженном служении, которую Сын Божий начал в качестве Сына Человеческого и в течение которой он подчинялся «воле Райского Отца».

Однако было бы ошибкой считать, что Христос Михаил, будучи истинным существом двуединого происхождения, являлся двойственной личностью. Он не был Богом, *соединившимся* с человеком, – он являлся Богом, *воплотившимся* в человеке. И он всегда был именно таким объединенным существом. Единственным прогрессирующим фактором этой недоступной пониманию связи было всё большее внутреннее осознание и признание (человеческим разумом) данного факта – осознание себя Богом и человеком.

Христос Михаил не превратился постепенно в Бога. Бог не стал в какой-то решающий момент земной жизни Иисуса человеком. Иисус был Богом *и* человеком – так было и так будет всегда. Этот Бог и этот человек были и остаются *едиными*, так же как Райская Троица трех существ в действительности является *единым* Божеством.

Никогда не упускайте из вида того факта, что высшей духовной целью посвящения Михаила было углубить *раскрытие Бога*.

Смертные Урантии обладают различными представлениями о чудесном, однако мы – создания, обладающие статусом граждан локальной вселенной, – редко сталкиваемся с чудесами, и наиболее загадочными из них являются инкарнатные посвящения Райских Сынов. Явление Божьего Сына вашему миру и в вашем мире в ходе естественного, по своим внешним признакам, процесса мы считаем чудом, непонятным нам проявлением всеобщих законов. Иисус Назарянин был чудодейственной личностью.

На всём протяжении этого исключительного испытания Бог-Отец решил проявить себя так, как он это делает всегда – *обычным путем*, то есть нормальным, естественным и надежным путем божественного действия.

ДОКУМЕНТ 121

ЭПОХА ПОСВЯЩЕНИЯ МИХАИЛА

Действуя под наблюдением комиссии из двенадцати членов Объединенного Братства Промежуточных Созданий Урантии, созданной при содействии нынешнего главы нашей категории и Мелхиседека, ответственного за составление этих документов, я, вторичное промежуточное создание, в прошлом прикрепленное к апостолу Андрею, уполномочено изложить события жизни Иисуса Назарянина такими, какими их наблюдали земные создания моей категории, а также такими, какими впоследствии они были частично записаны человеком, временно находившимся под моей опекой. Зная, сколь тщательно его Учитель следил за тем, чтобы не оставить после себя записей, Андрей упорно отказывался множить списки своего повествования. Такое же отношение со стороны других апостолов Иисуса надолго задержало написание Евангелий.

1. ЗАПАД В ПЕРВОМ ВЕКЕ ПОСЛЕ ХРИСТА

Иисус не явился в этот мир в эпоху духовного упадка. При его рождении Урантия переживала такой расцвет духовной мысли и религиозной жизни, которого она не знала за всю постадамическую историю и какого никогда не испытывала с тех пор. Когда Михаил воплотился на Урантии, этот мир отличался наиболее благоприятными условиями для посвящения Сына-Создателя, когда-либо существовавшими на планете до посвящения или после него. В течение нескольких столетий, непосредственно предшествовавших этим временам, греческая культура и греческий язык распространились на Западе и Ближнем Востоке, и евреи, являясь левантийским народом, совмещавшим в себе западные и восточные черты, были прекрасно приспособлены к тому, чтобы использовать такое культурное и языковое окружение для успешного распространения новой религии как на Восток, так и на Запад. Эти весьма благоприятные обстоятельства еще больше усиливались той терпимостью, которой отличалась римская политическая власть в Средиземноморье.

Хорошей иллюстрацией всего этого сочетания мировых влияний является деятельность Павла, который, будучи по своей религиозной культуре иудеем из иудеев, провозглашал евангелие еврейского Мессии на греческом языке, являясь при этом гражданином Рима.

Ни до Иисуса, ни после него на Западе не возникало даже отдаленного подобия цивилизации, существовавшей здесь в те времена. Европейская цивилизация достигла единства и согласованности благодаря необыкновенному триединому воздействию следующих факторов:

1. Римской общественно-политической системы.
2. Греческого языка и культуры, а также, в некоторой степени, философии.
3. Быстро распространявшегося влияния еврейских религиозных и нравственных учений.

При рождении Иисуса всё Средиземноморье представляло собой единую империю. Хорошие дороги, проложенные впервые в мировой истории, соединяли многие крупные центры. Моря были очищены от пиратов; стремительно развивалась великая эра торговли и путешествий. Новый расцвет путешествий и торговли наступил в Европе только в девятнадцатом столетии после Христа.

Несмотря на внутреннее спокойствие и кажущееся процветание греко-римского мира, бóльшая часть населения империи влачила жалкое и нищенское существование. Немногочисленный высший класс был богат; низший класс включал простых людей – несчастных и доведенных до нищеты. В те дни еще не было счастливого и зажиточного среднего класса, который только начинал складываться в римском обществе.

После произошедших незадолго до того первых столкновений расширявшихся римского и парфянского государств, Сирия оказалась в руках римлян. Во времена Иисуса Палестина и Сирия переживали период процветания и относительного мира, оживленно торгуя с землями, лежавшими как к востоку, так и к западу.

2. ЕВРЕЙСКИЙ НАРОД

Евреи принадлежали к древней семитской расе, к которой относились также вавилоняне, финикийцы и новые враги Рима – карфагеняне. В течение первой половины первого столетия после Христа евреи были самым влиятельным семитским народом, который волею судьбы занимал особое географическое положение, имевшее общемировое стратегическое значение, учитывая существовавшие в то время формы правления и состояние торговли.

Многие из великих торговых путей, соединявших античные государства, проходили через Палестину, благодаря чему она стала местом соединения – перекрестком – трех континентов. Сменяя друг друга, путешественники, торговцы и армии Вавилонии, Ассирии, Египта, Сирии, Греции, Парфии и Рима наводняли Палестину. С незапамятных времен многие караванные пути Востока проходили через одну из частей этого региона, ведя к нескольким удобным морским портам восточной оконечности Средиземного моря, откуда корабли везли грузы во все приморские страны Запада. И более половины этих караванов проходили через небольшой галилейский город Назарет или его окрестности.

Хотя Палестина была родиной религиозной культуры евреев и местом рождения христианства, евреи были рассеяны по миру. Они жили среди многих народов и вели торговлю во всех концах римского и парфянского государств.

Греция дала язык и культуру, Рим построил дороги и объединил империю, однако охватившая весь римский мир еврейская диаспора, с ее более чем двумястами синагогами и хорошо организованными религиозными общинами, дала культурные центры, в которых новое евангелие небесного царства нашло свое первое признание и откуда оно впоследствии проникло в самые отдаленные уголки мира.

При каждой еврейской синагоге допускалось существование примкнувшей группы верующих язычников – «благочестивых» и «боящихся Бога» людей, и именно эти примкнувшие прозелиты составили основную массу тех ранних христиан, которые были обращены в новую веру Павлом. Даже в иерусалимском храме у язычников был свой нарядный двор. Существовали весьма тесные культурные, торговые и религиозные связи между Иерусалимом и Антиохией. В Антиохии учеников Павла впервые стали называть «христианами».

В том, что храмовое поклонение евреев было сосредоточено в Иерусалиме, заключался одновременно и секрет сохранения их монотеизма, и залог развития и распространения в мире нового и расширенного представления об этом едином Боге всех народов и Отце всех смертных. Храмовая служба в Иерусалиме олицетворяла собой сохранение религиозно-культурной концепции в эпоху падения целого ряда правителей и притеснителей нации из числа иноверцев.

Хотя в те времена еврейский народ находился под сюзеренитетом Рима, он пользовался достаточно широким самоуправлением; народ, в чьей памяти была жива недавняя героическая освободительная борьба Иуды Маккавея и его ближайших последователей, с нетерпением ждал скорого прихода еще более великого освободителя – долгожданного Мессии.

Причина сохранения Палестины, царства евреев, в качестве полунезависимого государства заключалась во внешней политике Рима, стремившегося удержать в своих руках контроль над Палестиной, через которую проходил торговый путь из Египта в Сирию, и конечными западными пунктами караванных путей, соединявших Восток с Западом. Рим не желал, чтобы в Леванте появилась какая-либо сила, способная обуздать его дальнейшую экспансию в этих регионах. Для проведения политики интриг, целью которой было взаимное натравливание Сирии и Египта, Селевкидов и Птолемеев, необходимо было укреплять Палестину как отдельное и независимое государство. Политика Рима, упадок Египта и всё большее ослабление Селевкидов, произошедшее до возвышения Парфии, стали причиной того, что на протяжении нескольких поколений малочисленным и не обладавшим властью евреям удавалось сохранять независимость как от Селевкидов на севере, так и от Птолемеев на юге. Эту случайную свободу и независимость от политической власти более могущественных окружающих народов евреи объясняли своей «богоизбранностью», прямым вмешательством Ягве. При таком отношении расового превосходства им было тем более трудно смириться с римским сюзеренитетом, когда их страна в конце концов оказалась под ним. Но даже в этот горестный час евреи не смогли понять ту истину, что их всемирная миссия имела духовный, а не политический характер.

Во времена Иисуса евреям была свойственна необычайная опасливость и подозрительность из-за того, что ими правил посторонний – Ирод Идумеянин, своей хитростью втершийся в доверие к римским правителям и захвативший власть в Иудее. И хотя Ирод заявлял о своей верности ритуальным обрядам иудеев, он строил храмы многим чужеродным богам.

Благодаря дружественным отношениям Ирода с римскими правителями, евреи могли безопасно путешествовать по всему миру, что открыло путь для всё более широкого распространения нового евангелия небесного царства даже в отдаленных частях Римской империи и в иностранных государствах, с которыми существовали договорные отношения. Кроме того, правление Ирода весьма способствовало дальнейшему слиянию иудейской и эллинистической философий.

Ирод построил порт Кесарию, чем еще больше помог превращению Палестины в перекресток цивилизованного мира. Он умер в 4 году до н. э., и его сын – Ирод Антипа – правил Галилеей и Переей в молодости Иисуса и в годы его служения. Подобно своему отцу, Антипа, чье правление завершилось в 39 году н. э., был великим строителем. Он перестроил многие города Галилеи, включая важный центр торговли, Сепфорис.

Галилеяне не пользовались особым уважением среди иерусалимских религиозных вождей и талмудистов. Когда родился Иисус, Галилея была более эллинской, нежели иудейской.

3. ЯЗЫЧЕСКИЙ МИР

Хотя социально-экономическое положение римского государства было не самого высокого порядка, прочный внутренний мир и процветание благоприятствовали посвящению Михаила. В первом веке после Христа в средиземноморском мире отчетливо выделялись пять социальных слоев:

1. *Аристократия*. Высшие классы, обладавшие деньгами и официальной властью, привилегированные и правящие группы.

2. *Деловые группы*. Коммерсанты и банкиры, торговцы – крупные импортеры и экспортеры, международные купцы.

3. *Небольшой средний класс*. Хотя эта группа действительно была немногочисленной, она пользовалась большим влиянием и стала нравственной опорой ранней христианской церкви, рекомендовавшей таким людям продолжать заниматься своими разнообразными ремеслами и торговлей. Среди евреев многие фарисеи принадлежали к этому классу ремесленников.

4. *Свободный пролетариат*. Данная группа была практически лишена общественного положения. Хотя эти люди и гордились своей свободой, они были поставлены в чрезвычайно невыгодное положение, вынужденные конкурировать с трудом рабов. Высшие классы смотрели на них свысока, считая их пригодными только для «размножения».

5. *Рабы*. Половину населения Римского государства составляли рабы. Многие являлись незаурядными индивидуумами, быстро поднявшимися до положения свободного пролетариата и даже ремесленников. Уровень развития большей части рабов был либо посредственным, либо очень низким.

Превращение в рабов даже представителей высокоразвитых народов было особенностью военных завоеваний Рима. Хозяин обладал неограниченной властью над своим рабом. Ранняя христианская церковь состояла в основном из представителей низших классов и этих рабов.

Лучшие из рабов часто получали плату за свой труд и, накопив денег, могли купить свободу. Многие из освобожденных рабов заняли высокое положение в государстве, церкви и деловом мире. Именно такие возможности сделали раннюю христианскую церковь столь терпимой к этой видоизмененной форме рабства.

В Римской империи первого века после Христа не было крупных социальных конфликтов. Чаще всего люди считали себя принадлежащими к той группе, в среде которой они появились на свет. Талантливые и способные индивидуумы всегда имели возможность подняться из низших в высшие слои римского общества, однако в целом люди были довольны своим общественным статусом. У них не было классового сознания, и они не усматривали в классовых различиях несправедливости или зла. Христианство никоим образом не являлось экономическим движением, которое ставило бы своей целью облегчить страдания угнетенных классов.

Хотя женщина пользовалась большей свободой в Римской империи, чем в Палестине, где ее права были ограничены, преданность семье и врожденная душевная теплота евреев далеко превосходили те же качества в языческом мире.

4. ЯЗЫЧЕСКАЯ ФИЛОСОФИЯ

С моральной точки зрения, язычники несколько уступали евреям, однако сердца наиболее благородных иноверцев представляли собой благодатную почву природной добродетели и потенциальной человеческой любви, в которой прорастали семена христианства, давая обильный урожай моральной стойкости и духовных обретений. В то время в языческом мире господствовали четыре великие философии, каждая из которых в большей или меньшей степени восходила к платонизму греков. Вот эти философские школы:

1. *Эпикурейская*. Эта школа мысли была посвящена стремлению к счастью. Лучшие из эпикурейцев не предавались плотским излишествам. По крайней мере, эта доктрина помогла римлянам освободиться от одной из губительных форм фатализма: эпикуреизм учил, что люди способны сделать что-то для улучшения своего земного положения. Он успешно боролся с невежеством суеверий.

2. *Стоическая*. Стоицизм являлся высокоразвитой философией высших общественных классов. Стоики верили в то, что над всей природой господствует управляющее начало – Разум-Судьба. Они учили, что божественная человеческая душа заключена в порочном физическом теле. Человеческая душа достигала свободы благодаря жизни в гармонии с природой, Богом; так добродетель оказывалась своей собственной наградой. Стоицизм поднялся до высокой морали, и с тех пор его идеалы не превзошла ни одна чисто человеческая философская система. Хотя стоики заявляли о том, что они являются «Божьим потомством», они не смогли познать Бога и вследствие этого не смогли его найти. Стоицизм остался философией; он так и не превратился в религию. Его последователи стремились привести свой разум в гармонию со Всеобщим Разумом, однако они не смогли увидеть в себе детей любящего Отца. Павел в значительной мере склонялся к стоицизму, когда писал: «Я научился быть довольным в любом состоянии».

3. *Киническая*. Хотя киники считали родоначальником своего учения Диогена Афинского, их доктрина в значительной мере опиралась на остатки учений Макивенты Мелхиседека. Изначально кинизм был больше религией, чем философией. По крайней мере, киники придали своей религиозно-философской системе демократический характер. В полях и на рыночных площадях они постоянно проповедовали свою доктрину о том, что «человек может себя спасти, если он того захочет». Они проповедовали простоту и добродетель и призывали людей бесстрашно встречать смерть. Эти бродячие проповедники-киники сделали многое для того, чтобы подготовить изголодавшихся по духовной пище людей к последующему появлению христианских миссионеров. Форма и стиль, которых придерживался Павел в своих Посланиях, напоминали народные проповеди киников.

4. *Скептическая*. Скептицизм утверждал, что знание иллюзорно, что убежденность и уверенность невозможны. Это было чисто негативное отношение, так и не получившее широкого распространения.

Эти философии носили полурелигиозный характер. Нередко они укрепляли дух, воспитывали нравственность и облагораживали, однако обычно они оставались непонятными простым людям. За исключением, возможно, только кинизма, это были философии для сильных и мудрых, а не религии спасения для всех, включая слабых и бедных.

5. ЯЗЫЧЕСКИЕ РЕЛИГИИ

В течение всех предшествующих веков религия являлась, в основном, племенным или национальным делом, редко интересующим индивидуума. Боги были племенными или национальными, а не личными. Такие религиозные системы плохо удовлетворяли индивидуальные духовные устремления обычного человека.

Во времена Иисуса на Западе существовали следующие религии:

1. *Языческие культы*. Эти культы представляли собой сочетание эллинской и латинской мифологий, патриотизма и традиций.

2. *Поклонение императору*. Обожествление человека как символа государства вызывало резкое возмущение у евреев и ранних христиан, что явилось

непосредственной причиной жестоких преследований, которым подвергались их церкви со стороны римских властей.

3. *Астрология*. Эта псевдонаука Вавилона превратилась в религию по всему греко-римскому миру. Даже в двадцатом веке человек еще не полностью освободился от этого суеверия.

4. *Мистериальные религии*. Поток мистериальных культов обрушился на мир, столь жаждущий духовной пищи; новые и необычные религии из Леванта увлекали простых людей и обещали им *личное* спасение. Эти религии быстро стали общепринятыми догмами низших классов греко-римского мира. И они во многом содействовали скорому распространению неизмеримо более высоких христианских учений, предлагавших величественное представление о Божестве в сочетании с привлекательной теологией для людей интеллектуального склада и проникновенным предложением спасения для всех, – включая невежественного, но духовно голодного, обычного человека тех дней.

Мистериальные религии положили конец национальным верованиям и привели к рождению многочисленных личных культов. Несмотря на свою многочисленность, у всех мистерий были общие черты:

1. Мифическая легенда, мистерия – откуда и произошло это название. Как правило, такая мистерия была связана с рассказом о жизни и смерти какого-нибудь бога и его возвращении к жизни, что видно на примере учений митраизма, который в течение некоторого времени существовал наряду с христианским культом, созданным Павлом, и соперничал с ним.

2. Мистерии носили вненациональный и межрасовый характер. Они основывались на идеях личности и братства и порождали религиозные братства и многочисленные секты.

3. Их службы сопровождались сложными обрядами инициации и впечатляющими символами поклонения. Порой их тайные обычаи и ритуалы бывали ужасными и отталкивающими.

4. Но каким бы ни был характер этих обрядов или степень их излишеств, эти мистерии неизменно обещали своим приверженцам *спасение*, «освобождение от зла, продолжение жизни после смерти и вечную жизнь в блаженных сферах, вдали от этого мира страдания и рабства».

Однако было бы заблуждением смешивать учения Иисуса с мистериями. Популярность мистерий говорит о стремлении человека к спасению и тем самым показывает действительную жажду личной религии и индивидуальной праведности. Хотя мистерии не смогли должным образом утолить эту жажду, они действительно расчистили путь для последующего появления Иисуса, который воистину принес в этот мир хлеб и воду жизни.

В своем стремлении использовать широко распространенную приверженность лучшим типам мистериальных религий, Павел несколько видоизменил учения Иисуса, с тем чтобы они могли стать более приемлемыми для широких слоев потенциальных новообращенных. Но даже предложенный Павлом компромиссный вариант учений Иисуса (христианство) превосходил лучшие из мистерий. Причин тому несколько:

1. Павел учил нравственному искуплению, этическому спасению. Христианство указало на новую жизнь и провозгласило новый идеал. Павел отказался от магических ритуалов и обрядового колдовства.

2. Христианство представляло собой религию, стремившуюся к окончательному решению проблемы человека, ибо оно не только предлагало спасение от мук и даже от смерти, но обещало также освобождение от греха с последующим наделением праведным характером и качествами, необходимыми для вечной жизни.

3. Мистерии строились на мифах. Проповедуемое Павлом христианство было основано на историческом факте посвящения человечеству Михаила – Божьего Сына.

У язычников мораль не обязательно была связана с философией или религией. За пределами Палестины люди редко задумывались о том, что священник должен вести нравственную жизнь. Еврейская религия, последующие учения Иисуса и появившееся позднее христианство Павла были первыми европейскими религиями, которые положили в свою основу и мораль, и этику, требуя от верующих уделять должное внимание и тому, и другому.

Именно в таком поколении, испытывавшем преобладающее влияние столь несовершенных философских систем и сбитом с толку столь запутанными религиозными культами, в Палестине родился Иисус. И тому же самому поколению он впоследствии дал свое евангелие личной религии – благую весть о том, что человек является Божьим сыном.

6. ИУДЕЙСКАЯ РЕЛИГИЯ

К концу первого столетия до Христа система религиозной мысли Иерусалима претерпела некоторые изменения вследствие мощного влияния культурных учений греков, равно как и греческой философии. В результате длительного противоборства восточной и западной школ иудаизма, Иерусалим и остальная часть Запада, а также Левант в целом, приняли западноеврейский, или видоизмененный эллинистический, взгляд.

В дни Иисуса в Палестине преобладали три языка. Простой люд говорил на одном из арамейских диалектов; священники и раввины пользовались ивритом; образованные классы и более обеспеченные слои евреев говорили в основном на греческом. Выполненные в Александрии ранние переводы иудейских священных писаний на греческий в значительной мере стали причиной последующего господствующего положения греческой ветви в еврейской культуре и теологии. И вскоре на том же самом языке предстояло появиться писаниям христианских учителей. Возрождение иудаизма началось с греческих переводов священных книг иудеев. Это стало важнейшим фактором, определившим ориентацию христианского культа Павла на Запад, а не на Восток.

Хотя учения эпикурейцев почти не повлияли на эллинизированные еврейские верования, огромное воздействие оказала на них философия Платона и доктрины самоотречения стоиков. Свидетельством глубокого вторжения стоицизма является четвертая Книга Маккавеев. Проникновение как философии Платона, так и доктрин стоиков видно на примере Премудростей Соломона. Эллинизированные евреи привнесли в иудейские писания столь аллегорическое толкование, что им было легко совместить иудейскую теологию с почитаемой ими философией Аристотеля. Однако всё это приводило к катастрофической путанице, пока за эти проблемы не взялся Филон Александрийский, приступивший к согласованию и систематизации греческой философии и иудейской теологии и сведению их в компактную и вполне логичную систему религиозной веры и практики. Именно это последующее учение, основанное на объединении греческой философии и иудейской теологии, стало господствующим в Палестине в период жизни и служения Иисуса, и именно его использовал Павел в качестве фундамента, на котором он построил более прогрессивный и просвещающий культ христианства.

Филон был великим учителем. Со времен Моисея не появлялось человека, который оказал бы столь же глубокое влияние на этическую и религиозную мысль западного мира. Человеческий род дал семь выдающихся учителей, впитавших всё лучшее, что было в современных им этических и религиозных системах: Сифарда, Моисея, Заратустру, Лао-цзы, Будду, Филона и Павла.

Павел осознал и благоразумно исключил из своей основной дохристианской теологии многие, хотя и не все, противоречия Филона – следствие его попытки объединить мистическую философию греков и доктрины римских стоиков с легалистической теологией иудеев. Филон проложил путь Павлу, позволив ему более полно восстановить концепцию Райской Троицы, давно уже подспудно существовавшую в еврейской теологии. Только в одном вопросе Павел не смог сравняться с Филоном или превзойти учения этого богатого и образованного александрийского еврея – и этим вопросом была доктрина искупления: Филон призывал отказаться от учения о прощении, обретаемом только через пролитие крови. Возможно, что он также более ясно, чем Павел, осознал реальность и присутствие Настройщиков Мышления. Однако по своему происхождению теория Павла о первородном грехе – доктрина наследственного греха и врожденного зла и избавления от них – являлась частично митраистской и имела мало общего с иудейской теологией, философией Филона или учениями Иисуса. Некоторые аспекты учений Павла, касающиеся первородного греха и искупления, отражали его собственные идеи.

Евангелие от Иоанна – последнее из повествований о земной жизни Иисуса – было адресовано народам Запада, и излагаемые в нём события во многом основаны на воззрениях поздних александрийских христиан, являвшихся также последователями Филона.

Примерно в то же время, когда жил Христос, в Александрии произошла странная перемена в отношении к евреям, и этот бывший оплот еврейства породил яростную волну преследований, захватившую даже Рим, откуда были изгнаны многие тысячи. Но кампания клеветы была недолговечной, и вскоре имперские власти полностью восстановили урезанные свободы евреев по всей империи.

Куда бы ни бежали евреи от преследований, куда бы ни приводила их торговля, во всём необъятном мире центральное место в сердце каждого еврея занимал святой храм в Иерусалиме. Еврейская теология сохранилась именно в иерусалимском варианте толкований и исполнения обрядов, несмотря на то что несколько раз ее спасали от забвения своевременные вмешательства некоторых вавилонских учителей.

До двух с половиной миллионов евреев диаспоры прибывало обычно в Иерусалим на свои национальные религиозные празднества. И несмотря на теологические или философские разногласия, существовавшие между восточными (вавилонскими) и западными (эллинскими) евреями, все они были единодушны в своем отношении к Иерусалиму как центру их религии и в постоянном ожидании прихода Мессии.

7. ЕВРЕИ И ЯЗЫЧНИКИ

Ко времени Иисуса у евреев сложилось твердое представление о своем происхождении, истории и предназначении. Отделившись от языческого мира прочной стеной изоляции, они с глубоким презрением относились ко всему нееврейскому. Они поклонялись букве закона и предавались самодовольству, основанному на ложной гордости за свое происхождение. Они сформировали предвзятые представления об обещанном Мессии, и бóльшая часть таких ожиданий была связана с Мессией, который являлся бы частью их национальной и расовой истории. Для иудеев тех дней еврейская теология имела неизменный, раз и навсегда решенный характер.

Учения и поведение Иисуса, призывавшего к терпимости и доброте, противоречили традиционному отношению евреев к другим народам, которых они считали варварами. Отношение, которое евреи издавна испытывали к окружающему миру, сделало для них невозможным принять учения Иисуса о духовном братстве людей. Они не желали делиться своим Ягве на равных правах с иноверцами и не хотели принимать в качестве Божьего Сына того, кто проповедовал столь новые и странные доктрины.

Книжники, фарисеи и духовенство держали евреев в ужасной кабале обрядности и законничества – кабале намного более реальной, чем политическая власть Рима. Евреев времен Иисуса не только удерживали в подчинении *закону*: они были также связаны порабощающими требованиями *обычаев*, охвативших каждую сферу личной и общественной жизни. Детальные предписания в отношении поведения преследовали и держали в своей власти каждого законопослушного еврея, и потому неудивительно, что они сразу же отвергли своего соплеменника, который позволял себе пренебрегать их священными традициями и не считаться с их издревле чтимыми правилами общественного поведения. Они вряд ли могли бы благосклонно отнестись к учениям человека, без колебаний выступившего против догм, которые, по их убеждению, были предписаны самим Отцом Авраамом. Моисей дал им закон, и они не желали идти ни на какие уступки.

К первому веку после Христа устные толкования закона признанными учителями – книжниками – стали бóльшим авторитетом, чем сам писаный закон. И всё это помогло некоторым религиозным вождям евреев настроить людей против принятия нового евангелия.

Эти обстоятельства не позволили евреям исполнить свое божественное предназначение – стать посланниками нового евангелия религиозной независимости и духовной свободы. Они не могли сломать оковы традиции. Иеремия говорил о «законе, который должен быть записан в сердцах людей», Иезекииль писал о «новом духе, который будет жить в душе человека», а Псалмопевец молился о том, чтобы Бог «вложил в сердце чистоту и сделал снова правым дух». Однако когда еврейская религия благих дел и рабского послушания закону привела к застою из-за косности традиционализма, развитие религиозной мысли переместилось на запад, к народам Европы.

И потому другой народ был призван нести в мир прогрессивную теологию – систему учений, включавших греческую философию, римский закон, иудейскую мораль и евангелие личностной святости и духовной свободы, сформулированное Павлом и основанное на учениях Иисуса.

Родимым пятном иудаизма в христианском культе Павла была мораль. Евреи смотрели на историю как на провидение Бога – действие Ягве. Греки дали новому учению более ясное представление о вечной жизни. В философском и теологическом аспекте на доктрины Павла оказали влияние не только учения Иисуса, но также труды Платона и Филона. В области этики вдохновителем Павла был не только Христос, но и стоики.

Евангелие Иисуса – в том виде, в котором оно вошло в культ антиохийского христианства Павла, – смешалось с тремя учениями:

1. Философскими рассуждениями греческих прозелитов иудаизма, включавшими некоторые их представления о вечной жизни.

2. Привлекательными учениями основных мистериальных культов, в особенности доктринами митраизма об избавлении, искуплении и спасении за счет жертвы, принесенной одним из богов.

3. Суровой моралью традиционной еврейской религии.

Население средиземноморской Римской империи, Парфянского царства, а также все соседние народы, существовавшие во времена Иисуса, обладали примитивными представлениями о географии мира, астрономии, здоровье и болезнях; естественно, что их изумляли неслыханные и поразительные заявления плотника из Назарета. Идеи одержимости духами – добрыми и злыми – распространялись не только на людей: многие видели вселившихся духов в каждом камне и дереве. Это был век волшебства, и все верили в распространенность чудес.

8. ПРЕДШЕСТВУЮЩИЕ ПИСЬМЕННЫЕ СВИДЕТЕЛЬСТВА

Настолько, насколько позволяли условия нашего мандата, мы стремились к использованию и, в некоторой степени, согласованию существующих письменных источников, относящихся к жизни Иисуса на Урантии. Хотя мы имели доступ к утерянным свидетельствам апостола Андрея и извлекли пользу из сотрудничества с множеством небесных существ, находившихся на земле в течение посвящения Михаила (в особенности с его – ныне Личностным – Настройщиком), нашей целью было использовать и так называемые Евангелия Матфея, Марка, Луки и Иоанна.

Эти новозаветные источники появились при следующих обстоятельствах:

1. *Евангелие Марка*. Иоанн Марк написал первый (не считая записей Андрея), самый короткий и наиболее простой рассказ о жизни Иисуса. Он показал Учителя в его служении, как человека среди людей. Хотя юношей Марк побывал во многих описываемых им местах, в действительности его рассказ является Евангелием от Симона Петра. Сначала он сблизился с Петром, позднее – с Павлом. Марк написал свой рассказ по настоянию Петра и в ответ на убедительную просьбу церкви в Риме. Зная о том, с каким постоянством Учитель отказывался записывать свои учения во время пребывания на земле во плоти, Марк, подобно остальным апостолам и другим ближайшим ученикам, сомневался, следует ли излагать их в письменном виде. Однако Петр полагал, что римская церковь нуждается в таком письменном источнике, и Марк согласился взяться за его подготовку. Он сделал много записей до смерти Петра в 67 году н. э. и вскоре после его смерти, согласно одобренному Петром плану и ожиданиям церкви в Риме, приступил к своему сочинению. Евангелие было завершено к концу 68 года н. э. Марк писал, опираясь только на свою собственную память и воспоминания Петра. С тех пор это свидетельство претерпело существенные изменения: многие куски были изъяты, а в конце добавлен более поздний материал, заменивший собой последнюю, пятую часть первоначального Евангелия, которая пропала еще до того, как были сделаны копии с оригинала. Рассказ Марка, в совокупности с записями Андрея и Матфея, послужил письменной основой для всех последующих евангельских повествований, стремившихся описать жизнь и учения Иисуса.

2. *Евангелие Матфея*. Так называемое Евангелие от Матфея представляет собой рассказ о жизни Учителя, написанный в назидание христианам-евреям. Автор этого свидетельства постоянно стремится показать, что многое совершенное Иисусом в своей жизни было сделано для того, чтобы «сбылось сказанное устами пророка». Евангелие от Матфея изображает Иисуса сыном Давида, который с огромным почтением относится к закону и пророкам.

Апостол Матфей не является автором этого Евангелия. Оно было написано Исадором – одним из его учеников, который опирался в своей работе не только на личные воспоминания Матфея об этих событиях, но и на изречения Иисуса, записанные Матфеем сразу же после распятия. Записи Матфея были сделаны на арамейском; Исадор писал по-гречески. Авторство Евангелия было приписано Матфею не с целью обмана. В те дни было принято, чтобы ученик таким образом отдавал дань своему учителю.

В 40 году н. э. – перед тем, как Матфей покинул Иерусалим, чтобы приступить к проповеди евангелия, – его первоначальное повествование было переработано и к нему был добавлен новый материал. Это были личные записи, последний список которых был уничтожен при пожаре в одном из сирийских монастырей в 416 году н. э.

После того как в 70 году н. э. Иерусалим был осажден армиями Тита, Исадор бежал из города, взяв с собой в Пеллу список записей Матфея. В 71 году, живя в Пелле, Исадор написал Евангелие от Матфея. В его распоряжении находились также первые четыре пятых повествования, написанного Марком.

3. *Евангелие Луки*. Лука – врач из Антиохии Писидийской – был эллином, обращенным в христианство Павлом. Написанный им рассказ о жизни Учителя существенно отличается от других. Примкнув к Павлу в 47 году н. э., он начал знакомиться с жизнью и учениями Иисуса. В своем повествовании Лука сохранил многие факты, почерпнутые у Павла и других и говорящие о «благодати Господа Иисуса Христа». Лука рисует Учителя «другом мытарей и грешников». Его многочисленные записи были сведены им в Евангелие только после смерти Павла. Лука писал в 82 году в Ахайе. Он собирался написать три книги об истории Христа и христианства, однако скончался в 90 году н. э., не успев закончить вторую из них – «Деяния апостолов».

Первоначально, в качестве материала для составления своего Евангелия, Лука использовал историю жизни Иисуса в пересказе Павла. Поэтому Евангелие Луки является, в некотором смысле, Евангелием от Павла. Но у Луки были и другие источники информации. Он не только опросил десятки свидетелей включенных в его повествование многочисленных эпизодов из жизни Иисуса, но имел в своем распоряжении также список Евангелия Марка (то есть, его первые четыре пятых), повествование Исадора и короткое свидетельство, записанное в 78 году н. э. в Антиохии верующим по имени Кед. У Луки был также искаженный и многократно правленый список некоторых записей, авторство которых приписывалось апостолу Андрею.

4. *Евангелие Иоанна*. Евангелие от Иоанна рассказывает многое о служении Иисуса в Иудее и окрестностях Иерусалима, о чём не говорится в других свидетельствах. Это так называемое Евангелие от Иоанна, сына Зеведея, и хотя Иоанн не писал его, он был его вдохновителем. Первый вариант Евангелия несколько раз исправлялся с целью создать впечатление, что оно написано самим Иоанном. Когда писалось это повествование, в распоряжении Иоанна были остальные

Евангелия, и он видел, что многое упущено; соответственно, в 101 году н. э. он вдохновил своего товарища Нафана – греческого еврея из Кесарии – на составление Евангелия. Иоанн восстанавливал события по памяти, а также справлялся с тремя уже существовавшими в то время рассказами. Сам он не вёл никаких записей. Так называемое «Первое послание Иоанна» было написано самим Иоанном в качестве сопроводительного письма к работе, которую Нафан выполнил под его руководством.

Все эти авторы искренне изображали Иисуса таким, каким они его видели, помнили или знали по рассказам других. Необходимо также учитывать то воздействие, которое последующее принятие ими христианской теологии Павла оказало на их представления об этих давних событиях. При всём своем несовершенстве, этих свидетельств оказалось достаточно для того, чтобы почти на две тысячи лет изменить направление исторического развития Урантии.

[*Примечание*. Выполняя полученное задание – по-новому изложить учения и деяния Иисуса Назарянина, – я широко использовал все источники, включая письменные свидетельства и планетарную информацию. Мною руководило стремление подготовить рассказ, способный просветить не только нынешнее поколение людей, но и принести пользу всем будущим поколениям. Из огромных запасов находившейся в моем распоряжении информации я выбирал ту, которая наилучшим образом соответствовала осуществлению этого замысла. Насколько это было возможным, я черпал свою информацию только из человеческих источников. Лишь в тех случаях, когда такие источники оказывались недостаточными, я прибегал к сверхчеловеческим свидетельствам. Если идеи и представления, воплощенные в жизни Иисуса, в приемлемой форме выражались человеческим разумом, я неизменно отдавал предпочтение такому типично человеческому образу мышления. Хотя я стремился корректировать словесное выражение для лучшего его соответствия нашим представлениям о действительном смысле и истинном значении жизни и учений Христа, во всех своих повествованиях, насколько это было возможно, я придерживался подлинно человеческих представлений и образа мышления. Я прекрасно понимаю, что те представления, которые возникли в человеческом разуме, будут более приемлемы и полезны для всех остальных людей. В тех случаях, когда мне не удавалось найти необходимые представления в письменных свидетельствах или выражениях людей, я прибегал к ресурсам памяти существ моей собственной категории – промежуточных созданий. Если же и этот, вторичный источник информации оказывался неадекватным, я без колебания обращался к сверхпланетарным источникам информации.

Кроме воспоминаний, содержащихся в повествовании апостола Андрея, собранные мною записи, на основании которых я подготовил этот рассказ о жизни и учениях Иисуса, содержат жемчужины мысли и высшие представления об учениях Христа, собранные более чем у двух тысяч людей, живших на земле в период между Иисусом и составлением этих откровений, – точнее, новых изложений. Разрешение, позволяющее прибегать к откровению, использовалось только тогда, когда в человеческих источниках и человеческих представлениях отсутствовал адекватный образ мышления. В соответствии с полученным поручением, я имел право использовать внечеловеческие источники информации или выражения только в тех случаях, когда я мог подтвердить, что все мои попытки найти требуемое концептуальное выражение среди чисто человеческих источников были тщетными.

В сотрудничестве со своими одиннадцатью товарищами – промежуточными созданиями – и под руководством Мелхиседека, ответственного за составление настоящих документов, я изложил это повествование в соответствии с моим собственным представлением об эффективности компоновки и согласно выбранной мною форме непосредственного выражения. Тем не менее, большинство идей и даже некоторые из использованных мною удачных выражений родились в сознании людей различного происхождения, живших на земле и принадлежавших к сменившимся с тех пор поколениям, – вплоть до тех людей, которые живут сейчас, во время подготовки данного повествования. Во многих отношениях я не столько сам излагал события, сколько выступал в роли составителя и редактора. Я без колебания использовал те идеи и представления – предпочтительно человеческие, – которые позволили мне наиболее плодотворно отобразить жизнь Иисуса и по-новому изложить его несравненные учения в наиболее ярких, целесообразных и всеохватно преображающих выражениях. От имени Братства Объединенных Промежуточных Созданий Урантии я, с чувством глубокой благодарности, выражаю нашу признательность всем письменным и концептуальным источникам, использованным нами в предлагаемом ниже переработанном описании жизни Иисуса на земле.]

ДОКУМЕНТ 122

РОЖДЕНИЕ И МЛАДЕНЧЕСТВО ИИСУСА

Вряд ли будет возможно исчерпывающе объяснить все многочисленные причины, которые привели к избранию Палестины в качестве места посвящения Михаила, и, в особенности, ответить на вопрос, почему выбор непосредственного окружения для появления этого Божьего Сына на Урантии пал именно на семью Марии и Иосифа.

Изучив специальный доклад Мелхиседеков о статусе изолированных миров, Михаил, посоветовавшись с Гавриилом, остановил свой выбор на Урантии как планете, на которой ему предстояло совершить свое заключительное посвящение. Вслед за принятием этого решения Гавриил лично посетил Урантию и на основании изучения человеческих групп, а также исследования духовных, интеллектуальных, расовых и географических особенностей мира и его народов, пришел к выводу, что иудеи обладали теми относительными преимуществами, которые позволяли избрать их в качестве народа посвящения. После одобрения этого решения Михаилом, Гавриил назначил и отправил на Урантию Семейную Комиссию Двенадцати, в состав которой входили высшие категории вселенских личностей, с заданием изучить семейную жизнь евреев. Завершив свою работу, комиссия представила Гавриилу, находившемуся в то время на Урантии, доклад, где назывались три возможные супружеские пары, которые, по мнению комиссии, были одинаково приемлемы в качестве посвященческих семей для грядущей инкарнации Михаила.

Из этих трех пар Гавриил лично выбрал Иосифа и Марию и впоследствии явился Марии, сообщив ей благую весть о том, что она избрана стать земной матерью посвященческого дитя.

1. ИОСИФ И МАРИЯ

Иосиф – земной отец Иисуса (Иешуа бен Иосифа) – был иудеем из иудеев, хотя в нём было много нееврейской крови, время от времени вливавшейся в его генеалогическое древо прародителями по женской линии. Предки отца Иисуса уходили своими корнями ко временам Авраама и через этого досточтимого патриарха – к еще более древним наследственным линиям, восходившим к шумерам и нодитам, а через южные племена древнего синего человека – к Андону и Фонте. Ни Давид, ни Соломон не были прямыми предками Иосифа, а его родословная не восходила к самому Адаму. Непосредственные предшественники Иосифа были мастеровыми – строителями, плотниками, каменщиками и кузнецами. Сам Иосиф был плотником, впоследствии – подрядчиком. Его семья принадлежала к древнему и известному роду благородных простолюдинов, в котором время от времени появлялись незаурядные индивидуумы, отличившиеся в области развития религии на Урантии.

Мария – земная мать Иисуса – являлась потомком древнего рода, и среди ее уникальных предков были многие из самых прославленных женщин в истории урантийских рас. Хотя Мария была обыкновенной женщиной своего времени и поколения и обладала вполне нормальным темпераментом, среди ее предков были такие знаменитые женщины, как Аннон, Фамарь, Руфь, Вирсавия, Анси, Клоя, Ева, Энта и Ратта. Ни у одной еврейской женщины того времени не было родословной, в которую входили бы более знаменитые прародители или которая восходила бы к более благоприятным истокам. Род Марии – как и род Иосифа – отличался преобладанием сильных, но обыкновенных индивидуумов, среди которых периодически появлялись многие личности, внесшие большой вклад в развитие цивилизации и прогресс религии. С расовой точки зрения, Марию едва ли можно считать еврейкой. По своей культуре и вере она была еврейкой, однако по своей наследственности она являлась скорее смесью сирийских, хеттейских, финикийских, греческих и египетских кровей, обладая более широкой расовой наследственностью, чем Иосиф.

Из всех пар, живших в Палестине во времена предполагавшегося посвящения Михаила, Иосиф и Мария обладали наиболее идеальным сочетанием богатого расового наследия и превосходного набора обычных личностных качеств. По плану Михаила, он должен был появиться на земле как *обычный* человек – такой, которого могли бы понять и принять простые люди. Поэтому в качестве его будущих посвященческих родителей Гавриил выбрал именно таких людей, как Иосиф и Мария.

2. ГАВРИИЛ ЯВЛЯЕТСЯ ЕЛИСАВЕТЕ

Дело жизни Иисуса на Урантии в действительности было начато Иоанном Крестителем. Захария – отец Иоанна – принадлежал к еврейскому духовенству, а его мать Елисавета относилась к более процветающей ветви того же крупного клана, к которому принадлежала и Мария, мать Иисуса. Хотя Захария и Елисавета были женаты много лет, детей у них не было.

Шел конец июня 8 года до н. э., когда однажды в полдень, спустя примерно три месяца после свадьбы Иосифа и Марии, Гавриил явился Елисавете – так же, как позднее он предстал перед Марией. Гавриил сказал:

«В то время как твой муж, Захария, стоит перед алтарем в Иерусалиме и собравшиеся там люди молятся о приходе освободителя, я, Гавриил, прибыл для того, чтобы объявить тебе, что вскоре ты родишь сына, который станет предтечей этого божественного учителя, и ты наречешь своего сына Иоанном. Он вырастет в преданности Господу, твоему Богу, и когда он возмужает, то обрадует твое сердце, ибо обратит к Богу многие души и провозгласит приход целителя души твоего народа и духовного освободителя всего человечества. Твоя родственница, Мария, станет матерью этого заветного дитя, и я также явлюсь ей».

Это виде́ние чрезвычайно испугало Елисавету. После отбытия Гавриила она всё время мысленно возвращалась к этому случаю, подолгу размышляя о словах величественного посетителя, однако не рассказывала об откровении никому, кроме своего мужа, пока не отправилась навестить Марию в начале февраля следующего года.

Тем не менее, в течение пяти месяцев Елисавета хранила эту тайну даже от своего мужа. Узнав от нее о визите Гавриила, Захария отнесся к услышанному с большим сомнением и долгое время вообще не верил в подлинность этого случая, согласившись, скрепя сердце, поверить ей лишь после того, как он уже не мог сомневаться в ее беременности. Захария пребывал в полном недоумении относительно будущего материнства Елисаветы. Но он не сомневался в честности своей жены, несмотря на собственный преклонный возраст. Лишь примерно за шесть недель до рождения Иоанна, под воздействием поразившего его сна, Захария полностью уверился в том, что Елисавета станет матерью сына предначертанной судьбы, которому суждено расчистить путь для прихода Мессии.

Гавриил явился Марии примерно в середине ноября 8 года до н. э. в тот момент, когда она занималась хозяйством в своем доме в Назарете. Позднее, когда Мария уже не сомневалась в том, что станет матерью, она убедила Иосифа разрешить ей отправиться в город Иудин, находившийся в горах в четырех милях к западу от Иерусалима, чтобы встретиться с Елисаветой. Гавриил объявил каждой из этих будущих матерей о своем явлении другой. Естественно, что они хотели поскорее увидеться, обменяться впечатлениями и обсудить возможное будущее своих сыновей. В течение трех недель Мария оставалась в гостях у своей дальней родственницы. Елисавета сделала многое для того, чтобы укрепить веру Марии в явление Гавриила, благодаря чему Мария вернулась домой более готовой к своему призванию – стать матерью дитя предначертанной судьбы, которого ей вскоре было суждено подарить миру в виде беспомощного младенца, обычного и нормального ребенка этого мира.

Иоанн родился в городе Иудином 25 марта 7 года до н. э. Захария и Елисавета чрезвычайно обрадовались, ибо поняли, что получили сына, обещанного Гавриилом. И когда на восьмой день они принесли ребенка для совершения обрезания, они, как и было велено, нарекли его Иоанном. Племянник Захарии уже отбыл в Назарет, неся с собой послание Елисаветы к Марии, где она сообщала о рождении сына, который будет назван Иоанном.

С самого раннего детства родители Иоанна целенаправленно внушали ему мысль о том, что, когда он возмужает, ему предстоит стать духовным вождем и религиозным учителем. И эти наводившие на размышления слова всегда находили отклик в сердце Иоанна. Еще ребенком его можно было часто видеть в храме в периоды богослужения, которое совершал его отец, и значительность того, что он видел, производила на него громадное впечатление.

3. ГАВРИИЛ БЛАГОВЕСТВУЕТ МАРИИ

Однажды вечером, на заходе солнца, до того, как Иосиф вернулся домой, Гавриил предстал перед Марией возле низкого каменного стола и, когда к ней вернулось самообладание, сказал: «Я пришел по велению того, кто является моим Господином и кого ты будешь любить и воспитывать. Тебе, Мария, принес я благую весть, возвещая о том, что зачатое во чреве твоем предопределено небесами и что в должное время ты станешь матерью сына; ты наречешь его Иешуа, и с ним пребудет царство небесное на земле и среди людей. Не говори об этом никому, кроме Иосифа и Елисаветы, твоей родственницы, которой я также явился и которая вскоре тоже родит сына; его нарекут Иоанном, и он расчистит путь для спасительной проповеди, которую твой сын возвестит людям со всей мощью и глубоким убеждением. Не сомневайся же в моих словах, Мария, ибо этот дом избран в качестве смертной обители для дитя предначертанной судьбы. Мое благословение остается с тобой, могущество Всевышних укрепит тебя, и Господь всей земли защитит тебя».

На протяжении многих недель Мария тайно размышляла об этом небесном пришельце, и только тогда, когда она уже не сомневалась в своей беременности, она решилась поведать об этом необычном событии своему мужу. Хотя Иосиф полностью доверял своей жене, услышав об этом, он был сильно обеспокоен и на долгое время лишился сна. Поначалу Иосиф сомневался в явлении Гавриила. Затем, уже почти поверив в то, что Мария действительно слышала голос и видела облик божественного посланника, он начал терзаться сомнениями, размышляя, как такое возможно. Каким образом человеческий ребенок может стать дитя божественной судьбы? Только спустя несколько недель, прошедших в раздумьях, Иосифу удалось примирить свои противоречивые мысли, когда и он, и Мария пришли к выводу о том, что они избраны в качестве родителей Мессии, несмотря на то что божественная сущность ожидаемого освободителя едва ли соответствовала еврейскому представлению о нем. Придя к этому знаменательному решению, Мария поспешила навестить Елисавету.

После возвращения Мария отправилась к своим родителям, Иоахиму и Ханне. Оба ее брата и обе сестры, как и ее родители, всегда с большим сомнением относились к божественной миссии Иисуса, хотя в то время они, конечно, ничего не знали о явлении Гавриила. Однако Мария все-таки поведала своей сестре, Саломии, что, как она полагает, ее сыну суждено стать великим учителем.

Возвещение Гавриила Марии произошло на следующий день после зачатия Иисуса и было единственным событием сверхъестественного характера, связанным со всем ее опытом вынашивания и рождения заветного дитя.

4. СОН ИОСИФА

Иосиф смирился с мыслью о том, что Мария станет матерью необыкновенного ребенка, лишь после того, как ему приснился глубоко поразивший его сон. В этом сне пред ним явился ослепительный небесный посланник и, среди прочего, сказал следующее: «Иосиф, я прибыл по приказу Того, кто владычествует на небесах, и я должен сообщить тебе о сыне, которого родит Мария и который станет великим светом в мире. В нём будет жизнь, и его жизнь станет светом человечества. Сначала он придет к своим соплеменникам, но они вряд ли примут его; но всем тем, кто примет его, он раскроет, что они являются детьми Божьими». После этого случая Иосиф уже никогда в принципе не сомневался в рассказе Марии о явлении Гавриила и обещании того, что будущему ребенку суждено стать божественным посланником в этом мире.

Во всех этих посещениях ничего не говорилось о доме Давида. Не было сделано никаких намеков на то, что Иисус станет «освободителем евреев», или на то, что ему суждено стать долгожданным Мессией. Иисус не был тем Мессией, которого ожидали евреи, однако он был *освободителем мира*. Его миссия предназначалась всем расам и народам, а не какой-то одной группе людей.

Иосиф не принадлежал к родословной царя Давида. У Марии было больше предков из рода Давидова, чем у Иосифа. И хотя Иосиф действительно отправился в город Давида, Вифлеем, чтобы зарегистрироваться для внесения в римский ценз, это объяснялось тем, что за шесть поколений до него предок Иосифа с отцовской стороны, будучи сиротой, был усыновлен неким Садоком, прямым потомком Давида; поэтому Иосифа также причисляли к «дому Давида».

Бóльшая часть так называемых мессианских пророчеств Ветхого Завета была истолкована применительно к Иисусу спустя много лет после его жизни на земле. Веками иудейские пророки провозглашали приход освободителя, и в толкованиях последующих поколений эти обещания стали связывать с новым еврейским правителем, который воссядет на троне Давида и, при помощи якобы чудодейственных методов Моисея, сделает палестинских евреев могущественной нацией, свободной от чужеродного господства. Кроме того, многие образные выражения, повсеместно встречаемые в священных книгах иудеев, были впоследствии необоснованно использованы по отношению к жизненной миссии Иисуса. Многие высказывания Ветхого Завета были искажены таким образом, чтобы соответствовать одному из эпизодов земной жизни Учителя. Однажды Иисус сам публично заявил, что не имеет отношения к царскому дому Давида. Даже слова «незамужняя женщина родит сына» превратились в «дева родит сына». То же самое относится и ко многим генеалогиям как Иосифа, так и Марии, составленным после жизни Михаила на земле. Многие из этих родословных содержат значительную часть прародителей Учителя, однако в целом они не являются подлинными и на их достоверность нельзя полагаться. Ранние последователи Иисуса слишком часто поддавались соблазну показать, что в жизни их Господа и Учителя сбылись все речения древних пророков.

5. ЗЕМНЫЕ РОДИТЕЛИ ИИСУСА

Иосиф был мягким и необычайно добросовестным человеком, во всех отношениях преданным религиозным обычаям и традициям своего народа. Он мало говорил, но много думал. Несчастная участь еврейского народа была для Иосифа источником огромной печали. В юности, в окружении восьми братьев и сестер, он был более веселым, но в первые годы семейной жизни (в детские годы Иисуса) время от времени он падал духом. Незадолго до преждевременной смерти характер Иосифа значительно улучшился благодаря росту благосостояния семьи, после того как бывший плотник стал процветающим подрядчиком.

Характер Марии был полной противоположностью характеру ее мужа. Она отличалась веселым нравом, почти никогда не печалилась и постоянно пребывала в радостном настроении. Мария свободно и часто выражала свои эмоции и впервые загоревала только после внезапной смерти Иосифа. Не успела она оправиться от этого удара, как на нее обрушились тревоги и сомнения, вызванные необычайной жизнью ее старшего сына, которая столь стремительно разворачивалась перед ее потрясенным взором. Однако на протяжении всего этого исключительного испытания Мария отличалась самообладанием, мужеством и достаточной мудростью в отношениях со своим удивительным и странным первенцем, а также пережившими его братьями и сестрами.

Необычная мягкость Иисуса, его удивительная благожелательность и понимание человеческой природы в значительной мере перешли к нему от отца; свой дар великого учителя и огромную способность к праведному негодованию он унаследовал от матери. По эмоциональным реакциям на окружающий мир, в один из периодов своей зрелой жизни Иисус напоминал своего отца, становясь задумчивым и созерцательным, а иногда явно погружаясь в печаль. Однако чаще он устремлялся вперед, как и его мать, полный оптимизма и решительности. В целом, темперамент Марии постепенно становился преобладающим по мере возмужания божественного Сына и его обращения к важнейшим свершениям зрелого периода жизни. В некоторых особенностях характера Иисуса проявлялись черты обоих родителей, в других – черты одного из них в противоположность чертам другого.

От Иосифа Иисус получил строгое воспитание в традициях еврейской обрядности и приобрел необыкновенное знание священных книг иудеев; от Марии он унаследовал более широкий взгляд на религиозную жизнь и более либеральное представление о личной духовной свободе.

По тем временам сéмьи Иосифа и Марии получили хорошее образование. Для своего времени и общественного положения Иосиф и Мария были образованы намного выше среднего уровня. Он был мыслителем, она была стратегом, способным мастерски корректировать свои планы и практично их осуществлять. Иосиф был черноглазым брюнетом, Мария была кареглазой и светловолосой.

Если бы жизнь Иосифа не оборвалась, он наверняка твердо уверовал бы в божественную миссию своего старшего сына. Мария попеременно верила и сомневалась, чрезвычайно подверженная влиянию позиции, которую занимали остальные дети, а также друзья и родственники. Однако воспоминание о явлении к ней Гавриила сразу же после зачатия ребенка всегда укрепляло ее веру.

Мария была искусной ткачихой и обладала незаурядными способностями к большинству домашних ремесел того времени. Она была хорошей хозяйкой и превосходной матерью семейства. Как Иосиф, так и Мария были умелыми учителями и заботились о том, чтобы их дети получили хорошее для своего времени образование.

В молодости Иосиф был нанят отцом Марии для пристройки флигеля к его дому, и однажды, во время обеда, Мария подала Иосифу чашку воды. Так началось знакомство двух людей, которым было суждено стать родителями Иисуса.

В соответствии с еврейским обычаем, Иосиф и Мария сыграли свадьбу в доме Марии в окрестностях Назарета, когда Иосифу исполнился двадцать один год. Этим браком завершился обычный период ухаживания, продолжавшийся почти два года. Вскоре они перебрались в свой новый дом в Назарете, построенный Иосифом с помощью двух из его братьев. Дом стоял у подножья ближнего холма, с которого открывался чудесный вид на окружавшую его сельскую местность. В этом специально подготовленном доме молодые и полные надежд родители готовились встретить заветное дитя, не догадываясь о том, что это знаменательное событие, имевшее значение для всей вселенной, произойдет в то время, когда они будут находиться вдали от дома, в иудейском городе Вифлееме.

Бóльшая часть семьи Иосифа уверовала в учения Иисуса, но мало кто из членов семьи Марии верил в него, пока он не ушел из этого мира. Иосиф больше склонялся к духовному представлению об ожидаемом Мессии, однако Мария и ее семья – в особенности ее отец – придерживались идеи о том, что Мессия должен быть мирским освободителем и политическим правителем. Предки Марии были видными участниками движения Маккавеев, которое в то время было еще недавним прошлым.

Иосиф твердо придерживался восточных, или вавилонских, воззрений иудаизма; Мария явно склонялась к более либеральным и широким западным, или эллинистическим, толкованиям закона и пророков.

6. ДОМ В НАЗАРЕТЕ

Дом Иисуса стоял неподалеку от холма, возвышавшегося в северной части Назарета, на некотором расстоянии от местного источника, который находился в восточной части города. Семья Иисуса поселилась на окраине города, что впоследствии давало ему прекрасную возможность часто отправляться на прогулки по окрестностям и забираться на вершину соседней возвышенности – самого высокого из всех холмов южной Галилеи, не считая кряжа горы Фавор к востоку и примерно столь же высокого холма Наин. Их дом находился чуть южнее и восточнее южного выступа этого холма и примерно посередине между основанием этой возвышенности и дорогой из Назарета в Кану. Кроме походов на вершину холма, Иисус любил отправляться на прогулку по узкой тропе, огибавшей основание холма в северо-восточном направлении, до того места, где она соединялась с дорогой на Сепфорис.

Дом Иосифа и Марии представлял собой однокомнатное каменное строение с плоской крышей и пристройкой для животных. Домашняя утварь состояла из низкого каменного стола, глиняной и каменной посуды и горшков, ткацкого станка, светильника, нескольких скамеечек и спальных циновок, которые клали на каменный пол. На заднем дворе, рядом с пристройкой для животных, был навес, укрывавший очаг и мельницу для помола зерна. Для управления мельницей этого типа требовались два человека – один молол, а другой насыпал зерно. Ребенком Иисус часто подсыпал зерно в мельницу, а его мать поворачивала жернов.

Позднее, когда семья выросла, все ее члены обычно собирались для трапезы вокруг расширенного каменного стола: сидя на корточках, они набирали себе еду из общего блюда или горшка. Зимой, во время ужина, стол освещался небольшой, широкой глиняной лампой, наполненной оливковым маслом. После рождения Марфы Иосиф сделал к дому пристройку – большую комнату, которая днем использовалась в качестве столярной мастерской, а ночью – как спальня.

7. ПОЕЗДКА В ВИФЛЕЕМ

В марте 8 года до н. э. (в том же месяце, когда Иосиф и Мария поженились) Цезарь Август распорядился пересчитать всё население Римской империи – провести ценз для улучшения системы налогообложения. Евреи всегда с огромным предубеждением относились к попыткам «пересчитать народ», и это, вместе с серьезными внутриполитическими проблемами Ирода, царя Иудеи, привело к тому, что ценз в еврейском царстве был перенесен на один год. Во всей Римской империи ценз состоялся в 8 году до н. э., за исключением палестинского царства Ирода, где он был проведен на год позже, в 7 году до н. э.

Мария могла не отправляться в Вифлеем для регистрации – Иосиф имел право внести в списки всю свою семью, – однако Мария, отважная и решительная женщина, настаивала на том, чтобы отправиться в путь вместе с ним. Она боялась остаться одна, дабы ребенок не родился в отсутствие Иосифа. К тому же, Вифлеем находился неподалеку от города Иудина, и Мария предвкушала приятную возможность навестить свою родственницу Елисавету.

Иосиф, в сущности, запретил Марии сопровождать его, но это не возымело действия. Когда была упакована провизия, рассчитанная на три или четыре дня пути, Мария приготовила двойные порции и собралась в дорогу. Но перед тем, как отправиться в путь, Иосиф примирился с тем, что Мария поедет вместе с ним, и рано утром, в хорошем расположении духа, они покинули Назарет.

Иосиф и Мария были бедны, и так как у них было только одно вьючное животное, то Мария, которая была на последнем сроке беременности, ехала верхом вместе с запасом еды, а Иосиф шел рядом, ведя животное. Строительство и обустройство дома ввели его в огромный расход. Кроме того, Иосифу приходилось помогать родителям, так как незадолго до того его отец потерял трудоспособность. Итак, ранним утром 18 августа 7 года до н. э. эта еврейская пара покинула свой скромный дом и направилась в Вифлеем.

В первый день пути они обогнули предгорья горы Гелвуй, где остановились на ночлег около реки Иордан и долго размышляли о том, каким предстоит быть их сыну, причем Иосиф придерживался своего представления о духовном учителе, а Мария – идеи о еврейском Мессии, освободителе иудейской нации.

Ранним ясным утром 19 августа Иосиф и Мария уже были в пути. Пообедав у горы Сартаба, откуда открывался вид на Иорданскую долину, они продолжили путь и к ночи добрались до Иерихона, остановившись в придорожной гостинице на окраине города. После ужина и долгого обсуждения тирании римской власти, Ирода, регистрации для участия в цензе и сравнительного влияния Иерусалима и Александрии как центров еврейской учености и культуры, путники из Назарета отправились на покой. Ранним утром 20 августа они продолжили свой путь и к полудню достигли Иерусалима. Посетив храм, они направились к месту своего назначения – Вифлеему, куда прибыли в середине второй половины дня.

Гостиница была переполнена; Иосиф пытался найти приют у дальних родственников, однако все помещения в Вифлееме были заполнены до предела. Вернувшись во двор гостиницы, он услышал о том, что караванные стойла, высеченные в склоне скалы и находившиеся прямо под гостиницей, были освобождены от животных и вычищены для приема постояльцев. Оставив осла во дворе, Иосиф взвалил на плечи корзины с провиантом и одеждой и вместе с Марией спустился по каменным ступеням в их нижнюю обитель. Они оказались в бывшем хранилище для зерна, находившемся перед стойлами и яслями. Здесь была повешена шатровая занавесь, и они были счастливы, что им досталось такое удобное помещение.

Иосиф хотел сразу же отправиться на регистрацию, но Мария чувствовала себя уставшей; она ощущала сильное недомогание и упросила его остаться с ней, что он и сделал.

8. РОЖДЕНИЕ ИИСУСА

Всю ночь Мария провела в беспокойстве, и потому ни она, ни Иосиф почти не спали. К рассвету начались сильные схватки, и в полдень, 21 августа 7 года до н. э., с участием и доброй помощью остановившихся в гостинице женщин, Мария разрешилась младенцем мужского пола. Иисус Назарянин появился на свет, был завернут в пелена, которые Мария взяла с собой в расчете на такой случай, и положен в соседние ясли.

Заветное дитя родилось точно так же, как появились в этом мире все предшествующие и последующие младенцы. И на восьмой день, согласно еврейскому обычаю, он прошел должный обряд обрезания и получил имя Иешуа (Иисус).

На следующий день после рождения Иисуса Иосиф прошел регистрацию. Он встретил человека, с которым двумя днями ранее беседовал в Иерихоне, и тот привел Иосифа к своему состоятельному другу, снимавшему в гостинице комнату и сообщившему, что охотно поменяется местами с парой из Назарета. В тот же день пополудни они перебрались наверх, в гостиницу, где прожили почти три недели, пока не нашли временный приют в доме одного из дальних родственников Иосифа.

На второй день после рождения Иисуса Мария отправила Елисавете весточку, где сообщала о рождении ребенка. В ответном письме Иосиф получил приглашение посетить Иерусалим и обсудить все их дела с Захарией. На следующей неделе Иосиф отправился в Иерусалим, чтобы посоветоваться с Захарией. Как Захария, так и Елисавета полностью уверились в том, что Иисусу действительно было суждено стать еврейским освободителем, Мессией, и что их сыну Иоанну предстояло стать главой его помощников, правой рукой Мессии, человеком предначертанной судьбы. И так как Мария придерживалась тех же представлений, то Иосифа удалось без труда уговорить остаться в Вифлееме, городе Давида, где Иисус, возмужав, мог бы стать преемником Давида на троне всего Израиля. Поэтому они оставались в Вифлееме более года, в течение которого Иосиф время от времени занимался своим плотницким ремеслом.

В полдень, при рождении Иисуса, урантийские серафимы, под управлением своих руководителей, исполнили над вифлеемскими яслями торжественные гимны, однако эти восхваления не были слышны человеческому уху. Ни пастухи, ни какие-либо иные смертные не воздавали должное вифлеемскому младенцу вплоть до того дня, когда прибыли урские священники, направленные сюда из Иерусалима Захарией.

Незадолго до того некий чужеземный религиозный учитель рассказал этим месопотамским священникам о своем сне, в котором ему сообщили о том, что «свет жизни» появится вскоре на земле в виде младенца среди евреев. К ним и отправились эти три учителя в поисках «света жизни». После многих недель бесплодных поисков в Иерусалиме они уже собирались повернуть назад, в Ур, когда встретили Захарию, который убедил их в том, что предметом их поисков был Иисус, и направил их в Вифлеем, где они нашли младенца и оставили свои дары Марии, его земной матери. Во время их визита младенец был почти трех недель от роду.

Эти мудрецы пришли сюда не потому, что увидели звезду, приведшую их в Вифлеем. Красивая легенда о вифлеемской звезде появилась следующим образом. Иисус родился 21 августа 7 года до н. э. в полдень. 29 мая 7 года до н. э. произошло необычное сближение Юпитера и Сатурна в созвездии Рыб. Замечательным астрономическим фактом является то, что аналогичное сближение произошло 29 сентября и 5 декабря того же года. На основании этих необычных, но совершенно естественных явлений, благонамеренные зелоты последующего поколения сочинили трогательную легенду о вифлеемской звезде и поклоняющихся волхвах, которых эта звезда привела к яслям, где они увидели новорожденного младенца и поклонились ему. Восточные и близкие им по духу народы обожают сказочные истории и постоянно сочиняют красивые небылицы о жизни своих религиозных вождей и политических героев. В отсутствие книгопечатания, когда знания передавались в основном изустно от одного поколения к другому, мифы легко превращались в предания, а предания со временем начинали принимать за быль.

9. ПРЕДСТАВЛЕНИЕ В ХРАМЕ

Моисей учил евреев, что каждый первенец принадлежит Господу и что вместо принесения его в жертву, как это делали по своему обычаю язычники, такой сын может жить, если его выкупят родители, заплатив пять сиклов любому полномочному священнику. Кроме того, существовал Моисеев закон, требовавший, чтобы мать, по прошествии определенного времени, явилась в храм для прохождения обряда очищения (или же чтобы кто-нибудь принес от ее имени жертву). Обычно оба этих обряда выполнялись одновременно. Поэтому Иосиф и Мария сами пришли в иерусалимский храм, чтобы представить Иисуса священникам и выкупить его, а также принести необходимую жертву и обеспечить ритуальное очищение Марии от мнимой скверны деторождения.

По дворам храма постоянно прогуливались две замечательные личности – певец Симеон и поэтесса Анна. Симеон был родом из Иудеи, Анна – из Галилеи. Этих людей часто можно было встретить вдвоем, и оба они были близкими друзьями священника Захарии, который посвятил их в тайну Иоанна и Иисуса. Как Симеон, так и Анна жаждали прихода Мессии, и доверие к Захарии помогло им уверовать в то, что Иисус был долгожданным освободителем еврейского народа.

Захария знал, в какой день Иосиф и Мария должны были появиться в храме вместе с Иисусом, и он заранее условился с Симеоном и Анной о том, что укажет, который из череды первенцев является Иисусом, подняв свою руку в знак приветствия.

Для этого случая Анна написала поэму, исполненную Симеоном, которая поразила Иосифа, Марию и всех собравшихся во дворах храма. Их гимн в честь выкупа первенца звучал так:

Благословен будь Господь, Бог Израиля,
Ибо он пришел к нам и принес освобождение своему народу;
Он воздвиг рог спасения для всех нас
В доме раба своего, Давида.
Как и возвещал он устами своих святых пророков –
Спасение от наших врагов и от рук всех наших ненавистников;
Проявить милосердие к нашим отцам и помнить свой священный завет –
Клятву, которую он принес Аврааму, нашему отцу,
Чтобы мы, избавленные от власти наших врагов,
Могли служить ему без страха,
Свято и праведно всю нашу жизнь.
А ты, обетованное дитя, будешь называться пророком Всевышнего;
Ибо ты будешь идти пред ликом Господним, дабы установить его царство;
Возвестить спасение его народу
В отпущении его грехов.
Возрадуйтесь ласковой милости Бога нашего, ибо воссияла нам новая
заря с небес,
Чтобы светить тем, кто живет во тьме и в тени смерти,
Чтобы направить наши стопы на пути мира.
Отпусти же теперь, Господи, раба твоего, как и обещал,
Ибо глаза мои видели твое спасение,
Которое ты приготовил пред лицом всех народов;
Свет для просвещения даже язычников
И во славу народа твоего Израиля.

Возвращаясь в Вифлеем, Иосиф и Мария молчали, смущенные и объятые благоговейным страхом. Мария была глубоко взволнована прощальным приветствием Анны, престарелой поэтессы, а Иосиф был обеспокоен этой преждевременной попыткой представить Иисуса долгожданным Мессией еврейского народа.

10. ИРОД ДЕЙСТВУЕТ

Тем временем доносчики Ирода не бездействовали. Когда они доложили ему о посещении Вифлеема священниками из Ура, Ирод затребовал этих халдеев к себе. Он дотошно расспросил мудрецов о новом «царе иудеев», но они не удовлетворили его любопытства, объяснив лишь, что младенец был рожден женщиной, прибывшей в Вифлеем со своим мужем, чтобы пройти регистрацию для внесения в ценз. Не удовлетворившись этим ответом, Ирод дал им денег и послал на поиски ребенка, дабы он сам мог явиться к нему на поклон, ибо они заявили, что его царство будет духовным, а не мирским. Но когда мудрецы не вернулись, Ирод стал подозревать неладное. Пока он размышлял над случившимся, вернулись его информаторы, доложившие обо всех последних происшествиях в храме и доставившие копию отрывков из песни Симеона, прозвучавшей во время обряда выкупа Иисуса. Однако им не удалось выследить Иосифа и Марию, и Ирод пришел в гнев, когда они не смогли сообщить ему, куда эта пара унесла младенца. После этого он отправил людей на розыск Иосифа и Марии. Зная о том, что Ирод преследует семью назарян, Захария и Елисавета держались подальше от Вифлеема. Малыш был спрятан у родственников Иосифа.

Иосиф боялся искать работу, и их скромные сбережения быстро таяли. Даже при совершении очистительных обрядов в храме Иосиф считал, что он не может позволить себе пожертвовать на Марию двух горлиц, как предписывал поступать беднякам Моисей для очищения матерей.

Целый год продолжались поиски, но шпионы Ирода не смогли найти Иисуса. Тогда – подозревая, что младенец всё еще спрятан в Вифлееме, – Ирод распорядился о тщательной проверке каждого дома в Вифлееме и умерщвлении каждого младенца мужского пола в возрасте до двух лет. Таким образом Ирод надеялся убедиться в том, что дитя, которому суждено было стать «царем иудеев», будет уничтожено. И так шестнадцать мальчиков погибли за один день в Вифлееме иудейском. Однако козни и убийства были обычным делом при дворе Ирода даже в его собственной семье.

Избиение младенцев произошло примерно в середине октября 6 года до н. э., когда Иисусу было чуть больше года. Но верующие в приход Мессии были и среди приближенных Ирода, и один из них, услышав о приказе умерщвлять всех вифлеемских младенцев мужского пола, связался с Захарией, который, в свою очередь, отправил посыльного к Иосифу. И в ночь перед резней Иосиф и Мария покинули Вифлеем и направились с ребенком в Египет, в Александрию. Чтобы не привлекать к себе внимания, они отправились с Иисусом в Египет одни. Они добрались до Александрии на средства, предоставленные Захарией, и там Иосиф занимался своим ремеслом, в то время как Мария и Иисус нашли приют у состоятельных родственников семьи Иосифа. Они провели в Александрии целых два года и вернулись в Вифлеем только после смерти Ирода.

ДОКУМЕНТ 123

РАННЕЕ ДЕТСТВО ИИСУСА

Из-за неопределенностей и волнений, с которыми было связано пребывание в Вифлееме, Мария перестала кормить дитя грудью только после того, как они благополучно добрались до Александрии, где жизнь семьи вошла в нормальную колею. Они жили у родственников, и Иосиф был вполне способен прокормить свою семью, так как вскоре после их прибытия получил работу. В течение нескольких месяцев он работал плотником, после чего поднялся до положения мастера, под началом которого была большая группа рабочих, занятых на строительстве одного из общественных зданий. Эта работа навела его на мысль стать подрядчиком и строителем после возвращения в Назарет.

Для Марии весь этот ранний период беспомощного младенчества Иисуса был одной сплошной тревогой – как бы не случилось чего-нибудь с ее ребенком, что поставило бы под угрозу его благополучие или помешало бы его будущей миссии на земле. Ни одна мать не была более преданной своему дитя. В доме, где подрастал Иисус, было двое его сверстников, а у ближайших соседей – еще шестеро детей примерно того же возраста, которые могли бы стать подходящими товарищами по играм. Поначалу Мария не хотела отпускать Иисуса от себя. Она боялась, что если ему позволят играть в саду вместе с остальными детьми, с ним может что-то случиться. Однако Иосифу, с помощью своих родственников, удалось убедить ее, что такое воспитание лишило бы Иисуса полезного опыта – умения ладить с детьми своего возраста. И Мария, осознав, что чрезмерная защита и покровительство могут сделать Иисуса застенчивым и несколько эгоцентричным, согласилась, наконец, чтобы заветное дитя росло так же, как любой другой ребенок. Но даже подчинившись этому решению, она взяла за правило всегда присматривать за малышами, играющими возле дома или в саду. Только любящая мать знает, какой груз лежал на сердце Марии, переживавшей за безопасность своего сына в годы его младенчества и раннего детства.

В течение двух лет, прошедших в Александрии, Иисус рос здоровым и нормальным ребенком. Не считая нескольких друзей и родственников, никто не знал о том, что Иисус был «заветным дитя». Один из родственников Иосифа раскрыл эту тайну своим друзьям из Мемфиса, потомкам древнего Эхнатона. Вместе с небольшой группой александрийских верующих они собрались в роскошном доме родственника и благодетеля Иосифа незадолго до возвращения семьи назарян в Палестину, чтобы пожелать им успехов и засвидетельствовать дитя свое почтение. Собравшиеся по этому случаю друзья подарили Иисусу полный греческий перевод еврейских священных книг. Однако этот список священного писания евреев был вручен Иосифу только после того, как и он, и Мария окончательно отклонили приглашение своих друзей из Мемфиса и Александрии остаться в Египте. Эти верующие настаивали на том, что дитя предначертанной судьбы сможет оказывать намного большее влияние на мир, живя в Александрии, чем где-либо в Палестине. Эти уговоры на некоторое время задержали их отбытие в Палестину после получения известия о смерти Ирода.

Наконец Иосиф и Мария покинули Александрию на корабле, принадлежавшем их другу Ездриону и направлявшемся в Иоппию. Они прибыли в этот порт в конце августа 4 года до н. э. и сразу же направились в Вифлеем, где весь сентябрь обсуждали со своими друзьями и родственниками, следует ли им остаться там или вернуться в Назарет.

Мария так до конца и не отказалась от мысли о том, что Иисус должен вырасти в Вифлееме – городе Давида. Иосиф по-настоящему не верил, что их сыну предстоит стать царственным освободителем Израиля. Кроме того, он знал, что в действительности не является потомком Давида и причисляется к таковым только потому, что один из его предков был усыновлен человеком, принадлежавшим к родословной Давида. Мария, конечно же, полагала, что город Давида был бы самым подходящим местом для воспитания нового претендента на трон Давида, однако Иосиф считал менее опасным иметь дело с Иродом Антипой, чем с его братом Архелаем. Он чрезвычайно боялся за безопасность дитя в Вифлееме или любом другом городе Иудеи и подозревал, что скорее Архелай будет продолжать коварную политику своего отца Ирода, нежели Антипа в Галилее. Помимо всех эти причин, Иосиф открыто выражал свое предпочтение Галилее, которую считал лучшим местом для воспитания и образования ребенка. Но потребовалось три недели, прежде чем он смог переубедить Марию.

К первому октября Иосиф убедил Марию и всех их друзей в том, что лучшим решением для них будет вернуться в Назарет. Поэтому в начале октября 4 года до н. э. они отправились из Вифлеема в Назарет через Лидду и Скифополь. Они вышли в путь ранним воскресным утром. Мария и дитя ехали верхом на их новом вьючном животном, а Иосиф и пять сопровождавших их родственников шли пешком. Родственники Иосифа не разрешили им одним добираться до Назарета. Они опасались идти в Галилею через Иерусалим и долину Иордана, да и западные пути были не вполне безопасны для двух одиноких путешественников с малолетним дитя.

1. ВОЗВРАЩЕНИЕ В НАЗАРЕТ

На четвертый день путники благополучно добрались до места назначения. Никого не оповестив, они прибыли в свой дом в Назарете. Здесь в течение более трех лет жил один из женатых братьев Иосифа, для которого их появление было полной неожиданностью: всё делалось столь скрытно, что ни семья Иосифа, ни семья Марии даже не знали, что они покинули Александрию. На следующий день брат Иосифа перевез свою семью, и Мария – впервые с рождения Иисуса – спокойно и радостно зажила со своей маленькой семьей в собственном доме. Менее чем за неделю Иосиф устроился работать плотником, и они были совершенно счастливы.

Когда они вернулись в Назарет, Иисусу было примерно три года и два месяца. Он хорошо перенес все эти переезды, обладал великолепным здоровьем и был полон детского ликования и возбуждения от того, что у него появился собственный двор, где можно было играть и резвиться. Однако он очень скучал по своим александрийским товарищам.

По пути в Назарет Иосиф убедил Марию, что было бы неразумно говорить их галилейским друзьям и родственникам о том, что Иисус является заветным дитя. Они договорились воздерживаться от всякого упоминания подобных вещей. И они оба твердо хранили данное друг другу обещание.

Весь четвертый год жизни Иисуса был периодом нормального физического развития и необычной умственной активности. За это время он очень сдружился со своим сверстником, соседским мальчиком Иаковом. Иисус и Иаков всегда весело играли друг с другом, а когда они подросли, то стали большими друзьями и верными товарищами.

Следующим важным событием в жизни назаретской семьи было рождение второго ребенка, Иакова, ранним утром 2 апреля 3 года до н. э. Иисус был в восторге от мысли о том, что у него появился младший брат, и он мог подолгу стоять, наблюдая за первыми движениями малыша.

Именно в разгар лета того же года Иосиф построил небольшую мастерскую рядом с местным родником, неподалеку от стоянки караванов. С тех пор он почти не занимался поденным плотницким трудом. Ему помогали двое его братьев и несколько других мастеровых, которых он посылал на работу; сам же он оставался в мастерской, делая хомуты, плуги и другие деревянные изделия. Иногда он изготавливал изделия из кожи, а также из веревок и холста. И пока Иисус подрастал, свободное от школы время он делил поровну, помогая матери по хозяйству и наблюдая за работой отца в мастерской, где он слушал рассказы и истории проводников и путешественников, прибывавших со всех концов света.

В июле того же года, за месяц до того, как Иисусу исполнилось четыре года, весь Назарет поразила вспышка кишечной инфекции, занесенная караванными путниками. Мария настолько испугалась, что Иисус может стать жертвой этой эпидемии, что она подхватила обоих детей и бежала с ними в загородный дом своего брата, находившийся в нескольких милях к югу от Назарета по дороге в Мегиддо, неподалеку от Сарида. Они вернулись в Назарет только через два с лишним месяца. Это первое посещение фермы доставило Иисусу огромное удовольствие.

2. ПЯТЫЙ ГОД (2 ГОД ДО Н. Э.)

Прошло немногим более года после их возвращения в Назарет, когда мальчик-Иисус достиг возраста своего первого личного и чистосердечного нравственного решения; и к нему прибыл Настройщик Мышления – божественный дар Райского Отца, служивший прежде с Макивентой Мелхиседеком и тем самым получивший практический опыт при воплощении сверхсмертного существа в образе смертного. Это произошло 11 февраля 2 года до н. э. Иисус осознал прибытие божественного Наставника не более, чем миллионы и миллионы других детей, которые – и до того дня, и с тех пор – точно так же получали этих Настройщиков Мышления, поселяющихся в разуме и действующих в нём для максимального одухотворения этого разума и вечного спасения развивающейся бессмертной души.

В тот день завершился непосредственный личный надзор Правителей Вселенной, который обеспечивал безопасность воплощения Михаила в образе ребенка. В дальнейшем, в течение всего человеческого этапа развития этой инкарнации, опека Иисуса осуществлялась его внутренним Настройщиком и взаимодействующими серафическими хранителями, к которым время от времени присоединялись промежуточные создания, назначаемые для выполнения некоторых конкретных заданий в соответствии с распоряжениями их планетарных руководителей.

В августе этого года Иисусу исполнилось пять лет, и поэтому мы будем говорить о пятом (календарном) годе его жизни. В этом году – 2 году до н. э., – когда оставалось чуть больше месяца до его пятилетия, Иисус испытал огромное счастье: ночью 11 июля у него появилась сестра Мириам. Вечером следующего дня состоялся продолжительный разговор Иисуса со своим отцом о том, каким образом различные группы живых существ рождаются в этом мире в виде отдельных индивидуумов. Наиболее ценную часть своего раннего образования Иисус получил от своих родителей, отвечавших на его глубокие и пытливые вопросы. Иосиф никогда не уклонялся от своих обязанностей, прилагая все свои силы и не жалея времени для ответов на многочисленные вопросы мальчика. С пятилетнего возраста, и пока ему не исполнилось десять лет, Иисус был настоящим почемучкой. Хотя случалось, что Иосиф и Мария не находили ответов на его вопросы, они всегда подробно обсуждали интересующие его вещи и пытались всеми возможными средствами помочь ему в стремлении достичь удовлетворительного решения проблем, возникавших в его живом уме.

После возвращения в Назарет жизнь в доме закипела; Иосиф работал не покладая рук, устраивая свою новую мастерскую и заново налаживая дела. Он был столь перегружен работой, что у него не нашлось времени сделать колыбель для Иакова, однако это было исправлено задолго до рождения Мириам, так что в ее распоряжении уже была очень удобная и уютная люлька, в которой она лежала на виду у восхищенной семьи. И маленький Иисус с удовольствием участвовал в этих естественных и нормальных домашних заботах. Он очень любил своего младшего брата и малютку-сестру и много помогал Марии в уходе за ними.

Редкая семья в языческом мире того времени могла дать ребенку лучшее умственное, нравственное и религиозное воспитание, чем еврейские семьи Галилеи. Здешние евреи придерживались систематической программы воспитания и образования своих детей. Они делили жизнь ребенка на семь этапов:

1. Новорожденный – с первого до восьмого дня.
2. Грудной ребенок.
3. Ребенок, отнятый от груди.
4. Период зависимости от матери, продолжающийся до конца пятого года.
5. Начальная независимость ребенка и – если это был мальчик – принятие отцом ответственности за его образование.
6. Мальчики и девочки подросткового возраста.
7. Юноши и девушки.

У евреев Галилеи существовал обычай, согласно которому мать отвечала за воспитание ребенка, пока ему не исполнялось пять лет, после чего, если это был мальчик, ответственность за его образование ложилась на отца. Поэтому в тот год в жизни Иисуса, сына галилейских евреев, начался пятый этап, в соответствии с которым 21 августа 2 года до н. э. Мария официально передала Иисуса Иосифу для дальнейшего воспитания.

Хотя отныне Иосиф брал на себя прямую ответственность за умственное и религиозное воспитание Иисуса, его мать по-прежнему принимала участие в его домашнем воспитании. Она учила его разбираться в лозах и цветах, росших вдоль окружавшей весь участок садовой ограды, и ухаживать за ними. Кроме того, она приспособила на крыше (служившей летней спальней) мелкие ящики с песком, в которых Иисус чертил карты и которые часто использовал для своих ранних упражнений в письме на арамейском, греческом и, позднее, иврите, ибо со временем он научился свободно читать, писать и говорить на всех трех языках.

Физически Иисус оказался практически совершенным ребенком и продолжал нормально развиваться в умственном и эмоциональном отношении. Во второй половине этого года – пятого (календарного) года своей жизни – он перенес небольшое расстройство пищеварения, свое первое незначительное заболевание.

Хотя Иосиф и Мария часто говорили о будущем своего старшего сына, окажись вы там, единственное, что вы смогли бы заметить, – это то, что подрастает типичный для своего времени и места, нормальный, здоровый, беззаботный, хотя и чрезвычайно любознательный ребенок.

3. СОБЫТИЯ ШЕСТОГО ГОДА (1 ГОД ДО Н. Э.)

С помощью своей матери Иисус уже освоил галилейский диалект арамейского языка, и теперь отец начал учить его греческому. Мария плохо говорила по-гречески, однако Иосиф свободно владел и арамейским, и греческим. Учебником для изучения греческого языка стал список священных книг евреев – полный текст закона и пророков, включая псалмы, – подаренный им, когда они покидали Египет. Во всём Назарете было всего два экземпляра Писаний на греческом, и то, что одним из них обладала семья плотника, сделало дом Иосифа местом паломничества, позволяя подраставшему Иисусу знакомиться со всё новыми и новыми любителями знания и искренними правдоискателями. К концу года Иисус получил этот бесценный манускрипт в личное владение, а в день шестилетия ему объяснили, что священная книга была подарена ему друзьями и родственниками из Александрии. Вскоре он уже читал ее без труда.

Первое сильное потрясение в жизни юного Иисуса произошло, когда ему было около шести лет. Мальчик считал, что его отец – по крайней мере, отец вместе с матерью – знает всё. Поэтому представьте себе удивление этого любознательного ребенка, когда на вопрос о причине только что произошедшего небольшого землетрясения Иосиф ответил: «Сын мой, я, право, не знаю». Так начался длительный и обескураживающий процесс утраты иллюзий, в ходе которого Иисус обнаружил, что его земные родители не были премудрыми и всезнающими людьми.

Иосиф хотел было ответить, что землетрясение вызвано Богом, однако уже через мгновение он понял, что такой ответ сразу же повлечет за собой новые и еще более щекотливые вопросы. Уже в раннем возрасте было чрезвычайно трудно отвечать на вопросы Иисуса о физических или социальных явлениях, неосмотрительно заявляя, что за ними стоит Бог или дьявол. В согласии с господствующими верованиями еврейского народа, Иисус в течение долгого времени принимал на веру учения о добрых и злых духах в качестве возможных объяснений психических и духовных явлений, но уже в раннем детстве он начал сомневаться в том, что такие невидимые силы могут стоять за физическими событиями естественного мира.

Иисусу было неполных шесть лет, когда в начале лета 1 года до н. э. назаретское семейство навестили Захария и Елисавета вместе со своим сыном Иоанном. Иисус и Иоанн прекрасно провели время в течение своей первой осознанной встречи. Хотя гости пробыли в Назарете лишь несколько дней, родители успели обговорить многие вещи, включая планы на будущее для своих сыновей. Пока они были заняты, мальчики играли с кубиками в песке на крыше дома и предавались всевозможным мальчишеским забавам.

Познакомившись с Иоанном, который жил неподалеку от Иерусалима, Иисус начал проявлять необычайный интерес к истории Израиля и подробно расспрашивать о смысле субботних ритуалов, проповедей в синагоге и периодических праздников поминовения. Иосиф объяснял ему значение всех этих празднеств. Первым было торжественное зажигание свечей в середине зимы, продолжавшееся восемь дней и начинавшееся с одной свечи в первый вечер с прибавлением каждый вечер по одной свече; так отмечалось освящение храма после восстановления богослужения по Моисееву закону Иудой Маккавеем. Следующим был отмечавшийся ранней весной Пурим – праздник Эсфири и спасения, которое она принесла

Израилю. Затем наступала торжественная Пасха, которую взрослые старались встретить в Иерусалиме, а оставшиеся дома дети должны были помнить, что в течение всей недели нельзя есть дрожжевого хлеба. Позднее наступал праздник первых плодов, сбора урожая; последним же, и самым торжественным, было празднование встречи нового года – дня искупления. Хотя юному Иисусу было трудно понять некоторые из этих праздников и ритуалов, он всерьез поразмышлял над ними, а затем целиком отдался радостному празднику кущей – ежегодному периоду отдыха всего еврейского народа, когда люди жили в шалашах, предаваясь веселью и развлечениям.

В тот год причиной беспокойства Иосифа и Марии стали молитвы Иисуса. Он во что бы то ни стало хотел разговаривать со своим небесным Отцом так же, как с Иосифом, своим земным отцом. Отклонение от торжественного и благоговейного тона общения с Божеством несколько смущало его родителей, в особенности его мать, но Иисуса невозможно было переубедить: он в точности повторял молитвы так, как его учили, после чего непременно хотел «немножко поговорить с моим небесным Отцом».

В июне этого года Иосиф передал мастерскую в Назарете своим братьям и официально приступил к работе строителя. К концу года доход семьи более чем утроился. Вплоть до самой смерти Иосифа назаретская семья не знала нужды. Семья продолжала расти; много денег уходило на дополнительное образование и путешествия, однако растущие доходы Иосифа всегда покрывали постоянно увеличивающиеся расходы.

В течение нескольких следующих лет Иосиф много работал в Кане, Вифлееме (галилейском), Магдале, Наине, Сепфорисе, Капернауме и Ен-Доре, а также построил много зданий в Назарете и его окрестностях. По мере того как Иаков подрастал и становился достаточно большим, чтобы помогать своей матери по хозяйству и уходу за младшими детьми, Иисус всё чаще отправлялся со своим отцом в поездки по этим близлежащим городам и деревням. Иисус отличался наблюдательностью и приобрел в этих путешествиях много практических знаний; он усердно накапливал знания о человеке и его жизни на земле.

В этот год Иисус добился больших успехов в согласовании своих сильных чувств и стремительных порывов с требованиями внутрисемейного сотрудничества и домашней дисциплины. Мария была любящей, но довольно строгой матерью. Однако во многих отношениях Иосиф оказывал значительно большее воздействие на Иисуса, ибо, по своему обыкновению, садился вместе с мальчиком и подробно объяснял ему, в чём заключается действительная и главная необходимость дисциплинарного ограничения личных желаний во имя сохранения благополучия и мира в семье. Когда Иисусу объясняли положение дел, он всегда сознательно и охотно шел навстречу родительским желаниям и подчинялся семейным правилам.

Когда матери не требовалась помощь по хозяйству, значительную часть свободного времени он проводил, изучая днем цветы и растения, а ночью звезды. У него появилась тревожившая родителей привычка лежать на спине и завороженно смотреть на звездное небо в то время, когда в добропорядочном назаретском доме уже давно было пора спать.

4. СЕДЬМОЙ ГОД (1 ГОД Н. Э.)

Этот год в жизни Иисуса был поистине богат событиями. В начале января на Галилею обрушилась снежная буря. Толщина снежного покрова составляла два фута, и это был самый сильный снегопад за всю жизнь Иисуса и один из самых обильных в Назарете за последние сто лет.

Игровая сторона жизни еврейских детей во времена Иисуса была довольно ограниченной; обычно дети играли в достаточно серьезные вещи, подражая занятиям взрослых. Часто они играли в свадьбу и похороны – обряды, которые они столь часто наблюдали и которые отличались большой зрелищностью. Они пели и плясали, но у них почти не было групповых игр, подобных тем, которые так любят дети более позднего времени.

Вместе с соседским мальчиком и, позднее, со своим братом Иаковом Иисус очень любил играть в укромном уголке семейной столярной мастерской, где они с огромным удовольствием забавлялись стружками и деревянными чурками. Иисусу всегда было трудно понять, чтó плохого в тех играх, которые были запрещены по субботам, но он неизменно подчинялся желаниям своих родителей. Его чувство юмора и любовь к играм не находили достаточного выражения в том времени и поколении, однако до четырнадцатилетнего возраста он отличался веселым и беспечным нравом.

На крыше пристройки для скота Мария держала голубятню, и доходы от продажи голубей использовались в качестве особого благотворительного фонда, которым распоряжался Иисус, удерживавший предварительно десятую часть и передававший ее служителю синагоги.

Единственным серьезным происшествием, приключившимся с Иисусом вплоть до этого времени, было его падение с каменной лестницы на заднем дворе, которая вела в спальню с парусиновым навесом. Это случилось в июле во время песчаной бури, неожиданно нагрянувшей с востока. Горячие ветры, приносившие потоки мелкого песка, обычно дули в сезон дождей, особенно в марте и апреле. В июле такая буря была большой редкостью. Когда поднялась буря, Иисус, по своему обыкновению, находился на крыше, служившей ему местом для игр в течение большей части сухого сезона. Спускаясь по лестнице, он был ослеплен песком и упал. После этого случая Иосиф приделал с обеих сторон лестницы перила.

Это происшествие невозможно было предотвратить. Оно случилось не по вине вре́менных хранителей из числа промежуточных созданий – одного первичного и одного вторичного, которым было предписано оберегать мальчика, – как не был виноват и серафим-хранитель. Его просто невозможно было избежать. Однако это незначительное происшествие, случившееся в то время, когда Иосиф находился в Ен-Доре, настолько перепугало Марию, что в течение нескольких месяцев она вела себя неразумно, пытаясь не отпускать Иисуса от себя.

Небесные личности не могут произвольно вмешиваться в материальные происшествия – обыкновенные явления физического характера. В обычных ситуациях только промежуточные создания способны вмешиваться в материальные обстоятельства для защиты мужчин и женщин предначертанной судьбы, но и в таких случаях они могут делать это только по специальному распоряжению своих руководителей.

Данный эпизод был лишь одним из тех незначительных происшествий, которые впоследствии выпадали на долю этого любознательного и смелого юноши. Если вы представите себе обычное детство и отрочество активного мальчика, то получите достаточно хорошее представление о молодых годах Иисуса и поймете, как много волнений он доставлял своим родителям, особенно матери.

Четвертый член назаретской семьи, Иосиф, родился в среду утром, 16 марта 1 года н. э.

5. ШКОЛЬНЫЕ ГОДЫ В НАЗАРЕТЕ

Иисусу уже исполнилось семь лет, и он был в том возрасте, когда еврейским детям полагалось начинать свое систематическое образование в синагогальных школах. Поэтому в августе этого года началась его богатая событиями школьная жизнь в Назарете. Этот мальчик уже умел свободно читать, писать и говорить на двух языках – арамейском и греческом. Теперь же ему предстояло научиться читать, писать и говорить на иврите. И он с большим нетерпением ждал начала открывавшейся перед ним новой школьной жизни.

В течение трех лет, пока ему не исполнилось десять, он посещал начальную школу в назаретской синагоге. На протяжении этих трех лет он изучал основы Книги Закона, написанной на иврите. Следующие три года он учился в средней школе и заучил наизусть, повторяя вслух, более сложные положения священного закона. Когда ему пошел тринадцатый год, он окончил синагогальную школу, и правители синагоги передали его родителям как образованного «сына закона», а значит – самостоятельного гражданина общества Израиля. Это давало ему право посещать на Пасху Иерусалим, и поэтому в том же году он впервые присутствовал на праздновании Пасхи вместе со своими родителями.

В Назарете ученики сидели полукругом на полу, а их учитель – хазан, служитель синагоги – сидел к ним лицом. Они начинали с Книги Левит, после чего переходили к изучению остальных книг закона, за которыми следовали Пророки и Псалтырь. Назаретская синагога располагала полным текстом Писаний на иврите. До двенадцатилетнего возраста ученики изучали только Писания. В летние месяцы учебный день был значительно короче.

Иисус быстро стал знатоком иврита, и юношей, когда в Назарете не оказывалось видного гостя, его часто просили читать отрывки из иудейских Писаний для правоверных, собиравшихся в синагоге на регулярные субботние богослужения.

В синагогальных школах, конечно, не было учебников. На уроках хазан произносил предложение вслух, а ученики хором повторяли его за ним. Если у ученика был доступ к книгам закона, он выучивал урок благодаря чтению вслух и постоянному повторению.

Кроме того, в дополнение к более систематическому обучению, Иисус начал знакомиться с людьми со всех концов света, ибо ремонтную мастерскую его отца то и дело посещали люди из разных стран мира. Повзрослев, он свободно общался с караванными путниками, которые останавливались для отдыха и восстановления сил неподалеку от родника. Свободно говоря по-гречески, он без труда беседовал с большинством путешественников и проводников.

Назарет являлся одним из мест остановки караванов и лежал на пересечении торговых путей. Его население было в основном нееврейским. Вместе с тем он был широко известен как центр либерального толкования традиционного еврейского закона. Галилейские евреи более свободно общались с иноверцами, чем это было принято в Иудее. И из всех городов Галилеи, евреи Назарета были наиболее либеральными в своей интерпретации социальных ограничений, основанных на боязни осквернить себя общением с язычниками. Именно это положение породило популярную в Иерусалиме поговорку: «Разве может что-нибудь хорошее прийти из Назарета?»

Иисус получил нравственное воспитание и духовную культуру главным образом в семье. Он приобрел значительную часть своего интеллектуального и теологического образования от хазана. Однако свое истинное образование – подготовку ума и сердца к действительным испытаниям через преодоление различных жизненных трудностей – он получил в общении с людьми. Именно это общение с собратьями – от мала до велика, с евреями и язычниками – позволило ему познать человеческий род. Иисус получил прекрасное образование в том смысле, что он глубоко понимал людей и искренне их любил.

В течение всех лет обучения в синагоге он был блестящим учеником, и его огромным преимуществом было знание трех языков. Как заметил Иосифу назаретский хазан в связи с окончанием школьного курса, он полагает, что он сам «научился большему благодаря пытливым вопросам Иисуса», чем «был способен научить мальчика».

Иисус многое усвоил из программы обучения и черпал вдохновение в проходивших в синагоге регулярных субботних богослужениях. По обыкновению, видных посетителей, остановившихся на субботу в Назарете, просили выступить в синагоге. Подраставший Иисус слышал, как свои взгляды излагали многие выдающиеся мыслители со всего еврейского мира, часто отнюдь не являвшиеся ортодоксальными евреями, ибо назаретская синагога была прогрессивным и либеральным центром иудейской мысли и культуры.

При поступлении в школу в семилетнем возрасте (незадолго до этого евреи приняли закон об обязательном образовании) ученики обычно выбирали себе «отрывок на день рождения» – нечто вроде золотого правила, которому они должны были следовать в течение учебы и который они часто истолковывали при окончании школы в возрасте тринадцати лет. Текст, выбранный Иисусом, был взят из пророка Исайи: «Дух Господа Бога на мне, ибо Господь помазал меня; он послал меня благовестить нищим, исцелять сокрушенных сердцем, возвещать свободу пленным и освобождать духовных узников».

Назарет был одним из двадцати четырех центров еврейского духовенства. Однако галилейское духовенство более широко толковало традиционные законы, чем книжники и раввины Иудеи. Большей либеральностью отличалось в Назарете и соблюдение субботы. Поэтому по субботам, во второй половине дня, Иосиф обычно брал Иисуса на прогулку, и одним из их любимых занятий было взобраться на высокий холм неподалеку от дома, откуда перед их глазами открывалась панорама всей Галилеи. В ясный день на северо-западе можно было видеть длинный, спускавшийся к морю хребет горы Кармил, и Иисус не раз слышал от своего отца рассказ об Илие – одном из первых в длинном ряду иудейских пророков, – который обличал Ахава и посрамлял жрецов Ваала. К северу, в ослепительном великолепии возвышаясь над горизонтом, вставала снежная вершина горы Ермон, верхние склоны которой поднимались почти на 3000 футов, сверкая белизной вечных снегов. Далеко на востоке виднелась Иорданская долина, а еще дальше громоздились скалистые хребты Моава. В том же юго-восточном направлении лежали города Декаполиса, и когда солнце сверкало на их мраморных стенах, взору Иосифа и Иисуса представали греко-римские амфитеатры и претенциозные храмы. А если они дожидались заката, то на западе могли разглядеть паруса кораблей в далеком Средиземном море.

Отсюда Иисус мог видеть, как с четырех сторон в Назарет прибывали и отправлялись в путь вереницы караванов, а к югу перед ним открывалась широкая и плодородная долина Ездрилон, уходящая вдаль, к горе Гелвуй и Самарии.

Если они не забирались на холмы, чтобы полюбоваться пейзажем, то отправлялись на прогулку по сельской местности, наблюдая за тем, как изменяется лик природы в зависимости от времени года. Не считая обучения, полученного в семье, свое первое образование Иисус получил благодаря своему уважительному и сочувственному отношению к природе.

Иисусу еще не исполнилось и восьми лет, а его уже знали все матери и молодые женщины Назарета, которые встречали его и разговаривали с ним у источника, находившегося неподалеку от его дома и являвшегося одним из тех мест, где встречались посплетничать люди со всего города. В этот год Иисус научился доить домашнюю корову и ухаживать за остальными животными. В течение этого и следующего года он научился также делать сыр и ткать. Когда ему исполнилось десять лет, он мастерски управлял ткацким станком. Примерно в это же время Иисус и соседский мальчик Иаков крепко подружились с гончаром, работавшим у ручья. И не раз, наблюдая за тем, как ловкие пальцы Нафана формуют глину на гончарном круге, оба мальчика решали, что когда они вырастут, они станут гончарами. Нафан очень любил ребят и часто давал им поиграть с глиной, стремясь развить их творческое воображение и предлагая им соревноваться в лепке различных предметов и животных.

6. ЕГО ВОСЬМОЙ ГОД (2 ГОД Н. Э.)

Этот год был годом интересных занятий в школе. Хотя Иисус не являлся необыкновенным учеником, он прилежно учился и входил в более сильную треть класса. Кроме того, он столь успешно справлялся с заданиями, что получил право раз в месяц в течение одной недели не ходить в школу. Эту неделю он обычно проводил либо со своим дядей-рыбаком на берегах Галилейского моря около Магдалы, либо на ферме другого своего дяди (брата его матери) в пяти милях к югу от Назарета.

Хотя его мать стала проявлять излишнее беспокойство по поводу его здоровья и безопасности, она постепенно смирилась с тем, что он отлучался из дома. Все дяди и тетки очень любили Иисуса, и между ними установилось острое соперничество за право принимать его во время ежемесячных посещений в течение этого года и последующих лет. В январе он впервые (со времени своего младенчества) провел неделю на ферме у своего дяди, а в мае состоялась его первая недельная рыбалка на Галилейском море.

Примерно в то же время Иисус познакомился с учителем математики из Дамаска и, овладев некоторыми новыми методами счета, в течение нескольких лет уделял много времени математике. Он стал хорошо чувствовать числа, расстояния и пропорции.

Иисус очень полюбил своего брата Иакова и к концу года начал учить его алфавиту.

В этом году Иисус договорился о том, что он будет брать уроки игры на арфе в обмен на молочные продукты. Он обладал удивительной тягой ко всему музыкальному. Позднее он сделал многое для развития интереса к вокальной музыке у своих молодых товарищей. К одиннадцати годам он уже был искусным арфистом, и ему доставляло огромное удовольствие развлекать свою семью и друзей необыкновенными интерпретациями и талантливыми импровизациями.

Хотя Иисус продолжал делать завидные успехи в школе, и родителям, и учителям порой приходилось нелегко. Он по-прежнему ставил их в тупик многими вопросами из области науки и религии – в первую очередь географии и астрономии. С особым упорством он пытался выяснить, чем объясняется чередование сухого и дождливого сезонов в Палестине. Раз за разом он допытывался, в чём заключается причина столь огромной разницы температур в Назарете и долине Иордана. Он не переставал задавать свои разумные, но озадачивающие вопросы.

Его третий брат, Симон, родился вечером в пятницу, 14 апреля этого года – 2 года н. э.

В феврале Нахор, один из преподавателей иерусалимской академии раввинов, прибыл в Назарет, чтобы познакомиться с Иисусом, посетив перед тем с такой же целью дом Захарии вблизи Иерусалима. Он прибыл в Назарет по совету отца Иоанна. Хотя поначалу он был несколько шокирован откровенностью Иисуса и его нетрадиционным отношением к вопросам религии, он отнес это за счет удаленности Галилеи от центров еврейской учености и культуры и посоветовал Иосифу и Марии разрешить ему взять Иисуса с собой в Иерусалим, где он мог бы воспользоваться преимуществами образования и воспитания, полученного в центре еврейской культуры. Мария была готова согласиться, уверенная в том, что ее старшему сыну суждено стать Мессией, освободителем евреев. Иосиф колебался: как и Мария, он был убежден в том, что Иисуса ждет великое будущее, но не имел никакого представления о том, каким именно оно будет. Однако он никогда по-настоящему не сомневался в том, что его сыну суждено осуществить великую миссию на земле. Чем больше он думал о предложении Нахора, тем больше он сомневался в целесообразности предлагаемого пребывания в Иерусалиме.

Из-за различия во мнениях между Иосифом и Марией, Нахор попросил разрешения рассказать обо всём Иисусу. Иисус внимательно его выслушал, поговорил с Иосифом, Марией и соседом, каменщиком Иаковом, чей сын был его лучшим товарищем по играм, а затем, двумя днями позже, сообщил, что ввиду столь существенного расхождения во взглядах между его родителями и между советчиками, а также ввиду того, что он не чувствует себя вправе брать на себя ответственность за такое решение, ибо не склоняется определенно ни к одному из вариантов, он решил, наконец, «поговорить с моим Отцом, который на небе». И хотя он не до конца уверен в ответе, он чувствует, что ему, скорее всего, следует остаться дома «с отцом и матерью», добавив, что «они, которые так меня любят, наверное, смогут больше для меня сделать и более надежно вести меня по жизни, чем посторонние, которые могут только видеть мое тело и наблюдать мой разум, однако вряд ли по-настоящему знают меня». Все были поражены, и Нахор отправился назад в Иерусалим. Прошло много лет, прежде чем вновь встал вопрос об отъезде Иисуса из дома.

ДОКУМЕНТ 124

ОТРОЧЕСТВО ИИСУСА

Хотя Александрия могла бы предоставить Иисусу лучшие возможности для получения образования, чем Галилея, он был бы лишен столь замечательного окружения, позволявшего ему справляться с жизненными трудностями при минимальной помощи образования и, вместе с тем, дававшего огромные преимущества, которые заключались в возможности постоянно общаться со множеством мужчин и женщин из всех слоев общества и со всех концов цивилизованного мира. Если бы он остался в Александрии, он получил бы образование под руководством евреев и исключительно в еврейском духе. Образование и воспитание, полученные им в Назарете, в большей мере подготовили его к пониманию иноверцев и дали ему лучшее и более взвешенное представление об относительных достоинствах восточной, или вавилонской, и западной, или эллинской, школ иудейской теологии.

1. ДЕВЯТЫЙ ГОД ИИСУСА (3 ГОД Н. Э.)

Хотя едва ли было бы верным сказать, что Иисус когда-либо серьезно болел, в этом году он вместе со своими братьями и маленькой сестрой перенес некоторые легкие детские заболевания.

Учеба в школе шла своим чередом, и он по-прежнему был привилегированным учеником, каждый месяц получавшим одну свободную неделю. Иисус продолжал почти поровну делить это время между поездками в соседние города с отцом, посещениями фермы своего дяди к югу от Назарета и поездками на рыбалку из Магдалы.

Самая серьезная неприятность из приключившихся до сих пор в школе произошла в конце зимы, когда Иисус осмелился возразить хазану по поводу учения о том, что все изваяния, изображения и рисунки в своей сущности являются идолопоклонством. Иисус очень любил рисовать пейзажи и лепить из глины самые разнообразные предметы. Еврейский закон строго запрещал любые подобные вещи, но вплоть до этого времени ему удавалось столь обезоруживающе отвечать на возражения родителей, что они позволяли ему продолжать заниматься этим.

Однако очередной скандал поднялся в школе после того, как один из отсталых учеников увидел, что Иисус рисует углем портрет учителя на полу классной комнаты. Там этот портрет и оставался, в чём мог убедиться каждый желающий. Многие из старейшин осмотрели рисунок, прежде чем школьный комитет вызвал Иосифа и потребовал, чтобы тот принял меры для пресечения беззаконий своего старшего сына. И хотя Иосифу и Марии уже приходилось выслушивать жалобы на своего разностороннего и активного сына, это обвинение было наиболее серьезным из всех выдвинутых против него до сих пор. В течение некоторого времени Иисус слушал вердикт по поводу своих художественных занятий, сидя на большом камне, который стоял у задней двери. Его возмутило, что в его мнимых проступках обвиняли отца. Поэтому он вошел в помещение и бесстрашно предстал перед своими обвинителями. Старейшины оказались в неловком положении. Некоторые склонялись к тому, чтобы отнестись к происшедшему с юмором, в то время как один или двое считали, что поведение мальчика является святотатством, если не богохульством. Иосиф был в замешательстве, Мария негодовала, но Иисус настаивал на том, чтобы его выслушали. Он получил слово, мужественно выступил в защиту своих взглядов и с предельным самообладанием заявил, что будет подчиняться решениям отца по этому и всем другим спорным вопросам. И комитет старейшин разошелся в молчании.

Мария убеждала Иосифа позволить Иисусу заниматься лепкой из глины дома с условием, чтобы тот обещал не продолжать каких-либо сомнительных занятий в школе. Однако Иосиф чувствовал, что он вынужден принять решение в пользу раввинского толкования второй заповеди. Поэтому, начиная с того дня и до тех пор, пока он не покинул дом своего отца, Иисус не рисовал и не лепил никаких фигурок. Но его так и не удалось убедить в том, что он неправ, и отказ от столь любимого занятия был одним из самых серьезных испытаний в его юной жизни.

Во второй половине июня Иисус, вместе со своим отцом, впервые поднялся на вершину горы Фавор. Стоял ясный день, и зрелище было великолепным. Девятилетнему мальчику действительно казалось, что он видит весь мир, кроме Индии, Африки и Рима.

Вторая сестра Иисуса, Марфа, родилась вечером в четверг, 13 сентября. Через три недели после появления Марфы Иосиф, который в то время был дома, начал возводить пристройку, являвшуюся одновременно мастерской и спальней. Небольшой верстак был сделан и для Иисуса, впервые получившего собственные инструменты. В течение многих лет в свободное время он работал за этим верстаком и научился мастерски изготовлять хомуты.

Эта и следующая зимы были в Назарете самыми холодными за многие десятилетия. Раньше Иисус видел снег, лежащий в горах; несколько раз снег выпадал в Назарете, где быстро таял. Однако только в эту зиму Иисус впервые увидел лед. То, что вода может существовать в твердом, жидком и газообразном состоянии, – а он уже давно размышлял о паре, выходящем из кипящих котлов, – заставляло мальчика подолгу задумываться о физическом мире и его строении; и тем не менее, воплощенная в этом растущем юноше личность всё это время оставалась действительным создателем и организатором всех этих вещей во всей обширной вселенной.

Климат в Назарете не был суровым. Самым холодным месяцем был январь, когда средняя температура составляла 50°F. В течение июля и августа, наиболее жарких месяцев, температура колебалась между 75 и 90°F. От гор до Иордана и долины Мертвого моря климат Палестины изменялся от холодного к знойному. Поэтому евреи, в известной мере, были подготовлены к жизни практически во всех без исключения климатических условиях, которые встречаются в мире.

Даже в самые теплые летние месяцы с 10 часов утра примерно до 10 часов вечера обычно дул прохладный морской бриз с запада. Однако то и дело вся Палестина оказывалась во власти страшных суховеев восточной пустыни. Эти сильные порывы горячего ветра обычно случались в феврале и марте, ближе к концу сезона дождей. В те времена освежающие ливни шли с ноября по апрель, но дожди не были постоянными. В Палестине было только два времени года – лето и зима, сухой и влажный сезоны. Цветы начинали цвести в январе, и к концу апреля вся земля превращалась в один сплошной цветочный сад.

В мае этого года Иисус впервые помогал убирать хлеб на ферме своего дяди. К тринадцати годам он успел познакомиться практически со всем, чем занимались мужчины и женщины в окру́ге Назарета, кроме работы по металлу, и он провел несколько месяцев в кузнице в более старшем возрасте, после смерти своего отца.

Когда в работе и движении караванов наступал мертвый сезон, Иисус совершал многочисленные поездки со своим отцом – по делам или ради развлечения – в соседние Кану, Ен-Дор и Наин. Еще ребенком он часто посещал Сепфорис, находившийся на расстоянии чуть более трех миль к северо-западу от Назарета и с 4 года до н. э. до 25 года н. э. являвшийся столицей Галилеи и одной из резиденций Ирода Антипы.

Иисус продолжал расти в физическом, интеллектуальном, социальном и духовном отношениях. Его поездки в другие места способствовали лучшему пониманию и более великодушному отношению к своей собственной семье, и к этому времени даже его родители не только учили его, но и сами начинали учиться у него. Уже юношей Иисус был самобытным мыслителем и талантливым учителем. Он постоянно сталкивался с так называемым «неписаным законом», однако всегда пытался приспособиться к порядкам, принятым в их семье. Он поддерживал хорошие отношения с детьми своего возраста, но его часто обескураживала их медлительность. Еще до того, как ему исполнилось десять лет, он стал вожаком группы из семи подростков, объединившихся в общество по развитию достоинств – физических, интеллектуальных и религиозных, – необходимых взрослым мужчинам. В кругу этих мальчиков Иисусу удалось ввести много новых игр и различные усовершенствованные методы активного отдыха.

2. ДЕСЯТЫЙ ГОД (4 ГОД Н. Э.)

Это случилось пятого июля, в первую субботу месяца, когда Иисус, гуляя в окрестностях с отцом, впервые высказал чувства и идеи, которые свидетельствовали о том, что он начинал осознавать необычный характер своей миссии. Иосиф внимательно выслушал знаменательные слова своего сына, однако почти никак на них не отреагировал и не раскрыл того, что́ ему было известно. На следующий день у Иисуса состоялся аналогичный, но более продолжительный разговор с матерью. Мария также выслушала высказывания своего сына, но и она ни о чём ему не рассказала. Прошло почти два года, прежде чем Иисус вновь заговорил со своими родителями о всё большем раскрытии в его сознании сущности его личности и характера его миссии на земле.

В августе он перешел в старшую школу при синагоге, где постоянно досаждал своими настойчивыми вопросами и всё чаще приводил весь Назарет в более или менее взбудораженное состояние. Его родители не хотели запрещать ему задавать эти возмущавшие спокойствие вопросы, и его главный учитель был чрезвычайно озадачен любознательностью мальчика, его проницательностью и жаждой знаний.

Товарищи Иисуса по играм не видели в его поведении ничего сверхъестественного; в целом, он был совершенно таким же, как и они. Его интерес к учебе был несколько выше среднего, но не являлся чем-то необычным. Он действительно задавал в школе больше вопросов, чем другие ученики его класса.

Наверное, самой необычной и примечательной особенностью его характера было нежелание силой отстаивать свои права. Так как он был хорошо развитым подростком для своих лет, его друзьям казалось странным, что он был несклонен защищать себя даже от несправедливостей или личных оскорблений. Правда, это не доставляло ему особых неприятностей благодаря дружбе с Иаковом –

соседским мальчиком, который был на год старше его. Отец Иакова, каменщик, был компаньоном Иосифа. Иаков относился к Иисусу с огромным восхищением и следил за тем, чтобы кто-нибудь не вздумал воспользоваться отвращением Иисуса к физическому противоборству. Несколько раз старшие и грубые подростки нападали на Иисуса, рассчитывая на его хорошо известную покорность, однако они всегда получали быстрый и решительный отпор от рук его добровольного стража и верного защитника – Иакова, сына каменщика.

Иисус был признанным вожаком назаретских подростков, исповедовавших высшие идеалы своего времени и поколения. Его юные товарищи относились к нему с настоящей любовью – не только потому, что он был справедливым, но также благодаря его редкой отзывчивости, основанной на любви и сдержанном сострадании.

В этом году он стал явно тяготеть к обществу старших. Он любил обсуждать культурные, просветительские, общественные, экономические, политические и религиозные проблемы с более взрослыми людьми, причем глубина его рассуждений и острота наблюдений настолько покоряли его старших товарищей, что они всегда с удовольствием встречались с ним. До тех пор, пока он не взял на себя ответственность за обеспечение семьи, родители постоянно пытались привлечь его к обществу сверстников – или тех, кто был ближе к его возрасту, – вместо более старших и знающих людей, которым он отдавал такое предпочтение.

Позднее в этом же году в течение двух месяцев он рыбачил со своим дядей на Галилейском море и добился больших успехов. Он стал опытным рыбаком еще до того, как достиг зрелого возраста.

Иисус продолжал развиваться физически; он являлся одним из лучших и привилегированных учеников; он был в хороших отношениях с младшими братьями и сестрами, обладая преимуществом в возрасте, – Иисус был на три с половиной года старше следующего ребенка. Он пользовался хорошей репутацией в Назарете, не считая родителей некоторых наиболее нерадивых детей, которые часто говорили, что Иисус слишком дерзок и что ему не хватает должной скромности и юношеской сдержанности. Он обнаруживал растущую склонность направлять игры своих товарищей в более серьезное и разумное русло. Он был прирожденным учителем и просто не мог не вести себя как учитель, даже если он всего лишь участвовал в играх.

Иосиф рано начал знакомить Иисуса с различными видами заработка, объясняя преимущества земледелия перед ремеслами и торговлей. Галилея была более красивой и зажиточной страной, чем Иудея, и стоимость жизни составляла здесь лишь около четверти стоимости жизни в Иерусалиме и Иудее. Это была провинция сельскохозяйственных деревень и процветающих промышленных городов; здесь насчитывалось более двухсот городов с населением свыше пяти тысяч человек и тридцать городов более чем с пятнадцатитысячным населением.

К тому времени, когда Иисус впервые отправился со своим отцом на Галилейское море, чтобы познакомиться с рыболовным промыслом, он почти уже решил стать рыбаком. Однако лучше узнав ремесло отца, он впоследствии стал склоняться к профессии плотника, а еще позднее сочетание нескольких факторов позволило ему сделать окончательный выбор и стать религиозным учителем нового типа.

3. ОДИННАДЦАТЫЙ ГОД (5 ГОД Н. Э.)

В течение всего года мальчик продолжал совершать поездки вместе со своим отцом, но он часто посещал также ферму своего дяди и иногда отправлялся в

Магдалу, чтобы порыбачить с другим дядей, который обосновался неподалеку от города.

Иосиф и Мария часто испытывали искушение как-то особо выделить Иисуса или каким-либо иным образом обнаружить свое знание того, что он является заветным дитя, сыном предначертанной судьбы. Однако в этих вопросах оба родителя отличались чрезвычайной мудростью и прозорливостью. В тех редких случаях, когда они все-таки оказывали ему какое-то – пусть незначительное – предпочтение, юноша быстро отвергал любые знаки особого внимания.

Иисус проводил много времени в мастерской, которая обслуживала караваны; здесь, общаясь с путешественниками со всех концов света, он приобрел огромный и поразительный для своего возраста объем знаний о международных событиях. Это был последний год, когда он мог свободно предаваться играм и юношеским забавам. С тех пор жизнь этого юноши была связана со стремительным появлением новых трудностей и ростом ответственности.

Вечером в среду, 24 июня 5 года н. э., родился Иуда. Рождение этого седьмого ребенка прошло с осложнениями. В течение нескольких недель Мария находилась в таком тяжелом состоянии, что Иосиф оставался дома. Иисус был загружен поручениями отца и многочисленными обязанностями, вызванными серьезной болезнью матери. С тех пор он уже не считал для себя возможным вернуться к беспечности, присущей его более раннему возрасту. Со времени болезни матери – незадолго до того, как ему исполнилось одиннадцать лет, – он был вынужден взять на себя ответственность старшего сына, причем сделать это на один или два полных года раньше, чем это бремя должно было бы лечь на его плечи.

Каждую неделю хазан проводил один из вечеров с Иисусом, помогая ему осваивать священные книги иудеев. Он был чрезвычайно заинтересован в успехах своего многообещающего ученика и поэтому был готов всячески помогать ему. Еврейский педагог оказывал огромное влияние на этот крепнувший ум, однако для него оставалось полной загадкой, почему Иисус был столь равнодушен ко всем его предложениям относительно возможности переезда в Иерусалим для продолжения образования под началом ученых раввинов.

Примерно в середине мая Иосиф поехал вместе с Иисусом по делам в Скифополь – главный греческий город Декаполиса, иудейский город Беф-Сан. По дороге Иосиф рассказывал о многих событиях древней истории царя Саула, филистимлян и последующих событиях бурной истории Израиля. Чистота и стройная планировка этого так называемого языческого города произвели на Иисуса громадное впечатление. Его поразил открытый театр и восхитил прекрасный мраморный храм для поклонения «языческим» богам. Иосиф был глубоко встревожен восторгом юноши и пытался свести на нет эти благоприятные впечатления, превознося красоту и величие еврейского храма в Иерусалиме. Иисус часто с любопытством смотрел на этот великолепный греческий город с холма в Назарете и не раз расспрашивал о его огромных общественных сооружениях и богато украшенных зданиях, однако отец всегда стремился уклониться от ответов на эти вопросы. Теперь же они оказались лицом к лицу с красотой города иноверцев, и Иосиф не мог, не роняя собственного достоинства, оставить расспросы Иисуса без внимания.

Случилось так, что в это время в амфитеатре Скифополя проходили ежегодные соревнования и показательные выступления мастеров физической культуры греческих городов Декаполиса, и Иисус стал упрашивать отца, чтобы тот позволил ему посмотреть игры. Его просьба была столь настойчивой, что Иосиф не решился ответить отказом. Мальчик пришел в восторг от игр и проникся духом демонстрации физического развития и атлетизма. Иосиф был потрясен до глубины души, видя, как его сын восхищенно взирает на демонстрацию «языческого» тщеславия. Когда игры завершились, Иосиф был поражен, как никогда в своей жизни, после того как Иисус заявил ему о своем одобрительном отношении к играм и предположил, что если бы юноши Назарета могли предаваться здоровым физическим упражнениям на свежем воздухе, это пошло бы им на пользу. Иосиф долго и откровенно говорил с Иисусом о порочности таких действий, однако он прекрасно понимал, что мальчик остался при своем мнении.

В тот вечер, в комнате гостиницы, Иисус единственный раз увидел своего отца рассерженным на него: в ходе их разговора мальчик настолько забыл о некоторых особенностях еврейских представлений, что предложил, чтобы они отправились домой и организовали строительство амфитеатра в Назарете. Когда Иосиф услышал из уст своего первенца столь нееврейские мысли, он потерял свою обычную сдержанность и, схватив Иисуса за плечо, гневно воскликнул: «Чтобы я никогда больше не слышал от тебя, сын мой, столь греховных речей!» Иисус был поражен этим взрывом эмоций со стороны своего родителя. Никогда ранее не приходилось ему испытывать ту жгучую боль, которую вызвало негодование отца; он был несказанно изумлен и потрясен. В ответ он сказал лишь: «Хорошо, отец мой, пусть будет так». И никогда впредь мальчик ни одним словом не упоминал об играх и других атлетических упражнениях греков, пока был жив его отец.

Позднее Иисус увидел греческий амфитеатр в Иерусалиме и узнал, сколь ненавистными были такие вещи с еврейской точки зрения. Тем не менее, на протяжении всей своей жизни он стремился включать идею здорового отдыха в свои личные планы и, насколько позволял еврейский обычай, в программу регулярных занятий его двенадцати апостолов.

К концу одиннадцатого года Иисус представлял собой энергичного, хорошо развитого, в меру веселого и вполне беззаботного подростка. Однако, начиная с этого года, его всё чаще посещали характерные периоды глубокой задумчивости и серьезных размышлений. Он много думал над тем, ка́к исполнить обязательства по отношению к семье и одновременно следовать зову своей миссии в мире; он уже понял, что его миссия не ограничится улучшением положения еврейского народа.

4. ДВЕНАДЦАТЫЙ ГОД (6 ГОД Н. Э.)

Этот год в жизни Иисуса был полон событий. Он продолжал делать успехи в школе и неутомимо исследовал природу. Одновременно с этим он уделял всё больше внимания изучению методов, с помощью которых люди зарабатывали себе на жизнь. Он начал регулярно работать в домашней столярной мастерской и получил разрешение распоряжаться собственным заработком, что было большой редкостью в еврейской семье. В этом году он также научился молчать о подобных вещах за пределами семьи. Он начинал понимать, каким образом он служил источником неприятностей в своем городке, и впредь он становился всё более осмотрительным, скрывая всё, из-за чего его могли считать отличным от его товарищей.

В течение этого года он не раз переживал неуверенность, если не настоящие сомнения, относительно характера своей миссии. Естественно развивающийся человеческий разум еще не полностью осознал всю реальность его двуединой природы. Факт обладания единой личностью мешал его разуму осознать двоякое происхождение тех факторов, которые составляли его сущность, связанную с той же самой личностью.

С этого времени он стал лучше ладить с братьями и сестрами. Он становился всё более тактичным, всегда был участливым и внимательным к их благополучию и счастью и сохранял хорошие отношения с ними вплоть до начала своего общественного служения. Точнее, наилучшие отношения связывали его с Иаковом, Мириам и двумя младшими (в то время еще не родившимися) детьми – Амосом и Руфью. Он всегда ладил с Марфой. Источником домашних неприятностей были для него трения в отношениях с Иосифом и Иудой, в особенности с последним.

Взяться за воспитание этого беспрецедентного сочетания божественного и человеческого начал было нелегким испытанием для Иосифа и Марии; честь им и хвала за столь преданное и успешное выполнение своих родительских обязанностей. Родители Иисуса всё лучше осознавали, что в их старшем сыне присутствует нечто сверхчеловеческое, однако они и представить себе не могли, что это заветное дитя действительно и воистину является непосредственным создателем этой локальной вселенной вещей и существ. Иосиф и Мария жили и умерли, так и не узнав о том, что их сын Иисус на самом деле является Создателем Вселенной, воплотившимся в смертном.

В этом году Иисус более, чем когда-либо, уделял внимание музыке и продолжал обучать дома своих братьев и сестер. Примерно в то же время юноша начал остро осознавать различие во взглядах Иосифа и Марии на характер его миссии. Он много размышлял о расхождениях во взглядах своих родителей и часто слышал их беседы, когда они думали, что он уже давно спит. Он всё больше склонялся к мнению отца, поэтому его мать не могла не чувствовать себя уязвленной, видя, как ее сын постепенно отвергает ее руководство в вопросах, имевших отношение к его жизненному пути. И с течением лет пропасть непонимания увеличивалась. Всё меньше Мария была способна понять значение миссии Иисуса, и всё сильнее эта добрая мать переживала из-за того, что любимый сын не оправдывает ее сокровенных надежд.

Иосиф всё больше верил в духовный характер миссии Иисуса. И поэтому, уже не говоря о других и более важных причинах, представляется воистину печальным, что он не дожил до того времени, когда сбылось его представление о посвящении Иисуса на земле.

В течение своего последнего года учебы в школе Иисус, которому исполнилось двенадцать лет, убедил своего отца отказаться от еврейского обычая прикасаться к куску пергамента, прибитому к дверному косяку, при каждом входе и выходе из дома и целовать палец, коснувшийся пергамента. Этот обычай сопровождался словами: «Господь будет хранить нас в походах и возвращениях, отныне и вовек». Иосиф и Мария не раз объясняли Иисусу причины запрета на изваяния и рисунки, оправдывая это тем, что такие творения могут быть использованы в целях идолопоклонства. Хотя Иисус так и не смог понять их запретов на изваяния и рисунки, у него было очень хорошее представление о логике, вследствие чего он указал своему отцу на принципиально идолопоклоннический характер ритуального поклонения пергаменту на дверном косяке. После этого возражения Иисуса Иосиф снял пергамент.

Со временем Иисус сделал многое для того, чтобы изменить формы выражения их религиозных чувств – семейных молитв и других обычаев. Многие подобные вещи были возможны в Назарете, ибо назаретская синагога находилась под влиянием либеральной школы раввинов, примером для которой служил известный назаретский учитель Иос.

На протяжении этого года и двух последующих лет Иисус испытывал сильные душевные страдания из-за постоянных попыток совместить собственные взгляды на религиозные обычаи и нормы общественного поведения с укоренившимися верованиями своих родителей. Его смущало противоречие между стремлением быть верным своим собственным убеждениям и увещеваниями совести, требовавшей должного подчинения родителям; и величайшее противоречие заключалось в столкновении двух заповедей, имевших преобладающее значение для его юношеского разума. Первая гласила: «Следуй велениям твоих высших представлений об истине и праведности». В другой говорилось: «Почитай отца своего и мать свою, ибо они дали тебе жизнь и воспитали тебя». Тем не менее, Иисус никогда не уклонялся от ежедневной обязанности необходимого согласования верности собственным убеждениям и обязательств по отношению к своей семье, и он получал удовлетворение от всё более гармоничного объединения личных убеждений и семейного долга в искусное претворение идеи групповой солидарности, основанной на верности, справедливости, терпимости и любви.

5. ЕГО ТРИНАДЦАТЫЙ ГОД (7 ГОД Н. Э.)

В этом году завершилось детство назаретского подростка и начался период возмужания; ломка голоса, а также другие особенности его разума и тела свидетельствовали о приближении периода возмужания.

В воскресенье вечером, 9 января 7 года н. э., родился самый младший из его братьев, Амос. Иуде не было и двух лет, а маленькая Руфь еще не родилась; поэтому через год, после гибели его отца в результате несчастного случая, на плечах Иисуса осталась большая семья малолетних детей.

Примерно в середине февраля Иисус-человек обрел уверенность в том, что ему суждено выполнить на земле миссию, связанную с просвещением человека и раскрытием Бога. Судьбоносные решения, вместе с далеко идущими планами, созревали в сознании этого юноши, который внешне являлся обычным еврейским подростком из Назарета. Зачарованная и изумленная, разумная жизнь Небадона следила за тем, как всё это начало раскрываться в мыслях и действиях сына плотника, превратившегося теперь в юношу.

В первый день недели, 20 марта 7 года н. э., Иисус закончил курс обучения в местной школе при назаретской синагоге. Это был знаменательный день в жизни любой честолюбивой еврейской семьи – день, когда ее первенец провозглашался «сыном закона» и искупленным первенцем Господа Бога Израиля, «дитя Всевышнего» и слугой Господа всей земли.

На предыдущей неделе, в пятницу, Иосиф вернулся из Сепфориса, где он руководил строительством нового общественного здания, чтобы присутствовать на радостном событии. Учитель Иисуса твердо верил в то, что этого толкового и прилежного ученика ждут великие дела, важная миссия. Несмотря на все свои беспокойства из-за склонности Иисуса к инакомыслию, старейшины чрезвычайно гордились юношей и уже начали составлять планы, которые позволили бы ему отправиться в Иерусалим для продолжения образования в знаменитых иудейских академиях.

Слушая периодические обсуждения этих планов, Иисус всё больше укреплялся в мысли о том, что он никогда не поедет в Иерусалим для получения образования под началом раввинов. Но он и не подозревал о нависшей над ними трагедии, положившей конец всем подобным планам и заставившей взять на себя ответственность за обеспечение и руководство большой семьей, которая вскоре уже насчитывала пятерых братьев и трех сестер, мать и его самого. Иисус приобрел более обширный и продолжительный опыт содержания семьи, чем это выпало на долю Иосифа, его отца. И ему действительно была по силам задача, поставленная им впоследствии перед собой: стать мудрым, терпеливым, отзывчивым и умелым учителем и старшим братом для этой семьи – своей семьи, столь внезапно потрясенной горем и столь неожиданно осиротевшей.

6. ПОЕЗДКА В ИЕРУСАЛИМ

Достигнув порога зрелости и завершив образование в синагогальных школах, Иисус получил право отправиться в Иерусалим вместе с родителями для празднования своей первой Пасхи. В том году праздник Пасхи пришелся на субботу, 9 апреля 7 года н. э. Рано утром в понедельник, 4 апреля, большая группа жителей Назарета (103 человека) приготовилась отправиться в Иерусалим. Они двинулись на юг, в направлении Самарии, однако, достигнув Изреельской долины, повернули на восток и, обогнув гору Гелвуй, вышли к долине Иордана, дабы избежать прохождения через Самарию. Иосиф и его семья с удовольствием пошли бы через Самарию, минуя колодец Иакова и Вефиль, но ввиду того, что евреи предпочитали не иметь дел с самаритянами, они решили отправиться вместе со своими соседями через Иорданскую долину.

Внушавший страх Архелай был уже низложен, и они могли безбоязненно взять Иисуса с собой в Иерусалим. Прошло двенадцать лет после того, как первый Ирод пытался уничтожить вифлеемского младенца, и теперь уже никто бы не подумал связать тот случай с этим неизвестным юношей из Назарета.

Вскоре – еще до того, как они достигли Изреельского распутья, – по их левую руку осталось древнее селение Сунем, и Иисус в очередной раз услышал рассказ о прекраснейшей из девушек Израиля, которая некогда жила здесь, а также о чудесах, сотворенных здесь Елисеем. Проходя через Изреельскую долину, родители Иисуса вспоминали о деяниях Ахава и Иезавели и о подвигах Ииуя. Обходя гору Гелвуй, они много говорили о Сауле, который покончил с собой на склонах этой горы, о царе Давиде и о тех событиях, которые были связаны с этим историческим местом.

Огибая основание Гелвуя, паломники могли видеть справа греческий город Скифополь. Они глядели на мраморные строения, держась на расстоянии и не приближаясь к языческому городу, – в противном случае они осквернили бы себя настолько, что не смогли бы принять участие в предстоящих торжественных и священных церемониях Пасхи в Иерусалиме. Мария не могла понять, почему ни Иосиф, ни Иисус не хотели говорить о Скифополе. Она не знала об их прошлогодней размолвке, ибо они никогда не рассказывали ей об этом случае.

Начался спуск в тропическую Иорданскую долину, и вскоре восторженному взору Иисуса предстал извилистый, петляющий Иордан, несущий свои сверкающие и журчащие воды к Мертвому морю. Они сняли верхние одежды и продолжили путь на юг по этой тропической долине, любуясь роскошными хлебными полями и прекрасными олеандрами с их розовым цветением, а далеко на севере, величественно взирая на эту историческую долину, возвышалась покрытая тяжелой снежной шапкой гора Ермон. Они миновали Скифополь и спустя немногим более трех часов пути набрели на журчащий родник, где расположились на ночлег под звездным небом.

На второй день они прошли мимо того места, где Иавок впадает с востока в Иордан, и, глядя на восток, в долину этой реки, они вспоминали времена Гидеона, когда мадианитяне хлынули сюда, чтобы захватить эту страну. К концу второго дня они остановились у основания самой высокой горы, возвышавшейся над Иорданской долиной, – горы Сартаба; на ее вершине находилась Александрийская крепость, в которую Ирод заточил одну из своих жен и где он похоронил двух задушенных сыновей.

На третий день они миновали два селения, недавно построенные Иродом, отметив их великолепную архитектуру и прекрасные пальмовые сады. К ночи они добрались до Иерихона, где оставались до утра. В тот вечер Иосиф, Мария и Иисус прошли полторы мили до того места, где когда-то находился древний Иерихон и где, согласно еврейскому преданию, Иешуа – в честь которого был назван Иисус – совершил свои знаменитые подвиги.

К четвертому – последнему – дню пути дорога превратилась в сплошной поток паломников. Вскоре начался подъем на холмы, ведущие к Иерусалиму. С приближением к вершине их взгляду представали дальние горы, поднимавшиеся далеко за Иорданом, а на юге открывалась земля, лежавшая за стоячими водами Мертвого моря. На полпути к Иерусалиму Иисус впервые увидел Елеонскую гору (которой предстояло сыграть столь значительную роль в его последующей жизни), и Иосиф сказал ему, что Священный город лежит сразу же за этим гребнем. Сердце подростка сильно забилось в радостном ожидании скорой встречи с городом и домом его небесного Отца.

Они устроили привал на восточном склоне Елеонской горы, у небольшой деревушки под названием Вифания. Гостеприимные жители деревни всей гурьбой высыпали навстречу, чтобы услужить паломникам, и случилось так, что Иосиф и его семья остановились рядом с домом некоего Симона, у которого было трое детей в возрасте Иисуса – Мария, Марфа и Лазарь. Они пригласили назаретскую семью передохнуть в их доме, и так началась длившаяся всю жизнь дружба двух семей. Впоследствии Иисус не раз останавливался в этом доме в течение своей богатой событиями жизни.

Они устремились вперед и вскоре уже стояли на гребне Елеонской горы, и Иисус впервые (на своей памяти) увидел Священный город, пышные дворцы и вдохновляющий храм его Отца. За всю свою жизнь Иисус никогда не испытывал такого же чисто человеческого восторга, как тот, который охватил его в этот апрельский день на Елеонской горе, где он стоял, впервые упиваясь панорамой Иерусалима. Пройдет время, и он будет стоять на том же месте и оплакивать город, готовый отвергнуть еще одного пророка – последнего и величайшего из его небесных учителей.

Но они поспешили вперед, к Иерусалиму. Это было в четверг пополудни. Войдя в город, они миновали храм, и никогда еще Иисус не видел такого скопления людей. Он сосредоточенно думал о том, как эти евреи смогли прибыть сюда из самых дальних уголков известного мира.

Вскоре они достигли места, заранее подготовленного в качестве их пристанища на время Пасхальной недели. Это был большой дом состоятельного родственника Марии, знавшего от Захарии кое-что о начальном периоде жизни как Иоанна, так и Иисуса. На следующий день, день приготовлений, они подготовились к должному празднованию Пасхальной субботы.

Пока весь Иерусалим возбужденно готовился к Пасхе, Иосиф нашел время, чтобы показать своему сыну город и посетить академию, в которой тот должен был продолжить свое образование двумя годами позже, сразу же по достижении необходимого пятнадцатилетнего возраста. Иосиф недоумевал, заметив, сколь мало интересовали Иисуса все эти тщательно продуманные планы.

Храм, а также все связанные с ним службы и другая деятельность произвели на Иисуса глубокое впечатление. Впервые с тех пор, как ему исполнилось четыре года, он был слишком погружен в собственные мысли, чтобы засыпа́ть других вопросами. И всё-таки он (как и в предыдущих случаях) задал отцу несколько трудных вопросов о том, почему небесный Отец требовал убийства столь многих невинных и беззащитных животных. И, видя выражение лица мальчика, Иосиф прекрасно понимал, что предложенные ответы и попытки дать какое-то объяснение не удовлетворили его глубокомысленного и сообразительного сына.

Накануне Пасхальной субботы волны духовного озарения прокатились через смертный разум Иисуса и до предела наполнили его человеческое сердце жалостью к духовно слепым и морально невежественным толпам, собравшимся на празднование древней Пасхи. Это был один из самых удивительных дней, проведенных Божьим Сыном во плоти. И в течение этой ночи, впервые за всю смертную жизнь Иисуса, к нему явился направленный Иммануилом полномочный посланник с Салвингтона, который сказал: «Пробил час. Тебе пора заняться делом твоего Отца».

Так, еще до того, как на эти молодые плечи пал тяжкий груз ответственности за назаретскую семью, прибыл небесный посланник, чтобы напомнить этому юноше, которому еще не исполнилось тринадцати лет, о том, что настало время возобновить свои обязательства перед вселенной. Это явилось первым действием в длинном ряду событий, кульминацией которых стало завершение посвящения Сына на Урантии и возвращение «управления вселенной на его богочеловеческие плечи».

С течением времени тайна инкарнации становилась для всех нас всё более непостижимой. В нашем сознании не укладывался тот факт, что этот назаретский юноша является создателем всего Небадона. Так и сегодня мы не понимаем, каким образом дух того же самого Сына-Создателя и дух его Райского Отца соединяются с душами людей. Постепенно мы видели, как его человеческий разум всё лучше осознавал, что в то время, как он жил во плоти, в духе на нем лежала ответственность за свою вселенную.

Так завершается путь назаретского подростка и начинается рассказ о юноше, всё глубже осознающем себя богочеловеком, который уже начинает обдумывать свой путь в мире и пытается совместить раскрывающуюся цель своей жизни с желаниями родителей и обязательствами по отношению к своей семье и своим современникам.

ДОКУМЕНТ 125

ИИСУС В ИЕРУСАЛИМЕ

За всю насыщенную событиями земную жизнь Иисуса не было ни одного более увлекательного и по-человечески более волнующего случая, чем это первое на его памяти посещение Иерусалима. Особенно воодушевляющим стало для Иисуса самостоятельное участие в храмовых диспутах, что надолго сохранилось в его воспоминаниях как важное событие позднего детства и ранней юности. Впервые он получил возможность провести несколько дней, предоставленный самому себе, испытать восторг от возможности уходить и приходить куда и когда вздумается. В этот короткий период вольного существования в течение недели после Пасхи он впервые в жизни был полностью свободен от каких-либо обязанностей. И только через много лет ему предоставился такой же период свободы от всякого чувства ответственности – хотя бы на короткое время.

Женщины редко отправлялись на празднование Пасхи в Иерусалим; их присутствие не было обязательным. Однако Иисус фактически отказался идти без матери. И когда его мать решила присоединиться к ним, многие назаретские женщины пришли к такому же решению, вследствие чего в пасхальной группе оказалось наибольший процент женщин за всю историю паломничеств на Пасху из Назарета. По дороге в Иерусалим они то и дело распевали сто двадцать девятый Псалом.

На всём пути от Назарета до Елеонской горы радостное предчувствие не покидало Иисуса. В течение всего беззаботного детства он с благоговением слушал рассказы об Иерусалиме и его храме. Теперь же ему предстояло увидеть их в действительности. Внешний вид храма – с Елеонской горы и вблизи – отвечал его ожиданиям и даже превосходил их, но когда он впервые вошел в его священные врата, началось великое разочарование.

Вместе со своими родителями Иисус прошел через территорию храма, чтобы присоединиться к группе новых сынов закона, которым вскоре предстояло пройти обряд посвящения в граждане Израиля. Он был несколько разочарован поведением находившейся в храме толпы, однако первое сильное потрясение того дня случилось, когда его мать отделилась от них и направилась в галерею для женщин. Иисусу и в голову не приходило, что его мать не имеет права сопровождать его на церемонию посвящения, и он искренне негодовал из-за того, что она стала жертвой столь несправедливой дискриминации. Хотя это глубоко возмутило его, он смолчал, если не считать нескольких слов протеста, сказанных отцу. Однако он задумался, и задумался глубоко – как показали его вопросы, заданные книжникам и учителям неделю спустя.

Он прошел ритуалы посвящения, но был разочарован их поверхностным и рутинным характером. Иисусу не хватало атмосферы личной заинтересованности, столь характерной для обрядов в назаретской синагоге. Затем он вернулся, чтобы поприветствовать свою мать, и приготовился вместе с отцом совершить первый осмотр храма – его различных дворов, галерей и коридоров. Территория храма могла одновременно вместить свыше двухсот тысяч богомольцев, и хотя грандиозность этих строений по сравнению со всем виденным прежде поразила его воображение, еще больше он был озадачен размышлениями о духовном значении храмовых ритуалов и связанного с ними богослужения.

Хотя многие храмовые церемонии глубоко тронули Иисуса, чувствительного к красоте и символике, объяснения действительного смысла этих обрядов, предлагаемые его родителями в ответ на его многочисленные и пытливые расспросы, приносили ему одни разочарования. Иисус ни за что не хотел принимать объяснений поклонения и религиозного рвения, подразумевавших веру в гнев Божий или ярость Всемогущего. В ходе дальнейшего обсуждения этих вопросов, когда отец стал мягко настаивать на том, чтобы Иисус признал ортодоксальные еврейские догмы, тот внезапно повернулся к своим родителям и, глядя с мольбой отцу в глаза, сказал: «Отец мой, это не может быть правдой – Отец небесный не может так относиться к своим заблудшим земным детям. Небесный Отец не может любить своих детей меньше, чем ты любишь меня. И я хорошо знаю, что сколь бы неблагоразумными ни были мои поступки, ты никогда не излил бы на меня свой гнев и не дал бы выхода своему раздражению. Если ты, мой земной отец, по-человечески столь напоминаешь Божественного, насколько же больше должен быть исполнен благости и преисполнен милосердия небесный Отец. Я отказываюсь поверить в то, что мой небесный Отец любит меня меньше, чем мой земной отец».

Услышав эти слова своего первенца, Иосиф и Мария смолкли. И никогда впредь не пытались они изменить его представления о любви Бога и милосердии небесного Отца.

1. ИИСУС ОСМАТРИВАЕТ ХРАМ

Куда бы ни попадал Иисус, проходя через дворы храма, везде он сталкивался с шокирующим, отвратительным духом непочтительности. Он считал, что поведение находившихся в храме толп было несовместимым с присутствием в «доме его Отца». Однако величайшим потрясением его молодой жизни стало посещение двора язычников, куда он попал в сопровождении отца и где крикливый говор, шум и ругань сливались с блеянием овец и невнятным шумом, выдававшим присутствие менял, а также торговцев жертвенными животными и всевозможными другими ходовыми товарами.

Но больше всего его чувство приличия было оскорблено видом фривольных куртизанок, разгуливавших по территории храма, – таких же накрашенных женщин, каких лишь недавно он видел при посещении Сепфориса. Эта профанация храма всколыхнула всё его юношеское негодование, и он тут же излил свое возмущение Иосифу.

Иисус восхищался атмосферой и богослужением в храме, но он был потрясен духовным убожеством, написанным на лицах столь многих бездумных богомольцев.

Они перешли во двор священников, который располагался под скальным выступом, находившимся перед храмом. Здесь стоял жертвенник, и они увидели, как священники-резники целыми гуртами забивали животных, смывая кровь со своих рук в бронзовом фонтане. Запятнанный кровью мозаичный пол, окровавленные руки священников и крики умирающих животных – всё это было больше того, что мог вынести любящий природу юноша. Увидев это жуткое и отвратительное зрелище, назаретский мальчик схватил своего отца за руку и взмолился, чтобы его увели прочь. Они прошли через двор язычников, где даже грубый смех и богохульные шутки были облегчением после только что увиденного.

Иосиф заметил, какое отвращение вызвало у его сына зрелище храмовых ритуалов, и благоразумно решил показать ему «красные ворота» – мастерски выполненные ворота из коринфской бронзы. Однако Иисусу уже хватило впечатлений для первого посещения храма. Они вернулись на верхний двор, чтобы забрать Марию, и в течение часа гуляли на свежем воздухе, вдали от толпы, осматривая дворец Хасмонеев – величественный дом Ирода – и башню римских стражников. Во время этой прогулки Иосиф объяснил Иисусу, что только жители Иерусалима имеют право присутствовать при ежедневных жертвоприношениях в храме и что галилеяне прибывают сюда для участия в храмовом богослужении только три раза в году: на Пасху, в праздник Пятидесятницы (через семь недель после Пасхи) и на праздник кущей в октябре. Эти празднования были введены Моисеем. Затем они обсудили два праздника, учрежденных в более позднее время, – праздник обновления и Пурим. После этого они отправились к себе и приготовились к празднованию Пасхи.

2. ИИСУС И ПАСХА

Пять назаретских семей получили приглашение отпраздновать Пасху вместе с семьей Симона из Вифании, который купил для всей компании пасхального ягненка. Именно массовое заклание этих ягнят оказало столь сильное воздействие на Иисуса во время посещения храма. Первоначально они собирались разделить пасхальную трапезу с родственниками Марии, но Иисус уговорил своих родителей принять приглашение посетить Вифанию.

В тот вечер, собравшись для исполнения пасхальных ритуалов, они ели жареное мясо с пресным хлебом и горькими приправами. Так как Иисус являлся новым сыном завета, его попросили рассказать о происхождении Пасхи, с чем он хорошо справился. Однако он немного смутил своих родителей, поскольку вставил в свой рассказ многочисленные замечания, которые в мягкой форме отражали впечатления от недавно увиденного и услышанного, поразившие его юный, но глубокий разум. Это было началом семидневных церемоний празднования Пасхи.

Уже тогда Иисус стал задумываться о возможности празднования Пасхи без закланного ягненка, хотя он ничего не говорил об этом своим родителям. В глубине души он был уверен в том, что зрелище жертвоприношений неугодно небесному Отцу, и с течением лет он всё больше укреплялся в решении ввести когда-нибудь празднование бескровной Пасхи.

В ту ночь Иисус почти не спал, измученный кошмарными сновидениями убийств и страданий. Противоречия и нелепости теологии, присущие всей системе еврейских ритуалов, приводили в смятение его сознание и разрывали его сердце. Не спалось и его родителям. События минувшего дня чрезвычайно смутили их. Их души были глубоко опечалены отношением мальчика, казавшимся странным и непреклонным. В начале ночи Мария пришла в состояние нервного возбуждения, однако Иосиф сохранял спокойствие, хотя и он был не менее озадачен. Оба они боялись откровенно говорить об этих проблемах с мальчиком, хотя Иисус с радостью поговорил бы со своими родителями, если бы они решились помочь ему начать такой разговор.

Богослужения, проходившие в храме на следующий день, были более приемлемы для Иисуса и во многом смягчили неприятные впечатления от первого дня. На другой день утром Иисус перешел на попечение молодого Лазаря, вместе с которым он приступил к планомерному изучению Иерусалима и его окрестностей. До конца дня Иисус побывал в различных местах на территории храма, где выступали учителя и отвечали на вопросы собравшихся. И за исключением нескольких посещений святого святых – подивиться на то, что́ же в действительности скрывалось за завесой, – бо́льшую часть своего времени он провел на этих диспутах.

В течение всей пасхальной недели Иисус оставался среди новых сынов закона, а это означало, что его место было за оградой, отделявшей всех тех, кто не являлся полноправным гражданином Израиля. Это заставляло его помнить о своей молодости и не задавать всех тех вопросов, которые не давали ему покоя. По крайней мере, он сохранял свою сдержанность до тех пор, пока не завершились празднования Пасхи и не были сняты ограничения с юношей, прошедших обряд посвящения.

В среду на пасхальной неделе Иисусу позволили отправиться вместе с Лазарем на ночь в Вифанию. В тот вечер Лазарь, Марфа и Мария слушали, как Иисус говорил о вещах бренных и вечных, человеческих и божественных, и с тех пор все трое полюбили его, как родного брата.

В последние дни недели Иисус реже встречался с Лазарем, который не обладал правом допуска даже во внешний круг на храмовых диспутах, хотя и побывал на некоторых публичных беседах, проведенных во внешних дворах. Лазарь был сверстником Иисуса, однако в Иерусалиме юношей редко допускали к посвящению в сыны закона, пока им не исполнялось полных тринадцати лет.

Вновь и вновь в течение пасхальной недели родители Иисуса находили его сидящим в одиночестве, обхватившим молодую голову руками и погруженным в глубокое раздумье. Они никогда не видели его таким, и не ведая, сколь смущено было его сознание и сколь потревожен его дух тем, что́ он переживал, пребывали в крайнем недоумении и не знали, что делать. Они радовались близкому окончанию пасхальной недели и мечтали благополучно вернуться в Назарет со своим странно ведущим себя сыном.

День за днем Иисус думал над своими проблемами. К концу недели многое стало ему яснее. Однако когда подошло время возвращаться в Назарет, его юношеское сознание всё еще беспокоили многочисленные дилеммы, терзали многие вопросы и проблемы, не находившие ответов и решений.

Перед тем, как покинуть Иерусалим, Иосиф и Мария вместе с назаретским учителем их сына окончательно условились о том, чтобы по исполнении Иисусу пятнадцати лет он смог вернуться сюда и приступить к длительному курсу обучения в одной из самых известных академий раввинов. Иисус сопровождал своих родителей и учителя при посещении этого учебного заведения, но все они были обескуражены его, как казалось, полным безразличием к тому, что́ они говорили и делали. Реакции Иисуса на посещение Иерусалима причинили Марии острую боль, а Иосиф был крайне смущен странными замечаниями юноши и его необычным поведением.

Как бы то ни было, пасхальная неделя стала огромным событием в жизни Иисуса. Он получил возможность познакомиться с десятками мальчиков своего возраста, таких же, как он, кандидатов на посвящение, и он воспользовался этим общением для того, чтобы узнать о жизни людей в Месопотамии, Туркестане и Парфии, равно как и в западных римских провинциях. Он уже довольно хорошо знал условия, в которых росли молодые люди в Египте и соседних с Палестиной районах. В то время в Иерусалиме находились тысячи юношей, и назаретский подросток лично повстречался и более или менее основательно расспросил свыше ста пятидесяти из них. Особенно его интересовали те, кто прибыл из далеких восточных и западных стран. В результате этого общения у мальчика появилось желание отправиться в путешествие по миру, чтобы узнать, каким трудом зарабатывают себе на жизнь различные группы его человеческих собратьев.

3. ИОСИФ И МАРИЯ ПОКИДАЮТ ИЕРУСАЛИМ

Назаретские паломники договорились собраться у храма к середине первой половины дня в первый день недели после празднования Пасхи. Так они и сделали, после чего отправились в обратный путь в Назарет. Пока родители ждали прибытия остальных паломников, Иисус отправился в храм, чтобы послушать дебаты. Вскоре все уже были в сборе, причем мужчины и женщины шли отдельными группами, как было принято при паломничествах в Иерусалим для участия в празднествах. Иисус прибыл в Иерусалим в обществе своей матери и других женщин. Теперь же, будучи юношей, прошедшим обряд посвящения, он должен был возвращаться в Назарет в обществе своего отца и других мужчин. Однако, когда назаретская группа отправилась в Вифанию, Иисус был настолько увлечен обсуждением ангелов в храме, что совершенно не заметил, как пропустил время, когда нужно было отправляться домой с родителями. И только во время полуденного перерыва в храмовых собраниях он понял, что отстал от остальных.

Назаретские паломники не хватились Иисуса, так как Мария считала, что он идет вместе с мужчинами, а Иосиф полагал, что он находится в группе женщин, ибо в Иерусалим он прибыл вместе с женщинами, ведя осла, на котором ехала Мария. Они обнаружили его отсутствие лишь после того, как добрались до Иерихона и приготовились остаться здесь на ночь. Расспросив последнего члена группы, достигшего Иерихона, и узнав, что никто не видел их сына, они провели бессонную ночь, вспоминая многие из его необычных реакций на события пасхальной недели, теряясь в догадках, что́ могло с ним случиться, и мягко укоряя друг друга за то, что не убедились в его присутствии в своей группе перед тем, как покинуть Иерусалим.

4. ПЕРВЫЙ И ВТОРОЙ ДНИ В ХРАМЕ

Между тем Иисус оставался в храме в течение всей второй половины дня, слушая диспуты и радуясь более спокойной и благопристойной атмосфере, которая воцарилась после того, как схлынули огромные толпы пасхальных паломников. По окончании послеполуденных диспутов – ни в одном из которых Иисус не принимал участия – он отправился в Вифанию и прибыл туда как раз в то время, когда семья Симона собиралась приступить к ужину. Трое подростков были счастливы видеть Иисуса, и он остался у Симона на ночь. В тот вечер он почти не общался с другими и бо́льшую часть времени провел в саду, размышляя в одиночестве.

Ранним утром следующего дня Иисус уже направлялся в храм. Он остановился на гребне Елеонской горы и заплакал над тем, что предстало его взору, – духовно обедненным народом, скованным традицией и живущим под надзором римских легионов. С утра он уже был в храме, готовый принять участие в диспутах. Между тем Иосиф и Мария также поднялись засветло с намерением вернуться в Иерусалим. Первым делом они поспешили в дом своих родственников, где располагались всей семьей в течение пасхальной недели, однако в результате их расспросов выяснилось, что никто не видел Иисуса. Тщетно проискав его весь день, они вернулись к родственникам на ночь.

На втором собрании Иисус, осмелев, начал задавать вопросы, и то, каким образом он принимал участие в храмовых дискуссиях, сохраняя тон, подобающий его юному возрасту, поразило присутствующих. Порой острые вопросы Иисуса несколько смущали образованных учителей еврейского закона, но его речи были исполнены такой искренности и непредвзятости, а его жажда знаний была столь явной, что большинство храмовых учителей отнеслись к нему со всем уважением. Но когда он позволил себе усомниться в справедливости казни пьяного язычника, который бродил за пределами отведенного для язычников двора и нечаянно попал на запретную и, как считалось, священную территорию храма, один из наиболее нетерпеливых учителей, почувствовав в словах Иисуса скрытую критику, не выдержал и с недовольным видом осведомился у юноши, сколько ему лет. Иисус ответил: «Тринадцать лет без четырех месяцев и нескольких дней». «В таком случае, – возразил, теперь уже в гневе, учитель, – как ты можешь здесь находиться, не достигнув возраста сына закона?» И когда Иисус объяснил, что он прошел обряд посвящения во время Пасхи и является выпускником назаретских школ, то учителя в один голос насмешливо воскликнули: «Как же мы не догадались, что он из Назарета!» Однако, по убеждению ведущего диспут учителя, Иисус не был повинен в том, что начальники назаретской синагоги позволили ему закончить курс, хотя формально ему было только двенадцать, а не тринадцать лет; и несмотря на то что некоторые из его хулителей встали и ушли, было решено, что юношу следует оставить в покое и что он может и дальше присутствовать в качестве ученика на храмовых диспутах.

Когда закончился этот день – его второй день в храме, – он снова отправился на ночь в Вифанию. И вновь он вышел в сад, чтобы предаться размышлениям и молитвам. Было видно, что он задумался над трудноразрешимыми проблемами.

5. ТРЕТИЙ ДЕНЬ В ХРАМЕ

Третий день, проведенный Иисусом с книжниками и учителями в храме, собрал толпу людей, прослышавших о галилейском юноше и пришедших поглазеть на мальчика, который ставит в тупик мудрецов, знатоков закона. Симон также пришел из Вифании, чтобы выяснить, что́ задумал Иисус. В течение всего этого дня Иосиф и Мария продолжали в тревоге искать своего сына и несколько раз даже приходили в храм, однако они ни разу не догадались проверить, не было ли его среди участников дискуссионных групп, хотя в одном случае, окажись они ближе, они смогли бы услышать его мелодичный голос.

К концу дня всё внимание основной дискуссионной группы храма было приковано к вопросам Иисуса. Среди многих заданных им вопросов были следующие:

1. Что в действительности находится в святая святых, за завесой?

2. Почему матери Израиля должны находиться отдельно от молящихся в храме мужчин?

3. Если Бог является отцом, любящим своих детей, к чему всё это заклание животных для снискания божественной милости – быть может, учение Моисея понято неправильно?

4. Если храм посвящен поклонению небесному Отцу, то можно ли позволять присутствовать здесь мирским менялам и торговцам?

5. Должен ли ожидаемый Мессия стать мирским князем на троне Давида – или же он должен стать светом жизни при установлении духовного царства?

На протяжении всего дня слушающие дивились этим вопросам, и ни один человек не был поражен больше, чем Симон. Свыше четырех часов этот назаретский юноша засыпа́л еврейских учителей своими вопросами – вопросами, которые заставляли слушающих задуматься, прислушаться к голосу своего сердца. Он почти не комментировал замечания старших, излагая свое учение в форме вопросов.

Искусно и тонко формулируя свои вопросы, он одновременно подвергал сомнению их учение и предлагал свое. В том, ка́к он их задавал, было привлекающее сочетание мудрости и юмора, подкупавшее даже тех, кто в большей или меньшей степени возмущался его молодостью. Задавая свои острые вопросы, он всегда был предельно честным и тактичным. В тот знаменательный день в храме он проявил такое же нежелание использовать свое преимущество перед оппонентами, которое отличало всё его последующее общественное служение. В юношеском, а позднее в зрелом возрасте он казался начисто лишенным всякого эгоистического желания выиграть спор только для того, чтобы испытать триумф своей логики над логикой товарищей, ибо превыше всего для него было только одно: провозглашение вечной истины и, таким образом, осуществление более полного раскрытия вечного Бога.

Когда день подошел к концу, Иисус и Симон отправились назад в Вифанию. Бо́льшую часть пути и мужчина, и мальчик хранили молчание. Иисус вновь задержался на гребне Елеонской горы, но на этот раз, смотря на город и его храм, он не заплакал, а только склонил голову в безмолвной молитве.

После ужина в Вифании он вновь отказался присоединиться к общему веселью и вместо этого вышел в сад, где бродил до поздней ночи, тщетно пытаясь составить какой-нибудь определенный план, который позволил бы приступить к делу его жизни и решить, что́ следует предпринять для того, чтобы как можно лучше раскрыть своим духовно слепым соотечественникам более совершенное представление о небесном Отце и освободить их от ужасной кабалы закона, ритуалов, обрядов и косных традиций. Однако озарение не приходило к этому ищущему истину подростку.

6. ЧЕТВЕРТЫЙ ДЕНЬ В ХРАМЕ

Было странным, что Иисус не думал о своих земных родителях; даже за завтраком, когда мать Лазаря заметила, что его родители, наверное, уже дома, Иисус, казалось, не понял, что они могут волноваться из-за того, что он отстал от остальных.

Он вновь отправился в храм, но на этот раз он не остановился, чтобы предаться размышлениям на гребне Елеонской горы. В течение утренних диспутов много внимания было уделено закону и пророкам, и учителя были потрясены тем, что Иисус так хорошо знает Писания, – как на иврите, так и по-гречески. Однако они были изумлены не столько его знанием истины, сколько его молодостью.

На послеполуденном собрании они едва приступили к ответу на его вопрос о назначении молитвы, как руководитель пригласил юношу выйти вперед. Усевшись подле Иисуса, он попросил его изложить собственные взгляды на молитву и поклонение.

Накануне вечером родители Иисуса услышали о необычном юноше, который столь искусно спорил с толкователями закона, но им не пришло в голову, что этим юношей был их сын. Они почти уже решили покинуть город и отправиться к Захарии, ибо предположили, что Иисус мог пойти туда, чтобы повидаться с Елисаветой и Иоанном. Полагая, что Захария может быть в храме, они задержались здесь по пути в город Иудин. Представьте себе их удивление и изумление, когда, проходя через дворы храма, они узнали голос пропавшего мальчика и увидели его сидящим среди учителей храма.

Иосиф молчал, но Мария дала волю накопившемуся страху и волнению и, бросившись к мальчику, вставшему, чтобы поприветствовать своих изумленных родителей, сказала: «Дитя мое, зачем ты так поступаешь с нами? Уже более трех дней, как твой отец и я ищем тебя, горюя. Что заставило тебя покинуть нас?» В воздухе повисло напряжение. Все смотрели на Иисуса, ожидая его ответа. Отец взглянул на него укоризненно, но ничего не сказал.

Не следует забывать, что Иисус считался молодым человеком. Он закончил обычный для ребенка курс обучения, был признан сыном закона и прошел обряд посвящения в граждане Израиля. И тем не менее, его мать не в самой мягкой форме упрекнула его перед всеми собравшимися людьми в самый разгар наиболее серьезного и возвышенного свершения его молодой жизни, бесславно оборвав одну из величайших когда-либо предоставленных ему возможностей проявить себя в качестве учителя истины, проповедника праведности, раскрывающего любвеобильный характер его небесного Отца.

Однако мальчик оказался на высоте положения. Если вы по справедливости оцените все обстоятельства, из которых складывалась эта ситуация, то вы сможете лучше понять мудрость сказанного им в ответ на неумышленное порицание своей матери. Задумавшись на мгновение, Иисус ответил: «Зачем же вы так долго искали меня? Разве вы не ожидали найти меня здесь, в доме моего Отца, ибо настало время, когда я должен приступить к делу моего Отца?»

Его манера говорить поразила всех присутствовавших. Они молча разошлись, оставив его наедине с родителями. Вскоре юноша преодолел смущение, охватившее всех троих, спокойно произнеся: «Пойдемте, мои родители; каждый сделал то, что считал лучшим. Наш небесный Отец предопределил всё это; отправимся же домой».

В молчании они отправились в путь и к ночи прибыли в Иерихон. Только раз они остановились, и это произошло на гребне Елеонской горы, когда юноша поднял свой посох и, дрожа от головы до пят от нахлынувшего чувства, произнес: «О, Иерусалим, Иерусалим, о, жители твои! Какие же вы рабы – вы, несущие римское ярмо и являющиеся жертвой собственных традиций! Но я вернусь, чтобы очистить этот храм и освободить мой народ от кабалы!».

В течение трех дней пути в Назарет Иисус был немногословен. В его присутствии родители тоже в основном молчали. Они действительно никак не могли понять поведение своего первенца. С другой стороны, в глубине души они высоко ценили его высказывания, хотя и не могли постигнуть всего их смысла.

Прибыв домой, Иисус обратился к родителям с кратким заявлением, заверив их в своей любви и дав понять, что им не придется когда-либо снова переживать из-за его поведения. Он завершил свое торжественное обращение словами: «Хотя я должен выполнять волю моего небесного Отца, я буду также послушен моему земному отцу. Я буду ждать своего часа».

Несмотря на то что в глубине души Иисус неоднократно отказывался *согласиться* с благонамеренными, но ошибочными попытками своих родителей заставить его определенным образом думать или решать за него, в чём должна состоять его будущая деятельность на земле, тем не менее, во всём, что не противоречило преданному исполнению воли его Райского Отца, он с предельным благоволением *приспосабливался* к желаниям своего земного отца и обычаям своей семьи во плоти. Даже тогда, когда он не мог согласиться, он делал всё возможное, чтобы приспособиться. Он умел мастерски согласовывать преданность своему долгу с одной стороны и необходимость исполнять свои обязательства перед семьей и общественным служением – с другой.

Иосиф был озадачен, однако Мария, размышляя о недавних событиях, утешилась и в итоге усмотрела в его словах, произнесенных на Елеонской горе, предсказание мессианского подвига своего сына как освободителя Израиля. С удвоенной энергией она принялась формировать его сознание в патриотическом и националистическом духе и заручилась поддержкой своего брата, любимого дяди Иисуса. Все свои силы мать Иисуса направила на подготовку своего первенца к роли вождя тех, кому будет суждено восстановить трон Давида и навсегда сбросить ярмо политического ига язычников.

ДОКУМЕНТ 126

ДВА РЕШАЮЩИХ ГОДА

За всю земную жизнь Иисуса самыми решающими были четырнадцатый и пятнадцатый годы. Эти два года – с того времени, как он начал осознавать свою божественность и свое предназначение, и до того времени, как он достиг высокой степени общения с внутренним Настройщиком, – были самыми трудными за всю его богатую событиями жизнь на Урантии. Именно этот двухгодичный этап следует называть великим испытанием, действительным искушением. Ни один юноша, вступивший в период первых противоречий и адаптационных трудностей отрочества, никогда не подвергался более решающему испытанию, чем то, через которое прошел Иисус при переходе от детства к началу зрелости.

Этот важный период в юношеском развитии Иисуса начался после посещения Иерусалима и возвращения в Назарет. Поначалу Мария была счастлива, думая о том, что ее мальчик снова рядом с ней, что Иисус вернулся домой, чтобы быть послушным сыном – а другим он никогда и не был, – и что с этих пор он станет более отзывчивым к ее планам относительно его будущей жизни. Однако купание в лучах материнских иллюзий и безотчетной семейной гордости было недолгим. Очень скоро ее ждало еще большее разочарование. Мальчик всё чаще проводил время в обществе своего отца. Он всё реже и реже делился с нею своими проблемами, и оба родителя всё меньше были способны понять его частое чередование земных дел и размышлений о своей связи с делом его Отца. Откровенно говоря, они не понимали его, хотя по-настоящему его любили.

С возрастом сочувствие и любовь Иисуса к еврейскому народу усиливались, но постепенно в его сознании начало расти праведное негодование из-за присутствия в храме Отца священников, назначенных по политическим мотивам. Иисус относился с огромным уважением к искренним фарисеям и честным книжникам, однако он глубоко презирал лицемерных фарисеев и нечестных теологов: неискренние религиозные вожди вызывали у него только чувство глубокого презрения. Глядя на вождей Израиля, он порой испытывал искушение согласиться с ролью того Мессии, которого ждали евреи, но он ни разу не поддался такому соблазну.

Рассказ о его подвигах среди мудрецов храма порадовал весь Назарет, особенно его бывших учителей в синагогальной школе. В течение какого-то времени все в один голос хвалили его. Всё село вспоминало о том, что еще ребенком он отличался мудростью и похвальным поведением, и прочило ему будущее великого израильского вождя; наконец-то из галилейского Назарета выйдет поистине великий учитель. И все они с нетерпением ждали того времени, когда ему исполнится пятнадцать лет и он получит разрешение по субботам читать в синагоге Писания.

1. ЕГО ЧЕТЫРНАДЦАТЫЙ ГОД (8 ГОД Н. Э.)

Наступил календарный год его четырнадцатилетия. Иисус стал хорошим изготовителем хомутов и успешно работал как с парусиной, так и с кожей. Он также быстро превращался в опытного плотника и столяра. В то лето он часто поднимался на вершину холма, находившегося к северо-западу от Назарета, чтобы предаться молитвам и размышлениям. Постепенно он начинал всё лучше осознавать характер своего посвящения на земле.

Прошло немногим более ста лет с того времени, когда этот холм являлся «капищем Ваала». Теперь же здесь находилась гробница Симеона, известного израильского святого. С вершины этого холма Симеона Иисус взирал на Назарет и окружавшие его земли. Смотря на Мегиддо, он вспоминал предание о египетской армии, одержавшей здесь свою первую в Азии крупную победу, и о том, как позднее другая такая армия разбила царя Иудеи Иосию. Неподалеку виднелся Таанак, где Девора и Варак разгромили Сисару. Вдалеке были видны и холмы Дотана, где, как его учили, Иосиф был продан своими братьями в египетское рабство. Он устремлял свой взгляд на Евал и Гаризим, повторяя про себя предания об Аврааме, Иакове и Авимелехе. Так он воскрешал и перебирал в памяти исторические события и предания народа, к которому принадлежал его отец Иосиф.

Он по-прежнему углубленно занимался чтением под началом учителей синагоги. Он также продолжал заниматься домашним образованием своих братьев и сестер по мере того, как они достигали соответствующего возраста.

В начале этого года Иосиф устроил свои дела так, чтобы откладывать доход, который приносила собственность в Назарете и Капернауме, для оплаты длительного курса обучения Иисуса в Иерусалиме, ибо предполагалось, что в августе следующего года – после того как ему исполнится пятнадцать лет – он отправится в Иерусалим.

К началу этого года как Иосифа, так и Марию стали одолевать частые сомнения относительно судьбы своего первенца. Он действительно был прекрасным и милым ребенком, однако его было так трудно понять, так сложно постичь; к тому же, с ним не происходило чего-либо исключительного или сверхъестественного. Десятки раз его гордая мать стояла, затаив дыхание, и ждала, что ее сын совершит какое-нибудь сверхчеловеческое или чудотворное действо, но всякий раз ее ждало горькое разочарование. Все это обескураживало ее и приводило в уныние. В то время набожные люди искренне верили, что пророки и божьи люди всегда обнаруживают свое призвание и провозглашают свою божественную власть, творя волшебства и совершая чудеса. Однако Иисус ничего этого не делал; поэтому недоумение его родителей, размышлявших над его будущим, постоянно усиливалось.

Многие признаки свидетельствовали об улучшении экономического положения назаретской семьи. Особенно ярким тому свидетельством было увеличение количества гладких белых дощечек, которые использовались в качестве грифельных досок для письма углем. Кроме того, Иисусу было позволено снова брать уроки музыки; он очень любил играть на арфе.

В отношении всего этого года можно сказать, что Иисус поистине «преуспевал в любви у людей и Бога». Перспективы семьи были хорошими; будущее представлялось безоблачным.

2. СМЕРТЬ ИОСИФА

Всё действительно шло хорошо вплоть до того рокового дня – вторника 25 сентября, когда гонец из Сепфориса принес в назаретскую семью трагическую весть: во время работы на строительстве резиденции для правителя Иосиф был тяжело ранен рухнувшим подъемником. На пути к дому Иосифа гонец из Сепфориса задержался в мастерской, чтобы сообщить Иисусу о несчастье, случившемся с его отцом, и они вместе пошли к дому, чтобы известить Марию о печальном событии. Иисус хотел сразу же отправиться к отцу, но Мария и слышать ничего не хотела: она должна была сама поспешить к мужу. Она велела Иакову, которому в то время было десять лет, сопровождать ее в Сепфорис, а Иисусу оставаться с младшими детьми до ее возвращения, ибо она не знала, насколько серьезным было ранение Иосифа. Однако еще до прибытия Марии Иосиф скончался от полученных ран. Он был перевезен в Назарет и на следующий день похоронен рядом со своими предками.

Казалось, что именно в тот момент, когда появились хорошие перспективы и будущее представлялось в радужном свете, злой рок поразил главу этого назаретского семейства. Дела семьи расстроились, и все планы в отношении Иисуса и его будущего образования рухнули. Этот юноша-плотник, которому недавно исполнилось всего четырнадцать лет, осознал, что ему предстоит не только выполнить поручение своего небесного Отца и раскрыть божественную сущность на земле и во плоти, но что его молодой человеческой сущности придется взять на себя также заботу об овдовевшей матери и семи братьях и сестрах, равно как и о том ребенке, которому еще только предстояло родиться. Этот назаретский подросток стал единственной опорой и утешением столь внезапно осиротевшей семьи. Так было позволено произойти тем естественным для Урантии событиям, которые не могли не заставить этого юношу предначертанной судьбы столь рано взвалить на себя тяжелую, но имеющую огромное воспитательное и дисциплинирующее значение ответственность, появившуюся после того как он стал главой земной семьи – отцом для своих собственных братьев и сестер, опорой и защитой для своей матери, хранителем семьи своего отца, – единственной семьи, которую ему было суждено познать в этом мире.

Иисус с готовностью принял обязанности, которые так внезапно обрушились на него, и добросовестно исполнял их до конца. Во всяком случае, одна огромная проблема, грозившая осложнить его жизнь, получила трагическое разрешение – теперь ему не нужно было отправляться в Иерусалим, чтобы учиться у раввинов. Иисус поистине никогда «не был ничьим последователем». Он всегда был готов учиться даже у последнего ребенка, однако его полномочия проповедника истины никогда не исходили от людей.

Он по-прежнему ничего не знал о явлении Гавриила его матери до своего рождения. Он узнал об этом только от Иоанна в день своего крещения в начале общественного служения.

С течением времени этот молодой назаретский плотник всё чаще оценивал каждый общественный институт и каждый религиозный обычай одним и тем же мерилом: какую пользу они приносят человеческой душе? Приближают ли они Бога к человеку? Приближают ли они человека к Богу? Хотя этот юноша не отвергал полностью таких сторон жизни, как развлечение и общение, всё бóльшую часть своего времени и сил он уделял только двум целям: заботе о семье и подготовке к исполнению воли своего небесного Отца на земле.

В тот год соседи стали регулярно захаживать зимними вечерами, чтобы послушать игру Иисуса на арфе, услышать его рассказы (ибо юноша был прекрасным рассказчиком) и послушать, как он читает священные книги по-гречески.

Материальное положение семьи оставалось весьма благополучным, ибо на момент смерти Иосифа они располагали довольно крупной суммой денег. Уже в молодые годы Иисус обнаружил острый деловой ум и финансовую прозорливость. Он был великодушным, но бережливым; он был экономным, но щедрым. Он оказался мудрым и умелым управляющим состоянием своего отца.

Однако, несмотря на все старания Иисуса и соседей по Назарету, пытавшихся утешить семью, Мария и дети были охвачены скорбью. Иосифа не стало. Иосиф был необыкновенным мужем и отцом, и им всем не хватало его. И всё это казалось еще более трагичным при мысли о том, что он умер прежде, чем они успели поговорить с ним или услышать его прощальное благословение.

3. ПЯТНАДЦАТЫЙ ГОД (9 ГОД Н. Э.)

Примерно в середине этого пятнадцатого года – а мы ведем отсчет времени по календарю двадцатого века, а не в соответствии с еврейским годом, – Иисус вплотную взялся за ведение семейных дел. К концу года почти все их сбережения иссякли, и они были вынуждены отказаться от одного из назаретских домов, которым Иосиф владел на паях со своим соседом Иаковом.

В среду вечером, 17 апреля 9 года н. э., родилась Руфь – самый маленький член семьи, и Иисус сделал всё, что было в его силах, чтобы заменить отца – утешить свою мать и помочь ей во время этого тяжелого и особенно печального испытания. На протяжении почти двадцати лет (до начала своего общественного служения) Иисус заботился о маленькой Руфи с такой нежностью и преданностью, с какой ни один отец не мог бы любить и лелеять свою дочь. И он был таким же хорошим отцом для всех остальных членов семьи.

В течение этого года Иисус впервые сформулировал молитву, которой впоследствии научил своих апостолов и которая многим стала известна как «Молитва Господня». В каком-то смысле она явилась развитием семейного алтаря; у них было много видов благодарения и несколько формальных молитв. После смерти отца Иисус пытался научить старших детей выражать себя в молитве индивидуально – подобно тому, как он любил делать сам, – однако они не понимали его и неизменно возвращались к заученным словам молитвы. Стремясь побудить старших братьев и сестер произносить индивидуальные молитвы, Иисус помогал им наводящими фразами, но в итоге – без какого-либо умысла с его стороны – получалось так, что все они начали пользоваться молитвой, составленной в основном с помощью тех наводящих слов, которым их учил Иисус.

Наконец, Иисус отказался от мысли научить каждого члена семьи произносить спонтанные молитвы, и однажды вечером, в октябре, он сел подле небольшой приземистой лампы, стоявшей на низком каменном столе, и на кусочке гладкой кедровой доски площадью около восемнадцати квадратных дюймов написал углем молитву, которая с того времени стала неизменным семейным прошением.

В этот год причиной серьезных переживаний Иисуса было его смущенное сознание. Ответственность за семью исключила всякую мысль о немедленном претворении какого-либо плана в ответ на веление «заняться делом своего Отца», данное ему в Иерусалиме небесным пришельцем. Иисус справедливо рассудил, что забота о семье его земного отца должна быть его первоочередным долгом, что поддержка семьи должна стать его главной обязанностью.

В том году, в так называемой Книге Еноха, Иисус нашел отрывок, под влиянием которого он позднее стал пользоваться выражением «Сын Человеческий» как определением своей посвященческой миссии на Урантии. Он серьезно обдумал идею еврейского Мессии и окончательно убедился в том, что не станет таким Мессией. Он страстно желал помочь народу своего отца, однако он никогда не собирался вставать во главе еврейских армий для свержения иностранного господства в Палестине. Он знал, что никогда не будет сидеть на троне Давида в Иерусалиме. Не верил он и в то, что его миссия являлась миссией духовного освободителя или нравственного учителя одного только еврейского народа. Поэтому ни в каком смысле делом его жизни не могло быть исполнение ревностных желаний и якобы мессианских пророчеств, о которых говорилось в священных книгах иудеев, – во всяком случае, не в том смысле, в котором понимали эти предсказания пророков евреи. Равным образом он был уверен и в том, что никогда не выступит в качестве того Сына Человеческого, который описан пророком Даниилом.

Но как ему назвать себя, когда придет время стать мировым учителем? Что он должен говорить о своей миссии? Каким именем будут называть его те, кто поверит в его учение?

Размышляя над этими проблемами, он нашел в синагогальной библиотеке Назарета, среди изучаемых им апокалипсических книг, рукопись под названием Книга Еноха; и хотя он был уверен, что она не написана древним Енохом, она чрезвычайно заинтересовала его, и он читал и перечитывал ее много раз. Особенно сильное впечатление произвел на Иисуса один отрывок, в котором встречалось это определение – «Сын Человеческий». Автор так называемой Книги Еноха рассказывал о Сыне Человеческом, описывая труд, который тому предстояло совершить на земле, и объясняя, что Сын Человеческий – до того, как спуститься на землю и принести спасение всему человечеству, – прошел сквозь дворы небесного блаженства со своим Отцом, Отцом всего сущего; и что он отказался от всего этого величия и славы, дабы спуститься на землю и провозгласить спасение для страждущих смертных. Читая эти отрывки, Иисус (прекрасно понимая, что привнесенный в эти учения восточный мистицизм был во многом ошибочным), почувствовал своим сердцем и осознал своим разумом, что из всех мессианских пророчеств священных книг иудеев и всех теорий о еврейском освободителе ничто не было ближе к истине, чем этот рассказ, затерянный только в одной, частично признанной Книге Еноха. И он сразу решил, что начнет свое служение под именем «Сын Человеческий». Так он и сделал, когда впоследствии приступил к общественной деятельности. Иисус обладал безупречной способностью видеть истину, а истину он принимал без колебаний, каким бы ни был ее источник.

К этому времени он весьма досконально решил многие вопросы, касавшиеся его последующего земного труда. Однако он ничего не говорил об этом матери, которая всё еще упорно придерживалась представления о том, что он является еврейским Мессией.

Наступило время великого смущения молодого Иисуса. Решив некоторые вопросы, касавшиеся характера своей миссии на земле – «служить делу своего Отца», то есть продемонстрировать любвеобильную сущность его Отца всему человечеству, – он вновь стал задумываться о многих утверждениях Писаний относительно прихода национального освободителя, еврейского учителя или царя. Какое событие имелось в виду в этих пророчествах? Ведь он был евреем? Или всё же нет? Принадлежал он к дому Давида – или нет? Его мать утверждала, что принадлежал; его отец – что не принадлежал. Такого же мнения был и он сам. Быть может, пророки ошиблись в характере и предназначении Мессии?

И всё же – могло ли быть так, что права его мать? В прошлом, когда возникали разногласия, в большинстве вопросов она оказывалась права. Если он является новым учителем, но *не является* Мессией, то как он сможет узнать еврейского Мессию, если таковой появится в Иерусалиме во время его миссии на земле? Какова будет его связь с этим Мессией? И каким будет его отношение к семье после того, как он приступит к делу своей жизни? Его отношение к еврейскому обществу и религии? К Римской империи? К иноверцам и их религиям? Снова и снова возвращался этот молодой галилеянин к каждой из этих важных проблем, серьезно размышляя над ними и одновременно продолжая работать за столярным верстаком, тяжелым трудом зарабатывая на пропитание себе, своей матери и восьми другим голодным ртам.

К концу года Мария увидела, что семейные накопления тают. Она передала продажу голубей Иакову. Вскоре они купили вторую корову и с помощью Мириам начали продавать молоко своим назаретским соседям.

Периоды глубокой задумчивости Иисуса, его частые восхождения на вершину холма для молитв и многие странные идеи, которые он время от времени высказывал, вызывали глубокую тревогу у его матери. Иногда ей казалось, что мальчик не в себе, но она отгоняла страх, вспоминая, что, в конце концов, он является заветным дитя и в каком-то смысле отличается от других подростков.

Однако постепенно Иисус научился оставлять некоторые свои мысли при себе, не посвящать мир, даже собственную мать, в каждую свою идею. Начиная с этого года, Иисус всё реже раскрывал то, что происходило в его сознании; то есть он говорил всё меньше о том, что было недоступно обычному человеку и из-за чего он мог бы показаться странным или непохожим на других. Во всех внешних проявлениях он стал обыкновенным и нормальным человеком, хотя ему и не хватало кого-нибудь, кто мог бы понять его трудности. Он мечтал о надежном и близком друге, но его проблемы были слишком сложными для его человеческих товарищей. Уникальность этой необычной ситуации заставляла его нести свое бремя в одиночестве.

4. ПЕРВАЯ ПРОПОВЕДЬ В СИНАГОГЕ

Когда Иисусу исполнилось пятнадцать лет, он получил официальное право в день субботы занимать кафедру синагоги. До этого, в отсутствие чтецов, его не раз просили читать Писания. Теперь же настал день, когда согласно закону он был вправе вести богослужение. Поэтому как только ему исполнилось пятнадцать лет, в первую же субботу хазан договорился о том, что утреннюю службу в синагоге проведет Иисус. И когда все правоверные Назарета собрались, юноша, выбрав несколько мест из Писаний, поднялся и начал читать:

«Дух Господа Бога на мне, ибо Господь помазал меня; он послал меня благовестить смиренным, исцелять сокрушенных сердцем, возвещать свободу пленным и освобождать духовных узников; возвещать год Божьей милости и день воздаяния нашего Бога; утешать всех печальных, давать им красоту вместо пепла, елей радости – вместо скорби, хвалебную песнь – вместо унылого духа, чтобы эти люди могли называться добрыми деревьями, порослью Господней во славу его.

Творите добро, а не зло, и тогда будете жить, и Господь, Бог Саваоф, будет с вами. Возненавидьте зло и возлюбите добро и восстановите у ворот правосудие. Может быть, Господь Бог сжалится над тем, что осталось от Иосифа.

Омойтесь же, станьте чисты; удалите зло своих дел от взора моего; перестаньте творить зло и научитесь творить добро; стремитесь к справедливости, вызволяйте угнетенных. Защищайте сирот и вступайтесь за вдов.

С чем приду я к Господу, дабы склониться перед Господом всей земли? Предстать ли пред ним со всесожжениями, с однолетними тельцами? Будет ли доволен

Господь, если принести ему тысячи баранов, десятки тысяч овец или реки масла? Или принести моего первенца за искупление моих преступлений, плод чрева моего за грех моей души? Нет! Ибо Господь показал нам, о люди, чтó есть добро. Чего же еще требует от вас Господь, кроме как действовать справедливо, любить милосердие и жить смиренно пред Богом вашим?

Итак, с чем вы можете сравнить Бога, который восседает над кругом земли? Поднимите глаза ваши и посмотрите, кто сотворил все эти миры, кто выводит по счету это небесное воинство и всех их по имени призывает. Всё это совершает он величием своего могущества и, благодаря своей непоколебимой власти, ни в чём не терпит неудачи. Он дает слабым силу и изнемогшим дарует крепость. Не бойтесь, ибо я с вами; не смущайтесь, ибо я – Бог ваш. Я дам вам силы и укреплю вас; да, я поддержу вас десницей правды моей, ибо я – Господь Бог ваш. И я буду держать вашу правую руку, говоря: не бойтесь, ибо я помогу вам.

А вы – мои свидетели, говорит Господь, и мой слуга, избранный мной, чтобы вы знали и верили мне, и поняли, что я – Вечный. Я, только я – Господь, и нет спасителя кроме меня».

Закончив чтение, он сел на место, и люди разошлись по домам, размышляя о тех словах, которые он с таким достоинством им прочитал. Впервые горожане видели его столь величественно торжественным; впервые они слышали его голос звучащим столь серьезно и искренне; впервые он предстал перед ними столь мужественным и решительным, столь непререкаемым.

После полудня в субботу Иисус вместе с Иаковом взобрались на вершину назаретского холма, а когда они вернулись домой, Иисус записал углем Десять Заповедей по-гречески на двух гладких дощечках. Впоследствии Марфа разрисовала и украсила эти дощечки, и в течение долгого времени они висели на стене над небольшим верстаком Иакова.

5. ФИНАНСОВЫЕ ТРУДНОСТИ

Постепенно Иисус и его семья вернулись к тому скромному образу жизни, который они вели раньше. Их одежда и даже еда стали более простыми. У них было в избытке молока, масла и сыра. В зависимости от времени года, они пользовались дарами своего сада, однако с каждым месяцем им приходилось прибегать ко всё большей бережливости. Завтракали они чрезвычайно скромно и лучшую пищу оставляли на ужин. Тем не менее, в те времена среди евреев отсутствие богатства не означало низкого социального положения.

К этому времени юноша уже обладал достаточно всесторонним пониманием жизни своих современников. И то, насколько хорошо он понимал жизнь в семье, в поле и мастерской, видно по его последующим учениям, которые во всей полноте раскрывают его близкую связь со всеми сторонами человеческого опыта.

Назаретский хазан продолжал считать, что Иисусу суждено стать великим учителем, – возможно, преемником знаменитого Гамалиила в Иерусалиме.

Было ясно, что все планы Иисуса, связанные с карьерой, рухнули. Развитие событий не предвещало радужного будущего. Однако он не оступился, не потерял присутствия духа. День за днем он жил, добросовестно выполняя свой повседневный долг и преданно исполняя *непосредственные* обязанности, связанные с его положением в жизни. Жизнь Иисуса – это вечное утешение для всех разочарованных идеалистов.

Доходы обычного столяра-поденщика постепенно сокращались. К концу этого года, трудясь с утра до ночи, Иисус был способен заработать сумму, эквивалентную двадцати пяти центам в день. К началу следующего года им было уже трудно платить гражданские налоги, не говоря уже о взносах, которые взимались синагогой, и о храмовом налоге в полсикля. В этом году сборщик налогов пытался заставить Иисуса заплатить дополнительную сумму и даже грозился забрать у него арфу.

Опасаясь того, что экземпляр Писаний на греческом будет обнаружен и конфискован сборщиками налогов, в день своего пятнадцатилетия Иисус передал его библиотеке назаретской синагоги в качестве своего дара Господу при вступлении в пору зрелости.

Огромное потрясение пятнадцатого года его жизни ждало Иисуса в Сепфорисе. Он отправился туда, чтобы получить решение по поводу жалобы, поданной Ироду из-за спора в отношении денег, причитавшихся Иосифу в момент его непредвиденной смерти. Иисус и Мария надеялись получить значительную сумму, однако казначей в Сепфорисе предложил им гроши. Братья Иосифа обратились с жалобой к самому Ироду, и теперь Иисус стоял во дворце и выслушивал решение Ирода о том, что его отцу на момент смерти не причиталось никаких денег. Из-за этого несправедливого решения Иисус навсегда лишился доверия к Ироду Антипе. Неудивительно, что однажды он назвал его «этой лисой».

Уединенная работа за столярным верстаком в течение этого года и последующих лет лишила Иисуса возможности общаться с караванными путниками. Семейная лавка по обслуживанию караванов уже перешла к его дяде, и Иисус работал только в домашней мастерской, где он всегда был рядом, помогая Марии ухаживать за семьей. Примерно в это же время он начал посылать Иакова на стоянку верблюдов, где тот узнавал, что нового произошло в мире; так он стремился оставаться в курсе последних событий.

В период возмужания Иисус прошел через все те противоречия и замешательства, с которыми сталкивались обычные молодые люди предшествовавших и последующих эпох. И суровый опыт кормильца семьи был надежной гарантией от чрезмерного увлечения праздными размышлениями или от пристрастия к мистике.

Именно в этом году Иисус арендовал большой участок к северу от их дома, который был разбит по типу семейного сада. У каждого из старших детей появился свой собственный огород, и они увлеченно соревновались друг с другом за лучшие успехи в земледелии. В сезон сельскохозяйственных работ их старший брат ежедневно проводил некоторое время вместе с ними в саду. Трудясь в саду со своими младшими братьями и сестрами, Иисус не раз мечтал о возможности поселиться всем вместе на сельской ферме, где они могли бы наслаждаться свободной и вольной жизнью. Однако судьба распорядилась иначе; и Иисус, будучи не только идеалистом, но и вполне практичным юношей, разумно и энергично решал именно те проблемы, с которыми он сталкивался, и делал всё возможное для того, чтобы и он, и его семья могли приспособиться к реальностям их положения и изменить условия их жизни таким образом, чтобы как можно лучше удовлетворять их индивидуальные и совместные желания.

Одно время у Иисуса была слабая надежда на то, что в случае получения большой денежной суммы, которую Ирод был должен его отцу за работу на строительстве дворца, ему удастся собрать достаточно средств для покупки небольшой фермы. Он действительно всерьез подумывал о том, чтобы перевезти свою семью в сельскую местность. Однако после того как Ирод не согласился заплатить причитавшиеся Иосифу деньги, они отказались от стремления приобрести сельский дом. Собственно говоря, им удавалось наслаждаться многими сторонами сельской жизни, ибо, вдобавок к голубям, у них было уже три коровы, четыре овцы, цыплята, осел и собака. Даже у малышей были свои постоянные обязанности в организованном хозяйственном укладе, которым отличалась домашняя жизнь назаретской семьи.

С окончанием этого пятнадцатого года, в жизни Иисуса завершился опасный и трудный для человека период – время между относительно беспечным детским возрастом и осознанным приближением зрелости с ее возросшими обязанностями и новыми возможностями обретения более сложного опыта, необходимого для развития благородного характера. Завершился период роста ума и тела, и этот молодой назарянин вступил на свой настоящий жизненный путь.

ДОКУМЕНТ 127

ЮНОШЕСКИЕ ГОДЫ

Став юношей, Иисус оказался главой и единственным кормильцем большой семьи. За несколько лет, прошедших после смерти отца, они лишились всей своей собственности. Постепенно он всё больше осознавал свое предсуществование и одновременно с этим всё лучше понимал, что присутствует на земле во плоти с определенной целью: раскрыть своего Райского Отца детям человеческим.

Ни один юноша, который когда-либо жил или будет жить в этом или каком-либо другом мире, никогда не сталкивался и никогда не столкнется с более трудноразрешимыми проблемами или более сложными препятствиями. Ни одному юноше Урантии никогда не придется пережить более сложные внутренние конфликты или более тяжелые ситуации, чем те, которые выпали на долю Иисуса в течение этого напряженного периода времени – от пятнадцати до двадцати лет.

Так, познав действительный опыт юношеской жизни в мире, погрязшем в грехе и обезумевшем от зла, Сын Человеческий приобрел исчерпывающее знание жизненного опыта юноши в любом мире Небадона и потому стал извечным и чутким утешителем бедствующих и смятенных юношей во всех мирах, на все времена, по всей локальной вселенной.

Медленно, но верно и в непосредственном опыте этот божественный Сын *приобретает* право стать властелином своей вселенной, бесспорным и верховным правителем всех созданных разумных существ во всех мирах локальной вселенной, чутким утешителем для существ любого возраста и любой степени личной одаренности и опыта.

1. ШЕСТНАДЦАТЫЙ ГОД (10 ГОД Н. Э.)

Воплощенный Сын прошел через младенчество и нормальное детство. Позади остались испытания и трудности переходного периода между детством и ранней зрелостью – он превратился в юного Иисуса.

В этому году он достиг полного физического развития. Это был мужественный и миловидный юноша. Он становился всё более спокойным и серьезным, оставаясь доброжелательным и отзывчивым. Его взгляд был добрым, но пытливым; его улыбка – неизменно подкупающей и ободряющей. Его голос был мелодичным, но властным; его приветствие – сердечным, но естественным. Всегда, даже в самом обыденном общении, в нём ощущалась двуединая сущность – человеческая и божественная. В нём всегда обнаруживалось это сочетание отзывчивого друга и авторитетного учителя. И эти личные качества начали проявляться уже на ранней стадии, в юношеские годы.

Этот физически сильный и здоровый юноша достиг также полного развития своего человеческого интеллекта – не всей полноты опыта человеческого мышления, но полной способности к такому интеллектуальному развитию. Он обладал здоровым и хорошо сложенным телом, острым аналитическим умом, добрым и отзывчивым характером и несколько неустойчивым, но энергичным темпераментом; и всё это начинало объединяться в сильную, удивительную и привлекательную личность.

С течением времени матери, братьям и сестрам становилось всё труднее его понимать. Их озадачивали его высказывания, они неправильно истолковывали его поступки. Никто из них не был способен понять жизнь своего старшего брата, ибо их мать внушила им, что ему суждено стать освободителем еврейского народа. Представьте себе обескураженность остальных детей, посвященных Марией в эту семейную тайну, когда Иисус решительно отвергал любые подобные идеи и намерения.

В этом году Симон пошел в школу, и им пришлось продать еще один дом. Иаков взял на себя обучение трех своих сестер, две из которых были уже достаточно большими для того, чтобы приступить к серьезной учебе. Как только подросла Руфь, она перешла на попечение Мириам и Марфы. Обычно девочки в еврейских семьях были плохо образованы, однако Иисус считал (и его мать была согласна с ним), что девочки должны ходить в школу наравне с мальчиками, и так как синагогальная школа их не принимала, единственное, что можно было сделать, это организовать для них специальное домашнее обучение.

В течение всего этого года Иисус не отходил от верстака. К счастью, у него было много работы. Качество его изделий было столь высоким, что ему не приходилось сидеть без дела даже тогда, когда спрос в их районе падал. Порой заказов было столько, что ему помогал Иаков.

К концу этого года он почти уже решил, что, после того как члены его семьи вырастут и обзаведутся своими семьями, он открыто приступит к своему труду, обучая истине и раскрывая миру небесного Отца. Он знал, что ему не суждено стать долгожданным еврейским Мессией, и он считал практически бесполезным обсуждать эти вопросы со своей матерью. Он решил, что позволит ей питать любые иллюзии, какие она пожелает, ибо всё, что он говорил в прошлом, не оказало на нее никакого или почти никакого воздействия. К тому же он помнил, что отцу никогда не удавалось переубедить ее. Начиная с этого года, он всё реже и реже говорил об этих проблемах с матерью или с кем-либо другим. Его миссия была столь необычной, что никто из живущих на земле не был способен посоветовать ему, как ее выполнить.

Несмотря на свою молодость, для своей семьи он был настоящим отцом. Каждую свободную минуту он проводил с младшими членами семьи, и они по-настоящему любили его. Его мать огорчалась, видя, сколько ему приходится работать. Она горевала из-за того, что изо дня в день он стоял за столярным верстаком, зарабатывая семье на пропитание, вместо того, чтобы учиться у раввинов в Иерусалиме, на что они столь наивно рассчитывали. Хотя в ее сыне было много такого, что было непонятно Марии, она действительно любила его и была глубоко признательна ему за ту готовность, с которой он взвалил на себя бремя ответственности за семью.

2. СЕМНАДЦАТЫЙ ГОД (11 ГОД Н. Э.)

Примерно в это же время, в первую очередь в Иерусалиме и Иудее, вспыхнули массовые волнения с призывами к мятежу против уплаты налогов Риму. Происходило рождение сильной националистической партии, членов которой вскоре стали называть зелотами. В отличие от фарисеев, зелоты не желали дожидаться прихода Мессии. Они предлагали довести дело до конца с помощью политического восстания.

Группа организаторов прибыла из Иерусалима в Галилею, где делала большие успехи, пока не достигла Назарета. Когда они пришли к Иисусу, он внимательно выслушал их и задал много вопросов, однако отказался примкнуть к партии. Он уклонился от объяснения всех своих причин, и под влиянием его отказа многие из его молодых товарищей по Назарету поступили так же.

Мария приложила все свои силы, чтобы уговорить его стать членом партии, но ей ничего не удалось от него добиться. Она даже намекнула на то, что его отказ поддержать национальное дело по ее велению был непослушанием – нарушением обещания подчиняться своим родителям, данного им при возвращении из Иерусалима. Однако в ответ на это измышление он только ласково положил руку ей на плечо и, смотря ей в глаза, сказал: «Мама, как ты могла?» И Мария отказалась от своих слов.

Один из дядей Иисуса (брат Марии Симон) уже присоединился к этой группе и впоследствии вошел в руководство галилейской организации. И в течение нескольких лет между Иисусом и его дядей существовало некоторое отчуждение.

Однако в Назарете назревали неприятности. Позиция Иисуса в этих вопросах привела к расколу среди городских еврейских юношей. Около половины из них вошли в националистическую организацию, а другая половина начала формировать оппозиционную ей группу более умеренных патриотов, надеясь на то, что Иисус станет их вождем. Они были поражены, когда он отказался от предложенной ему чести, объяснив свой отказ многочисленными обязательствами по отношению к семье, с чем они все согласились. Но вскоре положение еще больше осложнилось, когда некий богатый еврей, Исаак – ростовщик, ссужавший деньги язычникам, – пообещал поддержку семье Иисуса, если тот оставит свое ремесло и примет на себя руководство этими назаретскими патриотами.

Иисус, которому в то время было неполных семнадцать лет, столкнулся с одной из самых щекотливых и сложных ситуаций своей юности. Духовным вождям всегда трудно определить свое отношение к патриотическим вопросам, особенно если дело усложняется иностранными угнетателями, собирающими налоги. В данном случае положение усложнялось вдвойне, ибо в пропаганде против Рима использовалась еврейская религия.

Положение Иисуса стало еще более трудным, ибо мать, дядя и даже младший брат Иаков уговаривали его примкнуть к национальному движению, в котором уже состояли все лучшие евреи Назарета, а те юноши, которые не вошли в движение, немедленно сделали бы это, если бы Иисус изменил свое решение. Во всём Назарете у него был единственный мудрый советчик – его прежний учитель, хазан, который посоветовал ему, что́ ответить гражданскому комитету Назарета, после того как его члены пришли к Иисусу и попросили откликнуться на общественный призыв. За всю его молодую жизнь он впервые сознательно прибег к уловке. До этого случая, стремясь прояснить ситуацию, он всегда полагался на откровенное изложение истины, однако сейчас он не мог рассказать всю правду. Он не мог намекнуть на то, что является более, чем человеком; он не мог раскрыть собственное представление о своей миссии, которая ждала его в более зрелом возрасте. Кроме того, были прямо поставлены под сомнение его религиозная верность и национальная преданность. Его семья была в смятении, его молодые друзья разошлись во мнениях, и всё еврейское население города находилось в состоянии брожения. И подумать только, что во всём этом обвиняли его – столь неповинного в каком-либо намерении вызвать неприятности, не говоря уже о таких волнениях!

Необходимо было что-то предпринять. Он должен был объяснить свою позицию, и он сделал это смело и дипломатично, удовлетворив многих, но не всех. Он придерживался изначальных доводов, сославшись на то, что его главной обязанностью является семья, что овдовевшей матери и восьми братьям и сестрам нужно нечто большее, чем то, что можно купить за деньги, – большее, чем предметы первой необходимости, – что они имеют право на отеческую заботу и руководство и что он не может со спокойной совестью освободить себя от ответственности, возложенной на него жестокостью несчастного случая. Он отдал должное своей матери и старшему из братьев за их готовность отпустить его, однако повторил, что верность покойному отцу не позволяет ему оставить семью, сколько бы денег ни предлагалось для их материальной поддержки, произнеся незабываемые слова о том, что «деньги неспособны любить». В своем обращении Иисус сделал несколько завуалированных намеков на «дело своей жизни», но объяснил, что независимо от того, насколько это дело согласуется с планами вооруженного восстания, он отказался от него наряду со всем остальным для того, чтобы иметь возможность преданно исполнять свои обязательства по отношению к семье. Все в Назарете прекрасно знали, что он является хорошим отцом для своей семьи, и эта тема была столь близка каждому достойному еврею, что его объяснение нашло встречный отклик в сердцах многих слушающих; и некоторые из тех, кто придерживался иных взглядов, были разоружены незапланированной речью Иакова. В тот самый день хазан отрепетировал с Иаковом его речь, однако они держали это в тайне.

Иаков заявил, что Иисус помог бы освободить свой народ, если бы только он (Иаков) был достаточно взрослым для того, чтобы взять на себя ответственность за семью, и что если они согласятся оставить Иисуса «с нами, чтобы быть нашим отцом и учителем, то вскоре к вам присоединится не один вождь из семьи Иосифа, а пять преданных борцов за свободу народа, ибо разве нас не пять мальчиков, которые подрастут и вместе с нашим братом-отцом встанут на службу своему народу?» Так мальчик помог вполне благополучно разрешить весьма напряженную и угрожающую ситуацию.

На время кризис миновал, но этот случай не был забыт в Назарете. Агитация продолжалась; Иисус уже не был у всех в почете. Расхождение во взглядах так и осталось непреодоленным. Это обстоятельство, усложненное впоследствии другими событиями, послужило одной из главных причин его переезда в Капернаум в последующие годы. С того времени в Назарете сохранялось расхождение во мнениях относительно Сына Человеческого.

В этом году Иаков окончил школу и стал полноценным работником в домашней столярной мастерской. У него были хорошие руки, и теперь он взял на себя изготовление хомутов и плугов, а Иисус стал больше времени уделять отделке домов и тонкой столярной работе.

В этом году Иисус добился огромного прогресса в организации своего разума. Постепенно он объединил оба своих начала – божественное и человеческое, и он осуществил всю эту организацию интеллекта силой своих собственных *решений* и с помощью одного только внутреннего Наставника – такого же Наставника, какой присутствует в разуме каждого нормального смертного во всех мирах, где уже побывал посвященческий Сын. До сих пор ничего сверхъестественного не произошло в жизни этого юноши, если не считать прибытия посланника, направленного его старшим братом Иммануилом и явившегося ему однажды ночью в Иерусалиме.

3. ВОСЕМНАДЦАТЫЙ ГОД (12 ГОД Н. Э.)

В течение этого года они лишились всей своей собственности, за исключением дома и сада. Последняя, уже заложенная часть имущества в Капернауме (не считая их доли в другой собственности), была продана. Полученные средства пошли на уплату налогов, приобретение новых инструментов для Иакова и выплату взноса за старую семейную лавку-мастерскую у караванной стоянки, которую Иисус предложил выкупить, ибо Иаков был уже достаточно взрослым для того, чтобы работать в домашней мастерской и помогать Марии по хозяйству. Поскольку финансовое положение на некоторое время улучшилось, Иисус решил взять Иакова на празднование Пасхи. Они отправились в Иерусалим на день раньше, чтобы побыть вдвоем, и пошли через Самарию. Они шли пешком, и по дороге Иисус рассказывал Иакову об исторических местах, о которых пятью годами раньше, во время такого же путешествия, он услышал от отца.

Много диковинных мест предстало их взору, пока они шли через Самарию. В течение этого путешествия они обговорили множество проблем – личных, семейных и национальных. Иаков был очень религиозным юношей, и хотя он не во всём соглашался со своей матерью относительно того немногого, что ему было известно о планах, касавшихся дела жизни Иисуса, он действительно с нетерпением дожидался своего часа, когда он смог бы взять на себя ответственность за семью и тем самым позволить Иисусу приступить к своей миссии. Он был очень благодарен Иисусу за то, что тот взял его с собой на Пасху, и они говорили о будущем более подробно, чем когда-либо прежде.

Пересекая Самарию, Иисус много размышлял, особенно в Вефиле и когда утолял жажду у колодца Иакова. Он обсудил со своим братом предания об Аврааме, Исааке и Иакове. Он сделал многое для подготовки Иакова к тому, что его ждало в Иерусалиме, стремясь ослабить потрясение, подобное тому, какое пережил он сам при первом посещении храма. Однако некоторые из этих мест не произвели на Иакова такого же впечатления. Он был недоволен небрежным и бездушным характером исполнения своих обязанностей некоторыми священниками, но в целом получил большое удовольствие от своего пребывания в Иерусалиме.

Иисус привел Иакова в Вифанию на пасхальный ужин. Симон уже покоился рядом с предками, и Иисус был за хозяина дома. Он принес из храма пасхального ягненка и сидел во главе стола празднующей Пасху семьи.

После пасхального ужина Мария завела разговор с Иаковом, а Марфа, Лазарь и Иисус проговорили друг с другом далеко за полночь. На следующий день они присутствовали при богослужении в храме, и Иаков был принят в сообщество Израиля. В то утро, когда они остановились на гребне Елеонской горы, чтобы посмотреть на храм, у Иакова вырвался возглас изумления. Однако Иисус взирал на Иерусалим в молчании. Иаков не мог понять поведения своего брата. В ту ночь они снова вернулись в Вифанию и на следующий день должны были отправиться домой, но Иаков настоял на том, чтобы они еще раз посетили храм, объясняя это желанием послушать учителей. И хотя это было действительно так, в глубине души он хотел услышать, как Иисус участвует в диспутах, о чём он знал от своей матери. Поэтому они отправились в храм послушать дебаты, но Иисус не задал ни одного вопроса. Его пробуждавшемуся разуму человека и Бога всё это казалось столь незрелым и незначительным, что он мог только пожалеть этих людей. Иаков был разочарован молчанием Иисуса. На его вопросы Иисус отвечал только одно: «Мое время еще не исполнилось».

На следующий день они отправились домой через Иерихон и долину Иордана, и по пути Иисус рассказывал о многих вещах, в том числе и о том, как он шел этой дорогой, когда ему было тринадцать лет.

После возвращения в Назарет Иисус начал работать в старой семейной ремонтной мастерской и был чрезвычайно рад возможности ежедневного общения со многими людьми из всех районов страны и окружающих мест. Иисус действительно любил людей – самых обыкновенных людей. Каждый месяц он вносил деньги за мастерскую и, с помощью Иакова, продолжал обеспечивать семью.

Несколько раз в год, по субботам, если в городе не было соответствующих гостей, Иисус продолжал читать Писания в синагоге и не раз предлагал свои комментарии к прочитанному, однако обычно он выбирал отрывки таким образом, что комментариев не требовалось. Он столь умело выстраивал порядок чтения, что один отрывок прояснял другой. По субботам, во второй половине дня, если только позволяла погода, он всегда ходил на прогулку со своими братьями и сестрами.

Примерно в это время хазан организовал юношеский клуб для проведения философских диспутов. Собрания проводились у членов клуба, часто – у самого хазана. Иисус стал видным членом этой группы, благодаря чему он смог в некоторой степени вернуть себе престиж среди местных жителей, утерянный во время недавних споров по вопросам национального движения.

Хотя его социальная жизнь была ограничена, он находил время и для нее. У него было много близких друзей и преданных поклонников – как среди юношей, так и среди девушек Назарета.

В сентябре Елисавета и Иоанн прибыли в гости к назаретской семье. Лишившись отца, Иоанн собирался вернуться в горы Иудеи и заняться земледелием и разведением овец, если Иисус не посоветует ему остаться в Назарете и взяться за плотницкое дело или какое-нибудь другое ремесло. Они не знали, что назаретская семья живет в крайней нужде. Чем дольше Мария и Елисавета говорили о своих сыновьях, тем больше они убеждались в том, что совместная работа и более частые встречи пошли бы на пользу обоим юношам.

Иисус и Иоанн много беседовали друг с другом и обсудили ряд сугубо сокровенных и личных вопросов. Расставаясь, они договорились о том, что в следующий раз встретятся только при публичном служении, после того как «небесный Отец призовет» их к своему труду. Увиденное в Назарете произвело на Иоанна громадное впечатление; поэтому он решил вернуться домой и своим трудом поддерживать мать. Он уверился в том, что ему суждено стать частью жизненной миссии Иисуса, однако он понимал, что пройдет много лет, прежде чем Иисус поднимет на ноги свою семью; поэтому ему было намного легче вернуться домой, где он принялся ухаживать за их небольшой фермой и помогать своей матери. Иоанн и Иисус не виделись вплоть до того дня у Иордана, когда Сын Человеческий явил себя для крещения.

Пополудни в субботу, 3 декабря этого года, смерть во второй раз поразила назаретскую семью. После недельной болезни, сопровождавшейся сильным жаром, умер их маленький брат Амос. Единственной опорой Марии в это скорбное время был ее первенец. Пережив вместе с Иисусом это горе, она, наконец, в полной мере признала его главой семьи – и поистине достойным главой.

В течение четырех лет уровень их жизни неуклонно падал; год от года тиски бедности сжимались. К концу этого года они столкнулись с одним из самых тяжких испытаний в своей нелегкой борьбе. Заработки Иакова были еще скромными, и, в добавление ко всему, сильным ударом стали расходы на похороны. Однако своей переживающей и скорбящей матери Иисус повторял только одно: «Мама Мария, скорбь нам не поможет; все мы трудимся в меру своих сил, и, быть может, улыбка матери могла бы воодушевить нас на еще большее. День ото дня надежда на лучшее будущее укрепляет нас для решения наших проблем». Его здоровый и практичный оптимизм был поистине заразительным. Все дети жили в атмосфере ожидания лучших времен и лучшей жизни. И несмотря на гнет нужды, это оптимистическое мужество в огромной мере способствовало формированию сильных и благородных характеров.

Иисус обладал способностью направлять все свои умственные, душевные и физические силы на решение непосредственной задачи. Он умел сосредоточивать свой глубокий ум на той проблеме, которую он стремился решить, и это, в сочетании с его неистощимым *терпением*, позволяло ему невозмутимо переносить тяготы трудного смертного существования – жить так, как если бы он «видел Невидимого».

4. ДЕВЯТНАДЦАТЫЙ ГОД (13 ГОД Н. Э.)

К этому времени Иисус и Мария уже намного лучше ладили друг с другом. Она уже меньше смотрела на него, как на сына; Иисус превратился для нее скорее в отца ее детей. Каждый день приносил массу неотложных практических проблем. Они реже говорили о деле его жизни, ибо со временем все свои помыслы посвятили содержанию и воспитанию семьи из четырех мальчиков и трех девочек.

К началу этого года Иисус снискал от матери полное признание своих методов воспитания детей – позитивного предписания творить добро вместо более старого еврейского метода, который выражался в запрещении творить зло. В своей семье, равно как и на протяжении всей своей жизни общественного проповедника, Иисус всегда пользовался *позитивной* формой наставления. Всегда и везде он говорил: «Делайте так» или: «Вам следовало бы сделать так». Он никогда не пользовался негативным методом обучения, восходящим к древним табу. Иисус старался не акцентировать внимания на зле, запрещая зло; вместо этого он возвышал добро, повелевая творить добро. В этом доме время для молитвы было возможностью обсудить самые разные вопросы, имевшие отношение к благополучию семьи.

Иисус начал мудро дисциплинировать своих братьев и сестер в столь раннем возрасте, что для обеспечения их быстрого и добровольного послушания практически не требовалось наказаний. Единственным исключением был Иуда. Иисусу приходилось периодически наказывать его за несоблюдение установленных в доме правил. В трех случаях – когда было признано необходимым наказать Иуду за сознательное и преднамеренное нарушение правил поведения в семье – мера наказания была назначена единодушным решением старших детей, причем Иуда сам согласился с наказанием до того, как оно было наложено на него.

Хотя Иисус был исключительно методичным и организованным во всём, что он делал, любое выносимое им решение отличалось также живительной гибкостью толкования и индивидуальностью подхода, чрезвычайно поражая всех детей духом справедливости, которым руководствовался их брат-отец. Он никогда не подвергал своих братьев и сестер произвольным дисциплинарным взысканиям, и эта неизменная честность и личное внимание вызывали огромную любовь к нему всех членов семьи.

Иаков и Симон выросли, пытаясь следовать плану Иисуса – умиротворять своих драчливых и порой вспыльчивых товарищей по играм при помощи убеждения и непротивления, и они добивались хороших результатов. В противоположность им Иосиф и Иуда, соглашаясь с такими учениями дома, спешили защитить себя, когда на них нападали их товарищи. Особенно часто дух этих учений нарушал Иуда. Однако непротивление не было *правилом* семьи. Если члены семьи не следовали индивидуальным наставлениям, это не влекло за собой наказания.

Как правило, все дети, в особенности девочки, приходили к Иисусу за советом, делясь с ним своими детскими горестями и доверяясь ему так же, как они доверялись бы любящему отцу.

Иаков превращался в уравновешенного и выдержанного юношу, но у него не было таких же духовных наклонностей, как у Иисуса. Он намного лучше учился, чем Иосиф, который, являясь добросовестным работником, был еще менее духовно одаренным человеком. Работяга-Иосиф отставал от интеллектуального уровня других детей. Симон был благонамеренным мальчиком, но отличался излишней мечтательностью. Он никак не мог найти своего места в жизни и был источником больших волнений для Иисуса и Марии. Однако он всегда оставался добрым малым и действовал из лучших побуждений. Иуда был смутьяном. При высочайших идеалах он обладал неустойчивым нравом. По своей решительности и настойчивости он превосходил свою мать, но ему во многом не хватало ее чувства меры и рассудительности.

Мириам была уравновешенной и спокойной девочкой, глубоко чувствовавшей всё возвышенное и духовное. Марфа отличалась медлительностью в мыслях и действиях, но была чрезвычайно надежным и исполнительным ребенком. Малютка Руфь была радостью семьи; хотя ее речи отличались беспечностью, ее сердце было абсолютно чистым. Она почти что поклонялась своему старшему брату и отцу. Но ее не баловали. Она была восхитительным ребенком, хотя и не такой привлекательной, как Мириам, которая являлась первой красавицей семьи – если не всего города.

Со временем Иисус сделал многое для того, чтобы либерализовать и видоизменить семейные учения и обряды, относившиеся к субботним ритуалам и многим другим аспектам религии, и эти изменения встретили горячее одобрение Марии. К этому времени Иисус стал бесспорным главой дома.

В том же году Иуда пошел в школу, и для того, чтобы покрыть эти расходы, Иисусу пришлось продать свою арфу. Так он расстался с последним из своих увлечений. Он очень любил играть на арфе, когда утомлялись его разум и тело, однако он утешал себя мыслью о том, что теперь, по крайней мере, его арфу не конфискуют сборщики налогов.

5. РЕВЕККА, ДОЧЬ ЕЗДРЫ

Хотя Иисус был беден, это ни в коей мере не повлияло на его общественное положение в Назарете. Он был одним из первых юношей города и пользовался огромным вниманием со стороны большинства девушек. Поскольку Иисус являлся великолепным образцом сильного и умного мужчины, а также принимая во внимание его репутацию духовного вождя, неудивительно, что Ревекка – старшая дочь Ездры, богатого назаретского купца и торговца – почувствовала, что постепенно влюбляется в сына Иосифа. Первой она открыла свое чувство Мириам, сестре Иисуса, а Мириам, в свою очередь, рассказала обо всём своей матери. Мария сильно встревожилась. Неужели ей предстоит потерять сына, ставшего теперь незаменимым главой семьи? Будет ли конец несчастьям? Что дальше? После этого она задумалась о влиянии женитьбы на будущий путь Иисуса. Хотя и нечасто, но она всё же вспоминала о том, что Иисус был «заветным дитя». Обсудив данную проблему, Мария и Мириам решили попытаться пресечь эту затею, пока о ней не узнал Иисус. Они отправились прямиком к Ревекке, рассказали ей обо всём и чистосердечно сообщили о своей вере в то, что Иисус является сыном предначертанной судьбы и что ему предстоит стать великим религиозным вождем, – возможно, Мессией.

Ревекка внимательно слушала. Их рассказ сильно взволновал ее, и она прониклась еще большей решимостью связать свою жизнь с полюбившимся ей мужчиной и разделить с ним его судьбу вождя. Она убеждала (себя) в том, что такой человек тем более будет нуждаться в преданной и умелой жене. Она истолковала попытку Марии разубедить ее как естественную реакцию – боязнь потерять главу и единственного кормильца семьи. Однако зная, что ее отец одобряет ее влечение к сыну плотника, она справедливо решила, что он с радостью обеспечит семью Иисуса доходом, достаточным для возмещения его заработков. После того как ее отец согласился с этим планом, Ревекка еще раз встретилась с Марией и Мириам, но когда ей не удалось заручиться их поддержкой, она решилась поговорить с самим Иисусом. Ей удалось сделать это с помощью своего отца, который пригласил Иисуса в их дом на празднование семнадцатилетия Ревекки.

Иисус внимательно и участливо выслушал их предложение – вначале от отца Ревекки, затем от нее самой. В своем мягком ответе он сказал, что никакие деньги не смогут выполнить вместо него его обязанность – самому поднять семью его отца, «выполнить самый святой человеческий долг – быть верным своей семье». Отец Ревекки был глубоко тронут словами Иисуса о преданности семье и далее не участвовал в разговоре, сказав лишь своей жене Марии: «Он не сможет быть нашим сыном; он слишком благороден для нас».

После этого состоялся памятный разговор с Ревеккой. До сих пор Иисус не проводил большого различия между мальчиками и девочками, юношами и девушками, с которыми он общался. Его разум был слишком поглощен неотложными проблемами, связанными с практическими земными делами, и интригующим размышлениями о грядущем «выполнении дела Отца», чтобы он успел хотя бы раз серьезно подумать о воплощении личной любви в человеческом браке. Теперь же он был поставлен еще перед одной проблемой, с которой приходится сталкиваться и которую приходится решать каждому обычному человеку. Он воистину был «искушен во всём, подобно вам».

Внимательно выслушав Ревекку, он искренне поблагодарил ее за выраженное ею восхищение, добавив, что «оно будет воодушевлять и утешать меня во все дни моей жизни». Он объяснил, что он не волен вступать с женщиной в иные отношения, кроме как отношения братского уважения и чистой дружбы. Он дал недвусмысленно понять, что его первой и главной обязанностью является воспитание семьи своего отца и что он не может думать о женитьбе до тех пор, пока эта задача остается невыполненной, и затем он добавил: «Если мне суждено стать сыном предначертанной судьбы, то я не должен принимать на себя пожизненных обязательств до тех пор, пока моя судьба не станет явной».

Ревекка была убита горем. Она была безутешна и только уговаривала своего отца уехать из Назарета. Наконец, он уступил, и они переехали в Сепфорис. В последующие годы многие добивались ее руки, однако для всех у нее был один ответ. Она жила с единственной целью: дождаться того часа, когда тот, кто был для нее величайшим из когда-либо живших людей, вступит на свой путь учителя живой истины. И она преданно следовала за ним в течение всех богатых событиями лет его общественного труда, присутствуя (незамеченной Иисусом) в день его триумфального вступления в Иерусалим. И она стояла «среди других женщин» вместе с Марией в тот роковой и трагический день, когда Сын Человеческий висел на кресте, оставаясь для нее – как и для бесчисленных небесных миров – «прекраснейшим и величайшим из десяти тысяч».

6. ЕГО ДВАДЦАТЫЙ ГОД (14 ГОД Н. Э.)

Историю любви Ревекки к Иисусу пересказывали по секрету в назаретских домах, а позднее – в Капернауме. Поэтому, хотя в последующие годы многие женщины любили Иисуса так же, как его любили мужчины, ему уже никогда не приходилось отвергать личную преданность, предложенную какой-либо другой добропорядочной женщиной. Начиная с этого времени, чувства, которые люди испытывали к Иисусу, носили больше характер уважения, полного преклонения и обожания. Как мужчины, так и женщины искренне любили его за то, че́м он являлся, – без какой-либо примеси эгоизма или желания превратить его в объект только своей любви. Однако многие годы преданность Ревекки вспоминали каждый раз, когда речь заходила о человеческой личности Иисуса.

Хорошо зная подробности истории с Ревеккой, а также то, что ее брат отказался даже от любви прекрасной девушки, Мириам (не осознавая фактора предначертанности его судьбы), стала идеализировать Иисуса и прониклась трогательной и глубокой любовью к нему как отцу и брату.

Хотя они едва ли могли себе это позволить, Иисус чувствовал странное побуждение отправиться в Иерусалим на Пасху. Его мать, зная о недавнем происшествии с Ревеккой, мудро убеждала его совершить паломничество. В действительности, он искал случая поговорить с Лазарем и навестить Марфу и Марию, хотя и не отдавал себе в этом отчета. Не считая своей собственной семьи, он любил этих троих людей больше всех на свете.

Он шел в Иерусалим через Мегиддо, Антипатриду и Лидду, повторив частично тот же путь, которым его везли назад в Назарет из Египта. На дорогу ушло четыре дня, и он много размышлял о прошлых событиях, происходивших в Мегиддо и в окрестностях этого города – международного поля брани Палестины.

Иисус прошел через Иерусалим, лишь ненадолго задержавшись, чтобы взглянуть на храм и собиравшиеся здесь толпы посетителей. Он чувствовал странную и растущую антипатию к этому построенному Иродом храму и его духовенству, которое назначалось по политическим мотивам. Больше всего он хотел увидеть Лазаря, Марфу и Марию. Лазарь был его сверстником и являлся теперь главой семьи: к этому времени он успел похоронить и свою мать. Марфа была на год с лишним старше Иисуса, а Мария – двумя годами младше. И для всех троих Иисус был кумиром и образцом совершенства.

Во время этого визита произошел один из периодических взрывов протеста против традиции – выражение возмущения теми ритуальными обрядами, которые, по мнению Иисуса, искажали образ его небесного Отца. Не зная о том, что Иисус собирается к ним, Лазарь договорился встретить Пасху с друзьями в соседней деревне у дороги на Иерихон. Теперь же Иисус предлагал, чтобы они провели праздничный день там, где они находились, – в доме Лазаря. «Но у нас нет пасхального ягненка», – сказал Лазарь. И тогда Иисус приступил к обстоятельному и убедительному рассуждению о том, что небесного Отца воистину не интересуют столь наивные и бессмысленные ритуалы. После торжественной и проникновенной молитвы они поднялись, и Иисус сказал: «Пусть мои незрелые и помраченные разумом соплеменники служат своему Богу так, как учил Моисей; так будет лучше для них, но я призываю, чтобы мы, увидевшие свет жизни, больше не обращались к нашему Отцу через тьму смерти. Будем же свободны в своем знании истины о вечной любви нашего Отца».

В тот вечер, когда стало смеркаться, все четверо сели за стол, и это была первая пасхальная трапеза благочестивых евреев без пасхального ягненка. На Пасху были приготовлены пресный хлеб и вино, и эти символы, названные Иисусом «хлебом жизни» и «водой жизни», он подал своим товарищам, и они ели в торжественном согласии с учениями, которыми он только что поделился. Стало обычаем выполнять этот священный ритуал всякий раз, когда он посещал Вифанию в последующие годы. Вернувшись домой, он рассказал обо всём этом своей матери. Вначале она была шокирована, однако постепенно поняла его точку зрения. И всё же она почувствовала огромное облегчение, когда Иисус заверил ее, что он не собирается изменять празднование Пасхи в их семье. Дома, вместе с детьми, он из года в год продолжал есть Пасху «по закону Моисея».

Именно в этом году состоялся продолжительный разговор Марии с Иисусом о женитьбе. Она откровенно спросила его, женился бы он, если бы был свободен от обязанностей перед семьей. Иисус объяснил ей, что его непосредственный долг не позволяет ему жениться, и потому этот вопрос мало его беспокоит. Он выразил сомнение в том, что когда-либо станет женатым человеком. Он сказал, что все подобные вещи должны отойти на второй план, пока не «исполнится его время», – время, когда он «должен будет приступить к делу своего Отца». Решив уже для себя, что он не станет отцом детей во плоти, он практически не думал о проблеме брака.

В этом году он заново приступил к задаче дальнейшего соединения смертной и божественной сущностей в простую и действенную *человеческую индивидуальность*. И он продолжал расти в нравственном статусе и духовном понимании.

Хотя они лишились всех своих назаретских владений (кроме собственного дома), в этом году их материальное положение несколько улучшилось после продажи своей доли недвижимости в Капернауме. Это было последней частью всего состояния Иосифа. Сделка на продажу капернаумской собственности была заключена со строителем лодок по имени Зеведей.

В этом году Иосиф закончил синагогальную школу и начал работать за небольшим верстаком в домашней столярной мастерской. Хотя состояние их отца было исчерпано, они рассчитывали на то, что смогут успешно бороться с нуждой, так как теперь трое из них регулярно работали.

Иисус быстро становится мужчиной – не просто юношей, а взрослым человеком. Он хорошо научился нести бремя ответственности. Он умеет не падать духом при разочарованиях. Он стойко держится, когда его планы расстраиваются, а замыслы временно срываются. Он научился быть честным и справедливым даже перед лицом несправедливости. Он неуклонно овладевает искусством приспособления своих устремлений к обыкновенным требованиям человеческого бытия. Он учится планировать достижение более высокой и отдаленной идеалистической цели – и одновременно он упорно трудится для достижения ближайшей и непосредственной цели, определяемой необходимостью. Он планомерно осваивает искусство приспособления своих устремлений к обыкновенным потребностям человеческой жизни. Он почти уже в совершенстве овладел методом использования энергии духовного побуждения для приведения в действие механизма материального достижения. Он постепенно учится жить небесной жизнью и продолжать свое земное существование. Он всё больше зависит от высшего руководства своего небесного Отца и одновременно берет на себя отеческую роль наставника и воспитателя детей своей земной семьи. Он накапливает всё больше опыта в искусстве вырывать победу, находясь на грани поражения. Он учится превращать трудности времени в триумфы вечности.

Так, с течением лет, этот молодой назарянин продолжает знакомиться с жизнью в том ее виде, в котором она проживается во плоти в мирах времени и пространства. Он живет полноценной, образцовой и всесторонней жизнью на Урантии. Он покинул этот мир, исполненный того опыта, который приобретают живущие здесь создания в течение коротких и напряженных лет своей первой жизни – жизни во плоти. И весь этот человеческий опыт навечно стал достоянием Властелина Вселенной. Он является нашим отзывчивым братом, сочувствующим другом, опытным властелином и милосердным отцом.

Ребенком он приобрел огромный запас знаний. Юношей он разобрал, классифицировал и сопоставил эту информацию. И теперь, став взрослым человеком этого мира, он приступает к организации данного интеллектуального достояния перед тем, как использовать его в своем последующем учении, помощи и служении во благо своих смертных братьев в этом мире и во всех остальных обитаемых сферах по всей вселенной Небадон.

Рожденный младенцем данного мира, он оставил позади детство и прошел через последовательные стадии отрочества и юности. Теперь он стоит на пороге подлинной зрелости, обладая богатым человеческим опытом, исчерпывающим пониманием человеческой природы и глубоким сочувствием к ее слабостям. Он становится мастером божественного искусства раскрытия своего Райского Отца смертным созданиям всех веков и эпох.

И теперь, как взрослый человек – зрелый человек этого мира – он готовится продолжить свою высшую миссию: раскрыть Бога людям и привести людей к Богу.

ДОКУМЕНТ 128

ИИСУС В ПЕРИОД РАННЕЙ ЗРЕЛОСТИ

Иисус Назарянин вступил в первые годы своей зрелости, продолжая вести нормальную земную жизнь обыкновенного человека. Иисус появился в этом мире так же, как и остальные дети; он не выбирал себе родителей. Он действительно избрал данный конкретный мир в качестве планеты своего седьмого и завершающего посвящения – воплощения в образе смертной плоти, – однако в остальном он пришел в мир естественным путем, рос как обычный ребенок данного мира и боролся с превратностями своего окружения, как и другие смертные в этом и схожих мирах.

Всегда помните о двуединой цели посвящения Михаила на Урантии:

1. Овладеть опытом полноценной жизни смертного человека во плоти – обрести полновластие в Небадоне.

2. Раскрыть Всеобщего Отца смертным обитателям пространственно-временных миров и показать тем же смертным более плодотворный путь к лучшему пониманию Всеобщего Отца.

Все остальные блага для созданий и преимущества для вселенной имели второстепенный характер и стали следствием достижения этих главных целей его посвящения в образе смертного.

1. ДВАДЦАТЬ ПЕРВЫЙ ГОД (15 ГОД Н. Э.)

С достижением зрелости Иисус всерьез и с полным самосознанием приступил к завершению своей задачи – глубокому познанию жизни низшего типа его разумных созданий. Именно благодаря данному опыту он приобретал окончательное и полное право безусловного владычества в созданной им вселенной. Он приступил к этой исполинской задаче, полностью осознавая свою двойственную природу. Однако он уже сумел успешно объединить две эти сущности в одну – Иисуса Назарянина.

Иешуа бен Иосиф прекрасно знал, что он – человек, смертный человек, рожденный женщиной. Это видно по выбранному им для себя первому имени, *Сын Человеческий*. Он был настоящей плотью и кровью; поэтому и сейчас, являясь полновластным вершителем судеб вселенной, среди своих многочисленных и заслуженных титулов он по-прежнему носит имя «Сын Человеческий». Буквально истинно то, что созидательное Слово Всеобщего Отца – Сын-Создатель – «стало плотью и пребывало в качестве человека на Урантии». Он трудился, уставал, отдыхал и спал. Он испытывал голод и утолял его пищей; он испытывал жажду и утолял ее водой. Он познал всю гамму человеческих чувств и эмоций. Он был «искушен во всём, подобно вам», и он страдал и умер.

Как и остальные смертные данного мира, он получал знания, приобретал опыт и объединял их в мудрость. До своего крещения он не пользовался сверхъестественной силой. Он не использовал каких-либо средств, которые не были частью его человеческих способностей как сына Иосифа и Марии.

Что касается атрибутов дочеловеческого существования, то он освободил себя от них. До начала общественного труда его знания людей и событий приобретались только им самим. Он был истинным человеком среди людей.

Извечна и благословенна истина: «У нас есть высокий правитель, способный сострадать нам в наших слабостях. У нас есть властелин, искушенный, подобно нам, во всём, но без греха». И поскольку он сам страдал, пройдя испытания и искушения, он способен исчерпывающе понять и помочь тем, кто смущен и попал в беду.

Теперь назаретский плотник уже хорошо представлял себе уготованный ему труд, однако он решил жить человеческой жизнью в ее естественном течении. И в некоторых отношениях он действительно является примером для своих смертных созданий, ибо сказано: «Рассуждайте так, как Иисус Христос, который, будучи Богом по своей природе, не считал странным быть равным Богу. Но он принял образ малозначительного создания – родился как человек. И явившись в образе человеческом, он смирил себя до такой степени, что принял смерть, – и не просто смерть, а смерть на кресте».

Он прожил свою смертную жизнь так же, как могут прожить свою жизнь все другие люди, – он, «который при жизни во плоти столь часто, порой эмоционально и со слезами на глазах, возносил молитвы и воззвания Ему, могущему спасти от всякого зла, и услышан был, ибо верил». Поэтому ему надлежало *во всех отношениях* сделаться таким, как его братья, дабы он мог стать их милосердным и отзывчивым властелином.

Он никогда не сомневался в своей человеческой природе; она была для него очевидной, и он всегда ее осознавал. Что же касается природы божественной, то здесь всегда оставалось место сомнениям и догадкам. По крайней мере, так продолжалось до его крещения. Самореализация божественности была медленным и, с человеческой точки зрения, естественным эволюционным раскрытием. Это раскрытие и самоосознание божественности началось в Иерусалиме, когда ему было неполных тринадцать лет, с первым сверхъестественным явлением в его человеческой жизни. И этот опыт обретения самоосознания своей божественной сущности был завершен во время второго сверхъестественного случая во плоти – случая, произошедшего при его крещении Иоанном в Иордане и ознаменовавшего собой начало его общественного служения в качестве пастыря и учителя.

Между двумя этими небесными явлениями – одно из которых случилось на тринадцатом году, а другое при крещении, – в жизни воплощенного Сына-Создателя не произошло ничего сверхъестественного или сверхчеловеческого. Несмотря на это, вифлеемский младенец, мальчик, юноша и мужчина из Назарета в действительности являлся воплощенным Создателем вселенной. Однако вплоть до принятия крещения от Иоанна, за всю свою человеческую жизнь он ни разу и ни в малейшей мере не воспользовался ни своим могуществом, ни помощью небесных личностей, не считая своего серафима-хранителя. И мы, свидетельствующие об этом, знаем, о чём говорим.

И тем не менее, в течение всех лет, прожитых во плоти, он был истинно божественным существом. Он действительно являлся Сыном-Создателем, Сыном Райского Отца. После того как он встал на путь общественного служения, – что произошло после формального завершения его сугубо смертного испытания, необходимого для обретения полновластия, – он, не колеблясь, публично признавал, что является Сыном Божьим. Он прямо заявлял: «Я есть Альфа и Омега, начало и конец, первый и последний». Он не возражал, когда в последующие годы его называли Господом Славы, Правителем Вселенной, Господом Богом всего творения, Святым Израиля, Господом всего, Господом нашим и Богом нашим, Богом с нами, имеющим имя выше всякого имени и во всех мирах, Всемогуществом вселенной, Вселенским Разумом этого творения, Тем, в котором сокрыты все сокровища премудрости и знаний, полнотой Того, что наполняет всё, вечным Словом вечного Бога, Тем, который прежде всего и в котором всё заключено, Создателем небес и земли, Вседержителем вселенной, Судьей всей земли, Дарителем вечной жизни, Истинным Пастырем, Освободителем миров и Вождем нашего спасения.

Он никогда не возражал против какого-либо из этих титулов, которые стали присваивать ему с окончанием его чисто человеческой жизни и началом последующих лет самоосознания своего служения божественности в образе человека, во имя человека и для человека в этом и во всех других мирах. Применительно к себе, Иисус возражал только против одного имени: когда однажды он был назван Иммануилом, он просто ответил: «Не я; это мой старший брат».

Всегда – даже после того, как его жизнь на земле приобрела более широкий смысл, – Иисус смиренно подчинялся воле небесного Отца.

После крещения он не придавал какого-либо значения поклонению своих искренних сторонников и благодарных последователей. Даже тогда, когда он боролся с бедностью и работал не покладая рук, чтобы обеспечить свою семью самым необходимым, в нём росло сознание того, что он есть Сын Божий. Он знал, что является творцом небес и той же самой земли, на которой он жил теперь жизнью человека. И сонмы небесных существ по всей огромной и наблюдающей вселенной также знали, что этот назарянин является их возлюбленным Властелином и Создателем-отцом. На протяжении этих лет вся вселенная Небадон была глубоко охвачена тревожным ожиданием. Взоры всех небесных существ были сосредоточены на Урантии – на Палестине.

В этом году Иисус отправился в Иерусалим вместе с Иосифом на празднование Пасхи. Побывав на посвящении в храме с Иаковом, он считал своим долгом привести сюда и Иосифа. Иисус никогда не отдавал кому-либо предпочтения в своих отношениях с членами семьи. Они отправились в Иерусалим обычным маршрутом через долину Иордана, но вернулись восточно-иорданским путем, который проходил через Амаф. Идя по долине Иордана, Иисус пересказывал Иосифу историю еврейского народа, а на обратном пути рассказывал ему об испытаниях славных племен Рувима, Гада и Галаада, которые, как гласили предания, обитали в этих местностях к востоку от реки.

Иосиф задавал Иисусу много наводящих вопросов о миссии его жизни, но на большинство из них Иисус отвечал только: «Мое время еще не исполнилось». Однако в этих задушевных беседах он обронил много слов, всплывавших в памяти Иосифа в течение волнующих событий последующих лет. Иисус и Иосиф встретили Пасху вместе с тремя друзьями в Вифании, что стало уже традицией при посещении Иерусалима для участия в этих празднествах.

2. ДВАДЦАТЬ ВТОРОЙ ГОД (16 ГОД Н. Э.)

Этот год был одним из нескольких лет, в течение которых братья и сестры Иисуса сталкивались с испытаниями и злоключениями, присущими переходному возрасту с его проблемами и изменением уклада жизни. К этому времени у Иисуса были братья и сестры в возрасте от семи до восемнадцати лет, и ему приходилось уделять им много времени, помогая приспосабливаться к переменам в интеллектуальной и эмоциональной жизни. Так ему пришлось решать проблемы юности в том виде, в каком они проявлялись в жизни его младших братьев и сестер.

В этом году Симон окончил школу и начал работать вместе со старым товарищем Иисуса по играм и его неизменным защитником – каменщиком Иаковом. В результате нескольких семейных советов было решено, что неблагоразумно всем мальчикам заниматься плотницким делом. Предполагалось, что освоив разные ремесла, они смогут брать подряды на строительство целых зданий. К тому же всем работы не хватало, ибо трое из них работали плотниками полный рабочий день.

В этом году Иисус продолжал заниматься отделкой домов и тонкой столярной работой, однако бо́льшую часть своего времени он проводил в ремонтной мастерской по обслуживанию караванов, где его начал подменять Иаков. Во второй половине этого года, когда спрос на плотницкий труд в районе Назарета упал, Иисус оставил ремонтную мастерскую Иакову и домашний верстак Иосифу, а сам отправился в Сепфорис, где нанялся на работу к кузнецу. В течение шести месяцев он работал по металлу и приобрел значительный опыт в кузнечном деле.

До того, как приступить к новой работе в Сепфорисе, Иисус устроил один из своих регулярных семейных советов и торжественно утвердил Иакова, которому недавно исполнилось восемнадцать лет, исполняющим обязанности главы семьи. Он пообещал своему брату полную поддержку и всяческое участие и потребовал от каждого члена семьи должного обещания слушаться Иакова. С того дня Иаков взял на себя всю материальную ответственность за семью, а Иисус каждую неделю отдавал свой заработок брату. Впоследствии он уже никогда не забирал бразды правления из рук Иакова. Работая в Сепфорисе, Иисус, при желании, мог бы каждый вечер приходить домой, однако он специально держался в стороне, ссылаясь на погоду и другие обстоятельства, хотя истинной причиной было желание приучить Иакова и Иосифа нести ответственность за семью. Он начал постепенно отучать свою семью от себя. Каждую субботу, а иногда и на неделе, если это было необходимо, Иисус возвращался в Назарет, чтобы посмотреть, как осуществляется новый план, поделиться советами и полезными рекомендациями.

В течение шести месяцев Иисус бо́льшую часть времени проводил в Сепфорисе, что дало ему новую возможность лучше познакомиться с языческим взглядом па жизнь. Он работал с язычниками, жил среди язычников и использовал любую возможность для того, чтобы подробно и тщательно изучить особенности их жизни и мышления.

По своим моральным критериям этот город – родина Ирода Антипы – настолько уступал даже караванному Назарету, что после шестимесячного пребывания в Сепфорисе Иисус с готовностью воспользовался предлогом и вернулся в Назарет. Бригада, в которой он работал, должна была принять участие в строительстве общественных сооружений как в Сепфорисе, так и в новом городе Тивериаде, и Иисус не желал принимать какого-либо участия в работах под надзором Ирода Антипы. Были и другие причины, из-за которых, по мнению Иисуса, ему следовало возвратиться в Назарет. Вернувшись в ремонтную мастерскую, он не принял на себя управления семейными делами. Работая вместе с Иаковом в мастерской, Иисус, насколько это было возможно, позволял ему оставаться хозяином в доме. Иаков продолжал по собственному усмотрению распоряжаться расходами и бюджетом семьи.

Именно благодаря такому мудрому и продуманному планированию Иисус смог обеспечить условия для окончательного отхода от активного участия в семейных делах. Когда Иаков приобрел двухгодичный опыт в качестве исполняющего обязанности главы семьи – и за два года до того, как он (Иаков) женился,

– распоряжение семейными деньгами и общее управление делами семьи было возложено на Иосифа.

3. ДВАДЦАТЬ ТРЕТИЙ ГОД (17 ГОД Н. Э.)

В этом году финансовые трудности несколько уменьшились, так как работали уже четыре члена семьи. Мириам хорошо зарабатывала продажей молока и масла; Марфа стала искусной ткачихой. Было выплачено уже более трети суммы, причитавшейся за ремонтную мастерскую. Это позволило Иисусу на три недели прервать работу, чтобы отправиться вместе с Симоном в Иерусалим на празднование Пасхи, и со времени смерти отца это был самый продолжительный период, в течение которого он не занимался ежедневным трудом.

Они шли в Иерусалим через Декаполис, минуя Пеллу, Герасу, Филадельфию, Хешбон и Иерихон. Возвращаясь в Назарет, они пошли побережьем – через Лидду, Иоппию и Кесарию, после чего, обогнув гору Кармил, вышли к Птолемаиде и Назарету. Это путешествие позволило Иисусу достаточно хорошо познакомиться со всей Палестиной к северу от Иерусалима.

В Филадельфии Иисус и Симон познакомились с купцом из Дамаска, которому настолько полюбилась назаретская пара, что он уговорил их остановиться в его иерусалимской резиденции. Пока Симон находился в храме, Иисус проводил время в продолжительных беседах, обсуждая мировые проблемы с этим образованным и много повидавшим человеком. Этому купцу принадлежало более четырех тысяч караванных верблюдов; его коммерческие интересы охватывали весь римский мир, и в настоящее время он находился на пути в Рим. Он предложил, чтобы Иисус приехал в Дамаск и вошел в его дело – импорт восточных товаров, – но Иисус объяснил, что в тот момент он не чувствовал себя вправе уезжать так далеко от семьи. Тем не менее, по дороге домой он много думал о тех далеких городах и еще более далеких странах Запада и Востока – странах, о которых он слышал столько рассказов от караванных путешественников и проводников.

Симону чрезвычайно понравилось их посещение Иерусалима. Он был должным образом принят в общество Израиля при пасхальном посвящении новых сынов завета. Пока Симон присутствовал на пасхальных церемониях, Иисус бродил в толпе посетителей и провел много интересных личных бесед с многочисленными обращенными в иудаизм язычниками.

Наверное, самой примечательной из всех этих встреч было знакомство с молодым эллинистом по имени Стефан. Этот юноша впервые посетил Иерусалим и случайно встретился с Иисусом пополудни в четверг на пасхальной неделе. Пока оба они прогуливались, глядя на дворец Хасмонеев, Иисус завел непринужденную беседу, в результате которой они заинтересовались друг другом и в течение четырех часов говорили о том, как следует жить, каким является истинный Бог и как дóлжно ему поклоняться. Стефан был потрясен словами Иисуса и никогда их не забывал.

И это был тот же самый Стефан, который впоследствии уверовал в учения Иисуса и чья смелая проповедь раннего евангелия привела к тому, что разгневанные евреи забили его насмерть камнями. Необыкновенная храбрость Стефана в провозглашении своего взгляда на новое евангелие отчасти была прямым результатом его первой беседы с Иисусом. Однако у Стефана ни разу не возникло даже смутной догадки о том, что галилеянин, с которым он разговаривал примерно пятнадцать лет назад, был тем же самым человеком, которого он впоследствии провозгласил Спасителем мира и за которого ему было суждено вскоре умереть, став первым мучеником нарождающейся христианской веры. Когда Стефан прощался с жизнью, заплатив ею за свои нападки на еврейский храм и его традиционные обряды, рядом стоял некий человек по имени Саул, житель Тарса. И когда Саул увидел, на какую смерть был способен этот грек за свою веру, в его сердце пробудились чувства, заставившие его в итоге отдаться тому делу, за которое погиб Стефан; впоследствии он стал энергичным и неукротимым Павлом – философом христианской религии, если не ее единоличным основателем.

В воскресенье после Пасхальной недели Симон и Иисус отправились назад в Назарет. Симон никогда не забывал того, чему научил его Иисус во время этого путешествия. Он всегда любил Иисуса, однако именно теперь он почувствовал, что стал понимать своего отца-брата. По дороге они много говорили по душам – и в пути, и во время привалов. Они прибыли домой в четверг в полдень, и в тот вечер Симон допоздна рассказывал домашним о своих впечатлениях.

Мария была очень расстроена словами Симона о том, что бо́льшую часть своего времени в Иерусалиме Иисус провел «во встречах с незнакомцами, особенно с теми, которые прибыли из дальних стран». Семья Иисуса никогда не понимала его огромного интереса к людям, его желания встречаться с ними, знакомиться с их жизнью и узнавать от них, о чём они думают.

Всё больше и больше приходилось назаретской семье заниматься решением непосредственных человеческих проблем. Домашние нечасто вспоминали про миссию Иисуса, да и сам он крайне редко говорил о своем грядущем пути. Его мать почти не вспоминала о том, что он был заветным дитя. Постепенно она расставалась с мыслью о некоей божественной миссии, которую Иисусу было суждено осуществить на земле. И всё же порой ее вера возрождалась, когда она задумывалась, вспоминая о явлении Гавриила до рождения ребенка.

4. ДАМАССКИЙ ЭПИЗОД

Последние четыре месяца этого года Иисус провел в Дамаске в гостях у купца, с которым он повстречался в Филадельфии на пути в Иерусалим. Будучи в Назарете, представитель купца разыскал Иисуса и как почетного гостя проводил его в Дамаск. Этот купец, наполовину еврей, предложил выделить необычайно крупную сумму денег для организации в Дамаске религиозно-философской школы. Он собирался создать центр образования, который превзошел бы Александрию. И он предложил Иисусу сразу же отправиться в длительное путешествие по мировым центрам просвещения, чтобы, получив необходимую подготовку, возглавить это начинание. Это стало одним из величайших соблазнов, с которыми когда-либо сталкивался Иисус в течение чисто человеческой части своего пути.

Вскоре этот купец привел к Иисусу группу из двенадцати купцов и банкиров, готовых поддержать создание новой школы. Иисус проявил глубокий интерес к идее создания школы и помог подготовить план ее организации. Однако всякий раз, когда об этом заходила речь, он выражал свое опасение, что некоторые неназванные, но принятые на себя ранее обязательства не позволят ему взяться за руководство столь значительным предприятием. Купец, желавший стать его благотворителем, настаивал. Он дал Иисусу несколько выгодных заказов на переводы, которые тот выполнял у него дома. Одновременно он сам, его жена, а также его сыновья и дочери пытались убедить Иисуса не отказываться от предлагаемой чести. Но Иисус не соглашался. Он прекрасно знал, что его миссия на земле не будет опираться на учебные заведения; он знал, что он совершенно не обязан руководствоваться «советами людей», сколь бы благими ни были их намерения.

Тот, кого отвергли религиозные вожди Иерусалима, – даже после того, как он продемонстрировал свои качества вождя, – был признан и провозглашен выдающимся учителем деловыми людьми и банкирами Дамаска, причем в то время, когда он являлся скромным, никому не известным плотником из Назарета.

Он никогда не рассказывал об этом предложении своей семье, и конец этого года застал его в Назарете при выполнении своих ежедневных обязанностей, как будто он никогда не подвергался соблазну лестными предложениями своих дамасских друзей. Точно так же этим дамасцам никогда не приходило в голову, что будущий гражданин Капернаума, взбудораживший всё еврейство, являлся бывшим плотником из Назарета, осмелившимся отказаться от той чести, которую могло бы обеспечить их объединенное богатство.

Иисусу удавалось с большим искусством и расчетом обособлять различные эпизоды своей жизни, так что люди никогда не воспринимали их как поступки одного и того же человека. Не раз в последующие годы он слышал этот рассказ о странном галилеянине, отказавшемся от возможности основать в Дамаске школу, которая соперничала бы с Александрией.

Одной из целей, преследуемых Иисусом при размежевании некоторых эпизодов своего земного опыта, было предотвратить создание такой многогранной и впечатляющей картины жизненного пути, которая побудила бы последующие поколения поклоняться учителю, вместо того, чтобы подчиняться истине, которую он воплотил в своей жизни и которой он учил. Иисус не желал, чтобы свидетельства его чисто человеческих достижений отвлекали внимание от его учения. Уже на раннем этапе он понял, что его последователи будут испытывать искушение создать религию *о нём* и что такая религия может стать соперником евангелия о царстве, которое он собирался провозгласить миру. Соответственно, на своем богатом событиями пути он последовательно стремился пресечь всё, что могло бы послужить этой естественной человеческой тенденции возвеличивать учителя вместо провозглашения его учений.

Этим же объясняется, почему он допускал, чтобы его знали под разными именами в различные периоды его разнообразной жизни на земле. С другой стороны, он не хотел оказывать неправомерного воздействия на свою семью или каких-либо других людей, заставляя их поверить в него против их собственных убеждений. Он всегда отказывался пользоваться неподобающим или несправедливым преимуществом перед человеческим разумом. Он не хотел, чтобы люди верили в него, если их сердца глухи к духовным реальностям, раскрытым в его учениях.

К концу этого года дела в назаретской семье шли неплохо. Дети росли, и Мария начала привыкать к отсутствию Иисуса. Он продолжал передавать свои заработки Иакову на нужды семьи, оставляя только небольшую часть на свои непосредственные личные потребности.

С течением лет было всё труднее представить себе, что этот человек является Сыном Божьим на земле. Казалось, что он стал вполне обыкновенным индивидуумом этого мира – человеком среди людей. И то, что это посвящение должно было протекать именно таким образом, было предопределено небесным Отцом.

5. ДВАДЦАТЬ ЧЕТВЕРТЫЙ ГОД (18 ГОД Н. Э.)

Для Иисуса это был первый год относительной свободы от семейных обязанностей, ибо Иаков весьма успешно вел хозяйство, и Иисус помогал ему советом и деньгами.

На следующей неделе после Пасхи в Назарет прибыл молодой человек из Александрии, чтобы организовать встречу Иисуса с группой александрийских евреев. Эта встреча должна была состояться в том же году где-то на палестинском побережье. Совещание было назначено на середину июня, и Иисус отправился в Кесарию, где пять видных александрийских евреев уговаривали его обосноваться в их городе и стать религиозным учителем, предложив для начала, в качестве стимула, место помощника хазана в их главной синагоге.

Представители этого комитета объяснили Иисусу, что Александрии суждено стать всемирным центром еврейской культуры, что эллинистические тенденции в иудаизме практически уже вытеснили вавилонскую школу. Они напомнили Иисусу о распространявшихся в Иерусалиме и по всей Палестине зловещих слухах о восстании, уверяя его, что любой мятеж палестинских евреев будет равносилен национальному самоубийству, что железная рука Рима сокрушит восстание в три месяца, разрушит Иерусалим и сровняет с землей храм, не оставив от него камня на камне.

Иисус выслушал всё, что они хотели ему сказать, поблагодарил их за доверие и, отклоняя предложение переехать в Александрию, сказал, по существу, следующее: «Мое время еще не исполнилось». Они были озадачены его явным равнодушием к той чести, которую они собирались ему оказать. Перед тем как покинуть Иисуса, его александрийские друзья передали ему кошелек с деньгами в знак своего уважения и для возмещения времени и расходов, связанных с прибытием в Кесарию на встречу с ними. Однако он отказался и от денег, сказав: «Семья Иосифа никогда не принимала подаяний, и мы не можем есть чужой хлеб, пока мои руки сильны и мои братья способны трудиться».

Его друзья из Египта отплыли домой, и в последующие годы, когда до них доходили слухи о строителе лодок из Капернаума, вызвавшем такое волнение в Палестине, мало кто из них догадывался о том, что это был выросший вифлеемский младенец и тот самый странный галилеянин, который без долгих слов отказался от приглашения стать великим учителем в Александрии.

Иисус вернулся в Назарет. Вторая половина этого года была самым спокойным временем за всю его земную жизнь. Он наслаждался этой вре́менной передышкой в своих обычных делах – решении проблем и преодолении трудностей. Он много общался со своим небесным Отцом и совершил колоссальный прогресс в овладении своим человеческим разумом.

Однако спокойное течение людских дел в мирах времени и пространства является недолгим. В декабре состоялся конфиденциальный разговор Иакова с Иисусом. Иаков поведал о своей сильной любви к назаретской девушке Есте и о том, что они хотели бы пожениться, если бы это было возможно. Он напомнил, что Иосифу скоро исполнится восемнадцать лет и что для него было бы полезно получить возможность исполнять обязанности главы семьи. Иисус дал согласие на то, чтобы Иаков женился через два года, при условии, что за это время он должным образом подготовит Иосифа к принятию на себя функций главы семьи.

События следовали одно за другим – пришла пора брачных настроений. Успех Иакова, получившего согласие Иисуса на брак, придал смелости Мириам, которая также решила поговорить со своим братом-отцом о своих планах. Иаков, молодой каменщик, когда-то добровольно взявший на себя роль защитника Иисуса, а теперь являвшийся партнером Иакова и Иосифа, уже давно добивался от Мириам согласия стать его женой. После того как Мириам раскрыла Иисусу свои планы, он распорядился, чтобы Иаков сам явился к нему и официально попросил ее руки, пообещав благословить их брак, как только Мириам сочтет, что Марфа готова к исполнению обязанностей старшей дочери.

Когда Иисус бывал дома, трижды в неделю, по вечерам, он продолжал учить в вечерней школе. По субботам он часто читал Писания в синагоге, проводил время с матерью, учил детей и в целом вел себя как достойный и уважаемый житель Назарета в сообществе Израиля.

6. ДВАДЦАТЬ ПЯТЫЙ ГОД (19 ГОД Н. Э.)

Этот год все члены назаретской семьи встретили в добром здравии, и в течение года все дети закончили образование, если не считать того, что Марфе нужно было еще заниматься с Руфью.

Иисус являлся одним из наиболее здоровых, сильных и благовоспитанных мужчин, когда-либо появлявшихся на земле со времен Адама. Его физическое развитие было совершенным. Его разум, достигнув гигантских масштабов по сравнению с обычным умственным развитием его современников, являлся активным, глубоким и проницательным, и его дух был действительно по-человечески божественным.

В материальном отношении семья была лучше обеспечена, чем когда-либо со времени утраты состояния Иосифа. Они полностью рассчитались за караванную ремонтную мастерскую; они никому не были должны, и впервые за многие годы у них появились некоторые сбережения. Ввиду этого, а также потому, что он сопровождал других своих братьев для участия в их первых пасхальных церемониях, Иисус решил отправиться в путь вместе с Иудой (только что окончившим синагогальную школу), которому предстояло впервые посетить храм.

И в Иерусалим, и обратно они шли одним и тем же путем – через долину Иордана, так как Иисус опасался, что вести младшего брата через Самарию будет чревато неприятностями. Еще в Назарете невыдержанность Иуды в сочетании с сильными патриотическими чувствами несколько раз приводили к тому, что он оказывался в затруднительном положении.

Они прибыли в Иерусалим вовремя и в первый раз направлялись в храм – один вид которого взволновал и потряс Иуду до глубины души, – когда им повстречался Лазарь из Вифании. Пока Иисус разговаривал с Лазарем с целью договориться о совместном праздновании Пасхи, Иуда неожиданно нарвался на крупные неприятности, коснувшиеся всех троих. Стоявший неподалеку римский стражник отпустил неприличное замечание в адрес проходившей мимо еврейской девушки. Иуда вспыхнул от возмущения и тут же выразил в адрес солдата свое негодование по поводу такой непристойности, причем достаточно громко, чтобы тот услышал. Что касается римских легионеров, то они весьма чувствительно реагировали на малейшее неуважение со стороны евреев. Поэтому стражник тут же задержал Иуду. Для молодого патриота это было уже слишком, и еще до того, как Иисус успел предупредить его своим взглядом, он разразился пространной обвинительной речью, выплеснув накопившиеся антиримские чувства, чем только усугубил и без того скверную ситуацию. Иуду сразу же отвели в военную тюрьму. Вместе с ним туда направился и Иисус.

Иисус пытался добиться либо немедленного слушания по делу Иуды, либо его освобождения, с тем чтобы Иуда успел вечером принять участие в праздновании Пасхи, однако все его попытки оказались безуспешными. Ввиду того, что следующий день был днем «священного собрания» в Иерусалиме, даже римляне не решались выдвигать обвинений против евреев. Поэтому Иуда оставался в заключении до утра второго дня после своего ареста, и Иисус находился в тюрьме вместе с ним. Они не присутствовали в храме на церемонии принятия новых сынов закона в полноправные граждане общества Израиля. Иуда прошел эту официальную церемонию только через несколько лет, когда в очередной раз оказался в Иерусалиме во время Пасхи в связи с агитационной деятельностью в качестве представителя зелотов – патриотической организации, активным членом которой он являлся.

После двух дней, которые они провели в тюрьме, утром третьего дня Иисус предстал перед военным судьей от имени Иуды. Извинившись за своего юного брата, Иисус сделал поясняющее, но осмотрительное заявление, в котором упомянул о провокационном характере эпизода, приведшего к аресту его брата. Благодаря трактовке Иисуса, судья пришел к заключению, что у молодого еврея могли быть определенные основания для своей резкой выходки. Предупредив Иуду не позволять себе снова подобной опрометчивости, он отпустил их, сказав Иисусу: «Тебе следует присматривать за мальчиком; он способен доставить всем вам много неприятностей». И римский судья был прав. Иуда действительно был источником значительных неприятностей для Иисуса, и всегда эти неприятности заключались в одном и том же – столкновениях с гражданскими властями из-за неосмотрительных и неразумных патриотических порывов.

Иисус и Иуда пришли на ночь в Вифанию, объяснили, почему они не смогли принять участие в пасхальном ужине, и на следующий день отправились в Назарет. Иисус ничего не сказал домашним об аресте своего младшего брата в Иерусалиме, однако примерно через три недели после возвращения у него состоялся продолжительный разговор по этому поводу с Иудой. После этого разговора с Иисусом Иуда сам рассказал обо всём семье. Он никогда не забывал, какое терпение и выдержку продемонстрировал его брат-отец в течение всего этого тяжелого испытания.

Это была последняя Пасха, на которой Иисус побывал с кем-либо из членов своей семьи. Приближалось время всё большего ослабления связи Сына Человеческого со своими родными.

В этом году периоды его глубоких раздумий часто прерывались Руфью и ее товарищами по играм. И Иисус всегда был готов отложить размышления о своем будущем труде для мира и вселенной, чтобы разделить детскую радость и молодой задор этих ребятишек, которые никогда не уставали слушать о его различных путешествиях в Иерусалим. Они также чрезвычайно любили его рассказы о животных и природе.

Дети всегда были желанными гостями в ремонтной мастерской. У стены мастерской Иисус оставлял песок, кирпичи и камни, и здесь всегда резвились стайки детей. Устав от игр, самые отважные из них заглядывали в мастерскую, и если ее владелец не был занят, то они, набравшись смелости, заходили внутрь и говорили:

«Дядя Иешуа, выходи к нам и расскажи длинную историю». Затем они хватали его за руки и тащили за собой, пока он не усаживался на любимый камень у угла мастерской, а сами устраивались перед ним полукругом. И как же малыши любили своего дядю Иешуа! Они учились смеяться, и смеяться от души. Обычно один или двое самых маленьких забирались ему на колени и сидели там, завороженно глядя на его выразительное лицо, пока он рассказывал свои истории. Дети любили Иисуса, и Иисус любил детей.

Его друзьям было трудно понять размах его интеллектуальной деятельности – каким образом ему удавалось столь внезапно и полностью переключаться с глубоких обсуждений политики, философии или религии на беспечную и веселую шаловливость этих малышей, которым было от пяти до десяти лет. Его собственные братья и сестры подросли; теперь у него было больше свободного времени, и пока в семье не появились внуки, он уделял огромное внимание этим малышам. Однако он прожил на земле слишком мало, чтобы успеть по-настоящему насладиться внуками.

7. ДВАДЦАТЬ ШЕСТОЙ ГОД (20 ГОД Н. Э.)

С началом этого года Иисус Назарянин начал твердо осознавать в себе огромное потенциальное могущество. Но он был в равной степени полностью уверен в том, что это могущество не может использоваться его личностью Сына Человеческого, – во всяком случае, до тех пор, пока не пробьет его час.

В это время он много думал, но мало говорил о своей связи с небесным Отцом. И результатом всех этих размышлений были слова, произнесенные им однажды в молитве на вершине холма: «Кем бы я ни являлся и какое бы могущество ни было в моих руках, я всегда подчинялся и всегда буду подчиняться воле моего Райского Отца». И тем не менее, когда этот человек шел по Назарету на работу и с работы, «в нём были сокрыты все сокровища мудрости и познания», что применительно к огромной вселенной было буквальной истиной.

Весь этот год семейные дела шли гладко для всех, кроме Иуды. В течение многих лет младший брат доставлял Иакову неприятности, не желая заняться каким-либо ремеслом. Невозможно было положиться и на его участие в семейных расходах. Хотя он жил дома, он недобросовестно относился к обязанности вносить свой вклад в содержание семьи.

Иисус был мирным человеком и чувствовал себя неловко из-за постоянных агрессивных выходок Иуды и его многочисленных патриотических демаршей. Иаков и Иосиф предлагали выгнать его из дома, но Иисус не соглашался. Всякий раз, когда их терпение готово было лопнуть, Иисус лишь советовал: «Будьте терпеливы. Будьте благоразумны в своих советах и подавайте пример собственной жизнью, дабы ваш брат мог сначала познать лучший путь, а затем был бы вынужден следовать за вами по этому пути». Мудрый и добрый совет Иисуса предотвратил раскол в семье; они остались вместе. Однако Иуда образумился только после женитьбы.

Мария редко говорила о будущей миссии Иисуса. Всякий раз, когда об этом заходила речь, Иисус лишь отвечал: «Мое время еще не исполнилось». Иисус почти уже справился с трудной задачей, которая заключалась в том, чтобы отучить свою семью быть зависимой от непосредственного присутствия его личности. Он быстро готовился к тому дню, когда он мог бы уверенно покинуть свой назаретский дом и начать более активную подготовку к действительному служению людям.

Никогда не упускайте из виду того обстоятельства, что первоочередной задачей Иисуса в его седьмом посвящении было обретение опыта создания, достижение полновластия в Небадоне. И при накоплении именно этого опыта он осуществил высшее раскрытие Райского Отца для Урантии и всей локальной вселенной. Помимо достижения этих главных целей, он также взял на себя решение тех проблем этой планеты, которые были связаны с восстанием Люцифера.

В этом году у Иисуса было больше, чем обычно, досуга, и он уделял много времени подготовке Иакова к управлению ремонтной мастерской и Иосифа – к распоряжению домашними делами. Мария чувствовала, что он готовится покинуть их. Куда он собирается уйти? Чем он намерен заняться? Она почти уже перестала думать об Иисусе как о Мессии. Она не могла его понять; она просто была неспособна постичь своего первенца.

В этом году Иисус очень много времени уделял каждому члену своей семьи. Он отправлялся с ними в длительные и частые прогулки, забираясь на вершину холма и гуляя по окрестностям. Перед жатвой он отвел Иуду на ферму к своему дяде, которая находилась к югу от Назарета, однако Иуда там не задержался. Вскоре после жатвы он сбежал, и позднее Симон нашел его на озере в компании рыбаков. После того как Симон привел его домой, Иисус обстоятельно поговорил с беглецом и, так как тот хотел быть рыбаком, отправился с ним в Магдалу и оставил его на попечении их родственника, рыбака; с того времени и до своей женитьбы Иуда успешно и регулярно трудился и продолжал рыбачить после своей женитьбы.

Наконец, пришел день, когда все братья Иисуса нашли себе занятие в жизни и овладели своим ремеслом. Всё было готово для того, чтобы Иисус мог покинуть семью.

В ноябре состоялась двойная свадьба. Иаков, брат Иисуса, женился на Есте, а Мириам вышла замуж за соседского Иакова. Это было поистине радостным событием. Даже Мария снова чувствовала себя счастливой, если не считать тех моментов, когда она понимала, что Иисус готовится уйти. Она страдала под тяжким бременем неопределенности: если бы только Иисус сел и открыто поговорил с ней, как это бывало, когда он был ребенком! Однако он всегда оставался замкнутым и хранил полное молчание относительно своего будущего.

Иаков и его молодая жена, Еста, перебрались в небольшой уютный дом в западной части города, подаренный ее отцом. Хотя Иаков продолжал поддерживать семью матери, из-за женитьбы его квота была урезана наполовину, и Иисус официально назначил Иосифа главой семьи. К этому времени Иуда исправно присылал домой свою ежемесячную долю в семейных расходах. Брак Иакова и Мириам оказал на него весьма благотворное воздействие, и на следующий день после свадьбы, перед тем как отправиться на рыбный промысел, он заверил Иосифа, что тот может твердо рассчитывать «на его долю, а если потребуется – то и на большее». И он сдержал свое слово.

Мириам жила в доме Иакова по соседству с Марией. К этому времени Иаков старший уже лежал в земле вместе с предками. Марфа заменила в доме Мириам, и к концу года реорганизация семьи была благополучно завершена.

На следующий день после двойной свадьбы у Иисуса состоялся важный разговор с Иаковом. Конфиденциально сообщив Иакову, что собирается покинуть семью, он передал ему все права на ремонтную мастерскую, официально и торжественно снял с себя обязанности главы дома Иосифа и чрезвычайно трогательно назначил своего брата Иакова «главой и защитником дома моего отца». Он составил – и они оба подписали – тайное соглашение, в котором оговаривалось, что, в обмен на подаренную ему ремонтную мастерскую, Иаков принимает на себя полную материальную ответственность за семью и тем самым освобождает Иисуса от любых дальнейших обязанностей в этих вопросах. После того как они подписали договор и распределили семейный бюджет таким образом, чтобы реальные семейные расходы могли погашаться без участия Иисуса, Иисус сказал Иакову: «Однако, сын мой, пока не исполнится мое время, я буду продолжать посылать тебе некоторую сумму каждый месяц, но то, что я буду присылать, должно использоваться тобой по обстоятельствам. Расходуй мои деньги на предметы первой необходимости для семьи или на развлечения – так, как ты посчитаешь нужным. Трать их в случае болезни или для погашения непредвиденных расходов, с которыми могут столкнуться отдельные члены семьи».

Так Иисус действительно подготовился ко второму периоду зрелой жизни, который он провел вне семьи, прежде чем он приступил к публичной деятельности – делу его Отца.

ДОКУМЕНТ 129

ДАЛЬНЕЙШАЯ ВЗРОСЛАЯ ЖИЗНЬ ИИСУСА

Иисус полностью и окончательно отошел от управления домашними делами назаретской семьи и непосредственного руководства ее членами. Вплоть до своего крещения он продолжал вносить вклад в семейный бюджет и живо интересоваться духовной жизнью всех братьев и сестер. И он всегда был готов сделать всё по-человечески возможное для благополучия и счастья своей овдовевшей матери.

К этому времени Сын Человеческий сделал все необходимые приготовления к тому, чтобы навсегда покинуть свою назаретскую семью; и этот шаг был нелегким. Естественно, Иисус любил своих родных. Он любил свою семью, и это естественное чувство чрезвычайно усиливалось необыкновенной преданностью ей. Чем полнее мы посвящаем себя своим собратьям, тем больше мы начинаем их любить; и так как Иисус столь безраздельно отдавал себя своей семье, он любил ее огромной и пламенной любовью.

Постепенно все члены семьи поняли, что Иисус собирается их покинуть. Печаль от предчувствия расставания смягчалась только той постепенностью, с которой он готовил их к объявлению о своем запланированном уходе. На протяжении более чем четырех лет они осознавали, что он готовится к этой окончательной разлуке.

1. ДВАДЦАТЬ СЕДЬМОЙ ГОД (21 ГОД Н. Э.)

В январе этого года, 21 года н. э., дождливым воскресным утром, без долгих слов Иисус покинул свою семью, объяснив только, что он отправляется в Тивериаду, после чего собирается посетить другие города в окрестностях Галилейского моря. Так он покинул их и уже никогда не возвращался в лоно семьи.

Он провел одну неделю в Тивериаде – новом городе, которому вскоре предстояло стать преемником Сепфориса в качестве столицы Галилеи. Не найдя здесь ничего для себя интересного, он продолжил путь через Магдалу и Вифсаиду и прибыл в Капернаум, где остановился, чтобы навестить друга своего отца – Зеведея. Его сыновья были рыбаками; сам он строил лодки. Иисус Назарянин был специалистом как в проектировании, так и строительстве. Он мастерски работал по дереву, и Зеведей был наслышан об искусстве назаретского умельца. Зеведей уже давно подумывал о строительстве лодок улучшенной конструкции, и теперь он рассказал о своих планах Иисусу, предложив остановившемуся у него плотнику войти в дело, и Иисус охотно согласился.

Иисус проработал с Зеведеем немногим больше года, однако за это время он создал лодки новой конструкции и внедрил принципиально новые методы их изготовления. Благодаря более совершенной технологии и значительно улучшенным методам пропарки досок, Иисус и Зеведей начали строить лодки чрезвычайно высокого качества – небольшие суда, которые были намного безопасней в плавании на озере, чем лодки прежних типов. В течение нескольких лет заказы на эти лодки нового типа превышали возможности небольшого предприятия Зеведея. Менее чем через пять лет практически все используемые на озере лодки были построены в мастерской Зеведея в Капернауме. Иисус стал широко известен в кругу галилейских рыбаков как создатель новых лодок.

Зеведей был достаточно обеспеченным человеком. Его лодочные мастерские располагались на озере к югу от Капернаума, а его дом стоял на берегу, неподалеку от рыболовецкого центра Вифсаиды. Иисус провел в Капернауме более года, и в течение этого времени он жил в семье Зеведея. Он давно уже трудился в одиночестве – то есть, без отца – и потому наслаждался работой с отцом-напарником.

Жена Зеведея, Саломия, была родственницей Анана, который в свое время являлся первосвященником Иерусалима. Смещенный лишь восемью годами ранее, Анан по-прежнему оставался наиболее влиятельным из саддукеев. Саломия стала страстной поклонницей Иисуса. Она любила его, как своих собственных сыновей – Иакова, Иоанна и Давида, а четыре ее дочери относились к нему, как к старшему брату. Иисус часто отправлялся на рыбалку с Иаковом, Иоанном и Давидом, и они обнаружили, что он не только искусный строитель лодок, но и опытный рыбак.

В течение всего этого года Иисус ежемесячно отсылал деньги Иакову. Он вернулся в Назарет в октябре, чтобы присутствовать на свадьбе Марфы, после чего не появлялся здесь более двух лет, вернувшись сюда лишь перед двойной свадьбой Симона и Иуды.

В течение этого года Иисус продолжал строить лодки и наблюдать за жизнью людей на земле. Он часто посещал стоянки караванов, ибо путь из Дамаска на юг проходил через Капернаум. В Капернауме стоял большой римский гарнизон; возглавлявший его офицер был язычником, обращенным в веру Ягве, – «благочестивым человеком», как называли таких прозелитов евреи. Этот офицер, происходивший из богатой римской семьи, решил построить в Капернауме прекрасную синагогу, которую он передал евреям незадолго до того, как Иисус поселился у Зеведея. В течение этого года Иисус провел здесь более половины всех богослужений, и некоторые из побывавших в синагоге караванных путников узнали в нём плотника из Назарета.

Когда пришла пора платить налоги, Иисус зарегистрировался как «квалифицированный ремесленник из Капернаума». С того дня и до конца своей земной жизни его знали как жителя Капернаума. Он никогда не заявлял о каком-либо ином официальном местожительстве, хотя, в силу разных причин, он позволял принимать себя за жителя Дамаска, Вифании, Назарета и даже Александрии.

В капернаумской синагоге он обнаружил много новых книг, хранившихся в библиотечных сундуках, и как минимум пять вечеров в неделю он проводил в интенсивных занятиях. Один из свободных вечеров он уделял общению со старшими, а другой проводил с молодежью. В личности Иисуса было нечто благодатное и воодушевляющее, что неизменно притягивало к нему молодых людей. В его обществе они всегда чувствовали себя легко и непринужденно. Возможно, главный секрет его успеха в общении с ними заключался в двух обстоятельствах: он постоянно интересовался их делами и вместе с тем редко давал им советы, если у него их не спрашивали.

Семья Зеведея почти что поклонялась Иисусу и никогда не пропускала вечеров вопросов и ответов, которые Иисус регулярно проводил после ужина до того, как уходил заниматься в синагогу. Юные соседи также часто посещали эти вечерние беседы. На этих небольших собраниях Иисус давал различные прогрессивные наставления – прогрессивные ровно настолько, насколько они были доступны пониманию слушателей. Он вполне непринужденно беседовал с ними, выражая свои идеи и идеалы в отношении политики, социологии, науки и философии;

категоричность и непререкаемость появлялись в его тоне только тогда, когда речь заходила о религии – связи человека с Богом.

Раз в неделю Иисус устраивал собрания, на которых присутствовала вся семья, а также подмастерья и подсобные береговые рабочие, ибо у Зеведея было много наемных работников. Именно в среде этих тружеников Иисус впервые был назван «Учителем». Все они любили его. Иисусу нравилось работать вместе с Зеведеем в Капернауме, однако он скучал по детям, игравшим у стены столярной мастерской в Назарете.

Из сыновей Зеведея Иаков больше других интересовался Иисусом как учителем и философом. Иоанн прежде всего ценил его религиозные учения и воззрения. Давид уважал в нём мастерового, но мало задумывался о его религиозных взглядах и философских учениях.

Иуда часто приходил сюда по субботам послушать речи Иисуса в синагоге и оставался, чтобы пообщаться с ним. И чем больше времени проводил Иуда в обществе своего старшего брата, тем больше он убеждался в том, что Иисус является поистине великим человеком.

В этом году Иисус совершил огромный прогресс в постепенном овладении своим человеческим разумом и достиг новых высот в осознанном общении с внутренним Настройщиком Мышления.

Это был последний год его оседлой жизни. Впредь Иисус никогда уже не проводил целого года в одном месте или за одним занятием. Быстро приближались дни его земных странствий. Периоды напряженной деятельности были не за горами, но теперь – между простой, но необычайно энергичной жизнью в прошлом, и еще более насыщенным и напряженным общественным служением – ему предстояло провести несколько лет в активных путешествиях и самом разнообразном личном труде. Он должен был завершить свою подготовку в качестве человека данного мира, до того как стать учителем и проповедником – совершенным Богочеловеком божественных и постчеловеческих этапов своего урантийского посвящения.

2. ДВАДЦАТЬ ВОСЬМОЙ ГОД (22 ГОД Н. Э.)

В марте 22 года н. э. Иисус покинул Зеведея и Капернаум. Он попросил немного денег для покрытия своих расходов в Иерусалиме. Работая с Зеведеем, он брал лишь небольшие суммы, которые ежемесячно отправлял семье в Назарет. Каждый месяц Иосиф и Иуда поочередно приходили в Капернаум за деньгами и относили их в Назарет; рыболовецкий центр Иуды находился всего лишь в нескольких милях к югу от Капернаума.

Когда Иисус покинул семью Зеведея, он согласился задержаться в Иерусалиме до Пасхи, и они все пообещали прибыть на празднование. Они даже договорились устроить совместную пасхальную трапезу. Все они были опечалены уходом Иисуса – особенно дочери Зеведея.

До того, как Иисус покинул Капернаум, у него состоялся продолжительный разговор со своим новым другом и близким товарищем – Иоанном Зеведеевым. Он сказал Иоанну, что собирается много путешествовать «пока не исполнится его время», и попросил Иоанна, чтобы тот ежемесячно посылал вместо него в Назарет определенную сумму до тех пор, пока не будут израсходованы причитающиеся ему деньги. И Иоанн дал ему следующее обещание: «Мой Учитель, занимайся своим делом, верши свой труд в мире; я буду действовать от твоего имени в этом и любом другом вопросе, и я буду помогать твоей семье так же, как я опекал бы свою собственную мать и ухаживал бы за своими родными братьями и сестрами. Я буду расходовать твои средства, которые хранятся у моего отца, согласно твоему распоряжению и в зависимости от необходимости, а если твои деньги кончатся и я ничего не буду от тебя получать, а твоя мать будет нуждаться, то я буду делиться с нею своими собственными заработками. Иди с миром. Я буду действовать вместо тебя во всех этих вопросах».

Поэтому после того как Иисус отправился в Иерусалим, Иоанн справился у своего отца, Зеведея, относительно причитавшихся Иисусу средств, и он был удивлен тому, сколь внушительной была эта сумма. Ввиду того, что Иисус оставил этот вопрос целиком на их усмотрение, они решили, что лучше всего вложить деньги в недвижимость и использовать доход в помощь назаретской семье; и так как Зеведей знал о небольшом доме в Капернауме, который был заложен и предназначался для продажи, он велел Иоанну купить этот дом на деньги Иисуса и распоряжаться собственностью своего друга на правах опекуна. Иоанн поступил так, как посоветовал ему отец. В течение двух лет арендная плата за дом шла в счет погашения долга, а вскоре Иоанн получил от Иисуса крупную сумму денег на нужды семьи Учителя, и образовавшихся средств почти полностью хватило для выплаты по закладной; Зеведей предоставил недостающую часть, и Иоанн в установленное время погасил долг, приобретя полное право собственности на этот двухкомнатный дом. Таким образом, Иисус стал владельцем дома в Капернауме, но ему ничего об этом не сообщили.

Когда назаретская семья узнала о том, что Иисус покинул Капернаум, они – не зная о его финансовом соглашении с Иоанном – решили, что настало время обходиться без дальнейшей помощи Иисуса. Иаков помнил о своем договоре с Иисусом и с помощью своих братьев сразу же взял на себя полную ответственность за опеку семьи.

Однако вернемся к Иисусу, в Иерусалим. В течение двух месяцев бóльшую часть своего времени он проводил в храме, слушая диспуты и время от времени посещая различные школы раввинов. По субботам он обычно отправлялся в Вифанию.

Иисус привез в Иерусалим письмо от Саломии, жены Зеведея, представлявшей его бывшему первосвященнику Анану как человека, к которому она относится «как к родному сыну». Анан уделил ему много времени и лично побывал с ним во всех многочисленных иерусалимских академиях, готовивших религиозных учителей. Несмотря на то что Иисус всесторонне познакомился с этими школами и внимательно изучил их методы преподавания, он не задал публично ни одного вопроса. Анан относился к Иисусу как к великому человеку, однако он был в недоумении и не знал, чтó посоветовать. Он понимал, сколь глупым было бы рекомендовать ему поступать в какую-либо из иерусалимских школ в качестве ученика; с другой стороны, он хорошо знал, что Иисусу никогда не предоставят статус официального учителя, поскольку он не занимался в этих школах.

Вскоре наступила пасхальная неделя. Вместе с толпами паломников со всех концов мира из Капернаума в Иерусалим прибыл Зеведей со всей своей семьей. Все они остановились в просторном доме Анана, где встретили Пасху одной счастливой семьей.

Еще до окончания этой пасхальной недели Иисус – по-видимому, случайно – повстречался с богатым путешественником и его сыном – молодым человеком примерно семнадцати лет. Отец и сын были родом из Индии; собираясь посетить Рим и другие места Средиземноморья, они решили отправиться в Иерусалим на Пасху в надежде найти человека, который стал бы переводчиком для них обоих и репетитором для юноши. Отец настаивал на том, чтобы Иисус согласился поехать вместе с ними. Иисус рассказал ему о своей семье и о том, что с его стороны вряд ли было бы честным отлучаться почти на два года, – ведь за это время его семья может оказаться в нужде. В ответ на это путешественник с востока предложил Иисусу жалование за год вперед, с тем чтобы его друзья, распоряжаясь от имени Иисуса этими деньгами, могли оградить его семью от нужды. И Иисус согласился.

Иисус передал эту крупную сумму Иоанну, сыну Зеведея. И вы уже знаете, что Иоанн использовал эти деньги для погашения долга за дом в Капернауме. Иисус полностью посвятил Зеведея в планы своего путешествия по Средиземноморью, однако он велел ему не рассказывать об этом никому – даже своим родным, и за всё это долгое время продолжительностью почти в два года Зеведей действительно ни разу не раскрыл его местопребывания. Когда Иисус вернулся из путешествия, назаретская семья почти уже не надеялась увидеть его живым. Только благодаря уверениям Зеведея, который несколько раз наведывался в Назарет вместе со своим сыном Иоанном, в сердце Марии еще теплилась надежда.

В течение всего этого времени положение назаретской семьи оставалось весьма благополучным; Иуда существенно увеличил свою квоту и продолжал платить увеличенный взнос вплоть до своей женитьбы. Несмотря на то что они почти не нуждались в помощи, Иоанн Зеведеев каждый месяц делал подарки Марии и Руфи, как ему велел Иисус.

3. ДВАДЦАТЬ ДЕВЯТЫЙ ГОД (23 ГОД Н. Э.)

Весь двадцать девятый год жизни Иисуса ушел на завершение путешествия по Средиземноморью. Основные его события – в той мере, в которой нам позволено раскрыть этот опыт, – рассматриваются в повествованиях, следующих сразу же за данным документом.

Во время путешествия по римскому миру Иисус, в силу многих причин, был известен как *дамасский книжник*. Однако в Коринфе и других местах, где он останавливался на обратном пути, его знали как *еврейского репетитора*.

Этот период в жизни Иисуса был насыщен событиями. Во время путешествия он много общался с людьми, но данный опыт является тем этапом его жизни, который он никогда не раскрывал ни членам своей семьи, ни кому-либо из апостолов. Иисус прожил свою жизнь во плоти и покинул этот мир так, что никто (кроме Зеведея из Вифсаиды) не узнал об этом длительном путешествии. Некоторые из его друзей считали, что он вернулся в Дамаск; другие полагали, что он уехал в Индию. Его собственная семья склонялась к мнению, что он был в Александрии, ибо они знали, что когда-то его приглашали туда на должность помощника хазана.

Когда Иисус вернулся в Палестину, он ничего не сделал для того, чтобы изменить мнение своей семьи, считавшей, что он отправился из Иерусалима в Александрию; он позволил им продолжать верить, что всё то время, в течение которого его не было в Палестине, он провел в этом городе учености и культуры. Только Зеведей, строитель лодок из Вифсаиды, знал истину, однако Зеведей хранил молчание.

Во всех своих попытках разгадать значение жизни Иисуса на Урантии вам следует помнить о мотивах посвящения Михаила. Если вы хотите постигнуть значение его многих и, на первый взгляд, странных поступков, вы должны понять цель его пребывания в вашем мире. Он тщательно следил за тем, чтобы не сделать личный путь предметом чрезмерного, всепоглощающего внимания. Он не хотел прибегать к необычному и неотразимому воздействию на других людей. Он был всецело предан делу раскрытия небесного Отца своим смертным собратьям и одновременно посвящен возвышенной задаче: прожить свою смертную земную жизнь, неизменно подчиняясь воле того же Райского Отца.

Кроме того, смертные, изучающие жизнь Иисуса на земле, смогут лучше понять это божественное посвящение, если они всегда будут помнить следующее: хотя Иисус прожил свою жизнь в инкарнации *на* Урантии, он прожил ее *для* всей своей вселенной. В жизни, прожитой им во плоти, было нечто особое и воодушевляющее для каждой обитаемой сферы во вселенной Небадон. Это также справедливо в отношении тех миров, которые стали обитаемыми после его незабываемого пребывания на Урантии. И это будет так же справедливо в отношении всех миров, на которых могут появиться волевые создания на протяжении всей грядущей истории этой локальной вселенной.

В течение путешествия по римскому миру и благодаря приобретенному за это время опыту, Сын Человеческий практически завершил свою образовательную подготовку через общение с самыми разными народами, населявшими мир в то время и в том поколении. Благодаря полученной в путешествиях подготовке, ко времени возвращения в Назарет у него сложилось почти полное представление о том, как живет и творит свою судьбу человек на Урантии.

Истинной целью его путешествия по странам бассейна Средиземного моря было *познать людей*. Он сблизился с сотнями представителей человеческого рода. Он встретил и полюбил самых разных людей – богатых и бедных, знатных и простых, черных и белых, образованных и необразованных, культурных и некультурных, с животными и духовными наклонностями, религиозных и нерелигиозных, нравственных и безнравственных.

Во время путешествия по Средиземноморью Иисус добился больших успехов в своей человеческой задаче – овладении материальным смертным разумом, а его внутренний Настройщик совершил огромный прогресс в возвышении и духовном покорении того же человеческого интеллекта. К концу этого путешествия Иисус подлинно, со всей человеческой уверенностью знал, что он является Божьим Сыном, Сыном-Создателем, Сыном Всеобщего Отца. Настройщику всё чаще удавалось пробудить в сознании Сына Человеческого смутные воспоминания общения с его божественным Отцом в Раю до того, как он приступил к организации и управлению локальной вселенной Небадон. Так Настройщик постепенно привносил в сознание Иисуса необходимые воспоминания о его прежнем божественном бытии в течение различных эпох его практически вечного прошлого. Последним из продемонстрированных Настройщиком эпизодов предчеловеческого опыта была прощальная встреча Михаила с Иммануилом Салвингтонским непосредственно перед тем, как он перестал осознавать свою личность, чтобы приступить к инкарнации на Урантии. Этот последний запечатленный в памяти образ предчеловеческого существования ясно проявился в сознании Иисуса в тот самый день, когда Иоанн крестил его в Иордане.

4. ИИСУС-ЧЕЛОВЕК

Для наблюдающих небесных разумных существ локальной вселенной путешествие Иисуса по Средиземноморью было наиболее захватывающим из всех его земных испытаний – по крайней мере, за всю его жизнь вплоть до распятия и смерти на кресте. Данный этап был восхитительным периодом его *личного служения* в противоположность приближавшейся эпохе общественного служения. Захватывающий характер этого уникального эпизода усиливался еще и тем, что в это время он продолжал оставаться плотником из Назарета, корабелом из Капернаума, книжником из Дамаска; он всё еще был Сыном Человеческим. Он еще не достиг совершенного владения своим человеческим разумом. Настройщик еще не овладел смертной идентичностью и не сделал ее своей неотъемлемой частью. Он всё еще был человеком среди людей.

В течение этого двадцать девятого года чисто человеческий религиозный опыт – личный духовный рост – практически достиг своего апогея. Опыт духовного развития представлял собой последовательный, постепенный рост с момента прибытия Настройщика Мышления вплоть до того дня, когда произошло окончательное установление и подтверждение этого естественного и нормального отношения между материальным разумом человека и присутствующим в разуме духом, – феномен соединения этих двух разумов воедино, опыт, которого Сын Человеческий, как воплощенный смертный обитаемого мира, полностью и окончательно достиг в день своего крещения в Иордане.

Хотя в течение этих лет казалось, что Иисус не столь часто предавался непосредственному общению с небесным Отцом, он всё более совершенствовал эффективные методы личного общения с пребывающим в нём духовным присутствием Райского Отца. Он жил настоящей полнокровной жизнью, истинно нормальной, естественной и обычной жизнью во плоти. То, что он знает на своем собственном опыте, эквивалентно реальности, объединяющей всю сущность жизни людей в материальных мирах времени и пространства.

Сын Человеческий пережил всю широкую гамму человеческих чувств – от высшей радости до глубочайшей печали. Это было дитя радости, на редкость веселое существо; и вместе с тем он был «мужем скорби, знакомым с печалью». В духовном смысле, он прожил смертную жизнь снизу доверху, с начала до конца. С материальной точки зрения, он, возможно, избежал социальных крайностей человеческого существования, однако в интеллектуальном отношении он познал всесторонний и исчерпывающий опыт человеческого рода.

Иисус знает мысли и чувства, побуждения и импульсы эволюционных и восходящих смертных обитаемых миров – от рождения до смерти. Он прожил человеческую жизнь от истоков физической, интеллектуальной и духовной индивидуальности – пройдя через младенчество, детство, юность и зрелый возраст – вплоть до человеческого опыта смерти. Он не только прожил эти обычные и привычные человеческие периоды интеллектуального и духовного развития, но он *также* полностью испытал те более высокие и прогрессивные стадии согласования человека и Настройщика, которые мало кому доступны из смертных Урантии. Поэтому он испытал всю жизнь смертного человека – не только свойственную вашему миру, но и присущую высшим и наиболее развитым мирам, утвердившимся в свете и жизни.

Хотя эта совершенная жизнь в образе смертной плоти, возможно, не получила безусловного и всеобщего одобрения со стороны его смертных собратьев, – тех, которые оказались его современниками на земле, – тем не менее, жизнь, которую Иисус Назарянин прожил во плоти на Урантии, действительно получила полное и безусловное признание у Всеобщего Отца, ибо одна и та же личность – за одну и ту же жизнь – стала одновременно наиболее полным раскрытием вечного Бога смертному человеку и примером усовершенствованной человеческой личности, удовлетворившей Бесконечного Создателя.

В этом и состояла его истинная и высшая цель. Он сошел на Урантию не для того, чтобы стать совершенным и исчерпывающим примером для любого дитя или взрослого, мужчины или женщины, в ту или иную эпоху. Воистину, в его полной, богатой, прекрасной и благородной жизни мы можем найти многое, что является возвышенно образцовым, божественно воодушевляющим, однако это объясняется тем, что он прожил истинно и подлинно человеческую жизнь. Иисус жил на земле не для того, чтобы дать всем остальным людям пример для подражания. Его жизнь во плоти была исполнена той же милосердной заботы, какой может быть отмечена и ваша жизнь на земле. И проживая свою смертную жизнь в свою эпоху и *таким, каким он был*, он стал примером для всех нас, побуждая нас так же прожить и свою жизнь, – в свою эпоху и *такими, какими мы являемся*. Вы можете не подняться до высот его жизни, но вы способны принять решение *прожить свою жизнь* так же, таким же образом, каким он прожил свою жизнь. Иисус может не быть буквальным и исчерпывающим примером для всех смертных всех веков во всех мирах этой локальной вселенной, однако он является вечным источником вдохновения и путеводной звездой для всех паломников, направляющихся к Раю из миров изначального восхождения, в течение всего их продвижения через вселенную вселенных и через Хавону к Раю. Иисус является *новым живым путем* от человека к Богу, от частичного к совершенному, от земного к небесному, из времени в вечность.

К концу двадцать девятого года Иисус Назарянин фактически завершил жизнь, требуемую от смертных созданий, существующих во плоти. Он прибыл на землю во всей полноте Бога, чтобы явиться человеку. И теперь он стал практически совершенным человеком, ожидающим своего часа для явления Богу. И достиг он всего этого за неполные тридцать лет.

ДОКУМЕНТ 130

НА ПУТИ В РИМ

На путешествие по римскому миру ушла бóльшая часть двадцать восьмого и весь двадцать девятый год жизни Иисуса на земле. Иисус и два уроженца Индии – Гонод и его сын Ганид – выехали из Иерусалима воскресным утром, 26 апреля 22 года н. э. Их путешествие проходило по намеченному плану, и на следующий год, в десятый день декабря 23 года н. э., Иисус распрощался с отцом и сыном в городе Хараксе, на берегу Персидского залива.

Из Иерусалима они отправились в Кесарию через Иоппию. В Кесарии они сели на корабль, отправлявшийся в Александрию. Из Александрии они отплыли на Крит, в Ласею. С Крита они отплыли в Карфаген, сделав остановку в Кирене. В Карфагене они сели на корабль, направлявшийся в Неаполь, остановившись на Мальте, в Сиракузах и Мессине. Из Неаполя они отправились в Капую, а оттуда, по Аппиевой дороге, в Рим.

После пребывания в Риме они отправились сухопутным путем в Тарент, откуда отплыли в Грецию, в Афины, сделав остановки в Никополе и Коринфе. Из Афин они направились в Эфес через Трою. Из Эфеса они отплыли на Кипр, по пути сделав остановку на Родосе. Они потратили много времени на посещение Кипра и отдых, после чего отплыли в Сирию – в Антиохию. Из Антиохии они повернули на юг к Сидону, после чего прибыли в Дамаск. Оттуда с караваном они добрались до Месопотамии, пройдя через Тапсак и Лариссу. Они провели некоторое время в Вавилоне, посетили Ур и другие места, вслед за чем направились в Сузы. Из Суз они отправились в Харакс, откуда Гонод и Ганид отплыли в Индию.

Именно за те четыре месяца, которые Иисус проработал в Дамаске, он усвоил основы языка, на котором говорили Гонод и Ганид. Здесь он много трудился над переводами с греческого на один из языков Индии, причем ему помогал уроженец той же области, где жил Гонод.

В течение этого путешествия по Средиземноморью Иисус примерно полдня проводил в ежедневных занятиях с Ганидом, исполняя также функции переводчика во время деловых и дружеских встреч Гонода. Оставшаяся часть дня была в его распоряжении, и он посвящал ее тем близким личным знакомствам со своими собратьями, тому сокровенному общению со смертными этого мира, которое было столь характерно для его деятельности в течение этих лет, в преддверии общественного служения.

Через личное наблюдение и непосредственное общение Иисус познакомился с более высоким уровнем материального и интеллектуального развития цивилизации Запада и Леванта. От Гонода и его блестящего сына он узнал многое о цивилизации и культуре Индии и Китая, ибо Гонод, сам являвшийся гражданином Индии, совершил три длительных путешествия по империи желтой расы.

Юноша Ганид много почерпнул от Иисуса за время этого долгого и тесного общения. Они очень привязались друг к другу, и отец юноши не раз пытался уговорить Иисуса вернуться вместе с ними в Индию. Однако Иисус неизменно отклонял это предложение, ссылаясь на необходимость вернуться к своей семье в Палестину.

1. В ИОППИИ – БЕСЕДА ОБ ИОНЕ

Во время их пребывания в Иоппии Иисус познакомился с Гадией – филистимлянским переводчиком, который работал у некоего Симона, кожевника. Торговые представители Гонода в Месопотамии вели крупные деловые операции с этим Симоном. Поэтому Гонод и его сын хотели навестить его по пути в Кесарию. За время, проведенное в Иоппии, между Иисусом и Гадией установились сердечные отношения. Этот молодой филистимлянин был искателем истины. Иисус был носителем истины; он *являлся* истиной для своего поколения урантийцев. Когда встречаются великий искатель и великий носитель истины, то результатом такой встречи является великое и освобождающее озарение, порождаемое опытом познания новой истины.

Однажды после ужина Иисус и молодой филистимлянин отправились на прогулку по берегу моря, и Гадия, не подозревая, что этот «дамасский книжник» столь хорошо знает иудейские предания, показал Иисусу на причал, с которого, как считалось, Иона отправился в злополучное плавание в Фарсис. Высказав свои замечания, он спросил у Иисуса: «Как ты считаешь, действительно ли большая рыба проглотила Иону?» Иисус понял, что это предание оказало огромное воздействие на жизнь юноши и что размышления о нём убедили Гадию в безрассудстве попыток уклониться от своего долга. Поэтому Иисус не сказал ничего, что могло бы внезапно разрушить те принципы, которыми Гадия руководствовался в своей практической жизни. Отвечая на этот вопрос, Иисус сказал: «Мой друг, все мы – ионы, которым следует жить в согласии с волей Бога, и всякий раз, когда мы пытаемся уклониться от насущных требований жизни и бежим к дальним соблазнам, мы подвергаем себя непосредственному воздействию тех влияний, которые не управляются силами истины и праведности. Бежать от долга – значит жертвовать истиной. Бегство от служения свету и жизни может привести только к мучительным столкновениям с упрямыми китами эгоизма, которые неизбежно ведут во тьму и смерть, если такие богоотступнические ионы не обращают свое сердце – пусть даже в самых глубинах отчаяния – к поиску Бога и его благости. И когда такие отчаявшиеся души искренне ищут Бога, жаждут истины и праведности, ничто не способно более удержать их в плену. На каком бы дне они ни оказались, если всем своим сердцем они устремятся к свету, дух Господа Бога небесного освободит их из плена; неблагоприятные обстоятельства жизни извергнут их на твердую почву новых возможностей для обновленного служения и более мудрой жизни».

Гадия был чрезвычайно взволнован учением Иисуса. Они проговорили у моря далеко за полночь и, перед тем как разойтись по своим комнатам, вместе помолились друг о друге. Именно этот Гадия, услышав впоследствии проповедь Петра, глубоко уверовал в Иисуса Назарянина и провел достопамятную беседу с Петром в один из вечеров в доме Дорки. И Гадия сыграл огромную роль в том, что Симон – богатый торговец кожей – окончательно решил принять христианство.

(Повествуя об индивидуальном труде Иисуса со своими смертными собратьями во время путешествия по Средиземноморью, мы, согласно полученному разрешению, будем излагать его слова современным языком, употребляемым на Урантии во время составления настоящего документа.)

Последняя встреча Иисуса с Гадией была связана с обсуждением добра и зла. Ощущение несправедливости из-за присутствия в мире зла наряду с добром сильно беспокоило этого молодого филистимлянина. Он сказал: «Как может Бог, если он бесконечно добр, позволять нам страдать от несчастий, которые приносит зло; в конце концов, кто творит зло?» В те дни многие еще верили в то, что Бог творит и добро, и зло, однако Иисус никогда не учил такому ложному представлению. Отвечая на этот вопрос, он сказал: «Мой брат, Бог есть любовь; поэтому он не может не быть благим, и его благость столь велика и реальна, что она неспособна содержать в себе мелкое и нереальное зло. Бог столь абсолютно благ, что в нём совершенно нет места для такой отрицательной вещи, как зло. Зло – это незрелые решения и бездумные поступки тех, кто сопротивляется благости, отвергает красоту и не предан истине. Зло – это всего лишь присущее незрелости заблуждение или разрушительное и искажающее воздействие невежества. Зло – это неизбежная тьма, неотступно следующая за неразумным отвержением света. Зло есть то, что мрачно и неистинно и что, при сознательном приятии и добровольном одобрении, становится грехом.

Наделяя тебя способностью выбирать между истиной и заблуждением, твой небесный Отец создал возможность отрицания положительного пути света и жизни. Однако такие заблуждения, свидетельствующие о зле, в действительности являются несуществующими до тех пор, пока разумное создание не пробуждает их к жизни своей волей, избрав неверный путь. И тогда это зло перерастает позднее в грех вследствие умышленного и преднамеренного выбора, совершаемого своевольным и мятежным созданием. Именно поэтому наш небесный Отец допускает одновременное существование добра и зла до окончания жизни – так же, как природа позволяет пшенице и плевелам расти вместе до жатвы». Гадия был полностью удовлетворен ответом Иисуса на свой вопрос, после того как их последующая беседа прояснила ему истинное значение этих незабываемых высказываний.

2. В КЕСАРИИ

Иисус и его друзья пробыли в Кесарии дольше, чем предполагали, так как оказалось, что одна из огромных рулевых лопастей корабля, на который они собирались сесть, может расколоться. Капитан решил задержаться в порту, пока не будет готова новая лопасть. Квалифицированных плотников, способных справиться с этой задачей, не хватало, и Иисус предложил свои услуги. Вечерами Иисус и его друзья прогуливались по великолепной стене, служившей променадом вокруг порта. Ганид с огромным интересом слушал Иисуса, когда тот объяснял устройство системы водоснабжения города и метод использования приливов для промывания городских улиц и сточных канав. Большое впечатление на этого индийского юношу произвел стоявший на возвышении храм Августа, который венчала исполинская статуя римского императора. На второй день пополудни все трое присутствовали на представлении в огромном амфитеатре, вмещавшем двадцать тысяч человек, а вечером они посмотрели в театре греческую пьесу. Ганид ничего подобного раньше не видел, и он задал Иисусу множество вопросов. На утро третьего дня они нанесли официальный визит во дворец правителя, ибо Кесария являлась столицей Палестины и резиденцией римского прокуратора.

В их гостинице остановился также некий купец из Монголии, и так как этот торговец с Дальнего Востока неплохо говорил по-гречески, Иисус провел с ним несколько продолжительных бесед. Этого человека весьма поразила предложенная Иисусом философия жизни, и он никогда не забывал его мудрых слов – «жить небесной жизнью на земле, каждодневно подчиняясь воле небесного Отца».

Этот человек был даосистом, и благодаря Иисусу он прочно уверовал в доктрину всеобщего Божества. Вернувшись в Монголию, он стал проповедовать эти прогрессивные истины своим соседям и деловым партнерам, в результате чего его старший сын решил стать даосским священником. В течение всей своей жизни этот молодой человек был видным проповедником прогрессивной истины. Его сын и внук также были всецело преданны учению о Едином Боге – Верховном Правителе Небес.

Хотя восточная ветвь раннехристианской церкви с центром в Филадельфии оставалась более верной учениям Иисуса, чем их иерусалимские братья, приходится с сожалением констатировать, что не нашлось второго Петра, способного отправиться в Китай, или Павла, чтобы проникнуть в Индию, где духовная почва была столь благодатной для семян нового евангелия царства. Сами учения Иисуса – в том виде, в каком их придерживались в Филадельфии, – оказали бы столь же непосредственное и эффективное воздействие на умы духовно страждущих азиатских народов, как и проповеди Петра и Павла на Западе.

Некий молодой человек, работавший в один из дней вместе с Иисусом над изготовлением рулевой лопасти, очень заинтересовался словами, которые время от времени проскальзывали в речи Иисуса, пока они работали на верфи. Когда Иисус упомянул о том, что небесный Отец заботится о благополучии своих земных детей, этот молодой грек по имени Анаксанд сказал: «Если Боги заботятся обо мне, то почему они не избавят меня от жестокого и несправедливого начальника этой мастерской?» Ответ Иисуса поразил его: «Так как ты знаешь путь добра и ценность справедливости, быть может, Боги сделали так, что этот заблудший человек оказался подле тебя, чтобы ты мог вывести его на лучший путь. Быть может, ты являешься той солью, которая сможет сделать этого брата более приемлемым для всех остальных людей, если, конечно, ты не потерял свою силу. Ныне этот человек властвует над тобой в том смысле, что его порочные поступки оказывают на тебя неблагоприятное воздействие. Почему же не доказать свое превосходство над злом, опираясь на силу благости и, таким образом, стать господином во всех ваших отношениях? Я предвижу, что живущее в тебе добро способно взять верх над существующим в нём злом, если ты дашь этому добру подлинную и живую возможность проявиться. Самое увлекательное, что может случиться с тобой в течение жизни во плоти, – это испытать пьянящую радость человека, в своей материальной жизни ставшего партнером духовной энергии и божественной истины в одном из их триумфальных сражений с заблуждением и злом. Стать живым каналом духовного света для смертного, пребывающего в духовной тьме, – восхитительный и преобразующий человека опыт. Если ты более одарен истиной, чем этот человек, то его беда должна стать для тебя вызовом. Ты же не трус, способный стоять на берегу моря и смотреть, как гибнет твой не умеющий плавать товарищ! Насколько же более ценной является блуждающая во тьме душа этого человека по сравнению с тонущим в воде телом!»

Анаксанд был чрезвычайно взволнован словами Иисуса. Вскоре он пересказал их своему начальнику, и в тот же вечер оба они пришли к нему за советом о том, как достичь благополучия души. И позднее, когда христианская идея была провозглашена в Кесарии, оба этих человека – грек и римлянин – уверовали в проповедь Филиппа и стали видными членами основанной им церкви. Впоследствии этот молодой грек был назначен управляющим при римском центурионе Корнелии, который стал верующим благодаря служению Петра. Анаксанд продолжал нести свет сидящим во тьме вплоть до заточения Павла в Кесарии, когда по трагической случайности он погиб при избиении двадцати тысяч евреев, оказывая помощь умиравшим в муках людям.

К тому времени Ганид уже знал кое-что о том необычном личном служении людям, в котором проводил досуг его репетитор, и молодой индиец решил выяснить, чтó является мотивом для такой неутомимой деятельности. Он спросил: «Зачем ты с таким постоянством тратишь свое время на встречи с чужими людьми?» Иисус ответил: «Ганид, для познавшего Бога нет чужих. Когда ты находишь небесного Отца, ты открываешь, что все люди – братья, а разве удивительно, что человек испытывает радость, встречая нового брата? Познакомиться с собственными братьями и сестрами, познать их проблемы и научиться любить их – вот высший опыт жизни».

В ходе этой беседы, продолжавшейся далеко за полночь, юноша попросил Иисуса рассказать ему об отличии Божьей воли от того акта человеческого разума, который связан с выбором и тоже называется волей. Суть ответа Иисуса заключалась в следующем: Божья воля есть Божий путь, соучастие в выборе Бога в условиях любой потенциальной альтернативы. Поэтому выполнение Божьей воли есть опыт постепенного обретения всё большего богоподобия, а Бог является источником и целью всего благого, прекрасного и истинного. Человеческая воля есть человеческий путь – совокупность того, чéм смертный решает быть и чтó он решает делать. Воля есть преднамеренный выбор самосознающего существа, ведущий к поведению, основанному на решениях и разумной рефлексии.

Во второй половине того же дня Иисус и Ганид с удовольствием играли с очень умной овчаркой, и Ганид захотел узнать, есть ли у собаки душа и воля. В ответ на его вопросы Иисус сказал: «У собаки есть разум, способный знать материального человека, ее хозяина, однако неспособный знать Бога, который есть дух; поэтому собака не обладает духовной природой и не может приобрести духовный опыт. У собаки может быть воля, данная ей природой и усиленная тренировкой, но такая способность разума не является духовной силой, как нельзя ее сравнивать и с человеческой волей, поскольку она не основана на *рефлексии*, – она не является следствием распознания более высоких и нравственных значений или выбора духовных и вечных ценностей. Именно обладание такими способностями к духовной проницательности и выбору истины делает смертного человека нравственным существом – созданием, наделенным атрибутами духовной ответственности и возможностью вечной жизни». Далее Иисус объяснил, что именно отсутствие в животном таких умственных способностей делает принципиально невозможным появление в животном мире языка во времени или испытание чего-либо равноценного личностному сохранению в вечности. В результате полученного в тот день урока Ганид перестал верить в переселение душ людей в тела животных.

На следующий день Ганид обсудил всё это со своим отцом, и именно в ответ на вопрос Гонода Иисус объяснил, что «человеческим желаниям, связанным исключительно с принятием мирских решений, которые имеют отношение к материальным проблемам животного существования, суждено погибнуть во времени. Те, кто принимает чистосердечные нравственные решения и делает безусловный духовный выбор, постепенно отождествляются с пребывающим в них божественным духом, и тем самым они всё больше преобразуются в ценности вечного существования – нескончаемого развития в божественном служении».

В тот же самый день мы впервые услышали эпохальную истину, которая, выраженная современным языком, звучала бы так: «Воля есть то проявление человеческого разума, которое позволяет субъективному сознанию выразить себя объективно и испытать феномен стремления к богоподобию». Именно в таком смысле каждый разумный и имеющий духовные наклонности человек может стать *созидательным*.

3. В АЛЕКСАНДРИИ

Пребывание в Кесарии было богато событиями. Наступил день, когда ремонт корабля завершился, и в полдень Иисус и двое его друзей отправились в Египет – в Александрию.

Путь в Александрию доставил троим путешественникам огромное удовольствие. Ганид наслаждался путешествием и засыпáл Иисуса вопросами. Когда они стали приближаться к городскому порту, юношу охватил трепет при виде огромного Фаросского маяка, расположенного на острове, который Александр соединил при помощи мола с материком, создав тем самым две величественные гавани и превратив Александрию в перекресток морских торговых путей Африки, Азии и Европы. Этот огромный маяк являлся одним из семи чудес света и стал прообразом всех последующих маяков. Они встали рано утром, чтобы посмотреть на это великолепное изобретение человека, предназначенное для спасения жизни, и посреди восторженных возгласов Ганида Иисус сказал: «И ты, сын мой, станешь подобным этому маяку, когда вернешься в Индию, как только твой отец обретет вечный покой; ты станешь подобным свету жизни для пребывающих рядом с тобой во тьме, указывая всем желающим надежный путь в гавань спасения». И, сжав руку Иисуса, Ганид сказал: «Да будет так».

И опять мы отмечаем, что ранние учители христианской религии совершили великую ошибку, обратив свое внимание исключительно на западную цивилизацию римского мира. Учения Иисуса – в том виде, в каком они исповедовались месопотамскими верующими первого века, – были бы с готовностью приняты различными группами религиозно настроенных жителей Азии.

Через три часа после прибытия в порт они обосновались недалеко от восточного конца длинного и широкого проспекта, имевшего сто футов в ширину и пять миль в длину и простиравшегося к западным пределам миллионного города. После первого осмотра основных городских достопримечательностей – университета (музея), библиотеки, величественного мавзолея Александра, дворца, храма Нептуна, театра и гимназии – Гонод занялся делами, а Иисус и Ганид отправились в библиотеку, крупнейшую в мире. Здесь было собрано около миллиона рукописей со всего цивилизованного мира: Греции, Рима, Палестины, Парфии, Индии, Китая и даже Японии. В этой библиотеке Ганид увидел крупнейшее в мире собрание индийской литературы; и в течение всего своего пребывания в Александрии они каждый день приходили сюда. Иисус рассказал Ганиду о выполненном здесь переводе священных книг иудеев на греческий. Вновь и вновь предметом их обсуждения становились все мировые религии, причем Иисус стремился показать этому молодому разуму ту истину, которая содержится в каждой из них, неизменно прибавляя: «Однако Ягве является Богом, представление о котором сформировалось из откровений Мелхиседека и завета Авраама. Евреи являлись потомками Авраама, и впоследствии они занимали ту самую землю, где жил и учил Мелхиседек и откуда он направлял учителей во все концы света; и их религия в конечном счете стала отображением более ясного осознания Господа Бога Израиля как Всеобщего Отца небесного, чем какая-либо другая мировая религия».

Под руководством Иисуса Ганид собрал все религиозные доктрины, признававшие существование Всеобщего Божества, даже если они оставляли большее или меньшее место для второстепенных божеств. После многочисленных дискуссий Иисус и Ганид пришли к убеждению, что в религии римлян нет настоящего Бога и что их религия практически является не чем иным, как поклонением императору. Они пришли к выводу, что у греков есть философия, но едва ли – религия, признающая личного Бога. Мистериальные культы были отвергнуты ими из-за той путаницы, к которой приводила их многочисленность, а также потому, что их разнообразные концепции Божества представлялись заимствованными из других, более древних религий.

Хотя Ганид выполнил свои переводы в Александрии, он окончательно привел в порядок отобранные ими учения и сопроводил их своими личными выводами только к концу их пребывания в Риме. К своему большому удивлению, он обнаружил, что все лучшие авторы мировой духовной литературы более или менее ясно осознавали существование вечного Бога и в принципе придерживались схожего мнения относительно его характера и связи со смертным человеком.

В Александрии Иисус и Ганид много времени проводили в музее. Этот музей представлял собой не собрание редких экспонатов, а скорее университет изящных искусств, науки и литературы. Ученые профессора ежедневно читали здесь лекции, и в те времена этот университет являлся интеллектуальным центром Запада. День за днем Иисус переводил Ганиду эти лекции, и как-то раз, на второй неделе занятий, юноша воскликнул: «Учитель Иешуа, ты знаешь больше, чем эти профессора; тебе нужно встать и рассказать им о тех великих вещах, о которых ты рассказал мне. Их разум затуманен – они слишком много думают. Я поговорю с отцом, и он всё устроит». Иисус улыбнулся и ответил: «В тебе говорит восхищение ученика, однако эти учителя не ждут от нас с тобой наставлений. Гордость неодухотворенной учености – одно из коварных явлений в человеческом опыте. Истинный учитель сохраняет свою интеллектуальную честность благодаря тому, что всегда остается учеником».

Александрия была городом смешанной западной культуры и по своему размаху и величию из всех городов мира уступала только Риму. Здесь находилась крупнейшая еврейская синагога – место правления александрийского синедриона, семидесяти правящих старейшин.

Среди многих людей, с которыми Гонод поддерживал деловые отношения, был еврейский банкир по имени Александр, чей брат Филон являлся знаменитым религиозным философом того времени. Филон занимался достойной, но исключительно сложной задачей согласования греческой философии и иудейской теологии. Ганид и Иисус много говорили об учениях Филона и собирались побывать на некоторых его лекциях, однако в течение всего их пребывания в Александрии этот известный еврей-эллинист был прикован к постели.

Иисус рекомендовал вниманию Ганида многое из греческой философии и доктрин стоиков, но он внушал юноше истину о том, что эти системы верований, как и расплывчатые учения некоторых его соплеменников, религиозны только постольку, поскольку они ведут человека к богоискательству и живому опыту познания Вечного.

4. БЕСЕДА О РЕАЛЬНОСТИ

Вечером накануне отбытия из Александрии у Ганида и Иисуса состоялась длительная беседа с одним из профессоров университета, специалистом в области государственного устройства, который выступал с лекциями об учениях Платона. Иисус выполнил обязанности переводчика для ученого греческого преподавателя, но не предложил своих учений, опровергавших греческую философию. Гонод занимался в тот вечер своими делами. Поэтому после того как профессор ушел, между учителем и учеником состоялся долгий и откровенный разговор о доктринах Платона. Хотя Иисус, с рядом оговорок, одобрил некоторые греческие учения – относившиеся к теории о том, что присутствующие в мире материальные вещи суть призрачные отражения невидимых, но более существенных духовных реальностей, – он решил поставить рассуждения юноши на более прочный фундамент. Поэтому он приступил к долгому трактату о природе реальности во вселенной. В изложении на современном языке, суть сказанного Иисусом Ганиду заключается в следующем.

Источником вселенской реальности является Бесконечный. Материальные вещи конечного творения суть пространственно-временные следствия Райского Эталона и Всеобщего Разума вечного Бога. Причинность в физическом мире, самосознание в интеллектуальном мире и эволюционирующая индивидуальность в духовном мире – эти реальности, проецированные во всеобщем масштабе, соединенные в вечной взаимосвязанности и переживаемые в опыте как совершенные по своему качеству и божественные по своей ценности, – образуют *реальность Верховного*. Однако в вечно изменяющейся вселенной Изначальная Личность причинности, разумности и духовного опыта остается неизменной, абсолютной. Все вещи, даже в вечной вселенной беспредельных ценностей и божественных качеств, могут изменяться и часто изменяются, за исключением Абсолютов и того, что достигло абсолютного физического статуса, абсолютного интеллектуального охвата или абсолютной идентификации с духом.

Высший уровень, на который способно подняться конечное создание, есть признание Всеобщего Отца и познание Верховного. Но и тогда такие существа, достигшие своего предназначения, продолжают эмпирически воспринимать изменения в движениях физического мира и его материальных явлениях. Кроме того, они продолжают сознавать эволюцию собственной индивидуальности в процессе своего постоянного восхождения во вселенной духа, а также растущее осознание всё более глубокого понимания разумного космоса и своей реакции на него. Только в совершенстве, гармонии и единстве воли создание способно объединиться с Создателем. И такое состояние божественности достигается и поддерживается созданием только тогда, когда оно продолжает жить во времени и вечности, неизменно подчиняя свою личную волю божественной воле Создателя. Желание исполнять волю Отца всегда должно быть высшим в душе и господствующим в разуме восходящего Божьего сына.

Так же как у одноглазого человека нет надежды увидеть глубину перспективы, так и однобокие ученые-материалисты или однобокие духовные мистики и аллегористы неспособны правильно видеть и адекватно понимать истинные глубины вселенской реальности. Все истинные ценности опыта созданий сокрыты в глубине осознания.

Бездумная причинность неспособна развить изысканное и сложное из грубого и простого, как не может бездуховный опыт развить необходимый для вечной жизни божественный характер из материального разума смертных времени. Тем атрибутом вселенной, который столь исключительно характеризует бесконечное Божество, является нескончаемое творческое посвящение личности, способной сохраниться в процессе постепенного достижения Божества.

Личность является тем космическим даром, тем аспектом вселенской реальности, который способен сосуществовать в условиях неограниченных изменений и одновременно сохранять свою идентичность в самóм присутствии всех таких изменений, сейчас и навсегда.

Жизнь есть приспособление изначальной космической причинности к требованиям и возможностям вселенских ситуаций, и она возникает под действием Вселенского Разума и при активации духовной искрой Бога, который есть дух. Смысл жизни – в ее способности к приспособлению. Ценность жизни – в ее способности к развитию, вплоть до высот богосознания.

Если самосознающая жизнь не приспосабливается к вселенной, возникает космическая дисгармония. Окончательное отклонение личностной воли от общего направления развития вселенных приводит к интеллектуальной изоляции, обособлению личности. Утрата внутреннего направляющего духа влечет за собой прекращение духовного существования. Таким образом, интеллектуальная и прогрессирующая жизнь сама по себе становится неоспоримым доказательством существования целеустремленной вселенной, выражающей волю божественного Создателя. И эта жизнь, в своей совокупности, представляет собой борьбу за достижение высших ценностей в стремлении к конечной цели – Всеобщему Отцу.

Различие между разумом человека и животных состоит только в степени развития, если не считать высших, квазидуховных функций интеллекта. Поэтому животные (не зная поклонения и не обладая мудростью) неспособны испытать сверхсознание – осознание сознания. Разум животного сознаёт только объективную вселенную.

Знание есть сфера материального разума – разума, постигающего факты. Истина есть область духовно одаренного интеллекта, сознающего тот факт, что он знает Бога. Знание доказуемо; истина постигается в опыте. Знание является прерогативой разума; истина есть опыт души – прогрессирующего «я». Знание является функцией недуховного уровня; истина есть ступень интеллектуально-духовного уровня вселенных. Материальный разум видит мир фактического знания; одухотворенный интеллект постигает мир истинных ценностей. Два этих взгляда – во взаимной координации и гармонии – раскрывают мир реальности, в котором мудрость интерпретирует явления вселенной с точки зрения прогрессирующего личного опыта.

Заблуждение (зло) есть расплата за несовершенство. Признаки несовершенства или факты неправильной адаптации раскрываются на материальном уровне с помощью критического наблюдения и научного анализа, на нравственном уровне – с помощью человеческого опыта. Присутствие зла представляет собой доказательство ошибок разума и незрелости эволюционирующей индивидуальности. Поэтому зло является также мерой несовершенства интерпретации вселенной. Возможность допущения ошибок присуща обретению мудрости – пути развития от частичного и врéменного к целостному и вечному, от относительного и несовершенного к окончательному и ставшему совершенным. Заблуждение есть та тень, которую относительная незавершенность неизбежно отбрасывает на восходящий вселенский путь человека к совершенству Рая. Заблуждение (зло) не является действительным вселенским свойством; оно есть лишь констатация относительности связи между несовершенством незавершенного конечного уровня и восходящими уровнями Верховного и Предельного.

Хотя всё это Иисус высказал юноше на наиболее понятном ему языке, к концу беседы глаза Ганида стали слипаться, и вскоре он погрузился в сон. На следующее утро они встали рано, чтобы сесть на корабль, отправлявшийся на Крит, в Ласею. Но еще до посадки на корабль юноша задал новые вопросы о зле, на которые Иисус ответил так.

Зло является относительным понятием. Оно возникает из наблюдения несовершенств, которые появляются в тени, отбрасываемой конечной вселенной вещей и существ, ибо такой космос затеняет живой свет – всеобщее выражение вечных реальностей Бесконечного.

Потенциальное зло присуще неизбежной незавершенности раскрытия Бога как выражения бесконечности и вечности, поскольку такое раскрытие ограничено пространством и временем. Факт присутствия частичного наряду с завершенным образует относительность реальности, создает необходимость интеллектуального выбора и устанавливает ценностные уровни духовного восприятия и реакции. Незавершенное и конечное представление о Бесконечном, существующее в бренном и ограниченном разуме создания, само по себе является *потенциальным злом*. Однако усугубление ошибки – неоправданной неполноценности должного духовного устранения этих врожденных интеллектуальных диссонансов и духовных изъянов – равноценно реализации *действительного зла*.

Все статичные, мертвые понятия являются потенциальным злом. Конечная тень относительной и живой истины находится в постоянном движении. Статичные концепции неизменно тормозят науку, политику, общество и религию. Статичные понятия могут выражать определенное знание, однако в них недостает мудрости и отсутствует истина. Но не позволяй понятию относительности ввести тебя в заблуждение настолько, чтобы утратить способность видеть координацию вселенной под руководством космического разума и ее устойчивое управление энергией и духом Верховного.

5. НА ОСТРОВЕ КРИТ

Направляясь на Крит, путешественники преследовали только одну цель: отдохнуть, посмотреть остров и побродить по горам. В те времена критяне пользовались незавидной репутацией у соседних народов. Несмотря на это, Иисус и Ганид обратили многие души к более высоким помыслам и более возвышенной жизни и тем самым заложили основу для быстрого принятия последующих евангельских учений после прибытия первых проповедников из Иерусалима. Иисус любил критян, несмотря на резкие слова, сказанные позднее о них Павлом, направившим сюда Тита для реорганизации местных церквей.

Здесь, в гористой части Крита, состоялся первый длительный разговор Иисуса с Гонодом о религии. Отец был глубоко поражен, сказав: «Неудивительно, что мальчик верит каждому твоему слову, однако я никогда не слышал, чтобы такая религия существовала даже в Иерусалиме, не говоря уже о Дамаске». Именно во время пребывания на острове Гонод впервые предложил Иисусу вернуться вместе с ними в Индию, и Ганид с радостью думал о том, что Иисус, возможно, согласится на это предложение.

Однажды, отвечая на вопрос Ганида, почему он не стал проповедником, Иисус сказал: «Сын мой, всему свое время. Ты рождаешься в этом мире, но никакое рвение и никакое проявление нетерпения не помогут тебе вырасти. Во всех подобных вещах ты должен ждать своего часа. Одно только время сделает зрелым висящий на дереве зеленый плод. Только по прошествии времени одно время года сменяется другим, восход солнца – его заходом. Сейчас я, вместе с тобой и твоим отцом, нахожусь на пути в Рим, и этого достаточно на сегодня. Мой завтрашний день всецело находится в руках моего небесного Отца». И после этого он рассказал Ганиду о Моисее и сорока годах бдительного ожидания и непрерывной подготовки.

При посещении Хороших Пристаней произошел эпизод, который навсегда остался в памяти Ганида. Воспоминание об этом случае всегда пробуждало в нём желание сделать что-нибудь для изменения кастовой системы в своей родной Индии. На большой дороге пьяный дегенерат приставал к юной рабыне. Когда Иисус увидел положение, в котором оказалась девушка, он поспешил к ней на помощь и увел ее прочь от нападавшего на нее сумасшедшего. Пока испуганное дитя льнуло к нему, он, вытянув свою сильную правую руку, удерживал разъяренного человека на безопасном расстоянии до тех пор, пока бедняга, в бешенстве молотивший перед собой воздух руками, не выдохся. Ганид порывался помочь Иисусу, однако отец остановил его. Хотя они не владели языком девушки, она оценила проявленное ими милосердие и знаками выражала свою искреннюю признательность, пока они провожали ее домой. За всю жизнь Иисуса во плоти это был, наверное, единственный случай, когда он был действительно близок к столкновению с другими людьми. Однако в тот вечер ему было трудно объяснить Ганиду, почему он не побил пьяного. Ганид считал, что этого человека следовало ударить по меньшей мере столько же раз, сколько он ударил девушку.

6. ЮНОША, КОТОРЫЙ БОЯЛСЯ

Когда они находились в горах, у Иисуса состоялся длительный разговор с боязливым и подавленным молодым человеком. Неспособный обрести утешение и мужество в общении со своими товарищами, этот юноша стремился к уединению в горах; он вырос с ощущением беспомощности и неполноценности. Эти природные наклонности были усилены многочисленными трудными обстоятельствами, с которыми юноша столкнулся в своей жизни, – в первую очередь с потерей отца в двенадцатилетнем возрасте. Когда они повстречались, Иисус сказал: «Приветствую тебя, мой друг! Отчего ты столь удручен в такой прекрасный день? Если произошло нечто, расстроившее тебя, быть может, я смогу тебе чем-то помочь? Как бы то ни было, я с большим удовольствием предлагаю свои услуги».

Молодой человек не хотел отвечать, и Иисус вторично обратился к его душе со словами: «Насколько я понимаю, ты бежал сюда, в горы, чтобы уйти от людей; поэтому ты, конечно, не желаешь со мной разговаривать, однако я хотел бы знать, знакомы ли тебе эти холмы; знаешь ли ты горные тропы? И быть может, ты сможешь подсказать мне, как лучше всего добраться до Феникса?» Надо сказать, что юноша хорошо знал эти горы, и ему действительно захотелось рассказать Иисусу, как попасть в Феникс, – захотелось настолько, что он начертил на земле все тропы и исчерпывающе объяснил каждую деталь. Однако он был поражен и заинтригован, когда Иисус – попрощавшись и сделав вид, будто уходит, – внезапно повернулся и сказал: «Я не сомневаюсь в том, что ты хочешь остаться наедине со своей безутешностью; однако с моей стороны было бы столь же недобрым, сколь несправедливым получить такую великодушную помощь – узнать о том, как лучше всего добраться до Феникса, – и после этого бездумно покинуть тебя, не попытавшись хоть как-то ответить на твой призыв – помочь тебе и наставить на лучший путь к судьбоносной цели, которую ты ищешь в своем сердце, обитая здесь, на склоне горы. Так же как ты прекрасно знаешь тропы, ведущие к Фениксу, ибо не раз ходил ими, так и я хорошо знаю путь к городу твоих обманутых надежд и несбывшихся мечтаний. И поскольку ты попросил меня о помощи, я не разочарую тебя». Уже почти сраженный словами Иисуса, юноша все-таки пробормотал: «Но я не просил тебя ни о чём...» Ласково положив ему руку на плечо, Иисус сказал: «Нет, сын мой, не словами, а тоскующим взглядом ты воззвал к моему сердцу. Мой мальчик, уныние и отчаяние, написанные на твоем лице, являются красноречивым призывом о помощи для тех, кто любит своих ближних. Присядем, и я расскажу тебе о тропах служения и путях счастья, уводящих от собственных печалей к радостям любвеобильных трудов в братстве людей и служении небесному Богу».

К этому времени юноша уже жаждал поговорить с Иисусом, и он упал на колени, умоляя Иисуса помочь ему – указать ему путь спасения от своего мира, в котором он знал только горе и неудачу. Иисус сказал: «Поднимись, мой друг! Встань, как подобает мужчине! Тебя могут окружать мелкие враги, тебе могут мешать многие препятствия, но значительные и реальные вещи этого мира и вселенной – на твоей стороне. Солнце встает каждое утро, чтобы приветствовать тебя, – точно так же, как оно приветствует самого могущественного и процветающего человека на земле. Посмотри: у тебя сильное тело и могучие мускулы – твои физические возможности выше средних. Конечно, они практически бесполезны, пока ты сидишь здесь, на склоне горы, и горюешь из-за своих несчастий – реальных и вымышленных. Однако с помощью своего тела ты мог бы вершить великие дела, если бы поспешил туда, где тебя ждут эти великие дела. Ты пытаешься бежать от своего несчастного „я“, но это невозможно. Ты и твои жизненные проблемы реальны; пока ты жив, ты не можешь уклониться от них. Но посмотри же: ты обладаешь ясным и способным умом; для управления твоим сильным телом тебе дана хорошая голова. Заставь этот разум решать свои проблемы; научи свой интеллект работать на тебя; не позволяй себе оставаться во власти страха, подобно бездумному животному. Ты должен сделать свой разум мужественным союзником в решении жизненных проблем – вместо того, чтобы быть рабом страха и покорным слугой подавленности и поражения, каким ты являлся до сих пор. Но самым ценным твоим даром, потенциалом настоящего достижения является дух, который живет в тебе и который будет побуждать и воодушевлять твой разум так, чтобы он контролировал себя и стимулировал тело, если только ты освободишь его от бремени страха и тем самым позволишь своей духовной природе начать избавляться от зла бездействия благодаря могущественному присутствию живой веры. И тогда эта вера сразу же преодолеет страх перед людьми благодаря неотразимому присутствию той новой и всепоглощающей *любви к своим собратьям*, которая вскоре начнет переполнять твою душу благодаря рожденному в твоем сердце сознанию того, что ты являешься Божьим дитя.

Сегодня, мой сын, тебе предстоит родиться заново, заново утвердиться в качестве человека веры, мужества и преданного служения людям во имя Бога. И когда ты по-новому воспринимаешь в себе жизнь, ты по-новому воспринимаешь вселенную. Ты родился заново – родился в духе, и отныне вся твоя жизнь станет одним победоносным свершением. Неприятности будут закалять тебя, разочарования будут пришпоривать тебя; трудности будут подзадоривать тебя, а препятствия будут придавать тебе сил. Восстань, юноша! Распрощайся с жизнью, проведенной в раболепном страхе и малодушном бегстве. Поспеши назад, к выполнению своего долга, и проживи свою жизнь во плоти как сын Божий – смертный, который посвящен облагораживающему служению человеку на земле в преддверии возвышенного и бесконечного служения Богу в вечности».

И этот юноша, Фортун, впоследствии стал вождем христиан на Крите и близким сподвижником Тита в его усилиях по воспитанию критских верующих.

Прекрасно отдохнув и набравшись сил, путешественники собрались в путь и однажды в полдень отплыли в северную Африку, в Карфаген, сделав на два дня остановку в Кирене. Именно здесь Иисус и Ганид оказали первую медицинскую помощь мальчику по имени Руф, который был ранен при поломке запряженной волами груженой телеги. Они отнесли его домой к матери, а его отец, Симон, не мог и предположить, что человек, чей крест он впоследствии нес по приказу римского солдата, был тем самым незнакомцем, который однажды помог его сыну.

7. В КАРФАГЕНЕ – БЕСЕДА О ВРЕМЕНИ И ПРОСТРАНСТВЕ

Бóльшую часть времени на пути в Карфаген Иисус провел в беседах со своими попутчиками на темы социологии, политики и торговли. Они практически ни словом не обмолвились о религии. Гонод и Ганид впервые обнаружили, что Иисус – хороший рассказчик, и постоянно просили его рассказать о своей прежней жизни в Галилее. Они также узнали, что он воспитывался в Галилее, а не в Иерусалиме или Дамаске.

Когда Ганид спросил, чтó нужно сделать для того, чтобы приобрести друга, – заметив, что большинство людей, с которыми они встречались, влекло к Иисусу, – его учитель ответил: «Проявляй интерес к твоим собратьям; учись любить их и не упускай возможности сделать для них нечто такое, чего они наверняка желают», и после этого он процитировал старую еврейскую пословицу: «Кто хочет иметь друзей, тот и сам должен быть дружелюбным».

В Карфагене у Иисуса состоялся длительный и незабываемый разговор с митраистским священником о бессмертии, времени и вечности. Этот перс получил образование в Александрии, и он действительно желал почерпнуть знаний у Иисуса. В изложении на современном языке, суть ответов Иисуса на его многочисленные вопросы заключается в следующем.

Время – это поток скоротечных событий, воспринимаемых сознанием сотворенного существа. Время – это название последовательного расположения событий, с помощью которого они воспринимаются и вычленяются. Вселенная пространства является связанным с временем феноменом при рассмотрении из любой внутренней точки, находящейся вне неподвижной обители – Рая. Движение времени раскрывается только по отношению к тому, что не движется в пространстве в качестве временнóго явления. Во вселенной вселенных Рай и его Божества трансцендентны по отношению как к пространству, так и ко времени. В обитаемых мирах человеческая личность (в которой поселяется и которую ориентирует дух Райского Отца) является единственной связанной с физическим миром реальностью, способной выйти за пределы материальной последовательности скоротечных событий.

У животных нет чувства времени, которое есть у человека, но даже человеку – из-за его узкого и ограниченного взгляда – время представляется последовательностью событий. Однако по мере восхождения человека, по мере его приближения к центру, расширяющийся взгляд на эту цепочку событий позволяет всё больше осознать ее целостный характер. То, что раньше представлялось как последовательность событий, начинает видеться цельным и совершенно связанным циклом; так сознание круговой одновременности будет всё больше вытеснять прежнее сознание линейной последовательности событий.

Существует семь различных концепций пространства, обусловленного временем. Пространство измеряется временем, а не время пространством. Путаница в сознании ученого возникает из-за неспособности признать реальность пространства. Пространство не есть только абстрактное представление об изменении взаимного положения вселенских объектов. Пространство не является пустым, и единственная известная человеку субстанция, способная хотя бы частично преодолеть пространство, есть разум. Разум способен действовать независимо от концепции пространственной организации материальных объектов. Пространство является относительно и сравнительно конечным для всех существ статуса созданий. Чем больше сознание приближается к осознанию семи космических измерений, тем больше понятие потенциального пространства приближается к предельности. Однако пространственный потенциал является истинно предельным только на абсолютном уровне.

Должно быть очевидным, что вселенская реальность обладает расширяющимся и всегда относительным значением по мере перехода на более высокие и совершенные уровни космоса. В предельном смысле, сохраняющие жизнь смертные обретают идентичность в семимерной вселенной.

Пространственно-временнóму представлению, существующему в разуме материального происхождения, со временем предстоит постепенно расшириться по мере восхождения сознающей и постигающей личности на новые уровни вселенных. С достижением разума, занимающего промежуточное положение между материальным и духовным планами бытия, представления человека о времени и пространстве будут неимоверно расширены как в отношении качества постижения, так и количества опыта. Углубляющимся космическим представлениям прогрессирующей духовной личности предстоит расшириться как в отношении глубины постижения, так и масштабов осознания. И по мере дальнейшего развития личности вверх и внутрь – к трансцендентальным уровням уподобления Божеству – представление о пространстве-времени будет всё больше приближаться к вневременны́м и внепространственным концепциям Абсолютов. В относительном смысле – и с достижением трансцендентального уровня – эти концепции абсолютного уровня будут представлять себе дети предельного предназначения.

8. ПО ДОРОГЕ В НЕАПОЛЬ И РИМ

Первой остановкой на пути в Италию был остров Мальта. Здесь Иисус долго беседовал с подавленным и разочарованным юношей по имени Клавд. Этот несчастный подумывал о самоубийстве, однако после разговора с дамасским книжником он сказал: «Я буду смотреть в лицо жизни, как подобает мужчине, и не собираюсь больше играть роль труса. Я вернусь к своему народу и начну всё заново». Вскоре он стал вдохновенным проповедником киников, а еще позже, объединившись с Петром, начал проповедовать христианство в Риме и Неаполе. После смерти Петра он отправился возвещать евангелие в Испанию. Однако он так никогда и не узнал, что человек, вдохновивший его на Мальте, был тем самым Иисусом, которого он впоследствии провозгласил Освободителем мира.

В Сиракузах они провели целую неделю. Примечательным событием во время этой остановки было обретение веры Ездрой; этот разуверившийся еврей держал таверну, где остановились Иисус и его друзья. Взгляды Иисуса покорили Ездру, и он попросил помочь ему вернуться к вере Израиля. Свое безнадежное состояние он выразил словами: «Я хочу быть истинным сыном Авраама, но не могу найти Бога». Иисус ответил: «Если ты действительно желаешь найти Бога, то само это желание свидетельствует о том, что ты уже нашел его. Твоя беда не в том, что ты не можешь найти Бога, – ибо Отец уже нашел тебя, – а лишь в том, что ты не знаешь Бога. Разве ты не помнишь слова пророка Иеремии: „И взыщете меня и найдете, если взыщете меня всем сердцем вашим“? И разве не сказал тот же пророк: „И я дам вам сердце, чтобы знать меня, что я – Господь, и вы будете моим народом, а я буду вашим Богом“? И разве ты не помнишь то место из Писаний, где сказано: „Он смотрит на людей, и если кто-нибудь скажет: я грешил и правде изменял, и это не принесло мне пользы, – то он освободит душу этого человека от мрака, и он увидит свет“?» И Ездра нашел Бога, и душа его утешилась. Впоследствии этот еврей, вместе с богатым новообращенным греком, построил первую христианскую церковь в Сиракузах.

В Мессине они остановились всего на один день, однако этого оказалось достаточно, чтобы изменить жизнь мальчика, уличного торговца фруктами, у которого Иисус купил фрукты и которого, в свою очередь, насытил хлебом жизни. Подросток никогда не забывал, как Иисус, взглянув на него добрым взглядом и положив руку на плечо, сказал: «Прощай, мой мальчик; взрослея и становясь мужчиной, будь отважным; насытив тело, учись насыщать душу. Мой небесный Отец будет с тобой, указывая тебе путь». Мальчик стал приверженцем митраизма, а позднее обратился в христианскую веру.

Наконец, они достигли Неаполя и почувствовали близость своей цели – Рима. У Гонода было в Неаполе много дел, и не считая того времени, в течение которого Иисус исполнял обязанности переводчика, весь свой досуг он и Ганид потратили на знакомство с городом. Постепенно Ганид хорошо научился замечать, кто из людей испытывает нужду. В этом городе они часто сталкивались с нищими и раздали много подаяний. Однако Ганид так и не понял значения произнесенных Иисусом слов, когда, дав монету уличному нищему, он не захотел остановиться и утешить этого человека своими словами. Иисус сказал: «Зачем тратить слова на тех, кто неспособен понять то, что́ ему говорят? Дух Отца не может научить и спасти того, кто лишен способности стать сыном». Иисус имел в виду то, что этот человек не обладал нормальным разумом и был лишен способности реагировать на духовное водительство.

В Неаполе не произошло ничего примечательного. Иисус и юноша исходили весь город и своими улыбками подняли настроение сотням мужчин, женщин и детей.

Отсюда они отправились в Рим через Капую, где остановились на три дня. Ведя за собой вьючных животных, они вышли на Аппиеву дорогу и продолжили свой путь к Риму. Всем троим не терпелось поскорее увидеть столицу империи и величайший город во всём мире.

ДОКУМЕНТ 131

МИРОВЫЕ РЕЛИГИИ

Во время пребывания Иисуса, Гонода и Ганида в Александрии юноша потратил значительную часть своего времени и немало денег своего отца, собирая учения мировых религий о Боге и его взаимоотношениях со смертным человеком. Ганид нанял более шестидесяти ученых переводчиков для составления этого обзора существовавших в мире религиозных доктрин, касающихся Божеств. И здесь следует подчеркнуть, что все эти учения, описывающие монотеизм, были большей частью – прямо или косвенно – взяты из проповедей миссионеров Макивенты Мелхиседека, отправившихся во все концы земли из своего салимского центра для распространения доктрины о едином Боге – Всевышнем.

Предлагаемый далее текст представляет собой конспект рукописи Ганида, подготовленной им в Александрии и Риме и хранившейся в Индии в течение сотен лет после его смерти. Этот материал состоял из десяти разделов.

1. КИНИЗМ

Остаточные учения последователей Мелхиседека, не считая тех, которые сохранились в еврейской религии, лучше всего были представлены в доктринах киников. В подборку Ганида входило следующее:

«Бог выше всех; он есть Всевышний небес и земли. Бог есть совершенный круг вечности, и он правит вселенной вселенных. Он является единственным творцом небес и земли. Как он решает, так и происходит. Наш Бог есть единый Бог, являющий сострадание и милосердие. Всё, что возвышенно, свято, истинно и прекрасно, подобно нашему Богу. Всевышний есть свет неба и земли; он есть Бог востока, запада, севера и юга.

Даже если земля исчезнет, ослепительный лик Верховного пребудет в величии и славе. Всевышний есть первый и последний, начало и конец всего. Есть только один Бог, и его имя – Истина. Бог самосущен, он лишен всякого гнева и враждебности; он бессмертен и бесконечен. Наш Бог всемогущ и щедр. Хотя он многолик, мы поклоняемся только самому́ Богу. Бог знает всё – наши тайны и наши воззвания; он также знает, чего заслуживает каждый из нас. Его могущество равно для всех вещей.

Бог дает примирение и преданно защищает всех, кто боится его и доверяет ему. Он дает спасение всем, кто служит ему. Всё творение находится во власти Всевышнего. Его божественная любовь проистекает из святости его власти, и любовь рождается в могуществе его величия. Всевышний предопределил союз тела и души и наделил человека своим собственным духом. То, что делает человек, должно завершиться, однако то, что делает Создатель, продолжается вечно. Мы приобретаем знания из человеческого опыта, но мы извлекаем мудрость из созерцания Всевышнего.

Бог проливает дождь на землю, он заставляет солнце светить на прорастающее зерно, и он дает нам обильный урожай благих вещей в этой жизни и вечное спасение в будущем мире. Наш Бог обладает огромной властью; его имя – Превосходный, и его сущность непостижима. Когда ты заболеваешь, именно Всевышний исцеляет тебя. Бог полон благости, обращенной ко всем людям; у нас нет другого такого друга, как Всевышний. Его милосердие наполняет всё, и его благость охватывает все души. Всевышний неизменен; он является нашим помощником во всякой нужде. Где бы ты ни обратился к молитве, перед тобой будет лик Всевышнего и раскрытое ухо нашего Бога. Ты можешь спрятаться от людей, но не от Бога. Бог рядом с нами; он вездесущ. Бог наполняет всё и живет в сердце того человека, который боится его святого имени. Творение пребывает в Творце, и Творец пребывает в творении. Мы ищем Всевышнего, а затем находим его в своих сердцах. Ты отправляешься на поиски дорогого друга, после чего находишь его в своей душе.

Человек, знающий Бога, смотрит на всех людей как на равных себе; все они – его братья. Тот, кто эгоистичен, кто забывает о своих братьях во плоти, получает в награду лишь усталость. Тот, кто любит своих собратьев и чье сердце чисто, увидит Бога. Бог никогда не забывает чистосердечия. Он направит искренних сердцем к истине, ибо Бог есть истина.

В жизни своей уничтожайте заблуждение и преодолевайте зло любовью к живой истине. Во всех своих отношениях с людьми делайте добро в ответ на зло. Господь Бог милосерден и любвеобилен; он великодушен. Возлюбим же Бога, ибо он первым полюбил нас. Любовью Бога и его милостью обретем спасение. Бедные и богатые суть братья. Бог – их отец. Не делай другим зла, которого ты не причинил бы себе.

Всегда призывай имя его, и поскольку ты веришь в его имя, постольку молитва твоя будет услышана. Какая великая честь поклоняться Всевышнему! Все миры и вселенные поклоняются Всевышнему. И во всех своих молитвах приноси благодарения – восходи к поклонению. Молитвенное поклонение оберегает от зла и препятствует греху. Будем же всегда восхвалять имя Всевышнего. Тот, кто укрывается во Всевышнем, скрывает свои недостатки от вселенной. Когда ты стоишь перед Богом с чистым сердцем, ты неустрашим перед всем творением. Всевышний подобен любящему отцу и матери; он действительно любит нас, своих земных детей. Наш Бог простит нас и направит наши стопы на пути спасения. Он возьмет нас за руку и приведет нас к себе. Бог спасает тех, кто доверяет ему; он не заставляет человека служить своему имени.

Если вера во Всевышнего вошла в твое сердце, то во все дни своей жизни ты будешь свободен от страха. Не тревожься из-за благоденствия нечестивых; не бойся тех, кто замышляет зло; пусть душа отвернется от греха, всецело доверься Богу спасения. Во власти Всевышнего уставшая душа блуждающего смертного обретает вечный покой; мудрец жаждет божественных объятий; земное дитя стремится к защите во власти Всеобщего Отца. Благородный человек жаждет того высокого положения, в котором душа смертного сливается с духом Верховного. Бог справедлив: плоды, не собранные в этом мире от посеянных нами семян, мы получим в следующем».

2. ИУДАИЗМ

Палестинские кенеи спасли от забвения многое из учения Мелхиседека, и из этих документов – сохраненных и видоизмененных евреями – Иисус и Ганид отобрали следующее:

«В начале сотворил Бог небо и землю и всё, что на них есть. И смотри – всё, что он сотворил, очень хорошо. Господь есть Бог; нет другого, кроме него, наверху в небесах и внизу на земле. Поэтому люби Господа, Бога твоего, всем сердцем своим, всею душой своей и всей силой своей. Земля будет наполнена знанием Господа, как воды наполняют море. Небеса возвещают о славе Божьей, и свод небесный являет его творения. Каждый день говорит о большем; в каждой ночи новое знание. Нет ни языка, ни наречия, где не слышался бы голос их. Велик труд Господа, и мудростью отмечены все его творения; величие Господа неисследимо. Он исчисляет количество звезд и всех называет по именам.

Велико могущество Господа, и нет предела его мудрости. Говорит Господь: „Как небо выше земли, так мои пути выше ваших путей и мои мысли выше ваших мыслей“. Бог открывает глубокое и сокровенное, ибо свет обитает с ним. Господь милосерден и милостив; он долготерпелив и полон благости и истины. Благ и праведен Господь; он направляет кротких к правде. Вкусите, и увидите, что благ Господь! Благословен тот, кто уповает на Бога. Бог – спасение и сила наша, вечная помощь в несчастьях.

Милость Господня от века до века к боящимся его, и правда его на детях наших детей. Господь милостив и полон сострадания. Господь добр к каждому и милосерден ко всему творению; он исцеляет сокрушенных сердцем и врачует их раны. Куда пойду от Божьего духа? Куда убегу от божественного присутствия? Так говорит Высокий и Превознесенный, обитающий в вечности, чье имя – Святой: „Я живу на высоте в святилище, а также с тем, у кого сокрушенное сердце и смиренный дух“. Никто не может скрыться от нашего Бога, ибо он наполняет небо и землю. Пусть веселятся небеса, пусть торжествует земля. Пусть скажут во всех народах: Господь царствует! Благодарите Бога, ибо его милость пребудет в веках.

Небеса возвещают праведность Бога, и все люди видят его славу. Это Бог сотворил нас, а не мы себя; мы – его народ и овцы его пастбища. Милость его вечна, и истина его сохраняется для всех поколений. Наш Бог – владыка над народами. Да наполнится его славой земля! Пусть люди благодарят Господа за его благость и за его чудесные дары детям человеческим!

Бог сотворил человека почти божественным и увенчал его любовью и милосердием. Господь знает путь праведных, а путь нечестивых погибнет. Истоки мудрости – в страхе перед Господом; понимание есть познание Верховного. Говорит Всемогущий Бог: „Ходи предо мною и будь совершенен“. Не забывай, что погибели предшествует гордыня, падению – надменность. Владеющий собой сильнее завоевателя города. Так говорит Господь Бог, Святой: „Возвратившись к покою духовному, спасены будете; в тишине и уповании будет сила ваша“. Те, кто служит Господу, восполнят свои силы; они поднимут крылья, как орлы. Они бегут и не слабеют; идут и устали не знают. Господь избавит тебя от страха твоего. Говорит Господь: „Не бойся, ибо я – с тобою. Не смущайся, ибо я – твой Бог. Я укреплю тебя; я помогу тебе; да, я поддержу тебя правой рукой моей праведности“.

Бог – наш Отец; Господь – наш искупитель. Бог создал вселенские воинства, и он хранит их всех. Праведность его – как горы, а справедливость – как бездонный океан. Он поит нас из реки своего блаженства, и в его свете мы увидим свет. Какое счастье благодарить Господа и петь хвалу Всевышнему, являющему благоволение утром и божественную преданность каждую ночь. Царство Божье пребудет вовек, и управлять он будет всеми поколениями. Господь – мой пастырь; нужды у меня не будет ни в чём. Он укладывает меня на зеленом лугу; он приводит меня к тихой воде. Он возрождает мою душу. Он ведет меня тропой праведности. Даже если я прохожу через долину смертной тени, я не страшусь зла, потому что Бог со мной. До конца моих дней благость и милосердие будут со мной, и я поселюсь в доме Господнем навеки.

Ягве – Бог моего спасения; поэтому я буду уповать на божественное имя. Всем своим сердцем я буду доверять Господу; я не буду полагаться на свое собственное разумение. Во всех путях моих я буду признавать его, и он будет вести меня. Господь верен; он верен своему слову, данному тем, кто служит ему; праведный будет жив верой. Если не делаешь доброго, то это оттого, что у дверей лежит грех; люди пожинают вспаханное ими зло и посеянный ими грех. Не тревожься из-за нечестивцев. Если таишь беззаконие в сердце своем, Господь не услышит тебя; если грешишь против Бога, то вредишь также своей собственной душе. Бог будет судить все людские дела вместе со всеми утаенными – добрыми или злыми. Каковы мысли твои, таков и ты.

Господь близок ко всем, кто зовет его искренно и истинно. Слезы могут литься всю ночь, но утром приходит радость. Веселое сердце благотворно, как целебное лекарство. Ни в чём благом не откажет Бог тем, кто честно идет по жизни. Бойся Бога и подчиняйся его повелениям, потому что в этом вся обязанность человека. Так говорит Господь, создавший небеса и сотворивший землю: „Нет иного Бога, кроме меня – Бога праведного и спасающего. Надейтесь на меня и будете спасены, во всех концах земли. Если будете искать меня, то найдете, если будете стремиться ко мне всем сердцем“. Кроткие унаследуют землю, и насладятся они миром. Сеющий беззаконие пожнет беду; сеющие ветер пожнут бурю.

“‘Придите, и мы рассудим, – говорит Господь. – Если грехи ваши, как багряница, то побелеют они, словно снег. Если будут они пурпурно-красные, то убелю их, как шерсть“. Нечестивым же нет мира; это грехи ваши лишают вас благих вещей. Бог – здоровье моего духа и радость моей души. Вечный Бог – моя сила; он прибежище наше, нас охраняет его вечное могущество. Господь близок к тем, кто сокрушен сердцем; он спасает всех, кто духом подобен детям. Много скорбей у праведного, и от всех их избавит его Господь. Доверься Господу – уповай на него – и он совершит. Живущий в тайной обители Всевышнего поселится в тени Всемогущего.

Люби ближнего твоего, как самого себя; не держи зла против других людей. Не делай другому того, что ненавистно тебе. Люби брата твоего, ибо Господь сказал: „Я буду любить детей своих щедро“. Путь справедливых – как светило лучезарное, которое разгорается до света дня. Мудрые будут сиять, как яркий небосвод, и обратившие многих к правде – как звезды, вовеки, навсегда. Да оставит нечестивый свой порочный путь и беззаконник – мятежные помыслы свои. Говорит Господь: „Пусть обратятся ко мне, и я помилую; я многомилостив“.

Говорит Бог, создатель неба и земли: „Велик покой у любящих закон мой. Вот мои заповеди: возлюби меня всем сердцем твоим; не поклоняйся никаким богам, кроме меня; не произноси имени моего напрасно; чти святой день субботний; почитай отца своего и мать свою; не убивай; не прелюбодействуй; не кради; не клевещи на других; не пожелай чужого“.

И всем тем, кто любит Господа превыше всего и своих ближних, как себя самих, Бог неба говорит: „Я избавлю вас от могилы; я спасу вас от смерти. Я буду милосерден к детям вашим, и я буду справедлив. Разве не сказал я о своих созданиях земных: вы – сыны Бога живого? И разве не возлюбил я вас любовью вечной? И разве не призывал я вас стать, как я, и вечно пребывать со мной в Раю?“»

3. БУДДИЗМ

Ганид был потрясен, когда увидел, как близок был буддизм к тому, чтобы стать великой и прекрасной религией без Бога, – личностного и всеобщего Божества. Тем не менее, он действительно обнаружил упоминания некоторых ранних верований, в которых частично отражалось влияние учений миссионеров, направленных Мелхиседеком и продолжавших свой труд в Индии вплоть до появления Будды. Иисус и Ганид отобрали из буддистской литературы следующие высказывания:

«Из чистого сердца будет струиться радость к Бесконечному; всё мое существо будет в мире с этой неземной радостью. Моя душа исполнена довольства, и сердце мое переполнено блаженством безмятежного доверия. Я не знаю страха; я свободен от тревог. Я пребываю в уверенности, и мои враги неспособны потревожить меня. Я доволен плодами моей уверенности. Я обрел путь к Бессмертному, на который легко вступить. Я молюсь о вере, которая поддержит меня на долгом пути; я знаю, что запредельная вера не оставит меня. Я знаю, что мои братья преуспеют, если проникнутся верой в Бессмертного, – той верой, которая создает умеренность, честность, мудрость, мужество, знание и стойкость. Оставим же печали и откажемся от страха. В вере своей будем придерживаться истинной праведности и подлинной мужественности. Научимся размышлять о справедливости и милосердии. Вера – истинное богатство человека, наделяющее добродетелью и славой.

Презренна нечестивость; жалок грех. Унизительно зло – остается ли оно в помыслах или претворяется в делах. Как пыль следует за ветром, так страдания и печаль следуют дорогой зла. Как тень идет за субстанцией материальных вещей, так счастье и душевный покой следуют за чистыми помыслами и добродетельной жизнью. Зло есть плод помыслов, направленных по ложному пути. Видеть грех в безгрешном, не видеть греха в грешном есть зло. Зло есть путь ложных учений. Те, кто избегает зла, видя вещи такими, какие они есть, обретают радость, ибо приобщаются к истине. Положите конец своим несчастьям – возненавидьте грех. Поднимая свои глаза к Великодушному, всем своим сердцем отвернитесь от греха. Не защищайте зло; не оправдывайте грех. Трудясь над искуплением прошлых грехов, вы обретаете силу, необходимую для сопротивления греху в будущем. Сдержанность рождается из раскаяния. В каждом своем проступке исповедуйтесь Великодушному.

Бодрость и радость суть награда за дела, достойно выполненные во славу Бессмертного. Никто не может лишить вас свободы вашего собственного разума. Когда вера вашей религии освободит сердце, когда твердым и непоколебимым, как гора, станет разум, тогда душевный покой польется спокойно, как полноводная река. Те, кто уверен в спасении, навсегда избавляются от вожделения, зависти, ненависти и иллюзий богатства. Хотя вера есть энергия лучшей жизни, вы сами должны настойчиво претворять свое собственное спасение. Если вы желаете обрести уверенность в своем окончательном спасении, то вам следует позаботиться о том, чтобы искренне следовать всему праведному. Развивайте в своем сердце уверенность, которая произрастает изнутри, – так вы насладитесь восторгом вечного спасения.

Ни один верующий не может надеяться на достижение просветления, которое дает бессмертная мудрость, оставаясь ленивым, вялым, слабым, праздным, бесстыдным и эгоистичным. Тот же, кто вдумчив, благоразумен, рассудителен, пылок и честен, еще при жизни на земле может достигнуть высшего просветления, приходящего с покоем и свободой божественной мудрости. Помните: за каждым действием – свое воздаяние. Зло приводит к печали, грех ведет к мукам. Радость и счастье – следствие добродетельной жизни. Даже злодей пользуется милосердием, пока не созрели его злодеяния, но неотвратим срок жатвы всех плодов зла. Пусть никто не думает о грехе легкомысленно, говоря про себя: „Наказание за прегрешения обойдет меня стороной". За ваши деяния вам будут платить той же монетой – по суду мудрости. Несправедливость, допущенная по отношению к вашим товарищам, воздастся вам. Создания неспособны избежать той участи, которую уготавливают себе своими деяниями.

Глупец сказал себе: „Зло не овладеет мной"; однако благополучие обретается только тогда, когда душа жаждет упрека, а разум стремится к мудрости. Мудра та благородная душа, которая дружелюбна среди врагов, спокойна среди беспокойства, щедра среди алчности. Любовь к себе – что сорняки на плодородном поле. Эгоизм ведет к печали; постоянная забота убивает. Смиренный разум приносит счастье. Тот есть величайший из воинов, кто покоряет и подчиняет самого себя. Сдержанность хороша во всём. Превосходен лишь тот человек, который ценит добродетель и выполняет долг. Не позволяйте гневу и ненависти овладевать собой. Не говорите ни о ком резко. Удовлетворенность – величайшее богатство. Что дано с мудростью, то хорошо сохраняется. Не делайте другим того, чего вы не желали бы себе. Платите добром за зло; преодолевайте зло добром.

Праведная душа должна быть желанней владычества над всем миром. Цель чистосердечия – бессмертие; удел бездумной жизни – смерть. Кто честен, тот не умирает; бездумный уже мертв. Благословен тот, кто постиг состояние бессмертия. Кто мучает живых, тот вряд ли обретет счастье после смерти. Бескорыстные восходят на небо, где они радуются в блаженстве бесконечной щедрости и продолжают исполняться благородного великодушия. Каждый смертный, чьи помыслы праведны, высказывания благородны и действия бескорыстны, не только обретет добродетель здесь, в течение этой короткой жизни, но также – после разрушения тела – продолжит вкушать наслаждения на небе».

4. ИНДУИЗМ

Где бы ни появлялись миссионеры Мелхиседека, они повсюду распространяли учения о едином Боге. Многие положения этой монотеистической доктрины – вместе с другими предшествующими понятиями – вошли в последующие учения индуизма. Иисус и Ганид отобрали следующие выдержки:

«Он – великий Бог, верховный во всём. Он – Господь, в котором всё. Он – создатель и управляющий вселенной вселенных. Бог един; он пребывает наедине с самим собой; он – единственный. И этот единый Бог есть наш Творец и последнее предназначение души. Верховный неописуемо ослепителен; он – Свет Света. Каждое сердце и каждый мир освещаются этим божественным светом. Бог – наш защитник: он поддерживает свои создания, и познавшие его обретают бессмертие. Бог – великий источник энергии; он – Великая Душа. Он вершит всеобщее господство над всем. Этот единый Бог любвеобилен, великолепен и обожаем. Наш Бог – высший в могуществе, он пребывает в верховной обители. Это истинное Лицо вечно и божественно; он – главный Господь небес. Все пророки воспевали его, и он раскрыл себя нам. Мы поклоняемся ему. О, Верховное Лицо, источник существ, Господь творения и правитель вселенной! Раскрой нам, твоим созданиям, могущество, делающее тебя неизменным! Бог создал солнце и звезды; он – яркий, чистый и самосущный. Его вечное знание отличается божественной мудростью. Вечный недоступен злу. Поскольку вселенная произошла от Бога, он действительно правит ею. Он – источник творения, и потому все вещи утверждены в нем.

Бог – надежное убежище каждого благого человека, попавшего в беду; Бессмертный заботится обо всём человечестве. Божье спасение прочно, а его доброта щедра. Он – любящий покровитель, благословенный защитник. Говорит Господь: „Я пребываю в их собственных душах как светильник мудрости. Я – великолепие великолепных, благость благих. Где двое или трое собираются вместе, там пребываю и я“. Создание неспособно избежать присутствия Создателя. Господь ведет счет даже непрестанным морганиям каждого смертного; и мы поклоняемся этому божественному Существу как нашему неразлучному спутнику. Он всесилен, щедр, вездесущ и бесконечно добр. Господь – наш владыка, наше прибежище, наш верховный управляющий, и его первозданный дух обитает в смертной душе. Вечный Свидетель порока и добродетели пребывает в человеческом сердце. Глубоко же задумаемся над обожаемым божественным Животворцем; пусть его дух всецело направляет наши мысли. Из этого нереального мира веди нас в мир реальный! Из тьмы веди нас к свету! Из смерти веди нас к бессмертию!

Своими сердцами, очищенными от всякой ненависти, поклонимся Вечному. Наш Бог – Господь молитвы; он слышит мольбы своих детей. Пусть же все люди подчинят свою волю ему – Непоколебимому. Возрадуемся же великодушию Господа молитвы. Сделайте молитву своим сокровенным другом и поклонение – опорой своей души. „Если только будете поклоняться мне в любви, – говорит Вечный, – я дам вам мудрость, чтобы достичь меня, ибо поклонение мне – добродетель, присущая всем созданиям“. Бог просветляет печальных и дает силу слабым. Поскольку Бог – наш сильный друг, у нас больше нет страха. Мы славим имя непобедимого Победителя. Мы поклоняемся ему, ибо он – преданный и вечный помощник человека. Бог – наш верный вождь и надежный советчик. Он – великий источник неба и земли, обладающий безграничной энергией и бесконечной мудростью. Его великолепие возвышенно, его красота божественна. Он – высшее убежище вселенной и неизменный хранитель вечного закона. Наш Бог – Господь жизни и Утешитель всех людей; он любит человечество и помогает тем, кто в беде. Он – источник нашей жизни и Добрый Пастырь людских паств. Бог – наш отец, брат и друг. И в своем внутреннем существе мы жаждем познать этого Бога.

Мы научились обретать веру благодаря томлению наших сердец. Мы достигли мудрости благодаря сдержанности наших чувств, и благодаря своей мудрости мы испытали мир в Верховном. Тот, кто исполнен веры, истинно поклоняется, когда его внутреннее „я“ устремлено к Богу. Для нашего Бога небеса – что мантия; он обитает и в шести других обширных вселенных. Он – верховный над всем и во всём. Мы жаждем, чтобы наш Господь простил нас за все прегрешения перед собратьями; и мы готовы простить своему другу совершенное им зло. Наш дух ненавидит всякий грех; поэтому, о, Господи, освободи нас от всей порчи греха. Мы молимся Богу как утешителю, защитнику и спасителю – тому, кто любит нас.

Дух Хранителя Вселенной проникает в душу простого создания. Тот человек мудр, кто поклоняется Единому Богу. Те, кто стремятся к совершенству, должны действительно знать Господа Верховного. Тот никогда не боится, кто знает блаженную защиту Верховного, ибо Верховный говорит тем, кто ему служит: „Не бойтесь, ибо я с вами“. Бог провидения – наш Отец. Бог есть истина. И Бог желает, чтобы его создания поняли его, – всецело познали истину. Истина вечна; она поддерживает вселенную. Нашим высшим желанием должно быть единение с Верховным. Великий Управляющий – источник всех вещей; всё исходит от него. И вот в чём суть долга: пусть никто не делает другому того, что было бы неприятно для него самого; не таите зла, не ударяйте того, кто ударяет вас, покоряйте гнев милосердием и побеждайте ненависть доброжелательностью. И всё это нам следует делать потому, что Бог – добрый друг и великодушный отец, который прощает все наши земные проступки.

Бог – наш Отец, земля – наша мать, вселенная – наша родина. Без Бога душа – пленница; знание Бога освобождает душу. При созерцании Бога, в единении с ним, приходит избавление от иллюзий зла и окончательное освобождение от всех материальных уз. Когда человек свернет пространство, как кусок кожи, тогда придет конец злу, потому что человек найдет Бога. О, Бог, спаси нас от тройной погибели ада – похоти, гнева и алчности! О, душа, приготовься к духовной борьбе за бессмертие! Когда придет конец смертной жизни, оставь, не колеблясь, это тело, дабы облечься в более достойную и прекрасную форму и пробудиться в мирах Верховного и Бессмертного, где нет страха, печали, голода, жажды или смерти. Познать Бога – значит разбить цепи смерти. Богопознавшая душа поднимается во вселенной, как сливки появляются на молоке. Мы поклоняемся Богу – вездесущему воздействию, Великой Душе, извечно пребывающей в сердцах своих созданий. И тем, кто знает, что Бог царствует в человеческом сердце, суждено стать такими, как он, – бессмертными. Зло следует оставить в этом мире, однако добродетель следует за душой на небо.

Только нечестивец говорит: во вселенной нет ни истины, ни правителя; она предназначена только для наших вожделений. Такие души введены в заблуждение скудостью своего интеллекта. Так они отдаются своим страстям и лишают себя радостей добродетели и удовольствий праведности. Что может быть более великим, чем испытать спасение от греха? Человек, увидевший Верховного, бессмертен. Человеческие друзья плоти неспособны пережить смерть; только добродетель сопровождает человека в его вечном путешествии вперед, к радостным и солнечным полям Рая».

5. ЗОРОАСТРИЗМ

Сам Заратустра поддерживал непосредственную связь с потомками миссионеров Мелхиседека, и их доктрина единого Бога стала центральным постулатом религии, основанной им в Персии. Не считая иудаизма, в этой религии были наиболее широко использованы учения Салима. Ганид отобрал следующие выдержки из письменных источников этой религии:

«Всё происходит из Единого Бога, и всё принадлежит ему – премудрому, благому, праведному, святому, сияющему и величественному. Этот Бог – наш Бог – источник всякого сияния. Он – Создатель, Бог всех благих намерений и покровитель справедливости во вселенной. Мудрость жизни заключается в том, чтобы поступать в согласии с духом истины. Бог – всевидящий, он видит как злые дела нечестивцев, так и добрые дела праведников; наш Бог замечает всё в мгновение ока. Его прикосновение исцеляет. Господь – всемогущий благодетель. Бог протягивает свою благотворительную руку и праведникам, и нечестивцам. Бог создал мир и определил награды за добро и зло. Премудрый Бог пообещал бессмертие благочестивым душам, помыслы которых чисты и дела праведны. Какими вы желаете стать превыше всего, такими вы и будете. Свет солнца – подобно мудрости для тех, кто видит Бога во вселенной.

Славьте Бога, стремясь к тому, что угодно Мудрому. Поклоняйтесь Богу света, радостно следуя путями, определенными его религией откровения. Есть лишь один Верховный Бог – Господь Небесных Светил. Мы поклоняемся ему, сотворившему океаны, растения, животных, землю и небо. Наш Бог – Господь, самый благотворный. Мы поклоняемся наиболее прекрасному, щедрому Бессмертному, излучающему вечный свет. Бог – дальше всех от нас и одновременно ближе всех к нам, ибо он пребывает в наших душах. Наш Бог – божественный и святейший Дух Рая, и, тем не менее, он относится к человеку дружелюбнее самых дружелюбных созданий. Бог больше всего помогает нам в величайшем из всех дел – богопознании. Бог – наш самый обожаемый и праведный друг; он – наша мудрость, жизнь, сила души и тела. Через наши благие мысли мудрый Создатель позволит нам исполнить свою волю и тем самым добиться претворения всего того, что является божественно совершенным.

Господи, научи нас, как прожить эту жизнь во плоти и одновременно подготовиться к следующей жизни – жизни духа. Скажи нам, Господи, и мы исполним твое веление. Научи нас благим стезям, и мы пойдем верным путем. Позволь нам соединиться с тобой. Мы знаем, что та религия истинна, которая ведет к союзу с праведностью. Бог – наша мудрая сущность, лучший помысел и праведное деяние. Да позволит нам Бог соединиться с божественным духом и бессмертием в нём!

Эта религия Мудрого очищает верующего от всякой порочной мысли и греховного деяния. Я склоняюсь перед Богом небес в раскаянии, если я согрешил в своих мыслях, словах или делах – вольно или невольно, – и в своих молитвах прошу милосердия и славлю за прощение. Я знаю, что если я осознаю́ свою вину и намереваюсь не совершать более зла, то грех будет снят с моей души. Я знаю, что прощение освобождает от оков греха. Те, кто грешит, получат наказание, однако те, кто следует истине, обретут блаженство вечного спасения. Удерживай нас своей благодатью и помогай нашим душам спасительным могуществом. Мы просим милосердия, ибо стремимся достигнуть совершенства; мы хотели бы стать подобными Богу».

6. СУДУАНИЗМ (ДЖАЙНИЗМ)

Третья группа верующих, сохранившая учения о едином Боге в Индии, – то, что осталось от учений Мелхиседека, – называлась в те дни судуанистами. Позднее эти верующие стали известны как последователи джайнизма. Их учения гласили:

«Господь Небес есть верховный. Те, кто грешит, не взойдут на небеса; те же, кто идет стезями праведности, найдут место на небе. Мы обретаем уверенность в существовании потусторонней жизни, если мы знаем истину. Душа человека способна взойти на самое высокое небо, чтобы раскрыть там свою истинную духовную сущность, достичь совершенства. Небесное состояние освобождает человека от кабалы греха и знакомит с конечными благословениями; праведный человек уже испытал исчезновение греха и всех связанных с ним несчастий. Собственное „я“ – неодолимый враг человека, и это „я“ проявляется в четырех величайших страстях: гневе, гордыне, коварстве и жадности. Величайшая победа человека – победа над собой. Когда человек надеется на Божье прощение и когда он решается воспользоваться такой привилегией, то тем самым он уже освобождается от страха. Человек должен идти по жизни, относясь к таким же, как он, созданиям так, как он хотел бы, чтобы они относились к нему».

7. СИНТОИЗМ

Лишь незадолго до посещения александрийской библиотеки Ганидом там появились манускрипты, рассказывавшие об этой дальневосточной религии. Это была единственная мировая религия, о которой Ганид никогда не слышал. В этой вере также были слышны отголоски ранних учений Мелхиседека, что видно на примере следующих отрывков:

«Говорит Господь: „Все вы принимаете мою божественную силу; все люди пользуются моей милосердной помощью. Я получаю огромное наслаждение, умножая праведников по всей земле. И в красотах природы, и в добродетелях человека стремится Небесный Князь раскрыть себя и показать свою праведную сущность. Так как древние не знали моего имени, я проявил себя, родившись в мире в качестве зримого бытия и пройдя через это понижение именно для того, чтобы человек не забывал моего имени. Я – творец неба и земли; солнце, луна и все звезды подчиняются моей воле. Я – правитель всех созданий на земле и в четырех морях. Я – великий и верховный, но я не оставляю без внимания молитву последнего бедняка. И какое бы создание ни поклонялось мне, я услышу его молитвы и удовлетворю желание его сердца“.

„Всякий раз, когда человек поддается беспокойству, он на один шаг отступает от водительства духа своего сердца“. Гордыня заслоняет Бога. Если вы надеетесь на небесную помощь, откажитесь от своей гордыни; каждая частица гордыни заслоняет спасительный свет, как огромная туча. Если в вашей душе нет праведности, бесполезно молиться о том, что есть за пределами вашей души. „Если я слышу ваши молитвы, то это потому, что вы предстаете передо мной с чистым сердцем, свободным от лжи и лицемерия, с душой, отражающей истину, как зеркало. Если вы хотите достигнуть бессмертия, оставьте мир и приходите ко мне“».

8. ДАОСИЗМ

Посланники Мелхиседека проникли в глубь Китая, и доктрина единого Бога стала частью ранних учений в нескольких китайских религиях; той из них, которая сохранилась дольше всех и лучше других отражала истину монотеизма, был даосизм, и Ганид собрал следующие отрывки из учений его основателя:

«Сколь чист и спокоен Верховный – и вместе с тем сколь силен и могуществен, сколь глубок и непостижим! Сей Бог небес – досточтимый прародитель всего сущего. Если вы знаете Вечного, вы просвещенны и мудры. Если вы не знаете Вечного, то невежество проявляет себя как зло, пробуждая порочные страсти. Это дивное Существо пребывало прежде небес и земли. Вечный поистине духовен; он один, он не изменяется. Он – истинная мать мира, и всё творение движется вокруг него. Сей Великий наделяет собою людей и тем самым позволяет им преуспеть и сохраниться. Если у человека есть лишь малая толика знаний, он всё равно может идти по стезям Верховного; он может подчиниться воле небес.

Все благие труды истинного служения исходят от Верховного. Всё зависит от Великого Источника Жизни. Великий Верховный не ждет похвал за свои дары. Он – верховный в могуществе, однако он остается сокрытым от нашего взора. Он непрестанно преобразовывает свои атрибуты, совершенствуя своих созданий. Небесный Разум нетороплив и терпелив в своих планах, но тверд в своих свершениях. Верховный простирается над вселенной и поддерживает ее всю. Сколь велико и могущественно его переполняющее влияние, его притягательная сила! Истинная благость подобна воде, ибо всё благословляет и ничему не вредит. И как вода, истинная благость ищет самые низкие места – даже такие глубины, которых остальные сторонятся, и это потому, что она подобна Верховному. Верховный создает все вещи, лелея их в природе и совершенствуя их в духе. Каким образом Верховный воспитывает, защищает и совершенствует создание, не принуждая его, остается загадкой. Он ведет и направляет, но не выпячивает себя. Он помогает развитию, но не подчиняет.

Мудрец обнимает своим сердцем вселенную. Малое знание опасно. Те, кто стремится к величию, должны учиться смирению. При сотворении мира Верховный стал его матерью. Знать свою мать – значит признать свое сыновство. Тот мудр, кто относится ко всем частям с точки зрения целого. Относитесь к каждому человеку так, как если бы вы были на его месте. Воздавайте добротой за обиду. Если вы любите людей, они будут тянуться к вам – вам будет легко завоевать их расположение.

Великий Верховный вездесущ; он слева и справа; он поддерживает всё творение и пребывает во всех истинных существах. Вы не можете найти Верховного, равно как вы не можете найти место, в котором его нет. Если человек осознаёт зло своих деяний и чистосердечно раскаивается в грехе, то он может ждать прощения; он может избежать наказания; он может превратить бедствие в благословение. Верховный – надежное прибежище всего творения; он – хранитель и спаситель человечества. Если будете искать его каждый день, найдете его. Поскольку он способен прощать грехи, он действительно дороже всех людям. Всегда помните: Бог награждает человека не за то, что́ он делает, а за то, че́м он является; поэтому вы должны оказывать помощь своим товарищам без мысли о наградах. Делайте добро, не думая о пользе для себя.

Мудры те, кто знает законы Верховного. Не знать божественный закон – значит страдать и бедствовать. Те, кто знает законы Бога, великодушны. Если вы знаете Вечного, ваша душа продолжит духовное служение, даже если погибнет ваше тело. Вы истинно мудры, если осознаёте собственную незначительность. Если вы пребываете в свете Вечного, Верховный просветит вас. Те, кто посвящает себя служению Верховному, с радостью стремятся к Вечному. Когда человек умирает, дух поднимается на крыльях и отправляется в долгое путешествие домой».

9. КОНФУЦИАНСТВО

Даже та из великих мировых религий, которая в наименьшей степени признавала Бога, восприняла монотеизм миссионеров Мелхиседека и их упорных последователей. В подготовленном Ганидом кратком изложении конфуцианства говорилось:

«Что повелевает Небо, то без греха. Истина реальна и божественна. Всё исходит от Неба, и Великое Небо не ошибается. Небо назначило многих подчиненных помогать в воспитании и возвышении менее развитых созданий. Велик, очень велик Единый Бог, который правит человеком с небес. Бог величествен в могуществе и страшен в суде. Однако этот Великий Бог наделил нравственным чувством даже многих малоразвитых людей. Щедрость Неба непрестанна. Благосклонность – лучший дар Неба людям. Небо посвятило свое благородство человеческой душе; достоинства человека – плоды этого подаренного Небом благородства. Великое Небо всё видит и следует за человеком во всех его делах. И мы правильно поступаем, когда называем Великое Небо нашим Отцом и нашей Матерью. Поэтому, если мы являемся слугами наших божественных прародителей, мы можем уверенно молиться Небу. Будем же всегда и во всём испытывать благоговейный страх перед величием Неба. О, Боже, Всевышний и полноправный Властелин! Мы видим, что в твоей власти суд и что всё милосердие проистекает из божественного сердца.

Бог с нами; поэтому в наших сердцах нет страха. Если мне не чужда добродетель, то это – проявление Неба, которое пребывает во мне. Однако это живущее во мне Небо часто предъявляет суровые требования к моей вере. Поскольку Бог – во мне, я решил не оставлять в своем сердце мéста для сомнений. Вера должна быть чрезвычайно близка истинной природе вещей, и я не понимаю, кáк человек может жить без этой благотворной веры. Добро и зло не постигают человека без причины. Небо обращается с душой человека в соответствии с намерением души. Когда вы заблуждаетесь, признавайтесь в своей ошибке без колебаний и исправляйтесь без промедления.

Мудрец ищет истину, а не одно только пропитание. Цель человека – достигнуть совершенства Неба. Высокоразвитый человек стремится изменить себя, и он свободен от тревог и страха. Бог с вами; пусть в вашем сердце не останется сомнений. Каждое благое деяние вознаграждается. Высокоразвитый человек не ропщет на Небо и не таит зла на людей. Не делайте другим того, что не нравится вам, когда это совершается по отношению к вам. Пусть во всяком наказании будет место для милосердия; всячески стремитесь превратить наказание в благословение. Таков путь Великого Неба. Хотя все создания должны умереть и вернуться в землю, дух благородного человека устремляется вперед, чтобы проявиться на небесах и взойти к блаженному свету высшей яркости».

10. «НАША РЕЛИГИЯ»

Завершив свой напряженный труд – собрание учений мировых религий, имевших отношение к Райскому Отцу, – Ганид взялся за изложение того, что считал основным содержанием веры в Бога, к которой он пришел в результате учений Иисуса. Такие вероучения юноша обычно называл «наша религия». Ганид записал следующее:

«Господь наш Бог – Господь единый, и его следует любить всем умом и сердцем и одновременно делать всё для того, чтобы любить всех его детей, как самих себя. Этот единый Бог – наш небесный Отец, в ком всё заключено и кто пребывает, в своем духе, в душе каждого честного человека. И мы – Божьи дети – должны учиться доверять ему, преданному Создателю, опеку наших душ. Всё возможно для нашего небесного Отца. Иначе и быть не может, поскольку он – Создатель, сотворивший все вещи и всех существ. Хотя мы не можем видеть Бога, мы можем познать его. И ежедневно исполняя волю небесного Отца, мы можем раскрыть его нашим собратьям.

Божественные сокровища Божьего характера должны отличаться бесконечной глубиной и вечной мудростью. Нам не найти Бога с помощью знаний, но мы можем познать его в своих сердцах благодаря личному опыту. Хотя его правосудие, возможно, является непостижимым, самое скромное существо на земле может удостоиться его милосердия. Наполняя собой вселенную, он также живет в наших сердцах. Разум человека – человеческий, смертный, однако дух человека – божественный, бессмертный. Бог не только всесилен, но и премудр. Если наши далеко не идеальные земные родители знают, как любить своих детей и посвящать им благие дары, то сколь неизмеримо лучше должен благой небесный Отец знать, как следует мудро любить своих земных детей и посвящать им соответствующие благословения.

Наш небесный Отец не позволит погибнуть ни одному земному дитя, если это дитя желает найти Отца и подлинно стремится стать таким, как он. Наш Отец любит даже нечестивых и всегда добр к неблагодарным. Если бы только больше людей могло познать благость Бога, их наверняка можно было бы привести к раскаянию в их порочных деяниях и к отказу от всякого известного греха. Все благие вещи исходят от Отца света, в ком нет ни изменчивости, ни тени перемены. Дух истинного Бога пребывает в сердце человека. Он хочет, чтобы все люди были братьями. Когда люди начинают тянуться к Богу, это значит, что Бог нашел их и что они стремятся познать его. Мы живем в Боге, и Бог живет в нас.

Я не буду больше довольствоваться верой в то, что Бог – Отец всего моего народа; отныне я буду верить, что он также *мой* Отец. Я всегда буду стремиться поклоняться Богу с помощью Духа Истины, который станет моим помощником, после того как я действительно познаю Бога. Однако в первую очередь я буду поклоняться Богу, учась выполнять Божью волю на земле; это значит, что я буду прилагать все свои силы к тому, чтобы относиться к своим смертным собратьям согласно моему представлению о том, что́ угодно Богу. Живя такой жизнью во плоти, мы можем многого просить у Бога, и он удовлетворит наше сокровенное желание для того, чтобы мы были лучше подготовлены к служению своим товарищам. И всё это преданное служение Божьим детям улучшает нашу способность принимать и испытывать небесную радость – высокое наслаждение, которое приносит водительство небесного духа.

Каждый день я буду благодарить Бога за его несказанные дары; я буду славить его за то чудесное, что он совершает для детей человеческих. Для меня он – Всемогущий, Создатель, Сила, Милосердие, однако в первую очередь он – мой духовный Отец, и, как его земное дитя, в должное время я отправлюсь в путь, чтобы увидеть его. Мой учитель сказал, что в стремлении к нему я стану подобным ему. Веруя в Бога, я обрел покой в Боге. Наша новая религия преисполнена радости, и она порождает прочное счастье. Я уверен, что сохраню свою веру до смерти и наверняка получу в награду вечную жизнь.

Я учусь испытывать всё и придерживаться того, что благотворно. Во всём я буду поступать со своими собратьями так, как я хотел бы, чтобы они поступали со мной. Благодаря этой новой вере я знаю, что человек может стать сыном Божьим, но иногда я прихожу в ужас, думая о том, что все люди – мои братья, хотя это наверняка так. Я не вижу, каќ я могу радоваться отцовству Бога, пока я отказываюсь принять братство людей. Кто бы ни взывал к имени Господа, он должен спастись. Если это истинно, то все люди должны быть моими братьями.

Отныне я буду творить добро скрытно; я возьму за правило молиться в одиночестве. Я не буду судить, дабы не быть несправедливым к своим товарищам. Я собираюсь научиться любить своих врагов; я еще не научился по-настоящему стремиться к богоподобию. Хотя я вижу Бога в других религиях, я нахожу, что в „нашей религии" он предстает более прекрасным, любящим, милосердным, личностным и положительным. Однако в первую очередь это восхитительное и великое Существо является моим духовным Отцом; я его дитя. И с помощью одного только искреннего желания стать таким, как он, я со временем найду его и буду вечно служить ему. Наконец-то я обрел религию, в которой есть Бог, чудесный Бог, и он есть Бог вечного спасения».

ДОКУМЕНТ 132

В РИМЕ

Ввиду того, что Гонод привез с собой письма индийских суверенов к Тиберию, правителю Рима, на третий день после своего прибытия в Рим двое индийцев и Иисус предстали перед императором. В тот день малообщительный император был необычайно весел и долго беседовал с ними. И когда они ушли, император, имея в виду Иисуса, заметил стоявшему по правую руку помощнику: «Будь у меня царственная осанка и изящные манеры этого приятеля, я был бы настоящим императором, а?»

В Риме у Ганида были регулярные часы для учебы и посещения городских достопримечательностей. Его отец был очень занят делами, а так как он хотел, чтобы в будущем сын мог стать его достойным преемником и продолжать вести его обширные торговые операции, то он решил, что настало время познакомить юношу с деловым миром. В Риме находилось много граждан Индии, и часто один из служащих Гонода сопровождал его в качестве переводчика, так что в распоряжении Иисуса оказывался целый день; это позволило ему основательно познакомиться с этим двухмиллионным городом. Его можно было часто видеть на форуме – центре политической, правовой и деловой жизни. Он нередко бывал в Капитолии и, глядя на этот величественный храм, посвященный Юпитеру, Юноне и Минерве, размышлял о кабале невежества, в которой пребывали римляне. Он также проводил много времени на Палатине, где находились резиденция императора, храм Аполлона, а также греческая и латинская библиотеки.

В те времена Римская империя включала всю южную Европу, Малую Азию, Сирию, Египет и северо-западную Африку. Среди ее обитателей были граждане всех стран восточного полушария. Желание Иисуса изучить и познакомиться с этим разноликим скоплением урантийских смертных было главной причиной, заставившей его согласиться на это путешествие.

В Риме Иисус узнал многое о людях, однако наиболее ценными из всех его разнообразных свершений за шесть месяцев пребывания в этом городе было общение с религиозными лидерами имперской столицы и то влияние, которое он на них оказал. К концу первой недели Иисус разыскал и познакомился с достойными внимания вождями киников, стоиков и мистериальных культов – в частности, с группой митраистов. Было ли для Иисуса очевидным, что евреи отвергнут его миссию, или нет, но он наверняка предвидел, что его посланники вскоре прибудут в Рим с возвещением небесного царства; и поэтому он совершенно удивительным образом начал готовить почву для более успешного принятия их проповеди. Он отобрал пять ведущих стоиков, одиннадцать киников и шестнадцать вождей мистериальных культов и на протяжении шести месяцев много свободного времени проводил в сокровенных беседах с этими религиозными учителями. Его метод наставления заключался в следующем. Он никогда не критиковал их заблуждений и ни единым намеком не касался слабых мест в их учениях. В каждом случае он выделял истину, которой они учили, и начинал таким образом высвечивать и озарять эту истину в их сознании, что вскоре эта усовершенствованная истина успешно вытесняла сопутствующее заблуждение. Так эти обученные Иисусом мужчины и женщины были подготовлены к последующему осознанию новых, схожих истин, содержавшихся в учениях раннехристианских миссионеров. Именно это скорое принятие учений евангелистов дало мощный импульс быстрому распространению христианства в Риме и отсюда – по всей империи.

Значение этого замечательного деяния можно лучше понять, если учесть тот факт, что только в отношении двух из тридцати двух обученных Иисусом римских религиозных вождей его усилия оказались напрасными. Тридцать человек стали центральными фигурами при установлении христианства в Риме, а некоторые из них способствовали также превращению главного митраистского храма в первую христианскую церковь этого города. Мы, взирающие на человеческую деятельность из-за кулис и оценивающие ее в свете прошедших с тех пор девятнадцати столетий, признаём только три фактора, имевших первостепенное значение для создания ранних предпосылок быстрого распространения христианства по всей Европе, а именно:

1. Избрание и удержание Симона Петра в качестве апостола.
2. Разговор в Иерусалиме со Стефаном, смерть которого привела к обращению в христианство Саула Тарсянина.
3. Предварительная подготовка этих тридцати римлян, вставших впоследствии во главе новой религии в Риме и по всей империи.

В течение всей своей жизни ни Стефан, ни тридцать избранных индивидуумов не догадывались о том, что когда-то они говорили с человеком, чье имя стало предметом их религиозного учения. Работа Иисуса с первыми тридцатью двумя избранниками носила исключительно личный характер. Занимаясь с этими людьми, дамасский книжник никогда не беседовал одновременно более чем с тремя, редко – более чем с двумя. Чаще же всего он учил их поодиночке. И он был способен осуществить свою великую задачу религиозного воспитания благодаря тому, что эти мужчины и женщины не были скованы традициями; они не были жертвами укоренившихся предубеждений в отношении всего будущего религиозного развития.

Уже не за горами были те годы, в течение которых Петру, Павлу и другим христианским учителям Рима доводилось много раз слышать об этом дамасском книжнике, опередившем их и столь явно (и, как они полагали, неосознанно) расчистившем путь для их прихода с новым евангелием. Хотя Павел так и не догадался о том, кем был этот дамасский книжник, незадолго до своей смерти – из-за сходства в описании внешности – он действительно пришел к выводу, что «антиохийский палаточник» и «дамасский книжник» являлись одним и тем же лицом. Однажды у Симона Петра, который проповедовал в Риме и услышал описание дамасского книжника, мелькнула догадка, что этот человек мог быть Иисусом, однако он быстро отверг это предположение, хорошо зная (как он считал), что Учитель никогда не бывал в Риме.

1. ИСТИННЫЕ ЦЕННОСТИ

Ангамон, вождь стоиков, был тем человеком, с которым Иисус проговорил допоздна вскоре после своего прибытия в Рим. Впоследствии этот человек стал большим другом Павла и оказался одним из убежденных сторонников христианской церкви в Риме. В сущности, и выражаясь современным языком, Иисус учил Ангамона следующему:

Критерии истинных ценностей следует искать в духовном мире и на божественных уровнях вечной реальности. Восходящий смертный должен рассматривать все критерии более низких и материальных уровней как преходящие, частичные и ущербные. Ученый, как таковой, ограничен выявлением взаимосвязей

материальных фактов. Строго говоря, у него нет права называть себя ни материалистом, ни идеалистом, иначе он отказывается от подхода истинного ученого, ибо любые подобные определения отношений являются само́й сущностью философии.

В отсутствие соразмерных успехов в нравственном постижении и духовных достижениях человечества, неограниченное развитие исключительно материалистической культуры может со временем превратиться в угрозу для цивилизации. Чисто материалистическая наука таит в самой себе потенциальное зерно уничтожения всех научных устремлений, ибо именно эта позиция предвещает окончательный крах цивилизации, отказавшейся от своего чувства нравственных ценностей и отрекшейся от своей духовной цели.

Ученый-материалист и крайний идеалист всегда будут пререкаться друг с другом. Это не относится к тем ученым и идеалистам, которые обладают общим критерием высоких нравственных ценностей и уровней духовности. В каждую эпоху материалисты и идеалисты должны осознавать, что они являются подсудимыми в зале суда, где мерилом служат потребности человека. Они должны воздерживаться от какой-либо вражды между собой, доблестно стремясь оправдать продолжение своего существования большей преданностью делу человеческого прогресса. Если в каком-либо веке так называемая наука или религия является ложной, то она должна либо очиститься, либо освободить путь материальной науке или духовной религии более истинного и более достойного типа.

2. ДОБРО И ЗЛО

Мард являлся признанным вождем римских киников, и он стал большим другом дамасского книжника. День за днем он беседовал с Иисусом, и каждый вечер он внимал его возвышенному учению. Одним из важнейших разговоров с Мардом стала беседа, призванная дать ответ на вопрос этого искреннего киника о добре и зле. В сущности, и выражаясь языком двадцатого века, Иисус сказал следующее.

Мой брат, добро и зло – это лишь слова, обозначающие относительные уровни человеческого понимания доступной наблюдению вселенной. Если ты этически ленив и социально равнодушен, твоим критерием добра могут стать нынешние социальные обычаи. Если ты духовно неполноценен и морально неразвит, твоими критериями добра могут стать религиозные обычаи и традиции современников. Однако душа, переживающая время и переходящая в вечность, должна сделать живой и личный выбор между добром и злом – выбор, определяемый истинными ценностями духовных критериев, которые установлены божественным духом, посланным Отцом для пребывания в сердце человека. Этот внутренний дух – критерий сохранения личности.

Благость, как и истина, всегда относительна и неизменно противопоставлена злу. Именно восприятие этих качеств благости и истины позволяет эволюционирующим душам людей принимать личные, основанные на выборе решения, обязательные для вечной жизни.

Духовно слепой индивидуум, последовательно подчиняющийся научному диктату, социальному обычаю и религиозной догме, подвергается огромной опасности, ибо рискует принести в жертву свою нравственную независимость и потерять свою духовную свободу. Такой душе уготована участь интеллектуального попугая, социального автомата и раба религии.

Благость всегда растет, стремясь к новым уровням всё большей свободы нравственной самореализации и обретения духовной личности, – к открытию

внутреннего Настройщика и отождествлению с ним. Опыт является благом, когда он повышает восприятие красоты, укрепляет нравственную волю, углубляет понимание истины, расширяет способность любить и служить своим собратьям, возвышает духовные идеалы и объединяет высшие временны́е человеческие побуждения с вечными планами внутреннего Настройщика. И всё это ведет непосредственно к повышению желания исполнить волю Отца и тем самым благоприятствует божественной страсти – найти Бога и стать более похожим на него.

По мере восхождения по вселенской лестнице развития созданий вы обнаружите, что рост благости и уменьшение зла полностью соответствуют вашей способности переживать благость и понимать истину. Способность придерживаться ошибочного представления или испытывать зло окончательно утрачивается только при достижении восходящей человеческой душой высших духовных уровней.

Благость является живым, относительным, всегда прогрессирующим и неизменно личным опытом, который извечно взаимосвязан с распознаванием истины и красоты. Благость обнаруживается в признании позитивных ценностей духовного уровня, которые в человеческом опыте должны противопоставляться своей негативной противоположности – теням потенциального зла.

Пока вы не достигнете уровней Рая, благость всегда будет оставаться больше стремлением, нежели достижением, больше целью, нежели опытом обретения. Однако одновременно с жаждой праведности вы испытываете растущее удовлетворение от частичного достижения благости. Присутствие в мире благости и зла само по себе является положительным доказательством существования и реальности нравственной воли человека, личности, которая таким образом распознаёт эти ценности и способна также выбрать между ними.

Ко времени достижения Рая способность восходящего смертного приобщаться к истинным духовным ценностям возрастает настолько, что ее результатом является достижение совершенства в обладании светом жизни. Такая усовершенствованная духовная личность столь всецело, божественно и духовно объединяется с позитивными и высшими качествами благости, красоты и истины, что становится совершенно невероятным, чтобы праведный дух – попадая под высвечивающий поток божественного света бесконечных Правителей Рая – мог отбрасывать какую-либо негативную тень потенциального зла. Во всех таких духовных личностях благость более не является частичной, сравнительной и относительной; она становится божественно полной и духовно исчерпывающей; она приближается к чистоте и совершенству Верховного.

Для нравственного выбора необходима *возможность* зла, но не его действительность. Тень лишь относительно реальна. Действительное зло не является необходимым личным опытом. Потенциальное зло – столь же хороший стимул для принятия решения в мирах нравственного прогресса на низших уровнях духовного развития. Зло становится реальностью личного опыта только тогда, когда нравственный разум останавливает на нём свой выбор.

3. ИСТИНА И ВЕРА

Среди вождей основного мистериального культа Рима – митраизма – выделялся греческий еврей Навон. Хотя этот верховный жрец митраизма провел много бесед с дамасским книжником, наиболее необратимое влияние оказало на него состоявшееся в один из вечеров обсуждение истины и веры. Навон надеялся обратить Иисуса в митраизм и даже предложил ему вернуться в Палестину в качестве

проповедника митраизма. Он едва ли догадывался о том, что Иисус готовил его к роли одного из первых новообращенных в евангелие царства. В изложении на современном языке сущность учения Иисуса сводится к следующему:

Истину невозможно определить словами – она определяется только жизнью. Истина всегда больше знания. Знание имеет отношение к наблюдаемым вещам, однако истина выходит за пределы чисто материальных уровней, ибо она созвучна мудрости и охватывает такие неуловимые категории, как человеческий опыт, а также духовные и живые реальности. Знание берет начало в науке, мудрость – в истинной философии, истина – в религиозном опыте духовной жизни. Знание имеет дело с фактами, мудрость – с отношениями, истина – с ценностями реальности.

Человек склонен выхолащивать науку, формализовать философию и догматизировать истину, ибо он отличается интеллектуальной леностью в приспособлении к поступательному устремлению жизни и одновременно панически боится неизвестного. Человеку, в силу своей природы, трудно изменить образ жизни и стереотипы мышления.

Раскрытая истина – индивидуально обнаруженная истина – высшее наслаждение для человеческой души. Такая истина есть совместное творение материального разума и пребывающего в человеке духа. Вечное спасение этой распознающей истину и любящей красоту души гарантируется той жаждой благости, которая ведет этого смертного к единству цели, – выполнить волю Отца, найти Бога и стать таким, как он. Между истинным знанием и истиной никогда не бывает противоречия. Противоречие возможно между знанием и человеческими верованиями – поверьями, которые окрашены предрассудками, искажены страхом и подчинены смертельной боязни столкновения с новыми фактами материальных открытий или духовного прогресса.

Однако истина никогда не становится человеческим достоянием без веры. Это справедливо потому, что мысли, мудрость, этика и идеалы человека никогда не поднимутся выше, чем его вера, его возвышенная надежда. И любая такая истинная вера основана на глубоких размышлениях, искренней самокритике и бескомпромиссном нравственном сознании. Вера – это воодушевление одухотворенного творческого воображения.

Своим действием вера высвобождает сверхчеловеческую деятельность божественной искры, бессмертного зародыша, живущего в разуме человека и являющегося потенциалом вечного спасения. Растения и животные продолжают существование во времени посредством передачи тождественных частиц от одного поколения к другому. Человеческая душа (личность) переживает физическую смерть благодаря соединению идентичности с этой внутренней божественной и бессмертной искрой, функция которой заключается в увековечении человеческой личности на следующем, более высоком уровне прогрессирующего существования во вселенной. Бессмертный дух – скрытое зерно человеческой души. Второе поколение души является первым из последовательных личностных проявлений духовных и эволюционирующих существований, завершающихся только тогда, когда эта божественная сущность достигает источника своего существования, личностного источника всего бытия – Бога, Всеобщего Отца.

Человеческая жизнь продолжается – сохраняется, – ибо она выполняет вселенскую функцию, задачу обретения Бога. Пробужденная верой, человеческая душа не может остановиться, пока не достигнет этой уготованной ей цели. И когда однажды она действительно достигает этой божественной цели, она обретает бессмертие, ибо становится подобной Богу – вечной.

Духовная эволюция есть опыт всё большего и добровольного избрания благости при равноценном и постепенном уменьшении возможности зла. С достижением окончательности выбора благости и с обретением максимальной способности восприятия истины возникает совершенство красоты и святость, праведность которых навечно исключает возможность появления даже идеи потенциального зла. Действуя на столь высоких уровнях божественной благости, такая богопознавшая душа не отбрасывает ни тени зла, присущего сомнению.

Присутствие Райского духа в разуме человека есть обещание откровения и зарок веры в вечное существование и божественное развитие каждой души, стремящейся к отождествлению с этой внутренней и бессмертной духовной частицей Всеобщего Отца.

Прогресс во вселенной характеризуется расширением свободы личности, ибо он связан с постепенным достижением всё более высоких уровней самопознания и появляющимся вследствие этого добровольным самоограничением. Достижение совершенной духовной сдержанности равно полноте обретения свободы во вселенной и личной свободы. Вера воспитывает и поддерживает душу человека посреди смятения, присущего его начальному ознакомлению со столь обширной вселенной, в то время как молитва становится великим объединителем различных воодушевляющих стимулов творческого воображения и побуждений веры в душе, пытающейся приобщиться к духовным идеалам пребывающего в ней и соединенного с ней божественного присутствия.

Навон был потрясен этими словами, равно как и каждым из разговоров с Иисусом. Эти истины продолжали пылать в его сердце, и он оказал огромную помощь прибывшим впоследствии проповедникам евангелия Иисуса.

4. ЛИЧНОЕ СЛУЖЕНИЕ

Находясь в Риме, Иисус посвящал свой досуг не только подготовке мужчин и женщин к роли будущих сторонников приближавшегося царства. Много времени он уделял близкому знакомству со всеми расами и классами людей, живших в этом крупнейшем и самом многоликом городе мира. В каждой из своих многочисленных встреч с людьми Иисус преследовал двоякую цель: познакомиться с их реакциями на жизнь, проживаемую ими во плоти, а также постараться словом или делом обогатить их жизнь и повысить ее ценность. Его религиозные учения в течение этих недель не отличались от тех, что характеризовали его последующую жизнь учителя двенадцати апостолов и общественного проповедника.

Основная мысль его проповеди оставалась неизменной: факт любви небесного Отца и истина его милосердия, а также благая весть о том, что через свою веру человек становится сыном того же Бога любви. Обычно для того, чтобы установить контакт с человеком, Иисус вызывал его на разговор, задавая ему вопросы. Беседа обыкновенно начиналась с вопросов Иисуса и заканчивалась вопросами Иисусу. Он одинаково мастерски учил как задавая, так и отвечая на вопросы. Как правило, он давал больше всего тем, с кем говорил меньше всего. Наибольшую пользу из его личного служения извлекали согбенные, удрученные и подавленные смертные, которые испытывали большое облегчение, изливая свою душу сочувствующему и понимающему слушателю, – а он обладал всеми этими и многими другими качествами. И когда эти неустроенные люди рассказывали Иисусу о своих бедах, он всегда мог предложить им практические и конкретные советы, направленные на решение действительных проблем, не забывая произносить и слова утешения,

которые сразу успокаивали. Он всегда говорил этим бедствующим смертным о Божьей любви и – самыми различными способами – сообщал им о том, что они являются детьми любящего их небесного Отца.

Так за время своего пребывания в Риме Иисус лично познакомился более чем с пятьюстами смертными этого мира, испытавшими его расположение и воодушевленными общением с ним. Это позволило ему приобрести знания о различных человеческих расах, что было бы невозможно осуществить в Иерусалиме или даже в Александрии. Он всегда считал эти шесть месяцев самыми богатыми и поучительными из всех схожих периодов своей земной жизни.

Вполне естественно, что столь разносторонний и энергичный человек, действуя в течение шести месяцев в мировой метрополии, стал объектом внимания многих людей: ему предлагали участвовать в деле или, чаще всего, в каком-нибудь проекте, касавшемся преподавания, общественной реформы или религиозного движения. Поступило более дюжины подобных предложений, и он воспользовался каждым из них как возможностью поделиться какой-нибудь духовно облагораживающей мыслью с помощью удачно выбранных слов или любезной услуги. Иисус очень любил приносить пользу, пусть небольшую, самым различным людям.

Он поговорил с римским сенатором о политике и искусстве управления государством, и эта единственная встреча с Иисусом произвела на римского законодателя такое впечатление, что остаток своей жизни он провел в тщетных попытках убедить своих коллег изменить господствующий политический курс – отказаться от идеи правительства, которое содержит и кормит народ, и принять идею народа, который содержит правительство. Иисус провел один вечер с богатым рабовладельцем в беседе о человеке как сыне Божьем, и на следующий день этот человек – Клавдий – освободил сто семнадцать рабов. Он встретился за обедом с греческим врачом и рассказал ему о том, что у его пациентов помимо тела есть также разум и душа, чем помог этому талантливому доктору попытаться оказать более широкую помощь своим собратьям. Он говорил с самыми различными людьми из всех слоев общества. Единственным местом в Риме, которое он не посещал, были общественные бани. Он отказывался сопровождать своих друзей в бани из-за распространенной там половой распущенности.

Римскому солдату, с которым он шел по набережной Тибра, Иисус сказал: «Будь храбр и в мыслях, и в делах. Смело верши справедливость и будь достаточно великодушен для милосердия. Заставь свою низшую природу подчиняться высшей, подобно тому как ты подчиняешься своим командирам. Чти благость и превозноси истину. Выбирай прекрасное, а не уродливое. Люби своих собратьев и всем сердцем тянись к Богу, ибо Бог – твой небесный Отец».

Оратору на форуме он сказал: «Твое красноречие приятно, твоя логика восхитительна, твой голос благозвучен, однако твое учение вряд ли истинно. Если бы ты только мог почувствовать вдохновляющее удовлетворение, которое испытывает человек, познавший Бога как своего духовного Отца, ты смог бы воспользоваться своим ораторским искусством для освобождения своих собратьев от кабалы тьмы и рабства невежества». Это был тот самый Марк, который стал последователем Петра, после того как услышал его проповедь в Риме. После казни Симона Петра именно этот человек бросил вызов римским преследователям и смело продолжал возвещать новое евангелие.

Повстречав бедняка, ставшего жертвой огульного обвинения, Иисус отправился с ним к мировому судье и, получив специальное разрешение выступить от его имени, произнес блистательную речь, в которой, в частности, сказал: «Правосудие делает нацию великой, и чем больше величие нации, тем с бóльшим вниманием она должна следить за тем, чтобы правосудие не обходило даже самых скромных из ее граждан. Горе той нации, где справедливый суд обеспечен только тем, у кого есть деньги и влияние! Святая обязанность судьи – оправдать невиновного, равно как и наказать виновного. Прочность нации зависит от беспристрастности, справедливости и неподкупности ее судов. Гражданское правление основано на правосудии, так же как истинная религия – на милосердии». Судья вернулся к этому делу и после тщательного изучения свидетельских показаний освободил заключенного. Из всех поступков Иисуса в период личного служения этот случай был ближе всего к публичному выступлению.

5. СОВЕТЫ БОГАТОМУ ЧЕЛОВЕКУ

Один богатый человек – римский гражданин, стоик – чрезвычайно заинтересовался учением Иисуса, с которым его познакомил Ангамон. После многих сокровенных бесед этот богатый гражданин спросил Иисуса, как бы он распорядился своим богатством, будь оно у него. Иисус ответил: «Я посвятил бы материальное богатство улучшению материальной жизни, точно так же как я использовал бы знания, мудрость и духовное служение для обогащения интеллектуальной жизни, облагораживания общественной жизни и развития духовной жизни. Я распоряжался бы материальным богатством как мудрый и эффективный опекун средств одного поколения для пользы и облагораживания последующих поколений».

Однако ответ Иисуса не вполне удовлетворил богатого человека, и он решился вновь спросить его: «Но как ты считаешь, что должен сделать со своим богатством человек в моем положении – сохранить его или раздать?» И когда Иисус увидел, что этот человек действительно желает лучше узнать истину о преданности Богу и долге перед людьми, он сказал: «Мой добрый друг, я вижу, что ты искренне жаждешь мудрости и всецело предан истине. Поэтому я готов предложить тебе свой взгляд на решение твоих проблем, вытекающих из обязательств, которые накладывает богатство. Я делаю это потому, что ты *попросил* моего совета, и предлагая его, я не касаюсь состояния какого-либо другого богатого человека; я даю совет только тебе и в качестве твоего личного руководства. Если ты искренне желаешь относиться к своему богатству как к доверительной собственности, если ты действительно хочешь стать мудрым и эффективным распорядителем накопленных богатств, то я советовал бы тебе выполнить следующий анализ источников твоего состояния: спроси себя – и сделай всё возможное, чтобы найти честный ответ, – откуда это богатство? И я предложил бы, чтобы при изучении источников своего огромного состояния ты имел в виду десять различных методов накопления материальных богатств:

1. Унаследованное состояние – богатство, полученное по наследству от родителей и других предков.

2. Открытое состояние – богатство, извлеченное из неосвоенных ресурсов матери-земли.

3. Коммерческое состояние – богатство, приобретенное в результате справедливого дохода от обмена или торговли материальными товарами.

4. Нечестное состояние – богатство, полученное в результате нечестной эксплуатации или порабощения своих собратьев.

5. Доходное состояние – прибыль в форме честной и справедливой ренты со вложенного капитала.

6. Интеллектуальное состояние – богатство, происходящее из вознаграждений творческих способностей и изобретательности человеческого разума.

7. Случайное состояние – богатство, источником которого является щедрость собратьев или обстоятельства жизни.

8. Краденое состояние – богатство, полученное нечестным, мошенническим, воровским или обманным путем.

9. Доверительное состояние – состояние, доверенное вам собратьями для специального использования, сейчас или в будущем.

10. Заработанное состояние – богатство, приобретенное непосредственно вашим личным трудом, честное и справедливое вознаграждение ежедневных усилий вашего собственного разума и тела.

Итак, мой друг, если ты хочешь быть добросовестным и справедливым распорядителем своего большого состояния, – перед Богом и в служении людям, – ты должен приблизительно распределить его по этим десяти общим категориям, после чего поступить с каждой порцией согласно мудрому и чистосердечному толкованию законов правосудия, справедливости, честности и истинной эффективности. Конечно, Бог небесный не осудит тебя, если в спорных случаях ты иной раз ошибешься в пользу милосердного и бескорыстного отношения к бедствиям несчастных жертв злополучных обстоятельств смертной жизни. Когда ты испытываешь чистосердечные сомнения относительно справедливости и правосудия в материальных ситуациях, пусть твое решение благоволит тем, кто нуждается, благоприятствует тем, кто попал в беду и испытывает незаслуженные лишения».

После многочасового обсуждения этих вопросов Иисус – в ответ на просьбу богатого человека расширить и уточнить свои наставления – стал развивать свой совет, суть которого заключалась в следующем: «Предлагая тебе свои рекомендации, касающиеся твоего отношения к богатству, я призываю тебя принять мой совет как данный тебе одному и предназначенный для твоего личного пользования. Я выражаю только свое личное мнение и обращаюсь только к тебе как к пытливому другу. Я заклинаю тебя не навязывать другим богатым людям своих взглядов на отношение к богатству. Вот, что я мог бы тебе посоветовать.

1. Как распорядитель унаследованного состояния, ты должен принять во внимание его источники. На тебя возложена моральная обязанность представлять прошлые поколения в честной передаче законного богатства последующим поколениям после удержания справедливой пошлины во благо нынешнего поколения. Однако ты не должен увековечивать недобросовестность или несправедливость, с которыми связано нечестное накопление состояния твоими предшественниками. Ты можешь расходовать любую часть унаследованного тобой состояния, которая оказывается полученной мошенническим или нечестным путем, согласно собственным представлениям о справедливости, щедрости и возмещении ущерба. Оставшуюся часть унаследованного тобой состояния ты можешь справедливо использовать и надежно передать следующему поколению как попечитель одного поколения, действующий во благо другого. Твои решения при завещании богатства своим преемникам должны быть продиктованы мудрым выбором и здравыми суждениями.

2. Каждый, кто пользуется богатством, полученным в результате открытия, должен помнить, что жизнь человека на земле скоротечна. Поэтому ему

следует принять необходимые меры для того, чтобы этими открытиями могло воспользоваться как можно бóльшее число его собратьев. Хотя нашедший богатство не должен полностью лишаться вознаграждения за свои усилия, он не может исходить из эгоистичного предположения о том, что ему одному принадлежат все льготы и блага, которые являются следствием обнаружения скрытых природных ресурсов.

3. Коль скоро люди предпочитают вести мировую коммерческую деятельность с помощью торговли и товарообмена, они вправе получать честную и законную прибыль. Каждый торговец заслуживает оплаты своих услуг; купец имеет право на свою долю. Справедливая торговля и честное отношение к своим товарищам в упорядоченной мировой коммерции создают много различных видов богатства, основанного на прибыли, и все такие источники должны оцениваться в соответствии с высочайшими принципами законности, честности и справедливости. Честный торговец должен без колебания запрашивать такую же прибыль, какую он охотно предложил бы своему коллеге при аналогичной сделке. Хотя при широкомасштабном ведении дел такой вид состояния отличается от индивидуального заработка, честно приобретенное состояние всё же предоставляет его обладателю значительное право голоса при последующем распределении средств.

4. Ни один познавший Бога смертный, стремящийся исполнить божественную волю, не может опускаться до того, чтобы идти к богатству через угнетение. Ни один благородный человек не будет пытаться накопить богатство и сосредоточить в своих руках власть, которую оно дает, за счет порабощения или нечестной эксплуатации своих братьев во плоти. Богатство становится нравственным проклятием и духовной язвой, когда оно приобретается пóтом угнетенного смертного. Любые подобные средства должны возвращаться либо тем, кто был таким образом ограблен, либо их детям и внукам. Прочную цивилизацию невозможно построить на обманном лишении работника его заработка.

5. Честно приобретенное состояние дает право на получение процентного дохода. До тех пор, пока люди будут брать и давать в долг, они могут взимать справедливый процентный доход, если предоставленный в долг капитал является законным. Прежде чем требовать процентный доход, очисти свой капитал. Не становись столь низким и жадным, чтобы опускаться до ростовщичества. Никогда не позволяй себе быть столь эгоистичным, чтобы пользоваться властью денег для достижения несправедливого преимущества перед испытывающими трудности собратьями. Не поддавайся соблазну требовать ростовщический процент со стесненного в средствах брата.

6. Если полет твоего гения принес тебе состояние, если твои богатства являются наградой за изобретательность, не претендуй на незаслуженную часть таких наград. Гений обязан чем-то как своим предшественникам, так и потомкам. У него есть также обязательства перед своим народом, страной и обстоятельствами, которые привели его к творческим открытиям. Он должен также помнить о том, что он трудился над своими изобретениями как человек среди людей. Было бы одинаково несправедливо полностью лишать гения прироста состояния. И человек никогда не сможет выработать правила и нормы, одинаково применимые ко всем проблемам справедливого распределения богатства. Сначала ты должен увидеть в человеке брата, и если ты искренне желаешь поступать с ним так же, как тебе хотелось бы, чтобы он поступал с тобой, то обычные требования справедливости, честности и законности приведут тебя к верному и объективному решению каждой очередной проблемы, связанной с экономическим вознаграждением и социальной справедливостью.

7. Никто не должен лично претендовать на то состояние, которое может выпасть на его долю по велению времени и по воле случая, – не считая разумного и законного вознаграждения за управление таким состоянием. Случайные богатства следует рассматривать как некую доверительную собственность. Они должны расходоваться на благо социальной или экономической группы, членом которой является данный человек. Те, кто обладает таким богатством, должны иметь решающий голос при решении вопросов мудрого и эффективного распределения таких незаработанных средств. Цивилизованный человек не должен относиться ко всему, что он контролирует, как к своей личной и частной собственности.

8. Если ты знаешь, что какая-то часть твоих владений является результатом мошенничества, если что-либо в твоем состоянии получено нечестным и недобросовестным путем, если твои богатства являются результатом несправедливых отношений с твоими собратьями, – поспеши вернуть эти злополучные средства законным владельцам. Рассчитайся сполна и таким образом очисти свое состояние от нечестных богатств.

9. Опека собственности одного человека для пользы других – священная и святая обязанность. Не рискуй этим состоянием, не ставь его под угрозу. Оставляй себе лишь ту часть доверительной собственности, которую оставил бы любой честный человек.

10. Та часть твоего состояния, которую ты заработал своим собственным умственным и физическим трудом, – если твой труд был честным и справедливым, – действительно является твоей. Никто не может отрицать твоего права сохранить это богатство и пользоваться им так, как ты сочтешь нужным, если только использование этого права не идет во вред твоим собратьям».

Когда Иисус изложил свой совет, богатый римлянин поднялся со своего ложа и, прощаясь с Иисусом перед отходом ко сну, дал следующее обещание: «Мой добрый друг, я вижу, что ты являешься человеком огромной мудрости и благости, и с завтрашнего дня я начну распоряжаться своим состоянием в соответствии с твоим советом».

6. СОЦИАЛЬНАЯ ОПЕКА

Здесь, в Риме, произошел тот трогательный случай, когда Создатель вселенной потратил несколько часов на то, чтобы вернуть потерявшегося ребенка его взволнованной матери. Этот малыш заблудился и горько плакал, когда его обнаружил Иисус. Хотя Иисус и Ганид направлялись в библиотеки, они занялись тем, чтобы вернуть ребенка домой. Ганид навсегда запомнил слова Иисуса: «Знаешь, Ганид, многие люди похожи на потерявшихся детей. Они проводят значительную часть своего времени, рыдая от страха и страдая от горя, хотя в действительности безопасность и защита рядом с ними, – как и в случае этого ребенка, находившегося недалеко от дома. И все те, кто знает истинный путь и ощущает уверенность, которую дает знание Бога, должны считать привилегией – а не обязанностью – возможность предложить помощь своим товарищам в их попытках найти удовлетворение в жизни. Разве мы не испытали высшую радость, вернув ребенка его матери? Так и те, кто ведет людей к Богу, испытывают высшее удовлетворение от служения людям». И с того дня до конца своей естественной жизни Ганид всегда высматривал потерявшихся детей, которых можно было бы вернуть родителям.

Они повстречали также вдову с пятью детьми, чей муж погиб в результате несчастного случая. Иисус рассказал Ганиду о трагической гибели своего собственного отца, и они неоднократно навещали и утешали эту женщину и ее детей. Кроме того, Ганид брал для них у своего отца деньги на еду и одежду. Они не прекращали своих усилий до тех пор, пока не нашли работу для старшего мальчика, благодаря чему он смог поддерживать свою семью.

В тот вечер, слушая их рассказ, Гонод заметил добродушно Иисусу: «Я собираюсь сделать из своего сына ученого или коммерсанта, а ты начинаешь превращать его в философа или филантропа». Иисус ответил с улыбкой: «Возможно, мы сделаем из него всех четырех; тогда он сможет испытывать четырехкратное удовлетворение от жизни, ибо его ухо, воспринимающее мелодию человека, будет способно распознавать четыре тона вместо одного». Тогда Гонод сказал: «Я вижу, что ты – настоящий философ. Ты должен написать книгу для будущих поколений». Иисус ответил: «Не книгу – моя миссия заключается в том, чтобы прожить жизнь в этом поколении и для всех поколений. Я...» – однако он оборвал себя на полуслове и, обращаясь к Ганиду, сказал: «Сын мой, пора отправляться на покой».

7. ПОЕЗДКИ В ОКРЕСТНОСТЯХ РИМА

Пять раз Иисус, Гонод и Ганид выезжали из Рима для знакомства с достопримечательностями близлежащих районов. При посещении озер северной Италии Иисус долго говорил с Ганидом о невозможности рассказать человеку о Боге, если этот человек не желает знать Бога. Направляясь к озерам, они повстречали беспечного язычника, и Ганид был удивлен тем, что Иисус не последовал своему обыкновению и не стал втягивать человека в разговор, который естественно приводил к обсуждению духовных вопросов. Когда Ганид спросил своего учителя, почему он проявил так мало интереса к этому иноверцу, Иисус ответил:

«Ганид, этот человек не жаждал истины. Он не был недоволен собой. Он не был готов просить о помощи, и глаза его разума не были открыты для того, чтобы принять необходимый душе свет. Этот человек не созрел для урожая спасения. Ему нужно предоставить больше времени, дабы жизненные испытания и трудности могли подготовить его к усвоению мудрости и высшего знания. Или же, если бы он жил с нами, мы могли бы своей жизнью показать ему небесного Отца, и наша жизнь Божьих сынов настолько привлекла бы его, что он не мог бы не заинтересоваться нашим Отцом. Невозможно раскрыть Бога тем, кто не ищет его; нельзя привести к радости спасения душу, которая не стремится к нему. Человек должен почувствовать жажду к истине на опыте своей жизни, или же стремление познать Бога должно появиться у него от прикосновения к жизни тех, кто знаком с божественным Отцом, прежде чем другой человек сможет привести такого смертного собрата к небесному Отцу. Если мы знаем Бога, наша истинная цель на земле – жить так, чтобы позволить Отцу раскрыть себя в нашей жизни. Так все ищущие Бога люди увидят Отца и обратятся к нам за помощью, чтобы узнать больше о Боге, который таким образом находит выражение в нашей жизни».

При посещении Швейцарии, в горах, состоялся продолжавшийся весь день разговор Иисуса с отцом и сыном о буддизме. Много раз Ганид недвусмысленно спрашивал Иисуса о Будде, но каждый раз он получал более или менее уклончивые ответы. Теперь, в присутствии сына, отец задал Иисусу прямой вопрос о Будде и получил прямой ответ. Гонод сказал: «Я действительно хотел бы знать, что ты думаешь о Будде». И Иисус ответил:

«Ваш Будда был значительно лучше вашего буддизма. Будда был великим человеком, даже пророком для своего народа, однако он был пророком-сиротой;

этим я хочу сказать, что он быстро потерял из виду своего духовного Отца – Отца небесного. Его опыт был трагическим. Он пытался жить и учить, как посланник Бога, но без Бога. Будда привел свой корабль спасения прямо к тихой гавани, к сáмому входу в спасительное пристанище для смертных, где из-за ошибочных навигационных карт хорошее судно село на мель. Там оно и остается на протяжении многих поколений, неподвижное и почти безнадежно застрявшее. И на этом судне многие ваши люди пребывают в течение всех этих лет. Они живут на расстоянии вытянутой руки от спасительных вод покоя, но они отказываются войти в них, потому что, к несчастью, прекрасное судно благого Будды село на мель у самой гавани. И буддистские народы не войдут в эту гавань до тех пор, пока они не покинут философское судно своего пророка и не ухватятся за его благородный дух. Если бы ваш народ сохранил верность духу Будды, вы бы уже давно вошли в гавань спокойствия духа, успокоения души и уверенности в спасении.

Видишь ли, Гонод, Будда знал Бога в духе, но он не смог со всей ясностью открыть его в разуме. Евреи открыли Бога в разуме, однако, в целом, не смогли познать его в духе. Сегодня буддисты увязли в философии без Бога, в то время как мой народ является несчастным рабом страха перед Богом, лишенный спасительной философии жизни и свободы. У вас есть философия без Бога; у евреев есть Бог, однако в значительной мере нет связанной с Богом философии жизни. Не сумев увидеть Бога как духа и Отца, Будда не сумел вдохнуть в свое учение нравственную энергию и движущую силу духа, которой должна обладать религия, если она стремится изменить расу и возвысить народ».

Тогда Ганид воскликнул: «Учитель, давай вместе создадим новую религию – такую, которая была бы достаточно хорошей для Индии и достаточно значительной для Рима, и, быть может, нам удастся предложить ее евреям вместо Ягве». И Иисус ответил: «Ганид, религии не создаются. Человеческие религии развиваются на протяжении длительных периодов времени, в то время как богооткровения внезапно освещают землю в жизни тех людей, которые раскрывают Бога своим собратьям». Но они не поняли смысла этих пророческих слов.

В ту ночь, когда они отправились на покой, Ганид не мог заснуть. Он долго разговаривал со своим отцом и наконец сказал: «Ты знаешь, отец, иногда мне кажется, что Иешуа является пророком». Но его отец только сонно пробормотал: «Сын мой, есть и другие...»

С того дня и в течение всей смертной жизни Ганид продолжал развивать свою собственную религию. Его разум был потрясен широтой, справедливостью и терпимостью Иисуса. Во всех их беседах о философии и религии этот юноша никогда не чувствовал негодования или враждебности.

Какое зрелище для взора небесных разумных существ – видеть, как индийский юноша предлагает Создателю вселенной придумать новую религию! И хотя этот молодой человек ни о чём не догадывался, в тот самый момент они уже создавали новую и вечную религию – новый путь спасения, раскрытие Бога человеку в Иисусе и через него. Этот юноша неосознанно совершал именно то, чего больше всего желал. Так всегда было, и так всегда будет. То, к чему беззаветно и бескорыстно стремится просвещенное и мыслящее человеческое воображение, опирающееся на духовное учение и ведóмое духом, становится созидательным в той мере, в какой смертное создание посвящает себя божественному свершению воли Отца. Когда человек объединяется с Богом, великие вещи становятся возможными и реальными.

ДОКУМЕНТ 133

ВОЗВРАЩЕНИЕ ИЗ РИМА

Покидая Рим, Иисус не попрощался ни с кем из своих друзей. Дамасский книжник появился в Риме без уведомления и точно так же исчез. Прошел целый год, прежде чем те, кто знал и любил его, оставили всякую надежду увидеть его снова. К концу второго года небольшие группы знавших его людей сблизились благодаря общему интересу к его учениям и воспоминаниям о прекрасном времени, проведенном вместе с ним. И эти небольшие группы стоиков, киников и сторонников мистериальных культов продолжали нерегулярно и неофициально встречаться вплоть до появления в Риме первых проповедников христианства.

Гонод и Ганид приобрели в Александрии и Риме столько вещей, что отослали весь свой багаж вьючным обозом в Тарент, и трое путешественников неспешно отправились пешком через Италию по большой Аппиевой дороге. На своем пути они встречали самых различных людей. Вдоль этой дороги селились многие благородные римские граждане и греческие колонисты, однако в то время уже начало появляться многочисленное потомство отсталых рабов.

Однажды, отдыхая во время обеда примерно на полпути к Таренту, Ганид задал Иисусу прямой вопрос о том, чтó он думает о кастовой системе Индии. Иисус ответил: «Несмотря на то что люди отличаются друг от друга во многих отношениях, перед Богом и в духовном мире все смертные равны. В глазах Бога есть только две группы смертных: те, кто желает исполнить его волю, и те, кто этого не желает. С точки зрения вселенной, в обитаемом мире также различаются два больших класса: те, кто знает Бога, и те, кто его не знает. Те, кто неспособен знать Бога, причисляются к животным любого данного мира. Деление человечества на многие классы в соответствии с различными качествами – физическими, умственными, социальными, профессиональными и нравственными – уместно, однако перед судом Божьим все люди находятся в равных условиях; Бог поистине нелицеприятен. Хотя невозможно не признавать различные человеческие способности и дарования в интеллектуальной, социальной и нравственной сферах, вам не следует проводить таких же различий в духовном братстве людей, собравшихся для поклонения в присутствии Бога».

1. МИЛОСЕРДИЕ И ПРАВОСУДИЕ

Однажды пополудни, когда они приближались к Таренту, рядом с дорогой произошел весьма интересный инцидент. Они увидели, как грубый и агрессивный парень жестоко бьет более слабого мальчика. Иисус поспешил на помощь пострадавшему и, освободив его, крепко удерживал обидчика, пока мальчик не убежал. Как только Иисус отпустил драчуна, Ганид набросился на того и принялся сильно хлестать – и, к изумлению Ганида, Иисус сразу же вмешался, остановив его и позволив напуганному парню скрыться. Отдышавшись, Ганид возбужденно воскликнул: «Я не понимаю тебя, Учитель. Если милосердие требует того, чтобы ты спас более слабого, то разве правосудие не требует наказания для нападавшего, более сильного юноши?» В ответ Иисус сказал:

«Ганид, ты действительно не понимаешь. Проявление милосердия всегда является действием индивидуума, однако правосудное наказание – функция социальных, правительственных или вселенских административных групп. Как индивидуум, я обязан проявлять милосердие; я должен прийти на помощь атакованному мальчику, и в полном соответствии с этим я могу использовать силу, достаточную для обуздания нападающего. Именно так я и поступил. Я добился освобождения атакованного мальчика; этим завершилось проявление милосердия. После этого в течение достаточно длительного времени я силой удерживал нападавшего, чтобы позволить более слабой стороне спастись, вслед за чем я удалился. Я не стал судить агрессора – выяснять его мотивы, определять все привходящие обстоятельства нападения на своего собрата и после этого выносить наказание, которое могло бы быть продиктовано моим разумом в качестве справедливого возмездия за проступок. Ганид, милосердие может быть чрезмерным, однако правосудие характеризуется точностью. Разве ты не понимаешь, что нет двух людей, которые придерживались бы одинакового мнения относительно того, какое наказание удовлетворяет требованиям правосудия? Один наложил бы сорок плетей, другой – двадцать, а третий посоветовал бы в качестве справедливой кары одиночное заключение. Разве ты не видишь, что в этом мире такие обязанности должны лежать на группах или выполняться выборными представителями группы? Во вселенной правосудие возложено на тех, кто полностью знает все предшествующие правонарушению обстоятельства, равно как и его мотивы. В цивилизованном обществе и в организованной вселенной отправление правосудия предполагает вынесение справедливых приговоров на основе честного суда, и такими прерогативами обладают юридические группы миров и всезнающие управляющие высших вселенных всего творения».

В течение нескольких дней они говорили о проблеме проявления милосердия и отправления правосудия. Наконец Ганид – по крайней мере, частично – понял, почему Иисус не желал лично вступать в противоборство. Однако на свой последний вопрос Ганид так и не получил вполне удовлетворительного ответа, и этот вопрос звучал так: «И всё же, Учитель, если более сильное и злонамеренное создание нападет на тебя и будет угрожать уничтожить тебя, как ты поступишь? Разве ты не сделаешь ничего для собственной защиты?» Хотя Иисус не мог полностью и удовлетворительно ответить на вопрос юноши – поскольку не хотел раскрывать ему того, что, для наблюдающей вселенной, его (Иисуса) жизнь на земле является примером любви Райского Отца, – он всё же сказал:

«Ганид, я хорошо понимаю, что некоторые из этих проблем озадачивают тебя, и я попытаюсь ответить на твой вопрос. При любом возможном нападении на меня в первую очередь я определил бы, является ли нападающий Божьим сыном – моим братом во плоти, – и если бы я полагал, что такое создание не обладает моральными устоями и духовным рассудком, я, не колеблясь, принялся бы защищать себя, используя все свои способности сопротивляться, независимо от последствий для нападающего. Однако даже в целях самозащиты я не прибег бы к такому же насилию по отношению к своему собрату, Божьему сыну. Это значит, что я не стал бы наказывать его заранее и без суда за то, что он на меня напал. Я попытался бы с помощью любой возможной уловки помешать ему и отговорить его от нападения, а если бы мне не удалось предотвратить атаку, то я постарался бы смягчить ее. Ганид, я полностью уверен в заботе обо мне моего небесного Отца; я посвящен исполнению воли моего Отца на небесах. Я не верю, что со мной может приключиться *действительная* беда. Я не верю, что дело моей жизни может действительно быть поставлено под угрозу чем-либо, что хотели бы наслать на меня мои враги, и уж конечно мы можем не опасаться насилия со стороны своих друзей. Я абсолютно уверен в дружеском расположении ко мне всей вселенной – всем своим сердцем я настойчиво утверждаю веру в эту всесильную истину, несмотря на видимость противоположного».

Однако Ганид не был полностью удовлетворен. Не раз они возвращались к этим темам, и Иисус рассказал ему о некоторых эпизодах своего отрочества, а также об Иакове, сыне каменщика. Узнав, что Иаков вызвался защищать Иисуса, Ганид сказал: «О, теперь я начинаю понимать! Во-первых, трудно найти нормального смертного, который захотел бы напасть на столь доброго человека, как ты, а если бы и нашелся решившийся на такое безумец, наверняка поблизости оказался бы другой смертный, который поспешил бы к тебе на помощь, – точно так же, как ты всегда выручаешь всякого, кто попадает в беду. Своим сердцем, Учитель, я согласен с тобой, но своим умом я по-прежнему считаю, что если бы я был Иаковом, я бы с радостью наказал тех грубых парней, которые позволяли себе нападать на тебя только из-за уверенности в том, что ты не станешь себя защищать. Я полагаю, что на твоем жизненном пути тебе едва ли грозит какая-либо опасность, ибо ты уделяешь так много своего времени, помогая другим и опекая своих бедствующих собратьев, – скорее всего, рядом всегда окажется кто-нибудь, кто защитит тебя». И Иисус ответил: «Время этого испытания еще не пришло, а когда оно настанет, нам придется подчиниться воле Отца». И это было всё, чего юноша смог добиться от своего учителя в отношении трудного вопроса о самообороне и непротивлении. В другом случае ему удалось узнать мнение Иисуса о том, что организованное общество имеет полное право использовать силу для исполнения своих справедливых распоряжений.

2. ПОСАДКА НА КОРАБЛЬ В ТАРЕНТЕ

Находясь на причале в ожидании разгрузки корабля, путешественники стали свидетелями грубого обращения мужа со своей женой. Как обычно, Иисус встал на защиту того, кто подвергся нападению. Он подошел сзади к раздраженному мужу и, мягко похлопывая его по плечу, сказал: «Друг мой, могу ли я обмолвиться с тобой несколькими словами наедине?» Рассерженный человек растерялся от такого обращения и после нескольких мгновений смущенного колебания пробормотал: «Э-э... зачем... ну, можешь... а что тебе от меня нужно?» Отведя его в сторону, Иисус сказал: «Друг мой, я вижу, что произошло что-то ужасное; я очень хотел бы услышать от тебя, какое происшествие могло заставить столь сильного человека на глазах у всех поднять руку на жену, мать его детей? Я уверен: ты не сомневаешься в том, что у тебя есть веские основания для такого поведения. Что сделала эта женщина, чтобы заслужить такое обращение со стороны своего мужа? Глядя на тебя, мне кажется, что на твоем лице я могу прочитать любовь к справедливости – если не желание проявить милосердие. Отважусь предположить, что если бы на обочине дороги на меня напали разбойники, ты, не колеблясь, бросился бы на помощь. Я полагаю, что за свою жизнь ты не раз совершал такие храбрые поступки. Так скажи мне, друг мой, что случилось? Допустила ли эта женщина какую-нибудь оплошность, или же ты по нелепости потерял голову и бездумно набросился на нее?» Человек этот был тронут не столько тем, что́ сказал Иисус, сколько его добрым взглядом и благожелательной улыбкой, которой Иисус одарил его в заключение. Он ответил: «Я вижу, что ты являешься священником из киников, и я благодарен тебе за то, что ты сдержал меня. Моя жена не сделала ничего ужасного; она хорошая женщина, но меня раздражает ее манера придираться ко мне на людях, и я выхожу из себя. Я сожалею, что мне не хватило самообладания, и я обещаю, что постараюсь сдержать свою прежнюю клятву, данную одному из твоих братьев, который много лет тому назад учил меня уму-разуму. Обещаю тебе».

И затем, прощаясь с ним, Иисус сказал: «Брат мой, всегда помни о том, что мужчина не имеет законной власти над женщиной, если только женщина сама и без принуждения не дает ему такую власть. Твоя жена взяла на себя обязательства идти вместе с тобой по жизни, помогать тебе бороться с жизненными трудностями и нести значительно бóльшую нагрузку, связанную с рождением и воспитанием твоих детей; и было бы только справедливо, если бы за это особое служение она получала от тебя ту особую защиту, которую мужчина может предоставить женщине как партнеру, который должен вынашивать, рожать и воспитывать детей. Нежная забота и участие, которые мужчина готов посвятить своей жене и детям, являются мерой достижения этим мужчиной более высоких уровней творческого и духовного самосознания. Разве ты не знаешь, что мужчины и женщины являются партнерами Бога, ибо они объединяются в создании существ, у которых, когда они вырастают, появляется потенциальная возможность обретения бессмертной души? Небесный Отец относится к Духовной Матери вселенских детей как к равному существу. Ты уподобляешься Богу, когда идешь по жизни рука об руку вместе с партнером-матерью, всецело разделяющей с тобой этот божественный опыт – воспроизведение себя в детях. Если ты способен любить своих детей так же, как Бог любит тебя, ты будешь любить и лелеять свою жену так же, как небесный Отец почитает и прославляет Бесконечного Духа – мать всех духовных детей в необъятной вселенной».

Поднимаясь на борт корабля, они оглянулись и увидели супругов, со слезами на глазах стоящих в молчаливом объятии. Услышав вторую половину того, что Иисус сказал этому человеку, Гонод весь день размышлял об услышанном и принял решение реорганизовать жизнь своей семьи после возвращения в Индию.

Путешествие в Никополь было приятным, но медленным, так как ветер не благоприятствовал им. Трое друзей провели много часов, вспоминая свои впечатления от Рима и размышляя о том, что произошло с ними с того дня, когда они впервые встретились в Иерусалиме. Ганид начал проникаться духом личного служения. Он взялся было за стюарда корабля, однако на второй день, добравшись до глубин религии, призвал Иешуа на помощь.

Несколько дней они провели в Никополе – городе, основанном Августом примерно пятьюдесятью годами ранее в качестве «города победы» в память о битве при Акции, ибо именно здесь он стоял со своим войском перед сражением. Они поселились в доме некоего Еримея – греческого прозелита, с которым они познакомились на корабле. В этом же доме апостол Павел провел всю зиму вместе с сыном Еримея во время своего третьего миссионерского путешествия. Из Никополя они отправились на том же корабле в Коринф – столицу римской провинции Ахайя.

3. В КОРИНФЕ

Еще до прибытия в Коринф Ганид очень заинтересовался еврейской религией, поэтому было неудивительно, что однажды, проходя мимо синагоги и видя входящих в нее людей, он попросил Иисуса, чтобы тот взял его с собой на богослужение. В тот день они услышали беседу ученого раввина об «участи Израиля», а после службы они познакомились с неким Криспом – управляющим этой синагоги. Они много раз посещали богослужения в синагоге, однако в основном они приходили для того, чтобы повидаться с Криспом. Постепенно Ганид проникся огромной любовью к Криспу, его жене и их пяти детям. Ему нравилось наблюдать за тем, как еврей руководит жизнью своей семьи.

Пока Ганид знакомился с семейной жизнью, Иисус учил Криспа более совершенным методам религиозной жизни. Иисус провел с этим дальновидным евреем более двадцати бесед; и неудивительно, что много лет спустя – когда в той же синагоге проповедовал Павел и когда евреи отвергли его откровение, проголосовав за то, чтобы запретить его дальнейшие проповеди в синагоге, после чего он обратился к иноверцам, – Крисп со всей своей семьей принял новую религию и стал одним из главных сторонников христианской церкви, организованной впоследствии Павлом в Коринфе.

В течение тех восемнадцати месяцев, когда Павел – к которому впоследствии присоединились Сила и Тимофей – проповедовал в Коринфе, он встречался со многими из тех, кого учил «еврейский репетитор сына индийского купца».

В Коринфе они встречались с представителями всех рас с трех континентов. После Александрии и Рима это был самый многоликий город средиземноморской империи. Здесь было много достопримечательностей, и Ганид не уставал подниматься в крепость, стоявшую на высоте почти двух тысяч футов над уровнем моря. Он проводил много времени в районе синагоги и в доме Криспа. Поначалу он был шокирован, а впоследствии восхищен положением женщины в еврейской семье, что стало откровением для этого молодого индийца.

Иисус и Ганид были частыми гостями еще в одном еврейском доме – семье Иуста, благочестивого купца, жившего рядом с синагогой. Впоследствии, когда апостол Павел останавливался в этом доме, он слышал многочисленные рассказы о визитах индийского юноши и его еврейского репетитора, и как Павел, так и Иуст задумывались о дальнейшей судьбе мудрого и блистательного иудейского учителя.

Во время их пребывания в Риме Ганид заметил, что Иисус отказывается сопровождать их в публичные бани. Впоследствии юноша несколько раз пытался склонить Иисуса к тому, чтобы он более подробно раскрыл свои взгляды на отношения полов. Хотя Иисус отвечал на его вопросы, каждый раз складывалось впечатление, что ему не хочется останавливаться на этой теме. Однажды вечером, когда они гуляли по Коринфу недалеко от того места, где крепостная стена спускалась к морю, к ним пристали две женщины легкого поведения. К тому времени Ганид – вполне справедливо – усвоил то, что Иисус является человеком высоких идеалов, питающим отвращение ко всему нечистому или греховному; поэтому он резко ответил этим женщинам и в грубой форме стал гнать их. Увидев это, Иисус сказал Ганиду: «Твои намерения благи, однако ты не должен позволять себе говорить так с детьми Бога, даже если они оказываются его заблудшими детьми. Кто мы такие, чтобы судить этих женщин? Знаешь ли ты все обстоятельства, заставившие их обратиться к такому виду заработка? Остановимся здесь и поговорим об этих вещах». Куртизанки были изумлены тем, чтó сказал Иисус, даже больше Ганида.

Они стояли в лунном свете, и Иисус продолжал говорить: «В каждом человеческом разуме живет божественный дух, дар небесного Отца. Этот благотворный дух неизменно стремится привести нас к Богу, помочь нам найти Бога и познать

Бога. Но в смертных есть также много естественных физических наклонностей, предусмотренных Создателем для благополучия индивидуума и расы. Мужчины и женщины часто запутываются в своих попытках понять себя и справиться с многочисленными трудностями, вызванными необходимостью зарабатывать на хлеб в мире, в котором так велико господство эгоизма и греха. Я чувствую, Ганид, что ни одна из этих женщин не является безнравственной по своей воле. Глядя на их лица, я вижу, что они много горевали; очевидно, жестокая судьба принесла им множество страданий. Они избрали такую жизнь не намеренно: в минуту уныния, граничащего с отчаянием, не выдержав всей тяжести момента, они обратились к этому отталкивающему способу заработка, который представлялся лучшим выходом из казавшейся им безнадежной ситуации. Ганид, некоторые люди действительно нечестивы в сердце; они преднамеренно совершают неприглядные вещи. Однако скажи мне, глядя на заплаканные лица этих женщин, видишь ли ты в них что-нибудь плохое или нечестивое?» Иисус замолчал в ожидании ответа, и Ганид сдавленным голосом пробормотал: «Нет, Учитель, не вижу. И я прошу извинить меня за грубость – я молю их о прощении». Тогда Иисус сказал: «А я ручаюсь за то, что они уже простили тебя, – как и мой небесный Отец, от имени которого я говорю, уже простил их. Пойдемте же все вместе в дом к моему другу, где мы сможем отдохнуть и составить планы на будущее с мыслями о новой и лучшей жизни». За всё это время изумленные женщины не проронили ни слова; они переглянулись и молча отправились вслед за мужчинами.

Представьте себе удивление жены Иуста, когда в этот поздний час Иисус появился с Ганидом и двумя незнакомками со словами: «Прости нас за то, что мы пришли в такое время, однако Ганид и я немного проголодались и хотели бы разделить трапезу с двумя нашими новыми друзьями, которые также нуждаются в пище. К тому же, мы пришли сюда в надежде, что тебе будет интересно вместе с нами поразмыслить, как можно было бы наилучшим образом помочь этим женщинам начать новую жизнь. Они могут рассказать тебе свою историю, но я полагаю, что они хлебнули горя, и само их присутствие здесь, в твоем доме, является свидетельством того, сколь искренне они хотели бы познакомиться с благими людьми и сколь охотно они воспользуются возможностью показать всему миру – равно как и ангелам на небесах – какими доблестными и благородными женщинами они могут стать».

Когда Марфа, жена Иуста, накрыла на стол, Иисус неожиданно встал, чтобы попрощаться, и сказал: «Так как уже поздно, а также ввиду того, что отец этого юноши будет ждать нас, мы просим простить нас и оставляем вас одних – трех женщин – любимых детей Всевышнего. И я буду молиться о духовном водительстве для вас, пока вы будете строить планы новой, лучшей жизни на земле и вечной жизни в загробном мире».

Так Иисус и Ганид покинули женщин. Куртизанки так и не проронили ни слова; безмолвствовал и Ганид. Первые мгновения молчала и Марфа, однако она быстро оказалась на высоте положения и сделала для этих женщин всё, о чём просил Иисус. Старшая из них вскоре умерла со светлыми надеждами на вечную жизнь; младшая работала у Иуста, а позднее до конца своей жизни оставалась членом первой христианской церкви в Коринфе.

В доме Криспа Иисус и Ганид несколько раз встречались с неким Гаем, ставшим позднее верным сторонником Павла. В течение двух месяцев, проведенных в Коринфе, они беседовали с десятками достойных людей, и впоследствии, в результате этих сокровенных и казавшихся случайными бесед, более половины встречавшихся с ними людей стали членами христианской общины.

Когда Павел впервые прибыл в Коринф, он не собирался оставаться здесь надолго. Однако он не знал, сколь хорошо еврейский репетитор подготовил почву для его трудов. Кроме того, он обнаружил, что Акила и Прискилла уже пользуются огромным влиянием. Акила являлся одним из тех киников, с которыми Иисус познакомился в Риме. Двое этих евреев бежали из Рима, и они быстро приняли учения Павла. Павел жил у них и работал вместе с ними, ибо они также занимались изготовлением палаток. Именно в силу этих обстоятельств Павел надолго задержался в Коринфе.

4. ИНДИВИДУАЛЬНЫЕ НАСТАВЛЕНИЯ В КОРИНФЕ

Этим далеко не ограничивался интересный опыт, накопленный Иисусом и Ганидом в Коринфе. Они близко познакомились с множеством людей, которые извлекли огромную пользу из наставлений Иисуса.

Он научил мельника перемалывать зерна истины в мельнице живого опыта, с тем чтобы трудные вопросы божественной жизни могли с легкостью восприниматься даже слабыми и немощными смертными собратьями. Иисус сказал: «Вскармливай молоком истины того, кто в своем духовном восприятии остается младенцем. В живом и исполненном любви служении предлагай духовную пищу в привлекательном виде, рассчитанном на способности и восприимчивость каждого из твоих просителей».

Римскому центуриону он сказал: «Отдавай кесарю кесарево, а Богу – Божье. Искреннее служение Богу и преданное служение кесарю не противоречат друг другу до тех пор, пока кесарь не дерзнет приписать себе то поклонение, которого достойно одно только Божество. Преданность Богу – если тебе случится познать его – сделала бы тебя только еще более верным и стойким в твоей преданности достойному императору».

Убежденному вождю митраистского культа он сказал: «Ты прав в своих поисках религии вечного спасения, однако ты ошибаешься, когда ищешь столь восхитительную истину среди придуманных человеком мистерий и философий. Разве ты не знаешь, что тайна вечного спасения находится в твоей собственной душе? Разве ты не знаешь, что Бог небесный послал свой дух, чтобы он жил в тебе, и что этот дух выведет всех любящих истину и служащих Богу смертных из этой жизни через врата смерти и приведет к вечным высотам света, где Бог ожидает своих детей? И никогда не забывай: вы, познавшие Бога, являетесь Божьими сынами, если действительно жаждете стать такими, как он».

Учителю-эпикурейцу он сказал: «Ты прав, выбирая лучшее и ценя хорошее, но говорит ли о мудрости твоя неспособность увидеть заключенные в духовных сферах более великие вещи смертной жизни, проистекающие из осознания присутствия Бога в человеческом сердце? Величайшее явление всего человеческого опыта – осознание того, что человек знает Бога, чей дух живет в нём и стремится вести его вперед по долгому и почти бесконечному пути к достижению личного присутствия нашего общего Отца, – Бога всего творения, Господа вселенных».

Греческому подрядчику и строителю он сказал: «Друг мой, возводя материальные строения для людей, воспитывай в себе духовный характер, подобный божественному духу, пребывающему в твоей душе. Не позволяй своим достижениям мирского строителя превзойти достижения духовного сына небесного царства. Строя обители времени для других, не забудь обеспечить для себя право собственности на обители вечности. Всегда помни о том, что существует город, стоящий на праведности и истине, строителем и творцом которого является Бог».

Римскому судье он сказал: «Когда ты судишь людей, помни о том, что однажды ты сам предстанешь перед судом Правителей вселенной. Суди не только справедливо, но и милосердно, ибо когда-нибудь ты сам будешь жаждать милосердного отношения со стороны Верховного Судьи. Суди так, как ты желал бы, чтобы судили тебя при схожих обстоятельствах, тем самым подчиняясь духу закона, равно как и его букве. И так же, как ты вершишь правосудие, подчиненное справедливому отношению к подсудимым, оказавшимся в трудном положении, так и у тебя будет право ожидать правосудия, смягченного милосердием, когда однажды ты предстанешь перед Судьей всей земли».

Хозяйке греческой гостиницы он сказал: «Оказывай гостеприимство как человек, принимающий детей Всевышнего. Возвысь свой тяжкий ежедневный труд до уровня большого искусства благодаря всё большему осознанию того, что ты обслуживаешь Бога в тех, в кого он вселяется посредством своего духа; этот дух нисходит для того, чтобы жить в сердцах людей и тем самым пытаться преобразовать их разум и привести их души к познанию Райского Отца всех посвященных даров божественного духа».

Иисус много раз встречался с одним китайским купцом. Прощаясь с ним, он дал ему следующее наставление: «Поклоняйся только Богу, который является твоим истинным духовным прародителем. Помни о том, что дух Отца всегда живет в тебе и всегда обращает твою душу к небесам. Если ты будешь следовать неосознанному руководству этого бессмертного духа, ты наверняка продолжишь свой возвышенный поиск Бога. И когда ты действительно достигнешь небесного Отца, это произойдет потому, что в поисках Бога ты становился всё больше похожим на него. Итак, прощай, Чанг – но ненадолго, ибо мы снова встретимся в мирах света, где Отец каждой духовной души приготовил много восхитительных остановок для тех, кто идет к Раю».

Путешественнику из Британии он сказал: «Мой брат, я вижу, что ты ищешь истину, и я предполагаю, что в тебе, возможно, обитает дух Отца всякой истины. Пытался ли ты когда-нибудь чистосердечно поговорить с духом собственной души? Это действительно трудное занятие, редко дающее ощутимые результаты; однако каждая честная попытка общения материального разума с пребывающим в нём духом является в некоторой мере успешной, несмотря на то что в течение долгого времени бóльшая часть этого величественного человеческого опыта должна существовать в виде сверхсознательных впечатлений в душах таких богопознавших смертных».

Мальчику-беглецу Иисус сказал: «Помни, есть две вещи, от которых ты не можешь убежать, – Бог и ты сам. Куда бы ты ни отправился, ты несешь вместе с собой себя самого и дух небесного Отца, который живет в твоем сердце. Сын мой, перестань пытаться обмануть себя; возьми за правило мужественно смотреть жизни в лицо; исполнись прочной уверенности в своем богосыновстве и в несомненности вечной жизни, как я учил тебя. Начиная с этого дня, стремись стать настоящим человеком – человеком, решившим смело и разумно смотреть жизни в глаза».

Осужденному преступнику в его последний час он сказал: «Мой брат, ты хлебнул горя. Ты сбился с пути, запутался в сетях преступления. Из разговора с тобой я ясно вижу, что ты не собирался делать того, за что вскоре тебе придется заплатить своей бренной жизнью. Однако ты действительно совершил зло, и твои собратья признали тебя виновным; они постановили, что ты должен умереть. Ни ты, ни я не можем отрицать того, что государство обладает правом защищать себя так, как оно считает нужным. Как человек, ты не можешь избежать наказания за свое преступление. Твои собратья должны судить тебя за то, что ты сделал, но есть Судья, к которому ты можешь обратиться за прощением и который будет судить тебя в соответствии с твоими действительными мотивами и лучшими намерениями. Тебе не следует бояться суда Божьего, если твое раскаяние является подлинным, а твоя вера – искренней. Тот факт, что твой грех влечет за собой смертное наказание, вынесенное человеком, не уменьшает вероятности того, что твоя душа удостоится правосудия и милосердия перед небесными судами».

Иисус провел много сокровенных бесед со многими жаждущими душами – их было так много, что невозможно перечислить всех в данном повествовании. Трое путешественников остались довольны своим пребыванием в Коринфе. Не считая Афин, которые были более известны как центр образования, Коринф являлся важнейшим городом Греции в эту римскую эпоху, и два месяца, проведенные в таком процветающем центре торговли, предоставили всем трем возможность приобрести много полезного опыта. Пребывание в Коринфе было одной из наиболее интересных остановок на обратном пути из Рима.

С Коринфом Гонода связывали многие коммерческие интересы, но наконец он завершил свои дела, и путешественники приготовились отплыть в Афины. Они сели на небольшое судно, которое можно было перетащить по суше из одной коринфской гавани в другую на расстояние в десять миль.

5. В АФИНАХ – БЕСЕДА О НАУКЕ

Вскоре они прибыли в древний центр греческой науки и образования, и Ганид был в восторге от сознания того, что он находится в Афинах, в Греции – культурном центре бывшей империи Александра, простиравшейся до родной земли Ганида, Индии. У Гонода почти не было деловых свиданий, поэтому бо́льшую часть своего времени он проводил вместе с Иисусом и Ганидом, посещая с ними многочисленные достопримечательности и слушая увлекательные беседы юноши со своим разносторонним учителем.

Прекрасный университет всё еще процветал в Афинах, и трое путешественников часто бывали в его учебных залах. Посещая лекции в музее Александрии, Иисус и Ганид подробно обсуждали учения Платона. Всем им нравилось искусство Греции, образцы которого можно было еще встретить в различных местах города.

Как отец, так и сын получили огромное удовольствие от дискуссии о науке, которую в один из вечеров Иисус провел в их гостинице с греческим философом. Этот доктринер проговорил в течение почти трех часов, и когда он закончил свои рассуждения, Иисус – в изложении современным языком – сказал следующее.

Возможно, что со временем ученые научатся измерять энергию – или силовые проявления – гравитации, света и электричества, но те же самые ученые никогда не смогут (в научном смысле) сказать, чем *являются* эти вселенские феномены. Наука занимается физико-энергетической активностью; религия занимается вечными ценностями. Истинная философия произрастает из мудрости, которая в меру своих возможностей устанавливает соотношение между этими количественными и качественными наблюдениями. Для ученого, стоящего на позициях чистой физики, существует постоянная опасность оказаться жертвой свойственной математике гордости и присущего статистике самомнения, не говоря уже о духовной слепоте.

Логика эффективна в материальном мире, и математика достоверна, когда область ее применения ограничена физическим миром; однако ни та, ни другая не могут считаться всецело надежными или непогрешимыми применительно к проблемам жизни. Жизнь включает феномены, которые не являются чисто материальными. Арифметика утверждает, что если один человек может постричь овцу за десять минут, то десять человек постригут ее за минуту. Такое суждение убедительно в математике, но оно не соответствует истине, ибо десять человек не справились бы с такой задачей: они настолько мешали бы друг другу, что на эту работу ушло бы намного больше времени.

Математика утверждает, что если один человек соответствует некоторой единице интеллектуальной и моральной величины, то десять человек соответствовали бы десятикратной величине. Однако применительно к человеческой личности было бы правильнее сказать, что такая ассоциация личностей в своей сумме ближе к квадрату участвующих в уравнении личностей, чем к их простой арифметической сумме. Социальная группа, состоящая из согласованно действующих людей, представляет силу, значительно превосходящую простую сумму ее частей.

Количество может идентифицироваться как *факт* и тем самым становиться научной однородностью. Качество, относящееся к области умственной интерпретации, представляет собой определение *ценностей* и поэтому должно оставаться опытом индивидуума. Когда и наука, и религия станут менее догматическими и более терпимыми к критике, тогда философия начнет достигать *единства* в разумном постижении вселенной.

В космической вселенной есть единство, что было бы для вас очевидным, если бы вы могли увидеть его проявление в актуальности. Реальная вселенная благоприятствует каждому дитя вечного Бога. Настоящая проблема заключается в следующем: каким образом конечный разум может достигнуть логического, истинного и адекватного единства мысли? Состояние разума, постигающего вселенную, достигается только через понимание того, что количественные факты и качественные ценности имеют общую причину – Райского Отца. Такое представление о реальности дает более широкую перспективу целенаправленного единства вселенских явлений и также раскрывает духовную цель постепенных достижений личности. И такая концепция единства позволяет почувствовать неизменный фон живой вселенной – постоянно изменяющиеся безличностные отношения и эволюционирующие личностные взаимоотношения.

Вещество и дух, а также разделяющее их состояние, суть три взаимодействующих и взаимосвязанных уровня истинного единства реальной вселенной. Сколь бы разными ни представлялись вселенские явления факта и ценности, в конечном счете они объединяются в Верховном.

Реальность материального бытия связана как с нераспознанной энергией, так и с видимым веществом. Когда энергии вселенной замедляются до необходимого уровня движения, то при благоприятных условиях те же самые энергии становятся массой. И не забывай о том, что разум – один только способный осознавать присутствие очевидных реальностей – сам по себе также реален. И основополагающая причина этой вселенной энергии-массы, разума и духа вечна – она существует и заключается в природе и реакциях Всеобщего Отца и равных ему абсолютов.

Все они были потрясены до глубины души словами Иисуса, и, покидая их, грек сказал: «Наконец-то я увидел еврея, который думает не только о национальном превосходстве и говорит не только о религии». И они отправились на покой.

Пребывание в Афинах было приятным и благотворным, однако общение с его жителями не было особенно успешным. Слишком многие жители Афин того времени либо отличались интеллектуальной надменностью из-за репутации, приобретенной их предшественниками, либо были глупыми и невежественными потомками отсталых рабов тех более ранних периодов, когда Греция славилась величием, а ее народ – мудростью. И всё же среди граждан Афин по-прежнему встречалось много мыслящих людей.

6. В ЭФЕСЕ – БЕСЕДА О ДУШЕ

Покидая Афины, путешественники отправились через Трою в Эфес – столицу римской провинции Асии. Они не раз посещали знаменитый храм Артемиды Эфесской, находившийся на расстоянии примерно двух миль от города. Артемида, самая знаменитая богиня во всей Малой Азии, увековечивала еще более раннюю богиню-мать древних анатолийских времен. По преданию, грубо выполненный идол, выставленный в исполинском храме, посвященном поклонению Артемиде, упал с небес. Ганид, в то время еще не полностью освободившийся от своего прежнего воспитания в духе почитания истуканов как символов божественности, решил, что ему обязательно следует купить маленькую серебряную раку в честь богини плодородия Малой Азии. В ту ночь они долго говорили о поклонении вещам, сделанным человеческими руками.

На третий день они спустились вдоль течения реки, чтобы посмотреть, как вынимают грунт у входа в гавань. В полдень они говорили с молодым финикийцем, который очень скучал по дому и пребывал в глубоком унынии. Однако больше всего он завидовал одному молодому человеку, который получил повышение по службе через его голову. Иисус произнес слова утешения и процитировал старую иудейскую пословицу: «Подношения расчищают человеку путь и открывают ему доступ к вельможам».

Из всех крупных городов, которые они посетили за время этого путешествия по Средиземноморью, их успехи в Эфесе оказались наименее ценными для последующих христианских миссионеров. Христианство появилось здесь в основном благодаря усилиям Павла, который жил в этом городе свыше двух лет, изготавливая на продажу палатки и выступая каждый вечер с лекциями о религии и философии в главном зале школы Тиранна.

С этой местной школой философии был связан некий прогрессивный мыслитель, с которым Иисус провел несколько плодотворных встреч. В ходе этих бесед Иисус неоднократно пользовался словом «душа». Наконец, этот образованный грек спросил его, что́ он имеет в виду, говоря о «душе». Иисус ответил:

«Душа – это та часть человека, которая занимается саморефлексией, распознаёт истину и воспринимает дух и которая навечно возвышает человека над уровнем животных. Самосознание, как таковое, не есть душа. Нравственное самосознание – истинная самореализация человека – образует основу для человеческой души, и душа является той частью человека, которая представляет собой потенциально непреходящую ценность человеческого опыта. Характеристиками души являются нравственный выбор и духовное обретение, способность знать Бога и стремление стать подобным ему. Душа человека не может существовать отдельно от нравственного мышления и духовной активности. Бездеятельная душа умирает. Однако душа человека отличается от божественного духа, находящегося в разуме. Божественный дух прибывает одновременно с первым нравственным действием человеческого разума, что знаменует собой рождение души.

Спасение или гибель души определяются способностью нравственного сознания достигнуть необходимого для сохранения души статуса – вечного союза нравственного сознания и связанного с ним бессмертного духовного дара. Спасение есть одухотворение самореализации, осуществляемой нравственным сознанием, которое в ходе этого процесса обретает необходимую для сохранения ценность. Все виды душевных конфликтов заключаются в отсутствии гармонии между самосознанием нравственным, или духовным, и чисто интеллектуальным.

Когда человеческая душа становится зрелой, облагороженной и одухотворенной, она приближается к небесному статусу: это значит, что она приближается к положению сущности, занимающей промежуточное положение между материальным и духовным, – материальным „я" и божественным духом. Эволюционирующую душу человека трудно описать и еще труднее продемонстрировать, ибо ее невозможно обнаружить ни с помощью материального исследования, ни с помощью чисто духовного испытания. Материальная наука, равно как и духовное исследование, не может продемонстрировать существование души. Несмотря на неспособность как материальной науки, так и духовных критериев обнаружить существование человеческой души, каждый нравственно сознательный смертный *знает* о существовании *своей* души в *реальном* и подлинном личном опыте».

7. НА КИПРЕ – БЕСЕДА О РАЗУМЕ

Вскоре путешественники отплыли на Кипр, сделав остановку на Родосе. Они насладились длительным путешествием по морю и прибыли на остров, к месту своего назначения, отдохнувшими и бодрыми.

Посещение Кипра планировалось как период настоящего отдыха и развлечений, ибо их путешествие по Средиземноморью подходило к концу. Они высадились в Пафосе и сразу же стали готовить припасы, необходимые им на несколько недель, которые они собирались провести в близлежащих горах. На третий день после прибытия они отправились в горы вместе с доверху гружеными вьючными животными.

В течение двух недель все трое прекрасно проводили время, но затем молодой Ганид внезапно и тяжело заболел. Две недели его мучила жестокая лихорадка, из-за которой он часто начинал бредить. Как Иисус, так и Гонод всё свое время посвятили уходу за больным мальчиком. Иисус умело и заботливо ухаживал за Ганидом, и Гонод был изумлен его добротой и сноровкой, которые он проявил, помогая страдающему юноше. Они находились далеко от поселений, а мальчик был в таком состоянии, что его нельзя было перевозить. Поэтому они как можно лучше приготовились к тому, чтобы выхаживать его здесь же, в горах.

Ганид поправлялся в течение трех недель, и за это время Иисус рассказал ему много интересных вещей о природе и ее переменчивом нраве. И с каким удовольствием они бродили по горам! Юноша задавал вопросы, Иисус отвечал на них, а отец любовался этим зрелищем.

В последнюю неделю своего пребывания в горах Иисус и Ганид долго говорили о функциях человеческого разума. После многочасового обсуждения этого вопроса Ганид спросил: «Однако, Учитель, что ты имеешь в виду, когда говоришь, что человек обладает более высокой формой самосознания, чем высшие животные?» В изложении на современном языке, ответ Иисуса звучал бы так.

Сын мой, я уже не раз рассказывал тебе о человеческом разуме и живущем в нём божественном духе, но сейчас позволь мне сделать акцент на том, что самосознание является *реальностью*. Приобретая самосознание, животное превращается в примитивного человека. Такое достижение является следствием координирования функций безличностной энергии и постигающего дух разума, и именно данный феномен обеспечивает посвящение человеческой личности ее абсолютного средоточия – духа небесного Отца.

Идеи не являются лишь регистрацией ощущений; идеи суть ощущения плюс рефлексивные интерпретации собственного «я»; и это «я» – больше простой суммы ощущений. В эволюционирующей индивидуальности появляются признаки приближения к единству, и это единство проистекает из внутреннего присутствия частицы абсолютного единства, которая духовно активирует такой самосознающий разум животного происхождения.

Ни одно животное не способно сознавать себя во времени. Животные обладают физиологической координацией между ассоциированным осознанием ощущения и памятью о нём, однако никто из животных не осмысливает свои ощущения и не обнаруживает той целенаправленной взаимосвязи этих объединенных физических восприятий, которая проявляется в выводах, вытекающих из разумных и рефлексивных человеческих интерпретаций. И этот факт существования самосознания, в совокупности с реальностью его последующего духовного опыта, делает человека потенциальным сыном вселенной и предвосхищает окончательное достижение им Верховного Единства вселенной.

Не является человеческое «я» и простой суммой последовательных состояний сознания. Без эффективного функционирования распределителя и объединителя сознания не было бы того необходимого единства, которое соответствует понятию индивидуальности. Такой необъединенный разум едва ли мог бы достигнуть присущего человеку уровня сознания. Если бы ассоциации сознания являлись чистой случайностью, разум каждого человека обнаруживал бы неконтролируемые и произвольные ассоциации, присущие некоторым фазам умопомешательства.

Человеческий разум, построенный исключительно на сознании физических ощущений, никогда не мог бы достигнуть духовных уровней; такой тип материального разума был бы начисто лишен чувства моральных ценностей и путеводного чувства духовного влияния, столь необходимого для достижения гармоничного единства личности во времени и неотъемлемого от спасения личности в вечности.

Уже на раннем этапе человеческий разум начинает обнаруживать свойства, являющиеся сверхматериальными; способный к истинной рефлексии, человеческий интеллект не полностью ограничен пределами времени. То, что индивидуумы столь существенно отличаются друг от друга в отношении совершаемых в жизни поступков, свидетельствует не только о разных наследственных способностях и различных влияниях окружающей среды, но и о достигнутой «я» степени объединения с внутренним духом Отца – мере отождествления одного с другим.

Человеческому разуму трудно служить двум господам. Душа испытывает огромное напряжение, пытаясь творить и добро, и зло. В высшей степени счастливым и действенно объединенным является тот разум, который целиком посвящен претворению воли небесного Отца. Неразрешенные конфликты уничтожают единство и могут привести к разрушению разума. Однако попытки добиться спокойствия духа любой ценой, за счет отказа от благородных устремлений и компрометации духовных идеалов, не благоприятствуют необходимым для спасения качествам души. Такое спокойствие обретается скорее благодаря решительной борьбе за торжество истины, и эта победа достигается преодолением зла с помощью могущественной силы добра.

На следующий день они отбыли в Саламин, где сели на корабль, отправлявшийся в Антиохию, к берегам Сирии.

8. В АНТИОХИИ

Антиохия была столицей римской провинции Сирии. Здесь находилась резиденция имперского управляющего. Население Антиохии составляло полмиллиона человек. Этот город был третьим в империи по величине и первым по нечестивости и вопиющей безнравственности. У Гонода здесь было много дел, поэтому Иисус и Ганид в основном были предоставлены самим себе. Они осмотрели все достопримечательности этого многоязыкого города, кроме рощи Дафны. Гонод и Ганид посетили это пресловутое капище позора, но Иисус отказался сопровождать их. Происходящее там не было столь шокирующим для индийцев, однако внушало отвращение идеалистичному иудею.

С приближением Палестины и окончания их путешествия Иисус становился всё серьезнее и задумчивее. В Антиохии он почти ни с кем не встречался и редко гулял по городу. Наконец, после многочисленных расспросов о том, почему он проявляет так мало интереса к Антиохии, Ганид добился от Иисуса ответа: «Этот город находится недалеко от Палестины; быть может, когда-нибудь я вернусь сюда».

В Антиохии Ганид приобрел весьма интересный опыт. Этот юноша оказался способным учеником и уже начал использовать на практике некоторые из учений Иисуса. Некий индиец, причастный к торговым делам его отца в Антиохии, сделался настолько неприятным и раздраженным человеком, что встал вопрос о его увольнении. Услышав об этом, Ганид отправился туда, где вел свои дела его отец, и долго беседовал со своим земляком. Этот человек считал, что он оказался не на своем месте. Ганид рассказал ему о небесном Отце и всесторонне изложил свои взгляды на религию. Однако из всего, что сказал Ганид, наибольшую пользу принесла иудейская пословица, и эта мудрость гласила: «Какую бы работу ты ни нашел, делай ее как можно лучше».

Собрав свой багаж для отправки с караваном, они направились в Сидон, а оттуда – в Дамаск, и через три дня были готовы к длительному переходу через пески пустыни.

9. В МЕСОПОТАМИИ

Переход с караваном через пустыню не был чем-то новым для этих опытных путешественников. Посмотрев, как его учитель помогает нагружать их двадцать верблюдов, и увидев, что он вызвался вести их собственное животное, Ганид воскликнул: «Учитель, есть ли что-нибудь, чего ты не умел бы делать?» Иисус только улыбнулся: «Учитель, похоже, пользуется уважением усердного ученика». И они направились в древний город Ур.

Иисуса очень интересовала ранняя история Ура, родины Авраама, и он был не менее очарован руинами и преданиями Суз. Его увлеченность была столь сильной, что Гонод и Ганид продлили свое пребывание в этих местах на три недели, чтобы дать Иисусу больше времени для проведения своих исследований. Кроме того, им предоставилась прекрасная возможность попытаться уговорить его вернуться в Индию вместе с ними.

Именно в Уре Ганид и Иисус долго говорили о различиях между знанием, мудростью и истиной, и Ганида совершенно пленили процитированные Иисусом слова иудейского мудреца: «Главное – мудрость; поэтому обретай мудрость. Всем своим стремлением к знаниям обретай понимание. Прославь мудрость, и она вознесет тебя. Она прославит тебя, если только проникнешься ею».

Наконец, настал день прощания. Все они держались мужественно, особенно юноша, однако это было тяжким испытанием. Их глаза были полны слез, но их сердца были исполнены мужества. Прощаясь со своим учителем, Ганид сказал: «Прощай, Учитель, но не навсегда. Когда я снова буду в Дамаске, я найду тебя. Я люблю тебя, ибо я думаю, что небесный Отец должен походить на тебя. Во всяком случае, я знаю – ты очень похож на того Отца, о котором ты поведал мне. Я буду помнить твои учения, но прежде всего я буду помнить тебя». Его отец сказал: «Я прощаюсь с великим учителем, который сделал нас лучше и помог нам познать Бога». В ответ Иисус произнес: «Мир с вами, и да пребудет в вас благословение небесного Отца». Стоя на берегу, Иисус смотрел, как небольшая лодка отвозит их к стоящему на якоре кораблю. Так Учитель расстался со своими друзьями в Хараксе, чтобы уже никогда не увидеть их в этом мире. Так и им – в этом мире – было не суждено узнать о том, что человек, известный впоследствии как Иисус Назарянин, был тем же самым другом, с которым они только что расстались, – их учителем Иешуа.

Вернувшись в Индию, Ганид со временем превратился во влиятельного человека, достойного преемника своего видного отца, и он распространял многие благородные истины, усвоенные им от своего любимого учителя, Иисуса. Впоследствии до Ганида доходили слухи о странном палестинском проповеднике, закончившем свою жизнь на кресте. Однако, хотя он и заметил сходство между евангелием этого Сына Человеческого и учениями своего еврейского репетитора, он никогда не догадывался о том, что в действительности эти двое людей были одним и тем же человеком.

Так в жизни Сына Человеческого завершилась глава, которую можно было бы назвать *миссией Иешуа-наставника*.

ДОКУМЕНТ 134

ПЕРЕХОДНЫЕ ГОДЫ

Путешествуя по Средиземноморью, Иисус внимательно изучал людей, с которыми он встречался, и страны, через которые он проезжал, и примерно в это же время он пришел к окончательному решению относительно остатка своей жизни на земле. Ранее он всесторонне обдумал – и теперь полностью одобрил – план, согласно которому ему предстояло родиться от еврейских родителей в Палестине. И поэтому он намеренно вернулся в Галилею, чтобы дождаться начала главного дела своей жизни – стать публичным проповедником истины. Он начал готовиться к общественному служению на земле, населенной народом его отца Иосифа, и он сделал это по своей собственной воле.

На своем личном человеческом опыте Иисус понял, что во всём римском мире Палестина была наилучшим местом для того, чтобы перевернуть последние страницы и разыграть заключительные сцены своей земной жизни. Впервые он был полностью удовлетворен планом открытого проявления своей истинной сущности и раскрытия своей божественной личности среди евреев и иноверцев родной Палестины. Он определенно решил закончить свою земную жизнь и завершить свое смертное существование на той же земле, где он вошел в мир человеческого опыта в виде беспомощного младенца. Его урантийский путь начался среди евреев Палестины, и он решил завершить свою жизнь в Палестине и среди евреев.

1. ТРИДЦАТЫЙ ГОД (24 ГОД Н. Э.)

Расставшись с Гонодом и Ганидом в Хараксе (в декабре 23 года н. э.), Иисус через Ур вернулся в Вавилон, где он примкнул к каравану, направлявшемуся через пустыню в Дамаск. Из Дамаска он отправился в Назарет, сделав короткую остановку в Капернауме, чтобы повидаться с семьей Зеведея. Здесь он встретил своего брата Иакова, который ранее перебрался сюда, чтобы работать на месте Иисуса в лодочной мастерской Зеведея. Поговорив с Иаковом и Иудой (также оказавшимся в Капернауме) и передав своему брату Иакову небольшой дом, который удалось приобрести Иоанну Зеведееву, Иисус продолжил путь в Назарет.

По окончании путешествия по Средиземноморью Иисус получил деньги, которых хватило для покрытия расходов почти до начала его общественного служения. Однако кроме Зеведея из Капернаума, а также тех людей, которых он встретил во время этой необыкновенной поездки, мир так никогда и не узнал о его путешествии. Его семья всегда считала, что он потратил это время на учебу в Александрии. Иисус никогда не подтверждал этих предположений, но и не опровергал открыто подобных заблуждений.

За те несколько недель, которые Иисус провел в Назарете, он навестил свою семью и друзей и провел некоторое время в ремонтной мастерской со своим братом Иосифом, но больше всего внимания он уделил Марии и Руфи. В то время Руфи было уже почти пятнадцать лет, и это было первой для Иисуса возможностью обстоятельно побеседовать с ней, ведь за это время она превратилась в молодую женщину.

Как Симон, так и Иуда уже подумывали о женитьбе, но они не хотели делать этого без согласия Иисуса; поэтому они отложили свои планы, надеясь на возвращение старшего брата. В большинстве вопросов главой семьи единодушно считался Иаков, однако прежде, чем жениться, им хотелось получить благословение Иисуса. Поэтому Симон и Иуда сыграли двойную свадьбу в начале марта этого года – 24 года н. э. Теперь уже все старшие дети были женаты или замужем. Только самая младшая – Руфь – оставалась дома с Марией.

Иисус вполне нормально и естественно общался по отдельности с членами своей семьи, но когда они собирались все вместе, он становился столь неразговорчивым, что они говорили об этом между собой. Больше других необычное поведение первенца смущало Марию.

Примерно в то же время, когда Иисус готовился покинуть Назарет, проводник большого каравана, проходившего через город, тяжело заболел, и Иисус – как человек, владеющий языками, – предложил свои услуги. Ввиду того, что на путешествие должен был уйти целый год, а также поскольку все его братья были женаты и его мать жила с Руфью, Иисус собрал семейный совет, на котором предложил, чтобы его мать и Руфь отправились в Капернаум и поселились в доме, лишь недавно переданном Иакову. В соответствии с этим, через несколько дней после отбытия Иисуса с караваном Мария и Руфь переехали в Капернаум, где до самой смерти Марии жили в предоставленном Иисусом доме. Иосиф со своей семьей перебрался в старый назаретский дом.

Этот год был одним из самых необычных для внутреннего опыта Сына Человеческого. Он добился огромных успехов в достижении гармоничных взаимоотношений его человеческого разума и внутреннего Настройщика. Настройщик принимал активное участие в реорганизации мышления и подготовке разума к великим событиям близкого будущего. Личность Иисуса готовилась к огромной перемене в его отношении к миру. Это было промежуточным периодом – переходным этапом – для того существа, которое начало свою жизнь в качестве Бога, представшего в образе человека, и которое теперь готовилось к завершению своего земного пути в качестве человека, представшего в образе Бога.

2. ПУТЕШЕСТВИЕ С КАРАВАНОМ К КАСПИЮ

Первого апреля 24 года н. э. Иисус покинул Назарет, отправившись с караваном в район Каспийского моря. Караван, проводником которого стал Иисус, направлялся из Иерусалима через Дамаск к озеру Урмия и далее – через Ассирию, Мидию и Парфию – в район к юго-востоку от Каспийского моря. Прошел целый год, прежде чем он вернулся из этого путешествия.

Для Иисуса это путешествие с караваном стало очередным опытом исследований и личного служения. Ему было интересно общаться со своим караванным семейством – пассажирами, охранниками и погонщиками верблюдов. Множество мужчин, женщин и детей, проживавших вдоль пути следования каравана, начали жить более богатой жизнью в результате общения с Иисусом, который являлся для них необыкновенным проводником обыкновенного каравана. Не все, кому довелось пообщаться с ним лично, смогли извлечь из этого пользу, однако абсолютное большинство тех, с кем он встречался и беседовал, изменились к лучшему и оставались таковыми до конца своей жизни во плоти.

Из всех его странствий по миру путешествие к Каспийскому морю больше других приблизило Иисуса к Востоку и позволило ему лучше понять народы

Дальнего Востока. Он близко и лично познакомился со всеми сохранившимися урантийскими расами, за исключением красной. Он получал одинаковое удовлетворение от индивидуальной помощи каждой из этих различных рас и смешанных народов, и все они оказались восприимчивы к живой истине, которую он принес им. Как европейцы далеко на западе, так и азиаты Дальнего Востока внимали его словам надежды и вечной жизни; как те, так и другие испытали на себе влияние его жизни, столь благотворно прожитой среди них в любвеобильном служении и духовной помощи.

Путешествие с караваном было успешным во всех отношениях, оказавшись чрезвычайно интересным эпизодом человеческой жизни Иисуса, ибо в течение этого года он действовал в качестве руководителя, отвечая за вверенные ему грузы и безопасность путешественников, составлявших караванную партию. И он предельно добросовестно, умело и мудро справился со своими многочисленными обязанностями.

Возвращаясь из Каспийского региона, Иисус сложил с себя полномочия проводника каравана у озера Урмия, где он пробыл чуть более двух недель. В качестве пассажира он вернулся с одним из последующих караванов в Дамаск, где владельцы верблюдов упрашивали его остаться у них на службе. Отклонив это предложение, он добрался с караваном до Капернаума, куда прибыл 1 апреля 25 года н. э. Он больше не считал себя жителем Назарета. Местожительством Иисуса, Иакова, Марии и Руфи стал Капернаум. Однако Иисус навсегда отделился от своей семьи. Находясь в Капернауме, он жил у Зеведеевых.

3. УРМСКИЕ ЛЕКЦИИ

На пути к Каспийскому морю Иисус на несколько дней остановился для отдыха и восстановления сил в древнем персидском городе Урмии, стоявшем на западном берегу озера Урмия. В этом месте, на небольшом расстоянии от берега, находилась группа островов, на крупнейшем из которых стояло большое здание – лекционный амфитеатр, посвященный «духу религии». В действительности, это строение являлось храмом философии религий.

Этот храм религии был построен неким купцом, богатым гражданином Урмии, и его тремя сыновьями. Этого человека звали Кимбойтон, и среди его предков были представители многих различных народов.

Лекции и беседы в этой школе религии начинались ежедневно в 10 часов утра. Послеполуденные занятия начинались в 3 часа, а вечерние дебаты открывались в 8 часов. Кимбойтон или один из его трех сыновей всегда председательствовали на этих занятиях, проходивших в форме обучения, беседы или диспута. Основатель этой уникальной школы религий жил и умер, так и не раскрыв своих собственных религиозных взглядов.

Иисус несколько раз принимал участие в этих дискуссиях, и до того, как он покинул Урмию, Кимбойтон договорился с ним, что на обратном пути он задержится на две недели и прочитает цикл из двадцати четырех лекций о «Братстве людей», а также проведет двенадцать вечерних занятий в форме ответов на вопросы, бесед и диспутов по содержанию своих лекций в частности и по теме братства людей в целом.

В соответствии с договором, на обратном пути Иисус сделал остановку и прочитал курс этих лекций. Из всех учений Иисуса на Урантии этот курс отличался наибольшей систематичностью и организованностью. Никогда – ни до, ни после этого – он не уделял такого внимания одной теме, как в этих лекциях и беседах о братстве людей. В действительности, темами этих лекций были «Царство Божье» и «Царства людей».

Среди преподавателей этого храма религиозной философии были представители более тридцати религий и религиозных культов. Соответствующие религиозные группы выбирали и содержали своих учителей, предоставляя им все необходимые полномочия. В то время в штат преподавателей входило около семидесяти пяти учителей. Они жили в коттеджах, вмещавших примерно по двенадцать человек. Каждое новолуние эти группы заменялись по жребию. Нетерпимость, дух соперничества или что-либо иное, мешающее спокойному управлению общиной, приводили к решительному и немедленному увольнению виновного учителя, который без лишних разговоров освобождался от работы, а его место сразу же занимал ждущий своей очереди преподаватель.

Эти учителя различных религий предпринимали огромные усилия, чтобы показать, сколь схожими были их религии в отношении принципиальных понятий этой и последующей жизни. Для того чтобы стать преподавателем, требовалось признание только одной доктрины: каждый учитель должен был представлять религию, признающую Бога, – некоторый тип верховного Божества. Среди преподавателей было пять независимых учителей, не представлявших какую-либо из организованных религий. Именно в качестве такого независимого учителя и предстал перед ними Иисус.

[Когда мы, промежуточные создания, впервые подготовили краткое изложение учений Иисуса в Урмии, между серафимами церквей и серафимами прогресса возникло разногласие относительно целесообразности включения этих учений в Урантийское Откровение. Условия, господствующие в двадцатом веке как в религии, так и в формах правления людей, настолько отличаются от тех, которые преобладали в эпоху Иисуса, что оказалось действительно трудным адаптировать доктрины Учителя в Урмии к проблемам царства Божьего и царств людей в той их форме, в которой эти общемировые функции существуют в двадцатом веке. Мы так и не смогли сформулировать ни одного положения из доктрин Учителя, которое удовлетворяло бы обе группы серафимов планетарного управления. Наконец, Мелхиседек – председатель комиссии откровения – назначил комиссию из трех членов нашей категории для изложения нашего взгляда на урмские учения Христа, видоизмененные применительно к религиозным и политическим условиям Урантии двадцатого века. В соответствии с этим, мы – три вторичных промежуточных создания – подготовили адаптированный вариант учений Иисуса, перефразировав его высказывания так, как, по нашему мнению, они могли бы выглядеть с учетом современных условий. И теперь мы предлагаем эти положения в редакции Мелхиседека, председателя комиссии откровения.]

4. ВЛАДЫЧЕСТВО – БОЖЕСТВЕННОЕ И ЧЕЛОВЕЧЕСКОЕ

Братство людей основано на отцовстве Бога. Божья семья проистекает из Божьей любви – Бог есть любовь. Бог-Отец божественно любит своих детей, каждого из них.

Царство небесное, божественное управление, основано на факте божественного владычества – Бог есть дух. Поскольку Бог есть дух, его царство духовно. Царство небесное не является ни материальным, ни только интеллектуальным; оно есть духовная взаимосвязь между Богом и человеком.

Если различные религии признают духовное владычество Бога-Отца, то все эти религии пребывают в мире. Только тогда, когда одна религия заявляет, что она в чём-то превосходит все остальные и обладает исключительной властью над ними, она становится нетерпимой по отношению к другим религиям или смеет преследовать иноверцев.

Религиозный мир – братство – невозможен до тех пор, пока все религии не захотят сложить с себя всю церковную власть и полностью отказаться от какой-либо идеи духовного владычества. Только Бог является духовным владыкой.

У вас не будет равенства религий (религиозной свободы), и религиозные войны будут продолжаться до тех пор, пока все религии не согласятся передать всю религиозную власть на некоторый сверхчеловеческий уровень, – самому́ Богу.

Царство небесное в сердцах людей создаст религиозное единство (необязательно единообразие), ибо любая и все религиозные группы, состоящие из таких верующих, будут свободны от каких-либо принципов церковной власти – религиозного господства.

Бог есть дух, и Бог дает частицу своего духа для вселения в сердце человека. В духовном отношении все люди равны. Царство небесное не знает каст, классов, социальных уровней и экономических групп. Вы все – братья.

Однако как только вы забудете о духовном владычестве Бога-Отца, одна из религий заявит о своем превосходстве над другими. И тогда, вместо мира на земле и доброй воли среди людей, начнутся раздоры, взаимные обвинения и даже религиозные войны – во всяком случае, войны среди религиозных людей.

Если обладающие свободной волей и считающие себя равными существа не приходят к взаимному признанию того, что они подчиняются некоторому сверхвладычеству, – некоторой власти, которая над ними и превыше их, – то рано или поздно они поддаются соблазну испытать свою собственную способность обрести могущество и власть над другими людьми и группами людей. Принцип равенства обеспечивает мир только при взаимном признании влияния со стороны некоторого сверхуправления, верховного владычества.

Религиозные деятели Урмии жили в относительном мире и спокойствии благодаря полному отказу от всех своих представлений о религиозном господстве. В духовном отношении все они верили во всевластного Бога; в социальном отношении высшая и неоспоримая власть находилась в руках их главы – Кимбойтона. Они хорошо знали, что́ произойдет с любым учителем, который позволит себе помыкать своими коллегами. Устойчивый религиозный мир наступит на Урантии только тогда, когда все религиозные группы добровольно откажутся от всех своих представлений о божественном покровительстве, богоизбранности и религиозном господстве. Только тогда, когда Бог-Отец станет верховным, люди станут религиозными братьями и будут жить в религиозном мире на земле.

5. ПОЛИТИЧЕСКИЙ СУВЕРЕНИТЕТ

[В то время как доктрины Учителя относительно владычества Бога являются истиной – хотя и запутанной тем, что впоследствии среди мировых религий появилась религия, рассказывающая о нем, – его идеи политического суверенитета чрезвычайно усложнены политической эволюцией государства за последние девятнадцать с лишним столетий. Во времена Иисуса в мире существовали только две великие мировые державы: Римская империя на Западе и империя династии Хань на Востоке, разделенные обширным пространством, – Парфянским царством и другими лежавшими между ними странами каспийского и туркестанского регионов. Поэтому в следующем повествовании мы в большей степени отошли от содержания доктрин Учителя в Урмии, касавшихся политического суверенитета, одновременно пытаясь показать значение таких учений в той мере, в какой они применимы к специфически критическому этапу в эволюции политического суверенитета в двадцатом веке после Христа.]

Войны на Урантии не прекратятся до тех пор, пока нации будут цепляться за призрачные представления о неограниченном национальном суверенитете. В обитаемом мире существует только два уровня относительной суверенности: свободная духовная воля смертного индивидуума и совокупная суверенность человечества в целом. Между уровнем смертного индивидуума и уровнем всего человечества любые объединения и ассоциации являются относительными, преходящими, имеющими ценность только в той мере, в какой они способствуют благополучию, процветанию и прогрессу индивидуума и планетарного целого – человека и человечества.

Религиозные учители должны всегда помнить, что духовное владычество Бога превыше всех промежуточных и переходных уровней лояльности. Когда-нибудь гражданские правители поймут, что Всевышние правят в царствах людей.

Это правление Всевышних над царствами людей осуществляется не для особой выгоды какой-либо особо привилегированной группы смертных. Не существует такого понятия, как «избранный народ». Правление Всевышних – верховных управляющих политической эволюцией – есть правление, рассчитанное на принесение наибольшей пользы наибольшему числу *всех* людей и в течение наиболее длительного времени.

Суверенитет есть власть, и он растет благодаря организованности. Этот рост организованности политической власти является благим и нужным явлением, ибо в своей тенденции он стремится охватить всё более широкие части всего человечества. Однако на каждой промежуточной стадии то же самое развитие политических организаций создает проблемы между изначальной и естественной организацией политической власти – семьей – и окончательным завершением политического развития – управлением всем человечеством, с участием всего человечества и для всего человечества.

Начиная с власти родителей в семейной группе, политический суверенитет формируется благодаря организации по мере того, как сéмьи сливаются в единокровные кланы, которые, в силу различных причин, объединяются в племена – надъединокровные политические группы. А затем, посредством торговли, общения и завоеваний, племена объединяются в нацию, в то время как сами нации иногда объединяются империей.

По мере того, как суверенитет переходит от меньших групп к бóльшим, войны становятся более редкими, то есть сокращаются военные конфликты между малыми народами. Однако опасность возникновения крупных войн возрастает в процессе разрастания суверенных государств. Вскоре, когда весь мир будет исследован и заселен, когда в нём останется несколько сильных и могущественных наций, когда у этих великих и якобы суверенных государств появятся общие границы, когда их будут разделять только океаны, – тогда возникнут все условия для больших войн, всемирных конфликтов. Сосуществование так называемых суверенных государств не может не порождать конфликты и не приводить к войнам.

Трудность эволюции политического суверенитета от уровня семьи до уровня всего человечества заключается в том сопротивлении, которое оказывает инерция, проявляющаяся на всех промежуточных уровнях. Се́мьи порой бросали вызов своим кланам, а действия кланов и племен часто бывали губительными для территориального государства. То, что является опорой на предыдущих этапах развития политической организации, всегда служит (и всегда служило) помехой и препятствием для каждого нового, поступательного развития политического суверенитета. И так происходит потому, что однажды мобилизованная человеческая приверженность плохо поддается изменению. Та же лояльность, которая делает возможной эволюцию племени, затрудняет эволюцию сверхплемени – территориального государства. И та же лояльность (патриотизм), благодаря которой возможна эволюция территориального государства, чрезвычайно усложняет эволюционное развитие управления всем человечеством.

Политический суверенитет создается из отказа от самоопределения – сначала индивидуума в пределах семьи, затем – семей и кланов по отношению к племени и более крупным группам. В целом, эта постепенная передача самоопределения от меньших групп ко всё более крупным политическим организациям протекала на Востоке с неослабевающей силой со времени появления династий Мин и Моголов. На Западе этот процесс продолжался более тысячелетия, вплоть до окончания мировой войны, когда злополучное ретроградное движение на время нарушило эту нормальную тенденцию, возродив исчезнувший политический суверенитет многочисленных малых групп в Европе.

Прочный мир воцарится на Урантии только тогда, когда так называемые суверенные государства осознанно передадут всю свою суверенную власть братству людей – всемирному правительству. Интернационализм – лиги наций – никогда не сможет дать человечеству прочного мира. Всемирные союзы наций смогут успешно предупреждать локальные войны и удовлетворительно контролировать малые государства, но они не предотвратят мировых войн, как не смогут они контролировать три, четыре или пять сильнейших правительств. В случае настоящего конфликта, одна из этих мировых держав выйдет из Лиги Наций и объявит войну. Невозможно избежать войн до тех пор, пока нации заражены обманчивым вирусом государственного суверенитета. Интернационализм является шагом в правильном направлении. Международные полицейские силы смогут предотвратить многие малые войны, однако они будут неэффективными для предотвращения крупных войн – конфликтов между великими военными державами земли.

По мере сокращения числа действительно суверенных наций (великих держав), увеличивается как возможность, так и потребность во всемирном правительстве. Когда в мире остается лишь несколько действительно суверенных (великих) держав, то они должны либо вступить в смертельную борьбу за государственное (имперское) превосходство, либо – за счет добровольной передачи некоторых прерогатив суверенности – создать принципиальное ядро надгосударственной державы, которая послужит началом реальной суверенности всего человечества.

Мир придет на Урантию только после того как каждое так называемое суверенное государство передаст право начинать войну представительному правительству всего человечества. Политическая суверенность присуща народам мира. Когда все народы Урантии создадут мировое правительство, у них будет право и возможность сделать такое правительство СУВЕРЕННЫМ; и только тогда, когда такая представительная, или демократическая, мировая держава будет контролировать все сухопутные, воздушные и морские силы, смогут возобладать мир на земле и добрая воля среди людей.

Воспользуемся важным примером девятнадцатого и двадцатого веков: сорок восемь штатов Американской Федерации уже давно живут в мире. Они более не ведут междоусобных войн. Они передали свой суверенитет федеральному правительству и, решив спор посредством войны, отказались от любых притязаний на иллюзорное самоопределение. Хотя каждый штат решает свои внутренние дела, он не связан с внешними сношениями, тарифами, иммиграцией, военными делами или торговлей между штатами. Не занимаются отдельные штаты и вопросами гражданства. Сорок восемь штатов страдают от разрушительных последствий войны только тогда, когда возникает угроза суверенитету федерального государства.

Отказавшись от однотипных заблуждений – суверенитета и самоопределения, – сорок восемь штатов сохраняют мир между штатами и покой в отношениях между ними. Так и нации Урантии начнут обретать мир, когда они добровольно передадут свой суверенитет всемирному правительству – верховной власти братства людей. В таком всемирном государстве малые нации будут столь же могущественными, сколь и великие – подобно тому, как маленький штат Род-Айленд представлен двумя сенаторами в американском конгрессе, так же как густонаселенный штат Нью-Йорк или крупный штат Техас.

Ограниченный (местный) суверенитет этих сорока восьми штатов был создан людьми и для людей. Федеральный (государственный) суверенитет Американской Федерации был создан тринадцатью первыми штатами для их собственной пользы и для пользы людей. Когда-нибудь сверхгосударственный суверенитет планетарного правительства всего человечества будет также создан нациями для их собственной пользы и для пользы всех людей.

Граждане не рождаются для того, чтобы приносить пользу правительствам; правительства суть организации, которые создаются и предназначаются для пользы людей. Эволюция политического суверенитета завершается только с появлением управления, обеспечивающего суверенность всех людей. Все остальные виды суверенитета являются относительными по своей ценности, промежуточными по своему значению и подчиненными по своему статусу.

С развитием научного прогресса во́йны будут становиться всё более и более разрушительными, пока они не поставят под угрозу само существование человеческого рода. Сколько мировых войн должно вспыхнуть, сколько лиг наций должно пасть, прежде чем люди будут готовы создать правительство для всего человечества, вкусить благо прочного мира и прийти к процветанию, основанному на доброй воле среди людей всего мира?

6. ЗАКОН, СВОБОДА И СУВЕРЕНИТЕТ

Если один человек стремится к независимости – свободе, – то он должен помнить, что к той же свободе стремятся и *все* остальные люди. Группы таких свободолюбивых смертных не могут жить вместе в мире, не подчиняясь таким законам, правилам и предписаниям, которые предоставляют каждому человеку одинаковую степень свободы, одновременно с этим гарантируя равную степень свободы для всех его собратьев. Если один человек станет абсолютно свободным, то это значит, что другой должен стать абсолютным рабом. Относительность свободы действительна в социальном, экономическом и политическом отношениях. Свобода есть дар цивилизации, который возможен благодаря действию ЗАКОНА.

Религия создает духовную возможность для претворения братства людей, однако для урегулирования социальных, экономических и политических проблем, связанных с достижением человеческого счастья и эффективности, потребуется общемировое правительство.

До тех пор, пока политический суверенитет в этом мире поделен группой наций-государств и несправедливо удерживается ими, войны и слухи о войнах сохранятся – одна нация будет идти войной на другую. Англия, Шотландия и Уэльс всегда враждовали, пока не отказались от суверенитета, передав его Соединенному Королевству.

Очередная мировая война заставит так называемые суверенные государства создать нечто вроде федерации, которая станет механизмом для предупреждения малых войн, – войн между малыми нациями. Однако глобальные войны будут продолжаться до тех пор, пока не будет создано мировое правительство. Только глобальная верховная власть сможет предотвратить глобальные войны – ничто иное.

Сорок восемь американских свободных штатов живут вместе в мире. Среди граждан этих сорока восьми штатов есть представители всех национальностей и рас, которые живут в вечно воюющих государствах Европы. Эти американцы представляют почти все существующие в мире религии, религиозные секты и культы, и несмотря на это, здесь, в Северной Америке, они мирно уживаются друг с другом. И всё это стало возможным благодаря тому, что эти сорок восемь штатов отказались от своего суверенитета и каких-либо притязаний на мнимое право самоопределения.

Дело не в вооружении или разоружении. Не связаны с проблемой сохранения мира во всём мире и вопросы всеобщей воинской обязанности или вольного найма на военную службу. Если у сильных наций отобрать все виды современной военной техники и все виды взрывчатых веществ, они будут драться при помощи кулаков, камней и дубин. И так будет продолжаться до тех пор, пока они будут цепляться за свои заблуждения – представление о том, что национальный суверенитет является их божественным правом.

Война не является тяжелым и страшным заболеванием человека; война – это симптом, следствие. Настоящим заболеванием является вирус национального суверенитета.

Урантийские нации никогда не обладали настоящим суверенитетом – таким, который мог бы стать защитой от разрушительного, опустошающего действия мировых войн. Создавая глобальное общечеловеческое правительство, государства не столько отказываются от своего суверенитета, сколько создают реальный, настоящий и прочный общемировой суверенитет, который сможет стать их всесторонней защитой от любых войн. Местные вопросы будут решаться местными правительствами, национальные дела – национальными правительствами; межнациональные отношения будут находиться в ве́дении мирового правительства.

Мир во всём мире невозможно поддерживать с помощью договоров, дипломатии, международной политики, союзов, баланса сил или любых других паллиативных перетасовок национального суверенитета. Мировой закон должен создаваться и осуществляться мировым правительством, выражающим суверенность всего человечества.

При мировом правительстве индивидуум будет обладать значительно большей свободой. Налогообложение, регламентирование и контроль, которым подвергаются сегодня граждане великих держав, отличаются едва ли не деспотичностью.

Многие из нынешних посягательств на индивидуальные свободы исчезнут, когда национальные правительства будут готовы доверить свой суверенитет в области международных отношений общемировому правительству.

При общемировом правительстве национальные группы действительно получат возможность претворять в жизнь и пользоваться личными свободами, присущими подлинной демократии. Софизму самоопределения придет конец. С глобальным регулированием финансов и торговли настанет новая эра всеобщего мира. Вскоре сможет появиться общемировой язык, и забрезжит надежда на появление общемировой религии – или религий с общемировым подходом.

Коллективная безопасность принесет мир только тогда, когда под коллективом будет пониматься всё человечество.

Политический суверенитет представительного правительства всего человечества обеспечит прочный мир на земле, а духовное братство навсегда станет гарантией доброй воли между людьми. И иного пути для достижения мира на земле и доброй воли между людьми не существует.

* * *

После смерти Кимбойтона его сыновья столкнулись с огромными трудностями в попытках сохранить мир среди учителей. Последствия учений Иисуса были бы намного значительней, если бы христианские учители, появившиеся позднее среди лекторов Урмии, проявили бóльшую мудрость и терпимость.

Старший сын Кимбойтона обратился за помощью в Филадельфию, к Авениру, однако его выбор учителей был крайне неудачным. Эти люди оказались непреклонными, неспособными идти на компромиссы и стремились сделать свою религию господствующей над другими верованиями. Они так и не догадались о том, что часто упоминаемые лекции проводника каравана были прочитаны самим Иисусом.

Так как столкновения среди преподавателей только усиливались, трое братьев прекратили свою финансовую поддержку, и через пять лет школа была закрыта. Позднее она открылась в качестве митраистского храма и в конце концов сгорела дотла при отправлении одного из их разнузданных ритуалов.

7. ТРИДЦАТЬ ПЕРВЫЙ ГОД (25 ГОД Н. Э.)

Когда Иисус вернулся из путешествия к Каспийскому морю, он знал, что его странствия подходят к концу. Он предпринял последнее путешествие за пределы Палестины – в Сирию. После короткой остановки в Капернауме, он отправился на несколько дней в Назарет. В середине апреля он вышел из Назарета в Тир. Оттуда он продолжил путь на север, задержавшись на несколько дней в Сидоне, однако местом его назначения была Антиохия.

Этот год стал временем одиночных странствий Иисуса по Палестине и Сирии. В течение этого года, проведенного в путешествиях, в разных частях страны его знали под различными именами: назаретский плотник, капернаумский корабел, дамасский книжник и александрийский учитель.

В Антиохии Сын Человеческий пробыл более двух месяцев, в течение которых он работал, наблюдал, исследовал, беседовал, помогал и одновременно с этим изучал, как человек живет, как он думает, чувствует и реагирует на окружающую среду. В течение трех недель он занимался изготовлением палаток. Он задержался в Антиохии дольше, чем в других местах, где он останавливался во время своего путешествия. Десятью годами позже, когда апостол Павел выступал с проповедями в Антиохии, он слышал, как его последователи говорили об учениях *дамасского книжника*, однако он и не подозревал, что его ученики слышали голос и внимали наставлениям самого Учителя.

Из Антиохии Иисус добрался по берегу моря до Кесарии, где он задержался на несколько недель, после чего продолжил путь вдоль побережья на юг, в Иоппию. Из Иоппии он направился в глубь страны через Иамнию, Ашдод и Газу. Из Газы он отправился еще дальше, в Беершиву, где провел одну неделю.

После этого Иисус отправился в свое последнее путешествие, предпринятое в качестве частного лица. Он прошел через глубинные районы Палестины – от Беершивы на юге до Дана на севере. Во время этого путешествия на север он останавливался в Хевроне, Вифлееме (где увидел место своего рождения), Иерусалиме (не заходя в Вифанию), Беерофе, Левоне, Сихаре, Сихеме, Самарии, Гиве, Ен-Ганниме, Ен-Доре и Мадоне; миновав Магдалу и Капернаум, он взял путь на север; и, пройдя к востоку от Меромских вод, он направился через Карату в Дан, или Кесарию Филиппову.

Внутренний Настройщик Мышления вел теперь Иисуса прочь от человеческих поселений, к горе Ермон, где ему предстояло окончательно овладеть своим человеческим разумом и справиться с задачей, которая позволила бы ему целиком посвятить себя предстоящим свершениям в течение жизни на земле.

Это был один из необычных и удивительных поворотных моментов в земной жизни Учителя на Урантии. Другим и очень похожим этапом стало то испытание, через которое он прошел, находясь в одиночестве в горах неподалеку от Пеллы сразу же после своего крещения. Этот период уединения на горе Ермон ознаменовал собой завершение его чисто человеческой жизни – то есть формальное завершение посвящения в облике смертного, – в то время как второе уединение стало началом более божественного этапа этого посвящения. И в течение шести недель Иисус жил наедине с Богом на склонах горы Ермон.

8. НА ГОРЕ ЕРМОН

Проведя некоторое время вблизи Кесарии Филипповой, Иисус приготовил всё необходимое и, взяв с собой вьючное животное, в сопровождении юноши по имени Тиглаф направился по дамасской дороге к деревне, известной в свое время под названием Бейт-Иенн и располагавшейся у подножья горы Ермон. Здесь, примерно в середине августа 25 года н. э., он устроил лагерь и, оставив провиант на попечение Тиглафа, поднялся по пустынным склонам горы. В первый день Тиглаф сопровождал Иисуса до определенного места, находившегося на высоте около 6000 футов над уровнем моря, где они соорудили укрытие из камней, в котором дважды в неделю Тиглаф должен был оставлять еду.

В первый день, покинув Тиглафа, Иисус, лишь немного поднявшись по склону горы, остановился для молитвы. Среди прочего, он попросил Отца, чтобы тот отослал серафима-хранителя назад и «оставил с Тиглафом». Он попросил, чтобы ему было позволено приступить к его последней борьбе с реальностями смертного существования без посторонней помощи. И его просьба была удовлетворена. Он приступил к великому испытанию, опираясь на руководство и поддержку одного только внутреннего Настройщика.

Во время своего пребывания на горе Иисус питался умеренно; каждый раз, когда он воздерживался от еды, это продолжалось не более одного-двух дней. Сверхчеловеческие существа, противостоявшие ему на этой горе, – существа, с которыми он боролся в духе и которых он превзошел в могуществе, – были *реальными*; они являлись его злейшими врагами в системе Сатания; они не были фантазмами воображения, возникшими из-за неустойчивости интеллекта ослабленного и голодающего смертного, неспособного отличить реальность от видéний расстроенного сознания.

Иисус провел на горе Ермон три последние недели августа и три первые недели сентября, в течение которых он выполнил смертную задачу: прошел круги овладения разумом и управления личностью. В этот период общения с небесным Отцом внутренний Настройщик также завершил свое служение. Таким образом была достигнута смертная цель этого земного создания. Незавершенной оставалась только окончательная гармонизация разума и Настройщика.

Проведя более пяти недель в непрерывном общении со своим Райским Отцом, Иисус обрел абсолютную уверенность в своей сущности и не сомневался в своей победе над материальными уровнями пространственно-временнóго проявления личности. Он всецело верил в господство своей божественной природы над своей человеческой природой и, не колеблясь, заявлял об этом.

К концу своего пребывания на горе Иисус попросил Отца позволить ему встретиться со своими врагами из системы Сатания как Сыну Человеческому – Иешуа бен Иосифу. Его просьба была удовлетворена. Последняя неделя, проведенная на горе Ермон, стала временем великого соблазна, вселенского испытания. Сатана (представлявший Люцифера) и мятежный Планетарный Князь Калигастия предстали перед Иисусом, сделавшись полностью видимыми. И это «искушение», это последнее испытание человеческой преданности, противостоящей измышлениям мятежных личностей, не имело отношения к пище, башням храма или самонадеянным действиям. Речь шла не о царствах этого мира, а о полновластии в могущественной и величественной вселенной. Символический характер ваших письменных свидетельств предназначался для отсталых эпох, когда в мире бытовали наивные представления. Последующие поколения должны понимать, какого огромного напряжения стоил Сыну Человеческому тот знаменательный день на горе Ермон.

На многочисленные предложения и контрпредложения эмиссаров Люцифера Иисус отвечал только одно: «Пусть исполнится воля моего Отца, а тебя, мой мятежный сын, пусть судят Древние Дней. Я – твой Отец-Создатель; я едва ли способен судить тебя объективно, а мое милосердие ты уже с презрением отверг. Я передаю тебя суду, который вершат Судьи великой вселенной».

На все предложенные Люцифером компромиссы и паллиативы, на все лицемерные предложения, касавшиеся посвящения во плоти, Иисус отвечал только одно: «Да исполнится воля моего Райского Отца». И когда тяжелое испытание осталось позади, освобожденный серафим-хранитель вернулся к Иисусу и возобновил свою опеку.

В один из дней позднего лета, пополудни, в тишине окружавших деревьев, Михаил Небадонский завоевал статус полновластного владыки своей вселенной. В тот день он выполнил обязанность Сынов-Создателей – прожил полноценную жизнь в образе смертного в эволюционном пространственно-временнóм мире. Вселенское оповещение этого важного достижения состоялось только в день его крещения, несколько месяцев спустя, однако в действительности всё это произошло уже в тот день на горе. И когда Иисус завершил свое пребывание на горе Ермон, восстание Люцифера в Сатании и мятеж Калигастии на Урантии были в своей сущности завершены. Иисус выполнил последнее условие обретения полновластия в своей вселенной, что само по себе определяет статус всех мятежников и устанавливает, что в будущем все аналогичные бунты (если, конечно, они произойдут) смогут прекращаться быстро и эффективно. Отсюда видно, что так называемое «великое искушение» Иисуса произошло за некоторое время до его крещения, а не сразу же после него.

В конце своего пребывания на горе Иисус, спускаясь вниз, встретил Тиглафа, который нес еду в условленное место. Отправляя его назад, он сказал только: «Время отдыха закончено; я должен вернуться к делу своего Отца». Это был молчаливый и сильно изменившийся человек. Они вернулись в Дан, где Иисус покинул юношу, оставив ему осла. После этого он направился на юг, в Капернаум, тем же путем, которым пришел сюда.

9. ВРЕМЯ ОЖИДАНИЯ

Лето подходило к концу; приближался день искупления и праздник кущей. В субботу Иисус провел в Капернауме семейный совет и на следующий день отправился в Иерусалим вместе с Иоанном, сыном Зеведея, обойдя озеро с востока, через Герасу, и продолжив путь долиной Иордана. Хотя по дороге Иисус немного общался со своим спутником, Иоанн заметил в нём огромную перемену.

Иисус и Иоанн заночевали в Вифании у Лазаря и его сестер, а на следующий день, ранним утром, отправились в Иерусалим. Они провели в городе и его окрестностях почти три недели – во всяком случае, Иоанн. Много раз Иоанн отправлялся в город один, а Иисус бродил по соседним холмам и часто предавался духовному общению со своим небесным Отцом.

Оба они присутствовали на торжественном богослужении в день искупления. Из всех дней еврейского религиозного календаря этот день произвел на Иоанна самое сильное впечатление своими обрядами, но Иисус оставался задумчивым и молчаливым зрителем. Для Сына Человеческого это было печальным и жалким зрелищем. Он взирал на всё это как на извращение характера и атрибутов своего небесного Отца. Для него события этого дня были пародированием фактов божественной справедливости и истин бесконечного милосердия. Он горел желанием провозгласить подлинную истину о любвеобильном характере Отца, о его милосердном руководстве вселенной, но верный Наставник предупредил, что его час еще не пробил. Однако вечером, в Вифании, Иисус всё же обронил целый ряд замечаний, чрезвычайно обеспокоивших Иоанна, так и не понявшего всего смысла тех слов, которые им довелось услышать в тот вечер.

Иисус собирался провести всю неделю, на которую пришелся праздник кущей, вместе с Иоанном. Этот праздник ежегодно отмечался по всей Палестине; в это время евреи отдыхали. Хотя Иисус не принимал участия в весельях, устраиваемых по этому поводу, он с явным удовольствием и удовлетворением наблюдал за беззаботностью и весельем, которым предавались все люди – и стар, и млад.

В середине праздничной недели, до завершения празднеств, Иисус покинул Иоанна, сказав ему, что желает удалиться в горы, где он мог бы с бóльшим успехом общаться со своим Райским Отцом. Иоанн хотел отправиться вместе с ним, однако Иисус настоял на том, чтобы тот провел здесь всю праздничную неделю, сказав: «От тебя не требуется нести бремя Сына Человеческого; только стражник должен бодрствовать, когда город мирно спит». Иисус не вернулся в Иерусалим. Пробыв в одиночестве почти неделю на холмах неподалеку от Вифании, он отправился в Капернаум. По пути домой он провел день и ночь в одиночестве на склонах Гелвуя, неподалеку от того места, где покончил с собой царь Саул. И когда он прибыл в Капернаум, он казался более веселым, чем при расставании с Иоанном в Иерусалиме.

На следующее утро Иисус подошел к сундуку, который оставался в мастерской Зеведея и в котором хранилось его личное имущество, надел свой фартук и принялся за работу, сказав: «Мне следует заняться делом в ожидании своего часа». И он проработал в течение нескольких месяцев – до января следующего года – в лодочной мастерской вместе со своим братом Иаковом. После этого периода работы с Иисусом, какие бы сомнения ни одолевали Иакова, пытавшегося осмыслить дело жизни Сына Человеческого, он, по существу, уже никогда не терял всей своей веры в миссию Иисуса.

В завершающий период работы в лодочной мастерской бóльшую часть своего времени Иисус тратил на внутреннюю отделку некоторых более крупных судов. Он с огромной тщательностью выполнял всю ручную работу и, потрудившись на славу, получал явное удовлетворение от того, чего он добивался как человек. Хотя он почти не тратил времени на пустяки, он был старательным работником, когда дело касалось сути любого начинания.

Со временем до Капернаума дошли слухи о некоем Иоанне, который проповедовал и крестил кающихся грешников в Иордане, проповедуя: «Приблизилось царство небесное; покайтесь и креститесь». Иисус слушал эти сообщения об Иоанне, который медленно продвигался на север по долине Иордана от ближайшей к Иерусалиму речной переправы. Но он продолжал работать, строя лодки, до тех пор, пока в январе 26 года н. э. Иоанн не поднялся до того места реки, которое находилось неподалеку от Пеллы. Тогда Иисус сложил свои инструменты и заявил: «Мое время исполнилось». Вскоре после этого он предстал перед Иоанном для крещения.

Однако с Иисусом происходили огромные перемены. Мало кто из тех, кому довелось общаться с ним и воспользоваться его помощью в период его путешествий по стране, смог позднее узнать в публичном учителе того же человека, которого в прошлые годы они знали и любили как частное лицо. И неспособность прежних подопечных Иисуса узнать его в облике влиятельного общественного проповедника последующих лет имела свое объяснение: трансформация его разума и духа продолжалась на протяжении длительного времени и была завершена во время его незабываемого пребывания на горе Ермон.

ДОКУМЕНТ 135

ИОАНН КРЕСТИТЕЛЬ

Иоанн Креститель родился 25 марта 7 года до н. э. в соответствии с обещанием, данным Гавриилом Елисавете в июне предыдущего года. В течение пяти месяцев Елисавета хранила посещение Гавриила в тайне. Когда же она рассказала о нём своему мужу Захарии, тот был чрезвычайно обеспокоен и полностью поверил ей только после того, как примерно за шесть недель до рождения Иоанна увидел необычный сон. Не считая посещения Елисаветы Гавриилом и сна Захарии, с рождением Иоанна Крестителя не было связано ничего сверхъестественного.

На восьмой день, согласно еврейскому обычаю, Иоанну было сделано обрезание. Он рос как обычный ребенок – день за днем и год за годом – в небольшом селении, известном в те времена как город Иудин и находившемся примерно в четырех милях к западу от Иерусалима.

Самым примечательным событием раннего детства Иоанна было посещение вместе со своими родителями Назарета и встреча с Иисусом и его семьей. Этот визит состоялся в июне 1 года до н. э., когда Иоанну было чуть больше шести лет.

После возвращения из Назарета родители Иоанна занялись планомерным образованием мальчика. В этом маленьком селении не было синагогальной школы. Однако, будучи священником, Захария был весьма хорошо образован, а Елисавета была значительно лучше образована, чем женщины Иудеи в среднем. Она также имела отношение к духовенству, поскольку происходила из рода «дочерей Аарона». Ввиду того, что Иоанн был единственным ребенком, они уделяли много времени его умственной и духовной подготовке. Периоды богослужения Захарии в иерусалимском храме были непродолжительными, поэтому бóльшую часть времени он посвящал своему сыну.

У Захарии и Елисаветы была небольшая ферма, на которой они разводили овец. Эта ферма вряд ли могла бы их прокормить, но Захария получал регулярное содержание из денежных средств храма, предназначенных для духовенства.

1. ИОАНН СТАНОВИТСЯ НАЗОРЕЕМ

Иоанн был лишен возможности учиться в школе и окончить ее в четырнадцать лет, однако его родители решили, что именно в этом возрасте ему следует дать официальный обет назорея. Соответственно, Захария и Елисавета отправились со своим сыном к Мертвому морю, в Ен-Геди. Здесь находился южный центр братства назореев, и здесь юноша прошел надлежащее торжественное и пожизненное посвящение в это братство. Пройдя этот ритуал и дав обет воздерживаться от любых опьяняющих напитков, не стричь волос и не прикасаться к покойникам, Иоанн вместе с родителями направился в Иерусалим, где перед храмом совершил жертвоприношения, которые требовались от тех, кто давал клятву назорея.

Иоанн дал такой же пожизненный обет, который приняли его прославленные предшественники – Самсон и пророк Самуил. Пожизненный назорей считался святым человеком. Евреи относились к назореям почти с таким же уважением и почтением, которые оказывались первосвященнику, что было неудивительно, ибо назореи пожизненного посвящения были единственными – за исключением первосвященников – людьми, которые допускались в святая святых храма.

Иоанн вернулся из Иерусалима, чтобы пасти овец своего отца, и со временем превратился в сильного и благородного человека.

Когда шестнадцатилетним юношей Иоанн прочитал об Илии, пророк горы Кармил произвел на него столь сильное впечатление, что он решил перенять у него стиль одежды. Впредь Иоанн всегда носил власяницу и подпоясывался кожаным поясом. К шестнадцати годам он почти завершил свое физическое развитие, а его рост превышал шесть футов. Со своими ниспадающими волосами и причудливой манерой одеваться он действительно был самобытным юношей. И его родители ожидали великих свершений от своего единственного сына – заветного дитя и пожизненного назорея.

2. СМЕРТЬ ЗАХАРИИ

Захария умер после продолжавшейся несколько месяцев болезни, в июле 12 года н. э., вскоре после того как Иоанну исполнилось восемнадцать лет. Это событие привело Иоанна в сильное смятение, ибо обет назорея запрещал прикасаться к покойнику даже в своей собственной семье. Хотя Иоанн решил подчиниться ограничениям данного им обета и не осквернять себя покойником, он не был уверен в том, что выполнил все требования назореев. Поэтому после похорон своего отца он отправился в Иерусалим, где в отведенном для назореев углу женского двора принес жертвы, требуемые для очищения.

В сентябре этого года Елисавета и Иоанн совершили поездку в Назарет, чтобы навестить Марию и Иисуса. Иоанн почти уже решил приступить к делу своей жизни, однако не только слова Иисуса, но и его пример убедили его вернуться домой, чтобы заботиться о матери и дожидаться, когда «пробьет час Отца». Иоанн, получивший большое удовольствие от этой поездки, распрощался с Иисусом и Марией. В следующий раз он встретился с Иисусом только при его крещении в Иордане.

Иоанн и Елисавета вернулись домой и начали составлять планы на будущее. Поскольку Иоанн отказался от пособия для священнослужителей, которое причиталось ему из средств храма, к концу второго года, фактически потеряв свой дом, они решили отправиться на юг вместе с отарой овец. Поэтому летом того года, когда Иоанну было двадцать лет, они переехали в Хеврон. В так называемой «пустыне Иудейской» Иоанн пас своих овец у ручья, питавшего более крупный водный поток, который впадал в Мертвое Море у Ен-Геди. Колония Ен-Геди объединяла не только назореев пожизненного и вре́менного посвящения, но и многих других пастухов-аскетов, собиравшихся в этих местах со своими отарами и поддерживавших дружеские отношения с назорейским братством. Они кормились разведением овец и подарками богатых евреев.

Со временем Иоанн стал реже возвращаться в Хеврон и всё чаще посещал Ен-Геди. Он настолько отличался от большинства назореев, что ему было трудно по-настоящему сдружиться с членами братства. Однако он очень полюбил Авенира – признанного вождя и главу колонии в Ен-Геди.

3. ЖИЗНЬ ПАСТУХА

В долине, через которую протекал небольшой ручей, Иоанн построил не менее дюжины каменных укрытий и ночных загонов, устроенных из наваленных друг на друга камней, в которых он мог стеречь и охранять свои отары овец и коз. Жизнь пастуха оставляла Иоанну много свободного времени для размышлений. Он подолгу разговаривал с Ездой – осиротевшим мальчиком из Беф-цура, которого он в некотором роде усыновил и который смотрел за отарами, когда Иоанн отправлялся в Хеврон, чтобы навестить мать и продать овец, или посещал Ен-Геди для участия в субботних богослужениях. Иоанн и мальчик жили очень простой жизнью, питаясь бараниной, козьим молоком, диким медом и местными съедобными акридами. Этот обычный рацион дополняли продукты, которые время от времени доставлялись из Хеврона и Ен-Геди.

Елисавета держала Иоанна в курсе дел в Палестине и в мире, и в нём всё больше крепло убеждение в быстром приближении конца старого порядка, а также в том, что ему предстояло стать глашатаем приближения новой эры – «царства небесного». Этот суровый пастух был особенно неравнодушен к писаниям пророка Даниила. Сотни раз перечитывал он описание возвышенного видéния Даниила, которое, как говорил ему Захария, отражало историю великих царств мира, начиная с Вавилона, Персии, Греции и заканчивая Римом. Иоанн видел, что языковое и расовое многообразие Рима уже никогда не позволит ему превратиться в действительно прочную и нерушимую империю. Он полагал, что Рим уже разделился на Сирию, Египет, Палестину и другие провинции; он читал далее, что «в правление этих царей Бог небесный установит царство, которое никогда не будет разрушено. Царство это не будет передано другому народу, но сокрушит все эти царства и приведет их к концу, а само будет стоять вечно». «И дана ему была власть и слава и царство, чтобы все народы, племена и языки служили ему. Владычество его вечно, оно не прейдет, и царство его будет нерушимым». «Царство же и власть и величие царства по всей поднебесной дано будет народу святых Всевышнего, чье царство вечно, и все власти будут служить и повиноваться ему».

Иоанну так и не удалось в полной мере справиться с путаницей, вызванной тем, чтó он узнал от своих родителей об Иисусе, а также этими отрывками из Писаний. Он читал у Даниила: «Видел я в ночных видениях кого-то, кто выглядел как Сын Человеческий и кто шел с облаками на небесах, и дана ему была власть и слава и царство». Однако эти слова пророка противоречили тому, чему его учили родители. Не соответствовал этим словам Писаний и его разговор с Иисусом во время их свидания, когда Иоанну было восемнадцать лет. Несмотря на эту путаницу, его мать всегда пыталась развеять сомнения своего сына, убеждая Иоанна в том, что его дальний родственник – Иисус Назарянин – является истинным Мессией, что он явился, дабы воссесть на трон Давида, и что ему (Иоанну) предстоит стать его предтечей и главной опорой.

На основании всего того, что Иоанн слышал о порочности и безнравственности Рима, о распущенности и нравственной пустоте империи, того, что ему было известно о злодеяниях Ирода Антипы и правителей Иудеи, он склонялся к вере в скорый конец эпохи. Этому суровому и благородному дитя природы казалось, что эпоха человека уже близится к своему закату и наступает рассвет новой и божественной эпохи – царства небесного. В своей душе Иоанн всё больше ощущал себя последним из старых пророков и первым из новых. И он буквально дрожал от желания выйти и провозгласить всем людям: «Покайтесь! Оправдайтесь перед Богом! Готовьтесь к концу; будьте готовы к установлению нового и вечного мирового порядка – царства небесного».

4. СМЕРТЬ ЕЛИСАВЕТЫ

17 августа 22 года н. э., когда Иоанну было двадцать восемь лет, его мать скоропостижно скончалась. Друзья Елисаветы, зная о назорейских запретах на

прикосновение к покойнику даже в своей собственной семье, сделали все приготовления к ее похоронам еще до того, как послали за Иоанном. Когда Иоанн получил известие о смерти матери, он распорядился, чтобы Езда перегнал его отары в Ен-Геди, и отправился в Хеврон.

Вернувшись в Ен-Геди с похорон своей матери, он подарил свои отары братству и на время уединился для поста и молитвы. Иоанн знал только старые методы приближения к божественности; он знал только письменные свидетельства таких авторов, как Илия, Самуил и Даниил. Идеалом пророка был для него Илия. Илия был первым из учителей Израиля, которого стали считать пророком, и Иоанн искренне верил в то, что ему было суждено стать последним в этом долгом и прославленном ряду небесных посланников.

Иоанн жил в Ен-Геди в течение двух с половиной лет, и он убедил бóльшую часть братства в том, что «приблизился конец эпохи», что «грядет царство небесное». Всё его раннее учение было основано на современном ему еврейском представлении о Мессии как обещанном освободителе еврейского народа от господства иноверных правителей.

В течение всего этого периода Иоанн проводил много времени за чтением священных книг, найденных им в доме назореев в Ен-Геди. Особенно сильное впечатление произвели на него Исайя и Малахия – на то время последние из пророков. Он читал и перечитывал пять заключительных глав из Исайи, и он верил этим пророчествам. После этого он читал у Малахии: «Вот, я пошлю вам Илию пророка до наступления великого и страшного дня Господня; и он обратит сердца отцов к детям и сердца детей к отцам их, чтобы я не пришел и не поразил землю проклятием». Только это обещание Малахии о том, что Илия вернется, не давало Иоанну приступить к проповеди грядущего царства и призвать своих собратьев-евреев бежать от будущего гнева. Иоанн был готов возвещать приближение царства, однако в течение более чем двух лет его удерживало ожидание прихода Илии. Он знал, что не является Илией. Что имел в виду Малахия? Буквальным или образным было его пророчество? Как он мог узнать истину? Наконец, он решился поверить в то, что поскольку первого из пророков звали Илия, последний будет известен под тем же именем. Тем не менее, его не оставляли сомнения – сомнения достаточные для того, чтобы не позволить ему когда-либо называться Илией.

Именно под влиянием Илии Иоанн взял на вооружение его метод прямых и резких обличений грехов и пороков своих современников. Он пытался одеваться, как Илия, и он старался говорить, как Илия; по всем внешним признакам он напоминал древнего пророка. Он был таким же могучим и самобытным дитя природы, таким же бесстрашным и отважным проповедником праведности. Иоанн не был неграмотным – он хорошо знал священные книги евреев, однако он едва ли был культурным человеком. Он обладал ясным умом, был прекрасным оратором и пламенным обличителем. Он вряд ли являлся примером для своего времени, но он был красноречивой отповедью.

Наконец, он придумал способ провозглашения новой эры – царства Божьего: он решил, что ему суждено стать провозвестником Мессии. Отбросив все сомнения, в марте 25 года н. э. Иоанн покинул Ен-Геди, чтобы встать на свой короткий, но блистательный путь публичного проповедника.

5. ЦАРСТВО БОЖЬЕ

Для того чтобы понять смысл проповеди Иоанна, необходимо принять во внимание положение еврейского народа при появлении Крестителя. Уже почти сто лет весь Израиль пребывал в замешательстве. Люди никак не могли понять, почему они продолжают находиться в подчинении у языческих властителей. Разве Моисей не учил, что праведность всегда вознаграждается процветанием и могуществом? Разве они не являются богоизбранным народом? Почему трон Давида остается заброшенным и пустующим? В свете учений Моисея и наставлений пророков евреям было трудно объяснить длительный упадок своей нации.

Примерно за сто лет до Иисуса и Иоанна в Палестине появилась новая школа религиозных учителей – апокалипсистов. Эти новые проповедники создали вероучение, объяснявшее страдания и унижения евреев как расплату за грехи нации. Они опирались на хорошо известные причины, использованные таким образом, чтобы объяснить вавилонский и другие плены прежних времен. Однако, учили апокалипсисты, Израилю не следует падать духом; конец их страданий не за горами; наказание избранного Богом народа почти завершилось; терпеливое отношение Бога к инородцам вскоре закончится. Конец римского правления означал то же самое, что конец эпохи и, в некотором смысле, конец мира. Эти новые учители широко опирались на предсказания Даниила. Они постоянно учили, что творение приближается к своей завершающей стадии: царства этого мира должны были вскоре стать царством Божьим. Для еврейского сознания того времени именно в этом заключался смысл выражения «царство небесное», которое является лейтмотивом как учения Иоанна, так и учения Иисуса. Для палестинских евреев «царство небесное» означало только одно: абсолютно праведное государство, в котором обладающий совершенной властью Бог (Мессия) правит народами земли так же, как он правит на небесах, – «Да исполнится воля твоя на земле, как на небе».

Во времена Иоанна все евреи с надеждой вопрошали: «Скоро ли придет царство?» Ощущение того, что владычество язычников подходит к концу, было повсеместным. Во всём еврействе жила надежда, острое предчувствие того, что эта вековая мечта сбудется при их жизни.

Хотя евреи существенно отличались друг от друга в своих оценках характера грядущего царства, все они сходились на том, что оно было делом недалекого, близкого и даже ближайшего будущего. Многие из тех, кто буквально понимал Ветхий Завет, с надеждой ждали нового царя Палестины, ждали возрождения еврейской нации, освобожденной от своих врагов и возглавляемой наследником царя Давида – Мессией, которого быстро признают в качестве законного и праведного правителя всего мира. Другая, хотя и меньшая группа благочестивых евреев придерживалась совершенно иных взглядов на это царство Божье. Они учили, что грядущее царство – не от мира сего, что мир приближается к своему неизбежному концу и что «новое небо и новая земля» должны возвестить установление царства Божьего; что этому царству предстоит стать вечной властью, что греху будет положен конец и что граждане этого царства должны стать бессмертными в своем наслаждении бесконечным блаженством.

Все сходились на том, что установление нового царства на земле должно неизбежно предваряться какой-то суровой карой или очищающим наказанием. Сторонники буквального толкования предвещали мировую войну, которая уничтожит всех неверных, в то время как правоверные величаво прошествуют к всеобщей и вечной победе. Сторонники духовного толкования учили, что возвещением царства будет великий Божий суд, который воздаст нечестивым по заслугам, осудив их на окончательное уничтожение, и одновременно вознесет верующих святых богоизбранного народа к славе и власти вместе с Сыном Человеческим, который будет править над спасенными народами от имени Бога. Эта вторая группа также верила, что в братство нового царства будут допущены и благочестивые иноплеменники.

Некоторые из евреев считали, что Бог, вероятно, установит свое новое царство прямым божественным вмешательством, однако огромное большинство верило, что он использует для этой цели своего представителя, посредника – Мессию. Только так понимали слово «Мессия» евреи того поколения, к которому принадлежали Иоанн и Иисус. *Мессией* никак не мог называться тот, кто лишь учил Божьей воле или провозглашал необходимость праведной жизни. Всех таких святых евреи именовали *пророками*. Мессия должен был быть больше, чем пророк: Мессия должен был установить новое царство – царство Божье. Если человек не соответствовал этому представлению, он никак не мог называться Мессией в традиционном еврейском смысле.

Кто будет этим Мессией? И в этом вопросе еврейские учители расходились во мнениях. Старые проповедники придерживались доктрины о сыне Давида. Новые учили, что, поскольку новое царство являлось царством небесным, новый правитель мог быть также божественной личностью, – тем, кто уже давно восседает по правую руку Бога на небесах. Хотя это и может показаться странным, те, кто придерживался такого взгляда на правителя нового царства, взирали на него не как на человеческого Мессию, всего лишь *человека*, а как на «Сына Человеческого», – Сына Божьего, небесного Князя, давно уже готового принять владычество над новой землей. Таковыми были религиозные предпосылки в еврейском мире, когда Иоанн выступил со своим призывом: «Покайтесь, ибо приблизилось царство небесное!».

Поэтому очевидно, что сообщение Иоанна о грядущем царстве имело не менее полдюжины различных толкований в сознании тех, кто внимал его страстной проповеди. Однако какой бы смысл ни вкладывался в используемые Иоанном выражения различными группами, уповавшими на еврейское царство, каждая из них заинтересовалась воззваниями этого искреннего, энергичного, безыскусного проповедника праведности и покаяния, с такой торжественностью призывавшего своих слушателей «бежать от будущего гнева».

6. ИОАНН НАЧИНАЕТ ПРОПОВЕДОВАТЬ

В начале марта 25 года н. э. Иоанн обошел западный берег Мертвого моря и поднялся вверх по течению Иордана к находившемуся на уровне Иерихона месту древней переправы, через которую Иешуа и дети Израиля впервые вступили на обетованную землю. Перебравшись на противоположный берег реки, он обосновался у брода и начал проповедовать людям, переходившим реку в обоих направлениях. Это было самым оживленным местом переправы через Иордан.

Тем, кто слышал Иоанна, было ясно, что он является не просто проповедником. Огромное большинство людей, внимавших этому странному человеку, который пришел сюда из пустыни Иудейской, уходили отсюда, веря, что они слышали голос пророка. Неудивительно, что это явление глубоко волновало души измученных и полных надежды евреев. Никогда в истории еврейского народа благочестивые дети Авраама не желали столь сильно «утешения Израиля», не ждали столь страстно «восстановления царства». Никогда за всю историю еврейского народа проповедь Иоанна – «приблизилось царство небесное» – не смогла бы оказать такого же глубокого и всеобщего воздействия, как в то самое время, когда он столь таинственным образом появился на берегу этой южной переправы через Иордан.

Он был из пастухов, как Амос. Он одевался, как древний Илия, он выступал с громогласными предостережениями и наставлениями в «духе и могуществе Илии». Неудивительно, что этот странный проповедник вызвал огромное волнение во всей Палестине, ибо путешественники рассказывали о его проповедях у Иордана.

Была и еще одна, *новая* черта в действиях назорейского проповедника: над каждым из приходивших к нему людей он совершал в Иордане обряд омовения «для прощения грехов». Хотя омовение не было новым обрядом среди евреев, они никогда не видели, чтобы оно использовалось так, как это делал Иоанн. Обряд омовения уже давно совершали над иноплеменными прозелитами для принятия в братство внешнего двора храма, однако никогда самим евреям не предлагалось подвергнуться омовению для покаяния. От первых проповедей Иоанна до его ареста и заключения в тюрьму по приказу Ирода Антипы прошло всего пятнадцать месяцев, но за это короткое время число крещенных им людей перевалило далеко за сто тысяч человек.

В течение четырех месяцев Иоанн проповедовал на переправе у Вифании, после чего он отправился на север, вверх по течению Иордана. Десятки тысяч слушателей – некоторые из любопытства, но многие с глубокими и с серьезными намерениями, – приходили послушать его со всех концов Иудеи, Переи и Самарии. Некоторые прибывали даже из Галилеи.

В мае этого года, когда Иоанн еще находился на переправе у Вифании, священники и левиты направили к нему делегацию, чтобы узнать, утверждает ли он, что является Мессией, и по какому праву ведет свои проповеди. Иоанн отвечал на эти вопросы словами: «Идите и скажите своим хозяевам, что вы слышали – как сказано у пророка – „глас вопиющего в пустыне", говорившего: „Готовьте путь для Господа, прямой сделайте дорогу для Бога нашего. Пусть заполнятся долины, разровняются холмы и горы; выпрямится вся кривизна дорог, а труднопроходимые места превратятся в ровные долины; и все увидят спасение Божье"».

Иоанн был героическим, но прямолинейным проповедником. Однажды, когда он проповедовал и крестил на западном берегу Иордана, сюда прибыла группа фарисеев и несколько саддукеев, явившихся для крещения. Перед тем, как сойти вместе с ними в воду, Иоанн, обращаясь ко всей группе, сказал: «Кто предостерег вас бежать, как змеи от огня, от грядущего гнева? Я буду крестить вас, но предупреждаю: сотворите плоды, достойные чистосердечного раскаяния, если хотите получить прощение своих грехов. И не говорите мне, что Авраам – отец ваш. Говорю вам, что Бог может сотворить достойных сыновей Авраама из этих двенадцати камней. Топор уже лежит у корней дерева. Всякое дерево, не приносящее хороших плодов, будет срублено и брошено в огонь». (По преданию, двенадцать камней, о которых говорил Иоанн, были мемориальными камнями, положенными Иешуа в память о переправе «двенадцати колен» в том самом месте, где они впервые ступили на обетованную землю.)

Иоанн проводил со своими учениками занятия, на которых подробно рассказывал о новой жизни и стремился ответить на их многочисленные вопросы. Он советовал учителям следовать как духу, так и букве закона. Он наставлял богатых, чтобы они кормили бедных; сборщикам налогов он говорил: «Не берите больше, чем положено вам». Он говорил воинам: «Никого не обижайте и не вымогайте денег – довольствуйтесь своим жалованием». И всем он повторял: «Приготовьтесь к концу эпохи, ибо приблизилось царство небесное».

7. ИОАНН ИДЕТ НА СЕВЕР

Иоанн всё еще придерживался противоречивых представлений о приближавшемся царстве и его царе. Чем дольше он проповедовал, тем больше он запутывался, однако неопределенность его представления о характере грядущего царства никогда и ни в коей мере не уменьшала его убежденности в скором приходе этого царства. В разуме он мог быть смущен, в духе – никогда. Он не сомневался в близком установлении царства, но у него не было никакой уверенности в том, что Иисусу предстояло стать правителем этого царства. До тех пор, пока Иоанн придерживался идеи о восстановлении трона Давида, учения его родителей о том, что Иисус, родившийся в городе Давида, является долгожданным освободителем, казались логичными. Когда же он начинал больше склоняться к доктрине духовного царства и концу бренного земного века, его охватывали мучительные сомнения относительно той роли, которую мог бы играть в таких событиях Иисус. Порой он сомневался во всём, но ненадолго. Он глубоко сожалел, что не может поговорить обо всём этом со своим родственником, однако это противоречило бы их недвусмысленному договору.

Идя всё дальше на север, Иоанн часто думал об Иисусе. Продвигаясь вверх по течению Иордана, он останавливался в добром десятке мест. В одном из них, Адаме, в ответ на прямой вопрос его учеников, является ли он Мессией, он впервые упомянул «другого, который придет после меня». И он продолжал словами: «Вслед за мной придет тот, кто сильнее меня, у которого я недостоин даже развязать ремень сандалии. Я крещу вас водой, но он будет крестить вас Святым Духом. Он держит в руке лопату, чтобы полностью вычистить свое гумно; он соберет пшеницу в свои закрома, а мякину сожжет судным огнем».

Отвечая на вопросы учеников, Иоанн продолжал развивать свои учения, и, по сравнению со своей изначальной и загадочной проповедью – «Покайтесь и креститесь», – день ото дня добавлял к ним всё больше полезных и утешительных слов. К этому времени люди уже толпами прибывали из Галилеи и Декаполиса. Каждый день множество искренних верующих оставались со своим обожаемым учителем.

8. ВСТРЕЧА ИИСУСА И ИОАННА

К декабрю 25 года н. э. Иоанн, поднимаясь вдоль Иордана, достиг окрестностей Пеллы. Его слава распространилась уже на всю Палестину, и его деятельность стала главной темой для разговоров во всех городах вокруг Галилейского озера. Иисус благожелательно отзывался о проповеди Иоанна, и это побудило многих жителей Капернаума выполнить обряд Иоанна – покаяние и крещение. Сыновья Зеведея – рыбаки Иаков и Иоанн – отправились к нему для крещения в декабре, вскоре после того как Иоанн обосновался для проповедей у Пеллы. Раз в неделю они возвращались на то же место, чтобы увидеть Иоанна, сообщая Иисусу последние, полученные из первых рук новости о деятельности проповедника.

Братья Иисуса – Иаков и Иуда – уже поговаривали о том, чтобы отправиться к Иоанну для крещения, а поскольку Иуда также пришел в Капернаум для субботних богослужений, как он, так и Иаков, прослушав выступление Иисуса в синагоге, решили посоветоваться с ним относительно своих планов. Это было вечером в субботу, 12 января 26 года н. э. Иисус попросил их отложить обсуждение до следующего дня, когда он обещал дать свой ответ. В ту ночь он почти не спал, пребывая в тесном общении с небесным Отцом. Он договорился встретиться со своими братьями на полуденной трапезе и высказать свое мнение относительно крещения у Иоанна. В то воскресное утро Иисус работал, как всегда, в лодочной мастерской. Иаков и Иуда принесли еду и поджидали его в подсобном помещении, ибо время для полуденного перерыва еще не наступило, а они знали, что Иисус весьма пунктуален в таких вещах.

Перед самым началом полуденного отдыха Иисус отложил свой инструмент, снял с себя рабочий фартук и сказал трем работникам, находившимся в том же помещении, только одно: «Мое время исполнилось». Он вышел к своим братьям Иакову и Иуде и повторил: «Мое время исполнилось – пойдемте к Иоанну». Они сразу же направились в Пеллу, пополдничав на ходу. Это было в воскресенье, 13 января. Они заночевали в долине Иордана и на следующий день около полудня прибыли к месту крещения.

Иоанн только что приступил к крещению пришедших в тот день людей. Множество кающихся стояли друг за другом в ожидании своей очереди, когда Иисус и двое его братьев заняли место среди мужчин и женщин, глубоко уверовавших в проповедь Иоанна о приближении царства. Иоанн уже расспрашивал сыновей Зеведея об Иисусе. Он знал о высказываниях Иисуса относительно его проповедей и день ото дня ожидал увидеть его здесь, однако он не предполагал, что встретит его среди кандидатов на крещение.

Погруженный в процесс быстрого крещения столь огромного числа новообращенных, Иоанн не поднимал головы и увидел Иисуса только тогда, когда Сын Человеческий оказался непосредственно перед ним. Когда Иоанн узнал Иисуса, он приостановил на время обряд, чтобы поприветствовать своего родственника во плоти, и спросил: «Но отчего, приветствуя меня, ты сошел в воду?» Иисус ответил: «Чтобы принять от тебя крещение». Иоанн возразил: «Это я должен креститься у тебя. Так почему же ты пришел ко мне?» Иисус прошептал Иоанну: «Пусть пока будет так, ибо нам положено показать пример моим братьям, стоящим здесь вместе со мной, и чтобы люди узнали, что мое время исполнилось».

Категорично и властно звучал голос Иисуса. Иоанн затрепетал от волнения, приготовившись крестить Иисуса Назарянина в Иордане в полуденный час в понедельник, 14 января 26 года н. э. Так Иоанн крестил Иисуса и двух его братьев, Иакова и Иуду. После этого Иоанн отпустил остальных, объявив, что он возобновит крещение в полдень на следующий день. Когда люди расходились, четыре человека, всё еще стоявшие в воде, услышали странный звук, и вскоре над головой Иисуса на мгновение возникло виде́ние, и они услышали голос: «Вот Сын мой возлюбленный, в котором мое благоволение». Разительная перемена произошла во всём облике Иисуса, и, молча выйдя из воды, он покинул их, направившись к восточным холмам. И ни один человек не видел Иисуса в течение сорока дней.

Провожая Иисуса, Иоанн успел рассказать ему о посещении Гавриилом Елисаветы еще до того, как они появились на свет, – историю, которую он не раз слышал от своей матери. Он оставил Иисуса, продолжавшего свой путь, сказав: «Теперь я знаю наверняка, что ты – Освободитель». Но Иисус ничего не ответил.

9. СОРОК ДНЕЙ ПРОПОВЕДИ

Когда Иоанн вернулся к своим ученикам (к этому времени рядом с ним постоянно находилось около двадцати пяти или тридцати человек), они увлеченно обсуждали только что произошедшее событие, связанное с крещением Иисуса. Они пришли в еще большее изумление, после того как Иоанн поведал им о явлении Гавриила Марии незадолго до рождения Иисуса, а также о том, что Иисус не произнес ни слова, когда он рассказал ему об этом. В тот вечер дождя не было, и эти тридцать или более человек проговорили под звездным небом далеко за полночь. Они желали знать, куда ушел Иисус и когда они увидят его снова.

После случившегося в тот день проповедь Иоанна зазвучала с новой уверенностью, провозглашая грядущее царство и долгожданного Мессию. Эти сорок дней, проведенные в ожидании, – ожидании возвращения Иисуса, – были напряженным временем. Но проповедь Иоанна продолжала звучать с огромной силой, и примерно в это же время его ученики начали проповедовать толпам народа, собиравшимся вокруг Иоанна у Иордана.

В течение этих сорока дней ожидания появилось множество слухов, которые распространялись в окру́ге и достигли даже Тивериады и Иерусалима. Желание увидеть того, кого считали Мессией, притягивало к лагерю Иоанна тысячи людей – однако Иисус исчез. А когда ученики Иоанна заявили, что странный Божий человек ушел в горы, многие усомнились во всей этой истории.

Примерно через три недели после того как Иисус покинул их, на место событий у Пеллы прибыла новая делегация, посланная иерусалимскими священниками и фарисеями. Они прямо спросили Иоанна, является ли он Илией или тем пророком, о котором говорил Моисей. И когда Иоанн ответил «нет», они решились спросить: «Мессия ли ты?», – и Иоанн ответил: «Нет». Тогда пришедшие из Иерусалима сказали: «Если ты не Илия, не пророк и не Мессия, то что же ты крестишь людей и поднимаешь весь этот шум?» И Иоанн ответил: «Пусть слышавшие меня и получившие от меня крещение скажут, кто́ я, но говорю вам: я крещу водой, но среди нас был тот, кто вернется, чтобы крестить Святым Духом».

Эти сорок дней были трудным временем для Иоанна и его учеников. Как Иоанн будет соотноситься с Иисусом? Люди искали ответа на множество вопросов. Начало проявляться политиканство и эгоистическое желание выдвинуться. Вспыхивали ожесточенные споры вокруг различных идей и представлений о Мессии. Будет ли он военным руководителем и царем, как Давид? Разобьет ли он римские армии подобно Иешуа, разгромившему ханаанеев? Или же он придет для установления духовного царства? Иоанн и меньшая часть спорящих склонялись к мнению, что Иисус пришел для установления царства небесного, хотя ему было не совсем ясно, в чём именно заключалась миссия по созданию этого царства.

Это были напряженные дни в жизни Иоанна, и он молился о возвращении Иисуса. Некоторые из учеников Иоанна организовали поисковые группы, готовые отправиться на поиски Иисуса, однако Иоанн запретил им делать это, сказав: «Наши дни – в руках Бога небесного; он укажет путь своему избранному Сыну».

Наступило раннее утро субботы, 23 февраля, когда во время утренней трапезы Иоанн и его ученики обратили свой взор на север и увидели приближавшегося к ним Иисуса. Когда он подошел, Иоанн взобрался на большой камень и, возвысив свой звучный голос, произнес: «Вот Сын Божий, освободитель мира! Это тот, о ком я сказал: „После меня придет тот, кто превыше меня, ибо он был прежде меня“. Для этого пришел я из пустыни проповедовать покаяние и крестить водой, возвещая приближение небесного царства. И вот идет тот, кто будет крестить вас Святым Духом. И видел я, как божественный дух снизошел на этого человека, и услышал голос Божий: „Вот Сын мой возлюбленный, к которому я благоволю“».

Иисус попросил их вернуться к еде и сел вместе с Иоанном, чтобы разделить с ним трапезу. К тому времени его братья, Иаков и Иуда, уже вернулись в Капернаум.

На следующий день, ранним утром, он покинул Иоанна и его учеников и отправился назад в Галилею. Он ничего не сказал им о том, когда они увидят его вновь. На вопросы Иоанна о его собственных проповедях и миссии Иисус только ответил: «Мой Отец будет направлять тебя ныне и впредь, так же как и в прошлом». И два великих человека расстались в то утро на берегах Иордана, чтобы уже никогда не встретиться во плоти.

10. ИОАНН НАПРАВЛЯЕТСЯ НА ЮГ

Поскольку Иисус отправился на север, в Галилею, Иоанн чувствовал побуждение повернуть назад, на юг. Поэтому воскресным утром, 3 марта, Иоанн и оставшиеся ученики вышли на юг. Тем временем около четверти ближайших последователей Иоанна направились в Галилею в поисках Иисуса. Печаль и смущение охватили Иоанна. Он уже никогда не проповедовал так, как до крещения Иисуса. Какое-то чутье подсказывало ему, что ответственность за грядущее царство более не лежит на его плечах. Он чувствовал, что его труд подходит к концу. Он был безутешен и одинок. Однако он проповедовал, крестил и продолжал идти на юг.

Иоанн остановился на несколько недель неподалеку от деревни Адам, и именно здесь он выступил с достопамятной критикой Ирода Антипы за незаконное присвоение чужой жены. К июню этого года (26 года н. э.) Иоанн вернулся на переправу через Иордан у Вифании. Больше года прошло с тех пор, как здесь, у этой переправы через Иордан, он впервые начал проповедовать грядущее царство. На протяжении нескольких недель после крещения Иисуса характер проповедей Иоанна постепенно менялся. Его призывы превратились в проповедь милосердия к простым людям, в то время как он с новой силой обличал продажных политических и религиозных правителей.

Ирод Антипа, на чьей территории Иоанн вел свои проповеди, стал опасаться, что Иоанн и его ученики поднимут восстание. К тому же Ирода возмущало то, что Иоанн во всеуслышание критиковал его семейные дела. Учитывая всё это, Ирод принял решение посадить Иоанна за решетку. Так, ранним утром 12 июня, до того как толпы людей собрались, чтобы услышать проповеди и увидеть крещение, Иоанн был арестован людьми Ирода. Поскольку шли недели и он оставался в заточении, его ученики разбрелись по всей Палестине, и многие из них отправились в Галилею, чтобы присоединиться к последователям Иисуса.

11. ИОАНН В ТЮРЬМЕ

В тюрьме Иоанну было одиноко и даже горько. Мало кому из его сторонников было позволено видеться с ним. Он страстно желал увидеть Иисуса, однако ему приходилось довольствоваться рассказами тех своих последователей, которые уверовали в Сына Человеческого. Часто его одолевали сомнения в Иисусе и его божественной миссии. Если Иисус является Мессией, то почему же он ничего не делает для освобождения его из невыносимого заточения? Более полутора лет этот суровый человек – дитя Божьего приволья – томился в презренных застенках. И это заключение стало огромным испытанием его веры в Иисуса и преданности ему. Действительно, весь этот опыт явился великим испытанием самой веры Иоанна в Бога. Много раз его посещали невольные сомнения в подлинности даже своей собственной миссии и деятельности.

Когда прошло несколько месяцев со времени его заточения, Иоанна навестила группа его учеников. Сообщив ему о публичной деятельности Иисуса, они сказали: «Вот видишь, Учитель, тот, кто был с тобою в верховье Иордана, процветает и принимает всех к нему приходящих. Он даже пирует с мытарями и грешниками. Ты показал ему героический пример, однако же он ничего не делает для твоего освобождения». Но Иоанн ответил своим друзьям: «Этот человек может сделать только то, что дано ему его Отцом небесным. Вы хорошо помните мои слова: „Я не Мессия, но я послан пред ним, чтобы подготовить ему путь“. Это я и сделал. Невеста может принадлежать только своему жениху, а друг жениха, стоящий рядом и внимающий ему, премного радуется, слыша голос жениха. Вот и исполнилась эта радость моя. Ему должно возрастать, а мне должно умаляться. Я – от этой земли, и я произнес свою проповедь. Иисус Назарянин пришел на землю с небес, и он выше всех нас. Сын Человеческий снизошел от Бога, и он возвестит вам слова Божьи. Ибо сполна одарил Сына духом Отец небесный. Отец любит своего Сына и вскоре одарит его властью над всем. Верующий в Сына имеет жизнь вечную. И эти слова мои истинны и неизменны».

Слова Иоанна настолько поразили его учеников, что они удалились в молчании. Иоанн также был глубоко взволнован, ибо он понял, что произнес пророчество. После этого он уже никогда полностью не сомневался в миссии и божественности Иисуса. Но его горько разочаровало то, что Иисус не послал ему весточки, не пришел навестить его и не воспользовался хотя бы крупицей своего великого могущества, чтобы освободить его из заточения. Однако Иисус знал об этом всё. Он любил Иоанна огромной любовью, но зная теперь о своей божественной сущности и всех великих вещах, уготованных Иоанну после отбытия из этого мира, а также зная, что дело Иоанна на земле было завершено, он заставил себя не вмешиваться в естественное течение жизни великого проповедника и пророка.

Долгое и томительное ожидание в заточении было невыносимо. За несколько дней до смерти Иоанн вновь направил доверенных посланников Иисусу, спрашивая: «Завершен ли мой труд? Зачем я гибну в темнице? Ты ли Мессия, или ждать нам другого?» И когда два этих ученика передали послание Иисусу, Сын Человеческий ответил: «Идите к Иоанну и скажите ему, что не забывчивость моя позволила этому случиться, ибо нам должно исполниться праведностью. Расскажите Иоанну, что́ вы видели и слышали, расскажите, что нищим благовествуют, и, наконец, расскажите возлюбленному глашатаю моей земной миссии, что он будет премного благословен в век грядущий, если не будет поколеблен и не усомнится во мне». Это известие стало последним, которое Иоанн получил от Иисуса. Оно чрезвычайно утешило его и во многом способствовало укреплению его веры и подготовке к трагическому концу жизни во плоти, столь быстро постигшему его после этого незабываемого события.

12. СМЕРТЬ ИОАННА КРЕСТИТЕЛЯ

Поскольку в момент своего ареста Иоанн трудился в южной Перее, он был сразу же доставлен в тюрьму крепости Махерон, где находился в заключении вплоть до своей казни. Ирод правил Переей, равно как и Галилеей, и в те времена его резиденции находились как в Юлии, так и в Махероне, в Перее. В Галилее официальная резиденция переместилась из Сепфориса в новую столицу – Тивериаду.

Ирод не освобождал Иоанна, поскольку боялся, что тот поднимет восстание. Он не предавал его смерти, поскольку опасался массовых волнений в столице

– тысячи переян считали Иоанна святым человеком, пророком. Поэтому Ирод держал назорейского проповедника в тюрьме, не зная, что с ним делать. Иоанн несколько раз представал перед Иродом, однако наотрез отказался покинуть владения Ирода или воздержаться от всякой публичной деятельности в случае своего освобождения. А новое, постоянно нараставшее беспокойство из-за Иисуса Назарянина подсказывало Ироду, что не время отпускать Иоанна на свободу. Кроме того, Иоанн вызывал глубокую ненависть Иродиады – незаконной жены Ирода.

Ирод неоднократно говорил с Иоанном о царстве небесном, и хотя порой содержание этих разговоров производило на него сильное впечатление, он боялся освободить Иоанна из тюрьмы.

Ввиду того, что в Тивериаде всё еще велось широкое строительство, Ирод проводил много времени в своей перейской резиденции, питая особую слабость к крепости Махерон. Прошло несколько лет, прежде чем были готовы все общественные здания и официальная резиденция в Тивериаде.

Отмечая день своего рождения, Ирод устроил роскошный пир в махеронском дворце для своих старших офицеров и других чиновников, занимавших высокие посты в советах правления Галилеи и Переи. Поскольку прямые обращения Иродиады к Ироду с требованием казнить Иоанна ни к чему не привели, она решила добиться смерти пророка коварством.

В разгар вечернего застолья и развлечений Иродиада вывела к гостям свою дочь и попросила исполнить для них танец. Ирод, которому чрезвычайно понравилось выступление девицы, подозвал ее к себе и сказал: «Ты очаровательна. Я очень доволен тобой. Сегодня, в день моего рождения, проси меня о чём угодно – всё будет твоим, хоть полцарства». Ирод говорил всё это, находясь под сильным воздействием изрядного количества вина. Девушка отошла в сторону и спросила у своей матери, чего ей следует попросить у Ирода. Иродиада ответила: «Подойди к Ироду и попроси голову Иоанна Крестителя». И молодая особа, вернувшись к праздничному столу, сказала Ироду: «Я прошу, чтобы ты тотчас подал мне на блюде голову Иоанна Крестителя».

Страх и скорбь охватили Ирода, однако из-за клятвы, данной им в присутствии всех сидящих с ним за столом, он не смог отказать в просьбе. И Ирод Антипа отправил стражника, велев ему принести голову Иоанна. Так в ту ночь Иоанн был обезглавлен в тюрьме, и стражник принес голову пророка на блюде и подал его девушке в дальнем углу парадного зала. И девица передала блюдо своей матери. Когда ученики Иоанна узнали об этом, они пришли в тюрьму за его телом и, положив его в гробницу, отправились к Иисусу и рассказали ему о случившемся.

ДОКУМЕНТ 136

КРЕЩЕНИЕ И СОРОК ДНЕЙ

Иисус приступил к своему общественному труду в разгар всенародного интереса к проповеди Иоанна и в то время, когда еврейский народ Палестины с нетерпением ждал появления Мессии. Иоанн и Иисус разительно отличались друг от друга. Иоанн был пылким и усердным работником, Иисус – спокойным и счастливым тружеником; за всю свою жизнь он лишь несколько раз спешил. Иисус был отрадным утешением для мира, а также, в некотором смысле, примером; Иоанн едва ли являлся утешением или примером. Он проповедовал царство небесное, однако практически не познал того счастья, которое дает это царство. Хотя Иисус говорил об Иоанне как о величайшем из пророков прежнего типа, он сказал также, что последний из тех, кто увидел великий свет нового пути и пришел по этому пути в царство небесное, является в действительности более великим, чем Иоанн.

Когда Иоанн проповедовал грядущее царство, его основной мыслью было: «Покайтесь, бегите от будущего гнева!». Когда Иисус начал проповедовать, призыв к покаянию сохранился, но за ним всегда следовало евангелие – благая весть о радости и свободе нового царства.

1. ПРЕДСТАВЛЕНИЯ ОБ ОЖИДАЕМОМ МЕССИИ

У евреев было много представлений об ожидаемом освободителе, и в подтверждение своей точки зрения каждая из этих различных мессианских школ могла сослаться на соответствующие места в священных книгах иудеев. В целом, евреи считали, что начало их нации положил Авраам, а ее кульминацией станет Мессия и новый век царства Божьего. В более древние времена они представляли этого освободителя как «слугу Господнего», затем – как «Сына Человеческого», а еще позднее некоторые из них называли Мессию даже «Сыном Божьим». Однако, как бы он ни назывался, – «семенем Авраама» или «сыном Давида», – все сходились на том, что он должен быть Мессией, «помазанником». Так это представление эволюционировало от «слуги Господнего» к «сыну Давида», «Сыну Человеческому» и «Сыну Божьему».

Во времена Иоанна и Иисуса более образованные евреи создали представление о грядущем Мессии как о совершенном и образцовом израильтянине, сочетающем в себе, как в «слуге Господнем», тройственную функцию пророка, священника и царя.

Евреи свято верили в то, что подобно Моисею, освободившему их прародителей от египетского рабства с помощью волшебства и чудес, грядущий Мессия освободит еврейский народ от римского господства с помощью еще более чудотворного могущества и чуда национального триумфа. Раввины собрали около пятисот отрывков из Писаний, явная противоречивость которых не помешала им утверждать, что в них предсказывается приход Мессии. Погруженные в детали времени, метода и функции, они практически полностью упустили из вида *личность* обещанного Мессии. Они искали восстановления еврейской национальной славы – мирского возвышения Израиля, – а не спасения мира. Поэтому становится очевидным, что Иисус Назарянин никогда не смог бы соответствовать тому материалистическому представлению о Мессии, которое существовало в еврейском сознании. Если бы евреи взглянули на многие из своих якобы мессианских пророчеств в ином свете, то это вполне естественным образом подготовило бы их сознание к принятию Иисуса как завершителя одной эпохи и зачинателя нового, лучшего периода – периода милосердия и спасения для всех народов.

Евреи воспитывались с верой в доктрину *шехины*. Однако этот, как считалось, символ Божественного Присутствия не был виден в храме. Евреи верили, что приход Мессии приведет к его восстановлению. У них были противоречивые представления о национальном грехе и якобы порочной природе человека. Некоторые из них учили, что грех Адама стал проклятием для всего человеческого рода и что Мессия снимет это проклятие и вернет человеку божественное благоволение. Другие учили, что Бог, создавая человека, вложил в него как добрую, так и злую сущность; что, увидев результаты такого решения, он был чрезвычайно разочарован и что «Он раскаялся, что сотворил человека таковым». И те, кто учил этому, полагали, что Мессия придет для того, чтобы спасти человека от его врожденной порочной сущности.

Большинство евреев верили, что они продолжают томиться под римской властью из-за своих национальных грехов и неискренности иноплеменных прозелитов. Еврейский народ не совершил чистосердечного *покаяния*; поэтому Мессия откладывал свой приход. Было много разговоров о покаянии; этим объясняется мощная и непосредственная притягательная сила проповеди Иоанна – «покайтесь и креститесь, ибо приблизилось царство небесное». А для любого благочестивого еврея царство небесное могло означать только одно: приход Мессии.

Посвящение Михаила имело одну особенность, совершенно чуждую еврейской концепции Мессии, и этой особенностью был *союз* двух сущностей – человеческой и божественной. Евреи по-разному представляли себе Мессию: совершенным человеком, сверхчеловеком и даже божественным существом. Однако они никогда не придерживались идеи *союза* человеческого и божественного. И это стало настоящим камнем преткновения для ранних учеников Иисуса. Они понимали Мессию как человека – сына Давида в представлении ранних пророков; они понимали его как Сына Человеческого – сверхчеловека в представлении Даниила и некоторых более поздних пророков; они видели в нём даже Сына Божьего – каким показывает его автор Книги Еноха и некоторые из его современников. Но никогда, даже на мгновение, не возникало у них истинного представления о союзе двух сущностей – человеческой и божественной – в одной земной личности. Воплощение Создателя в образе создания не было раскрыто заранее. Оно было раскрыто только в Иисусе; мир ничего не знал о таких вещах, пока Сын-Создатель не стал плотью и не явился к смертным данного мира.

2. КРЕЩЕНИЕ ИИСУСА

Иисус был крещен в самый разгар проповедничества Иоанна, когда вся Палестина жила надеждой, звучавшей в его проповеди, – «приблизилось царство Божье», – и когда всё еврейство предавалось серьезному и глубокому самоанализу. Еврейское чувство национальной солидарности было чрезвычайно глубоким. Евреи не только верили, что грехи отца могут повлиять на детей, но были полностью уверены в том, что грех одного индивидуума может стать проклятием для всей нации. Поэтому не все, кто являлся к Иоанну для крещения, считали себя виновными именно в тех грехах, которые разоблачал Иоанн. Многие благочестивые души крестились у Иоанна во благо Израиля. Они опасались, что неведомый им грех может отсрочить приход Мессии. Они чувствовали, что являются частью виновной и погрязшей в грехе нации, и они приходили, чтобы своим крещением продемонстрировать плоды национального покаяния. Поэтому очевидно, что крещение Иисуса ни в коей мере не было ритуалом раскаяния или искупления грехов. Принимая крещение от Иоанна, Иисус лишь следовал примеру многих благочестивых израильтян.

Когда Иисус Назарянин вошел в Иордан для крещения, он являлся смертным данного мира, достигшим вершины эволюционного человеческого восхождения во всех сферах, имеющих отношение к овладению разумом и самоидентификации с духом. В тот день в воде Иордана стоял ставший совершенным смертный эволюционных пространственно-временны́х миров. Абсолютная координация и полноценная связь установились между смертным разумом Иисуса и пребывавшим в нём духовным Настройщиком – божественным даром его Райского Отца. Именно такие Настройщики поселяются во всех нормальных существах Урантии со времени вознесения Михаила к владычеству в своей вселенной, если не считать того, что Настройщик Иисуса был предварительно подготовлен к этой специальной миссии в течение аналогичного пребывания в другом сверхчеловеке, воплотившемся в образе смертной плоти, – Макивенте Мелхиседеке.

Обычно, когда смертный обитаемого мира достигает столь высоких уровней личностного совершенства, происходят те предварительные явления духовного возвышения, которые со временем завершаются слиянием зрелой души смертного и связанного с ней божественного Настройщика. Такое изменение должно было, очевидно, произойти в личностном опыте Иисуса Назарянина в тот самый день, когда он вошел в Иордан с двумя своими братьями для того, чтобы принять крещение от Иоанна. Этот обряд был заключительным актом чисто человеческой жизни Иисуса на Урантии, и многие сверхчеловеческие наблюдатели ожидали увидеть слияние Настройщика с разумом, в котором он пребывал. Однако их всех ждало разочарование. Произошло нечто новое и еще более великое. Когда Иоанн возложил свои руки на Иисуса, чтобы крестить его, внутренний Настройщик окончательно покинул усовершенствованную человеческую душу Иешуа бен Иосифа. Через несколько мгновений эта божественная сущность вернулась с Дивинингтона в качестве Личностного Настройщика и главы этой категории во всей локальной вселенной Небадон. Так Иисус увидел, как его прежний божественный дух нисходит, возвращаясь к нему в личностной форме. И он услышал голос того же самого Райского духа, говорящего: «Вот Сын мой возлюбленный, в котором мое благоволение». И Иоанн, вместе с двумя братьями Иисуса, также услышал эти слова. Стоявшие у воды ученики Иоанна не слышали этих слов, как не видели они явления Личностного Настройщика. Только глаза Иисуса видели Личностного Настройщика.

Когда вернувшийся и теперь уже возвышенный Личностный Настройщик произнес эти слова, воцарилась тишина. И пока четверка стояла в воде, Иисус, подняв глаза на находившегося рядом Настройщика, произнес молитву: «Отец мой, владыка небесный, да святится имя твое. Да придет царство твое! Да исполнится воля твоя на земле, как на небе». После этого «отверзлись небеса», и Сыну Человеческому открылось видение, представленное его – теперь уже Личностным – Настройщиком, где он был Сыном Божьим, каким он являлся до своего прихода на землю в образе смертной плоти и каким ему предстояло стать после завершения жизни во плоти. Это небесное видение мог наблюдать только Иисус.

Иоанн и Иисус услышали голос Личностного Настройщика, говорящего от имени Всеобщего Отца, ибо Настройщик является частицей и подобием Райского Отца. В течение всей оставшейся земной жизни Иисуса Личностный Настройщик был связан с ним во всех его трудах; Иисус пребывал в постоянном общении с этим возвышенным Настройщиком.

Когда Иисус крестился, он не каялся в злодеяниях, не исповедовался в грехах. Этим крещением он посвятил себя исполнению воли небесного Отца. Во время своего крещения он услышал ясный призыв своего Отца, окончательное веление исполнить дело Отца, и он удалился на сорок дней, чтобы в уединении обдумать эти многочисленные проблемы. Этим вре́менным прекращением активного личностного общения со своими земными товарищами Иисус – таким, каким он пребывал на Урантии, – в точности следовал процедуре, используемой в моронтийных мирах всякий раз, когда восходящий смертный сливается с внутренним духовным присутствием Всеобщего Отца.

Этот день крещения подвел черту под чисто человеческой жизнью Иисуса. Божественный Сын обрел своего Отца, Всеобщий Отец обрел своего воплощенного Сына, и они говорят друг с другом.

(На момент крещения Иисусу был почти тридцать один с половиной год от роду. Хотя Лука говорит, что Иисус был крещен в пятнадцатый год правления кесаря Тиберия, – что должно было бы произойти в 29 году н. э., ибо Август умер в 14 году н. э., – следует иметь в виду то, что в течение двух с половиной лет до смерти Августа Тиберий являлся соправителем империи, а чеканка монет в его честь состоялась в октябре 11 года н. э. Поэтому пятнадцатым годом его фактического правления был именно этот, 26 год н. э. – год крещения Иисуса. В этом же году правителем Иудеи стал Понтий Пилат.)

3. СОРОК ДНЕЙ

До крещения Иисус преодолел великое искушение своего смертного посвящения, когда, мокрый от росы, в течение шести недель он находился на горе Ермон. Здесь, на горе Ермон, как смертный данного мира и без посторонней помощи, он встретил князя этого мира, Калигастию, претендующего на урантийский престол, и одержал над ним победу. Как записано в анналах вселенной, в этот памятный день Иисус Назарянин стал Планетарным Князем Урантии. И этот Князь Урантии, вскоре после этого объявленный верховным Властелином Небадона, уединился на сорок дней, чтобы подготовить планы и избрать метод для возвещения нового царства Бога в сердцах людей.

В течение сорока дней после своего крещения он приспосабливался к изменившимся отношениям в мире и вселенной, вызванным появлением личностного качества у его Настройщика. Во время уединения в горах Переи он избрал линию поведения и методы для нового, изменившегося этапа своей земной жизни, к которому он собирался приступить.

Иисус удалялся не для поста и душевных страданий. Он не был аскетом; он явился, чтобы навсегда положить конец всем подобным представлениям о приближении к Богу. Причины, по которым он искал уединения, принципиально отличались от тех, что двигали Моисеем и Илией и даже Иоанном Крестителем. В это время Иисус всецело осознал свою связь с сотворенной им самим вселенной, а также со вселенной вселенных, находящейся в ве́дении Райского Отца – его небесного Отца. Он полностью восстановил в своей памяти посвященческий наказ и относящиеся к нему наставления, данные его старшим братом Иммануилом перед инкарнацией на Урантии. Теперь он ясно и в полной мере осмыслил все эти обширные взаимосвязи, и он желал удалиться для спокойных размышлений, продумать планы и определить методы своего общественного труда на благо этого мира и всех остальных миров своей локальной вселенной.

Скитаясь по холмам в поисках подходящего укрытия, Иисус повстречал главу исполнительной власти своей вселенной – Гавриила, Светлую Утреннюю Звезду Небадона. Гавриил восстановил личную связь с Сыном-Создателем вселенной; это была их первая личная встреча после того, как Михаил покинул своих салвингтонских товарищей и отправился на Эдемию для подготовки к посвящению на Урантии. По указанию Иммануила и на основании полномочий, предоставленных Древними Дней Уверсы, Гавриил сразу же передал Иисусу сообщение, означавшее, что его посвященческий опыт на Урантии практически подошел к концу в отношении того, что касалось завоевания высшего полновластия в своей вселенной и прекращения восстания Люцифера. Первая цель была достигнута в день крещения Иисуса, когда обретение его Настройщиком личностного статуса продемонстрировало совершенство и полноту посвящения Иисуса в образе смертного, а достижение второй цели стало историческим фактом в тот день, когда он спустился с горы Ермон и вернулся к ожидавшему его юноше Тиглафу. И теперь, от имени высшей власти локальной вселенной и сверхвселенной, Иисус был извещен о завершении своего посвященческого труда в той мере, в какой это затрагивало его личный статус в отношении полновластия и восстания. Он уже получил соответствующее заверение непосредственно из Рая в форме видения, которое было послано ему при крещении, а также в феномене обретения его внутренним Настройщиком личностного статуса.

Пока Иисус пребывал на горе, беседуя с Гавриилом, Отец Созвездия из Эдемии лично предстал перед ними со словами: «Свидетельства готовы. Обретенное Михаилом номер 611 121 полновластие во вселенной Небадон ожидает его по правую руку Всеобщего Отца. Я передаю тебе освобождение от посвященческих обязательств, направленное Иммануилом – твоим братом-покровителем посвящения на Урантии. Ты волен немедленно или в любое иное время, любым угодным тебе образом, завершить свое инкарнатное посвящение, вознестись по правую руку твоего Отца, получить свое полновластие и принять заслуженное тобою безусловное владычество над всем Небадоном. Кроме того, на основании полномочий, предоставленных Древними Дней, я торжественно заявляю о готовности свидетельств сверхвселенной, касающихся прекращения всех вызванных грехом восстаний в твоей вселенной и наделении тебя всей полнотой власти при столкновении со всевозможными переворотами такого рода в будущем. С формальной точки зрения, твой труд на Урантии и во плоти смертного создания завершен. Отныне ты сам выбираешь путь, которым будешь следовать».

После того как Всевышний Отец Эдемии покинул их, Иисус долго беседовал с Гавриилом о благополучии вселенной. В приветствии, направленном Иммануилу, Иисус заверил его, что в своем труде на Урантии, к которому он собирался приступить, он всегда будет помнить совет, полученный им на Салвингтоне в связи с посвященческим наказом.

В течение всех этих сорока дней уединения Иаков и Иоанн Зеведеевы продолжали искать Иисуса. Не раз они находились поблизости от места его обитания, но так и не нашли его.

4. ПЛАНЫ ОБЩЕСТВЕННОГО ТРУДА

Пребывая в горах, Иисус изо дня в день обдумывал оставшуюся часть своего посвящения на Урантии. Первым его решением было не учить одновременно с Иоанном. Он собирался оставаться в относительном уединении до тех пор, пока труд Иоанна не достигнет своей цели или же пока Иоанна не заставят замолчать внезапным заключением в тюрьму. Иисус хорошо знал, что вскоре бесстрашные и дерзкие проповеди Иоанна пробудят в гражданских правителях страх и враждебность. Ввиду рискованного положения, в котором находился Иоанн, Иисус приступил к составлению конкретного плана публичной деятельности во благо своего народа и мира, во благо каждого обитаемого мира в своей обширной вселенной. Посвящение Михаила проходило *на* Урантии, но *для* всех миров Небадона.

Продумав общий план согласования своей программы с движением Иоанна, Иисус в первую очередь проанализировал наставления Иммануила. Он внимательно обдумал советы, данные ему в отношении методов его труда, а также условие, согласно которому он не должен был оставлять после себя на планете каких-либо записей. Впредь Иисус писал только на песке. В свое очередное посещение Назарета Иисус уничтожил все свои записи, сохранившиеся на дощечках в столярной мастерской и висевшие на стенах старого дома, чем весьма расстроил своего брата Иосифа. И он серьезно обдумал совет Иммануила, касавшийся его отношений к экономическим, социальным и политическим вопросам в том мире, в котором ему было суждено жить.

Иисус не постился во время этого сорокадневного уединения. Максимальным сроком без пищи были первые два дня, проведенные в горах, когда он был настолько погружен в мысли, что совершенно забыл о еде. Однако на третий день он отправился на поиски пищи. Не подвергался он в течение этого времени и *искушениям* со стороны каких-либо злых духов или мятежных личностей, обитающих в этом или каком-либо другом мире.

Эти сорок дней ознаменовались последним совещанием человеческого разума с разумом божественным – а точнее, началом их подлинного функционирования в качестве единой сущности. Результаты этого важнейшего периода размышлений убедительно показали, что божественный разум добился триумфа, духовно подчинив себе человеческий интеллект. Начиная с этого времени, разум человека становится разумом Бога, и несмотря на то, что индивидуальность человеческого разума никуда не исчезает, этот одухотворенный человеческий разум неизменно заявляет: «Да исполнится твоя воля, а не моя».

События этого знаменательного периода не были причудливыми вид́ениями лишенного пищи и ослабленного разума, как не являлись они запутанными и наивными символами, которые впоследствии стали известны как «искушения Иисуса в пустыне». Наоборот, это было время размышлений обо всём насыщенном разнообразными событиями пути, пройденном в течение посвящения на Урантии, и тщательного составления тех планов дальнейшего служения, которые могли бы оказать наибольшую пользу этому миру и одновременно способствовать улучшению всех сфер, изолированных из-за восстания. Мысль Иисуса охватила всю эпоху существования человека на Урантии – от Андона и Фонты до проступка Адама и, далее, до служения Мелхиседека Салимского.

Гавриил напомнил Иисусу о двух путях раскрытия себя миру в случае, если он решит остаться на Урантии на некоторое время. И со всей ясностью Иисусу было сказано, что его выбор не будет иметь какого-либо отношения ни к его полновластию во вселенной, ни к прекращению восстания Люцифера. Было два пути мирового служения:

1. Его собственный путь – тот путь, который показался бы наиболее приятным и благотворным с точки зрения непосредственных потребностей этого мира и сиюминутного наставления своей вселенной.

2. Путь Отца – пример будущего идеала жизни создания с точки зрения высших личностей, относящихся к Райскому управлению вселенной вселенных.

Так Иисусу были ясно показаны две возможности организации остатка своей земной жизни. Каждая из них имела свои достоинства в свете сложившейся ситуации. Сын Человеческий хорошо понимал, что его выбор между этими двумя способами поведения не имеет никакого отношения к принятию полновластия во вселенной, которое было раз и навсегда решенным вопросом в анналах вселенной вселенных и ожидало только его личного востребования. Однако Иисусу было дано понять, что его Райский брат Иммануил был бы чрезвычайно рад, если бы он, Иисус, счел подобающим завершить свою инкарнатную жизнь на земле так же, как он ее столь возвышенно начал, – неизменно подчиняясь воле Отца. На третий день уединения Иисус дал себе слово, что он вернется в мир для завершения своего пути на земле и что в ситуациях, допускающих любой из двух способов поведения, он всегда будет избирать волю Отца. И он прожил остаток своей земной жизни, сохранив верность этому решению. Вплоть до своего печального конца он всегда подчинял свою суверенную волю воле небесного Отца.

Сорок дней, которые он провел в пустынных горах, не были периодом великого искушения: это было время *великих решений* Учителя. За эти дни, проведенные в уединенном общении с непосредственным присутствием своего Отца – Личностным Настройщиком (у него уже не было личного серафического хранителя), – он последовательно принял те великие решения, которым было суждено определять его поведение и поступки до конца его земной жизни. Впоследствии предание о великом искушении стали связывать именно с этим периодом уединения из-за путаницы с отрывочными рассказами о борьбе на горе Ермон, а также поскольку считалось, что все великие пророки и вожди якобы начинали свое общественное служение с поста и молитв. Перед тем, как принять новое или серьезное решение, Иисус по обыкновению удалялся для общения со своим собственным духом, стремясь узнать волю Бога.

В течение всего процесса планирования остатка своей земной жизни, человеческое сердце Иисуса постоянно разрывалось между двумя противоположными линиями поведения:

1. Он испытывал сильное желание убедить свой народ – и весь мир – поверить в него и принять его новое духовное царство. И он хорошо знал их представления о грядущем Мессии.

2. Жить и трудиться с уверенностью в том, что избранный путь угоден Отцу, трудиться во благо других бедствующих миров и продолжать, через установление царства, раскрывать Отца и провозглашать его божественный и любвеобильный характер.

В течение всех этих богатых событиями дней Иисус жил в древней скальной пещере – укрытии, находившемся в склоне горы неподалеку от деревни, называвшейся некогда Бейт Адис. Он пил из небольшого ручья, стекавшего по склону горы рядом с этим укрытием в скале.

5. ПЕРВОЕ ВЕЛИКОЕ РЕШЕНИЕ

На третий день после того как Иисус приступил к этому совещанию с самим собой и со своим Личностным Настройщиком, ему было послано видéние небесного воинства Небадона, созванного и направленного его командующими для исполнения воли возлюбленного Властелина. Это могущественное воинство включало двенадцать легионов серафимов и пропорциональное число представителей всех других категорий разумных существ вселенной. И первое великое решение, принятое Иисусом в уединении, касалось использования этих могущественных личностей в связи с последующей программой его общественного труда на Урантии.

Иисус принял решение *не* пользоваться ни единой личностью из этой обширной группы, если только не будет очевидным, что такова *воля Отца*. Несмотря на это принципиальное решение, всё огромное воинство находилось вместе с ним в течение всего остатка его земной жизни, всегда готовое подчиниться малейшему изъявлению воли своего Властелина. Хотя Иисус не всегда видел этих сопровождавших его личностей своим человеческим зрением, связанный с ним Личностный Настройщик видел всё это воинство в течение всего времени и мог сообщаться с ним.

До того как спуститься вниз по окончании сорокадневного уединения в горах, Иисус назначил своего Настройщика, ставшего недавно личностным, непосредственным главой сопровождающего воинства вселенских личностей, и в течение более четырех лет урантийского времени эти избранные личности из всех категорий разумных существ вселенной послушно и почтительно исполняли свои обязанности под мудрым руководством этого высокого и опытного Таинственного Наставника. Принимая под свое начало это могущественное собрание, Настройщик – являвшийся некогда частицей и сущностью Райского Отца – заверил Иисуса, что этим сверхчеловеческим силам ни в коем случае не будет позволено служить ему, обнаруживать себя в рамках его земной жизни или защищать ее, если только не окажется, что подобное вмешательство происходит по воле Отца. Так одним великим решением Иисус добровольно лишил себя всякой сверхчеловеческой помощи во всех вопросах, имевших отношение к остатку его смертного пути, – за исключением тех случаев, когда Отец решил бы принять участие в каком-нибудь определенном действии или эпизоде земных трудов Сына.

Принимая руководство вселенским воинством, сопровождающим Христа Михаила, Личностный Настройщик приложил все усилия к тому, чтобы заострить внимание Иисуса на следующем обстоятельстве: хотя Создатель этого собрания вселенских созданий мог своей властью, переданной другому лицу, ограничить их деятельность в *пространстве*, такие ограничения не распространялись на действия данных существ во *времени*. Это ограничение объяснялось тем фактом, что, обретая личностный статус, Настройщики становятся вневремéнными существами. Поэтому Иисус был предупрежден о том, что хотя Настройщик будет полностью и в совершенстве контролировать переданных под его начало живых разумных существ во всех вопросах, имеющих отношение к *пространству*, столь же совершенные ограничения невозможны в отношении *времени*. Настройщик сказал: «В соответствии с твоим распоряжением я буду запрещать использовать это сопровождающее воинство разумных существ вселенной каким-либо образом в связи с твоей земной жизнью, за исключением тех случаев, когда я буду получать распоряжение Райского Отца об освобождении этих сил для исполнения его божественной воли на основе принятого тобой решения, а также кроме тех эпизодов, когда по своей собственной божественно-человеческой воле ты примешь решение или совершишь действие, предполагающее отклонение только от естественного земного течения *времени*. Во всех таких случаях я беспомощен, и твои создания, собравшиеся здесь в совершенстве и единстве своего могущества, также беспомощны. Как только твоя объединенная сущность выразит такое желание, эти распоряжения, принятые по твоему решению, будут тотчас выполнены. Во всех подобных случаях твое желание будет заключаться в сокращении времени, когда появившийся в твоем воображении образ *становится* реальностью. Таково максимальное ограничение твоего полновластия, возможное под моим руководством. В моем самосознании время не существует, и поэтому я не могу ограничить твои создания в чём-либо, имеющем отношение ко времени».

Так Иисус узнал, каким образом принятое им решение – продолжать жить как человек среди людей – будет осуществляться на практике. Одним-единственным решением он отстранил всё сопровождавшее его воинство разнообразных разумных существ от участия в его предстоящем общественном служении во всех ситуациях, кроме тех, которые имели отношение только ко *времени*. Поэтому становится очевидным, что любые сверхъестественные или якобы сверхчеловеческие действия, происходившие во время служения Иисуса, объяснялись только исключением времени, кроме тех случаев, когда небесный Отец специально принимал иное решение. Никакое чудо, милосердное деяние или любое другое событие в течение оставшегося периода трудов Иисуса на земле никак не могло по своей сущности или характеру соответствовать действию, выходящему за пределы законов природы, предопределенных и незыблемых в жизни урантийского человека, *кроме* как в этом, специально оговоренном, аспекте *времени*. Конечно, никакие ограничения не могли распространяться на «волю Отца». Исключение времени в связи со специальным желанием этого потенциального Властелина вселенной можно было избежать только посредством прямого и явного *волевого* акта этого Богочеловека, направленного на то, чтобы время – в отношении конкретного действия или события – *не сокращалось и не исключалось*. Для того, чтобы предотвратить кажущиеся *временные чудеса*, Иисус должен был постоянно осознавать течение времени. Любое прекращение осознания времени в момент появления определенного желания было равноценно реализации образа, возникшего в сознании этого Сына-Создателя, причем без участия временнóго фактора.

Благодаря надзору связанного с ним Личностного Настройщика, Михаил мог в совершенстве ограничить свою земную деятельность в том, что касалось пространства, однако Сын Человеческий не мог таким же образом ограничить свой новый земной статус потенциального Властелина Небадона в отношении *времени*. Таким был действительный статус Иисуса Назарянина, когда он приступил к своему общественному служению на Урантии.

6. ВТОРОЕ РЕШЕНИЕ

Определив линию поведения в отношении всех личностей и всех классов созданных им разумных существ – настолько, насколько ее можно было определить ввиду тех потенциальных возможностей, которые были присущи его новому божественному статусу, – Иисус задумался о себе. Как следует ему, теперь уже полностью сознающему себя создателем всех вещей и существ в своей вселенной, поступать со своими прерогативами создателя в обычных жизненных ситуациях, с которыми он сразу же столкнется после возвращения в Галилею для возобновления своего труда среди людей? Фактически, эта проблема уже заявила о себе там же, в этих пустынных горах, ибо ему требовалась пища. На третий день уединенных раздумий человеческое тело проголодалось. Следует ли ему отправиться на поиски пищи, как поступил бы обычный человек, или же он должен воспользоваться своими обычными возможностями творца и сразу же обеспечить должное питание для своего тела? И это великое решение Учителя было представлено вам как искушение – как требование его предполагаемых врагов «велеть, чтобы камни эти превратились в караваи хлеба».

Так Иисус принял еще одно решение, последовательно определявшее его действия на оставшийся период земных трудов. В том, что касалось его личных потребностей, а также, в целом, его отношений с другими личностями, он намеренно решил продолжать нормальное земное существование. Он определенно отказался от поведения, которое превосходило, попирало или нарушало бы установленные им же самим законы природы. Однако – уже получив соответствующее предупреждение от своего Личностного Настройщика – он не мог обещать себе, что в некоторых вероятных ситуациях эти законы природы не смогут быть существенно *ускорены*. В принципе, Иисус решил, что дело его жизни должно быть организовано и исполнено в согласии с законами природы и существующей социальной организацией. Так Учитель избрал программу жизни, которая соответствовала решению не прибегать к чудесам и волшебству. В очередной раз он избрал «волю Отца»; в очередной раз он полностью доверился промыслу своего Райского Отца.

Человеческая сущность Иисуса требовала, чтобы его первой заботой было самосохранение; таково нормальное отношение природного человека в пространственно-временны́х мирах и, следовательно, обоснованная реакция смертного Урантии. Однако Иисус думал не только об этом мире и его созданиях. Он жил жизнью, призванной просветить и воодушевить многочисленные создания обширной вселенной.

До своего крещенческого озарения он жил в совершенном подчинении воле и руководству небесного Отца. Иисус безоговорочно решил, что как смертный он и дальше будет оставаться в полной зависимости от воли Отца. Он избрал неестественный путь – он решил не стремиться к самосохранению. Он принял решение продолжать отказываться защищать себя. Он сформулировал свой вывод словами Писания, знакомыми его человеческому разуму: «Не хлебом единым жив человек, а всяким словом, исходящим из уст Божьих». Приняв это решение относительно своих физических потребностей, проявлявшихся в чувстве голода, Сын Человеческий провозгласил свое окончательное отношение ко всем другим стремлениям плоти и естественным импульсам человека.

Он мог бы воспользоваться своими сверхчеловеческими способностями для других, но для себя – никогда. И он строго следовал этой линии поведения до самого конца, когда в его адрес была брошена насмешка: «Других спасал, а себя спасти не может!» – потому что он не хотел.

Евреи ожидали, что Мессия будет творить еще бо́льшие чудеса, чем Моисей, который, якобы, высек воду из пустынной скалы и накормил их праотцов манной в пустыне. Иисус знал, какого Мессию ждали его соплеменники, и он обладал всем могуществом и всеми прерогативами для того, чтобы оправдать их самые радужные надежды. Однако он отказался от такого величественного плана, сулившего могущество и славу. Подобный путь сотворения ожидаемых от него чудес был для него возвратом к прежним временам, к невежественной магии и отсталым ритуалам диких шаманов. Возможно, он мог бы пойти на ускорение законов природы для спасения своих созданий, но он не соглашался преступать свои собственные законы для личной пользы или для внушения благоговейного страха своим человеческим собратьям. И решение Учителя было окончательным.

Иисус жалел свой народ. Он прекрасно понимал, что́ привело их к ожиданию прихода Мессии, – времени, когда «земля будет приносить в десять тысяч раз больше плодов, и одна виноградная лоза разрастется тысячью ветвей, и каждая ветвь родит тысячу гроздей, и на каждой грозди вырастет тысяча виноградин, и каждая виноградина даст галлон вина». Евреи верили, что Мессия возвестит эру волшебного изобилия. Иудеи давно уже воспитывались на чудесных преданиях и волшебных легендах.

Он не был Мессией, явившимся для умножения хлеба и вина. Он прибыл не для того, чтобы удовлетворять только мирские потребности. Он пришел, чтобы раскрыть небесного Отца своим земным детям, пытаясь убедить своих земных детей следовать за ним в искреннем стремлении жить так, чтобы своей жизнью исполнять волю небесного Отца.

Этим решением Иисус Назарянин показал смотрящей на него вселенной безрассудство и греховность превратного использования божественных талантов и данных Богом способностей для личного возвеличения, для чисто эгоистической выгоды и прославления. Таким был грех Люцифера и Калигастии.

Это великое решение Иисуса является яркой иллюстрацией той истины, что эгоистическое удовлетворение и чувственное наслаждение неспособно само по себе принести счастье эволюционирующим людям. В смертном существовании есть более высокие ценности – совершенное владение интеллектом и духовные достижения, – которые значительно превосходят необходимое удовлетворение чисто физических потребностей и побуждений человека. Природные таланты и способности человека должны посвящаться развитию и облагораживанию его высших интеллектуальных и духовных способностей.

Так Иисус раскрыл созданиям своей вселенной метод нового, лучшего пути, более высокие нравственные ценности и более глубокое духовное удовлетворение в жизни эволюционных людей в мирах пространства.

7. ТРЕТЬЕ РЕШЕНИЕ

Приняв решение относительно таких вещей, как пища и удовлетворение физических потребностей тела, забота о собственном здоровье и здоровье его товарищей, Иисус задумался над следующими проблемами. Как он будет вести себя при столкновении с непосредственной опасностью? Он решил пользоваться обычными средствами для заботы о своей человеческой безопасности и разумными мерами предосторожности для предотвращения преждевременного прекращения своей земной жизни, однако воздерживаться от любого сверхчеловеческого вмешательства в случае, если в его жизни во плоти сложится критическая ситуация. Принимая это решение, Иисус сидел в тени дерева у са́мого края скалы, нависшей над обрывом. Он прекрасно понимал, что может броситься с уступа вниз и не причинит себе никакого вреда, если только аннулирует свое первое великое решение – не прибегать к вмешательству небесных разумных существ в осуществлении своего труда на Урантии – и отменит свое второе решение, касавшееся его отношения к самосохранению.

Иисус знал, что его соплеменники ожидали Мессию, который был бы выше законов природы. Он хорошо помнил то место из Писаний, где говорилось: «Никакое зло не приключится с тобой, несчастья будут обходить стороной твое жилище. Он ангелам своим велит смотреть и защищать тебя на всех твоих путях. Они понесут тебя на своих руках, чтобы ты не споткнулся о камень». Можно ли было оправдать такое высокомерие, такое попрание установленных Отцом законов тяготения, защитой от возможного вреда или же завоеванием доверия у своего народа, сбитого с толку и усвоившего ложные истины? Однако сколь бы лестным ни был такой путь для искавших знамения евреев, он стал бы не раскрытием Отца, а сомнительной игрой признанными законами вселенной вселенных.

Понимая всё это и зная, что в своем собственном поведении Учитель отказывался действовать вопреки установленным им законам природы, вы тем самым можете быть уверены в том, что он никогда не ходил по воде и ничем не нарушал собственный материальный порядок управления миром. При этом, конечно, нужно всегда помнить о том, что в то время еще не было найдено решения, которое избавило бы его от отсутствия контроля за элементом времени в связи с теми вещами, которые были переданы в ве́дение Личностного Настройщика.

На протяжении всей своей земной жизни Иисус неизменно оставался верным этому решению. Насмехались ли над ним фарисеи, предлагая сотворить знамение, издевались ли зеваки на Голгофе, требуя, чтобы он сошел с креста, – он непоколебимо держался своего решения, принятого в тот час на склоне горы.

8. ЧЕТВЕРТОЕ РЕШЕНИЕ

Следующей огромной проблемой, с которой предстояло справиться этому Богочеловеку и которую он вскоре решил согласно воле небесного Отца, было решение вопроса: следует ли ему использовать какие-либо из своих сверхчеловеческих возможностей для привлечения внимания и завоевания преданности своих соплеменников? Должен ли он каким-то образом пользоваться своим вселенским могуществом для удовлетворения тяги евреев к зрелищности и чудесам? Он решил, что ему не следует этого делать. Он принял решение придерживаться такой линии поведения, которая исключала бы использование всех подобных средств в качестве метода для привлечения внимания людей к его миссии. И он никогда не изменял своему великому решению. Даже тогда, когда он допускал проявление многочисленных милосердных деяний, сокращавших время, он почти всегда призывал тех, кто получал от него целительную помощь, никому не рассказывать об этих благодеяниях. И он всегда отвергал насмешки своих врагов, требующих «показать знамение» в доказательство его божественности.

Иисус поистине мудро предвидел, что чудеса и волшебства, внушая материальному разуму благоговейный страх, могут привести только к внешней покорности. Такие действия не могли бы раскрыть Бога, как не спасли бы они человека. Он отказался стать только чудотворцем. Он решил посвятить себя единственной задаче: установлению царства небесного.

В течение всего этого важнейшего разговора Иисуса с самим собой присутствовал человеческий фактор неуверенности, почти сомнения, ибо Иисус был человеком, равно как и Богом. Было очевидно, что евреи никогда не примут его как Мессию, если он не будет творить чудеса. Кроме того, если бы он согласился совершить хотя бы одно неестественное деяние, то человеческий разум знал бы наверняка, что это произошло в подчинение истинно божественному разуму. Будет ли такая уступка сомневающемуся человеческому разуму со стороны божественного разума совместима с «волей Отца»? Иисус пришел к выводу, что не будет, и сослался на присутствие Личностного Настройщика как убедительное доказательство партнерства божественного и человеческого начал.

Иисус много путешествовал. Он вспоминал Рим, Александрию и Дамаск. Он знал, какие методы используются в этом мире, каким образом люди достигают своих целей в политике и торговле посредством компромиссов и дипломатии. Будет ли он пользоваться этими знаниями для содействия своей миссии на земле? Нет! Таким же образом Иисус решил, что, устанавливая царство, он будет отвергать любые уступки мирской мудрости и власти богатства. В очередной раз он решил положиться исключительно на волю Отца.

Иисус хорошо знал короткие пути к одному из проявлений своего могущества. Он знал, что в его распоряжении есть много способов привлечь к себе внимание всей нации и даже всего мира. Вскоре в Иерусалиме должна была праздноваться Пасха, город будет переполнен посетителями. Он мог бы вознестись на вершину храма и пройти по воздуху перед потрясенной толпой. Таков был бы Мессия, которого они ожидали. Однако впоследствии ему пришлось бы разочаровать их, ибо он явился не для того, чтобы восстановить трон Давида. И он знал тщетность метода Калигастии, пытавшегося обойти естественный, постепенный и надежный путь достижения божественной цели. В очередной раз Сын Человеческий смиренно подчинился пути Отца – воле Отца.

Иисус решил создать царство небесное в сердцах людей с помощью естественных, обыкновенных, трудных и мучительных методов – тех самых методов, которых должны будут впоследствии придерживаться его земные дети, распространяя и расширяя это небесное царство. Ибо Сын Человеческий хорошо знал, что «через множество страданий многие дети всех эпох будут входить в царство». Для Иисуса это было время огромного испытания цивилизованного человека – обладать властью и неуклонно отказываться использовать ее в чисто эгоистических или личных целях.

Изучая жизнь и опыт Сына Человеческого, вам всегда следует помнить о том, что Сын Божий воплотился в разуме человека первого, а не двадцатого или иного века. Этим мы хотим выразить ту мысль, что человеческие способности Иисуса были приобретены естественным путем. Он являлся продуктом наследственных факторов и современного ему окружения, а также воспитания и образования. Его человеческое начало было подлинным, естественным; оно проистекало целиком из предпосылок фактического интеллектуального статуса и существовавших в то время и в том поколении социально-экономических условий, благоприятствовавших его развитию. Хотя в опыте этого Богочеловека божественный разум всегда обладал возможностью превзойти человеческий интеллект, тем не менее, когда функционировал его человеческий разум, он действовал так, как действовал бы истинно смертный разум в условиях человеческого окружения того времени.

Иисус показал всем мирам своей обширной вселенной, сколь безрассудно создание искусственных ситуаций для демонстрации произвольной власти или использование исключительного могущества для укрепления нравственных ценностей или ускорения духовного прогресса. Иисус решил не допускать, чтобы его миссия на земле стала таким же разочарованием, как и правление Маккавеев. Он отказался спекулировать своими божественными атрибутами для приобретения незаслуженной известности или снискания политического влияния. Он не желал потакать преобразованию божественной и созидательной энергии в государственную власть или международный авторитет. Иисус Назарянин отказался идти на уступки *злу*, тем более – иметь дело с грехом. Учитель триумфально поставил верность воле Отца превыше всех других земных и бренных соображений.

9. ПЯТОЕ РЕШЕНИЕ

Приняв решения по тем аспектам линии поведения, которые касались его индивидуального отношения к законам природы и духовному могуществу, он посвятил свое внимание выбору методов, которые ему предстояло использовать при провозглашении и установлении царства Божьего. Иоанн уже приступил к своему труду; как он мог бы развить идеи Иоанна? Как ему следовало продолжить миссию Иоанна? Как организовать своих сторонников для полезного труда и разумного сотрудничества? Иисус был близок к принятию последнего решения, после которого он уже не мог рассматривать себя как еврейского Мессию, – по крайней мере, как того Мессию, который существовал в сознании современников.

Евреи представляли себе освободителя, который явился бы для того, чтобы своей чудодейственной властью повергнуть врагов Израиля и сделать евреев мировыми правителями, не знающими нужды и угнетения. Иисус знал, что этой мечте было не суждено когда-либо сбыться. Он знал, что путь в царство небесное лежит через ниспровержение зла в сердцах людей и является сугубо духовным свершением. Он тщательно обдумал целесообразность торжественного открытия духовного царства яркой и ослепительной демонстрацией могущества – что, конечно, было бы допустимым и лежало бы целиком в пределах компетенции Михаила, – однако он решительно отверг такой план. Он не желал идти на уступки революционным методам Калигастии. Потенциально он завоевал мир подчинением воле Отца, и он поставил своей целью завершить свой труд так же, как он его начал, – и в качестве Сына Человеческого.

Вы вряд ли способны представить себе, что произошло бы на Урантии, если бы этот Богочеловек – в то время уже потенциально обладавший всей властью на небе и на земле – решил развернуть знамена полновластия, построил бы свои чудотворные батальоны в боевой порядок! Однако он не желал идти ни на какие компромиссы. Он не желал служить злу ради того, чтобы из этого зла можно было – предположительно – извлечь поклонение Богу. Он решил подчиняться воле Отца. Он собирался провозгласить взирающей на него вселенной: «Почитайте Господа, Бога вашего, и только ему служите».

Шли дни, и Иисус все яснее видел, каким проповедником истины ему предстояло стать. Он видел, что Божий путь не будет легким. Он начал понимать, что эта чаша – остаток его человеческой жизни – могла оказаться горькой, но он решил испить ее.

Теперь и его человеческий разум прощается с троном Давида. Шаг за шагом этот человеческий разум следует за божественным. Человеческий разум еще задает вопросы, но неизменно соглашается с божественными ответами как окончательными решениями в этой объединенной жизни человека, живущего в данном мире и одновременно безусловно подчиняющегося свершению вечной и божественной воли Отца.

Рим являлся владыкой западного мира. Пребывающий в изоляции и принимающий эти эпохальные решения, Сын Человеческий, в распоряжении которого находились небесные воинства, был последним шансом евреев для достижения мирового господства. Однако этот земной еврей, обладавший столь колоссальной мудростью и могуществом, отказался воспользоваться своими вселенскими способностями для собственного возвеличения или вступления на престол своего народа. Он как бы видел «все царства этого мира», и в его руках была власть, позволявшая завладеть ими. Всевышние Эдемии передали всё это могущество в его руки, но он не нуждался в нем. Царства мира были слишком ничтожны, чтобы интересовать Создателя и Правителя вселенной. У него была только одна цель – дальнейшее раскрытие Бога человеку, создание царства – владычества небесного Отца в сердцах всех людей.

Мысль о сражениях, раздорах и убийствах вызывала у Иисуса отвращение. Он не желал принимать в этом участия. Ему было суждено явиться на землю как Князю Мира, чтобы раскрыть Бога любви. Перед своим крещением он в очередной раз отверг предложение зелотов возглавить их восстание против римских угнетателей. И теперь он принял окончательное решение в отношении тех библейских текстов, которым учила его мать – таких как: «Господь сказал мне: „Ты – Сын мой; сегодня я стал для тебя Отцом. Если ты попросишь, все язычники твоими будут, и всё станет на земле тебе подвластно. Ты разобьешь их жезлом железным, сокрушишь, как глиняный горшок“».

Иисус Назарянин пришел к заключению, что такие высказывания не относятся к нему. Наконец, человеческий разум Сына Человеческого окончательно и полностью избавился от всех этих мессианских сложностей и противоречий – иудейских писаний, родительского воспитания, полученного у хазана образования, еврейских мечтаний и честолюбивых людских стремлений; он раз и навсегда решил, каким будет его путь. Он вернется в Галилею и спокойно приступит к провозглашению царства, доверив своему Отцу (Личностному Настройщику) разработку каждодневных деталей.

Своими решениями Иисус показал достойный пример каждому существу во всех мирах своей обширной вселенной, ибо, отказавшись высокомерно нарушать законы природы, он отказался измерять материальным мерилом духовные проблемы. И он продемонстрировал воодушевляющий пример вселенской преданности и нравственного совершенства, когда отказался идти к духовной славе через использование мирской власти.

Даже если у Сына Человеческого и были какие-то сомнения относительно своей миссии и ее характера, когда он поднимался в горы после своего крещения, у него их не осталось, когда он вернулся к своим товарищам после сорока дней уединения и принятия решений.

Иисус сформулировал программу установления царства Отца. Он не будет потакать физическому удовлетворению людей. Он не будет раздавать хлеб людским толпам, свидетелем чего он лишь недавно был в Риме. Он не будет привлекать к себе внимание чудесами, хотя евреи ожидают именно такого освободителя. Не будет он добиваться признания духовной истины и посредством демонстрации политической власти или мирского могущества.

Отвергая эти методы возвышения грядущего царства в глазах ожидавших Мессию евреев, Иисус предопределил то, что эти самые евреи, вне всякого сомнения, безоговорочно отвергнут все его заявления о власти и божественности. Зная всё это, Иисус в течение долгого времени пытался воспрепятствовать тому, чтобы его первые последователи называли его Мессией.

В течение всего своего общественного служения ему приходилось сталкиваться с тремя постоянно повторявшимися ситуациями: требованием накормить, требованием чудес и, наконец, просьбой разрешить его последователям сделать его царем. Однако Иисус никогда не отходил от решений, принятых в дни своего уединения в горах Переи.

10. ШЕСТОЕ РЕШЕНИЕ

В последний день своего памятного уединения – перед тем как начать спуск с гор и присоединиться к Иоанну и его ученикам – Сын Человеческий принял свое последнее решение. Это решение он передал Личностному Настройщику следующими словами: «И во всех остальных вопросах – как и в тех, по которым уже принято решение, – я торжественно обещаю тебе, что буду подчиняться воле моего Отца». Произнеся эти слова, он спустился с горы. И его лицо озаряла слава духовной победы и нравственного достижения.

ДОКУМЕНТ 137

ОЖИДАНИЕ В ГАЛИЛЕЕ

Ранним утром в субботу, 23 февраля 26 года н. э., Иисус спустился с гор и вновь присоединился к сторонникам Иоанна, обосновавшимся неподалеку от Пеллы. Весь этот день Иисус провел в гуще людей. Он ухаживал за мальчиком, который поранил себя при падении, и побывал в соседней деревне Пелле, где передал его родителям.

1. ИЗБРАНИЕ ПЕРВЫХ ЧЕТЫРЕХ АПОСТОЛОВ

В течение этой субботы два лучших ученика Иоанна много времени провели с Иисусом. Из всех последователей Иоанна наибольшее впечатление от Иисуса осталось у человека по имени Андрей; он провожал Иисуса в Пеллу, куда они отвели раненого мальчика. Возвращаясь в лагерь Иоанна, он задал Иисусу много вопросов, и перед самым лагерем они ненадолго остановились, чтобы поговорить. Во время этого разговора Андрей сказал: «Я наблюдаю за тобой с того дня, как ты появился в Капернауме, и я верю, что ты являешься новым Учителем; и хотя я не понимаю всех твоих учений, я твердо решил следовать за тобой; я хотел бы сесть у твоих ног и узнать всю правду о новом царстве». И Иисус, с радушием и убежденностью, пригласил Андрея в качестве первого из своих апостолов – той группы из двенадцати человек, которой предстояло трудиться вместе с ним над созданием нового царства Бога в сердцах людей.

Андрей молчаливо наблюдал за трудом Иоанна и был его искренним приверженцем, а его весьма способный и полный энтузиазма брат Симон являлся одним из лучших учеников Крестителя. Надо сказать, что Симон был одним из главных сторонников Иоанна.

Вскоре после возвращения Иисуса и Андрея в лагерь, Андрей разыскал своего брата Симона и, отведя его в сторону, сообщил ему, что, по его мнению, Иисус является великим Учителем и что он, Андрей, обязался стать его учеником. Он сказал далее, что Иисус принял предложенную им службу и посоветовал, чтобы он (Симон) также пошел к Иисусу и предложил себя в члены братства служителей нового царства. Симон ответил: «С тех пор, как этот человек появился в мастерской Зеведея, я уверовал в то, что он послан Богом, – но как же быть с Иоанном? Должны ли мы покинуть его? Правильно ли это?» После этого они решили сразу же отправиться к Иоанну и посоветоваться с ним. Иоанн был опечален сознанием того, что он теряет двух способных советчиков и самых многообещающих учеников, но он мужественно ответил на их вопросы: «Это только начало; вскоре мой труд подойдет к концу, и все мы станем его учениками». После этого Андрей зна́ком попросил Иисуса отойти в сторону и объявил ему, что его брат также желает присоединиться к нему в служении новому царству. И принимая Симона в качестве своего второго апостола, Иисус сказал: «Симон, твой энтузиазм достоин похвал, однако он опасен для дела царства. Я призываю тебя быть более осмотрительным в своих речах. Я хотел бы называть тебя Петром».

Родители раненого мальчика, жившего в Пелле, упрашивали Иисуса провести у них ночь и считать их дом своим домом; и он пообещал им это. Прежде чем покинуть Андрея и его брата, Иисус сказал им: «Ранним утром мы отправляемся в Галилею».

После того как Иисус вернулся на ночь в Пеллу, и пока Андрей и Симон обсуждали характер своего служения в установлении грядущего царства, Иаков и Иоанн, сыновья Зеведея, вернулись в лагерь после долгих и тщетных поисков Иисуса в горах. Услышав, как Симон Петр рассказывает о том, что он и его брат Андрей стали первыми советниками нового царства и что наутро им предстоит отправиться вместе со своим новым Учителем в Галилею, Иаков и Иоанн опечалились. Они давно уже знали Иисуса и любили его. Они искали его много дней в горах, а теперь, вернувшись, они узнают, что предпочтение отдано другим. Они спросили, куда отправился Иисус, и поспешили к нему.

Когда они добрались до жилища Иисуса, он спал, но они разбудили его со словами: «Как же так: мы, так долго жившие с тобой, ищем тебя в горах, а ты предпочитаешь других и выбираешь Андрея и Симона своими первыми товарищами в новом царстве?» Иисус ответил: «Успокойте свои сердца и спросите себя, кто направил вас на поиски Сына Человеческого, пока он занимался делами своего Отца». После того как они подробно рассказали о своих долгих поисках в горах, Иисус дал им еще одно наставление: «Вы должны учиться искать тайну нового царства в своем сердце, а не в горах. То, что́ вы искали, уже было в ваших душах. Вы действительно являетесь моими братьями: вам не требуется мое признание – вы уже принадлежите царству, и вам следует возрадоваться и быть готовыми отправиться завтра вместе с нами в Галилею». После этого Иоанн решился спросить: «Но, Учитель, будем ли мы с Иаковом твоими товарищами в новом царстве, так же, как Андрей и Симон?» И положив каждому из них руку на плечо, Иисус сказал: «Братья мои, в духе своем вы пребывали со мной в царстве еще до того, как остальные попросили принять их. Вам, моим братьям, не нужно просить о вхождении в царство; с самого начала вы были вместе со мной в царстве. Людям может казаться, что другие опередили вас, однако в моем сердце вы были в советах царства еще до того, как решили прийти ко мне с этой просьбой. Вы могли бы точно так же быть первыми и в глазах людей, если бы не отсутствовали, отправившись самовольно, хотя и с благими намерениями, на поиски того, кто не терялся. В грядущем царстве не думайте о тех вещах, которые усиливают вашу тревогу; всегда беспокойтесь только об исполнении воли небесного Отца».

Иаков и Иоанн восприняли упрек подобающим образом; впредь они никогда не завидовали Андрею и Симону. И вместе с двумя своими товарищами-апостолами, они приготовились отправиться на следующее утро в Галилею. С того дня «апостолами» стали называть избранную семью советчиков Иисуса, в отличие от огромного множества уверовавших учеников, которые впоследствии сопровождали его.

Поздним вечером того же дня Иаков, Иоанн, Андрей и Симон встретились с Иоанном Крестителем, и – со слезами на глазах, но твердым голосом, – этот мужественный пророк из Иудеи отпустил двух своих лучших учеников, чтобы они могли стать апостолами галилейского Князя грядущего царства.

2. ИЗБРАНИЕ ФИЛИППА И НАФАНАИЛА

В воскресенье утром, 24 февраля 26 года н. э., Иисус покинул Иоанна Крестителя у реки поблизости Пеллы и уже никогда не встречался с ним во плоти.

В тот день, когда Иисус со своими четырьмя учениками-апостолами отправился в Галилею, в лагере последователей Иоанна поднялось сильное волнение.

Назревал первый крупный раскол. За день до этого Иоанн выразил Андрею и Ездре свою уверенность в том, что Иисус является Освободителем. Андрей решил следовать за Иисусом, однако Ездра отверг этого кроткого назаретского плотника, заявив своим товарищам: «Пророк Даниил провозгласил, что Сын Человеческий явится с облаками небесными, в могуществе и великой славе. Этот галилейский плотник, этот капернаумский корабел не может быть Освободителем. Может ли такой дар Божий выйти из Назарета? Этот Иисус является родственником Иоанна, и по огромной своей доброте наш учитель позволил себя обмануть. Будем же держаться подальше от этого ложного Мессии». Когда Иоанн упрекнул Ездру за эти слова, тот увел с собой многих учеников и поспешил на юг. Продолжая крестить именем Иоанна, эта группа со временем основала секту, члены которой верили в Иоанна, но отказывались принять Иисуса. Остатки этой группы сохранились в Месопотамии по сей день.

Пока среди последователей Иоанна назревали неприятности, Иисус со своими четырьмя апостолами приближался к Галилее. Они собирались пересечь Иордан и направиться через Наин в Назарет, когда Иисус, взглянув на дорогу, увидел, что навстречу им идет некий Филипп из Вифсаиды вместе со своим другом. Иисус знал Филиппа, который был также хорошо знаком каждому из четырех новых апостолов. Филипп направлялся в Пеллу со своим другом Нафанаилом на встречу с Иоанном: он прослышал о приближении царства Божьего и хотел узнать подробности. Филипп чрезвычайно обрадовался встрече с Иисусом, будучи его приверженцем с тех пор, как тот появился в Капернауме. Однако Нафанаил, живший в Кане Галилейской, не знал Иисуса. Филипп подошел поприветствовать своих друзей, а Нафанаил остался в тени дерева у дороги.

Петр отвел Филиппа в сторону и объяснил ему, что все они – имея в виду себя, Андрея, Иакова и Иоанна – стали товарищами Иисуса в новом царстве и настоятельно советовал Филиппу присоединиться к служению. Филипп оказался в трудном положении. Как ему поступить? Здесь, на дороге у Иордана, без всякого предупреждения ему нужно было сразу же решить самый важный вопрос своей жизни. Вскоре он, Петр, Андрей и Иоанн уже вели серьезный разговор, в то время как Иисус объяснял Иакову маршрут через Галилею в Капернаум. Наконец, Андрей предложил Филиппу: «Почему бы не спросить у Учителя?»

Внезапно Филиппа осенило, что Иисус является поистине великим человеком, – возможно, Мессией, и он решил последовать в этом вопросе решению Иисуса; он подошел прямо к нему и спросил: «Учитель, идти ли мне к Иоанну или присоединиться к своим друзьям, следующим за тобой?» И Иисус ответил: «Следуй за мной». Филипп затрепетал от уверенности в том, что он нашел Освободителя.

Филипп показал остальным жестом, чтобы они подождали, а сам поспешил рассказать об этом решении своему другу Нафанаилу, который всё еще сидел под шелковицей, обдумывая всё то, что он слышал об Иоанне Крестителе, грядущем царстве и ожидаемом Мессии. Филипп нарушил его размышления возгласом: «Я нашел Освободителя – того, о котором писали Моисей и пророки и кого провозгласил Иоанн». Подняв глаза, Нафанаил поинтересовался: «Откуда явился этот учитель?» И Филипп ответил: «Это Иисус Назарянин, сын Иосифа – плотник, с недавнего времени проживающий в Капернауме». И тогда, несколько пораженный его ответом, Нафанаил спросил: «Разве может что-нибудь хорошее прийти из Назарета?» Однако Филипп, взяв его за руку, сказал: «Пойдем, и увидишь».

Филипп подвел Нафанаила к Иисусу, который ласково посмотрел в глаза честному скептику и сказал: «Вот настоящий израильтянин, в котором нет лукавства. Следуй за мной». И Нафанаил, повернувшись к Филиппу, сказал: «Ты прав. Он действительно является знатоком людей. Я пойду за ним, если буду достоин». И Иисус снова кивнул Нафанаилу, говоря: «Следуй за мной».

Теперь у Иисуса была уже половина его будущей группы ближайших товарищей, пять из которых знали его в течение некоторого времени и один – Нафанаил – был незнакомцем. Они сразу же пересекли Иордан и, миновав деревню Наин, поздним вечером достигли Назарета.

Все они заночевали у Иосифа – в доме, где Иисус провел свое детство. Товарищи Иисуса плохо понимали, почему их новый учитель с такой тщательностью уничтожает все свои уцелевшие записи, которые оставались в доме в виде Десяти Заповедей, а также других девизов и изречений. Однако эти действия – равно как и тот факт, что впоследствии они никогда не видели, чтобы он писал на чём-нибудь, кроме как на земле или на песке, – произвели на них глубокое впечатление.

3. ПОСЕЩЕНИЕ КАПЕРНАУМА

На следующий день Иисус послал своих апостолов в Кану, куда все они были приглашены на свадьбу одной видной молодой горожанки. Сам же он поспешил навестить свою мать в Капернауме, остановившись по дороге в Магдале, чтобы повидаться с братом Иудой.

До того, как покинуть Назарет, новые товарищи Иисуса рассказали Иосифу и другим членам семьи Учителя о чудесных событиях недавнего прошлого и дали волю своим чувствам, выразив свою уверенность в том, что Иисус является долгожданным Освободителем. После того как члены семьи обсудили этот вопрос, Иосиф сказал: «Возможно, мать всё-таки была права – быть может, наш странный брат является будущим царем».

Иуда присутствовал при крещении Иисуса и вместе со своим братом Иаковом твердо уверовал в миссию Иисуса на земле. Хотя как Иаков, так и Иуда пребывали в глубоком недоумении относительно сущности миссии их брата, их мать возродила все свои прежние надежды на то, что Иисус является Мессией, сыном Давида, и призывала сыновей уверовать в их брата как освободителя Израиля.

Иисус прибыл в Капернаум в понедельник вечером, однако он не зашел в свой собственный дом, где жил Иаков с матерью, а отправился прямо к Зеведею. Все его капернаумские друзья заметили в нём огромную и приятную перемену. Он вновь казался сравнительно веселым и больше напоминал прежнего, назаретского Иисуса. В течение нескольких лет, предшествовавших его крещению и периодам уединения непосредственно до и после крещения, он становился всё более серьезным и замкнутым. Теперь же он казался им всем прежним Иисусом. В его облике чувствовалась некая величественность и возвышенность, но он снова был непринужденным и веселым.

Мария трепетала от ожидания. Ей казалось, что приблизилось исполнение обещания, данного ей Гавриилом. Она ждала, что вскоре вся Палестина будет потрясена и ошеломлена чудотворным раскрытием ее сына как сверхъестественного царя евреев. Но на все вопросы матери, Иакова, Иуды и Зеведея Иисус лишь отвечал с улыбкой: «Мне следует задержаться здесь на время; я должен исполнить волю моего небесного Отца».

На следующий день, во вторник, все они отправились в Кану на свадьбу Наоми, которая должна была состояться днем позже. И несмотря на многочисленные предупреждения Иисуса не говорить о нём никому, «пока не пробьет час исполнить дело моего Отца», они поступили по-своему и потихоньку распространяли весть о том, что нашли Освободителя. Каждый из них надеялся про себя, что во время этой свадьбы Иисус примет полномочия Мессии и сделает это с великим могуществом и грандиозным великолепием. Они помнили разговоры о явлениях, произошедших после его крещения, и верили, что его грядущий земной путь будет отмечен всё более частыми демонстрациями сверхъестественных способностей и чудес. Поэтому вся округа готовилась прибыть в Кану на свадебный пир Наоми и Иоава, сына Нафана.

Мария давно уже не была столь веселой. Она отправилась в Кану, ощущая себя царицей-матерью, собирающейся на коронацию сына. Впервые после того, как Иисусу исполнилось тринадцать лет, семья и друзья видели его столь беззаботным, столь счастливым, столь предупредительным и отзывчивым к просьбам и желаниям своих товарищей, столь трогательно участливым. И потому они разбивались на группки и перешептывались, гадая, что произойдет. Что предпримет теперь этот странный человек? Как он возвестит славу грядущего царства? И все они были в восторге от мысли, что им предстоит присутствовать при откровении могущества и силы Бога Израиля.

4. СВАДЬБА В КАНЕ

К полудню в среду в Кану прибыло около тысячи человек, что более чем в четыре раза превышало число приглашенных на свадебный пир. По еврейскому обычаю свадьбу отмечали в среду, а приглашения были разосланы за месяц до свадьбы. До полудня и в начале второй половины дня всё происходящее больше напоминало устроенный в честь Иисуса общественный прием, нежели свадьбу. Каждый хотел поприветствовать этого почти уже знаменитого галилеянина, и он был чрезвычайно сердечен со всеми – молодыми и старыми, иудеями и язычниками. И все обрадовались, когда Иисус согласился пойти во главе свадебной процессии.

Теперь Иисус уже полностью осознавал свое человеческое существование, свое божественное предсуществование и статус своих объединенных, или слившихся, – божественной и человеческой, – сущностей. С совершенным самообладанием он мог играть человеческую роль – и в следующее мгновение принимать на себя личностные прерогативы божественной сущности.

В течение дня Иисус всё отчетливее стал осознавать, что от него ждут чуда; особенно ясно он видел, что его семья и шесть учеников-апостолов надеются на то, что он провозгласит свое грядущее царство каким-нибудь поразительным и сверхъестественным действом.

В начале второй половины дня Мария позвала Иакова; вместе они набрались духу, подошли к Иисусу и спросили, не сможет ли он доверить им свою тайну настолько, чтобы сообщить, когда и в какой момент свадебной церемонии он планирует проявить себя как «сверхъестественный». Не успели они закончить, как увидели, что пробудили в Иисусе его характерное негодование. Он лишь сказал: «Если вы любите меня, вы должны желать оставаться со мной, пока я исполняю волю моего небесного Отца». Но выражение его лица было красноречивым свидетельством упрека.

Этот поступок матери чрезвычайно разочаровал Иисуса-человека, и он был существенно отрезвлен своей реакцией на ее намек – позволить себе внешнюю демонстрацию божественности. Это относилось к тем самым вещам, которые он лишь недавно – во время своего уединения в горах – решил не делать. В течение нескольких часов Мария пребывала в подавленном состоянии. Она сказала Иакову: «Я не понимаю его; что всё это значит? Будет ли конец его странному поведению?» Иаков и Иуда пытались утешить свою мать, в то время как Иисус уединился на час. Но вернувшись к гостям, он вновь был беспечным и веселым.

Свадебная церемония проходила в молчаливом ожидании, но она завершилась без единого слова или действия со стороны почетного гостя. Затем прошел слух, что плотник и корабел, которого Иоанн провозгласил «Освободителем», продемонстрирует свое могущество во время вечернего празднества, – возможно, за свадебным ужином. Однако для его шести учеников-апостолов всякое ожидание такой демонстрации прекратилось после того, как он собрал их перед самым праздничным ужином и с величайшей серьезностью сказал: «Не думайте о том, что я пришел сюда творить чудеса для удовлетворения любопытных или убеждения сомневающихся. Нет. Мы находимся здесь, чтобы исполнить волю нашего небесного Отца». Но когда Мария и остальные увидели, что он совещается со своими товарищами, то про себя они полностью уверились в том, что готовится нечто необыкновенное. И все уселись, чтобы насладиться свадебным застольем и праздничным вечером в приятном общении со своими товарищами.

Отец жениха приготовил запас вина, которого с лихвой хватило бы на всех приглашенных на свадьбу гостей. Но мог ли он знать, что женитьба его сына станет событием, столь тесно связанным с ожидаемым явлением Иисуса в качестве Мессии-освободителя? Он радовался выпавшей на его долю чести видеть знаменитого галилеянина среди своих гостей, однако еще до окончания ужина слуги обескуражили его сообщением о том, что вино на исходе. К окончанию свадебного ужина, когда гости стали прогуливаться по саду, мать жениха сообщила Марии по секрету, что запасы вина иссякли, на что Мария доверительно сказала ей: «Не тревожьтесь, я поговорю со своим сыном. Он поможет нам». Так она взяла на себя смелость поговорить с ним, несмотря на порицание, сделанное лишь несколькими часами раньше.

В течение многих лет при каждом кризисе, случавшемся в их семейной жизни в Назарете, Мария всегда обращалась за помощью к Иисусу, поэтому было вполне естественным, что в такой ситуации она подумала о нем. Но были и другие причины, заставившие эту честолюбивую мать обратиться в данном случае к своему старшему сыну. Мария подошла к Иисусу, стоявшему в одиночестве в углу сада, и произнесла: «Сын мой, у них нет вина». Иисус ответил: «Женщина моя добрая, при чём здесь я?» Мария сказала: «Но я считаю, что настал твой час; разве ты не можешь помочь нам?» Иисус ответил: «Я заявляю вновь: я пришел не для того, чтобы заниматься подобными делами. Зачем ты снова беспокоишь меня такими вещами?» И тут, разрыдавшись, Мария взмолилась: «Сын мой, я обещала им, что ты поможешь нам; разве ты не можешь сжалиться надо мной и выполнить мою просьбу?» И тогда Иисус сказал: «Женщина, по какому праву ты раздаешь такие обещания? Позаботься о том, чтобы впредь этого не делать. Мы должны во всём следовать воле небесного Отца».

Мария, мать Иисуса, была сломлена; она была ошеломлена! И пока она стояла перед ним без движения, со слезами, стекающими по ее лицу, человеческое сердце Иисуса переполнилось состраданием к женщине, родившей его во плоти; и, наклонившись к ней, он ласково положил ей руку на голову и сказал: «Ну-ну, мама Мария, не печалься из-за моих слов; видимо, они были резкими – но разве не говорил я тебе много раз, что я пришел только для того, чтобы исполнить волю моего небесного Отца? Я с превеликим удовольствием сделал бы то, о чём ты меня просишь, если бы такова была воля моего Отца...», и Иисус внезапно умолк, он заколебался. Мария, казалось, почувствовала, что что-то происходит. Вскочив, она обвила его шею руками, поцеловала и поспешила назад, в помещение для слуг, которым сказала только: «Что мой сын скажет, то и делайте». Однако Иисус ничего не сказал. Он понял, что уже сказал – а скорее, по собственному желанию подумал – слишком много.

Мария заплясала от радости. Она не знала, откуда появится вино, но не сомневалась в том, что окончательно уговорила своего первенца утвердить свою власть – раскрыть себя, заявить о своем высоком положении и проявить мессианское могущество. И благодаря присутствию и взаимодействию некоторых вселенских сил и личностей, о чём совершенно не догадывались присутствующие, ей не суждено было разочароваться. Вино, которое просила Мария и которое Богочеловек Иисус по-человечески, из сочувствия пожелал, вскоре должно было появиться.

Неподалеку стояло шесть каменных водоносов, наполненных водой и вмещавших около двадцати галлонов каждый. Эта вода предназначалась для последующего использования во время завершающих свадьбу очистительных обрядов. Внимание Иисуса привлекла суета слуг, хлопотавших возле этих огромных каменных сосудов под оживленным руководством его матери; подойдя поближе, он увидел, как из них кувшинами черпают вино.

Постепенно Иисус начал понимать, что́ произошло. Из всех присутствующих на свадебном пиршестве в Кане больше всех был удивлен он сам. Люди ждали от него чуда, однако именно этого он решил не делать. И тут Сын Человеческий вспомнил, о чём предостерегал его Личностный Настройщик Мышления в горах. Он вспомнил предупреждение Настройщика о неспособности любой силы или личности лишить его той прерогативы создателя, которая заключается в независимости от времени. В данном случае преобразователи энергии, промежуточные создания и все другие требуемые личности были собраны рядом с водой и другими необходимыми элементами и, ввиду явного желания Создателя и Властелина Вселенной, результат – мгновенное появление *вина* – был неотвратимым. И это явление было тем более неизбежным, поскольку Личностный Настройщик дал понять, что исполнение желания Сына никак не противоречит воле Отца.

Однако это ни в коей мере не было чудом. Ни один закон природы не был преобразован, отменен или нарушен. Единственное, что произошло, – это аннулирование *времени* при подборе небесными существами химических элементов, необходимых для образования вина. В данном случае, в Кане посредники Создателя приготовили вино точно так же, как это делается с помощью обычного, естественного процесса, – *за исключением* того, что это произошло независимо от времени и при вмешательстве сверхчеловеческих сил в процесс пространственного подбора необходимых химических ингредиентов.

Кроме того, было очевидно, что совершение этого так называемого чуда не противоречило воле Райского Отца, – в противном случае этого не случилось бы, ибо Иисус уже подчинил себя во всём воле Отца.

Когда слуги начерпали нового вина и принесли его шаферу, исполнявшему роль тамады, и когда он попробовал его, то обратился к жениху и сказал ему: «Обычно сперва угощают хорошим вином, а когда гости напьются, то подают вино похуже; ты же сберег лучшее вино до окончания пира».

Мария и ученики Иисуса чрезвычайно обрадовались мнимым чудесам, которые, как они полагали, он намеренно сотворил. Иисус же ненадолго уединился в укромном уголке сада, чтобы серьезно подумать. Он окончательно пришел к выводу, что в данных обстоятельствах он был неспособен повлиять на происшедшее, ибо – не противореча воле Отца – оно было неизбежно. Когда он вернулся к гостям, они смотрели на него с благоговением; все они видели в нём Мессию. Однако Иисус был глубоко озадачен, понимая, что они поверили в него только из-за необычного происшествия, свидетелями которого они случайно стали. И вновь Иисус удалился на время, поднявшись на крышу дома, чтобы обдумать всё случившееся.

Теперь Иисус уже хорошо понимал, что он должен всё время следить за собой, чтобы избежать постоянного повторения подобных эпизодов из-за сочувствия или жалости. Тем не менее, много схожих событий произошло, прежде чем Сын Человеческий навсегда ушел из своей смертной жизни, прожитой во плоти.

5. ВОЗВРАЩЕНИЕ В КАПЕРНАУМ

Хотя многие гости остались на всю неделю, в течение которой праздновалась свадьба, Иисус со своими недавно избранными учениками-апостолами – Иаковом, Иоанном, Андреем, Петром, Филиппом и Нафанаилом – ранним утром следующего дня вышли в Капернаум, ни с кем не простившись. Семья Иисуса и его друзья в Кане были чрезвычайно расстроены тем, что он столь внезапно покинул их, а Иуда – младший брат Иисуса – отправился разыскивать его. Иисус и его апостолы направились прямо к Зеведею, в Вифсаиду. По пути Иисус обсудил со своими новыми товарищами много важных вещей, касавшихся грядущего царства, и особо предупредил их не упоминать о превращении воды в вино. Он также посоветовал им в своей будущей деятельности обходить стороной Сепфорис и Тивериаду.

В тот вечер, после ужина, в доме Зеведея и Саломии состоялось одно из важнейших совещаний за всеь земной путь Иисуса. Присутствовало только шесть апостолов; Иуда прибыл, когда они уже собирались разойтись. Когда эти шесть избранных человек шли с Иисусом из Каны в Вифсаиду, им казалось, что они летят по воздуху. Они были полны ожидания и трепетали от сознания того, что избраны близкими товарищами Сына Человеческого. Однако когда Иисус попытался объяснить им, кем он является, каковой будет его миссия на земле и как она, возможно, завершится, они были потрясены. Они не могли постигнуть смысла его слов. Они лишились дара речи; даже Петр был невыразимо подавлен. Только глубокомысленный Андрей решился ответить на разъяснения, данные Иисусом. Когда Иисус понял, что они не понимают его мысли, когда он увидел, сколь окостеневшими были их представления об еврейском Мессии, он отослал их отдыхать, а сам отправился на прогулку, во время которой беседовал со своим братом Иудой. Перед тем, как расстаться с Иисусом, Иуда прочувствованно сказал: «Мой отец-брат, я никогда не понимал тебя. Я не уверен, являешься ли ты тем, о ком нам говорила мать, и я не до конца понимаю грядущее царство, но я доподлинно знаю, что ты – могущественный Божий человек. Я слышал голос у Иордана, и я верю в тебя, кем бы ты ни был». И произнеся эти слова, он отправился домой в Магдалу.

В ту ночь Иисус не спал. Набросив вечернюю накидку, он сидел на берегу озера и думал, думал до рассвета. За долгие часы той ночи, проведенной в раздумьях, Иисус ясно понял, что ему никогда не удастся заставить своих последователей видеть в нём кого-либо иного, кроме долгожданного Мессии. Наконец он осознал, что его проповедь царства может начаться только как исполнение предсказания Иоанна и что он может приступить к ней только в качестве того, кого ждали евреи. В конце концов, хотя он и не был Мессией, похожим на Давида, он являлся истинным свершением пророческих высказываний древних провидцев с наиболее духовным складом ума. С тех пор он никогда полностью не отрицал того, что является Мессией. Он решил доверить окончательное разрешение этой сложной ситуации воле Отца.

На следующее утро Иисус присоединился за завтраком к своим друзьям, представлявшим собой невеселое зрелище. Он поговорил с ними, а после трапезы собрал их подле себя и сказал: «Воля моего Отца состоит в том, чтобы мы задержались здесь на время. Вы слышали, как Иоанн говорил, что он пришел приготовить путь для царства; поэтому нам следует дождаться завершения проповедей Иоанна. Когда предтеча Сына Человеческого завершит свой труд, мы начнем провозглашать благую весть о царстве». Иисус отправил своих апостолов по домам, а сам собрался идти вместе с Зеведеем в лодочную мастерскую; он договорился увидеться с ними на следующий день в синагоге, где должен был выступить с речью, и назначил встречу с ними в субботу пополудни.

6. СОБЫТИЯ СУББОТНЕГО ДНЯ

Первое публичное выступление Иисуса после его крещения состоялось в синагоге Капернаума в субботу, 2 марта 26 года н. э. Синагога была переполнена. Рассказ о крещении в Иордане дополнялся теперь свежими новостями из Каны о воде и вине. Иисус усадил на почетные места шесть своих апостолов, рядом с которыми сидели его братья во плоти, Иаков и Иуда. Его мать, вернувшаяся в Капернаум вечером предыдущего дня, также присутствовала и сидела в отделении для женщин. Вся публика пребывала в состоянии нетерпеливого ожидания; они рассчитывали увидеть какую-нибудь особенную демонстрацию сверхъестественной силы, которая явилась бы подобающим свидетельством сущности и власти того, кто должен был обратиться к ним в тот день. Однако их ждало разочарование.

Когда Иисус встал, управляющий синагоги подал ему свиток Писания, и он прочел из пророка Исайи: «Так говорит Господь: „ Небеса – мой трон, земля – мое подножие; где же дом, построенный вами для меня? Где моя обитель? Всё это создал я сам, – говорит Господь. – Но об этом человеке я позабочусь, о том, кто беден и сокрушен духом, о том, кто трепещет перед словом моим“. Слушайте слово Господа, трепещущие перед ним: „Ваши братья ненавидели вас и изгоняли вас за имя мое“. Но пусть прославится Господь. Он явится вам в радости, и все остальные будут посрамлены. Голос из города, голос из храма, голос Господа говорит: „Еще не мучилась родами, а родила; прежде чем наступили боли, разрешилась сыном“. Кто слыхал о таком? Можно ли заставить землю родить в один день? Может ли народ родиться сразу? Но так говорит Господь: „Вот, я дам мир, он прольется рекой, и даже язычников слава потечет потоком. Как успокаивает мать свое дитя, так я утешу вас. И вы будете утешены в Иерусалиме. И когда вы увидите это, возрадуется ваше сердце“».

Закончив чтение, Иисус вернул свиток хранителю. Перед тем, как сесть на место, он просто сказал: «Будьте терпеливы, и вы увидите славу Божью; так же будет со всеми, кто останется со мной и тем самым научится исполнять волю моего небесного Отца». И люди разошлись по домам, размышляя, что́ всё это значит.

В тот же день Иисус и его апостолы, вместе с Иаковом и Иудой, сели в лодку и отплыли на некоторое расстояние от берега; там они встали на якорь, и Иисус заговорил о грядущем царстве. И они поняли больше того, что им удалось понять в четверг вечером.

Иисус посоветовал им вернуться к исполнению своих обычных обязанностей, пока «не пробьет час царства». И чтобы воодушевить их примером, он начал регулярно работать в лодочной мастерской. Объяснив, что им следует каждый вечер посвящать три часа учебе и подготовке к своей будущей работе, Иисус добавил: «Все мы останемся здесь до тех пор, пока Отец не велит мне призвать вас. Каждый из вас должен теперь вернуться к своей привычной работе, как будто ничего не произошло. Никому не говорите обо мне и помните, что царство мое придет не через шум и волшебство, а через великую перемену, которую мой Отец произведет в ваших сердцах и в сердцах тех, кого призовут присоединиться к вам в советах царства. Теперь вы мои друзья; я верю вам и люблю вас; вскоре вам предстоит стать моими личными товарищами. Будьте терпеливы, будьте кротки. Всегда подчиняйтесь воле Отца. Приготовьтесь откликнуться на призыв царства. Хотя вы испытаете огромную радость при служении моему Отцу, вы должны также быть готовы к неприятностям, ибо я предупреждаю вас, что для многих людей путь в царство будет лежать лишь через многие беды. Те же, кто найдут царство, исполнятся радости и будут названы благословенными во всей земле. Но не надейтесь понапрасну; мир усомнится в моих словах. Даже вы, друзья мои, не совсем понимаете то, что́ я раскрываю вашим смущенным умам. Не обманывайтесь; нам предстоит трудиться для поколения, ждущего знамений. Они будут требовать чудес в доказательство того, что я послан моим Отцом, и они не сразу увидят подтверждение моей миссии в раскрытой *любви* моего Отца».

В тот вечер – после возвращения на берег и перед тем как они разошлись – Иисус, стоя у края воды, произнес молитву: «Отец мой, я благодарю тебя за этих малых детей, которые, несмотря на свои сомнения, уже верят. И ради них я забыл о себе, дабы исполнить твою волю. Пусть же они научатся быть едины, как едины мы с тобой».

7. ЧЕТЫРЕ МЕСЯЦА ПОДГОТОВКИ

Период ожидания продолжался долгих четыре месяца – март, апрель, май и июнь. За это время Иисус провел с шестью сподвижниками и своим родным братом Иаковом более ста продолжительных и серьезных бесед, прошедших, однако, в приподнятом и радостном настроении. Ввиду болезни домочадцев, Иуда редко посещал эти занятия. Иаков, брат Иисуса, не терял в него веры; что же касается Марии, то в течение этих месяцев задержки и бездействия она почти разуверилась в своем сыне. Ее вера, так высоко взлетевшая в Кане, упала до рекордно низкого уровня. Она только и знала, что раз за разом восклицать: «Я не могу понять его. Что всё это значит?». Однако жена Иакова делала многое для того, чтобы вселить в нее мужество.

В течение четырех месяцев семь уверовавших в Иисуса человек, один из которых был его родным братом во плоти, продолжали знакомиться с ним; они свыкались с мыслью о том, что живут рядом с этим Богочеловеком. Хотя они и называли его Равви, они учились не бояться его. Благодаря несравненному личностному такту, Иисус вел себя так, что не подавлял их своей божественностью. Им было поистине легко быть «друзьями Бога» – Бога, воплощенного в образе смертного. Период ожидания оказался суровым испытанием для всей группы верующих. За это время не произошло ничего, абсолютно ничего сверхъестественного. Каждый день они занимались своими обычными делами, и каждый вечер они усаживались у ног Иисуса. Их соединяла его непревзойденная личность и благотворные слова, которые он говорил из вечера в вечер.

Особенно трудным этот период ожидания и учебы был для Симона Петра. То и дело он пытался убедить Иисуса приступить к проповеди царства в Галилее одновременно с Иоанном, продолжавшим проповедовать в Иудее. Однако Иисус неизменно отвечал Петру: «Наберись терпенья, Симон. Совершенствуйся. Мы вряд ли будем по-настоящему готовы, когда Отец призовет нас». И более опытный, рассудительный Андрей периодически успокаивал Петра своими советами. Человеческая естественность Иисуса производила на Андрея колоссальное впечатление. Он неустанно думал над тем, каким образом тот, кто способен жить так близко к Богу, может быть столь расположенным и участливым к людям.

В течение всего этого времени Иисус только дважды выступил в синагоге. Одна неделя сменялась другой, и к концу периода ожидания люди стали реже вспоминать о его крещении и о случае с вином в Кане. Кроме того, Иисус позаботился о том, чтобы за это время не произошло ничего, что показалось бы чудом. Но несмотря на их неприметную жизнь в Вифсаиде, слухи о необычных деяниях Иисуса дошли до Ирода Антипы, который послал шпионов с целью выяснить намерения Иисуса. Однако Ирода больше беспокоили проповеди Иоанна. Он решил не трогать Иисуса, который вполне мирно продолжал свою деятельность в Капернауме.

В этот период ожидания Иисус стремился объяснить своим сподвижникам, каким должно быть их отношение к различным религиозным группам и политическим партиям Палестины. Иисус всегда повторял: «Мы стремимся склонить на свою сторону их всех, но мы *не принадлежим* ни к одной из них».

В совокупности, книжники и раввины именовались фарисеями. Они называли себя «товарищами». Во многих отношениях они представляли собой прогрессивную, в сравнении с остальными евреями, группу и принимали многие учения, не имевшие однозначного подтверждения в священных книгах иудеев, как, например, доктрину о воскрешении мертвых, которая упоминается только одним из пророков позднего периода, Даниилом.

Саддукеи состояли из духовенства и некоторых богатых евреев. Они не были столь ревностными блюстителями буквы закона. Фарисеи и саддукеи являлись в действительности религиозными партиями, а не сектами.

Ессеи представляли собой настоящую религиозную секту, появившуюся во время восстания Маккавеев; их требования были в некоторых отношениях более строгими, чем у фарисеев. Они переняли от персов многие верования и обряды, жили монастырскими братствами и отказывались от брака, а всё имущество у них было общим. Ессеи уделяли особое внимание учениям об ангелах.

Зелоты являлись группой ревностных еврейских патриотов. Они утверждали, что в борьбе за освобождение от ярма римского рабства любые методы хороши.

Иродиане были чисто политической партией, выступавшей за освобождение от римского господства через восстановление династии Ирода.

В самом центре Палестины жили самаритяне, с которыми «иудеи не общались», несмотря на то что самаритяне придерживались взглядов, в которых было много общего с еврейскими учениями.

Все эти партии и секты, включая более малочисленное братство назореев, верили в приход Мессии. Все они ждали освободителя своего народа. Однако Иисус совершенно недвусмысленно объяснял, что он и его ученики не будут причастны к воззрениям или методам какой-либо из этих школ. Сын Человеческий не должен был становиться ни назореем, ни ессеем.

Хотя Иисус, как и Иоанн, призывал своих апостолов проповедовать евангелие и наставлять верующих, он делал акцент на «возвещении благой вести о царстве небесном». Он неизменно внушал своим сподвижникам, что они должны «выказывать любовь, сострадание и сочувствие». С самого начала он учил своих последователей, что царство небесное является духовным опытом, связанным с воцарением Бога в сердцах людей.

В этот период, в ожидании перехода к активной общественной проповеди, два вечера в неделю Иисус и семь его сподвижников проводили в синагоге, изучая священные книги иудеев. В последующие годы, после периодов интенсивной общественной деятельности, апостолы вспоминали эти четыре месяца как самый ценный и плодотворный период общения с Учителем. Иисус учил этих людей всему, что они могли усвоить. Было бы ошибкой пытаться научить их слишком многому, и он не усугублял их смущение ознакомлением с истиной, значительно превосходящей то, что они могли понять.

8. ПРОПОВЕДЬ ЦАРСТВА

В субботу, 22 июня, незадолго до того, как они отправились в первое проповедническое путешествие и спустя примерно десять дней после заключения Иоанна в тюрьму, Иисус во второй раз – с тех пор, как он привел своих апостолов в Капернаум, – поднялся на кафедру в синагоге.

За несколько дней до проповеди о «Царстве», когда Иисус работал в лодочной мастерской, Петр принес известие об аресте Иоанна. Иисус еще раз отложил свои инструменты, снял фартук и сказал Петру: «Настал час Отца. Приготовимся возвестить евангелие царства».

В тот вторник, 18 июня 26 года н. э., Иисус в последний раз работал за верстаком. Петр выбежал из мастерской и к вечеру собрал всех своих товарищей. Оставив их в роще у берега, он отправился на поиски Иисуса. Однако ему не удалось найти его, ибо Учитель удалился в другую рощу для молитвы. Они увидели его только поздним вечером, когда он вернулся в дом Зеведея и попросил накормить его. На следующий день Иисус отправил своего брата Иакова испросить для него разрешения выступить в синагоге в ближайшую субботу. И управляющий синагогой был очень рад тому, что Иисус вновь выразил желание вести богослужение.

Перед тем как выступить с этой незабываемой проповедью царства Божьего – первым значительным выступлением на пути своего общественного служения, – он прочитал следующие отрывки из Писаний: «Вы будете для меня царством священников, святым народом. Ягве – наш судья, Ягве – наш законодатель, Ягве – наш царь; он спасет нас. Ягве – мой царь и мой Бог. Он – великий царь всей земли. Благоволение твое на Израиле в этом царстве. Благословенна слава Господа, ибо он является нашим Царем».

Закончив чтение, Иисус сказал:

«Я пришел для того, чтобы провозгласить установление царства Отца. И это царство будет объединять поклоняющиеся ему души иудеев и язычников, богатых и бедных, свободных и подвластных, ибо мой Отец нелицеприятен; его любовь и его милосердие простираются на всех.

Отец небесный посылает свой дух, вселяющийся в сознание людей, и когда я завершу свой труд на земле, Дух Истины также прольется на всю плоть. И дух моего Отца вместе с Духом Истины утвердят вас в грядущем царстве духовного понимания и божественной праведности. Царство мое не от мира сего. Сын Человеческий не поведет армии на битву для утверждения престола власти или царства мирской славы. Когда придет мое царство, вы познаете Сына Человеческого как Князя Мира, раскрытие вечного Отца. Дети этого мира сражаются за установление и расширение царств этого мира; мои же ученики войдут в царство небесное путем нравственных решений и духовных побед; войдя же в него, они обретут радость, праведность и вечную жизнь.

К тому, кто прежде всего жаждет войти в царство и тем самым начинает стремиться к величию характера сродни величию моего Отца, приложится и всё остальное, в чём он нуждается. Но говорю вам со всей прямотой: если вы не будете искать дорогу в царство с верой и безмятежным доверием малого дитя, ничто не поможет вам войти в него.

Не дайте себя обмануть тем, кто придет и скажет: „вот царство“ или „вон царство“, ибо царство моего Отца не в том, что зримо и материально. Царство это уже сейчас среди вас, ибо где дух Божий учит и ведет душу человеческую, там воистину и есть царство небесное. И царство Божье есть праведность, мир и радость в Святом Духе.

Иоанн действительно крестил вас в знак покаяния и отпущения грехов ваших; войдя же в небесное царство, вы будете крещены Святым Духом.

В царстве моего Отца нет ни иудея, ни эллина, а есть лишь те, кто ищет совершенства в служении, ибо я заявляю: тот, кто хочет быть великим в царстве моего Отца, должен сначала стать слугой для всех. Если вы желаете служить своим собратьям, вы воссядете вместе со мной в моем царстве – так же как я, служа в образе создания, вскоре воссяду вместе с моим Отцом в его царстве.

Это новое царство подобно семени, которое прорастает в благодатной земле. Не сразу приносит оно спелый плод. Проходит время, прежде чем укоренившееся в душе человека царство приносит спелый плод неувядаемой праведности и вечного спасения.

И это царство, которое я возвещаю вам, не есть господство могущества и изобилия. Царство небесное – не пища и питье, а жизнь растущей праведности и усиливающейся радости в возвышающем служении моему небесному Отцу. Ибо разве не сказал Отец о детях своих, живущих в этом мире: „Воля моя, чтобы в итоге они стали совершенны, как совершенен я“?

Я пришел с проповедью благой вести о царстве. Я пришел не для того, чтобы взвалить новый груз на тех, кто желает войти в царство. Я провозглашаю новый и лучший путь, и те, кто сможет войти в грядущее царство, обретут божественный покой. И чего бы это ни стоило вам в этом мире, какую бы цену вам ни пришлось заплатить за вхождение в царство небесное, вы получите во много крат больше радости и духовных обретений в этом мире и в грядущую эпоху вечной жизни.

Вхождение в царство Отца не является результатом наступления армий, свержения царств этого мира или срывания оков. Царство небесное – рядом с вами, и все вошедшие в него в полной мере обретут свободу и радость спасения.

Царство это – вечные владения. Входящие в царство взойдут к моему Отцу; они непременно достигнут его и воссядут по правую руку его Райской славы. И каждый вошедший в царство небесное станет сыном Божьим, дабы в грядущую эпоху взойти к Отцу. И не притворных праведников пришел я призывать, а грешников и всех, кто жаждет божественно-совершенной праведности.

Иоанн явился с проповедью покаяния, чтобы подготовить вас к царству; теперь же я пришел провозгласить веру – дар Божий – в качестве платы за вступление в царство небесное. Одной только веры в то, что мой Отец любит вас бесконечной любовью, достаточно, чтобы вступить в царство Божье».

Закончив свою речь, он сел. Его слова потрясли всех слушателей и восхитили учеников. Однако люди не были готовы к восприятию благой вести из уст этого Богочеловека. Примерно третья часть слушавших уверовала в его проповедь, хотя не всё им было понятно; около трети в глубине души не были готовы принять такое чисто духовное представление об ожидаемом царстве, в то время как оставшаяся треть не могла понять его учения, и многие действительно были убеждены в том, что он «не в своем уме».

ДОКУМЕНТ 138

ПОДГОТОВКА ПОСЛАННИКОВ ЦАРСТВА

Во второй половине дня, после выступления с проповедью о «Царстве», Иисус собрал шестерых апостолов и начал раскрывать свои планы относительно посещения городов в окрестностях Галилейского моря. Его братья Иаков и Иуда были чрезвычайно оскорблены тем, что их не пригласили на этот совет. До сих пор они считали себя членами ближнего круга сподвижников Иисуса. Однако Иисус не собирался включать близких родственников в число апостолов – духовных отцов царства. Непринятие Иакова и Иуды в число избранных, а также явное отчуждение Иисуса от своей матери со времени свадьбы в Кане положили начало постоянно растущей пропасти между Иисусом и его семьей. Это положение сохранялось в течение всего его общественного служения – они почти отказались от него, – и эти разногласия были полностью исчерпаны только после его смерти и воскресения. Его мать постоянно металась между неустойчивой верой и надеждой с одной стороны и усиливавшимся чувством разочарования, унижения и отчаяния – с другой. Только Руфь, самый младший член семьи, хранила непоколебимую преданность своему отцу-брату.

Вплоть до воскресения Иисуса никто из членов его семьи не принимал активного участия в его служении. Как не чтут пророка в своем отечестве, так и в его собственной семье ему отказывают в понимании и сочувствии.

1. ПОСЛЕДНИЕ НАСТАВЛЕНИЯ

На следующий день – в воскресенье, 23 июня 26 года н. э. – Иисус дал шести апостолам последние наставления и попарно отправил их в путь учить радостной вести о царстве. Он запретил им крестить и советовал воздерживаться от публичных проповедей. Он объяснил, что впоследствии позволит им выступать с такими проповедями, но пока что, в силу многих причин, он хотел бы, чтобы они приобрели практический опыт личного общения со своими собратьями. По замыслу Иисуса, первое путешествие должно было быть отмечено исключительно *индивидуальным трудом*. Хотя его сообщение несколько разочаровало апостолов, они поняли, по крайней мере, отчасти, почему Иисус хотел начать провозглашение царства именно таким образом, и вышли в путь в приподнятом настроении, уверенные и воодушевленные. Он отправил их в путь по двое: Иаков и Иоанн направились в Хересу, Андрей и Петр – в Капернаум, а Филипп и Нафанаил – в Тарихею.

До начала этого первого двухнедельного периода служения Иисус сообщил им, что он желает рукоположить двенадцать апостолов, которые продолжали бы дело царства, после того как он покинет этот мир, и уполномочил каждого из шести выбрать из числа его первых новообращенных по одному человеку в предполагаемую группу апостолов. Иоанн спросил: «Однако, Учитель, станут ли эти шесть человек членами нашего круга, будут ли они участвовать во всём наравне с нами – теми, кто стал твоим последователем еще на Иордане и слышал всё, чему ты учил при подготовке к этому первому заданию во имя царства?» И Иисус ответил: «Да, Иоанн, эти избранные вами люди станут нашими неразлучными товарищами, и вы нау́чите их всему, что имеет отношение к царству, как я учил вас». Сказав это, Иисус покинул их.

Шестеро апостолов расстались и отправились в путь только после длительного обсуждения данных Иисусом наставлений, согласно которым каждый из них должен был избрать нового апостола. В итоге возобладало мнение Андрея, после чего они приступили к своему труду. Суть сказанного Андреем заключалась в следующем: «Учитель прав; нас слишком мало, чтобы мы могли справиться с этой работой. Нужны новые учителя, и Учитель оказал нам огромное доверие, поручив избрать шесть новых апостолов». В то утро, когда они расставались перед тем, как взяться за дело, сердце каждого из них сжималось от затаенной тоски. Они знали, что им будет не хватать Иисуса, и кроме того, что они испытывали страх и нерешительность, провозглашение царства небесного представлялось им раньше в ином свете.

Было решено, что шесть апостолов будут трудиться в течение двух недель, после чего они соберутся на совет в доме Зеведея. Тем временем Иисус отправился в Назарет, чтобы увидеться с Иосифом, Симоном и другими членами своей семьи, жившими в том районе. Иисус делал всё по-человечески возможное, чтобы сохранить доверие и любовь своей семьи, если это не противоречило его решению исполнять волю Отца. В этом отношении он с лихвой выполнил свой долг.

Пока апостолы отсутствовали, Иисус много думал об Иоанне, уже находившемся в заключении. Он испытывал огромный соблазн использовать свое потенциальное могущество и освободить его, однако в очередной раз он подчинился решению «выполнять волю Отца».

2. ИЗБРАНИЕ ШЕСТИ

Первое миссионерское путешествие шестерых апостолов удалось на славу. Каждый из них открыл для себя огромную ценность непосредственного, личного общения с людьми. Они вернулись к Иисусу, лучше понимая, что в конечном счете религия является целиком и полностью *личным опытом*. Они начали чувствовать, сколь сильно простые люди жаждут услышать слова религиозной поддержки и духовного утешения. И когда апостолы собрались вокруг Иисуса, всем хотелось высказаться одновременно, однако Андрей взял на себя обязанности ведущего, и, получая от него право голоса, они должным образом отчитались перед Учителем и представили шестерых кандидатов в новые апостолы.

Каждый из апостолов представлял своего избранника, после чего Иисус просил остальных проголосовать за кандидата; так все шесть новых апостолов были официально приняты всеми шестью старшими учениками. Затем Иисус сообщил, что они все вместе посетят этих кандидатов и призовут их к служению.

Вновь избранными были следующие апостолы:

1. *Матфей Левий*, сборщик пошлин из Капернаума, чья контора находилась к востоку от города, у границы с Ватанией. Он был избран Андреем.

2. *Фома Дидим*, рыбак из Тарихеи, прежде работавший в качестве плотника и каменщика в Гадаре. Он был избран Филиппом.

3. *Иаков Алфеев*, рыбак и фермер из Хересы, избранный Иаковом Зеведеевым.

4. *Иуда Алфеев*, брат-близнец Иакова Алфеева, тоже рыбак, был избран Иоанном Зеведеевым.

5. *Симон Зелот*, занимавший высокий пост в патриотической организации зелотов, отказался от него, чтобы присоединиться к апостолам Иисуса. До того как стать зелотом, Симон был купцом. Он был избран Петром.

6. *Иуда Искариот* был единственным сыном богатых еврейских родителей из Иерихона. После того как он стал последователем Иоанна Крестителя, родители-саддукеи отреклись от него. Он искал работу в этих местах, когда его нашли апостолы Иисуса, и Нафанаил пригласил Иуду присоединиться к ним в основном из-за его опыта в финансовых вопросах. Иуда Искариот был единственным иудеянином среди двенадцати апостолов.

Иисус провел с шестью апостолами весь день, отвечая на их вопросы и слушая их подробные отчеты, ибо им было что рассказать – у них накопилось немало интересных и полезных впечатлений. Теперь они видели всю мудрость плана Учителя, пославшего их в мир приобрести опыт спокойного личного труда, прежде чем приступить к более серьезной общественной деятельности.

3. ПРИЗВАНИЕ МАТФЕЯ И СИМОНА

На следующий день Иисус и шесть апостолов отправились к Матфею, сборщику пошлин. Матфей ждал их и к их приходу успел закрыть книги, приготовившись передать дела по службе своему брату. Когда они подошли к таможне, Андрей выступил вперед вместе с Иисусом, который, глядя Матфею в глаза, произнес: «Следуй за мной». И он поднялся и вошел в дом вместе с Иисусом и апостолами.

Матфей сказал Иисусу, что вечером он собирается устроить прием, – по крайней мере, он хотел бы дать обед для своей семьи и друзей, если Иисус согласится присутствовать на нём в качестве почетного гостя. Иисус кивнул в знак согласия. После этого Петр отвел Матфея в сторону и, объяснив, что он пригласил некоего Симона присоединиться к апостолам, заручился согласием на то, чтобы Симон также был приглашен на пир.

После обеда в доме Матфея все они отправились с Петром, чтобы призвать Симона Зелота. Они нашли его на прежнем месте, где теперь вел дела его племянник. Когда Петр подвел Иисуса к Симону, Учитель приветствовал пылкого патриота, сказав лишь: «Следуй за мной».

Они вернулись все вместе в дом Матфея, где много говорили о политике и религии, пока не пришло время ужинать. Семья Левия уже давно занималась коммерцией и сбором пошлин; поэтому многих гостей, приглашенных Матфеем, фарисеи называли не иначе как «мытарями и грешниками».

В те дни, когда в честь важного гостя устраивались такие званые обеды, существовал обычай, согласно которому любой желающий мог пройти в трапезную, чтобы посмотреть на обедающих и послушать речи и выступления знатных гостей. Поэтому многие фарисеи Капернаума явились сюда, чтобы понаблюдать за поведением Иисуса в этом необычном обществе.

В ходе праздничного обеда гости пришли в чрезвычайно веселое расположение духа; всеобщее веселье было таковым, что наблюдавшие фарисеи в душе стали порицать Иисуса за участие в столь беспечном и беззаботном занятии. Позднее, когда собравшиеся начали произносить речи, один из наиболее злобных фарисеев позволил себе, обращаясь к Петру, осудить поведение Иисуса: «Как смеешь ты учить, что этот человек является праведником, когда он ест с мытарями и грешниками, позволяя себе предаваться столь беспечному времяпровождению?» Петр шепотом передал это замечание Иисусу, до того как тот выступил с прощальным благословением присутствующих. Иисус начал свою речь словами: «Сегодня мы собрались здесь для того, чтобы принять Матфея и Симона в наше братство. Мне приятно видеть ваше веселье и радость, однако вы должны возрадоваться еще больше, ибо многие из вас войдут в грядущее царство духа, где с избытком вкусят благодатных даров царства небесного. Вам же, стоящим здесь и порицающим меня в душе за то, что я веселюсь со своими друзьями, позвольте заметить, что я пришел провозгласить радость тем, кто отвергнут обществом, и духовную свободу тем, кто находится в плену морали. Мне ли напоминать вам, что врач нужен не здоровым, а больным? Я пришел призвать не благочестивых, а грешников».

Это было поистине необычным зрелищем для всего еврейства: видеть, как человек, отличающийся праведным характером и благородными чувствами, свободно и весело общается с простым людом и даже с толпой сборщиков налогов и людей, имеющих репутацию грешников, – далеких от религии любителей развлечений. Симон Зелот пожелал произнести речь на этом собрании в доме Матфея, однако Андрей – зная, что Иисус не хотел, чтобы грядущее царство смешивали с движением зелотов, – убедил его воздержаться от публичных высказываний.

Иисус и апостолы заночевали в доме Матфея, и когда люди расходились по домам, все говорили только об одном – о доброте и дружелюбии Иисуса.

4. ПРИЗВАНИЕ БЛИЗНЕЦОВ

Наутро все девять отплыли в Хересу, чтобы должным образом призвать двух очередных апостолов – Иакова и Иуду, братьев-близнецов, сыновей Алфея, избранных Иаковом и Иоанном Зеведеевыми. Близнецы-рыбаки знали о визите Иисуса и его апостолов и поджидали их на берегу. Иаков Зеведеев представил Учителя хересским рыбакам, и Иисус, пристально глядя на них, кивнул головой и сказал: «Следуйте за мной».

Во второй половине дня, которую они провели вместе, Иисус дал им подробные наставления относительно праздничных собраний, закончив свои замечания следующими словами: «Все люди – мои братья. Отец мой небесный не презирает никакое сотворенное нами создание. Царство небесное открыто для всех мужчин и женщин. Никто не вправе закрыть дверь милосердия перед жаждущей душой, стремящейся войти в царство. Мы будем делить трапезу со всеми, кто пожелает услышать о царстве. Когда наш небесный Отец взирает с небес на людей, все они одинаковы для него. Поэтому не отказывайтесь преломить хлеб с фарисеем или грешником, саддукеем или мытарем, римлянином или евреем, богатым или бедным, свободным или невольником. Врата царства широко открыты для всех, кто желает познать истину и найти Бога».

В тот вечер, во время скромного ужина в доме Алфея, братья-близнецы были приняты в апостольскую семью. Позднее вечером Иисус дал своим апостолам первый урок, темой которого было происхождение, природа и участь нечистых духов. Однако они не смогли понять смысл того, о чём он говорил. Апостолам было очень легко любить Иисуса и восхищаться им, но очень трудно понимать многие из его учений.

После ночного отдыха вся компания, насчитывавшая уже одиннадцать человек, отправилась на лодке в Тарихею.

5. ПРИЗВАНИЕ ФОМЫ И ИУДЫ

Рыбак Фома и скиталец Иуда встретились с Иисусом и апостолами у рыбацкой пристани в Тарихее, и Фома повел всех в свой дом, находившийся неподалеку.

Здесь Филипп представил Фому в качестве своего кандидата в апостолы, а Нафанаил представил Иуду Искариота, иудеянина, как человека, достойного такой же чести. Иисус взглянул на Фому и сказал: «Фома, тебе не хватает веры; тем не менее, я принимаю тебя. Следуй за мной». Иуде Искариоту Учитель сказал: «Иуда, все мы одной плоти, и я принимаю тебя в наш круг, однако я заклинаю тебя хранить верность своим галилейским братьям. Следуй за мной».

После того как они подкрепились, Иисус уединился с двенадцатью апостолами, чтобы предаться совместным молитвам и рассказать им о сущности и действии Святого Духа, но и на этот раз они большей частью не смогли понять смысла тех замечательных истин, которые он попытался им раскрыть. Один понимал одно, другой – другое, но никому из них не удалось охватить всё учение. Каждый раз они совершали одну и ту же ошибку, пытаясь приспособить новое евангелие Иисуса к своим прежним формам религиозной веры. Они не могли понять, что Иисус пришел для провозглашения нового евангелия спасения и утверждения нового пути обретения Бога; они не понимали, что он *является* новым раскрытием небесного Отца.

На следующий день Иисус оставил двенадцать апостолов одних. Он хотел, чтобы они познакомились друг с другом и обсудили между собой то, чему он их научил. Учитель вернулся к ужину и во время вечерней беседы рассказал им о служении серафимов, и некоторые из апостолов поняли его учение. Они отправились на покой и на другой день отплыли в Капернаум.

Зеведей и Саломия перебрались к своему сыну Давиду, что позволило передать их большой дом Иисусу и его двенадцати апостолам. Здесь Иисус спокойно провел субботу со своими избранными посланниками. Он подробно изложил планы провозглашения царства и исчерпывающе объяснил, сколь важно избегать любых столкновений с гражданскими властями, сказав: «Если необходимо вынести порицание гражданским правителям, предоставьте это мне. Следите за тем, чтобы не допускать осуждения кесаря или его слуг». В тот же вечер Иуда Искариот отозвал Иисуса в сторону, чтобы осведомиться, почему ничего не делается для освобождения Иоанна из заключения. И Иуда не был полностью удовлетворен позицией Иисуса.

6. НЕДЕЛЯ ИНТЕНСИВНОЙ ПОДГОТОВКИ

Следующая неделя была посвящена интенсивной подготовке. Ежедневно каждый из шести новых апостолов становился подопечным рекомендовавшего его товарища, вместе с которым он тщательно повторял всё усвоенное и пережитое при подготовке к труду царства. Апостолы, призванные первыми, подробно повторяли с шестью новыми апостолами учения Иисуса, с которыми они были знакомы на то время. По вечерам все собирались в саду Зеведея, где Иисус продолжал свое обучение.

Именно в это время Иисус выделил в середине недели свободный день для отдыха и развлечений. В течение всей его оставшейся материальной жизни они придерживались этого плана, посвящая один день в неделю отдыху. Как правило, они прекращали свои привычные занятия по средам. В такой день Иисус обычно покидал их со словами: «Дети мои, устройте себе день развлечений. Оставьте напряженные труды царства и насладитесь отдыхом, который помогает вернуться к прежним занятиям или открывает новые способы развлечения». Хотя в этот период своей земной жизни Иисус не нуждался в таком дне отдыха, он соблюдал этот план, ибо знал, что это пойдет на пользу его человеческим сподвижникам. Иисус был наставником – Учителем; его сподвижники были его воспитанниками – учениками.

Иисус стремился объяснить своим апостолам различие между его учениями и его *жизнью среди них* с одной стороны и учениями, которые впоследствии могли появиться *о нем*, – с другой. Он сказал: «Мое царство и евангелие этого царства должны стать основной темой вашей проповеди. Не сбейтесь на проповедь *обо* мне и моих учениях. Провозглашайте евангелие царства и отображайте мое раскрытие небесного Отца, но не сворачивайте на путь создания легенд и культа, связанных с верованиями и учениями *относительно* моих взглядов и учений». Однако они в очередной раз не поняли, отчего он так говорит, и ни один не решился спросить, почему он учит их этому.

В этих ранних учениях Иисус стремился, насколько это было возможно, избегать противоречий со своими апостолами, если они не касались ложных представлений о его небесном Отце. Во всех таких случаях он без колебания исправлял ошибочные воззрения. После крещения, в жизни Иисуса на Урантии был только *один* мотив – более совершенное и истинное раскрытие его Райского Отца; он был первопроходцем нового и лучшего пути к Богу, пути любви и веры. Он всегда призывал апостолов: «Ищите грешников и павших духом, утешайте кающихся».

Иисус прекрасно владел ситуацией. Он обладал неограниченной властью, которую мог использовать в помощь своей миссии, но он полностью удовлетворялся средствами и личностями, которые в представлении большинства людей выглядели бы неадекватными и незначительными. Он осуществлял миссию, в которой таились колоссальные возможности для внешней эффектности, но он настаивал на служении делу своего Отца совершенно неприметным и неэффектным образом; он упорно избегал любой демонстрации могущества. Он собирался неприметно трудиться, по крайней мере, в течение нескольких месяцев, со своими двенадцатью апостолами в окрестностях Галилейского моря.

7. НОВОЕ РАЗОЧАРОВАНИЕ

По плану Иисуса, в течение пяти месяцев они должны были спокойно заниматься индивидуальным миссионерством. Он не раскрыл своим апостолам этого срока; они работали по недельному плану. И в первый же день недели, когда он собирался объявить о том двенадцати апостолам, Симон Петр, Иаков Зеведеев и Иуда Искариот пришли к нему для частной беседы. Отведя Иисуса в сторону, Петр собрался с духом и сказал: «Учитель, мы пришли по настоянию наших товарищей, чтобы спросить, пришло ли время вступить в царство. Провозгласишь ли ты царство в Капернауме, или нам следует отправиться в Иерусалим? И еще: когда каждый из нас узнает, какое место ему предстоит занять подле тебя при установлении царства...» Петр продолжал бы задавать свои вопросы, однако Иисус остановил его предупреждающим жестом руки. Пригласив остальных апостолов, стоявших поблизости, присоединиться к ним, Иисус сказал: «Дети мои малые, сколько же мне еще терпеть вас? Разве не объяснял я вам, что мое царство – не от мира сего? Не раз говорил я вам: я пришел не для того, чтобы сесть на трон Давида. Так отчего же теперь вы спрашиваете меня, какое место займет каждый из вас в царстве Отца? Разве вы не можете понять, что я призвал вас как посланников духовного царства? Разве вы не понимаете, что скоро – очень скоро – вам придется стать моими представителями в мире и в провозглашении царства, так же как я представляю сейчас моего небесного Отца? Возможно ли, что я избрал вас и подготовил вас в качестве посланников царства, а вы не понимаете природы и значения грядущего царства божественного превосходства в сердцах людей? Друзья мои, выслушайте меня еще раз. Избавьтесь от мысли о том, что мое царство – это господство силы или власть славы. Воистину, всё могущество на небе и земле будет вскоре передано в мои руки, однако Отец не желает, чтобы мы пользовались этим божественным даром для прославления себя в течение этой эпохи. В другую эпоху вы действительно будете сидеть подле меня в могуществе и славе, но сейчас нам следует подчиниться воле Отца и продолжать свой труд, смиренно покорившись исполнению его воли на земле».

В очередной раз его сподвижники были потрясены, поражены. Иисус отправил их молиться по двое, попросив вернуться к нему в полдень. В это решающее утро каждый из них пытался найти Бога, и каждый стремился подбодрить и укрепить духом своего напарника, и они вернулись к Иисусу, как он и просил их.

После этого Иисус поделился впечатлениями о приходе Иоанна, крещении в Иордане, праздновании свадьбы в Кане, недавнем избрании шести апостолов и отзыве из их рядов его собственных братьев во плоти. Он также предупредил их, что враг царства попытается сбить их с пути истинного. После этого короткого, но серьезного разговора, апостолы, вслед за Петром, поднялись, чтобы заявить о своей вечной преданности своему Учителю и поклясться в своей нерушимой верности царству, – как сказал Фома, «этому грядущему царству, чем бы оно ни было, хотя я и не до конца его понимаю». Все они поистине *верили в Иисуса*, хотя не всё в его учениях было им понятно.

Затем Иисус спросил, какими средствами они располагают. Он также поинтересовался, какие меры приняты для содержания семей. Когда выяснилось, что их денег вряд ли хватило бы на то, чтобы прокормить себя в течение двух недель, Иисус сказал: «Мой Отец не желает, чтобы наш труд начинался так. Мы останемся здесь, у моря, на две недели и будем рыбачить или заниматься чем-нибудь другим, и за это время вы, под началом Андрея, первозванного апостола, сделаете так, чтобы обеспечить всё необходимое для своей будущей работы, – как для нынешнего личного служения, так и для того времени, когда я отправлю вас проповедовать евангелие и наставлять верующих». Все они были чрезвычайно обрадованы этими словами – первым недвусмысленным и ясным намеком на то, что впоследствии Иисус предполагал перейти к более активной и решительной общественной деятельности.

Остаток дня апостолы совершенствовали свою организацию и занимались приготовлением лодок и сетей, для того чтобы на следующий день отправиться рыбачить, ибо все они решили посвятить себя рыболовству. Большинство из них были рыбаками, да и Иисус являлся опытным лодочником и рыбаком. Многие из лодок, которыми они пользовались в последующие годы, были построены его собственными руками. И это были хорошие и прочные лодки.

Иисус велел, чтобы две недели они посвятили рыболовству, добавив: «И после этого вы отправитесь в путь, чтобы стать ловцами душ». Они рыбачили тремя группами, и каждый вечер Иисус выходил в море с новой группой. Какое наслаждение они получали от общения с Иисусом! Он был хорошим рыбаком, веселым компаньоном и воодушевляющим другом. Чем больше они работали вместе с ним, тем больше они его любили. Однажды Матфей сказал: «Чем больше понимаешь некоторых людей, тем меньше восхищаешься ими; что же касается этого человека, то чем меньше я понимаю его, тем больше я его люблю».

Так продолжалось более пяти месяцев: две недели они рыбачили, а следующие две недели посвящали личному труду во имя царства. Они придерживались этого плана до конца этого, 26 года н. э., пока не прекратились те особые преследования, которым подвергались ученики Иоанна после его заточения.

8. НАЧАЛО ТРУДА ДВЕНАДЦАТИ АПОСТОЛОВ

После продажи двухнедельного улова, Иуда Искариот, избранный апостольским казначеем, разделил денежные средства апостолов на шесть равных частей, поскольку к тому времени уже были собраны деньги на содержание семей апостолов. И затем, в середине августа 26 года н. э., они отправились по двое в указанные Андреем районы. Первые две недели Иисус провел с Андреем и Петром, следующие две недели – с Иаковом и Иоанном и так далее с другими парами апостолов в порядке их избрания. Таким образом, он смог как минимум один раз побывать с каждой из пар, прежде чем он созвал их перед началом их общественного служения.

Иисус учил их проповедовать прощение грехов через *веру в Бога* – без искуплений или жертвоприношений, проповедовать то, что небесный Отец любит всех своих детей одинаковой, вечной любовью. Он велел своим апостолам воздерживаться от обсуждения некоторых вопросов:

1. Труд и заточение Иоанна Крестителя.

2. Голос при крещении. Иисус сказал: «Только те, кто слышал голос, могут упоминать это. Говорите только о том, что вы сами слышали от меня; не говорите с чужих слов».

3. Превращение воды в вино в Кане. Иисус строго предупредил их: «Не рассказывайте никому о воде и вине».

Они прекрасно провели эти пять или шесть месяцев. В течение этого времени они по две недели рыбачили, зарабатывая достаточно денег, чтобы обеспечить себя на следующие две недели, которые посвящались миссионерской деятельности во имя царства.

Простой люд восхищался учением и служением Иисуса и его апостолов. Раввины издавна внушали евреям, что невежественный человек не может быть благочестивым или праведным. Однако апостолы Иисуса были и благочестивыми, и праведными; и тем не менее, они по большей части пребывали в счастливом неведении относительно учености раввинов и накопленной в мире мудрости.

Иисус разъяснял апостолам отличие покаяния через так называемые благие дела, которому учили евреи, от изменения сознания через веру – нового рождения, которого он требовал в качестве платы за прием в царство. Он учил своих апостолов, что *вера* является единственным условием для вступления в царство Отца. Иоанн учил их «покаянию – бегству от грядущего гнева». Иисус учил: «Вера – это открытая дверь для вступления в нынешнюю, совершенную и вечную любовь Бога». Иисус говорил не как пророк, который приходит для возвещения слова Божьего. Чувствовалось, что он говорит от себя, имея на то власть. Иисус стремился отвратить их разум от жажды чудес и обратить его к поиску подлинного и личного опыта с чувством удовлетворения и уверенностью, порождаемыми пребывающим в человеке Божьим духом любви и спасительной благодати.

С самого начала ученики увидели, что Учитель с огромным уважением и сочувствием относится к *каждому* человеку, с которым он встречался, и это одинаковое и неизменное участие, которое он с таким постоянством проявлял к самым разным мужчинам, женщинам и детям, производило на них громадное впечатление. Рассуждая на важную тему, он мог остановиться на полуслове, чтобы выйти на дорогу и сказать несколько сердечных слов проходящей мимо женщине, отягощенной бременем тела и души. Он мог прервать серьезную беседу со своими апостолами, чтобы пообщаться с подбежавшим ребенком. Ничто и никогда не было для Иисуса более важным, чем *конкретный человек*, который оказывался рядом с ним. Он был владыкой и учителем, но он был больше того – он являлся также другом и ближним, отзывчивым товарищем.

Хотя публичные учения Иисуса состояли в основном из притч и коротких бесед, он всегда учил своих апостолов с помощью вопросов и ответов. Он обязательно находил время для ответов на искренние вопросы во время своих последующих публичных выступлений.

Поначалу апостолы были изумлены отношением Иисуса к женщинам, однако быстро привыкли к этому; Иисус предельно ясно объяснил им, что в царстве женщинам предоставлены равные права с мужчинами.

9. ПЯТЬ МЕСЯЦЕВ ИСПЫТАНИЯ

Этот несколько однообразный период, в течение которого рыбная ловля чередовалась с индивидуальным трудом, стал суровым испытанием для двенадцати апостолов, но они выдержали его с честью. Несмотря на все их жалобы, сомнения и кратковременное недовольство, они сдержали свою клятву верности и преданности Учителю. Именно благодаря личному общению с Иисусом в течение этих месяцев испытания они полюбили его настолько, что все (кроме Иуды Искариота) сохранили свою верность и преданность ему даже в тяжкие часы суда и распятия. Настоящие мужчины просто не могли бросить почитаемого учителя, столь близкого и столь преданного им. В мрачные часы смерти Учителя, в сердцах этих апостолов все доводы, аргументы и логика были вытеснены только одним, высшим человеческим чувством – чувством преданности своему другу. Благодаря этим пяти месяцам, в течение которых апостолы трудились вместе с Иисусом, Учитель стал для каждого из них лучшим в мире *другом*. Именно это человеческое чувство, а не его возвышенные учения или восхитительные деяния, удержало их вместе вплоть до воскресения Иисуса и нового возвещения евангелия царства.

Эти пять месяцев неприметного труда были не только великим экзаменом для апостолов – экзаменом, который они выдержали. Этот период отсутствия общественной деятельности стал огромным испытанием для семьи Иисуса. К тому времени, когда Иисус приготовился приступить к общественному служению, вся его семья (за исключением Руфи) практически отвернулась от него. В дальнейшем только в нескольких случаях они пытались наладить с ним связь, но и тогда лишь для того, чтобы попытаться убедить его вернуться вместе с ними домой, ибо они были близки к тому, чтобы считать его невменяемым. Они просто не могли постичь его философию или понять его учение. Всё это было выше понимания его родных.

Апостолы продолжали свой личный труд в Капернауме, Вифсаиде-Юлии, Хоразине, Герасе, Гиппосе, Магдале, Кане, Вифлееме Галилейском, Иотапате, Раме, Сафеде, Гисхале, Гадаре и Абиле. Кроме того, они трудились во многих деревнях и селах. К концу этого периода двенадцать апостолов выработали вполне удовлетворительные планы опеки своих семей. Большинство апостолов были женатыми людьми, некоторые из них имели по несколько детей, однако принятые ими меры по обеспечению своих близких – в дополнение к небольшим поступлениям из апостольского фонда – позволяли им посвящать всю свою энергию делу Учителя, не беспокоясь о финансовом благополучии своих семей.

10. ОРГАНИЗАЦИЯ ДВЕНАДЦАТИ АПОСТОЛОВ

Уже на раннем этапе апостолы организовали свою деятельность следующим образом:

1. Андрей, первозванный, был назначен председателем и управляющим двенадцати апостолов.

2. Петр, Иаков и Иоанн были назначены личными спутниками Иисуса. Они должны были обслуживать его днем и ночью, заботиться о его физических и других потребностях и сопровождать его во время ночных бдений, проводимых в молитве и таинственном общении с небесным Отцом.

3. Филипп стал экономом группы. Он должен был обеспечивать питание и следить за тем, чтобы посетителям, а порой целым толпам слушающих, было что поесть.

4. Нафанаил следил за положением апостольских семей. Он получал регулярные отчеты о нуждах каждой семьи и, сделав соответствующую заявку казначею Иуде, еженедельно отправлял деньги тем, кто в них нуждался.

5. Матфей являлся финансовым агентом апостольского корпуса. Он должен был следить за сбалансированностью бюджета и пополнением казны. Если у группы отсутствовали средства к существованию, если пожертвования на ее содержание не поступали, Матфей обладал правом на какое-то время отозвать апостолов к сетям. Однако к этому не приходилось прибегать после начала их общественного труда; в распоряжении казначея всегда было достаточно средств для финансирования их деятельности.

6. Фома составлял маршруты путешествий. На него легла обязанность искать жилье и намечать места для обучения и проповедей, тем самым обеспечивая плавный и динамичный график путешествий.

7. Иаков и Иуда – сыновья-близнецы Алфеевы – должны были следить за порядком. В их обязанности входило назначать достаточное количество дежурных для поддержания порядка в толпе во время проповедей.

8. Симон Зелот отвечал за восстановление сил и проведение досуга. Он организовывал выходные дни по средам и стремился каждый день найти несколько часов для отдыха и развлечений.

9. Иуда Искариот был назначен казначеем. Он носил казну. Иуда оплачивал все расходы и вел бухгалтерский учет. Он составлял еженедельные сметы доходов и расходов для Матфея и каждую неделю отчитывался перед Андреем. Иуда выплачивал деньги с санкции Андрея.

Таковы были функции двенадцати апостолов с момента появления этой организации и вплоть до того времени, когда предательство Иуды заставило их провести реорганизацию. Учитель и его ученики-апостолы продолжали свой непритязательный труд вплоть до воскресенья, 12 января 27 года н. э., когда Иисус созвал апостолов и официально посвятил их в качестве посланников царства и проповедников его благой вести. И вскоре они были готовы отправиться в Иерусалим и Иудею – в свое первое путешествие с публичной проповедью царства.

ДОКУМЕНТ 139

ДВЕНАДЦАТЬ АПОСТОЛОВ

Тот факт, что только один из апостолов изменил Иисусу, является красноречивым свидетельством обаяния и праведности его земной жизни, несмотря на то что время от времени он вдребезги разбивал надежды своих апостолов и не оставлял камня на камне от любого их устремления к собственному возвеличению.

Апостолы узнали от Иисуса о царстве небесном, а Иисус много узнал от них о царстве людей – человеческой природе в том виде, в котором она существует на Урантии и других эволюционных мирах времени и пространства. Эти двенадцать мужчин представляли разные типы человеческого темперамента, и образование не сделало их *одинаковыми*. В жилах многих из этих галилейских рыбаков текло немало языческой крови в результате принудительного обращения языческого населения Галилеи в иудаизм за сто лет до того.

Было бы ошибкой с вашей стороны считать апостолов абсолютно невежественными и необразованными людьми. Все они, за исключением близнецов Алфеевых, были выпускниками синагогальных школ, хорошо знали священные книги иудеев и обладали многими самыми современными познаниями той эпохи. Семь из них закончили синагогальные школы Капернаума, и во всей Галилее не было лучших еврейских школ.

Когда ваши письменные свидетельства называют этих посланников царства «невежественными и необразованными», это означает лишь то, что они были простыми людьми, не обученными доктринам раввинов и не владеющими методами раввинского толкования Писаний. У них не было так называемого высшего образования. Сегодня их наверняка посчитали бы необразованными, а в некоторых слоях общества даже некультурными. Ясно одно: не все они прошли жесткую, стандартную программу образования. С юношеских лет каждый из них учился жить самостоятельно.

1. АНДРЕЙ ПЕРВОЗВАННЫЙ

Андрей, председатель апостольского корпуса царства, родился в Капернауме. Он был старшим ребенком в семье из пяти детей – кроме брата Симона у него было три сестры. Его отец, который к тому времени уже лежал в могиле, являлся компаньоном Зеведея в рыбосушильном промысле Вифсаиды – рыбацкой гавани Капернаума. Когда Андрей стал апостолом, он был не женат и жил в семье своего женатого брата, Симона Петра. Оба они были рыбаками и являлись компаньонами Иакова и Иоанна – сыновей Зеведея.

В 26 году н. э., когда Андрей был избран апостолом, ему было 33 года – на целый год больше, чем Иисусу; он являлся самым старшим среди апостолов. Андрей имел прекрасную родословную и был наиболее способным из двенадцати. За исключением ораторского искусства, он ни в чём не уступал своим товарищам. Иисус не дал Андрею прозвища, братского эпитета. Однако подобно тому, как апостолы вскоре стали именовать Иисуса Учителем, в отношении Андрея они стали пользоваться прозвищем, соответствующим слову «Глава».

Андрей был хорошим организатором, но еще лучшим управляющим. Он входил в ближний круг из четырех апостолов, но ввиду того, что Иисус назначил его руководителем апостольской группы, ему приходилось исполнять свои обязанности среди собратьев, в то время как трое остальных пользовались возможностью тесного общения с Учителем. До самого конца Андрей оставался главой апостольского корпуса.

Хотя Андрей никогда не отличался талантом проповедника, он с успехом занимался личным трудом, являясь пионером миссионерской деятельности во имя царства в том смысле, что, будучи первым избранным в качестве апостола, он сразу же привел к Иисусу своего брата, Симона, который впоследствии стал одним из величайших проповедников царства. Андрей был главным сторонником политики Иисуса – использовании программы личного труда как метода подготовки двенадцати в качестве посланников царства.

Учил ли Иисус в тесном кругу своих апостолов или проповедовал толпе, Андрей всегда был в курсе дел; он был понятливым исполнителем и умелым администратором. Он принимал быстрое решение по любому вопросу, за исключением тех, которые, как он полагал, выходили за рамки его компетенции и которые он без промедления обсуждал с Иисусом.

Андрей и Петр были совершенно непохожи по характеру и темпераменту, однако следует поставить им в вечную заслугу то, что они прекрасно ладили друг с другом. Андрей никогда не завидовал ораторскому таланту Петра. Нечасто можно встретить старшего человека типа Андрея, который оказывал бы столь огромное влияние на своего талантливого младшего брата. Казалось, что Андрей и Петр никогда и ни в малейшей степени не завидовали способностям и достижениям друг друга. Поздним вечером, в день Пятидесятницы, когда во многом благодаря страстной и воодушевляющей проповеди Петра царство увеличилось на две тысячи новых душ, Андрей сказал своему брату: «Я был бы неспособен на это, но я рад, что у меня есть брат, которому это удалось». На что Петр ответил: «Но если бы ты не привел меня к Учителю и прочно не *удерживал* меня рядом с ним, я не смог бы оказаться здесь и сделать это». Отношения Андрея и Петра были исключением из правила, доказывающим, что даже братья могут жить в мире и успешно сотрудничать друг с другом.

После Пятидесятницы Петр стал известным человеком, однако Андрея, который был старше, никогда не раздражало, что до конца жизни его представляли как «брата Симона Петра».

Из всех апостолов Андрей лучше других разбирался в людях. Он знал, что Иуда Искариот замышляет недоброе еще тогда, когда никто из апостолов не догадывался о том, что́ происходит с их казначеем. Но он никому не раскрыл своих опасений. Великой заслугой Андрея перед царством были его советы, данные Петру, Иакову и Иоанну относительно первых миссионеров, которых отправили в мир возвещать евангелие, а также рекомендации по организации административных дел царства, данные этим ранним руководителям. Андрей обладал огромным талантом видеть скрытые возможности и потенциальные способности молодых людей.

Почти сразу после вознесения Иисуса Андрей начал писать личные воспоминания о многих высказываниях и деяниях своего покойного Учителя. После смерти Андрея списки этого частного свидетельства свободно ходили по рукам среди ранних учителей христианской церкви. Впоследствии в эти черновые записи Андрея вносились поправки, изменения и дополнения, пока они не превратились в достаточно последовательный рассказ о жизни Учителя на земле. Последний из этих видоизмененных и исправленных списков сгорел при пожаре в Александрии спустя примерно сто лет после написания оригинала первым из двенадцати апостолов.

Андрей был человеком ясного понимания, логического мышления и твердых решений, чья огромная сила характера заключалась в несравненном постоянстве. Недостатком его темперамента было отсутствие энтузиазма; много раз он оказывался неспособным воодушевить своих товарищей целесообразной похвалой. Это нежелание хвалить своих друзей за их достойные свершения произрастало из его неприязни к лести и лицемерию. Андрей был одним из тех всесторонних, уравновешенных, удачливых и скромных людей, которые всего добиваются своим собственным трудом.

Все апостолы любили Иисуса, однако столь же истинным является то, что каждого из двенадцати влекла к нему какая-то определенная черта его личности, особенно импонировавшая тому или иному апостолу. Андрей восхищался Иисусом из-за его неизменной искренности, его естественного достоинства. Когда люди узнавали Иисуса, ими овладевало желание познакомить с ним своих друзей; они действительно хотели, чтобы его узнал весь мир.

Когда последующие гонения заставили апостолов окончательно покинуть Иерусалим, Андрей прошел через Армению, Малую Азию и Македонию, приведя в царство многие тысячи людей. Он был схвачен и распят в Патрах, в Ахайе. Прошло два полных дня, прежде чем этот сильный человек скончался на кресте, и в эти трагические часы он продолжал убедительно возвещать благую весть о спасительном небесном царстве.

2. СИМОН ПЕТР

Когда Симон присоединился к апостолам, ему было тридцать лет. Он был женат, имел трех детей и жил в Вифсаиде, неподалеку от Капернаума. Он жил с братом Андреем и матерью своей жены. Как Петр, так и Андрей занимались рыболовством вместе с сыновьями Зеведея.

Учитель был знаком с Симоном в течение некоторого времени до того, как Андрей представил своего брата в качестве второго из апостолов. Когда Иисус назвал Симона Петром, он сделал это с улыбкой; это имя должно было стать чем-то вроде прозвища. Все друзья Симона прекрасно знали, насколько неровным и импульсивным было его поведение. Правда, впоследствии Иисус действительно вложил в это данное в шутку прозвище новый и важный смысл.

Симон Петр был импульсивным человеком, оптимистом. Он вырос, разрешая себе свободно предаваться сильным эмоциям. Он постоянно попадал в трудные ситуации, ибо упорно продолжал говорить, не подумав. Такая разновидность беспечности приносила постоянные неприятности всем его друзьям и товарищам и являлась причиной многих мягких порицаний со стороны Учителя. Единственное, что спасало Петра от еще бóльших неприятностей из-за его неосторожных речей, было то, что он рано научился обсуждать многие свои планы и замыслы с братом Андреем, прежде чем решался публично высказать свои предложения.

Петр был хорошим оратором, красноречивым и выразительным. Кроме того, он являлся прирожденным и вдохновенным лидером, сообразительным, хотя не глубокомысленным человеком. Он задавал много вопросов – больше, чем все остальные апостолы вместе взятые, – и хотя большинство его вопросов являлись удачными и уместными, многие из них были пустыми и глупыми. Петр не обладал глубоким умом, однако он хорошо знал, чего хочет; поэтому ему были свойственны быстрые решения и внезапные поступки. Пока остальные, увидев Иисуса на берегу, в изумлении говорили об этом, Петр прыгнул в воду и поплыл к берегу, чтобы поприветствовать Учителя.

Той чертой Иисуса, которая больше других восхищала Петра, была его божественная доброта. Петр никогда не уставал поражаться терпимости Иисуса. Он не забывал урока о прощении грешника – не до семи, а до семидесяти семи раз. В мрачные и безрадостные дни, наступившие после его бездумного и неумышленного отречения от Иисуса во дворе у первосвященника, он много думал о том впечатлении, которое произвел на него великодушный характер Учителя.

Симону Петру были свойственны мучительные колебания. Он мог бросаться из одной крайности в другую. Сначала он отказался от того, чтобы Иисус омыл его ноги, а затем, услышав ответ Учителя, начал упрашивать его, чтобы тот омыл его с головы до ног. И всё же Иисус знал, что недостатки Петра идут от ума, а не от сердца. Он представлял собой одно из самых непостижимых сочетаний отваги и трусости, которые когда-либо встречались на земле. Сильнейшей чертой его характера была преданность, дружба. Петр действительно и искренне любил Иисуса. И тем не менее, несмотря на могучую силу его ревностного служения, он был столь неустойчивым и непостоянным, что позволил насмешкам служанки довести его до отречения от своего Господа и Учителя. Петр мог вынести преследования и любую другую форму прямого оскорбления, но он сникал и пасовал перед насмешками. Он был храбрым воином при лобовой атаке, но превращался в дрожащего от страха труса при нападении с тыла.

Петр был первым из апостолов Иисуса, выступившим в защиту деятельности Филиппа среди самаритян и Павла среди иноверцев. Однако позднее, в Антиохии, столкнувшись с издевками ортодоксальных иудеев, он полностью изменил свое отношение к язычникам и на время покинул их, чем только навлек на себя бесстрашное осуждение Павла.

Первым среди апостолов он всецело признал в Иисусе соединение человеческого и божественного начал и первым, не считая Иуды, отрекся от него. Петр был не столько мечтателем, сколько человеком, не желавшим спускаться вниз с облаков самозабвения, расставаться с восторженным увлечением внешней эффектностью и возвращаться в будничный и прозаичный мир реальности.

Идя за Иисусом, Петр – буквально и фигурально – либо возглавлял процессию, либо плелся в хвосте – «следуя на расстоянии». Однако из всех двенадцати он был самым выдающимся проповедником; не считая Павла, он сделал больше любого другого человека для установления царства и в течение жизни одного поколения направил посланников царства во все концы света.

После своих опрометчивых отречений от Учителя он пришел в себя и, под благожелательным и чутким руководством Андрея, первым вернулся к рыболовным сетям, пока остальные апостолы мешкали, пытаясь выяснить, что́ произойдет после распятия. Когда он окончательно убедился в том, что Иисус простил его, и узнал, что Учитель снова принял его в свои ряды, огонь царства вспыхнул в его душе с такой силой, что он превратился в великий и спасительный свет для тысяч людей, пребывавших во тьме.

Покинув Иерусалим, Петр много путешествовал. Прежде чем Павел стал ведущей духовной силой среди христианских церквей языческого мира, Петр посетил все церкви от Вавилона до Коринфа, побывав с проповедями и во многих церквах, основанных Павлом. Хотя Петр и Павел существенно отличались по своему темпераменту и образованию – и даже по теологии, – в последующие годы они дружно трудились над укреплением церквей.

Некоторые элементы стиля и учений Петра отражены в проповедях, частично записанных Лукой, а также в Евангелии Марка. Более верным отражением его энергичного стиля является письмо, известное как Первое Послание Петра; по крайней мере, это было так до того, как оно было изменено одним из учеников Павла.

Однако Петр упорствовал в своей ошибке, пытаясь убедить евреев в том, что Иисус всё же являлся действительным и истинным еврейским Мессией. До самой смерти Симон Петр страдал превратными представлениями об Иисусе, путая идеи еврейского Мессии – Христа как всемирного искупителя – и Сына Человеческого как откровения Бога, любящего Отца всего человечества.

Жена Петра была очень способной женщиной. Многие годы она успешно трудилась в составе женского корпуса, а когда Петр был изгнан из Иерусалима, она сопровождала его во всех его путешествиях к церквам, равно как и во время его миссионерских поездок. И в тот день, когда ее прославленный муж расстался с жизнью, она была брошена диким зверям на арене в Риме.

Так этот человек, близкий друг Иисуса и один из членов его ближнего круга, отправился в мир из Иерусалима и, пока не пробил его смертный час, со всей мощью и величием продолжал свое служение, возвещая благую весть царства. И он посчитал за высокую честь, когда его пленители сообщили ему, что он должен умереть такой же смертью, как и его Учитель, – на кресте. Так Симон Петр был распят в Риме.

3. ИАКОВ ЗЕВЕДЕЕВ

Иаков являлся старшим из двух апостолов-сыновей Зеведея, которых Иисус окрестил «сынами грома». Когда он стал апостолом, ему было тридцать лет. Он был женат, имел четырех детей и жил рядом со своими родителями в предместье Капернаума – Вифсаиде. Он был рыбаком и вместе с младшим братом Иоанном занимался своим ремеслом в партнерстве с Андреем и Симоном. Преимуществом Иакова и Иоанна было то, что они знали Иисуса дольше остальных апостолов.

В характере этого способного апостола сочетались противоречивые черты. Казалось, что он обладал двумя натурами, каждая из которых управлялась сильными чувствами. Особой горячностью он отличался тогда, когда в полной мере пробуждалось его негодование. Достаточно раздраженный чем-то, он демонстрировал вспыльчивый нрав, однако когда страсти утихали, он всегда стремился найти предлог, пытаясь оправдать свой гнев тем, что он являлся лишь проявлением праведного негодования. За исключением этих периодических вспышек гнева, личность Иакова во многом напоминала личность Андрея. У него не было свойственного Андрею благоразумия или понимания человеческой природы, но он обладал намного бóльшим красноречием. После Петра и, возможно, Матфея, Иаков был лучшим оратором среди апостолов.

Хотя Иакову была совершенно не свойственна капризность, он мог в один день быть сдержанным и неразговорчивым, а на другой день превращаться в прекрасного собеседника и рассказчика. Обычно он непринужденно разговаривал с Иисусом, однако в обществе двенадцати апостолов мог целыми днями хранить молчание. Эти периоды беспричинного молчания были его огромной слабостью.

Выдающейся чертой личности Иакова была его способность видеть все стороны проблемы. Из всех двенадцати он ближе других подошел к постижению подлинной важности и смысла учения Иисуса. Поначалу и он с трудом понимал Учителя, но еще до того, как апостолы завершили свою подготовку, у него сложилось прекрасное представление об учении Иисуса. Иаков был способен понять людей самого разного толка. У него были хорошие взаимоотношения и с разносторонним Андреем, и с пылким Петром, и со своим замкнутым братом Иоанном.

Хотя Иаков и Иоанн сталкивались с некоторыми трудностями, пытаясь работать вместе, они прекрасно ладили друг с другом, что воодушевляюще действовало на окружающих. Их отношения несколько уступали отношениям Андрея и Петра, однако были значительно лучше того, что можно было бы ожидать от двух братьев, – особенно братьев, отличавшихся таким своеволием и решительностью. Но каким бы странным это ни показалось, сыновья Зеведея были намного терпимей друг к другу, чем к посторонним. Они очень любили друг друга, и в детстве всегда с удовольствием играли вдвоем. Именно эти «сыны грома» хотели, чтобы огонь сошел с небес и истребил самаритян, проявивших неуважение к их Учителю. Однако безвременная смерть Иакова существенно смягчила бурный темперамент его младшего брата Иоанна.

Той чертой Иисуса, которой Иаков восхищался больше всего, была благожелательность. Его покоряла отзывчивость Иисуса, его интерес к простым и великим, богатым и бедным людям.

Мысли и планы Иакова Зеведеева отличались взвешенностью. Вместе с Андреем, он являлся одним из наиболее уравновешенных членов апостольской группы. Он был энергичным человеком, но никогда не спешил. Он служил прекрасным противовесом Петру.

Это был скромный и чуждый эффектности человек – непритязательный труженик, ежедневно делавший свое дело и не стремившийся к какому-либо особому вознаграждению, после того как он осознал действительный смысл царства. Что же касается рассказа о матери Иакова и Иоанна, попросившей Иисуса предоставить ее сыновьям место по правую и левую руку от него, то не надо забывать, что с этой просьбой обратилась именно мать. И следует признать, что выражая готовность взять на себя такую ответственность, они осознавали всю опасность участия в воображаемом ими восстании Учителя против римской власти и были готовы ответить за это. Когда Иисус спросил их, готовы ли они испить чашу, они ответили утвердительно. Что касается Иакова, так буквально и произошло – он испил чашу вместе с Учителем, ибо вскоре, первым из апостолов, принял мученическую смерть от меча Ирода Агриппы. Так Иаков стал первым из двенадцати апостолов, пожертвовавшим своей жизнью в новых сражениях царства. Ирод Агриппа боялся Иакова больше, чем всех других апостолов. Он действительно нередко бывал спокойным и молчаливым, но становился храбрым и решительным, когда задевали и оспаривали его убеждения.

Иаков жил в полную силу, и когда пришел конец, даже его обвинитель и доносчик, присутствовавший на суде и казни и до глубины души потрясенный его милосердием и стойкостью, бросился прочь с места его кончины и примкнул к ученикам Иисуса.

4. ИОАНН ЗЕВЕДЕЕВ

Когда Иоанн стал апостолом, ему было двадцать четыре года от роду – он являлся самым младшим из двенадцати. Он не был женат и жил с родителями в Вифсаиде, где, вместе со своим братом Иаковом, занимался рыболовством в партнерстве с Андреем и Петром. И до, и после того как Иоанн стал апостолом, он действовал в качестве доверенного лица Иисуса в отношениях с его семьей, и он продолжал исполнять эти обязанности, пока была жива Мария, мать Иисуса.

Поскольку Иоанн являлся самым младшим из двенадцати и был тесно связан с Иисусом и его семьей, он был очень дорог Учителю. Однако было бы неправильно говорить, что он был «тем учеником, которого Иисус любил». Вряд ли столь великодушную личность, как Иисус, можно было бы заподозрить в лицеприятии – в том, что он любил одного из апостолов больше, чем других. Тот факт, что Иоанн являлся одним из трех личных помощников Иисуса, также способствовал формированию этого ошибочного представления, уже не говоря о том, что Иоанн, как и его брат Иаков, знал Иисуса дольше других.

Петр, Иаков и Иоанн были назначены личными помощниками Иисуса вскоре после того, как стали апостолами. Назначая Андрея руководителем группы после избрания двенадцати, Иисус сказал ему: «А теперь я хотел бы, чтобы ты поручил двум или трем своим товарищам быть со мной и оставаться при мне, утешать меня и помогать мне в ежедневных делах». И Андрей посчитал, что лучшим решением будет предложить для этой особой роли трех следующих первозванных апостолов. Он хотел бы предложить для исполнения такой благословенной службы себя, однако он уже получил задание от Учителя; поэтому Андрей сразу же распорядился о прикреплении к Иисусу Петра, Иакова и Иоанна.

У Иоанна Зеведеева было много привлекательных черт; к числу же не самых привлекательных относилось его чрезмерное, хотя и хорошо скрываемое, самомнение. Длительное общение с Иисусом привело ко многим и глубоким переменам в его характере. Его самомнение существенно убавилось, но когда Иоанн состарился и у него появились признаки некоторого инфантилизма, оно в определенной мере проявилось вновь. Поэтому, наставляя Нафана при написании Евангелия, которое носит теперь его имя, престарелый апостол, без колебания, периодически называл себя «тем учеником, которого Иисус любил». Поскольку Иоанн ближе других смертных подошел к тому, чтобы считаться приятелем Иисуса, а также учитывая то, что он был его избранным личным представителем в столь многих делах, неудивительно, что он стал воспринимать себя как «любимого ученика Иисуса», ибо он совершенно определенно знал, что являлся тем учеником, которому Иисус так часто доверял.

Сильнейшей чертой характера Иоанна была его надежность. Он был исполнительным и отважным, верным и преданным. Его величайшей слабостью было это свойственное ему самомнение. Он был самым младшим в своей семье и среди апостолов. Возможно, он был несколько избалован; быть может, ему слишком много потакали. Однако Иоанн последних лет своей жизни был совершенно непохож на того самовлюбленного и капризного молодого человека, который стал апостолом Иисуса в возрасте двадцати четырех лет.

Теми характерными чертами Иисуса, которые Иоанн ценил в нём больше всего, были любовь Учителя и его бескорыстие; эти черты произвели на него такое впечатление, что вся его последующая жизнь прошла под знаком чувства любви и братской преданности. Он говорил о любви и писал о любви. «Сын грома» превратился в «апостола любви»; и в Эфесе, когда престарелый епископ уже не мог стоять за кафедрой и выступать с проповедью и его приходилось вносить в церковь в кресле и когда, по окончании службы, его просили сказать несколько слов верующим, в течение многих лет его единственными словами были: «Дети мои малые, любите друг друга».

Иоанн был немногословен, если не считать тех случаев, когда в нём пробуждалось раздражение. Он много думал и мало говорил. С возрастом его характер стал более мягким и сдержанным, но он так и не преодолел своего нежелания говорить, не избавился от своей молчаливости. Однако он был одарен замечательным творческим воображением.

У Иоанна была еще одна черта, неожиданная для такого спокойного и самоуглубленного человека: он отличался своего рода фанатичностью и крайней нетерпимостью. В этом отношении он и Иаков были очень похожи друг на друга – оба они хотели, чтобы огонь сошел с небес на головы непочтительных самаритян. Когда Иоанн столкнулся с незнакомцами, которые учили именем Иисуса, он сразу же запретил им заниматься этим. Однако он был не единственным из двенадцати, страдавшим таким самомнением и сознанием собственного превосходства.

Громадное влияние на жизнь Иоанна оказало то обстоятельство, что у Иисуса не было своего угла, в то время как он знал, сколь преданно Иисус заботился о матери и родных. Иоанн также глубоко сочувствовал Иисусу из-за неспособности его родных понять его и видел их постепенное отчуждение. Вся эта ситуация – при том, что Иисус подчинял малейшее свое желание воле небесного Отца и строил свою повседневную жизнь на безусловном доверии, – оказала на Иоанна столь огромное воздействие, что его характер претерпел явные и глубокие изменения, сохранявшиеся на протяжении всей его последующей жизни.

Мало кто из апостолов обладал такой же холодной и дерзкой отвагой, как Иоанн. Он был единственным из апостолов, кто сопровождал Иисуса в ночь ареста и не побоялся пойти за своим Учителем в самую пасть смерти. Он был рядом с Иисусом вплоть до его последнего земного часа и преданно исполнил свой долг по отношению к его матери, готовый к получению дополнительных инструкций, которые Учитель мог дать в последние минуты своего смертного существования. Несомненно одно: на Иоанна можно было полностью положиться. Когда двенадцать сидели за столом, Иоанн обычно находился по правую руку от Иисуса. Первым из двенадцати он действительно и безоговорочно уверовал в воскресение, и он был первым, кто узнал Учителя, явившегося к ним на берегу моря после своего воскресения.

В первые годы христианского движения этот сын Зеведея был теснейшим образом связан с Петром и стал одним из столпов иерусалимской церкви. Он был правой рукой Петра в день Пятидесятницы.

Спустя несколько лет после мученической смерти Иакова, Иоанн женился на вдове своего брата. Последние двадцать лет жизни его опекала любящая внучка.

Несколько раз Иоанн попадал в тюрьму и был сослан на остров Патмос, где находился четыре года, пока в Риме не пришел к власти новый император. Если бы не тактичность и благоразумие Иоанна, он наверняка был бы казнен, как и его более откровенный брат Иаков. Представая перед мировыми судьями, Иоанн и брат Господа, Иаков, с годами научились мудрому примирительному тону. Они обнаружили, что «кроткий ответ смиряет гнев». Они также научились представлять церковь как «духовное братство, посвященное социальному служению человечеству», а не как «царство небесное». Они проповедовали преданное служение, а не силу власти – царство и царя.

Находясь во вре́менной ссылке на Патмосе, Иоанн написал Книгу Откровения, дошедшую до вас в чрезвычайно сокращенном и искаженном виде. В этой Книге Откровения сохранились некоторые фрагменты великого откровения. После того как она была написана Иоанном, большие куски были утеряны, а другие изъяты. Она сохранилась лишь в отрывочном и фальсифицированном виде.

Иоанн много путешествовал и работал не покладая рук. Став епископом асийских церквей, он поселился в Эфесе. Здесь, в возрасте девяноста девяти лет, он руководил своим помощником Нафаном при написании так называемого «Евангелия от Иоанна». Из всех двенадцати апостолов только Иоанн Зеведеев в итоге стал выдающимся теологом. Он умер естественной смертью в Эфесе в 103 году н. э. в возрасте ста одного года.

5. ФИЛИПП ЛЮБОПЫТНЫЙ

Филипп, избранный пятым апостолом, был призван, когда Иисус с первыми четырьмя апостолами направлялись от пристанища Иоанна на Иордане в Кану Галилейскую. Живя в Вифсаиде, он уже в течение некоторого времени знал об Иисусе, однако Филиппу не приходило в голову, что Иисус является подлинно великим человеком, пока в тот день, в долине Иордана, Учитель не сказал ему: «Следуй за мной». В определенной мере на Филиппа подействовало также то, что Андрей, Петр, Иаков и Иоанн признали Иисуса Освободителем.

Когда Филипп примкнул к апостолам, ему было двадцать семь лет; незадолго до этого он женился, но в то время у него не было детей. Прозвище, данное ему апостолами, означало «любопытство». Филиппу всё нужно было показать. Казалось, он был начисто лишен способности вникать в суть дела. Это совсем не означает, что он был бестолковым, однако ему не хватало воображения. Отсутствие воображения было огромной слабостью его характера. Это был будничный и прозаичный человек.

При организации апостолов для служения Филипп был назначен экономом; в его обязанности входило следить за тем, чтобы они всегда были обеспечены всем необходимым. И он был хорошим экономом. Его сильнейшим качеством была методичная скрупулезность; он отличался как точностью, так и систематичностью.

Филипп вырос в семье, где было семеро детей – три мальчика и четыре девочки. Он был вторым ребенком, и после воскресения Иисуса он крестил всю свою семью, приняв ее в царство. Его родители занимались рыболовством. Отец отличался большими способностями и глубокомыслием, однако мать происходила из весьма заурядной семьи. Филипп был не тем человеком, от которого можно было ожидать великих дел, но он был способен самозабвенно выполнять малые дела, выполнять их хорошо и успешно. За все четыре года лишь несколько раз он не смог обеспечить едой всех присутствовавших. Даже многие чрезвычайные требования, проистекавшие из их образа жизни, редко заставали его врасплох. Хозяйственная служба апостольской семьи была в руках знающего и умелого человека.

Сильной стороной Филиппа была его неизменная надежность; слабой чертой его характера было полное отсутствие воображения, неспособность сложить два и два, чтобы получить четыре. Он обладал математическими способностями в абстрактном смысле, но его воображение не было конструктивным. Некоторые виды воображения отсутствовали у него практически полностью. Он был типичным рядовым и будничным, средним человеком. Среди тех толп, которые приходили, чтобы услышать учения и проповеди Иисуса, было множество подобных ему мужчин и женщин, и они получали огромное удовлетворение, видя, что такой же, как они, человек удостоен столь почетного положения в советах Учителя; они воодушевлялись тем фактом, что подобный им человек уже занял высокое положение в делах царства. И Иисус узнал много нового о том, ка́к функционирует разум некоторых людей, когда он терпеливо выслушивал нелепые вопросы Филиппа и столь часто удовлетворял просьбы своего эконома, просившего, чтобы ему «показали».

Той чертой Иисуса, которой неустанно восхищался Филипп, была неисчерпаемая щедрость Учителя. Филипп ни разу не заметил в Иисусе какой-либо мелочности, скупости или скаредности, и он преклонялся перед этим неизменным и бесконечным великодушием.

В личности Филиппа было мало впечатляющего. О нём часто говорили как о «Филиппе из Вифсаиды, города, где живут Андрей и Петр». Он был почти полностью лишен проницательности и способности увидеть эффектные возможности, заключенные в конкретной ситуации. Он не был пессимистом; он был просто прозаичным человеком. Кроме того, у него в значительной мере отсутствовала духовная интуиция. Он мог, не колеблясь, прервать Иисуса в разгар самых сложных рассуждений Учителя, чтобы задать явно нелепый вопрос. Однако Иисус никогда не отчитывал его за такую бездумность; он был терпелив к Филиппу и тактично относился к его неспособности проникнуть в глубинный смысл учения. Иисус хорошо знал, что если бы он хотя бы раз высказал Филиппу порицание за его надоедливые вопросы, то этим он не только ранил бы его искреннюю душу, но и задел бы Филиппа настолько, что тот уже никогда не решился бы задать ни одного вопроса. Иисус знал, что его пространственные миры населены неисчислимыми миллиардами таких же несообразительных смертных, и он хотел, чтобы все они могли всегда и без колебаний обращаться к нему, приходить со своими вопросами и проблемами. В конце концов, Иисуса действительно больше интересовали глупые вопросы Филиппа, чем проповедь, с которой он мог выступать в тот момент. Иисус в высшей степени интересовался *людьми*, самыми различными людьми.

Апостольский эконом не был хорошим оратором, однако он обладал большой способностью убеждать и добивался успеха в личном общении. Его было трудно обескуражить; он отличался упорством и настойчивостью во всём, за что брался. Он обладал огромным и редким даром – умением сказать «пойдем». Когда его первый новообращенный, Нафанаил, захотел поспорить о достоинствах и недостатках Иисуса и Назарета, убедительным ответом Филиппа было: «Пойдем, и увидишь». Он не был догматичным проповедником, увещевающим своих слушателей: «Идите» – делайте то, делайте это. Любую ситуацию, возникавшую в его труде, он встречал словом «пойдем» – «пойдем со мной, я покажу тебе путь». И такой метод эффективен всегда, при любых формах и на любых стадиях обучения. Родители тоже могли бы научиться у Филиппа тому, что *вместо* «идите и сделайте то или это» лучше говорить детям «пойдемте с нами, и мы покажем вам и сделаем вместе с вами так, как лучше».

Неспособность Филиппа приспосабливаться к новой ситуации проявилась в полной мере, когда группа греков явилась к нему в Иерусалиме со словами: «Господин, мы хотим увидеть Иисуса». Любому еврею, обратившемуся к нему с таким вопросом, Филипп ответил бы: «Пойдем». Однако эти люди были чужеземцами, а Филипп не помнил какой-либо инструкции своих начальников на этот счет. Поэтому всё, о чём он мог подумать, было посоветоваться с главой апостолов, Андреем, после чего они вдвоем препроводили просивших встречи греков к Иисусу. Точно так же, когда по заданию своего Учителя он отправился в Самарию для проповеди и крещения верующих, он не стал возлагать руки на своих новообращенных в знак получения ими Духа Истины. Это было сделано Петром и Иоанном, прибывшими вскоре из Иерусалима для наблюдения за его работой в интересах материнской церкви.

Филипп прошел через мучительный период смерти Учителя, принял участие в реорганизации апостольской группы и стал первым, кто отправился привлекать в царство новые души за пределами расселения евреев. Он добился огромных успехов в своей работе среди самаритян и в последующих трудах по распространению евангелия.

Жена Филиппа, являвшаяся активным членом женского корпуса, стала деятельной соратницей своего мужа в его проповедническом труде, после того как они бежали из Иерусалима от преследований. Это была бесстрашная женщина. Она стояла у cáмого креста, на котором был распят Филипп, воодушевляя его на провозглашение благой вести даже его убийцам, а когда силы оставили его, она начала рассказывать о спасении через веру в Иисуса; ее заставили замолчать лишь после того, как озлобленные евреи набросились на нее и забили насмерть камнями. Их старшая дочь, Лия, продолжила их труд и впоследствии стала известной иерапольской пророчицей.

Филипп, некогда являвшийся экономом апостолов, был могущественным человеком в царстве; куда бы он ни приходил, он завоевывал новые души. В итоге он был распят за свою веру и похоронен в Иераполе.

6. ЧЕСТНЫЙ НАФАНАИЛ

Нафанаил – шестой и последний из апостолов, избранных Учителем лично, – был приведен к Иисусу его другом Филиппом. Он был компаньоном Филиппа в нескольких коммерческих предприятиях и направлялся вместе с ним к Иоанну Крестителю, когда они повстречали Иисуса.

Нафанаил стал апостолом в возрасте двадцати пяти лет и, после Иоанна, был самым молодым членом группы. Младший ребенок из семи детей, он не был женат и служил единственной опорой престарелым и немощным родителям, вместе с которыми он жил в Кане. У него были братья и сестра; некоторые имели свои семьи, а другие умерли, но никто из них не жил в том же месте. Нафанаил и Иуда Искариот были наиболее образованными из двенадцати апостолов. Ранее Нафанаил собирался стать купцом.

Сам Иисус не дал Нафанаилу прозвища, но двенадцать вскоре начали называть его словами, означавшими честность, чистосердечие. Он был «без лукавства». И это являлось его огромным достоинством; он был и честным, и чистосердечным. Недостатком его характера была гордость: он очень гордился своей семьей, своим городом, своей репутацией и своим народом. Всё это похвально, пока не заходит слишком далеко. Нафанаил же в своих личных предубеждениях был склонен доходить до крайностей. Он имел обыкновение предвзято судить о других людях, исходя из собственных представлений. Еще до того, как увидеть Иисуса, он первым делом спросил: «Разве может что-нибудь хорошее выйти из Назарета?» Но, несмотря на свою гордость, Нафанаил не был упрямцем. Он сразу же изменил свое отношение к Иисусу, как только посмотрел ему в глаза.

Во многих отношениях Нафанаил являлся странным гением апостольской семьи. Он отличался философским складом ума и мечтательностью, но это был весьма практичный тип мечтателя. Глубокие философские размышления сменялись у него периодами редкого и причудливого юмора. Когда Нафанаил был в подходящем настроении, он, возможно, являлся лучшим рассказчиком среди апостолов. Иисус очень любил слушать и серьезные, и шутливые рассуждения Нафанаила. Постепенно Нафанаил начал более серьезно воспринимать Иисуса и царство, но он никогда не относился серьезно к себе.

Все апостолы любили и уважали Нафанаила, и у него были превосходные отношения со всеми, кроме Иуды Искариота. Иуда считал, что Нафанаил недостаточно серьезно относится к своим обязанностям апостола, и однажды он осмелился втайне от других прийти к Иисусу и пожаловаться на Нафанаила. Иисус сказал: «Иуда, не оступись, не кичись своим положением. Кто из нас вправе судить своего брата? Воля Отца – не в том, чтобы его дети занимались в своей жизни только серьезными делами. Позволь повторить: я пришел для того, чтобы мои братья во плоти смогли получить больше радости, веселья и жили более полнокровной жизнью. А потому ступай, Иуда, и выполняй добросовестно то, что тебе поручено, а Нафанаилу, своему брату, позволь самому отчитываться перед Богом». И память об этом и многих других схожих случаях долго жила в поддавшемся самообману сердце Иуды Искариота.

Не раз, когда Иисус находился в горах с Петром, Иаковом и Иоанном, и отношения между апостолами становились натянутыми и сложными, когда даже Андрей не знал, чтó сказать своим помрачневшим собратьям, Нафанаил разряжал обстановку философским замечанием или своей искрометной и доброй шуткой.

В обязанности Нафанаила входило ухаживать за семьями апостолов. Он часто отсутствовал на апостольских советах, ибо когда он узнавал о болезни или чрезвычайном происшествии с кем-то из своих подопечных, он немедля отправлялся на помощь. Имея такого человека, как Нафанаил, апостолы могли быть уверены в том, что благополучие их семей находится в надежных руках.

Нафанаил больше всего уважал Иисуса за его терпимость. Он неустанно размышлял о широте и великодушной благожелательности Сына Человеческого.

Отец Нафанаила (Варфоломей) умер вскоре после Пятидесятницы, после чего этот апостол отправился в Месопотамию и Индию, где возвещал благую весть о царстве и крестил верующих. Его собратья так и не узнали, чтó стало с их прежним товарищем – философом, поэтом и юмористом. Однако он также был великим человеком в царстве и сделал многое для распространения учений Иисуса, хотя он и не принимал участия в последующей организации христианской церкви. Нафанаил умер в Индии.

7. МАТФЕЙ ЛЕВИЙ

Матфей, седьмой апостол, был избран Андреем. Матфей принадлежал к семье сборщиков податей, или мытарей; сам же он являлся сборщиком таможенных пошлин в своем родном городе, Капернауме. Он был тридцати одного года от роду, женат и имел четырех детей. Матфей обладал небольшим состоянием, являясь единственным сколько-нибудь обеспеченным человеком из всего апостольского корпуса. Это был предприимчивый и компанейский человек, наделенный способностью дружить и поддерживать хорошие отношения с самыми разными людьми.

Андрей назначил Матфея финансовым представителем апостолов. В некотором смысле, он являлся финансовым агентом и деловым представителем апостольской организации. Он хорошо разбирался в людях и был прекрасным пропагандистом. Его личность плохо поддается описанию, однако он являлся весьма добросовестным учеником и всё больше верил в миссию Иисуса и несомненность царства. Иисус не дал Левию прозвища, но товарищи обычно называли его «добытчиком денег».

Сильной чертой его характера была безраздельная преданность общему делу. То, что он, мытарь, был принят Иисусом и апостолами, служило причиной благодарности, переполнявшей бывшего сборщика налогов. Но потребовалось некоторое время, прежде чем остальные апостолы – в особенности Симон Зелот и Иуда Искариот – примирились с присутствием среди них сборщика податей. Слабостью Матфея был его близорукий и материалистический взгляд на жизнь. Однако со временем он добился огромного прогресса во всех этих отношениях. Конечно, ему приходилось пропускать многие из самых ценных периодов обучения, ибо его обязанностью было следить за пополнением казны.

Больше всего Матфей ценил в Учителе его всепрощение. Он непрестанно вспоминал о том, что для обретения Бога достаточно одной только веры. Он любил говорить о царстве как об «этом деле обретения Бога».

Хотя на Матфее лежало бремя прошлого, он зарекомендовал себя с лучшей стороны, и постепенно его товарищи стали гордиться поступками мытаря. Он являлся одним из тех апостолов, которые записывали многие изречения Иисуса, и эти записи легли в основу последующего рассказа Исадора о высказываниях и делах Иисуса, известного как Евангелие от Матфея.

Вслед за Матфеем – деловым человеком и сборщиком пошлин в Капернауме, прожившим прекрасную и полезную жизнь, – многие тысячи деловых людей, государственных служащих и политических деятелей последующих веков услышали притягательный голос Учителя: «Следуй за мной». Матфей действительно был расчетливым политиком, однако он хранил исключительную верность Иисусу и был в высшей степени предан своему долгу – заботе о том, чтобы у посланников грядущего царства было достаточно средств.

Присутствие Матфея среди двенадцати позволило широко распахнуть двери царства для множества павших духом и отвергнутых душ, давно уже считавших себя лишенными того утешения, которое дает религия. Толпы отверженных и отчаявшихся мужчин и женщин стремились услышать Иисуса, и он не отвернулся ни от одного из них.

Матфей принимал пожертвования от всех желающих из числа верующих учеников и слушателей, присутствовавших на проповедях Учителя, однако он никогда не проводил массовых сборов средств. Вся его деятельность, связанная с финансированием, осуществлялась им втайне и лично; большей частью деньги собирались среди представителей наиболее состоятельного класса заинтересованных верующих. Практически всё свое скромное состояние он потратил на нужды Учителя и его апостолов, но они так и не узнали о его щедрости, – за исключением Иисуса, который знал об этом всё. Матфей не решался открыто вносить свои деньги в апостольскую казну из-за боязни, что Иисус и его товарищи посчитают их грязными; поэтому он часто давал деньги от имени других верующих. В первые месяцы, когда Матфей знал, что его присутствие среди апостолов являлось определенным испытанием, он чувствовал сильное искушение намекнуть им на то, что нередко они кормятся на его средства, однако он подавлял этот соблазн. В тех случаях, когда проявлялось презрительное отношение к мытарю, Левий сгорал от желания раскрыть им свою щедрость, но ему всегда удавалось промолчать.

Если оказывалось, что имевшихся в наличии средств недостаточно для покрытия недельных расходов, Левий часто брал крупные суммы из личных сбережений. Точно так же иногда, когда у него появлялся огромный интерес к учению Иисуса, он предпочитал остаться с остальными и послушать Учителя, даже если знал, что из-за этого ему придется самому внести нужную сумму. Но как же ему хотелось, чтобы Иисус узнал о том, что значительную часть денег он берет из собственного кармана! Он и не догадывался, что Учитель прекрасно это знает. Ни один из апостолов так никогда и не узнал, что Матфей являлся их благотворителем, причем в такой степени, что когда, с началом преследований, он отправился проповедовать евангелие царства, он остался практически без гроша.

Когда эти преследования заставили верующих покинуть Иерусалим, Матфей отправился на север, проповедуя евангелие царства и крестя верующих. Его прежние товарищи-апостолы утратили с ним связь, однако он продолжал идти вперед, проповедуя и крестя, через Сирию, Каппадокию, Галатию, Вифинию и Фракию. Именно здесь, во фракийском городе Лисимахии, в результате сговора группы неверующих евреев с римскими солдатами, он встретил свою смерть. Так этот духовно возрожденный мытарь погиб победителем – с верой в спасение, столь прочно усвоенной им из учений Иисуса за время недавнего пребывания Учителя на земле.

8. ФОМА ДИДИМ

Фома был восьмым апостолом, и он был избран Филиппом. В последующие времена он стал известен как «Фома неверующий», однако его товарищи-апостолы вряд ли считали его неисправимым скептиком. Действительно, он обладал логическим и скептическим складом ума, но его отважная преданность не позволяла близко знавшим его людям считать Фому банальным скептиком.

Когда Фома присоединился к апостолам, ему было двадцать девять лет. Он был женат и имел четырех детей. Поначалу он работал плотником и каменщиком, но впоследствии стал рыбаком и поселился в Тарихее, находившейся на западном берегу Иордана у того места, где он вытекает из Галилейского моря. Фома был известным человеком в своем небольшом селе. Он был мало образован, но обладал острым и логическим умом и являлся сыном прекрасных родителей, живших в Тивериаде. Из всех апостолов только Фома обладал действительно аналитическим складом ума. Он был настоящим ученым апостольской группы.

Детство Фомы было несчастливым. Брак его родителей нельзя назвать удачным, что отразилось на нём в зрелом возрасте. Фома приобрел очень тяжелый и сварливый характер. Даже его жена была довольна, когда он стал одним из апостолов: она радовалась тому, что бóльшую часть времени сможет не видеть своего пессимистически настроенного мужа. Кроме того, Фоме была присуща некоторая подозрительность, из-за чего с ним было трудно ужиться. Поначалу Фома очень возмущал Петра, который жаловался на него своему брату Андрею, называя его «злым, противным и вечно подозрительным». Но чем лучше товарищи Фомы узнавали его, тем больше он им нравился. Они убедились в его абсолютной честности и непоколебимой преданности. Фома был в высшей степени искренним и правдивым человеком, однако он был от природы придирчив и вырос настоящим пессимистом. Проклятьем его аналитического ума была подозрительность. Он уже терял веру в людей, когда познакомился с двенадцатью и, таким образом, соприкоснулся с благородной личностью Иисуса. Эта связь с Учителем сразу же начала преобразовывать весь характер Фомы, что привело к огромной перемене в его отношениях с другими людьми.

Огромной силой Фомы был его прекрасный аналитический ум в сочетании с непреклонным мужеством – если он приходил к какому-то решению. Его огромной слабостью была подозрительность в сочетании с нерешительностью, которую он так и не преодолел за всю свою жизнь во плоти.

В организации двенадцати апостолов в обязанности Фомы входило составление маршрутов и руководство путешествиями, и он был умелым управляющим работой и передвижениями апостольского корпуса. Он был хорошим исполнителем, великолепным предпринимателем, однако ему мешало его переменчивое настроение; сегодня он был одним человеком, завтра – другим. Когда Фома присоединился к апостолам, он был склонен к меланхолии, но общение с Иисусом и другими апостолами в значительной мере излечило его от этого болезненного самоанализа.

Иисусу очень нравился Фома, с которым он провел много длительных бесед с глазу на глаз. Его присутствие среди апостолов было огромным утешением для всех честных скептиков и помогло многим смущенным умам войти в царство, даже если они не могли целиком понять всех духовных и философских аспектов учений Иисуса. Апостольство Фомы было неизменным свидетельством того, что Иисус любит и честных скептиков.

Если другие апостолы чтили Иисуса из-за какой-то особенной и выдающейся черты его многогранной личности, то Фома почитал своего Учителя из-за его в высшей степени гармоничного характера. Фома всё больше восхищался и уважал того, кто был столь ласковым и милосердным – и столь непреклонно справедливым и беспристрастным; столь твердым, но лишенным упрямства; столь спокойным, но лишенным безразличия; столь полезным и участливым, но лишенным навязчивости или безапелляционности; столь сильным – и одновременно столь добрым; столь уверенным, но лишенным грубости или резкости; столь мягким, но столь чуждым нерешительности; столь чистым и невинным – и в то же время столь живым, энергичным и волевым; столь истинно мужественным, но лишенным опрометчивости или безрассудства; столь любящим природу, но столь свободным от какого-либо поклонения ей; столь веселым и шутливым, но столь лишенным легкомысленности и фривольности. Именно эта несравненная гармоничность личности покорила Фому. Из всех апостолов он, возможно, обладал лучшим интеллектуальным пониманием Иисуса и способностью по достоинству оценить его личность.

В советах двенадцати Фома всегда был осмотрителен и настаивал на соблюдении осторожности, однако если его консервативная линия не встречала достаточной поддержки или отвергалась, он всегда был первым, кто бесстрашно отправлялся исполнять принятый план. Вновь и вновь он выступал против какой-нибудь идеи, считая ее проявлением безрассудства и излишней самоуверенности; он спорил до самого конца, но когда Андрей выносил вопрос на голосование и апостолы решали сделать то, против чего он столь упорно возражал, Фома был первым, кто говорил: «Пошли!» Он умел проигрывать. Он не был злопамятным и не таил оскорбленных чувств. Вновь и вновь он возражал против того, чтобы Иисус подвергал себя опасности, но если Учитель решал пойти на риск, Фома неизменно сплачивал апостолов своим отважным призывом: «Вперед, друзья – пойдем же на смерть вместе с ним».

В некоторых отношениях Фома был похож на Филиппа; он тоже хотел, чтобы ему «показали», однако его внешние проявления сомнения основывались на совершенно иных мыслительных процессах. Фома был аналитиком, а не просто скептиком. Что касалось личной физической отваги, он был одним из самых храбрых среди двенадцати.

У Фомы бывали очень тяжелые дни; временами он становился мрачным и унылым. Утрата сестры-близнеца в возрасте девяти лет во многом стала причиной его юношеской печали и усугубила проблемы его характера в более поздний период жизни. Когда Фома погружался в уныние, то иногда ему помогал прийти в себя Нафанаил, иногда – Петр, а нередко – один из близнецов Алфеевых. К сожалению, в периоды наибольшей подавленности он всегда избегал прямого контакта с Иисусом. Однако Учитель знал об этом всё и с понимающим сочувствием относился к страдавшему меланхолией и одолеваемому сомнениями апостолу.

Иногда Фома получал от Андрея разрешение покинуть остальных и уединиться на один-два дня. Но вскоре он понял неразумность такого пути. Он быстро убедился в том, что лучшее средство в период подавленности – продолжать работать и держаться своих товарищей. Однако какие бы чувства ни владели им, он оставался настоящим апостолом. Когда приходило время действовать, именно Фома всегда говорил: «Пошли!»

Фома служит прекрасным примером человека, который испытывает сомнения, вступает с ними в борьбу и побеждает. Он обладал великолепным умом; он не был язвительным критиканом. Это был человек логического склада ума, мыслитель; он являлся пробным камнем для Иисуса и своих товарищей-апостолов. Если бы Иисус и его труд не были подлинными, такого человека, как Фома, невозможно было бы удержать от начала до конца. Он обладал острым и безошибочным чувством *истины*. При первом же признаке мошенничества или обмана Фома покинул бы их. Ученые могут не до конца понимать Иисуса и его труд на земле, однако с Учителем и его человеческими сподвижниками жил и трудился человек, обладавший умом настоящего ученого, – Фома Дидим, и он верил в Иисуса Назарянина.

Дни суда и распятия стали тяжелым испытанием для Фомы. На какое-то время он впал в глубокое отчаяние, но собрался с силами, остался с апостолами и вместе с ними приветствовал Иисуса на Галилейском море. На время он поддался сомнениям и депрессии, но в итоге вновь обрел веру и мужество. После Пятидесятницы он помогал апостолам мудрым советом и, когда преследования рассеяли верующих, прошел Кипр, Крит, побережье Северной Африки и Сицилию, проповедуя благую весть царства и крестя верующих. Фома продолжал проповедовать и крестить, пока, по приказу Рима, не был схвачен и казнен на Мальте. Всего за несколько недель до смерти он приступил к описанию жизни и учений Иисуса.

9 И 10. ИАКОВ И ИУДА АЛФЕЕВЫ

Близнецы Иаков и Иуда, сыновья Алфея, были рыбаками и жили неподалеку от Хересы; Иаков и Иоанн Зеведеевы избрали их девятым и десятым апостолами.

Им было по двадцать шесть лет, и они были женаты; у Иакова было трое детей, у Иуды – двое.

Мало что можно сказать об этих простых рыбаках. Они любили своего Учителя, и Иисус любил их, однако они никогда не прерывали его рассуждений вопросами. Они плохо понимали философские беседы и теологические дебаты других апостолов, но они радовались тому, что оказались среди столь могущественных людей. Оба они были практически идентичны по своему внешнему облику, умственным способностям и духовному восприятию. То, что можно сказать об одном, справедливо и для другого.

Андрей поручил им следить за порядком. Они являлись главными блюстителями порядка во время проповедей и, фактически, широко использовались апостолами в качестве слуг и посыльных. Они помогали Филиппу со снабжением, относили деньги семьям вместо Нафанаила и всегда были готовы помочь любому из апостолов.

Толпы простых людей испытывали огромное воодушевление, видя двух таких, как они, человек, удостоенных места среди апостолов. Уже то, что эти недалекие близнецы были приняты в апостолы, привлекало в царство множество нерешительных верующих. И, кроме того, простые люди более благосклонно относились к тому, что ими руководили и управляли официальные блюстители порядка, во многом похожие на них самих.

Иаков и Иуда, которых также называли Фаддеем и Леввеем, не имели ни сильных, ни слабых сторон. Прозвища, данные им учениками, были добродушным обозначением заурядности. Они были «меньшими из всех апостолов». Они знали это и не расстраивались.

Иаков Алфеев особенно любил Иисуса из-за его простоты. Эти близнецы не могли постичь разум Иисуса, однако они действительно чувствовали, что связаны с сердцем Учителя узами благожелательности. Они не обладали большим умом; при всём уважении к ним, их можно было бы назвать даже глупыми, но в своей духовной сущности они обладали настоящим опытом. Они верили в Иисуса; они являлись сынами Божьими и собратьями в царстве.

Иуду Алфеева притягивала к Иисусу непоказная скромность Учителя. Такая скромность в сочетании с таким личным достоинством чрезвычайно импонировала Иуде. То, что Иисус всегда наказывал молчать о своих необычных деяниях, производило огромное впечатление на этого простодушного дитя природы.

Близнецы были добродушными и бесхитростными помощниками, и все любили их. Иисус пригласил этих молодых людей одного таланта занять почетное место в царстве – войти в его личное окружение, – потому что в пространственно-временных мирах существуют бесчисленные миллионы таких же простодушных и охваченных страхом душ, которым он также предлагает активное вероисповедное общение с ним и его излитым Духом Истины. Иисус презирает не незначительность, а зло и грех. Иаков и Иуда были *незначительны*, но они были *верны*. Они были простыми и невежественными людьми, но они обладали большим сердцем, добротой и великодушием.

И сколь преисполнены благодарной гордостью были эти скромные люди в тот день, когда Учитель отказался принимать некоего богатого человека в качестве проповедника евангелия, пока тот не продаст свое имение и не поможет бедным! Когда люди слышали это и видели близнецов среди его советников, они знали доподлинно, что Иисус нелицеприятен. Только божественный институт – царство небесное – мог быть построен на столь заурядном человеческом фундаменте!

Лишь один или два раза за всё их общение с Иисусом близнецы решились обратиться с вопросом в присутствии других. Проснувшийся у Иуды интерес побудил его задать вопрос после того, как Учитель сказал о гласном раскрытии себя миру. Иуда был несколько разочарован тем, что у двенадцати не останется секретов, и решился спросить: «Но Учитель, когда ты таким образом раскроешь себя миру, как выделишь ты нас особым проявлением своей благости?»

Близнецы добросовестно служили до самого конца – до черных дней суда, распятия и отчаяния. В своих сердцах они никогда не теряли веру в Иисуса и (не считая Иоанна) первыми поверили в воскресение. Но они не могли понять установления царства. Вскоре после того как их Учитель был распят, они вернулись к своим семьям и сетям; их труд был завершен. Они не обладали способностями, необходимыми для более сложных сражений во имя царства. Однако они жили и умерли с сознанием того, что были удостоены и благословлены четырьмя годами тесной и личной связи с Сыном Божьим – полновластным творцом вселенной.

11. СИМОН ЗЕЛОТ

Симон Зелот, одиннадцатый апостол, был избран Симоном Петром. Это был способный человек с хорошей родословной, который жил вместе со своей семьей в Капернауме. Когда он присоединился к апостолам, ему было двадцать восемь лет. Он являлся пламенным агитатором. Кроме того, это был человек, который много говорил, не подумав. До того, как посвятить всего себя патриотической организации зелотов, он был купцом в Капернауме.

Симон Зелот отвечал за развлечения и отдых апостольской группы, и он был прекрасным организатором досуга и отдыха двенадцати.

Сильной стороной характера Симона была его воодушевляющая преданность. Если апостолы находили мужчину или женщину, которые терзались сомнениями относительно вступления в царство, они посылали Симона. Обычно этому вдохновенному стороннику спасения через веру в Бога требовалось не более пятнадцати минут, чтобы развеять все сомнения и устранить любые колебания, увидеть рождение новой души в «свободе веры и радости спасения».

Огромной слабостью Симона был его материалистический склад ума. Он не мог быстро превратиться из еврейского националиста в духовного интернационалиста. Четыре года – слишком короткий срок для такой интеллектуальной и эмоциональной трансформации, однако Иисус всегда терпеливо относился к нему.

Больше всего Симона восхищало в Иисусе спокойствие Учителя, его уверенность, выдержка и непостижимое самообладание.

Хотя Симон был пламенным революционером, бесстрашным бунтовщиком, он постепенно укрощал свою пылкую натуру, пока не превратился в яркого и убедительного проповедника «мира на земле и доброй воли среди людей». Симон был искусным спорщиком; он действительно любил поспорить. И когда приходилось иметь дело с законничеством образованных евреев или с интеллектуальными софизмами греков, это всегда поручалось Симону.

Он был мятежником по своей природе и борцом с традиционными верованиями по воспитанию, однако Иисус привлек его на свою сторону для проповеди высоких идей небесного царства. Симон всегда отождествлял себя с партией протеста; теперь же он присоединился к партии прогресса – неограниченного и вечного прогресса в духе и истине. Он был человеком огромной верности и горячей личной преданности, и он действительно глубоко любил Иисуса.

Иисус не боялся общаться с коммерсантами, трудовым людом, оптимистами, пессимистами, философами, скептиками, мытарями, политиками и патриотами.

Учитель часто беседовал с Симоном, но ему так и не удалось превратить этого ревностного еврейского националиста в интернационалиста. Иисус часто говорил Симону, что человеку свойственно желать улучшения социального, экономического и политического положения, однако он неизменно добавлял: «Это не имеет отношения к небесному царству. Мы должны посвятить себя исполнению воли Отца. Наше дело – быть посланниками небесного духовного правительства, и мы не должны непосредственно заниматься чем-либо иным, кроме представления воли и характера божественного Отца, возглавляющего правительство, посланниками которого мы являемся». Симону было трудно понять всё это, но постепенно он стал постигать некоторый смысл учения Иисуса.

Когда иерусалимские преследования рассеяли учеников, Симон временно прекратил свою деятельность. Он был буквально сломлен. Как патриот-националист, он отказался от всего ради учений Иисуса; и вот, всё было кончено. Он впал в отчаяние, но через несколько лет вновь исполнился надеждой и отправился в путь, возвещая евангелие царства.

Он прибыл в Александрию и, поднявшись к верховьям Нила, проник в глубинные районы Африки, повсюду проповедуя евангелие Иисуса и крестя верующих. Так он трудился, пока не превратился в немощного старика. Он умер и был похоронен в сердце Африки.

12. ИУДА ИСКАРИОТ

Иуда Искариот, двенадцатый апостол, был избран Нафанаилом. Он родился в Кериоте – небольшом городке в южной Иудее. Когда он был подростком, родители перебрались в Иерихон, где он жил и служил в различных коммерческих предприятиях своего отца, пока не заинтересовался проповедью и деятельностью Иоанна Крестителя. Родители Иуды были саддукеями, и когда их сын примкнул к ученикам Иоанна, они отреклись от него.

Нафанаил встретил Иуду в Тарихее, где тот искал работу на рыбосушильном предприятии у южной оконечности Галилейского моря. Когда он примкнул к апостолам, ему было тридцать лет и он не был женат. Он был, возможно, самым образованным из двенадцати апостолов и являлся единственным в апостольской семье Учителя выходцем из Иудеи. Личность Иуды не отличалась какими-либо яркими чертами, хотя он обладал многими внешними признаками культурного и воспитанного человека. Он обладал хорошим умом, но этот ум не всегда был по-настоящему *искренним*. Иуда, в сущности, не понимал себя; он не был откровенным в отношениях с самим собой.

Андрей назначил Иуду апостольским казначеем; он полностью соответствовал своей должности и – вплоть до того дня, когда он предал своего Учителя, – исполнял обязанности честно, преданно и чрезвычайно успешно.

В Иисусе не было какой-либо особой черты, которая восхищала бы Иуду и которую он выделял бы из всесторонне привлекательной и чрезвычайно обаятельной личности Учителя. Иуда так и не смог возвыситься над своими предвзятыми мнениями иудеянина о своих товарищах-галилеянах. Про себя он критиковал многое даже в Иисусе. Не раз этот самодовольный иудеянин осмеливался в глубине души подвергать критике даже того, на кого одиннадцать апостолов смотрели как на совершенного человека, который «абсолютно прекрасен и лучший из десяти тысяч других». Он действительно считал, что Иисус проявляет робость и в некотором смысле боится утвердить собственное могущество и власть.

Иуда был хорошим коммерсантом. Требовался такт, способности, терпение, равно как и неукоснительная приверженность своему делу, для того чтобы вести финансовые дела такого идеалиста, как Иисус, не говоря уже о борьбе с безалаберностью некоторых апостолов в деловых вопросах. Иуда был действительно хорошим исполнителем, дальновидным и способным финансистом. И он являлся активным сторонником организации. Никто из двенадцати никогда не критиковал Иуду. Насколько они могли судить, Иуда Искариот был непревзойденным казначеем, образованным и лояльным (хотя иногда критически настроенным) апостолом и во всех отношениях преуспевающим человеком. Апостолы любили Иуду. Он действительно был одним из них. Должно быть, он *верил* в Иисуса, однако мы сомневаемся в том, что он действительно *любил* Учителя всем сердцем. Судьба Иуды иллюстрирует справедливость выражения: «Иной путь кажется человеку правильным, но в конце пути – смерть». Человек легко становится жертвой незаметного обмана – приятного приспособления к путям греха и смерти. Не сомневайтесь в том, что в финансовом отношении Иуда всегда был лоялен по отношению к Учителю и своим товарищам-апостолам. Деньги никогда не могли бы стать мотивом его предательства.

Иуда являлся единственным сыном недальновидных родителей. В очень юном возрасте его баловали и ему потакали; он был испорченным ребенком. Когда он вырос, у него сложилось преувеличенное представление о собственной значимости. Он не умел проигрывать. Его представления о справедливости были расплывчатыми и превратными. Он лелеял в себе чувства ненависти и подозрительности. Он был мастером превратного толкования слов и поступков своих друзей. И всю свою жизнь Иуда культивировал в себе привычку сводить счеты с теми, кто, как ему представлялось, плохо обходился с ним. Он обладал извращенным представлением о ценностях и преданности.

Для Иисуса Иуда являлся испытанием веры. С самого начала Учитель прекрасно понимал слабости этого апостола и хорошо видел, какой опасностью чревато принятие его в братство. Однако в природе Сынов Божьих – давать каждому созданному существу полную и равную возможность спасения и продолжения жизни. Иисус хотел, чтобы не только смертные данного мира, но и наблюдавшие существа в бессчетных других мирах знали, что когда возникает сомнение в искренней и беззаветной преданности создания царству, неизменной практикой стоящих над людьми Судей является полное принятие сомнительного кандидата. Дверь в вечную жизнь широко открыта для всех; «жаждущий пусть приходит»; нет никаких ограничений или условий, кроме *веры* входящего.

Именно поэтому Иисус позволил Иуде продолжать свою деятельность до самого конца, всегда делая всё возможное, чтобы изменить и спасти этого слабого и запутавшегося апостола. Однако если человек неспособен честно принять свет и оправдать его своей жизнью, то в душе такого человека этот свет превращается в тьму. Иуда стал лучше понимать царство на интеллектуальном уровне, но, в отличие от остальных апостолов, он не достиг прогресса в обретении духовного характера. Ему не удалось добиться удовлетворительного личного прогресса в своем духовном опыте.

Иуда всё глубже погружался в мрачные размышления о собственных разочарованиях и в итоге пал жертвой злопамятности. Он часто считал себя обиженным и начал относиться с патологической подозрительностью к своим лучшим друзьям – и даже к Учителю. Вскоре его поглотила идея сведения счетов; он был готов пойти на всё, чтобы отомстить за себя, – да, вплоть до предательства своих товарищей и Учителя.

Однако эти порочные и опасные мысли приняли окончательную форму только в тот день, когда благодарная женщина возлила сосуд с дорогим благовонием Иисусу на ноги. Иуда счел это расточительством, и когда его открытый протест был сразу же и во всеуслышание отвергнут Иисусом, чаша терпения Иуды переполнилась. Это событие пробудило в нём накопившиеся за всю жизнь ненависть, обиду, злобу, мнительность, ревность и жажду мести, и он решил расквитаться, еще даже не зная с кем; но он сосредоточил всё свое зло на *единственном* невинном человеке во всей презренной драме его несчастной жизни только потому, что Иисус оказался главным действующим лицом в том эпизоде, которым ознаменовался переход Иуды из эволюционирующего царства света в избранные им самим владения тьмы.

Много раз Учитель как наедине, так и публично предупреждал Иуду о том, что тот встал на скользкий путь, однако обычно божественные предостережения бесполезны, если они наталкиваются на озлобленную человеческую природу. Иисус сделал всё возможное, не противоречащее нравственной свободе человека, чтобы удержать Иуду от заблуждения. Наконец настал час великого испытания. Сын злобы пал; он уступил отвратительным и презренным велениям надменного, мстительного, отличавшегося гипертрофированным самомнением разума и стремительно погрузился в смятение, отчаяние и греховность.

И тогда Иуда вступил в подлый и позорный сговор с целью предательства своего Господа и Учителя и быстро привел в исполнение этот гнусный заговор. При осуществлении своих порожденных злобой планов коварного предательства он испытывал мгновения сожаления и стыда, но в такие периоды ясного сознания он, в собственное оправдание, малодушно воображал, что Иисус, быть может, воспользуется своим могуществом и в последнее мгновение освободит себя.

Когда всё было позади – когда презренный и греховный поступок был совершен, – этот ставший предателем смертный, которому ничего не стоило продать своего друга за тридцать сребреников для удовлетворения давней жажды мести, бросился вон и исполнил последний акт в драме бегства от реальностей смертного существования, покончив с собой.

Одиннадцать апостолов ужаснулись, они были потрясены. Иисус испытывал к предателю одну только жалость. Миры не смогли простить Иуду, и с тех пор по всей обширной вселенной избегают упоминать его имя.

ДОКУМЕНТ 140

РУКОПОЛОЖЕНИЕ ДВЕНАДЦАТИ

Около полудня в воскресенье, 12 января 27 года н. э., Иисус собрал апостолов для рукоположения в качестве общественных проповедников евангелия царства. Апостолы были готовы к тому, что их могут созвать в любой день; поэтому в то утро они рыбачили неподалеку от берега. Некоторые из них остались на берегу чинить сети и приводить в порядок рыболовные снасти.

Идя по берегу моря, Иисус стал созывать апостолов. Сначала он окликнул рыбачивших неподалеку Андрея и Петра; затем он позвал Иакова и Иоанна – они находились поблизости в лодке и чинили сети, беседуя со своим отцом Зеведеем. Так, попарно, Иисус собрал остальных апостолов, и когда все двенадцать были в сборе, отправился с ними в горы к северу от Капернаума, где приступил к наставлениям, предварявшим официальное рукоположение.

Впервые все двенадцать апостолов молчали; даже Петр впал в задумчивость. Наконец-то настал долгожданный час! Им предстояло отправиться в путь со своим Учителем, чтобы принять участие в некоем торжественном ритуале личного освящения и коллективного посвящения священному труду в качестве представителей их Учителя – провозвестников грядущего царства его Отца.

1. ПРЕДВАРИТЕЛЬНЫЕ НАСТАВЛЕНИЯ

Перед тем как приступить к официальной церемонии рукоположения, Иисус обратился к сидящим перед ним апостолам: «Братья мои, час царства пробил. Я привел вас сюда для того, чтобы представить вас Отцу в качестве посланников царства. Некоторые из вас, призванные первыми, слышали, как я говорил об этом царстве в синагоге. С тех пор как вы начали трудиться вместе со мной в городах в окрестностях Галилейского моря, каждый из вас узнал больше о царстве Отца. Но сейчас я хочу рассказать вам нечто большее об этом царствс.

Новое царство, которое мой Отец собирается воздвигнуть в сердцах своих земных детей, будет царством вечным. Бесконечным будет это владычество моего Отца в сердцах тех, кто пожелает исполнить его божественную волю. Я заявляю вам, что мой Отец не есть Бог иудеев или язычников. Многие придут с востока и запада, чтобы воссесть вместе с нами в царстве Отца, и многие из детей Авраама откажутся вступить в это новое братство – владычество духа Отца в сердцах детей человеческих.

Не численность армий и не власть богатства определят могущество этого царства, но слава божественного духа, который явится для того, чтобы учить умы и господствовать в сердцах возрожденных граждан этого небесного царства – Божьих сынов. Это братство любви, где господствует праведность и где боевым кличем станут слова: „Мир на земле и добрая воля ко всем людям“. Это царство, к провозглашению которого вам предстоит так скоро приступить, является мечтой праведных людей во все века, надеждой всей земли и исполнением мудрых обещаний всех пророков.

Но вас, дети мои, и всех других, кто последует за вами в это царство, ждет суровое испытание. Только вера проведет вас через врата царства, но вы должны принести плоды духа моего Отца, прежде чем продолжить восхождение в прогрессирующей жизни божественного братства. Истинно, истинно вам говорю: не всякий, говорящий „Господи, Господи", войдет в царство небесное, а тот, кто исполняет волю моего небесного Отца.

И будет вашей проповедью в мире: „Ищите прежде всего царства Божьего и его праведности, и когда найдете их, всё остальное, что нужно вам для вечного спасения, приложится". А теперь я хотел бы, чтобы вы поняли: царство моего Отца не свершится через зримое могущество или неподобающее знамение. Не для того пойдете отсюда возвещать царство, чтобы говорить: „вот оно" или „вон оно", ибо царство это, которое будете проповедовать, есть Бог в вас самих.

Тот, кто хочет стать великим в царстве моего Отца, должен стать всем слугой; и тот, кто хочет быть первым среди вас, пусть служит своим братьям. Когда же вас примут в качестве истинных граждан небесного царства, вы будете уже не слугами, а сынами, сынами живого Бога. Так это царство будет крепнуть в мире, пока не сокрушит все преграды и не позволит всем людям познать моего Отца и поверить в спасительную истину, возвестить которую я пришел. Приблизилось царство, и некоторые из вас при жизни своей увидят великое могущество Божьей власти.

И то, что вы видите своими глазами, – это скромное начало, двенадцать простых мужчин, – будет множиться и расти, пока весь мир не исполнится хвалой моему Отцу. И не столько по словам вашим, сколько по жизни вашей люди будут знать, что вы были со мной и познали истинность царства. Я не стал бы отягощать печальным бременем ваш разум, но я собираюсь возложить серьезную ответственность на ваши души: вскоре я покину вас, оставив вас представлять меня в этом мире, как сам я ныне представляю моего Отца в этой жизни, которую проживаю во плоти». И сказав это, он встал.

2. РУКОПОЛОЖЕНИЕ

Иисус велел двенадцати смертным, которые только что выслушали его высказывание о царстве, преклонить колена вокруг него. После этого Учитель возложил руки на голову каждого из апостолов, начав с Иуды Искариота и закончив Андреем. Благословив их, он простер свои руки и произнес молитву:

«Отец мой, я привел к тебе этих людей, моих посланников. Я избрал этих двенадцать человек среди наших земных детей для того, чтобы они отправились в мир и представляли меня, так же как я пришел сюда, чтобы представлять тебя. Люби их и будь с ними, так же как ты всегда любил меня и пребывал со мной. А теперь, Отец мой, дай этим людям мудрости, ибо я доверяю им все дела грядущего царства. И если будет на то твоя воля, я хотел бы задержаться на земле на срок, дабы помочь им в их трудах во благо царства. И вновь я благодарю тебя, Отец мой, за этих людей и передаю их твоей опеке, пока я завершаю вверенный тобой труд».

Когда Иисус закончил молиться, каждый из апостолов остался на своем месте с преклоненной головой. И прошла не одна минута, прежде чем даже Петр осмелился поднять глаза и взглянуть на Учителя. Один за другим они обняли Иисуса, однако никто не проронил ни слова. Воцарилась великая тишина, и небесное воинство взирало сверху на это торжественное и священное действо – Создателя вселенной, передающего дела божественного братства людей под начало человеческого разума.

3. ПРОПОВЕДЬ РУКОПОЛОЖЕНИЯ

После этого Иисус обратился к ним со словами: «Теперь, став посланниками царства моего Отца, вы стали особым классом людей, отличным от всех других людей на земле. Теперь вы уже не просто люди среди людей, а просвещенные граждане другой, небесной страны среди несведущих созданий этого невежественного мира. Недостаточно, чтобы вы жили так, как прежде; отныне вы должны жить, как вкусившие блаженства лучшей жизни и посланные назад на землю в качестве посланников Владыки нового и лучшего мира. От учителя ждут больше, чем от ученика; с господина больше спрос, чем со слуги. От граждан небесного царства требуется больше, чем от граждан земной власти. Кое-что из того, что я собираюсь сказать, может показаться вам суровым, однако вы приняли решение представлять меня в мире, так же как я представляю сейчас Отца; и в качестве моих земных посредников вы будете обязаны придерживаться тех учений и обычаев, которые отражают мои идеалы смертной жизни в мирах пространства и которые я выражаю в своей земной жизни, посвященной раскрытию небесного Отца.

Я посылаю вас в мир возвещать свободу духовным пленникам, радость – узникам страха и исцелять больных по воле моего небесного Отца. Видя моих детей в гóре, ободряйте их словами:

„Счастливы нищие духом, смиренные, ибо богатства царства небесного принадлежат им.

Счастливы изголодавшиеся и жаждущие праведности, ибо они насытятся.

Счастливы кроткие, ибо они унаследуют землю.

Счастливы чистые сердцем, ибо они узрят Бога“.

И так еще говорите моим детям, обращаясь со словами духовного утешения и надежды:

„Счастливы скорбящие, ибо они будут утешены. Счастливы плачущие, ибо они обретут дух радости.

Счастливы милостивые, ибо им будет оказана милость.

Счастливы миротворцы, ибо они будут названы сынами Божьими.

Счастливы преследуемые за праведность, ибо царство небесное принадлежит им. Счастливы вы, когда оскорбляют вас и преследуют и всячески клевещут на вас. Радуйтесь и ликуйте, ибо велика ваша награда на небесах“.

Братья мои, кого я посылаю в мир! Вы – соль земли, соль со спасительной силой. Но если соль становится безвкусной, то как ей снова стать соленой? Непригодна она более ни к чему, разве только выбросить ее, чтобы затоптали ее ногами.

Вы – свет мира. Нельзя скрыть город, построенный на вершине холма. И никто не прячет зажженный светильник под перевернутый кверху дном сосуд, а ставят его на подсвечник; и он светит всем в доме. Пусть свет ваш сияет перед людьми так, чтобы они видели ваши добрые деяния и пришли к прославлению вашего небесного Отца.

Я посылаю вас в мир быть моими представителями и действовать в качестве посланцев царства моего Отца; доверьтесь же Отцу, чьими глашатаями вы являетесь, когда отправляетесь в путь для проповеди благой вести. Не противьтесь несправедливости насилием; не доверяйтесь силе плоти. Если ваш ближний ударит вас в правую щеку, обратите к нему и другую. Будьте готовы терпеть несправедливость, нежели судиться друг с другом. Добром и милосердием помогайте всем, кто в гóре и нужде.

Говорю вам: любите врагов ваших, делайте добро тем, кто ненавидит вас, благословляйте проклинающих вас и молитесь за тех, кто безжалостно использует вас. И во всём поступайте с людьми так, как, по вашему мнению, поступал бы с ними я.

Отец ваш небесный – причина того, что солнце сияет над злыми и добрыми людьми; он посылает дождь на справедливых и несправедливых. Вы – сыны Божьи, более того: теперь вы – посланцы царства моего Отца. Будьте милосердны, как милосерден Бог, и в вечном будущем царства вы будете совершенны, как совершенен ваш небесный Отец.

Вы посланы спасать людей, а не судить их. В конце своей земной жизни все вы ждете милосердия; поэтому я требую от вас, чтобы в течение своей смертной жизни вы были милосердны ко всем своим братьям во плоти. Не пытайтесь напрасно вынуть соринку из глаза своего брата, когда в собственном глазу – бревно. Выньте прежде бревно из своего глаза, и тогда сможете лучше увидеть, ка́к вынуть соринку из глаза своего брата.

Ясно распознавайте истину; бесстрашно живите праведной жизнью; так вы будете моими апостолами и посланцами моего Отца. Вы слышали, как говорят: „Если слепой поведет слепого, то оба они упадут в яму". Если вы хотите вести других в царство, то вы сами должны ходить в ясном свете живой истины. В любом деле царства я призываю вас выказывать справедливое суждение и глубокую мудрость. Не предлагайте псам ничего святого и не бросайте жемчуга свиньям, чтобы не затоптали они жемчужины ногами своими и не разорвали вас в клочья.

Остерегайтесь лжепророков, которые приходят к вам в овечьей одежде, а внутри они – свирепые волки. По плодам их узна́ете их. Собирают ли с терновника виноград или с репейника фиги? Так вот, всякое хорошее дерево приносит хорошие плоды, а плохое дерево приносит плохие плоды. Не может хорошее дерево приносить плохие плоды, как не может плохое дерево приносить хорошие плоды. Всякое дерево, которое не приносит хороших плодов, тут же срубают и бросают в огонь. Доступ в царство небесное определяется побуждением. Мой Отец исследует сердца людей и судит по их внутренним стремлениям и искренним намерениям.

В великий судный день царства многие скажут мне: „Разве мы не пророчествовали от твоего имени и не совершали многие чудеса во имя твое?" Но мне придется сказать им: „Я никогда не знал вас; уйдите от меня, лжеучители". Но перед каждым, кто слышит этот наказ и искренне исполняет свое поручение – представляя меня перед людьми так же, как я представляю моего Отца перед вами, – широко распахнутся двери в мое служение и в царство небесного Отца».

Никогда прежде апостолы не слышали от Иисуса подобных речей, ибо он говорил с ними, как облеченный верховной властью. Они спустились с горы перед заходом солнца, но никто не задал Иисусу ни одного вопроса.

4. ВЫ – СОЛЬ ЗЕМЛИ

Так называемая «Нагорная проповедь» не является евангелием Иисуса. Она действительно содержит много полезных наставлений, однако это был наказ, данный Иисусом при рукоположении двенадцати апостолов, личное поручение Учителя тем, кому предстояло отправиться с проповедью евангелия в стремлении представлять его в мире людей так же, как он столь красноречиво и совершенно представлял своего Отца.

«Вы – соль земли, соль со спасительной силой. Но если соль становится безвкусной, то как она снова станет соленой? Непригодна она более ни к чему, разве только выбросить ее, чтобы затоптали ее ногами».

Во времена Иисуса соль была ценным продуктом. Ею даже пользовались вместо денег. Современное слово salary (зарплата) происходит от слова salt (соль). Соль не только приправляет пищу, но является также консервантом. Она придает вкус другим продуктам; так она служит свою службу тем, что ее расходуют.

«Вы – свет мира. Нельзя скрыть город, построенный на вершине холма. И никто не прячет зажженный светильник под перевернутый кверху дном сосуд, а ставят его на подсвечник; и он светит всем в доме. Пусть свет ваш сияет перед людьми так, чтобы они видели ваши добрые деяния и пришли к прославлению вашего небесного Отца».

Хотя свет рассеивает тьму, он может быть также настолько «слепящим», что приводит в смущение и повергает в уныние. Нас призывают светить *так*, чтобы направлять своих товарищей на новые и благочестивые стези лучшей жизни. Наш свет должен сиять так, чтобы не привлекать внимания к нам самим. Даже собственная профессия может использоваться в качестве эффективного «отражателя», распространяющего этот свет жизни.

Сильный характер возникает не оттого, что человек *не* творит зло, а оттого, что он реально творит добро. Бескорыстие является признаком человеческого величия. Высшие уровни самореализации достигаются в поклонении и служении. Счастливый и активный человек движется не тем, что боится совершить дурной поступок, а тем, что любит творить добрые дела.

«По плодам их узна́ете их». Личность в основном остается неизменной; изменяется – растет – нравственный характер. Основным заблуждением современных религий является негативизм. Дерево, не приносящее плодов, «срубают и бросают в огонь». Нравственные ценности не могут быть следствием одного только подавления – подчинения требованию «не смей». Страх и стыд – мотивация, недостойная религиозной жизни. Религия убедительна лишь тогда, когда она раскрывает отцовство Бога и укрепляет братство людей.

Действенная философия жизни складывается из постижения космоса и всей совокупности эмоциональных реакций человека на его социальное и экономическое окружение. Помните: хотя унаследованные побуждения невозможно изменить коренным образом, эмоциональные реакции на такие побуждения подвержены изменениям. Поэтому нравственная природа способна видоизменяться, характер способен улучшаться. В сильном характере эмоциональные реакции взаимосвязаны и согласованы; так формируется цельная личность. Недостаточная цельность ослабляет нравственную природу и порождает несчастье.

Без достойной цели жизнь становится бессмысленной и бесполезной. В этом кроется причина многих бед. Речь Иисуса при рукоположении двенадцати апостолов представляет собой образцовую философию жизни. Иисус призвал своих последователей развивать в себе эмпирическую веру. Он предупреждал их, что одного только интеллектуального согласия недостаточно, что не следует быть излишне доверчивыми и полагаться на признанные авторитеты.

Образование должно быть методом постижения (открытия) более совершенных методов удовлетворения наших естественных и унаследованных побуждений, и счастье является проистекающей отсюда совокупностью этих улучшенных методов достижения эмоционального удовлетворения. Счастье мало зависит от среды, хотя приятное окружение может значительно способствовать счастью.

Каждый смертный действительно стремится стать полноценным существом, быть совершенным, как совершенен небесный Отец, и такое достижение возможно потому, что в конечном счете «вселенной присущ подлинно отеческий характер».

5. ОТЕЧЕСКАЯ И БРАТСКАЯ ЛЮБОВЬ

Начиная с Нагорной проповеди и кончая речью на Тайной Вечере, Иисус учил своих последователей проявлять *отеческую* любовь, а не *братскую* любовь. Любить своего ближнего братской любовью – значит любить его, как себя самого, что было бы адекватно выполнению «золотого правила». Отеческое же чувство предполагает, что вы любите своих смертных собратьев так же, как Иисус любит вас.

Иисус любит человечество двоякой любовью. Он жил на земле как двуединая личность – человеческая и божественная. Как Сын Божий, он любит человека отеческой любовью – он является Создателем человека, его вселенским Отцом. Как Сын Человеческий, Иисус любит смертных как брат – он поистине являлся человеком среди людей.

Иисус не надеялся на то, что в проявлении братской любви его последователи достигнут невозможного, однако он действительно надеялся, что они будут стремиться стать подобными Богу, – быть совершенными, как совершенен небесный Отец, – и что они смогут начать смотреть на человека так же, как Бог смотрит на свои создания, и потому смогут начать любить людей так же, как Бог любит их, – проявлять зачатки отеческого чувства. В ходе этих наставлений Иисус попытался раскрыть двенадцати апостолам новое понятие *отеческой любви* в той мере, в какой оно имеет отношение к некоторым эмоциональным состояниям, связанным с осуществлением многочисленных социальных приспособлений к среде.

Учитель начал свое знаменательное рассуждение с того, что обратил внимание апостолов на четыре состояния *веры*, что стало вступлением к последующему изображению его четырех трансцендентных и высших реакций отеческой любви в противоположность ограничениям всего лишь братской любви.

Сначала он говорил о тех, кто нищ духом, жаждет праведности, безропотно кроток и чист сердцем. От таких смертных, распознающих дух, можно ожидать достижения тех уровней божественного бескорыстия, на которых они становятся способными к поразительному проявлению *отеческого* чувства; можно ожидать, что даже в скорби они найдут в себе возможность проявлять милосердие, укреплять мир и стойко переносить преследования, продолжая во всех этих трудных положениях любить отеческой любовью даже непривлекательное человечество. Отеческое чувство способно достичь уровней преданности, неизмеримо превышающих братское чувство.

Вера и любовь, заключенные в этих заповедях блаженства, укрепляют нравственный характер и создают счастье. Страх и гнев ослабляют характер и разрушают счастье. Эта знаменательная проповедь началась с темы счастья.

1. *«Счастливы нищие духом – смиренные»*. Для ребенка счастье – это незамедлительное удовлетворение жажды удовольствий. Взрослый человек готов посеять семена самоотречения, чтобы впоследствии собрать урожай возросшего счастья. Во времена Иисуса и в последующие эпохи счастье слишком часто отождествлялось с идеей обладания богатством. В рассказе о фарисее и мытаре, молившихся в

храме, один чувствовал себя богатым духом – самовлюбленным; другой чувствовал себя «нищим духом» – смиренным. Один был самодовольным, другой был способен к учению и искал истину. Нищие духом ищут цели, содержащие духовное богатство, – ищут Бога. И таким искателям истины не нужно ждать награды в далеком будущем; они получают ее *сейчас*. Они находят царство небесное в своих собственных сердцах, и они ощущают это счастье *сейчас*.

2. *«Счастливы изголодавшиеся и жаждущие праведности, ибо они насытятся»*. Только те, кто чувствует себя нищими духом, смогут когда-либо возжаждать праведности. Только кроткие ищут божественную силу и стремятся обрести духовную мощь. Однако было бы чрезвычайно опасно сознательно идти на духовный пост для того, чтобы усилить стремление к духовным дарам. Через четыре или пять дней физический пост становится опасным; человек может полностью утратить вкус к пище. Продолжительный пост – будь он физическим или духовным – способен уничтожить чувство голода.

Эмпирическая праведность – это наслаждение, а не обязанность. Праведность Иисуса – его динамичная любовь, отечески-братское чувство. Такой тип праведности не является негативным, или запретительным. Как вообще можно жаждать чего-то негативного – жаждать «не делать»?

Не так легко объяснить детскому разуму две эти первые заповеди блаженства, однако зрелый разум должен быть способным понять их смысл.

3. *«Счастливы кроткие, ибо они унаследуют землю»*. Подлинная кротость не имеет ничего общего со страхом. Наоборот: она является отношением человека, сотрудничающего с Богом, – «да будет воля твоя». Она включает терпение и выдержку и побуждается несгибаемой верой в законопослушную и дружественную вселенную. Она укрощает любой соблазн восстать против божественного руководства. Иисус был идеалом кроткого урантийца, и он унаследовал обширную вселенную.

4. *«Счастливы чистые сердцем, ибо они узрят Бога»*. Духовная чистота не является отрицательной категорией, если не считать того, что в ней действительно отсутствуют подозрительность и мстительность. Говоря о чистоте, Иисус не имел в виду только человеческие отношения между полами. В первую очередь он подразумевал необходимую человеку веру в своего ближнего ту веру в своего дитя, которая есть у родителя и которая позволяет ему любить своих собратьев так же, как их любил бы отец. Любви отца чуждо баловство; она не потворствует злу и всегда нетерпима к цинизму. Отеческая любовь отличается целеустремленностью и всегда ищет в человеке лучшее; таково отношение настоящего родителя.

Видеть Бога с помощью веры – значит обрести истинную духовную проницательность. Духовная проницательность, в свою очередь, помогает руководству Настройщика и вместе с ним ведет к усилению богосознания. А когда вы знаете Отца, вы обретаете прочную уверенность в божественном сыновстве и начинаете всё больше любить каждого из своих братьев во плоти не только как брат – братской любовью, – но и как отец – отеческим чувством.

Этот совет легко усваивается даже ребенком. Дети от природы доверчивы, и родители должны следить за тем, чтобы они не утратили этой простой веры. Общаясь с детьми, избегайте обмана и старайтесь не давать повода для подозрений. Мудро помогайте им выбирать своих героев и определять дело жизни.

После этого Иисус стал учить своих последователей реализации главной цели человеческих устремлений – совершенства – и даже достижения божественности. Он всегда наставлял их: «Будьте совершенны, как совершенен Отец ваш небесный». Он не призывал апостолов любить своих ближних, как самих себя. Это было бы достойным свершением и означало бы достижение братской любви. Скорее, Иисус призывал своих апостолов любить людей так, как любил их он, – любить *отеческой*, равно как и братской любовью. И в качестве иллюстрации он указал на четыре высших свойства отеческой любви.

1. *«Счастливы скорбящие, ибо они будут утешены»*. Исходя из так называемого здравого смысла или безупречной логики, счастье никогда не может быть следствием скорби. Однако Иисус не имел в виду внешнюю или нарочитую скорбь. Он говорил об эмоциональном отношении мягкосердечности. Великая ошибка – внушать мальчикам и юношам, что проявление ласки и вообще эмоционального чувства или физического страдания недостойно мужчины. Сочувствие красит и мужчину, и женщину. Чтобы стать мужественным, совсем не обязательно быть бессердечным. Это порочный путь воспитания отважных мужчин. Величайшие люди этого мира не боялись скорби. Скорбный Моисей был более великим человеком, чем Самсон или Голиаф. Моисей являлся выдающимся вождем, оставаясь кротким человеком. Чувствительность и отзывчивость к человеческой беде создает подлинное и устойчивое счастье, и в то же время эти добрые отношения защищают душу от губительных воздействий гнева, ненависти и подозрительности.

2. *«Счастливы милостивые, ибо им будет оказана милость»*. Здесь милость означает высоту, широту и глубину истинной дружбы – милосердие. Милость бывает пассивной, но в данном случае она является активной и динамичной – высшим проявлением отеческого чувства. Любящему родителю легко простить своего ребенка, даже много раз. И в неиспорченном ребенке живет естественное стремление облегчить страдание. Дети обычно добры и отзывчивы, когда они становятся достаточно взрослыми для того, чтобы быть способными по достоинству оценить реальные обстоятельства.

3. *«Счастливы миротворцы, ибо они будут названы сынами Божьими»*. Слушатели Иисуса жаждали призыва к войне, а не к миру. Однако мир Иисуса – не пацифистского и негативного свойства. В преддверии судов и преследований он говорил: «Свой мир я оставляю вам». «Да не смутятся сердца ваши и да не устрашатся». Такой мир предотвращает разрушительные конфликты. Внутренний мир объединяет личность. Социальный мир предотвращает страх, алчность и гнев. Политический мир предотвращает расовые антагонизмы, национальную подозрительность и войны. Миротворчество избавляет от недоверия и подозрительности.

Детей легко научить быть миротворцами. Им нравится действовать сообща; они любят играть вместе. В другом случае Учитель сказал: «Тот, кто сохранит свою жизнь, тот потеряет ее, а кто потеряет свою жизнь, тот обретет ее».

4. *«Счастливы преследуемые за праведность, ибо царство небесное принадлежит им. Счастливы вы, когда оскорбляют вас и преследуют и всячески клевещут на вас. Радуйтесь и ликуйте, ибо велика ваша награда на небесах»*.

Сколь часто вслед за миром наступают преследования. Однако молодые люди и храбрые взрослые никогда не страшатся трудностей или опасностей. «Нет больше той любви, как если кто отдаст жизнь свою за друзей». Отеческой любви легко дается всё это – то, что едва ли доступно любви братской. И окончательным результатом преследований всегда является прогресс.

Дети неизменно откликаются, когда требуется проявить мужество. Юность никогда не отказывается «рискнуть». И каждый ребенок должен с раннего детства учиться жертвовать.

Отсюда видно, что заповеди блаженства Нагорной проповеди основаны на вере и любви, а не на законе – этике и долге.

Отеческая любовь радуется, когда платит добром за зло – творит добро в ответ на несправедливость.

6. ВЕЧЕРОМ В ДЕНЬ РУКОПОЛОЖЕНИЯ

В воскресенье вечером Иисус и двенадцать спустились с гор к северу от Капернаума и вернулись в дом Зеведея, где разделили скромный ужин. Позднее, когда Иисус отправился пройтись по берегу, у двенадцати завязался разговор. Близнецы развели небольшой костер, дававший тепло и свет, и после короткого совещания Андрей отправился на поиски Иисуса. Догнав его, он сказал: «Учитель, мои братья не могут понять того, что ты сказал о царстве. Мы чувствуем, что не сможем приступить к этому труду, пока не получим от тебя дополнительных разъяснений. Я пришел, чтобы просить тебя присоединиться к нам в саду и помочь понять смысл твоих слов». И Иисус отправился вместе с Андреем к апостолам.

Войдя в сад, он собрал вокруг себя апостолов и продолжил свои наставления словами: «Вам трудно принять мою проповедь, потому что вы пытаетесь построить новое учение прямо на старом, но я заявляю вам, что вы должны родиться заново. Вы должны начать сначала, как малые дети, и быть готовы доверять моему учению и верить в Бога. Новое евангелие царства невозможно приспособить к уже существующему. Вы придерживаетесь неверных представлений о Сыне Человеческом и его миссии на земле. Но не думайте понапрасну, что я пришел устранить закон и пророков; я пришел не уничтожать, а наполнять, расширять и просвещать. Я пришел не для того, чтобы нарушать закон, а для того, чтобы высечь эти новые заповеди на скрижалях ваших сердец.

Я требую, чтобы ваша праведность превзошла праведность тех, кто стремится завоевать благосклонность Отца подаяниями, молитвами и постом. Если вы хотите войти в царство, в вас должна быть праведность, которая заключается в любви, милосердии и истине – искреннем желании исполнять волю небесного Отца».

Тогда Петр сказал: «Учитель, если у тебя есть новая заповедь, мы хотели бы услышать ее. Открой нам новый путь». Иисус ответил Петру: «Вы слышали, как говорят те, кто учит закону: „Не убивай; кто же убьет, подлежит суду“. Но я смотрю глубже действия, дабы вскрыть мотив. Я заявляю вам, что всякому, кто гневается на брата своего, грозит проклятие. Тому, кто таит в своем сердце ненависть и вынашивает в своем уме планы отмщения, грозит суд. Вы вынуждены судить своих товарищей по их поступкам; небесный Отец судит по намерениям.

Вы слышали, как говорят законники: „Не прелюбодействуй“. Я же говорю вам, что всякий, кто смотрит на женщину с вожделением, уже прелюбодействовал с нею в сердце своем. Вы можете судить людей только по их действиям, но мой Отец смотрит в сердца своих детей и милосердно судит их в соответствии с их намерениями и подлинными желаниями».

Иисус собирался перейти к другим заповедям, когда Иаков Зеведеев перебил его вопросом: «Учитель, чему следует учить людей относительно развода? Позволять ли мужчине разводиться со своей женой, как учил Моисей?» И когда Иисус услышал этот вопрос, он сказал: «Не законодательствовать пришел я, а просвещать.

Не реформировать царства этого мира пришел я, а установить царство небесное. Воля моего Отца не в том, чтобы я соблазнялся учить вас принципам правления, торговли или общественного поведения: хотя такое знание может быть пригодным сегодня, оно было бы совершенно негодным для общества в другую эпоху. Я пребываю на земле только для того, чтобы утешить разум человека, освободить его дух и спасти душу. Но я отвечу на этот вопрос о разводе: хотя Моисей одобрял такие вещи, в дни Адама и в Саду всё было иначе».

После того как апостолы немного поговорили между собой, Иисус сказал: «Вы должны всегда различать два взгляда на любое смертное поведение – человеческий и божественный; пути плоти и путь духа; суждения времени и взгляд вечности». И хотя двенадцать не смогли понять всего, чему он учил их, они почувствовали истинное облегчение после этого наставления.

И затем Иисус сказал: «Но вы будете спотыкаться о мое учение, ибо по обыкновению своему понимаете мои слова буквально; вам трудно постигнуть дух моего учения. Кроме того, вы должны помнить, что являетесь моими посланниками; вы должны прожить свою жизнь так, как прожил я в духе свою. Вы – мои личные представители; однако было бы ошибкой с вашей стороны ожидать, что все люди будут во всех отношениях жить так же, как вы. Помните, что у меня есть и другие овцы, которые не принадлежат к этому стаду, и что у меня есть обязательства перед ними, – я должен стать для них примером исполнения Божьей воли в течение смертной жизни».

Затем спросил Нафанаил: «Учитель, следует ли нам отказаться от правосудия? Закон Моисея гласит: „Око за око, зуб за зуб“. Что должны говорить мы?» Иисус ответил: «Вы будете платить добром за зло. Мои посланники должны не противостоять людям, а быть добрыми ко всем. Воздаяние той же мерой не должно быть вашим правилом. Такие законы возможны у людских правителей, но не в царстве; пусть ваши суждения всегда определяются милосердием, а ваши поступки – любовью. И если эти слова тяжелы, то вам и сейчас не поздно повернуть назад. Если требования апостольства слишком трудны для вас, вы можете вернуться на менее тернистую стезю ученичества».

Услышав эти поразительные слова, апостолы на время удалились, однако вскоре они вернулись, и Петр сказал: «Учитель, мы хотим остаться с тобой; никто из нас не желает повернуть вспять. Мы полностью готовы заплатить высокую цену; мы выпьем эту чашу. Мы хотим стать апостолами, а не просто учениками».

Услышав это, Иисус сказал: «Тогда будьте готовы взять на себя ответственность и следовать за мной. Вершите благие дела втайне; когда подаете милостыню, пусть левая рука не знает, что́ делает правая. И когда молитесь, уединяйтесь и не пользуйтесь напрасными повторами и пустыми фразами. Всегда помните, что Отец знает, в чём вы нуждаетесь, еще до того, как вы попросили о том у него. И не будьте нарочито унылыми, когда поститесь. Как избранные апостолы мои, отделившиеся от остальных людей для служения царства, не собирайте себе сокровищ на земле, но своим бескорыстным трудом собирайте себе сокровища на небе, ибо где сокровище ваше, там будет и сердце ваше.

Глаз – светильник для тела; поэтому если твои глаза щедры, то и всё тело полно света. Но если твои глаза эгоистичны, то и всё тело полно тьмы. И если тот самый свет, который в тебе, превращается во тьму, то как ужасна эта тьма!»

Затем Фома спросил Иисуса, следует ли им «продолжать делить всё между собой». Учитель ответил: «Да, мои братья, я хотел бы, чтобы мы жили вместе, одной семьей единомышленников. Вам доверено великое дело, и я требую от вас безраздельной преданности. Вы знаете, что по праву сказано: „Никто не может служить двум господам“. Вы не можете искренне поклоняться Богу и в то же время всей душой служить мамоне. Целиком посвятив себя делу царства, не беспокойтесь за свою жизнь; еще меньше заботьтесь о еде или питье; не думайте и о том, че́м покрыть свои тела. Вы уже поняли, что работящие руки и честные сердца голодать не будут. И теперь, когда вы готовитесь посвятить все свои силы делу царства, будьте уверены в том, что Отец ваш не забудет о ваших потребностях. Ищите же прежде всего царства Божьего, и когда найдете вход в него, всё остальное приложится. Поэтому не заботьтесь понапрасну о завтрашнем дне. Каждому дню достаточно своих тревог».

Увидев, что они собираются бодрствовать всю ночь и задавать вопросы, Иисус сказал им: «Братья мои, вы – материальные сосуды; вам лучше бы отправиться на покой, чтобы быть готовыми к завтрашнему труду». Но им было уже не до сна. Петр отважился обратиться к своему Учителю с просьбой «немного поговорить наедине. Не потому, что у меня есть какие-то секреты от моих братьев, а оттого, что дух мой смущен, и если я заслужу нарекание от моего Учителя, мне было бы легче перенести его наедине с тобой». И Иисус сказал: «Пойдем со мной, Петр» – и первым вошел в дом. Когда Петр вернулся от Учителя повеселевшим и чрезвычайно воодушевленным, Иаков решил войти в дом и поговорить с Иисусом. Так, в предрассветные утренние часы, остальные апостолы поочередно входили в дом для разговора с Учителем. После того как все, кроме уснувших близнецов, поговорили с Иисусом наедине, Андрей вошел к нему и сказал: «Учитель, близнецы заснули в саду около костра; поднять ли мне их, чтобы спросить, желают ли и они поговорить с тобой?» Улыбнувшись, Иисус ответил: «Им хорошо – не беспокой их». Ночь подходила к концу. Занимался новый день.

7. НЕДЕЛЯ ПОСЛЕ РУКОПОЛОЖЕНИЯ

После нескольких часов сна, когда апостолы собрались на поздний завтрак с Иисусом, он сказал: «Теперь вы должны приступить к своему труду – проповеди благой вести и наставлению верующих. Приготовьтесь отправиться в Иерусалим». Когда Иисус кончил говорить, Фома собрался с духом и сказал: «Я знаю, Учитель, что теперь мы должны быть готовы приступить к своему труду, но я боюсь, что мы еще неспособны выполнить это великое дело. Не позволишь ли ты нам остаться здесь еще на несколько дней, прежде чем приступить к труду во имя царства?» И когда Иисус увидел, что все его апостолы охвачены тем же страхом, он сказал: «Пусть будет так, как вы просите; мы задержимся здесь до воскресенья».

Уже в течение многих недель небольшие группы искренних правдоискателей, наряду с любопытствующими зеваками, посещали Вифсаиду, чтобы увидеть Иисуса. Молва о нём разнеслась по всей округе. Группы интересовавшихся им людей прибывали даже из таких далеких мест, как Тир, Сидон, Дамаск, Кесария и Иерусалим. Вплоть до этого времени Иисус сам встречал таких посетителей и рассказывал им о царстве, однако теперь Учитель передал эту работу двенадцати апостолам. Андрей выбирал одного из апостолов и поручал ему группу посетителей, и порой все двенадцать были заняты этим делом.

Так они работали два дня – днем они учили, а вечером собирались для беседы в своем кругу. На третий день Иисус отправился навестить Зеведея и Саломию, отослав апостолов «порыбачить, сменить обстановку или же навестить свои семьи». В четверг они вернулись и продолжали учить в течение трех дней.

Во время этой недели подготовки Иисус неоднократно напоминал своим апостолам о двух важнейших задачах его посткрещенческой миссии на земле:

1. Раскрыть человеку Отца.

2. Привести людей к осознанию своего сыновства – помочь им через веру осознать, что они являются детьми Всевышнего.

Эта неделя, проведенная в разнообразных занятиях, принесла двенадцати большýю пользу; некоторые даже стали излишне самоуверенными. На последнем совещании, состоявшемся вечером после празднования субботы, Петр и Иаков пришли к Иисусу и сказали: «Мы готовы – отправимся же в путь, чтобы завладеть царством». На что Иисус ответил: «Пусть ваша мудрость сравняется с вашим рвением, и пусть ваше неведение возместится вашим мужеством».

Хотя многие из его учений остались для апостолов непонятными, им удалось понять важность его восхитительной жизни, прожитой вместе с ними.

8. В ЧЕТВЕРГ ПОПОЛУДНИ НА ОЗЕРЕ

Иисус хорошо знал, что апостолы не усваивают его учение в полной мере. Он решил дать некоторые специальные разъяснения Петру, Иакову и Иоанну в надежде на то, что они смогут внести ясность в представления своих товарищей. Он видел, что хотя апостолы осознали некоторые идеи духовного царства, они упорно пытаются связать эти новые духовные учения со своими старыми и укоренившимися, буквальными представлениями о царстве небесном как восстановлении трона Давида и воссоздании Израиля в качестве мирской державы на земле. Поэтому в четверг пополудни Иисус отправился на лодке вместе с Петром, Иаковом и Иоанном, чтобы обсудить вопросы царства. Эта обучающая беседа продолжалась четыре часа и включала десятки вопросов и ответов, и в рамках данного повествования наиболее целесообразным будет привести ее, взяв за основу краткое изложение того знаменательного дня в том виде, в котором Симон Петр рассказал об этом на следующее утро своему брату Андрею.

1. *Исполнение воли Отца.* Учение Иисуса, призывающее полагаться на высшую опеку небесного Отца, не являлось проповедью слепого и пассивного фатализма. В тот день он с одобрением процитировал старое иудейское выражение: «Кто не работает – тот не ест». Он указал, что его собственный опыт является достаточным комментарием к его учениям. Его заповедь доверия к Отцу не должна рассматриваться сквозь призму социальных или экономических условий нынешней или какой-либо иной эпохи. Его наставления охватывают идеальные принципы жизни рядом с Богом во все эпохи и во всех мирах.

Иисус объяснил троим, чем отличаются требования, предъявляемые к апостолам и к ученикам. И он отнюдь не запрещал апостолам пользоваться благоразумием и предусмотрительностью. Он осуждал не предусмотрительность, а тревоги, беспокойства. Он учил активному и живому подчинению воле Бога. В ответ на многочисленные вопросы об умеренности и бережливости он лишь обратил их внимание на свою жизнь столяра, корабела, рыбака и его тщательную организацию двенадцати апостолов. Он попытался объяснить, что к миру не следует относиться, как к врагу, что обстоятельства жизни образуют божественный промысл, действующий заодно с детьми Божьими.

Иисусу было чрезвычайно трудно добиться от них понимания его личного принципа непротивления. Он наотрез отказывался защищать себя, и апостолам казалось, что ему было бы приятно, если бы и они придерживались той же линии поведения. Он учил их не сопротивляться злу, не бороться с несправедливостью или оскорблениями, но он не учил пассивной терпимости к прегрешениям. И в тот день он дал ясно понять, что выступает за общественное наказание злодеев и преступников и что гражданское правительство иногда должно использовать силу для поддержания общественного порядка и вершения правосудия.

Он непрестанно предостерегал своих учеников против порочной практики *возмездия*; он не признавал мести, идеи сведения счетов. Он считал предосудительным таить злобу на других людей. Он отвергал принцип «око за око и зуб за зуб». Он полностью отрицал понятие частной и личной мести и отводил эти функции, с одной стороны, гражданскому правительству, а с другой – суду Божьему. Он разъяснил троим, что его учения касаются *индивидуума*, а не государства. Он резюмировал данные к тому времени наставления по этим вопросам в следующих положениях.

Любите своих врагов – помните о нравственных требованиях братства людей.

Тщетность зла: зло не исправить местью. Не боритесь понапрасну со злом его же собственными средствами.

Имейте веру – уверенность в окончательном торжестве божественной справедливости и вечной благости.

2. *Отношение к политическим вопросам*. Он призывал апостолов к осторожности в своих замечаниях относительно напряженных отношений, существовавших в то время между еврейским народом и римской властью. Он запрещал им каким бы то ни было образом ввязываться в эти сложные проблемы. Он всегда был осмотрительным, обходя расставленные его врагами политические ловушки и неизменно отвечая: «Отдавайте кесарю кесарево, а Богу Божье». Он не позволял отвлекать себя от своей миссии – установления нового пути спасения; он не позволял себе сосредоточиться на чём-либо ином. В своей личной жизни он всегда соблюдал все гражданские законы и правила; в своих публичных учениях он никогда не затрагивал гражданских, социальных и экономических вопросов. Он сказал трем апостолам, что он занимается только принципами внутренней и личной духовной жизни человека.

Таким образом, Иисус не являлся политическим реформатором. Он пришел не для того, чтобы переустроить мир. Но даже если бы он это сделал, такое переустройство соответствовало бы только тому времени и поколению. Тем не менее, он действительно показал человеку путь лучшей жизни, и ни одно поколение не исключается из поиска возможностей наилучшего использования жизни Иисуса для решения своих собственных проблем. Однако никогда не пытайтесь отождествить учение Иисуса с какой-либо политической или экономической теорией, социальной или индустриальной системой.

3. *Отношение к социальным вопросам*. Еврейские раввины уже давно спорили о том, кого считать ближним. Иисус пришел с идеей активной и спонтанной доброты, столь великодушной любви к собратьям, что она расширяла понятие ближнего до целого мира, превращая всех людей в ближних. Но при всём этом Иисус интересовался только индивидуумом, а не массой. Он не был социологом, однако он действительно трудился над разрушением всех форм эгоистической изоляции. Он учил

чистому сочувствию, состраданию. Михаил Небадонский – это Сын, преобладающим качеством которого является милосердие; сострадание – сама его сущность.

Учитель не говорил, что люди никогда не должны приглашать на обед своих друзей, но он действительно говорил, что его последователям следует устраивать праздники для бедных и обделенных. Иисус обладал непоколебимым чувством справедливости, но оно всегда смягчалось милосердием. Он не говорил своим апостолам, что им следует взвалить на себя общественных паразитов и профессиональных попрошаек. Самое большее, на что он пошел в социологических вопросах, были его слова: «Не судите, да не судимы будете».

Он разъяснил, что слепая доброта может быть причиной многих социальных пороков. На следующий день Иисус уведомил Иуду о том, что милостыни из апостольских средств можно раздавать только по его просьбе или по совместному прошению любых двух из апостолов. В отношении всех таких вещей Иисус обычно говорил: «Будьте мудры, как змеи, и безобидны, как голуби». Казалось, что во всех социальных ситуациях он стремится учить сдержанности, терпимости и умению прощать.

Семья занимала центральное место в предложенной Иисусом философии жизни – этой жизни и следующей. Он основывал свои учения о Боге на семье, одновременно стремясь исправить склонность евреев к чрезмерному почитанию предков. Он возвышал семейную жизнь как высшую обязанность человека, но разъяснял, что семейные отношения не должны мешать выполнению религиозных обязанностей. Он обращал внимание на тот факт, что семья является бренным институтом, что она не сохраняется после смерти. Иисус без колебания оставил свою семью, когда ее действия пошли вразрез с волей Отца. Он учил новому и более широкому братству людей – сынов Божьих. В эпоху Иисуса в Палестине и по всей Римской империи существовало либеральное отношение к разводу. Он упорно отказывался сформулировать законы, регулирующие брак и развод, однако многие из ранних последователей Иисуса придерживались строгих взглядов на развод и без колебаний приписали их Иисусу. Все авторы Нового Завета придерживались этих более строгих и прогрессивных взглядов на развод, за исключением Иоанна Марка.

4. *Отношение к экономическим вопросам*. Иисус трудился, жил и зарабатывал на жизнь в таком мире, каким он его застал. Он не был экономическим реформатором, хотя он часто обращал внимание на несправедливость неравномерного распределения богатств. Однако он не предлагал каких-либо решений этой проблемы. Он разъяснял Петру, Иакову и Иоанну, что хотя апостолы не должны владеть собственностью, его проповедь направлена не против богатства и собственности, а лишь против ее неравномерного и несправедливого распределения. Он признавал потребность в общественной справедливости и производственной честности, но он не предлагал каких-либо принципов их достижения.

Иисус никогда лично не призывал своих последователей отказаться от земных владений – он требовал этого только от двенадцати апостолов. Лука, врач, был убежденным сторонником социального равенства, и он сделал многое для того, чтобы привести высказывания Иисуса в соответствие со своими собственными взглядами. Иисус никогда лично не призывал своих апостолов перейти к общинному образу жизни; он вообще ничего не говорил о таких вещах.

Иисус часто предостерегал своих слушателей против алчности, заявляя, что «счастье человека состоит не в изобилии его материальных владений». Он всегда повторял: «Какой прок человеку, если, приобретя весь мир, он потеряет свою душу?» Хотя он не выступал против владения собственностью, он действительно настаивал на том, что в аспекте вечности духовные ценности должны иметь первостепенное значение. В своих более поздних учениях он стремился исправить многие ошибочные урантийские взгляды на жизнь, используя в своем общественном служении многочисленные притчи. Иисус никогда не собирался формулировать экономические теории; он прекрасно знал, что каждая эпоха должна найти свои собственные средства решения существующих проблем. И если бы Иисус жил сегодня на земле во плоти, большинство благих мужчин и женщин были бы разочарованы по той простой причине, что он не присоединился бы ни к одной из сторон в нынешних политических, социальных или экономических спорах. Оставаясь величественно отчужденным, он учил бы вас совершенствовать свою внутреннюю духовную жизнь так, чтобы многократно улучшить возможности решения ваших чисто человеческих проблем.

Иисус хотел бы сделать всех людей подобными Богу и затем отойти в сторону, благожелательно наблюдая за тем, как эти Божьи сыны решают свои политические, социальные и экономические проблемы. Он осуждал не богатство, а то, что́ оно делает с большинством его ревнителей. В этот четверг Иисус впервые сказал своим товарищам, что «блаженнее давать, нежели брать».

5. *Личная религия*. Как и апостолы, вы лучше поймете учения Иисуса, посмотрев на них сквозь призму его жизни. Он прожил на Урантии совершенную жизнь, и его уникальные учения можно понять только в том случае, если представить эту жизнь в ее непосредственном контексте. Именно его жизнь – а не наставления, которые он давал двенадцати апостолам, или проповеди, с которыми он выступал перед народом, – лучше всего поможет раскрыть божественный характер и любвеобильную личность Отца.

Иисус не критиковал учения иудейских пророков или греческих моралистов. Он признавал многие благие идеи, которые выражали эти великие учители, однако он явился на землю для того, чтобы научить чему-то *еще* – «добровольному подчинению воли человека воле Бога». Иисус не хотел создать только *религиозного человека* – смертного, исполненного религиозных чувств и движимого исключительно духовными импульсами. Если бы вы могли хотя бы раз взглянуть на него, вы бы поняли, что Иисус был реальным человеком, прекрасно знающим этот мир. Учения Иисуса в этом отношении были чрезвычайно извращены и претерпели многочисленные искажения на протяжении всех веков христианской эры. Кроме того, вы придерживаетесь извращенных представлений о кротости Учителя и его покорности. На наш взгляд, в своей жизни он стремился к *возвышенному чувству собственного достоинства*. Он советовал человеку смириться только для того, чтобы стать истинно возвышенным. Его действительной целью было смирение перед Богом. Он высоко ценил искренность – чистосердечие. Преданность была основным достоинством в его оценке характера, а *мужество* – само́й душой его учения. «Не бойтесь» было его девизом, долготерпение – идеалом сильного характера. Учения Иисуса образуют религию доблести, мужества и героизма. Именно поэтому он избрал в качестве своих личных представителей двенадцать простых мужчин, большинство из которых были закаленными, энергичными и мужественными рыбаками.

Иисус почти ничего не говорил о социальных пороках своего времени. Он редко упоминал о моральных проступках. Он был позитивным учителем истинной добродетели. Он старательно избегал негативного метода обучения: он отказывался афишировать зло. Не был Иисус и реформатором нравов. Он хорошо знал, и внушал своим апостолам, что чувственные побуждения человека не подавляются ни религиозным порицанием, ни правовыми запретами. Его редкие обличения были направлены в основном против гордости, тирании, угнетения и лицемерия.

В отличие от Иоанна, Иисус не выступал с резкими обличениями даже фарисеев. Он знал, что многие книжники и фарисеи являются чистосердечными людьми. Он понимал, что они находятся в рабском плену религиозных обычаев. Иисус придавал особое значение тому, чтобы «сначала вылечить само дерево». Он внушал трем апостолам, что он ценит всю жизнь, а не отдельные добродетели.

Главный вывод, сделанный Иоанном после этого урока, состоял в том, что суть религии Иисуса заключается в приобретении сострадательного характера и формировании личности, стремящейся исполнить волю небесного Отца.

Петр усвоил идею о том, что евангелие, которое им предстоит провозгласить, является действительно новым началом для всего человечества. Впоследствии он передал это впечатление Павлу, который вывел отсюда свою доктрину о Христе как о «втором Адаме».

Иаков постиг волнующую истину о том, что Иисус желает, чтобы его земные дети жили так, как если бы они уже были гражданами совершенного небесного царства.

Иисус знал, что люди неодинаковы, и учил этому своих апостолов. Он постоянно призывал их воздерживаться от попыток формировать взгляды учеников и верующих по одному шаблону. Он стремился позволить каждой душе развиваться по-своему, превращаясь в совершенствующегося и самостоятельного индивидуума перед Богом. В ответ на один из многих вопросов Петра Учитель сказал: «Я хочу освободить людей, дабы они, подобно малым детям, могли начать жить новой, лучшей жизнью». Иисус всегда утверждал, что истинное великодушие должно быть неосознанным, – когда человек подает милостыню, его левая рука не должна знать, что́ делает правая.

В тот день трое апостолов были потрясены, осознав, что религия их Учителя не предусматривает духовного самоанализа. Все религии до и после Иисуса, включая христианство, уделяют особое внимание добросовестному самоанализу. Иное дело – религия Иисуса Назарянина. Философия жизни Иисуса лишена религиозного самонаблюдения. Сын плотника никогда не учил *формированию* характера; он учил *росту* характера, заявляя, что царство небесное подобно горчичному зерну. Однако Иисус не говорил ничего, что запрещало бы самоанализ в качестве предупреждения кичливого самомнения.

Право войти в царство определяется верой, личным убеждением. Продолжение постепенного восхождения в царстве – что драгоценная жемчужина, за обладание которой человек продает всё, что у него есть.

Учение Иисуса – это религия для всех, а не только для слабых людей и рабов. Эта религия никогда (при его жизни) не закреплялась в вероучениях и теологических законах; он не оставил после себя ни строчки. Его жизнь и учения были завещаны вселенной как воодушевляющее и идеалистическое наследие, которым можно пользоваться в качестве духовного принципа и нравственного руководства во все эпохи и во всех мирах. Так и сегодня учения Иисуса отличаются от всех религий как таковых, являясь, тем не менее, живой надеждой для каждой из них.

Иисус не учил своих апостолов тому, что религия является единственным занятием человека на земле. Таковым было еврейское представление о служении Богу. Однако он действительно настаивал на том, чтобы религия стала исключительным делом двенадцати. Иисус не учил ничему, что мешало бы верующим в него людям стремиться к подлинной культуре. Он лишь был невысокого мнения о скованных традициями религиозных школах Иерусалима. Он отличался широтой взглядов, великодушием, образованностью и терпимостью. В его философии праведной жизни не было места показному благочестию.

Учитель не предлагал решений для нерелигиозных проблем своего времени или какой-либо последующей эпохи. Иисус хотел развить духовное постижение вечных реальностей и пробудить интерес к самобытной жизни. Он обращал внимание только на основополагающие и неизменные духовные потребности человеческого рода. Он раскрыл благость, равную Богу. Он возвысил любовь – истину, красоту и благость – в качестве божественного идеала и вечной реальности.

Учитель пришел для того, чтобы создать в человеке новый дух, новую волю – наделить его новой способностью постигать истину, испытывать сострадание и выбирать благость, – волю быть в гармонии с волей Бога, вместе с вечным стремлением стать совершенным, как совершенен небесный Отец.

9. ДЕНЬ ОСВЯЩЕНИЯ

Следующую субботу Иисус провел со своими апостолами, снова отправившись с ними в горы, где ранее он рукоположил их. И там, после продолжительной и восхитительно трогательной, воодушевляющей проповеди, он приступил к торжественному действу – освящению двенадцати. В эту субботу, пополудни, Иисус собрал своих апостолов вокруг себя на склоне горы и передал их в руки своего небесного Отца, готовясь к тому дню, когда он будет вынужден оставить их одних в мире. На этот раз апостолы не услышали новых учений; время прошло в дружеском общении.

Иисус напомнил о многих положениях проповеди, произнесенной им на том же месте при рукоположении, а затем, вызывая их к себе по одному, он поручил им идти в мир в качестве своих представителей. Заповедь Учителя, произнесенная при духовном посвящении, гласила: «Идите по всему миру и проповедуйте благую весть о царстве. Освобождайте духовных пленников, утешайте угнетенных и помогайте страждущим. Даром получили, даром давайте».

Иисус советовал не брать с собой ни денег, ни запаса одежды, говоря: «Работник заслуживает своей платы». В заключение он сказал: «Смотрите, я посылаю вас, словно овец к волкам; так будьте мудры, как змеи, и невинны, как голуби. Но остерегайтесь, ибо враги ваши будут приводить вас в свои суды и вас будут сурово осуждать в синагогах. И поведут вас к правителям и царям, потому что вы верите в это евангелие, и сами речи ваши будут для них свидетельством обо мне. И когда они поведут вас на суд, не беспокойтесь о том, что́ сказать, ибо дух моего Отца пребывает в вас и будет говорить вашими устами. Некоторых из вас казнят, и прежде чем установить царство на земле, вы будете ненавидимы многими людьми за это евангелие; но не бойтесь: я буду с вами, и дух мой обойдет прежде вас весь мир. И присутствие моего Отца пребудет с вами, когда сначала вы пойдете к иудеям, а затем к иноверцам».

Спустившись с горы, они вернулись к своему пристанищу, в дом Зеведея.

10. ВЕЧЕРОМ В ДЕНЬ ОСВЯЩЕНИЯ

В тот вечер Иисус учил в доме, ибо за окном начался дождь. Он долго говорил, пытаясь объяснить двенадцати, чем они должны *быть*, а не что они должны *делать*. Они знали только такую религию, которая предписывала *делать* определенные вещи для того, чтобы обрести праведность – спасение. Иисус же повторял: «В царстве вы должны *быть* праведными, чтобы выполнять свой труд». Много раз он говорил им: «*Будьте* совершенны, как совершенен Отец ваш небесный». Учитель постоянно объяснял своим смущенным апостолам, что спасение, которое он пришел дать миру, достижимо только для *верующего* человека, – только через простую и искреннюю веру. Иисус сказал: «Иоанн проповедовал крещение покаяния, раскаяния в прежней жизни. Вам же предстоит провозглашать крещение товарищества с Богом. Проповедуйте покаяние тем, кто нуждается в таком учении; для тех же, кто уже искренне ищет вступления в царство, широко распахните двери и позовите их в радостное братство сынов Божьих». Но это была сложная задача – убедить галилейских рыбаков в том, что в царстве сначала нужно *быть* праведным через веру, для того чтобы *вершить* праведность в каждодневной жизни земных смертных.

Еще одной огромной помехой при обучении двенадцати была их склонность превращать высокоидеалистические и духовные принципы религиозной истины в конкретные правила личного поведения. Иисус дарил им тот прекрасный дух, которым исполнено отношение души; они же упорно пытались перевести такие учения в правила личного поведения. Не раз, заботясь о том, чтобы запомнить сказанное Учителем, они почти начисто забывали то, чего он *не* говорил. Однако понемногу они усваивали его учение, потому что Иисус *был* всем тем, чему он учил. То, что они не могли почерпнуть из его словесных наставлений, они постепенно приобретали благодаря тому, что жили рядом с ним.

Апостолы не видели того, что жизнь их Учителя была призвана духовно воодушевлять каждое создание, в каждую эпоху, в каждом мире обширной вселенной. Хотя Иисус периодически говорил им об этом, апостолы не понимали идею его труда *на* этой планете, но *для* всех остальных миров его огромного творения. Иисус прожил свою земную жизнь на Урантии не для того, чтобы на своем личном примере показать, какой должна быть смертная жизнь мужчин и женщин этого мира, а для того, чтобы создать *высокий духовный и вдохновляющий идеал* для всех смертных существ во всех мирах.

В тот же вечер Фома спросил Иисуса: «Учитель, ты говоришь, что мы должны стать, как малые дети, прежде чем сможем войти в царство Отца, – и в то же время ты предупреждаешь нас остерегаться лжепророков и не бросать жемчуга свиньям. Честно говоря, я озадачен. Я не понимаю твоего учения». Иисус ответил Фоме: «Сколько же мне еще терпеть вас! Вечно вы пытаетесь понять буквально всё, чему я учу. Когда в качестве платы за вступление в царство я попросил вас стать, как малые дети, я имел в виду не способность легко обманываться – обыкновенную доверчивость – и не готовность доверять угодливым незнакомцам. В действительности, я хотел, чтобы в этом примере вы увидели взаимоотношения дитя и отца. Вы – дети, и вы ищете вступления в царство именно *вашего* Отца. Между каждым нормальным ребенком и отцом есть то естественное чувство, которое обеспечивает отзывчивость и взаимную любовь и которое навечно предотвращает любую склонность торговаться из-за любви и милосердия Отца. И евангелие, с проповедью которого вы отправляетесь в путь, связано со спасением, произрастающим именно из этого, постигаемого в вере вечного взаимоотношения дитя и отца».

Характерной чертой учения Иисуса было то, что *мораль* его философии была порождением личных взаимоотношений индивидуума с Богом, – всё тех же взаимоотношений дитя и отца. Иисус придавал особое значение *индивидууму*, а не расе или нации. За ужином, в разговоре с Матфеем, Иисус объяснил, что мораль любого поступка определяется мотивом индивидуума. Мораль Иисуса всегда была позитивной. В новой формулировке Иисуса золотое правило требует активного социального контакта; прежнее негативное правило можно было соблюдать в изоляции. Иисус освободил мораль от всяких норм и обрядов, возвысив ее до величественных уровней духовного мышления и истинно праведной жизни.

Эта новая религия Иисуса не лишена практического смысла, однако любая извлекаемая из его учения практическая ценность в политической, социальной или экономической сфере является естественным претворением этого внутреннего опыта души, который проявляется в духовных плодах добровольного ежедневного служения, свидетельствующего о подлинном личном религиозном опыте.

После того как Иисус и Матфей закончили свой разговор, Симон Зелот спросил: «Однако, Учитель, являются ли *все* люди сынами Божьими?» И Иисус ответил: «Да, Симон, все люди – сыны Божьи, и это та благая весть, которую вам предстоит возвестить». Но апостолы были неспособны постигнуть такое учение; это сообщение было новым, странным и поразительным. Именно из-за своего желания внушить эту истину апостолам Иисус учил своих последователей обращаться со всеми людьми, как со своими братьями.

Отвечая на вопрос, заданный Андреем, Учитель разъяснил, что мораль его учения неотделима от религии его жизни. Он учил морали, исходя не из *природы* человека, а из его *отношения* к Богу.

Иоанн спросил Иисуса: «Учитель, что такое царство небесное?» Иисус ответил: «Царство небесное – это три основные вещи: во-первых, признание факта всевластия Бога; во-вторых, вера в истину сыновства по отношению к Богу; и в-третьих, вера в плодотворность высшего человеческого желания исполнить Божью волю – стать подобным Богу. И благая весть евангелия заключается в том, что благодаря своей вере каждый смертный может обрести все эти самые необходимые для спасения вещи».

Неделя ожидания подошла к концу, и они приготовились отправиться на следующий день в Иерусалим.

ДОКУМЕНТ 141

НАЧАЛО ОБЩЕСТВЕННОГО ТРУДА

В первый день недели, 19 января 27 года н. э., Иисус и двенадцать апостолов приготовились покинуть свой вифсаидский центр. Апостолы ничего не знали о планах своего Учителя кроме того, что они должны были отправиться в Иерусалим, чтобы побывать в апреле на праздновании Пасхи, и что им предстояло идти долиной Иордана. Только к полудню они смогли покинуть дом Зеведея, так как сéмьи апостолов и другие ученики пришли попрощаться с ними и пожелать им успехов в новом деле, к которому они собирались приступить.

Пора было отправляться в путь, когда апостолы заметили отсутствие Учителя, и Андрей пошел его искать. Вскоре он нашел Иисуса на берегу; он сидел в лодке и плакал. Апостолы часто видели Учителя в минуты печали, и им случалось видеть его в короткие периоды глубокой задумчивости, однако никто из них никогда не видел его плачущим. Такая взволнованность Учителя накануне их отбытия в Иерусалим настолько изумила Андрея, что он решился подойти к Иисусу и спросить: «Учитель, отчего ты плачешь в этот великий день, когда нам предстоит отправиться в Иерусалим и возвестить царство Отца? Кто из нас обидел тебя?» Возвращаясь вместе с Андреем назад, к двенадцати, Иисус ответил: «Никто из вас не огорчил меня. Я опечален только тем, что ни один из членов семьи моего отца Иосифа не вспомнил об этом дне и не пришел сюда, чтобы пожелать нам успеха». В это время Руфь гостила у своего брата Иосифа в Назарете. Других членов семьи удерживали гордость, разочарование, непонимание и мелочные обиды оскорбленного самолюбия.

1. ИИСУС И АПОСТОЛЫ ПОКИДАЮТ ГАЛИЛЕЮ

Капернаум находился неподалеку от Тивериады, и слава Иисуса уже начала распространяться по всей Галилее и даже за ее пределами. Иисус знал, что вскоре Ирод начнет обращать внимание на его деятельность; поэтому он считал, что лучше всего было бы отправиться вместе со своими апостолами на юг, в Иудею. Группа более чем из ста верующих пожелала идти вместе с ними, но Иисус поговорил с этими людьми, попросив их не следовать за апостолами на юг вдоль Иордана. Хотя эти верующие согласились остаться в Галилее, через несколько дней многие их них отправились вслед за Учителем.

В первый день Иисус и апостолы дошли только до Тарихеи, где остановились на ночлег. На следующий день они достигли того места у Иордана неподалеку от Пеллы, где примерно годом ранее проповедовал Иоанн и где принял крещение Иисус. Здесь они учили и проповедовали более двух недель. К концу первой недели рядом с тем местом, где расположились Иисус и двенадцать, появился лагерь из нескольких сот человек, пришедших сюда из Галилеи, Финикии, Сирии, Декаполиса, Переи и Иудеи.

Иисус не выступал с публичными проповедями. Андрей делил народ на группы и назначал проповедников для утренних и послеполуденных собраний; после ужина Иисус беседовал с двенадцатью. Он не учил их чему-либо новому, а лишь повторял свои прежние учения и отвечал на их многочисленные вопросы. В один из этих вечеров он рассказал им кое-что о сорока днях, проведенных в горах неподалеку от этого места.

Многие из тех, кто пришел сюда из Переи и Иудеи, были крещены Иоанном и хотели лучше познакомиться с учениями Иисуса. Апостолы добились больших успехов в обучении последователей Иоанна, поскольку они никоим образом не умаляли его проповедь, а также потому, что в то время они даже не крестили своих новых учеников. Однако вечным камнем преткновения для приверженцев Иоанна было то, что Иисус – если он являлся всем тем, о чём объявил Иоанн, – ничего не делал для вызволения Крестителя из тюрьмы. Последователи Иоанна так и не смогли понять, почему Иисус не предотвратил жестокую смерть их любимого вождя.

Из вечера в вечер Андрей тщательно наставлял своих товарищей-апостолов в тонком и трудном деле сохранения хороших отношений с последователями Иоанна Крестителя. В течение первого года общественного служения Иисуса более трех четвертей его приверженцев относились к числу тех, кто ранее следовал за Иоанном и принял от него крещение. В течение всего 27 года н. э. они постепенно принимали на себя труд Иоанна в Перее и Иудее.

2. ЗАКОН БОГА И ВОЛЯ ОТЦА

Вечером накануне отбытия из Пеллы Иисус дал своим апостолам дополнительные разъяснения относительно нового царства. Учитель сказал: «Вас учили ждать наступления царства Божьего; я же пришел возвестить, что это долгожданное царство приблизилось, что уже сейчас оно присутствует здесь, среди нас. В каждом царстве должен быть царь, сидящий на своем троне и творящий законы царства. Поэтому у вас сложилось представление о царстве небесном как о возвеличенной власти еврейского народа над всеми народами земли и о Мессии, сидящем на троне Давида и отсюда – с этого места, наделенного волшебной силой, – провозглашающего законы для всего мира. Однако, дети мои, вы не смóтрите глазами веры, и вы не слушаете в духе. Я заявляю, что царство небесное есть претворение и признание владычества Бога в сердцах людей. Конечно, в этом царстве есть Царь, и этим Царем является мой и ваш Отец. Мы действительно являемся его верными подданными, но неизмеримо выше этого факта – преображающая истина о том, что мы являемся его *сынами*. Моя жизнь призвана сделать эту истину очевидной для всех. Наш Отец также восседает на троне, но на троне нерукотворном. Трон Бесконечного – это вечная обитель Отца на небесах небес; Отец наполняет собою всё и провозглашает свои законы бесконечным вселенным. И Отец также правит в сердцах своих земных детей через тот дух, который он послал жить в душах смертных людей.

Когда вы становитесь подданными этого царства, вы действительно обретаете способность слышать законы Правителя Вселенной; но когда, благодаря евангелию царства, которое я пришел возвестить, вы с помощью своей веры увидите, что являетесь сынами, то с этого времени вы будете смотреть на себя не как на законопослушных созданий всемогущего царя, а как на привилегированных сынов любящего и божественного Отца. Истинно, истинно вам говорю, что когда воля Отца является вашим *законом*, вы едва ли пребываете в царстве. Но когда воля Отца действительно становится вашей *волей*, то вы в сáмом истинном смысле обретаете царство, ибо это значит, что царство стало вашим непреложным опытом. Когда воля Божья – ваш закон, вы являетесь благородными рабами-подданными; но когда вы верите в это новое евангелие божественного сыновства, воля моего Отца становится вашей волей, и вы возвышаетесь до высокого положения свободных детей Бога, освобожденных сынов царства».

Некоторые апостолы усвоили кое-что из этого учения, но ни один из них не понял всего значения этого потрясающего заявления, за исключением, может быть, Иакова Зеведеева. Однако эти слова запали им в душу и делали радостным их труд в последующие годы служения.

3. В АМАФЕ

Почти три недели Учитель и его апостолы находились поблизости от Амафа. Апостолы по-прежнему дважды в день выступали с проповедями перед народом, а по субботам, во второй половине дня, со своей проповедью обращался Иисус. Продолжать отдых по средам стало невозможным; поэтому Андрей договорился о том, чтобы в течение шестидневной недели каждый день двое из апостолов отдыхали, а во время субботних богослужений трудились все.

Чаще других с проповедями выступали Петр, Иаков и Иоанн. Филипп, Нафанаил, Фома и Симон уделяли много внимания индивидуальному труду и вели занятия в специальных группах для посетителей; близнецы продолжали наблюдать за порядком, в то время как Андрей, Матфей и Иуда втроем осуществляли общее руководство, хотя каждый из этих трех апостолов вел большую религиозную работу.

Андрею приходилось постоянно улаживать недоразумения и разногласия между учениками Иоанна и новыми учениками Иисуса. То и дело возникали серьезные проблемы, однако, с помощью других апостолов, Андрею удавалось хотя бы на время приводить конфликтующие стороны к какому-то соглашению. Иисус отказывался участвовать в таких собраниях; не соглашался он и давать советы, ка́к решать эти проблемы. Он ни разу не подсказал апостолам, ка́к им следует справляться с такими трудностями. Когда Андрей приходил к нему с подобными проблемами, Иисус лишь отвечал: «Мудрый хозяин не вмешивается в семейные ссоры своих гостей; мудрый родитель не принимает чью-либо из сторон в мелких распрях своих детей».

Учитель демонстрировал огромную мудрость и абсолютную беспристрастность во всех своих отношениях с апостолами и со всеми учениками. Иисус был настоящим знатоком людей; он оказывал на своих собратьев огромное влияние благодаря сочетанию обаяния и силы в его личности. Его суровая кочевая и бездомная жизнь оказывала неуловимое и сильное воздействие. Его авторитетная манера обучения, ясная логика, сила аргументации, прозорливая интуиция, живость ума, несравненная выдержка и возвышенная терпимость отличались интеллектуальной привлекательностью и духовной притягательностью. Он был простым, мужественным, искренним и бесстрашным. При всём физическом и интеллектуальном воздействии, которое ощущалось в присутствии Учителя, в нём также были все черты духовного обаяния, ставшие частью его личности, – терпение, доброта, кротость, мягкость и скромность.

Иисус Назарянин действительно был сильной и волевой личностью, воплощением интеллектуальной мощи и духовной твердости. Его личность привлекала не только женщин духовного склада среди его последователей, но и образованного, интеллектуального Никодима, равно как и бывалого римского воина – капитана, поставленного сторожить крест: увидев, как умирал Учитель, римлянин произнес: «Воистину это был Сын Божий». И мужественные, суровые галилейские рыбаки называли его Учителем.

Существующие изображения Иисуса крайне неудачны. Эти запечатлевшие Христа картины оказывают вредное воздействие на молодежь; храмовые торговцы вряд ли бросились бы бежать от Иисуса, будь он таким, каким его обычно изображают ваши художники. Он являлся воплощением величественной мужественности; он был благим, но естественным. Иисус не вставал в позу мягкого, доброго, кроткого и добродушного мистика. Его учение захватывало своей динамичностью. Он не только имел *благие намерения*, но и совершал *благие дела*.

Учитель никогда не говорил: «Придите ко мне, все ленивцы и мечтатели». Однако он действительно не раз говорил: «Придите ко мне все вы, кто *трудится*, и я дам вам покой – духовную силу». Ярмо Учителя действительно легко, но он всё равно никогда не принуждает к нему; каждый человек должен принять это ярмо по своей собственной и свободной воле.

Иисус показал, что победа достигается через жертвоприношение – принесение в жертву гордости и эгоизма. Под проявлением милосердия он имел в виду духовное освобождение от всех обид, жалоб, гнева, жажды своевластия и мести. И когда он сказал «не противьтесь злу», то позже он объяснил, что он не имел в виду потакать греху и не советовал брататься с законопреступниками. Подлинный смысл его слов – учить прощению, «не противиться злонамеренному отношению к своей личности, злонамеренному оскорблению чувства собственного достоинства».

4. УЧЕНИЕ ОБ ОТЦЕ

В Амафе Иисус потратил много времени на то, чтобы разъяснить апостолам новое представление о Боге. Вновь и вновь он внушал им, что *Бог является Отцом*, а не великим верховным счетоводом, который занят в основном регистрацией поступков, очерняющих его заблудших земных детей, – учетом грехов и зла, – чтобы впоследствии использовать их на своем суде, который он вершит над ними в качестве справедливого Судьи всего творения. Евреи уже давно представляли Бога всеобщим царем и даже Отцом нации, однако никогда еще большое число смертных не представляло Бога любящим Отцом *индивидуума*.

В ответ на вопрос Фомы – «Кто он, этот Бог царства?» – Иисус ответил: «Бог – это *твой* Отец, и религия – мое евангелие – есть не что иное, как вероисповедное признание истины о том, что ты являешься его сыном. Я пребываю здесь, среди вас, во плоти для того, чтобы пояснить обе эти идеи своей жизнью и учением».

Иисус стремился также освободить сознание своих апостолов от представления, согласно которому принесение в жертву животных является религиозным долгом. Однако эти люди, воспитанные в религии каждодневных жертвоприношений, плохо понимали, чтó он имеет в виду. Но Учитель не терял терпения. Если ему не удавалось добиться понимания от всех апостолов с помощью одного примера, он заново формулировал свою идею, используя для разъяснения смысла другую притчу.

Одновременно с этим Иисус начал более подробно разъяснять апостолам их задачу «утешать страждущих и ухаживать за больными». Учитель много говорил им о человеке как едином целом – союзе тела, разума и духа, образующем индивидуума, мужчину или женщину. Иисус рассказал своим сподвижникам о трех видах недугов, с которыми им предстояло столкнуться, и объяснил, кáк следует помогать всем, кто страдает от мук, причиняемых человеческими заболеваниями. Он учил их распознавать следующие случаи:

1. Болезни плоти – те недуги, которые обычно считаются физическими заболеваниями.

2. Расстройства сознания – те недуги нефизического характера, которые впоследствии стали считать эмоциональными и умственными отклонениями и расстройствами.

3. Одержимость злыми духами.

В ряде случаев Иисус объяснял своим апостолам сущность и касался происхождения этих злых духов, в то время нередко называемых также нечистыми духами. Учитель хорошо знал, че́м отличается одержимость злыми духами от безумия, но апостолы этого не знали. Кроме того, ввиду их ограниченных познаний в области древней истории Урантии, Иисус не мог взяться за всестороннее разъяснение этого вопроса. Однако он не раз говорил им, имея в виду этих злых духов: «Они перестанут досаждать людям, после того как я вознесусь к своему небесному Отцу и изолью свой дух на всю плоть тогда, когда царство пребудет в великом могуществе и духовной славе».

В течение всего этого года, из недели в неделю, из месяца в месяц апостолы всё больше внимания уделяли уходу за больными.

5. ДУХОВНОЕ ЕДИНСТВО

Одним из самых значительных вечерних собраний в Амафе стало занятие, посвященное обсуждению духовного единства. Иаков Зеведеев спросил: «Учитель, как нам научиться одинаково смотреть на вещи и тем самым добиться большего согласия между собой?» Когда Иисус услышал этот вопрос, он почувствовал такое волнение духа, что ответил: «Иаков, Иаков, когда я учил вас, что вам следует смотреть на вещи одинаково? Я пришел в этот мир провозгласить духовную свободу для того, чтобы смертные получили возможность жить самостоятельной, самобытной и свободной жизнью перед Богом. Я не желаю, чтобы согласие в обществе и братский мир покупались ценой отказа от свободы личности и духовной самобытности. То, чего я требую от вас, мои апостолы, есть *духовное единство*, – а его вы способны испытать в той радости, которую приносит ваша единодушная преданность беззаветному исполнению воли моего небесного Отца. Вам не нужно одинаково видеть, одинаково чувствовать или даже одинаково думать, чтобы быть *одинаковыми* духовно. Духовное единство рождается из сознания того, что каждый из вас наделен и всё более подчинен духовному дару небесного Отца. Ваше апостольское согласие должно произрастать из того факта, что духовная надежда каждого из вас тождественна по своему происхождению, природе и предназначению.

Так вы сможете обрести усовершенствованное единство духовной цели и духовного понимания, которые произрастают из вашего взаимного осознания идентичности Райских духов, пребывающих в каждом из вас; и вы сможете испытать всё это глубокое духовное единство, сохраняя предельное разнообразие своих индивидуальных особенностей в интеллектуальном мышлении, эмоциональном ощущении и социальном поведении. Ваши личности могут отличаться живительным разнообразием и явной непохожестью, в то время как ваши духовные сущности и духовные плоды, приносимые божественным поклонением и братской любовью, могут быть столь едиными, что все свидетели вашей жизни наверняка заметят эту духовную идентичность и душевное единство; они поймут, что вы были со мной, благодаря чему научились – и научились достойно – исполнять волю небесного Отца. Вы можете достичь единства в служении Богу, и при этом характер вашего служения может соответствовать вашим индивидуальным умственным, телесным и душевным способностям.

Ваше духовное единство подразумевает две вещи, которые всегда будут согласовываться в жизни каждого верующего. Во-первых, вы обладаете общим побуждением – прожить свою жизнь в служении; все вы превыше всего желаете исполнить волю небесного Отца. Во-вторых, у всех вас есть общая цель бытия – найти небесного Отца и тем самым доказать вселенной, что вы стали такими, как он».

Много раз за время подготовки апостолов Иисус возвращался к этой теме. Он неоднократно повторял им: он не желает, чтобы те, кто верит в него, стали приверженцами догм и норм в соответствии с религиозными толкованиями, – даже если этих толкований придерживаются благие люди. Раз за разом он предостерегал своих апостолов против формулирования вероучений и установления традиций как способа руководства и управления теми, кто верит в евангелие царства.

6. ПОСЛЕДНЯЯ НЕДЕЛЯ В АМАФЕ

К концу последней недели, проведенной в Амафе, Симон Зелот привел к Иисусу перса по имени Тегерма, который вел дела в Дамаске. Тегерма прослышал об Иисусе и прибыл в Капернаум, чтобы увидеть его. Там он узнал, что Иисус отправился со своими апостолами по иорданской дороге в Иерусалим, и последовал за ним. Андрей представил Тегерму Симону для обучения. Симон считал перса «огнепоклонником», несмотря на все попытки Тегермы объяснить ему, что огонь является всего лишь зримым символом Чистого и Святого. После разговора с Иисусом перс заявил о своем желании остаться на несколько дней, чтобы познакомиться с учением и послушать проповеди.

Когда Симон Зелот и Иисус остались одни, Симон спросил Учителя: «Почему же мне не удалось уговорить его? Почему он так упорно противился мне и с такой готовностью стал слушать тебя?» Иисус ответил: «Симон, Симон, сколько раз я учил тебя воздерживаться от любых попыток *изъять* что-либо из сердец людей, которые ищут спасения? Сколько раз я говорил тебе трудиться только над тем, чтобы *вложить* нечто в эти истосковавшиеся души? Приведи их в царство – и великие, живые истины царства вскоре вытеснят любое серьезное заблуждение. Когда ты уже познакомил смертного человека с тем, что Бог является его Отцом, тебе легче убедить этого человека, что он действительно является Божьим сыном. И сделав это, ты тем самым принесешь свет спасения тому, кто пребывает во тьме. Симон, когда Сын Человеческий впервые пришел к вам, явился ли он с обличением Моисея и пророков и возвещением новой и лучшей жизни? Нет. Я пришел не для того, чтобы забрать то, что досталось вам от предков, но для того, чтобы показать более совершенное представление о том, что ваши отцы видели лишь отчасти. Потому ступай, Симон, учи царству и проповедуй его, и когда какой-нибудь человек надежно и уверенно утвердится в царстве и обратится к тебе с расспросами, тогда и настанет время рассказать ему о восхождении души в божественном царстве».

Симон был изумлен этими словами, но он сделал так, как велел ему Иисус, и перс Тегерма был в числе тех, кто вошел в царство.

В тот вечер Иисус беседовал с апостолами о новой жизни в царстве. В числе прочего он сказал: «Когда вы вступаете в царство, вы рождаетесь заново. Вы не можете учить глубоким духовным вещам тех, кто рожден только во плоти; прежде чем пытаться научить человека прогрессивным путям духа, позаботьтесь о том, чтобы он родился в духе. Не пытайтесь показать людям красóты храма, не приведя их сначала в этот храм. Знакомьте людей с Богом и *в качестве* сынов Божьих, прежде чем рассуждать о доктринах отцовства Бога и сыновства людей.

Не боритесь с людьми – будьте всегда терпеливы. Это не ваше царство; вы являетесь всего лишь посланниками. Просто идите и возвещайте: вот царство небесное – Бог ваш Отец, и вы его сыны; и эта благая весть, если вы верите в нее всем сердцем, *есть* ваше вечное спасение».

Апостолы добились огромных успехов за время пребывания в Амафе. Однако они были весьма разочарованы тем, что Иисус не дал им никаких рекомендаций относительно того, ка́к вести себя с учениками Иоанна. Даже о таком важном вопросе, как крещение, Иисус сказал лишь одно: «Иоанн действительно крестил водой, но когда вы вступите в царство, вы будете крещены Духом».

7. В ЗАИОРДАНСКОЙ ВИФАНИИ

26 февраля Иисус, его апостолы и большая группа последователей отправились вдоль Иордана к переправе у Вифании в Перее, тому месту, где Иоанн впервые возвестил о грядущем царстве. Иисус и апостолы оставались там в течение четырех недель, обучая и проповедуя, после чего они продолжили путь в Иерусалим.

Через неделю после прибытия в заиорданскую Вифанию Иисус, вместе с Петром, Иаковом и Иоанном, отправился на другой берег реки – в горы к югу от Иерихона – для трехдневного отдыха. Учитель раскрыл этим трем апостолам много новых прогрессивных истин о царстве небесном. В данном повествовании мы излагаем эти учения в преобразованном и систематизированном виде.

Иисус попытался разъяснить апостолам следующее: он желает, чтобы его ученики, вкусившие благих духовных реальностей царства, жили в этом мире так, чтобы люди, *видя* их жизнь, осознавали бы царство и, благодаря этому, испытывали бы потребность узнать у верующих о путях царства. Все такие искренние искатели истины всегда рады *услышать* благую весть о том даре веры, который обеспечивает принятие в царство с его вечными и божественными духовными реальностями.

Иисус стремился внушить всем учителям евангелия царства, что их единственная задача – раскрыть каждому человеку Бога как его Отца: привести этого индивидуума к осознанию своего сыновства, а затем представить того же человека Богу в качестве его сына в вере. Оба этих принципиальных откровения осуществлены в Иисусе. Он воистину стал «путем, истиной и жизнью». Религия Иисуса целиком зиждилась на его посвященческой жизни на земле. Когда Иисус покинул этот мир, он не оставил после себя книг, законов или других форм систематизации человеческого опыта, оказывающих воздействие на религиозную жизнь индивидуума.

Иисус разъяснял, что он пришел для установления таких личных и вечных отношений с людьми, которые навсегда стали бы первостепенными по сравнению со всеми остальными человеческими отношениями. И он подчеркивал, что это внутреннее духовное братство должно распространяться на всех людей, во все эпохи, для любых социальных условий, среди всех народов. Единственной наградой, которую он предлагал своим детям в этом мире, была духовная радость и божественное единство, и в следующем мире – вечная жизнь в постепенном достижении божественных духовных реальностей Райского Отца.

Иисус придавал особое значение тому, что он называл двумя важнейшими истинами царства, а именно: достижение спасения через веру и только веру в сочетании с революционным учением о достижении человеческой свободы через искреннее постижение истины: «Вы познаете истину, и истина сделает вас свободными». Иисус являлся истиной, представшей во плоти, и он обещал послать свой Дух Истины в сердца всех своих детей после своего возвращения к небесному Отцу.

Иисус учил этих апостолов основам истины, рассчитанным на целую земную эпоху. Часто апостолы слушали его учения, предназначавшиеся в действительности для воодушевления и просвещения других миров. Он явил собою пример нового, самобытного плана жизни. С человеческой точки зрения, он действительно был евреем, но он прожил свою жизнь в облике смертного человека для всего мира.

Для того, чтобы обеспечить признание Отца в претворении плана царства, Иисус, как он объяснил апостолам, сознательно не обращал внимания на «великих мира сего». С самого начала он обращался со своей проповедью к беднякам – тому самому классу, который в значительной мере игнорировался большинством предшествовавших эволюционных религий. Он никого не презирал; его план был всемирным и даже вселенским. Из-за необыкновенной смелости и выразительности его заявлений, у Петра, Иакова и Иоанна возникала мысль о том, что Иисус мог быть не в себе.

Он пытался осторожно внушить апостолам ту истину, что он явился с посвященческой миссией не для того, чтобы показать пример горстке земных созданий, а для того, чтобы создать и продемонстрировать идеал человеческой жизни для всех народов, во всех мирах, по всей своей вселенной. И этот идеал приближался к высшему совершенству, равно как и к высшей благости Всеобщего Отца. Однако апостолы не могли понять значения его слов.

Иисус заявил, что он пришел, чтобы быть учителем, – учителем, посланным небом для раскрытия духовной истины материальному разуму. Именно таким он и был – учителем, а не проповедником. С человеческой точки зрения, Петр являлся значительно более эффективным проповедником, чем Иисус. Проповедь Иисуса была столь эффективной прежде всего благодаря его уникальной личности, а не его неотразимому красноречию или эмоциональной привлекательности. Иисус обращался непосредственно к душам людей. Он учил человеческий дух, но действовал через разум. Он жил с людьми.

Именно тогда Иисус дал понять Петру, Иакову и Иоанну, что его труд на земле в некоторых отношениях ограничен поручением, данным его «небесным товарищем», имея в виду предпосвященческие наставления его Райского брата Иммануила. Он сказал им, что он явился исполнить волю Отца – и только ее. Существующее в мире зло не столь сильно тревожило его потому, что он без остатка отдавал себя служению одной-единственной цели.

Постепенно апостолы начали осознавать неподдельную дружелюбность Иисуса. Несмотря на свою открытость, Учитель всегда жил независимо от всех людей и над ними. Он никогда, ни на мгновение, не был подвластен какому-либо чисто смертному влиянию или переменчивым человеческим суждениям. Он не обращал внимание на общественное мнение и оставался безучастным к похвале. Он редко тратил время на то, чтобы исправить недоразумение или возмутиться неправильным толкованием. Он никогда не спрашивал чьего-либо совета; он никогда не просил молиться.

Иаков был потрясен способностью Иисуса видеть всё от начала до конца. Учитель редко казался удивленным. Он никогда не бывал возбужденным, раздосадованным или смущенным. Он никогда и ни перед кем не извинялся. Временами он был опечален, но никогда не обескуражен.

Иоанн с еще большей ясностью осознал, что Иисус – несмотря на все его божественные способности – в конечном счете был человеком. Иисус жил как человек среди людей; он понимал и любил людей и знал, ка́к с ними обращаться.

В своей личной жизни он был истинным человеком – и вместе с тем, человеком истинно безупречным. И он всегда был бескорыстен.

Хотя Петр, Иаков и Иоанн не поняли многого из того, что сказал им Иисус в тот день, его благодатные слова запали им в сердце. После распятия и воскресения эти слова пробудились в их памяти, став огромным богатством и радостью в их последующем служении. Неудивительно, что эти апостолы не до конца поняли слова Учителя, – ведь он разворачивал перед ними план новой эпохи.

8. ТРУД В ИЕРИХОНЕ

На протяжении четырех недель, проведенных в заиорданской Вифании, несколько раз в неделю Андрей отправлял апостолов попарно в Иерихон на один или два дня. В Иерихоне у Иоанна было много последователей, и большинство из них приветствовало более прогрессивные учения Иисуса и его апостолов. Во время этих посещений Иерихона апостолы начали уделять больше внимания велению Иисуса ухаживать за больными. Они посетили каждый дом в этом городе и попытались утешить каждого пораженного недугом человека.

В Иерихоне апостолы иногда выступали с проповедями, однако их труд в основном носил более неприметный и индивидуальный характер. Они обнаружили, что добрая весть о царстве чрезвычайно утешает больных, что их проповедь несет в себе исцеление недугов. Именно в Иерихоне они впервые в полной мере выполнили поручение Иисуса – проповедовать благую весть о царстве и помогать больным.

По пути в Иерусалим они остановились в Иерихоне, где их нагнала делегация из Месопотамии, члены которой прибыли побеседовать с Иисусом. Апостолы предполагали задержаться здесь только на день, но после прибытия этих искателей истины с Востока Иисус провел с ними три дня, и они вернулись в родные места к берегам Евфрата, обрадованные знанием новых истин о царстве небесном.

9. ОТБЫТИЕ В ИЕРУСАЛИМ

В понедельник, последний день марта, Иисус и апостолы начали подниматься на холмы, лежащие на пути к Иерусалиму. Лазарь из Вифании уже два раза приходил к Иисусу на Иордан. Было подготовлено всё необходимое для того, чтобы Учитель и его апостолы могли расположиться у Лазаря и его сестер в Вифании и жить там в течение всего их пребывания в Иерусалиме.

Ученики Иоанна остались в заиорданской Вифании, где учили и крестили народ. Поэтому когда Иисус появился в доме Лазаря, его сопровождали только двенадцать. Здесь Иисус и апостолы оставались в течение пяти дней, отдыхая и восстанавливая силы, прежде чем отправиться на Пасху в Иерусалим. Для Марфы и Марии это стало огромным событием в жизни – принимать Учителя и его апостолов в доме их брата, где они могли уделять внимание их нуждам.

Утром в воскресенье, 6 апреля, Иисус и апостолы отправились в Иерусалим. Впервые Учитель и двенадцать были здесь все вместе.

ДОКУМЕНТ 142

ПАСХА В ИЕРУСАЛИМЕ

В апреле Иисус и апостолы трудились в Иерусалиме. По вечерам они покидали город и ночевали в Вифании. Сам Иисус одну или две ночи в неделю проводил в Иерусалиме в доме Флавия – греческого еврея, куда тайно приходили многие видные евреи, желавшие побеседовать с Иисусом.

В первый же день Иисус посетил своего друга прошлых лет, бывшего первосвященника Анана – родственника жены Зеведея, Саломии. Анан был наслышан об Иисусе и его учениях, и когда Иисус появился в доме первосвященника, ему был оказан весьма холодный прием. Когда Иисус почувствовал неприветливость Анана, он сразу же распрощался, сказав перед уходом: «Страх – главный поработитель человека, а гордыня – его огромная слабость; предашь ли ты себя – отдашь ли себя в кабалу к обоим разрушителям радости и свободы?» Но Анан ничего не ответил. Больше Учитель не встречался с Ананом вплоть до того дня, когда тот, вместе со своим зятем, судил Сына Человеческого.

1. ОБУЧЕНИЕ В ХРАМЕ

В течение всего этого месяца Иисус или один из его апостолов ежедневно учили в храме. Когда пасхальные толпы становились такими плотными, что было невозможно попасть в храм, апостолы учили в нескольких группах за пределами священной территории. Основное содержание их проповеди заключалось в следующем:

1. Приблизилось царство небесное.

2. Через веру в отцовство Бога вы можете войти в царство небесное и тем самым стать сынами Божьими.

3. Любовь – вот правило жизни в царстве: высшая преданность Богу и любовь к ближнему, как к самому себе.

4. Подчинение воле Отца, приносящее духовные плоды в личной жизни человека, является законом царства.

Прибывший на празднование Пасхи народ слушал это учение Иисуса, и сотни людей возрадовались благой вести. Иисус и его апостолы начали сильно беспокоить первосвященников и правителей евреев, споривших между собой о том, что́ с ними делать.

Кроме обучения в храме и вблизи него, апостолы и другие верующие проводили большую индивидуальную работу среди пасхальных толп. Заинтересовавшись идеями Иисуса во время празднования Пасхи, эти мужчины и женщины разнесли их в самые отдаленные уголки Римской империи и Востока. Это стало началом распространения евангелия царства в мире. С тех пор труд Иисуса уже не ограничивался Палестиной.

2. БОЖИЙ ГНЕВ

Среди прибывших в Иерусалим на празднование Пасхи был некий Иаков – богатый еврейский торговец с Крита. Иаков явился к Андрею с просьбой увидеть Иисуса с глазу на глаз. Андрей договорился о тайной встрече с Иисусом, которая состоялась в доме Флавия вечером следующего дня. Этот человек не понимал идей Учителя и пришел для того, чтобы подробнее расспросить его о царстве Божьем. Иаков сказал Иисусу: «Однако, Равви, Моисей и древние пророки говорят нам, что Ягве – Бог ревнивый, Бог великого и страшного гнева. У пророков сказано, что он ненавидит злодеев и воздает всем законоотступникам. Ты и твои ученики ýчите нас, что Бог – это добрый и сострадательный Отец, любящий всех людей такой любовью, что он хотел бы приветствовать их в этом новом царстве небесном, которое, как ты заявляешь, находится так близко».

Когда Иаков закончил говорить, Иисус ответил: «Иаков, ты хорошо изложил доктрины древних пророков, учивших детей своего поколения согласно взглядам того времени. Наш Райский Отец неизменен, однако представление о его сущности расширялось и росло со времен Моисея до эпохи Амоса и, далее, вплоть до поколения, к которому принадлежал пророк Исайя. Я же пришел во плоти для того, чтобы раскрыть Отца в новой славе и показать его любовь и милосердие всем людям во всех мирах. По мере распространения в мире евангелия этого царства, несущего всем людям идею благодушия и благоволения, семейные отношения у всех народов будут улучшаться. Со временем отцы и дети будут больше любить друг друга, и тем самым человек достигнет лучшего понимания любви небесного Отца к его земным детям. Помни, Иаков, что хороший, настоящий отец не только любит свою семью в целом – как семью, – но также истинно любит и опекает каждого ее *отдельного* члена».

После обстоятельного обсуждения характера небесного Отца, Иисус умолк, а затем произнес: «Как многодетный отец, ты, Иаков, прекрасно знаешь истинность моих слов». Иаков удивился: «Однако, Учитель, кто рассказал тебе, что у меня шестеро детей? Откуда ты это узнал?» И Учитель ответил: «Достаточно сказать, что Отец и Сын знают всё, ибо поистине они видят всё. Любя своих детей как земной отец, ты должен признать теперь реальность любви небесного Отца к *тебе* – не просто ко всем детям Авраама, а к тебе, твоей индивидуальной душе».

Затем Иисус продолжил свою речь словами: «Когда твои дети очень молоды и незрелы, и когда ты должен наказать их, они могут подумать, что их отец рассержен и исполнен возмущения и гнева. Из-за своей незрелости они воспринимают только наказание и не видят прозорливой и исправляющей любви отца. Но когда те же самые дети становятся взрослыми мужчинами и женщинами, разве не было бы глупым с их стороны придерживаться прежних, неверных представлений о своем отце? Став взрослыми, во всех этих прошлых наказаниях они должны видеть отеческую любовь. И по мере того, как один век сменяется другим, разве не должно человечество обретать лучшее понимание подлинной сущности и любящего характера небесного Отца? Какая польза от череды духовно просвещенных поколений, если вы продолжаете видеть Бога таким, каким его видели Моисей и пророки? Я говорю тебе, Иаков, что в ясном свете этого часа ты должен видеть Отца таким, каким его не видел никто другой до тебя. И увидев его таким, ты должен возрадоваться и войти в царство, где правит столь милосердный Отец, и ты должен стремиться к тому, чтобы отныне твоя жизнь подчинялась его исполненной любви воле».

И Иаков ответил: «Равви, я верю; я хочу, чтобы ты привел меня в царство Отца».

3. ПРЕДСТАВЛЕНИЕ О БОГЕ

В тот вечер двенадцать апостолов, большинство из которых слушали это рассуждение о характере Бога, задали Иисусу много вопросов о небесном Отце. На современном языке, ответы Учителя на эти вопросы можно наилучшим образом передать в форме следующего обобщения.

Иисус мягко упрекнул апостолов. По существу, он сказал им: «Разве вы не знаете преданий Израиля, касающихся эволюции представления о Ягве? Разве вы не слышали, чему учат Писания относительно доктрины Бога?» И затем Учитель начал рассказывать апостолам об эволюции концепции Божества в течение всего процесса становления еврейского народа. Он особо выделил следующие стадии роста идеи Бога:

1. *Ягве* – бог синайских кланов. Это примитивное представление о Божестве было поднято Моисеем на более высокий уровень Господа Бога Израиля. Небесный Отец никогда не отвергает искреннего поклонения своих земных детей, каким бы незрелым ни было их представление о Божестве и каким бы именем они ни называли его божественную сущность.

2. *Всевышний*. Эта концепция небесного Отца была провозглашена Аврааму Мелхиседеком. Впоследствии те, кто уверовал в это расширенное и развернутое представление о Божестве, отправились из Салима в дальние страны с проповедью нового учения. Авраам и его брат покинули Ур из-за возникновения культа солнца и уверовали в учение Мелхиседека об Эль-Эльоне – Всевышнем Боге. Они придерживались смешанной концепции Бога, в которой слились их прежние месопотамские идеи и доктрины Всевышнего.

3. *Эль-Шаддай*. В те давние времена многие иудеи поклонялись Эль-Шаддаю – египетскому представлению о небесном Боге, о котором они узнали, находясь в плену в земле, где течет Нил. Спустя много лет после Мелхиседека все три представления о Боге соединились в доктрине Божества-создателя, Господа Бога Израиля.

4. *Элогим*. Учение о Райской Троице существует со времен Адама. Разве вы не помните, что Писания начинаются с утверждения: «В начале Боги сотворили небо и землю»? Это значит, что уже тогда представление о Троице – трех Богах в одном – занимало прочное место в религии наших праотцов.

5. *Верховный Ягве*. Ко времени Исайи эти вероучения о Боге расширились до концепции Всеобщего Создателя, который одновременно являлся всемогущим и всемилостивым. И это эволюционирующее и растущее представление о Боге вытеснило практически все предшествующие концепции Божества в религии наших отцов.

6. *Небесный Отец*. И теперь мы знаем Бога как нашего небесного Отца. Наше учение предлагает религию, в которой верующий *является* сыном Божьим. Это и есть благая весть евангелия небесного царства. Сын и Дух сосуществуют с Отцом, и откровение о сущности и служении этих Райских Божеств будет расти и проясняться на протяжении бесконечных веков вечного духовного развития восходящих Божьих сынов. Во все времена и во все эпохи истинное поклонение любого человека – в том, что касается индивидуального духовного прогресса, – воспринимается его внутренним духом как преклонение перед небесным Отцом.

Никогда прежде апостолы не испытывали такого же потрясения, как после этого рассказа об эволюции концепции Бога в сознании евреев предыдущих поколений. Они были слишком озадачены, чтобы задавать вопросы. Они сидели молча перед Иисусом, и Учитель продолжал: «Вы знали бы эти истины, если бы читали Писания. Разве вы не помните то место из Самуила, где говорится: „И гнев Господень настолько возгорелся на Израиль, что он возбудил против них Давида, говоря: пойдите, пересчитайте народ Израиля и Иудеи"? И это было неудивительно, потому что в дни Самуила дети Авраама действительно верили в то, что Ягве создал и добро, и зло. Но когда после расширения еврейского представления о природе Бога более поздний автор пересказывал эти события, он не решился приписать зло Ягве; поэтому он сказал: „И поднялся Сатана против Израильтян и подстрекнул Давида пересчитать народ Израиля". Разве вы не видите, что такие места в Писаниях ясно показывают, ка́к представление о природе Бога продолжало развиваться от одного поколения к другому?

К тому же, вы должны были бы заметить, что в полном согласии с этими расширявшимися представлениями о божественности происходила эволюция в понимании божественного закона. В эпоху исхода детей Израиля из Египта, до появления расширенного откровения Ягве, у них было десять заповедей, которые служили им законом, пока они не расположились лагерем у Синая. Вот эти десять заповедей:

1. Не поклоняйся никакому другому богу, ибо Господь – Бог ревнивый.
2. Не делай литых богов.
3. Соблюдай праздник пресных хлебов.
4. Все первенцы мужского пола у людей или скота – мои, говорит Господь.
5. Работай шесть дней, а на седьмой день отдыхай.
6. Соблюдай праздник первых плодов и праздник сбора урожая в конце года.
7. Не изливай крови жертвы на квасной хлеб.
8. Не оставляй мяса с Пасхи до следующего утра.
9. Самые первые плоды земли приноси в дом Господа, Бога твоего.
10. Не вари козленка в молоке его матери.

И затем, посреди грома и молний Синая, Моисей дал им десять новых заповедей, которые – с чем вы все согласитесь – более достойны расширяющихся представлений о Божестве, воплощенных в образе Ягве. И разве вы никогда не обращали внимание на тот факт, что из двух случаев, в которых эти заповеди упоминаются в Писаниях, в первом соблюдение субботы связывается с освобождением из Египта, в то время как во втором прогресс религиозных верований наших праотцов потребовал внести изменения, признающие факт творения в качестве причины соблюдения субботы?

И вспомните, что во времена Исайи, в эпоху великого духовного просвещения, эти десять заповедей-запретов были еще раз превращены в великий и позитивный закон любви – предписание любить Бога превыше всего и любить своего ближнего, как самого себя. И я тоже провозглашаю вам именно этот высший закон любви к Богу и человеку, ибо в нём – весь долг человека».

И когда он закончил говорить, никто не задал ни одного вопроса. Каждый отправился на покой.

4. ФЛАВИЙ И ГРЕЧЕСКАЯ КУЛЬТУРА

Греческий еврей Флавий был прозелитом врат, не являясь ни обрезанным, ни крещеным; а так как он был большим ценителем красоты в искусстве и скульптуре, то во время своих посещений Иерусалима он занимал красивый дом. Этот дом был изысканно украшен бесценными сокровищами, собранными в путешествиях по разным странам. Поначалу, задумав пригласить к себе Иисуса, он опасался, что зрелище этих так называемых идолов оскорбит Учителя. Но Флавий был приятно удивлен, когда, войдя в его дом, Иисус – вместо того, чтобы укорять его за обладание этими якобы идолопоклонническими предметами, находившимися повсюду в доме, – проявил огромный интерес ко всей этой коллекции и, пока Флавий сопровождал его из комнаты в комнату, демонстрируя все свои любимые статуи, много расспрашивал его, по достоинству оценив каждый предмет.

Учитель заметил, что хозяин был поражен его положительным отношением к искусству. Поэтому, закончив осмотр, Иисус сказал: «Почему ты ждешь порицания за свою любовь к красоте вещей, созданных моим Отцом и воспроизведенных руками мастера? Почему все люди должны неодобрительно относиться к воспроизведению изящества и красоты из-за того, что Моисей пытался бороться с идолопоклонством и почитанием ложных богов? Я говорю тебе, Флавий, что дети Моисея превратно поняли его, и теперь они действительно творят лжебогов даже из его запретов на идолов и изображение того, что есть на небе и на земле. Но если Моисей и внушал подобные запреты темным и невежественным людям своего времени, какое отношение это имеет к сегодняшнему дню, когда небесный Отец раскрыт как всеобщий Духовный Правитель всего сущего? И я заявляю, Флавий, что в грядущем царстве люди не будут более учить: не поклоняйся этому и не поклоняйся тому; все будут беспокоиться уже не о приказах – воздерживаться от этого и ни в коем случае не делать того, – а о выполнении единственного высшего долга. И этот человеческий долг выражается в двух великих привилегиях: искреннем поклонении бесконечному Создателю, Райскому Отцу, и любвеобильном служении своим товарищам. Если ты любишь своего ближнего, как самого себя, ты действительно знаешь, что являешься сыном Божьим.

В эпоху, когда отсутствовало правильное понимание моего Отца, попытки Моисея противостоять идолопоклонству были оправданы. Однако в грядущую эпоху Отец будет раскрыт в жизни Сына; и это новое раскрытие Бога навеки избавит от необходимости смешивать Отца-Создателя с каменными истуканами или золотыми и серебряными идолами. Впредь разумные люди смогут наслаждаться сокровищами искусства без того, чтобы путать такое материальное восприятие красоты с поклонением и служением Отцу в Раю – Богу всех вещей и существ».

Флавий уверовал во всё, чему учил его Иисус. На следующий день он отправился в заиорданскую Вифанию и был крещен учениками Иоанна. Он поступил так потому, что апостолы Иисуса еще не крестили верующих. Когда Флавий вернулся в Иерусалим, он устроил большой прием в честь Иисуса, пригласив шестьдесят своих друзей. И многие из этих гостей также уверовали в проповедь грядущего царства.

5. БЕСЕДА ОБ УВЕРЕННОСТИ

Одна из прекрасных проповедей, произнесенных Иисусом в храме на этой пасхальной неделе, прозвучала в ответ на вопрос слушателя, прибывшего из Дамаска.

Этот человек спросил Иисуса: «Однако, Равви, как мы можем быть уверены в том, что ты послан Богом и что мы действительно войдем в это царство, которое, как возвещаешь ты и твои ученики, приблизилось?» И Учитель ответил:

«Что касается моей проповеди и учения моих последователей, то вы должны судить их по их плодам. Если мы провозглашаем вам истины духа, дух подтвердит в ваших сердцах подлинность нашей проповеди. Что же касается царства и вашей уверенности в том, что небесный Отец примет вас, позвольте мне спросить, найдется ли среди вас отец, – достойный и милосердный отец, – который держал бы своего сына в тревоге или неведении относительно его положения в семье или наличия у него надежного места в любящем сердце отца? Разве земному отцу нравится терзать свое дитя сомнениями, есть ли для него в отцовском сердце свой уголок – уголок неизменной любви? Так и ваш небесный Отец не оставляет своих верующих детей духа в неизвестности и неуверенности относительно их положения в царстве. Если вы принимаете Бога как своего Отца, вы действительно и истинно являетесь сынами Божьими. А если вы являетесь сынами, то вы занимаете прочное положение во всём, что касается статуса вечного и божественного сыновства. Если вы верите моим словам, то тем самым вы верите в Того, кто меня послал, и через эту веру в Отца вы утвердились в своем небесном гражданстве. Если вы будете исполнять волю небесного Отца, вы никогда не оступитесь, стремясь к вечной прогрессирующей жизни в божественном царстве.

Верховный Дух засвидетельствует вашему духу, что вы являетесь истинными детьми Божьими. А если вы являетесь сынами Божьими, то вы родились от духа Божьего; и всякий, кто родился от духа, обладает способностью преодолеть любое сомнение, а победа над любой неуверенностью и есть ваша вера.

Об этих временах сказано у пророка Исайи: „Когда дух изольется на нас свыше, тогда делом праведности станет мир, спокойствие и уверенность вовеки“. И для всех, кто искренне верит в это евангелие, я стану залогом того, что они будут приняты в вечную благодать и бесконечную жизнь в царстве моего Отца. Поэтому вы, слушающие эту проповедь и уверовавшие в евангелие царства, являетесь сынами Божьими, имеющими вечную жизнь; и для всего мира свидетельством вашего рождения в духе является ваша искренняя любовь друг к другу».

В течение многих часов Иисус был окружен толпой слушателей, которые задавали ему вопросы и внимали его утешительным ответам. Слова Иисуса придали сил и апостолам, подвигнув их на более энергичную и уверенную проповедь евангелия царства. Этот иерусалимский опыт стал источником великого вдохновения для двенадцати. Они впервые соприкоснулись со столь громадными толпами и извлекли много ценных уроков, принесших огромную пользу в их дальнейшей работе.

6. ВСТРЕЧА С НИКОДИМОМ

Однажды вечером дом Флавия посетил Никодим – богатый престарелый член еврейского синедриона. Он был наслышан об учениях галилеянина, и потому в один из дней, пополудни, отправился послушать, как Иисус учит во дворах храма. Никодим посещал бы проповеди Иисуса чаще, но он боялся, что присутствующие узна́ют его, ибо разногласия между еврейскими правителями и Иисусом уже достигли такой остроты, что ни один из членов синедриона не хотел открыто солидаризироваться с ним. Поэтому Никодим договорился через Андрея о тайной встрече с Иисусом в тот вечер после захода солнца. В начале разговора Петр, Иаков и Иоанн находились в саду Флавия, однако позднее все они перешли в дом, где была продолжена беседа.

Принимая Никодима, Иисус не оказывал ему какого-то особого внимания; беседуя с ним, он не шел на компромиссы или излишние уговоры. Учитель не пытался оттолкнуть своего тайного гостя или прибегнуть к сарказму. Во всех своих отношениях с высокопоставленным посетителем Иисус держался спокойно, серьезно и достойно. Никодим не являлся официальным представителем синедриона; он пришел к Иисусу из-за своего личного искреннего интереса к его учениям.

После того как Флавий представил Никодима, тот сказал: «Равви, мы знаем, что ты – учитель, посланный Богом, ибо никто не мог бы так учить, если бы с ним не было Бога. И я хотел бы узнать больше о твоих учениях относительно грядущего царства».

Иисус ответил Никодиму: «Истинно, истинно говорю тебе, Никодим: только тот, кто родился свыше, может увидеть царство Божье». Тогда Никодим сказал: «Но как может старый человек родиться заново? Ведь не может же он возвратиться в материнскую утробу и родиться во второй раз».

Иисус сказал: «И тем не менее, я говорю тебе: тот, кто не родится от духа, не может войти в царство Божье. Рожденное от плоти есть плоть, а рожденное от духа есть дух. Но не удивляйся моим словам о том, что ты должен родиться свыше. Когда дует ветер, ты слышишь шелест листьев, но не видишь ветра – откуда и куда он дует; так бывает со всяким, рожденным от духа. Глазами плоти ты можешь видеть проявления духа, но ты неспособен увидеть сам дух».

Никодим ответил: «Но я не понимаю – как это возможно?» Иисус сказал: «Ты наставник израильтян и не знаешь этого? А посему те, кто знает о реальностях духа, должны раскрывать их тем, кто видит только проявления материального мира. Но поверишь ли нам, если мы будем говорить тебе о небесных истинах? Хватит ли у тебя мужества, Никодим, поверить в того, кто сошел с неба, – в Сына Человеческого?»

И Никодим сказал: «Но как я могу овладеть этим духом, который должен переродить меня для того, чтобы я мог войти в царство?» Иисус ответил: «Дух небесного Отца уже пребывает в тебе. Если ты подчинишься руководству духа свыше, то вскоре ты начнешь видеть глазами духа, и затем, благодаря беззаветному избранию духовного руководства, ты будешь рожден в духе, ибо единственной твоей целью в жизни будет исполнение воли твоего небесного Отца. Так, рожденный в духе и счастливый в царстве Божьем, ты начнешь приносить в своей ежедневной жизни обильные плоды духа».

Никодим был совершенно искренним. Слова Иисуса глубоко поразили его, однако он ушел в замешательстве. Никодим достиг больших успехов в личном развитии, сдержанности и даже в обретении высоких нравственных качеств. Он отличался изысканными манерами, себялюбием и доброжелательностью, но он не знал, ка́к *подчинить* свою волю воле божественного Отца подобно малому дитя, готовому подчиниться опеке и руководству мудрого и любящего земного отца, чтобы действительно стать сыном Божьим, – эволюционирующим наследником вечного царства.

И всё же у Никодима хватило веры, чтобы войти в царство. Он слабо протестовал, когда его коллеги по синедриону пытались осудить Иисуса без допроса; и позднее, вместе с Иосифом Аримафейским, он смело признался в своей вере и испросил тело Иисуса, несмотря на то что большинство учеников в страхе бежали с мест последних страданий и смерти Учителя.

7. УРОК О СЕМЬЕ

После напряженной пасхальной недели в Иерусалиме, прошедшей в обучении и индивидуальном труде, Иисус и его апостолы провели среду в Вифании, посвятив ее отдыху. В тот день Фома задал вопрос, который стал причиной длительного и поучительного ответа. Фома сказал: «Учитель, в тот день, когда мы были избраны в качестве посланников царства, ты рассказал нам о многих вещах, дал нам наставления относительно нашего личного образа жизни; но чему мы должны учить народ? Как должны жить эти люди после более полного установления царства? Могут ли твои ученики владеть рабами? Следует ли верующим в тебя людям чтить бедность и сторониться богатства? Должно ли господствовать одно только милосердие, так что у нас не останется закона и правосудия?» Все послеобеденное время и весь вечер после ужина Иисус и апостолы обсуждали вопросы Фомы. В данном повествовании мы предлагаем краткое изложение сказанного Учителем.

Сначала Иисус попытался разъяснить своим апостолам, что сам он находится на земле для того, чтобы прожить уникальную жизнь во плоти, и что они, двенадцать, призваны участвовать в этом посвященческом опыте Сына Человеческого. И многие ограничения и обязанности, накладываемые всем опытом посвящения, должны распространяться также на них как на его сподвижников. В его словах присутствовал скрытый намек на то, что Сын Человеческий является единственным существом, когда-либо жившим на земле, способным одновременно проникать в самое сердце Бога и в самые глуби́ны человеческой души.

Иисус совершенно недвусмысленно объяснил, что царство небесное является эволюционным опытом, который начинается здесь, на земле, и развивается на последующих этапах жизни вплоть до Рая. В ходе вечера он со всей определенностью заявил, что в будущем, на некоторой стадии развития царства, он вновь посетит этот мир в духовном могуществе и божественной славе.

Затем он разъяснил, что «идея царства» не лучшим образом иллюстрирует отношение человека к Богу, однако он воспользовался этой метафорой потому, что еврейский народ надеется на царство, а также потому, что Иоанн использовал в своей проповеди образ грядущего царства. Иисус сказал: «В другую эпоху люди лучше поймут евангелие царства, когда оно будет представлено с точки зрения семейных отношений, – когда люди будут понимать религию как учение об отцовстве Бога и братстве людей, сыновстве человека по отношению к Богу». После этого Учитель какое-то время говорил о земной семье как примере небесной семьи и по-новому сформулировал два основных закона жизни: первую заповедь о любви к отцу, главе семьи, и вторую заповедь о взаимной любви между детьми – любить своего брата, как самого себя. И после этого он объяснил, что такая особенность братского чувства неизбежно проявится в бескорыстном и любвеобильном общественном служении.

Вслед за этим состоялось достопамятное обсуждение характерных черт семейной жизни применительно к взаимоотношениям, существующим между Богом и человеком. Иисус отметил, что в основе настоящей семьи лежат семь фактов:

1. *Факт существования*. Природные взаимоотношения и сходство смертных переплетены в семье: дети наследуют определенные родительские черты. Дети происходят от родителей; существование личности зависит от действия, предпринятого родителем. Отношения отца и ребенка присущи всей природе и распространяются на все живые существа.

2. *Безопасность и удовольствие.* Настоящие отцы с огромным удовольствием обеспечивают своих детей всем необходимым. Многие отцы не ограничиваются одним только удовлетворением потребностей детей: им нравится заботиться также о том, чтобы их дети получали удовольствие.

3. *Образование и воспитание.* Мудрые отцы тщательно планируют образование и надлежащее воспитание своих сыновей и дочерей, готовя их смолоду к более серьезным обязательствам в последующей жизни.

4. *Дисциплина и принуждение.* Предусмотрительные отцы заботятся также о должной дисциплине, руководстве, наказании и, порой, принуждении своего молодого и незрелого потомства.

5. *Товарищество и преданность.* Любящий отец поддерживает тесные и сердечные отношения со своими детьми. Он всегда готов выслушать их просьбы, разделить с ними их горести и помочь им в преодолении трудностей. Отец в высшей степени заинтересован в улучшении благополучия своего потомства.

6. *Любовь и милосердие.* Сочувствующий отец легко прощает; отец не держит зла на своих детей. Отцы не похожи на судей, врагов или кредиторов. Настоящие семьи основаны на терпимости, выдержке и умении прощать.

7. *Забота о будущем.* Бренные отцы стремятся оставить наследство своим сыновьям. Семья продолжается от одного поколения к другому. Смерть кладет конец только одному поколению, чтобы положить начало следующему. Смерть прекращает жизнь индивидуума, но не обязательно разрушает семью.

В течение нескольких часов Учитель обсуждал применение этих особенностей семейной жизни к взаимоотношениям человека, земного дитя, и Бога, Райского Отца. И его вывод был следующим: «Я в совершенстве познал всё, что касается отношения сына к Отцу, ибо я уже достиг всего, чего вы должны достигнуть в сыновстве в вечном будущем. Сын Человеческий готов вознестись и занять место по правую руку Отца, так что во мне для всех вас еще шире открывается путь к Богу; и, встав на этот путь, вы станете совершенными, как совершенен ваш небесный Отец, прежде чем завершите свое славное восхождение».

Когда апостолы услышали эти поразительные слова, им вспомнилось то, что говорил Иоанн во время крещения Иисуса. Этот эпизод всегда жил в их памяти в течение всей проповеднической и просветительской деятельности после смерти и воскресения Учителя.

Иисус является божественным Сыном, который пользуется абсолютным доверием Всеобщего Отца. Он был с Отцом и целиком его понимал. Теперь же он в полной мере удовлетворил Отца своей прожитой на земле жизнью, и эта инкарнация во плоти позволила ему полностью понять человека. Иисус являлся совершенством человека. Он достиг именно такого совершенства, которого – в нём и через него – суждено достичь всем истинно верующим. Иисус раскрыл человеку Бога совершенства и в собственном лице представил Богу усовершенствованного сына миров.

Хотя Иисус говорил в течение нескольких часов, Фома не был удовлетворен, ибо он сказал: «Однако, Учитель, на наш взгляд, небесный Отец не всегда относится к нам благоприятно и милосердно. Нередко мы мучительно страдаем на земле, и наши молитвы не всегда бывают услышанными. В чём нам не удается понять смысл твоего учения?»

Иисус ответил: «Фома, Фома, когда же ты научишься внимать духовным слухом? Сколько времени должно пройти, прежде чем ты осознáешь, что это царство – царство духовное и что мой Отец – существо тоже духовное? Разве ты не понимаешь, что я учу вас как духовных детей небесной семьи духа и что глава этой семьи – бесконечный и вечный дух? Почему я не могу использовать земную семью как пример божественных отношений, не опасаясь того, что вы станете применять моё учение к материальным вещам? Разве вы неспособны отделить в своем сознании духовные реальности царства от сегодняшних материальных, социальных, экономических и политических проблем? Когда я говорю языком духа, зачем вы упорно переводите вкладываемый мною смысл на язык плоти только потому, что в качестве примера я предпочитаю пользоваться обычными и буквальными отношениями? Мои дети, я призываю вас перестать примерять учение о царстве духа к таким низменным вещам, как рабство, бедность, домá, зéмли, а также к материальным проблемам человеческой справедливости и правосудия. Эти бренные вещи относятся к людям этого мира, и хотя они, в некотором роде, затрагивают всех людей, вы были призваны представлять в этом мире меня, так же как я представляю своего Отца. Вы являетесь духовными посланниками духовного царства, особыми представителями духовного Отца. К этому времени я должен был бы уже учить вас как взрослых людей духовного царства. Неужели мне всегда придется обращаться с вами, как с детьми? Неужели вы никогда не повзрослеете в своем духовном восприятии? И всё же я люблю вас и буду терпелив к вам до самого конца нашей связи во плоти. Но и после того мой дух будет идти прежде вас по всему миру».

8. В ЮЖНОЙ ИУДЕЕ

К концу апреля оппозиция Иисусу среди фарисеев и саддукеев стала столь явной, что Учитель и его апостолы решили на время покинуть Иерусалим и продолжить свою деятельность на юге – в Вифлееме и Хевроне. Весь май прошел в индивидуальном труде в этих городах и среди жителей окружающих деревень. Во время этого путешествия Иисус и апостолы не выступали с публичными проповедями, ограничившись посещением домов. Часть этого времени, пока апостолы учили евангелию и помогали больным, Иисус и Авенир провели в колонии назореев в Ен-Геди. Отсюда вышел Иоанн Креститель, и Авенир являлся главой этой группы. Многие члены братства назореев уверовали в Иисуса, но в своем большинстве эти аскетичные и чудаковатые мужчины отказывались принять его как учителя, посланного свыше, потому что он не призывал к посту и другим видам самоотречения.

Люди, жившие в этих местах, не знали, что Иисус родился в Вифлееме. Как и огромное большинство учеников, они всегда считали, что Учитель родился в Назарете. Однако апостолы знали истинное положение вещей.

Время, проведенное в южной Иудее, было периодом спокойного и плодотворного труда; царство пополнилось многими новыми душами. К началу июня нападки на Иисуса в Иерусалиме почти прекратились, что позволило Учителю и апостолам вернуться туда для наставления и утешения верующих.

Хотя весь июнь Иисус и апостолы провели в Иерусалиме и его окрестностях, в этот период они не учили публично. Бóльшую часть времени они жили в палатках, поставленных в тенистом парке, или в саду, в то время известном как Гефсимания. Этот сад находился на западном склоне Елеонской горы неподалеку от ручья Кедрон. Субботние выходные они обычно проводили в Вифании в обществе Лазаря и его сестер. Лишь несколько раз Иисус посещал Иерусалим, однако множество посетителей приходили к нему из города в Гефсиманию. Однажды вечером в пятницу Никодим и некий Иосиф Аримафейский решили посетить Иисуса, но испугались и повернули назад уже тогда, когда стояли перед входом в палатку Учителя. И, конечно, они не догадывались, что Иисус всё знал об их действиях.

Когда правители евреев узнали о том, что Иисус вернулся в Иерусалим, они решили было арестовать его. Однако увидев, что он не выступает с публичными проповедями, они сделали вывод, что он напуган их прошлыми угрозами, и решили прекратить дальнейшие преследования и позволить ему продолжать учить в такой не привлекающей внимания манере. События развивались спокойно вплоть до последних дней июня, когда некий Симон, член синедриона, публично поддержал учение Иисуса, заявив об этом еврейским правителям. Сразу же раздались новые призывы к аресту Иисуса, и события приняли столь серьезный оборот, что Учитель решил удалиться в города Самарии и Декаполиса.

ДОКУМЕНТ 143

ПО САМАРИИ

В конце июня 27 года н. э., из-за усилившегося противодействия еврейских религиозных правителей, Иисус и двенадцать покинули Иерусалим, отправив свои палатки и скудное личное имущество на хранение в дом Лазаря в Вифанию. По дороге на север, в Самарию, они задержались на субботу в Вефиле. Здесь в течение нескольких дней они проповедовали людям, пришедшим из Гофны и Ефраима. Группа жителей Аримафеи и Фимны прибыла, чтобы пригласить Иисуса посетить их селения. Более двух недель Учитель и его апостолы учили евреев и самаритян этого района, многие из которых пришли из таких далеких мест, как Антипатрида, чтобы услышать благую весть о царстве.

Жители южной Самарии охотно слушали Иисуса, и апостолам, за исключением Иуды Искариота, удалось в значительной мере преодолеть свое предубеждение против самаритян. Иуде было очень трудно полюбить их. На последней неделе июля Иисус и его товарищи были готовы отправиться к Иордану, в новые греческие города Фазель и Архелай.

1. ПРОПОВЕДЬ В АРХЕЛАЕ

В течение первой половины августа центрами деятельности апостольской группы стали греческие города Архелай и Фазель, где им впервые пришлось выступать с проповедями перед аудиторией, состоящей практически из одних иноплеменников – греков, римлян и сирийцев, – ибо в двух этих греческих городах было очень мало евреев. Общаясь с этими римскими гражданами, апостолы столкнулись с новыми трудностями при возвещении грядущего царства и услышали новые возражения против учений Иисуса. На одной из многих вечерних бесед со своими апостолами Иисус внимательно выслушал эти возражения против евангелия царства из уст двенадцати, рассказавших о впечатлениях, накопленных за время индивидуального труда.

Филипп задал характерный вопрос, свидетельствующий о тех трудностях, с которыми им пришлось столкнуться. Филипп сказал: «Учитель, эти греки и римляне умаляют значение нашей проповеди, говоря, что такие учения годятся лишь для слабых и рабов. Они заявляют, что языческая религия превосходит наше учение, ибо подвигает на обретение сильного, твердого и энергичного характера. Они утверждают, что мы хотели бы превратить всех людей в лишенных сил, пассивных непротивленцев, которые вскоре исчезли бы с лица земли. Ты, Учитель, нравишься им, и они открыто признаю́т, что твое учение является небесным и идеальным, однако они не желают относиться к нам серьезно. Они заявляют, что твоя религия – не для мира сего и что люди неспособны жить так, как ты учишь. Что же, Учитель, отвечать нам этим иноверцам?»

Выслушав аналогичные возражения против евангелия царства от Фомы, Нафанаила, Симона Зелота и Матфея, Иисус сказал апостолам:

«Я пришел в этот мир для того, чтобы исполнить волю моего Отца и раскрыть его любвеобильный характер всему человечеству. В этом, мои братья, и состоит моя миссия. И я буду выполнять только ее, независимо от непонимания, которое мое учение может встретить со стороны евреев или иноверцев этого или иного поколения. Но вы не должны упускать из виду того, что даже божественная любовь предполагает суровую дисциплину. Любовь отца к своему сыну нередко заставляет отца удерживать своего легкомысленного отпрыска от неразумных поступков. Дитя не всегда понимает мудрые и исполненные любви мотивы отца, который сдерживает его дисциплиной. Но я заявляю вам, что мой Отец в Раю воистину владычествует во вселенной вселенных посредством побуждающей силы своей любви. Любовь является величайшей из всех духовных реальностей. Истина – это освобождающее откровение, однако любовь есть высшее отношение. И какие бы просчеты в управлении миром не допускали ваши собратья сегодня, настанет время, когда этим миром будет править евангелие, которое я провозглашаю вам. Высшая цель человеческого прогресса – благоговейное признание отцовства Бога и претворение исполненного любви братства людей.

Но кто сказал вам, что мое евангелие предназначено только для рабов и слабых? Разве вы, мои избранные апостолы, похожи на слабых людей? Разве Иоанн походил на слабого человека? Разве вы видите, что я порабощен страхом? Действительно, в этом поколении проповедь евангелия обращена к бедным и угнетенным. Религии этого мира отвернулись от бедных, однако мой Отец нелицеприятен. Кроме того, нынешние бедняки будут первыми, кто откликнется на призыв к раскаянию и принятию сыновства. Евангелие царства должно проповедоваться всем – иудеям и язычникам, грекам и римлянам, богатым и бедным, свободным и подневольным – и в равной мере молодым и старым, мужчинам и женщинам.

Не думайте, что служение царству отличается однообразной безмятежностью, поскольку мой Отец является Богом любви и с удовольствием проявляет свое милосердие. Восхождение к Раю – высшее свершение за всё время, трудное достижение вечности. Служение царству на земле потребует от вас всей мужественной зрелости, на которую будете способны вы и ваши сподвижники. Многие из вас примут смерть за вашу верность евангелию этого царства. Легко умереть в физическом сражении, в строю, когда ваша храбрость укрепляется присутствием сражающихся товарищей. Однако нужна более высокая и глубокая форма человеческой храбрости и преданности, чтобы спокойно и в полном одиночестве сложить голову за любовь к истине, живущей в вашем смертном сердце.

Сегодня неверующие могут насмехаться над тем, что вы проповедуете евангелие непротивления и живете жизнью, свободной от насилия, но вы являетесь первыми добровольцами в длинном ряду искренних верующих в евангелие этого царства, которые потрясут человечество своей героической преданностью этим учениям. Никакие армии мира никогда не продемонстрируют такую же храбрость и отвагу, как вы и ваши верные последователи, провозглашающие по всему миру благую весть, – отцовство Бога и братство людей. Храбрость плоти – низшая форма смелости. Отвага разума – более высокая форма человеческой храбрости, но высшей и верховной является бескомпромиссная верность просвещенного человека своим убеждениям, покоящимся на глубоких духовных реальностях. И такая храбрость есть героизм богопознавшего человека. Все вы познали Бога; вы поистине являетесь личными сподвижниками Сына Человеческого».

Это не всё, что было сказано Иисусом в данном случае, однако таковым было его вступительное слово, после чего он еще долго говорил, усиливая и иллюстрируя свои высказывания. Это было одно из самых страстных обращений Иисуса к двенадцати. Не часто слова Учителя, обращенные к апостолам, бывали исполнены столь сильного чувства, и это был один из тех редких случаев, когда он говорил с очевидной серьезностью и заметным душевным волнением.

Это сразу же сказалось на публичных проповедях и личном служении апостолов; начиная с этого дня, новая тема мужества стала преобладающей в их проповеди. Апостолы продолжали обретать дух напористости в новом евангелии царства. С этого дня они уже не уделяли столько внимания проповеди пассивных добродетелей и запретительных предписаний, относившихся к многосторонним доктринам их Учителя.

2. УРОК САМООБЛАДАНИЯ

Учитель являлся совершенным образцом человеческого самообладания. Когда его оскорбляли, он не оскорблял в ответ; когда он страдал, он не произносил угроз в адрес своих мучителей; когда враги обвиняли его, он лишь предавал себя праведному суду небесного Отца.

На одном из вечерних собраний Андрей спросил Иисуса: «Учитель, следует ли нам придерживаться самоотречения, как тому учил Иоанн, или же стремиться к самообладанию, к которому призывает твое учение? В чём твое учение отличается от учения Иоанна?» Иисус ответил: «Иоанн действительно учил вас праведному пути согласно просвещенности и законам его отцов, и таковой была религия самоанализа и самоотречения. Но я пришел с новой проповедью самозабвения и самообладания. Я демонстрирую вам путь жизни таковым, каким он был раскрыт мне моим небесным Отцом.

Истинно, истинно вам говорю: тот, кто владеет собой, более велик, чем тот, кто подчиняет себе город. Самообладание является мерилом нравственной природы человека и показателем его духовного развития. При старом порядке вы постились и молились; как новых созданий, родившихся в духе, вас учат верить и радоваться. В царстве Отца вы должны стать новыми созданиями; старое должно уйти; смотрите – я показываю вам, ка́к всё должно стать новым. И через свою любовь друг к другу вы должны убедить мир, что вы пришли от кабалы к свободе, от смерти к вечной жизни.

Следуя прежнему пути, вы стремитесь подавлять, повиноваться и подчиняться правилам жизни. Следуя новому пути, вы должны сначала быть *преобразованы* Духом Истины, чтобы тем самым укрепить свою внутреннюю душу постоянным духовным обновлением своего разума. Так вы обретаете способность уверенно и радостно исполнять благотворную, угодную и совершенную волю Бога. Не забывайте – именно ваша личная вера в величайшие и драгоценные обещания Бога обеспечивает вам причастность к божественной сущности. Так, через свою веру и преобразование духа, вы действительно превращаетесь в храмы Бога, и его дух действительно пребывает в вас. Если, в таком случае, в вас пребывает дух, то вы не являетесь более рабами плоти, а стано́витесь свободными, освобожденными сынами духа. Новый закон духа наделяет вас свободой самообладания вместо прежнего закона – страха самозакрепощения и рабства самоотречения.

Не раз, совершив зло, вы пытались возложить ответственность за свои поступки на козни дьявола, хотя в действительности вас лишь сбивали с пути истинного ваши собственные наклонности. Разве давным-давно пророк Иеремия не сказал вам, что человеческое сердце более всего обманчиво, а порою и крайне испорчено? С какой легкостью вы обманываете самих себя, предаваясь глупым страхам, всевозможной похоти, порабощающим наслаждениям, злым умыслам, зависти и даже мстительной ненависти!

Спасение достигается перерождением духа, а не самодовольными деяниями плоти. Ваше оправдание – вера, ваш путь в братство – благоволение, а не страх или самоотречение плоти, хотя рожденные в духе дети Отца всегда и во всём *владеют* собой и всем, что связано с желаниями плоти. Когда вы знаете, что вы спасены верой, вы действительно примиряетесь с Богом. И всем, кто следует путем этого небесного мира, суждено быть причисленными к вечному служению неизменно эволюционирующих сынов вечного Бога. Отныне не обязанность, а ваша возвышенная привилегия состоит в том, чтобы очищать свой разум и тело от всякого зла, стремясь достичь совершенства в любви к Богу.

Ваше сыновство основано на вере, и вы должны оставаться безразличными к страху. Ваша радость произрастает из доверия к божественному слову, и потому вы не поддадитесь сомнениям в реальности любви и милосердия Отца. Сама благость Божья приводит человека к истинному, подлинному раскаянию. Ваша тайна владения самими собой связана с вашей верой в духа, который пребывает в вас и всегда действует посредством любви. Даже эта спасительная вера не есть ваше собственное достояние: она тоже является Божьим даром. И если вы – дети этой живой веры, то вы уже не рабы своей природы, а ее победоносные владыки, освобожденные Божьи сыны.

Итак, дети мои, если вы рождаетесь в духе, то вы навечно освобождаетесь от сознаваемого вами бремени жизни – жизни самоотречения и бдительного отношения к желаниям плоти – и перемещаетесь в радостное царство духа, где непроизвольно прино́сите плоды духа в своей каждодневной жизни; а плоды духа – это квинтэссенция высшего типа чудесного и облагораживающего самообладания, вершина земного достижения смертных – истинного владения собой».

3. РАЗВЛЕЧЕНИЕ И ОТДЫХ

Примерно в то же время в среде апостолов и их ближайших товарищей-учеников возникло огромное нервное и эмоциональное напряжение. Апостолы еще не успели как следует привыкнуть к совместной жизни и труду. Им было всё труднее сохранять гармоничные отношения с учениками Иоанна. Общение с иноверцами и самаритянами стало тяжелым испытанием для этих евреев. Кроме того, недавние заявления Иисуса еще больше усилили их душевное смятение. Андрей начинал терять самообладание; он не знал, что́ делать, и поэтому он отправился к Учителю, чтобы изложить ему свои проблемы и трудности. Выслушав главу апостолов, рассказавшего о своих бедах, Иисус сказал: «Андрей, когда люди достигают такой степени вовлеченности и когда это касается столь многих людей, испытывающих сильные чувства, то их проблемы уже не разрешить словами. Я не могу сделать того, о чём ты просишь, – я не стану участвовать в решении ваших личных социальных проблем, – однако я проведу вместе с вами три дня в отдыхе и развлечениях. Ступай к своим братьям и сообщи им, что все вы отправляетесь вместе со мной на гору Сартаба, где я собираюсь отдохнуть день-другой.

Ты должен подойти к каждому из своих одиннадцати братьев и сказать ему с глазу на глаз: „Учитель желает, чтобы мы посвятили вместе с ним некоторое время отдыху и развлечениям. Так как в последнее время все мы испытали значительное томление духа и перенапряжение разума, я предлагаю не вспоминать во время этого отдыха о наших трудностях и проблемах. Могу ли я рассчитывать на твое содействие в этом деле?“ Поговори так – лично, с глазу на глаз – с каждым из твоих собратьев». И Андрей сделал так, как велел Учитель.

Этот поход стал чудесным событием для каждого его участника; они навсегда запомнили день восхождения на гору. За всё путешествие практически ни слова не было сказано о проблемах. Достигнув вершины горы, Иисус усадил их возле себя и сказал: «Братья мои, все вы должны усвоить ценность отдыха и эффективность развлечения. Вы должны понять, что лучший метод решения некоторых запутанных вопросов – оставить их на время. Возвращаясь же посвежевшими благодаря отдыху или поклонению, вы способны взяться за решение своих проблем с более ясной головой и более твердой рукой, не говоря уже о более решительном сердце. Кроме того, нередко, отдохнув умом и телом, вы видите, что ваши проблемы оказываются не такими уж сложными и серьезными».

На следующий день Иисус дал каждому из двенадцати тему для обсуждения. Весь день был посвящен воспоминаниям и беседам на темы, не связанные с их религиозным трудом. На мгновение они были шокированы тем, что Иисус даже не произнес вслух молитву, когда он преломил хлеб для их совместной полуденной трапезы. Это был первый случай на их памяти, когда он пренебрег такими формальностями.

Когда они поднимались на гору, голова Андрея была полна проблем. Иоанн находился в состоянии чрезвычайного духовного смятения. Иаков ощущал сильные душевные муки. Матфей испытывал острую нехватку денег в связи с тем, что они жили среди иноверцев. Петр был переутомлен и в последнее время проявлял бóльшую несдержанность, чем обычно. Иуда страдал от очередного приступа обидчивости и эгоизма. Симон был необычайно расстроен, пытаясь совместить свой патриотизм и любовь к братству людей. Филипп приходил во всё большее замешательство из-за развития событий. Нафанаил реже шутил с тех пор, как они вошли в контакт с языческим населением, а Фома пребывал в глубокой депрессии. Только близнецы сохраняли нормальное состояние духа и невозмутимость. Все они находились в сильном замешательстве из-за того, что не знали, кáк поддерживать мирные отношения с учениками Иоанна.

На третий день, когда они начали спускаться с горы назад в свой лагерь, с ними произошла огромная перемена. Они сделали важное открытие, увидев, что многие человеческие трудности в действительности не существуют, что многие насущные проблемы являются порождением чрезмерного страха и плодом преувеличенных опасений. Они узнали, что лучший способ решения любых подобных затруднений – оставить их на время; уйдя от своих проблем, они позволили им разрешиться самим.

Возвращение назад после отдыха положило начало существенному улучшению отношений с последователями Иоанна. Многие из двенадцати действительно повеселели, когда, в результате трехдневного отдыха от рутинных обязанностей, они заметили всеобщую перемену в душевном состоянии и увидели, что избавились от раздражительности. Для людей однообразное общение всегда чревато существенным умножением трудностей и увеличением проблем.

Мало кто из иноверцев двух греческих городов, Архелая и Фазеля, уверовал в евангелие, однако двенадцать апостолов приобрели ценный опыт своей первой продолжительной работы с одними только язычниками. Однажды утром, в понедельник, примерно в середине месяца, Иисус сказал Андрею: «Мы отправляемся в Самарию». И они сразу же направились в город Сихарь, находившийся неподалеку от колодца Иакова.

4. ЕВРЕИ И САМАРИТЯНЕ

Более шестисот лет евреи Иудеи, а позднее и евреи Галилеи, враждовали с самаритянами. Неприязнь между евреями и самаритянами возникла следующим образом. Примерно за семьсот лет до н. э. ассирийский царь Саргон, подавляя восстание в центральной Палестине, увел в плен более двадцати пяти тысяч евреев северного Израильского царства и заменил их почти таким же числом потомков кутийцев, сепарян и емафян. Позднее Ашшурбанипал послал новых колонистов для поселения в Самарии.

Начало религиозной вражде между евреями и самаритянами было положено возвращением евреев из вавилонского плена, когда самаритяне попытались воспрепятствовать восстановлению Иерусалима. Позднее они оскорбили евреев, оказав дружескую помощь армиям Александра. В ответ на это Александр разрешил самаритянам построить храм на горе Гаризим, где они поклонялись Ягве и своим племенным богам и делали жертвоприношения с соблюдением ритуалов, во многом напоминавших храмовые богослужения в Иерусалиме. Это вероисповедание сохранялось у них по крайней мере до эпохи Маккавеев, когда Иоанн Гирканский разрушил их храм на горе Гаризим. Во время своих трудов среди самаритян после смерти Иисуса, апостол Филипп провел много встреч на месте этого древнего храма.

Традиционно враждебные отношения между евреями и самаритянами уходили в глубь веков; со времен Александра они всё меньше общались друг с другом. Двенадцать апостолов не противились тому, чтобы проповедовать в греческих и других языческих городах Декаполиса и Сирии, но их преданность Учителю подверглась суровому испытанию, когда он сказал: «Отправимся в Самарию». Однако более чем за год, проведенный с Иисусом, у них сформировалась такая личная преданность, которая превосходила даже их веру в его учения и их предубеждения против самаритян.

5. ЖЕНЩИНА ИЗ СИХАРЯ

Когда Учитель и двенадцать прибыли к колодцу Иакова, уставший с дороги Иисус остался у колодца, в то время как Филипп взял с собой апостолов, чтобы те помогли ему принести из Сихаря палатки и еду, ибо они собирались на некоторое время задержаться в этом районе. Петр и сыновья Зеведея хотели остаться с Иисусом, но он попросил, чтобы они пошли вместе со своими собратьями, сказав: «Не тревожьтесь из-за меня; эти самаритяне будут дружелюбны; только наши братья, евреи, стремятся навредить нам». Так, летним вечером, около шести часов, Иисус остался у колодца дожидаться возвращения апостолов.

Вода колодца Иакова была меньше насыщена минеральными солями, чем вода колодцев Сихаря, и потому высоко ценилась в качестве питьевой воды. Иисуса мучила жажда, но ему было нечем набрать воды. Поэтому когда к колодцу подошла женщина из Сихаря со своим кувшином и приготовилась зачерпнуть воды, Иисус сказал ей: «Дай мне попить». По внешности Иисуса и его одежде самаритянка поняла, что перед ней еврей, а по его акценту она заключила, что он является галилейским евреем. Ее звали Налда, и она представляла собой миловидное создание. Она была премного удивлена тем, что еврейский мужчина обращается к ней в такой манере у колодца и просит воды, ибо в те времена считалось неприличным для уважающего себя мужчины прилюдно говорить с женщиной, тем более для еврея вступать в разговор с самаритянкой. Поэтому Налда спросила Иисуса: «Как же это ты, еврей, просишь у меня, самаритянки, пить?» Иисус ответил: «Я действительно попросил у тебя попить, но если бы ты только могла понять, то сама попросила бы у меня глоток живой воды». Тогда Налда сказала: «Однако, господин, тебе и зачерпнуть нечем, а колодец глубок; где же ты возьмешь эту живую воду? Неужели ты более велик, чем наш праотец Иаков, который дал нам этот колодец и сам пил из него вместе со своими детьми и скотом?»

Иисус ответил: «Всякого, кто попьет этой воды, вскоре снова будет мучить жажда; тот же, кто попьет воды живого духа, никогда не испытает жажды. И эта живая вода превратится в нём в животворный источник, текущий в жизнь вечную». Тогда Налда сказала: «Дай мне этой воды, чтобы я никогда больше не испытывала жажды и чтобы мне не пришлось больше приходить сюда за водой. Кроме того, самаритянка с радостью примет всё, что может предложить ей столь достойный еврей».

Налда не знала, ка́к объяснить желание Иисуса поговорить с ней. Она видела на лице Учителя печать справедливости и святости, однако она ошибочно приняла дружелюбие за обычную фамильярность и ложно истолковала его образную речь как форму заигрывания. И, будучи женщиной легкого поведения, она была уже готова к откровенному кокетству, когда Иисус, смотря ей прямо в глаза, сказал непререкаемым тоном: «Женщина, пойди, позови мужа твоего и приведи его сюда». Этот приказ привел Налду в чувство. Она поняла, что неверно оценила доброту Учителя; она увидела, что неправильно истолковала его манеру говорить. Налда испугалась; она начала осознавать, что перед ней – необыкновенный человек, и, пытаясь подыскать подходящий ответ, она, страшно смутившись, вымолвила: «Но, господин, я не могу позвать своего мужа, потому что у меня его нет». Тогда Иисус сказал: «Ты сказала правду, ибо хотя когда-то ты и могла быть замужем, тот, с кем ты сейчас живешь, не является твоим мужем. Было бы лучше, если бы ты перестала легкомысленно относиться к моим словам и пожелала бы живой воды, которую я предложил тебе сегодня».

Эти слова подействовали на Налду отрезвляюще, и в ней пробудилось всё лучшее. Налда стала распутной женщиной не только по собственной воле. Жестоко и несправедливо отвергнутая мужем, отчаявшись, она согласилась жить с неким греком, не выходя за него замуж. Теперь Налда чувствовала огромный стыд оттого, что столь легкомысленно разговаривала с Иисусом, и, в глубоком раскаянии, она обратилась к Учителю со словами: «Мой Господин, я сожалею о том, что говорила с тобой в такой манере, ибо я вижу, что ты являешься святым или, быть может, пророком». И она была уже готова просить у Учителя непосредственной и личной помощи, когда она совершила то, что совершали столь многие до и после нее, уходя от вопроса о личном спасении и обращаясь к обсуждению теологии и философии. Она быстро перевела разговор со своих собственных нужд на теологические споры. Показывая на гору Гаризим, она продолжала: «Наши отцы поклонялись на этой горе, и тем не менее, *вы* утверждаете, что именно Иерусалим является тем местом, где людям следует поклоняться; так где же нужно поклоняться Богу?»

Иисус заметил, что душа этой женщины пытается уйти от прямого и испытующего прикосновения к ее Творцу, однако он также увидел в этой душе желание познать путь лучшей жизни. В конце концов, сердце Налды действительно жаждало живой воды; поэтому он проявил к ней терпение, сказав: «Женщина, позволь сказать тебе, что недалек тот день, когда и не на этой горе, и не в Иерусалиме будете поклоняться Отцу. Сегодня же вы поклоняетесь тому, чего не знаете, – смеси религии многих языческих богов и чужеродных философий. Евреи, по крайней мере, знают, кому поклоняются; они освободились от всякой путаницы, сосредоточившись на поклонении одному Богу – Ягве. Но ты должна поверить мне, что настанет время – и настало уже, – когда все искренне верующие будут поклоняться Отцу в духе и в истине, ибо именно таких поклонников ищет Отец. Бог есть дух, и поклоняющиеся ему должны поклоняться в духе и в истине. Твое спасение не в том, чтобы знать, кáк или где должны поклоняться другие, а в том, чтобы принять в свое сердце эту живую воду, которую я сейчас предлагаю тебе».

Но Налда сделала еще одну попытку уклониться от обсуждения щекотливого вопроса о ее личной жизни на земле и положении ее души перед Богом. В очередной раз она прибегла к вопросам на общерелигиозные темы, сказав: «Да, я знаю, господин, что Иоанн проповедовал приход Обратителя – того, которого назовут Освободителем, – и что он, явившись к нам, возвестит нам всё...». И тут Иисус, перебив Налду, сказал с поразившей ее уверенностью: «Я, говорящий с тобой, и есть он».

Это стало первым прямым, уверенным и открытым объявлением своей божественной сущности и сыновства, сделанным Иисусом на земле; и оно было сделано женщине, самаритянке, причем женщине, вплоть до того времени имевшей сомнительную репутацию в глазах людей. Однако божественное око видело, что против этой женщины грешили больше, чем грешила она по своему собственному желанию, и что *теперь*, как человеческая душа, желавшая спасения, она желала его искренне и всем сердцем – и этого было достаточно.

Когда Налда уже собиралась высказать свое подлинное, личное стремление к лучшему, более благородному образу жизни, как раз тогда, когда она была готова раскрыть истинное желание своего сердца, двенадцать апостолов вернулись из Сихаря, и они остолбенели, увидев Иисуса наедине с этой женщиной – этой самаритянкой – за дружеской беседой. Они быстро сложили свои припасы и удалились, и ни один из них не осмелился укорить его. Иисус же сказал Налде: «Женщина, иди своим путем; Бог простил тебя. Отныне ты будешь жить новой жизнью. Ты получила живую воду, и в твоей душе родится новая радость, и ты станешь дочерью Всевышнего». И женщина, видя неодобрительное отношение апостолов, оставила свой кувшин и поспешила в город.

Налда вернулась в город, возвещая каждому встречному: «Идите к колодцу Иакова, да поспешите, ибо там вы увидите человека, рассказавшего мне всё, что я когда-либо делала. Быть может, это Обратитель?» И до захода солнца огромная толпа собралась у колодца Иакова, чтобы услышать Иисуса. И Учитель продолжал говорить им о воде жизни – даре пребывающего в человеке духа.

Апостолов всегда шокировала готовность Иисуса говорить с женщинами, женщинами сомнительной репутации и даже падшими женщинами. Иисусу было очень трудно внушить своим апостолам, что женщины – даже так называемые падшие женщины – имеют душу, способную избрать Бога своим Отцом и тем самым стать дочерьми Божьими и стремиться к вечной жизни. До сих пор, девятнадцать веков спустя, многие люди демонстрируют то же нежелание постигнуть учения Иисуса. Даже христианская религия упорно строилась вокруг факта смерти Христа, а не вокруг истины его жизни. Мир должен больше интересоваться счастливой и раскрывающей Бога жизнью Иисуса, чем его трагической и печальной смертью.

На следующий день Налда пересказала этот случай апостолу Иоанну, который никогда не раскрывал его в полной мере другим апостолам, а Иисус, говоря о нём с апостолами, не касался подробностей.

Налда поведала Иоанну, что Иисус рассказал ей «всё, что я когда-либо делала». Иоанн не раз хотел спросить у Иисуса об этой беседе с Налдой, но так и не сделал этого. Иисус рассказал Налде только об одном факте из ее жизни, но его проницательный взгляд и манера общения привели к тому, что перед ней в одно мгновение промелькнула пестрая панорама ее жизни. Именно поэтому она связала раскрывающуюся ей прошлую жизнь со взглядом и словом Учителя. Иисус никогда не говорил ей, что у нее было пять мужей. После того как ее отверг муж, она жила с четырьмя различными мужчинами, и это, вместе со всем ее прошлым, чрезвычайно ярко проявилось в ее сознании в тот момент, когда она увидела в Иисусе Божьего человека. Поэтому впоследствии она повторила Иоанну, что Иисус действительно рассказал ей всё о ней.

6. ДУХОВНОЕ ВОЗРОЖДЕНИЕ В САМАРИИ

В тот вечер, когда Налда привела из Сихаря толпу людей, желавших увидеть Иисуса, апостолы только что вернулись с едой, и они упрашивали Иисуса поесть вместе с ними вместо того, чтобы говорить с людьми, ибо они весь день провели без пищи и проголодались. Однако Иисус знал, что вскоре стемнеет; поэтому он настоял на том, чтобы поговорить с людьми, прежде чем отпустить их. Когда Андрей попытался уговорить его немного поесть, прежде чем выступать перед толпой, Иисус сказал: «У меня есть такая пища, о которой вы и не знаете». Когда апостолы услышали это, они начали спрашивать друг у друга: «Разве кто-нибудь приносил ему еды? Быть может, женщина дала ему не только воды, но и еды?» Иисус услышал, о чём они говорят между собой, и перед тем как обратиться к людям, сказал апостолам: «Моя пища в том, чтобы исполнять волю Того, кто послал меня, и завершить Его труд. Не говорите больше: осталось столько-то времени до жатвы. Посмотрите на этих людей, пришедших из самаритянского города, чтобы услышать нас; я говорю вам, что нивы уже побелели, созрев для жатвы. Тот, кто жнет, уже получает награду и собирает урожай для вечной жизни, так чтобы и сеятель, и жнец оба могли радоваться. Ибо в этом правдива пословица: один сеет, другой жнет. Я посылаю вас жать то, над чем вы не трудились сами; другие трудились, а вы собираетесь разделить их труд». Он сказал это, имея в виду проповедь Иоанна Крестителя.

Иисус и апостолы отправились в Сихарь и проповедовали там в течение двух дней, прежде чем разбить лагерь на горе Гаризим. И многие из обитателей Сихаря уверовали в евангелие и просили крестить их, однако в то время апостолы Иисуса еще не крестили.

В первый вечер, проведенный в лагере на горе Гаризим, апостолы опасались, что Иисус станет упрекать их за их отношение к женщине у колодца Иакова, но он ни словом не обмолвился о том. Вместо этого он выступил перед ними с незабываемой речью о «реальностях, занимающих главное место в царстве Божьем». В любой религии можно легко прийти к несоразмерности ценностей и позволить фактам занять место истины в теологии. Факт распятия стал центральным для последующего христианства, однако он не является основной истиной в религии, которую можно создать на основе жизни и учений Иисуса Назарянина.

Темой учений Иисуса на горе Гаризим было следующее: он желает, чтобы все люди видели в Боге Отца-друга, точно так же как он (Иисус) является для них братом-другом. Вновь и вновь он внушал им, что любовь есть величайшее отношение в мире – во вселенной, – так же как истина есть величайшая декларация соблюдения этих божественных отношений.

Иисус столь полно раскрыл себя самаритянам потому, что он мог делать это, не подвергая себя риску, а также поскольку он знал, что не сможет вторично посетить глубинные районы Самарии с проповедью евангелия царства.

Иисус и двенадцать жили в лагере на горе Гаризим до конца августа. День они проводили в городах, проповедуя самаритянам благую весть царства – отцовство Бога, а на ночь возвращались в лагерь. Работа, проведенная Иисусом и апостолами в самаритянских городах, привела в царство многие души и в значительной мере подготовила почву для замечательных трудов Филиппа в этих местах после смерти и воскресения Иисуса, когда жестокие гонения на верующих в Иерусалиме рассеяли апостолов по всему миру.

7. УЧЕНИЯ О МОЛИТВЕ И ПОКЛОНЕНИИ

На вечерних собраниях на горе Гаризим Иисус учил многим великим истинам, сделав особый акцент на некоторых из них.

Истинная религия есть акт души, сознающей свои отношения с Создателем; организованная религия есть попытка человека *социализировать* поклонение каждого верующего.

Поклонение – созерцание духовного – должно чередоваться со служением, контактом с материальной реальностью. Работа должна чередоваться с отдыхом; религия – уравновешиваться юмором. Глубокая философия должна сменяться ритмической поэзией. Напряженность жизни – возникающее во времени напряжение личности – должна ослабляться успокоительным поклонением. Чувство неуверенности, порождаемое страхом перед изолированностью личности во вселенной, должно нейтрализоваться вероисповедным созерцанием Отца и стремлением к реализации Верховного.

Молитва призвана сделать человека менее думающим, но более *осознающим*; она предназначена не для увеличения знаний, а, скорее, для расширения проницательности.

Поклонение призвано предвосхищать грядущую лучшую жизнь, с тем чтобы эти новые духовные ценности могли затем найти отражение в нынешней жизни. Молитва оказывает духовную поддержку, однако поклонение отличается божественной созидательностью.

Поклонение является методом созерцания *Одного* ради воодушевления на служение *многим*. Поклонение – это то мерило, которое одновременно определяет степень отсоединения души от материальной вселенной и ее одновременного, надежного присоединения к духовным реальностям всего творения.

Молитва есть напоминание о себе – возвышенное мышление; поклонение есть забвение себя – сверхмышление. Поклонение – это не требующее усилия внимание, истинный и идеальный душевный покой, форма успокоительного духовного устремления.

Поклонение есть акт отождествления части с Целым, конечного с Бесконечным, сына с Отцом; это время, идущее в ногу с вечностью. Поклонение – это акт личного приобщения сына к божественному Отцу, усвоение человеческой душой-духом живительного, созидательного, братского и романтического отношения.

Хотя апостолы поняли лишь некоторые из его учений в лагере, другие миры их поняли, и другие земные поколения еще поймут.

ДОКУМЕНТ 144

НА ГЕЛВУЕ И В ДЕКАПОЛИСЕ

Сентябрь и октябрь прошли в уединении в укромном лагере, разбитом на склонах горы Гелвуй. Весь сентябрь Иисус находился здесь наедине со своими апостолами, обучая их и посвящая в истины царства.

Существовало несколько причин для уединения Иисуса и апостолов в это время на границе Самарии и Декаполиса. Религиозные правители Иерусалима были настроены весьма враждебно; Ирод Антипа всё еще держал Иоанна в заточении, не решаясь ни освободить, ни казнить его, и продолжая подозревать, что Иоанн и Иисус каким-то образом связаны друг с другом. В этих условиях было бы неразумно планировать активную работу в Иудее или Галилее. Была и третья причина: постепенное усиление напряженности между ведущими учениками Иоанна и апостолами Иисуса, что усугублялось с увеличением числа верующих.

Иисус знал, что предварительная работа – учеба и проповеди – подходит к концу, что следующий шаг положит начало полноценному и завершающему труду его земной жизни, и ему хотелось приступить к этому делу так, чтобы оно никоим образом не терзало и не смущало Иоанна Крестителя. Поэтому Иисус решил провести какое-то время в уединении и проверить подготовленность своих апостолов, а затем спокойно трудиться в городах Декаполиса до тех пор, пока Иоанн не будет либо казнен, либо освобожден и сможет трудиться вместе с ними.

1. ЛАГЕРЬ НА ГЕЛВУЕ

Со временем двенадцать становились всё более преданными Иисусу и всё более приверженными делу царства. Эта преданность в значительной мере объяснялась личной верностью. Они не понимали его многостороннего учения; они не понимали всей сущности Иисуса и значения его посвящения на земле.

Иисус разъяснил своим апостолам, что они уединяются в силу трех причин:

1. Укрепить их понимание евангелия царства и веру в это евангелие.

2. Дождаться ослабления оппозиции их труду в Иудее и Галилее.

3. Дождаться решения судьбы Иоанна Крестителя.

За время, проведенное на Гелвуе, Иисус рассказал апостолам многое о своем прошлом и о пережитом им на горе Ермон. Он также частично поведал им о том, чтó произошло в горах в течение сорока дней сразу же после его крещения. И он велел им не рассказывать об этом никому до тех пор, пока он не вернется к Отцу.

В эти сентябрьские недели они отдыхали, общались, делились своим опытом, накопленным с того времени, когда Иисус впервые призвал их к служению, и всерьез пытались свести воедино всё, что они почерпнули от Учителя вплоть до этого времени. В какой-то мере все они чувствовали, что это станет их последним длительным отдыхом. Они понимали, что очередной публичный труд в Иудее или Галилее положит начало окончательному возвещению грядущего царства, однако они очень смутно представляли себе, если представляли вообще, каким оно будет. Иоанн и Андрей считали, что царство уже пришло; Петр и Иаков полагали, что оно еще не пришло; Нафанаил и Фома честно признавались в том, что они не знают, чтó думать; Матфей, Филипп и Симон Зелот были неуверенны и смущены; близнецы пребывали в состоянии блаженного неведения о существующих разногласиях, а Иуда Искариот молчал, не принимая ни одну из сторон.

Значительную часть этого времени Иисус провел в одиночестве в горах поблизости от лагеря. Иногда он брал с собой Петра, Иакова или Иоанна, но чаще всего он уходил один, чтобы предаться молитвам или общению с Отцом. После крещения Иисуса и сорока дней, проведенных в горах Переи, вряд ли было бы правильно говорить об этих периодах общения с Отцом как о молитве, как было бы несообразно говорить о поклонении. Однако будет совершенно оправданно называть эти периоды личным общением Иисуса со своим Отцом.

В течение всего сентября центральной темой обсуждений была молитва и поклонение. В заключение – после нескольких дней, посвященных обсуждению поклонения, – Иисус выступил с памятным рассуждением о молитве в ответ на просьбу Фомы: «Учитель, научи нас молиться».

Иоанн учил своих учеников молитве – молитве о спасении в грядущем царстве. Хотя Иисус никогда не запрещал своим последователям пользоваться молитвой Иоанна, апостолы быстро поняли, что их Учитель не полностью одобряет практику произнесения заученных и формальных молитв. Тем не менее, верующие постоянно просили научить их молиться. Апостолы очень хотели узнать, какую форму прошения одобряет Иисус. Именно из-за того, что простые люди нуждались в простых словах, Иисус – в ответ на просьбу Фомы – на этот раз согласился дать им примерный образец молитвы. Этот урок состоялся в один из дней на третьей неделе их пребывания на горе Гелвуй.

2. БЕСЕДА О МОЛИТВЕ

«Иоанн действительно научил вас простой молитве: „О, Отец, очисть нас от греха, покажи нам свою славу, раскрой свою любовь и позволь духу своему освятить наши сердца на веки вечные. Аминь!“ Он научил этой молитве, дабы вам было чему учить народ. Он сделал это не для того, чтобы вы пользовались таким застывшим и формальным прошением для молитвенного выражения своих собственных душ.

Молитва является исключительно личным и спонтанным выражением отношения души к духу; молитва должна быть сокровенным общением сына и выражением сопричастности. Если молитва диктуется духом, то результатом такого взаимодействия является духовный рост. Идеальная молитва есть форма духовного общения, которая ведет к разумному поклонению. Истинная молитва отражает ваше подлинное небесное стремление к достижению своих идеалов.

Молитва – это дыхание души; она должна привести вас к настойчивости в вашем стремлении познать волю Отца. Если у кого-либо из вас есть друг, и вы придете к нему посреди ночи и скажете: „Друг, одолжи мне три хлеба, ибо мой друг зашел ко мне с дороги, а мне нечем угостить его“, и если ваш сосед ответит: „Не беспокой меня, дверь уже заперта, мои дети и я уже в постели, поэтому я не могу встать и дать тебе хлеба“, – вы будете настаивать, объясняя, что ваш друг голоден, и вам нечего предложить ему. Я говорю вам, что если он не поднимется, чтобы дать хлеба из дружбы к вам, то благодаря вашей настойчивости он встанет и даст столько хлебов, сколько вам нужно. Если настойчивость снискает расположение даже смертного человека, насколько же больше хлеба жизни, благодаря своей настойчивости в духе, вы можете получить из благорасположенных рук небесного Отца. И вновь я говорю вам: просите, и дано будет вам; ищите, и найдете; стучитесь в дверь, и она отворится вам. Ибо если кто просит, тому и дано будет, и тот, кто ищет, всегда найдет; и если кто стучится в дверь спасения, то она откроется перед ним.

Кто из вас, будучи отцом, к которому сын обращается с неразумной просьбой, не ответит ему, руководствуясь родительской мудростью, а не ошибочным прошением сына? Если дитя нуждается в хлебе, дадите ли ему камень только оттого, что оно неразумно попросило его? Если сын просит рыбы, дадите ли ему водяную змею только потому, что она угодила в сеть вместе с рыбой и дитя по глупости своей просит змею? Если же вы, будучи смертными и конечными созданиями, знаете, ка́к отвечать на просьбы и давать благие и подобающие дары своим детям, то насколько же больше совершит ваш небесный Отец духовных и многих других благодеяний для тех, кто попросит у него! Людям всегда следует молиться и не предаваться унынию.

Позвольте рассказать вам об одном судье, который жил в нечестивом городе. Этот судья не боялся Бога и не уважал людей. В том же городе жила бедная вдова, которая много раз приходила к этому несправедливому судье, говоря: „Защити меня от противника моего". Какое-то время он не хотел ее слушать, но после сказал сам себе: „Хотя я и Бога не боюсь, и людей не уважаю, но эта вдова не оставляет меня в покое. Я защищу ее, чтобы она больше не приходила и не надоедала мне". Я рассказываю вам это для того, чтобы призвать вас к настойчивости в своих молитвах. Мои слова не означают, что ваши прошения изменят справедливого и праведного небесного Отца. Своей настойчивостью вы должны добиваться не расположения Бога, а изменения своего земного отношения и расширения способности своей души к духовному восприятию.

Однако когда вы молитесь, вы почти не пользуетесь своей верой. Истинная вера сдвигает горы материальных трудностей, которые могут оказаться на пути развития души и духовного роста».

3. МОЛИТВА ДЛЯ ВЕРУЮЩЕГО

Но и это не удовлетворило апостолов. Они хотели, чтобы Иисус дал им образец молитвы, которому они могли бы учить новых учеников. Выслушав беседу о молитве, Иаков Зеведеев сказал: «Пусть так, Учитель, но нам нужен пример молитвы не столько для самих себя, сколько для новых верующих, столь часто упрашивающих нас: „Научите, как до́лжно молиться небесному Отцу"».

Когда Иаков умолк, Иисус сказал: «Если вы по-прежнему желаете услышать такую молитву, я познакомлю вас с той, которой я научил моих братьев и сестер в Назарете:

„Отец наш небесный,
    Да святится имя твое;
Да наступит царство твое; да исполнится воля твоя
    На земле, как на небе.
Пошли нам хлеб насущный на день грядущий;
    Освежай наши души водой жизни.
И прости каждому из нас долги наши
    Как и мы прощаем должникам нашим.
Спаси нас в искушении, избавь нас от зла,
    И делай нас, подобно себе, всё более совершенными"».

Неудивительно, что апостолы хотели услышать от Иисуса образец молитвы для верующих. Иоанн Креститель учил своих последователей нескольким молитвам; все великие учители формулировали молитвы для своих учеников. У еврейских религиозных учителей было около двадцати пяти или тридцати стандартных молитв, которые они произносили в синагогах и на перекрестках. Иисус питал особую неприязнь к публичным молитвам. До сих пор апостолы лишь несколько раз слышали, как он молится. Они видели, что ночи напролет он проводит в молитвах или поклонении, и их очень интересовала манера или форма его прошений. Им действительно было необходимо знать, чтó отвечать народу, когда их просят научить молиться, как учил своих последователей Иоанн.

Иисус учил апостолов молиться тайно, уходить в одиночестве на природу, в ее спокойное окружение, или отправляться в свои комнаты и закрывать двери, прежде чем приступать к молитве.

После смерти Иисуса и его вознесения к Отцу, для многих верующих стало обыкновением завершать эту так называемую молитву Господа добавлением слов «Во имя Господа Иисуса Христа». Еще позже при переписывании были утеряны две строки, и к молитве было добавлено новое предложение: «Ибо твое есть и царство, и сила, и слава вовеки».

Иисус дал апостолам коллективную молитву, которой пользовались его домашние в Назарете. Он никогда не учил формальной индивидуальной молитве – только групповым, семейным или социальным прошениям. И он никогда не делал этого по собственной инициативе.

Иисус учил, что действенная молитва должна быть:

1. Бескорыстной – не только о себе самом.
2. Убежденной – соответствующей вере.
3. Искренней – идущей от сердца.
4. Разумной – соответствующей пониманию.
5. Доверчивой – подчиняющейся премудрой воле Отца.

Когда целые ночи напролет Иисус проводил на горе в молитве, то это было в основном ради его учеников и в первую очередь – ради двенадцати апостолов. Учитель почти никогда не молился о себе, хотя он часто предавался поклонению, которое по своей природе было разумным общением с Райским Отцом.

4. ЕЩЕ О МОЛИТВЕ

В течение многих дней после беседы о молитве апостолы продолжали задавать Учителю вопросы об этом важнейшем вероисповедном акте. На современном языке учение Иисуса о молитве и поклонении, изложенное апостолам в эти дни, можно вкратце передать следующим образом:

Убежденное и страстное повторение любой молитвы, если она является искренним выражением Божьего сына и произносится в вере, неизменно расширяет способность души к духовной восприимчивости, сколь бы неразумным ни было это прошение или сколь бы невозможным ни был прямой ответ на него.

Молясь, всегда помните о том, что сыновство является *даром*. Никакому дитя не требуется *заслужить* свой статус сына или дочери. Земное дитя рождается по воле своих родителей. Точно так же Божье дитя рождается в благодати и новой жизни духа по воле небесного Отца. Поэтому царство небесное – божественное сыновство – должно быть *принято* так, как принимают малые дети. В отличие от праведности – постепенного развития характера, которое является вашим обретением, – вы принимаете сыновство посредством благодати и через веру.

Молитва привела Иисуса к сверхобщению его души с Верховными Правителями вселенной вселенных. Молитва приведет земных смертных к тому общению, которое присуще истинному поклонению. Способность души к духовному восприятию определяет количество небесных благодеяний, которые могут быть лично восприняты и осознаны в качестве ответов на молитву.

Молитва и связанное с ней поклонение представляют собой метод отстранения от каждодневной рутины жизни, от однообразного круговорота смертного существования. Это путь приближения к одухотворенной самореализации, к индивидуальности интеллектуального и религиозного достижения.

Молитва – это противоядие от пагубного самонаблюдения. Во всяком случае, та молитва, которой учил Иисус, является именно такой благотворной опекой души. Иисус постоянно пользовался благотворным воздействием молитвы, молясь за своих собратьев. Учитель обычно молился за многих, а не за одного. Только в периоды великих кризисов своей земной жизни Иисус молился за себя самого.

Молитва – это дуновение духовной жизни посреди материальной цивилизации человеческих рас. Поклонение – это спасение для поколений смертных, ищущих наслаждений.

Как молитву можно сравнить с зарядкой духовных батарей души, так поклонение можно сравнить с настройкой души на прием вселенского вещания бесконечного духа Всеобщего Отца.

Молитва – это искренний и жаждущий взгляд дитя, обращенный на духовного Отца; она является психологическим процессом замены человеческой воли волей божественной. Молитва является частью божественного плана превращения того, что есть, в то, что должно быть.

Одна из причин того, что Петр, Иаков и Иоанн, столь часто сопровождавшие Иисуса в его длительных ночных бдениях, никогда не слышали молитв Иисуса, заключалась в том, что их Учитель чрезвычайно редко облекал свои молитвы в слова. Практически все свои молитвы Иисус возносил в духе и в сердце – молча.

Из всех апостолов Петр и Иаков лучше других поняли учение Иисуса о молитве и поклонении.

5. ДРУГИЕ ФОРМЫ МОЛИТВЫ

Время от времени, в течение оставшегося периода своего пребывания на земле, Иисус обращал внимание апостолов на некоторые дополнительные формы молитвы, однако он использовал их только в качестве иллюстраций в других вопросах и запрещал учить народ этим «иносказательным молитвам». Многие из них появились на других обитаемых планетах, но Иисус не раскрыл этого факта апостолам. Среди этих молитв были следующие:

Отец наш, в котором заключены вселенские миры,
    Да возвысится имя твое и да восславится твой характер.
Твое присутствие охватывает нас, и вершится твоя слава.
    Несовершенная в нас, в совершенстве является она на небесах.
Дай нам сегодня животворящие силы света
    И не дай нам сбиться на порочные глухие тропы нашего воображения,
Ибо твой – славный обитатель, непреходящее могущество,
    А для нас он – вечный дар бесконечной любви твоего Сына.
Воистину и вовеки веков.

* * *

Наш созидательный Родитель, который является центром вселенной,
    Посвяти нам свою сущность и дай нам свой характер.
Своей благодатью сделай нас своими сыновьями и дочерьми

И прославь свое имя в нашем вечном свершении.
Пошли свой направляющий и руководящий дух жить и пребывать в нас,
Чтобы мы исполнили твою волю в этом мире, как ангелы исполняют твои приказания в свете.
Придай нам сил сегодня в нашем движении по пути истины.
Освободи нас от инертности, зла и всяких греховных проступков.
Будь терпелив к нам; мы же будем милостивы к нашим товарищам.
Щедро наполни духом своего милосердия наши сердца – сердца созданий.
Шаг за шагом, веди нас своей рукой через запутанный лабиринт жизни,
И когда придет наш конец, прими в свое лоно наш верный дух.
Воистину, да исполнится твоя воля, а не наши желания.

* * *

Наш совершенный и праведный небесный Отец,
В этот день вдохновляй и направляй наш путь.
Освяти наши поступки и согласуй наши мысли.
Всегда веди нас по путям вечного прогресса.
Наполни нас всем могуществом мудрости
И своей бесконечной энергией вдохни в нас жизнь.
Воодушеви нас божественным сознанием
Присутствия и водительства серафических воинств.
Вечно веди нас вверх по пути света;
Сполна оправдай нас в день великого суда.
Сделай нас себе подобными в вечной славе
И прими нас в свое вечное небесное служение.

* * *

Отец наш, покрытый тайной,
Раскрой нам свой святой характер.
В этот день позволь своим земным детям
Увидеть путь, свет и истину.
Покажи нам путь вечного прогресса
И дай нам волю идти по этому пути.
Создай в нас свое божественное царствование
И тем самым одари нас полным владением собой.
Не дай нам сбиться на стези мрака и смерти;
Вечно веди нас по водам жизни.
Услышь эти наши молитвы во славу твою;
Возрадуйся, делая нас, смертных, всё более похожими на тебя.
Когда придет конец, во имя божественного Сына
Прими нас в свою вечную власть.
Воистину, да исполнится твоя воля, а не наша.

* * *

Чудесный Отец и Мать, соединенный в одном родителе,
Мы хотели бы быть верными твоей божественной сущности.
Пусть твое «я» вновь живет в нас и через нас
Благодаря дару и посвящению твоего божественного духа
И тем самым несовершенно воспроизводит в этом мире тебя,
Являющего себя в совершенстве и величии на небе.

Изо дня в день жалуй нам свое благотворное служение в духе братства
И, миг за мигом, веди нас по пути любвеобильного служения.
Будь вечно и неизменно терпелив к нам,
Так же как мы являем твое терпение нашим детям.
Даруй нам божественную мудрость, благоприятную во всём,
И бесконечную любовь, благодатную для каждого создания.
Посвяти нам свое терпение и милосердие,
Дабы наше сострадание могло объять слабых этого мира.
И когда завершится наш путь, то пусть он будет достоин твоего имени,
Порадует твой добрый дух и удовлетворит помощников наших душ.
Не как желаем мы, наш любящий Отец, но как желаешь ты вечного блага своим смертным детям.
Воистину, пусть будет так.

* * *

Наш всепреданный Источник и всемогущий Центр,
Да чтится и святится имя твоего всемилостивого Сына.
Твои щедроты и благословения ниспосланы нам,
Наделяя нас силой для исполнения твоей воли и твоих велений.
Миг за мигом давай нам пищу древа жизни;
День за днем питай нас живыми водами реки жизни,
Шаг за шагом выводи нас из мрака на божественный свет.
Обнови наш разум преобразующим действием пребывающего в нас духа,
И когда придет наш смертный час,
Прими нас к себе и направь нас в вечность.
Увенчай нас небесными коронами плодотворного служения,
И мы прославим Отца, Сына и Святое Воздействие.
Воистину, по всей бесконечной вселенной.

* * *

Наш Отец, обитающий в тайниках вселенной,
Да чтится имя твое, да почитается милосердие твое и да вершится правосудие твое.
Пусть солнце праведности светит нам в полдень;
В сумерках же мы молим тебя направить наши нетвердые стопы.
Веди нас за руку по путям, избранным тобою,
И не оставляй нас, когда труден путь и когда нас окружает тьма.
Не забывай нас, столь часто забывающих тебя и пренебрегающих тобой.
Будь же милосерден и люби нас, как мы желаем любить тебя.
Будь милостив к нам и милосердно прощай нас,
Как справедливо прощаем мы тех, кто терзает и ранит нас.
Пусть же любовь, преданность и посвящение величественного Сына
Даст жизнь вечную, исполненную твоего бесконечного милосердия и любви.
Пусть же Бог вселенных в полной мере посвятит нам свой дух;
Дай нам благодать, чтобы подчиняться водительству этого духа.
Пусть же Сын ведет и направляет нас до скончания века
Через любвеобильное служение преданного серафического воинства.
Извечно делай нас всё более похожими на тебя
И в конце нашего пути прими нас в вечные объятия Рая.

Воистину, во имя посвященческого Сына,
В честь и во славу Верховного Отца.

Хотя апостолы не имели права использовать эти посвященные молитве уроки в публичных проповедях, в своем личном религиозном опыте они извлекли большую пользу из всех этих откровений. Иисус пользовался данными и другими образцами молитвы в качестве иллюстраций при личном наставлении двенадцати; мы получили специальное разрешение для включения этих семи образцов молитвы в настоящее повествование.

6. СОВЕЩАНИЕ С АПОСТОЛАМИ ИОАННА

Около первого октября Филипп и часть его товарищей-апостолов отправились в одно из соседних сел, чтобы купить еды, где повстречали нескольких апостолов Иоанна Крестителя. В результате этой случайной встречи на рынке, в лагере на Гелвуе состоялось трехнедельное совещание апостолов Иисуса и апостолов Иоанна, ибо незадолго до того Иоанн, следуя примеру Иисуса, назначил двенадцать своих ведущих учеников апостолами. Иоанн поступил так по призыву Авенира, главы его верных последователей. Иисус присутствовал в лагере на Гелвуе в течение первой недели этого совещания, однако отсутствовал в течение второй и третьей недели.

К началу второй недели этого месяца Авенир собрал всех своих сподвижников в лагере на Гелвуе и был готов приступить к совещанию с апостолами Иисуса. В течение трех недель эти двадцать четыре человека встречались трижды в день шесть дней в неделю. В первую неделю Иисус общался с ними в перерывах между их утренними, дневными и вечерними встречами. Они хотели, чтобы Учитель присутствовал на их встречах и возглавлял их совместные диспуты, но он упорно отказывался участвовать в их дискуссиях, хотя и согласился выступить перед ними в трех случаях. Эти выступления Иисуса перед двадцатью четырьмя были посвящены взаимопониманию, сотрудничеству и терпимости.

Андрей и Авенир поочередно председательствовали на совещаниях обеих апостольских групп. Этим людям предстояло обсудить и решить много сложностей и проблем. Раз за разом они приходили со своими трудностями к Иисусу, но в ответ слышали только одно: «Я занимаюсь исключительно вашими личными и чисто религиозными проблемами. Я представляю Отца *индивидууму*, а не группе. Если в своих отношениях с Богом вы столкнетесь с личными трудностями, приходите ко мне, и я выслушаю вас и посоветую, как решить вашу проблему. Но когда вы приступаете к согласованию различных человеческих толкований религиозных вопросов и к социализации религии, вам суждено самим находить решения всех подобных проблем. Однако мое отношение будет неизменно благожелательным и внимательным, и я заранее обещаю вам свою полную поддержку и дружеское участие, если вы придете к единым решениям в этих вопросах, не имеющих духовного значения. Теперь же, дабы не мешать вашим обсуждениям, я покидаю вас на две недели. Не тревожьтесь обо мне, ибо я вернусь к вам. Я буду заниматься делом моего Отца, ибо у нас есть, кроме этого, и другие миры».

Сказав это, Иисус спустился по склону горы, и они не видели его в течение целых двух недель. Они так и не узнали, где он был и что он делал в те дни. Прошло какое-то время, прежде чем двадцать четыре человека смогли взяться за серьезное обсуждение своих проблем, настолько они были расстроены отсутствием

Учителя. Однако не прошло и недели, как дискуссии разгорелись с новой силой, и они не могли обратиться к Иисусу за помощью.

Первое, о чём удалось договориться, было принятие молитвы, которой Иисус лишь недавно научил их. Присутствующие единодушно постановили, что именно этой молитве будут учить верующих обе группы апостолов.

После этого они решили, что до тех пор, пока Иоанн жив, в заключении или на свободе, обе группы из двенадцати апостолов будут продолжать свою деятельность и что каждые три месяца будут проводиться недельные совместные встречи в специально оговоренных местах.

Однако наиболее серьезной проблемой был вопрос крещения. Их трудности еще больше усугублялись тем, что Иисус отказывался высказать свое мнение по этому вопросу. Наконец, они договорились о следующем: пока Иоанн жив, или до тех пор, пока они вместе не изменят это решение, только апостолы Иоанна будут крестить верующих и только апостолы Иисуса в заключение будут обучать новых учеников. Соответственно, начиная с того времени и вплоть до периода, наступившего после смерти Иоанна, двое из апостолов Иоанна сопровождали Иисуса и его апостолов для крещения верующих, ибо совместный совет единодушно постановил, что крещение должно быть первым шагом во внешнем приобщении к делам царства.

После этого было решено, что в случае смерти Иоанна его апостолы явятся к Иисусу и будут подчиняться ему и что они будут продолжать крестить только с разрешения Иисуса или его апостолов.

И после этого было принято решение, что в случае смерти Иоанна апостолы Иисуса начнут крестить водой в знак крещения божественным Духом. Следует ли в проповеди крещения упоминать *покаяние*, было оставлено на усмотрение апостолов; не было принято какого-либо решения, обязательного для всей группы. Апостолы Иоанна проповедовали: «Покайтесь и креститесь». Апостолы Иисуса возвещали: «Уверуйте и креститесь».

Такой была первая попытка последователей Иисуса согласовать противоречивые устремления, уладить расхождения во мнениях, организовать групповые начинания, выработать правила внешней обрядности и социализировать индивидуальные религиозные ритуалы.

Были рассмотрены многие второстепенные вопросы, в отношении которых апостолы пришли к единодушному мнению. В течение этих двух недель двадцать четыре человека приобрели ценный опыт, ибо им пришлось сталкиваться с трудностями и находить решения проблем без помощи Иисуса. Они учились расходиться во мнениях, спорить, настаивать на своем, молиться и идти на компромиссы и во всём сохранять благожелательное отношение к точке зрения собеседника и хотя бы некоторую терпимость к его чистосердечным взглядам.

Иисус вернулся в тот день, когда апостолы проводили завершающее обсуждение финансовых проблем; он узнал об их дискуссиях, выслушал их решения и сказал: «Таковы, следовательно, ваши заключения, и я помогу каждому из вас воплотить дух ваших совместных решений».

Через два с половиной месяца Иоанн был казнен, и в течение этого времени апостолы Иоанна оставались с Иисусом и двенадцатью. Все они работали сообща и крестили верующих в этот период трудов в городах Декаполиса. Лагерь на Гелвуе просуществовал до 2 ноября 27 года н. э.

7. В ГОРОДАХ ДЕКАПОЛИСА

В ноябре и декабре Иисус и двадцать четыре апостола неприметно трудились в греческих городах Декаполиса – в основном в Скифополе, Герасе, Абиле и Гадаре. Именно здесь завершился тот предварительный этап, в течение которого апостолы Иисуса приняли на себя труд Иоанна и его организацию. Социализированная религия нового откровения всегда вынуждена идти на компромисс с существующими формами и обычаями предшествующей религии, которые она стремится использовать. Крещение стало той ценой, которую сторонники Иисуса заплатили, чтобы иметь рядом с собой сторонников Иоанна Крестителя в качестве социализированной религиозной группы. Сторонники Иоанна, присоединяясь к сторонникам Иисуса, отказались практически от всего, кроме крещения водой.

Во время миссии в городах Декаполиса Иисус почти не учил публично. Он много занимался с двадцатью четырьмя и провел целый ряд специальных бесед с двенадцатью апостолами Иоанна. Со временем они стали лучше понимать, почему он не навещает Иоанна в тюрьме и не пытается добиться его освобождения. Но они так и не поняли, почему Иисус не совершает чудес, почему он отказывается творить знамения своей божественной власти. До прихода в лагерь на Гелвуе они верили в Иисуса в основном благодаря свидетельству Иоанна, но вскоре они начали верить в него в результате их личного соприкосновения с Учителем и его учениями.

В течение этих двух месяцев бóльшую часть времени группа работала в парах – один из апостолов Иисуса трудился вместе с одним из апостолов Иоанна. Апостолы Иоанна крестили, апостолы Иисуса учили, причем и те, и другие проповедовали евангелие царства в соответствии с собственным пониманием. И они завоевали много душ среди иноверцев и отступивших от своей веры евреев.

Авенир, глава апостолов Иоанна, стал убежденным последователем Иисуса и впоследствии был назначен главой группы из семидесяти учителей, которых Иисус отправил проповедовать евангелие.

8. В ЛАГЕРЕ У ПЕЛЛЫ

Во второй половине декабря все они перебрались к Иордану и обосновались у Пеллы, где снова начали учить и проповедовать. Как иудеи, так и иноверцы приходили в этот лагерь услышать евангелие. В один из дней, пополудни, когда Иисус учил народ, некоторые из ближайших друзей Иоанна доставили Учителю послание, ставшее последним, которое он получил от Крестителя.

Иоанн находился в заключении уже полтора года, и в течение большей части этого времени Иисус трудился, не привлекая к себе внимания. Поэтому неудивительно, что Иоанн начал задаваться вопросами о царстве. Друзья Иоанна прервали Иисуса, чтобы сообщить ему: «Иоанн Креститель послал нас спросить – являешься ли ты истинным Освободителем или искать нам другого?»

Помолчав, Иисус ответил друзьям Иоанна: «Пойдите и скажите Иоанну, что он не забыт. Скажите ему, чтó вы слышали и видели, что нищие внимают благой вести». Поговорив еще с посланниками Иоанна, Иисус повернулся к народу и сказал: «Не думайте, что Иоанн усомнился в евангелии царства. Он спрашивает только для того, чтобы убедить своих учеников, которые являются также и моими учениками. Иоанн – не слабый человек. Позвольте спросить вас, слышавших проповеди Иоанна до того, как Ирод бросил его в темницу: чтó видели вы в Иоанне

– тростник, раскачиваемый ветром? Капризного человека, одетого в мягкие одежды? Обычно те, кто пышно одевается и роскошно живет, находятся в царских дворцах и особняках богатеев. Но кого же вы видели в Иоанне? Пророка? Да, говорю я вам, и много больше пророка. Именно об Иоанне было сказано: „Вот, я посылаю перед тобой своего посланника; он приготовит тебе путь“.

Истинно, истинно говорю вам: среди всех родившихся от женщин не было никого более великого, чем Иоанн Креститель; и всё же самый малый в царстве небесном выше его, ибо рожден в духе и знает, что стал сыном Божьим».

Многие из тех, кто слышал Иисуса в тот день, приняли крещение, как его совершал Иоанн, и тем самым публично заявили о вступлении в царство. И с того дня апостолы Иоанна крепкими узами связали себя с Иисусом. Это событие ознаменовало действительное объединение последователей Иоанна и Иисуса.

После беседы с Авениром посланники отправились в Махерон, чтобы рассказать обо всём этом Иоанну. Он был чрезвычайно утешен, и слова Иисуса, вместе с сообщением от Авенира, укрепили его веру.

В тот день Иисус продолжил обучение словами: «С кем сравню я это поколение? Многие из вас не хотят принимать ни проповедь Иоанна, ни мое учение. Вы подобны детям, играющим на рыночной площади, которые обращаются к своим товарищам и говорят: „Мы играли для вас на свирели, а вы не плясали; мы пели вам печальные песни, а вы не печалились“. Так и некоторые из вас. Пришел Иоанн, который не ел и не пил, и они говорили, что он одержим бесом. Пришел Сын Человеческий, который ест и пьет, и те же люди говорят: „Вот человек, который слишком много ест и слишком много пьет вина, друг мытарей и грешников!“ Воистину, о мудрости судят по ее плодам.

Может показаться, что небесный Отец сокрыл некоторые из этих истин от мудрых и высокомерных, открыв их младенцам. Но Отец всё делает во благо; Отец раскрывает себя вселенной теми способами, которые он выбирает сам. А потому придите ко мне все вы, кто трудится и обременен, и отдохнут ваши души. Примите божественное ярмо, и вы испытаете мир Божий, который превыше любого понимания».

9. СМЕРТЬ ИОАННА КРЕСТИТЕЛЯ

Иоанн Креститель был казнен по приказу Ирода Антипы вечером 10 января 28 года н. э. На другой день некоторые из его учеников, которые пришли в Махерон, узнали о казни и, обратившись к Ироду, испросили разрешение забрать тело, которое они положили в гробницу, а позднее похоронили в Севастии, на родине Авенира. На следующий день, 12 января, они отправились на север, в лагерь апостолов Иисуса и Иоанна у Пеллы, и рассказали Иисусу о смерти Иоанна. Выслушав их сообщение, Иисус отпустил народ и сказал собравшимся двадцати четырем: «Иоанн мертв. Ирод обезглавил его. Вечером соберите совет и решите должным образом свои дела. Промедление закончено. Пришла пора возвестить царство открыто и во всю мощь. Завтра мы выступаем в Галилею».

Так ранним утром 13 января 28 года н. э. Иисус и апостолы в сопровождении примерно двадцати пяти учеников отправились в Капернаум и заночевали в доме Зеведея.

ДОКУМЕНТ 145

ЧЕТЫРЕ ЗНАМЕНАТЕЛЬНЫХ ДНЯ В КАПЕРНАУМЕ

Иисус и апостолы прибыли в Капернаум вечером во вторник, 13 января. Как обычно, они расположились в доме Зеведея в Вифсаиде. Теперь, когда Иоанн Креститель был казнен, Иисус приготовился впервые открыто отправиться в путешествие по Галилее с публичными проповедями. Весть о прибытии Иисуса быстро разнеслась по городу, и на следующий день, ранним утром, его мать Мария поспешила прочь, отправившись в Назарет к своему сыну Иосифу.

Среду, четверг и пятницу Иисус провел в доме Зеведея, готовя своих апостолов к их первому большому проповедническому путешествию. Кроме того, он принял и учил многих проявлявших искренний интерес посетителей – как по одному, так и в группах. Через Андрея он договорился о выступлении в синагоге в ближайшую субботу.

Поздно вечером в пятницу Иисуса тайно навестила его младшая сестра, Руфь. Они провели вдвоем около часа в лодке, стоявшей на якоре неподалеку от берега. Ни один человек, за исключением Иоанна Зеведеева, не знал об этой встрече, и ему было велено никому о ней не рассказывать. Руфь была единственным членом семьи Иисуса, последовательно и непоколебимо верившим в божественность его земной миссии, – начиная со времени пробуждения ее духовности и на протяжении всего богатого событиями служения, смерти, воскресения и вознесения Иисуса; в итоге она перешла в иные миры, ни разу не усомнившись в сверхъестественном характере миссии ее отца-брата, осуществленной им во плоти. Из всех членов земной семьи Иисуса малышка Руфь была его главным утешением на всём протяжении тяжелого испытания – суда, отвержения и распятия.

1. УЛОВ РЫБЫ

Утром в пятницу той же недели, когда Иисус учил на берегу, толпа оттеснила его настолько, что он оказался у са́мой воды и дал знак рыбакам, находившимся неподалеку в лодке, прийти к нему на помощь. Перейдя в лодку, он более двух часов продолжал учить собравшийся народ. Лодка эта называлась «Симон»; это было прежнее рыбацкое судно Симона Петра, построенное собственными руками Иисуса. В то утро лодкой пользовался Давид Зеведеев с двумя партнерами; они только что подошли к берегу, прорыбачив на озере впустую всю ночь. Они чистили и чинили свои сети, когда Иисус позвал их на помощь.

Закончив учить людей, Иисус сказал Давиду: «Так как вам пришлось задержаться, чтобы помочь мне, позвольте теперь мне поработать с вами. Отправимся порыбачить; отведите лодку туда, на глубину, и закиньте свои сети». Но один из помощников Давида, Симон, ответил: «Учитель, это бесполезно. Мы трудились всю ночь и ничего не поймали; тем не менее, мы сделаем, как ты велишь, – выйдем в море и закинем сети». И Симон согласился последовать указаниям Иисуса после знака своего хозяина, Давида. Когда они достигли указанного Иисусом места и закинули сеть, в ней оказалось столько рыбы, что они, не на шутку испугавшись за свои сети, стали звать на помощь находившихся на берегу товарищей. Когда все три лодки были наполнены до краев рыбой – так что почти черпали бортами воду, – Симон припал к ногам Иисуса и сказал: «Оставь меня, Учитель, ибо я грешен». Симон и все остальные свидетели этого случая были потрясены уловом рыбы. С того дня Давид Зеведеев, этот Симон и их товарищи оставили свои сети и последовали за Иисусом.

Однако в этом улове рыбы не было ничего чудесного. Иисус внимательно изучал природу; он был опытным рыбаком и знал повадки рыб в Галилейском море. В данном случае он просто направил этих мужчин к тому месту, где обычно водилась рыба в это время суток. Но последователи Иисуса всегда считали это чудом.

2. ПОПОЛУДНИ В СИНАГОГЕ

В следующую субботу, во время дневной службы в синагоге, Иисус выступил с проповедью на тему «Воля небесного Отца». Утром Симон Петр прочитал проповедь «О царстве». Темой Андрея, выступившего в четверг на вечернем собрании в синагоге, был «Новый путь». В это время в Капернауме в Иисуса верило больше людей, чем в каком-либо другом городе на земле.

Выступая в синагоге в тот субботний день, Иисус, следуя обычаю, сначала выбрал текст из закона, прочитав отрывок из Книги Исхода: «Служи Господу, Богу своему, и он благословит твой хлеб и твою воду и отведет от тебя все болезни». Второй текст он взял из пророков, прочитав отрывок из Исайи: «Поднимись и свети, ибо твой свет пришел, и слава Господа сияет над тобою. Тьма может покрывать землю, во мраке народы, но дух Господа воссияет над тобою, и божественная слава будет зрима в тебе. Даже язычники придут к этому свету, и многие великие умы не устоят перед его яркостью».

Для Иисуса эта проповедь была попыткой ясно показать, что религия является *личным опытом*. В частности, Учитель сказал:

«Вы хорошо знаете, что любовь добросердечного отца к своей семье как единому целому объясняется его сильным чувством к каждому члену своей семьи. Впредь всякий из вас должен относиться к небесному Отцу не как дитя Израиля, а как *дитя Божье*. Все вместе вы действительно являетесь детьми Израиля; как индивидуум каждый из вас есть дитя Божье. Я пришел не для того, чтобы раскрыть Отца детям Израиля, а для того, чтобы принести это знание Бога и откровение его любви и милосердия каждому верующему в качестве подлинного личного опыта. Все пророки учили вас, что Ягве заботится о своем народе, что Бог любит Израиль. Но я пришел к вам, чтобы провозгласить более великую истину, – ту, которую поняли многие поздние пророки: Бог любит *вас* – каждого из вас – как индивидуума. В течение всех этих поколений ваша религия была национальной, или расовой; я же пришел для того, чтобы дать вам личную религию.

Но даже это не является новой идеей. Многие из вас – люди духовного склада – знают эту истину постольку, поскольку некоторые пророки наставляли вас в этом. Разве вы не читали в Писаниях у пророка Иеремии, где сказано: „В те дни уже не будут говорить, что отцы ели зеленый виноград, а у детей – оскомина. Каждый умрет только за своё собственное беззаконие; оскомина будет у каждого, кто ест кислый виноград. И вот наступят дни, когда я заключу со своим народом новый завет, – не такой, какой я заключил с их предками, когда я вывел их из земли Египетской, но согласно новому пути. Я запишу свой закон в их сердцах. Я буду их Богом, а они – моим народом. В те дни уже не спросит брат брата, знает ли он Господа. Нет! Ибо все они будут знать меня лично, от мала до велика“.

Разве вы не читали этих обещаний? Разве вы не верите Писаниям? Разве вы не понимаете, что слова пророка исполняются в том, что вы видите сегодня? И разве Иеремия не призывал вас сделать религию делом сердца, установить личную связь с Богом? Разве пророк не сказал вам, что Бог небесный проникнет в каждое сердце? И разве вас не предупреждали, что от природы человеческое сердце более всего лукаво, а порою и крайне испорчено?

Разве не читали вы то место, где Иезекииль учит еще ваших отцов, что религия должна стать реальностью в вашем личном опыте? Вы больше не будете пользоваться пословицей, гласящей: „Отцы ели зеленый виноград, а у детей – оскомина“. „Живу я! – говорит Господь Бог. – Смотрите, все души принадлежат мне; как душа отца, так и душа сына. Только та душа, которая грешила, умрет“. Именно этот день предвидел Иезекииль, когда сказал от имени Бога: „И дам вам сердце новое, и новый дух вложу в вас“.

Вы не должны больше бояться того, что Бог накажет нацию за грех одного человека; не накажет небесный Отец и одного из своих верующих детей за грехи нации, хотя отдельному члену любой семьи часто приходится сталкиваться с материальными последствиями семейных ошибок и коллективных проступков. Разве вы не осознаёте, что мечта о лучшей нации – или о лучшем мире – связана с совершенствованием и просвещением индивидуума?»

Вслед за этим Учитель рассказал о желании небесного Отца, чтобы его земные дети, постигшие эту духовную свободу, приступили к тому вечному восхождению к Раю, которое состоит в осознанном ответе создания на божественное побуждение пребывающего в нём духа: найти Создателя, познать Бога и стремиться стать похожим на него.

Эта проповедь оказала апостолам огромную помощь. Каждый из них более полно осознал, что евангелие царства обращено к индивидууму, а не к нации.

Несмотря на то, что жители Капернаума были знакомы с учением Иисуса, они были потрясены его проповедью, с которой он выступил в эту субботу. Он действительно учил как человек, имеющий власть, а не как книжник.

Как только Иисус закончил говорить, с одним из слушающих – юношей, сильно возбужденным его словами, – случился сильный эпилептический припадок, и он громко закричал. Когда приступ прошел и к нему стало возвращаться сознание, он проговорил в полузабытьи: «Что нам до тебя, Иисус Назарянин? Ты – Божий святой; явился ли ты на погибель нам? Чтобы погубить нас?» Иисус приказал людям успокоиться и, взяв молодого человека за руку, сказал: «Пробудись» – и юноша тут же пришел в себя.

Этот юноша не был одержим нечистым духом или демоном. Он страдал обычной эпилепсией, но ему внушали, что его недуг является следствием одержимости злым духом. Он верил этим внушениям, и это накладывало отпечаток на всё, что он думал или говорил относительно своего заболевания. Все люди верили, что подобные явления – прямое следствие присутствия нечистых духов. Поэтому они считали, что Иисус изгнал из этого человека демона. Однако в данном случае Иисус не излечил его от эпилепсии. Этот человек действительно был исцелен в тот же день, но это произошло позднее, после захода солнца. Спустя много лет после Пятидесятницы апостол Иоанн, последним описавший деяния Иисуса, избегал каких-либо упоминаний так называемых «изгнаний бесов», и он поступал так потому, что случаи одержимости полностью прекратились после Пятидесятницы.

В результате этого рядового события по всему Капернауму быстро разнеслась весть о том, что Иисус изгнал из человека беса и чудесным образом исцелил его в синагоге по окончании дневной проповеди. Суббота была подходящим временем для молниеносного распространения таких поразительных слухов. Сообщение об этом происшествии разнеслось также по всем небольшим селениям вокруг Капернаума, и многие люди поверили ему.

Приготовлением еды и хозяйством в большом доме Зеведея, ставшем центром деятельности Иисуса и двенадцати апостолов, обычно занимались жена Симона Петра и ее мать. Дом Петра находился рядом с домом Зеведея. Иисус и его друзья остановились здесь, возвращаясь из синагоги, так как мать жены Петра уже в течение нескольких дней страдала малярией. И вот, случилось так, что примерно в то же время, когда Иисус стоял над больной женщиной, держа ее за руку, гладя ей лоб и говоря слова утешения и ободрения, лихорадка оставила ее. Иисус еще не успел объяснить своим апостолам, что в синагоге не произошло никакого чуда. Теперь же, находясь под свежим и ярким впечатлением от того случая и вспомнив воду и вино в Кане, они восприняли и это совпадение как очередное чудо, и некоторые из них бросились из дома, чтобы разнести эту новость по всему городу.

Теща Петра, Амафа, страдала малярийной лихорадкой. В этот раз она не была чудесным образом исцелена Иисусом. Только спустя несколько часов, после захода солнца, она излечилась в связи с чрезвычайным событием, произошедшим в палисаднике дома Зеведея.

Все эти случаи типичны для поведения падкого на волшебства поколения; эти верившие в чудеса люди использовали в качестве предлога каждое стечение обстоятельств, чтобы заявить, что Иисус сотворил очередное чудо.

3. ИСЦЕЛЕНИЕ НА ЗАХОДЕ СОЛНЦА

К концу этой богатой событиями субботы, когда Иисус и его апостолы собирались приступить к своей вечерней трапезе, весь Капернаум и его окрестности пришли в величайшее возбуждение из-за этих якобы чудесных исцелений; все, кто страдал каким-то недугом, приготовились сразу же после захода солнца отправиться к Иисусу сами или с помощью друзей. Согласно еврейскому учению, в священные часы субботы человек не имел права отправиться даже на лечение.

Поэтому как только солнце село за горизонтом, множество пораженных болезнями мужчин, женщин и детей начали стекаться к дому Зеведея в Вифсаиде. Один человек отправился в путь со своей парализованной дочерью, как только солнце скрылось за соседским домом.

В тот день всё вело к этому необыкновенному событию, произошедшему на закате солнца. Даже отрывок, использованный Иисусом в послеобеденной проповеди, указывал на то, что следует избавиться от болезней; и он говорил с такой невиданной мощью и убедительностью! Его проповедь была столь захватывающей! Не взывая к человеческим авторитетам, он говорил, обращаясь непосредственно к сознанию и душам людей. Не прибегая к логике, софизмам законников или глубокомысленным выражениям, он действительно обращался с сильным, прямым, ясным и личным воззванием к сердцам своих слушателей.

Эта суббота была великим днем в земной жизни Иисуса, да и в жизни вселенной. Еврейский городок Капернаум фактически стал действительной столицей локальной вселенной Небадон. Те немногочисленные евреи, которые находились в капернаумской синагоге, были не единственными существами, внимавшими заключительным словам проповеди Иисуса: «Ненависть – это тень страха, месть – личина трусости». Не могли его слушатели забыть и этих благословенных слов: «Человек – сын Бога, а не дитя дьявола».

Вскоре после захода солнца, когда Иисус и апостолы, отужинав, еще сидели за столом, жена Петра услышала из палисадника голоса и, подойдя к двери, увидела, что перед домом собирается большая толпа больных людей и что дорога из Капернаума запружена теми, кто направляется к ним в надежде на исцеление от рук Иисуса. Увидев это зрелище, она сразу же сообщила о нём своему мужу, а тот – Иисусу.

Когда Учитель вышел из парадной двери Зеведеева дома, его взору предстало множество пораженных болезнями и страдающих людей. Он смотрел почти на тысячу больных и хворых; во всяком случае, такое число людей собралось перед ним. Не все присутствующие страдали от болезней; некоторые пришли, помогая своим любимым в их стремлении исцелиться.

Вид этих страдающих смертных – мужчин, женщин и детей, мучения которых в значительной мере являлись следствием ошибок и злодеяний его собственных доверенных Сынов из администрации вселенной, – особым образом тронул человеческое сердце Иисуса и пробудил в этом великодушном Сыне-Создателе божественное милосердие. Но Иисус прекрасно понимал, что ему никогда не построить прочного духовного движения на фундаменте одних только материальных чудес. Он последовательно стремился воздерживаться от демонстрации своих прерогатив создателя. Со времени Каны с его учением не было связано ничего сверхъестественного или волшебного; тем не менее, эта толпа страждущих тронула его отзывчивое сердце и глубоко взволновала его.

Он услышал, как из палисадника кто-то крикнул: «Учитель, вымолви слово, верни нам здоровье, исцели наши болезни и спаси наши души». Не успели эти слова растаять в воздухе, как сонм серафимов, физических регуляторов, Носителей Жизни и промежуточных созданий, постоянно сопровождавших воплощенного Создателя вселенной, приготовился использовать созидательную силу в случае получения сигнала от их Властелина. Это был один из тех моментов в земной жизни Иисуса, когда божественная мудрость и человеческое сочувствие переплелись настолько, что Сын Человеческий обратился за помощью к воле своего Отца.

Когда Петр стал умолять его внять их крику о помощи, Иисус, глядя на толпу страждущих, ответил: «Я пришел в этот мир, чтобы раскрыть Отца и установить его царство. Этой цели посвящена вся моя прожитая до сих пор жизнь. Поэтому если на то будет воля Пославшего меня, и если это не будет противоречить провозглашению мною евангелия небесного царства, я хотел бы видеть своих детей исцеленными, и... » – но дальнейшие слова Иисуса потонули в шуме.

Иисус передал Отцу ответственность за принятие решения об исцелении. Очевидно, воля Отца не противоречила этому желанию, ибо не успел Учитель произнести своих слов, как сонм небесных личностей, действующих под предводительством Личностного Настройщика Иисуса, пришел в состояние чрезвычайной активности. Обширная свита опустилась на разноликую толпу страдающих смертных, и через мгновение 683 человека – мужчины, женщины и дети – были исцелены, полностью избавлены от всех физических заболеваний и других материальных недугов. Это был первый и последний случай такого рода на земле. И для тех из нас, кто был свидетелем этой созидательной волны исцеления, это стало действительно захватывающим зрелищем.

Но из всех существ, потрясенных мгновенным и неожиданным всплеском сверхъестественного исцеления, больше всех был удивлен Иисус. В тот момент, когда его человеческое участие и сострадание были сосредоточены на открывшемся перед ним зрелище страданий и боли, он забыл предупреждения своего Личностного Настройщика о том, что при определенных условиях и в некоторых обстоятельствах становится невозможным ограничить временно́й аспект присущих Сыну-Создателю прерогатив творца. Иисус желал исцеления этих страдающих смертных, если это не противоречило воле его Отца. Личностный Настройщик Иисуса тут же постановил, что в тот момент подобный акт с использованием созидательной энергии не нарушал волю Райского Отца, и этим решением – ввиду предшествующего желания Иисуса вылечить людей – созидательный акт *стал фактом*. То, чего желает *Сын-Создатель* и что соответствует *воле* его Отца, ЕСТЬ. Это стало самым массовым физическим исцелением смертных за всю последующую земную жизнь Иисуса.

Как и можно было ожидать, молва об этом исцелении на заходе солнца в Вифсаиде близ Капернаума разнеслась по всей Галилее и Иудее, а также за их пределами. В очередной раз у Ирода пробудился страх, и он послал наблюдателей, чтобы те доложили ему о труде и учениях Иисуса и выяснили, кто он – бывший плотник из Назарета или воскресший из мертвых Иоанн Креститель.

В основном благодаря этой непреднамеренной демонстрации физического исцеления, впредь – на протяжении всей его оставшейся земной жизни – Иисус в равной мере являлся как врачом, так и проповедником. Конечно, он продолжал учить людей, но его личный труд заключался в основном в помощи больным и страждущим, в то время как его апостолы выступали с публичными проповедями и крестили верующих.

Однако большинство из тех, на ком проявилось действие божественной энергии, продемонстрированной после захода солнца в форме сверхъестественного, или созидательного, исцеления, не извлекло долговременной духовной пользы из этого необычайного проявления милосердия. Лишь немногих эта физическая помощь действительно укрепила в вере; поразительный всплеск вневременно́го исцеления не помог сердцам людей проникнуться духовным царством.

Чудеса исцеления, с которыми то и дело была связана земная миссия Иисуса, не являлись частью его плана провозглашения царства. Они были побочным следствием присутствия на земле божественного существа, обладающего практически неограниченными прерогативами создателя в сочетании с беспрецедентным соединением божественного милосердия и человеческого сочувствия. Однако эти так называемые чудеса доставляли Иисусу много хлопот, создавая ненужную славу и являясь источником известности, порождавшей предубеждения.

4. ВЕЧЕРОМ ТОГО ЖЕ ДНЯ

В течение всего вечера, наступившего после этого великого массового исцеления, толпы ликующих и счастливых людей заполняли дом Зеведея, и апостолы Иисуса были на вершине эмоционального подъема. С человеческой точки зрения, этот день стал, наверное, величайшим из всех великих дней в их отношениях с Иисусом. И никогда – ни до, ни после – их надежды не взлетали до таких высот убежденного упования. Лишь за несколько дней до этого, когда они еще находились в Самарии, Иисус сказал им, что настал час для провозглашения царства *со всей мощью*, и теперь они лицезрели то, что, как они полагали, было исполнением этого обещания. Они затрепетали, предвидя, что́ их ожидает впереди, если эта поразительная демонстрация целительной силы является только началом. Исчезли последние следы сомнений в божественности Иисуса. Ошеломленные и зачарованные, они буквально опьянели от восторга.

Однако когда они стали искать Иисуса, то не смогли его найти. Учитель был крайне взволнован происшедшим. Эти мужчины, женщины и дети, исцелившиеся от различных болезней, не расходились допоздна в надежде дождаться возвращения Иисуса и поблагодарить его. Апостолы не могли понять поведения Учителя:

шло время, а он оставался в уединении; их радость была бы полной и совершенной, если бы не его затянувшееся отсутствие. Когда же Иисус наконец вернулся к ним, было поздно, и практически все облагодетельствованные исцелением люди уже разошлись по домам. Иисус отверг поздравления и восторги двенадцати и других людей, задержавшихся здесь, чтобы поприветствовать его, и только сказал: «Не радуйтесь тому, что мой Отец может исцелить тело, – радуйтесь тому, что он способен спасти душу. Отправимся на покой, ибо завтра нам предстоит заняться делом Отца».

И вновь двенадцать разочарованных, смущенных и опечаленных мужчин отправились на покой. В ту ночь они, за исключением близнецов, почти не сомкнули глаз. Стоило Учителю совершить нечто такое, что ободряло души и радовало сердца его апостолов, как он, казалось, тут же вдребезги разбивал их надежды и полностью уничтожал саму основу их мужества и энтузиазма. Сбитые с толку, эти рыбаки смотрели друг на друга, и в их глазах читалась только одна мысль: «Мы не можем понять его. Что всё это значит?»

5. РАННИМ УТРОМ В ВОСКРЕСЕНЬЕ

В ту субботнюю ночь Иисус тоже почти не сомкнул глаз. Он сознавал, что мир полон физических бедствий и изобилует материальными трудностями, и он задумался об огромной опасности – быть вынужденным посвящать столь значительную часть своего времени заботе о больных и страждущих, что физическая опека сделалась бы препятствием для его миссии по установлению духовного царства в сердцах людей или, по крайней мере, подчинила бы ее себе. Из-за этих и схожих мыслей, одолевавших ночью смертный разум Иисуса, в то воскресное утро он поднялся задолго до рассвета и отправился в одиночестве в одно из своих излюбленных мест для общения с Отцом. В это раннее утро Иисус молился о мудрости и здравом смысле, о том, чтобы не позволять своему человеческому сочувствию, соединенному с божественным милосердием, оказывать на него столь сильное влияние в присутствии страдающих смертных, чтобы всё его время уходило на физическую опеку в ущерб духовной. Хотя он не хотел полностью уклоняться от помощи больным, он знал, что должен заниматься более важным делом, – духовным обучением и религиозным воспитанием.

Иисус столь часто уходил молиться в горы из-за отсутствия укромных помещений, пригодных для его молитв.

Петр не мог заснуть в ту ночь. Поэтому вскоре после того как Иисус отправился молиться, когда еще было очень рано, он разбудил Иакова и Иоанна, и они втроем отправились на поиски Учителя. Проискав Иисуса больше часа, они нашли его и стали просить, чтобы он объяснил им причину своего странного поведения. Они хотели знать, почему он казался обеспокоенным могучим излиянием целительного духа, приведшего всех людей в бурный восторг и столь обрадовавшего его апостолов.

Более четырех часов Иисус пытался разъяснить этим трем апостолам, что́ случилось. Он раскрыл им происшедшее и объяснил всю опасность таких проявлений. Иисус поведал им, почему он пришел сюда для молитвы. Он стремился объяснить своим личным сподвижникам действительные причины невозможности построить царство Отца на чудесах и физическом исцелении. Однако они не смогли понять его учения.

Тем временем с раннего утра в воскресенье, к дому Зеведея стали стекаться новые толпы страдающих и любопытных, которые требовали встречи с Иисусом.

Андрей и апостолы оказались в столь затруднительном положении, что пока Симон Зелот говорил с собравшейся толпой, Андрей вместе с несколькими своими товарищами отправился на поиски Иисуса. Найдя Иисуса в обществе трех апостолов, он сказал: «Учитель, зачем ты оставил нас наедине с народом? Посмотри, все ищут тебя; никогда еще так много людей не стремилось к твоему учению. Вот и сейчас дом окружают люди, пришедшие из ближних и дальних мест после сотворенных тобою чудес. Разве ты не вернешься вместе с нами, чтобы помочь им?»

Услышав эти слова, Иисус ответил: «Андрей, разве я не внушал тебе и твоим товарищам, что моя земная миссия – раскрытие Отца, а моя проповедь – возвещение царства небесного? Так почему же, в таком случае, ты готов допустить, чтобы меня отвлекали от моего труда ради ублажения любопытных и удовлетворения тех, кто ищет знамений и чудес? Разве мы не находились среди этих людей все эти месяцы, и разве стекались они толпами, чтобы услышать благую весть царства? Почему же теперь они пришли осаждать нас? Не потому ли, что исцелились их физические тела – а не вследствие восприятия духовной истины для спасения их душ? Когда люди тянутся к нам из-за необычайных явлений, многие из них ищут не истины и спасения, а избавления от своих физических болезней и освобождения от своих материальных трудностей.

Всё это время я провел в Капернауме; и в синагоге, и у моря я провозглашал благую весть царства всем, у кого были уши, чтобы услышать, и сердца, чтобы принять истину. Воля моего Отца – не в том, чтобы я вернулся с вами угождать любопытным и заниматься физической опекой в ущерб опеке духовной. Я велел вам проповедовать евангелие и помогать больным, но я не должен увлекаться целительством в ущерб своему учению. Нет, Андрей, я не вернусь с вами. Идите и скажите людям, чтобы они верили в то, чему мы их учили, и радовались свободе сынов Божьих, а сами собирайтесь в дорогу – мы отправляемся в другие города Галилеи, где уже подготовлен путь для проповеди благой вести царства. Именно для этой цели я пришел от Отца. Ступайте же и будьте готовы сразу же выйти в путь; я буду ждать вашего возвращения здесь».

Когда Иисус умолк, Андрей и его товарищи-апостолы понуро отправились назад к дому Зеведея, распустили собравшийся народ и быстро собрались в путь, как велел Иисус. Так, пополудни в воскресенье, 18 января 28 года н. э., Иисус и апостолы отправились в свое первое действительно открытое путешествие с публичными проповедями по городам Галилеи. Во время этого первого путешествия они проповедовали евангелие царства во многих городах, но они не посетили Назарет.

В тот же день – вскоре после того как Иисус и его апостолы вышли в Риммон – его братья Иаков и Иуда пришли в дом Зеведея, чтобы повидаться с ним. В тот день, около полудня, Иуда разыскал своего брата Иакова и настоял на том, чтобы они отправились к Иисусу. К тому времени, когда Иаков согласился, Иисус уже покинул Капернаум.

Апостолам было жаль покидать Капернаум, где их проповедь была встречена с огромным интересом. По подсчетам Петра, не менее тысячи человек могло бы креститься и вступить в царство. Иисус терпеливо выслушал их, однако отказался вернуться. На время воцарилось молчание, и затем Фома обратился к своим товарищам-апостолам со словами: «Вперед! Учитель сказал свое слово. Хотя мы и не можем до конца понять тайны небесного царства, в одном мы уверены: мы следуем за учителем, который не ищет для себя славы». И скрепя сердце покинув Капернаум, они отправились в путь возвещать благую весть в городах Галилеи.

ДОКУМЕНТ 146

ПЕРВОЕ ПРОПОВЕДНИЧЕСКОЕ ПУТЕШЕСТВИЕ ПО ГАЛИЛЕЕ

Первое путешествие по Галилее с публичными проповедями началось в воскресенье, 18 января 28 года н. э., и продолжалось около двух месяцев, завершившись 17 марта возвращением в Капернаум. Во время этого путешествия Иисус и двенадцать апостолов, которым помогали бывшие апостолы Иоанна, проповедовали евангелие и крестили верующих в Риммоне, Иотапате, Раме, Завулоне, Ироне, Гисхале, Хоразине, Мадоне, Кане, Наине и Ен-Доре. В этих городах они останавливались и учили, в то время как во многих меньших городах они провозглашали евангелие царства, не задерживаясь в них.

Иисус впервые разрешил своим товарищам проповедовать без ограничений. Во время этого путешествия он предупредил их только в трех случаях, посоветовав держаться подальше от Назарета и быть осмотрительными, проходя через Капернаум и Тивериаду. Сознание того, что они свободны проповедовать и учить без запретов, было источником огромного удовлетворения для апостолов, и они целиком посвятили себя проповеди евангелия, помощи больным и крещению верующих, делая всё это с великим усердием и радостью.

1. ПРОПОВЕДЬ В РИММОНЕ

Когда-то небольшой город Риммон поклонялся вавилонскому богу воздуха – Рамману. Многие из ранних вавилонских и последующих зороастрийских учений еще являлись частью верований риммонитян; поэтому Иисус и двадцать четыре апостола посвятили много времени разъяснению отличия этих древних верований от нового евангелия царства. Здесь Петр выступил с одной из своих лучших ранних проповедей – «Аарон и золотой телец».

Хотя многие жители Риммона уверовали в учение Иисуса, в последующие годы они доставили немало неприятностей своим собратьям. За короткий промежуток времени, выпадающий на долю одного поколения, трудно превратить тех, кто обожествляет силы природы, в подлинных членов братства – поклонников духовного идеала.

Многие из лучших идей Вавилона и Персии о свете и мраке, добре и зле, времени и вечности были впоследствии включены в доктрины так называемого христианства, что сделало христианские учения более приемлемыми для народов Ближнего Востока. Таким же образом, включение многих теорий Платона об идеальном духе, или невидимых образцах всех видимых и материальных вещей, – в том виде, в котором они были позднее приспособлены Филоном к еврейской теологии, – сделало христианские учения Павла более приемлемыми для западных греков.

Именно в Риммоне Тодан впервые услышал евангелие царства, и впоследствии он принес эту идею в Месопотамию и далеко за ее пределы. Он был среди первых проповедников благой вести за Евфратом.

2. В ИОТАПАТЕ

Хотя простые люди Иотапаты охотно слушали Иисуса и его апостолов и многие из них приняли евангелие царства, посещение Иотапаты было отмечено прежде всего речью Иисуса перед двадцатью четырьмя апостолами, которую он произнес во второй вечер их пребывания в этом городке. Нафанаил запутался в учениях Иисуса о молитве, благодарении и поклонении, и в ответ на его вопрос Иисус дал весьма подробное толкование своего учения. Резюмируя его речь современным языком, можно выделить следующие моменты.

1. Сознательная и упорная тяга человеческого сердца к беззаконию постепенно уничтожает молитвенную связь человеческой души с духовными контурами, позволяющими человеку общаться со своим Творцом. Конечно, Бог слышит прошение своего дитя, но когда человеческое сердце преднамеренно и упорно исповедует порочные представления, происходит постепенная утрата личного общения земного дитя со своим небесным Отцом.

2. Молитва, несовместимая с известными и утвержденными законами Бога, отвратительна Райским Божествам. Если человек не желает слушать Богов, говорящих со своим творением по законам духа, разума и материи, то сам акт подобного преднамеренного и сознательного презрения со стороны создания делает духовные личности глухими к личным прошениям таких не подчиняющихся законам и непокорных смертных. Иисус напомнил своим апостолам слова пророка Захарии: «Но они не желали внимать, отвернулись от меня, и заткнули уши, чтобы не слышать. Да, и сердца свои сделали твердокаменными, чтобы не слышать закона и слов, которые я послал через своего духа и возвестил устами пророков; а потому результатами их злоумышления стал великий гнев, обрушенный на их преступные головы. И было так, что они взывали к милосердию, но ни одно ухо не было открыто для них». После этого Иисус процитировал высказывание мудреца: «Если человек отказывается следовать наставлениям божественного закона, то даже его молитва будет отвратительна».

3. Открывая канал общения человека с Богом со стороны человека, смертные сразу же обретают доступ к непрекращающемуся потоку божественной помощи созданиям миров. Когда человек слышит, как в его сердце говорит дух Бога, неотъемлемой частью такого опыта является то, что Бог одновременно слышит молитву человека. Таким же безошибочным образом совершается и прощение греха. Небесный Отец простил вас еще до того, как вы подумали о подобном прошении, однако такое прощение возникает в вашем личном религиозном опыте только тогда, когда вы прощаете своих собратьев. Прощение Бога как *факт* не зависит от вашего прощения своих товарищей, однако в *опыте* оно связано именно таким условием. Так факт синхронности человеческого и божественного прощения нашел отражение и связь в молитве, которой Иисус научил апостолов.

4. Во вселенной действует основополагающий закон правосудия, который не может быть обойден милосердием. Всецело эгоистичному созданию из пространственно-временны́х миров недоступно чуждое корысти великолепие Рая. Даже бесконечная любовь Бога не может заставить принять вечную жизнь, если смертное создание решает иначе. Посвящение милосердия огромно по своему охвату, но в конечном итоге существуют требования правосудия, которые не может фактически отменить даже соединенная с милосердием любовь. Иисус вновь процитировал из священных книг иудеев: «Я звала, но вы отказались слушать; я протянула вам руку, но вы отказались от помощи. Вы отвергли все мои советы и не приняли моих упреков, и ваше мятежное отношение неизбежно приведет к тому, что будете звать меня, но не услышите ответа. Отвергнув путь жизни, усердно будете искать меня в дни ваших страданий, но не найдете».

5. Тот, кто желает милосердия, должен быть милосердным; не судите, да не судимы будете. Каким судом судите, таким будете судимы. Милосердие не отменяет всей справедливости во вселенной. В конечном счете подтвердится истина: «Кто остается глухим к воплям бедных, тот однажды и сам возопит – и не будет услышан». Искренность любой молитвы – залог того, что она будет услышана; духовная мудрость и вселенская состоятельность любого прошения определяет время, способ и меру ответа. Мудрый отец не отвечает *буквально* на нелепые молитвы своих невежественных и неопытных детей, хотя дети могут получать большое удовольствие и действительное душевное удовлетворение, обращаясь с такими абсурдными прошениями.

6. Целиком посвятив себя исполнению воли небесного Отца, вы будете получать ответ на все свои прошения, потому что ваши молитвы будут полностью соответствовать воле Отца, а воля Отца проявляется всегда, по всей его необъятной вселенной. То, что соответствует желанию истинного сына и воле бесконечного Отца, ЕСТЬ. Такая молитва не может остаться без ответа, и никакое иное прошение не может быть удовлетворено полностью.

7. Вопль праведника есть вероисповедное действие Божьего дитя, которое открывает двери кладовых Отца, содержащих благость, истину и милосердие, и эти благие дары уже давно дожидаются того, чтобы сын востребовал и лично использовал их. Молитва не изменяет божественного отношения к человеку, однако она действительно изменяет отношение человека к неизменному Отцу. Проникновение к божественному уху обеспечивается именно *мотивом* молитвы, а не социальным, экономическим или внешним религиозным статусом молящегося.

8. С помощью молитвы невозможно сократить время или преодолеть ограничения пространства. Молитва не предназначена в качестве метода самовозвеличения или обеспечения несправедливого преимущества перед своими собратьями. Целиком эгоистичная душа неспособна молиться в истинном значении этого слова. Иисус сказал: «Пусть высшим счастьем станет для вас Бог, который непременно исполнит искренние желания ваших сердец». «Доверься Господу, верь в него, и он совершит». «Ибо Господь слышит вопль обездоленных и не останется глух к молитве беспомощных».

9. «Я пришел от Отца; поэтому, если вы когда-либо будете испытывать сомнения относительно того, что́ просить у Отца, просите у меня, и я передам ваше прошение согласно вашим действительным потребностям и желаниям и согласно воле моего Отца». Остерегайтесь великой опасности – сосредоточивать молитвы на себе. Не молитесь много о себе; молитесь больше о духовном росте своих собратьев. Избегайте материалистических молитв; молитесь в духе и о богатстве духовных даров.

10. Когда вы молитесь о больных и страждущих, не ждите, что ваши прошения заменят сердечную и разумную помощь им. Молитесь о благополучии своих семей, друзей и товарищей, но особо молитесь за проклинающих вас, и возносите исполненные любви прошения за преследующих вас. «Но я не скажу вам, когда нужно молиться. Только пребывающий в вас дух может подвигнуть вас на произнесение тех прошений, которые выражают вашу внутреннюю связь с Отцом духов».

11. Многие прибегают к молитве лишь тогда, когда попадают в беду. Такая практика бездумна и обманчива. Конечно, вы правильно поступаете, если, не находя покоя, обращаетесь к молитве, однако вы не должны забывать говорить как сын с Отцом также и тогда, когда в душе вашей царит покой. Пусть ваши истинные

прошения всегда будут тайными. Не позволяйте людям слышать ваши личные молитвы. Благодарственные молебны уместны для групп верующих, однако молитва души – дело личное. Существует только одна форма молитвы, которая уместна для всех Божьих детей: «Как бы то ни было, да свершится твоя воля».

12. Все, кто уверовал в это евангелие, должны искренне молиться за расширение царства небесного. Из всех молитв, приведенных в священных книгах иудеев, Иисус наиболее одобрительно отозвался о следующем прошении Псалмопевца: «Вложи мне в сердце чистоту, о Боже, и дух мой снова сделай правым. Очисть меня от тайных грехов и удержи твоего слугу от высокомерного беззакония». Иисус подробно остановился на отношении молитвы к легкомысленной и оскорбительной речи, процитировав: «Стражу поставь, о Господи, у рта моего, чтобы следила за дверьми моих уст». «Человеческий язык, – сказал Иисус, – это орган, который редко кому удается укротить, однако дух способен превратить этот непослушный орган в добрый глас терпимости и в воодушевляющего слугу милосердия».

13. Иисус учил, что молитва о божественном водительстве по стезям земной жизни является следующей по важности после прошения о знании воли Отца. Фактически, это означает молитву о божественной мудрости. Иисус никогда не учил, что молитва может дать человеку знания и специальные умения. Но он действительно учил, что молитва является одним из факторов повышения чувствительности человека к присутствию божественного духа. Когда Иисус учил своих товарищей молиться в духе и в истине, он объяснял, что имел в виду молиться искренне и согласно личной просвещенности, молиться от всего сердца, разумно, серьезно и настойчиво.

14. Иисус предупредил своих последователей не думать, что витиеватые повторения, изысканные выражения, пост, покаяние или жертвоприношения сделают их молитвы более эффективными. Но он действительно побуждал своих верующих использовать молитву как средство восхождения через благодарение к истинному поклонению. Иисус сожалел о том, что в молитвах и в поклонении его последователей было так мало от духа благодарения. По этому поводу он процитировал из Писаний: «Благо славить Господа и петь хвалу имени Всевышнего, каждое утро быть благодарным за его милосердие, и каждый вечер – за его верность, ибо Бог доставляет мне радость своим трудом. Буду благодарить за всё согласно воле Божьей».

15. И затем Иисус сказал: «Не нужно постоянно и чрезмерно беспокоиться о своих обычных потребностях. Не тревожьтесь о проблемах своего земного существования, но во всех этих вещах, в молитве и прошении, в духе искреннего благодарения открывайте свои нужды перед небесным Отцом». После этого он процитировал из Писаний: «Я буду славить имя Божье в песнях и превозносить его в благодарственном молебне. И это обрадует Господа намного больше, чем принесенный в жертву вол или телец с рогами и копытами».

16. Иисус учил своих последователей, что после вознесения молитвы Отцу им следует на время оставаться в состоянии молчаливой восприимчивости, чтобы предоставить внутреннему духу лучшую возможность обратиться к внимающей ему душе. Дух Отца успешней всего обращается к человеку тогда, когда человеческий разум пребывает в состоянии истинного поклонения. Мы поклоняемся Богу с помощью пребывающего в нас духа Отца и посредством просвещения человеческого разума, который приобщается к истине. Поклонение, учил Иисус, делает поклоняющегося всё более похожим на существо, являющееся объектом поклонения. Поклонение – это преобразующий опыт, посредством которого конечное постепенно приближается и в итоге достигает присутствия Бесконечного.

Иисус раскрыл своим апостолам также многие другие истины относительно общения человека с Богом, но мало кто из них смог полностью осознать его учение.

3. ОСТАНОВКА В РАМЕ

В Раме у Иисуса состоялась достопамятная беседа с престарелым греческим философом, который учил, что наука и философия достаточны для удовлетворения потребностей, возникающих в человеческом опыте. Иисус терпеливо и благожелательно выслушал этого греческого учителя и во многом согласился с истинностью сказанного им, но когда грек закончил, Иисус указал, что в своем обсуждении человеческого существования он не смог объяснить «откуда, зачем и куда» и добавил: «Где вы останавливаетесь, там мы начинаем. Религия – это предназначенное для человеческой души откровение о духовных реальностях, которые никогда не удалось бы открыть или целиком охватить одним только разумом. Интеллектуальные устремления способны открыть факты жизни, однако евангелие царства раскрывает *истины* бытия. Ты говорил о материальных тенях истины; готов ли ты выслушать мой рассказ о вечных и духовных реальностях, отбрасывающих эти преходящие временные тени – материальные факты смертного существования?» Более часа Иисус учил этого грека спасительным истинам евангелия царства. Престарелый философ оказался восприимчивым к подходу Учителя и, будучи действительно объективным человеком, быстро поверил в это евангелие спасения.

Апостолы были несколько обескуражены открытым согласием Иисуса со многими утверждениями грека, однако позднее, когда они остались одни, Иисус сказал им: «Дети мои, не удивляйтесь моему терпимому отношению к философии грека. Истинная, подлинная внутренняя уверенность ничуть не боится внешнего анализа, как не отвергает истина и честной критики. Всегда помните о том, что нетерпимость – это маска, под которой скрываются тайные сомнения в истинности убеждений. Если человек абсолютно убежден в том, во что он верит всем сердцем, то его никогда не будет волновать отношение его ближнего. Мужество – это бескомпромиссно-честная уверенность создания в предмете своей веры. Искренние люди не боятся критического рассмотрения своих истинных убеждений и благородных идеалов».

Во второй вечер в Раме Фома задал Иисусу следующий вопрос: «Учитель, как вновь обращенный в твое учение может действительно знать истинность этого евангелия царства, быть по-настоящему убежденным в ней?»

Иисус ответил Фоме: «Ваша уверенность в том, что вы вошли в царство – семью Отца – и в том, что вы обретете вечное спасение вместе с детьми царства, целиком относится к личному опыту – к вере в слово истины. Духовная убежденность равна вашему личному религиозному опыту в сфере вечных реальностей божественной истины; иначе говоря, она соответствует вашему интеллектуальному пониманию реальностей истины в сочетании с духовной верой и за вычетом ваших искренних сомнений.

По своей природе, Сын наделен жизнью Отца. Наделенные живым духом Отца, вы являетесь сынами Божьими. После жизни во плоти в материальном мире вы продолжаете жить, ибо соединены с живым духом Отца, даром вечной жизни. Действительно, многие обладали этой жизнью до того, как я пришел от Отца, и многие получили этот дух, ибо поверили моему слову. Но я заявляю: когда я вернусь к Отцу, он пошлет свой дух в сердца всех людей.

Хотя вы и не видите, как божественный дух действует в вашем разуме, существует практический метод для определения той меры, в которой вы передали управление вашими душевными силами наставлению и руководству пребывающего в вас духа небесного Отца, и это – степень вашей любви к своим собратьям. Дух Отца несет в себе любовь Отца, и когда он овладевает человеком, он неизменно ведет к поклонению Божеству и любвеобильному отношению к своим товарищам. Сначала вы верите, что являетесь сынами Божьими потому, что мое учение помогло вам лучше осознать внутренние веления пребывающего в вас духовного присутствия нашего Отца. Но вскоре Дух Истины будет излит на всю плоть, и он будет жить среди людей и учить всех людей так же, как я живу сейчас среди вас и говорю вам слова истины. И этот Дух Истины, обращаясь к духовным способностям ваших душ, поможет вам понять, что вы являетесь сынами Божьими. Он будет служить верным доказательством того, что в вас пребывает духовное присутствие Отца – ваш дух, который к тому времени будет жить во всех людях, как сегодня он живет в некоторых, и говорить вам, что вы действительно являетесь сынами Божьими.

Каждое земное дитя, следующее велениям этого духа, в итоге узна́ет волю Божью, а тот, кто подчинится воле моего Отца, будет жить вечно. Путь от земной жизни к вечности не разъяснен вам, но он есть и всегда был, и я пришел для того, чтобы сделать этот путь новым и живым. Тот, кто вступает в царство, сразу обретает вечную жизнь – он никогда не погибнет. Однако многое из этого вы поймете лучше после того, как я вернусь к Отцу и вы сможете увидеть ваш сегодняшний опыт ретроспективно».

И те, кто слышал эти благословенные слова, были премного утешены. Еврейские учения были путаными и неточными в том, что касалось спасения праведников, и потому совершенно определенные и уверенные слова о вечном спасении всех истинно верующих придали сил сторонникам Иисуса и воодушевили их.

Апостолы по-прежнему проповедовали и крестили верующих, продолжая по своему обыкновению ходить по домам, утешая отверженных и помогая больным и страждущим. Апостольская организация была расширена: с каждым из апостолов Иисуса трудился один из апостолов Иоанна; Авенир был товарищем Андрея; и такая структура сохранялась до тех пор, пока они не отправились в Иерусалим на очередную Пасху.

Специальные наставления, данные Иисусом во время их пребывания в Завулоне, касались в первую очередь дальнейшего обсуждения взаимных обязанностей, накладываемых царством, и включали положения, призванные прояснить различия между личным религиозным опытом и духом согласия, присущим социальным религиозным обязательствам. Это был один из тех редких случаев, когда Учитель обсуждал социальные аспекты религии. На протяжении всей своей земной жизни Иисус не дал своим последователям почти никаких наставлений относительно социализации религии.

Население Завулона было смешанным; его нельзя было назвать ни еврейским, ни языческим. Мало кто из этих людей действительно уверовал в Иисуса, несмотря на то что они слышали об исцелении больных в Капернауме.

4. ЕВАНГЕЛИЕ В ИРОНЕ

В Ироне, как и во многих – в том числе небольших – городах Галилеи и Иудеи, была синагога, и в начале своего служения Иисус обычно выступал в этих синагогах по субботам. Иногда он говорил на утреннем богослужении, а Петр или один из других апостолов проповедовали пополудни. Кроме того, Иисус и апостолы часто учили и проповедовали на вечерних собраниях в синагогах в будние дни. Хотя религиозные вожди Иерусалима становились всё более враждебными к Иисусу, их непосредственное влияние не распространялось за пределы синагог Иерусалима. Лишь позднее, в период публичного служения Иисуса, им удалось столь широко настроить против него народ, что почти все синагоги закрыли свои двери перед его учением. Пока же все синагоги Галилеи и Иудеи были открыты для него.

В Ироне находились крупные по тем временам рудники, а так как Иисус никогда не жил жизнью рудокопа, то, пока они находились в Ироне, бóльшую часть своего времени он проводил в рудниках. Пока апостолы посещали дома и проповедовали в общественных местах, Иисус работал в рудниках вместе с подземными тружениками. Слава Иисуса-целителя достигла даже этого глухого селения, и многие больные и страждущие ждали от него помощи – и многие получили огромную пользу от его исцеляющей опеки. Однако ни в одном из этих случаев Учитель не совершил так называемого чуда, кроме излечения прокаженного.

День клонился к вечеру, когда на третий день своего пребывания в Ироне Иисус возвращался с рудников. Направляясь к своему жилищу, он миновал узкую боковую улочку и оказался рядом с убогой лачугой прокаженного. Прослышав о славе Иисуса как целителя, несчастный решился обратиться к нему, когда тот проходил мимо его двери. Упав перед ним на колени, он произнес: «Господи, если бы ты только захотел, ты смог бы меня очистить. Я слышал проповедь твоих учителей, и я хотел бы войти в царство, если бы я мог очиститься». Прокаженный говорил так потому, что у евреев прокаженным запрещалось даже посещать синагогу и вообще принимать участие в публичном богослужении. Этот человек действительно верил, что он не может быть принят в грядущее царство, пока не излечится от проказы. И когда Иисус увидел его страдания и услышал слова, в которых звучала твердая вера, его человеческое сердце было тронуто, и божественный разум отозвался состраданием. Когда Иисус посмотрел на него, человек пал ниц, превознося Учителя. Затем Иисус протянул свою руку и, прикоснувшись к нему, сказал: «Я желаю – очистись». И тот тут же исцелился; он более не страдал проказой.

Когда Иисус поднял человека на ноги, он приказал ему: «Смотри, никому не рассказывай о своем исцелении, но скромно займись своим делом, покажи себя священнику и принеси жертвы, какие повелел Моисей, во свидетельство твоего очищения». Но этот человек не сделал так, как ему сказал Иисус. Вместо этого, он стал рассказывать всем встречным о том, что Иисус излечил его проказу, и так как все в городе знали его, люди могли удостовериться в том, что он очистился от своей болезни. Несмотря на наставления Иисуса, он не пошел к священникам. В результате распространения вести о том, что Иисус исцелил этого человека, Учителя осадила такая толпа больных, что на следующий день ему пришлось встать засветло и покинуть селение. Хотя Иисус не входил больше в город, в течение двух дней он оставался на окраине, рядом с рудниками, продолжая учить уверовавших рудокопов евангелию царства.

Очищение прокаженного было первым так называемым чудом, сознательно и преднамеренно сотворенным Иисусом за всё время вплоть до того момента. И это был случай настоящей проказы.

Из Ирона они отправились в Гисхалу, где провели два дня, провозглашая евангелие, после чего вышли в Хоразин, где задержались почти на неделю, проповедуя благую весть. Однако в Хоразине им удалось пополнить царство лишь горсткой верующих. Ни в одном другом месте, где довелось учить Иисусу, он не встречался с таким всеобщим неприятием его проповеди. Пребывание в Хоразине оказало гнетущее воздействие на большинство апостолов. Андрею и Авениру с трудом удавалось поддерживать присутствие духа в своих товарищах. Не привлекая к себе внимания, они прошли через Капернаум и продолжили путь в село Мадон, где они добились чуть большего успеха. В сознании большинства апостолов преобладала мысль о том, что их неспособность добиться успеха в городах, которые они недавно посетили, объяснялась настойчивым требованием Иисуса не упоминать о нём как о целителе в их выступлениях и проповедях. Как же им хотелось, чтобы он очистил еще одного прокаженного или каким-то другим образом проявил свое могущество, чтобы привлечь внимание людей! Однако их искренние уговоры не возымели на Учителя никакого воздействия.

5. СНОВА В КАНЕ

К огромной радости апостольской группы, Иисус объявил: «Завтра мы идем в Кану». Они знали, что в Кане их ждет благожелательный прием, ибо Иисус был хорошо известен там. Они успешно трудились, помогая людям войти в царство, когда, на третий день, в Кану прибыл видный житель Капернаума по имени Тит, который до некоторой степени верил в царство и сын которого был серьезно болен. Он узнал, что Иисус находится в Кане, и поспешил сюда, чтобы увидеть его. Верующие Капернаума думали, что Иисус способен излечить любую болезнь.

Когда этот знатный господин разыскал Иисуса в Кане, он стал упрашивать его спешно отправиться в Капернаум и исцелить его больного сына. Пока апостолы стояли рядом, затаив дыхание, Иисус, глядя на отца заболевшего мальчика, сказал: «Долго ли мне еще терпеть вас? Сила Божья среди вас, но вы отказываетесь верить, пока не увидите знамений и чудес». Но вельможа взмолился: «Господи, я подлинно верую, но приди, пока не умер сын мой, ибо когда я оставил его, он уже был при смерти». На мгновенье Иисус склонил в раздумье голову и внезапно произнес: «Возвращайся домой; твой сын будет жить». Тит поверил слову Иисуса и поспешил назад в Капернаум. По дороге его встретили слуги со словами: «Радуйся – твоему сыну лучше, он жив». Тогда Тит спросил, в котором часу мальчик стал выздоравливать, и когда слуги ответили: «Вчера в седьмом часу горячка оставила его», отец вспомнил, что примерно в это же время Иисус сказал: «Твой сын будет жить». И с тех пор Тит уверовал всем сердцем, как и вся его семья. Этот сын стал выдающимся слугой царства и позднее сложил свою голову вместе с теми, кто принял страдания в Риме. Хотя все домашние Тита, их друзья и даже апостолы считали этот эпизод чудом, он таковым не являлся. По крайней мере, это не было чудом исцеления физической болезни. Это был лишь один из случаев использования априорного знания естественного развития событий – именно такого знания, к которому Иисус часто прибегал после после своего крещения.

И вновь Иисусу пришлось поспешить прочь из Каны из-за нездорового внимания, привлеченного вторым случаем подобного рода за время его служения в этом селении. Горожане помнили о воде и вине; теперь же, когда он якобы излечил сына вельможи на большом расстоянии, они не только стали приходить к нему, приводя больных и страждущих, но и слали гонцов с просьбой исцелить на расстоянии. И когда Иисус увидел, что вся округа пришла в движение, он сказал: «Отправимся в Наин».

6. НАИН И ВДОВИЙ СЫН

Эти люди верили в знамения; они принадлежали к поколению людей, жаждущих чуда. К тому времени в центральной и южной Галилее имя Иисуса и его личное служение отождествлялись с чудесами. Десятки, сотни честных людей, страдавших от сугубо нервных и эмоциональных расстройств, приходили к Иисусу и затем возвращались домой к своим друзьям, объявляя, что Иисус исцелил их. И эти невежественные и простодушные люди принимали такие случаи душевного исцеления за исцеление физическое, чудесное выздоровление.

Когда Иисус попытался покинуть Кану и отправиться в Наин, за ним последовали огромные толпы верующих и множество любопытных. Им непременно нужны были чудеса и волшебства, и им не пришлось разочароваться. Когда Иисус и апостолы подходили к городским воротам, им повстречалась похоронная процессия, которая несла на местное кладбище единственного сына вдовы из Наина. Это была очень уважаемая женщина, и половина односельчан следовала за похоронными дрогами, на которых лежал считавшийся мертвым мальчик. Когда похоронная процессия поравнялась с Иисусом и его спутниками, вдова и ее друзья узнали Учителя и стали умолять его оживить мальчика. Упование на чудо достигло такой степени, что они считали Иисуса способным излечить любое человеческое заболевание, – так почему же такой целитель не мог бы воскресить мертвого? Одолеваемый настойчивыми просьбами, Иисус подошел к дрогам и, приподняв покров, осмотрел мальчика. Обнаружив, что в действительности юноша не умер, он понял, какую трагедию может предотвратить его присутствие; поэтому, повернувшись к матери, он сказал: «Не плачь. Твой сын не умер; он спит. Он вернется к тебе». После этого, взяв юношу за руку, он сказал: «Проснись и встань». И юноша, который считался мертвым, тут же сел и заговорил, и Иисус отправил их по домам.

Иисус старался успокоить народ, тщетно пытаясь объяснить, что мальчик в действительности не умер, что он не возвращал его из могилы, – но всё было бесполезно. Следовавшая за ним толпа и вся деревня Наин пришли в состояние полного неистовства. Многих охватил страх, других – паника, в то время как третьи принялись молиться, сетуя на свои грехи. Лишь далеко за полночь удалось рассеять шумную толпу. И, конечно, несмотря на утверждение Иисуса о том, что мальчик не был мертв, никто не сомневался в свершившемся чуде – воскрешении из мертвых. Хотя Иисус сказал им, что юноша находился всего лишь в глубоком сне, они сочли это за образное выражение, ибо помнили, что он всегда отличался великой скромностью и пытался скрыть свои чудеса.

Так по всей Галилее и Иудее разнеслась весть о том, что Иисус воскресил сына вдовы, и многие из тех, кто услышал это известие, поверили в него. Иисусу так и не удалось объяснить даже некоторым из своих апостолов, что вдовий сын в действительности не был мертв в тот момент, когда он приказал ему проснуться и встать. Однако его разъяснения оказались достаточными для того, чтобы в дальнейшем этот эпизод никем не упоминался, за исключением Луки, который описал его с чужих слов. И вновь такое количество людей стало осаждать Иисуса как врача, что на следующий день ранним утром он вышел в Ен-Дор.

7. В ЕН-ДОРЕ

В Ен-Доре Иисусу удалось на несколько дней спастись от шумной толпы, требовавшей физического исцеления. Во время их пребывания в этом месте Учитель, в наставление апостолам, рассказал историю царя Саула и ворожеи из Ен-Дора.

Иисус недвусмысленно объяснил своим апостолам, что заблудшие и мятежные промежуточные создания, нередко выдававшие себя за духов умерших людей, вскоре будут обузданы и не смогут более вытворять такие странные вещи. Он сказал своим спутникам, что, после того как он вернется к Отцу и они изольют свой дух на всю плоть, такие полудуховные существа – так называемые нечистые духи – уже не смогут вселяться в слабоумных смертных и злоумышленников.

Иисус также объяснил апостолам, что духи умерших людей не возвращаются в свой родной мир, чтобы общаться со своими живыми товарищами. Лишь после окончания судного периода прогрессирующий дух смертного человека может вернуться на землю, причем только в исключительных случаях и в составе духовного руководства планеты.

После двухдневного отдыха Иисус сказал своим апостолам: «Назавтра мы возвращаемся в Капернаум, где будем находиться и учить, пока не успокоятся села. К тому времени люди, разойдясь по домам, успеют немного прийти в себя от этого возбуждения».

ДОКУМЕНТ 147

КРАТКОЕ ПОСЕЩЕНИЕ ИЕРУСАЛИМА

Иисус и апостолы прибыли в Капернаум в среду, 17 марта, и, прежде чем отправиться в Иерусалим, они провели две недели в своей резиденции в Вифсаиде. В течение этих двух недель апостолы учили людей на берегу моря; Иисус же подолгу уединялся в горах, занимаясь делами своего Отца. За это время Иисус вместе с Иаковом и Иоанном Зеведеевыми дважды тайно побывали в Тивериаде, где они встречались с верующими и разъясняли им евангелие царства.

Многие из домочадцев Ирода верили в Иисуса и посещали эти встречи. Именно влияние верующих среди членов официальной семьи Ирода помогло смягчить враждебное отношение правителя к Иисусу. Тивериадские верующие сумели убедить Ирода в том, что провозглашаемое Иисусом «царство» является духовным, а не политическим начинанием. Ирод был склонен верить этим членам своего собственного семейства и потому не слишком беспокоился из-за распространявшихся сообщений об учении и целительстве Иисуса. Он не возражал против деятельности Иисуса в качестве целителя или религиозного учителя. Несмотря на благоприятное отношение многих советников Ирода и самого правителя, среди его подчиненных существовала группа людей, находившихся под столь сильным влиянием религиозных вождей Иерусалима, что они оставались жестокими и грозными врагами Иисуса и апостолов и впоследствии сделали многое для того, чтобы помешать их публичной деятельности. Величайшую опасность для Иисуса представлял не Ирод, а религиозные вожди Иерусалима. Именно по этой причине Иисус и апостолы провели так много времени в Галилее, а не в Иерусалиме и Иудее, и произнесли здесь большинство своих проповедей.

1. СЛУГА ЦЕНТУРИОНА

За день до сборов в Иерусалим на празднование Пасхи Манг – центурион, или капитан римского гарнизона, стоявшего в Капернауме, – пришел к старейшинам синагоги и сказал: «Мой верный ординарец болен и находится при смерти. Не смогли бы вы пойти к Иисусу и от моего имени попросить его исцелить моего слугу?» Римский капитан поступил так, ибо полагал, что Иисус скорее послушается еврейских вождей. Старейшины пришли к Иисусу, и их представитель сказал: «Учитель, мы настоятельно просим тебя отправиться в Капернаум и спасти любимого слугу римского центуриона, который достоин твоего внимания, ибо он любит наш народ и даже построил нам ту самую синагогу, в который ты так часто выступаешь».

Выслушав их, Иисус сказал: «Я пойду с вами». Они направились к дому центуриона и уже подходили к его двору, когда навстречу им вышли друзья римского воина, которым он поручил поприветствовать Иисуса и сказать ему: «Не утруждай себя, Господи, входить в мой дом, ибо я недостоин, чтобы ты вошел под мой кров. Я и сам не счел себя достойным прийти к тебе; поэтому я послал старейшин из твоего народа. Но я знаю, что ты можешь сказать слово там, где стоишь, и мой слуга исцелится. Ибо и я подвластный человек, но и у меня есть в подчинении воины, и я говорю одному: „Ступай“, и он уходит; другому говорю: „Иди сюда“, и он приходит; говорю слугам: „Сделайте это или то“, и они делают».

И когда Иисус услышал эти слова, он повернулся и сказал апостолам и остальным сопровождавшим его: «Я восхищен верой этого язычника. Истинно, истинно вам говорю: не встречал я такой веры даже в Израиле». Повернувшись, Иисус сказал: «Пойдемте отсюда». А друзья центуриона вошли в дом и передали Мангу слова Иисуса. И с того часа слуга начал поправляться и в конце концов полностью вернул себе здоровье и трудоспособность.

Однако мы до сих пор не знаем, чтó именно произошло в данном случае. Мы располагаем лишь описанием этого события. Спутникам Иисуса не было раскрыто, помогли невидимые существа слуге центуриона или нет. Нам же известен только факт полного выздоровления слуги.

2. ПУТЕШЕСТВИЕ В ИЕРУСАЛИМ

Ранним утром во вторник, 30 марта, Иисус и апостольская группа отправились в Иерусалим на празднование Пасхи, избрав путь, проходивший через долину Иордана. Они достигли цели пополудни в пятницу, 2 апреля, и остановились, как обычно, в Вифании. Проходя через Иерихон, они задержались здесь для отдыха, а Иуда воспользовался остановкой, чтобы положить часть их общих средств в банк друга его семьи. У Иуды впервые образовался излишек денег, и этот вклад оставался нетронутым до тех пор, пока они снова не оказались в Иерихоне во время последнего и богатого событиями путешествия в Иерусалим незадолго до суда и смерти Иисуса.

Спутники добрались до Иерусалима без приключений, но не успели они устроиться в Вифании, как из ближних и дальних мест стали стекаться люди в надежде излечить свою плоть, утешить свой беспокойный разум и спасти свои души. Их было столько, что у Иисуса почти не оставалось времени для отдыха. Поэтому они поставили свои палатки в Гефсимании, и Учитель переходил из Вифании в Гефсиманию и назад, пытаясь избежать постоянно осаждавших его толп. Апостольская группа провела в Иерусалиме около трех недель, однако Иисус велел им не выступать с публичными проповедями и ограничиться индивидуальным обучением и трудом.

В Вифании они спокойно отметили Пасху. И это был первый случай, когда Иисус и все двенадцать апостолов разделили бескровную пасхальную трапезу. Апостолы Иоанна не участвовали в пасхальной трапезе вместе с Иисусом и его апостолами; они праздновали Пасху вместе с Авениром и многими из давних последователей Иоанна. Это была вторая Пасха, которую Иисус встретил вместе со своими апостолами в Иерусалиме.

Когда Иисус и двенадцать апостолов отправились в Капернаум, апостолы Иоанна не вернулись вместе с ними. Они остались в Иерусалиме и его окрестностях и, не привлекая к себе внимания, трудились над распространением царства под руководством Авенира, в то время как Иисус и двенадцать вернулись трудиться в Галилею. Лишь однажды все двадцать четыре апостола снова оказались вместе, собравшись на короткое время перед назначением и отправкой семидесяти евангелистов. Однако две эти группы сотрудничали друг с другом, и, несмотря на расхождения во мнениях, в их отношениях преобладали самые теплые чувства.

3. У КУПАЛЬНИ ВИФЕЗДА

Во вторую субботу, проведенную в Иерусалиме, пополудни, когда Учитель и апостолы собирались принять участие в храмовых богослужениях, Иоанн сказал

Иисусу: «Пойдем со мной, я покажу тебе кое-что». Через одни из городских ворот Иоанн вывел Иисуса к купальне, называвшейся Вифезда. Эту купальню окружало строение из пяти портиков, где собиралось большое число страждущих в надежде исцелиться. Здесь находился горячий источник, чья красноватая вода начинала пузыриться через нерегулярные промежутки времени из-за скоплений газа в скальных кавернах под купальней. Многие люди верили в то, что периодическое возмущение горячей воды объясняется сверхъестественными силами и что первый человек, попавший в воду после такого возмущения, излечится от любого недуга.

Из-за наложенных Иисусом ограничений апостолы ощущали некоторое нетерпение. Особенно томился Иоанн, самый младший из двенадцати. Он привел Иисуса к купальне в надежде на то, что собравшиеся здесь несчастные пробудят в Учителе сочувствие и, тронутый этим, он совершит чудо исцеления, в результате чего весь Иерусалим придет в изумление и сразу же уверует в евангелие царства. Иоанн сказал Иисусу: «Учитель, посмотри на всех этих страдающих людей; разве мы не можем что-нибудь сделать для них?» И Иисус ответил: «Иоанн, зачем ты соблазняешь меня свернуть с избранного мною пути? Почему ты продолжаешь желать, чтобы вместо провозглашения евангелия вечной истины я занялся сотворением чудес и исцелением больных? Сын мой, я не могу сделать того, чего ты желаешь, однако собери этих больных и страждущих, чтобы я мог обратиться к ним со словами ободрения и вечного утешения».

Обращаясь к собравшимся, Иисус сказал: «У многих из вас, явившихся сюда, болезни и недуги являются следствием долгих лет дурной жизни. Для одних людей причиной страдания являются несчастные случаи, присущие времени, другие страдают от ошибок, допущенных предками, в то время как третьи борются в трудных условиях, созданных несовершенными обстоятельствами своего бренного существования. Однако мой Отец трудится, как желал бы трудиться и я, над улучшением вашего земного состояния, но особенно – для обеспечения вашего вечного состояния. Никто из нас не сможет сколько-либо существенно повлиять на трудности жизни, если того не пожелает небесный Отец. В конечном счете, все мы обязаны выполнять волю Вечного. Если бы все вы могли исцелиться от своих физических недугов, это действительно восхитило бы вас, но еще более великой задачей является очищение от всех духовных болезней и исцеление от всех нравственных пороков. Все вы – Божьи дети, сыны небесного Отца. Вам может казаться, что оковы времени заставляют вас страдать, однако Бог вечности любит вас. И когда придет время суда, не бойтесь, ибо каждый из вас встретит не только справедливость, но и щедрое милосердие. Истинно, истинно говорю вам: слушающий евангелие царства и верующий в это учение о богосыновстве имеет жизнь вечную; такие верующие уже переходят от суда и смерти к свету и жизни. И близок час, когда даже лежащие в склепах услышат глас воскресения».

И многие из тех, кто слышал эти слова, поверили в евангелие царства. Некоторые страждущие почувствовали такое воодушевление и духовное возрождение, что стали повсюду заявлять об исцелении и от своих физических недугов.

Некий человек, многие годы пребывавший в подавленном состоянии и мучительно страдавший из-за неустойчивости своего расстроенного сознания, обрадовался словам Иисуса и, взяв свою постель, отправился домой, хотя это и было в субботу. Долгие годы этот страждущий ждал, чтобы *кто-нибудь* помог ему; чувство собственной беспомощности овладело им настолько, что ему никогда не приходило в голову помочь самому себе, а это оказалось именно тем, что ему требовалось для выздоровления – взять свою постель и уйти.

После этого Иисус сказал Иоанну: «Уйдем, пока мы не натолкнулись на первосвященников и книжников, которые оскорбятся из-за того, что мы обратились к этим страждущим со словами жизни». И они вернулись в храм, чтобы присоединиться к своим товарищам, и вскоре все они отправились на ночь в Вифанию. Однако Иоанн никогда не рассказывал остальным апостолам о том, что пополудни в ту субботу он и Иисус посетили купальню Вифезда.

4. ПРАВИЛО ЖИЗНИ

Вечером того же субботнего дня, в Вифании, когда Иисус, апостолы и группа верующих собрались у костра в саду у Лазаря, Нафанаил задал Иисусу вопрос: «Учитель, хотя ты и учил нас позитивному толкованию старого правила жизни – о том, что мы должны поступать с другими так, как мы хотели бы, чтобы они поступали с нами, – я не совсем понимаю, как мы можем всегда следовать этому предписанию. Позволь мне проиллюстрировать свою точку зрения, приведя в пример похотливого мужчину, нечестиво смотрящего на женщину, с которой он хочет согрешить. Как мы можем учить, что этот злонамеренный человек должен поступать с другими так, как он хотел бы, чтобы они поступали с ним?»

Когда Иисус услышал заданный Нафанаилом вопрос, он тотчас встал и, указывая пальцем на апостола, сказал: «Нафанаил, Нафанаил! Что за мысли таятся в твоей душе? Разве ты не принимаешь мое учение как человек, рожденный в духе? Разве ты не внемлешь истине как человек мудрости и духовного понимания? Когда я наставлял вас относиться к другим так, как вы хотели бы, чтобы они относились к вам, я обращался к людям высоких идеалов – не к тем, кто, соблазнившись, исказит мое учение, превратив его в право потворствовать злодеяниям».

Когда Учитель умолк, Нафанаил встал и сказал: «Однако, Учитель, тебе не следует думать, будто я одобряю такие толкования твоего учения. Я задал этот вопрос, так как полагал, что многие подобные люди могут неправильно понять твой наказ, и я надеялся, что ты дашь нам новые наставления относительно этих вещей». И когда Нафанаил сел, Иисус продолжил: «Я прекрасно знаю, Нафанаил, что твой разум не одобряет таких порочных идей, но я разочарован тем, что все вы часто оказываетесь неспособны извлечь подлинно духовный смысл из моих простых учений – наставлений, которые я должен давать на понятном людям языке и в доступных выражениях. Позволь мне рассказать о различных уровнях значения, соответствующих толкованию этого правила жизни, – этого совета „поступать с другими так, как вы хотели бы, чтобы поступали с вами“:

1. *Уровень плоти*. Хорошим примером такого чисто эгоистического и сладострастного толкования является предположение, заключенное в твоем вопросе.

2. *Уровень чувств*. По сравнению с плотью, этот уровень является следующей ступенью; подразумевается, что сочувствие и жалость смогут улучшить толкование этого правила жизни.

3. *Уровень разума*. На этом уровне действующими факторами являются благоразумие и жизненный опыт. Здравомыслие подсказывает, что такое правило жизни должно толковаться в созвучии с высшими идеалами, заключенными в благородстве глубокого самоуважения.

4. *Уровень братской любви*. Еще более высоким оказывается уровень бескорыстной преданности благополучию своих товарищей. На этом более высоком уровне чистосердечного социального служения, произрастающего из осознания

отцовства Бога и вытекающего из него братства людей, открывается новое и намного более прекрасное толкование этого основного правила жизни.

5. *Нравственный уровень*. И затем, когда вы достигнете истинно философских уровней толкования, – когда вы овладеете действительным пониманием того, что́ есть *добро* и что́ есть *зло*, когда вы постигнете вечную адекватность человеческих взаимоотношений, – тогда вы начнете подходить к такой проблеме толкования с тех позиций, с которых подобное предписание может рассматриваться и интерпретироваться воображаемым благородным, идеалистическим, мудрым и непредвзятым третьим лицом применительно к вашим личным проблемам приспособления к жизненным ситуациям.

6. *Духовный уровень*. Наконец, мы достигаем последнего, но величайшего уровня, – уровня духовного постижения и духовного толкования, побуждающего нас признать в этом правиле жизни божественное веление обращаться со всеми людьми в соответствии с нашим представлением о том, как с ними обращался бы Бог. Таков вселенский идеал человеческих взаимоотношений. И таковым должно быть ваше отношение ко всем подобным проблемам, когда вашим высшим желанием является извечное исполнение воли Отца. Поэтому я хотел бы, чтобы вы относились ко всем людям согласно вашему представлению о том, ка́к при аналогичных обстоятельствах к ним относился бы я».

Ничто из сказанного Иисусом ранее не потрясало апостолов в большей степени. Они еще долго продолжали обсуждать слова Учителя, после того как он удалился на покой. И хотя Нафанаил никак не мог успокоиться, предполагая, что Иисус неправильно истолковал суть его вопроса, остальные апостолы были очень признательны своему философствующему товарищу за его смелый и наводящий на размышления вопрос.

5. В ГОСТЯХ У ФАРИСЕЯ СИМОНА

Хотя Симон не был членом еврейского синедриона, он являлся влиятельным иерусалимским фарисеем. Он отчасти верил в евангелие и решился пригласить к себе на обед Иисуса и его близких друзей – Петра, Иакова и Иоанна, хотя он и мог подвергнуться за это суровому осуждению. Симон уже давно наблюдал за Учителем и находился под большим впечатлением от учения Иисуса и тем более – от его личности.

Богатые фарисеи усердно раздавали милостыню и прилюдно занимались своей филантропией. Порой, прежде чем подать нищему, они даже трубили в трубу. Устраивая званый обед для высоких гостей, эти фарисеи обычно оставляли двери открытыми, чтобы даже уличные нищие могли зайти в дом и, встав вдоль стен за ложами обедающих, быть готовыми хватать куски, которые бросали им пирующие.

В данном случае среди тех, кто зашел в дом Симона с улицы, оказалась женщина сомнительной репутации, незадолго до того уверовавшая в благую весть евангелия царства. Эта женщина была хорошо известна всему Иерусалиму как бывшая содержательница одного из так называемых первоклассных публичных домов, находившихся рядом с храмовым двором для язычников. Приняв учение Иисуса, она закрыла свое нечестивое заведение и убедила большинство связанных с нею женщин принять евангелие и начать новую жизнь. Несмотря на это, фарисеи по-прежнему глубоко презирали ее, заставляя ходить с распущенными волосами в знак распутства. Эта безымянная женщина принесла с собой большой сосуд с благовонием и, став позади Иисуса, возлежавшего во время трапезы, начала умащивать его ноги, орошая их слезами благодарности и утирая своими волосами. Закончив, она продолжала плакать и целовать его ноги.

Увидев всё это, Симон подумал: «Если бы этот человек был пророком, он увидел бы, что за женщина прикасается к нему; он понял бы, что это известная грешница». Иисус, знавший, какие мысли одолевают Симона, сказал во всеуслышание: «Симон, я хотел бы сказать тебе кое-что». Симон ответил: «Скажи, Учитель». Тогда Иисус сказал: «У одного богатого ростовщика было два должника. Один должен был пятьсот динариев, а другой пятьдесят. Но так как им было нечем заплатить, он простил им долг. Как ты думаешь, Симон, который из двоих будет больше любить ростовщика?» Симон ответил: «Я полагаю, тот, которому он простил больше денег». И Иисус сказал: «Ты рассудил правильно» и, указывая на женщину, он продолжал: «Симон, посмотри внимательно на эту женщину. Я пришел в твой дом как званый гость, но ты не дал мне воды омыть ноги. Эта благодарная женщина омыла мои ноги слезами и осушила их своими волосами. Ты не поцеловал меня в знак дружеского приветствия, а эта женщина, с тех пор как она вошла в дом, не перестает целовать мои ноги. Ты не помазал мне волосы маслом, а она умастила мои ноги дорогим благовонием. Что всё это значит? Только то, что многие ее грехи прощены, и это привело ее к большой любви. А тот, кому мало прощается, порой мало любит». И, повернувшись к женщине, он взял ее за руку, поднял на ноги и сказал: «Ты действительно раскаялась в своих грехах, и они прощены. Не огорчайся из-за бездумного и недоброго отношения людей; продолжай жить в радости и свободе царства небесного».

Когда Симон и его друзья, сидевшие с ним за столом, услышали эти слова, они еще больше изумились и начали перешептываться: «Что это за человек, что даже грехи смеет отпускать?» Услышав это, Иисус повернулся, чтобы отпустить женщину, и сказал: «Женщина, иди с миром; вера твоя спасла тебя».

Когда Иисус вместе со своими друзьями встал, собираясь уйти, он повернулся к Симону и сказал: «Я знаю, Симон, как в своей душе ты разрываешься между верой и сомнениями, знаю, как тебя смущает страх и мучает гордость; но я молюсь за тебя, дабы ты сумел уступить свету и испытать в своем положении в жизни такие же могучие преобразования разума и духа, которые были бы сравнимы с громадными изменениями, уже произведенными евангелием царства в сердце твоей незваной и непрошеной гостьи. И я заявляю всем вам, что Отец открыл двери небесного царства всякому, у кого есть вера, необходимая для того, чтобы войти в царство; и ни один человек или группа людей не могут закрыть эти двери даже перед самой скромной душой или перед тем, кто считается самым ужасным на земле грешником, если таковой искренне стремится войти в царство». И Иисус, вместе с Петром, Иаковом и Иоанном, покинул дом Симона и отправился к остальным апостолам в лагерь, разбитый в Гефсиманском саду.

В тот же вечер Иисус выступил с незабываемым обращением к апостолам об относительной ценности статуса по отношению к Богу и о прогрессе вечного восхождения к Раю. Иисус сказал: «Дети мои, если существует истинная, живая связь между дитя и Отцом, дитя обязательно будет постоянно продвигаться вперед, к идеалам Отца. Разумеется, вначале успехи дитя могут быть скромными, однако эти успехи несомненны. Важна не скорость вашего прогресса, а его непременность. Важно не столько ваше конкретное достижение, сколько факт вашего движения *по направлению* к Богу. То, чем вы становитесь день ото дня, бесконечно важнее того, чем вы являетесь сегодня.

Эта преобразившаяся женщина, которую некоторые из вас видели сегодня в доме Симона, в настоящий момент живет на уровне неизмеримо более низком, чем Симон и его благонамеренные товарищи. Однако в то время как эти фарисеи якобы добиваются прогресса, основанного на иллюзии пересечения мнимых кругов, состоящих из бессмысленных ритуальных богослужений, эта женщина всерьез приступила к долгому и чреватому важными последствиями поиску Бога, и ведущий ее на небо путь не прегражден духовной гордыней и моральным самодовольством. С точки зрения людей, она значительно дальше от Бога, чем Симон, но ее душа находится в поступательном движении; она встала на путь, ведущий к вечной цели. В этой женщине присутствуют громадные духовные возможности, которые могут проявиться в будущем. Некоторые из вас могут не занимать высокого положения, если иметь в виду действительное состояние души и духа, но вы добиваетесь каждодневных успехов, ступая по живому пути, открытом верой и ведущем к Богу. В каждом из вас таятся колоссальные возможности. Куда лучше иметь небольшую, но живую и растущую веру, чем обладать огромным интеллектом с его мертвым грузом житейской мудрости и духовного неверия».

Однако Иисус всерьез предостерег своих апостолов против неразумности Божьего дитя, злоупотребляющего любовью Отца. Он заявил, что небесный Отец не похож на вялого, снисходительного или слепо потакающего родителя, всегда готового закрыть глаза на грех и простить безрассудство. Он предупредил своих слушателей против ошибочного использования его примера отца и сына – против уподобления Бога чрезмерно потакающим и неразумным земным родителям, безрассудные поступки которых способствуют моральной гибели их бездумных детей и тем самым явно и непосредственно усугубляют проступки и скорую деморализацию собственного потомства. Иисус сказал: «Мой Отец не потворствует тем действиям и обычаям своих детей, которые саморазрушительны и губительны для нравственного роста и духовного прогресса. В глазах Бога такие греховные действия отвратительны».

Иисус побывал на многих полуофициальных встречах и обедах у знатных и простых, богатых и бедных людей Иерусалима, прежде чем отправиться со своими апостолами в Капернаум. И многие действительно уверовали в евангелие царства и были впоследствии крещены Авениром и его товарищами, которые остались укреплять интересы царства в Иерусалиме и его окрестностях.

6. ВОЗВРАЩЕНИЕ В КАПЕРНАУМ

В конце апреля Иисус и апостолы покинули свой вифанский центр поблизости от Иерусалима и отправились обратно в Капернаум через Иерихон и долину Иордана.

Первосвященники и религиозные вожди евреев провели много тайных совещаний, пытаясь решить, что делать с Иисусом. Все они были согласны с тем, что необходимо положить конец его учению, но они не могли решить, как это сделать. Поначалу они надеялись, что гражданские власти расправятся с ним так же, как Ирод с Иоанном, однако они обнаружили, что Иисус действует таким образом, чтобы не особенно беспокоить своими проповедями римские власти. Соответственно, на встрече, состоявшейся за день до возвращения Иисуса в Капернаум, было решено задержать его по религиозным мотивам и судить в синедрионе. Поэтому была назначена комиссия из шести шпионов, которые должны были следовать за Иисусом, следить за его словами и действиями и, собрав достаточно свидетельств нарушения закона и богохульства, вернуться со своим отчетом в Иерусалим. Эти шесть евреев догнали апостольскую группу, состоявшую примерно из тридцати человек, в Иерихоне и, под предлогом того, что они хотели бы стать учениками, примкнули к семье последователей Иисуса, оставаясь с группой вплоть до начала второго проповеднического путешествия в Галилее. После этого трое из них вернулись в Иерусалим, чтобы представить свой отчет первосвященникам и синедриону.

Петр выступил с проповедью перед собравшимся народом у переправы через Иордан, и на следующее утро они направились на север вдоль реки к Амафу. Они хотели сразу же продолжить путь в Капернаум, но собралось столько людей, что им пришлось задержаться здесь на три дня, в течение которых они проповедовали, учили и крестили. Только ранним субботним утром, в первый день мая, они отправились домой. Иерусалимские шпионы были уверены в том, что они смогут выдвинуть первое обвинение против Иисуса, а именно – в нарушении субботы, ибо он позволил себе выйти в путь в субботний день. Однако их ждало разочарование, поскольку перед самым отходом Иисус позвал к себе Андрея и во всеуслышание приказал ему пройти расстояние только в тысячу ярдов, что соответствовало законной еврейской субботней прогулке.

Но шпионам не пришлось долго ждать возможности обвинить Иисуса и его товарищей в осквернении субботы. Компания шла узкой дорогой, по обеим сторонам которой волновались нивы созревающей пшеницы, и некоторые из апостолов, чувствуя голод, срывали спелое зерно и ели его. В том, что путешественники, проходя по дороге, угощались зерном, не было ничего необычного, и поэтому такое поведение не воспринималось как проступок. Но шпионы воспользовались этим в качестве предлога для нападок на Иисуса. Когда они увидели, что Андрей растирает зерно в своей ладони, они подошли к нему и спросили: «Разве ты не знаешь, что противозаконно срывать и растирать зерно в субботу?» И Андрей ответил: «Но мы голодны и растираем лишь столько, сколько нам нужно; к тому же, с каких это пор греховно есть зерно в субботу?» Но фарисеи ответили: «Ты нарушаешь закон не тем, что ешь, а тем, что срываешь и растираешь зерно между ладонями. Ваш Учитель наверняка не одобрил бы этого». Тогда Андрей сказал: «Но если я не нарушаю закон, когда ем зерно, едва ли растирание зерна в руках является большей работой, чем его пережевывание, которое вы разрешаете; зачем вы придираетесь к таким пустякам?» Когда Андрей намекнул, что они являются буквоедами, фарисеи пришли в негодование и поспешили выразить свой протест Иисусу, который разговаривал на ходу с Матфеем: «Вот, Учитель, твои апостолы делают то, чего не дóлжно делать в субботу: они срывают, растирают и едят зерно. Мы уверены, что ты велишь им перестать заниматься этим». Тогда Иисус ответил обвинителям: «Вы действительно ревниво блюдете закон, и вы правильно поступаете, помня субботу и почитая ее как святой день. Но разве вы не читали в Писании о том, как однажды, когда Давид проголодался, он вместе с теми, кто был с ним, вошел в храм Божий и ел хлебы предложения, принесенные в дар Богу, хотя закон и запрещает это всем, кроме священников? И Давид дал этот хлеб также тем, кто был с ним. И разве вы не читали в нашем законе, что в субботний день законно делать многие необходимые вещи? И разве до исхода дня я не увижу, как вы едите то, что вы взяли с собой на этот день? Добрые люди, вы правильно делаете, ревностно блюдя субботу, но вы поступили бы еще правильней, если бы заботились о здоровье и благополучии своих товарищей. Я заявляю: суббота для человека, а не человек для субботы. И если вы находитесь здесь с нами для того, чтобы следить за моими словами, то я открыто объявляю, что Сын Человеческий – господин и субботы».

Фарисеи были изумлены и сбиты с толку его проницательными и мудрыми словами. Остаток дня они держались в стороне, не решаясь задавать новых вопросов.

Антагонистическое отношение Иисуса к еврейским традициям и рабской зависимости от ритуалов всегда было *позитивным*. Оно заключалось в том, что́ он делал и что́ он утверждал. Учитель не тратил времени на негативные опровержения. Он учил, что познавшие Бога могут пользоваться правом жить без того, чтобы, обманывая себя, позволять себе грешить. Иисус сказал апостолам: «Люди, если вы познали истину и действительно знаете, что́ делаете, вы благословенны; но если вы не знаете божественного пути, вы несчастны и уже являетесь нарушителями закона».

7. СНОВА В КАПЕРНАУМЕ

В понедельник, 3 мая, в полдень Иисус и апостолы прибыли в Вифсаиду на лодке из Тарихеи. Они приплыли на лодке, чтобы избавиться от тех, кто путешествовал вместе с ними. Однако на следующий день остальные, включая подосланных иерусалимских шпионов, снова настигли Иисуса.

Во вторник, когда Иисус проводил один из обычных вечеров вопросов и ответов, глава шести шпионов сказал ему: «Сегодня я говорил с одним из учеников Иоанна, который посещает здесь твои уроки, и мы никак не могли понять, почему ты никогда не велишь своим ученикам поститься и молиться, как постимся мы, фарисеи, и как Иоанн завещал своим последователям». Иисус, ссылаясь на одно из заявлений Иоанна, ответил вопрошавшему: «Постятся ли сыны брачного чертога, когда с ними жених? Пока жених среди них, они вряд ли могут поститься. Но придут дни, когда уведут от них жениха, и тогда сыны брачного чертога несомненно будут поститься и молиться. Молитва естественна для детей света, но пост не является частью евангелия царства небесного. Напомню, что мудрый портной не нашивает заплату из новой и не давшей усадку ткани на старую одежду, ибо, намокнув, заплата сядет и стянет одежду, и дыра станет еще больше. И не наливают молодое вино в старые мехи – иначе старые мехи лопнут, вино выльется, и мехи тоже будут погублены. Мудрые люди наливают молодое вино в новые мехи. Поэтому мои ученики поступают мудро, не привнося слишком много от старого порядка в новое учение евангелия царства. Тем, кто потерял своего учителя, позволительно временно соблюдать пост. Пост может быть уместным для закона Моисея, но в грядущем царстве сыны Божьи обретут свободу от страха и радость в божественном духе». Услышав эти слова, ученики Иоанна были утешены, а фарисеи еще больше сбиты с толку.

После этого Учитель предостерег своих слушателей против представления о том, что прежнее учение следует целиком заменить новыми доктринами. Иисус сказал: «То, что является старым и *истинным*, должно сохраниться. Точно так же то, что является новым, но ложным, должно быть отвергнуто. Однако имейте веру и мужество принять то, что является новым и истинным. Помните, что написано: „Не бросай старого друга, ибо нового с ним не сравнить. Как новое вино, так и новый друг; если оно станет старым, будешь пить его с радостью“».

8. ПРАЗДНИК ДУХОВНОЙ БЛАГОСТИ

В тот вечер, еще долго после того как остальные слушатели отправились на покой, Иисус продолжал учить своих апостолов. Он начал этот необычный урок цитатой из пророка Исайи:

«„Зачем вы постились? Для чего томятся ваши души, когда вы продолжаете находить удовольствие в угнетении и наслаждаться несправедливостью? Вот, вы поститесь для ссор и распрей и для того, чтобы злобной рукой бить других. Но пока будете так поститься, ваш голос не будет услышан на небе.

Такой ли пост я избрал – день для того, чтобы человек томил свою душу? Думаете, я хочу, чтобы он склонял свою голову, как тростник, чтобы пресмыкался в рубище и прахе? Осмелитесь ли называть это постом и днем, угодным Господу? Не такой ли пост следует избрать мне: снять оковы зла, сбросить груз тяжкого бремени, освободить угнетенных и разбить каждое ярмо? Не в том ли этот пост, чтобы разделить хлеб с голодными и ввести в мой дом бездомных и нищих? И когда я вижу нагих, я даю им одежду.

И тогда свет ваш зарей засияет, и здоровье ваше быстро укрепится. Ваша праведность пойдет впереди вас, и слава Господня будет следовать позади. Тогда вы воззовете к Господу, и он ответит; возопите, и он откликнется: „Я здесь“. И всё это он совершит, если удержитесь от тирании, осуждения и тщеславия. Отцу угодно, чтобы вы сострадали голодным, чтобы помогали страждущим; и тогда свет ваш засияет во тьме, и даже ваш мрак будет, как полдень. И тогда Господь будет вести вас всегда, насыщая ваши души и восполняя силы. И вы будете, как напоенный водою сад, как ручей, который никогда не иссякает. И те, кто так поступает, вернут былую славу; они возведут основания для многих поколений; и будут называть их восстановителями разрушенных стен, воссоздателями безопасных путей для жизни“».

И после этого, далеко за полночь, Иисус излагал апостолам истину о том, что в царстве настоящего и будущего их утвердила вера, а не душевные страдания или телесный пост. Он призывал своих апостолов жить хотя бы согласно идеям древнего пророка и выразил надежду, что в своем развитии они намного превзойдут представления Исайи и пророков древности. Его последними словами в ту ночь были: «Растите в благодати с помощью той живой веры, которая постигает факт вашего богосыновства и одновременно видит в каждом человеке брата».

Был третий час ночи, когда Иисус умолк и все отправились на покой.

ДОКУМЕНТ 148

ПОДГОТОВКА ЕВАНГЕЛИСТОВ В ВИФСАИДЕ

В период с 3 мая по 3 октября 28 года н. э. местом пребывания Иисуса и апостольской группы являлся дом Зеведея в Вифсаиде. В течение этих пяти месяцев сухого сезона на берегу моря, неподалеку от дома Зеведея, содержался гигантский лагерь, существенно увеличенный для размещения растущей семьи Иисуса. Этот постоянно обновлявшийся прибрежный лагерь, населенный искателями истины, ждавшими исцеления больными и любопытными, насчитывал от пятисот до полутора тысяч человек. Палаточный город находился под общим наблюдением Давида Зеведеева, которому помогали близнецы Алфеевы. Лагерь служил образцом порядка и санитарии, равно как и общего управления. Различные типы больных были изолированы и находились под наблюдением верующего врача, сирийца по имени Элман.

В течение этого периода минимум раз в неделю апостолы занимались рыболовством, причем весь улов продавался Давиду и потреблялся прибрежным лагерем, а полученные средства поступали в общую казну. Раз в месяц апостолам разрешалось провести неделю со своими семьями или друзьями.

Хотя Андрей продолжал осуществлять общее руководство деятельностью апостолов, школа евангелистов находилась целиком на попечении Петра. Каждое утро все апостолы принимали участие в обучении евангелистов, а во второй половине дня как учителя, так и ученики учили народ. Пять раз в неделю, после ужина, апостолы проводили занятия, на которых отвечали на вопросы евангелистов. Раз в неделю час вопросов и ответов проводил Иисус, который отвечал на вопросы, оставшиеся невыясненными на предыдущих занятиях.

За пять месяцев через этот лагерь прошло несколько тысяч человек. Здесь часто появлялись интересовавшиеся евангелием люди со всех концов Римской империи и из стран к востоку от Евфрата. Для Учителя это был самый продолжительный период упорядоченного и хорошо организованного обучения. Родные Иисуса провели бóльшую часть этого времени либо в Назарете, либо в Кане.

В отличие от апостольской семьи, данный лагерь не являлся общиной, объединенной единством интересов. Под управлением Давида Зеведеева огромный палаточный город превратился в автономное предприятие, и при этом ни одному человеку не было отказано в приеме. Этот постоянно обновлявшийся лагерь являлся органической частью школы подготовки евангелистов, которой руководил Петр.

1. НОВАЯ ШКОЛА ПРОРОКОВ

Петр, Иаков и Андрей входили в состав комитета, назначенного Иисусом для отбора кандидатов в школу евангелистов. Среди слушателей этой новой школы пророков были представители всех рас и национальностей римского мира и Востока вплоть до Индии. В план занятий входило как приобретение знаний, так и применение их на практике. Во второй половине дня ученики учили собравшийся на берегу народ тому, что было усвоено ими на утренних занятиях. После ужина они непринужденно обсуждали как утренние занятия, так и послеполуденную практику.

Каждый из наставников-апостолов учил своему собственному пониманию евангелия царства. Они не пытались учить одинаково; не существовало стандартной или догматической формулировки теологических доктрин. Хотя все они учили *одной и той же истине*, каждый из апостолов предлагал личное толкование учения Иисуса. И Учитель поощрял эту практику изложения разнообразного личного опыта в делах царства, неизменно согласовывая многообразие взглядов на евангелие во время своих еженедельных вечеров вопросов и ответов. Несмотря на эту огромную степень личной свободы в том, что касалось обучения, Симон Петр постепенно становился ведущим теологом школы евангелистов. После Петра наибольшее личное влияние оказывал Иаков Зеведеев.

Более ста евангелистов, подготовленных за пять месяцев на побережье, являлись тем материалом, из которого (не считая Авенира и апостолов Иоанна) впоследствии были отобраны семьдесят учителей и проповедников евангелия. В школе евангелистов не было такой же степени обобществления собственности, как у двенадцати апостолов.

Хотя эти миссионеры являлись учителями и проповедниками евангелия, они начали крестить верующих только после того, как Иисус рукоположил их и назначил в качестве семидесяти посланников царства. В числе будущих евангелистов было лишь семь человек из всего множества людей, исцеленных на этом же месте при закате солнца. Сын капернаумского вельможи был одним из тех, кто прошел подготовку к евангелическому служению в школе Петра.

2. БОЛЬНИЦА В ВИФСАИДЕ

При этом прибрежном лагере сирийский врач Элман организовал лечебное учреждение, которым он руководил в течение четырех месяцев с помощью двадцати пяти молодых женщин и двенадцати мужчин и которое можно считать первой больницей царства. В этом лазарете, находившемся на небольшом расстоянии к югу от основного палаточного города, они лечили больных всеми известными материальными способами, а также с помощью духовных методов молитвы и укрепления веры. Не реже трех раз в неделю Иисус посещал больных этого лагеря и лично встречался с каждым страждущим. Насколько нам известно, среди тысячи пораженных болезнями и страдавших людей, покинувших этот лазарет в улучшенном состоянии или выздоровевшими, не было случаев так называемого чудесного, или сверхъестественного, исцеления. Тем не менее, огромное большинство получивших помощь индивидуумов не переставали утверждать, что их исцелил Иисус.

Многие из случаев исцеления, совершенного Иисусом в связи с его опекой пациентов Элмана, действительно напоминали чудеса, однако нам объяснили, что они представляли собой лишь такие изменения разума и духа, которые возможны в опыте полных надежды и веры людей, находящихся под непосредственным и воодушевляющим воздействием сильной, положительной и благотворной личности, чья опека изгоняет страх и уничтожает тревогу.

Элман и его помощники пытались просветить этих больных людей относительно «одержимости злыми духами», но почти ничего не добились. Вера в то, что физические болезни и психические расстройства могут вызываться присутствием в разуме или теле пораженного человека так называемых нечистых духов, была практически повсеместной.

Во всех своих контактах с больными и страждущими – в тех случаях, когда дело касалось методов лечения или раскрытия неизвестных причин болезней, –

Иисус следовал наставлениям своего Райского брата Иммануила, полученным перед инкарнацией на Урантии. Несмотря на это, помогавшие больным люди извлекли для себя много полезного, наблюдая за тем, как Иисус внушал веру и уверенность больным и страждущим.

Лагерь был свернут незадолго до наступления сезона учащения простудных заболеваний и лихорадки.

3. ДЕЛО ОТЦА

За всё это время Иисус провел в лагере лишь несколько публичных богослужений и только однажды выступил в синагоге Капернаума – в предпоследнюю субботу, прежде чем отправиться вместе с закончившими подготовку евангелистами во второе проповедническое путешествие по Галилее.

Никогда со времени своего крещения Учитель не проводил столько времени в одиночестве, как в этот период подготовки евангелистов в лагере у Вифсаиды. Всякий раз, когда кто-либо из апостолов набирался духу спросить Иисуса, чем объяснялось его столь частое отсутствие, он неизменно отвечал, что выполняет «дело Отца».

В эти периоды отсутствия Иисуса сопровождали только двое из апостолов. Он временно освободил Петра, Иакова и Иоанна от обязанностей его личных спутников, чтобы они могли также принять участие в подготовке более ста будущих евангелистов. Когда Учитель желал отправиться в горы и заняться делами Отца, он брал в провожатые любых двух свободных апостолов. Так каждому из двенадцати предоставилась возможность тесного и сокровенного общения с Иисусом.

Хотя это и не было раскрыто для настоящего повествования, нам было дано понять, что в течение многочисленных периодов уединения в горах Учитель находился в непосредственной руководящей связи со многими из своих главных управляющих делами вселенной. Примерно со времени своего крещения этот инкарнированный Властелин нашей вселенной принимал всё более активное и осознанное участие в руководстве некоторыми сторонами управления вселенной. И мы всегда придерживались того мнения, что в эти недели менее активного участия в земных делах, он – каким-то образом, нераскрытым его непосредственным товарищам, – руководил теми высокими духовными разумными существами, которые отвечали за функционирование обширной вселенной, и что Иисус-человек решил называть свое участие в такой деятельности выполнением «дела Отца».

Не раз, когда Иисус уединялся на долгие часы, но рядом были двое из его апостолов, они наблюдали быстрое и многообразное изменение черт его лица, хотя и не слышали каких-либо слов. Не видели они и зримого проявления небесных существ, которые могли сообщаться с их Учителем, наподобие тех, которых некоторые из них увидели в одном из последующих случаев.

4. ЗЛО, ГРЕХ И БЕЗЗАКОНИЕ

Дважды в неделю Иисус, по своему обыкновению, устраивал специальные встречи в укромной беседке в саду у Зеведеевых с теми, кто хотел поговорить с ним. Во время одной из таких частных вечерних бесед Фома задал Учителю вопрос: «Почему, прежде чем войти в царство, людям необходимо родиться в духе? Является ли новое рождение необходимым для того, чтобы избавиться от власти лукавого? Учитель, что такое зло?» Выслушав эти вопросы, Иисус ответил Фоме:

«Было бы заблуждением путать *зло* со *злодеем*, а точнее – с *законопреступником*. Тот, кого вы называете лукавым, является сыном самолюбия, высоким управляющим, который сознательно пошел на преднамеренное восстание против правления моего Отца и его преданных Сынов. Но я уже поверг этих греховных мятежников. Вам следует разобраться в различных отношениях к Отцу и его вселенной. Никогда не забывайте этих законов, определяющих связь с волей Отца.

Зло есть неосознанное, или непреднамеренное, нарушение божественного закона – воли Отца. Зло является также мерой несовершенства подчинения воле Отца.

Грех является осознанным, сознательным и преднамеренным нарушением божественного закона, воли Отца. Грех является мерой нежелания подчиниться божественному руководству и духовному управлению.

Беззаконие является умышленным, настойчивым и упорным преступлением божественного закона, воли Отца. Беззаконие является мерой продолжающегося отвержения любвеобильного плана Отца, направленного на сохранение личности, и милосердной опеки Сынов, целью которой является спасение.

По своей природе смертный человек – до возрождения в духе – подвержен врожденным злотворным тенденциям, но такие природные несовершенства поведения не являются ни грехом, ни беззаконием. Смертный человек только начинает свое долгое восхождение к совершенству Отца в Раю. Быть несовершенным или обладать недостаточными природными способностями не значит быть греховным. Человек действительно подвержен злу, но он ни в коей мере не является дитя лукавого, если только он не избрал – сознательно и намеренно – греховные пути и жизнь в беззаконии. Зло присуще естественному порядку вещей этого мира, однако грех является осознанным отношением мятежника – отношением, привнесенным в этот мир теми, кто пал из духовного света в кромешную тьму.

Ты смущен, Фома, доктринами греков и ложными представлениями персов. Ты не понимаешь взаимоотношений зла и греха, ибо в твоем понимании человечество началось на земле с совершенного Адама и, в силу своей греховности, быстро деградировало до нынешнего плачевного состояния. Но почему ты отказываешься понять смысл повествования, рассказывающего о том, как Каин, сын Адама, отправился в землю Нода, где нашел себе жену? И почему ты отказываешься истолковать смысл того повествования, где говорится о сынах Божьих, берущих себе в жены дочерей человеческих?

Действительно, люди по своей природе злонамеренны, но не обязательно греховны. Новое рождение – крещение духом – необходимо для освобождения от зла и вхождения в царство небесное, но ни одно из этих условий не умаляет того факта, что человек является сыном Божьим. Не означает это врожденное присутствие потенциального зла и того, что человек неким таинственным образом отчужден от небесного Отца и потому, как чужое, незнакомое или неродное дитя, должен каким-то способом добиваться от Отца законного усыновления. Все подобные представления рождаются, во-первых, из твоего неправильного понимания Отца и, во-вторых, из твоего незнания происхождения, природы и назначения человека.

Греки и другие учили тебя, что человек спускается с высот божественного совершенства и неуклонно движется к забвению или уничтожению; я же пришел, чтобы показать, что человек, через вхождение в царство, непременно и уверенно восходит к Богу и божественному совершенству. Любое существо, которое в каком-либо отношении не соответствует божественным и духовным идеалам, заключенным в воле вечного Отца, несет потенциальное зло, однако такие существа ни в коем случае не являются греховными, а тем более – законопреступными.

Фома, разве ты не читал в Писаниях то место, где сказано: „Вы – дети Господа вашего Бога". „Я буду ему Отцом, и он будет мне сыном". „Я избрал его себе сыном – я буду ему Отцом". „Приведи сыновей моих издалека и дочерей моих со всех концов земли; всех, кто носит мое имя, ибо я сотворил их для своей славы". „Вы – сыны живого Бога". „Те, в ком Божий дух, воистину являются сынами Божьими". Подобно тому, как в земном дитя есть материальная часть человеческого отца, так и в каждом верующем сыне царства присутствует духовная часть небесного Отца».

Всё это и многое другое сказал Иисус Фоме, и многое апостол понял, хотя Иисус предупредил его «не говорить об этих вещах с остальными, пока я не вернусь к Отцу». И Фома рассказал об их разговоре только после того, как Учитель покинул этот мир.

5. СМЫСЛ СТРАДАНИЯ

Во время другой такой частной беседы в саду Нафанаил спросил Иисуса: «Учитель, хотя я и начинаю понимать, почему ты отказываешься исцелять всех подряд, я всё еще не могу понять, почему любящий небесный Отец допускает, чтобы столь многие его земные дети страдали от столь многих недугов». В ответ Учитель сказал Нафанаилу:

«Как и многие другие, ты, Нафанаил, смущен из-за того, что не понимаешь, ка́к естественное развитие событий в этом мире неоднократно нарушалось греховными авантюрами некоторых мятежных предателей, презревших волю Отца. И я пришел, чтобы положить начало восстановлению порядка в этих вещах. Но потребуется много эпох, прежде чем эта часть вселенной будет восстановлена в своем прежнем статусе, что освободит детей человеческих от излишнего груза греха и восстания. Присутствие зла уже является достаточным испытанием для восхождения человека – грех не обязателен для продолжения жизни.

Однако, сын мой, ты должен знать, что Отец не причиняет своим детям преднамеренных страданий. Человек навлекает на себя ненужные несчастья из-за своего упорного отказа идти по лучшим стезям в согласии с божественной волей. Зло таит в себе страдания, но многие страдания являются следствием греха и беззакония. В этом мире произошло много необычного, и неудивительно, что все мыслящие люди приходят в недоумение, взирая на несчастья и страдания, свидетелями которых они являются. Но в одном ты можешь быть уверен: Отец не насылает страдания в качестве произвольного наказания за злодеяния. Связанные со злом несовершенства и ограничения врожденны; расплата за грех неизбежна; пагубные последствия беззакония неотвратимы. Человеку не следует винить Бога за те несчастья, которые являются естественным результатом избранной им жизни; не следует человеку и жаловаться на те испытания, которые присущи жизни в этом мире. Воля Отца – в том, чтобы смертный человек упорно и последовательно трудился над улучшением своего положения на земле. Разумное усердие должно во многом помочь человеку преодолеть его земные несчастья.

Нафанаил, наша миссия состоит в том, чтобы помогать людям решать свои духовные проблемы и тем самым стимулировать их разум, что позволит им с большей готовностью и воодушевлением справляться со своими многочисленными материальными трудностями. Я знаю, что чтение Писаний озадачило тебя. Слишком часто Богу стремятся приписать ответственность за всё, что недоступно пониманию невежественного человека. Отец не несет личной ответственности за всё то, что может быть непонятным тебе. Не сомневайся в любви Отца только оттого, что некоторые учрежденные им справедливые и мудрые законы приносят тебе страдания, если – по неведению или преднамеренно – ты преступаешь эти божественные законы.

Однако, Нафанаил, в Писаниях есть много такого, что просветило бы тебя, если бы ты вдумался в прочитанное. Разве ты не помнишь следующих слов: „Сын мой, не презирай Господнее наказание и не тяготись, когда он указывает тебе на твои ошибки, ибо Господь исправляет тех, кого любит, как отец, наказывающий любимого сына". „Не по воле своей наказывает Господь". „До того как пострадать, я заблуждался, а теперь я послушен закону. Я рад, что страдал, ибо научился божественным уставам". „Я знаю твои скорби. Извечный Бог – твое прибежище, руки вечные – опора". „Господь есть также приют для униженных, тихая гавань во времена скорби". „В болезни Господь даст ему силы; Господь не забудет больных". „Как отец сострадает своим детям, так Господь сострадает тем, кто его боится. Он знает ваше тело; он помнит, что вы вышли из праха". „Он исцеляет разбитые сердца, врачует раны". „Он – надежда для бедных, сила – для тех, кто бедствует, защита от бури, тень от опустошительного зноя". „Он дает уставшим силу и укрепляет изнемогших". „Он не переломит даже надломленный тростник, гаснущего фитиля не затушит". „Когда будешь переходить через воды страданий, я буду с тобой, и когда реки несчастий хлынут на тебя, я не оставлю тебя". „Он послал меня исцелять сокрушенных сердцем, возвещать свободу пленным и утешать всех скорбящих". „Наказание вразумляет; не из праха выходит страдание"».

6. НЕПОНИМАНИЕ СТРАДАНИЯ – БЕСЕДА ОБ ИОВЕ

В тот же вечер в Вифсаиде Иоанн также спросил Иисуса, почему так много явно невинных людей мучаются от такого множества болезней и испытывает столь многочисленные страдания. Отвечая на вопрос Иоанна, Учитель, помимо многих других вещей, сказал:

«Сын мой, ты не понимаешь смысла невзгод или назначения страданий. Разве ты не читал шедевра семитской литературы – библейскую историю о страданиях Иова? Разве ты не помнишь, как эта замечательная притча начинается рассказом о материальном процветании слуги Господа? Ты хорошо помнишь, что Иов не был обижен детьми, богатством, саном, положением, здоровьем и всем тем, что ценится людьми в этой бренной жизни. Согласно освященным веками учениям детей Авраама, подобное материальное благополучие являлось достаточным свидетельством божественного благоволения. Однако такая материальная собственность и преходящее процветание не являются признаками Божьего благоволения. Мой небесный Отец любит бедных точно так же, как и богатых; он нелицеприятен.

Хотя преступление божественного закона рано или поздно влечет за собой наказание, хотя в конечном итоге люди непременно пожинают то, что они посеяли, тебе всё же следует знать, что человеческие страдания не всегда являются наказанием за предшествующий грех. Ни Иов, ни его друзья не смогли выяснить истинную причину своих невзгод. В свете тех знаний, которыми ты теперь обладаешь, ты вряд ли припишешь Сатане или Богу те роли, которые они играют в этой уникальной притче. Хотя страдания не помогли Иову в разрешении его интеллектуальных трудностей или решении философских проблем, он действительно добился огромных побед; несмотря на крушение своей теологической защиты, он поднялся на те духовные высоты, на которых смог искренне сказать: „Я отвратителен самому себе", после чего ему было даровано спасение через *ви́дение Бога.* Поэтому, хотя Иов неправильно понимал страдание, он взошел на сверхчеловеческий уровень нравственного понимания и духовной проницательности. Когда страдающий слуга обретает ви́дение Бога, наступает душевный покой, превосходящий любое человеческое понимание.

Первый из друзей Иова, Елифаз, посоветовал страдальцу проявить в скорби ту же стойкость, которую он предписывал другим во времена своего процветания. Этот ложный утешитель сказал: „Верь своей религии, Иов; помни, что не праведники страдают, а нечестивцы. Должно быть, ты заслужил эту кару, иначе бы ты не страдал. Ты хорошо знаешь, что никто не может быть праведным перед Богом. Ты знаешь, что нечестивцы никогда не достигают настоящего процветания. Как бы то ни было, человек, по-видимому, обречен на бедствия, и Господь, возможно, карает тебя для твоего же блага". Неудивительно, что такое толкование проблемы человеческих страданий мало утешило бедного Иова.

Однако совет его второго друга, Вилдада, был еще более гнетущим, несмотря на его разумность с точки зрения принятой в то время теологии. Сказал Вилдад: „Бог не может быть несправедливым. Раз твои дети погибли, они не могли не быть грешниками; ты наверняка согрешил, иначе бы ты так не страдал. А если ты действительно праведен, Бог наверняка избавит тебя от всех твоих страданий. Из истории отношений человека с Богом тебе следует уяснить, что Всемогущий уничтожает только нечестивых".

После этого, как ты помнишь, Иов ответил своим друзьям: „Я прекрасно понимаю, что Бог не слышит моих воплей о помощи. Как может быть Бог справедлив и в то же время полностью пренебрегать моей невинностью? Я начинаю сознавать, что мне не искупить грехов обращением к Всемогущему. Разве вы не видите, что Бог позволяет нечестивцам преследовать праведников? А поскольку человек столь слаб, как он может надеяться на внимание всемогущего Бога? Я предстаю перед Богом таким, какой я есть, и когда он обрушивается на меня, я беспомощен. Стоило ли Богу сотворять меня, чтобы обрекать на эти ужасные страдания?"

И кто может оспорить отношение Иова, принимая во внимание совет его друзей и его собственные ошибочные представления о Боге? Разве ты не видишь, что Иов стремился к *человеческому* Богу, что он жаждал общения с божественным Существом, знающим смертное положение человека и понимающим, что справедливые должны нередко страдать без вины, ибо так устроена эта первая на долгом пути восхождения к Раю жизнь? Потому и пришел Сын Человеческий от Отца прожить жизнь во плоти, чтобы утешать и приходить на помощь всем тем, кому впредь придется испытать муки Иова.

После этого третий друг Иова, Софар, произнес еще менее утешительные слова, сказав: „Нелепо заявлять тебе о своей праведности при таком несчастье. Но я признаю́, что пути Божьи неисповедимы. Возможно, что во всех твоих бедах присутствует скрытый смысл". И когда Иов выслушал всех троих друзей, он воззвал о помощи к самому Богу, оправдываясь тем, что „жизнь человека, рожденного женщиной, коротка и полна трудностей".

Затем началась вторая беседа с друзьями. Елифаз стал более жестким, обвиняющим и саркастичным. Вилдад пришел в негодование из-за неуважительного отношения Иова к своим друзьям. Софар вновь повторил свой неутешительный совет. К этому времени друзья стали противны Иову, и он воззвал к справедливому Богу в противоположность Богу несправедливости, воплощенному в философии его друзей и таившемуся также в его собственных религиозных воззрениях. После этого Иов стал утешать себя грядущей жизнью с ее более полным устранением несправедливостей смертного существования. Невозможность получить помощь от человека обращает Иова к Богу. Так в его сердце вспыхивает великая борьба между верой и сомнением. Наконец, страдалец начинает видеть свет жизни; его измученная душа поднимается к новым высотам надежды и отваги; его страдания могут продолжаться и даже привести к смерти, но теперь его озаренная душа издает победный клич: „Мой Защитник жив!“

Иов был абсолютно прав, усомнившись в доктрине о том, что Бог карает детей в наказание родителям. Иов всегда был готов признать, что Бог праведен, однако он жаждал радующего душу раскрытия личного характера Вечного. И такова наша миссия на земле. Впредь страдающие смертные не будут лишаться того утешения, которое приносит знание Божьей любви и понимание милосердия небесного Отца. Хотя Божье слово, прозвучавшее из бури, было величественным представлением для своего времени, ты уже знаешь, что Отец не раскрывает себя подобным образом, а говорит в человеческом сердце спокойным, тихим голосом: „Вот путь; иди по нему“. Разве ты не понимаешь, что Бог пребывает в тебе, что он стал тем, чем являешься ты, чтобы сделать тебя тем, чем является он!»

В заключение Иисус сказал: «Не по воле своей наказывает небесный Отец детей человеческих. Человек страдает, во-первых, из-за случайностей времени и несовершенств, причиной которых является зло незрелого физического бытия. Во-вторых, он страдает из-за неотвратимых последствий греха – нарушения законов света и жизни. И, наконец, человек пожинает плоды своего собственного законопреступного упрямства, когда восстает против праведного владычества неба на земле. Однако человеческие беды не являются *личной* карой, которую насылает божественное правосудие. Человек способен сделать – и сделает – многое для уменьшения своих временны́х страданий. Но раз и навсегда избавься от суеверного представления о том, что Бог наказывает человека по велению лукавого. Изучай Книгу Иова именно для того, чтобы увидеть, сколь многих ложных представлений о Боге могут искренне придерживаться даже благие люди; и после этого обрати внимание на то, что даже мучительно страдавший Иов нашел Бога утешения и спасения, несмотря на столь ошибочные учения. В итоге его вера пробилась сквозь облака страданий, чтобы увидеть свет жизни, изливаемый Отцом в виде целительного милосердия и непреходящей праведности».

В течение многих дней Иоанн обдумывал про себя эти высказывания. Разговор с Учителем в саду существенным образом изменил всю его оставшуюся жизнь, и впоследствии он сделал многое для того, чтобы изменить взгляды остальных апостолов на источник, природу и назначение обычных человеческих страданий. Однако Иоанн не упоминал об этой беседе до тех пор, пока Учитель не покинул их.

7. СУХОРУКИЙ

В предпоследнюю субботу, перед тем как апостолы и новый корпус евангелистов отправились во второе проповедническое путешествие по Галилее, Иисус выступил в синагоге Капернаума с проповедью «Радости праведной жизни». Когда Иисус закончил говорить, его обступила большая группа увечных, хромых, больных и страдальцев, которые надеялись исцелиться. В этой группе были также апостолы, многие из новых евангелистов и шпионы-фарисеи из Иерусалима. Куда бы ни направлялся Иисус (за исключением пребывания в горах, где он посвящал себя делу Отца), шесть иерусалимских шпионов неотступно следовали за ним.

Пока Иисус говорил с людьми, глава шпионивших фарисеев подговорил человека с сухой рукой подойти к Иисусу и спросить, будет ли законно принять исцеление в субботу или же ему следует просить помощи в другой день. Когда Иисус увидел этого человека, услышал его слова и понял, что тот был послан фарисеями, он сказал: «Подойди ко мне и ответь на мой вопрос. Если бы в субботу твоя овца упала в яму, дотянулся бы ты до нее, схватил бы ее и вытащил бы ее наверх? Законно ли поступать так в субботу?» И человек ответил: «Да, Учитель, было бы законно совершить такое благое дело в субботу». Тогда Иисус сказал, обращаясь ко всем: «Я знаю, зачем вы послали ко мне этого человека. Вы хотели бы найти повод для нападок на меня, склонив меня к проявлению милосердия в субботу. Все вы молчаливо согласились с тем, что даже в субботу было бы законно вытащить из ямы несчастную овцу, и я призываю вас стать свидетелями того, что проявление милосердия в субботу законно не только по отношению к животным, но и к людям. Насколько же человек ценнее овцы! Я заявляю, что творить добро в субботу является законным делом». И пока они стояли перед ним в молчании, Иисус обратился к сухорукому: «Встань подле меня, чтобы все могли видеть тебя. А теперь – дабы вы знали, что мой Отец желает, чтобы вы творили добро в субботу, – если ты веришь в свое исцеление, я прошу тебя протянуть свою руку».

И этот человек протянул свою сухую руку, и она стала здоровой. Люди были готовы наброситься на фарисеев, но Иисус велел им успокоиться, сказав: «Только что я говорил вам, что законно совершать благие поступки в субботу, спасать жизнь, но я не учил вас причинять вред и поддаваться желанию убивать». Разозленные фарисеи удалились и, несмотря на субботу, поспешили в Тивериаду для совещания с Иродом. Всеми силами они пытались пробудить в нём подозрительность, чтобы заручиться поддержкой иродиан в своей борьбе против Иисуса. Однако Ирод отказался принять меры против Иисуса, посоветовав им направить свои жалобы в Иерусалим.

Это – первый случай чуда, сотворенного Иисусом в ответ на вызов, брошенный его врагами. И Учитель совершил это так называемое чудо не для демонстрации своих целительных способностей, а в качестве действенного протеста против превращения учрежденного религией субботнего отдыха в настоящую кабалу бессмысленных запретов для всех людей. Этот человек вернулся к своему занятию каменщика, оказавшись одним из тех, чье исцеление повлекло за собой жизнь, прожитую в благодарственных молитвах и праведности.

8. ПОСЛЕДНЯЯ НЕДЕЛЯ В ВИФСАИДЕ

В последние дни пребывания в Вифсаиде среди иерусалимских шпионов произошел раскол в их отношении к Иисусу и его учениям. Трое из этих фарисеев были до глубины души потрясены увиденным и услышанным. Тем временем в Иерусалиме молодой и влиятельный член синедриона по имени Авраам публично принял учения Иисуса и был крещен Авениром в Силоамской купальне. Это событие взбудоражило весь Иерусалим, и в Вифсаиду были немедленно отправлены гонцы с приказом отозвать шестерых шпионивших фарисеев.

Греческий философ, уверовавший в царство во время предыдущего путешествия по Галилее, вернулся из Александрии с несколькими богатыми евреями, которые в очередной раз пригласили Иисуса прибыть в их город для создания объединенной школы философии и религии, а также лазарета для больных. Однако Иисус вежливо отклонил это приглашение.

Примерно в это же время в вифсаидский лагерь прибыл из Багдада человек по имени Кирмет, изрекавший пророчества в состоянии транса. Когда этот мнимый пророк впадал в транс, перед ним представали странные картины, а при нарушениях сна он видел фантастические сновидения. Он вызвал серьезные беспорядки в лагере, и Симон Зелот был готов довольно жестко обойтись с этим обманывавшим самого себя лжепророком, но Иисус вмешался и позволил тому беспрепятственно действовать в течение нескольких дней. Все, кто слышал его проповеди, сразу поняли неразумность его учения в свете евангелия царства. Вскоре он вернулся в Багдад, уведя с собой лишь горстку неустойчивых и колеблющихся душ. Но еще до того, как Иисус вступился за багдадского пророка, Давид Зеведеев, с помощью стихийно возникшего комитета, вывез Кирмета в открытое озеро и, окунув того несколько раз в воду, посоветовал немедленно покинуть их – организовать и построить свой собственный лагерь.

В тот же день финикиянка Бет-Марион пришла в такое неистовство, что лишилась рассудка и едва не утонула, пытаясь пойти по воде, после чего была отослана из лагеря своими друзьями.

Новообращенный из Иерусалима – фарисей Авраам – передал все свои мирские владения в апостольскую казну, и во многом благодаря этому вкладу удалось снарядить в путь сто вновь обученных евангелистов. К тому времени Андрей уже объявил о закрытии лагеря, и все приготовились либо разойтись по домам, либо следовать за евангелистами в Галилею.

9. ИСЦЕЛЕНИЕ ПАРАЛИТИКА

Пополудни в пятницу, 1 октября, когда Иисус проводил свою последнюю встречу с апостолами, евангелистами и другими лидерами прекращавшего существование лагеря, в присутствии шести иерусалимских фарисеев, сидевших в первом ряду в расширенной просторной гостиной дома Зеведея, произошел один из самых странных и уникальных случаев за всю земную жизнь Иисуса. Учитель стоял, выступая с речью в этом большом помещении, которое было построено для таких собраний, проводимых в сезон дождей. Дом был окружен плотной толпой людей, которые напрягали свой слух, пытаясь уловить хотя бы что-то из того, о чём говорил Иисус.

В это время к дому, до отказа набитому людьми и окруженному напряженно слушающей толпой, принесли небольшую кушетку, на которой лежал давно разбитый параличом человек, доставленный сюда из Капернаума своими друзьями. Услышав, что Иисус собирается покинуть Вифсаиду, и поговорив с только что исцеленным каменщиком Аароном, этот парализованный велел, чтобы его отнесли к Иисусу, у которого он мог бы просить об исцелении. Его друзья пытались пробиться в дом Зеведея как с парадного, так и с черного входа, однако толпа была слишком плотной. Но парализованный не хотел мириться с поражением; он велел своим друзьям достать лестницы, по которым они взобрались на крышу помещения, где выступал Иисус, и, разобрав кровлю, начали смело опускать кушетку с больным при помощи веревок, пока страждущий не оказался на полу прямо перед Учителем. Когда Иисус увидел, чтó они сделали, он умолк. Все присутствующие были восхищены настойчивостью больного и его друзей. Парализованный сказал: «Учитель, я не стал бы прерывать твою речь, но я твердо решил стать здоровым. Я не из тех, кто, исцелившись, сразу же забыл твое учение. Я хотел бы излечиться, чтобы служить царству небесному». И несмотря на то что парализованный сам навлек на себя страдания своей неразумно прожитой жизнью, Иисус, видя его веру, сказал: «Не бойся, сын мой; твои грехи прощены. Твоя вера спасет тебя».

Когда иерусалимские фарисеи, а также другие книжники и законники, сидевшие вместе с ними, услышали это заявление Иисуса, они начали про себя рассуждать: «Как смеет этот человек так говорить? Разве не понимает он, что это богохульство? Кто, кроме Бога, может прощать грехи?» Иисус, почувствовав своим духом, о чём они думают и переговариваются, сказал им: «Почему в ваших сердцах такие мысли? Кто вы такие, чтобы судить меня? Какое имеет значение, скажу ли я этому парализованному „твои грехи прощены“ или „встань, возьми свою постель и иди“? Но чтобы вы, присутствующие при всём этом, могли, наконец, узнать, что Сын Человеческий имеет на земле власть и могущество прощать грехи, я скажу этому страждущему: „Встань, возьми свою постель и ступай в свой дом“.» И когда Иисус произнес эти слова, парализованный встал и, пройдя мимо расступившихся перед ним людей, вышел из дома. И те, кто видел это, были изумлены. Петр распустил собрание, и многие молились и прославляли Бога, признавая, что никогда прежде не видели столь необыкновенных вещей.

Примерно в то же время прибыли гонцы синедриона с приказом для шести шпионов вернуться в Иерусалим. Когда те услышали это сообщение, между ними разгорелся жаркий спор, после чего лидер группы с двумя единомышленниками и гонцами вернулись в Иерусалим, а трое из шпионивших фарисеев признались в своей вере в Иисуса и, отправившись тотчас на озеро, были крещены Петром и приняты апостолами в братство детей царства.

ДОКУМЕНТ 149

ВТОРОЕ ПРОПОВЕДНИЧЕСКОЕ ПУТЕШЕСТВИЕ

Второе проповедническое путешествие по Галилее началось в воскресенье, 3 октября 28 года н. э., и продолжалось почти три месяца, завершившись 30 декабря. В нём участвовали Иисус и его двенадцать апостолов, которым помогал вновь набранный корпус из 117 евангелистов и многие другие заинтересованные люди. Во время этого путешествия они посетили Гадару, Птолемаиду, Иафию, Дабаритту, Мегиддо, Изреель, Скифополь, Тарихею, Гиппос, Гамалу, Вифсаиду-Юлию и многие другие города и селения.

В это воскресное утро, перед тем как отправиться в путь, Андрей и Петр попросили Иисуса дать последний наказ новым евангелистам, однако Учитель отклонил эту просьбу, сказав, что не его дело заниматься теми вещами, которые могут быть с успехом выполнены другими. После должного обсуждения было решено, что с наказом выступит Иаков Зеведеев. Когда Иаков закончил краткую речь, Иисус сказал евангелистам: «Идите же в путь выполнять этот наказ, а позднее, когда вы продемонстрируете свои умения и преданность, я рукоположу вас в проповедники евангелия царства».

Во время этого путешествия Иисуса сопровождали только Иаков и Иоанн. Петр и каждый из остальных апостолов взяли с собой примерно по двенадцать евангелистов и поддерживали с ними тесную связь, пока те проповедовали и учили. Как только верующие были готовы вступить в царство, апостолы крестили их. В течение этих трех месяцев Иисус и двое его спутников много путешествовали, посещая подчас по два города за один день, чтобы проследить за работой евангелистов и поддержать их усилия по установлению царства. Весь смысл второго проповеднического путешествия сводился к тому, чтобы предоставить практический опыт членам этого корпуса из 117 новых евангелистов.

На всё это время, равно как и позднее – вплоть до последнего отбытия Иисуса и двенадцати апостолов в Иерусалим, – Давид Зеведеев превратил вифсаидский дом своего отца в постоянный центр деятельности во благо царства. Этот дом стал информационным центром земных трудов Иисуса и эстафетным пунктом курьерской службы, благодаря которой Давид связывал друг с другом тех, кто трудился в различных частях Палестины и прилегающих районах. Всё это он делал по своей собственной инициативе, но с одобрения Андрея. Давид использовал от сорока до пятидесяти гонцов в этой информационной службе, созданной в рамках растущей и расширяющейся деятельности по установлению царства. Занимаясь этим, он частично обеспечивал себя тем, что некоторое время уделял своему прежнему делу – рыболовству.

1. ШИРОКОЕ РАСПРОСТРАНЕНИЕ СЛАВЫ ИИСУСА

К тому времени, когда лагерь в Вифсаиде прекратил свое существование, слава Иисуса – в первую очередь как целителя – распространилась на все районы Палестины, всю Сирию и окружающие страны. На протяжении еще многих недель после того, как Иисус покинул Вифсаиду, сюда продолжали стекаться больные, и, не найдя Учителя, они узнавали о его местопребывании от Давида и отправлялись на поиски. Во время этого путешествия Иисус не совершил по своей инициативе ни одного из так называемых чудесных исцелений. Тем не менее, десятки страждущих восстановили свое здоровье и обрели счастье под действием той возрождающей силы, которую дает глубокая вера, заставляющая искать исцеления.

Со временем этой миссии совпадают и первые случаи необычных и необъясненных исцелений, продолжавшихся на протяжении всей оставшейся земной жизни Иисуса. В течение этого трехмесячного путешествия более ста мужчин, женщин и детей из Иудеи, Идумеи, Галилеи, Сирии, Тира, Сидона, а также Заиорданья, были облагодетельствованы неосознанным целительством Иисуса и, вернувшись в родные места, способствовали распространению славы Иисуса. И они делали это, невзирая на то, что всякий раз, когда Иисус становился свидетелем спонтанного исцеления, он тотчас наказывал облагодетельствованному человеку «никому не рассказывать».

Нам никогда не раскрывали, что́ именно происходило в этих случаях спонтанного, или непроизвольного, исцеления. Учитель никогда не объяснял своим апостолам, как происходили эти исцеления, кроме того, что в нескольких случаях он лишь сказал: «Чувствую, что от меня изошла сила». В одном из случаев, когда его коснулся больной ребенок, он произнес: «Чувствую, что от меня изошла жизнь».

С нашей стороны было бы самонадеянным пытаться раскрыть механизм этих случаев спонтанного исцеления в отсутствие непосредственного объяснения их природы Учителем, однако будет позволительно изложить наше мнение о всех подобных феноменах исцеления. Мы полагаем, что многие из этих якобы чудесных случаев исцеления, произошедших за время земного служения Иисуса, явились результатом совпадения трех могущественных, эффективных и взаимосвязанных факторов:

1. Присутствия в сердце человека, упорно стремящегося к исцелению, сильной, преобладающей, живой веры, а также того обстоятельства, что человек жаждал исцеления скорее во имя духовных благ, а не ради восстановления физического здоровья.

2. Существования, одновременно с такой человеческой верой, великого сочувствия и сострадания со стороны воплощенного и исполненного милосердия Божьего Сына-Создателя, фактически заключающего в себе почти неограниченные и вневременны́е прерогативы и возможности исцеления.

3. Наряду с верой создания и жизнью Создателя, следует также отметить, что этот Богочеловек являлся персонифицированным выражением воли Отца. Если воля Отца не расходилась с волей Сына, то, при соприкосновении человеческой потребности со способной удовлетворить ее божественной силой, они сливались воедино и исцеление происходило неосознанно для Иисуса-человека, однако немедленно осознавалось его божественной природой. Следовательно, объяснение многих из этих случаев исцеления должно заключаться в давно известном нам великом законе, а именно: то, что желает Сын-Создатель и соответствует воле вечного Отца, ЕСТЬ.

Таким образом, по нашему мнению, в личном присутствии Иисуса некоторые типы глубокой человеческой веры в буквальном и истинном смысле *заставляли* определенные созидательные силы и личности вселенной, столь тесно связанные в то время с Сыном Человеческим, осуществлять исцеление. Поэтому то, что Иисус действительно часто позволял, чтобы в его присутствии люди исцелялись благодаря своей могучей личной вере, является установленным фактом.

Многие другие стремились излечиться только в эгоистических целях. Богатая вдова из Тира явилась вместе со своей свитой в поисках исцеления от своих многочисленных немощей; следуя за Иисусом по всей Галилее, она продолжала предлагать ему все больше и больше денег – как будто Божью силу можно приобрести, предложив самую высокую цену. Но ее совершенно не интересовало евангелие царства; она стремилась только к излечению своих физических недугов.

2. ОТНОШЕНИЕ ЛЮДЕЙ

Иисус понимал человеческий разум. Он знал, что́ волнует сердца людей, и если бы его учения сохранились в том виде, в каком он их излагал, и единственным комментарием было бы то вдохновенное толкование, которым является его земная жизнь, то все нации и все религии мира очень скоро приняли бы евангелие царства. Действуя из лучших побуждений, ранние последователи Иисуса сформулировали его учения таким образом, чтобы сделать их более приемлемыми для некоторых наций, рас и религий, но это привело лишь к тому, что подобные учения стали менее приемлемы для всех остальных наций, рас и религий.

В своем стремлении обеспечить учениям Иисуса благоприятный прием со стороны некоторых групп своих современников, апостол Павел написал много посланий директивного и назидательного характера. Так же поступили и другие учители евангелия Иисуса, однако никто из них не предполагал, что некоторые из этих писаний могут быть впоследствии объединены теми, кто представит их как воплощение учений Иисуса. Поэтому, хотя так называемое христианство действительно содержит больше от евангелия Учителя, чем любая другая религия, в то же время в нём есть много вещей, не имеющих отношения к учению Иисуса. Помимо включения в раннее христианство целого ряда доктрин, заимствованных из персидских мистерий, а также значительной части греческой философии, были допущены две принципиальные ошибки:

1. Попытка соединить евангельское учение непосредственно с еврейской теологией, примером чему является христианская доктрина искупления – учение о том, что Иисус является принесенным в жертву Сыном, удовлетворяющим суровое правосудие Отца и умиротворяющим божественный гнев. Эти учения были порождены похвальным стремлением сделать евангелие царства более приемлемым для неверующих евреев. Хотя эти попытки оказались неудачными в том, что касалось обращения евреев, им удалось смутить и отвратить многие искренние души во всех последующих поколениях.

2. Вторым огромным просчетом ранних последователей Учителя, упорно повторявшимся всеми последующими поколениями, была организация христианского учения всецело вокруг *личности* Иисуса. Такое чрезмерное выпячивание фигуры Иисуса в христианской теологии привело к оттеснению его доктрин на задний план, и всё это сделало принятие учений Иисуса еще более трудным для евреев, мусульман, индусов и представителей других восточных религий. Мы не стали бы умалять роль личности Иисуса в религии, которая носит его имя, но мы не позволяли бы этому обстоятельству затмевать его вдохновенную жизнь или вытеснять его спасительное послание: отцовство Бога и братство людей.

Налаживая отношения с другими религиями, учителя религии Иисуса должны признавать общие истины (многие из которых прямо или косвенно берут свое начало в проповеди Иисуса) и в то же время воздерживаться от чрезмерного выпячивания различий.

Хотя в тот конкретный период времени слава Иисуса опиралась в основном на его репутацию целителя, это не означает, что положение оставалось неизменным. Постепенно всё больше людей начинало обращаться к нему за духовной помощью. Однако именно физическое исцеление производило наиболее непосредственное и сильное впечатление на простой люд. Всё больше жертв морального порабощения и психического угнетения стремились к Иисусу, и он неизменно учил их путям избавления. Отцы спрашивали, как им поступать с сыновьями, а матери приходили за советом в воспитании дочерей. Сидящие во тьме приходили к нему, и он раскрывал им свет жизни. Он всегда был готов откликнуться на человеческое горе, и он всегда помогал тем, кто искал его помощи.

Когда сам Создатель присутствовал на земле, воплощенный в образе смертной плоти, некоторые необыкновенные вещи просто не могли не произойти. Однако вам никогда не следует рассматривать Иисуса через призму этих так называемых чудесных явлений. Учитесь смотреть на чудо через Иисуса, но не заблуждайтесь, смотря на Иисуса через чудо. И это наставление оправданно, несмотря на то что Иисус Назарянин является единственным основателем религии, совершавшим сверхматериальные действия на земле.

Наиболее поразительным и наиболее революционным аспектом миссии Михаила на земле было его отношение к женщинам. В то время и в том поколении, когда мужчине не полагалось приветствовать в общественном месте даже свою жену, Иисус осмелился взять с собой женщин в качестве учителей евангелия во время своего третьего путешествия по Галилее. И он обладал высшим мужеством, чтобы поступить так вопреки учению раввинов, утверждавших, что «лучше сжечь слова закона, чем передать их женщинам».

За одно поколение Иисус вызволил женщин из непочтительного забвения и многовекового тяжкого рабского труда. И самой позорной чертой религии, позволившей себе взять имя Иисуса, является то, что ей не хватило нравственного мужества последовать этому благородному примеру в своем последующем отношении к женщинам.

Когда люди общались с Иисусом, они убеждались в его полной свободе от присущих тому времени суеверий. Иисус был лишен религиозных предрассудков; он никогда не бывал нетерпимым. Его душе была чужда социальная вражда. Соглашаясь с тем полезным, что было в религии его предков, он не колеблясь отвергал суеверные и кабальные традиции, придуманные людьми. Он имел мужество учить, что природные катастрофы, временны́е происшествия и другие катаклизмы не являются вершением божественного суда или таинственным действием Провидения. Он осуждал рабскую приверженность бессмысленным ритуалам и вскрывал ошибочность материалистического культа. Он открыто провозглашал духовную свободу человека и не боялся учить, что смертные во плоти действительно и воистину являются сынами живого Бога.

Иисус превзошел все учения своих предшественников, смело заменив чистые руки чистым сердцем в качестве признака истинной религии. На место традиции он поставил реальность и отмел все тщеславные и лицемерные притязания. И тем не менее, этот бесстрашный Божий человек не давал волю разрушительной критике и не проявлял полного презрения к религиозным, социальным, экономическим и политическим устоям своего времени. Он не был воинствующим революционистом; он был прогрессивным эволюционистом. Он брался за разрушение того, что *есть*, только тогда, когда одновременно предлагал своим собратьям то лучшее, что *должно быть*.

Иисус не требовал от своих приверженцев повиновения – они сами подчинялись ему. Только трое из тех, кто получил его личное приглашение, отказались от предложения стать учениками. Он обладал необычной притягательной силой, однако он не был деспотичным. Он внушал доверие, и ни один человек ни разу не возмутился полученному от Иисуса указанию. Он обладал абсолютной властью над своими учениками, но никто и никогда не возражал против этого. Он разрешал своим последователям называть себя Учителем.

Учитель восхищал всех, кто встречался с ним, кроме тех, кто придерживался глубоко укоренившихся религиозных предрассудков, или тех, кто считал его учения политически опасными. Людей потрясала самобытность и убедительность его учения. Они изумлялись его терпению в отношениях с отсталыми и назойливыми посетителями. Он внушал надежду и уверенность всем, кого касалось его служение. Его боялись только те, кто не встречался с ним, и его ненавидели только те, кто считал его поборником истины, призванной сокрушить зло и заблуждения, которые они решили любой ценой сохранить в своих душах.

Влияние, которое Иисус оказывал как на друзей, так и недругов, отличалось силой и особенным обаянием. Толпы людей сопровождали его неделями только для того, чтобы услышать его милосердные слова и увидеть его скромную жизнь. Преданные мужчины и женщины любили Иисуса почти сверхчеловеческой любовью. И чем лучше они узнавали его, тем больше они его любили. Всё это остается истинным и сейчас: чем лучше человек будет знать этого Богочеловека, тем вернее он будет любить его и следовать за ним – как сегодня, так и во все грядущие века.

3. ВРАЖДЕБНОСТЬ РЕЛИГИОЗНЫХ ВОЖДЕЙ

Несмотря на благосклонный прием, который Иисус и его учения встречали среди простых людей, отношение религиозных вождей Иерусалима становилось всё более настороженным и враждебным. К тому времени фарисеи уже создали систематическую, догматическую теологию. Иисус являлся учителем, который учил при всяком удобном случае, не придерживаясь какой-либо системы. Он учил, опираясь не столько на закон, сколько на жизнь – с помощью притчей. (И когда он пользовался притчей для иллюстрации своей мысли, его целью было использовать для этого только *один* аспект своего рассказа. Можно прийти ко многим ложным представлениям об учениях Иисуса, если пытаться превратить его притчи в аллегории.)

Религиозные вожди Иерусалима были вне себя после недавнего обращения молодого Авраама и дезертирства трех шпионов, крещенных Петром и участвовавших теперь вместе с евангелистами во втором проповедническом путешествии по Галилее. Страх и предрассудки всё больше ослепляли еврейских вождей, а их сердца черствели из-за упорного отрицания притягательных истин евангелия царства. Когда человек отвергает призыв, обращенный к пребывающему в нём духу, мало что может быть сделано для изменения его взглядов.

Когда Иисус впервые встретился с евангелистами в лагере у Вифсаиды, он завершил свое обращение следующими словами: «Вы должны помнить, что в теле и разуме – в том, что касается эмоций, – люди реагируют по-разному. Единственным *одинаковым* для людей фактором является пребывающий в них дух. Хотя божественные духи могут в некоторой степени отличаться друг от друга по своей природе и глубине опыта, они одинаково реагируют на все духовные обращения. Только через посредство этого духа и обращение к нему человечество сможет когда-либо достичь единства и братства». Однако многие из еврейских вождей оставались глухи к духовному призыву евангелия. С того времени они неустанно планировали и готовили гибель Учителя. Они были уверены в том, что Иисус должен быть схвачен, осужден и казнен как еретик, осквернитель самих основ еврейского священного закона.

4. УСПЕХИ ПРОПОВЕДНИЧЕСКОГО ПУТЕШЕСТВИЯ

Во время этого проповеднического путешествия Иисус почти не выступал перед народом, однако он провел много вечерних бесед с верующими в большинстве городов и селений, которые ему довелось посетить с Иаковом и Иоанном. На одном из таких вечерних собраний молодой евангелист задал вопрос о гневе, и в ответ Учитель, среди прочего, сказал:

«Гнев – это материальное явление, которое, в общем смысле, выражает меру неспособности духовной природы поставить под свой контроль объединенную интеллектуальную и физическую природу. Гнев свидетельствует о нехватке терпимой братской любви, а также о недостаточном самоуважении и самообладании. Гнев подрывает здоровье, портит разум и препятствует духовному учителю человеческой души. Разве вы не читали в Писаниях, что „гнев убивает глупца" и что „человек раздирает себя на части в гневе"? Что „терпеливый человек – человек большого ума", а „раздражительный неразумен"? Все вы знаете, что „кроткий ответ смиряет гнев" и что „резкие слова пробуждают ярость". „Благоразумие делает человека терпеливым", в то время как „человек, неспособный держать себя в руках, подобен беззащитному городу с разрушенными стенами". „Жесток гнев, и оскорбительна ярость". „Сердитые поднимают ссору, и вспыльчивые умножают свои грехи". „Не будь вспыльчивым в духе, ибо гнев живет в груди глупцов"». В той же речи Иисус сказал: «Пусть ваши сердца исполнятся любовью настолько, чтобы вашему духовному проводнику было легко освободить вас от склонности давать выход вспышкам животного гнева, несовместимым со статусом божественного сыновства».

В тот же вечер Учитель говорил о желательности приобретения гармоничного характера. Он согласился с тем, что большинство людей должны посвятить себя овладению каким-то ремеслом, однако он порицал любую тенденцию к чрезмерной специализации, к тому, чтобы человек становился узкомыслящим и ограниченным в своей жизни. Он обратил внимание на тот факт, что любая добродетель, доведенная до крайности, может стать пороком. Иисус всегда проповедовал умеренность и учил последовательности – соразмерному приспособлению к проблемам жизни. Он подчеркивал, что чрезмерное сочувствие и жалость могут привести к сильной эмоциональной неустойчивости, что энтузиазм может перерасти в фанатизм. Он обсудил то, что произошло с одним из их бывших товарищей, чье воображение привело его к фантастическим и непрактичным занятиям. В то же время он предупредил их об опасностях скудоумия сверхконсервативной посредственности.

После этого Иисус рассмотрел опасности, связанные с отвагой и верой, которые порой ведут неразумные души к безрассудству и самонадеянности. Он также показал, как благоразумие и осмотрительность, зашедшие слишком далеко, приводят к трусости и поражению. Он призывал своих слушателей стремиться к самобытности и в то же время избегать любой тенденции к эксцентричности. Он призывал к сочувствию без сентиментальности, благочестию без ханжества. Он учил почитанию, свободному от страха и суеверия.

Товарищей Иисуса поражало не столько то, что́ он говорил о гармоничном характере, сколько тот факт, что его собственная жизнь служила красноречивым примером его учения. И хотя эта жизнь была сопряжена с тяготами и бурями, он ни разу не дрогнул. Его враги постоянно расставляли ему ловушки, но ни разу не поймали его. Мудрецы и ученые пытались сбить его с толку, но он не оступился. Они старались запутать его в споре, однако его ответы были неизменно достойными, просветляющими и исчерпывающими. Когда его прерывали многочисленными вопросами, он всегда давал убедительные ответы, говоря по существу дела. Он никогда не прибегал к недостойным методам, сталкиваясь с постоянным давлением своих врагов, которые нападали на него, не чураясь никаких лживых, подлых и нечестных приемов.

Многим мужчинам и женщинам действительно приходится усердно заниматься каким-то определенным делом – профессией, которой они зарабатывают себе на жизнь; и тем не менее, весьма желательно, чтобы люди расширяли свое знакомство с существующей на земле жизнью в широком культурном диапазоне. Истинно образованные люди не могут не интересоваться жизнью и занятиями своих собратьев.

5. О ДОВОЛЬСТВЕ

Когда Иисус навещал группу евангелистов, работавших под началом Симона Зелота, на вечернем собрании Симон спросил Учителя: «Почему одни люди намного счастливее и довольнее других? Есть ли какая-нибудь связь между довольством и религиозным опытом?» Иисус ответил Симону, в частности, следующее:

«Симон, некоторые люди от природы счастливее других. Многое, очень многое зависит от желания человека подчиняться водительству живущего в нём духа Отца. Разве ты не читал в Писаниях слова мудреца: „Дух человека – светильник Господа, испытывающий все глубины сердца“? А также то, что такие ведо́мые духом смертные говорят: „Прекрасна доля, выпавшая мне; да, мое наследство восхитительно“. „То малое, что есть у праведника, лучше богатства многих нечестивых“, ибо „добрый человек насытится из недр своих“. „Веселое сердце делает лицо веселым, и у такого человека всегда пир. Лучше быть бедным и почитать Господа, чем быть богатым, но иметь несчастья. Лучше есть блюдо зелени там, где любовь, чем откормленного быка там, где ненависть. Лучше немного приобрести правдой, чем много – обманом“. „Веселое сердце благотворно, как лекарство“. „Лучше малое с довольством, чем изобилие с печалью и томлением духа“.

Причиной многих переживаний человека является крушение его честолюбивых замыслов и оскорбленная гордость. Конечно, люди должны сами стремиться сделать свою жизнь на земле как можно лучше, но если усилия человека были искренними, то он должен, не унывая, принять свою участь и воспользоваться своей изобретательностью, дабы извлечь как можно больше из того, что выпало на его долю. Слишком многие неприятности человека произрастают на почве страха, таящегося в его собственной душе. „Нечестивый бежит, когда никто за ним не гонится“. „ Нечестивцы – как бурливое море, которое не знает покоя, но воды которого поднимают грязь; нет мира нечестивым, говорит Бог“.

А потому ищите не ложного мира и мимолетной радости, а убежденности веры и уверенности богосыновства, которые приносят спокойствие, довольство и высшую радость в духе».

Иисус едва ли считал этот мир «долиной слез». Наоборот, он смотрел на него как на сферу рождения восходящих к Раю вечных и бессмертных духов, «долину создания души».

6. «СТРАХ ГОСПОДНИЙ»

Когда они были в Гамале, Филипп спросил Иисуса на вечернем собрании: «Учитель, почему Писания учат нас „бояться Господа“, в то время как ты хотел бы, чтобы мы взирали на небесного Отца без страха? Как нам согласовать эти учения?» И Иисус ответил Филиппу:

«Дети мои, меня не удивляет то, что вы задаете подобные вопросы. Вначале только страх мог научить человека благоговению, но я пришел раскрыть любовь Отца, чтобы привлечь вас к поклонению Вечному через пробуждение признательного встречного чувства в сыне в ответ на абсолютную и совершенную любовь Отца. Я хотел бы избавить вас от кабалы рабского страха, в объятиях которого вы подвергаете себя утомительному служению ревнивому и гневливому Богу-Царю. Я хотел бы рассказать вам, что Бог и человек связаны отношениями Отца и сына, чтобы с радостью вести вас к этому возвышенному небесному поклонению, – свободному поклонению любящему, справедливому и милосердному Богу-Отцу.

Выражение „страх Господний“ имело различные значения на протяжении последовательных эпох: от страха – через мучения и ужас – до трепета и благоговения. И теперь я хотел бы провести вас по восходящему пути от благоговения – через признание, осознание и благодарность – к *любви*. Когда человек признаёт только дела Божьи, он склоняется к страху перед Верховным; но когда человек начинает понимать и ощущать личность и характер живого Бога, он начинает всё больше любить такого благого и совершенного, всеобщего и вечного Отца. Именно в этом изменении отношения человека к Богу и заключается миссия Сына Человеческого на земле.

Разумным детям не нужно бояться своего отца, чтобы получать из его рук щедрые дары; однако уже получив в изобилии то, что было посвящено им отцовской любовью к своим сынам и дочерям, эти горячо любимые дети начинают любить своего отца с ответной признательностью и в благодарность за столь щедрое благодеяние. Благость Бога ведет к раскаянию; благодетельность Бога ведет к служению; милосердие Бога ведет к спасению; любовь же Бога ведет к разумному и чистосердечному поклонению.

Ваши предки боялись Бога, потому что он был могущественным и таинственным. Вы будете поклоняться ему, потому что он величествен в любви, великодушен в милосердии и славен в истине. Могущество Бога пробуждает в человеческом сердце страх, однако благородство и праведность его личности порождают благоговение, любовь и добровольное поклонение. Почтительный и любящий сын не боится и не содрогается от страха даже перед могущественным и благородным отцом. Я пришел в этот мир заменить страх любовью, горе – радостью, отчаяние – уверенностью, рабскую кабалу и бессмысленные обряды – любвеобильным служением и благодарным поклонением. Для тех же, кто всё еще сидит во тьме, остается верной истина: „Истоки мудрости – в страхе перед Господом“. Когда же свет становится ярче, Божьи сыны склоняются к прославлению Бесконечного за то, чем он *является*, вместо того, чтобы бояться его за то, что он *творит*.

Когда дети малы и неразумны, их приходится увещевать, чтобы они уважали своих родителей; но когда они вырастают и становятся в некотором роде более признательны за те блага, которые дает им родительская опека и защита, они, через разумное уважение и растущую привязанность, поднимаются на тот уровень опыта, на котором их любовь к родителям как таковым превышает любовь за то, что́ родители для них сделали. Для отца любовь к своему дитя естественна; дитя же должно раскрыть свою любовь к отцу, пройдя путь от страха перед тем, что́ может сделать отец, – через трепет, ужас, зависимость и благоговение, – к благодарной и нежной любви.

Вас учили, что вы должны „бояться Бога и соблюдать его заповеди, потому что в этом – весь долг человека“. Я же пришел дать вам новую и более высокую заповедь. Я хотел бы научить вас „любить Бога и учиться исполнять его волю, ибо такова высшая честь освобожденных Божьих сынов“. Ваших отцов учили „бояться Бога – Всемогущего Царя“. Я же учу вас: „Любите Бога – всемилостивого Отца“.

В царстве небесном, которое я пришел провозгласить, нет высокого и могущественного царя. Это царство представляет собой божественную семью. Всеобще признанным и безусловно почитаемым центром и главой этого обширного братства разумных существ является мой и ваш Отец. Я его Сын, и вы также его сыны. Поэтому извечной истиной является то, что вы и я суть братья на небесах, и это еще больше усиливается тем, что мы стали братьями во плоти в земной жизни. А потому перестаньте бояться Бога как царя или служить ему как хозяину; учитесь уважать его как Создателя; чтите его как Отца вашей духовной юности; люби́те его как милосердного защитника; и, наконец, поклоняйтесь ему как любящему и премудрому Отцу вашего более зрелого духовного осознания и признательности.

Из ваших неверных представлений о небесном Отце произрастают ложные идеи о смирении и в значительной мере ваше лицемерие. По своей природе и происхождению человек может быть тленным червем, но когда в него вселяется дух моего Отца, этот человек становится божественным в своем предназначении. Дух, посвященный моим Отцом, обязательно вернется к божественному источнику и вселенскому уровню своего происхождения, и вместе с божественным духом душа смертного человека, которая станет возрожденным дитя этого пребывающего в нём духа, обязательно взойдет к самому́ присутствию вечного Отца.

Смирение действительно к лицу смертному человеку, получающему все дары от небесного Отца, хотя всем таким верующим кандидатам на вечное восхождение в небесном царстве присуще божественное достоинство. Бессмысленные, рабские привычки показного и фальшивого смирения несовместимы с пониманием источника вашего спасения и осознанием участи вашей рожденной духом души. Смирение перед Богом совершенно уместно в глубине вашего сердца; скромность в отношениях с людьми похвальна; однако лицемерие нарочитой и показной покорности инфантильно и недостойно просвещенных сынов царства.

Вы правильно поступаете, смиряясь перед Богом и владея собой перед людьми, но пусть ваша кротость несет в себе духовное начало, вместо того чтобы являться насквозь лживой и эгоистической демонстрацией собственного превосходства. Слова пророка не случайны: „Живи смиренно перед Богом“, ибо хотя небесный Отец является Бесконечным и Вечным, он также пребывает „с теми, у кого кающийся разум и смиренный дух“. Мой Отец презирает гордыню, ненавидит лицемерие и питает отвращение к беззаконию. Именно для того, чтобы подчеркнуть значение искреннего и совершенного доверия к милосердной поддержке и преданному водительству небесного Отца, я столь часто ссылаюсь на малое дитя как пример отношения разума и реакции духа, столь существенных для вхождения смертного человека в духовные реальности небесного царства.

Пророк Иеремия хорошо описал многих смертных, сказав: „На словах вы близки к Богу, но сердцем далеки“. И разве не читали вы сурового предупреждения пророка, сказавшего: „Священники его учат за плату, и провидцы его гадают за деньги. А между тем они проповедуют благочестие и заявляют, что с ними

Господь“. Разве не предостерегали вас неоднократно против тех, кто „приветствует ближнего словами мира, в сердцах же замышляет только зло“, тех, чьи „речи льстивы, а сердце лживо“? Из всех мучений доверчивого человека самое страшное – быть „раненным в доме верного друга“».

7. ВОЗВРАЩЕНИЕ В ВИФСАИДУ

Посоветовавшись с Симоном Петром и получив одобрение Иисуса, Андрей велел Давиду послать из Вифсаиды гонцов к различным проповедническим группам с инструкциями завершить путешествие и вернуться в Вифсаиду в четверг, 30 декабря. В тот дождливый день все члены апостольской группы и проповедники евангелия собрались к ужину в доме Зеведея.

Все они провели субботу вместе, разместившись в домах Вифсаиды и соседнего Капернаума, после чего были отпущены на две недели, получив возможность побывать в своих семьях, навестить друзей или порыбачить. Два или три дня, проведенные ими вместе в Вифсаиде, действительно прошли в атмосфере приподнятости и воодушевления; даже более опытные учителя извлекли для себя пользу из рассказов молодых проповедников, делившихся своими впечатлениями.

Из 117 евангелистов, участвовавших в этом втором проповедническом путешествии по Галилее, лишь около семидесяти пяти выдержали практическое испытание и после двухнедельного отдыха были готовы к служению. Иисус, вместе с Андреем, Петром, Иаковом и Иоанном, оставался в доме Зеведея, уделяя много времени беседам, посвященным благополучию и расширению царства.

ДОКУМЕНТ 150

ТРЕТЬЕ ПРОПОВЕДНИЧЕСКОЕ ПУТЕШЕСТВИЕ

Вечером в воскресенье, 16 января 29 года н. э., Авенир и апостолы Иоанна прибыли в Вифсаиду и на следующий день встретились с Андреем и апостолами Иисуса. Авенир и его товарищи обосновались в Хевроне и время от времени посещали Вифсаиду для таких встреч.

Среди многих вопросов, рассмотренных на этом совместном совещании, была практика натирания больных специальным маслом при вознесении молитв об исцелении. Иисус в очередной раз отказался принять участие в их дебатах или высказать свое мнение относительно их выводов. Апостолы Иоанна всегда пользовались таким маслом, помогая больным и страждущим, и они пытались утвердить такую процедуру в качестве общей для обеих групп, однако апостолы Иисуса не захотели связывать себя подобным правилом.

Во вторник, 18 января, в доме Зеведея в Вифсаиде к двадцати четырем апостолам присоединилось около семидесяти пяти испытанных евангелистов для подготовки к началу третьего проповеднического путешествия по Галилее. Эта третья миссия продолжалась в течение семи недель.

Евангелисты были посланы группами по пять человек, в то время как бо́льшую часть времени Иисус и двенадцать путешествовали вместе, а когда того требовали обстоятельства, апостолы отправлялись по двое крестить верующих. В течение почти трех недель Авенир и его товарищи также трудились вместе с группами евангелистов, помогая им советами и крестя верующих. Они посетили Магдалу, Тивериаду, Назарет и все основные города и селения центральной и южной Галилеи – все места, где они побывали ранее, а также многие другие. Это была их последняя миссия в Галилее, не считая ее северных районов.

1. ЖЕНСКИЙ ЕВАНГЕЛИЧЕСКИЙ КОРПУС

Из всех дерзновенных поступков, совершенных Иисусом в течение своей земной жизни, наиболее поразительным было его внезапное объявление, сделанное вечером 16 января: «Завтра мы отберем десять женщин для служения делу царства». В начале двухнедельного периода, в течение которого апостолы и евангелисты, получив отпуск, отсутствовали в Вифсаиде, Иисус попросил Давида пригласить своих родителей вернуться домой и отправить гонцов, чтобы призвать в Вифсаиду десять благочестивых женщин, помогавших по хозяйству в бывшем лагере и палаточном лазарете. Все эти женщины прослушали наставления для молодых евангелистов, однако ни они сами, ни их учителя не догадывались о том, что Иисус решится поручить им проповедовать евангелие царства и ухаживать за больными. Этими десятью женщинами, выбранными и уполномоченными Иисусом, были: Сусанна – дочь бывшего хазана назаретской синагоги; Иоанна – жена Хузы, эконома Ирода Антипы; Елисавета – дочь богатого еврея из Тивериады и Сепфориса; Марфа – старшая сестра Андрея и Петра; Рахиль – свояченица Иуды, смертного брата Учителя; Насанта – дочь Элмана, сирийского врача; Милка – двоюродная сестра апостола Фомы; Руфь – старшая дочь Матфея Левия; Селта – дочь римского центуриона и Агаман – вдова из Дамаска. Впоследствии Иисус добавил к этой группе еще двух женщин – Марию Магдалину и Ревекку, дочь Иосифа Аримафейского.

Иисус поручил этим женщинам создать свою собственную организацию и распорядился, чтобы Иуда обеспечил их средствами для приобретения снаряжения и вьючных животных. Десять женщин избрали своим руководителем Сусанну, а казначеем – Иоанну. Начиная с этого времени, они сами пополняли свою казну; никогда более не обращались они за помощью к Иуде.

Это было совершенно поразительное зрелище – женщины, которых в те времена не допускали даже в основное помещение синагоги, ограничивая их женской галереей, признанные в качестве полномочных учителей нового евангелия царства. Наказ, данный Иисусом этим десяти женщинам, которых он избрал для служения и обучения евангелию, стал провозглашением эмансипации, освободившим всех женщин на все времена. Впредь мужчина не должен был смотреть на женщин как на более низкое в духовном отношении существо. Это было явным потрясением даже для двенадцати апостолов. Хотя они много раз слышали слова Учителя о том, что «в царстве небесном нет богатых или бедных, свободных или рабов, мужчин или женщин – все в равной мере являются Божьими сынами и дочерями», они были буквально ошеломлены, когда он предложил официально направить этих десятерых женщин в качестве религиозных учителей и даже позволить им путешествовать вместе с ними. Этот шаг взбудоражил всю страну, и враги Иисуса нажили на нём огромный капитал. Но повсюду женщины, уверовавшие в благую весть, решительно поддерживали своих избранных сестер и горячо одобряли это запоздалое признание положения женщины в религиозной деятельности. И это освобождение женщин, дававшее им должное признание, практиковалось апостолами сразу же после того как Учитель покинул этот мир, хотя последующие поколения вернулись к прежним обычаям. На заре христианской церкви женщины, являвшиеся учителями и священниками, назывались *диаконисами* и пользовались всеобщим признанием. Однако Павел, соглашаясь со всем в теории, так и не сделал это частью своего личного отношения и сталкивался с трудностями при осуществлении данных требований на практике.

2. ОСТАНОВКА В МАГДАЛЕ

Когда апостольская партия отправлялась из Вифсаиды, женщины шли последними. Во время собраний они всегда сидели единой группой впереди и справа от говорящего. Всё больше женщин начинало верить в евангелие царства, и поначалу, когда у них возникало желание поговорить с Иисусом или с кем-нибудь из апостолов, это было источником больших осложнений и нескончаемого смущения. Теперь всё это изменилось. Когда кто-нибудь из верующих женщин желал увидеть Учителя или поговорить с апостолами, они отправлялись к Сусанне и, в сопровождении одной из двенадцати женщин-евангелистов, сразу же принимались Учителем или одним из его апостолов.

Именно в Магдале женщины впервые продемонстрировали свою полезность и доказали, что их избрание было мудрым шагом. Андрей связал своих товарищей весьма строгими правилами относительно индивидуальной работы с женщинами, особенно с женщинами сомнительной репутации. Когда партия достигла Магдалы, эти десять женщин-евангелистов свободно посещали притоны и проповедовали благую весть непосредственно всем их обитателям. Помогая больным, эти женщины могли устанавливать близкие отношения с теми страждущими сестрами, которых они опекали. В результате служения в Магдале десяти женщин (впоследствии известных как двенадцать женщин), Мария Магдалина была обретена для царства. Череда несчастий, а также отношение благопристойного общества к женщинам, совершающим подобные ошибки, привели к тому, что она оказалась в одном из гнусных притонов Магдалы. Именно Марфа и Рахиль объяснили Марии, что двери царства открыты даже для таких, как она. Мария уверовала в благую весть и на следующий день была крещена Петром.

Мария Магдалина превратилась в наиболее успешного проповедника евангелия в этой группе из двенадцати женщин-евангелистов. Как и Ревекка, она была избрана для служения в Иотапате примерно через четыре недели после своего обращения. Мария и Ревекка, вместе с другими женщинами этой группы, были с Иисусом на протяжении всей его оставшейся жизни на земле, преданно и успешно трудясь во имя просвещения и возвышения своих попранных сестер. И несмотря на то что во время последнего и трагического эпизода земной драмы Иисуса все апостолы, кроме одного, бежали, эти женщины оставались на месте, и ни одна из них не отвергла и не предала его.

3. СУББОТА В ТИВЕРИАДЕ

По указанию Иисуса, Андрей поручил женщинам организацию субботних богослужений апостольской группы. Это, конечно, означало, что они не могли проводиться в новой синагоге. Женщины поручили заниматься этим Иоанне, и встреча состоялась в парадном зале нового дворца Ирода, поскольку сам Ирод находился в это время в перейском городе Юлии. Иоанна прочитала отрывки из Писаний, где говорилось о труде женщин в религиозной жизни Израиля, упомянув Мириам, Дебору, Эсфирь и других.

Поздним вечером Иисус выступил перед объединенной группой с памятной речью «О волшебстве и суевериях». В те дни появление яркой и якобы новой звезды считалось знаком рождения на земле великого человека. Поскольку незадолго до того была обнаружена такая звезда, Андрей спросил у Иисуса, есть ли основания для подобных верований. Давая развернутый ответ на вопрос Андрея, Учитель приступил к тщательному обсуждению всей проблемы людских суеверий. Сказанное Иисусом можно резюмировать на современном языке следующим образом:

1. Пути звезд на небесах никоим образом не связаны с событиями человеческой жизни на земле. Астрономия является достойным научным занятием, однако астрология – это скопище суеверных заблуждений, которым нет места в евангелии царства.

2. Исследование внутренних органов недавно убитого животного не может сообщить что-либо о погоде, будущих событиях или исходе человеческих дел.

3. Духи умерших не возвращаются назад для общения с живыми – своими семьями или бывшими друзьями.

4. Амулеты и реликвии неспособны излечивать заболевания, предохранять от несчастий или воздействовать на злых духов. Вера в такие материальные средства воздействия на духовный мир является не чем иным, как диким суеверием.

5. Хотя бросание жребия и может служить удобным способом разрешения многих мелких трудностей, оно не служит методом определения божественной воли. Такие результаты – всего лишь материальная игра случая. Единственный способ общения с духовным миром заключается в духовном даре человека – пребывающем в нём духе Отца, а также излитом духе Сына и вездесущем влиянии Бесконечного Духа.

6. Ворожба, волшебство и колдовство суть суеверия невежественных умов, равно как и заблуждения магии. Вера в магические числа, счастливые предзнаменования и дурные предвозвещения является чистым и необоснованным суеверием.

7. Толкование снов в значительной мере является суеверной и беспочвенной системой невежественных и фантастических спекуляций. Евангелие царства не должно иметь ничего общего со жрецами-прорицателями примитивной религии.

8. Добрые или злые духи не могут находиться в материальных символах из глины, дерева или металла; идолы являются всего лишь материалом, из которого они изготовлены.

9. Ритуалы заклинателей, чародеев, волшебников и колдунов берут свое начало в суевериях египтян, ассирийцев, вавилонян и древних хананеев. Амулеты и всевозможные магические формулы неспособны завоевать благорасположение добрых духов или уберечь от мнимых злых духов.

10. Иисус разоблачил и осудил их веру в чары, ордалии, колдовство, проклятия, приметы, корни мандрагоры, завязанную узлом веревку и все другие виды невежественных и порабощающих суеверий.

4. ОТПРАВКА АПОСТОЛОВ ПО ДВОЕ

На следующий вечер, собрав двенадцать апостолов, апостолов Иоанна и вновь назначенную группу женщин, Иисус сказал: «Вы сами видите: жатва предстоит великая, но мало работников. Так молите же Господина этой жатвы, чтобы послал побольше работников на поля. Пока я буду утешать и наставлять новых учителей, я хотел бы отправить опытных учителей по двое, чтобы они могли быстро обойти всю Галилею, проповедуя евангелие царства, пока этим еще можно заниматься в удобной и мирной обстановке». После этого он пожелал, чтобы они отправились в путь следующими парами: Андрей и Петр, Иаков и Иоанн Зеведеевы, Филипп и Нафанаил, Фома и Матфей, Иаков и Иуда Алфеевы, Симон Зелот и Иуда Искариот.

Иисус договорился о дне встречи двенадцати в Назарете и на прощание сказал: «Во время этого путешествия не входите в языческие города и в Самарию, а идите к заблудшим овцам дома Израиля. Проповедуйте евангелие царства и возвещайте спасительную истину о том, что человек есть сын Божий. Помните, что ученик не выше своего учителя, а слуга не выше своего господина. Ученик должен быть доволен, если уподобится своему учителю, а слуга должен быть доволен, если уподобится своему господину. Если некоторые люди посмели назвать главу дома пособником Вельзевула, не тем ли хуже назовут его домочадцев! Но вы не должны бояться этих неверующих врагов. Я заявляю вам, что нет ничего скрытого, что не будет раскрытым, и нет ничего тайного, что не станет явным. Тому, чему я учил вас в личных беседах, учите с мудростью открыто. То, что я раскрыл вам во внутренних покоях, в должное время вам предстоит возвещать с крыш домов. Говорю вам, мои друзья и ученики, не бойтесь тех, кто может убить ваше тело, но не в состоянии уничтожить душу; вместо этого доверьтесь Ему, способному поддержать тело и спасти душу.

Разве не продают двух воробьев за медный грош? Однако я заявляю, что ни один из них не забыт в глазах Божьих. Разве вы не знаете, что даже волосы на ваших головах сосчитаны? Так не бойтесь: вы намного ценнее, чем множество воробьев. Не стыдитесь моего учения; идите в путь, возвещая мир и добрую волю, но не обманывайтесь: не всегда ваша проповедь будет нести мир. Я пришел, чтобы принести на землю мир, но когда люди отвергают мой дар, то получают вражду и смятение. Когда вся семья принимает евангелие царства, в таком доме воистину воцаряется мир; когда же одни члены семьи вступают в царство, а другие отвергают евангелие, то такая рознь ведет только к горю и печали. Ревностно трудитесь над спасением всей семьи, чтобы врагами человека не стали его домашние. Но если вы сделали всё, что могли, для всех в каждой семье, то я заявляю вам, что тот, кто любит отца или мать больше этого евангелия, недостоин царства».

Выслушав эти слова, двенадцать собрались в путь. И в очередной раз они увиделись друг с другом только в Назарете, куда согласно решению Иисуса они пришли для встречи с Учителем и другими учениками.

5. ЧТО МНЕ ДЕЛАТЬ, ЧТОБЫ СПАСТИСЬ?

Однажды вечером в Сунеме, после того как апостолы Иоанна вернулись в Хеврон, а апостолы Иисуса были попарно отправлены в путь, Иисус учил группу, состоявшую из двенадцати новых евангелистов, трудившихся под руководством Иакова, и двенадцати женщин. Рахиль задала Иисусу вопрос: «Учитель, что отвечать нам, когда женщины спрашивают у нас: „Что мне делать, чтобы спастись?"» В ответ Иисус сказал:

«Когда мужчины и женщины спрашивают, чтó им следует делать для спасения, вы должны отвечать: верьте в это евангелие царства; примите божественное прощение. Через веру осознайте пребывающего в вас духа Божьего, принятие которого сделает вас сыном Божьим. Разве не читали вы в Писаниях то место, где сказано: „В Господе моя праведность и сила"? А также то место, где Отец говорит: „Праведность моя близка; скоро я вас спасу, и власть моя обнимет мой народ". „Радоваться будет моя душа в любви Божьей, ибо он дал мне одежды спасения, в ризы праведности одел меня". Разве вы также не читали об Отце, что нарекут имя ему: „Господь – праведность наша". „Снимите с него грязные отрепья самодовольства и облеките моего сына в одеяние божественной праведности и вечного спасения". Извечна истина о том, что „справедливые верой будут живы". Вход в царство Отца свободен, однако для продолжения пребывания в царстве совершенно необходим прогресс – рост в благодати.

Спасение есть дар Отца, раскрываемый его Сынами. С вашей стороны, принятие спасения через веру приобщает вас к божественной сущности, делает вас сыном или дочерью Бога. Вера оправдывает вас; вера спасает вас; и та же самая вера вечно движет вас по пути постепенного обретения божественного совершенства. Вера оправдала Авраама и позволила ему осознать спасение благодаря учениям Мелхиседека. Веками та же самая вера спасала сынов человеческих, однако ныне Сын пришел от Отца, чтобы сделать спасение более реальным и приемлемым».

Когда Иисус умолк, все, кто слышал его благодатные слова, чрезвычайно обрадовались, и в последующие дни они с новой силой, с удвоенной энергией и энтузиазмом продолжали возвещать евангелие царства. И женщины возрадовались вдвойне, ибо узнали, что и они участвуют в планах установления царства на земле.

Подводя итог, Иисус сказал: «Вы не можете купить спасение; вы не можете заработать праведность. Спасение – это Божий дар, а праведность – естественный плод рожденного в духе и вступившего в царство Божьего сына. Не потому спасетесь вы, что живете праведной жизнью; наоборот: вы живете праведной жизнью потому, что уже спасены, признали сыновство как дар Божий и служение в царстве как высшее наслаждение в жизни на земле. Когда люди поверят в это евангелие, которое является откровением Божьей благости, они будут побуждаться к добровольному покаянию во всех известных грехах. Осознание сыновства несовместимо с желанием грешить. Верующие в царство жаждут праведности и стремятся к божественному совершенству».

6. ВЕЧЕРНИЕ УРОКИ

На вечерних беседах Иисус говорил на многие темы. За оставшееся время, до того как они собрались в Назарете, он обсудил такие темы, как «Божья любовь», «Сны и видения», «Злоба», «Смиренность и кротость», «Мужество и верность», «Музыка и поклонение», «Служение и послушание», «Гордость и высокомерие», «Прощение в отношении к покаянию», «Мир и совершенство», «Злословие и зависть», «Зло, грех и искушение», «Сомнения и неверие», «Мудрость и поклонение». Ввиду отсутствия старших апостолов, младшие группы мужчин и женщин более активно участвовали в этих беседах с Учителем.

Проведя два-три дня с одной группой из двенадцати евангелистов, Иисус шел дальше, чтобы присоединиться к другой группе, узнавая о местонахождении и перемещениях всех этих тружеников от гонцов Давида. Поскольку для женщин это путешествие было первым, они проводили бóльшую часть времени с Иисусом. Благодаря гонцам, каждая из групп обладала исчерпывающей информацией о ходе путешествия, и известия о других группах всегда служили источником воодушевления для этих удаленных друг от друга и разлученных тружеников.

До того как расстаться, было условлено, что двенадцать апостолов, вместе с евангелистами и женским корпусом, соберутся в Назарете для встречи с Учителем в пятницу, 4 марта. Соответственно, к этому времени различные группы апостолов и евангелистов начали стекаться со всех районов центральной и южной Галилеи в Назарет. К вечеру Андрей и Петр, прибывшие последними, достигли лагеря, расположенного на холмах к северу от города и разбитого теми, кто прибыл раньше других. Для Иисуса это было первым посещением Назарета с тех пор, как он приступил к своему общественному служению.

7. В НАЗАРЕТЕ

В эту пятницу, пополудни, Иисус шел по Назарету; никто не обращал на него внимания, никто его не узнавал. Он миновал дом, где прошло его детство, столярную мастерскую и провел полчаса на холме, где он так любил бывать подростком. Со дня крещения Иоанном в Иордане Сын Человеческий не испытывал такого наплыва человеческих эмоций, всколыхнувших его душу. Спускаясь с холма, он услышал знакомые звуки трубы, оповещающей о заходе солнца, – трубы, которую он столько раз слышал мальчиком, подрастая в Назарете. Прежде чем вернуться в лагерь, он прошел мимо синагоги, где он учился в школе, и в его памяти всплывали многочисленные воспоминания детства. Ранее в тот же день Иисус послал Фому договориться с начальником синагоги о выступлении с проповедью на утреннем субботнем богослужении.

Назаряне никогда не славились благочестием и праведностью. С годами это селение всё больше заражалось низкими моральными устоями соседнего Сепфориса. В течение всей юности и отрочества Иисуса назаряне расходились во мнениях о нем; многие были возмущены его переездом в Капернаум. Хотя жители Назарета много слышали о деяниях своего бывшего плотника, их оскорбило то, что он не включил родное селение ни в одно из своих предыдущих проповеднических путешествий. Конечно, они знали о славе Иисуса, однако большинство горожан было недовольно тем, что он не совершил ни одного из своих чудес в городе своей юности. Уже многие месяцы назаряне обсуждали Иисуса, но в целом их мнения о нём были неблагоприятными.

Поэтому вернувшегося домой Учителя ждал не теплый прием, а атмосфера откровенной вражды и ожесточенной критики. Но это было не всё. Зная, что он собирается провести субботу в Назарете, и ожидая, что он выступит в синагоге, его враги наняли много грубых и неотесанных мужчин, которые должны были досаждать ему и чинить всяческие неприятности.

Большинство старших друзей Иисуса, включая не чаявшего в нём души хазана – его учителя в юные годы, – либо умерли, либо покинули Назарет, а молодое поколение, снедаемое глубокой ревностью, было склонно возмущаться его славой. Они уже не помнили его былой преданности семье отца и жестоко критиковали его за то, что он не навещал своего брата и замужних сестер, живших в Назарете. Отношение к Иисусу со стороны его семьи также подогревало эти недобрые чувства среди горожан. Ортодоксальные евреи позволили себе осуждать Иисуса даже за то, что в это субботнее утро он слишком быстрым шагом шел в синагогу.

8. СУББОТНЕЕ БОГОСЛУЖЕНИЕ

В ту субботу выдался прекрасный день, и весь Назарет, как друзья, так и враги, отправились в синагогу послушать своего бывшего земляка. Многим из апостольского окружения пришлось остаться за стенами синагоги, которая не смогла вместить всех желающих. Юношей Иисус часто выступал в этом храме, и в то утро, когда начальник синагоги передал ему свиток со священными письменами для прочтения отрывка из Писаний, никто из присутствовавших, казалось, не вспомнил, что это был тот самый манускрипт, который Иисус подарил этой синагоге.

В тот день богослужение проводилось точно так же, как и в те времена, когда Иисус приходил сюда мальчиком. Вместе с начальником синагоги он поднялся на кафедру, и служба началась с произнесения двух молитв: «Благословен Господь, Царь мира, образующий свет и творящий тьму, создающий мир и сотворяющий всё; кто, в милосердии своем, дает свет земле и тем, кто пребывает на ней в благости, день за днем и каждый день, возрождает чудеса творения. Благословен Господь наш Бог за славу его творений и за светила, льющие свет и сотворенные им для похвалы своей. Селах. Благословен Господь наш Бог, образовавший светила».

После короткой паузы они произнесли вторую молитву: «Велика любовь, которую Господь наш Бог неизменно являет нам; огромно сострадание, переполняющее сердце Отца и Царя, жалеющего нас во имя наших отцов, которые верили ему. Ты научил их уставам жизни; будь милостив к нам и научи нас. Просвети глаза наши законом; побуди сердца наши хранить верность твоим заповедям; соедини сердца наши в любви и страхе пред твоим именем, и да не устыдимся до скончания века. Ибо ты Бог, дающий спасение, и ты избрал нас из всех наций и языков, и в истине привел нас к своему великому имени, – слава тебе, – дабы с любовью возносили мы хвалу твоему единству. Благословен Господь, в любви избравший свой народ Израиля».

Затем собравшиеся произнесли шему – еврейский символ веры. Этот ритуал заключался в повторении многочисленных отрывков из закона и означал, что молящиеся принимали на себя бремя небесного царства, равно как и бремя заповедей применительно к дневному и ночному времени.

После этого была прочитана третья молитва: «Воистину ты – Ягве, наш Бог и Бог наших отцов; наш Царь и Царь наших отцов; наш Спаситель и Спаситель наших отцов; наш Создатель и оплот нашего спасения; наша помощь и наш освободитель. Имя твое предвечно, и нет Бога иного, кроме тебя. Новыми песнями воспевали на берегу твое имя те, кому ты даровал избавление; в один голос прославляли они тебя и называли своим Царем, говоря: Ягве владыкой будет в мире бескрайнем. Благословен Господь, спасающий Израиль».

Затем начальник синагоги занял свое место перед ковчегом – то есть сундуком, где хранились священные письмена, – и приступил к чтению девятнадцати благодарственных молитв, или благодарений. Однако в данном случае было желательно сократить службу, чтобы у высокого гостя осталось больше времени на свое выступление; поэтому были прочитаны только первое и последнее благодарения. Первое звучало так: «Благословен Господь наш Бог и Бог наших отцов – Бог Авраама, и Бог Исаака, и Бог Иакова; великий, могучий и грозный Бог, который являет милосердие и доброту, который всё сотворяет, который помнит благодатные обещания, данные нашим отцам, и приводит спасителя к детям их детей во имя свое, в любви. О Царь, помощник, спаситель и защитник! Благословен ты, о Ягве, защитник Авраама».

Затем прозвучало последнее благодарение: «Одари же свой народ Израиля великим вечным миром, ибо ты – Царь и Господь всякого мира. Угодно тебе благословлять Израиль миром во все времена и во всякий час. Благословен ты, Ягве, благословляющий миром свой народ Израиля». Пока начальник синагоги читал благодарения, собравшиеся не смотрели на него. Вслед за благодарениями он произнес подобающую для данного случая молитву в свободной форме, и когда он закончил ее, все собравшиеся отозвались дружным «аминь».

После этого хазан подошел к ковчегу и вынул свиток, который он передал Иисусу, чтобы тот прочитал отрывок из Писаний. Обычно приглашалось семь человек, читавших не менее трех стихов из закона, однако в данном случае этот обычай был нарушен, чтобы позволить гостю прочитать выбранный им самим отрывок. Взяв свиток, Иисус встал и начал читать из Второзакония: «Ибо заповедь, которую я даю вам сегодня, не скрыта от тебя и не далека. Эта заповедь – не на небе, и вы не можете сказать: „Кто поднимется ради нас на небеса и принесет ее нам, чтобы мы услышали и исполняли ее?“ Эта заповедь не на другом краю света, и вы не можете сказать: „Кто для нас пересечет море и принесет ее нам, чтобы мы услышали и исполняли ее?“ Нет, это слово жизни очень близко к вам – прямо перед вами и в ваших сердцах, чтобы вы могли знать его и подчиняться ему».

Закончив читать из закона, он перешел к Исайе и продолжал: «Дух Господа на мне, ибо он избрал меня благовествовать нищим. Он послал меня возвещать свободу пленным и прозрение слепым, освобождать мучеников и проповедовать благоприятный Господний год».

Иисус закрыл книгу и, отдав ее начальнику синагоги, сел и обратился к людям с речью. Он начал ее словами: «Ныне свершилось писание это». И затем в течение почти пятнадцати минут Иисус говорил о «Сынах и Дочерях Божьих». Многим понравилась его речь, и они восхищались его благодатными словами и мудростью.

Обычно после официальной части богослужения выступающий оставался в синагоге, чтобы те, кто хотел, могли задать свои вопросы. Так и в это субботнее утро Иисус сошел с кафедры в толпу, и люди устремились к нему с вопросами. Среди них было много скандальных личностей, затевавших недоброе, а по краям толпы сновали выродки, нанятые чинить Иисусу неприятности. Многие ученики и евангелисты, не попавшие в синагогу, устремились теперь внутрь и быстро поняли, что назревают неприятности. Они попытались увести Учителя, но он отказался уйти с ними.

9. НАЗАРЕТ ОТВЕРГАЕТ ИИСУСА

В синагоге Иисус оказался окруженным огромной толпой врагов и горсткой своих последователей, и в ответ на их грубые вопросы и зловещие насмешки он, полушутя, ответил: «Да, я сын Иосифа; я тот самый плотник, и меня не удивляет, что вы напоминаете мне пословицу „врач, исцели самого себя“ и требуете от меня совершить в Назарете то, что, как вы слышали, я совершал в Капернауме; но я призываю вас в свидетели сказанного еще в Писаниях: „Не бывает пророк без чести – разве только в своей родной стране и среди своего народа“».

Однако они напирали на него, обвиняюще тыча в него пальцами и говоря: «Ты считаешь себя лучше жителей Назарета; ты уехал отсюда, хотя твой брат – простой труженик, а сестры по-прежнему живут среди нас. Мы знаем твою мать, Марию. Где они сегодня? О тебе сказывают диковинное, но мы видим, что, вернувшись в родные места, ты не творишь чудес». Иисус ответил им: «Я люблю людей, живущих в городе, где я вырос, и я был бы рад, если бы все вы могли войти в царство небесное, но не мне решать за Бога, как ему действовать. Благодать преобразует в ответ на живую веру тех, кто ее получает».

Иисус смог бы добродушно совладать с толпой и успешно умиротворить даже самых агрессивных своих врагов, если бы не тактический просчет одного из апостолов – Симона Зелота, который, вместе с молодым евангелистом Нагором, собрал в толпе группу друзей Иисуса и воинственно потребовал от врагов Учителя, чтобы те убирались вон. Иисус уже давно внушал апостолам, что кроткий ответ смиряет гнев, однако его последователи не привыкли к тому, что с их любимым наставником, которого они столь охотно называют Учителем, обращаются с такой грубостью и пренебрежением. Это было уже слишком; они не смогли сдержать своего страстного и бурного негодования, чем только пробудили инстинкт толпы в этом сборище дикарей и безбожников. Возглавляемые наемными бродягами, эти негодяи схватили Иисуса, выволокли его из синагоги и подтащили к краю находившегося поблизости крутого холма, намереваясь сбросить его вниз, где он разбился бы насмерть. Но когда они уже были готовы столкнуть его с обрыва, Иисус внезапно обернулся к своим захватчикам и, глядя на них, спокойно сложил руки на груди. Он не произнес ни слова, однако его друзья онемели от изумления, когда он двинулся вперед и толпа расступилась перед ним, позволив ему пройти невредимым.

В сопровождении своих учеников Иисус проследовал в лагерь, где они обсудили всё происшедшее. В тот же вечер, выполняя распоряжение Иисуса, они приготовились ранним утром следующего дня вернуться в Капернаум. Эта бурная концовка третьего проповеднического путешествия отрезвила всех последователей Иисуса. Они начали понимать смысл некоторых его учений; они начали осознавать, что царство придет только через многие страдания и горькие разочарования.

Они покинули Назарет тем воскресным утром и, следуя разными путями, собрались в Вифсаиде к полудню в четверг, 10 марта. И они представляли собой не отряд победоносных, полных энтузиазма и преодолевающих любые преграды проповедников, а группу трезвых, серьезных и лишенных иллюзий учителей евангелия истины.

ДОКУМЕНТ 151

ВРЕМЯ ОЖИДАНИЯ И ОБУЧЕНИЯ У МОРЯ

К 10 марта все группы учителей и проповедников вновь собрались в Вифсаиде. В четверг вечером и в пятницу многие из них выходили в море порыбачить, а в субботу днем они посетили синагогу, чтобы послушать выступление престарелого дамасского еврея о славе отца евреев, Авраама. Бóльшую часть этого субботнего дня Иисус провел в одиночестве в горах. В тот же день вечером Учитель больше часа говорил собравшимся группам о «смысле превратностей судьбы и духовной ценности разочарования». Это стало достопамятным событием, и его слушатели никогда не забывали полученных от него наставлений.

Иисус всё еще переживал горечь недавнего отвержения в Назарете; апостолы заметили в его неизменно бодром расположении духа примесь своеобразной печали. Бóльшую часть времени с ним были Иаков и Иоанн, ибо Петр был перегружен многочисленными обязанностями, связанными с заботой о новом корпусе евангелистов и управлением его деятельностью. В ожидании отбытия в Иерусалим на Пасху женщины посещали домá, учили евангелию и помогали больным в Капернауме, а также окрестных городах и селах.

1. ПРИТЧА О СЕЯТЕЛЕ

Примерно в это же время Иисус впервые начал пользоваться притчами как методом обучения народа, столь часто собиравшегося вокруг него. Из-за того, что он проговорил с апостолами и остальными далеко за полночь, мало кто поднялся в это воскресное утро к завтраку. Поэтому Иисус в одиночестве отправился на берег и сел в лодку. Здесь, в старой рыбацкой лодке Андрея и Петра, всегда находившейся в его распоряжении, он обдумывал дальнейшие шаги по расширению царства. Однако уединение Учителя было недолгим. Вскоре сюда стали прибывать люди из Капернаума и окрестных сел, и к десяти часам утра на берегу перед лодкой Иисуса собралось около тысячи человек, шумно требовавших внимания. К тому времени Петр был уже на ногах. Пробравшись к лодке, он спросил у Иисуса: «Учитель, поговорить мне с ними?» Но Иисус ответил: «Не надо, Петр, я расскажу им одну историю». И тогда Иисус начал рассказывать притчу о сеятеле – одну из первых в длинном ряду таких притч, которыми он наставлял следовавшие за ним толпы. В этой лодке было высокое сиденье, на котором он сидел (ибо обычно учителя говорили сидя), обращаясь к собравшейся на берегу толпе. После краткого вступительного слова Петра Иисус сказал:

«Вышел сеятель сеять, и когда разбрасывал семена, некоторые упали возле дороги и были втоптаны в землю и склеваны птицами. Другие семена попали на каменистую почву, где не было достаточно земли, и вскоре проросли, ибо слой земли там был неглубокий. Но как только засияло солнце, они завяли, так как у них не было корней, которые питали бы их влагой. Другие семена упали среди колючек, и когда колючки выросли, они заглушили ростки, так что те не дали зерна. А иные семена упали на благодатную почву. Они пустили ростки и стали плодоносить и принесли урожай, дав в тридцать, в шестьдесят и в сто раз больше того, что было посеяно». И, рассказав эту притчу, он сказал народу: «Имеющий уши да услышит».

Апостолы и их спутники были чрезвычайно озадачены манерой, в которой Иисус учил людей. Они долго обсуждали это между собой, а вечером, в саду у дома Зеведея, Матфей спросил у Иисуса: «Учитель, в чём смысл загадочных высказываний, с которыми ты обращаешься к народу? Почему ты предлагаешь притчи тем, кто ищет истину?» И Иисус ответил:

«Всё это время я терпеливо наставлял вас. Вам дано знать тайны царства небесного, однако отныне непрозорливым толпам и тем, кто стремится погубить нас, тайны царства будут выражаться в виде притчей. И мы будем поступать так для того, чтобы те, кто действительно желает войти в царство, могли постичь смысл учения и обрести спасение, в то время как те, кто слушает только для того, чтобы заманить нас в ловушку, были бы еще больше сбиты с толку – они будут смотреть, но не увидят, будут слушать, но не услышат. Дети мои, разве не понимаете вы закон духа, который гласит: тому, у кого есть, будет дано, и будет у него предостаточно; у того же, у кого нет, заберут и то, что́ у него есть? Поэтому отныне я буду говорить с людьми в основном притчами, дабы наши друзья и те, кто желает знать истину, могли обрести то, что они ищут, в то время как наши враги и те, кто не любит истину, слушали бы, не разумея, что́ слышат. Многие из этих людей не идут путем истины. Именно такие непрозорливые души имел в виду пророк, когда сказал: „Ибо огрубело сердце этого народа; их уши не слышат, и глаза их закрыты, чтобы не видеть истину и не понимать ее сердцем“».

Апостолы не поняли всего смысла слов Учителя. Пока Андрей и Фома продолжали говорить с Иисусом, Петр и остальные апостолы перешли в другую часть сада, где приступили к откровенной и длительной дискуссии.

2. ТОЛКОВАНИЕ ПРИТЧИ

Петр и собравшаяся вокруг него группа пришли к заключению, что притча о сеятеле является аллегорией, каждый элемент которой заключает в себе скрытый смысл, и решили пойти к Иисусу за объяснением. Поэтому Петр подошел к Учителю и сказал: «Мы неспособны проникнуть в смысл этой притчи, и мы желаем, чтобы ты объяснил ее нам, ибо ты сказал, что нам дано знать тайны царства». Услышав эти слова, Иисус сказал: «Сын мой, я ничего не хочу утаивать от вас, но что, если вначале вы расскажете мне, о чём вы говорили; каково ваше толкование этой притчи?»

На мгновение наступила тишина, а затем Петр сказал: «Учитель, мы много говорили об этой притче, и вот толкование, к которому я пришел. Сеятель – это проповедник царства, семя – слово Божье. Семена, упавшие у дороги, означают тех, кто не понимает евангельского учения. Птицы, которые похитили семена, упавшие на твердую землю, означают Сатану, или лукавого, похищающего посеянное в сердцах невежд. Семена, упавшие на каменистую почву и быстро взошедшие, означают тех поверхностных и легкомысленных людей, которые, услышав благую весть, принимают ее с радостью; однако из-за того, что истина не укореняется в глубоком понимании, их рвение оказывается недолговечным перед лицом испытаний и гонений. Когда приходит беда, эти верующие спотыкаются; соблазненные, они отступают. Семена, упавшие среди колючек, означают тех, кто с готовностью слушает проповедь, но позволяет мирской суете и обольщению богатства заглушить слово истины, которое становится бесплодным. Семена же, попавшие в благодатную почву, взошедшие и принесшие урожай, – одни в тридцать раз, другие в шестьдесят раз, а иные в сто раз, – означают тех, кто, услышав истину, принимает

ее с разной мерой понимания ввиду различных интеллектуальных способностей, что проявляется в различной мере религиозного опыта».

Выслушав толкование притчи, предложенное Петром, Иисус спросил у других апостолов, нет ли у них своих предложений. Только Нафанаил откликнулся на это приглашение. Он сказал: «Учитель, хотя я понимаю, что в том толковании притчи, которое предложил Симон Петр, есть много хорошего, я не полностью согласен с ним. Вот как я понимаю притчу. Семена означают евангелие царства, сеятель – посланников царства. Семена, упавшие у дороги на твердую землю, означают тех, кто мало что слышал о евангелии, а также тех, кто равнодушен к этой проповеди и ожесточил свое сердце. Птицы, которые склевали упавшие у дороги семена, означают образ жизни людей, соблазны зла и желания плоти. Семена, упавшие меж камней, – это те эмоциональные души, которые быстро принимают новое учение и столь же быстро отказываются от истины, столкнувшись с трудностями и реальностями жизни, соответствующей этой истине; им не хватает духовного постижения. Семена, упавшие среди колючек, означают тех, кого привлекают истины евангелия: они хотели бы следовать его учениям, но им мешает упоенность собственной жизнью, ревность, зависть и перипетии человеческого существования. Те семена, которые упали на добрую почву и приносят плоды – одни в тридцать раз, другие в шестьдесят раз, а иные в сто раз, – означают различную природную способность мужчин и женщин, в разной мере наделенных духовным озарением, понять истину и отозваться на ее духовные учения».

Когда Нафанаил умолк, среди апостолов и их товарищей разгорелся серьезный спор. Вспыхнули жаркие дебаты: некоторые отстаивали правильность толкования, предложенного Петром, в то время как почти столько же спорящих защищали объяснение Нафанаила. Тем временем Петр и Нафанаил перешли в дом, где продолжили настойчивые и решительные попытки переубедить друг друга.

Учитель позволил этим разногласиям достичь апогея; после этого он хлопнул в ладоши и подозвал их к себе. Когда все снова собрались вокруг него, он сказал: «Прежде чем я расскажу вам об этой притче, хотел бы кто-нибудь из вас что-либо добавить?» На мгновение наступила тишина, после чего Фома произнес: «Да, Учитель, я хотел бы сказать несколько слов. Я помню, что когда-то ты предупреждал нас опасаться именно этого. Ты говорил нам, что примеры, которыми мы пользуемся в своих проповедях, должны быть подлинными историями, а не выдумками, и что мы должны выбирать историю, наилучшим образом иллюстрирующую одну центральную и важнейшую истину, которую мы хотели бы раскрыть людям, и что использовав так свой рассказ, мы не должны пытаться извлечь духовный смысл из всех его второстепенных деталей. Я считаю, что и Петр, и Нафанаил ошибаются в своих толкованиях данной притчи. Я восхищаюсь их способностью предлагать свои толкования, однако я точно так же уверен в том, что любые попытки извлечь духовные аналогии из всех элементов притчи, заимствованной из природы, могут только привести к путанице и серьезному искажению понимания истинной цели такой притчи. Моя правота полностью подтверждается тем, что если час назад все мы были единодушны, то сейчас мы разделились на две группы, придерживающиеся различных мнений по поводу этой притчи, – причем мы столь ревностно отстаиваем свои взгляды, что это, по-моему, не дает нам возможности до конца осознать великую истину, которую ты имел в виду, когда рассказывал народу эту притчу и впоследствии просил нас высказать о ней свое мнение».

После слов Фомы все притихли. Он заставил их вспомнить, чему их учил Иисус в предыдущих случаях, и прежде, чем Иисус продолжил говорить, Андрей

встал и сказал: «Я уверен в том, что Фома прав, и я хотел бы, чтобы он рассказал нам, какой смысл он придает притче о сеятеле». Иисус кивком дал знак Фоме продолжать, и тот сказал: «Братья мои, я не хотел затягивать это обсуждение, однако если вы того желаете, я скажу следующее: я полагаю, эта притча прозвучала для того, чтобы научить нас одной великой истине. И истина эта состоит в том, что сколь бы преданно и действенно мы ни выполняли наше божественное поручение, наше обучение евангелию царства будет сопровождаться переменным успехом; и что все такие различия в результатах объясняются непосредственно теми условиями, которые заключены в обстоятельствах нашего служения, – обстоятельствах, почти или полностью нам неподвластных».

Когда Фома умолк, большинство его товарищей-проповедников были почти уже готовы согласиться – даже Петр и Нафанаил устремились к нему, чтобы поговорить с ним, – но тут Иисус поднялся и сказал: «Молодец, Фома; ты проник в истинный смысл притч; однако и Петр, и Нафанаил принесли всем вам не меньшую пользу, ибо показали всю опасность попыток превращать мои притчи в аллегории. В своей душе вы можете с пользой для себя давать волю умозрительным фантазиям, но вы совершаете ошибку, когда стремитесь использовать такие выводы в своих публичных уроках».

Теперь, когда напряжение спало, Петр и Нафанаил поздравили друг друга со своими толкованиями и, за исключением близнецов Алфеевых, каждый из апостолов попытался предложить собственное объяснение притчи о сеятеле, прежде чем удалиться на покой. Даже Иуда Искариот предложил весьма правдоподобное толкование. Двенадцать часто пытались истолковать между собой притчи Учителя в качестве аллегорий, но они уже никогда не воспринимали такие рассуждения всерьез. Этот вечер принес апостолам и их товарищам огромную пользу, тем более что с этого времени Иисус всё чаще использовал притчи в своих публичных проповедях.

3. ЕЩЕ О ПРИТЧАХ

Апостолам настолько понравились притчи, что весь следующий вечер был посвящен дальнейшему их обсуждению. Иисус открыл вечернюю беседу словами: «Мои возлюбленные, когда вы учите, всегда принимайте во внимание конкретных людей, дабы приспособить излагаемую истину к тем умам и сердцам, которые внимают вам. Когда вы стоите перед толпой людей, обладающих различными интеллектуальными способностями и темпераментом, вы не можете обращаться с отдельной речью к каждому из типов слушающих, однако вы можете рассказать историю, передающую смысл вашего учения. И каждая группа, даже каждый индивидуум, будут способны по-своему истолковать вашу притчу соответственно своим интеллектуальным и духовным способностям. Пусть светит ваш огонь, но делать это нужно мудро и осмотрительно. Никто, зажигая светильник, не покрывает его сосудом и не прячет под кровать; наоборот, его ставят на подставку, чтобы все могли видеть свет. Позвольте сказать вам: нет ничего тайного в царстве небесном, что не сделается явным; и нет ничего скрываемого, что не станет когда-нибудь известным. Со временем на всё это будет пролит свет. Думайте не только о народе – как он слышит истину; будьте внимательны и к себе – к тому, как слышите вы. Помните то, о чём я говорил вам много раз: тот, кому дано, получит еще больше; у того же, кому не дано, отнимется и то, что́, как он считает, у него есть».

На современном языке, дальнейшее обсуждение притч и новые наставления относительно их толкования можно вкратце выразить следующим образом:

1. Иисус не советовал пользоваться баснями или аллегориями при обучении евангельским истинам. Однако он рекомендовал широко использовать притчи, в особенности притчи, заимствованные из природы. Он отметил ценность использования *аналогии*, существующей между природным и духовным мирами, как средством обучения истине. Он часто называл мир природы «нереальной и ускользающей тенью духовных реальностей».

2. Иисус рассказал три-четыре притчи из священных книг иудеев, обратив внимание на то, что этот прием обучения не является чем-то новым. Тем не менее, он стал практически новым методом обучения в том виде, в каком Иисус использовал его с этого времени.

3. Объясняя апостолам ценность притч, Иисус обратил их внимание на несколько аспектов:

Притча позволяет одновременно обращаться к совершенно различным уровням разума и духа. Притча стимулирует воображение, требует проницательности и побуждает к критическому мышлению; она поощряет отзывчивость, не вызывая антагонизма.

Притча отталкивается от известных вещей и ведет к постижению неизвестного. Притча использует материальное и природное в качестве средства для знакомства с духовным и сверхматериальным.

Притчи помогают принятию непредвзятых нравственных решений. Притча обходит многие предрассудки и милосердно внедряет в сознание новую истину, причем всё это сопровождается минимальной самозащитой возмущенного сознания.

Для того чтобы отвергнуть истину, заключенную в метафорической аналогии, требуется сознательное интеллектуальное действие, осуществляемое вопреки чистосердечному суждению и честному решению слушающего. Действуя через слух, притча заставляет задуматься.

Использование иносказательной формы обучения позволяет учителю знакомить с новыми и даже поразительными истинами и в то же время в значительной мере избегать полемики и внешних столкновений с традицией и признанными авторитетами.

Преимущество притчи заключается также в том, что она укрепляет в памяти истину при последующем столкновении с уже знакомыми эпизодами.

Так Иисус стремился познакомить своих последователей со многими из причин, лежащих в основе его практики всё более широкого использования иносказаний в своем публичном обучении.

Ближе к концу вечернего урока Иисус впервые прокомментировал притчу о сеятеле. Он сказал, что в притче говорится о двух вещах. Во-первых, она представляет собой анализ его собственного служения до того времени и прогноз – что может ожидать его в будущем в оставшийся период его земной жизни. Во-вторых, она является также намеком на то, что́ могут ожидать от своего служения апостолы и другие посланники царства с течением времени, по мере того как одно поколение будет приходить на смену другому.

Иисус обращался к притчам также как к лучшему возможному опровержению преднамеренных попыток религиозных лидеров Иерусалима внушить народу, что весь его труд осуществляется с помощью бесов и князя дьяволов. Обращение к природе разрушало такие утверждения, ибо в то время люди рассматривали все естественные явления как результат прямого воздействия духовных существ и сверхъестественных сил. Кроме того, он решил воспользоваться этим методом обучения потому, что это позволяло ему провозглашать важнейшие истины тем, кто желал познать лучший путь, и вместе с тем давало его врагам меньше поводов для нападок и обвинений.

Прежде чем отпустить группу на покой, Иисус сказал: «А теперь я расскажу вам последнюю часть притчи о сеятеле. Я хотел бы проверить вас, посмотреть, ка́к вы ее воспримете. Царство небесное также подобно человеку, который бросил доброе семя в землю; и пока он спал по ночам и занимался своими делами днем, семя всходило и росло, и хотя он не знал, как это случилось, растение стало плодоносить. Сначала появился стебель, потом колос, потом полное зерно в колосе. А затем, когда зерно созрело, он взялся за серп, и завершилась жатва. Имеющий уши да услышит».

Много раз апостолы вспоминали эти слова, однако Учитель никогда не возвращался к последней части притчи о сеятеле.

4. НОВЫЕ ПРИТЧИ У МОРЯ

На следующий день Иисус вновь учил людей, обращаясь к ним из лодки: «Царство небесное подобно человеку, посеявшему на своем поле доброе семя; но пока он спал, пришел его враг, посеял между пшеницей сорняки и поспешил прочь. И когда пшеница проросла и созрела, выросли и сорняки. Тогда пришли слуги этого домовладельца и сказали ему: „Господин, разве ты не посеял на своем поле доброе семя? Откуда же там сорняки?“ А он им сказал: „Враг сделал это“. Тогда слуги спросили у своего господина: „Ты хочешь, чтобы мы пошли и выдернули их?“ Но в ответ он сказал им: „Нет, не хочу, ибо вместе с сорняками вы выдернете и пшеницу. Пусть растут и те, и другие вместе, а когда придет время жатвы, я скажу жнецам: сначала сожните сорняки, свяжите их в копны и сожгите, а зерно соберите в мою житницу“».

Ответив на несколько вопросов, Иисус рассказал еще одну притчу: «Царство небесное подобно горчичному зерну, которое человек посадил на своем поле. Горчичное зерно – меньше всех семян, но когда оно вырастает, то становится самым большим из всех трав и похоже на дерево, в ветвях которого могут отдыхать небесные птицы».

«Царство небесное подобно закваске, которую женщина замесила в три меры муки, так что всё тесто подошло».

«Еще царство небесное подобно сокровищу, зарытому в поле, которое нашел человек. От радости он пошел и продал всё, что имел, чтобы купить это поле».

«Еще царство небесное подобно торговцу, искавшему хороший жемчуг; когда он нашел одну драгоценную жемчужину, он пошел, продал всё, что имел, и купил эту необыкновенную жемчужину».

«Еще царство небесное подобно неводу, заброшенному в море, в который поймалась самая разная рыба. Когда невод наполнился, рыбаки вытянули его на берег. Потом они сели и отобрали хорошую рыбу в корзины, а плохую выбросили».

Много других притч рассказал людям Иисус. Фактически, начиная с этого времени, он редко прибегал к какому-либо иному методу обучения народа. В своих публичных выступлениях он говорил притчами, а на вечерних занятиях более полно и подробно развивал свои учения апостолам и евангелистам.

5. ПОСЕЩЕНИЕ ХЕРЕСЫ

Народ прибывал всю неделю. В субботу Иисус поспешил прочь, в горы, но с наступлением воскресного утра тóлпы вернулись. Иисус выступил перед ними днем, после проповеди Петра, и, закончив говорить, сказал апостолам: «Толпа утомила меня; отправимся на другой берег и устроим день отдыха».

Пересекая озеро, они попали в одну из тех сильных и внезапных бурь, которые столь характерны для Галилейского моря, особенно в это время года. Водная масса озера находится почти на семьсот футов ниже уровня моря и окружена высокими берегами, особенно с запада. От озера вверх, к горам, ведут крутые ущелья, и вследствие того, что в течение дня нагретый воздух поднимается, оставаясь в кармане над озером, после захода солнца потоки остывающего воздуха нередко устремляются из ущелий к озеру. Такой штормовой ветер быстро поднимается и иногда столь же внезапно стихает.

Именно в такой вечерний шторм и попала лодка, перевозившая Иисуса на другой берег в тот воскресный вечер. Три другие лодки с некоторыми из молодых евангелистов следовали позади. Буря была жестокой, несмотря на то что она ограничивалась этим районом озера, – на западном берегу не было никаких признаков шторма. Ветер был столь сильным, что волны стали захлестывать лодку. Мощный порыв ветра сорвал парус, прежде чем апостолы успели убрать его, и теперь они полностью зависели от весел, налегая на которые они устремились к берегу, находившемуся на расстоянии чуть более полутора миль.

Тем временем Иисус спал на корме под небольшим навесом. Учитель был утомлен, когда они отплывали из Вифсаиды, и он распорядился перевезти его на другой берег именно для того, чтобы отдохнуть. Эти бывшие рыбаки были сильными и опытными гребцами, однако они попали в один из жесточайших штормов в своей жизни. Несмотря на то что ветер швырял их лодку, как игрушку, Иисус продолжал безмятежно спать. Петр сидел на правом весле рядом с кормой. Когда лодка начала наполняться водой, он оставил весло и, бросившись к Иисусу, начал сильно трясти его, чтобы разбудить, и когда он проснулся, Петр сказал: «Учитель, разве ты не знаешь, что мы попали в сильный шторм? Если ты не спасешь нас, мы все погибнем».

Выйдя в дождь, Иисус посмотрел вначале на Петра, а затем устремил свой взгляд в темноту на боровшихся со стихией гребцов, после чего снова перевел взгляд на Симона Петра, который из-за возбуждения еще не вернулся к своему веслу, и сказал: «Почему все вы охвачены страхом? Где ваша вера? Уймитесь, успокойтесь». Не успел Иисус высказать Петру и остальным апостолам свое порицание, не успел он призвать Петра искать мира, чтобы успокоить свою взволнованную душу, как выведенная из равновесия атмосфера, обретя устойчивое состояние, успокоилась, и установилось полное безветрие. Почти сразу же бушующие волны стихли, а черные тучи, пролившиеся коротким дождем, рассеялись, и на небе засверкали звезды. Насколько мы можем судить, всё это было чистым совпадением; однако апостолы – в особенности Симон Петр – всегда считали этот эпизод чудом природы. В то время люди с особой легкостью верили в природные чудеса, поскольку были твердо уверены в том, что все природные явления находятся в подчинении у духовных сил и сверхъестественных существ.

Иисус разъяснил двенадцати, что он обращался к их смятенному духу, к их помутившемуся от страха разуму, что он вовсе не велел стихиям подчиниться его слову, – но всё было напрасно. Последователи Учителя всегда придерживались своего собственного толкования любых подобных совпадений. С того дня они были уверены, что Учитель обладает абсолютной властью над природными стихиями. Петр всегда неустанно повторял, что «даже ветры и волны послушны ему».

Было уже поздно, когда Иисус и его апостолы достигли берега, и так как стояла тихая и ясная ночь, то все они остались отдыхать в лодках и вышли на берег только утром вскоре после восхода солнца. Когда они собрались – в общей сложности около сорока человек, – Иисус сказал: «Давайте поднимемся на те горы и проведем несколько дней, обсуждая проблемы, стоящие перед царством Отца».

6. СУМАСШЕДШИЙ ИЗ ХЕРЕСЫ

Хотя восточный берег большей частью плавно переходил в начинавшиеся за ним горы, данный район представлял собой крутой склон, причем в некоторых местах берег резко обрывался в озеро. Указывая на соседний холм, Иисус сказал: «Поднимемся на этот склон и устроим завтрак, а затем подыщем укрытие для отдыха и бесед».

Весь склон покрывали вырубленные в скалах пещеры. Многие из таких ниш являлись древними склепами. Примерно на полпути вверх, на небольшом, относительно ровном месте, находилось кладбище деревушки Хереса. Когда Иисус и его товарищи проходили мимо этого кладбища, к ним устремился сумасшедший, живший в горных пещерах. Этот умалишенный был хорошо известен в этих местах; когда-то он был закован в кандалы и цепи и заточен в одном из гротов. Он уже давно разбил свои оковы и свободно бродил среди надгробий и заброшенных склепов.

Этот человек по имени Амос страдал циклической формой психического расстройства. В длительные периоды прояснения сознания он подыскивал какую-то одежду и вполне нормально уживался со своими собратьями. Во время одного из таких периодов проясненного сознания он отправился в Вифсаиду, где услышал проповедь Иисуса и апостолов и с того времени частично уверовал в евангелие царства. Однако вскоре наступила буйная фаза заболевания, и он скрылся в склепах, где стонал и громко кричал, пугая своим поведением всех, кто на него наталкивался.

Когда Амос узнал Иисуса, он упал к его ногам и воскликнул: «Я знаю тебя, Иисус, но я одержим многими бесами, и я заклинаю тебя не мучить меня». Этот человек действительно верил, что его периодические душевные страдания объяснялись злыми или нечистыми духами, которые время от времени проникали в него, овладевая его разумом и телом. Его беды были в основном эмоционального характера – его мозг не был поражен серьезным заболеванием.

Глядя вниз на человека, ползавшего у его ног подобно животному, Иисус наклонился, взял его за руку, заставил подняться и сказал: «Амос, ты не одержим дьяволом; ты уже знаешь благую весть о том, что являешься сыном Божьим. Я повелеваю тебе сбросить эти чары». И когда Амос услышал эти слова Иисуса, произошла такая трансформация его разума, что к нему сразу же вернулся здравый рассудок и способность нормального владения своими эмоциями. К этому времени собралась огромная толпа жителей ближнего села, и эти люди, к которым присоединились спустившиеся с гор свинопасы, в изумлении смотрели на сумасшедшего, пребывающего в здравом уме и непринужденно беседующего с Иисусом и его последователями.

Пока свинопасы спешили в деревню, чтобы рассказать об усмирении сумасшедшего, собаки набросились на небольшое, оставшееся без присмотра стадо примерно из тридцати свиней и пригнали их к обрыву, с которого большинство свиней попáдали в море. Именно это случайное происшествие, совпавшее с присутствием Иисуса и якобы чудесным исцелением сумасшедшего, породило легенду о том, что Иисус вылечил Амоса, изгнав из него легион бесов, и что эти бесы вселились в стадо свиней, заставив их тут же броситься с обрыва в море навстречу собственной гибели. До конца дня свинопасы успели разнести эту новость, и всё село поверило им. Амос не сомневался в их словах; он видел, как вскоре после усмирения его беспокойного сознания свиньи скатились с обрыва, и он всегда верил в то, что они несли в себе тех самых злых духов, которые так долго вызывали его болезнь и мучили его. И это имело большое значение для необратимости его выздоровления. Столь же верно и то, что все апостолы Иисуса (за исключением Фомы) усматривали прямую связь между случаем со свиньями и излечением Амоса.

Иисус не получил долгожданного отдыха. Бóльшую часть дня его одолевали те, кто пришел, прослышав об излечении Амоса, и кого привлек рассказ о демонах, оставивших этого сумасшедшего и вселившихся в стадо свиней. Так, после одной только ночи отдыха, ранним утром во вторник Иисуса и его товарищей разбудила делегация иноверцев, занимавшихся свиноводством, которые пришли просить Иисуса покинуть их. Обращаясь к Петру и Андрею, их представитель сказал: «Рыбаки Галилеи, оставьте нас и заберите с собой своего пророка. Мы знаем, что он святой человек, однако боги нашей страны не знают его, и нам грозит потеря многих свиней. Мы объяты страхом перед вами, и потому мы просим вас уйти отсюда». Услышав эти слова, Иисус сказал Андрею: «Вернемся домой».

Когда они уже были готовы отправиться в путь, Амос стал упрашивать Иисуса взять его с собой, но Учитель не согласился. Иисус сказал Амосу: «Не забывай, что ты являешься сыном Божьим. Возвращайся к своим людям и покажи им, какие великие вещи совершил для тебя Бог». И Амос начал странствовать, рассказывая, как Иисус изгнал легион бесов из его беспокойной души и как эти злые бесы вселились в стадо свиней, тут же приведя их к погибели. И он не остановился, пока не побывал во всех городах Декаполиса, возвещая о великих делах, совершенных для него Иисусом.

ДОКУМЕНТ 152

В ПРЕДДВЕРИИ КРИЗИСА В КАПЕРНАУМЕ

Когда во вторник утром лодка Иисуса пристала к берегу, его ждала огромная толпа людей, ибо весть об излечении Амоса, сумасшедшего из Хересы, уже достигла Вифсаиды и Капернаума. В этой толпе были и новые соглядатаи из иерусалимского синедриона, прибывшие в Капернаум, чтобы найти повод для ареста и осуждения Учителя. Пока Иисус разговаривал с теми, кто пришел сюда поприветствовать его, один из правителей синагоги, Иаир, пробрался через толпу и, упав на колени, схватил Иисуса за руку, умоляя его поспешить вместе с ним и говоря: «Учитель, моя маленькая дочь, мое единственное дитя, лежит дома при смерти. Я умоляю тебя прийти и исцелить ее». Когда Иисус услышал просьбу отца, он сказал: «Я пойду с тобой».

Иисус отправился с Иаиром, и множество людей, услышавших просьбу отца, последовали за ними посмотреть, что́ произойдет. Они уже подходили к дому правителя синагоги, когда, пробираясь в толчее по узкой улице, Иисус внезапно остановился и воскликнул: «Кто-то прикоснулся ко мне». И когда окружающие стали отрицать, что они прикоснулись к нему, Петр сказал: «Учитель, ты видишь, что толпа напирает на тебя, так что может раздавить нас, – а ты говоришь: „Кто-то прикоснулся ко мне". Что ты имеешь в виду?» Тогда Иисус сказал: «Я спросил, кто прикоснулся ко мне, ибо почувствовал, что живая энергия отошла от меня». Оглядываясь, Иисус заметил стоявшую поблизости женщину, которая, подойдя к нему, упала на колени и сказала: «Годами я страдала жестоким кровотечением. Я много терпела от многих врачей; я истратила всё свое состояние, но никто не смог мне помочь. Тогда я услышала о тебе, и я подумала, что если я хотя бы прикоснусь к краю твоей одежды, то обязательно исцелюсь. Поэтому я устремилась вместе с толпой и, оказавшись рядом с тобой, Учитель, я прикоснулась к краю твоей одежды и стала здоровой; я знаю, что я избавилась от своего недуга».

Когда Иисус услышал это, он взял женщину за руку и, подняв ее, сказал: «Дочь, вера твоя излечила тебя; иди с миром». Именно *вера* этой женщины, а не ее *прикосновение*, сделала ее здоровой. И этот случай является хорошей иллюстрацией многих якобы чудесных исцелений, которые случались в течение земной жизни Иисуса, но которые он никоим образом не совершал по своей воле. Время показало, что эта женщина действительно избавилась от своей болезни. Ее вера была такого характера, что она сразу же получила доступ к созидательному могуществу, заключенному в Учителе. Обладая такой верой, всё, что ей нужно было сделать, – это приблизиться к Учителю. Не было никакой необходимости прикасаться к его одежде; это отражало лишь суеверную сторону ее веры. Иисус подозвал к себе эту женщину, Веронику из Кесарии Филипповой, чтобы исправить два ошибочных мнения, которые могли остаться в ее сознании или же укрепиться в представлении свидетелей этого исцеления: он не хотел, чтобы Вероника ушла с мыслью о том, что возымел действие ее страх, сопровождавший ее попытку украдкой получить исцеление, или ее суеверное прикосновение к одежде. Он желал, чтобы все знали: ее исцелила чистая, живая *вера*.

1. В ДОМЕ ИАИРА

Понятно, что Иаир сильно переживал из-за этой задержки; поэтому, ускорив шаг, они поспешили к его дому. Но не успели они войти во двор правителя, как навстречу вышел один из его слуг, сказавший: «Не тревожь Учителя; твоя дочь умерла». Однако Иисус, казалось, оставил слова слуги без внимания, ибо, взяв с собой Петра, Иакова и Иоанна, он обернулся и сказал разбитому горем отцу: «Не бойся; только веруй». Войдя в дом, он застал там уже флейтистов и плакальщиков, поднявших неуместный шум; здесь же находились рыдающие и стенающие родственники. Выставив всех плакальщиков из комнаты, он вошел туда вместе с отцом, матерью и тремя апостолами. Он сказал плакальщикам, что девица не умерла, но те высмеяли его. После этого Иисус обратился к матери, сказав ей: «Твоя дочь не умерла, она лишь спит». И когда всё в доме утихло, Иисус, подойдя к тому месту, где лежал ребенок, взял ее за руку и сказал: «Дочь, говорю тебе: проснись и встань!» И когда девочка услышала эти слова, она тут же встала и прошла по комнате. Вскоре она вышла из оцепенения, и Иисус распорядился, чтобы ее покормили, ибо она давно не ела.

Ввиду того, что в Капернауме велась сильная пропаганда против Иисуса, он созвал семью и объяснил, что девушка находилась в состоянии комы после продолжительного жара и что он лишь разбудил ее, а не воскресил из мертвых. То же самое он повторил и своим апостолам, однако тщетно; все они считали, что он воскресил девочку из мертвых. То, что Иисус говорил, пытаясь объяснить многие из этих мнимых чудес, не производило большого впечатления на его последователей. Они верили в волшебство и при первой возможности приписывали Иисусу очередное чудо. Иисус и апостолы вернулись в Вифсаиду после того, как он специально приказал им никому не рассказывать о случившемся.

Когда он вышел из дома Иаира, двое слепых, которых вел немой мальчик, пошли за ним, моля об исцелении. В тот период слава Иисуса-целителя достигла своего апогея. Где бы он ни появлялся, больные и страждущие ждали его. Учитель уже выглядел измученным, и все его друзья начали беспокоиться о том, что продолжение обучения и целительства может довести его до полного изнеможения.

Апостолы Иисуса, уже не говоря о простом люде, не могли понять сущность и атрибуты этого Богочеловека. Точно так же, ни одно из последующих поколений не смогло оценить тех событий, которые произошли на земле в посвящение Иисуса Назарянина. Ни науке, ни религии никогда не предоставится возможность узнать, чтó представляли собой эти замечательные события, по той простой причине, что такая необычайная ситуация никогда не повторится – ни в этом, ни в каком-либо другом мире Небадона. Никогда, ни в одном из миров во всей этой вселенной не появится существо в образе смертной плоти, которое одновременно заключало бы в себе все атрибуты созидательной энергии в сочетании с духовными способностями, выходящими за пределы времени и большинства других материальных ограничений.

Никогда – ни до появления Иисуса на земле, ни после него – не представлялось возможности добиться столь непосредственных и наглядных результатов прочной, живой веры смертных мужчин и женщин. Для того чтобы воспроизвести эти явления, мы должны были бы оказаться в самóм присутствии Михаила, Создателя, причем такого, каким он был в те дни, – Сына Человеческого. Так и сегодня, когда его отсутствие исключает подобные материальные проявления, вы должны воздерживаться от того, чтобы накладывать какие-либо ограничения на возможную демонстрацию его *духовного могущества*. Хотя Учитель и отсутствует как материальное существо, он присутствует в качестве духовного влияния в сердцах людей. Уйдя из мира, Иисус обеспечил своему духу возможность жить рядом с духом своего Отца, пребывающего в разуме всех людей.

2. НАСЫЩЕНИЕ ПЯТИ ТЫСЯЧ

Днем Иисус продолжал учить народ, а по вечерам наставлял апостолов и евангелистов. В пятницу он объявил о недельном отпуске, для того чтобы все его последователи могли провести несколько дней в своих семьях или у друзей, прежде чем приготовиться к отбытию в Иерусалим на Пасху. Однако более половины его учеников отказались оставить его, а количество людей с каждым днем увеличивалось настолько, что Давид Зеведеев уже хотел поставить новый лагерь, но Иисус отказался дать свое согласие. Учитель так мало отдохнул за субботу, что утром в воскресенье, 27 марта, он попытался избавиться от толпы. Несколько евангелистов были оставлены говорить с народом, в то время как Иисус и двенадцать собирались незаметно перебраться на противоположный берег озера, где, в одном из красивых парков к югу от Вифсаиды-Юлии, они надеялись получить тот отдых, в котором так нуждались. Этот район был любимым местом отдыха жителей Капернаума. Все они были хорошо знакомы с этими парками на восточном берегу.

Однако людей это не устраивало. Они заметили, в каком направлении отплыла лодка Иисуса, и, наняв все свободные суда, отправились вдогонку. Те, кто остался без лодок, отправились пешком вокруг северной оконечности озера.

К вечеру более тысячи человек обнаружили Учителя в одном из парков; Иисус обратился к ним с краткой речью, после чего его сменил Петр. Многие из этих людей принесли с собой еду и после ужина разбились на небольшие группы, с которыми занимались апостолы и ученики Иисуса.

В понедельник пополудни толпа уже превышала три тысячи человек, причем люди продолжали прибывать до позднего вечера, приводя с собой всевозможных больных. Сотни интересующихся Иисусом людей, направлявшихся на празднование Пасхи, планировали остановиться в Капернауме, чтобы увидеть и услышать Учителя, и просто не желали мириться с разочарованием. К полудню в среду здесь, в парке к югу от Вифсаиды-Юлии, собралось около пяти тысяч мужчин, женщин и детей. Стояла хорошая погода – сезон дождей был в этих местах на исходе.

Филипп обеспечил для Иисуса и двенадцати трехдневный запас провизии, которым ведал юноша Марк – их подручный. К полудню этого дня, третьего по счету почти для половины собравшегося здесь народа, запасы еды, взятой людьми с собой, подошли к концу. В распоряжении Давида Зеведеева не было палаточного городка, где он мог бы накормить и разместить народ, да и у Филиппа не было запаса еды, необходимого для такой толпы. Однако, несмотря на голод, люди не желали уходить. Поговаривали о том, что Иисус, желая избежать неприятностей как со стороны Ирода, так и иерусалимских вождей, выбрал этот спокойный район за пределами юрисдикции всех своих врагов как подходящее для коронования место. Всеобщее возбуждение росло с каждым часом. Иисусу не было сказано ни единого слова, хотя он, конечно, знал обо всём. Даже двенадцать апостолов всё еще страдали подобными представлениями, тем более – молодые евангелисты. Из апостолов попытку провозгласить Иисуса царем поддерживали Петр, Иоанн, Симон Зелот и Иуда Искариот. Против этого плана выступали Андрей, Иаков, Нафанаил и Фома. Матфей, Филипп и близнецы Алфеевы не занимали определенной позиции. Идея коронования исходила от одного из молодых евангелистов, Иоава.

Таковы были обстоятельства, сложившиеся к пяти часам пополудни в среду, когда Иисус попросил Иакова Алфеева позвать Андрея и Филиппа. Иисус сказал: «Что нам делать с народом? Уже три дня, как они находятся с нами, и многие из них голодны. У них нет еды». Филипп и Андрей переглянулись, и Филипп сказал: «Учитель, тебе следует отослать этих людей, чтобы они могли пойти в соседние селения и купить себе еды». И Андрей, опасавшийся, что план коронования будет осуществлен, поспешил согласиться с Филиппом: «Верно, Учитель, я считаю, что тебе было бы лучше всего отпустить народ, чтобы люди отправились восвояси и купили еды, а ты смог бы какое-то время отдохнуть». К этому времени к ним присоединились остальные апостолы. Тогда Иисус сказал: «Но я не хочу отсылать их голодными; разве вы не можете накормить их?» Это было уже слишком для Филиппа, который тут же ответил: «Учитель, где в этом пустынном месте мы сможем купить хлеба для такой толпы? И двух сотен динариев не хватило бы на одну трапезу».

Не успели апостолы высказаться, как Иисус повернулся к Андрею и Филиппу со словами: «Я не хочу отсылать людей. Вот они, что овцы без пастыря. Я хотел бы накормить их. Какая еда есть у нас с собой?» Пока Филипп разговаривал с Матфеем и Иудой, Андрей нашел юношу Марка, чтобы выяснить, чтó осталось от их запаса продовольствия. Вернувшись к Иисусу, он сказал: «У юноши осталось лишь пять ячменных хлебов и две сушеные рыбы», – и Петр тут же добавил: «И мы еще не ужинали».

Какое-то время Иисус молчал; взгляд его был отсутствующим. Молчали и апостолы. Внезапно Иисус повернулся к Андрею и сказал: «Принеси мне хлебы и рыбу». И когда Андрей принес Иисусу корзину, Учитель сказал: «Вели людям сесть на траву группами по сто человек и назначить в каждой группе старшего, а сам приведи сюда всех евангелистов».

Иисус взял в руки хлебы и, благословив, преломил хлеб и дал апостолам, передавшим его дальше своим товарищам, которые, в свою очередь, отнесли его народу. Таким же образом Иисус преломил и раздал рыбу. И все люди ели и насытились. Когда они закончили есть, Иисус сказал ученикам: «Соберите оставшиеся куски, чтобы ничего не пропало». И когда они собрали остатки, у них набралось двенадцать полных корзин. В этом удивительном пире приняли участие около пяти тысяч мужчин, женщин и детей.

Это первое и единственное материальное чудо, сотворенное Иисусом в результате осознанного, заранее составленного плана. Верно, что его ученики были склонны называть чудесами многие вещи, не являвшиеся таковыми, однако это событие действительно было проявлением сверхъестественной помощи. Как нам объяснили, в данном случае Михаил умножил пищевые элементы так же, как он делает это всегда, если не считать устранения фактора времени и зримого канала жизни.

3. КОРОНОВАНИЕ

Насыщение пяти тысяч посредством сверхъестественной энергии стало еще одним из тех случаев, когда происшедшее было результатом объединения человеческого сочувствия и созидательного могущества. Теперь, когда толпа вдоволь насытилась и слава Иисуса мгновенно выросла благодаря этому изумительному чуду, план принудительного коронования Учителя и провозглашения его царем уже не требовал личного руководства. Казалось, что эта идея распространилась в толпе подобно эпидемии. Реакция народа на внезапное и впечатляющее удовлетворение его физических нужд была всеохватной и подавляющей. Веками евреев учили, что после прихода Мессии, сына Давида, земля вновь наполнится молоком и медом и что они будут наделены хлебом жизни, как некогда их предки манной небесной, которая, как считалось, упала на них в пустыне. И разве не исполнялись все эти надежды прямо у них на глазах? Когда эти голодные, истощенные люди перестали объедаться чудо-пищей, их охватил только один всеобщий порыв: «Вот наш царь». Чудотворный освободитель Израиля явился. В глазах этих простодушных людей способность накормить наделяла правом властвовать. И потому неудивительно, что, закончив пиршествовать, толпа разом поднялась и закричала: «Сделаем его царем!»

Этот мощный возглас воодушевил Петра и тех апостолов, которые всё еще надеялись увидеть Иисуса, заявляющим свои права на владычество. Однако этим ложным надеждам суждено было вскоре развеяться. Не успело умолкнуть эхо от криков людей, отраженных соседними скалами, как Иисус взобрался на огромный камень, поднял правую руку и, заставив толпу стихнуть, сказал: «Дети мои, ваши намерения благи, но вы близоруки и мыслите материально». Наступила небольшая пауза; этот рослый галилеянин величественно возвышался в чарующем свете восточной зари. Всё в его облике было от царя, когда он продолжил свое обращение к затаившей дыхание толпе: «Вы желаете сделать меня царем не потому, что ваши души озарены великой истиной, а потому, что ваши желудки наполнены хлебом. Сколько раз я говорил вам, что царство мое не от мира сего? Царство небесное, которое мы провозглашаем, есть духовное братство, и никто не властен над ним, восседая на материальном престоле. Мой небесный Отец является всемогущим и премудрым Властителем этого духовного братства Божьих сынов на земле. Неужели так плохо раскрыл я вам Отца духов, что вы готовы сделать царем его Сына во плоти! Ступайте же все по домам. Если вам нужен царь, пусть в сердце каждого из вас воцарится Отец небесных светил как всеобщий духовный Властитель».

После этих слов Иисуса толпа разбрелась, ошеломленная и повергнутая в уныние. С того дня многие из тех, кто верил в него, отвернулись от Иисуса и более не следовали за ним. Апостолы лишились дара речи; в молчании смотрели они на двенадцать корзин с остатками еды; только их подручный, юноша Марк, произнес: «И он отказался стать нашим царем». Прежде чем уйти в одиночестве в горы, Иисус повернулся к Андрею и сказал: «Возвращайся со своими собратьями в дом Зеведея и молись вместе с ними – особенно за твоего брата, Симона Петра».

4. НОЧНОЕ ВИДЕНИЕ СИМОНА ПЕТРА

Оставшись без своего Учителя, отправленные назад одни, апостолы сели в лодку и в молчании погребли в сторону Вифсаиды на западном берегу озера. Больше всех из них был повержен и сломлен Симон Петр. Они почти не разговаривали; каждый думал об Учителе, находившемся в одиночестве в горах. Неужели он бросил их? Никогда прежде он не отсылал их всех прочь, отказавшись остаться с ними. Что всё это могло означать?

Тьма опустилась на них, и поднявшийся сильный встречный ветер сделал дальнейшее продвижение почти невозможным. Обессилев от многочасовой гребли в темноте, Петр заснул глубоким сном изможденного человека. Андрей и Иаков перенесли его на корму и уложили на мягком сиденье. Пока остальные апостолы боролись с ветром, Петру приснился сон: ему привиделось, будто Иисус приближается к ним, ступая по воде. Когда Петру показалось, что Учитель поравнялся с лодкой, он вскричал: «Спаси нас, Учитель, спаси нас!» И те, кто находился в задней части лодки, услышали некоторые из этих слов. Ночное виде́ние продолжалось, и Петру приснилось, будто он слышит слова Иисуса: «Ободритесь; это я; не бойтесь». Для потревоженной души Петра это было подобно галаадскому бальзаму. Его беспокойный дух был утешен, поэтому (во сне) он крикнул Учителю: «Господи, если это действительно ты, вели мне встать и пойти вместе с тобою по воде». Но когда Петр пошел по воде, бурные волны испугали его, и, уходя под воду, он закричал: «Господи, спаси меня!» И многие из двенадцати слышали, как он прокричал эти слова. После этого Петру приснилось, что Иисус пришел к нему на помощь и, протянув руку, схватил и вытащил его, говоря: «О, маловерный, зачем ты усомнился?»

Последняя часть его сна привела к тому, что Петр встал с сиденья, на котором он спал, и действительно ступил за борт в воду. И он очнулся ото сна, когда Андрей, Иаков и Иоанн, нагнувшись, вытаскивали его из моря.

Петр никогда не сомневался в реальности этого случая. Он искренне верил, что Иисус приходил к ним в ту ночь. Ему не удалось полностью убедить в этом Иоанна Марка; именно поэтому Марк опустил часть этого эпизода в своем рассказе. Врач Лука, который тщательно исследовал подобные вещи, пришел к заключению, что в данном случае речь идет о виде́нии Петра и потому отказался включить его в свое повествование.

5. ВОЗВРАЩЕНИЕ В ВИФСАИДУ

В четверг утром, до рассвета, они встали на якорь рядом с домом Зеведея и проспали примерно до полудня. Андрей поднялся первым и, отправившись на прогулку у моря, увидел Иисуса, сидящего на камне у воды вместе с их подручным юношей. Хотя многие из толпы, равно как и молодые евангелисты, провели всю ночь и значительную часть следующего дня в поисках Иисуса в восточных горах, вскоре после полуночи он, вместе с юношей Марком, отправился назад и, обогнув озеро и переправившись через реку, вернулся в Вифсаиду.

Из пяти тысяч чудесным образом накормленных людей, которые – наполнив свои желудки, но оставшись с пустыми сердцами, – захотели провозгласить Иисуса царем, лишь около пятисот человек продолжали следовать за ним. Но еще до того, как они узнали о его возвращении в Вифсаиду, Иисус попросил Андрея собрать двенадцать апостолов и их товарищей, включая женщин, сказав: «Я хочу поговорить с ними». И когда все были в сборе, Иисус сказал:

«До каких же пор мне придется терпеть вас? Неужели всем вам трудно дается духовное понимание и не хватает живой веры? Все эти месяцы я учил вас истинам царства, но не духовные ценности владеют вами, а материальные побуждения. Разве не читали вы в Писании о том, как Моисей призывал неверующих детей Израиля, говоря им: „Не бойтесь, стойте и смотрите, как Господь спасет вас“? Сказал певец: „Доверьтесь Господу“. „Будь терпелив, жди помощи Господа и мужайся. Он укрепит твое сердце“. „Возложи свое бремя на Господа, и он поддержит тебя. Всегда полагайся на него, изливай ему свое сердце, ибо Бог – твое прибежище“. „Живущий в обители Всевышнего в тени Всемогущего покоится“. „Лучше полагаться на Господа, чем надеяться на князей человеческих“.

Так неужели вы не видите теперь, что волшебства и материальные чудеса не приведут новые души к духовному царству? Мы накормили толпу, но это не помогло им возжелать хлеба жизни или возжаждать воды духовной праведности. Утолив свой голод, не вступления в небесное царство стали искать они, а возможности сделать Сына Человеческого царем, как коронуют царей в этом мире, для того лишь, чтобы можно было продолжать есть хлеб без необходимости трудиться для этого. И всё это, в чём многие из вас приняли большее или меньшее участие, ни в коей мере не способствует раскрытию небесного Отца или претворению его царства на земле. Разве мало нам врагов среди религиозных вождей этой земли, чтобы настраивать против себя еще и гражданских правителей? Я молю Отца помазать вам глаза, чтобы вы увидели, и раскрыть вам уши, чтобы вы услышали и исполнились веры в евангелие, которому я научил вас».

Затем Иисус объявил, что он желает удалиться на несколько дней для отдыха со своими апостолами, прежде чем они приготовятся идти в Иерусалим на празднование Пасхи, и он запретил кому-либо из учеников или из народа следовать за ним. Таким образом, они отправились на лодке в Геннисарет, чтобы в течение двух-трех дней отдохнуть и выспаться. Иисус готовился к великому кризису своей земной жизни, и поэтому он проводил много времени в общении с небесным Отцом.

Весть о насыщении пяти тысяч и попытка сделать Иисуса царем привлекли широкое внимание и пробудили опасения как у религиозных вождей, так и гражданских правителей по всей Галилее и Иудее. Хотя это великое чудо никак не способствовало укреплению евангелия царства в душах материально настроенных маловеров, оно действительно помогло положить конец тем тенденциям в непосредственной семье Иисуса, – объединявшей апостолов и ближайших учеников, – которые были связаны со стремлением к чудесам и желанием обрести царя. Этот эффектный эпизод положил конец раннему периоду обучения, подготовки и целительства и тем самым расчистил путь для вступления в последний год, год возвещения более высоких и духовных сторон нового евангелия царства – божественного сыновства, духовной свободы и вечного спасения.

6. В ГЕННИСАРЕТЕ

Во время отдыха в доме богатого верующего в Геннисарете, каждый день после обеда Иисус проводил с двенадцатью беседы, проходившие в непринужденной обстановке. Посланники царства представляли собой группу серьезных, спокойных и лишенных иллюзий людей. Но и после всего происшедшего, как показали последующие события, эти двенадцать человек еще не полностью освободились от своих врожденных, давних представлений о приходе еврейского Мессии. События нескольких предшествующих недель развивались слишком быстро для этих ошеломленных рыбаков, чтобы они могли осознать всё их значение. Мужчинам и женщинам требуется время для радикальных и существенных изменений основных, укоренившихся представлений, касающихся общественного поведения, философских взглядов и религиозных убеждений.

Пока Иисус и двенадцать отдыхали в Геннисарете, толпа рассеялась; некоторые разошлись по домам, другие отправились в Иерусалим на Пасху. За неполный месяц число восторженных, открытых последователей Иисуса в одной только Галилее упало с пятидесяти с лишним тысяч до менее пятисот человек. Иисус хотел, чтобы его апостолы познали изменчивый характер общественного признания, чтобы в будущем, когда ему придется оставить их одних продолжать дело царства, они не прельщались проявлениями скоротечной религиозной истерии. Однако это удалось ему лишь отчасти.

Во второй вечер их пребывания в Геннисарете Учитель вновь рассказал апостолам притчу о сеятеле и добавил: «Вот видите, дети мои, взывание к человеческим чувствам эфемерно и ведет только к разочарованиям; взывание к одному только человеческому интеллекту – занятие столь же пустое и бесплодное; только взывая к духу, живущему в разуме человека, вы можете надеяться добиться прочного успеха в достижении удивительных преобразований человеческого характера, которые сразу же проявляются обильным урожаем подлинных духовных плодов в повседневной жизни всех, кто тем самым избавляется от тьмы сомнения и озаряется светом веры через рождение в духе – царство небесное».

Иисус учил обращаться к чувствам как методу привлечения и сосредоточения внимания интеллекта. Он называл такой пробужденный и оживленный разум вратами души: здесь пребывает духовная природа человека, и для того, чтобы принести надежный результат, – подлинное преобразование характера, – эта духовная сущность должна распознать истину и ответить на духовный призыв евангелия.

Таким путем Иисус стремился подготовить апостолов к надвигавшемуся потрясению – кризису в общественном отношении к нему, до которого оставалось лишь несколько дней. Он объяснил им, что религиозные правители Иерусалима войдут в заговор с Иродом Антипой с целью уничтожить их. Апостолы начали в более полной мере (хотя и не окончательно) осознавать, что Иисус не собирается садиться на трон Давида. Теперь они лучше понимали, что успехи в распространении духовной истины не достигаются при помощи материальных чудес. Они начали отдавать себе отчет в том, что насыщение пяти тысяч и народное движение за коронацию Иисуса были кульминацией ожидания чудотворных действий и волшебных деяний, вершиной популярности Иисуса среди народа. Они смутно понимали и предчувствовали грядущее духовное размежевание и жестокую вражду. Эти двенадцать человек постепенно осознавали подлинный характер своей миссии в качестве посланников царства, и они начали готовить себя к суровым и тяжелым испытаниям, выпавшим на последний год служения Учителя на земле.

Прежде чем покинуть Геннисарет, Иисус просветил их относительно чудотворного насыщения пяти тысяч, объяснив, какую именно цель преследовала эта необычайная демонстрация созидательного могущества, а также заверил их, что он уступил своему сочувственному отношению к толпе только после того, как убедился, что это «соответствовало воле Отца».

7. В ИЕРУСАЛИМЕ

В воскресенье, 3 апреля, в сопровождении только двенадцати апостолов, Иисус отправился из Вифсаиды в Иерусалим. Стремясь избежать толп и желая привлекать как можно меньше внимания, они пошли через Герасу и Филадельфию. Иисус запретил им учить народ в течение этого путешествия; точно так же он не разрешил учить или проповедовать во время пребывания в Иерусалиме. Поздним вечером в среду, 6 апреля, они прибыли в Вифанию около Иерусалима. Первую ночь они провели в доме Лазаря, Марфы и Марии, но на следующий день они разделились. Иисус, вместе с Иоанном, расположился в доме верующего по имени Симон, по соседству с домом Лазаря в Вифании. Иуда Искариот и Симон Зелот остановились у своих друзей в Иерусалиме, в то время как остальные апостолы устроились по двое в разных домах.

В эту Пасху Иисус посетил Иерусалим всего один раз, в великий день праздника. Авенир приводил многих иерусалимских верующих в Вифанию для встречи с Иисусом. Во время пребывания в Иерусалиме двенадцать поняли, сколь озлобленным становится отношение к их Учителю. Покидая Иерусалим, никто из них не сомневался в надвигающемся кризисе.

В воскресенье, 24 апреля, Иисус и апостолы вышли из Иерусалима и направились в Вифсаиду через прибрежные города Иоппию, Кесарию и Птолемаиду. После этого они углубились внутрь страны, взяв путь на Раму и Хоразин, и прибыли в Вифсаиду в пятницу, 29 апреля. Сразу же после возвращения домой Иисус отправил Андрея испросить у начальника синагоги разрешения выступить там на следующий день, в субботу, во время дневного богослужения. Иисус хорошо знал, что ему в последний раз будет позволено выступить в синагоге Капернаума.

ДОКУМЕНТ 153

КРИЗИС В КАПЕРНАУМЕ

Вечером в пятницу – в день их прибытия в Вифсаиду – и утром в субботу апостолы заметили, что Иисус поглощен какой-то серьезной проблемой. Они видели, что Учитель с головой ушел в решение какого-то важного вопроса. Он не завтракал и почти ничего не ел днем. Всё субботнее утро и предыдущий вечер апостолы и их товарищи собирались небольшими группами в доме, в саду и на берегу. Неопределенность положения держала всех в напряжении. Дурные предчувствия вселяли тревогу. Иисус был неразговорчив с тех пор, как они покинули Иерусалим.

Впервые за многие месяцы они видели Учителя столь погруженным в себя и необщительным. Даже Симон Петр был угнетен, если не подавлен. Андрей пребывал в растерянности, не зная, что сделать для своих удрученных товарищей. Нафанаил сказал, что наступило «затишье перед бурей». Фома предположил, что «должно произойти нечто из ряда вон выходящее». Филипп посоветовал Давиду Зеведееву «забыть о планах обеспечения народа едой и кровом, пока мы не узнаем, о чём думает Учитель». Матфей в очередной раз пытался пополнить казну. Иаков и Иоанн обсуждали предстоящую проповедь в синагоге и высказывали многочисленные предположения о ее характере и содержании. Симон Зелот выразил убеждение, а по существу, надежду, что «небесный Отец, возможно, собирается вмешаться каким-то неожиданным образом, чтобы защитить и поддержать своего Сына», а Иуда Искариот осмелился тешить себя мыслью о том, что Иисус, возможно, горько кается, после того как «у него не хватило смелости и мужества позволить пяти тысячам провозгласить его царем евреев».

Именно такую группу подавленных и безутешных последователей оставил Иисус, направляясь в тот погожий субботний день в синагогу Капернаума, чтобы выступить с эпохальной проповедью. Единственным, от кого он услышал слова доброго напутствия, был один из ничего не подозревавших близнецов Алфеевых, который радостно приветствовал Иисуса, когда тот вышел из дома и направился в синагогу: «Мы молимся о том, чтобы Отец помог тебе и чтобы к нам пришло больше народа, чем когда-либо прежде».

1. ОБСТАНОВКА В СИНАГОГЕ

Стоял чудесный день, когда, в три часа пополудни, высокое собрание приветствовало Иисуса в новой синагоге Капернаума. Председательствовал Иаир, передавший Иисусу Писания. Накануне из Иерусалима прибыли пятьдесят три фарисея и саддукея. Здесь также присутствовало более тридцати предводителей и начальников окрестных синагог, которые подчинялись непосредственно распоряжениям иерусалимского синедриона и являлись ортодоксальным авангардом, прибывшим для объявления открытой войны Иисусу и его ученикам. Рядом с этими еврейскими вождями, на почетных местах, сидели официальные наблюдатели Ирода Антипы, направленные для проверки тревожных сообщений о том, что народ пытался провозгласить Иисуса царем евреев во владениях его брата Филиппа.

Иисус понимал, что ему грозит официальное объявление открытой войны со стороны растущей армии его врагов, и он решил смело пойти в наступление. При насыщении пяти тысяч он бросил вызов их идеям о материальном Мессии; теперь он вновь решил открыто атаковать их представление о еврейском освободителе. Кризис, начавшийся насыщением пяти тысяч и завершившийся этой дневной субботней проповедью, ознаменовал собой спад волны народной славы и признания. Впредь труженики царства уделяли всё больше внимания более важной задаче – завоеванию стойких духом новообращенных для подлинно религиозного общечеловеческого братства. Эта проповедь стала переломным моментом в переходе от обсуждений, противоречий и принятия решений к открытой войне и окончательному признанию – или окончательному отвержению.

Учитель прекрасно знал, что многие его сторонники медленно, но верно готовятся отвергнуть его. Он также знал, что многие его ученики медленно, но явно проходят через то воспитание разума и дисциплину души, которые позволят им преодолеть сомнения и мужественно утвердиться в зрелой вере в евангелие царства. Иисус прекрасно понимал, ка́к люди готовят себя к решениям в кризисных ситуациях и к внезапным поступкам, свидетельствующим о мужественном выборе, проходя через медленный процесс, в течение которого они сталкиваются с повторяющимися ситуациями, раз за разом выбирая между добром и злом. Он неоднократно воспитывал своих избранных посланников разочарованиями и нередко ставил их в такие ситуации, когда им приходилось выбирать между праведным и неправедным способом отношения к духовным испытаниям. Он знал, что сможет положиться на своих последователей, когда, пройдя последнее испытание, они примут жизненно важные решения в соответствии с предшествующим, укоренившимся интеллектуальным отношением и духовными реакциями.

Кризис в земной жизни Иисуса начался насыщением пяти тысяч и завершился этой проповедью в синагоге. Кризис в жизни апостолов начался этой проповедью в синагоге и продолжался в течение всего года, завершившись только судом над Учителем и распятием.

Перед тем, как Иисус приступил к своей проповеди, все присутствующие были поглощены лишь одной великой загадкой, одним главным вопросом. И друзья, и враги размышляли только об одном: «Почему он сам, причем столь нарочито и резко, обратил вспять волну народного восторга?» Непосредственно до этой проповеди и сразу же после нее сомнения и разочарования недовольных сторонников Иисуса переросли в неосознанное сопротивление и в итоге вылились в настоящую ненависть. Именно после этой проповеди в синагоге Иуда Искариот впервые осознанно подумал об измене. Однако в то время он еще отгонял подобные мысли.

Все пребывали в недоумении. Иисус оставил их огорошенными и сбитыми с толку. Еще недавно он предпринял величайшую демонстрацию сверхъестественной силы, охарактеризовавшей весь его жизненный путь. Из всех эпизодов его земной жизни насыщение пяти тысяч было наиболее привлекательным для еврейского представления о приходе Мессии. Но это необыкновенное преимущество было сразу же и без каких-либо объяснений сведено на нет решительным и недвусмысленным отказом стать царем.

В пятницу вечером и, вторично, в субботу утром иерусалимские вожди долго и усердно убеждали Иаира, пытаясь воспрепятствовать выступлению Иисуса в синагоге, но их усилия были тщетными. На все уговоры Иаир отвечал только одно: «Я дал согласие, и я не нарушу свое слово».

2. ЭПОХАЛЬНАЯ ПРОПОВЕДЬ

Иисус начал проповедь отрывком из закона в том виде, в котором он изложен во Второзаконии: «Но если случится так, что этот народ перестанет внимать гласу Божьему, то его непременно постигнут все проклятия, навлеченные его грехами. Господь предаст тебя на поражение врагам твоим; и будешь рассеян по всем царствам земли. Отведет Господь тебя и царя твоего, которого ты поставишь над собой, к незнакомому тебе народу. И будешь удивлением, притчей и присловием для всех народов. Сыновья и дочери твои пойдут в плен. Пришельцы среди тебя возвысятся во власти, ты же опустишься низко. И всё это навек останется на тебе и твоем семени, ибо ты не слушал гласа Господнего. Потому будешь служить врагу твоему, который пойдет на тебя. Будешь терпеть голод и жажду и нести это чуждое железное ярмо. Издалека, от края земли Господь нашлет на тебя народ, говорящий на непонятном тебе языке, народ свирепый, который не пощадит тебя. И он будет осаждать тебя во всех твоих городах, пока не падут высокие и крепкие стены твои, на которые ты надеялся; и захватит он всю землю. И будет так, что придется тебе есть плод чрева твоего, плоть сынов твоих и дочерей твоих, в осаде и в страданиях, которые причинят тебе враги твои».

Закончив чтение этого отрывка, Иисус перешел к пророкам и прочитал из Иеремии: «„Если не послушаетесь моих слуг – пророков, посланных мною, – я сделаю с этим домом то же, что с Силомом, и город этот предам на проклятие всем народам земли". И священники и учителя слушали Иеремию, когда он говорил эти слова в доме Господнем. И когда Иеремия сказал всё, что́ Господь велел ему сказать всему народу, тогда схватили его священники и учителя и сказали: „Ты должен умереть". И собрался весь народ вокруг Иеремии в доме Господнем. Когда услышали об этом князья Иудеи, то устроили суд над Иеремией. Тогда священники и учителя так сказали князьям и всему народу: „Этот человек достоин смерти, ибо он пророчествует против нашего города, и вы слышали это своими ушами". Тогда сказал Иеремия всем князьям и всему народу: „Господь послал меня пророчествовать против этого дома и против этого города, сказать всё то, что вы слышали. Измените свою жизнь и дела и послушайтесь гласа Господа, Бога вашего, чтобы избежать уготованной вам беды. А что до меня, вот я – в ваших руках. Делайте со мной то, что покажется вам хорошим и справедливым. Только твердо знайте, что если вы убьете меня, то примете на себя и на этот народ невинную кровь, ибо воистину Господь послал меня сказать вам всё это".

Священники и учителя тех дней хотели убить Иеремию, но судьи воспротивились, хотя, в наказание за его предостережение, они всё же опустили его на веревках в помойную яму, пока он по горло не погрузился в нечистоты. Вот, что сделал этот народ с пророком Иеремией, когда тот подчинился велению Господа – предупредить своих собратьев о грозящем им политическом крахе. Сегодня я хочу спросить вас: что сделают первосвященники и религиозные вожди этого народа с человеком, который осмелится предупредить их о дне их духовной погибели? Попытаетесь ли и вы убить учителя, которому хватает смелости возвещать слово Господнее и который не боится указывать вам, когда вы отвергаете путь света, ведущий ко входу в царство небесное?

Каких доказательств моей миссии на земле вы ищете? Мы не тревожили вашего положения, дающего вам влияние и власть, когда проповедовали благую весть бедным и отверженным. Мы отнюдь не совершали враждебных нападок на то, чему вы поклоняетесь; мы возвещали новую свободу для объятой страхом человеческой души. Я пришел в этот мир, чтобы раскрыть своего Отца и установить на земле духовное братство сынов Божьих – царство небесное. И несмотря на мои неоднократные напоминания о том, что царство мое не от мира сего, мой Отец позволил вам стать свидетелями многих материальных чудес помимо более красноречивых случаев духовного преобразования и возрождения.

Каких новых знамений вы ждете от меня? Я заявляю, что вы уже получили достаточно доказательств, чтобы иметь возможность сделать выводы. Истинно, истинно говорю многим, сидящим предо мной сегодня: вам не избежать необходимости выбирать, каким путем идти; и я говорю вам, как Иешуа говорил вашим предкам: „Выберите для себя сегодня, кому будете служить". Многие из вас стоят сегодня на перепутье.

Некоторые из вас, не найдя меня после насыщения народа на другом берегу, наняли в Тивериаде рыболовную флотилию, которая неделей раньше была укрыта неподалеку на время шторма, и отправились за мной вдогонку – но для чего? Не за истиной или праведностью, не для того, чтобы лучше знать, как служить и помогать своим собратьям! Нет – затем лишь, чтобы иметь больше хлеба, который не заработан вами. Не наполнить свои души словом жизни стремились вы, а набить брюхо дармовым хлебом. Вам уже давно внушают, что Мессия, явившись к вам, будет творить такие чудеса, которые сделают жизнь приятной и легкой для всех избранных. Потому неудивительно, что наученные этому, вы жаждете хлебов и рыб. Но я заявляю вам, что не в этом состоит миссия Сына Человеческого. Я пришел возвещать духовную свободу, учить вечной истине и укреплять живую веру.

Братья мои, не тоскуйте о пище тленной, а ищите пищи духовной, которая насыщает и приносит жизнь вечную; и это – хлеб жизни, который Сын дает всем, кто захочет принять его и вкусить от него, ибо Отец дал Сыну эту жизнь без меры. И когда вы спрашивали меня: „Что нам делать, чтобы творить дела Божьи?", я ясно говорил вам: „Вот дело Божье: довериться тому, кого он послал"».

И после этого Иисус – указывая на горшок с манной, изображенный на перемычке этой новой синагоги и украшенный гроздями винограда, – сказал: «Вы считали, что ваши предки ели в пустыне манну – хлеб небесный, но я говорю вам, что это был хлеб земной. Хотя Моисей не давал вашим отцам небесного хлеба, мой Отец готов дать вам подлинный хлеб жизни. Хлеб небесный – это тот хлеб, который исходит от Бога и дает вечную жизнь людям мира. И если вы скажете мне: „Дай нам этого живого хлеба", я отвечу: я есть этот хлеб жизни. Кто придет ко мне, никогда не будет голоден, и кто уверует в меня, никогда не будет томиться жаждой. Вы видели меня, жили со мной и наблюдали мой труд – и всё же вы не верите, что я пришел от Отца. Но кто верит, не бойтесь. Все те, кого ведет Отец, придут ко мне, и тот, кто придет ко мне, ни в коем случае не будет изгнан.

А теперь позвольте заявить вам раз и навсегда, что я пришел на землю, чтобы исполнить не свою собственную волю, а волю Того, кто меня послал. И окончательная воля Того, кто меня послал, – в том, чтобы из всех, кого он дал мне, я не потерял ни одного. И воля Отца моего – в том, чтобы всякий, кто видит Сына и верит ему, обрел жизнь вечную. Не далее как вчера я насытил хлебом ваши тела; сегодня я предлагаю хлеб духа вашим изголодавшимся душам. Примете ли теперь хлеб жизни столь же охотно, как вы ели тогда хлеб этого мира?»

Когда Иисус на мгновение умолк, чтобы окинуть взором собрание, один из иерусалимских учителей (член синедриона) поднялся и спросил: «Не хочешь ли ты сказать, что ты есть хлеб небесный и что манна, которой Моисей накормил наших отцов в пустыне, таковым не являлась?» И Учитель ответил фарисею: «Ты понял правильно». Тогда фарисей сказал: «Но разве ты не Иисус Назарянин, сын Иосифа, плотника? Разве твои отец и мать, а также твои братья и сестры, не известны хорошо многим из нас? Так как же ты являешься в Божий дом и заявляешь, что пришел с небес?»

Глухой ропот, поднявшийся к этому времени в синагоге, начал перерастать в такой шум, что Иисус поднялся и сказал: «Наберемся терпения; добросовестное изучение истины никогда не вредит ей. Я являюсь всем тем, о чём ты говоришь, но более того. Отец и я единосущны; Сын делает только то, чему учит его Отец, и всех, кого Отец дал Сыну, Сын примет к себе. Вы помните то место из пророков, где сказано: „Всех вас Бог научит", и „те, кого учит Отец, услышат также его Сына". Каждый, кто принимает учение пребывающего в нём духа Отца, в итоге придет ко мне. Не потому, что кто-то видел Отца, но оттого, что дух Отца действительно живет в человеке. И сошедший с неба Сын несомненно видел Отца. И те, кто подлинно веруют в этого Сына, уже имеют вечную жизнь.

Я есть этот хлеб жизни. Отцы ваши ели манну в пустыне и умерли. Но если человек вкусит этого хлеба, спустившегося с небес, то он никогда не умрет в духе. Я повторяю: я есть этот живой хлеб, и каждая душа, осознавшая эту объединенную природу Бога и человека, будет жить вечно. И этот хлеб жизни, который я даю всем, кто захочет принять его, есть моя собственная живая и объединенная сущность. Отец в Сыне и Сын, единый с Отцом, – вот мое дающее жизнь откровение миру и мой спасительный дар всем народам».

Когда Иисус закончил говорить, начальник синагоги распустил собрание, однако они не желали расходиться. Одни столпились вокруг Иисуса, чтобы задать ему новые вопросы, в то время как другие роптали и спорили между собой. И так продолжалось в течение более трех часов. Время приближалось к восьми часам вечера, когда народ, наконец, разошелся.

3. ЗАКЛЮЧИТЕЛЬНАЯ ВСТРЕЧА

Много вопросов было задано Иисусу на этой заключительной встрече. С некоторыми обратились сбитые с толку ученики, но чаще других с вопросами выступали те неверующие крючкотворы, которые стремились только смутить и запутать его.

Один из приезжих фарисеев, взобравшись на подставку для светильника, прокричал: «Ты говоришь нам, что ты есть хлеб жизни. Как же ты можешь дать нам свою плоть, чтобы есть ее, или свою кровь, чтобы пить ее? Какая польза от твоего учения, если оно неосуществимо?» Иисус ответил ему: «Я не учил вас, что хлеб жизни – это моя плоть, а вода жизни – моя кровь. Но я действительно сказал, что моя жизнь во плоти есть посвящение небесного хлеба. Факт Слова Божьего, дарованного во плоти, и явление Сына Человеческого, подчиненного воле Божьей, представляет собой реальность опыта, эквивалентного божественной пище. Вы не можете есть мою плоть, как не можете вы пить мою кровь, однако вы способны стать едины со мной в духе, так же как я един в духе с Отцом. Вы можете питаться вечным словом Божьим, которое действительно есть хлеб жизни и которое даровано в облике смертной плоти; и в своей душе вы можете быть напоены божественным духом, который воистину есть вода жизни. Отец послал меня в этот мир, чтобы показать, ка́к он желает пребывать во всех людях и направлять их; и я прожил эту жизнь во плоти так, чтобы вдохновить всех людей к вечному стремлению познать и исполнить волю пребывающего в них небесного Отца».

Затем один из иерусалимских шпионов, уже давно следивший за Иисусом и его апостолами, сказал: «Мы замечаем, что ни ты, ни твои апостолы не моете как следует руки, перед тем как есть хлеб. Ты не можешь не знать, что такая практика – есть оскверненными и немытыми руками – является нарушением закона старейшин. Вы также не моете должным образом кружки для питья и посуду для еды. Почему вы демонстрируете такое неуважение к традициям отцов и законам старейшин?» Выслушав его, Иисус ответил: «Отчего вы нарушаете Божьи заповеди ради установленных вами обычаев? Заповедь гласит: „Почитай отца своего и мать свою“ и требует, чтобы вы, при необходимости, делились с ними своим имуществом; вы же утверждаете обычай, позволяющий детям, не выполняющим своего долга, говорить, что деньги, которые могли пойти на помощь родителям, были „отданы Богу“. Так закон старейшин освобождает хитрых детей от их обязанностей, несмотря на то что после этого дети тратят все эти деньги в свое удовольствие. Почему вы нарушаете Божьи заповеди своими традиционными законами? Хорошо пророчествовал Исайя о вашем лицемерии, говоря: „Эти люди оказывают мне честь на словах, но сердца их далеки от меня. Тщетно чтут они меня, ибо учения их суть правила, созданные людьми“.

Вы видите, что, отказываясь от завета, вы вместе с тем крепко держитесь людских обычаев. Вы всегда готовы отвергнуть слово Божье и сохранить свои обычаи. И во многом другом вы осмеливаетесь ставить свои учения выше закона и пророков».

После этого Иисус обратился ко всем присутствовавшим со словами: «Услышьте же меня, каждый из вас. Не то, что попадает в рот человека духовно оскверняет его, а то, что выходит изо рта и из сердца». Но даже апостолы не смогли до конца понять значение его слов, ибо Симон Петр также попросил его: «Чтобы не обидеть напрасно кого-нибудь из слушателей, объясни нам значение твоих слов». И тогда Иисус сказал Петру: «Неужели и ты еще не понял? Разве ты не знаешь, что каждое растение, не посаженное моим небесным Отцом, будет вырвано с корнем? Обрати свое внимание на тех, кто хотел бы знать правду. Невозможно заставить человека полюбить истину. Многие из этих учителей – слепые поводыри. А вы знаете, что если слепой поведет слепого, то оба упадут в яму. Но услышьте, когда я говорю вам истину о тех вещах, которые оскверняют человека нравственно и разлагают его духовно. Я заявляю вам: человека оскверняет не то, что входит в тело через уста или достигает разума через глаза и уши. Человек оскверняется только тем злом, которое может порождаться его сердцем и выражается в словах и поступках такого нечестивца. Разве вы не знаете, что из сердца исходят злые помыслы, греховные замыслы убийства, воровства, прелюбодеяния, наряду с ревностью, гордостью, гневом, мщением, бранью и лжесвидетельством? Именно такие вещи оскверняют людей, а не то, что они едят хлеб не омытыми по ритуалу руками».

Теперь посланные иерусалимским синедрионом фарисеи уже почти не сомневались в том, что Иисус должен быть задержан по обвинению в богохульстве или в пренебрежении священным законом евреев. Этим объясняются их попытки вовлечь его в обсуждение и возможную критику некоторых обычаев старейшин – так называемых неписаных законов нации. Сколь бы скудной ни была вода, эти рабы обычая никогда не брались за еду, не совершив ритуального омовения рук. Они верили, что «лучше умереть, чем преступить заповеди старейшин». Шпионы задали этот вопрос, ибо им донесли, что Иисус сказал: «Спасение достигается чистыми сердцами, а не чистыми руками». Однако когда подобные верования становятся частью религии, от них трудно избавиться. Даже много лет спустя апостол Петр боялся нарушить многочисленные обычаи в отношении вещей чистых и нечистых. Он окончательно избавился от этого только в результате необычного и отчетливого сна. Всё это можно лучше понять, если вспомнить о том, что для этих евреев есть неомытыми руками было равносильно общению с проституткой, причем и то, и другое было одинаково наказуемо отлучением.

Так Иисус решил обсудить и разоблачить бессмысленность всей раввинской системы правил и предписаний, отраженных в устном законе, – обычаях старейшин, которые считались более священными и обязательными для евреев, чем даже учения Писаний. И Учитель говорил менее сдержанно, ибо знал, что теперь он уже никак не сможет предотвратить открытый разрыв с этими религиозными вождями.

4. ПОСЛЕДНИЕ СЛОВА В СИНАГОГЕ

В разгар дебатов, происходивших во время этой заключительной встречи, один из иерусалимских фарисеев привел к Иисусу безумного юношу, одержимого непокорным и мятежным духом. Подведя к Иисусу этого потерявшего рассудок мальчика, он сказал: «Что ты можешь сделать для избавления от подобного недуга? Умеешь ли ты изгонять бесов?» И когда Учитель взглянул на юношу, он проникся состраданием и, попросив мальчика подойти к нему, взял его за руку и сказал: «Ты знаешь, кто я такой; выйди из него; и я приказываю одному из твоих верных товарищей проследить за тем, чтобы ты не возвращался». И к мальчику сразу же вернулся нормальный и здоровый ум. Это – первый случай, когда Иисус действительно изгнал из человека «злого духа». Во всех предыдущих он имел дело только с мнимой одержимостью бесом; однако это был настоящий случай одержимости, которая иногда наблюдалась в те дни вплоть до Пятидесятницы, когда дух Учителя был излит на всю плоть, навечно закрыв этим немногочисленным небесным мятежникам возможность злоупотреблять неустойчивостью некоторых типов людей.

Когда народ изумился увиденному, один из фарисеев встал и обвинил Иисуса в том, что он способен совершать такие вещи, поскольку находится в союзе с бесами; что своими словами, при помощи которых он изгнал этого беса, он признал, что они знакомы друг с другом; и далее он сказал, что религиозные учителя и вожди Иерусалима решили, что Иисус совершает все свои так называемые чудеса властью, данной князем бесов – Вельзевулом. Фарисей сказал: «Сторонитесь этого человека; он заодно с Сатаной».

Тогда Иисус ответил: «Как Сатана может изгонять Сатану? Царство, разделенное враждой на части, погибнет, и семья, раздираемая распрями, не устоит. Может ли город выдержать осаду, если он разделен? Если Сатана изгоняет Сатану, он сам против себя выступает; как же устоит его царство? Но вам следует знать, что никто не может войти в дом сильного человека и украсть его вещи, если прежде не одолеет и не свяжет его. И если правда, что я изгоняю бесов властью Вельзевула, то чьей же властью изгоняют их ваши люди? Пусть они будут вам судьями. Если же я изгоняю бесов духом Божьим, то воистину царство Божье уже пришло к вам. Если бы вы не были ослеплены предрассудками и введены в заблуждение страхом и гордыней, то вам было бы легко увидеть, что среди вас – тот, кто больше бесов. Вы заставляете меня заявить: кто не со мной, тот против меня, и кто не собирает со мной, тот расточает. Позвольте серьезно предупредить вас, способных с открытыми глазами и преднамеренным злым умыслом сознательно приписывать деяния Божьи действиям бесов! Истинно, истинно говорю вам: все ваши грехи простятся и даже всякая ваша хула, но тому, кто будет сознательно и с греховным намерением хулить Бога, не простится никогда. Поскольку такие погрязшие в беззаконии люди никогда не попросят и не получат прощения, они виновны в грехе вечного отвержения божественного прощения.

Многие из вас стоят сегодня на распутье; вы подошли к началу совершения неизбежного выбора между волей Отца и избранными вами самими путями тьмы. И ваш сегодняшний выбор определит ваше будущее. Вы должны либо сделать дерево добрым и плод его добрым, либо дерево станет гнилым и плод его гнилым. Я заявляю, что в вечном царстве моего Отца дерево познаётся по его плодам. Но те из вас, кто подобен ехиднам, – как можете вы, уже избравшие зло, принести хороший плод? В конце концов, от избытка зла в ваших сердцах говорят уста ваши».

Затем встал еще один фарисей и сказал: «Учитель, хотелось бы нам видеть от тебя предзнаменование, которое убедило бы нас в твоей власти и праве учить. Согласишься ли ты на такое условие?» Услышав это, Иисус сказал: «Этому неверующему поколению, ищущему знамений, нужен знак, но вам не будет дано иного знамения, чем тот, который у вас уже есть, и того, что вы увидите, когда Сын Человеческий покинет вас».

И когда он закончил говорить, апостолы окружили его и вывели из синагоги. В молчании они отправились вместе с ним домой, в Вифсаиду. Они были поражены и даже немного напуганы внезапной переменой в манере его обучения. Никогда раньше они не видели его столь воинственным.

5. СУББОТНИЙ ВЕЧЕР

Раз за разом Иисус разбивал вдребезги надежды своих апостолов, постоянно разрушая их самые сокровенные мечты. Но никогда еще они не испытывали такого разочарования и горя. Вдобавок, на этот раз к их подавленности примешивалось чувство настоящего страха за свою жизнь. Все они были удивлены и поражены внезапной и массовой изменой толпы. Они были также несколько испуганы и обескуражены неожиданной дерзостью и самоуверенной решимостью прибывших из Иерусалима фарисеев. Однако больше всего они были сбиты с толку внезапным изменением манеры Иисуса. В обычных условиях они приветствовали бы это более воинственное отношение, но то, ка́к это произошло – вместе со многими другими неожиданностями, – поразило их.

И теперь, когда они вернулись домой, Иисус – вдобавок ко всем этим переживаниям – отказался от еды, надолго уединившись в одной из верхних комнат. Близилась полночь, когда Иоав, глава евангелистов, вернулся и сообщил, что около трети его товарищей предали их дело. Весь вечер, один за другим, приходили верные ученики, сообщая о внезапном и всеобщем изменении отношения к Учителю в Капернауме. Иерусалимские вожди, не теряя времени, всеми способами разжигали неприязнь, стремясь настроить народ против Иисуса и его учений. В эти тяжелые часы двенадцать женщин совещались в доме Петра. Они были чрезвычайно расстроены, однако все до одной остались верны своему делу.

Шел первый час ночи, когда Иисус спустился из верхних покоев и присоединился к двенадцати и их товарищам, насчитывавшим в общей сложности около тридцати человек. Он сказал: «Я понимаю, что очищение царства терзает вас, но оно неизбежно. И всё же, после всей полученной вами подготовки, есть ли действительное основание для того, чтобы спотыкаться о мои слова? Почему вы исполнены страха и ужаса, видя, как царство освобождается от этих равнодушных толп и маловерных учеников? Почему вы печалитесь в преддверии того дня, когда духовные учения небесного царства засияют новой славой? Если это испытание оказывается для вас слишком трудным, то что вы будете делать, когда Сын Человеческий должен будет вернуться к Отцу? Когда и как подготовитесь вы к тому времени, когда я вознесусь туда, откуда пришел в этот мир?

Возлюбленные мои, вы должны помнить, что укрепляет только дух; от плоти и всего, что к ней относится, мало пользы. Слова, сказанные мною вам, суть дух и жизнь. Не унывайте! Я не покинул вас. Многие оскорбятся откровенным словам, произнесенным в эти дни. Вы уже слышали, что многие из моих учеников повернули вспять; они более не следуют за мной. С самого начала я знал, что эти маловерные оставят нас на полпути. Разве не избрал я вас, двенадцать человек, и не выделил вас в качестве посланников царства? А теперь – в такое время, как это, – оставите ли и вы меня? Пусть каждый из вас побеспокоится о своей вере, ибо одному из вас грозит серьезная опасность». И когда Иисус умолк, Симон Петр сказал: «Верно, Господи, мы опечалены и смущены, но мы никогда не оставим тебя. Ты научил нас словам, дающим вечную жизнь. Мы верили в тебя и следовали за тобой в течение всего этого времени. Мы не повернем назад, ибо знаем, что ты послан Богом». И когда Петр умолк, все они, как один, кивнули в подтверждение своей клятвы верности.

Тогда Иисус сказал: «Ступайте отдыхать, ибо наступают трудные времена: нас ждут напряженные дни».

ДОКУМЕНТ 154

ПОСЛЕДНИЕ ДНИ В КАПЕРНАУМЕ

Памятным субботним вечером 30 апреля, пока Иисус вселял уверенность и мужество в своих подавленных и смущенных учеников, в Тивериаде проходило совещание Ирода Антипы с группой специальных уполномоченных, представляющих иерусалимский синедрион. Эти книжники и фарисеи уговаривали Ирода арестовать Иисуса. Они всеми силами пытались убедить его, что Иисус подстрекает народ к расколу и даже к мятежу. Однако Ирод отказался принять меры против Иисуса как политического преступника. Советники Ирода правдиво изложили ему эпизод, произошедший на противоположном берегу озера, рассказав, как народ пытался провозгласить Иисуса царем и как тот отверг это предложение.

Один из приближенных Ирода, Хуза, чья жена входила в женский корпус посланников, сообщил ему, что Иисуса не интересует земная власть и что единственная его забота – установление духовного братства своих верующих. Это братство он и называет царством небесным. Ирод полностью доверял сообщениям Хузы и отказался вмешиваться в деятельность Иисуса. Кроме того, в то время на отношение Ирода к Иисусу влиял его суеверный страх перед Иоанном Крестителем. Ирод был одним из тех еврейских вероотступников, которые, не веря ни во что, боялись всего. Он мучился угрызениями совести из-за того, что казнил Иоанна, и он не хотел быть втянутым в интриги против Иисуса. Он знал о многих больных, которых, по всей видимости, исцелил Иисус, и он считал его либо пророком, либо относительно безобидным религиозным фанатиком.

Когда евреи пригрозили сообщить кесарю, что Ирод укрывает предателя, тот выставил их из своего зала совещаний. Поэтому в течение недели всё оставалось без изменений, и за это время Иисус подготовил своих последователей к надвигавшемуся рассеянию.

1. НЕДЕЛЯ СОВЕЩАНИЙ

С 1 по 7 мая Иисус совещался со своими ближайшими сторонниками в доме Зеведея. Только проверенные и испытанные ученики допускались на эти собрания. В то время насчитывалось лишь около ста учеников, которым хватило нравственной смелости бросить вызов отношению фарисеев и открыто заявить о своей верности Иисусу. С этой группой он проводил утренние, дневные и вечерние занятия. Каждый день пополудни небольшие группы посетителей собирались у моря, где с ними беседовал кто-нибудь из евангелистов или апостолов. Эти группы редко насчитывали более пятидесяти человек.

В пятницу на той же неделе правители капернаумской синагоги приняли официальные меры, закрыв доступ в Божий дом Иисусу и всем его последователям. Эти меры были приняты по наущению иерусалимских фарисеев. Иаир ушел с поста начальника синагоги и открыто заявил о своей поддержке Иисуса.

Последний раз Иисус учил на берегу моря пополудни в субботу, 7 мая, когда он выступил перед собравшейся здесь группой, насчитывавшей менее ста пятидесяти человек. Этот субботний вечер ознаменовал собой момент наибольшего падения популярности Иисуса и его учений. В дальнейшем наблюдался неуклонный, медленный, но более здоровый и надежный рост благоприятного отношения.

Появились новые последователи, которые в большей мере опирались на духовную веру и подлинный религиозный опыт. Относительно разнородная и компромиссная стадия перехода от материальных представлений о царстве, которых придерживались последователи Учителя, к тем более идеалистическим и духовным представлениям, которым учил Иисус, осталась в прошлом. Начиная с этого времени, возвещение евангелия царства стало более открытым и происходило с бóльшим размахом и более широким духовным охватом.

2. НЕДЕЛЯ ОТДЫХА

В воскресенье, 8 мая, синедрион в Иерусалиме распорядился закрыть все синагоги Палестины для Иисуса и его сторонников. Это стало новой и беспрецедентной узурпацией власти иерусалимским синедрионом. До этого каждая синагога существовала и функционировала как независимое собрание верующих и подчинялась своему собственному совету управляющих. Только синагоги Иерусалима были подвластны синедриону. Это спешное решение синедриона привело к уходу в отставку пяти его членов. Для передачи распоряжения и проведения его в жизнь было сразу же отправлено сто гонцов. Уже через две недели каждая синагога Палестины покорилась этому манифесту синедриона, кроме синагоги Хеврона. Правители хевронской синагоги отказались признать право синедриона распространять свою юрисдикцию на их собрание. Отказ подчиниться иерусалимскому распоряжению объяснялся желанием отстоять автономию собрания, а не симпатиями к делу Иисуса. Вскоре после этого синагога Хеврона была уничтожена пожаром.

В то же воскресное утро Иисус объявил неделю отдыха, посоветовав всем ученикам вернуться в свои семьи или к друзьям, чтобы дать отдых измученным душам и приободрить своих близких. Он сказал: «Ступайте в ваши родные места, где вы сможете отдохнуть или порыбачить, молясь о распространении царства».

Эта неделя отдыха позволила Иисусу посетить многие семьи и группы на побережье. Кроме того, он несколько раз отправлялся на рыбалку вместе с Давидом Зеведеевым. Он проводил много времени в уединенных прогулках, и всякий раз поблизости скрывались двое или трое из наиболее преданных гонцов Давида, получавших от него ясные указания охранять Иисуса. В течение недели отдыха никакого публичного обучения не проводилось.

В течение той же недели Нафанаил и Иаков Зеведеев серьезно заболели. На протяжении трех дней и ночей они мучились острым и тяжелым расстройством пищеварения. На третью ночь Иисус отправил Саломию, мать Иакова, отдохнуть и стал ухаживать за своими страдающими апостолами. Конечно, Иисус мог мгновенно исцелить этих двух мужчин, однако ни Отец, ни Сын не пользуются этим методом, когда речь идет о будничных трудностях и недугах детей человеческих в эволюционных мирах времени и пространства. Ни разу на протяжении всей своей богатой событиями жизни во плоти Иисус не оказал никакой сверхъестественной помощи кому-либо из членов своей земной семьи или ближайших последователей.

Вселенские трудности и планетарные препятствия необходимы как часть эмпирической подготовки, предназначенной для обеспечения роста и развития – постепенного усовершенствования – эволюционирующих душ смертных созданий. Для одухотворения человеческой души требуется непосредственный, имеющий воспитательное значение опыт решения широкого круга реальных проблем во вселенной. Животные, а также низшие формы волевых созданий не развиваются в благоприятном направлении в облегченных условиях существования. Проблемные ситуации, в совокупности с побудительными стимулами, порождают такие виды деятельности разума, души и духа, которые в огромной мере способствуют достижению благородных целей эволюции смертных и высших уровней духовного предназначения.

3. ВТОРОЕ СОВЕЩАНИЕ В ТИВЕРИАДЕ

16 мая в Тивериаде состоялось второе совещание иерусалимских властей с Иродом Антипой. Присутствовали как религиозные, так и политические вожди Иерусалима. Еврейские вожди смогли сообщить Ироду о том, что практически все синагоги как Галилеи, так и Иудеи закрыты для учений Иисуса. Они вновь попытались заставить Ирода арестовать Иисуса, но он отказался выполнить их требование. Однако 18 мая Ирод согласился с планом, позволявшим чиновникам синедриона взять Иисуса под стражу, чтобы доставить его в Иерусалим и судить по религиозным мотивам, если римский правитель Иудеи согласится с таким планом. Тем временем враги Иисуса усердно распространяли по всей Галилее слухи о том, что Ирод стал враждебно относиться к Учителю и что он собирается уничтожить всех, кто верит в учения Иисуса.

Субботней ночью, 21 мая, в Тивериаде стало известно, что гражданские власти Иерусалима не возражают против соглашения между Иродом и фарисеями о том, чтобы схватить Иисуса и доставить в Иерусалим, где он предстал бы перед синедрионом по обвинению в неуважении к священным законам евреев. Соответственно, в тот же вечер, за несколько минут до полуночи, Ирод подписал распоряжение, которое уполномочивало чиновников синедриона арестовать Иисуса во владениях Ирода и силой доставить его в Иерусалим для суда. Ирод подвергся сильному давлению с разных сторон, прежде чем согласился дать свое разрешение, и он прекрасно понимал, что в Иерусалиме Иисус не может ждать от своих заклятых врагов честного суда.

4. СУББОТНИЙ ВЕЧЕР В КАПЕРНАУМЕ

В тот же вечер группа из пятидесяти уважаемых граждан Капернаума собралась в синагоге для обсуждения важного вопроса о том, как поступить с Иисусом. Они говорили и спорили за полночь, но не смогли прийти к общему мнению. За исключением нескольких человек, которые склонялись к тому, что Иисус может являться Мессией, – по крайней мере, святым человеком или, возможно, пророком, – собрание разделилось на четыре примерно равные группы, которые придерживались, соответственно, следующих взглядов на Иисуса:

1. Он является заблуждающимся и безобидным религиозным фанатиком.
2. Он является опасным и хитрым подстрекателем, способным поднять восстание.
3. Он находится в союзе с бесами – возможно, он даже является их князем.
4. Он является умалишенным, сумасшедшим, психически неустойчивым.

Много говорилось о том, что Иисус проповедует доктрины, тревожащие простых людей. Его враги утверждали, что его учения оторваны от жизни, что всё рухнет, если каждый человек всерьез попытается жить согласно его идеям. И многие последующие поколения повторяли то же самое. Многие разумные и доброжелательные люди – даже в более просвещенную эпоху, к которой относятся эти откровения, – утверждают, что современная цивилизация не могла бы быть построена на учениях Иисуса. И отчасти они правы. Однако все эти маловеры забывают о том, что на его учениях можно было бы построить значительно лучшую цивилизацию, и однажды так и будет. Этот мир никогда всерьез не пытался широко претворить в жизнь учения Иисуса, несмотря на неоднократные робкие попытки следовать доктринам так называемого христианства.

5. ЗНАМЕНАТЕЛЬНОЕ ВОСКРЕСНОЕ УТРО

22 мая стало знаменательным днем в жизни Иисуса. В это воскресное утро, до рассвета, из Тивериады в страшной спешке прибыл один из гонцов Давида, сообщивший, что Ирод санкционировал, или собирается санкционировать, арест Иисуса чиновниками синедриона. Это известие о надвигающейся опасности заставило Давида Зеведеева поднять своих гонцов и отправить их ко всем местным группам учеников с требованием прибыть на чрезвычайный совет, назначенный на семь часов утра. Когда свояченица Иуды (брата Иисуса) услышала об этом тревожном сообщении, она оповестила о нём всех живших в округе членов семьи Иисуса, приглашая их тут же собраться в доме Зеведея. И вскоре, в ответ на этот срочный вызов, сюда прибыли Мария, Иаков, Иосиф, Иуда и Руфь.

На этой ранней утренней встрече Иисус дал свои прощальные указания собравшимся ученикам; то есть на какое-то время он прощался с ними, ибо прекрасно знал, что вскоре они будут изгнаны из Капернаума. Он посоветовал им искать водительства Бога и продолжать дело царства, невзирая на последствия. Евангелистам предстояло трудиться так, как они считали целесообразным, вплоть до их возможного созыва в будущем. Он избрал двенадцать евангелистов в свое окружение. Двенадцати апостолам он велел оставаться с ним, что бы ни случилось. Двенадцать женщин получили указание находиться в доме Зеведея и в доме Петра, пока он не пошлёт за ними.

Иисус позволил Давиду Зеведееву сохранить свою курьерскую службу, которая охватывала всю страну, и теперь, прощаясь с Учителем, Давид сказал: «Иди и делай свое дело, Учитель. Не попадайся в руки фанатиков и будь всегда уверен в том, что гонцы будут следовать за тобой. Мои люди будут постоянно поддерживать с тобой связь, и от них ты будешь узнавать о состоянии царства в других районах, а мы будем всё знать о тебе. Что бы со мной ни случилось, ничто не помешает этой службе, ибо я назначил первого, второго и даже третьего заместителей. Я не являюсь ни учителем, ни проповедником, но я делаю это по велению сердца, и ничто не сможет меня остановить».

Примерно в 7:30 утра Иисус начал свое прощальное выступление перед почти ста верующими, которые заполнили дом, чтобы услышать его. Для всех присутствующих это было торжественным событием, однако Иисус был необычайно весел; он вновь стал самим собой. Серьезность, свойственная ему на протяжении многих недель, исчезла, и он воодушевлял всех словами веры, надежды и мужества.

6. ПРИБЫТИЕ СЕМЬИ ИИСУСА

Около восьми часов в это воскресное утро, в ответ на срочный вызов свояченицы Иуды, в Вифсаиду прибыли пять членов земной семьи Иисуса. Из всей его семьи во плоти только один человек, Руфь, никогда не переставала всем сердцем верить в божественность его миссии на земле. Иуда и Иаков, и даже Иосиф, всё еще в значительной мере сохраняли свою веру в Иисуса, однако гордыня взяла верх над их здравомыслием и действительными духовными наклонностями. Мария также разрывалась между любовью и страхом, между материнской любовью и гордостью за свою семью. Хотя ее и мучили сомнения, она продолжала смутно помнить посещение Гавриила накануне рождения Иисуса. Фарисеи старались убедить Марию в том, что Иисус был не в себе, что он сошел с ума. Они требовали, чтобы она, вместе со своими сыновьями, попыталась уговорить его прекратить дальнейшую деятельность в качестве общественного учителя. Они убеждали Марию, что вскоре здоровье Иисуса будет подорвано, а если ему будет позволено продолжать, всю семью ждут только бесчестье и позор. Поэтому, когда пришло сообщение от свояченицы Иуды, все пятеро тут же отправились к дому Зеведея, ибо еще накануне они собрались у Марии для состоявшейся здесь встречи с фарисеями. Проговорив с иерусалимскими вождями далеко за полночь, все они в большей или меньшей степени убедились в том, что Иисус ведет себя странно, что он вел себя странно уже в течение какого-то времени. Хотя Руфь не могла объяснить всё в его поведении, она настаивала на том, что он всегда справедливо относился к своей семье, и отказалась согласиться с планом, целью которого было попытаться отговорить его от дальнейшего труда.

По пути к дому Зеведея они обсудили эти вопросы и решили, что попытаются уговорить Иисуса вернуться домой вместе с ними, ибо, как сказала Мария, «я знаю, что я могла бы повлиять на своего сына, если бы он только согласился прийти домой и выслушать меня». Иаков и Иуда уже прослышали о том, что Иисуса собираются арестовать и доставить в Иерусалим для суда. Они также боялись за свою собственную жизнь. Пока Иисус пользовался популярностью в народе, его семья не возражала, чтобы всё шло своим чередом. Однако теперь, когда жители Капернаума и иерусалимские вожди внезапно ополчились на него, они начали остро ощущать гнет позора, который может навлечь их щекотливое положение.

Они рассчитывали увидеться с Иисусом, поговорить с ним наедине и настоять на том, чтобы он отправился вместе с ними домой. Они надеялись заверить его в том, что они простят ему невнимание к ним, – забудут и простят его, – если только он откажется от нелепых попыток проповедовать новую религию, способную доставить одни лишь неприятности ему самому и навлечь позор на его семью. На всё это Руфь отвечала только одно: «Я скажу своему брату, что я считаю его Божьим человеком и надеюсь, что он захочет скорее умереть, чем позволить этим нечестивым фарисеям положить конец его проповедям». Иосиф обещал позаботиться о том, чтобы Руфь молчала, пока остальные будут уговаривать Иисуса.

Когда они достигли дома Зеведея, прощальное обращение Иисуса к ученикам достигло своей кульминации. Они попытались войти в дом, однако он был до предела заполнен людьми. Наконец им удалось устроиться на заднем крыльце и передать Иисусу через людей весточку, так что когда она дошла до Симона Петра, он прервал Учителя и прошептал: «Посмотри, пришли твоя мать и твои братья, и им не терпится поговорить с тобой». Мать Иисуса не осознавала, сколь важным было для Иисуса это последнее обращение к своим сторонникам. Не знала она и того, что его речь может в любой момент прерваться прибытием тех, кто собирается его арестовать. Она действительно полагала, что после столь долгого и явного отчуждения, – учитывая тот факт, что она и его братья продемонстрировали свою благосклонность и сами пришли к нему, – Иисус прервет свое выступление и подойдет к ним, как только ему сообщат, что они его ждут.

Это стало очередным случаем, когда его земная семья не смогла понять, что он должен заниматься делом своего Отца. И поэтому Мария и его братья были глубоко оскорблены, когда, – несмотря на то что он умолк, чтобы выслушать сообщение, – вместо того, чтобы увидеть, как он спешит поприветствовать их, они услышали его мелодичный голос, зазвучавший с новой силой: «Скажите моей матери и моим братьям, что им не следует тревожиться за меня. Отец, пославший меня в этот мир, не оставит меня; не пострадает и моя семья. Пусть они наберутся мужества и доверятся Отцу царства. В конце концов, кто моя мать и кто мои братья?» И, протянув руки ко всем своим собравшимся ученикам, он сказал: «У меня нет матери, у меня нет братьев. Вот моя мать и мои братья! Ибо кто исполняет волю Отца моего небесного, тот мне мать, и брат и сестра».

Услышав эти слова, Мария лишилась чувств на руках у Иуды. Они вынесли мать в сад, чтобы привести ее в сознание. В это время Иисус заканчивал свою прощальную речь. После этого он собирался выйти наружу, чтобы побеседовать с матерью и братьями, однако из Тивериады срочно прибыл гонец, сообщивший, что сюда направляются чиновники синедриона, уполномоченные арестовать Иисуса и доставить его в Иерусалим. Получивший известие Андрей прервал Иисуса и сообщил ему об этом.

Андрей забыл о том, что Давид расставил вокруг дома Зеведея примерно двадцать пять дозорных и что никто не мог застать их врасплох. Поэтому он спросил Иисуса, чтó следует предпринять. Учитель стоял в молчании, в то время как его мать находилась в саду, где она приходила в себя, потрясенная его словами: «У меня нет матери». Именно в это время одна из женщин встала и воскликнула: «Благословенно чрево, носившее тебя, и грудь, вскормившая тебя!» Иисус на мгновение прервал свой разговор с Андреем, чтобы ответить этой женщине: «Нет, благословенен тот, кто слышит слово Божье и имеет мужество повиноваться ему».

Мария и братья Иисуса считали, что Иисус не понимает их, что он утратил к ним интерес, не осознавая, что именно они оказались неспособны понять Иисуса. Иисус прекрасно понимал, с каким трудом люди расстаются со своим прошлым. Он знал, какое воздействие оказывает на людей красноречие проповедника, и он знал, что совесть реагирует на эмоциональное воздействие так же, как разум реагирует на логику и доказательства. Но он также знал, сколь неизмеримо труднее убедить людей *отречься от прошлого*.

Извечна истина: всякий, кто считает, что его неправильно поняли или не оценили, найдет в Иисусе отзывчивого друга и чуткого советчика. Он предупреждал апостолов, что враги человека могут быть в его семье, но он едва ли осознавал, насколько точно это предсказание будет соответствовать его собственной жизни. Иисус не отрекался от своей земной семьи, чтобы взяться за дело Отца, – это она отреклась от него. Впоследствии, после смерти Учителя и его воскресения, когда Иаков связал свою жизнь с ранним христианством, он безмерно страдал из-за того, что не воспользовался предоставленной ему прежде возможностью общения с Иисусом и его учениками.

Проживая эти события, Иисус решил руководствоваться ограниченными познаниями своего человеческого разума. Он желал приобрести опыт общения со своими товарищами в качестве простого человека. И в человеческом сознании Иисуса существовало намерение повидаться перед отъездом со своей семьей. Он не хотел прерывать свое рассуждение и, таким образом, привлекать всеобщее внимание к их первой встрече после столь долгой разлуки. Он собирался завершить свое обращение и после этого увидеться с ними, прежде чем уйти, но эти планы были тут же расстроены неблагоприятным стечением обстоятельств.

Поспешность их бегства была еще больше усилена появлением у заднего входа в дом Зеведея отряда гонцов Давида. Смятение, вызванное гонцами, испугало апостолов, которые решили, что эти люди пришли схватить их, и, в страхе перед арестом, они бросились через парадный вход к стоявшей наготове лодке. И всё это объясняет, почему Иисус не повидался со своей семьей, ждавшей его на заднем крыльце.

Однако он всё же сказал Давиду Зеведею, спешно садясь в лодку: «Скажи моей матери и моим братьям, что я благодарен им за их приход и что я собирался увидеться с ними. Пусть они не обижаются на меня, а лучше стремятся познать волю Божью и обрести милосердие и мужество для исполнения этой воли».

7. ПОСПЕШНОЕ БЕГСТВО

Так в это воскресное утро, двадцать второго мая 29 года н. э., Иисус, вместе со своими двенадцатью апостолами и двенадцатью евангелистами, поспешно бежал от чиновников синедриона, которые приближались к Вифсаиде, уполномоченные Иродом Антипой арестовать его и доставить в Иерусалим, чтобы судить по обвинению в богохульстве и других нарушениях священных законов евреев. Было около половины девятого, когда в то погожее утро эти двадцать пять человек сели на весла и отплыли к восточному берегу Галилейского моря.

За лодкой Учителя следовала другая, поменьше, с шестью гонцами Давида, получившими задание поддерживать связь с Иисусом и его товарищами и следить за тем, чтобы известия об их местонахождении и безопасности регулярно передавались в дом Зеведея в Вифсаиде, который уже в течение некоторого времени являлся центром всей деятельности, связанной с царством. Однако Иисусу было не суждено когда-либо вновь остановиться в доме Зеведея. Впредь, до окончания его земной жизни, Учителю действительно было «негде преклонить голову». С того времени у него никогда больше не было даже подобия постоянного жилища.

Они добрались до ближайшей деревни Хересы и оставили свою лодку у друзей. Начались скитания, в которых прошел этот богатый событиями последний год земной жизни Учителя. В течение некоторого времени они оставались во владениях Филиппа, пройдя от Хересы до Кесарии Филипповой, откуда они направились к побережью Финикии.

Толпа задержалась у дома Зеведея, глядя, как две эти лодки пересекают озеро, направляясь к восточному берегу, и была сильно испугана, когда сюда ворвались иерусалимские чиновники и стали искать Иисуса. Они не могли поверить, что он ускользнул от них, и пока Иисус вместе со своей группой продвигался на север через Ватанию, фарисеи и их помощники потратили почти целую неделю, напрасно разыскивая его в окрестностях Капернаума.

Члены семьи Иисуса вернулись домой в Капернаум и провели около недели в разговорах, спорах и молитвах, в полной растерянности и страхе. Только в четверг пополудни они смогли успокоиться, когда Руфь вернулась из дома Зеведея, где она узнала от Давида, что ее отец-брат находится в безопасности и в добром здравии направляется к финикийскому побережью.

ДОКУМЕНТ 155

БЕГСТВО ЧЕРЕЗ СЕВЕРНУЮ ГАЛИЛЕЮ

В то богатое событиями воскресенье, сойдя на берег у Хересы, Иисус и двадцать четыре взяли путь на север и вскоре добрались до прекрасного парка к югу от Вифсаиды-Юлии, где они провели ночь. Они были знакомы с этим местом, ибо в прошлом останавливались здесь. Перед тем, как отправиться на покой, Учитель собрал вокруг себя своих сторонников и обсудил с ними планы предполагаемого путешествия через Ватанию и северную Галилею к финикийскому побережью.

1. ПОЧЕМУ ЗЛОБСТВУЮТ ЯЗЫЧНИКИ?

Иисус сказал: «Все вы должны помнить, как Псалмопевец говорил о тех временах: „Почему злобствуют язычники и народы мира вынашивают тщеславные планы? Цари земли и правители человеческие вместе сплачивают силы против Господа и против его помазанника, говоря: „Разобьем оковы милосердия, сбросим с себя путы любви“.

Сегодня вы видите, как это сбывается на ваших глазах. Однако вы не увидите исполнения остальной части пророчества Псалмопевца, ибо он придерживался ошибочных представлений о Сыне Человеческом и его миссии на земле. Мое царство основано на любви, возвещается в милосердии и претворяется бескорыстным служением. Мой Отец не сидит на небе, насмехаясь над язычниками. Он не гневается в своем великом недовольстве. Истинно обещание о том, что Сын получит этих так называемых язычников (в действительности – своих невежественных и необученных собратьев) в наследство. И я приму этих иноверцев с раскрытыми объятиями, с милостью и любовью. Всё это милосердие будет оказано так называемым язычникам, несмотря на злополучное заявление, утверждающее, что победоносный Сын „сокрушит их железным прутом, разобьет, как глиняный горшок“. Псалмопевец заклинал вас „служить Господу в страхе“ – я приглашаю принять возвышенные привилегии божественного сыновства через веру; он повелевает радоваться с трепетом – я приглашаю вас радоваться с уверенностью. Он говорит: „Поцелуйте Сына, чтобы он не прогневался, и чтобы вам не погибнуть, когда проявится его гнев“. Но вы, прожившие со мной эти годы, хорошо знаете, что гнев и ярость не имеют отношения к установлению царства в сердцах людей. Однако Псалмопевец действительно увидел свет истины, когда, завершая это предостережение, сказал: „Благословенны те, кто положился на этого Сына“».

Двадцать четыре продолжали слушать Иисуса, учившего: «Язычников можно понять, когда они гневаются на нас. Благодаря скудости и узости своего кругозора они способны с большой увлеченностью концентрировать свои силы. Их цель близка и является более или менее зримой; поэтому их усилия отличаются геройством и решительностью. Вы, заявляющие о вхождении в царство небесное, слишком нерешительны и неопределенны в своих методах обучения. Язычники неуклонно идут к своим целям; вы повинны в чрезмерном и постоянном томлении. Если вы желаете войти в царство, почему вы не берете его духовным штурмом, подобно тому как язычники берут осажденный город? Вы едва ли достойны царства, если ваше служение в основном состоит из сожалений о прошлом, жалоб на настоящее и тщетных надежд на будущее. Почему злобствуют язычники? Потому что они не знают истину. Почему вы изнемогаете в тщетном томлении? Потому что вы *не подчиняетесь* истине. Оставьте бесполезное томление и идите вперед, смело выполняя то, что относится к установлению царства.

Во всём, что вы делаете, избегайте однобокости или чрезмерного сужения своей деятельности. Фарисеи, стремящиеся уничтожить нас, действительно полагают, что совершают богоугодное дело. Традиции настолько сузили их кругозор, что предрассудки ослепили их, и страх ожесточил их. Вспомните греков, у которых есть наука без религии, в то время как у евреев есть религия без науки. И когда людей вводят в заблуждение, заставляя принять такой узкий и искаженный сколок истины, их единственная надежда на спасение – согласование с истиной, обращение.

Я хотел бы особо подчеркнуть вечную истину: если вы, согласуясь с истиной, научитесь в своей собственной жизни демонстрировать эту восхитительную целостность праведности, ваши собратья будут следовать за вами, чтобы достигнуть того, что вы уже обрели. Чем больше искатели истины тянутся к вам, тем большей истиной, праведностью вы обладаете. Чем больше вам приходится идти со своей проповедью к людям, тем больше это, в определенном смысле, является мерой вашей неспособности жить целостной, праведной жизнью в согласии с истиной».

И многому другому учил Иисус своих апостолов и евангелистов, прежде чем они пожелали ему спокойной ночи и улеглись на свои подушки.

2. ЕВАНГЕЛИСТЫ В ХОРАЗИНЕ

Утром в понедельник, 23 мая, Иисус велел Петру идти в Хоразин вместе с двенадцатью евангелистами, в то время как сам он, вместе с одиннадцатью апостолами, отправился в Кесарию Филиппову. Пройдя вдоль Иордана к дороге Дамаск-Капернаум, они свернули на северо-восток и достигли развилки на Кесарию Филиппову, откуда уже добрались до этого города, где находились и учили в течение двух недель. Они прибыли сюда пополудни во вторник, 24 мая.

Петр и евангелисты пробыли в Хоразине две недели, проповедуя евангелие царства небольшой, но убежденной группе верующих. Однако им не удалось приобрести здесь многих новообращенных. Ни один город во всей Галилее не дал царству так мало душ, как Хоразин. Следуя указаниям Петра, двенадцать евангелистов меньше говорили об исцелении – вещах физических. Вместе с тем они с удвоенной энергией проповедовали и учили духовным истинам небесного царства. Эти две недели в Хоразине стали для двенадцати евангелистов настоящим боевым крещением, ибо это был самый трудный и непродуктивный период в их жизни. Лишенные того удовлетворения, которое приносит завоевание новых душ для царства, каждый из них еще более серьезно и искренне заглянул в собственную душу и оценил ее духовный рост на стезях новой жизни.

7 июня, во вторник, когда стало ясно, что желающих искать вступления в царство больше нет, Петр созвал своих товарищей и отправился с ними в Кесарию Филиппову для воссоединения с Иисусом и апостолами. Они прибыли сюда около полудня в среду и провели весь вечер, рассказывая об опыте, приобретенном среди неверующих Хоразина. Во время состоявшихся в тот вечер дискуссий Иисус еще раз коснулся притчи о сеятеле и подробно остановился на смысле кажущихся неудач, с которыми люди сталкиваются в своей жизни.

3. В КЕСАРИИ ФИЛИППОВОЙ

Хотя во время своего двухнедельного пребывания неподалеку от Кесарии Филипповой Иисус не вел публичной деятельности, апостолы без лишней огласки провели в городе целый ряд встреч, а многие верующие приходили в лагерь, чтобы поговорить с Учителем. Лишь горстка новых членов влилась в группу верующих в результате этого путешествия. Каждый день Иисус беседовал с апостолами, и они стали лучше понимать, что вступают в новую фазу проповедования небесного царства. Они начали сознавать, что «царство Божье – не еда и питье, а осознание духовной радости, которую дает принятие божественного сыновства».

Пребывание в Кесарии Филипповой стало настоящим испытанием для одиннадцати апостолов; этот двухнедельный период стоил им большого труда. Они находились на грани депрессии, и им очень не хватало периодического воодушевления, которое придавала полная энтузиазма личность Петра. В то время верить в Иисуса и продолжать следовать за ним воистину являлось суровым испытанием. Хотя за эти две недели им почти не удалось обратить в свою веру новых людей, они почерпнули много чрезвычайно полезного из своих ежедневных бесед с Учителем.

Апостолы узнали, что выхолостив истину и превратив ее в догму, евреи обрекли себя на духовную стагнацию и умирание; они узнали, что когда истина определяется как пограничная линия самодовольной исключительности – вместо того, чтобы служить вехами духовного руководства и развития, – такие учения теряют свою созидательную и жизнетворную силу и, в конечном счете, становятся лишь охранительными и косными.

Всё больше перенимали они от Иисуса умение оценивать человеческие личности с точки зрения их возможностей во времени и вечности. Они узнали, что многие души можно наиболее успешно научить любви к невидимому Богу, если вначале научить их любить своих зримых братьев. Именно в этом контексте новый смысл приобрело выражение Учителя о бескорыстном служении своим товарищам: «В той мере, в какой вы делали что-то для одного из моих меньших братьев, вы делали это для меня».

Один из важнейших уроков, извлеченных за время пребывания в Кесарии, касался происхождения религиозных традиций и серьезной опасности, возникающей, когда чувство святости начинают связывать с несвятыми вещами, обыкновенными идеями или будничными событиями. Плодом одной из бесед стало учение, согласно которому истинная религия есть проникновенная преданность человека своим высшим и наиболее истинным убеждениям.

Иисус предупреждал своих верующих, что если их религиозные устремления останутся только материальными, то всё более широкое знание природы, постепенно вытесняющее сверхъестественное объяснение происхождения вещей, в конце концов лишит их веры в Бога. Если же религия духовна, то прогресс физической науки никогда не сможет поколебать веру в вечные реальности и божественные ценности.

Они узнали, что когда религия целиком духовна в своих мотивах, она делает более достойной всю жизнь, наполняя ее высокими целями, облагораживая трансцендентными ценностями, воодушевляя возвышенными мотивами и, одновременно с этим, постоянно утешая человеческую душу высокой и укрепляющей надеждой. Истинная религия должна ослаблять напряжение бытия; она высвобождает веру и мужество для насущной жизни и бескорыстного служения. Вера стимулирует духовную энергию и праведную плодотворность.

Иисус много раз повторял своим апостолам: любая цивилизация обречена, если утрачивается то лучшее, что было в ее религии. И он неустанно обращал их внимание на огромную опасность замены религиозного опыта религиозной символикой и обрядами. Всю свою жизнь он последовательно растапливал застывшие формы религии, превращая их в вольное течение просвещенного богосыновства.

4. НА ПУТИ В ФИНИКИЮ

Утром в четверг, 9 июня, получив сообщение о состоянии дел царства, доставленное гонцами Давида из Вифсаиды, эта группа из двадцати пяти учителей истины покинула Кесарию Филиппову и отправилась к финикийскому побережью. Взяв путь на Луз, они обошли заболоченную местность и достигли перекрестка с караванным путем из Магдалы в Ливанские горы, после чего достигли пересечения с дорогой на Сидон, куда и прибыли пополудни в пятницу.

Неподалеку от Луза, где они сделали привал для полуденной трапезы в тени нависающего выступа скалы, Иисус произнес одну из самых замечательных речей, услышанных апостолами за все годы своего общения с ним. Не успели они усесться, чтобы преломить хлеб, как Симон Петр спросил Иисуса: «Учитель, если небесный Отец всё знает и его дух является нашей поддержкой в установлении царства небесного на земле, то почему мы бежим от угроз наших врагов? Почему мы отказываемся встретиться лицом к лицу с противниками истины?» Но не успел Иисус приступить к ответу на вопрос Петра, как вмешался Фома: «Учитель, я действительно хотел бы знать, чем же плоха религия наших иерусалимских врагов. В чём заключается действительное отличие их религии от нашей? Чем объяснить столь разительные расхождения в вере, если все мы заявляем, что служим одному и тому же Богу?» И когда Фома умолк, Иисус сказал: «Я не хотел бы оставлять без внимания вопрос Петра, ибо я прекрасно знаю, как просто было бы неправильно понять, почему я против открытого столкновения с правителями евреев именно сейчас. Однако для всех вас будет более полезно, если я остановлюсь на вопросе Фомы. И я сделаю это после того как вы поедите».

5. БЕСЕДА ОБ ИСТИННОЙ РЕЛИГИИ

Эта незабываемая беседа о религии, кратко изложенная на современном языке, выражает следующие истины:

Хотя религии мира имеют двоякое происхождение – естественное и богооткровенное, – в любое время и в любом народе можно обнаружить три явные формы религиозного чувства. Есть три проявления религиозного побуждения:

1. *Примитивная религия.* Наполовину природное и инстинктивное побуждение бояться таинственных энергий и поклоняться высшим силам; в основном, это религия физической природы, религия страха.

2. *Религия цивилизации.* Прогрессирующие религиозные представления и обычаи цивилизованных рас – религия рассудка – умственная теология, которая строится на авторитете сложившейся религиозной традиции.

3. *Истинная религия – религия откровения.* Раскрытие сверхъестественных ценностей, частичное проникновение в вечные реальности, соприкосновение с благостью и красотой бесконечного характера небесного Отца – религия духа, демонстрируемая в человеческом опыте.

Учитель отнюдь не преуменьшал значения религии, основанной на физических чувствах и суеверных страхах природного человека, хотя он и сожалел о том, что так много от этой примитивной формы поклонения сохраняется в религиозных формах более разумных человеческих рас. Иисус объяснил, в чём принципиальное отличие религии рассудка от религии духа: первая опирается на авторитет церкви, тогда как последняя целиком основана на человеческом опыте.

И затем Учитель продолжил свой урок разъяснением этих истин:

До тех пор, пока люди не станут высокоразумными и более цивилизованными, будет сохраняться много наивных и суеверных обрядов, столь характерных для эволюционных религиозных обычаев примитивных и отсталых народов. До тех пор, пока человеческий род не достигнет уровня более высокого и более распространенного признания реальностей духовного опыта, множество мужчин и женщин будут, как и прежде, отдавать личное предпочтение тем официальным религиям, которые требуют только умственного согласия, в противоположность религии духа, предполагающей активное участие разума и души в испытании веры, – борьбе с суровыми реальностями, присущими эволюционному опыту человека.

Принятие традиционных официальных религий предлагает простой путь для удовлетворения присущего человеку стремления утолить свои духовные потребности. Устоявшиеся, окостеневшие и господствующие официальные религии служат готовым убежищем для смущенной и смятенной человеческой души, преследуемой страхом и терзаемой неопределенностью. В качестве платы за удовлетворение и утешение такая религия требует от своих приверженцев одного только пассивного и чисто рационального согласия.

На земле еще долго будут встречаться эти робкие, пугливые и нерешительные индивидуумы, предпочитающие такой путь обретения религиозного утешения, несмотря на то что, связывая свою судьбу с религиозной властью, они тем самым жертвуют суверенностью личности, унижают достоинство уважающего себя человека и полностью отказываются от права участия в сáмом захватывающем и воодушевляющем из всех возможных видов человеческого опыта, а именно – в личном поиске истины, пьянящем противостоянии опасностям умственных открытий, решимости исследовать реальности личного религиозного опыта, высшем удовлетворении от ощущения личной победы. Эта победа заключается в подлинном осознании триумфа духовной веры над умственным сомнением в высшем дерзании всего человеческого существования – поиске Бога, которого человек ищет для себя самостоятельно и которого он находит.

Религия духа означает усилие, борьбу, столкновение, веру, решительность, любовь, преданность и развитие. Религия рассудка – официальная теология – совсем или почти не требует ни одного из этих усилий от своих формальных верующих. Традиция – это надежное прибежище и легкий путь для боязливых и нерешительных душ. Они инстинктивно остерегаются духовной борьбы и интеллектуальной неопределенности, присущих странствованиям веры – отважным путешествиям в открытых морях неизведанной истины в поисках далеких берегов духовных реальностей – в том их виде, в котором их способен открыть развивающийся человеческий разум и ощутить эволюционирующая человеческая душа.

Иисус продолжал: «В Иерусалиме религиозные вожди свели различные доктрины своих традиционных учителей и пророков минувших дней в господствующую систему рациональных вероучений – официальную религию. Все подобные религии взывают в основном к разуму. И теперь нам предстоит вступить в беспощадную борьбу с такой религией, ибо вскоре мы начнем смело возвещать новую религию, – религию, которая не является религией в современном значении этого слова, религию, которая взывает в первую очередь к божественному духу моего Отца, пребывающему в разуме человека; религию, авторитет которой будет зиждиться на плодах, непременно появляющихся в личном опыте принявших ее людей, – всех тех, кто становится настоящими и подлинными верующими в истины, присущие этому более высокому духовному общению».

Обращаясь к каждому из двадцати четырех по имени, Иисус сказал: «Так кто из вас предпочтет избрать легкий путь подчинения господствующей и окаменевшей религии, защищаемой фарисеями в Иерусалиме, вместо того, чтобы подвергаться трудностям и преследованиям, сопровождающим миссию возвещения лучшего пути спасения людей, и одновременно ощущать удовлетворение, открывая для себя те красоты, которые заключены в реальностях живого личного опыта постижения вечных истин и высшего великолепия небесного царства? Быть может, вы боитесь, слабохарактерны, ищете легких путей? Быть может, вы не решаетесь доверить свое будущее Богу истины, сынами которого вы являетесь? Быть может, вы не доверяете своему Отцу, детьми которого вы являетесь? Вернетесь ли вы назад, к легким стезям определенности и интеллектуальной неизменности религии, опирающейся на традицию, – или же вы соберетесь с силами и пойдете вместе со мной вперед, в неопределенное и тревожное будущее, связанное с возвещением новых истин религии духа, царства небесного в сердцах людей?»

Все двадцать четыре слушателя встали, готовые заявить о своем единодушном и преданном отклике на этот призыв, – один из немногих эмоциональных призывов, с которыми Иисус когда-либо обращался к ним. Но он поднял руку и остановил их, сказав: «Ступайте, и пусть каждый из вас побудет наедине с Отцом в поисках бесстрастного ответа на мой вопрос. И обнаружив такое истинное и искреннее отношение души, свободно и смело дайте свой ответ моему и вашему Отцу, чья бесконечная, исполненная любви жизнь является самим духом возвещаемой нами религии».

На короткое время евангелисты и апостолы разошлись. Их дух был возвышен, их разум воодушевлен, их чувства приведены в сильнейшее возбуждение словами Иисуса. Но когда Андрей созвал их, Учитель сказал лишь следующее: «Продолжим наш путь. Мы отправляемся в Финикию, где остановимся на какое-то время, и каждому из вас следует молиться Отцу о преобразовании эмоций разума и тела в более высокую преданность разума и более удовлетворяющий опыт духа».

В молчании двадцать четыре апостола и евангелиста вышли в путь. Однако вскоре они начали переговариваться друг с другом, и к трем часам пополудни они уже не могли идти дальше. Они остановились, и Петр, подойдя к Иисусу, сказал: «Учитель, ты произнес слова жизни и истины. Нам хотелось бы услышать еще; мы просим тебя продолжить свой рассказ».

6. ВТОРАЯ БЕСЕДА О РЕЛИГИИ

И вот, устроив привал на тенистом склоне, Иисус продолжил учить их религии духа. Суть сказанного им сводится к следующему:

Вы вышли из рядов тех своих товарищей, кто решил и дальше довольствоваться религией рассудка, кто жаждет безопасности и предпочитает подчинение. Вы решили обменять свое чувство надежности, внушаемое официальной религией, на уверенность, предлагаемую духом смелой и эволюционирующей веры. Вы решились протестовать против изнурительного бремени институциональной религии и отвергнуть диктат письменных преданий, воспринимаемых сегодня как слово Божье. Действительно, наш Отец говорил устами Моисея, Илии, Исайи, Амоса и Осии, но он не прекращал помогать миру словами истины, когда эти древние пророки переставали пророчествовать. Мой Отец не отдает предпочтения народам или поколениям – он не удостаивает словом истины одну эпоху, лишая другую. По своему недомыслию не называйте божественным то, что является сугубо человеческим, и отличайте слова истины – они исходят не из уст традиционных оракулов, говорящих якобы по наитию.

Я призвал вас родиться заново, родиться в духе. Я призвал вас выйти из тьмы авторитарности и летаргии традиции и войти в трансцендентный свет осознания возможности совершения величайшего личного открытия, на которое способна человеческая душа, – божественного опыта нахождения Бога для себя, в себе и от себя и совершения всего этого в своем собственном реальном опыте. Так вы сможете перейти от смерти к жизни, от власти традиции к опыту познания Бога. Так вы выйдете из тьмы и вступите в свет, перейдете от расовой, унаследованной веры к вере личной, обретенной в подлинном опыте; и тем самым вы перейдете от теологии рассудка, переданной вам вашими предками, к истинной религии духа, которая будет создана в ваших душах в качестве вечного дарования.

Ваша религия изменится: на смену сугубо рассудочной вере в авторитет традиции придет непосредственный опыт той живой веры, которая способна постичь реальность Бога и всего, что относится к божественному духу Отца. Религия рассудка безнадежно привязывает вас к прошлому; религия духа заключается в постепенном богооткровении и неизменно побуждает вас идти вперед, к более высоким и святым достижениям в сфере духовных идеалов и вечных реальностей.

Хотя официальная религия способна на время придать чувство устойчивой надежности, за такое преходящее удовлетворение вы платите утратой вашей духовной независимости и религиозной свободы. Мой Отец не требует от вас, чтобы вы – в качестве платы за вхождение в царство небесное – заставляли себя соглашаться с верой в то, что является духовно отталкивающим, нечестивым и ложным. От вас не требуется, чтобы вы оскорбляли собственное чувство милосердия, справедливости и истины, подчиняясь устарелой системе религиозных форм и обрядов. Религия духа дарует вам вечную свободу следовать истине, куда бы ни привело вас водительство духа. И кто знает, быть может, этот дух сможет дать этому поколению то, что другие поколения отказывались услышать?

Позор тем религиозным лжеучителям, которые стремятся затащить изголодавшиеся души назад, в смутное и далекое прошлое, и оставить их там! И эти несчастные обречены страшиться всякого нового открытия, приходя в замешательство при каждом очередном раскрытии истины. Пророк, сказавший: «Тот пребудет в совершенном мире, чьи помыслы остаются с Богом», не придерживался только лишь рассудочной веры в официальную теологию. Этот познавший истину человек открыл Бога; для него рассуждения о Боге не являлись только словами.

Я призываю вас отказаться от практики без конца цитировать древних пророков и восхвалять героев Израиля и вместо этого стремиться стать живыми пророками Всевышнего и духовными героями грядущего царства. Конечно, нужно отдать должное и познавшим Бога вождям прошлого, но почему, поступая так, вам следует жертвовать высшим опытом человеческого существования – открытием Бога для самих себя и познанием его в своих собственных душах?

Каждая нация обладает своим собственным рассудочным взглядом на человеческое существование. Поэтому религия разума должна всегда отвечать этим различным национальным воззрениям. Официальные религии никогда не смогут объединиться. Человеческое единство и братство смертных могут быть достигнуты только благодаря высшему дару религии духа. Национальные воззрения могут отличаться, однако всё человечество обладает одним и тем же божественным и вечным духом. Надежда человеческого братства может быть реализована только по мере того, как объединяющая и облагораживающая религия духа – религия личного духовного опыта – будет пропитывать собой и превосходить различные официальные религии рассудка.

Официальные религии способны только разделять людей и восстанавливать их друг против друга сообразно их убеждениям. Религия духа будет всё больше привлекать людей друг к другу, углубляя их взаимопонимание и взаимную симпатию. Официальная религия требует от людей единообразия веры, что невозможно реализовать при нынешнем состоянии мира. Религия духа требует только единства опыта – единообразия предназначения, – полностью допуская разнообразие верований. Религия духа требует лишь единообразного постижения, а не единообразия во взглядах и воззрениях. Религия духа не требует единообразия рациональных подходов, предполагая только единство духовного ощущения. Официальные религии выхолащиваются, превращаясь в безжизненные догмы; религия духа превращается во всё бóльшую радость и свободу облагораживающей деятельности – любвеобильного служения и милосердной опеки.

Предостерегаю вас: не взирайте с презрением на детей Авраама только потому, что им выпало жить в эту порочную эпоху бесплодных традиций. Наши праотцы всецело посвящали себя упорному и страстному поиску Бога, и они познали его лучше, чем любой другой народ со времен Адама, – а он знал многое из того, о чём я говорю, ибо сам являлся Сыном Божьим. Долгая и неутомимая борьба Израиля, которую он ведет со времен Моисея, пытаясь найти Бога и познать его, не прошла незамеченной для моего Отца. На протяжении многих безрадостных поколений евреи не переставали трудиться, проливать пот, томиться, мучиться, терпеть тяготы и горести непонятого и презираемого народа, – и всё это для того, чтобы чуть ближе подойти к открытию истины о Боге. И несмотря на все неудачи и колебания Израиля, наши отцы – начиная с Моисея и кончая Амосом и Осией – постепенно раскрывали всему миру всё более ясное и истинное представление о вечном Боге. Так был подготовлен путь для еще более великого раскрытия Отца, участниками которого вы призваны стать.

Никогда не забывайте о том, что есть только одно свершение, которое удовлетворяет и захватывает больше, чем попытка открыть волю живого Бога, а именно – высший опыт искреннего стремления исполнить эту божественную волю. И помните: любой земной труд хорош для исполнения Божьей воли. Не считайте одни призвания святыми, а другие – мирскими. Всё священно в жизни тех, кого ведет дух, то есть подчинено истине, облагорожено любовью, исполнено милосердия и сдерживается беспристрастностью – справедливостью. Дух, который мой Отец и я пошлем в этот мир, является не только Духом Истины, но и духом идеалистической красоты.

Вам следует перестать искать слово Божье в одних только древних письменах, выдержанных в духе официальной теологии. Отныне рожденные от Божьего духа будут распознавать Божье слово независимо от его происхождения. Не следует игнорировать божественную истину только из-за того, что средство ее посвящения представляется средством человеческим. Разум многих ваших братьев принимает теорию Бога, хотя духовно они неспособны осознать присутствие Бога. Именно поэтому я столь часто учил вас, что царство небесное можно с наибольшим успехом осознать, если усвоить духовное отношение чистосердечного ребенка. Я призываю вас отнюдь не к умственной незрелости ребенка, а к *духовной бесхитростности* такого простодушного и совершенно доверчивого дитя. Важно не столько то, чтобы вы знали о факте Бога, сколько то, чтобы вы повышали свою способность *чувствовать присутствие Бога*.

Как только вы начнете находить Бога в собственной душе, то вы тут же начнете открывать его в душах других людей и, в итоге, во всех созданиях и творениях могущественной вселенной. Но может ли Отец предстать Богом высшей преданности и божественных идеалов в душах людей, которые почти или совсем не уделяют времени вдумчивому размышлению о таких вечных реальностях? Хотя разум не является местонахождением духовной сущности, он действительно служит ее вратами.

Однако не пытайтесь понапрасну доказать другим людям, что вы нашли Бога; вы неспособны сознательно представить тому убедительные доказательства, хотя существует два несомненных и ярких подтверждения того факта, что вы познали Бога:

1. Плоды Божьего духа, демонстрируемые в вашей повседневной жизни.
2. Тот факт, что вся ваша жизнь служит убедительным доказательством вашего безоговорочного риска всем, чем вы являетесь и обладаете, во имя неизведанного путешествия – продолжения жизни после смерти в надежде найти Бога вечности, к присутствию которого вы прикоснулись во времени.

И еще: не сомневайтесь в том, что мой Отец будет всегда отвечать даже на самый слабый проблеск веры. Он не оставляет без внимания физические и суеверные переживания примитивного человека. Что касается тех честных, хотя и боязливых душ, чья вера столь слаба, что она почти не поднимается выше рассудочного согласия на пассивное подчинение официальным религиям, Отец всегда готов ободрить и поощрить даже такие слабые попытки обратиться к нему. От вас же, призвашых из тьмы во свет, ожидается, что вы будете верить всем сердцем; ваша вера будет преобладать в совокупном отношении тела, разума и духа.

Вы – мои апостолы, и для вас религия не будет теологическим убежищем, где вы сможете укрыться в страхе перед суровыми реальностями на пути духовного развития и идеалистических поисков. Наоборот, ваша религия станет реальным эмпирическим фактом, подтверждающим, что Бог нашел вас, внушил вам идеалы, облагородил и одухотворил вас и что вы стали участниками вечного свершения – поиска Бога, который тем самым нашел вас и сделал вас своими сынами.

И когда Иисус умолк, он подозвал к себе Андрея и, указывая на запад в направлении Финикии, сказал: «Продолжим путь».

ДОКУМЕНТ 156

ПРЕБЫВАНИЕ В ТИРЕ И СИДОНЕ

Пополудни в пятницу, 10 июня, Иисус и его товарищи достигли окрестностей Сидона, где они остановились в доме состоятельной женщины, лечившейся в лазарете Вифсаиды в те времена, когда Иисус находился в зените славы. Евангелисты и апостолы разместились поблизости у ее друзей, и всю субботу они посвятили отдыху в этих благодатных местах. Они провели в Сидоне и его окрестностях около двух с половиной недель, прежде чем отправились в прибрежные города к северу от Сидона.

Эта июньская суббота была днем великого покоя. Евангелисты и апостолы сосредоточенно размышляли над речью Учителя о религии, услышанной по пути в Сидон. Каждый из них был способен понять какую-то часть сказанного, но никто не постиг всего смысла его учения.

1. СИРИЙСКАЯ ЖЕНЩИНА

Неподалеку от дома Каруски, где поселился Учитель, жила сирийская женщина, которая была наслышана об Иисусе как великом целителе и учителе, и пополудни в субботу она явилась сюда, приведя свою маленькую дочь. Девочка, которой было около двенадцати лет, страдала тяжелым нервным расстройством, сопровождавшимся конвульсиями и другими мучительными симптомами.

Иисус велел своим товарищам никому не говорить о его пребывании в доме Каруски, объяснив, что он желает отдохнуть. Они выполнили указание своего Учителя, однако служанка Каруски отправилась к этой сирийке, Норане, и, сообщив ей, что Иисус остановился у ее хозяйки, убедила несчастную мать привести свою страдающую дочь к целителю. Мать, конечно же, считала, что ее дитя одержимо бесом, нечистым духом.

Когда Норана прибыла со своей дочерью, близнецы Алфеевы объяснили ей через переводчика, что Учитель отдыхает и что его нельзя тревожить. В ответ Норана сказала, что она и ее ребенок не сдвинутся с места, пока Учитель не завершит свой отдых. Петр также попытался урезонить ее и уговорить вернуться домой. Он объяснил, что Иисус устал от продолжительного периода обучения и целительства и что он пришел в Финикию, чтобы обрести покой и немного отдохнуть. Но это ничего не дало. Норана ни за что не хотела уходить. В ответ на настойчивые уговоры Петра она только сказала: «Я не уйду, пока не увижу вашего Учителя. Я знаю, что он может изгнать беса из моего ребенка, и я уйду только после того, как целитель посмотрит на мою дочь».

После этого Фома попытался прогнать женщину, но и его постигла неудача. Она сказала ему: «Я верю, что ваш Учитель может изгнать демона, терзающего мое дитя. Я слышала о чудесах, которые он творил в Галилее, и я верую в него. Что случилось с вами, его учениками, что вы готовы прогнать тех, кто приходит за помощью к вашему Учителю?» Услышав эти слова, Фома удалился.

Тогда увещевать Норану вышел Симон Зелот, сказавший: «Женщина, ты - язычница, ты говоришь по-гречески. Тебе не следует ожидать, что Учитель возьмет хлеб, предназначенный для детей избранного дома, и бросит его собакам». Но Норана не стала обижаться на укол Симона. Она только ответила: «Да, учитель, я поняла твои слова. В глазах евреев я всего лишь собака, но что касается твоего

Учителя, то я собака верующая. Я полна решимости добиться того, чтобы он посмотрел на мою дочь, ибо я убеждена, что стоит ему взглянуть на нее, как она исцелится. Даже ты, добрый человек, не посмеешь лишить собак права воспользоваться крохами, упавшими со стола детей».

Как раз в это время девочка, на виду у всех, забилась в сильных конвульсиях, и ее мать воскликнула: «Вот, вы видите, что мое дитя одержимо злым духом. Если наша беда не волнует вас, она тронет вашего Учителя, ибо мне говорили, что он любит всех людей и не боится исцелять даже иноплеменников, если они веруют в него. Вы недостойны быть его учениками. Я не уйду, пока мой ребенок не будет исцелен».

И тут Иисус, который слышал весь этот разговор через открытое окно, вышел из дома и, к их большому удивлению, сказал: «О, женщина, велика твоя вера – столь велика, что я не могу отказать тебе в том, чего ты желаешь; ступай с миром. Твоя дочь уже поправилась». И с той минуты девочка была здорова. Когда Норана и ребенок уходили, Иисус попросил их никому не говорить об этом случае. И хотя его товарищи выполнили эту просьбу, мать и дитя, не переставая, возвещали об исцелении девочки по всей округе вплоть до Сидона, вследствие чего через несколько дней Иисус пришел к выводу, что ему следует перебраться в другое место.

На следующий день, обучая своих апостолов, Иисус объяснил излечение дочери сирийки: «И так было всегда: вы сами видите, что язычники способны исповедовать ту же спасительную веру в учения, провозглашаемые в евангелии небесного царства. Истинно, истинно вам говорю: царство Отца отойдет язычникам, если дети Авраама не захотят уверовать настолько, чтобы войти в него».

2. ОБУЧЕНИЕ В СИДОНЕ

При входе в Сидон Иисус и его товарищи перешли мост, и для многих из них это был первый мост, который они видели в своей жизни. Когда они проходили по нему, Иисус, помимо других вещей, сказал: «Этот мир – лишь мост; вы можете пройти по нему, но вам не следует думать о том, чтобы устроить на нём жилище».

Когда двадцать четыре начали трудиться в Сидоне, Иисус поселился в доме Юсты и ее матери Вереники, находившемся на северной окраине города. Каждое утро Иисус учил своих спутников в доме Юсты, а дни и вечера они проводили в Сидоне, где учили и проповедовали.

Апостолов и евангелистов чрезвычайно воодушевило то, ка́к иноверцы Сидона принимали их проповеди; за время их короткого пребывания многие вошли в царство. Финикийский период, продолжавшийся около шести недель, оказался весьма плодотворным для обретения новых душ. Однако последующие еврейские авторы евангелий были склонны не придавать большого значения рассказам об этом теплом приеме учений Иисуса иноверцами в то самое время, когда столь многие из его соплеменников относились к нему враждебно.

Во многих отношениях эти уверовавшие в Иисуса иноплеменники поняли его учения глубже, чем евреи. Многие из этих говоривших по-гречески сирофиникиян познали не только то, что Иисус подобен Богу, но и то, что Бог подобен Иисусу. Эти так называемые язычники достигли глубокого понимания доктрин Учителя о единообразии законов этого мира и всей вселенной. Они постигли учение о том, что Бог не отдает предпочтения индивидуумам, народам или нациям, что Всеобщий Отец нелицеприятен, что вселенная всецело и извечно законопослушна и неизменно надежна. Эти иноплеменники не боялись Иисуса; они решились принять его проповедь. На протяжении всех эпох люди не то что были неспособны понять Иисуса, но они боялись это сделать.

Иисус разъяснил двадцати четырем, что он бежал из Галилеи не потому, что ему не хватило мужества встретиться лицом к лицу со своими врагами. Они поняли, что он еще не готов к открытому столкновению с общепринятой религией и что он не собирается становиться мучеником. Именно во время одной из этих бесед в доме Юсты он впервые сказал своим ученикам, что «земля и небо могут исчезнуть, но мои слова истины останутся».

Лейтмотивом наставлений Иисуса во время пребывания в Сидоне была духовная эволюция. Он говорил им о том, что невозможно оставаться на одном месте: они должны либо идти вперед в праведности, либо двигаться вспять, к злу и греху. Он убеждал их «не думать о том, что осталось в прошлом, а стремиться вперед, к более великим реальностям царства». Он призывал их не довольствоваться своим евангелическим детством, но прилагать все силы к достижению полноценного божественного сыновства в духовном общении и вероисповедном братстве.

Иисус сказал: «Мои ученики должны не только перестать творить зло, но и научиться творить добро; вы должны не только очиститься от всякого сознательного греха, но вы не должны позволять себе таить даже чувства вины. Если вы признались в своих грехах, они прощены; поэтому ваша совесть всегда должна оставаться чистой».

Иисусу очень нравилось тонкое чувство юмора, которое демонстрировали эти иноверцы. Именно чувство юмора сирийки Нораны, а также ее огромная и непреклонная вера глубоко тронули сердце Учителя и пробудили в нем милосердие. Иисус чрезвычайно сожалел о том, что его народу – евреям – столь не хватает чувства юмора. Однажды он сказал Фоме: «Мой народ воспринимает себя слишком серьезно; он почти полностью лишен понимания комичного. Обременительная религия фарисеев никогда не могла бы появиться в народе, обладающем чувством юмора. Им также не хватает последовательности: они отцеживают комаров и проглатывают верблюдов».

3. ПУТЕШЕСТВИЕ ВДОЛЬ ПОБЕРЕЖЬЯ НА СЕВЕР

Во вторник, 28 июня, Учитель и его товарищи покинули Сидон и отправились на север, в прибрежные города Порфирион и Гелдую. Иноверцы оказали им теплый прием. Много людей вступило в царство за эту неделю обучения и проповедей. Апостолы проповедовали в Порфирионе, а евангелисты учили в Гелдуе. Пока апостолы и евангелисты занимались своим делом, Иисус оставил их на три-четыре дня и посетил прибрежный город Бейрут, где он навестил верующего сирийца по имени Малах, который годом ранее побывал в Вифсаиде.

В среду, 6 июля, все они вернулись в Сидон и остановились в доме Юсты, где пробыли до утра в воскресенье, после чего отправились в Тир. Они прошли на юг берегом, через Сарепту, и прибыли в Тир в понедельник, 11 июля. К этому времени апостолы и евангелисты начали привыкать к труду среди этих так называемых иноплеменников, которые в действительности являлись, в основном, потомками древних ханаанских племен семитского происхождения. Все эти народы говорили по-гречески. Для апостолов и евангелистов было большой неожиданностью наблюдать, с каким желанием эти иноверцы слушают евангелие, и видеть, с какой готовностью многие из них принимают его.

4. В ТИРЕ

С 11 по 24 июля они учили в Тире. Каждый из апостолов взял с собой одного из евангелистов, и так, попарно, они учили и проповедовали во всех районах Тира и его окрестностях. Многоязыкое население этого шумного морского порта с радостью слушало их, и многие приняли крещение – формальный знак вступления в братство царства. Иисус обосновался в доме верующего еврея по имени Иосиф, жившего в трех-четырех милях к югу от Тира, неподалеку от гробницы Хирама – царя города-государства Тира во времена Давида и Соломона.

В течение двух недель апостолы и евангелисты ежедневно входили в Тир через дамбу Александра, проводили в городе короткие встречи, и каждый вечер большинство из них возвращались на ночлег в дом Иосифа, находившийся к югу от города. Каждый день верующие приходили из города, чтобы побеседовать с Иисусом в месте его отдыха. Учитель выступил в Тире только один раз, 20 июля пополудни, когда он говорил верующим о любви Отца ко всем людям и о миссии Сына – раскрыть Отца всем народам. Эти иноверцы проявили такой интерес к евангелию царства, что в тот день перед Иисусом были открыты двери храма Мелькарта. Интересно отметить, что в последующие годы на том самом месте, где стоял этот древний храм, была построена христианская церковь.

Многие ведущие производители тирского пурпура – красителя, который прославил Тир и Сидон на весь мир и столь способствовал развитию их мировой торговли и последующему обогащению, – уверовали в царство. Вскоре, когда запасы морских животных, служивших источником этого красителя, начали таять, эти изготовители краски отправились на поиски новых мест обитания пигментных моллюсков. Странствуя по всему миру, они несли с собой проповедь об отцовстве Бога и братстве людей – евангелие царства.

5. УЧЕНИЕ ИИСУСА В ТИРЕ

Пополудни в эту среду, в ходе своего выступления, Иисус сначала рассказал своим последователям о белой лилии, которая высоко тянется своей чистой белоснежной головкой к свету, хотя ее корни уходят в ил и перегной лишенной света земли. «Так и смертный человек, – сказал он. – Хотя корни его происхождения и существования – в животной почве человеческой природы, он способен, благодаря вере, подняться своей духовной природой к солнечному свету божественной истины и действительно принести благородные плоды духа».

В ходе той же самой проповеди Иисус воспользовался первой и единственной притчей, имевшей отношение к его собственному ремеслу – плотницкому делу. Призывая «создавать прочную основу для развития возвышенного и духовно одаренного характера», он сказал: «Чтобы приносить плоды духа, вы должны родиться в духе. Чтобы жить среди своих товарищей наполненной духом жизнью, вы должны учиться у духа и следовать его водительству. Но не повторяйте ошибку неразумного плотника, который впустую тратит ценное время на то, чтобы обтесать, размерить и зачистить изъеденное червями и гниющее изнутри дерево, а после этого – вложив весь свой труд в испорченную балку – вынужден отвергнуть ее как непригодную в качестве фундамента для здания, которое он собирается построить так, чтобы оно выдерживало воздействие времени и непогоды. Пусть каждый позаботится о том, чтобы прочность интеллектуального и нравственного фундамента характера соответствовала надстройке, имеющей растущую и облагораживающую духовность, которая должна соответствующим образом преобразовать смертный разум и, вслед за этим – вместе с этим воссозданным разумом, – добиться появления души, устремленной в бессмертие. Ваша духовная сущность – совместно созданная душа – это живой рост, однако разум и нравственность человека – это та почва, на которой должны вырасти эти высшие проявления человеческого развития и божественного предназначения. Почва эволюционирующей души есть почва человеческая и материальная, но предназначение этого совместного творения разума и духа есть предназначение духовное и божественное».

Вечером того же дня Нафанаил спросил Иисуса: «Учитель, почему мы молимся о том, чтобы Бог не вводил нас в соблазн, когда мы хорошо знаем из твоего откровения об Отце, что он никогда не делает этого?» Иисус ответил Нафанаилу:

«Неудивительно, что ты задаешь такие вопросы: я вижу, что ты начинаешь познавать Отца таким, каким знаю его я, а не иудейские пророки, столь смутно видевшие его. Ты хорошо знаешь, что наши предки были склонны усматривать участие Бога практически во всём происходящем. Они видели вмешательство Бога во всех естественных происшествиях, в каждом необычном событии в своем опыте. Они связывали Бога как с добром, так и со злом. Они считали, что он смягчил сердце Моисея и ожесточил сердце фараона. Когда человек ощущал сильное побуждение сделать что-либо – хорошее или плохое, – то, как правило, он объяснял эти необычные эмоции так: „Господь говорил со мной, велев сделать то-то или пойти туда-то“. Поэтому – ввиду того, что эти люди столь часто и столь бурно поддавались соблазнам, – для наших праотцов стало обычным верить, что их привел к этому Бог с целью испытать, наказать или укрепить. Но сегодня вас уже не сбить с толку. Вы знаете, что люди слишком часто поддаются соблазну, следуя велениям своего собственного эгоизма и импульсам своей животной природы. Я призываю вас, чтобы, чувствуя такой соблазн, вы – честно и искренне воспринимая его таким, каким он является, – сознательно направляли энергию духа, разума и тела, стремящуюся найти выход, на более высокие пути и к более идеалистическим целям. Так вы сможете трансформировать свои соблазны в высочайшие формы возвышающего смертного служения и в то же время практически полностью избежать бесполезных и изнуряющих столкновений животного и духовного начал.

Но я хотел бы предупредить вас против безрассудства такого преодоления соблазна, когда одно желание заменяется другим и, якобы, более высоким только посредством силы человеческой воли. Если вы действительно желаете одержать победу над соблазнами менее существенной, низшей природы, вы должны достигнуть такого состояния духовного роста, при котором вы будете обладать настоящим, неподдельным влечением и любовью к более высоким и идеалистическим формам поведения, которыми ваш разум желает заменить эти более низкие и менее идеалистические привычки, воспринимаемые вами как соблазн. Так вы освободитесь от соблазнов с помощью духовного преображения, вместо того, чтобы всё больше отягощать себя грузом обманчивого подавления смертных желаний. Старое и низшее будет забыто в любви к новому и высшему. Красота всегда торжествует над уродством в сердцах всех тех, кто озарен любовью к истине. В очищающей энергии нового и искреннего духовного чувства заключена огромная сила. И вновь я говорю вам: не уступайте злу, а побеждайте зло добром».

Апостолы и евангелисты продолжали задавать вопросы далеко за полночь, и из многочисленных ответов мы хотели бы представить некоторые мысли, выраженные современным языком:

Сильное честолюбие, разумные суждения и испытанная мудрость являются основными условиями материального успеха. Лидерство зависит от природных способностей, рассудительности, силы воли и решимости. Духовное предназначение зависит от веры, любви и преданности истине – жажды праведности – чистосердечного желания найти Бога и стать таким, как он.

Пусть открытие в себе человеческих качеств не обескураживает вас. Человеческая природа может тяготеть к злу, но ей не присуща греховность. Пусть неспособность полностью вытеснить из памяти какую-то часть своего прискорбного опыта не повергает вас в уныние. Ошибки, которые вам не удается забыть во времени, будут забыты в вечности. Облегчите груз, лежащий на ваших душах, быстрым обретением перспективного взгляда на свое предназначение – вселенское развитие вашего пути.

Не заблуждайтесь – не выносите суждений о достоинствах души, исходя из несовершенного разума или плотских аппетитов. Не судите душу и не оценивайте ее предназначение меркой отдельного злополучного эпизода в своей жизни. Ваше духовное предназначение определяется только вашими духовными устремлениями и целями.

Религия представляет собой сугубо духовный опыт эволюционирующей бессмертной души богопознавшего человека. Однако нравственная сила и духовная энергия являются могущественными факторами, которые можно использовать при разрешении сложных социальных ситуаций и запутанных экономических проблем. Эти нравственные и духовные дары делают все уровни человеческой жизни более богатыми и значимыми.

Вам уготована ограниченная и убогая жизнь, если вы научитесь любить только тех, кто любит вас. Человеческая любовь действительно может отличаться взаимностью, но божественная любовь истекает вовне во всех своих стремлениях к удовлетворению. Чем меньше любви в природе любого создания, тем больше его потребность в любви, и тем больше божественная любовь стремится удовлетворить такую потребность. Любовь никогда не ищет корысти и не может посвящаться самому себе. Божественная любовь не может существовать сама в себе; она должна бескорыстно посвящаться.

Верующие в царство должны обладать внутренней верой, всей своей душой они должны быть уверены в непременной победе праведности. Строители царства не должны сомневаться в истине евангелия вечного спасения. Верующие должны уметь всё полнее отстраняться от жизненной суеты – избегать тревог материального бытия – и одновременно освежать душу, воодушевлять разум и обновлять дух вероисповедным общением.

Несчастья не лишают богопознавших индивидуумов мужества, разочарования не удручают их. Верующие защищены от депрессии, которую вызывают чисто материальные потрясения. Живущие в духе не приходят в смятение из-за происшествий материального мира. Кандидаты на вечную жизнь пользуются укрепляющим и созидательным методом, позволяющим встречать любые превратности и невзгоды смертной жизни. С каждым прожитым днем истинно верующему становится *легче* совершать правильные поступки.

Духовная жизнь необычайно повышает истинное самоуважение. Однако самоуважение не есть самовосхищение. Самоуважение всегда связано с любовью и служением своим собратьям. Человек неспособен уважать себя больше, чем он любит своего ближнего; одно является мерой способности к другому.

Со временем каждый истинно верующий овладевает умением более успешно прививать своим товарищам любовь к вечной истине. Раскрывая людям благость, являетесь ли вы сегодня более находчивыми, чем вчера? Призывая к праведности, добиваетесь ли вы в этом году бо́льших успехов, чем в прошлом? Ведя жаждущих в духовное царство, делаете ли вы это со всё большим мастерством?

Являются ли ваши идеалы достаточно высокими для того, чтобы обеспечить ваше вечное спасение, а ваши идеи – достаточно практичными, чтобы сделать вас полезным гражданином на земле, способным сотрудничать со своими смертными братьями? В духе ваше гражданство – на небесах; во плоти вы продолжаете оставаться гражданами земных царств. Оставьте материальное кесарю, а духовное – Богу.

Мерой духовной способности эволюционирующей души является ваша вера в истину и ваша любовь к человеку, но мерой вашей человеческой силы характера является умение сопротивляться недоброжелательным чувствам и ваша способность давать отпор мрачным размышлениям перед лицом глубокой печали. Поражение – это настоящее зеркало, честно отражающее ваше подлинное лицо.

С возрастом, набираясь опыта в делах царства, становитесь ли вы тактичнее в обращении с недисциплинированными смертными и терпимее в общении с упрямыми товарищами? Тактичность – это точка опоры социального рычага, а терпимость – признак великой души. Если вы обладаете этими редкими и чудесными дарами, то со временем вы станете более сметливыми и умелыми в своих достойных попытках избежать всех ненужных социальных недоразумений. Такие мудрые души способны оградить себя от множества неприятностей, непременно выпадающих на долю тех, кто страдает от недостатка эмоциональной адаптации, тех, кто отказывается повзрослеть, и тех, кто отказывается достойно состариться.

Всякий раз, когда вы проповедуете истину и возвещаете евангелие, избегайте лживости и нечестности. Не ищите признания, не заработав его; не ждите сочувствия, не заслужив его. Независимо от собственных заслуг, широко принимайте любовь как от человеческих, так и божественных источников, и щедро отдавайте ее. Но во всём остальном, что касается достоинства и похвал, ищите только то, что по праву принадлежит вам.

Богопознавший человек не сомневается в спасении; он не боится жизни; он искренен и последователен. Он умеет храбро переносить неотвратимые страдания; он не ропщет, сталкиваясь с неизбежными трудностями.

Одни только препятствия не могут заставить истинно верующего, творящего добро, опустить руки. Трудности разжигают пыл того, кто любит истину, а препятствия лишь раззадоривают неустрашимого строителя царства.

И многим другим вещам учил их Иисус, прежде чем они приготовились покинуть Тир.

За день до возвращения из Тира в район Галилейского моря Иисус созвал своих товарищей и велел двенадцати евангелистам идти назад другой дорогой, а не той, которой он собирался возвращаться с двенадцатью апостолами. Евангелистам, расставшимся здесь с Иисусом, больше не довелось столь тесно общаться с ним.

6. ВОЗВРАЩЕНИЕ ИЗ ФИНИКИИ

Около полудня в воскресенье, 24 июля, Иисус и двенадцать вышли из дома Иосифа, к югу от Тира, и отправились прибрежным путем в Птолемаиду. Здесь они остановились на один день, обратившись со словами утешения к группе местных верующих. Петр выступил перед ними с проповедью вечером 25 июля.

Во вторник они покинули Птолемаиду и взяли путь на восток, продвигаясь внутрь страны по тивериадской дороге в сторону Иотапаты. В среду они сделали остановку в Иотапате, где вновь беседовали с верующими о царстве. В четверг они покинули Иотапату и отправились на север караванным путем, соединявшим Назарет с Ливанскими горами, следуя в село Завулон через Раму. В пятницу они провели в Раме несколько встреч и остались здесь на субботу. В воскресенье, 31 июля, они добрались до Завулона, провели в тот же вечер встречу и на следующее утро продолжили свой путь.

Покинув Завулон, недалеко от Гисхалы они дошли до пересечения с дорогой Магдала-Сидон, откуда направились в Геннисарет, расположенный на западных берегах Галилейского озера к югу от Капернаума; там они должны были встретиться с Давидом Зеведеевым и решить, каким будет их следующий шаг в отношении проповеди евангелия царства.

В течение короткой встречи с Давидом они узнали, что многие лидеры собрались на противоположном берегу озера неподалеку от Хересы; поэтому в тот же вечер Иисуса и его товарищей перевезли на лодке на другой берег. Один день они провели в спокойном отдыхе в горах, а на следующий день отправились в соседний парк, где Учитель некогда насытил пять тысяч. Здесь они оставались в течение трех дней, устраивая ежедневные беседы, на которых собиралось около пятидесяти мужчин и женщин – всё, что осталось от некогда многочисленных верующих Капернаума и его окрестностей.

Пока Иисус отсутствовал в Капернауме и Галилее, находясь в Финикии, его враги решили, что всё его движение разрушено; они пришли к заключению, что поспешность его ухода свидетельствовала о сильном испуге, и поэтому он едва ли когда-нибудь вернется и будет снова беспокоить их. Почти полностью прекратилось активное сопротивление его учениям. Верующие снова начинали устраивать публичные собрания, и наблюдалось медленное, но успешное объединение тех испытанных и истинно верующих в евангелие, которые остались после недавнего великого очищения.

Брат Ирода, Филипп, отчасти уверовал в Иисуса и сообщил, что Учитель может беспрепятственно жить и трудиться в его владениях.

Распоряжение о повсеместном закрытии синагог всего еврейства для учений Иисуса и всех его последователей вызвало враждебное отношение к книжникам и фарисеям. Сразу же после того как Иисус – предмет спора – исчез из поля зрения, прокатилась волна протеста. Действия иерусалимских фарисеев и религиозных вождей синедриона вызвали возмущение всего еврейства. Многие правители синагог стали тайком открывать свои синагоги для Авенира и его товарищей, утверждая, что эти проповедники являются последователями Иоанна, а не учениками Иисуса.

Даже Ирод Антипа переменился и – узнав, что Иисус пребывает на противоположном берегу озера во владениях его брата Филиппа, – известил Иисуса о том, что хотя он и подписал ордер на его арест в Галилее, он не приказывал задерживать его в Перее, тем самым давая понять, что Иисус не будет подвергаться преследованиям, если он останется за пределами Галилеи; о том же решении он сообщил и евреям в Иерусалим.

Таким было положение к началу августа 29 года н. э., когда Учитель вернулся из миссионерского путешествия в Финикию и приступил к реорганизации рассеянных и поредевших рядов своих испытанных сторонников в преддверии последнего, богатого событиями года своей миссии на земле.

Теперь уже ясно, вокруг чего пойдет борьба, и Учитель вместе со своими товарищами готовится приступить к провозглашению новой религии – религии живого Бога, пребывающего в умах людей.

ДОКУМЕНТ 157

В КЕСАРИИ ФИЛИППОВОЙ

Прежде чем вместе с двенадцатью ненадолго отправиться в окрестности Кесарии Филипповой, Иисус, через связных Давида, договорился о посещении Капернаума в воскресенье, 7 августа, с целью повидаться со своей семьей. Было заранее условлено, что эта встреча состоится в лодочной мастерской Зеведея. Давид Зеведеев договорился с Иудой, братом Иисуса, о присутствии всей назаретской семьи – Марии и всех братьев и сестер Иисуса, и в назначенное время Иисус, в сопровождении Андрея и Петра, отправился на свидание. Можно не сомневаться в том, что Мария и дети также собирались прийти на эту встречу, но случилось так, что группа фарисеев, знавших о пребывании Иисуса на противоположном берегу озера во владениях Филиппа, решила посетить Марию и, по возможности, разузнать о его местонахождении. Прибытие этих иерусалимских эмиссаров сильно встревожило Марию. Заметив напряжение и нервозность всех членов семьи, фарисеи решили, что Иисус, видимо, должен нанести им визит. Поэтому они остались в доме Марии и, вызвав подкрепление, стали терпеливо дожидаться прибытия Иисуса. И это, конечно, не позволило кому-либо из членов семьи прийти на свидание с Иисусом. Несколько раз в течение дня и Иуда, и Руфь пытались усыпить бдительность фарисеев и отправить Иисусу весточку, но их попытки ни к чему не привели.

Вскоре после полудня гонцы Давида доставили Иисусу известие о том, что фарисеи обосновались на пороге дома его матери, из-за чего он не предпринимал попыток навестить свою семью. Так, не по вине какой-либо из сторон, Иисусу и его земной семье в очередной раз не удалось встретиться друг с другом.

1. СБОРЩИК ХРАМОВОЙ ДАНИ

Пока Иисус вместе с Андреем и Петром ждали у озера неподалеку от лодочной мастерской, к ним подошел сборщик храмовой дани. Узнав Иисуса, он отозвал Петра в сторону и спросил: «Разве ваш Учитель не платит дань на храм?» Петр хотел было возмутиться тем, что кто-то может ожидать от Иисуса участия в поддержании религиозной деятельности своих заклятых врагов, однако, заметив странное выражение на лице этого человека, он справедливо заподозрил, что целью сборщика дани было поймать их в западню при отказе уплатить обычные полсикла на храмовые богослужения в Иерусалиме. Поэтому Петр ответил: «Конечно же, Учитель платит храмовую дань. Подожди у ворот, и я тотчас вернусь с данью».

Но Петр поторопился. Их деньги хранились у Иуды, который находился на другом берегу. Ни у него, ни у его брата, ни у Иисуса не было с собой денег. И зная, что фарисеи разыскивают их, они не могли пойти в Вифсаиду, чтобы взять деньги. Когда Петр сообщил Иисусу о сборщике и о том, что он пообещал заплатить ему, Иисус сказал: «Если ты обещал, ты должен заплатить. Но как тебе удастся выполнить свое обещание? Собираешься ли ты снова стать рыбаком, чтобы сдержать свое слово? Однако, Петр, в данных обстоятельствах нам следует заплатить дань. Не будем давать этим людям повода обвинить нас в правонарушении. Мы подождем здесь, пока ты отправишься на лодке и наловишь рыбы, и когда ты продашь ее на соседнем рынке, заплати сборщику то, что причитается за нас троих».

Весь этот разговор был услышан стоявшим рядом тайным гонцом Давида, который дал знак своему товарищу, рыбачившему неподалеку, срочно причалить к берегу. Когда Петр уже собирался отплыть от берега, этот гонец и его товарищ-рыбак вручили ему несколько больших корзин с рыбой и помогли отнести их соседнему торговцу, который выкупил улов. И этих денег – вместе с тем, что было добавлено гонцом Давида, – Петру хватило на уплату храмовой дани за троих. Сборщик принял дань и не стал удерживать штраф за просроченную плату, так как они в течение некоторого времени отсутствовали в Галилее.

Неудивительно, что в одном из ваших повествований говорится о Петре, поймавшем рыбу с монетой во рту. В те дни ходило много рассказов о сокровищах, найденных во рту у рыб. Такие граничившие с чудесами истории были обычным явлением. Поэтому, когда Петр вышел и направился к лодке, Иисус заметил полушутя: «Странно, что сыны царя должны платить подати; обычно пошлины на содержание двора взимают с посторонних, но нам не следует давать властям оснований для придирок. Ступай! Быть может, ты поймаешь рыбу, во рту которой найдешь серебряную монету». Эти слова Иисуса, а также то, что Петр так быстро вернулся с храмовой данью, объясняют, почему позднее этот эпизод превратился в чудо, записанное автором Евангелия от Матфея.

Вместе с Андреем и Петром Иисус прождал у берега почти до захода солнца. Гонцы сообщили им, что дом Марии всё еще находится под наблюдением; поэтому, когда стемнело, трое дожидавшихся мужчин сели в лодку и медленно отплыли к восточному берегу Галилейского моря.

2. В ВИФСАИДЕ-ЮЛИИ

В понедельник, 8 августа, когда Иисус и двенадцать апостолов остановились в Магаданском парке неподалеку от Вифсаиды-Юлии, более ста верующих, евангелисты, женский корпус и другие люди, заинтересованные в установлении царства, прибыли из Капернаума на совещание. И многие фарисеи, узнав, что Иисус находится здесь, также явились сюда. К тому времени некоторые саддукеи объединились с фарисеями в попытке поймать Иисуса в западню. Перед тем как отправиться на закрытое совещание с верующими, Иисус провел общее собрание, где присутствовали также фарисеи, которые забрасывали Учителя критическими замечаниями и всяческим образом пытались сорвать выступление. Главарь зачинщиков сказал: «Учитель, мы хотели бы, чтобы ты дал нам знамение, подтверждающее твои полномочия учить, и когда оно свершится, все будут знать, что ты послан Богом». Иисус ответил им: «Вечером вы говорите, что будет вёдро, потому что небо красно; поутру – что сегодня ненастье, потому что небо багровое и низкое. Когда вы видите облака, собирающиеся на западе, вы говорите, что будет дождь; когда дует южный ветер, вы говорите, что будет жарко. Как же вы, столь хорошо умеющие распознавать лицо неба, совершенно неспособны распознать знамения времен? Тем, кто желает познать истину, уже дано знамение; но злонамеренному и лицемерному поколению не будет знамения».

Сказав это, Иисус удалился и приготовился к вечернему совещанию со своими последователями. На этой встрече было решено отправиться с объединенной миссией по всем городам и селам Декаполиса, как только Иисус и двенадцать вернутся из намеченного путешествия в Кесарию Филиппову. Учитель принял участие в планировании миссии в Декаполисе и, распуская собравшихся, сказал: «Я говорю вам: остерегайтесь фарисейской и саддукейской закваски. Не обманывайтесь внешними проявлениями их учености и абсолютной преданности формальным сторонам религии. Думайте только о духе живой истины и о силе истинной религии. Не страх мертвой религии спасет вас, а ваша вера в живой опыт, обретаемый в духовных реальностях царства. Не позволяйте предрассудкам ослеплять себя и страху сковывать себя. Не допускайте также, чтобы преклонение перед традициями настолько исказило ваше понимание, чтобы ваши глаза перестали видеть и уши слышать. Цель истинной религии – не только принести мир, но и обеспечить прогресс. Душевный покой и интеллектуальное развитие возможны только тогда, когда вы всем сердцем полюбите истину, идеалы вечных реальностей. Перед вами стоят вопросы жизни и смерти – греховные наслаждения времени в противопоставлении праведным реальностям вечности. Уже сейчас вам, вступающим в новую жизнь веры и надежды, следует начать избавляться от оков страха и сомнения. И когда в вашей душе пробуждаются чувства служения своим собратьям, не заглушайте их; когда любовь к ближнему наполняет ваше сердце, выражайте такие прочувствованные побуждения через разумное удовлетворение действительных потребностей ваших товарищей».

3. ПРИЗНАНИЕ ПЕТРА

Ранним утром во вторник Иисус и двенадцать апостолов вышли из Магаданского парка в Кесарию Филиппову, столицу владений тетрарха Филиппа. Кесария Филиппова находилась в дивном краю, угнездившись в чарующей долине между живописными холмами, где в подземной пещере берет свое начало Иордан. На севере во всей своей красе вставали вершины горы Ермон, а чуть южнее с холмов открывался величественный вид на верхнее течение Иордана и Галилейское море.

Иисус побывал на Ермоне в начале своего пути по созданию царства, и теперь, переходя к заключительному этапу своего труда, он желал вернуться на эту гору испытаний и триумфа, надеясь на то, что апостолы могли бы получить здесь новое представление о возложенной на них ответственности и исполниться новыми силами для надвигавшихся тяжелых испытаний. По дороге – примерно в то время, когда они проходили южнее Меромских вод, – апостолы начали обмениваться впечатлениями о недавнем посещении Финикии и других мест. Они вспоминали о том, ка́к была принята их проповедь и ка́к разные народы относятся к их Учителю.

Когда они остановились на обед, Иисус внезапно задал апостолам первый за всё время вопрос о самом себе. Этот неожиданный вопрос звучал так: «Что говорят люди – кто я такой?»

Долгие месяцы Иисус обучал апостолов, раскрывая сущность и характер царства небесного, и он хорошо понимал, что настало время, когда ему следует приступить к более глубокому раскрытию своей собственной сущности и личной связи с царством. И теперь, когда они уселись под тутовыми деревьями, Учитель приготовился к одной из важнейших бесед за все годы общения с избранными апостолами.

Более половины апостолов предложили свои ответы на вопрос Учителя. Они сказали ему, что все знающие его люди считают его пророком или необыкновенным человеком, что даже его враги чрезвычайно боятся его, обвиняя его в том, что своим могуществом он обязан союзу с князем дьяволов. Они сказали, что некоторые люди в Иудее и Самарии, не видевшие его лично, считают его воскресшим из мертвых Иоанном Крестителем. Петр объяснил, что в разное время различные люди сравнивали его с Моисеем, Илией, Исайей и Иеремией. Выслушав эти ответы,

Иисус встал и – глядя сверху вниз на двенадцать, сидящих перед ним полукругом, – с поразившей их значительностью обвел их рукой и спросил: «А что скажете вы – кто я такой?» Наступило напряженное молчание. Двенадцать, не отрывая глаз, смотрели на Учителя, и тут Симон Петр вскочил на ноги и воскликнул: «Ты – Освободитель, Сын живого Бога». И одиннадцать сидевших апостолов в едином порыве встали в знак того, что Петр выразил их общее мнение.

Попросив их снова сесть и оставшись стоять перед ними, Иисус сказал: «Это было раскрыто вам моим Отцом. Исполнилось ваше время узнать истину обо мне. Пока же я требую, чтобы вы никому не говорили об этом. Продолжим путь».

И они продолжили свой путь в Кесарию Филиппову, куда пришли поздно вечером и остановились в доме ожидавшего их Цельса. В ту ночь апостолы почти не сомкнули глаз. Казалось, они чувствовали, что в их жизни и в деле царства произошло великое событие.

4. БЕСЕДА О ЦАРСТВЕ

Со времени крещения Иисуса Иоанном и превращения воды в вино в Кане, апостолы, в различные периоды, фактически считали его Мессией. Некоторые из них в течение какого-то времени действительно верили в то, что он является долгожданным Освободителем. Но едва такие надежды пробуждались в их сердцах, как Учитель вдребезги разбивал их сокрушительным словом или разочаровывающим поступком. Они уже давно пребывали в смятении из-за противоречия между хранимыми в сознании представлениями об ожидаемом Мессии и хранимым в сердце опытом своей необыкновенной связи с этим необыкновенным человеком.

В среду, когда день был уже в разгаре, апостолы собрались в саду у Сельса на полуденную трапезу. Бóльшую часть ночи и всё утро Симон Петр и Симон Зелот горячо убеждали своих собратьев, пытаясь привести всех апостолов к беззаветному принятию Учителя не только как Мессии, но и как божественного Сына живого Бога. Два Симона практически полностью сходились в своей оценке Иисуса, и они усердно трудились над тем, чтобы их собратья целиком приняли их точку зрения. Хотя Андрей продолжал осуществлять общее руководство корпусом апостолов, его брат Симон Петр, со всеобщего согласия, всё больше становился выразителем их взглядов.

Все они сидели в саду, когда, около полудня, появился Учитель. На их лицах было написано выражение возвышенной торжественности, и когда Иисус подошел, все встали. Иисус снял напряжение дружеской, братской улыбкой, столь характерной для него, когда его последователи слишком серьезно воспринимали себя или какое-нибудь происходящее с ними событие. Жестом он велел им сесть. Впредь двенадцать никогда не приветствовали своего Учителя вставанием. Они видели, что он не одобряет такого внешнего проявления уважения.

Когда они завершили трапезу и приступили к обсуждению планов предстоящего путешествия по Декаполису, Иисус внезапно обвел их взглядом и сказал: «Теперь, когда прошел полный день с тех пор, как вы согласились с заявлением Симона Петра относительно того, кем является Сын Человеческий, я хотел бы спросить вас: остаетесь ли вы при своем мнении?» Услышав это, двенадцать поднялись, и Симон Петр, сделав несколько шагов к Иисусу, сказал: «Да, Учитель, остаемся. Мы верим, что ты являешься Сыном живого Бога». И Петр сел вместе со своими собратьями.

Продолжая стоять, Иисус сказал двенадцати: «Вы – мои избранные посланники, но я знаю, что в данных обстоятельствах вы не смогли бы прийти к этой вере с помощью одного только человеческого знания. Это – откровение духа моего Отца, обращенное к тайникам вашей души. И так как вы делаете это признание благодаря тому, что раскрыто вам духом моего Отца, который пребывает в вас, я должен заявить вам, что на этом фундаменте я построю братство царства небесного. На этой скале духовной реальности я построю живой храм духовного братства в вечных реальностях царства моего Отца. Никаким силам зла и полчищам греха не одолеть это человеческое содружество божественного духа. И хотя дух моего Отца будет извечным божественным руководителем и воспитателем всех, кто скрепляет себя узами этого духовного братства, вам и вашим последователям я передаю ключи от внешнего царства – власть над вещами бренными – социальными и экономическими сторонами этого объединения мужчин и женщин как членов братства». И вновь он велел им до поры никому не говорить о том, что он является Сыном Божьим.

Иисус начинал верить в преданность и честность своих апостолов. Как полагал Учитель, вера, способная устоять перед тем, что в последнее время пришлось перенести его избранным представителям, обязательно выдержит тяжелейшие испытания, ожидавшие их в ближайшем будущем, выйдет из кажущегося крушения всех их надежд в новую зарю нового судного периода и станет светом для пребывающего во тьме мира. В этот день Учитель начал убеждаться в вере всех своих апостолов, за исключением одного.

И начиная с того дня, тот же Иисус занимается строительством живого храма на том же вечном фундаменте своего божественного сыновства, и те, кто благодаря этому осознаёт себя сынами Божьими, суть человеческие кирпичики, составляющие этот живой храм сыновства, возводимый во славу и в честь мудрости и любви вечного Отца духов.

После этих слов Иисус велел, чтобы двенадцать отправились в горы и пробыли там без него до вечерней трапезы в поисках мудрости, силы и духовного водительства. И они сделали так, как сказал Учитель.

5. НОВОЕ ПОНИМАНИЕ

Новой и важнейшей чертой признания Петра было недвусмысленное осознание Иисуса как Сына Божьего, осознание его бесспорной божественности. Со времени его крещения и свадьбы в Кане апостолы по-разному представляли его Мессией. Однако еврейская концепция освободителя нации не предполагала того, что он будет *божественным* существом. Евреи не учили божественному происхождению Мессии; он должен был быть «помазанником», но они едва ли представляли его «Сыном Божьим». Во втором признании особое значение приобрела его *объединенная сущность* – небесный факт того, что он является Сыном Человеческим *равно как и* Сыном Божьим, – и Учитель заявил, что именно на этой великой истине союза человеческой и божественной сущности он построит царство небесное.

Иисус стремился прожить свою земную жизнь и завершить свою посвященческую миссию как Сын Человеческий. Его последователи были склонны считать Учителя долгожданным Мессией. Зная, что он никогда не смог бы стать воплощением их мессианских надежд, он пытался таким образом изменить их представление о Мессии, чтобы частично оправдать их ожидания. Но теперь он понял, что подобный план едва ли будет успешным. Поэтому он принял смелое решение раскрыть свой третий план – открыто заявить о своей божественности, подтвердить истинность признания Петра и ясно провозгласить двенадцати, что он является Сыном Божьим.

В течение трех лет Иисус провозглашал себя «Сыном Человеческим», и в течение тех же трех лет апостолы всё упорнее настаивали на том, что он является долгожданным еврейским Мессией. Теперь он поведал им, что он – Сын Божий, и на концепции *объединенной сущности* Сына Человеческого и Сына Божьего он решил построить царство небесное. Он принял решение воздержаться от дальнейших попыток убедить их в том, что он не является Мессией. Теперь он решил смело раскрыть им, кем он *является*, не обращая внимания на их упорное отношение к нему как к Мессии.

6. НА СЛЕДУЮЩИЙ ДЕНЬ

Иисус и апостолы остались еще на один день в доме Цельса в ожидании гонцов Давида Зеведеева, которые должны были доставить деньги. После падения популярности Иисуса произошло резкое сокращение доходов. Когда они достигли Кесарии Филипповой, казна была пуста. Матфей не хотел расставаться с Иисусом и своими братьями в такое время, и у него не было собственных наличных средств, которые он мог бы передать Иуде, как он не раз делал в прошлом. Тем не менее, Давид Зеведеев, предвидя возможное сокращение поступлений, распорядился, чтобы его гонцы, проходя через Иудею, Самарию и Галилею, действовали в качестве сборщиков денег в пользу изгнанных апостолов и их Учителя. Поэтому к вечеру того же дня из Вифсаиды прибыли гонцы, и доставленных ими денег апостолам хватило до их возвращения и начала путешествия по Декаполису. К тому времени Матфей рассчитывал получить деньги от продажи своей последней собственности в Капернауме, договорившись, что эти средства будут анонимно переданы Иуде.

Ни у Петра, ни у других апостолов не было достоверного представления о божественности Иисуса. Они плохо понимали, что в земной жизни Учителя начиналась новая эпоха – время, когда учитель-целитель превращался в переосмысленного Мессию, Сына Божьего. С этого времени в проповеди Иисуса зазвучала новая тема. Впредь единственным идеалом его жизни стало раскрытие Отца, а единственной идеей его учения – продемонстрировать своей вселенной персонификацию этой высшей мудрости, которую можно понять, только прожив ее. Он пришел для того, чтобы все мы имели жизнь, и с избытком.

Иисус вступил теперь в четвертый, последний этап своей человеческой жизни во плоти. Первым этапом было детство – годы, когда он лишь смутно осознавал свое происхождение, сущность и свое предназначение как человеческого существа. Вторым этапом были годы всё большего самосознания – юность и постепенное возмужание, – в течение которых он стал всё больше отдавать себе отчет в своей божественной сущности и человеческой миссии. Второй этап завершился переживаниями и откровениями, связанными с его крещением. Третий этап земного опыта Учителя начался после крещения и продолжался в годы его служения в качестве учителя и целителя, завершившись историческим признанием Петра в Кесарии Филипповой. Этот третий период его земной жизни охватил время, в течение которого его апостолы и ближайшие последователи знали его как Сына Человеческого и считали его Мессией. Четвертый и заключительный период его земного пути начался здесь, в Кесарии Филипповой, и завершился распятием. Этот этап его служения характеризовался признанием Иисусом своей божественности и охватил труд последнего года, прожитого им во плоти. В течение этого четвертого периода он стал известен апостолам как Сын Божий, хотя большинство его последователей продолжали считать его Мессией. Признание Петра ознаменовало начало нового периода – периода более полного понимания истины о его высшем служении в качестве посвященческого Сына на Урантии и для всей вселенной, а также хотя бы смутного осознания этого факта его избранными посланниками.

Так жизнь Иисуса стала примером того, чему он учил в своей религии, а именно – примером роста духовной сущности через ее живое развитие. В отличие от своих последователей, он не придавал особого значения постоянной борьбе между душой и телом. Скорее, он учил тому, что дух легко побеждает оба этих начала, с успехом достигая полезного примирения во многих их столкновениях, провоцируемых разумом и инстинктами.

С этого момента все учения Иисуса приобретают новый смысл. До Кесарии Филипповой он являлся главным учителем евангелия царства. После Кесарии Филипповой он был уже не просто учителем, а божественным представителем вечного Отца, который является центром и пределами этого духовного царства, и от него требовалось, чтобы он осуществил всё это как человек – Сын Человеческий.

Иисус искренне пытался привести своих последователей в духовное царство как учитель, затем – как учитель-целитель, однако их это не устраивало. Он хорошо понимал, что его земная миссия никак не смогла бы оправдать мессианские надежды еврейского народа. Древние пророки изображали Мессию таким, каким он, Иисус, никогда не смог бы стать. Он стремился установить царство Отца как Сын Человеческий, но его последователи не захотели идти вперед в этом свершении. Понимая это, Иисус решил пойти навстречу тем, кто уверовал в него; и, приняв такое решение, он приготовился открыто взять на себя роль посвященческого Божьего Сына.

Поэтому в тот день, когда Иисус беседовал с апостолами в саду, они узнали много нового. И некоторые из этих высказываний звучали странно даже для них. Среди тех заявлений, которые услышали пораженные апостолы, были следующие:

«Отныне, если какой-либо человек пожелает вступить в наше братство, пусть примет на себя обязательства сыновства и следует за мной. И когда меня уже не будет с вами, не думайте, что мир будет обходиться с вами лучше, чем с вашим Учителем. Если вы любите меня, будьте готовы подтвердить свою любовь готовностью принести высшую жертву».

«И хорошо запомните мои слова: я пришел призвать не праведников, а грешников. Сын Человеческий пришел не для того, чтобы ему служили, но чтобы служить и посвятить свою жизнь в качестве дара для всех. Я заявляю вам, что я пришел, чтобы найти и спасти заблудших».

«Ныне никто в этом мире не видит Отца, кроме Сына, который пришел от Отца. Но если Сын вознесется, он призовет всех людей к себе, и всякий, кто поверит в эту истину об объединенной сущности Сына, будет наделен жизнью, которая без века».

«Пока еще мы не можем открыто провозгласить, что Сын Человеческий есть Сын Божий, но это было раскрыто вам; поэтому я смело говорю вам об этих тайнах. Хотя я стою перед вами в этом физическом облике, я пришел от Бога-Отца. Еще до того, как был Авраам, я есть. Я действительно пришел в этот мир от Отца таким, каким вы меня знаете, и я заявляю вам, что вскоре я должен буду покинуть этот мир и вернуться к делу моего Отца».

«Может ли теперь ваша вера постичь истину этих заявлений, несмотря на мое предупреждение о том, что Сын Человеческий не станет тем Мессией, которого ждали ваши отцы? Царство мое не от мира сего. Можете ли вы поверить в истину обо мне, несмотря на то что, хотя у лис есть норы и у птиц небесных есть гнезда, мне негде приклонить голову?»

«И тем не менее, я говорю вам, что Отец и я единосущны. Кто видел меня, видел и Отца. Во всём этом мой Отец действует вместе со мной, и он никогда не оставит меня одного в моей миссии, так же как я никогда не покину вас, кому вскоре предстоит отправиться возвещать это евангелие по всему миру.

Теперь же я привел вас сюда, чтобы вы немного побыли здесь со мной и друг с другом и смогли понять славу, постигнуть величие той жизни, к которой я призываю вас: дерзновение веры, которым является установление царства моего Отца в сердцах людей, создание моего братства живой связи с душами всех, кто верит в это евангелие».

Апостолы слушали эти смелые и поразительные заявления молча; они были ошеломлены. И они разошлись небольшими группами, чтобы обсудить и обдумать слова Учителя. Они признали в нём Сына Божьего, но они не понимали всего значения того, к чему он их привел.

7. БЕСЕДЫ АНДРЕЯ

В тот вечер Андрей решил устроить откровенный разговор наедине с каждым из своих собратьев, и он провел полезные и ободряющие беседы со всеми своими товарищами, за исключением Иуды Искариота. У Андрея не было таких же доверительных личных отношений с Иудой, как с другими апостолами, и поэтому он не придавал большого значения тому, что Иуда никогда не открывался главе апостольского корпуса. Однако на этот раз отчужденность Иуды настолько встревожила Андрея, что поздней ночью, когда все апостолы уже крепко спали, он пришел к Иисусу и изложил ему причины своего беспокойства. Иисус сказал: «Ты правильно сделал, Андрей, придя ко мне с этим вопросом, но мы не можем сделать ничего сверх того, что уже сделано. Нам остается только продолжать оказывать высшее доверие этому апостолу. И ничего не говори его собратьям об этом разговоре со мной».

Это было всё, чего Андрей смог добиться от Иисуса. Между иудеянином и его галилейскими собратьями всегда существовала некоторая отчужденность. Иуда был потрясен смертью Иоанна Крестителя, несколько раз был глубоко обижен порицаниями Учителя, был разочарован, когда Иисус отказался стать царем, унижен, когда тот бежал от фарисеев, огорчен, когда Иисус отказался принять вызов фарисеев, требовавших знамения, озадачен отказом его Учителя прибегнуть к демонстрации могущества и теперь, в последнее время, подавлен и порой угнетен опустевшей казной. И кроме того, Иуде не хватало того воодушевления, которое давала толпа.

Каждый из апостолов, в различной мере, подвергся тем же испытаниям и страданиям, однако они любили Иисуса. По крайней мере, они, должно быть, любили Учителя больше, чем Иуда, ибо они остались с ним вплоть до трагического конца.

Будучи иудеянином, Иуда принял как личное оскорбление недавнее предупреждение Иисуса, данное апостолам, – «остерегайтесь фарисейской закваски»; он полагал, что это заявление является скрытым намеком на него самого. Но главная ошибка Иуды заключалась в следующем: когда Иисус посылал своих апостолов молиться наедине, Иуда – вместо того, чтобы вступать в искреннее общение с духовными силами вселенной, – снова и снова отдавался мыслям, порожденным человеческим страхом, и при этом он упорно хранил тайные сомнения в миссии Иисуса, а также предавался своей прискорбной склонности вынашивать месть.

И теперь Иисус хотел подняться со своими апостолами на гору Ермон, где он решил открыть четвертый этап своего земного служения в качестве Сына Божьего. Часть апостолов присутствовала при его крещении в Иордане и стала свидетелем начала его пути в качестве Сына Человеческого, и он хотел, чтобы некоторые из них были вместе с ним и на этот раз, дабы услышать, что он полномочен принять на себя новую публичную роль Сына Божьего. Соответственно, утром в пятницу, 12 августа, Иисус сказал двенадцати: «Возьмите запас еды и приготовьтесь к восхождению на ту гору, куда велит мне прибыть мой дух; там я буду наделен всем необходимым для завершения моего труда на земле. И я хотел бы взять с собой моих собратьев, дабы и они смогли укрепиться перед тяжкими временами, которые им придется разделить вместе со мной».

ДОКУМЕНТ 158

ГОРА ПРЕОБРАЖЕНИЯ

В пятницу, 12 августа 29 года, когда солнце клонилось к закату, Иисус и его товарищи достигли подножья горы Ермон. Они подошли к тому самому месту, где некогда юноша Тиглаф остался дожидаться Учителя, пока тот в одиночестве поднимался на гору, чтобы решить духовное будущее Урантии и официально положить конец восстанию Люцифера. Здесь они провели два дня в духовной подготовке к событиям, ожидавшим их в столь скором будущем.

В целом, Иисус заранее знал, что́ должно произойти на горе, и ему очень хотелось, чтобы все его апостолы могли разделить с ним этот опыт. Именно для того, чтобы подготовить их к этому раскрытию своей сущности, он задержался с ними у подножья горы. Однако они не могли достигнуть тех духовных уровней, на которых обретение полноценного опыта посещения небесных существ, столь скоро ожидавшихся на земле, было бы оправданным. И поскольку он не мог взять с собой всех своих товарищей, он решил ограничиться тремя – теми, кто обычно сопровождал его во время таких особых бдений. Поэтому только Петр, Иаков и Иоанн – хотя бы отчасти – разделили с Учителем этот уникальный опыт.

1. ПРЕОБРАЖЕНИЕ

Ранним утром в понедельник, 15 августа, Иисус и трое апостолов начали восхождение на гору Ермон, через шесть дней после достопамятного признания Петра в полдень, у дороги под тутовыми деревьями.

Иисус был приглашен единолично подняться на гору для выполнения важных дел, имевших отношение к прогрессу его посвящения во плоти в той мере, в какой этот опыт был связан с созданной им самим вселенной. Примечательно, что это необыкновенное событие было приурочено ко времени пребывания Иисуса и апостолов на земле язычников и что оно действительно произошло на горе иноверцев.

Около полудня они достигли своей цели, и здесь, примерно на полпути к вершине, за полуденной трапезой Иисус рассказал трем апостолам кое-что из своего опыта в горах к востоку от Иордана вскоре после крещения, а также некоторые новые подробности того, что́ ему довелось испытать на горе Ермон в связи с его предыдущим посещением этого уединенного места.

Мальчиком Иисус забирался на гору рядом с домом и рисовал в своем воображении сражения, в которые вступали имперские армии на равнине Ездрилон; теперь же он взошел на гору Ермон, дабы получить тот дар, который должен был подготовить его к спуску в равнины Иордана, где должны были разыграться заключительные сцены драмы его посвященческой жизни на Урантии. В тот день на горе Ермон Учитель мог отказаться от дальнейшей борьбы и вернуться к управлению своими вселенскими владениями, но он решил не только выполнить требования, предъявляемые к его категории божественного сыновства и определенные мандатом Вечного Сына в Раю, но также в полной мере исполнить нынешнюю волю его Райского Отца. В этот августовский день трое его апостолов увидели, как он отказался быть наделенным всей полнотой власти во вселенной. В изумлении они смотрели, как небесные посланники удалились, оставив его одного завершать свою земную жизнь в качестве Сына Человеческого и Сына Божьего.

При насыщении пяти тысяч вера апостолов достигла высшей отметки, после чего она быстро упала почти до нуля. Теперь, после признания Учителем своей божественности, вера двенадцати, с некоторым запозданием, за несколько недель поднялась на новую высоту – но лишь для того, чтобы претерпеть постепенный спад. Третье возрождение их веры произошло уже после воскресения Учителя.

В тот погожий день, около трех часов пополудни, Иисус покинул трех апостолов, сказав: «Я уединяюсь на время для общения с Отцом и его посланниками; я прошу вас оставаться здесь и, в ожидании моего возвращения, молиться о том, чтобы воля Отца свершилась во всём, что вас ждет в связи с продолжением посвященческой миссии Сына Человеческого». Сказав это, Иисус удалился для продолжительного совещания с Гавриилом и Отцом-Мелхиседеком, вернувшись только около шести часов. Заметив, что его длительное отсутствие взволновало их, он спросил: «Отчего вы испугались? Вы прекрасно знаете, что я должен заниматься делом моего Отца; почему же вы сомневаетесь, когда я не с вами? Ныне я заявляю, что Сын Человеческий решил прожить всю свою жизнь среди вас, как один из вас. Не унывайте; я не покину вас, пока не будет завершен мой труд».

После того как они разделили скудную вечернюю трапезу, Петр спросил Иисуса: «Как долго нам предстоит пробыть на этой горе отдельно от наших братьев?» И Учитель ответил: «Пока вы не увидите славу Сына Человеческого и не узнаете: всё, что я возвестил вам, истинно». И, сидя вокруг тлеющих угольков костра, они говорили о восстании Люцифера, пока не стемнело и глаза апостолов не отяжелели, ибо они начали восхождение ранним утром.

Примерно через полчаса после того как трое апостолов погрузились в глубокий сон, их разбудил раздавшийся рядом внезапный треск, и, оглядевшись, к своему изумлению и ужасу, они увидели, что Иисус ведет дружескую беседу с двумя яркими существами, облаченными в одеяния из света небесных миров. Лицо Иисуса и его фигура также светились ярким небесным светом. Эти трое разговаривали на непонятном языке, однако по некоторым сказанным вещам Петр сделал ошибочный вывод, что находившиеся рядом с Иисусом существа являлись Моисеем и Илией; в действительности это были Гавриил и Отец-Мелхиседек. По просьбе Иисуса физические регуляторы сделали так, чтобы апостолы смогли стать свидетелями этой сцены.

Трое апостолов были столь напуганы, что не сразу справились со своей растерянностью, но когда ослепительное видение растаяло перед их взором и они увидели Иисуса, стоящего в одиночестве, Петр, первым пришедший в себя, произнес: «Иисус, Учитель, хорошо нам здесь. Мы рады лицезреть эту славу. Нам не хочется возвращаться назад в бесславный мир. Если хочешь, останемся здесь, и мы поставим три шатра – один для тебя, один для Моисея и один для Илии». И Петр сказал это из-за своего смущения, а также потому, что в тот момент ничего другого не пришло ему в голову.

Петр еще продолжал говорить, когда серебристое облако приблизилось к ним и осенило всех четверых. Страх сковал апостолов; и когда они пали ниц для молитвы, они услышали голос – тот же голос, который раздался при крещении Иисуса: «Вот Сын мой возлюбленный; слушайте его». А когда облако исчезло, Иисус вновь был один; наклонившись к трем апостолам, он дотронулся до них и сказал: «Вставайте и не бойтесь; вам предстоит увидеть еще более великие вещи». Однако апостолы не на шутку испугались, и собираясь около полуночи в обратный путь, они были молчаливы и задумчивы.

2. СПУСК С ГОРЫ

Примерно до середины спуска с горы никто не проронил ни слова. Затем Иисус прервал молчание, заметив: «Смотрите, не рассказывайте никому – даже своим братьям – о том, чтó вы увидели и услышали на этой горе, пока Сын Человеческий не воскреснет из мертвых». Трое апостолов были потрясены и обескуражены словами Учителя – «пока Сын Человеческий не воскреснет из мертвых». Лишь недавно они вновь утвердились в своей вере в него как в Освободителя, Сына Божьего, и только что они своими собственными глазами видели, как он преобразился в славе, – и теперь он начал говорить о «воскресении из мертвых»!

Петр содрогнулся при мысли о смерти Учителя – это не укладывалось в его сознании. Опасаясь, что Иаков или Иоанн зададут какой-нибудь вопрос, касающийся данного заявления, он решил, что лучше всего будет перевести разговор на другую тему. Не зная, чтó сказать, он произнес первое, что пришло ему в голову: «Учитель, почему книжники говорят, что Илия должен прийти прежде Мессии?» Иисус, зная, что Петр пытается избежать упоминания о его смерти и воскресении, ответил: «Илия действительно приходит первым, чтобы подготовить путь для Сына Человеческого, который должен много пострадать и, в итоге, быть отвергнутым. Но я говорю вам, что Илия уже пришел, и они его не приняли, а поступили с ним, как хотели». И тогда три апостола поняли, что говоря об Илии, он имеет в виду Иоанна Крестителя. Иисус знал: если они настаивают на том, что он является Мессией, то Иоанн должен быть тем Илией, о котором говорится в пророчестве.

Иисус обязал их никому не говорить, что они получили представление о той славе, которая ждала его после воскресения, ибо он не хотел, чтобы они укреплялись в мысли о том, что, принятый теперь в качестве Мессии, он хотя бы в чём-то будет соответствовать их ошибочным концепциям чудотворного освободителя. Хотя Петр, Иаков и Иоанн размышляли обо всём этом про себя, они рассказали об этом случае только после воскресения Учителя.

Пока они продолжали спускаться с горы, Иисус сказал: «Вы не захотели принять меня как Сына Человеческого; поэтому я согласился, чтобы меня приняли согласно укрепившемуся у вас мнению. Но не заблуждайтесь – воля моего Отца должна восторжествовать. Решив следовать велениям своей собственной воли, вы должны приготовиться ко многим разочарованиям и пройти многие испытания, однако та подготовка, которую я дал вам, должна быть достаточной, чтобы победоносно провести вас даже через эти избранные вами страдания».

Причина, по которой Иисус взял Петра, Иакова и Иоанна с собой на гору преображения заключалась не в том, что они были в каком-то смысле лучше других апостолов подготовлены к тому, чтобы стать свидетелями произошедшего, и не в том, что они были в духовном отношении более достойны такой редкой привилегии. Отнюдь! Иисус хорошо знал, что никто из двенадцати не обладает необходимой для этого духовностью; поэтому он взял с собой только тех трех апостолов, в обязанности которых входило сопровождать его, когда он желал побыть наедине и предаться уединенному общению.

3. ЗНАЧЕНИЕ ПРЕОБРАЖЕНИЯ

То, чтó увидели на горе преображения Петр, Иаков и Иоанн, было мимолетным видéнием великолепного небесного зрелища, состоявшегося в тот знаменательный день на горе Ермон. Преображение ознаменовало следующее:

1. Признание Вечным Сыном-Матерью Рая полноты посвящения инкарнатной жизни Михаила на Урантии. Иисус получил подтверждение того, что он выполнил требования Вечного Сына. И Гавриил доставил Иисусу это подтверждение.

2. Заявление об удовлетворенности Бесконечного Духа полнотой посвящения Михаила на Урантии в образе смертной плоти. В данном случае вселенский представитель Бесконечного Духа – ближайший товарищ Михаила на Салвингтоне и его неизменный партнер – обратился к нему устами Отца-Мелхиседека.

Иисус приветствовал это заявление относительно успеха своей земной миссии, сделанное посланниками Вечного Сына и Бесконечного Духа, однако он отметил, что Отец не указал на завершение урантийского посвящения; невидимое духовное присутствие Отца, действуя через Личностного Настройщика Иисуса, лишь подтвердило: «Вот Сын мой возлюбленный; слушайте его». И это было сказано словами, которые предназначались также для слуха трех апостолов.

После этого посещения небесных существ Иисус стремился узнать волю Отца, и он решил продолжать свое посвящение в образе смертного вплоть до естественного окончания этого посвящения. Для Иисуса смысл преображения заключался именно в этом. Для трех апостолов это событие означало вступление Учителя в завершающий этап своего земного пути в качестве Сына Божьего и Сына Человеческого.

Иисус побеседовал с Гавриилом и Отцом-Мелхиседеком и обсудил с ними, своими попечительскими Сынами, дела вселенной.

4. МАЛЬЧИК, СТРАДАВШИЙ ЭПИЛЕПСИЕЙ

В то же утро, во вторник, перед завтраком Иисус и его спутники прибыли в апостольский лагерь. Подойдя поближе, они увидели, что апостолы окружены толпой, и вскоре до них стали доноситься громкие голоса спорящих и ссорящихся людей. В общей сложности, здесь было около пятидесяти человек; за исключением девяти апостолов, присутствовавшие делились на две равные группы – иерусалимских книжников и верующих учеников, которые следовали за Иисусом и его сподвижниками от Магадана.

Хотя толпа спорила по целому ряду вопросов, основным предметом разногласий являлся некий житель Тивериады, Иаков Сафедский, днем ранее прибывший сюда в поисках Иисуса. Его единственный ребенок – сын примерно четырнадцати лет – страдал тяжелой формой эпилепсии. В дополнение к этому нервному заболеванию юноша был одержим одним из тех блуждающих, зловредных и мятежных промежуточных созданий, которые в те времена присутствовали на земле в бесконтрольном состоянии, так что юноша являлся одновременно и эпилептиком, и одержимым.

В течение почти двух недель этот несчастный отец, мелкий чиновник Ирода Антипы, скитался у западных границ владений Филиппа в поисках Иисуса, надеясь уговорить его вылечить больного сына. Ему удалось нагнать апостольскую партию лишь к полудню того дня, когда Иисус находился на горе с тремя апостолами.

К великому удивлению и огромному смущению девяти апостолов, этот человек, которого сопровождало около сорока других людей, искавших Иисуса, внезапно предстал перед ними. В момент появления этой группы девять апостолов – по крайней мере, большинство из них – предавались своему старому соблазну, обсуждая, кому предстоит быть больше других в грядущем царстве; они деловито спорили о возможном положении, которое займет тот или иной апостол.

Они попросту не могли полностью освободиться от своей давней мечты о материальных свершениях Мессии. И теперь, когда Иисус сам признал, что является Освободителем, – во всяком случае, признал факт своей божественности, – что́ могло быть более естественным, чем в отсутствие Учителя заняться обсуждением своих излюбленных надежд и честолюбивых помыслов? Они были поглощены этой темой, когда Иаков Сафедский вместе с другими искавшими Иисуса людьми внезапно появился перед ними.

Андрей выступил вперед, чтобы поприветствовать отца и сына, и спросил: «Кого вы ищете?» Иаков ответил: «Добрый человек, я ищу вашего Учителя. Я надеюсь на исцеление своего страдающего сына. Я хотел бы попросить Иисуса изгнать беса, которым одержим мой сын». И отец начал рассказывать апостолам о своем больном сыне и его тяжелых припадках, которые не раз грозили лишить его жизни.

Пока апостолы слушали его, Симон Зелот и Иуда Искариот подошли к отцу и сказали: «Мы можем излечить его; тебе не нужно ждать возвращения Учителя. Мы – посланники царства; мы больше не скрываем этого. Иисус является Освободителем, и ключи от царства переданы нам». К этому времени Андрей и Фома отошли в сторону посоветоваться. Нафанаил и другие смотрели в изумлении; все они были ошеломлены внезапной смелостью, если не самонадеянностью, Симона и Иуды. Тогда отец сказал: «Если вам дано творить эти чудеса, я молю вас произнести те слова, которые избавят мое дитя от этой кабалы». Тогда Симон выступил вперед и, возложив руку на голову ребенка, посмотрел ему в глаза и приказал: «Выйди из него, нечистый дух; именем Иисуса подчинись мне». Но юноша только еще сильнее забился в припадке, и книжники высмеяли апостолов, а разочарованным верующим пришлось выслушивать колкости этих враждебно настроенных критиков.

Андрей был глубоко огорчен этой злополучной попыткой и ее удручающим провалом. Он отозвал апостолов в сторону для совета и молитвы. После сосредоточенного размышления, остро ощущая горечь поражения и чувствуя унижение, которому все они подверглись, Андрей также предпринял попытку изгнать демона, но и его старания закончились неудачей. Андрей честно признал поражение и попросил отца остаться с ним до утра или же до тех пор, пока не вернется Иисус, сказав: «Возможно, этот бес выйдет только по личному приказу Учителя».

И поэтому, пока Иисус спускался с горы вместе с Петром, Иаковом и Иоанном, переполняемых воодушевлением и восторгом, девять их собратьев, смущенные и глубоко униженные, тоже не спали. Они представляли собой подавленных и пристыженных людей. Но Иаков Сафедский не хотел сдаваться. Хотя они ничего не могли сообщить ему относительно времени возможного возвращения Иисуса, он решил дождаться прихода Учителя.

5. ИИСУС ИСЦЕЛЯЕТ МАЛЬЧИКА

Когда Иисус приблизился, девять апостолов почувствовали несказанное облегчение, радостно приветствуя Учителя, и ощутили огромное воодушевление, заметив, что лица Петра, Иакова и Иоанна светятся радостью и необычным энтузиазмом. Все они бросились вперед, чтобы поприветствовать Иисуса и трех своих братьев. Пока они обменивались приветствиями, толпа приблизилась, и Иисус спросил: «О чём вы спорили, когда мы подходили?» Но прежде чем расстроенные и униженные апостолы смогли ответить, взволнованный отец больного мальчика вышел вперед и, упав перед Иисусом на колени, сказал: «Учитель, у меня есть сын, мое единственное дитя, который одержим злым духом. Мало того, что он кричит от ужаса, испускает пену и во время приступа часто падает замертво, но нередко этот злой дух, которым он одержим, заставляет его биться в конвульсиях и порой швыряет его в воду или в огонь. Частый скрежет зубов и многочисленные раны высасывают из моего мальчика соки. Его жизнь хуже смерти; его мать и я скорбим сердцем и сломлены духом. Вчера, около полудня, когда я искал тебя, я нагнал твоих учеников, и пока мы ждали, твои апостолы попытались изгнать этого беса, однако им не удалось этого сделать. Так сделаешь ли ты это для нас, Учитель, исцелишь ли моего сына?»

Выслушав этот рассказ, Иисус прикоснулся к стоящему на коленях отцу и попросил его встать. Бросив на стоящих рядом апостолов испытующий взгляд, он сказал, обращаясь ко всем присутствующим: «О, род неверный и развращенный, сколько мне еще терпеть вас? Сколько еще придется оставаться с вами? Когда же вы усвоите, что чудеса веры не случаются по требованию сомневающегося неверия?» И после этого, указав на растерянного отца, Иисус сказал: «Приведи сюда своего сына». Когда Иаков подвел к нему юношу, Иисус спросил: «Давно ли мальчик страдает этим недугом?» Отец ответил: «С самого раннего детства». И пока они говорили, с мальчиком случился сильный припадок, и он упал перед ними, скрежеща зубами и испуская пену. После серии мучительных конвульсий он замер перед ними, как мертвый. Отец вновь упал на колени перед Иисусом и стал просить Учителя: «Если ты способен излечить его, молю тебя сжалиться над нами и избавить нас от этого недуга». И когда Иисус услышал эти слова, он посмотрел на несчастного отца и сказал: «Сомневайся не в силе любви моего Отца, а лишь в искренности и глубине своей веры. Нет ничего невозможного для того, кто действительно верит». И тогда Иаков Сафедский произнес свои достопамятные слова, в которых вера смешалась с сомнением: «Господи, я верю. Молю тебя, помоги моему неверию».

Услышав эти слова, Иисус вышел вперед и, взяв юношу за руку, сказал: «Я сделаю это по воле моего Отца и в честь живой веры. Встань, сын мой! Выйди из него, непокорный дух, и не возвращайся». И, вложив руку мальчика в руку отца, Иисус сказал: «Ступай своим путем. Отец исполнил желание твоей души». И все присутствующие, даже враги Иисуса, были потрясены увиденным.

Для трех апостолов, лишь недавно испытавших духовный восторг после событий и переживаний, связанных с преображением, было настоящим разочарованием столь скоро вернуться назад и стать свидетелями поражения и растерянности своих собратьев. Однако с этими двенадцатью посланниками царства всегда было так. Их жизненный опыт заключался в постоянном чередовании восторга и унижений.

Произошедшее являлось случаем подлинного исцеления двойного недуга – физического заболевания и духовного расстройства. И с той минуты юноша был абсолютно здоров. Когда Иаков ушел со своим излеченным сыном, Иисус сказал: «Мы отправляемся в Кесарию Филиппову; собирайтесь сразу в путь». В молчании они отправились на юг, и толпа последовала за ними.

6. В САДУ У ЦЕЛЬСА

Они остановились на ночлег у Цельса, и в тот вечер, поев и отдохнув, двенадцать собрались в саду вокруг Иисуса, и Фома сказал: «Учитель, хотя мы, ждавшие вас внизу, до сих пор ничего не знаем о том, чтó именно произошло на горе и столь воодушевило находившихся вместе с тобой наших братьев, мы бы очень хотели, чтобы ты поговорил с нами о нашем поражении и разъяснил нам эти вещи, ибо мы видим, что случившееся на горе пока еще не может быть раскрыто нам».

Иисус ответил Фоме: «Всё, что ваши братья слышали на горе, будет раскрыто вам в свое время. Пока же я объясню причину вашего поражения в том деле, за которое вы столь неразумно взялись. В то время как ваш Учитель и его спутники, ваши братья, поднимались вчера на гору в надежде лучше познать волю Отца и испросить большей мудрости для успешного претворения этой божественной воли, вы – оставшиеся здесь на страже с заданием упорно стремиться к обретению разума, обладающего духовной проницательностью, и молиться вместе с нами о более полном раскрытии воли Отца – вместо того, чтобы воспользоваться своей верой, поддались соблазну и предались своим старым порочным наклонностям, добиваясь для себя привилегированного положения в царстве небесном, которое вы упорно представляете себе в виде материального и бренного царства. И вы цепляетесь за эти ошибочные представления, несмотря на то что я не раз говорил вам: царство мое не от мира сего.

Едва ваша вера начинает постигать сущность Сына Человеческого, как к вам вновь подкрадывается эгоистичное желание мирских привилегий, и вы погрязаете в препираниях, кому быть первым в царстве небесном, царстве, которое – таким, каким вы его представляете, – не существует и никогда не будет существовать. Разве я не говорил вам, что тот, кто желает быть самым великим в царстве духовного братства моего Отца, должен стать меньшим в своих собственных глазах и, таким образом, стать слугой своим братьям? Духовное величие заключается в отзывчивой, богоподобной любви, а не в получении наслаждения от использования материальной власти для возвеличения собственного „я". Та цель, которую вы преследовали и в достижении которой потерпели столь полное поражение, не была чистой. Ваше побуждение не было божественным. Ваш идеал не был духовным. Ваше желание не было бескорыстным. Ваше действие не было основано на любви, и вашей целью не было исполнение воли небесного Отца.

Когда же вы усвоите, что вы не можете ускорять ход существующих природных явлений, за исключением тех случаев, когда такие вещи согласуются с волей Отца? Не можете вы и заниматься духовным трудом в отсутствие духовной силы. И вы не можете совершать ни того, ни другого – даже при их потенциальном наличии – в отсутствие третьего и важнейшего человеческого фактора: личного опыта живой веры. Неужели для привлечения к духовным реальностям царства вам всегда будут нужны материальные подтверждения? Разве вы неспособны постигнуть духовное значение моей миссии без зримых демонстраций сверхъестественных чудес? Когда же можно будет положиться на вашу верность высшим духовным реальностям царства независимо от внешнего проявления каких-либо материальных доказательств?»

Сказав это своим апостолам, Иисус добавил: «А теперь ступайте отдыхать, ибо завтра мы возвращаемся в Магадан, где обсудим нашу миссию в городах и селах Декаполиса. Подводя итог испытаниям этого дня, позвольте объявить каждому из вас то, что́ я сказал вашим братьям на горе, и пусть эти слова глубоко проникнут в ваши сердца: Сын Человеческий вступает в последний этап своего посвящения. Нам предстоит начать труд, который вскоре приведет к великому и завершающему испытанию вашей веры и преданности, ибо я буду отдан в руки людей, ищущих моей погибели. И запомните мои слова: Сын Человеческий будет предан смерти, но он воскреснет».

Опечаленные, апостолы отправились спать. Они были озадачены; они не понимали этих слов. И хотя они боялись спросить его что-либо о том, чтó он сказал, они вспомнили всё это после его воскресения.

7. ПРОТЕСТ ПЕТРА

Рано утром в среду Иисус и двенадцать вышли из Кесарии Филипповой и направились в Магаданский парк, находившийся неподалеку от Вифсаиды-Юлии. В ту ночь апостолы почти не спали, поэтому уже спозаранку они были на ногах, готовые выйти в путь. Даже флегматичные близнецы Алфеевы были потрясены словами о смерти Иисуса. Они направились на юг и сразу же за Меромскими водами вышли на Дамасскую дорогу, а поскольку Иисус хотел избежать встречи с книжниками и другими людьми, которые, как он знал, вскоре начнут искать их, он решил идти в Капернаум по Дамасскому пути, проходившему через Галилею. И он поступил так, потому что знал: те, кто будет преследовать его, пойдут восточной Иорданской дорогой, полагая, что Иисус и его апостолы побоятся идти через владения Ирода Антипы. В тот день Иисус стремился ускользнуть от своих критиков и следовавшей за ним толпы, чтобы побыть наедине со своими апостолами.

Они шли через Галилею; уже давно миновало время обеда, и они остановились в тени, чтобы подкрепиться. Когда они завершили трапезу, Андрей, обращаясь к Иисусу, сказал: «Учитель, мои братья не понимают твоих глубокомысленных слов. Мы целиком уверовали в то, что ты являешься Сыном Божьим, а теперь мы слышим эти странные слова о твоем уходе, о смерти. Мы не понимаем твоего учения. Быть может, ты говоришь с нами притчами? Мы просим тебя поговорить с нами прямо и недвусмысленно».

Отвечая Андрею, Иисус сказал: «Братья мои, именно потому, что вы признали меня Сыном Божьим, я вынужден приступить к раскрытию истины о том, чем завершится посвящение Сына Человеческого на земле. Вы упорно придерживаетесь веры в то, что я являюсь Мессией, и вы не желаете отказываться от идеи о том, что Мессия должен воссесть на трон в Иерусалиме; именно поэтому я продолжаю говорить вам, что Сыну Человеческому вскоре предстоит отправиться в Иерусалим, многое перенести, быть отвергнутым книжниками, старейшинами и первосвященниками и после всего этого быть казненным и воскреснуть из мертвых. И слова мои – не притча; я говорю вам истину, чтобы вы были готовы к этим событиям, когда они внезапно обрушатся на нас». И когда он еще говорил, Симон Петр, стремительно бросившись к нему, положил руку на плечо Учителю и сказал: «Учитель, у нас и в мыслях нет прекословить тебе, но я заявляю, что такое никогда не случится с тобой».

Петр говорил так потому, что любил Иисуса. Однако человеческое естество Учителя увидело в этих проникнутых благожелательным чувством словах едва уловимую попытку подвергнуть его искушению, заставить изменить свое решение – исполнить до конца земное посвящение в соответствии с волей Райского Отца. Именно из-за того, что он почувствовал, какая опасность кроется уже в том, чтобы позволить даже любящим и верным друзьям попытаться разубедить его, он обрушился на Петра и остальных апостолов со словами: «Отойди от меня. В твоих словах – дух дьявола, искусителя. Когда вы говорите так, вы не на моей стороне, а на стороне нашего врага. Так ваша любовь ко мне становится для меня камнем преткновения при исполнении воли Отца. Не о путях человеческих думайте, а о воле Божьей».

Когда они оправились от первого шока после этого резкого выговора, Учитель, прежде чем продолжить путешествие, сказал: «Если кто хочет присоединиться ко мне, то должен забыть о собственных желаниях, ежедневно исполнять свои обязанности и следовать за мной. Ибо кто захочет сберечь свою жизнь для себя, потеряет ее, но кто потеряет свою жизнь ради меня и евангелия, тот ее сохранит. Какой прок человеку, если приобретя весь мир, он потеряет свою душу? Что может дать человек в обмен на вечную жизнь? Не стыдитесь меня и моих слов в этом греховном и лицемерном веке, так же как я не постыжусь признать вас, когда, во славе, предстану пред моим Отцом в присутствии всего небесного воинства. И тем не менее, многие из вас, стоящих теперь передо мной, не познают смерти, пока не увидят, как царство Божье грядет в могуществе».

Так Иисус дал ясно понять двенадцати, что если они желают следовать за ним, их ждет мучительный и противоречивый путь. Каким потрясением стали эти слова для галилейских рыбаков, упорно продолжавших мечтать о земном царстве и тех почетных местах, которые они в нём займут! Но этот мужественный призыв взволновал их преданные сердца, и ни один из них не помыслил о том, чтобы бросить его. Иисус не посылал их на борьбу одних; он вел их. Он просил только о том, чтобы они смело следовали за ним.

Постепенно двенадцать начинали осознавать, что Иисус сообщил им нечто о своей возможной смерти. Они лишь смутно поняли сказанное им о смерти, а заявление о воскресении из мертвых не запомнилось им вообще. Со временем, вспоминая свой опыт на горе преображения, Петр, Иаков и Иоанн пришли к более полному пониманию некоторых из этих вещей.

За всё время, проведенное с Учителем, лишь несколько раз апостолы видели подобный гнев в его глазах и слышали столь же резкие слова порицания, как те, которые были сказаны Петру и остальным из них в тот день. Иисус всегда терпеливо относился к их человеческим недостаткам, за исключением тех случаев, когда возникала непосредственная угроза его плану безусловного исполнения воли Отца в оставшийся период своего земного служения. Апостолы буквально остолбенели; они были потрясены и испуганы. Они не могли найти слов для выражения своей скорби. Постепенно они начали понимать, что́ предстоит перенести их Учителю, понимать, что они должны пройти через эти испытания вместе с ним. Однако они осознали реальность надвигавшихся событий только спустя долгое время после этих первых намеков на грядущую трагедию его последних дней.

В молчании Иисус и двенадцать отправились в путь, через Капернаум, к своему лагерю в Магаданском парке. Хотя они и не говорили с Иисусом, всю вторую половину дня они много беседовали друг с другом, пока Андрей разговаривал с Учителем.

8. В ДОМЕ ПЕТРА

Они вошли в Капернаум в сумерках и, пройдя малолюдными улицами, вышли прямо к дому Симона Петра, где разделили вечернюю трапезу. Они задержались у Симона, пока Давид Зеведеев готовился перевезти их на другой берег, и Иисус, глядя на Петра и остальных апостолов, спросил: «О чём это вы так оживленно разговаривали сегодня по дороге сюда?» Апостолы молчали, ибо многие из них продолжали обсуждение, начатое у горы Ермон, о том, какое положение им предстоит занять в грядущем царстве, кто будет больше других и так далее. Зная, че́м были заняты их мысли, Иисус подозвал к себе одного из малышей Петра и, усадив ребенка посреди них, сказал: «Истинно, истинно вам говорю: если не изменитесь и не станете подобны этому дитя, недалеко уйдете в царстве небесном. Тот, кто умалится, подобно этому ребенку, станет величайшим в царстве небесном. И кто принимает такого дитя, принимает меня. Тот же, кто принимает меня, принимает Пославшего меня. Если хотите быть первыми в царстве, стремитесь поделиться этими благими истинами со своими братьями во плоти. Но если кто заставит одного из этих малышей оступиться, лучше было бы, если бы ему повесили на шею жернов и утопили в море. Если те вещи, которые вы делаете своими руками, или те, которые видят ваши глаза, мешают вашему прогрессу в царстве, пожертвуйте своими драгоценными идолами, ибо лучше войти в царство без многих любимых вещей, чем держаться за этих идолов и оказаться за пределами царства. Но прежде всего, смотрите – не презирайте никого из этих малышей, ибо их ангелы всегда видят лики небесного воинства».

Когда Иисус умолк, они сели в лодку и поплыли на другой берег, в Магадан.

ДОКУМЕНТ 159

ПУТЕШЕСТВИЕ ПО ДЕКАПОЛИСУ

Когда Иисус и двенадцать прибыли в Магаданский парк, они обнаружили, что их дожидается группа почти из ста евангелистов и учеников, включая женский корпус, которые были готовы сразу же отправиться в путь – учить и проповедовать в городах Декаполиса.

Этим утром – в четверг, 18 августа – Учитель созвал своих последователей и велел каждому апостолу взять себе в напарники одного из евангелистов и вместе с остальными евангелистами отправиться двенадцатью группами в города и села Декаполиса. Он распорядился, чтобы женский корпус и остальные ученики остались с ним. Иисус выделил на это путешествие четыре недели, наказав своим последователям вернуться в Магадан не позднее пятницы, 16 сентября. Он пообещал, что будет часто навещать их. В течение месяца эти двенадцать групп трудились в Герасе, Гамале, Гиппосе, Зафоне, Гадаре, Абиле, Едрее, Филадельфии, Хешбоне, Диуме, Скифополе и многих других городах. За всё это путешествие не произошло ни одного чудодейственного исцеления или иного сверхъестественного события.

1. ПРОПОВЕДЬ О ПРОЩЕНИИ

Однажды вечером, в Гиппосе, в ответ на вопрос ученика, Иисус посвятил свой урок теме прощения. Учитель сказал:

«Если у доброго человека есть сто овец и одна из них отбилась от стада, разве не оставит он сразу же девяносто девять и не пойдет искать ту, что отбилась от стада? И если он хороший пастух, разве не будет он продолжать поиски пропавшей овцы, пока не найдет ее? А затем, когда пастух находит свою овцу, он берет ее на плечи и, радостно идя домой, созывает своих друзей и соседей: „Порадуйтесь со мной, ибо я нашел мою пропавшую овцу“. Я говорю вам, что на небесах больше радуются одному кающемуся грешнику, чем девяноста девяти праведникам, не нуждающимся в покаянии. Воистину, Отец мой небесный не желает, чтобы хотя бы один из его малых детей заблудился, тем более погиб. В вашей религии Бог может принять кающихся грешников. В евангелии царства Отец отправляется искать их еще до того, как они всерьез задумаются о раскаянии.

Отец небесный любит своих детей, поэтому и вам следует учиться любить друг друга. Отец небесный прощает вам ваши грехи, поэтому и вы должны учиться прощать друг друга. Если твой брат грешит против тебя, пойди к нему и тактично, терпеливо объясни, в чём его проступок. И сделай всё это наедине с ним. Если он выслушает тебя, ты убедил своего брата. Однако если твой брат не захочет слушать тебя, если будет продолжать упорствовать в своем заблуждении, снова пойди к нему, взяв с собой одного или двух общих друзей, так чтобы у тебя было двое или даже трое свидетелей, которые могли бы подтвердить твое заявление и убедиться в том, что ты относился справедливо и милосердно к своему согрешившему брату. Если же он не пожелает слушать твоих братьев, ты можешь рассказать обо всём собранию и затем, если он откажется внимать собратьям, пусть они предпримут то, что сочтут нужным; пусть такой непокорный собрат будет изгнан из царства. Хотя вы не можете брать на себя суд над душами ваших товарищей, и хотя вы не можете прощать грехи или пытаться присвоить себе те права, которые принадлежат только небесным наблюдателям, вам доверено поддержание временно́го порядка в царстве земном. Хотя вы не можете вмешиваться в божественные распоряжения, затрагивающие вечную жизнь, вы будете решать этические проблемы в той мере, в какой они касаются временно́го благополучия братства на земле. Поэтому во всех вопросах, относящихся к порядку в братстве, что́ бы вы ни решили на земле, будет признано на небе. Хотя вы неспособны решать вечную участь индивидуума, вы можете принимать законы, касающиеся поведения группы, ибо где двое или трое из вас придут к согласию относительно любой из этих вещей и попросят у меня, это будет сделано для вас, если ваше прошение не будет противоречить воле моего небесного Отца. И всё это будет истинным во веки веков, ибо там, где двое или трое верующих собираются вместе, там среди них нахожусь и я».

Симон Петр был тем апостолом, который руководил тружениками в Гиппосе, и, услышав эти слова Иисуса, он спросил: «Господи, если брат мой грешит против меня, сколько раз я должен прощать ему? До семи раз?» И Иисус ответил Петру: «Не только до семи, но и до семидесяти семи раз. Поэтому царство небесное можно уподобить царю, который захотел собрать долги со своих слуг. И когда они стали проверять счета, к нему привели одного из его первых слуг, который сознался в том, что задолжал своему царю десять тысяч талантов. Оправдываясь тем, что он переживает тяжелые времена, царский придворный сказал, что ему нечем заплатить свой долг. И государь приказал конфисковать всю его собственность и продать его детей, чтобы тот смог рассчитаться. Услышав жестокий приказ царя, старший слуга пал перед ним ниц и взмолился, чтобы царь смилостивился над ним и дал ему больше времени, говоря: „Господин, потерпи немного, и я расплачусь с тобой“. И когда царь взглянул на этого нерадивого слугу и его семью, он сжалился над ним. Он приказал отпустить его и простил ему весь долг.

И этот старший слуга, получивший таким образом милость и прощение от царя, вернулся к своим делам и, найдя одного из своих подчиненных, который был должен ему всего лишь сто динариев, схватил его и, взяв за горло, сказал: „Заплати всё, что ты мне должен“. И тогда этот младший слуга пал к его ногам и, взмолившись, сказал: „Потерпи, и вскоре я уплачу тебе сполна“. Но вместо того чтобы проявить милосердие к своему собрату-слуге, старший слуга велел бросить его в тюрьму и держать там, пока тот не заплатит свой долг. Когда другие слуги увидели, что́ произошло, они так огорчились, что пошли и рассказали обо всём своему господину и повелителю, царю. Узнав о поступке своего старшего слуги, царь призвал к себе этого неблагодарного и злопамятного человека и сказал: „Подлый и негодный слуга! Когда ты искал сочувствия, я великодушно простил тебе весь долг. Почему же ты не помиловал своего товарища так же, как я помиловал тебя?“ И, разгневавшись, государь отдал неблагодарного старшего слугу тюремщикам, чтобы те держали его до тех пор, пока он не вернет весь долг. Так и милосердие Отца моего небесного будет более щедрым к тем, кто великодушно проявляет милосердие к своим товарищам. Как можете вы приходить к Богу, прося о снисхождении к вашим недостаткам, когда вы готовы наказать своих братьев за то, что они повинны в тех же человеческих слабостях? Я говорю вам: даром получили вы благие дары царства; поэтому даром отдавайте их своим земным собратьям».

Так Иисус раскрыл опасность и показал несправедливость личного суда над своими товарищами. Конечно, необходимо поддерживать дисциплину и вершить правосудие, однако во всех таких вопросах должна преобладать мудрость братства. Иисус наделял законодательной и юридической властью *группу*, а не *индивидуума*. Но и та власть, которой наделена группа, не должна использоваться как власть личная. Всегда существует опасность того, что вынесенный индивидуумом приговор может быть извращен предубеждением или искажен страстью. Групповое суждение может с большей вероятностью исключить опасность и устранить несправедливость, исходящие из личного пристрастия. Иисус всегда стремился свести к минимуму факторы несправедливости, воздаяния и мести.

[Выражение «семьдесят семь», использованное в качестве примера милосердия и долготерпения, было взято из Писаний; имеется в виду торжествующий возглас Ламеха, увидевшего железное оружие своего сына Тувал-Каина: сравнив это более совершенное вооружение с вооружением своих врагов, Ламех воскликнул: «Если безоружный Каин был отомщен семь раз, то теперь я буду отомщен семьдесят семь раз».]

2. НЕЗНАКОМЫЙ ПРОПОВЕДНИК

Иисус отправился в Гамалу навестить Иоанна и тех, кто работал с ним в этом месте. Вечером, после встречи, на которой Иисус отвечал на вопросы присутствующих, Иоанн сказал ему: «Учитель, вчера я ходил в Аштароф, чтобы повидать человека, который учит твоим именем и даже утверждает, что способен изгонять бесов. Этот человек никогда не бывал с нами и не является нашим последователем; поэтому я запретил ему заниматься этим». Тогда Иисус сказал: «Не запрещай ему. Разве ты не понимаешь, что евангелие царства вскоре будут провозглашать по всему миру? Не думаешь же ты, что все верующие в евангелие будут подчиняться твоему руководству? Радуйся, что это учение уже вышло за пределы нашего личного влияния. Разве ты не видишь, Иоанн, что те, кто открыто заявляют о том, что совершают великие дела моим именем, должны в конечном счете поддерживать наше дело? Вряд ли они поспешат злословить обо мне. Сын мой, в таких делах тебе было бы лучше считать, что тот, кто не против нас, тот за нас. В грядущих поколениях многие не слишком достойные люди совершат моим именем много странных вещей, но я не запрещу им. Я говорю тебе, что если жаждущей душе дают хотя бы чашку холодной воды, такое служение любви никогда не останется незамеченным посланниками Отца».

Этот наказ чрезвычайно смутил Иоанна. Разве не слышал он, как Учитель говорил: «Кто не со мной, тот против меня»? И он не понял, что в данном случае Иисус имел в виду личную связь человека с духовными учениями царства, в то время как в предыдущем случае он говорил о внешних и широких социальных связях верующих, относящихся к вопросам административного контроля и юрисдикции одной группы верующих над деятельностью других групп, которые в итоге и образуют грядущее всемирное братство.

Однако Иоанн часто вспоминал этот случай в связи со своими последующими трудами во имя царства. И всё же апостолов нередко оскорбляло, когда кто-то позволял себе учить именем Иисуса. Им всегда казалось неуместным, чтобы те, кто ни разу не сидел у ног Иисуса, осмеливались учить его именем.

Человек, которому Иоанн запретил учить и трудиться именем Иисуса, не послушался апостольского приказа. Он продолжал трудиться как ни в чём не бывало и, прежде чем отправиться в Месопотамию, оставил после себя много верующих в Канате. Этот человек, Аден, пришел к вере в Иисуса благодаря свидетельству умалишенного, которого Иисус исцелил около Хересы и который твердо поверил в то, что мнимые злые духи, которых Учитель изгнал из него, вошли в свиней и заставили тех броситься с обрыва навстречу своей гибели.

3. НАСТАВЛЕНИЕ ДЛЯ УЧИТЕЛЕЙ И ВЕРУЮЩИХ

В Едрее, где трудились Фома и его товарищи, Иисус провел одни сутки и в ходе вечерних обсуждений сформулировал принципы, которыми должны руководствоваться проповедники истины и которые должны воодушевлять всех, кто учит евангелию царства. В кратком изложении на современном языке, Иисус учил следующему:

Всегда уважайте личность человека. Никогда не следует добиваться праведных целей силой; духовные победы достигаются только посредством духовного могущества. Это предписание – не пользоваться материальными воздействиями – касается как физической, так и психической силы. Подавляющие аргументы и умственное превосходство не должны использоваться для принуждения мужчин и женщин к вступлению в царство. Не следует сокрушать человеческий разум одной только убедительностью логики или держать его в благоговейном страхе изощренным красноречием. Хотя невозможно полностью исключить эмоции как фактор в принятии людьми решений, тем, кто стремится способствовать делу царства, не следует прямо апеллировать к эмоциям в своих учениях. Обращайтесь непосредственно к божественному духу, пребывающему в разуме людей. Не взывайте к страху, жалости или одним только чувствам. Обращаясь к людям, будьте честны; проявляйте самообладание и должную сдержанность; демонстрируйте надлежащее уважение к личностям своих учеников. Помните мои слова: «Смотри, я стою у двери и стучусь, и если кто отворит дверь, я войду».

Ведя людей в царство, не умаляйте и тем более не лишайте их самоуважения. В то время как излишнее самоуважение может уничтожить должную скромность и привести к гордыне, чванству и высокомерию, утрата самоуважения часто ведет к параличу воли. Задача этого евангелия – возродить самоуважение в тех, кто потерял его, и обуздать в тех, у кого оно есть. С вашей стороны было бы ошибкой заниматься одним только обличением заблуждений в жизни своих учеников; не забывайте о великодушном признании наиболее похвального в их жизни. Помните, что я не остановлюсь ни перед чем для восстановления самоуважения в тех, кто его потерял и кто действительно желает вернуть его.

Будьте внимательны к тому, чтобы не задевать самоуважения робких и боязливых душ. Не превращайте моих простодушных братьев в объект вашего сарказма. Не будьте циничны по отношению к моим охваченным страхом детям. Безделье разрушительно для самоуважения; поэтому призывайте своих собратьев всегда быть деятельными в избранных ими занятиях, и не жалейте сил для обеспечения работой тех, кто оказывается не при деле.

Не запятнайте себя такими недостойными приемами, как попытки запугать мужчин и женщин и таким образом заставить их войти в царство. Любящий отец не заставляет своих детей страхом подчиняться его справедливым требованиям.

Когда-нибудь дети царства поймут, что сильные эмоциональные чувства не равнозначны побуждениям божественного духа. Если человек ощущает сильное и необычное побуждение сделать что-то или отправиться в определенное место, то это не обязательно означает, что такие порывы являются велениями внутреннего духа.

Предупреждайте всех верующих о пограничной полосе противоречий, которую необходимо пройти при переходе из жизни во плоти к более высокой жизни в духе. Те, кто целиком находится в пределах любого из этих уровней, в значительной мере избавлены от противоречий и смущения, однако всем людям суждено испытать бóльшую или меньшую неуверенность в течение переходного периода между двумя уровнями жизни. Вступая в царство, вы не можете избежать связанной с ним ответственности или уклониться от налагаемых им обязательств. Но запомните: ярмо евангелия легко, и бремя истины не тяжко.

Мир полон голодных душ, которые умирают от голода в присутствии хлеба жизни; люди умирают в поисках того самого Бога, который живет в них самих. С тоской в сердце и тяжестью в ногах ищут они сокровища царства, в то время как живая вера находится рядом с каждым из них. Вера для религии – это то же, что парус для корабля; она прибавляет сил, а не отягощает жизнь дополнительным бременем. Вступающим в царство предстоит только одна борьба – благотворная борьба веры. Верующий ведет только одно сражение – сражение с сомнением, неверием.

Проповедуя евангелие царства, вы просто у́чите дружить с Богом. И это братство будет привлекать как мужчин, так и женщин, ибо и те, и другие будут обнаруживать, что оно наиболее точно отвечает свойственным им стремлениям и идеалам. Говорите моим детям, что я не только мягок к их чувствам и терпелив к их слабостям, но что я также беспощаден к греху и нетерпим к беззаконию. Я действительно кроток и скромен в присутствии моего Отца, но я столь же беспощадно неумолим к преднамеренным злодеяниям и греховным восстаниям против воли моего небесного Отца.

Вы не должны изображать вашего учителя страдальцем. Будущие поколения позна́ют также лучезарность нашей радости, полноту нашего благоволения и вдохновение нашего добронравия. Мы выступаем с проповедью благой вести, которая заражает своей преобразующей силой. В нашей религии пульсируют новая жизнь и новые значения. Те, кто принимает это учение, наполняются радостью и в своих сердцах ощущают потребность радоваться вечно. Всё большее ощущение счастья – непременная участь тех, кто не сомневается в Боге.

Учите всех верующих не полагаться на хрупкие опоры ложного сочувствия. Вы не можете приобрести сильный характер, жалея самого себя. Честно стремитесь избегать обманчивого воздействия одного лишь товарищества по несчастью. Предлагайте сочувствие мужественным и отважным. Воздерживайтесь от чрезмерной жалости к тем трусливым душам, которые вяло сопротивляются жизненным испытаниям. Не предлагайте утешения тем, кто сдается, даже не вступив в борьбу со своими трудностями. Не сочувствуйте своим товарищам только для того, чтобы они, в свою очередь, посочувствовали вам.

Когда однажды мои дети обретут уверенность в присутствии божественного духа, эта вера расширит разум, облагородит душу, укрепит личность, повысит счастье, углубит духовное постижение и усилит способность любить и быть любимыми.

Объясняйте всем верующим, что те, кто вступает в царство, не освобождаются тем самым от временных несчастий или обычных природных катастроф. Вера в евангелие не может отвратить беду, но она позволяет вам *не бояться*, когда беда действительно настигает вас. Если вы имеете смелость верить в меня и беззаветно идти за мной, то это значит, что вы встаете на путь, неотвратимо ведущий вас к неприятностям. Я не обещаю избавить вас от несчастий и бед, но я действительно обещаю вам пройти их вместе с вами.

И многому другому научил Иисус эту группу верующих, прежде чем они отправились на покой. Те, кто слышал эти слова, хранили их в своих сердцах и часто приводили их в назидание апостолам и ученикам, которых не было вместе с ними в тот день.

4. РАЗГОВОР С НАФАНАИЛОМ

Затем Иисус отправился в Абилу, где трудились Нафанаил и его товарищи. Нафанаилу не давали покоя некоторые высказывания Иисуса, которые, как ему казалось, умаляли авторитет признанных священных книг иудеев. Поэтому в тот вечер, после обычного часа вопросов и ответов, Нафанаил отвел Иисуса в сторону и спросил: «Учитель, можешь ли ты доверить мне истину о Писаниях? Я вижу, что ты учишь нас только нескольким священным книгам – на мой взгляд, лучшим, – и я полагаю, что ты отвергаешь учения раввинов о том, что слова закона суть слова самого Бога, бывшие у Бога на небесах еще до Авраама и Моисея. В чём заключается истина о Писаниях?» Услышав этот вопрос своего смущенного апостола, Иисус ответил:

«Нафанаил, ты сделал правильный вывод; мое отношение к Писаниям отличается от отношения раввинов. Я поговорю с тобой об этом при условии, что ты не станешь передавать наш разговор своим братьям, не все из которых готовы принять это учение. Слова закона Моисея, а также учения Писаний не существовали до Авраама. Лишь в недавние времена Писания были собраны в том виде, в каком они известны нам сейчас. Наряду с лучшими из наиболее возвышенных помыслов и устремлений еврейского народа они содержат и много такого, что никоим образом не отражает характер и учения небесного Отца. Поэтому я вынужден собирать по крупицам из лучших учений те истины, которые надлежит использовать в евангелии царства.

Эти писания суть творения людей. Некоторые из них были людьми святыми, другие – не слишком святыми. Учения этих книг отражают воззрения и уровень просвещенности тех эпох, в которые они появились на свет. С точки зрения раскрытия истины, последние из них более достоверны, чем первые. Писания несовершенны и являются сугубо человеческими творениями, но не сомневайся: на сегодняшний день они действительно представляют собой лучшее в мире собрание религиозной мудрости и духовной истины.

Многие из книг были написаны не теми людьми, которым они приписываются, но это ни в коей мере не уменьшает ценности содержащихся в них истин. Если бы рассказ об Ионе не являлся фактом и даже если бы Иона был вымышленным лицом, глубокая истина этого повествования – любовь Бога к Ниневии и так называемым язычникам – не потеряла бы своей ценности в глазах всех тех, кто любит своих собратьев. Писания священны, потому что они отражают мысли и поступки людей, искавших Бога и раскрывших в этих книгах свои высочайшие представления о праведности, истине и святости. Писания содержат много, очень много того, что является истинным, однако в свете твоего нынешнего учения ты знаешь, что многое в этих произведениях дает неверное представление о небесном Отце – любящем Боге, раскрыть которого я пришел всем мирам.

Нафанаил, никогда, ни на мгновение не позволяй себе верить тем местам из Писаний, где говорится, что Бог любви послал твоих предков в бой для уничтожения всех их врагов – мужчин, женщин и детей. Такие истории придуманы людьми, причем людьми не особенно святыми; они не являются словом Божьим. Писания всегда отражали, и всегда будут отражать, интеллектуальный, нравственный и духовный уровень их творцов. Разве ты не обратил внимания на то, как представления о Ягве становятся всё более прекрасными и возвышенными от одной книги пророков к другой – от Самуила к Исайе? И ты должен помнить, что Писания предназначены для религиозного воспитания и духовного руководства. Их авторы не были историками или философами.

Наиболее прискорбным является не просто ошибочная идея об абсолютном совершенстве Писаний и непогрешимости их учений, а приводящее в замешательство, ошибочное толкование этих священных трудов скованными традицией иерусалимскими книжниками и фарисеями. И теперь они будут использовать как доктрину о богооткровенности Писаний, так и свои ложные толкования этих книг в решительной попытке дать отпор новым учениям евангелия царства. Нафанаил, всегда помни о том, что Отец никогда не ограничивает раскрытие истины каким-либо одним поколением или каким-либо одним народом. Многие искренние искатели истины приходили и будут приходить в замешательство и уныние из-за этих доктрин о совершенстве Писаний.

Сила истины заключается в том самом духе, который пребывает в ее живых воплощениях, а не в мертвых словах менее просвещенных людей иного поколения, которым, якобы, было ниспослано наитие. И даже если жизнь этих святых людей древности была исполнена божественного вдохновения и духовности, это не означает, что и их *слова* были ниспосланы свыше. Ныне мы не записываем учения этого евангелия царства, дабы, когда я уйду, вы тут же не разделились на всевозможные группы борцов за истину из-за различного толкования моих учений. Для этого поколения будет лучше, если мы будем *жить* этими истинами, остерегаясь записывать их.

Хорошо запомни мои слова, Нафанаил: ничто из того, чего коснулась человеческая природа, не может считаться непогрешимым. Хотя человеческий разум действительно способен излучать сияние божественной истины, такое сияние всегда будет только относительно чистым и лишь отчасти божественным. Создание может стремиться к непогрешимости, но только Создатели обладают ею.

Однако величайшим заблуждением учения о Писаниях является доктрина о том, что эти письмена суть тайна за семью печатями, а их мудрость смеют толковать лишь лучшие умы нации. Если что-то и держит откровения божественной истины за семью печатями, то это одно лишь человеческое невежество, фанатизм и узколобая нетерпимость. Только предрассудки ослабляют свет Писаний, только суеверия омрачают его. Ложный страх священности лишил религию такого защитника, как здравый смысл. Страх перед авторитетом священных писаний прошлого не позволяет сегодняшним искренним душам принять новый свет евангелия – тот самый свет, который столь страстно мечтали увидеть богопознавшие люди других поколений.

Но самое печальное то, что некоторые из учителей, провозглашающих святость такого традиционализма, знают эту истину. Они в большей или меньшей степени отдают себе отчет в ограниченности Писаний, однако они являются моральными трусами, интеллектуально нечестными людьми. Они знают истину о священных книгах, но предпочитают утаивать эти возмущающие спокойствие факты от народа. Так они извращают и искажают Писания, превращая их в руководство по раболепному соблюдению мелочей каждодневной жизни и наделяя их правомочностью в вещах недуховных, вместо того, чтобы обращаться к священным книгам как к кладезю нравственной мудрости, религиозного вдохновения и духовного учения богопознавших людей других поколений».

Слова Учителя просветили и потрясли Нафанаила. Он долго размышлял об этом разговоре в глубине своей души, но никому не говорил о нём вплоть до вознесения Иисуса. И даже после этого он боялся рассказывать обо всём, во что его посвятил Учитель.

5. ПОЗИТИВНЫЙ ХАРАКТЕР РЕЛИГИИ ИИСУСА

В Филадельфии, где трудился Иаков, Иисус говорил своим ученикам о позитивном характере евангелия царства. Когда в ходе своих замечаний он дал понять, что в некоторых частях Писания заключено больше истины, чем в других, и призвал своих слушателей давать своим душам лучшую духовную пищу, Иаков прервал Учителя вопросом: «Учитель, не будешь ли ты настолько добр, чтобы посоветовать нам, как выбирать лучшие отрывки из Писаний для нашего личного просвещения?» И Иисус ответил: «Да, Иаков; читая Писания, ищите вечно истинные и божественно прекрасные учения. Вот несколько примеров:

О Господи, вложи мне в сердце чистоту.

Господь – мой пастырь; я не буду нуждаться.

Люби ближнего своего, как самого себя.

Ибо я – Господь, Бог твой – буду держать тебя за правую руку, говоря: „Не бойся; я помогу тебе“.

И не будут больше народы готовиться к войне».

Это характерно для того метода, при помощи которого Иисус день за днем использовал то лучшее, что было в священных книгах иудеев, для наставления своих последователей и включения в проповеди нового евангелия царства. Другие религии также предлагали идею близости Бога к человеку, однако именно Иисус сравнил Божью заботу о человеке с заботой любящего отца о благополучии зависящих от него детей и после этого сделал это учение краеугольным камнем своей религии. Так практическое осуществление братства людей стало неизбежным следствием учения об отцовстве Бога. Поклонение Богу и служение человеку стали самой сутью его религии. Иисус взял всё лучшее из еврейской религии и превратил в достойное обрамление для новых учений евангелия царства.

Иисус вдохнул в пассивные доктрины еврейской религии дух позитивного действия. Вместо негативного соответствия ритуальным требованиям Иисус призвал к позитивному свершению того, что требовала новая религия от принявших ее людей. Религия Иисуса заключалась не только в *вере* в требования евангелия, но и в подлинном *выполнении* этих требований. Он учил не тому, что суть его религии сводится к общественному служению, а тому, что общественное служение является одним из вернейших следствий обладания духом истинной религии.

Иисус, не колеблясь, использовал лучшую часть какой-либо книги Писания, отвергая более слабую часть. Свой великий призыв – «Люби ближнего своего, как самого себя» – он взял из той книги Писания, где говорилось: «Не мсти детям своего народа, но люби ближнего своего, как самого себя». Иисус использовал позитивную часть этого отрывка и отверг негативную. Он был противником также негативного или чисто пассивного непротивления. Он говорил: «Когда враг ударит тебя в одну щеку, не стой онемевшим и покорным, а отнесись к этому позитивно и подставь другую, что значит – сделай всё, что можешь, для того чтобы активно увести своего заблуждающегося брата с путей зла и вывести на лучшие пути праведной жизни». Иисус требовал от своих последователей положительной и энергичной реакции на каждую жизненную ситуацию. Подставить другую щеку – или совершить любое другое схожее действие – означает проявить инициативу, что требует энергичного, активного и мужественного выражения личности верующего.

Иисус призывал своих последователей не к негативному подчинению оскорблениям тех, кто способен использовать непротивленцев злу в своих интересах, а к мудрости и сметливости, способности быстро и позитивно отвечать добром на зло в стремлении победить зло добром. Помните, что истинное добро неизменно сильнее сáмого пагубного зла. Иисус учил позитивному критерию праведности: «Если кто хочет быть моим учеником, то для того, чтобы следовать за мной, он должен забыть о собственных желаниях и каждый день в полной мере исполнять свои обязанности». Такую жизнь вел и он сам, ибо «он ходил, творя добро». И данный аспект евангелия был обильно иллюстрирован многими притчами, которые он позднее рассказывал своим последователям. Он никогда не призывал своих последователей терпеливо нести груз своих обязанностей. Наоборот, он призывал их достойно, энергично и воодушевленно исполнять всю меру своих человеческих обязательств и божественных привилегий в царстве Божьем.

Наставляя своих апостолов и говоря им, что если у них несправедливо отнимают плащ, им следует отдать и другую одежду, Иисус имел в виду не столько второй плащ в буквальном смысле слова, сколько идею совершения чего-то *позитивного* с целью спасти оскорбителя, вместо древнего совета отомстить – «око за око» и так далее. Иисус испытывал отвращение как к идее отмщения, так и к тому, чтобы становиться лишь пассивным страдальцем или жертвой несправедливости. В данном случае он указал им на три способа борьбы со злом и сопротивления ему:

1. Отвечать злом на зло – позитивный, но неправедный метод.

2. Терпеть зло без жалоб и сопротивления – чисто негативный метод.

3. Отвечать добром на зло, утвердить свою волю так, чтобы стать хозяином положения, победить добром зло – позитивный и праведный метод.

Однажды один из апостолов спросил: «Учитель, как мне поступить, если незнакомец заставит меня нести свой вьюк одну версту?» Иисус ответил: «Не садись, вздыхая о помощи и одновременно кляня в душе незнакомца. Праведность не порождается таким пассивным отношением. Если ты неспособен придумать ничего более действенного и позитивного, ты можешь, по крайней мере, пронести вьюк еще одну версту. Это наверняка бросит вызов неправедному и нечестивому незнакомцу».

Евреи и раньше знали о Боге, который прощает кающихся грешников и старается забыть их проступки, но только с приходом Иисуса люди узнали о Боге, который ищет заблудших овец, по собственному почину ищет грешников и радуется, когда видит, что они хотят вернуться в дом Отца. Эта позитивная тема в религии Иисуса охватывала и его молитвы. И он обратил негативное золотое правило в позитивный призыв к человеческой справедливости.

Во всех своих учениях Иисус неизменно избегал отвлекающих деталей. Ему был чужд цветистый язык; он никогда не прибегал к чисто поэтической образности, основанной на игре слов. Как правило, он выражал сложные идеи простыми словами. Приводя примеры, Иисус изменял общепринятые значения многих слов

– таких как соль, закваска, рыбная ловля и малые дети. Он чрезвычайно эффективно использовал антитезы, сравнивая минуту с бесконечностью и так далее. Его образы поражали – как, например, «слепой ведущий слепого». Но величайшая сила этого наглядного учения заключается в его естественности. Иисус опустил философию религии с небес на землю. Он описывал насущные потребности души с новым проникновением и новым посвящением любви.

6. ВОЗВРАЩЕНИЕ В МАГАДАН

Четырехнедельная миссия в Декаполисе прошла довольно успешно. Сотни душ были приняты в царство, а апостолы и евангелисты приобрели ценный опыт, поскольку им пришлось работать без того вдохновения, которое давало непосредственное присутствие Иисуса.

Как и предполагалось, в пятницу, 16 сентября, все труженики собрались в Магаданском парке. В субботу состоялся совет, в котором приняли участие более ста верующих, всесторонне обсудивших дальнейшие планы работы по установлению царства. На совете присутствовали гонцы Давида, сообщившие о положении верующих в Иудее, Самарии, Галилее и прилегающих районах.

В то время мало кто из последователей Иисуса до конца понимал огромную ценность помощи, оказываемой корпусом гонцов. Они не только помогали верующим по всей Палестине поддерживать связь друг с другом, Иисусом и апостолами, но в это тяжелое время они исполняли также обязанности сборщиков средств, причем не только для Иисуса и его сподвижников, но и в помощь семьям двенадцати апостолов и двенадцати евангелистов.

Примерно в это же время Авенир перенес центр своей деятельности из Хеврона в Вифлеем, который являлся также опорным пунктом гонцов Давида в Иудее. Благодаря Давиду, Иерусалим и Вифсаида были связаны курьерской службой, причем сменявшие друг друга гонцы покрывали это расстояние за ночь. Каждый вечер гонцы покидали Иерусалим и, сменяясь в Сихаре и Скифополе, прибывали в Вифсаиду на следующее утро до завтрака.

Теперь Иисус и его апостолы планировали устроить неделю отдыха, прежде чем приготовиться к началу последнего этапа трудов на благо царства. Этот отдых стал для них последним, ибо перейская миссия вылилась в кампанию проповедей и обучения, которая продолжалась вплоть до их прибытия в Иерусалим, где произошли завершающие события земного пути Иисуса.

ДОКУМЕНТ 160

РОДАН АЛЕКСАНДРИЙСКИЙ

Утром в воскресенье, 18 сентября, Андрей объявил, что на ближайшую неделю не запланировано никакой работы. Все апостолы, кроме Нафанаила и Фомы, разошлись по домам к своим семьям или отправились погостить к друзьям. Эту неделю Иисус смог почти целиком посвятить отдыху, однако Нафанаил и Фома провели много времени в беседах с греческим философом из Александрии по имени Родан. Немногим ранее этот грек стал последователем Иисуса под воздействием учения одного из сподвижников Авенира, побывавшего с миссией в Александрии. Теперь Родан поставил перед собой задачу привести свою философию жизни в соответствие с новыми религиозными учениями Иисуса, и он прибыл в Магадан в надежде обсудить эти проблемы с Учителем. Он также надеялся услышать евангелие непосредственно из первых рук – от самого Иисуса или одного из его апостолов. Хотя Учитель отказался вступить с Роданом в такую беседу, он любезно принял его и сразу же распорядился, чтобы Нафанаил и Фома выслушали всё, что тот хотел сказать им, и в ответ рассказали ему о евангелии.

1. ГРЕЧЕСКАЯ ФИЛОСОФИЯ РОДАНА

С раннего утра в понедельник Родан начал свой цикл из десяти обращений к Нафанаилу, Фоме и группе примерно из двух десятков верующих, оказавшихся в Магадане. В этих беседах, выраженных современным языком в сжатом и обобщенном виде, рассматриваются следующие идеи.

Человеческая жизнь включает в себя три великие движущие силы – инстинкты, желания и соблазны. Твердый характер, сильная личность, обретается только посредством превращения естественного жизненного инстинкта в социальное искусство жизни, через преобразование сиюминутных желаний в те более высокие устремления, которые способны привести к устойчивым достижениям, в то время как притягательная сила каждодневного существования должна исходить не от обычных и знакомых идей, а от более высоких сфер неисследованных идей и неоткрытых идеалов.

Чем сложнее будет становиться цивилизация, тем труднее будет овладевать искусством жизни. Чем быстрее будут протекать перемены в социальных укладах, тем труднее будет решать задачу становления характера. Для продолжения прогресса, каждые десять поколений человечество должно заново учиться искусству жизни. А если изобретательность человека приведет к тому, что он будет еще быстрее повышать уровень сложности общества, искусству жизни придется переучиваться гораздо чаще – быть может, каждое новое поколение. Если эволюция искусства жизни будет отставать от развития способов существования, человечество быстро скатится к простому жизненному инстинкту – достижению удовлетворения сиюминутных желаний. Так человечество останется незрелым; общество не сможет достичь своей полной зрелости.

Социальная зрелость эквивалентна степени готовности человека отказаться от удовлетворения одних только скоротечных и сиюминутных желаний ради испытания тех высших влечений, стремление к достижению которых приносит чувство более глубокой удовлетворенности, присущее последовательному движению к неизменным целям. Однако настоящим признаком социальной зрелости является готовность народа отказаться от права на мирную и безмятежную жизнь, протекающую в согласии с поощряющими праздность устоями – соблазном общепринятых верований и привычных идей, – в пользу лишающего спокойствия и требующего энергии соблазна: поиска неисследованных возможностей в достижении нераскрытых целей, заключенных в идеалистических духовных реальностях.

Животные превосходно подчиняются жизненному инстинкту, но только человек способен достигнуть искусства жизни, хотя бóльшая часть человечества испытывает лишь присущее животным инстинктивное стремление жить. Животные знают только это слепое и инстинктивное побуждение; человек способен выйти за пределы этого функционального природного инстинкта. Человек способен избрать жизнь на высоком уровне интеллектуального искусства и даже небесной радости и духовного восторга. Животных не интересует смысл жизни; поэтому они никогда не тревожатся и не кончают жизнь самоубийством. Самоубийства среди людей свидетельствуют о том, что такие существа преодолели чисто животный этап существования, а также о том, что их познавательные усилия не достигли эстетического уровня смертного опыта. Животным неизвестен смысл жизни; человек не только обладает способностью осознавать ценности и понимать значения, но он также осознаёт значение значений – осознаёт свое собственное постижение.

Когда люди решаются отказаться от жизни, основанной на природных инстинктах, в пользу жизни, которой свойственно дерзновенное искусство и неопределенная логика, они должны быть готовы к столкновению с вытекающими отсюда опасностями эмоциональных потерь – конфликтов, несчастий и неуверенности – по крайней мере вплоть до обретения некоторой интеллектуальной и эмоциональной зрелости. Обескураженность, беспокойство и леность – верные признаки нравственной незрелости. Перед человеческим обществом стоят две проблемы: достижение зрелости индивидуумом и достижение зрелости человечеством. Зрелый человек вскоре начинает смотреть на всех остальных смертных с добротой и терпимостью. Зрелые люди относятся к незрелым с любовью и участием, которые испытывают родители по отношению к своим детям.

Успешная жизнь – это не что иное, как искусство овладения надежными методами решения обычных проблем. Первый шаг при решении любой проблемы – выявить трудность, вычленить проблему и откровенно осознать ее природу и сложность. Огромная ошибка заключается в том, что мы отказываемся признать существование жизненных проблем, если они пробуждают в нас глубинный страх. Таким же образом, когда выявление наших трудностей влечет за собой снижение взлелеянного самомнения, признание собственной зависти или отказ от укоренившихся предрассудков, обычный человек предпочитает цепляться за прежние иллюзии безопасности и привычное ложное чувство уверенности. Только смелый человек готов откровенно признать и бесстрашно противостоять тому, что открывается честному и логическому уму.

Мудрое и эффективное решение любой проблемы требует того, чтобы разум был свободен от предубеждений, страстей и всех других чисто субъективных предрассудков, способных помешать беспристрастному рассмотрению реальных факторов, составляющих решаемую проблему. Решение жизненных проблем требует мужества и искренности. Только честные и смелые индивидуумы способны доблестно пройти по сложному и запутанному лабиринту жизни туда, куда их может привести логика бесстрашного разума. И этого освобождения разума и души никогда не достигнуть без движущей силы разумного вдохновения, граничащего с религиозным рвением. Необходима притягательная сила великого идеала, чтобы вести человека к цели вопреки серьезным материальным проблемам и многочисленным интеллектуальным опасностям.

Даже если вы хорошо подготовлены к сложным жизненным ситуациям, вы едва ли можете рассчитывать на успех, если вы не наделены той мудростью разума и тем обаянием личности, которые позволят вам добиваться от своих товарищей искренней поддержки и сотрудничества. Вы не можете надеяться на ощутимый успех в светской или религиозной деятельности, если вы не научитесь убеждать своих товарищей, склонять их на свою сторону. Вам просто необходимы такт и терпимость.

Однако величайший из всех методов решения проблем я почерпнул у Иисуса, вашего Учителя. Я имею в виду то, чем он столь часто занимается и чему он столь хорошо научил вас – уединению в вероисповедном раздумье. В этом обычае Иисуса – его частых уединениях для общения с небесным Отцом – заключен не только метод накопления силы и мудрости, необходимых в обычных жизненных конфликтах, но также способ отведения энергии для решения более высоких проблем нравственного и духовного свойства. Но даже правильные методы решения проблем не смогут компенсировать врожденные дефекты личности или восполнить отсутствие потребности в истинной праведности.

На меня произвело глубокое впечатление обыкновение Иисуса периодически удаляться для того, чтобы в уединении предаваться рассмотрению жизненных проблем, пополнять запасы мудрости и энергии для удовлетворения многочисленных потребностей общественного служения, укреплять и углублять высшую цель жизни фактическим подчинением всей личности осознанию соединенности с божественностью, стремиться обрести новые и лучшие методы приспособления к постоянно изменяющимся жизненным ситуациям, добиваться тех принципиальных изменений и преобразований личных отношений человека, которые столь необходимы для расширенного проникновения во всё достойное и реальное, и делать всё это единственно во славу Божью, убежденно шепча свою любимую молитву: «Да исполнится воля твоя, а не моя».

Эта вероисповедная практика вашего Учителя дает тот отдых, который освежает разум, то просветление, которое вдохновляет душу, ту отвагу, которая позволяет человеку мужественно смотреть в глаза своим проблемам, то понимание себя, которое уничтожает изнуряющий страх, то осознание союза с божественностью, которое наделяет уверенностью, дающей человеку смелость быть подобным Богу. Вероисповедный отдых – или то духовное общение, которое практикует Учитель, – снимает напряжение, устраняет конфликты и чрезвычайно повышает совокупные возможности личности. Вместе с евангелием царства, вся эта философия образует новую религию, какой ее понимаю я.

Предвзятость ослепляет душу, не позволяя ей увидеть истину. Устранить предвзятость можно только путем искреннего посвящения и поклонения души всеохватному делу, объединяющему и включающему в себя всех человеческих собратьев. Предвзятость неотделима от эгоизма. Предвзятость можно уничтожить только в том случае, если отказаться от своекорыстия и заменить его стремлением получить удовлетворение от служения делу, которое не только больше «я», но и больше всего человечества, – поиску Бога, обретению божественности. Признаком зрелой личности является такая трансформация человеческого желания, при которой личность постоянно стремится к осознанию высочайших и наиболее божественно реальных ценностей.

В постоянно изменяющемся мире, в условиях эволюционирующего социального устройства, невозможно стремиться к неизменным и укоренившимся жизненным целям. Только тот может обрести устойчивость личности, кто нашел и принял живого Бога как вечную цель бесконечного достижения. Поэтому для того, чтобы перенести цель из времени в вечность, с земли в Рай, с человеческого уровня на божественный, требуется, чтобы человек был возрожден, преобразован и рожден заново, стал воссозданным дитя божественного духа, добился вступления в братство небесного царства. Все философии и религии, не достигшие этих идеалов, незрелы. Философия, которой учу я, вместе с евангелием, которое проповедуете вы, представляет собой новую религию зрелости – идеал для всех будущих поколений. И это так потому, что наш идеал является окончательным, непогрешимым, вечным, всеобщим, абсолютным и бесконечным.

Моя философия побудила меня искать истинно достижимые реальности – цель зрелости. Но мое побуждение было беспомощным; моим поискам не хватало движущей силы; мое стремление страдало от отсутствия уверенности в его верной направленности. И эти недостатки были с лихвой восполнены новым евангелием Иисуса с его углублением проницательности, возвышением идеалов и неизменностью целей. И теперь, без сомнений и опасений, я могу чистосердечно вступить на вечный путь.

2. ИСКУССТВО ЖИЗНИ

У смертных есть только два пути для совместной жизни: материальный, или животный путь, и духовный, или человеческий путь. Пользуясь сигналами и звуками, животные способны, в ограниченном смысле, общаться друг с другом. Однако такие формы общения не передают значений, ценностей или идей. Единственное отличие человека от животного состоит в том, что человек способен общаться со своими собратьями посредством *символов*, которые совершенно определенно обозначают и идентифицируют значения, ценности, идеи и даже идеалы.

Поскольку животные неспособны сообщать друг другу идеи, у них не может развиться личность. Человек развивает личность благодаря такой способности общаться со своими товарищами, обмениваясь как идеями, так и идеалами.

Именно эта способность общаться и пользоваться общими значениями составляет человеческую культуру и позволяет человеку, посредством социальных объединений, создавать цивилизации. Знания и мудрость накапливаются благодаря способности человека передавать эти достояния последующим поколениям. Так возникают культурные виды человеческой деятельности: искусство, наука, религия и философия.

Межчеловеческое общение, основанное на использовании символов, предопределяет появление социальных групп. Наиболее эффективной из всех социальных групп является семья, в первую очередь – *двое родителей*. Личная привязанность есть духовная связь, которая скрепляет подобные материальные союзы. Такая плодотворная связь возможна также между двумя людьми одного пола, что широко подтверждается преданностью настоящих друзей.

Основанные на дружбе и взаимной привязанности, такие объединения готовят к общественной жизни и облагораживают, ибо они способствуют следующим важнейшим факторам, относящимся к высшим уровням искусства жизни:

1. *Взаимовыражение и взаимопонимание.* Многие благородные человеческие порывы умирают из-за того, что они остаются неуслышанными. Воистину, нехорошо человеку быть одному. Для развития человеческого характера совершенно необходима некоторая степень признания и понимания. Без подлинной любви в семье ни один ребенок не может достигнуть полноты развития нормального характера. Характер – это нечто большее, чем только разум и нравственность. Из всех общественных отношений, рассчитанных на развитие характера, наиболее эффективным и идеальным является нежная и отзывчивая дружба мужчины и женщины, объединенных в разумном супружестве. Брак, с его многоплановыми отношениями, наилучшим образом приспособлен пробуждать те ценные импульсы и высокие мотивы, которые незаменимы для становления сильного характера. Я без колебаний прославляю так семейную жизнь, ибо ваш Учитель мудро избрал взаимоотношения отца и дитя в качестве краеугольного камня этого нового евангелия царства. И такое несравненное, основанное на родственных отношениях сообщество – мужчина и женщина, заключенные в нежные объятия высочайших идеалов времени, – является столь ценным и радующим опытом, что оно сто́ит любой платы, любой жертвы, которая требуется для обладания им.

2. *Союз душ – мобилизация мудрости.* Каждый человек рано или поздно обретает определенное представление об этом мире и некое ви́дение следующего. Теперь – через соединение личностей – можно объединить эти взгляды на бренное существование и вечную перспективу. Так разум одного человека увеличивает свои духовные ценности посредством приобретения значительной части того, что постигнуто другим. Таким путем люди обогащают душу, объединяя взаимные духовные владения. Таким же образом, с помощью этого метода человек способен избежать извечной склонности становиться жертвой искаженных представлений, предвзятых мнений и ограниченных суждений. Страх, зависть и самомнение можно предотвратить только с помощью сокровенной связи с разумом других людей. Я обращаю ваше внимание на тот факт, что Учитель никогда не посылает вас трудиться для расширения царства поодиночке: он всегда отправляет вас в путь парами. И так как мудрость есть сверхзнание, отсюда следует, что союз мудрости – большая или малая социальная группа совместно владеет всем знанием.

3. *Жизненный энтузиазм.* Изоляция ведет к истощению энергетических запасов души. Объединение с собратьями совершенно необходимо для возрождения жизнелюбия и обязательно для поддержания отваги, необходимой для ведения тех сражений, которые являются следствием восхождения на более высокие уровни человеческой жизни. Дружба усиливает радость жизни и прославляет ее победы. Человеческие объединения, построенные на любви и сокровенном общении, помогают избавить страдание от сопутствующей печали и во многом освобождают лишения от присущей горечи. Дружба усиливает всякую красоту и возвышает всякую благость. С помощью разумных символов человек способен вызывать и расширять в своих друзьях способность к тонкому восприятию. Одно из высших достоинств человеческой дружбы заключается в этой силе и возможности взаимного стимулирования воображения. Огромная духовная сила неотъемлема от сознания беззаветного посвящения общему делу – совместной преданности космическому Божеству.

4. *Усиленная защита против всякого зла.* Объединение личностей и взаимная любовь – надежная гарантия против зла. Трудности, страдания, разочарования и поражения являются более болезненными и обескураживающими, когда они

переносятся в одиночестве. Объединение не преобразует зло в праведность, однако оно действительно помогает существенно ослабить остроту боли. Ваш Учитель сказал: «Счастливы скорбящие» – если рядом есть друг, способный утешить. Сознание того, что ты живешь ради блага других и что эти другие тоже живут ради твоего блага, придает сил. Человек чахнет в изоляции. Люди обрекаются на разочарования, если они видят только преходящие процессы времени. Когда настоящее отделяется от прошлого и будущего, оно становится раздражающе пустым. Достаточно одного мимолетного виде́ния круга вечности, чтобы пробудить в человеке всё лучшее и заставить это лучшее показать всё, на что оно способно. И когда в человеке пробуждается всё лучшее, он живет наиболее бескорыстной жизнью ради других людей – таких же, как он, обитателей времени и вечности.

Я повторяю: такое воодушевляющее и облагораживающее объединение обретает идеальные возможности в супружеских отношениях людей. Конечно, многое достигается вне брака, и во многих случаях брак оказывается неспособным принести нравственные и духовные плоды. Слишком часто в брак вступают те, кто ищет иные, более низкие ценности, по сравнению с этими высшими спутниками человеческой зрелости. Идеальный брак должен стоять на чём-то более устойчивом, чем колебания чувств или изменчивость одного лишь полового влечения. Он должен основываться на подлинной и взаимной личной преданности. И если вы сможете создать такие надежные и эффективные частички человеческого объединения, то в своей совокупности они предстанут перед миром великой и прославленной социальной структурой – цивилизацией зрелых смертных. Такое человечество сможет приступить к частичной реализации идеала вашего Учителя – «мира на земле и доброй воли среди людей». Хотя такое общество не было бы совершенным или полностью свободным от зла, оно, как минимум, приблизилось бы к той устойчивости, которая присуща зрелости.

3. СОБЛАЗНЫ ЗРЕЛОСТИ

Стремление к зрелости невозможно без работы, а работа требует энергии. Откуда взять силы на всё это? Физические вещи можно принимать как нечто само собой разумеющееся, однако Учитель хорошо сказал: «Не хлебом единым жив человек». Если нам даровано нормальное тело и относительно хорошее здоровье, мы должны перейти к поиску тех соблазнов, которые будут действовать как стимулы, способные пробудить дремлющие в человеке духовные силы. Иисус научил нас, что в человеке живет Бог; как, в таком случае, мы можем заставить человека высвободить эти связанные с душой божественные и бесконечные силы? Как нам заставить людей дать выход Богу, дабы он мог излиться, оживляя в процессе этого излияния наши души, а затем служить просвещению, возвышению и благословению бесчисленного множества других душ? Каким образом я мог бы с наибольшим успехом пробудить эти скрытые силы добра, дремлющие в ваших душах? В одном я уверен: эмоциональное возбуждение не является лучшим духовным стимулом. Возбуждение не увеличивает энергию; наоборот, оно истощает силы как разума, так и тела. Откуда же тогда поступает энергия для этих великих свершений? Посмотрите на своего Учителя. Он и сейчас находится в горах, насыщаясь силой, в то время как мы тратим здесь энергию. Секрет всей этой проблемы – в духовном общении, поклонении. С человеческой точки зрения, это вопрос сочетания созерцания и расслабления. Созерцание соединяет разум с духом; расслабление определяет способность к духовной восприимчивости. И эта замена слабости силой, страха – отвагой, собственных желаний – волей Бога и образует поклонение. Во всяком случае, таким оно представляется философу.

Частые повторения такого опыта превращаются в привычку, и со временем ставшее привычным, восполняющее силы поклонение формирует духовный характер, который в итоге воспринимается собратьями как *зрелая личность*. Поначалу такие упражнения трудны и отнимают много времени, однако когда они становятся привычными, то одновременно приносят отдых и экономят время. Чем сложнее становится общество и чем шире множатся соблазны цивилизации, тем острее потребность в создании богопознавшими индивидуумами регулярных защитных методов сохранения и увеличения своей духовной энергии.

Еще одним условием для достижения зрелости является совместное приспособление социальных групп к постоянным изменениям среды. Незрелый индивидуум вызывает у своих собратьев враждебное отношение к себе. Зрелый человек добивается дружеского участия своих товарищей и тем самым приумножает плоды собственных усилий.

Моя философия говорит мне, что бывают случаи, когда я вынужден воинственно отстаивать свое представление о праведности, но я не сомневаюсь в том, что Учитель, как более зрелая личность, способен с легкостью и изяществом добиваться тех же побед за счет своего более совершенного и привлекательного метода, основанного на такте и терпимости. Слишком часто в борьбе за правду оказывается, что и победитель, и побежденный терпят поражение. Не далее как вчера я услышал слова Учителя: «Если мудрецу нужно пройти через закрытую дверь, он не станет ломать ее, а поищет ключ, которым ее можно открыть». Слишком часто мы вступаем в борьбу только для того, чтобы убедить самих себя, что нам не страшно.

Это новое евангелие царства оказывает большую помощь искусству жизни, предоставляя новый и более богатый стимул к возвышенной жизни. Оно дает новую величественную цель – высший смысл жизни. И эти новые концепции вечной и божественной цели существования сами по себе являются трансцендентными стимулами, пробуждающими то лучшее, что заключено в высшей сущности человека. На каждой вершине интеллектуальной мысли можно найти отдых для разума, силу для души и общение для духа. С таких преимущественных позиций высокой жизни человек способен преодолеть материальные раздражения, свойственные более низким уровням мышления, – беспокойство, ревность, зависть, месть и гордыню незрелой личности. Поднявшись высоко, такие души освобождаются от множества встречающихся на пути противоречий, порождаемых мелочными конфликтами, благодаря чему обретают свободу, необходимую для осознания более высоких потоков, порождаемых духовными представлениями и небесным общением. Однако смысл жизни должен ревностно охраняться от соблазна легких и преходящих достижений. Кроме того, человек должен воспитываться так, чтобы стать невосприимчивым к зловещим опасностям фанатизма.

4. УРАВНОВЕШЕННОСТЬ ЗРЕЛОСТИ

Сосредоточиваясь на достижении вечных реальностей, необходимо заботиться и об удовлетворении потребностей мирской жизни. Хотя дух является нашей целью, плоть остается фактом. Порой предметы первой необходимости сами попада́ют нам в руки, но обычно мы должны добиваться этого своим трудом. Две основные проблемы жизни – это обеспечение бренного существования и достижение вечного спасения. Даже проблема средств существования не находит идеального решения без обращения к религии. Обе эти проблемы сугубо индивидуальны. Собственно говоря, истинная религия не существует в отрыве от индивидуума.

Вот основы бренной жизни, какими их вижу я:

1. Хорошее физическое здоровье.
2. Чистое и ясное мышление.
3. Способности и умения.
4. Благосостояние – жизненные блага.
5. Способность выдерживать поражения.
6. Культура – образование и мудрость.

Даже физические проблемы телесного здоровья и эффективности наилучшим образом решаются при рассмотрении с религиозной позиции учения Иисуса: тело и разум человека являются местом пребывания дара Богов – духа Божьего, который становится духом человеческим. Так разум человека превращается в посредника между материальными вещами и духовными реальностями.

Для получения от жизни своей доли желаемого необходимы умственные способности. Абсолютно неверно полагать, будто благополучие является наградой за добросовестный каждодневный труд. Оказывается, что, за исключением случаев редкого и случайного приобретения богатства, материальные вознаграждения бренной жизни протекают по хорошо организованным каналам, и только те, у кого есть доступ к этим каналам, могут рассчитывать на достойное вознаграждение своих временны́х трудов. Бедность всегда будет уделом тех, кто ищет благополучия в изолированных и индивидуальных каналах. Поэтому важнейшим условием земного процветания становится мудрое планирование. Для успеха требуется не только добросовестное выполнение собственного дела, но и функционирование человека в качестве участка одного из таких каналов материального благополучия. Если вы лишены мудрости, вы можете посвятить своему поколению преданную жизнь и остаться без материального вознаграждения; если же вы случайно получили доступ к потокам богатства, вы можете купаться в роскоши, даже если вы не принесли никакой пользы своим собратьям.

Способности – это то, что вы наследуете, тогда как умения – это то, что вы приобретаете. Жизнь нереальна для того, кто неспособен выполнять какое-то дело как следует, профессионально. Умение – один из подлинных источников получаемого от жизни удовлетворения. Способность предполагает дар предвидения, прозорливости. Не обманывайтесь соблазнительными наградами нечестных достижений; будьте готовы упорно трудиться для того, чтобы впоследствии получить награду, неотъемлемую от честных усилий. Мудрец способен различать средства и цели; вообще же, избыточное планирование на будущее порой разрушает заключенное в этом са́мом будущем высокое назначение. В поисках удовольствий вы должны всегда стремиться быть не только их потребителем, но и производителем.

Тренируйте свою память так, чтобы она свято хранила укрепляющие и достойные случаи из жизни, которые вы могли бы вспоминать по желанию для собственного удовольствия или в назидание. Так, в себе и для себя, создавайте хранилища красоты, благости и художественного великолепия. Однако наиболее благородными из всех являются дорогие сердцу воспоминания о великих мгновениях возвышенной дружбы. И все эти хранимые в памяти ценности оказывают свое наиболее важное и возвышающее воздействие при высвобождающем соприкосновении с духовным поклонением.

Но жизнь будет вам в тягость, если вы не научитесь встречать неудачи с достоинством. Существует искусство поражения, которым всегда овладевают благородные души. Вы должны уметь проигрывать, не унывая; вы не должны бояться разочарований. Всегда без колебаний признавайте поражение. Не пытайтесь скрыть поражение за обманчивой улыбкой и лучезарным оптимизмом. Неизменные провозглашения успеха ласкают слух, но их конечные результаты ужасают. Такой метод – прямой путь к созданию мира нереальности и к неизбежному краху, наступающему при окончательном разочаровании.

Успех может порождать мужество и укреплять уверенность, однако мудрость приходит только в опыте приспособления к результатам собственных неудач. Тот, кто вместо реальности отдает предпочтение оптимистическим иллюзиям, никогда не наберется мудрости. Только тот, кто прямо смотрит в лицо фактам и соотносит их с идеалами, способен достигнуть мудрости. Мудрость охватывает как факт, так и идеал, и тем самым спасает своих приверженцев от обеих бесплодных крайностей философии – исключающего факты идеализма и лишенного духовности материализма. Те робкие души, которые способны продолжать жизненную борьбу только с помощью непрекращающихся обманчивых иллюзий успеха, обречены на провал и поражение, ибо в конце концов они пробуждаются ото сна, состоящего из их собственных фантазий.

Именно здесь – в сопротивлении неудачам и приспособлении к поражениям – прозорливое ви́дение религии оказывает свое наивысшее воздействие. Поражение есть лишь воспитательный эпизод – культурный эксперимент в процессе обретения мудрости – в опыте богоискателя, отправившегося в то вечное путешествие, которым является исследование вселенной. Для таких людей поражение – это лишь новое средство для достижения более высоких уровней вселенской реальности.

В аспекте вечности путь богоискателя может оказаться чрезвычайно успешным, даже если весь его опыт бренной жизни представляется полным провалом, – при условии, если каждая неудача обогащала навыками обретения мудрости и духовности. Не ошибайтесь – не путайте знание, культуру и мудрость. В жизни они взаимосвязаны, однако они представляют совершенно различные духовные ценности: мудрость всегда подчиняет знание и возвышает культуру.

5. РЕЛИГИЯ ИДЕАЛА

Вы говорили мне, что ваш Учитель рассматривает истинную человеческую религию как опыт знакомства индивидуума с духовными реальностями. Я всегда представлял религию как опыт реагирования человека на нечто такое, что он считает достойным благоговения и приверженности всего человечества. В этом смысле религия символизирует нашу величайшую преданность тому, что соответствует высшему человеческому представлению об идеалах реальности и предельному устремлению нашего разума к вечным возможностям духовного достижения.

Когда люди реагируют на религию в племенном, национальном или расовом смысле, это происходит потому, что они не считают полноценными людьми тех, кто не относится к их группе. Мы всегда считаем, что объект нашей религиозной преданности достоин почитания всеми людьми. Религия никогда не сводится к одним только интеллектуальным убеждениям или философским рассуждениям. Религия всегда была и всегда будет способом реагирования на жизненные ситуации; она есть разновидность поведения. Религия включает в себя благоговейные мысли, чувства и действия по отношению к некоторой реальности, которую мы считаем достойной всеобщего поклонения.

Если нечто стало религией в вашем опыте, само собой разумеется, что вы уже стали активным благовестником этой религии, ибо вы полагаете, что высшее представление о вашей религии достойно поклонения всего человечества, всех разумных существ во вселенной. Если вы не являетесь активным миссионером-благовестником своей религии, то вы занимаетесь самообманом, называя религией то, что является лишь традиционным верованием или системой интеллектуальной философии. Если ваша религия представляет собой духовный опыт, объект вашего поклонения должен быть всеобщей духовной реальностью и идеалом всех ваших одухотворенных идей. Я называю все религии, основанные на страхе, эмоциях, традициях и философии, интеллектуальными религиями, в то время как те, которые основаны на подлинном духовном опыте, я назвал бы истинными религиями. Объект религиозной преданности может быть материальным или духовным, истинным или ложным, реальным или нереальным, человеческим или божественным. Поэтому религии могут быть либо благом, либо злом.

Мораль и религия не обязательно совпадают. Если в этической системе появляется объект поклонения, такая система может стать религией. Теряя свое универсальное обращение к преданности и высшей приверженности, религия может переродиться в философскую систему или моральный кодекс. Вещь, существо, состояние, уклад бытия или возможность достижения – то, что образует высочайший идеал религиозной преданности и является объектом религиозной приверженности тех, кто поклоняется, – есть Бог. Каким бы именем ни называли этот идеал духовной реальности, он является Богом.

Социальные характеристики истинной религии заключаются в том, что она неизменно стремится обратить индивидуума и преобразовать мир. Религия предполагает существование нераскрытых идеалов, которые значительно превосходят известные нормы этики и морали, воплощенные даже в самых развитых социальных укладах наиболее зрелых институтов цивилизации. Религия стремится к неизвестным идеалам, неисследованным реальностям, сверхчеловеческим ценностям, божественной мудрости и истинному духовному обретению. Истинная религия соответствует всему этому; все остальные верования недостойны называться религией. Подлинная духовная религия невозможна без высшего небесного идеала вечного Бога. Религия без Бога – изобретение человека, человеческий институт безжизненных рациональных вероучений и бессмысленных эмоциональных церемоний. Религия может выдвигать в качестве объекта своей приверженности великий идеал. Однако такие идеалы несуществующей реальности недостижимы; такие идеи иллюзорны. Единственными идеалами, которых способен достигнуть человек, являются божественные реальности и бесконечные ценности, заключенные в духовном факте вечного Бога.

Слово «Бог», *идея* Бога в противоположность *идеалу* Бога, может стать частью любой религии, вне зависимости от того, насколько наивной или ложной может оказаться такая религия. И в руках тех, кто придерживается этой идеи Бога, она может стать всем, чем угодно. Религии более низкого уровня формируют свои представления о Боге соответственно естественному состоянию человека. Религии более высокого уровня требуют от человеческого сердца измениться так, чтобы отвечать идеалам истинной религии.

Религия Иисуса превосходит все предшествующие представления об идее поклонения, ибо он не только рисует своего Отца идеалом бесконечной реальности, но уверенно провозглашает, что этот божественный источник ценностей и вечный центр вселенной истинно и лично достижим каждым смертным созданием, которое решает войти в царство небесное на земле и тем самым заявить о принятии богосыновства и человеческого братства. Я признаю́, что это является высшим представлением о религии из всех, когда-либо известных миру, и я заявляю, что более высокое представление невозможно, ибо это евангелие охватывает бесконечность реальностей, божественность ценностей и вечность всеобщих достижений. Такая концепция представляет собой достижение опыта идеализма на верховном и предельном уровнях.

Я не только глубоко заинтересован совершенными идеалами религии вашего Учителя: я испытываю глубокое волнение, признавая свою веру в его утверждение о том, что эти идеалы духовных реальностей достижимы, что вы и я можем приступить к этому долгому, вечному странствию, вдохновленные его заверениями в несомненности того, что со временем мы придем к вратам Рая. Братья мои, я верую, я встал на этот путь. Вместе с вами я иду по пути этого вечного свершения. Учитель говорит, что он пришел от Отца и что он укажет нам путь. Я полностью уверен в том, что он говорит правду. Я абсолютно убежден, что не существует иных достижимых идеалов реальности или ценностей совершенства, кроме вечного Всеобщего Отца.

Следовательно, я начинаю поклоняться не только Богу бытия, но и Богу возможности всего будущего существования. Поэтому ваша приверженность высочайшему идеалу – если он реален – должна стать приверженностью этому Богу прошлых, настоящих и будущих вселенных вещей и существ. И другого Бога нет, ибо существование другого Бога невозможно. Все остальные боги являются плодом воображения, иллюзиями смертного разума, искажениями ошибочной логики и идолами – результатом самообмана их творцов. Да, религия без этого Бога возможна, но она лишена какого-либо смысла. И если вы стремитесь заменить реальность этого идеала живого Бога словом «Бог», то вы лишь обманываете себя, заменяя идеал – божественную реальность – идеей. Такие религии – это всего лишь верования, основанные на иллюзорных мечтаниях.

В учениях Иисуса я вижу религию в лучшем смысле этого слова. Это евангелие позволяет нам искать истинного Бога и находить его. Но готовы ли мы платить такую цену за вхождение в царство небесное? Хотим ли мы нового рождения, желаем ли мы воссоздания? Готовы ли мы подвергнуть себя этому необыкновенно тяжелому процессу уничтожения «я» и восстановления души? Разве Учитель не сказал: «Те, кто хотят сберечь свою жизнь, должны потерять ее. Не думайте, что я пришел принести на землю мир, – я принес душевную борьбу»? Конечно, заплатив цену, – посвятив себя исполнению воли Отца, – мы действительно обретаем огромный покой, если продолжаем идти по этим духовным путям посвященной жизни.

Ныне мы действительно отказываемся от соблазнов известного уклада бытия и безоговорочно посвящаем себя поиску соблазнов неизвестного и неисследованного уклада бытия будущей жизни – жизни свершений в мирах духа, где господствует высший идеализм божественной реальности. Мы ищем такие способы выражения, с помощью которых можно было бы передать нашим собратьям эти представления о реальности идеализма, заключенного в религии Иисуса, и мы будем неустанно молиться о том дне, когда всё человечество будет захвачено единым ви́дением высочайшей истины. Пока же центральное представление об Отце, хранимое в наших сердцах, состоит в том, что Бог есть дух, а выраженное нашим товарищам – в том, что Бог есть любовь.

Религия Иисуса требует живого духовного опыта. Остальные религии могут заключаться в традиционных верованиях, эмоциональных переживаниях, философском сознании и во всём вышеупомянутом, однако учение Иисуса требует восхождения на действительные уровни реального духовного прогресса.

Осознание стремления стать подобным Богу не есть истинная религия. Ощущение чувства поклонения Богу не есть истинная религия. Осознанное намерение отказаться от себя и служить Богу не есть истинная религия. Мудрость рассуждения о том, что данная религия является лучшей из всех, не есть религия как личный и духовный опыт. Истинная религия имеет отношение к предназначению и реальности достижения, равно как и к реальности и идеализму того, что чистосердечно принято верой. И всё это должно стать нашим личным достоянием благодаря откровению Духа Истины.

Так завершились рассуждения греческого философа – одного из величайших представителей своего народа, который уверовал в евангелие Иисуса.

ДОКУМЕНТ 161

ПРОДОЛЖЕНИЕ БЕСЕД С РОДАНОМ

В воскресенье, 25 сентября 29 года н. э., апостолы и евангелисты собрались в Магадане. После длительного совещания со своими сподвижниками Иисус, к удивлению всех присутствующих, объявил, что на следующий день ранним утром он и двенадцать апостолов отправятся в Иерусалим на праздник кущей. Он распорядился, чтобы евангелисты посетили верующих в Галилее, а женский корпус на время вернулся в Вифсаиду.

Когда подошло время отправляться в Иерусалим, беседы Нафанаила и Фомы с Роданом Александрийским были в самом разгаре, и они получили от Учителя разрешение задержаться на несколько дней в Магадане. Поэтому, пока Иисус и десять апостолов находились на пути в Иерусалим, Нафанаил и Фома увлеченно дискутировали с Роданом. В течение предыдущей недели, когда Родан излагал свою философию, Фома и Нафанаил поочередно знакомили греческого философа с евангелием царства. Родан убедился в том, что у него было хорошее представление об учениях Иисуса благодаря одному из бывших апостолов Иоанна Крестителя, который являлся его учителем в Александрии.

1. ЛИЧНОСТЬ БОГА

Существовал один вопрос, в котором Родан и двое апостолов расходились во взглядах, – вопрос о личности Бога. Родан с готовностью принял всё, что ему говорилось об атрибутах Бога, однако он настаивал на том, что Отец небесный не является и не может являться лицом в человеческом понимании личности. Хотя апостолы столкнулись с трудностями, пытаясь доказать, что Бог является лицом, Родану было еще труднее доказать, что он лицом не является.

Родан утверждал, что факт личности заключается в сопутствующем факте полноценного взаимного общения между равными существами, – существами, способными на близкое по духу взаимопонимание. Родан сказал: «Для того, чтобы быть лицом, Бог должен обладать символами духовного общения, которые позволяли бы ему быть полностью понятым теми, кто вступает с ним в контакт. Но поскольку Бог бесконечен и вечен, являясь Создателем всех других существ, то отсюда следует, что в смысле наличия равных существ Бог одинок во вселенной. Равных ему нет; нет никого, с кем он мог бы общаться как с равным. Бог действительно может быть источником всех личностей, однако, как таковой, он превосходит личность – являясь Создателем, он выше и больше создания».

Это утверждение чрезвычайно обеспокоило Фому и Нафанаила, и они попросили Иисуса прийти к ним на помощь, но Учитель отказался вмешиваться в их дискуссии. Он только сказал Фоме: «Не имеет большого значения, какого *представления* об Отце вы придерживаетесь, если в духе своем вы знакомы с *идеалом* его бесконечной и вечной сущности».

Фома утверждал, что Бог действительно общается с человеком, а потому Отец является лицом, даже если придерживаться определения Родана. Грек отверг это на том основании, что Бог не раскрывает себя лично, что он остается тайной. После этого Нафанаил сослался на свой собственный опыт постижения Бога, и Родан допустил это, подтвердив, что он также недавно приобрел аналогичный опыт. Но он утверждал, что эти впечатления доказывают только *реальность* Бога, а не его *личность*.

К вечеру в понедельник Фома сдался. Однако к вечеру во вторник Нафанаил склонил Родана к вере в личность Отца, и он добился этой перемены во взглядах грека следующим ходом рассуждений:

1. Райский Отец действительно пользуется равноправным общением как минимум с двумя другими существами, полностью равными ему и во всём похожими на него, – Вечным Сыном и Бесконечным Духом. Учитывая доктрину Троицы, грек был вынужден признать возможность существования личности Всеобщего Отца. (Именно дальнейшее обсуждение этих бесед привело к расширению концепции Троицы в представлении двенадцати апостолов. Конечно, все они полагали, что Иисус является Вечным Сыном.)

2. Поскольку Иисус равен своему Отцу и так как этот Сын достиг проявления личности своим земным детям, такой феномен служит доказательством факта и демонстрацией возможности существования личности у всех трех Божеств, навсегда решая вопрос о способности Бога общаться с человеком и возможности человека общаться с Богом.

3. Иисус существует во взаимосвязи и совершенном общении с человеком; Иисус является сыном Божьим. Отношение Сына и Отца предполагает равноправное общение и чуткое взаимопонимание; Иисус и Отец едины. Иисус поддерживает разумное общение одновременно и с Богом, и с человеком, а так как и Бог, и человек понимают значение символов, с помощью которых Иисус осуществляет общение, то и Бог, и человек обладают атрибутами личности в той мере, в которой это удовлетворяет требованиям способности к двустороннему общению. Личность Иисуса демонстрирует личность Бога, убедительно доказывая присутствие Бога в человеке. Две вещи, связанные с одной и той же вещью, связаны между собой.

4. Личность выражает высшее представление людей о человеческой реальности и божественных ценностях. Бог также выражает высшее человеческое представление о божественной реальности и бесконечных ценностях. Поэтому Бог должен быть божественной и бесконечной личностью, личностью реальной. И хотя он бесконечно и вечно превосходит существующее у человека представление и определение личности, тем не менее, он всегда и везде является личностью.

5. Бог должен быть личностью, так как он является Создателем и целью всех личностей. Величайшее впечатление на Родана произвело учение Иисуса: «Итак, будьте совершенны, как совершенен Отец ваш небесный».

Выслушав эти аргументы, Родан сказал: «Ты убедил меня. Я признáю Бога лицом, если вы позволите внести уточнение в мое признание этой веры, дополнив значение личности группой расширенных ценностей – таких как сверхчеловеческая, трансцендентальная, верховная, бесконечная, вечная, окончательная и всеобщая. Теперь я убежден в том, что хотя Бог должен быть бесконечно больше, чем личность, он не может быть чем-либо меньше. Я с удовлетворением прекращаю спор и принимаю Иисуса как личное откровение Отца и объяснение всех нерешенных проблем логики, рационального суждения и философии».

2. БОЖЕСТВЕННАЯ СУЩНОСТЬ ИИСУСА

Поскольку Нафанаил и Фома целиком разделяли взгляды Родана на евангелие царства, оставалось обсудить только один вопрос – учение о божественной сущности Иисуса, лишь недавно возвещенное открыто. Нафанаил и Фома совместно изложили свои взгляды на божественную природу Учителя, и ниже дается сокращенный и систематизированный пересказ их учения:

1. Иисус признал свою божественность, и мы верим ему. Многие замечательные вещи, произошедшие в связи с его служением, мы способны понять только через веру в то, что он является как Сыном Божьим, так и Сыном Человеческим.

2. Его жизнь, проживаемая вместе с нами, служит идеалом человеческой дружбы; только божественное существо может быть таким другом людей. Мы не знаем другого такого человека, который был бы столь же истинно бескорыстным, как он. Он друг даже грешникам; он не боится любить своих врагов. Он полностью предан нам. Хотя он без колебаний высказывает нам свои порицания, всем ясно, что он действительно любит нас. Чем лучше узнаёшь его, тем больше начинаешь его любить. Его непоколебимая преданность покоряет. На протяжении всех этих лет мы не понимали его миссию, однако он оставался верным другом. Не прибегая к лести, он действительно одинаково сердечно относится к каждому из нас; он остается неизменно чутким и отзывчивым. Он всегда жил одной с нами жизнью и делился всем. Мы живем счастливой общиной; у нас всё общее. Мы не верим в то, что столь безупречную жизнь можно прожить в столь тяжелых условиях, являясь только человеком.

3. Мы уверены в божественности Иисуса, потому что он всегда поступает правильно; он не совершает ошибок. Его мудрость необыкновенна; его благочестие возвышенно. День за днем он живет в совершенном согласии с волей Отца. Он никогда не раскаивается в дурных поступках, ибо он не нарушает ни одного из законов Отца. Он молится за нас и вместе с нами, но он никогда не просит нас молиться за него. Мы верим в его абсолютную безгрешность. Мы не думаем, что кто-либо, будучи только человеком, мог бы вести такую жизнь. Он утверждает, что живет совершенной жизнью, и мы признаём, что это действительно так. Наше благочестие происходит от раскаяния, его же – от праведности. Он даже заявляет, что прощает грехи, и он действительно исцеляет людей. Никто, будучи только человеком, не стал бы в здравом уме заявлять о прощении грехов, ибо это является божественной прерогативой. И нам кажется, что таким совершенным и праведным Иисус является с момента нашей первой встречи с ним. Мы растем в благодати и знании истины, однако наш Учитель с самого начала демонстрирует присущую праведности зрелость. Все люди – добрые и злые – видят в Иисусе эти атрибуты благости. И тем не менее, его благочестие никогда не бывает навязчивым или нарочитым. Он столь же кроток, сколь и бесстрашен. Нам кажется, что он одобряет нашу веру в его божественность. Либо он является тем, о чём он заявляет, либо это величайший лицемер и обманщик, какого когда-либо видел свет. Мы убеждены, что он является тем, кем он себя называет.

4. Уникальность его характера и совершенное владение собственными эмоциями убеждают нас в том, что в нём сочетается человеческое и божественное. Сцены человеческой нужды всегда находят отклик в его сердце; страдание никогда не оставляет его равнодушным. Физическое страдание, психическое мучение или духовные муки одинаково пробуждают в нём сочувствие. Он сразу видит и великодушно признаёт присутствие веры или любой иной благодати в своих человеческих собратьях. Он столь справедлив и честен – и одновременно столь милосерден и участлив. Он печалится из-за духовного упрямства людей и радуется, когда они соглашаются увидеть свет истины.

5. Нам кажется, что он знает помыслы людей и понимает желания их сердец. И он всегда сочувствует нашему смятенному духу. Нам кажется, что он обладает всеми человеческими эмоциями, однако эти эмоции восхищают своим величием. Он испытывает огромную любовь к благости и столь же сильную ненависть к греху. Он обладает сверхчеловеческим сознанием присутствия Божества. Он молится, как человек, но ведет себя, как Бог. Нам кажется, что он знает обо всём наперед. Вот и сейчас он не боится говорить о своей смерти – загадочном намеке на свою будущую славу. Будучи добрым, он в то же время обладает мужеством и отвагой. Он всегда без колебания выполняет свой долг.

6. Мы постоянно поражаемся его феноменальному сверхчеловеческому знанию. Едва ли не каждый день происходит какое-нибудь событие, которое в очередной раз подтверждает: Учитель знает о том, чтó происходит вне его непосредственного присутствия. По-видимому, он также знает, о чём думают его товарищи. Он несомненно общается с небесными личностями; он бесспорно живет на высочайшем духовном уровне, намного превосходя остальных из нас. Кажется, что всё доступно его уникальному пониманию. Он задает нам вопросы, чтобы вызвать на разговор, а не для того, чтобы получить информацию.

7. В последнее время Учитель без колебания утверждает свое сверхчеловеческое происхождение. Со дня посвящения нас в апостолы он никогда не отрицал того, что пришел от небесного Отца. Он говорит с уверенностью божественного учителя. Он решительно опровергает современные религиозные учения и провозглашает новое евангелие, уверенный в своей правомочности. Он отличается убедительностью, уверенностью и непререкаемостью. Иоанн Креститель, услышав Иисуса, тоже заявил, что тот является Сыном Божьим. Он кажется самодостаточным. Он не жаждет поддержки толпы; ему безразлично мнение людей. Он храбр – и одновременно полностью лишен гордыни.

8. Он постоянно говорит о Боге как о неизменном товарище во всём, что он делает. Он повсюду творит добро, ибо в нём, кажется, пребывает Бог. Он утверждает совершенно поразительные вещи о себе и своей миссии на земле; такие утверждения были бы абсурдными, не будь он божественным существом. Однажды он заявил: «Еще до того, как был Авраам, я есть». Он совершенно определенно заявил о своей божественности; он утверждает, что действует вместе с Богом. Он практически исчерпывает возможности языка, повторяя свои утверждения о сокровенной связи с небесным Отцом. Он даже имеет смелость утверждать, что он и Отец единосущны. Он говорит, что всякий, видевший его, видел Отца. И он говорит и совершает все эти грандиозные вещи с чисто детской непосредственностью. Он говорит о своей связи с Отцом точно так же, как и о своей связи с нами. Нам кажется, что он прекрасно знает Бога; он говорит об отношениях с ним в совершенно будничной манере.

9. Нам представляется, что в своих молитвах он общается непосредственно со своим Отцом. Мы слышали лишь несколько его молитв, но то малое, что нам довелось услышать, свидетельствует о том, что он разговаривает с Богом как бы лицом к лицу. Кажется, что он знает и будущее, и прошлое. Он просто не мог бы быть всем этим и совершать все эти необыкновенные вещи, если бы он был всего лишь человеком. Мы знаем, что это человек, мы уверены в этом, но мы почти так же уверены в его божественности. Мы верим в его божественность. Мы убеждены в том, что он является Сыном Человеческим и Сыном Божьим.

Завершив свои беседы с Роданом, Нафанаил и Фома поспешили в Иерусалим, чтобы присоединиться к остальным апостолам, прибыв туда в пятницу на той же неделе. Эта встреча сыграла важную роль в жизни всех трех верующих, и остальные апостолы почерпнули много нового, когда Нафанаил и Фома рассказали им о своих впечатлениях.

Родан вернулся в Александрию, где в течение многих лет преподавал философию в школе Меганты. Впоследствии он стал выдающимся деятелем царства. До конца своих дней он оставался убежденным верующим и в разгар преследований погиб в Греции вместе с другими.

3. ЧЕЛОВЕЧЕСКИЙ И БОЖЕСТВЕННЫЙ РАЗУМ ИИСУСА

Осознание божественности происходило в разуме Иисуса постепенно вплоть до его крещения. Очевидно, после того как он полностью осознал свою божественную сущность, предчеловеческое существование и вселенские прерогативы, он приобрел способность произвольно ограничивать свое человеческое сознание собственной божественности. Нам представляется, что начиная с крещения и вплоть до распятия, Иисус был целиком вправе решать, опираться ли только на человеческий разум или использовать знания как человеческого, так и божественного разума. По-видимому, иногда он пользовался только той информацией, которой обладал человеческий интеллект. В других случаях он, на наш взгляд, действовал с той полнотой знаний и мудрости, которые можно объяснить только использованием сверхчеловеческого содержания его божественного сознания.

Мы способны понять его уникальные действия, только согласившись с предположением о том, что он мог произвольно самоограничивать свое божественное сознание. Мы хорошо знаем, что часто он скрывал от товарищей свое предвидение событий и что он знал ход их мыслей и намерения. Как мы понимаем, он не хотел, чтобы его последователи слишком хорошо знали, что он способен читать их мысли и узнавать их планы. Он не желал слишком далеко выходить за пределы того представления о человеческом начале, которое существовало в сознании его апостолов и учеников.

Мы полностью теряемся в догадках, пытаясь провести различие между его практикой самоограничения божественного сознания и его методом сокрытия от человеческих сподвижников своего предвидения и умения читать мысли. Мы убеждены в том, что он использовал оба способа, однако нам не всегда удается определить, каким именно методом он пользовался в каждом конкретном случае. Мы часто наблюдали, как он действовал, опираясь только на человеческое содержание сознания, после чего мы видели его беседующим с управляющими небесным воинством вселенной и отмечали несомненную активность божественного разума. Помимо этого, в огромном числе случаев мы становились свидетелями проявления этой объединенной личности человека и Бога, движимой явно совершенным союзом разума человека и разума божества. Таков предел наших знаний подобных явлений; мы поистине не знаем всего, что скрывается за этой тайной.

ДОКУМЕНТ 162

НА ПРАЗДНИКЕ КУЩЕЙ

Отправляясь в Иерусалим с десятью апостолами, Иисус собирался пройти через Самарию, так как этот путь был более коротким. Поэтому они обошли восточный берег озера и, пройдя через Скифополь, вошли в пределы Самарии. Когда начало темнеть, Иисус послал Филиппа и Матфея в село, находившееся на восточных склонах горы Гелвуй, чтобы подыскать место для ночлега. Оказалось, что жители этого села чрезвычайно предвзято относятся к евреям, – даже в большей степени, чем самаритяне в целом, и эти чувства еще больше усилились в те дни, ибо многие евреи направлялись на праздник кущей. Эти люди почти ничего не слышали об Иисусе, и они отказались приютить его, так как он и его спутники были евреями. Когда Матфей и Филипп выразили свое негодование и заявили этим самаритянам, что те отказываются принять Святого Израиля, разъяренные селяне прогнали их из своего городка палками и камнями.

Когда Филипп и Матфей вернулись к своим товарищам и рассказали о том, как их прогнали из села, Иаков и Иоанн подошли к Иисусу и сказали: «Учитель, пожалуйста, разреши нам приказать, чтобы огонь сошел с неба и истребил этих наглых и нераскаявшихся самаритян». Но когда Иисус услышал этот призыв к мщению, он резко отчитал сыновей Зеведея: «Вы не понимаете, какое вы демонстрируете отношение. Мстительность чужда царству небесному. Вместо того, чтобы спорить, отправимся в небольшое село у переправы через Иордан». Так из-за своих сектантских предрассудков эти самаритяне лишили себя чести оказать гостеприимство Сыну-Создателю вселенной.

Иисус и десять апостолов заночевали в селе у переправы через Иордан. На следующий день ранним утром они пересекли реку и направились в Иерусалим по восточно-иорданской дороге, достигнув Вифании поздним вечером в среду. Фома и Нафанаил, задержавшись из-за бесед с Роданом, прибыли в пятницу.

Иисус и двенадцать оставались в окрестностях Иерусалима до конца следующего месяца (октября) – около четырех с половиной недель. Сам Иисус лишь несколько раз побывал в городе, и эти короткие визиты состоялись в дни праздника кущей. Значительную часть октября он провел в Вифлееме вместе с Авениром и его сподвижниками.

1. ОПАСНОСТИ, СВЯЗАННЫЕ С ПОСЕЩЕНИЕМ ИЕРУСАЛИМА

Задолго до того, как последователи Учителя бежали из Галилеи, они уговаривали его отправиться в Иерусалим и возвестить евангелие царства, с тем чтобы его проповедь смогла обрести престижность, прозвучав в центре еврейской культуры и образования. Теперь же, когда он действительно прибыл в Иерусалим учить, они боялись за его жизнь. Зная, что синедрион пытается доставить Иисуса в Иерусалим для суда, и помня недавно повторенные Учителем заявления о том, что он должен пройти через смерть, апостолы были буквально ошеломлены его внезапным решением побывать на празднике кущей. Ранее на все их призывы отправиться в Иерусалим он отвечал: «Еще не настал час». Теперь же, в ответ на их испуганные возражения, он лишь говорил: «Час настал».

Во время праздника кущей Иисус несколько раз дерзко являлся в Иерусалим и открыто учил в храме. Он делал это, несмотря на попытки апостолов отговорить его. Хотя они уже давно убеждали его выступить со своей проповедью в Иерусалиме, теперь они со страхом взирали на его появления в городе, ибо прекрасно знали, что книжники и фарисеи твердо решили предать его смерти.

Смелые появления Иисуса в Иерусалиме еще больше смутили его последователей. Многие из его учеников – и даже Иуда Искариот, апостол – позволяли себе думать, что Иисус спешно бежал в Финикию в страхе перед еврейскими вождями и Иродом Антипой. Они не могли понять действий Учителя. Его присутствие в Иерусалиме на празднике кущей, несмотря на возражения его последователей, было достаточным для того, чтобы навсегда положить конец сплетням о страхе и малодушии.

Во время праздника кущей тысячи верующих со всех концов Римской империи видели Иисуса и слышали его проповедь, а многие даже побывали в Вифании, чтобы побеседовать с ним об успехах царства в своих родных краях.

Существовало много причин, позволивших Иисусу открыто проповедовать во дворах храма в течение всего праздника. Главной из них был страх, охвативший чиновников синедриона в результате произошедшего среди них тайного раскола в их отношении к Иисусу. Фактически, многие из членов синедриона либо тайно верили в Иисуса, либо решительно противились тому, чтобы арестовывать его во время праздника: в Иерусалиме находилось огромное число людей, многие из которых верили в него или, по крайней мере, благожелательно относились к организованному им духовному движению.

Авенир и его сподвижники по всей Иудее также внесли большой вклад в укрепление благоприятного отношения к царству – столь благоприятного, что враги Иисуса не решались на слишком откровенное сопротивление. В этом заключалась одна из причин, благодаря которой Иисус смог открыто посетить Иерусалим и покинуть город невредимым. Месяцем или двумя раньше он наверняка был бы казнен.

Дерзкая смелость Иисуса, открыто явившегося в Иерусалим, повергла в ужас его врагов, они не были готовы к столь бесстрашному вызову. В течение этого месяца синедрион предпринял несколько вялых попыток арестовать Учителя, однако из этого ничего не вышло. Пораженные неожиданным и открытым появлением Иисуса в Иерусалиме, его враги решили, что он, должно быть, заручился покровительством римских властей. Зная, что Филипп (брат Ирода Антипы) был близок к тому, чтобы стать последователем Иисуса, члены синедриона сделали вывод, что благодаря ходатайству Филиппа Иисусу обещана защита от врагов. Иисус уже покинул подвластную им территорию, когда они поняли, что заблуждались, объясняя его внезапное и смелое появление в Иерусалиме тайным сговором с римскими чиновниками.

Покидая Магадан, только двенадцать апостолов знали, что Иисус собирается присутствовать на празднике кущей. Остальные сторонники Учителя были поражены, когда он появился во дворах храма и начал открыто учить, и еврейские власти были несказанно удивлены, когда им сообщили, что он учит в храме.

Хотя его ученики не ожидали, что Иисус появится на празднике, подавляющее большинство паломников из дальних стран слышали о нём и надеялись увидеть его в Иерусалиме. И им не пришлось разочароваться, ибо он несколько раз выступил в притворе Соломона и в других местах во дворах храма. По существу, эти учения стали официальным, формальным возвещением божественности Иисуса еврейскому народу и всему миру.

Люди, слушавшие учения Иисуса, разделились во мнениях. Одни говорили, что это благой человек, другие – что это пророк, третьи – что он является истинным Мессией; остальные утверждали, что это злонамеренный смутьян, который сбивает людей с толку своими странными доктринами. Его враги не решались осуждать его открыто, опасаясь сочувственно настроенных верующих, в то время как его друзья боялись открыто признать его, опасаясь еврейских вождей, ибо знали, что синедрион полон решимости предать его смерти. Но даже его враги дивились тому, ка́к он учит, ибо знали, что он не обучался в школах раввинов.

Каждый раз, когда Иисус отправлялся в Иерусалим, его апостолов охватывал ужас. Их опасения только усиливались по мере того, как день ото дня они слышали от него всё более смелые высказывания относительно своей миссии на земле. Им не доводилось слышать столь решительных заявлений и столь поразительных утверждений Иисуса даже тогда, когда он проповедовал в кругу своих друзей.

2. ПЕРВАЯ РЕЧЬ В ХРАМЕ

Много людей пришло послушать первую проповедь Иисуса в храме. Они сидели, внимая его словам о свободе нового евангелия и о радости верующих в благую весть, когда один пытливый слушатель прервал его, чтобы спросить: «Учитель, как ты можешь цитировать Писания и столь красноречиво учить людей, если ты, как мне говорили, не учился премудростям раввинов?» Иисус ответил: «Ни один человек не учил меня истинам, которые я провозглашаю вам. И это учение исходит не от меня, а от Пославшего меня. Любой человек, действительно желающий исполнить волю моего Отца, обязательно поймет, является ли мое учение Божьим или я говорю от своего имени. Тот, кто говорит сам от себя, беспокоится только о собственной славе, но когда я возвещаю слова Отца, то тем самым я добиваюсь славы для того, кто послал меня. Однако прежде, чем пытаться вступить в новый свет, не следует ли вам придерживаться того света, который у вас уже есть? Моисей дал вам закон, но многие ли из вас честно стремятся выполнять его требования? В своем законе Моисей велит: „Не убивай"; но несмотря на эту заповедь, некоторые из вас стремятся убить Сына Человеческого».

Когда люди услышали эти слова, в толпе разгорелся спор. Одни утверждали, что он сумасшедший, другие – что в нём сидит бес. Третьи говорили, что он действительно является тем галилейским пророком, которого уже давно хотят убить книжники и фарисеи. Некоторые полагали, что религиозные власти боятся досаждать ему; как считали другие, они не трогают его потому, что сами уверовали в него. После продолжительных дебатов один из присутствующих выступил вперед и спросил Иисуса: «Почему правители хотят убить тебя?» И он ответил: «Правители хотят убить меня потому, что их возмущает мое учение о благой вести царства, – евангелие, освобождающее от ярма традиций формальной религии, традиций, которые эти учителя намерены сохранить любой ценой. Они делают обрезание по субботам согласно закону, но они готовы убить меня за то, что однажды в субботу я освободил человека от бремени страданий. Они следуют за мной по субботам и шпионят, но готовы убить меня, поскольку в другом случае я решил исцелить в субботу тяжело больного человека. Они стремятся убить меня, ибо они прекрасно понимают, что если вы искренне уверуете в мое учение и решитесь принять его, их система традиционной религии будет низвергнута, навсегда разрушена. Так они будут лишены власти над тем, чему посвятили свою жизнь, ибо они упорно отказываются принять это новое, более великое евангелие царства Божьего. И теперь я обращаюсь к каждому из вас: не судите по наружности, а судите по истинному духу этих учений; судите судом праведным».

Другой человек спросил: «Да, Учитель, мы действительно ждем Мессию, однако мы знаем, что когда он придет, его появление будет покрыто тайной. Мы знаем, откуда пришел ты. С самого начала ты был среди своих братьев. Освободитель явится в могуществе, чтобы восстановить трон царства Давида. Действительно ли ты утверждаешь, что являешься Мессией?» Иисус ответил: «Вы заявляете, что знаете, кто я и откуда я пришел. Увы, это не так, ибо в противном случае вы нашли бы в этом знании обильную жизнь. Но я заявляю, что я пришел к вам не от своего имени; я был послан Отцом, и тот, кто послал меня, является воплощением истины и преданности. Отказываясь слушать меня, вы отказываетесь принять того, кто послал меня. Если вы примете это евангелие, вы познаете пославшего меня. Я знаю Отца, ибо я пришел от Отца, чтобы показать его и раскрыть его вам».

Агенты книжников хотели схватить его, но они побоялись народа, ибо многие верили в Иисуса. Деятельность Учителя со времени его крещения была хорошо известна всем евреям, и вспоминая о том, многие люди говорили между собой: «Хотя этот учитель и появился в Галилее, хотя он и не отвечает всем нашим представлениям о Мессии, скажите: может ли освободитель – когда он действительно придет – сотворить нечто более поразительное, чем то, что уже совершил этот Иисус Назарянин?»

Когда фарисеи и их агенты услышали эти разговоры людей, они собрались на совет со своими вождями и решили, что необходимо принять срочные меры, чтобы положить конец публичным выступлениям Иисуса во дворах храма. В целом, еврейские вожди хотели избежать столкновения с Иисусом, ибо были уверены в том, что римские власти обещали ему неприкосновенность. Ничем иным они не могли объяснить его дерзкое появление в Иерусалиме в это время. Однако чиновники синедриона не очень доверяли этим слухам. Они считали, что римские правители не станут делать этого втайне, не уведомив верховных правителей еврейского народа.

Поэтому синедрион направил своего полномочного представителя, Эвера, вместе с двумя помощниками, чтобы арестовать Иисуса. Когда Эвер стал пробираться к Иисусу, Учитель сказал: «Не бойся, подойди ко мне. Встань поближе и послушай мое учение. Я знаю, что вы посланы схватить меня, но вы должны понять, что ничего не случится с Сыном Человеческим, пока не исполнится его время. Вы не настроены против меня; вы пришли лишь по приказу своих хозяев; да и эти правители евреев действительно полагают, что совершают богоугодное дело, пытаясь тайно расправиться со мной.

Я не желаю никому из вас зла. Отец любит вас, и потому я стремлюсь избавить вас от бремени предрассудков и невежества традиции. Я предлагаю вам свободу жизни и радость спасения. Я провозглашаю новый живой путь – освобождение от зла и уничтожение кабалы греха. Я пришел, чтобы вы получили жизнь, и получили ее навечно. Вы пытаетесь избавиться от меня и моих лишающих покоя учений. Если бы вы только знали, как мало мне осталось быть с вами! Пройдет совсем немного времени, и я отправлюсь к тому, кто послал меня в этот мир. И тогда многие из вас будут усердно искать меня, но не найдут, ибо туда, куда я вскоре отправлюсь, вы не можете прийти. Но все, кто будет искренне стремиться найти меня, однажды обретут жизнь, которая приведет их к моему Отцу».

Некоторые из насмешников говорили между собой: «Куда это он отправится, что мы не сможем найти его? Не собирается ли он переселиться к грекам? Или покончить с собой? Что он имеет в виду, заявляя, что вскоре покинет нас и что мы не сможем попасть туда, куда уйдет он?»

Эвер и его помощники отказались арестовать Иисуса и вернулись назад без него. Когда первосвященники и фарисеи отчитали Эвера и помощников за то, что те не привели Иисуса, Эвер лишь сказал в ответ: «Мы боялись арестовывать его на глазах у народа, потому что многие люди верят в него. Кроме того, мы никогда не слышали, чтобы кто-нибудь говорил так, как этот человек. В этом учителе есть что-то необыкновенное. Вам всем было бы полезно пойти послушать его». Услышав эти слова, первосвященники изумились и язвительно осведомились у Эвера: «Может быть, и тебя сбили с толку? Не собираешься ли и ты уверовать в этого мошенника? Ты слышал, чтобы кто-нибудь из наших ученых людей или кто-либо из правителей уверовал в него? Разве был хотя бы один книжник или фарисей обманут его ловкими учениями? Так почему же на тебя повлияло поведение этой невежественной толпы, не знающей закона и пророков? Разве ты не помнишь, что такие невежественные люди предаются анафеме?» Тогда Эвер ответил: «Пусть так, мои повелители, но этот человек говорит народу слова милосердия и надежды. Он ободряет павших духом, и его слова были утешением также и для наших душ. Что может быть порочного в этих учениях, даже если он не является тем Мессией, о котором говорится в Писаниях? И кроме того – разве наш закон не требует справедливости? Разве мы проклинаем человека, не выслушав его?» Разгневавшись, глава синедриона обрушился на Эвера: «Не лишился ли ты ума? Быть может, ты тоже из Галилеи? Раскрой Писания, и ты увидишь, что из Галилеи не вышло ни одного пророка, – не говоря уже о Мессии».

Члены синедриона разошлись в замешательстве, а Иисус удалился на ночь в Вифанию.

3. ЖЕНЩИНА, УЛИЧЕННАЯ В ПРЕЛЮБОДЕЯНИИ

Именно во время этого посещения Иерусалима Иисус повстречал женщину, имевшую дурную репутацию и приведенную к нему ее обвинителями и его врагами. Из того искаженного описания этого случая, которое есть у вас, можно сделать следующий вывод: эта женщина была приведена к Иисусу книжниками и фарисеями, и своими действиями Иисус дал им понять, что эти религиозные вожди евреев, возможно, и сами повинны в аморальном поведении. Иисус хорошо знал, что хотя из-за своей приверженности традициям эти книжники и фарисеи отличались духовной слепотой и предвзятостью, они принадлежали к числу наиболее высоконравственных людей своего времени.

В действительности же произошло следующее. Рано утром на третий день праздника, когда Иисус подходил к храму, ему повстречалась группа наймитов синедриона, волочивших за собой женщину. Когда они подошли поближе, один из них обратился к Иисусу: «Учитель, эта женщина была уличена в прелюбодеянии – застигнута на месте преступления. Закон Моисея требует, чтобы мы побивали таких камнями. Как, по-твоему, следует поступить с ней?»

По замыслу врагов Иисуса, если бы он поддержал закон Моисея, требующий побивать камнями сознавшегося преступника, он был бы вовлечен в столкновение с римскими правителями, которые отказывали евреям в праве выносить смертный приговор без одобрения римского суда. Если бы он запретил побить эту женщину камнями, они обвинили бы его перед синедрионом в том, что он ставит себя выше Моисея и еврейского закона. Если бы он промолчал, они обвинили бы его в трусости. Однако Учитель поступил так, что весь план развалился под тяжестью собственной подлости.

Эта некогда миловидная женщина являлась женой некоего скверного жителя Назарета – одного из тех, кто когда-то досаждал Иисусу в дни юности. Женившись на ней, этот человек самым постыдным образом заставил ее торговать своим телом, чтобы заработать им на жизнь. Он явился на праздник в Иерусалим для того, чтобы его жена могла торговать здесь своей привлекательной внешностью. Сговорившись с наймитами еврейских правителей, он тем самым предал свою собственную жену, использовав для этого превращенный в источник наживы порок. Так они появились вместе с женщиной и ее соучастником в прегрешении с целью заманить Иисуса в ловушку – заставить его сделать заявление, которое можно было бы использовать против него в случае его ареста.

Оглядев толпу, Иисус увидел ее мужа, находившегося позади остальных. Он знал, что́ это за человек, и понял, что тот является соучастником этой презренной сделки. Сначала Иисус, обойдя толпу, приблизился к подлому мужу и начертил на песке несколько слов, заставивших того поспешно удалиться. После этого он вернулся назад и, встав перед женщиной, написал на земле то, что предназначалось ее возможным обвинителям; прочитав его слова, они также ушли, один за другим. А когда Учитель в третий раз написал на песке, ушел и преступный соучастник женщины, так что когда Иисус закончил писать и поднялся, он увидел, что женщина стоит перед ним в одиночестве. Иисус спросил: «Женщина, где твои обвинители? Никого не осталось, чтобы побить тебя камнями?» И женщина, подняв глаза, ответила: «Никого, Господи». И тогда Иисус сказал: «Я знаю о тебе; и я не осуждаю тебя. Ступай себе с миром». И эта женщина, Хилдана, оставила своего нечестивого мужа и примкнула к ученикам царства.

4. ПРАЗДНИК КУЩЕЙ

Присутствие на празднике кущей людей со всего известного мира, от Испании до Индии, предоставило Иисусу идеальную возможность впервые публично и во всей полноте возвестить евангелие в Иерусалиме. Во время этого праздника люди проводили много времени на открытом воздухе в лиственных шалашах. Это был праздник сбора урожая, и так как он отмечался в прохладные осенние месяцы, евреи рассеяния чаще посещали его, чем Пасху в конце зимы или Пятидесятницу в начале лета. Наконец-то апостолы увидели их Учителя смело провозглашающим свою миссию на земле как бы всему миру.

То был праздник праздников, ибо в это время можно было принести любую жертву, не принесенную на других празднествах. Здесь принимались пожертвования на храм; праздничные развлечения сочетались с торжественными религиозными обрядами. Это были дни народного ликования, смешанного с жертвоприношениями, песнопениями левитов и торжественным звучанием серебряных труб священников. По вечерам храм и толпы заполнивших его паломников представляли собой впечатляющее зрелище, освещенные огромными светильниками, ярко горевшими во дворе женщин, и озаренные ослепительным светом множества факелов, установленных во дворах храма. Весь город был в нарядном убранстве; исключение составляла только римская крепость Антония, мрачным контрастом возвышавшаяся над праздником веселья и вероисповедания. И как же евреи ненавидели это вечное напоминание о римском иге!

Во время этого праздника принесли в жертву семьдесят тельцов – символ семидесяти наций языческого мира. Церемония излияния воды, которая символизировала излияние божественного духа, состоялась после утренней процессии священников и левитов. Верующие сошли по ступеням, ведущим из двора Израиля во двор женщин, в то время как священники раз за разом трубили в свои серебряные трубы. После этого благоверные направились к великолепным воротам, открывавшимся во двор язычников. Здесь они обратились лицом к западу, чтобы повторить свои псалмы и продолжить путь к месту символического излияния воды.

В последний день праздника около четырехсот пятидесяти священников и соответствующее число левитов совершили богослужение. На рассвете со всего Иерусалима собрались паломники; каждый из них нес в правой руке сноп мирта, ивовые прутья и пальмовые ветви, а в левой держал ветвь райского яблока – цитрона, или «запретного плода». Для этой утренней церемонии все паломники разделились на три группы. Одна осталась в храме для участия в утренних жертвоприношениях, другая вышла из Иерусалима и спустилась в район Мазы, где нарезала ивовые ветви для украшения жертвенника, в то время как третья группа образовала процессию, которая – вслед за храмовым священником, под звуки серебряных труб несшим золотой сосуд для наполнения ритуальной водой, – вышла из храма и прошла через Офел к расположенному поблизости Силоаму, где находились ворота источника. После наполнения золотого сосуда из Силоамской купальни процессия повернула назад в храм, прошла через Водяные ворота и направилась прямо во двор священников, где к священнику, державшему в руках сосуд с водой, присоединился священник, несший вино для жертвы возлияния. Затем эти два священника направились к серебряным воронкам у основания жертвенника и вылили в них содержимое сосудов. Исполнение этого ритуала возлияния вина и воды послужило сигналом для собравшихся паломников, которые начали распевать псалмы, со 112 по 117 включительно, чередуясь с левитами. Повторяя эти строки, они взмахивали своими снопами перед жертвенником. Затем были принесены жертвы на тот день, сопровождавшиеся повторением восемьдесят первого псалма, который, начиная с пятого стиха, распевался в честь последнего дня праздника.

5. ПРОПОВЕДЬ О СВЕТЕ МИРА

Вечером предпоследнего дня праздника, в ярких лучах светильников и факелов, Иисус встал посреди собравшейся толпы и сказал:

«Я – свет мира. Кто последует за мной, тот не будет ходить во тьме, но будет иметь свет жизни. Позволяя себе судить меня и беря на себя смелость быть моими судьями, вы заявляете, что если я сам о себе свидетельствую, мое свидетельство не может быть истинным. Однако создание никогда не может судить Создателя. Даже если я свидетельствую о самом себе, мое свидетельство является извечно истинным, ибо я знаю, откуда я пришел, кто я и куда иду. Вы, желающие убить Сына Человеческого, не знаете, откуда я пришел, кто я и куда иду. Вы су́дите обо всём по плоти; вы не понимаете реальностей духа. Я не сужу никого, даже своего заклятого врага. Но если бы я решил судить, мой суд был бы истинным и праведным, ибо я судил бы не один, а вместе со своим Отцом, который послал меня в этот мир и который является источником всякого истинного суда. Ведь и вы принимаете свидетельство двух заслуживающих доверия людей – так вот, я свидетельствую об этих истинах; так же поступает и мой Отец небесный. И когда я сказал вам об этом вчера, то в своем невежестве вы спросили меня: „Где твой Отец?" Воистину, вы не знаете ни меня, ни Отца моего, ибо если бы вы знали меня, то знали бы и Отца.

Я уже говорил вам, что я покидаю вас, что будете искать меня и не найдете, ибо куда я иду, туда вы не можете прийти. Вы, готовые отвергнуть этот свет, пребываете внизу; я же пришел свыше. Вы, предпочитающие сидеть во тьме, от мира сего; я же не от мира сего, и я живу в вечном свете Отца небесных светил. Всем вам было предоставлено множество возможностей узнать, кто я, но вам будут даны и иные свидетельства о личности Сына Человеческого. Я – свет жизни, и всякий, кто преднамеренно и сознательно отвергает этот спасительный свет, умрет в своих грехах. Я мог бы многое сказать вам, но вы неспособны принять мои слова. Однако пославший меня является истинным и верным; мой Отец любит даже своих заблудших детей. И всё, что сказано моим Отцом, я также возвещаю миру.

Когда Сын Человеческий будет вознесен, тогда все вы узнаете, что я – это он и что я ничего не делаю от себя, но только так, как научил меня Отец. Я обращаю эти слова к вам и вашим детям. Пославший меня и сейчас со мной; он не покинул меня, ибо я всегда делаю то, что ему угодно».

Так учил Иисус паломников во дворах храма, и многие поверили. И никто не осмелился его схватить.

6. БЕСЕДА О ВОДЕ ЖИЗНИ

В последний день, великий день праздника, когда после Силоамской купальни процессия прошла через дворы храма и сразу же вслед за тем, как вода и вино были излиты священниками на жертвенник, Иисус, стоя среди паломников, сказал: «Если кто-нибудь томится жаждой, пусть подойдет ко мне и напьется. От небесного Отца я несу в этот мир воду жизни. Тот, кто верит мне, исполнится духом, который выражает эта вода, ибо, как сказано в Писаниях, „реки живой воды потекут из его сердца". Когда Сын Человеческий завершит свой труд на земле, на всю плоть будет излит живой Дух Истины. Те, кто примет этот дух, навсегда избавятся от духовной жажды».

Иисус не прерывал службу, чтобы произнести эти слова. Он обратился к верующим сразу же после исполнения гиллела – распевного чтения псалмов с ответствием хора, которое сопровождалось взмахиванием ветвей перед жертвенником. Пока готовили жертвоприношения, образовалась пауза, и именно в это время паломники услышали благозвучный голос Учителя, заявляющего, что он дарует живую воду каждой душе, томящейся духовной жаждой.

По окончании этого состоявшегося ранним утром богослужения Иисус продолжал учить народ, говоря: «Разве не читали вы в Писании: „Смотрите, как проливаются воды на сухую землю и разливаются по опаленной земле, так я дам дух святости, чтобы излить его на ваших детей и благословить даже ваших внуков"? Зачем вам жаждать помощи духа, если вы пытаетесь напоить свои души людскими традициями, изливаемыми из разбитых сосудов ритуальной службы? То, что вы наблюдаете сейчас в этом храме, отражает стремление ваших отцов символизировать посвящение божественного духа детям веры, и вы правильно поступили, сохранив эти символы до сего дня. Но теперь этому поколению дано откровение Отца духов через посвящение его Сына, и за всем этим непременно последует посвящение духа Отца и Сына детям человеческим. Для каждого верующего это посвящение духа станет истинным учителем на том пути, который ведет к вечной жизни, – истинным водам жизни в царстве небесном на земле и в Раю Отца на небесах».

И Учитель продолжал отвечать на вопросы как простых людей, так и фарисеев. Некоторые считали его пророком; другие называли его Мессией; третьи утверждали, что он не может быть Христом, поскольку он пришел из Галилеи, а Мессия должен восстановить трон Давида. Однако они не посмели его арестовать.

7. БЕСЕДА О ДУХОВНОЙ СВОБОДЕ

Пополудни в последний день праздника, после того как апостолам не удалось убедить Иисуса бежать из Иерусалима, он вновь отправился учить в храм. Обнаружив большую группу верующих в притворе Соломона, он обратился к ним со словами:

«Если мои слова находят отклик в ваших сердцах и если вы хотите исполнять волю моего Отца, то вы истинно являетесь моими учениками. Вы познáете истину, и истина сделает вас свободными. Я знаю, что вы ответите мне: „Мы потомки Авраама и не являемся ничьими рабами; как же ты говоришь, что мы будем свободны?“ Это так, но я говорю не о внешнем подчинении чужой власти; я имею в виду свободу души. Истинно, истинно вам говорю: всякий, совершающий грех, является рабом греха. И вы знаете, что раб не остается навечно в доме господина. Вы также знаете, что сын действительно остается в доме своего отца. Поэтому если Сын освободит вас, сделает вас сынами, то вы будете воистину свободны.

Я знаю, что вы – семя Авраама, но вожди ваши пытаются убить меня, ибо они не позволили моему слову оказать преобразующее воздействие на их сердца. Их души скованы предрассудками и ослеплены мстительной гордыней. Я возвещаю вам истину, которую показывает мне вечный Отец, в то время как эти обманутые учителя стремятся делать лишь то, чему они научились от своих бренных отцов. И когда вы отвечаете, что Авраам – ваш отец, я говорю вам, что если бы вы были детьми Авраама, вы вершили бы дела Авраама. Некоторые из вас верят моему учению, но другие хотят уничтожить меня, ибо я раскрыл вам истину, которую получил от Бога. Но не так обращался с истиной Божьей Авраам. Я вижу, что некоторые из вас решили исполнять желания лукавого. Если бы Бог был вашим Отцом, вы знали бы меня и любили бы истину, которую я раскрываю вам. Разве вы не видите, что я пришел от Отца, что я послан Богом, что не сам по себе занимаюсь этим трудом? Почему вы не понимаете моих слов? Потому ли, что решили стать детьми зла? Если вы – дети тьмы, то едва ли пойдете по стезям истины, которую я раскрываю. Дети зла идут лишь по путям своего отца, который был лжецом и стоял не за истину, ибо оказалось, что нет в нём истины. Теперь же пришел Сын Человеческий, который говорит истину и живет ею, но многие из вас отказываются поверить.

Кто из вас может обвинить меня в грехе? Ежели, в таком случае, я возвещаю истину и живу истиной, раскрытой мне Отцом, то почему вы не верите? Тот, кто от Бога, с радостью внимает словам Бога; потому-то многие из вас не слышат меня, что вы не от Бога. Ваши учителя даже осмеливаются говорить, что я совершаю свои деяния властью князя дьяволов. Только что человек, стоящий возле меня, сказал, что во мне бес, что я дитя дьявола. Однако всякий, кто честно заглядывает себе в душу, хорошо знает, что я не дьявол. Вы знаете, что я чту Отца, вы же только бесчестите меня. Не для себя ищу я славы, а только для моего Райского Отца. И не сужу вас, ибо есть тот, кто судит за меня.

Истинно, истинно говорю вам, верящим в евангелие, что если человек сохранит это слово истины живым в своем сердце, то никогда не познает смерти. А вот стоящий рядом со мной книжник говорит: это заявление подтверждает, что во мне бес, поскольку Авраам мертв, равно как и пророки. И спрашивает: „Неужели ты настолько больше Авраама и пророков, что берешь на себя смелость стоять здесь и говорить: кто сохранит твое слово, тот не познает смерти? Кто ты такой, чтобы иметь смелость произносить такие богохульства?“ И я говорю всем подобным: если я славлю себя, то слава моя ничто. Меня прославит мой Отец – тот самый Отец, которого вы зовете Богом. Но вы не познали этого вашего Бога и моего Отца, и я пришел объединить вас, показать вам, ка́к воистину стать сынами Божьими. Хотя вы не знаете Отца, я истинно знаю его. Так и Авраам был рад увидеть мой день; и он увидел тот день своей верой и возрадовался».

Когда неверующие евреи и агенты синедриона, собравшиеся к этому времени, услышали эти слова, они подняли шум, выкрикивая: «Тебе нет и пятидесяти, а ты говоришь, что видел Авраама; ты дитя дьявола!» Иисус не мог продолжать свою речь. Уходя, он лишь сказал: «Истинно, истинно вам говорю: прежде, нежели был Авраам, я есть». Многие неверующие бросились искать камни, чтобы побить его, а агенты синедриона хотели взять его под стражу, но Учитель быстро прошел коридорами храма и скрылся, отправившись на тайную встречу неподалеку от Вифании, где его ждали Марфа, Мария и Лазарь.

8. СВИДАНИЕ С МАРФОЙ И МАРИЕЙ

Было заранее решено, что Иисус вместе с Лазарем и его сестрами поселится в доме друга, а апостолы небольшими группами устроятся в разных местах. Эти меры предосторожности объяснялись тем, что еврейские власти вновь проявляли всё больше решимости арестовать Иисуса.

За многие годы трое этих людей привыкли бросать все свои дела, чтобы послушать Иисуса, когда бы он ни появился у них. С потерей родителей Марфа взяла на себя обязанности хозяйки дома; поэтому в тот день, пока Лазарь и Мария сидели у ног Иисуса, впитывая в себя его живительное учение, Марфа готовила ужин. Следует заметить, что Марфу излишне обременяли многочисленные ненужные хлопоты и множество мелких забот; таким был ее характер.

Марфа, которая занималась всеми этими якобы неотложными делами, была задета тем, что Мария ничем не помогает ей. Поэтому она подошла к Иисусу и сказала: «Учитель, разве тебе безразлично, что моя сестра взвалила всё хозяйство на меня одну? Почему ты не велишь ей подойти ко мне и помочь?» Иисус ответил: «Марфа, Марфа, почему ты всегда так переживаешь из-за множества вещей и беспокоишься по поводу стольких пустяков? Только одна вещь действительно важна, и поскольку Мария избрала эту благую и нужную долю, я не стану отбирать ее. Но когда же вы обе научитесь жить так, как я учил вас: вместе служить и в согласии друг с другом отдыхать душой? Разве ты не видишь, что всему свое время, что менее важные вещи в жизни должны отступить перед более важными вещами небесного царства?»

9. В ВИФЛЕЕМЕ С АВЕНИРОМ

В течение всей недели после праздника кущей десятки верующих собирались в Вифании, где их учили двенадцать апостолов. Синедрион не пытался помешать этим встречам, так как Иисус не участвовал в них: всё это время он занимался с Авениром и его товарищами в Вифлееме. На следующий день после окончания праздника Иисус отправился в Вифанию и в это посещение Иерусалима больше не учил в храме.

В то время центром деятельности Авенира являлся Вифлеем, откуда уже было отправлено много тружеников в города Иудеи и южной Самарии и даже в Александрию. За несколько дней Иисус и Авенир завершили приготовления к объединению деятельности двух групп апостолов.

Всё свое время, проведенное на празднике кущей, Иисус делил примерно поровну между Вифанией и Вифлеемом. В Вифании он много внимания уделял своим апостолам; в Вифлееме он подолгу учил Авенира и других бывших апостолов Иоанна. Именно это тесное общение с Иисусом помогло им окончательно уверовать в него. Большое впечатление на этих бывших апостолов Иоанна Крестителя произвело мужество Иисуса, проявленное в его публичных выступлениях в Иерусалиме, а также та благожелательность и отзывчивость, которую они ощущали во время его бесед в Вифлееме. Это окончательно покорило каждого из товарищей Авенира и помогло им всем сердцем принять царство и всё то, что следовало за этим.

Прежде чем в последний раз покинуть Вифлеем, Учитель условился о том, чтобы все они объединили свои усилия, что должно было произойти до завершения его земной жизни во плоти. Было решено, что в ближайшем будущем Авенир и его сподвижники примкнут к Иисусу и двенадцати в Магаданском парке.

В соответствии с этой договоренностью, в начале ноября Авенир и его одиннадцать товарищей соединили свою судьбу с Иисусом и двенадцатью апостолами и трудились с ними сообща вплоть до распятия.

Во второй половине октября Иисус и двенадцать покинули окрестности Иерусалима. В воскресенье, 30 октября, Иисус и его спутники вышли из города Ефраим, где он отдыхал в уединении в течение нескольких дней, и, никуда не сворачивая, направились по западно-иорданской дороге в Магаданский парк, куда прибыли к вечеру в среду, 2 ноября.

Апостолы почувствовали огромное облегчение, когда их Учитель вновь оказался в дружественном краю. Впредь они не призывали его отправиться в Иерусалим, чтобы возвестить евангелие царства.

ДОКУМЕНТ 163

РУКОПОЛОЖЕНИЕ СЕМИДЕСЯТИ В МАГАДАНЕ

Через несколько дней после возвращения Иисуса и двенадцати из Иерусалима в Магадан, из Вифлеема прибыл Авенир вместе с группой примерно из пятидесяти учеников. К этому времени здесь, в Магаданском лагере, находились также корпус евангелистов, женский корпус и еще около ста пятидесяти верных и испытанных учеников со всей Палестины. Посвятив несколько дней общению и реорганизации лагеря, Иисус и двенадцать приступили к интенсивной подготовке этой особой группы верующих, и именно из таких хорошо подготовленных и опытных учеников Учитель позднее отобрал семьдесят учителей и послал их возвещать евангелие царства. Занятия с ними начались в пятницу, 4 ноября, и продолжались до субботы, 19 ноября.

Каждое утро Иисус выступал перед этой группой. Петр учил их методам публичной проповеди, Нафанаил обучал преподавательскому искусству, Фома объяснял, ка́к отвечать на вопросы, а Матфей руководил организацией финансовых дел их группы. Остальные апостолы также принимали участие в этой подготовке в соответствии с их индивидуальным опытом и природными способностями.

1. РУКОПОЛОЖЕНИЕ СЕМИДЕСЯТИ

Семьдесят были рукоположены Иисусом в Магаданском лагере пополудни в субботу, 19 ноября, и Авенир был назначен главой этих проповедников и учителей евангелия. В данный корпус из семидесяти человек входили Авенир и десять бывших апостолов Иоанна, пятьдесят один бывший евангелист и восемь других учеников, отличившихся в служении царству.

Около двух часов в тот субботний день, в промежутке между ливнями, прибыла группа верующих вместе с Давидом и большей частью его корпуса гонцов – в общей сложности свыше четырехсот человек. Они собрались на берегу Галилейского озера, чтобы присутствовать при рукоположении семидесяти.

Перед тем как возложить руки на головы семидесяти и тем самым выделить их в качестве благовестников, Иисус обратился к ним со словами: «Жатва велика, но работников мало; поэтому молите Господа жатвы, чтобы он послал больше работников на ниву свою. Я собираюсь выделить вас в качестве посланников царства; я собираюсь отправить вас к иудеям и язычникам, как ягнят в волчью стаю. Отправляясь в путь по двое, не берите с собой ни сумы, ни сменной одежды, ибо ваша первая миссия будет недолгой. В пути никого не приветствуйте, занимайтесь только своим делом. В какой бы дом вы ни вошли, сначала скажите: „Мир этому дому“. Если живущие в нём любят мир, оставайтесь; если нет, уходите. Избрав же этот дом, живите в нем, пока нахо́дитесь в том городе; ешьте и пейте то, что вам предложат. И делайте так потому, что работник достоин своего пропитания. Не переходите из дома в дом только оттого, что вам могут предложить лучшее жилье. Помните: на своем пути, возвещая мир на земле и добрую волю среди людей, вам придется бороться со злобными врагами, павшими жертвой самообмана. Так будьте же осторожны, как змеи, но и бесхитростны, как голуби.

И куда бы вы ни шли, проповедуйте, говоря: „Приблизилось царство небесное“; и помогайте всем, кто болен душой или телом. Даром получили благих вещей царства, даром давайте. Если вы войдете в город и люди вас примут, широко откроется им вход в царство Отца. Но если жители какого-либо города откажутся принять это евангелие, то все равно, покидая этих неверующих, вы будете возвещать свою проповедь, говоря тем, кто не принял вашего учения: „Хотя и отвергаете истину, однако приблизилось к вам царство Божье“. Тот, кто слышит вас, слышит меня. А тот, кто слышит меня, слышит Пославшего меня. Тот, кто отвергает вашу евангельскую весть, отвергает меня. А тот, кто отвергает меня, отвергает Пославшего меня».

Завершив свое обращение к семидесяти, он начал с Авенира и, по мере того, как они преклоняли колена вокруг него, возложил руки на голову каждого.

Ранним утром на следующий день Авенир отправил семьдесят посланников во все города Галилеи, Самарии и Иудеи. Отправившись в путь, эти тридцать пять пар проповедовали и учили в течение примерно шести недель. В пятницу, 30 декабря, все они вернулись в Перею, в новый лагерь у Пеллы.

2. БОГАТЫЙ ЮНОША И ДРУГИЕ

Более пятидесяти учеников, каждый из которых добивался рукоположения и назначения в качестве одного из семидесяти, были отвергнуты комиссией, созданной Иисусом для отбора кандидатов. Комиссия состояла из Андрея, Авенира и временного главы корпуса евангелистов. В тех случаях, когда три члена комиссии не приходили к единодушному решению, они приводили кандидата к Иисусу, и хотя Учитель не отверг ни одного человека, стремившегося к рукоположению в качестве благовестника, нашлось более дюжины таких, кто после разговора с Иисусом более не желал быть благовестником.

Один убежденный ученик пришел к Иисусу и сказал: «Учитель, я хотел бы стать одним из твоих новых апостолов, но мой отец очень стар и находится при смерти; дозволяется ли мне вернуться домой, чтобы похоронить его?» Этому человеку Иисус ответил: «Сын мой, лисы имеют норы и птицы небесные – гнезда, но Сын Человеческий не имеет, где приклонить голову. Ты преданный ученик, и ты можешь оставаться им, вернувшись домой и опекая своих любимых. Но не таковы мои благовестники. Они отказались от всего, чтобы следовать за мной и возвещать царство. Если ты желаешь стать рукоположенным учителем, ты должен предоставить другим погребать мертвецов, а сам идти вперед, возвещая благую весть». И этот человек ушел в глубоком разочаровании.

Другой ученик пришел к Учителю и сказал: «Я желаю стать рукоположенным посланником, но я хотел бы отправиться на короткое время домой, чтобы утешить свою семью». Иисус ответил: «Если ты желаешь рукоположения, ты должен быть готов отказаться от всего. Благовестники не могут разрываться в своих чувствах. Никто, возложивший руку свою на плуг и озирающийся назад, не достоин стать посланником царства».

После этого Андрей привел к Иисусу богатого юношу – преданного верующего, желавшего пройти рукоположение. Этот юноша, Матадорм, был членом иерусалимского синедриона. В прошлом он слышал проповедь Иисуса, а впоследствии Петр и другие апостолы познакомили его с евангелием царства. Иисус поговорил с Матадормом о требованиях, предъявляемых к рукоположению, и предложил ему не принимать решение, пока тот не обдумает этот вопрос более тщательно. Ранним утром следующего дня, когда Иисус отправлялся на прогулку, юноша обратился к нему со словами: «Учитель, я хотел бы услышать от тебя, могу ли я быть уверен в вечной жизни. Поскольку я с детства соблюдаю все заповеди, я хотел бы знать, чтó еще мне следует сделать, чтобы унаследовать вечную жизнь?» Отвечая на его вопрос, Иисус сказал: «Если ты выполняешь все заповеди – не прелюбодействуй, не убивай, не кради, не лжесвидетельствуй, не обманывай, чти своих родителей, – ты поступаешь правильно, но спасение является наградой за веру, а не только за дела. Веришь ли ты в это евангелие царства?» И Матадорм ответил: «Да, Учитель, я верю всему, чему научили меня ты и твои апостолы». И Иисус сказал: «В таком случае ты действительно являешься моим учеником и дитя царства».

Тогда юноша сказал: «Однако, Учитель, мне мало быть твоим учеником; я хотел бы стать одним из твоих новых посланников». Услышав эти слова, Иисус взглянул на него с огромной любовью и сказал: «Я сделаю тебя одним из своих посланников, если ты готов заплатить за это – восполнить единственное, чего тебе недостает». Матадорм ответил: «Учитель, я готов на всё, если мне будет дозволено следовать за тобой». Поцеловав вставшего на колени юношу в лоб, Иисус сказал: «Если желаешь быть моим посланником, пойди и продай всё, что имеешь, и, раздав вырученные деньги бедным или своим братьям, приходи и следуй за мной, и будешь иметь сокровище в царстве небесном».

Услышав это, Матадорм пал духом. Он поднялся и, опечаленный, пошел прочь, потому что обладал большим состоянием. Этот богатый молодой фарисей был воспитан с верой в то, что богатство является знаком Божьего благоволения. Иисус знал, что он не свободен от любви к себе и своему богатству. Учитель хотел освободить его от *любви* к богатству, а не от самого богатства. В то время как ученики Иисуса не расставались со всем своим земным имуществом, апостолы и семьдесят отказались от него. Матадорм желал стать одним из семидесяти новых посланников, и именно поэтому Иисус потребовал, чтобы он расстался со всеми своими бренными владениями.

Практически у каждого человека есть недостаток, за который он держится как за дурную привычку и отказ от которого необходим как часть платы за вхождение в царство небесное. Если бы Матадорм расстался со своим богатством, оно, возможно, было бы тут же возвращено ему, дабы он смог распоряжаться им в качестве казначея семидесяти, ибо позднее, после создания иерусалимской церкви, он всё-таки исполнил веление Учителя – хотя было уже слишком поздно для того, чтобы стать одним из семидесяти, – и стал казначеем иерусалимской церкви, которую возглавлял Иаков, брат Господа во плоти.

Поэтому всегда было и всегда будет истиной: люди должны сами приходить к своим решениям. В определенных пределах смертные обладают свободой выбора. Силы духовного мира не желают принуждать человека; они позволяют ему идти по самостоятельно избранному пути.

Иисус предвидел, что, оставшись при своем богатстве, Матадорм никак не смог бы стать рукоположенным сподвижником людей, отказавшихся от всего ради евангелия. В то же время он видел, что освободись Матадорм от своего богатства, он мог бы в итоге стать их вождем. Однако, как и собственные братья Иисуса, он не достиг высот в царстве, поскольку лишил себя той сокровенной личной связи с Учителем, которая могла бы стать его опытом, пожелай он сделать тогда именно то, о чём просил его Иисус и что он действительно исполнил через несколько лет.

Богатство не имеет какого-либо непосредственного отношения к вхождению в царство небесное; препятствием является именно *любовь к богатству*. Духовная преданность царству несовместима с рабской покорностью материалистической мамоне. Человек не может разделять свою высшую приверженность духовному идеалу с преданностью материальным ценностям.

Иисус никогда не учил, что владеть богатством дурно. Только от двенадцати и семидесяти он требовал, чтобы они передали всё свое земное имущество общему делу. Но и в таких случаях он допускал, чтобы реализуемая собственность приносила доход. Иисус не раз давал своим состоятельным ученикам советы, схожие с теми, которые получил римский богач. Учитель считал разумное вложение излишков законной формой гарантии от неизбежных превратностей судьбы. Когда апостольская казна переполнялась, Иуда, после консультаций с Андреем, вкладывал деньги, с тем чтобы их можно было использовать в случае значительного сокращения поступлений. Иисус лично занимался апостольскими финансами только при раздаче милостыни. Однако один вид экономического злоупотребления не раз подвергался его осуждению – это нечестная эксплуатация слабых, необученных и менее удачливых людей их более сильными, сообразительными и умными товарищами. Иисус заявлял, что такое негуманное обращение с мужчинами, женщинами и детьми несовместимо с идеалами братства небесного царства.

3. РАССУЖДЕНИЕ О БОГАТСТВЕ

К концу разговора Иисуса с Матадормом вокруг него уже собрались Петр и несколько апостолов. Когда богатый юноша уходил прочь, Иисус обернулся, взглянул на апостолов и произнес: «Вы видите, как трудно имеющим богатство в полной мере войти в царство Божье! Невозможно делить духовную приверженность с материальными привязанностями; никто не может служить двум господам. У вас есть выражение о том, что „легче верблюду пройти через игольное ушко, чем язычнику унаследовать вечную жизнь“. А я заявляю вам, что верблюду так же легко пройти через игольное ушко, как этим самодовольным богачам войти в царство небесное».

Услышав эти слова, Петр и апостолы были потрясены настолько, что Петр сказал: «Кто же, Господи, может тогда спастись? Значит ли это, что тем, у кого есть богатство, закрыта дорога в царство?» Иисус ответил: «Нет, Петр, однако те, кто надеется на богатство, едва ли войдут в духовную жизнь, ведущую к вечному прогрессу. Но и в таком случае многое из того, что невозможно для человека, доступно небесному Отцу; скорее, нам следует осознать, что для Бога нет ничего невозможного».

Они пошли дальше своей дорогой, и Иисус был опечален тем, что Матадорм не остался с ними, ибо он очень любил его. А когда они спустились к озеру и уселись у воды, Петр, говоря от имени двенадцати (которые к тому времени уже были в сборе), сказал: «Нам не дают покоя слова, сказанные тобою богатому юноше. Должны ли мы требовать, чтобы желающие следовать за тобой отказывались от всей своей мирской собственности?» Иисус ответил: «Нет, Петр, требуйте этого только от тех, кто хотел бы стать апостолом и желает жить со мной, как вы, – одной семьей. Однако Отец требует от своих детей, чтобы их любовь была чистой и безраздельной. Нужно отказаться от всего, что стоит между вами и любовью к истинам царства, – кем бы или чем бы это ни являлось. Если богатство не вторгается во владения души, оно несущественно для духовной жизни тех, кто желает войти в царство».

Тогда Петр спросил: «Но, Учитель, мы оставили всё, чтобы следовать за тобой; что же будет нам?» И Иисус обратился ко всем двенадцати: «Истинно, истинно говорю вам: нет человека, оставившего богатство, дом, жену, братьев, родителей или детей ради меня и ради царства небесного, который не получит во много раз больше в этом мире – возможно, не избежав гонений, – и в мире вечной жизни. Но многие первые будут последними, а последние часто будут первыми. Отец обращается со своими созданиями в соответствии с их потребностями и в подчинение своим справедливым законам милосердной и любвеобильной заботы о благополучии вселенной.

Царство небесное подобно хозяину дома, который давал работу многим людям и который вышел рано утром нанять работников в свой виноградник. Договорившись платить по динарию в день, он послал их в виноградник. Около девяти часов он вышел и, увидев других, стоящих без дела на рыночной площади, сказал им: „Идите и вы работать в мой виноградник, и я заплачу вам по справедливости“. И они тут же отправились работать. Около полудня он снова вышел из дома, а затем около трех часов, и сделал то же. Отправившись на рынок около пяти часов пополудни, он опять увидел людей, стоящих без дела, и спросил их: „Почему вы стоите здесь целый день без дела?“ И те ответили ему: „Потому что никто нас не нанял“. Тогда хозяин дома сказал: „Идите и вы работать в мой виноградник, и я заплачу вам то, что причитается“.

Когда наступил вечер, владелец виноградника сказал своему управителю: „Позови работников и заплати им, начиная с последних и кончая первыми“. Когда пришли те, кого он нанял около пяти часов, то каждый получил по динарию; то же самое получили и остальные работники. Когда нанятые в начале дня увидели, чтó заплачено тем, кто был нанят позже, они решили, что получат больше, чем причиталось им по договору. Однако каждый из них, как и остальные работники, получил только один динарий. И когда все получили плату, они стали роптать на хозяина дома: „Те, кого ты нанял последними, проработали всего час, но ты заплатил им столько же, сколько нам, весь день трудившимся под палящим солнцем“.

Тогда хозяин дома ответил: „Друзья мои, я не обижаю вас. Разве каждый из вас не согласился работать за динарий в день? Возьмите то, что вам положено, и ступайте своей дорогой, ибо я желаю дать последним столько же, сколько я дал вам. Разве я не вправе распоряжаться, как угодно, тем, что мне принадлежит? Или глаза ваши завистливы оттого, что я желаю добра и милосердия?“»

4. ПРОЩАНИЕ С СЕМЬЮДЕСЯТЬЮ

Это был волнующий день в жизни Магаданского лагеря, ибо в тот день семьдесят евангелистов отправлялись в путь со своей первой миссией. Ранним утром, в своей последней беседе с семьюдесятью, Иисус особо выделил следующие положения:

1. Евангелие царства должно возвещаться всему миру – как язычникам, так и иудеям.

2. Помогая больным, не приучайте их уповать на чудеса.

3. Возвещайте духовное братство сынов Божьих, а не внешнее царство мирской власти и материальной славы.

4. Старайтесь не тратить слишком много времени на визиты вежливости и иные пустяки, способные отвлечь от полной преданности проповеди евангелия.

5. Если первый дом, избранный вами в качестве своего пристанища, окажется достойным, оставайтесь в нём в течение всего своего пребывания в том городе.

6. Прямо заявляйте всем истинно верующим, что настало время для открытого разрыва с религиозными вождями евреев в Иерусалиме.

7. Учите людей, что весь долг человека заключен в одной заповеди: «Люби Господа, Бога твоего, всем разумом и душой и ближнего твоего, как самого себя». (Они должны были учить людей этой единственной обязанности вместо 613 правил жизни в толкованиях фарисеев.)

После этой беседы Иисуса с семьюдесятью в присутствии всех апостолов и учеников, их увел Симон Петр, прочитавший им проповедь рукоположения. Эта проповедь стала развитием наказа Учителя, данного в тот день, когда он возложил на них руки и выделил их в качестве посланников царства. Петр призвал семьдесят высоко ценить в своем опыте следующие добродетели:

1. *Освященная преданность*. Всегда молиться о том, чтобы было послано больше работников на евангельскую жатву. Он объяснил, что при такой молитве человек с большей вероятностью скажет: «Вот я; пошли меня». Он предупреждал их не забывать о ежедневном поклонении Отцу.

2. *Истинное мужество*. Он предупредил их, что они столкнутся с враждебным отношением и что их наверняка ждут гонения. Петр сказал им, что их миссия не для трусливых и посоветовал тем, кому страшно, сразу покинуть их ряды. Но ни один не ушел.

3. *Вера и доверие*. Они должны отправиться со своей короткой миссией без какого-либо снаряжения; они должны целиком положиться на Отца в отношении пищи, крова и прочих необходимых вещей.

4. *Рвение и инициативность*. Они должны испытывать рвение и разумный энтузиазм; они должны неукоснительно заниматься делом их Учителя. Восточное приветствие представляло собой длинную и сложную церемонию; поэтому им было наказано «никого не приветствовать» – так обычно говорили, призывая кого-нибудь заниматься своим делом и не терять времени. Это совершенно не касалось дружеского приветствия.

5. *Доброта и учтивость*. Учитель уже предупреждал их не тратить попусту времени на общественные церемонии, однако он призывал быть вежливыми по отношению ко всем, с кем они будут общаться. Они должны были всячески проявлять доброту к тем, кому довелось бы принимать их в своем доме. Им было строго наказано не покидать скромное жилище ради более удобного или влиятельного дома.

6. *Опека больных*. Семьдесят получили от Петра наказ искать тех, кто болен душой и телом, и делать всё, что в их силах, чтобы облегчить страдания или излечить болезни таких людей.

Получив этот наказ и инструкции, они отправились по двое в путь для выполнения своей миссии в Галилее, Самарии и Иудее.

Хотя евреи испытывали особое уважение к числу семьдесят и иногда считали, что языческий мир объединяет семьдесят наций, а также хотя эти семьдесят посланников должны были отправиться с евангелием ко всем народам, тем не менее, насколько мы можем судить, то, что в этой группе оказалось именно семьдесят человек, было чистой случайностью. Без сомнения, Иисус принял бы не менее полдюжины других, однако они не пожелали заплатить должную цену – отказаться от богатства и своих семей.

5. ПЕРЕНОС ЛАГЕРЯ В ПЕЛЛУ

Теперь Иисус и двенадцать готовились к созданию своего последнего опорного пункта в Перее, рядом с Пеллой, где Учитель был крещен в водах Иордана. Последние десять дней ноября, проведенные в Магадане, прошли в совещаниях, и во вторник, 6 декабря, вся группа почти из трехсот человек вышла на рассвете со всем своим имуществом, чтобы вечером остановиться на ночлег у реки рядом с Пеллой. Это было то же место у источника, где несколькими годами ранее стоял со своим лагерем Иоанн Креститель.

После ликвидации Магаданского лагеря Давид Зеведеев вернулся в Вифсаиду и сразу же начал сворачивать курьерскую службу. Царство вступало в новую фазу. Каждый день прибывали паломники со всей Палестины и даже из отдаленных районов Римской империи. Иногда здесь появлялись верующие из Месопотамии и стран к востоку от Тигра. Поэтому в воскресенье, 18 декабря, Давид, с помощью своих гонцов, погрузил на вьючных животных хранившееся в доме его отца лагерное снаряжение, которое он использовал в прежнем лагере у озера в Вифсаиде. Простившись на время с Вифсаидой, он отправился на юг по берегу озера и далее вдоль Иордана к месту, находившемуся севернее лагеря апостолов в полумиле от них. Не прошло и недели, как он уже был готов разместить здесь около полутора тысяч паломников. Апостольский лагерь вмещал около пятисот человек. В Палестине стоял сезон дождей, и это пристанище было необходимо для приема растущего числа посетителей – большей частью искренних, – которые прибывали в Перею, чтобы увидеть Иисуса и услышать его учение.

Всё это Давид делал по собственной инициативе, хотя он и посоветовался с Филиппом и Матфеем в Магадане. В управлении этим лагерем он использовал бóльшую часть своих бывших гонцов в качестве помощников; в это время регулярные курьерские поручения выполняло менее двадцати человек. К концу декабря – и до возвращения семидесяти – возле Учителя собралось около восьмисот посетителей, разместившихся в лагере Давида.

6. ВОЗВРАЩЕНИЕ СЕМИДЕСЯТИ

В пятницу, 30 декабря, пока Иисус находился неподалеку в горах вместе с Петром, Иаковом и Иоанном, семьдесят посланников начали по двое прибывать в лагерь у Пеллы в сопровождении многочисленных верующих. Примерно к пяти часам, когда Иисус вернулся в лагерь, все семьдесят были уже в сборе в том месте, где обычно проводилось обучение. Вечерняя трапеза задержалась более чем на час, пока эти страстные проповедники евангелия царства рассказывали о своих впечатлениях. В предшествующие недели многое уже было известно апостолам от гонцов Давида, однако все были воодушевлены, слушая, как эти рукоположенные евангелисты сами рассказывают об отношении истосковавшихся иудеев и язычников к их проповеди. Наконец-то Иисус смог увидеть, как люди несут благую весть без его личного участия. Теперь Учитель знал, что он может покинуть этот мир, не опасаясь серьезного замедления в распространении царства.

Когда семьдесят рассказывали, что «даже бесы подвластны» им, они имели в виду случаи чудесного исцеления жертв нервных расстройств. Тем не менее, эти пастыри действительно оказали помощь в нескольких случаях реальной одержимости дьяволом, и, говоря о таких случаях, Иисус сказал: «Неудивительно, что эти строптивые меньшие духи подчиняются вам, ибо я видел Сатану, упавшего с небес, как молния. Но пусть не это вызывает у вас ликование; я заявляю вам, что, как только я вернусь к Отцу, каждый из нас пошлет свой дух непосредственно в человеческий разум, так что горстка этих заблудших духов не сможет более вселяться в разум несчастных смертных. Вместе с вами я рад тому, что вы способны воздействовать на людей, но не воодушевляйтесь этим, а радуйтесь, что ваши имена записаны на небесах, а это значит, что вы пойдете вперед по бесконечному пути духовных побед».

Именно тогда, перед са́мой вечерней трапезой, Иисус ощутил один из редких приливов эмоционального восторга, свидетелями которого иногда становились его последователи. Он сказал: «Я благодарю тебя, моего Отца, Господа неба и земли, что хотя это чудесное евангелие осталось сокрытым от хитрых и лицемерных, духовные блаженства были раскрыты в духе этим детям царства. Да, Отец мой, тебе, должно быть, приятно вершить это, и я радуюсь, зная, что благая весть будет продолжать распространяться по всему миру, после того как я вернусь к тебе и тому труду, который ты поручил мне исполнить. Я глубоко взволнован, понимая, что вскоре ты передашь всю власть в мои руки, что только ты подлинно знаешь, кто я, и что только я подлинно знаю тебя, а также те, кому я раскрыл тебя. И когда я завершу это откровение, посвященное моим братьям во плоти, я продолжу его для твоих небесных созданий».

После этого обращения к Отцу Иисус обернулся к своим апостолам и помощникам и сказал: «Блаженны глаза, которые видят, и уши, которые слышат эти вещи. Позвольте сказать вам, что многие пророки и великие люди прошлых веков желали видеть то, что видите теперь вы, но этого им не было даровано. И многие грядущие поколения детей света, слыша об этих вещах, будут завидовать вам, слышавшим и видевшим».

Затем, обращаясь ко всем ученикам, он сказал: «Вы слышали, как многие города и села приняли благую весть царства и как мои пастыри и учителя были приняты иудеями и язычниками. Воистину благословенны те общины, которые решили поверить евангелию царства. Но горе отвергшим свет жителям Хоразина, Вифсаиды-Юлии и Капернаума, городам, плохо принявшим посланников. Я заявляю, что если бы чудеса, сотворенные в этих местах, были сотворены в Тире и Сидоне, люди этих так называемых языческих городов уже давно бы покаялись в рубище и пепле. Воистину, в день суда более терпимым будет отношение к Тиру и Сидону».

Так как следующий день был субботой, Иисус уединился с семьюдесятью и сказал им: «Я действительно радовался вместе с вами, когда вы вернулись с доброй вестью о принятии евангелия царства столь многими людьми по всей Галилее, Самарии и Иудее. Однако я удивлен тем, что это привело вас в такой восторг. Разве вы не ожидали, что ваша проповедь будет заключать в себе такую силу? Неужели вы так мало верили в это евангелие, что вернулись, пораженные его воздействием? И теперь, хотя я не собираюсь омрачать вашу радость, я хотел бы строго предупредить вас о коварствах гордости – духовной гордыни. Если бы вы могли понять падение Люцифера, законопреступника, вы остерегались бы любых форм духовной гордыни.

Вы приступили к этому великому труду, раскрывая смертному человеку, что он является сыном Божьим. Я показал вам путь; идите вперед, исполняя свой долг, и неустанно творите добро. Вам и всем тем, кто пойдет по вашим стопам во все времена, позвольте сказать, что я всегда буду рядом, и мое призывное воззвание есть и всегда будет: придите ко мне все вы, кто трудится и обременен, и я успокою вас. Примите ярмо мое на себя и учитесь у меня, ибо я верен и предан, и вы обретете духовный покой для своих душ».

И они убедились в истинности слов Учителя, проверив его обещания на практике. И с того дня бессчетное множество людей также испытали эти обещания и убедились в их надежности.

7. ПОДГОТОВКА К ПОСЛЕДНЕЙ МИССИИ

Несколько следующих дней стали напряженным временем для лагеря у Пеллы, где завершались приготовления к перейской миссии, последней для Иисуса и его товарищей. Трехмесячное путешествие по всей Перее продолжалось вплоть до вступления Учителя в Иерусалим и завершения земных трудов. В течение этого времени центром деятельности Иисуса и двенадцати апостолов являлся лагерь у Пеллы.

Иисусу больше не нужно было идти в народ, чтобы учить людей. Теперь каждую неделю к нему приходило всё больше посетителей; они прибывали отовсюду – не только из Палестины, но и со всего римского мира и Ближнего Востока. Хотя Учитель вместе с семьюдесятью евангелистами участвовал в путешествии по Перее, он проводил много времени в лагере у Пеллы, обучая народ и наставляя двенадцать. В течение всего этого трехмесячного периода рядом с Иисусом было не менее десяти апостолов.

Вместе с семьюдесятью в путь собрались и члены женского корпуса, готовые попарно трудиться в основных городах Переи. За последнее время двенадцать женщин – члены первоначальной группы – подготовили более многочисленный корпус из пятидесяти женщин, обученных посещать домá и овладевших искусством оказания помощи больным и страждущим. Перпетуя, жена Симона Петра, вошла в эту новую группу женского корпуса, и ей было поручено руководить – под началом Авенира – деятельностью расширенного женского корпуса. После Пятидесятницы она не расставалась со своим прославленным мужем, сопровождая его во всех миссионерских путешествиях; и в тот же день, когда Петр был распят в Риме, ее бросили на арену на съедение диким зверям. Среди членов этого нового женского корпуса были жены Филиппа и Матфея, а также мать Иакова и Иоанна.

Теперь, под личным руководством Иисуса, дело царства должно было перейти в свою завершающую фазу. И этот нынешний этап был этапом духовной глубины, разительно отличаясь от времени былой популярности в Галилее, когда Иисуса сопровождали ждавшие волшебств и искавшие чудес тóлпы. Тем не менее, среди его последователей по-прежнему оставалось много людей материалистического склада, неспособных понять истину о том, что царство небесное является духовным братством людей, основанным на вечной истине всеобщего отцовства Бога.

ДОКУМЕНТ 164

НА ПРАЗДНИКЕ ОБНОВЛЕНИЯ

Пока обустраивался лагерь у Пеллы, Иисус, взяв с собой Нафанаила и Фому, тайно отправился в Иерусалим на праздник обновления. Только тогда, когда они перешли Иордан у вифанской переправы, двое апостолов поняли, что их Учитель направляется в Иерусалим. Осознав, что он всерьез решил присутствовать на празднике обновления, они как только могли стали отговаривать Иисуса и пытались переубедить его, используя всевозможные доводы. Однако их усилия оказались напрасными. Иисус был полон решимости посетить Иерусалим. На все их уговоры, на все их предупреждения о том, что отдавать себя в лапы синедриона – безумная и опасная затея, он отвечал только одно: «Пока не исполнилось мое время, я хотел бы дать этим учителям Израиля еще одну возможность увидеть свет».

По дороге в Иерусалим двое апостолов продолжали выражать опасения и высказывать сомнения в разумности этой явно дерзкой затеи. Они достигли Иерихона около половины пятого и приготовились остановиться здесь на ночлег.

1. РАССКАЗ О ДОБРОМ САМАРИТЯНИНЕ

В тот вечер вокруг Иисуса и двух апостолов собралось много людей. Они задавали вопросы, на многие из которых отвечали апостолы, а другие обсуждал Учитель. В ходе вечера один законник, пытаясь втянуть Иисуса в компрометирующий его спор, сказал: «Учитель, я хотел бы спросить тебя, как я должен поступать, чтобы унаследовать вечную жизнь?» Иисус ответил: «Что написано в законе и у пророков? Как ты понимаешь Писания?» Законник, знавший учения как Иисуса, так и фарисеев, ответил: «Возлюби Господа Бога всем сердцем, всей душой, всем разумом и всей силой и возлюби ближнего своего, как самого себя». Тогда Иисус сказал: «Ты ответил верно; поступай так и обретешь жизнь вечную».

Однако, задавая свой вопрос, законник слукавил, и, желая оправдать себя, а также надеясь смутить Иисуса, он решил задать ему еще один вопрос. Подойдя поближе к Учителю, он сказал: «И всё же, Учитель, я просил бы тебя сказать мне, ктó именно является моим ближним?» Законник задал этот вопрос в надежде поймать Иисуса в западню – заставить его сделать какое-нибудь заявление, которое противоречило бы еврейскому закону, определявшему ближних как «детей одного народа». На всех остальных евреи смотрели как на «псов языческих». Этот законник был в общих чертах знаком с учениями Иисуса и потому хорошо знал, что Учитель придерживается иных взглядов; поэтому он надеялся заставить его сказать нечто такое, что могло быть истолковано как оскорбление священного закона.

Но Иисус понял намерения законника и вместо того, чтобы угодить в ловушку, рассказал своим слушателям историю, хорошо понятную любому жителю Иерихона. Иисус сказал: «Один человек шел из Иерусалима в Иерихон и попался жестоким разбойникам, которые ограбили его, сорвали с него одежду, избили и ушли, оставив его полумертвым. Вскоре на той же дороге оказался священник, и когда он обнаружил раненого и увидел его плачевное состояние, то перешел на другую сторону дороги. Пришел на то же место и левит и, увидев этого человека, перешел на другую сторону. И вот, примерно в такое же время, некий самаритянин, направлявшийся в Иерихон, набрел на этого раненного человека; и когда он увидел, что тот ограблен и избит, он сжалился над ним; подойдя к нему, он перевязал ему раны, омыв их маслом и вином, посадил на своего осла и привез его сюда, на постоялый двор, где ухаживал за ним. На следующий день он дал хозяину постоялого двора немного денег и сказал: „Позаботься как следует о моем друге, а если истратишь на него сверх этого, то отдам тебе, когда вернусь“. Теперь позволь спросить у тебя: который из этих трех оказался ближним тому, кто попался разбойникам?» И когда законник увидел, что угодил в свою собственную ловушку, он ответил: «Тот, кто сжалился над ним». И Иисус сказал: «Иди и поступай так же».

Законник ответил «тот, кто сжалился», чтобы даже не произносить ненавистное слово «самаритянин». На вопрос «Кто мой ближний?» законнику пришлось дать именно тот ответ, которого желал Иисус и который – дай его Иисус – стал бы прямым основанием для обвинения в ереси. Иисус не только смутил нечестного законника, но и рассказал своим слушателям историю, которая являлась одновременно прекрасным наставлением для всех его последователей и суровым осуждением всех евреев за их отношение к самаритянам. С тех пор эта история поддерживает братскую любовь во всех, кто уверовал в евангелие Иисуса.

2. В ИЕРУСАЛИМЕ

Иисус посетил праздник кущей, чтобы возвестить евангелие паломникам со всей империи. Теперь он прибыл на праздник обновления с единственной целью: предоставить синедриону и еврейским вождям еще одну возможность увидеть свет. Главное событие этих нескольких дней, проведенных в Иерусалиме, произошло в пятницу вечером в доме Никодима. Здесь собралось около двадцати пяти религиозных вождей, уверовавших в учения Иисуса. Четырнадцать из них являлись – или были до недавнего времени – членами синедриона. На этой встрече присутствовали Эвер, Матадорм и Иосиф Аримафейский.

В данном случае все слушатели Иисуса были учеными людьми, и как они, так и двое его апостолов поразились кругозору Учителя и глубине его замечаний, высказанных этому знатному обществу. Со времени своих бесед в Александрии, Риме и на островах Средиземного моря Иисус не проявлял таких обширных познаний и не демонстрировал такого понимания человеческих дел, – как мирских, так и религиозных.

Когда эта короткая встреча подошла к концу, все разошлись, озадаченные личностью Учителя, покоренные его благородными манерами и влюбленные в этого человека. Они попытались дать Иисусу совет относительно его желания перетянуть на свою сторону остальных членов синедриона. Учитель внимательно выслушал их предложения, но ничего не ответил. Он прекрасно понимал, что все их планы невыполнимы. Он предполагал, что большинство еврейских вождей никогда не примут евангелия царства; тем не менее, он дал всем им еще одну возможность сделать выбор. Однако, отправляясь в тот вечер на ночлег на Елеонскую гору вместе с Нафанаилом и Фомой, он еще не решил, какой метод следует избрать, чтобы вновь привлечь внимание синедриона к своему труду.

В ту ночь Нафанаил и Фома почти не спали – настолько они были поражены тем, что услышали в доме у Никодима. Они много размышляли над последним замечанием Иисуса в ответ на предложение прежних и нынешних членов синедриона предстать вместе с ним перед семьюдесятью. Учитель сказал: «Нет, мои братья, такой шаг был бы напрасным. Вы приумножили бы гнев, который обрушится на ваши головы, но ничуть не смягчили бы их ненависть ко мне. Пусть каждый из вас занимается делом Отца, подчиняясь велениям собственного духа; я же еще раз привлеку их внимание к царству так, как это решит сделать мой Отец».

3. ИСЦЕЛЕНИЕ СЛЕПОГО НИЩЕГО

На следующее утро все трое пришли на завтрак в Вифанию, к Марфе, после чего сразу же отправились в Иерусалим. В это субботнее утро, когда Иисус и двое его апостолов подходили к храму, они заметили известного в округе нищего – слепого от рождения, сидевшего на своем обычном месте. Хотя нищие не просили и не получали подаяний по субботам, им позволялось сидеть на своих привычных местах. Иисус остановился и посмотрел на нищего. Пристально глядя на этого слепорожденного человека, он придумал, каким образом он сможет еще раз привлечь внимание синедриона и других еврейских вождей и религиозных учителей к своей миссии на земле.

Пока Учитель стоял перед слепым, погруженный в свои мысли, Нафанаил, размышляя о возможной причине слепоты этого человека, спросил: «Учитель, раз он родился слепым, то кто согрешил: он сам или его родители?»

Раввины учили, что все случаи врожденной слепоты были следствием греха. Не только зачатие и рождение детей происходило в грехе, но ребенок мог также родиться слепым в наказание за особый грех, совершенный его отцом. Они даже учили, что само дитя могло согрешить до того, как родиться на свет. Они также учили, что такие увечья могли быть следствием греха или иной слабости матери во время вынашивания ребенка.

Во всех этих краях издавна существовала вера в перевоплощение. Древние еврейские учители – наряду с Платоном, Филоном и многими ессеями – допускали, что в течение одного воплощения люди могут пожинать то, что было посеяно за время предшествующего существования; поэтому считалось, что в этой жизни они расплачиваются за грехи, совершенные в предыдущих жизнях. Учителю было трудно заставить людей поверить в то, что их души ранее не существовали.

При всей парадоксальности подобной практики, евреи считали в высшей степени похвальным делом подавать милостыню слепым нищим, хотя слепота этих нищих представлялась следствием греха. Эти слепые, по своему обыкновению, непрестанно кричали нараспев прохожим: «О, милосердные, помогите слепому, и зачтется вам».

Иисус начал обсуждать этот случай с Нафанаилом и Фомой не только потому, что он уже решил использовать слепого в качестве понятного для того времени примера, чтобы еще раз заметным образом привлечь внимание еврейских вождей к своей миссии, но и потому, что он всегда призывал своих апостолов искать истинные причины всех явлений, природных и духовных. Он часто предостерегал их против распространенной тенденции приписывать духовные причины обычным физическим явлениям.

Иисус решил использовать этого нищего в своих планах на тот день, однако прежде, чем сделать что-либо для слепого, которого звали Иосия, он ответил на вопрос Нафанаила. Учитель сказал: «Ни он не грешил, ни его родители, дабы через него проявились деяния Божьи. Эта слепота возникла у него естественным образом, но сейчас нам следует совершить дело Пославшего меня, пока еще день, ибо неизбежно придет ночь, когда мы уже не сможем сделать того, что собираемся совершить. Пока я в мире, я – свет миру, но пройдет совсем немного времени, и меня не станет с вами».

Сказав это, Иисус обратился к Нафанаилу и Фоме: «Сотворим зрение этому слепому именно сегодня, в субботу, чтобы дать книжникам и фарисеям все основания, необходимые им для обвинения Сына Человеческого». Затем, наклонившись, он плюнул на землю и смешал глину со слюной. Говоря обо всём этом так, чтобы слепой мог слышать, он подошел к Иосии и положил глину на его невидящие глаза со словами: «Пойди, сын мой, смой эту глину в Силоамской купальне, и ты сразу обретешь зрение». И когда Иосия умылся в Силоамской купальне, он вернулся к своим друзьям и семье прозревшим.

Поскольку всю свою жизнь он просил милостыню, он не знал никакого другого занятия. Поэтому, когда первый восторг от сотворенного зрения прошел, Иосия вернулся на то место, где он обычно просил подаяния. Заметив, что он видит, его друзья, соседи и все, кто знал его раньше, стали удивляться: «Разве это не слепой нищий Иосия?» Некоторые говорили, что это он, в то время как другие утверждали: «Нет, этот похож на того, но зрячий». Но когда они спросили самого Иосию, тот ответил: «Это я».

Когда они начали спрашивать, ка́к он прозрел, он отвечал: «Человек по имени Иисус проходил здесь и, говоря обо мне со своими друзьями, смешал слюну с глиной, помазал мне глаза и послал умыться в Силоамской купальне. Я сделал, как велел этот человек, и тут же прозрел. С тех пор прошло лишь несколько часов. Пока еще я не понимаю многого из того, что вижу». И когда люди, которые начали собираться вокруг него, спросили, где найти этого странного человека, исцелившего его, он мог лишь ответить, что не знает.

Это одно из самых необычных чудес, сотворенных Учителем. Этот человек не просил исцеления. Он не знал, что Иисус, пославший его умыться в Силоамской купальне и пообещавший ему зрение, является тем пророком из Галилеи, который проповедовал в Иерусалиме на празднике кущей. Этот человек слабо верил в то, что прозреет, однако в те дни люди глубоко верили в силу слюны великого или святого человека, а из беседы Иисуса с Нафанаилом и Фомой Иосия заключил, что тот, кто собирается облагодетельствовать его, является великим человеком, образованным учителем или святым пророком. Поэтому он сделал так, как велел Иисус.

Иисус использовал глину и слюну и послал его умыться в символической Силоамской купальне по трем причинам:

1. Это не являлось чудотворным ответом на веру индивидуума. Это было чудо, которое Иисус решил сотворить в своих личных целях, но которое было устроено им так, чтобы этот человек мог извлечь для себя длительную пользу.

2. Поскольку слепой не просил об исцелении и его вера была слабой, эти материальные действия должны были обнадежить его. Будучи суеверным человеком, он действительно верил в силу слюны, и он знал, что Силоамская купальня является полусвященным местом. Но он вряд ли отправился бы туда, если бы ему не нужно было смыть глину, которой были помазаны глаза. В этой процедуре было ровно столько обрядности, чтобы заставить его действовать.

3. Однако у Иисуса была и третья причина для того, чтобы прибегнуть к таким материальным средствам для выполнения этого уникального действа: с помощью этого чуда, совершенного исключительно в подчинение своему собственному решению, он желал научить своих последователей – как современников, так и представителей всех будущих эпох – не презирать и не отрицать материальные средства лечения. Он хотел, чтобы люди перестали считать чудеса единственным методом излечения человеческих болезней.

В то субботнее утро, вблизи иерусалимского храма, Иисус чудесным образом дал этому человеку зрение в первую очередь для того, чтобы открыто бросить вызов синедриону и всем еврейским учителям и вождям. Так он заявил об открытом разрыве с фарисеями. Всё, что он делал, всегда отличалось позитивностью. Именно для того, чтобы побудить синедрион рассмотреть эти вопросы, он привел двух своих апостолов к этому человеку пополудни в субботу и намеренно спровоцировал те дебаты, которые заставили фарисеев обратить внимание на это чудо.

4. ИОСИЯ ПРЕДСТАЕТ ПЕРЕД СИНЕДРИОНОМ

К середине второй половины дня об исцелении Иосии говорили уже по всему храму, в связи с чем синедрион решил собраться на совет на своем обычном месте в храме. Они приняли это решение в нарушение действующего правила, запрещавшего синедриону собираться по субботам. Иисус знал, что нарушение субботы будет одним из главных обвинений против него при последнем испытании, и он хотел предстать перед синедрионом по обвинению в исцелении слепого в субботу, когда само заседание верховного суда евреев – судящего его за этот милосердный поступок – являлось бы обсуждением этих вопросов в субботу, в нарушение их собственных законов.

Однако они побоялись вызвать Иисуса. Вместо этого они сразу же послали за Иосией. После нескольких предварительных вопросов, председатель синедриона (присутствовало около пятидесяти человек) распорядился, чтобы Иосия рассказал, что с ним произошло. За время, прошедшее после его утреннего исцеления, Иосия узнал от Фомы, Нафанаила и других, что фарисеи недовольны его исцелением в субботу и что все, имеющие к этому отношение, могут ждать от них неприятностей. Но Иосия еще не понимал, что Иисус был тем, кого называли Освободителем. Поэтому на допросе у фарисеев он сказал: «Этот человек пришел, положил мне на глаза глину, велел умыться в Силоаме, и вот теперь я вижу».

Один из старших фарисеев, произнеся пространную речь, сказал: «Этот человек не может быть от Бога, ибо вы видите, что он не соблюдает субботу. Он нарушил закон, во-первых, тем, что формовал глину; кроме того, он послал этого нищего умыться в Силоаме в субботу. Такой человек не может быть учителем, посланным Богом».

Тогда один из молодых членов совета, тайно веривший в Иисуса, сказал: «Если этот человек не послан Богом, то как ему удается такое? Мы знаем, что простой грешник неспособен творить такие чудеса. Все мы знаем этого нищего и то, что он был рожден слепым; теперь он видит. Не хочешь ли ты сказать, что этот пророк творит все эти чудеса силой князя дьяволов?» И на каждого фарисея, который осмеливался обвинить и осудить Иисуса, находился другой, который поднимался, задавая трудные и обескураживающие вопросы, так что у них возникли серьезные разногласия. Увидев, какой оборот принимают события, председатель собрания решил остудить накал страстей и продолжить допрос самого Иосии. Повернувшись к нему, он спросил: «Что ты можешь сказать об этом человеке, этом Иисусе, который, как ты утверждаешь, дал тебе зрение?» И Иосия ответил: «Я думаю, он пророк».

Вожди были чрезвычайно обеспокоены и, не зная, что еще предпринять, решили послать за родителями Иосии, чтобы выяснить, действительно ли он был рожден слепым. Им не хотелось верить в исцеление нищего.

В Иерусалиме хорошо знали не только то, что Иисусу был закрыт доступ в синагоги, но и то, что верующие в его учение изгоняются из синагог, – отлучаются от религиозного братства Израиля, что означало лишение всех прав и привилегий во всём еврейском обществе, за исключением права покупать предметы первой необходимости.

Поэтому, когда родители Иосии – бедные и запуганные души – предстали перед внушающим благоговейный страх синедрионом, они побоялись говорить открыто. Председатель суда спросил: «Ваш ли это сын? И следует ли нам понимать, что он родился слепым? Если так, то как же он теперь зрячий?» Тогда отец Иосии, которому вторила мать, сказал: «Мы знаем, что это наш сын и что он был рожден слепым, но как случилось так, что он стал видеть, или кто тот человек, который дал ему зрение, мы не знаем. Спросите его; он совершеннолетний; пусть сам о себе скажет».

После этого они вторично вызвали Иосию. Первоначальный план – устроить формальный суд – не удавался, и некоторые из них чувствовали себя неловко из-за того, что это происходило в субботу. Поэтому, вызвав Иосию, они попытались запутать его, используя другой подход. Чиновник суда обратился к бывшему слепому: «Почему ты не воздаешь хвалу Богу за свершившееся? Почему ты не говоришь нам всей правды о том, что произошло? Все мы знаем, что этот человек грешник. Почему ты отказываешься постичь истину? Ты знаешь, что и ты, и этот человек обвиняетесь в нарушении субботы. Разве ты не желаешь искупить свой грех и признать своим целителем Бога, если ты по-прежнему утверждаешь, что сегодня тебе дали зрение?»

Но Иосия не был простофилей, да и чувства юмора ему было не занимать. Поэтому он ответил чиновнику суда: «Грешник он или нет, я не знаю, но я знаю одно – что я был слеп, а теперь вижу». И так как им не удалось заманить Иосию в ловушку, они продолжали спрашивать его: «Как именно он дал тебе зрение? Что конкретно он для тебя сделал? Что он тебе сказал? Просил ли он тебя верить в него?»

Иосия ответил с некоторым раздражением: «Я подробно рассказал вам, как всё это произошло, но вы не поверили моим словам. Почему вы хотите услышать всё заново? Не собираетесь ли, случайно, и вы стать его учениками?» После этих слов поднялся шум. Заседание было прервано, и дело чуть не дошло до рукоприкладства, ибо вожди бросились к Иосии, гневно восклицая: «Это ты можешь считать себя учеником этого человека, а мы – ученики Моисея, мы – учителя Божьих законов. Мы знаем, что Бог говорил через Моисея; что же касается этого человека, Иисуса, то мы не знаем, откуда он взялся».

Тогда Иосия взобрался на скамейку и прокричал всем, кто мог его слышать: «Послушайте, вы, называющие себя учителями всего Израиля! Заявляю вам, что я весьма поражен, ибо вы признаётесь, что не знаете, откуда этот человек, однако же доподлинно знаете из выслушанного вами свидетельства, что он дал мне зрение. Мы все знаем, что Бог не совершает таких чудес для нечестивых, что Бог совершил бы это только по просьбе истинно верующего, такого, который свят и праведен. Вы знаете: никогда еще не бывало, чтобы кто-то дал зрение человеку, который родился слепым. Посмотрите же все на меня и осознайте, что́ было совершено сегодня в Иерусалиме! Я говорю вам: если бы этот человек не был от Бога, он не смог бы этого сделать». И, расходясь в гневе и смущении, члены синедриона кричали ему: «В грехах ты родился, и пытаешься нас поучать? Может быть, в действительности ты не был рожден слепым; но даже если тебе и дали зрение в субботу, то сделано это было силой князя дьяволов». И они тут же отправились в синагогу, чтобы отлучить Иосию.

Когда начиналось это дознание, у Иосии были смутные представления об Иисусе и природе своего исцеления. Бóльшая часть показаний, с которыми он столь умно и смело выступил перед верховным судом всего Израиля, сформировалась в его сознании в ходе этого разбирательства, которое проводилось таким нечестным и несправедливым образом.

5. ОБУЧЕНИЕ В ПРИТВОРЕ СОЛОМОНА

В течение всего заседания синедриона, проходившем в нарушение субботы в одном из залов храма, Иисус прогуливался поблизости, учил людей в притворе Соломона и надеялся на то, что его вызовут в синедрион, где он сможет рассказать благую весть о свободе и радости божественного сыновства в царстве Божьем. Однако они боялись посылать за ним. Эти внезапные публичные появления Иисуса в Иерусалиме всегда приводили их в замешательство. Иисус дал им тот самый повод, которого они с таким нетерпением ждали, но они не решились вызвать его в синедрион даже в качестве свидетеля – не говоря уже о том, чтобы арестовать его.

В Иерусалиме стояла середина зимы, и люди приходили в притвор Соломона, чтобы хоть как-то укрыться от непогоды. И пока здесь находился Иисус, они задавали ему много вопросов, и он учил их более двух часов. Некоторые еврейские учителя попытались заманить его в ловушку, спрашивая его при всех: «Сколько ты будешь держать нас в недоумении? Если ты Мессия, то почему не скажешь нам прямо?» Иисус отвечал: «Много раз я говорил вам о себе и моем Отце, однако вы не желаете мне верить. Разве вы не видите, сколь красноречивы дела, которые я творю именем моего Отца? Но многие из вас не верят, потому что не принадлежат к моей пастве. Учитель истины привлекает только тех, кто стремится к истине и жаждет праведности. Моя паства прислушивается к моему голосу. Я знаю ее, и она следует за мной. И всем, кто следует моему учению, я даю вечную жизнь; они не погибнут вовек, и никто не уведет их из-под моей руки. Отец мой, который дал мне этих детей, превыше всех, а потому никто не сможет увести их из-под руки моего Отца. Отец и я единосущны». Некоторые из неверующих евреев бросились туда, где еще продолжалось строительство храма, чтобы набрать камней и побить Иисуса, однако верующие усмирили их.

Иисус продолжал учить: «Я совершил для вас много добрых дел волей Отца моего, а потому позвольте спросить вас: за какое из них вы собираетесь побить меня камнями?» И тогда один из фарисеев ответил: «Не за добрые дела мы собираемся побить тебя, а за то, что ты, простой смертный, богохульствуешь, осмеливаясь равнять себя с Богом». Иисус ответил: «Вы обвиняете Сына Человеческого в богохульстве, потому что отказывались верить мне, когда я заявлял вам, что послан Богом. Если я не совершаю деяний Божьих, не верьте мне, но мне кажется, что если я совершаю их, то вы – даже если и не верите в меня – должны были бы поверить моим деяниям. Но чтобы вы не сомневались в том, о чём я возвещаю, позвольте еще раз заявить, что Отец во мне и я в Отце и что так же, как Отец пребывает во мне, так и я буду пребывать в каждом, кто уверует в это евангелие». И когда люди услышали эти слова, многие из них побежали, чтобы набрать камней и побить его, но он покинул территорию храма. Встретившись рядом с храмом с Нафанаилом и Фомой, которые присутствовали на заседании синедриона, он подождал вместе с ними, пока Иосия не вышел из зала заседаний.

Иисус и двое апостолов отправились искать Иосию к нему домой только после того, как узнали, что тот был изгнан из синагоги. Когда они пришли к нему, Фома вызвал его во двор, и Иисус, обратившись к нему, сказал: «Иосия, веришь ли ты в Сына Божьего?» Иосия ответил: «Скажи мне, кто он, чтобы я мог поверить в него». И Учитель сказал: «Ты видел и слышал его, и это тот, кто говорит сейчас с тобой». И Иосия ответил: «Верую, Господи» и, пав ниц, молился.

Поначалу – узнав, что он изгнан из синагоги, – Иосия впал в уныние, однако он воспрял духом, когда Иисус велел ему сразу же собираться, чтобы вместе с ними отправиться в лагерь у Пеллы. Этот простодушный житель Иерусалима действительно был изгнан из еврейской синагоги, но смотрите: сам Создатель вселенной ведет его вперед к единению с духовной аристократией того времени и поколения.

Иисус ушел из Иерусалима и вернулся сюда лишь перед тем, как приготовился покинуть этот мир. Вместе с двумя апостолами и Иосией Учитель отправился назад в Пеллу. Иосия оказался одним из тех, в ком семена чудотворной помощи Иисуса принесли плоды, ибо всю оставшуюся жизнь он проповедовал евангелие царства.

ДОКУМЕНТ 165

НАЧАЛО МИССИОНЕРСКОЙ ДЕЯТЕЛЬНОСТИ В ПЕРЕЕ

Во вторник, 3 января 30 года н. э., Авенир – бывший руководитель двенадцати апостолов Иоанна Крестителя, назорей, в прошлом являвшийся главой школы назореев в Ен-Геди, а ныне ставший руководителем семидесяти посланников царства, – созвал своих товарищей и дал им последние наставления, прежде чем отправить их в миссионерское путешествие по всем городам и селам Переи. Эта миссионерская деятельность в Перее продолжалась почти три месяца и стала последним служением Учителя. После этого Иисус отправился в Иерусалим, где прошел через свои завершающие испытания во плоти. Семьдесят евангелистов, которым периодически помогали Иисус и двенадцать апостолов, трудились в следующих больших и малых городах, а также примерно в пятидесяти селах: Зафон, Гадара, Макад, Арбела, Рамаф, Едрей, Восора, Каспин, Миспе, Гераса, Рагаба, Суккот, Амаф, Адам, Пенуэл, Капитолия, Дион, Хатита, Гадда, Филадельфия, Иогбега, Галаад, Беф-Нимра, Тир, Елеала, Ливиас, Хешбон, Каллирой, Беф-Пеор, Шиттим, Сивма, Медеба, Беф-Меон, Ареополь и Ароер.

Во время этого путешествия по Перее женский корпус, состоявший уже из шестидесяти двух человек, взял на себя почти весь уход за больными. Это был завершающий период формирования более высоких духовных аспектов евангелия царства, чем и объяснялось отсутствие чудес. Никакой другой части Палестины апостолы и ученики Иисуса не уделили так много внимания, как Перее, и ни в одном другом районе его учения не получили столь широкого признания среди обеспеченных классов.

В те времена Перея была почти в равной степени иудейской и языческой, ибо при Иуде Маккавее евреев как правило переселяли из этих мест. Перея являлась самой красивой и живописной провинцией во всей Палестине. Евреи обычно называли ее «Заиорданьем».

В течение всего этого периода Иисус делил свое время между лагерем в Пелле и путешествиями, в которые он отправлялся вместе с двенадцатью, помогая семидесяти евангелистам в различных городах, где они учили и проповедовали. По распоряжению Авенира, семьдесят крестили всех верующих, хотя Иисус и не давал таких указаний.

1. В ЛАГЕРЕ У ПЕЛЛЫ

К середине января в Пелле собралось уже более тысячи двухсот человек. Когда Иисус находился в лагере, он минимум раз в день учил этих людей; обычно, если не было дождя, он выступал в девять часов утра. Петр и другие апостолы учили каждый день пополудни. Вечерами Иисус отвечал на вопросы двенадцати и других подготовленных учеников. На вечерних занятиях присутствовало около пятидесяти человек.

К середине марта, когда Иисус направился в Иерусалим, более четырех тысяч человек собирались каждое утро на утреннюю проповедь Учителя или Петра. Иисус решил завершить свой земной труд в тот момент, когда интерес к его учению достиг высокой отметки, – высшего уровня за всё время этой второй, лишенной чудес, стадии прогресса царства. Хотя три четверти присутствующих представляли собой искателей истины, здесь находилось много фарисеев из Иерусалима и других мест, а также большое число скептиков и крючкотворов.

Иисус и двенадцать апостолов уделяли много времени народу, собравшемуся в лагере у Пеллы. Апостолы почти не участвовали в миссионерских путешествиях и только иногда отправлялись в путь вместе с Иисусом, чтобы навестить товарищей Авенира. Авенир был хорошо знаком с Переей, ибо именно здесь его прежний учитель, Иоанн Креститель, осуществил бóльшую часть своего труда. После начала миссионерского путешествия в Перее Авенир и семьдесят больше не возвращались в лагерь у Пеллы.

2. ПРОПОВЕДЬ О ДОБРОМ ПАСТЫРЕ

Группа более чем из трехсот жителей Иерусалима – фарисеев и других – последовала за Иисусом на север, к Пелле, когда, в конце праздника обновления, он спешно покинул область, подвластную еврейским правителям. Именно перед этими еврейскими учителями и вождями, а также двенадцатью апостолами, Иисус выступил с проповедью «О добром пастыре». После получасовой непринужденной беседы Иисус, обращаясь к группе примерно из ста человек, сказал:

«Этим вечером мне нужно о многом рассказать вам, и так как среди вас немало моих учеников, а некоторые из вас являются моими злейшими врагами, я изложу свое учение в виде притчи, так, чтобы каждый извлек из нее то, что найдет отклик в его сердце.

Сегодня здесь, передо мной, находятся люди, готовые умереть за меня и за это евангелие царства, и в будущем некоторые из них пожертвуют собой. Здесь присутствуете и вы, рабы традиции, следующие за мной из Иерусалима и вместе со своими ослепленными и обманутыми вождями стремящиеся убить Сына Человеческого. Моя нынешняя жизнь во плоти станет судом и для тех, и для других, – пастырей истинных и пастырей ложных. Будь ложный пастырь слепцом, он был бы безгрешен, однако вы утверждаете, что видите. Вы заявляете, что являетесь учителями Израиля; поэтому ваш грех остается на вас.

Истинный пастырь на ночь загоняет свою отару в овчарню, когда ей грозит опасность. С наступлением утра он входит в овчарню через дверь, и когда он окликает овец, они узнаю́т его голос. Каждый пастырь, попавший во двор не через дверь, а другим путем, есть вор и грабитель. Настоящий пастырь входит в овчарню после того, как сторож откроет ему дверь, и овцы, зная его голос, выходят на его зов. И когда те овцы, которые принадлежат ему, таким образом выведены из загона, истинный пастырь идет перед ними; он идет первым, и овцы следуют за ним. Его овцы идут за ним потому, что знают его голос; они не пойдут за чужим. Они убегут от чужого, ибо не знают его голоса. Народ, собравшийся здесь вокруг нас, – что овцы без пастыря, но когда мы обращаемся к ним, они узнаю́т голос пастыря и идут за нами – по крайней мере, те из них, кто жаждет истины и праведности. Некоторые из вас не принадлежат к моей отаре; вы не знаете моего голоса и не идете за мной. И поскольку вы являетесь ложными пастырями, овцы не знают вашего голоса и не пойдут за вами».

И когда Иисус рассказал эту притчу, никто не задал ему ни одного вопроса. Через некоторое время он продолжил свою речь, перейдя к обсуждению притчи:

«Вы, желающие стать подпасками отар моего Отца, должны не только быть достойными вождями: вам следует также хорошо *кормить* овец, предлагая им добрую пищу. Только тогда вы станете настоящими пастырями, когда выведете свои отары на зеленые пастбища к тихим водам.

А теперь, дабы некоторым из вас эта притча не показалась слишком простой, я заявляю, что я есть одновременно и дверь в овчарню Отца, и истинный пастырь отар моего Отца. Каждый пастырь, пытающийся войти в овчарню без меня, обречен на неудачу, и овцы не будут слушаться его голоса. Я – вместе с теми, кто служит со мной, – есть дверь. Каждая душа, вступающая на вечный путь с помощью созданных и предопределенных мною средств, будет спасена и сможет идти дальше к вечным пастбищам Рая.

Но я есть также истинный пастырь, готовый даже положить жизнь за своих овец. Вор вламывается в овчарню только для того, чтобы украсть, убить и погубить; я же пришел для того, чтобы все вы имели жизнь, и с избытком. Когда приходит опасность, наемный работник бежит, обрекая овец на рассеяние и уничтожение. Но истинный пастырь не побежит, когда придет волк; он защитит отару и, если придется, отдаст жизнь ради спасения своих овец. Истинно, истинно вам говорю, друзья и враги: я – истинный пастырь; я знаю моих овец, и мои овцы знают меня. Я не побегу перед лицом опасности. Я доведу до конца свое служение и исполню волю Отца, и я не брошу отару, забота о которой доверена мне Отцом.

Но у меня есть также много других овец, которые не принадлежат к этому стаду, и слова эти истинны не только в этом мире. Эти другие овцы также слышат и знают мой голос, и я обещал Отцу, что все они будут собраны в одно стадо, – одно братство сынов Божьих. И тогда все вы будете знать голос одного пастыря, истинного пастыря, и все признаете отцовство Бога.

И тогда все вы узнаете, почему Отец любит меня и передал в мои руки для присмотра все свои отары в этих владениях: Отец знает, что охраняя его стада, я не дрогну, не брошу своих овец и, если потребуется, отдам свою жизнь в служении его многочисленным отарам. Но имейте в виду: если я отдам свою жизнь, я приму ее снова. Ни один человек и ни одно другое создание не может отнять у меня жизнь. У меня есть право и сила отдать ее, и точно так же у меня есть право и сила взять ее обратно. Вам этого не понять, но я получил такую власть от Отца еще до того, как появился этот мир».

Услышав это, апостолы были смущены, ученики были поражены, а фарисеи из Иерусалима и окрестностей удалились в ночь, говоря: «Либо он сошел с ума, либо в нём бес». Но даже некоторые из иерусалимских учителей говорили: «Он говорит как человек, наделенный властью; кроме того, разве кто-нибудь видел, чтобы тот, в ком сидит дьявол, дарил зрение слепорожденному и совершал все те чудесные вещи, которые совершил этот человек?»

На следующий день половина этих иерусалимских учителей заявила о своей вере в Иисуса, а остальные в смятении вернулись в Иерусалим и разошлись по домам.

3. СУББОТНЯЯ ПРОПОВЕДЬ В ПЕЛЛЕ

К концу января на дневных субботних проповедях собиралось уже около трех тысяч человек. В субботу, 28 января, Иисус выступил с незабываемой проповедью «О доверии и духовной готовности». После вступительных замечаний Симона Петра Учитель сказал:

«То, что не раз говорил я своим апостолам и ученикам, заявляю теперь этому собранию: берегитесь фарисейской закваски, которая есть лицемерие, рожденное предрассудками и вскормленное в рабском подчинении традиции, хотя многие из этих фарисеев честны сердцем и некоторые из них находятся здесь в качестве моих учеников. Вскоре все вы поймете мое учение, ибо нет ничего скрытого, что не будет раскрыто. Все вы узна́ете то, что сейчас скрыто от вас, когда Сын Человеческий завершит свою миссию на земле во плоти.

Скоро, очень скоро то, что наши враги замышляют втайне и в тёмноте, выйдет на свет и будет провозглашено на кровлях. Но я говорю вам, друзья мои: не бойтесь их, когда они будут пытаться уничтожить Сына Человеческого. Не бойтесь тех, кто, хотя и способны убить тело, после этого уже не имеют власти над вами. Я призываю вас никого не бояться – ни на земле, ни на небе, – но радоваться, познавая Того, в чьей власти освободить вас от всей неправедности и представить вас невинными перед судом вселенной.

Разве не продаются пять воробьев за два гроша? И тем не менее, когда эти птицы перелетают с места на место в поисках пропитания, ни одна из них не забыта у Отца, источника всего живого. Для серафимов-хранителей у вас и волосы на голове пересчитаны. И если всё это так, то почему вы должны жить в страхе перед различными пустяками, которые случаются в вашей повседневной жизни? Говорю вам: не бойтесь, вы намного ценнее множества воробьев.

Всех вас, имевших мужество признать веру в мое евангелие перед людьми, я вскоре призна́ю перед ангелами небесными; тот же, кто преднамеренно отрицает истину моих учений перед людьми, отвержен будет своим хранителем судьбы перед ангелами небесными.

Говорите о Сыне Человеческом, что угодно, и простится вам; тот же, кто осмеливается хулить Бога, едва ли найдет прощение. Когда люди доходят до того, что умышленно приписывают дела Божьи силам зла, такие злостные мятежники вряд ли будут добиваться прощения за свои грехи.

И когда наши враги приведут вас к начальникам синагог и другим вождям, не заботьтесь о том, что́ говорить, и не волнуйтесь о том, ка́к отвечать на их вопросы, ибо пребывающий в вас дух непременно научит вас в тот самый час, что́ сказать во имя евангелия царства.

Сколько еще будете мешкать в долине сомнения? Почему вы колеблетесь? Почему иудей или язычник должны сомневаться, принимать ли благую весть о том, что он является сыном вечного Бога? Как долго нам еще придется убеждать вас с радостью принять свое духовное наследство? Я пришел в этот мир, чтобы раскрыть вам Отца и привести вас к Отцу. Первое я уже выполнил, но второго я не могу выполнить без вашего согласия: Отец никогда и никого не заставляет вступать в царство. Приглашение всегда было и всегда будет неизменным: пусть все желающие приходят и щедро черпают воду жизни».

Когда Иисус умолк, многие отправились к Иордану, чтобы получить крещение от апостолов, а Иисус слушал вопросы оставшихся.

4. РАЗДЕЛ НАСЛЕДСТВА

Пока апостолы крестили верующих, Учитель говорил с теми, кто остался. Один юноша сказал ему: «Учитель, мой отец умер, оставив мне и моему брату большое наследство, но мой брат отказывается отдать то, что мне причитается. Не можешь ли ты приказать моему брату разделить со мной наследство?» Иисусу не очень понравилось, что этот материально настроенный юноша вынес на обсуждение сугубо деловой вопрос. Однако он воспользовался этим случаем для того, чтобы продолжить свое обучение. Иисус сказал: «Человек, кто поставил меня делить между вами наследство? Почему ты решил, что меня интересуют материальные дела этого мира?» И затем, повернувшись ко всем, кто находился перед ним, он сказал: «Смотрите, берегитесь жадности; жизнь человека не зависит от вашего имущества, как бы богаты вы ни были. Не власть богатства приносит счастье, и не сокровища дают радость. Само по себе богатство не является проклятием, но любовь к нему часто приводит к такой приверженности вещам этого мира, что душа становится слепа к восхитительному очарованию духовных реальностей царства Божьего на земле и радости вечной жизни на небесах.

Позвольте рассказать вам историю об одном богатом человеке, получившем хороший урожай. Разбогатев, он стал рассуждать сам с собой: „Что мне делать со всем моим богатством? У меня теперь его столько, что я не знаю, где держать свое состояние“. Поразмыслив над своей проблемой, он сказал: „Сделаю вот что: снесу все мои амбары и построю большие, и будет у меня достаточно места, чтобы собрать весь урожай и всё мое добро. И скажу душе моей: душа, много добра запасено у тебя на многие годы; отдыхай, ешь, пей и веселись, ибо ты богата и приумножила свое добро“.

Но этот богач был также глупцом. Заботясь о материальных потребностях своего разума и тела, он не запасся сокровищами на небе для удовлетворения духа и спасения души. Не принесло ему радости и накопленное богатство, ибо в ту же ночь он отдал Богу душу. В его дом ворвались разбойники, убили его и, разграбив его амбары, сожгли то, что осталось. А его наследники подрались из-за уцелевшей собственности. Этот человек собирал сокровища для себя на земле, но не был богат перед Богом».

Иисус поступил так с юношей и его наследством, ибо знал, что его беда заключается в стяжательстве. Но даже если бы причина была в чем-то ином, Учитель не стал бы вмешиваться, ибо он никогда не вмешивался в мирские дела даже своих апостолов, тем более – учеников.

Когда Иисус закончил свой рассказ, другой человек поднялся и спросил: «Учитель, я знаю, что твои апостолы продали всю свою земную собственность, чтобы идти за тобой, и что у них всё общее, как у ессеев; но желаешь ли ты, чтобы так же поступили и все мы, твои ученики? Грешно ли иметь честно накопленное богатство?» И Иисус ответил на этот вопрос: «Друг мой, иметь честное богатство – не грех; однако греховно, если материальное богатство превращается для тебя в *сокровища*, способные поглотить твои интересы и отвлечь твои чувства от приверженности духовным устремлениям царства. Нет греха в том, чтобы обладать честными владениями на земле, при условии, что твое *сокровище* – на небесах, ибо где твое сокровище, там будет и твое сердце. Существует огромная разница между богатством, ведущим к стяжательству и эгоизму, и богатством людей, которые, в избытке владея вещами этого мира, как рачительные хозяева хранят и распределяют его, щедро поддерживая тех, кто посвящает всю свою энергию делу царства. Многие из вас, присутствующие здесь без средств, накормлены и размещены в этом палаточном городке благодаря тому, что состоятельные и свободные от предрассудков мужчины и женщины передали деньги для этой цели вашему хозяину, Давиду Зеведееву.

Но всегда помните о том, что богатство, в конечном счете, не вечно. Любовь к богатству слишком часто мешает духовному ви́дению и даже уничтожает его. Вам следует осознать опасность превращения богатства из вашего слуги в вашего хозяина».

Иисус не внушал и не поощрял беспечность, безделье, безразличие к физическим потребностям семьи или зависимость от подаяний. Но он действительно учил, что материальное и бренное следует подчинять благополучию души и духовному прогрессу в царстве небесном.

Затем, пока люди спускались к реке, чтобы посмотреть на крещение, человек, первым обратившийся с вопросом, подошел к Иисусу, чтобы поговорить с ним наедине о наследстве, поскольку он считал, что Учитель сурово обошелся с ним. Вторично выслушав его, Иисус ответил: «Сын мой, почему в такой день ты потворствуешь своим стяжательским наклонностям, вместо того, чтобы воспользоваться возможностью и вкусить хлеба жизни? Разве ты не знаешь, что еврейские законы о наследстве обеспечат справедливое решение, если ты придешь со своей жалобой в суд синагоги? Разве ты не видишь, что моя задача – сделать так, чтобы ты узнал о своем небесном наследстве? Разве ты не читал в Писании: „Вот тот, кто богатеет осторожностью и скаредностью, и вот его награда: хотя он и говорит, что обрел покой и теперь может пользоваться своим добром, он не знает, что́ готовит ему будущее, не знает, что ему придется оставить всё это другим после своей смерти“. Разве ты не читал заповедь: „Не желай“. И в другом месте: „Они ели, и насыщались, и разжирели, и обратились к иным богам“. Читал ли ты в Псалтыре, что „Господь питает отвращение к корыстолюбцам“ и что „то малое, что есть у праведника, превосходит богатства многих нечестивцев“? „Когда богатство умножается, не прилагайте к нему сердца“. Разве ты не читал то место из Иеремии, где он говорит: „Не должен богатый хвастать своим богатством“; и Иезекииль изрек истину, сказав: „В своих показных речах они говорят о любви, но в глубине души их влекут корыстные цели“».

Иисус отослал юношу со словами: «Сын мой, какой прок тебе, если приобретя весь мир, ты потеряешь свою душу?»

Другому человеку, стоявшему рядом и спросившему, каким будет положение богатых в судный день, он ответил: «Я не пришел судить богатых или бедных; сама жизнь, прожитая людьми, будет судьей всем. Помимо всего прочего, что может приниматься во внимание при вынесении приговора богачу, каждый владелец большого состояния должен ответить минимум на три вопроса:

1. Какое состояние ты накопил?
2. Как ты его приобрел?
3. Как ты им распорядился?»

После этого Иисус удалился в палатку, чтобы немного отдохнуть перед вечерней трапезой. Когда апостолы закончили крестить, они также пришли сюда и хотели поговорить с ним о богатстве на земле и о сокровище на небесах. Но он спал.

5. БЕСЕДЫ С АПОСТОЛАМИ О БОГАТСТВЕ

В тот вечер, после ужина, когда Иисус и двенадцать собрались на свой ежедневный совет, Андрей спросил: «Учитель, ввиду того, что мы крестили верующих и не могли услышать всех тех слов, с которыми ты обратился к оставшемуся народу, не согласишься ли ты повторить их для нас?» И в ответ на просьбу Андрея Иисус сказал:

«Да, Андрей, я поговорю с вами об этих вещах – богатстве и самообеспечении, – но слова, обращенные к вам, моим апостолам, должны несколько отличаться от тех, которые я говорил ученикам и народу, ибо вы оставили всё не только для того, чтобы идти за мной, но и для того, чтобы быть рукоположенными в посланники царства. За вашими плечами уже несколько лет опыта, и вы знаете, что Отец, чье царство вы возвещаете, не оставит вас. Вы посвятили свою жизнь служению царству. Поэтому не тревожьтесь и не заботьтесь о делах бренной жизни – ни о том, что́ есть, ни о теле своем, во что́ одеться. Благополучие души больше еды и питья; прогресс духа намного выше потребности в одеждах. Когда вы испытываете соблазн усомниться, будет ли у вас пропитание, вспомните о во́ронах: они не сеют и не жнут, нет у них ни хранилищ, ни амбаров, однако же Отец питает каждого из них, кто ищет себе пищу. Насколько же вы ценнее множества птиц! Кроме того, никакие беспокойства или тревоги не помогут вам хоть как-то удовлетворить ваши материальные потребности. Кто из вас, беспокоясь, способен хотя бы на ладонь прибавить себе росту или на один день продлить свою жизнь? Если такие вещи не зависят от вас, то зачем беспокоиться о какой-либо из этих проблем?

Посмотрите на лилии, как они растут: они не трудятся и не шьют себе одежды. Но говорю вам, что и Соломон со всём своим великолепием не имел таких одеяний, как любая из них. И если Бог так одевает траву в поле, которая сегодня есть, а завтра будет скошена и брошена в огонь, то насколько же богаче он оденет вас, посланников небесного царства. О, маловеры! Когда вы беззаветно отдаете себя возвещению евангелия царства, вам не следует тревожиться о пропитании для себя или оставленных вами семей. Если вы действительно посвятите свою жизнь евангелию, вы будете жить по евангелию. Ежели вы – только верующие ученики, то должны зарабатывать себе на хлеб и помогать всем, кто учит, проповедует и исцеляет. Если вы заботитесь о еде и питье, в чём ваше отличие от народов мира, которые столь усердно стремятся удовлетворить эти потребности? Посвятите себя своему труду и веруйте: и Отец, и я знаем, что́ из всего этого вам нужно. Позвольте заверить вас раз и навсегда: если вы отдадите свою жизнь делу царства, все ваши действительные потребности будут удовлетворены. Стремитесь к великому, и малое будет в том же; просите небесного, и земное приложится. Тень всегда следует за субстанцией.

Вы – лишь малая группа, но если будете верить, если не оступитесь в страхе, то заявляю, что мой Отец с огромной радостью даст вам это царство. Вы приготовили себе сокровище там, где богатства непреходящие, к которым не подберется вор, которые не погубит тлен. И, как я говорил народу, где ваше сокровище, там будет и ваше сердце.

Но в том труде, который ждет нас, и в том, который останется вам после моего возвращения к Отцу, вас ждут тяжкие испытания. Все вы должны остерегаться страха и сомнений. Пусть каждый из вас будет наготове, и пусть горят ваши светильники. Будьте как слуги, ожидающие возвращения своего господина с брачного пира с тем, чтобы, когда он придет и постучит в дверь, тотчас отворить ему. Господин благословляет таких бодрствующих слуг, убедившись в их верности в столь великий час. Господин велит своим слугам сесть, а сам прислуживает им. Истинно, истинно вам говорю: близится переломный момент в вашей жизни, и вам следует хранить бдительность и быть готовыми.

Вы хорошо понимаете, что если бы хозяин дома знал, когда придет вор, то не позволил бы ему вломиться в его дом. Будьте же и вы готовы, ибо Сын Человеческий покинет вас в тот час, которого вы меньше всего ждете, причем так, как вы и не догадываетесь».

Несколько минут двенадцать сидели в молчании. Некоторые из этих предупреждений они уже слышали, но не в том контексте, в котором они прозвучали на этот раз.

6. ОТВЕТ НА ВОПРОС ПЕТРА

Пока они сидели, задумавшись, Симон Петр спросил: «Нам ли только, своим апостолам, рассказал ты эту притчу или всем ученикам?» И Учитель ответил:

«Испытания раскрывают человеческую душу: злоключения показывают, что́ действительно таится в сердце. Когда слуга испытан и проверен, тогда хозяин дома может поручить ему управлять своим хозяйством и спокойно доверить этому преданному управляющему уход за детьми. Так же и я скоро буду знать, кому можно будет доверить благополучие моих детей, после того как я вернусь к Отцу. Как хозяин дома поручает истинному и испытанному слуге дела своей семьи, так и я возвышу в делах моего царства тех, кто выдержит испытания этого часа.

Если же слуга нерадив и говорит себе: „Мой господин вернется не скоро" и начинает плохо обращаться с другими слугами, есть и напиваться с пьяницами, то придет господин слуги в то время, когда тот не ждет его, и, уличив в неверности, с позором прогонит. Поэтому вам следует хорошо подготовиться к тому дню, когда к вам придут внезапно и нежданно. Помните: вам много дано, поэтому от вас много и потребуется. Жестокие испытания приближаются к вам. Я должен принять иное крещение, и я буду бодрствовать, пока оно не свершится. Вы проповедуете мир на земле, однако моя миссия не принесет мира в материальные дела людей, – по крайней мере, не сразу. Где два члена семьи верят в меня, а трое отвергают это евангелие, там результатом может быть только рознь. Евангелие, которое вы проповедуете, не может не обратить друг против друга друзей, родственников и возлюбленных. Конечно, каждый из этих верующих обретет великий и прочный мир в своем сердце, но мир на земле наступит только тогда, когда все будут готовы поверить в славное наследство богосыновства и вступить в него. И всё же, идите по всему миру, возвещая это евангелие всем народам, каждому мужчине, женщине и ребенку».

Так завершилась эта напряженная суббота. На следующий день Иисус и двенадцать апостолов отправились в города северной Переи, чтобы навестить семьдесят посланников царства, трудившихся в этих местах под началом Авенира.

ДОКУМЕНТ 166

ПОСЛЕДНЕЕ ПОСЕЩЕНИЕ СЕВЕРНОЙ ПЕРЕИ

В период с 11 по 20 февраля Иисус и двенадцать посетили все города и села северной Переи, где трудились сподвижники Авенира и члены женского корпуса. Они увидели, что эти проповедники евангелия добиваются успеха, и Иисус не раз обращал внимание своих апостолов на то, что евангелие царства может распространяться без помощи чудес и волшебства.

Вся трехмесячная миссия в Перее была успешно проведена почти без участия двенадцати апостолов, и начиная с этого времени, евангелие отражало не столько личность Иисуса, сколько его *учения*. Однако последователи Иисуса недолго следовали его наставлениям, ибо вскоре после его смерти и воскресения они отошли от учений Иисуса и приступили к созданию ранней церкви вокруг чудотворных представлений и приукрашенных воспоминаний о его божественно-человеческой личности.

1. ФАРИСЕИ В РАГАБЕ

В субботу, 18 февраля, Иисус находился в Рагабе, где жил богатый фарисей по имени Нафанаил; а поскольку много таких же, как он, фарисеев следовали за Иисусом и двенадцатью по всей Перее, в это субботнее утро Нафанаил устроил для них – около двадцати человек – завтрак, пригласив Иисуса в качестве почетного гостя.

К тому времени, когда Иисус прибыл к завтраку, большинство фарисеев вместе с двумя-тремя законниками уже сидели за столом. Учитель сразу же занял свое место слева от Нафанаила, не подходя к чашам с водой для мытья рук. Многие из фарисеев – в особенности те, которые благосклонно относились к учениям Иисуса, – знали, что он моет руки только в целях гигиены и питает отвращение к этим чисто ритуальным процедурам. Поэтому их не удивило, что он направился прямо к столу, не омыв дважды своих рук. Однако Нафанаил был шокирован тем, что Учитель не подчинился жестким требованиям фарисейских обычаев. В отличие от фарисеев, Иисус также не омывал рук после каждого блюда или в конце еды.

После продолжительного перешептывания между Нафанаилом и враждебно настроенным фарисеем, сидевшим по его правую руку, насмотревшись на поднятые брови и презрительно скривленные губы, Иисус, наконец, сказал: «Я полагал, что вы пригласили меня в этот дом, чтобы я разделил с вами трапезу и что вы, быть может, поинтересуетесь у меня о возвещении нового евангелия царства Божьего. Но я вижу, что вы привели меня сюда для того, чтобы я стал свидетелем демонстрации вашей показной приверженности своему собственному лицемерию. Эту услугу вы уже оказали мне. Чем еще удостоите вы меня как своего сегодняшнего гостя?»

После этих слов Учителя они потупились и умолкли. И поскольку никто не заговорил, Иисус продолжал: «Многие из вас, фарисеев, присутствуют здесь сегодня вместе со мной как друзья, а некоторые даже являются моими учениками. Но большинство фарисеев упорно отказываются увидеть свет и признать истину, даже тогда, когда евангелический труд предстает перед ними во всём могуществе. Сколь старательно очищаете вы снаружи чашу и блюдо, в то время как сосуды для духовной пищи покрыты грязью и нечистотами! Вы заботитесь о внешней набожности и святости, но в душе своей наполнены лицемерием, стяжательством, вымогательством и всевозможными духовными пороками. Ваши вожди даже смеют замышлять убийство Сына Человеческого. Неразумные! Разве вы не понимаете, что Бог небесный видит внутренние мотивы вашей души так же, как и внешние претензии и благочестивые заверения? Не думайте, что подавая милостыню и выплачивая десятину, вы очищаетесь от неправедности и остаетесь непорочными перед Судьей всех людей. Горе вам, фарисеям, упорно отвергающим свет жизни! Вы скрупулезны, давая десятину, и нарочиты в подаяниях, но вы сознательно и с презрением отвергаете пришествие Бога и отклоняете раскрытие его любви. Хотя нет ничего порочного в том, чтобы обращать внимание на эти второстепенные обязанности, вам не следовало оставлять без внимания более значительные требования. Горе всем, кто избегает справедливости, пренебрегает милосердием и отвергает истину! Горе всем тем, кто презирает откровение Отца и в то же время ищет главные места в синагогах и жаждет льстивых приветствий на базарных площадях!»

Когда Иисус встал, чтобы уйти, один из сидевших за столом законников, обращаясь к нему, сказал: «Однако, Учитель, некоторые твои высказывания являются упреком и для нас. Разве в книжниках, фарисеях или законниках нет ничего хорошего?» Оставшись стоять, Иисус ответил законнику: «Как и фарисеи, вы наслаждаетесь, занимая главные места на празднествах и нося длинные одежды, и в то же время возлагаете на людей тяжелое бремя. А когда людская душа спотыкается под тяжестью этого бремени, вы и пальцем не пошевелите, чтобы помочь. Горе вам, чья величайшая услада – строить гробницы пророкам, убитым вашими предками! И вы показываете людям, что одобряете сделанное вашими предками, когда замышляете убить тех, кто является сегодня и делает то, что делали в свое время пророки, – возвещает праведность Бога и раскрывает милосердие небесного Отца. Но из всех прошлых поколений, именно с этого порочного и лицемерного поколения взыщется кровь пророков и апостолов. Горе всем вам, законники, похитившие ключ познания у простого люда! Вы и сами отказываетесь пойти по пути истины, и препятствуете всем остальным, желающим встать на этот путь. Но не в вашей власти закрыть двери царства небесного. Мы открыли их для всех, у кого хватит веры, чтобы войти, и эти врата милосердия не затворить предрассудками и невежеством ложных учителей и неверных пастырей, которые – что побеленные гробницы: снаружи кажутся красивыми, а внутри полны костей мертвецов и всякой скверны».

Произнеся эти слова за столом у Нафанаила, Иисус покинул дом, не прикоснувшись к еде. Некоторые из слушавших его фарисеев уверовали в это учение и вошли в царство, однако большинство не пожелало выйти на свет, исполнившись еще большей решимости затаиться и дождаться каких-то его высказываний, на основании которых его можно будет доставить в иерусалимский синедрион для следствия и суда.

Существовало только три вещи, на которые фарисеи обращали особое внимание:

1. Они неукоснительно выплачивали десятину.

2. Они скрупулезно соблюдали законы очищения.

3. Они общались только с фарисеями.

В данном случае Иисус стремился разоблачить духовную пустоту первых двух обычаев, оставив свои замечания, осуждающие отказ фарисеев общаться с нефарисеями, на следующий раз, когда ему вновь довелось сидеть за одним столом со многими из тех же людей.

2. ДЕСЯТЬ ПРОКАЖЕННЫХ

На следующий день Иисус вместе с двенадцатью отправился в Амаф, находившийся у границы с Самарией. Когда они подходили к городу, им повстречалась группа из десяти обитавших поблизости прокаженных. Девять из них были евреи, один самаритянин. В обычных условиях эти евреи чурались бы любого общения или связи с самаритянином, однако общий недуг оказался более чем достаточным основанием для преодоления всех религиозных предубеждений. Они много слышали об Иисусе и его прежних чудесах исцеления, и поскольку семьдесят взяли за правило сообщать о времени предполагаемого прибытия Иисуса в те дни, когда Учитель, вместе с апостолами, совершал эти путешествия, десять прокаженных знали, что он ожидается здесь примерно в это время. Поэтому они устроились на окраине города, где надеялись привлечь его внимание и просить об исцелении. Когда прокаженные увидели приближавшегося Иисуса, они – оставаясь на большом расстоянии и не смея приблизиться – закричали ему: «Учитель, смилуйся над нами; очисть нас от нашего недуга! Исцели нас, как ты исцелил других!»

Иисус как раз объяснял двенадцати, почему иноверцы Переи, а также менее ортодоксальные евреи, охотнее верят в евангелие, которое проповедуют семьдесят, чем более ортодоксальные и скованные традицией евреи Иудеи. Он обратил внимание апостолов на то, что их проповедь находит больший отклик у галилеян и даже самаритян. Однако в то время двенадцать апостолов едва ли были способны на добрые чувства к издавна презираемым самаритянам.

Поэтому, когда Симон Зелот заметил среди прокаженных самаритянина, он попытался убедить Иисуса идти в город, не задерживаясь ни на мгновение даже для приветствия. Иисус сказал Симону: «А что, если самаритянин любит Бога так же, как и эти евреи? Разве мы можем судить наших собратьев? Кто знает – если нам удастся исцелить этих десятерых, возможно, что самаритянин окажется благодарнее евреев. Уверен ли ты в своем мнении, Симон?» И Симон тут же ответил: «Если очистишь их, увидишь». И Иисус сказал: «Пусть будет так, Симон, и вскоре ты узнаешь истину о благодарности людей и любвеобильном милосердии Бога».

Подойдя к прокаженным, Иисус сказал: «Если исцелитесь, пойдите тут же и покажитесь священникам, как требует закон Моисея». И пока они шли, они очистились. Но когда самаритянин увидел, что он исцеляется, он повернул назад и, разыскивая Иисуса, стал громко славить Бога. Найдя Учителя, он пал ниц к его ногам и принялся благодарить за исцеление. Девять евреев также обнаружили свое исцеление, и хотя они тоже были благодарны за очищение, они продолжили путь, чтобы показать себя священникам.

Пока самаритянин продолжал стоять на коленях у ног Иисуса, Учитель, бросив взгляд на апостолов, – и в первую очередь на Симона Зелота, – сказал: «Разве не все десять очистились от язв? Где же остальные, девять евреев? Только один – иноплеменник – вернулся воздать хвалу Богу». И после этого он сказал самаритянину: «Встань и иди с миром; вера твоя исцелила тебя».

Когда этот чужеземец ушел, Иисус вновь взглянул на своих апостолов. И все апостолы посмотрели на Иисуса, кроме Симона Зелота, который стоял, потупив глаза. Никто из двенадцати не проронил ни слова. Молчал и Иисус; всё было понятно без слов.

Хотя каждый из десяти был глубоко убежден в том, что он болен проказой, только четверо из них страдали этим недугом. Остальные шесть исцелились от кожного заболевания, которое было ошибочно принято за проказу. Однако самаритянин был болен настоящей проказой.

Иисус наказал двенадцати ничего не говорить об очищении прокаженных, и когда они продолжили путь в Амаф, он заметил: «Вы видите, как дети семьи – даже если они не подчиняются воле Отца – принимают его благословения за должное. Они считают это пустяком, когда забывают поблагодарить Отца за дарованное им исцеление; если же глава дома одаряет посторонних, те изумляются и не могут не поблагодарить, полные признательности за пожалованные им благодеяния». И вновь апостолы ничего не ответили на слова Учителя.

3. ПРОПОВЕДЬ В ГЕРАСЕ

Когда Иисус и двенадцать навещали посланников царства в Герасе, один из уверовавших в него фарисеев задал следующий вопрос: «Господи, мало или много будет тех, кто действительно спасется?» В ответ Иисус сказал:

«Вас учили, что спасутся только дети Авраама и что только принятые в веру язычники могут надеяться на спасение. Некоторые из вас полагают, что поскольку в Писаниях говорится о Халеве и Иешуа как о единственных, кто дожил до вступления в землю обетованную из всего множества людей, вышедших из Египта, то сравнительно немногие из тех, кто ищет царства небесного, попадут в него.

У вас есть еще одно высказывание, в котором много правды: о том, что путь, ведущий к вечной жизни, прям и тесен и что дверь, ведущая туда, также узка, а потому лишь немногие из тех, кто ищет спасения, смогут войти в эту дверь. Вы также у́чите, что путь, ведущий к погибели, широк, и что вход туда широк, и что многие избирают этот путь. И эта пословица не лишена смысла. Но я заявляю, что спасение является в первую очередь делом вашего личного выбора. Даже если дверь, выводящая на путь жизни, узка, она достаточно широка, чтобы впустить всех, кто искренне желает войти, ибо я есть та дверь. Сын никогда не откажется впустить ни одно дитя вселенной, которое, с помощью веры, стремится найти Отца через Сына.

Но вот в чём опасность для всех, кто хотел бы отложить свое вступление в царство, продолжая получать удовольствия и наслаждения, присущие незрелым и эгоистичным людям: отказавшись войти в царство в духовном опыте, они могут попытаться вступить в него позднее, когда слава лучшего пути будет раскрыта в грядущую эпоху. Поэтому когда те, кто отвернулся от царства, пока я пребывал в образе человека, будут искать вход в царство, раскрытое в образе божественности, я скажу всем этим себялюбцам: я не знаю, откуда вы. У вас была возможность подготовиться к этому небесному гражданству, однако вы отказались от всех предложений милосердия; вы отвергли все призывы войти, пока дверь была открыта. Теперь же для вас, отвергших спасение, дверь закрыта. Эта дверь закрыта для тех, кто хотел бы войти в царство для собственной славы. Спасение не для тех, кто не желает заплатить за него беззаветной преданностью воле моего Отца. Если в душе и в духе вы отвернулись от царства Отца, бесполезно в разуме и во плоти стоять перед этой дверью, стуча в нее и повторяя: „Господи, отвори нам; мы стали бы великими и в царстве“. Тогда я заявлю вам, что вы не моей паствы. Я не приму вас к тем, кто честно боролся в вере и удостоился награды за бескорыстное служение в царстве на земле. И когда вы скажете: „Разве мы не ели и не пили с тобой, и разве не на наших улицах ты учил?“, то я вновь заявлю вам, что в духе вы чужие, что вы не были нашими товарищами в служении, раскрывающем милосердие Отца на земле, что я не знаю вас. И затем Судья всей земли скажет вам: „Отойдите от нас, все вы, наслаждавшиеся делами нечестивыми“.

Но не бойтесь: каждый, кто искренне желает найти вечную жизнь через вступление в царство Божье, обязательно найдет такое непреходящее спасение. Вы же, отвергающие это спасение, однажды увидите, как пророки семени Авраама вместе с верующими языческих народов воссядут в этом прославленном царстве, вкушая хлеб жизни и освежая себя ее водой. И те, кто завладеет этим царством с помощью духовного могущества и непрестанных усилий своей живой веры, придут с севера и юга, с востока и запада. И увидите, что многие первые станут последними, а многие последние часто будут первыми».

Это было поистине новой и необычной трактовкой старой и знакомой пословицы о прямом и узком пути.

Апостолы и многие ученики с трудом постигали значение давнего заявления Иисуса: «Если не родитесь заново, – если не родитесь в духе, – то не сможете войти в царство Божье». И тем не менее, для всех, кто обладает чистым сердцем и искренней верой, извечной остается истина: «Смотри, я стою у дверей человеческих сердец и стучу, и если кто отворит дверь, то я войду в его дом и сяду есть вместе с ним и накормлю его хлебом жизни; мы будем едины в духе и цели, и потому навеки станем братьями в долгом и плодотворном служении в поисках Райского Отца». А потому, будут ли спасены немногие или многие, целиком зависит от того, немногие или многие услышат приглашение: «Я есть дверь, я есть новый и живой путь, и всякий, кто захочет, сможет вступить на этот путь нескончаемого поиска истины протяженностью в вечность».

Даже апостолы не могли до конца понять его учение о необходимости использовать духовную силу для сокрушения всякого материального сопротивления и преодоления любого земного препятствия, которое может оказаться на пути понимания важнейших духовных ценностей новой жизни в духе, – жизни освобожденных Божьих сынов.

4. УЧЕНИЕ О НЕСЧАСТНЫХ СЛУЧАЯХ

Хотя большинство палестинцев питались только два раза в день, во время путешествий Иисус и апостолы обычно устраивали в полдень привал для отдыха и подкрепления сил. Именно во время такой полуденной остановки по пути в Филадельфию Фома спросил у Иисуса: «Учитель, услышав твои замечания, сделанные по дороге сегодня утром, я хотел бы узнать, имеют ли духовные существа отношение к странным и необычным событиям, происходящим в материальном мире, а также спросить, способны ли ангелы и другие духовные существа предотвращать несчастные случаи».

В ответ на вопрос Фомы Иисус сказал: «Сколько лет я вместе с вами, а вы всё продолжаете задавать мне такие вопросы! Неужели вы так и не заметили, что Сын Человеческий живет так же, как вы, неизменно отказываясь пользоваться небесными силами для поддержания самого себя? Разве все мы не живем с помощью тех же средств, что и остальные люди? Разве вы не видите, что могущество духовного мира проявляется в материальной жизни этого мира только для раскрытия Отца и порой – для исцеления его страждущих детей?

Слишком долго ваши отцы верили, что процветание есть знак божественного одобрения, а несчастья – доказательство Божьего недовольства. Я заявляю, что такие убеждения являются суеверием. Разве вы не видите, что среди тех, кто с радостью принимает евангелие и сразу входит в царство, огромное большинство составляют бедняки? Если богатство свидетельствует о божественной милости, то почему богатые столь часто отказываются поверить этой благой вести с небес?

Отец проливает свой дождь на справедливых и несправедливых; солнце также сияет над праведными и неправедными. Вы знаете о тех галилеянах, чью кровь Пилат смешал с жертвами, но я говорю вам, что эти галилеяне отнюдь не являлись самыми большими грешниками среди своих собратьев только потому, что такое случилось с ними. Вы также знаете о тех восемнадцати, которые были убиты при падении Силоамской башни. Не думайте, что уничтоженные таким образом люди были первыми преступниками среди своих иерусалимских собратьев. Они стали всего лишь невинными жертвами одного из происходящих во времени несчастных случаев.

Существуют три группы событий, которые могут произойти в вашей жизни:

1. Вы можете стать участниками нормальных событий, присущих той жизни, которую вы и ваши собратья проживаете на земле.

2. Вы можете оказаться жертвой одной из природных катастроф, одного из человеческих несчастий, прекрасно зная, что такие происшествия никоим образом не являются заведомо устроенными или каким-либо иным образом вызванными духовными силами этого мира.

3. Вы можете столкнуться с последствиями своего собственного стремления подчиниться естественным законам, управляющим этим миром.

Один человек посадил у себя во дворе смоковницу и, после того как он много раз пытался отыскать на ней плоды и не находил их, призвал виноградарей и сказал: „Смотрите, уже третий год как я прихожу искать плоды на этой смоковнице и не нахожу. Срубите это бесплодное дерево; оно только место занимает“. Но старший садовник ответил своему хозяину: „Оставь его еще на год. Я окопаю его и удобрю, а если и на будущий год оно не принесет плодов, то будет срублено“. И когда они подчинились законам плодородия, дерево – живое и непорченое – вознаградило их обильным урожаем.

Относительно болезни и здоровья вам следует знать, что эти телесные состояния – результат материальных причин; здоровье не является улыбкой небес, как недуг не является недовольством Бога.

Человеческие дети Отца одинаково способны получать материальные блага; поэтому Отец не проводит различия, одаряя детей человеческих вещами физического мира. Что же касается посвящения духовных даров, Отец ограничен способностью человека принимать эти божественные дарования. Хотя Отец нелицеприятен, в посвящении духовных даров он ограничен верой человека и его готовностью жить по воле Отца».

На пути в Филадельфию Иисус продолжал учить их и отвечать на их вопросы о несчастных случаях, болезнях и чудесах, однако они были неспособны до конца понять его учение. За один час обучения невозможно в корне изменить представления, сложившиеся в течение всей жизни, и потому Иисус считал необходимым возвращаться к сказанному, вновь и вновь повторяя те вещи, которые ему хотелось растолковать им. Несмотря на это, они смогли постигнуть значение миссии Иисуса на земле только после его смерти и воскресения.

5. ОБЩИНА ФИЛАДЕЛЬФИИ

Иисус и двенадцать направлялись в Филадельфию, чтобы повидаться с Авениром и его сподвижниками, которые проповедовали и учили здесь. Из всех городов Переи, в Филадельфии было больше всего евреев и иноверцев – богатых и бедных, ученых и неученых, – которые приняли учения семидесяти и тем самым вошли в царство небесное. Синагога Филадельфии никогда не подчинялась иерусалимскому синедриону и потому всегда оставалась открытой для учений Иисуса и его последователей. Именно в это время Авенир трижды в день учил в синагоге Филадельфии.

Впоследствии эта же синагога превратилась в христианскую церковь и стала миссионерским центром распространения евангелия на Восток. В течение долгого времени она являлась цитаделью учений Иисуса и на протяжении многих веков выделялась как центр христианства в этом регионе.

Евреи Иерусалима никогда не ладили с евреями Филадельфии. И после смерти и воскресения Иисуса иерусалимская церковь, главой которой стал брат Господа, Иаков, начала испытывать серьезные трудности в отношениях с братством верующих Филадельфии. Авенир стал главой филадельфийской церкви, оставаясь в этой должности до своей смерти. Это охлаждение отношений с Иерусалимом объясняет, почему в Евангелиях Нового Завета ни слова не сказано об Авенире и его труде. Вражда между Иерусалимом и Филадельфией существовала в течение всей жизни Иакова и Авенира и продолжалась некоторое время после разрушения Иерусалима. Филадельфия являлась настоящим центром ранней церкви на юге и востоке, подобно тому как Антиохия была центром на севере и западе.

К несчастью, Авенир разошелся во взглядах со всеми лидерами ранних христиан. Он рассорился с Петром и Иаковом (братом Иисуса) из-за управления и полномочий иерусалимской церкви; он расстался с Павлом из-за расхождений в философии и теологии. В своей философии Авенир больше заимствовал от Вавилона, нежели от Греции, и он упорно сопротивлялся всем попыткам Павла изменить учения Иисуса с целью оставить в них меньше того, что вызывало возражения, – сначала у евреев, а затем и греко-римских поклонников мистерий.

Так Авенир был вынужден прожить свою жизнь в изоляции. Он был главой церкви, которая не признавалась в Иерусалиме. Он осмелился бросить вызов Иакову, брату Господа, которого впоследствии поддерживал Петр. Такое поведение фактически разлучило его со всеми бывшими сподвижниками. После этого он не побоялся дать отпор Павлу. Хотя он полностью одобрял миссию Павла среди иноверцев и поддерживал его в спорах с иерусалимской церковью, он резко отрицательно относился к той трактовке учений Иисуса, которую решил проповедовать Павел. В конце своей жизни Авенир осуждал Павла как «ловкого фальсификатора прижизненных учений Иисуса Назарянина, Сына живого Бога».

В последние годы жизни Авенира и в течение некоторого времени после его смерти верующие Филадельфии более строго, чем любая другая община на земле, придерживались религии Иисуса, заключенной в его жизни и учениях.

Авенир дожил до 89 лет и умер в Филадельфии 21 ноября 74 года н. э., до последнего дня оставаясь преданным верующим и проповедником евангелия небесного царства.

ДОКУМЕНТ 167

ПОСЕЩЕНИЕ ФИЛАДЕЛЬФИИ

Когда упоминается, что Иисус и апостолы посещали различные места, где трудились семьдесят евангелистов, следует помнить, что в течение этого служения в Перее, как правило, его сопровождали только десять апостолов, так как обычно минимум двое из них оставались в Пелле учить народ. Перед тем как Иисус отправился в Филадельфию, Симон Петр и его брат Андрей вернулись в палаточный городок у Пеллы учить собравшихся там людей. Когда Учитель покидал лагерь и отправлялся в различные места в Перее, часто его сопровождало от трехсот до пятисот обитателей лагеря. Свыше шестисот его последователей прибыли вместе с ним в Филадельфию.

Предшествующее путешествие по Декаполису не сопровождалось какими-либо чудесами, и, не считая очищения десяти прокаженных, перейская миссия также пока протекала без чудес. Это был тот этап, когда евангелие возвещалось со всей мощью, без чудес и, как правило, без личного присутствия Иисуса или даже его апостолов.

Иисус и десять апостолов прибыли в Филадельфию в среду, 22 февраля; четверг и пятницу они посвятили отдыху после своих недавних путешествий и трудов. В пятницу вечером Иаков выступил в синагоге, а на следующий вечер был созван общий совет. Все были весьма обрадованы успешным возвещением евангелия в Филадельфии и в соседних селах. Гонцы Давида также доставили сообщения о новых успехах царства по всей Палестине вместе с хорошими известиями из Александрии и Дамаска.

1. ЗАВТРАК С ФАРИСЕЯМИ

В Филадельфии жил очень богатый и влиятельный фарисей, принявший учения Авенира. В субботу утром этот человек устроил в своем доме завтрак, на который пригласил Иисуса. Было известно, что в Филадельфии ждут Иисуса; поэтому из Иерусалима и других мест сюда прибыло много посетителей, среди которых было немало фарисеев; соответственно, около сорока этих лидеров и несколько законников получили приглашение на завтрак, данный в честь Учителя.

Иисус задержался у двери, разговаривая с Авениром. Когда хозяин занял свое место, в комнату вошел один из видных фарисеев Иерусалима, член синедриона, который по привычке сразу же направился к месту для почетного гостя по левую руку от хозяина. Однако, поскольку это место было отведено Учителю, а место по правую руку – Авениру, хозяин указал иерусалимскому фарисею на четвертое место, считая справа налево, и этот сановник был весьма оскорблен, не получив почетного места.

Вскоре все они уже сидели за столом, с удовольствием общаясь друг с другом, поскольку большинство присутствующих были учениками Иисуса или, по крайней мере, благосклонно относились к евангелию. Только его враги обратили внимание на то, что он пренебрег церемонией омовения рук, прежде чем сесть за стол. Авенир омыл руки перед началом трапезы, но не сделал этого при переменах блюд.

Когда трапеза подходила к концу, с улицы вошел человек, давно страдавший хроническим заболеванием и теперь мучившийся водянкой. Этот человек уверовал и недавно был крещен товарищами Авенира. Он не просил Иисуса об исцелении, но Учитель прекрасно знал, что этот страждущий пришел на завтрак в надежде избавиться от осаждавшей Иисуса толпы и тем самым с большей вероятностью привлечь его внимание. Этот человек знал, что чудеса стали редкостью, но он надеялся, что его несчастная доля сможет пробудить в Учителе сострадание. И он не ошибся: когда он вошел в комнату, как Иисус, так и лицемерный иерусалимский фарисей обратили на него внимание. Фарисей тут же возмутился, что такому человеку дозволено входить в дом. Однако Иисус посмотрел на больного и улыбнулся ему столь великодушно, что тот подошел поближе и сел на пол. К концу завтрака Учитель обвел взглядом сотрапезников и, со значением взглянув на опухшего человека, сказал: «Друзья мои, учителя Израиля и ученые законники, я хотел бы задать вам вопрос: законно ли исцелять больных и страждущих в субботу?» Но присутствующие слишком хорошо знали Иисуса; они хранили молчание, не отвечая на его вопрос.

После этого Иисус подошел к тому месту, где сидел больной, и, взяв его за руку, сказал: «Встань и иди с миром. Ты не просил об исцелении, но я знаю желание твоего сердца и веру твоей души». Прежде чем этот человек вышел из комнаты, Иисус вернулся на свое место и, обращаясь к сидящим за столом, сказал: «Мой Отец совершает такие чудеса не для того, чтобы заманить вас в царство, но чтобы раскрыть себя тем, кто уже пребывает в царстве. Вы способны понять, что поступать так – значит поступать, подобно Отцу, ибо кто из вас тотчас не вытащит из колодца любимое животное, даже если оно упало туда в субботу?» И поскольку никто не ответил ему – а также потому что хозяин дома явно одобрял происходящее, – Иисус встал и обратился ко всем присутствующим: «Братья мои, если вас пригласили на свадебный пир, не садитесь на самое почетное место, ибо может случиться, что среди званых гостей окажется человек, который известнее вас, и хозяин подойдет к вам и попросит уступить место этому другому, более почетному гостю. И тогда придется с позором занять менее почетное место за столом. Когда вы приглашены на пир, вы посту́пите мудро, если, войдя в трапезную, отыщете последнее место и займете его; и тогда хозяин, оглядев гостей, может сказать вам: „Друг мой, почему ты сел последним? Займи более почетное место"; и такой человек возвысится в присутствии других гостей. Помните: всякий, кто возвышает сам себя, унижен будет, в то время как тот, кто истинно смиряется, будет возвышен. Поэтому, когда устраиваете обед или ужин, не зовите всегда одних только друзей, братьев, родственников или богатых соседей, надеясь на ответное приглашение, чтобы они воздали тем же. Но когда созываете гостей, приглашайте иногда бедных, увечных и слепых. Так благословенны будете в своем сердце, ибо хорошо знаете, что увечные и хромые не смогут отплатить вам за вашу милосердную помощь».

2. ПРИТЧА О ЗВАНОМ УЖИНЕ

Когда Иисус закончил говорить на утренней трапезе у фарисея, один из присутствующих законников, желая прервать тишину, сказал первое, что пришло ему в голову: «Блажен, кто вкусит хлеба в царстве Божьем», что в те времена было расхожим выражением. И тогда Иисус рассказал притчу, которая заставила призадуматься даже расположенного к нему хозяина. Он сказал:

«Один правитель устроил званый ужин и пригласил много гостей; и когда наступило время ужина, он послал слуг оповестить приглашенных: „Приходите, ибо всё готово". И все, как будто сговорившись, начали извиняться. Первый сказал:

„Я купил землю, и мне нужно пойти взглянуть на нее; прошу тебя, извини меня“. Другой сказал: „Я купил пять пар быков и иду получать их; прошу тебя, извини меня“. Третий сказал: „Я только что женился и потому не могу прийти“. Слуги вернулись домой и передали всё это господину. Выслушав их, хозяин дома разгневался и сказал слугам: „Я приготовил этот брачный пир; тельцы заколоты, и всё готово к приему гостей, но они пренебрегли моим приглашением: кто отправился за своими землями, а кто за товаром; они не уважают даже моих слуг, пригласивших их прибыть на мой пир. Обойдите скорее улицы и переулки города, большие и проселочные дороги и приведите сюда нищих и отверженных, слепых и калек, чтобы были гости на брачном пиру“. И слуги сделали, как велел их господин, но и после этого осталось место для новых гостей. Тогда сказал господин слугам: „Ступайте по дорогам и проселкам и созовите всех, кого найдете, чтобы наполнился мой дом. Ибо говорю вам, что никто из приглашенных первыми не отведает моего ужина“. И слуги сделали, как велел их хозяин, и наполнился дом».

Услышав эти слова, они разошлись. Каждый вернулся к себе домой. Как минимум один из насмехавшихся фарисеев, присутствовавших в то утро, понял значение этой притчи, ибо в тот же день он был крещен и публично признал свою веру в евангелие царства. Вечером Авенир повторил эту притчу в своей проповеди на общем собрании верующих.

На следующий день все апостолы начали упражняться в философии, пытаясь объяснить значение этой притчи о званом ужине. Хотя Иисус с интересом выслушивал каждое из различных толкований, он упорно отказывался помочь им лучше понять притчу. Он лишь повторял: «Пусть каждый сам отыщет смысл в своей собственной душе».

3. ЖЕНЩИНА, ОДЕРЖИМАЯ ДУХОМ НЕМОЩИ

Авенир договорился о выступлении Учителя в синагоге в этот субботний день. Это стало первым появлением Иисуса в синагоге с тех пор, как все они закрыли свои двери для его учения по распоряжению синедриона. Завершая службу, Иисус взглянул перед собой и увидел согбенную женщину преклонных лет со скорбным выражением лица. Эта женщина уже давно была одержима страхом; в ее жизни не осталось места для радости. Сойдя с кафедры, Иисус подошел к этой согбенной старухе и, тронув ее за плечо, сказал: «Женщина, если бы ты только поверила, ты смогла бы полностью освободиться от своего духа немощи». И эта женщина, более восемнадцати лет угнетаемая страхом, державшим ее согнутой и скованной, поверила словам Учителя и, благодаря своей вере, тут же выпрямилась. Когда она увидела, что стала прямой, она громко восславила Бога.

Несмотря на то что недуг, которым страдала эта женщина, был исключительно психическим, – ее согбенность была следствием депрессии, – люди решили, что Иисус исцелил настоящий физический недуг. Хотя собрание синагоги в Филадельфии дружелюбно относилось к учениям Иисуса, главный правитель синагоги был враждебно настроенным фарисеем. И поскольку он разделял мнение собрания, считавшего, что Иисус исцелил физический недуг, он встал и, негодуя из-за того, что Иисус позволил себе сделать это в субботу, сказал во всеуслышание: «Разве не шесть дней в неделе для работы? Так приходите и исцеляйтесь в эти рабочие дни, но не в день субботний».

После этих слов враждебно настроенного правителя Иисус вновь поднялся на возвышение для ораторов и сказал: «Зачем играть роль лицемеров? Разве не каждый из вас отвязывает своего вола от стойла в субботу и ведет его на водопой? Если такое действие позволительно в субботу, не следует ли эту женщину, дочь Авраама, скованную злом вот уже восемнадцать лет, освободить от этих пут и проводить к водам свободы и жизни даже в этот день субботы?» И пока женщина продолжала восхвалять Бога, критик Иисуса был посрамлен, а собрание радовалось вместе с ней ее исцелению.

В результате его публичных нападок на Иисуса в эту субботу, главный правитель синагоги был смещен, а его место занял сторонник Иисуса.

Иисус часто освобождал таких людей, ставших жертвой страха, от духовной немощи, психических депрессий и оков страха. Однако люди считали, что все подобные недуги являются либо физическими болезнями, либо случаями одержимости злыми духами.

В воскресенье Иисус вновь учил в синагоге, и многие были крещены Авениром в полдень того же дня в реке, протекавшей к югу от города. На следующий день Иисус и десять апостолов должны были отправиться назад, в лагерь у Пеллы, но им помешало прибытие одного из гонцов Давида, доставившего срочное сообщение для Иисуса от его друзей из Вифании около Иерусалима.

4. ВЕСТЬ ИЗ ВИФАНИИ

Поздним вечером в воскресенье, 26 февраля, в Филадельфию прибыл гонец из Вифании с сообщением от Марфы и Марии, в котором говорилось: «Господи! Тот, кого ты любишь, очень болен». Эта весть была передана Иисусу при завершении вечерней беседы как раз в тот момент, когда он прощался с апостолами на ночь. Поначалу Иисус ничего не ответил. Наступила одна из тех странных пауз, когда он, казалось, общался с чем-то внешним и далеким. А затем, подняв глаза, он обратился к гонцу, и апостолы услышали его слова: «В действительности, эта болезнь не к смерти. Не сомневайтесь: она может быть использована, чтобы восславить Бога и возвысить Сына».

Марфа, Мария и их брат Лазарь очень нравились Иисусу; он любил их и был горячо привязан к ним. Его первым, человеческим побуждением было сразу же отправиться к ним на помощь, однако в его объединенном разуме возникла другая мысль. Он почти уже отказался от надежды на то, что еврейские вожди в Иерусалиме примут царство, но он продолжал любить свой народ, и теперь у него появился план, согласно которому книжникам и фарисеям Иерусалима будет предоставлена еще одна возможность принять его учения; он решил – будь на то воля Отца – сделать это последнее воззвание к Иерусалиму наиболее совершенным и могущественным зримым деянием за всю свою земную жизнь. Иудеи держались за свое представление о чудотворном освободителе. И хотя он отказывался опускаться до материальных чудес или мирского проявления политической власти, на этот раз он действительно испросил у Отца согласия явить свою еще не продемонстрированную власть над жизнью и смертью.

Обычно евреи хоронили своих покойников в день смерти; в столь жарком климате такая практика была необходимостью. Нередко случалось так, что в гробницу клали человека, находившегося просто в коматозном состоянии, и на второй или даже на третий день этот человек выходил из гробницы. Однако евреи верили, что даже если дух – или душа – может оставаться рядом с телом в течение двух или трех дней, он никогда не задерживается здесь более трех дней, что к четвертому дню разложение становится непреодолимым и что никто и никогда не возвращается из гробницы по истечении такого срока. Именно в силу этих причин Иисус задержался в Филадельфии еще на двое суток, прежде чем он собрался идти в Вифанию.

Поэтому рано утром в среду он сказал своим апостолам: «Срочно собирайтесь в путь – мы снова отправляемся в Иудею». И когда апостолы услышали эти слова своего Учителя, они уединились, чтобы посоветоваться друг с другом. Иаков возглавил совещание, и они пришли к единому мнению, что было бы безумием позволить Иисусу вновь идти в Иудею, после чего они пришли к Иисусу и сообщили о своем единодушном мнении. Иаков сказал: «Учитель, несколько недель тому назад ты был в Иерусалиме, где вожди искали твоей смерти, а народ хотел побить тебя камнями. Тогда ты дал этим людям возможность принять истину, и мы не позволим тебе снова идти в Иудею».

На это Иисус сказал: «Разве вы не понимаете, что в течение двенадцати дневных часов человек может безопасно выполнять свою работу? Если человек идет по дороге днем, он не спотыкается, потому что днем светло. Если он идет ночью, то может споткнуться, потому что у него нет света. Пока длится мой день, я не боюсь входить в Иудею. Я хотел бы совершить еще одно чудо для этих евреев; я хотел бы дать им еще один шанс уверовать, пусть даже на их условиях – условиях видимой славы и зримой демонстрации могущества Отца и любви Сына. Кроме того, разве вы не осознаёте, что наш друг Лазарь уснул и что я хотел бы пойти и пробудить его от этого сна!»

Тогда один из апостолов сказал: «Учитель, если Лазарь уснул, то непременно выздоровеет». В те времена среди евреев было принято говорить о смерти как о форме сна, но поскольку апостолы не поняли того, что Лазарь покинул этот мир, Иисус повторил ясным языком: «Лазарь умер. И даже если это не спасет других, я рад за вас, что меня не было там, ибо у вас появится новое основание уверовать в меня; и то, что́ вы увидите, должно укрепить вас при подготовке к тому дню, когда я покину вас и отправлюсь к Отцу».

Видя, что им не удается убедить его не идти в Иудею и что некоторые апостолы не желают даже сопровождать его, Фома обратился к своим товарищам со словами: «Мы рассказали Учителю о наших опасениях, но он полон решимости идти в Вифанию. Я уверен в том, что это конец; они наверняка убьют его. Но если такова воля нашего Учителя, давайте вести себя по-мужски; отправимся и мы в путь, чтобы умереть вместе с ним». И так было всегда: в тех вопросах, которые требовали взвешенности, стойкости и мужества, Фома всегда был оплотом двенадцати апостолов.

5. НА ПУТИ В ВИФАНИЮ

Иисус направлялся в Иудею в сопровождении примерно пятидесяти друзей и врагов. В среду, во время полуденной трапезы, он выступил перед своими апостолами и остальными членами этой группы с беседой на тему «Условия спасения», и в конце этого урока он рассказал притчу о фарисее и мытаре (сборщике налогов). Иисус сказал: «Итак, вы видите, что Отец дает спасение детям человеческим, и это спасение есть безвозмездный дар для каждого смертного, чья вера позволяет ему стать сыном божественной семьи. Человек ничего не может сделать для того, чтобы заслужить это спасение. Лицемерными деяниями не купить Божье благоволение, и прилюдными молитвами не восполнить отсутствие живой веры в сердце.

Своим показным служением вы можете обмануть людей, однако Бог смотрит в ваши души. Вот хороший пример того, о чём я говорю. Два человека зашли в храм помолиться; один фарисей, другой – мытарь. Фарисей стоял и молился про себя: „Боже! Благодарю тебя, что я не похож на других людей – грабителей, неучей, обидчиков, прелюбодеев или вот на этого мытаря. Я пощусь дважды в неделю и отдаю десятую часть всех своих доходов“. Мытарь же, стоя вдали, не смел даже поднять глаз на небо, но, ударяя себя в грудь, говорил: „Боже! Будь милостив ко мне, грешнику!“ Говорю вам, что скорее мытарь, чем фарисей, ушел домой с одобрением Божьим, ибо всякий, возвышающий сам себя, унижен будет, а унижающий себя возвысится».

В ту ночь в Иерихоне враждебно настроенные фарисеи, как некогда их товарищи в Галилее, попытались поймать Учителя в ловушку – склонить его к обсуждению брака и развода, – но Иисус искусно уклонился от их попыток столкнуть его с их законами, регулирующими развод. Как мытарь и фарисей являлись примером хорошей и плохой религии, так их правила развода служили противопоставлением лучших законов брачного кодекса евреев и позорного попустительства фарисейских толкований того же бракоразводного устава Моисея. Фарисей судил себя по низшим меркам; мытарь соизмерял себя с высшим идеалом. Для фарисея набожность являлась средством погружения в лицемерное бездействие, уверенность в ложной духовной безопасности; для мытаря набожность была средством пробуждения своей души до осознания необходимости в покаянии, исповеди и, через веру, принятия милосердного прощения. Фарисей искал законности; мытарь искал милосердия. Закон вселенной гласит: просите, и воздастся вам; ищите, и найдете.

Хотя Иисус и не позволил втянуть себя в спор с фарисеями относительно развода, он провозгласил позитивное учение, раскрывающее высшие идеалы брака. Он возвысил брак как самое идеальное и высшее из всех человеческих отношений. Точно так же он дал понять, что резко осуждает попустительство и несправедливость бракоразводной практики иерусалимских евреев, позволявшей в те времена мужчине разводиться со своей женой по самому незначительному поводу, – например, на том основании, что она плохо готовит, является плохой хозяйкой или всего лишь потому, что он увлечен женщиной более привлекательной внешности.

Но этим дело не ограничивалось. Фарисеи учили, что эта облегченная практика развода является особой привилегией, предоставленной еврейскому народу, в первую очередь фарисеям. Поэтому, хотя Иисус отказывался выступать с заявлениями о браке и разводе, он чрезвычайно резко осуждал эти позорные издевательства над браком и отмечал их несправедливость по отношению к женщинам и детям. Он никогда не одобрял какую-либо форму развода, дающую мужчине преимущество перед женщиной. Учитель одобрял только те учения, которые дают женщине равные права с мужчиной.

Хотя Иисус и не предлагал новых норм, регулирующих брак и развод, он призывал евреев соблюдать свои собственные законы и высшие учения. Он постоянно обращал их внимание на Писания, стремясь улучшить их обычаи согласно данным социальным нормам. Поддерживая тем самым высокие, идеальные представления о браке, Иисус искусно избегал столкновений со своими оппонентами в вопросах социальных норм, отраженных как в их писаных законах, так и в чтимых ими бракоразводных привилегиях.

Апостолам было очень трудно понять нежелание Учителя выступить с позитивными заявлениями относительно научных, социальных, экономических и политических проблем. Они не до конца понимали, что его земная миссия посвящена исключительно раскрытию духовных и религиозных истин.

Позднее в тот же вечер, после беседы Иисуса о браке и разводе, апостолы в личных беседах задали ему много дополнительных вопросов, и его ответы позволили им избавиться от многих недоразумений. В заключение Иисус сказал: «Брак является благородным делом, и все люди должны стремиться к нему. То, что Сын Человеческий выполняет свою земную миссию в одиночестве, никоим образом не говорит о нежелательности брака. Я поступаю так по воле Отца, однако тот же Отец распорядился сотворять существ мужского и женского пола, и божественная воля состоит в том, чтобы мужчины и женщины находили свое высшее служение и приносимую этим служением радость в семье, которая создается для принятия и воспитания детей, в создании которых родители становятся партнерами Творцов неба и земли. Поэтому мужчина оставляет отца с матерью и соединяется с женой, и двое становятся едины».

Так Иисус избавил апостолов от многих сомнений относительно брака и прояснил многие недоразумения касательно развода. В то же время он много сделал для возвышения их идеалов социального союза и повышения их уважения к женщинам, детям и семье.

6. БЛАГОСЛОВЕНИЕ ДЕТЕЙ

В тот же вечер идеи Иисуса о браке и благословенности детей стали достоянием всего Иерихона. Поэтому на следующее утро, задолго до того, как Иисус и апостолы начали собираться в путь, и еще до завтрака, десятки матерей пришли туда, где остановился Иисус, неся своих детей и ведя их за руку; они пришли, чтобы просить его благословить их малышей. Когда апостолы вышли и увидели собравшихся здесь матерей со своими детьми, они попытались отослать их прочь, но эти женщины заявили, что уйдут только после того, как Учитель возложит на детей руки и благословит их. И когда апостолы начали громко ругать этих матерей, Иисус, услышав шум, вышел и возмущенно отчитал их, сказав: «Пусть дети малые приходят ко мне; не останавливайте их, ибо таким, как они, принадлежит царство небесное. Истинно, истинно говорю вам: кто не примет царства Божьего, словно дитя, тот едва ли сможет войти в него и достичь полной духовной зрелости».

Сказав это своим апостолам, Учитель принял всех детей и возложил на них руки, вселяя своими словами мужество и надежду в их матерей.

Иисус часто рассказывал своим апостолам о небесных обителях, где эволюционирующие Божьи дети должны расти духовно так же, как в этом мире дети растут физически. И действительно, священное нередко представляется обыкновенным – как и в тот день, когда эти дети и их матери не догадывались о том, что разумные существа Небадона смотрят на детей Иерихона, играющих с Создателем вселенной.

Положение женщины в Палестине было значительно улучшено благодаря учению Иисуса. Это произошло бы и во всём остальном мире, если бы его последователи не отошли так далеко от того, чему он их столь кропотливо учил.

Здесь же, в Иерихоне, в ходе обсуждения начального религиозного воспитания детей в традициях поклонения божеству, Иисус внушал своим апостолам огромную ценность красоты как влияния, пробуждающего потребность в поклонении, особенно у детей. Наставлением и примером Учитель раскрывал ценность поклонения Создателю в естественном окружении сотворенного мира. Он любил общаться с небесным Отцом посреди деревьев и в окружении низших созданий мира природы. Он радовался, созерцая Отца в воодушевляющем зрелище звездных миров Сынов-Создателей.

Когда люди лишены возможности поклоняться Богу в природных кущах, они должны сделать всё, что в их силах, для создания храмов красоты – привлекательных в своей простоте, художественно оформленных святилищ, где, вместе с интеллектуальным подходом к духовному общению с Богом, могли бы пробуждаться высшие человеческие эмоции. Истина, красота и святость являются могущественными и действенными помощниками в истинном поклонении. Но одни только витиеватость и чрезмерное украшательство сложного и нарочитого человеческого искусства не способствуют духовному общению. Красота наиболее религиозна, когда она наиболее проста и естественна. Какое несчастье, что детей впервые знакомят с публичным поклонением в холодных и голых помещениях, начисто лишенных влекущей красоты и столь далеких от каких-либо признаков хорошего настроения и воодушевляющей святости! Ребенка следует знакомить с поклонением на природе, а впоследствии он должен сопровождать своих родителей в общественные дома религиозных собраний, которые должны быть столь же привлекательными и художественно прекрасными, как и тот дом, в котором он живет.

7. БЕСЕДА ОБ АНГЕЛАХ

Пока они поднимались на холмы, направляясь из Иерихона в Вифанию, Нафанаил шел бóльшую часть пути рядом с Иисусом, и от обсуждения детей в связи с царством небесным они постепенно пришли к вопросу о служении ангелов. Наконец, Нафанаил спросил у Иисуса: «Учитывая то, что первосвященник является саддукеем, а саддукеи не верят в ангелов, что́ нам следует говорить народу относительно небесных помощников?» В ответ Иисус, в частности, сказал:

«Ангельские воинства являются отдельной категорией созданных существ; они полностью отличаются от материальной категории смертных созданий и действуют в качестве особой группы вселенских разумных существ. Ангелы не относятся к той группе созданий, которые названы в Писаниях „Сынами Божьими“; не принадлежат они и к прославленным духам смертных людей, восходящих через небесные обители. Ангелы являются непосредственно созданной категорией, и они не размножаются. Только духовное родство объединяет ангельское воинство с человеческим родом. При восхождении к Отцу в Раю, человек действительно проходит состояние существа, которое на одном из этапов аналогично состоянию ангелов, но смертный человек никогда не становится ангелом.

В отличие от человека, ангелы никогда не умирают. Ангелы бессмертны, если только они не становятся причастны греху, – как это произошло с теми из них, кто оказался связан с ложью и мошенничеством Люцифера. Ангелы – это небесные духовные слуги, и они не являются ни премудрыми, ни всемогущими. Однако все верные ангелы воистину чисты и святы.

И разве вы не помните, как когда-то я говорил вам о том, что будь ваши духовные глаза помазаны, вы увидели бы, как разверзаются небеса и как восходят и нисходят ангелы Божьи? Именно благодаря служению ангелов один мир поддерживает связь с другими, ибо разве я не говорил вам часто, что есть у меня и другие овцы, которые не принадлежат к этому стаду? И эти ангелы не являются лазутчиками духовного мира, которые следят за вами, а после этого отправляются к Отцу, чтобы рассказать ему о помыслах вашего сердца и сообщить о делах плоти. Отец не нуждается в таком служении, поскольку в вас живет его собственный дух. Но эти ангельские духи действительно информируют одну часть небесного творения о делах других, далеких частей вселенной. И многие ангелы, участвующие в правлении Отца и действующие во вселенных Сынов, направляются для служения человеческим расам. Когда я учил вас, что многие из этих серафимов являются попечительскими духами, я не пользовался образным языком или поэтическим стилем. И всё это так, хотя вам и трудно понять эти вещи.

Многие из этих ангелов участвуют в спасении людей, ибо разве я не рассказывал вам о той радости, которая охватывает серафима, когда душа решает отказаться от греха и приступить к поиску Бога? Я рассказывал вам и о радости *среди* ангелов небесных об одном кающемся грешнике, тем самым давая понять, что существуют другие, более высокие категории небесных существ, которые также занимаются духовным благополучием и божественным прогрессом смертного человека.

Кроме того, эти ангелы имеют прямое отношение к тем средствам, при помощи которых дух человека высвобождается из сосуда плоти и его душа препровождается в небесные обители. Ангелы являются надежными небесными проводниками человеческой души в течение того неведомого и неопределенного периода времени, который проходит между смертью плоти и началом новой жизни в обителях духа».

И он продолжал бы говорить с Нафанаилом о служении ангелов, если бы не Марфа, которая узнала о приближении Учителя к Вифании от своих друзей, увидевших, как он поднимается на восточные холмы. И она поспешила ему навстречу.

ДОКУМЕНТ 168

ВОСКРЕШЕНИЕ ЛАЗАРЯ

Шел первый час пополудни, когда Марфа вышла из Вифании навстречу Иисусу, спускавшемуся с гребня соседнего холма. Прошло уже четыре дня со смерти ее брата Лазаря, похороненного в их семейном склепе в дальнем конце сада в воскресенье на исходе дня. Утром в этот день, четверг, вход в склеп был завален камнем.

Когда Марфа и Мария послали Иисусу сообщение о болезни Лазаря, они не сомневались, что Учитель предпримет что-нибудь. Они знали, что их брат безнадежно болен, и хотя они едва ли смели надеяться на то, что Иисус бросит свой труд учителя и проповедника, чтобы прийти к ним на помощь, их уверенность в его способностях целителя была столь велика, что им казалось: достаточно ему произнести нужные слова, как Лазарь тут же выздоровеет. И когда Лазарь умер через несколько часов после того, как гонец отправился из Вифании в Филадельфию, они решили, что это случилось из-за того, что Учитель слишком поздно узнал о болезни их брата, – когда Лазарь уже был мертв в течение нескольких часов.

Однако как они, так и все их верующие друзья были чрезвычайно озадачены сообщением, доставленным гонцом в Вифанию в первой половине дня во вторник. Посыльный утверждал, что он своими ушами слышал, как Иисус сказал: «...эта болезнь в действительности не к смерти». Они также не могли понять, почему он не прислал им весточки и не предложил какой-либо иной помощи.

Многие друзья из соседних селений и Иерусалима пришли сюда, чтобы утешить убитых горем сестер. Лазарь и его сестры были детьми состоятельного и уважаемого еврея, старейшины этого небольшого села Вифания. И несмотря на то что все трое уже давно являлись убежденными последователями Иисуса, они пользовались огромным уважением у всех, кто их знал. Они унаследовали обширные виноградники и оливковые сады, располагавшиеся в окрестностях, и об их богатстве говорило также то, что они могли позволить себе построить на своем участке семейный склеп, в котором уже покоились оба их родителя.

Мария потеряла надежду на прибытие Иисуса и предалась своему горю, но Марфа не теряла надежды вплоть до того утра, когда они завалили вход в склеп камнем и опечатали его. Но и после этого она попросила соседского мальчика следить за дорогой на Иерихон с вершины холма к востоку от Вифании. Именно этот юноша известил Марфу о приближении Иисуса и его друзей.

Встретив Иисуса, Марфа упала к его ногам и воскликнула: «Учитель, если бы ты был здесь, мой брат был бы жив!» Марфу одолевали многие опасения, но она ничем не выдала своих сомнений и не отважилась осуждать поведение Учителя в том, что касалось смерти Лазаря. Когда она умолкла, Иисус наклонился и, подняв ее на ноги, сказал: «Только веруй, Марфа, и твой брат воскреснет вновь». Марфа ответила: «Я знаю, что он воскреснет в последний день; я и сейчас верю, что наш Отец даст тебе всё, чего ты попросишь».

Тогда Иисус, глядя Марфе в глаза, сказал: «Я – воскресение и жизнь; верующий в меня будет жить и после смерти. И всякий, кто живет и верует в меня, поистине никогда не умрет. Марфа, веришь ли ты в это?» И Марфа ответила Учителю: «Да, я уже давно верю в то, что ты Освободитель, Сын живого Бога, тот, кто должен был прийти в этот мир».

Когда Иисус спросил о Марии, Марфа тотчас отправилась в дом и шепнула своей сестре: «Учитель здесь и зовет тебя». Услышав это, Мария быстро поднялась и поспешила к Иисусу, который всё еще оставался на некотором расстоянии от дома – там, где его встретила Марфа. Друзья, которые были с Марией и пытались утешить ее, видя, что она поспешно встала и вышла, последовали за ней, решив, что она пошла к склепу оплакивать Лазаря.

Многие из присутствовавших являлись злейшими врагами Иисуса. Именно поэтому Марфа вышла ему навстречу одна. По той же причине она тайком сообщила Марии, что он спрашивает о ней. Хотя Марфа жаждала увидеть Иисуса, ей хотелось избежать возможных неприятностей, к которым могло привести его внезапное появление среди большой группы иерусалимских врагов. Марфа собиралась оставаться в доме вместе с их друзьями, пока Мария встречала бы Иисуса, однако ее план не удался, ибо все они последовали за Марией и неожиданно столкнулись с Учителем.

Марфа подвела Марию к Иисусу. Увидев Учителя, Мария упала к его ногам и воскликнула: «Если бы ты был здесь, мой брат не умер бы!». И когда Иисус увидел, как все они скорбят о смерти Лазаря, его душа прониклась состраданием.

Заметив, что Мария подошла к Иисусу, чтобы поздороваться с ним, скорбящие отошли в сторону, а Марфа и Мария стали беседовать с Учителем, слушая его утешительные слова и призывы хранить прочную веру в Отца, целиком подчиниться божественной воле.

Человеческий разум Иисуса был чрезвычайно взволнован столкновением его любви к Лазарю и осиротевшим сестрам с возмущением и презрением к показной и лицемерной демонстрации чувств у некоторых из этих неверующих и кровожадных евреев. Иисус был глубоко возмущен нарочитостью искусственной и внешней скорби у части мнимых друзей Лазаря, поскольку такая фальшивая скорбь сочеталась в их сердцах со столь ожесточенной враждебностью к нему самому. Тем не менее, некоторые из этих евреев были искренни в своей скорби и являлись настоящими друзьями семьи.

1. У СКЛЕПА ЛАЗАРЯ

Через несколько минут Иисус, утешавший Марфу и Марию в стороне от скорбящих, спросил: «Куда вы положили его?» Марфа ответила: «Пойдем, и ты увидишь». Молча Учитель шел за двумя скорбящими сестрами и плакал. Когда дружески настроенные евреи, следовавшие за ними, увидели его слезы, один из них сказал: «Смотрите, как он любил Лазаря. Разве он, давший зрение слепому, не мог уберечь этого человека от смерти?» К тому времени они уже стояли у семейного склепа – небольшой естественной пещеры, или углубления в выступе скалы, возвышавшейся примерно на тридцать футов в дальнем конце садового участка.

Нам трудно объяснить человеческому разуму, что именно вызвало слезы Иисуса. Хотя в нашем распоряжении есть результаты регистрации объединенных человеческих эмоций и божественных мыслей, зафиксированных в разуме Личностного Настройщика, мы не совсем уверены в действительной причине проявления этих эмоций. Мы склонны считать, что Иисус плакал под воздействием целого ряда чувств и мыслей, охвативших его в тот момент:

1. Он испытывал подлинное, полное печали сострадание к Марфе и Марии; он глубоко и по-человечески любил этих сестер, потерявших своего брата.

2. Его разум был смущен присутствием толпы скорбящих, некоторые из которых были искренними людьми, другие – всего лишь притворщиками. Его всегда возмущало показное проявление скорби. Он знал, что сестры любят своего брата и не сомневаются в спасении верующих. Возможно, эти противоречивые чувства объясняют, почему он плакал, подходя вместе с ними к склепу.

3. Он по-настоящему сомневался, следует ли возвращать Лазаря к смертной жизни. Его сестры действительно нуждались в нем, однако Иисусу было жаль возвращать своего друга, ибо он прекрасно знал, что Лазарю придется пройти через жестокие преследования из-за того, что он станет величайшей демонстрацией божественного могущества Сына Человеческого.

А теперь мы можем поведать интересный и поучительный факт. Несмотря на то что данный рассказ разворачивается как естественное и нормальное для человеческой жизни событие, у него есть весьма любопытные дополнительные аспекты. Хотя гонец прибыл к Иисусу в воскресенье и рассказал ему о болезни Лазаря, и хотя Иисус передал сообщение, что это «не к смерти», вместе с тем, он лично явился в Вифанию и даже спросил у сестер: «Куда вы положили его?» Хотя всё это позволяет предположить, что Учитель действовал сообразно условиям этой жизни и в соответствии с ограниченными познаниями человеческого разума, тем не менее, архивы вселенной показывают, что Личностный Настройщик Иисуса распорядился о бессрочном задержании Настройщика Мышления Лазаря на планете после смерти Лазаря и что это распоряжение было зарегистрировано за пятнадцать минут до того, как Лазарь испустил дух.

Знал ли божественный разум Иисуса еще до смерти Лазаря, что он воскресит его из мертвых? Это нам неизвестно. Мы знаем только то, о чём здесь рассказываем.

Многие из врагов Иисуса глумились над его чувствами и говорили между собой: «Если этот человек был столь дорог ему, почему он так долго мешкал, прежде чем явиться в Вифанию? Если то, что они говорят о нем, правда, то почему он не спас своего любимого друга? Что толку исцелять чужаков в Галилее, если он не может спасти тех, кого любит?» И они всячески высмеивали и умаляли учения и свершения Иисуса.

Так в этот четверг, примерно в половине третьего пополудни, всё было готово для того, чтобы в маленьком селении Вифания произошло величайшее из всех чудес, связанных с земным служением Михаила Небадонского, – величайшая демонстрация божественного могущества за всю его инкарнацию во плоти, ибо его собственное воскресение произошло уже после того, как он был освобожден от уз смертной плоти.

Небольшая группа, собравшаяся у склепа Лазаря, даже не догадывалась о том, что рядом с ней находится огромное скопление всех категорий небесных существ, собранных под началом Гавриила, которые с нетерпением ждут указаний Личностного Настройщика Иисуса, готовые исполнить веление возлюбленного Властелина.

Когда Иисус произнес свой приказ – «Уберите камень», – собрание небесных существ приготовилось совершить драму воскрешения Лазаря и восстановления его в образе смертной плоти. По сравнению с обычным методом воскрешения смертных в моронтийной форме, такое воскрешение значительно сложнее по исполнению и требует участия намного большего числа небесных личностей и несравнимо более широкого привлечения вселенских средств.

Когда Марфа и Мария услышали этот приказ Иисуса – откатить камень, закрывавший вход в склеп, – на них нахлынули противоречивые чувства. Мария надеялась, что Лазарь будет воскрешен из мертвых, однако Марфу – хотя и разделявшую до некоторой степени веру своей сестры – больше беспокоило то, что в таком виде Лазаря нельзя показывать Иисусу, апостолам и друзьям. Марфа спросила: «Стоит ли откатывать камень? Прошло уже четыре дня, как умер мой брат, и тело начало разлагаться». Марфа сказала это еще и потому, что не знала, зачем Учитель потребовал убрать камень. Она думала, что Иисус, возможно, желает в последний раз взглянуть на Лазаря. Ее отношение не было твердым и определенным. Пока они стояли в нерешительности перед камнем, Иисус спросил: «Разве я не сказал вам сразу, что эта болезнь не к смерти? Разве я не пришел исполнить свое обещание? И теперь, когда я пришел к вам, разве я не сказал, что если только уверуете, то увидите славу Божью? Почему же вы сомневаетесь? Сколько же еще ждать, пока вы начнете верить и подчиняться?»

Когда Иисус умолк, его апостолы, вместе с соседями, которые вызвались помочь им, ухватились за камень и отвалили его от входа в склеп.

Среди евреев было распространено поверье, что капля желчи на острие меча у ангела смерти начинает действовать к концу третьего дня и в полной мере сказывается на четвертый день. Они допускали, что до исхода третьего дня душа человека может находиться поблизости от склепа, пытаясь оживить мертвое тело; однако они твердо верили в то, что еще до рассвета четвертого дня душа отправляется в обитель для духов усопших.

Эти поверья и мнения об умерших и о том, как дух покидает умершего человека, должны были убедить всех людей, находившихся теперь у склепа Лазаря, а также всех, кто мог узнать о том, чему здесь предстояло свершиться, что данный случай является действительным и подлинным воскрешением из мертвых, лично совершенным тем, кто объявил себя «воскресением и жизнью».

2. ВОСКРЕШЕНИЕ ЛАЗАРЯ

Около сорока пяти смертных, стоящих перед склепом, смутно различали фигуру Лазаря, завернутого в пелены и лежащего в правой нижней нише погребальной пещеры. Пока эти земные создания стояли здесь в напряженной тишине, множество небесных существ заняли свои места, готовые начать действовать по сигналу своего предводителя, Гавриила.

Иисус возвел глаза к небу и сказал: «Отец! Благодарю тебя, что ты услышал меня и удовлетворил мою просьбу. Я знаю, что ты всегда слышишь меня, но я говорю так с тобой ради тех, кто стоит здесь со мной, дабы они поверили, что ты послал меня в этот мир, и чтобы они знали, что ты действуешь вместе со мной во исполнение того, что нам предстоит совершить». И когда он закончил молиться, он воззвал громким голосом: «Лазарь, выходи!»

Хотя наблюдавшие за происходящим люди оставались неподвижными, огромное небесное воинство пришло в движение, совместными усилиями исполняя веление Создателя. Всего лишь через двенадцать секунд земного времени безжизненное тело Лазаря ожило, и вскоре он уже сидел на краю каменного ложа, на котором только что покоился. Его тело было обернуто в саван, а лицо покрыто платком. Когда он встал перед ними – живой, – Иисус сказал: «Развяжите его, пусть идет».

Все, кроме апостолов, Марфы и Марии, бросились в дом, бледные от страха и потрясенные до глубины души. Хотя некоторые остались здесь, многие спешно разошлись по домам.

Лазарь поздоровался с Иисусом и апостолами, а затем спросил, отчего на нём саван и почему он проснулся в саду. Иисус и апостолы отошли в сторону, пока Марфа рассказывала Лазарю о его смерти, погребении и воскрешении. Поскольку он потерял ощущение времени с того момента как заснул смертным сном, ей пришлось объяснить ему, что он умер в воскресенье и теперь, в четверг, был возвращен к жизни.

Когда Лазарь вышел из склепа, Личностный Настройщик Иисуса, уже ставший главой своей категории в этой локальной вселенной, дал команду бывшему Настройщику Лазаря, который дожидался дальнейших инструкций, вернуться в свою обитель – разум и душу воскрешенного человека.

После этого Лазарь подошел к Иисусу и вместе со своими сестрами преклонил колени перед Учителем, благодаря и восславляя Бога. Взяв Лазаря за руку, Иисус поднял его и сказал: «Сын мой, то, что произошло с тобой, предстоит испытать также всем, кто верит в это евангелие, разве что они воскреснут в более славном облике. Ты станешь живым свидетельством провозглашенной мною истины – я есть воскресение и жизнь. Но пойдемте же в дом и подкрепимся пищей, необходимой нашим физическим телам».

Пока они шли к дому, Гавриил освободил дополнительные группы собравшегося здесь небесного воинства и зафиксировал первый – и последний – на Урантии случай, когда смертное создание было воскрешено в образе смертного физического тела.

Лазарь едва ли был способен понять, что произошло. Он знал, что был серьезно болен, но помнил только то, что заснул и был разбужен. Он никогда не мог ничего рассказать о четырех днях, проведенных в склепе, поскольку находился в бессознательном состоянии. Время не существует для тех, кто засыпает сном смерти.

Хотя в результате этого чуда многие уверовали в Иисуса, другие только ожесточились в своем решении отвергнуть его. К полудню следующего дня эта новость облетела весь Иерусалим. Десятки мужчин и женщин отправились в Вифанию, чтобы увидеть Лазаря и поговорить с ним, а встревоженные и сбитые с толку фарисеи срочно созвали заседание синедриона, чтобы решить, как реагировать на последние события.

3. ЗАСЕДАНИЕ СИНЕДРИОНА

Несмотря на то что свидетельство этого человека, воскрешенного из мертвых, существенно укрепило веру тех, кто принял евангелие царства, оно практически не повлияло на отношение религиозных вождей и правителей в Иерусалиме и только укрепило их решение быстрее покончить с Иисусом и положить конец его труду.

На следующий день, в пятницу, в час пополудни состоялось заседание синедриона, на котором предстояло продолжить обсуждение вопроса: «Что делать с Иисусом Назарянином?» После более чем двухчасовой дискуссии и язвительных дебатов, один из фарисеев предложил принять резолюцию, призывающую немедленно предать Иисуса смерти и заявляющую, что он представляет собой угрозу для всего Израиля; резолюция формально обязывала синедрион вынести решение о смерти – без суда и не считаясь ни с какими прецедентами.

Высокое собрание еврейских вождей уже не раз принимало решение задержать Иисуса и предать его суду по обвинению в богохульстве и многочисленных нарушениях священного еврейского закона. Однажды они уже дошли до заявления о том, что ему следует умереть, но в данном случае синедрион впервые изъявил намерение вынести смертный приговор до суда. Однако данная резолюция не была поставлена на голосование, ибо после столь неслыханного предложения четырнадцать членов синедриона сложили свои полномочия. Хотя решения по их отставкам были приняты только спустя почти две недели, в тот же день эти четырнадцать человек покинули синедрион и больше не участвовали в его заседаниях. При последующем рассмотрении этих отставок были изгнаны еще пять человек, заподозренных в сочувствии Иисусу. Избавившись от этих девятнадцати человек, синедрион был готов судить Иисуса и практически единодушно вынести ему приговор.

На следующей неделе Лазарь и его сестры предстали перед синедрионом. После того как были заслушано их свидетельство, не осталось и тени сомнения в том, что Лазарь был воскрешен из мертвых. Хотя акты синедриона практически признали факт воскрешения Лазаря, протоколы заседания содержали резолюцию, приписывающую это и все остальные совершенные Иисусом чудеса силе князя бесов, с которым, как утверждалось, был связан Иисус.

Независимо от источника чудотворной силы Иисуса, еврейские вожди были убеждены в том, что если его сразу же не остановить, то очень скоро в него поверит весь простой народ; кроме того, они были уверены в серьезном осложнении отношений с римскими властями, ибо множество веривших в Иисуса людей считали его Мессией, избавителем Израиля.

Именно на этом заседании первосвященник Кайафа впервые произнес старое еврейское изречение, которое он не раз повторял впоследствии: «Пусть лучше умрет один человек, чем погибнет весь народ».

Хотя пополудни в ту же тревожную пятницу Иисус был предупрежден о планах синедриона, он нисколько не встревожился и продолжал свой субботний отдых у друзей в Виффагии, селении поблизости от Вифании. Ранним утром в воскресенье Иисус и апостолы собрались, как они и договаривались, в доме Лазаря и, распрощавшись с вифанской семьей, отправились назад, в лагерь у Пеллы.

4. ОТВЕТ НА МОЛИТВУ

По пути из Вифании в Пеллу апостолы задали Иисусу много вопросов; Учитель охотно ответил на них, за исключением тех, которые касались подробностей воскрешения умерших. Такие проблемы были выше понимания апостолов; поэтому Учитель отказался обсуждать эти вопросы с ними. Покинув Вифанию тайно, они были одни. И потому Иисус воспользовался возможностью рассказать десяти апостолам многие вещи, которые, как он считал, подготовят их к надвигавшимся испытаниям.

Возбужденные последними событиями, апостолы провели много времени в обсуждении своих недавних впечатлений, связанных с молитвой и ответами на нее. Все они помнили заявление Иисуса вифанскому гонцу в Филадельфии, когда он ясно сказал: «В действительности, эта болезнь не к смерти». И тем не менее, несмотря на это обещание, Лазарь действительно умер. Весь тот день они постоянно возвращались к этому вопросу – ответу на молитву.

Ответы Иисуса на их многочисленные вопросы можно подытожить следующим образом:

1. Молитва является выражением конечного разума в попытке приблизиться к Бесконечному. Поэтому сотворение молитвы неизбежно ограничивается знанием, мудростью и атрибутами конечного; таким же образом, ответ неизбежно обуславливается ви́дением, целями, идеалами и прерогативами Бесконечного. Невозможно проследить непрерывную последовательность материальных явлений между сотворением молитвы и восприятием полного духовного ответа на нее.

2. Когда создается видимость того, что молитва осталась без ответа, то часто задержка предвещает лучший ответ, который – в силу некоторой веской причины – существенно запаздывает. Когда Иисус сказал, что болезнь Лазаря в действительности была не к смерти, тот уже был мертв в течение одиннадцати часов. Ни одна искренняя молитва не остается без ответа, если только более высокий взгляд духовного мира не находит лучший ответ, – ответ, удовлетворяющий просьбу человеческого духа, в противоположность молитве одного только разума человека.

3. Когда молитвы времени продиктованы духом и выражены в вере, то нередко они являются столь обширными и всеохватными, что ответить на них можно только в вечности; конечное прошение порой столь преисполнено осмысления Бесконечного, что ответ приходится откладывать на длительное время в ожидании появления у создания адекватной способности к восприятию; проникнутая верой молитва может быть столь всеобъемлющей, что получение ответа возможно только в Раю.

4. По своей сущности, ответы на молитвы смертного разума нередко таковы, что могут быть восприняты и осознаны лишь после того, как этот возносящий молитвы разум достигает бессмертного состояния. Нередко материальное существо может получить ответ на свои молитвы лишь после восхождения на духовный уровень.

5. Молитва богопознавшего человека может быть столь искажена невежеством и столь деформирована суеверием, что ответ на такую молитву был бы крайне нежелательным. В таких случаях духовным посредникам приходится таким образом преобразовывать молитву, что, когда прибывает ответ, проситель оказывается совершенно неспособным распознать его как ответ на свою молитву.

6. Все истинные молитвы адресуются духовным существам, и на все такие прошения следует отвечать на языке духа, и все такие ответы должны заключаться в духовных реальностях. Духовные существа не могут давать материальные ответы на духовные прошения даже материальных существ. Материальные существа способны успешно молиться только тогда, когда они «молятся в духе».

7. Никакая молитва не может рассчитывать на ответ, если она не рождена в духе и не вскормлена верой. Ваша искренняя вера предполагает, что вы, фактически, заранее предоставляете тем, кто выслушивает ваши молитвы, полное право отвечать на ваши прошения в соответствии с той высшей мудростью и той божественной любовью, которые, как подсказывает вам вера, всегда движут существами, которым вы молитесь.

8. Дитя всегда вправе обратиться с просьбой к родителю; и родитель всегда остается верным своим родительским обязательствам в отношении незрелого дитя, когда его бо́льшая мудрость требует, чтобы ответ на молитву дитя был задержан, изменен, разделен на части, превзошел прошение или был отложен до следующей стадии духовного восхождения.

9. Без колебаний возносите духовные молитвы; не сомневайтесь в получении ответа на свои прошения. Эти ответы могут быть отложены до лучших времен – вашего будущего достижения тех духовных уровней действительного космического свершения в этом или других мирах, где вы сможете узнать и воспользоваться долгожданными ответами на свои прежние, но несвоевременные прошения.

10. Ни одно подлинное, рожденное духом прошение не остается без ответа. Просите, и полу́чите. Однако вам следует помнить, что вы являетесь эволюционными созданиями времени и пространства; поэтому вы должны постоянно считаться с пространственно-временны́м фактором в опыте личного восприятия полных ответов на свои разнообразные молитвы и прошения.

5. ДАЛЬНЕЙШАЯ СУДЬБА ЛАЗАРЯ

Лазарь оставался в своем доме в Вифании, в центре внимания многих искренних верующих и многочисленных любопытных, вплоть до недели распятия Иисуса, когда он был предупрежден о том, что синедрион вынес решение о его смерти. Правители евреев были полны решимости положить конец дальнейшему распространению учений Иисуса, и они верно рассудили, что было бы бесполезно убивать Иисуса и при этом оставлять в живых Лазаря, олицетворявшего величайшее из совершенных Иисусом чудес и подтверждавшего своим существованием факт воскрешения его Иисусом из мертвых. К тому времени Лазарь уже подвергался жестоким преследованиям с их стороны.

Поэтому Лазарь спешно покинул своих сестер в Вифании и бежал через Иерихон на другой берег Иордана, позволив себе по-настоящему отдохнуть только после того, как он добрался до Филадельфии. Лазарь хорошо знал Авенира, и здесь ему не грозили кровавые интриги коварного синедриона.

Вскоре Марфа и Мария продали земельные владения в Вифании и присоединились к своему брату в Перее. К тому времени Лазарь уже являлся казначеем церкви в Филадельфии. Он стал твердым сторонником Авенира в его споре с Павлом и иерусалимской церковью и, в конце концов, умер в возрасте 67 лет от той же болезни, что свела его в могилу в более молодые годы в Вифании.

ДОКУМЕНТ 169

ПОСЛЕДНЕЕ ОБУЧЕНИЕ В ПЕЛЛЕ

Поздним вечером в понедельник, 6 марта, Иисус и десять апостолов прибыли в лагерь у Пеллы. Это была последняя неделя пребывания Иисуса в лагере, и он уделял большое внимание обучению народа и наставлению апостолов. Каждый день пополудни он выступал с публичной проповедью, а по вечерам отвечал на вопросы апостолов и некоторых наиболее подготовленных учеников, проживавших в лагере.

Весть о воскрешении Лазаря достигла лагеря за два дня до прибытия Учителя, приведя всё его население в величайший восторг. Впервые после насыщения пяти тысяч произошло нечто, до такой степени поразившее воображение людей. Таким образом, в самый разгар второго этапа публичного служения во благо царства Иисус планировал учить в течение одной короткой недели в Пелле, после чего отправиться в путешествие по южной Перее, которое привело непосредственно к завершающим трагическим событиям последней недели в Иерусалиме.

Фарисеи и первосвященники уже начали формулировать пункты обвинения и обобщать свои претензии. Они протестовали против учений Иисуса на следующих основаниях:

1. Он является другом мытарей и грешников; он принимает нечестивых и даже трапезничает с ними.

2. Он является богохульником; он говорит о Боге как о своем Отце и считает себя равным Богу.

3. Он нарушает закон. Он лечит болезни в субботу и многими другими путями оскорбляет священный закон Израиля.

4. Он находится в сговоре с бесами. Он творит чудеса и совершает мнимые волшебства силой, данной ему Вельзевулом – князем бесов.

1. ПРИТЧА О ПРОПАВШЕМ СЫНЕ

В четверг пополудни Иисус выступил перед народом на тему «Благодать спасения». В ходе этой проповеди он вновь рассказал историю о пропавшей овце и пропавшей монете, а также свою любимую притчу о блудном сыне. Иисус сказал:

«Все пророки от Самуила до Иоанна призывали вас искать Бога – искать истину. Они всегда повторяли: „Ищите Господа, пока не слишком поздно“. И все такие учения должны приниматься близко к сердцу. Но я пришел показать вам, что в то время как вы пытаетесь найти Бога, он точно так же пытается найти вас. Много раз я рассказывал вам о добром пастухе, который оставил отару из девяносто девяти овец и отправился на поиски одной пропавшей, и о том, как, найдя заблудшую овцу, он взвалил ее себе на плечи и заботливо отнес назад в овчарню. И вы помните, что вернув овцу в овчарню, добрый пастух созвал своих друзей и пригласил их порадоваться вместе с ним тому, что он нашел пропавшую овцу. И вновь я говорю, что на небесах больше радости об одном грешнике кающемся, нежели о девяноста девяти праведниках, которые не нуждаются в покаянии. Тот факт, что души являются *пропавшими*, только усиливает заинтересованность небесного Отца. Я пришел в этот мир по велению моего Отца, и о Сыне Человеческом было истинно сказано, что он друг мытарей и грешников.

Вас учили, что божественное признание является следствием вашего раскаяния и результатом ваших благочестивых деяний – жертвоприношений и покаяний. Однако я уверяю вас, что Отец принимает вас еще до того, как вы раскаетесь, и посылает Сына и его помощников, чтобы найти вас и с радостью вернуть вас в паству, – царство сыновства и духовного роста. Вы все подобны заблудшим овцам, и я пришел, чтобы найти и спасти пропавших.

Вам следует также вспомнить рассказ о женщине, у которой было десять серебряных монет, соединенных в красивое ожерелье. Потеряв одну монету, женщина зажгла светильник и стала мести дом, продолжая поиски, пока не нашла потерянную серебряную монету. И как только она нашла ее, она созвала подруг и соседок и сказала: „Порадуйтесь со мной, ибо я нашла потерянную монету“. Поэтому я вновь говорю, что ангелы небесные всегда радуются одному грешнику, который раскаялся и вернулся в паству Отца. И я рассказываю это вам для того, чтобы вы поняли: Отец и его Сын отправляются на *поиски* тех, кто пропал, и в этом поиске мы используем все средства, способные помочь в наших кропотливых попытках найти заблудших, – тех, кто нуждается в спасении. Поэтому, хотя Сын Человеческий отправляется в пустыню на поиски заблудших овец, он также ищет монету, пропавшую в доме. Овцы могут отстать от стада непреднамеренно; со временем монета покрывается пылью и теряется под грудой человеческих вещей.

А теперь я хотел бы рассказать вам о легкомысленном сыне богатого землевладельца, который *намеренно* оставил своего отца и отправился в чужую страну, где много пострадал. Вы помните, что овца заблудилась, не желая того, однако этот юноша покинул отчий дом с умыслом. Дело было так.

У одного человека было два сына: младший отличался беззаботным и беспечным нравом, любил увеселения и увиливал от ответственности, в то время как его старший брат был серьезным, сдержанным, трудолюбивым и ответственным человеком. Братья плохо ладили друг с другом; они постоянно ссорились и препирались. Младшему было свойственно веселье и жизнелюбие – и вместе с тем праздность и безответственность. Старший обладал степенным и работящим характером, но в то же время был эгоистичным, угрюмым и высокомерным. Младший любил развлекаться и не любил трудиться; старший целиком отдавал себя труду, но редко развлекался. Их отношения стали столь невыносимыми, что младший сын пришел к отцу и сказал: „Отец! Дай мне третью часть имения, которая причитается мне, и позволь отправиться в мир на поиски счастья“. Выслушав его просьбу, отец, знавший, сколь несчастен юноша в семье из-за отношений со своим старшим братом, разделил собственность, дав юноше его долю.

Через несколько недель юноша собрал все свои средства и отправился в путешествие в дальнюю страну. Не найдя никакого прибыльного дела, которое в то же время было бы приятным, он растратил свое состояние, живя распутно. Когда же он потратил всё, что у него было, в той стране настал великий голод, и он начал нуждаться. Страдая от голода и терпя большие лишения, он нанялся к одному из жителей этой страны, который послал его на поля пасти свиней. Юноша был готов есть шелуху, которой кормились свиньи, но никто ничего не давал ему.

Однажды, измученный сильным голодом, он одумался и сказал: „Сколько слуг у отца моего, и все имеют еду в изобилии, а я умираю от голода, пася свиней здесь, в чужой стране! Встану, пойду к отцу моему и скажу: „Отец! Я согрешил перед небом и тобой. Я больше не достоин называться твоим сыном; позволь мне быть твоим слугой“. И приняв это решение, юноша встал и пошел к дому своего отца.

Отец же его очень горевал о своем сыне; он тосковал по веселому, хотя и беспечному юноше. Отец любил сына и всегда ждал его возвращения. Поэтому в тот день, когда сын стал подходить к своему дому, отец – хотя тот был еще далеко – увидел его и, исполнившись любви и сострадания, выбежал ему навстречу и, ласково приветствуя его, обнял и поцеловал. После этой встречи сын взглянул в полные слез глаза отца и сказал: „Отец! Я согрешил перед небом и перед тобой; я больше не достоин называться твоим сыном..." – но юноша не смог завершить свою исповедь, ибо не помнящий себя от радости отец сказал подбежавшим слугам: „Принесите тотчас его лучшую одежду, ту, что я сберег, и наденьте на него, и дайте моему сыну его перстень, и принесите сандалии для его ног".

А затем, когда счастливый отец ввел стершего ноги и изможденного сына в дом, он крикнул слугам: „Приведите откормленного теленка и заколите, будем есть и веселиться, ибо этот сын мой был мертв и ожил, пропал и нашелся". И все они собрались вокруг отца, чтобы порадоваться вместе с ним возвращению его сына.

Примерно в то же время, пока они праздновали, старший сын, проработав весь день в поле, возвращался домой и, подходя к дому, услышал звуки музыки и танцев. Подойдя к задней двери, он подозвал одного из слуг и спросил, что всё это значит. И тогда слуга сказал: „Брат твой, давно потерявшийся, вернулся домой, и твой отец заколол откормленного теленка, чтобы отпраздновать благополучное возвращение своего сына. Войди же и ты, чтобы поздороваться со своим братом и вновь принять его в дом отца".

Но когда старший брат услышал это, он был настолько оскорблен и рассержен, что не захотел войти. Услышав, что он негодует из-за встречи, устроенной младшему брату, отец вышел во двор, пытаясь умилостивить его. Однако старший сын не хотел внимать уговорам отца. Он ответил ему: „Послушай, все эти годы я служу тебе и не ослушался ни малейшего твоего приказания, но ты ни разу не заколол для меня даже козленка, чтобы я мог повеселиться со своими друзьями. Я оставался здесь все эти годы, ухаживая за тобой, и ты ни разу не устроил празднества в честь моего преданного служения, но как только вернулся сын, расточивший твое имение с блудницами, ты спешишь заколоть для него откормленного теленка и устраиваешь пир в его честь".

Поскольку отец действительно любил обоих своих сыновей, он попытался урезонить старшего: „Однако, сын мой, ты всегда со мною, и всё мое – твое. Всякий раз, заводя друзей, ты мог брать козленка, чтобы повеселиться с ними. Теперь же тебе надобно веселиться и радоваться вместе со мной возвращению твоего брата. Подумай об этом, сын мой: твой брат пропал и нашелся; он вернулся к нам живым!"»

Это была одна из наиболее трогательных и действенных притч, когда-либо рассказанных Иисусом для того, чтобы донести до своих слушателей мысль о готовности Отца принять всех, кто стремится войти в царство небесное.

Иисус очень любил включать все три притчи в одну и ту же беседу. Он рассказывал историю о пропавшей овце для того, чтобы показать: когда люди случайно сбиваются с жизненного пути, Отец помнит о таких *пропавших* и вместе со своими Сынами – истинными пастырями – отправляется на поиски пропавших овец. После этого он рассказывал о монете, потерявшейся в доме, чтобы показать, сколь тщательным является божественный *поиск* всех, кто смущен, сбит с толку, духовно ослеплен в своей жизни материальными заботами и накоплениями. И в заключение он начинал увлеченно рассказывать притчу о пропавшем сыне – о принятии вернувшегося блудного сына, – чтобы показать, сколь полным является *возвращение* пропавшего сына в дом и в сердце Отца.

Много, много раз за годы своего учительства Иисус возвращался к этой истории о блудном сыне. Эта притча и рассказ о добром самаритянине были его излюбленными приемами обучения, когда он говорил о любви Отца и о дружеских отношениях между людьми.

2. ПРИТЧА О ХИТРОМ УПРАВЛЯЮЩЕМ

Однажды вечером Симон Зелот, комментируя одно из заявлений Иисуса, спросил: «Учитель, что ты имел в виду, когда сказал сегодня, что многие из детей мира являются более мудрыми в своем поколении, чем дети царства, ибо умеют приобретать друзей богатством неправедным?» Иисус ответил:

«Некоторые из вас, пока не вошли в царство, умели быть весьма хитрыми в отношениях со своими деловыми партнерами. Являясь несправедливыми и часто недобросовестными, вы, тем не менее, были расчетливы и предусмотрительны, ибо вели дела, обращая всё свое внимание на текущие доходы и грядущее благополучие. Точно так же сегодня вам нужно таким образом организовать свою жизнь в царстве, чтобы обеспечить себя нынешней радостью и позаботиться о будущем обладании сокровищами, накопленными на небесах. Если вы с таким усердием заботились о личной выгоде, когда служили самим себе, то почему теперь, когда вы являетесь слугами братства людей и управляющими Бога, вы должны проявлять меньше усердия, обретая новые ду́ши для царства?

Все вы можете извлечь урок из рассказа об одном богатом человеке, у которого был хитрый, но нечестный управляющий. Этот управляющий не только притеснял клиентов своего хозяина для личной выгоды, но и прямо растрачивал его деньги. Когда хозяин, наконец, узнал обо всём этом, он призвал к себе управляющего и спросил, что́ означают эти слухи, и потребовал, чтобы тот немедленно дал отчет в своем управлении и приготовился передать дела другому.

Тогда неверный управляющий сказал сам себе: „Что мне делать, ведь у меня отнимают управление домом? Копать у меня нет сил; просить подаяние мне стыдно. Я знаю, что́ сделать, чтобы меня пригласили в дома всех, кто имеет дело с моим хозяином, когда я лишусь управления". И затем, призвав каждого из должников своего господина, он сказал первому: „Сколько ты должен господину моему?" Тот ответил: „Сто мер масла". Тогда управляющий сказал: „Возьми восковую дощечку со своей распиской, садись скорее и напиши: пятьдесят". Потом сказал другому должнику: „Сколько ты должен?" И тот ответил: „Сто мер пшеницы". Тогда управляющий сказал: „Возьми свою расписку и напиши: восемьдесят". И так он поступил со многими другими должниками. Так этот нечестный управляющий стремился приобрести друзей после утраты своего управления. Даже его господин и хозяин, узнав впоследствии об этом, был вынужден признать, что его неверный управляющий по крайней мере продемонстрировал дальновидность, стараясь обеспечить себя на будущее, сулившее нужду и лишения.

Именно в таком смысле сыны этого мира порой демонстрируют больше мудрости в своей подготовке к будущему, чем дети света. Я говорю вам, желающим получить сокровища на небесах: учитесь у тех, кто приобретает друзей неправедным богатством, и, подобно им, ведите себя в жизни так, чтобы заручиться вечной дружбой праведных сил, дабы, когда всё земное потерпит крах, вы могли быть с радостью приняты в вечную обитель.

Я заявляю, что тот, кому можно довериться в малом, не подведет и в большом, а бесчестный в малом обманет и в большом. Если вы не продемонстрировали дальновидность и честность в делах этого мира, то как можете надеяться быть преданными и рассудительными, когда вам будет доверено управление истинным сокровищем небесного царства? Если вы не являлись хорошими управляющими и добросовестными банкирами, если вам нельзя было доверить чужое имущество, кто будет настолько глуп, чтобы дать вам в собственность огромное сокровище?

И вновь я утверждаю, что никто не может служить двум господам: либо одного будет ненавидеть, а другого любить, либо же будет верным слугой одному и нерадивым другому. Вы не можете служить Богу и мамоне».

Присутствовавшие при том фарисеи начали насмехаться и издеваться над услышанным, ибо усердно копили богатства. Эти враждебно настроенные слушатели пытались вовлечь Иисуса в бесплодные дебаты, но он отказался спорить со своими врагами. Когда фарисеи дошли до препирательств друг с другом, поднявшийся шум собрал большую толпу из числа тех обитателей лагеря, которые жили поблизости; и когда они начали спорить между собой, Иисус удалился в свою палатку на покой.

3. БОГАЧ И НИЩИЙ

Когда собрание стало слишком шумным, Симон Петр встал и, взяв бразды правления в свои руки, сказал: «Люди, братья, нехорошо препираться друг с другом. Учитель высказался, и вам следовало бы подумать над его словами. К тому же учение, которое он возвестил вам, не является новым. Разве вы не слышали иносказание назореев о богаче и нищем? Некоторые из нас помнят, как Иоанн Креститель гневно обличал этой притчей тех, кто любит богатства и домогается нечестного добра. И хотя эта древняя притча не соответствует евангелию, которое проповедуем мы, всем вам следовало бы прислушаться к ее урокам, пока не настанет то время, когда вы поймете новый свет царства небесного. Вот как рассказывал эту историю Иоанн.

Жил богач по имени Див, который одевался в самую дорогую и роскошную одежду и каждый день проводил в веселье и великолепии. Был также нищий по имени Лазарь, который лежал у ворот этого богача, весь в струпьях, надеясь на крохи со стола богача; и даже собаки подходили и лизали его язвы. И случилось так, что нищий умер и отнесен был ангелами для упокоя к Аврааму. А вскоре умер и богач и был похоронен с пышностью и царскими почестями. Покинув этот мир, богач проснулся в аду и, страдая, поднял свои глаза и увидел вдали Авраама, держащего в своих объятиях Лазаря. И закричал Див: „Отец Авраам! Сжалься надо мной и пошли Лазаря, чтобы он смочил палец водой и освежил мой язык, ибо я терплю страшные муки из-за своего наказания". И тогда Авраам ответил: „Сын мой! Вспомни, что в своей жизни ты вкушал блага, Лазарь же страдал от зла. Теперь все переменилось: Лазарь утешается, а ты страдаешь. Кроме того, между тобой и нами лежит огромная пропасть, так что ни мы не можем перейти к вам, ни вы к нам". Тогда Див сказал Аврааму: „Молю тебя, пошли Лазаря назад, в дом моего отца, ибо у меня есть пятеро братьев; пусть он предупредит их, чтобы и они не попали сюда на мучения". Но Авраам сказал: „Сын мой! У них есть Моисей и пророки; пусть слушают их". Тогда Див сказал: „Нет, нет, отец Авраам! Но если кто из мертвых придет к ним, они раскаются". И ответил Авраам: „Если Моисея и пророков не слушают, то даже тому, кто воскрес из мертвых, не поверят"».

Когда Петр рассказал эту древнюю притчу назорейского братства, и поскольку толпа угомонилась, Андрей встал и распустил народ на ночлег. Хотя как апостолы, так и ученики часто задавали Иисусу вопросы насчет притчи о Диве и Лазаре, он ни разу не согласился высказать о ней собственное мнение.

4. ОТЕЦ И ЕГО ЦАРСТВО

Иисус всегда сталкивался с трудностями, пытаясь объяснить апостолам, что хотя они и возвещают установление царства Божьего, Отец небесный *не является царем*. В те времена, когда Иисус жил на земле и учил во плоти, урантийцы знали в основном царей и императоров, управлявших своими народами, и евреи уже давно ожидали наступления царства Божьего. В силу этих и других причин, Учитель считал наиболее подходящим назвать духовное братство людей царством небесным, а духовного главу этого братства – *Отцом небесным*. Иисус никогда не говорил о своем Отце как о царе. В своих сокровенных беседах с апостолами он всегда называл себя Сыном Человеческим и их старшим братом. Он именовал всех своих последователей слугами человечества и посланниками евангелия царства.

Иисус никогда не давал своим апостолам систематических знаний относительно личности и атрибутов небесного Отца. Он никогда не просил людей верить в его Отца; он считал их веру само собой разумеющейся. Иисус считал ниже своего достоинства предлагать доказательства в пользу реальности Отца. Средоточием всего его учения об Отце было заявление о том, что он и Отец едины; что видевший Сына видел и Отца; что Отец, как и Сын, знает всё; что только Сын действительно знает Отца, а также тот, кому Сын раскроет его; что знающий Сына знает также Отца; и что Отец послал его в этот мир, чтобы раскрыть их объединенные сущности и явить их совместный труд. Он никогда не выступал с иными высказываниями о своем Отце, не считая того, что было сказано самаритянке у колодца Иакова, когда он заявил: «Бог есть дух».

Постигайте Бога через Иисуса, наблюдая божественность его жизни, а не полагаясь на его учения. Исходя из жизни Учителя, каждый из вас может извлечь представление о Боге, которое является мерой вашей способности постичь духовные и божественные реальности, действительные и вечные истины. Конечное может надеяться понять Бесконечного только через сосредоточение Бесконечного в пространственно-временнóй личности Иисуса Назарянина с ее конечным опытом земной жизни.

Иисус хорошо понимал, что Бога можно познать только с помощью эмпирических реальностей; его никогда не понять только умозрительно. Иисус учил своих апостолов, что хотя они никогда не могли бы до конца понять Бога, они наверняка могли бы *познать* его, как они познали Сына Человеческого. Вы можете познать Бога не посредством понимания того, чтó говорил Иисус, а благодаря познанию того, чéм он являлся. Иисус *являлся* откровением Бога.

За исключением тех случаев, когда Иисус цитировал еврейские писания, он называл Божество только двумя именами: Бог и Отец. И когда Учитель говорил о своем Отце как о Боге, он обычно пользовался ивритским словом, обозначающим множественного Бога (Троицу), а не словом «Ягве», отражающим развитие представления о племенном Боге евреев.

Иисус никогда не называл Отца царем, и он очень сожалел о том, что еврейская мечта о восстановлении царства и провозглашение Иоанном грядущего царства вынудили его назвать предложенное им духовное братство царством небесным. За единственным исключением – заявлением о том, что «Бог есть дух», – Иисус никогда не говорил о Божестве, иначе как в выражениях, характеризующих личную связь с Первым Источником и Центром Рая.

Иисус пользовался словом «Бог» для обозначения *идеи* Божества и словом «Отец» для обозначения *опыта* познания Бога. Когда слово «Отец» обозначает Бога, оно должно пониматься в своем самом широком смысле. Слово «Бог» неопределимо и потому символизирует бесконечное представление об Отце, в то время как термин «Отец», поддающийся частичному определению, можно использовать для выражения человеческого представления о божественном Отце в его связи с человеком в течение смертного существования.

Для евреев Элогим являлся Богом богов, в то время как Ягве был Богом Израиля. Иисус принял представление об Элогиме, называя эту верховную группу существ Богом. Вместо представления о Ягве – национальном божестве – он предложил идею отцовства Бога и всемирного братства людей. Он возвысил представление о Ягве как обожествленном Отце нации до идеи Отца всех детей человеческих – божественного Отца каждого верующего. Кроме того, он учил, что этот Бог вселенных и этот Отец всех людей являются одним и тем же Райским Божеством.

Иисус никогда не утверждал, что является выражением Элогима (Бога) во плоти. Он никогда не заявлял, что является откровением Элогима (Бога) мирам. Он никогда не учил, что видевший его видел Элогима (Бога). Но он действительно называл себя откровением Отца во плоти, и он действительно говорил, что видевшие его видели Отца. Как божественный Сын, он утверждал, что представляет только Отца.

Конечно, он являлся Сыном именно Бога-Элогима; однако – во плоти и по отношению к смертным сынам Божьим – он решил ограничить раскрытие своей жизни изображением характера Отца, причем в той мере, в какой такое откровение было бы понятно смертному человеку. Что же касается характера остальных лиц Райской Троицы, то нам следует удовлетвориться учением о том, что они во всём похожи на Отца, лично раскрытого в жизни его воплощенного Сына – Иисуса Назарянина.

Несмотря на то что в своей земной жизни Иисус раскрыл истинную сущность небесного Отца, он почти ничему не учил о нем. Фактически, он учил только двум вещам: что Бог сам по себе является духом и что во всех отношениях со своими созданиями он остается Отцом. В этот вечер, делая последнее заявление о своих отношениях с Богом, он провозгласил: «Я пришел в мир от Отца; и я покину мир и уйду к Отцу».

Обратите внимание на то, что Иисус никогда не говорил: «Слышавший меня слышал Бога». Однако он действительно говорил: «*Видевший* меня видел Отца». Слышать учения Иисуса не означает знать Бога, но *видеть* Иисуса есть опыт, который сам по себе является раскрытием Отца душе. Бог вселенных правит необъятным творением, но именно Отец небесный посылает свой дух для пребывания в вашем разуме.

Иисус является духовной линзой в облике человека, позволяя материальным созданиям видеть Того, кто невидим. Это ваш старший брат, который, пребывая во плоти, *знакомит* вас с Существом, чьи бесконечные атрибуты до конца не понятны даже небесному воинству. Однако всё это должно заключаться в личном опыте *каждого верующего*. Бог, который есть дух, может быть познан только как духовный опыт. Божественный Сын духовных миров может раскрыть Бога конечным сынам материальных миров только как *Отца*. Вы можете знать Вечного как Отца; вы можете поклоняться ему как Богу вселенных – бесконечному Создателю всего сущего.

ДОКУМЕНТ 170

ЦАРСТВО НЕБЕСНОЕ

Пополудни в субботу, 11 марта, Иисус выступил со своей последней проповедью в Пелле. Это обращение – одно из самых замечательных за всё его общественное служение – было посвящено глубокому и всестороннему обсуждению царства небесного. Он знал о путанице, царившей в умах его апостолов и учеников относительно смысла и значения выражений «царство небесное» и «царство Божье», которые он использовал как взаимозаменяемые обозначения своей посвященческой миссии. Хотя одного указания на царство *небесное* должно было быть достаточно, чтобы исключить любую связь того, что оно обозначает, с *земными* царствами и мирскими правительствами, этого не произошло. Идея мирского царя слишком глубоко укоренилась в сознании евреев, чтобы ее можно было вытеснить за одно поколение. Поэтому поначалу Иисус открыто не выступал против такого давно лелеемого представления о царстве.

В этот субботний день Учитель стремился разъяснить учения о царстве небесном; он обсудил этот вопрос со всех точек зрения и попытался объяснить многие различные значения, в которых использовался данный термин. В этом документе мы расширим это обращение, сопроводив его многочисленными более ранними высказываниями Иисуса, а также добавив ряд замечаний, сделанных только для апостолов во время вечерних обсуждений в тот же день. Мы также предложим некоторые комментарии, касающиеся дальнейшего развития идеи царства в той мере, в какой эта идея связана с последующей христианской церковью.

1. ПРЕДСТАВЛЕНИЯ О ЦАРСТВЕ НЕБЕСНОМ

В связи с изложением проповеди Иисуса, следует отметить, что во всех священных книгах иудеев прослеживается двойственное представление о царстве небесном. Пророки представляли царство Божье следующим образом:

1. Существующая реальность.

2. Будущая надежда – воплощение царства во всей полноте с приходом Мессии. Таково представление о царстве, которому учил Иоанн Креститель.

С самого начала Иисус и апостолы учили обоим этим представлениям. Существовали еще две идеи царства, которые необходимо иметь в виду:

3. Более позднее представление евреев о всемирном трансцендентальном царстве, происхождение которого сверхъестественно, а наступление чудотворно.

4. Персидские учения, изображающие установление божественного царства как достижение победы добра над злом в конце света.

Перед самым приходом Иисуса на землю евреи соединили и смешали все эти идеи царства в своем апокалипсическом представлении о Мессии, который явится для того, чтобы открыть эру еврейского триумфа – вечную эпоху верховного правления Бога на земле, новый мир, эру, когда всё человечество будет поклоняться Ягве. Решив использовать это представление о царстве небесном, Иисус тем самым остановил свой выбор на важнейшем, кульминационном наследии как еврейской, так и персидской религий.

Царство небесное включает четыре различные группы идей, отражающие истинные и превратные представления, существовавшие о нём на протяжении веков христианской эры:

1. Представление евреев.

2. Представление персов.

3. Представление Иисуса, основанное на личном опыте, – «царство небесное в вас».

4. Смешанные и путаные представления, которые пытались внушить миру основатели и пропагандисты христианства.

Складывается впечатление, что в разные периоды и при различных обстоятельствах Иисус в своих публичных выступлениях излагал многочисленные представления о «царстве». Однако своих апостолов он всегда учил, что царство охватывает личный опыт человека в отношении к своим собратьям на земле и к Отцу на небе. Говоря о царстве, он всегда завершал свою речь словами: «Царство находится внутри вас».

Продолжающееся веками недоразумение относительно того, что касается смысла выражения «царство небесное», объясняется тремя факторами:

1. Путаницей, вызванной наблюдением постепенной эволюции идеи «царства» на различных стадиях ее переработки Иисусом и его апостолами.

2. Путаницей, неизбежно связанной с переносом раннего христианства с иудейской почвы на языческую.

3. Путаницей, связанной с тем, что центральной идеей христианства стала личность Иисуса, вокруг которой была организована эта религия; евангелие царства всё больше превращалось в религию *об Иисусе*.

2. КОНЦЕПЦИЯ ЦАРСТВА У ИИСУСА

Учитель недвусмысленно говорил о том, что началом и основой царства небесного должна быть двуединая концепция, представленная истиной об отцовстве Бога и вытекающим из этого фактом братства людей. Принятие такого учения, заявлял Иисус, освободит человека от векового рабского подчинения животному страху и одновременно обогатит человеческую жизнь следующими дарами новой жизни, исполненной духовной свободы:

1. Обладание новым мужеством и возросшим духовным могуществом. Евангелие царства было призвано освободить человека и вдохновить его на помыслы о вечной жизни.

2. Евангелие несло идею новой уверенности и истинного утешения для всех людей, в том числе и для бедняков.

3. Само по себе, оно стало новым образцом нравственных ценностей, новым этическим эталоном для оценки человеческого поведения. Оно рисовало идеал возникающего в результате нового устройства человеческого общества.

4. Оно учило превосходству духовного над материальным; оно прославляло духовные реальности и сверхчеловеческие идеалы.

5. Это новое евангелие выдвинуло в качестве истинной цели жизни духовные свершения. Человеческая жизнь приобрела новую моральную ценность и божественное достоинство.

6. Иисус учил, что вечные реальности являются результатом (наградой) праведных земных усилий. Смертное пребывание человека на земле приобрело новое значение, вытекающее из осознания величественного будущего.

7. Новое евангелие утверждало, что спасение человека является раскрытием далеко идущего божественного замысла, которому предстоит исполниться и воплотиться в бесконечном служении – грядущей судьбе спасенных сынов Божьих.

Данные учения охватывают расширенную идею царства, которой учил Иисус. Примитивные и путаные учения Иоанна Крестителя о царстве едва ли заключали в себе эту великую концепцию.

Апостолы были неспособны постичь истинное значение высказываний Учителя о царстве. Последующее искажение учений Иисуса – в том виде, в котором они представлены в Новом Завете, – объясняется повлиявшим на авторов евангелия представлением о том, что Иисус лишь ненадолго покинул этот мир, что вскоре он вернется, дабы установить царство в могуществе и славе. Это та же самая идея, которой они придерживались, пока он находился рядом с ними во плоти. Но Иисус не связывал установление царства с идеей своего возвращения в этот мир. То, что прошли века без какого-либо намека на воцарение «нового века», ни в коей мере не противоречит учениям Иисуса.

Великим начинанием, воплощенным в этой проповеди, стала попытка превратить концепцию царства небесного в идеальное представление о выполнении воли Божьей. Иисус уже давно учил своих последователей молиться: «Да наступит царство твое; да исполнится воля твоя»; и в то же время он искренне пытался заставить их отказаться от использования выражения *царство Божье*, заменив его более полезным эквивалентом – *воля Божья*. Однако ему это не удалось.

Вместо идеи царства, царя и подчиненных, Иисус хотел предложить концепцию небесной семьи – небесного Отца и освобожденных сынов Божьих, радостно и добровольно служащих своим человеческим собратьям в возвышенном и разумном поклонении Богу-Отцу.

К этому времени у апостолов сложилось двоякое представление о царстве:

1. Они считали его личным опытом, в то время присутствующим в сердцах истинных верующих.

2. Они считали его национальным или мировым явлением. Они полагали, что царство принадлежит будущему, что оно является чем-то таким, чего нужно ждать.

Они взирали на приход царства в сердцах людей как на постепенный процесс, подобный действию закваски в тесте или росту горчичного зерна. Они верили, что приход царства в национальном или мировом смысле будет столь же внезапным, сколь и захватывающим. Иисус неустанно повторял им, что царство небесное является их личным опытом осознания высших ценностей духовной жизни, что эти реальности духовного опыта постепенно преобразуются в новые и более высокие уровни божественной уверенности и вечного величия.

В этот день Учитель изложил совершенно новое представление о двоякой сущности царства, ибо он описал две следующие его стадии:

«Первая. Царство Божье в этом мире: высшее желание исполнять Божью волю, бескорыстная любовь человека, приносящая благие плоды – улучшенное этическое и нравственное поведение.

Вторая. Царство Божье на небесах, цель смертных верующих, положение, которое характеризуется более совершенной любовью к Богу и более божественным исполнением Божьей воли».

Иисус учил, что благодаря вере верующий входит в царство *сразу*. В различных беседах он учил, что для вхождения в царство через веру две вещи являются обязательными:

1. *Вера, искренность*. Прийти, как дитя, получить сыновство как дар; подчиниться исполнению воли Отца, не сомневаясь в мудрости Отца и испытывая подлинное доверие к ней; прийти в царство свободным от предрассудков и предвзятых мнений; быть восприимчивым и способным к учению, подобно неиспорченному ребенку.

2. *Жажда истины*. Страстное стремление к праведности, изменение намерений, обретение стремления стать подобным Богу и найти Бога.

Иисус учил, что грех – это не дитя испорченной природы, а плод знающего разума, подчиненного непокорной воле. В отношении греха он учил, что Бог *уже* простил и что мы делаем такое прощение доступным для самих себя, когда прощаем своих собратьев. Прощая брата во плоти, вы тем самым создаете в своей душе способность принимать реальность Божьего прощения ваших собственных ошибок.

К тому времени, когда апостол Иоанн приступил к описанию жизни и учений Иисуса, ранние христиане столько натерпелись из-за идеи царства Божьего, являвшегося причиной гонений на них, что в большинстве своем отказались от этого выражения. Иоанн много говорит о «вечной жизни». Иисус часто называл царство Божье «царством жизни». Он также нередко говорил о «царстве Божьем внутри вас». Однажды он назвал такой опыт «дружескими семейными отношениями с Богом-Отцом». Иисус пытался заменить «царство» многими другими названиями, но всякий раз безуспешно. Среди прочих определений он пользовался следующими: семья Божья, воля Отца, друзья Божьи, товарищество верующих, братство людей, паства Отца, дети Божьи, товарищество правоверных, служение Отца, а также освобожденные сыны Божьи.

Однако он не мог не использовать идею царства. Лишь по прошествии более пятидесяти лет – после разрушения Иерусалима римскими армиями – это представление о царстве начало превращаться в культ вечной жизни, по мере того как его социальные и институциональные аспекты принимала на себя быстро расширявшаяся и обретавшая конкретные очертания христианская церковь.

3. О ПРАВЕДНОСТИ

Иисус всегда пытался внушить своим апостолам и ученикам, что посредством своей веры они должны приобрести праведность, превосходящую праведность рабской зависимости, которой столь лицемерно кичились перед всем миром некоторые книжники и фарисеи.

Хотя Иисус учил, что вера – простая детская вера – является ключом к дверям царства, он также учил, что войдя в эти двери, каждое верующее дитя должно, ступенька за ступенькой, подняться по лестнице праведности, чтобы достигнуть всей высоты положения стойких сынов Божьих.

Достижение праведности царства раскрывается именно при рассмотрении метода *обретения* Божьего прощения. Вера является платой за вхождение в Божью семью, но прощение является тем действием Бога, благодаря которому ваша вера принимается в качестве платы за вступление в царство. Для верующего в царство, обретение прощения Бога предполагает наличие определенного, реального опыта и заключается в четырех ступенях – присущих царству ступенях внутренней праведности:

1. Прощение Бога становится реально достижимым и лично ощущаемым ровно в той мере, в какой человек прощает своих товарищей.

2. Человек по-настоящему прощает своих товарищей только тогда, когда любит их, как самого себя.

3. Любить своего ближнего, как самого себя, *и есть* высшая этика.

4. Нравственное поведение – истинная праведность – становится, таким образом, естественным результатом такой любви.

Поэтому очевидно, что истинная внутренняя религия царства неизбежно и во всё большей мере стремится проявить себя на практических путях общественного служения. Иисус учил живой религии, побуждающей верующих посвящать себя любвеобильному служению. Однако Иисус не подменял религию этикой. В его учении религия является причиной, а этика – следствием.

Мерой праведности любого поступка должен быть его мотив; поэтому высшие проявления добра являются неосознанными. Иисуса никогда не интересовала мораль, или этика, как таковая. Он интересовался только теми внутренними и духовными, товарищескими отношениями с Богом-Отцом, которые непременно получают внешнее проявление в непосредственном любвеобильном служении людям. Он учил, что религия царства является подлинным личным опытом, который никто не может удержать в себе; что если человек сознаёт себя членом семьи верующих, то это неизбежно ведет его к практическому исполнению заповедей поведения в семье – служению своим братьям и сестрам во имя увеличения и расширения братства.

Религия царства является личной, индивидуальной; ее плоды – результаты – являются семейными, социальными. Иисус неизменно превозносил святость индивидуума в сравнении с обществом. Но он также признавал, что человек формирует свой характер посредством бескорыстного служения, что он раскрывает свою нравственную сущность в любвеобильных отношениях со своими товарищами.

Своим учением о том, что царство находится в самом человеке, – возвышением индивидуума, – Иисус нанес прежнему обществу смертельный удар, открыв новый судный период истинной социальной праведности. Новая организация общества осталась практически неизвестной в этом мире, отказавшемся применить принципы евангелия царства на практике. И когда это царство духовного превосходства действительно утвердится на земле, то свидетельством тому будет не просто улучшение социальных и материальных условий, а величие тех возросших и обогащенных духовных ценностей, которые характеризуют наступление века улучшенных человеческих отношений и прогресса в духовных свершениях.

4. УЧЕНИЕ ИИСУСА О ЦАРСТВЕ

Иисус никогда не давал точного определения царства. В одном случае он мог остановиться на одной фазе царства, в другом – обсудить иной аспект братства, в основе которого лежит господство Бога в сердцах людей. В течение этой послеполуденной субботней проповеди Иисус выделил не менее пяти фаз, или эпох, царства:

1. Личный внутренний опыт духовной жизни, которому присущи товарищеские отношения верующего с Богом-Отцом.

2. Растущее братство верующих в евангелие, социальные аспекты улучшения морали и пробуждения этики вследствие господства Божьего духа в сердцах индивидуальных верующих.

3. Сверхсмертное братство невидимых духовных существ, господствующее на земле и на небе, – сверхчеловеческое царство Божье.

4. Перспектива более совершенного исполнения Божьей воли, движение к зарождению нового социального порядка в связи с улучшением духовной жизни – следующая эра человека.

5. Царство во всей своей полноте, грядущий духовный век света и жизни на земле.

Поэтому мы всегда должны обращаться к учению Иисуса, чтобы понять, какую из этих пяти фаз он мог иметь в виду, пользуясь выражением «царство небесное». Благодаря этому процессу – постепенно изменяя человеческую волю и тем самым воздействуя на человеческие решения, – Михаил и его сподвижники также постепенно, но неотвратимо изменяют весь ход человеческой эволюции, социальной и иной.

В своей проповеди Учитель выделил пять пунктов, отражающих принципиальные черты евангелия царства:

1. Первостепенная значимость индивидуума.
2. Воля как определяющий фактор в человеческом опыте.
3. Духовное товарищество с Богом-Отцом.
4. Высшее удовлетворение, приносимое любвеобильным служением людям.
5. Превосходство духовного над материальным в человеческой личности.

Этот мир никогда не пытался серьезно, искренне или честно испытать на практике динамичные идеи и божественные идеалы учения Иисуса о царстве небесном. Однако кажущийся медленным прогресс идеи царства на Урантии не должен удручать вас. Помните, что ход постепенной эволюции подвержен резким и неожиданным периодическим изменениям как в материальном, так и духовном мирах. Посвящение Иисуса в качестве воплощенного Сына было именно таким необычным и неожиданным событием в духовной жизни данного мира. Кроме того, стремясь обнаружить признаки царства в своем времени, не совершите роковой ошибки – не упустите из виду того, что царство должно претвориться в ваших собственных душах.

Хотя Иисус относил одну из фаз царства к будущему и много раз давал понять, что такое событие может проявиться как часть мирового кризиса, и хотя в ряде случаев он таким же образом совершенно определенно обещал когда-нибудь вернуться на Урантию, следует отметить, что он никогда не связывал две эти идеи воедино. Он обещал, что в будущем состоится новое откровение царства на земле; он также обещал когда-нибудь вернуться в этот мир лично; но он не говорил, что два этих события тождественны. Исходя из всего, что нам известно, эти обещания не обязательно относятся к одному и тому же событию.

Его апостолы и ученики совершенно определенно объединили эти два учения воедино. Когда царство не воплотилось в ожидаемом ими виде, они, вспомнив об учении Иисуса о будущем царстве и его обещание вернуться, сделали поспешный вывод о том, что эти обещания относятся к одному и тому же событию; поэтому они жили в надежде на скорое второе пришествие Иисуса для установления царства во всей его полноте, могуществе и славе. Так и последующие поколения жили на земле, питаемые всё той же самой воодушевляющей, но чреватой разочарованием надеждой.

5. ПОСЛЕДУЮЩИЕ ПРЕДСТАВЛЕНИЯ О ЦАРСТВЕ

После краткого описания учений Иисуса о царстве небесном, нам позволено изложить некоторые последующие идеи, связанные с представлением о царстве, и предсказать возможное развитие царства в грядущую эпоху.

В течение первых столетий популяризации христианства идея царства небесного подвергалась колоссальному влиянию стремительно распространявшегося в те времена греческого идеализма с его представлением о физическом как тени духовного – о бренном как временнóй тени вечного.

Однако огромным шагом, ознаменовавшим перенос учений Иисуса с иудейской на языческую почву, стало превращение Мессии царства в Искупителя церкви – религиозной и общественной организации, являвшейся детищем Павла и его преемников и основанной на учениях Иисуса, дополненных идеями Филона и персидскими доктринами добра и зла.

Идеи и идеалы Иисуса, воплощенные в учениях евангелия царства, остались практически нереализованными, ибо его последователи всё больше искажали его высказывания. Концепция царства в представлении Учителя была существенно изменена двумя значительными тенденциями:

1. Верующие евреи продолжали считать его *Мессией*. Они верили, что в ближайшем будущем Иисус вернется, чтобы действительно установить всемирное, более или менее материальное царство.

2. Иноплеменные христиане уже на очень раннем этапе начали принимать доктрины Павла, что вело ко всё большему распространению взгляда на Иисуса как на *Искупителя* детей церкви – института, пришедшего на смену прежней идее о чисто духовном братстве царства.

Как социальный продукт царства, церковь была бы совершенно естественна и даже желательна. Злом церкви было не ее существование, а то, что она почти полностью вытеснила предложенное Иисусом представление о царстве. Став институтом, церковь Павла фактически превратилась в заменителя царства небесного, провозглашенного Иисусом.

Но не сомневайтесь: то самое царство небесное, которое, как учил Иисус, существует в сердце верующего, еще будет возвещено христианской церкви, равно как и всем другим религиям, народам и странам на земле, – и каждому человеку.

Царство, каким оно предстает в учениях Иисуса, – духовный идеал индивидуальной праведности и представление о божественном товариществе человека и Бога – постепенно растворилось в мистической концепции фигуры Иисуса как Искупителя-Создателя и духовного главы социализированного религиозного сообщества. Так формальная, институциональная церковь стала заменителем того братства царства, которое состоит из ведомых духом индивидуумов.

Церковь была неизбежным и полезным *социальным* следствием жизни и учений Иисуса. Трагедия заключалась в том, что эта социальная реакция на учения о царстве целиком и полностью вытеснила духовное представление о реальном царстве, раскрытом учениями и жизнью Иисуса.

Для евреев царство являлось израильской *общиной*; для иноплеменников оно стало христианской *церковью*. Для Иисуса царство было совокупностью тех *индивидуумов*, которые признали свою веру в отцовство Бога и тем самым, заявив о своей безраздельной преданности исполнению воли Божьей, стали членами духовного братства людей.

Учитель прекрасно понимал, что распространение евангелия царства повлечет за собой определенные социальные последствия. Однако его замысел заключался в том, чтобы все благотворные социальные проявления возникали как неосознанные и неизбежные результаты, или естественные плоды, этого внутреннего личного опыта индивидуальных верующих – чисто духовного товарищества и общения с божественным духом, который пребывает во всех таких верующих и движет ими.

Иисус предвидел, что вслед за прогрессом истинного духовного царства появится социальная организация, или церковь. Именно поэтому он никогда не возражал против того, чтобы апостолы использовали введенный Иоанном обряд крещения. Он учил, что любящая истину душа – та, которая жаждет праведности, Бога, – принимается в духовное царство благодаря своей вере. В то же время апостолы учили, что такой верующий принимается в социальную организацию учеников через внешний обряд крещения.

Когда первые последователи Иисуса осознали частичную неудачу своих попыток воплотить его идеал – утверждение царства в сердцах людей через господство и водительство духа индивидуального верующего, – они решили спасти его учение от полного забвения, подменив идеал царства, каким его понимал Учитель, постепенным созданием зримой социальной организации – христианской церкви. И завершая эту подмену, они – желая быть последовательными и обеспечить признание учения Иисуса в том, что касается реальности факта царства, – начали отодвигать царство в будущее. Как только церковь обрела прочное положение, она принялась учить, что в действительности царство появится в кульминационный момент христианской эпохи – при втором пришествии Христа.

Так царство стало концепцией эпохи, идеей будущего пришествия и идеалом окончательного искупления святых Всевышнего. Ранние христиане (и слишком многие после них) повсеместно упускали из виду идею отношений Отца и сына, заключенную в учении Иисуса о царстве, подменяя ее хорошо организованным социальным сообществом церкви. Так церковь стала в основном *социальным* братством, фактически вытеснив представление и идеал Иисуса о братстве *духовном*.

В целом, идеальное представление Иисуса не реализовалось, однако на основе личной жизни Учителя и его учений, дополненных греческими и персидскими представлениями о вечной жизни и расширенных доктриной Филона о противопоставлении тленного и духовного, Павел приступил к созданию одной из наиболее прогрессивных общин, когда-либо существовавших на Урантии.

Концепция Иисуса продолжает жить в передовых религиях мира. Христианская церковь Павла является социализированной и очеловеченной тенью того, чем должно было стать царство небесное по замыслу Иисуса, – и чем оно еще непременно станет. Павел и его преемники сделали так, что вопросы вечной жизни в определенной мере перестали быть прерогативой индивидуума и отошли к церкви. Так Христос стал больше главой церкви, чем старшим братом каждого индивидуального верующего в той семье Отца, которой является царство. Весь духовный смысл, заключенный в отношениях Иисуса с индивидуальным верующим, Павел и его современники перенесли на *церковь* как группу верующих; и поступив так, они нанесли смертельный удар представлению Иисуса о божественном царстве, существующем в сердце каждого индивидуального верующего.

Поэтому веками деятельность христианской церкви протекала в обстановке огромной растерянности, ибо она имела смелость претендовать на непостижимые силы и привилегии царства, – те силы и привилегии, которые могут быть использованы и испытаны только между Иисусом и его духовными верующими братьями. И так становится очевидным, что членство в церкви не обязательно означает вступление в царство: одно является духовным, другое – в основном социальным.

Рано или поздно появится новый, еще более великий Иоанн Креститель, который возвестит: «Приблизилось царство Божье», имея в виду возвращение высоких духовных представлений Иисуса, провозгласившего, что царство есть воля его небесного Отца, господствующая в сердце верующего; и сделает он всё это без какого-либо намека на зримую церковь на земле или на ожидаемое второе пришествие Христа. Должно наступить возрождение *подлинных* учений Иисуса, такое новое их изложение, которое перечеркнет деятельность его ранних последователей, взявшихся за создание социально-философской системы вероисповедания вокруг *факта* пребывания Михаила на земле. За короткое время учение, заключенное в повествовании *об Иисусе*, почти полностью подменило проповедь евангелия Иисуса о царстве. Так историческая религия вытеснила учение, в котором Иисус соединил высшие нравственные идеи и духовные идеалы человека с его наиболее возвышенными упованиями на будущее – вечной жизнью. А в этом и заключалось евангелие царства.

Именно в силу многогранности евангелия Иисуса исследователи письменных свидетельств о его учениях за несколько веков разделились на такое множество культов и сект. Это прискорбное дробление христианской церкви объясняется неумением увидеть в многоплановых учениях Иисуса божественную цельность его несравненной жизни. Однако когда-нибудь у истинно верующих в Иисуса не будет такой духовной разобщенности по сравнению с неверующими. У нас всегда могут сохраняться различия в рациональном понимании и толковании и даже различные уровни социализации, но отсутствие духовного братства является и непростительным, и достойным порицания.

Но не ошибитесь! В учениях Иисуса есть вечное начало, которое не позволит им навсегда остаться бесплодными в сердцах мыслящих людей. Царство в понимании Иисуса в значительной мере потерпело неудачу на земле. В настоящее время его место занимает институт церкви. Но вам нужно понять, что эта церковь является всего лишь личиночной стадией неосуществленного духовного царства, которое, преодолевая сопротивление, пройдет через эту материальную стадию к более духовной эпохе, когда учения Иисуса смогут получить более благоприятную возможность для развития. Поэтому так называемая христианская церковь становится тем коконом, в котором сегодня дремлет представление Иисуса о царстве. Царство божественного братства живет и, пробыв долгое время под спудом, когда-нибудь обязательно выйдет на свет Божий. И это так же несомненно, как и то, что в процессе метаморфического развития малопривлекательное создание в итоге превращается в прекрасную бабочку.

ДОКУМЕНТ 171

НА ПУТИ В ИЕРУСАЛИМ

На следующий день после достопамятной проповеди «О царстве небесном» Иисус объявил, что назавтра он и апостолы отправляются в Иерусалим на праздник Пасхи и по пути посетят многочисленные города южной Переи.

После речи Иисуса о царстве и его заявления о намерении присутствовать на праздновании Пасхи, все его сторонники решили, что он отправляется в Иерусалим, чтобы положить начало мирскому царству, основанному на превосходстве евреев. Что бы Иисус ни говорил о нематериальном характере царства, ему не удавалось полностью вытеснить из сознания своих еврейских слушателей представление о том, что Мессия должен установить некую националистическую систему правления с центром в Иерусалиме.

Сказанное Иисусом во время субботней проповеди только смутило большинство его слушателей; речь Учителя смогла просветить лишь очень немногих. Ближайшие сторонники Иисуса отчасти поняли те его учения, которые касались внутреннего царства, «царства небесного в вас», однако они также знали, что ранее он говорил о другом, будущем царстве, и они полагали, что он отправляется в Иерусалим для установления именно этого царства. Когда они разочаровались в своих ожиданиях, когда он был отвергнут евреями и позднее, когда Иерусалим буквально сравняли с землей, они все еще цеплялись за эту надежду, искренне веря, что Учитель вскоре вернется в мир в великом могуществе и величественной славе для установления обещанного царства.

Именно в это воскресенье Саломия, мать Иакова и Иоанна Зеведеевых, пришла пополудни к Иисусу вместе с двумя сыновьями-апостолами и, обращаясь к нему так, как если бы он был восточным монархом, попыталась заручиться у Иисуса обещанием выполнить любую ее просьбу. Однако Учитель отказался; вместо этого он спросил: «Что ты хочешь, чтобы я сделал для тебя?» Тогда Саломия ответила: «Учитель, теперь, когда ты отправляешься в Иерусалим, чтобы установить царство, я хотела бы заручиться твоим обещанием, что эти мои сыновья будут удостоены высокой чести сидеть у тебя один по правую руку, а другой по левую в твоем царстве».

Услышав просьбу Саломии, Иисус сказал: «Женщина, ты не знаешь, чего просишь». И после этого, смотря прямо в глаза двум жаждущим почестей апостолам, он сказал: «Поскольку я давно знаю и люблю вас, поскольку я даже жил в доме вашей матери, поскольку Андрей поручил вам всегда быть при мне, вы позволили своей матери тайно прийти ко мне с этой недостойной просьбой. Но позвольте спросить вас: сможете ли испить чашу, которую суждено испить мне?» И не задумавшись ни на мгновение, Иаков и Иоанн ответили: «Да, Учитель, сможем». Иисус сказал: «Я опечален тем, что вы не знаете, зачем мы идем в Иерусалим; я скорблю из-за того, что вы не понимаете сущности моего царства; я разочарован тем, что вы привели свою мать, чтобы она обратилась ко мне с этой просьбой; однако я знаю, что в душе вы любите меня; поэтому я заявляю, что вам действительно придется испить мою горькую чашу и разделить со мной унижение; но не мне дано позволять садиться по правую или по левую руку от меня. Такие почести ждут тех, кто отмечен моим Отцом».

К этому времени Петру и остальным апостолам стало известно об этой беседе; они были чрезвычайно возмущены тем, что Иаков и Иоанн ищут особых привилегий для себя и что они тайно отправились вместе со своей матерью, чтобы обратиться с этой просьбой. Когда между ними разгорелся спор, Иисус созвал их и сказал: «Вы хорошо знаете, как правители язычников помыкают своими подчиненными и как властвуют вельможи. Но не так должно быть в царстве небесном. Пусть тот, кто хочет возвыситься среди вас, станет вначале вашим рабом. Пусть тот, кто хочет быть первым в царстве, станет вашим слугой. Я заявляю вам, что Сын Человеческий не для того пришел, чтобы ему служили, но чтобы самому служить; и теперь я отправляюсь в Иерусалим, чтобы отдать свою жизнь, исполняя волю Отца в служении моим братьям». Услышав эти слова, апостолы удалились для молитвы. В тот вечер, благодаря стараниям Петра, Иаков и Иоанн принесли десяти апостолам должные извинения и вновь обрели расположение своих собратьев.

Обращаясь с просьбой о местах по правую и левую руку от Иисуса в Иерусалиме, сыновья Зеведея вряд ли сознавали, что не пройдет и месяца, как их возлюбленный учитель будет висеть на римском кресте вместе с умирающим вором по одну сторону и еще одним преступником по другую. И их мать, присутствовавшая при распятии, отчетливо вспомнила ту нелепую просьбу, с которой она обратилась к Иисусу в Пелле, когда она столь неразумно просила почестей для своих сыновей-апостолов.

1. ОТБЫТИЕ ИЗ ПЕЛЛЫ

В понедельник, 13 марта, в первой половине дня, Иисус и его двенадцать апостолов в последний раз покинули лагерь у Пеллы и отправились на юг в путешествие по городам южной Переи, где трудились сподвижники Авенира. Они провели среди семидесяти более двух недель, после чего направились прямо в Иерусалим на празднование Пасхи.

Когда Учитель покинул Пеллу, те ученики, которые находились здесь вместе с апостолами – в общей сложности тысяча человек, – последовали за ним. Примерно половина этой группы рассталась с ним у переправы через Иордан на дороге в Иерихон, узнав, что он направляется в Хешбон, и после того как он выступил с проповедью «О вычислении издержек». Они продолжили путь в Иерусалим, в то время как другая половина следовала за ним в течение двух недель, посещая города южной Переи.

Большинство ближайших сторонников Иисуса в принципе понимали, что он не вернется в лагерь у Пеллы, однако они действительно считали это признаком того, что их Учитель наконец-то собрался идти в Иерусалим, чтобы предъявить свои права на трон Давида. Преобладающее большинство его последователей так и не смогли осмыслить какой-либо иной концепции царства небесного; чему бы он ни учил их, они не желали отказываться от еврейского представления о царстве.

Выполняя инструкции апостола Андрея, в среду, 15 марта, Давид Зеведеев закрыл гостевой лагерь у Пеллы. В это время здесь находилось почти четыре тысячи посетителей, не считая более тысячи человек, которые пребывали с апостолами в месте, известном как учебный лагерь, и которые отправились на юг вместе с Иисусом и двенадцатью. Давид, скрепя сердце, распродал всё лагерное снаряжение многочисленным покупателям и отправился в Иерусалим, где впоследствии передал вырученные деньги Иуде Искариоту.

Давид находился в Иерусалиме во время последней трагической недели и после распятия отвез свою мать назад в Вифсаиду. В ожидании Иисуса и апостолов он остановился у Лазаря в Вифании, где пришел в сильнейшее негодование из-за тех методов, которыми начали пользоваться фарисеи, преследовавшие и угнетавшие Лазаря после его воскрешения. Андрей распорядился, чтобы Давид закрыл курьерскую службу. И это было воспринято всеми как свидетельство скорого установления царства в Иерусалиме. Давид оказался не у дел и, возмущенный отношением к Лазарю, почти уже решил стать его добровольным защитником, как внезапно его подопечный поспешно бежал в Филадельфию. Соответственно, через некоторое время после воскресения Иисуса и смерти своей матери, Давид помог Марфе и Марии распродать их недвижимость, после чего он перебрался в Филадельфию. И там, сотрудничая с Авениром и Лазарем, он провел остаток своей жизни, став попечителем обширных финансовых интересов царства, центром которых при жизни Авенира являлась Филадельфия.

Вскоре после разрушения Иерусалима Антиохия стала центром *павлинистского христианства*, в то время как Филадельфия оставалась центром *авенирианского царства небесного*. Из Антиохии павлинистская версия учений Иисуса и об Иисусе распространилась на весь западный мир. Из Филадельфии миссионеры авенирианской версии царства небесного распространяли ее по всей Месопотамии и Аравии, пока, в более поздние времена, эти бескомпромиссные посланники – проповедники учений Иисуса – не были сметены внезапным подъемом ислама.

2. О ВЫЧИСЛЕНИИ ИЗДЕРЖЕК

Когда Иисус и группа почти из тысячи последователей прибыли к переправе через Иордан у Вифании, иногда называемой Бетаварой, его ученики начали понимать, что он не собирается идти прямо в Иерусалим. Пока сомневающиеся спорили между собой, Иисус взобрался на огромный камень и обратился к ним с речью, которая стала известна под названием «Вычисление издержек». Учитель сказал:

«Те из вас, кто отныне хочет следовать за мной, должны быть готовы заплатить за это беззаветной преданностью воле моего Отца. Если вы хотите быть моими учениками, вы должны быть готовы оставить отца, мать, жену, детей, братьев и сестер. Если кто-либо из вас захочет теперь быть моим учеником, он должен быть готов отдать даже свою жизнь, – подобно Сыну Человеческому, который вскоре пожертвует жизнью для завершения своей миссии по исполнению воли Отца на земле и во плоти.

Если вы не готовы заплатить сполна, вы едва ли можете быть моими учениками. Прежде чем идти дальше, пусть каждый из вас сядет и подсчитает, во что ему обойдется быть моим учеником. Если кто из вас захочет построить на своей земле сторожевую башню, разве не сядет он прежде всего подсчитать, во сколько она ему обойдется и достаточно ли у него средств, чтобы завершить строительство? Иначе, если вы заложите основание, не подсчитав расходов, может случиться так, что вы окажетесь не в состоянии довести начатое до конца, и ваши соседи будут смеяться над вами и говорить: „Смотрите, этот человек начал строить, но не смог закончить“. Или какой царь вступит в войну с другим царем, не посоветовавшись прежде, сможет ли он с десятью тысячами противостоять идущему на него с двадцатью тысячами? Если царь не может позволить себе противостоять своему врагу, поскольку он не готов, то пошлет к тому послов узнать об условиях мира, пока тот еще далеко.

Поэтому каждый из вас должен сесть и подсчитать, во что ему обойдется быть моим учеником. Отныне вы не сможете следовать за нами, учась и наблюдая за нашим трудом. Вам предстоит столкнуться с жестокими преследованиями и свидетельствовать об этом евангелии, невзирая на глубочайшее разочарование. Если вы не готовы отрешиться от всего, чем являетесь, и посвятить царству всё, чем обладаете, то недостойны быть моими учениками. Если вы уже победили себя в своей собственной душе, то вам не нужно бояться внешней победы, которую вы должны вскоре одержать, когда Сын Человеческий будет отвергнут первосвященниками и саддукеями и отдан в руки глумящихся неверующих.

Теперь вы должны заглянуть в себя, чтобы понять, что́ побуждает вас быть моими учениками. Если вы стремитесь к почестям и славе, если склонны к мирскому, то вы – что соль, потерявшая вкус. А когда соль, которую ценят из-за ее солености, теряет вкус, то какой от нее прок? Такая приправа бесполезна; она годится лишь на то, чтобы выбросить ее с помоями. Я предупредил вас: отправляйтесь с миром по домам, если не готовы испить вместе со мной чашу, которую уже наполняют. Вновь и вновь я повторяю вам, что мое царство не от мира сего, но вы не хотите верить мне. Имеющий уши слышать да услышит, что я говорю».

Произнеся эти слова, Иисус, во главе двенадцати, сразу же вышел в Хешбон в сопровождении примерно пятисот человек. После короткой задержки вторая половина присутствовавших продолжила путь в Иерусалим. Апостолы Иисуса, как и ближайшие ученики, много думали над этими словами, но они продолжали цепляться за свою веру в то, что после краткого периода невзгод и испытаний царство обязательно появится, причем хотя бы отчасти в соответствии с их давними мечтами.

3. ПУТЕШЕСТВИЕ ПО ПЕРЕЕ

Более двух недель Иисус и двенадцать, в сопровождении толпы из нескольких сот учеников, путешествовали по южной Перее, посещая все города, где трудились семьдесят. В этих местах проживало много иноверцев, и поскольку лишь немногие из них собирались отправиться на праздник Пасхи в Иерусалим, посланники царства сразу же приступили к своей работе – обучению и проповедям.

Иисус встретился с Авениром в Хешбоне, и Андрей дал семидесяти указание не прерывать свой труд на время Пасхи; Иисус рекомендовал, чтобы посланники продолжали свою работу, независимо от того, что́ должно было вскоре произойти в Иерусалиме. Он также посоветовал Авениру разрешить женскому корпусу – во всяком случае тем, кто пожелает, – отправиться в Иерусалим на Пасху. Это стало последней встречей Авенира с Учителем во плоти. Его прощальными словами к Авениру были: «Сын мой, я знаю, что ты будешь верен царству, и я молю Отца, чтобы он дал тебе мудрость любить и понимать своих братьев».

По мере того, как они кочевали из города в город, многие из спутников покидали их, отправляясь в Иерусалим, так что когда Иисус отправился на Пасху, с ним постоянно находилось уже менее двухсот человек.

Апостолы понимали, что Иисус направляется в Иерусалим на Пасху. Они знали, что синедрион оповестил весь Израиль о вынесении Иисусу смертного приговора и распорядился, чтобы каждый, кто знает о его местонахождении, сообщал о том синедриону; и всё же, несмотря на всё это, они были не так сильно встревожены, как после его объявления в Филадельфии о том, что он отправляется в Вифанию повидать Лазаря. Основной причиной этой перемены в отношении – от сильного страха к сдержанному упованию – было воскрешение Лазаря. Они пришли к выводу, что в чрезвычайной ситуации Иисус сможет продемонстрировать свое божественное могущество и посрамить врагов. Этой надеждой, а также их более глубокой и зрелой верой в духовное превосходство Учителя, объяснялась зримая отвага его ближайших сторонников, которые собирались теперь идти вместе с ним в Иерусалим, невзирая на открытое заявление синедриона о том, что он должен умереть.

Большинство апостолов и многие из ближайших учеников не верили, что Иисус может умереть; веруя в то, что он был «воскресением и жизнью», они считали его бессмертным и уже одержавшим победу над смертью.

4. ОБУЧЕНИЕ В ЛИВИАСЕ

Вечером в среду, 29 марта, Иисус и его последователи остановились в Ливиасе на пути в Иерусалим, завершив свое путешествие по южной Перее. Именно этим вечером в Ливиасе Симон Зелот и Симон Петр, тайно договорившись о получении здесь более ста мечей, раздали всем желающим это оружие, которое они носили под своими накидками. Симон Петр был вооружен мечом и в ту ночь, когда Учитель был предан в саду.

Ранним утром в четверг, когда остальные еще спали, Иисус позвал Андрея и сказал: «Разбуди своих братьев! Мне нужно им что-то сказать». Иисусу было известно о мечах и о том, ктó из его апостолов получил и носил это оружие, но он так и не раскрыл им, что ему это известно. Когда Андрей разбудил своих товарищей и они собрались отдельно от остальных, Иисус сказал: «Дети мои, вы уже давно пребываете со мной, и я научил вас многому, что необходимо для этого времени, однако сейчас я хотел бы предупредить вас не доверяться ненадежной плоти или хрупкой человеческой защите от тех злоключений и испытаний, которые ждут нас. Я отозвал вас для того, чтобы еще раз прямо сказать вам: мы отправляемся в Иерусалим, где, как вы знаете, Сын Человеческий уже приговорен к смерти. Вновь я говорю вам, что Сын Человеческий будет отдан первосвященникам и религиозным правителям, что они осудят его и отдадут его язычникам. И будут издеваться над Сыном Человеческим, оплевывать и бить кнутами, и предадут его смерти. И когда они убьют Сына Человеческого, не отчаивайтесь, ибо я заявляю вам, что на третий день он воскреснет. Будьте осторожны и помните, что я предупредил вас».

И вновь апостолы были поражены, ошеломлены; они не могли заставить себя принять его слова буквально; они не могли понять, что Учитель имел в виду именно то, что говорил. Они были настолько ослеплены своей упорной верой в бренное царство на земле с центром в Иерусалиме, что просто не могли – не хотели – позволить себе понять слова Иисуса буквально. Весь день они размышляли над тем, чтó мог иметь в виду Учитель, делая свои странные заявления. Но ни один из них не решился спросить его об этом. Только после его смерти сбитые с толку апостолы осознали, что Учитель говорил с ними прямо и откровенно, предвидя свое распятие.

Именно в Ливиасе, сразу после завтрака, несколько дружески настроенных фарисеев пришли к Иисусу и сказали: «Беги из этих мест, ибо Ирод задумал убить тебя, как в свое время Иоанна. Он боится народного восстания и решил убить тебя. Мы предупреждаем тебя для того, чтобы ты мог спастись».

Отчасти это соответствовало действительности. Воскрешение Лазаря испугало и встревожило Ирода, и зная, что синедрион позволил себе осудить Иисуса еще до суда, Ирод решил либо убить его, либо изгнать из своих владений. Сам он желал последнего, ибо из-за сильного страха перед Иисусом надеялся, что ему не придется его казнить.

Выслушав фарисеев, Иисус ответил: «Я хорошо знаю Ирода и его страх перед этим евангелием царства. Но не заблуждайтесь: он наверняка предпочел бы, чтобы Сын Человеческий отправился в Иерусалим пострадать и умереть от рук первосвященников; запятнав свои руки кровью Иоанна, он не стремится брать на себя ответственность за смерть Сына Человеческого. Пойдите и скажите этой лисе, что Сын Человеческий сегодня проповедует в Перее, завтра отправляется в Иудею и через несколько дней завершит свою миссию на земле и будет готов вознестись к Отцу».

После этого, повернувшись к апостолам, Иисус сказал: «Издревле пророки погибают в Иерусалиме, поэтому Сыну Человеческому подобает отправиться в тот город, где находится дом его Отца, чтобы быть принесенным в жертву в качестве платы за людской фанатизм и как следствие религиозных предрассудков и духовной слепоты. О, Иерусалим, Иерусалим! Город, убивающий пророков и камнями побивающий учителей истины! Сколько раз хотел я собрать детей твоих, как курица собирает под крыло своих птенцов, но ты не позволил мне! Смотри же, вскоре дом твой будет покинут. Не раз будешь желать увидеть меня, и не увидишь. И будешь искать меня, но не найдешь». И сказав это, он повернулся к окружающим и сказал: «Тем не менее, отправимся в Иерусалим и побываем на Пасхе, выполнив то, что подобает сделать во исполнение воли небесного Отца».

Смущенной и озадаченной была группа верующих, следовавших в тот день за Иисусом в Иерихон. Единственное, что смогли заметить апостолы, – это некая торжествующая нотка в заявлениях Иисуса о царстве; они были просто неспособны поставить себя в такое положение, в котором они были бы готовы внять предупреждениям о надвигавшемся поражении. Когда Иисус сказал о «воскресении на третий день», они ухватились за это заявление, истолковав его как то, что царство восторжествует сразу же после неприятной первоначальной схватки с еврейскими религиозными вождями. «Третий день» было обычным для евреев выражением, означавшим «скоро» или «вскоре после». Когда Иисус говорил о «воскресении», они думали, что он имеет в виду «возрождение царства».

Иисус был принят этими верующими как Мессия, а понятие страдающего Мессии было практически неизвестно евреям. Они не понимали, что своей смертью Иисусу предстояло достичь многих вещей, которых он никогда не смог бы добиться своей жизнью. Если воскрешение Лазаря помогло апостолам собраться с силами и вступить в Иерусалим, то опорой Учителя в течение этого тяжкого периода его посвящения были воспоминания о преображении.

5. ИЕРИХОНСКИЙ СЛЕПОЙ

К вечеру в четверг, 30 марта, Иисус и его апостолы, во главе группы примерно из двухсот последователей, подошли к стенам Иерихона. У городских ворот им повстречалась толпа нищих, среди которых был некий Вартимей – пожилой человек, еще в юности потерявший зрение. Этот слепой нищий много слышал об Иисусе и знал всё об исцелении слепого Иосии в Иерусалиме. Он не знал о последнем посещении Иисусом Иерихона, пока не побывал в Вифании. Вартимей твердо решил, что когда Иисус снова окажется в Иерихоне, он не упустит случая обратиться к Учителю с просьбой вернуть ему зрение.

Весть о приближении Иисуса разнеслась по всему Иерихону, и сотни жителей устремились к нему навстречу. Когда эта огромная толпа вернулась, сопровождая вступавшего в город Учителя, Вартимей, заслышав громкий топот множества ног, понял, что происходит нечто необычное, и спросил у стоявших рядом, в чём дело. Один из нищих ответил: «Иисус Назарянин проходит мимо нас». Когда Вартимей услышал, что рядом с ним находится Иисус, он возвысил голос и начал громко кричать: «Иисус, Иисус, помилуй меня!» И так как он продолжал кричать всё громче, некоторые из тех, кто шел рядом с Иисусом, подошли к Вартимею и отругали его, требуя, чтобы он замолчал. Но это не помогло: он лишь продолжал кричать всё неистовей и громче.

Услышав выкрики слепого, Иисус остановился. И когда он увидел Вартимея, он сказал своим друзьям: «Подведите его ко мне». Тогда они подошли к Вартимею и сказали: «Радуйся; пойдем с нами, ибо Учитель зовет тебя». Услышав эти слова, Вартимей отбросил свою накидку и выскочил на середину дороги, а стоявшие рядом подвели его к Иисусу. Иисус спросил, обращаясь к Вартимею: «Что ты хочешь, чтобы я сделал для тебя?» Слепой ответил: «Хочу прозреть». И когда Иисус услышал его просьбу и увидел его веру, он сказал: «Ты получишь зрение; ступай, вера твоя исцелила тебя». И Вартимей тут же прозрел и оставался рядом с Иисусом, прославляя Бога, пока на следующий день Учитель не отправился в Иерусалим. И тогда Вартимей пошел впереди всех, объявляя всем о том, как он вновь обрел свое зрение в Иерихоне.

6. ПОСЕЩЕНИЕ ЗАКХЕЯ

Солнце уже клонилось к закату, когда окружавшая Учителя процессия вошла в Иерихон, и Иисус решил остановиться здесь на ночь. Когда он проходил мимо таможни, здесь оказался Закхей – старший мытарь, или сборщик налогов, – которому чрезвычайно хотелось увидеть Иисуса. Старший мытарь был очень богат, и он много слышал об этом галилейском пророке. Закхей твердо решил, что он должен узнать, что за человек этот Иисус, когда тот в следующий раз появится в Иерихоне. Поэтому он попытался протиснуться сквозь толпу, но людей было слишком много, и, будучи невысокого роста, он ничего не видел из-за окружавших его людей. Так старший мытарь шел вместе с остальными, пока толпа не достигла центра города, оказавшись рядом с его домом. Осознав, что ему не удастся пробиться сквозь толпу, и опасаясь, что Иисус пройдет через город, не задержавшись, он забежал вперед и взобрался на платан, чьи раскидистые ветви свешивались над дорогой. Он знал, что так ему будет хорошо виден Учитель, когда тот будет проходить мимо. И он не был разочарован, ибо Иисус, поравнявшись с ним, остановился и, взглянув на Закхея, сказал: «Закхей, поскорее спускайся вниз, ибо я должен остановиться сегодня вечером у тебя в доме». Услышав эти поразительные слова, тот чуть не упал с дерева, торопясь спуститься вниз, и, подойдя к Иисусу, сказал, что чрезвычайно рад желанию Учителя остановиться у него.

Они сразу же отправились к Закхею, и жители Иерихона были весьма удивлены тому, что Иисус согласился остановиться у главного мытаря. Когда Учитель и его апостолы задержались вместе с Закхеем у дверей его дома, один из иерихонских фарисеев, стоявших поблизости, сказал: «Вы видите, этот человек остановился в доме грешника – сына Авраама, ставшего вероотступником, вымогателем и грабителем своего народа». Услышав это, Иисус посмотрел на Закхея и улыбнулся. Тогда Закхей встал на скамейку и сказал: «Люди Иерихона, услышьте меня! Да, я мытарь и грешник, но великий Учитель пришел, чтобы остановиться у меня в доме; и прежде чем он войдет в дом, я заявляю вам, что собираюсь отдать половину своего состояния нищим, и, начиная с завтрашнего дня, я воздам вчетверо тем, с кого взимал несправедливо. Всем своим сердцем я буду искать спасения и учиться вершить праведность перед Богом».

Когда Закхей умолк, Иисус сказал: «Сегодня спасение пришло в этот дом, и ты действительно стал сыном Авраама». И обернувшись к толпе, собравшейся вокруг них, Иисус сказал: «Не дивитесь тому, что я говорю, и не оскорбляйтесь тем, что мы делаем, ибо я уже давно повторяю вам: Сын Человеческий пришел искать и спасать заблудших».

Они расположились на ночлег у Закхея. На следующий день они поднялись и отправились в Вифанию «дорогой грабителей», держа путь в Иерусалим на Пасху.

7. «КОГДА ИИСУС ПРОХОДИЛ МИМО»

Где бы Иисус ни появлялся, он приносил с собой радость. Он был полон благодати и истины. Его товарищи не переставали удивляться тем благодатным словам, которые исходили из его уст. Благосклонность можно культивировать, но благодатность является тем ароматом дружелюбия, который излучает пропитанная любовью душа.

Благость всегда вызывает уважение, но лишенная благодати, она часто отвращает любовь. Благость всецело привлекательна только тогда, когда она благодатна. Благость эффективна только тогда, когда она привлекательна.

Иисус действительно понимал людей. Именно поэтому он был способен на подлинное расположение и искреннее сострадание. Однако он редко позволял себе жалеть их. В то время как его сострадание было безграничным, его расположенность была практичной, личной и конструктивной. Его близкое знакомство со страданием никогда не порождало безразличия, и он умел помогать бедствующим душам, не обостряя в них жалости к самим себе.

Иисус мог оказывать людям столь огромную помощь благодаря своей искренней любви к ним. Он по-настоящему любил каждого мужчину, каждую женщину и каждого ребенка. Он мог быть столь верным другом благодаря своей замечательной проницательности – он прекрасно знал, чтó таится в сердце и разуме человека. Он был заинтересованным и внимательным наблюдателем. Он прекрасно понимал человеческие потребности и искусно подмечал желания людей.

Иисус никогда не торопился. «Проходя мимо», он не спешил, утешая своих собратьев. В его обществе друзья всегда чувствовали себя непринужденно. Он был прекрасным слушателем. Он никогда не копался в душах своих товарищей. И когда он давал духовную пищу голодным умам и утолял томимые жаждой дýши, те, кто принимал его милосердие, чувствовали не столько то, что они исповедуются *ему*, сколько то, что они беседуют *с ним*. Они испытывали безграничное доверие к нему, потому что чувствовали в нём огромную веру в них.

Он никогда не любопытствовал и не проявлял желания вести людей, управлять ими или следовать за ними. Он внушал глубокую уверенность в себе и несгибаемое мужество всем, кому посчастливилось знать его. Когда он улыбался человеку, смертный ощущал возросшую способность решать свои разнообразные проблемы.

Любовь Иисуса к людям была столь велика и мудра, что он, не колеблясь, сурово обходился с ними, когда обстоятельства требовали такого отношения. Собираясь помочь человеку, он часто просил у него помощи. Таким путем он пробуждал интерес, взывал к лучшим сторонам человеческой природы.

Учитель мог увидеть спасительную веру в вопиющем суеверии женщины, искавшей исцеления через прикосновение к его одежде. Он всегда был готов прервать проповедь и задержать народ, помогая одному человеку, даже ребенку. Великие вещи происходили не только потому, что люди верили в Иисуса, но и потому, что Иисус обладал огромной верой в людей.

Казалось, что большинство действительно великих вещей, сказанных и сделанных Иисусом, были как бы случайными, совершенными «мимоходом». В земном служении Учителя было так мало от профессиональных методов, четких планов или заранее определенных действий. Проходя по жизни, он раздавал здоровье и рассыпáл счастье естественно и благодатно. Буквальна истина о том, что «он ходил, творя добро».

И сторонникам Учителя во все века следует учиться служить «мимоходом» – бескорыстно творить добро, занимаясь своими каждодневными делами.

8. ПРИТЧА О МИНАХ

Они вышли из Иерихона только к полудню, ибо в предыдущий вечер засиделись допоздна, пока Иисус учил Закхея и его семью евангелию царства. Примерно на полпути подъема к Вифании спутники остановились для полуденной трапезы, а народ отправился дальше в Иерусалим, не зная, что Иисус и апостолы заночуют на Елеонской горе.

В отличие от притчи о талантах, обращенной ко всем ученикам, притча о минах предназначалась в первую очередь для апостолов и была основана на истории об Архелае и его тщетной попытке получить власть в Иудее. Это одна из немногих притч Учителя, основанных на подлинной исторической фигуре. Неудивительно, что они думали об Архелае, ибо дом Закхея в Иерихоне находился неподалеку от изысканно украшенного дворца Архелая, чей акведук проходил вдоль дороги, по которой они вышли из Иерихона.

Иисус сказал: «Вы думаете, что Сын Человеческий идет в Иерусалим, чтобы получить царство, но я заявляю вам, что вас ждет разочарование. Разве вы не помните о князе, который отправился в далекую страну, чтобы получить для себя царство, но еще до того, как он успел вернуться, жители его провинции, уже отвергшие его в душе, отправили вслед за ним послов, чтобы сказать: „Не хотим, чтобы он царствовал над нами“? Так же как этот царь был отвергнут в мирском владычестве, так и Сын Человеческий будет отвергнут во владычестве духовном. И вновь я заявляю вам: царство мое не от мира сего; но если бы Сыну Человеческому было предоставлено духовное владычество над своим народом, он принял бы такое царство человеческих душ и царствовал бы над такими владениями людских сердец. Несмотря на то что они отвергают мое духовное владычество над ними, я вернусь, чтобы принять от других то царство духа, которого меня лишают сегодня. Вы увидите, как ныне отвергают Сына Человеческого, но в другой век то, что сегодня отвергают дети Авраама, будет принято и возвышено.

А теперь, как и отвергнутый вельможа этой притчи, я хотел бы призвать к себе своих двенадцать слуг, особых управляющих, и, вручив вам по одной мине, велеть каждому внимательно выслушать мои наставления – рачительно распоряжаться доверенными вам деньгами, пока я буду отсутствовать, дабы после моего возвращения, когда потребуется отчет, у вас было бы, чем оправдать свою службу.

И даже если отвергнутый Сын не вернется, будет послан другой Сын, чтобы получить это царство, и этот Сын пошлет за всеми вами, чтобы выслушать ваш отчет о службе и порадоваться вашим успехам.

И когда впоследствии эти управляющие были вызваны для отчета, первый пришел и сказал: „Господин! Твоя мина принесла еще десять мин“. И его хозяин сказал ему: „Молодец, ты хороший слуга; за то, что ты доказал свою верность в этом деле, я даю тебе в управление десять городов“. И второй пришел со словами: „Господин! Твоя мина, оставленная у меня, принесла пять мин“. И хозяин сказал: „В таком случае, я поставлю тебя над пятью городами“. Так продолжалось и дальше, пока для отчета не был вызван последний слуга, который доложил: „Вот, господин, твоя мина, которую я хранил, завернув в платок. И я поступил так потому, что я боялся тебя; я полагал, что ты поступаешь неразумно, ибо видел, что ты берешь там, где не клал, что хочешь жать там, где не сеял“. Тогда его господин сказал: „Я буду судить тебя твоими же словами, негодный и неверный слуга. Ты знал, что я жну там, где, по видимости, не сеял; поэтому ты знал, что с тебя спросят отчет. Зная это, тебе следовало хотя бы пустить мои деньги в оборот, чтобы, вернувшись, я получил бы их с прибылью“.

И сказал правитель стоящим рядом: „Заберите мину у этого нерадивого слуги и отдайте заработавшему десять мин“. И когда они напомнили хозяину, что у того уже есть десять мин, он сказал: „Всякому имущему дано будет, а у неимущего взято будет и то, что он имеет“».

Тогда апостолы захотели узнать, чем смысл этой притчи отличается от предыдущей притчи о талантах, однако на их многочисленные вопросы Иисус лишь отвечал: «Хорошо обдумайте эти слова в своей душе, и пусть каждый из вас отыщет их истинное значение».

В последующие годы Нафанаил прекрасно объяснял смысл этих двух притч, сводя свое толкование к следующим выводам:

1. Способность является практическим мерилом существующих в жизни возможностей. Вы никогда не будете ответственны за то, что превышает ваши способности.

2. Верность является безупречным мерилом человеческой надежности. Тот, кто верен в малом, скорее всего проявит верность во всём, что сообразно его дарованиям.

3. При равных возможностях, Учитель дарует меньшую награду за меньшую верность.

4. При худших возможностях, он дарует одинаковую награду за одинаковую верность.

Когда они закончили обедать, – и после того как толпа их сторонников отправилась дальше, в Иерусалим, – Иисус, стоя перед апостолами у дороги в тени нависшей скалы, с достоинством и милосердным величием указал пальцем на запад и радостно произнес: «Пойдемте, мои братья, в Иерусалим, чтобы получить уготованное нам; так мы во всех отношениях исполним волю небесного Отца».

Так Иисус и его апостолы продолжили свое путешествие в Иерусалим, ставшее для Учителя последним, совершенным в подобии плоти смертного человека.

ДОКУМЕНТ 172

ВСТУПЛЕНИЕ В ИЕРУСАЛИМ

Иисус и апостолы прибыли в Вифанию в пятом часу пополудни в пятницу, 31 марта 30 года н. э. Лазарь, его сестры и их друзья уже ожидали их; а поскольку каждый день к Лазарю приходило много людей поговорить с ним о его воскрешении, то Иисусу сообщили, что он сможет остановиться у соседа – верующего по имени Симон, ставшего старейшиной этого небольшого села после смерти отца Лазаря.

В тот вечер Иисус принял многих посетителей, и простые люди Вифании и Виффагии делали всё для того, чтобы он чувствовал себя желанным гостем. Хотя многие полагали, что Иисус идет в Иерусалим, чтобы, вопреки решению синедриона предать его смерти, провозгласить себя царем евреев, вифанская семья – Лазарь, Марфа и Мария – лучше понимали, что Учитель не является таким царем. Они смутно ощущали, что это может стать его последним посещением Иерусалима и Вифании.

Первосвященникам донесли, что Иисус расположился в Вифании, но они полагали, что лучше не арестовывать его среди друзей; они решили дождаться, пока он появится в Иерусалиме. Всё это было известно Иисусу, но он сохранял величественное спокойствие. Его друзья никогда не видели его таким спокойным и расположенным; даже апостолы были потрясены тем, что он может оставаться столь невозмутимым, в то время как синедрион обратился ко всему еврейскому народу с требованием о его выдаче. В ту ночь, пока Учитель спал, апостолы по двое охраняли его покой, и многие из них были вооружены мечами. На следующий день рано утром их разбудили сотни паломников, пришедших из Иерусалима, несмотря на субботу, чтобы увидеть Иисуса и Лазаря, которого он воскресил из мертвых.

1. СУББОТА В ВИФАНИИ

Как прибывшие в Иудею паломники, так и еврейские власти в один голос вопрошали: «Как вы думаете, появится ли Иисус на празднике?» Поэтому когда люди услышали, что Иисус остановился в Вифании, они обрадовались. Однако первосвященники и фарисеи были несколько озадачены. Они были довольны тем, что он находится в их владениях, но его дерзость немного смущала их. Они помнили, что в предыдущее посещение Вифании Лазарь был воскрешен из мертвых, а Лазарь начинал всё больше мешать врагам Иисуса.

За шесть дней до Пасхи, вечером после окончания субботы, все жители Вифании и Виффагии собрались в доме Симона на общий пир, чтобы отпраздновать прибытие Иисуса. Этот ужин, устроенный в честь Иисуса и Лазаря, был дан в пику синедриону. Марфа руководила обслуживанием за столом. Ее сестра Мария была среди наблюдавших в стороне женщин, ибо по еврейским правилам женщинам не разрешалось сидеть за столом на общем пиру. Присутствовали и агенты синедриона, но они боялись арестовать Иисуса в кругу его друзей.

Иисус говорил с Симоном о древнем Иешуа, в честь которого он был назван, и рассказывал о том, как Иешуа и израильтяне шли на Иерусалим через Иерихон. Комментируя легенду о крушении стен Иерихона, Иисус сказал: «Не о стенах из кирпича и камня думаю я: хотелось бы мне, чтобы стены из предрассудков, лицемерия и ненависти рухнули перед этой проповедью любви Отца ко всем людям».

Праздничный ужин протекал в веселой и ничем не примечательной атмосфере, если не считать необычной серьезности апостолов. Иисус был исключительно весел и играл с детьми, пока не подошло время садиться за стол.

В течение всего вечера не произошло ничего необычного, однако когда пир подходил к концу, Мария, сестра Лазаря, отделилась от стоявших в стороне женщин. Подойдя к тому месту, где в качестве почетного гостя возлежал Иисус, она открыла большой алебастровый сосуд редчайшего дорогостоящего благовония; помазав голову Учителя, она стала лить масло ему на ноги, распустив волосы и натирая ими его ноги. Весь дом наполнился благоуханием, и все присутствующие поразились поступку Марии. Лазарь ничего не сказал, но когда некоторые из гостей начали вполголоса выражать свое негодование подобным использованием столь драгоценного благовония, Иуда Искариот подошел к возлежавшему Андрею и сказал: «Почему это благовонное масло не продали и на вырученные деньги не накормили нищих? Тебе следует поговорить с Учителем, чтобы он осудил такое расточительство».

Иисус, зная, о чём они думают, и слыша, что́ они говорят, положил руку на голову Марии, стоявшей подле него на коленях, и, глядя на нее с добротой, сказал: «Оставьте ее в покое, каждый из вас. Зачем смущаете ее, когда видите, что она совершила доброе дело по велению сердца? Тем же из вас, кто говорит втихую, что это благовоние следовало продать и раздать деньги нищим, позвольте заметить, что нищие всегда с вами, и потому вы можете помогать им в любое время, когда захотите; но я не всегда буду с вами; вскоре я отправлюсь к своему Отцу. Эта женщина давно хранит это благовоние для погребения моего тела, и теперь, когда она посчитала за благо умастить меня перед смертью, не следует лишать ее этого удовольствия. Делая это, Мария укорила всех вас, ибо своим действием доказала веру в то, что я говорил о своей смерти и вознесении к моему небесному Отцу. Эту женщину не будут осуждать за то, что́ она сделала этим вечером. Наоборот, я говорю вам, что в грядущие века – где бы ни возвещалось это евангелие – о ее поступке будут рассказывать в память о ней».

Именно из-за этого укора Иуда Искариот, приняв сказанное на свой счет, окончательно решил отомстить за оскорбленные чувства. В прошлом он часто вынашивал подобные мысли неосознанно, но на этот раз он решился обдумать такие порочные идеи откровенно и осознанно. И многие другие потворствовали таким его настроениям, ибо цена этого благовонного масла равнялась годичному заработку одного человека, – этого хватило бы, чтобы накормить пять тысяч человек. Однако Мария любила Иисуса; она приготовила это драгоценное благовоние для умащения его тела после смерти, ибо она верила ему, когда он предупреждал их о том, что должен умереть; и ей нельзя было отказать в праве изменить свое решение и преподнести Учителю этот дар еще при его жизни.

Как Лазарь, так и Марфа знали, что Мария уже давно отложила деньги на покупку этого сосуда с нардом, и они от всей души одобрили то, что в этом вопросе она поступила по велению сердца, ибо они были состоятельными людьми и могли легко позволить себе такое приношение.

Когда первосвященники узнали об этом обеде, данном в Вифании в честь Иисуса и Лазаря, они начали совещаться между собой о том, какие меры следует принять в отношении Лазаря. И вскоре они решили, что Лазарь тоже должен умереть. Они правильно рассудили, что будет бесполезно предавать Иисуса смерти, если оставить в живых Лазаря, которого Иисус воскресил из мертвых.

2. ВОСКРЕСНОЕ УТРО С АПОСТОЛАМИ

В то воскресное утро, в прекрасном саду у Симона, Учитель созвал двенадцать своих апостолов и дал им последние наставления перед вступлением в Иерусалим. Иисус сказал, что он, возможно, выступит со многими обращениями и поучениями, прежде чем вернуться к Отцу, но он посоветовал апостолам воздержаться от каких-либо публичных выступлений в течение пасхального периода в Иерусалиме. Он велел им оставаться рядом с ним, «смотреть и молиться». Иисус знал, что в тот самый момент у многих из его последователей были спрятаны на себе мечи, но он не сказал об этом ни слова.

В этих утренних наставлениях Иисус кратко вспомнил их служение – со дня их рукоположения неподалеку от Капернаума и вплоть до этого дня, когда они готовились к вступлению в Иерусалим. Апостолы слушали молча; они не задали ни одного вопроса.

Ранним утром того же дня Давид Зеведеев передал Иуде деньги, вырученные от продажи снаряжения лагеря у Пеллы, а Иуда, в свою очередь, оставил бóльшую часть этой суммы на хранение у их хозяина, Симона, на случай острой необходимости в связи с их вступлением в Иерусалим.

После совещания с апостолами Иисус побеседовал с Лазарем и посоветовал ему не класть свою жизнь на алтарь мстительного синедриона. Следуя именно этому совету, спустя несколько дней Лазарь бежал в Филадельфию, когда чиновники синедриона послали людей арестовать его.

В каком-то смысле, все сторонники Иисуса предчувствовали надвигавшийся кризис, однако они не могли осознать всей его опасности из-за необычайной веселости Иисуса и его исключительно хорошего настроения.

3. ОТБЫТИЕ В ИЕРУСАЛИМ

Вифания находилась примерно в двух милях от храма, и в половине второго в тот воскресный день Иисус был готов отправиться в Иерусалим. Он ощущал огромную любовь к Вифании и ее простым людям. Назарет, Капернаум и Иерусалим отвергли его, но Вифания приняла его, поверила в него. Именно это маленькое село, где практически каждый мужчина, женщина и ребенок были верующими, он избрал в качестве места совершения величайшего чуда за всё свое посвящение на земле – воскрешения Лазаря. Он воскресил Лазаря не для того, чтобы заставить селян поверить, а потому, что они уже верили.

Всё утро Иисус обдумывал свое вступление в Иерусалим. Ранее он всегда пытался пресечь любые попытки публично чествовать его как Мессию. Но теперь положение было иным: приближалось окончание его жизни во плоти, синедрион постановил предать его смерти, и свободное выражение его учениками своих чувств – которого можно было ожидать при торжественном публичном вступлении в город – не могло принести вреда.

Иисус решил устроить публичное вступление в Иерусалим не для того, чтобы в последний раз попытаться завоевать благосклонность толпы или обрести власть. Не являлось его целью и удовлетворение заветных человеческих желаний апостолов и учеников. Иисус не питал ни одной из этих иллюзий, присущих пустым мечтателям. Он хорошо знал, каким будет исход этого посещения.

Решив устроить публичное вступление в Иерусалим, Учитель столкнулся с необходимостью избрать надлежащий способ для исполнения такого решения. Иисус проанализировал все многочисленные и в той или иной степени противоречивые пророчества, называемые мессианскими, но лишь одно из них показалось ему хотя бы отчасти приемлемым для выполнения. Большинство из этих пророческих изречений касалось царя – сына и преемника Давида, смелого и решительного мирского избавителя всего Израиля от ярма чужеземного господства. Однако существовала одна цитата, которую иногда связывали с Мессией сторонники более духовного представления о его миссии и которая, как считал Иисус, была совместима с его предполагаемым вступлением в Иерусалим. Эта цитата была обнаружена у Захарии, и в ней говорилось: «Ликуй, дочь Сиона! Торжествуй, дочь Иерусалима! Смотрите, ваш царь идет к вам! Он праведен, и он несет спасение. Он кроток и едет верхом на осле, на молодом осленке».

Царь-воин всегда вступал в город верхом на коне; царь, прибывающий с миссией мира и дружбы, всегда въезжал верхом на осле. Иисус не хотел вступать в Иерусалим как всадник; он желал войти в город с миром и благоволением, как Сын Человеческий, на осле.

Иисус давно и недвусмысленно стремился внушить своим апостолам и ученикам, что его царство не от мира сего, что оно является сугубо духовным делом, но его усилия оказались тщетными. Теперь он решил обратиться к символике, пытаясь таким путем достигнуть того, чего ему не удалось добиться своим откровенным личным обучением. Поэтому сразу после полуденной трапезы Иисус вызвал Петра и Иоанна и, велев им отправиться в Виффагию – соседнее село, находившееся к северо-западу от Вифании чуть в стороне от главной дороги, – сказал: «Пойдите в Виффагию, и когда дойдете до развилки, найдете привязанного осленка. Отвяжите осленка и приведите сюда. Если кто-нибудь спросит, зачем вы это делаете, скажите только: „Он нужен Учителю“». И когда два апостола отправились в Виффагию, как им велел Учитель, они нашли осленка, привязанного рядом со своей матерью, на улице перед домом у развилки. Когда Петр начал отвязывать осленка, его владелец вышел и спросил, зачем они это делают; Петр ответил, как велел Иисус, после чего этот человек сказал: «Если вашим Учителем является Иисус из Галилеи, то пусть берет осленка». И они вернулись, приведя с собой осленка.

К этому времени вокруг Иисуса и его апостолов уже собралось несколько сот паломников. С середины первой половины дня те, кто направлялся на Пасху, начали задерживаться здесь. Тем временем Давид Зеведеев и некоторые из его бывших помощников-гонцов, по собственному почину, спешно отправились в Иерусалим, где быстро оповестили заполнившие храм толпы паломников о предстоящем триумфальном вступлении в город Иисуса Назарянина. Поэтому несколько тысяч гостей Иерусалима двинулись навстречу этому пророку и чудотворцу, имя которого было у всех на устах и которого некоторые считали Мессией. Выйдя из Иерусалима, люди встретили Иисуса и направлявшуюся в город толпу, как только те перевалили через гребень Елеонской горы и начали спускаться в город.

Когда процессия покинула Вифанию, в праздничной толпе учеников, верующих и паломников – многие из которых прибыли сюда из Галилеи и Переи – царило огромное воодушевление. Перед самым выходом из Вифании двенадцать женщин из первоначального женского корпуса, в сопровождении некоторых из своих подруг, прибыли сюда и присоединились к этой необычной процессии, весело направлявшейся в город.

Прежде чем отправиться в путь, близнецы Алфеевы положили свои накидки на осла и держали животное, пока Учитель садился на него. По мере того, как процессия двигалась к вершине Елеонской горы, торжествующая толпа подстилала свои одежды и устилала землю ветками с ближайших деревьев, чествуя осла, несущего на себе царского Сына – обещанного Мессию. Приближаясь к Иерусалиму, толпа начала весело распевать – а точнее, дружно выкрикивать – псалом: «Осанна сыну Давида! Благословен тот, кто приходит во имя Господа! Осанна в вышних! Благословенно царство, нисходящее с небес!»

Иисус оставался беспечным и веселым, пока они не достигли гребня Елеонской горы, откуда их взору предстал город и храмовые башни. Здесь Учитель остановил процессию, и воцарилась мертвая тишина, ибо люди увидели, что он плачет. Глядя на огромную толпу, двигающуюся из города, чтобы приветствовать его, Учитель, с огромным чувством и печалью в голосе, произнес: «О, Иерусалим, если бы ты – хотя бы ты, хотя бы сегодня – знал, что́ служит миру твоему и что́ ты мог бы столь щедро получить! Близок час, когда эта слава скроется от твоего взора. Близок час, когда ты отвергнешь Сына Мира и отвернешься от спасительного евангелия. Придут дни, когда твои враги возведут вокруг тебя укрепления и окружат тебя со всех сторон; и разорят тебя, и не оставят от тебя камня на камне. И всё это обрушится на тебя потому, что ты не узнал времени божественного посещения. Близок час, когда ты отвергнешь дар Божий, и все люди отвергнут тебя».

Когда он умолк, они начали спускаться с Елеонской горы, и вскоре к ним присоединилось множество прибывших из Иерусалима посетителей, которые взмахивали пальмовыми ветвями, выкрикивали «осанна» и всячески выражали свое ликование и сердечность. Учитель не планировал того, чтобы эти толпы вышли из Иерусалима ему навстречу; об этом позаботились другие. Его замыслам была чужда всякая театральность.

Вместе с народом, нескончаемым потоком стекавшимся поприветствовать Учителя, пришли также многие фарисеи и другие его враги. Они были настолько встревожены этим внезапным и неожиданным всплеском народного признания, что побоялись арестовать его, дабы своими действиями не подтолкнуть людей к открытому мятежу. Отношение толп паломников, которые были наслышаны об Иисусе и многие из которых верили в него, вызывало у них огромный страх.

С приближением к Иерусалиму народное ликование стало столь бурным, что некоторые из фарисеев поравнялись с Иисусом и сказали: «Учитель, тебе следует отчитать своих учеников и велеть им вести себя как подобает». Иисус ответил: «Вполне естественно, что эти дети приветствуют Сына Мира, отвергнутого первосвященниками. Запрещать им бесполезно: если они умолкнут, камни закричат».

Опережая процессию, фарисеи поспешили назад, в синедрион, заседавший в это время в храме, и доложили своим коллегам: «Смотрите, всё, что мы делаем, бесполезно; этот галилеянин разрушает все наши планы. Люди без ума от него; если мы не остановим этих невежд, весь мир пойдет за ним».

В действительности, этот поверхностный и спонтанный всплеск народного энтузиазма не имел под собой глубокого основания. Хотя приветствие было радостным и искренним, оно не свидетельствовало о какой-либо подлинной или твердой внутренней убежденности праздничной толпы. Спустя несколько дней те же самые толпы были готовы так же быстро отвергнуть Иисуса, стоило только синедриону занять против него твердую и решительную позицию, а их энтузиазм сменился разочарованием, как только они осознали, что Иисус не собирается устанавливать царство в соответствии с их давними сокровенными мечтами.

Однако весь город был взбудоражен настолько, что каждый спрашивал: «Кто этот человек?» И люди отвечали: «Это пророк из Галилеи, Иисус Назарянин».

4. ПОСЕЩЕНИЕ ХРАМА

Пока близнецы Алфеевы возвращали осла хозяину, Иисус и десять апостолов отделились от своих ближайших товарищей и прошлись по территории храма, наблюдая за подготовкой к Пасхе. Никто не пытался чинить Иисусу препятствий, ибо синедрион чрезвычайно боялся народа, – и это, в конечном счете, было одной из причин, которыми руководствовался Иисус, позволив толпе устроить такое приветствие. Апостолы не осознавали, что это было единственным человеческим способом предотвратить арест Иисуса сразу же после его вступления в город. Учитель хотел, чтобы жители Иерусалима – знатные и простые, равно как и десятки тысяч прибывших на Пасху гостей, – получили еще одну, последнюю возможность услышать его евангелие и, пожелай они того, принять Сына Мира.

С приближением вечера, когда толпы людей отправились на поиски пищи, Иисус и его ближайшие сторонники остались в одиночестве. Каким странным был этот день! Апостолы были задумчивы и молчаливы. Этот день был самым необычным за все годы их общения с Иисусом. Они присели ненадолго рядом с сокровищницей, наблюдая за тем, как люди оставляют приношения: богатые клали в приемный ящик помногу, и каждый давал согласно размеру своего состояния. Наконец, пришла бедная вдова, плохо одетая, и они увидели, как она опустила в раструб две лепты (мелкие медные монеты). Тогда Иисус, обратив внимание апостолов на вдову, сказал: «Обратите внимание на то, что вы сейчас увидели. Эта бедная вдова положила больше всех, ибо все остальные положили малую часть от своего богатства, а эта бедная женщина, несмотря на нужду, положила всё, что имела, даже свое пропитание».

Наступал вечер; в молчании они прогуливались по дворам храма. После того как Иисус еще раз осмотрел эти знакомые ему места, воскресив в памяти те чувства, которые он испытывал во время предыдущих посещений Иерусалима, в том числе и самые первые визиты, он сказал: «Вернемся в Вифанию; нам нужно отдохнуть». Иисус, Пстр и Иоанн направились к Симону, а остальные апостолы остановились у своих друзей в Вифании и Виффагии.

5. ОТНОШЕНИЕ АПОСТОЛОВ

В этот воскресный вечер, когда они возвращались в Вифанию, Иисус шел впереди апостолов. Они шли молча; так они и расстались, придя в дом Симона. Никогда двенадцать человеческих созданий не испытывали столь различных и невыразимых чувств, как те, что терзали умы и души посланников царства. Эти сильные галилеяне были смущены и обескуражены; они не знали, чего теперь ждать; они были настолько поражены, что даже не испытывали страха. Апостолы ничего не знали о планах Учителя на следующий день, и они не спрашивали. Они разошлись по домам, хотя все, кроме близнецов, плохо спали. Однако они не выставили вооруженную охрану для Иисуса у дома Симона.

Андрей был чрезвычайно озадачен и совершенно обескуражен. Он являлся единственным апостолом, который не предпринимал серьезных попыток проанализировать всплеск народного признания. Он был слишком сосредоточен на сознании своей ответственности как главы апостольского корпуса, чтобы всерьез задуматься над смыслом или значимостью громких славословий толпы. Внимание

Андрея было посвящено наблюдению за некоторыми из его товарищей, поскольку он опасался, что, охваченные всеобщим волнением, они могут оказаться во власти своих эмоций, – в первую очередь это были Петр, Иаков, Иоанн и Симон Зелот. В течение всего этого и нескольких последующих дней Андрея мучили глубокие сомнения, но он не поделился ни одним из дурных предчувствий со своими товарищами-апостолами. Его беспокоило отношение некоторых из двенадцати, которые, как он знал, были вооружены мечами. Но он не знал, что меч был у его собственного брата Петра. Поэтому направлявшаяся в Иерусалим процессия не произвела на Андрея глубокого впечатления; он был слишком занят своими прямыми обязанностями, чтобы этот эпизод мог как-то подействовать на него.

Что касается Симона Петра, то поначалу демонстрация народного энтузиазма чуть не вскружила ему голову. Однако вечером, ко времени их возвращения в Вифанию, он уже гораздо более трезво смотрел на вещи. Петр просто не мог понять, чтó задумал Учитель. Он был страшно разочарован тем, что Иисус не воспользовался этой волной народного признания и не выступил с каким-нибудь заявлением. Петр не понимал, почему Иисус не выступил перед народом с речью, когда они прибыли в храм, и даже не позволил кому-нибудь из апостолов обратиться к людям. Петр был великим проповедником, и он не мог равнодушно смотреть на то, как благожелательность и воодушевленность огромной толпы остаются невостребованными. Ему так хотелось возвестить людям евангелие царства прямо там, в храме. Однако Учитель специально наказал им не учить и не проповедовать во время этой пасхальной недели в Иерусалиме. Впечатляющая процессия оказала обратный эффект на Симона Петра; к вечеру он был отрезвлен и невыразимо печален.

Для Иакова Зеведеева этот воскресный день стал днем растерянности и полного замешательства; он не мог постичь смысл происходящего; он не мог понять, чего добивается Учитель, сначала допустивший это ликование, а затем отказавшийся обратиться к людям после прибытия в храм. Когда процессия спускалась с Елеонской горы в направлении Иерусалима, – а точнее, когда с ними слились тысячи паломников, устремившиеся им навстречу, чтобы приветствовать Учителя, – Иакова раздирали противоречивые чувства: восторг и удовлетворение от того, чтó он видит, и глубокий страх перед тем, что будет, когда они достигнут храма. И он был удручен и глубоко разочарован, когда Иисус сошел с осла и начал неспешно прогуливаться по дворам храма. Иаков не мог понять причину отказа от столь великолепной возможности провозгласить царство. К ночи его разум был крепко зажат в тисках мучительной, ужасной неуверенности.

Иоанн Зеведеев довольно близко подошел к пониманию причин, двигавших Иисусом; во всяком случае, он отчасти осознал духовное значение этого так называемого триумфального вступления в Иерусалим. Когда народ двинулся к храму, Иоанн, видя своего Учителя верхом на осленке, вспомнил, как однажды Иисус цитировал отрывок из Писания – изречение Захарии, – где описывалось прибытие Мессии-миротворца, въезжающего в Иерусалим на осле. Размышляя над этой цитатой, Иоанн начал понимать символическое значение воскресного шествия. По крайней мере, смысл этой цитаты раскрылся ему настолько, что позволил Иоанну получить некоторое удовольствие от происходящего и уберег его от чрезмерной подавленности из-за внешне бессмысленного окончания этой триумфальной процессии. Иоанн обладал тем типом ума, для которого естественно образное восприятие и мышление.

Филипп был полностью выбит из колеи внезапностью и стихийностью этого порыва. Пока они спускались с Елеонской горы, ему не удавалось собраться с мыслями в достаточной мере, чтобы прийти к какому-то определенному мнению о назначении всего этого шествия. В каком-то смысле ему понравилось это представление, ибо оно было устроено в честь его Учителя. К тому времени, когда они достигли храма, Филиппа начала беспокоить мысль о том, что Иисус может попросить его накормить народ; поэтому поведение Иисуса, неспешно покинувшего толпу – и тем самым жестоко разочаровавшего большинство апостолов, – принесло Филиппу огромное облегчение. Иногда народ становился тяжким испытанием для апостольского эконома. Освободившись от личного страха перед материальными потребностями толпы, Филипп, как и Петр, был разочарован тем, что ничего не было сделано для обучения народа. В тот вечер, размышляя о своих впечатлениях, Филипп был готов усомниться в самой идее царства. Он искренне недоумевал, не зная, чтó всё это может означать, однако он никому не высказал своих сомнений; он слишком любил Иисуса. Он обладал огромной личной верой в Учителя.

За исключением символических и пророческих аспектов, Нафанаил ближе всех подошел к пониманию той причины, которой руководствовался Учитель, используя массовую поддержку пасхальных паломников. Еще до того, как они достигли храма, Нафанаил пришел к выводу, что без подобного демонстративного вступления в Иерусалим Иисус был бы арестован чиновниками синедриона и брошен в тюрьму, как только он попытался бы вступить в город. Поэтому его ничуть не удивило, что оказавшись в пределах городских стен, Учитель тут же оставил приветствовавшие его толпы и тем самым произвел на еврейских вождей столь сильное впечатление, что им пришлось отказаться от попыток арестовать его. Естественно, что поняв истинные мотивы Учителя для подобного вступления в город, Нафанаил был более выдержан, чем остальные участники процессии, и менее обеспокоен и разочарован последующим поведением Иисуса, чем другие апостолы. Нафанаил не сомневался в способности Иисуса понимать людей, в его прозорливости и умении разрешать сложные ситуации.

Поначалу это торжественное шествие озадачило Матфея. Он не понимал смысла того, чтó предстало перед его глазами, пока и он не вспомнил цитату из Захарии, где пророк намекает на радость Иерусалима, чей царь является сюда, неся спасение и въезжая на молодом осле. Когда процессия направилась в город, а затем двинулась к храму, Матфея охватил восторг; он не сомневался в том, что произойдет нечто необыкновенное, как только Учитель прибудет в храм во главе этой шумной толпы. Когда один из фарисеев стал насмехаться над Иисусом, говоря: «Смотрите, кто идет – царь иудейский верхом на осле!», Матфею стоило большого труда сдержаться и не наброситься на него. В тот вечер, на обратном пути в Вифанию, никто из двенадцати не был более подавлен, чем Матфей. Вместе с Симоном Петром и Симоном Зелотом он пережил сильнейшее нервное напряжение и к вечеру валился с ног от усталости. Но к утру Матфей повеселел; все-таки он умел проигрывать.

Наиболее смущенным и озадаченным из двенадцати был Фома. Бóльшую часть времени он просто шел вместе с остальными, глядя на этот спектакль и искренне недоумевая, чтó побудило Учителя участвовать в столь необычном шествии. В глубине души он считал всё происходящее каким-то ребячеством, если не чистой глупостью. Он впервые видел подобные действия Иисуса и никак не мог объяснить его странное поведение в этот воскресный день. К тому времени, когда они достигли храма, Фома пришел к заключению, что народное шествие призвано напугать синедрион, дабы тот не посмел тут же арестовать Учителя. На пути в Вифанию Фома был задумчив, но ничего не говорил. К ночи он уже с улыбкой вспоминал ту ловкость, с которой Учитель организовал свое шумное вступление в Иерусалим, и такое отношение весьма приободрило его.

Для Симона Зелота воскресенье началось как великий день. Ему представлялись чудесные свершения в Иерусалиме в ближайшие несколько дней, и в этом он не ошибался; однако Симон мечтал об установлении нового национального правления евреев, с Иисусом на троне Давида. Симон уже видел, как сразу же после провозглашения царства националисты переходят к активным действиям, а сам он становится во главе создающихся военных сил нового царства. Во время спуска с Елеонской горы он даже представлял себе, что еще до заката солнца синедрион и все его сторонники будут мертвы. Он действительно полагал, что должно произойти нечто великое. Он был самым шумным из всей толпы. К пяти часам пополудни он представлял собой молчаливого, сломленного и разочарованного апостола. Он так до конца и не оправился от депрессии, которая началась в результате потрясения того дня; во всяком случае, он еще долго пребывал в этом состоянии после воскресения Учителя.

Для близнецов Алфеевых это был прекрасный день. Они поистине наслаждались всем происходящим и, отсутствуя во время спокойной прогулки по храму, почти не застали спада народного энтузиазма. Им было совершенно непонятно уныние апостолов, вернувшихся вечером в Вифанию. Тот день запомнился близнецам как наивысшее воплощение рая на земле. Он принес им величайшее удовлетворение за всё время их служения в качестве апостолов. И память об охватившем их в то воскресенье восторге помогла им пройти через всю трагедию этой богатой событиями недели вплоть до часа распятия. В представлении близнецов, такое вступление было наиболее достойным царя; они наслаждались каждым мгновением шествия. Они полностью одобряли все, что видели, и долго хранили это в своей памяти.

Из всех апостолов самое неблагоприятное воздействие торжественное вступление в Иерусалим оказало на Иуду Искариота. Его разум находился в состоянии неприятного брожения из-за сделанного Учителем накануне порицания в связи с умащением, выполненным Марией на пиру в доме у Симона. Иуда с отвращением взирал на весь этот спектакль. Он казался ему наивным, даже нелепым. Когда этот мстительный апостол наблюдал за событиями того воскресного дня, ему казалось, что Иисус больше похож на шута, чем на царя. Он был искренне возмущен этим шествием. Он разделял мнение греков и римлян, презиравших всякого, кто соглашается сесть верхом на осла или осленка. К тому времени, когда триумфальная процессия вступила в город, Иуда почти уже отверг идею такого царства; он почти решил отказаться от дальнейших нелепых попыток установить царство небесное. Но затем он вспомнил о воскрешении Лазаря и многом другом и решил остаться с двенадцатью – во всяком случае, еще на день. Кроме того, при нём была казна, а он не хотел бросать апостолов, пока в его распоряжении находились их деньги. В тот вечер на обратном пути в Вифанию его поведение не казалось странным, ибо все апостолы были в равной мере понурыми и молчаливыми.

Громадное влияние на Иуду оказала насмешка его саддукейских друзей. Никакой другой отдельно взятый фактор не оказал столь мощного воздействия на формирование его окончательного решения покинуть Иисуса и своих товарищей-апостолов, как эпизод, произошедший в тот момент, когда Иисус достиг городских ворот. Высокопоставленный саддукей (друг семьи Иуды) устремился к нему и, с веселой издевкой хлопнув по спине, сказал: «Отчего так встревожено твое лицо, дружище? Порадуйся вместе с нами, приветствующими Иисуса Назарянина – царя иудейского, вступающего во врата Иерусалима верхом на осле». Иуда никогда не боялся гонений, но он не мог выдержать такого рода насмешек. Теперь к давнему желанию отмщения примешался роковой страх стать посмешищем – это жуткое и пугающее чувство стыда за Учителя и своих товарищей. В душе этот посвященный посланник царства уже был предателем; ему оставалось только найти благовидный предлог для открытого разрыва с Учителем.

ДОКУМЕНТ 173

ПОНЕДЕЛЬНИК В ИЕРУСАЛИМЕ

Ранним утром в понедельник, в условный час, Иисус и апостолы собрались в доме Симона в Вифании и после короткого совещания отправились в Иерусалим. По пути в храм двенадцать хранили необычное молчание; они еще не пришли в себя от переживаний предыдущего дня. Они были полны надежды, страха и глубокого ощущения какой-то отрешенности из-за внезапного изменения Учителем своей тактики и его указания не заниматься публичными проповедями в течение всей пасхальной недели.

Когда они спускались с Елеонской горы, Иисус шел впереди, а сразу же за ним, в задумчивом молчании, следовали апостолы. Всех их – за исключением Иуды Искариота – волновала одна мысль: «Что сделает сегодня Учитель?» Иуда же был поглощен единственным вопросом: «Что мне делать? Остаться с Иисусом и моими товарищами – или уйти? А если я покину их, то как мне это сделать?»

Было около девяти часов, когда в то прекрасное утро эти мужчины прибыли в храм. Они сразу же направились в большой двор, где так часто учил Иисус. Поприветствовав ожидавших его верующих, Иисус взошел на одно из возвышений для проповедников и приступил к своему обращению к собравшейся толпе. Апостолы отошли в сторону и стали ожидать развития событий.

1. ОЧИЩЕНИЕ ХРАМА

Вокруг ритуалов и церемоний храмового богослужения буйно расцвела коммерция. Торговля животными, пригодными для различных жертвоприношений, являлась прибыльным делом. Хотя верующим позволялось приводить своих животных, при этом требовалось, чтобы жертва была свободна от всех «изъянов» с точки зрения закона левитов и в толковании официальных инспекторов храма. Многие верующие прошли через унижение, когда считавшиеся безупречными животные отвергались храмовыми браковщиками. Поэтому более распространенной практикой стало приобретение жертвенных животных в храме, и хотя на соседней Елеонской горе находилось несколько пунктов продажи животных, таких животных обычно покупали прямо из храмовых загонов. Постепенно все виды жертвенных животных начали продаваться во дворах храма. Так появилась широкая торговля, приносившая громадные барыши. Часть этих доходов направлялась в храмовую казну, однако бóльшая часть денег оседала в руках правящих кланов первосвященников.

Эта торговля животными в храме процветала из-за того, что если верующий покупал такое животное, то – несмотря на его довольно высокую цену – ему уже не приходилось платить какие-либо иные сборы, и он мог быть уверен, что предлагаемая жертва не будет отвергнута под предлогом действительных или формальных пороков. То и дело с простого люда взимали непомерно высокую плату, в особенности во время больших национальных праздников. Однажды алчные священники дошли до того, что начали требовать сумму, эквивалентную недельному заработку, за пару голубей, которых следовало бы продавать беднякам за несколько грошей. «Сыны Анана» уже начали устраивать свои базары на территории храма – те самые торговые рынки, которые сохранялись до времени их окончательного разорения толпой за три года до уничтожения самого храма.

Однако торговля жертвенными животными и мелким товаром была не единственным видом осквернения храмовых дворов. В те времена получила развитие широкая система банковских операций и обмена денег, действовавшая прямо на территории храма. Предыстория всего этого такова. Во времена династии Асмонеев евреи чеканили свои собственные серебряные монеты, и, по установившемуся порядку, храмовый налог величиной в полсикла, равно как и все остальные храмовые сборы, должны были выплачиваться в этих еврейских монетах. Для этого менялы получали разрешение обменивать многие виды монет, имевших хождение в Палестине и других провинциях Римской империи, на этот традиционный сикл еврейской чеканки. Подушный храмовый налог, взимаемый со всех, кроме женщин, рабов и несовершеннолетних, составлял полсикла. Это была монета величиной с десять центов, но вдвое толще. Ко временам Иисуса священников также освободили от уплаты налогов на храм. Соответственно, с 15 по 25 число месяца, предшествовавшего Пасхе, официальные менялы устанавливали свои лотки в главных городах Палестины для обеспечения еврейского народа необходимыми монетами, чтобы, попав в Иерусалим, люди могли заплатить храмовый налог. После этого десятидневного периода менялы перебирались в Иерусалим и начинали устанавливать свои обменные столы во дворах храма. Им позволялось удерживать в качестве комиссионных сумму, эквивалентную трем-четырем центам при обмене монеты достоинством примерно в десять центов, а в случае обмена монеты большего достоинства им разрешалось взимать двойной сбор. Таким же образом храмовые менялы получали прибыль от обмена всех денег, предназначавшихся для покупки жертвенных животных, оплаты обетных приношений и совершения пожертвований.

Эти храмовые менялы не только извлекали прибыль из регулярных денежных операций по обмену более двадцати различных видов монет, периодически доставляемых в Иерусалим прибывавшими сюда паломниками, но также занимались всеми другими видами финансовых операций. Как храмовой казне, так и правителям храма эта коммерция приносила баснословную прибыль. Нередко в казне скапливалось денег на сумму более десяти миллионов долларов, в то время как простой люд влачил нищенское существование, продолжая платить эти несправедливые поборы.

В тот понедельник утром, посреди шумного сборища менял, лавочников и торговцев животными, Иисус пытался учить евангелию небесного царства. Он был не одинок в своем возмущении этим осквернением храма; простой народ – в особенности евреи, прибывшие сюда из дальних провинций, – до глубины души возмущались этой профанацией их национального храма в угоду прибыли. В те времена даже синедрион проводил свои регулярные заседания в одном из залов посреди всего этого шума и гомона, создаваемого торговлей и обменом товарами.

Когда Иисус уже собирался начать свою проповедь, произошло два эпизода, привлекших его внимание. У стоявшего поблизости стола, принадлежавшего одному из менял, разгорелся шумный и жаркий спор: некий александрийский еврей утверждал, что с него берут чрезмерную плату, и одновременно послышался оглушительный рев сотни бычков, которых перегоняли из одного загона в другой. Когда Иисус задумался, молча созерцая это зрелище торгашества и разброда, неподалеку он заметил простодушного галилеянина – человека, с которым он однажды беседовал в Ироне, – подвергавшегося насмешкам и издевательствам надменных и заносчивых иудеян. И всё это вместе пробудило один из тех загадочных всплесков негодования, которые периодически возникали в душе Иисуса.

К изумлению апостолов, стоявших рядом и удержавшихся от участия в том, что последовало дальше, Иисус сошел с возвышения для проповедников и, подойдя к юноше, гнавшему скот через двор, забрал у него плетеный кнут и быстро выгнал животных из храма. Но этим дело не кончилось: перед удивленными взорами тысяч людей, собравшихся в храмовом дворе, он величественно прошествовал к самому дальнему загону и начал отворять ворота каждого стойла и выпускать запертых животных. К этому времени собравшиеся паломники пришли в возбуждение и с шумными криками набросились на базары, переворачивая столы менял. Менее чем за пять минут весь храм был очищен от торговцев. Когда находившиеся неподалеку римские стражники прибыли на место, порядок был восстановлен, и толпа вела себя спокойно. Вернувшись на возвышение, Иисус обратился к народу: «Сегодня вы стали свидетелями того, что сказано в Писаниях: „Дом мой будет домом молитвы для всех народов, но вы сделали его вертепом разбойников"».

Но прежде, чем он смог произнести что-либо еще, огромная толпа разразилась возгласами «Осанна!», и тут же из нее выступили множество юношей, начавших петь благодарственные гимны в честь изгнания из святого храма осквернявших его нечестивцев-торгашей. К этому времени сюда уже прибыли некоторые из священников, и один из них сказал Иисусу: «Разве ты не слышишь, что говорят дети левитов?» И Учитель ответил: «Разве вы не читали: „Совершенна хвала, исходящая из уст младенцев и грудных детей"?» И весь тот день, пока Иисус учил, стража, выставленная народом у всех сводчатых проходов, не позволяла никому пронести через храмовые дворы даже пустого сосуда.

Узнав о происшедшем, первосвященники и книжники лишились дара речи. Они всё больше боялись Учителя и всё больше укреплялись в своем решении уничтожить его. Но они были в замешательстве. Они не знали, как добиться его смерти, ибо страшно боялись народа, открыто одобрявшего изгнание Иисусом нечестивых торгашей. И весь тот день – день покоя и мира во дворах храма – люди слушали учение Иисуса и буквально впитывали в себя его слова.

Этот удивительный поступок Иисуса был выше понимания апостолов. Они были столь озадачены этим внезапным и неожиданным действием их Учителя, что в течение всей этой сцены, сбившись в кучу, оставались у возвышения для проповедников. Они и пальцем не пошевелили, чтобы помочь в очищении храма. Если бы это впечатляющее событие произошло днем раньше, при триумфальном прибытии Иисуса в храм после его шумного вступления в город и громогласного народного признания, они были бы подготовлены к этому, но при таком развитии событий они были совершенно не готовы участвовать в них.

Очищение храма раскрывает отношение Учителя к превращению религии в источник дохода, равно как и его отвращение к любой несправедливости и спекуляции за счет бедных и необразованных людей. Этот случай также показывает, что Иисус неодобрительно смотрел на отказ от использования силы для защиты большинства членов любой человеческой группы от нечестных и порабощающих методов несправедливого меньшинства, способного прочно засесть за бастионами политической, финансовой или церковной власти. Нельзя позволять хитрым и подлым интриганам заниматься организованной эксплуатацией и угнетением тех, чей идеализм не позволяет им обращаться к силе для самозащиты или для претворения своих достойных жизненных планов.

2. ПРАВИТЕЛИ ОСПАРИВАЮТ ПРАВО УЧИТЕЛЯ

Воскресное триумфальное вступление в Иерусалим повергло еврейских вождей в такой ужас, что они не стали арестовывать Иисуса. На следующий день впечатляющее очищение храма также заставило их повременить с арестом Учителя. С каждым днем правители евреев всё больше укреплялись в своей решимости уничтожить его, но им не давал покоя страх перед двумя вещами, которые в своей совокупности заставляли их откладывать свой удар. Первосвященники и книжники не хотели арестовывать Иисуса публично, опасаясь волны народного гнева и негодования; им также внушала страх мысль о том, что для подавления народного восстания может потребоваться римская стража.

На полуденном заседании синедриона было единогласно решено как можно скорее покончить с Иисусом, поскольку на этом совещании не было ни одного друга Учителя. Однако им не удалось договориться, когда и как его следует арестовать. Наконец, было принято решение назначить пять групп, которые должны были смешаться с народом и попытаться запутать Иисуса в собственном учении или каким-либо иным образом дискредитировать его в глазах слушателей. Поэтому около двух часов – вскоре после того как Иисус приступил к беседе «О свободе сыновства» – группа этих израильских старейшин пробралась к тому месту, где стоял Иисус. Перебив его в своей обычной манере, они спросили: «По какому праву ты это делаешь? Кто дал тебе такое право?»

Для правителей храма и чиновников еврейского синедриона было совершенно правомерно обращаться с таким вопросом к любому, кто позволял себе учить и действовать в той удивительной манере, которая была свойственна Иисусу, – особенно принимая во внимание его недавнее поведение при очищении храма от торгашей. Все эти торговцы и менялы действовали на основании разрешений, полученных от самих высших правителей, и определенный процент от их доходов должен был поступать непосредственно в храмовую казну. Однако следует помнить, что девизом всего еврейства было *право*. Пророки всегда доставляли неприятности, дерзко позволяя себе учить, не имея на то права, то есть должной подготовки в раввинских академиях и последующего формального посвящения синедрионом. Отсутствие таких полномочий для проведения публичного обучения считалось либо признаком невежественной самоуверенности, либо открытого мятежа. В те времена только синедрион мог рукоположить старейшину или учителя, и такая процедура должна была проходить в присутствии как минимум трех лиц, прошедших такое же рукоположение. Рукоположение давало учителю звание «равви» и позволяло исполнять также функции судьи – «разрешать те дела, которые поступают к нему для суда».

В этот послеполуденный час правители храма предстали перед Иисусом, оспаривая не только его учение, но и его поступки. Иисус прекрасно знал: те же самые люди уже давно внушают народу, что его полномочия – от Сатаны, и что все его чудеса совершены властью, данной князем дьяволов. Поэтому Учитель начал отвечать на их вопрос встречным вопросом. Иисус сказал: «Я тоже задам вам один вопрос, и если вы ответите на него, то и я вам скажу, по какому праву я всё это делаю. Откуда пришло омовение Иоанна? От кого получил Иоанн свои полномочия – от небес или людей?»

Услышав его вопрос, они отошли в сторону, чтобы посоветоваться друг с другом, что́ отвечать. Они собирались привести Иисуса в замешательство перед народом, но теперь сами попали впросак перед всеми людьми, собравшимися к тому времени во дворе храма. И их поражение стало тем более очевидным, когда они вернулись к Иисусу и сказали: «Что касается крещения Иоанна, мы не можем ответить; мы не знаем». Они дали Учителю такой ответ, ибо рассудили между собой так: если мы скажем, что от неба, то он скажет: «Почему же вы тогда не поверили ему?» и, возможно, добавит, что получил свои полномочия от Иоанна; а если скажем, что от людей, то народ может ополчиться на нас, ибо большинство людей считают Иоанна пророком. И потому им пришлось предстать перед Иисусом и людьми и признаться в том, что они – религиозные учителя и вожди Израиля – не смогли (или не пожелали) высказать свое мнение относительно миссии Иоанна. И когда они умолкли, Иисус, глядя на них, сказал: «И я вам не скажу, по какому праву я делаю всё это».

Иисус вовсе не собирался ссылаться на Иоанна для подтверждения своих полномочий; Иоанн никогда не посвящался синедрионом. Правомочность Иисуса заключалась в нём самом и в вечном верховенстве его Отца.

Используя этот метод обращения со своими противниками, Иисус не стремился уклониться от ответа. На первый взгляд может показаться, что он попытался схитрить, предложив ловкую отговорку, однако такое впечатление обманчиво. Иисусу было несвойственно злоупотреблять своим превосходством даже в отношениях с врагами. В действительности, в этой кажущейся отговорке он дал своим слушателям ответ на вопрос фарисеев о власти, на которую опирается его миссия. Они утверждали, что он действует по праву, данному князем дьяволов. Иисус неоднократно утверждал, что всё его учение и чудеса вершатся властью и по праву его небесного Отца. Еврейские вожди отказывались согласиться с этим и пытались заставить Иисуса признать, что он является незаконным учителем, поскольку никогда не утверждался синедрионом. Ответив именно так, как он ответил, Иисус – не претендуя на получение полномочий от Иоанна – принес людям такое удовлетворение внутренним смыслом своего ответа, что попытка врагов поймать его в ловушку обратилась против них самих, дискредитировав их в глазах всех присутствующих.

Именно умение Иисуса обращаться со своими противниками вызывало в них такой страх. В тот день они не пытались задавать ему новых вопросов; они удалились, чтобы продолжить совещания в своем кругу. Что касается народа, то люди быстро поняли нечестность и неискренность этих вопросов, заданных правителями евреев. Даже простой люд не мог не отличить нравственное величие Учителя от коварного лицемерия его врагов. Однако очищение храма склонило саддукеев на сторону фарисеев при составлении окончательных планов убийства Иисуса. А в то время большинство в синедрионе составляли саддукеи.

3. ПРИТЧА О ДВУХ СЫНОВЬЯХ

Взглянув на стоявших перед ним в молчании фарисеев, Иисус сказал этим крючкотворам: «Поскольку вы сомневаетесь в миссии Иоанна, ополчившись в своей вражде на учения и свершения Сына Человеческого, послушайте мою притчу. У одного крупного и уважаемого землевладельца было два сына, от которых потребовалась помощь в ведении большого хозяйства. Он пришел к одному из них и сказал: „Сын, пойди поработай сегодня в моем винограднике“. Легкомысленный сын ответил отцу: „Не пойду“, но потом раскаялся и пошел. Когда он нашел своего старшего сына, то сказал и ему: „Сын, пойди поработай в моем винограднике“. Лицемерный и неверный сын ответил: „Хорошо, отец мой, пойду“. Но когда отец покинул его, сын не пошел работать. Позвольте спросить вас: который из двух сыновей действительно исполнил волю отца?»

Люди в один голос ответили: «Первый сын». И тогда Иисус сказал: «Именно так; и теперь я заявляю, что мытари и блудницы, даже если и кажется, что они отвергают призыв к раскаянию, увидят заблуждение свое и войдут в царство Божье впереди вас – тех, кто с великим лицемерием служит Отцу небесному, но отказывается выполнять угодные Отцу дела. Не вы, фарисеи и книжники, поверили Иоанну, а мытари и грешники; не верите вы и моему учению, в то время как простые люди с радостью внимают моим словам».

Иисус не презирал фарисеев и саддукеев лично – он стремился дискредитировать их системы обучения и практического поведения. Хотя он и не испытывал к кому-либо враждебных чувств, происходило неизбежное столкновение новой, живой религии духа с более древней религией, основанной на церемониях, традициях и праве.

В течение всего этого времени двенадцать апостолов стояли рядом с Учителем, однако не принимали никакого участия в происходящем. Каждый из двенадцати по-своему реагировал на события этих завершающих дней служения Иисуса во плоти, и каждый из них оставался послушным распоряжению Учителя воздержаться от публичного обучения и проповедей в течение этой пасхальной недели.

4. ПРИТЧА ОБ ОТЛУЧИВШЕМСЯ ЗЕМЛЕВЛАДЕЛЬЦЕ

Когда главные фарисеи и книжники, пытавшиеся запутать Иисуса своими вопросами, выслушали историю о двух сыновьях, они удалились для новых совещаний, а Учитель, обращаясь к народу, рассказал новую притчу:

«Один добрый человек посадил на своем участке земли виноградник. Он обнес его, выкопал яму для виноградного пресса и построил башню для стражи. После этого он сдал его внаем виноградарям, а сам отправился в длительное путешествие в другую страну. Когда же приблизилось время собирать урожай, он послал слуг к виноградарям за своей долей. Но виноградари, посовещавшись между собой, отказались отдать слугам виноград, причитавшийся их хозяину. Вместо того, они схватили его слуг и одного избили, другого забросали камнями, а остальных отправили назад с пустыми руками. И когда домовладелец услышал обо всём этом, он отправил других, еще более верных слуг, к этим подлым виноградарям, и те ранили их и также постыдно обошлись с ними. После этого хозяин послал к ним своего любимого слугу, управляющего, и они убили его. И всё же, спокойно и терпеливо, он отправлял многих других слуг, но виноградари не приняли ни одного. Одних они избивали, других убивали, и после такого обращения хозяин решил послать к этим неблагодарным виноградарям своего сына, говоря себе: „Возможно, они плохо обошлись с моими слугами, но они должны устыдиться моего любимого сына“. Но когда эти нераскаявшиеся и подлые виноградари увидели сына, они рассудили между собой: „Это наследник; давайте убьем его, и наследство его будет наше“. Поэтому они набросились на него, вытолкали из виноградника и убили. Когда хозяин виноградника услышит о том, как они отвергли и убили его сына, что́ сделает он с этими неблагодарными и подлыми виноградарями?»

И когда люди услышали эту притчу и заданный Иисусом вопрос, они ответили: «Он уничтожит этих скверных людей и передаст виноградник другим, честным земледельцам, которые будут отдавать ему его долю, когда придет время собирать урожай». И некоторые из людей поняли, что притча относится к еврейскому народу и его обращению с пророками, а также к угрозе отвержения Иисуса и евангелия царства, и печально говорили: «Не дай нам Бог и дальше творить такое».

Иисус увидел, как группа саддукеев и фарисеев пробирается через толпу, подождал, пока они подойдут поближе, и сказал: «Вы знаете, как ваши отцы отвергли пророков, и вы хорошо знаете, что в своей душе вы намерены отвергнуть Сына Человеческого». И после этого, пытливо глядя на стоявших подле него священников и старейшин, Иисус сказал: «Неужели вы никогда не читали в Писании об отвергнутом строителями камне, который люди нашли и поставили во главу угла? А потому я еще раз предупреждаю вас: если и дальше будете отвергать это евангелие, то вскоре царство Божье будет отнято у вас и передано тому народу, который будет готов принять благую весть и принести духовные плоды. И с камнем этим связана тайна, ибо кто упадет на него, тот хотя и разобьется, но будет спасен; на кого же он упадет, тот будет истерт в прах, а его пепел рассеян на все четыре стороны».

Когда фарисеи услышали эти слова, они поняли, что Иисус имеет в виду их и других еврейских вождей. Им очень хотелось тут же схватить его, но они боялись народа. Тем не менее, слова Учителя рассердили их настолько, что они удалились и устроили новое совещание, обсуждая, как его убить. И в тот вечер как саддукеи, так и фарисеи стали сообща думать над тем, ка́к поймать его в ловушку на следующий день.

5. ПРИТЧА О БРАЧНОМ ПИРЕ

Когда книжники и правители удалились, Иисус вновь обратился к собравшимся с притчей о брачном пире. Он сказал:

«Царство небесное можно уподобить одному царю, который устроил свадебный пир для своего сына и отправил гонцов с наказом говорить званым гостям: „Всё приготовлено для свадебного пира в царском дворце“. Однако многие из тех, кто обещал явиться, на этот раз отказались прийти. Когда царь услышал о том, что пренебрегают его приглашением, он послал других слуг и посланников со словами: „Скажите всем, кто зван, чтобы шли, ибо обед мой готов. Быки мои и откормленные тельцы заколоты, и всё готово для празднования предстоящей свадьбы моего сына“. И вновь неразумные люди не прислушались к голосу своего царя. Одни пошли работать в поле, другие в гончарню, третьи – заниматься своей торговлей. Остальные же, не удовлетворившись таким пренебрежительным отношением к приглашению царя, подняли мятеж, схватили посланников царя, издевались над ними и некоторых даже убили. А когда царь понял, что его избранные гости – те, кто принял его предварительное приглашение и обещал прибыть на свадебный пир, – окончательно отвергли его призыв и, восстав, напали на его избранных посланников и убили их, он исполнился гнева. И тогда этот оскорбленный царь послал свои армии и армии своих союзников и приказал им истребить этих мятежных убийц и сжечь их город.

И наказав тех, кто надменно отклонил его приглашение, он назначил новый день для свадебного пира и сказал своим посланникам: „Званые на свадьбу первыми были недостойны; поэтому ступайте на перекрестки и на дороги и за городские стены и зовите всех, кого найдете, даже чужестранцев, прийти на этот свадебный пир“. И тогда эти слуги вышли в путь и добрались до глухих мест и собрали всех, кого только нашли, – добрых и злых, богатых и бедных, так что в итоге пиршественный зал наполнился пожелавшими прийти гостями. Когда всё было готово, царь пришел посмотреть на своих гостей и премного удивился, увидев там человека без свадебной одежды. Царь, щедро обеспечивший свадебной одеждой всех своих гостей, обратился к этому человеку со словами: „Друг! Как же ты, в такой день, попал в зал для моих гостей без свадебного платья?“ И этот не приготовившийся человек молчал. Тогда царь сказал своим слугам: „Прогоните этого легкомысленного гостя из моего дома, чтобы и он разделил судьбу всех остальных, кто презрительно отверг мое гостеприимство и отклонил мой призыв. Я не потерплю здесь никого, кроме тех, кто с радостью принял мое приглашение и кто уважил меня, надев эти гостевые наряды, столь щедро приготовленные для всех“».

Рассказав эту притчу, Иисус уже собирался распустить народ, когда один благожелательный верующий, пробравшись к нему через толпу, спросил: «Однако, Учитель, как мы узнаем об этом? Как нам быть готовыми к приглашению царя? Какое знамение ты дашь нам, чтобы мы знали, что ты – Сын Божий?» И услышав это, Учитель сказал: «Только одно знамение будет дано вам». И после этого, указав на свое собственное тело, он произнес: «Разрушьте этот храм, и я в три дня воздвигну его». Но они не поняли его и, расходясь, говорили между собой: «Этот храм строится уже почти пятьдесят лет, а он говорит, что уничтожит его и воздвигнет в три дня». Даже его апостолы не поняли значения этих слов, однако позднее, после его воскресения, они вспомнили, что́ он сказал.

Около четырех часов пополудни Иисус подозвал своих апостолов и сообщил им, что он хотел бы покинуть храм и отправиться в Вифанию для ужина и ночного отдыха. Поднимаясь на Елеонскую гору, он велел Андрею, Филиппу и Фоме разбить на следующий день лагерь поближе к городу, где они могли бы находиться в течение оставшейся части пасхальной недели. Следуя этому указанию, на другое утро они поставили свои палатки на участке земли, принадлежавшем Симону из Вифании и находившемся в лощине на склоне холма, откуда открывался вид на Гефсиманский сад – место отдыха горожан.

В понедельник вечером они вновь представляли собой группу молчаливых евреев, поднимающихся по западному склону Елеонской горы. Как никогда прежде, эти двенадцать мужчин начинали отдавать себе отчет в надвигающейся трагедии. Хотя впечатляющее очищение храма ранним утром и пробудило в них надежду увидеть, как Учитель заявляет о своих правах и демонстрирует свою могущественную силу, события всей второй половины дня имели прямо противоположное действие, ибо каждое из них определенно свидетельствовало о неприятии учений Иисуса еврейскими властями. Напряженное ожидание сковало апостолов; ужасная неопределенность держала их в своих тисках. Они понимали, что, возможно, лишь несколько дней отделяют события минувшего дня от неминуемого, сокрушительного удара судьбы. Все они чувствовали, что должно произойти нечто чрезвычайное, но они не знали, чего ждать. Они разошлись на ночлег, однако почти не сомкнули глаз. Даже близнецы Алфеевы наконец-то осознали, что жизнь Учителя быстро приближается к своей завершающей кульминации.

ДОКУМЕНТ 174

ВО ВТОРНИК УТРОМ В ХРАМЕ

В этот вторник, около семи часов утра, в доме Симона состоялась встреча Иисуса с апостолами, женским корпусом и группой из двух-трех десятков ближайших учеников. На этой встрече он простился с Лазарем и дал ему совет, следуя которому тот вскоре бежал в перейскую Филадельфию. Впоследствии Лазарь примкнул к миссионерскому движению с центром в этом городе. Иисус также распрощался с престарелым Симоном и дал свой прощальный совет женскому корпусу, ибо это стало его последним формальным обращением к ним.

В то утро он встретил каждого из апостолов персональным приветствием. Андрею он сказал: «Не поддавайся смятению из-за того, что должно вскоре произойти. Не отходи от своих братьев и не позволяй им видеть тебя удрученным». Петру он сказал: «Не полагайся на силу плоти или сталь меча. Утвердись на вечных скалах духа». Иакову он сказал: «Пусть наружность не смущает тебя. Оставайся твердым в своей вере, и вскоре ты познаешь реальность того, во что веришь». Иоанну он сказал: «Будь добрым; люби даже своих врагов; будь терпимым. И помни, что я многое доверил тебе». Нафанаилу он сказал: «Не суди по внешности; храни прочную веру, когда будет казаться, что всё пропало; будь верен своему поручению посланника царства». Филиппу он сказал: «Пусть надвигающиеся события не поколеблют тебя. Оставайся твердым даже тогда, когда не видишь пути. Будь верен своей клятве посвящения». Матфею он сказал: «Не забывай милосердия, принявшего тебя в царство. Не дай кому-нибудь обманом отнять у тебя вечную награду. Ты успешно сопротивлялся влечениям смертного естества, так будь же готов проявить стойкость». Фоме он сказал: «Как бы трудно это ни было, именно сейчас ты должен идти, опираясь на свою веру, а не на зрение. Не сомневайся в том, что я способен завершить начатый труд и что в итоге я увижу всех своих преданных посланников в потустороннем царстве». Близнецам Алфеевым он сказал: «Не позволяйте тому, чего вы не понимаете, сокрушить себя. Храните верность той любви, которая живет в ваших сердцах, и не полагайтесь ни на великих людей, ни на изменчивое человеческое отношение. Оставайтесь вместе со своими братьями». Симону Зелоту он сказал: «Симон, даже если ты будешь сломлен разочарованием, твой дух вознесется превыше всего, что может обрушиться на тебя. Тому, чему ты не смог научиться у меня, ты научишься у моего духа. Ищи подлинные реальности духа и перестань испытывать влечение к нереальным материальным теням». Иуде Искариоту он сказал: «Иуда, я любил тебя и молился о том, чтобы ты любил своих братьев. Твори добро без устали; и я хотел бы предупредить тебя остерегаться скользких путей лести и отравленных стрел насмешки».

Поприветствовав своих апостолов, он отправился в Иерусалим вместе с Андреем, Петром, Иаковом и Иоанном, в то время как остальные апостолы занялись обустройством лагеря в Гефсимании, куда они должны были отправиться вечером. Этот лагерь являлся их базой в последние дни жизни Учителя во плоти. Спускаясь по склону Елеонской горы, примерно на полпути Иисус остановился и около часа беседовал с четырьмя апостолами.

1. БОЖЕСТВЕННОЕ ПРОЩЕНИЕ

Уже несколько дней Петр и Иаков обсуждали свое различное понимание учения Иисуса о прощении греха. Оба они решили обратиться со своим вопросом к Учителю, и Петр воспользовался данным случаем как подходящей возможностью получить совет Учителя. Поэтому Симон Петр прервал разговор, касавшийся различий между хвалой и поклонением, и спросил: «Учитель, Иаков и я по-разному понимаем твои учения относительно прощения греха. Иаков утверждает, что, согласно твоему учению, Отец прощает нас еще до того, как мы просим его об этом, а я утверждаю, что покаяние и признание вины должны предшествовать прощению. Кто из нас прав? Что ты скажешь?»

После короткого молчания Иисус многозначительно посмотрел на всех четырех и ответил: «Братья мои, вы ошибаетесь в своих воззрениях, поскольку не понимаете природы тех сокровенных и любвеобильных отношений, которые связывают создание и Создателя, человека и Бога. Вы неспособны постичь сочувствие мудрого родителя своему незрелому и порой заблуждающемуся дитя. Поистине сомнительно, чтобы разумных и любящих родителей приходилось когда-либо призывать прощать своих обыкновенных, нормальных детей. Отзывчивость, связанная с любовью, успешно предотвращает все то отчуждение, из-за которого впоследствии возникает необходимость приспосабливать покаяние дитя к прощению родителя.

В каждом дитя живет часть его отца. Отец пользуется преимуществом и превосходством в понимании всех вопросов, связанных с отношениями дитя и родителя. Родитель способен судить о незрелости дитя в свете более совершенной родительской зрелости – более зрелого опыта старшего товарища. В отношениях земного дитя и небесного Отца божественный родитель обладает бесконечным, божественным сочувствием и способностью к исполненному любви пониманию. Божественное прощение неизбежно; оно присуще и неотъемлемо от бесконечного понимания, которым обладает Бог, и его совершенного знания всего, что касается неверных суждений и ошибочных решений дитя. Божественное правосудие отличается столь вечной справедливостью, что оно неизменно включает в себя отзывчивость и милосердие.

Когда мудрый человек понимает внутренние побуждения своих товарищей, он начинает любить их. А если вы любите своего брата, то вы уже простили его. Эта способность понимать природу человека и прощать его явные прегрешения богоподобна. Если вы являетесь мудрыми родителями, то именно таким будет ваше отношение к своим детям: вы будете любить, понимать и прощать их тогда, когда мимолетное непонимание, казалось бы, приводит вас к разобщению. Незрелому дитя, которому не хватает более полного понимания глубины отношений дитя и отца, часто приходится испытывать чувство вины вследствие отчуждения, возникающего из-за отсутствия полного одобрения со стороны его отца. Однако настоящий отец никогда не ощущает какого-либо разобщения. Грех является опытом сознания созданного существа; он не является частью сознания Бога.

Ваша неспособность или нежелание прощать своих товарищей является мерилом вашей незрелости, неспособности достигнуть отзывчивости, понимания и любви, свойственных взрослому человеку. Мера затаенной вами злобы и вынашиваемых планов мести прямо пропорциональна незнанию внутренней сущности и истинных устремлений ваших детей и ваших товарищей. Любовь является претворением внутреннего божественного влечения, свойственного жизни. Она основывается на понимании, воспитывается бескорыстным служением и совершенствуется мудростью».

2. ВОПРОСЫ ЕВРЕЙСКИХ ПРАВИТЕЛЕЙ

В понедельник вечером состоялось совещание синедриона и еще примерно пятидесяти видных вождей из числа книжников, фарисеев и саддукеев. Участники этой встречи пришли к общему мнению, что было бы опасно прилюдно арестовывать Иисуса из-за его влияния на чувства простых людей. Большинство присутствующих также считали, что необходимо предпринять решительные действия для дискредитации его в глазах народа, прежде чем его можно будет арестовать и судить. Поэтому было назначено несколько групп ученых мужей, которые должны были на следующее утро явиться в храм, готовые запутать его трудными вопросами и вообще попытаться поставить его в неловкое положение перед людьми. Наконец, фарисеи, саддукеи и даже иродиане объединились в попытке дискредитировать Иисуса в глазах пасхальных толп.

Утром во вторник Иисус прибыл во двор храма и начал учить людей. Он успел произнести лишь несколько слов, как группа молодых учеников академий вышла вперед и через своего представителя обратилась к Иисусу с заготовленным вопросом: «Учитель, мы знаем, что ты благ и возвещаешь пути истины, что ты служишь одному лишь Богу, ибо не боишься никого из людей, и что ты нелицеприятен. Мы только учимся, и мы хотели бы знать истину о том, что волнует нас. Наше затруднение состоит в следующем: законно ли платить дань кесарю? Следует ли нам платить ее или нет?» Видя их лицемерие и лукавство, Иисус ответил им: «Зачем приходите искушать меня? Покажите мне монету для уплаты налога, и я отвечу вам». И когда они протянули ему динарий, он взглянул на него и спросил: «Чье изображение и чье имя на этой монете?» И они ответили ему: «Кесаря», и тогда Иисус сказал: «Отдайте кесарю кесарево, а Богу – Божье».

Получив такой ответ, эти молодые книжники и их сообщники-иродиане оставили его и ушли, а люди – в том числе и саддукеи – порадовались их поражению. Даже те юноши, которые пытались запутать его, были восхищены неожиданной проницательностью Учителя.

Днем раньше правители пытались сбить его с толку перед людьми в вопросах духовной власти. Столкнувшись с поражением, они попытались дискредитировать его, втянув в обсуждение гражданской власти. Как Пилат, так и Ирод находились в это время в Иерусалиме, и враги Иисуса рассудили, что если бы он посмел посоветовать не платить дань кесарю, они могли бы тут же отправиться к римским властям и обвинить его в подстрекательстве к бунту. С другой стороны, если бы он многословно посоветовал платить дань, то, как они справедливо заключили, такое заявление глубоко оскорбило бы национальное достоинство еврейских слушателей и лишило бы его народного благоволения и любви.

Во всём этом враги Иисуса потерпели поражение, поскольку существовало широко известное постановление синедриона, принятое в качестве указания для евреев диаспоры, согласно которому «право чеканки включало в себя право взимать налоги». Так Иисус избежал западни. Если бы он ответил им «нет», то это было бы равносильно подстрекательству к восстанию; если бы он ответил «да», то это стало бы потрясением для глубоко укоренившихся национально-патриотических чувств того времени. Учитель не уклонялся от вопроса; он лишь продемонстрировал мудрость, дав двойной ответ. Иисус никогда не отличался уклончивостью, однако он всегда был мудр в общении с теми, кто пытался помешать ему и уничтожить его.

3. САДДУКЕИ И ВОСКРЕСЕНИЕ

Прежде чем Иисус смог приступить к своему обучению, еще одна группа вышла вперед, чтобы задать ему свои вопросы. На этот раз это были образованные, лукавые саддукеи. Подойдя к Иисусу, их представитель спросил: «Учитель, Моисей учил, что если женатый человек умрет бездетным, то его брат должен жениться на его вдове и иметь с ней детей для продолжения рода умершего брата. Случилось так, что один человек, у которого было шесть братьев, умер бездетным; следующий брат взял его жену, но вскоре тоже умер, не оставив детей. Второй брат также взял ее в жены, но и он умер, не оставив потомства. И так продолжалось дальше, пока она не побывала за каждым из шести братьев, и все шесть умерли, не оставив детей, а последней умерла и женщина. И вот мы хотим спросить: кому будет она женой после воскресения? Ведь все они жили с ней?»

Иисус знал – как знали и люди, – что, задавая свой вопрос, саддукеи лукавят, ибо вряд ли такое могло произойти в действительности. Кроме того, к тому времени евреи уже перестали следовать обычаю, согласно которому братья умершего человека стремились продолжить его род. Тем не менее, Иисус снизошел до ответа на их злонамеренный вопрос. Он сказал: «Задавая этот вопрос, все вы заблуждаетесь, ибо вы не знаете ни Писаний, ни живой силы Божьей. Вы знаете, что дети этого мира могут жениться и выходить замуж, однако вы, похоже, не понимаете, что те, кто через воскресение праведных удостаивается достижения грядущих миров, не женятся и не выходят замуж. Испытавшие воскресение из мертвых подобны ангелам небесным и никогда не умирают. Эти воскресшие являются вечными сынами Божьими; это дети света, воскрешенные для прогресса в вечной жизни. Так понимал это и ваш отец Моисей, ибо – во время своих испытаний у горящего куста – он слышал, как Отец сказал: „Я *являюсь* Богом Авраама, Богом Исаака и Богом Иакова“. Так вместе с Моисеем я заявляю, что мой Отец является Богом не мертвых, а живых. В нём все вы живете, размножаетесь и имеете свое смертное бытие».

Когда Иисус закончил отвечать на эти вопросы, саддукеи удалились, а некоторые из фарисеев забылись настолько, что воскликнули: «Верно, верно, Учитель, ты хорошо ответил этим неверующим саддукеям». Саддукеи не посмели задавать ему новые вопросы, а простые люди восхитились мудростью его учения.

В этом столкновении с саддукеями Иисус сослался только на Моисея, поскольку данная религиозно-политическая секта признавала законность только так называемого «Пятикнижия Моисея». Догматы их учения не опирались на книги пророков. Хотя в своем ответе Учитель однозначно подтвердил факт спасения смертных созданий через воскресение, он ни единым словом не высказался в пользу фарисейских вероучений о воскресении буквального человеческого тела. Иисус хотел подчеркнуть мысль о том, что Отец сказал: «Я *являюсь* Богом Авраама, Исаака и Иакова», а не «Я *являлся* их Богом».

Саддукеи пытались превратить Иисуса в объект губительной *насмешки*, прекрасно зная, что публичное преследование только породит в народном сознании еще более широкое сочувствие к нему.

4. ВЕЛИКАЯ ЗАПОВЕДЬ

Еще одна группа саддукеев получила указание запутать Иисуса вопросами про ангелов, но когда они увидели, какая участь постигла их товарищей, пытавшихся поймать его в ловушку вопросами о воскресении, они благоразумно решили промолчать и удалились, так ничего и не спросив. Согласно предварительному плану объединившихся фарисеев, книжников, саддукеев и иродиан, весь день должен был быть заполнен этими коварными вопросами. Так они надеялись дискредитировать Иисуса в глазах людей и при этом не оставить ему времени для возвещения его нарушающих спокойствие учений.

После этого вперед вышла одна из групп фарисеев, чтобы досадить ему своими вопросами, и их представитель, махнув Иисусу рукой, сказал: «Учитель, я законник, и я хотел бы спросить тебя, которая из заповедей является величайшей?» Иисус ответил: «Есть только одна заповедь – величайшая из всех, и эта заповедь звучит так: „Слушай, о Израиль! Господь, Бог наш, есть Господь единый; и ты должен возлюбить Господа, Бога твоего, всем сердцем твоим и всей душой твоею, всем разумом твоим и всей силой твоею“. Это – первая и великая заповедь. А вторая заповедь подобна первой; фактически, она является ее продолжением и звучит так: „Люби ближнего своего, как самого себя“. И нет других, более великих, чем эти; на этих двух заповедях стоит весь закон и стоят все пророки».

Когда законник понял, что Иисус не только ответил в соответствии с высшим представлением еврейской религии, но также дал мудрый ответ в глазах собравшегося народа, он решил, что будет наиболее достойным открыто воздать должное ответу Учителя. Поэтому он сказал: «Истинно сказано, Учитель. Ты хорошо сказал, что Бог один и нет другого, кроме него; и возлюбить его всем сердцем, всем разумом, всей душой и всей силой, а также любить ближнего, как самого себя, есть первая и великая заповедь; и мы согласны, что эта великая заповедь означает гораздо больше, чем все приношения и жертвы». Когда законник дал столь благоразумный ответ, Иисус взглянул на него и сказал: «Мой друг, я вижу, что ты недалек от царства Божьего».

Иисус не ошибся, сказав, что законник «недалек от царства», ибо в тот же вечер этот человек отправился в Гефсиманский лагерь, где находился Учитель, открыто признал свою веру в евангелие царства и был крещен Иосией – одним из учеников Авенира.

В храме находились еще две или три группы фарисеев, собиравшихся задать свои вопросы, однако одни были обезоружены ответом Иисуса законнику, а другие остановлены поражением всех тех, кто пытался поймать его в ловушку. После этого никто не осмелился задать прилюдно ни одного вопроса.

Поскольку новых вопросов не было и ввиду того, что приближался полуденный час, Иисус не стал продолжать свое обучение, а удовлетворился тем, что задал фарисеям и их товарищам вопрос. Иисус сказал: «Поскольку вы больше ни о чём не спрашиваете, я хотел бы спросить у вас. Что вы думаете об Избавителе? Я имею в виду, чей он сын?» После короткой паузы один из книжников ответил: «Мессия является сыном Давида». И так как Иисус знал о многочисленных спорах – даже среди его учеников – о том, является ли он сыном Давида, он задал еще один вопрос: «Если Избавитель действительно является сыном Давида, то как же в псалме, который вы приписываете Давиду, он сам говорит в духе: „Господь сказал моему господину: «Сядь по правую руку от меня, пока я не заставлю врагов твоих пасть к твоим ногам»“? Если Давид называет его Господом, то как он может быть ему сыном?» Хотя правители, книжники и первосвященники не дали ответа, они воздержались от новых вопросов и попыток запутать его. Они так и не ответили на этот вопрос, заданный им Иисусом, однако после смерти Учителя они попытались выйти из трудного положения, изменив толкование этого псалма и утверждая, что в нём говорится об Аврааме, а не о Мессии. Другие, пытаясь разрешить дилемму, отрицали, что автором этого так называемого мессианского псалма является Давид.

Только что фарисеи радовались тому, ка́к Учитель заставил умолкнуть саддукеев; теперь саддукеи были довольны поражением фарисеев. Но такое соперничество было преходящим. Они быстро забыли свои вековые распри, объединившись в стремлении положить конец учениям и делам Иисуса. Что же касается простых людей, то всё это время они радостно слушали Иисуса.

5. ДЕЛЕГАЦИЯ ГРЕКОВ

Около полудня, когда Филипп покупал продовольствие для нового лагеря, который в тот день обустраивался вблизи Гефсимании, к нему обратилась делегация чужеземцев – группа верующих греков из Александрии, Афин и Рима. Их представитель сказал апостолу: «Нам указали на тебя знающие тебя люди. Мы пришли, господин, с просьбой увидеть Иисуса, твоего Учителя». Филипп никак не ожидал столкнуться на рынке с представительной делегацией язычников – греков, интересовавшихся евангелием, и, поскольку Иисус недвусмысленно велел двенадцати отказаться от всякого публичного обучения в течение пасхальной недели, он был несколько озадачен, не зная, как поступить. Его смутило также и то, что эти язычники были чужеземцами. Будь они евреями или соседними, привычными иноплеменниками, его сомнения были бы не столь явными. Филипп поступил следующим образом: он попросил этих греков никуда не уходить. Когда он поспешил прочь, те решили, что он отправился искать Иисуса, но в действительности он устремился в дом Иосифа, где, как он знал, трапезничал Андрей и другие апостолы. Вызвав Андрея, он объяснил ему, зачем пришел, и вернулся вместе с ним к дожидавшимся грекам.

Так как Филипп почти уже закончил покупать продовольствие, он вернулся вместе с Андреем и греками в дом к Иосифу, где они были приняты Иисусом. И они сидели рядом с ним, пока он говорил апостолам и многим ведущим ученикам, собравшимся за столом:

«Мой Отец послал меня в этот мир раскрыть свое милосердие детям человеческим, однако те, к кому я пришел вначале, отказались принять меня. Действительно, многие из вас сами поверили в мое евангелие, но близок час, когда дети Авраама и их вожди отвергнут меня, и тем самым они отвергнут Пославшего меня. Я щедро возвещал этому народу евангелие спасения; я рассказывал о сыновстве, сулящем радость, свободу и жизнь, более обильную в духе. Мой Отец совершил много чудесных деяний для этих одержимых страхом детей человеческих. Но истину говорил пророк Исайя об этом народе, когда писал: „Господи, кто поверил в то, что мы возвестили? И кому был раскрыт Господь?“ Воистину, вожди моего народа намеренно ослепили свои глаза, чтобы не видеть, и ожесточили свои сердца, чтобы не уверовать и не быть спасенными. Все эти годы я стремился исцелить их от неверия, дабы они могли принять дарованное Отцом вечное спасение. Я знаю, что не все подвели меня; некоторые из вас действительно уверовали в мою проповедь. В этой комнате наберется добрых два десятка тех, кто некогда являлся членом синедриона или же занимал высокое положение в советах народа, хотя некоторые из вас до сих пор боятся открыто признать истину, опасаясь отлучения от синагоги. Кое-кто из вас больше любит славу человеческую, нежели славу Божью. Однако я не могу не быть снисходительным, ибо я тревожусь за безопасность и преданность даже некоторых из тех, с кем мы так долго пробыли вместе и кто жил бок о бок со мной.

Я вижу, что в этой гостиной находится примерно поровну евреев и иноплеменников, и я хотел бы обратиться к вам как к первой и последней такой группе, которой я могу дать наставления в делах царства, прежде чем отправиться к своему Отцу».

Эти греки внимательно слушали Иисуса, пока он учил в храме. В понедельник вечером они провели встречу в доме у Никодима, которая продлилась до рассвета, и тридцать из них решили войти в царство.

Теперь, стоя перед ними, Иисус осознал завершение одного судного периода и начало другого. Обращаясь к грекам, Учитель сказал:

«Верующий в это евангелие верит не только в меня, но в Пославшего меня. Когда вы смотрите на меня, вы видите не только Сына Человеческого, но и Пославшего меня. Я – свет миру, и всякий, кто поверит моему учению, не будет больше пребывать во тьме. Если вы, иноплеменники, услышите меня, то получите слова жизни и сразу же обретете ту радостную свободу, которую дает истина богосыновства. Если мои соотечественники, евреи, решат отвергнуть меня и отказаться от моего учения, я не буду осуждать их, ибо я пришел в мир не судить, а предложить ему спасение. Тем не менее, отвергающие меня и не принимающие моего учения в должное время будут судимы моим Отцом и теми, кого он поставил судить отвергающих милосердный дар и спасительную истину. Запомните каждый из вас, что я говорю не от себя, но правдиво заявляю вам то, что́ Отец велел мне раскрыть детям человеческим. И те слова, которые Отец послал меня возвестить миру, суть слова божественной истины, непреходящего милосердия и вечной жизни.

Но как еврею, так и иноплеменнику я заявляю: исполняется время для Сына Человеческого принять свою славу. Вы хорошо знаете, что если пшеничное зерно не упадет в землю и не умрет, оно останется одно; но если оно умрет в хорошей почве, то возродится к жизни и принесет множество зерен. Тот, кто эгоистично любит свою жизнь, рискует потерять ее; тот же, кто готов сложить свою жизнь ради меня и евангелия, обретет жизнь более обильную на земле и на небе – жизнь вечную. Если будете истинно следовать за мной также и после моего возвращения к Отцу, то станете моими учениками и искренними слугами своих смертных собратьев.

Я знаю, что близок мой час, и душа моя печальна. Я вижу, что мой народ решил отвергнуть царство, но я рад принять этих ищущих истину иноплеменников, которые пришли сегодня сюда в поисках пути света. И всё же сердце мое болит за мой народ, и душа моя смущена тем, что́ надвигается на меня. Что сказать мне, когда я вижу и понимаю, что́ меня ждет? Скажу ли я: „Отец, избавь меня от этого жуткого часа?“ Нет! Ради того и пришел я в этот мир и к этому часу. Другие слова скажу я и буду молиться, чтобы вы присоединились ко мне: „Отец, восславь имя свое; да исполнится воля твоя“».

Когда он произнес эти слова, перед ним явился Личностный Настройщик, пребывавший в нём до крещения, и когда Иисус на время умолк, этот дух, ставший могущественным представителем Отца, обратился к Иисусу Назарянину: «Я уже не раз прославлял свое имя в твоих посвящениях, и я прославлю его вновь».

Хотя находившиеся здесь иудеи и язычники не слышали голоса, они не могли не заметить, что Учитель умолк, внимая какому-то сверхчеловеческому источнику. И каждый присутствующий сказал своему соседу: «Ангел говорил с ним».

После этого Иисус продолжал: «Всё это произошло не ради меня, а ради вас. Я знаю наверняка, что Отец примет меня и одобрит мою миссию, предпринятую для вашего блага. Однако вас необходимо поддержать и подготовить к скорому и жестокому испытанию. Позвольте заверить вас, что в итоге победа увенчает наши совместные усилия, направленные на просвещение мира и освобождение человечества. Старый порядок дискредитировал себя; Князь этого мира изгнан мною. И все люди будут освобождены светом духа, который я изолью на всю плоть после вознесения к своему небесному Отцу.

А теперь я заявляю вам, что если мне суждено быть вознесенным на земле и при вашей жизни, то я привлеку всех людей к себе, в братство моего Отца. Вы всегда верили в то, что Избавитель будет жить на земле вечно, но я заявляю, что Сын Человеческий будет отвергнут людьми и что он отправится назад к Отцу. Немного осталось мне быть с вами; недолго осталось живому свету находиться среди этого объятого тьмой поколения. Идите к свету, пока он есть у вас, дабы не объяла вас грядущая тьма и смущение. Идущий во тьме не знает, куда идет; но если решите ходить на свету, то воистину все станете освобожденными сынами Божьими. А теперь пойдемте все вместе назад, в храм, где я обращусь с прощальными словами к первосвященникам, книжникам, фарисеям, саддукеям, иродианам и закоснелым правителям Израиля».

Сказав это, Иисус повел их за собой назад, в храм, по узким улочкам Иерусалима. Они только что услышали, что Учитель собирается произнести в храме прощальную речь, и они шли за ним в молчании и глубокой задумчивости.

ДОКУМЕНТ 175

ПОСЛЕДНЯЯ РЕЧЬ В ХРАМЕ

В тот день, вторник, в третьем часу пополудни Иисус прибыл в храм в сопровождении одиннадцати апостолов, Иосифа Аримафейского, тридцати греков и некоторых других учеников и приступил к последнему из своих обращений, произнесенных во дворах этого святилища. По его замыслу, эта речь должна была стать последним воззванием к еврейскому народу и заключительным обвинением в адрес своих злейших врагов и будущих убийц – книжников, фарисеев, саддукеев и правителей Израиля. В течение всей первой половины дня различные группы людей задавали Иисусу свои вопросы; пополудни не было задано ни одного вопроса.

Когда Учитель начал говорить, во дворе храма царили тишина и порядок. Менялы и торговцы не смели появляться в храме, поскольку днем раньше Иисус и возмущенная толпа прогнали их отсюда. Прежде чем приступить к своей речи, Иисус ласково взглянул на своих слушателей; через мгновение им предстояло услышать его прощальное обращение, в котором милосердное отношение к человечеству сочеталось с последним обличением лжеучителей и фанатичных еврейских правителей.

1. РЕЧЬ

«Я пробыл среди вас эти долгие годы; вдоль и поперек исходил я эту землю, возвещая любовь Отца к детям человеческим, и многие увидели свет и, через свою веру, вошли в царство небесное. В связи с этой просветительской и проповеднической деятельностью Отец сотворил много чудесных деяний, вплоть до воскрешения умершего. Многие больные и страждущие исцелились, потому что они верили; однако ни возвещение истины, ни исцеление больных не открыло глаза тем, кто отказывается увидеть свет, тем, кто вознамерился отвергнуть это евангелие царства.

Я и мои апостолы делали всё возможное для того, чтобы, не противореча воле моего Отца, жить в мире с нашими братьями, подчиняться разумным требованиям законов Моисея и традициям Израиля. Мы упорно стремились к миру, но израильские вожди не хотят его. Отвергая истину Божью и свет небесный, они становятся на сторону заблуждения и тьмы. Не может быть мира между светом и тьмой, между жизнью и смертью, между истиной и заблуждением.

Многие из вас нашли в себе смелость уверовать в мои учения и уже обрели радость и свободу, присущие осознанию богосыновства. И вы засвидетельствуете обо мне, что я предлагал это богосыновство всему еврейскому народу, включая тех людей, которые стремятся теперь уничтожить меня. Мой Отец и сейчас принял бы этих ослепленных учителей и лицемерных вождей, если бы только они повернулись к нему и приняли его милосердие. Этому народу и сейчас еще не поздно услышать слово небесное и принять Сына Человеческого.

Мой Отец давно уже проявляет милосердие к этому народу. Из поколения в поколение мы посылали своих пророков учить и предупреждать этих людей, и из поколения в поколение они убивали посланных небом учителей. Вот и теперь ваши своенравные первосвященники и упрямые правители продолжают творить то же самое. Как Ирод казнил Иоанна, так вы готовитесь теперь уничтожить Сына Человеческого.

До тех пор, пока есть надежда на то, что евреи повернутся к моему Отцу в поисках спасения, милосердные объятия Бога Авраама, Исаака и Иакова будут оставаться открытыми для вас; но стоит вам однажды наполнить чашу нераскаянности, стоит вам окончательно отвергнуть милосердие моего Отца, как эта нация будет предоставлена самой себе и быстро придет к бесславному концу. Этот народ был призван стать светочем мира, образцом духовной славы богопознавшей нации, однако вы настолько отошли от требований, накладываемых божественными привилегиями, что ваши вожди собираются совершить самое тяжкое преступление всех времен: они готовы окончательно отвергнуть Божий дар для всех людей и на все времена – откровение любви небесного Отца ко всем своим земным детям.

И стоит вам действительно отвергнуть это откровение Бога человеку, царство небесное будет отдано другим народам – тем, которые примут его с радостью и ликованием. От имени пославшего меня Отца я серьезно предупреждаю вас, что вы стоите на пороге утраты занимаемого вами в мире положения знаменосцев вечной истины и хранителей божественного закона. Я предлагаю вам сейчас последнюю возможность выйти и покаяться, заявить о своем намерении искать Бога всем сердцем и, подобно малым детям, с искренней верой войти в надежный и спасительный мир царства небесного.

Мой Отец уже давно содействует вашему спасению, и я пришел на землю для того, чтобы жить среди вас и лично указывать вам путь. Многие из евреев и самаритян, равно как и язычников, поверили в евангелие царства, но те, кто должен был первым откликнуться и принять свет небесный, продолжают упорно отказываться поверить в откровение Божьей истины – поверить в Бога, раскрытого в человеке, и человека, возвышенного до Бога.

В этот день мои апостолы стоят здесь перед вами молча, но вскоре вы услышите, как зазвучат их голоса, призывая к спасению и объединению с небесным царством в качестве сынов живого Бога. И теперь я призываю вас, моих учеников и верующих в евангелие царства, равно как и невидимых посланников, находящихся подле них, засвидетельствовать, что я вновь предложил Израилю и его правителям избавление и спасение. Но все вы видите, как пренебрегают милосердием Отца и как отвергают посланников истины. Тем не менее, я предупреждаю вас, что эти книжники и фарисеи всё еще сидят на месте Моисея, а потому до тех пор, пока Всевышние, которые правят в царствах людей, не свергнут окончательно эту нацию и не разрушат место этих правителей, я призываю вас сотрудничать со старейшинами в Израиле. От вас не требуется, чтобы вы участвовали в их намерении убить Сына Человеческого, однако во всём, что относится к миру в Израиле, вы должны подчиняться им. Во всех таких вещах делайте то, что они велят, и блюдите основные законы, но не повторяйте их злодеяний. Помните, в чём грех этих правителей: они произносят благие слова, но не следуют им. Вы хорошо знаете, что эти вожди взваливают на ваши плечи тяжкую ношу, непосильное бремя, а сами не хотят и пальцем пошевелить, чтобы помочь вам нести эту тяжелую ношу. Они всегда угнетали вас церемониями и порабощали традициями.

Кроме того, эти эгоистичные правители любят творить добро напоказ. Они увеличивают размеры своих филактерий и удлиняют бахрому на своей одежде. Они любят занимать самые почетные места на пиршествах и в синагогах. Им нравится, когда их с почтением приветствуют на рыночных площадях, и они любят, чтобы их называли учителями. Но в то время как они добиваются от людей всех этих почестей, они тайно прибирают к рукам вдовьи дома и извлекают прибыль из богослужений в священном храме. Эти лицемеры напоказ произносят длинные молитвы и подают милостыню, чтобы привлечь внимание сограждан.

Хотя вы должны уважать своих правителей и чтить своих учителей, вам не следует называть ни одного человека Отцом в духовном смысле, ибо у вас есть только один Отец, а именно – Бог. Вы не должны также помыкать своими братьями в царстве. Помните, чему я учил вас: пусть тот, кто хочет быть между вами бóльшим, будет вам слугой. Если вы попытаетесь возвыситься перед Богом, то наверняка будете принижены; тот же, кто истинно принижает себя, непременно будет возвышен. Ищите в своей каждодневной жизни не своей славы, а Божьей. Разумно подчиняйте свою собственную волю воле небесного Отца.

Поймите меня правильно. Я не таю злобу против этих первосвященников и правителей, которые стремятся убить меня; я не испытываю неприязни к этим книжникам и фарисеям, которые отвергают мои учения. Я знаю, что многие из вас верят тайно, и я знаю, что вы открыто заявите о своей преданности царству, когда исполнится мое время. Но как оправдают себя ваши раввины, заявляющие, что говорят с Богом, а затем осмеливающиеся отвергнуть и убить того, кто пришел раскрыть Отца мирам?

Горе вам, книжники и фарисеи, лицемеры! Вы хотите закрыть двери царства небесного перед искренними людьми только потому, что они необучены тому, чему учите вы. Вы отказываетесь войти в царство и одновременно делаете всё, что в ваших силах, чтобы помешать всем другим войти в него. Вы повернулись спиной к дверям спасения и боретесь со всеми, кто хотел бы войти в эти двери.

Горе вам, книжники и фарисеи, ибо имя вам – лицемеры! Вы действительно обходите море и сушу, дабы обратить хотя бы одного; и после этого вы не успокаиваетесь, пока не сделаете его вдвое хуже, чем он был в язычестве.

Горе вам, первосвященники и правители, прибирающие к рукам имущество бедняков и взимающие огромные пошлины с тех, кто хотел бы служить Богу так, как, по их мнению, предписывал Моисей! Как вы, не желающие проявить милосердие, можете надеяться на милосердие в грядущих мирах?

Горе вам, лжеучители и слепые вожди! Что можно ожидать от народа, когда слепой ведет слепого? Они оба упадут в яму и погибнут.

Горе вам, кто лицемерит, давая клятву! Обманщики вы, ибо учите, что можно поклясться храмом и нарушить клятву, но если кто клянется золотом храма, то должен сдержать клятву. Вы глупы и слепы. Вы непоследовательны даже в своей нечестности, ибо чтó больше: золото или храм, который, как считают, освятил золото? Вы также учите, что если кто поклянется алтарем, то это неважно; если же кто поклянется даром, который на нем, то должен исполнять обещанное. И вновь вы слепы к истине, ибо что больше: дар или жертвенник, освящающий дар? Как можете вы оправдать такое лицемерие и нечестность в глазах Бога небесного?

Горе вам, книжники, фарисеи и прочие лицемеры! Вы заботитесь о том, чтобы отдавать десятину мяты, аниса и тмина, но в то же время пренебрегаете более важными учениями закона – верой, милосердием и судом! Вы должны были, в разумных пределах, исполнять одно, не пренебрегая другим. Воистину, вы – слепые вожди и немые учителя; вы отцеживаете комара, а верблюда проглатываете.

Горе вам, книжники, фарисеи и лицемеры, ибо вы тщательно очищаете чашу и блюдо снаружи, между тем как внутри они полны грязи хищений, произвола и обмана. Вы духовно слепы. Разве вы не понимаете, что куда лучше было бы очистить прежде внутренность чаши, а затем то, что прольется через края, очистит ее и снаружи? Подлые нечестивцы! Вы приспосабливаете свою религию к букве вашего толкования закона Моисея, в то время как ваши души погрязли в беззаконии и полны убийств.

Горе всем вам, отвергающим истину и отталкивающим милосердие! Многие из вас подобны побеленным гробницам, которые снаружи кажутся красивыми, а внутри полны костей мертвецов и всякой скверны. Так и вы, сознательно отвергающие совет Божий, внешне кажетесь благочестивыми и праведными, а внутри полны лицемерия и беззакония.

Горе вам, ложные наставники народа! Вот, вы строите памятник замученным пророкам древности и в то же время готовитесь расправиться с тем, о ком они говорили. Вы украшаете гробницы праведников и тешите себя тем, что если бы вы жили в дни ваших отцов, то не пролили бы кровь пророков; а затем, в своем самодовольстве, вы готовитесь убить того, о ком говорили пророки, – Сына Человеческого. Таким образом вы сами против себя свидетельствуете, что вы – подлые сыновья тех, кто умертвил пророков. Так наполните же до краев чашу своего осуждения!

Горе вам, дети зла! Верно назвал вас Иоанн змеиным отродьем, и я спрашиваю: ка́к избежите вы приговора, вынесенного вам Иоанном?

Но и сейчас я предлагаю вам милосердие и прощение от имени моего Отца; я и сейчас протягиваю руку любви и вечного братства. Мой Отец посылал к вам мудрецов и пророков; одних вы преследовали, а других убивали. Затем явился Иоанн, возвестивший пришествие Сына Человеческого, и вы расправились с ним после того, как многие уверовали в его учение. А теперь вы снова собираетесь пролить невинную кровь. Разве вы не понимаете, что настанет страшный день возмездия, когда Судья всей земли потребует от этого народа ответа за то, как он отвергал, преследовал и убивал этих небесных посланников? Разве вы не понимаете, что вам придется ответить за всю эту праведную кровь – от первого убиенного пророка до Захарии, умерщвленного между храмом и алтарем? И если вы будете продолжать творить зло, к ответу может быть призвано уже нынешнее поколение.

О, Иерусалим и дети Авраама, камнями побивающие пророков и убивающие посланных к тебе учителей! Вот и сейчас я хотел бы собрать детей твоих, как курица собирает цыплят под свое крыло, но вы не желаете этого!

А теперь я покидаю вас. Вы слышали мою проповедь и приняли свое решение. Те, кто уверовал в мое евангелие, уже пребывают в безопасности в царстве Божьем. Вам же, решившим отвергнуть дар Божий, я говорю, что отныне вы не увидите, как я учу в храме. Мой труд для вас завершен. Смотрите же, я ухожу со своими детьми, и остается ваш дом заброшенным!»

И после этого Учитель кивнул своим сторонникам, и они покинули храм.

2. СТАТУС ЕВРЕЯ КАК ИНДИВИДУУМА

Тот факт, что когда-то духовные вожди и религиозные учители еврейской нации отвергли учения Иисуса и устроили заговор, добиваясь его жестокой смерти, никоим образом не влияет на статус любого еврея как индивидуума, его положение перед Богом. Тем, кто заявляет о своей приверженности Христу, не следует относиться с предубеждением к еврею как своему смертному собрату. Евреи – как нация, социально-политическая группа, – сполна заплатили страшную цену за отвержение Князя Мира. Они уже давно перестали быть духовными просветителями, раскрывающими другим народам божественную истину. Однако это вовсе не оправдывает те страдания, которым подвергаются индивидуумы, потомки этих древних евреев, вследствие гонений со стороны нетерпимых, недостойных и фанатичных людей – мнимых последователей Иисуса Назарянина, который сам, по своему рождению, являлся евреем.

Безрассудная, чуждая Христу ненависть и преследования современных евреев не раз приводили к страданиям и гибели безобидных, невинных индивидуумов, чьи предки во времена Иисуса всем сердцем приняли его евангелие и вскоре, не дрогнув, погибли за ту истину, в которую они столь свято верили. Небесные наблюдатели содрогаются от ужаса при виде того, как мнимые последователи Иисуса преследуют, притесняют и даже убивают потомков Петра, Филиппа, Матфея и других палестинских евреев, которые умерли столь славной смертью, став первыми мучениками евангелия небесного царства!

Сколь жестоко и безрассудно заставлять невинных детей страдать за грехи их предков, проступки, о которых они ничего не знают и за которые не могут нести никакой ответственности! И совершать столь подлые поступки именем того, кто призывал своих учеников любить даже своих врагов! Рассказывая о жизни Иисуса, мы должны были описать, каким образом некоторые из его еврейских собратьев отвергли его и устроили заговор с целью добиться его унизительной смерти. Но мы хотели бы предупредить всех читателей этого повествования, что такое историческое описание ни в коей мере не оправдывает несправедливой ненависти и не прощает недостойного отношения к представителям еврейской нации, которого веками придерживались столь многие мнимые христиане. Те, кто верит в царство и следует учениям Иисуса, должны прекратить дурно обращаться с каждым евреем, считая его виновником отвержения и распятия Иисуса. Отец и его Сын-Создатель никогда не переставали любить евреев. Бог нелицеприятен, и спасение существует как для иудея, так и для язычника.

3. РОКОВОЕ ЗАСЕДАНИЕ СИНЕДРИОНА

Роковое заседание синедриона открылось в этот вторник, в восемь часов вечера. Во многих предшествующих случаях верховный суд еврейской нации выносил неофициальные решения предать Иисуса смерти. Много раз этот августейший орган власти постановлял положить конец его труду, но никогда прежде он не принимал решения арестовать его и любой ценой добиться его смерти. Приближалась полночь, когда во вторник, 4 апреля 30 года н. э., синедрион – в своем новом составе – официально и *единогласно* вынес смертный приговор как Иисусу, так и Лазарю. Таким был ответ на последнее обращение Учителя к правителям евреев, сделанное в храме лишь несколькими часами ранее, и этот ответ отражал их резкое возмущение последним и решительным обвинением, сделанным Иисусом в адрес самих первосвященников, а также нераскаявшихся саддукеев и фарисеев. Вынесение (еще до суда) смертного приговора Божьему Сыну стало ответом синедриона на последнее предложение небесного милосердия, сделанное еврейскому народу как таковому.

Начиная с этого времени, евреи были предоставлены самим себе, и им пришлось самим завершать недолгую и скоротечную историю своей нации в соответствии с ее чисто человеческим статусом среди наций Урантии. Израиль отрекся от Сына того Бога, который заключил завет с Авраамом, и тем самым разрушил план, согласно которому дети Авраама должны были стать провозвестниками истины. Божественный договор был аннулирован, что привело иудейскую нацию к быстрому концу.

Чиновники синедриона получили приказ арестовать Иисуса на следующий день рано утром, однако им было дано указание не задерживать его прилюдно. Им было велено подготовить план его тайного и, желательно, внезапного ночного ареста. Учитывая, что в тот день (среду) он, вероятно, уже не вернется, чтобы учить в храме, чиновники синедриона получили приказ «привести его в высший еврейский суд незадолго до полуночи в четверг».

4. ПОЛОЖЕНИЕ В ИЕРУСАЛИМЕ

Заключительная речь Иисуса в храме вновь привела апостолов в смятение и ужас. До того, как Учитель приступил к своему страшному осуждению еврейских правителей, Иуда вернулся в храм, так что все двенадцать прослушали эту вторую половину последней речи Иисуса в храме. К несчастью, Иуда Искариот не смог услышать первую часть его прощального обращения, в которой предлагалось милосердие. Он не услышал этого последнего предложения милосердия еврейским правителям, поскольку в то время еще продолжал совещаться с группой своих саддукейских родственников и друзей, обсуждая за трапезой наиболее удобный способ отмежеваться от Иисуса и своих товарищей-апостолов. Именно в тот момент, когда Иуда слушал последние обвинения Учителя в адрес еврейских вождей и правителей, он окончательно и бесповоротно решил покинуть евангелическое движение и устраниться от всего, что с ним связано. Тем не менее, он вышел из храма как один из двенадцати и отправился с ними на Елеонскую гору, где вместе с другими апостолами услышал пророческую речь о разрушении Иерусалима и конце еврейского народа, и остался с ними в ту ночь, во вторник, в новом лагере рядом с Гефсиманией.

Народ, ставший свидетелем этой резкой перемены – от милосердного призыва Иисуса к еврейским вождям к внезапному и уничижительному осуждению, граничившему с безжалостным обличением, – был ошеломлен и сбит с толку. В тот вечер, когда синедрион выносил смертный приговор Иисусу, а Учитель находился со своими апостолами и некоторыми из учеников на Елеонской горе, предсказывая гибель еврейского народа, весь Иерусалим, всерьез и вполголоса, обсуждал только один вопрос: «Что они сделают с Иисусом?»

В доме у Никодима собрались более тридцати видных евреев, тайно веривших в царство, чтобы обсудить меры, которые они должны были предпринять в случае открытого разрыва с синедрионом. Все присутствовавшие решили заявить о своей приверженности Учителю в тот же час, когда станет известно о его аресте. Так они и поступили.

Саддукеи, которые теперь контролировали синедрион и составляли в нём большинство, стремились покончить с Иисусом по следующим причинам:

1. Они опасались, что возросшая популярность, которой он пользуется в народе, является угрозой для самóго существования еврейского народа из-за возможного вмешательства римских властей.

2. Его страстный призыв к реформе храма ударил непосредственно по их доходам; очищение храма сказалось на их кошельках.

3. Они чувствовали себя ответственными за поддержание общественного порядка и опасались последствий дальнейшего распространения чуждого им нового учения Иисуса о братстве людей.

Мотивы фарисеев, которые также желали расправиться с Иисусом, были иными. Они боялись его в силу нескольких причин:

1. Он представлял собой мощную оппозицию их традиционной власти над народом. Фарисеи были крайними консерваторами, и они глубоко возмущались этими, как они считали, радикальными атаками на их законный престиж религиозных учителей.

2. Они утверждали, что Иисус является нарушителем законов, что он проявил явное неуважение к субботе и многочисленным другим требованиям закона и религиозного ритуала.

3. Они обвиняли его в богохульстве, ибо он называл Бога своим Отцом.

4. И наконец, они были чрезвычайно рассержены его последней речью – резким осуждением, прозвучавшим в заключительной части его прощального обращения, с которым он выступил в храме.

Приняв официальное решение предать Иисуса смерти и распорядившись о его аресте, синедрион прервал свое заседание в тот вторник около полуночи, решив собраться на следующее утро около десяти утра в доме у первосвященника Кайафы, чтобы сформулировать обвинения, по которым Иисус должен был предстать перед судом.

Небольшая группа саддукеев фактически предложила избавиться от Иисуса, организовав его убийство, однако фарисеи решительно отказались санкционировать такой метод.

Вот что происходило в Иерусалиме и чем занимались разные группы людей в тот богатый событиями день, в то время как огромное скопление небесных существ, которые парили над этим роковым зрелищем земной жизни, горели желанием хоть чем-то помочь своему возлюбленному Властелину, но были бессильны что-либо предпринять, следуя строгим указаниям вышестоящих существ, в подчинении у которых они находились.

ДОКУМЕНТ 176

ВО ВТОРНИК ВЕЧЕРОМ НА ЕЛЕОНСКОЙ ГОРЕ

Во вторник вечером, когда Иисус и апостолы вышли из храма и отправились в гефсиманский лагерь, Матфей, указывая на строения храма, сказал: «Учитель, посмотри, как построены эти здания. Взгляни на эти массивные камни и прекрасные украшения; неужели всё это будет разрушено?» Они продолжили путь к Елеонской горе, и Иисус сказал: «Вы видите эти камни и этот массивный храм; истинно, истинно говорю вам: близятся дни, когда не останется здесь камня на камне; всё будет разрушено». Эти слова, рисующие разрушение священного храма, пробудили любопытство шагавших за Учителем апостолов; в их представлении только конец света мог привести к разрушению храма.

Чтобы избежать толп, проходивших по Кедронской долине в Гефсиманию, Иисус и его товарищи решили немного подняться по западному склону Елеонской горы, а затем пройти по тропе к своему лагерю, который находился рядом с Гефсиманией, чуть выше общественного парка. Свернув с дороги, ведущей в Вифанию, они увидели храм, сверкавший в лучах заходящего солнца. И пока они находились на горе, они смотрели, как загораются городские огни, и любовались красотой освещенного храма. Здесь, в мягком свете полной луны, Иисус и двенадцать сели на землю. Учитель заговорил с ними, и вскоре Нафанаил задал ему вопрос: «Скажи нам, Учитель, как мы сможем узнать, когда приблизится время этих событий?»

1. РАЗРУШЕНИЕ ИЕРУСАЛИМА

Отвечая на вопрос Нафанаила, Иисус сказал: «Хорошо, я расскажу вам о тех временах, когда этот народ до краев наполнит чашу своего беззакония, когда правосудие обрушится на этот город наших отцов. Вскоре я покину вас; я отправляюсь к Отцу. Когда меня не будет с вами, смотрите, чтобы никто не прельстил вас, ибо многие придут под видом избавителей и многих собьют с пути истинного. Когда услышите о войнах, когда поползут слухи о войнах, не волнуйтесь, ибо хотя суждено всему тому быть, это еще не конец Иерусалима. Пусть не смущает вас голод или землетрясения; и не тревожьтесь, когда вас будут предавать гражданским властям и преследовать за евангелие. За меня вас будут изгонять из синагог и бросать в темницы, и некоторые из вас будут убиты. Когда же будут приводить вас к правителям и властителям, то это будет свидетельством вашей веры и доказательством вашей приверженности евангелию царства. И когда вы будете стоять перед судьями, не беспокойтесь заранее о том, что вам следует сказать, ибо в тот самый час дух откроет вам, что ответить вашим противникам. В эти тяжкие дни даже ваши соплеменники, возглавляемые теми, кто отверг Сына Человеческого, бросят вас за решетку и предадут смерти. Быть может, какое-то время все будут ненавидеть вас из-за меня, но и в этих преследованиях я не оставлю вас; мой дух не покинет вас. Будьте терпеливы! Не сомневайтесь в том, что это евангелие царства восторжествует над всеми врагами и в итоге будет возвещено всем народам».

Иисус помолчал, глядя на город. Учитель понимал, что отказ от духовного представления о Мессии, настойчивое стремление упрямо и слепо цепляться за материальные свершения ожидаемого избавителя вскоре приведут евреев к прямому столкновению с могущественными римскими армиями и что результатом такой борьбы может быть только окончательный и полный крах еврейского народа. Отвергнув его духовное посвящение и отказавшись принять свет небес, столь милосердно пролитый на них, они тем самым предрешили конец своей истории независимого народа с особой духовной миссией на земле. Даже еврейские вожди впоследствии признавали, что именно светское представление о Мессии стало непосредственной причиной волнений, которые в итоге погубили их.

Поскольку Иерусалиму предстояло стать колыбелью раннего евангелического движения, Иисус не хотел, чтобы учители и проповедники погибли при ужасном поражении еврейского народа в связи с разрушением Иерусалима. Именно поэтому он дал своим последователям эти указания. Иисуса очень тревожило то, что в скором будущем некоторые из его учеников могли принять участие в мятежах и погибнуть при падении Иерусалима.

Тогда Андрей спросил: «Однако, Учитель, если Священный Город и храм будут уничтожены, а тебя не будет здесь, чтобы вести нас, – когда следует нам покинуть Иерусалим?» Иисус ответил: «Вы можете оставаться в городе после моего ухода, даже в период невзгод и жестоких гонений, но когда вы увидите, что Иерусалим окружен римскими армиями после мятежа, поднятого лжепророками, вы будете знать, что городу пришел конец. Тогда вы должны бежать в горы. Пусть никто из городских и окрестных жителей не задерживается в городе и не пытается ничего спасти, а кто за городом, пусть не входит в него. Будет много горя, ибо настанет время мести язычников. И когда вы покинете город, этот непокорный народ падет от меча и будет уведен в плен во все страны; так Иерусалим будет растоптан язычниками. Пока же предупреждаю вас: не прельщайтесь. Если кто придет к вам и скажет: „Смотрите! Вот Избавитель!“ или: „Смотрите! Вон он!“ – не верьте, ибо появится много лжеучителей, которые многих введут в заблуждение. Но вы не должны обманываться, ибо я предупредил вас об этом заранее».

Апостолы еще долго сидели молча при свете луны, пока эти ошеломляющие предсказания Учителя доходили до их смущенного сознания. Следуя именно этому предупреждению, практически вся группа верующих и учеников бежала из Иерусалима на север при первом появлении римских войск, обретя надежное укрытие в Пелле.

Даже после этих недвусмысленных предупреждений многие сторонники Иисуса истолковывали эти предсказания как намек на те изменения, которые, очевидно, произойдут в Иерусалиме, когда повторное явление Мессии приведет к созданию Нового Иерусалима и разрастанию города, превращению его в столицу мира. В своем сознании эти евреи непременно хотели связать разрушение храма с «концом света». Они верили, что этот Новый Иерусалим заполнит всю Палестину; что вслед за концом света сразу же появятся «новое небо и новая земля». Потому неудивительно, что Петр сказал: «Учитель, мы знаем, что всё минует, когда появится новое небо и новая земля; но как нам узнать, когда ты вернешься, чтобы совершить всё это?»

Услышав это, Иисус на время задумался, а затем сказал: «Вы вечно заблуждаетесь, ибо во что бы то ни стало пытаетесь соединить новое учение со старым; вы непременно хотите неправильно понять все мои учения; вы упорно истолковываете евангелие в соответствии с вашими укоренившимися верованиями. Тем не менее, я постараюсь просветить вас».

2. ВТОРОЕ ПРИШЕСТВИЕ УЧИТЕЛЯ

В нескольких случаях сделанные Иисусом заявления позволили его слушателям заключить, что, хотя он и собирается вскоре покинуть этот мир, он непременно вернется, чтобы завершить труд небесного царства. Поскольку среди его последователей росло убеждение в том, что он намеревается покинуть их, после ухода Учителя из этого мира все верующие, естественно, ухватились за его обещания вернуться. Так уже на раннем этапе доктрина о втором пришествии Христа вошла в учения христиан, и почти каждое последующее поколение учеников благоговейно верило в эту истину и убежденно ждало его пришествия.

Понятно, что первые ученики и апостолы, которым предстояло расстаться со своим Наставником и Учителем, тем более ухватились за его обещание вернуться и поспешили связать предсказанное разрушение Иерусалима с обещанным вторым пришествием. И они продолжали придерживаться такого толкования его слов, несмотря на то что в течение всего вечернего обучения на Елеонской горе Учитель специально предостерегал их именно от такой ошибки.

Продолжая отвечать на вопрос Петра, Иисус сказал: «Почему вы по-прежнему надеетесь на то, что Сын Человеческий сядет на трон Давида, и ожидаете исполнения материальных мечтаний евреев? Разве все эти годы я не говорил вам, что царство мое не от мира сего? То, что вы сейчас видите там, внизу, подходит к концу, однако это будет новым началом, откуда евангелие царства распространится на весь мир, и это спасение придет ко всем народам. И когда царство свершится во всей полноте, не сомневайтесь в том, что Отец небесный обязательно посетит вас с расширенным раскрытием истины и новым проявлением праведности, – как он уже посвятил этому миру того, кто стал князем тьмы, и затем Адама, за которым последовал Мелхиседек, а ныне Сын Человеческий. Таким образом, мой Отец будет и впредь проявлять свое милосердие и возвещать свою любовь даже этому темному и порочному миру. Так же и я – после того как мой Отец наделит меня всей полнотой власти – буду продолжать следить за вашей судьбой и направлять вас в делах царства через присутствие моего духа, который вскоре будет излит на всю плоть. Несмотря на то что я буду, таким образом, присутствовать с вами в духе, я также обещаю, что когда-нибудь вернусь в этот мир, где я прожил жизнь во плоти и приобрел опыт одновременного раскрытия Бога человеку и приведения человека к Богу. Очень скоро я должен буду покинуть вас и вернуться к труду, доверенному мне Отцом; но мужайтесь, ибо однажды я вернусь. Пока же мой вселенский Дух Истины будет утешать и направлять вас.

Сейчас вы видите меня в слабости и во плоти, но когда я вернусь, это произойдет в силе и духе. Глаза плоти видят Сына Человеческого во плоти, но только глаза духа смогут увидеть Сына Человеческого, прославленного Отцом и явившегося на землю от своего собственного имени.

Однако время нового явления Сына Человеческого известно только в советах Рая; даже ангелы небесные не знают, когда это произойдет. Тем не менее, вы должны понять, что когда это евангелие царства будет возвещено всему миру для спасения всех народов, и когда настанет конец эпохи, Отец пошлет вам еще одного завершителя судного периода, или же Сын Человеческий вернется для суда над эпохой.

Что касается мук иерусалимских, о которых я говорил вам, то мои слова сбудутся еще при жизни этого поколения; что же до времени второго пришествия Сына Человеческого, то никто на небе или на земле не может того сказать. Но вам необходима мудрость, чтобы видеть конец эпохи; вам следует бодрствовать, чтобы замечать знамения времени. Когда ветви смоковницы становятся мягкими и пускают листья, вы знаете, что близится лето. Равным образом, когда мир пройдет через долгую зиму материалистических взглядов и вы увидите, как наступает духовная весна нового судного периода, знайте, что грядет лето нового пришествия.

Но каково значение этого учения применительно к пришествию Божьих Сынов? Разве вы не понимаете, что когда каждый из вас призывается оставить свою земную борьбу и пройти через врата смерти, вы сразу же предстаете перед судом и оказываетесь лицом к лицу с фактами новой эпохи служения в вечном замысле бесконечного Отца? То, что ожидает весь мир как буквальное событие в конце эпохи, каждому из вас, как индивидууму, обязательно предстоит обрести в качестве личного опыта, когда вы достигнете окончания естественной жизни и тем самым продолжите свой путь, сталкиваясь с условиями и требованиями, присущими очередному откровению в процессе вечного роста в царстве Отца».

Из всех бесед Учителя со своими апостолами ни одна не породила столь ошибочных толкований, как эта, состоявшаяся во вторник вечером на Елеонской горе и касавшаяся двух вопросов: разрушения Иерусалима и его собственного второго пришествия. Поэтому последующие записи, основанные на воспоминаниях о том, что́ сказал Учитель в этом исключительном случае, мало в чём совпадали друг с другом. Поскольку сведения о том, что́ было сказано в тот вечер во вторник, остались неполными, появилось много преданий; и в самом начале второго века еврейское пророчество о Мессии, написанное неким Селтой, служившим при дворе римского императора Калигулы, было целиком включено в Евангелие от Матфея и впоследствии добавлено (частично) к свидетельствам Марка и Луки. Именно в этих писаниях Селты появилась притча о десяти девах. Никакая другая часть евангельского текста не подвергалась столь же путаному и неверному толкованию, как учение, изложенное в тот вечер. Однако апостол Иоанн сумел избежать этого заблуждения.

Когда эти тринадцать человек продолжили свой путь к лагерю, они шли молча, ощущая сильнейшее эмоциональное напряжение. Иуда окончательно укрепился в своем решении бросить своих товарищей. Было уже поздно, когда Давид Зеведеев, Иоанн Марк и ряд ближайших учеников приветствовали Иисуса и двенадцать апостолов в новом лагере. Но апостолам было не до сна; они хотели знать больше о разрушении Иерусалима, уходе Учителя и конце света.

3. ПРОДОЛЖЕНИЕ ОБСУЖДЕНИЯ В ЛАГЕРЕ

Когда они расселись у костра, где собралось в общей сложности около двадцати человек, Фома спросил: «Поскольку ты собираешься вернуться, чтобы завершить труд царства, как нам следует вести себя, пока ты будешь отсутствовать, занимаясь делами Отца?» Оглядев своих учеников, озаряемых светом костра, Иисус ответил:

«Даже ты, Фома, не понимаешь моих слов. Разве всё это время я не внушал вам, что ваша связь с царством является духовной и индивидуальной и состоит в одном только личном духовном опыте – вероисповедном осознании своего богосыновства? Что еще я могу к этому добавить? Гибель наций, крушение империй, уничтожение неверующих евреев, конец эпохи и даже конец света – какое отношение имеют эти вещи к тому, кто уверовал в это евангелие и защитил свою жизнь уверенностью в вечном царстве? Вы, познавшие Бога и уверовавшие в евангелие, больше не сомневаетесь в вечной жизни. Поскольку ваша жизнь была прожита в духе и во имя Отца, ничто не может волновать вас всерьез. Строителей царства, уполномоченных граждан небесных миров, не беспокоят вре́менные пертурбации, не тревожат земные катаклизмы. Какое значение имеет для вас, уверовавших в евангелие царства, ниспровержение наций, конец эпохи и крушение всего зримого, когда вы знаете, что ваша жизнь есть дар Сына и что залогом ее вечной безопасности является Отец? Прожив бренную жизнь в вере и принеся плоды духа – праведное, любвеобильное служение своим собратьям, – вы можете с уверенностью смотреть в будущее в ожидании следующего шага на вечном пути с той же верой в спасение, которая провела вас через первый, земной опыт богосыновства.

Каждое поколение верующих должно продолжать свой труд, учитывая возможное возвращение Сына Человеческого, точно так же, как каждый верующий продолжает труд своей жизни, учитывая неизбежную, вечную угрозу естественной смерти. Когда благодаря своей вере вы становитесь сынами Божьими, всё остальное не имеет никакого значения для уверенности в спасении. Но не ошибитесь! Вера в спасение есть вера живая, демонстрирующая всё больше плодов того божественного духа, который однажды пробудил ее в человеческом сердце. Принятие сыновства в небесном царстве не спасет вас, если вы сознательно и упорно отвергаете те истины, которые связаны со всё большим приношением плодов духа Божьими сынами во плоти. Вы, вместе со мной занимавшиеся делом Отца на земле, можете и сейчас покинуть царство, если видите, что вам не по душе путь служения Отца человечеству.

Как индивидуумы и как поколение верующих, выслушайте меня – я расскажу вам притчу. Жил некогда господин, который, отправляясь в длительное путешествие в чужую страну, призвал всех своих доверенных слуг и поручил им всё свое имение. Одному он дал пять талантов, другому – два, а третьему – один. Так каждому из достойных управляющих было доверено имение по их способностям; и после этого он отправился в путешествие. Когда их господин уехал, слуги принялись за работу, чтобы получить прибыль на вверенное им богатство. Тот, кто получил пять талантов, сразу же употребил их в дело и вскоре приобрел на них еще пять талантов. Так же и тот, который получил два таланта, вскоре приобрел еще два. И все остальные слуги получили прибыль для своего хозяина, кроме того, у кого был только один талант. Он ушел и закопал его в землю, скрыв деньги своего господина. Вскоре господин этих слуг неожиданно вернулся и призвал своих управляющих для отчета. И когда все они были призваны к своему господину, тот, кто получил пять талантов, пришел к нему с доверенными ему деньгами и принес пять других талантов, говоря: „Господин! Ты дал мне пять талантов, чтобы я пустил их в дело, и я с радостью отдаю тебе еще пять талантов в качестве моей прибыли“. И тогда господин сказал ему: „Хорошо. Ты хороший и верный слуга, ты был верен в малом; теперь поставлю тебя над многим; раздели со мной мою радость“. Затем тот, кто получил два таланта, подошел и сказал: „Господин, ты поручил мне два таланта; вот еще два таланта, которые я заработал“. И тогда его господин сказал ему: „Хорошо. Ты хороший, верный управляющий; ты тоже был верен в малом, и теперь я поставлю тебя над многим; раздели со мной мою радость“. Пришел отчитываться и тот слуга, который получил один талант. Он вышел вперед и сказал: „Господин! Я знал тебя и видел, что ты хитрый человек, ожидающий прибылей там, где сам не трудишься; поэтому я боялся рисковать даже малой долей того, что ты доверил мне. Я надежно спрятал твой талант в землю;

вот он; теперь у тебя есть твое“. Но его господин ответил: „Нерадивый и ленивый управляющий! Ты сам признаёшься в том, что знал: я потребую от тебя отчета и разумной прибыли, подобно той, которую принесли сегодня другие, усердные слуги. Зная это, ты должен был хотя бы пустить мои деньги в оборот, чтобы по возвращении я получил свое с процентами“. И затем этот господин сказал своему главному управляющему: „Возьми талант у этого никчемного слуги и отдай тому, у кого десять талантов“.

Всякий, кто имеет, получит еще больше, и будет у него избыток; у того же, у кого ничего нет, будет отнято и то, что он имеет. Вы не можете оставаться неизменными в делах вечного царства. Мой Отец требует, чтобы все его дети росли в благодати и знании истины. Вы, знающие эти истины, должны приносить всё больше плодов духа и демонстрировать растущую приверженность бескорыстному служению своим товарищам – таким же, как вы, слугам царства. И запомните: помогая одному из моих меньших братьев, вы служите мне.

А потому вы должны продолжать заниматься делом Отца – отныне и вовеки веков. Продолжайте трудиться, пока я не вернусь. Преданно выполняйте то, что я поручил вам, и таким образом вы будете готовы, когда смерть призовет вас к отчету. Прожив так во славу Отца и удовлетворение Сына, вы с радостью и величайшим наслаждением всту́пите в вечное служение непреходящего царства».

Истина жизненна; Дух Истины извечно ведет детей света к новым мирам духовной реальности и божественного служения. Истина дается вам не для того, чтобы выхолостить ее, придать ей неизменный, авторитетный и почтенный вид. Проходя через ваш личный опыт, раскрытие истины должно совершенствоваться настолько, чтобы новая красота и подлинные духовные приобретения, открываясь всем, кто видит ваши духовные плоды, вели к прославлению небесного Отца. Только те преданные слуги, которые растут в этом знании истины и тем самым приобретают способность к божественному восприятию духовных реальностей, могут когда-либо надеяться «полностью разделить радость своего Господа». Какое жалкое зрелище представляют собой мнимые последователи Иисуса, из поколения в поколение говорящие о вверенной им божественной истине: «Вот, Учитель, та истина, которую ты доверил нам сто или тысячу лет тому назад. Мы ничего не потеряли; мы преданно сохранили всё, что ты нам дал; мы не позволили внести никаких изменений в то, чему ты научил нас; вот та истина, которую ты дал нам». Однако такое признание духовной нерадивости не оправдает бесплодного распорядителя истины перед Учителем. Учитель истины потребует отчета согласно той истине, которая была передана вам.

В следующем мире вас попросят отчитаться в том, что было получено вами в дар и на хранение в этом мире. Независимо от скудости или обилия врожденных талантов, вас ждет справедливый и милосердный суд. Если ваши дары использованы только в эгоистических целях и ни одна мысль не посвящена более высокому долгу – приобретению более обильного урожая духовных плодов, что подтверждается постоянно расширяющимся служением людям и поклонением Богу, – то такие эгоистичные управляющие должны быть готовы к последствиям своего преднамеренного выбора.

И как же походил на всех эгоистичных смертных этот неверный слуга с одним талантом, считавший своего господина виновным в собственной нерадивости. Сколь велика в человеке склонность винить в собственных неудачах других – нередко тех, кто меньше всего этого заслуживает!

Этой ночью, когда они отправлялись на покой, Иисус сказал: «Вы щедро получили; а потому вам следует щедро делиться небесной истиной с другими, и когда вы будете делиться ею, она станет приумножаться и при этом будет всё ярче лить свет спасительной благодати».

4. ВОЗВРАЩЕНИЕ МИХАИЛА

Ни один аспект учений Иисуса не был столь же неверно понят, как его обещание лично вернуться в этот мир. Неудивительно, что Михаил желает когда-нибудь посетить планету, где он прожил свое седьмое и последнее посвящение в качестве смертного существа обитаемого мира. Совершенно естественно предполагать, что Иисус Назарянин, являющийся в настоящее время властелином обширной вселенной, желает вернуться – и не один, а много раз – в тот мир, где он прожил столь уникальную жизнь и в итоге завоевал право получить от Отца неограниченное могущество и власть в своей вселенной. Урантия будет вечно являться одной из посвященческих сфер Михаила, связанных с его обретением полновластия во вселенной.

Действительно, во многих случаях и многим индивидуумам Иисус говорил о своем намерении вернуться в этот мир. Осознав, что их Учитель не собирается становиться мирским избавителем, и слушая его предсказания о падении Иерусалима и гибели еврейской нации, его приверженцы совершенно естественным образом начали связывать обещание вернуться с этими катастрофическими событиями. Но когда римские армии сровняли стены Иерусалима с землей, разрушили храм и рассеяли евреев Иудеи, а Учитель так и не раскрыл себя в могуществе и славе, его последователи начали формулировать доктрину, которая в итоге связала второе пришествие Христа с концом эпохи и даже концом света.

Иисус обещал, что после вознесения к Отцу и получения всей власти на небе и земле он выполнит две вещи. Во-первых, он обещал направить в мир вместо себя другого учителя – Дух Истины; и он сделал это в день Пятидесятницы. Во-вторых, он совершенно определенно обещал своим последователям, что однажды он вернется в этот мир сам. Но он не сказал, каким образом, где или когда состоится его повторное посещение планеты, на которой он приобрел опыт посвящения во плоти. В одном случае он дал понять, что если во время его жизни во плоти он был виден глазами плоти, то при его возвращении (по крайней мере, при одном из возможных возвращений) его можно будет увидеть только глазами духовной веры.

Многие из нас склонны полагать, что в грядущие эпохи Иисус не раз будет возвращаться на Урантию. Он не давал нам конкретного обещания осуществить такие многократные посещения, однако представляется весьма вероятным, что тот, среди вселенских титулов которого есть титул Планетарного Князя Урантии, будет неоднократно посещать мир, покорение которого наделило его столь уникальным званием.

Мы совершенно определенно полагаем, что Михаил вновь лично прибудет на Урантию, но у нас нет ни малейшего представления о том, когда или каким образом он посчитает возможным прибыть сюда. Будет ли его второе пришествие на землю приурочено к заключительному суду над нынешней эпохой – вместе с Сыном-Арбитром или без него? Прибудет ли он в связи с завершением одной из последующих урантийских эпох? Станет ли его приход неожиданным и самостоятельным событием? Мы не знаем. Мы уверены только в одном: когда он действительно вернется, об этом, скорее всего, будет знать весь мир, ибо ему суждено явиться в качестве верховного правителя вселенной, а не скромного дитя Вифлеема. Но если каждому суждено увидеть его, – а виден он будет только духовным зрением, – то его приход сможет состояться нескоро.

Поэтому вы поступите правильно, если перестанете связывать личное возвращение Учителя на землю с какими-либо установленными событиями или определенными эпохами. Мы уверены только в одном: он обещал вернуться. Мы не имеем никакого представления о том, когда или в связи с чем он выполнит свое обещание. Насколько мы знаем, он может появиться на земле в любой день, – а может быть, он явится лишь после многократной смены эпох, должный суд над которыми будут вершить его товарищи, Сыны Райского корпуса.

Второе пришествие Михаила на землю имеет огромное эмоциональное значение как для промежуточных созданий, так и для людей. Однако в остальном оно не представляет непосредственной важности для промежуточных созданий и имеет не бóльшую практическую ценность для людей, чем обыкновенная естественная смерть, столь внезапно ввергающая смертного человека во власть той последовательности вселенских событий, которые приводят его непосредственно к тому же сáмому Иисусу – полновластному правителю нашей вселенной. Всем детям света суждено увидеть его, и не имеет большого значения, отправимся ли мы к нему или же он вначале придет к нам. Будьте же всегда готовы приветствовать его на земле, как готов он приветствовать вас на небе. Мы с уверенностью ждем его славного пришествия – и даже многих пришествий, – но мы ничего не знаем о том, как, когда или в связи с чем ему суждено явиться.

ДОКУМЕНТ 177

СРЕДА, ДЕНЬ ОТДЫХА

В тех случаях, когда Иисус и апостолы не были перегружены обучением людей, они, как правило, посвящали каждую среду отдыху. В ту среду они позавтракали несколько позднее обычного; в лагере стояла зловещая тишина, и первая половина утренней трапезы прошла почти в полном молчании. Наконец, Иисус заговорил: «Я желаю, чтобы сегодня вы отдохнули. Обдумайте спокойно всё, что произошло со времени нашего прихода в Иерусалим, и поразмыслите о том, с чем вам предстоит вскоре столкнуться и о чём я уже откровенно говорил вам. Стремитесь к тому, чтобы истина утвердилась в вашей жизни и чтобы каждый день вы росли в благодати».

После завтрака Учитель сообщил Андрею, что он собирается отсутствовать в течение дня, и предложил, чтобы апостолам было позволено провести это время по собственному усмотрению, с одной оговоркой: ни в коем случае не посещать Иерусалим.

Когда Иисус уже собирался отправиться в одиночестве в горы, Давид Зеведеев обратился к нему со словами: «Ты прекрасно знаешь, Учитель, что фарисеи и правители пытаются убить тебя, и тем не менее, ты собираешься один идти в горы. Это было бы безумием. Поэтому я пошлю с тобой трех человек, которые сумеют позаботиться о твоем благополучии». Взглянув на трех дюжих, хорошо вооруженных галилеян, Иисус сказал Давиду: «Ты желаешь добра, но ты ошибаешься, ибо не понимаешь, что Сыну Человеческому не нужны защитники. Никто не поднимет на меня руки, пока не настанет час, когда я буду готов отдать свою жизнь в согласии с волей моего Отца. Я не разрешаю этим людям сопровождать меня. Я хочу побыть наедине с Отцом».

Услышав эти слова, Давид и его вооруженные охранники ушли. Однако когда Иисус начал удаляться, Иоанн Марк подошел к нему, держа в руках небольшую корзину с едой и питьем, и высказал предположение, что Иисус может проголодаться, поскольку собирается уйти на целый день. Учитель улыбнулся Иоанну и протянул руку, чтобы взять корзину.

1. ДЕНЬ, ПРОВЕДЕННЫЙ НАЕДИНЕ С БОГОМ

Когда Иисус уже хотел взять корзину с едой из рук Иоанна, юноша собрался с духом и сказал: «Однако, Учитель, может случиться так, что ты поставишь корзину на землю, чтобы помолиться в одиночестве, и забудешь ее. Кроме того, если ты позволишь мне идти рядом и нести еду, тебе будет легче молиться, а я обещаю молчать. Я не задам ни одного вопроса и буду сторожить корзину, когда ты будешь уединяться для молитвы».

Произнося эти слова, отчаянная смелость которых потрясла некоторых из стоявших поблизости людей, Иоанн не выпускал из рук корзину. Так они и стояли, Иоанн и Иисус, держась за корзину. Через мгновение Учитель отпустил ее и, взглянув на юношу, сказал: «Раз уж ты всем сердцем жаждешь стать моим спутником, тебе не будет отказано в этом. Мы отправимся в путь вдвоем и хорошо побеседуем. Ты можешь задать мне любой вопрос, который возникнет в твоей душе, и мы будем успокаивать и утешать друг друга. Ты можешь первым нести еду, а когда устанешь, я помогу тебе. Пошли».

В тот вечер Иисус вернулся в лагерь лишь после захода солнца. Учитель провел свой последний спокойный день на земле в беседе с юношей, который жаждал познать истину, и в общении со своим Райским Отцом. Это событие стало известно на небесах как «день, который юноша провел вместе с Богом в горах». Этот случай останется вечным примером готовности Создателя к братскому общению с созданием. Даже юноша, если порывы его сердца высоки, способен привлечь внимание Бога вселенной и насладиться исполненным любви и дружелюбия общением – действительно испытать незабываемый восторг от целого дня, проведенного в горах наедине с Богом. Именно таким был уникальный опыт Иоанна Марка в ту среду в горах Иудеи.

Иисус долго беседовал с Иоанном, откровенно рассказывая ему о делах этого и следующего мира. Иоанн сказал Иисусу, сколь глубоко он сожалеет о том, что из-за своей молодости не смог стать одним из апостолов, и выразил огромную признательность за то, что ему было позволено следовать за ними со времени первой проповеди у переправы через Иордан вблизи Иерихона, за исключением путешествия в Финикию. Иисус предупредил юношу, чтобы тот не унывал из-за надвигавшихся на них событий, и заверил его, что ему уготовано будущее могущественного посланника царства.

Иоанн Марк с трепетом вспоминал этот день, проведенный вместе с Иисусом в горах, но он всегда помнил последнее предостережение Учителя, произнесенное непосредственно перед их возвращением в гефсиманский лагерь: «Ну вот, Иоанн, мы хорошо побеседовали и провели настоящий день отдыха, но смотри, никому не рассказывай о том, что я поведал тебе». И Иоанн Марк действительно никогда не раскрывал ничего из того, что произошло в тот день, проведенный вместе с Иисусом в горах.

На протяжении недолгих оставшихся часов земной жизни Иисуса Иоанн Марк практически не спускал с Учителя глаз. Юноша, не привлекая внимания, всегда был рядом; он спал лишь тогда, когда спал Иисус.

2. ДЕТСТВО В КРУГУ СЕМЬИ

В тот день, проведенный вместе с Иоанном Марком, Иисус посвятил много времени сопоставлению их детства и отрочества. Хотя родители Иоанна были более состоятельными, чем родители Иисуса, их жизненный опыт отрочества оказался в значительной мере схожим. Многое из того, что было сказано Иисусом, помогло Иоанну лучше понять своих родителей и других членов семьи. Когда юноша спросил, откуда Учителю известно, что он превратится в «могущественного посланника царства», Иисус ответил:

«Я знаю, что ты сохранишь преданность евангелию царства, поскольку я могу положиться на твою нынешнюю веру и любовь, – ведь эти качества опираются на то начальное воспитание, которое ты получил в кругу семьи. Ты вышел из семьи, где родители искренне привязаны друг к другу, и потому ты не испытал на себе той чрезмерной любви, которая привела бы к пагубному возвеличению представления о собственной значимости. С другой стороны, ты уберег свою личность от искажений, которые являются следствием бездушных родительских интриг, когда родители пытаются перехитрить друг друга в борьбе за доверие и преданность детей. Тебе довелось испытать ту родительскую любовь, которая прививает похвальную уверенность в себе и укрепляет естественное чувство безопасности. Но тебе повезло также в том, что твои родители отличались не только любовью, но и мудростью. Именно мудрость помогла им удержаться от большинства поблажек и многих наслаждений, которые может позволить себе богатство. Вместо этого они послали тебя в синагогальную школу вместе с твоими соседскими товарищами по играм; они также помогали тебе учиться жить в этом мире, позволяя приобретать собственный опыт. Ты появился на Иордане – где мы проповедовали, а ученики Иоанна крестили, – вместе со своим молодым другом Амосом. Вы оба желали отправиться вместе с нами в путь. Когда ты вернулся в Иерусалим, твои родители дали согласие; родители Амоса отказали ему; они любили своего сына настолько, что отказали ему в том благословенном опыте, который смог получить ты и который ты продолжаешь приобретать сегодня. Убеги Амос из дому, он мог бы присоединиться к нам, но тем самым он оскорбил бы любовь и пожертвовал преданностью. Даже если бы такой поступок Амоса и был мудрым, ему пришлось бы заплатить страшную плату за свой опыт, независимость и свободу. Мудрые родители, подобные твоим, заботятся о том, чтобы их детям по достижении твоего возраста не приходилось ранить любовь или жертвовать преданностью для обретения независимости и воодушевляющей свободы.

Любовь, Иоанн, есть высшая реальность во вселенной, когда она посвящается премудрыми существами, однако она становится опасным и нередко полуэгоистичным свойством в том виде, в котором она проявляется в опыте смертных родителей. Когда ты женишься и будешь воспитывать собственных детей, позаботься о том, чтобы мудрость наставляла твою любовь, а ум руководил ею.

Твой юный друг Амос верит в это евангелие царства так же глубоко, как и ты, но я не могу целиком положиться на него. Я не могу с уверенностью сказать, чем он будет заниматься в будущем. Его детство не было таким, которое создает всецело надежного человека. Амос слишком похож на того апостола, которому не удалось получить нормальное, исполненное любви и мудрости домашнее воспитание. Вся твоя последующая жизнь будет более счастливой и заслуживающей доверия, так как первые восемь лет ты провел в нормальной и благополучной семье. Ты обладаешь сильным и надежным характером, поскольку ты вырос в доме, где господствовала любовь и правила мудрость. Полученное тобою в детстве воспитание формирует такой тип преданности, который позволяет мне быть уверенным в том, что ты не бросишь начатое тобою дело».

Более часа Иисус и Иоанн продолжали обсуждать семейную жизнь. Учитель объяснил Иоанну, что дитя целиком зависит от своих родителей и связанной с родителями семейной жизни во всём, что касается его первых представлений о любых интеллектуальных, социальных, нравственных и даже духовных понятиях, ибо семья – это единственное, что ему поначалу известно о человеческих или божественных отношениях. Ребенок должен получать свои первые впечатления о вселенной из заботы матери; его первые представления о небесном Отце целиком зависят от земного отца. Именно ранняя умственная и эмоциональная жизнь, обусловленная этими социальными и духовными отношениями в семье, определяет, будет ли последующая жизнь ребенка счастливой или несчастной, простой или трудной. То, что происходит в течение первых нескольких лет существования, оказывает колоссальное воздействие на всю последующую жизнь человека.

Мы искренне верим в то, что содержащиеся в учении Иисуса взгляды, основанные на отношениях отца и дитя, смогут обрести всемирное признание только тогда, когда в семейной жизни современных цивилизованных народов наступит время большей любви и мудрости. Несмотря на то что в двадцатом веке в распоряжении родителей находятся обширные познания, несмотря на углубленное постижение истины, позволяющее усовершенствовать семью и придать семейной жизни более благородный характер, фактически редкая современная семья является столь же благоприятным местом для воспитания мальчиков и девочек, как семья Иисуса в Галилее и семья Иоанна Марка в Иудее, хотя принятие евангелия Иисуса и приведет к незамедлительному улучшению семейной жизни. Любовь, наполняющая жизнь мудрой семьи, и преданность, воспитываемая истинной религией, оказывают колоссальное взаимное воздействие. Такая семейная жизнь благоприятствует религии, а подлинная религия всегда возвеличивает семейную жизнь.

Конечно, во многих благополучных современных семьях практически изжиты многочисленные предосудительные, тормозящие рост влияния и другие стесняющие развитие факторы, свойственные этим древним еврейским семьям. Действительно, существует больше непосредственных прав и намного больше личной свободы, однако эта свобода не сдерживается любовью, не мотивируется преданностью и не подчиняется разумной дисциплине мудрости. До тех пор, пока мы будем учить ребенка молитве «Отец наш», на всех земных отцах будет лежать огромная ответственность – они должны жить так и устраивать свой дом таким образом, чтобы слово *отец* по достоинству освящалось в сознании и в сердце каждого подрастающего ребенка.

3. ДЕНЬ, ПРОВЕДЕННЫЙ В ЛАГЕРЕ

Бóльшую часть этого дня апостолы провели в прогулках по Елеонской горе и беседах с учениками, жившими в том же лагере, но уже в начале второй половины дня им стало очень не хватать Иисуса. Они всё больше тревожились за его безопасность; без Иисуса они чувствовали себя невыразимо одиноко. Весь день они много спорили о том, следовало ли позволять Учителю уходить в горы в сопровождении одного только юноши. Хотя никто открыто не признавался в этом, каждый из них, за исключением Иуды Искариота, хотел бы оказаться на месте Иоанна Марка.

Примерно в середине второй половины дня Нафанаил выступил с речью «О высшем желании»; среди его слушателей было с полдюжины апостолов и столько же учеников. В заключение он сказал: «Большинству из нас мешает нерешительность. Мы неспособны любить Учителя так же, как он любит нас. Если бы все мы желали отправиться с ним так же сильно, как Иоанн Марк, он обязательно взял бы всех нас с собой. Мы стояли рядом и смотрели, как юноша подошел к Учителю и предложил ему корзину, но когда Учитель взялся за нее, юноша не захотел ее отпускать. И вот Учитель оставил нас здесь и ушел в горы с корзиной, мальчиком и всем остальным».

Примерно в четыре часа к Давиду Зеведееву прибыли гонцы с сообщением от его матери из Вифсаиды и от матери Иисуса. Несколькими днями ранее Давид пришел к заключению, что первосвященники и правители собираются убить Иисуса. Давид знал, что они поставили своей целью уничтожить Учителя, и он почти не сомневался в том, что Иисус не прибегнет к своей божественной силе для собственного спасения и не позволит своим последователям использовать силу для его защиты. Сделав эти выводы, он тотчас направил своей матери послание, призывая ее немедленно прибыть в Иерусалим и привести с собой Марию, мать Иисуса, а также всех членов его семьи.

Мать Давида поступила так, как велел ее сын, и теперь гонцы вернулись к Давиду, сообщая, что его мать и вся семья Иисуса направляются в Иерусалим и должны прибыть сюда к концу следующего дня или днем позже рано утром. Давид сделал всё это по своей собственной инициативе, и он посчитал за лучшее никому не рассказывать об этом. Поэтому ни один человек не знал, что семья Иисуса находится на пути в Иерусалим.

Вскоре после полудня более двадцати греков, встречавшихся с Иисусом и двенадцатью в доме Иосифа Аримафейского, прибыли в лагерь, где в течение нескольких часов совещались с Петром и Иоанном. Греки – по крайней мере, некоторые из них, – получили хорошую подготовку в вопросах царства у Родана Александрийского.

В тот вечер, вернувшись в лагерь, Иисус побеседовал с греками, и если бы не боязнь чрезвычайно обеспокоить своих апостолов и многих ближайших учеников, Иисус посвятил бы этих двадцать греков точно так же, как он уже посвятил семьдесят евангелистов.

В то время, когда в лагере происходили все эти события, в Иерусалиме первосвященники и старейшины изумлялись тому, что Иисус не возвращается, чтобы обратиться к народу. Правда, накануне, покидая храм, он сказал: «Я оставляю ваш дом заброшенным». Но они не могли понять, почему он был готов отказаться от приобретенного к тому времени огромного преимущества – сочувственного отношения толпы. Хотя они и опасались, что он всколыхнет народ, поднимет его на бунт, последние слова, с которыми Учитель обратился к людям, являлись призывом всеми разумными путями подчиняться власти тех, кто «сидит на месте Моисея». Это был напряженный день, ибо они одновременно готовились к Пасхе и уточняли свои планы убийства Иисуса.

В лагере было мало посетителей, ибо те, кто знал, что Иисус собирается оставаться здесь, вместо того, чтобы каждый вечер уходить в Вифанию, держали существование лагеря в глубокой тайне.

4. ИУДА И ПЕРВОСВЯЩЕННИКИ

Вскоре после того как Иисус и Иоанн Марк покинули лагерь, Иуда Искариот исчез, вернувшись к своим братьям только к вечеру. Несмотря на то что Учитель специально просил воздержаться от посещения Иерусалима, этот запутавшийся и недовольный апостол спешно отправился в город на встречу с врагами Иисуса, которая состоялась в доме у первосвященника Кайафы. Неофициальное заседание синедриона должно было начаться вскоре после 10 часов утра. На этой встрече они собирались обсудить характер обвинений, которые предстояло выдвинуть против Иисуса, а также решить, какую процедуру следует использовать для того, чтобы доставить его к римским властям и обеспечить необходимое утверждение гражданской властью уже вынесенного смертного приговора.

Днем ранее Иуда рассказал некоторым родственникам и саддукеям, друзьям семьи его отца, что он убедился в том, что Иисус является благонамеренным мечтателем и идеалистом, а не долгожданным избавителем Израиля. Иуда заявил, что ему очень хотелось бы найти какую-нибудь возможность достойно покинуть это движение. Его друзья льстиво заверили его в том, что его уход будет приветствоваться еврейскими правителями как великое событие, значение которого будет трудно переоценить. Они заставили его поверить, что он тотчас удостоится высоких почестей синедриона и наконец-то сможет стереть с себя клеймо позора, – его благонамеренную, но «прискорбную связь с невежественными галилеянами».

Иуда не мог по-настоящему поверить в то, что Учитель творит свои чудеса силой князя дьяволов, но теперь он был полностью убежден: Иисус не станет использовать свое могущество для самовозвеличения; наконец, он убедился в том, что Иисус позволит еврейским правителям убить себя, и он не мог вынести унизительной мысли – оказаться причастным к разгромленному движению. Он не собирался мириться с явным поражением. Он хорошо понимал твердый характер Учителя и проницательность его величественного и милосердного разума. И тем не менее, ему было приятно хотя бы отчасти разделять мнение одного из родственников о том, что Иисус, оставаясь благонамеренным фанатиком, был, вероятно, не в своем уме, что он всегда выглядел странным и непонятым человеком.

И теперь, как никогда прежде, Иуда осознал, что испытывает странное негодование из-за того, что Иисус так и не назначил его на более почетную должность. Прежде он всегда ценил то, что ему доверили должность апостольского казначея, но теперь он начал чувствовать, что его не оценили по достоинству и что его способности остались непризнанными. Внезапно его охватило негодование, когда он подумал, что именно Петр, Иаков и Иоанн удостоились чести близкого общения с Иисусом; и теперь, когда он направлялся к первосвященнику, стремление расквитаться с Петром, Иаковом и Иоанном поглощало его куда больше, чем мысль о своем предательстве Иисуса. Однако помимо всего прочего, именно в тот момент на переднем плане в его сознании начала появляться новая, преобладающая мысль: он решил добиться почестей для себя, а если одновременно с этим можно было свести счеты с виновниками величайшего в его жизни разочарования, то тем лучше. Им овладела ужасная смесь смятения, гордыни, отчаяния и решимости. Поэтому должно быть ясно, что отнюдь не деньги вели Иуду в дом Кайафы, где ему предстояло договориться о своем предательстве Иисуса.

Подходя к дому Кайафы, он утвердился в мысли покинуть Иисуса и своих товарищей-апостолов; решив, таким образом, предать дело царства небесного, он поставил своей целью добиться для себя как можно больше тех почестей и славы, которые, как он полагал, впервые связывая себя с Иисусом и новым евангелием царства, должны были когда-нибудь достаться ему. Прежде все апостолы лелеяли такие же честолюбивые мечты, но с течением времени они научились восхищаться истиной и любить Иисуса, – во всяком случае, больше, чем Иуда.

Предатель был представлен Кайафе и еврейским правителям его двоюродным братом, который объяснил, что Иуда – обнаружив, что было ошибкой позволить коварному учению Иисуса ввести себя в заблуждение, – прибыл туда, где он желал бы публично и официально отречься от своей связи с галилеянином и одновременно просить о восстановлении в доверии и братстве своих собратьев-иудеян. Как объяснил далее этот представитель Иуды, он признаёт, что для сохранения мира в Израиле Иисуса следует взять под стражу и что он пришел, дабы – в подтверждение своего раскаяния в том, что он принимал участие в таком ошибочном движении, и в доказательство искреннего возврата к учениям Моисея – предложить синедриону свои услуги, поскольку он, вместе с начальником стражи, имеющим приказ об аресте Иисуса, может устроить так, чтобы этого человека можно было арестовать тихо и тем самым полностью исключить опасность народных волнений или необходимость откладывать арест до окончания Пасхи.

Когда двоюродный брат умолк, он представил Иуду, который, подойдя поближе к первосвященнику, сказал: «Я сделаю всё, что обещал мой кузен, но что вы готовы предложить мне за эту услугу?» Видимо, Иуда не заметил выражения презрения и даже отвращения, которое появилось на лице жестокого и тщеславного Кайафы; сердце Иуды слишком стремилось к личной славе и жаждало того удовлетворения, которое дает самовозвеличение.

Взглянув на предателя, Кайафа сказал: «Иуда, ступай-ка к начальнику стражи и договорись с ним о том, чтобы привести своего Учителя к нам сегодня или завтра вечером; и когда ты передашь его нам в руки, ты получишь награду за свои услуги». Услышав это, Иуда покинул первосвященников и правителей и обговорил с начальником храмовой стражи план ареста Иисуса. Иуда знал, что в то время Иисуса не было в лагере, и совершенно не представлял себе, когда он вернется. Поэтому они договорились арестовать Иисуса на следующий день (в четверг) вечером, после того как жители Иерусалима и прибывшие сюда паломники отправятся на покой.

Иуда вернулся к своим товарищам в лагерь, опьяненный давно уже не посещавшими его мечтами о величии и славе. Примкнув к Иисусу в надежде на то, что однажды он станет великим человеком в новом царстве, он, наконец, понял, что новому царству – такому, какого ждал он, – не бывать. Однако он радовался, что оказался настолько благоразумным, чтобы обменять свои разочарования, связанные с невозможностью достигнуть славы в том новом царстве, которого он ожидал, на быстрое обретение почестей и наград при старом порядке, который, как он теперь полагал, сохранится и который, как он был уверен, уничтожит Иисуса и то, что он олицетворяет. Последний осознанный мотив предательства Иуды раскрывает трусливый поступок эгоистичного дезертира, единственной целью которого было обезопасить и прославить самого себя, невзирая на те последствия, которыми было чревато его поведение для Учителя и бывших товарищей.

Но так было всегда. Иуда давно уже увяз в своем злостном, упрямом, эгоистичном и мстительном сознании, постепенно накапливая в уме и лелея в сердце эту пропитанную ненавистью, злонамеренную жажду мести и предательства. Иисус любил Иуду и доверял ему так же, как он любил других апостолов и доверял им, однако Иуда не воспитал в себе неизменной преданности и не испытал в ответ беззаветной любви. Сколь опасным может стать тщеславие, когда оно сливается с эгоизмом, а его высшей мотивацией становится зловещее и давнее, затаенное желание отмщения! Сколь сокрушительным является разочарование в жизни тех глупцов, которые, не сводя глаз с призрачных и эфемерных соблазнов времени, неспособны увидеть более высокие и реальные достижения – те непреходящие свершения, которые осуществляются в вечных мирах божественных ценностей и подлинных духовных реальностей! Иуда жаждал мирских почестей и постепенно всем сердцем возлюбил свое желание; умом остальные апостолы тоже жаждали такой же мирской славы, но в душе они любили Иисуса и делали всё возможное, чтобы полюбить те истины, которым он их учил.

В то время Иуда не отдавал себе отчета в том, что подсознательно он критиковал Иисуса с тех пор, как Иоанн Креститель был обезглавлен Иродом. В глубине души Иуда всегда возмущался тем, что Иисус не спас Иоанна. Не забывайте, что Иуда являлся учеником Иоанна, прежде чем стать последователем Иисуса. И всё то человеческое возмущение и горькое разочарование, которое Иуда накапливал в своей душе, облачая в одеяния ненависти, стало теперь органичной частью его подсознания, готовое выйти на поверхность и поглотить его, как только он решился лишить себя защитного воздействия своих собратьев и одновременно с этим стал жертвой хитрых намеков и тонких насмешек врагов Иисуса. Каждый раз, когда Иуда позволял своим надеждам подняться до небес, а слова или дела Иисуса разбивали их вдребезги, в его сердце оставался шрам горькой обиды. Этих шрамов становилось всё больше, и вскоре сердце, которому столь часто наносили раны, утратило подлинную любовь к тому, кто заставил страдать эту благонамеренную, но трусливую и эгоистичную личность. Хотя Иуда и не понимал этого, он был трусом. Поэтому он всегда был готов приписать Иисусу трусость в качестве мотива, который столь часто заставлял его отказываться от стремления к власти или славе, когда, казалось, ему ничего не стоило овладеть ими. И каждый смертный доподлинно знает, что любовь, даже если когда-то она и являлась настоящей, способна – через разочарование, ревность и продолжительное чувство обиды – превратиться в итоге в самую настоящую ненависть.

Наконец-то первосвященники и старейшины могли вздохнуть с облегчением, получив на несколько часов передышку. Теперь им не нужно было арестовывать Иисуса прилюдно, а получив в качестве союзника предателя Иуду, они могли быть уверены, что Иисус не уйдет от их суда, как это уже не раз случалось в прошлом.

5. ПОСЛЕДНИЕ БЕСЕДЫ

Поскольку всё это происходило в среду, вечер в лагере прошел в общении. Учитель пытался приободрить своих удрученных апостолов, но это было практически невозможно. Все они начинали понимать, что надвигаются мрачные и тяжелые события. Они не повеселели даже тогда, когда Учитель вспомнил о тех насыщенных событиями и исполненных любви годах, которые они провели вместе. Иисус внимательно расспросил апостолов об их семьях и, глядя на Давида Зеведеева, осведомился, не было ли в последнее время сообщений от матери, младшей сестры или других членов его семьи. Давид смотрел себе под ноги; он боялся ответить.

В тот вечер Иисус предупредил своих сторонников не полагаться на поддержку толпы. Он напомнил о том, что́ им довелось испытать в Галилее, когда, раз за разом, людские толпы с энтузиазмом устремлялись за ними, а затем с той же страстью отворачивались от них и возвращались к своей прежней вере и жизни. И затем он сказал: «Поэтому вы не должны позволять огромным толпам, которые слушали нас в храме и, казалось, верили нашему учению, вводить вас в заблуждение. Толпа слышит истину и верит ей поверхностно, умом, но мало кто из этих людей позволяет словам истины сразу пустить живые корни в своих сердцах. Когда придет настоящая беда, вы не сможете надеяться на поддержку тех, кто знает евангелие только умом и не прочувствовал его своим сердцем. Когда правители евреев договорятся об убийстве Сына Человеческого и сообща нанесут удар, вы увидите, как толпа либо разбежится в панике, либо застынет в молчаливом изумлении, пока эти обезумевшие и ослепленные правители будут вести учителей, раскрывающих истину евангелия, на казнь. А затем, когда вражда и преследования обрушатся на вас, другие – которые, как вы считаете, любят истину, – будут рассеяны, а иные отрекутся от евангелия и бросят вас. Некоторые из тех, кто был очень близок к нам, уже решили бежать. Сегодня вы отдохнули, готовясь к тем временам, которые надвигаются на нас. Потому будьте осмотрительны и молитесь о том, чтобы завтра вы укрепились, дабы устоять в те дни, на пороге которых мы находимся».

Атмосфера в лагере была накалена до предела. Молчаливые гонцы появлялись и исчезали, общаясь только с Давидом Зеведеевым. До наступления ночи кое-кто уже знал, что Лазарь спешно бежал из Вифании. После возвращения в лагерь

Иоанн Марк хранил зловещее молчание, несмотря на то что он провел весь день в обществе Учителя. Все попытки расспросить его ясно показывали, что Иисус велел ему молчать.

Даже хорошее настроение и необычная общительность Учителя пугали их. Все они ощущали неизбежное приближение ужасного одиночества и сознавали, что оно готово обрушиться на них с сокрушительной внезапностью и неотвратимым ужасом. Они смутно ощущали, чтó их ждет, и ни один из них не чувствовал себя готовым к этому испытанию. Учитель отсутствовал весь день; им страшно не хватало его.

За всё время вплоть до смертного часа Учителя, апостолы никогда так не падали духом, как этим вечером в среду. Хотя в четверг они еще на один день приблизились к трагической пятнице, тем не менее, он был с ними, и они лучше справились с волнениями того дня.

Незадолго до полуночи Иисус, знавший, что это станет последней ночью, которую он сможет спокойно провести вместе со своей избранной семьей на земле, сказал, отпуская их на ночлег: «Отправляйтесь на покой, мои братья, и пусть мир будет с вами, пока мы не проснемся и не встретим день завтрашний, – еще один день для исполнения воли Отца и испытания радости от сознания того, что мы являемся его сынами».

ДОКУМЕНТ 178

ПОСЛЕДНИЙ ДЕНЬ В ЛАГЕРЕ

Иисус планировал провести этот четверг – свой последний свободный день на земле в качестве божественного Сына, инкарнированного во плоти, – вместе со своими апостолами и несколькими верными и преданными учениками. В это прекрасное утро, вскоре после завтрака, Учитель увел их в уединенное место чуть выше лагеря, где раскрыл им много новых истин. Хотя в течение ранних вечерних часов Иисус вновь беседовал с апостолами, эта речь, произнесенная в четверг утром, была его прощальным обращением к объединенной группе апостолов и избранных учеников – как евреев, так и иноплеменников. Присутствовали все двенадцать, кроме Иуды. Петр и несколько других апостолов отметили его отсутствие, и некоторые из них решили, что Иисус отправил его в Иерусалим по делу, – возможно, в связи с их предстоящим празднованием Пасхи. Иуда вернулся в лагерь только к середине второй половины дня, незадолго до того, как Иисус повел двенадцать в город на Тайную Вечерю.

1. БЕСЕДА О СЫНОВСТВЕ И ГРАЖДАНСТВЕ

В течение почти двух часов Иисус беседовал примерно с пятьюдесятью верными последователями и ответил на множество вопросов относительно того, как царство небесное соотносится с царствами этого мира, а богосыновство – со статусом граждан земных государств. Вместе с ответами Иисуса на вопросы, эту речь можно вкратце изложить на современном языке следующим образом.

Материальные царства этого мира нередко сталкиваются с необходимостью прибегать к физической силе для исполнения своих законов и поддержания порядка. В царстве небесном истинно верующие не будут прибегать к физической силе. Являясь духовным братством рожденных в духе Божьих сынов, царство небесное может распространяться только силой духа. Это различие в методах касается отношения царства верующих к царствам, основанным на светском управлении, и не лишает социальные группы верующих права поддерживать порядок в своих рядах и дисциплинировать непокорных и недостойных членов.

Нет ничего несовместимого между статусом сына божественного царства и статусом гражданина, подчиненного мирскому, или гражданскому, управлению. Обязанность верующего – отдавать кесарю кесарево, а Богу – Божье. Между этими двумя требованиями не может быть никакого противоречия, поскольку одно является материальным, а другое – духовным, если только не происходит так, что кесарь пытается узурпировать прерогативы Бога и требовать, чтобы ему оказывали духовное почитание и высшее поклонение. В таких случаях поклоняйтесь только Богу, пытаясь просветить этих заблудших земных правителей и тем самым привести их также к признанию Отца небесного. Не выказывайте духовного поклонения земным правителям; и не пользуйтесь физическими силами земных правительств, чьи правители когда-нибудь могут стать верующими, для содействия миссии духовного царства.

С точки зрения прогрессирующей цивилизации, сыновство в царстве небесном должно помочь вам стать идеальными гражданами царств этого мира, поскольку братство и служение являются краеугольными камнями евангелия царства. Зов любви духовного братства должен оказаться эффективным разрушителем побуждения к ненависти, присущего неверующим и воинственным гражданам земных царств. Однако эти материалистически настроенные и пребывающие во мраке сыны никогда не узнают о вашем духовном свете истины, если вы не приблизитесь к ним вплотную с тем бескорыстным общественным служением, которое является естественным следствием плодов духа, появляющихся в жизненном опыте каждого верующего.

Как смертные и материальные люди, вы действительно являетесь гражданами земных царств, и вам следует быть хорошими гражданами, тем более, что вы возродились в духе, став сынами небесного царства. На вас, просвещенных верой и освобожденных духом сынов небесного царства, ложится двойная ответственность – долг перед человеком и долг перед Богом, и в то же время вы добровольно принимаете на себя третью, священную обязанность: служение братству богопознавших верующих.

Не поклоняйтесь своим бренным правителям и не пользуйтесь материальной силой для укрепления духовного царства. Однако исполненное любви служение должно стать той праведной опекой, которую вам следует проявлять как по отношению к верующим, так и неверующим. В евангелии царства заключен могущественный Дух Истины, и вскоре я изолью этот дух на всю плоть. Плоды духа – ваше искреннее и любвеобильное служение – являются мощным социальным рычагом для возвышения пребывающих во тьме народов, и этот Дух Истины станет тем средством, которое приумножит ваше могущество.

В своих отношениях с неверующими гражданскими правителями демонстрируйте мудрость и прозорливость. Будьте благоразумны – докажите, что вы умеете устранять незначительные разногласия и разрешать мелкие споры. Всеми возможными способами – идя на компромисс во всём, кроме духовной преданности правителям вселенной, – стремитесь жить в мире со всеми людьми. Будьте всегда мудры, как змеи, но безобидны, как голуби.

Став просвещенными сынами царства, вы должны сделаться еще лучшими гражданами светского государства; так же и земные правители, уверовавшие в евангелие небесного царства, должны превратиться в еще лучших управляющих гражданскими делами. Бескорыстное служение человеку и разумное поклонение Богу должны сделать всех верующих в царство лучшими гражданами мира, в то время как высокая гражданственность и искренняя преданность мирским обязанностям должны сделать таких граждан более чуткими к зову духа – сыновству в небесном царстве.

До тех пор, пока земные правители будут стремиться к религиозной диктатуре, вы, верующие в это евангелие, можете ожидать только неприятностей, гонений и даже смерти. Но тот самый свет, который вы несете в мир, и даже то, ка́к вы будете страдать и умирать за это евангелие царства, всё это рано или поздно само по себе просветит весь мир и приведет к постепенному разделению политики и религии. Придет время, когда настойчивая проповедь евангелия царства принесет всем нациям новое, невиданное освобождение, интеллектуальную независимость и религиозную свободу.

В условиях надвигающихся преследований со стороны тех, кто ненавидит это евангелие радости и свободы, вы будете процветать, и евангелие будет преуспевать. Однако серьезная опасность подстерегает вас в будущем, когда большинство людей будут доброжелательно отзываться о верующих в царство, и многие из тех, кто занимает высокое положение, формально примут евангелие небесного царства. Учитесь преданности царству и во времена мира и процветания. Не искушайте опекающих вас ангелов и не заставляйте их из любви к вам наказывать вас – вести смутными путями ради спасения ваших праздных душ.

Помните, что вы посланы проповедовать это евангелие царства – высшее желание исполнять волю Отца вместе с высшей радостью вероисповедного осознания богосыновства, – и вы не должны позволять чему-либо отвлекать вас от преданного исполнения этой единственной обязанности. Пусть избыток вашей любвеобильной духовной опеки, просвещающего интеллектуального общения и возвышающего общественного служения пойдет на благо всему человечеству, но ни одно из этих гуманных деяний – ни все они в совокупности – не должны вытеснять проповедь евангелия. Такое великое служение является побочным социальным продуктом еще более великих и возвышенных служений и преобразований, производимых в сердце верующего в царство живым Духом Истины и личным осознанием того, что вера рожденного в духе человека придает уверенность в активных дружеских взаимоотношениях с вечным Богом.

Вы не должны пытаться распространять истину или утверждать праведность при помощи власти гражданских правительств или принятия мирских законов. Вы должны всегда стремиться убедить человеческий ум, но не вздумайте принуждать его. Вам нельзя забывать великий закон человеческой справедливости, которому я учил вас в позитивной форме: во всём поступайте с людьми так, как вы хотите, чтобы люди поступали с вами.

Когда верующий в царство призывается на гражданскую службу, пусть он служит как смертный гражданин, подвластный своему правительству, хотя такой верующий должен проявить на своей службе все обычные гражданские черты, улучшенные тем духовным просвещением, которое является следствием облагораживающей связи разума бренного человека с пребывающим в нём духом вечного Бога. Если неверующий превосходит вас как гражданский служащий, вы должны всерьез задаться вопросом, не погибли ли корни истины в вашем сердце из-за нехватки в нём живой воды – духовного общения в совокупности с социальным служением. В течение всей жизни сознание богосыновства должно оживлять служение каждого мужчины, каждой женщины и каждого ребенка, ставших обладателями столь мощного стимула для всех врожденных способностей человеческой личности.

Вам нельзя превращаться в пассивных мистиков или бледных аскетов; вам не следует становиться мечтателями и скитальцами, лениво уповающими на воображаемое Провидение даже для обеспечения предметами первой необходимости. Конечно, вы должны быть милосердны к заблудшим смертным, терпеливы к невежественным людям и сдержанны при провокациях; но вам следует также быть доблестными поборниками праведности, могущественными распространителями истины и энергичными проповедниками этого евангелия царства в самых дальних уголках земли.

Это евангелие царства является живой истиной. Я уже говорил вам, что оно подобно закваске в тесте, подобно горчичному зерну; а теперь я заявляю, что оно подобно семени живого существа, которое из поколения в поколение – оставаясь всё тем же живым семенем – неизменно раскрывает себя в новых проявлениях и благоприятно развивается в руслах новых приспособлений к специфическим потребностям и условиям каждого последующего поколения. Это откровение, предпринятое мною для вас, есть *живое откровение*, и я желаю, чтобы оно приносило должные плоды в каждом индивидууме и каждом поколении в соответствии с законами духовного прогресса, роста и адаптивного развития. Из поколения в поколение это евангелие должно обнаруживать всё большую жизненную силу и проявлять всё большую глубину духовного могущества. Нельзя допускать, чтобы оно превратилось всего лишь в священную память, в одно лишь предание обо мне и о том времени, в котором мы живем.

И не забывайте: мы не делали прямых нападок на личности или на власть тех, кто сидит на месте Моисея; мы лишь предложили им новый свет, который они столь решительно отвергли. Наша критика выражалась только в разоблачении их духовного предательства тех самых истин, которым они якобы учат и которые они якобы охраняют. Мы пришли в столкновение с этими правомочными вождями и общепризнанными правителями только после того, как они преградили путь проповеди евангелия царства к сынам человеческим. Вот и сейчас не мы критикуем их, а они ищут нашей погибели. Не забывайте о том, что вы посланы для проповеди одной только благой вести. Вы не должны нападать на старые методы; вы должны умело класть закваску новой истины в самую гущу старых верований. Пусть Дух Истины сделает свое дело. Пусть споры разгорятся лишь после того, как те, кто ненавидит истину, навяжут их вам. Но когда неверующий преднамеренно нападает на вас, без колебаний становитесь на решительную защиту той истины, которая спасла и освятила вас.

При любых превратностях судьбы всегда любите друг друга. Не боритесь с людьми, даже с неверующими. Будьте милосердны даже к тем, кто жестоко обращается с вами. Будьте лояльными гражданами, честными работниками, достойными похвалы соседями, преданными родственниками, отзывчивыми родителями и искренними верующими в братстве царства Отца. И мой дух будет пребывать на вас – отныне и до скончания века.

Когда Иисус завершил свой урок, было уже около часа дня, и они сразу же вернулись в лагерь, где Давид и его товарищи ждали их с полуденной трапезой.

2. ПОСЛЕ ПОЛУДЕННОЙ ТРАПЕЗЫ

Мало кто из слушателей Учителя был способен хотя бы отчасти вникнуть в его утреннее обращение. Из всех присутствующих больше других поняли греки. Даже одиннадцать апостолов были озадачены этими намеками на грядущие политические царства и будущие поколения верующих в царство. Самые преданные сторонники Иисуса не могли согласовать близкое окончание его земного служения со ссылками на продолжение евангелической деятельности. Некоторые из этих еврейских верующих начали ощущать приближение величайшей трагедии земли, однако они не могли увязать эту надвигающуюся катастрофу ни с веселым и беззаботным личным отношением Учителя, ни с его утренним обращением, в котором он неоднократно ссылался на будущие дела небесного царства, охватывающие огромный отрезок времени и включающие отношения со многими последующими мирскими царствами земли.

К полудню этого дня все апостолы и ученики узнали о спешном бегстве Лазаря из Вифании. Они начали понимать, что еврейские правители полны решимости беспощадно уничтожить Иисуса и его учения.

Благодаря своим тайным агентам, действовавшим в Иерусалиме, Давид Зеведеев был полностью осведомлен о том, как продвигается план ареста и убийства Иисуса. Ему была хорошо известна та роль, которую играл в этом заговоре Иуда, но он не раскрывал этого другим апостолам или кому-либо из учеников. Вскоре после полуденной трапезы он всё же отвел Иисуса в сторону и, собравшись с духом, спросил его, знает ли он, что... Но ему не удалось закончить свой вопрос. Взяв Давида за руку, Учитель прервал его словами: «Да, я всё знаю, Давид, и я знаю, что ты знаешь. Однако смотри, никому не говори об этом. Ты только не сомневайся в своем собственном сердце, что в итоге воля Божья восторжествует».

Разговор с Давидом был прерван прибытием гонца из Филадельфии от Авенира, который сообщал, что он узнал о заговоре с целью убийства Иисуса, и спрашивает, не следует ли ему прибыть в Иерусалим. Гонец поспешил в Филадельфию со следующим сообщением для Авенира: «Продолжай свой труд. Если я покину тебя во плоти, то это будет только для того, чтобы я мог вернуться в духе. Я не брошу тебя. Я буду с тобой до конца».

Примерно в то же время Филипп явился к Учителю и спросил: «Учитель, близится Пасха; где бы ты хотел, чтобы мы приготовили пасхальную трапезу?» Услышав этот вопрос Филиппа, Иисус сказал: «Сходи за Петром и Иоанном, и я дам вам указания относительно ужина, который сегодня вечером мы разделим с вами. Что же касается Пасхи, то этот вопрос вы решите сами после сегодняшнего ужина».

Когда Иуда услышал, что Учитель обсуждает с Филиппом эти вопросы, он подошел поближе, чтобы подслушать, о чём они говорят. Однако Давид Зеведеев, стоявший рядом, подошел к Иуде и отвлек его беседой, а Филипп, Петр и Иоанн отошли в сторону, чтобы поговорить с Учителем.

Иисус сказал трем апостолам: «Немедленно отправляйтесь в Иерусалим; войдя в городские ворота, вы встретите человека, несущего кувшин с водой. Он заговорит с вами, и вы пойдете за ним. Когда он приведет вас к дому, войдите в него вместе с ним и спросите у хозяина дома: „Где гостиная, в которой Учитель собирается разделить ужин со своими апостолами?“ И когда вы спросите об этом, хозяин покажет большую верхнюю комнату, полностью убранную и приготовленную для нас».

Когда апостолы подошли к городу, они встретили у ворот человека с кувшином; они следовали за ним, пока не пришли в дом Иоанна Марка, где отец юноши встретил их и показал им верхнюю комнату, приготовленную к вечерней трапезе.

Всё это стало возможным в результате договора между Учителем и Иоанном Марком днем ранее пополудни, пока они были одни в горах. Иисус хотел быть уверенным в том, что он сможет спокойно разделить хотя бы эту последнюю трапезу со своими апостолами. И полагая, что если Иуда узнает заранее о месте их встречи, то он договорится с врагами Иисуса схватить его там, он тайно условился с Иоанном Марком. Поэтому Иуда узнал о месте их встречи лишь после того, как позднее прибыл сюда вместе с Иисусом и другими апостолами.

Давиду Зеведееву предстояло обсудить с Иудой много вопросов, так что ему не составляло труда помешать Иуде увязаться за Петром, Иоанном и Филиппом, к чему тот так стремился. Когда Иуда передал Давиду некоторую сумму денег на питание, Давид сказал: «Иуда, не лучше ли будет, при нынешних обстоятельствах, если ты выдашь мне немного денег на текущие нужды?» Подумав, Иуда ответил: «Да, Давид, я думаю, что это будет разумно. Более того, ввиду неспокойного положения в Иерусалиме, я считаю, что было бы лучше всего передать все деньги тебе. Против Учителя готовится заговор, и если что-нибудь случится со мной, вы не окажетесь в трудном положении».

Так Давид получил все апостольские наличные средства и расписки на все вложенные деньги. Апостолы узнали об этом только вечером следующего дня.

Было около половины пятого, когда трое апостолов вернулись и сообщили Иисусу, что всё готово для ужина. Учитель тут же собрался и повел своих двенадцать апостолов по тропе к дороге на Вифанию и, далее, в Иерусалим. В последний раз он вышел в путь вместе со всеми двенадцатью.

3. НА ПУТИ В ГОРОД

Вновь стремясь избежать людских толп, проходивших через Кедронскую долину в обоих направлениях между Гефсиманским садом и Иерусалимом, Иисус и двенадцать прошли по западному склону Елеонской горы и вышли на дорогу, спускавшуюся из Вифании в город. Достигнув того места, где в предыдущий вечер Иисус задержался, чтобы рассказать им о разрушении Иерусалима, они невольно остановились, молча смотря на город. Так как они вышли чуть раньше времени и поскольку Иисус не хотел появляться в городе до захода солнца, он сказал своим товарищам:

«Сядьте и передохните, пока я расскажу вам о том, что должно вскоре произойти. Все эти годы я жил с вами как с братьями; я учил вас истине о царстве небесном и раскрывал вам его тайны. И мой Отец действительно совершил много чудес в связи с моей миссией на земле. Все вы стали тому свидетелями; каждый из вас приобщился к опыту труда, выполняемого совместно с Богом. И вы помните: уже несколько раз я предупреждал вас о том, что вскоре я должен вернуться к труду, порученному мне моим Отцом. Я открыто заявлял вам, что должен оставить вас в этом мире продолжать труд царства. Именно для этого я рукоположил вас в горах Капернаума. Теперь вы должны быть готовы передать другим тот опыт, который вы приобрели в общении со мной. Так же как Отец отправил меня в этот мир, я собираюсь отправить вас в путь в качестве моих представителей и завершителей начатого мною труда.

С печалью взираете вы на этот город, ибо слышали мои слова о конце Иерусалима. Я предупредил вас для того, чтобы вместе с ним не погибли и вы, ибо это отсрочило бы возвещение евангелия царства. Таким же образом я предупреждаю вас быть осмотрительными и не подвергать себя бессмысленной опасности, когда придут за Сыном Человеческим. Я должен уйти, но вы должны остаться, чтобы, когда меня не будет, свидетельствовать об этом евангелии, – так же как я велел Лазарю бежать от гнева человеческого для того, чтобы через его жизнь люди смогли познать славу Божью. Если Отец желает, чтобы я ушел, то никакие ваши действия не смогут помешать божественному плану. Будьте осторожны, иначе погибнете и вы. Пусть ваши души доблестно защищают евангелие силой духа, однако не дайте втянуть себя в безрассудную попытку защитить Сына Человеческого. Я не нуждаюсь в людской защите; армии небесные и сейчас рядом со мной; но я решил исполнить волю моего небесного Отца, а посему мы должны подчиниться тому, что так скоро постигнет нас.

Когда вы увидите, как разрушают этот город, не забудьте, что вы уже вступили в вечную жизнь – бесконечное служение в постоянно прогрессирующем царстве небесном и в царстве небес небесных. Вы должны знать, что во вселенной моего Отца и в моей вселенной есть много обителей, где детям света предстоит познать города, строителем которых является Бог, и миры, образ жизни которых – праведность и радость в истине. Я принес царство небесное сюда, на землю, но я заявляю, что те из вас, кто через веру войдет в царство и останется в нём благодаря живому служению истине, обязательно взойдут к мирам небесным и воссядут вместе со мной в духовном царстве нашего Отца. Но прежде вы должны собраться с силами и завершить тот труд, который вы начали вместе со мной. Сначала вы должны пройти через многие испытания и претерпеть многие невзгоды – а эти испытания уже нависли над нами; и когда вы завершите свой труд на земле, вы, к моей радости, придете ко мне, так же как я завершил труд моего Отца на земле и готов вернуться в его объятия».

Закончив говорить, Учитель встал, и все они спустились вслед за ним по склону Елеонской горы в город. Никто из апостолов, кроме троих, не знал, куда они идут, пробираясь по узким улочкам в сгущавшейся темноте. Они проталкивались сквозь толпу, но никто не узнал их, как никто не ведал и того, что Сын Человеческий в последний раз в облике смертного собирается побыть со своими избранными посланниками царства. Не знали и апостолы, что один из них уже вступил в предательский заговор, собираясь выдать Учителя его врагам.

Иоанн Марк следовал за ними до самого города, а после того как они вошли в городские ворота, он быстро прошел другой улицей, так что когда они добрались до места, он уже ждал их, чтобы приветствовать в доме своего отца.

ДОКУМЕНТ 179

ТАЙНАЯ ВЕЧЕРЯ

Когда в четверг, во второй половине дня, Филипп напомнил Учителю о приближавшейся Пасхе и спросил, ка́к тот планирует отметить ее, он имел в виду пасхальную трапезу, которую полагалось есть вечером следующего дня, в пятницу. Обычно к празднованию Пасхи начинали готовиться не позднее полудня предыдущего дня. А поскольку день у евреев начинался на заходе солнца, то это означало, что субботняя пасхальная трапеза должна состояться вечером в пятницу до полуночи.

Поэтому апостолы терялись в догадках, пытаясь понять заявление Учителя о том, что они будут отмечать Пасху на день раньше. Они считали, – во всяком случае, некоторые из них, – что Иисус, зная о своем предстоящем аресте до пасхального ужина в пятницу вечером, приглашает их на особую трапезу в этот четверг. Другие полагали, что это будет всего лишь особой встречей, предшествующей привычному празднованию Пасхи.

Апостолы знали, что Иисус и раньше отмечал бескровную Пасху; они знали, что он никогда не участвует в жертвоприношениях, предусмотренных еврейской религией. Он часто ел пасхального ягненка в гостях, но ягненок никогда не подавался на стол, если хозяином был Иисус. Поэтому апостолы не стали бы особенно удивляться, если бы ягненка не было даже в пасхальный вечер, а так как этот ужин состоялся на день раньше, они не придали никакого значения его отсутствию.

Поздоровавшись с отцом и матерью Иоанна Марка, апостолы сразу же поднялись в верхний зал, а Иисус задержался внизу, чтобы поговорить с семьей Марка.

Было заранее условлено, что Учитель будет отмечать этот праздник наедине со своими двенадцатью апостолами; поэтому здесь не было слуг, которые прислуживали бы им за столом.

1. СТРЕМЛЕНИЕ К ПРЕДПОЧТЕНИЮ

Когда Иоанн Марк проводил апостолов наверх, они увидели просторный зал, где всё было приготовлено для ужина, и заметили, что на одном конце стола уже лежит хлеб, вино, вода и травы. Кроме той своей части, на которой находились хлеб и вино, этот длинный стол был окружен тринадцатью кушетками, какие ставили для празднования Пасхи в состоятельных еврейских домах.

Когда двенадцать вошли в этот верхний зал, то сразу же за дверью они заметили кувшины с водой, тазы и полотенца, приготовленные, чтобы вымыть их пыльные ноги. Однако здесь не было слуг, которые сделали бы это, и потому, как только Иоанн Марк оставил их, апостолы начали переглядываться, и каждый думал про себя: «Кто же вымоет нам ноги?» И каждый считал, что он не может вести себя так, чтобы выглядеть слугой остальных.

Продолжая стоять и размышлять про себя, они смотрели на расположение мест вокруг стола, обратив внимание на более высокий диван для хозяина, справа от которого находилась одна кушетка, и одиннадцать других, расставленных вокруг стола так, что последняя находилась напротив этого почетного места справа от хозяина.

Апостолы ожидали, что Учитель появится с минуты на минуту, но они оказались в затруднительном положении, не зная, следует ли им занять места самим или дождаться, пока он придет и укажет им их места. Пока остальные стояли в нерешительности, Иуда подошел к почетному месту слева от хозяина и дал понять, что он собирается занять эту кушетку в качестве привилегированного гостя. Этот поступок Иуды сразу же вызвал среди апостолов ожесточенный спор. Не успел Иуда присвоить себе почетное место, как Иоанн Зеведеев обосновался на втором из привилегированных мест, справа от хозяина. Узурпация лучших мест Иудой и Иоанном привела Симона Петра в такую ярость, что под сердитыми взглядами остальных апостолов он демонстративно обошел стол и занял место на самой дальней, последней кушетке, прямо напротив той, которую избрал для себя Иоанн Зеведеев. Поскольку другие захватили первые места, Петр решил избрать самое последнее; и он поступил так не только в знак протеста против недостойной гордыни своих братьев, но и в надежде на то, что Иисус, войдя и увидев его на наименее почетном месте, пригласит его занять более почетное место и сместит того, кто позволил себе присвоить эту честь.

После того, как таким образом были заняты самая первая и самая последняя кушетки, остальные апостолы также выбрали себе места – одни ближе к Иуде, другие ближе к Петру, пока все не устроились за столом. Они расположились вокруг подковообразного стола на этих кушетках в следующем порядке: справа от Учителя – Иоанн, слева – Иуда, Симон Зелот, Матфей, Иаков Зеведеев, Андрей, близнецы Алфеевы, Филипп, Нафанаил, Фома и Симон Петр.

Все они собрались для того, чтобы отдать должное – во всяком случае, в духе – обычаю, существовавшему еще до Моисея и восходившему к тем временам, когда их отцы были рабами в Египте. Эта вечерняя трапеза была их последним свиданием с Иисусом, но даже такой торжественный случай не помешал апостолам, вслед за Иудой, вновь поддаться своим старым пристрастиям к почестям, привилегиям и самовозвеличению.

Когда в двери показался Учитель, они еще продолжали громкую и сердитую перебранку. Иисус на мгновение остановился в дверях, и его лицо постепенно приняло разочарованное выражение. Ничего не сказав, он направился к своему месту, не вмешиваясь в их расположение за столом.

Они были готовы приступить к ужину, однако их ноги оставались неумытыми, и они пребывали далеко не в самом приятном расположении духа. При появлении Учителя они всё еще обменивались нелестными замечаниями, уже не говоря о мыслях тех из них, кто не позволял себе вслух выражать свои чувства.

2. НАЧАЛО ТРАПЕЗЫ

Когда Учитель занял свое место, на какое-то время воцарилась тишина. Иисус оглядел их и, сняв напряжение улыбкой, сказал: «Мне очень хотелось есть эту Пасху вместе с вами. Мне хотелось еще раз, до моих мучений, разделить с вами трапезу. Понимая, что пробил мой час, я договорился о сегодняшнем ужине вместе с вами, ибо что касается дня завтрашнего, то все мы в руках Отца, чью волю я пришел исполнить. В следующий раз я буду трапезничать с вами уже в том царстве, которое мне даст мой Отец, когда я завершу то, ради чего он послал меня в этот мир».

Когда апостолы смешали вино с водой, они передали чашу Иисусу, который, приняв ее из рук Фаддея и держа в своих руках, вознес благодарственную молитву. Завершив вознесение молитвы, Иисус сказал: «Возьмите эту чашу и разделите между собой; и когда вы будете пить из нее, вдумайтесь в то, что я больше не буду вкушать вместе с вами дар виноградной лозы, ибо это наш последний ужин. В следующий раз мы соберемся на совместную трапезу уже в грядущем царстве».

Иисус обратился к апостолам с такими словами, поскольку он знал, что его час пробил. Он понимал, что пришло время возвращаться к Отцу и что его труд на земле подошел к концу. Учитель знал, что он раскрыл любовь Отца на земле и продемонстрировал его милосердное отношение к человечеству и что он совершил то, для чего явился в этот мир, – вплоть до получения всей полноты власти на небе и на земле. Точно так же он знал, что Иуда Искариот окончательно решил предать его ночью в руки врагов. Он прекрасно понимал, что это вероломное предательство совершается Иудой, но он понимал также, что оно радует Люцифера, Сатану и князя тьмы Калигастию. Однако он не боялся тех, кто стремился к его духовному поражению, равно как и тех, кто искал его физической смерти. Учителя беспокоило только одно – безопасность и спасение его избранных последователей. И поэтому, прекрасно сознавая, что Отец передал ему всю власть, Учитель приготовился исполнить притчу о братской любви.

3. ИИСУС ОМЫВАЕТ АПОСТОЛАМ НОГИ

По еврейскому обычаю, после первой пасхальной чаши хозяин вставал из-за стола и омывал руки. Позднее – во время еды и после второй чаши – гости также вставали и омывали руки. Поскольку апостолы знали, что их Учитель никогда не соблюдал этого ритуального омовения рук, они с огромным интересом ждали, что́ он собирается сделать, когда, выпив свою первую чашу, Иисус встал из-за стола и молча подошел к двери, где находились кувшины с водой, тазы и полотенца. Их любопытство сменилось изумлением, когда они увидели, что Учитель снимает свою верхнюю одежду, затыкает полотенце за пояс и начинает наливать воду в один из тазов. Представьте себе степень удивления этих двенадцати человек, лишь недавно отказавшихся умыть друг другу ноги и пустившихся в продолжительные и недостойные препирательства по поводу почетных мест за столом, когда они увидели, что он обошел свободный конец стола, подошел к самому дальнему месту на пиру, где возлежал Симон Петр, и, склонившись наподобие слуги, собрался умыть Симону ноги. Когда Учитель встал на колени, все двенадцать, как один, поднялись; даже предатель Иуда на мгновение настолько забыл о своем позоре, что вскочил вместе с другими апостолами в этом выражении недоумения, уважения и предельного изумления.

Симон Петр стоял, взирая на обращенное к нему снизу лицо Учителя. Иисус ничего не говорил; в этом не было нужды. Его поза красноречиво свидетельствовала о том, что он собирается омыть ноги Симона Петра. Несмотря на свои человеческие недостатки, Петр любил Учителя. Этот галилейский рыбак был первым человеком, который всем сердцем уверовал в божественность Иисуса, *а также* прилюдно заявил о своей глубокой вере. И с тех пор Петр никогда по-настоящему не сомневался в божественной природе Учителя. Поскольку Петр поклонялся Иисусу и чтил его в своем сердце, неудивительно, что ему было неприятно видеть, как Иисус склонился перед ним в позе покорного слуги и, подобно рабу, предлагал умыть ему ноги. Когда Петр пришел в себя настолько, что смог обратиться к Учителю, он выразил те чувства, которые наполняли сердца всех его собратьев-апостолов.

Через несколько мгновений Петр, справившись со своим сильнейшим смущением, сказал: «Учитель, неужели ты и впрямь собираешься омыть мне ноги?» Глядя

Петру в глаза, Иисус ответил: «Возможно, ты не вполне осознаешь то, что́ я собираюсь сделать, но впоследствии ты поймешь смысл всех этих вещей». Тогда Симон Петр, глубоко вздохнув, воскликнул: «Учитель, ты никогда не будешь омывать мне ноги!» И каждый из апостолов одобрительно кивнул, поддержав решительное заявление Петра, не желающего позволить Иисусу так унизить себя перед ними.

Даже сердце Иуды Искариота поначалу было тронуто этой волнующей и необычной сценой; однако, оценив увиденное своим тщеславным рассудком, он пришел к выводу, что этот жест смирения стал всего лишь очередным и убедительным подтверждением отсутствия у Иисуса качеств, необходимых для избавителя Израиля, и что он, Иуда, был прав, решив предать дело Учителя.

Затаив дыхание, они стояли, пораженные увиденным, и Иисус сказал: «Петр, я заявляю, что, если я не омою твоих ног, ты останешься непричастен ко мне в том, что́ я собираюсь исполнить». Услышав это заявление, усиленное тем, что Иисус продолжал стоять на коленях у его ног, Петр принял одно из тех решений, которые выражались в слепом подчинении воле уважаемого и любимого человека. Когда Симон Петр начал догадываться, что в этом символическом услужении заключен некий смысл, определяющий будущую связь с трудом Учителя, он не только согласился с тем, чтобы Иисус омыл ему ноги, но и в свойственной ему пылкой манере воскликнул: «Тогда, Учитель, омой не только мои ноги, но и руки, и голову!».

Прежде чем начать омывать ноги Петра, Учитель сказал: «Тому, кто уже чист, нужно омыть только ноги. Вы, сидящие сегодня со мной, чисты – но не все. Однако пыль ваших ног следовало смыть до того, как вы сели трапезничать со мной. И кроме того, я хотел бы исполнить это свое услужение в форме притчи, поясняющей значение новой заповеди, которую я вскоре дам вам».

Таким же образом Учитель обошел стол и, в тишине, омыл ноги своих двенадцати апостолов, не пропустив и Иуду. Закончив омывать ноги двенадцати, Иисус надел свой плащ, вернулся на свое место хозяина и, обведя глазами обескураженных апостолов, сказал:

«Понимаете ли вы, что́ я сделал для вас? Вы называете своего учителя Господином, и вы правы, ибо так оно и есть. Так если ваш Господин омыл вам ноги, то почему вы не хотели омыть ноги друг другу? Какой урок вам следует извлечь из этой притчи, где Господин с такой готовностью оказывает услугу, которую его братья не пожелали оказать друг другу? Истинно, истинно вам говорю: слуга не выше своего господина; и тот, кого послали исполнить поручение, не выше того, кто его послал. Вы видели, как я служил в прожитой вместе с вами жизни, и благословенны те из вас, у кого хватит благодатного мужества, чтобы так служить. Но почему вы так медленно усваиваете то, что тайна величия в духовном царстве отличается от методов материального мира – методов силы?

Когда я вошел сегодня в эту комнату, вы не удовлетворились своим гордым отказом омыть друг другу ноги, – вам нужно было непременно пуститься в пререкания о том, кто займет почетные места за моим столом. Таких почестей ищут фарисеи и дети мира сего, но подобное поведение недостойно посланников небесного царства. Разве вы не знаете, что за моим столом не может быть привилегированных мест? Разве вы не понимаете, что я люблю каждого из вас так же, как и остальных? Разве вы не знаете, что ближайшее ко мне место – в том смысле, какой вкладывают в это люди, – может ничего не говорить о вашем положении в царстве небесном? Вы знаете, что цари язычников господствуют над своими подчиненными, и те, кто пользуется этой властью, иногда называются „благодетелями". Но не так будет в царстве небесном. Пусть самый главный из вас будет как самый младший, а тот, кто правит, пусть будет подобен тому, кто прислуживает. Ибо кто важнее: тот, кто за столом, или тот, кто прислуживает? Разве не считают обычно, что важнее тот, кто за столом? Но вы видите, что я среди вас как тот, кто прислуживает. И если вы желаете стать вместе со мной слугами в исполнении воли Отца, то в грядущем царстве будете восседать со мной в могуществе, продолжая исполнять волю Отца в будущей славе».

Когда Иисус умолк, близнецы Алфеевы подали хлеб и вино вместе с горькими травами и пастилу из сухофруктов для следующего блюда Тайной Вечери.

4. ПОСЛЕДНЕЕ ОБРАЩЕНИЕ К ПРЕДАТЕЛЮ

В течение нескольких минут апостолы ели молча, но вскоре, под влиянием хорошего настроения Учителя, они начали переговариваться друг с другом. Прошло совсем немного времени, и застолье уже протекало так, как будто не произошло ничего необычного, что могло помешать атмосфере радости и всеобщего единения в этот необычный вечер. По прошествии какого-то времени, примерно в середине второй перемены блюд, Иисус, окинув их взглядом, сказал: «Я уже говорил вам, сколь велико было мое желание разделить с вами эту трапезу, и, зная о заговоре сил тьмы, поставивших своей целью убить Сына Человеческого, я решил встретиться с вами в этом тайном зале за день до Пасхи, ибо завтра вечером к этому времени меня уже не будет с вами. Я не раз говорил вам, что я должен вернуться к Отцу. Пришел мой час, однако не требовалось, чтобы один из вас предавал меня моим врагам».

Услышав это, двенадцать – уже в значительной мере избавленные от своей самонадеянности и самоуверенности после притчи об омывании ног и последовавшей за ней беседы Учителя – стали обескураженно переглядываться и неуверенно вопрошать: «Не я ли?» И когда каждый из них задал этот вопрос, Иисус сказал: «Хотя мне необходимо вернуться к Отцу, для исполнения его воли не требовалось, чтобы один из вас становился предателем. Вот плоды затаенного зла в сердце того, кто не смог полюбить истину всей своей душой. Сколь коварна гордыня ума, которая предшествует духовному падению! Тот, кто многие годы являлся моим другом, кто и сейчас ест мой хлеб, будет готов предать меня, хотя сейчас он опускает свою руку вместе со мной в блюдо».

После этих слов Иисуса все начали переспрашивать: «Это я?» И когда Иуда, сидевший по левую руку от своего Учителя, снова спросил: «Это я?», Иисус, обмакнув хлеб в блюдо с травами, передал его Иуде со словами: «Ты сказал». Но другие не слышали того, что́ Иисус сказал Иуде. Иоанн, возлежавший по правую руку от Иисуса, наклонился к Учителю и спросил: «Кто это? Мы должны знать, кто оказался недостойным доверия». Иисус ответил: «Я уже сказал вам: тот, кому я передал смоченный хлеб». Однако то, что хозяин передал кусок смоченного хлеба сидящему по левую руку, было столь естественным, что никто из них не обратил на это внимания, хотя заявление Учителя было совершенно недвусмысленным. Иуда же мучительно понимал, что слова Учителя имеют отношение к его поступку, и он начал опасаться, что его братья теперь тоже узна́ют о его предательстве.

Чрезвычайно взволнованный сказанным, Петр перегнулся через стол и обратился к Иоанну: «Спроси его, кто это, а если он уже сказал тебе, сообщи мне, кто предатель».

Иисус прервал их перешептывание, сказав: «Я опечален тем, что это злодеяние стало возможным, и вплоть до этого часа я надеялся, что сила истины восторжествует над коварством зла; но такие победы невозможны без той веры, которой присуща искренняя любовь к истине. Я не стал бы рассказывать вам об этом здесь, на нашем последнем ужине, но я хочу предупредить вас о грядущих страданиях и тем самым подготовить вас к тому, что нависло над нами. Я рассказал вам об этом, ибо я желаю, чтобы после моего ухода вы вспомнили, что я знал обо всех этих преступных замыслах и заранее предупредил вас о том, что буду предан. И я делаю всё это только для того, чтобы укрепить вас перед искушениями и испытаниями, на пороге которых мы стоим».

После этого Иисус наклонился к Иуде и сказал: «То, что ты решил сделать, делай скорее». Услышав эти слова, Иуда встал из-за стола и быстро вышел из комнаты, уходя в ночь, чтобы исполнить то, что он решил сделать. Когда остальные апостолы увидели, что Иуда, выслушав Иисуса, быстро ушел, они подумали, что он отправился прикупить что-то для ужина или исполнить какое-нибудь другое поручение Учителя, поскольку они полагали, что он всё еще является казначеем.

Теперь Иисус знал, что ничто не сможет удержать Иуду от предательства. Он начал с двенадцатью; теперь с ним осталось одиннадцать. Он сам избрал шестерых из этих апостолов, и хотя Иуда относился к тем, кого выбрали первозванные апостолы, тем не менее, Учитель принял его и вплоть до этого часа делал всё возможное, чтобы очистить от порока и спасти его, так же как он трудился во имя мира и спасения остальных.

Этот ужин, прошедший в атмосфере заботы и тепла, стал последним воззванием Иисуса к предающему его Иуде, но оно оказалось безрезультатным. Если любовь умерла, то даже самое тактичное и наиболее доброжелательное предупреждение, как правило, только усиливает ненависть и воспламеняет преступное намерение довести эгоистичный замысел до конца.

5. УЧРЕЖДЕНИЕ ПОМИНАЛЬНОЙ ТРАПЕЗЫ

Когда Иисусу подали третью чашу с вином – «чашу благословения», – он встал с кушетки и, взяв чашу в руки, благословил ее словами: «Пусть каждый из вас возьмет эту чашу и выпьет из нее. Она будет чашей моего поминовения. Эта чаша – чаша благословения нового завета милосердия и истины. Она станет для вас символом посвящения и служения божественного Духа Истины. В следующий раз я буду пить эту чашу вместе с вами уже в новом обличье в вечном царстве Отца».

Чувствуя, что происходит нечто исключительное, все апостолы, в полной тишине, с глубоким благоговением пили из этой чаши благословения. Старая Пасха отмечала освобождение их отцов от национального рабства и обретение личной свободы; теперь же Учитель учреждал новую поминальную трапезу – символ нового избавления порабощенного индивидуума от оков обрядности и эгоизма и обретения духовной радости, присущей братству и товариществу освобожденных в духе сынов живого Бога.

Когда они закончили пить из этой новой поминальной чаши, Учитель взял хлеб и, вознеся благодарственную молитву, преломил его. Велев им передать хлеб друг другу, он сказал: «Возьмите этот поминальный хлеб и съешьте его. Я говорил вам, что я – хлеб жизни. И этот хлеб жизни есть объединенная жизнь Отца и Сына в едином даре. Слово Отца, выраженное в Сыне, действительно является хлебом жизни». Разделив поминальный хлеб – символ живого слова истины, воплощенного в образе смертной плоти, – все сели.

Учреждая эту поминальную трапезу, Учитель, по своему обыкновению, прибегнул к притчам и символам. Он воспользовался символами, поскольку он хотел раскрыть некоторые великие духовные истины так, чтобы его последователям было трудно приписать его словам строго определенные толкования и точный смысл. Таким образом он стремился не дать последующим поколениям выхолостить его учение и сковать его духовные значения мертвыми цепями традиции и догмы. Учреждая единственный обряд, или причастие, связанный со всей миссией его жизни, Иисус всячески старался *подсказать* значения, не связывая себя *точными определениями*. Он не желал уничтожать индивидуальное представление о божественном общении, учреждая точную форму; не желал он и ограничивать духовное воображение верующего, стесняя его формальностями. Наоборот, он пытался придать возрожденной душе человека радостные крылья новой и спасительной духовной свободы.

Несмотря на такую попытку Учителя учредить новое поминальное причастие, в минувшие с тех пор века его последователи позаботились о том, чтобы помешать исполнению этого недвусмысленного желания; его непритязательный духовный символизм того последнего вечера во плоти был подвергнут точным интерпретациям и низведен до почти математической строгости готовых формул. Ни одно учение Иисуса не подвергалось такому канонизирующему воздействию традиции, как это.

Если участники этой поминальной трапезы верят в Сына и знают Бога, то им не нужно связывать ее символику с наивными человеческими заблуждениями относительно значения божественного присутствия, ибо во всех таких случаях Учитель *действительно присутствует*. Поминальная трапеза является символической встречей верующего с Михаилом. Когда вы обретаете подобную духовную восприимчивость, вы действительно ощущаете присутствие Сына, и его дух сближается с пребывающей в вас частицей его Отца.

На короткое время они задумались, после чего Иисус продолжал: «Выполняя это, вспоминайте жизнь, прожитую мною на земле среди вас, и радуйтесь тому, что я собираюсь продолжать жить на земле вместе с вами и служить через вас. Как индивидуумы, не спорьте между собой о том, кто из вас больше. Будьте все, как братья. А когда царство расширится и охватит большие группы верующих, вам точно так же следует воздерживаться от споров о величии или привилегиях между такими группами».

Это великое событие произошло в верхней комнате в доме одного из друзей. Ни ужин, ни дом не имели никакого отношения к священной церемонии или обрядовому освящению. Поминальная трапеза была учреждена без согласия духовенства.

Учредив эту поминальную трапезу, Иисус сказал апостолам: «И каждый раз, когда вы будете собираться на такой ужин, делайте это в память обо мне. И поминая меня, сначала обратитесь в своих мыслях к моей жизни во плоти, вспомните, что когда-то я был с вами, а затем, глазами веры, узрите, что когда-нибудь все вы будете трапезничать со мной в вечном царстве Отца. Вот новая Пасха, которую я оставляю вам: память о моей посвященческой жизни – слове вечной истины, а также о моей любви к вам – излиянии моего Духа Истины на всю плоть».

В завершение празднования старой, но бескровной Пасхи, в ознаменование введения новой поминальной трапезы, они все вместе исполнили сто семнадцатый псалом.

ДОКУМЕНТ 180

ПРОЩАЛЬНАЯ РЕЧЬ

Спев псалом по окончании Тайной Вечери, апостолы решили, что Иисус собирается сразу же вернуться в лагерь, но Учитель знаком усадил их и сказал:

«Вы хорошо помните, как я отправил вас в путь без кошелька или сумы и даже советовал вам не брать с собой дополнительной одежды. И все вы помните, что вы ни в чём не нуждались. Однако теперь вас ждут смутные времена. Вы не можете более полагаться на добрую волю людей. Отныне пусть тот, у кого есть кошелек, берет его с собой. Отправляясь в мир возвещать это евангелие, принимайте такие меры для самообеспечения, какие посчитаете нужными. Я пришел, чтобы принести мир, но он наступит не сразу.

Пришло время прославиться Сыну Человеческому, и Отец будет прославлен во мне. Друзья мои, недолго мне осталось быть с вами. Вскоре вы будете искать меня, но не найдете, ибо я отправляюсь туда, куда вы пока еще не можете прийти. Но когда вы завершите свой труд на земле, как теперь завершаю свой труд я, вы придете ко мне, так же как ныне я готовлюсь отправиться к моему Отцу. Пройдет совсем немного времени, и я покину вас; вы не увидите меня больше на земле, но все вы увидите меня в грядущие века, совершив восхождение в царство, данное мне моим Отцом».

1. НОВАЯ ЗАПОВЕДЬ

После короткого непринужденного общения Иисус поднялся и сказал: «Когда я исполнил перед вами притчу, выражавшую ту готовность служить друг другу, которой должны обладать вы, я говорил, что желаю дать вам новую заповедь. И я хотел бы сделать это сейчас, перед тем, как покинуть вас. Вы хорошо помните заповедь, которая велит вам любить друг друга, любить своих ближних, как самих себя. Но я не вполне удовлетворен даже такой искренней преданностью со стороны моих детей. Я хотел бы, чтобы ваши поступки были исполнены еще большей любви в царстве верующего братства. И потому я даю вам новую заповедь: любите друг друга так, как я любил вас. И тем самым все люди будут знать, что вы мои ученики, если вы будете любить друг друга такой любовью.

Давая эту новую заповедь, я не взваливаю нового бремени на ваши души. Наоборот, я даю вам новую радость и возможность познать новое счастье – испытать наслаждение от посвящения другим людям любви своих сердец. Несмотря на внешние муки, вскоре я испытаю высшую радость, посвящая свою любовь вам и вашим смертным собратьям.

Призывая вас любить друг друга, как я любил вас, я показываю вам высшую меру истинной любви, ибо нет большей любви, чем та, при которой человек готов отдать за друзей свою жизнь. А вы являетесь моими друзьями и останетесь ими, если только пожелаете исполнять то, чему я учил вас. Вы называли меня Господином, но я не называю вас слугами. Если только вы будете любить друг друга, как я люблю вас, вы будете моими друзьями, и я буду вечно говорить вам о том, что́ раскрывает мне Отец.

Не только вы избрали меня, но и я избрал вас и велел вам нести в мир плоды исполненного любви служения своим братьям, так же, как я жил среди вас и раскрывал вам Отца. И Отец, и я будем трудиться с вами, и вы испытаете божественную полноту радости, если только подчинитесь моему велению любить друг друга, как я любил вас».

Если вы хотите разделить радость Учителя, вы должны разделить его любовь. А быть причастным к его любви означает, что вы были причастны к его служению. Такой опыт любви не освобождает вас от трудностей этого мира; он не создает нового мира, но он совершенно определенно делает старый мир новым.

Запомните: Иисус требует преданности, а не жертвы. Сознание жертвы подразумевает отсутствие того беззаветного чувства, которое смогло бы превратить подобное любвеобильное служение в высшую радость. Идея *долга* означает, что вы относитесь, как слуга, и, следовательно, лишены того восхитительного наслаждения, которое возникает при служении в качестве друга и ради друга. Импульс дружбы превосходит все убеждения, присущие долгу, а служение друга своему другу не может называться жертвой. Иисус учил апостолов, что они являются сынами Божьими. Он называл их братьями, а теперь, прежде чем покинуть их, он называет их друзьями.

2. ВИНОГРАДНАЯ ЛОЗА И ВЕТВИ

Затем Иисус встал и продолжил учить своих апостолов: «Я – истинная виноградная лоза, а Отец мой – виноградарь. Я – виноградная лоза, а вы – ветви. И Отец требует от меня только одного: чтобы вы дали много плодов. Лоза подрезается лишь для того, чтобы ее ветви приносили еще больше плодов. Каждую мою ветвь, не приносящую плодов, Отец отсечет. Каждую ветвь, приносящую плоды, Отец очистит, чтобы она могла приносить еще больше плодов. Вы уже очистились моим словом, но вам следует и впредь оставаться чистыми. Пребудьте же во мне, а я пребуду в вас; ветвь засыхает, когда она отделяется от лозы. Как ветвь не может плодоносить, если не пребывает в лозе, так и вы не можете приносить плодов любвеобильного служения, не пребывая во мне. Помните: я есть настоящая лоза, а вы – живые ветви. Тот, кто живет во мне, – и в ком живу я, – принесет обильные плоды духа и испытает высшую радость, принося эти духовные плоды. Если вы сохраните эту живую духовную связь со мной, то принесете обильные плоды. Если вы пребудете во мне и мои слова пребудут в вас, вы сможете свободно общаться со мной, и тогда мой живой дух сможет влиться в вас настолько, что вы будете вправе просить всё, чего пожелает мой дух, и делать всё это с уверенностью в том, что Отец удовлетворит наше прошение. Отец обретает славу, когда у лозы много живых ветвей и каждая из них приносит много плодов. И когда мир увидит эти плодоносящие ветви – моих друзей, которые любят друг друга так же, как я всегда любил их, – все люди будут знать, что вы воистину мои ученики.

Как Отец любил и любит меня, так и я любил и люблю вас. Живите в моей любви, как я живу в любви Отца. Если будете верны моему учению, то пребудете в моей любви, так же как я сдержал слово Отца и извечно пребываю в его любви».

Евреи уже давно учили, что Мессия будет «стеблем виноградной лозы» предков Давида; в память об этом древнем учении большой герб – виноград на виноградной лозе – украшал вход в храм Ирода. Все апостолы вспомнили об этом, когда в тот вечер Учитель беседовал с ними в верхнем зале.

Однако последующие толкования того, чтó подразумевал Учитель, говоря о молитве, привели к весьма прискорбным последствиям. Учения Иисуса не вызывали бы особых затруднений, если бы его слушатели в точности запомнили его слова и впоследствии правильно записали их. Но письменное свидетельство было составлено таким образом, что верующие стали рассматривать молитву, возносимую во имя Иисуса, как вид высшего волшебства, и считать, что они могут получить от Отца всё, что пожелают. Веками вера искренних душ разбивалась об этот камень преткновения. Когда же верующие всего мира поймут, что молитва не является способом достижения своих целей, а представляет собой план избрания Божьего пути, опыт постижения и исполнения воли Отца? Абсолютно истинным является то, что когда ваша воля полностью совпадает с его волей, вы можете просить всего, что задумано таким союзом волевых начал, и вам будет дано. И такой союз волевых начал осуществляется Иисусом и через него, так же как жизнь виноградной лозы втекает в живые ветви и струится через них.

Когда божественное и человеческое начала связаны друг с другом живой связью, – и при этом если человеческое начало обращается с неразумными и невежественными молитвами, прося эгоистичной праздности и тщеславных достижений, – возможен только один божественный ответ: более обильное плодоношение духа на стеблях живых ветвей. Если ветвь виноградной лозы жива, возможен только один ответ на все ее прошения: более обильное плодоношение. Фактически, ветвь существует только для одной цели и способна делать только одно: приносить плоды, давать виноград. Так и истинно верующий существует только для того, чтобы приносить плоды духа: любить людей так, как его любит Бог, – а это значит, что мы должны любить друг друга так, как нас возлюбил Иисус.

И когда Отец возлагает на лозу свою наказующую руку, то это делается с любовью, – для того, чтобы ветви обильно плодоносили. И мудрый виноградарь отсекает только мертвые и бесплодные ветви.

Иисусу было чрезвычайно трудно привести даже своих апостолов к пониманию того, что молитва является функцией рожденных в духе верующих в царстве господства духа.

3. ВРАЖДЕБНОСТЬ МИРА

Не успели одиннадцать апостолов обсудить беседу о виноградной лозе и ветвях, как Учитель, – показав, что он желает продолжить свое обращение, и понимая, что у него остается мало времени, – сказал: «Когда я покину вас, пусть враждебность мира не обескураживает вас. Не унывайте и тогда, когда малодушные верующие отвернутся от вас и примкнут к врагам царства. Если мир будет ненавидеть вас, вспомните, что он ненавидел меня еще до того, как возненавидел вас. Будь вы от мира сего, мир любил бы вас, как своих, но поскольку вы не от мира сего, мир отказывается любить вас. Вы пребываете в этом мире, но ваша жизнь не должна быть жизнью этого мира. Я избрал вас в мире, чтобы вы представляли дух иного мира в том самом мире, в котором вы были избраны. Однако всегда помните слова, которые я уже говорил вам: слуга не выше своего хозяина. Если они осмеливаются преследовать меня, то они будут преследовать и вас. Если мои слова оскорбляют неверующих, то и ваши слова будут оскорблять нечестивцев. И всё это они будут делать с вами оттого, что они не верят ни в меня, ни в Пославшего меня; поэтому вы много пострадаете за мое евангелие. Но когда вы будете терпеть эти злоключения, вспомните, что я тоже пострадал прежде вас во имя этого евангелия небесного царства.

Многие из тех, кто будет нападать на вас, не знают небесного света, но этого нельзя сказать о тех, кто преследует нас сейчас. Если бы мы не учили их истине, они могли бы совершить много странных вещей и не быть осужденными, но теперь – когда они познали свет и позволили себе отвергнуть его – их отношению нет оправдания. Ненавидящий меня ненавидит и моего Отца. Иначе и быть не может: свет, спасающий принявшего его, может только осудить того, кто сознательно отвергает его. А что я сделал этим людям, чтобы пробудить столь яростную ненависть? Ничего – я лишь предложил им товарищество на земле и спасение на небе. Но разве вы не читали в Писании: „И они возненавидели меня напрасно"?

Но я не оставлю вас одних в этом мире. Вскоре после моего ухода я пошлю к вам духовного помощника. С вами будет тот, кто займет мое место среди вас, кто продолжит учить вас путям истины и кто будет утешать вас.

Пусть не смущаются ваши сердца. Вы веруете в Бога; продолжайте веровать и в меня. Хотя я и должен покинуть вас, я буду находиться неподалеку от вас. Я уже говорил вам, что во вселенной моего Отца есть много обителей. Если бы это было не так, я не стал бы раз за разом говорить вам о них. Я собираюсь вернуться в эти миры света – небесные обители Отца, куда когда-нибудь взойдете и вы. Из этих мест я пришел в этот мир, и близок час, когда я должен буду вернуться в небесные сферы, чтобы продолжить труд Отца.

Таким образом, поскольку я отправляюсь прежде вас в небесное царство Отца, я непременно пришлю за вами, дабы вы смогли пребывать со мной в тех местах, которые были приготовлены для смертных Божьих сынов прежде, чем появился этот мир. Хотя я должен покинуть вас, я буду присутствовать с вами в духе, и однажды вы сами окажетесь в моем обществе, когда взойдете ко мне в моей вселенной, как я готовлюсь взойти к моему Отцу в его большой вселенной. И то, что я сказал вам, истинно и вечно, даже если вы не понимаете всего сказанного. Я отправляюсь к Отцу, и хотя вы не можете последовать за мной сейчас, вы наверняка сделаете это в грядущие века».

Когда Иисус сел, Фома встал и сказал: «Учитель, мы не знаем, куда ты идешь; поэтому естественно, что мы не знаем пути. Но мы последуем за тобой сегодня же вечером, если ты укажешь нам путь».

Выслушав Фому, Иисус сказал: «Фома, я есть путь, истина и жизнь. Только через меня человек способен прийти к Отцу. Все, кто находят Отца, сначала находит меня. Если вы знаете меня, вы знаете путь к Отцу. А вы действительно знаете меня, ибо вы жили со мной и видите меня сейчас».

Но это учение было слишком глубоким для многих апостолов, особенно для Филиппа, который, обменявшись несколькими словами с Нафанаилом, поднялся и сказал: «Учитель, покажи нам Отца, и всё, сказанное тобой, станет ясным».

И когда Филипп сказал это, Иисус ответил: «Филипп, я так долго пробыл среди вас, и ты до сих пор не знаешь меня? Вновь я заявляю: видевший меня видел Отца. Как же после этого ты можешь говорить: „Покажи нам Отца"? Разве ты не веришь, что я пребываю в Отце и Отец пребывает во мне? Разве я не учил вас, что слова, которые я говорю вам, не мои, а Отца? Я говорю от имени Отца, а не от себя. Я нахожусь в этом мире, чтобы исполнить волю Отца, и это я сделал. Мой Отец пребывает во мне и действует через меня. Верьте мне, когда я говорю, что Отец пребывает во мне и что я пребываю в Отце, или же просто верьте мне ради самой жизни, прожитой мною, – ради моего труда».

Когда Учитель отошел в сторону, чтобы попить воды, одиннадцать принялись горячо обсуждать эти учения, а Петр уже приступал к пространному обращению, когда Иисус вернулся и попросил их занять свои места.

4. ОБЕЩАННЫЙ ПОМОЩНИК

Продолжая учить, Иисус сказал: «После того как я прибуду к Отцу, после того как он полностью одобрит сделанное мною для вас на земле и после того как я обрету окончательное полновластие в моих владениях, я скажу своему Отцу: оставив своих детей одних на земле, я должен исполнить свое обещание и послать им другого учителя. И когда Отец одобрит это, я изолью Дух Истины на всю плоть. В ваших сердцах уже пребывает дух моего Отца, и когда настанет этот день, вы обретете меня так же, как сегодня у вас есть Отец. Этот новый дар есть дух живой истины. Поначалу неверующие не станут прислушиваться к учениям этого духа, но сыны света примут его с радостью и всем сердцем. И когда этот дух прибудет к вам, вы познаете его, как познали меня, и примете этот дар в свои сердца, и он останется с вами. Итак, вы видите, что я не собираюсь оставлять вас без помощи и водительства. Я не брошу вас в одиночестве. Сегодня я могу быть с вами только лично. В грядущие века я буду с вами и всеми другими людьми, желающими моего присутствия, где бы они ни были, и с каждым из вас одновременно. Разве вы не видите, что мне лучше уйти, что я оставляю вас во плоти затем, чтобы еще лучше и полнее быть с вами в духе?

Еще несколько часов, и мир больше не увидит меня; вы же будете по-прежнему знать меня в своих сердцах, пока я не пришлю к вам нового учителя – Духа Истины. Так же, как я жил с вами во плоти, я буду жить в вас; я буду един с вашим личным опытом в царстве духа. И когда это произойдет, вы узнаете доподлинно, что я пребываю в Отце и что в то время, как ваша жизнь сокрыта вместе с Отцом во мне, я пребываю также в вас. Я люблю Отца и сохранил его слово; вы любите меня, и вы сохраните мое слово. Так же как мой Отец дал мне от своего духа, так и я дам вам от своего духа. И этот Дух Истины, который я посвящу вам, будет вести и утешать вас и в итоге приведет ко всякой истине.

Я говорю вам эти вещи, пока я еще с вами, чтобы помочь вам лучше перенести те испытания, на пороге которых мы стоим. И когда настанет этот новый день, в вас будут пребывать как Сын, так и Отец. Эти дары неба будут извечно сотрудничать друг с другом, так же как Отец и я трудились на земле прямо перед вашими глазами как одно лицо – Сын Человеческий. И этот духовный друг напомнит вам обо всём, чему учил вас я».

На мгновение Учитель умолк, и Иуда Алфеев решился задать один из тех редких вопросов, с которым он или его брат когда-либо обращались к Иисусу прилюдно. Иуда спросил: «Учитель, ты всегда жил среди нас как друг; как мы узнаем тебя, когда ты будешь являть себя нам только через этот дух? Если мир не будет тебя видеть, как мы сможем быть уверены в тебе? Как ты явишь нам себя?»

Иисус оглядел всех, улыбнулся и сказал: «Дети мои малые, я ухожу, возвращаюсь к моему Отцу. Вскоре вы уже не увидите меня таким, как сейчас, из плоти и крови. Пройдет совсем немного времени, и я пришлю к вам свой дух, который во всём будет походить на меня, за исключением этого материального тела. Этот новый учитель есть Дух Истины, который будет жить у каждого из вас в сердце, и все дети света станут едины и будут тянуться друг к другу. Именно так Отец и я сможем жить в душе каждого из вас, равно как и в сердцах всех других людей, которые любят нас и которые воплощают эту любовь, когда любят друг друга, – подобно тому, как сейчас я люблю вас».

Иуда Алфеев не совсем понял сказанное Иисусом, однако он уяснил обещание направить нового учителя, и по выражению на лице Андрея он почувствовал, что получил хороший ответ на свой вопрос.

5. ДУХ ИСТИНЫ

Новый помощник, которого Учитель обещал направить в сердца верующих, излить на всю плоть, является *Духом Истины*. Этот божественный дар не есть буква или закон истины, как не призван он функционировать в качестве формы или выражения истины. Новый учитель – это *убежденность в истине*, осознание и уверенность в истинных значениях на реальных уровнях духа. И этот новый учитель есть дух живой и растущей истины, расширяющейся, раскрывающейся и адаптирующейся истины.

Божественная истина есть живая, постигаемая духом реальность. Истина существует только на высоких духовных уровнях осознания божественности и осознанного общения с Богом. Можно познавать истину, и можно проживать истину; можно ощущать рост истины в душе – и можно наслаждаться освобождающим постижением истины в разуме, но истину невозможно заковать в формулы, кодексы, вероучения или интеллектуальные типы человеческого поведения. Когда вы предлагаете человеческую формулировку божественной истины, она быстро погибает. Последующее использование скованной истины может в лучшем случае вылиться лишь в особую форму интеллектуализированной, возвеличенной мудрости. Статичная истина есть истина мертвая, и только мертвая истина может считаться теорией. Живая истина динамична и может существовать в человеческом разуме только в качестве эмпирической сущности.

Разумность вырастает из материального бытия, озаренного присутствием космического разума. Мудрость включает в себя осмысление знания, поднятого на новые уровни значения и движимого присутствием вселенского дара – вспомогательного духа мудрости. Истина есть ценность, присущая духовной реальности и испытываемая только наделенными духом существами, которые функционируют на сверхматериальных уровнях вселенского сознания и которые, постигнув истину, позволяют активирующему ее духу жить и властвовать в своих душах.

Подлинное дитя вселенской проницательности ищет в каждом мудром высказывании Дух Истины. Богопознавший индивидуум неизменно поднимает мудрость до уровней божественных свершений – уровней живой истины; духовно не развивающаяся душа постоянно тянет живую истину вниз, к мертвым уровням мудрости и в область всего лишь возвышенного знания.

Когда золотое правило лишается сверхчеловеческой проницательности Духа Истины, оно становится всего лишь правилом высокого этического поведения. Когда золотое правило толкуется буквально, оно может стать средством величайшего оскорбления для ближнего. Без духовного постижения золотого правила мудрости можно прийти к заключению, что поскольку вы желаете, чтобы все люди были во всём и до конца откровенны с вами, вам также следует быть во всём и до конца откровенным с ними. Такое недуховное толкование золотого правила может привести к невыразимому несчастью и бесконечным страданиям.

Некоторые люди понимают и интерпретируют золотое правило как чисто интеллектуальное утверждение человеческого братства. Другие воспринимают такое выражение человеческих отношений как эмоциональное удовлетворение добрых чувств человеческой личности. Третьи видят в том же золотом правиле мерило для оценки всех социальных отношений, норму социального поведения. Четвертые рассматривают его как позитивное предписание великого нравственного учителя, заключившего в своем призыве высшее представление о нравственном обязательстве в том, что касается всех братских отношений. В жизни таких нравственных существ золотое правило становится центром мудрости и содержанием всей их философии.

В царстве – верующем братстве богопознавших приверженцев истины – это золотое правило приобретает живые качества, присущие духовному постижению на тех более высоких уровнях толкования, которые побуждают смертных Божьих сынов воспринимать это предписание Учителя как требование относиться к своим товарищам так, чтобы они могли получать максимальное благо от общения с верующим человеком. В этом и заключается сущность истинной религии: любить своих ближних, как самих себя.

Однако высшее постижение и наиболее истинное толкование золотого правила состоит в осознании духа той истины, которая заключена в вечной живой реальности такого божественного заявления. Истинное космическое значение этого правила всеобщих взаимоотношений раскрывается только в его духовном постижении, в толковании закона поведения духом Сына духу Отца, пребывающему в душе смертного человека. И когда такие ведóмые духом смертные постигают истинное значение этого золотого правила, они исполняются уверенностью в том, что являются гражданами дружественной вселенной, и их идеалы духовной реальности удовлетворяются только тогда, когда они любят своих собратьев так, как любил их Иисус; в этом и заключается реальность постижения Божьей любви.

Прежде чем вы сможете надеяться на адекватное понимание теории и практики Иисуса о непротивлении злу, вам необходимо постичь эту философию живой гибкости и космической адаптируемости божественной истины к индивидуальным требованиям и способностям каждого Божьего сына. В своей сущности, учение Иисуса является духовной декларацией. Даже материальные производные его философии невозможно успешно рассматривать в отрыве от их духовных взаимосвязей. Дух предписания Учителя заключается в непротивлении всем эгоистическим реакциям на вселенную в сочетании с энергичным и последовательным достижением праведных уровней истинных духовных ценностей: божественной красоты, бесконечной благости и вечной истины – познания Бога и всё большего уподобления ему.

Любовь, бескорыстие должны подвергаться непрерывному и живому переосмыслению отношений в согласии с водительством Духа Истины. Тем самым любовь должна постигать постоянно изменяющиеся и расширяющиеся представления о высшем космическом благе для того индивидуума, который является объектом любви. И вслед за этим любовь пробуждает то же самое отношение ко всем остальным индивидуумам, которые могли быть подвержены влиянию растущей и живой связи – любви ведóмого духом смертного к другим гражданам вселенной. И вся эта живая адаптация любви должна осуществляться с учетом как среды, в которой присутствует зло, так и вечной цели – совершенства божественного предназначения.

Таким образом, мы должны ясно видеть, что ни золотое правило, ни учение о непротивлении не могут быть правильно поняты в виде догм или предписаний. Их можно понять, только проживая их, постигая их значения в живом толковании Духа Истины, который управляет любвеобильным общением одного человека с другим.

И всё это ясно показывает отличие старой религии от новой. Старая религия учила самопожертвованию; новая религия учит только самозабвению, повышению самореализации при одновременном служении ближним и постижении вселенной. Движущей силой старой религии было сознание, исполненное страха; в новом евангелии царства господствует убежденность в истине – дух вечной и всеобщей истины. И никакое благочестие или приверженность своему вероучению не могут восполнить отсутствие в жизненном опыте верующих царства того непроизвольного, щедрого и искреннего дружелюбия, которое характеризует рожденных в духе сынов живого Бога. Ни традиция, ни обрядовая система формального вероисповедания не могут возместить отсутствие подлинного сочувствия к своим ближним.

6. НЕОБХОДИМОСТЬ УХОДА

После того как Петр, Иаков, Иоанн и Матфей задали Учителю множество вопросов, он продолжил свою прощальную речь словами: «И я говорю вам всем об этом прежде, чем уйти, чтобы вы могли подготовиться к тому, что надвигается на вас, и не впали бы в опасное заблуждение. Власти не удовлетворятся только изгнанием вас из синагог; я предупреждаю вас: близится час, когда убивающие вас будут думать, что тем самым они служат Богу. И они будут поступать так с вами и с теми, кого вы ведете в царство небесное, поскольку они не познали Отца. Отказавшись принять меня, они отказались познать Отца; и они отказываются принять меня, когда отвергают вас, если только вы были верны моей новой заповеди – любить друг друга так, как я любил вас. Я говорю вам заранее об этих вещах для того, чтобы – когда пробьет ваш час, как ныне пробил мой, – вы могли укрепиться сознанием того, что мне всё было известно и что мой дух пребудет с вами во всех ваших страданиях за меня и евангелие. Именно ради этого я с самого начала был столь откровенным с вами. Я даже предупреждал вас, что врагами человека могут быть его домочадцы. Хотя это евангелие царства всегда приносит великий мир в душу каждого верующего, оно принесет мир на землю только тогда, когда люди захотят всем сердцем уверовать в мое учение и когда исполнение воли Отца станет основной целью смертной жизни.

Теперь, когда я покидаю вас, – ибо вижу, что настало время отправляться к Отцу, – меня удивляет, что ни один из вас не спросил меня: „Почему ты покидаешь нас?“ Тем не менее, я знаю, что вы задаете такие вопросы в душе. Я буду говорить с вами откровенно, как говорят между собой друзья. Мой уход действительно пойдет вам на пользу. Если я не уйду, новый учитель не сможет войти в ваши сердца. Я должен освободиться от этого смертного тела и вернуться на свое место на небесах, прежде чем я смогу послать духовного учителя, который будет жить в ваших душах и вести ваш дух к истине. И когда мой дух прибудет, чтобы поселиться в вас, он высветит различие между грехом и праведностью и позволит вам мудро судить о них в своих сердцах.

Мне еще о многом нужно сказать вам, но большего вы сейчас не сможете понять. Тем не менее, когда он – Дух Истины – прибудет, он поведет вас ко всякой истине, по мере того как вы будете проходить через многие обители во вселенной моего Отца.

Этот дух будет говорить не от себя: он возвестит вам то, что Отец раскрыл Сыну, и покажет вам даже грядущие события; он прославит меня, как я прославил моего Отца. Этот дух исходит от меня, и он раскроет вам мою истину. Всё, что

Отец имеет в этих владениях, теперь принадлежит мне; поэтому я сказал, что этот новый учитель возьмет то, что мое, и откроет это вам.

Вскоре я ненадолго покину вас. Затем, когда вы вновь увидите меня, я уже буду находиться на пути к моему Отцу, так что и тогда наше свидание будет коротким».

Он умолк, и апостолы начали переговариваться между собой: «Что означают его слова „вскоре я покину вас“ и „когда вы снова увидите меня, наше свидание будет коротким, ибо я уже буду находиться на пути к Отцу“? Что он может иметь в виду, говоря „вскоре“ и „коротким“? Мы не понимаем того, что он нам говорит».

И поскольку Иисус знал, что они задаются этими вопросами, он сказал: «Вы обсуждаете между собой, чтó я имел в виду, говоря, что вскоре меня не будет с вами и что когда вы увидите меня снова, я буду на пути к Отцу? Я прямо сказал вам, что Сын Человеческий должен умереть, но что он воскреснет вновь. Неужели после этого вы не можете понять смысл моих слов? Сначала вы будете горевать, но впоследствии возрадуетесь вместе со многими, которые поймут эти вещи, когда они свершатся. Женщина действительно мучается в час родов, но когда она разрешается младенцем, она тут же забывает свои страдания, радуясь от сознания того, что человек родился на свет. Приблизилось время и вам скорбеть из-за моего ухода, но вскоре я увижу вас вновь, и тогда ваша скорбь обернется радостью, и вы обретете новое раскрытие Божьего спасения, которое никто и никогда не отнимет у вас. И все миры обретут благословение тем же самым раскрытием жизни, побеждающей смерть. Доныне вы обо всём просили именем моего Отца. Когда же вы вновь увидите меня, сможете просить и моим именем, – и я услышу вас.

Здесь, на земле, я учил вас пословицами и говорил с вами притчами. Я делал так потому, что вы были всего лишь духовными младенцами; однако грядет час, когда я буду прямо возвещать вам об Отце и его царстве. И я буду делать это потому, что сам Отец любит вас и желает быть полнее раскрытым вам. Смертный человек неспособен увидеть духа-Отца; поэтому я пришел в этот мир, чтобы вы смогли увидеть Отца своими глазами – глазами созданий. Но когда вы станете совершенными в духовном росте, вы увидите самого Отца».

Выслушав его, одиннадцать апостолов сказали друг другу: «Вот, он действительно откровенно говорит с нами. Учитель несомненно пришел от Бога. Но почему он говорит, что должен вернуться к Отцу?» И Иисус увидел, что они так и не поняли его. Эти одиннадцать мужчин не могли освободиться от своих давних сокровенных идей, свойственных еврейскому представлению о Мессии. Чем полнее они верили в Иисуса как Мессию, тем труднее им было придерживаться своих глубоко укоренившихся представлений о великом торжестве материального царства на земле.

ДОКУМЕНТ 181

ПОСЛЕДНИЕ НАСТАВЛЕНИЯ И ПРЕДУПРЕЖДЕНИЯ

После прощального обращения Иисуса к одиннадцати апостолам началась непринужденная беседа, во время которой они вспоминали многие эпизоды своего опыта, совместного и индивидуального. Наконец эти галилеяне начали осознавать, что их друг и учитель собирается покинуть их, и потому они с надеждой ухватились за его слова, когда он пообещал, что вскоре они снова увидят его, однако они с легкостью забыли, что это новое посещение также будет коротким. Многие из апостолов и ведущих учеников действительно считали, что обещание вернуться ненадолго (короткий промежуток времени между воскресением и вознесением) означало, что Иисус уходит лишь для краткого свидания с Отцом, после чего он вернется, чтобы установить царство. И такое толкование его учения согласовывалось как с изначальными верованиями апостолов, так и с их страстными надеждами. Поскольку это соответствовало представлениям и чаяниям всей их жизни, им не составляло труда так истолковать слова Учителя, чтобы оправдать свои сокровенные желания.

После того как апостолы обсудили прощальную речь и она начала укладываться у них в сознании, Иисус попросил тишины и перешел к последним наставлениям и предупреждениям.

1. ПОСЛЕДНИЕ УТЕШЕНИЯ

Когда одиннадцать апостолов вернулись на свои места, Иисус встал и обратился к ним: «До тех пор, пока я остаюсь с вами во плоти, я могу быть лишь пребывающим среди вас индивидуумом, или одним из обитателей этого мира. Но когда я освобожусь от этого смертного одеяния, я смогу вернуться в качестве духа, обитающего в каждом из вас и во всех остальных верующих в это евангелие царства. Так Сын Человеческий станет духовным воплощением в душах всех истинно верующих.

Когда я вернусь, чтобы жить в вас и трудиться в вашем лице, я смогу еще успешнее вести вас через эту жизнь и направлять через многие обители в будущей жизни на небесах небес. Жизнь в вечном творении Отца не есть бесконечный отдых в безделье и эгоистичной праздности. Наоборот – это непрестанное развитие в благодати, истине и славе. Каждая из огромного множества обителей в доме моего Отца является местом остановки, жизнью, предназначенной для того, чтобы подготовить вас к следующему шагу. Таким образом дети света будут продолжать идти от славы к славе, пока не достигнут божественного состояния, при котором они становятся духовно совершенными, как совершенен во всём Отец.

Если вы пожелаете следовать за мной после того как я покину вас, проявите искреннее стремление жить в согласии с духом моих учений и идеалом моей жизни – исполнением воли моего Отца. Поступайте так, вместо того чтобы подражать моей земной жизни во плоти, которую мне по необходимости пришлось прожить в этом мире.

Отец послал меня в этот мир, но лишь немногие из вас полностью приняли меня. Я изолью свой дух на всю плоть, но не все люди захотят принять этого нового учителя в качестве наставника и воспитателя души. Однако все, кто примут его, просветятся, очистятся и утешатся. И этот Дух Истины станет в них внутренним источником живой воды, истекающей в вечную жизнь.

А теперь, покидая вас, я хотел бы утешить вас. Я оставляю вам покой; я даю вам свой покой. Я приношу свои дары не так, как этот мир, – мерой, – а каждому из вас всё, что примете. Да не опечалятся ваши сердца и да не устрашатся. Я победил мир, и во мне все вы одéржите победу через веру. Я уже предупреждал вас, что Сын Человеческий будет убит, но я заявляю вам, что я вернусь, прежде чем отправиться к Отцу, хотя наше свидание и будет недолгим. И после того как я вознесусь к Отцу, я непременно пошлю нового учителя, который останется с вами и поселится глубоко в ваших сердцах. И когда вы увидите, как всё это сбывается, не тревожьтесь, а лишь веруйте, поскольку вы знали обо всём этом заранее. Я глубоко полюбил вас, и я не покидал бы вас – но такова воля Отца. Мое время исполнилось.

Не сомневайтесь ни в одной из этих истин даже тогда, когда гонения рассеют вас и многочисленные страдания повергнут вас в уныние. Когда вы будете чувствовать себя одинокими в мире, я буду знать о вашей разобщенности, так же как вы будете знать о моем одиночестве, когда, рассеянные кто куда, оставите Сына Человеческого в руках его врагов. Но я никогда не бываю одиноким; Отец всегда пребывает со мной. Я и тогда буду молиться за вас. И я говорю вам обо всём этом для того, чтобы вы могли обрести покой, и обрести его более полно. В этом мире вас ждут скорби, но не падайте духом: я одержал здесь победу и показал вам путь к вечной радости и непреходящему служению».

Иисус дает покой тем, кто, как и он, исполняет Божью волю, – но не в виде радостей и удовольствий этого материального мира. Неверующим материалистам и фаталистам доступны только два типа покоя и душевного комфорта: они должны быть либо стоиками, с их твердой решимостью мужественно встретить неотвратимое и пережить худшее, либо оптимистами, которые, вечно обольщаясь надеждой, неизменно пробуждающейся в человеческой груди, тщетно желают покоя, никогда не наступающего в действительности.

В земной жизни полезно быть в определенной степени как стоиком, так и оптимистом, но ни то, ни другое не имеет никакого отношения к тому возвышенному покою, который Сын Божий посвящает своим братьям во плоти. Покой, который Михаил дает своим земным детям, есть тот же покой, что наполнял его собственную душу в течение его смертной жизни во плоти на этой самой планете. Покой Иисуса есть радость и удовлетворение богопознавшего индивидуума, который достиг победы, полностью овладев исполнением Божьей воли в материальной жизни во плоти. Покой, наполнявший разум Иисуса, опирался на абсолютную человеческую веру в действительность мудрой и сочувственной сверхопеки божественного Отца. Иисус сталкивался на земле с трудностями и даже был ошибочно назван «мужем скорбей», но во всех испытаниях его опорой была та уверенность, которая всегда придавала ему силы, позволяя идти к своей цели и не сомневаться в том, что он исполняет волю Отца.

Иисус отличался решительностью, настойчивостью и абсолютной преданностью своей миссии, но он не являлся бесчувственным и безразличным стоиком; в своем жизненном опыте он всегда искал радостные стороны, но он не был слепым и поддавшимся самообману оптимистом. Учитель знал обо всём, что ему было уготовано, и он не страшился. Посвятив этот покой каждому из своих последователей, он был вправе сказать: «Да не опечалятся ваши сердца и да не устрашатся».

Таким образом, покой Иисуса есть покой и убежденность сына, всецело верящего в то, что его путь во времени и вечности целиком и полностью опекается и охраняется преисполненным мудрости, любви и могущества духом-Отцом. И такой покой действительно недоступен разуму человека, однако его способно в полной мере испытать верующее человеческое сердце.

2. ПРОЩАЛЬНЫЕ ПЕРСОНАЛЬНЫЕ НАСТАВЛЕНИЯ

Учитель закончил давать прощальные наставления и последние напутствия, предназначавшиеся апостолам как группе. После этого он перешел к прощанию с каждым в отдельности, дав каждому апостолу личный совет и последнее благословение. Апостолы оставались на своих местах вокруг стола, которые они заняли в начале Тайной Вечери, и по мере того как Учитель обходил стол, беседуя с ними, каждый из них вставал, когда Иисус обращался к нему.

Иоанну Иисус сказал: «Ты, Иоанн, самый младший из моих собратьев. Ты был очень близок мне, и хотя я люблю всех вас одинаковой любовью, как любит своих сыновей отец, ты был назначен Андреем в качестве одного из трех апостолов, всегда находившихся возле меня. Кроме того, ты действовал от моего имени – и должен продолжать заниматься этим – во многих вопросах, имеющих отношение к моей земной семье. И я отправляюсь к Отцу, не сомневаясь в том, что ты, Иоанн, будешь и дальше опекать тех, кто одной со мной плоти. Пусть их нынешнее непонимание моей миссии никоим образом не мешает тебе предлагать им всё сочувствие, совет и помощь, которые, как ты знаешь, я предложил бы им, если бы мне было суждено продолжить жизнь во плоти. И когда они придут к свету и полностью вступят в царство и вы все с радостью будете приветствовать их, я надеюсь на то, что ты, Иоанн, поприветствуешь их за меня.

А теперь, когда истекают последние часы моего земного пути, оставайся возле меня, чтобы я мог передать тебе любое сообщение для моей семьи. Что касается труда, порученного мне Отцом, то он завершен во всём, кроме моей смерти во плоти, и я готов испить эту последнюю чашу. Что же до обязанностей, доставшихся мне от моего земного отца, Иосифа, то я заботился об их выполнении в течение своей жизни; теперь же я должен полагаться на тебя в том, что во всех подобных вопросах ты будешь действовать от моего имени. Я выбрал для этой миссии именно тебя, Иоанн, ибо ты самый младший и потому, скорее всего, переживешь остальных апостолов.

Однажды мы назвали тебя и твоего брата сынами грома. Ты отправился вместе с нами в путь, будучи решительным и нетерпимым, однако ты во многом изменился с того времени, когда требовал, чтобы я обрушил небесный огонь на головы невежественных и бездумных неверующих. И тебе следует измениться еще больше. Ты должен стать апостолом новой заповеди, которую я дал вам сегодня вечером. Посвяти свою жизнь тому, чтобы научить своих собратьев любить друг друга, как я любил вас».

Стоя в верхнем зале перед Учителем, со слезами, стекающими по щекам, Иоанн Зеведеев взглянул ему в глаза и сказал: «Так я и сделаю, мой Учитель, но как мне научиться больше любить своих собратьев?» Тогда Иисус ответил: «Ты научишься больше любить своих собратьев, когда вначале научишься больше любить их небесного Отца и после того как действительно начнешь в большей мере интересоваться их благополучием во времени и в вечности. И всякий такой человеческий интерес укрепляется отзывчивостью и сочувствием, бескорыстным служением и безграничным прощением. Никто не должен презирать твою молодость, но я призываю тебя учитывать то, что возраст часто отражает опыт и что ничто в человеческих делах не может заменить настоящий опыт. Стремись жить мирно со всеми людьми, особенно с твоими друзьями в братстве небесного царства. И всегда помни, Иоанн, что не следует бороться с теми душами, которые ты хотел бы обрести для царства».

И затем Учитель, обойдя свое собственное место, задержался на мгновение у места Иуды Искариота. Апостолы были весьма удивлены тем, что Иуда до сих пор не вернулся, и им очень хотелось знать, почему так опечалилось лицо Иисуса, стоящего у пустого места предателя. Однако никому из них – за исключением, возможно, Андрея – и в голову не пришло, что их казначей ушел, чтобы предать своего Учителя, на что Иисус намекнул им ранее вечером и во время трапезы. Этот вечер был слишком насыщен событиями, и на время они совершенно забыли про заявление Учителя о том, что один из них предаст его.

Иисус подошел к Симону Зелоту, который встал, чтобы выслушать его наказ: «Ты – истинный сын Авраама, но каким же трудом дались мне попытки сделать тебя сыном небесного царства! Я люблю тебя, как любят тебя и все остальные твои собратья. Я знаю, что ты любишь меня, Симон, и что ты также любишь царство, но ты по-прежнему стремишься к установлению царства так, как ты его себе представляешь. Я прекрасно знаю, что в итоге ты постигнешь духовную природу и смысл моего евангелия и что ты поработаешь на славу для его возвещения, но меня беспокоит то, что может случиться с тобой после моего ухода. Я был бы рад, если бы знал, что ты не оступишься; я был бы счастлив, если бы знал, что, после того как я отправлюсь к Отцу, ты не перестанешь быть моим апостолом и будешь должным образом вести себя как посланник небесного царства».

Не успел Иисус завершить свое напутствие Симону Зелоту, как этот пламенный патриот, вытирая глаза, ответил: «Учитель, не беспокойся за мою преданность. Я порвал со всем, чтобы посвятить свою жизнь установлению твоего царства на земле, и я не дрогну. До сих пор я справлялся со всеми разочарованиями, и я не оставлю тебя».

Тогда, положив руку на плечо Симону, Иисус сказал: «Твои слова не могут не ободрять меня, особенно в такое время; однако, мой добрый друг, ты до сих пор не знаешь, о чём говоришь. Я ни на мгновение не стал бы сомневаться в твоей преданности, твоем рвении; я знаю, что ты, как и все остальные, не колеблясь, отправился бы в бой и отдал бы за меня жизнь – и все они решительно закивали головами, – но этого от тебя не потребуется. Я уже не раз говорил вам, что царство мое не от мира сего и что мои ученики не будут сражаться за его установление. Я много раз говорил тебе об этом, Симон, но ты отказываешься смотреть правде в глаза. Меня не беспокоит твоя преданность мне и царству, но что́ ты будешь делать, когда я уйду и ты, наконец, осознаешь, что не понимал смысла моего учения и что тебе придется изменить свои ошибочные представления, привести их в соответствие с реальностью другого, духовного типа отношений в царстве?»

Симон хотел сказать что-то еще, но Иисус жестом остановил его и продолжал: «Никто из моих апостолов не превосходит тебя в искренности и чистосердечии, но после моего ухода ни один из них не будет так же расстроен и обескуражен, как ты. Во всех твоих разочарованиях мой дух будет с тобой, и эти братья твои не оставят тебя. Помни, чему я учил вас об отношении гражданства на земле к сыновству в духовном царстве Отца. Хорошо поразмысли над всеми моими словами о том, что следует отдавать кесарю кесарево, а Богу – Божье. Посвяти свою жизнь, Симон, тому, чтобы показать, сколь успешно смертный человек способен выполнять мой наказ об одновременном признании мирских обязанностей в отношении гражданских властей и духовного служения в братстве царства. Если ты будешь учиться у Духа Истины, то никогда не будет возникать противоречий между требованиями земного гражданства и небесного сыновства, если только мирские правители не потребуют от тебя почтения и поклонения, которые принадлежат одному только Богу.

И еще, Симон: когда, наконец, ты действительно поймешь всё это, – и после того как ты преодолеешь свою подавленность и отправишься в путь, со всей мощью провозглашая это евангелие, – никогда не забывай, что я был с тобой на протяжении всего периода твоих разочарований и что я останусь с тобой до самого конца. Ты навсегда останешься моим апостолом, и когда ты будешь готов воспользоваться своим духовным зрением и полнее подчинишь свою волю воле небесного Отца, ты вернешься к своим трудам в качестве моего посланника, и никто не отнимет у тебя данной мною власти только потому, что ты медленно понимаешь истины, которым я учил тебя. Итак, Симон, я еще раз предупреждаю тебя: взявшие меч от меча и погибнут; те же, кто трудится в духе, достигают вечной жизни в грядущем царстве с радостью и миром в царстве нынешнем. И когда порученный тебе земной труд подойдет к концу, ты, Симон, воссядешь вместе со мной в моем небесном царстве. Ты действительно увидишь царство, о котором мечтаешь, но не в этой жизни. Продолжай верить в меня и в то, чтó я раскрыл вам, и ты обретешь дар вечной жизни».

Завершив свое обращение к Симону Зелоту, Иисус подошел к Матфею Левию и сказал: «Тебе больше не нужно пополнять апостольскую казну. Скоро, очень скоро все вы будете рассеяны; вы будете лишены даже утешающего и укрепляющего общения с кем-либо из своих собратьев. Идя вперед с проповедью евангелия царства, вам придется искать себе новых сподвижников. В период вашей подготовки я отправлял вас по двое; теперь я покидаю вас, и когда вы справитесь с потрясением, вы отправитесь в путь по одному во все концы света, возвещая благую весть о том, что воодушевленные верой смертные являются Божьими сынами».

После этого Матфей спросил: «Однако, Учитель, кто пошлет нас, и как мы узнаем, куда идти? Укажет ли Андрей нам путь?» Иисус ответил: «Нет, Левий, Андрей больше не будет руководить вами в возвещении царства. Конечно, пока не придет новый учитель, Андрей будет продолжать оставаться вашим другом и советчиком, после чего Дух Истины поведет каждого из вас в мир, где вы будете трудиться над распространением царства. Ты во многом изменился с того дня в таможне, когда стал моим последователем, но еще многое должно произойти, прежде чем ты сможешь представить себе братство, где в дружеском союзе язычник сидит рядом с иудеем. Однако продолжай и дальше следовать своему стремлению привести в царство своих иудейских собратьев, а когда удовлетворишься сполна, со всей мощью обратись к иноверцам. В одном можешь не сомневаться, Левий: ты завоевал доверие и любовь твоих братьев; все они любят тебя». И все десять молча кивнули в знак согласия с Учителем.

«Левий, я многое знаю о твоих тревогах, жертвах и усилиях, связанных с пополнением казны, о чём не знают твои собратья, и я рад тому, что хотя с нами и нет казначея, ставший вестником мытарь присутствует здесь, на моем прощальном собрании с посланниками царства. Я молюсь о том, чтобы ты смог увидеть смысл моего учения глазами духа. И когда в твоем сердце поселится новый учитель, продолжай следовать его водительству, и пусть твои братья – как и весь мир – увидят, что́ способен сделать Отец для презренного сборщика пошлин, который решился последовать за Сыном Человеческим и уверовать в евангелие царства. С самого начала я любил тебя так же, как и этих остальных галилеян. А потому, хорошо зная, сколь чуждо лицеприятие Отцу или Сыну, никогда не проводи различий между теми, кто обретает веру в евангелие благодаря твоему служению. Пусть же вся твоя грядущая жизнь, Матфей, будет показывать людям, что Бог нелицеприятен, что в глазах Бога и в братстве царства все люди равны – все верующие являются сынами Божьими».

Затем Иисус подошел к Иакову Зеведееву, который встал и молча выслушал Учителя, обратившегося к нему со словами: «Иаков, когда ты и твой младший брат однажды пришли ко мне, пытаясь добиться для себя особых привилегий в царстве, и я сказал вам, что одарение такими почестями является прерогативой Отца, я спросил вас, сможете ли испить мою чашу, и вы оба ответили, что сможете. Даже если тогда ты и не мог этого сделать – и даже если ты не можешь сделать этого сейчас, – вскоре ты будешь подготовлен к такому служению теми испытаниями, на пороге которых ты стоишь. В тот раз вы разгневали таким поведением своих собратьев. Даже если они еще не до конца простили тебя, они простят, когда увидят, что ты пьешь мою чашу. Каким бы долгим или коротким ни оказалось твое служение, пусть душа твоя пребывает в покое. Когда прибудет новый учитель, позволь ему научить тебя спокойному состраданию и той благожелательной терпимости, которая рождается из возвышенной уверенности во мне и совершенного подчинения воле Отца. Посвяти свою жизнь тому, чтобы продемонстрировать объединение человеческой любви и божественного достоинства ученика, который знает Бога и уверовал в Сына. И все, кто живет такой жизнью, будут раскрывать евангелие даже своей смертью. Ты и твой брат Иоанн пойдете различными путями, и возможно, что один из вас воссядет со мной в вечном царстве намного раньше другого. Тебе будет значительно легче, если ты усвоишь, что истинная мудрость подразумевает не только мужество, но и благоразумие. Ты должен научиться сочетать решительность с прозорливостью. Еще придут те величайшие моменты, когда мои ученики, не колеблясь, будут отдавать свою жизнь за евангелие, но при всех обычных обстоятельствах намного лучше отвращать гнев неверующих, дабы иметь возможность жить и продолжать проповедовать благую весть. В той мере, в какой это будет в твоей власти, живи как можно дольше на земле, дабы твоя многолетняя жизнь принесла множество плодов – новые души, обретенные для небесного царства».

Завершив свое обращение к Иакову Зеведееву, Учитель прошел в конец стола, где сидел Андрей, и, глядя в глаза своему преданному помощнику, сказал: «Андрей, ты преданно представлял меня в качестве исполняющего обязанности главы посланников небесного царства. Хотя порой ты и сомневался, а иногда проявлял опасную робость, тем не менее, ты всегда был абсолютно справедлив и в высшей степени честен в отношениях со своими товарищами. С тех пор как ты и твои братья были посвящены в посланники царства, вы осуществляли самоуправление во всех административных вопросах вашей группы – если не считать того, что я назначил тебя исполняющим обязанности главы этих избранных апостолов. Ни в одном другом мирском вопросе я не контролировал твоих решений и не влиял на них. И я поступал так для того, чтобы у вас был руководитель, под началом которого проходили бы все последующие совещания вашей группы. В моей вселенной и во вселенной вселенных моего Отца мы относимся к нашим сынам-братьям как к индивидуумам во всех их духовных связях, но во всех групповых взаимоотношениях мы всегда обеспечиваем вполне определенное руководство. Наше царство – это мир порядка, а потому везде, где двое или большее число созданий сотрудничают друг с другом, они всегда наделяются полномочными руководителями.

А теперь, Андрей, поскольку ты руководишь своими братьями данной мною властью, и поскольку ты служил в этой роли в качестве моего личного представителя, а также ввиду того, что я собираюсь покинуть вас и отправиться к моему Отцу, я освобождаю тебя от какой-либо ответственности, связанной с исполнением этих мирских административных обязанностей. Отныне ты будешь обладать только теми правами в отношении своих братьев, которые ты заслужишь как духовный лидер и которые будут открыто признаны ими. Впредь ты сможешь пользоваться властью над своими братьями только в том случае, если они вернут тебе такое право специальным решением после того, как я отправлюсь к Отцу. Однако это освобождение от ответственности в качестве административного главы этой группы ни в коей мере не уменьшает твоей моральной ответственности – обязанности сделать всё, что в твоих силах, чтобы твердо и с любовью сохранить товарищество твоих братьев во время тяжких испытаний, на пороге которых мы стоим, – в дни между моей кончиной во плоти и прибытием нового учителя, который будет жить в ваших сердцах и в итоге приведет вас ко всякой истине. Готовясь покинуть вас, я хотел бы полностью освободить тебя от административной ответственности, обусловленной моим присутствием в качестве одного из вас. Отныне я буду осуществлять только духовную власть над вами и среди вас.

Если твои братья пожелают, чтобы ты и впредь оставался их советчиком, я предписываю, чтобы во всех вопросах мирского или духовного характера ты делал всё, что в твоих силах, для укрепления мира и согласия между различными группами искренне верующих в евангелие. Посвяти оставшуюся часть своего земного пути воплощению в жизнь братской любви между твоими собратьями. Будь добр к моим братьям во плоти, когда они обретут полную веру в это евангелие; проявляй любовь и беспристрастную преданность грекам на Западе и Авениру на Востоке. Хотя мои апостолы вскоре рассеются по всему свету, возвещая благую весть о спасительном богосыновстве, ты должен удерживать их вместе в течение смутного времени, на пороге которого мы стоим, – в период тяжелых испытаний, когда вы должны будете научиться верить в это евангелие без моего личного присутствия, терпеливо ожидая прибытия нового учителя, Духа Истины. Итак, Андрей, хотя в глазах людей на твою долю может и не выпасть великих дел, довольствуйся своим положением учителя и советчика тех, кто будет вершить такие дела. Выполняй свой труд на земле до конца, после чего ты продолжишь свое служение в вечном царстве, – ибо разве я не говорил вам много раз, что у меня есть и другие овцы, которые не принадлежат к этому стаду?»

После этого Иисус подошел к близнецам Алфеевым и, встав между ними, сказал: «Мои малые дети, вы – одна из трех пар братьев, решивших следовать за мной. Все шесть успешно трудились в мире со своими сородичами, но никто не делал этого лучше вас. Нас ждут тяжелые времена. Возможно, вы не поймете всего, что уготовано вам и вашим братьям, но никогда не сомневайтесь в том, что однажды вы были призваны к труду на благо царства. Какое-то время вам не придется иметь дела с людскими толпами, но не унывайте: когда труд вашей жизни завершится, я приму вас на небе, где, во славе, вы расскажете о своем спасении серафическому воинству и множеству высоких Божьих Сынов. Посвятите свою жизнь возвышению будничного труда. Покажите всем людям на земле и ангелам на небе, сколь радостно и мужественно смертный человек, призванный на время для особого служения Богу, способен возвращаться к своим прежним занятиям. Если случится так, что ваш труд во внешних делах царства временно завершится, возвращайтесь к своим прежним занятиям с новым просветлением, приобретенным в опыте богосыновства, и с возвышенным сознанием того, что для богопознавшего человека не существует таких вещей, как будничное занятие или мирской труд. Для вас – тех, кто трудился вместе со мной, – все вещи стали священными, и всякий земной труд стал служением самому Богу-Отцу. И когда вы услышите о делах ваших бывших товарищей-апостолов, возрадуйтесь вместе с ними и продолжайте свой каждодневный труд в качестве тех, кто сопровождает Бога и, следуя за ним, служит ему. Вы были моими апостолами, и вы всегда будете ими, и я буду помнить о вас в грядущем царстве».

После этого Иисус подошел к Филиппу, который, поднявшись с места, выслушал следующий наказ своего Учителя: «Филипп, ты задал мне много нелепых вопросов, но я приложил все силы, чтобы ответить на каждый из них. А теперь я хотел бы дать ответ на последний из таких вопросов, возникавших в твоем чрезвычайно искреннем, но недуховном разуме. В течение всего времени, пока я обходил стол, приближаясь к тебе, ты повторял про себя: „Как мне быть, если Учитель уйдет и оставит нас одних в мире?“ О, маловерный! И всё же, тебе даровано не меньше, чем многим твоим братьям. Ты был хорошим экономом, Филипп. Лишь несколько раз ты подвел нас, и один из таких случаев мы использовали для того, чтобы прославить Отца. Вскоре ты сложишь с себя обязанности эконома и должен будешь активнее заняться тем трудом, к которому был призван, – проповедью этого евангелия царства. Филипп, ты всегда хотел, чтобы тебе показали, и очень скоро ты станешь свидетелем великих событий. Было бы намного лучше, если бы ты увидел всё это глазами своей веры, но поскольку ты был искренним даже в своей материальности, ты увидишь, как слова мои сбываются при твоей жизни. А затем, когда ты будешь благословлен духовным зрением, обратись к своему труду: посвяти жизнь тому, чтобы вести людей на поиск Бога и вечных реальностей, пользуясь глазами духа, а не материального разума. Помни, Филипп: тебя ждет великая миссия на земле, ибо мир полон тех, кто смотрит на жизнь точно так же, как до сих пор смотрел ты. Тебе уготован великий труд, и когда он будет завершен в вере, ты придешь ко мне в мое царство, и я с великой радостью покажу тебе то, чего не видели глаза, не слышали уши и не постигал смертный разум. Пока же стань, как малое дитя в царстве духа, и позволь мне, в качестве духа нового учителя, вести тебя вперед в духовном царстве. Так я смогу сделать для тебя много такого, что было недоступно мне, пока я пребывал вместе с тобой в виде смертного создания этого мира. И всегда помни, Филипп: видевший меня видел Отца».

После этого Учитель подошел к Нафанаилу. Когда Нафанаил встал, Иисус попросил его сесть и, присев рядом с ним, сказал: «Нафанаил, с тех пор, как ты стал моим апостолом, ты научился быть выше предрассудков и стал более терпимым. Однако тебе предстоит еще многому научиться. Ты был благословением для своих товарищей; твоя неизменная искренность была для них постоянным предостережением. Когда я уйду, может случиться так, что эта откровенность помешает твоим отношениям с братьями, – как прежними, так и новыми. Тебе следует усвоить, что даже самая благая мысль должна выражаться так, чтобы соответствовать интеллектуальному статусу и духовному развитию слушателя. Искренность приносит огромную пользу труду на благо царства, когда она неразрывно связана с благоразумием.

Если бы ты научился трудиться вместе со своими братьями, ты мог бы добиться более прочных результатов, но если случится так, что ты отправишься на поиски своих единомышленников, посвяти свою жизнь доказательству того, что богопознавший ученик может стать строителем царства даже тогда, когда он одинок в мире и полностью оторван от других верующих. Я знаю, что ты будешь предан до конца, и придет время, когда я познакомлю тебя с расширенным служением в моем небесном царстве».

Тогда Нафанаил обратился к Иисусу, задав ему следующий вопрос: «Я слушаю твое учение с тех пор, как ты впервые призвал меня к служению на благо этого царства, но я должен чистосердечно признаться в том, что я не до конца понимаю всё, что ты говоришь нам. Я не знаю, чего ждать дальше, и я полагаю, что большинство моих братьев также растеряны, но они не решаются сознаться в этом. Можешь ли ты помочь мне?» Положив руку на плечо Нафанаилу, Иисус сказал: «Мой друг, неудивительно, что ты запутался, пытаясь постичь смысл моих духовных учений, поскольку ты столь ограничен традиционными еврейскими предубеждениями и столь смущен своим упорным стремлением толковать мое евангелие в духе учений книжников и фарисеев.

Я многому научил словом, и я прожил среди вас свою жизнь. Я сделал всё возможное для просвещения вашего разума и раскрепощения ваших душ, а то, чего вы не смогли извлечь из моих учений и моей жизни, вы должны быть готовы получить у главного учителя – практического опыта. И во всяком новом опыте, который ждет вас, я буду идти впереди вас, и Дух Истины будет с вами. Не бойтесь: то, что вы неспособны понять сейчас, новый учитель раскроет вам после своего прихода в оставшийся период вашей жизни на земле и далее – во время вашей подготовки на протяжении вечных эпох».

И после этого Учитель, обернувшись ко всем апостолам, сказал: «Пусть вас не обескураживает то, что вы не можете постичь весь смысл евангелия. Вы являетесь лишь конечными, смертными людьми, а то, чему учил вас я, – бесконечно, божественно и вечно. Будьте терпеливы и мужественны, ибо в вашем распоряжении – нескончаемые века для того, чтобы продолжить постепенное накопление опыта обретения совершенства, подобного совершенству Отца в Раю».

После этого Иисус подошел к Фоме, который, встав, услышал следующие слова: «Фома, тебе часто не хватало веры, но несмотря на периодические сомнения, ты всегда сохранял мужество. Я хорошо знаю, что лжепророки и лжеучители не обманут тебя. Когда я уйду, твои братья будут еще больше ценить твой критический подход к новым учениям. А когда в грядущую эпоху вы будете рассеяны по всему свету, помни о том, что ты остаешься моим посланником. Посвяти свою жизнь великому делу – покажи, что критически настроенный материальный человеческий разум способен одержать победу над инерцией интеллектуального сомнения, когда он сталкивается с проявлением живой истины в опыте рожденных в духе мужчин и женщин, которые приносят в своей жизни духовные плоды и которые любят друг друга, как я любил вас. Фома, я рад, что ты был с нами, и я знаю, что после короткого замешательства ты продолжишь служить царству. Твои сомнения озадачивали твоих братьев, но они никогда не беспокоили меня. Я уверен в тебе, и я пойду перед тобой на край света».

После этого Учитель подошел к Симону Петру, который встал, когда Иисус обратился к нему со словами: «Петр, я знаю, что ты любишь меня и посвятишь свою жизнь открытому возвещению этого евангелия царства иудеям и язычникам, но меня тревожит то, что годы тесного общения со мной не принесли тебе большей пользы, – не научили тебя думать, прежде чем говорить. Какие испытания тебе придется пройти, прежде чем ты станешь осмотрительным в своих речах? Сколько хлопот ты принес нам своими необдуманными высказываниями, своей безапелляционной самоуверенностью! И если ты не справишься с этим изъяном, тебя ждет намного больше неприятностей. Ты знаешь, что несмотря на эту слабость, твои братья любят тебя, и ты должен также понять, что этот недостаток ни в коей мере не ослабляет моей любви к тебе, но он уменьшает приносимую тобой пользу и служит источником постоянных неприятностей для тебя. Однако ты обязательно извлечешь хороший урок из тех испытаний, которые ждут тебя сегодня же ночью. И то, что́ я говорю тебе сейчас, Симон Петр, я говорю также всем остальным твоим братьям, собравшимся здесь: этой ночью вас ждет великая опасность усомниться во мне. Вы знаете, что написано: „Поражен будет пастырь, и разбегутся овцы". Когда меня не станет, появится огромная опасность того, что некоторые из вас не устоят перед сомнениями и оступятся из-за того, что уготовано мне. Но я обещаю вам ненадолго вернуться к вам, а затем отправлюсь прежде вас в Галилею».

Тогда Петр положил руку на плечо Иисусу и сказал: «Даже если все мои братья поддадутся сомнениям из-за тебя, я обещаю, что не усомнюсь ни в чём, что бы ты ни сделал. Я буду вместе с тобой и, если потребуется, умру за тебя».

Глядя во влажные от слез глаза Петра, который стоял перед своим Учителем, дрожащий от сильного волнения и переполняемый подлинной любовью к нему, Иисус сказал: «Петр, истинно, истинно говорю тебе, что не пропоет петух этой ночью, как ты трижды или четырежды отречешься от меня. И то, что тебе не удалось усвоить в мирном общении со мной, ты усвоишь во многих бедах и страданиях. И после того как ты действительно выучишь этот полезный урок, тебе следует укрепить своих братьев и продолжать жить жизнью, посвященной проповеди этого евангелия, – даже если ты попадешь в тюрьму и, возможно, последуешь за мной, заплатив высшую плату за любвеобильное служение при создании царства Отца.

Но запомни мое обещание: когда я воскресну, я останусь с вами на время, прежде чем отправиться к Отцу. Так и этой ночью я буду просить Отца, чтобы он укрепил каждого из вас перед теми испытаниями, которые так скоро ждут вас. Я люблю всех вас той же любовью, какой Отец любит меня, и потому отныне все вы должны любить друг друга так же, как я любил вас».

И, спев псалом, они отправились в лагерь на Елеонскую гору.

ДОКУМЕНТ 182

В ГЕФСИМАНИИ

Было около десяти часов вечера, когда в этот четверг Иисус повел одиннадцать апостолов из дома Илии и Марии Марк назад в гефсиманский лагерь. Начиная с того дня, который он провел вместе с Иисусом в горах, Иоанн Марк считал своей священной обязанностью не спускать с Учителя глаз. Испытывая потребность во сне, Иоанн смог отдохнуть в течение нескольких часов, пока Учитель находился со своими апостолами в верхнем зале. Однако услышав, как они спускаются вниз, он поднялся и, быстро завернувшись в льняной плащ, отправился вслед за ними через город и ручей Кедрон и далее, к их тайному лагерю, который находился по соседству с Гефсиманским садом. Всю эту ночь и следующий день Иоанн Марк оставался вблизи Учителя, благодаря чему он стал свидетелем всех дальнейших событий и услышал многое из того, что было сказано Учителем, начиная с того момента и вплоть до распятия.

Пока Иисус и одиннадцать шли назад в лагерь, апостолы начали размышлять над тем, что́ означает затянувшееся отсутствие Иуды. Они обсуждали между собой слова Учителя, предсказавшего, что один из них предаст его; и тут они впервые заподозрили, что с Иудой Искариотом что-то неладно. Однако они начали открыто высказывать свое мнение об Иуде только после того, как прибыли в лагерь и увидели, что его там нет, что он не ждет и не встречает их. Когда все они окружили Андрея, допытываясь у него, что́ случилось с Иудой, их руководитель только заметил: «Я не знаю, где Иуда, но боюсь, что он бросил нас».

1. ПОСЛЕДНЯЯ ОБЩАЯ МОЛИТВА

Вскоре после возвращения в лагерь Иисус сказал им: «Мои друзья и братья, совсем недолго мне осталось быть с вами, и я желаю, чтобы мы уединились и помолились нашему небесному Отцу, прося укрепить и поддержать нас в этот час и впредь во всяком труде, который нам предстоит совершить его именем».

Сказав это, Иисус повел их вверх по склону Елеонской горы, и вскоре они поднялись на большую плоскую скалу, откуда был виден весь Иерусалим. Иисус велел им стать вокруг и преклонить колена, как в день их рукоположения, а затем – величественно стоя посреди них в мягком свете луны, – он возвел глаза к небу и произнес молитву:

«Отец, пробил мой час; прославь теперь своего Сына, чтобы и Сын мог прославить тебя. Я знаю, что ты дал мне всю полноту власти над всеми живыми созданиями в моих владениях, и я дам вечную жизнь всем, кто станет вероисповедными сынами Божьими. И вечная жизнь заключается в том, чтобы мои создания познали тебя как единого истинного Бога и Отца всего сущего, и чтобы они уверовали в того, кого ты послал в мир. Отец, я прославил тебя на земле и совершил то, что ты поручил мне исполнить. Я почти уже завершил свое посвящение детям нашего собственного творения; мне остается только отказаться от своей жизни во плоти. О, мой Отец, прославь меня той славой, что знал я с тобой еще до существования этого мира, и прими меня вновь по правую руку.

Я открыл тебя людям, которых ты избрал в этом мире и дал мне. Они твои, ибо всякая жизнь находится в твоих руках; ты дал их мне, и я жил среди них и учил их путям жизни, и они уверовали. Эти люди начинают видеть, что всё мое исходит от тебя и что жизнь, которую я проживаю во плоти, призвана познакомить миры с моим Отцом. Истину, данную тобою мне, я раскрыл им. Эти мои друзья и посланники всегда искренне желали принять твое слово. Я говорил им, что я пришел от тебя, что ты послал меня в этот мир и что вскоре я вернусь к тебе. Отец, молю тебя об этих избранных. И я молюсь о них не так, как я молился бы об этом мире, а как о тех, кого я избрал в мире представлять меня миру, после того как я вернусь к твоему труду, – так же, как я представлял тебя в этом мире, пребывая здесь во плоти. Эти люди – мои; ты дал их мне, но всё то, что является моим, извечно принадлежит тебе, а всё то, что было твоим, ты сделал моим. Ты был прославлен во мне, и теперь я молю о том, чтобы я прославился в этих людях. Я не могу более оставаться в этом мире; я возвращаюсь к труду, который ты поручил мне выполнить. Я должен оставить этих людей здесь представлять нас и наше царство среди людей. Отец, сейчас, когда я готовлюсь отдать свою жизнь во плоти, сохрани преданность этих людей. Помоги моим друзьям быть едиными в духе, как едины мы. Пока я оставался с ними, я мог охранять и направлять их, но теперь я ухожу. Будь рядом с ними, Отец, пока мы не сможем прислать нового учителя, который утешит и укрепит их.

Ты дал мне двенадцать человек, и я сохранил их всех, кроме одного, сына мести, который не пожелал остаться нашим товарищем. Эти люди слабы и бренны, но я знаю, что мы можем положиться на них; я испытал их; все они любят меня, равно как поклоняются тебе. Хотя они должны пострадать за меня, я желаю, чтобы они исполнились также радостью, уверенные в своем богосыновстве в царстве небесном. Я передал этим людям твое слово и научил их истине. Возможно, мир будет ненавидеть их, как ненавидел меня, но я не прошу, чтобы ты забрал их из этого мира, – только о том, чтобы уберег их от зла в этом мире. Освяти их истиной; слово твое есть истина. Как ты послал меня в этот мир, так и я собираюсь послать этих людей в мир. Ради них я жил среди людей и посвятил свою жизнь служению тебе, дабы я мог вдохновить их на очищение истиной, которой я научил их, и любовью, которую я раскрыл им. Я хорошо знаю, Отец мой, что мне не нужно просить тебя хранить моих братьев после моего ухода; я знаю, что ты любишь их так же, как я, но я делаю это для того, чтобы они могли лучше осознать, что Отец любит смертных людей так же, как их любит Сын.

А теперь, Отец мой, я хотел бы вознести молитву не только об этих одиннадцати, но и обо всех иных, кто ныне верует или кто может впредь уверовать в евангелие царства через слово их грядущего служения. Я хочу, чтобы все они были едины, как едины мы с тобой. Ты во мне, и я в тебе, и я желаю, чтобы эти верующие также были в нас, чтобы оба наших духа пребывали в них. Если мои дети будут едины, как едины мы с тобой, и если они будут любить друг друга, как возлюбил их я, все люди поверят, что я пришел от тебя, и возжелают принять осуществленное мною откровение истины и славы. Славу, данную мне тобою, я раскрыл этим верующим. Как ты жил со мною в духе, так и я жил с ними во плоти. Как ты был един со мной, так и я был един с ними, и так новый учитель будет един с ними и в них. И всё это сделано мною для того, чтобы мои собратья во плоти могли узнать, что Отец любит их так же, как их любит Сын, и что ты любишь их так же, как меня. Отец, трудись со мною над спасением этих верующих, чтобы вскоре они могли прийти и остаться со мною в славе, а затем идти дальше для воссоединения с тобою в объятиях Рая. Я хотел бы, чтобы те, кто служит со мною в смирении, пребывали бы со мною в славе, дабы увидеть всё, что передано тобою мне, в качестве собираемого в вечности урожая, посеянного во времени в образе смертной плоти. Я желаю показать моим земным братьям ту славу, что я знал с тобою еще до существования этого мира. Этот мир почти не знает тебя, праведный Отец, но я знаю тебя, и я раскрыл тебя этим верующим, и они возвестят твое имя другим поколениям. А теперь я обещаю им, что ты будешь с ними в этом мире, как ты был со мною, – именно так».

Несколько минут одиннадцать апостолов продолжали стоять, преклонив колена вокруг Иисуса, после чего они молча поднялись и отправились назад в находившийся рядом лагерь.

Иисус молился о *единстве* своих сторонников, но он не желал единообразия. Грех создает мертвый уровень порочной инерции, однако праведность воспитывает творческий дух индивидуального опыта в живых реальностях вечной истины и в прогрессивном общении божественных духов Отца и Сына. В духовном товариществе верующего сына и божественного Отца нет места для доктринерской категоричности и сектантского превосходства, присущих групповому сознанию.

В этой своей последней молитве вместе с апостолами Учитель ссылался на то, что он открыл миру *имя* Отца. Таким раскрытием Бога воистину стала вся его совершенная жизнь во плоти. Отец небесный пытался раскрыть себя Моисею, но он не смог пойти дальше провозглашения: «Я ЕСТЬ». А когда у него попросили расширить это откровение, было раскрыто лишь одно: «Я ЕСТЬ то, что Я ЕСТЬ». Когда же Иисус завершил свою земную жизнь, имя Отца было раскрыто в такой мере, что Учитель, являвшийся воплощением Отца, мог воистину сказать:

Я – хлеб жизни.
Я – живая вода.
Я – свет мира.
Я – желание всех веков.
Я – дверь в вечное спасение.
Я – реальность бесконечной жизни.
Я – добрый пастырь.
Я – путь бесконечного совершенства.
Я – воскресение и жизнь.
Я – тайна вечного продолжения жизни.
Я – путь, истина и жизнь.
Я – бесконечный Отец моих конечных детей.
Я – истинная виноградная лоза, вы – ветви.
Я – надежда всех, кто познал живую истину.
Я – живой мост из одного мира в другой.
Я – живая связь между временем и вечностью.

Так Иисус расширил живое раскрытие имени Бога для всех поколений. Как божественная любовь раскрывает сущность Бога, так вечная истина раскрывает его имя во всё более широком масштабе.

2. ЗА ЧАС ДО ПРЕДАТЕЛЬСТВА

Апостолы были чрезвычайно возмущены тем, что вернувшись в лагерь, они не нашли там Иуду. Пока одиннадцать человек горячо обсуждали своего товарища, ставшего предателем, Давид Зеведеев и Иоанн Марк отвели Иисуса в сторону и признались ему, что уже в течение нескольких дней они следили за Иудой и знали, что он собирается выдать Учителя врагам. Иисус выслушал их, но в ответ сказал лишь: «Друзья мои, ничто не может случиться с Сыном Человеческим, если того не пожелает Отец небесный. Пусть не тревожатся ваши сердца; всё происходит во славу Бога и во спасение людей».

Бодрое настроение Иисуса угасало. В течение этого часа он становился всё более серьезным и даже печальным. Возбужденные апостолы не хотели возвращаться в свои палатки даже после того, как их попросил о том сам Учитель. Вернувшись после разговора с Давидом и Иоанном, он произнес последние слова, обращенные ко всем одиннадцати: «Друзья мои, ступайте отдыхать. Подготовьтесь к завтрашним трудам. Помните, что мы должны подчинить себя воле небесного Отца. Да будет мой мир с вами». И после этих слов он показал им жестом, чтобы они расходились по своим палаткам, но когда они пошли прочь, он окликнул Петра, Иакова и Иоанна и сказал им: «Я хочу, чтобы вы немного побыли со мной».

Апостолы заснули только потому, что буквально падали от усталости. Они недосыпали с са́мого прибытия в Иерусалим. До того, как одиннадцать разошлись на ночлег, Симон Зелот привел их в свою палатку, где были сложены мечи и другое оружие, и выдал каждому боевое снаряжение. Все взяли это оружие и опоясались мечами, кроме Нафанаила. Отказываясь вооружиться, Нафанаил сказал: «Братья мои, Учитель не раз говорил нам, что его царство не от мира сего и что его ученики не должны добиваться установления царства мечом. Я верю в это. Я не думаю, что Учителю нужно, чтобы мы пользовались мечами для его защиты. Все мы видели его великую силу и знаем, что он мог бы защитить себя от врагов, если бы пожелал. Если он не станет сопротивляться своим врагам, то это значит, что такое поведение означает попытку исполнить волю Отца. Я буду молиться, но я не подниму меча». После этих слов Нафанаила Андрей вернул меч Симону Зелоту. Поэтому у девяти из них было оружие, когда они расставались на ночь.

Негодование из-за того, что Иуда оказался предателем, на мгновение затмило всё остальное в сознании апостолов. Замечание Учителя относительно Иуды, сделанное во время последней молитвы, открыло им глаза на то, что он бросил их.

Когда восемь апостолов разошлись, наконец, по своим палаткам, и в то время как Петр, Иаков и Иоанн стояли рядом в ожидании указаний Учителя, Иисус окликнул Давида Зеведеева: «Пришли ко мне своего самого быстрого и надежного гонца». Когда Давид привел к Учителю некоего Иакова – бывшего гонца ночной курьерской службы между Иерусалимом и Вифсаидой, – Иисус, обращаясь к нему, сказал: «Спешно отправляйся к Авениру в Филадельфию и скажи ему: „Учитель шлет тебе пожелания мира и сообщает, что пришел час, когда он будет отдан врагам, которые предадут его смерти, но что он воскреснет из мертвых и вскоре, прежде чем отправиться к Отцу, явится пред тобой и даст тебе наставления, которым ты будешь следовать, пока в ваших сердцах не поселится новый учитель“». Оставшись довольным тем, ка́к Иаков выучил это сообщение, Иисус отправил его в путь со словами: «Не бойся никого из людей, Иаков, ибо этой ночью незримый гонец будет бежать рядом с тобой».

После этого Иисус повернулся к главе гостивших у них греков, которые разместились в том же лагере, и сказал: «Брат мой, не тревожься из-за того, что́ должно произойти, ибо я уже предупреждал вас о том. Сын Человеческий будет убит по наущению его врагов – первосвященников и еврейских правителей. Но я воскресну, чтобы немного побыть с вами, прежде чем отправиться к Отцу. И когда ты станешь свидетелем всех эти событий, восславь Бога и укрепи своих братьев».

Обычно каждый из апостолов лично желал Учителю спокойной ночи, однако в этот вечер они были столь поглощены внезапным осознанием предательства Иуды и находились под столь сильным впечатлением от необычного характера прощальной молитвы Учителя, что выслушав его последнее приветствие, молча разошлись.

Правда, прощаясь той ночью с Андреем, Иисус сказал ему: «Андрей, сделай всё возможное, чтобы удержать своих братьев вместе, пока я не приду к вам вновь после того, как выпью эту чашу. Укрепи своих братьев, помня, что я уже обо всём рассказал вам. Мир с тобой».

Никто из апостолов не предполагал, что этой ночью может что-то случиться, ибо было уже очень поздно. Они стремились выспаться, чтобы встать пораньше и приготовиться к худшему. Они считали, что первосвященники попытаются схватить Учителя ранним утром, ибо никакая мирская работа не могла выполняться после полудня в день подготовки к празднованию Пасхи. Только Давид Зеведеев и Иоанн Марк понимали, что враги Иисуса явятся сюда вместе с Иудой в эту самую ночь.

Давид условился о том, что этой ночью он будет стоять на страже на верхней тропе, которая выходила к дороге, соединявшей Вифанию с Иерусалимом, а Иоанн Марк будет следить за дорогой, поднимавшейся вдоль Кедрона в Гефсиманию. Перед тем, как отправиться исполнять свою добровольную обязанность – стоять на часах, – Давид простился с Иисусом, сказав: «Учитель, я с огромной радостью служил тебе. Мои братья являются твоими апостолами. Я же с превеликим удовольствием занимался более скромным трудом, выполняя его должным образом. И когда тебя не станет, я буду скучать по тебе всем своим сердцем». И тогда Иисус ответил Давиду: «Давид, сын мой, другие исполняли то, что им было велено; ты же выполнял свою службу по велению сердца, и твоя преданность не осталась незамеченной мною. Когда-нибудь и ты будешь служить вместе со мной в вечном царстве».

И затем, перед тем как занять свой пост на верхней тропе, Давид сказал Иисусу: «Знаешь, Учитель, я послал за твоей семьей, и гонец передал мне, что этим вечером они прибыли в Иерихон. Они будут здесь в начале первой половины дня, ибо для них было бы опасно идти кровавым путем ночью». Взглянув на Давида, Иисус сказал лишь: «Пусть будет так, Давид».

Когда Давид поднялся на Елеонскую гору, Иоанн Марк встал на страже рядом с дорогой, которая проходила вдоль ручья, спускаясь к Иерусалиму. И он остался бы на своем посту, если бы не его страстное желание быть рядом с Иисусом и знать, чтó происходит. Вскоре после того как Давид покинул его – и когда Иоанн Марк увидел, что Иисус направляется вместе с Петром, Иаковом и Иоанном в соседнюю лощину, – привязанность к Иисусу и любопытство овладели им с такой силой, что он покинул свой пост и последовал за ними, прячась в кустах, откуда видел и слышал всё, что происходило в течение этих последних минут в саду вплоть до того момента, когда Иуда и вооруженные стражники появились здесь, чтобы арестовать Иисуса.

В то время как в лагере Учителя происходили все эти события, Иуда Искариот совещался с начальником храмовой стражи, собравшим своих людей для того, чтобы под руководством предателя арестовать Иисуса.

3. ОДИН В ГЕФСИМАНИИ

Когда всё в лагере замерло и стихло, Иисус, взяв с собой Петра, Иакова и Иоанна, поднялся в расположенную неподалеку лощину, куда он часто уходил для молитвы и духовного общения. Трое апостолов не могли не заметить, что он чрезвычайно подавлен. Никогда прежде они не видели своего Учителя столь удрученным и печальным. Когда они прибыли к месту, где он обычно молился, он попросил трех апостолов остаться здесь и бодрствовать, а сам отошел на расстояние брошенного камня помолиться. И, упав лицом на землю, он молился: «Отец мой, я пришел в этот мир исполнить твою волю, и я ее исполнил. Я знаю, что пришло время расстаться с моей жизнью во плоти, и я не уклонюсь от этого, но мне хотелось бы знать, желаешь ли ты, чтобы я испил эту чашу. Пошли мне подтверждение, что моя смерть снискает твое благоволение так же, как и моя жизнь».

Некоторое время Учитель оставался в молитвенной позе, после чего, вернувшись к трем апостолам, он нашел их спящими мертвым сном, ибо их глаза отяжелели и они не смогли продолжать бодрствовать. Разбудив их, Иисус сказал: «Что я вижу! Неужели вы не могли один час продержаться со мной? Разве вы не видите, что душа моя скорбит безмерно, скорбит смертельно и что я жажду вашего дружеского участия?» Когда все трое проснулись, Учитель вновь удалился и, пав на землю, вновь начал молиться: «Отец, я знаю, что можно миновать эту чашу, – для тебя всё возможно, – но я пришел исполнить твою волю, и хотя эта чаша горька, я выпью ее, если такова твоя воля». И после этой молитвы могущественный ангел опустился возле него и, заговорив с ним, коснулся и укрепил его.

Когда Иисус вернулся, чтобы поговорить с тремя апостолами, он вновь увидел, что они спят глубоким сном. Он разбудил их со словами: «В такой час вы нужны мне, чтобы бодрствовать и молиться со мной, – тем более вам нужно молиться, чтобы не впасть в искушение, – так почему же вы засыпаете, когда я покидаю вас?»

И затем, в третий раз, Учитель удалился для молитвы: «Отец, ты видишь моих спящих апостолов; будь милостив к ним. Дух действительно бодр, но плоть немощна. А теперь, Отец, если не миновать мне этой чаши, я готов выпить ее. Пусть свершится твоя воля, а не моя». И закончив молиться, он некоторое время оставался распростертым на земле. Когда он поднялся и вернулся к своим апостолам, он вновь застал их спящими. Он внимательно посмотрел на них и, взмахнув сочувственно рукой, ласково сказал: «Спите и набирайтесь сил. Время решения прошло. Настал час, когда Сын Человеческий будет предан в руки своих врагов». Наклонившись, он разбудил их и сказал: «Пойдемте назад, в лагерь, ибо приблизился предающий меня, и настал час, когда мои овцы будут рассеяны. Но я уже говорил вам о том».

В течение тех лет, пока Иисус жил среди своих последователей, они действительно не раз убеждались в его божественности. Теперь же их ожидало новое подтверждение его человечности. Перед величайшим раскрытием его божественной сущности, воскресением, должно произойти величайшее подтверждение его смертной сущности – унижение и распятие.

Когда Иисус молился в саду, его человеческое начало всё больше приближалось к овладению – через веру – его божественностью; его человеческая воля еще полнее сливалась с божественной волей его Отца. Среди слов, сказанных ему могущественным ангелом, было сообщение о том, что Отец желает, чтобы его Сын завершил свое земное посвящение, пройдя через уготованный созданиям опыт смерти точно так же, как и все смертные создания, вынужденные претерпеть материальное разрушение при переходе от существования во времени к развитию в вечности.

Ранее вечером эта чаша не казалась столь горькой, но когда Иисус-человек простился со своими апостолами и отправил их отдыхать, испытание стало более ужасным. Иисус претерпевал ту быструю смену настроения, которая обычна для всякого человеческого переживания, и сейчас он представлял собой уставшего человека, изможденного долгими часами напряженного труда и мучительного беспокойства за безопасность своих апостолов. Хотя ни одно смертное создание не может рассчитывать на то, чтобы понять мысли и чувства воплощенного Сына Божьего в такое время, мы знаем, что он испытывал огромную скорбь и страдал от несказанных мучений, ибо пот градом катился по его лицу. Он окончательно убедился в том, что Отец решил не противодействовать естественному ходу событий; Иисус был полон решимости не прибегать к каким-либо из своих возможностей властелина, верховного главы своей вселенной, ради собственного спасения.

Огромное воинство обширного творения парило над этой сценой под вре́менным объединенным управлением Гавриила и Личностного Настройщика Иисуса. Групповые командиры этих небесных армий неоднократно получали предупреждения не вмешиваться в ход событий на земле, если соответствующий приказ не поступит от самого Иисуса.

Расставание с апостолами легло тяжким грузом на человеческое сердце Иисуса. Муки любви овладели им, сделав еще более трудным ожидание той смерти, которая, как он хорошо знал, была уготована ему. Он осознавал, сколь слабыми и невежественными были его апостолы, и он боялся оставить их. Он прекрасно понимал, что настало время уйти, но его человеческое сердце стремилось понять, нет ли какой-нибудь допустимой возможности избежать этих ужасных страданий и мук. И когда его сердце попыталось найти такой выход и не смогло этого сделать, оно было готово выпить чашу. Божественный разум Михаила знал, что он дал двенадцати апостолам всё, что мог. Однако человеческое сердце Иисуса желало сделать для них больше, прежде чем оставить их одних в мире. Сердце Иисуса было разбито; он истинно любил своих собратьев. Он был оторван от своей семьи во плоти; один из его избранных товарищей предает его. Народ его отца Иосифа отверг его и тем самым поставил крест на своей особой земной миссии. Муки непринятой любви и отвергнутого милосердия терзали его душу. Это было одним из тех жутких мгновений, когда человеку кажется, что всё рушится с сокрушающей жестокостью и ужасными мучениями.

Человеческая сущность Иисуса не осталась безучастной к ситуации личного одиночества, публичного позора и внешнего поражения его дела. Все эти чувства обрушились на него с неописуемой силой. Охваченный огромной скорбью, его разум вернулся к детству в Назарете и раннему труду в Галилее. Во время этого великого испытания в его сознании ожили многие милые сердцу сцены земного служения. Именно в этих воспоминаниях о прежних временах в Назарете, Капернауме, на горе Ермон, о восходах и заходах солнца на мерцающем Галилейском море черпал он свое утешение и укреплял свое человеческое сердце, готовясь к встрече с изменником, которому предстояло так скоро предать его.

До прибытия Иуды и солдат Учитель полностью восстановил свое обычное самообладание. Дух одержал победу над плотью. Вера утвердилась над всеми человеческими склонностями к страху или сомнению. Высшее испытание – исчерпывающее постижение человеческого естества – было успешно выдержано. В очередной раз Сын Человеческий был готов встретить врагов с хладнокровием и полной уверенностью в своей непобедимости смертного человека, безраздельно преданного исполнению воли своего Отца.

ДОКУМЕНТ 183

ПРЕДАТЕЛЬСТВО И АРЕСТ ИИСУСА

Когда Иисус, наконец, разбудил Петра, Иакова и Иоанна, он посоветовал им разойтись по палаткам и попытаться поспать, чтобы быть готовыми к исполнению обязанностей грядущего дня. Но к этому времени трое апостолов уже окончательно проснулись. Короткий сон освежил их, и, кроме того, они были взбудоражены и встревожены появлением двух возбужденных гонцов, которые, спросив о Давиде Зеведееве, быстро отправились к нему, после того как Петр объяснил им, где находится его пост.

Хотя восемь апостолов спали глубоким сном, расположившиеся рядом с ними греки в большей степени боялись беды и поэтому выставили дозорного, который должен был предупредить их в случае опасности. Когда двое гонцов прибыли в лагерь, греческий дозорный поднял всех своих земляков, которые высыпали из палаток полностью одетые и вооруженные. Теперь пробудился уже весь лагерь, кроме восьми апостолов. Петр хотел позвать своих товарищей, но Иисус категорически запретил ему это делать. Учитель мягко попросил их всех вернуться в свои палатки, но они не хотели выполнять его просьбу.

После того как Учителю не удалось отослать своих последователей, он оставил их и направился вниз, к оливковому прессу, стоявшему у входа в Гефсиманский сад. Хотя трое апостолов, греки и другие обитатели лагеря не решились сразу последовать за ним, Иоанн Марк быстро пробрался через оливковые деревья и спрятался под небольшим навесом у оливкового пресса. Иисус ушел из лагеря и оставил своих друзей для того, чтобы те, кто придут за ним, могли арестовать его, не тревожа апостолов. Учитель не хотел будить апостолов, поскольку опасался, что присутствуя при его аресте и разгневавшись из-за предательства Иуды, они окажут сопротивление солдатам и будут схвачены вместе с ним. Он боялся, что если они будут арестованы вместе с ним, они разделят его участь.

Хотя Иисус знал, что план расправы над ним появился в советах еврейских правителей, он также сознавал, что все подобные подлые замыслы получали полное одобрение Люцифера, Сатаны и Калигастии. И он хорошо знал, что эти мятежники миров были бы рады, если бы вместе с ним были уничтожены все его апостолы.

Иисус сел в одиночестве на оливковый пресс и стал дожидаться появления предателя, и в это время его видели только Иоанн Марк и бесчисленное воинство небесных наблюдателей.

1. ВОЛЯ ОТЦА

Существует огромная опасность неправильного понимания того смысла, который заключен в многочисленных высказываниях и многих событиях, связанных с завершением пути Учителя во плоти. Не следует смешивать жестокое обращение с Иисусом невежественных слуг и грубых солдат, нечестное ведение судебного разбирательства и бесчувственное отношение мнимых религиозных вождей с тем фактом, что Иисус, терпеливо покорившись всем этим страданиям и унижениям, воистину выполнял волю Райского Отца. Действительно и истинно, воля Отца заключалась в том, чтобы его Сын выпил до дна чашу смертного опыта – от рождения до смерти. Однако небесный Отец не имел абсолютно никакого отношения к тому, чтобы провоцировать на варварское поведение якобы цивилизованных людей, которые столь жестоко истязали Учителя, раз за разом варварски глумясь над не сопротивляющимся человеком. Бесчеловечные и ужасающие испытания, которые Иисусу пришлось выдержать в последние часы своей смертной жизни, ни в каком смысле не являлись частью божественной воли Отца, которую человеческая природа Иисуса столь победоносно поклялась исполнить при окончательном подчинении человека Богу, о чём свидетельствует его троекратная молитва, произнесенная в саду, пока его уставшие, изможденные апостолы спали.

Отец небесный желал, чтобы его посвященческий Сын завершил свой земной путь *естественно*, как и все смертные, которые должны завершать свою жизнь на земле во плоти. Обычные мужчины и женщины не могут рассчитывать на то, что их последние часы на земле и последующий эпизод смерти будут облегчены благодаря особому вмешательству свыше. Поэтому Иисус решил расстаться со своей жизнью во плоти в соответствии с естественным развитием событий, упорно отказываясь высвободить себя из безжалостных тисков подлого заговора, – жестоких событий, которые с ужасающей неотвратимостью вели его к невероятному унижению и бесславному концу. И от начала до конца всё в этом поразительном проявлении ненависти и беспрецедентной демонстрации жестокости было делом рук порочных и нечестивых людей. Бог небесный не желал этого, как не было это сделано под диктовку заклятых врагов Иисуса, хотя они и сделали многое для того, чтобы бездумные и порочные смертные отвергли посвященческого Сына подобным образом. Даже отец греха отвернулся от невыносимого ужаса сцены распятия.

2. ИУДА В ГОРОДЕ

После того как Иуда столь внезапно вышел из-за стола и покинул Тайную Вечерю, он сразу же зашел за своим кузеном, вместе с которым отправился прямо к начальнику храмовой стражи. Иуда попросил начальника собрать стражников и сообщил, что он готов вести их к Иисусу. Поскольку Иуда явился чуть раньше, чем его ожидали, произошла некоторая заминка, прежде чем они двинулись к дому Марка, где Иуда рассчитывал застать Иисуса беседующим со своими апостолами. Учитель и одиннадцать апостолов покинули дом Илии Марка за пятнадцать минут до того, как предатель явился сюда вместе со стражей; к моменту их появления в доме Марка, Иисус и одиннадцать находились уже далеко за городскими стенами, направляясь в лагерь на Елеонской горе.

Иуда был сильно обеспокоен тем, что им не удалось застать Иисуса в доме Марка в обществе одиннадцати человек, лишь двое из которых могли оказать вооруженное сопротивление. Он случайно узнал, что пополудни, покидая лагерь, только Симон Петр и Симон Зелот были вооружены мечами. Иуда надеялся схватить Иисуса, когда город стихнет и сопротивление будет маловероятным. Предатель боялся, что если он станет дожидаться их возвращения в лагерь, им придется столкнуться более чем с шестьюдесятью преданными учениками, и он также знал, что в распоряжении Симона Зелота имеется достаточно оружия. Иуда начинал всё больше нервничать, думая о том, как одиннадцать верных апостолов возненавидят его, и он боялся, что все они будут стремиться уничтожить его. Его отличало не только вероломство; в глубине души он был настоящим трусом.

Не обнаружив Иисуса в верхнем зале, Иуда попросил начальника стражи вернуться в храм. К этому времени правители начали собираться в доме первосвященника, готовясь встретить Иисуса, ибо, согласно их договору с изменником,

Иисуса должны были арестовать до полуночи. Иуда объяснил своим сообщникам, что им не удалось застать Иисуса в доме Марка и что для его ареста придется отправиться в Гефсиманию. После этого предатель заявил, что вместе с Иисусом в лагере находятся более шестидесяти преданных сторонников и что все они хорошо вооружены. Еврейские правители напомнили Иуде, что Иисус всегда проповедовал непротивление, однако Иуда ответил, что они не могут рассчитывать на то, что все последователи Иисуса примут это учение. Он действительно боялся за свою жизнь и потому осмелился попросить, чтобы ему выделили отряд из сорока вооруженных солдат. Поскольку в подчинении у еврейских властей не было такого числа вооруженных людей, они тут же отправились в крепость Антония и попросили у командира римского гарнизона выделить им стражу. Но когда тот узнал, что они собираются арестовать Иисуса, он категорически отказался удовлетворить их просьбу и отправил их к своему командиру. Так больше часа ушло на хождение от одного начальника к другому. Наконец, им пришлось отправиться к самому Пилату, чтобы испросить разрешения на использование римских солдат. Был поздний час, когда они прибыли в дом Пилата, который к тому времени уже удалился в свои покои вместе с женой. Пилату не хотелось вмешиваться в это дело, тем более что его жена просила его не давать своего разрешения. Но поскольку к нему явился глава еврейского синедриона, лично ходатайствуя о содействии, он посчитал благоразумным удовлетворить эту просьбу, полагая, что он сможет впоследствии исправить любое зло, которое они могли совершить.

Поэтому когда около половины двенадцатого Иуда Искариот вышел из храма, его сопровождало более шестидесяти человек – храмовая стража, римские солдаты и любопытные слуги первосвященников и правителей.

3. АРЕСТ УЧИТЕЛЯ

Когда эта группа вооруженных солдат и стражников с факелами и светильниками стала приближаться к саду, Иуда оторвался на достаточное расстояние от отряда, чтобы быть готовым быстро опознать Иисуса и чтобы те, кто пришел его задержать, могли легко схватить его, прежде чем товарищи Иисуса подоспеют на помощь. Была еще одна причина, по которой Иуда решил обогнать врагов Учителя: он рассчитывал на то, что будет казаться, будто он прибыл сюда раньше солдат, и потому апостолы и другие люди, собравшиеся вокруг Иисуса, будут думать, что его появление никак не связано с вооруженной стражей, следовавшей по пятам. Иуда даже надеялся представить дело так, что он спешит предупредить их о приближающихся врагах, но его план был разрушен уничижительными словами, которыми Иисус приветствовал изменника. Хотя Учитель по-доброму заговорил с Иудой, он обратился к нему, как к предателю.

Как только Петр, Иаков и Иоанн примерно с тридцатью товарищами по лагерю увидели, как вооруженный отряд с факелами огибает гребень холма, они поняли, что эти солдаты идут арестовывать Иисуса, и бросились вниз, к оливковому прессу, где в лунном свете сидел одинокий Учитель. Отряд солдат приближался с одной стороны, трое апостолов и их товарищи – с другой. Когда Иуда выступил вперед, чтобы заговорить с Учителем, обе группы людей замерли; Учитель стоял между ними, а Иуда готовился запечатлеть на его лбу поцелуй предателя.

Изменник надеялся на то, что, после того как он приведет стражников в Гефсиманию, он просто укажет солдатам на Иисуса или, по крайней мере, выполнит свое обещание – приветствует его поцелуем, после чего быстро удалится. Иуда страшно боялся, что встретит здесь всех апостолов и что они обрушатся на него за то, что он посмел предать их любимого наставника. Но когда Учитель приветствовал его как предателя, он был настолько смущен, что даже не попытался бежать.

Иисус предпринял последнюю попытку спасти Иуду от фактического акта предательства: еще до того, как изменник смог подойти к нему, он отошел в сторону и, обращаясь к первому солдату слева, командиру римлян, спросил: «Кого вы ищете?» Командир ответил: «Иисуса Назарянина». Иисус сразу же подошел к офицеру и со спокойным величием Бога всего этого творения сказал: «Это я». Многим членам вооруженного отряда доводилось слушать, как Иисус учит в храме, другие знали о его чудесных деяниях; и когда они услышали, как смело он назвал себя, стоявшие в первых рядах невольно подались назад. Они были поражены этим спокойным и величественным заявлением. Поэтому Иуде уже не требовалось осуществлять свой предательский план. Учитель смело раскрыл себя своим врагам, и они могли схватить его без помощи Иуды. Но изменнику нужно было что-то предпринять, чтобы оправдать свое появление с этим вооруженным отрядом. Кроме того, он хотел продемонстрировать выполнение своей части предательской сделки с правителями евреев, чтобы удостоиться великого вознаграждения и почестей, которые, как он считал, посыпятся на него в награду за его обещание выдать им Иисуса.

Когда солдаты справились со своим первым замешательством, вызванным обликом Иисуса и его необычным голосом, и когда апостолы и ученики приблизились к ним, Иуда подошел к Иисусу и, поцеловав его в лоб, сказал: «Здравствуй, Господин и Учитель». И когда Иуда обнял так своего Учителя, Иисус сказал: «Друг, разве тебе мало этого! Что же ты поцелуем предаешь Сына Человеческого?»

Апостолы и ученики были буквально ошеломлены увиденным. На мгновение все замерли. Затем Иисус, освободившись от предательских объятий Иуды, подошел к стражникам и солдатам и вновь спросил: «Кого вы ищете?» И опять командир ответил: «Иисуса Назарянина». Иисус вновь ответил: «Я уже сказал вам, что это я. Поэтому, если вы ищете меня, позвольте остальным идти своей дорогой. Я готов идти с вами».

Иисус был готов вернуться в Иерусалим вместе со стражниками, а командир римских солдат нисколько не возражал против того, чтобы позволить трем апостолам и их товарищам идти с миром. Но прежде, чем они успели двинуться с места, – и пока Иисус стоял в ожидании распоряжений командира – сириец Малх, телохранитель первосвященника, подошел к Иисусу и решил связать ему руки за спиной, хотя командир римлян не давал такого приказа. Когда Петр и его товарищи увидели, что их Учителя подвергают этому унижению, они уже не могли сдержать себя. Вытащив свой меч, Петр, вместе с другими, бросился вперед, чтобы ударить Малха. Но еще до того, как солдаты подоспели на помощь слуге первосвященника, Иисус остановил Петра поднятием руки и сурово сказал: «Петр, убери свой меч. Взявший меч от меча и погибнет. Разве ты не понимаешь, что воля Отца – в том, чтобы я выпил эту чашу? Разве ты не знаешь, что и в этот момент в моем распоряжении находятся свыше двенадцати легионов ангелов и их союзников, которые могли бы освободить меня из рук этой горстки людей?»

Хотя таким образом Иисус остановил физическое сопротивление своих последователей, этого оказалось достаточно, чтобы напугать начальника стражи, который, с помощью своих солдат, крепко схватил Иисуса и быстро связал его. И пока они вязали ему руки грубой веревкой, Иисус сказал им: «Почему вы вышли на меня с мечами и кольями, как на разбойника? Я каждый день бывал с вами в храме и открыто учил народ, и вы не пытались схватить меня».

Когда Иисуса связали, начальник стражи, опасаясь, что сторонники Учителя попытаются спасти его, приказал схватить их. Но солдаты были недостаточно проворны, поскольку – услышав приказ начальника стражи об их аресте – сторонники Иисуса успели бежать назад в лощину. Всё это время Иоанн Марк прятался под соседним навесом. Когда стражники двинулись вместе с Иисусом назад в Иерусалим, Иоанн Марк попытался выбраться из своего укрытия, чтобы догнать бегущих апостолов и учеников. Но в тот момент, когда он вылезал из-под навеса, один из последних солдат, возвращавшихся после преследования бегущих учеников, проходил мимо и, увидев юношу в льняном плаще, погнался за ним и чуть было не схватил его. Фактически, солдат догнал Иоанна и ухватился за хитон, но юноша сбросил одежду и бежал нагим, оставив солдата с пустым хитоном в руках. Иоанн Марк бросился сломя голову на верхнюю тропу к Давиду Зеведееву. Он рассказал Давиду о случившемся, и они поспешили вдвоем назад к палаткам, где спали апостолы, и сообщили всем восьми о предательстве и аресте Учителя.

Примерно в то же время, когда они будили восьмерых апостолов, вернулись и те, кто укрылся в лощине, и они собрались все вместе у оливкового пресса, чтобы обсудить дальнейшие действия. Тем временем Симон Петр и Иоанн Зеведеев, скрывавшиеся за оливковыми деревьями, уже направлялись вслед за толпой солдат, стражников и слуг, которые вели Иисуса в Иерусалим, как если бы они вели отъявленного преступника. Иоанн шел рядом с толпой, но Петр держался поодаль. Выскользнув из рук солдата, Иоанн Марк нашел для себя хитон в палатке Симона Петра и Иоанна Зеведеева. Догадавшись, что стражники отведут Иисуса в дом почетного первосвященника Анана, он пробрался окольными путями через оливковые сады и опередил толпу, спрятавшись у ворот перед дворцом первосвященника.

4. СОВЕЩАНИЕ У ОЛИВКОВОГО ПРЕССА

Оказавшись разлученным с Симоном Петром и своим братом Иоанном, Иаков Зеведеев присоединился к остальным апостолам и их товарищам по лагерю у оливкового пресса, чтобы решить, что делать в связи с арестом Учителя.

Андрей уже был освобожден от всякой ответственности за руководство группой своих товарищей-апостолов; поэтому в течение этого величайшего за всю их жизнь кризиса он молчал. После короткого обсуждения Симон Зелот взобрался на каменную стену оливкового пресса и, дав страстную клятву верности Учителю и делу царства, призвал остальных апостолов и учеников немедленно отправиться вслед за толпой и освободить Иисуса. Большинство присутствующих были готовы последовать его решительному призыву, если бы не совет Нафанаила: как только Симон умолк, он встал и обратил их внимание на то, что Иисус много раз говорил о непротивлении. Он также напомнил им, что еще вчера вечером Иисус велел им сохранить жизнь для того времени, когда они должны будут отправиться в путь с возвещением благой вести – евангелия небесного царства. Нафанаила поддержал Иаков Зеведеев, рассказавший о том, как Петр и другие обнажили мечи, чтобы помешать аресту их Учителя, и как Иисус велел Симону Петру и остальным вложить клинки в ножны. Матфей и Филипп также выступили с речами, однако собравшиеся пришли к определенному решению только после того, как Фома обратил их внимание на совет Иисуса, данный Лазарю, – не рисковать своей жизнью – и подчеркнул, что они ничего не могут предпринять для спасения Учителя, поскольку он сам отказывается позволить своим друзьям защитить его и продолжает настаивать на отказе от использования божественных сил для поражения враждебных ему людей. Фома убедил их разойтись поодиночке. Было решено, что Давид Зеведеев останется в лагере, который станет информационным центром их группы и опорным пунктом гонцов. К половине третьего ночи лагерь опустел. Только Давид остался здесь с тремя-четырьмя гонцами; остальные были посланы для сбора информации о местонахождении Иисуса и о том, что́ с ним собираются сделать.

Пять апостолов – Нафанаил, Матфей, Филипп и близнецы – прятались в Вифании и Виффагии; Фома, Андрей, Иаков и Симон Зелот скрывались в городе. Симон Петр и Иоанн Зеведеев следовали за толпой к дому Анана.

Вскоре после рассвета Симон Петр опять оказался в гефсиманском лагере, всем своим удрученным видом выражая глубокое отчаяние. В сопровождении одного из гонцов, Давид отправил Петра к его брату Андрею, который находился в доме Никодима в Иерусалиме.

Вплоть до завершения казни Иисуса на кресте Иоанн Зеведеев находился рядом с ним; именно он регулярно обеспечивал гонцов Давида информацией, которую те доставляли Давиду в гефсиманский лагерь и которая передавалась скрывавшимся апостолам и семье Иисуса.

Действительно, поражен пастырь и рассеяны овцы! Хотя все они смутно сознавали, что Иисус предупреждал их именно об этой ситуации, они были настолько потрясены внезапным исчезновением Учителя, что утратили способность нормально мыслить.

Вскоре после рассвета и сразу же после того как Петр был послан к своему брату, Иуда – брат Иисуса во плоти – задыхаясь, прибыл в лагерь первым из своей семьи, но смог лишь узнать, что Учитель уже арестован. Поэтому он спешно отправился назад по иерихонской дороге, чтобы рассказать об этом своей матери, братьям и сестрам. Через Иуду Давид Зеведеев передал семье Иисуса, чтобы они собрались в доме Марфы и Марии в Вифании и ждали известий, которые будут регулярно поступать к ним через гонцов.

Таким было положение апостолов, ближайших учеников и земной семьи Иисуса в течение второй половины ночи в четверг и раннего утра в пятницу. Все эти группы и отдельные люди были связаны друг с другом курьерской службой, которой Давид Зеведеев продолжал руководить из своего центра в гефсиманском лагере.

5. НА ПУТИ ВО ДВОРЕЦ ПЕРВОСВЯЩЕННИКА

Прежде чем отправиться с Иисусом в город, еврейский начальник храмовой стражи и римский командир отряда солдат заспорили между собой о том, куда вести Иисуса. Начальник храмовой стражи приказал доставить его к Кайафе, действующему первосвященнику. Командир римских солдат распорядился отвести Иисуса во дворец Анана – бывшего первосвященника и тестя Кайафы. Он поступил так потому, что по всем вопросам, имевшим отношение к соблюдению еврейских религиозных законов, римляне обычно обращались непосредственно к Анану. Приказ римского командира был исполнен; Иисуса отвели к Анану для предварительного допроса.

Иуда шагал рядом с командирами и слышал всё, о чём они говорили, однако не принимал участия в споре, ибо ни еврейский начальник, ни римский офицер не опускались до разговора с предателем – настолько они его презирали.

Примерно в то же время Иоанн Зеведеев, вспомнив о наказе Учителя – всё время быть рядом, – поспешил подойти поближе к Иисусу, который шел между двумя командирами. Увидев, что Иоанн поравнялся с ними, начальник храмовой стражи сказал своему помощнику: «Возьмите его и свяжите. Он является одним из сторонников этого типа». Но когда командир римлян услышал это, он обернулся и, увидев Иоанна, приказал, чтобы апостол подошел к нему и чтобы никто его не трогал. После этого римский командир сказал еврейскому начальнику: «Этот человек не является ни предателем, ни трусом. Я видел его в саду, и он не вытащил меч, чтобы оказать нам сопротивление. У него хватило мужества не прятаться и оставаться со своим Учителем, и ни один человек не вправе поднять на него руку. Римский закон позволяет как минимум одному другу заключенного быть вместе с ним на суде, и никто не смеет мешать этому человеку оставаться со своим Учителем, заключенным». И услышав это, Иуда был столь пристыжен и оскорблен, что отстал от толпы и пришел ко дворцу Анана в одиночестве.

Этим и объясняется, почему Иоанну Зеведееву было позволено оставаться рядом с Иисусом на протяжении всех мучительных испытаний этой ночи и следующего дня. Евреи боялись что-либо говорить Иоанну или хоть чем-то досаждать ему, поскольку он обладал статусом, схожим со статусом римского советника, назначенного в качестве наблюдателя за судопроизводством в еврейском духовном суде. Привилегированное положение Иоанна стало еще более прочным, когда – передав Иисуса начальнику храмовой стражи у ворот дворца Анана – римлянин, обращаясь к своему помощнику, сказал: «Ступай вместе с заключенным и проследи за тем, чтобы эти евреи не убили его без согласия Пилата. Смотри, чтобы они не расправились с ним без суда, и позаботься о том, чтобы его другу, галилеянину, позволили быть рядом и наблюдать за всем, что происходит». Поэтому Иоанн получил возможность оставаться с Иисусом до самой его смерти на кресте, хотя остальные десять апостолов были вынуждены скрываться. Иоанн действовал под защитой Рима, и евреи решились поднять на него руку только после смерти Учителя.

В течение всего пути ко дворцу Анана Иисус хранил молчание. С момента ареста до появления перед Ананом Сын Человеческий не произнес ни слова.

ДОКУМЕНТ 184

СУДЕБНОЕ ЗАСЕДАНИЕ СИНЕДРИОНА

Представители Анана дали тайные указания командиру римских солдат доставить Иисуса к нему во дворец сразу же после ареста. Бывший первосвященник стремился сохранить свой престиж религиозного властителя евреев. Задерживая Иисуса у себя в доме на несколько часов, он преследовал и другую цель: для того, чтобы судебное заседание синедриона могло быть созвано законным образом, должно было пройти больше времени. Закон запрещал созывать суд Синедриона до утреннего жертвоприношения в храме, которое совершалось около трех часов утра.

Анан знал, что члены суда синедриона уже находятся во дворце его зятя, Кайафы. К полуночи в доме первосвященника собралось около тридцати членов синедриона, чтобы быть готовыми к судебному разбирательству, когда к ним приведут Иисуса. Пришли только те члены суда, которые являлись решительными и открытыми противниками Иисуса и его учения, поскольку для заседания суда первой инстанции было достаточно двух третей членов синедриона.

Иисус провел около трех часов во дворце Анана на Елеонской горе, неподалеку от Гефсиманского сада, где его арестовали. Иоанн Зеведеев был свободен и находился в безопасности во дворце Анана не только благодаря приказу римского командира, но также потому что он и его брат Иаков были хорошо знакомы старшим слугам, – они много раз бывали во дворце, так как бывший первосвященник являлся дальним родственником их матери, Саломии.

1. ДОПРОС У АНАНА

Анан, разбогатевший на доходах от храма, являвшийся тестем действующего первосвященника и поддерживавший хорошие отношения с римскими властями, был действительно наиболее влиятельной фигурой во всём еврействе. Этот обходительный и расчетливый интриган и заговорщик желал, чтобы судьба Иисуса решалась под его руководством. Он боялся целиком довсрять такое важное дело своему бесцеремонному и агрессивному зятю Анан хотел убедиться в том, что суд над Учителем будет контролироваться саддукеями: он опасался возможной симпатии некоторых фарисеев, тем более что практически все члены синедриона, вставшие на сторону Иисуса, являлись фарисеями.

Прошло несколько лет с тех пор, как Анан в последний раз видел Иисуса в своем доме, когда, придя к нему в гости, Учитель сразу же ушел, почувствовав холодную и настороженную атмосферу. Анан надеялся, что он сможет воспользоваться этим прежним знакомством и попытается уговорить Иисуса отказаться от своих высказываний и покинуть Палестину. Ему не хотелось участвовать в преднамеренном убийстве хорошего человека, и он полагал, что Иисус скорее согласится покинуть страну, чем расстанется с жизнью. Но увидев мужественного и непреклонного галилеянина, Анан сразу понял, что такие предложения были бы бесполезны. Иисус выглядел еще более величественным и невозмутимым, чем его помнил Анан.

Когда Иисус был моложе, Анан проявлял к нему огромный интерес, Однако недавнее изгнание Иисусом менял и других торговцев из храма поставило под угрозу доходы бывшего первосвященника. Этот поступок пробудил в нём намного больше враждебности, чем учения Иисуса.

Анан вошел в свой просторный зал для аудиенций, уселся в большое кресло и приказал привести Иисуса. Какое-то время он молча разглядывал Учителя, после чего сказал: «Ты понимаешь, что необходимо что-то предпринять относительно твоего учения, ибо ты возмущаешь спокойствие и порядок в нашей стране». Анан вопрошающе посмотрел на Иисуса; Учитель взглянул ему прямо в глаза, но ничего не ответил. Анан продолжал: «Как зовут остальных твоих учеников, помимо Симона Зелота, подстрекателя?» Иисус вновь взглянул на него, но не ответил.

Отказ Иисуса отвечать на вопросы настолько задел Анана, что он спросил: «Разве тебя не волнует, каким будет мое отношение к тебе – дружеским или нет? Разве тебе безразлично то, что в моей власти повлиять на исход твоего предстоящего суда?» Услышав это, Иисус сказал: «Анан, ты знаешь, что у тебя не было бы никакой власти надо мной, если бы этого не позволил мой Отец. Некоторые готовы уничтожить Сына Человеческого из-за своего невежества; они не понимают, что творят, но ты, друг, знаешь, что делаешь. Как же ты можешь отвергать свет Божий?»

Дружелюбная манера Иисуса чуть не сбила Анана с толку. Но он уже решил про себя, что Иисус должен либо покинуть Палестину, либо умереть. Поэтому он собрался с духом и спросил: «Чему именно ты пытаешься учить народ? За кого ты себя выдаешь?» Иисус ответил: «Ты знаешь прекрасно, что я открыто обращался к миру. Я учил в синагогах и много раз учил в храме, где меня слышали все иудеи и многие язычники. Я ничего не утаил; почему же ты спрашиваешь меня о моем учении? Почему ты не пригласишь тех, кто слышал меня, и не спросишь их? Весь Иерусалим знает, что́ я говорил, даже если сам ты не слышал этих учений». Но еще до того, как Анан смог ответить, главный управляющий дворца, стоявший рядом, ударил Иисуса рукой по лицу, говоря: «Как смеешь ты так отвечать первосвященнику?» Анан не высказал порицания своему слуге, но Иисус обратился к нему со словами: «Друг мой, если я сказал что-то не так, скажи, что́ не так; а если я сказал правду, то за что же ты ударил меня?»

Хотя Анан и сожалел о том, что его слуга ударил Иисуса, он был слишком горд, чтобы обращать на это внимание. В смущении он отправился в соседнюю комнату, почти на час оставив Иисуса наедине с челядью и храмовыми стражниками.

Вернувшись, он подошел к Учителю и сказал: «Утверждаешь ли ты, что являешься Мессией, избавителем Израиля?» Иисус ответил: «Анан, ты знаешь меня с моей юности. Ты знаешь, что я утверждаю только то, что предписано моим Отцом, и что я был послан ко всем людям – не только к иудеям, но и к язычникам». Тогда Анан сказал: «Как мне сообщали, ты утверждал, что являешься Мессией; так ли это?» Иисус взглянул на Анана, однако ответил лишь: «Твои слова».

Примерно в это же время из дворца Кайафы прибыли гонцы, чтобы узнать, когда Иисус предстанет перед судом синедриона, и поскольку близился рассвет, Анан решил, что лучше всего отослать его – связанного, под конвоем храмовых стражников, – к Кайафе. Вскоре он и сам последовал за ними.

2. ПЕТР ВО ДВОРЕ

Когда отряд стражников и солдат подходил к дворцу Анана, Иоанн Зеведеев шел рядом с командиром римских солдат. Иуда отстал, а Симон Петр находился далеко позади. После того как Иоанн вошел во внутренний двор дворца вместе с Иисусом и стражниками, Иуда подошел к воротам, но, увидев Иисуса и Иоанна, отправился к дому Кайафы, где, как он знал, состоится настоящий суд над Учителем. Вскоре после ухода Иуды сюда прибыл Симон Петр; Иоанн увидел его стоящим у ворот, перед тем как Иисуса ввели во дворец. Привратница, открывавшая ворота, знала Иоанна, и когда он попросил ее впустить Петра, она охотно согласилась.

Войдя во двор, Петр направился к горящим углям, пытаясь согреться, ибо ночь была холодной. Он чувствовал полную неуместность своего пребывания здесь, среди врагов Иисуса, – и действительно, он находился не на своем месте. Учитель не наказывал ему быть рядом с ним, о чём он просил Иоанна. Петр должен был оставаться вместе с остальными апостолами, которые были специально предупреждены не подвергать свою жизнь опасности в период суда и распятия их Учителя.

Перед тем, как подойти к воротам дворца, Петр выбросил свой меч, так что он вошел во двор Анана безоружным. Его разум находился в состоянии крайнего смущения; он едва осознавал факт ареста Иисуса. Петр был неспособен постигнуть реальность ситуации – то обстоятельство, что он находится во дворе Анана, греясь вместе со слугами первосвященника. Ему хотелось знать, что делают другие апостолы, и размышляя над тем, каким образом Иоанна впустили во дворец, Петр решил, что Иоанн был знаком слугам, поскольку он попросил привратницу впустить его.

Вскоре после того как привратница впустила Петра – и пока он грелся у костра – она подошла к нему и недобрым тоном осведомилась: «Разве ты не один из учеников этого человека?» Петр не должен был удивляться тому, что его узнали, поскольку именно Иоанн попросил, чтобы девушка позволила ему пройти через ворота дворца. Однако его нервы были напряжены настолько, что будучи опознанным в качестве ученика, он потерял душевное равновесие и только с одной мыслью, господствующей в его сознании, – мыслью сохранить жизнь – тут же ответил ей: «Нет».

Почти сразу же к Петру подошел еще один слуга и спросил: «Разве не тебя я видел в саду при аресте этого типа? Разве ты – не один из его сторонников?» Теперь Петр был уже не на шутку встревожен. Он не знал, как спастись от своих обвинителей. Поэтому, яростно отрицая какую-либо связь с Иисусом, он сказал: «Я не знаю этого человека и не принадлежу к его сторонникам».

Тут привратница отвела Петра в сторону и сказала: «Я уверена в том, что ты являешься одним из учеников Иисуса не только потому, что один из его последователей попросил меня впустить тебя во двор, но и потому, что моя сестра видела тебя в храме вместе с этим человеком. Почему ты отрицаешь это?» Услышав эти обвинения, Петр заявил девушке, что вообще никогда не знал Иисуса, и, сопровождая свои слова многочисленными ругательствами и проклятиями, снова повторил: «Я не являюсь сторонником этого человека; я даже не знаю его; я никогда не слыхал о нем».

Петр отошел от костра и некоторое время бродил по двору. Он был бы рад бежать, но боялся привлечь к себе внимание. Замерзнув, он опять вернулся к костру, и один из мужчин, стоявших рядом с ним, сказал: «Ты точно один из его учеников. Этот Иисус – галилеянин, а твоя речь выдает тебя, ибо ты тоже говоришь, как галилеянин». И вновь Петр отрекся от какой-либо связи со своим Учителем.

Приведенный в глубокое замешательство, Петр стремился избавиться от своих обвинителей. Отойдя от костра, он удалился в пустой притвор. Проведя в уединении больше часа, он случайно столкнулся с привратницей и ее сестрой, которые снова стали дразнить его, обвиняя в том, что он является сторонником Иисуса. И опять он отрицал эти обвинения. Не успел он в очередной раз отречься от всякой связи с Иисусом, как пропел петух, и Петр вспомнил, о чём предупреждал его Учитель ранее той же ночью. Петр стоял, сокрушенный чувством вины, с тяжестью на сердце. И тут двери дворца открылись, и стражники провели мимо Иисуса, которого они вели к Кайафе. Поравнявшись с Петром, в свете факелов Учитель заметил на лице своего – в прошлом самонадеянного и храбрившегося – апостола выражение отчаяния, и, обернувшись, он взглянул на Петра. До самой своей смерти Петр помнил этот взгляд, вобравший в себя такую жалость и любовь, которую еще никогда не видел на лице Учителя смертный человек.

После того как Иисус и стражники вышли из дворцовых ворот, Петр последовал за ними, но вскоре остановился. Он не мог идти дальше. Он сел на обочину дороги и горько заплакал. Выплакав свое отчаяние, он повернул назад, в лагерь, в надежде найти своего брата Андрея. Добравшись до лагеря, он обнаружил там только Давида Зеведеева, который отправил вместе с ним гонца, проводившего его в Иерусалим, – туда, где скрывался его брат.

Все эти события произошли с Петром во внутреннем дворе дворца Анана на Елеонской горе. Он не сопровождал Иисуса во дворец первосвященника Кайафы. Петушиный крик, заставивший Петра осознать, что он несколько раз отрекся от своего Учителя, указывает на то, что всё это происходило за пределами Иерусалима, поскольку закон запрещал держать домашнюю птицу в черте города.

Пока пение петуха не привело Петра в чувство, он, вышагивая взад и вперед по притвору, чтобы согреться, размышлял только об одном: как ловко он уклонился от выдвинутых слугами обвинений и как ему удалось сорвать их попытки обнаружить связь между ним и Иисусом. В это время он думал лишь о том, что эти слуги не имели никакого морального или законного права допрашивать его, и он действительно поздравлял себя с тем, каким образом ему удалось, как он считал, избежать опознания и, возможно, ареста и заключения в тюрьму. Только крик петуха заставил Петра осознать, что он отрекся от своего Учителя. Только взгляд Иисуса заставил его понять, что он оказался недостойным своего избранного положения посланника царства.

Сделав первый шаг на пути компромисса и наименьшего сопротивления, Петр видел только одну возможность – следовать избранной линии поведения. Только великий и благородный характер способен, совершив ошибку, повернуть вспять и исправить ее. Когда человек встает на путь заблуждения, то слишком часто его собственный разум пытается оправдать продолжающееся движение по этому пути.

Петр до конца не верил в то, что он может быть прощен, пока не встретился со своим Учителем после воскресения и не увидел, что он был принят точно так же, как и до событий той трагической ночи отречений.

3. СУДЕБНОЕ ЗАСЕДАНИЕ СИНЕДРИОНА

Около половины четвертого утра в пятницу первосвященник Кайафа потребовал от следственного суда синедриона тишины и приказал привести Иисуса для официального суда. В трех предыдущих случаях синедрион абсолютным большинством голосов приговаривал Иисуса к смерти, придя к выводу о том, что он заслуживает смерти по неофициальному обвинению в нарушении закона, богохульстве и презрении к традициям отцов Израиля.

Это не было очередным заседанием синедриона, который обычно собирался в храме, в палате тесаных камней. В данном случае во дворце первосвященника была собрана специальная следственная комиссия, состоявшая примерно из тридцати членов синедриона. Иоанн Зеведеев присутствовал здесь вместе с Иисусом в течение всего этого так называемого суда.

О, как же эти высшие священники, книжники, саддукеи и некоторые из фарисеев тешили себя тем, что Иисус, угрожавший их положению и бросивший вызов их власти, теперь находится в их руках! И они были полны решимости отомстить, дабы он уже никогда не выбрался отсюда живым.

Обычно, если совершенное человеком преступление предусматривало смертную казнь, евреи проводили судебное разбирательство с большой тщательностью и предоставляли исчерпывающие гарантии беспристрастного отбора свидетелей и справедливого суда. В данном же случае Кайафа являлся скорее прокурором, нежели непредубежденным судьей.

Иисус предстал перед этим судом одетым в свою обычную одежду и со связанными за спиной руками. Весь суд был поражен и несколько смущен его величественным видом. Никогда еще им не приходилось лицезреть подобного узника и видеть такое самообладание в человеке, который предстал перед судом, решающим его жизнь.

По еврейскому закону, минимум два свидетеля должны были дать одинаковые показания по одному и тому же вопросу, прежде чем против узника могло быть выдвинуто обвинение. Иуда не мог выступать в качестве свидетеля против Иисуса ввиду того, что закон категорически запрещал использовать показания предателя. Более двадцати лжесвидетелей прибыли сюда, чтобы свидетельствовать против Иисуса, но их показания были настолько путаными и явно сфабрикованными, что сами члены синедриона сгорали от стыда из-за этого спектакля. Иисус стоял, милосердно взирая на этих лжесвидетелей, и уже одно выражение его лица приводило этих лгунов в замешательство. В течение всех этих ложных показаний Учитель не проронил ни слова. Он ничего не ответил на их лживые обвинения.

Первыми двумя свидетелями, которые хотя бы в чём-то не противоречили друг другу, были двое мужчин, показавших, что они слышали, как в ходе одного из выступлений в храме Иисус сказал, что он «разрушит этот храм рукотворный и в три дня выстроит другой, нерукотворный». Это было не совсем то, что сказал Иисус, тем более, что произнося цитируемые здесь слова, он показывал на свое собственное тело.

Хотя первосвященник и прокричал ему: «Что же ты ничего не отвечаешь на их обвинения?», – Иисус молчал. Он хранил молчание, пока все лжесвидетели давали свои показания. Слова этих клеветников были столь пропитаны ненавистью, фанатизмом и беззастенчивыми преувеличениями, что их показания распадались из-за своей собственной запутанности. Лучшим опровержением их ложных обвинений было невозмутимое и величественное молчание Учителя.

Вскоре после того как лжесвидетели начали давать показания, прибыл Анан и занял свое место рядом с Кайафой. Теперь он поднялся и заявил, что угроза Иисуса разрушить храм достаточна для выдвижения против него трех обвинений:

1. Он является опасным мошенником; он внушает народу невозможное и вообще обманывает людей.

2. Он является революционным фанатиком; он выступает за насильственное посягательство на священный храм, – иначе каким образом он мог бы разрушить его?

3. Он учит магии, поскольку обещает построить новый храм, причем нерукотворный.

Полный состав синедриона уже решил, что Иисус повинен в караемых смертью нарушениях еврейских законов, но теперь они были больше озабочены выдвижением против его действий и учений таких обвинений, которые позволили бы

Пилату вынести их узнику смертный приговор. Они знали, что должны заручиться согласием римского правителя, прежде чем Иисус сможет быть казнен по закону. Анан же намеревался вести свою линию, пытаясь представить Иисуса слишком опасным учителем, чтобы его можно было оставить на свободе.

Однако Кайафа не мог больше смотреть на Учителя, который стоял перед ним, храня абсолютное спокойствие и продолжая молчать. Он решил, что знает как минимум один способ заставить арестованного заговорить. Поэтому он подскочил к Иисусу и, тряся своим пальцем перед лицом Учителя, сказал: «Заклинаю тебя Богом живым, скажи нам, Избавитель ли ты, Сын Божий?» Иисус ответил Кайафе: «Да. Вскоре я отправлюсь к Отцу, и Сын Человеческий будет облечен силой и вновь будет властвовать над небесным воинством».

Услышав эти слова Иисуса, первосвященник пришел в ярость и, разорвав на себе верхние одежды, воскликнул: «Какие еще нужны свидетели! Теперь вы все слышали богохульство этого человека. Как вы теперь полагаете, что следует сделать с этим нарушителем закона и богохульником?» И все они ответили в один голос: «Он заслуживает смерти; распять его!»

Иисус не проявил никакого интереса к вопросам Анана или членов синедриона, за исключением этого единственного вопроса о своей посвященческой миссии. Когда его спросили, является ли он Сыном Божьим, он сразу же и безоговорочно дал утвердительный ответ.

Анан хотел, чтобы суд продолжался и были предъявлены конкретные обвинения по поводу отношения Иисуса к римскому закону и римским властям для последующего представления Пилату. Члены синедриона хотели поскорее закончить с этими вопросами не только потому, что это был день приготовления к Пасхе, когда всякую мирскую работу следовало завершить до полудня, но и потому, что в любой момент Пилат мог отправиться назад в римскую столицу Иудеи, Кесарию, поскольку он прибыл в Иерусалим только на празднование Пасхи.

Но Анану не удалось сохранить контроль над судом в своих руках. Когда Иисус столь неожиданно ответил на вопрос Кайафы, первосвященник выступил вперед и ударил его рукой по лицу. Анан был поистине ошеломлен, видя, как остальные члены суда, выходя из комнаты, плюют Иисусу в лицо, и многие из них наносят ему издевательские пощечины. Так в половине пятого утра, в атмосфере беспорядка и неслыханного разброда, завершилось первое заседание суда синедриона, посвященное суду над Иисусом.

Тридцать предубежденных и ослепленных традицией лжесудей вместе со своими лжесвидетелями осмеливаются судить праведного Создателя вселенной. Обвинители горячатся, их выводит из себя величественное молчание и возвышенное самообладание этого Богочеловека. Его безмолвие вселяет ужас, оно невыносимо; его речь бесстрашна и вызывающа. Он безразличен к их угрозам; его не страшат их нападки. Люди предают суду Бога, но Бог продолжает любить этих людей и спас бы их, если бы мог.

4. ЧАС УНИЖЕНИЯ

Согласно еврейскому закону, для вынесения смертного приговора нужно было провести два заседания суда. Второе заседание должно было состояться на следующий день после первого, а время между заседаниями члены суда должны были посвятить посту и скорби. Но эти люди не могли ждать следующего дня, чтобы подтвердить свое решение о том, что Иисус должен умереть. Они прождали только час. Тем временем Иисус был оставлен в зале для аудиенций под надзором храмовых стражников, которые вместе с челядью первосвященника забавлялись тем, что подвергали Сына Человеческого всевозможным оскорблениям. Они издевались над ним, плевали на него и жестоко били. Они ударяли его по лицу хлыстом, а затем говорили: «Прореки, Избавитель, кто ударил тебя?». И так они продолжали в течение всего часа, надругаясь и издеваясь над этим не оказывающим сопротивления галилеянином.

Весь этот трагический час страданий и издевательских допросов, устроенных бессердечными стражниками и слугами, Иоанн Зеведеев, объятый ужасом, находился в одиночестве в соседней комнате. Когда начались эти оскорбления, Иисус, кивнув головой, дал Иоанну знак уйти. Учитель прекрасно понимал, что если он позволит апостолу остаться в комнате и стать свидетелем этих издевательств, возмущение Иоанна может пробудиться с такой силой, что приведет к вспышке протеста и негодования и, возможно, будет стоить ему жизни.

В течение всего этого ужасного часа Иисус не проронил ни слова. Для его мягкой и чувствительной человеческой души, соединенной личностной связью с Богом всей этой вселенной, не было более горького глотка из чаши унижений, чем этот жуткий час произвола невежественных и жестоких стражников и слуг, которых подтолкнул на оскорбления пример, показанный членами так называемого суда синедриона.

Человеческое сердце неспособно даже представить себе, ка́к содрогнулась от негодования вся обширная вселенная, когда перед взором небесных разумных существ предстало зрелище их возлюбленного Властелина, подчиняющего себя воле своих невежественных и обманутых созданий ослепленной грехом сферы – несчастной Урантии.

Что за животное сидит в человеке, заставляя его испытывать потребность в оскорблениях и физических нападках на то, чего он не может охватить духом и неспособен постичь разумом? В полуцивилизованном человеке до сих пор таится порочная жестокость, которая стремится излиться на тех, кто превосходит его в мудрости и духовности. Посмотрите на злонамеренную грубость и жестокую свирепость этих якобы цивилизованных людей, явно получающих животное удовлетворение от физических нападок на не оказывающего сопротивления Сына Человеческого. Когда эти оскорбления, ядовитые насмешки и удары сыпались на Иисуса, он не защищался, но он не был беззащитным. Иисус не был сломлен – он лишь не сопротивлялся в материальном смысле.

Настали мгновения величайших побед Учителя за весь его долгий и богатый событиями путь создателя, вседержителя и спасителя огромной, широко раскинувшейся вселенной. Исчерпав жизнь, прожитую в раскрытии Бога человеку, Иисус приступил к осуществлению нового, беспрецедентного раскрытия человека Богу. Теперь Иисус раскрывает мирам окончательную победу над всеми страхами, присущими личностной изоляции создания. Сын Человеческий достиг окончательной реализации себя как Сына Божьего. Иисус без колебаний заявляет о том, что он и Отец едины; и на основании факта и истины, заключенных в этом высшем божественном опыте, он призывает каждого верующего в царство стать единым с ним, как он един с Отцом. Так в религии Иисуса живой опыт становится верным и надежным методом, при помощи которого духовно изолированные и космически одинокие земные смертные обретают возможность избежать изоляции личности со всеми ее последствиями – страхом и проистекающим из него чувством беспомощности. В братских реальностях царства небесного вероисповедные Божьи сыны обретают окончательное освобождение от изоляции своего «я» – изоляции как индивидуальной, так и планетарной. Богопознавший верующий всё больше проникается восторгом и величием духовной социализации в масштабах вселенной – небесного гражданства в сочетании с вечным осознанием божественного предназначения, которое заключается в достижении совершенства.

5. ВТОРОЕ ЗАСЕДАНИЕ СУДА

В половине шестого началось второе заседание суда, и Иисуса отвели в соседнюю комнату, где его ждал Иоанн. Здесь Иисус находился под надзором римского солдата и храмовых стражников. Тем временем суд приступил к формулированию обвинений, которые следовало представить Пилату. Анан разъяснил присутствующим, что обвинения в богохульстве не будут иметь никакого значения для Пилата. Иуда присутствовал на втором заседании суда, но не давал показаний.

Это заседание суда продолжалось всего полчаса, и когда они прервали слушание, чтобы отправиться к Пилату, их вердикт, требовавший для Иисуса смертной казни, состоял из трех пунктов:

1. Он совращает еврейский народ; он обманывает людей и подстрекает их к мятежу.

2. Он учит людей отказываться от уплаты дани кесарю.

3. Он утверждает, что является царем и основателем царства нового типа, тем самым подстрекая к измене императору.

Вся эта процедура проходила в нарушение всех правил и еврейских законов. Суд не нашел двух свидетелей, которые согласились бы друг с другом хотя бы по одному вопросу, за исключением тех, которые дали показания относительно заявления Иисуса о разрушении храма и восстановлении его в три дня. Но даже по этому вопросу ни один свидетель не выступил в защиту обвиняемого, и Иисуса не попросили объяснить, что́ он хотел этим сказать.

Единственный вопрос, по которому суд мог бы провести последовательное разбирательство, было богохульство, но и это основывалось бы целиком на собственных показаниях Иисуса. И даже по обвинению в богохульстве не было проведено официального голосования, необходимого для вынесения смертного приговора.

И теперь они взяли на себя смелость сформулировать три обвинения, с которыми они собирались отправиться к Пилату, не выслушав по этим пунктам обвинения ни одного свидетеля и приняв решение в отсутствие обвиняемого. После этого трое фарисеев покинули зал суда; они добивались смерти Иисуса, но не желали выносить против него обвинений в отсутствие свидетелей и обвиняемого.

Иисус не появлялся больше перед судом синедриона. Они не желали снова смотреть ему в глаза и судить его невинную жизнь. Иисус не знал (как человек) об их формальных обвинениях, пока не услышал их из уст Пилата.

Во время второго заседания суда – когда Иисус находился в комнате с Иоанном и стражниками – несколько женщин, служивших во дворце первосвященника, пришли вместе со своими подругами взглянуть на странного узника, и одна из них спросила: «Ты ли Мессия – Сын Божий?» Иисус ответил: «Если я скажу вам, вы не поверите мне; а если я спрошу вас, вы не ответите».

В шесть часов утра Иисуса вывели из дома Кайафы, чтобы доставить к Пилату для утверждения смертного приговора, столь несправедливо и незаконно вынесенного судом синедриона.

ДОКУМЕНТ 185

СУД ПИЛАТА

В седьмом часу утра в пятницу, 7 апреля 30 года н. э., Иисуса привели к Пилату – римскому прокуратору Иудеи, Самарии и Идумеи, который подчинялся непосредственно легату Сирии. Храмовая стража доставила Учителя к римскому правителю связанным в сопровождении примерно пятидесяти обвинителей, включая членов синедриона (в основном саддукеев), Иуду Искариота и первосвященника Кайафу, а также апостола Иоанна. Анана среди них не было.

Пилат был уже на ногах, готовый к приему ранних посетителей, ибо те, кто в предыдущий вечер заручился его согласием на использование римских солдат для ареста Сына Человеческого, сообщили ему, что Иисуса приведут к нему рано утром. Было решено, что суд состоится перед преторием, пристроенным к крепости Антонии, где Пилат и его жена останавливались при посещениях Иерусалима.

Хотя Пилат провел значительную часть допроса Иисуса в залах претория, публичное дознание проводилось снаружи, на ступенях, которые вели к главному входу. Это была уступка евреям: в этот день приготовления к Пасхе они отказывались входить в языческие здания, где, как они опасались, могли пользоваться закваской. Такое поведение не только осквернило бы их и не позволило бы участвовать в послеполуденном празднестве благодарения, но и заставило бы совершить очистительные обряды после захода солнца, прежде чем они были бы вправе разделить пасхальную трапезу.

Хотя этих евреев ничуть не смущало то, что целью их заговора было узаконенное убийство Иисуса, они продолжали скрупулезно соблюдать всё, что касалось ритуальной чистоты и установленных традиций. И эти евреи были не единственными, кто не смог увидеть высоких, священных обязанностей божественного характера, педантично уделяя внимание тому, что имеет ничтожное значение для благополучия человека как во времени, так и в вечности.

1. ПОНТИЙ ПИЛАТ

Если бы Понтий Пилат не зарекомендовал себя достаточно умелым правителем малых провинций, Тиберий вряд ли позволил бы ему в течение десяти лет сохранять за собой должность прокуратора Иудеи. Но хотя он и являлся довольно хорошим управляющим, он был моральным трусом. Будучи ограниченным человеком, он не мог понять характера своей задачи в качестве правителя евреев. Он не смог осознать того, что эти иудеи обладают *подлинной* религией – верой, за которую они готовы принять смерть, и что миллионы людей, разбросанных по всем уголкам империи, смотрят на Иерусалим как на святыню своей веры и считают синедрион высшим земным судом.

Пилат не любил евреев, и эта глубоко укоренившаяся ненависть начала проявляться уже давно. Из всех римских провинций ни одной не было так трудно управлять, как Иудеей. Пилат никогда по-настоящему не понимал проблем, связанных с управлением евреями, и потому уже в самом начале своего правления допустил целый ряд губительных и фактически роковых просчетов. Именно эти просчеты и дали евреям такую власть над ним. Если они стремились повлиять на его решения, им было достаточно пригрозить восстанием, и Пилат быстро капитулировал. Эта явная нерешительность прокуратора – или отсутствие моральной смелости – объяснялась в первую очередь несколькими прошлыми столкновениями с евреями, а также тем, что в каждом из этих случаев он терпел поражение. Евреи знали, что Пилат страшится их и боится упасть в глазах Тиберия, и они не раз пользовались этим, ставя правителя в чрезвычайно невыгодное положение.

Неприязненное отношение евреев к Пилату сложилось в результате целого ряда злосчастных столкновений. В первом случае он не принял всерьез их глубоко укоренившегося предубеждения против любых изображений как символов идолопоклонства. Поэтому, в отличие от своего предшественника, он позволил солдатам вступить в Иерусалим, не убрав изображений кесаря со своих знамен. Пять дней большая делегация евреев неотступно следовала за Пилатом, умоляя, чтобы он приказал убрать эти изображения с военных знамен. Пилат наотрез отказался удовлетворить их просьбу, пригрозив немедленной смертью. Будучи скептиком, Пилат не понимал, что люди, обладающие сильными религиозными чувствами, без колебания умрут за свои религиозные убеждения; поэтому он пришел в смятение, когда эти евреи вызывающе выстроились перед его дворцом, пали ниц и известили его, что готовы умереть. Пилат понял, что он выступил с угрозой, которую не хочет приводить в исполнение. Он уступил, приказав снять изображения с воинских знамен в Иерусалиме, и с того дня в значительной мере оказался заложником прихотей еврейских вождей, которые, таким образом, нашли его слабое место:бросать угрозы, которые он боялся выполнять.

Впоследствии Пилат решил восстановить утраченный престиж и приказал повесить на стенах дворца Ирода в Иерусалиме щиты с изображениями императора, какие обычно использовались для поклонения кесарю. Евреи возмутились. Но Пилат был непреклонен и отказался выслушивать их протесты. Евреи безотлагательно обратились с жалобой в Рим, и император столь же безотлагательно приказал убрать оскорбительные щиты. После этого Пилат пал в их глазах еще ниже.

Еще одной причиной огромной неприязни евреев к Пилату стало то, что он осмелился брать деньги из храмовой казны для оплаты строительства нового акведука, который должен был улучшить снабжение водой миллионов посетителей, собиравшихся в Иерусалиме по большим религиозным праздникам. Евреи считали, что только синедрион вправе распоряжаться храмовыми деньгами, и они всегда поносили Пилата за это дерзкое постановление. В результате этого решения вспыхнуло не менее двадцати бунтов и было пролито много крови. Последняя из серьезных вспышек насилия была связана с массовым убийством галилеян, молившихся у жертвенника.

Примечательно, что хотя этот нерешительный римский правитель пожертвовал Иисусом из-за своего страха перед евреями и для укрепления своего личного положения, в конце концов он был смещен в результате бессмысленного убийства самаритян в связи с притязаниями лжемессии, который повел свои отряды на гору Гаризим, где, как он утверждал, были захоронены храмовые сосуды. После того как этот лжемессия, несмотря на свое обещание, не смог показать места захоронения священных сосудов, вспыхнули жестокие бунты. В результате этого происшествия легат Сирии приказал Пилату вернуться в Рим. Тиберий умер, когда Пилат находился на пути в Рим, и он не получил повторного назначения в качестве прокуратора Иудеи. Всю жизнь он продолжал раскаиваться в том, что дал согласие на распятие Иисуса. Не удостоившись милости у нового императора, он удалился в провинцию Лозанну, где впоследствии покончил с собой.

Клавдия Прокула, жена Пилата, была наслышана об Иисусе от своей служанки – финикиянки, уверовавшей в евангелие царства. После смерти Пилата Клавдия стала одной из видных проповедниц благой вести.

Всё это объясняет многие события той трагической пятницы. Легко понять, почему евреи позволяли себе диктовать Пилату свои условия – поднять его в шесть часов утра для суда над Иисусом, – а также почему они без колебаний пригрозили обвинить его в измене императору, если бы он посмел отклонить их требования предать Иисуса смерти.

Уважающий себя римский управляющий, не оказавшийся в невыгодном положении из-за отношений с еврейскими правителями, никогда не позволил бы этим кровожадным религиозным фанатикам казнить человека, которого он сам же объявил невиновным, не совершавшим приписываемых ему преступлений. Рим совершил грубейшую, чреватую далеко идущими последствиями в мирских делах ошибку, послав в Палестину такого посредственного правителя, как Пилат. Тиберию следовало направить к евреям лучшего управляющего во всей империи.

2. ИИСУС ПРЕДСТАЕТ ПЕРЕД ПИЛАТОМ

Когда Иисус и его обвинители собрались перед зданием судебных заседаний Пилата, римский правитель вышел и, обращаясь к ним, спросил: «В чём вы обвиняете этого человека?» Саддукеи и советники, которые стремились во что бы то ни стало убрать Иисуса со своего пути, решили отправиться к Пилату и просить об утверждении смертного приговора Иисусу, не выдвигая против него каких-либо конкретных обвинений. Поэтому представитель синедриона ответил Пилату: «Если бы этот человек не был преступником, мы не привели бы его к тебе!»

Когда Пилат увидел, что они не хотят излагать своих обвинений против Иисуса, – хотя ему было известно, что они всю ночь обсуждали его вину, – он ответил им: «Поскольку вы не сформулировали конкретных обвинений, почему бы вам не забрать этого человека и не судить его по вашим собственным законам?»

Тогда чиновник суда синедриона ответил Пилату: «Закон не позволяет нам предавать кого-либо смерти, а этот возмутитель спокойствия заслуживает смерти за свои речи и дела. Поэтому мы и пришли к тебе за утверждением этого решения».

То, что члены синедриона явились к римскому правителю и предприняли попытку уклониться от ответа, показывает как их враждебное и неприязненное отношение к Иисусу, так и неуважение к справедливости, чести и достоинству Пилата. Какое бесстыдство со стороны подданных явиться к своему местному правителю с просьбой санкционировать казнь человека, который был лишен справедливого суда и против которого даже не выдвинуто конкретных уголовных обвинений!

Пилат знал кое-что о труде Иисуса среди евреев, и он решил, что выдвигаемые против него обвинения связаны с нарушением еврейских религиозных законов; поэтому он стремился передать дело назад в их собственный суд. Кроме того, Пилат наслаждался тем, что заставил их публично признаться в своей неспособности вынести и привести в исполнение смертный приговор даже в отношении одного из представителей своего собственного народа, вызывавшего у них ожесточенную и злобную ненависть.

Несколькими часами ранее – около полуночи и вслед за тем, как он позволил использовать римских солдат при тайном аресте Иисуса, – Пилат вновь услышал об Иисусе и его учении от своей жены Клавдии, которая частично приняла иудаизм, а позднее всецело уверовала в евангелие Иисуса.

Пилат предпочел бы отложить слушание, однако он видел, что еврейские вожди полны решимости продолжить это дело. Он знал, что наступивший день является не только днем подготовки к Пасхе, но и пятницей, то есть временем приготовления к еврейской субботе – дню покоя и молитв.

Чрезвычайно задетый непочтительной манерой обращения этих евреев, Пилат не хотел подчиняться их требованиям – приговорить Иисуса к смерти без суда. Поэтому, подождав несколько мгновений и не услышав от них обвинений в адрес заключенного, он повернулся к ним и сказал: «Я не стану приговаривать этого человека к смерти без суда, и я не намерен допрашивать его, пока вы не изложите свои обвинения против него в письменном виде».

Услышав эти слова Пилата, первосвященник и другие члены синедриона дали знак чиновнику суда, который вручил Пилату письменные обвинения против Иисуса. Они гласили:

«Заседание синедриона пришло к заключению, что этот человек является преступником и возмутителем спокойствия народа и что он повинен в следующем:

1. Он совращает наш народ и подстрекает его к восстанию.

2. Он запрещает людям платить дань кесарю.

3. Он называет себя царем иудеев и проповедует создание нового царства».

Ни по одному из этих обвинений Иисус не был надлежащим образом допрошен и не был признан виновным в установленном законом порядке. Он даже не слышал этих обвинений, когда они зачитывались в первый раз, но Пилат приказал привести его из претория, где он находился под стражей, и потребовал повторить эти обвинения в присутствии Иисуса.

Когда Иисус слушал эти обвинения, он прекрасно знал, что еврейский суд не допросил его по этим вопросам, и то же самое знали Иоанн Зеведеев и обвинители Иисуса. Однако Учитель не ответил на эти ложные обвинения. Даже после того, как Пилат предложил ему ответить своим обвинителям, он продолжал хранить молчание. Пилат был столь изумлен несправедливостью всей процедуры и столь поражен молчаливой и уверенной манерой Иисуса держаться, что он решил отвести заключенного в зал и допросить его лично.

Разум Пилата был смущен; душа его была полна страха перед евреями, а дух прокуратора был глубоко взволнован зрелищем Иисуса, величественно стоящего перед своими кровожадными обвинителями и взирающего на них не с молчаливым презрением, а с выражением истинной жалости и скорбной любви.

3. НАЕДИНЕ С ПИЛАТОМ

Оставив стражников снаружи, Пилат проводил Иисуса и Иоанна Зеведеева в свои покои. Здесь он предложил заключенному сесть, уселся возле него сам и задал ему несколько вопросов. Пилат начал свой разговор с Иисусом, заверив его в том, что не верит в первый пункт выдвинутого против него обвинения – о совращении народа и подстрекательстве к восстанию. Затем он спросил: «Призывал ли ты когда-либо не платить дань кесарю?» Показав на Иоанна, Иисус сказал: «Спроси его или какого-нибудь другого человека, который слышал мои учения». Пилат спросил об этом у Иоанна, и Иоанн дал показания относительно доктрин своего Учителя и объяснил, что Иисус и его апостолы платили налоги как кесарю, так и храму. Выслушав Иоанна, Пилат сказал: «Смотри, никому не рассказывай о том, что я говорил с тобой». И Иоанн всегда хранил эту тайну.

После этого Пилат повернулся и продолжил допрос Иисуса: «А теперь относительно третьего обвинения, которое выдвигается против тебя: являешься ли ты царем иудеев?» Поскольку в голосе Пилата сквозило искреннее любопытство, Иисус улыбнулся прокуратору и сказал: «Пилат, спрашиваешь ли ты от себя – или же повторяешь вопрос других, моих обвинителей?» На это голосом, в котором звучали нотки возмущения, правитель ответил: «Разве я иудей? Твой собственный народ и первосвященники привели тебя и попросили меня приговорить тебя к смертной казни. Я сомневаюсь в обоснованности их обвинений и всего лишь пытаюсь выяснить, что́ ты совершил. Скажи мне – говорил ли ты, что являешься царем иудеев, и пытался ли основать новое царство?»

Тогда Иисус ответил Пилату: «Разве ты не видишь, что царство мое не от мира сего? Если бы мое царство было от мира сего, мои ученики обязательно встали бы на мою защиту, дабы я не был предан в руки иудеев. Мое присутствие здесь, перед тобой, со связанными руками, достаточно для того, чтобы показать всем людям, что царство мое является духовным владением – братством людей, которые, благодаря вере и с помощью любви, стали сынами Божьими. И это спасение уготовлено как иудею, так и язычнику».

«Следовательно, ты являешься-таки царем?» – спросил Пилат. И Иисус ответил: «Да, я именно такой царь, и царство мое – это семья вероисповедных сынов моего небесного Отца. Для этого я родился и пришел в этот мир – показать моего Отца всем людям и свидетельствовать об истине Божьей. Так и сейчас я заявляю тебе, что каждый, кто любит истину, слышит мой голос».

Тогда Пилат – полунасмешливо, полусерьезно – сказал: «Истина... что есть истина – кто скажет?»

Пилат был неспособен постичь слова Иисуса, как не мог он понять и природу его духовного царства, однако теперь он был уверен в том, что заключенный не совершил ничего, что заслуживало бы смертной казни. Одного взгляда на Иисуса – лицом к лицу – было достаточно, чтобы убедить даже Пилата в том, что этот мягкий и утомленный, но величественный и честный человек не является свирепым и опасным революционером, стремящимся утвердиться на мирском троне Израиля. Как показалось Пилату, он отчасти понял, что́ имел в виду Иисус, называя себя царем, ибо он был знаком с учениями стоиков, которые заявляли, что «мудрец является царем». Пилат был глубоко убежден в том, что Иисус – не опасный зачинщик восстания, а всего лишь безобидный мечтатель, невинный фанатик.

Допросив Учителя, Пилат вернулся к первосвященникам и обвинителям Иисуса и сказал: «Я допросил этого человека и не нашел за ним никакой вины. Я не считаю, что он повинен в тех преступлениях, в которых вы его обвиняете; я думаю, что его следует освободить». Услышав это, евреи пришли в такую ярость, что громко закричали, требуя для Иисуса смерти, а один из членов синедриона решительно выступил вперед и, подойдя к Пилату, сказал: «Этот человек возбуждает народ, от Галилеи и по всей Иудее. Это смутьян и злодей. Ты будешь еще долго жалеть, если отпустишь этого нечестивца на свободу».

Пилату силой навязывали решение. Поэтому не зная, как поступить с Иисусом, и услышав от них, что Иисус начал свой труд в Галилее, он решил уклониться от ответственности за решение по этому делу – по крайней мере, оттянуть время и подумать – и направить Иисуса к Ироду, который находился в то время в городе по случаю Пасхи. Пилат также надеялся, что этот жест поможет смягчить отношения между ним и Иродом, которые уже в течение какого-то времени оставались натянутыми из-за многочисленных разногласий по вопросам разделения власти.

Кликнув стражников, Пилат сказал: «Этот человек из Галилеи. Отведите его немедленно для допроса к Ироду, а после этого доложите мне о его выводах». И они отвели Иисуса к Ироду.

4. ИИСУС ПРЕДСТАЕТ ПЕРЕД ИРОДОМ

Когда Ирод Антипа останавливался в Иерусалиме, он располагался в древнем маккавейском дворце Ирода Великого, и именно сюда, в дом прежнего царя, был приведен Иисус храмовой стражей в сопровождении своих обвинителей и растущей толпы. Ирод был наслышан об Иисусе, вызывавшем у него огромное любопытство. Когда Сын Человеческий предстал перед ним тем утром в пятницу, нечестивый идумеянин ни на мгновение не вспомнил того юношу, который когда-то явился к нему в Сепфорис с просьбой о справедливом решении вопроса о деньгах, причитавшихся его отцу, погибшему в результате несчастного случая на строительстве общественного здания. Насколько Ироду было известно, он никогда не встречался с Иисусом, хотя тот и доставлял правителю много хлопот, пока основной областью его труда оставалась Галилея. Теперь, когда Иисус находился в руках Пилата и иудеян, Ирод желал увидеть его, будучи уверенным в том, что в будущем ему уже не грозит какая-либо опасность с его стороны. Ирод был наслышан о чудесах, сотворенных Иисусом, и он очень надеялся стать свидетелем одного из таких чудес.

Когда Иисуса привели к Ироду, тетрарх был поражен его величественным видом и спокойным, хладнокровным выражением лица. Около пятнадцати минут Ирод задавал Иисусу свои вопросы, однако Учитель ничего не отвечал. Ирод поддразнивал его и пытался заставить сотворить чудо, но Иисус не реагировал на его многочисленные вопросы и ядовитые насмешки.

После этого Ирод повернулся к первосвященникам и саддукеям и, выслушав их обвинения, узнал еще больше того, что было доложено Пилату о мнимых злодеяниях Сына Человеческого. Наконец – убедившись в том, что Иисус не станет ни разговаривать, ни творить для него чудеса, – Ирод, подразнив его какое-то время, вырядил его в старую царскую багряницу и отправил назад к Пилату. Ирод знал, что в Иудее Иисус не подпадает под его юрисдикцию. Хотя он был рад навсегда избавится от Иисуса в Галилее, он благодарил судьбу за то, что именно Пилат взял на себя ответственность за его смерть. Ирод так и не оправился от страха, который преследовал его после убийства Иоанна Крестителя. Временами он даже начинал подозревать, что Иисус – это воскресший Иоанн. Теперь же он освободился от этого страха, поскольку увидел, что Иисус является совершенно иным человеком по сравнению с искренним и пламенным пророком, посмевшим открыто разоблачить и осудить его личную жизнь.

5. ИИСУС ВОЗВРАЩАЕТСЯ К ПИЛАТУ

Когда стражники снова привели Иисуса к Пилату, тот вышел на ступени перед входом в преторий, где было поставлено его судейское кресло, и, пригласив к себе первосвященников и членов синедриона, сказал: «Вы привели ко мне этого человека, обвиняя его в том, что он совращает народ, запрещает платить налоги и утверждает, что является еврейским царем. Я провел дознание и не нахожу его виновным в этих преступлениях. Более того, я вообще не усматриваю за ним какой-либо вины. Затем я послал его к Ироду, и тетрарх, по-видимому, пришел к такому же выводу, поскольку направил его назад, к нам. Этот человек явно не совершил ничего такого, что каралось бы смертной казнью. Если вы по-прежнему считаете, что его следует наказать, то, прежде чем отпустить его, я готов подвергнуть его бичеванию».

Евреи уже были готовы поднять шумный протест против освобождения Иисуса, когда огромная толпа подошла к преторию, чтобы просить Пилата об освобождении одного из заключенных в честь Пасхи. С некоторого времени было принято, чтобы римские правители позволяли народу решать, кого из заключенных или осужденных следует простить на Пасху. И теперь, когда эта толпа явилась к нему, чтобы просить об освобождении заключенного, Пилат подумал о том, что – поскольку Иисус лишь недавно пользовался огромной благосклонностью народа – ему, возможно, удастся выпутаться из затруднительного положения, если он предложит этим людям освободить галилеянина в честь Пасхи в качестве жеста доброй воли, ибо теперь Иисус являлся заключенным, представшим перед его судом.

Толпа хлынула на ступени здания, и Пилат услышал, что они выкрикивают имя Вараввы. Варавва являлся известным политическим агитатором, грабителем и убийцей; сын священника, незадолго до этого он был пойман на месте преступления при совершении убийства и ограбления на иерихонской дороге. Этот человек был приговорен к смерти, и его казнь должна была состояться сразу же после окончания Пасхи.

Пилат встал и объяснил толпе, что Иисуса привели к нему первосвященники, требовавшие его смерти на основании определенных обвинений, и что он не считает этого человека заслуживающим смерти. Пилат сказал: «Посему которого из них вы предпочли бы, чтобы я освободил, – убийцу Варавву или этого Иисуса из Галилеи?» И когда Пилат сказал это, первосвященники и члены суда синедриона, в один голос, надрывно закричали: «Варавву, Варавву!» И когда люди увидели, что первосвященники хотят смерти Иисуса, они быстро примкнули к тем, кто громко требовал лишить его жизни, и стали шумно настаивать на освобождении Вараввы.

Несколькими днями ранее Иисус внушал этим людям благоговейный трепет, но чернь не уважала того, кто, назвавшись Сыном Божьим, был теперь арестован первосвященниками и правителями и приведен на суд к Пилату, который решал, казнить его или миловать. Иисус мог быть героем в глазах народа, когда он очищал храм от менял и торговцев, но не тогда, когда он стал несопротивляющимся узником в руках врагов на суде, решавшем его участь.

Пилат пришел в гнев, видя, как первосвященники требуют простить известного убийцу и одновременно домогаются крови Иисуса. Он понимал их преступные намерения и ненависть, он видел их пристрастность и зависть. Поэтому он сказал им: «Как можете вы предпочесть жизнь убийцы жизни этого человека, единственная вина которого состоит в том, что он в переносном смысле называет себя иудейским царем?» Но Пилату не следовало этого говорить. Евреи были гордым народом, и хотя в те времена они находились под политическим ярмом Рима, они надеялись на приход Мессии, который освободил бы их от бремени иноверцев великой демонстрацией силы и славы. Пилат и представить себе не мог, какое возмущение вызвал у них даже намек на то, что этот смиренный проповедник странных доктрин, арестованный и обвиняемый в преступлениях, заслуживающих смертной казни, может называться «царем иудейским». Для них его слова были оскорблением всего, что они считали святым и достойным уважения в истории своего народа, и поэтому все они громко потребовали освобождения Вараввы и казни Иисуса.

Пилат знал, что Иисус не повинен в том, в чём его обвиняют, и будь он справедливым и мужественным судьей, он оправдал бы его и отпустил бы на свободу. Однако он боялся бросить вызов разозленным евреям, и пока он стоял, не зная, как поступить, прибыл гонец и передал ему запечатанное послание от его жены Клавдии.

Пилат знаком показал собравшимся, что, прежде чем вернуться к этому делу, он желает прочесть сообщение. Раскрыв письмо своей жены, он прочитал: «Молю тебя, не трогай этого невинного и праведного человека, которого зовут Иисусом. Прошлой ночью мне пришлось много пострадать из-за него во сне». Эта записка от Клавдии не только чрезвычайно расстроила Пилата и тем самым отсрочила рассмотрение этого дела, но также, к несчастью, предоставила еврейским правителям много времени, в течение которого они сновали в толпе, убеждая людей просить об освобождении Вараввы и шумно требовать распятия Иисуса.

Наконец, Пилат вновь вернулся к проблеме, ожидавшей своего решения, и обратился к разношерстному собранию, состоявшему из еврейских правителей и просившей о помиловании толпы: «Что же мне делать с тем, кого называют царем иудейским?» И все они закричали в один голос: «Распни! Распни его!» Единодушие этого требования разнородной толпы поразило и напугало Пилата – несправедливого и трусливого судью.

И вновь он спросил: «Почему вы хотите распять этого человека? Какое зло он совершил? Кто готов выйти и свидетельствовать против него?» Но услышав, что Пилат защищает Иисуса, они только с новой силой закричали: «Распни! Распни его!»

Тогда Пилат вторично обратился к ним по поводу освобождения заключенного в честь Пасхи: «Я снова спрашиваю вас: кого из заключенных мне следует освободить сейчас, когда вы празднуете свою Пасху?» И вновь толпа закричала: «Дай нам Варавву!»

Тогда Пилат сказал: «Если я освобожу убийцу, Варавву, что мне делать с Иисусом?» И снова толпа закричала в один голос: «Распни! Распни его!»

Пилат был напуган нестихающим шумом черни, действовавшей по указке первосвященников и советников синедриона. Тем не менее, он решил предпринять еще одну попытку умиротворить толпу и спасти Иисуса.

6. ПОСЛЕДНЕЕ ВОЗЗВАНИЕ ПИЛАТА

Во всём, что происходит в это утро в пятницу в присутствии Пилата, участвуют только враги Иисуса. Его многочисленные друзья либо еще не знают о ночном аресте и состоявшемся рано утром суде, либо скрываются, чтобы избежать ареста и смертного приговора из-за того, что они верят в учения Иисуса. В толпе, шумно требующей смерти Учителя, находятся только его заклятые враги, а также неразумная и легко управляемая чернь.

Пилат решил в последний раз воззвать к их состраданию. Боясь перечить этой сбитой с толку толпе, громогласно домогавшейся крови Иисуса, он приказал еврейским стражникам и римским солдатам подвергнуть Иисуса бичеванию. Уже сама эта процедура была несправедливой и незаконной, поскольку римский закон позволял бичевать только тех, кого осуждали на смерть через распятие. Для того, чтобы подвергнуть Иисуса этому истязанию, стражники отвели его во внутренний двор претория. В отличие от врагов Иисуса, Пилат присутствовал при наказании; он прервал это подлое занятие, приказав прекратить бичевание, и показал знаком, чтобы Иисуса подвели к нему. До того как солдаты начали хлестать Иисуса, привязанного к бичевальному столбу, своими узловатыми плетьми, они вновь надели на него багряницу и, сплетя терновый венец, возложили ему на голову. Вложив в его руку трость вместо скипетра, они становились перед ним на колени и, издеваясь над ним, говорили: «Да здравствует царь иудейский!» И они плевали на него и били по лицу руками. А один из них, прежде чем вернуть его к Пилату, вынул трость из его руки и ударил его по голове.

Затем Пилат увел этого истекающего кровью и израненного заключенного и, показывая его разношерстной толпе, сказал: «Вот человек! Вновь я заявляю вам, что не нахожу в нём какого-либо преступления и, наказав его плетьми, я собираюсь отпустить его».

Иисус Назарянин стоял, одетый в старую царскую багряницу, с терновым венцом, впившимся в его благородный лоб. Его лицо было в кровоподтеках; он поник от страданий и скорби. Но ничто не способно тронуть сердца тех, кто пал жертвой жестокой ненависти и стал рабом религиозных предрассудков. Это зрелище заставило содрогнуться от ужаса все миры огромной вселенной, но оно не тронуло тех, кто решил во что бы то ни стало уничтожить Иисуса.

Увидев, что стало с Учителем, и оправившись от первого изумления, они только громче и раскатистей закричали: «Распни его! Распни его! Распни его!»

Теперь Пилат действительно понял, сколь бесполезно взывать к их жалости. Он вышел вперед и сказал: «Я вижу, вы уверены в том, что этот человек должен умереть, – но что́ он сделал, чтобы заслужить смерть? Кто заявит о его преступлении?»

Тогда сам первосвященник выступил вперед и, подойдя к Пилату, сердито заявил: «У нас есть священный закон, и по этому закону он должен умереть, потому что он представляет себя Сыном Божьим». Услышав это, Пилат испугался еще больше – не только из-за евреев, но и из-за того, что вспомнил послание своей жены и греческие мифы о спускающихся на землю богах; мысль о том, что Иисус может являться божественной личностью, привела его в дрожь. Он жестом велел толпе утихомириться, а сам взял Иисуса под руку и вновь увел его внутрь для дальнейшего допроса. Страх смутил Пилата, суеверия сбили его с толку, а упорство черни лишило прокуратора сил.

7. ПОСЛЕДНЯЯ БЕСЕДА С ПИЛАТОМ

Дрожа от страха, Пилат сел рядом с Иисусом и спросил: «Откуда ты родом? Кто ты на самом деле? Почему о тебе говорят, что ты Сын Божий?»

Но Иисус едва ли мог ответить на такие вопросы, когда их задавал трусливый, слабый и нерешительный судья, который хотя и заявил о его полной невиновности, был столь несправедливым, что подверг его телесному наказанию, причем еще до того, как он был должным образом приговорен к смертной казни. Иисус посмотрел Пилату прямо в глаза, но ничего не ответил. Пилат спросил: «Что же, ты отказываешься говорить со мной? Разве ты не понимаешь, что по-прежнему в моей власти – отпустить тебя или распять?» Тогда Иисус ответил: «Ты не имел бы надо мной никакой власти, не будь на то воля свыше. Ты ничего не смог бы сделать с Сыном Человеческим, не позволь того небесный Отец. Но твоя вина не столь велика, ибо ты не знаешь евангелия. Больше греха на том, кто изменил мне, и на том, кто предал меня тебе».

Последний разговор с Иисусом всерьез испугал Пилата. Этот моральный трус и слабовольный судья сгибался под тяжестью двойного груза – суеверного страха перед Иисусом и панического ужаса перед еврейскими вождями.

И вновь Пилат вышел к толпе и заявил: «Я уверен, что этот человек всего лишь оскорбил ваши религиозные чувства. Вы должны забрать его и судить по своим законам. Что дает вам основание полагать, что я пошлю его на смерть из-за того, что его учения расходятся с вашими традициями?»

Пилат был уже готов отпустить Иисуса, когда Кайафа, первосвященник, подошел к трусливому римскому судье и, угрожающе тряся перед его носом пальцем, прокричал так, чтобы его злобный голос был слышен всей толпе: «Если ты освободишь этого человека, значит ты не друг кесарю, и я позабочусь о том, чтобы император узнал обо всём». Эта прилюдная угроза сломила Пилата. Страх за свое личное благополучие затмил все остальные доводы, и трусливый правитель приказал привести Иисуса в суд. Когда Учитель предстал перед ними, Пилат указал на него и с насмешкой произнес: «Вот ваш царь». И евреи ответили: «Долой его! Распни его!» И тогда, с явной иронией и сарказмом, Пилат спросил: «Вы хотите, чтобы я распял вашего царя?» И евреи ответили: «Да! Распни его! У нас нет другого царя, кроме кесаря!» И Пилат понял, что он не сможет спасти Иисуса, ибо он не хотел бросать вызов евреям.

8. ТРАГИЧЕСКАЯ КАПИТУЛЯЦИЯ ПИЛАТА

Он стоял перед ними – Сын Божий, воплощенный в облике Сына Человеческого. Он был взят под стражу без объяснения причин, обвинен без предъявления улик, осужден в отсутствие свидетелей, наказан без вынесения приговора, и теперь несправедливый судья – признавшийся в том, что не находит за ним вины, – должен был приговорить его к смертной казни. Если, называя Иисуса «царем иудейским», Пилат надеялся воззвать к их патриотизму, он потерпел полный провал. Не такого царя ждали евреи. Заявление первосвященников и саддукеев – «у нас нет другого царя, кроме кесаря» – потрясло даже бездумную чернь, но теперь было уже слишком поздно: даже если бы толпа осмелилась встать на сторону Учителя, она не смогла бы спасти его.

Пилат боялся народных волнений и бунтов. Он не решился рисковать нарушением общественного спокойствия в пасхальные праздники в Иерусалиме. Лишь недавно он получил порицание от кесаря, и он не хотел напрашиваться на новые неприятности. Толпа ответила радостными криками, когда он велел отпустить Варавву. После этого он приказал принести чашу с водой и перед всем народом умыл руки со словами: «Я не повинен в крови этого человека. Вы решили, что он должен умереть, но я не нашел за ним никакой вины. Занимайтесь этим сами. Пусть солдаты уведут его». В ответ он услышал одобрительные возгласы черни: «Пусть кровь его падет на нас и на детей наших!»

ДОКУМЕНТ 186

ПЕРЕД РАСПЯТИЕМ

Когда Иисус и его обвинители отправлялись к Ироду, Учитель обернулся к апостолу Иоанну и сказал: «Иоанн, ты сделал для меня всё, что мог. Ступай к моей матери и приведи ее свидеться со мной, пока я жив». Иоанн не хотел оставлять своего Учителя наедине с врагами, но услышав его просьбу, он поспешил в Вифанию, где вся семья Иисуса дожидалась известий в доме Марфы и Марии – сестер Лазаря, которого Иисус воскресил из мертвых.

В течение утра гонцы несколько раз приносили Марфе и Марии сообщения о ходе суда над Иисусом. Однако семья Иисуса прибыла в Вифанию всего за несколько минут до того, как туда явился Иоанн, передавший просьбу Иисуса – увидеться перед смертью с матерью. Когда Иоанн Зеведеев рассказал им обо всём, что случилось со времени полночного ареста Иисуса, Мария, его мать, сразу же отправилась вместе с ним, чтобы увидеть своего старшего сына. К тому времени, когда Мария и Иоанн добрались до города, римские солдаты уже привели Иисуса на Голгофу, где они должны были распять его.

Когда Мария, мать Иисуса, отправилась вместе с Иоанном к своему сыну, его сестра Руфь отказалась остаться с остальными членами семьи. Поскольку она во что бы то ни стало хотела сопровождать свою мать, ее брат Иуда также отправился с нею. Остальные члены семьи Иисуса остались в Вифании на попечении Иакова, и почти каждый час гонцы Давида Зеведеева сообщали им о ходе страшного злодеяния – казни их старшего брата, Иисуса Назарянина.

1. КОНЕЦ ИУДЫ ИСКАРИОТА

В ту пятницу, около половины девятого утра, Пилат завершил свой допрос Иисуса и Учитель был передан римским солдатам для распятия. Как только Иисус оказался в руках римлян, начальник еврейских стражников вернулся вместе со своими людьми в храм. Вслед за стражниками шли первосвященник и остальные члены синедриона, направлявшиеся на свое обычное место собраний в храме – в палату тесаных камней. Здесь их уже поджидали многие члены синедриона, которым хотелось знать, что́ сделано с Иисусом. Когда Кайафа докладывал синедриону о ходе суда и вынесении приговора Иисусу, к ним явился Иуда с намерением потребовать награду за свою роль в аресте своего Учителя и вынесении ему смертного приговора.

Все эти евреи презирали Иуду, испытывая по отношению к предателю одно только крайнее отвращение. В течение всего суда над Иисусом перед Кайафой и во время его пребывания у Пилата Иуда мучился угрызениями совести из-за своего предательского поведения. Кроме того, он начал испытывать некоторое разочарование в отношении награды, которую он, как предатель Иисуса, должен был получить в качестве платы за свои услуги. Ему не нравилась холодность и отчужденность еврейских властей; и всё же он надеялся на щедрое вознаграждение за свое трусливое поведение. Он предвкушал, как он предстанет перед полным составом синедриона, где ему будут петь дифирамбы и оказывать должные почести в знак великой службы, которую – тешил себя Иуда – он сослужил своей нации. Поэтому представьте себе величайшее изумление этого самовлюбленного предателя, когда слуга первосвященника окликнул его за дверьми зала заседаний и, хлопнув по плечу, сказал: «Иуда, мне велено заплатить тебе за предательство Иисуса. Вот твоя награда». И сказав это, слуга Кайафы передал Иуде кошель с тридцатью сребрениками – тогдашней ценой хорошего, здорового раба.

Иуда был потрясен, ошеломлен. Он бросился назад, к входу в зал, но был задержан привратником. Он хотел обратиться к синедриону, но те не впустили его. Иуда не мог поверить, что эти правители евреев позволили ему предать своих друзей и своего Учителя – и после этого предложили ему в награду тридцать сребреников. Он был унижен, разочарован и сломлен. Выйдя из храма, он шел как будто в трансе. Машинально опустив кошель с деньгами в свой глубокий карман – тот самый карман, в котором он так долго носил суму с апостольскими деньгами, – он брел по городу вместе с толпами, которые шли поглазеть на распятие.

Завидев, как вдали поднимают крест с прибитым к нему Иисусом, Иуда бросился назад, в храм, и, оттолкнув привратника, оказался перед синедрионом, который всё еще продолжал свое заседание. Задыхаясь и почти обезумев, он едва выдавил из себя: «Я согрешил, предав невинную кровь. Вы оскорбили меня. Вы предложили мне в награду за мою службу деньги – цену раба. Я раскаиваюсь в содеянном; вот ваши деньги. Я хочу избавиться от вины за этот поступок».

Услышав слова Иуды, правители евреев подняли его на смех. Один из них, который сидел рядом со стоявшим Иудой, жестом велел ему покинуть зал и сказал: «Твой Учитель уже казнен римлянами, а что до твоей вины, то какое нам дело до этого? Это твоя забота – ступай прочь!»

Покинув зал синедриона, Иуда вынул из кошеля тридцать сребреников и швырнул их с размаху на пол храма. Когда предатель выходил из храма, он находился на грани помешательства. То, что переживал в тот момент Иуда, было опытом осознания истинной природы греха. Исчезла вся привлекательность преступления, его чары и пьянящее действие. Злодей остался наедине с приговором, вынесенным его разочарованной и обманутой душой. Еще не совершенный, грех очаровывал и манил; теперь же он должен был пожинать его плоды – суровую и неприглядную действительность.

Бывший посланник царства небесного на земле брел по улицам Иерусалима, позабытый и одинокий. Его охватило глубочайшее отчаяние и безысходность. Он пересек город, миновал городские ворота и в страшном одиночестве спустился в долину Енном. Там он взобрался на крутую скалу и, сняв пояс со своего плаща, привязал один его конец к невысокому дереву, а другой затянул себе на шее и бросился в пропасть. Он еще был жив, когда затянутый дрожащими руками узел развязался, и тело предателя разбилось, упав на острые камни.

2. ОТНОШЕНИЕ УЧИТЕЛЯ

Когда Иисус был арестован, он знал, что его труд на земле в образе смертной плоти завершен. Он прекрасно понимал, какой смертью ему предстоит умереть, и его мало волновали детали так называемых судебных процессов.

Представ перед судом синедриона, Иисус отказался отвечать на показания лжесвидетелей. Существовал только один вопрос, на который он всегда отвечал, – кто бы ни спрашивал, друг или враг, – а именно, вопрос о характере и божественности его миссии на земле. Он неизменно давал ответ, когда его спрашивали, является ли он Сыном Божьим. Он упорно отказывался говорить в присутствии любопытного и нечестивого Ирода. На суде у Пилата он отвечал только тогда, когда считал, что его ответы помогут Пилату или какому-нибудь другому искреннему человеку лучше понять истину. Иисус объяснял своим апостолам, сколь бесполезно метать бисер перед свиньями, и теперь он смело следовал тому, чему сам же учил. В тот день его поведение стало примером человеческой покорности в сочетании с величественным и безмолвным божественным достоинством. Он был вполне готов обсудить с Пилатом любой вопрос, имевший отношение к выдвинутым против него политическим обвинениям, – любой вопрос, который, по его мнению, относился бы к компетенции правителя.

Иисус был убежден: Отец желает, чтобы он – как и любое другое смертное создание – подчинился естественному и обыкновенному ходу событий; потому он отказался использовать даже свою чисто человеческую способность – убедительное красноречие, – чтобы повлиять на исход козней своих социально близоруких и духовно слепых смертных собратьев. Хотя Иисус жил и умер на Урантии, весь его человеческий путь – от начала до конца – являлся зрелищем, призванным оказать влияние на всю сотворенную, постоянно поддерживаемую им вселенную и просветить ее.

Эти недальновидные евреи шумно и непристойно требовали смерти Учителя, в то время как он стоял в ужасающем молчании, взирая на гибель нации – народа, к которому принадлежал и его земной отец.

Иисус приобрел тот тип человеческого характера, который мог сохранять свое спокойствие и утверждать свое достоинство даже в условиях непрекращающихся и беспричинных оскорблений. Его невозможно было запугать. В первый раз слуга Анана ударил его всего лишь в ответ на предположение о том, что было бы уместно пригласить тех свидетелей, которые могли бы свидетельствовать против него по существу дела.

С начала и до конца так называемого суда Пилата наблюдающее небесное воинство не могло не передать по каналам дальней связи собственное определение этой сцены – «Иисус судит Пилата».

Когда Иисус предстал перед Кайафой и когда все лжесвидетельства рухнули, Иисус, не колеблясь, ответил на вопрос первосвященника и своим собственным свидетельством дал им то, чего им не хватало для обоснования обвинения в богохульстве.

Учитель не проявлял ни малейшего интереса к благонамеренным, но малодушным попыткам Пилата добиться его освобождения. Он действительно жалел Пилата и искренне хотел просветить его помраченный разум. Он сохранял полное безразличие во время всех обращений римского правителя к евреям с призывами отказаться от обвинений в совершении уголовного преступления. В течение всего скорбного испытания он держал себя с естественным достоинством и подлинным величием. Ни тени неискренности не было в его ответе, который он дал своим будущим убийцам, спросившим его, является ли он «царем иудейским». Внеся лишь небольшое уточнение, он принял это название, ибо знал, что хотя они решили отвергнуть его, он был бы их последним кандидатом в национальные вожди, даже в духовном смысле.

Во время этих допросов Иисус почти ничего не говорил, однако он сказал достаточно, чтобы показать всем смертным, какой характер способен обрести человек в сотрудничестве с Богом, и раскрыть всей вселенной, каким образом может проявляться в жизни создания Бог, когда такое создание действительно решает исполнять волю Отца и тем самым становится настоящим сыном живого Бога.

Его любовь к невежественным смертным полностью раскрывается в его терпении и огромном самообладании, невзирая на глумление, удары и побои грубых солдат и бездумной челяди. Он даже не сердился на них, когда, завязав ему глаза, они издевательски ударяли его по лицу и кричали: «Прореки, кто из нас ударил тебя».

Пилат и не предполагал, сколько правды было в его словах, когда, после бичевания Иисуса, он вывел его перед толпой и воскликнул: «Вот человек!» И действительно, этот запуганный римский правитель даже представить себе не мог, что в тот же момент вся вселенная, затаив дыхание, взирает на это неповторимое зрелище – своего возлюбленного Властелина, подвергаемого унизительным насмешкам и ударам его ослепленныхи деградировавших смертных подданных. И когда Пилат произнес эти слова, ему откликнулся весь Небадон: «Вот Бог и человек!» С тех пор бесчисленные миллионы существ по всей вселенной продолжают созерцать этого человека, а Бог Хавоны – верховный правитель вселенной вселенных – признаёт человека из Назарета как воплощение своего идеала смертного создания этой локальной вселенной времени и пространства. Своей несравненной жизнью Иисус всегда раскрывал Бога человеку. Теперь, в завершающих эпизодах своего смертного пути и в своей последующей смерти, он осуществил новое проникновенное раскрытие человека Богу.

3. ВЕРНЫЙ ДАВИД ЗЕВЕДЕЕВ

Вскоре после того как Иисус был передан римским солдатам по окончании допроса у Пилата, отряд храмовых стражников спешно направился в Гефсиманию, чтобы разогнать или арестовать сторонников Учителя. Однако его последователи рассеялись задолго до появления стражников. Апостолы укрылись в заранее условленных местах; греки разошлись по разным домам в Иерусалиме; остальные ученики тоже исчезли. Давид Зеведеев предполагал, что враги Иисуса вернутся. Поэтому он заблаговременно перенес пять-шесть палаток в соседнюю лощину, недалеко от того места, куда Учитель так часто удалялся для молитвы и поклонения. Здесь он собирался укрыться и одновременно руководить центром, или координационным пунктом, своей курьерской службы. Едва Давид успел покинуть лагерь, как сюда явились храмовые стражники. Не найдя здесь никого, они удовлетворились тем, что сожгли лагерь и поспешили назад в храм. Синедрион был доволен их ответом, решив, что последователи Иисуса столь сильно напуганы, что опасность восстания или попытки спасти Иисуса из рук палачей исключена. Наконец-то религиозные вожди могли вздохнуть спокойно; и потому они завершили заседание, чтобы каждый из них мог подготовиться к Пасхе.

Как только Пилат передал Иисуса римским солдатам для распятия, гонец спешно оправился в Гефсиманию, чтобы сообщить о том Давиду; не прошло и пяти минут, как гонцы уже бежали в Вифсаиду, Пеллу, Филадельфию, Сидон, Сихем, Хеврон, Дамаск и Александрию. Эти гонцы несли сообщение о том, что римляне собираются распять Иисуса по настоятельному требованию еврейских правителей.

В течение всего трагического дня – пока не разнеслось известие о том, что Учитель положен в склеп, – примерно каждые полчаса Давид отправлял гонцов с сообщениями для апостолов, греков и земной семьи Иисуса, собравшейся в доме Лазаря в Вифании. Отправив гонцов с известием о том, что Иисус положен в гробницу, Давид распустил местных гонцов на празднование Пасхи и день отдыха, субботу, велев в воскресенье утром, не привлекая внимания, собраться в доме у Никодима, где он намеревался укрыться на несколько дней вместе с Андреем и Симоном Петром.

Обладая особым складом ума, Давид Зеведеев был единственным из ближайших учеников Иисуса, кто буквально и как нечто само собой разумеющееся воспринял утверждение Учителя о том, что он умрет и «на третий день воскреснет». Когда-то Давид услышал это предсказание от Иисуса, и теперь, как человек, понимающий всё буквально, предложил своим гонцам собраться ранним утром в воскресенье в доме Никодима, чтобы быть готовыми распространить весть о воскресении Иисуса, если он восстанет из мертвых. Вскоре Давид понял, что никто из последователей Иисуса не надеется на столь скорое возвращение Учителя из могилы. Поэтому он почти ничего не говорил о своей уверенности и вообще ничего не упомянул о том, что он собирает отряд своих гонцов рано утром в воскресенье. Об этом было сказано лишь тем гонцам, которые были посланы до полудня в пятницу в дальние города и центры верующих.

Так последователи Иисуса, разбросанные по всему Иерусалиму и его окрестностям, в тот вечер приняли участие в пасхальной трапезе и следующий день провели в уединении.

4. ПОДГОТОВКА К РАСПЯТИЮ

После того как Пилат умыл руки перед толпой, пытаясь тем самым снять с себя вину за то, что он послал невинного человека на распятие только из-за боязни воспротивиться настойчивым требованиям еврейских правителей, он приказал отдать Учителя римским солдатам и велел их командиру не медлить с казнью. Когда Иисус был передан солдатам, они отвели его назад, во двор претория, где сняли с него мантию, надетую Иродом, и одели Иисуса в его собственную одежду. Солдаты дразнили Иисуса и издевались над ним, но они не подвергали его новым физическим наказаниям. Теперь Иисус остался наедине с этими римскими солдатами. Его друзья скрывались; его враги разошлись. Даже Иоанна Зеведеева больше не было рядом с ним.

В самом начале девятого Пилат передал Иисуса в руки солдат, и около девяти они отправились на место распятия. В течение этого времени – более получаса – Иисус не проронил ни слова. Управление огромной вселенной практически замерло. Гавриил и верховные правители Небадона либо находились непосредственно на Урантии, либо пристально следили за пространственными сообщениями архангелов, стремясь быть в курсе дела относительно того, что́ происходит с Сыном Человеческим на Урантии.

К тому времени, когда солдаты были готовы отправиться с Иисусом на Голгофу, их начало поражать его необыкновенное самообладание и исключительное достоинство, его терпение и молчание.

То, что солдаты не сразу повели Иисуса на распятие, во многом объясняется принятым их командиром в последнюю минуту решением забрать также двух осужденных на смерть воров. Поскольку Иисуса должны были казнить в то утро, римский командир решил, что эти двое также могут умереть вместе с ним, не дожидаясь окончания празднования Пасхи.

Как только воры были подготовлены к казни, их ввели во двор, где они уставились на Иисуса. Один из них видел его в первый раз, однако второй часто слушал его выступления – как в храме, так и в лагере у Пеллы за много месяцев до этого дня.

5. СМЕРТЬ ИИСУСА И ПАСХА

Нет никакой прямой связи между смертью Иисуса и еврейской Пасхой. Действительно, жизнь Учителя во плоти прекратилась именно в тот день – день приготовления к еврейской Пасхе – и примерно в то же время, когда в храме приносили в жертву пасхальных ягнят. Но это случайное совпадение никоим образом не означает, что смерть Сына Человеческого на земле имела какое-либо отношение к еврейской системе жертвоприношений. Иисус был евреем, но как Сын Человеческий он являлся смертным миров. То, что́ вы уже знаете из данного повествования о событиях, ведущих непосредственно к этому часу предстоящего распятия Учителя, позволяет сделать вывод, что его смерть, наступившая примерно в это время, была абсолютно естественным событием, делом рук человеческих.

Человек, а не Бог задумал и осуществил казнь Иисуса на кресте. Действительно, Отец отказался вмешиваться в ход человеческих событий на Урантии, но Райский Отец не распоряжался о смерти своего Сына, не настаивал на ней и не требовал, чтобы она совершилась в том виде, в каком это произошло на земле. Конечно, рано или поздно Иисусу пришлось бы тем или иным путем освободиться от своего материального тела, завершить свою инкарнацию во плоти, однако он мог осуществить эту задачу бесконечным множеством других способов, вместо того чтобы умирать на кресте между двумя ворами. Всё это совершено людьми, а не Богом.

Ко времени своего крещения Учитель в совершенстве овладел умением накапливать требуемый опыт – опыт жизни на земле во плоти, необходимый для завершения своего седьмого, последнего вселенского посвящения; именно к тому времени Иисус завершил исполнение своих обязанностей на земле. Вся его последующая жизнь – и даже обстоятельства его смерти – являлись с его стороны исключительно личным служением во имя благополучия и возвышения своих смертных созданий этого и других миров.

Евангелие – благая весть о том, что через веру смертный человек может осознать себя в духе сыном Бога, – не зависит от смерти Иисуса. Воистину, смерть Учителя пролила яркий свет на всё евангелие царства; однако еще большее воздействие оказала его жизнь.

Всё, что Сын Человеческий говорил или делал на земле, чрезвычайно украсило доктрины богосыновства и человеческого братства, но эти основополагающие отношения Бога и людей присущи вселенским реальностям – любви Бога к своим созданиям и врожденному милосердию божественных Сынов. Эти трогательные и божественно-прекрасные отношения между человеком и его Творцом в этом мире и во всех других мирах вселенной вселенных существуют испокон веков. И они ни в коей мере не зависят от периодических посвящений, совершаемых Божьими Сынами-Создателями, которые тем самым принимают естество и облик созданных ими разумных существ в качестве части требуемой от них платы за обретение окончательного и неограниченного полновластия в своих локальных вселенных.

Отец небесный точно так же любил смертных людей на земле до жизни и смерти Иисуса на Урантии, как он любил их после этой трансцендентной демонстрации партнерства человека и Бога. Это великое свершение – инкарнация Бога Небадона в качестве человека на Урантии – не могло улучшить атрибуты вечного, бесконечного и всеобщего Отца, однако оно действительно обогатило и просветило всех остальных управляющих и всех созданий вселенной Небадон. Хотя любовь, которую испытывает к нам небесный Отец, остается неизменной, благодаря посвящению Михаила все остальные разумные небесные существа любят нас еще больше. И это произошло потому, что Иисус не только раскрыл Бога человеку, но и осуществил новое раскрытие человека Богам и небесным разумным созданиям вселенной вселенных.

Вскоре Иисус умрет, но не как принесенная за грехи жертва. Его смерть не станет искуплением врожденной нравственной вины человеческого рода. У человечества нет какой-либо родовой вины перед Богом. Виновность связана только с личным грехом и осознанным, преднамеренным восстанием против воли Отца и правления его Сынов.

Грех и восстание не имеют никакого отношения к основополагающей программе посвящений Райских Божьих Сынов, хотя нам действительно кажется, что программа спасения является предварительным элементом программы посвящений.

Предлагаемое Богом спасение смертных Урантии было бы столь же действенным и непременным, если бы Иисус не был казнен жестокими и невежественными смертными. Если бы Учитель был благоприятно принят смертными земли и покинул Урантию в результате добровольного прекращения своей жизни во плоти, то это никак не повлияло бы на истину богосыновства – истину любви Бога и милосердия Сына. Вы, смертные, являетесь Божьими сынами, и для того чтобы эта истина стала фактом вашего личного опыта, нужно только одно: ваша рожденная в духе вера.

ДОКУМЕНТ 187

РАСПЯТИЕ

Когда два разбойника были приготовлены к казни, солдаты, под командованием центуриона, отправились к месту распятия. Центурион, в подчинении которого находились эти двенадцать солдат, был тем же командиром, который прошлой ночью привел римских солдат в Гефсиманию, чтобы арестовать Иисуса. По римскому обычаю, на каждого приговоренного к распятию выделялось по четыре солдата. Прежде чем двух разбойников повели на распятие, они были подвергнуты должному бичеванию, но Иисус не получил новых телесных наказаний; командир явно полагал, что он был достаточно подвергнут бичеванию еще до вынесения приговора.

Двое воров, распятых вместе с Иисусом, являлись сообщниками Вараввы и были бы позднее казнены вместе со своим главарем, если бы тот не был отпущен, помилованный Пилатом в честь Пасхи. Таким образом, Иисус был распят вместо Вараввы.

То, что Иисус собирается сделать – подчиниться смерти на кресте, – он совершает по собственной воле. Предсказывая это испытание, он говорил: «Потому Отец любит и поддерживает меня, что я готов отдать жизнь. Но я опять обрету ее. Никто не отнимает ее у меня, но я сам отдаю ее по собственной воле. В моей власти отдать свою жизнь, и в моей власти взять ее обратно. Вот заповедь, полученная мною от моего Отца».

Было около девяти часов утра, когда солдаты вышли из претория и повели Иисуса на Голгофу. Многие из тех, кто следовал за ними, втайне сочувствовали Иисусу. Однако эта толпа, которая насчитывала более двухсот человек, состояла в основном из его врагов и зевак, желавших всего лишь пощекотать себе нервы зрелищем распятия. Лишь несколько еврейских вождей пришли посмотреть, как умирает на кресте Иисус. Зная, что Пилат передал его римским солдатам и что он осужден на смерть, они собрались в храме и стали обсуждать, что делать с его сторонниками.

1. ПУТЬ НА ГОЛГОФУ

Прежде чем покинуть внутренний двор претория, солдаты взвалили на плечи Иисуса перекладину. Было принято заставлять осужденного самого нести перекладину к месту распятия. Такой осужденный нес не весь крест, а только поперечный брус. Ко времени прибытия солдат с заключенными длинные вертикальные брусья для трех крестов уже были доставлены на Голгофу и прочно вбиты в землю.

Следуя обычаю, возглавлявший процессию командир нес белые дощечки, на которых углем были написаны имена преступников и характер преступлений, за которые их приговорили к смерти. Для двух воров у центуриона были заготовлены дощечки с их именами, под которыми было написано только одно слово: «Разбойник». Обычно, после того как жертву прибивали гвоздями к поперечному брусу и поднимали на вертикальный брус, эту надпись прибивали к вершине креста над самой головой преступника, чтобы все присутствующие знали, за какое преступление осужденный подвергается распятию. Дощечка с надписью, которую центурион должен был поместить на крест Иисуса, была написана самим Пилатом на латинском, греческом и арамейском и гласила: «Иисус Назарянин – царь иудейский».

Некоторые из представителей еврейских властей, находившихся у Пилата, когда он писал эти слова, резко протестовали против того, чтобы называть Иисуса «царем иудейским». Но Пилат напомнил им, что это было частью обвинения, послужившего причиной осуждения Иисуса. Когда евреи увидели, что они не могут заставить Пилата изменить свое решение, они попросили его хотя бы смягчить текст и написать: «Он сказал: „Я – царь иудейский“». Но Пилат был неумолим; он не соглашался изменять написанное. На все дальнейшие обращения он только отвечал: «Что написал, то написал».

Обычно на Голгофу шли самым длинным путем, чтобы как можно больше людей смогло увидеть осужденного преступника. Однако в тот день был выбран кратчайший путь – через Дамасские ворота, которые выходили на север; следуя этим путем, они вскоре прибыли на Голгофу – официальное место распятий в Иерусалиме. За Голгофой располагались виллы богачей, а по другую сторону дороги находились гробницы многих состоятельных евреев.

Распятие не было еврейским методом наказания. И греки, и римляне переняли этот вид казни у финикийцев. Даже Ирод, при всей своей жестокости, не прибегал к распятию. Римляне никогда не распинали римских граждан; только рабы и неримляне подвергались этой позорной казни. Во время осады Иерусалима – спустя лишь сорок лет после распятия Иисуса – вся Голгофа была усеяна тысячами крестов, на которых, день за днем, погибал цвет еврейской нации. Воистину, страшный урожай дали семена, посеянные в тот день.

Когда процессия с осужденными на казнь проходила по узким улицам Иерусалима, многие добросердечные еврейские женщины, которые ранее слышали от Иисуса слова ободрения и утешения и знали о его жизни, проведенной в любвеобильном служении, не могли сдержать рыданий, видя, как его ведут на столь позорную смерть. Когда он проходил мимо, многие из этих женщин рыдали и оплакивали его. А когда некоторые из них даже решились пойти рядом с ним, Учитель повернул к ним голову и сказал: «Дочери иерусалимские, не меня оплакивайте, а себя и своих детей. Мой труд почти завершен – вскоре я отправлюсь к своему Отцу, – но для Иерусалима дни ужасного горя только начинаются. Близится время, когда вы скажете: „Блаженны бесплодные и никогда не кормившие грудью“. В те дни вы будете молить камни с гор обрушиться на вас, дабы освободить от ужасов, которые принесет вам это горе».

Сочувствуя Иисусу, эти иерусалимские женщины демонстрировали настоящее мужество, ибо закон строго запрещал выказывать дружеские чувства к тому, кого вели на распятие. Черни позволялось глумиться, дразнить и высмеивать осужденного на смерть, но запрещалось выражать какое-либо сочувствие. Хотя Иисус был благодарен им за сострадание в этот мрачный час, когда его друзья были вынуждены скрываться, ему не хотелось, чтобы эти добросердечные женщины навлекли на себя неудовольствие властей, осмеливаясь сострадать ему. Даже в такое время Иисус думал не о себе, а о страшных грядущих днях трагедии Иерусалима и всей еврейской нации.

С трудом передвигая ноги, Учитель шел на распятие в полном изнеможении; силы его были на исходе. Со времени Тайной Вечери в доме Илии Марка он был без пищи и воды. Кроме того, за всё это время ему не позволили сомкнуть глаз. Вдобавок, вплоть до вынесения приговора, один допрос сменялся другим, – уже не говоря об оскорбительном бичевании, сопровождавшемся физическими страданиями и потерей крови. На всё это накладывались глубочайшие душевные мучения, сильнейшее томление духа и жгучее чувство человеческого одиночества.

Вскоре после того как Иисус, качаясь под тяжелой перекладиной, вышел из городских ворот, силы на мгновение оставили его, и он упал под тяжестью своей ноши. Солдаты кричали на него и пинали ногами, но он не смог подняться. Увидев это, командир – знавший, что́ уже пришлось перенести Иисусу, – велел солдатам прекратить. После этого он заставил прохожего, некоего Симона из Кирены, снять перекладину с плеч Иисуса и нести ее остаток пути до Голгофы.

Этот Симон проделал путь от самой Кирены, находившейся в Северной Африке, чтобы принять участие в Пасхе. Вместе со своими земляками он остановился сразу же за городскими стенами и направлялся в храм на богослужение, когда римский командир приказал ему нести перекладину Иисуса. Симон оставался на Голгофе до самой смерти Учителя на кресте, беседуя как с его друзьями, так и с врагами. После воскресения Иисуса и прежде чем покинуть Иерусалим, он стал бесстрашным верующим в евангелие царства и, вернувшись домой, привел в небесное царство свою семью. Два его сына – Александр и Руф – стали активными проповедниками нового евангелия в Африке. Но Симон так никогда и не узнал, что Иисус, чье бремя он нес, и еврейский репетитор, подружившийся когда-то с его раненым сыном, были одним и тем же человеком.

Шел десятый час, когда процессия с осужденными на казнь прибыла на Голгофу, и римские солдаты начали прибивать двух разбойников и Сына Человеческого к их крестам.

2. РАСПЯТИЕ

Сначала солдаты привязали руки Учителя веревками к перекладине, а затем пригвоздили его кисти к дереву. Подняв эту горизонтальную перекладину креста на вертикальную опору и прочно прибив ее к вертикальному брусу креста, они связали и пригвоздили его ноги, пробив обе ступни одним длинным гвоздем. Большой штырь, вбитый в вертикальный брус на нужной высоте, служил в качестве опоры, на которой держался вес тела. Крест не был высоким – ступни Учителя находились на высоте лишь около трех футов над поверхностью земли. Поэтому он мог слышать все издевательства в свой адрес, и ему было хорошо видно выражение лиц тех, кто столь бездумно насмехался над ним. Присутствующие также могли отчетливо слышать всё, что было сказано Иисусом за эти часы долгой пытки и медленной смерти.

По обычаю, перед распятием с осужденных на казнь снимали всю одежду, но ввиду того, что евреи резко протестовали против демонстрации обнаженного человеческого тела, римляне обеспечивали соответствующей набедренной повязкой всех, кого они распинали в Иерусалиме. Поэтому, когда с Иисуса была снята одежда, на него надели такую повязку, прежде чем поднять его на крест.

К распятию прибегали для того, чтобы обеспечить медленное и мучительное наказание; порой жертва продолжала жить в течение нескольких дней. Многие жители Иерусалима отрицательно относились к казни на кресте, и существовало общество еврейских женщин, неизменно посылавших на место казни свою представительницу, чтобы предложить жертве наркотическое вино и тем самым уменьшить ее страдания. Однако, попробовав такого одурманивающего вина, Иисус отказался его пить, несмотря на сильную жажду. Учитель решил до самого конца сохранить свое человеческое сознание. Несмотря на жестокость и бесчеловечность этой смерти, он желал встретить ее и одержать над ней победу волевым подчинением себя всей полноте человеческого опыта.

Когда Иисус был поднят на крест, двое разбойников уже висели на своих крестах, непрестанно бранясь и плюя на своих палачей. Когда Иисуса прибивали к перекладине креста, единственными его словами были: «Отец, прости им, ибо они не ведают, что творят». Он не смог бы с таким милосердием и любовью просить за своих палачей, если бы эти исполненные самозабвенной любви мысли не являлись главной движущей силой всей его жизни, прошедшей в бескорыстном служении. Идеи, мотивы и устремления всей жизни открыто проявляются в критический момент.

После того как Учителя подняли на крест, командир прибил над его головой дощечку, на которой на трех языках было написано: «Иисус Назарянин – царь иудейский». Евреи пришли в ярость от этой надписи, которую считали оскорблением. Но Пилат был разозлен их неуважительным обращением; чувствуя себя жертвой угроз и унижений, он прибег к такому способу мелкой мести. Он мог бы написать: «Иисус, мятежник». Однако он прекрасно знал, с каким презрением иерусалимские евреи относились к самому́ слову «Назарет», и он непременно хотел унизить их. Он знал, что они будут также задеты за живое, видя, что казненный галилеянин именуется «царем иудейским».

Узнав о том, что Пилат решил поиздеваться над ними, поместив эту надпись на кресте Иисуса, многие из еврейских предводителей поспешили на Голгофу, но они не решились снять эту дощечку, поскольку крест охранялся римскими солдатами. Не в силах убрать ее, вожди растворились в толпе, всячески подстрекая людей к издевательствам и насмешкам, дабы кто-нибудь не воспринял эту надпись всерьез.

Апостол Иоанн, вместе с Марией, матерью Иисуса, Руфью и Иудой, прибыл на место казни сразу после того как Иисус был поднят на крест, в тот момент, когда командир прибивал дощечку над головой Учителя. Иоанн был единственным из одиннадцати апостолов, ставшим свидетелем распятия, но даже он не присутствовал здесь всё время, ибо вскоре после того как он привел сюда мать Иисуса, он поспешил в Иерусалим за своей матерью и ее друзьями.

Когда Иисус увидел свою мать вместе с Иоанном, своим братом и своей сестрой, он улыбнулся, но ничего не сказал. Тем временем четверо солдат, которым было поручено распять Учителя, следуя обычаю, поделили его одежду: один взял сандалии, другой – тюрбан, третий – кушак, а четвертый – плащ. Оставалось разрезать на четыре части цельнокроеную тунику, одежду, доходившую почти до колен. Но когда солдаты увидели, сколь необычной была эта одежда, они решили кинуть жребий. Иисус смотрел на них, пока они делили его одежду, а бездумная толпа глумилась над ним.

Хорошо, что римские солдаты забрали себе одежду Учителя. Если бы этими вещами завладели его сторонники, они могли бы поддаться соблазну – суеверному поклонению реликвиям. Учитель желал, чтобы ничто материальное не связывало его последователей с его жизнью на земле. Он хотел оставить людям только память о человеческой жизни, посвященной высокому духовному идеалу – преданному исполнению воли Отца.

3. СВИДЕТЕЛИ РАСПЯТИЯ

В ту пятницу, около половины десятого утра, Иисус был распят на кресте. К одиннадцати часам более тысячи человек собралось здесь, чтобы увидеть это зрелище – распятие Сына Человеческого. В течение всего этого ужасного времени незримые воинства вселенной молчаливо взирали на это необычайное явление – Создателя, умирающего смертью создания, причем самой позорной смертью осужденного преступника.

В то или иное время у креста стояли Мария, Руфь, Иуда, Иоанн, Саломия (мать Иоанна) и несколько искренне верующих женщин, среди них Мария – жена Клеопа и сестра матери Иисуса, Мария Магдалина, а также Ревекка, ранее жившая в Сепфорисе. Эти и другие друзья Иисуса молчали, видя его великое спокойствие и стойкость и наблюдая его жестокие мучения.

Многие проходившие мимо кивали головами и, злословя, говорили: «Эй, ты, который собирался разрушить храм и выстроить его заново в три дня, спаси же себя. Если ты Сын Божий, то почему не сходишь с креста?» Так же насмехались над ним и некоторые еврейские правители, говоря: «Он спасал других, а себя спасти не может». Другие говорили: «Если ты царь иудейский, так сойди с креста, и мы уверуем в тебя». А позднее они вновь издевались над ним, говоря: «Он верил, что Бог спасет его. Он даже утверждал, что является Сыном Божьим, – взгляните на него теперь: распят между двумя ворами». Двое воров тоже поносили и кляли его.

Поскольку Иисус не отвечал на их ядовитые насмешки, а также ввиду того, что приближался полдень этого особого дня приготовления к Пасхе, к половине двенадцатого бóльшая часть издевавшейся и глумившейся толпы разошлась по своим делам; осталось менее пятидесяти человек. Устроившись для долгого наблюдения за умирающими, солдаты собрались поесть и выпить своего дешевого кислого вина. Наливая себе вино, они с издевкой произносили в честь Иисуса тост, говоря: «Приветствуем царя иудейского и желаем ему счастья!» И их изумляло, сколь терпеливо Учитель относился ко всем их насмешкам и глумлениям.

Заметив, что они едят и пьют, Иисус взглянул на них и произнес: «Пить». Когда командир услышал, что Иисус сказал «пить», он отлил из своей бутылки вина и, смочив губчатую пробку, надел ее на копье и поднял к Иисусу, чтобы он мог увлажнить свои запекшиеся губы.

Целью Иисуса было жить, не прибегая к своим сверхъестественным способностям; таким же образом он решил умереть, как умирает на кресте обычный смертный. Он жил как человек, и он хотел умереть как человек – исполняя волю Отца.

4. ВОР НА КРЕСТЕ

Один из разбойников бранил Иисуса, говоря: «Если ты Сын Божий, то почему не спасешь себя и нас?» Но когда он упрекнул Иисуса, другой, много раз слышавший выступления Учителя, сказал: «Побойся Бога! Разве ты не видишь, что мы заслужили страдания за свои дела, а этот человек страдает незаслуженно? Попросим лучше прощения за свои грехи и спасения для наших душ». Услышав эти слова вора, Иисус повернул к нему голову и одобрительно улыбнулся. Когда преступник увидел обращенное к нему лицо Иисуса, пламя его веры вспыхнуло с новой силой и, собравшись с мужеством, он сказал: «Помяни меня, Господи, когда придешь в царство твое». И тогда Иисус ответил: «Истинно, истинно говорю тебе сегодня, что однажды будешь вместе со мной в Раю».

Несмотря на муки физической смерти, Учитель нашел время выслушать вероисповедное признание уверовавшего разбойника. Этот вор потянулся к спасению и обрел его. Раньше он не раз ощущал в себе побуждение уверовать в Иисуса, однако только в эти последние часы сознательного существования он действительно всем сердцем повернулся к учению Иисуса. Увидев, как встречает Иисус свою смерть на кресте, этот вор больше не мог противиться убеждению в том, что этот Сын Человеческий действительно является Сыном Божьим.

В течение этого эпизода – обращения вора и принятия его в царство – апостол Иоанн отсутствовал, отправившись в город за своей матерью и ее друзьями, чтобы привести их на место казни. Впоследствии Лука услышал этот рассказ от обращенного командира римской стражи.

Апостол Иоанн рассказал о распятии, каким он помнил его две трети века спустя. Остальные повествования основывались на рассказе римского центуриона, который, благодаря увиденному и услышанному, впоследствии уверовал в Иисуса и стал полноправным членом небесного царства на земле.

Этого юношу – кающегося разбойника – привели к насилию и преступлениям те, кто превозносил разбой как метод эффективного протеста патриотов против политического гнета и социальной несправедливости. Вместе со страстью к приключениям, такое учение подтолкнуло многих благонамеренных молодых людей к участию в дерзких грабительских налетах. В глазах юноши Варавва был героем. Теперь он понял, что заблуждался. Здесь, на кресте, рядом с собой он увидел действительно великого человека, истинного героя. Этот герой разжег его страсть и вдохнул в него высочайшие идеи нравственного самоуважения, оживив все идеалы смелости, мужества и отваги. Когда он увидел Иисуса, в его сердце пробудилось всепоглощающее чувство любви, преданности и истинного величия.

И если бы любой другой человек в глумившейся толпе ощутил в своей душе рождение веры и обратился к милосердию Иисуса, он был бы принят с тем же любвеобильным участием, которое было проявлено по отношению к уверовавшему разбойнику.

Как только раскаявшийся вор услышал обещание Учителя, что когда-нибудь они встретятся в Раю, Иоанн вернулся из города вместе со своей матерью и группой примерно из дюжины верующих женщин. Иоанн стоял рядом с Марией, матерью Иисуса, поддерживая ее. Ее сын Иуда стоял по другую руку. В полдень Иисус взглянул на них и сказал своей матери: «Женщина, вот сын твой!» И, обращаясь к Иоанну, он произнес: «Сын мой, вот мать твоя!» После этого он обратился к ним обоим: «Я желаю, чтобы вы ушли отсюда». Поэтому Иоанн и Иуда увели Марию с Голгофы. Иоанн отвел мать Иисуса туда, где он остановился в Иерусалиме, и поспешил назад, на место распятия. После Пасхи Мария вернулась в Вифсаиду, где жила в доме Иоанна до конца своей жизни на земле. После смерти Иисуса Мария не прожила и года.

Когда Мария ушла, остальные женщины отошли на некоторое расстояние и находились там до тех пор, пока Иисус не скончался на кресте; и они всё еще были рядом, когда тело Учителя было снято для погребения.

5. ПОСЛЕДНИЙ ЧАС НА КРЕСТЕ

Вскоре после двенадцати небо померкло из-за наполнившего воздух мелкого песка, хотя обычно сезон таких явлений наступал позже. Жители Иерусалима знали, что это говорит о приближении одной из тех суховейных песчаных бурь, которые приходят из Аравийской пустыни. К часу небо потемнело настолько, что солнце скрылось во мгле, и остатки зевак поспешили в город. Когда спустя некоторое время Учитель испустил дух, здесь оставалось менее тридцати человек

– тринадцать римлян и группа примерно из пятнадцати верующих. Все эти верующие были женщинами, за исключением двоих: Иуды, брата Иисуса, и Иоанна Зеведеева, который вернулся сюда перед самой кончиной Учителя.

В начале второго часа, в сгущавшейся мгле, вызванной сильной песчаной бурей, человеческое сознание Иисуса начало угасать. Уже прозвучали последние слова милосердия, прощения и наставления. Уже была выражена последняя воля – позаботиться о матери. В этот час приближающейся смерти в человеческом разуме Иисуса всплывали многие отрывки из священных книг иудеев, в первую очередь из Псалтыря. Последняя осознанная мысль Иисуса-человека была связана с повторением некоторых мест из Псалмов, ныне известных как девятнадцатый, двадцатый и двадцать первый псалмы. Хотя его губы часто шевелились, он был слишком слаб, чтобы произносить слова, когда эти отрывки, которые он так хорошо знал наизусть, всплывали в его сознании. Лишь несколько раз стоявшие рядом уловили отдельные фразы, такие как «Знаю я, что Господь спасет помазанника своего», «Рука твоя найдет всех врагов моих» и «Боже мой! Боже мой! Почему ты оставил меня?» Ни на мгновение, ни в малейшей степени Иисус не усомнился в том, что он прожил жизнь согласно воле Отца; и он всегда был уверен, что слагает свою жизнь во плоти по воле Отца. Он не чувствовал, что Отец оставил его; он всего лишь повторял в своем угасающем сознании многие отрывки, среди которых был и двадцать первый псалом, начинающийся словами: «Боже мой! Боже мой! Почему ты оставил меня?» И случилось так, что это была одна из трех фраз, произнесенных достаточно ясно, чтобы стоявшие рядом могли услышать их.

В последний раз Иисус-человек обратился к своим собратьям около половины второго, когда он вторично произнес «пить», и тот же начальник стражи вновь увлажнил его губы той же губкой, смоченной в кислом вине, которое в те дни обычно называли уксусом.

Песчаная буря усиливалась; мгла сгущалась. Однако солдаты и небольшая группа верующих не уходили. Солдаты присели вокруг креста, прижимаясь друг к другу, чтобы укрыться от колющего песка. Мать Иоанна и другие отошли поодаль и смотрели оттуда на происходящее, частично укрывшись под нависающей скалой. Когда Учитель испустил дух, у основания его креста стояли Иоанн Зеведеев, брат Иисуса Иуда, его сестра Руфь, Мария Магдалина и Ревекка, ранее жившая в Сепфорисе.

Было около трех часов дня, когда Иисус громко воскликнул: «Свершилось! Отец, в твои руки предаю дух мой». И сказав это, он склонил голову и скончался. Когда римский центурион увидел, ка́к умер Иисус, он ударил себя в грудь и сказал: «Этот человек действительно был праведник; воистину он был Сын Божий». И с той минуты он уверовал в Иисуса.

Иисус умер царственно – так же, как жил. Он открыто признал свою царственность и оставался хозяином положения в течение всего трагического дня. Он принял эту позорную смерть по собственной воле, после того как позаботился о безопасности своих избранных апостолов. Он мудро удержал Петра от чреватого бедой насилия и сделал так, чтобы Иоанн мог быть рядом с ним до самого конца его смертного существования. Он раскрыл свою истинную сущность кровожадному синедриону и напомнил Пилату об источнике своей суверенной власти – власти Сына Божьего. Он отправился на Голгофу, неся свой собственный крест, и завершил свое исполненное любви посвящение, передав Райскому Отцу свой дух, овладевший опытом смертного человека. После такой жизни – и в момент такой смерти – Учитель поистине мог сказать: «Свершилось».

Ввиду того, что этот день был днем приготовления к Пасхе и субботе, евреи не хотели, чтобы эти тела оставались висеть на Голгофе. Поэтому они отправились к Пилату, прося перебить казненным ноги и прикончить их, с тем чтобы до захода солнца их можно было снять с крестов и бросить в погребальные ямы для преступников. Услышав их просьбу, Пилат сразу же послал трех солдат, которые должны были перебить ноги и умертвить Иисуса и двух разбойников.

Когда солдаты прибыли на Голгофу, они так и поступили с двумя ворами. Однако к своему огромному удивлению, они обнаружили, что Иисус уже мертв. Тем не менее, чтобы удостовериться в его смерти, один из солдат проткнул его левый бок копьем. Хотя нередко случалось так, что жертвы распятия не умирали на кресте по два-три дня, сильнейшие душевные переживания и тяжкие духовные муки оборвали смертную жизнь Иисуса во плоти чуть менее чем через пять с половиной часов.

6. ПОСЛЕ РАСПЯТИЯ

Около половины четвертого, во мгле песчаной бури, Давид Зеведеев в последний раз отправил гонцов с известием о смерти Учителя. Последний из них был направлен в дом Марфы и Марии в Вифании, где, как он полагал, мать Иисуса остановилась вместе с остальными членами своей семьи.

После смерти Учителя Иоанн отправил женщин под опекой Иуды в дом Илии Марка, где они провели субботу. Сам Иоанн – к этому времени уже хорошо знакомый римскому центуриону – оставался на Голгофе, пока Иосиф и Никодим не прибыли сюда с приказом Пилата, разрешающим забрать тело Иисуса.

Так завершился день трагедии и скорби для огромной вселенной, в которой мириады разумных существ, ошеломленные демонстрацией бессердечия и порочности смертных, с содроганием смотрели на отвратительное зрелище распятия человеческого воплощения их возлюбленного Властелина.

ДОКУМЕНТ 188

В СКЛЕПЕ

Полтора дня, в течение которых смертное тело Иисуса лежало в склепе Иосифа, – время между его смертью на кресте и его воскресением, – представляет собой ту страницу земного пути Михаила, о которой мы почти ничего не знаем. Мы можем рассказать о похоронах Сына Человеческого и включить в это повествование события, связанные с его воскресением. Но в нашем распоряжении очень мало достоверной информации о том, что́ действительно происходило в течение этого эпохального периода протяженностью примерно в тридцать шесть часов – с трех часов пополудни в пятницу до трех часов утра в воскресенье. Этот период в жизни Учителя начался незадолго до того, как он был снят с креста римскими солдатами. После наступления смерти он оставался на кресте около часа. Он был бы снят раньше, если бы не задержка, связанная с умерщвлением двух разбойников.

Еврейские правители собирались бросить тело Иисуса в открытые погребальные ямы Геенны к югу от города, куда обычно сбрасывались жертвы распятия. Если бы этот план удался, тело Учителя было бы оставлено на съедение диким зверям.

Тем временем Иосиф Аримафейский, в сопровождении Никодима, отправился к Пилату и попросил, чтобы тело Иисуса было передано им для должного погребения. Друзья распятого нередко предлагали римским властям взятки, чтобы получить право забрать тело казненного. Иосиф отправился к Пилату с крупной суммой денег на тот случай, если придется уплатить за разрешение перенести тело Иисуса в частный погребальный склеп. Однако Пилат отказался от денег. Выслушав просьбу, он быстро подписал приказ, позволявший Иосифу явиться на Голгофу и сразу же получить тело Учителя в свое полное распоряжение. Тем временем песчаная буря в значительной мере утихла, и группа евреев, представлявших синедрион, отправилась на Голгофу, чтобы удостовериться в том, что тело Иисуса, вместе с разбойниками, сброшено в общие погребальные ямы.

1. ПОГРЕБЕНИЕ ИИСУСА

Когда Иосиф и Никодим прибыли на Голгофу, они увидели, как солдаты снимают Иисуса с креста, а представители синедриона стоят рядом и следят, чтобы никто из сторонников Иисуса не воспрепятствовал препровождению его тела в погребальные ямы для преступников. Когда Иосиф вручил центуриону приказ Пилата о передаче ему тела Учителя, евреи подняли шум, громко требуя отдать его им. Когда же в своем неистовстве они попытались силой завладеть телом, центурион кликнул четырех солдат, которые, обнажив мечи и расставив ноги, встали над лежащим на земле телом Учителя. Центурион приказал остальным солдатам оставить двух воров и отогнать эту толпу разъяренных евреев. Восстановив порядок, центурион прочитал евреям разрешение Пилата и, отступив в сторону, сказал Иосифу: «Тело твое; поступай с ним так, как сочтешь нужным. Я и мои солдаты будем сопровождать тебя, чтобы тебе никто не помешал».

Распятый не мог быть похоронен на еврейском кладбище; закон строго запрещал это. Иосиф и Никодим знали об этом законе, и, направляясь на Голгофу, они решили похоронить Иисуса в новом семейном склепе Иосифа. Высеченный в цельной скале, он находился чуть севернее Голгофы, по другую сторону дороги, ведущей в Самарию. В этом склепе еще никого не хоронили, и они считали, что будет правильно, если Учитель будет покоиться здесь. Иосиф действительно верил, что Иисус воскреснет из мертвых, но Никодим относился к этому весьма скептически. Эти прежние члены синедриона в большей или меньшей степени скрывали свою веру в Иисуса, хотя их коллеги уже давно подозревали их – еще до того как Иосиф и Никодим вышли из состава синедриона. С этого времени они стали самыми откровенными учениками Иисуса во всём Иерусалиме.

Около половины пятого похоронная процессия покинула Голгофу и направилась к склепу Иосифа по другую сторону дороги. Тело Иисуса Назарянина было завернуто в полотняную ткань, и его несли четверо мужчин, за которыми следовали преданные галилеянки, наблюдавшие за распятием. Смертными, которые несли материальное тело Иисуса в склеп, были Иосиф, Никодим, Иоанн и римский центурион.

Они внесли тело в склеп – помещение примерно десять на десять футов, – где спешно подготовили его к погребению. Строго говоря, евреи не хоронили своих покойников: фактически, они их бальзамировали. Иосиф и Никодим принесли с собой большое количество мирры и алоэ, и теперь они обмотали тело пеленами, пропитанными этими составами. Завершив бальзамирование, они завязали лицо платком, обернули тело полотняной тканью и благоговейно положили в нишу склепа.

После того как тело было положено в склеп, центурион подозвал своих солдат, чтобы те помогли завалить вход в гробницу камнем. Затем солдаты отправились в Геенну с телами воров, а остальные, в скорби, вернулись в Иерусалим, чтобы разделить пасхальную трапезу, как того требовали законы Моисея.

Похороны Иисуса проходили в большой спешке, ибо этот день был днем приготовлений, и до наступления субботы оставалось совсем мало времени. Мужчины поспешили обратно в город, однако женщины оставались рядом со склепом до самого наступления темноты.

В течение всех этих событий женщины прятались неподалеку, откуда они наблюдали за всем происходящим и видели, где похоронсн Учитель. Они скрывали свое присутствие из-за того, что в такое время женщинам нельзя было находиться в обществе мужчин. Женщины считали, что Иисус не был должным образом подготовлен к погребению, и они договорились отправиться назад, в дом к Иосифу, провести субботу в отдыхе, приготовить ароматические вещества и мази и вернуться воскресным утром, чтобы как следует подготовить тело Учителя к вечному сну. Этими женщинами, оставшимися у склепа в тот вечер в пятницу, были Мария Магдалина, Мария – жена Клеопы, Марфа (еще одна сестра матери Иисуса) и Ревекка из Сепфориса.

Кроме Давида Зеведеева и Иосифа Аримафейского, мало кто из учеников Иисуса действительно верил или понимал, что ему предстояло воскреснуть из склепа на третий день.

2. ОХРАНА ГРОБНИЦЫ

Если последователи Иисуса не обратили внимания на его обещание воскреснуть из могилы на третий день, то его враги не забыли об этом. Первосвященники, фарисеи и саддукеи вспомнили, что к ним поступали сообщения, в которых говорилось о заявлении Иисуса относительно своего воскресения из мертвых.

Около полуночи в ту пятницу, после пасхальной трапезы, группа еврейских вождей собралась в доме Кайафы для обсуждения своих опасений, касающихся утверждений Учителя о том, что на третий день он воскреснет из мертвых. Эта встреча завершилась назначением делегации из членов синедриона, которая на следующее утро отправилась к Пилату с официальным прошением от синедриона: выставить перед гробницей Иисуса римскую стражу, чтобы не позволить его друзьям тайно проникнуть в нее. Глава делегации сказал Пилату: «Господин, мы помним о том, что этот мошенник, Иисус Назарянин, при жизни говорил: „Через три дня я воскресну". Поэтому мы пришли, чтобы просить тебя распорядиться об охране склепа от его последователей хотя бы на три дня. Мы очень боимся того, что ночью его ученики явятся и выкрадут его, а затем объявят народу, что он воскрес из мертвых. Если мы допустим это, то совершим очень серьезную ошибку; куда менее опасным было бы оставить его в живых».

Выслушав просьбу членов синедриона, Пилат ответил: «Вы получите стражу из десяти солдат. Ступайте и обеспечьте охрану гробницы». Вернувшись в храм, они взяли десять своих стражников, после чего отправились к гробнице Иосифа с десятью еврейскими стражниками и десятью римскими солдатами, чтобы, несмотря на субботнее утро, поставить их на охрану гробницы. Эти люди завалили вход в гробницу еще одним камнем и опечатали оба камня печатью Пилата, чтобы никто не мог прикоснуться к склепу без их ведома. И эти двадцать человек оставались на страже вплоть до воскресения Иисуса, а евреи приносили им еду и питье.

3. В СУББОТУ

В течение всего субботнего дня ученики и апостолы продолжали скрываться, в то время как весь Иерусалим обсуждал смерть Иисуса на кресте. В те дни в Иерусалиме находилось почти полтора миллиона евреев со всех уголков Римской империи и Месопотамии. Наступала пасхальная неделя, и всем этим паломникам предстояло узнать о воскресении Иисуса и унести эту весть в свои родные края.

Поздним вечером в субботу Иоанн Марк созвал одиннадцать апостолов на тайную встречу в доме своего отца, и около полуночи они собрались в том же верхнем зале, где двумя вечерами ранее они разделили Тайную Вечерю со своим Учителем.

В тот субботний вечер, перед самым заходом солнца, мать Иисуса Мария, вместе с Руфью и Иудой, вернулась в Вифанию, чтобы присоединиться к своей семье. Давид Зеведеев оставался в доме Никодима, договорившись со своими гонцами встретиться здесь ранним утром в воскресенье. Галилеянки, готовившие трáвы для последующего бальзамирования тела Иисуса, находились в доме Иосифа Аримафейского.

Мы неспособны в полной мере объяснить, что именно происходило с Иисусом Назарянином в те полтора дня, когда он, предположительно, покоился в новом склепе Иосифа. Очевидно, он умер такой же естественной смертью на кресте, какой умирает любой другой смертный при аналогичных обстоятельствах. Мы слышали, как он сказал: «Отец, в твои руки предаю дух мой». Мы не вполне понимаем смысл этих слов, поскольку его Настройщик Мышления давно уже стал личностным и потому не зависел от смертного существа Иисуса. Физическая смерть Учителя на кресте никак не могла повлиять на его Личностного Настройщика. Должно быть, то, что Иисус передал в руки Отца, представляло собой духовный дубликат ранней деятельности Настройщика по одухотворению смертного разума, для того чтобы обеспечить перенос копии человеческого опыта в обительские миры. Вероятно, опыт Иисуса содержал некоторую духовную реальность, аналогичную духовной сущности, или душе, смертных созданий, растущих в вере в обитаемых мирах. Но это всего лишь наше предположение. В действительности, мы не знаем, чтó именно передал Иисус своему Отцу.

Мы знаем, что физическое тело Учителя оставалось в гробнице Иосифа примерно до трех часов утра в воскресенье, но мы можем только гадать, каким был статус личности Иисуса в течение этого периода протяженностью в тридцать шесть часов. Предпринимавшиеся нами попытки разобраться в этих вещах привели нас к следующим осторожным выводам:

1. Вероятно, сознание Михаила-Создателя оставалось свободным и совершенно не зависящим от смертного разума, связанного с ним в течение физической инкарнации.

2. Мы знаем, что в этот период времени бывший Настройщик Мышления Иисуса находился на земле и лично возглавлял собранное здесь небесное воинство.

3. Мы полагаем, что приобретенная духовная сущность Назарянина, сформировавшаяся в течение его жизни во плоти, – сначала под воздействием непосредственных усилий его Настройщика Мышления, а затем посредством его личной, совершенной гармонизации физических потребностей и духовных требований идеального смертного бытия благодаря неизменному избранию воли Отца, – была передана на хранение Райскому Отцу. Вернулась ли эта духовная реальность, чтобы стать частью воскресшей личности, или нет, мы не знаем, но мы полагаем, что вернулась. Однако во вселенной есть и такие, кто считает, что эта сущность Иисуса, его душа, пребывает в «недрах Отца», чтобы впоследствии быть освобожденной для руководства Небадонским Корпусом Завершения в нераскрытом будущем, связанном с еще не созданными вселенными неупорядоченных пределов внешнего пространства.

4. Мы полагаем, что в течение этих тридцати шести часов человеческое, или смертное, сознание Иисуса пребывало во сне. У нас есть основания считать, что Иисус-человек ничего не знал о том, чтó происходило во вселенной в течение этого периода. Для смертного сознания время остановилось; погружение в смертный сон и пробуждение к жизни произошли как будто в один и тот же момент.

Вот, в общих чертах, всё, что мы можем сказать относительно статуса Иисуса в течение этого периода пребывания в склепе. Мы можем сослаться на целый ряд связанных с этим фактов, хотя мы едва ли полномочны браться за их толкование.

Ныне в огромном дворе воскресительных залов первого обительского мира Сатании можно увидеть величественное материально-моронтийное сооружение, известное как «Мемориал Михаила» и скрепленное печатью Гавриила. Этот мемориал был создан вскоре после того как Михаил покинул этот мир, а выполненная на нем надпись гласит: «В память о смертном пребывании Иисуса Назарянина на Урантии».

Сохранились записи, указывающие на то, что в этот период высший совет Салвингтона, насчитывающий сто членов, провел на Урантии заседание под руководством Гавриила. Существуют также записи, свидетельствующие о том, что в течение этого времени Древние Дней Уверсы связывались с Михаилом, обсуждая статус вселенной Небадон.

Мы знаем, что по крайней мере одно сообщение было направлено Михаилом Иммануилу Салвингтонскому, пока тело Учителя находилось в гробнице.

Существуют веские основания полагать, что какая-то личность занимала место Калигастии в системном совете Планетарных Князей на Иерусеме, который собирался в то время, когда тело Иисуса покоилось в гробнице.

Архивы Эдемии свидетельствуют о том, что Отец Созвездия Норлатиадек присутствовал на Урантии и что он получил от Михаила инструкции во время пребывания Иисуса в склепе.

Существует также много других данных в пользу того, что какая-то часть личности Иисуса не была погружена в сон и бессознательное состояние в течение этого времени после наступления явной физической смерти.

4. ЗНАЧЕНИЕ СМЕРТИ НА КРЕСТЕ

Хотя Иисус умер на кресте не для того, чтобы искупить первородный грех смертного человека или указать на некий способ эффективного обращения к оскорбленному и неумолимому Богу, хотя Сын Человеческий не предлагал себя в качестве жертвы для того, чтобы усмирить Божий гнев и открыть путь для спасения греховного человека, хотя эти идеи искупления и умиротворения являются ошибочными, – несмотря на всё это, смерть Иисуса на кресте исполнена значения, которое не следует упускать из виду. Урантия действительно стала известна среди соседних обитаемых планет как «Мир Креста».

Иисус желал прожить на Урантии полноценную жизнь смертного человека во плоти. Обычно смерть является частью жизни. Смерть – это последний акт в драме смертного существования. В своих благонамеренных попытках избежать суеверных заблуждений, присущих ложному толкованию значения смерти на кресте, будьте осмотрительны, дабы не совершить огромную ошибку, упустив истинное значение и подлинный смысл смерти Учителя.

Смертный человек никогда не являлся собственностью вселенских мошенников. Иисус умер не для того, чтобы выкупить человека, вырвать его из когтей изменнических правителей и падших князей сфер. Отец небесный никогда не замышлял столь вопиющей несправедливости, как проклятие души смертного человека из-за злодеяний его предков. Не была смерть Учителя на кресте и жертвой, которая заключалась в попытке отдать некий долг, появившийся у человечества перед Богом.

Прежде жизни Иисуса на земле такой взгляд на Бога, возможно, был бы оправдан, но после жизни и смерти Учителя среди таких же, как вы, смертных положение изменилось. Моисей учил достоинству и справедливости Бога-Создателя, однако Иисус отобразил любовь и милосердие небесного Отца.

Животная природа – склонность к злодеяниям – может быть наследственной, но грех не передается от родителя к ребенку. Грех есть акт сознательного и преднамеренного восстания волевого создания против воли Отца и законов Сына.

Иисус жил и умер для всей вселенной, а не только для народов этого мира. Хотя смертные миров обладали спасением еще до того, как Иисус жил и умер на Урантии, его урантийское посвящение действительно пролило яркий свет на путь спасения; его смерть сделала многое для того, чтобы навсегда продемонстрировать несомненность продолжения жизни людей после смерти во плоти.

Хотя едва ли было бы верно говорить об Иисусе как о жертвователе, искупителе или избавителе, его можно с полным основанием назвать *спасителем*. Он навсегда сделал путь спасения (продолжения жизни) более понятным и несомненным; он действительно лучше и вернее указал путь спасения для всех смертных всех миров вселенной Небадон.

Осознав идею Бога как истинного и любящего Отца – единственное представление, которому когда-либо учил Иисус, – вы должны быть последовательны и сразу же, решительно отказаться от всех этих примитивных представлений о Боге как обиженном монархе, суровом и всемогущем правителе, основная утеха которого заключается в выявлении злодеяний своих подданных и наблюдении за их адекватным наказанием, если только некое существо, почти равное ему самому, не согласится добровольно пострадать за них, умереть за них и вместо них. Вся идея выкупа и искупления несовместима с тем представлением о Боге, которому учил и примером которого являлся Иисус Назарянин. Бесконечная любовь Бога является первостепенным атрибутом его божественной природы.

Всё это представление об искуплении и жертвенном спасении коренится в эгоизме и питается им. Иисус учил, что *служение* собратьям является высшим представлением о духовном братстве верующих. Спасение должно быть само собой разумеющимся для тех, кто верит в отцовство Бога. Главной заботой верующего должно быть не корыстное желание собственного спасения, а бескорыстное стремление любить и, следовательно, служить своим собратьям так, как любил смертных людей и служил им Иисус.

Не особенно беспокоятся истинные верующие и о будущих наказаниях за грехи. Настоящий верующий тревожится только из-за своей нынешней разобщенности с Богом. Действительно, мудрые отцы могут наказывать своих сыновей, но делают они это из любви и в воспитательных целях. Они не наказывают в гневе и не карают в отместку.

Даже если бы Бог являлся суровым и законным монархом вселенной, в которой царит справедливость, ему явно не понравилась бы наивная идея подменить виновного преступника невинным мучеником.

Величие смерти Иисуса – с точки зрения обогащения человеческого опыта и расширения пути спасения – заключается не в *факте* его смерти, а в несравненном духовном величии, с которым он встретил смерть.

Вся идея о том, что искупление предполагает выкуп, переносит спасение в план нереальности; такое представление является чисто философским. Человеческое спасение *реально*; оно основано на двух реальностях, которые можно постигнуть верой создания и тем самым сделать их частью индивидуального человеческого опыта: факте богоотцовства и вытекающей из него истины – братстве людей. В конечном счете, справедливо утверждение о том, что вам «простятся долги так же, как вы будете прощать своим должникам».

5. УРОКИ КРЕСТА

Крест Иисуса в полной мере отображает высшую преданность истинного пастыря даже недостойным членам своей паствы. Он навечно переводит все взаимоотношения Бога и человека на уровень семейных отношений. Бог является Отцом, человек – его сыном. Центральной истиной во вселенских отношениях Создателя и создания становится любовь, – любовь отца к своему сыну, – а не правосудие царя, ищущего удовлетворения в страданиях и наказании подданного за его злодеяния.

Крест является непреходящим свидетельством того, что отношение Иисуса к грешникам характеризовалось не осуждением или оправданием, а вечным и любящим спасением. Иисус является истинным спасителем в том смысле, что благодаря его жизни и смерти люди действительно приходят к благости и праведному спасению. Любовь Иисуса к людям столь велика, что она пробуждает в человеческом сердце ответную любовь. Любовь подлинно заразительна и извечно созидательна. Смерть Иисуса на кресте служит воплощением любви, которая достаточно сильна и божественна, чтобы простить грех и поглотить все злодеяния. Иисус раскрыл этому миру более высокое свойство праведности, чем правосудие, с его формальными категориями добра и зла. Божественная любовь не просто прощает зло: она поглощает и фактически уничтожает зло. Прощение, присущее любви, значительно превосходит прощение, присущее милосердию. Милосердие отодвигает вину за злодеяние в сторону, однако любовь навсегда уничтожает грех и любую проистекающую из него слабость. Иисус принес на Урантию новый способ жизни. Вместо того, чтобы противиться злу, он учил нас находить через него, Иисуса, благость, которая с успехом уничтожает зло. Прощение Иисуса есть не оправдание, а спасение от осуждения. Спасение не преуменьшает зло, а *исправляет его*. Истинная любовь не идет на компромисс с ненавистью и не оправдывает ее: она ее уничтожает. Любовь Иисуса никогда не ограничивается только прощением. Любовь Учителя подразумевает восстановление, вечное спасение. Если вы имеете в виду это вечное восстановление, то вы можете с полным основанием говорить о спасении как искуплении.

Благодаря силе своей личной любви к людям, Иисус сумел разрушить власть греха и зла. Тем самым он освободил людей, позволив им выбирать лучшие пути жизни. Иисус продемонстрировал избавление от прошлого, что само по себе сулило победу в будущем. Таким образом, прощение обеспечило спасение. Когда человек в полной мере открывает свое сердце красоте божественной любви, то такая красота уничтожает всю привлекательность греха и всю силу зла.

Страдания Иисуса не ограничивались только распятием. По существу, Иисус Назарянин провел более двадцати пяти лет на кресте настоящего, напряженного смертного существования. Подлинный смысл креста заключается в том, что он стал высшим и окончательным выражением его любви – завершенным раскрытием его милосердия.

Десятки триллионов эволюционирующих созданий в миллионах обитаемых миров, которые, возможно, испытывали соблазн прекратить нравственную борьбу и отказаться от благого сражения, на которое поднимает вера, еще раз взглянули на распятого Иисуса и устремились вперед, воодушевленные зрелищем Бога, отдающего свою жизнь во плоти в преданном и бескорыстном служении человеку.

Триумф смерти на кресте сосредоточен в том духе, которым было исполнено отношение Иисуса к своим мучителям. Он превратил крест в вечный символ триумфа любви над ненавистью, победы истины над злом, когда он произнес слова молитвы: «Отец, прости им, ибо они не ведают, что творят». Эта преданность любви продемонстрировала свою заразительность по всей огромной вселенной; ученики восприняли ее от своего Учителя. Первый из проповедников евангелия, призванный отдать свою жизнь в этом служении, произнес, умирая, забитый камнями: «Не вмени им это во грех».

Крест с величайшей силой взывает к лучшему в человеке, ибо раскрывает человека, готового расстаться со своей жизнью в служении собратьям. Готовность пожертвовать своей жизнью ради друзей есть высшая любовь, на которую способен человек; любовь же Иисуса выражалась в его готовности пожертвовать своей жизнью ради врагов, – любовь, превышающая что-либо известное до того времени на земле.

И на Урантии, и в других мирах это возвышенное зрелище смерти Иисуса-человека на кресте Голгофы всколыхнуло чувства смертных и пробудило беззаветную преданность у ангелов.

Крест является высоким символом священного служения, жизни, посвященной благополучию и спасению собратьев. Крест не символизирует Сына Божьего, принесенного в жертву вместо виновных грешников для умиротворения гнева оскорбленного Бога: и на земле, и по всей огромной вселенной он остается вечным священным символом праведников, посвящающих себя падшим и тем самым спасающих их самой преданностью любви. Крест действительно является символом высшей формы бескорыстного служения, предельной самоотверженности, заключенной во всём посвящении праведной жизни, прошедшей под знаком беззаветного служения, – даже в смерти, смерти на кресте. И само зрелище этого великого символа посвященческой жизни Иисуса действительно пробуждает во всех нас желание следовать его примеру.

Глядя на Иисуса, жертвующего своей жизнью на кресте, мыслящие мужчины и женщины вряд ли позволят себе вновь сетовать даже на самые жестокие жизненные невзгоды, уже не говоря о мелких беспокойствах и многих чисто воображаемых бедах. Его жизнь была столь славной, а его смерть – столь победоносной, что все мы испытываем желание разделить и то, и другое. Всё посвящение Михаила наполнено действительной притягательной силой, начиная с его юных дней и вплоть до ошеломляющего зрелища его смерти на кресте.

Поэтому, рассматривая крест как откровение Бога, убедитесь в том, что вы не смотрите глазами примитивного человека или пришедшего ему на смену варвара, ибо и тот, и другой видели в Боге беспощадного Властелина, вершащего суровое правосудие и поддерживающего строгий правопорядок. Вместо этого постарайтесь увидеть в кресте последнее выражение любви Иисуса, его преданности своей жизненной миссии – посвящению смертным расам своей огромной вселенной. Стремитесь увидеть в смерти Сына Человеческого вершину раскрытия божественной любви Отца к своим сынам, населяющим сферы обитания смертных. Таким образом, крест выражает самоотверженность добровольной любви и посвящение добровольного спасения всем, кто готов получить эти дары и эту преданность. Крест не связан с каким-либо требованием Отца и выражает только то, что Иисус с такой готовностью отдал и от чего он отказался уклониться.

Если человек неспособен по достоинству оценить Иисуса и понять значение его посвящения на земле, ему, по крайней мере, должны быть понятны и близки его физические страдания. Каждый человек может не сомневаться в том, что Создатель знает природу и меру его земных страданий.

Мы знаем, что целью смерти на кресте было не примирить человека с Богом, но побудить человека к *осознанию* вечной любви Отца и бесконечного милосердия его Сына, а также широко раскрыть эти всеобщие истины всей вселенной.

ДОКУМЕНТ 189

ВОСКРЕСЕНИЕ

В пятницу пополудни, вскоре после захоронения Иисуса, глава архангелов Небадона, находившийся в то время на Урантии, созвал совет воскрешения спящих волевых созданий и приступил к обсуждению возможного метода восстановления Иисуса. Собравшиеся сыны локальной вселенной – создания Михаила – сделали это по собственной инициативе; Гавриил не собирал их. К полуночи они пришли к выводу о том, что создание неспособно сделать что-либо для воскрешения Создателя. Они решили прислушаться к совету Гавриила, который сообщил им, что поскольку Михаил «добровольно отдал свою жизнь, он в силах восстановить ее по своему собственному желанию». Вскоре после заседания этого совета архангелов, Носителей Жизни и их многочисленных помощников по восстановлению и моронтийному воплощению созданий Личностный Настройщик Иисуса, под непосредственным началом которого находилось небесное воинство, пребывавшее в то время на Урантии, обратился к сгорающим от нетерпения присутствующим со следующими словами:

«Никто из вас не может хотя бы чем-то помочь своему отцу-Создателю вернуться к жизни. Как смертный обитаемого мира, он прошел через смерть, ожидающую всех смертных; как Властелин вселенной, он продолжает жить. То, что́ вы наблюдаете, является смертным переходом Иисуса Назарянина от жизни во плоти к жизни в моронтии. Духовный переход этого Иисуса был завершен в тот момент, когда я отделился от его личности и стал вашим вре́менным управляющим. Ваш отец-Создатель принял решение пройти через весь опыт своих смертных созданий – от рождения в материальных мирах до естественной смерти и воскресения в моронтии с обретением статуса истинного духовного существа. Вскоре вы станете свидетелями одной из фаз этого опыта, но вы не сможете участвовать в нём. То, что́ вы обычно делаете для созданий, вы не можете сделать для Создателя. Сын-Создатель заключает в себе способность посвящать себя в образе любого из созданных им сынов; он заключает в себе способность отдавать свою зримую жизнь и восстанавливать ее. Он обладает этой способностью благодаря прямому велению Райского Отца – и я знаю, о чём говорю».

После этих слов Личностного Настройщика каждый из них – от Гавриила до самого скромного херувима – погрузился в волнующее ожидание. Они видели смертное тело Иисуса в гробнице; они замечали признаки вселенской активности своего возлюбленного Властелина; и, не понимая этих явлений, они стали терпеливо ждать дальнейшего развития событий.

1. МОРОНТИЙНЫЙ ПЕРЕХОД

В два часа сорок пять минут в ночь с субботы на воскресенье Райская комиссия инкарнации, состоящая из семи неопознанных Райских существ, прибыла на место и сразу же расположилась у гробницы. Без десяти минут три из нового склепа Иосифа начали исходить мощные вибрации, вызванные смешанной материально-моронтийной активностью, и в две минуты четвертого в то воскресное утро, 9 апреля 30 года н. э., воскрешенная моронтийная форма и личность Иисуса Назарянина покинули гробницу.

Когда воскрешенный Иисус оставил свой погребальный склеп, завернутое в полотняную ткань материальное тело, в котором он жил и трудился на земле на протяжении почти тридцати шести лет, всё еще лежало в целости и сохранности в нише склепа таким, каким оно было похоронено Иосифом и его товарищами в пятницу утром. Не был сдвинут с места и камень, закрывавший вход в гробницу; нетронутой была печать Пилата; солдаты оставались на своих местах. Храмовые стражники не покидали свой пост; римская стража сменилась в полночь. Ни один из этих дозорных не заподозрил, что тот, кого они караулят, уже взошел к новой, более высокой форме существования, и охраняемое ими тело – эта сыгравшая свою роль и теперь ненужная внешняя оболочка – утратило какую-либо связь с покинувшей его и восстановленной моронтийной личностью Иисуса.

Люди до сих пор не понимают того, что во всякой личностной субстанции вещество является лишь остовом моронтии и что и то, и другое суть отраженная тень непреходящей духовной реальности. Сколько еще времени пройдет, прежде чем вы начнете рассматривать время как движущееся изображение вечности, а пространство – как мимолетную тень Райских реальностей?

Насколько мы можем судить, ни одно создание этой вселенной и никакая личность другой вселенной не имели какого-либо отношения к этому моронтийному воскресению Иисуса Назарянина. В пятницу он отдал свою жизнь как смертный мира; в воскресенье он принял ее в качестве моронтийного существа системы Сатания в созвездии Норлатиадек. Нам непонятно многое из того, что относится к воскресению Иисуса. Однако мы знаем, что оно состоялось так, как мы рассказали, и примерно в указанное нами время. Мы можем также отметить, что все известные явления, связанные с этим смертным переходом, или моронтийным воскресением, произошли там же, в новом склепе Иосифа, где материальные останки Иисуса лежали, завернутые в погребальную ткань.

Мы знаем, что ни одно создание локальной вселенной не участвовало в моронтийном пробуждении. Мы различали семь личностей Рая, окружавших склеп, но мы не заметили с их стороны каких-либо действий, которые имели бы отношение к пробуждению Учителя. Как только Иисус появился рядом с Гавриилом, чуть выше гробницы, семь прибывших из Рая личностей дали понять, что намереваются сразу же отправиться на Уверсу.

Мы хотели бы, чтобы следующие положения раз и навсегда прояснили представление о воскресении Иисуса:

1. Его материальное, или физическое, тело не являлось частью воскрешенной личности. Когда Иисус покинул гробницу, его плоть оставалась нетронутой в склепе. Он вышел из погребального склепа, не сдвинув закрывавших вход камней и не тронув печатей Пилата.

2. Он покинул гробницу не в качестве духа или Михаила Небадонского; не явился он и в облике Создателя-Властелина, в котором пребывал до своей инкарнации на Урантии в подобии смертной плоти.

3. Он вышел из склепа Иосифа, как две капли воды похожий на моронтийные личности тех, кто, в качестве воскрешенных моронтийных восходящих существ, покидает воскресительные залы первого обительского мира этой локальной системы, Сатании. И присутствие мемориала Михаила в центре огромного двора воскресительных залов первого обительского мира позволяет нам сделать вывод, что какое-то содействие воскресению Учителя на Урантии было оказано именно в этом, первом мире системы обительских миров.

Восстав из склепа, Иисус первым делом приветствовал Гавриила и велел ему оставаться главой исполнительной власти вселенной под началом Иммануила, после чего он передал свой братский привет Иммануилу через главу Мелхиседеков. Затем он обратился к Всевышнему Эдемии за удостоверением Древних Дней о своем смертном переходе; и, обращаясь к моронтийным группам семи обительских миров, собравшимся здесь для приветствия своего Создателя, который предстал перед ними в качестве создания той же категории, Иисус произнес свои первые посмертные слова. Моронтийный Иисус сказал: «Завершив свою жизнь во плоти, я хотел бы задержаться здесь ненадолго в переходном облике, дабы полнее познакомиться с жизнью моих восходящих созданий и продолжить раскрытие воли моего Отца в Раю».

Сказав это, Иисус дал знак своему Личностному Настройщику, и все разумные существа вселенной, собравшиеся на Урантии, чтобы присутствовать при воскресении, были тут же отправлены исполнять свои задания во вселенной.

После этого Иисус перешел к общению на моронтийном уровне, во время которого его, как создание, познакомили с требованиями той короткой жизни, которую он решил прожить на Урантии. На это введение в моронтийный мир ушло больше часа земного времени, и оно дважды прерывалось желанием Иисуса пообщаться со своими бывшими товарищами во плоти, приходившими из Иерусалима, чтобы заглянуть в пустую гробницу и с изумлением обнаружить то, что они считали доказательством его воскресения.

Смертный переход Иисуса – моронтийное воскресение Сына Человеческого – завершился. Учитель начал приобретать опыт в качестве личности, занимающей промежуточное положение между материальным и духовным уровнями. И он сделал всё это благодаря своим собственным, присущим ему способностям; ни одна личность не оказала ему какой-либо помощи. Теперь он является Иисусом моронтии, и в то время как он приступает к моронтийной жизни, материальное тело – его плоть – лежит в целости и сохранности в гробнице. Солдаты всё еще стоят на страже, и печать правителя остается нетронутой.

2. МАТЕРИАЛЬНОЕ ТЕЛО ИИСУСА

В десять минут четвертого, пока воскрешенный Иисус общался с собравшимися здесь моронтийными личностями семи обительских миров Сатании, глава архангелов – ангелов воскрешения – обратился к Гавриилу с просьбой забрать смертное тело Иисуса. Глава архангелов сказал: «Мы не вправе участвовать в моронтийном воскресении, которое является частью посвященческого опыта Михаила, нашего властелина, но мы хотели бы забрать его бренные останки, чтобы немедленно уничтожить их. Мы не предлагаем своего метода дематериализации; мы лишь хотели бы воспользоваться процессом ускорения времени. Достаточно того, что мы были свидетелями жизни и смерти нашего Властелина на Урантии; небесное воинство было бы избавлено от воспоминаний о мучительном зрелище – медленном разложении человеческого тела Создателя и Вседержителя вселенной. От имени небесных разумных существ всего Небадона я прошу разрешения получить в свое распоряжение смертное тело Иисуса Назарянина и уполномочить нас немедленно уничтожить его».

Посовещавшись со старшим Всевышним Эдемии, Гавриил разрешил представителю архангелов, выступавшему от имени небесного воинства, ликвидировать физические останки Иисуса так, как тот сочтет нужным.

Получив утвердительный ответ на свою просьбу, глава архангелов призвал к себе в помощники многих своих товарищей, а также многочисленных представителей всех категорий небесных личностей, и с помощью промежуточных созданий Урантии приступил к овладению физическим телом Иисуса. Умершее тело являлось чисто материальным творением; оно было физическим и буквальным; его невозможно было удалить из гробницы так же, как воскресшее моронтийное тело, покинувшее опечатанный склеп. С помощью некоторых вспомогательных моронтийных личностей, моронтийное тело может становиться то подобным духу, не реагирующим на обычное вещество, то видимым, способным вступать в контакт с материальными существами, такими как смертные данного мира.

Когда они готовились удалить тело Иисуса из гробницы, чтобы достойно и почтительно ликвидировать его посредством практически мгновенного уничтожения, вторичным промежуточным созданиям Урантии было поручено откатить камни, закрывавшие вход в гробницу. Более крупный из этих двух камней представлял собой огромную круглую глыбу, похожую на мельничный жернов, который перемещался в пазу, вырубленном в скале так, чтобы его можно было откатывать и закатывать на место, открывая или закрывая вход в склеп. Когда стоявшие в карауле еврейские стражники и римские солдаты в тусклом утреннем свете увидели, как этот гигантский камень начинает откатываться от входа в гробницу, как будто по своей воле, – без каких-либо видимых причин, объясняющих такое перемещение, – их охватил ужас, и они в панике бежали. Евреи разбежались по домам, а позднее отправились в храм, где доложили о происшествии своему начальнику. Римляне бежали в крепость Антония и доложили об увиденном центуриону, как только тот заступил на службу.

Еврейские вожди начали свое гнусное дело – полагая, что они могут избавиться от Иисуса, – с того, что предложили взятку изменнику Иуде; теперь, столкнувшись с этой обескураживающей ситуацией, они прибегли к подкупу своих стражников и римских солдат, вместо того чтобы наказать стражу, бежавшую со своего места. Они заплатили деньги каждому из двадцати человек и приказали им говорить всем: «Ночью, пока мы спали, на нас напали его ученики и забрали тело». И еврейские вожди торжественно обещали солдатам защитить их перед Пилатом, если правитель когда-нибудь узнает, что они брали взятки.

Христианское учение о воскресении Иисуса всегда опиралось на факт «пустой гробницы». Что касается *факта*, то склеп действительно был пуст, однако это не является *истиной* воскресения. Верно, что когда прибыли первые верующие, склеп был пустым, и этот факт, вместе с несомненным воскресением Учителя, привел к рождению не соответствующего истине вероучения о том, что материальное смертное тело Иисуса было воскрешено из могилы. Поскольку истина имеет отношение к духовным реальностям и вечным ценностям, ее не всегда можно вывести в результате сопоставления наблюдаемых фактов. Хотя отдельно взятые факты могут быть материально верными, отсюда не следует, что соединение группы фактов должно непременно вести к истинным духовным выводам.

Гробница Иосифа была пуста не по причине воссоздания или воскрешения тела Иисуса, а потому что небесное воинство получило разрешение произвести особую и уникальную ликвидацию тела – возвращение «праха к праху» без влияния временны́х задержек и без действия обычных, зримых процессов разложения бренного тела и гниения материи.

Бренные останки Иисуса претерпели такой же естественный процесс распада на составные элементы, через который проходят все человеческие тела на земле, за исключением того, что в аспекте времени этот естественный способ разрушения был чрезвычайно ускорен и доведен до того предела, при котором он стал практически мгновенным.

Истинные свидетельства воскресения Михаила по своей природе духовны, хотя это учение и подкрепляется показаниями многих смертных данного мира, которые встречали и узнавали воскресшего морнтийного Учителя, а также общались с ним. Прежде чем окончательно покинуть Урантию, он стал частью личного опыта почти тысячи людей.

3. ЭПОХАЛЬНОЕ ВОСКРЕСЕНИЕ

В это воскресное утро, вскоре после половины пятого, Гавриил созвал архангелов и приготовился возвестить всеобщее воскресение, завершающее адамическую эпоху на Урантии. После того как огромное воинство серафимов и херувимов, принимавших участие в этом великом событии, было расположено в должном порядке, морнтийный Михаил предстал перед Гавриилом и произнес: «Имея жизнь в себе, мой Отец дал ее своему Сыну, чтобы тот имел ее в себе. Хотя я еще не пользуюсь всей своей прежней властью во вселенной, это самопроизвольное ограничение никоим образом не препятствует посвящению жизни моим спящим сынам; пусть начнется оглашение планетарного воскресения».

После этого контур архангелов был впервые приведен в действие на самóй Урантии. Гавриил и воинство архангелов переместились к месту духовной полярности планеты; и когда Гавриил дал знак, его голос молнией устремился к первому из обительских миров системы: «По велению Михаила, усопшие урантийцы этой эпохи – восстаньте!» После этого все сохранившиеся представители человеческих рас Урантии, уснувшие последним сном со времен Адама и еще не прошедшие суда, появились в воскресительных залах обительских миров, готовые к обретению морнтийного облика, и через мгновение серафимы, вместе со своими помощниками, были готовы к отправке в обительские миры. Обычно эти серафические хранители, которым поручена групповая опека спасшихся смертных, присутствуют в момент их пробуждения в воскресительных залах обительских миров, однако в то время они находились в самóм этом мире ввиду необходимости присутствия здесь Гавриила в связи с морнтийным воскресением Иисуса.

Несмотря на то что бессчетное число индивидуумов, обладавших личными серафическими хранителями, а также те, кто добился прогресса, необходимого для обретения духовной личности, проследовали в обительские миры в течение эпох, сменившихся со времен Адама и Евы, а также несмотря на то что с тех пор состоялись многие особые и тысячелетние воскресения урантийских сынов, данное оглашение было третьим из планетарных, или полных, эпохальных воскресений. Первое состоялось с прибытием Планетарного Князя, второе произошло во времена Адама, а это, третье, состоялось в ознаменование морнтийного воскресения – смертного перехода – Иисуса Назарянина.

Когда сигнал к началу планетарного воскресения был получен главой архангелов, Личностный Настройщик Сына Человеческого сложил с себя управление собранным на Урантии небесным воинством и передал всех этих сынов локальной вселенной их соответствующим руководителям. После этого он отбыл на Салвингтон, чтобы зарегистрировать у Иммануила факт завершения Михаилом смертного перехода. За ним сразу же последовал весь сонм небесных существ, услуги которых не требовались на Урантии. Что касается Гавриила, то он остался на Урантии вместе с моронтийным Иисусом.

Такими видели события, связанные с воскресением Иисуса, их непосредственные очевидцы, свободные от недостатков, присущих неполному и ограниченному человеческому зрению.

4. ОБНАРУЖЕНИЕ ПУСТОГО СКЛЕПА

Приближаясь ко времени воскресения Иисуса в то раннее воскресное утро, следует вспомнить о том, что десять апостолов находились в доме Илии и Марии Марк, где они спали в верхнем зале, устроившись на тех же кушетках, на которых они возлежали во время последней трапезы со своим Учителем. В то воскресное утро здесь были все, кроме Фомы. Поздним вечером в субботу, когда они впервые собрались все вместе, Фома провел с ними несколько минут, однако видеть апостолов и думать о том, что́ стало с Иисусом, оказалось для него слишком тяжелым испытанием. Взглянув на своих товарищей, он тут же покинул комнату и отправился к Симону в Виффагию, где решил отдаться своему горю наедине с самим собой. Страдали все апостолы – не столько из-за сомнения и отчаяния, сколько от страха, горя и стыда.

В доме у Никодима, вместе с Давидом Зеведеевым и Иосифом Аримафейским, собралось около двенадцати-пятнадцати наиболее известных иерусалимских учеников Иисуса. В доме Иосифа Аримафейского находились от пятнадцати до двадцати ближайших верующих женщин. Здесь не было никого, кроме этих женщин. Всю субботу и весь вечер по окончании субботы они никуда не отлучались, а потому ничего не знали о вооруженной охране, выставленной у гробницы. Не знали они и о том, что вход в склеп был завален вторым камнем и что на оба камня наложена печать Пилата.

Около трех часов в то воскресное утро, как только на востоке забрезжил новый день, пятеро из этих женщин отправились к гробнице Иисуса. Они приготовили большое количество специальных бальзамирующих составов и несли с собой много полотняных пелен. Они собирались более тщательно выполнить посмертное умащение Иисуса и аккуратнее перевязать его новыми пеленами.

Умащивать тело Иисуса отправились Мария Магдалина, Мария – мать близнецов Алфеевых, Саломия – мать братьев Зеведеевых, Иоанна – жена Хузы и Сусанна – дочь Ездры из Александрии.

Было около половины четвертого, когда пять женщин, нагруженных своими благовониями, достигли пустой гробницы. Выйдя из Дамасских ворот, они столкнулись с группой бегущих в город солдат, в той или иной степени охваченных паникой. Это заставило их на несколько минут остановиться, однако поскольку за этим ничего не последовало, они продолжили свой путь.

Их чрезвычайно удивило, что камень отвален от входа в склеп, тем более что по дороге они говорили друг другу: «Кто поможет нам откатить камень?» Опустив на землю свою поклажу, они стали переглядываться в страхе и великом изумлении. Пока они стояли там, дрожа от страха, Мария Магдалина отважилась обойти меньший камень и, собравшись с духом, заглянула в открытую гробницу. Склеп Иосифа находился в его саду, на склоне холма, с восточной стороны дороги и выходил тоже на восток. К этому часу рассвело как раз настолько, чтобы Мария могла взглянуть на то место, куда был положен Учитель, и увидеть, что тело исчезло. В высеченной в скале нише, в которую был положен Иисус, Мария увидела лишь сложенный платок, на котором покоилась его голова, и пелены, которыми он был обмотан, оставленные в том же виде, в каком они лежали в склепе до того как небесное воинство убрало тело. Покрывало лежало у основания погребальной ниши.

На мгновение Мария задержалась у входа (поначалу, войдя в склеп, она плохо видела); когда же она увидела, что тело Иисуса исчезло и на его месте осталась лишь погребальная ткань, крик смятения и боли вырвался из ее груди. Все женщины были крайне возбуждены; они нервничали с того момента, как у городских ворот им повстречались бегущие в панике солдаты; поэтому, когда они услышали мучительный вопль Марии, их охватил ужас, и они сломя голову бросились прочь. Они остановились только у Дамасских ворот. К этому времени Иоанна осознала, что они бросили Марию. Она собрала своих спутниц, и они отправились назад к гробнице.

Когда они подходили к склепу, испуганная Магдалина – которая выбежала из гробницы и, не найдя своих сестер, пришла в еще больший ужас – бросилась к ним, крича в возбуждении: «Его там нет – они забрали его!» Она повела женщин к склепу, и они вошли внутрь и увидели, что гробница пуста.

После этого все пять женщин сели на стоявший у входа камень и обсудили сложившуюся ситуацию. Они еще не догадывались о том, что Иисус воскрес. Всю субботу они ни с кем не общались, и потому женщины решили, что тело было перенесено в другую могилу. Но такое решение проблемы никак не согласовывалось с аккуратным видом погребальной ткани. Как можно было удалить тело, если те самые пелены, которыми оно было обмотано, лежали в нише явно нетронутыми?

Сидя у склепа в ранние часы нового дня, женщины заметили в стороне беззвучную и неподвижную фигуру. На мгновение они вновь испугались, однако Мария Магдалина, устремившись к незнакомцу и обращаясь к нему так, как если бы она приняла его за садового сторожа, спросила: «Куда ты дел Учителя? Куда ты его положил? Скажи нам, чтобы мы могли забрать его». Незнакомец продолжал молчать, и Мария заплакала. Тогда Иисус обратился к ним со словами: «Кого вы ищете?» Мария ответила: «Мы ищем Иисуса, который был похоронен в гробнице Иосифа, но он исчез. Не знаешь ли ты, куда его перенесли?» Тогда Иисус сказал: «Разве этот Иисус не говорил вам еще в Галилее, что он умрет, но воскреснет вновь?» Эти слова поразили женщин, но Учитель настолько изменился, что они не узнавали его, стоявшего спиной к слабому свету. Пока они обдумывали его слова, он обратился к Магдалине и знакомым ей голосом произнес: «Мария». И когда Магдалина услышала это слово, исполненное знакомого сочувствия и любви, она поняла, что это был голос Учителя, и она припала к его ногам, воскликнув: «Господь мой, Учитель мой!» И все женщины поняли, что перед ними стоит воскрес славленный Учитель, и они тут же упали на колени перед ним.

Человеческие глаза смогли увидеть моронтийный облик Иисуса благодаря особой помощи преобразователей энергии и промежуточных созданий, которые, вместе с некоторыми моронтийными личностями, сопровождали в то время Иисуса.

Когда Мария попыталась обхватить ноги Иисуса, он сказал: «Не прикасайся ко мне, Мария, ибо я не тот, каким ты знала меня во плоти. В этом облике я проведу с вами некоторое время, прежде чем вознестись к Отцу. Но ступайте же, все вы, и расскажите моим апостолам, – и Петру, – что я воскрес и что вы говорили со мной».

Оправившись от изумления, потрясенные женщины поспешили в город, в дом Илии Марка, где они пересказали всё, что с ними случилось, десяти апостолам. Однако апостолам не верилось в их рассказ. Поначалу они решили, что женщинам привиделось, но когда Мария Магдалина повторила слова, с которыми Иисус обратился к ним, и как только Петр услышал собственное имя, он выбежал из верхнего зала и сломя голову бросился к гробнице, чтобы увидеть всё своими глазами. Иоанн следовал за ним по пятам.

Женщины повторили рассказ о своем разговоре с Иисусом остальным апостолам, но те не поверили им и не отправились к могиле, чтобы лично проверить их слова, как это сделали Петр и Иоанн.

5. ПЕТР И ИОАНН У СКЛЕПА

Пока двое апостолов мчались в направлении Голгофы и гробницы Иосифа, страх и надежда попеременно охватывали Петра: он боялся встречи с Учителем, но слова о том, что Иисус специально упомянул его имя, пробуждали в нём надежду. Он был наполовину убежден в том, что Иисус действительно жив. Он вспомнил обещание Учителя воскреснуть на третий день. Странно, что за всё время, прошедшее после распятия, это обещание вспомнилось ему только сейчас, когда он спешно пересекал Иерусалим в северном направлении. Иоанн, спешивший к гробнице, ощущал, как его душу наполняет странный восторг – смесь радости и надежды. Он был наполовину уверен в том, что женщины действительно видели воскресшего Учителя.

Будучи моложе Петра, Иоанн опередил его и первым прибежал к склепу. Он остановился у входа и осмотрел гробницу; она выглядела в точности такой, какой ее описала Мария. Вскоре прибежал Симон Петр и, войдя внутрь, увидел ту же пустую гробницу и столь необычно сложенные погребальные пелены. Когда Петр вышел из склепа, Иоанн вошел в него и увидел всё своими глазами, после чего они сели на камень, размышляя над значением увиденного и услышанного. Сидя у гробницы, они перебирали в памяти всё, что им рассказали об Иисусе, но они не могли понять, что произошло.

Сначала Петр предположил, что могила была ограблена, что враги выкрали тело, – возможно, подкупив охрану. Однако Иоанн рассудил, что могила едва ли была бы оставлена в таком виде, если бы тело было украдено. Он также не понимал, каким образом могли остаться пелены, причем явно нетронутыми. И они снова вошли вместе в гробницу, чтобы повнимательнее осмотреть погребальные пелены. Когда они второй раз вышли из склепа, то перед входом застали вернувшуюся и рыдающую Марию Магдалину. Мария отправилась к апостолам, уверовав в то, что Иисус восстал из могилы, но когда они, все как один, отказались поверить ее рассказу, тоска и отчаяние охватили ее. Она страстно желала вернуться к гробнице, где, как она полагала, она услышала знакомый голос Иисуса.

Мария осталась у гробницы, и после ухода Петра и Иоанна Учитель вновь явился ей со словами: «Не сомневайся; имей мужество верить тому, что ты увидела и услышала. Ступай назад к моим апостолам и вновь скажи им, что я воскрес, что я явлюсь им и что вскоре я, как и обещал, отправлюсь прежде них в Галилею».

Мария поспешила назад в дом Марка и рассказала апостолам, что она вновь говорила с Иисусом, но они не поверили ей. Но когда вернулись Петр и Иоанн, апостолы прекратили свои насмешки, исполнившись страха и тревоги.

ДОКУМЕНТ 190

МОРОНТИЙНЫЕ ЯВЛЕНИЯ ИИСУСА

Воскресший Иисус собирается провести некоторое время на Урантии, чтобы обрести опыт восходящего морнтийного пути, который проходят смертные обитаемых миров. Хотя этот период моронтийной жизни будет проведен в том же мире, где состоялась его инкарнация в образе смертного, этот опыт во всех своих аспектах будет соответствовать опыту, который приобретают смертные Сатании, последовательно осваивающие моронтийную жизнь в семи обительских мирах Иерусема.

Всё это заключенное в Иисусе могущество – дар жизни, позволивший ему воскреснуть из мертвых, – является тем самым даром вечной жизни, который он посвящает верующим в царство и который позволяет и ныне не сомневаться в их воскресении и избавлении от уз естественной смерти.

Утром, в день воскресения, смертные миров восстанут с тем же типом переходного, или моронтийного, тела, каким обладал Иисус, восставший из гробницы в то воскресное утро. В этих телах нет кровотока, и такие существа не питаются обычной материальной пищей. Тем не менее, эти моронтийные формы *реальны*. Когда различные верующие видели воскресшего Иисуса, они действительно видели его; они не обманулись, не пали жертвами видений или галлюцинаций.

Прочная вера в воскресение Иисуса была главной чертой веры всех ветвей раннего евангельского учения. В Иерусалиме, Александрии, Антиохии и Филадельфии все учители евангелия объединились в этой безусловной вере в воскресение Учителя.

Рассматривая ту важную роль, которую Мария Магдалина сыграла в возвещении воскресения Учителя, следует отметить, что Мария была главной представительницей женского корпуса, подобно тому как Петр – главным представителем апостолов. Мария не руководила женщинами, которые трудились на благо царства, однако она являлась их ведущим учителем и представителем. К тому времени Мария стала чрезвычайно осмотрительной женщиной, поэтому ее дерзкое обращение к мужчине, которого она приняла за сторожа в саду Иосифа, говорит только о том, в какой ужас она пришла, обнаружив пустой склеп. Именно глубина ее любви и преданности заставили Марию на мгновение забыть о традиционной сдержанности еврейской женщины при обращении к незнакомому мужчине.

1. ВЕСТНИКИ ВОСКРЕСЕНИЯ

Апостолы не хотели, чтобы Иисус покидал их. Поэтому они не придавали большого значения его заявлениям о смерти, равно как и его обещаниям воскреснуть. Они не ожидали воскресения в том виде, в каком оно произошло, и отказывались верить в него, пока им не пришлось на собственном опыте столкнуться с неопровержимыми свидетельствами и исчерпывающими доказательствами.

Когда апостолы отказались поверить рассказу пятерых женщин, утверждавших, что они видели Иисуса и говорили с ним, Мария Магдалина вернулась к склепу, а остальные отправились в дом Иосифа, где рассказали о своих впечатлениях его дочери и другим женщинам. И женщины поверили этому рассказу. В седьмом часу дочь Иосифа Аримафейского и четверо видевших Иисуса женщин отправились в дом Никодима, где пересказали все эти события Иосифу, Никодиму, Давиду Зеведееву и остальным собравшимся здесь мужчинам. Никодим и другие усомнились в их рассказе – усомнились в том, что Иисус воскрес из мертвых. Они считали, что евреи забрали тело. Иосиф и Давид были склонны поверить этому сообщению; поэтому они тут же отправились в гробницу и, осмотрев ее, убедились в точности услышанного от женщин рассказа. И они были последними, кто видел склеп в таком состоянии, ибо в половине восьмого первосвященник послал в гробницу начальника храмовой стражи с приказом забрать погребальные ткани. Начальник стражи завернул их в льняную простыню и сбросил с ближнего утеса.

После гробницы Давид и Иосиф сразу же отправились в дом Илии Марка, где они встретились с десятью апостолами в верхнем зале. Только Иоанну Зеведееву верилось, хотя и слабо, в то, что Иисус воскрес из мертвых. Петр вначале поверил, однако, не найдя Учителя, он впал в глубокое сомнение. Все они склонялись к тому, что евреи забрали тело. Давид не стал спорить с ними, но, уходя, сказал: «Вы апостолы, и вы должны разбираться в этих вещах. Я не буду спорить с вами; тем не менее, я возвращаюсь в дом Никодима, где на это утро у меня назначена встреча с моими гонцами, и когда они соберутся, я пошлю их в путь с последним заданием – в качестве вестников воскресения Учителя. Я слышал, как Учитель говорил, что после своей смерти он воскреснет на третий день, и я верю ему». Сказав это удрученным и несчастным посланникам царства, добровольный глава службы информации и связи покинул апостолов. Выходя из верхнего зала, он бросил на колени Матфею Левию кошель Иуды, в котором хранились все апостольские средства.

Было около половины десятого, когда последний из двадцати шести гонцов Давида прибыл в дом Никодима. Давид сразу же собрал их в просторном дворе и обратился к ним со следующими словами:

«Мужчины, братья! Всё это время вы служили мне, верные клятве, данной мне и друг другу, и я призываю вас засвидетельствовать, что я никогда не посылал вас с ложной информацией. Я собираюсь отправить вас с соответствующим заданием в качестве добровольных вестников царства; тем самым я освобождаю вас от данной вами клятвы и распускаю корпус гонцов. Мужчины! Я заявляю вам, что мы выполнили свой долг. Учителю более не нужны смертные гонцы; он восстал из мертвых. Еще до своего ареста он говорил нам, что он умрет и воскреснет вновь на третий день. Я видел гробницу – она пуста. Я говорил с Марией Магдалиной и четырьмя другими женщинами, которые беседовали с Иисусом. И теперь я отпускаю вас, прощаюсь с вами и отправляю вас с последним заданием, и весть, которую вы понесете верующим, будет гласить: „Иисус воскрес из мертвых; гробница пуста“».

Большинство присутствующих пытались убедить Давида не делать этого, однако он был непреклонен. После этого они попытались разубедить гонцов, но те не желали слушать ни слова сомнения. И потому в то воскресное утро, около десяти часов, двадцать шесть гонцов отправились в путь в качестве провозвестников великого факта и истины о воскресшем Иисусе. Они отправились с этой миссией, как отправлялись со столь многими поручениями в прошлом, дав клятву Давиду Зеведееву и друг другу. Давид пользовался у этих мужчин огромным доверием. Они отправились выполнять свое задание, даже не задержавшись, чтобы поговорить с теми, кто видел Иисуса. Они поверили Давиду на слово. Большинство из них верило в то, что им сказал Давид, и даже те, кто в чём-то сомневался, несли эту весть столь же уверенно и столь же быстро.

Апостолы – духовный корпус царства – пребывают сегодня в верхнем зале в страхе и сомнениях, в то время как эти миряне, символизирующие первую попытку социализировать евангелие Учителя о братстве людей, отправляются в путь, выполняя приказы своего бесстрашного и умелого руководителя и возвещая воскресшего Спасителя мира и вселенной. И они приступают к этому историческому служению еще до того, как избранные представители Учителя готовы поверить его слову или принять свидетельства очевидцев.

Эти двадцать шесть гонцов были посланы в дом Лазаря в Вифанию и во все центры верующих – от Вирсавии на юге до Дамаска и Сидона на севере, от Филадельфии на востоке до Александрии на западе.

Покинув своих собратьев, Давид зашел в дом Иосифа за своей матерью, вместе с которой он отправился в Вифанию, чтобы присоединиться к ожидавшей их семье Иисуса. Давид оставался в Вифании вместе с Марфой и Марией, пока те не избавились от своего мирского имущества, и он сопровождал их в пути, когда они отправились в Филадельфию к их брату Лазарю.

Примерно через неделю Иоанн Зеведеев забрал Марию, мать Иисуса, к себе домой в Вифсаиду. Старший из братьев Иисуса, Иаков, остался со своей семьей в Иерусалиме. Руфь осталась в Вифании вместе с сестрами Лазаря. Остальные члены семьи Иисуса вернулись в Галилею. Давид Зеведеев покинул Вифанию и отправился вместе с Марфой и Марией в Филадельфию в первых числах июня – на другой день после женитьбы на Руфи, младшей из сестер Иисуса.

2. ЯВЛЕНИЯ ИИСУСА В ВИФАНИИ

Начиная со времени моронтийного воскресения и вплоть до вознесения его духа, Иисус девятнадцать раз являлся своим земным верующим в зримом виде. Он не являлся своим врагам или тем, кто не мог извлечь духовной пользы из его появлений в зримом виде. Впервые он явился пятерым женщинам у гробницы; его второе явление – Марии Магдалине – состоялось там же.

Его третье явление произошло в то же воскресенье в Вифании. Это случилось вскоре после полудня, когда старший из братьев Иисуса, Иаков, стоял в саду Лазаря перед пустым склепом воскресшего брата Марфы и Марии и размышлял над известием, переданным примерно часом ранее одним из гонцов Давида. Иаков всегда был склонен верить в миссию своего старшего брата на земле, однако он уже давно потерял связь с делом Иисуса и со временем стал глубоко сомневаться в последующих утверждениях апостолов о том, что Иисус является Мессией. Вся семья была поражена и совершенно сбита с толку этим сообщением гонца. Пока Иаков стоял перед пустой гробницей Лазаря, прибыла Мария Магдалина и начала возбужденно рассказывать семье о том, что́ ей довелось испытать ранним утром у гробницы Иосифа. Не успела она закончить свой рассказ, как прибыл Давид Зеведеев со своей матерью. Руфь, конечно же, поверила этому сообщению; Иуда также поверил ему после того, как поговорил с Давидом и Саломией.

Тем временем – пока они искали Иакова и прежде чем они нашли его – в тот момент, когда он стоял в саду у склепа, он почувствовал рядом с собой чье-то присутствие, как если бы кто-то тронул его за плечо; и когда он обернулся, то увидел, как перед ним постепенно возникает странный облик. Он был слишком поражен, чтобы говорить, и слишком напуган, чтобы бежать. Загадочная фигура произнесла: «Иаков, я пришел для того, чтобы призвать тебя к служению на благо царства. Объединись в искренних усилиях со своими братьями и следуй за мной». Когда

Иаков услышал свое имя, он понял, что к нему обращается его старший брат, Иисус. Всем им было более или менее трудно распознать Иисуса в моронтийном облике, однако мало кто из них не узнавал его голос или его обаятельную личность после того, как он начинал разговаривать с ними.

Когда Иаков понял, что Иисус обращается к нему, он был уже готов пасть на колени с восклицанием: «Отец мой, брат мой!», но Иисус попросил Иакова выслушать его стоя. И они гуляли по саду и беседовали в течение почти трех минут. Они обсуждали былые дни и готовились к грядущим событиям. Когда они подошли к дому, Иисус сказал: «Прощай, Иаков. В следующий раз я буду приветствовать вас всех вместе».

Иаков, которого в это время искали в Виффагии, бросился в дом, воскликнув: «Я только что видел Иисуса! Я говорил, я общался с ним. Иисус не умер; он воскрес! Он исчез из виду, сказав: „Прощай, в следующий раз я буду приветствовать вас всех вместе“». Не успел он договорить, как вернулся Иуда, и Иаков повторил для него рассказ о своей встрече с Иисусом в саду. И все они поверили в воскресение Иисуса. Иаков заявил теперь, что он не вернется в Галилею, и Давид воскликнул: «Его видят не только взволнованные женщины; даже сдержанные мужчины начали видеть его. Я также надеюсь увидеть его».

И Давиду не пришлось долго ждать, ибо четвертое доступное смертному восприятию явление Иисуса произошло около двух часов в том же доме Марфы и Марии, когда он явился в зримом облике перед своей земной семьей и их друзьями. Здесь присутствовали в общей сложности двадцать человек. Учитель появился в открытой двери, ведущей во двор, со словами: «Мир с вами. Приветствую тех, кто некогда был близок мне во плоти; братский привет моим братьям и сестрам в царстве небесном. Как могли вы сомневаться? Почему вы так долго мешкали, прежде чем всем сердцем решили встать на путь света и истины? Приходите же все в братство Духа Истины в царстве Отца». Когда они начали приходить в себя от изумления и устремились вперед, чтобы обнять его, он исчез.

Всем им хотелось броситься в город, чтобы рассказать сомневающимся апостолам о том, что произошло, но Иаков остановил их. Только Марии Магдалине было позволено вернуться в дом Иосифа. Иаков запретил им рассказывать об этом моронтийном посещении из-за того, чтó он услышал от Иисуса во время их беседы в саду. Однако Иаков никогда не раскрывал новых подробностей своего общения с воскресшим Учителем в тот день в доме Лазаря в Вифании.

3. В ДОМЕ ИОСИФА

Пятое доступное смертному зрению моронтийное явление Иисуса произошло в присутствии примерно двадцати пяти верующих женщин, собравшихся в то же воскресенье в доме Иосифа Аримафейского около четверти пятого пополудни. За несколько минут до этого явления Мария Магдалина вернулась в дом Иосифа. Иаков – брат Иисуса – велел ничего не говорить апостолам о явлении Учителя в Вифании. Он не просил Марию, чтобы она воздержалась от сообщения об этом случае своим верующим сестрам. Поэтому, когда все женщины пообещали Марии хранить тайну, она начала пересказывать то, что лишь недавно произошло в Вифании, где она находилась вместе с семьей Иисуса. Внезапно, в самый разгар ее захватывающего рассказа, наступило торжественное молчание: прямо среди них, в полностью зримом облике, они увидели воскресшего Иисуса. Приветствуя их, он сказал: «Мир с вами. В братстве царства не будет иудеев или язычников, богатых или бедных, свободных или рабов, мужчин или женщин. Вы тоже призываетесь стать глашатаями благой вести о свободе людей, обретаемой через евангелие богосыновства в небесном царстве. Идите по всему миру, возвещая это евангелие и укрепляя верующих в него. И делая это, не забывайте помогать больным и поддерживать тех, кто слаб душой и скован страхом. И я буду с вами всегда, до скончания века». Сказав это, он исчез, а женщины пали ниц и молились в молчании.

Вплоть до этого времени четыре из пяти моронтийных явлений Иисуса произошли в присутствии Марии Магдалины.

В результате отправки гонцов в середине первой половины дня и вследствие просочившихся слухов о явлении Иисуса в доме Иосифа, с раннего вечера до еврейских правителей стали доходить сообщения о том, что в городе говорят о воскресении Иисуса и многие люди утверждают, что видели его. Эти слухи чрезвычайно встревожили членов синедриона. После срочных консультаций с Ананом, Кайафа назначил заседание синедриона на восемь часов вечера. Именно на этом заседании было решено изгонять из синагог всех, кто упоминает о воскресении Иисуса. Было даже внесено предложение казнить любого, кто утверждает, что видел Иисуса. Однако это предложение не было поставлено на голосование, ибо собрание завершилось в смятении, граничившем с настоящей паникой. Они вознамерились покончить с Иисусом и думали, что им это удалось. Вскоре им предстояло убедиться, что их настоящие беды, связанные с Назарянином, только начинаются.

4. ЯВЛЕНИЕ ГРЕКАМ

Около половины пятого состоялось шестое моронтийное явление Учителя примерно сорока верующим грекам, собравшимся в доме человека по имени Флавий. В тот момент, когда они обсуждали сообщения о воскресении Учителя, он явился среди них, несмотря на плотно закрытые двери, и сказал: «Мир с вами. Хотя Сын Человеческий появился на земле среди евреев, он пришел служить всем людям. В царстве моего Отца не будет ни иудеев, ни язычников; вы все будете братьями – сынами Божьими. Поэтому идите по всему миру, возвещая евангелие спасения, каким вы получили его от посланников царства, и я приму вас в братство сынов Отца в вере и истине». Дав им этот наказ, он покинул их, и более они не видели его. Они оставались в доме весь вечер. Они были настолько скованы ужасом и страхом, что боялись выходить в город. Ночью ни один из этих греков не сомкнул глаз. Они бодрствовали, обсуждая случившееся и надеясь на то, что Учитель вновь посетит их. В этой группе было много греков, находившихся в Гефсимании, когда солдаты арестовали Иисуса и Иуда предал его своим поцелуем.

Слухи о воскресении Иисуса и рассказы о его многочисленных явлениях своим сторонникам быстро распространяются по городу, приводя весь Иерусалим в крайнее возбуждение. Учитель уже явился своей семье, женщинам и грекам, и вскоре он предстанет перед своими апостолами. Синедрион готовится приступить к обсуждению новых проблем, столь внезапно обрушившихся на еврейских правителей. Иисус много думает о своих апостолах; однако ему хочется, чтобы они провели наедине друг с другом еще несколько часов в глубоких раздумьях и серьезных обсуждениях, прежде чем он посетит их.

5. ПРОГУЛКА С ДВУМЯ БРАТЬЯМИ

В Эммаусе, примерно в семи милях к западу от Иерусалима, жили два братапастуха, которые провели пасхальную неделю в Иерусалиме, где принимали участие в жертвоприношениях, церемониях и празднествах. Старший, Клеопа, отчасти верил в Иисуса; во всяком случае, он был изгнан из синагоги. Его брат Иаков не был верующим, хотя и был весьма заинтригован тем, что ему довелось услышать об учениях Иисуса и его деяниях.

В это воскресенье, около пяти часов пополудни, находясь примерно в трех милях от Иерусалима и устало бредя в сторону Эммауса, двое братьев увлеченно обсуждали Иисуса, его учения, труд и в особенности слухи, согласно которым его гробница оказалась пустой, а некоторые женщины говорили с ним. Клеопа наполовину склонялся к тому, чтобы поверить этим сообщениям, но Иаков утверждал, что всё это, вероятно, является мошенничеством. Пока они так спорили и рассуждали по дороге домой, к ним присоединился моронтийный облик Иисуса; это было его седьмым явлением. Клеопа часто присутствовал на проповедях Иисуса и несколько раз трапезничал вместе с ним в домах иерусалимских верующих, но он не узнал Учителя даже после того, как тот непринужденно заговорил с ними.

Некоторое время они шли молча, после чего Иисус спросил: «О чём это вы так увлеченно беседовали, когда я подошел к вам?» Услышав его вопрос, братья остановились, глядя на него с печалью и удивлением. Клеопа ответил: «Неужели ты, находясь в Иерусалиме, не знаешь о том, что произошло там в эти дни?» Тогда Учитель спросил: «А что там произошло?» Клеопа ответил: «Если ты ничего не знаешь, то ты единственный в Иерусалиме, до кого не дошли слухи об Иисусе Назарянине, который был великим пророком на словах и на деле, в глазах Бога и всего народа. Первосвященники и наши правители выдали его римлянам и потребовали, чтобы те распяли его. Многие из нас надеялись, что именно он спасет Израиль от ярма язычников. Но это не всё. Уже третий день, как он распят, а сегодня некоторые женщины поразили нас своим заявлением, что на рассвете они посетили его гробницу и обнаружили ее пустой. Кроме того, эти женщины утверждают, что разговаривали с этим человеком. Они уверяют, что он воскрес из мертвых. И когда женщины сообщили об этом мужчинам, двое из его апостолов побежали к гробнице и также обнаружили ее пустой...» – но тут Иаков перебил своего брата, чтобы вставить: «Но они не видели Иисуса».

Продолжая вместе с ними путь, Иисус сказал: «Как медленно вы постигаете истину! Раз уж вы говорите мне, что обсуждали учения и труд этого человека, позвольте мне просветить вас, ибо я хорошо знаком с этими учениями. Разве вы не помните, что этот Иисус всегда учил: царство его не от мира сего; будучи сынами Божьими, все люди должны обрести свободу и независимость в духовной радости, которую дает братство, основанное на любвеобильном служении в этом новом царстве истины о небесной любви Отца? Разве вы не помните, как этот Сын Человеческий возвещал Божье спасение всем людям, помощь больным и страждущим и освобождение тем, кто скован страхом и порабощен злом? Разве вы не знаете, что этот Назарянин говорил своим ученикам, что он должен отправиться в Иерусалим, где он будет предан в руки врагов, которые предадут его смерти, и что на третий день он воскреснет? Разве вам не говорили всего этого? И разве вы никогда не читали в Писаниях об этом дне спасения для иудеев и язычников, где говорится, что через него будут благословенны все племена земные; что он услышит вопль нуждающихся и спасет души бедных, ищущих его; что все народы назовут его благословенным; что такой Избавитель будет подобен тени огромной скалы в знойном краю; что он накормит отару, как истинный пастух, поднимая ягнят на руки и ласково неся их в своих объятиях; что он откроет глаза духовно слепым и выведет пленников отчаяния на свободу, к свету; что все, пребывающие во тьме, увидят великий свет вечного спасения; что он укрепит безутешных, возвестит свободу пленникам греха и выпустит на волю тех, кто порабощен страхом и опутан злом; что он утешит скорбящих и посвятит им радость спасения вместо печали и подавленности; что он станет желанным для всех народов и вечной радостью для тех, кто стремится к праведности; что этот Сын истины и праведности восстанет над миром целительным светом и спасительной силой; что он спасет свой народ от его грехов; что он воистину будет искать и спасать потерянных; что он не уничтожит слабых, но будет помогать спасению всех, кто жаждет праведности; что верующие в него обретут вечную жизнь; что он изольет свой дух на всю плоть и что его Дух Истины будет в каждом верующем, подобно ручью, втекающему в вечную жизнь? Разве вы не понимали, сколь великим было евангелие царства, которое возвестил вам этот человек? Разве вы не видите, какое великое спасение приблизилось к вам?»

Тем временем они подошли к деревне, где жили братья. С тех пор, как Иисус начал учить их, продолжив вместе с ними путь, два этих человека не произнесли ни слова. Вскоре они подошли к своему скромному жилищу; Иисус собрался покинуть их и продолжить свой путь, но они упросили его войти в дом и остановиться у них. Они уговаривали Иисуса переночевать, ибо наступал вечер. Наконец, Иисус согласился, и, войдя в дом, они почти сразу же сели за стол. Братья дали Иисусу хлеб для благословения, и когда он стал преломлять хлеб и передавать его им, глаза их открылись, и Клеопа узнал в госте самого́ Учителя. Но когда он проговорил: «Это Учитель...», моронтийный Иисус исчез из виду.

И тогда они сказали друг другу: «Неудивительно, что наши сердца горели, когда он говорил с нами, шагая вместе с нами по дороге и помогая понять учения Писаний!»

Они не желали тратить время на еду. Они увидели моронтийного Учителя, и потому они выбежали из дома и устремились в Иерусалим, чтобы рассказать о благой вести – воскресшем Спасителе.

В тот вечер, около девяти часов, незадолго до явления Иисуса десяти апостолам, двое возбужденных братьев ворвались к апостолам, находившимся в верхнем зале, и заявили, что они видели Иисуса и беседовали с ним. И они рассказали обо всём, что они услышали от Иисуса, и о том, как они не узнавали его, пока он не преломил хлеб.

ДОКУМЕНТ 191

ЯВЛЕНИЯ АПОСТОЛАМ И ДРУГИМ ЛИДЕРАМ

Это воскресенье, день воскресения, было ужасным днем в жизни апостолов. Десять из них провели бо́льшую его часть взаперти в верхнем зале. Апостолы могли бы бежать из Иерусалима, но они боялись, что агенты синедриона арестуют их, если они покинут свое укрытие. Фома находился в Вифании, где переживал свое горе в одиночестве. Ему было бы легче, если бы он остался с остальными апостолами; кроме того, он смог бы помочь им перевести разговор в более полезное русло.

Весь день Иоанн лелеял мысль о том, что Иисус воскрес из мертвых. Он вспомнил не менее пяти отдельных случаев, когда Учитель утверждал, что он воскреснет вновь, и минимум три случая, в которых он говорил о третьем дне. Отношение Иоанна оказало большое воздействие на его брата Иакова, а также на Нафанаила. Влияние Иоанна было бы еще более сильным, если бы он не был самым младшим из апостолов.

Их проблемы во многом объяснялись изолированностью. Иоанн Марк держал их в курсе дел относительно событий в храме и сообщал о многих ходивших в городе слухах, но он не догадался расспросить различных верующих, которым уже явился Иисус. Ранее этим занимались гонцы Давида, но все они были заняты выполнением своего последнего задания в качестве провозвестников воскресения, направляясь к тем группам верующих, которые находились вдали от Иерусалима. Впервые за все эти годы апостолы поняли, какую важную роль играли гонцы Давида в обеспечении ежедневной информацией о положении дел в царстве.

Весь этот день Петр, в свойственной ему манере, колебался между верой и сомнениями относительно воскресения Учителя. Перед его глазами стояла погребальная ткань, лежащая в гробнице так, будто тело Иисуса только что испарилось из нее. «Однако, – рассуждал Петр, – если он воскрес и способен явиться женщинам, почему он не является нам, своим апостолам?» Петр печалился, думая, что, возможно, его присутствие среди апостолов мешает Иисусу прийти к ним, поскольку он отрекся от Учителя в ту ночь во дворе Анана. А затем он ободрял себя словами, которые передали женщины: «Ступайте, расскажите моим апостолам – и Петру». Но для того, чтобы это послание могло приободрить Петра, он должен был поверить, что женщины действительно видели и слышали воскресшего Учителя. Так Петр колебался между верой и сомнением весь день, пока, в начале девятого, он не рискнул выйти во двор. Петр решил освободить апостолов от своего присутствия, дабы его отречение от Учителя не помешало Иисусу явиться к ним.

Поначалу Иаков Зеведеев считал, что они должны все вместе отправиться к гробнице. Он не сомневался, что им необходимо что-то предпринять для решения этой загадки. Однако Нафанаилу удалось остановить их и не дать им выйти из дома в ответ на призывы Иакова. Он добился этого, напомнив о предупреждении Иисуса – не подвергать в это время свою жизнь излишней опасности. К полудню Иаков успокоился и вместе с остальными смирился с тревожным ожиданием. Он мало говорил. Он был страшно разочарован тем, что Иисус не является им, и он не знал о многих явлениях Учителя другим группам и индивидуумам.

В тот день Андрей много слушал. Он был чрезвычайно озадачен сложившейся ситуацией и не меньше других мучился сомнениями, но он, по крайней мере, испытывал определенное чувство свободы от прежних обязанностей главы своих товарищей-апостолов. Он был действительно благодарен Учителю за то, что тот освободил его от бремени лидерства еще до того, как для них настали эти смутные времена.

Не раз за долгие и изнурительные часы этого трагического дня единственным утешением для группы был Нафанаил с его философскими замечаниями. Действительно, на протяжении всего дня он оказывал наибольшее воздействие на десятерых апостолов. Он ни разу не высказал своего мнения – верит он или не верит в воскресение Учителя. Однако в течение дня он всё больше склонялся к тому, что Иисус выполнил свое обещание восстать из мертвых.

Симон Зелот был слишком сломлен, чтобы участвовать в дискуссиях. Бóльшую часть времени он пролежал на кушетке в углу комнаты, отвернувшись к стене. За весь день он произнес лишь несколько слов. Его представление о царстве было разрушено, и он не видел, кáк воскресение Учителя могло бы существенным образом изменить положение. Его разочарование было чрезвычайно личным и настолько острым, что было невозможно быстро вывести его из этого состояния даже с помощью такого поразительного факта, как воскресение.

Странно, что обычно неразговорчивый Филипп много говорил в течение всей второй половины дня. Если до полудня он в основном молчал, то всю вторую половину дня он задавал вопросы другим апостолам. Петра эти вопросы Филиппа только раздражали, но остальные относились к ним благожелательно. Больше всего Филиппа интересовало, остались ли на теле Иисуса физические следы распятия, – если, конечно, он действительно восстал из могилы.

Матфей пребывал в сильном смущении. Он слушал разговоры своих товарищей, однако бóльшую часть времени решал про себя проблему их будущих средств. Независимо от предполагаемого воскресения Иисуса, Иуды не стало, Давид бесцеремонно передал ему деньги, и они остались без полномочного лидера. Еще до того, как Матфей успел всерьез задуматься об их доводах относительно воскресения, он увидел Учителя собственными глазами.

Близнецы Алфеевы почти не участвовали в этих глубокомысленных разговорах, занятые своими обычными обязанностями. Один из них высказал их общее мнение, когда, в ответ на вопрос Филиппа, сказал: «Мы ничего не понимаем в воскресении, но наша мать говорит, что беседовала с Учителем, и мы верим ей».

Фома переживал один из характерных приступов отчаяния и подавленности. Часть дня он спал, а остальное время бродил по горам. Ему хотелось вернуться к своим товарищам, однако стремление к одиночеству было сильнее.

Учитель отложил свое первое моронтийное явление апостолам по нескольким причинам. Во-первых, он хотел, чтобы у них было время – после того как они услышали о его воскресении – хорошо обдумать всё, что он говорил им о своей смерти и воскресении, пока еще был вместе с ними во плоти. Прежде чем предстать перед всеми апостолами, Учителю хотелось, чтобы Петр преодолел некоторые свойственные ему трудности. Во-вторых, он желал, чтобы Фома был вместе с ними во время его первого явления. Ранним утром в это воскресенье Иоанн Марк нашел Фому в доме у Симона в Виффагии, о чём около одиннадцати часов сообщил апостолам. В течение дня Фома был готов в любое время отправиться назад, если бы за ним пришел Нафанаил или двое любых других апостолов. Он действительно хотел вернуться, однако – уйдя так, как он это сделал предыдущим вечером, – он был слишком горд, чтобы так скоро вернуться по своей инициативе. На следующий день он был подавлен настолько, что потребовалась почти целая неделя, прежде чем он решил вернуться. Апостолы ждали его, а он ждал, чтобы его братья нашли его и попросили вернуться. Поэтому Фома оставался оторванным от своих товарищей вплоть до вечера следующей субботы, когда, с наступлением темноты, Петр и Иоанн отправились в Виффагию и привели его назад. По этой же причине они не отправились в Галилею сразу же после того как Иисус явился им в первый раз; они не хотели уходить без Фомы.

1. ЯВЛЕНИЕ ПЕТРУ

В воскресенье, около половины девятого вечера, Иисус явился Симону Петру в саду у Марка. Это стало его восьмым моронтийным явлением. С тех пор как Петр отрекся от своего Учителя, он жил под тяжким бременем сомнений и чувства вины. Всю субботу и воскресенье Петр боролся со страхом, поскольку боялся, что уже не является апостолом. Он содрогнулся, узнав об участи Иуды, и думал, что он тоже предал своего Учителя. Всю вторую половину дня он полагал, что его присутствие среди апостолов, возможно, препятствует явлению Иисуса, – если, конечно, он действительно воскрес из мертвых. Именно такому Петру – одолеваемому подобными мыслями и эмоциями – явился Иисус, когда удрученный апостол бродил среди цветов и кустов.

Когда Петр вспомнил тот любящий взгляд, которым Учитель одарил его, проходя мимо притвора Анана, и когда он задумался о чудесном послании, которое передали ему ранним утром женщины, вернувшиеся из пустой гробницы, – «Ступайте, скажите моим апостолам – и Петру», – когда он стал размышлять об этих признаках милосердия, его вера начала брать верх над сомнениями; он остановился, сжал кулаки и громко сказал: «Я верю, что он воскрес из мертвых; я пойду к своим братьям и скажу им об этом». И когда он произнес эти слова, перед ним внезапно возникла фигура человека, заговорившего знакомым голосом: «Петр, враг намеревался отнять тебя, но я не захотел отказываться от тебя. Я знал, что не от сердца своего ты отрекся от меня; поэтому я простил тебя, прежде чем ты попросил меня о том. Но теперь тебе следует прекратить думать о себе и сиюминутных бедах и приготовиться нести благую весть евангелия тем, кто находится во тьме. Тебе более не нужно беспокоиться о том, что ты можешь получить от царства; тебе следует подумать, что ты можешь дать тем, кто пребывает в ужасающей духовной нищете. Приготовься, Симон, к сражению нового дня – битве с духовной тьмой и пагубными сомнениями природного человеческого разума».

Почти пять минут Петр и моронтийный Иисус бродили по саду, беседуя о делах прошлых, настоящих и будущих. После этого Учитель исчез из виду, сказав: «Прощай, Петр, до встречи с тобой и твоими братьями».

На мгновение Петр проникся осознанием того, что он только что разговаривал с воскресшим Учителем и что он может не сомневаться в том, что остается посланником царства. Только что он услышал, как прославленный Учитель призвал его продолжать проповедь евангелия. Переполняемый всеми этими чувствами, Петр бросился в верхний зал к своим товарищам-апостолам и, задыхаясь, воскликнул: «Я видел Учителя, он был в саду! Я говорил с ним, и он простил меня!»

Заявление Петра о том, что он видел Иисуса, оказало глубокое впечатление на других апостолов. Они были уже готовы отказаться от своих сомнений, но тут Андрей встал и предупредил их не слишком доверять сообщению его брата. Андрей намекнул на то, что в прошлом Петр уже видел вещи, которые не соответствовали действительности. Хотя Андрей не сказал прямо, что он имеет в виду ночное виде́ние на Галилейском море, – когда Петр утверждал, что видел Учителя, идущего к ним по воде, – его слов было достаточно, чтобы все присутствующие поняли, что подразумевается именно этот случай. Симон Петр был весьма уязвлен намеками своего брата и оскорбленно умолк. Близнецам стало жаль Петра, и они подошли к нему, чтобы выразить свое сочувствие, а также сказать, что верят ему, и повторить, что их собственная мать тоже видела Учителя.

2. ПЕРВОЕ ЯВЛЕНИЕ АПОСТОЛАМ

В тот вечер, в начале десятого, после отбытия Клеопы и Иакова, когда, опасаясь ареста, десять апостолов находились в верхнем зале при закрытых на засов дверях и в то время, как близнецы Алфеевы утешали Петра, а Нафанаил увещевал Андрея, Учитель внезапно возник среди них в моронтийном облике со словами: «Мир с вами. Почему мои явления так пугают вас, как будто вы видите призрака? Разве я не говорил вам об этих вещах, когда пребывал вместе с вами во плоти? Разве я не говорил вам, что первосвященники и правители отдадут меня на казнь, что один из вас предаст меня и что на третий день я воскресну? Откуда же все ваши сомнения и все эти споры о сообщениях женщин, Клеопы, Иакова и даже Петра? Сколько еще вы будете сомневаться в моих словах и отказываться верить моим обещаниям? А теперь, когда вы действительно видите меня, поверите ли? Даже сейчас один из вас отсутствует. Когда вы снова соберетесь все вместе – и когда все вы будете знать наверняка, что Сын Человеческий восстал из могилы, – отправляйтесь сразу же в Галилею. Верьте в Бога; верьте друг в друга; так вы вступите в новое служение царства небесного. Я задержусь с вами в Иерусалиме, пока вы не будете готовы отправиться в Галилею. Свой мир я оставляю с вами».

Произнеся эти слова, моронтийный Иисус тут же исчез. И все они пали ниц, славя Бога и преклоняясь перед своим исчезнувшим Учителем. Это было девятым моронтийным явлением Учителя.

3. В ОБЩЕСТВЕ МОРОНТИЙНЫХ СОЗДАНИЙ

Следующий день, понедельник, целиком прошел в обществе моронтийных созданий, находившихся в то время на Урантии. Вместе с различными категориями смертных переходного периода из семи обительских миров Сатании, на Урантию прибыло более миллиона моронтийных управляющих и помощников для участия в опыте моронтийного перехода Учителя. Моронтийный Иисус пребывал в обществе этих замечательных разумных созданий в течение сорока дней. Иисус учил моронтийных созданий, а от их управляющих он узнал о переходном моронтийном периоде в жизни смертных, прибывающих из обитаемых миров Сатании и проходящих через моронтийные сферы системы.

В тот понедельник, около полуночи, моронтийная форма Учителя была преобразована для перехода на следующий уровень моронтийного развития. Когда Иисус в очередной раз явился своим земным детям, он представлял собой моронтийное существо второй ступени. По мере восхождения Учителя в моронтии, разумным существам моронтии и их преобразующим помощникам становилось всё труднее делать Учителя видимым материальному зрению смертных.

Иисус перешел на третью ступень моронтии в пятницу, 14 апреля; на четвертую ступень – в понедельник, 17 апреля; на пятую ступень – в субботу, 22 апреля; на шестую ступень – в четверг, 27 апреля; на седьмую ступень – во вторник, 2 мая; на ступень иерусемского гражданства – в воскресенье, 7 мая; и в воскресенье, 14 мая, он был принят Всевышними Эдемии.

Так Михаил окончил свое эмпирическое служение во вселенной, ибо в рамках своих предыдущих посвящений он уже познал всю полноту жизни восходящих смертных времени и пространства от уровня пребывания в центральном мире созвездия вплоть до служения в центральном мире сверхвселенной и включая это служение. Именно благодаря этому моронтийному опыту Сын-Создатель Небадона действительно исчерпал и достойно завершил свое седьмое и последнее вселенское посвящение.

4. ДЕСЯТОЕ ЯВЛЕНИЕ (В ФИЛАДЕЛЬФИИ)

Десятое моронтийное явление Иисуса, доступное восприятию смертных, произошло в девятом часу во вторник, 11 апреля, в Филадельфии, где он явился Авениру, Лазарю и примерно ста пятидесяти их товарищам, среди которых было свыше пятидесяти из семидесяти членов корпуса евангелистов. Это случилось сразу же после открытия специального собрания в синагоге, которое было созвано Авениром, чтобы обсудить распятие Иисуса и последнее сообщение о его воскресении, доставленное гонцом Давида. Поскольку одним из членов этой группы верующих являлся воскресший Лазарь, им было легко поверить в сообщение о воскресении Иисуса из мертвых.

В тот момент, когда Авенир и Лазарь, стоя вместе на кафедре, открывали собрание в синагоге, все присутствовавшие верующие внезапно увидели облик Учителя. Иисус шагнул вперед с того места, где он появился между Авениром и Лазарем, которые не заметили его, и, приветствуя собравшихся, сказал:

«Мир с вами. Все вы знаете, что у нас есть один небесный Отец и что есть только одно евангелие царства – благая весть о даре вечной жизни, которую люди получают через веру. Радуясь своей преданности евангелию, просите Отца истины, чтобы ваши сердца излучали новую, еще бóльшую любовь к вашим братьям. Вы должны любить всех людей так, как я любил вас; вы должны служить всем людям так, как я служил вам. С чуткой отзывчивостью и братской любовью принимайте в свое сообщество всех братьев, преданных возвещению благой вести, – будь то иудеи или язычники, греки или римляне, персы или эфиопы. Иоанн возвестил грядущее царство; вы со всей мощью проповедовали евангелие; греки уже учат благой вести; вскоре я пошлю Дух Истины в души всех этих людей – моих братьев, которые столь бескорыстно посвятили свою жизнь просвещению своих товарищей, пребывающих в духовной тьме. Все вы – дети света; поэтому не оступитесь, не запутайтесь в недоразумениях, которые являются следствием свойственной смертным подозрительности и нетерпимости. Если благодать веры возвысила вас до любви к неверующим, разве не дóлжно вам так же любить ваших верующих собратьев в этом широко раскинувшемся братстве веры? Помните: если вы будете любить друг друга, все будут знать, что вы являетесь моими учениками.

Поэтому идите по всему свету, возвещая это евангелие отцовства Бога и братства людей всем странам и народам, и будьте извечно мудры, выбирая методы раскрытия благой вести различным народам и племенам. Даром получили вы это евангелие царства, даром будете возвещать благую весть всем нациям.

Не бойтесь сопротивления зла, ибо я всегда с вами, до скончания века. И свой мир я оставляю вам».

После этих слов – «свой мир я оставляю вам» – он исчез из виду. За исключением одного из явлений в Галилее, когда его одновременно видели более пятисот верующих, филадельфийская группа включала наибольшее число смертных, видевших его за один раз.

На следующий день рано утром, когда апостолы всё еще находились в Иерусалиме, дожидаясь, пока Фома обретет душевный покой, эти верующие отправились в путь из Филадельфии с вестью о том, что Иисус Назарянин воскрес из мертвых.

Весь следующий день, среду, Иисус провел в обществе своих моронтийных товарищей, а во второй половине дня он принимал моронтийных гостей из обительских миров каждой локальной системы обитаемых сфер со всего созвездия Норлатиадек. И все они были рады познать своего Создателя в качестве представителя их собственной категории разумных существ вселенной.

5. ВТОРОЕ ЯВЛЕНИЕ АПОСТОЛАМ

Всю эту неделю Фома провел в одиночестве, скитаясь по холмам в окрестностях Елеонской горы. За это время он виделся только с теми, кто находился в доме Симона, и с Иоанном Марком. В субботу, 15 апреля, около девяти часов, двое апостолов отыскали его и отвели в их пристанище в доме Марка. Весь следующий день Фома слушал рассказы о различных явлениях Учителя, однако упорно отказывался поверить. Он утверждал, что они поддались влиянию восторженного состояния Петра и поверили в то, что видели Учителя. Нафанаил спорил с ним, но ничего не добился. Эмоциональное упрямство Фомы в сочетании с его обычным скептицизмом, а также его настроение, усугубленное досадным бегством от остальных, создали ситуацию разобщения, не до конца понятную даже самому Фоме. Он отделился от своих товарищей, пошел своим путем, и теперь, несмотря на возвращение к ним, он неосознанно пытался всё принимать в штыки. Он не умел быстро отступать; он не любил сдаваться. Хотя такое отношение и было неумышленным, Фоме действительно нравилось всё то внимание, которое уделялось ему. Он не осознавал, что получает удовлетворение от попыток всех его товарищей убедить его; он тосковал по ним всю неделю, и их неустанное внимание доставляло ему большое удовольствие.

В начале седьмого, за ужином, во время которого Петр сидел по одну сторону от Фомы, а Нафанаил – по другую, сомневающийся апостол сказал: «Я не поверю, пока не увижу Учителя собственными глазами и не дотронусь своими пальцами до следов от гвоздей». И вот, когда они сидели за ужином при плотно закрытых и запертых дверях, Учитель внезапно появился в своем моронтийном облике с внутренней стороны подковообразного стола и, стоя прямо перед Фомой, произнес:

«Мир с вами. Всю неделю я дожидался возможности явиться к вам вновь, когда вы все соберетесь, чтобы снова услышать мой наказ, – идти по всему миру с проповедью евангелия царства. И вновь я говорю вам: как Отец послал меня в этот мир, так я посылаю вас. Как я раскрыл Отца, так и вы раскроете божественную любовь, – не только словами, но и своей каждодневной жизнью. Я посылаю вас в мир не для того, чтобы любить души людей, а для того, чтобы *любить людей*. Вам следует не только возвещать радости небесные, но и демонстрировать в своем ежедневном опыте эти духовные реальности божественной жизни, поскольку через свою веру вы уже обрели Божий дар – вечную жизнь. Когда вы уверуете, когда небесная сила – Дух Истины – низойдет на вас, вы не будете скрывать свой свет здесь, за закрытыми дверьми; вы познакомите с любовью и милосердием Божьим всё человечество. Сейчас, гонимые страхом, вы не хотите замечать неприятные для вас факты, но когда вы будете крещены Духом Истины, вы смело и радостно устремитесь вперед, навстречу новому опыту – возвещению благой вести о вечной жизни в царстве Божьем. Вы можете ненадолго задержаться здесь и в Галилее, оправляясь от потрясения, с которым сопряжен переход от ложной безопасности той власти, которая стоит на традициях, к новому порядку – власти фактов, истины и веры в высшие реальности живого опыта. Ваша миссия в мире основана на том факте, что я прожил среди вас жизнь, раскрывающую Бога, и на той истине, что вы и все остальные люди являетесь Божьими сынами; и эта миссия будет заключаться в той жизни, которую вы проживете среди людей, – в настоящем и живом опыте любви к людям и служения им так, как любил вас и служил вам я. Пусть вера раскроет миру ваш свет; пусть откровение истины откроет глаза, ослепленные традицией; пусть ваше любвеобильное служение искоренит предрассудки, порожденные невежеством. Так, сближаясь со своими собратьями во взаимопонимании, сострадании и самоотверженности, вы приведете их к спасительному познанию любви Отца. Евреи превозносят благость; греки преклоняются перед красотой; индусы проповедуют преданность; далекие аскеты учат почтению; римлянам нужна лояльность; я же требую от своих учеников жизнь – жизнь, прожитую в любвеобильном служении собратьям во плоти».

После этого Учитель посмотрел Фоме в глаза и сказал: «А ты, Фома, говоривший, что не поверишь, пока не увидишь меня и не дотронешься до следов от гвоздей у меня на руках, теперь увидел меня и услышал мои слова; и хотя ты не видишь на моих руках следов от гвоздей – поскольку я воскрес в облике, который будет и у тебя, когда ты покинешь этот мир, – что́ скажешь ты своим братьям? Ты призна́ешь истину, ибо в своем сердце ты начал верить еще тогда, когда так упорно отстаивал свое неверие. Твои сомнения, Фома, заявляют о себе с наибольшим упрямством перед тем, как рухнуть. Фома, прошу тебя: не будь неверующим, веруй, – и я знаю, что ты будешь верить, и верить всем своим сердцем».

Услышав эти слова, Фома упал на колени перед моронтийным Учителем и воскликнул: «Я верю, мой Господь и Учитель!» Тогда Иисус сказал Фоме: «Ты уверовал, Фома, поскольку действительно увидел и услышал меня. Благословенны те, кто в грядущие века будут верить, не видя меня глазами плоти и не слыша смертными ушами».

А затем облик Учителя переместился во главу стола, и Иисус обратился ко всем апостолам: «А теперь идите в Галилею, где я вскоре явлюсь вам». После этого он исчез из виду.

Теперь одиннадцать апостолов полностью убедились в том, что Иисус воскрес из мертвых, и ранним утром следующего дня, до рассвета, они вышли в Галилею.

6. ЯВЛЕНИЕ В АЛЕКСАНДРИИ

В то время как одиннадцать апостолов, направлявшихся в Галилею, были близки к завершению своего путешествия, вечером во вторник, 18 апреля, около половины девятого, Иисус явился Родану и примерно восьмидесяти другим верующим в Александрии. Это стало двенадцатым явлением Учителя в моронтийном облике. Иисус предстал перед этими греками и евреями в тот момент, когда гонец Давида заканчивал свое сообщение о распятии. Этот гонец – пятый по счету в эстафете гонцов между Иерусалимом и Александрией – прибыл в Александрию с наступлением вечера, и после того как он передал свое сообщение Родану, было решено созвать верующих, дабы они могли услышать эту трагическую весть из первых рук. Около восьми часов этот гонец, Нафан из Бусириса, явился к ним и подробно рассказал о том, что он узнал от предыдущего гонца. Свой трогательный рассказ Нафан завершил словами: «Однако посылающий это известие Давид сообщает, что Учитель, предсказывая свою смерть, заявлял, что воскреснет вновь». Нафан еще продолжал говорить, как моронтийный Учитель предстал перед ними во всём своем облике. И когда Нафан сел, Иисус сказал:

«Мир с вами. То, чтó Отец направил меня утвердить в этом мире, не принадлежит ни расе, ни нации, ни особой группе учителей или проповедников. Это евангелие царства принадлежит всем: иудеям и язычникам, богатым и бедным, свободным и порабощенным, мужчинам и женщинам, равно как и малым детям. И все вы должны возвещать это евангелие любви и истины своей жизнью во плоти. Любите друг друга новой, удивительной любовью, как я любил вас. Служите человечеству с новой и невиданной самоотверженностью, как я служил вам. И когда люди увидят, ка́к вы любите их и сколь пламенно служите им, они поймут, что вы стали вероисповедными братьями в царстве небесном, и пойдут вслед за Духом Истины, которого они будут видеть в вашей жизни, к обретению вечного спасения.

Как Отец послал меня в этот мир, так я посылаю вас теперь. Все вы призваны нести благую весть тем, кто пребывает во тьме. Это евангелие царства принадлежит всем, кто верит в него; оно не должно становиться вотчиной одних только священников. Вскоре на вас низойдет Дух Истины, который приведет вас ко всякой истине. Поэтому идите в мир с проповедью этого евангелия и увидите – я всегда буду с вами, до скончания века».

Сказав это, Учитель исчез из виду. Всю ночь эти люди провели вместе, обсуждая свой опыт в качестве верующих в царство и слушая речи Родана и его товарищей. И все они уверовали в то, что Иисус воскрес из мертвых. Представьте себе удивление посланного Давидом и прибывшего через день вестника воскресения, когда, в ответ на его сообщение, они сказали: «Да, мы знаем, ибо мы видели его. Он явился нам позавчера».

ДОКУМЕНТ 192

ЯВЛЕНИЯ В ГАЛИЛЕЕ

К тому времени, когда апостолы покинули Иерусалим и отправились в Галилею, еврейские вожди в значительной мере успокоились. Поскольку Иисус являлся только своей семье верующих в царство, а апостолы скрывались и не выступали с публичными проповедями, правители евреев пришли к заключению, что евангелическое движение, наконец, разгромлено. Конечно, их беспокоили растущие слухи о воскресении Иисуса, однако они полагались на подкупленных стражников, которые должны были опровергать такие сообщения, повторяя свой рассказ о шайке сторонников Иисуса, похитивших его тело.

Начиная с этого времени и пока нарастающая волна гонений не рассеяла апостолов, Петр оставался общепризнанным главой апостольского корпуса. Иисус никогда не наделял его подобной властью, и его товарищи-апостолы никогда официально не избирали его на эту ответственную должность. Он естественным образом принял ее на себя с общего согласия, а также в силу того, что являлся их главным проповедником. С этого времени основным делом апостолов стали публичные проповеди. После возвращения из Галилеи казначеем стал Матфий, избранный вместо Иуды.

В течение недели, прожитой в Иерусалиме, Мария, мать Иисуса, провела много времени в обществе верующих женщин, которые остановились у Иосифа Аримафейского.

Ранним утром в понедельник, когда апостолы вышли в Галилею, Иоанн Марк отправился вслед за ними. Сначала он держался на расстоянии, а когда Вифания осталась далеко позади, он смело присоединился к ним, уверенный в том, что они не отправят его назад.

Несколько раз на пути в Галилею апостолы останавливались, чтобы рассказать о воскресении Учителя, из-за чего они прибыли в Вифсаиду только поздним вечером в среду. Лишь к полудню в четверг все апостолы были на ногах, готовые позавтракать.

1. ЯВЛЕНИЕ У ОЗЕРА

В пятницу, 21 апреля, около шести часов утра, когда лодка с апостолами подошла к причалу в Вифсаиде, состоялось тринадцатое явление моронтийного Учителя десяти апостолам – его первое явление в Галилее.

В четверг, после того как всю вторую половину дня и начало вечера апостолы провели в ожидании в доме Зеведея, Симон Петр предложил отправиться на рыбную ловлю, и все апостолы откликнулись на его предложение. Всю ночь они забрасывали сети, но ничего не поймали. Эта неудача не расстроила их, поскольку им было о чём поговорить, вспоминая многие интересные события, лишь недавно пережитые в Иерусалиме. Но на рассвете они решили вернуться в Вифсаиду. Подплыв к берегу, они увидели, что рядом с причалом у костра стоит человек. Вначале они подумали, что это Иоанн Марк, спустившийся к озеру, чтобы встретить их с уловом. Однако подплыв ближе к берегу, они поняли, что ошиблись, – этот мужчина был слишком высок для Иоанна. Никому из них не пришло в голову, что стоящим на берегу человеком был Учитель. Они не вполне понимали, почему Иисус захотел встретиться с ними в местах их былого общения, на природе, вдали от гнетущей атмосферы Иерусалима, с его трагическим напоминанием о страхе, предательстве и смерти. Он сказал им, что если они отправятся в Галилею, он встретит их там, и он собирался выполнить свое обещание.

Когда они бросили якорь и собирались пересесть в небольшую лодку, чтобы высадиться на берег, стоящий на берегу человек окликнул их: «Рыбаки, поймали что-нибудь?» И когда они ответили «нет», он сказал: «Забросьте сеть по правую сторону лодки, и вы найдете рыбу». Хотя они не знали, что их советчиком является Иисус, они дружно забросили сеть, как им и было сказано. И сеть тут же наполнилась рыбой, да так, что они едва вытащили ее. Увидев переполненную сеть, догадливый Иоанн Зеведеев понял, что с ними говорит Учитель. Когда эта мысль пришла ему в голову, он наклонился к Петру и шепнул: «Это Учитель». Петр всегда отличался поспешностью и импульсивностью; поэтому как только Иоанн прошептал эти слова, он вскочил и бросился в воду, чтобы поскорее добраться до Учителя. Его братья последовали за ним и добрались до берега в небольшой лодке, волоча за собой сеть с рыбой.

К этому времени Иоанн Марк уже встал и, видя как апостолы высаживаются из лодки с полной сетью, побежал на берег, чтобы встретить их. Увидев одиннадцать человек вместо десяти, он пришел к выводу, что незнакомец – это воскресший Иисус, и пока десять изумленных апостолов стояли в молчании, юноша бросился к Учителю и, пав на колени, сказал: «Мой Господь и Учитель». И затем, обращаясь к Иоанну Марку, – будничным голосом, а не так, как в Иерусалиме, когда он приветствовал их словами «мир с вами», – Иисус сказал: «Что же, Иоанн, я рад вновь видеть тебя в безмятежной Галилее, где мы можем хорошо побеседовать. Оставайся с нами, Иоанн, и позавтракай».

Десять апостолов были столь поражены и изумлены видом Иисуса, разговаривающего с юношей, что забыли вытащить сеть с рыбой на берег. Поэтому Иисус сказал: «Принесите свой улов и приготовьте несколько рыб на завтрак. У нас уже готов костер и есть много хлеба».

Пока Иоанн Марк выказывал свое почтение Учителю, вид тлеющих на берегу углей на мгновение поразил Петра: перед его мысленным взором возник полночный костер – угли, горящие во дворе у Анана, где он, Петр, отрекся от Учителя. Однако он стряхнул с себя это наваждение и, преклонив колена у ног Учителя, воскликнул: «Мой Господь и Учитель!»

Затем Петр присоединился к своим товарищам, которые выбирали сеть. Вытащив свой улов, апостолы насчитали 153 крупные рыбы. Данный случай был ошибочно назван очередным чудесным уловом. В этом эпизоде не было никакого волшебства: Учитель всего лишь воспользовался своим априорным знанием. Зная, что рыба находится в этом месте, он велел апостолам забросить там сеть.

Иисус обратился к ним со словами: «А теперь вы все садитесь завтракать. Пусть близнецы тоже сядут, пока я побеседую с вами, а Иоанн Марк разделает рыбу». Иоанн Марк принес семь крупных рыб, которые Учитель положил на огонь, и когда они были готовы, юноша подал их десяти апостолам. Затем Иисус преломил хлеб и передал его Иоанну, который, в свою очередь, подал хлеб голодным апостолам. Когда все получили еду, Иисус попросил Иоанна Марка сесть и сам подал юноше рыбу и хлеб. Пока они ели, Иисус беседовал с ними, вспоминая многое из того, что им довелось пережить в Галилее и у этого самого озера.

Это было третье явление Иисуса апостолам как группе. Когда Иисус в первый раз обратился к ним, спросив об улове, они не догадались, что это был он, поскольку для этих Галилейских рыбаков было обычным делом, чтобы с ними так заговаривали поджидавшие на берегу купцы из Тарихеи, желающие купить свежей рыбы для сушильных предприятий.

Более часа Иисус беседовал с десятью апостолами и Иоанном Марком, после чего он стал брать с собой по двое апостолов и прогуливаться с ними вдоль берега, – но это были уже не те пары, которые он когда-то отправлял проповедовать. Все одиннадцать апостолов вышли вместе из Иерусалима, однако по мере приближения к Галилее Симон Зелот становился всё более подавленным, и когда они подошли к Вифсаиде, он покинул своих братьев и отправился домой.

Прежде чем расстаться с ними в то утро, Иисус попросил, чтобы любые двое из них вызвались отправиться к Симону Зелоту и в тот же день привели его назад, что и было сделано Петром и Андреем.

2. БЕСЕДЫ С АПОСТОЛАМИ ПО ДВОЕ

Когда все закончили завтракать и сидели у огня, Иисус попросил Петра и Иоанна прогуляться вместе с ним вдоль берега. По дороге он спросил у Иоанна: «Иоанн, любишь ли ты меня?» И когда Иоанн ответил: «Да, Учитель, всем сердцем», Иисус сказал: «Тогда, Иоанн, оставь свою нетерпимость и научись любить людей так, как я любил вас. Посвяти свою жизнь доказательству того, что любовь есть величайшая в мире ценность. Именно любовь Бога побуждает людей искать спасения. Любовь предшествует всякой духовной благости; она – основа всего, что истинно и прекрасно».

После этого Иисус повернулся к Петру и спросил: «Петр, любишь ли ты меня?» Петр ответил: «Господи, ты знаешь, что я люблю тебя всей душой». Тогда Иисус сказал: «Если ты любишь меня, Петр, паси моих ягнят. Не забывай помогать слабым, бедным и молодым. Проповедуй евангелие без страха и предпочтения; всегда помни о том, что Бог нелицеприятен. Служи своим собратьям так же, как я служил вам; прощай своих смертных собратьев так же, как я прощал тебя. Пусть опыт научит тебя ценности размышления и силе разумной рефлексии».

Пройдя еще немного, Учитель повернулся к Петру и спросил: «Петр, действительно ли ты любишь меня?» Симон ответил: «Да, Господи, ты знаешь, что я люблю тебя». И вновь Иисус сказал: «Тогда хорошо заботься о моих овцах. Будь добрым и истинным пастырем для своей паствы. Не обмани ее доверия к тебе. Пусть не застанет тебя врасплох враг. Будь всегда настороже – бодрствуй и молись».

Пройдя еще несколько шагов вперед, Иисус повернулся к Петру и в третий раз спросил: «Петр, истинно ли ты любишь меня?» И Петр немного опечалился, ибо ему показалось, что Учитель не доверяет ему, и прочувственно сказал: «Господи, ты знаешь всё, и потому ты знаешь, что я действительно и истинно люблю тебя». Тогда Иисус сказал: «Паси моих овец. Не бросай паству. Подавай пример и вдохновляй всех остальных пастырей. Люби паству, как я любил вас, и посвяти себя ее благополучию, как я посвятил свою жизнь вашему благополучию. И следуй за мной до самого конца».

Петр воспринял эти слова буквально – в том смысле, что он должен продолжать следовать за ним, – и, повернувшись к Иисусу, он показал на Иоанна и спросил: «Если я и дальше буду следовать за тобой, что будет делать этот человек?» Увидев, что Петр неправильно понял его, Иисус сказал: «Петр, не тревожься о том, что́ будут делать твои братья. Что тебе до того, если я пожелаю, чтобы Иоанн задержался здесь после того, как вас не станет, – и даже до тех пор, пока я не вернусь? Думай лишь о том, чтобы самому следовать за мной».

Это замечание Иисуса распространилось среди собратьев и было понято в том смысле, что Иоанн не умрет, пока Учитель не вернется – о чём многие думали и на что надеялись – для установления царства в могуществе и славе. Именно это толкование слов Иисуса сыграло большую роль в том, что Симон Зелот вернулся к служению и остался одним из апостолов.

Когда они вернулись к остальным, Иисус отправился побеседовать с Андреем и Иаковом. Пройдя немного, он спросил у Андрея: «Андрей, доверяешь ли ты мне?» Услышав такой вопрос, бывший глава апостолов остановился и ответил: «Да, Учитель, конечно я доверяю тебе, и ты знаешь это». Тогда Иисус сказал: «Андрей, если ты доверяешь мне, больше доверяй своим братьям – в том числе и Петру. Когда-то я доверил тебе руководство твоими братьями. Теперь, когда я покину вас, чтобы отправиться к своему Отцу, ты должен доверять другим. Когда жестокие преследования начнут рассеивать твоих братьев по всему миру, будь внимательным и мудрым советчиком моему брату во плоти, Иакову; на него ляжет тяжкое бремя, с которым он не сможет справиться из-за недостатка опыта. И после этого продолжай доверять людям, ибо я не подведу тебя. Когда ты завершишь свой путь на земле, ты придешь ко мне».

Затем Иисус повернулся к Иакову и спросил его: «Иаков, доверяешь ли ты мне?» Иаков, конечно, ответил: «Да, Учитель, я доверяю тебе всем сердцем». Тогда Иисус сказал: «Иаков, если ты будешь еще больше доверять мне, ты станешь более терпимым к своим братьям. Если ты будешь доверять мне, это поможет тебе быть добрым к братству верующих. Научись оценивать последствия своих слов и поступков. Помни: что посеешь, то и пожнешь. Молись о спокойствии духа и учись быть терпеливым. Эти благодати, вместе с живой верой, поддержат тебя, когда настанет час испить жертвенную чашу. Но никогда не отчаивайся: завершив свой путь на земле, ты также придешь ко мне».

После этого Иисус беседовал с Фомой и Нафанаилом. Он сказал Фоме: «Фома, служишь ли ты мне?» Фома ответил: «Да, Господи, я служу тебе ныне и буду служить всегда». Тогда Иисус сказал: «Если хочешь служить мне, служи моим братьям во плоти так же, как я служил вам. Неустанно твори добро, оставаясь одним из тех, кому было предназначено Богом нести это служение любви. Когда ты завершишь свое служение со мною на земле, ты будешь служить со мною в славе. Фома, ты должен прекратить сомневаться; ты должен расти в вере и знании истины. Веруй в Бога, как дитя, но перестань столь по-детски вести себя. Будь мужественным; будь сильным в вере и могущественным в царстве Божьем».

После этого Учитель спросил у Нафанаила: «Нафанаил, служишь ли ты мне?» И апостол ответил: «Да, Учитель, всем сердцем». Тогда Иисус сказал: «Если ты служишь мне всем сердцем, будь неутомим в своем служении на благо моих земных братьев. Пусть твои советы будут исполнены дружелюбия, а твоя философия – любви. Служи своим собратьям так же, как я служил тебе. Будь предан людям так же, как я оберегал вас. Будь менее критичным; не ожидай многого от некоторых людей – и твое разочарование не будет столь сильным. И когда земной труд будет завершен, ты будешь служить вместе со мной на небе».

После этого Учитель беседовал с Матфеем и Филиппом. Филиппу он сказал: «Филипп, повинуешься ли ты мне?» Филипп ответил: «Да, Господи, я буду повиноваться тебе, даже если это будет стоить мне жизни». Тогда Иисус сказал: «Если ты готов повиноваться мне, отправляйся в земли язычников и возвещай евангелие. Пророки говорили тебе, что повиноваться – лучше, чем приносить жертву. Через свою веру ты стал богопознавшим сыном царства. Следует подчиняться только одному закону – велению идти в мир с проповедью евангелия царства. Перестань бояться людей; не бойся проповедовать благую весть о вечной жизни своим собратьям, которые прозябают во тьме, истосковавшись по свету истины. Ты не будешь, Филипп, более заниматься деньгами и товарами. Теперь ты свободен возвещать благую весть, как и твои братья. И я буду идти перед тобой и останусь с тобой до самого конца».

А затем, обращаясь к Матфею, Учитель спросил: «Матфей, готов ли ты повиноваться мне?» Матфей ответил: «Да, Господи, я целиком предан исполнению твоей воли». Тогда Учитель сказал: «Матфей, если ты готов повиноваться мне, отправляйся ко всем народам с проповедью евангелия царства. Ты не будешь больше снабжать своих братьев материальными вещами; впредь ты тоже будешь возвещать евангелие духовного спасения. Отныне посвяти всего себя выполнению одного поручения – проповеди евангелия царства Отца. Так же как я выполнял волю Отца на земле, так и ты выполнишь божественное поручение. Помни: как иудеи, так и язычники суть твои братья. Никого не бойся, возвещая спасительную истину евангелия царства небесного. И куда отправляюсь я, туда же вскоре придешь и ты».

После этого Иисус отправился на прогулку с близнецами Алфеевыми, Иаковом и Иудой, и, обращаясь к ним обоим, спросил: «Иаков и Иуда, верите ли вы в меня?» И когда они оба ответили: «Да, Учитель, верим», он сказал: «Вскоре я покину вас. Вы видите, что я уже покинул вас во плоти. Лишь на короткое время я задержусь здесь в этом облике, прежде чем отправиться к моему Отцу. Вы верите в меня – вы мои апостолы, и вы навсегда останетесь ими. Продолжайте веровать и помнить вашу связь со мной, когда меня не будет, после того как вы, возможно, вернетесь к тому труду, которым занимались, прежде чем стали жить со мной. Не позволяйте какой-нибудь внешней перемене в вашем труде повлиять на вашу преданность. До конца своих земных дней верьте в Бога. Всегда помните, что когда человек является сыном Божьим в вере, всякий честный труд в этом мире свят, чем бы ни занимался сын Божий. Поэтому отныне выполняйте свой труд, как если бы вы выполняли его для Бога. И когда вы пройдете свой земной путь, я покажу вам другие, еще более прекрасные миры, где вы также будете трудиться для меня. И во всяком труде – в этом мире и в других мирах – я буду трудиться с вами, и мой дух будет пребывать в вас».

Было около десяти часов, когда Иисус вернулся после беседы с близнецами Алфеевыми, и, покидая апостолов, он сказал: «Прощайте; завтра в полдень мы встретимся все вместе на горе, где вы были рукоположены». Сказав это, он исчез из виду.

3. НА ГОРЕ РУКОПОЛОЖЕНИЯ

Как и было условлено, в субботний полдень, 22 апреля, когда одиннадцать апостолов собрались на горе вблизи Капернаума, Иисус появился среди них. Эта встреча произошла на той самой горе, где Учитель выделил их в качестве своих апостолов и посланников царства Отца на земле. И это стало четырнадцатым моронтийным явлением Учителя.

Преклонив колени вокруг Учителя, одиннадцать апостолов вновь выслушали его наказ и увидели, как он повторил процедуру рукоположения – такую же, как в тот день, когда он впервые выделил их для выполнения особого труда на благо царства. И всё это напомнило апостолам об их первом посвящении для служения Отцу, за исключением молитвы Учителя – моронтийного Иисуса; никогда раньше не слышали они молитвы, исполненной такого же величия и силы. Их Учитель говорил с правителями вселенных как Властелин, которому было передано всё могущество и вся власть в его собственной вселенной. И эти одиннадцать человек никогда не забывали этого опыта моронтийного подтверждения своей апостольской клятвы. Учитель провел на горе ровно один час вместе со своими апостолами и, тепло простившись с ними, исчез из виду.

После этого никто не видел Иисуса целую неделю. Апостолы не представляли, что́ им делать, поскольку не знали, отправился ли Учитель к Отцу. В этом состоянии неопределенности они оставались в Вифсаиде. Они не рыбачили, боясь, что он может появиться и они не увидят его. Всю эту неделю Иисус посвятил моронтийным созданиям на земле, а также моронтийному переходу, происходившему в этом мире.

4. СОБРАНИЕ У ОЗЕРА

Молва о явлениях Иисуса распространилась по всей Галилее, и каждый день в дом Зеведея приходило всё больше верующих, чтобы расспросить о воскресении Учителя и узнать, что́ стоит за этими слухами о его явлениях. В начале недели Петр оповестил верующих о том, что в следующую субботу, около трех часов пополудни, на берегу состоится общее собрание.

Соответственно, в субботу, 29 апреля, в три часа дня более пятисот верующих из окрестностей Капернаума собрались в Вифсаиде, чтобы услышать первую публичную проповедь Петра после воскресения Иисуса. Апостол был в ударе, и после того как он завершил свое проникновенное обращение, мало кто из присутствующих сомневался в том, что Учитель воскрес из мертвых.

Петр завершил свою проповедь словами: «Мы утверждаем, что Иисус Назарянин не умер; мы заявляем, что он воскрес из гробницы; мы возвещаем, что видели его и говорили с ним». Как только он завершил свое утверждение веры, рядом с ним, на виду у всего народа, появился Учитель в моронтийном облике, обратившийся к ним со знакомыми словами: «Мир с вами; мир мой оставляю вам». Явившись к ним и произнеся эти слова, он исчез из виду. Это стало пятнадцатым моронтийным явлением воскресшего Иисуса.

Ввиду некоторых вещей, сказанных Учителем во время свидания с одиннадцатью апостолами на горе рукоположения, у них создалось впечатление, что Учитель вскоре предстанет перед группой галилейских верующих и что после этого им следует вернуться в Иерусалим. Соответственно, ранним утром следующего дня, 30 апреля, одиннадцать апостолов вышли из Вифсаиды в Иерусалим. Идя долиной Иордана, они много учили и проповедовали и потому прибыли в дом Марка в Иерусалиме только поздним вечером в среду, 3 мая.

Для Иоанна Марка возвращение домой было связано с прискорбным событием: несколькими часами ранее его отец, Илия Марк, скоропостижно умер от кровоизлияния в мозг. Хотя мысль о несомненности воскресения мертвых во многом утешила апостолов в их горе, они искренне скорбели из-за утраты своего доброго друга, который оставался их верным сторонником даже во времена великих бед и разочарований. Иоанн Марк всеми силами пытался утешить свою мать и от ее имени предложил апостолам и далее располагаться в ее доме. И вплоть до дня Пятидесятницы верхняя комната оставалась пристанищем одиннадцати апостолов.

Апостолы специально вошли в Иерусалим только с наступлением темноты, чтобы их не заметили еврейские власти. Не появились они и на похоронах Илии Марка. Весь следующий день они провели в тиши и покое в верхнем зале, где произошло так много событий.

В четверг вечером апостолы собрались в том же верхнем зале, и каждый из них – за исключением Фомы, Симона Зелота и близнецов Алфеевых – торжественно поклялся отправиться в путь с публичными проповедями нового евангелия воскресшего Господа. Уже были сделаны первые шаги к превращению евангелия царства – богосыновства и человеческого братства – в возвещение воскресения Иисуса. Нафанаил возражал против такого смещения акцентов в их публичных проповедях, однако он не мог устоять перед красноречием Петра, как не мог он преодолеть энтузиазма учеников, в особенности – верующих женщин.

Так, под энергичным руководством Петра – и еще до того, как Учитель вознесся к Отцу, – эти благонамеренные ученики начали едва различимый процесс постепенного и неуклонного превращения религии *Иисуса* в новую и видоизмененную форму религии *об Иисусе*.

ДОКУМЕНТ 193

ПОСЛЕДНИЕ ЯВЛЕНИЯ И ВОЗНЕСЕНИЕ

Шестнадцатое моронтийное явление Иисуса произошло около девяти часов вечера в пятницу, 5 мая, у Никодима, во дворе его дома. В тот вечер иерусалимские верующие предприняли первую после воскресения попытку собраться вместе. Здесь присутствовали одиннадцать апостолов, женский корпус вместе со своими помощницами и около пятидесяти других ближайших учеников Иисуса, включая нескольких греков. В течение получаса эти верующие вели непринужденную беседу, когда внезапно Учитель появился в полностью зримом моронтийном облике и сразу же приступил к наставлениям. Иисус сказал:

«Мир с вами. Это самая представительная группа верующих – апостолов и учеников, мужчин и женщин, – перед которой я предстаю со времени моего освобождения от плоти. Я обращаю ваше внимание на то, что я заранее говорил вам: мое пребывание среди вас должно подойти к концу. Я говорил вам, что вскоре я должен вернуться к Отцу. И после этого я откровенно заявлял вам, что первосвященники и правители евреев предадут меня на казнь и что я восстану из могилы. Почему же, в таком случае, вы пришли в такое замешательство, когда всё это произошло? И почему вы были так удивлены, когда на третий день я восстал из склепа? Вы не поверили мне, ибо слушали мои слова, не вникая в их смысл.

А теперь вы должны выслушать меня, дабы не повторять той же ошибки, которая заключается в восприятии моего учения одним только умом, не постигая его значения сердцем. С начала моего пребывания в качестве одного из вас я учил вас, что моя цель – раскрытие небесного Отца его земным детям. Я прожил посвящение, раскрывающее Бога, чтобы вы могли испытать жизнь, прожитую в познании Бога. Я раскрыл Бога как вашего небесного Отца; я раскрыл вас как его земных сынов. Любовь Бога к вам, его сынам, является фактом. Через веру в мои слова этот факт становится в ваших сердцах вечной и живой истиной. Когда же через живую веру вы обретаете божественное богосознание, вы рождаетесь в духе как дети света и жизни – вечной жизни, в которой вы совершите восхождение во вселенной вселенных и овладеете опытом обретения Бога-Отца в Раю.

Я призываю вас всегда помнить о том, что ваша миссия среди людей состоит в возвещении евангелия царства – реальности богоотцовства и истины богосыновства. Возвещайте всю истину благой вести, а не только часть спасительного евангелия. Воскресение не изменяет вашей проповеди. Обретаемое через веру богосыновство остается спасительной истиной евангелия царства. Вы должны идти в мир с проповедью любви к Богу и служения человеку. И прежде всего мир должен знать следующее: люди являются Божьими сынами, и через свою веру они действительно способны осознать и испытать в своем каждодневном опыте эту возвышающую истину. Мое посвящение должно помочь всем людям узнать, что они являются Божьими детьми, но такого знания будет недостаточно, если они не смогут лично, через свою веру, постичь спасительную истину о том, что они являются живыми духовными сынами вечного Отца. Евангелие царства выражается в любви Отца и служении его детей на земле.

Все вы, присутствующие здесь, знаете, что я восстал из мертвых, но в этом нет ничего удивительного. В моей власти отдать жизнь и взять ее вновь; Отец дает такую власть своим Райским Сынам. Скорее, ваши сердца должно взволновать известие о том, что, после того как я покинул новую гробницу Иосифа, усопшие целой эпохи вступили на путь вечного восхождения. Я прожил свою жизнь во плоти для того, чтобы показать вам, что вы, через исполненное любви служение, можете раскрыть Бога своим собратьям, – так же как я раскрывал Бога в любви и служении вам. Я жил среди вас как Сын Человеческий для того, чтобы вы – как и все остальные люди – могли узнать, что все вы действительно являетесь сынами Божьими. Идите же теперь во все концы света, проповедуя всем людям это евангелие царства небесного. Любите всех людей, как я любил вас; служите своим собратьям, как я служил вам. Даром получили, даром давайте. Оставайтесь здесь, в Иерусалиме, лишь на время моего путешествия к Отцу и пока я не пришлю вам Духа Истины. Он приведет вас к новой истине, и я пойду вместе с вами по всему свету. Я всегда с вами, и свой мир я оставляю с вами».

Сказав это, Учитель исчез из виду. Только перед рассветом эти верующие разошлись по домам. Всю ночь они провели вместе, горячо обсуждая наставления Учителя и размышляя над всем, что с ними произошло. Иаков Зеведеев и другие апостолы также поделились с ними своим опытом общения с моронтийным Учителем в Галилее и рассказали о том, как он трижды являлся им.

1. ЯВЛЕНИЕ В СИХАРЕ

Около четырех часов дня в субботу, 13 мая, Учитель явился Налде и примерно семидесяти пяти верующим самаритянам у колодца Иакова в Сихаре. Верующие часто встречались здесь, рядом с тем местом, где Иисус говорил с Налдой о воде жизни. В тот день, как только они обсудили известия о воскресении, Иисус внезапно явился им и сказал:

«Мир с вами. Вы радуетесь, узнав, что я есть воскресение и жизнь, однако это ничего вам не даст, если сначала вы не родитесь в вечном духе и тем самым, через свою веру, обретете дар вечной жизни. Если вы являетесь вероисповедными сынами моего Отца, вы никогда не умрете; вы не погибнете. Евангелие царства научило вас тому, что все люди – сыны Божьи. И эта благая весть о любви небесного Отца к его земным детям должна распространяться по всему миру. Пришло время поклоняться Богу не на горе Гаризим и не в Иерусалиме, а там, где вы находитесь такие, какие вы есть, в духе и в истине. Именно ваша вера спасает ваши души. Спасение есть дар Бога всем, кто верит, что являются его сынами. Но не обманитесь: хотя спасение есть безвозмездный дар Бога, который посвящается всем, кто принимает его верой, за ним должен следовать опыт принесения плодов этой духовной жизни, проживаемой во плоти. Принятие учения о богоотцовстве предполагает, что вы так же добровольно принимаете связанную с ним истину о братстве людей. А если человек является вашим братом, то это уже не просто ваш ближний, которого Отец требует любить, как самих себя. Вы будете не просто любить своего брата как члена семьи, но и служить ему, как вы служили бы самим себе. И вы будете любить так своего брата и служить ему, поскольку, будучи моими братьями, вы испытали на себе мою любовь и мое служение. А потому идите по всему миру, рассказывая об этой благой вести всем созданиям всех рас, племен и народов. Мой дух будет идти перед вами, и я всегда буду с вами».

Явление Учителя чрезвычайно поразило самаритян, и они поспешили в соседние города и села, повсюду рассказывая о том, что они видели Иисуса и что он говорил с ними. Это было семнадцатое моронтийное явление Учителя.

2. ЯВЛЕНИЕ В ФИНИКИИ

Восемнадцатое морونтийное явление Учителя произошло в Тире во вторник, 16 мая, около девяти часов вечера. В этот раз он также явился к концу собрания верующих, когда они уже собирались разойтись, со словами:

«Мир с вами. Вы радуетесь тому, что Сын Человеческий воскрес из мертвых, ибо благодаря этому знаете, что вы и ваши братья также переживете смерть во плоти. Однако условием такого спасения является рождение в духе – духе поиска истины и нахождения Бога. Хлеб и вода жизни даются только тем, кто изголодался по истине и жаждет праведности – Бога. Факт воскресения мертвых не есть евангелие царства. Все эти великие истины и вселенские факты имеют отношение к евангелию постольку, поскольку они являются частью тех результатов, которые проистекают из веры в благую весть и входят в последующий опыт каждого, кто через веру, на деле и воистину становится бессмертным сыном вечного Бога. Мой Отец послал меня в этот мир возвещать всем людям спасение, заключенное в богосыновстве. И вот я посылаю вас в мир с проповедью этого спасения богосыновства. Спасение является безвозмездным даром Бога, однако рожденные в духе начинают сразу же приносить плоды божественного духа в исполненном любви служении своим собратьям. В жизни рожденных в духе и познавших Бога смертных появляются следующие плоды: любвеобильное служение, бескорыстная приверженность, мужественная преданность, неподдельная честность, просвещенная искренность, неугасающая надежда, полное доверие, милосердная опека, неизменная благость, великодушная терпимость и прочный мир. Если те, кто заявляет о своей вере, не приносят в своей жизни этих плодов божественного духа, они мертвы. Дух Истины не пребывает в них. Они представляют собой бесполезные ветви живой лозы, и вскоре их вырвут. Мой Отец требует от своих вероисповедных детей, чтобы они приносили обильные духовные плоды. Поэтому, если вы остаетесь бесплодными, он взрыхлит ваши корни и отсечет ваши бесплодные ветви. Вы должны приносить всё больше плодов духа по мере вашего небесного восхождения в царстве Божьем. Вы можете вступить в царство как дитя, но Отец требует, чтобы, через благодать, вы достигли полной духовной зрелости. И когда вы отправитесь в мир, чтобы рассказать всем народам благую весть этого евангелия, я буду идти впереди вас, и мой Дух Истины будет пребывать в ваших сердцах. Свой мир я оставляю с вами».

И после этого Учитель исчез из виду. На следующий день из Тира отправились в путь те, кто принес это известие в Сидон, а также в Антиохию и Дамаск. Иисус встречался с этими верующими при жизни во плоти, и они тут же узнали его, как только он начал учить их. Хотя его друзьям было трудно узнать Иисуса в зримой морونтийной форме, они сразу понимали, кто перед ними находится, когда он заговаривал с ними.

3. ПОСЛЕДНЕЕ ЯВЛЕНИЕ В ИЕРУСАЛИМЕ

Ранним утром в четверг, 18 мая, Иисус в последний раз явился на земле в морونтийном облике. В тот момент, когда одиннадцать апостолов собирались приступить к завтраку в верхнем зале дома Марии Марк, Иисус явился им и сказал:

«Мир с вами. Я просил вас задержаться здесь, в Иерусалиме, пока я не вознесусь к Отцу и не пошлю вам Дух Истины, который вскоре будет излит на всю плоть и наделит вас силой свыше». Симон Зелот перебил Иисуса и спросил: «И тогда, Учитель, ты восстановишь царство и мы увидим, как слава Божья явит себя на земле?» Выслушав вопрос Симона, Иисус ответил: «Симон, ты всё еще цепляешься за свои старые представления об еврейском Мессии и материальном царстве. Однако после того как на вас низойдет дух, вы обретете духовную силу, и вскоре вы отправитесь по всему миру с проповедью этого евангелия царства. Как Отец послал меня в этот мир, так я посылаю вас. И я желаю, чтобы вы любили друг друга и доверяли друг другу. Иуды больше нет с вами, ибо его любовь остыла, а также потому, что он перестал доверять вам, его верным собратьям. Разве вы не читали в Писании: „Нехорошо человеку быть одному. Никто не живет сам по себе"? А также то место, где сказано: „Кто хочет иметь друзей, тот и сам должен быть дружелюбным"? И разве я не посылал вас учить по двое, чтобы вы не чувствовали себя одинокими и не навлекли на себя зло и страдания, которые приносит разобщенность? Вы также хорошо знаете, что когда я жил во плоти, я не позволял себе долго оставаться в одиночестве. С самого начала нашего общения двое или трое из вас всегда были возле меня или же поблизости от меня, даже если я общался с Отцом. Поэтому доверяйте друг другу и полагайтесь друг на друга. И это тем более необходимо потому, что сегодня я собираюсь оставить вас одних в мире. Исполнилось время; вскоре я отправлюсь к Отцу».

Сказав это, Иисус знаком велел апостолам следовать за ним и повел их на Елеонскую гору, где простился с ними, перед тем как покинуть Урантию. В торжественном молчании они шли на Елеон. Никто не проронил ни слова с того момента, как они покинули верхний зал, и до тех пор, пока Иисус не остановился с ними на Елеонской горе.

4. ПРИЧИНЫ ПАДЕНИЯ ИУДЫ

В первой части прощального обращения к апостолам Учитель говорил об утрате Иуды и на примере трагической судьбы их вероломного собрата серьезно предупредил об опасностях социальной изоляции и разобщения. Верующим этой и будущих эпох может оказаться полезным вкратце рассмотреть причины падения Иуды в свете замечаний Учителя и с учетом накопленных познаний последующих веков.

Обращаясь мысленно к этой трагедии, мы понимаем, что Иуда сбился с пути в первую очередь из-за того, что являлся чрезвычайно обособленной личностью, – личностью, замкнутой в себе и лишенной нормальных социальных контактов. Он упорно отказывался доверять своим товарищам-апостолам или быть откровенным с ними. Однако сама по себе обособленность личности не привела бы его к такому злу, если бы Иуда научился больше любить и обогатился духовной благодатью. Кроме того, как будто нарочно усугубляя и без того плохое положение, он упорно таил зло и вынашивал такие губительные чувства, как мстительность и неопределенное желание «расквитаться» с кем-нибудь за все свои разочарования.

Такое прискорбное сочетание индивидуальных особенностей и психических наклонностей привело к гибели благонамеренного человека, который не смог подавить эти проявления зла любовью, верой и доверием. То, что Иуда совсем не обязательно должен был сбиться с пути истинного, подтверждается примером Фомы и Нафанаила, которые страдали такой же подозрительностью и чрезмерным индивидуализмом. Даже Андрей и Матфей обладали многими аналогичными наклонностями, однако у всех этих людей с течением времени любовь к Иисусу и своим товарищам-апостолам возрастала, а не убывала. Они росли в благодати и знании истины. Они всё больше доверяли своим братьям и постепенно обрели способность полагаться на своих товарищей. Иуда упорно отказывался положиться на своих братьев. Когда нарастающие нервные переживания вынуждали его искать отдушину в самовыражении, он неизменно просил совета и получал неразумное утешение у своих недуховных родственников или тех случайных знакомых, которые были либо безразличны, либо по-настоящему враждебно настроены к успешному распространению духовных реальностей небесного царства, которое он представлял на земле вместе с одиннадцатью другими посвященными апостолами.

Иуда потерпел поражение в своих земных сражениях вследствие определенных факторов, относящихся к индивидуальным наклонностям и слабостям характера:

1. Он представлял собой изолированный тип человека. Он отличался ярко выраженным индивидуализмом и избрал путь превращения в безнадежно замкнутую и асоциальную личность.

2. Его детство было слишком легким. Он не выносил каких-либо препятствий. Он всегда хотел быть победителем; он совершенно не умел проигрывать.

3. Он так и не научился философски относиться к разочарованиям. Вместо того, чтобы воспринимать разочарования как обычный и повсеместный атрибут человеческого существования, он всегда обвинял в своих личных трудностях и разочарованиях кого-то из апостолов или всех своих товарищей вместе.

4. Он был склонен таить зло; он постоянно вынашивал идею отмщения.

5. Он не любил смотреть правде в глаза; он был нечестен в своем отношении к жизненным ситуациям.

6. Он не любил говорить о своих личных проблемах с ближайшими товарищами; он отказывался обсуждать свои трудности с настоящими друзьями и теми, кто действительно любил его. За все годы общения с Учителем Иуда ни разу не обратился к нему с личной проблемой.

7. Он так и не понял, что настоящей наградой за благородную жизнь являются, в конце концов, духовные блага, которые не всегда раздаются в течение одной короткой жизни во плоти.

В результате постоянной изоляции личности его печали умножались, страдания усугублялись, беспокойства усиливались, а отчаяние стало почти невыносимым.

Хотя этот эгоист и сверхиндивидуалист отличался многими психическими, эмоциональными и духовными проблемами, его основными трудностями были следующие: в сфере личности – изолированность; в сфере разума – подозрительность и мстительность; в сфере характера – угрюмость и злопамятность; в эмоциональной сфере – неспособность любить и прощать; в социальной сфере – недоверчивость и почти полная замкнутость; в сфере духа – высокомерие и эгоистичная амбициозность; в жизни он игнорировал тех, кто его любил, а в смерти остался без друзей.

Таковы внутренние факторы и порочные влияния, которые в совокупности объясняют, каким образом благонамеренный и, в принципе, когда-то искренне веривший в Иисуса человек, несмотря на несколько лет близкого общения с его преобразующей личностью, бросил своих товарищей, отрекся от святого дела, отказался от священного призвания и предал своего божественного Учителя.

5. ВОЗНЕСЕНИЕ УЧИТЕЛЯ

В четверг, 18 мая, около половины восьмого утра Иисус достиг западного склона Елеонской горы вместе со своими одиннадцатью молчаливыми и несколько озадаченными апостолами. Пройдя две трети пути к вершине горы, они остановились; отсюда им открывался весь Иерусалим и лежащая внизу Гефсимания. Иисус приготовился обратиться к апостолам с прощальными словами, прежде чем покинуть Урантию. Когда он встал перед ними, апостолы, без всякого указания, преклонили вокруг Иисуса колени, и Учитель сказал:

«Я просил вас задержаться в Иерусалиме, пока вы не обретете силу свыше. Я собираюсь покинуть вас и вознестись к моему Отцу, и скоро, очень скоро мы пошлем в этот мир моего пребывания Дух Истины. И когда он прибудет, вы приступите к новому возвещению евангелия царства, – сначала в Иерусалиме, а затем во всех уголках мира. Любите людей так, как я любил вас, и служите другим смертным так, как я служил вам. Пусть плоды духа, которые рождаются в вашей жизни, заставляют людские души уверовать в ту истину, что человек является сыном Божьим и что все люди – братья. Помните всё, чему я учил вас, и ту жизнь, которую я прожил среди вас. Моя любовь защищает вас, мой дух будет пребывать в вас, и мой мир снизойдет на вас. Прощайте».

Сказав это, моронтийный Учитель исчез из виду. Это так называемое вознесение Иисуса ничем не отличалось от его других исчезновений из поля зрения смертных за сорок дней моронтийного пути, пройденного им на Урантии.

Учитель проследовал на Эдемию через Иерусем, где Всевышние, под наблюдением Райского Сына, освободили Иисуса Назарянина от моронтийного статуса и через духовные каналы вознесения вернули ему статус Райского Сына и верховного властелина на Салвингтоне.

Было примерно без четверти восемь утра, когда моронтийный Иисус исчез из поля зрения своих одиннадцати апостолов и приступил к вознесению по правую руку своего Отца, чтобы получить официальное подтверждение обретенного полновластия во вселенной Небадон.

6. ПЕТР СОЗЫВАЕТ ВЕРУЮЩИХ

По указанию Петра, Иоанн Марк и другие пригласили ближайших учеников собраться в доме Марии Марк. К половине одиннадцатого здесь собрались сто двадцать лучших иерусалимских учеников Иисуса, чтобы услышать о прощальном обращении Учителя и узнать о его вознесении. Среди присутствующих была и Мария, мать Иисуса. Она вернулась в Иерусалим вместе с Иоанном Зеведеевым, когда апостолы шли назад после недавнего посещения Галилеи. Вскоре после Пятидесятницы она возвратилась в дом Саломии в Вифсаиде. Иаков, брат Учителя, также присутствовал на этом собрании – первом совещании учеников Иисуса после завершения его планетарного пути.

Симон Петр вызвался выступить от имени своих товарищей-апостолов. В своем волнующем сообщении о завершающей встрече одиннадцати с Учителем он с большим проникновением описал прощальные слова Учителя и его исчезновение – вознесение. Мир еще не знал таких встреч. Эта часть собрания заняла меньше часа. После этого Петр объяснил, что они решили избрать преемника Иуды Искариота и что будет объявлен перерыв, чтобы апостолы могли решить между собой, кого из двух кандидатов на этот пост они хотят избрать – Матфия или Иуста.

После этого одиннадцать апостолов спустились вниз, где решили бросить жребий, чтобы определить, кто из этих двоих займет место Иуды. Жребий пал на Матфия, который был объявлен новым апостолом. Он был надлежащим образом введен в должность и назначен казначеем. Однако роль Матфия в дальнейшей деятельности апостолов была незначительной.

Вскоре после Пятидесятницы близнецы вернулись домой в Галилею. Симон Зелот на время удалился от дел, прежде чем отправиться с проповедью евангелия. Фома быстро справился со своими проблемами и возобновил проповедь евангелия. Нафанаил всё больше расходился во мнениях с Петром в отношении подмены прежнего евангелия царства проповедями об Иисусе. Эти разногласия обострились настолько, что к середине следующего месяца Нафанаил удалился в Филадельфию к Авениру и Лазарю. Проведя там больше года, он отправился в земли, лежащие за Месопотамией, проповедуя евангелие сообразно своему пониманию.

Таким образом, на первой стадии возвещения евангелия в Иерусалиме осталось шесть из двенадцати апостолов: Петр, Андрей, Иаков, Иоанн, Филипп и Матфей.

Около полудня апостолы вернулись к своим собратьям в верхний зал и объявили о том, что новым апостолом избран Матфий. И после этого Петр призвал всех верующих помолиться о том, чтобы они были готовы принять обещанный Учителем духовный дар.

ДОКУМЕНТ 194

ПОСВЯЩЕНИЕ ДУХА ИСТИНЫ

Около часа дня, когда сто двадцать верующих возносили свою молитву, все они почувствовали, что в помещении возникло необычное присутствие. В то же время эти ученики ощутили новое и глубокое чувство духовной радости, защищенности и уверенности. Сразу же вслед за этим осознанием духовной силы появилось огромное желание идти к людям и открыто возвещать евангелие царства и благую весть о воскресении Иисуса.

Петр встал и заявил, что это должно означать прибытие обещанного Учителем Духа Истины, и предложил отправиться в храм и приступить к возвещению переданной им благой вести. И они сделали так, как предложил Петр.

Эти люди были подготовлены и обучены для того, чтобы проповедовать евангелие об отцовстве Бога и сыновстве человека. Однако в тот момент духовного упоения и личного триумфа лучшей вестью, величайшим событием, о котором были способны подумать эти люди, был *факт* воскресшего Учителя. И потому они устремились вперед, наделенные полученной свыше силой и проповедуя людям благую весть – спасение через Иисуса, – но при этом они совершили невольную ошибку, подменив сущность евангелия некоторыми привходящими фактами. Петр первым допустил этот неумышленный промах; остальные повторили его – вплоть до Павла, создавшего новую религию на основе этого нового варианта благой вести.

Евангелие царства есть факт отцовства Бога вместе с вытекающей из него истиной сыновства собратьев-людей. Христианство – таким, каким оно сформировалось с тех пор, – есть факт Бога как Отца Господа Иисуса Христа в совокупности с опытом братства верующих в воскресшем и прославленном Христе.

Неудивительно, что исполнившиеся духом люди воспользовались этой возможностью, чтобы выразить свою радость от победы над силами, которые пытались уничтожить их Учителя и положить конец влиянию его учений. В такое время им было легче помнить свою личную связь с Иисусом и испытывать восторг от уверенности в том, что Учитель жив, что их дружба продолжается и что дух действительно сошел на них, как он и обещал им.

Внезапно эти верующие почувствовали, что перенеслись в другой мир – в новое существование, исполненное радости, могущества и блаженства. Учитель говорил им, что царство придет во всём могуществе, и некоторым из них казалось, что они начинают понимать, что́ он имел в виду.

Учитывая всё это, нетрудно понять, ка́к получилось так, что эти люди стали проповедовать *новое евангелие об Иисусе* вместо прежней проповеди богоотцовства и братства людей.

1. ПРОПОВЕДЬ В ДЕНЬ ПЯТИДЕСЯТНИЦЫ

Апостолы скрывались в течение сорока дней. День посвящения Духа Истины совпал с еврейским праздником Пятидесятницы, и тысячи паломников со всего мира собрались в Иерусалиме. Многие прибыли сюда специально на этот праздник, однако большинство гостей находились в городе со времени Пасхи. Покончив со своим страхом и продолжительным затворничеством, апостолы смело явились в храм, где начали проповедовать новую весть о воскресшем Мессии. И все эти ученики также почувствовали, что получили новый духовный дар, дающий проницательность и силу.

Около двух часов пополудни Петр занял то самое место, где его Учитель в последний раз учил в этом храме, и выступил со страстным призывом, покорившим более двух тысяч душ. Хотя Учителя не было с ними, они внезапно обнаружили, что рассказ о нём производит на людей огромное воздействие. Неудивительно, что они и в дальнейшем невольно продолжали возвещать то, что подтверждало их прежнюю преданность Иисусу и одновременно с такой силой заставляло людей верить в него. В этом собрании участвовали шесть апостолов: Петр, Андрей, Иаков, Иоанн, Филипп и Матфей. Они говорили более полутора часов и обратились с проповедями на греческом, иврите и арамейском и даже произнесли несколько слов на других языках, на которых они могли изъясниться.

Еврейские вожди были изумлены этой дерзостью, но они не посмели мешать апостолам, поскольку огромное множество людей поверили им.

К половине пятого более двух тысяч новых верующих проследовали за апостолами в Силоамскую купальню, где Петр, Андрей, Иаков и Иоанн крестили их именем Учителя. Было уже темно, когда они закончили крестить народ.

Пятидесятница была великим праздником омовения, временем обращения в веру прозелитов врат – иноверцев, желавших служить Ягве. Поэтому в этот день многочисленным иудеям и верующим иноплеменникам было легче подвергнуть себя крещению. При этом они никоим образом не порывали с еврейской верой. В течение какого-то времени после Пятидесятницы верующие в Иисуса являлись иудаистской сектой. Все они, включая апостолов, сохраняли преданность основным требованиям еврейской обрядности.

2. ЗНАЧЕНИЕ ПЯТИДЕСЯТНИЦЫ

Иисус жил на земле и учил евангелию, которое освободило человека от суеверного представления о том, что он – дитя дьявола, и возвысило его до высокого положения Божьего сына в вере. Евангелие Иисуса – таким, каким он проповедовал его и прожил в свое время, – являлось эффективным решением духовных проблем человека в период возвещения благой вести. Теперь, покинув этот мир, он посылает вместо себя свой Дух Истины; призванный жить в человеке, этот дух по-новому излагает евангелие Иисуса для каждого очередного поколения, с тем чтобы всякая новая группа смертных, которая появляется на земле, могла получать новую, современную версию евангелия – такое индивидуальное просвещение и групповое наставление, которое окажется эффективным решением извечно новых и разнообразных духовных проблем.

Первая задача этого духа, конечно, состоит в том, чтобы содействовать истине, сделать ее достоянием личности, ибо именно осознание истины составляет высшую форму человеческой свободы. Во-вторых, задачей этого духа является уничтожение в верующем чувства сиротства. Жизнь Иисуса прошла среди людей, и потому всем верующим было бы одиноко, не поселись в человеческом сердце Дух Истины.

Это посвящение Духа Истины помогло подготовить интеллект каждого нормального человека к последующему всеобщему посвящению человеческому роду духа Отца (Настройщика Мышления). В известном смысле, этот Дух Истины является духом как Всеобщего Отца, так и Сына-Создателя.

Было бы ошибкой надеяться на глубинное рациональное осознание излитого Духа Истины. Дух никогда не ведет к осознанию самого себя; он помогает осознать только Михаила, Сына. С самого начала Иисус учил, что дух будет говорить не от себя. Поэтому доказательство вашего общения с Духом Истины состоит не в осознании этого духа, а в вашем опыте растущего общения с Михаилом.

Кроме того, дух прибыл для того, чтобы помочь людям вспомнить и понять слова Учителя, а также осветить и истолковать его земную жизнь.

Следующая задача Духа Истины состоит в том, чтобы помочь верующему увидеть реальности, заключенные в учениях Иисуса и его жизни, – прожитой во плоти и проживаемой заново, по-новому, в каждом верующем, в каждом поколении исполненных духа Божьих сынов.

Поэтому оказывается, что Дух Истины действительно прибыл для того, чтобы вести всех верующих ко всякой истине, к расширяющемуся познанию того опыта, который представляет собой живое и растущее духовное осознание реальности вечного, восходящего богосыновства.

Иисус прожил жизнь, которая раскрывает человека, подчиненного воле Отца, и не является примером для буквального подражания. Вскоре его жизнь во плоти, вместе со смертью на кресте и последующим воскресением, превратилась в новое евангелие выкупа, уплаченного якобы за то, чтобы вызволить человека из когтей лукавого, – избавить его от проклятия оскорбленного Бога. Но несмотря на то что евангелие претерпело значительные искажения, новое благовестие об Иисусе действительно сохранило многие принципиальные истины и учения его раннего евангелия царства. Когда-нибудь эти сокрытые истины об отцовстве Бога и братстве людей выйдут на поверхность, чтобы в корне изменить всю человеческую цивилизацию.

Однако эти ошибки разума ничуть не помешали огромному прогрессу верующих в их духовном росте. Менее чем за месяц со дня посвящения Духа Истины апостолы добились большего индивидуального духовного прогресса, чем почти за четыре года их непосредственного и исполненного любви общения с Учителем. Точно так же замена спасительной евангельской *истины* о богосыновстве на *факт* воскресения Учителя никак не помешала быстрому распространению их учений. Наоборот: по-видимому, то, что евангелие Иисуса осталось в тени новых учений о его личности и воскресении, чрезвычайно способствовало проповеди благой вести.

Термин «духовное крещение», получивший столь широкое распространение примерно в то же время, означал всего лишь сознательное принятие этого дара – Духа Истины – и личное признание этой новой духовной силы как фактора, усиливающего все духовные влияния, испытанные ранее богопознавшими душами.

Со времени посвящения Духа Истины человек воспринимает учения и водительство триединого духовного дара: это дух Отца – Настройщик Мышления, дух Сына – Дух Истины, дух Духа – Святой Дух.

В известном смысле, человечество испытывает на себе двоякое влияние семичастного воздействия духовных факторов вселенной. Ранние эволюционные расы смертных постепенно входят во всё большее соприкосновение с семью вспомогательными духами разума, которые относятся к Материнскому Духу локальной вселенной. По мере развития у человека интеллекта и духовного восприятия, вокруг него и в нём самом проявляются семь высших духовных влияний эволюционирующих миров:

1. Посвященный дух Всеобщего Отца – Настройщик Мышления.

2. Духовное присутствие Вечного Сына – духовная гравитация вселенной вселенных и надежный канал всякого духовного общения.

3. Духовное присутствие Бесконечного Духа – вселенский дух-разум всего творения, духовный источник интеллектуального родства всех прогрессивных разумных существ.

4. Дух Всеобщего Отца и Сына-Создателя – Дух Истины, который обычно считается духом Вселенского Сына.

5. Дух Бесконечного Духа и Вселенского Материнского Духа – Святой Дух, который обычно считается духом Вселенского Духа.

6. Дух-разум Вселенского Материнского Духа – семь вспомогательных духов разума локальной вселенной.

7. Дух Отца, Сынов и Духов – дух восходящих смертных обитаемых миров, получающий новое имя вслед за тем, как рожденная в духе душа смертного сливается с Райским Настройщиком Мышления, а также после того как она достигает божественности и величия в статусе Райского Корпуса Завершения.

Так посвящение Духа Истины дало миру и его народам последний духовный дар, призванный помочь в восходящем поиске Бога.

3. ЧТО ПРОИЗОШЛО В ПЯТИДЕСЯТНИЦУ

Многие причудливые и странные учения связаны с ранними рассказами о дне Пятидесятницы. В последующие времена события этого дня, когда к людям явился новый учитель, Дух Истины, стали путать с нелепыми всплесками буйных эмоций. Главная задача излитого духа Отца и Сына – научить людей истинам о любви Отца и милосердии Сына. Человек способен понять эти присущие божественности истины в большей мере, чем все остальные божественные черты характера. Дух Истины в первую очередь связан с раскрытием духовной сущности Отца и нравственного характера Сына. Пребывая во плоти, Сын-Создатель раскрыл людям Бога; пребывая в сердце, Дух Истины раскрывает людям Сына-Создателя. Когда человек приносит в своей жизни «плоды духа», он лишь демонстрирует черты, которые Учитель проявил в своей собственной земной жизни. Иисус прожил свою жизнь на земле как цельная личность – Иисус Назарянин. Со дня Пятидесятницы Михаил обрел способность жить новой жизнью в опыте каждого познавшего истину верующего в качестве внутреннего духа «нового учителя».

Многие вещи, происходящие в течение человеческой жизни, трудно понять. Они плохо согласуются с представлением о вселенной, в которой господствует истина и торжествует праведность. Сколь часто кажется, что верх берет клевета, ложь, нечестность и неправедность – грех. И все же, торжествует ли вера над злом, грехом и беззаконием? Да, торжествует. Жизнь и смерть Иисуса являются вечным доказательством того, что истина благости и вера одухотворенного создания всегда будут оправданы. Иисуса дразнили на кресте: «Посмотрим, появится ли Бог, чтобы спасти его?» В день распятия царил мрак, но утро воскресения было восхитительно светлым; еще светлее и радостней было в день Пятидесятницы. Религии, проникнутые пессимистической безысходностью, пытаются освободить человека от бремени жизни и стремятся увести в бесконечный сон и покой. Эти религии держатся на примитивном страхе и ужасе. Религия Иисуса является новым евангелием веры, которое должно возвещаться борющемуся человечеству. Эта новая религия основана на вере, надежде и любви.

Жизнь, прожитая в облике смертного, нанесла Иисусу свои самые сильные, жестокие и мучительные удары; и этот человек встретил удары судьбы с верой, мужеством и несгибаемой решимостью исполнить волю своего Отца. Иисус встретил жизнь во всей ее жестокой реальности и подчинил ее себе – даже в смерти. Он не пользовался религией для освобождения от жизни. Религия Иисуса не стремится к уходу от этой жизни для того, чтобы насладиться блаженством, ожидающим в другом бытии. Религия Иисуса дает радость и покой иного, духовного существования для того, чтобы улучшить и облагородить жизнь, которую люди проживают сейчас во плоти.

Если религия является опиумом для народа, то это не религия Иисуса. На кресте он отказался выпить одурманивающий напиток, и его дух, излитый на всю плоть, является могущественным мировым влиянием, ведущим человека к Богу и побуждающим его идти вперед. Духовное влечение – самая мощная движущая сила в этом мире; познающий истину верующий является самой прогрессирующей и настойчивой душой на земле.

В день Пятидесятницы религия Иисуса сломала все национальные преграды и расовые оковы. Извечна истина: «Где Дух Господа, там и свобода». В тот день Дух Истины стал личным даром Учителя каждому смертному. Этот дух был посвящен для того, чтобы сделать верующих более успешными проповедниками евангелия царства, однако они ошибочно восприняли опыт получения излитого духа как часть нового, неосознанно формулируемого ими евангелия.

Обратите внимание на тот факт, что Дух Истины был посвящен всем искренним верующим; этот духовный дар не предназначался одним только апостолам. Все сто двадцать мужчин и женщин, собравшихся в верхнем зале, получили нового учителя, как и все чистосердечные люди по всему миру. Этот новый учитель был посвящен человечеству, и каждая душа получила его согласно любви к истине и способности постигать духовные реальности. Наконец-то истинная религия высвобождается из-под опеки священников и всевозможных священных каст и находит свое подлинное выражение в человеческой душе.

Религия Иисуса способствует развитию высшего типа человеческой цивилизации, поскольку она создает высший тип духовной личности и провозглашает святость такой личности.

Прибытие Духа Истины в день Пятидесятницы открыло путь для появления религии, которая не отличается ни радикальностью, ни консерватизмом; она не является ни старым, ни новым; в ней не должны господствовать ни старики, ни молодежь. Факт земной жизни Иисуса служит неподвижным ориентиром для временнóго якоря, тогда как посвящение Духа Истины обеспечивает вековечное развитие и бесконечный рост религии, которую он раскрыл своей жизнью, и евангелия, которое он возвещал. Дух ведет ко *всякой* истине. Он является учителем расширяющейся и вечно растущей религии бесконечного прогресса и божественного развития. Этот новый учитель будет извечно раскрывать стремящемуся к истине верующему то, что было столь божественно сокрыто в личности и природе Сына Человеческого.

Явления, связанные с посвящением «нового учителя», а также то, что собравшиеся в Иерусалиме представители различных рас и народов приняли проповедь апостолов, говорит о всеобщности религии Иисуса. Евангелие царства не предназначалось для какой-то одной нации, культуры или языка. День Пятидесятницы стал свидетелем великого стремления духа освободить религию Иисуса от унаследованных ею еврейских оков. Но и после этой демонстрации – излияния духа на всю плоть – первое время апостолы пытались навязать новообращенным требования иудаизма. Даже Павлу было трудно общаться со своими иерусалимскими собратьями, поскольку он отказался навязывать иноплеменникам еврейские ритуалы. Никакая богооткровенная религия не может распространиться на весь мир, если она совершает серьезную ошибку, впитывая в себя традиционные национальные, социальные или экономические обычаи какой-то одной национальной культуры.

Посвящение Духа Истины было свободно от каких-либо формальностей, обрядов, святых мест и особого поведения тех, кто получил его во всей полноте. Во время излияния духа присутствовавшие в верхнем зале просто сидели, погруженные в безмолвную молитву. Дух был посвящен как в городах, так и в селах. Для получения духа апостолам не пришлось удаляться от мира и проводить годы в уединенном созерцании. Пятидесятница навечно отделила представление о духовном опыте от понятия о некой благоприятствующей обстановке.

Пятидесятница, с ее духовным даром, была призвана навсегда освободить религию Учителя от какого-либо упования на физическую силу. Учители этой новой религии получили в свое распоряжение духовное оружие. Им предстоит идти в мир, чтобы покорять его неизменным прощением, несравненным благоволением и неисчерпаемой любовью. У них есть всё необходимое для того, чтобы побеждать зло добром, преодолевать ненависть любовью и уничтожать страх мужественной и живой верой в истину. Ранее Иисус уже учил своих последователей, что его религия никогда не бывает пассивной; его ученики должны были всегда сохранять активное, позитивное отношение, оказывая милосердную помощь и проявляя свою любовь. Эти верующие не смотрели больше на Ягве как на «Господа Бога Саваофа». Теперь они считали вечное Божество «Богом и Отцом Господа Иисуса Христа». По крайней мере, это было уже шагом вперед, даже если им и не удалось до конца осознать ту истину, что Бог является также духовным Отцом каждого индивидуума.

Пятидесятница наделила смертного человека способностью прощать личные обиды; оставаться добрым, несмотря на величайшую несправедливость; сохранять спокойствие перед лицом огромной опасности; противостоять таким проявлениям зла, как ненависть и гнев, бесстрашными актами любви и терпимости. В своей истории Урантия прошла через бедствия великих и разрушительных войн. Все участники этих страшных битв потерпели поражение. Только один остался победителем; только один вышел из этих ожесточенных сражений, укрепив свое доброе имя, – Иисус Назарянин со своим евангелием о преодолении зла добром. Секрет лучшей цивилизации – в учениях Иисуса о братстве людей, благоволении любви и взаимном доверии.

До Пятидесятницы религия раскрывала только человека, ищущего Бога; со дня Пятидесятницы человек продолжает искать Бога, однако теперь над всем миром сияет зрелище Бога, который тоже ищет человека и, найдя его, посылает ему свой дух.

До появления учений Иисуса, кульминацией которых стал день Пятидесятницы, догматы предшествующих религий не признавали за женщинами никаких или почти никаких духовных прав. После Пятидесятницы женщина заняла в братстве царства равное перед Богом положение с мужчиной. Среди ста двадцати человек, удостоенных особым духовным пришельцем, было много верующих женщин, в равной мере разделивших это благословение с мужчинами. Мужчина больше не может притязать на исключительное право отправления религиозной службы. Фарисей мог продолжать благодарить Бога за то, что он «не родился женщиной, прокаженным или язычником», однако среди последователей Иисуса женщина была навсегда освобождена от какой-либо религиозной дискриминации по половому признаку. Пятидесятница полностью ликвидировала религиозную дискриминацию, основанную на расовых отличиях, культурных особенностях, социальной касте или предвзятому отношению к женскому полу. Неудивительно, что эти верующие в новую религию восклицали: «Где Дух Господний, там и свобода».

И мать, и брат Иисуса были в числе этих ста двадцати верующих, и, как члены этой общей группы, они также получили излитый дух. Они получили не больше благодатного дара, чем их товарищи. Члены земной семьи Иисуса не получили какого-либо особого дара. Пятидесятница положила конец всякому особому священству и всевозможным верованиям в святые семейства.

До Пятидесятницы апостолы от многого отказывались ради Иисуса. Они пожертвовали своими домами, семьями, друзьями, мирскими благами и положением. В день Пятидесятницы они посвятили себя Богу, и Отец вместе с Сыном сделал ответный шаг, отдав себя людям – послав свой общий дух для того, чтобы он пребывал в человеке. В основе этого опыта – опыта потери своего «я» и обретения духа – было не душевное волнение, а разумное подчинение чужой воле и безраздельное самопожертвование.

Пятидесятница была призывом к духовному единению верующих в евангелие. Когда дух низошел на учеников в Иерусалиме, то же самое произошло в Филадельфии, Александрии и всех других местах, где проживали истинно верующие. Буквальна истина о том, что «у всех уверовавших было одно сердце и одна душа». Религия Иисуса является самой могущественной объединяющей силой, когда-либо известной миру.

День Пятидесятницы должен был ослабить самонадеянность индивидуумов, групп, наций и рас. Именно этот дух самонадеянности создает то напряжение, которое периодически проявляется в разрушительных войнах. Человечество можно объединить только посредством духовного подхода, и Дух Истины является всеобщим влиянием в этом мире.

Прибытие Духа Истины очищает человеческое сердце и ведет принявшего его человека к определению цели жизни, подчиненной исполнению воли Бога и благополучию людей. Материальный дух эгоизма поглощается этим новым духовным даром бескорыстия. Пятидесятница означала и означает, что исторический Иисус стал божественным Сыном живого опыта. Когда порождаемая излитым духом радость осознанно ощущается в человеческой жизни, она укрепляет здоровье, стимулирует разум и становится вечным источником энергии для души.

Молитва не была причиной появления духа в день Пятидесятницы, однако она сыграла большую роль при определении степени восприятия, отличавшей верующих индивидуумов. Молитва не может заставить божественное сердце быть щедрым в своих дарах, но очень часто она углубляет и расширяет каналы, по которым божественные посвящения истекают к сердцам и душам тех, кто, таким образом, не забывает поддерживать непрерывное общение с Творцом через искреннюю молитву и истинное поклонение.

4. РАННЯЯ ХРИСТИАНСКАЯ ЦЕРКОВЬ

Когда Иисус был столь внезапно схвачен врагами и столь быстро распят между двумя ворами, его апостолы и ученики были полностью деморализованы. Мысль об Учителе – арестованном, связанном, истязаемом и распятом – была невыносима даже для апостолов. Они забыли его учения и предупреждения. Возможно, он действительно был «великим пророком на словах и на деле в глазах Бога и всего народа», но он едва ли был тем Мессией, который, как они надеялись, восстановит Израильское царство.

Затем наступает воскресение Иисуса, с его освобождением от отчаяния и возвращением веры в божественность Учителя. Снова и снова они видят его и разговаривают с ним, и он уводит их на Елеон, где прощается с ними и говорит им, что возвращается к Отцу. Он велит им оставаться в Иерусалиме до тех пор, пока они не будут наделены силой – пока не прибудет Дух Истины. И в день Пятидесятницы прибывает этот новый учитель, и они сразу же отправляются проповедовать свое евангелие с новой силой. Они являются смелыми и отважными последователями живого Господа, а не мертвого и побежденного вождя. Учитель живет в сердцах этих евангелистов. Бог не является отвлеченным представлением в их сознании – он стал живым присутствием в их душах.

«День за днем они продолжали с упорством и согласием учить в храме и преломлять дома хлеб. Радостно и единодушно принимали они свою пищу, прославляя Бога и благоволя всем людям. Все они были исполнены духом и смело говорили, возвещая Божье слово. И у всех уверовавших было одно сердце и одна душа; никто ничего из имущества своего не называл своим собственным, и всё у них было общее».

Что случилось с этими людьми, которым Иисус велел идти в мир с проповедью евангелия царства – отцовства Бога и братства людей? У них появилось новое евангелие; они пылают огнем нового опыта; они наполнены новой духовной энергией. Внезапно их главной проповедью становится возвещение воскресшего Христа: «Иисус Назарянин – человек, которого Бог благословил знамениями и чудесами; его, отданного вам по намерению и предвидению Божьему, вы распяли и убили. Так Бог исполнил то, что он предрекал устами всех пророков. Бог воскресил этого Иисуса. Бог сделал Иисуса Господом и Христом. Вознесенный по правую руку от Бога и получивший от Отца обетование духа, он излил то, что вы видите и слышите. Покайтесь же, чтобы простились грехи ваши и чтобы Отец послал избранного для вас Христа – того Иисуса, который должен оставаться на небесах до восстановления всего сущего».

Евангелие царства – проповедь Иисуса – внезапно превратилось в евангелие о Господе Иисусе Христе. Теперь они возвещали факты его жизни, смерти и воскресения и проповедовали надежду на его скорое возвращение в этот мир для завершения начатого труда. Таким образом, учение ранних верующих было связано с изложением фактов первого пришествия Иисуса и с проповедью надежды на его второе пришествие, которое, как они полагали, произойдет в ближайшем будущем.

Христосу предстояло стать символом веры быстро формирующейся церкви. Иисус жив; он умер за людей; он послал дух; он возвращается. Иисус жил в каждой их мысли и определял все их новые представления о Боге и обо всём остальном. Новое учение о том, что «Бог является Отцом Господа Иисуса», настолько воодушевляло их, что они забыли о старом откровении, – «Бог есть любящий

Отец всех людей», каждого человека. Действительно, эти ранние общины верующих стали восхитительной демонстрацией братской любви и беспримерной доброжелательности, однако это было товарищество верующих в Иисуса, а не товарищество собратьев одной семьи – царства небесного Отца. Источником их доброжелательности была любовь, порождаемая представлением о посвящении Иисуса, а не осознанием братства смертных. Тем не менее, они были исполнены радости, а их жизнь была столь новой и удивительной, что все люди тянулись к их учениям об Иисусе. Они совершили огромную ошибку, использовав вместо евангелия царства живой пояснительный комментарий к нему, но даже это представляло собой величайшую религию, когда-либо известную человечеству.

Было очевидно, что в мире появляется новое братство. «Те, кто уверовал, твердо придерживались апостольских учений, общались друг с другом, вместе преломляли хлеб и вместе молились». Они называли друг друга братьями и сестрами; они приветствовали друг друга святым поцелуем; они помогали бедным. Это было братство жизни и веры. Их общинность держалась не на приказах, а на желании делить материальные блага с другими верующими. Они были уверены в том, что Иисус вернется при жизни их поколения, чтобы завершить установление царства Отца. Это добровольное коллективное пользование земными благами не имело прямого отношения к учениям Иисуса. Оно появилось из-за абсолютной уверенности этих мужчин и женщин в том, что Иисус может вернуться в любой момент, чтобы завершить создание царства. Однако конечные результаты этого благонамеренного эксперимента – безоглядной братской любви – были катастрофическими и принесли страдания. Тысячи искренне верующих продали свою собственность и избавились от всей недвижимости и другого доходного имущества. Со временем тающие средства христиан с их принципом равного распределения *иссякли* – но мир продолжал существовать. Вскоре верующие Антиохии уже собирали средства для спасения верующих Иерусалима от голодной смерти.

В те дни они праздновали Господнюю Вечерю так, как она была установлена. Это значит, что они собирались на общую трапезу в духе товарищества и причащались в конце трапезы.

Вначале они крестили именем Иисуса. Прошло почти двадцать лет, прежде чем они стали крестить «именем Отца, Сына и Святого Духа». Для вступления в товарищество верующих было достаточно одного только крещения. В то время у них еще не было организации. Они представляли собой просто братство Иисуса.

Эта исповедующая Иисуса секта быстро росла, и саддукеи вновь обратили на нее свое внимание. Фарисеев мало беспокоила такая ситуация, поскольку ни одно из этих учений никак не противоречило соблюдению еврейских законов, однако саддукеи начали сажать вождей секты Иисуса в тюрьму. Это продолжалось до тех пор, пока они не вняли совету одного из ведущих раввинов – Гамалиила, который сказал: «Отступитесь от этих людей и оставьте их в покое, ибо если это начинание или это дело от людей, оно будет разрушено; но если оно от Бога, то вы не сможете одолеть их. Как бы вам не оказаться богоборцами». Они решили последовать совету Гамалиила, и в Иерусалиме воцарился мир и покой, что сопровождалось быстрым распространением нового евангелия об Иисусе.

Дела в Иерусалиме шли хорошо вплоть до появления здесь большого числа александрийских греков. Прибыв в Иерусалим, два ученика Родана обратили в веру многих эллинистов. Среди их первых новообращенных были Стефан и Варнава. Эти способные греки несколько иначе смотрели на мир и не столь строго соблюдали требования еврейского вероисповедания и иной обрядности. Именно действия этих греческих верующих положили конец мирным отношениям братства Иисуса с фарисеями и саддукеями. Стефан и его греческий товарищ начали проповедовать так, как учил Иисус, что сразу же привело их к столкновению с еврейскими правителями. Когда в одной из своих публичных проповедей Стефан перешел к неугодным рассуждениям, они отбросили все судебные формальности и тут же забили его камнями насмерть.

Так Стефан, глава греческой колонии иерусалимских верующих в Иисуса, стал первым мучеником новой религии, что послужило непосредственной причиной создания раннехристианской церкви. Этот новый кризис привел к пониманию того, что верующие не могут продолжать свое существование в качестве секты в рамках иудаизма. Они единодушно решили отделиться от неверующих, и через месяц после смерти Стефана под началом Петра была создана иерусалимская церковь, официальным главой которой стал брат Иисуса, Иаков.

И тогда евреи обрушили на них новую, беспощадную волну гонений, так что активные учители новой религии об Иисусе – названной позднее в Антиохии христианством – отправились во все концы империи, возвещая Иисуса. До появления Павла распространением этого учения руководили греки; и эти первые миссионеры, а затем и пришедшие им на смену, следовали по пути, пройденному в былые времена Александром, – через Газу и Тир в Антиохию и, далее, через Малую Азию в Македонию, а оттуда в Рим и самые отдаленные уголки империи.

ДОКУМЕНТ 195

ПОСЛЕ ПЯТИДЕСЯТНИЦЫ

Проповедь Петра в день Пятидесятницы определила стратегию и планы большинства апостолов в их деятельности, связанной с возвещением евангелия царства. Петр был подлинным основателем христианской церкви; Павел передал христианство иноплеменникам, а греческие верующие познакомили с ним всю Римскую империю.

Хотя скованные традициями и порабощенные духовенством иудеи, как народ, не захотели принять ни евангелие Иисуса об отцовстве Бога и братстве людей, ни проповедь Петра и Павла о воскресении и вознесении Христа, положившую начало христианству, остальная часть Римской империи оказалась восприимчивой к формирующимся христианским доктринам. В то время западную цивилизацию отличала интеллектуальность, усталость от войн и крайне скептическое отношение ко всем существующим религиям и вселенским философиям. Народы западного мира, испытавшие на себе благотворное влияние греческой культуры, чтили традиции своего великого прошлого. Они могли видеть результаты великих свершений в философии, искусстве, литературе и прогресс в политике. Однако при всех этих достижениях им не хватало религии, которая удовлетворяла бы душу. Их духовные устремления оставались неудовлетворенными.

Именно на такой сцене человеческого общества внезапно появились учения Иисуса, облаченные в проповедь христианства, и изголодавшимся сердцам этих западных народов был представлен новый тип жизни. Такое положение сразу же привело к столкновению прежних религиозных обычаев с новой христианизированной версией проповеди Иисуса, обращенной к миру. Подобные конфликты либо завершаются убедительной победой нового или старого, либо тем или иным *компромиссом*. Как видно из истории, в данном случае борьба завершилась компромиссом. Христианство пыталось охватить слишком многое, чтобы какой-либо народ мог усвоить его идеи за одно или два поколения. Оно не было простым духовным призывом, подобным тому, с которым обращался к человеческим душам Иисус. С самого начала оно заняло решительную позицию в вопросах религиозных ритуалов, образования, магии, медицины, искусства, литературы, законности, управления, морали, взаимоотношений полов, полигамии и, в меньшей степени, даже рабства. Христианство появилось не просто как новая религия – не как нечто такое, чего ждала вся Римская империя и весь Восток, – а как *новый тип человеческого общества*. И в качестве такого притязания оно быстро привело к социально-нравственному столкновению эпох. Идеалы Иисуса, по-новому осмысленные греческой философией и социализированные христианством, бросили смелый вызов традициям человечества, заключенным в этике, морали и религиях западной цивилизации.

Поначалу христианство приобретало новообращенных только в низших социальных и экономических слоях. Однако уже к концу второго века лучшие представители греко-римской культуры всё чаще обращались к этому новому типу христианской веры – новому представлению о смысле жизни и цели бытия.

Каким образом это появившееся у евреев новое учение, потерпев практически полное поражение у себя на родине, столь быстро и успешно завоевало лучшие умы Римской империи? Победа христианства над философскими религиями и мистериальными культами объяснялась следующими факторами:

1. Организация. Павел был великим организатором, и его последователи сохранили заданный им темп.

2. Христианство подверглось всесторонней эллинизации. Оно вобрало в себя высшие достижения греческой философии, а также всё лучшее из иудейской теологии.

3. Но прежде всего, оно заключало в себе новый великий *идеал* – отголосок посвященческой жизни Иисуса и отражение его проповеди спасения для всего человечества.

4. Христианские вожди были готовы пойти на такие компромиссы с митраизмом, которые позволили завоевать лучших его приверженцев на сторону антиохийского культа.

5. Таким же образом следующее, а затем и позднейшие поколения христианских вождей шли на такие новые уступки язычеству, что даже римский император Константин согласился принять новую религию.

Однако христиане пошли на расчетливую сделку с язычниками, приняв ритуальные церемонии язычников и заставив тех принять эллинизированную версию христианства Павла. Сделка с язычниками была более удачной, чем с митраистами, но даже соглашение с приверженцами культа Митры делало их скорее победителями, нежели побежденными, ибо им удалось устранить вопиющую безнравственность, равно как и многочисленные другие предосудительные ритуалы, присущие персидской мистерии.

Разумно это было или нет, но ранние христианские вожди сознательно жертвовали *идеалами* Иисуса в попытке сохранить и укрепить многие из его *идей*. И они добились необыкновенных успехов. Но не сомневайтесь – эти принесенные в жертву идеалы Учителя по-прежнему скрыты в его евангелии, и когда-нибудь они с полной силой заявят о себе миру!

Вследствие этого оязычивания христианства, старое одержало над новым много мелких побед ритуального характера, в то время как христианство добилось превосходства в другом:

1. Был установлен новый и неизмеримо более высокий критерий человеческой нравственности.

2. Мир получил новое и чрезвычайно расширенное представление о Боге.

3. Надежда на бессмертие стала одним из утверждений признанной религии.

4. Изголодавшаяся человеческая душа получила Иисуса Назарянина.

Многие из великих истин, которым учил Иисус, были почти утеряны в этих ранних компромиссах, однако они по-прежнему таятся в религии оязыченного христианства, которое, в свою очередь, являлось предложенной Павлом версией жизни и учений Сына Человеческого. И еще до своего компромисса с язычеством христианство претерпело всестороннюю эллинизацию. Христианство многим, очень многим обязано грекам. Именно грек, уроженец Египта, столь смело встал на защиту своих взглядов в Никее и столь бесстрашно бросил вызов собравшимся, что те не посмели исказить представление о сущности Иисуса в такой мере, чтобы подлинная истина о его посвящении оказалась в опасности быть утраченной для мира. Этого грека звали Афанасий, и если бы не красноречие и логика этого верующего, доводы Ария взяли бы верх.

1. ВЛИЯНИЕ ГРЕКОВ

Эллинизация христианства началась по существу в тот знаменательный день, когда апостол Павел предстал перед ареопагом в Афинах и рассказал афинянам о «Неведомом Боге». Здесь, в тени Акрополя, римский гражданин возвестил этим грекам свою версию новой религии, которая зародилась в еврейской земле Галилее. Нечто удивительно похожее заключалось в греческой философии и учениях Иисуса. У них была одинаковая задача – и та, и другая ставили своей целью *выявление индивидуума*. Греки стремились к выявлению социальному и политическому, Иисус – к нравственному и духовному. Греки учили интеллектуальному свободомыслию, ведущему к политической свободе; Иисус учил духовному свободомыслию, ведущему к религиозной свободе. В своей совокупности эти две идеи образовали новую могущественную хартию человеческой свободы, ставшую предвестником социальных, политических и духовных свобод.

Христианство появилось и одержало победу над всеми другими соперничающими религиями в основном в силу двух факторов:

1. Греческий разум был готов заимствовать новые и благотворные идеи, даже если они исходили от евреев.

2. Павел и его последователи были готовы идти на уступки, которые, однако, отличались расчетом и прозорливостью; они были мастерами теологического торга.

В то время, когда Павел смело выступил в Афинах с проповедью «Христос и его смерть на кресте», греки испытывали духовный голод; они интересовались духовной истиной и действительно искали ее. Никогда не забывайте о том, что поначалу римляне боролись с христианством, в то время как греки приняли его, и именно греки впоследствии буквально заставили римлян принять эту новую религию, в измененном к тому времени виде, как часть греческой культуры.

Греки поклонялись красоте, евреи – святости, но оба народа любили истину. Веками греки всерьез размышляли и искренне спорили о всех человеческих проблемах – социальных, экономических, политических и философских, – за исключением религии. Мало кто из греков обращал большое внимание на религию; они не принимали всерьез даже свою собственную. Веками евреи игнорировали все области мысли, кроме религии, которой они уделяли всё свое внимание. Они относились к своей религии очень серьезно, слишком серьезно. Озаренный откровением Иисуса, объединенный многовековой опыт интеллектуальных достижений двух этих народов стал теперь движущей силой нового типа человеческого общества и, в известной мере, нового типа религиозного учения и религиозной практики людей.

К тому времени, когда Александр распространил эллинистическую цивилизацию на весь ближневосточный мир, влияние греческой культуры уже охватило земли западного Средиземноморья. Грекам вполне хватало собственной религии и политики, пока они оставались в своих небольших городах-государствах. Но когда македонский царь решил превратить Грецию в империю, простиравшуюся от Адриатики до Инда, возникли проблемы. Уровень греческого искусства и философии отвечал требованиям имперской экспансии, чего нельзя сказать о политическом управлении греков или их религии. После того как города-государства Греции разрослись до размеров империи, их довольно провинциальные боги стали казаться немного странными. Греки действительно искали *единого Бога* – более великого, лучшего Бога, – когда до них дошла христианизированная версия древней еврейской религии.

Эллинизированная империя не могла сохраниться как таковая. Она по-прежнему оказывала культурное влияние, но выстояла она только после того, как переняла от Запада политический гений римлян, их искусство управлять империей, а от Востока – религию с ее единым Богом, обладавшим достойным империи величием.

В первом веке после Христа период наивысшего расцвета эллинизированной культуры был уже позади; начался ее упадок; хотя образованность и повышалась, она всё реже бывала отмечена печатью таланта. Именно в это время идеи и идеалы Иисуса, частично заключенные в христианстве, внесли свой вклад в спасение греческой культуры и учености.

Александр покорял Восток культурным даром греческой цивилизации; Павел штурмовал Запад христианской версией евангелия Иисуса. И где бы на Западе ни побеждала греческая культура, там пускало свои корни эллинизированное христианство.

Хотя восточная версия проповеди Иисуса и сохраняла бóльшую верность его учениям, она продолжала следовать бескомпромиссному отношению Авенира. По своим успехам она всегда уступала эллинизированной версии и в итоге растворилась в исламе.

2. РИМСКОЕ ВЛИЯНИЕ

Римляне переняли от греков всю их культуру, заменив жребий представительной формой правления. И вскоре эта перемена стала благоприятной почвой для христианства в том смысле, что Рим познакомил весь западный мир с новой терпимостью к необычным языкам, народам и даже религиям.

Ранние преследования христиан в Риме во многом объяснялись только одним обстоятельством – неудачным использованием в их проповедях слова «царство». Римляне снисходительно относились к самым разным религиям, однако не допускали ничего, что напоминало политическое соперничество. Поэтому когда эти гонения, причиной которых в основном были недоразумения, прекратились, открылось широкое поле для религиозной пропаганды. Римлян интересовало политическое управление; их одинаково мало беспокоило как искусство, так и религия, и они с редкой терпимостью относились и к тому, и к другому.

Восточный закон отличался жестокостью и произволом; греческий закон отличался изменчивостью и эстетизмом; римский закон отличался величественностью и внушал уважение. Римское образование прививало беспрецедентную и непоколебимую преданность. Древние римляне являлись политически преданными и в высшей степени самоотверженными индивидуумами. Они были честными, усердными, верными своим идеалам, но у них не было религии, достойной этого названия. Неудивительно, что греческим учителям удалось убедить их принять христианство Павла.

И эти римляне были великим народом. Они могли управлять Западом, ибо они умели управлять собой. Такая исключительная честность, преданность и несгибаемое самообладание были идеальной почвой для принятия и развития христианства.

Этим греко-римлянам было одинаково легко стать такими же духовно преданными институциональной церкви, как и политически преданными государству. Римляне боролись с церковью только тогда, когда они усматривали в ней соперника государства. Не обладая почти никакой национальной философией или собственной культурой, Рим перенял греческую культуру и смело принял Христа в качестве своей нравственной философии. Христианство превратилось в нравственную культуру Рима, но едва ли в его религию как индивидуальный опыт духовного роста тех, кто без разбора принимал новую веру. Конечно, многие индивидуумы действительно проникли в глубь этой государственной религии и обрели пищу для своих душ – реальные ценности и тайные значения тех скрытых истин, которые сохранились в эллинизированном и оязыченном христианстве.

Стоики, с их упорным обращением к «природе и сознанию», еще лучше подготовили весь Рим к принятию Христа – по крайней мере, в интеллектуальном смысле. По природе и воспитанию римляне были законниками; они чтили даже законы природы, и теперь, в христианстве, в законах природы они увидели законы Бога. Народ, который дал миру Цицерона и Вергилия, был готов к эллинизированному христианству Павла.

Так эти латинизированные греки заставили как евреев, так и христиан наполнить их религию философским содержанием, согласовать ее идеи и систематизировать ее идеалы, приспособить религиозные обычаи к современной жизни. Огромную помощь во всём этом оказал перевод на греческий язык священных книг иудеев, а также последующая запись на греческом Нового Завета.

В отличие от евреев и многих других народов, греки уже давно с некоторой долей условности верили в бессмертие, некую жизнь после смерти, а поскольку в этом заключалось сама суть учений Иисуса, христианство не могло не оказать на них большого притягательного воздействия.

Целый ряд культурных завоеваний греков и политических побед римлян объединил Средиземноморье в одну империю с единым языком и единой культурой и подготовил западный мир к единому Богу. Иудаизм мог предложить такого Бога, но иудаизм был неприемлем как религия для этих латинизированных греков. Филон помог некоторым из них смягчить свои возражения, однако христианство раскрыло им еще лучшее представление о едином Боге, и они с готовностью приняли его.

3. ПОД ВЛАСТЬЮ РИМСКОЙ ИМПЕРИИ

После консолидации римского политического правления и распространения христианства оказалось, что у христиан есть единый Бог – великая религиозная концепция, – но нет империи, а у греко-римлян – великая империя, но нет Бога, который мог бы служить соответствующей религиозной концепцией для государственной религии и духовного объединения империи. Христиане приняли империю; империя приняла христианство. Рим обеспечил единство политического правления; греки – единство культуры и знаний; христианство – единство религиозной мысли и практики.

Рим преодолел традиции национализма посредством имперского универсализма и впервые в истории создал условия, при которых различные племена и народы – по крайней мере, формально – смогли принять единую религию.

Христианство снискало благоволение Рима во времена великого состязания энергичных учений стоиков с посулами мистериальных культов, обещавших спасение. Христианство принесло живительное утешение и освобождающую силу народу, испытывавшему духовный голод, в языке которого не было такого слова как «бескорыстие».

Наибольшую силу христианству давала жизнь его последователей, проживаемая в служении, и даже то, как они умирали за свою веру в ранний период жестоких гонений.

Учение о любви Христа к детям вскоре положило конец той широко распространенной практике отношения к детям, когда неугодных младенцев – в первую очередь девочек – бросали на произвол судьбы, обрекая на смерть.

Первоначальный порядок христианского богослужения был позаимствован из еврейской синагоги и модифицирован митраистским ритуалом; позднее к нему было добавлено много языческой помпезности. Костяк ранней христианской церкви составляли обращенные в христианство греческие прозелиты.

За всю историю западного мира второй век после Христа был наиболее благоприятным периодом для прогресса подлинной религии. В первом веке христианство, при помощи борьбы и компромиссов, было готово к закреплению своего положения и быстрому распространению. Христианство приняло императора; позднее он принял христианство. Наступила великая эпоха для распространения новой религии. Это был век религиозной свободы, путешествий и свободомыслия.

Духовный толчок, сопровождавший формальное принятие Римом эллинизированного христианства, был слишком запоздалым, чтобы предотвратить глубокий моральный упадок или компенсировать широкое и усугублявшееся вырождение нации. Новая религия была культурной необходимостью для имперского Рима, и чрезвычайно прискорбно, что она не стала средством духовного спасения в более широком смысле.

Даже настоящая религия не могла спасти великую империю от неотвратимых последствий отсутствия индивидуального участия в управлении, от чрезмерного патернализма, бремени налогов и незаконных поборов, несбалансированной торговли с Левантом, истощавшей золотой запас, от безумства развлечений, римской стандартизации, от деградации женщины, рабства и вырождения нации, от физических бедствий, а также от государственной церкви, степень институциональности которой граничила уже с духовной бесплодностью.

Но в Александрии условия были более благоприятными. Ранние школы в значительной мере сохранили учения Иисуса в изначальном виде. Пантен обучил Клемента, а затем, вслед за Нафанаилом, отправился возвещать Христа в Индию. Несмотря на то что при создании христианства некоторые из идеалов Иисуса были принесены в жертву, нельзя не отметить, что к концу второго века практически все великие умы греко-римского мира приняли христианство. Триумф становился полным.

Римская империя просуществовала достаточно долго, чтобы обеспечить сохранение христианства даже после распада империи. Однако мы часто задумываемся над тем, что произошло бы в Риме и в мире, если бы вместо греческого христианства было принято евангелие царства.

4. ЕВРОПЕЙСКОЕ СРЕДНЕВЕКОВЬЕ

Став придатком общества и пособницей политики, церковь обрекла себя на интеллектуальный и духовный упадок; в Европе наступил так называемый «век обскурантизма». В это время религия приобретала всё более монашеский, аскетический и законопослушный характер. В духовном отношении христианство впало в спячку. В течение всего этого периода наряду с пассивной и секуляризованной религией существовало непрерывное течение мистицизма – эксцентричного духовного опыта, граничащего с нереальностью и философски родственного пантеизму.

В эти мрачные и безнадежные века религия фактически вновь отошла на второй план. Индивидуум почти полностью растворился в тени власти, традиции и диктата церкви. Появилась новая духовная опасность – был создан сонм «святых», которые, как считалось, обладали особым влиянием в божественных судах и, в силу этого, при успешном обращении к ним могли ходатайствовать за человека перед Богами.

Однако несмотря на свою неспособность воспрепятствовать наступлению мракобесия, христианство было достаточно социализированным и оязыченным, чтобы успешно пережить эту эпоху морального падения и духовного застоя. И оно действительно сохранялось в течение этого долгого упадка западной цивилизации и продолжало оказывать свое нравственное влияние с наступлением Возрождения. Восстановление христианства, наступившее с окончанием средневековья, привело к появлению многочисленных христианских сект – вероучений, приспособленных к особым интеллектуальным, эмоциональным и духовным типам человеческой личности. И многие из этих особых христианских групп, или религиозных семей, продолжают существовать во время подготовки данных документов.

История христианства началась с ненамеренного превращения религии Иисуса в религию об Иисусе. В дальнейшем христианство миновало периоды эллинизации, оязычения, секуляризации, институционализации, интеллектуального упадка, духовного вырождения, моральной спячки, угрозы своему существованию, возрождения, фрагментации и, в последнее время, относительного оживления. Такая родословная свидетельствует о врожденной жизнестойкости и огромной способности к возрождению. И этому же христианству, которое исповедуют в настоящее время народы западной цивилизации, приходится вступать в борьбу за существование, имеющую еще более угрожающий характер, чем те достопамятные кризисы, которыми отличались его прежние битвы за господство.

Новая эпоха, с ее научным мышлением и материалистическими тенденциями, бросает вызов религии. В этом эпохальном сражении между мирским и духовным окончательная победа будет за религией Иисуса.

5. ПРОБЛЕМА СОВРЕМЕННОСТИ

Двадцатый век принес новые проблемы, которые предстоит решить христианству и всем остальным религиям. Чем выше поднимается цивилизация, тем насущней становится необходимость «прежде всего искать небесные реальности» во всех усилиях людей, призванных упрочить общество и помочь в решении его материальных проблем.

Истина часто ставит в тупик и даже вводит в заблуждение, если она расчленяется, изолируется и подвергается чрезмерному анализу. Живая истина правильно учит искателя истины только тогда, когда она рассматривается в целом, как живая духовная реальность, а не как факт материальной науки или источник вдохновения для занимающего промежуточное положение искусства.

Религия есть раскрытие человеку его божественной и вечной судьбы. Религия – это сугубо личный и духовный опыт, который должен быть навсегда отделен от других высших форм человеческой мысли, таких как:

1. Логическое отношение к вещам, принадлежащим к материальной реальности.

2. Эстетическое восприятие красоты, противопоставляемой уродству.

3. Этическое признание социальных обязанностей и политического долга.

4. Даже присущее человеку нравственное чувство, рассматриваемое само по себе, не является у людей религиозным.

Задача религии заключается в том, чтобы найти во вселенной те ценности, которые способны мобилизовать веру, доверие и уверенность; вершиной религии является поклонение. Религия открывает душе те высшие ценности, которые противопоставляются относительным ценностям, открываемым разумом. Такое сверхчеловеческое проникновение можно обрести только посредством подлинного религиозного опыта.

Прочная социальная система без основанной на духовных реальностях нравственности так же невозможна, как солнечная система без гравитации.

Не пытайтесь удовлетворить свое любопытство или скрытую в душе страсть к приключениям за одну короткую жизнь во плоти. Наберитесь терпения! Не поддавайтесь искушению, толкающему вас на дешевые и недостойные приключения. Укротите свою энергию и обуздайте свои страсти; спокойно ждите – и перед вами развернется бесконечный путь всё более увлекательных свершений и захватывающих дух открытий.

Теряясь в догадках относительно происхождения человека, не упускайте из виду его вечную судьбу. Не забывайте, что Иисус любил даже маленьких детей и что он навечно раскрыл огромную ценность человеческой личности.

Глядя в мир, помните о том, что черные пятна зла, которые предстают вашему взору, видны на белом фоне абсолютного добра. То, что вы видите, не есть лишь отдельные пятна добра, сиротливо белеющие на черном фоне зла.

Почему, при таком обилии благой истины, человек уделяет столько внимания существующему в мире злу лишь на том основании, что оно отражает факт, вместо того, чтобы пропагандировать истину и рассказывать о ней? Красота духовных ценностей истины более приятна и оказывает более возвышающее воздействие, чем феномен зла.

В религии Иисус отстаивал метод опытного познания и следовал ему, так же как современная наука следует методу эксперимента. Мы находим Бога благодаря направляющему воздействию духовной проницательности, однако мы обретаем эту проницательность души через любовь к прекрасному, поиск истины, верность долгу и поклонение божественной благости. Но из всех этих ценностей истинным проводником к подлинной проницательности является любовь.

6. МАТЕРИАЛИЗМ

Ученые непреднамеренно ввергли человечество в материалистическую панику, устроив легкомысленный набег на банк многовековой нравственности. Но этот банк человеческого опыта обладает огромными духовными резервами; он способен удовлетворить спрос. Только неразумные люди могут паниковать по поводу духовных активов человечества. Когда материально-бездуховная паника спадет, религия Иисуса не окажется банкротом. Духовный банк царства небесного будет выплачивать веру, надежду и нравственную уверенность всем, снимающим со счетов «Его именем».

Каким бы ни был внешний конфликт между материализмом и учениями Иисуса, вы можете не сомневаться в том, что в грядущие века его учения восторжествуют. В действительности, истинная религия не может вступить в противоречие с наукой; она никоим образом не связана с материальными вещами. Религия совершенно безразлична к учености, хотя и благожелательна к ней, в то время как ей в высшей степени небезразличен *ученый*.

Стремление людей к одному только знанию, без сопровождающего его и свойственного мудрости толкования и без присущего религиозному опыту духовного постижения, приводит в итоге к пессимизму и отчаянию. Малое знание действительно обескураживает.

Ко времени написания этих документов всё худшее в материалистическом веке уже позади; наступает время более глубокого понимания. По своей философии, лучшие умы научного мира уже не являются целиком материалистическими, но простые люди всё еще склоняются к нему в результате прежних учений. Однако этот век физического реализма представляет собой лишь мимолетный эпизод в жизни человека на земле. Современная наука никак не затронула истинную религию – учения Иисуса, воплощенные в жизни его верующих. Всё, чего добилась наука, – это уничтожение детских иллюзий, являющихся следствием неправильных толкований жизни.

Наука является количественным, религия – качественным опытом в жизни человека на земле. Наука изучает явления, религия – истоки, ценности и цели. Считать *причины* объяснением физических явлений – значит признаваться в незнании первопричин; в итоге это лишь приводит ученого назад, к великой первопричине – Всеобщему Отцу Рая.

Резкий поворот от эпохи чудес к эпохе машин выбил человека из колеи. Хитроумие и ловкость ложных механистических философий изобличают механистичность самих этих утверждений. Фаталистическая живость разума материалиста навсегда опровергает его утверждения о том, что вселенная представляет собой слепой и бесцельный энергетический феномен.

Как механистический натурализм некоторых, считающихся образованными, людей, так и бездумный секуляризм человека с улицы связаны с *вещами*; в них отсутствуют какие-либо реальные ценности, мотивы и духовное удовлетворение; они лишены веры, надежды и вечной уверенности. Одна из огромных проблем современной жизни заключается в том, что человек считает себя слишком занятым для духовных размышлений и религиозного благоговения.

Материализм низводит человека до положения бездушного автомата и видит в нём только арифметический символ, беспомощно занимающий отведенное ему место в математической формуле механистической, лишенной романтики вселенной. Но как же появилась вся эта огромная математическая вселенная без Главного Математика? Наука может рассуждать о сохранении материи, но религия обосновывает сохранение человеческой души – она занимается опытом души, связанным с духовными реальностями и вечными ценностями.

Сегодняшний социолог-материалист наблюдает общество, делает о нём научный доклад и оставляет людей в прежнем состоянии. Девятнадцать столетий тому назад необразованные галилеяне наблюдали, как Иисус отдает свою жизнь в качестве духовного вклада во внутренний опыт человека, а затем взяли и перевернули всю Римскую империю.

Однако религиозные вожди совершают огромную ошибку, когда, пытаясь поднять современного человека на духовные битвы, трубят в трубы средневековья. Религия должна позаботиться о новых лозунгах, соответствующих духу времени. Ни демократия, ни какая-либо другая политическая панацея не заменят духовный прогресс. Ложные религии могут отражать уход от реальности, но в своем евангелии Иисус подвел смертного человека к тому порогу, за которым начинается вечная реальность духовной эволюции.

Сказать, что разум «возник» из вещества, значит ничего не объяснить. Если бы вселенная была только механизмом, а разум был бы неразрывно связан с веществом, были бы невозможны два различных толкования любого наблюдаемого явления. Понятия истины, красоты и благости не присущи ни физике, ни химии. Машина неспособна *знать*, тем более знать истину, жаждать праведности и дорожить благостью.

Наука может иметь физический характер, но разум постигающего истину ученого уже является сверхматериальным. Материя не знает истину, как неспособна она любить милосердие или радоваться духовным реальностям. На другом, более высоком уровне нравственные убеждения, основанные на духовном просвещении и коренящиеся в человеческом опыте, являются столь же реальными и несомненными, как и математический вывод, основанный на физических наблюдениях.

Если бы люди были только машинами, они реагировали бы более или менее одинаково на материальную вселенную. Индивидуальность – уже не говоря о личности – не существовала бы.

Факт наличия абсолютного механизма Рая в центре вселенной вселенных, в присутствии безусловного волеизъявления Второго Источника и Центра, не оставляет сомнения в том, что детерминанты не являются исключительным законом космоса. Материализм существует, но он не исключителен; механицизм существует, но он не безусловен; детерминизм существует, но он не является единственным фактором.

Конечная вещественная вселенная в конце концов стала бы однородной и детерминированной, если бы не объединенное присутствие разума и духа. Влияние космического разума постоянно привносит спонтанность даже в материальные миры.

В любой сфере бытия свобода, или инициатива, прямо пропорциональна степени духовного влияния и воздействия космического разума; в человеческом опыте это соответствует мере действительного выполнения «воли Отца». Поэтому, когда вы однажды отправляетесь на поиски Бога, это является убедительным доказательством того, что Бог уже нашел вас.

Искреннее стремление к благости, красоте и истине ведет к Богу. И каждое научное открытие демонстрирует существование во вселенной как свободы, так и однородности. Первооткрыватель был свободен, совершая свое открытие. Открытая вещь реальна и явно однородна, иначе она не стала бы известна как *вещь*.

7. УЯЗВИМОСТЬ МАТЕРИАЛИЗМА

Сколь нелепо, что материалистически настроенный человек позволяет таким уязвимым теориям, как теории механистической вселенной, лишать себя огромных духовных ресурсов, заключенных в личном опыте истинной религии. В отличие от теорий, факты никогда не противоречат подлинной духовной вере. Было бы куда лучше, если бы наука посвятила себя уничтожению суеверий, вместо того, чтобы пытаться опровергнуть религиозное вероисповедание – веру человека в духовные реальности и божественные ценности.

Наука должна делать для человека в материальном плане то же, что религия делает для него в плане духовном: раздвигать горизонты жизни и расширять его личность. Истинная наука не может иметь продолжительных споров с истинной религией. «Научный метод» является всего лишь рациональным мерилом для измерения материального опыта и физических достижений. Однако будучи материальным и сугубо интеллектуальным, этот метод совершенно бесполезен при оценке духовных реальностей и религиозного опыта.

Несостоятельность современного механициста состоит в следующем: если бы существовала всего лишь материальная вселенная и человек являлся бы не более чем машиной, то такой человек не имел бы никакой возможности воспринимать себя как подобную машину; соответственно, такой человек-машина совершенно не осознавал бы существования такой материальной вселенной. Механистическая наука, отражающая смятение и отчаяние материализма, упустила из виду факт духа, пребывающего в разуме ученого, который именно благодаря своему сверхматериальному постижению формулирует эти ошибочные и противоречивые *концепции* материалистической вселенной.

Райские ценности вечности и бесконечности, истины, красоты и благости сокрыты в фактах явлений пространственно-временны́х вселенных. Однако необходимо смотреть глазами веры рожденного в духе смертного, чтобы научиться замечать и различать эти духовные ценности.

Реальности и ценности духовного прогресса не являются «психологическими проекциями» – одними лишь сладкими грезами материального разума: это духовные прогнозы внутреннего Настройщика – Божьего духа, пребывающего в разуме человека. Не позволяйте дилетантскому увлечению поверхностно исследованными открытиями «относительности» исказить ваши представления о вечности и бесконечности Бога. И во всех своих стремлениях *выразить себя* старайтесь не ошибаться – не забывать о необходимости *выразить Настройщика*, продемонстрировать вашу подлинную, лучшую сущность.

Если бы мы имели дело только с материальной вселенной, материальный человек никогда не смог бы прийти к представлению о механистическом характере такого исключительно материального существования. Это *механистическое представление* о вселенной само по себе является нематериальным феноменом разума, а всякий разум имеет нематериальное происхождение – какой бы всецелой ни представлялась его материальная обусловленность и механистическая управляемость.

Неразвитый интеллектуальный механизм смертного человека не обременен последовательностью и мудростью. Тщеславие человека часто опережает его интеллект и ускользает от его логики.

Уже сам пессимизм наиболее пессимистически настроенного материалиста является достаточным подтверждением того, что вселенная пессимиста не только материальна. Как оптимизм, так и пессимизм представляют собой концептуальные реакции разума, осознающего не только *факты*, но и *ценности*. Если бы вселенная действительно являлась тем, чем ее считает материалист, то человек, как живая машина, был бы лишен какого-либо осознанного восприятия само́го этого *факта*. Без осознанного представления о *ценностях*, которое формируется в одухотворенном разуме, факт материальности вселенной и механистические явления, свидетельствующие о функционировании вселенной, остались бы целиком за пределами человеческого восприятия. Одна машина неспособна осознать сущность или ценность другой машины.

Механистическая философия жизни и вселенной не может быть научной, поскольку наука занимается только фактами. Философия неизбежно имеет сверхнаучный характер. Человек является материальным природным фактом, но его *жизнь* представляет собой явление, которое превосходит материальные уровни природы, поскольку в ней проявляются управляющие свойства разума и созидательные качества духа.

Простодушное стремление человека стать механицистом представляет собой трагическое явление – тщетную попытку этого человека совершить интеллектуальное и моральное самоубийство. Но он не способен на это.

Если бы вселенная была только материальной и человек являлся бы всего лишь машиной, то не было бы науки, придающей ученому смелость постулировать эту механизацию вселенной. Машины неспособны измерять, классифицировать или оценивать себя. Такой вид научной деятельности может выполняться только некоторой сущностью сверхмашинного статуса.

Если вселенская реальность является одной только гигантской машиной, то человек должен находиться за пределами вселенной, отдельно от нее, чтобы иметь возможность воспринять такой *факт* и прийти к *пониманию* такой *оценки*.

Если человек является только машиной, каким образом этот человек начинает *верить* или заявлять о своем *знании* того, что он является только машиной? Опыт самосознания и самооценки никогда не является атрибутом машины. Лучшим возможным ответом механицизму является самосознающий и убежденный механицист. Если бы материализм был фактом, то не существовало бы самосознающего механициста. Так же справедливо и то, что человек должен сначала быть нравственным существом, чтобы иметь возможность совершать безнравственные поступки.

Само существование утверждений материализма предполагает наличие присущего разуму сверхматериального сознания, которое позволяет себе отстаивать такие догмы. Механицизм способен только деградировать, но он никогда не мог бы развиваться. Машины не думают, не творят, не мечтают, не стремятся, не идеализируют, не жаждут истины или праведности. Мотивом их жизни не является страстное желание служить другим машинам и идти к цели вечного поступательного движения в возвышенном стремлении найти Бога и стать такими, как он. Машины не бывают интеллектуальными, эмоциональными, эстетическими, этическими, нравственными или духовными.

Искусство подтверждает, что человек не является механизмом, но оно не подтверждает его духовного бессмертия. Искусство является моронтией смертных – промежуточным полем между человеком-материальным и человеком-духовным. Поэзия представляет собой попытку освобождения от материальной реальности и обретения духовных ценностей.

В условиях высокоразвитой цивилизации искусство облагораживает науку и, в свою очередь, одухотворяется истинной религией – проникновением в духовные и вечные ценности. Искусство выражает человеческую и пространственно-временну́ю оценку реальности. Религия *является* божественным охватом космических ценностей и означает вечное поступательное движение по пути духовного восхождения и роста. Временно́е искусство опасно только тогда, когда оно становится слепым к духовным стандартам божественных эталонов, отражаемых вечностью в качестве временны́х теней реальности. Истинное искусство успешно влияет на материальную сторону жизни; религия облагораживает и преобразует материальные факты жизни, и она никогда не останавливается в своей духовной оценке искусства.

Сколь глупо полагать, что автомат был бы способен понять философию автоматизма, и какой нелепостью было бы думать, что он займется созданием такого представления в отношении других подобных ему автоматов!

Ученое толкование материальной вселенной не имеет никакой цены, если оно должным образом не признает *ученого*. Художественное восприятие искусства может быть истинным только тогда, когда оно признает *художника*. Моральная оценка имеет смысл только в том случае, если она включает *моралиста*. Философское осознание поучительно только тогда, когда оно учитывает *философа*, а религия не может существовать без реального опыта *религиозного человека*, который именно через этот опыт стремится найти Бога и познать его. Точно так же вселенная вселенной лишается смысла в отрыве от Я ЕСТЬ – бесконечного Бога, который сотворил ее и неустанно управляет ею.

Механицисты – гуманисты – склонны плыть по течению материализма. У идеалистов и спиритов *хватает смелости* разумно и решительно пользоваться веслами, чтобы изменять кажущееся чисто материальным направление энергетических потоков.

Наука существует посредством математики разума; музыка выражает темп эмоций. Религия является духовным ритмом души в пространственно-временнóм созвучии с высшими, вечными мелодическими размерами Бесконечности. Религиозный опыт есть нечто такое в человеческой жизни, что имеет подлинно сверхматематический характер.

В языке алфавит представляет собой материальный механизм, в то время как слова, несущие смысл тысяч мыслей, великих идей и благородных идеалов – любви и ненависти, трусости и храбрости, – отражают деятельность разума, протекающую в определяемых как материальным, так и духовным законом пределах, направляемую утверждением личностной воли и ограниченную внутренними ситуативными возможностями.

Вселенная похожа не на открываемые ученым законы, механизмы и однородности, которые он рассматривает как науку, а скорее на любознательного, вдумчивого, избирательного, творческого, комбинирующего и проницательного *ученого*, который наблюдает за вселенскими явлениями и классифицирует математические факты, присущие механистическим аспектам материальной стороны творения. Не похожа вселенная и на искусство художника; скорее, она напоминает упорного, мечтательного, честолюбивого и эволюционирующего *художника*, который стремится выйти за пределы материального мира в попытке достичь духовной цели.

Именно ученый, а не наука, осознаёт реальность развивающейся и прогрессирующей вселенной, охватывающей энергию и вещество. Именно художник, а не искусство, демонстрирует существование переходного моронтийного мира, занимающего промежуточное положение между материальным существованием и духовной свободой. Именно религиозный человек, а не религия, подтверждает существование духовных реальностей и божественных ценностей, которые ожидают человека на пути вечного прогресса.

8. СЕКУЛЯРНЫЙ ТОТАЛИТАРИЗМ

Но даже после того, как материализм и механицизм будут в той или иной степени преодолены, разрушительное влияние секуляризма двадцатого века будет продолжать отравлять духовный опыт миллионов доверчивых душ.

Современному секуляризму благоприятствовали два общемировых фактора. Отцом секуляризма было ограниченное и безбожное отношение, свойственное науке девятнадцатого и двадцатого веков – так называемой атеистической науке. Матерью современного секуляризма была тоталитарная средневековая христианская церковь, а начало ему положил нарастающий протест против почти полного засилья институциональной христианской церкви в западной цивилизации.

Сейчас, во время создания этого откровения, преобладающий интеллектуальный и политический климат как европейской, так и американской жизни является, бесспорно, секулярным – гуманистичным. На протяжении трех столетий происходила всё бóльшая секуляризация западной мысли. Религия, влияние которой становилось всё более формальным, свелась к отправлению обрядов. Большинство людей, считающих себя христианами западной цивилизации, не подозревают о том, что являются настоящими сторонниками секуляризма.

Потребовалась огромная сила, могущественное воздействие, чтобы освободить думающую и активную часть западных народов от иссушающей хватки тоталитарной церковной власти. Секуляризм действительно сломал оковы церковного господства, но теперь он грозит установить новый тип власти без бога над сердцами и умами современных людей. Тираническое, диктаторское политическое государство является прямым отпрыском научного материализма и философского секуляризма. Стоит секуляризму освободить человека от господства институциональной церкви, как он тут же продает его в рабство тоталитарному государству. Секуляризм освобождает человека от церковного рабства только для того, чтобы тут же предать его – отдать на откуп тирании политического и экономического рабства.

Материализм отвергает Бога, секуляризм просто игнорирует его; во всяком случае, таким было его изначальное отношение. В последнее время секуляризм отличается большей воинственностью, стремясь занять место той самой религии, с тоталитарным бременем которой он когда-то боролся. Секуляризм двадцатого века пытается утверждать, что человек не нуждается в Боге. Но берегитесь – эта безбожная философия человеческого общества приведет только к беспорядкам, вражде, несчастьям, войнам и всемирным катастрофам!

Безбожие никогда не сможет принести человечеству мир. Ничто не может занять место Бога в человеческом обществе. Но запомните раз и навсегда: не спешите отказываться от благоприятных последствий секулярного протеста против церковного тоталитаризма! В настоящее время западная цивилизация пользуется многими свободами и удовлетворяет многие потребности в результате антиклерикальной революции. Огромная ошибка антиклерикализма заключалась в следующем: восстав против почти полного контроля над жизнью со стороны духовенства и добившись освобождения от этой тирании церкви, сторонники секуляризации на этом не остановились и подняли бунт – принимавший то подспудный, то открытый характер, – против самого Бога.

Именно антиклерикальному восстанию вы обязаны поразительными творческими способностями американского индустриализма и беспрецедентным материальным прогрессом западной цивилизации. А из-за того, что секуляристский бунт зашел слишком далеко и упустил из виду Бога и *истинную* религию, человеку пришлось собирать непредвиденный урожай – мировые войны и неустойчивое международное положение.

Необязательно жертвовать верой в Бога, чтобы пользоваться благами современного секуляристского бунта – терпимостью, социальным обеспечением, демократическим правлением и гражданскими свободами. Содействие развитию науки и прогрессу образования отнюдь не означает борьбу с истинной религией.

Однако секуляризм не является единственным источником всех этих недавних успехов, связанных с повышением уровня жизни. Причина достижений двадцатого века кроется не только в науке и секуляризме, но также в неузнанном и непризнанном духовном влиянии жизни и учений Иисуса Назарянина.

Без Бога, без религии научный секуляризм никогда не сможет координировать свои силы, согласовать различные и соперничающие интересы, расы и национальные чувства. Несмотря на беспримерные материальные достижения, секулярное общество медленно распадается из-за существующих антагонизмов. Главной скрепляющей силой, противодействующей этому распаду, является национализм. А национализм – это основное препятствие на пути к всеобщему миру.

Внутренняя слабость секуляризма заключается в том, что он отказывается от этики и религии в пользу политики и власти. Невозможно создать братство людей, игнорируя и отвергая отцовство Бога.

Секулярный социальный и политический оптимизм является иллюзией. Без Бога ни свобода и независимость, ни собственность и богатство не приведут к миру.

Полная секуляризация науки, образования, промышленности и общества может привести только к катастрофе. За первую треть двадцатого века урантийцы убили больше людей, чем погибло за всю христианскую эпоху. И это только первые ужасные плоды материализма и секуляризации; еще более страшные разрушения ждут вас впереди.

9. ПРОБЛЕМА ХРИСТИАНСТВА

Не пренебрегайте ценностью вашего духовного наследия – рекой истины, текущей через века даже к бесплодным временам материалистического и секулярного века. Во всех своих достойных попытках освободиться от суеверий прошлого заботьтесь о том, чтобы твердо держаться вечной истины. Но будьте терпеливы! Когда нынешний бунт суеверий закончится, истины евангелия Иисуса сохранятся во всей своей славе, озаряя новый, лучший путь.

Однако оязыченное и социализированное христианство нуждается в новом знакомстве с подлинными учениями Иисуса; оно чахнет, лишенное нового ви́дения жизни Учителя на земле. Новое и более полное раскрытие религии Иисуса призвано подчинить царство материалистического секуляризма и опрокинуть мировое господство механистического натурализма. В настоящее время Урантия с трепетом приближается к одной из наиболее поразительных и увлекательных эпох социального переустройства, нравственного пробуждения и духовного просвещения.

Несмотря на то что учения Иисуса претерпели огромные изменения, им удалось пережить мистериальные культы древности, невежество и суеверия средневековья, и в настоящее время они постепенно изживают материализм, механицизм и секуляризм двадцатого века. И такие эпохи великих испытаний и нависшей угрозы поражения всегда являются эпохами великих откровений.

Религии действительно нужны новые вожди – одухотворенные мужчины и женщины, которые не побоятся положиться только на Иисуса и его несравненные учения. Если христианство и впредь будет пренебрегать своей духовной миссией, продолжая заниматься социальными и материальными проблемами, то духовное возрождение наступит только с приходом этих новых учителей религии Иисуса, посвященных исключительно духовному обновлению людей. И тогда эти рожденные в духе души быстро выдвинут из своих рядов тех вождей и станут источником того вдохновения, которые необходимы для социального, морального, экономического и политического переустройства мира.

Современная эпоха не примет религию, которая противоречит фактам и не согласуется с ее высшими представлениями об истине, красоте и благости. Пробил час нового открытия истинных, исконных основ сегодняшнего искаженного и скомпрометированного христианства – открытия подлинной жизни и учений Иисуса.

Первобытный человек жил в оковах суеверного религиозного страха. Современные цивилизованные люди боятся оказаться в зависимости от глубоких религиозных убеждений. Мыслящие люди всегда боялись *контроля* религии. Когда глубокая и волнующая религия грозит подчинить себе человека, он неизменно стремится перевести ее в рациональный, традиционный и институциональный план, тем самым надеясь подчинить ее себе. При этом даже богооткровенная религия превращается в творение человека и подчиняется его власти. Современные мыслящие мужчины и женщины избегают религии Иисуса, опасаясь того, чтó она сделает *им* – и *с ними.* И все эти опасения вполне обоснованны. Религия Иисуса действительно подчиняет и преобразует верующих, требуя от людей посвятить свою жизнь познанию воли небесного Отца и направить всю жизненную энергию на бескорыстное служение братству людей.

Эгоистичные мужчины и женщины просто не станут платить такую цену даже за величайшее духовное сокровище, когда-либо предложенное смертному человеку. Лишь после того, как человек будет в достаточной мере разочарован прискорбными последствиями неразумных и обманчивых эгоистических устремлений и вслед за тем как он убедится в бесплодности формальной религии, он захочет всем сердцем повернуться к евангелию царства – религии Иисуса Назарянина.

Миру не хватает религии, полученной из первых рук. Даже христианство – лучшая из религий двадцатого века – не только является религией *об Иисусе*, но и в значительной мере воспринимается в пересказах. Люди принимают эту религию такой, какой она передается им признанными религиозными учителями. Как пробудился бы мир, если бы он смог увидеть Иисуса таким, каким он в действительности жил на земле, и познать его животворные учения в их первозданном виде! Слова, описывающие прекрасное, неспособны вызвать такой же трепет, как вид прекрасного, как не могут слова вероучения воодушевить душу человека так же, как опыт познания Божьего присутствия. Однако уповающая вера никогда не захлопнет дверь надежды человеческой души, которая будет оставаться открытой для вечных духовных реальностей, выражающих божественные ценности небесных миров.

Христианство посмело принизить свои идеалы, отступив перед человеческой алчностью, милитаристским безумием и властолюбием, но религия Иисуса остается незапятнанным и трансцендентным духовным призывом, побуждающим то лучшее, что есть в человеке, подняться над пережитками животной эволюции и, через благодать, достигнуть нравственных высот истинного предназначения человека.

Христианству грозит медленная смерть от формализма, бюрократизма, интеллектуализма и других недуховных тенденций. Современная христианская церковь не является тем братством активных верующих, которым Иисус поручал неустанно добиваться духовного преображения сменяющих друг друга поколений.

Так называемое христианство является не только вероучением и религиозными ритуалами: оно превратилось также в общественное и культурное движение. В поток современного христианства просачиваются ручьи из многих древних языческих болот и варварских топей; многие культурные бассейны древности питают этот поток современной культуры наряду с высокогорными галилейскими плато, которые считаются его единственным источником.

10. БУДУЩЕЕ

Христианство действительно оказало этому миру великую услугу, однако сегодня людям в первую очередь нужен Иисус. Миру нужно увидеть Иисуса вновь живущим на земле в опыте рожденных в духе смертных, умело раскрывающих

Учителя всем людям. Бесполезно говорить о возрождении примитивного христианства; вы должны продолжить путь с того рубежа, на котором находитесь сегодня. Современная культура должна пройти духовное крещение новым откровением жизни Иисуса, должна озариться новым пониманием его евангелия вечного спасения. И после такого возвышения Иисус привлечет к себе всех людей. Ученики Иисуса должны быть не просто завоевателями, а изобильными источниками воодушевления и лучшей жизни для каждого человека. Религия является всего лишь проявлением благородного гуманизма до тех пор, пока открытие реальности Божьего присутствия в личном опыте не делает ее божественной.

Красота и величественность, человечность и божественность, простота и уникальность жизни Иисуса на земле являют столь поразительную и притягательную картину спасения человека и раскрытия Бога, что теологи и философы всех времен должны проявлять чрезвычайную сдержанность и не позволять себе создавать вероучения или формировать теологические системы духовного рабства из этого трансцендентального посвящения Бога в облике человека. В Иисусе вселенная создала смертного человека, в котором дух любви одержал победу над материальными ограничениями времени и преодолел факт физического происхождения.

Всегда помните: Бог и люди нужны друг другу. Они взаимно необходимы для полного и окончательного достижения вечного личностного опыта божественного предназначения, завершенности вселенной.

«Царство Божье находится в вас» было, возможно, величайшим заявлением, когда-либо сделанным Иисусом, вслед за возвещением того, что Отец является живым, любящим духом.

Когда новые души склоняются на сторону Учителя, человека и его мир преобразует не первая верста – обязательства, долг или согласие, а *вторая* – добровольное служение и свободолюбивая преданность, которая говорит о том, что последователь Иисуса тянется к собрату в стремлении объять его своей любовью и, следуя за духом, увлечь его к высокой божественной цели смертного бытия. Христианство до сих пор охотно проходит *первую* версту, но человечество изнемогает, влачась в нравственной тьме из-за того, что существует слишком мало желающих пройти вторую версту, – слишком мало убежденных последователей Иисуса, которые действительно живут и любят так, как он учил своих учеников жить, любить и служить.

Призыв к участию в смелом начинании – построении нового, преобразованного человеческого общества через духовное возрождение созданного Иисусом царства собратьев – должен вызывать у всех верующих в него людей такое воодушевление, какое не ощущалось с тех пор, когда последователи Учителя ходили по земле в качестве его спутников во плоти.

Никакая социальная система или политический режим, которые отрицают реальность Бога, не могут внести какого-либо конструктивного и прочного вклада в развитие человеческой цивилизации. Однако христианство – в его раздробленном и секуляризованном виде – является сегодня крупнейшим препятствием на пути к ее дальнейшему развитию; это особенно справедливо в отношении Востока.

Церковность совершенно несовместима с живой верой, растущим духом и личным опытом товарищей Иисуса в вере – членов братства людей, объединенных духовной связью в царстве небесном. Похвальное стремление сохранить традиции прошлых свершений нередко ведет к защите изживших себя религиозных систем. Благонамеренное желание поощрять древние системы мысли серьезно препятствует становлению новых, адекватных средств и методов, рассчитанных на удовлетворение духовных потребностей расширяющегося и эволюционирующего разума современных людей. Точно так же христианские церкви двадцатого века являются огромным, хотя и совершенно неосознанным препятствием для непосредственного развития подлинного евангелия – учений Иисуса Назарянина.

Многим честным людям, которые с радостью посвятили бы свою преданность евангельскому Христу, чрезвычайно трудно искренне поддерживать церковь, в которой осталось так мало от духа его жизни и учений и создание которой ошибочно приписывают Учителю. Иисус не являлся основателем так называемой христианской церкви, но он всегда – всеми возможными путями, совместимыми со своей сущностью, – *благоприятствовал* ей как лучшему существующему толкователю дела его жизни на земле.

Если бы только христианская церковь решилась принять программу Учителя, тысячи кажущихся безразличными молодых людей устремились бы в ряды такого духовного движения и без колебания прошли бы весь путь, доведя до конца это великое и смелое начинание.

Христианству всерьез грозит участь, выраженная одним из его собственных кредо: «Семья, раздираемая распрями, не устоит». Нехристианский мир едва ли капитулирует перед христианами, раздробленными на секты. Живой Иисус – единственная надежда возможного объединения христианского мира. Истинная церковь – братство Иисуса – отличается незримостью, духовностью и *единством*; ей совсем не обязательно быть *единообразной*. Единообразие является отличительным признаком физического, механистического по своей природе мира. Духовное единство является плодом вероисповедного союза с живым Иисусом. Зримая церковь должна перестать препятствовать прогрессу незримого духовного братства царства Божьего. И этому братству предстоит стать *живым организмом*, разительно отличающимся от институциональной социальной организации. Оно вполне может использовать такие социальные организации, но оно не должно подменяться ими.

Но не следует презирать христианство – даже христианство двадцатого века. Оно является многовековым совместным творением богопознавших людей многих народов, и оно действительно явилось одной из величайших сил добра на земле; поэтому никто не должен пренебрегать им, несмотря на его врожденные и приобретенные изъяны. Христианство и сейчас пробуждает в мыслящих людях сильные нравственные эмоции.

Однако нет никаких оправданий участию церкви в коммерции и политике; такие нечестивые союзы являются вопиющим предательством Учителя. И подлинные друзья истины вряд ли забудут, что часто именно могущественная институциональная церковь без зазрения совести губила новую веру в зародыше и преследовала провозвестников истины, если те представали в неортодоксальном одеянии.

Совершенно очевидно, что подобная церковь не могла бы сохраниться, если бы в мире не было людей, предпочитающих такой стиль вероисповедания. Многие духовно нерадивые души тянутся к древней, непререкаемой религии, основанной на ритуалах и священных традициях. Человеческая эволюция и духовный прогресс едва ли достаточны для того, чтобы позволить всем людям обходиться без религиозной власти. И незримое братство царства вполне может принять эти семейные группы, относящиеся к различным по своей социальной принадлежности и темпераменту классам, если только они действительно пожелают стать ведóмыми духом Божьими сынами. Но в этом братстве Иисуса нет места для сектантского соперничества, межгрупповой озлобленности или притязаний на моральное превосходство и духовную непогрешимость.

Польза этих разнообразных объединений христиан может заключаться в вовлечении многочисленных типов потенциальных верующих, существующих среди различных народов западной цивилизации. Но такая раздробленность христианского мира является огромной слабостью, когда этот мир пытается распространить евангелие Иисуса среди народов Востока. Эти народы еще не понимают, что *религия Иисуса* существует отдельно и несколько обособленно от христианства, которое постепенно превратилось в *религию об Иисусе*.

Великая надежда Урантии связана с возможностью нового раскрытия Иисуса через новое, расширенное изложение его спасительного учения, которое объединило бы в любвеобильном служении многочисленные группы тех, кто сегодня называет себя его последователями.

Даже светское образование могло бы помочь этому великому духовному возрождению, если бы оно уделяло больше внимания обучению молодежи методам планирования жизни и воспитания характера. Смысл всякого образования должен заключаться в том, чтобы способствовать достижению высшей цели жизни – формированию величественной и гармонично развитой личности. Существует огромная потребность в воспитании нравственной дисциплины вместо чрезмерного самоудовлетворения. Опираясь на такой фундамент, религия может использовать свой духовный стимул для расширения и обогащения смертной жизни, равно как для укрепления уверенности в жизни вечной и повышения ее ценности.

Христианство – это импровизированная религия, которая, вследствие этого, должна действовать медленно. Быстрым духовным процессам придется дождаться нового откровения и более широкого признания подлинной религии Иисуса. Однако христианство – это могущественная религия; ибо простолюдины, являвшиеся учениками распятого плотника, начали проповедь таких учений, которые за триста лет завоевали римский мир, а затем продолжили свое триумфальное шествие, покорив варваров, которые, в свою очередь, свергли Рим. Именно христианство покорило – приняло и возвысило – целый поток иудейской теологии и греческой философии. А затем, пробыв более тысячи лет в коматозном состоянии из-за передозировки мистерий и язычества, эта христианская религия возродила себя и фактически вторично покорила весь западный мир. Те учения Иисуса, которые содержатся в христианстве, достаточны для того, чтобы сделать его бессмертным.

Если бы только христианство смогло глубже проникнуть в учения Иисуса, оно могло бы оказать современному человеку намного бóльшую помощь в решении его новых и всё более сложных проблем.

Христианство поставлено в чрезвычайно трудное положение, поскольку в глазах всего мира оно считается частью социальной системы, производственной жизни и моральных норм западной цивилизации. И потому невольно стало казаться, что христианство поддерживает общество, спотыкающееся под тяжестью вины, ибо оно терпит науку без идеализма, политику без принципов, богатство без труда, удовольствия без меры, знания без добропорядочности, силу без совести и производство без морали.

Надежда современного христианства состоит в том, чтобы прекратить потворствовать социальным системам и производственной политике западной цивилизации, при этом склоняясь перед крестом, который оно так героически превозносит, и заново научиться у Иисуса Назарянина величайшим истинам, доступным смертному человеку, – живому евангелию об отцовстве Бога и братстве людей.

ДОКУМЕНТ 196

ВЕРА ИИСУСА

Иисус отличался возвышенной и беззаветной верой в Бога. Ему приходилось испытывать обычные превратности смертного существования, но в религиозном смысле он никогда не сомневался в бесспорности Божьей опеки и водительства. Эта вера произрастала из его проницательности, порожденной деятельностью божественного присутствия – его внутреннего Настройщика. Вера Иисуса не была ни традиционной, ни всего лишь интеллектуальной; она была всецело личной и сугубо духовной.

В представлении Иисуса-человека Бог являлся святым, справедливым и великим, равно как истинным, прекрасным и благим. Все эти атрибуты божественности сосредоточились в его сознании как «воля Отца небесного». Бог Иисуса являлся одновременно «Святым Израиля» и «живым и любящим Отцом небесным». Иисус не был первым, кто представлял Бога Отцом, однако он возвысил и расширил эту идею, превратив ее в возвышенный опыт благодаря новому раскрытию Бога и возвещению того, что каждое смертное создание есть дитя этого Отца любви, дитя Божье.

Иисус не цеплялся за веру в Бога так, как это делала бы душа, борющаяся со вселенной и сцепившаяся в смертельной схватке с враждебным и греховным миром; не прибегал он к вере и в качестве одного только утешения в трудную минуту или убежища в момент подступающего отчаяния; вера не являлась всего лишь иллюзией, компенсирующей суровые реальности и горести жизни. Несмотря на все естественные трудности и временны́е противоречия смертного существования, он испытывал покой, порождаемый высшим и полным доверием к Богу, и ощущал колоссальный восторг жизни, проходившей, благодаря этой вере, в само́м присутствии небесного Отца. И эта победоносная вера была живым опытом обретения подлинного духа. Великий вклад Иисуса в ценности человеческого опыта заключался не в том, что он раскрыл так много новых идей о небесном Отце, а в том, что он столь блистательно и по-человечески продемонстрировал новый, более высокий тип *живой веры в Бога*. Никогда, ни в одном мире этой вселенной Бог не превращался в жизни смертного в такую *живую реальность*, какой он стал в человеческом опыте Иисуса Назарянина.

В жизни Учителя на Урантии этот и остальные миры локального творения открывают новый, более высокий тип религии, основанной на личных духовных отношениях со Всеобщим Отцом и полностью подтверждаемой высшим авторитетом – подлинным личным опытом. Эта живая вера Иисуса выходила за рамки интеллектуальной рефлексии и не являлась мистическим созерцанием.

Теология способна закреплять, формулировать, определять и догматизировать веру, но в человеческой жизни Иисуса вера была личной, живой, самобытной, непосредственной и сугубо духовной. Эта вера являлась не благоговением перед традициями или чисто рациональным верованием, за которое он держался как за священный символ веры, а возвышенным опытом и глубоким убеждением, которое *прочно владело им*. Его вера была столь реальной и всеохватной, что она полностью отметала любые духовные сомнения и решительно пресекала каждое противоречащее ей желание. Ничто не могло оторвать его от этой духовной опоры

– пламенной, возвышенной и несгибаемой веры. Несмотря на кажущееся поражение, томимый разочарованием и усиливавшимся отчаянием, он оставался спокойным в божественном присутствии, лишенным страха и прекрасно понимающим духовную неуязвимость. Иисус отличался той воодушевляющей уверенностью, которая приходит с непоколебимой верой, и в каждой из трудных жизненных ситуаций он неизменно демонстрировал безоговорочную преданность исполнению воли Отца. Эту грандиозную веру не могла сломить даже жестокая и невыносимая угроза бесславной смерти.

Как часто сильная духовная вера религиозного гения ведет его к пагубному фанатизму, чрезмерному развитию религиозного «я». Но этого не произошло с Иисусом. Необыкновенная вера и духовные достижения не оказывали неблагоприятного воздействия на его практическую жизнь, поскольку его духовный восторг являлся совершенно бессознательным и непроизвольным душевным выражением его личного знания Бога.

Всепоглощающая и неукротимая духовная вера Иисуса никогда не превращалась в фанатизм, ибо она никогда не пыталась проявиться в отрыве от его взвешенных рациональных суждений о соразмерных ценностях, присущих практическим и будничным жизненным ситуациям – социальным, экономическим и нравственным. Сын Человеческий являлся необыкновенно цельной человеческой личностью; он представлял собой наделенное совершенными способностями божественное существо; он был также величественно согласованным и объединенным божественно-человеческим существом, действующим на земле в одной личности. Учитель всегда соотносил веру души с мудрыми оценками многолетнего опыта. Личная вера, духовная надежда и нравственная преданность всегда находились в несравненном религиозном согласии – гармоничной связи – с глубоким осознанием реальности и священности любого вида человеческой преданности, связанной с личной честью, любовью к семье, религиозными обязанностями, общественным долгом и экономической необходимостью.

Вера Иисуса показывала, что все духовные ценности находятся в царстве Божьем. Поэтому он говорил: «Ищите прежде всего царство небесное». В прогрессивном и идеальном братстве царства Иисус видел выполнение и свершение «воли Божьей». Сущность молитвы, которой он учил своих учеников, заключалась в словах: «Да наступит царство твое, да исполнится воля твоя». Таким образом, представляя царство как воплощение Божьей воли, он посвятил себя делу исполнения этой воли с поразительной самоотверженностью и безграничным воодушевлением. Однако во всей своей активной миссии и на всём протяжении своей необыкновенной жизни в нём ни разу не проявилось неистовство фанатика или поверхностность и пустота религиозного эгоиста.

Вся жизнь Учителя последовательно определялась этой живой верой, этим возвышенным религиозным опытом. Такое духовное отношение господствовало в его мыслях и чувствах, его вероисповедании и молитвах, его уроках и проповедях. Эта личная вера сына в несомненность и надежность водительства и защиты небесного Отца наполняла его уникальную жизнь глубоким чувством духовной реальности. И всё же, несмотря на осознание своей тесной связи с божественностью, этот галилеянин, Божий галилеянин – когда к нему обратились со словами «Благой Учитель» – сразу же ответил: «Почему называешь меня благим?» Сталкиваясь со столь поразительным самозабвением, мы начинаем понимать, каким образом Всеобщему Отцу удалось столь полно явить себя Учителю и через него раскрыть себя смертным созданиям миров.

Как обитатель этого мира, Иисус принес Богу величайшую из жертв: посвящение своей воли величественному служению – исполнению божественной воли. Иисус всегда и последовательно истолковывал религию с точки зрения воли Отца. Изучая путь Учителя в том, что касается молитвы или какого-либо иного аспекта его религиозной жизни, обращайте внимание не столько на то, чему он учил, сколько на то, чтó он делал. Молитва никогда не была для Иисуса религиозной обязанностью. Молитва служила искренним выражением духовного отношения, заявлением о преданности души, провозглашением личной приверженности, выражением благодарности, предупреждением эмоционального напряжения, предотвращением конфликта, возвышением умственной деятельности, облагораживанием желаний, подтверждением морального решения, обогащением мысли, укреплением высших побуждений, освящением порыва, прояснением точки зрения, заявлением о вере, трансцендентным отказом от собственной воли, возвышенным подтверждением доверия, раскрытием мужества, возвещением открытия, признанием в высшей преданности, подтверждением освящения, методом решения трудностей и могущественной мобилизацией всех душевных сил для сопротивления всевозможным эгоистическим, порочным и греховным тенденциям человека. Именно такую жизнь – жизнь молитвенного посвящения исполнению воли Отца – прожил Иисус, триумфально завершив ее именно такой молитвой. Тайна его несравненной религиозной жизни заключалась в осознании присутствия Бога; и он достиг этого с помощью разумной молитвы и искреннего поклонения – непрерывного общения с Богом, – а не посредством указаний, голосов, видéний или необычных религиозных ритуалов.

В земной жизни Иисуса религия являлась живым опытом, непосредственным индивидуальным движением от духовного благоговения к практической праведности. Вера Иисуса приносила трансцендентные плоды божественного духа. Его вера не была незрелой и легковерной, как вера ребенка, однако во многих отношениях она действительно напоминала безмятежную доверчивость дитя. Иисус доверял Богу во многом так же, как ребенок доверяет родителю. Он относился к вселенной с огромным доверием – с таким же доверием, с каким дитя относится к своим родителям. Безраздельная вера Иисуса в основополагающую благость вселенной чрезвычайно напоминала уверенность ребенка в безопасности его земного окружения. Он надеялся на небесного Отца так же, как дитя полагается на своего земного родителя, и его пламенная вера ни разу, ни на мгновение не усомнилась в непреложности высшей опеки небесного Отца. Страхи, сомнения и скептицизм почти не омрачали его путь. В нём не было неверия, которое препятствовало бы свободному и самобытному выражению его жизни. Непоколебимое и разумное мужество взрослого человека сочеталось в нём с искренним и доверчивым оптимизмом верующего дитя. Его вера поднялась на такие высоты доверия, что была свободна от страха.

Вера Иисуса достигла чистоты, свойственной доверию ребенка. Его вера была столь абсолютной и лишенной сомнения, что она живо реагировала на прелесть общения с собратьями и на чудо вселенной. Его чувство доверия божественному было столь всецелым и прочным, что приносило радость и уверенность в абсолютной личной безопасности. Его религиозному опыту были чужды неуверенность и притворство. В этом гигантском интеллекте взрослого человека вера дитя безраздельно властвовала во всём, что касалось религиозного сознания. Неудивительно, что однажды он сказал: «Пока не станете подобны детям, не войдете в царство». Несмотря на то что вера Иисуса была *младенчески чистой*, в ней не было абсолютно ничего *инфантильного*.

Иисус требует от своих учеников верить не в него, а *вместе* с ним, верить в реальность Божьей любви и с полным доверием принимать безопасность, которую дает уверенность в богосыновстве. Учитель желает, чтобы все его последователи полностью разделили с ним его трансцендентную веру. Чрезвычайно трогателен призыв Иисуса к своим сторонникам не только верить в то, во *что* верил он, но и верить так, *как* верил он. В этом заключен глубокий смысл его высшего требования – «следуй за мной».

Земная жизнь Иисуса была посвящена одной великой цели: исполнить волю Отца, прожить жизнь религиозного человека, живущего верой. Вера Иисуса была по-детски доверчивой, однако она была совершенно лишена самонадеянности. Он принимал трудные и отважные решения, мужественно встречал многочисленные разочарования, решительно преодолевал сложнейшие препятствия и без колебаний подчинялся суровым требованиям долга. Нужна была сильная воля и неисчерпаемое доверие, чтобы верить в то, во что верил Иисус, и верить так, *как* верил он.

1. ИИСУС-ЧЕЛОВЕК

Приверженность Иисуса воле Отца и служению людям была не просто решением смертного создания, решимостью человека: она являлась беззаветным самопожертвованием такому неограниченному посвящению любви. Каким бы великим ни был факт владычества Михаила, вы не должны отнимать у людей Иисуса-человека. Учитель достиг высот восхождения в равной мере как человек и Бог; он принадлежит людям; люди принадлежат ему. Как жаль, что сама религия, претерпев столь превратные толкования, отбирает Иисуса-человека у борющихся смертных! Не позволяйте обсуждениям человеческого или божественного начала Христа затмевать спасительную истину о том, что Иисус Назарянин являлся религиозным человеком, который, через веру, достиг знания и исполнения Божьей воли; он был наиболее подлинно-религиозным человеком из всех людей, когда-либо живших на Урантии.

Настало время засвидетельствовать символическое воскресение Иисуса-человека из погребального склепа, заполненного теологическими традициями и религиозными догмами девятнадцати веков. Иисус Назарянин больше не должен приноситься в жертву даже величественной концепции прославленного Христа. Какая трансцендентная услуга будет оказана ему, если, через это откровение, Сын Человеческий восстанет из склепа традиционной теологии и будет представлен в качестве живого Иисуса той самой церкви, которая носит его имя, равно как и всем остальным религиям! Несомненно, христианское братство верующих без колебаний внесет такие изменения в свою веру и жизненный уклад, которые позволят «следовать» за Учителем в демонстрации его истинной жизни – религиозной преданности исполнению воли Отца и посвященности бескорыстному служению людям. Боятся ли мнимые христиане того, что обнаружится самодовольное и неосвященное сообщество с присущей ему социальной респектабельностью и корыстными экономическими интересами? Страшится ли институциональное христианство того, что будет поколеблена – или даже опрокинута – традиционная церковная власть, если Иисус Галилеянин будет восстановлен в умах и душах смертных людей как идеал личной религиозной жизни? Действительно, социальные преобразования, экономические изменения, нравственное обновление и переоценка религии христианской цивилизации имели бы радикальный и революционный характер, если бы живая религия Иисуса внезапно пришла на смену теологической религии об Иисусе.

«Следовать за Иисусом» – значит лично исповедовать такую же, как Учитель, религиозную веру и проникнуться духом его жизни, бескорыстным служением человеку. Одна из важнейших задач человеческой жизни – узнать, во что верил Иисус, открыть его идеалы и стремиться к достижению возвышенной цели его жизни. Из всего человеческого знания величайшей ценностью является знание религиозной жизни Иисуса и того, ка́к он ее прожил.

Простые люди охотно слушали Иисуса, и описание его праведной человеческой жизни, движимой священным религиозным побуждением, снова найдет отклик в их сердцах, если такие истины будут вновь возвещаться миру. Люди с удовольствием слушали его, поскольку он был одним из них, простым мирянином; величайший религиозный учитель мира действительно был мирянином.

Целью верующих в царство должно быть не буквальное подражание внешней стороне жизни Иисуса, а приобщение к его вере; они должны стремиться доверять Богу так, как доверял он, и верить в людей так, как верил он. Иисус никогда не аргументировал ни отцовство Бога, ни братство людей: он являлся живой иллюстрацией одного и всеобъемлющей демонстрацией другого.

Так же как люди должны пройти путь от осознания человеческого к постижению божественного, так Иисус поднялся от природы человека к осознанию природы Бога. И Учитель совершил это великое восхождение от человеческого к божественному при помощи объединенных усилий – веры его смертного интеллекта и действий его внутреннего Настройщика. Осознание фактического достижения полной божественности (при одновременном исчерпывающем осознании реальности своего человеческого начала) прошло через семь этапов постепенного вероисповедного осознания божественности. Эти этапы постепенной самореализации были отмечены следующими необыкновенными событиями в посвященческом опыте Учителя:

1. Прибытием Настройщика Мышления.

2. Явлением посланника Иммануила в Иерусалиме, когда Иисусу было около двенадцати лет.

3. Явлениями, которыми было отмечено его крещение.

4. Опытом на Горе Преображения.

5. Моронтийным воскресением.

6. Духовным вознесением.

7. Завершающими объятиями Райского Отца, дарующими полновластие в его вселенной.

2. РЕЛИГИЯ ИИСУСА

Когда-нибудь реформация христианской церкви может стать достаточно глубокой, чтобы вернуться к неискаженным религиозным учениям Иисуса – создателя и завершителя нашей веры. Вы можете *проповедовать* религию *об Иисусе*, однако религию *Иисуса* можно только *прожить*. В атмосфере эмоционального подъема Пятидесятницы Петр невольно положил начало новой религии – религии о воскресшем и прославленном Христе. Впоследствии апостол Павел преобразовал это новое евангелие в христианство – религию, воплощающую его собственные теологические представления и описывающую его собственное, *личное впечатление* от встречи с Иисусом на дамасской дороге. Евангелие царства основано на личном религиозном опыте Иисуса Галилеянина; христианство основано почти исключительно на личном религиозном опыте апостола Павла. Почти весь Новый Завет посвящен не описанию знаменательной и воодушевляющей религиозной жизни Иисуса, а обсуждению религиозного опыта Павла и изложению его личных религиозных убеждений. Единственными достойными внимания исключениями – не считая некоторых мест из Матфея, Марка и Луки – являются Послание к Евреям и Послание Иакова. Даже Петр в своем сочинении только раз обратился к личной религиозной жизни своего Учителя. Новый Завет является превосходным христианским текстом, однако в нём очень мало от религии Иисуса.

Жизнь Иисуса во плоти отражает трансцендентный религиозный рост, который начался с ранних представлений, отражавших первоначальный трепет и человеческое благоговение, продолжался в годы личного духовного общения и завершился в то время, когда он окончательно достиг высокого и славного статуса – осознания своего единства с Отцом. Таким образом, в течение одной короткой жизни Иисус действительно обрел тот опыт религиозного и духовного развития, к которому человек приступает на земле и обычно достигает только по завершении своего долгого обучения в школах воспитания духа на последовательных уровнях предрайского пути. Иисус прошел путь от чисто человеческого сознания, вероисповедной убежденности в собственном религиозном опыте, до величественных духовных высот – достоверного постижения своей божественной сущности и осознания своей тесной связи со Всеобщим Отцом в управлении вселенной. Он поднялся от скромного положения смертной зависимости – побудившей его невольно сказать тому, кто назвал его Благим Учителем: «Почему ты называешь меня благим? Никто не является благим, кроме Бога» – до того величественного осознания обретенной божественности, которое заставило его воскликнуть: «Кто из вас обвинит меня в грехе?» И это постепенное восхождение от человеческого к божественному было исключительно смертным достижением. И после этого достижения божественности он остался тем же Иисусом-человеком – в равной мере Сыном Человеческим и Сыном Божьим.

Марк, Матфей и Лука частично передали образ Иисуса-человека, ведущего возвышенную борьбу в стремлении узнать Божью волю и исполнить эту волю. Иоанн описывает победоносного Иисуса, который ступает по земле, полностью осознавая свою божественность. Огромная ошибка тех, кто изучал жизнь Учителя, заключается в том, что одни представляли его только человеком, а другие считали его только божеством. На протяжении всей своей жизни он подлинно был как человеком, так и божеством; таким он является и по сей день.

Однако самая большая ошибка заключалась в следующем: в то время как Иисус-человек получил признание как *носитель* религии, божественный Иисус (Христос) почти в одночасье стал религией. Христианство Павла позаботилось о поклонении божественному Христу, но оно почти полностью упустило из вида борющегося и доблестного человека – Иисуса Галилеянина, который, благодаря мужеству своей личной религиозной веры и героизму внутреннего Настройщика, прошел путь от низших человеческих уровней до единения с божественностью; тем самым он стал новым живым путем, ступая по которому все смертные могут подняться от человеческого уровня к божественному. В любом мире, на любой стадии духовности, в личной жизни Иисуса смертные могут найти то, что укрепит и воодушевит их при восхождении от низших духовных уровней к высшим божественным ценностям, от начала до конца всего личного религиозного опыта.

В те времена, когда создавался Новый Завет, его авторы не только не сомневались в божественности воскресшего Христа, но также преданно и искренне верили в его скорое возвращение на землю для окончательного претворения небесного царства. Прочная вера в быстрое возвращение Господа привела к тенденции опускать из повествований те эпизоды, которые касались чисто человеческого опыта и атрибутов Учителя. Для всего христианского движения был характерен отход от человеческого образа Иисуса Назарянина и возвышение воскресшего Христа – прославленного Господа Иисуса Христа накануне своего второго пришествия.

Иисус основал религию личного опыта в исполнении воли Бога и служении братству людей; Павел основал религию, в которой прославленный Иисус стал объектом поклонения, а братство состояло из содружества верующих в божественного Христа. В посвящении Иисуса две эти концепции потенциально заключались в его божественно-человеческой жизни; поистине жаль, что его последователям не удалось создать единую религию, которая могла бы по достоинству оценить как человеческую, так и божественную сущности Учителя, неразрывно объединенные в его земной жизни и столь славно представленные в изначальном евангелии царства.

Некоторые резкие высказывания Иисуса не показались бы вам шокирующими или обескураживающими, если бы вы не забывали о том, что он являлся наиболее беззаветным и преданным религиозным человеком этого мира. Это был всецело посвященный смертный, безраздельно преданный исполнению воли своего Отца. Многие из его кажущихся резкими изречений являлись в большей мере личной исповедью веры и обетом преданности, чем приказами своим последователям. Именно это единство цели и бескорыстная преданность позволили ему добиться столь необычайного прогресса в овладении человеческим разумом за одну короткую жизнь. Многие из его заявлений должны рассматриваться как признание того, чего он требовал от себя, а не от всех своих последователей. В своей приверженности делу царства Иисус сжег за собой все мосты; он пожертвовал всем, что препятствовало исполнению воли его Отца.

Иисус благословлял бедных, поскольку обычно они отличались искренностью и благочестием; он осуждал богатых, поскольку обычно они были нечестивыми и нерелигиозными. Он был готов в равной мере осудить нерелигиозного нищего и похвалить благочестивого и поклоняющегося Богу состоятельного человека.

Иисус помогал людям свободно чувствовать себя в этом мире. Он освобождал их от рабства запретов и учил их, что в своей основе мир не является злым. Он не стремился бежать от земной жизни. Он в совершенстве овладел методом успешного исполнения воли Отца, пребывая во плоти. Он достиг идеалистической религиозной жизни непосредственно в условиях реалистического мира. Иисус не разделял пессимистического взгляда Павла на человечество. Учитель смотрел на людей как на Божьих сынов и предвидел величественное, вечное будущее для тех, кто выбирает спасение. Он не являлся моральным скептиком. Он рассматривал людей позитивно, а не негативно. Для него люди были в своем большинстве скорее слабыми, чем порочными, скорее сбитыми с толку, нежели испорченными. Но независимо от их статуса, все они были Божьими детьми и его собратьями.

Он учил людей высоко ценить себя во времени и вечности. Из-за этой высокой оценки, которой Иисус удостаивал людей, он был готов отдать всего себя неустанному служению человечеству. Именно эта бесконечная ценность конечного сделала золотое правило важнейшим фактором его религии. Какой смертный не сможет возвыситься с помощью необыкновенной веры в него Иисуса?

Иисус не предлагал рецептов общественного развития. Его миссия была религиозной, а религия является исключительно личным опытом. Самая совершенная цель наиболее высокоразвитого общества никогда не сможет превзойти проповедуемое Иисусом братство людей, основанное на признании отцовства Бога. Никакой общественный идеал не может воплотиться без претворения этого божественного царства.

3. ВЕРХОВЕНСТВО РЕЛИГИИ

Личный духовный религиозный опыт помогает смягчить большинство трудностей смертных людей, эффективно сортируя, оценивая и устраняя все человеческие проблемы. Религия не устраняет и не уничтожает человеческие трудности, но она действительно растворяет, поглощает, освещает и преодолевает их. Истинная религия объединяет личность для эффективного приспособления ко всем требованиям смертного существования. Религиозная вера – позитивное руководство внутреннего божественного присутствия – неизменно позволяет богопознавшему человеку навести мосты между интеллектуальной логикой, воспринимающей Всеобщую Первопричину как *Оно*, и убежденностью души, утверждающей, что Первопричина есть *Он* – раскрытый евангелием Иисуса небесный Отец, личностный Бог человеческого спасения.

Во всеобщей реальности есть только три элемента: факт, идея и отношение. Религиозное сознание определяет эти реальности как науку, философию и истину. Философия склонна рассматривать эти явления как причину, мудрость и веру – физическую реальность, умственную реальность и духовную реальность. Мы обычно называем эти реальности вещью, значением и ценностью.

Постепенное постижение реальности равносильно приближению к Богу. Нахождение Бога, осознаваемое как отождествление с реальностью, эквивалентно ощущению достижения осуществленности своего «я» – обретению всецелого, всеобъемлющего характера «я». Восприятие всеобъемлющей реальности есть полное осознание Бога, завершенность опыта богопознания.

Вся совокупность человеческой жизни сводится к знанию того, что человека просвещает факт, облагораживает мудрость и спасает – оправдывает – религиозная вера.

Физическая уверенность заключается в логике науки; нравственная уверенность – в мудрости философии; духовная уверенность – в истине подлинного религиозного опыта.

Человеческий разум способен достигнуть высоких уровней духовного постижения и соответствующих сфер божественных ценностей, потому что он не только материален. В разуме человека есть духовное ядро – божественное присутствие Настройщика. Существует три независимых подтверждения этого духовного присутствия в разуме человека:

1. Гуманистическая сопричастность – любовь. Чисто животному разуму может быть свойственна стадность, необходимая для самозащиты, но только наделенный духом разум способен на бескорыстный альтруизм и истинную любовь.

2. Толкование вселенной – мудрость. Только наделенный духом разум способен понять дружеское отношение вселенной к индивидууму.

3. Духовная оценка жизни – поклонение. Только наделенный духом человек способен осознать божественное присутствие и стремиться к достижению большей полноты в опыте этого предвосхищения божественности.

Человеческий разум не создает реальных ценностей; человеческий опыт не наделяет вселенской проницательностью. В том, что касается проницательности, восприятия моральных ценностей и понимания духовных значений, всё, на что способен человеческий разум, – это открывать, узнавать, истолковывать и *выбирать*.

Нравственные ценности вселенной становятся интеллектуальным достоянием посредством использования трех основных суждений, трех типов выбора, осуществляемого смертным разумом:

1. Суждение о себе – нравственный выбор.
2. Суждение об обществе – этический выбор.
3. Суждение о Боге – религиозный выбор.

Таким образом, весь человеческий прогресс осуществляется посредством объединенной *богооткровенной эволюции*.

Если бы божественный возлюбленный не жил в человеке, человек был бы неспособен на бескорыстную духовную любовь. Если бы в разуме не жил толкователь, человек был бы неспособен подлинно осознавать единство вселенной. Если бы в человеке не пребывал ценитель, он был бы совершенно неспособен оценивать моральные ценности и понимать духовные значения. Этот возлюбленный родом из самого́ источника бесконечной любви; этот толкователь является частью Всеобщего Единства; этот ценитель – дитя Центра и Источника всех абсолютных ценностей, относящихся к божественной и вечной реальности.

Имеющая религиозный смысл моральная оценка – духовное постижение – означает совершаемый индивидуумом выбор между добром и злом, истиной и заблуждением, материальным и духовным, человеческим и божественным, временем и вечностью. Человеческое спасение в огромной мере зависит от посвящения человеческой воли избранию тех ценностей, которые отбираются этим сортировщиком духовных ценностей – внутренним толкователем и объединителем. Личный религиозный опыт состоит из двух фаз: открытия, происходящего в человеческом разуме, и откровения, совершаемого внутренним божественным духом. Чрезмерное увлечение софистикой или нерелигиозное поведение мнимых религиозных людей могут побудить человека – и даже целое поколение людей – отказаться от попыток найти внутреннего Бога; и случается так, что таким людям не удается добиться прогресса в божественном откровении и обрести его. Однако такие препятствующие прогрессу отношения не могут сохраняться долго из-за присутствия и влияния внутренних Настройщиков Мышления.

Это глубокое переживание реальности внутреннего божественного обитателя бесконечно превосходит грубые материалистические методы естественных наук. Невозможно поместить под микроскоп духовную радость, взвесить на весах любовь, измерить нравственные ценности или оценить качество духовного поклонения.

У иудеев была религия морального величия; греки создали религию красоты; Павел и его единомышленники основали религию веры, надежды и милосердия. Своим личным примером Иисус раскрыл религию любви – уверенности в любви Отца, а также радости и удовлетворения, которые обретает человек, делясь этой любовью в своем служении человеческому братству.

Всякий раз, когда человек совершает осознанный нравственный выбор, он сразу же ощущает в своей душе новый прилив божественности. Нравственный выбор превращает религию в побуждение, вызывающее внутреннюю реакцию на внешние условия. Однако такая истинная религия не является чисто субъективным опытом. Она охватывает всю субъективность индивидуума, вовлеченную в осмысленную и разумную реакцию на совокупную объективность – вселенную и ее Творца.

Несмотря на свою абсолютную субъективность, совершенный трансцендентный опыт любви – любить и быть любимым – не является психической иллюзией. В представлении человека, единственная связанная со смертными существами истинно божественная и объективная реальность – Настройщик Мышления – действует исключительно как субъективный феномен. Общение человека с высшей объективной реальностью, Богом, происходит только посредством чисто субъективного опыта познания Бога, поклонения ему, осознания своего статуса Божьего сына.

Истинное религиозное поклонение не является бесполезным монологом и самообманом. Поклонение есть личное общение с божественно реальным, с самим источником реальности. Через поклонение человек стремится стать выше и в итоге приходит к *высшему*.

Идеализация истины, красоты и благости и стремление служить им не заменяют подлинного религиозного опыта – духовной реальности. Психология и идеализм не равнозначны религиозной реальности. Порождения человеческого интеллекта действительно способны творить ложных богов – богов, созданных по образу человека, однако истинное богосознание имеет иное происхождение. Богосознание присуще внутреннему духу. Многие религиозные системы основаны на формулировках человеческого интеллекта, но богосознание необязательно является частью этих гротескных систем религиозного рабства.

Бог – это не просто изобретение человеческого идеализма: он является самим источником всех подобных озарений и ценностей сверхживотного уровня. Бог – это не гипотеза, сформулированная для объединения человеческих представлений об истине, красоте и благости: он является исполненной любви личностью, порождающей все эти проявления во вселенной. Истина, красота и благость человеческого мира объединяются всё большей духовностью опыта смертных, восходящих к реальностям Рая. Единство истины, красоты и благости может воплотиться только в духовном опыте богопознавшей личности.

Нравственность есть та почва, которая необходима для появления личного богосознания – личного осознания внутреннего присутствия Настройщика, но такая мораль не является источником религиозного опыта и вытекающей из него духовной проницательности. Нравственная природа сверхживотна, но субдуховна. Мораль эквивалентна признанию долга – осознанию существования добра и зла. Зона морали лежит между животным и человеческим типами разума, так же как моронтия действует между материальной и духовной сферами личностных достижений.

Эволюционный разум способен открыть закон, мораль и этику, однако посвященный ему дух, внутренний Настройщик, раскрывает эволюционирующему человеческому разуму законодателя – Отца, источника всего истинного, прекрасного и благого. И у такого просветленного человека есть религия, и он духовно подготовлен к долгому и увлекательному поиску Бога.

Мораль не обязательно является духовной. Она может быть целиком и полностью человеческой, хотя подлинная религия и улучшает все моральные ценности, наполняет их новым содержанием. Мораль без религии неспособна раскрыть предельную благость и обеспечить сохранение даже собственных моральных ценностей. Религия обеспечивает возвышение, прославление и непременное спасение всего, что принимает и одобряет мораль.

Религия стоит над наукой, искусством, философией, этикой и моралью, но не существует в отрыве от них. Все они неразрывно связаны в человеческом опыте – личном и общественном. Религия является высшим опытом человека в его смертном естестве, но конечный язык никогда не позволит теологии адекватно выразить подлинный религиозный опыт.

Религиозная проницательность способна превращать поражение в высокие стремления и новую решимость. Любовь – это высшее побуждение, которое человек может использовать в своем восхождении во вселенной. Но когда любовь лишена истины, красоты и благости, она становится всего лишь эмоцией, философским искажением, психической иллюзией, духовным обманом. Любовь всегда должна определяться заново на последующих уровнях морнтийного и духовного развития.

Искусство проистекает из попытки человека уйти от недостатка красоты в его материальном окружении; это шаг в направлении моронтии. Наука представляет собой попытку человека разгадать очевидные загадки материальной вселенной. Философия – это попытка объединения человеческого опыта. Религия – это высший порыв человека, его величественная устремленность к окончательной реальности, его решимость найти Бога и стать подобным ему.

В сфере религиозного опыта духовная возможность является потенциальной реальностью. Духовная тяга, влекущая человека вперед, не есть психическая иллюзия. Возможно, не все человеческие фантазии о вселенной соответствуют фактам, однако многое, очень многое является истиной.

Жизнь некоторых людей слишком велика и благородна, чтобы опускаться на тот низкий уровень, на котором она была бы всего лишь успешной. Животное вынуждено приспосабливаться к среде, но религиозный человек стоит выше своей среды и тем самым уходит от ограничений нынешнего материального мира через эту проницательность божественной любви. Это представление о любви порождает в душе человека сверхживотное стремление найти истину, красоту и благость. И когда он действительно находит их, он возвеличивается в их объятиях; он исполняется желанием жить ими, творить добро.

Не падайте духом. Человеческая эволюция продолжается, и раскрытие Бога миру – в Иисусе и через Иисуса – увенчается успехом.

Великой задачей современного человека является достижение более успешного общения с божественным Наставником, пребывающим в человеческом разуме. Величайшее свершение человека во плоти состоит в гармоничной и разумной попытке выйти за пределы осознания своего «я», пересечь туманный мир начального осознания души и совершить искреннюю попытку достичь границ осознания духа – установить связь с божественным присутствием. Такой опыт – опыт осознания Бога – представляет собой могущественное подтверждение предсущей истины, заключенной в религиозном опыте богопознания. Такое осознание духа эквивалентно знанию действительности богосыновства. В остальном уверенность в сыновстве заключается в опыте веры.

Богосознание эквивалентно интеграции своего «я» во вселенную, причем на высочайших вселенских уровнях духовной реальности. Только духовное содержание любой ценности остается нетленным, а значит, всё то истинное, прекрасное и благое, что есть в человеческом опыте, не может погибнуть. Если человек не избирает путь спасения, то вечный Настройщик сохраняет эти реальности, рожденные в любви и взлелеянные в служении. И все они являются частью Всеобщего Отца. Отец есть живая любовь, и эта жизнь Отца заключена в его Сынах. И дух Отца пребывает в сынах его Сынов – смертных людях. В конечном счете, идея Отца попрежнему остается высшим представлением человека о Боге.